Halm/Kreuter
AKB-Kommentar

Halm/Kreuter

AKB-Kommentar
Allgemeine Bedingungen für die Kraftfahrtversicherung – AKB 2015 des GDV –

Herausgegeben von

Wolfgang E. Halm
Rechtsanwalt und Fachanwalt für Verkehrsrecht, Köln

Andrea Kreuter
Assessorin jur., Gau-Bischofsheim

3. Auflage

Luchterhand Verlag 2025

Zitiervorschlag: Halm/Kreuter/*Bearbeiter*

Bibliografische Information der Deutschen Nationalbibliothek
Die Deutsche Nationalbibliothek verzeichnet diese Publikation in der Deutschen Nationalbibliografie; detaillierte bibliografische Daten sind im Internet über http://dnb.d-nb.de abrufbar.

ISBN 978-3-472-09568-2

www.wolterskluwer.com

Umschlagkonzeption: Martina Busch, Grafikdesign, Homburg Kirrberg

Satz: Newgen Knowledge Works (P) Ltd., Chennai, India
Druck und Weiterverarbeitung: Rodona Industria Grafica, Spanien
Gedruckt auf säurefreiem, alterungsbeständigem und chlorfreiem Papier.

Vorwort zur dritten Auflage

Die Kraftfahrtversicherung spielt eine zentrale Rolle im deutschen Versicherungswesen und ist für viele Fahrzeughalter eine unverzichtbare Absicherung. Die allgemeinen Bedingungen für die Kraftfahrtversicherung des Gesamtverbands der Deutschen Versicherungswirtschaft (GDV) bieten einen umfassenden Rahmen, der sowohl die Rechte als auch die Pflichten der Versicherungsnehmer und der Versicherer klar definiert. In diesem Kommentar werden die wesentlichen Aspekte dieser Bedingungen näher beleuchtet und deren Bedeutung für die Praxis herausgestellt.

Stand der 2.Auflage dieses Kommentars ist Mai 2015 gewesen. Dieser Zeitablauf von 10 Jahren alleine macht die Neubearbeitung und 3.Auflage 2025 erforderlich. Geplant war die Aktualisierung bereits für 2019. Aufgrund der schweren Erkrankung des Mitherausgebers und Autors Hans-Josef Schwab und dann seinem bedauerlichen Tod 2021, musste das Werk insgesamt fokussiert und gestrafft, neue Autoren gefunden werden.

Das Vorwort zur 2.Auflage 2015 haben wir hier bewusst nochmals beigefügt. Der Vergleich zum Inhaltsverzeichnis dieser 3.Auflage 2025 erklärt das Bestreben der Herausgeber wie Autoren, praxistaugliche Antworten für die Anwaltschaft, die Rechtsprechung wie Mitarbeiter:innen der Versicherungswirtschaft, intensiv konzentriert auf VVG, PflVG und den Kernbereich der AKB zu geben. Ziel ist es weiterhin, ein besseres Verständnis für die Regelungen zu schaffen und auf mögliche Herausforderungen hinzuweisen, die sowohl Versicherungsnehmer als auch -geber betreffen können.

Ausgeschieden sind neben Hans-Josef Schwab auch Tobias Hückel, Willi Merta, Friedhelm Westkämper und Axel Hauser.

Neu gewonnen werden konnten als engagierte Fachkollegen mit profunder Expertise und Kenntnissen Harald Andres aus Mannheim, Rüdiger Balke aus Koblenz, Janos Kemen aus Köln und Gerald Nicolai aus Buseck. Insoweit sei auch auf das aktuelle Bearbeiterverzeichnis verwiesen.

Köln und Mainz, im März 2025

Wolfgang Halm

Andrea Kreuter

Geleitwort zur dritten Auflage

Am Anfang schien alles so einfach: 18. Geburtstag, Fahrprüfung bestanden, das erste eigene Auto – schnell noch zur Versicherung. Natürlich die Eltern mitnehmen! Denn wenn das Auto über sie läuft, wird es erheblich billiger. »Schadensfreiheitsrabatt« – dieser Begriff war mir damals schon geläufig. Welche Versicherungen brauche ich? Haftpflicht? Klar, ist nötig, weil sonst keine Zulassung. Kasko? Macht das wirtschaftlich Sinn? Ermessenssache! Bei mir – so dachte ich jedenfalls damals – eher nicht. Das Auto war ja nicht mehr wert als wenige Monatsbeiträge in der Versicherung. Schutzbrief? Ja! War günstig, jedenfalls günstiger als der Mitgliedsbeitrag beim ADAC. Und bei einem alten Auto kann man ja nie wissen. Viel mehr war es eigentlich nicht, was mich bei meinem ersten Kontakt mit dem Thema »Kfz-Versicherungen« gedacht habe. Dass darüber in juristischen Fachbüchern Hunderte oder gar Tausende von Seiten gefüllt werden können, hätte ich mir damals nicht vorstellen können.

Dass das Thema »Kfz-Versicherungen« vielleicht doch etwas komplexer ist als gedacht, ließen Studium und Referendariat erahnen. Auch wenn das Kfz-Versicherungsrecht damals nicht unbedingt zum Kern meines wissenschaftlichen Interesses gehörte, begegneten mir hier erstmals Konstrukte wie der Direktanspruch des Geschädigten in der Kfz-Haftpflichtversicherung oder – nach meinem damaligen Eindruck schon sehr kompliziert – das sogenannte »Quotenvorrecht«. Mehr als ein erster Blick auf diese – wie ich freilich erst heute meine – spannende Rechtsmaterie, war mir damals aber noch nicht vergönnt.

Wie vielseitig und komplex das Kfz-Versicherungsrecht und – damit eng verbunden – das Kfz-Haftungsrecht tatsächlich sind, wurde mir dann erst in meiner Zeit als Richter in einer Zivilkammer beim Landgericht, meiner – leider nur sehr kurzen – Zeit in einem Zivilsenat des Oberlandesgerichts und schließlich als Mitglied des VI. Zivilsenats des Bundesgerichtshofs bewusst. Schon national wird die Rechtsmaterie durch eine Vielzahl von Regelungen auf verschiedenen Ebenen geprägt. Gesetze wie etwa das Versicherungsvertragsgesetz oder das Pflichtversicherungsgesetz, Verordnungen wie die Kraftfahrzeug-Pflichtversicherungsverordnung und Regelungen auf vertraglicher Ebene wie eben die AKB greifen ineinander und sind gerade in ihrer Wechselwirkung oft nicht leicht zu verstehen. Hinzu kommen europäische Regelungen, allen voran die KH-Richtlinien, die die Rechtslage jedenfalls auf den ersten Blick nicht einfacher machen.

Gerichtsentscheidungen zum Thema allein bieten nicht immer schnelle Hilfe bei dem Unterfangen, den richtigen Weg durch die Vorschriften zu finden. Neben ihrer schieren Zahl mag dazu beitragen, dass sich manche dieser Entscheidungen – so jedenfalls mein ganz persönlicher, in erster Linie für den Bereich des Kfz-Haftpflichtrechts gewonnener Eindruck – mehr an der jeweils als gerecht empfundenen Lösung des Einzelfalles als am Interesse dogmatischer Stringenz zu orientieren scheinen.

Schließlich könnte für Schwierigkeiten beim Zugang zum Kfz-Versicherungsrecht auch ein weiterer Umstand mitverantwortlich sein, den ich insbesondere in Bezug auf das Kfz-Haftpflicht- und Schadensrecht beobachtet zu haben meine. Es stehen sich mit der Versicherungswirtschaft, die sich auf die berechtigten Interessen der Versichertengemeinschaft beruft, auf der einen Seite und der »Schadensbeseitigungswirtschaft« – also Werkstätten, Fahrzeugvermieter, Kfz-Sachverständige und ihre jeweiligen Verbände –, die sich auf die berechtigten Interessen der Geschädigten beruft, auf der anderen zwei durchaus wirkmächtige Interessengruppen mit gegensätzlichen wirtschaftlichen Zielen gegenüber, die ihre Auseinandersetzungen auch und gerade im Kampf um die »herrschende Meinung« in juristischer Hinsicht führen. Dies spiegelt sich auch in der Literatur zum Thema wider: So sorgt etwa mancher Fachaufsatz ohne diese Erkenntnis eher für Verwirrung als für Klärung und lässt sich erst mit ihr zutreffend einordnen.

Vor diesem Hintergrund braucht es Begleiter, die Rechtsanwenderinnen und Rechtsanwender, gleich ob ohne, mit wenig oder mit viel Erfahrung, in das komplexe Feld des Kfz-Versicherungsrecht hinein- und – nach Möglichkeit mit der richtigen Lösung – wieder herausführen. Das vorliegende Werk war mir in seinen Vorauflagen stets ein solch wertvoller Begleiter, insbesondere natürlich während meiner Zeit als Mitglied des VI. Zivilsenats des Bundesgerichtshofs. Fragen zu den AKB näherte ich mich praktisch nie ohne es. Die Kommentatorinnen und Kommentatoren, durchweg ausgewiesene Expertinnen und Experten in diesem Bereich, zeigten mir die Probleme und denkbaren Lösungen stets zuverlässig auf. Ich freue mich deshalb sehr darüber, dass Wolfgang Halm und Andrea Kreuter nun die 3. Auflage ihres Werkes vorlegen und es damit wieder brandaktuell machen, was gerade in Bereichen, in denen sich schon aufgrund ihrer großen praktischen Relevanz vieles tut, von großer Bedeutung ist. Richterinnen und Richtern, Rechtsanwältinnen und Rechtsanwälten sowie allen anderen, die sich vertieft mit Fragen aus dem Kfz-Versicherungsrecht und insbesondere mit den AKB zu beschäftigen haben, steht damit wieder ein hochaktueller, tiefgründiger, zugleich aber in besonderem Maße praxistauglicher Begleiter zur Verfügung. Ihnen allen wünsche ich, dass Sie mit der neuen Auflage ebenso positive Erfahrungen machen, wie ich sie bereits mit den Vorauflagen machen durfte!

Thomas Offenloch

Richter des Bundesverfassungsgerichts

Vorwort zur 2. Auflage

Mit seinen Musterbedingungen zu den AKB 2008 hatte der GDV einen richtungsweisenden Trend für die Abfassung individueller Bedingungswerke durch die Versicherer auf den Weg gebracht. Die Fortentwicklung des Rechts und das Bedürfnis nach sprachlich noch verständlicher gefassten Formulierungen machte es erforderlich, notwendige Anpassungen vorzunehmen. Dies erfolgte in einem mühevollen, über Jahre anhaltenden kontinuierlichen Prozess. Dieser wurde letztlich wegen vereinzelter Nachkorrekturen bei den AKB 2015 und der Anpassung der Kfz-USV 2015 insgesamt erst Mitte Mai 2015 abgeschlossen.

Die hier vorliegende – stark gewachsene – 2. Auflage der Kommentierung berücksichtigt alle aktuellen Änderungen der unverbindlichen Musterbedingungen des GDV mit Stand 19.05.2015. Hervorzuheben sind bei den AKB 2015 insbesondere

- die tiefgreifenden strukturellen Änderungen in der Kasko-Versicherung
- die grundlegende Neuausrichtung der Kfz-Unfallversicherung
- sowie die erstmalige Vorlage der (überfälligen) Musterbedingungen zur Fahrerschutzversicherung in den neu aufgenommenen A.5.

Des Weiteren beinhaltet die erweiterte Neuauflage die Kommentierung

- der überarbeiteten SB Handel/Handwerk
- der Kfz-USV 2015
- sowie entsprechende Aktualisierungen zu den einschlägigen Rechtsnormen.

Um dem Bedürfnis – insbesondere der Anwaltschaft – nach praxistauglichen Antworten auf versicherungsrechtliche Fragen über den Kernbereich der AKB hinaus gerecht zu werden, wurde die zweite Auflage um weitere Themenbereiche ergänzt. So finden sich kommentiert nunmehr zusätzlich

- das komplette PflVG samt Strafnorm und der Verkehrsopferhilfebestimmungen
- der Auto- und Reiseschutzbrief (AVAR)
- der AVB Camping
- sowie die diversen Versicherungsbedingungen zu Gegenständen, die mit dem Fahrzeug im Zusammenhang stehen, aber außerhalb der Kaskoversicherung versichert sein können.

Schließlich wird zu Deckungserweiterungen durch individuelle Sonderbedingungen exemplarisch Stellung genommen.

Zur Umsetzung der erweiterten Ziele musste der Autorenstamm um weitere engagierte Fachkollegen mit profunden Kenntnissen erweitert werden. Hinzugestoßen sind Axel Hauser, Tobias Hückel, Magnus Janowsky und Carsten Staub. Wir bedanken uns herzlich bei Dr. Ulrich Staab, der leider seine Unterstützung bei Kapitel L. nicht weiter fortsetzen konnte.

Rechtsprechung und Literatur konnten weitgehend bis Mitte Mai 2015 berücksichtigt werden.

Allen Autoren gilt wiederum unser besonderer Dank. Sie haben mit ihrem Wissen und ihrer Erfahrung an der Entstehung des Werkes maßgeblich beigetragen und dabei zugleich auf gemeinsame Stunden mit ihren Angehörigen verzichten müssen.

Köln/Gau-Bischofsheim/Wiesbaden, im Juli 2015

Wolfgang Halm

Andrea Kreuter-Lange

Hans-Josef Schwab

Geleitwort zur ersten Auflage

Im Nachgang zur Schuldrechtsmodernisierung verfolgte der Gesetzgeber mit der Novellierung des VVG und damit seiner zweiten Jahrhundertreform verschiedene Ziele:

Zum einen sollte die Judikatur kodifiziert sowie das Versicherungs- wieder mit dem allgemeinen Zivilrecht verzahnt werden. Zum anderen diente die Modernisierung dazu, ein verbraucherfreundlicheres Regelwerk zu schaffen. Auslöser für die Rosskur war nämlich das Europäische Gemeinschaftsrecht, vor allem in der Gestalt der Fernabsatzrichtlinie II. Da sich die Legislative aber wie bereits bei der BGB-Reform im Jahr 2002 dazu entschieden hatte, die Richtlinienvorgaben überschießend umzusetzen, blieb letztlich kein Stein auf dem anderen. So sieht das neue VVG beispielsweise umfangreiche Beratungs- und Informationspflichten sowie Widerrufsrechte zugunsten von Verbrauchern wie Gewerbetreibenden nicht nur beim Vertrieb von Versicherungen über das Internet, sondern auch auf traditionellem Wege vor. Aufgegeben wurde damit auch das althergebrachte Policenmodell.

Weitere zentrale Bausteine der VVG-Novelle bilden die Abkehr von der spontanen Anzeigepflicht sowie vom Alles-oder-Nichts-Prinzip zugunsten einer Quotale im Rahmen der groben Fahrlässigkeit bei Obliegenheitsverletzung, Gefahrerhöhung sowie der Herbeiführung des Versicherungsfalles. Anzuführen sind ferner die weitgehende Abstandnahme vom Grundsatz der Unteilbarkeit der Prämie sowie die Schaffung eines kundenfreundlichen Gerichtsstandes. Hinzu kamen Vorgaben weiterer europäischer Rechtsakte, etwa der KH-Richtlinien. So entschied sich der deutsche Gesetzgeber dazu, den Direktanspruch aus dem PflVG in das VVG zu integrieren.

Es entstand ein vollkommen gewandeltes Versicherungsrecht mit gemeinschaftsrechtlichen Wurzeln. Geblieben ist allerdings der Befund, dass das VVG häufig nur einen Torso darstellt und einer Ausfüllung durch Formular- sowie Individualabreden bedarf. Dies gilt gerade für das Massenphänomen der Autoversicherung. Und so war die VVG-Reform 2008 ebenso Anlass für die Gestaltung neuer AKB. Nun mag man in einer gedachten Pyramide der Rechtsquellen den Richtlinien des Europäischen Gesetzgebers vor dem BGB und VVG, und diesem Bundesrecht wiederum Vorrang vor den AVB einräumen. In der Praxis kehrt sich diese Hierarchie allerdings insofern um, als das Rechtsprodukt der Versicherung erst durch Formularabreden materialisiert wird.

Daher überzeugt es, wenn im vorliegenden Werk eine eingehende Kommentierung der AKB 2008 sowie weiterer Muster- und Sonderbedingungen erfolgt. Auf den ersten Blick scheint zu verwundern, dass über »Kleingedrucktes« mehr als eintausend Seiten verfasst werden können. Doch die Autoversicherung als komplexes Produkt bringt wie für den Hersteller eines Pkws die Gefahren von Konstruktions-, Fabrikations- sowie Informationsfehlern mit sich. Sieht man nämlich die AKB als das Kernstück, im übertragenen Sinne als den Motor, und das VVG als Chassis an, so ist jedem, der mit derartigen Versicherungsprodukten zu tun hat – mithin Maklern, Versicherern, Anwälten, der Richter- bis hin zur Wissenschaft – die Lektüre des vorliegenden Kommentars dringend empfohlen. Wie bei jedem Motor bedarf es einer profunden Anleitung, um seine Funktionsweise zu verstehen. Entsprechend vermittelt dieses Werk das notwendige Wissen, um den Kunden über das Produkt hinreichend und bedarfsgerecht beraten und informieren zu können. Ebenso erscheint der Kommentar aus der Perspektive des Versicherungsnehmers und seiner Anwälte als unverzichtbar. Denn wie bei einem Pkw und dessen Motor sollte sich der Kunde auch bei seinem Versicherungsprodukt einen Überblick darüber verschaffen, welche Pflichten und Obliegenheiten ihn treffen.

Die Kommentierung erweist sich damit als ein Scheckheft. Ihre Verfasser sind allesamt ausgewiesene Spezialisten mit hohem Sachverstand und dem gebotenen Praxisbezug. Wer einen Kaltstart in die VVG-Reform und vor allem die neuen AKB vermeiden will, sollte dieses umfassende Werk zur Hand nehmen.

Prof. Dr. Ansgar Staudinger, Bielefeld

Bearbeiterverzeichnis

Herausgeber:

Wolfgang Halm

Rechtsanwalt, Fachanwalt für Verkehrsrecht, Köln, schwerpunktmäßig im Haftungs- und Versicherungsrecht tätig. Vorsitzender des Ehrenhofs des ADAC e. V., Herausgeber und Autor u. a.: Staudinger/Halm/Wendt, Versicherungsrecht (Kommentar) 3. Aufl. 2023; Halm/Engelbrecht/Krahe Handbuch des Fachanwalts Versicherungsrecht, 6. Aufl. 2018; Himmelreich/Halm Handbuch Verkehrsrecht, 7. Aufl. 2022; Himmelreich/Halm/Staab Handbuch der Kfz-Schadensregulierung, 5. Aufl. 2021. Beiratsmitglied der Fachzeitschrift Deutsches Autorecht (DAR), www.halmcollegen.de; w.halm@halmcollegen.de.

Andrea Kreuter

Ass. jur., Referentin für Komplexschäden der R+V Allgemeine Versicherung AG/KRAVAG Logistic und KRAVAG Allgemeine Versicherung AG, Fachschulungsbeauftragte; Mitherausgeberin und Autorin des AKB-Kommentars Halm/Kreuter; Autorin im Handbuch des Fachanwalts Verkehrsrecht von Himmelreich/Halm; Handbuch des Fachanwalts Versicherungsrecht von Halm/Engelbrecht/Krahe; Handbuch Kfz-Schadensregulierung von Himmelreich/Halm/Staab; Versicherungsrecht von Staudinger/Halm/Wendt; Dozententätigkeit zu den Themen Versicherungsrecht, Verkehrsrecht und Personenschaden.
andrea.kreuter@gmx.net

Autoren:

Harald Andres

Rechtsanwalt Fachanwalt für Verkehrsrecht
Fachanwalt für Familienrecht
Mannheim
www.andres-anwalt.de

Rechtsanwalt seit 2000
Mitglied der ARGE Verkehrsrecht im DAV
Bis 2023 Vertragsanwalt des ADAC e.V. und Clubsyndikus des ADAC Nordbaden e.V.
Geschäftsführer der Rechtsanwaltskammer Karlsruhe

Rüdiger Balke

Assessor jur., Jahrgang 1966. Seit 1996 Groß- und Personenschadenregulierer bei einem deutschen Kfz-Versicherer. Mitglied der Schriftleitung der Zeitschrift Straßenverkehrsrecht (SVR). Mitherausgeber und Mitautor der Werke: Balke / Reisert/ / Quarch, Regulierung von Verkehrsunfällen, 1. Aufl.; Balke / Just / Reisert / Schulz-Merkel, Regulierung von Verkehrsunfällen, 2. Aufl.; Pardey / Balke / Link, Stichwortkommentar Schadenrecht, 1. Aufl.; Halm / Staab / Balke, 6. Aufl., Handbuch der Kfz-Schadensregulierung; Mitautor in Ferner/ Bachmeier / Müller, Fachanwalts-Kommentar Verkehrsrecht; Bachmeier/ Müller / Rebler, Verkehrsrecht-Kommentar, 3. Aufl.; Bachmeier, Kfz-Schadensregulierung; Lütkes / Bachmeier / Müller / Rebler, Straßenverkehr, Losebl.-Kommentar (2024); Bachmeier / Müller / Rebler, StVO, Losebl.-Kommentar (2024) sowie Autor zahlreicher Beiträge u.a. in SVR, Neue Justiz, NZV, JuS und ZStV.
Ruediger.Balke@web.de

Christoph Heinrichs

Rechtsanwalt seit 1998 und Notar a.D. ist Fachanwalt für Verkehrsrecht sowie Fachanwalt für Versicherungsrecht. Er ist Partner der Kanzlei Zierenberg Heinrichs in Wiesmoor und ADAC Vertragsanwalt. Seine Tätigkeitsschwerpunkte liegen im Bereich Versicherungsrecht, Verkehrsrecht, Haftungs- und Schadenrecht sowie Arzthaftungsrecht überwiegend in der Vertretung von Versicherern. Er ist zudem auch Mitautor in Staudinger/Halm/Wendt, Versicherungsrecht Kommentar; Halm/Engelbrecht/Krahe, Handbuch des Fachanwalts Versicherungsrecht; Himmelreich/Halm, Handbuch Verkehrsrecht und Halm/Staab/ Balke, Handbuch der Kfz-Schadenregulierung neben diversen Veröffentlichungen in Fachzeitschriften. Langjährige Tätigkeit als Referent in der Fachanwaltsausbildung Verkehrsrecht sowie in der Fachanwaltsfortbildung.
heinrichs@kanzlei-zierenberg.de; www.kanzlei-zierenberg.de

Magnus Janowsky

Richter am Landgericht Koblenz (langjähriger stellv. Vorsitzender einer Kammer für Versicherungsangelegenheiten); zuvor mehrjährige Tätigkeit als Rechtsanwalt und Fachanwalt für die Rechtsanwaltssozietät Halm Wenzel & Collegen in Köln mit den Schwerpunkten Arzthaftungsrecht, Versicherungsrecht und Verkehrsrecht; auch Mitautor in Halm/Engelbrecht/Krahe, Handbuch des Fachanwalts Versicherungsrecht und Himmelreich/Halm, Handbuch des Fachanwalts Verkehrsrecht sowie in Wenzel, Unternehmensrecht im Krankenhaus.

Janos Kemen, LL.M

Rechtsanwalt, Fachanwalt für Versicherungsrecht und Fachanwalt für Medizinrecht, tätig in der Rechtsanwaltssozietät Halm Wenzel & Collegen Rechtsanwälte Partnerschaft mbB, Köln. Tätigkeitsschwerpunkte in den Bereichen Versicherungs-, Haftungs- und Schadensersatzrecht sowie Verkehrsrecht, Medizinrecht und Reiserecht. Autor im NOMOS-Kommentar Versicherungsrecht Staudinger/Halm/Wendt, 3.Aufl. (Kapitel Haftpflichtgesetz und Auslandsreiseversicherung)
j.kemen@halmcollegen.de; www.halmcollegen.de

Gerald Nicolai

Rechtsanwalt, geb. 1958, anwaltliche Tätigkeit in einer Kanzlei von 1987 bis 1991 mit Tätigkeitsschwerpunkt Verkehrsrecht, ab 1991 bis 2023 Bearbeitung von Komplexschäden im Konzern R+V/KRAVAG, gerichtlich und außergerichtlich, u.a. Personengroßschäden, Umweltschäden, Spezialschäden, Handlungsbevollmächtigter.
Nico-buseck@t-online.de

Carsten Staub

Rechtsanwalt in der Kanzlei Brück Rechtsanwälte in Mettmann
geb. 1966 in Recklinghausen
seit 1995 zur Rechtsanwaltschaft zugelassen
seit 2000 ADAC Vertragsanwalt
seit 2000 Fachanwalt für Strafrecht
seit 2006 Fachanwalt für Verkehrsrecht
Ausbilder für den juristischen Vorbereitungsdienst beim Landgericht Wuppertal für Fortgeschrittenen Arbeitsgemeinschaften
Mitglied der Arbeitsgemeinschaft Strafrecht im DAV
Mitglied der Arbeitsgemeinschaft Verkehrsrecht im DAV
Mitglied Deutscher Verkehrsgerichtstag – Deutsche Akademie für Verkehrswissenschaften – Referent bei Anwaltsvereinen und privaten Anbietern – Autor von Fachbüchern und Aufsätzen
Staub@brueck-rechtsanwaelte.de

Jürgen Stomper

Rechtsanwalt und Fachanwalt für Versicherungsrecht und Verkehrsrecht a.D., geb. 1958; bis 31.12.2024 Partner in der Kanzlei RSW Rechtsanwälte in Siegburg und Vertragsanwalt des ADAC, Mitglied der Arbeitsgemeinschaften Versicherungs- und Verkehrsrecht im DAV sowie der Deutschen Akademie für Verkehrswissenschaft e.V., Hamburg.
stomper@rsw-recht.de

Inhaltsverzeichnis

Abkürzungsverzeichnis

A	
a. A.	anderer Ansicht
aaO.	am angegebenen Ort
ABE	Allgemeine Bedingungen für die Elektronikversicherung
ABG	Allgemeine Bedingungen für die Kaskoversicherung von Baugeräten
ABGF	Allgemeine Bedingungen für die dynamische Sachversicherung des Gewerbes. und der freien Berufe
Abl. EG	Amtsblatt der EG
Abl. EU	Amtsblatt der EU
ABMG	Allgemeine Bedingungen für die Maschinen- und Kasko-Versicherung von fahrbaren und transportablen Geräten
ABN	Allgemeine Bedingungen für die Bauwesenversicherung von Gebäudeneubauten durch Auftraggeber
ABRK	Allgemeine Bedingungen für die Reparaturkosten von Kraftwagen
ABRV	Allgemeine Bedingungen für die Reiserücktrittskosten-Versicherung
Abs.	Absatz
ABU	Allgemeine Bedingungen für die Bauwesenversicherung von Unternehmensleistungen
ABV	Allgemeine Bedingungen der Vertrauensschadenversicherung
AcP	Archiv für die civilistische Praxis (Zeitschrift)
ADAJUR	Juristische Datenbank des ADAC
ADB	Allgemeine Deutsche Binnentransportversicherungs-Bedingungen
ADS	Allgemeine Deutsche Seeversicherungsbedingungen von 1919
ADS 73/84	ADS Güterversicherung 1973 in der Fassung 1984
a. E.	am Ende
AEB	Allgemeine Einbruchdiebstahlversicherungsbedingungen
AERB	Allgemeine Bedingungen für die Versicherung gegen Schäden durch Einbruchdiebstahl und Raub
a. F.	alte Fassung
AFB	Allgemeine Feuerversicherungsbedingungen
AG	Aktiengesellschaft, Amtsgericht
AGB	Allgemeine Geschäftsbedingungen
AGBG	Gesetz zur Regelung des Rechts der Allgemeinen Geschäftsbedingungen (AGB-Gesetz)
AGG	Allgemeines Gleichbehandlungsgesetz
AGlB	Allgemeine Versicherungsbedingungen für die Glasversicherung
AGS	Anwaltsgebühren Spezial
AHagB	Allgemeine Hagelversicherungs-Bedingungen
AHB	Allgemeine Bedingungen für die Haftpflichtversicherung
AkadZ	Zeitschrift der Akademie für Deutsches Recht
AKB	Allgemeine Bedingungen für die Kraftfahrtversicherung
AktG	Aktiengesetz
ALB Risiko	Musterbedingungen für die Großlebensversicherung
Alt.	Alternative
AMB	Allgemeine Maschinen-Versicherungsbedingungen
AMBUB	Allgemeine Maschinenbetriebsunterbrechungs-Bedingungen
AMKB	Allgemeine Mehrkosten-Versicherungsbedingungen
AMoB	Allgemeine Montage-Versicherungsbedingungen
Anh.	Anhang
Anl.	Anlage
Anm.	Anmerkung
AnwBl	Anwaltsblatt (Zeitschrift)
ARB	Allgemeine Bedingungen für die Rechtsschutzversicherung
Art.	Artikel

ASKB	Allgemeine Bedingungen für die Sachversicherung von kerntechnischen Anlagen
AStB	Allgemeine Bedingungen für die Versicherung gegen Sturmschäden
ATB	Allgemeine Bedingungen für die Tierkrankenversicherung von Pferden und anderen Einhufern
AUB	Allgemeine Unfallversicherungsbedingungen
Aufl.	Auflage
AVAD	Auskunftsstelle über Versicherungs/Bausparkassenaußendienst und Versicherungsmakler in Deutschland e. V.
AVB	Allgemeine Versicherungsbedingungen
AVB Vermögen	Allgemeine Versicherungsbedingungen zur Haftpflichtversicherung für Vermögensschäden
AVBR	Allgemeine Bedingungen für die Versicherung von Reisegepäck
AVB-Reise	Allgemeine Bedingungen für Reiseversicherungen
AVB-RG	Besondere Bedingungen für Reisegepäckversicherungen
AVB-RR	Allgemeine Bedingungen der Reiserücktrittskostenversicherung
AVBSP	Allgemeine Bedingungen für die Versicherung von Juwelen, Schmuck und Pelzsachen im Privatbesitz (AVB Schmuck und Pelze)
AVBW	Allgemeine Bedingungen für die Kaskoversicherung von Wassersportfahrzeugen (AVB Wassersportfahrzeuge)
AWB	Allgemeine Bedingungen für die Versicherung gegen Leitungswasserschäden
Az.	Aktenzeichen

B

BA	Blutalkohol
BaFin	Bundesanstalt für Finanzdienstleistungsaufsicht
BAG	Bundesarbeitsgericht
BAGE	Entscheidungen des Bundesarbeitsgerichts, amtl. Sammlung
BAK	Blutalkoholkonzentration
BankArch	Bankarchiv, Zeitschrift für Bank- und Börsenwesen
BAnz	Bundesanzeiger
BAV	Bundesaufsichtsamt für das Versicherungswesen
BB	Betriebsberater (Zeitschrift)
Bd.	Band
Begr.	Begründung
BesBedArch	Besondere Bedingungen und Risikobeschreibungen von Berufshaftpflichtversicherungen von Architekten, Bauingenieuren und Beratenden Ingenieuren
BesBedPriv	Besondere Bedingungen und Risikobeschreibungen für die Privathaftpflichtversicherung
betr.	betreffend
BetrAV	Betriebliche Altersversorgung (Zeitschrift)
BetrAVG	Gesetz zur Verbesseung der betriebliche Altersversorgung (Betriebsrentengesetz)
BGB	Bürgerliches Gesetzbuch
BGBl.	Bundesgesetzblatt
BGH	Bundesgerichtshof
BGHSt	Entscheidungen des BGH in Strafsachen
BGHZ	Entscheidungen des BGH in Zivilsachen
BK	Berliner Kommentar
BLVA	Bayerische Landesbrandversicherungsanstalt
BayObLG	Bayerisches Oberstes Landesgericht
BSG	Bundessozialgericht
BSGE	Entscheidungen des Bundessozialgerichts, amtl. Sammlung
BStBl.	Bundessteuerblatt
BT-Drucks.	Bundestags-Drucksache
Buchst.	Buchstabe
BUZ	Berufsunfähigkeits-Zusatzversicherung
BVerfG	Bundesverfassungsgericht

BVerfGE	Entscheidungen des Bundesverfassungsgerichts, amtl. Sammlung
BVerwG	Bundesverwaltungsgericht
BVerwGE	Entscheidungen des Bundesverwaltungsgerichts, amtl. Sammlung
BWV	Berufsbildungswerk der Deutschen Versicherungswirtschaft e. V.
bzgl.	bezüglich
bzw.	beziehungsweise
C	
cic	culpa in contrahendo
CMR	Übereinkommen über den Beförderungsvertrag im internationalen Straßengüterverkehr
D	
DAR	Deutsches Autorecht (Zeitschrift)
DAV	Deutscher Anwaltverein
DB	Der Betrieb (Zeitschrift)
ders.	derselbe
d. h.	das heißt
DJ	Deutsche Justiz (Zeitschrift)
DJZ	Deutsche Juristenzeitung
DNotZ	Deutsche Notarzeitschrift
DöV	Deutsche öffentlich-rechtliche Versicherung (Zeitschrift)
DRiZ	Deutsche Richterzeitung
Drucks.	Drucksache
DRW	Deutsches Recht, Wochenausgabe
DRZ	Deutsche Rechtszeitschrift
DS	Der Sachverständige (Zeitschrift)
DVBl	Deutsches Verwaltungsblatt (Zeitschrift)
DVZ	Deutsche Versicherungszeitschrift
DZWir	Deutsche Zeitschrift für Wirtschaftsrecht
E	
e. V.	eingetragener Verein
ECB 87	Bedingungen für die Versicherung zusätzlicher Gefahren zur Feuerversicherung für Industrie- und Handelsbetriebe
ECBuB	Bedingungen für die Versicherung zusätzlicher Gefahren zur Feuer-Betriebsunterbrechungsversicherung für Industrie- und Handelsbetriebe
EG	Einführungsgesetz
EG	Europäische Gemeinschaft
EU	Europäische Union
EuG	Europäisches Gericht erster Instanz
EuGH	Europäischer Gerichtshof
EuGVÜ	Europäisches Gerichtsstands- und Vollstreckungsübereinkommen von 1968
EuGVVO	Europäische Gerichtsstands- und Vollstreckungsverordnung von 2001
eUZB	erweiterte Unfallzusatzversicherung
EuZW	Europäische Zeitschrift für Wirtschaftsrecht
EVB	Allgemeine Einheitsversicherungsbedingungen
EVÜ	Europäisches Schuldvertragsübereinkommen von 1980
EWG	Europäische Wirtschaftsgemeinschaft
EWiR	Entscheidungen zum Wirtschaftsrecht
EWR	Europäischer Wirtschaftsraum
F	
f.	nächste folgende Seite
FeV	Fahrerlaubnisverordnung
ff.	mehrere folgende Seiten
FG	Finanzgericht

FHB	Feuerhaftungs-Versicherungsbedingungen
FIN.	Fahrzeugidentifizierungsnummer
FN.	Fußnote
FS	Festschrift
FSV	Fahrerschutzversicherung
FZV	Fahrzeugzulassungsverordnung

G

GB	Geschäftsbericht des BAV
GBl.	Gesetzblatt
GDV	Gesamtverband der Deutschen Versicherungswirtschaft e. V.
gem.	gemäß
GewO	Gewerbeordnung
GG	Grundgesetz für die Bundesrepublik Deutschland
GGBefG	Gefahrgutbeförderungsgesetz
GmbH	Gesellschaft mit beschränkter Haftung
GoA	Geschäftsführung ohne Auftrag
GOÄ	Gebührenordnung für Ärzte
GOZ	Gebührenordnung für Zahnärzte
GPR	Zeitschrift für Gemeinschaftsprivatrecht
GS	Gedächtnisschrift
GüKG	Güterkraftverkehrsgesetz
GWB	Gesetz gegen Wettbewerbsbeschränkungen

H

H	Heft
h. A.	herrschende Ansicht
HGB	Handelsgesetzbuch
h. L.	herrschende Lehre
h. M.	herrschende Meinung
Hrsg.	Herausgeber
hrsg.	herausgegeben
Hs.	Halbsatz

I

i. d. F.	in der Fassung
i. d. R.	in der Regel
i. d. S.	in diesem Sinne
i. e. S.	im engeren Sinne
insbes.	insbesondere
InsO	Insolvenzordnung
IPRax	Praxis des Internationalen Privat- und Verfahrensrechts
i. S.	im Sinne
i. S. d.	im Sinne des
i. S. v.	im Sinne von
IVH	Info-Letter Versicherungs- und Haftungsrecht (Zeitschrift)
i. V. m.	in Verbindung mit
i. w. S.	im weiteren Sinne

J

JA	Juristische Arbeitsblätter
JR	Juristische Rundschau
Jura	Juristische Ausbildung
JuS	Juristische Schulung
JZ	Juristenzeitung

K

Kfz	Kraftfahrzeug
KfzPflVV	Kraftfahrzeugpflichtversicherungsverordnung
KTS	Zeitschrift für Konkurs-, Treuhand- und Schiedsgerichtswesen
KuV	Kraftfahrt und Verkehrsrecht

L

LAG	Landesarbeitsgericht
LG	Landgericht
Lit.	Buchstabe
LS	Leitsatz
LM	Lindenmaier/Möhring
LMK	Kommentierte BGH-Rechtsprechung (Lindenmaier/Möhring)
LNR	LexisNexis Recht
LSK	Leitsatzkartei des deutschen Rechts
LZ	Leipziger Zeitschrift für Deutsches Recht
LZB 87	Zusatzbedingungen für die Feuerversicherung landwirtschaftlicher Betriebe

M

m.	mit
m. Anm.	mit Anmerkung
MB	Musterbedingungen
MBKK	Musterbedingungen für die Krankheitskosten- und Krankenhaustagegeldversicherung
MBKT	Musterbedingungen für die Krankentagegeldversicherung
MBPPV	Musterbedingungen für die private Pflegeversicherung
MdE	Minderung der Erwerbsfähigkeit
MDR	Monatsschrift für Deutsches Recht
m. E.	meines Erachtens
MedR	Zeitschrift für Medizinrecht
MittFeuer	Mitteilungen für die öffentlichen Feuerversicherungsanstalten
MittBdL	Mitteilungen der Bank deutscher Länder
m. w. N.	mit weiteren Nachweisen

N

n. F.	neue Fassung
NJ	Neue Justiz
NJOZ	Neue Juristische Online-Zeitschrift
NJW	Neue Juristische Wochenschrift
NJWE-VHR	NJW-Entscheidungsdienst Versicherungs- und Haftungsrecht
NJW-RR	NJW Rechtsprechungsreport Zivilrecht
NJW Spezial	Neue Juristische Wochenschrift – Spezial
Nr.	Nummer
NStZ	Neue Zeitschrift für Strafrecht
NVersZ	Neue Zeitschrift für Versicherung und Recht
NwIG	Sonderbedingungen für die Neuwertversicherung von Industrie und Gewerbe
NwSoBed	Sonderbedingungen für die Neuwertversicherung
NZA	Neue Zeitschrift für Arbeits- und Sozialrecht
NZM	Neue Zeitschrift für Miet- und Wohnungsrecht
NZV	Neue Zeitschrift für Verkehrsrecht

O

o.	oben
o. ä.	oder ähnlich/e
OGH	Österreichischer Oberster Gerichtshof

ÖJZ	Österreichische Juristenzeitung
OLG	Oberlandesgericht
OLGR	Rechtsprechungsreport der Oberlandesgerichte
OLGZ	Entscheidungen der Oberlandesgerichte in Zivilsachen
OVG	Oberverwaltungsgericht
P	
PflVG	Gesetz über die Pflichtversicherung für Kraftfahrzeughalter (Pflichtversicherungsgesetz)
PHi	Produkt- und Umwelthaftpflicht international (Zeitschrift)
PSV	Pensions-Sicherungs-Verein
PVR	Praxis Verkehrsrecht
pVV	positive Vertragsverletzung
PWW	Prütting/Wegen/Weinreich BGB-Kommentar
R	
RAA	Reichsaufsichtsamt für das Versicherungswesen
RabelsZ	Rabels Zeitschrift für ausländisches und internationales Privatrecht
RAnz	Deutscher Reichsanzeiger
RdA	Recht der Arbeit (Zeitschrift)
RDG	Rechtsdienstleistungsgesetz
RdK	Das Recht des Kraftfahrers (Zeitschrift)
Rdn.	Randnummer, Verweis innerhalb des Kommentars
RdW	Recht der Wirtschaft (Österr. Zeitschrift)
RFH	Reichsfinanzhof
RG	Reichsgericht
RGBl.	Reichsgesetzblatt
RGZ	Entscheidungen des Reichsgerichts in Zivilsachen
RiLi	Richtlinie
RIW	Recht der Internationalen Wirtschaft (Zeitschrift)
rk	rechtskräftig
Rn.	Randnummer, Verweis in anderen Veröffentlichungen
RRa	ReiseRecht aktuell (Zeitschrift)
Rs.	Rechtssache
Rspr.	Rechtsprechung
RStBl.	Reichssteuerblatt
r+s	Recht und Schaden (Zeitschrift)
RverkBl.	Reichsverkehrsblatt
RVO	Reichsversicherungsordnung
RzW	Rechtsprechung zum Wiedergutmachungsrecht
S	
S.	Seite
s.	siehe
SchauHV	Verordnung über die Haftpflichtversicherung für Schausteller
Slg	Sammlung
s. o.	siehe oben
sog.	sogenannte
SP	Schaden-Praxis (Zeitschrift)
SPV	Soziale Pflegeversicherung
str.	streitig
st Rspr.	ständige Rechtsprechung
StVG	Straßenverkehrsgesetz
StVO	Straßenverkehrsordnung
StVZO	Straßenverkehrs-Zulassungs-Ordnung

s. u.	siehe unten
SV	Sachverständiger
SVR	Straßenverkehrsrecht (Zeitschrift)
SVS/RVS	Speditions- und Rollfahrversicherungsschein
SVT	Sozialversicherungsträger
T	
TA	Teilungsabkommen
teilw.	teilweise
TgV	Transportgenehmigungsverordnung
TK	Teilkasko(versicherung)
TranspR	Transportrecht (Zeitschrift)
U	
u.	und/unten
u. a.	unter anderem/und andere
u. ä.	und ähnlich/e/s
UGB	Umweltgesetzbuch (in Planung)
umstr.	umstritten
UmwRG	Umweltrechtsbehelfsgesetz
UPR	Umwelt- und Planungsrecht (Zeitschrift)
Urt.	Urteil
USchadG	Umweltschadensgesetz
USV	Umweltschadensversicherung
usw.	und so weiter
u. U.	unter Umständen
u. v. a.	und viele andere
u. v. m.	und vieles mehr
UWG	Gesetz gegen den unlauteren Wettbewerb
UZV	Unfallzusatzversicherung
V	
v.	vom/von
VA	Verkehrsrecht aktuell
VA	Veröffentlichungen des Reichsaufsichtamtes für das Versicherungswesen
VAG	Gesetz über die Beaufsichtigung der Versicherungsunternehmen (Versicherungsaufsichtsgesetz)
VD	Verkehrsdienst
VDEW	Vereinigung Deutscher Elektrizitätswerke
VdS	Verband der Schadenversicherer
VerBaFin	Veröffentlichungen der BaFin
VerBAV	Veröffentlichungen des Bundesaufsichtsamtes für das Versicherungswesen
Verf.	Verfasser
VersAG	Versicherungsaktiengesellschaft
VersArch	Versicherungsarchiv (Zeitschrift)
VersMed	Versicherungsmedizin (Zeitschrift)
VersPrax	Die Versicherungspraxis (Zeitschrift)
VersR	Versicherungsrecht (Zeitschrift)
VersRdsch	Versicherungsrundschau (österr. Zeitschrift)
VersVermVO	Versicherungsvermittlungsverordnung
VerwG	Verwaltungsgericht
VGB	Allgemeine Bedingungen für die Neuwertversicherung von Wohngebäuden gegen Feuer-, Leitungswasser- und Sturmschäden
vgl.	vergleiche
v. H.	vom Hundert

VHB	Allgemeine Hausratsversicherungsbedingungen
VK	Versicherung und Recht kompakt
VK	Vollkasko(versicherung)
VN	Versicherungsnehmer
VO	Verordnung
VR	Versicherer
VRR	Verkehrsrechtsreport (Zeitschrift)
VRS	Verkehrsrechtssammlung (Zeitschrift)
VU	Versicherungsunternehmen
VuR	Verbraucher und Recht (Zeitschrift)
VVaG	Versicherungsverein auf Gegenseitigkeit
VVG	Gesetz über den Versicherungsvertrag, Versicherungsvertragsgesetz
VVG-InfoV	VVG-Informationspflichtenverordnung
VVG-RegE	Entwurf eines Gesetzes zur Reform des Versicherungsvertragsrechts (Regierungsentwurf)
VW	Versicherungswirtschaft (Zeitschrift)
W	
WettbRiLi	Wettbewerbsrichtlinien der Versicherungswirtschaft
Wi	Wussow Informationen
WM	Wertpapiermitteilungen (Zeitschrift)
w. N.	weitere Nachweise
WuR	Wirtschaft und Recht der Versicherung (Zeitschrift)
Z	
ZAP	Zeitschrift für die Anwaltspraxis (Zeitschrift)
z. B.	zum Beispiel
ZEV	Zeitschrift für Erbrecht und Vermögensnachfolge
ZFBUB	Zusatzbedingungen zu den FBUB
ZFE	Zeitschrift für Familien- und Erbrecht
ZFgA	Zusatzbedingungen (zu den AFB) für Fabriken und gewerbliche Anlagen
ZfRV	Zeitschrift für Rechtsvergleichung
ZfS	Zeitschrift für Schadensrecht
ZfV	Zeitschrift für Versicherungswesen
ZfW	Zeitschrift für Wasserrecht
ZGS	Zeitschrift für das gesamte Schuldrecht
ZHR	Zeitschrift für das gesamte Handelsrecht und Konkursrecht
Ziff.	Ziffer
ZIP	Zeitschrift für Wirtschaftsrecht und Insolvenzpraxis
zit.	zitiert
ZMGR	Zeitschrift für das gesamte Medizin- und Gesundheitsrecht
ZPO	Zivilprozessordnung
ZRP	Zeitschrift für Rechtspolitik
z. T.	zum Teil
ZUR	Zeitschrift für Umweltrecht
zust.	zustimmend
zutr.	zutreffend
ZVersWiss	Zeitschrift für die gesamte Versicherungswissenschaft
z.Zt.	zur Zeit

Literaturverzeichnis

A

Abram	Der Direktanspruch des Geschädigten gegen den Pflicht-Haftpflichtversicherer seines Schädigers außerhalb des PflVG – »Steine statt Brot«?, VP 2008, 77 ff.
Albrecht	Neue Verkehrs- und Bußgeldvorschriften 2006, SVR 2006, 41 ff.
Allgaier	Die kleine Benzinklausel in der Privathaftpflichtversicherung, VersR 1985, 917 ff.
Armbrüster	Zum Schutz von Haftpflichtinteressen in der Sachversicherung, NVersZ 2001, 193 ff.
Armbrüster	Auswirkungen von Versicherungsschutz auf die Haftung, NJW 2009, 187
Armbrüster	»Ewige« Widerrufsrechte und ihre Folgen«,VersR 2012, 513 ff.

B

Bach/Günther	Der Entwendungsnachweis in der Kfz-Kaskoversicherung, 1. Aufl. 1997
Bach/Moser	Private Krankenversicherung MB/KK- und MB/KTKommentar 4. Aufl. 2009
Bauer	Die Kraftfahrzeugversicherung, 6. Auflage 2010
Bauer/Friesen	»UberPop – rechtlich top oder eher ein Flop?«, DAR 2015, 61 ff.
Baumann	Haftpflichtversicherung mit Selbstbeteiligung – Hilferuf eines überforderten Strafrechts, DAR 1971, 289 f.
Baumann	Quotenregelung contra Alles-oder-Nichts-Prinzip im Versicherungsfall – Überlegungen zur Reform des § 61 VVG, r+s 2005, 1 ff.
Baumgärtel	Selbstbeteiligung in der Kraftfahrzeughaftpflichtversicherung?, VersR 1972, 424 ff.
Bayer	Benzinklausel und Gesamtkausalität – Zur Reichweite der »kleinen Benzinklausel« und der Privathaftpflichtversicherung, VersR 1985, 305 ff.
Beck/Berr	Owi-Sachen im Straßenverkehrsrecht, 6. Aufl. 2012
Becker	Verdammt, vertankt, ADAC-Motorwelt 11/2011, 116
Becker	Die Fahrerschutzversicherung in der anwaltlichen Unfallschadenregulierung, zfs 2015, 10 ff.
Beckmann/Matusche-Beckmann	Versicherungsrechts-Handbuch, 3. Aufl. 2015
Bertkau, Sascha	Das Gemeinschaftsprivileg im Sozial- und privaten Versicherungsrecht, zfs 2015, 604 ff.
Benz, Anne	Quotenvorrecht im Bereich der Kaskoversicherung – Gewusst wie, zahlt sich aus!, DAR 2024, 318
Blum	Abschleppen und Schleppen und die neue Fahrzeugzulassungs-Verordnung, NZV 2008, 547 ff.
Blum	Das unvorsätzliche Sich-Entfernen vom Unfallort (§ 142 StGB), NZV 2008, 495 ff.
Blum	Der Missbrauch von Kurzzeitkennzeichen, SVR 2009, 126 f
Blum	Führen eines (Kraft-)Fahrzeugs, SVR 2015, 130 ff.
Blum/Weber	Wer ist Führer des Fahrschulwagens, NZV 2007, 228 f.
Bockemöhl	Handbuch des Fachanwalts Strafrecht, 6. Aufl. 2014
Bode	Absolutes Alkoholverbot für Fahranfänger und Fahranfängerinnen?, zfs 2007, 488 ff.
Böhme/Biela	Kraftverkehrshaftpflichtschäden, 25. Auflage 2013
Bollweg	Neue Haftungsgrenzen in der Straßenverkehrshaftung, NZV 2007, 599 ff.
Born	47. Deutscher Verkehrsgerichtstag in Goslar vom 28. – 30.01.2009, NZV 2009, 125 ff.
Born, Winfried	Der manipulierte Unfall im Wandel der Zeit, NZV 1996, 257
Bouska	Fahrverbot und internationaler Kraftfahrzeugverkehr, DAR 1995, 93
Brand	Beweiserleichterungen im Versicherungsrecht, VersR 2015, 10 ff.
Brill, Manfred	Anmerkung zu LG Kiel Urt. v. 19.03.1998 - 6 O 145/97 – VersR 1999, 1538
Brock	Rechtsprobleme beim begleiteten Fahren ab 17, DAR 2006, 63
Brockmöller	Die Rechtsprechung des Bundesgerichthofes zur Unfallversicherung, r+s 2012, 313 ff.
Brockmöller, Annette	Der Fahrzeug- und Fahrzeugteilediebstahl in der Kfz-Kaskoversicherung, zfs 2017, 184 ff.

Bruck/Möller	Großkommentar zum VVG, Band 4 Haftpflichtversicherung, 2013
Bruck/Möller	Versicherungsrecht, Bd. 12, 9. Aufl. 2018 (juris)
Bruck/Möller/Johannsen	Kommentar zum Versicherungsvertragsgesetz und zu den Allgemeinen Versicherungsbedingungen unter Einschluss des Versicherungsvermittlerrechtes, Band IV, 8. Aufl., 1970
Buchardt/Möller	Europas Bemühungen bei der Bekämpfung des Führerscheintourismus, SVR 2015, 1 ff.
Buchholz, Daniel	Die Fahrzeugtotalentwendung in der Vollkaskoversicherung, NJW-Spezial 2019, 201 ff.
Budde	Der Schadensfreiheitsrabatt bei Trennung und Scheidung, FuR 2004, 339 ff.
Burmann	Die Verletzung von Obliegenheiten in der KH-Versicherung, die vor dem Versicherungsfall zu erfüllen sind, zfs 1996, 442.
Burmann, Carla	Die Bedeutung der Gefahrerhöhung in der Kraftfahrtversicherung, NJW-Spezial 2015, 329
Burmann/Heß/Stahl	Versicherungsrecht im Straßenverkehrsrecht, 2. Aufl. 2010
Burmann/Heß/Jahnke/Janker	Straßenverkehrsrecht, 23. Auflage 2014
von Bühren/Richter	Reiseversicherung 4. Aufl. 2021

C

Canaris	Der Bereicherungsausgleich bei Zahlung des Haftpflichtversicherers an einen Scheingläubiger, NJW 1992, 868
Clemens/Hack/Schottmann/Schwab	Psychische Störungen nach Verkehrsunfällen – Implikationen für das Personenschadenmanagement, DAR 2008, 9

D

Dahlmann	Psychische Unfallfolgen, DAR 1992, 325
Dauer	wenig Bewegung in Sachen Führerscheintourismus, NJW 2008, 2381
Deichl/Küppersbusch/Schneider	Kürzungs- und Verteilungsverfahren nach den §§ 155, 156 VVG, 1985
Deppe-Hilgenberg	Direktanspruch, Regreß, Regressbeschränkungen und Reflex im Rahmen der Kfz-Haftpflichtversicherung, 1992
Dölling/Duttke/König/Rössner	Gesamtes Strafrecht, 5. Aufl. 2022
Dombert	§ 10 USchadG, – Abschied vom polizeilichen Entschließungsermessen?, ZUR 2008, 406 ff.
Dornbusch/Fischermeier/Löwisch	AR – Kommentar zum gesamten Arbeitsrecht, 7. Auflage 2015

E

Ebnet	Die Kündigung von Versicherungsverträgen, NJW 2006, 1697 ff.
Ehlers	Krieg, Kriegsereignisse, terroristische und politische Gewalthandlungen, Beschlagnahme, Eingriffe von hoher Hand, r+s 2002, 133
Eichenhofer/Wenner	Kommentar zum Sozialgesetzbuch I, IV, X, 1. Auflage 2012
Eichenhofer/Wenner	Kommentar zum SGB V, 1. Auflage 2012
Engelbrecht	Der Regress des Sozialleistungsträgers nach einem Unfall, DAR 2013, 767 ff.
Erbs/Kohlhaas	Strafrechtliche Nebengesetze, 2012
Erbs/Kohlhaas	Strafrechtliche Nebengesetze, 249. Aufl. 2023
Exter, Sebastian	Unfallfremde Schäden in der Schadensregulierung – von Manipulation und Betrug bis zu den alltäglichen Nachteilen der fiktiven Abrechnung, VersR 2022, 137

F

Felsch	Neuregelung von Obliegenheiten und Gefahrerhöhung, r+s 2007, 485 ff.
Felsch	Verhüllte Obliegenheiten – ein Nachruf, r+s 2015, 53 ff.
Feltz/Kögel	Begleitetes Fahren mit 17, DAR 2004, 121 ff.

Ferner/Bachmeier/ Müller	Fachanwaltskommentar Verkehrsrecht 2. Aufl. 2014
Feyock/Jacobsen/ Lemor	Kraftfahrtversicherung – Kommentar, 3. Aufl. 2009
Filthaut	Die Gefährdungshaftung für Schäden durch Oberleitungsbusse (Obusse) NZV 1995, 52 ff.
Fischer	Strafgesetzbuch, Kommentar, 62. Auflage 2015
Fischer	StGB, 71. Aufl. 2024
Fischinger/Seibl	Rechtliche Probleme des Projekts »Begleitetes Fahren ab 17«, NJW 2005, 2886 ff.
Fleischmann/ Hillmann	Das verkehrsrechtliche Mandat, Band 2: Verkehrszivilrecht, 6. Aufl. 2012
Fortmann, Michael	Die Anwendbarkeit von Kriegsausschlussklauseln im Zusammenhang mit Cyberangriffen, r+s 2023, 2 ff.
Franck	Richtlinienkonforme Auslegung der Vorschriften über die vorsätzliche Herbeiführung des Versicherungsfalles in der Kfz-Pflichtversicherung, VersR 2014, 13 ff.
Franz	Das Versicherungsvertragsrecht im neuen Gewand. Die Neuregelungen und ausgewählte Probleme,VersR 2008, 298 ff.
Franzke, Matthias/ Nugel, Michael	Unfallmanipulationen im Kraftfahrtbereich, NJW 2015, 2071 ff.
Fricke, Hans-Joachim	Abschied von der Erfüllungshaftung des Versicherers? VersR 2015, 1090
Fritsche/Würdinger	Die Entwicklung des Kraftfahrzeugbriefs im Zivilrecht, DAR 2007, 501 ff.
Fromm	Halterpflichten und Delegationsmöglichkeiten im Bußgeldverfahren, TranspR 2014, 105
Fromm	Zur Einstandspflicht der Vollkaskoversicherung bei Sekundenschlaf am Steuer, SVR 2015,126
Fromm/Schmidtke	Risiken der Einstellung des Strafverfahrens gem. § 153a StPO bei Verkehrsstraftaten – Pyrrhus-Sieg oder besonderer Verdienst des Strafverteidigers, NZV 2007, 552 ff.
Fürstenwerth	Die Einbeziehung neuer Allgemeiner Versicherungsbedingungen in bestehende Versicherungsverträge, r+s 2009, 221 ff.

G

Ganster	Die Prämienzahlung im Versicherungsrecht VVW 2008
Gehrmann	Grenzwerte für Drogeninhaltsstoffe im Blut und die Beurteilung der Eignung im Fahrerlaubnisrecht, NZV 2008, 377 ff.
Geigel/Schlegelmilch	Der Haftpflichtprozess, 25. Aufl. 2008
Geppert	Anmerkung zum Beschluss des BVerfG vom 19.03.2007, DAR 2007, 380 ff.
Gerhäuser	ADAC-Rechtsprechungsübersicht rund um Wohnmobil und Wohnwagen, DAR 2015, 112 ff.
Grabolle	Gebrauch roter Kennzeichen bei Probefahrten, DAR 2008, 173 ff.
Grabolle	Das Ende des Führerscheintourismus?, zfs 2008, 663 ff.
Gramberg-Danielsen/ Kern	Die Brillenbewertung nach den AUB 88,VersR 1989, 20
Gramberg-Danielsen/ Thomann	Die Bewertung von Augenschäden in der privaten Unfallversicherung nach den AUB 88, VersR 1988, 789
Grams	Motorbetriebene Skateboards als Kfz im Straßenverkehr?, NZV 1994, 172 ff.
Greiner	Gesetzeslücke beim Fahren ohne Fahrerlaubnis eines Mofas, NZV 2014, 72 ff.
Grimm	Unfallversicherung AUB-Kommentar, 5. Aufl. 2013
Grohmann	Abschleppen, Anschleppen, Schleppen, DAR 1998, 342 ff.
Grote/Schneider	VVG 2008: Das neue Versicherungsvertragsrecht, BB 2007, 2689 ff.
Grüneberg (vormals: Palandt)	Bürgerliches Gesetzbuch, 83. Auflage, München 2024
Günther, Dirk-Carsten	Reichspogromnacht, Vietnamkrieg und G-20-Gipfel – der Ausschluss für «Innere Unruhen», r+s 2018, 175 ff.
Günther/Spielmann	Vollständige und teilweise Leistungsfreiheit nach dem VVG 2008 am Beispiel der Sachversicherung, r+s 2008, 133 ff. und 177 ff.

Günther/Spielmann — Das Urteil des BGH vom 12.10.2011 (IV ZR 199/10) VersR 2011, 1550 – Auswirkungen und Lösungsansätze, VersR 2012, 549 ff.

H

Haase — Verfassungskonforme Anwendung der Fahrerlaubnisverordnung im Falle von Konsum oder Besitz von Cannabis mit oder ohne Bezug zum Straßenverkehr, zfs. 2007, 3 ff.

Haase/Sachs — Drogenfahrt mit Blutspiegeln unterhalb der Grenzwerte der Grenzwertkommission – Straftat (§ 316 StGB), Ordnungswidrigkeit (§ 24a StVG) oder Einstellung (§ 47 OwiG)?, NZV 2008, 221 ff.

Halm — Versicherungsrechtliche Konsequenz der Unfallflucht, DAR 2007, 617

Halm — in Festschrift für Klaus Himmelreich: Versicherungsrechtliche Konsequenzen der Unfallflucht, S. 295 ff.

Halm/Engelhardt/Krahe — Handbuch FA-Versicherungsrecht 5. Aufl.

Halm/Engelbrecht/Krahe — Handbuch des Fachanwalts Versicherungsrecht, 6. Auflage Neuwied 2018

Halm/Fitz — Versicherungsschutz bei entgeltlichen Probefahrten, DAR 2006, 433 f.

Halm/Fitz — Versicherungsrecht 2008/2009, DAR 2009, 437 ff.

Halm/Fitz — Versicherungsverkehrsrecht 2012/2013, DAR 2013, 447

Halm/Kreuter/Schwab — AKB-Kommentar, 2. Auflage

Halm/Steinmeister — Arbeitsrecht und Straßenverkehr, DAR 2005, 481 ff.

Hammel, Tobias — Besonderheiten der Kraftfahrtversicherung bei Personenkraftwagen mit Fahrerassistenzsystemen, VersR 2016, 281 ff.

Hau, Wolfgang — Der Klageverzicht in Allgemeinen Geschäftsbedingungen, MDR 2017, 853

Haupfleisch/Hirtler — Die 5. Kraftfahrzeug-Haftpflichtversicherungs-Richtlinie DAR 2006, 560 ff.

Haus/Krumm/Quarch — Gesamtes Verkehrsrecht, 1. Aufl. 2014

Heinrich — Motorisierter Tretroller – sog. »Go-Ped« – im öffentlichen Straßenverkehr, PVR 2003, 138.

Heinrichs — Synopse der für das Versicherungsrecht im Verkehrsrecht bedeutsamsten Auswirkungen der VVG Reform zfs 2009, 187

Heinrichs — Die Fahrerschutzversicherung, DAR 2011, 565 ff.

Heinzlmeier — Strafrechtliche Probleme des Pflichtversicherungsrechts, NZV 2006, 225

Heinzlmeier — Strafrechtliche Probleme des Pflichtversicherungsrechts, NZV 2006, 225 ff., 231

Hentschel — Die Entwicklung des Straßenverkehrsrechts im Jahre 2004, NJW 2005, 641 ff.

Hentschel/König/Dauer — Straßenverkehrsrecht, 43. Aufl. 2015

Hentschel/König/Dauer — Straßenverkehrsrecht, 47. Aufl. 2023

Herberlein/Miller — Abschleppen und Schleppen, DAR 2009, 288 ff.

Heß — Die VVG-Reform: Alles oder nichts – das ist (nicht mehr) die Frage, NJW Spezial, 159 f.

Heß/Burmann — Die Quote bei grob fahrlässiger Obliegenheitsverletzung – Vom Alles oder Nichts zum Mehr oder Weniger, NZV 2009, 7 ff.

Heß/Jahnke — Das neue Schadensrecht, 2002

Heß/Look — Die Quotierung bei Fahruntüchtigkeit und Kfz-Entwendung, NJW-Spezial 2017, 713

Heuer — Zur außervertraglichen Haftung des Frachtführers (und seines Kfz-Haftpflichtversicherers) für Güterfolgeschäden, TranspR 2002, 334 ff.

Hillmann — Verstöße gegen Verkehrsvorschriften über ordnungsgemäße Ladung im Straßenverkehr, zfs 2003, 387 ff.

Hillmann/Schneider — Das verkehrsrechtliche Mandat, Bd. 2, 6. Aufl. 2013

Himmelreich — Irrtümer bei der Verkehrsunfallflucht (§ 142 StGB), DAR 2007, 44 ff.

Himmelreich/Halm	Handbuch des FA Verkehrsrecht, 5. Aufl. 2014
Himmelreich/Halm	Handbuch des FA Verkehrsrecht, 7. Auflage 2022
Himmelreich/Halm/Staab	Handbuch Kfz-Schadensregulierung, 3. Aufl. 2015
Himmelreich/Halm/Steinmeister	Handbuch FA Verkehrsrecht 7. Aufl. 2022
Himmelreich/Staub/Krumm/Nissen	Verkehrsunfallflucht, 7. Aufl., 2019
Hinsch-Timm	Das neue Versicherungsvertragsgesetz in der anwaltlichen Praxis, 1. Aufl. 2008
Hock	Die Benzinklausel (Kraftfahrzeugklausel) in der Allgemeinen Haftpflichtversicherung, 2. Auflage 2009.
Hoffmann/Schwab/Tolksdorf	Abfindungsregelungen nach Unfällen von Kindern sowie angepasste Lösungen für ältere oder andere besonders schutzbedürftige Menschen – Nachhaltige Sicherung der Geldsummen, DAR 2006, 666
Höfle	Prozessuale Besonderheiten im Haftpflichtprozess, r+s 2002, 397 ff.
Hofmann	Deckungsschutz für den eigenmächtig Fahrerhandlungen vornehmenden Insassen, NZV 1999, 153 f.
Hofmann	Der Schadensersatzprozess, 2. Aufl. 1999
Hofmann	Die neue Kfz-Versicherung
Holitzka, Patrick	Anmerkung zu LG Magdeburg Urt. v. 11.09.2018 – 11 O 217/18 – r+s 2020, 440 ff.
Horst/Katzenstein	Die Bindung der Gerichte nach § 108 SGB VII, VersR 2009, 165 ff.
Huber	Das neue Schadensersatzrecht, 2003
Huppertz	Verkehrsrechtliche Einordnung von Rikschas, NZV 2006, 299.
Huppertz	Rechtsfolgen bei Probefahrten im Lichte der neuen FZV, DAR 2008, 606 ff.
Huppertz	Elektrofahrräder, DAR 2011, 561 ff.
Huppertz	Pedelec, Segway, Bierbike: Lust oder Last?, NZV 2012, 23 ff.

J

Jacob	Irrungen und Wirrungen zum ›richtigen‹ Zeitpunkt der Invaliditätsbemessung in der Unfallversicherung« – Zugleich Besprechung des Urteils des OLG Düsseldorf vom 6.8.2013 (I-4 U 221/11) VersR 2013, 1573«,VersR 2014, 291 ff.
Jacob, Markus	Anspruchskürzungen und Leistungsausschlüsse bei alkoholbedingter Einschränkung der Fahrtüchtigkeit, VersR 2018, 75 ff.
Jaeger	Elektrofahrräder, zfs 2011, 663 ff.
Jaeger, Alexander	Die Haftungsbegrenzung nach dem Leitbild der Kaskoversicherung in Kfz-Mietverträgen, r+s 2021, 128 ff.
Jaeger, Alexander	Die fiktive Abrechnung des Kaskoschadens, zfs 2022, 304 ff.
Jahnke	Angehörigenprivileg im Wandel, NZV 2008, 57 ff.
Janker	Das neue Alkoholverbot für Fahranfänger und Fahranfängerinnen, DAR 2007, 497 ff.
Jeßnitzer	Auch bei mittelgroßen Schäden lohnt sich ein Besuch, VW 2009, 951 ff.
Johannsen	Zur Frage der Rechtswirksamkeit des § 5 Abs. 3 S. 1 KfzPflVV – Erwiderung auf den Aufsatz von Wandt VersR 2005, 494, VersR 1995, 888 ff.
Jung	Drogengrenzwerte für absolute Fahruntüchtigkeit – eine Utopie?, DAR 2008, 608 ff.

K

Karbach	Festschrift für Klaus Himmelreich zum 70. Geburtstag, 2007
Karcewski	Berufung in Versicherungssachen – Besonderheiten und typische Probleme, r+s 2010, 495 ff.
Kärger	Kfz-Versicherung nach dem neuen VVG, 2008
Kassing	Neues VVG: Die Quotenbildung bei grober Fahrlässigkeit, VersP 2009, 102 ff.
Katzenmeier	Haftung für HIV-kontaminierte Blutprodukte, NJW 2005, 3391 f.
Kerst	Tipps zum Umgang mit der Quotelung, VW 2010, 501 ff.

Kessal-Wulf	Aus der neueren Rechtsprechung des Bundesgerichtshofes zur privaten Unfallversicherung r+s 2008, 313
Kessal-Wulf	Die aktuelle Rechtsprechung des BGH zur Unfall-, Berufsunfähigkeits- und Krankentagegeldversicherung, r+s 2011, 497 ff.
Klein, Oliver	Der gestellte Unfall, zfs 2020, 188 ff.
Klimke	Vertragliche Ausschlussfristen für die Geltendmachung des Versicherungsanspruchs nach der VVG-Reform – Entschuldigungsmöglichkeit, Hinweispflicht und Transparenz, VersR 2010, 290 ff.
Klingenberg/Nugel	Betrugsabwehr bei vorsätzlicher Eigenbrandstiftung in der Kaskoversicherung, DAR 2013, 185 ff.
Kloth	Private Unfallversicherung, 1. Aufl. 2008
Knappmann	Rechtsfragen der neuen Kraftfahrtversicherung, VersR 1996, 401 ff.
Knappmann	Anmerkungen zu den neuen Allgemeinen Bedingungen für die Kfz-Versicherung (AKB 2008), VersR 2009, 186 ff.
Knappmann	Die Bedingungen der neuen Kfz-Versicherung – Abweichungen von den Vorbedingungen, VRR 2009, 126 ff.
Knappmann	Zur Quotenbildung nach dem VVG 2008,VRR 2009, 9 ff.
Knappmann	Versicherungsschutz für Sachen im Kfz, VRR 2010, 49 ff.
Knappmann	Der Autoschutzbrief, VRR 2011, 444 ff.
Knappmann	Ansprüche bei Verlust oder Schäden an Sachen in Kraftfahrzeugen, VRR 2014, 324 ff.
Knappmann	Die Fahrerschutzversicherung, VRR 2014, 447 ff.
Knöpper	Rechtzeitigkeit der Leistung bei Geldschulden? – Prämienzahlung, NJW Spezial 2009, 105 f.
Koch	Der Direktanspruch in der Haftpflichtversicherung, r+s 2009, 133 ff.
Koch	Abschied von der Rechtsfigur der verhüllten Obliegenheit, VersR 2014, 283 ff.
Koch/Hierse	Die Prozessführung durch den Versicherer,VersR 2001, 405
Koehl	Neuere Rechtsprechung zum Verkehrsverwaltungsrecht, zfs 2014, 4 ff.
Koehl	Europäischer Führerscheintourismus – eine aktuelle Bestandsaufnahme, NZV 2015, 8 ff.
König	Zur fahrlässigen Drogenfahrt nach »länger« zurückliegendem Drogenkonsum, NStZ 2009, 425 ff.
Konradi	Teilungsabkommen – Anforderungen in »Zweifelsfällen«, SGb 2015, 20 ff.
Kötz/Wagner	Deliktsrecht, 12. Aufl. 2013
Krahe	Der Begriff »Kriegsereignis« in der Sachversicherung, VersR 1991, 634 ff.
Kreuter-Lange/Schwab	Haftungs- und Versicherungsfragen beim Busfernverkehr, DAR 2015, 67 ff.
Kröger	Regulierungsermessen und Belastung des Schadensfreiheitsrabatts – der Versicherer zwischen den Fronten, VersR 2013, 139 ff.
Kröger/Kappen	Mindestdeckungssummen und Regulierungsfristen bei Verkehrsunfällen in Europa, DAR 2007, 557 ff.
Krumm	Das Adhäsionsverfahren in Verkehrsstrafsachen, SVR 2007, 41
Krumm	Arbeitshilfe: Vorwurf der Unfallflucht nach unerlaubtem Entfernen – § 142 II StGB, NZV 2008, 497 f.
Krumm	Die zur Fahruntüchtigkeit führenden »anderen« Rauschmittel, NZV 2014, 441 ff.
Krumm/Himmelreich/Staub	Die »OWI-Unfallflucht« – eine wenig bekannte Vorschrift, DAR 2011, S. 6 ff.
Kuhn, Paul	Haftung bei Fährschiffunfällen – Schadensabdeckungen durch Versicherungen, DAR 1987, 276 ff.
Küppersbusch/Höher	Ersatzansprüche bei Personenschäden, 11. Auflage 2013
Küppersbusch/Höher	Ersatzansprüche bei Personenschäden, 14. Auflage 2024

L

Lachner	Das Quotenvorrecht in der Kaskoversicherung, das unbekannte Wesen, zfs 1998, 161 ff.

Lang/Stahl/Huber	Das Modell »Begleitetes Fahren mit 17« aus haftungsund versicherungsrechtlicher Sicht, NZV 2006, 449 ff.
Lange	Das Zusammenwirken von Anerkenntnis und Abtretung in der Haftpflichtversicherung nach der VVG-Reform, r+s 2007, 401
Langer	Novellierung der Lenk- und Ruhezeiten im Straßenverkehr und das neue digitale Kontrollgerät, DAR 2007, 415 ff.
Langer	Anpassung der nationalen Vorschriften über die Lenkund Ruhezeiten an das geltende EU-Recht, DAR 2008, 421 ff.
Langheid	Auf dem Weg zu einem neuen Versicherungsvertragsrecht, NJW 2006, 3317
Langheid	Die Reform des Versicherungsvertragsgesetzes, NJW 2007, 3665 ff.
Langheid	Rechtsprechungsübersicht zum Versicherungsvertragsrecht 2008, NJW 2009, 337 ff.
Langheid/Rixecker	Versicherungsvertragsgesetz, 7. Auflage München 2022
Langheid/Wandt	Münchner Kommentar zum VVG, Bd. 1, 2010; Bd. 2, 2011
Larenz	Schuldrecht Allgemeiner Teil
Lehmann	Die Rechtsprechung des Bundesgerichtshofes zum Allgemeinen Versicherungsvertragsrecht nach neuem VVG, r+s 2012, 320 ff.
Lehmann, Martin	Zurechnung im Versicherungsrecht – Die Rechtsfigur des Repräsentanten, r+s 2019, 361 ff.
Lemcke	Probleme des Haftpflichtprozesses bei behaupteter Unfallmanipulation (Teil B), r+s 1993, 161 f.
Liebermann	Wechselkennzeichen können ab 01.07.2012 zugeteilt werden, DAR 2012, 425 f.
Linden	Rechtliche Aspekte weltweiter Krankenrücktransporte (Repatriierung), Diss. 1998
Loacker	Die Gefahrerhöhung nach der VVG-Reform, VersR 2008, 1285 ff.
Löhr-Müller	Der Dienstwagenüberlassungsvertrag, DAR 2007, 133 ff.
Looschelders	Schuldhafte Herbeiführung des Versicherungsfalls nach der VVG-Reform, VersR 2008, 1 ff.
Looschelders/Bottek	Die Rechtsstellung des Versicherers bei Verbringung gestohlener Kfz ins Ausland, VersR 2001, 401 ff.
Looschelders/Pohlmann	VVG-Kommentar, 2.Aufl. 2011
Looschelders/Pohlmann	VVG Versicherungsvertragsgesetz, Kommentar, 4. Auflage Köln 2023
Lorenz	Zur entsprechenden Anwendung der Regresssperre des § 67 Abs. 2 VVG auf die gesamtschuldnerischen Ausgleichsansprüche des Kfz-Haftpflichtversicherers gegen den nicht deckungsberechtigten Versicherten (Fahrer), VersR 1991, 505 ff.
Lorenz	Der subjektive Risikoausschluss durch § 61 VVG und die Sonderregelung in § 152 VVG, VersR 2000, 2 ff.
Lucas	Das Quotenvorrecht – wer es nicht kennt, verschenkt Geld!, VRR 2010, 127
Luckey	Personenschaden, 1. Aufl. 2013
Ludovisy/Eggert/Burhoff	Praxis des Straßenverkehrsrechts, 5. Aufl. 2010

M

Maier	Die vorläufige Deckung nach dem Regierungsentwurf der VVG-Reform, r+s 2006, 485 ff.
Maier	Die Leistungsfreiheit bei Obliegenheitsverletzungen nach dem Regierungsentwurf zur VVG-Reform, r+s 2007, 89, 90
Maier	Aller Anfang ist schwer – erste Urteile zur Kaskoversicherung nach der VVG-Reform, r+s 2010, 497 ff.
Maier	Die Fahrerschutzversicherung – Neue Wege beim Versicherungsschutz für den Fahrer (zugleich Anmerkung zu OLG Koblenz r+s 2014, 233), r+s 2014, 219 ff.
Maier, Karl	Anmerkung zu LG Frankfurt/Oder Urt. v. 11.01.2016 – 16 S 98/15 - r+s 2016, 292
Maier, Karl	Anmerkung zu OLG Saarbrücken Urt. v. 09.05.2018 – 5 U 51/17 - r+s 2018, 475
Maier, Karl	Betriebsschäden und Betriebsvorgänge in der Kaskoversicherung, r+s-Beilage 2011, 85
Maier/Biela	Die Kraftfahrt-Haftpflichtversicherung

Maier/Stadler	AKB 2008 und VVG-Reform, 1. Aufl., München 2008
Marlow	Die private Unfallversicherung – Aktuelles aus der Rechtsprechung, Praxis und VVG-Reform, r+s 2007, 353
Marlow	Die Verletzung vertraglicher Obliegenheiten nach der VVG-Reform: Alles nichts, oder?, VersR 2007, 43 ff.
Marlow/Spuhl	Das neue VVG kompakt – Ein Handbuch für die Rechtspraxis, 4. Aufl. 2010
Marlow/Tschersich	Die private Unfallversicherung – Aktuelles aus der Rechtsprechung, Praxis und VVG-Reform r+s 2009, 441
Marlow/Tschersich	Die private Unfallversicherung – Aktuelles aus Rechtsprechung und Praxis – Teil II, r+s 2013, 365 ff.
Mayer	Unfallbegriff in der Kaskoversicherung, NZV 1991, 132
Meier	Die Haftung des Athleten im Sport,VersR 2014, 800 ff.
Meixner/Steinbeck	Allgemeines Versicherungsvertragsrecht 2. Aufl. 2011
Meschkat/Nauert	Betrug in der Kraftfahrtversicherung, 2008
Meschkat/Nauert	VVG-Quoten, Leistungskürzungen in der Sach- und Kasko-Versicherung sowie KH-Regress, 2008
Meyer	Abschlussbericht für das Projekt Kfz-Haftpflichtversicherungstarife Teil III, S. 74.
Mielchen/Meyer	Anforderungen an die Führerscheinkontrolle durch den Arbeitgeber bei Überlassung von Firmenfahrzeugen an den Arbeitnehmer, DAR 2008, 5 ff.
Mitsch	§ 142 Abs. 2 StGB und Wartezeitirrtum, NZV 2005, 347 ff.
Mitsch	Die verfassungskonforme Anwendung des § 142 II Nr. 2 StGB, NZV 2008, 217 ff.
Morgenstern	Der Abgesang des Führerscheintourismus, NZV 2008, 425 ff.
Müller	Das Quotenvorrecht in der Kaskoversicherung, VersR 1989, 317 ff.
Müller	Überkompensatorische Schmerzensgeldbemessung?, 2007
Müller	Geschäftsführung ohne Auftrag – Schadensersatzanspruchnach AKB § 10 Nr. 1 (AKB 2008 A.1.1.1), r+s 2012, 584 ff.
Müller/Matlach	Rechtskrafterstreckung und Verjährung nach § 3 Nr. 8, Nr. 3 S. 2 Hs. 2 Pflichtversicherungsgesetz (PflVG) – Anmerkungen zum Urteil des BGH vom 09.01.2007 (VI ZR 139/06), zfs 2007, 366 ff.
Münchener Kommentar	Bürgerliches Gesetzbuch, Band 2, 5. Aufl. 2007
Münchener Kommentar	Bürgerliches Gesetzbuch, 9. Auflage 2021
Münchener Kommentar	Versicherungsvertragsgesetz, 3. Auflage 2022
Münchner Kommentar	Straßenverkehrsrecht, 1. Auflage 2017
Münchener Kommentar	Strafgesetzbuch, 4. Auflage 2021
Müringer	Kommentar zur Pflichtversicherung, 1999
Murmann	Ungelöste Probleme des § 246 StGBnach dem 6. Gesetz zur Reform des Strafrechts (6. StrRG), NStZ 1999, 14 ff.
Mußhoff/Madea	Chemisch-toxikologische Analysen auf berauschende Mittel im Rahmen der Fahreignungsdiagnostik, NZV 2008, 485 ff.

N

Naumann/Brinkmann	Die private Unfallversicherung – in der anwaltlichen Praxis, 2009
Naumann/Brinkmann	Die private Unfallversicherung in der Beraterpraxis 2. Aufl. 2011
Nehls	Kapital statt Rente (§§ 843 Abs. 3, 779 BGB): Rechnungszinsfuß näher bei 0 Prozent als bei 5 Prozent, DAR 2007, 444 ff.
Neidhart	Verkehrsrechts-Praxis – Adhäsionsverfahren – ein kurzer Ländervergleich – Schadenersatz im Strafprozess nach Verkehrsstraftaten, DAR 2006, 415
Neufang/Valder	Laden und Ladungssicherung im Straßengüterverkehr – Wer ist verantwortlich?, TranspR 2002, 325 ff.

Neuhaus	Die vorvertragliche Anzeigepflichtverletzung im neuen VVG, r+s 2009, 45 ff.
Nickel/Schwab	Stundensätze beim Haushaltsführungsschaden, SVR 2007, 17 ff.; dieselben SVR 2009, 286 ff.; dieselben SVR 2010, Heft 1.
Nitsch	Kraftfahrzeug-Leasing – eine unendliche Geschichte?, NZV 2011, 14 ff.
Notthoff	Die Zukunft genereller Schweigepflichtentbindungserklärungen in der Berufsunfähigkeitszusatzversicherung, zfs 2008, 243 ff.
Notthoff	Quotale Kürzung von Versicherungsleistungen im Bereich grober Fahrlässigkeit, VRR 2012, 204 ff.
Notthoff	Der Regress des Kraftfahrzeug-Haftpflichtversicherers – Teil 1, VRR 2013, 84 ff. Der Regress des Kraftfahrzeug-Haftpflichtversicherers – Teil 2, VRR 2013, 124 ff.
Notthoff, Martin	Haftung und Versicherung autonomer Kraftfahrzeuge – Herausforderungen und Besonderheiten, r+s 2019, 496 ff
Nugel	Das neue VVG – Quotenbildung bei der Leistungskürzung wegen grober Fahrlässigkeit, MDR Sonderbeilage 2007, 23 ff.
Nugel	Das Regulierungsermessen des Kraftfahrzeughaftpflichtversicherers, VRR 2008, 244 ff.
Nugel	Alles, nichts oder 5.000 A? Der Regress des Kraftfahrzeug-Haftpflicht-Versicherers gegenüber dem Versicherungsnehmer auf Grund einer Obliegenheitsverletzung nach der VVG-Reform, NZV 2008, 11, 15
Nugel	Die Quotenbildung bei einer Leistungskürzung nach dem »neuen« VVG – eine Übersicht zu den aktuellen Streitständen, MDR 2008, 1320 ff.
Nugel	Haftungsquote und Mehrwertsteuerersatz für den Fahrzeugschaden bei dem Verkehrsunfall mit einem Leasingfahrzeug, zfs 2008, 4 ff.
Nugel	Die Leistungsfreiheit des Kraftfahrtversicherers nach dem neuen VVG wegen einer Obliegenheitsverletzung nach Eintritt des Versicherungsfalls – erste Erfahrungen und Musterfälle, zfs 2009, 307 ff.
Nugel	Die Anzeigepflicht des Versicherungsnehmers im Hinblick auf gefahrerhebliche Umstände nach der VVGReform, MDR 2009, 186 ff.
Nugel	Zur Leistungsfreiheit des Kraftfahrtversicherers nach der VVG Reform – Teil I: Leistungsfreiheit bei einer rauschmittelbedingten Fahruntüchtigkeit, DAR 2010, 722 ff.
Nugel	Gemeinsamkeiten und Unterschiede bei der Anspruchsbegründung im Bereich der Unfallversicherung und des Schadensersatzrechts, DAR 2010, 445 ff.
Nugel	Zum Ersatz von Rettungskosten nach dem neuen VVG, DAR 2011, 484 ff.
Nugel	Zur Leistungsfreiheit des Kraftfahrtversicherers nach der VVG Reform – Teil II: Leistungsfreiheit bei einer grob fahrlässig ermöglichten Entwendung des Kfz, DAR 2012, 348 ff.

O

Otting	Gutachterkosten in der Kaskoversicherung, DAR 1996, 200 f.

P

Palandt	Bürgerliches Gesetzbuch, 74. Aufl. 2015
Pamer	Der Kaskoschaden – Teil- und Vollkaskoregulierung, 1. Aufl., Recklinghausen 2008
Petersen	USchadG, Kommentar, 1. Auflage 2013
Plate/Hillmann III	Schluss mit dem Führerscheintourismus – Ein Lösungsvorschlag, DAR 2014, 7 ff.
Plenker/Schaffhausen	Steuerermäßigung für haushaltsnahe Beschäftigungsverhältnisse, haushaltsnahe Dienstleistungen und Handwerkerleistungen ab 2009, DB 2009, 191 ff.
Pohlmann	Beweislast für das Verschulden des Versicherungsnehmers bei Obliegenheitsverletzungen,VersR 2008, 437 ff.
Präve	Das neue VVG und das AGB-Recht,VersW 2009, 98 ff.
Prölss	Kraftfahrt-Haftpflichtschäden im Zeichen der action directe, NJW 1965, 1737 ff.
Prölss/Martin	Versicherungsvertragsgesetz, 32. Auflage 2024
Prölss/Martin	VVG Kommentar, 29. Aufl.
Prütting/Wegen/ Weinreich	BGB Kommentar, 18. Auflage 2023

Pütz, Fabian/Maier, Karl	Haftung und Versicherungsschutz bei Cyber-Angriffen auf ein Kfz, r+s 2019, 444 ff.

R

Rebler	Geltungsbereich der Nachhaftung bei gekündigten Versicherungsverträgen von Gabelstaplern, SVR 2003, 330 f.
Rebler	Der Straßenbegriff im Verkehrsrecht, DAR 2005, 65 ff.
Rebler	Moderne Zeiten: Neue Fahrzeugformen und die Schwierigkeit ihrer rechtlichen Behandlung, SVR 2012, 15 ff.
Rebler	Die Kennzeichen nach der Fahrzeugzulassungsverordnung, SVR 2014, 216 ff.
Rebler	»Mi(e)tfahrgelegenheit modern – WunderCar und UberPop rechtliche Grauzone oder Illegalität?«, DAR 2014, 550 ff.
Reimer	Zur Rechtsnachfolge im öffentlichen Recht, DVBl. 2011, 201 ff.
Reinking/Eggert	Der Autokauf, 14. Auflage 2020
Remsperger	Die Oldtimerzulassung unter Berücksichtigung des neuen Anforderungskatalogs für die Begutachtung eines Fahrzeuges zur Einstufung als Oldtimer gemäß § 23 StVZO, DAR 2012, 72 ff.
Richter	Überlegungen zur quotierten Leistungsfreiheit in der Fahrzeugversicherung, SVR 2009, 13 ff.
Richter	Risikoausschlüsse in der Kfz-Versicherung, DAR 2012, 243 ff.
Riedmeyer	Grobe Fahrlässigkeit in der Kfz-Versicherung, zfs 2001, 345 ff.
Riedmeyer	Entwicklungen beim Europäischen Fahrerlaubnisrecht, zfs 2009, 422 ff.
Rixecker	Neufassung des Versicherungsvertragsgesetzes- Verursachung eines Versicherungsfalles – Teil 1, zfs 2007, 15
Rixecker	VVG 2008 – Eine Einführung – I. Herbeiführung des Versicherungsfalls, zfs 2007, 15 ff.
Rixecker	VVG- 2008 – Eine Einführung – IX. Vertragsschluss, zfs 2007, 495
Rixecker	Rechtsfragen der Quotenbildung nach dem VVG, zfs 2009, 5 ff.
Rogler	Anpassung von Vertragsgrundlagen an das VVG 2008 – zwei übersehene Problemfelder, r+s 2010, 1 ff.
Rokas	Die schuldhafte Herbeiführung des Versicherungsfalles nach altem und neuem VVG, VersR 2008, 1457 ff.
Römer	Das sogenannte Augenblicksversagen, VersR 1992, 1187 ff.
Römer	Der Kraftfahrzeugdiebstahl als Versicherungsfall, NJW 1996, 2329 ff.
Römer	Änderung des Versicherungsvertragsrechts Teil 1, VersR 2006, 740 f.
Römer	Zu ausgewählten Problemen der VVG-Reform nach dem Referentenentwurf vom 13. März 2006 (Teil I), VersR 2006, 740 ff.
Römer/Langheid	Versicherungsvertragsgesetz VVG, 2. Auflage 2003
Röttger, Friedhelm	Manipulierte Verkehrsunfälle im Haftpflichtprozess, zfs 2018, 184 ff.
Rüffer/Halbach/Schimikowski	Versicherungsvertragsgesetz – Handkommentar, 4. Auflage 2020
Rüth	Die Rechtsprechung des Bayerischen Obersten Landesgerichts in Verkehrsstrafsachen, DAR 1970, 253

S

Sanden/Völtz	Sachschadenrecht, 9. Aufl. 2011
Sapp	Das Modell »Begleitetes Fahren ab 17« im Haftungsrecht, NJW 2006, 408 ff.
Satzger/Schluckebier/Widmaier	StGB – Strafgesetzbuch, Kommentar, 2. Aufl. 2014
Satzger/Schluckebier/Widmaier	StGB, 6. Aufl. 2024
Schade, Martin	Neuere Rechtsprechung zur Beweislast bei einer Entwendung im Rahmen der Kfz-Kaskoversicherung, r+s 2017, 292 ff.
Schäfers	Mindest- und Höchstquote bei grober Fahrlässigkeit, VersR 2011, 842

Schäler	Gesetzeslücke bei Einsitzigkeit von Mofas aufgehoben, NZV 2014, 438 ff.
Schäpe	Auslandsfahrten trotz Fahrverbot? DAR 2001, 565
Schellhorn/Schellhorn/Hohm	Kommentar zum SGB XII, 18. Auflage 2010
Scheidler, Alfred	Quotale Leistungskürzung des Kraftfahrzeugversicherers bei alkoholbedingten Verkehrsunfällen, DAR 2016, 66 ff.
Schimikowski	Vorerstreckung des Rettungskostenersatzes in der Reformdiskussion, r+s 2003, 133 ff.
Schimikowski	Die vorvertragliche Anzeigepflicht, r+s 2009, 353 ff.
Schimikowski	Kürzung auf Null bei absoluter Fahruntüchtigkeit, DAR 2011, 700 ff.
Schirmer	Das »kranke« Versicherungsverhältnis zwischen KH Versicherer und Versicherungsnehmer, VersR 1987, 19 ff.
Schirmer	Das Adhäsionsverfahren nach neuem Recht – die Stellung des Unfallbeteiligten und deren Versicherer, DAR 1988, 121
Schirmer	Der »sonstige« oder »reine« Vermögensschaden in der Kraftfahrzeughaftpflichtversicherung, DAR 1992, 11
Schirmer	Nichteheliche Lebensgemeinschaft im Versicherungsund Verkehrsrecht, DAR 2007, 2 ff.
Schirmer	Neues VVG und die Kraftfahrzeughaftpflicht- und Kaskoversicherung – Teil 1, DAR 2008, 181 ff.
Schirmer	Neues VVG und die Kraftfahrzeughaftpflicht- und Kaskoversicherung – Teil 2, DAR 2008, 319 ff.
Schirmer/Höhne	Die Zulässigkeit von Selbstbehalten in der KH-Versicherung, DAR 1999, 433 ff.
Schmalzl	Fallen durch Muldenkipper auf öffentlichen Straßen verursachte Haftpflichtschäden unter den Versicherungsschutz der Betriebshaftpflichtversicherung für Bauunternehmer?, VersR 1973, 117
Schmalzl/Krause-Allenstein	Berufshaftpflichtversicherung des Architekten und Bauunternehmers, 2. Aufl. 2006
Schönke/Schröder	Strafgesetzbuch, Kommentar, 30. Auflage 2019
Schröder, Stephan	Manipulierter Unfall – Aktuelle Rechtsprechung, SVR 2020, 416 ff.
Schug	Zur Benzinklausel in der Haftpflichtversicherung,VersR 1998, 819 ff.
Schubach	Politische Risiken und Krieg in der Personenversicherung, r+s 2002, 177 ff.
Schubach/Jannsen	Private Unfallversicherung, Kommentar 2010
Schubert	Die neue »Winterreifenpflicht« in der StVO, DAR 2006, 112 ff.
Schünemann	Die deutsche Bekämpfung des Führerscheintourismus scheitert am europäischen Recht der gegenseitigen Anerkennung, DAR 2007, 382 f.
Schreier, Vincent	Ersatzfähigkeit fiktiver Reparaturkosten einer Markenwerkstatt in der Kfz-Kaskoversicherung, NJW 2016, 289 ff.
Schreier, Vincent	Tarife mit Werkstattbindung in der Kfz-Kaskoversicherung, VersR 2016, 1347 ff.
Schwab	Schwarzarbeit und Haftungsausschluss bei Arbeitsunfall, SVR 2004, 285 f.
Schwab	Zwischenruf zum Aufsatz von Jürgen Nehls, DAR 2007, 669 f.
Schwab	Ölspurbeseitigung – die rechtliche und wirtschaftliche Seite bei der Schadensabwicklung, DAR 2010, 347 ff.
Schwab	Fahrerschutzversicherung, Monographie 2014
Schwintowski	Vom Alles-oder-Nichts-Prinzip zum Quotensystem, VuR 2008, 1 ff.
Schwintowski	Die Rechtsfolgen der Verletzung vertraglicher Obliegenheiten in der allgemeinen Haftpflichtversicherung nach dem neuen VVG, VersR 2009, 1304 ff.
Schwintowski/Brömmelmeyer	Praxiskommentar zum Versicherungsvertragsrecht 4. Auflage 2021
Seemayer	Entwendungstatbestände in der Fahrzeug-Kaskoversicherung – zugleich Anmerkung zu OLG Köln vom 22.7.2008 –, r+s 2010, 6 ff.
Seemayer	Entwendungstatbestände in der Kaskoversicherung, r+s 2010, 6 ff.
Siegel, Thomas	Beweisanzeichen für einen gestellten Verkehrsunfall, SVR 2017, 281.
Singler, Philipp	Die Kfz-Versicherung autonomer Fahrzeuge, NZV 2017, 353 ff.
SK-StGB	Systematischer Kommentar zum Strafgesetzbuch, 10. Auflage 2021
Spatscheck/Fraedrich	Kfz-Steuerhinterziehung – strafbar?, Steueranwaltsmagazin SAM 2007, 162

Staab/Halm	Aktuelle Rechtsprechung zum Betrug in der Kfz-Haftpflichtversicherung, DAR 2014, 66 ff.
Staab, Ulrich	Aktuelle Rechtsprechung zum Betrug in der Kfz-Haftpflichtversicherung, DAR 2019, 434, DAR 2017, 622 und DAR 2016, 445
Stadler	Die Kfz-Versicherung, 2. Aufl. 2008
Stahl	Quotenbildung nach dem VVG in der Kraftfahrtversicherung, NZV 2009, 265 ff.
Stahl/Jahnke	Deckungs- und Haftungsfragen bei Unfallbeteiligung eines Anhängers, NZV 2010, 57 ff.
Stamm	Die neue Trunkenheitsklausel in der Kfz-Haftpflichtversicherung – Rechtsgrundlagen und Auswirkungen auf die Praxis, VersR 1995, 261, 266
Staub	Die Einlassung des Angeklagten/der Angeklagten bei der Verteidigung von Verkehrsstraftaten und deren revisionsrechtliche Überprüfung, DAR 2013, 422 ff.
Staudinger/Halm/Wendt	Fachanwaltskommentar Versicherungsrecht, 1. Auflage 2013
Staudinger/Halm/Wendt	Versicherungsrecht Kommentar, 2. Auflage 2017
Staudinger/Halm/Wendt (Hrsg.)	Versicherungsrecht, 3.Aufl. 2023
Staudinger/Halm/Wendt/von Bühren	FAK-VerR, 3. Aufl.
Staudinger/Kassing	Der Regress des Gebäudeversicherers gegen den Mieter im Lichte der VVG-Reform, VersR 2007, 10 ff.
Steinmetz/Röser	Bandscheibenschäden in der privaten Unfallversicherung: Leitfaden für die Bewertung, VersR 2014, 38 ff.
Stiefel/Hofmann	Kraftfahrtversicherung, AKB-Kommentar, 17. Aufl. 2000
Stiefel/Maier	Kraftfahrtversicherung, AKB-Kommentar, 19. Auflage, München 2017
Stöber	Ansprüche des Grundstücksbesitzers gegen den unbefugt Parkenden auf Ersatz der Abschleppkosten, DAR 2009, 539 ff.
Stoeber/Nugel	Rechtsprechungsübersicht zur arglistigen Obliegenheitsverletzung, SP 2014, 347 f.
Stoffers/Möckel	Beteiligte im strafprozessualen Adhäsionsverfahren, NJW 2013, 830 ff.

T

Terbille/Höra	Münchner Anwaltshandbuch Versicherungsrecht, 3. Aufl. 2013
Ternig	0,0 ‰ BAK-Grenze für Fahranfänger und Grenzwerte bei § 24a StVG, NZV 2008, 271 ff.
Ternig	Das fehlende 25 km/h-Schild und Auswirkungen auf das Pflichtversicherungsgesetz, NZV 2011, 525 f.
Terno	BGH-Kraftfahrtversicherungsrecht, DAR 2007, 316 ff.
Terno	Die Rechtsprechung des Bundesgerichtshofs zum Kraftfahrtversicherungsrecht, DAR 2008, 313 ff.
Terno	Aus der Rechtsprechung des Bundesgerichtshofs zum Kraftfahrtversicherungsrecht, zfs 2009, 362 ff.
Tettinger/Wank	Gewerbeordnung, Kommentar, 8. Auflage 2011
Thume	Die Rechte des Empfängers bei Vermischungsschäden in Tanks oder Silos als Folge verunreinigt angelieferter Güter, VersR 2002, 267 ff.
Thume	Versicherungen des Transportrechts,TranspR 2006, 1 ff.
Tschersich	Rechtsfragen der vorvertraglichen Obliegenheiten –Schwerpunkt: Die Hinweispflichten des Versicherers, r+s 2012, 53 ff.

U

Unberath	Die Leistungsfreiheit des Versicherers – Auswirkungen der Neuregelung auf die Kraftfahrtversicherung, NZV 2008, 537 ff.

V

v. Bernstorff	Selbstbehalt in der Autohaftpflicht? Probleme einer Pflichtversicherung im internationalen Vergleich, VW 1987, 214 ff.

van Bühren	Handbuch Versicherungsrecht, 6. Aufl. 2014
van Bühren	Die Fahrerschutzversicherung, VersR 2015, 685 ff.
van Bühren/Nies	Reiseversicherung, Kommentar, 3. Aufl. 2010
van Bühren/Richter	Reiseversicherung 4. Aufl. 2021
Veith	Das quotale Leistungskürzungsrecht des Versicherers gem. §§ 26 Abs. 1 S. 2, 28 Abs. 2 S. 2, 81 Abs. 2 VVG 2008, VersR 2008, 1580 ff.
Veith/Gräfe	Der Versicherungsprozess, 2. Aufl. 2010
v. Falkenhausen/Dehghani	Bericht der Europäischen Kommission über die Umwelthaftungsrichtlinie – Haftungsgefahren durch die Umsetzung der Umwelthaftungsrichtlinie, VersR 2011, 853 ff.
Volze, Harald	Befangenheit im Sachverständigenverfahren, VersR 2016, 1228
Vrzal	Zur Beurteilung vorgerichtlicher Erklärungen des Haftpflichtversicherers im Rahmen der Schadensregulierung, VersR 2012, 694 ff.

W

Wälder, Johannes	Anmerkung zu öOGH Urteil v. 23.05.2013 – 7 Ob 76/13x – r+s 2013, 430
Wagner	Das neue Umweltschadensgesetz, VersR 2008, 565 ff.
Wandt	Nichtigkeit des § 5 Abs. 3 S. 1 KfzPflVV wegen Überschreitens der Verordnungsermächtigung, VersR 2005, 494 ff.
Wandt	Versicherungsrecht, 5. Auflage 2012
Wandt	Zur dogmatisch gebotenen Enthüllung von »verhüllten« Obliegenheiten, VersR 2015, 265 f.
Wandt/Ganster	Die Rechtsfolgen des Widerrufs eines Versicherungsvertrags gem. § 9 VVG 2008,VersR 2008, 425 ff.
Warzelhan und Krämer	Führerschein und Epilepsie, NJW 1984, 2620 ff.
Watzlawik	Kaskoversicherungsschutz bei Unterschlagung nach A. 2.2.2. Abs. 1 AKB 2008 und Abgrenzung der versicherten Entwendung zum Betrug, DAR 2013, 232 ff.
Wehner	Die quantifizierende Feststellung der Überschreitung des im Rahmen des § 24a II StVG eingeführten Ahndungsgrenzwertes für THC, NZV 2007, 498 ff.
Weidner/Schuster	Quotelung von Entschädigungsleistungen bei grober Fahrlässigkeit des VN in der Sachversicherung nach neuem VVG, r+s 2007, 363 ff.
Wendt/Boetius	Anmerkungen zum Urteil des OLG Köln vom 20.07.2012 – 20 U 149/11, VersR 2013, 1561 ff.
Wies	Die neue Kraftfahrt-Haftpflichtversicherung
Wieske/Kramer	Bußgeldrechtliche Tragweite von Verstößen gegen die Ladungssicherheit, TranspR 2008, 435 ff.
Wilms	Anhänger-Streitfragen, DAR 2008, 671 f.
Wilms	Neue Anhänger-Streitfragen, DAR 2012, 68 ff.
Wilms	Kasko-Regulierung ist stets zumutbar, DAR 2013, 252 f.
Wolf, Markus J.	Der Oldtimer im Schadensfall – kein Fall wie jeder andere, NJW-Spezial 2017, 649 ff.
Wolter	Systematischer Kommentar zum Strafgesetzbuch, SKStGB
Wussow	Abgrenzung der Zuständigkeiten des Kfz-Haftpflichtversicherers und des Transportversicherers bei einem Ladungsschaden, WP 1996, 165
Wussow	Unfallhaftpflichtrecht, 16. Aufl. 2014

X

Xanke/Schaefer/Feller	Praxiskommentar zum Straßenverkehrsrecht, 2009

Z

Zöller/Vollkommer	ZPO-Kommentar, 29. Aufl. 2012
Zschieschack	Verbotene Vertretung durch die Haftpflichtversicherung im Verkehrsunfallprozess, NJW 2010, 3275 f.
Zwerger	Europäischer Führerscheintourismus – Rechtsprechung des EuGH und nationale Grundlagen, zfs 2015, 184 ff.

Gesetz über den Versicherungsvertrag (Versicherungsvertragsgesetz – VVG)

vom 23. November 2007 (BGBl. I S. 2631), das zuletzt durch Artikel 4 des Gesetzes vom 11. April 2024 (BGBl. 2024 I Nr. 119) geändert worden ist

Vorbemerkung

Die nachfolgenden Vorschriften des allgemeinen Teils des VVG werden ausschließlich mit Blick auf 1
die Kraftfahrzeug-Versicherung kommentiert und in Bezug zu den AKB, dem PflVG, der KfzPflVV und den Normen für die Pflichtversicherung gesetzt.

§ 6 Beratung des Versicherungsnehmers

(1) Der Versicherer hat den Versicherungsnehmer, soweit nach der Schwierigkeit, die angebotene Versicherung zu beurteilen, oder der Person des Versicherungsnehmers und dessen Situation hierfür Anlass besteht, nach seinen Wünschen und Bedürfnissen zu befragen und, auch unter Berücksichtigung eines angemessenen Verhältnisses zwischen Beratungsaufwand und der vom Versicherungsnehmer zu zahlenden Prämien, zu beraten sowie die Gründe für jeden zu einer bestimmten Versicherung erteilten Rat anzugeben. Er hat dies unter Berücksichtigung der Komplexität des angebotenen Versicherungsvertrags zu dokumentieren.

(2) Für die Übermittlung des erteilten Rats und der Gründe hierfür gilt § 6a.

(3) Der Versicherungsnehmer kann auf die Beratung und Dokumentation nach den Absätzen 1 und 2 durch eine gesonderte schriftliche Erklärung verzichten, in der er vom Versicherer ausdrücklich darauf hingewiesen wird, dass sich ein Verzicht nachteilig auf seine Möglichkeit auswirken kann, gegen den Versicherer einen Schadensersatzanspruch nach Absatz 5 geltend zu machen. Handelt es sich um einen Vertrag im Fernabsatz im Sinn des § 312c des Bürgerlichen Gesetzbuchs, kann der Versicherungsnehmer in Textform verzichten.

(4) Die Verpflichtung nach Absatz 1 Satz 1 besteht auch nach Vertragsschluss während der Dauer des Versicherungsverhältnisses, soweit für den Versicherer ein Anlass für eine Nachfrage und Beratung des Versicherungsnehmers erkennbar ist. Der Versicherungsnehmer kann im Einzelfall auf eine Beratung durch schriftliche Erklärung verzichten.

(5) Verletzt der Versicherer eine Verpflichtung nach Absatz 1, 2 oder 4, ist er dem Versicherungsnehmer zum Ersatz des hierdurch entstehenden Schadens verpflichtet. Dies gilt nicht, wenn der Versicherer die Pflichtverletzung nicht zu vertreten hat.

(6) Die Absätze 1 bis 5 sind auf Versicherungsverträge über ein Großrisiko im Sinn des § 210 Absatz 2 nicht anzuwenden, ferner dann nicht, wenn der Vertrag mit dem Versicherungsnehmer von einem Versicherungsmakler vermittelt wird.

Übersicht

A. Allgemeines

1 Durch die Reform des VVG wird jetzt im Gesetz die Verpflichtung des Versicherers, den Versicherungsnehmer vor dem Vertragsschluss entsprechend zu beraten, aufgenommen. Bisher wurde die Beratungspflicht des Versicherers durch die Rechtsprechung bestimmt. Sie wurde dann bejaht, wenn der Versicherungsnehmer nach allgemeiner Ansicht Aufklärung erwarten durfte. Diese Regelung war einzelfallabhängig. Die Rechtsprechung zu den Beratungspflichten des Versicherers der vergangenen zehn Jahre wird zusammengefasst in § 6 VVG. Der Versicherer ist verpflichtet, den Versicherungsnehmer anlassbezogen[1] über alles ihn Interessierende zu beraten und diese Beratung zu dokumentieren. Die vom Bund erlassene VVG-InfoV vom 03.01.2008 hilft für die Kraftfahrzeug-Haftpflicht-Versicherung nicht weiter, da sich die Informationspflichten ausschließlich mit den Personenversicherungen (Leben-, Berufsunfähigkeits-, Krankenversicherung[2] etc. befasst). Überwiegend ergehen die Entscheidungen in den Bereichen der Personenversicherungen, da dort oft weitreichende Folgen einer Falschberatung (Verlust des existenzsichernden Versicherungsschutzes) gegeben sind.[3] § 6 VVG wurde angepasst, die Einzelheiten der Auskunftserteilung wurden in § 6a aufgenommen, § 6 Abs. 6 schließt zudem die Anwendung des § 6 VVG insgesamt auf Großrisiken im Sinne des § 210 VVG aus.

B. Beratung in der Kraftfahrtversicherung

2 Man könnte nun die Auffassung vertreten, dass diese Regelung in der Kraftfahrzeug-Versicherung nicht von Bedeutung ist. Dem ist nur eingeschränkt zuzustimmen. In der Tat ist die VVG-Reform nicht für die Sparte Kraftfahrzeug gemacht worden. Diese trifft es nur am Rande. Es gilt gleichwohl auch hier die Pflicht zur Beratung[4].

I. Inhalt der Beratung

3 Die Beratung muss den Umständen entsprechend ausgestaltet und anlassbezogen[5] sein. So muss über den Versicherungsschutz im außereuropäischen Ausland[6] ebenso beraten werden, wie über die Folgen falscher Angaben bei weichen Tarifmerkmalen[7]. Ebenso muss der Vermittler über die Besonderheiten bei ausländischen Anbietern aufklären[8]. Sie muss auch über die vorvertraglichen Anzeigepflichten belehren.[9] Da die Kraftfahrtversicherung etabliert ist und die möglichen Varianten der Verträge üblicherweise bekannt sind, muss der Vermittler seine Beratung entsprechend dem persönlichen Horizont des Kunden[10] ausgestalten und eine Abwägung zwischen Beratungsanlass und dem Verhältnis zwischen Aufwand und Prämie vornehmen[11]. Die Beratungspflicht des Versicherers wird durch die von ihm angebotenen Leistungen begrenzt, allerdings muss er den Kunden nicht auf Ergänzungsprodukte der Konkurrenz hinweisen[12]. Auch besteht keine Verpflichtung, auf Vor- und Nachteile der eigenen Produkte in Abgrenzung zur Konkurrenz darzustellen[13]. Bei aller Beratungspflicht muss aber das Verhältnis zwischen Vertragslaufzeit, Versicherungsprämie und Aufwand berücksichtigt werden.

1 Schwintowski/Brömmelmeyer/Ebers § 6 Rn. 3.
2 Zur Frage der Belehrung in der Krankenversicherung BGH v. 12.03.2014 – IV ZR 306/13, eine Belehrung ist entbehrlich, wenn die Anzeigepflicht arglistig verletzt wird.
3 U.a. OLG Dresden v. 07.11.2023 – 4 U 54/23. NK-VersR/Schneider, § 6 VVG.
4 Franz »Das Versicherungsrecht im neuen Gewand«, VersR 2008, 298 ff.
5 OLG Saarbrücken, v. 27.05.2009 – 5 U 481/08–58; Bruck/Möller/Schwintowski § 6 Rn. 9.
6 OLG Hamm v. 15.01.2020 -20 U198/19.
7 LG Magdeburg v. 11.09.2018 – 11 O 217/18 m. Anm. Holitzka, r+s 2020, 439 ff auch zur Wechselwirkung mit § 19 VVG.
8 OLG Saarbrücken, Urteil vom 5.3.2021 – 5 U 37/20.
9 BGH v. 27.04.2016 – IV ZR 372/15 (pKV).
10 Looschelders/Pohlmann § 6 Rn. 43; Römer/Langheid/Rixecker § 6 Rn. 6 f.
11 Pohlmann in Looschelders/Pohlmann, § 6 Rn. 64.
12 Schwintowski/Brömmelmeyer/Ebers § 6 Rn. 25.
13 OLG Köln v. 18.06.2002 – 9 U 181/01, VersR 2003, 97; Römer/Langheid/Rixecker § 6 Rn. 8 m.w.H. für andere Versicherungszweige.

So ist bei einer längerfristigen vertraglichen Bindung und höherem Prämienvolumen sicher ein Mehr an Beratung zu fordern, als es bei einem zeitlich auf max. ein Jahr begrenzten Vertrag angemessen ist. Dabei ist die Bedeutung der Beratungspflichten in anderen Bereichen um ein Vielfaches größer, wie die Rechtsprechung dazu zeigt[14]. Vereinbart ein Vermittler mit seinem Kunden eine ratierlich zu zahlende Vermittlungsprämie, wird diese Vereinbarung nicht von einer evtl. vor vollständiger Begleichung der Prämie erfolgten Kündigung des Versicherungsvertrages berührt[15].

II. Beratung vor Vertragsschluss

Der Versicherer ist gehalten, den Versicherungsnehmer über die unterschiedlichen Versicherungssummen[16] und die möglichen Zusatzangebote zu informieren. Auf die Zusatzangebote hat der Versicherungsnehmer jedoch keinen Anspruch, diese sind nicht vom Kontrahierungszwang des § 5 PflVG umfasst. Der Versicherer kann auch nicht durch das VVG gezwungen werden, über die Regeln des PflVG hinaus einen Vertrag abzuschließen. Ggf. muss auch hierauf hingewiesen werden. Die Beratung ist entsprechend zu dokumentieren, um Unklarheiten hinsichtlich des Umfanges der Beratung zu vermeiden[17]. Auch bei den sog. weichen Tarifmerkmalen können sich Beratungspflichten ergeben, so insbesondere hinsichtlich der vertraglich vereinbarten Laufleistung und der möglicherweise daraus resultierenden Folgen im Falle eines Schadenfalles.[18] Auch kann der Versicherer dann die Prämie bei Verletzung der Anzeigepflicht nach dem ungünstigsten Tarif berechnen.[19] 4

Der Versicherer kann nach § 5 PflVG ohne Angabe von Gründen einem Versicherungsnehmer den Vertragsschluss mit unbegrenzter Deckung, Vollkasko-, Teilkaskoversicherung oder Unfallversicherung ablehnen. Er muss keine Begründung für seine Ablehnung des Antrags und Ausfertigung eines neuen Angebotes liefern. Er muss auf den neuen Vertrag hinweisen[20]. Diese Freiheit würde ihm mit zu weiter Ausgestaltung der Beratungspflicht genommen, da dann immer die Gefahr bestünde, über die »Hintertür« des Beratungsverschuldens in die jeweils erforderliche Pflicht genommen zu werden! 5

Im Hinblick auf die Möglichkeit des Versicherers, den Vertrag modifiziert anzunehmen, ist der Versicherungsnehmer auch über sein Widerrufsrecht[21] und sein Widerspruchsrecht[22] entsprechend zu 6

14 BGH v. 19.07.2012 – III ZR 252/22; v. 23.05.2007 – IV ZR 93/06; OLG Frankfurt v. 30.11.2011 – 7 U 125/10 Jurion zur Aufklärungspflicht bei Anlagemodellen; OLG Köln v. 25.06.2012 – 20 U 249/11, Jurion.

15 BGH v. 05.06.2014 – III ZR 557/13, VersR 2014, 877 (für die Lebensversicherung).

16 BGH v. 26.03.2014 – VI ZR 422/13, zfs 2014,335 (Betriebshaftpflicht); BGH v. 23.10.2014 – III ZR 82/13, VersR 2015, 187 (Lebensversicherung); BGH v. 26.03.2014 – VI ZR 422/13, zfs 2014,335 (Betriebshaftpflicht); BGH v. 23.10.2014 – III ZR 82/13, VersR 2015, 187 (Lebensversicherung); OLG Saarbrücken v. 27.01.2010 – 5 U 337/09, Juris (Krankenversicherung).; OLG Hamm I-18 U 141/06 v. 30.04.2012 zu Beratungspflichten bei Versicherungssummen Gebäudeversicherung.

17 Looschelders/Pohlmann § 6 Rn. 80 ff.

18 Vgl. hierzu u.a. K.2.3 AKB sowie A.2.3 AKB Rdn. 54; E.1.1.3 AKB Rdn. 10; E.2.1 AKB Rdn. 2; AG Berlin Charlottenburg v. 02.07.2018 – 217 C 30/18 (Vertragsstrafe); AG Brandenburg v. 10.09.2018 – 31 C 213/17, zfs 2019, 95 f.

19 AG Berlin Charlottenburg v. 02.07.2018 – 217 C 30/18 (Vertragsstrafe); AG Brandenburg v. 10.09.2018 – 31 C 213/17, zfs 2019, 95 f.

20 Saarl. OLG 27.05.2009 – 5 U 481/08, r+s 2009, 319 ff.

21 BGH v. 14.05.2014 – IV ZA 5/14, VersR 2014, 824 f. zu den Anforderungen an die Belehrung über das Widerrufsrecht bei Rentenversicherungen. Allein die Abrufbarkeit der Widerrufsbelehrung im Internet ohne entsprechende Bestätigung durch den Abrufenden erfüllt die Anforderungen an eine ordnungsgemäße Belehrung nicht, BGH v. 15.05.2014 – III ZR 368/13, VersR 2014, 838 f. BGH v. 07.05.2014 – IV ZR 76/11 zur Rechtmäßigkeit eines Widerrufs bei ordnungsgemäßer Belehrung nach erfolgter Vertragskündigung und Abrechnung unter Anwendung europäischen Rechts zu § 5a VVG a.F., Armbrüster »Ewige« Widerrufsrechte und ihre Folgen, VersR 2012, 513 ff.

22 BGH v. 13.12.2017 – IV ZR 353/15 (zur priv. Rentenversicherung); BGH v. 11.02.2015 – IV ZR 310/13 (Hinweise zur Fristenberechnung für den Widerspruch sind nicht erforderlich); LG Köln v. 04.03.2013 – 26

informieren[23] Wird im Rahmen der Belehrung der Begriff »in Textform« verwendet, ist dies nicht erläuterungsbedürftig[24]. Fehlt allerdings ein Hinweis darauf, wie der Widerspruch zu erfolgen hat, ist dies ein beachtlicher Fehler[25]. Erfolgt ein Widerspruch nicht innerhalb der Frist nicht, ist der Vertrag in der geänderten Form zustande gekommen.[26] Eine Belehrung über die Folgen einer fehlerhaften Belehrung ist nicht erforderlich[27].

7 Das **Widerspruchsrecht** nach § 5 Abs. 1 VVG steht dem Versicherungsnehmer nur zu, wenn der Vertrag von seinem Antrag abweicht. Auf die Abweichungen **und** das Widerspruchsrecht muss ausdrücklich und erkennbar[28] hingewiesen werden[29]. Dabei kommt es auch auf den Wortlaut der Belehrungen an, unterscheiden sich die Belehrungen von Antrag, Anschreiben und Versicherungsschein, kann dies Probleme aufwerfen. U.U. ist dann bei nachfolgenden fehlerhaften Belehrungen die ordnungsgemäße Belehrung nicht gegeben[30]. Hierfür ist der Versicherungsnehmer beweisbelastet[31]. Dies ist jedenfalls dann nicht der Fall, wenn sowohl in Antrag und Anschreiben wie auch im Versicherungsschein der exakt gleiche Wortlaut für die Belehrung verwendet wird.[32] Unterbleibt diese Belehrung oder erfolgt sie nicht ordnungsgemäß, besteht das Widerspruchsrecht auch über die Jahresfrist hinaus[33]. Allerdings sind geringfügige Fehler unbedeutend.[34] Das drucktechnische Hervorheben durch Kursivdruck kann nach § 5 VVG a.F. ausreichen[35]. Nach erfolgtem Widerspruch sind evtl. gezahlten Prämien zurückzuerstatten[36]. Wenn sich ein Versicherungsvertreter auf sein Widerspruchsrecht beruft, kann dies missbräuchlich sein, wenn er sich nach Jahren darauf beruft, das Policenbegleitschreiben habe keinen gesondert hervorgehobenen Hinweis auf das Widerspruchsrecht enthalten[37].

8 Das zusätzliche **Widerrufsrecht** kann unabhängig von der Ausgestaltung des Vertrages auch entsprechend dem Antrag des Versicherungsnehmers ausgeübt werden, Ein zusätzliches Widerrufsrecht wegen bei unterjähriger Zahlungsweise nach den Grundsätzen eines »Ratenkreditvertrags« entfällt, da kein entgeltlicher Zahlungsaufschub vorliegt[38]. Dabei reicht es aus, wenn dieser Hinweis mit der

---

O 301/12 Wenn der VN eines dieser Gestaltungsrechte ausgeübt hat, sei es Widerruf oder Widerspruch oder Kündigung, sind die anderen Gestaltungsmöglichkeiten nicht mehr zu verwenden. BGH v. 07.05.2014 – IV ZR 76/11 zur Rechtmäßigkeit eines Widerrufs bei ordnungsgemäßer Belehrung nach erfolgter Vertragskündigung und Abrechnung unter Anwendung europäischen Rechts zu § 5a VVG a.F. vgl. auch BGH v. 21.02.2024 – IV ZR 297/22 zum Umfang der zu überlassenden Unterlagen nach § 5 a VVG a.F.

23 Zu den weiteren Details, insbesondere den Fristen, vgl. Kreuter-Lange zu B. AKB.

24 BGH v. 10.06.2015 – IV ZR 105/13.

25 OLG Köln v. 12.06.2021 – 20 U 316/20.

26 BGH v. 22.06.2016 – IV ZR 431/14.

27 BGH v. 27.03.2019 IV ZR 132/18.

28 OLG Karlsruhe, 27.01.2021, 12 U 221/20; OLG Stuttgart, 21.01.2021, 2 U 565/19.

29 OLG Saarbrücken v. 27.05.2009 – 5 U 481/08–58, r+s 2009, 319 bei Nichtannahme des Antrags auf Kasko-Versicherung.

30 Geringf. Fehler in der Belehrung schaden nicht BGH v. 15.2.2023 – IV ZR 353/21.

31 LG Tübingen Beschl. v. 26.01.2022 – 4 S 13/21.

32 OLG Köln v. 06.12.2013 – 20 U 50/13, Jurion.

33 BGH v. 03.09.2014 – IV ZR 145/12; v. 30.07.2014 – IV ZR 85/12.

34 BGH v. 15.02.2023 – IV ZR 353/21, fehlt allerdings bei der Belehrung der Hinweis auf die erforderliche Form (Textform), ist dies ein beachtlicher Fehler BGH v. 15.03.2023 – IV ZR 40/21 (für LV). Gezogene Nutzungen müssen zurückerstattet werden, hierauf ist dann hinzuweisen, wenn der Versicherungsschutz vor Ablauf der Widerrufsfrist erfolgen soll, BGH v. 11.10.2023 – IV ZR 40/22 (für Rentenversicherung). Eines Hinweises auf die Pflicht zur Herausgabe bedarf es nicht, wenn der Versicherungsschutz erst nach Ablauf der Widerrufsfrist beginnt BGH v. 11.10.2023 – IV ZR 41/22.

35 OLG Stuttgart v. 23.10.2014 – 7 U 256/13 Jurion, ders. v. 13.03.2014 – 7 U 216/13, VersR 2014, 1441; OLG München v. 27.06.2014 – 25 U 1044/14, Jurion.

36 BGH v. 28.06.2017 – IV ZR 440/14; LG Heidelberg v. 25.09.2014 – 1 S 15/13 Jurion.

37 OLG Stuttgart v. 11.06.2014 – 7 U 147/10 Jurion.

38 OLG München v. 10.07.2012 – 25 U 1169/12, Jurion. Vgl. auch grundlegend zur unterjährigen Zahlungsweise von Versicherungsprämien BGH v. 06.02.2013 – IV ZR 230/12, Jurion = r+s 2013, 119 = VersR 2013, 341; es endet mit der vollständigen Vertragsbeendigung, OLG Celle v. 02.02.2012 – 8 U

Übersendung des vom Antrag abweichenden Versicherungsscheins erfolgt[39], § 8 Abs. 2 VVG. Allerdings muss diese Belehrung über das Widerrufsrecht drucktechnisch hervorgehoben und augenfällig erkennbar sein[40]. Dies ist möglich, wenn sie in einem eigenen Absatz steht, der durch besondere Hervorhebungen dem Leser schon beim flüchtigen Durchlesen ins Auge fällt[41]. Auch der Verweis auf die Belehrung im Versicherungsschein kann reichen, wenn diese mittels Ösung mit dem Versicherungsschein verbunden ist[42]. Bei arglistigem Verhalten des Versicherungsnehmers kann eine Belehrung entbehrlich sein[43]. Eine Belehrung zwei Seiten nach der Unterschriftszeile genügt den Anforderungen nicht[44]. Für den Zugangszeitpunkt kann der Versicherungsnehmer beweisbelastet sein[45]. Die Fälle, in denen eine missbräuchliche Verwendung des Widerrufsrechts angenommen wird, stammen sämtliche aus dem Bereich der Personenversicherungen[46].

Als Sonderfall in der Kraftfahrzeug-Haftpflicht-Versicherung hat der Versicherer den Kunden auch über die Grenzen der Eintrittspflicht (Europa/Asien[47]) ggf. in dessen Muttersprache aufzuklären, wenn dort erkennbar Bedarf besteht[48]. Auch die Aufklärung über den Ausschluss von Eigenschäden[49] oder die Tatsache, dass eine Unterschlagung[50] eines Mietwagens nicht in der Kasko-Versicherung gedeckt ist, kann im Einzelfall erforderlich sein. 9

Im Zuge der Onlinevertragsanbahnung tauchen neue Probleme auf: So muss im Zuge von Internet-Werbungen sichergestellt werden, dass der Versicherungsvermittler tätig wird. Wird lediglich eine Online-Werbung ermöglicht und von dort eine Weiterleitung zu einem Versicherungsvermittler veranlasst, ohne dass dies für den Interessenten erkennbar ist, verstößt dies zum einen gegen das UWG § 4 Nr. 11; die GewO § 34c und d sowie die VersVermV § 11. Werden also konkrete Produkte im Online-Auftritt beworben und der Vertragsschluss ermöglicht, ohne dass der Wechsel zu der Seite eines Versicherungsvermittlers erkennbar wird, wird dieses Handelsunternehmen auch als Versicherungsvermittler behandelt. Dies hat zur Folge, dass ggf. auch eine Haftung für eine Schlecht- oder Falschberatung des Kunden bestehen kann[51]. Auch die Belehrung über die Gestaltungsrechte des Kunden muss so ausgestaltet sein, dass dies über die bloße Möglichkeit des Abrufens der Widerrufsbelehrung auf der Website des Unternehmers hinausgeht und eine Bestätigung der Kenntnisnahme von der Belehrung durch Setzen eines entsprechenden Häkchens erfolgen muss[52]. 10

III. Beratungspflicht bei unterjähriger Vertragsänderung

Will der Versicherungsnehmer unterjährig seinen Vertrag ändern, kann dies weitere Beratungspflichten des Versicherers auslösen. So muss er den Versicherungsnehmer z.B. beraten, wenn dieser 11

125/11; Beachte: die Entscheidung BGH v. 16.10.2013 – IV ZR 52/12, befasst sich noch mit der alten Rechtslage!

39 OLG Dresden Beschl. v. 20.10.2022 – 4 U 951/22; LG Heidelberg v. 25.09.29014 – 1 S 8/14 Jurion.

40 OLG Dresden v. 20.10.2022 – 4 U 51/22 Fettdruck, zwischen den beiden Unterschriftsfeldern auf dem Antragsformular ist ausreichend; OLG Stuttgart v. 23.10.2014 – 7 U 256/13 Jurion; OLG München v. 27.06.2014 – 25 U 1044/14, Jurion.

41 LG Kassel v. 18.12.2009 – LG Kassel v. 18.12.2009 – 1 S 334/09, r+s 2010, 339.

42 LG Dessau v. 30.01.2014 – 1 S 162/13, Jurion.

43 BGH v. 12.03.2014 – IV ZR 306/13, Jurion.

44 OLG Hamburg v. 06.08.2013, 9 U 31/13, zfs 2014, 450 f.

45 OLG Hamm v. 09.10.2013 – I-20 U 81/13, VersR 2014, 485 f., wenn er sich auf die für ihn günstigere Regelung des VVG n.F. berufen will.

46 OLG Dresden, 21.12.2020, 4 U 1947/20.

47 Zypern gehört zu Europa, OLG Hamburg v. 14.05.2009 – 9 U 108/08 für Yachtversicherung.

48 Wegen der Details vgl. Kommentierung unter A.1.4.2 und A.2.5 AKB.

49 Vgl. ausführlich unter A.1.5.6 zum Stichwort Eigenschaden.

50 BGH IV ZR 277/91, VersR 1993, 472 m.w.H.

51 BGH v. 28.11.2013 – I ZR 7/13.

52 BGH v. 15.05.2014 – III ZR 368/13, DB 2014, 1366.

unterjährig eine Herabsetzung der vereinbarten Versicherungssumme wünscht[53]. Auch eine unterjährige Veränderung von weichen Tarifmerkmalen kann zu einer Hinweispflicht führen. Wird eine Kündigung von dem Berater ausgesprochen und reagiert der Versicherungsnehmer nicht auf die Kündigungsbestätigung, zahlt weitere Beiträge nicht, kann er sich nicht auf eine ohne sein Einverständnis ausgesprochene Kündigung berufen[54].

IV. Wechselwirkung mit vorvertraglicher Anzeigepflicht

12 Die Beratungsverpflichtung ist im Lichte der vorvertraglichen Anzeigepflicht nach § 19 VVG von erheblicher Bedeutung. So hat der Versicherungsnehmer dem Versicherer alle Umstände, die für die Risikobewertung[55] von Bedeutung sein könnten, mitzuteilen. Beweisbelastet hierfür ist der Versicherer[56]. Der Versicherungsnehmer ist über die Folgen falscher oder unvollständiger Angaben zu belehren. Eine Mitteilung über die Folgen der vorvertraglichen Anzeigepflichtverletzung ohne Hinweise darauf bei den entsprechenden Fragen genügt den Anforderungen an eine gesonderte Belehrung nicht[57]. Die Folgen bei Verletzung der vorvertraglichen Anzeigepflicht orientieren sich am Verschulden des Versicherungsnehmers. Dabei ist dann auch auf die Beratungspflichten des Versicherers oder seines Agenten abzustellen. Je mehr die Beratungspflicht durch den Vermittler verletzt wurde, umso geringer dürfte das Verschulden des Versicherungsnehmers bei der Verletzung der vorvertraglichen Anzeigepflicht zu werten sein. Dabei werden die Folgen von Rücktritt vom Vertrag (bei vorsätzlicher Verletzung der vorvertraglichen Anzeigepflicht) über Anpassung des Vertrags an das tatsächliche Risiko bis hin zur Möglichkeit der Kündigung des Vertrages (bei einfacher Fahrlässigkeit) reichen[58]. Dabei gilt das Wissen des Versicherungsmaklers nicht als Wissen des Versicherers, da der Makler rechtlich selbständig ist[59]. Problematisch ist, wenn der Makler arglistig seine Pflichten arglistig verletzt[60], dies muss sich der Versicherungsnehmer entgegenhalten lassen. Wichtig ist insbesondere die Beachtung der Beratungs- und Hinweispflichten, wenn dem Versicherungsnehmer im Schadenfall die Verletzung von vorvertraglichen Anzeigepflichten vorgeworfen wird[61]. Eine Beratungspflicht des Versicherers entfällt, wenn der Versicherungsnehmer arglistig handelt.[62] Eine fehlerhafte Beratung kann sich nur dann für den Versicherungsnehmer auswirken, wenn sie schadenskausal war[63]. Hat sich die fehlerhafte Beratung im Schadenfall aber gerade nicht ausgewirkt, kann der VN sich nicht auf ein Beratungsverschulden berufen[64].

---

53 OLG Karlsruhe v. 15.01.2013 – 12 U 121/12, VersR 2013, 885; LG Hamburg v. 20.05.2020 – 314 O 103/18 (Hausrat-Umstellung der Bedingungen nach Fusion).

54 OLG Saarbrücken v. 24.11.2021 – 5 U 20/19 (Berufsunfähigkeitsversicherung).

55 Vgl. u.a. zur Wertbemessung OLG Hamm v. 18.01.1995 – 20 U 176/94, VersR 1996, 93 ff. m.w.H.; OLG Oldenburg v. 19.08.1992 – 2 U 87/92, VersR 1993, 1226 f.

56 BGH Beschl. V. 25.09.2019 – IV ZR 247/18.

57 OLG Saarbrücken v. 07.05.2014 – 5 U 45/13, VersR 2015, 91 f.

58 Neuhaus, »Die vorvertragliche Anzeigepflichtverletzung im neuen VVG«, r+s 2008, 45, 49.

59 OLG Köln v. 02.03.2012 – 20 U 209/11.

60 OLG Frankfurt a. M v. 7.12.2022 – 3 U 205/22 (für die Wohngebäudeversicherung).

61 OLG Stuttgart vom 26.09.2013, Az.: 7 U 101/13, Jurion = VersR 2014, 691 f.; OLG Hamburg v. 06.08.2013 – 9 U 31/13.

62 BGH vom 12.03.2014 – VI ZR 306/13, Jurion; OLG Hamburg v. 06.08.2013 – 9 U 31/13 zfs 2014, 450.

63 BGH v. 30.11.2017. I Z R 143/16; BGH v. 10.03.2016 – I ZR 147/14; OLG Düsseldorf vom 27.06.2014, 4 U 87/13 Jurion zum Beratungsverschulden eines Versicherungsmaklers.

64 BGH v. 04.12.2013 und v. 12.02.2014 – IV ZR 409/12, VersR 2014, 861 (zur Wohngebäudeversicherung); vgl. hierzu auch Henning, »Die Vermutung beratungsgerechten Verhaltens – mehr als eine Erleichterung zum Kausalitätsnachweis?« VersR 2014, 922 f.; Schulz, »Die primäre und sekundäre Darlegungs- und Beweislast bei vertraglichen Ausschlussklauseln im Versicherungsrecht« m. Hinweis zu BGH v. 11.09.2013 – IV ZR 259/12, VersR 2013, 1395.

IV. Beratungspflicht im Schadenfall

13 Der Versicherer bzw. sein Vermittler müssen den Versicherungsnehmer auch im Schadenfall weiter beraten und ggf. auf die Mitwirkungspflichten und Aufklärungspflichten[65] hinweisen. Hat der Versicherungsnehmer beim Vermittler den wahren Sachverhalt geschildert und dieser die Schilderung falsch weitergeleitet, kann dem Versicherungsnehmer dann kein Verschulden vorgeworfen werden, wenn er diese falsche Schilderung nicht unterzeichnet hat.

C. Vermittler/Agent

14 Bedient sich der Versicherer eines Vermittlers, kommt es darauf an, ob es sich um einen Versicherungsmakler handelt, oder um einen Agenten des Versicherers[66]. Der Versicherungsmakler, der als rechtlich selbständiger freier Vermittler auftritt und dem Lager des Versicherungsnehmers hinzuzurechnen ist, muss für seine fehlerhafte Beratung[67] selbst einstehen. Sie kann dem Versicherer gem. § 6 Abs. 6 2. Hs. VVG nicht zugerechnet werden[68]. Auch ein arglistiges Verhalten des Maklers ist dem Versicherungsnehmer zuzurechnen[69]. Demgegenüber muss der Versicherer sich die fehlerhafte oder falsche Beratung seines Agenten[70] anrechnen lassen und den Versicherungsnehmer ggf. so stellen, als sei die Beratung korrekt erfolgt. Dabei kann sich die Beratungspflicht des Versicherers nur auf die zu vereinbarenden Versicherungssummen und mögliche Zusatzversicherungen beziehen. Die Abgrenzung ist nicht immer einfach. Es reicht nicht aus, wenn der Vermittler mit dem Versicherer ein Betrauungsverhältnis abgeschlossen hat oder der Vermittler ein eigenes wirtschaftliches Interesse an der Provisionserwirtschaftung hat[71]. Es besteht auch kein Anlass, dem Versicherer ein Verhalten eines Vermittlers hinzuzurechnen, der Produkte verschiedener Anbieter vermarktet. Da der Agent aber ausschließlich an einen Versicherer gebunden und deshalb dem Lager des Versicherers zugehörig ist, fallen Fehlleistungen des Agenten dem Versicherer ebenfalls zur Last[72].

15 Aus § 6 Abs. 4 VVG ergibt sich die Pflicht, den Versicherungsnehmer auch während des Vertragslaufs weiter zu beraten, wenn dies erforderlich ist. Dieses Erfordernis wird insbesondere im Schadenfall auftreten, wenn der Versicherer den Versicherungsnehmer über seine Obliegenheiten im Schadenfall beraten muss. Eine Hinweispflicht auf die Obliegenheiten vor dem Schadenfall ist so nicht vorgesehen, dies muss im Zeitpunkt des Vertragsschlusses geschehen. Darüber hinaus muss sich der Versicherungsnehmer durch Kenntnisnahme der AKB über seine vertraglichen Nebenpflichten selbst informieren.

16 Erfolgt im Rahmen dieser Beratung zwar der Hinweis auf die einzelnen Versicherungssparten, unterbleiben aber die Hinweise auf die Risikoausschlüsse oder sind die Hinweise gar falsch und führen zu einer Fehlentscheidung des Versicherungsnehmers, hat der Vermittler hierfür einzustehen. Hätte der Versicherungsnehmer, der sich für eine Kasko-Versicherung interessierte, diese abgeschlossen, wenn er hinsichtlich des Risikoausschlusses Rennklausel vollständig und richtig[73] beraten worden

65 Vgl. hierzu ausführlich Kommentierung zu E.1 AKB.

66 Vgl. hierzu auch Koch, Geschichte des Rechts der Versicherungsvermittlung, VersR 2014, 916 ff, zu Entwicklung und Rechtsstellung von Agenten und Maklern.

67 LG Köln 21 O 251/11, Jurion RS 2011, 37644; Bruck/Möller/Schwintowski § 6 Rn. 19, Römer/Langheid/Rixecker § 6 Rn. 33. Schwintowski/Brömmelmeyer/Ebers § 6 Rn. 52 f.

68 Langheid »Rechtsprechungsübersicht zum Versicherungsvertragsrecht 2008«, NJW 2009, 337, 338 f.

69 OLG Schleswig v. 04.06.2020 – 16 U 133/19 (Pflege); OLG Saarbrücken, v. 15.05.2019 – 5 U 60/18; OLG Düsseldorf v. 10.03.2017 – I-4 U 191/15 – Gesundheitsfragen und Mithilfe des Maklers bei der arglistig unzutreffenden Beantwortung); LG Braunschweig v. 24.05.2012 – 7 O 2480/11.

70 BGH Beschl. v. 05.07.2017 – IV ZR 508/14 (fehlerhaft ausgefülltes Formular ist kein Nachweis falscher Angaben des Versicherungsnehmers); OLG Köln v. 14.01.1993 – 5 U 175/91, VersR 1993, 1385 f.

71 Langheid »Rechtsprechungsübersicht zum Versicherungsvertragsrecht 2008«, NJW 2009, 337, 339 m.w.H.

72 BGH v. 23.10.2014 – III ZR 82/13, MDR 2015, 91f.

73 Vgl. insoweit Kommentierung unter A.1.5.2 AKB; A.2.16.2 und D.2.2 AKB; OLG Karlsruhe v. 01.07.2004 – 12 U 85/04, zfs 2004, 415 für die fälschliche Auskunft, ein Sicherheitstraining auf dem Hockenheimring sei vom Versicherungsschutz wegen der Rennklausel ausgeschlossen.

wäre. Auch die geographischen Grenzen der Leistungspflicht des Versicherers sind gesondert mitzuteilen und bei Bedarf auch in der Landessprache dem Kunden zu übermitteln.

D. Ausnahme von der Beratungspflicht

17 Eine Beratungspflicht besteht nach § 6 Abs. 6 VVG nur in den Fällen des Vertragsschlusses über ein Großrisiko im Sinne des § 210 VVG.

E. Verzicht auf Beratung und Dokumentation der Beratung

18 Der Versicherungsnehmer kann schriftlich auf eine Beratung verzichten[74]. Der Verzicht ist schriftlich zu erklären und vom Versicherungsnehmer zu unterzeichnen. Mit einem Beratungsverzicht ist dann vorsichtig umzugehen, wenn erkennbar ist, dass der Kunde eigentlich einen Beratungsbedarf hat und diesen nur nicht erkennt. Der Vermittler ist auch gehalten, den Kunden redlich[75] über den möglichen Beratungsverzicht zu beraten. Eine Nichtbeachtung der Dokumentationspflicht führt zu Beweiserleichterungen[76] zugunsten des Versicherungsnehmers[77] u.U. sogar bis zu einer Beweislastumkehr[78].

19 Aufgrund der neuen, klaren Regelung ist eine Ausnahme der Dokumentationspflicht auch im Bereich der Pflichtversicherung nicht mehr gemacht, damit ist auch dann eine Beratung und Dokumentation erforderlich, wenn der Versicherungsnehmer die vorläufige Deckung wünscht und der Vertrag dann nicht zustande kommt, oder es sich um eine Pflichtversicherung handelt. Bei Fernabsatzverträgen kann in Textform auf die Beratung verzichten.

F. Schadenersatzpflicht des Versicherers

20 Der Versicherer ist zum Schadenersatz verpflichtet, wenn er den Versicherungsnehmer während der Vertragslaufzeit schlecht oder unvollständig beraten hat und dem Versicherungsnehmer daraus ein Schaden entstand. Hinsichtlich der Pflichtverletzung ist der Versicherungsnehmer beweispflichtig, wenn er aus ihr Ansprüche herleiten will[79]. Dabei ist ein Verschulden des Versicherers oder eines seiner Agenten, welches er sich zurechnen lassen muss, erforderlich[80]. Dem Versicherungsnehmer kommen dann Beweiserleichterungen zu Gute, wenn das Beratungsprotokoll mangelhaft ist und der Versicherungsnehmer entsprechend substantiiert vorträgt[81], in diesem Fall muss der Versicherer die korrekte Beratung beweisen.

21 Eine Verpflichtung zum Schadenersatz entfällt dann, wenn der Versicherungsnehmer zwar falsch beraten war, aber dieser Fehler vom Versicherer schriftlich richtig gestellt wurde und der Versicherungsnehmer genügend Zeit gehabt hätte, bei einem anderen Versicherer diese Lücke zu schließen[82]. Der entstandene Schaden muss kausal auf das Beratungsverschulden zurückzuführen sein[83].

---

74 NK-VersR/C Schneider § 6 VVG Rn. 56 ff.

75 Eine Beratung zum Beratungsverzicht hin, um ein schnelles Geschäft zu machen, kann weder im Interesse des Vermittlers noch des Versicherungsnehmers sein, wie es Bruck/Möller/Schwintowski § 6 Rn. 35 darstellt.

76 Brand, »Beweiserleichterungen im Versicherungsrecht«, VersR 2015, 10, 15 f.

77 BGH v. 13.11.2014 – III ZR 544/13 (für die Lebensversicherung), Jurion; BGH v. 26.03.2014 – VI ZR 422/13, zfs 2014,335 (Betriebshaftpflicht); BGH v. 23.10.2014 – III ZR 82/13, VersR 2015, 187 (Lebensversicherung); OLG Saarbrücken v. 27.01.2010 – 5 U 337/09, Juris (Krankenversicherung).

78 So entschieden für die Dokumentationspflicht des Versicherungsvermittlers nach §§ 42b ff VVG a.F., jetzt §§ 61f VVG n.F. BGH v. 13.11.2014 – III 440/13 Jurion; Henning, »Vermutung beratungsgerechten Verhaltens – mehr als eine Erleichterung des Kausalitätsgegenbeweises«, VersR 2014, 922 ff.

79 LG Koblenz, Urt. v. 12.10.2011 – 16 O 145/10, NJW-RR 2012, 1310.

80 Vgl. oben Rdn. 11.

81 LG Koblenz, Urt. v. 12.10.2011 – 16 O 145/10, NJW-RR 2012, 1310 zur Beratungspflicht des Versicherers hinsichtlich der Ausschlüsse in der Vollkasko-Versicherung (Betriebsschaden).

82 LG Köln v. 05.12.1984 – 24 O 109/84, VersR 1985, 381 f. für die fälschlicherweise zugesagte vorläufige Deckung.

83 BGH v. 04.12.2013 – IV ZR 409/12, VersR 2014, 8661; LG Düsseldorf 11 O 58/88, VersR 1988, 1121 bezogen auf eine Einbruchsdiebstahlversicherung.

G. Sonstige Folgen

Eine weitere Folge des Verstoßes gegen die Beratungspflichten kann neben dem Schadenersatz auch die Unwirksamkeit des Versicherungsvertrages sein, wenn Intransparenz gem. § 307 Abs. 1 S. 2 BGB gegeben ist[84], ebenso berechtigen der Verstoß gegen die Beratungspflicht u.U. zur Anfechtung gem. §§ 142, 123 BGB oder zum Widerruf gem. § 8 VVG[85]. 22

§ 6a Einzelheiten der Auskunftserteilung

(1) Der nach § 6 zu erteilende Rat und die Gründe hierfür sind dem Versicherungsnehmer wie folgt zu übermitteln:
1. auf Papier;
2. in klarer, genauer und für den Versicherungsnehmer verständlicher Weise;
3. in einer Amtssprache des Mitgliedstaats, in dem das Risiko belegen ist oder in dem die Verpflichtung eingegangen wird, oder in jeder anderen von den Parteien vereinbarten Sprache und
4. unentgeltlich.

(2) Abweichend von Absatz 1 Nummer 1 dürfen die Auskünfte dem Versicherungsnehmer auch über eines der folgenden Medien erteilt werden:
1. über einen anderen dauerhaften Datenträger als Papier, wenn die Nutzung des dauerhaften Datenträgers im Rahmen des getätigten Geschäfts angemessen ist und der Versicherungsnehmer die Wahl zwischen einer Auskunftserteilung auf Papier oder auf einem dauerhaften Datenträger hatte und sich für diesen Datenträger entschieden hat oder
2. über eine Website, wenn der Zugang für den Versicherungsnehmer personalisiert wird oder wenn folgende Voraussetzungen erfüllt sind:
   a) die Erteilung dieser Auskünfte über eine Website ist im Rahmen des getätigten Geschäfts angemessen;
   b) der Versicherungsnehmer hat der Auskunftserteilung über eine Website zugestimmt;
   c) dem Versicherungsnehmer wurden die Adresse der Website und die dortige Fundstelle der Auskünfte elektronisch mitgeteilt;
   d) es ist gewährleistet, dass diese Auskünfte auf der Website so lange verfügbar bleiben, wie sie für den Versicherungsnehmer vernünftigerweise abrufbar sein müssen.

(3) Die Auskunftserteilung mittels eines anderen dauerhaften Datenträgers als Papier oder über eine Website im Rahmen eines getätigten Geschäfts wird als angemessen erachtet, wenn der Versicherungsnehmer nachweislich regelmäßig Internetzugang hat. Die Mitteilung einer E-Mail-Adresse seitens des Versicherungsnehmers für die Zwecke dieses Geschäfts gilt als solcher Nachweis.

(4) Handelt es sich um einen telefonischen Kontakt, werden, selbst wenn sich der Versicherungsnehmer dafür entschieden hat, die Auskünfte gemäß Absatz 2 auf einem anderen dauerhaften Datenträger als Papier zu erhalten, die Auskünfte dem Versicherungsnehmer gemäß Absatz 1 oder Absatz 2 unmittelbar nach Abschluss des Versicherungsvertrags erteilt.

Übersicht

84 BGH v. 10.12.2014 – IV ZR 289/13 zu »ernstliche Erkrankung« bei unterlassenen Gesundheitsfragen.
85 Schwintowski/Brömmelmeyer/Ebers, § 6 Rn. 59, will aber einen Rücktritt vom Vertrag wegen Beratungsverschulden nicht zulassen.

A. Allgemeines

1 In § 6a VVG wird festgehalten, wie der erteilte Rat zu dokumentieren und zu formulieren ist.

B. Dokumentation der Beratung

2 **1. Papierform**

Der Versicherer bzw. sein Vermittler – aber auch der Makler – sind gehalten, die durchgeführte Beratung zu dokumentieren[1]. Dabei muss festgehalten werden, welchen Inhalt die Beratung hatte und welche Entscheidung nach der Beratung gefällt wurde. Die Dokumentation der Beratung und der Rat des Versicherers müssen dem Versicherungsnehmer in Papierform übergeben werden. Damit wird späteren Beweisschwierigkeiten vorgebeugt[2].

3 Soweit der Berater die Dokumentation alleine unterzeichnet, führt dies zu deren Unwirksamkeit und zu einer Beweislastumkehr[3].

4 **2. über Datenträger/Medien**

Dem Versicherungsnehmer kann gem. Abs. 2 auch in anderer Form übermittelt werden, wenn er die Wahl zwischen Papierform und Datenträger hatte und sich aktiv für den Datenträger entschieden hat, oder alternativ
a) über eine Website
b) Zustimmung der Übermittlung über die Website
c) elektronische Mitteilung der Website und der Fundstelle
d) Sicherstellung der Verfügbarkeit der Daten auf der Website

5 In allen Fällen muss aber die Beratung angemessen dokumentiert werden, insbesondere muss sie für den Versicherungsnehmer nachvollziehbar sein. Ggf. muss bei einem Internetmakler auch auf die in seinem Angebot begrenzte Anzahl von Versicherern hingewiesen werden[4]. Auf besondere Öffnungsklauseln oder Angebote muss auch im Rahmen einer Online-Anbahnung hingewiesen werden[5].

§ 23 Gefahrerhöhung

(1) Der Versicherungsnehmer darf nach Abgabe seiner Vertragserklärung ohne Einwilligung des Versicherers keine Gefahrerhöhung vornehmen oder deren Vornahme durch einen Dritten gestatten.

(2) Erkennt der Versicherungsnehmer nachträglich, dass er ohne Einwilligung des Versicherers eine Gefahrerhöhung vorgenommen oder gestattet hat, hat er die Gefahrerhöhung dem Versicherer unverzüglich anzuzeigen.

(3) Tritt nach Abgabe der Vertragserklärung des Versicherungsnehmers eine Gefahrerhöhung unabhängig von seinem Willen ein, hat er die Gefahrerhöhung, nachdem er von ihr Kenntnis erlangt hat, dem Versicherer unverzüglich anzuzeigen.

Übersicht

1 NK-VersR/C. Schneider, § 6 VVG Rn. 44 ff.
2 Pohlmann in Looschelders/Pohlmann § 6 Rn. 119.
3 OLG Saarbrücken v. 24.11.2021 – 5 U 20/19 (Berufsunfähigkeitsversicherung).
4 OLG Karlsruhe, Urt. vom 22.09.2021 – 6 U 82/20; LG Frankfurt v. 06.05.2021 – 2-03 O 347/19.
5 OLG Dresden, Beschl. v. 10.3.2021 – 4 U 2372/20.

A. Allgemeines

1 Der Tatbestand der Gefahrerhöhung soll dem Dauerschuldcharakter der Versicherungsverträge Rechnung tragen, da die Prämie auf den Zeitpunkt des Vertragsschlusses[1] zugeschnitten ist und nachträgliche Veränderungen nicht berücksichtigt werden[2]. Der Versicherungsnehmer ist verpflichtet, den Zustand der versicherten Sache zu erhalten und keine das versicherte Risiko erhöhende Veränderungen zuzulassen.

2 Diese Anzeigepflicht umfasst alle möglichen Auskünfte und Informationen, die der Versicherungsnehmer liefern muss. Sinn dieser Vorschrift ist, dem Versicherer die Neubewertung[3] eines veränderten Risikos zeitnah zu ermöglichen und ggf. durch eine veränderte Prämienforderung dem höheren Risiko Rechnung zu tragen, oder – falls er dieses höhere Risiko nicht versichern möchte, den Vertrag zu kündigen, § 24 VVG[4]. Vorliegend soll nur insoweit auf die Gefahrerhöhung eingegangen werden, als sie für dieses Werk, also für die Kraftfahrtversicherung, von Bedeutung ist.

B. Definition Gefahrerhöhung

3 Gem. § 23 Abs. 1 VVG darf der Versicherungsnehmer nach seiner Vertragserklärung, d.h. seinem Antrag, ohne Einwilligung des Versicherers keine Gefahrerhöhung vornehmen oder einem Dritten gestatten. Diese Formulierung ist zumindest in der Kraftfahrzeug-Haftpflicht-Versicherung missverständlich. Es kommt nicht auf den Zustand des Kfz zum Zeitpunkt des Vertragsschlusses an[5], da eine Risikoprüfung vor Vertragsschluss nicht stattfindet. Würde der Versicherungsnehmer ein verkehrsunsicheres Kfz versichern und dieses sodann in Betrieb nehmen, beginge er auch dann eine Gefahrerhöhung, wenn sich der Zustand des Kfz nicht verändert hat, da durch die Zulassung der Straßenverkehrsbehörde von der Zulassung eines den Straßenverkehrsvorschriften entsprechenden Kfz ausgegangen werden darf[6]. Das Besitzen eines so mangelhaften Kfz stellt noch keine Obliegenheitsverletzung dar, erst die Ingebrauchnahme des verkehrsunsicheren Kfz erfüllt den Tatbestand[7].

4 Eine Gefahrerhöhung ist immer dann gegeben, wenn sich das versicherte Risiko zum Nachteil verändert, also durch eine Veränderung des versicherten Gegenstandes ein höheres Risiko[8] für den Versicherer gegeben ist. Erforderlich ist, dass sich der versicherte Zustand nach dem Vertragsschluss dauerhaft[9]

---

1 Unberath »Die Leistungsfreiheit des Versicherers – Auswirkung der Neuregelung auf die Kraftfahrtversicherung«, NZV 2008, 537, 538 ff.

2 Loacker »Die Gefahrerhöhung nach der VVG-Reform«, VersR 2008, 1285 bietet einen Überblick über alle Sparten.

3 Meixner/Steinbeck § 1 Rn. 283 ff. Wenn der Versicherer die Vertragsanpassung durchführt und der Versicherungsnehmer eine um über 10 % erhöhte Prämienrechnung erhält, steht ihm ein Sonderkündigungsrecht gem. § 25 Abs. 3 VVG zu.

4 Das Kündigungsrecht im Rahmen von § 24 VVG wegen einer angezeigten Gefahrerhöhung ist bei Kfz immer im Zusammenhang mit § 5 PflVG, Kontrahierungszwang zu sehen. Dies lässt Staudinger/Friesen, »Kündigungsrecht nach erfolgter Gefahrerhöhung – § 24 Abs. 1 und 2 VVG«, DAR 2014, 181 ff, unberücksichtigt. Wegen der Details zu Kündigungsmöglichkeiten bei Kontrahierungszwang vgl. unter G.

5 Matusche-Beckmann in Bruck/Möller § 23 VVG Rn. 59; Looschelders in Looschelders/Pohlmann § 23 Rn. 14.

6 Matusche-Beckmann in Bruck/Möller § 23 VVG Rn. 59.

7 OLG Düsseldorf v. 20.04.2004 – I- 4 U 183/03, NZV 2005, 155; Römer/Langheid § 23 Rn. 71.

8 BGH v. 15.11.1978 – IV ZR 103/77, VersR 1979, 73 f.

9 Unberath »Die Leistungsfreiheit des Versicherers«, NZV 2008, 537, 538.

ändert.[10] Eine nur vorübergehende Veränderung des versicherten Risikos stellt keine anzeigepflichtige Gefahrerhöhung dar. Das veränderte Risiko muss solange bestehen, dass die Anzeige an den Versicherer nicht schon aus zeitlichen Gründen sinnlos wird[11].

5 Zwar ist im Gesetz eine Differenzierung zwischen objektiver und subjektiver Gefahrerhöhung nicht mehr fortgeführt worden, allerdings ist für die Kfz-Versicherung nach wie vor zu differenzieren, da die Rechtsfolgen (Verweisungsprivileg) unterschiedlich sind, daher soll nachfolgend eine Unterscheidung – allein bezogen auf die Kfz-Versicherung – beibehalten werden, um die Folgen zu differenzieren. Da im Rahmen der Kraftfahrzeugversicherung verschiedene Verträge gebündelt werden können, ist die Frage der Gefahrerhöhung neben der Prüfung sonstiger Obliegenheiten vor oder im Schadenfall für jede Sparte gesondert vorzunehmen[12].

I. objektive Gefahrerhöhung

6 Die objektive Gefahrerhöhung befasst sich ausschließlich mit den Veränderungen am Kraftfahrzeug[13], wie sie auch in § 3 PflVG beschrieben werden »Verstoß gegen Bau- und Betriebsvorschriften der StVZO«. Die Gefahrerhöhung muss eine erhebliche sein, dies ist dann gegeben, wenn sie bei Kenntnis dem Versicherer hätte Anlass bieten können, den Vertrag aufzuheben, nicht oder nur zu geänderten Bedingungen abzuschließen[14].

Beispiele für eine objektive Gefahrerhöhung:

- Das Tuning eines Kfz gilt auch dann als Gefahrerhöhung, wenn die Veränderungen als solche nicht unmittelbar unfallursächlich sind, aber nach den Gesamtumständen einen unfallursächlichen Gesamteinfluss auf das Fahrverhalten haben[15].
- Das Anhängen eines selbstfahrenden Baggers an ein verkehrssicheres Zugfahrzeug kann eine Gefahrerhöhung darstellen, wenn die behördlichen Auflagen, die für den Bagger gelten (z.B. Geschwindigkeits- und Höhenbeschränkungen) nicht eingehalten werden[16].
- Mängel der Bremsanlage sind jedenfalls dann gefahrerhöhend, wenn dieser Zustand schon länger bestand[17]. Allerdings verneint das OLG Düsseldorf eine generelle Pflicht des LKW-Fahrers zur Überprüfung der Bremsscheiben vor Fahrtantritt (Sichtkontrolle), wenn nicht ausnahmsweise dafür ein besonderer Anlass besteht[18].
- Die (mehrfache) Benutzung eines frisierten Mofas stellt eine Gefahrerhöhung dar[19], die aber nur dann als objektive (zustandsverändernde) Gefahrerhöhung gelten soll, wenn dieser Zustand nicht im Zeitpunkt des Vertragsschlusses bestanden hat. Vielmehr liegt die Gefährdungshandlung darin, dass der Versicherungsnehmer dieses frisierte Mofa weiter nutzt. Dabei bleibt aber unberücksichtigt, dass der Versicherungsnehmer sich schon der Gefahrerhöhung ausgesetzt hat,

---

10 Halm/Fitz Versicherungsrecht 2020/2021, DAR 2021,422, 428, Einbau eines leistungsstärkeren Motors führt zur Leistungskürzung um 2/3.

11 BGH v. 22.01.1971 – IV ZR 121/69, VersR 1971, 407.

12 OLG Karlsruhe v. 15.04.2014 – 12 u 149/13, Jurion; OLG Karlsruhe v. 18.01.2013 – 12 U 117/12, Jurion.

13 Matusche-Beckmann in Bruck/Möller § 23 Rn. 41, wobei der Nachweis der Inneren Haltung des Versicherungsnehmers schwerer fällt als die objektiven Veränderungen am Kfz, die in der Kraftfahrzeug-Versicherung völlig ausreichen, um den Tatbestand der Gefahrerhöhung zu verwirklichen.

14 BGH v. 24.11.1982 – IVa ZR 53/81, VersR 1983, 284.

15 OLG Saarbrücken v. 04.03.2020 – 5 U 64/19, DAR 2021, 209; OLG Koblenz v. 14.07.2006 – 10 U 56/06, NZV 2007, 317 für die Vollkasko-Versicherung.

16 BGH v. 19.01.1977 – IV ZR 99/75 VersR 1977, 341.

17 LG Düsseldorf v. 17.07.2008 – 11 O 377/04, SP 2009, 118; zu möglichen Ansprüchen gegen die Werkstatt wegen der unzureichenden Aufklärung vgl. OLG Saarbrücken v. 22.07.2008 – 4 U 129/08, SP 2009, 123 f.

18 OLG Düsseldorf v. 28.01.2014 – IV-3 RBS 11/14.

19 BGH v. 18.10.1989 – IVa ZR 29/88, r+s 1990, 8.

weil er vor Vertragsschluss den Versicherer nicht über die besonderen Umstände bei dem Krad aufgeklärt hat.
- Die Gefahrerhöhung (Fahren mit frisiertem Mofa nur mit der sog. Prüfbescheinigung) führt nur dann zur Leistungsfreiheit, wenn diese Obliegenheitsverletzung auch für den Schadenseintritt ursächlich war[20].
- Auch abgefahrene[21] oder platte[22] Reifen stellen eine Gefahrerhöhung i.S.v. § 23 VVG dar. Allerdings muss dem Fahrer eine Verletzung seiner ihm obliegenden Prüfungspflicht vor Fahrtantritt[23] verletzt haben. Beweisbelastet hierfür ist der Versicherer[24].
- Ebenso sind Sommerreifen im Winter eine Gefahrerhöhung[25]
- Das Abstellen des Kfz vor der Garage soll ebenfalls eine Gefahrerhöhung darstellen, wenn das Kfz gestohlen wird und zu einer Leistungskürzung um 30 % berechtigen[26].
- Verlust eines Kfz-Schlüssels, ohne dass Schlösser ausgetauscht wurden[27].

Keine Gefahrerhöhung liegt vor:
- bei dauerhafter Aufbewahrung des Kfz-Scheins im Fahrzeug[28].

Die möglicherweise gegebene Kenntnis eines Versicherungsvermittlers muss sich der Versicherer entgegenhalten lassen, nicht aber die Kenntnis des Versicherungsmaklers[29].

II. subjektive Gefahrerhöhung

Als subjektive Gefahrerhöhung werden personenbezogene Risikoerhöhungen bezeichnet. Die subjektive Gefahrerhöhung spielt in heutiger Zeit kaum noch eine Rolle. Sie war geschaffen worden, um der dauerhaften Fahrt unter Alkoholeinfluss eine Obliegenheit entgegenzusetzen. Es wurde argumentiert, dass das dauerhafte Fahren unter Alkoholeinfluss eine Veränderung des versicherten Risikos beinhaltete. Seit der Einführung der Alkoholklausel ist die Bedeutung der subjektiven Gefahrerhöhung daher deutlich zurückgegangen. 7

Der Nachweis der subjektiven Gefahrerhöhung begegnet im Übrigen erheblichen Beweisschwierigkeiten, da sie von einer gewissen Dauer sein muss und der Versicherer hinsichtlich dieser Dauer beweisbelastet ist[30]. Ein solcher Nachweis dürfte nur in Ausnahmefällen gelingen. 8

Beispiele für eine subjektive Gefahrerhöhung:
- Ständiges Fahren ohne Brille[31];
- ständiges Verletzen der Ruhezeiten durch Fernfahrer[32];

---

20 OLG Köln v. 05.09.1988 – 5 U 4/88, r+s 1988, 355.

21 OLG Köln v. 26.04.2005 – 9 U 113/04, VersR 2005, 1528 = NJW-RR 2005, 1549, Ehefrau des Versicherungsnehmers gilt dann als Wissensvertreterin.

22 AG Mainz 83 C 98/08, SP 2009, 154f (zwar nur für die Vollkasko als grob fahrlässig eingestuft, da offenbar ein Fremdschaden nicht entstanden war).

23 OLG Koblenz v. 12.07.1996 – 10 U 1518/95, VersR 1997, 303.

24 OLG Köln v. 25.04.2006 – 9 U 175/05, zfs 2007, 40.

25 AG Mannheim v. 22.05.2018 – 3 C 308/14.

26 Halm/Fitz Versicherungsrecht 2021/2022, DAR 2022, 310, 318; LG Magdeburg v. 11.09.2018 – 11 O 21/18.

27 KG v. 15.07.2016 – 6 U 24/16.

28 OLG Hamm v. 03.07.2013 – 20 U 226/12, r+s 2013, 373; OLG Oldenburg v. 07.07.2010 – 5 U 153/09, MDR 2010, 1110; a.A. OLG Celle v. 09.08.2007 – 8 U 62/07, Jurion; a.A. LG Dortmund v. 11.03.2010 – 2 O 245/09 VK 2010, 115 f.

29 OLG Köln v. 02.03.2012 – 20 U 209/11.

30 So auch Schwintowski/Brömmelmeyer/Loacker § 23 Rn. 21.

31 BGH v. 01.10.1969 – IV ZR 1002/68, VersR 1969, 1011.

32 BGH v. 10.02.1971 – IV ZR 54/69, VersR 1971, 433 f.; Langer »Novellierung der Lenk- und Ruhezeiten im Straßenverkehr und das neue digitale Kontrollgerät«, DAR 2007, 415 ff.; ders. »Anpassung der nationalen Vorschriften über die Lenk- und Ruhezeiten an das geltende EU-Recht«, DAR 2008, 421 ff.

- Epileptiker fährt trotz Fahrverbotes, infolge eines Anfalles kommt es zum Unfall[33];
- Fahrten eines Diabetikers, der schon eine Bewusstseinsstörung durch Unterzuckerung hatte[34];
- dauerhaftes Fahren unter Alkoholeinfluss[35];
- das Überlassen eines Kfz an einen häufig betrunkenen Fahrer[36];
- das ständige Aufbewahren des Kraftfahrzeugscheins im Kfz[37];
- das dauerhafte Abstellen des Motorrades in der unverschlossenen Garage ohne Betätigung des Lenkungsschlosses[38]
- Auch ein Schlafapnoeiker, der ständig übermüdet fährt (weil die Schlafapnoe nicht entsprechend behandelt wird) kann, wenn sich ein Unfall wegen Übermüdung ereignet, gegen die Klausel verstoßen[39].

9 Eine subjektive Gefahrerhöhung liegt nicht vor:
- bei nur einmaliger Fahrt unter Medikamenteneinfluss[40];
- bei nur einmaliger Fahrt infolge eines psychotischen Schubes[41];
- zwei aufeinander folgenden Fahrten eines Epileptikers mit nur seltenen Anfällen[42];
- Fahrten eines Diabetikers, der noch nie eine Bewusstseinsstörung durch Unterzuckerung hatte[43];
- bei nur einmaliger Verletzung der Ruhezeiten[44];
- der Schaden tritt nach der Fahrt beim Abladen ein[45];
- bei nur einmaliger Fahrt ohne Brille[46];
- bei nur einmaliger Fahrt unter Alkoholeinfluss[47];
- Nur einmaliges Überschreiten der Lenkzeiten[48]

III. Gewollte/ungewollte Gefahrerhöhung

10 Die teilweise in der Literatur vertretene Auffassung, es sei zu differenzieren zwischen der gewollten und der ungewollten Gefahrerhöhung[49] ist für die Kraftfahrzeug-Haftpflicht-Versicherung nicht zu teilen. Grundsätzlich ist der Verschleiß von Bremsen oder Reifen vom Versicherungsnehmer nicht gewollt, aber gleichwohl handelt es sich um objektivierbare Veränderungen des Zustandes des versicherten Fahrzeugs. Die Frage des Wollens einer Gefahrerhöhung ist eine Frage des Verschuldens. Diese Frage wird aber erst nach dem Feststellen des Tatbestandes zu klären sein, nicht schon in der Tatbestandsfeststellung. Diese richtet sich nach den objektiven Kriterien! Handelt es sich um eine kurzfristige – vom Versicherungsnehmer nicht »verschuldete« Zustandsveränderung, so liegt schon

---

33 Warzelhan und Krämer, »Führerschein und Epilepsie«, NJW 1984, 2620 ff.
34 OLG Oldenburg v. 12.10.1984 – 11 U 19/84 zfs 1985, 55.
35 OLG Frankfurt v. 29.11.1960 – 1 I 84/60, VersR 1962, 222.
36 OLG Düsseldorf v. 21.05.1963 – 4 U 310/62, VersR 1964, 179.
37 OLG Celle v. 21.12.2010 – 8 U 87/10, NJW-RR 2011, 324 ff = r+s 2011, 107 ff keine Gefahrerhöhung, wenn der Fzg-Schein schon vor dem Vertragsschluss dauerhaft im Kfz aufbewahrt wurde, vgl. aber auch OLG Celle v. 09.08.2007 – 8 U 62/07, zfs 2007, 690 ff. = DAR 2007, 207f = SP 2007, 362 f.
38 LG Hagen 7 S 104/08, SP 2009, 336 f.
39 LG Traunstein v. 08.07.2011 – 1 QS 225/11, VD 2011, 264.
40 OLG Düsseldorf v. 06.07.2004 – I-4 U 222/03.
41 OLG Hamm v. 17.10.1984 – 20 U 40/84, VersR 1985, 751.
42 OLG Nürnberg v. 22.04.1999 – 8 U 4173/98, r+s 2001, 52 ff. = VersR 2000, 46.
43 OLG Oldenburg v. 12.10.1984 – 11 U 19/84, zfs 1985, 55.
44 OLG Düsseldorf v. 21.05.1963 – 4 U 310/62, VersR 1963, 941.
45 OLG Hamm v. 09.06.1976 – 20 U 284/75, VersR 1978, 221.
46 OLG Koblenz v. 18.05.1972 – 4 U 888/70, VersR 1972, 921.
47 BGH v. 18.10.1952 – II ZR 72/52, BGHZ 7, 311, wobei damals die Alkoholklausel noch nicht in den AKB aufgenommen war.
48 BGH v. 10.02.1971 – IV ZR 54/69, VersR 1971, 433.
49 Meixner/Steinbeck § 1 Rn. 266 ff.; Unberath »Die Leistungsfreiheit des Versicherers – Auswirkung der Neuregelung auf die Kraftfahrtversicherung«, NZV 2008, 537 ff.

begriffsmäßig eine Gefahrerhöhung nicht vor und der Versicherungsnehmer kann sich entlasten. Man denke hier an die sich naturgemäß verschlechternden Profile der Reifen, denen der Versicherungsnehmer aber nicht dadurch Rechnung trägt, dass er dem Versicherer schreibt: »das Profil meiner Reifen wird immer schlechter«, sondern viel mehr dadurch, dass er neue Reifen erwirbt. Eine Anzeige dieser Risikoveränderung wird schon durch die Durchführung der Reparatur sinnlos. Aus diesem Grund erscheint die Differenzierung zwischen gewollter und ungewollter Gefahrerhöhung[50] nicht sachgerecht. Ein Unterfall der Gefahrerhöhung, nämlich die andere Verwendung, ist durch die Verwendungsklausel in den AKB aufgenommen, die insoweit den §§ 23 ff. VVG vorgehen.

IV. Vornehmen oder Gestatten der Gefahrerhöhung

11 Der Versicherungsnehmer darf natürlich weder selbst das versicherte Risiko verändern, noch darf er zulassen, dass es von einer mitversicherten Person verändert wird. Die Formulierung des § 23 VVG geht von aktivem Tun des Versicherungsnehmer oder eines Dritten aus »Vornehmen der Gefahrerhöhung«[51]. Hat der Versicherungsnehmer Kenntnis von einer durch eine mitversicherte Person vorgenommene Gefahrerhöhung, haftet er mit. Die in § 23 Abs. 2 und 3 VVG aufgeführten Fälle der nachträglichen Gefahrerhöhung haben in der Kraftfahrzeug-Versicherung keine Bedeutung, da eine Gefahrerhöhung wegen einer Veränderung der Verkehrstauglichkeit nicht durch die Anzeige aus der Welt geschafft werden kann. Vielmehr ist der Versicherungsnehmer gehalten, diese Gefahrerhöhung umgehend auf eigene Rechnung zu beseitigen. Der Versicherer kann bei Anzeige einer solchen Gefahrerhöhung nur auf eine Weise reagieren: die Kündigung des Vertrages. Eine Anpassung des Vertrages kommt nicht in Betracht.

V. Vornehmen der Gefahrerhöhung durch Unterlassen

12 Im Bereich der Sachversicherung kann es durch Zeitablauf zu Veränderungen an der versicherten Sache kommen. Der Versicherungsnehmer ist ebenfalls verpflichtet, den vertragsgemäßen Zustand wiederherzustellen (durch Reparatur eines defekten Rollgitters oder Auswechseln der Schlösser und der Alarmanlage nach Diebstahl des Schlüssels[52]), allerdings wird im Allgemeinen eine Gefahrerhöhung durch Unterlassen von der Rechtsprechung abgelehnt[53]. Auch das Unterlassen der Wiederherstellung und die Verwendung der versicherten Sache in dem veränderten Zustand stellt im Bereich der Kfz-Versicherung die Vornahme einer Gefahrerhöhung dar[54].

VI. Gefahrerhöhung ohne Willen des Versicherungsnehmers

13 Gem. Abs. 3 ist der Versicherungsnehmer auch verpflichtet, diejenigen Gefahrerhöhungen, die ohne seinen Willen eintreten, unverzüglich anzuzeigen. Dabei können dies sowohl die schleichenden Gefahrerhöhungen durch Zustandsveränderungen (Alterung etc.) wie auch solche sein, die Dritte ohne den Willen des Versicherungsnehmers vornehmen, oder die durch Naturgewalten entstehen[55].

C. Erkennen und Anzeigen der Gefahrerhöhung

14 Der Versicherungsnehmer muss die Gefahrerhöhung in dem Moment anzeigen, in dem sie beginnt, respektive er diese erkannt hat[56], um dem Versicherer die Möglichkeit der Vertragsanpassung zu

---

50 Auch objektiven und subjektiven Tatbestand vermischend Matusche-Beckmann in Bruck/Möller § 23 VVG Rn. 20 f.

51 Münchner Kommentar Wrabetz/Reusch § 23 Rn. 49; Rüffer/Halbach/Schmikowski/Karczewski § 23 Rn. 19 weitet diese Haltung fälschlicherweise auch auf die Kfz-Versicherung aus, so dass der fehlende Austausch der Fahrzeugschlösser nach Schlüsseldiebstahl nicht zu einer Gefahrerhöhung führen soll.

52 So z.B. BGH v. 08.07.1987 – IVa ZR 19/86, NJW-RR 1987, 1309 ff.

53 Römer/Langheid, § 23 Rn. 30 m.w.N.

54 Römer/Langheid, § 23 Rn. 31.

55 Römer/Langheid, § 23 Rn. 75, der diese als »objektive« Gefahrerhöhung bezeichnet.

56 BGH vom 20.06.2012 – VI ZR 150/11.

geben. Eine Vertragsanpassung an den veränderten Gefahrenzustand der versicherten Sache ist für alle anderen Sparten sinnvoll und erforderlich. In der Kfz-Versicherung hingegen würde der Versicherer eine Neukalkulation der Prämie wegen defekter Bremsen nicht vornehmen. Insoweit ist diese Regelung für die Kfz-Versicherung von untergeordneter Bedeutung, hier käme es darauf an, den Versicherungsnehmer zur Beseitigung der Gefahrerhöhung aufzufordern. Auch die unverzügliche Anzeige trifft für die Kraftfahrtversicherung nicht den Kern der Sache, vielmehr kommt es dann auf die Pflicht des Versicherungsnehmers an, den StVZO-widrigen Zustand des Fahrzeuges unverzüglich zu beseitigen.

D. Einzelfälle

15 **Gefahrerhöhung bejaht:**

- Mangelhafte Einbauten in ein Kfz stellen nur dann eine Gefahrerhöhung dar, wenn der Versicherungsnehmer die Mangelhaftigkeit kennt[57].
- Das Fahren mit nicht der Jahreszeit und den Wetterverhältnissen angepassten Reifen, konkret ohne Winterreifen bei winterlichen Verhältnissen, stellt eine Gefahrerhöhung jedenfalls dann dar, wenn zum einen die Wetterlage der Jahreszeit entspricht und sich der Schaden aufgrund der falschen Bereifung ereignete[58].
- Diabetes kann eine Gefahrerhöhung darstellen, wenn der Diabetiker eine ausgeglichene Stoffwechsellage nicht nachweisen kann[59].
- Gefahrerhöhung durch Medikamentenmissbrauch, nur bei dauerhaftem Fahren und Medikamenteneinfluss[60]
- Das dauerhafte Belassen der Fahrzeugbescheinigung Teil 1 (Fahrzeugschein) im Kraftfahrzeug stellt eine grob fahrlässige Gefahrerhöhung dar, wenn dieses Verhalten kausal für den Versicherungsfall wurde[61].
- Der Verlust eines Fahrzeugschlüssels und die anschließende Weiternutzung des Kfz mit dem verbliebenen zweiten Schlüssel stellt eine Gefahrerhöhung dar, wenn der Kfz-Diebstahl mit diesem verlustig gegangenen Schlüssel erfolgte. Der Versicherungsnehmer muss den Kausalitätsgegenbeweis führen[62]. Gleiches gilt für den Verlust einer »keyless-go-Karte«[63]
- Das Benutzen eines verkehrsunsicheren Kfz stellt eine Gefahrerhöhung dar[64].
- Abgenutzte Reifen[65]
- Das erhebliche Überschreiten der Lenkzeiten stellt eine Gefahrerhöhung dar[66].
- Epilepsie[67]
- Defekte Bremsen[68]
- Ständiges Fahren ohne Brille trotz Kurzsichtigkeit[69]

---

57 OLG Karlsruhe v. 17.09.2013 – 12 U 43/13, FD-VersR 2013, 350861; das versicherte Kfz brannte wegen nicht fachgerecht eingebauter Verstärkeranlage ab.

58 LG Erfurt v. 18.08.2014 – 1 S 131/14 (n.v.).

59 VG Gelsenkirchen v. 16.10.2013 – 7 K 3863/12 – hat wegen einer nicht eingestellten Diabetes die Erteilung einer Fahrerlaubnis für die Klassen D1, D1E und DE verweigert.

60 OLG Düsseldorf v. 06.07.2004 – I-4 U 222/03.

61 OLG Celle, 09.08.2007 – 8 U 62/07; OLG Bremen, 20.09.2010 – 3 U 77/09; LG Dortmund, 11.03.2010 – 2 O 245/09 (Kürzung um 50 %); a.A. OLG Oldenburg v. 23.06.2010 – 5 U 153/09.

62 AG Bad Segeberg v. 28.04.2011 – 17 C 99/09, r+s 2013, 65.

63 OLG Celle v. 23.09.2004 – 8 U 128/03, zfs. 2004, 564 f.

64 BGH v. 25.01.1965 – II ZR 154/62, VersR 1965, 279 f.; v. 11.07.1969 – IV ZR 621/68; v. 22.06.1967 – II ZR 154/64, NJW 1967, 1758.

65 BGH, 17.09.1969 – IV ZR 1041/68; BGH v. 11.07.1969 – ZR 629/68, NJW 1969, 1763 f.; OLG Frankfurt/Main v. 27.10.2004 – 7 U 50/04; LG Stuttgart, 13.01.2006 – 22 O 362/05.

66 BGH v. 10.02.1971 – IV ZR 54/69, VersR 1971, 433.

67 OLG Stuttgart, 25.04.1996 – 7 U 37/96, VersR 1997, 1141 f.

68 BGH v. 22.01.1969 – IV ZR 552/68; LG Düsseldorf, 17.07.2008 – 11 O 377/04, r+s 2009, 188.

69 BGH v. 06.05.1965 – II ZR 133/63.

- Gefahrerhöhung wurde auch bejaht bei Verstoß gegen ein weiches Tarifmerkmal (Garage)[70].
- ein defektes Zündschloss ist dann erheblich, wenn es Auswirkungen auf den Schadenfall »Entwendung« hat[71].

Gefahrerhöhung verneint: 16
- Ein LKW-Fahrer ist nicht verpflichtet, die Bremsscheiben vor Fahrtantritt einer Sichtkontrolle zu unterziehen, wenn nicht ein besonderer Anlass dafür besteht[72].
- Die Überschreitung der vertraglich vereinbarten Jahreskilometerleistung kann nicht als Gefahrerhöhung gelten, wenn der Versicherer gleichzeitig eine Vertragsstrafe gem. seinen AKB geltend macht in Höhe der korrekten Prämie einschließlich einer Vertragsstrafe[73].
- Alleine das Aufbewahren des Fahrzeugscheins im Kraftfahrzeug ist nicht als nachträgliche Gefahrerhöhung zu werten[74].
- Der Versicherungsnehmer ist nicht verpflichtet, die Verkehrssicherheit seines Kfz ständig zu überwachen[75].
- Einmaliges Fahren unter Medikamentenmissbrauch[76]

§ 24 Kündigung wegen Gefahrerhöhung

(1) Verletzt der Versicherungsnehmer seine Verpflichtung nach § 23 Abs. 1, kann der Versicherer den Vertrag ohne Einhaltung einer Frist kündigen, es sei denn, der Versicherungsnehmer hat die Verpflichtung weder vorsätzlich noch grob fahrlässig verletzt. Beruht die Verletzung auf einfacher Fahrlässigkeit, kann der Versicherer unter Einhaltung einer Frist von einem Monat kündigen.

(2) In den Fällen einer Gefahrerhöhung nach § 23 Abs. 2 und 3 kann der Versicherer den Vertrag unter Einhaltung einer Frist von einem Monat kündigen.

(3) Das Kündigungsrecht nach den Absätzen 1 und 2 erlischt, wenn es nicht innerhalb eines Monats ab der Kenntnis des Versicherers von der Erhöhung der Gefahr ausgeübt wird, oder wenn der Zustand wiederhergestellt ist, der vor der Gefahrerhöhung bestanden hat.

Übersicht

A. Allgemeines

§ 24 VVG berechtigt den Versicherer zur Kündigung des Vertrages, wenn eine Gefahrerhöhung i.S.v. § 23 vorliegt[1], allerdings kommt es bei dem Kündigungsrecht analog der Regelungen in §§ 28 und 26 VVG auf den Verursachungsbeitrag des Versicherungsnehmers an. Die Kündigungsmöglichkeiten sind jetzt in § 24 VVG zusammengefasst. 1

70 LG Magdeburg v. 11.09.2018 – 11 O 217/18 m. Anm. Holitzka, r+s 2020, 439 ff auch zur Wechselwirkung mit § 19 VVG.

71 OLG Hamburg v. 10.04.2018 – 14 U 106/17.

72 OLG Düsseldorf v. 28.01.2014 – 3 RBs 11/14, zfs 2014, 652.

73 OLG Stuttgart v. 25.07.2013 – 7 U 33/13 auch zur Unklarheit bezüglich der Prämiennachforderung und der verwendeten Klauseln.

74 OLG Celle v. 21.12.2010 – 8 U 87/10, VersR 2011,663 f.; ebenso OLG Hamm v. 03.07.2013 – 20 U 226/12, zfs 2013, 574 f; OLG Oldenburg v. 23.06.2010 – 5 U 153/09.

75 BGH, 12.03.1975 – IV ZR 97/73, VersR 1975, 461.

76 OLG Düsseldorf v. 06.07.2004 – I-4 U 222/03.

1 Staudinger/Friesen, »Kündigungsrecht nach erfolgter – § 24 Abs. 1 und 2 VVG«, DAR 2014, 184 ff mit einer kurz gefassten Übersicht; Knappmann, »Gefahrerhöhung in der Kraftfahrtversicherung«, VRR 2014, 44.

B. Kündigung

2 Liegt eine Gefahrerhöhung vor, **kann** der Versicherer den Vertrag kündigen, er muss es aber – anders als im VVG a.F. nicht, um die Leistungsfreiheit herbeizuführen. Die Kündigung ist eine empfangsbedürftige Willenserklärung, die dem Versicherungsnehmer in Schriftform mit unmissverständlicher Formulierung und Hinweis auf das Vertragsende zugehen muss[2]. Die Kündigung muss innerhalb eines Monats ab Kenntnis des Versicherers vom Kündigungsgrund erfolgen, § 24 Abs. 3 VVG. Die Kenntnis des Versicherers ist nicht schon dann gegeben, wenn er die Umstände kennt, aus denen sich eine Gefahrerhöhung ergeben könnte[3].

3 Der Versicherer muss den Versicherungsvertrag – bezogen auf die Kraftfahrzeug-Haftpflicht-Versicherung – nicht kündigen[4], um für den vorliegenden Schadenfall leistungsfrei zu sein, wenn er vor diesem Schaden keine Kenntnis von der Gefahrerhöhung hatte.

4 Allerdings ist er zur Kündigung verpflichtet, wenn er für zukünftige Schadenfälle, die auf dieser Gefahrerhöhung beruhen, leistungsfrei sein will. Unterbleibt die Kündigung und es ereignet sich nach Ablauf der Kündigungsfrist ein weiterer Schaden wegen dieser Gefahrerhöhung, kann sich der Versicherer für diesen Schaden nicht mehr auf die Leistungsfreiheit berufen[5]. Der Versicherer kann dabei gem. § 24 VVG wegen vorsätzlicher oder grob fahrlässiger Obliegenheitsverletzung den Vertrag mit sofortiger Wirkung kündigen, § 24 Abs. 1 VVG.

C. Fristlose Kündigung

5 Verändert der Versicherungsnehmer den Zustand der versicherten Sache, berechtigt dies den Versicherer zur fristlosen Kündigung im Moment der Kenntnis. Dabei ist neu, dass der Versicherer auch dann zur Kündigung berechtigt ist, wenn die gefahrerhöhende Veränderung des Gegenstands der Versicherung durch Dritte vorgenommen wird und der Versicherungsnehmer dies gestattet hat.

6 Erforderlich ist, dass der Versicherungsnehmer wissentlich[6] und willentlich, d.h. vorsätzlich oder grob fahrlässig, die Gefahrerhöhung herbeigeführt hat. Er muss die Gefahrerhöhung erkannt und billigend in Kauf genommen haben. Im Falle schuldlosen Verhaltens oder einfacher Fahrlässigkeit hingegen besteht keine Berechtigung, den Versicherungsvertrag fristlos zu kündigen.

D. Kündigung binnen Monatsfrist

7 Lediglich im Falle einer nur fahrlässigen Obliegenheitsverletzung ist die Kündigungsmöglichkeit mit Monatsfrist gegeben[7].

E. Wegfall des Kündigungsrechts

8 Das Recht zur Kündigung entfällt, wenn der ursprüngliche Zustand wieder hergestellt (also die Reparatur durchgeführt) wird, wobei eine exakte Wiederherstellung nicht erforderlich ist[8]. Durch die Reform des VVG entfällt die zwingende Kündigungspflicht, um die Leistungsfreiheit herbeizuführen, die auch dann als formale Voraussetzung gefordert wurde, wenn das Kfz infolge des Schadenfalls untergegangen war oder veräußert und bei einem anderen Versicherer versichert[9] war.

---

2 Matusche-Beckmann in Bruck/Möller § 24 VVG Rn. 6 ff.
3 BGH v. 27.05.1981 – IVa ZR 52/80, VersR 1981, 921 f.; Matusche-Beckmann in Bruck/Möller § 24 VVG Rn. 16.
4 So schon BGH IV ZR 151/85, VersR 1986, 1231 f. m.w.H.; IV ZR 159/85, VersR 1987, 37 f.
5 OLG Koblenz v. 20.11.1981 – 10 U 464/81, VersR 1982, 260 f.
6 BGH IV ZR 90/13 zur Wissentlichkeit einer Pflichtverletzung.
7 Vgl. hierzu § 26 VVG Rn. 6.
8 Looschelders in Looschelders/Pohlmann § 24 Rn. 15 ff.
9 BGH v. 14.03.1984 – IVa ZR 91/82, VersR 1984, 550.

F. Beweislast

Der Versicherer ist beweisbelastet hinsichtlich des Vorliegens der Gefahrerhöhung[10] sowie der Dauerhaftigkeit der Gefahrerhöhung, um die Kündigung zu rechtfertigen. 9

Bezogen auf die subjektive Gefahrerhöhung, d.h. die in der Person des Versicherungsnehmers liegenden Umstände, ergeben sich aber nahezu unüberwindbare Beweisschwierigkeiten hinsichtlich der Dauerhaftigkeit des Verstoßes. So dürfte es nahezu unmöglich sein, nachzuweisen, dass der Versicherungsnehmer beispielsweise dauerhaft ohne Brille fährt, um die subjektive Gefahrerhöhung bejahen zu können. Eine Kündigung wegen subjektiver Gefahrerhöhung dürfte daher die Ausnahme sein. 10

Der Versicherungsnehmer trägt die Beweislast für das Nichtvorliegen der Kündigungsvoraussetzungen. 11

G. Nichtausübung des Kündigungsrechts

Der Versicherer darf sich auch dann nicht auf die Leistungsfreiheit wegen Gefahrerhöhung berufen, wenn er von ihr Kenntnis hatte und in Kenntnis der Gefahrerhöhung das Vertragsverhältnis nicht beendete. 12

Diese Regelung gilt nur, wenn der Versicherer vor dem Schadenfall Kenntnis von der Gefahrerhöhung hatte. Erlangt der Versicherer erst **durch** den Schadenfall Kenntnis, so muss er nicht kündigen, um für diesen Schadenfall leistungsfrei zu sein[11]. Unterbleibt die Kündigung und es ereignet sich ein weiterer Schaden aufgrund der Gefahrerhöhung, kann sich der Versicherer nicht mehr auf die Leistungsfreiheit berufen, wenn die Kündigungsfrist des § 24 Abs. 3 VVG bereits verstrichen ist. 13

H. Erlöschen des Kündigungsrechts

Das Kündigungsrecht erlischt, wenn der ursprüngliche Zustand wieder hergestellt wird, die Gefahrerhöhung also beseitigt wird[12], bevor das Kündigungsrecht ausgeübt wird[13]. 14

§ 25 Prämienerhöhung wegen Gefahrerhöhung

(1) Der Versicherer kann an Stelle einer Kündigung ab dem Zeitpunkt der Gefahrerhöhung eine seinen Geschäftsgrundsätzen für diese höhere Gefahr entsprechende Prämie verlangen oder die Absicherung der höheren Gefahr ausschließen. Für das Erlöschen dieses Rechtes gilt § 24 Abs. 3 entsprechend.

(2) Erhöht sich die Prämie als Folge der Gefahrerhöhung um mehr als 10 Prozent oder schließt der Versicherer die Absicherung der höheren Gefahr aus, kann der Versicherungsnehmer den Vertrag innerhalb eines Monats nach Zugang der Mitteilung des Versicherers ohne Einhaltung einer Frist kündigen. Der Versicherer hat den Versicherungsnehmer in der Mitteilung auf dieses Recht hinzuweisen.

Übersicht Rdn.

10 Matusche-Beckmann in Bruck/Möller § 23 VVG Rn. 80.
11 OLG Celle v. 26.11.1990 – 8 U 11/90 r+s 1991, 117.
12 Schwintowski/Brömmelmeyer/Loacker § 24 VVG Rn. 14.
13 Schwintowski/Brömmelmeyer/Loacker § 24 VVG Rn. 15.

A. Allgemeines

1 Nach dem VVG a.F. hatte der Versicherer nur die Möglichkeit, den Vertrag zu kündigen. Das wurde nicht immer den Interessen der Parteien (außerhalb des Kfz-Geschäfts) gerecht. § 25 VVG berechtigt den Versicherer nun, dem veränderten Risiko statt durch Kündigung nach § 24 VVG durch eine Anpassung des Versicherungsvertrages Rechnung zu tragen und eine höhere Prämie zu fordern oder aber das veränderte Risiko vertraglich auszuschließen.

B. Wahlrecht des Versicherers

2 Der Versicherer ist berechtigt, selbst zu entscheiden, ob er das erhöhte Risiko gegen höhere Prämienforderung versichern oder aber vom Leistungsumfang des Vertrages ausschließen möchte. Voraussetzung für das Wahlrecht des Versicherers ist zunächst das Vorliegen einer das versicherte Risiko nachhaltig zum schlechteren verändernde Gefahrerhöhung, die auch zur Kündigung gem. § 24 VVG berechtigen würde. Ist dies der Fall, kann der Versicherer sein Wahlrecht ausüben.

C. Prämienerhöhung

3 Will der Versicherer den Kunden behalten, kann er das neue Risiko gegen erhöhte Prämie weiter versichern. Bezogen auf die Kraftfahrzeug-Versicherung handelt es sich um eine Veränderung des versicherten Verwendungszweckes. Will also der Versicherungsnehmer einen PKW, der als PKW-Eigenverwendung versichert ist, als Selbstfahrervermietfahrzeug nutzen und versichern und hat er diese veränderte Verwendung dem Versicherer angezeigt, wird ein anderes – gefahrträchtigeres – Risiko versichert. Diese Veränderung zieht also auch eine höhere Prämie nach sich. Diese Prämienerhöhungen sind – zumindest im Bereich der Personenversicherungen – gerichtlich prüfbar[1]. Folge des Entschlusses des Versicherers ist, dass dieser u.U. für mehrere Jahre rückwirkend die Prämien fordern kann, da dieses Recht »ab dem Zeitpunkt der Gefahrerhöhung« gilt. Es drohen daher Prämienerhöhungen in nicht unerheblichem Umfang für die Vergangenheit, soweit diese Ansprüche noch nicht der Verjährung des § 195, 197 Abs. 2 BGB unterfallen sind.

4 Der Versicherer muss sein Wahlrecht innerhalb der Monats-Frist des § 24 Abs. 3 seit Erkennen der Gefahrerhöhung ausüben, sonst erlischt sein Recht und die Gefahrerhöhung ist trotz fehlender Anzeige in den Vertrag aufgenommen. Beweisbelastet hinsichtlich des Zeitpunktes ist der Versicherer[2].

D. Ausschluss der Gefahrerhöhung

5 Gemäß § 25 Abs. 1 2. Alt VVG kann der Versicherer auch die Gefahrerhöhung vom Versicherungsschutz ausschließen. Diese Form kommt für die Kraftfahrt-Versicherung nur eingeschränkt in Frage. Der Versicherer kann bei Änderung des Verwendungszweckes z.B. die Deckungssummen verändern, die Zusatzversicherungen wie Fahrzeugvoll- und Fahrzeugteilversicherung ablehnen, eine kompletter Ausschluss der Gefahrerhöhung (wie z.B. in den Personenversicherungen) ist nicht möglich, da der Kontrahierungszwang des § 5 PflVG insoweit entgegensteht. Auch hier hat er die Möglichkeit, diese Gefahrerhöhung »ab dem Zeitpunkt der Gefahrerhöhung«, also ab Eintrittsdatum, auszuschließen.

E. Sonderkündigungsrecht des Versicherungsnehmers

6 Der Versicherungsnehmer kann nach Ausübung des Wahlrechtes durch den Versicherer den Vertrag innerhalb eines Monats nach Erhalt der korrigierten Prämienrechnung oder des Ausschlusses des erhöhten Risikos fristlos kündigen. Bezogen auf die erhöhte Prämienrechnung ist ein Kündigungsrecht erst ab einer Erhöhung der Prämie um mehr als 10 % vorgesehen, unterhalb dieser Grenze kann der Versicherer den Versicherungsnehmer am Vertrag festhalten[3].

1 OLG Karlsruhe v. 31.03.2011 – 12 U 164/10, Jurion.
2 OLG Oldenburg v. 29.03.2012 – 5 U 11/11, MDR 2012, 969 f.
3 Rüffer/Halbach/Schmikowski/Karczewski, § 25 Rn. 5.

F. Hinweispflichten des Versicherers

Der Versicherer muss den Versicherungsnehmer auf sein Sonderkündigungsrecht im Falle der veränderten Vertragsgestaltung bzw. der Prämienerhöhung um mehr als 10 % hinweisen. Unterbleibt der Hinweis, gelten die allgemeinen Regeln: Der Versicherer macht sich schadenersatzpflichtig. Auch hier gilt: unverständliche Hinweise erfüllen ihren Zweck nicht[4] und sind damit nicht gegeben! Eine verspätete Belehrung ist ebenfalls nicht ausdrücklich geregelt, jedoch dürfte dann die Frist zur Kündigung erst ab Zugang der Belehrung zu laufen beginnen. 7

§ 26 Leistungsfreiheit wegen Gefahrerhöhung

(1) Tritt der Versicherungsfall nach einer Gefahrerhöhung ein, ist der Versicherer nicht zur Leistung verpflichtet, wenn der Versicherungsnehmer seine Verpflichtung nach § 23 Abs. 1 vorsätzlich verletzt hat. Im Fall einer grob fahrlässigen Verletzung ist der Versicherer berechtigt, seine Leistung in einem der Schwere des Verschuldens des Versicherungsnehmers entsprechenden Verhältnis zu kürzen; die Beweislast für das Nichtvorliegen einer groben Fahrlässigkeit trägt der Versicherungsnehmer.

(2) In den Fällen einer Gefahrerhöhung nach § 23 Abs. 2 und 3 ist der Versicherer nicht zur Leistung verpflichtet, wenn der Versicherungsfall später als einen Monat nach dem Zeitpunkt eintritt, zu dem die Anzeige dem Versicherer hätte zugegangen sein müssen, es sei denn, dem Versicherer war die Gefahrerhöhung zu diesem Zeitpunkt bekannt. Er ist zur Leistung verpflichtet, wenn die Verletzung der Anzeigepflicht nach § 23 Abs. 2 und 3 nicht auf Vorsatz beruht; im Fall einer grob fahrlässigen Verletzung gilt Absatz 1 Satz 2.

(3) Abweichend von den Absätzen 1 und 2 Satz 1 ist der Versicherer zur Leistung verpflichtet,
1. **soweit die Gefahrerhöhung nicht ursächlich für den Eintritt des Versicherungsfalles oder den Umfang der Leistungspflicht war oder**
2. **wenn zur Zeit des Eintrittes des Versicherungsfalles die Frist für die Kündigung des Versicherers abgelaufen und eine Kündigung nicht erfolgt war.**

Übersicht

A. Allgemeines

§ 26 VVG befasst sich mit den Folgen einer Pflichtverletzung nach § 23 VVG. Der Versicherer ist von der Verpflichtung zur Leistung frei, wenn der Versicherungsnehmer seiner vertraglichen Pflicht, dem Versicherer eine Erhöhung der Gefahr **rechtzeitig** anzuzeigen, nicht nachgekommen ist und es zu einem Schadenfall kommt. Nicht von der Gefahrerhöhungsklausel des § 26 VVG erfasst sind diejenigen risikoerhöhenden Tatbestände, die in den Spezialregelungen (AKB und KfzPflVV) aufgenommen wurden. Diese gehen insoweit dem allgemeineren (Auffang-)Tatbestand des § 23 VVG vor[1]. Die Gefahrerhöhungsklausel stellt eine gesetzliche Obliegenheit vor dem Schadenfall dar und ist als solche auch in D.3 AKB aufgenommen. Erforderlich ist daher, dass sich der Versicherungsnehmer der Gefahrerhöhung bewusst ist[2]. 1

4 EUGH v. 23.04.2015 – C 96/14; BGH v. 05.06.1985 – IVa ZR 113/83, r+s 1985, 237.
1 BGH v. 14.05.1986 – IVa ZR 191/84, VersR 1986, 693.
2 BGH v. 10.09.2014 – IV ZR 322/13, zfs 2014, 696 ff.

B. Pflichten bei Gefahrerhöhung

2 Der Versicherungsnehmer muss den ggf. veränderten Zustand der versicherten Sache unverzüglich anzeigen, will er den Versicherungsschutz behalten. Hat er dies nicht getan, besteht Leistungsfreiheit des Versicherers, § 26 Abs. 1. Eine Anzeige einer Gefahrerhöhung ist nur entbehrlich, wenn der Zustand lediglich vorübergehend ist und die Reparatur unmittelbar bevorsteht.

C. Beweislast

3 Der Versicherer ist beweisbelastet hinsichtlich des Vorliegens der Gefahrerhöhung[3] sowie der Dauerhaftigkeit der Gefahrerhöhung. Bei Veränderungen des Zustands des versicherten Kfz ist dies in aller Regel ohne weiteres möglich, da sich auch der Verschleiß nicht über Nacht einstellt und in einem gewissen Grad der Abnutzung auch auf die Dauer der gefahrträchtigen Nutzung zurückgeschlossen werden kann. Will er sich auf eine vorsätzliche Gefahrerhöhung berufen, ist er auch hierfür beweisbelastet. Er muss dann nachweisen, dass der Versicherungsnehmer sich über die gefahrerhöhenden Umstände bewusst war, allein die Kenntnis von gefahrerhöhenden Umständen reicht für eine Vorsatzannahme nicht aus[4].

4 Bezogen auf die subjektive Gefahrerhöhung ergeben sich aber nahezu unüberwindbare Beweisschwierigkeiten hinsichtlich der Dauerhaftigkeit des Verstoßes. So dürfte es nahezu unmöglich sein, nachzuweisen, dass der Versicherungsnehmer beispielsweise dauerhaft ohne Brille fährt, um die subjektive Gefahrerhöhung bejahen zu können. Fälschlicherweise geht das OLG Karlsruhe bei fehlerhaften Einbauten in ein Kfz vom Vorliegen einer subjektiven Gefahrerhöhung aus, hier handelt es sich um eine objektive Veränderung des Kfz-Zustandes[5].

5 Da sich die Obliegenheit im Wesentlichen gegen den Versicherungsnehmer oder seinen Repräsentanten richtet[6], trägt der Versicherungsnehmer die Beweislast für das Nichtvorliegen der grob fahrlässigen Begehung dieser gesetzlichen Obliegenheit, § 26 Abs. 1 letzter S. VVG.

D. Kündigung

6 Liegt eine Gefahrerhöhung vor, kann der Versicherer den Vertrag kündigen. Für den Fall der vorsätzlichen Obliegenheitsverletzung nach § 23 Abs. 1 ist die fristlose Kündigung möglich, im Falle der bloß fahrlässigen Obliegenheitsverletzung ist die Kündigung binnen Monatsfrist möglich, § 24. Die Kenntnis des Versicherers ist nicht schon dann gegeben, wenn er die Umstände kennt, aus denen sich eine Gefahrerhöhung ergeben könnte[7].

7 Anders als in § 6 VVG a.F. vorgesehen, muss der Versicherer den Versicherungsvertrag – bezogen auf die Kraftfahrzeug-Haftpflicht-Versicherung – nicht kündigen[8], um für den vorliegenden Schadenfall leistungsfrei zu sein, wenn er vor diesem Schaden keine Kenntnis von der Gefahrerhöhung hatte. Allerdings ist er zur Kündigung verpflichtet, wenn er für zukünftige Schadenfälle, die auf dieser Gefahrerhöhung beruhen, leistungsfrei sein will. Unterbleibt die Kündigung und es ereignet sich nach Ablauf der Kündigungsfrist ein weiterer Schaden wegen dieser Gefahrerhöhung, kann sich der Versicherer für diesen Schaden nicht mehr auf die Leistungsfreiheit berufen[9].

---

3 Matusche-Beckmann in Bruck/Möller § 23 VVG Rn. 80.

4 BGH v. 10.09.2014 – IV ZR 322/13 (Abbrennen der Scheune, nachdem der dort abgestellte Schlepper Reste von Heu und Stroh entzündet hatte).

5 OLG Karlsruhe vom 17.09.2013, 12 U 43/13.

6 OLG Karlsruhe vom 17.09.2013, 12 U 43/13.

7 BGH v. 27.05.1981 – IVa ZR 52/80, VersR 1981, 921 f.; Matusche-Beckmann in Bruck/Möller § 24 VVG Rn. 16.

8 So schon BGH v. 16.09.1986 – IV ZR 151/85, VersR 1986, 1231 f. m.w.H.; v. 16.09.1986 – IV ZR 159/85, VersR 1987, 37 f.

9 OLG Koblenz v. 20.11.1981 – 10 U 464/81, VersR 1982, 260 f.

E. Rechtsfolgen

Der Versicherer ist von der Verpflichtung zur Leistung frei, wenn der Versicherungsnehmer die Gefahrerhöhung vorsätzlich oder grob fahrlässig begangen hat oder deren Vornahme geduldet hat. Die Rechtsfolgen hängen vom Grad des Verschuldens ab: 8

I. Vorsätzliche Obliegenheitsverletzung

Begeht der Versicherungsnehmer die Gefahrerhöhung vorsätzlich, ist der Versicherer vollständig von der Verpflichtung zur Leistung frei, wenn der Versicherungsnehmer sich nicht exkulpieren kann[10]. Vorsatz setzt das Bewusstsein des Versicherungsnehmers von der gefahrerhöhenden Eigenschaft der von ihm vorgenommenen Handlung voraus. Die Kenntnis gefahrerhöhender Umstände allein reicht zur Annahme des Vorsatzes nicht aus[11]. In der Kraftfahrzeug-Haftpflicht-Versicherung ist die Leistungsfreiheit nach § 5 KfzPflVV, D.3 AKB begrenzt auf den Betrag von höchstens € 5.000,00. In den sonstigen Sparten besteht vollständige Leistungsfreiheit. 9

II. Grob fahrlässige Obliegenheitsverletzung

Im Falle der grob fahrlässigen Obliegenheitsverletzung ist der Versicherer berechtigt, seine Leistung im Verhältnis zur Schwere des Verschuldens zu kürzen[12]. Besondere Kriterien, an denen die Quoten festgemacht werden könnten, liegen derzeit nicht vor, es kann allein auf die innere Haltung des Versicherungsnehmers oder Fahrers abgestellt werden. So kann es für die Gefahrerhöhung auf die Frage der Kenntnis vom gefahrerhöhenden Umstand ankommen, oder auf das Kennenmüssen. Hat sich der Versicherungsnehmer oder Fahrer der Kenntnis gar entzogen, käme ein höherer Regress in Betracht[13]. Eine Orientierung an der Höhe des entstandenen Schadens ist sicher nicht sachgerecht, da dies eher dem Zufall überlassen bleibt[14]. Der als Pressemitteilung[15] veröffentlichte »Goslarer Orientierungsrahmen« hilft in der Praxis nicht wirklich weiter, da er zu allgemein gehalten ist und nur Einzelfälle behandelt. Für die Gefahrerhöhung ist allein der Fall der abgefahrenen Reifen genannt, der generell mit einer Quote von 25 % Leistungsfreiheit geahndet werden soll. Diese Quote ist sicher angemessen, wenn es sich um einen oder zwei abgefahrene Reifen handelt, wenn allerdings alle Reifen völlig abgefahren sind, ist dies nach diesseitiger Auffassung nicht angemessen. 10

Der Verlust des Kfz-Schlüssels im Fahrzeug ist nicht per als Gefahrerhöhung zu werten, wenn dieser nicht eine Fernbedienung beinhaltet und auch sonst keinen Hinweis auf das Kfz enthält[16]. 11

Das dauerhafte Aufbewahren des Fahrzeugscheins (Fahrzeugbescheinigung Teil I) im Kfz stellt eine Gefahrerhöhung dar[17]. Eine Kürzung von 50 % ist zulässig[18]. Zu den Beratungspflichten der Anwaltschaft in diesem Zusammenhang gehört auch die Aufklärung über den Unterschied zwischen dauerhafter Aufbewahrung und nur einmaliger Aufbewahrung der Fahrzeugbescheinigung Teil I im Kfz[19]. 12

10 Unberath »Die Leistungsfreiheit des Versicherers – Auswirkung der Neuregelung auf die Kraftfahrtversicherung«, NZV 2008, 537, 540 f.

11 BGH v. 10.09.2014 – IV ZR 322/13 zfs 2014, 696 f.

12 Unberath »Die Leistungsfreiheit des Versicherers – Auswirkung der Neuregelung auf die Kraftfahrtversicherung«, NZV 2008, 537, 541 f.; vgl. auch § 28 VVG Rdn. 12 f., Rdn. 9 ff.

13 Richter »Überlegungen zur quotierten Leistungsfreiheit in der Fahrzeugversicherung« SVR 2009, 13 ff.

14 Veith »Das quotale Leistungskürzungsrecht des Versicherers gem. §§ 26 Abs. 1 S. 2, 28 Abs. 2 S. 2, 81 Abs. 2 VVG 2008«, VersR 2009, 1580 ff.

15 Vom 03.12.2009 durch den »Deutschen Verkehrsgerichtstag«.

16 OLG Hamm v. 03.07.2013 – 20 U 226/12.

17 OLG Celle, 09.08.2007 – 8 U 62/07; OLG Bremen, 20.09.2010 – 3 U 77/09.

18 LG Dortmund, 11.03.2010 – 2 O 245/09 (Kürzung um 50 %).

19 OLG Celle, 19.07.2010 – 3 U 96/10.

F. Exkulpationsmöglichkeiten

13 Durch die Formulierung in § 26 Abs. 3 VVG erhält der Versicherungsnehmer die Möglichkeit, sich trotz des Vorliegens einer vorsätzlich oder grob fahrlässig verursachten Obliegenheit zu entlasten. Dabei hat er zwei Möglichkeiten:

I. Fehlende Ursächlichkeit

14 Die Gefahrerhöhung darf nicht ursächlich für den Schadenseintritt oder den Umfang der Leistungspflicht sein. Jede Form von Mitursächlichkeit für den Schadeneintritt ist schädlich und vernichtet die Entlastungsmöglichkeit[20]. Eine fehlende Ursächlichkeit der Gefahrerhöhung ist zum Beispiel dann gegeben, wenn zwar durch die abgefahrenen Reifen die Gefahrerhöhung als solche belegt ist, aber der Unfall sich auf trockener Fahrbahn ereignete, sich also die Gefahrerhöhung nicht auswirkte[21]. Auch defekte Bremsen sind dann nicht ursächlich, wenn der Versicherungsnehmer die Vorfahrt verletzte, da es dann nicht auf den Bremsweg dieses Fahrzeuges ankommt.

II. Keine Auswirkungen auf die Schadenhöhe

15 Der Nachweis, dass die Gefahrerhöhung keine Auswirkungen auf die Schadenhöhe hatte, dürfte in der Kraftfahrzeug-Haftpflicht-Versicherung schwer fallen, da bei Vorliegen einer Gefahrerhöhung, die ursächlich für den Schaden war, diese nicht hinweg gedacht werden kann, ohne dass der Erfolg (Schadeneintritt) entfiele. Damit hat die für den Schadeneintritt ursächliche Gefahrerhöhung unmittelbar Auswirkungen auf den Leistungsumfang des Versicherers. Soweit eine Relation zwischen der »versicherten Gefahr« und der »gesteigerten Gefahr« dergestalt hergestellt wird, dass der verursachte Schaden und der bei nicht vorliegender Gefahrerhöhung hypothetisch entstandene Schaden miteinander verglichen werden sollen[22], ist diese Ansicht wenig praktikabel und wurde vom BGH auch nicht weiter verfolgt, diese Möglichkeit dürfte nur in absoluten Ausnahmefällen in Betracht kommen.

16 Der Versicherungsnehmer könnte sich entlasten durch die Einwilligung des Versicherers in die Gefahrerhöhung[23]. Dies dürfte insbesondere im Bereich der Kraftfahrzeug-Versicherung nicht in Betracht kommen.

III. Mangelndes Verschulden

17 Der Versicherungsnehmer kann sich, wenn die Gefahrerhöhung durch eine mitversicherte Person begangen wurde, auf mangelndes Verschulden berufen. Der Versicherer bleibt ihm gegenüber insoweit zur Leistung verpflichtet, als der Versicherungsnehmer die Gefahrerhöhung nicht zu vertreten hat und sich der Erkenntnis auch nicht arglistig verschlossen hat.

IV. Nichtausübung des Kündigungsrechts

18 Der Versicherer darf sich auch dann nicht auf die Leistungsfreiheit wegen Gefahrerhöhung berufen, wenn er von ihr Kenntnis hatte und in Kenntnis der Gefahrerhöhung das Vertragsverhältnis nicht beendete, oder modifizierte.

19 Diese Regelung gilt nur, wenn der Versicherer vor dem Schadenfall Kenntnis von der Gefahrerhöhung hatte. Erlangt der Versicherer erst **durch** den Schadenfall Kenntnis, so muss er nicht kündigen,

---

20 BGH v. 10.01.1951 – II ZR 21/50, NJW 1951, 231; v. 22.03.1965 – II ZR 44/63, VersR 1965, 452; BGH v. 10.04.1968 – IV ZR 512/68, VersR 1968, 590.

21 BGH v. 23.11.1977 – IV ZR 162/76, VersR 1978, 146 f.; OLG Köln v. 08.07.1968 – 10 U 39/68, VersR 1970, 341 f.

22 Matusche-Beckmann in Bruck/Möller § 23 VVG Rn. 81 mit Hinweisen auf die BGH-Rechtsprechung Anfang der 60er Jahre.

23 Matusche-Beckmann in Bruck/Möller § 23 VVG Rn. 81.

um für diesen Schadenfall leistungsfrei zu sein[24]. Unterbleibt die Kündigung und es ereignet sich ein weiterer Schaden aufgrund der Gefahrerhöhung, kann sich der Versicherer nicht mehr auf die Leistungsfreiheit berufen, wenn die Kündigungsfrist des § 24 Abs. 3 VVG bereits verstrichen ist. Er hätte dann genügend Gelegenheit gehabt, zu prüfen, ob und unter welchen Voraussetzungen er den Vertrag fortführen möchte. Er hätte auch die Möglichkeit gehabt, die Prämie zu verändern. Unterblieb dies alles und es ereignet sich der zweite Schadenfall, bleibt die Leistungspflicht bestehen.

Das Kündigungsrecht erlischt, wenn der ursprüngliche Zustand wieder hergestellt wird, die Gefahr- 20
erhöhung also beseitigt wird.

Der Versicherer hat die Möglichkeit, den Vertrag bei vorsätzlicher oder grob fahrlässiger Verletzung 21
der Obliegenheit fristlos zu kündigen, § 24 Abs. 1 VVG. Der Versicherungsnehmer kann sich damit entlasten, dass er die Obliegenheit weder vorsätzlich noch grob fahrlässig verletzte, beweisbelastet hierfür ist der Versicherungsnehmer. Liegt nur einfache Fahrlässigkeit vor, kann der Versicherer mit einer Frist von einem Monat kündigen, § 24 Abs. 2 VVG. Eine Kündigungspflicht besteht nicht.

Hat der Versicherer wegen der Gefahrerhöhung den Vertrag gekündigt, und es ereignet sich danach 22
ein weiterer Schaden wegen dieser Gefahrerhöhung, ist der Versicherer auch für diesen Schaden leistungsfrei.

§ 28 Verletzung einer vertraglichen Obliegenheit

(1) Bei Verletzung einer vertraglichen Obliegenheit, die vom Versicherungsnehmer vor Eintritt des Versicherungsfalles gegenüber dem Versicherer zu erfüllen ist, kann der Versicherer den Vertrag innerhalb eines Monats, nachdem er von der Verletzung Kenntnis erlangt hat, ohne Einhaltung einer Frist kündigen, es sei denn, die Verletzung beruht nicht auf Vorsatz oder auf grober Fahrlässigkeit.

(2) Bestimmt der Vertrag, dass der Versicherer bei Verletzung einer vom Versicherungsnehmer zu erfüllenden vertraglichen Obliegenheit nicht zur Leistung verpflichtet ist, ist er leistungsfrei, wenn der Versicherungsnehmer die Obliegenheit vorsätzlich verletzt hat. Im Fall einer grob fahrlässigen Verletzung der Obliegenheit ist der Versicherer berechtigt, seine Leistung in einem der Schwere des Verschuldens des Versicherungsnehmers entsprechenden Verhältnis zu kürzen; die Beweislast für das Nichtvorliegen einer groben Fahrlässigkeit trägt der Versicherungsnehmer.

(3) Abweichend von Absatz 2 ist der Versicherer zur Leistung verpflichtet, soweit die Verletzung der Obliegenheit weder für den Eintritt oder die Feststellung des Versicherungsfalles noch für die Feststellung oder den Umfang der Leistungspflicht des Versicherers ursächlich ist. Satz 1 gilt nicht, wenn der Versicherungsnehmer die Obliegenheit arglistig verletzt hat.

(4) Die vollständige oder teilweise Leistungsfreiheit des Versicherers nach Absatz 2 hat bei Verletzung einer nach Eintritt des Versicherungsfalles bestehenden Auskunfts- oder Aufklärungsobliegenheit zur Voraussetzung, dass der Versicherer den Versicherungsnehmer durch gesonderte Mitteilung in Textform auf diese Rechtsfolge hingewiesen hat.

(5) Eine Vereinbarung, nach welcher der Versicherer bei Verletzung einer vertraglichen Obliegenheit zum Rücktritt berechtigt ist, ist unwirksam.

Übersicht

24 OLG Celle v. 10.10.1990 – 8 U 11/90 r+s 1991, 117.

A. Allgemeines

1 § 28 VVG ersetzt erheblich modifiziert den § 6 VVG a.F. Er gilt für alle vertraglichen Obliegenheiten. Neu ist auch, dass entsprechend des Grades des Verschuldens die Leistungsfreiheit quotiert wird. Die Abkehr vom Alles-oder-Nichts-Prinzip ist in den vergangenen Jahren in der Literatur weidlich diskutiert worden. Praktikable Vorschläge, wie mit dieser Neuregelung in der Praxis umgegangen werden soll, sind derzeit nicht bekannt. Der 47. VGT hat in seinem AK II[1] versucht, eine praktikable Lösung zu finden, ob allerdings die Vorschläge übernommen werden, bleibt abzuwarten[2]. Es wird in den Rechtsfolgen nicht mehr zwischen den Obliegenheiten vor oder im Schadenfall differenziert, § 28 VVG ist auf alle vertraglichen Obliegenheiten anzuwenden. Eine Differenzierung erfolgt nur noch in Abs. 1 (Kündigungsmöglichkeit) und Abs. 4 (Hinweispflicht für Aufklärungsobliegenheiten)[3]. Versicherer der Sachversicherung müssen daher in ihren Bedingungen klarstellen, ob es sich bei den erwarteten Verhaltensregeln um Obliegenheiten handelt, oder ob bestimmte Sachverhalte als Risikoausschlüsse überhaupt nicht versichert sein sollen[4].

2 Diverse Versicherer haben auf eine Anpassung der Bedingungen verzichtet und lediglich in den Rechtsfolgen § 28 VVG angewendet. Dieses Verhalten führt dazu, dass Obliegenheitsverletzungen weder nach den AKB a.F. noch nach den AKB 2008/2015 sanktioniert werden können. Da § 28 VVG und die Folgen nicht wirksam in den Vertrag eingebunden wurden, können die Obliegenheiten nur nach den AKB a.F. sanktioniert werden. Diese verstoßen aber für Schadenfälle ab dem 01.01.2009 gegen das VVG n.F. eine bloße Veränderung der Rechtsfolgen genügt hier nicht, um die Obliegenheitsverletzung sanktionieren zu können[5].

B. Vertragliche Obliegenheiten

3 Als Obliegenheiten werden alle vertraglich vereinbarten Nebenpflichten bezeichnet. Diese sind in den AKB geregelt. Die AKB der einzelnen Anbieter differieren, so dass hier nur auf die AKB des GdV Bezug genommen wird. Die vertraglichen Obliegenheiten in der Assekuranz sind vielfältig[6], daher soll im vorliegenden Werk nur insoweit auf die Obliegenheiten eingegangen werden, als diese in der Kraftfahrtversicherung von Bedeutung sind. Die vertraglichen Obliegenheiten in der Kraftfahrzeug-Haftpflicht-Versicherung werden begrenzt durch die KfzPflVV. Sie ergeben sich aus den §§ 5, 6 KfzPflVV, die in D.1 und D.2 sowie in E.2. AKB aufgenommen wurden. In den anderen Sparten werden weitere Pflichten des Versicherungsnehmer bzw. der versicherten Personen gesondert genannt. Für die Kasko-Versicherung gelten D.1 sowie E.1 und E.3; in der Schutzbriefversicherung gelten D.1 sowie E.1 und E.4; in der Kfz-Unfallversicherung D.1 sowie E.1 und E.5 AKB. Soweit sich aus den einzelnen Obliegenheiten Unterschiede in den Verfahrensweisen ergeben, sei auf die jeweiligen Vorschriften der

1 Vgl. die Empfehlungen des 47 VGT zu AK II; vgl. auch Goslarer Orientierungsrahmen zfs 2010, 12 ff.

2 Vgl. auch die Pressemitteilung des VGT vom 03.12.2009, die zu allgemein ein paar wenige Vorschläge unterbreitet.

3 Tschersich, »Rechtsfragen der vorvertraglichen Obliegenheiten – Schwerpunkt: Die Hinweispflichten des Versicherers«, r+s 2012, 53, 60; Schirmer »Neues VVG und Kraftfahrzeughaftpflicht – und Kaskoversicherung – Teil II«, DAR 2008, 319 ff.

4 OLG Karlsruhe v. 16.08.2011 – 12 U 84/11, VersR 2012, 854 f.

5 BGH v. 12.10.2011 – IV ZR 199/19, r+s 2012, 9 f; BGH v. 11.10.2011 – VI ZR 46/10; MüKo Wandt, § 28 Rn. 22.

6 Nur für die Kraftfahrzeug-Haftpflicht-Versicherung auf die Obliegenheiten in §§ 5 und 6 KfzPflVV beschränkt!

AKB verwiesen, dort werden die Obliegenheiten ausführlich dargestellt. Die grundsätzliche Auffassung, dass Obliegenheiten klar zu benennen sind und dementsprechend unverständlich[7] formulierte oder unklare Obliegenheiten keine Auswirkungen haben[8], trifft auf die Kraftfahrzeug-Versicherung nur ausnahmsweise zu, da dort die Obliegenheiten über Jahrzehnte beibehalten wurden.

Ob und inwieweit die Regelungen des § 28 auch auf die Ausschlüsse in den einzelnen Sparten anzuwenden sind, ist fraglich. Grundsätzlich können – außer in der Kraftfahrzeug-Haftpflicht-Versicherung – Haftungsausschlüsse frei vereinbart werden. Diese Pflichten müssen aber klar verständlich und transparent sein, sonst sind sie wirkungslos[9]. Auch allgemeine Gebote genügen den Anforderungen nicht[10]. Ein Anspruch des Versicherungsnehmers besteht dann insoweit nicht. 4

Es ist zwischen Risikobegrenzungen[11] und sog. verhüllten Obliegenheiten[12] zu differenzieren. Für die Differenzierung soll es nur noch auf den materiellen Regelungsgehalt ankommen[13]. Für Risikobegrenzungen sprechen individualisierende Beschreibungen eines bestimmten Wagnisses, für das kein Versicherungsschutz gewährt werden soll. Sobald aber bestimmte Verhaltensweisen des Versicherungsnehmers oder mitversicherter Personen erwartet werden, ist von verhüllten Obliegenheiten auszugehen[14]. Soweit allerdings ein Ausschluss einer Pflicht nach Eintritt des Schadenfalls dann in den vertraglichen Obliegenheiten unter E. AKB aufgenommen wird, ist nach diesseitiger Auffassung eine vollständige Leistungsverweigerung nicht mehr zulässig. Insbesondere muss sich dann dieser vermeintliche Ausschluss an E.6 bzw. § 28 Abs. 3 und 4 VVG messen lassen[15]. 5

C. An wen richten sich die Obliegenheiten

Die Obliegenheiten richten sich in erster Linie an den Führer des Kraftfahrzeuges, dies können verschiedene Personen sein, sowie an den Versicherungsnehmer. 6

I. Versicherungsnehmer

Die vertraglichen Obliegenheiten richten sich zunächst grundsätzlich an den Vertragspartner, d.h. den Versicherungsnehmer. Dieser ist gehalten, neben der vertraglichen Hauptpflicht der Beitragszahlung, auch die vertraglichen Nebenpflichten, die sog. Verhaltensvorschriften, zu beachten, will er seinen Versicherungsschutz nicht gefährden. 7

II. mitversicherte Personen

Da Kfz üblicherweise nicht nur von einer Person genutzt werden, sind in der KfzPflVV und in den AKB weitere Personen in und um das Kfz genannt, die beim Gebrauch des Kfz[16] einen Schaden verursachen (Kraftfahrzeug-Haftpflicht-Versicherung) oder während des Gebrauchs einen Schaden erleiden (Kasko-, Schutzbrief-; Kfz-Unfall-Versicherung) können. Aus diesem Grund sind in den jeweiligen Sparten weitere – durchaus voneinander verschiedene – Personen ausdrücklich mitversichert. Diese sind für die Kraftfahrzeug-Haftpflicht-Versicherung in A.1.2 AKB (evtl. mehr 8

7 EUGH v. 23.04.2015 – C 96/14.
8 OLG Celle, Beschl. v. 29.09.2011 – 8 U 144/11, SVR 2012, 265.
9 OLG Frankfurt v. 01.03.2012 – 3 U 119/11, Jurion; 3 U 136/11 und Jurion 3 U 127/11, für die Rechtsschutzversicherung.
10 MüKo-Wandt, § 28 Rn. 31.
11 LG Dortmund v. 15.01.2015 – 2 O 254/14 (zu Hausrat).
12 Felsch, »Verhüllte Obliegenheiten – ein Nachruf«, r+s 2015, 53, Koch, »Abschied von der Rechtsfigur der verhüllten Obliegenheit«, VersR 2014, 283 ff, für den die Unterscheidungen in der Rechtsprechung tw. willkürlich anmuten.
13 Felsch, »Verhüllte Obliegenheiten – ein Nachruf«, r+s 2015, 55 f.
14 BGH v. 14.05.2014 – IV ZR 288/12; v. 18.05.2011 – IV ZR 165/09 (zu § 132 VVG a.F.); LG Dortmund v. 15.01.2015 – 2 O 254/14 (zu Hausrat).
15 Vgl. insoweit unten Rdn. 19 sowie zu E.6 AKB.
16 Vgl. hierzu die Kommentierung zu § 2 KfzPflVV sowie unter A.1.1 AKB.

Personen als in § 2 Abs. 2 KfzPflVV); in der Fahrzeugversicherung gem. A.2.4 AKB; in der Schutzbriefversicherung A.3.2 AKB und in der Kfz-Unfallversicherung gem. A.4.2 AKB aufgenommen. Handlungen von mitversicherten Personen wirken nicht zu Lasten des Versicherungsnehmers.

III. Repräsentanten

9 Soweit nicht der Versicherungsnehmer, sondern eine mitversicherte Person eine Obliegenheit verletzt, hat dies nur in drei Fällen Auswirkungen auf den Versicherungsnehmer und damit auch auf den Versicherungsvertrag: Der Versicherungsnehmer hatte Kenntnis von der Obliegenheitsverletzung oder hat diese ermöglicht, oder es handelt sich um einen Repräsentanten[17] des Versicherungsnehmers. »Im Versicherungsrecht ist derjenige Repräsentant des Versicherungsnehmers, der in dem Geschäftsbereich, zu dem das versicherte Risiko gehört, aufgrund eines Vertretungs- oder ähnlichen Verhältnisses an die Stelle des Versicherungsnehmer getreten ist.«[18] Die reine Sachherrschaft über die versicherte Sache reicht dazu nicht aus. Zusätzlich ist erforderlich, dass derjenige selbständig in einem nicht ganz unbedeutenden Umfang befugt ist, für den Versicherungsnehmer zu handeln[19]. Es ist nicht erforderlich, dass derjenige, der als Vertreter für den Versicherungsnehmer auftritt, eine entsprechende Vertretungsmacht eigenverantwortlich ausübt. Dies kann aber unabhängig von der Übergabe einer Sache für die Repräsentanteneigenschaft sprechen.

10 Nicht jeder, der Fahrer des versicherten Kfz ist, wird automatisch zum Repräsentanten[20].

D. Vorsätzliche Obliegenheitsverletzung

11 Hat der Versicherungsnehmer die Obliegenheitsverletzung vorsätzlich[21] begangen, ist der Versicherer von der Verpflichtung zur Leistung frei[22]. Dabei ist zu differenzieren: in der Kraftfahrzeug-Haftpflicht-Versicherung kann die Leistungsfreiheit nur in den Grenzen der KfzPflVV bestehen. In den sonstigen Sparten hingegen besteht dann ein vollständiges Leistungsverweigerungsrecht. § 28 Abs. 2 VVG differenziert nicht mehr, wie § 6 VVG a.F., zwischen den Obliegenheiten vor und im Schadenfall, so dass bei vorsätzlicher Obliegenheitsverletzung auch im Schadenfall der Versicherer von der Verpflichtung zur Leistung frei ist. Um diese harte Folge zu mildern, ist der Versicherer im Schadenfall – wie auch schon nach altem Recht – nur dann von der Leistungspflicht befreit, wenn er den Versicherungsnehmer auf diese Folge ausdrücklich und augenfällig hingewiesen hat[23]. Die Belehrung hat in Textform zu erfolgen. Diesem Erfordernis ist bspw. dann genüge getan, wenn sich der Hinweis auf die Leistungsfreiheit optisch hervorgehoben durch Fettdruck auf der letzten Seite der Schadenanzeige oberhalb der Unterschrift befindet[24]. Auch eine schriftliche Belehrung des Versicherungsnehmers auf einem individuellen Schreiben des Versicherers, in dem weitere Fragen gestellt werden, genügt den Anforderungen an § 28 Abs. 4[25]. Ein Hinweis auf die Belehrung vor der Unterschrift auf Seite 3 des Fragebogens, die sich dann auf S. 5, d.h. zwei Seiten nach der Unterschriftszeile befindet, genügt diesen Anforderungen nicht[26].

---

17 Vgl. auch Präve »Das neue VVG und das AGB-Recht«, VersW 2009, 98 ff.

18 BGH v. 21.04.1994 – IV ZR 34/92, VersR 1993, 828; vgl. auch Hering »Die Repräsentantenhaftung in der Kasko-Versicherung« SVR 2012, 201.

19 BGH v. 21.04.1994 – IV ZR 34/92, 1993, 828.

20 BGH v. 20.05.2009 – XII ZR 94/07, zfs 2009, 637 ff.

21 Es gelten die allgemeinen Regeln zur Bewertung des Vorsatzes, vgl. insoweit auch unter A.1.5.1 AKB; Pohlmann in Looschelders/Pohlmann § 28 Rn. 49.

22 Schwintowski »Die Rechtsfolgen der Verletzung vertraglicher Obliegenheiten in der allgemeinen Haftpflichtversicherung nach dem neuen VVG«, VersR 2009, 1304 ff., der Grundgehalt ist auch auf die Kraftfahrtversicherung zu übertragen.

23 BGH v. 28.02.2007 – IV ZR 152/05, zfs 2007, 337 = NZV 2007, 459 f., ggf. muss er diese Belehrung sogar wiederholen; OLG Karlsruhe v. 03.08.2010 – 12 U 86/10.

24 OLG Karlsruhe v. 03.08.2010 – 12 U 86/10.

25 BGH v. 09.01.2012 – IV ZR 197/11 Jurion.

26 OLG Hamburg v. 06.08.2013 – 9 U 31/13, zfs 2014, 450.

Fehlt die Belehrung, kann sich der Versicherer üblicherweise nicht auf Leistungsfreiheit berufen. Etwas anderes kann aber gelten, wenn der Versicherungsnehmer arglistig gehandelt hat[27] und ihm schon bei Begehung der Obliegenheitsverletzung ohne Belehrung klar ist, dass die Aufdeckung der Obliegenheitsverletzung versicherungsrechtliche Folgen haben könnte[28]. Weist der Versicherer darauf hin, er sei bei weiterer (in der Zukunft liegender) Verletzung seiner Aufklärungspflicht von der Verpflichtung zur Leistung frei, kann er sich für die aktuelle Obliegenheitsverletzung nicht auf Leistungsfreiheit berufen[29]. 12

Der Versicherer ist beweisbelastet hinsichtlich der Kenntnis des Versicherungsnehmers von den aufzuklärenden Umständen[30]. 13

E. Arglistige Obliegenheitsverletzung

Arglistig[31] handelt der Versicherungsnehmer dann, wenn er zusätzlich zur vorsätzlichen Begehungsweise in betrügerischer Absicht die Obliegenheit verletzt, diese Unterscheidung ist nur wegen der Rechtsfolgen erforderlich. In jedem Fall ist arglistiges Verhalten gegeben, wenn über Tatsachen getäuscht wird, die für Grund und Höhe der zu leistenden Entschädigung von Bedeutung sind[32]. Für den Fall der Arglist des Versicherungsnehmers kann eine Belehrung entbehrlich sein[33]. Allein die fehlende Korrektur von fehlerhaften Gesundheitsangaben beim Policenmodell soll nach Auffassung des BGH nicht arglistig sein[34]. Allerdings können besondere Umstände zur Annahme der Arglist führen: 14

– Verschweigen von finanzieller Notlage trotz konkreter Nachfrage[35]

F. grob fahrlässige Obliegenheitsverletzung/Quotierung

Im Falle der grob fahrlässigen Obliegenheitsverletzung ist nur noch eine Kürzung der Ansprüche des Versicherungsnehmers zulässig[36]. Dabei wurde die Regressbeschränkung, die durch die KfzPflVV in der Kraftfahrzeug-Haftpflicht-Versicherung schon gilt, nicht berücksichtigt. Durch teleologische Reduktion der Vorschrift für die Kraftfahrzeug-Haftpflicht-Versicherung kommt die Literatur übereinstimmend zu dem Ergebnis, dass der Versicherer nicht unbeschränkt nach Quote regressieren kann, sondern im Regress nach wie vor die Obergrenze der KfzPflVV gilt[37]. Im Hinblick auf die geforderte Bewertung der groben Fahrlässigkeit kann es im Einzelfall dazu führen, dass der Versicherungsnehmer jetzt nur einen Teil des Schadens ersetzt verlangen kann, während nach altem Recht die Abwägung häufig bei der Frage »grobe Fahrlässigkeit ja oder nein?« das Verhalten 15

---

27 BGH vom 12.03.2014 – IV ZR 306/13 (zu § 19 Abs. 5 VVG).

28 OLG Köln v. 03.05.2013, 20 U 224/12.

29 OLG Saarbrücken v. 31.05.2006 – 5 U 165/05, zfs 2007, 222 ff.

30 BGH IV ZR 252/04, zfs 2007, 215 f.

31 OLG Hamburg v. 06.08.2013 – 9 U 31/13, zfs 2014, 450 f; OGH v. 02.10.2013 – 7 Ob 150/13d, VersR 2014, 1230; Pohlmann in Looschelders/Pohlmann § 28 Rn. 50; Schirmer, »Arglistiges Verhalten des VN im neuen VVG«, r + s 2014, 533, 534 f.

32 OLG Hamm v. 27.07.2011 – I-20 U 146/10, Jurion RS 2011, 23153; OLG Saarbrücken v. 06.10.2010 – 5 U 88/10–16, r+s 2011, 325 ff (Verschweigen von Vorschäden).

33 BGH vom 12.03.2014 – IV ZR 306/13 (zu § 19 Abs. 5 VVG).

34 BGH v. 24.11.2010 – IV ZR 252/08, Jurion; BGH Beschl. V. 10.05.2017 – IV ZR 30/16.

35 OLG Köln v. 21.070.2016 – 9 U 41/16 (Sachversicherung) VersR 2017, 1335 ff.

36 Heß, »Die Quotenbildung nach dem VVG – erste Erfahrungen seit 2008«, r+s 2013, 1 ff.; Nugel »Die Leistungsfreiheit des Kraftfahrtversicherers nach dem neuen VVG wegen einer Obliegenheit nach Eintritt des Versicherungsfalls – erste Erfahrungen und Musterfälle«, zfs 2009, 307 ff., unternimmt den Versuch, einige Beispiele zu bringen, die in der Praxis von Bedeutung sein könnten.

37 So auch Nugel »Alles, nichts oder 5.000 €? Der Regress des Kraftfahrzeug-Haftpflicht-Versicherers gegenüber dem Versicherungsnehmer auf Grund einer Obliegenheitsverletzung nach der VVG-Reform«, NZV 2008, 11, 15.

in Relation zu dem den Versicherungsnehmer treffenden Schaden gesetzt wurde und dann im Hinblick auf die Folgen häufig auch die grobe Fahrlässigkeit verneint wurde.

16 Die amtliche Begründung[38] dieser Vorschrift sieht nur eine Bewertung dahingehend vor, dass die grobe Fahrlässigkeit nahe dem bedingten Vorsatz oder eher im Grenzbereich zur einfachen Fahrlässigkeit entscheidend ist. Dies führt aber nur dazu, dass im Normalfall der groben Fahrlässigkeit von einer Quotierung von 50 % nach »mittlerer Art und Güte«[39] auszugehen sein wird[40]. Weicht aber das Verhalten hinsichtlich seiner Vorwerfbarkeit, die sich ggf. auch an dem entstandenen Schaden orientieren muss, nach oben oder nach unten ab, ist die Quote der Leistungsfreiheit entsprechend zu erhöhen oder zu senken[41]. So soll das Augenblicksversagen eher in die Nähe der leichten Fahrlässigkeit rücken, während eine bewusst grobe Fahrlässigkeit, bei der der Versicherungsnehmer den Schadenseintritt billigend in Kauf nimmt, in die Nähe der vorsätzlichen Obliegenheitsverletzung rückt[42]. Ob allerdings der Grad der Verschuldensfähigkeit[43] als Maßstab für die grobe Fahrlässigkeit herangezogen werden sollte, ist mehr als fraglich. Dieser Einwand wird im Zweifel nur dann überhaupt gebracht werden können, wenn es sich um Fahrten unter Alkohol- oder Drogeneinfluss handelt. Die Rechtsprechung ist in diesen Fällen aber nicht geneigt, Nachsicht walten zu lassen[44]. Der 47 VGT[45] empfiehlt allein die Bewertung des Verschuldens ohne Rücksicht auf Billigkeits- oder gar Strafrechtserwägungen, so dass auch die Frage der Verschuldensfähigkeit eher unberücksichtigt bleiben muss[46]. Eine Orientierung an dem verursachten Schaden ist zur Bemessung der Quote nicht zulässig[47], auch wenn diese in der KfzPflVV für den Fall der Obliegenheitsverletzung im Schadenfall durchaus eine Rolle spielen kann. Eine Quotenbildung in den Schritten 0, 25, 50, 75 und 100 scheint ausreichend, um dem Fehlverhalten des Versicherungsnehmers oder mitversicherten Fahrers Rechnung zu tragen[48]. Allerdings wird insbesondere bei durch Alkoholfahrten verursachten Schadenfällen häufig auch die Leistungskürzung auf 0 bestätigt[49], diese Klauseln sind auch hinreichend transparent und für den Laien nachvollziehbar[50], gerade dann wenn das Verhalten in die Vorsatznähe gerät[51].

17 Für die Kraftfahrzeug-Haftpflicht-Versicherung wird zusätzlich die Leistungsfreiheit begrenzt durch §§ 5, 6 KfzPflVV. Inzwischen ist die Diskussion in der Literatur entschieden: zunächst wird die Leistungsfreiheit gemäß Quote vom Schaden errechnet, liegt der Regressbetrag unter der Grenze der §§ 5, 6 KfzPflVV, wird dieser Betrag regressiert. Liegt der Regressbetrag über dieser Quote, wird der Regress durch die Obergrenzen von §§ 5 und 6 KfzPflVV begrenzt. Damit ist dem Schutz des

38 BT-Drucks. 16/3945 S. 69.

39 Vgl. auch Heß/Burmann »Die Quote bei grob fahrlässiger Obliegenheitsverletzung – vom Alles oder Nichts zum Mehr oder Weniger«, NZV 2009, 7, 8.

40 Stiefel/Maier, § 28 Rn. 6–8 zu den Quotenmodellen; A.A. Kassing »Neues VVG: Die Quotenbildung bei grober Fahrlässigkeit« in VersP 2009, 102 ff.

41 Schirmer »Neues VVG und die Kraftfahrzeughaftpflicht- und Kaskoversicherung – Teil 1«, DAR 2008, 181 ff.; Schimikowski »Die Rechtsfolgen der Verletzung vertraglicher Obliegenheiten in der allgemeinen Haftpflichtversicherung nach dem neuen VVG«, VersR 2009, 1304 ff., zu den Quotenansätzen.

42 Vgl. auch Heß/Burmann »Die Quote bei grob fahrlässiger Obliegenheitsverletzung – vom Alles oder Nichts zum Mehr oder Weniger«, NZV 2009, 7, 9.

43 So Heß/Burmann »Die Quote bei grob fahrlässiger Obliegenheitsverletzung – vom Alles oder Nichts zum Mehr oder Weniger«, NZV 2009, 7, 9.

44 Vgl. insbesondere D.3.1.8.d m.w.N.

45 Born 47. »Deutscher Verkehrsgerichtstag in Goslar vom 28. – 30. 01.2009«, NZV 2009, 125 ff.

46 Diese Haltung wird auch in der Presseerklärung vom 04.12.2009 des VGT beibehalten.

47 Veith »Das quotale Leistungskürzungsrecht des Versicherers gem. §§ 26 Abs. 1 S. 2, 28 Abs. 2 S. 2, 81 Abs. 2 VVG 2008«, VersR 2009, 1580 ff.

48 LG Münster 15 O 141/09, VersR 2009, 1615 f. zur groben Fahrlässigkeit in der Kasko-Versicherung; Stahl »Quotenbildung nach dem VVG in der Kraftfahrtversicherung« NZV 2009, 265 ff.

49 BGH v. 11.01.2012, Az.: IV ZR 251/10.

50 BGH v. 11.01.2012 – IV ZR 251/10, VersR. 2012, 341; v. 22.06.2011 – IV ZR 255/10, VersR 2011, 1037.

51 OLG Stuttgart v. 18.08.2010 – 7 U 102/10, DAR 2011, 204.

sich immerhin grob fahrlässig über die geltenden Regeln hinwegsetzenden Versicherungsnehmers hinreichend Rechnung getragen[52].

G. Kündigung

Grundsätzlich ist der Versicherer berechtigt, den Vertrag im Falle einer Obliegenheitsverletzung vor dem Schadenfall durch den Versicherungsnehmer, sei sie fahrlässig, grob fahrlässig oder vorsätzlich erfolgt, zu kündigen, § 28 Abs. 1 VVG. Die Kündigung muss innerhalb eines Monats ab Kenntnis von der Obliegenheitsverletzung ausgesprochen werden. Dabei reicht es zur Benennung des Zeitraums, in dem die Kündigung zulässig ist und erfolgen muss, nicht aus, dass der Versicherer von einer möglicherweise vorliegenden Obliegenheitsverletzung Kenntnis hat, er muss positive Kenntnis haben[53]. 18

Die Kündigung muss schriftlich erfolgen und Hinweise für den Versicherungsnehmer auf das Vertragsende enthalten. Außerdem muss die Kündigung vom tatsächlich Berechtigten unterzeichnet sein. So reicht der mit der Vollmacht »im Auftrag« unterzeichnende Sachbearbeiter nicht aus, wenn nicht ein weiterer Bevollmächtigungsnachweis von Seiten des Versicherers erbracht wird, nachdem der Versicherungsnehmer die Berechtigung des Sachbearbeiters zur Kündigung von Verträgen bestreitet[54]. Selbst eine Führungsfunktion innerhalb des Unternehmens ohne entsprechende Bevollmächtigung reicht nicht aus[55]. Die Kündigung muss dabei nicht eigenhändig unterzeichnet sein, es reicht für die Wirksamkeit die Unterschrift der Bevollmächtigten in faksimilierter Form[56]. Die Unterschrift muss auch nicht für den Aussteller lesbar sein, es reicht die Identifizierbarkeit[57]. 19

Der Versicherer kann nur im Falle der vorsätzlichen oder grob fahrlässigen Verletzung einer vorvertraglichen Obliegenheit den Vertrag fristlos kündigen, § 28 Abs. 1 VVG. Nach dem Wortlaut des § 28 Abs. 1 VVG ist die Kündigung binnen Monatsfrist erforderlich. Wird diese Frist versäumt, kann sich der Versicherer nicht mehr auf die Obliegenheitsverletzung als Kündigungsgrund berufen. 20

Die Kündigung des Vertrages ist nicht mehr erforderlich, um leistungsfrei zu sein[58]. 21

H. Entlastungsmöglichkeit/Kausalitätsgegenbeweis

Auch bei vorsätzlicher Obliegenheitsverletzung hat der Versicherungsnehmer/Fahrer die Möglichkeit, sich dadurch zu entlasten, dass er nachweist, dass die Obliegenheitsverletzung keinen Einfluss auf den Schadenseintritt oder die Schadenhöhe hatte[59]. Allerdings kann ihm z.B. bei Verletzung der Aufklärungspflicht (Unfallflucht) die Möglichkeit des Kausalitätsgegenbeweises abgeschnitten sein[60]. Erforderlich ist insbesondere, dass feststeht, dass dem Versicherer durch die Verletzung der 22

---

52 Nugel »Die Quotenbildung bei einer Leistungskürzung nach dem »neuen« VVG – eine Übersicht zu den aktuellen Streitständen« MDR 2008, 1320, 1326 f.

53 So schon BGH v. 20.09.1989 – IVa ZR 107/88, VersR 1989, 1249 f. zur Kenntnis eines Rücktrittsgrundes; Pohlmann in Looschelders/Pohlmann § 28 Rn. 102 m.w.N.

54 AG Zweibrücken C 54/99, zfs 2000, 298.

55 OLG Saarbrücken v. 30.04.2003 – 5 U 616/02 BeckRS 2009, 19 622.

56 LG Halle v. 16.02.2008 – 2 S 178/08, NZV 2009, 297 f.

57 LG Halle v. 16.02.2008 – 2 S 178/08, NZV 2009, 297 f.

58 Pohlmann in Looschelders/Pohlmann aaO. § 28 Rn. 99; beachte aber die Ausnahme im Rahmen der Gefahrerhöhung, § 24 VVG.

59 OGH v. 02.10.2013 – 7 Ob 150/13d, VersR 2014, 1230; OLG Naumburg v. 14.01.2011 – 10 U 21/10 Jurion; AG Dinslaken v. 22.04.2021 – 32 C 299/20.

60 OLG Naumburg v. 21.06.2012 – 4 U 85/11 – (volle Leistungsfreiheit) Jurion = zfs 2012, 696 = SVR 2013, 100 ff.

Aufklärungspflicht keine Feststellungsnachteile entstehen, bleibt dies unklar, geht diese Unklarheit zu Lasten des beweisbelasteten Fahrers/Versicherungsnehmers[61].

I. Sonderregelung Auskunfts- und Aufklärungsobliegenheiten

23 § 28 Abs. 4 VVG verlangt, dass der Versicherer im Falle der Obliegenheitsverletzung im Schadenfall den Versicherungsnehmer bzw. sonstigen Auskunftspflichtigen gesondert auf seine Pflichten hinweist. Tw. wird dies in der Rechtsprechung für die Bedingungen gefordert. Grundsätzlich dürfte aber ausreichend sein, wenn der Versicherer im Schadenfall den Versicherungsnehmer bzw. Fahrer auf seine Pflicht zur Abgabe wahrheitsgemäßer Angaben und die Folgen von falschen Angaben hinweist[62]. In den AKB 2015/2022 ist der Hinweis auf das Belehrungserfordernis aufgenommen worden[63].

24 Hat der Versicherungsnehmer eine ihm im Schadenfall obliegende Pflicht verletzt, berechtigt dieser Verstoß nicht zur Kündigung des Vertrages, § 28 Abs. 1 bezieht sich ausdrücklich auf die Verletzung von Pflichten vor dem Schadenseintritt. Diese Regelung bezieht sich insbesondere auf die Personenversicherungen, da dort häufig der Streit darüber entsteht, welche Informationen hätten erbracht werden müssen und welche nicht, ob das Verschweigen arglistig erfolgte, oder aus Scham[64]. Auch Klauseln von Autovermietern können hinsichtlich der dort vereinbarten Pflichten im Schadenfall durch § 28 VVG ergänzt werden, wenn die Klausel in den AGB unwirksam ist[65].

J. Beweislastverteilung

25 Nach der Formulierung ist bei Vorliegen der objektiven Kriterien der Obliegenheitsverletzung von einer grob fahrlässigen Begehung als Regelfall auszugehen. Es gelten die allgemeinen Beweislastregeln[66]. Der Versicherungsnehmer muss sich nach dem Gesetzestext von dem Vorwurf der grob fahrlässigen Begehung entlasten, daher soll ihn auch die Beweislast für den Verschuldensgrad innerhalb der groben Fahrlässigkeit über den Umkehrschluss der Nachweispflicht für entlastende Umstände treffen[67]. Es kann aber auch die Auffassung vertreten werden, der Versicherer ist für das Vorliegen des Tatbestandes beweisbelastet und auch für den Grad des Verschuldens, wie auch die Möglichkeit besteht, bei Vorliegen der groben Fahrlässigkeit von geteilter Beweislast auszugehen. Der Versicherungsnehmer hat die entlastenden Umstände zu beweisen, der Versicherer die belastenden, wobei im Regelfall von einer Quote von 50 % auszugehen ist[68]. Da die Obliegenheitsverletzungen nach der VVG-Reform noch nicht im erwarteten Ausmaß Gegenstand gerichtlicher Bewertung waren, kann eine Tendenz der Rechtsprechung nicht dargestellt werden. Einhellig wird aber von der Beweislast des Versicherungsnehmers für leichte oder einfache Fahrlässigkeit ausgegangen und von der

---

61 LG Düsseldorf v. 13.07.2017 – 9 S 37/16, SVR 2017, 473 f (Unfallflucht – Frage Alkohol- oder Drogenkonsum); LG Düsseldorf v. 29.01.2015 – 9 S 27/14, NZV 2015, 388 f. (bejaht Arglist, weil Versicherungsnehmer den Unfall bemerkt hatte, ein Tatsachenirrtum hilft nicht weiter).

62 OLG Hamm v. 09.08.2017 – 20 U 184/15, VersR 2017, 1332 ff. (Kasko-Versicherung – Lüge und Redlichkeitsvermutung).

63 Obwohl der BGH in seiner Entscheidung vom 04.04.2018 – IV ZR 104/17 dies nicht gefordert hatte.

64 OLG Saarbrücken v. 09.09.2009 – 5 U 510/08, zfs 2009, 631 f.; OLG Saarbrücken v. 09.09.2009 – 5 U 26/09, zfs 2009, 634 f.

65 BGH vom 14.03.2012 – XII ZR 44/10, NJW 2012, 2501 ff = MDR 2012, 626 ff; v. 12.10.2011 – IV ZR 199/10, VersR 2011, 1550 ff.; v. 11.10.2011 – VI ZR 46/10, NJW 2012, 222 ff.; zur Unfallversicherung hat der BGH v. 04.04.2018 – VI ZR 104/17entschieden, dass eine gesonderte Hinweispflicht in den AVB nicht erforderlich ist und die dortigen Regeln nicht gegen das Transparenzgebot verstößt.

66 Zu den Beweisregeln vgl. auch Staab in Meschkat/Nauert Betrug in der Kraftfahrzeugversicherung Rn. 285, 286.

67 Pohlmann »Beweislast für das Verschulden des Versicherungsnehmers bei Obliegenheitsverletzungen« VersR 2008, 437.

68 Pohlmann »Beweislast für das Verschulden des Versicherungsnehmers bei Obliegenheitsverletzungen« VersR 2008, 437, 438 m.w.H. und Darstellung des Streitstandes.

Beweislast des Versicherers für die vorsätzliche Obliegenheitsverletzung[69]. Auch für den Vorwurf der Arglist[70] ist der Versicherer beweisbelastet. Ggf. muss das Gericht auf die Beweislastverteilung hinweisen[71].

Für den Zeitpunkt des Versicherungsfalls ist der Versicherer beweisbelastet, von Bedeutung ist dies insbesondere, wenn es um die Frage geht, welches Recht (VVG a.F. oder VVG n.F.) anzuwenden ist[72]. 26

K. Kein Rücktritt vom Vertrag wegen Obliegenheitsverletzungen

§ 28 Abs. 5 VVG soll sicherstellen, dass nicht durch einen Rücktritt des Versicherers vom Vertrag wegen der Verletzung einer vertraglichen Obliegenheit vor oder im Schadenfall der Vertrag rückabgewickelt werden muss. Diese Rückabwicklung hätte u.U. fatale Folgen: Der Versicherer müsste zwar dann Erhaltenes (die erbrachten Prämien) zurückgeben, aber der Versicherungsnehmer müsste ebenfalls wegen der Leistungsfreiheit des Versicherers ex tunc alle von dort empfangenen Leistungen zurückgewähren[73]. Diese Regelung war schon in § 6 Abs. 4 VVG a.F. enthalten und wurde übernommen. Davon klar zu trennen sind die Fälle der Verletzung einer vorvertraglichen Anzeigepflicht nach § 19 VVG[74]. Diese Obliegenheitsverletzung liegt vor dem Vertragsschluss und ist nicht von der Regelung nach § 28 Abs. 5 VVG erfasst. Der Rücktritt insbesondere in den Personenversicherungen wegen Verletzung der Auskunftspflicht z.B. in Bezug auf Vorerkrankungen oder Verletzung von Aufklärungsobliegenheiten[75] (Antworten auf Fragen des Versicherers) beziehen sich sämtlich nur auf § 19 VVG, der in der Kraftfahrtversicherung nur eine untergeordnete Rolle spielt, da das Risiko »Kraftfahrzeug« feststeht und in den Zusatzversicherungen der Versicherungsnehmer bzw. die mitversicherten Personen insbesondere in der Kfz-Unfall-Versicherung ein namentlich nicht genannter Kreis von Personen sind, deren persönliche Umstände nur durch die Formulierung entsprechender Ausschlussklauseln angemessen berücksichtigt werden können[76]. 27

L. Mehrere Obliegenheitsverletzungen

Treffen mehrere Obliegenheitsverletzungen zusammen, ist zu differenzieren. Verletzt der Versicherungsnehmer/Fahrer mehrere Obliegenheitsverletzungen vor dem Schadenfall, fährt also beispielsweise ohne Führerschein und unter Alkoholeinfluss, sollte in Fortführung der bisherigen Regelung nur eine Quote gebildet werden. Für die Kraftfahrzeug-Haftpflicht-Versicherung bedeutet dies, die Vorwerfbarkeit des Verhaltens wird geprüft. Entsprechend der Vorwerfbarkeit wird dann die Quote der Leistungsfreiheit ermittelt, die dann aber höhenmäßig durch § 5 Abs. III KfzPflVV begrenzt wird. 28

Das Vorgehen bei der Quotierung ist streitig[77], so wird die Auffassung vertreten, es führe die schwerste Obliegenheitsverletzung und es werde nur einmal gekürzt, aber auch die Addition der einzelnen Obliegenheiten entsprechend ihrer Schwere, die aber keinesfalls zu einer Leistungsfreiheit 29

69 Wegen der Details bezogen auf die einzelnen Obliegenheiten der AKB vgl. dort.

70 Pohlmann in Looschelders//Pohlmann § 28 VVG Rn. 50 f.

71 OLG Brandenburg v. 14.10.2009 – 3 U 32/09, Jurion.

72 OLG Oldenburg v. 29.03.2012 – 5 U 11/11, MDR 2012, 969 f.

73 Bruck/Möller/Heiss § 28 Rn. 228.

74 Zu dieser Problematik vgl. ausführlich Neuhaus »Die vorvertragliche Anzeigepflichtverletzung im neuen VVG« in r+s 2009, 45 ff.; Looschelders in Looschelders/Pohlmann zu § 19 VVG; Nugel »Die Anzeigepflicht des Versicherungsnehmers im Hinblick auf gefahrerhebliche Umstände nach der VVG-Reform« in MDR 2009, 186 ff.

75 Statt aller BGH v. 05.03.2008 – IV ZR 119/06, zfs 2008, 332 f.

76 So findet die Kraftfahrtversicherung auch in der Kommentierung von Rolfs zu § 19 VVG in Bruck/Möller keinen Eingang.

77 Vgl. auch Nugel »Die Quotenbildung bei einer Leistungskürzung nach dem »neuen« VVG – eine Übersicht zu den aktuellen Streitständen« in MDR 2008, 1320 ff.

von 100 % führen dürfe, wird vertreten[78]. Dabei wird die Differenzierung zwischen Obliegenheiten vor dem Schadenfall und im Schadenfall nicht vorgenommen. In der Kraftfahrzeug-Haftpflicht-Versicherung ist diese Differenzierung aber notwendig, da die Obliegenheiten vor dem Schadenfall nur einmal mit max. 5.000 € Leistungsfreiheit belegt sind, unabhängig davon, wie viele Tatbestände verwirklicht werden und die Pflichten im Schadenfall – abgesehen von den Betrugstatbeständen und den Fällen, in denen die Leistungsfreiheit auf den Mehraufwand beschränkt ist – die Leistungsfreiheit auf 2.500 € bzw. 5.000 € begrenzt wird. In der Rechtsprechung ist seit langem entschieden, dass bei Zusammentreffen von Obliegenheitsverletzungen vor dem Schadenfall und Obliegenheitsverletzungen im Schadenfall eine Addition der Leistungsfreibeträge zulässig ist. Das Schadenereignis stellt die Zäsur dar, die eine Neubewertung ermöglicht[79].

30 Für die Kraftfahrzeug-Haftpflicht-Versicherung ist dieser Theorienstreit von untergeordneter Bedeutung, da in jedem Fall die Grenze der Leistungsfreiheit nach den §§ 5 und 6 KfzPflVV bei max. € 10.000 liegen wird.

31 In den anderen Sparten, insbesondere der Fahrzeugversicherung, ist noch keine Tendenz erkennbar, was u.U. daran liegt, dass die Versicherer gegenüber dem Versicherungsnehmer auf den Einwand der groben Fahrlässigkeit verzichtet haben und ggf. dann auch keine Leistungskürzung wegen Zusammentreffen von grob fahrlässig begangenen Obliegenheitsverletzungen vornehmen. Ein Stufenmodell geht von unterschiedlicher Gewichtung der einzelnen Obliegenheitsverletzungen und Bildung einer Gesamtquote[80] aus.

32 Allerdings darf die Zusammenführung mehrerer grob fahrlässig begangener Obliegenheitsverletzungen nicht zu einer vollständigen Leistungskürzung zu 100 % führen[81].

§ 37 Zahlungsverzug bei Erstprämie

(1) Wird die einmalige oder die erste Prämie nicht rechtzeitig gezahlt, ist der Versicherer, solange die Zahlung nicht bewirkt ist, zum Rücktritt vom Vertrag berechtigt, es sei denn, der Versicherungsnehmer hat die Nichtzahlung nicht zu vertreten.

(2) Ist die einmalige oder die erste Prämie bei Eintritt des Versicherungsfalles nicht gezahlt, ist der Versicherer nicht zur Leistung verpflichtet, es sei denn, der Versicherungsnehmer hat die Nichtzahlung nicht zu vertreten. Der Versicherer ist nur leistungsfrei, wenn er den Versicherungsnehmer durch gesonderte Mitteilung in Textform oder durch einen augenfälligen Hinweis im Versicherungsschein auf diese Rechtsfolgte der Nichtzahlung der Prämie aufmerksam gemacht hat.

Übersicht

78 LG Dortmund v. 15.07.2010 – 2 O 8/19, VersR 2010, 1594 zur Leistungsfreiheit im Rahmen der Inventarversicherung; Unberath »Die Leistungsfreiheit des Versicherers«, NZV 2008, 537, 541; Heß/Burmann »Die Quote bei grob fahrlässiger Obliegenheitsverletzung – vom Alles oder Nichts zum Mehr oder Weniger«, NZV 2009, 7, ff.

79 Vgl. auch Nugel »Die Quotenbildung bei einer Leistungskürzung nach dem »neuen« VVG – eine Übersicht zu den aktuellen Streitständen« MDR 2008, 1320, 1326 f.

80 LG Dortmund v. 15.07.2010 – 2 O 8/10; Vgl. auch Nugel »Die Quotenbildung bei einer Leistungskürzung nach dem »neuen« VVG – eine Übersicht zu den aktuellen Streitständen« MDR 2008, 1320 ff., der ein Stufenmodell bevorzugt.

81 Nugel »Die Quotenbildung bei einer Leistungskürzung nach dem »neuen« VVG – eine Übersicht zu den aktuellen Streitständen«, MDR 2008, 1320, 1326 f.; Unberath »Die Leistungsfreiheit des Versicherers«, NZV 2008, 537, 541; Heß/Burmann »Die Quote bei grob fahrlässiger Obliegenheitsverletzung – vom Alles oder Nichts zum Mehr oder Weniger«, NZV 2009, 7 ff.

A. Allgemeines

Gem. § 33 ist die einmalige oder erste Prämie unverzüglich nach Ablauf von zwei Wochen nach Eingang des Versicherungsscheins beim Versicherungsnehmer von diesem zu zahlen. Die Differenzierung zwischen Erstprämie und Einmalprämie soll klarstellen, dass auch eine Einmalprämie wie die Erstprämie zu behandeln ist. Die Erstprämie ist die zeitlich als erste nach dem Vertragsschluss angeforderte Prämie. 1

B. Voraussetzungen

Grundsätzlich muss zunächst der Versicherungsschein dem Versicherungsnehmer zugegangen sein, dort muss eine Prämienanforderung enthalten gewesen sein. Diese Prämienanforderung muss korrekt berechnet worden sein[1]. Erforderlich ist dafür auch, dass der Versicherungsnehmer die zutreffenden Angaben zur Prämienberechnung macht[2]. Darüber hinaus muss der Versicherungsnehmer die Nichtzahlung der Prämie verschuldet haben[3]. 2

C. Folge Rücktritt/Leistungsfreiheit

Wurde die Prämie schuldhaft[4] vom Versicherungsnehmer nicht gezahlt, kann der Versicherer vom Vertrag zurücktreten. Ist der Leistungsfall allerdings bereits eingetreten, ist der Versicherer von der Verpflichtung zur Leistung frei, wenn er den Versicherungsnehmer auf diese Rechtsfolge des Verzuges augenfällig hingewiesen hat. An diese Hinweispflicht sind erhebliche Anforderungen gestellt. so muss dieser Hinweis auf den Wegfall des Versicherungsschutzes verständlich für den Versicherungsnehmer sein, unverständliche[5] Belehrungen erfüllen ihren Zweck nicht[6]. 3

§ 38 Zahlungsverzug bei Folgeprämie

(1) Wird eine Folgeprämie nicht rechtzeitig gezahlt, kann der Versicherer dem Versicherungsnehmer auf dessen Kosten in Textform eine Zahlungsfrist bestimmen, die mindestens zwei Wochen betragen muss. Die Bestimmung ist nur wirksam, wenn sie die rückständigen Beträge der Prämie, Zinsen und Kosten im Einzelnen beziffert und die Rechtsfolgen angibt, die nach den Absätzen 2 und 3 mit dem Fristablauf verbunden sind; bei zusammengefassten Verträgen sind die Beträge jeweils getrennt anzugeben.

(2) Tritt der Versicherungsfall nach Fristablauf ein und ist der Versicherungsnehmer bei Eintritt mit der Zahlung der Prämie oder der Zinsen oder Kosten in Verzug, ist der Versicherer nicht zur Leistung verpflichtet

(3) Der Versicherer kann nach Fristablauf den Vertrag ohne Einhaltung einer Frist kündigen, sofern der Versicherungsnehmer mit der Zahlung der geschuldeten Beträge in Verzug ist. Die Kündigung kann mit der Bestimmung der Zahlungsfrist so verbunden werden, dass sie mit Fristablauf wirksam wird, wenn der Versicherungsnehmer zu diesem Zeitpunkt mit der Zahlung in Verzug ist; hierauf ist der Versicherungsnehmer bei der Kündigung ausdrücklich hinzuweisen. Die Kündigung wird unwirksam, wenn der Versicherungsnehmer innerhalb eines Monats nach der Kündigung oder, wenn sie mit der Fristbestimmung verbunden worden ist, innerhalb eines Monats nach Fristablauf die Zahlung leistet; Absatz 2 bleibt unberührt.

1 Vgl. AKB C.1.1 Rdn. 10 m.w.N.
2 LG Dortmund v. 10.07.2014 – 2 C 261/13, SP 2014, 391.
3 Wegen der Details zum Prämienverzug bei Erstprämie vgl. C.1 AKB.
4 NK-VersR/Ruks § 37 VVG Rn. 15 ff.
5 EUGH v. 23.04.2015 – C 96/14.
6 So schon BGH v. 05.06.1985 – IVa ZR 113/83,r+s 1985, 237; wegen der weiteren Details vgl. C.1 AKB m.w.H.

Übersicht

A. Allgemeines

1 Im Gegensatz zur Erst- oder Einmalprämie, die unmittelbar und ohne neuerliche Fristsetzung durch den Versicherer fällig ist, bestimmt das Gesetz für die Folgeprämie, dass die Rechtsfolgen der Leistungsfreiheit erst nach Ablauf der vom Versicherer zu setzenden Zahlungsfrist fällig wird.

B. Voraussetzungen

2 Der Versicherungsnehmer hat eine Folgeprämienrechnung erhalten und die Folgeprämie nicht rechtzeitig gezahlt.

3 Der Versicherer hat in Textform eine Zahlungsfrist bestimmt, die mindestens zwei Wochen betragen muss, möglich ist dies per Fax, Brief oder E-Mail[1]. Dabei ist der Versicherer gehalten, die Forderung entsprechend aufzuschlüsseln nach Prämie, Zinsen und Kosten, § 38 Abs. 1 S. 2 VVG.

4 Sind mehrere Versicherungsnehmer vorhanden, muss die Zahlungserinnerung an jeden gesondert erfolgen[2].

5 Wirksam ist die Prämienanforderung nur dann, wenn sie neben den o.g. Erfordernissen auch die korrekte Eingruppierung in SFR und Regionalklasse enthält[3]. Sie muss dem Versicherungsnehmer auch zugegangen sein[4].

C. Anforderung an die Belehrung

6 Neben der korrekten Prämienanforderung muss die Mahnung nach § 38 VVG auch eine Belehrung über die Folgen verspäteter Zahlung enthalten.

7 So muss auf den Wegfall des Versicherungsschutzes hingewiesen werden. Gleichzeitig muss auch auf das Recht zur Kündigung hingewiesen werden. Diese Belehrung muss vollständig und verständlich sein, unverständliche[5] oder missverständliche Belehrungen erfüllen ihren Zweck nicht[6].

8 Der Versicherungsnehmer muss ebenso darauf hingewiesen werden, dass diese Folgen nicht eintreten, wenn er die Verspätung nicht zu vertreten hat.

9 Ein Schreiben, das schon vom Fehlen des Versicherungsschutzes ausgeht, erfüllt die Anforderungen nicht[7].

D. Folge des Prämienverzugs

10 Hat der Versicherer die Frist zur Prämienzahlung gesetzt, auf die Rechtsfolgen hingewiesen und ist diese Frist verstrichen, ohne dass die Zahlung erfolgt wäre, besteht Leistungsfreiheit des Versicherers hinsichtlich zukünftiger Schadenfälle. Außerdem ist der Versicherer berechtigt, den Vertrag fristlos zu kündigen. Er behält gleichwohl Anspruch auf die anteilige Prämie für den zurückliegenden Verzugszeitraum[8].

1 BGH v. 11.02.2015 – IV ZR 311/13, Jurion.
2 BGH v. 08.01.2014 – IV ZR 206/13.
3 Wegen der Details vgl. insoweit AKB C.2.2.
4 BGH v. 26.04.2006 – IV ZR 248/04, OLG Hamm v. 11.05.2007 – 20 U 272/06, Jurion.
5 EUGH v. 23.04.2015 – C 96/14.
6 KG Berlin v. 13.02.2015 – 6 U 179/13 (Erstprämie), Jurion.
7 OLG Brandenburg v. 24.04.2008 – 12 U 194/07, Jurion.
8 Wegen der Details zum Verzug mit der Folgeprämie vgl. AKB C.2.

E. Kündigung

Der Versicherer kann im Falle des Prämienverzugs nach der qualifizierten Mahnung[9] den Vertrag kündigen[10]. Dabei wird die Kündigung aber nur dann wirksam, wenn der Versicherungsnehmer nicht innerhalb eines Monats nach Erhalt der Kündigung die rückständigen Forderungen begleicht, § 38 Abs. 3 S. 3 VVG. Die Kündigung kann auch mit der qualifizierten Mahnung verbunden werden, mit der Folge, dass dann die Zahlung des Versicherungsnehmer spätestens einen Monat nach Ablauf der Zahlungsfrist eingehen muss, will er die Kündigung ungeschehen machen, § 38 Abs. 3 S. 2 letzter HS. 11

F. Nachberechnung der Prämie

Werden aufgrund von Änderungen im Vertrag Prämienanpassungen erforderlich, ist der Versicherer gehalten, seine Prämienneuberechnung klar und transparent darzustellen. Die Neuberechnung muss dabei die neue Jahresprämie, die sich ggf. auf verschiedene Sparten (Kraftfahrzeug-Haftpflicht, Vollkasko, Fahrerschutz etc.) verteilt, entsprechend dieser Sparten enthalten. 12

Wird in den TB eine Vertragsstrafe wegen Nichtanzeige von Mehr-Fahrleistung oder mehreren Fahrern o.ä. vereinbart, muss sich der Versicherer entscheiden: Will er sich auf Gefahrerhöhung berufen, dann kann er nicht gleichzeitig die Prämie den veränderten Gegebenheiten anpassen und die Vertragsstrafe fordern. Dies muss schon in den TB klargestellt sein[11]. 13

Vorbemerkung vor §§ 113 bis 124 – Pflichtversicherung –

Die Pflichtversicherung – genauer: die **Pflicht-Haftpflichtversicherung**[1] – ist das Kernstück zu den Regelungen zur Haftpflichtversicherung. Die §§ 113 ff. VVG dienen ausschließlich[2] dem Schutz des Dritten. Hier ragt nach wie vor die Bedeutung des PflVG[3], insbesondere wegen des regelmäßig – und nicht nur ausnahmsweise – bestehenden Direktanspruchs gegen den Kfz-Haftpflichtversicherer nach § 115 Abs. 1 Satz 1 Nr. 1 VVG, heraus. 1

Pflichtversicherungen[4] gibt es in erheblicher Anzahl aufgrund bundes- und landesgesetzlicher Regelungen für unterschiedlichste Lebensbereiche. Unter ihnen haben einige zumindest mittelbar auch Bedeutung im Umgang mit Kraftfahrzeugen. Es sind hervorzuheben: 2
- Verkehrshaftungsversicherung (Güter- und Verspätungsschäden) nach § 7a GüKG
- Abfalltransport nach § 7 Abs. 2 Nr. 1e) TgV (Transportgenehmigungsverordnung)
- Beförderung gefährlicher Güter nach § 3 Abs. 1 Satz 4 GGBefG (Verordnungsermächtigung)
- Schaustellerhaftpflicht (hier insbesondere Personenbeförderung und Schaufahrten mit Kraftfahrzeugen) nach §§ 55f, 55 Abs. 1 Nr. 2 GewO i.V.m. § 1 Abs. 2 Nr. 3 SchauHV[5]
- Kraftfahrzeugwerkstätten[6] zur Abgassonderuntersuchungen und Sicherheitsprüfungen nach Anlage VIIIc Ziffer 2.8 und 2.9 zur StVZO
- Überwachungsorganisationen[7] nach Anlage VIIIb Ziffer 2.6 zur StVZO
- Kraftfahrzeuge und Anhänger mit ausländischem Standort nach § 1 AuslPflVG

9 OLG Brandenburg v. 24.04.2008 – 12 U 194/07.
10 NK-VersR/Ruks § 38 VVG Rn. 17 ff.
11 OLG Stuttgart, 25.07.2013 – 7 U 33/13.
1 *Wandt*, Versicherungsrecht Rn. 1071; *Brandt* in MüKo VVG, Vorbem. Zu §§ 113–124 VVG, Rn. 1; Bruck/Möller/*Beckmann* VVG-Kommentar, Band IV, vor §§ 113–124 VVG, Rn. 7.
2 *Dallwig*, Deckungsbegrenzungen in der Pflichtversicherung, Diss. 2011, S. 17.
3 BGBl. 1965 I S. 213, zuletzt geändert durch Art. 11 G.v. 19.06.2023 I Nr. 154.
4 BT-Drucksache 16/5497 S. 6 ff.
5 Schaustellerhaftpflichtverordnung vom 17. Dezember 1984 (BGBl. I S. 1598), geändert durch Artikel 12 des Gesetzes vom 10. November 2001 (BGBl. I S. 2992); wegen immer risikoreicherer Fahrgeschäfte auch mit Blick auf Art. 12 GG unbedenklich, *Tettinger*/Wank, Gewerbeordnung § 55f Rn. 2.
6 BGBl. I 2006, 493 ff., Anerkennung von Kraftfahrzeugwerkstätten zur Durchführung von Sicherheitsprüfungen und/oder Untersuchungen der Abgase sowie Schulung der verantwortlichen Personen und Fachkräfte.
7 BGBl. I 2002, 3580 ff. Anerkennung von Überwachungsorganisationen.

- Elektrokleinstfahrzeuge nach der Verordnung über die Teilnahme von Elektroklerinstfahrzeugen am Straßenverkehr (Elektrokleinstfahrzeuge-Verordnung – eKFV – nach § 2 Abs. 1 Nr. 2;[8]
- Veranstaltungen mit Kraftfahrzeugen außerhalb des öffentlichen Verkehrsraum (Moto-Cross-Rennen, Stock-Car-Rennen, Orientierungsfahrten nebst Trainingsfahrten) nach § 1 Abs. 3 Nds. VO über die Genehmigungspflicht für Veranstaltungen mit Kraftfahrzeugen in der freien Natur und Landschaft

3 Die gesetzliche Pflicht, der Zwang[9], sich in einer bestimmten Form zu versichern, bedeutet immer einen **Eingriff in Grundrechte**. Dabei sind Eingriffe in die verfassungsrechtlich geschützten Bereiche des Versicherungsnehmers, aber auch des Versicherers[10] möglich. Grundrechte gelten auch für Versicherungsunternehmen als juristische Personen des Privatrechts, soweit sie ihrem Wesen nach auf diese anwendbar sind, Art. 19 Abs. 3 GG.

4 Für den Versicherungsnehmer[11] kommen – je nach Ausgestaltung – in Betracht, die Grundrechte aus:
- Art. 2 Abs. 1 GG (allgemeine Handlungsfreiheit)
- Art. 3 Abs. 1 GG (allgemeiner Gleichheitssatz)
- Art. 9 Abs. 1 GG (negative Vereinigungsfreiheit)[12]
- Art. 12 Abs. 1 GG (Berufsfreiheit)[13]
- Art. 14 Abs. 1 Satz 1 GG (Eigentumsgarantie),

da er sich versichern muss.

5 Eingriffe in Grundrechte des Versicherers[14] beruhen insbesondere darauf, dass er gesetzliche Mindestanforderungen an den Vertrag[15] sowie Beratungspflichten zu erfüllen hat, § 6 VVG. Verschärft betroffen ist der Kfz-Haftpflichtversicherer als spezieller Pflicht-Haftpflichtversicherer.

6 Es werden insbesondere[16] die Grundrechte aus:
- Art. 9 Abs. 1 GG (negative Vereinigungsfreiheit)[17]
- Art. 12 Abs. 1 (Berufsausübung – Kontrahierungszwang)[18]

---

8 Elektrokleinstfahrzeuge-Verordnung vom 06.06.2019 (BGBl. I, S. 756), zuletzt geändert durch Art. 9 V. v. 20.07.2023/BGBl.2023 I, Nr. 199.

9 *Brand* in MüKo VVG, Vor §§ 113–124 VVG, Rn. 3.

10 Bruck/Möller/*Beckmann* VVG-Kommentar, Band IV, vor §§ 113–124 VVG, Rn. 25.

11 *Hedderich*, Pflichtversicherung, Diss. 2010, S. 144 ff.

12 *Hedderich*, Pflichtversicherung, Diss. 2010, S. 145 (zum Versicherungsvertrag); *BGH* Urt. v. 12.07.2006 – XII ZR 39/04, JurionRS 2006, 21208 = NJW 2006, 3056 = MDR 2007, 77 = NZM 2006, 775 (zum Begriff im privaten Vertragsrecht); Stern/Becker/*Rixen* Grundrechte-Kommentar, Art. 9 GG, Rn. 20.

13 *Hedderich*, Pflichtversicherung, Diss. 2010, S. 145 (insb. berufliche und gewerblich-industrielle Pflichtversicherungen).

14 *Hedderich*, Pflichtversicherung, Diss. 2010, S. 207 ff.; *Dallwig*, Deckungsbegrenzungen in der Pflichtversicherung, Diss. 2011, S. 104 ff.; Bruck/Möller/*Beckmann* VVG-Kommentar, Band IV, vor §§ 113–124 VVG, Rn. 25.

15 *BVerfG* Urt. v. 08.04.1997 – 1 BvR 48/94, BVerfGE 95, 267 = DÖV 1997, 545 = NJW 1997, 1975 = WM 1997, 873 (Vertragsfreiheit aus Ausfluss der allgemeinen Handlungsfreiheit in Art. 2 GG); Looschelders/Pohlmann/*Schwartze*, VVG Kommentar, § 113 VVG, Rn. 3.

16 Epping/Hillgruber/*Enders* BeckOK GG, Art. 19 GG, Rn. 42.

17 *BVerfG*, Urt. v. 10.06.2009 – 1 BvR 706/08, BVerfGE 123, 186 = JurionRS 2009, 14825 = VersR 2009, 957 = NJW 2009, 2033 = DVBl. 2009, 904 = NZS 2009, 436 = DÖV 2009, 634 (Basistarif private Krankenversicherung).

18 *BVerfG*, Urt. v. 10.06.2009 – 1 BvR 706/08, BVerfGE 123, 186 = JurionRS 2009, 14825 = VersR 2009, 957 = NJW 2009, 2033 = DVBl. 2009, 904 = NZS 2009, 436 = DÖV 2009, 634 (Basistarif private Krankenversicherung).

– Art. 14 Abs. 1 Satz 1 GG (Eigentum – eingerichteter und ausgeübter Gewerbebetrieb)[19]

angesprochen.

Die Eingriffe durch das VVG, des PflVG und der KfzPflVV sind vielfältig und in der Summe erheblich. Sie bedeuten nicht nur finanzielle Mehrbelastungen für die Pflichtversicherer im Schadensfall, sondern auch einen erheblichen Mehraufwand durch zusätzliche Verwaltungsmaßnahmen. Eingriffe zeigen sich an verschiedenen Stellen, so durch: 7

- den Kontrahierungszwang[20] mit Annahmefiktion beim Vertragsschluss nach § 5 Abs. 2 bis 4 PflVG
- die vorläufige Deckung nach Ausgabe der Versicherungsbestätigung, § 9 KfzPflVV
- die volle Leistungspflicht trotz Selbstbehalt nach § 114 Abs. 2 Satz 2 VVG
- die Möglichkeit der unmittelbaren Inanspruchnahme durch den Geschädigten im Rahmen des Direktanspruchs nach § 115 Abs. 1 Satz 1 Nr. 1 VVG
- die Besserstellung des Geschädigten bei der Verjährung, § 115 Abs. 2 VVG
- die »Strafandrohung« bei schleppender Regulierung nach § 3a PflVG
- die Pflicht zur anteiligen Mitfinanzierung von Entschädigungsleistungen und Verwaltungskosten des Entschädigungsfonds »Verkehrsopferhilfe« nach § 13 Abs. 1 Satz 3 PflVG
- die fortbestehende Leistungspflicht gegenüber dem Verkehrsopfer trotz verschiedener Obliegenheitsverletzungen bei vertragswidrigem Verhalten des Versicherungsnehmers/Fahrers (Verstoß gegen Nebenleistungspflichten) nach § 117 Abs. 1 VVG
- das eingeschränkte Regressrecht bei Obliegenheitsverletzungen vor dem Schadensfall nach § 5 Abs. 3 KfzPflVV
- das eingeschränkte Regressrecht bei Obliegenheitsverletzungen im Schadensfall nach § 6 KfzPflVV
- die fortbestehende Leistungspflicht trotz Prämienverzug (Verletzung der Hauptleistungspflicht) mit vollem Regressrisiko nach § 117 Abs. 1 VVG
- die Leistungspflicht trotz Vertragsende nach § 117 Abs. 2 VVG
- das Aufrechnungsverbot nach § 121 VVG

Eingriffe sind immer nur dann zulässig, wenn **bedeutende Rechtsgüter** zu schützen sind und die **soziale Notwendigkeit** einer Pflichtversicherung die Eingriffe rechtfertigen.[21] So liegt es beim »echten« Verkehrsunfallopfer[22], dessen Rechtsgüter Leib und Leben betroffen sind. Beim Schädiger sind es die Belastungen mit kaum überblickbaren Forderungen,[23] die zur Vernichtung der wirtschaftlichen Existenz führen können. 8

Ein Eingriff allein zum Wohle des Staates, um nicht selbst für die Folgen aufkommen zu müssen, rechtfertigt dagegen eine Pflicht-Haftpflichtversicherung nicht. Allerdings kommen sie mittelbar auch dem Staate zugute.[24] 9

Grund für die Einführung der Pflichtversicherung in der Kfz-Versicherung zum 01.07.1940[25] war es daher, den »Schutz der Verkehrsopfer wirksamer zu gestalten«. 10

19 *BVerfG*, Beschl. v. 31.10.1984 – 1 BvR 35/82, BVerfGE 68, 193 = JurionRS 1984, 11804 = NJW 1985, 1385 = MDR 1985, 818 = NVwZ 1985, 481 = DVBl. 1985, 342 (Innungen).

20 Looschelders/Pohlmann/*Schwartze*, VVG Kommentar, § 113 VVG, Rn. 4.

21 *Deiters*, Die Erfüllung öffentlicher Aufgaben durch privatrechtliche Pflichtversicherungen, FS für Reimer Schmidt, S. 379 ff. (393); *Hedderich*, Pflichtversicherung, Diss. 2010, S. 9.; *Micha*, Der Direktanspruch im europäischen Internationalen Privatrecht, Diss. 2010, S. 67; *Reiff*, Sinn und Bedeutung von Pflichthaftpflichtversicherungen, TranspR 2006, 15 (20); Bruck/Möller/*Beckmann* VVG-Kommentar, Band IV, vor §§ 113–124 VVG, Rn. 21.

22 Statt dem »unechten« Verkehrsopfer: Vertragspartner des VN oder dem Staat als Eigentümer von Straßeneinrichtungen, Näheres unter § 115 VVG, Rdn. 75 ff.

23 *Dallwig*, Deckungsbegrenzungen in der Pflichtversicherung, Diss. 2011, S. 13; *Brand* in MüKo zum VVG, Vorb. Zu §§ 113 ff. VVG, Rn. 5.

24 Bruck/Möller/*Beckmann* VVG-Kommentar, Band IV, vor §§ 113–124 VVG, Rn. 17.

25 RGBl. I, 1939, 2223.

11 Allein die besonderen Schutzzwecke in der Person des Verkehrsunfallopfers und in der Person des Schädigers zur Vorsorge für sich und Mitversicherte[26] schaffen die Rechtfertigung für den staatlichen Eingriff in die Grundrechte von Versicherungsnehmer und Versicherer.

12 Sinn- und Zweck der Eingriffsnormen sind daher die tragenden Kriterien für eine Auslegung. Sie bilden zugleich die Schranken für die Bestimmung der Verhältnismäßigkeit[27] des Eingriffs. Entsprechend wird eine allein am Wortsinn orientierte Auslegung den verfassungsmäßigen Anforderungen aus Art. 3 Abs. 1 GG (allgemeines Willkürverbot)[28] nicht gerecht. Regelmäßig Ungleiches darf nicht zum Nachteil des Versicherers gleich behandelt werden, z.B. nur um der Verwaltung oder den Gerichten die Arbeit zu erleichtern.

13 Die Grundlagen der Pflicht-Haftpflichtversicherungen dürfen daher bei der Gesamtbetrachtung nicht ignoriert werden. Sie sind folglich bei der Auslegung der folgenden **Ausnahme-Vorschriften** zwingend zu beachten.

14 Maßgeblich wird der Inhalt der Regelungen durch das europäische Rechtssetzung beeinflusst. Die in dem hier relevanten Bereich am 22.12.2021 in Kraft getretene Rechtlinie (EU) 2021/2118 (»REFIT KH-RL«)[29] zur Änderung der RL 2009/103/EG, deren Umsetzung der Bundestag am 14.12.2023 beschlossen, hat, wird bedeutende Änderungen und Klarstellungen für das PflVG, herbeiführen.[30]

§ 113 (Pflichtversicherung – insbesondere Kfz-Haftpflichtversicherung)

(1) Eine Haftpflichtversicherung, zu deren Abschluss eine Verpflichtung durch Rechtsvorschrift besteht (Pflichtversicherung), ist mit einem im Inland zum Geschäftsbetrieb befugten Versicherungsunternehmen abzuschließen.

(2) Der Versicherer hat dem Versicherungsnehmer unter Angabe der Versicherungssumme zu bescheinigen, dass eine der zu bezeichnenden Rechtsvorschrift entsprechende Pflichtversicherung besteht.

(3) Die Vorschriften dieses Abschnittes sind auch insoweit anzuwenden, als der Versicherungsvertrag eine über die vorgeschriebenen Mindestanforderungen hinausgehende Deckung gewährt.

Übersicht

26 Bruck/Möller/*Beckmann* VVG-Kommentar, Band IV, vor §§ 113–124 VVG, Rn. 16.

27 Bruck/Möller/*Beckmann* VVG-Kommentar, Band IV, vor §§ 113–124 VVG, Rn. 27.

28 *BVerfG* Beschl. v. 01.07.1954 – 1 BvR 361/52, BVerfGE 4, 1 = JZ 1954, 548 = MDR 1954, 716 = NJW 1954, 1153 = DVBl. 1955, 21; *BVerfG* Beschl. v. 15.05.1984 – 1 BvR 967/83, BVerfGE 67, 90 = JurionRS 1984, 11749 = NJW 1984, 2147 = JZ 1984, 753.

29 https://eur-lex.europa.eu/legal-content/DE/TXT/?uri=CELEX%3A32021L2118; Gal, ZEuP 2023, 964.

30 Koch, VersR 2013, 681; Burmann/Kemperdieck, Die Reform des PflVG, r+s 2023, 893.

A. Allgemeines

Es handelt sich um die einleitende und nicht abdingbare[1] Norm zu den speziellen Vorschriften zur Pflichtversicherung. Sie eröffnet nicht zuletzt eine Erleichterung der staatlichen Aufsicht auf diejenigen Unternehmen, die entsprechende Versicherungsverträge anbieten möchten. Der Gesetzgeber kommt damit seiner Aufgabe nach, einen sensiblen, da oft mit existentiellen Auswirkungen für den Einzelnen verbundenen Bereich, besonders sorgfältig überwachen zu können. 1

Im Falle eines kapitalen Großschadens gewinnt die Vorschrift durch ihren Abs. 3 an erheblicher Bedeutung für den Geschädigten. 2

B. Regelungsgehalt

I. Pflichtversicherung

Der erste Halbsatz des ersten Absatzes enthält durch den in Klammern gesetzten Begriff »*Pflichtversicherung*« eine gesetzliche Definition,[2] was darunter im Sinne dieses Gesetzes zu verstehen ist. 3

1. Abgrenzung zu anderen Pflichtversicherungen

Dies ist zur Abgrenzung von anderen Pflichtversicherungen, insbesondere aus der Sozialversicherung wie etwa die gesetzliche Kranken-, Pflege-, Unfall-, Renten- und Arbeitslosenversicherung zweckmäßig. Aufgrund der Tendenz zu anderen privaten Pflichtversicherungen[3] (private Pflegeversicherung ab 1995 und private Krankenversicherung[4] ab 2009) ist dies auch notwendig. 4

---

1 Schwintowski/Brömmelmeyer/*Huber* PK-VersR, § 113 Rn. 14; Looschelders/Pohlmann/*Schwartze* VVG-Kommentar, § 113 VVG, Rn. 19; Bruck/Möller/*Beckmann* VVG-Kommentar Vor §§ 113–124 VVG, Rn. 41.

2 *OLG Düsseldorf* Urt. v. 18.12.2013 – I-18 U 126/13, JurionRS 2013, 55355 (zu § 7a GüKG); *Brand* in MüKo zum VVG, § 113 VVG, Rn. 1 u. 3; Staudinger/Halm/Wendt FAKomm-VersR/*Dallwig* § 113 VVG, Rn. 1.

3 *Wandt* Versicherungsrecht, Rn. 1277.

4 Hierzu klar: BGH, Urt. V. 05.12.2018 – IV ZR 81/18; BeckRS 2018, 33433.

2. Pflichtversicherung im Sinne der § 113 ff. VVG

a) Pflicht-Haftpflichtversicherungen

5 Die Pflichtversicherung im Sinne der §§ 113 ff. VVG bezieht sich nur auf obligatorische Haftpflichtversicherungen, also **Pflicht**-Haftpflichtversicherungen. Aufgrund der eher unüberschaubaren Anzahl von Pflichtversicherungen[5] in Bundes- und Landesgesetzen wäre es vorteilhaft, der Gesetzgeber würde den misslungenen[6] bzw. irreführenden[7] Begriff »Pflichtversicherung« in »Pflicht-Haftpflichtversicherung« umbenennen.

b) freiwillige Haftpflichtversicherungen

6 Im Gegensatz dazu behandeln die §§ 100 ff. VVG die freiwilligen Haftpflichtversicherungen. Für diese gelten die §§ 113 ff. VVG nicht.[8]

c) Deckungsvorsorge

7 Eine gewisse Zwischenstellung zwischen der freiwilligen und obligatorischen Pflichtversicherung nehmen die Versicherungen ein, die ein Risiko abdecken, das nicht zwingend durch eine Versicherung, sondern auch anderweitig (Freistellungserklärung durch Kreditinstitut; Zusage des Bundes oder des Landes) vom Versicherungsnehmer abgedeckt werden kann. Es handelt sich um Gesetze, die eine **Deckungsvorsorge**[9] vom Versicherungsnehmer per Gesetz oder Verordnung fordern. Beispiele sind § 94 AMG; § 4a AtG i.V.m. AtDeckV; § 19 UmweltHG.

8 Bei ihnen ist zu beachten, dass – teils ausdrücklich per Gesetz erwähnt – die §§ 113 Abs. 3; 114 ff. VVG zur entsprechenden Anwendung kommen, wenn der Versicherungsnehmer von seinem Wahlrecht Gebrauch gemacht und sich für eine Haftpflichtversicherungslösung entscheidet.

9 Das VVG ordnet dabei selbst keine Pflicht zum Abschluss an. Es regelt nur generell, was zu geschehen hat, wenn andere Rechtsvorschriften eine Versicherungspflicht fordern.[10]

10 Was unter Rechtsvorschriften[11] im VVG zu verstehen ist, ist umstritten[12]. Nach der Gesetzesbegründung[13] fallen hierunter jedenfalls alle Rechtsnorm auf bundes-, landes- und EG-rechtlicher Ebene sowie Satzungen öffentlich-rechtlicher Körperschaften.

11 Vertragliche[14] Pflichten zum Abschluss einer Haftpflichtversicherung sind keine Rechtsvorschriften im Sinne des Gesetzes.

12 Für die hier zu behandelnde **Kraftfahrtversicherung** ist dies jedoch eindeutig. Das PflVG schreibt in § 1 PflVG die Haftpflicht-Versicherungspflicht vor. Sie lässt dabei Ausnahmen für nicht insolvenzgefährdete juristische Personen der öffentlichen Hand nach § 2 Abs. 1 bis 5 PflVG zu.

---

5 Eine ausdrücklich unvollständige Zusammenstellung des GDV aus 2011 zu Pflichtversicherungen zieht sich über mehr als 800 Seiten; Überblick insbesondere zu Pflicht-Haftpflichtversicherungen bei Bruck/Möller/*Beckmann* VVG-Kommentar Anh Vor §§ 113–124 VVG, Rn. 1 ff.

6 Bruck/Möller/*Beckmann* VVG-Kommentar § 113 VVG, Rn. 11.

7 *Brand* in MüKo zum VVG, § 113 VVG, Rn. 1 u. 3.

8 *Brand* in MüKo zum VVG, § 113 VVG, Rn. 3.

9 *Wandt* Versicherungsrecht, Rn. 219.

10 Bloße Empfehlung im Gesetz reicht nicht, *Brand* in MüKo zum VVG, § 113 VVG, Rn. 6.

11 Entsprechend jeder »Rechtsnorm« in Anlehnung an Art. 2 EGBGB, PWW-*Mörsdorf-Schulte*/*Wegen* Art. 2 EGBGB Rn. 1.

12 Schwintowski/Brömmelmeyer/*Huber* PK-VersR, § 113 Rn. 3; *Dallwig*, Deckungsbegrenzungen in der Pflichtversicherung, Diss. 2011, 42 ff. u. 64; Staudinger/Halm/Wendt FAKomm-VersR/*Dallwig* § 113 VVG, Rn. 2; Bruck/Möller/*Beckmann* VVG-Kommentar § 113 VVG, Rn. 12.

13 BT-Drucksache 16/3945 S. 87.

14 Prölss/Martin/*Knappmann*, § 113 VVG, Rn. 2.

3. Entwicklung der Deckungsvorsorgepflicht im USchadG für die Kraftfahrtversicherung

Grundlage ist die Richtlinie 2004/35/EG vom 21.04.2004. Nach Art. 18 der EG-Umwelthaftungsrichtlinie[15] hat die Kommission bisher zwei Berichte zur Effektivität der Richtlinie, die Versicherungsmöglichkeiten und die Möglichlichkeiten der Deckungsvorsorge vorgelegt. 13

Eine weitere Sondierung zur Effektivität dauert aktuell an[16]. 14

Das hierzu rückwirkend für Schadensfälle ab dem 30.04.2007 in Kraft getretene USchadG[17] hat auch wesentliche Bedeutung für den Gebrauch des Kraftfahrzeugs[18] durch beruflich Tätige und Unternehmen. In § 12 USchadG-E[19] war eine entsprechende Deckungsvorsorge im Vorgriff[20] auf eine möglicherweise künftig von der EU erst einzustellende Verpflichtung bereits aufgenommen worden. Sie wurde jedoch im letzten Moment aus der endgültigen Fassung wieder herausgenommen. Zu unklar und teils uferlos sind die Anforderungen an den Verantwortlichen im Sinne des USchadG, als dass die Versicherungswirtschaft darauf gerichtete Deckungsangebote verpflichtend hätte anbieten können. 15

Angeboten wird heute die USV bzw. USV-Basisversicherung[21] für den betrieblichen Bereich und eine Kfz-USV[22] für Verantwortlichkeiten durch den Kraftfahrzeuggebrauch. 16

Die Kfz-USV ist indes keine Pflichtversicherung. Nach den aktuellen Muster-AKB 2015 des GDV vom September 2022 ist die Kfz-USV nicht mit einbezogen. 17

Auch eine entsprechende Anwendung der §§ 113 Abs. 3, 114 ff. VVG scheidet aus[23]. 18

Alle bislang bekannten Deckungsvorsorgevorschriften haben den Schutz von privaten Rechtsgütern und die Einräumung von Schadensersatz im Sinn. Hierzu sind die Regelungen im VVG zur Pflicht-Haftpflichtversicherung bestens geeignet. 19

Das USchadG befasst sich indes nicht mit privaten Rechtsgütern oder Schadensersatz, sondern mit besonders schutzwürdigen Bestandteilen unseres Ökosystems. Es geht daher um rein öffentlich-rechtliche Verantwortlichkeiten und Sanierungspflichten jenseits monetärer Wertgrenzen, die inhaltlich und vom Zweckgedanken her keinen Bezug zum Privatrecht oder Recht der Pflichtversicherung haben. Es ist daher zu hoffen, dass für den Fall einer Deckungsvorsorgepflicht begleitende Regelungen getroffen werden, die dem öffentlich-rechtlichen Schutzgut angemessen Rechnung tragen werden. 20

---

15 https://eur-lex.europa.eu/legal-content/DE/ALL/?uri=celex%3A32004L0035.

16 https://ec.europa.eu/info/law/better-regulation/have-your-say/initiatives/13251-Umwelthaftungsrichtlinie-Bewertung-_de.

17 Gesetz zur Umsetzung der Richtlinie des Europäischen Parlaments und des Rates über die Umwelthaftung zur Vermeidung und Sanierung von Umweltschäden vom 10. Mai 2007 BGBl. I S. 666 (Umweltschadensgesetz – USchadG).

18 Himmelreich/Halm/Staab/*Schwab*, Handbuch der Kfz-Schadensregulierung, Kap. 21, Rn. 216 ff.

19 Regierungsentwurf vom 13.12.2006, BT-Drucksache 16/3806.

20 Begründung zu § 12 USchadG-E, BT-Drucksache 16/3806 S. 28.

21 Zu den Eckpunkten der USV siehe Halm/Engelbrecht/Krahe/*Schwab*, Handbuch des Fachanwalts Versicherungsrecht, Kap. 30 Rn. 116 ff.; Staudinger/Halm/Wendt FAKomm-VersR/*Hellberg* USV bzw. USV-Basis.

22 Unverbindliche Musterbedingungen des GDV, Kfz-USV vom 19.05.2015; siehe Kommentierung *in diesem Band zur* Kfz-USV.

23 Himmelreich/Halm/Staab, Handbuch der Kfz-Schadenregulierung, 5.Aufl., Kap.21, Rn. 230a.

Haftpflichtversicherungen			anwendbares Recht
allgemeine	freiwillige	z.B. private Haftpflichtversicherung	§§ 100–112 VVG
(Sonderfälle)	obligatorische Deckungsvorsorge	z.B. auch über eine Haftpflichtversicherung	entsprechende Anwendung der §§ 113 Abs. 3–124 VVG
besondere	obligatorische	z.B. Verkehrshaftungsversicherung	§§ 113–124 VVG §§ 100–112VVG
spezielle	obligatorische	Kfz-Haftpflicht	PflVG KfzPflVV §§ 113–124 VVG §§ 100–112 VVG

(Schaubild: anzuwendende Normen in der Kfz-Haftpflichtversicherung)

II. Im Inland zum Geschäftsbetrieb befugtes Unternehmen

1. Aufsichtsbehörde

21 Wer generell in Deutschland ein Unternehmen betreiben will, das den Betrieb von Versicherungsgeschäften zum Gegenstand hat, bedarf der Erlaubnis durch die Aufsichtsbehörde, §§ 1 Nr. 1; 5 Abs. 1 VAG. Aufsichtsbehörde ist die Bundesanstalt für Finanzdienstleistungen, die BaFin[24].

2. Pflicht zur Vorlage der AKB

22 Neben den allgemeinen Unterlagen haben Anbieter von Pflicht-Haftpflichtversicherungen auch die diesbezüglichen allgemeinen Versicherungsbedingungen vorzulegen, § 5 Abs. 5 Nr. 1 VAG. Es besteht hier zwar seit der Deregulierung keine Genehmigungspflicht mehr, wohl aber eine systematische Vorlagepflicht von Unterlagen[25] in sozial besonders bedeutsamen[26] Bereichen. In der Kraftfahrthaftpflichtversicherung sind dies die AKB, ggf. mit ergänzenden[27] Bedingungswerken.

23 Gegenüber § 113 Abs. 1 VVG gilt § 5 Abs. 1 PflVG für die Kraftfahrthaftpflichtversicherung als die speziellere[28] Norm. Im Ergebnis hat sich jedoch mit dem fast wortgleichen § 113 Abs. 1 VVG die Vorschrift aus dem PflVG überholt. Sie könnte ersatzlos gestrichen werden.

3. Sitz des Versicherungsunternehmens

24 Neben Unternehmen mit Sitz in Deutschland, denen die BaFin für die Sparte eine Erlaubnis erteilt hat, können auch Unternehmen mit Sitz im Ausland tätig werden.

24 Finanzdienstleistungsaufsichtsgesetz (FinDAG) vom 22. April 2002 (BGBl. I S. 1310), zuletzt geändert durch Art. 4 G v. 22.12.2023 (BGBl. 2023 I Nr. 411).

25 Zum Umfang der systematischen Vorlagepflicht am Beispiel der Krankenversicherung siehe *BVerwG*, Urt. vom 04.05.1999 – 1 A 2/97, BVerwGE 109, 87 ff. = DVBl 1999, 1379 = VersR 1999, 1001 = NVersZ 1999, 463 = DVBl. 1999, 1379.

26 »Single-license-Prinzip«, *Wandt* Versicherungsrecht Rn. 79.

27 Unterschiedliche Begriffe sind denkbar: z.B. Sonderbedingungen, Zusatzbedingungen, Besondere Kraftfahrtbedingungen.

28 *Wandt* Versicherungsrecht Rn. 1107.

Kommen sie aus einem EG-Mitgliedsland oder der EWR[29] reicht die dort[30] erteilte Erlaubnis aus, da eine Einzelerlaubnis zugleich für alle Mitgliedsländer gilt. Die Schweiz genießt durch ein Abkommen[31] eine Sonderstellung. 25

Bei Unternehmen aus sonstigen Drittstaaten ist eine Erlaubnis der BaFin erforderlich, § 105 Abs. 2 VAG. 26

III. Kontrahierungszwang in der Kfz-Haftpflichtversicherung

Das Gesetz lässt es grundsätzlich[32] offen, ob ein Haftpflichtschutz anbietendes Unternehmen einen Vertrag mit einem potentiellen Kunden schließen möchte. 27

In der Kraftfahrthaftpflichtversicherung besteht jedoch die Besonderheit, dass der Versicherer das Angebot anzunehmen hat, § 5 Abs. 2 PflVG, sofern nicht Ausnahmegründe greifen, § 5 Abs. 4 PflVG. Damit ist ein massiver **Eingriff in die Vertragsfreiheit** gegeben. Nur durch die engen Ausnahmevorschriften wird die Verhältnismäßigkeit[33] gewahrt. 28

Dem entspricht, dass der Versicherer nur für die Versicherungsart »Kfz-Haftpflicht« und nur zur Höhe der gesetzlichen Mindestversicherungssumme[34] anzunehmen hat. Ein Versicherungsnehmer, der mit seinen Antrag höhere Versicherungssummen begehrt, ist daher nicht schutzwürdig. Der noch zulässige gesetzliche Eingriff in die Grundrechte des Versicherers findet in der Mindestversicherungssumme[35] seine Grenze. Der Wortlaut ist nicht allein entscheidend.[36] 29

IV. Versicherungsbestätigung

1. Police/Versicherungsschein

Der Versicherer hat nach § 3 Abs. 1 VVG für jede Versicherung eine Police[37], einen Versicherungsschein, zu erstellen. Dies erfolgt in Textform nach § 126b BGB oder auf Verlangen des Kunden in Form einer schriftlichen Urkunde, § 126 BGB. 30

2. Versicherungsbescheinigung in der Pflicht-Haftpflichtversicherung

In der Pflicht-Haftpflichtversicherung ist nach § 113 Abs. 2 VVG eine Urkundenerstellung unabdingbar. In der Urkunde ist zu bescheinigen, auf welchen Betrag die Versicherungssumme lautet und dass es sich um einen Vertrag der Pflichtversicherung handelt. 31

Anzugeben ist damit nicht nur die Mindestversicherungssumme[38] nach gesetzlicher Anforderung, sondern die tatsächlich vereinbarte Versicherungssumme[39]. Dies wird den Interessen des Geschädigten gerecht, der bei entsprechend großen Schadenssummen auf die Angabe der konkreten Deckungssumme angewiesen sein kann. Nur so kann er seine Rechte aus § 113 Abs. 3 VVG sinnvoll verfolgen. 32

---

29 EU-Mitgliedstaaten und Island, Liechtenstein und Norwegen als Vertragsstaaten des Europäischen Wirtschaftsraumes.

30 *Wandt* Versicherungsrecht, Rn. 79.

31 Verordnung zur Durchführung der Richtlinie des Rates vom 20. Juni 1991 über die Anwendung des Abkommens zwischen der Europäischen Wirtschaftsgemeinschaft und der Schweizerischen Eidgenossenschaft betreffend die Direktversicherung mit Ausnahme der Lebensversicherung (91/371/EWG) vom 26. Oktober 1994 (BGBl. I S. 3202).

32 Bruck/Möller/*Beckmann* VVG-Kommentar § 113 VVG, Rn. 22.

33 Looschelders/Pohlmann/*Schwartze*, VVG-Kommentar, § 113 VVG, Rn. 4; *Brand* in MüKo zum VVG, § 113 VVG, Rn. 17.

34 Prölss/Martin/*Knappmann*, § 5 PflVG, Rn. 2.

35 So aber *Feyock*/Jacobsen/Lemor, § 5 PflVG, Rn. 46.

36 Siehe vor §§ 113–124 VVG Rdn. 12.

37 Zur Police generell siehe *Wandt* Versicherungsrecht, Rn. 425 ff.; *Meixner/Steinbeck*, Das neue Versicherungsvertragsrecht, S. 31.

38 Schwintowski/Brömmelmeyer/*Huber* PK-VersR, § 113 Rn. 10.

39 Looschelders/Pohlmann/*Schwartze*, VVG-Kommentar, § 113 VVG, Rn. 13.

33 Der Versicherer kann für die Folgen der Ausstellung einer unzutreffenden Versicherungsbestätigung haften.[40]

3. Versicherungsbestätigung in der Kraftfahrthaftpflichtversicherung

34 Nach § 5 Abs. 6 PflVG hat der Kraftfahrthaftpflichtversicherer dem Versicherungsnehmer eine Versicherungsbestätigung zu erteilen. Darin wird nicht vorgeschrieben, welche Versicherungssumme vereinbart ist. Aufgrund des zuvor genannten Schutzzwecks aus § 113 Abs. 3 VVG wird die Norm durch das PflVG nicht verdrängt. Wie in der Praxis üblich ist daher nicht nur die gesetzliche, sondern die vertragliche Versicherungssumme in der Bestätigung zu vermerken.

35 Die Offenlegung der vertraglich vereinbarten Versicherungssumme dient auch dem Schutz der mitversicherten Personen.

36 Der Zugang des Versicherungsscheins löst die Zahlungspflicht aus, § 33 VVG.

4. Autoversicherung – gebündelte Versicherung

37 In der Autoversicherung werden natürlich häufig nicht nur ein Vertrag, sondern gleich mehrere selbständige Verträge rund um die Kraftfahrzeughaftpflichtversicherung mit abgeschlossen. Die Übersichtlichkeit bei einer Zusammenführung mehrerer Verträge in ein Dokument darf dadurch nicht leiden. Allein nach den aktuellen AKB 2015 sind fünf Verträge (Kfz-Haftpflicht-, Fahrzeug-, Autoschutzbrief-, Kfz-Unfall- und der Fahrerschutzversicherungsvertrag) möglich. Durch die Struktur der Musterbedingungen bleibt trotz – oder gerade wegen – umfänglicher Wiederholungen die Übersichtlichkeit für den jeweiligen Vertrag gewahrt. Zudem bieten viele Versicherer darüber hinaus noch weitere individuelle Autoversicherungs-Verträge als Bausteine an, die sich noch gut in das Gesamtgefüge einpassen lassen, ohne dass die Verständlichkeit und Übersicht leidet. Eine gebündelte Versicherung, die den Anforderungen des § 10a Abs. Satz VAG entspricht, ist daher zulässig und aus Kosten- und Verwaltungsgründen[41] auch üblich.

V. Folgen von vertraglichen Deckungserweiterungen, Abs. 3

1. Mindeststandard der Pflicht-Haftpflichtversicherungen

38 Der gesetzliche Mindeststandard wird in den einzelnen Pflichtversicherungen festgelegt. Die dabei zu berücksichtigenden Mindestversicherungssummen betragen € 250.000, – je Schadensfall bzw. € 1.000.000, – für alle Fälle eines Jahres, sofern keine besondere Vorschrift gilt, § 114 Abs. 1 VVG.

2. Mindestversicherungssummen in der Kraftfahrthaftpflichtversicherung

a) Höhe

39 In der Kfz-Haftpflichtversicherung liegen die Mindestversicherungssummen weit darüber. Maßgebend ist hier die Anlage zu § 4 Abs. 2 PflVG.

40 Die Mindestversicherungssummen betragen derzeit[42] € 7,5 Mio. für Personenschäden, € 1,22 Mio. für Sachschäden und € 50.000, – für reine Vermögensschäden.

41 Die Mindestversicherungssummen werden bei Fahrzeugen zur Personenbeförderung, insbesondere Omnibussen ab dem 10. bzw. 81. Platz, leicht erhöht, da wegen der vielen Personen auch mit

40 Staudinger/Halm/Wendt FAKomm-VersR/*Dallwig* § 113 VVG, Rn. 7; Stiefel/Maier/*Jahnke* § 113 VVG, Rn. 35.

41 *Wandt* Versicherungsrecht, Rn. 432 f.

42 Verordnung zu Anpassung der Mindestversicherung des PflVG vom 06.02.2017 (BGBl. I, S. 147), in Kraft getreten am 11.06.2016; mit der Umsetzung der RL (EU) 2021/2118 wird für Sachschäden eine Anpassung auf zumindest € 1,3 Mio. erfolgen.

größeren Schäden gerechnet wird. Im Einzelnen ist die Ermittlung[43] der einschlägigen Mindestversicherungssumme bei Bussen schwierig.

b) Spannungsverhältnis zu den Höchsthaftungssummen nach StVG

Weitere Unterscheidungen, z.B. nach PKW-Risiken oder LKW-Risiken oder gar Gefahrgutfahrzeugen, finden bislang nicht statt. 42

Die Mindestversicherungssummen sind mit Blick auf die Höchsthaftungssummen nach den §§ 12 und 12 a StVG weiterhin kritisch zu sehen. Die RL (EU) 2021/2118 hat die Mindestversicherungssummen im Vergleich zu den Vorgaben in der vorausgehenden RL 2009/103/EG deutlich angehoben und sieht eine regelmäßige Überprüfung der festgesetzten Beträge zumindest alle 5 Jahre vor. Die Mindestvorgaben der Richtlinie werden nach aktueller Anlage zu § 4 Abs. 2 PflVG im Bereich des Personenschadens noch um € 1,55 Mio. überschritten. 43

3. Vertragliche Versicherungssummen

In der Praxis spielen jedoch weit größere Versicherungssummen eine Rolle, auch wenn extreme Schäden selten oder gar sehr selten sind. Derzeit sind regelmäßig Versicherungssummen von € 100 Mio. im Angebot. 44

Über die Anforderungen des § 2 Abs. 2 Satz 2 PflVG hinaus stellt der Bund[44] mit Rücksicht auf die Versicherungssummen in der privaten Versicherungswirtschaft in Aussicht bei nicht vorsätzlicher Pflichtverletzung seine Beamten und Tarifangestellten[45] nach TVöD nur mit dem € 50 Mio. übersteigenden Teil in Anspruch zu nehmen. 45

Generell auszuschließen ist dabei nicht, dass einmal eine solch hohe Summe auch tatsächlich benötigt wird. Der bislang teuerste bekannt gewordene Schaden in Deutschland[46] ist der Unfall an der Wiehltalbrücke 2004. Man veranschlagte damals eine Schadensumme von rund € 38 Mio. Wesentlich teurer kann es allerdings noch bei Unfällen in einem Straßentunnel[47], auf einem Flughafengelände oder bei einer Kollision mit einem Zug[48] werden, bei dem neben massiven Sachschäden viele schwere Personenschäden hinzukommen. 46

Aber auch ohne diese Extreme sind Großschäden im PKW- und LKW-Bereich nicht nur an einer Hand abzuzählen. 47

Übersteigen die Schadenersatzforderungen die vereinbarte Versicherungssumme, hat der Haftpflichtversicherer die Rangverhältnisse nach § 118 VVG zu beachten. Die Geschädigten erhalten somit nur einen gekürzten Entschädigungsbetrag. 48

4. Rechtsfolgen von Deckungserweiterungen

In Absatz 3 wird nun geregelt, dass der Versicherer, wenn er schon mehr als die gesetzlichen Mindestanforderungen mit dem Versicherungsnehmer vereinbart, auch an den erweiterten Umfang gebunden ist. Ihm ist dabei nicht gestattet, einen einheitlichen Vertrag in einen Teil der Mindestversicherung und einen Teil der Höherversicherung aufzuspalten[49]. 49

---

43 *Kreuter-Lange/Schwab* Haftungs- und Versicherungsfragen beim Busfernverkehr, DAR 2015, 67 ff.

44 Ziffer 6.1 des – Gems. RdSchr. d. BMI u.d. BMF v. 19.12.2017 – BMI – D 2-30101/113 – BMF – Z B 1 – P 1070/06/0001.

45 BMI Rundschreiben v. 29.09.2009, AZ: D 5 – 220 210 – 2/3 I f.

46 Zum Nachdenken siehe *Neeb*, Katastrophenschäden in der Kraftfahrthaftpflichtversicherung und ihre Konsequenzen für die Erst- und Rückversicherung, MunichRe K-Forum 1/2001 Seite 4 ff.

47 Beim Mont-Blanc-Tunnel-Unfall 1999 kosteten neben 39 Toten und vielen Verletzten allein die Wiederherstellung nebst Wertverbesserung des Tunnels mehr als € 300 Mio., Handelsblatt vom 07.03.2002.

48 Selby, England 2001, PKW mit Anhänger lässt Zug entgleisen.

49 *BGH*, Urt. v. 18.12.1973 – VI ZR 25/72, JurionRS 1973, 11199 = DAR 1974, 125 = VersR 1974, 254 = NJW 1974, 495 = MDR 1974, 478 = VRS 46, 244.

a) höhere Summen

50 Nicht nur der Geschädigte kommt in den Genuss höherer Versicherungssummen, auch der Kreis der mitversicherten Personen kann hiervon profitierten.

b) räumliche Erweiterung

51 Eine räumliche Ausdehnung kann z.B. darin bestehen, dass über die verbindlichen Grenzen hinaus schon nach den AKB Versicherungsschutz im asiatischen Teil der Türkei oder Russlands gewährt wird.

c) inhaltliche Erweiterung

52 Besondere Relevanz hat dies in der Kraftfahrtversicherung bei einer Ausweitung des Versicherungsschutzes über den inhaltlichen Bereich PflVG hinaus.

53 Häufig anzutreffen ist eine inhaltliche Erweiterung, wenn über das Verständnis der Muster-AKB das reine Arbeitsrisiko eines Fahrzeugs mit eingeschlossen wird. Auch der Kreis der mitversicherten Personen kann über § 1 PflVG hinaus erweitert sein.

d) Folgen für Schädiger außerhalb von § 1 PflVG

54 Ein Schädiger, der nicht Eigentümer, Fahrer oder Halter eines Fahrzeugs ist, kann durch eine Deckungserweiterung mitversichert werden. Bei Verwendung von Bedingungen entsprechend den Muster-AKB ist dies regelmäßig der Fall.

e) Folgen für den Geschädigten

55 Der Geschädigte partizipiert an der vertraglichen Vereinbarung, die für ihn günstiger ist als die gesetzliche Mindestanforderung. Er kommt in den Genuss der höheren Versicherungssummen. Ist der Schädiger weder Eigentümer, Fahrer oder Halter des Fahrzeugs aber mitversicherte Person nach dem Versicherungsvertrag, gewinnt er mit dem Haftpflichtversicherer einen solventen Gesamtschuldner hinzu, § 115 Abs. 1 Satz 4 VVG.

▶ **Beispiel:**

56 An einem LKW befindet sich ein Ladekran, mit dem auf einer Baustelle Paletten mit Baumaterialien abgeladen wurden. Der Beifahrer des LKW bedient den Ladekran, um die Paletten noch einmal umzusetzen. Hierbei verletzt er den Statiker des Bauamts.

57 Der Statiker ist kein Verkehrsunfallopfer. Er hat den Schaden beim Einsatz des LKW als reine Arbeitsmaschine erlitten, wofür das PflVG keinen Deckungsschutz verlangt[50] und auch nach dem Urteil des *EuGH*[51] nicht verlangen muss. Der Beifahrer ist im PflVG nicht erwähnt. Lediglich in § 2 Abs. 2 Nr. 4 KfzPflVV[52] kommt er zur Sprache.

58 Enthalten die AKB keinen entsprechend zulässigen Ausschluss bzw. Begrenzung auf das Mindestmaß des PflVG, kommt die Norm sowohl dem Geschädigten als auch dem Schädiger zugute.

---

50 Daher darf der Einsatz als Arbeitsmaschine in den AKB ausgeschlossen werden, Sonderbedingung 11, VerBAV 1971, 320.

51 *EuGH* Urt. v. 04.09.2014 – Rs C-162/13, JurionRS 2014, 20478 = ADAJUR Dok. Nr. 105915 = JZ 2015, 60 = r+s 2014, 523 (kein Fall einer Arbeitsmaschine).

52 Sinnvolle, aber problematische Abweichung von § 1 PflVG, da nicht vom Parlamentsvorbehalt gedeckt, § 4 Abs. 1 PflVG.

C. Weitere praktische Hinweise

I. Mangelfall bei Mindestdeckungssumme

In denkbaren Mangelfällen (z.B. junge Geschädigte mit hoher Querschnittslähmung; Schwerstbrandverletzte; viele Schwerverletzte) kann das Quotenvorrecht zu Lasten des Sozialversicherungsträgers und privaten Krankenkostenversicherers mit § 116 Abs. 4 SGB X bzw. §§ 86 Abs. 1 Satz 2; 194 VVG dem Geschädigten helfen. Zudem sind die Rangverhältnisse nach § 118 VVG zu beachten, die den geschädigten Personen zugutekommen. 59

Es bietet sich damit nicht nur für den Schadensregulierer an, das Gesamtausmaß eines Schadensfalles zum frühestmöglichen Zeitpunkt zu beachten. 60

Auch der Anwalt[53] nur eines Geschädigten könnte mit der Konstellation konfrontiert werden. Er darf sich gerade nicht darauf verlassen, es werde für seinen Mandanten schon reichen. Das kann zu einem bösen Erwachen führen. Frühe Erstinformationen zur möglichem Mangelsituation erhält man bereits problemlos aus der Verkehrsunfallanzeige. 61

II. Rechtsfolgenausschluss des Abs. 3 durch Vertrag

Der Rechtsfolge des Abs. 3 kann der Versicherer entgehen, wenn er einen Basisvertrag entsprechend der gesetzlichen Mindestvorgaben wählt und einen ergänzenden Versicherungsschutz in einem zweiten Vertrag anbietet. Die Aufspaltung in zwei Verträge ist zulässig[54]. In der Regierungsbegründung zum Gesetzentwurf[55] wird sogar ausdrücklich auf diese Möglichkeit hingewiesen und soll insbesondere die Konstellationen erfassen, in denen eine die Mindestversicherungssumme übersteigenden Versicherung vereinbart, der Kreis der versicherten Personen über die zwingenden Vorgaben hinaus erweitert, oder eine räumliche oder zeitliche Erweiterung des Versicherungsschutzes vorgenommen wird. Den Versicherer, der sich auf zwei getrennte Verträge beruft, trifft hierfür die Beweislast,[56] was letztlich eine Formsache sein dürfte. 62

Mit Rücksicht darauf kommt einer Trennung in zwei Verträge eine besondere Bedeutung zu. Mit der Aufspaltung in zwei getrennte Verträge erreicht der Versicherer zwei Ziele: 63

1. Belastung mit maximal der Mindestversicherungssumme

§ 113 Abs. 3 ist i.V.m. § 117 VVG zu lesen. Danach bleibt der Haftpflichtversicherer dem Geschädigten gegenüber auch bei »krankem« Versicherungsverhältnis in der Leistungspflicht. In der Pflicht-Haftpflichtversicherung gelten dann die Grenzen der Mindestversicherungssummen und der übernommen Gefahr, § 117 Abs. 3 Satz 1 VVG. Zudem besteht die Möglichkeit, den Geschädigten an einen anderen Schadensversicherer (z.B. Kaskoversicherer; Schutzbrief- oder Fahrerschutzversicherer, aber auch einen anderen Haftpflichtversicherer) oder einen Sozialversicherträger zu verweisen, § 117 Abs. 3 Satz 2 VVG. 64

In der Kfz-Haftpflichtversicherung gelten jedoch die §§ 5, 6 KfzPfVV als die spezielleren Normen. Sie schränken die Obergrenze der Leistungsfreiheit, wegen Obliegenheitsverletzungen nach § 117 Abs. 3 Satz 2 VVG wieder ein. 65

53 Zur sog. Serienschadenklausel in der BHV, Therstappern, AnwBl 2015, 708.

54 *Niederleithinger*, Das neue VVG, A Rn. 221; Schwintowski/Brömmelmeyer/*Huber* PK-Vers, § 113 Rn. 11; HK-VVG/*Schimikowski* § 113 VVG Rn. 5; *Marlow/Spuhl*, Das neue VVG kompakt, S. 129; Looschelders/Pohlmann/*Schwartze* VVG -Kommentar, § 113 VVG Rn. 16; *Feyock*/Jacobsen/Lemor, § 113 VVG Rn. 4; Prölss/Martin/Knappmann, § 113 VVG, Rn. 12; Stiefel/Maier/*Jahnke* § 113 VVG, Rn. 39.

55 BT-Drucks. 16/3945 S. 87.

56 Bruck/Möller/*Beckmann* VVG-Kommentar § 113 VVG, Rn. 31.

66 Diese, durch die KfzPflVV erzwungene[57] nur eingeschränkte Leistungsfreiheit hat zur Folge, dass sich die Kraftfahrthaftpflichtversicherer nicht mehr auf die Mindestversicherungssummen berufen können. Sie haben die vertraglich vereinbarten höheren Versicherungssummen[58] zur Verfügung zu stellen.

67 Um diesem Ergebnis entgegen zu treten, wählen viele Versicherer den Weg, dass sie in ihre AKB eine Klausel aufnehmen: »*Außerdem gelten anstelle der vereinbarten Versicherungssummen die in Deutschland geltenden Mindestversicherungssummen.*«, siehe D.2.3 Satz 2 AKB 2015.

68 Eine vertragliche Reduzierung durch eine Klausel in den vereinbarten AKB wird zu Recht als zulässig[59] erachtet. Die konkrete Klausel nach den Muster-AKB 2008 und 2015 dürfte jedoch wegen der Einschränkung auf die in Deutschland geltenden Summen **problematisch** sein, da im Falle eines **Auslandsunfalls** die dort geltenden Mindestdeckungssummen zu garantieren sind.

69 Dagegen ist deutlich sicherer, die Verträge bereits bei Vertragsschluss zu trennen. Hier bedarf es einer entsprechend (unsicheren) Klausel in den AKB nicht.

2. Maximal vom PflVG vorgeschriebener Deckungsumfang

70 Die Trennung in zwei Verträge bringt für den Versicherer im Falle eines kranken Versicherungsverhältnisses noch den Vorteil, dass er nicht nur der Höhe nach, sondern auch inhaltlich nur im Rahmen der vom PflVG geforderten Mindestdeckung haften muss.

71 Eine vertragliche Erweiterung des Kreises der Mitversicherten, eine Ausdehnung auf reine Arbeitsrisiken und der räumliche Bereich (ggf. mitversichertes EU-Ausland; Unfälle außerhalb des öffentlichen Verkehrsraumes) würde ansonsten bei einheitlichem Vertrag weiter gelten,[60] sofern auch diese Gefahr im Vertrag – z.B. nach den Muster-AKB -übernommen wurde. Bei einer Trennung ist dies ausgeschlossen und der Versicherer kann auch nicht mehr über den Weg des § 113 Abs. 3 VVG verpflichtet werden, denn die Vorschrift kommt dann erst gar nicht mehr zur Anwendung.

72 Ohne Trennung in zwei Verträge ist dieses Ziel nicht erreichbar. Selbst eine Ergänzung der Klausel in den AKB zu D.3.3 Satz 2 könnte hier nicht weiterhelfen. Eine solche Klausel würde gegen § 117 Abs. 3 Satz 1 VVG verstoßen, da es bei der vom Versicherer vertraglich übernommenen Gefahr zu verbleiben hat.

III. Rechtsprechung

73 § 158k VVG a.F. ist die Vorläufernorm des Abs. 3. Wegen der fast wortgleichen Fassung kann die hierzu ergangene Rechtsprechung herangezogen werden.

IV. Analoge Anwendung

74 Für einen nach § 2 Abs. 1 Nr. 1 bis 5 PflVG[61] von der Versicherungspflicht **befreiten Halter**, der freiwillig eine Kfz-Haftpflichtversicherung abgeschlossen hat, ist per Analogie ein Direktanspruch[62] gegen den Versicherer gegeben.

---

57 Die Verordnungsgeber haben damit ihren durch § 4 Abs. 1 PflVG eingeräumten Kompetenzrahmen überschritten. So auch *Wandt* Versicherungsrecht Rn. 1113, *ders.* VersR 1995, 494.

58 *BGH* Urt. v. 15.03.1983 – VI ZR 187/81, BGHZ 87, 121 ff. = JurionRS 1983, 12404 = VersR 1983, 688 = MDR 1983, 835 = NJW 1983, 2197; Schwintowski/Brömmelmeyer/*Huber* PK-Vers, § 117 Rn. 21.

59 *Wandt* Versicherungsrecht Rn. 1113; *Bauer*, Die Kraftfahrtversicherung Rn. 942.

60 Prölss/Martin/*Knappmann* § 113 VVG Rn. 9; einschränkend offenbar Stiefel/Maier/*Jahnke*, § 113 VVG, Rn. 42.

61 Stiefel/Maier/*Jahnke*, § 113 VVG, Rn. 5 bezieht sich nur auf § 2 Abs. 1 Nr. 1 – 4 PflVG.

62 *BGH* Urt. v. 17.02.1987 – VI ZR 75/86, JurionRS 1987, 15110 = DAR 1987, 223 = VersR 1987, 1034 = NJW 1987, 2375 = MDR 1987, 658 = NJW-RR 1987, 1237 (Ls.) = zfs 1987, 276; *Brand* in MüKo zum VVG, § 113 VVG, Rn. 8; siehe auch *Schwab* § 2 PflVG Rdn. 19.

Umstritten ist die Frage, in welchem Umfang in diesem Falle die Leistungspflicht des Versicherers reicht, wenn der Vertrag über die Mindestversicherung hinausgeht. Die wohl h.M.[63] bejaht zu Recht die Anwendbarkeit des § 113 Abs. 3 VVG auch hinsichtlich des gesamten vertraglichen Teiles. Mitversicherte und Geschädigte sollen nicht schlechter gestellt werden. Der Versicherer muss zudem nicht geschützt werden, da er sich auf die Bedingungen freiwillig eingelassen hat. 75

Es ist oftmals zufällig, warum diese gesetzlich von der Pflichtversicherung befreiten langsamen Fahrzeuge statt in der Allgemeinen- oder Betriebshaftpflichtversicherung[64] in der Kfz-Haftpflichtversicherung versichert werden. Dies liegt daran, dass oftmals Fahrzeugflotten in einem Rahmenvertrag versichert werden, in denen z.B. selbstfahrende Arbeitsmaschinen zur einfacheren technischen Abwicklung mit eingeschlossen werden. Dies schließt nicht aus, dass trotz der Bezeichnung Kfz-Haftpflichtversicherung statt der §§ 113 ff. VVG nur die §§ 100 ff. VVG zur Anwendung kommen können. Schließlich bedeutet »Kraftfahrzeug oder Fahrzeug« nicht zwangsläufig »Pflichtversicherung«. Zudem lässt der Gesetzgeber abweichende Definitionen von Kraftfahrzeugen zu, wie der zum 21.06.2013 eingeführte § 1 Abs. 3 StVG[65] zeigt. 76

Der EuGH hat klargestellt, dass E-Bikes[66] unter bestimmten Umständen nicht als Kraftfahrzeuge im Sinne der Richtlinie 2009/103/EG anzusehen sind, und zwar dann, wenn der E-Motor nur eine Tretunterstützung bietet und die Bescheinigung auf 20 km/h durch den E-Motor nur nach vorherigem Einsatz der Pedale durch aktives Treten in die Pedale erreicht werden kann. 77

Die am 22.12.2021 in Kraft getretene Richtlinie (EU) 2021/2118 (»REFIT KH-RL«),[67] wird hierzu jedenfalls Klärung herbeiführen. Der Bundestag hat die Umsetzung der Richtlinie am 14.12.2023 beschlossen[68]. Die Umsetzung in das PflVG ist im 1.Quartal 2024 zu erwarten: 78

- eine Anpassung der Definitionen für die Begriffe »Fahrzeug« und »Gebrauch«;
- die Versicherungspflicht für den Gebrauch von selbstfahrenden Arbeitsmaschinen und Staplern im Sinne der FZV mit einer bauartbedingten Höchstgeschwindigkeit von über 6 km/h bis 20 km/h auf öffentlichen Straßen; ausgenommen bleiben solche Fahrzeuge, wenn diese ausschließlich außerhalb eines der Öffentlichkeit zugänglichen Bereichs und in einem befriedeten Besitztum nach § 123 StGB oder in einem durch Rechtsverordnung zur Einfriedung des Ortes geregelten Bereich (z.B. Flughafen) genutzt werden oder für die eine Haftpflichtversicherung mit den Mindestversicherungssummen nach Anlage zu § 4 Abs. 2 PflVG besteht.
- einen alternativen Versicherungsschutz für Motorsportveranstaltungen (Motorsporthaftpflichtversicherung) mit Anlehnung an die Mindestversicherungssummen einer Kfz-Pflichtversicherung;
- Neuregelung der Insolvenzabsicherung (»Entschädigungsfonds«) zur Gewährleistung ausreichender Mittel zur Insolvenzabsicherung.

§ 114 Der Umfang des Versicherungsschutzes

(1) Die Mindestversicherungssumme beträgt bei einer Pflichtversicherung, soweit durch Rechtsvorschriften nichts anderes bestimmt ist, 250.000 Euro je Versicherungsfall und eine Million Euro für alle Versicherungsfälle eines Versicherungsjahres.

---

63 Prölss/Martin/*Knappmann*, § 113 VVG, Rn. 9; Schwintowski/Brömmelmeyer/*Huber* PK-Vers, § 113 Rn. 13; eher offen lassend Looschelders/Pohlmann/*Schwartze* VVG -Kommentar, § 113 VVG Rn. 18; ablehnend BK/*Hübsch*, § 158k VVG a.F., Rn. 1.

64 *BGH* Urt. v. 20.06.1979 – IV ZR 195/77, JurionRS 1979, 11203 = MDR 1980, 45 (zur Anwendung eines Teilungsabkommens mit der Berufsgenossenschaft bei einem freiwillig versicherten Radlader).

65 BGBl. I 2013 S. 1560.

66 EuGH, Urt. V. 12.10.2023 – C-286/22.

67 *Gal, ZEuP 2023,964.*

68 https://dip.bundestag.de/vorgang/gesetz-zur-umsetzung-der-richtlinie-eu-2021-2118-im-hinblick-auf/300146?f.deskriptor=Auslandsfahrzeug-Pflichtversicherungsgesetz&rows=25&pos=1.

(2) Der Versicherungsvertrag kann Inhalt und Umfang der Pflichtversicherung näher bestimmen, soweit dadurch die Erreichung des jeweiligen Zwecks der Pflichtversicherung nicht gefährdet wird und durch Rechtsvorschrift nicht ausdrücklich etwas anderes bestimmt ist. Ein Selbstbehalt des Versicherungsnehmers kann dem Anspruch des Dritten nach § 115 Abs. 1 in Verbindung mit § 117 Abs. 1 nicht entgegengehalten und gegenüber einer mitversicherten Person nicht geltend gemacht werden.

Übersicht Rdn.

A. Allgemeines

1 Es handelt sich in Abs. 1 um eine Auffangnorm[1] für die Mindesthöhe einer Pflichtversicherung. Sie gilt insoweit nur sekundär[2] und hat wegen deutlich höherer Mindestversicherungssummen in der Kfz-Haftpflichtversicherung nur untergeordnete Bedeutung. Abs. 2 unterstreicht, dass die Mindestsummen zu Gunsten des Geschädigten und der mitversicherten Personen nicht ausgehöhlt werden dürfen.

B. Regelungsgehalt

I. Mindestversicherungssummen allgemein

2 Die nach Bundes- und Landesrecht geltenden Pflicht-Haftpflichtgesetze enthalten zuweilen keine Vorschrift, in welcher konkreten Höhe eine Versicherungssumme vorzuhalten ist. Abs. 1 ist somit eine **Auffangnorm**[3] für die Gesetze, in denen es an einer entsprechenden Regelung mangelt. Als

1 Stiefel/Maier/*Jahnke* Kraftfahrtversicherung, § 114 VVG, Rn. 3.
2 Bruck/Möller/*Beckmann* VVG-Kommentar, Band IV, § 114 VVG, Rn. 1.
3 Staudinger/Halm/Wendt FAKomm VersR/*Dallwig*, § 114 VVG, Rn. 1.

Auffangnorm enthält sie zudem keine Staffelung der Versicherungssummen nach Schadenarten, wie dies in Spezialvorschriften üblich[4] ist.

Das PflVG hält für die Kraftfahrthaftpflichtversicherung eine entsprechende Regelung parat. Das PflVG geht als **Spezialgesetz** vor. 3

Spezialgesetze müssen nicht nur höhere, sie können nach der zutreffenden h.M.[5] auch niedrigere Summen vorschreiben. 4

Ein **spezialgesetzlich formuliertes Unterschreiten** der Mindestversicherungssumme gilt z.B. auch in der Kfz-Haftpflichtversicherung und zwar für den **reinen Vermögensschaden**. Nach Anlage 1 Nr. 1c) zu § 4 Abs. 2 PflVG beträgt die dortige Mindestsumme nur € 50.000,–, statt € 250.000,– nach § 114 Abs. 1 VVG. 5

Hierin liegt kein Verstoß gegen gemeinschaftsrechtliche Anforderungen. Die 6. KH-Richtlinie, ebenso weiterhin die RL (EU) 2021/2118,[6] fordern lediglich, dass Personen- oder Sachschäden, nicht aber reine Vermögensschäden in den Umfang der Pflichtversicherung einzubeziehen sind. 6

II. Mindestversicherungssummen in der Kfz-Haftpflichtversicherung

1. PflVG als Spezialgesetz

Die Mindestversicherungssummen in der Kfz-Haftpflichtversicherung richten sich nach der Anlage zu § 4 Abs. 2 Satz 1 PflVG. Sie liegen beim Personen- und Sachschaden deutlich über den Summen der meisten Pflicht-Haftpflichtversicherungen. 7

Eine Begrenzung der Anzahl der Versicherungsfälle pro Jahr, wie in der Pflicht-Haftpflichtversicherung, ist der Kfz-Pflicht-Haftpflichtversicherung fremd. 8

In Anlehnung an die Pflicht-Haftpflichtversicherung hält A.1.3.1 Satz 2 Kfz-USV[7] eine solche Regelung vor. 9

2. Grenzen der Vertragsfreiheit

Die Vertragsfreiheit ist durch die Existenz der Normen für die Pflicht-Haftpflichtversicherung bereits eingeschränkt. Abs. 2 Satz 1 der Norm lässt einen gewissen Spielraum zu, in dem Versicherungsbedingungen der Pflicht-Haftpflichtversicherung gestaltet werden können. Die Regelung erwähnt nicht, welche Rechtsfolge sich ergeben soll, falls gegen eine Rechtsvorschrift verstoßen wird oder der Vertragszweck nicht mehr erfüllt werden kann. 10

Diskutiert wird, ob ein Verstoß unter Berücksichtigung der Belange des Versicherungsnehmers als Vertragspartner mit mittelbarer Drittwirkung[8] nach § 307 BGB zur Unwirksamkeit[9] der Klausel oder unter vorrangiger Berücksichtigung der Interessen geschädigter Dritter nach § 134 BGB als nichtig[10] anzusehen ist. 11

Letztlich mag dies dahinstehen, da Abs. 2 Satz 1 durch das Wort *»soweit«* dem Bestreben nachkommt, am grundsätzlichen Bestand[11] des Versicherungsvertrages festzuhalten. An die Stelle einer 12

4 Staudinger/Halm/Wendt FAKomm VersR/*Dallwig*, § 114 VVG, Rn. 1.

5 Looschelders/*Pohlmann*/*Schwartze* VVG-Kommentar, § 114 VVG Rn. 2; *Brand* in MüKo zum VVG, § 114 VVG, Rn. 9; Bruck/Möller/*Beckmann* VVG-Kommentar, Band IV, § 114 VVG, Rn. 6; unklar: *Feyock*/Jacobsen/Lemor KfzVers, § 114 VVG, Rn. 1.

6 Art. 3 der 6. KH-Richtlinie (2009/103/EG) vom 16.09.2009.; ebenso: RL (EU) 2021/2118; Siehe auch *Schwab* § 1 PflVG Rdn. 128 ff.;

7 Die Kfz-USV ist eine Quasi-Haftpflichtversicherung eigener Art.

8 Staudinger/Halm/Wendt FAKomm VersR/*Dallwig*, § 114 VVG, Rn. 5.

9 Looschelders/Pohlmann/*Schwartze* VVG-Kommentar, § 114 VVG, Rn. 8.

10 Bruck/Möller/*Beckmann* VVG-Kommentar, Band IV, § 114 VVG, Rn. 29 ff.

11 Bruck/Möller/*Beckmann* VVG-Kommentar, Band IV, § 114 VVG, Rn. 32.

unwirksamen Vertragsklausel kann nach § 306 Abs. 2 BGB die gesetzliche Regelung[12] treten. Fehlt sie, sollte der Vertrag so auszulegen sein, dass die Bestimmung einer gesetzlichen Regelung noch genügen[13] könnte.

3. Selbstbehalte

a) zulässig auch in der Kraftfahrthaftpflicht

13 Abs. 2 Satz 2 ermöglicht ausdrücklich und damit klarstellend[14], Selbstbehalte in der Pflicht-Haftpflichtversicherung zu vereinbaren. Dies betrifft auch die Kraftfahrthaftpflichtversicherung.

14 Die Verwendung von Selbstbehalten ist in vielen Versicherungsbereichen[15] gute und gängige Praxis. Was in der Kaskoversicherung seit Jahrzehnten üblich ist, hat in der Kraftfahrthaftpflichtversicherung in Deutschland auch heute noch erhebliches Neuland zu entdecken. Im Ausland[16] ist die Vereinbarung einer Selbstbeteiligung in der Kraftfahrthaftpflichtversicherung dagegen Normalität, zumal europarechtliche Vorschriften dem nicht entgegenstehen[17].

15 In Deutschland hat man sich schon vor der Deregulierung sporadisch[18] mit dem Thema befasst.

16 Mit der Deregulierung hat man den Gedanken weiter verfolgt. Das Schrifttum[19] hielt weiterhin einen Selbstbehalt für zulässig; das BAV[20] und das BMJ lehnten dies jedoch durch eine übermäßig enge Auslegung der KfzPflVV ab.

17 Die Tatsache, dass jedoch weder das PflVG noch die KfzPflVV bislang eine ausdrückliche Rechtsnorm[21] hierfür anboten, mag letztlich der Grund für die Zurückhaltung in der Breite gewesen sein. Jedenfalls standen und stehen gemeinschaftsrechtliche Anforderungen Selbstbehalten grundsätzlich nicht entgegen[22]. Die ausdrückliche Erwähnung von Selbstbehalten in § 114 Abs. 2 Satz 2 VVG dürfte damit Rechtssicherheit schaffen und die Diskussion beenden[23]. Im Verhältnis zu anderen Spezialvorschriften mit ausdrücklicher Zulassung von Selbstbehalten, wie in § 51 Abs. 5 BRAO und § 19a Abs. 4 BNotO handelt es sich um einen subsidiären Ausnahmetatbestand[24].

18 Schließlich geht nunmehr auch das Bundesministerium der Finanzen[25] von der Zulässigkeit von Selbstbehalten in der Pflichtversicherung für Kraftfahrzeughalter aus. Im Schadensfall verwirklichte

---

12 Staudinger/Halm/Wendt FAKomm VersR/*Dallwig*, § 114 VVG, Rn. 15.

13 Staudinger/Halm/Wendt FAKomm VersR/*Dallwig*, § 114 VVG, Rn. 15; Looschelders/Pohlmann/*Schwartze* VVG-Kommentar, § 114 VVG, Rn. 8; a.A. Bruck/Möller/*Beckmann* VVG-Kommentar, Band IV, § 114 VVG, Rn. 32.

14 *Feyock*/Jacobsen/Lemor KfzVers § 114 VVG Rn. 3.

15 Gesetzlich vorgeschriebene Pflicht-Selbstbehalte bei D&O-Versicherungen für Vorstände von mindesten 10 % nach § 93 Abs. 2 Satz 3 AktG.

16 *Feyock*/Jacobsen/Lemor KfzVers § 4 PflVG Rn. 20.

17 *Schirmer/Höhne*, DAR 1999, 433 ff.

18 *Baumann* Haftpflichtversicherung mit Selbstbeteiligung – Hilferuf eines überforderten Strafrechts, DAR 1971, 289 f.; *Löwe* Empfiehlt sich die Einführung einer Selbstbeteiligung in der Kraftfahrzeughaftpflichtversicherung?, ZRP 1971, 198 ff.; *Baumgärtel* Selbstbeteiligung in der Kraftfahrzeughaftpflichtversicherung?, VersR 1972, 424; *v. Bernstorff* Selbstbehalt in der Autohaftpflicht? Probleme einer Pflichtversicherung im internationalen Vergleich, VW 1987, 214.

19 *Schirmer/Höhne*, DAR 1999, 433 ff.

20 Bundesaufsichtsamt für das Versicherungswesen GB BAV 1995 Teil A, 47 f. (Amt hielt Alternativ-Tarif mit DM 100,–, 500,– oder 800,– SB für unzulässig).

21 *Feyock*/Jacobsen/Lemor KfzVers § 4 PflVG Rn. 22.

22 Art. 17 der 6. KH-Richtlinie (2009/103/EG) vom 16.09.2009 betont nur, dass Selbstbeteiligungen nicht zum Nachteil der Unfallgeschädigten gehen dürfen.

23 Looschelders/*Pohlmann/Schwartze* VVG-Kommentar, § 114 VVG Rn. 10; *Feyock*/Jacobsen/Lemor KfzVers, § 114 VVG Rn. 3.

24 Staudinger/Halm/Wendt FAKomm VersR/*Dallwig*, § 114 VVG, Rn. 16.

25 Entwurf v. 19.06.2012 zum Verkehrssteueränderungsgesetz – VerkehrStÄndG, BT-Drucksache 17/10039.

Selbstbehalte sollten ab dem 01.01.2013 – da anders noch das *FG Hannover*[26] und der *BFH*[27] – ebenfalls zum Versicherungsentgelt zählen. In der Folge wären diese Selbstbehalte mit der Versicherungssteuer zu belegen. Das Versicherungsentgelt sollte zusammen mit der Versicherungssteuer per Prämienrechnung vom Versicherer erhoben werden. Die Versicherungssteuer führe dann der Versicherer an das Finanzamt ab.

Die steuerlichen Auswirkungen von Selbstbehalten sind als erheblich anzusehen, da mitunter bei einem Selbstbehalt von € 5.000,– die Versicherungsprämie nur ein Fünftel[28] der Prämie ohne Selbstbehalt ausmacht. 19

Das Vorgehen des Bundesministeriums für Finanzen warf bereits praktische Umsetzungsprobleme auf, die dazu führen konnten, die Vertragsfreiheit auf kaltem Wege einzuschränken, Selbstbehalte also wegen staatlicher Überreglementierung gleich ganz zu lassen. Es stieß zu Recht nicht nur auf erhebliche verfassungsrechtliche[29] Bedenken. Die Einführung von Versicherungssteuern auf Selbstbehalte in Kfz-Haftpflichtversicherung wurde schließlich[30] aufgegeben. 20

Aufgrund der Tatsache, dass sich der Gesetzgeber mit der Steuerthematik befasst hat, hat er es als Selbstverständlichkeit angesehen, dass Selbstbehalte auch in der Kfz-Haftpflichtversicherung zulässig sind. 21

b) Höhe von Selbstbehalten in der Kraftfahrthaftpflichtversicherung

Der Höhe des Selbstbehaltes sind generell Grenzen zu setzen, da hierdurch der Zweck des jeweiligen Pflichtversicherungsgesetzes gefährdet werden könnte. Nach dem PflVG gilt daher, den Bedürfnissen des Verkehrsopfers an umfassender Entschädigung sowie nach § 1 PflVG Halter, Fahrer und Eigentümer vor existenzgefährdenden Schadensersatzforderungen zu schützen. 22

Nähere gesetzliche Vorgaben oder Anhaltspunkte wie nach § 93 Abs. 2 Satz 3 AktG gibt das PflVG wegen seiner völlig anderen Zielsetzung jedoch nicht. Die KfzPflVV[31] enthält bislang ebenfalls keine konkreten Angaben. Folglich sind Rechtsprechung und Literatur aufgerufen, sich dem Thema zu stellen. 23

Schirmer[32] will die Hälfte des Durchschnittsschadens, sprich derzeit etwa € 2.000,–, als Obergrenze einziehen. Dagegen hält *Feyock*[33] auch noch eine Obergrenze von € 2.500,– im Privatkundengeschäft für möglich. Die Leistungsfreiheitsgrenzen[34] nach den §§ 5, 6 KfzPflVV können als Anhaltspunkt dienen. *Schimikowski*[35] hält außerhalb von Industrieversicherungen eine Obergrenze von € 5.000,– für angemessen. 24

---

26 *FG Hannover*, Urt. v. 26.09.2007 – 3 K 142/06, JurionRS 2007, 43873; zustimmend *Heitmann/Mühlhausen*, Versicherungssteuer auf Selbstbehalte, VersR 2009, 874 ff.

27 *BFH* Urt. v. 19.12.2009 – II R 44/07, BFHE 228, 285 = BStBl. II 2010, 1097 = DAR 2010, 484 (Ls.) = DB 2010, 488; offen lassend Prölss/Martin/*Knappmann*, § 114 VVG, Rn. 4; Looschelders/*Pohlmann*/*Schwartze* VVG-Kommentar, § 114 VVG Rn. 11.

28 *BAG* Urt. v. 13.12.2012 – 8 AZR 432/11, JurionRS 2012, 35941 = ADAJUR Dok.Nr. 101205 = BB 2013, 820 = JR 2013, 386 = FD-StrVR 2013, 344709 bespr. v. *Kääb* = NJW-Spezial 2013, 266 = NZA 2013, 622 = FA 2013, 147.

29 *Franz/Spielmann* Die Zukunft von Selbstbehalten bei Pflichtversicherungen aus versicherungssteuerlicher Sicht, VersR 2012, 960 ff.

30 Bericht des Finanzausschusses v. 25.10.2012, BT-Drucks. 17/11219.

31 *Feyock*/Jacobsen/Lemor KfzVers, § 114 VVG Rn. 4.

32 *Schirmer*, DAR 2008, 319 (326).

33 *Feyock*/Jacobsen/Lemor KfzVers, § 4 PflVG Rn. 21.

34 Stiefel/Maier/*Jahnke* Kraftfahrtversicherung, § 114 VVG, Rn. 10; Prölss/Martin/*Knappmann*, § 114 VVG, Rn. 2.

35 Rüffer/Halbach/*Schimikowski*, Versicherungsvertragsgesetz, § 114 VVG, Rn. 8.

25 Damit werden letztlich ähnlich starre Grenzen von € 2.000,– bzw. € 2.500,– oder sogar auch € 5.000,– bis € 10.000,– (bei Kumulation von Obliegenheitsverletzungen vor und nach dem Versicherungsfall) diskutiert.

26 Vergleichend kann man auch andere Rechtsgebiete für die Überlegungen heranziehen:
- So werden auch 1 %-Regelungen zur Mindestversicherungssumme entsprechend § 51 Abs. 4 u. 5 BRAO und § 19a Abs. 3 u. 4 BNotO[36] erwogen, also € 2.500,– bzw. € 5.000,–. Im Klein- und Kleinstschadenbereich, wie bei der Reiserücktrittskostenversicherung sind dagegen Selbstbehalte von 20 % üblich und angemessen.[37]
- Bei einer privaten Krankenversicherung kann ein Selbstbehalt von 20 % schnell sehr hohe Kosten auslösen. Der *BGH*[38] hat jedoch in einem Fall, bei dem die Eigenbeteiligung dann tatsächlich rund € 20.000,– ausmachte, die gewählte Höhe des Selbstbehaltes für zulässig erachtet.

27 Prozentuale Grenzen werden sich nicht so einfach auf die Situation in der Kfz-Haftpflichtversicherung übertragen lassen. Bei einer Mindestdeckungssumme nach der Anlage zu § 4 Abs. 2 Satz 1 PflVG sind dies für den Personenschaden € 7.500.000,–. 1 % hiervon sind schon € 75.000,–. 20 % Selbstbehalt bedeuten sogar € 1.500.000,–. Solche Größenordnungen sind nur für größere Unternehmen tragbar, wie auch das Beispiel des Urteils des *BFH*[39] zu einem Rahmenvertrag mit einem Mietwagenunternehmen (Selbstbehalt: € 100.000,–) zeigt.

28 Bei einem Selbstbehalt in der Kfz-Haftpflichtversicherung handelt es sich bei einer Größenordnung ca. € 2.000,– um einen Betrag, bei dem sich der Privatmann überlegt, ob man den Schaden nicht selbst bezahlt, um nicht bei der nächsten Prämienanpassung höher gestuft zu werden. Tatsächlich wird schwerlich keiner der Beträge in Form eines Selbstbehaltes einen Versicherungsnehmer in die Privatinsolvenz treiben.

29 Dennoch sind grundlegende Unterschiede für die Betrachtung notwendig:

Die Frage des SFR-Verlustes ist eine wirtschaftliche Überlegung für die Zukunft, wie man das Fahrzeug künftig trotzdem noch günstig versichern kann. Hier hat der Versicherte nach Eintritt des Schadensfalles ein Wahlrecht. Er kann berechnen, was für ihn wirtschaftlich sinnvoll und von Vorteil ist. Dabei wird auch eine Rolle spielen, ob man vorübergehend überhaupt noch Auto fahren darf (Fahrverbot/Fahrerlaubnisentzug), kann (eigener Gesundheitsschaden nach Unfall) oder möchte (zu alt, zu ängstlich).

30 Im Gegensatz dazu hat sich der Versicherungsnehmer bei der Vereinbarung eines Selbstbehaltes schon vor dem Unfall festgelegt, bis zu einem bestimmten Betrag notfalls in Regress genommen zu werden. Möglicherweise geschah dies sogar noch zu einer Zeit, als es dem Versicherungsnehmer wirtschaftlich deutlich besser ging.

31 Sind Versicherungsnehmer und Fahrer identisch, drohen oft weitere (auch finanzielle) Belastungen durch ein Strafverfahren[40], Entzug der Fahrerlaubnis- und/oder Arbeitsplatzverlust oder die durch Anschaffung eines eigenen Ersatzfahrzeugs.

32 Nicht zu vernachlässigen ist, dass bei einem entsprechend großen Schaden auch der Regress wegen einer Obliegenheitsverletzung noch zusätzlich belasten wird.

36 Schwintowski/Brömmelmeyer/*Huber*, PK-VersR, § 114 VVG Rn. 9; Stiefel/Maier/*Jahnke* Kraftfahrtversicherung, § 114 VVG, Rn. 10.

37 *Dallwig*, Deckungsbegrenzungen in der Pflichtversicherung, Diss. 2010, S. 83.

38 *BGH* Urt. v. 14.05.2003 – IV ZR 140/02, JurionRS 2003, 23480 = VersR 2003, 897 = NJW-RR 2003, 1105 = MDR 2003, 1049 = JZ 2003, 432.

39 *BFH* Urt. v. 19.12.2009 – II R 44/07, BFHE 228, 285 = BStBl. II 2010, 1097 = DAR 2010, 484 (Ls.).

40 Eine Zahlungsverbindlichkeit wegen einer hohen KH-Selbstbeteiligung dürfte sich kaum auf die Höhe des festzulegenden Tagessatzes auswirken.

Das Spektrum finanzieller Leistungsunterschiede unter den Versicherungsnehmern ist bekanntermaßen[41] sehr groß. So können € 500,– für einen Studenten oder Arbeitslosen erdrückend, aber selbst € 5.000,– oder € 10.000,– für vermögende Versicherte[42] oder Unternehmen durchaus akzeptabel sein. Notwendig erscheint es daher, keine allzu starren Grenzen einzuziehen. 33

Entscheidend ist immer die individuelle[43] wirtschaftliche Situation des Versicherungsnehmers, die zu einer Einzelfallentscheidung[44] führen muss. Dabei haben auch die weiteren Folgen durch einen künftigen Schaden nicht außer Betracht zu bleiben. Mit Blick auf eine niedrige Prämie darf der Versicherungsnehmer sich nicht über die Risiken eines hohen Selbstbehaltes blenden lassen. Gerade auch bei dieser Art der Vertragsgestaltung mit einer zu verlockenden Prämienreduzierung ist Information und Beratung durch den Versicherer oder Makler besonders wichtig, § 6 Abs. 1 VVG. Es ist dabei jedoch gerade nicht so, dass wegen der dann niedrigeren Prämie weniger zu beraten ist. Die Beratung müsste schon im Eigeninteresse des Versicherers eher intensiver ausfallen, denn nur ein Versicherungsnehmer, der das Risiko bewusst übernommen hat, wird auch freiwillig den Regressbetrag im Schadensfall zahlen wollen. Ansonsten droht dem Versicherer sogar der Verlust des Regressanspruchs, § 6 Abs. 5 VVG. 34

c) Auswirkung für Geschädigte

Im Außenverhältnis zum Unfallgeschädigten sind Selbstbehalte ausdrücklich unbeachtlich. Dies gilt zumindest dort, wo § 114 Abs. 2 Satz 2 VVG nicht ausnahmsweise durch ein Spezialgesetz verdrängt[45] wird. Für die Pflicht-Haftpflichtversicherung im Sinne des PflVG bleibt es dabei, dass dem Verkehrsunfallgeschädigten ein Selbstbehalt nicht entgegengehalten werden darf. Dies ergibt sich schon aus Art. 17 der 6. KH-Richtlinie. 35

Es findet somit kein Abzug beim Direktanspruch statt. Der Versicherer bleibt zu Gunsten dieser Geschädigten in der ungekürzten Leistungspflicht. 36

Erwirkt der Dritte einen Titel gegen den Versicherungsnehmer, kann er den Deckungsanspruch pfänden und an sich überweisen lassen. Auch dann sei der Versicherer nicht[46] berechtigt, den Selbstbehalt entgegen zu halten. Dies entspreche der Intension[47] des Gesetzgebers, dass der Dritte ohne Direktanspruch im Rahmen der Pflichtversicherung nicht schlechter gestellt werden dürfe. 37

Dem ist nach dem Wortlaut zuzustimmen. Soweit Eingriffe in Grundrechte des Versicherers[48] durch höherrangige Schutzinteressen Dritter zulässig sind, wird dies auch vom Sinn und Zweck der Vorschrift getragen. Bezogen auf den Bereich des PflVG gilt dies für alle Verkehrsunfallopfer. 38

Soweit jedoch der Staat oder ein Vertragspartner des Versicherungsnehmers lediglich in ihren Vermögensinteressen, aber nicht mit hohen Schutzgütern, wie Leib und Leben betroffen ist, muss es allerdings möglich bleiben ihnen den Selbstbehalt entgegen zu halten. »Dritter« ist somit nicht jeder Geschädigte, sondern nur der »schutzwürdige Dritte«. 39

Die ungekürzte Leistungspflicht gilt wegen § 117 Abs. 3 VVG zugunsten des Geschädigten auch dann, wenn der Versicherer im Innenverhältnis aufgrund anderer Umstände leistungsfrei ist. 40

41 *Baumgärtel* Selbstbeteiligung in der Kraftfahrzeughaftpflichtversicherung?, VersR 1972, 424.

42 *Franz/Spielmann* Die Zukunft von Selbstbehalten bei Pflichtversicherungen aus versicherungssteuerlicher Sicht, VersR 2012, 960 ff.

43 *Dallwig*, Deckungsbegrenzungen in der Pflichtversicherung, Diss. 2010, S. 84; Staudinger/Halm/Wendt FAKomm VersR/*Dallwig*, § 114 VVG, Rn. 4.

44 Bruck/Möller/*Beckmann* VVG-Kommentar, Band IV, § 114 VVG, Rn. 44.

45 *Dallwig*, Deckungsbegrenzungen in der Pflichtversicherung, Diss. 2010, S. 77; **a.A.** Schwintowski/Brömmelmeyer/*Huber*, PK-VersR, § 114 VVG Rn. 9.

46 Looschelders/Pohlmann/*Schwartze*, VVG-Kommentar, § 114 VVG, Rn. 11.

47 BT-Drucks. 16/6627, S. 6 f.

48 Siehe Vor §§ 113 bis 124 VVG Rdn. 5–7.

41 Dies soll sogar dann gelten, wenn der Versicherungsschutz die Mindestanforderungen (erhöhte Deckungssummen; räumliche Ausdehnung) überschreitet. Dem ist zuzustimmen, da § 113 Abs. 3 VVG auch hierauf die Anwendbarkeit erklärt. Der Versicherer kann sich nur dann aus der Situation befreien, wenn er für den Teil, der die gesetzliche Mindestdeckung überschreitet, einen zweiten Vertrag[49] (Anschlussversicherung) abschließt.

d) Auswirkung auf Mitversicherte

aa) Auswirkung auf Mitversicherte allgemein

42 Abs. 2 Satz 1 stellt – mangels einschränkender Spezialvorschrift[50] zumindest für die Kfz-Haftpflichtversicherung – klar, dass Mitversicherte den Schutz aus der vollen Mindestversicherungssumme zu erhalten haben. Sie sind somit kein Regressschuldner des Selbstbeteiligungsbetrages. Schuldner ist allein der Versicherungsnehmer.

bb) Auswirkung auf mitversicherte Arbeitnehmer

43 Die Schutzvorschrift für Mitversicherte nach Abs. 2 Satz 2 wendet sich an den Versicherer. Sie betrifft nicht den Versicherungsnehmer als Arbeitgeber.

44 Dieser könnte seinerseits nach dem Regress des Versicherers wiederum bei ihm den mitversicherten Fahrer als seinen Arbeitnehmer in Anspruch nehmen. Die Durchsetzbarkeit eines Regresses beim Arbeitnehmer ist unter Beachtung arbeitsrechtlicher Besonderheiten[51] tatsächlich leicht umsetzbar, da der Arbeitgeber ja nur unter Beachtung der Pfändungsfreigrenzen den Lohn einzubehalten braucht.

45 Im Regress der Kaskoselbstbeteiligung sind die Grundsätze der gefahrgeneigten Arbeit zu beachten. Schon hier darf der Arbeitnehmer allenfalls mit üblichen Selbstbehalten[52] belastet werden.

46 Im Regress der Haftpflichtselbstbeteiligung versagt die arbeitsgerichtliche Rechtsprechung dem Arbeitgeber einen Rückgriff jedoch vollständig. Dies beruht auf dem Verständnis, dass der Halter eine Pflichtversicherung zu unterhalten hat, die nach § 1 PflVG in vollem Umfang auch dem mitversicherten Fahrer zugutekommen soll. Zu Recht entschied das *LAG Bremen*[53] zur Selbstbeteiligung in der Kraftfahrthaftpflichtversicherung, dass das Unternehmerrisiko nicht auf den Arbeitnehmer abgewälzt werden dürfe. Schließlich spart der Arbeitgeber zudem noch an der Prämie.

47 Das *BAG*[54] sieht dies genauso[55]. Selbst eine arbeitsvertragliche Vereinbarung dahingehend, dass der Kraftfahrer seinem Unternehmer den Selbstbehalt zu erstatten habe, ist wegen Verstoßes gegen die gesetzliche Verbotsnorm des § 114 Abs. 2 Satz 2 VVG nach § 134 BGB nichtig.

48 Das Ergebnis überzeugt, da der Arbeitnehmer nach der Rechtsprechung des *BAG*[56] einen Freistellungsanspruch gegenüber seinem Arbeitgeber selbst dann besitzt, wenn der Arbeitgeber ihn in Kenntnis seiner fehlenden Fahrerlaubnis zu Fahrten einsetzt.

---

49 Siehe auch *Schwab* § 115 VVG Rdn. 44 ff.

50 Beispiel § 106a LuftVZO.

51 Himmelreich/*Halm/Steinmeister/Janowsky* Handbuch des Fachanwalts Verkehrsrecht, Kap. 36 Rn. 17.

52 *LAG Bremen* Urt. v. 26.07.1999 – 4 Sa 116/99, JurionRS 1999, 10432 = ADAJUR Dok.Nr. 52859 = NZA-RR 2000, 126 (127) (damals DM 2.000,–); *LAG Mainz* Urt. v. 26.03.2012 – 5 Sa 655/11, JurionRS 2012, 16545.

53 *LAG Bremen* Urt. v. 26.07.1999 – 4 Sa 116/99, JurionRS 1999, 10432 = NZA-RR 2000, 126 (128).

54 *BAG* Urt. v. 13.12.2012 – 8 AZR 432/11, JurionRS 2012, 35941 = BB 2013, 820 = FA 2013, 147 = FD-StrVR 2013, 344709 bespr. v. *Kääb* = NJW-Spezial 2013, 266 = NZA 2013, 622; Näher erläutert in Himmelreich/*Halm/Steinmeister/Janowsky* Handbuch des Fachanwalts Verkehrsrecht, Kap. 36, Rn. 11.

55 Zustimmend *Weber* Selbstbehalt des Arbeitgebers bei der Kfz-Haftpflichtversicherung – Heranziehung des Arbeitnehmers im Rahmen des innerbetrieblichen Schadensausgleichs, JR 2013, 386 ff.

56 *BAG* Urt. v. 23.06.1988 – 8 AZR 300/85, BAGE 59, 89 = JurionRS 1988, 10105 = NJW 1989, 854 = MDR 1989, 289 = NZA 1989, 181 = BB 1989, 147 = JR 1989, 264 = DB 1989, 280.

cc) Übertragung arbeitsrechtlicher Prinzipien auf andere Mitversicherte

Die unter bb) dargelegten Wirkungen sind auf das Dienstrecht zu übertragen. Dies ist für von der Versicherungspflicht befreite Halter nach § 2 PflVG selbstverständlich und gilt für sonstige öffentliche Halter gleichermaßen. 49

Schutzbedürftig sind jedoch auch andere Personen, die berechtigterweise – insbesondere fremdnützig – Fahrzeuge führen. 50

dd) Treu und Glauben

Da der Kfz-Haftpflichtversicherer den Mitversicherten freizustellen hat, müsste er den Mitversicherten auch von einem Regress des Versicherten freistellen. Im Ergebnis hätte der Versicherer dann den Regress beim Versicherungsnehmer auch bleiben lassen können. 51

Diese Konsequenz entspricht zwar der Anforderung des § 114 Abs. 2 Satz 2 VVG; allerdings widerspricht sie dem zwischen Versicherungsnehmer und Versicherer vertraglich vereinbarten Zweck eines Selbstbehaltes. 52

Nach **Treu und Glauben** ist es daher geboten, dem Versicherungsnehmer einen Folgeregress gegen Mitversicherte zu versagen[57]. Zur Klarstellung bietet es sich an, dies in die Bedingungen zum Selbstbehalt als Regelung[58] zugunsten Mitversicherter aufzunehmen. 53

e) Auswirkung auf Versicherungsnehmer

Der Versicherungsnehmer hat durch niedrigere Prämien einen Vorteil, den er im Schadensfall durch den gegen ihn gerichteten Regress auszugleichen hat. 54

aa) Aufrechnung gegen Anspruch aus der Kaskoversicherung

Besteht neben der Haftpflichtversicherung mit Selbstbehalt eine Fahrzeugversicherung, aus der der Versicherungsnehmer persönlich[59] berechtigt ist, kann das Versicherungsunternehmen gegen den Leistungsanspruch aus der Kaskoversicherung mit dem Regressanspruch aus dem Selbstbehalt der Haftpflichtversicherung aufrechnen. 55

bb) Aufrechnung gegen Anspruch aus der Kfz-Unfallversicherung

Entsprechend der Situation in der Fahrzeugversicherung kann der Regressanspruch aus der Selbstbeteiligung in der Haftpflichtversicherung auch gegen Leistungsansprüche aus der Kfz-Unfallversicherung aufgerechnet werden. Dies ist jedoch nur dann möglich, wenn der Versicherungsnehmer persönlich berechtigt ist, also selbst unfallbedingt verletzt wurde. 56

cc) Versicherungsnehmer als haftpflichtberechtigter Insasse

Wird der Versicherungsnehmer als Insasse des Fahrzeugs bei einem Unfall verletzt, hat er fast immer Ansprüche gegen den Halter, den Fahrer und (durch den gesetzlichen Schuldbeitritt) gegen seinen Haftpflichtversicherer als Gesamtschuldner. Der Versicherungsnehmer ist dann zugleich Dritter. 57

In diesem Fall liegt jedoch keine Aufrechnungslage, sondern bereits eine Konfusion[60] vor. Der Versicherungsnehmer ist aus dem gleichen Rechtszusammenhang heraus leistungsberechtigt, aber 58

57 Ähnlich Staudinger/Halm/Wendt FAKomm VersR/*Dallwig*, § 114 VVG, Rn. 12.

58 Formulierungsvorschlag: »*Ein Selbstbehalt in der Haftpflichtversicherung ist allein vom Versicherungsnehmer und nie von Mitversicherten zu tragen, es sei denn, es handelt sich um einen nichtberechtigten Fahrer.*«.

59 Abgrenzung zum Leasingfahrzeug und sicherungsübereigneten Fahrzeug, bei denen die Kaskoversicherung den wirtschaftlichen Interessen Dritter dient.

60 Vereinigung der Forderung mit der Schuld, § 425 Abs. 2 BGB; insbesondere im Falle des § 1922 BGB; aber auch im WEG-Verfahren, *OLG Koblenz* Beschl. v. 16.04.2009 – 5 W 220/09, JurionRS 2009, 27730 = NJW 2009, 1978 = NZM 2009, 441 = OLGR 2009, 577.

zugleich mit der Entstehung des Anspruchs zur Regresszahlung verpflichtet. Erwirbt er beispielsweise einen Schmerzensgeldanspruch, ist dieser um die Höhe des vertraglichen Selbstbehaltes zu reduzieren.

59 Der Versicherungsnehmer ist entgegen dem Wortlaut des § 114 Abs. 2 Satz 2 VVG zwar auch Dritter. Er ist aber vom Sinn und Zweck des Gesetzes nicht schutzwürdig, da er zugleich auch Erster ist. Dies liegt daran, dass das Außenverhältnis mit dem Innenverhältnis identisch ist. Anders als in Kfz-Haftpflichtfällen ohne Selbstbeteiligung[61] besteht keine Veranlassung, den Selbstbehalt zu ignorieren.

dd) Versicherungsnehmer als Fahrer mit Fahrerschutzversicherung

60 Besteht beim selben Unternehmen eine Fahrerschutzversicherung nach A.5 AKB 2015, kann auch hier der Kfz-Haftpflichtversicherer gegen den Leistungsanspruch des verletzten versicherten Fahrers mit der Selbstbeteiligung aufrechnen. Die Situation entspricht derjenigen der Kfz-Unfallversicherung in A.4 AKB 2015.

f) Auswirkung auf den Regress des gesetzlichen Versicherungsträgers

aa) Dritter

61 Grundsätzlich bleibt der Regress des gesetzlichen Versicherungsträgers nach § 116 Abs. 1 SGB X vom Selbstbehalt unberührt, denn der Sozialversicherungsträger (SVT) ist Rechtsnachfolger des Geschädigten.

62 In der logischen Sekunde des Schadenseintritts geht der Anspruch des geschädigten Versicherungsnehmers hinsichtlich der kongruenten Leistungen über.

bb) Sonderfall: Versicherungsnehmer ist Dritter

63 Schwieriger wird die Situation im Rahmen eines SVT-Regresses, wenn der Versicherungsnehmer Schuldner des Selbstbehaltes ist.

64 Im Falle der Konfusion aufgrund des Selbstbehaltes kann jedoch erst gar kein Anspruch entstehen, der sodann noch übergehen könnte. Der SVT wäre andernfalls auch nicht Rechtsnachfolger eines gewöhnlichen Dritten, sondern eines Dritten, der zugleich Erster ist.

65 Im Ergebnis fehlt es beim geschädigten Versicherungsnehmer an einem Anspruch, der übergehen könnte. Insofern ist der Haftpflichtversicherer berechtigt, die Konfusion als Erlöschenstatbestand entgegen zu halten.

66 Die Wirkungen des Selbstbehaltes entsprechen an dieser Stelle denen eines Vertrages zu Lasten Dritter.

67 Dennoch ist ein solcher Nachteil vom Sozialversicherungsträger hinzunehmen, da der Selbstbehalt ja nicht bewusst zum Nachteil des SVT vereinbart wurde. Die Vertragsparteien handeln zudem innerhalb des vom VVG-Gesetzgeber zugelassenen Rahmens.

68 Des Weiteren beschränkt selbst § 116 SGB X an verschiedenen Stellen zu Gunsten ihres Versicherten den Regress. So findet wegen des Familienprivilegs nach § 116 Abs. 6 SGB X kein Regress gegen Angehörige des Versicherten statt; wieso sollte dieser dann greifen, wenn er persönlich betroffen ist? Immerhin gewähren bereits die Abs. 2 und 3 des § 116 SGB X entsprechende Quotenvorrechte.

69 Schließlich ist im Recht der gesetzlichen Krankenversicherung selbst bei einer vorsätzlichen Selbstbeschädigung nach § 52 SGB V eine Leistungsverweigerung oder Rückforderung des SVT nicht zwingend.

61 Bruck/Möller/*Koch* VVG-Kommentar, Band IV, § 100 VVG, Rn. 120.

Bei Teilungsabkommen zwischen Sozialversicherungsträgern und dem Kfz-Haftpflichtversicherer ist zuvor ebenfalls der Selbstbehalt vom Aufwand des SVT abzuziehen. Da von vornherein in Höhe der Selbstbeteiligung Konfusion besteht, ist ein Haftpflichtanspruch in dieser Höhe nicht übergangsfähig. Denn er ist schon nicht begründet. 70

g) Auswirkung auf den Regress des privaten Schadensversicherers

aa) Dritter

Der private Schadensversicherer erwirbt den Anspruch mit Leistung nach § 86 Abs. 1 VVG. Ihm ist als Rechtsnachfolger des Dritten eine Selbstbeteiligung nicht entgegen zu halten. 71

bb) Sonderfall: Versicherungsnehmer ist Dritter

Parallel zur Situation des gesetzlichen Versicherungsträgers[62] ist auch beim privaten Krankenversicherer die Konfusion zu beachten. Entsprechend ist ein Forderungsübergang nach § 86 Abs. 1 VVG in Höhe der Selbstbeteiligung in KH ausgeschlossen. 72

Der private Krankenversicherer ist seinerseits nicht berechtigt, dem Versicherungsnehmer die eingeschränkte Regressmöglichkeit entgegen zu halten. Er darf seine vertraglichen Leistungen nicht um den Betrag kürzen, wie er durch den Selbstbehalt in der KH in seinem Regress gegen den Haftpflichtversicherer gehindert ist, § 86 Abs. 3 VVG analog. 73

C. Weitere praktische Hinweise

I. Selbstbehalte

1. Vor- und Nachteile von Selbstbehalten

Die Verwendung von Selbstbehalten mag als Verkaufsförderung dienen. Selbstbehalte reduzieren die Prämie. Wie hoch die durchschnittliche Reduktion ist[63] und ob sich dies für alle Beteiligten tatsächlich lohnt, wird weiterhin die Zukunft zeigen. 74

Oft werden leider erst im Schadensfall die Nachteile deutlich. Bei vermeintlichen Kleinschäden wird man noch eher versucht sein, sich mit dem Unfallgegner zu einigen. Gelingt dies nicht, sind verspätete Schadenmeldungen mit entsprechenden Aufklärungsverlusten unvermeidbar. Durch den Zeitverlust dürften sich die Schäden zusätzlich verteuern. Ob die Selbstbeteiligung abzüglich Prämienabschlag den zu erwartenden Schadenmehraufwand aufwiegt, wird sich dann weisen. Schließlich darf auch der damit verbundene Regulierungsaufwand nicht unterschätzt werden. Die Situation ist nicht nur emotional belastender als im Kaskoschaden. Dort ersetzt der Versicherer nur den Schaden abzüglich der Selbstbeteiligung. Im Haftpflichtschaden ist dagegen ein zusätzliches Regressverfahren gegen den Versicherungsnehmer, also den eigenen Kunden, durchzuführen. 75

2. Berechnung der Forderung aus einer Selbstbehaltsvereinbarung

Bei einem vereinbarten Selbstbehalt von € 1.000,– und einem Schaden von € 4.000,– bestehen keine Probleme. Der Regressanspruch beträgt € 1.000,–. 76

Beträgt der Schaden nur € 500,–, dann können grundsätzlich auch nur € 500,– regressiert werden. Offen ist allerdings die Frage, ob nicht nur Schadensersatzleistungen, sondern auch sonstige Aufwendungen des Versicherers zusätzlich zum Regressbetrag berechnet werden dürfen. 77

Dies richtet sich zunächst nach den individuellen Bestimmungen des Vertrages. Der Einbezug von Kosten für Aktenauszüge, Reisekosten, Kosten für Schadengutachten und Prozesskosten kann vereinbart werden. 78

62 Siehe oben § 114 VVG Rdn. 61 ff.
63 *Schirmer*, DAR 2008, 319 (326).

79 Fehlt es an einer ausdrücklichen Vereinbarung, können die Regelungen in den §§ 85 Abs. 1; 116 Abs. 1 Satz 3 VVG zur ergänzenden Auslegung herangezogen werden.

3. Auswirkung von Selbstbehalten bei anteiliger Haftung des VN

80 Besteht die Leistungspflicht des Versicherers, richtet sich die Höhe des zu regressierenden Selbstbehaltes allein nach der Vereinbarung. Somit trägt der Versicherungsnehmer bis zur Höhe des Selbstbehaltes letztlich das wirtschaftliche Risiko allein. Der Versicherer trägt das Risiko, den Regress gegen seinen Versicherungsnehmer realisieren zu können.

81 Besteht eine anteilige Haftung, hat der Versicherungsnehmer häufig auch Gegenansprüche gegen den Unfallgegner. Der regulierende Haftpflichtversicherer darf den Selbstbehalt dem Dritten nicht entgegenhalten, § 114 Abs. 2 Satz 2 VVG. Er ist jedoch nicht gehindert, sich den Gegenanspruch seines Versicherungsnehmers bis zur Höhe des vereinbarten Selbstbehaltes durch Vertrag abtreten zu lassen. Mit diesem Gegenanspruch kann er gegen die Forderung des Dritten aufrechnen.

II. Höchsthaftungssummen nach §§ 12, 12a und 12b StVG

82 Zur Klarstellung sei erwähnt, dass Mindestversicherungssummen etwas völlig anderes sind als Höchsthaftungssummen. Höchsthaftungssummen begrenzen bei Gefährdungstatbeständen den Schadensersatzanspruch. Sie stehen betragsmäßig in keinem Zusammenhang mit den Mindestversicherungssummen.

83 Im Extremfall endet der vertragliche Mindestschutz sogar deutlich unterhalb der Höchsthaftungssumme. So haftet[64] der Halter eines Gefahrgutfahrzeuges für Personen- und Sachschäden nach § 12a Abs. 1 Nr. 1 und 2 StVG bis zu € 10 Mio., wenn sich die Gefährlichkeit des Stoffes auswirkt. Die Mindestversicherungssummen betragen jedoch nur € 7,5 beim Personen- und € 1,22 Mio. beim Sachschaden. Es besteht somit selbst im Rahmen der Gefährdungshaftung die Möglichkeit einer nach oben limitierten Gesamtschuld. Der Halter haftet und schuldet allein weiter als sein Versicherer gesamtschuldnerisch Dritten zur Leistung verpflichtet ist.

§ 115 Direktanspruch gegen den Versicherer

(1) Der Dritte kann seinen Anspruch auf Schadensersatz auch gegen den Versicherer geltend machen,

1. **wenn es sich um eine Haftpflichtversicherung zur Erfüllung einer nach dem Pflichtversicherungsgesetz bestehenden Versicherungspflicht handelt oder**
2. **wenn über das Vermögen des Versicherungsnehmers das Insolvenzverfahren eröffnet oder der Eröffnungsantrag mangels Masse abgewiesen worden ist oder ein vorläufiger Insolvenzverwalter bestellt worden ist oder**
3. **wenn der Aufenthalt des Versicherungsnehmers unbekannt ist.**

Der Anspruch besteht im Rahmen der Leistungspflicht des Versicherers aus dem Versicherungsverhältnis und, soweit eine Leistungspflicht nicht besteht, im Rahmen des § 117 Abs. 1 bis 4. Der Versicherer hat den Schadensersatz in Geld zu leisten. Der Versicherer und der ersatzpflichtige Versicherungsnehmer haften als Gesamtschuldner.

(2) Der Anspruch nach Absatz 1 unterliegt der gleichen Verjährung wie der Schadensersatzanspruch gegen den ersatzpflichtigen Versicherungsnehmer. Die Verjährung beginnt mit dem Zeitpunkt, zu dem die Verjährung des Schadensersatzanspruchs gegen den ersatzpflichtigen Versicherungsnehmer beginnt; sie endet jedoch spätestens nach zehn Jahren von dem Eintritt des Schadens an. Ist der Anspruch des Dritten bei dem Versicherer angemeldet worden, ist die

---

64 Die Haftungslimits der §§ 12, 12a StVG gelten bei Ansprüchen nach § 89 WHG nicht, lex specialis; *BGH* Urt. v. 23.12.1966 – V ZR 144/63, BGHZ 47, 1 = JurionRS 1966, 12063 = MDR 1967, 575 = DÖV 1967, 762 = NJW 1967, 1131 = VersR 1967, 374 = DVBl. 1967, 771 = ZfW 1967, 92.

Verjährung bis zu dem Zeitpunkt gehemmt, zu dem die Entscheidung des Versicherers dem Anspruchsteller in Textform zugeht. Die Hemmung, die Ablaufhemmung und der Neubeginn der Verjährung des Anspruchs gegen den Versicherer wirken auch gegenüber dem ersatzpflichtigen Versicherungsnehmer und umgekehrt.

Übersicht

A. Allgemeines

I. historischer Einstieg

1 Die Wurzeln des Direktanspruchs gegen den Haftpflichtversicherer gehen auf das Jahr 1930 zurück und liegen im Französischen (action directe[1]) und Schweizer Recht[2] verankert. Den Einzelbeispielen folgend wurden die Mitgliedsstaaten durch das Straßburger Abkommen[3] vom 20.04.1959 verpflichtet, den Direktanspruch gegen den Kfz-Haftpflichtversicherer einzuführen.

2 Der Gesetzgeber der Bundesrepublik[4] hat dies letztlich mit Inkrafttreten[5] des § 3 Nr. 1 PflVG a.F. zum 01.10.1965 vollzogen. Dabei hat er sich inhaltlich keine weiteren Gedanken

1 Zur Historie siehe *Eichler* Versicherungsrecht 1966, S. 294 ff.; Schwab, DAR 2015, 570.

2 In Bruck-Möller-Sieg/*Johannsen* Kommentar zum VVG, 8. Auflage, Band V, Lieferung 1a Kraftfahrtzeughaftpflichtversicherung, B4 m.w.N.

3 Europäisches Übereinkommen über die obligatorische Haftpflichtversicherung für Kraftfahrzeuge, BGBl. II 1965, 281 ff.

4 BT-Drucks. IV/2252 S. 11 und 15.

5 Gesetz zur Änderung über die Pflichtversicherung für Kraftfahrzeughalter vom 05.04.1965, BGBl. I 1965, 213 ff.

gemacht, sondern ausschließlich nur das übernommen, was auf europäischer Grundlage vereinbart wurde. Dies zeigt auch der Zustimmungsentwurf[6] zum Straßburger Übereinkommen, der den Text in französischer, englischer und deutscher Sprache wiedergibt.

3 Entsprechend ist die **Auslegung der Reichweite** des Direktanspruchs nur **im Geiste des europäischen Abkommens** vorzunehmen. Dem Wortlaut des deutschen Gesetzestextes kommt demgegenüber nur untergeordnete Bedeutung zu. Bei Zweifeln kann jedes deutsche Gericht unmittelbar den Europäischen Gerichtshof für eine Vorabentscheidung[7] anrufen, Art. 267 AEUV.

4 Mit der Änderung des VVG[8] zum 01.01.2008 wurde auch das PflVG geändert. Der Direktanspruch gegen den Kfz-Haftpflichtversicherer aus dem § 3 Nr. 1 PflVG a.F. wurde in § 115 Abs. 1 Satz 1 Nr. 1 VVG übernommen. Selbst hier hat der aktuelle deutsche Gesetzgeber keine[9] inhaltlichen Erweiterungen an den Zielsetzungen des Straßburger Übereinkommens vornehmen, sondern nur das danach geltende Recht in ein anderes Gesetz transformieren wollen.

5 Unter den Voraussetzungen der Nrn. 2 bzw. 3 ist heute auch in Deutschland[10] ein Direktanspruch gegen den obligatorischen[11] Haftpflichtversicherer möglich. Es bleibt dabei festzuhalten, dass trotz der heute bald 60-jährigen Erfolgsgeschichte und Bewährung[12] in der Kraftfahrthaftpflichtversicherung letztlich[13] doch nur eine rudimentäre[14] Übernahme des Direktanspruchs für andere Haftpflichtsparten eingeführt wurde. Wie schon früher[15], handelt es sich damit auch heute noch um eine Sonderregelung für die Kraftfahrthaftpflichtversicherung.

6 Ob diese Sonderregelung noch zeitgemäß[16] ist, muss man zumindest für den Straßenverkehr in Frage stellen. Schließlich bestehen nicht nur Berührungspunkte mit Eisenbahnen an Bahnübergängen, auch Straßenbahnen nehmen am Straßenverkehr teil.

7 Parallel zur Befreiung des Bundes, der Länder und der großen Gemeinden von der Pflichtversicherung für Kraftfahrzeuge und Anhänger nach § 2 Abs. 1 PflVG, sind diese Körperschaften auch von der Pflichtversicherung als Eisenbahnverkehrs- und Eisenbahnstrukturunternehmen sowie als Halter von Eisenbahnfahrzeugen befreit; § 1 EBHaftPflV. Damit haben insbesondere Unternehmen mit eigenen Bahnen, z.B. im öffentlich zugänglichen Hafengelände und beim Kreuzen von

6 BT-Drucks. IV/2253.

7 ***EuGH, Urt. v. 04.09.2014*** – C-162/13 (Vnuk) VersR 2015, 311.

8 Gesetz über den Versicherungsvertrag vom 23.11.2007, BGBl. I S. 2631, geändert durch Art. 3 des Gesetzes vom 10.12.2007, BGBl. I S. 2833.

9 Siehe Begründung zum Entwurf BT-Drucks. 16/3945, Seite 89.

10 Gesamtüberblick bei *Micha*, Der Direktanspruch im europäischen Internationalen Privatrecht, Diss. 2010.

11 Hinweis auf den Standard vieler anderer europäischer Staaten, die sogar für die freiwillige Haftpflichtversicherung einen Direktanspruch vorschreiben, *Koch* Der Direktanspruch in der Haftpflichtversicherung, r+s 2009, 133 ff.

12 RegE BT-Drucksache 16/3945, S. 50 u. 88; *Wandt* Versicherungsrecht, Rn. 1086.

13 Der Regierungsentwurf sah dies noch für alle Pflichtversicherungen vor, RegE BT-Drucks. 16/3945 S. 88 f.; Der Rückzug wurde vielfach bedauert. Als deutliche Fragestellung: *Abram* Der Direktanspruch des Geschädigten gegen den Pflicht-Haftpflichtversicherer seines Schädigers außerhalb des PflVG – »Steine statt Brot«?, VP 2008, 77 ff.

14 *Hinsch-Timm* Das neue Versicherungsvertragsgesetz in der anwaltlichen Praxis, D 4 Rn. 32 meint sogar, das »Kernstück der Reform« sei auf der Zielgeraden »einkassiert« worden; ähnlich *Meixner/Steinbeck* Das neue Versicherungsvertragsrecht, § 3 Rn. 30; HK-VVG/*Schimikowski*, § 115 Rn. 5 spricht von »weitgehend entwertet«.

15 Bruck-Möller-Sieg/*Johannsen* Kommentar zum VVG, 8. Auflage, Band V, Lieferung 1a Kraftfahrzeughaftpflichtversicherung, B4.

16 Bruck/Möller/*Beckmann* VVG-Kommentar, Band IV, § 115 VVG, Rn. 4.

öffentlichen Straßen zur Verbindung von Werksgeländen und Bahnanschlüssen eine Pflichtversicherung abzuschließen. Trotz bestehender Gefährdungshaftung nach § 1 HaftPflG entsprechend § 7 Abs. 1 StVG, ist kein Direktanspruch gegen den Betriebshaftpflichtversicherer vorgesehen.

Der Betreiber einer Schienenbahn, wie zum Beispiel einer am Straßenverkehr teilnehmenden Straßenbahn nach § 4 Abs. 1 PBefG haftet nach § 1 Abs. 1 HaftPflG auch aus Gefährdungshaftung. 8
Trotz der Teilnahme am Straßenverkehr und oft höherer Betriebsgefahr[17] im Vergleich zu einem PKW besteht kein Direktanspruch gegen den Betriebshaftpflichtversicherer der Straßenbahn. Soweit ersichtlich, ist für diesen Bereich nicht einmal eine Versicherungspflicht vorgesehen.

II. rechtliche Einordnungsversuche

In der Vergangenheit wurde umfangreich[18] darüber gestritten, wie der Direktanspruch in das 9
Rechtssystem einzuordnen ist (Stichpunkte: gesetzliche Forderungsversicherung, Bürgschaft, Versicherung für fremde Rechnung, Mitgläubiger).

Letztlich hat sich die herrschende[19] Meinung, die sogar in der damaligen Gesetzesbegründung[20] 10
Ausdruck fand, auch in der obergerichtlichen Rechtsprechung[21] der 1970er Jahre durchgesetzt.

Der Kfz-Haftpflichtvertrag ist kein Vertrag zugunsten des Geschädigten.[22] Heute[23]geht man all- 11
gemein von einem **gesetzlich angeordneten Schuldbeitritt**[24] aus.

Die Voraussetzungen des § 115 Abs. 1 Satz 1 VVG müssen nur bei Bestehen des geltend gemach- 12
ten Schadensersatzanspruchs vorliegen und können zu einem beliebigen Zeitpunkt vor Schluss der mündlichen Verhandlung eintreten.[25]

---

17 *OLG Hamm* Urt. v. 08.02.1973 – 12 U 110/72, VersR 1974, 1111; *OLG Hamm* Urt. v. 22.04.1976 – 12 U 35/74, JurionRS 1975, 11502 = DAR 1975, 330 = VersR 1977, 455; *OLG Hamm* Urt. v. 22.11.2004 – 13 U 131/04, JurionRS 2004, 29352 = NJW-RR 2005, 817 = NJW-Spezial 2005, 307 = NZV 2005, 414 = VRS 108, 193; *KG Berlin* Urt. v. 26.01.2004 – 12 U 182/02, JurionRS 2004, 14462 = DAR 2004, 388 = NZV 2005, 416 = SVR 2004, 426 bespr. v. *Schröder* = VersR 2005, 851 = VRS 106, 356; *OLG Düsseldorf* Urt. v. 18.09.1975 –12 U 57/73, JurionRS 1975, 11499 = DAR 1976, 81 = VersR 1976, 1092; *OLG Celle* Urt. v. 21.02.2006 – 14 U 121/05, JurionRS 2006, 12121 = MDR 2006, 1166 = SVR 2006, 306 = VRR 2006, 122; *OLG Brandenburg* Urt. v. 26.02.2009 – 12 U 145/08, JurionRS 2009, 14442 = MDR 2009, 1038 = OLGR 2009, 528 = SVR 2009, 423 = VRR 2009, 265 bespr. v. *Türpe*; *OLG München* Urt. v. 06.02.2009 – 10 U 4243/08, JurionRS 2009, 12291 = VRR 2009, 162; *LG Dresden* Urt. v. 28.03.2002 –7 S 0654/01, JurionRS 2002, 32969 = DAR 2002, 360; *LG Köln* Urt. v. 20.01.2010 – 20 O 455/07, JurionRS 2010, 23143; *AG Düsseldorf* Urt. v. 02.11.2011 – 52 C 3323/11, JurionRS 2011, 37172.

18 Ausführliche Darstellung und Diskussion bei Bruck-Möller-Sieg/*Johannsen* Kommentar zum VVG, 8. Auflage, Band V, Lieferung 1a Kraftfahrzeughaftpflichtversicherung, B4 m.w.N.

19 *Prölss* Kraftfahrt-Haftpflichtschäden im Zeichen der action directe, NJW 1965, 1737 ff.; *Deppe-Hilgenberg* S. 27; *Bauer*, Die Kraftfahrtversicherung Rn. 824.

20 BT-Drs. IV/2252 S. 15.

21 *BGH* Urt. v. 23.11.1971 – VI ZR 97/70, BGHZ 57, 265 ff. = JurionRS 1971, 11184 = MDR 1972, 315 = NJW 172, 387 = VersR 1972, 255; *BGH* Urt. v. 04.12.1974 – IV ZR 208/72, BGHZ 65, 1 ff. = JurionRS 1974, 11098 = BD 1975, 783 = MDR 1975, 562 = NJW 1975, 874; *BGH* Urt. v. 03.05.1977 – VI ZR 50/76, BGHZ 69, 153 ff. = JurionRS 1977, 11387 = JZ 1977, 800 = MDR 1978, 129 = NJW 1977, 2163 = VersR 1977, 960; *BGH* Urt. v. 07.11.1978 – VI ZR 86/77, JurionRS 1978, 11422 = MDR 1979, 218 = NJW 1979, 271 = VersR 1979, 30 = VRS 56, 106; *BGH* Urt. v. 18.12.1980 – IVa ZR 56/80, BGHZ 79, 170 = JurionRS 1980, 11894 = MDR 1981, 390 = NJW 1981, 925 = VersR 1981, 324.

22 MüKo zum BGB/*Gottwald* § 328 BGB, Rn. 110.

23 Zum früheren Meinungsbild siehe *Micha*, Diss. 2010, 63 f.

24 *BGH* Urt. v. 23.11.1971 – VI ZR 97/70, BGHZ 57, 265 ff. = JurionRS 1971, 11184 = MDR 1972, 315 = NJW 172, 387 = VersR 1972, 255; Looschelders/Pohlmann/*Schwartze* VVG-Kommentar, § 115 VVG Rn. 3; Bruck/Möller/*Beckmann* VVG-Kommentar, Band IV, § 115 VVG, Rn. 8.

25 BGH, Urt. v. 25.01.2023 – IV ZR 133/21, NJW 2023, 1809.

13 Sinnvoll ist es allerdings, zwischen einem **pflichtmäßigen** und einem **überobligatorischen**[26] Direktanspruch zu unterscheiden. Denn § 113 Abs. 3 VVG unterstellt den erweiterten vertraglichen Umfang den gleichen Regeln, wie sie für den Pflichtumfang bereits gelten.

14 Zudem bewirkt der freiwillige[27] Abschluss einer Pflichtversicherung eines nach § 2 Abs. 1 PflVG[28] befreiten Halters ebenso einen (freiwilligen) Direktanspruch[29] gegen den Kfz-Haftpflichtversicherer. Jedenfalls ist § 115 Abs. 1 Satz 1 Nr. 1 VVG entsprechend[30] anwendbar.

B. Regelungsgehalt

I. Normzweck

15 Der Geschädigte hat oftmals ein tatsächliches Problem, sich mit dem Schädiger in einem langwierigen Verfahren auseinandersetzen zu müssen. Kommt es zu keiner freiwilligen Abtretung des Freistellungsanspruchs gegen den Haftpflichtversicherer, muss der Geschädigte den Versicherungsnehmer verklagen. Nach einem Obsiegen kann der Geschädigte den versicherungsvertraglichen Freistellungsanspruch des versicherten Schädigers gegen dessen Haftpflichtversicherer pfänden und an sich überweisen lassen.

16 Diese Möglichkeit besteht für den geschädigten Dritten noch heute. Er muss[31] diesen Weg sogar außerhalb des Kfz-Haftpflichtrechts weiterhin[32] noch gehen, sollten nicht die Ausnahmen der Nrn. 2 oder 3 bezüglich sonstiger Pflicht-Haftpflichtversicherungen greifen. Eine Analogie für freiwillige[33] Haftpflichtversicherungen oder gar Rechtsschutzversicherungen[34] ist nach der systematischen Stellung und dem Wortlaut des Gesetzes verwehrt. Der Ausnahmecharakter der Vorschriften auf einen eingegrenzten Verkehrsopferschutz ist gesetzlich vorgegeben. Das Haftpflichtverhältnis zwischen Schädiger und Geschädigtem bleibt selbst im allgemeinen Haftpflichtfall[35] vom Umfang des vertraglichen Deckungsanspruchs des Schädigers unberührt. Insoweit gibt es auch nicht schon nach § 115 Abs. 1 Satz 1 Nr. 1 VVG einen Direktanspruch gegen den Haftpflichtversicherer, der einen zulassungs- und versicherungsfreien Schaufelbagger[36] versichert hat.

---

26 *Deppe-Hilgenberg* S. 29 f. erwähnt den »*vertraglichen und übervertraglichen*« Direktanspruch.

27 *BGH* Urt. v. 17.02.1987 – VI ZR 75/86, JurionRS 1987, 15110 = NJW 1987, 2375 = NJW-RR 1987, 1237 = VersR 1987, 1034 = DAR 1987, 223 = zfs 1987, 276 = VRS 73, 97 = MDR 1987, 658.

28 Siehe *Schwab* § 2 PflVG Rdn. 19 u. 20.

29 Zustimmend Prölss/Martin/*Knappmann*, § 113 VVG, Rn. 2; *Brand* in MüKo zum VVG, § 113 VVG, Rn. 8; Schwintowski/Brömmelmeyer/*Huber* PK-Vers, § 113 Rn. 4.

30 Stiefel/Maier/*Jahnke*, § 113 VVG, Rn. 5.

31 Nach einem Scheitern dieses Passus vom Regierungsentwurf in den abschließenden Beratungen ist erst recht eine analoge Anwendung für andere Pflichtversicherungen ausgeschlossen. Frühere Analogieversuche bei Bruck-Möller-Sieg/*Johannsen* Kommentar zum VVG, 8. Auflage, Band V, Lieferung 1a Kraftfahrtzeughaftpflichtversicherung, B4 S. 7.

32 § 1 Abs. 2 Nr. 2c) EBHaftPflV enthält zwar den Begriff »Direktanspruch«, bietet aber keinen Anspruch gegen einen Haftpflichtversicherer, sondern nur gegenüber den gesamtschuldnerisch haftenden Eisenbahninfrastrukturunternehmen, der Gebietskörperschaft und dem Gemeindeverband.

33 *BGH* Urt. v. 07.11.2001 – IV ZR 297/00, JurionRS 2001, 20145 = VersR 2002, 181 = NJ 2002, 255 (BHV in der DDR); *OLG Bremen* Beschl. v. 02.08.2011 – 3 AR 6/11, JurionRS 2011, 21689 = MDR 2011, 1654 = VersR 2012, 171 = VuR 2011, 396 = NJOZ 2012, 805 (BHV); *LG Marburg* Urt. v. 03.06.2004 – 4 O 2/3, JurionRS 2004, 42692 (Vermögenschadenhaftpflicht); *LG Magdeburg* v. 26.05.2010 – 11 O 109/10; *LG Nürnberg-Fürth* v. 21.08.2010 – 4 O 2987/09; *LG Tübingen* Urt. v. 27.02.1994 – 1 T 133/94, VersR 1996, 892 (BerufsHV eines Rechtsanwaltes); Römer/*Langheid*, § 115 VVG, Rn. 1.

34 *AG Neuss* Urt. v. 22.02.2012 – 75 C 2768/10, JurionRS 2012, 24725 (Prozessbevollmächtigter hat keinen Direktanspruch gegen eine Rechtsschutzversicherung).

35 *OLG Brandenburg*, Urt. v. 17.03.2011 – 12 U 82/09, JurionRS 2011, 13576 (Kletterunfall).

36 Unzutreffend daher *AG Hanau* Urt. v. 30.01.1991 – 36 C 3177/90, zfs 1991, 388 (zu § 3 Nr. PflVG a.F.).

Im Massengeschäft der Regulierung von Kfz-Haftpflichtschäden kommt dem Direktanspruch eine besondere Bedeutung zu. Dem Ziel, das Verkehrsopfer zu schützen, wird nicht bereits durch den Abschluss einer obligatorischen Pflichtversicherung Rechnung getragen. 17

Der grundlegende Zweck des § 115 I Nr. 1 VVG ist, die Stellung des Geschädigten zu verbessern, indem er einen zusätzlichen und solventen Schuldner erhält[37] 18

Nur dann, wenn der Geschädigte zeitnah und kompetent mit einer Regulierung rechnen kann, ist ihm erst richtig geholfen. Der unmittelbare Weg zum Kfz-Haftpflichtversicherer erleichtert ihm – rechtspraktisch und komfortabel – dieses Ziel verfahrensökonomisch[38] zu erreichen. Es vereinfacht[39] die Anspruchsdurchsetzung damit erheblich. 19

Anders als der Schädiger ist der Versicherer sogar gesetzlich verpflichtet, dann aktiv zu werden. Der Versicherer hat nach § 3a PflVG unverzüglich, spätestens innerhalb von drei Monaten, entsprechend zu reagieren. Andernfalls verteuert sich für ihn die Regulierung um erhebliche Zinsansprüche des Geschädigten. 20

Aus anwaltlicher Sicht sollte man schon aus praktischen Gründen vom Wahlrecht[40] (»kann ... auch«) Gebrauch machen und sich an den Versicherer wenden. Im Klageverfahren sollte nicht nur der Schädiger, sondern auch der Versicherer, gegen den ein Direktanspruch bestehen kann, mitverklagt werden. In der ganz großen Masse der Fälle – beim typischen Verkehrsunfall – liegt man hier richtig. 21

Vorsicht ist jedoch da geboten, wo nicht von vornherein klar ist, ob überhaupt ein Direktanspruch gegen den Kfz-Haftpflichtversicherer besteht. Bei genauer Betrachtung kann man nicht »stets[41]« davon ausgehen, dass dem so ist. Insbesondere, wenn es sich nicht um besonders schutzwürdige Unfallopfer[42] handelt, die durch ein typisches Geschehen des Straßenverkehrs geschädigt wurden. Probleme treten mitunter an folgenden Punkten auf: 22

- Der Risikobereich des Kraftfahrzeugs wird völlig verlassen, weil der Schaden nicht durch den Gebrauch des versicherten Fahrzeugs entstanden ist.

▶ **Beispiel:**

Einkaufswagen[43] auf Supermarktparkplatz – je nach tatsächlicher und später erwiesener Fallgestaltung mag der Kfz- oder allgemeine Haftpflichtversicherer eintrittspflichtig sein. Hier besteht ein unnötiges Kostenrisiko, den Kfz-Haftpflichtversicherer mitzuverklagen, wenn sich später herausstellen sollte, dass der Schaden am Rechtsgut des Klägers nicht beim Be- und Entladen des Fahrzeugs des Beklagten entstanden ist. 23

- Man hat eine Fallkonstellation, die sich in einem Grenzbereich aufhält, bei dem es auf die spezifischen AKB des Versicherers ankommt. Hierbei ist zu beachten, dass die Muster-AKB des GDV über das hinausgehen, was das PflVG erfordert. 24

▶ **Beispiel:**

Das Fahrzeug kommt als reine Arbeitsmaschine **außerhalb des öffentlichen Verkehrsraumes**[44] zum Einsatz. Dort kann – bei richtigem Verständnis[45] der gesetzlichen Vorgaben zu dieser 25

---

37 BGH, Urt. V. 23.07.2019 -VI ZR 337/18, NJW 2019, 3788.

38 *Deppe-Hilgenberg* S. 26.

39 Looschelders/Pohlmann/*Schwartze* VVG-Kommentar, § 115 VVG Rn. 2.

40 Looschelders/Pohlmann/*Schwartze* VVG-Kommentar, § 115 VVG Rn. 2.

41 So aber *Wandt* Versicherungsrecht, Rn. 1111.

42 Definiert in Art. 12 Abs. 1 u. 3 der 6. KH-Richtlinie vom 16.09.2009 (2009/103/EG).

43 Siehe Schwab A.1.1.1 AKB Rdn. 157–162.

44 Himmelreich/Halm/*Schwab* Handbuch des Fachanwalts Verkehrsrecht, Kap. 2.; beachte: RL (EU) 2021/2118.

45 Looschelders/Pohlmann/*Schwartze* VVG-Kommentar, § 115 VVG Rn. 9; Stiefel/Maier/*Jahnke*, § 115 VVG Rn. 81; BGH, Urt. v. 24.03.2015 – VI ZR 265/14, BGH, Urt. V. 18.07.2023 – VI ZR 16/23 BeckRS 2023, 27163.

Ausnahmevorschrift – es keinen Direktanspruch geben. Ohne entsprechenden Hinweis wird dies allzu oft übersehen. Eine versicherungsvertragliche Deckung des Risikos kann entsprechend der Muster-AKB gegeben sein; muss es aber nicht, da dies die Mindestanforderungen nach dem PflVG überschreitet. In solchen Fällen ist es zur Vermeidung anwaltlicher Fehler unabdingbar, entweder die dem Vertrag zugrunde liegenden AKB einzusehen[46] und den Deckungsschutz zu erfragen oder vorsichtshalber nur den Schädiger zu verklagen. Dies gebietet sich insbesondere dann, wenn Zweifel bestehen, ob es sich tatsächlich um öffentlichen Verkehrsraum handelt.

26 **In diesem AKB-Kommentar interessiert nur der kraftfahrtbezogene Regelungsgehalt der Vorschrift**, auch wenn er in Absatz 1 Nrn. 2 und 3 darüber hinausgeht.

27 Bei Auslandsunfällen ist für einen Direktanspruch nach § 115 Abs. 1 Satz 1 Nr. 1 VVG zu prüfen, ob nach dem auf das außervertragliche Schuldverhältnis oder nach dem auf den Versicherungsvertrag anzuwendenden Recht vorgesehen ist[47]. Es gilt das Günstigkeitsprinzip[48].

II. Anspruch auf Schadensersatz

28 Auf Schadensersatz[49] gerichtete Ansprüche gibt es grundsätzlich viele. Überwiegend sind sie deliktsrechtlicher[50] Natur. Die Normen müssen aber in der Rechtsfolge nicht zwangsweise auf *»hat Schadensersatz zu leisten«* lauten. Hinzuzurechnen sind nach h.M.[51] auch Aufwendungsersatzansprüche und Kostenerstattungsansprüche, die den Charakter eines **unfreiwilligen Vermögensopfers** beinhalten. Erfasst werden damit Schäden, die unkalkulierbar und unvorhersehbar im Rahmen einer Geschäftsführung entstehen.

29 Die weite Auslegung des unfreiwilligen Vermögensopfers als Schaden, der einen Aufwendungsersatzanspruch gegen den Geschäftsherrn begründet, ist rechtlich ein vertretbarer erster Schritt. Es ist zudem richtig, dass im zweiten Schritt der Versicherungsnehmer auch diesbezüglich Versicherungsschutz in der Kfz-Haftpflichtversicherung erwarten kann, um nicht schutzlos schadensersatzähnlichen Ansprüchen ausgeliefert zu sein.

30 Bedenklich ist es allerdings, dass derjenige, der eine Geschäftsbesorgung für den Geschäftsherrn betreibt, sei es aufgrund Vertrages oder nicht, zugleich einen Direktanspruch gegen den Kfz-Haftpflichtversicherer erhalten soll. Schließlich fehlt es nicht nur im Wortlaut an den Begrifflichkeiten »Anspruch auf Schadensersatz« und »Haftung«, sondern zugleich an einem berechtigten Schutzbedürfnis des Geschäftsführers für einen gesetzlichen Schuldbeitritt.

31 Der 4. Senat des *BGH*[52] geht für **Absicherungsmaßnahmen** noch einen Schritt weiter. Maßnahmen zur Sicherung des Verkehrs durch die öffentliche Hand, die auch ohne Unfall aufgenommen werden müssten, hätten Schadensersatzcharakter. Soweit die öffentliche Hand gezwungen werde,

46 *Kärger* Kfz-Versicherung nach dem neuen VVG Rn. 8; *Heinrichs* Synopse der für das Versicherungsrecht im Verkehrsrecht bedeutsamsten Auswirkungen der VVG Reform, zfs 2009, 187 (189); *Richter*, Risikoausschlüsse in der Kfz-Versicherung, DAR 2012, 243 (244).

47 *BGH, Urt. vom 01.03.2016 -VI ZR 437/14*; EuGH, Urt. V. 09.09.2015 – C-240/14, NJW 2016, 385; ausdrücklich geregelt: Art. 18 Rom II-VO.

48 Gruneberg, BGB, 82.Aufl., Art. 18 Rn. 2.

49 Beispiele zu Normen *Schwab* A.1.1.1 AKB Rn. 4–22.

50 Looschelders/Pohlmann/*Schwartze* VVG-Kommentar, § 115 VVG Rn. 3.

51 *BGH* Urt. v. 05.12.1983 – II ZR 252/82, BGHZ 89, 153 = JurionRS 1983, 13469 = JZ 1984, 619 = MDR 1984, 469 = NJW 1984, 789; PWW/*Fehrenbacher* § 670 BGB Rn. 6 m.w.N.

52 *BGH*, Urt. v. 28.09.2011 – IV ZR 294/10, JurionRS 2011, 25980 = DAR 2011, 704 = MDR 2011, 163 = VersR 2011, 1509 = NZV 2012, 34 = r+s 2012, 17 = NJW-RR 2012, 163 = NJW-Spezial 2012, 138 = zfs 2011, 695 = VRR 2012, 24 bespr. v. *Knappmann*.

öffentlich-rechtlich zur Gefahrenabwehr tätig zu werden und sich »aufzuopfern« müsse, bestehe ein Ersatzanspruch.

Der Gesetzgeber hat dem Kostenersatz für Leistungen des Staates zur Gefahrenabwehr enge Grenzen auferlegt. Ansonsten müssten alle Behördenaufwendungen zu Abwehr drohender Gefahren, die durch Massenveranstaltungen (Fußballspiele; Open-Air-Konzerte; Love-Parade; Volksfeste) entstehen können, dem Veranstalter auferlegt werden. Es leuchtet nicht ein, dass sich der *BGH* im Falle von Absicherungsmaßnahmen zur Abwehr drohender Unfälle quasi an die Stelle des Gesetzgebers begibt. 32

Auch inhaltlich ist die Entscheidung fragwürdig.[53] Der *BGH* begründet seine Auffassung im Wesentlichen mit der Erwartungshaltung des Versicherungsnehmers. Dieser dürfe darauf vertrauen, dass unabhängig von einem Schaden solche Ansprüche gedeckt seien. Vor Eintritt eines Versicherungsfalls[54] besteht jedoch keine Rettungspflicht in der Haftpflichtversicherung, §§ 82 Abs. 1; 90 VVG und somit noch kein Deckungsanspruch des Versicherungsnehmers. 33

Der *BGH* verkennt, dass der Schadensersatzcharakter eines Anspruchs nicht von seiner Versicherbarkeit abhängig ist. Zudem übersieht er, dass der Schadensersatzanspruch nicht durch die Auslegung von Versicherungsbedingungen geprägt wird. Insoweit ist der Hinweis auf § 10 Abs. 1 AKB a.F., A.1.1.1 AKB 2008 nicht nachvollziehbar. Es handelt sich um unverbindliche Musterbedingungen des GDV, die heute nach der Deregulierung gerade keinen gesetzesähnlichen Charakter mehr haben. Erst Recht haben solche Klauseln für litauische Versicherte keinerlei Relevanz. 34

Die Absicherung eines Pannenfahrzeugs ist zudem Teil einer völlig anderen Versicherungsleistung. So hängt diese unmittelbar mit dem Wiederherstellen der Fahrbereitschaft nach A.3.5.1 AKB 2015 in der Auto-Schutzbriefversicherung zusammen. Schließlich haben Pannenhilfsfahrzeuge[55] entsprechende Gerätschaften zur Absicherung der Unfall- oder Arbeitsstelle mitzuführen. 35

Schließlich übersieht der Senat, dass nicht zwangsläufig aufgrund versicherungsvertraglicher Deckung ein Anspruch auf Freistellung erwächst. In gleicher Weise könnte nämlich ein Rechtschutzanspruch gegeben sein, die unberechtigten Forderungen abzuwehren. Nach Zurückverweisung an das *LG Hof*[56] hat dieses zutreffend Schadensersatzansprüche versagt. Die Entscheidung des *LG Hof* ist rechtskräftig. 36

In der Rechtsprechung ist darüber hinaus eine weitere Ausdehnung des Schadensersatzbegriffs zu verzeichnen. Bloße Besitzstörungsansprüche werden letztlich zum Schadensersatzanspruch umdefiniert, um die Kosten einer Abschleppmaßnahme[57] zur Beendigung der Besitzstörung nebst den Vorbereitungskosten[58] geltend machen zu können. Die Entwicklung wird zu Recht mit Sorge[59] betrachtet. 37

Auch vertragliche Ansprüche können auf Schadensersatz gerichtet sein. Für den Kfz-Haftpflichtbereich gelten jedoch wesentliche Einschränkungen, § 2 Abs. 1 KfzPflVV. Diese wurden in die Bedingungen übernommen, A.1.5.8 AKB 2015. 38

53 Kritisch *M. Müller*, r+s 2012, 584 ff.; Himmelreich/Halm/*Müller* Handbuch des Fachanwalts Verkehrsrecht, Kap. 6, Rn. 83.

54 *Schwab* A.1.1.1 AKB, Rdn. 11–13.

55 *Merta/Westkämper/aktualisiert von Schwab* A.3.5.1 AKB Rdn. 1–3.

56 *LG* Hof, Endurt. v. 03.02.2012 – 22 S 20/10; siehe auch Urt. v. 17.09.2010 – 22 S 20/10 = DAR 2011, 267 = VersR 2011, 913; *AG Schwabach* v. 08.12.2010 – 5 C 1401/10, VersR 2011, 1315.

57 *BGH* Urt. v. 05.06.2009 – V ZR 144/08, BGHZ 181, 233 = JurionRS 2009, 17376 = DAR 2009, 515 = VersR 2009, 1121 = NJW 2009, 2530 = WM 2009, 1664 = MDR 2009, 1166 = NZM 2009, 595 = NJW-Spezial 2009, 538 = r+s 2010, 342 = zfs 2009, 558 = VRR 2009, 298 – 300 bespr. v. *Deutscher*.

58 *BGH* Urt. v. 02.12.2011 – V ZR 30/11, JurionRS 2011, 31970 = DAR 2012, 78 = NZV 2012, 127 = MDR 2012, 145 = NJW 2012, 528 = zfs 2012, 313 = VVR 2012, 103 bespr. v. *v. Gayl*.

59 *Stöber* Ansprüche des Grundstücksbesitzers gegen den unbefugt Parkenden auf Ersatz der Abschleppkosten, DAR 2009, 539 ff.

III. Haftpflichtversicherung zur Erfüllung einer nach dem Pflichtversicherungsgesetz bestehenden Versicherungspflicht

1. Regelfall nach dem Gesetzeszweck

39 Von welcher Art der Schadensersatzanspruch ist, ergibt sich aus dem Versicherungsverhältnis, § 115 Abs. 1 Satz 2 VVG.

40 Damit ist auf den Kfz-Haftpflichtvertrag zurückzugreifen. Dieser hat die Anforderungen des PflVG und der KfzPflVV zu erfüllen. Zwar enthält das PflVG selbst keine Hinweise, dafür aber § 2 Abs. 1 KfzPflVV. Diese Normen müssen sich wiederum an den Vorgaben von Art. 12 der 6. KH-Richtlinie – jetzt: RL (EU) 2021/2118 – orientieren.

41 Danach betrifft der Schadensersatzanspruch nach § 115 Abs. 1 Satz 1 Nr. 1 VVG im Sinne des PflVG nur die Sach- und Personenschäden der am **öffentlichen Straßenverkehr** nach § 1 PflVG und § 1 StVG teilnehmenden Unfallopfer. Nichts anderes ergibt sich aus den historischen Grundlagen des Straßburger Übereinkommens vom 20.04.1959. Die Auslegung hat sich hieran[60] zu orientieren.

42 Für Unfälle räumlich **außerhalb des öffentlichen Verkehrsraums** kann es folglich **keinen Direktanspruch**[61] geben. Der Direktanspruch als Ausnahmevorschrift darf nicht erweiternd für Bereiche angewandt werden, für das das Gesetz keine Anwendung bestimmt hat. Dies würde dem Wortlaut des Gesetzes und dem Sinn und Zweck widersprechen. § 2 Abs. 1 KfzPflVV ist im Lichte von § 1 PflVG auszulegen. Er ist also unbeachtlich[62], soweit dessen Grenzen überschritten werden. Der *BGH*[63] scheint sich über den konkreten Anwendungsbereich der Vorschrift allerdings keine Gedanken zu machen – bzw. war nicht zu veranlasst – und spricht sogar einen Direktanspruch zu, wenn ein geparktes Fahrzeug in einer privaten Tiefgarage Feuer fängt.

43 Das slowenische Revisionsgericht hält die Vorschriften für einen Direktanspruch beim Einsatz eines Fahrzeugs als Arbeitsmaschine beim Rückwärtsfahren zum Entladen von Heuballen nicht für anwendbar. Gleichwohl hat es die Frage zur Vorabentscheidung dem *EuGH* vorgelegt.[64] Die deutsche Regierung[65] und Irland hatten eine Stellungnahme abgegeben, wonach die Versicherungspflicht sich auf den Situationen im Straßenverkehr begrenze.

44 Der *EuGH*[66] sieht jedoch unter »Benutzung eines Fahrzeugs« jede Benutzung eines Fahrzeugs mit umfasst, die dessen gewöhnlicher Funktion entspreche. Ein Fahrmanöver eines Traktors im Hof eines Bauernhofs, um einen Anhänger in eine Scheune zu fahren, könnte somit unter diesen Begriff fallen. Er kommt zu dem Ergebnis, da abweichend von dem unterschiedlichen Wortlaut der Vorschriften in den Mitgliedsländern nach dem Sinn und Zweck Opfer von Unfällen durch Fahrzeuge

60 Siehe oben § 115 VVG Rdn. 2–3.

61 Looschelders/Pohlmann/*Schwartze*, VVG-Kommentar § 115 VVG Rn. 9; Stiefel/Maier/*Jahnke* § 115 VVG Rn. 81; *Jahnke* Keine Haftung aus Betriebsgefahr bei Einsatz eines Kfz als Arbeitsmaschine, Anm. zu *OLG Koblenz* Urt. v. 12.05.2014 – 12 U 1019/13, juris-VerkR 1/2015 Anm. 1; *Lemcke Anm. zu BGH Urt. v. 21.01.2014 – VI ZR 253/13*, r+s 2014, 194 (195). *Schwab*, Betrieb und Gebrauch eines Kraftfahrzeugs, DAR 2011, 11 (16 u. 18); offenbar auch *OLG Koblenz* Beschl. v. 20.02.2003 – 10 U 883/02, JurionRS 2003, 31310 = NJW 2003, 2100 = VersR 2003, 658 = OLGR 2003, 210 = NZV 2004, 80 (84).

62 Stiefel/Maier/*Jahnke* § 115 VVG Rn. 80 ff.

63 *BGH* Urt. v. 21.01.2014 – VI ZR 253/12, DAR 2014, 196 m.Anm. *Schwab* = ADAJUR Dok. Nr. 103939 = JZ 2014, 212 = MDR 2014, 339 = NJW 2014, 1182 = NJW-Spezial 2014, 138 = NZV 2014, 207 m.Anm. Herbers = r+s 2014, 194 m.Anm. *Lemcke* = VersR 2014, 396 = VRR 2014, 143 bespr. v. *Notthoff*.

64 Schlussantrag des Generalanwalts v. 26.02.2014 z Rs. C-162/13 (Vnuk), JurionRS 2014, 11448.

65 *EuGH* Urt. v. 04.09.2014 – Rs. C-162/13, JurionRS 2014, 20478 = JZ 2015, 60 = r+s 2014, 523 = ADAJUR Dok.Nr. 105915 (Absatz 34) = DAR 2015, 259.

66 *EuGH* Urt. v. 04.09.2014 – Rs. C-162/13, JurionRS 2014, 20478 = JZ 2015, 60 = r+s 2014, 523 = ADAJUR Dok.Nr. 105915 = DAR 2015, 259; BGH, VersR 2015, 638; EuGH, C-514/17, DAR 2019, 445.

zu schützen seien, auch wenn vorrangig an eine Liberalisierung des Binnenmarktes und dem damit einhergehenden Verkehrsfluss gedacht wurde. Das Gericht weist allerdings darauf hin, dass der nationale Gesetzgeber Ausnahmen zu Fahrzeugarten schaffen könne, die von der Versicherungspflicht befreit werden könnten[67].

Klarheit wird hier die Umsetzung der Richtlinie (EU) 2021/2118 bringen. 45

2. Ausnahme

Eine Ausnahme bilden die Fälle, in denen die vertraglichen Bestimmungen über die Mindestanforderungen des PflVG hinausgehen. Durch den nicht abdingbaren[68] § 113 Abs. 3 VVG finden alle Vorschriften über die Pflichtversicherung (§§ 113 bis 124 VVG) auch dann Anwendung, wenn sie über die vorgeschriebenen Mindestanforderungen hinausgehen. 46

3. Praxis: Ausnahme ist die Regel

In der Praxis ist es jedoch die Regel, dass die individuellen AKB entsprechend der Muster-AKB des GDV über die Mindestanforderungen des PflVG hinausgehen. Dies hat zur Folge, dass in ganz vielen Fällen der § 113 Abs. 3 VVG zum Zuge kommt. 47

Solange es sich um ein **gesundes Versicherungsverhältnis** handelt, hat dies für den Geschädigten als auch für den Schädiger **nur Vorteile**, stehen nun doch oft höhere Versicherungssummen zur Verfügung. Der Versicherer hat den etwas höheren Aufwand kalkuliert und dafür (durch einen kleinen Prämienaufschlag) auch mehr verdient. 48

Die Situation ist jedoch dann eine andere, wenn der Versicherungsnehmer die Prämie nicht gezahlt hat. 49

a) Vorteile dieser Praxis

Für den Geschädigten ändert sich nichts. 50

b) Nachteile dieser Praxis für den Versicherer

Der Versicherer trägt sowieso schon das **allgemeine Regressrisiko**, da er bis zur Grenze der gesetzlichen Mindestversicherungssumme vorleistungspflichtig ist, §§ 115 Abs. 1 Satz 2 i.V.m. 117 Abs. 3 VVG. Die Verordnungsgeber haben nach § 4 PflVG i.V.m. der Anlage zu Abs. 2 für angemessene Mindestversicherungssummen zu sorgen. Diese sind deutlich angehoben worden. 51

Entsprechend hoch kann bereits das allgemeine Regressrisiko sein. Ausfälle muss der Versicherer bereits bei der Prämiengestaltung einkalkulieren. 52

Da sich der Dritte auf die vereinbarten Versicherungssummen nicht[69] berufen kann, schützt § 117 Abs. 3 VVG den Versicherer allerdings nur hinsichtlich der Höhe, sofern[70] er dies in seinen AKB festgeschrieben hat. Die Vorschrift geht § 113 Abs. 3 VVG vor. 53

Durch die vertragliche Übernahme weiterer Gefahren[71] über die gesetzlichen Mindestanforderungen hinaus bleibt der Versicherer jedoch auch gegenüber den Geschädigten an diesen Vertragsinhalt gebunden. Für die Folgen einer umfassenderen vertraglichen Deckung in den einzelnen AKB trägt der Versicherer wegen der §§ 113 Abs. 3 i.V.m. 117 Abs. 3 VVG nun zusätzlich noch das **besondere Regressrisiko.** Über entsprechende Klauseln in den Bedingungen kann der Versicherer sich davor 54

67 Vgl. oben Fußnote 30.
68 Schwintowski/Brömmelmeyer/*Huber* PK-Vers, § 113 Rn. 14.
69 Looschelders/Pohlmann/*Schwartze* VVG-Kommentar, § 117 Rn. 15; Schwintowski/Brömmelmeyer/*Huber* PK-Vers, § 117 Rn. 20.
70 *Kreuter-Lange*, § 117 VVG, Rdn. 27.
71 Z.B. Unfälle im privaten Verkehrsraum oder das Arbeitsrisiko.

nicht schützen. Sein Schutz besteht allein hinsichtlich der Mindestversicherungssummen, D.2.3 Satz 2 AKB 2015.[72]

55 Ob die hierdurch bedingten zusätzlichen finanziellen Belastungen tragbar sind, haben die Versicherungsunternehmen zu prüfen. In wirtschaftlich unsicheren Zeiten dürften diese – ohne Not – übernommenen Ausfallrisiken steigen, da vermehrt mit Prämienverzug, schlecht gewarteten Fahrzeugen und Gefahrerhöhungen zu rechnen sein wird.

c) »Outsourcen« von Haftpflicht-Zusatzdeckungen

56 Als Lösung für die Versicherer bietet es sich daher an, nicht nur selbstständige Verträge für Kfz-Haftpflicht, Kasko, Autoschutzbrief, Kfz-Unfallversicherung und Fahrerschutz anzubieten, sondern den **Haftpflichtvertrag in zwei selbstständige Verträge** zu untergliedern. Diese könnten in einem Basisvertrag entsprechend der gesetzlichen Mindestanforderungen nach dem PflVG und in einer gesondert zu vereinbarenden vertraglichen Zusatzdeckung bestehen.

57 Diese Vorgehensweise ist nicht nur vom Gesetzgeber[73] so eingeräumt worden, sie ist auch zukunftsweisend.[74]

58 Haftpflicht-Zusatzdeckungen, die über die gesetzlichen Mindestanforderungen hinausgehen, unterliegen damit anderen rechtlichen Auswirkungen als solche, die in den üblichen Haftpflichtvertrag integriert sind.

59 Die Anwendung des § 113 Abs. 3 VVG scheidet aus, da sie kein Bestandteil des eigentlichen Pflicht-Haftpflichtvertrages sind. Des Weiteren unterliegen sie nicht der Regelung des § 115 Abs. 1 Nr. 1 VVG, da sie nicht Inhalt des PflVG sind.

60 Für Haftpflicht-Zusatzdeckungen gibt es dann auch in den Fällen der Nrn. 2 oder 3 keinen Direktanspruch gegen den Versicherer, da es sich bei Zusatzdeckungen nicht um Bestandteile sonstiger Pflichtversicherungen handelt. Dementsprechend ist eine analoge Anwendung ausgeschlossen.

61 Eine solche Ausgestaltung durch verschiedene Verträge kommt nicht nur den Interessen des Versicherers entgegen, sondern auch den Interessen der redlich zahlenden Versicherten. Ihre Beiträge müssen nicht mit zusätzlichen Ausfallrisikoanteilen kalkuliert werden, die die säumigen Kunden nicht zahlen.

62 Die Gestaltungsmöglichkeit ist rechtlich zulässig[75], da niemand gesetzwidrig benachteiligt wird. Die Grundanforderungen des PflVG bleiben erhalten.

IV. Dritter

63 Dritter ist nach dem Wortlaut grundsätzlich jeder, der Inhaber eines unter die Haftpflichtversicherung fallenden Anspruchs sein kann, insbesondere der Insasse[76] eines Fahrzeugs. Abzustellen ist dabei auf den konkreten Versicherungsschutz, der mit dem Vertragszweck erreicht werden soll. Darüber hinausgehende restriktive Kriterien seien nicht ausfindig[77] zu machen. Lediglich dann, wenn die Anwendung der Ausnahmevorschrift dem Sinn und Zweck der Vorschrift zuwider läuft,

72 Die Klausel ist jedoch bei Auslandsschäden mit höheren Mindestdeckungssummen problematisch, siehe *Kreuter-Lange* D.2.3 AKB Rdn. 4.

73 Regierungsbegründung, Besonderer Teil, zu § 113 Abs. 3 VVG, S. 221.

74 *Marlow/Spuhl* Das neue VVG kompakt, S. 129.

75 *Niederleithinger* Das neue VVG, A Rn. 221; Schwintowski/Brömmelmeyer/*Huber* PK-Vers, § 113 VVG Rn. 11; HK-VVG/*Schimikowski* § 113 VVG Rn. 5; *Marlow/Spuhl* Das neue VVG kompakt, S. 129; Looschelders/Pohlmann/*Schwartze* VVG-Kommentar, § 113 VVG Rn. 16; *Feyock*/Jacobsen/Lemor § 113 VVG Rn. 4.

76 *BGH* Urt. v. 20.10.1971 – IV ZR 57/70, JurionRS 1971, 11138 = DAR 1972, 21 = DÖV 1973, 247 = MDR 1972, 310 = VersR 1971, 1161.

77 *Deppe-Hilgenberg* S. 28.

ist eine teleologische Reduktion[78] des Wortlauts geboten. Für den Bereich der Kfz-Haftpflichtversicherung sind Dritte:
- der Geschädigte, also das **Verkehrsunfallopfer**
- dessen **Rechtsnachfolger**[79], also die Erben.
- Leistungsträger[80], auf die Schadensersatzansprüche im Zeitpunkt des Unfalles **übergehen.**

Bereits im Schadenzeitpunkt gehen aufgrund eines gesetzlichen Forderungsübergangs über: 64
- die Leistungen der Sozialversicherungsträger (gesetzliche Krankenkasse, gesetzliche Pflegekasse, Unfallversicherungsträger, gesetzliche Rentenversicherung, Arbeitslosenversicherung) nach dem § 116 Abs. 1 Satz 1 SGB X.
- Der Beitragsregress des Rentenversicherungsträgers nach § 119 SGB X, den dieser als Treuhänder für das Rentenkonto des Geschädigten geltend macht.

Dies betrifft auch die beamtenrechtlichen und deren vergleichbare Vorschriften, §§ 76 BBG[81], 30 Abs. 3 SG[82] und 81a Abs. 1 Satz 1 BVG[83] für Bundesbeamte, Versorgungsberechtigte und deren Angehörige. Parallelen finden sich in den entsprechenden Landesgesetzen. 65
- Leistungsträger, auf die Schadensersatzansprüche erst **später**, also mit der Erbringung der tatsächlichen Leistung, **übergehen.**

Hierzu gehören insbesondere der Arbeitgeber nach § 6 Abs. 1 EntgFG und der Sozialleistungsträger wegen des Nachrangs[84] der Hilfe zum Lebensunterhalt nach § 2 Abs. 1 SGB XII, wegen erbrachter[85] Erstattungsleistungen nach § 179 Abs. 1a Satz 1 SGB VI, wie auch die privaten **Schadenversicherer** nach § 86 Abs. 1 VVG (wie z.B. der Kasko-, Autoschutzbrief-, private Kranken- und Pflegekosten- oder der Reiserücktrittsversicherer). Zu den Schadensversicherern zählt nach einheitlicher Rechtsprechung[86] und Literaturmeinung[87] auch der Fahrerschutzversicherer als subsidiärer Restschadensversicherer[88], der in Vorlage getreten ist. 66

Hat allerdings ein Schadenversicherer (z.B. Gebäudeschadenversicherer)[89] einen Schaden reguliert, der von einem Kraftfahrzeug ausging und sind Halter und Gebäudeeigentümer identisch, ist der Halter schon nicht Dritter. Entsprechend kann ein Anspruch auch nicht nach § 86 Abs. 1 VVG übergehen. 67

78 Siehe unten § 115 VVG Rdn. 78–107.
79 *Bauer* Die Kraftfahrtversicherung Rn. 814.
80 *BGH* Urt. v. 08.10.1952 – II ZR 309/51, BGHZ 7, 244 = JurionRS 1952, 10088 = DB 1952, 908 = JZ 1952, 695 = MDR 1952, 743 = NJW 1952, 1333.
81 Bundesbeamtengesetz vom 5. Februar 2009 (BGBl. I S. 160), zuletzt geändert durch Art. 18 des Gesetzes vom 28.06.2021 (BGBl. I S. 2250).
82 Soldatengesetz in der Fassung der Bekanntmachung vom 30. Mai 2005 (BGBl. I S. 1482), zuletzt geändert durch Artikel 8 des Gesetzes vom 28. August 2013 (BGBl. I S. 3386).
83 Bundesversorgungsgesetz in der Fassung der Bekanntmachung vom 22. Januar 1982 (BGBl. I S. 21), zuletzt geändert zuletzt geändert durch Art. 1 V v. 21.06.2023 I Nr. 165, aufgehoben zum 01.01.2024.
84 Zu den Problemfeldern bei der Schadenregulierung siehe *Küppersbusch/Höher* Ersatzansprüche bei Personenschäden, 13. Auflage 2020 Rn. 714 ff.
85 *BGH* Urt. v. 01.07.2014 – VI ZR 546/13, JurionRS 2014, 19073 = ADAJUR Dok.Nr. 105970 = JZ 2014, 525 = MDR 2014, 1025 = NZS 2014, 701 = r+s 2014, 632 = SP 2014, 334 = VersR 2014, 1025 = zfs 2015, 20.
86 *OLG Koblenz* Urt. v. 12.08.2013 – 12 U 1095/12, DAR 2013, 578 m.Anm. Schwab = ADAJUR Dok. Nr. 102670 = NZV 2014, 31 (NZB wurde am 03.06.2014 zurückgenommen, BGH VI ZR 393/13); Vorinstanz *LG Koblenz* Urt. v. 24.08.2012 – 5 O 98/10, DAR 2012, 709.
87 Himmelreich/Halm/*Wilms* Handbuch des Fachanwalts Verkehrsrecht, Kap. 23, Rn. 10; Heinrichs Die Fahrerschutzversicherung, DAR 2011, 565 ff.; *Maier* Die Fahrerschutzversicherung – Neue Wege beim Versicherungsschutz für den Fahrer (zugleich Anmerkung zu OLG Koblenz r+s 2014, 223), r+s 2014, 2013; *Schwab* A.5.4.2 AKB Rdn. 69.
88 Details *Schwab* Fahrerschutzversicherung Rn. 30 ff.
89 *LG Berlin* Urt. v. 08.03.2012 – 41 O 254/11, r+s 2013, 119 m.Anm. *Kröger*.

68 Für sämtliche Leistungserbringer gilt, dass Ansprüche nur insoweit übergehen, als dem Schaden **kongruente**[90] Leistungen gegenüberstehen.

69 Einen bedenklichen Systembruch verursacht dabei jedoch § 110 Abs. 1 Satz 1 SGB VII im Bereich der gesetzlichen Unfallversicherung. Der Träger kann die Regressforderung in Mithaftungsfällen bis zur Höhe seiner Leistung auch mit inkongruenten zivilrechtlichen Anspruchspositionen auffüllen. Folglich geht auch der Schmerzensgeldanspruch auf ihn über, obwohl er kein Schmerzensgeld an den geschädigten Arbeitnehmer zu zahlen hat.

– Dritter im Sinne des Gesetzes ist schließlich derjenige, der durch eine wirksame **Abtretungsvereinbarung** die Schadensersatzforderung erwirbt. In der Praxis sind dies häufig der Sachverständige oder das Mietwagenunternehmen.

V. Definition des Verkehrsopfers als Dritten

1. Problemstellung

70 Weder das VVG noch das PflVG nebst KfzPflVV enthalten eine Definition des Verkehrsopfers. Eine Definition ist jedoch unabdingbar, da zweckgerichtet nur bestimmte Personen in den Genuss des Direktanspruchs nach § 115 Abs. 1 Satz 1 Nr. 1 VVG kommen sollen. Eine Verwässerung des Schutzbereichs ist jedoch da zu verzeichnen, wo die Rechtsprechung einen – dem Gesetzeszweck widersprechenden – »Automatismus« zwischen bestehender Kfz-Haftpflichtversicherung und Direktanspruch unterstellt.

2. primär schutzwürdige Personen

71 Auszugehen[91] ist von den Vorgaben der europäischen Gemeinschaft, wie sie im Straßburger Übereinkommen vom 20.04.1959 niedergelegt und später in deutsches Recht ohne Änderungen oder Ergänzungen übernommen wurden. Aktuell finden sich die Vorgaben in der der RL (EU) 2021/2118. In Art. 18 der Richtlinie[92] ist dem Geschädigten eines Unfalls ein Direktanspruch gegen den Haftpflichtversicherer des Unfallverursachers zu gewähren. Die Unfallopfer werden in Art. 12 Abs. 1 und 3 Richtlinie spezifiziert. Es handelt sich um:

– Insassen des Fahrzeugs (mit Ausnahme des Fahrers im versicherten Fahrzeug)
– Fußgänger
– Radfahrer
– andere nicht motorisierte Verkehrsteilnehmer

72 Die vorgenannten (natürlichen) Personen sind diejenigen, die in besonderem Maße schutzbedürftig sind und deswegen[93] mit einem Direktanspruch auszustatten sind. Sie nehmen **aktiv** am Straßenverkehr[94] teil und sind **primär schutzwürdig**.

73 Diese Personengruppe mit Schäden an hochrangigen Schutzgütern wie Leib und Leben bedürfen des besonderen sozialen Schutzes. Sie erfüllen die Anforderungen, die der Gesetzgeber unter Berufung auf *Deiters*[95] an die Pflichtversicherung stellt.

---

90 Generell zu § 86 VVG siehe Schwintowski/Brömmelmeyer/*Kloth*/*Neuhaus* PK-VersR, § 86 Rn. 24 ff.; speziell zu Kasko siehe Himmelreich/Halm/Staab/*Krahe* Handbuch der Kfz-Schadensregulierung, Kap. 23 Rn. 939 ff.

91 Siehe oben § 115 VVG Rdn. 1–4.

92 So bereits Richtlinie 2009/103/EG »6.KH-RL)«), durch die RL (EU) 2021/2118 wurde nur die Überschrift zu Art. 12 geändert.

93 Siehe Abs. 30 der einleitenden Erwägungen zur Beschlussfassung der 6. KH-Richtlinie.

94 Der *EuGH* weitet dies auf Unfälle mit Personenschaden durch Fahrzeugverkehr auf einem privaten Hofgelände aus, *EuGH* Urt. v. 04.09.2014 – Rs. C-162/13, JurionRS 2014, 20478 = JZ 2015, 60 = r+s 2014, 523 = ADAJUR Dok.Nr. 105915.

95 *Deiters* in Festschrift für Reimer Schmidt, 379 ff. (393 f.).

Bereits bei Fahrzeuginsassen kennt das Gesetz **Einschränkungen** und reduziert den Direktanspruch auf das notwendige Maß. *Hedderich*[96] weist zu Recht darauf hin, dass **Insassen des versicherten Fahrzeugs** nicht wegen jeder Schadensposition zugleich einen Direktanspruch gegen den Kfz-Haftpflichtversicherer haben. 74

So hat ein solcher Insasse zwar wegen aller Sachschäden einen Schadensersatzspruch gegen den schuldhaft handelnden Fahrer aus § 823 Abs. 1 BGB, aber nicht gegen den Kfz-Haftpflichtversicherer. Nur die Schäden an Sachen sind gedeckt, die der Insasse an sich trägt oder Personen üblicherweise mit sich führen, § 4 Nr. 3 KfzPflVV, A.1.5.5. AKB 2015. 75

Für Schäden an von einem Insassen mitgeführtem Cello[97], einer Kanone oder Protzenwagen[98] gibt es keinen Direktanspruch[99] gegen den Versicherer des Fahrzeugs. Der Versicherer schuldet (haftet) daher auch nicht mit dem Fahrer als Gesamtschuldner. 76

Noch stärker ist der **Direktanspruch des Versicherungsnehmers** im und außerhalb des Fahrzeugs auf den reinen Personenschaden begrenzt, § 4 Nr. 1 KfzPflVV; A.1.5.6 AKB 2015. Für alle anderen Eigenschäden ist der Versicherungsnehmer nicht schutzwürdig, so dass ein Deckungsausschluss zulässig und auch nicht überraschend[100] ist. 77

3. sekundär (schutzwürdige) Personen

Bei einem Verkehrsunfall erleiden jedoch nicht nur die primär schutzbedürftigen Personen im Sinne der RL (EU) 2021/2118 (davor: 6. KH-Richtlinie) Personen- und Sachschäden. 78

Auch andere (natürliche und juristische) Personen tragen bei einem Unfall Schäden davon. Diese sind jedoch im Gegensatz zu den primär Schutzwürdigen keine Verkehrsteilnehmer. Nach dem Sinn- und Zweck[101] des Gesetzes sowie unter europarechtlichen Gesichtspunkten[102] gehören sie somit nicht zum privilegierten Kreis der besonders Schutzwürdigen. Sie sind daher allenfalls **sekundär schutzwürdig**. 79

Hierzu zählt insbesondere der Staat, das Land, die Städte und Gemeinden mit ihren beschädigten Straßeneinrichtungen (Fahrbahn, Beschilderung, Leitplanken, Grünstreifen, usw.). In diesem Zusammenhang sei darauf hingewiesen, dass nach § 12 Abs. 1 Satz 5 PflVG auch keine Ansprüche gegen den Entschädigungsfond[103] wegen Beschädigung von Straßeneinrichtungen erhoben werden können. **80**

Sie sind folgerichtig nicht so schutzwürdig wie das echte Verkehrsopfer. Eine Differenzierung ist schon deswegen notwendig, weil der Straßeneigentümer selbst die Infrastruktur schafft[104], die erst den gefährlichen Betrieb von Kraftfahrzeugen ermöglicht. Wollte der Gesetzgeber die Vermögensinteressen des Staates durch einen Direktanspruch ebenfalls schützen, müsste er dies so klar zum **81**

---

96 *Hedderich*, Pflichtversicherung, Dissertation 2010, 348.

97 *LG Coburg* Urt. v. 24.07.2008 – 32 S 39/08, SP 2008, 445; bereits kritisch zu *AG Coburg* Urt. v. 28.03.2008 – 12 C 1005/07, JurionRS 2008, 38162 = zfs 2009, 91 u. *Rixecker* zfs 2009, 93.

98 *OLG Karlsruhe* Urt. v. 12.10.2007 – 10 U 100/06, JurionRS 2007, 59542 = SP 2008, 305 = NZV 2008, 577.

99 *Kreuter-Lange/Schwab* Haftungs- und Versicherungsfragen beim Busfernverkehr, DAR 2015, 67 (72 f.).

100 *BGH* Urt. v. 25.06.2008 – IV ZR 313/06, JurionRS 2008, 17042 = DAR 2008, 518 = VersR 2008, 1202 = MDR 2008, 1153 = NZV 2008, 509 = r+s 2008, 272 = zfs 2008, 629; *OLG Jena* Beschl. v. 06.01.2004 – 4 U 936/03, JurionRS 2004, 10720 = VersR 2004, 1168 = NJ 2004, 369.

101 *Schwab* Ölspurbeseitigung – die rechtliche und wirtschaftliche Seite bei der Schadensabwicklung, DAR 2010, 347 ff.

102 *LG Berlin*, Urt. v. 21.03.2011 – 43 O 253/10; wegen Wortlaut a.A., Urteil dennoch bestätigt *KG Berlin* v. 19.12.2011 – 22 U 92/11.

103 Feyock/Jacobsen/Lemor/*Elvers* § 12 PflVG Rn. 84.

104 Zumindest auf Bundesautobahnen erzielt er damit sogar über Mauteinnahmen Einkünfte.

Ausdruck bringen, wie er es im Gesetzentwurf zu den Wrackbeseitigungskosten[105] erstmals in der Geschichte der Bundesrepublik umgesetzt[106] hat.

82 Dabei ist zu beachten, dass der Bund, die Länder und die großen Gebietskörperschaften wegen ihrer herausragenden Vermögensstellung selbst von der Verpflichtung befreit sind, als Halter von Fahrzeugen, diese zu versichern, § 2 PflVG. Dies macht ihre fehlende Schutzbedürftigkeit[107] überdeutlich.

83 Der Bund wendet in sehr bedenklicher Weise sogar einen »Trick« an, um die Fahrzeuge in der privatrechtlichen BwFuhrparkService GmbH[108] nicht versichern zu müssen. Der Bund bleibt »Mit-Halter« der vermögensrechtlich ausgegliederten Bundeswehrfahrzeuge.

84 Die Versagung eines Direktanspruchs für bestimmte Bereiche ist auch heute noch zumutbar. Schon der *BGH*[109] hat eine Rückwirkung des Gesetzes auf Fälle vor Einführung des Direktanspruchs selbst für echte Verkehrsunfallopfer mit Personenschäden ausgeschlossen. Er begründete das damit, dass das **alte Recht keinen unhaltbaren Zustand** bot. Offenbar sah der VVG-Reformgesetzgeber von 2008 dies ebenso, sonst hätte er für alle Pflicht-Haftpflichtversicherungen einen unmittelbar geltenden Direktanspruch eingeführt.

85 Entsprechend wurde Geschädigten, die in der Zeit bis zur Einführung des Direktanspruchs in der DDR am 01.08.1990[110] einen Unfall erlitten, ein Direktanspruch gegen die Rechtsnachfolgerin der Staatlichen Versicherung der DDR in Abwicklung – die Deutsche Versicherungs AG – nicht zugestanden[111].

86 Im Fall der **Insolvenz** des pflicht-haftpflichtversicherten Versicherungsnehmers steht dem Staat jedoch ausnahmsweise[112] ein Direktanspruch zu. Dann aber über die §§ 110; 115 Abs. 1 Nr. 2 PflVG, da er wie alle anderen Gläubiger zu behandeln ist.

87 Nicht primär schutzwürdig ist zudem der private Grundstückseigentümer (umgefahrener Zaunpfosten, Blumenkübel, etc.).

88 In der Praxis wird – undifferenziert, ob Verkehrsteilnehmer oder nicht – der Direktanspruch auch für diese Gruppe, der sekundär Schutzwürdigen ausgedehnt. Dies geschieht letztlich nur deshalb, weil ein Kfz-Haftpflichtversicherer vorhanden ist. Ein Bedarf an besonderem Schutz (wie bei Verkehrsunfallopfern) ist hier allerdings nicht erkennbar. Wozu sollten sie ebenfalls mit einem Direktanspruch ausgestattet werden, wenn der Gesetzgeber diesen für alle anderen Pflicht-Haftpflichtversicherungen nur in ganz eingeschränktem Maße gelten lässt, § 115 Abs. 1 Nrn. 2 u. 3 VVG. Der Gesetzgeber hatte schließlich aus dem Gesetzentwurf[113] einen generellen Direktanspruch für die Pflicht-Haftpflichtversicherungen wieder herausgestrichen.

89 Es ist schon kurios, wenn ein Kfz-Haftpflichtversicherer für einen Schaden wegen einer Gehwegbeschädigung direkt schulden soll, der Gebäudehaftpflichtversicherer für denselben Schaden durch einen heruntergefallenen Dachziegel aber nicht. Dieser kann noch nicht einmal direkt in Anspruch

105 Entwurf eines Gesetzes zu dem Internationalen Übereinkommen von Nairobi von 2007 über die Beseitigung von Wracks, BT-Drucks. 17/12343 v. 14.02.2013.

106 Gesetz vom 29.05.2013, BGBl. v. 04.06.2013, Teil II Nr. 12, S. 530.

107 *Heinrichs* in Alpmann Brockhaus, Fachlexikon Recht zum Begriff »Direktanspruch«.

108 Antwort auf parlamentarische Anfrage, BT-Drucks. 15/1415 S. 32.

109 *BGH* Urt. v. 03.11.1970 – VI ZR 76/69, JurionRS 1970, 10979 = DAR 1971, 48 = MDR 1971, 122 = VersR 1971, 180.

110 GBl. DDR 1990 I, Nr. 52.

111 *OLG Naumburg* Urt. v. 01.06.1995 – 3 U 261/94, JurionRS 1995, 16483 = NZV 1996, 363 = r+s 1996, 484 = VersR 1997, 75; *BGH* Nichtannahmebes. v. 14.05.1996 – VI ZR 208/95; *OLG Dresden* Urt. v. 25.02.2003 – 9 U 2110/02, NZV 2003, 427.

112 Staudinger/Halm/Wendt/*Heinrichs*, Fachanwaltskommentar Versicherungsrecht, § 110 VVG, Rn. 1.

113 RegE BT-Drucks. 16/3945 S. 50, 88.

genommen werden, wenn der Dachziegel einen Fußgänger trifft! Der Grundstücksbesitzer haftet nach § 836 Abs. 1 Satz 1 BGB nicht bereits aus der Gefährdungshaftung. Er haftet nur aufgrund einer Verschuldensvermutung, so dass er sich nach § 836 Abs. 1 Satz 2 BGB entlasten[114] kann. Mit Blick auf die Situation[115] bei der Straßenbahn, kann die Gefährdungshaftung als solche jedoch kein Beurteilungskriterium darstellen.

Ein sachlicher Grund für die Besserstellung der sekundär Schutzwürdigen gegenüber sonstigen Haftpflichtgeschädigten besteht tatsächlich nicht. Die geübte Praxis dürfte gegen den Gleichheitssatz in Art. 3 GG verstoßen. 90

4. tertiär (schutzwürdige) Personen

Schließlich gibt es Personen, die im Rahmen einer vertraglichen Beziehung zum Schädiger stehen und bei der Leistungserbringung durch den Gebrauch des Fahrzeugs Schäden erleiden. 91

Soweit es sich um eine entgeltliche Personenbeförderung im Taxi oder Bus[116] handelt und die Insassen Schäden an hochrangigen Rechtsgütern wie Leib und Leben davontragen bleibt ein Direktanspruch gerechtfertigt. Dort kommt die typische Unterlegenheit des Fahrgastes als Vertragspartner zum Tragen.[117] 92

Betroffen sind aber auch Be- und Entladevorgänge, bei denen das Fahrzeug als reine Arbeitsmaschine eingesetzt wird. Beim Betankungsvorgang liegt beispielsweise ein Kaufvertrag für eine Heizölanlieferung zugrunde. Kommt es hierbei zu einem Betankungsschaden beim Heizölbesteller, ist kein x-beliebiger Dritter, sondern ein Vertragspartner geschädigt, der in einer Sonderbeziehung zum Lieferanten steht. 93

Dieser Personenkreis ist aufgrund der vertraglichen Sonderbeziehung nur **tertiär schutzwürdig**, da er sich – anders als die anderen beiden Gruppen – seinen Vertragspartner (Schädiger) selbst ausgesucht hat. Es geht dabei nicht um hohe Rechtsgüter wie Leib oder Leben, sondern nur um den Ausgleich wirtschaftlicher Interessen aufgrund von Sachschäden.[118] 94

Nach der Rechtsprechung des *BGH*[119] wird jedoch selbst hier unterschiedslos nicht auf den Zweckgedanken des Verkehrsopferschutzes, sondern allein darauf abgestellt, ob ein Kfz-Haftpflichtvertrag, aus dem sich eine Leistungspflicht ergibt, besteht. 95

Diese Betrachtung ist zwar mit dem Wortlaut[120] des früheren § 3 Abs. 1 Nr. 1 PflVG a.F. und des § 115 Abs. 1 Satz 2 VVG konform. Leistungspflicht bedeutet aber zunächst erst einmal nur Freistellung von Haftpflichtansprüchen und Abwehr von unberechtigten Ansprüchen, § 100 VVG. Die gedankliche Übertragung, ob sich daraus auch ein Direktanspruch für den Geschädigten begründen lässt, erschließt sich erst aus der besonderen Schutzbedürftigkeit des Geschädigten als Verkehrsunfallopfer. 96

---

114 PWW/*Schaub* § 836 BGB Rn. 9.

115 Weder Versicherungspflicht noch Direktanspruch, siehe oben § 115 VVG Rdn. 6–8.

116 *Kreuter-Lange/Schwab* Haftungs- und Versicherungsfragen beim Busfernverkehr, DAR 2015, 67 ff.

117 *Hedderich*, Pflichtversicherung, Dissertation 2010, 348 ff.

118 Daher bereits kritisch zur Verkehrshaftungs-Pflicht-Haftpflichtversicherung *Reiff* TranspR 2006, 15 (21); *Hedderich* a.a.O S. 353.

119 *BGH* Nichtannahmebeschl. v. 08.04.2008 – VI ZR 229/07, JurionRS 2008, 12599 = SVR 2011, 17 bespr. v. *Richter* (Regress eines Gewässerschadenhaftpflichtversicherers gegen einen Kfz-Haftpflichtversicherer wegen Sachschäden) zu *OLG Frankfurt/Main* Urt. v. 17.08.2007 – 19 U 268/06, JurionRS 2007, 49762 = NJOZ 2008, 2864 = r+s 2008, 437 = zfs 2008, 377 m.Anm. *Diehl*.

120 Nur auf den Wortlaut abstellend *KG Berlin* v. 19.12.2011 – 22 U 92/11; *LG Mainz* Urt. v. 10.01.2012 – 6 S 92/11.

97 Für einen Personenschaden[121] im Rahmen des sonstigen Fahrzeuggebrauchs außerhalb des Straßenverkehrs[122] mag diese überweite Auslegung noch nachvollziehbar sein (wenn man dieser Person in einer »rechtlichen Grauzone« trotzdem mit einem Direktanspruch *»helfen«* möchte). Für den reinen Sachschaden[123] kann allerdings selbst dieses »Argument« nicht greifen.

98 Eine Parallele findet sich in § 7a GüKG, der Verkehrshaftungsversicherung. Diese gesetzliche Pflicht-Haftpflichtversicherung schützt den Vertragspartner vor Vermögensnachteilen. Der Gesetzgeber greift damit in Grundrechte von Versicherungsnehmer und Versicherer ein, obwohl kein ausreichendes Schutzbedürfnis mangels hoher Schutzgüter besteht. Zu Recht wird daher die Aufhebung[124] dieser Pflicht-Haftpflichtversicherung gefordert.

99 Konsequenzen ergeben sich aus dieser Rechtsprechung, wenn ein **krankes Versicherungsverhältnis** vorliegt. Der Kfz-Haftpflichtversicherer wäre auch dann nach den §§ 115 Abs. 1 Satz 2 i.V.m. 117 Abs. 1 VVG vorleistungspflichtig. Er müsste wegen einer nebenvertraglichen Schlechtleistung seines Vertragspartners an den Vertragspartner seines säumigen Kunden vorleisten. Das Regressrisiko hätten er und die Versichertengemeinschaft allein zu tragen.

100 Damit liegt jedenfalls bei einem kranken Versicherungsverhältnis ein offenkundiger Verstoß gegen Art. 12 und 14 GG vor.

5. Fazit: teleologische Reduktion des Begriffs »Dritter«

101 Die vorgenannten Überlegungen zeigen, dass der Begriff »Dritter« nicht ausschließlich aufgrund des Wortlauts auszulegen ist. Sowohl die Gesetzgebungshistorie, der systematische Zusammenhang innerhalb der Pflicht-Haftpflichtversicherung als auch der Sinn- und Zweck der Ausnahmevorschriften im Haftpflichtrecht gebieten eine grundrechtskonforme enge Auslegung. Notwendig ist daher eine **teleologische Reduktion**[125] des Anwendungsbereichs, ähnlich dem eingeschränkten Kinderschutz beim ruhenden[126] Verkehr.

102 Pflichtversicherung bedeutet immer einen Eingriff in Grundrechte des Versicherungsnehmers[127] – je nach Ausgestaltung – aus Art. 2 Abs. 1; 3 Abs. 1; 9; 12 Abs. 1 und 14 Abs. 1 Satz 1 GG, da er sich versichern muss.

103 Zudem liegt ein **Eingriff in Grundrechte des Versicherers**[128] vor, da er entsprechende gesetzliche Vertragsanforderungen[129] zu erfüllen hat.

---

121 *BGH*, Urt. v. 19.09. 1989 – VI ZR 301/88, JurionRS 1989, 13483 = VersR 1989, 1187 = DAR 1989, 418 = TranspR 1990, 37 = MDR 1990, 143 = NJW-RR 1990, 161 = NZV 1990, 116 (Ls.) = JuS 1990, 416 = zfs 1990, 22.

122 Nur diesbezüglich *EuGH* Urt. v. 04.09.2014 – Rs. C-162/13, JurionRS 2014, 20478 = JZ 2015, 60 = r+s 2014, 523 = ADAJUR Dok.Nr. 105915.

123 *BGH* Nichtannahmebeschl. v. 08.04.2008 – VI ZR 229/07, JurionRS 2008, 12599 = SVR 2011, 17 bespr. v. Richter (Regress eines Gewässerschadenhaftpflichtversicherers gegen einen Kfz-Haftpflichtversicherer wegen Sachschäden) zu *OLG Frankfurt/Main* Urt. v. 17.08.2007 – 19 U 268/06, JurionRS 2007, 49762 = NJOZ 2008, 2864 = r+s 2008, 437 = zfs 2008, 377 m.Anm. *Diehl*.

124 *Reiff*, Sinn und Bedeutung von Pflichthaftpflichtversicherungen, TranspR 2006, 15 (21); *Hedderich*, Pflichtversicherung, Diss. 2010, S. 359; *Brand* in MüKo zum VVG, Vor §§ 113–124 VVG, Rn. 4.

125 *Schwab*, Direktanspruch bei unmittelbarem Zwang? – Anm. zu *BGH*, Urt. v. 31.01.2012 – VI ZR 43/11, DAR 2012, 490 ff.

126 *BGH*, Urt. v. 30.11.2004 – VI ZR 335/03, BGHZ 161, 180 = JurionRS 2004, 25595 = NJW 2005, 354 = DAR 2005, 146 = MDR 2005, 506 = VersR 2005, 376 = zfs 2005, 174 = NZV 2005, 137 = r+s 2005, 80 = VRR 2005, 31 bespr. v. *Jaeger*.

127 *Hedderich*, Pflichtversicherung, Diss. 2010, S. 144 ff.; siehe insbesondere *Schwab* Vor §§ 113 ff. VVG Rdn. 1–13.

128 *Hedderich*, Pflichtversicherung, Diss. 2010, S. 207 ff.; *Dallwig*, Deckungsbegrenzungen in der Pflichtversicherung, Diss. 2011, S. 104 ff.

129 *BVerfG* Urt. v. 08.04.1997 – 1 BvR 48/94, BVerfGE 95, 267 ff. = DÖV 1997, 545 = MDR 1997, 556 = NJW 1997, 1975 = NVwZ 1997, 885 = WM 1997, 873 (Vertragsfreiheit aus Ausfluss der allgemeinen Handlungsfreiheit in Art. 2 GG).

Eingriffe sind aber nur dann zulässig, wenn bedeutende Rechtsgüter zu schützen sind und die soziale Notwendigkeit einer Pflichtversicherung den Eingriff rechtfertigt.[130] So liegt es beim Verkehrsunfallopfer und beim Schädiger, der mit kaum überblickbaren Forderungen[131] belastet werden kann. Grund für die Einführung der Pflichtversicherung in der Kfz-Versicherung zum 01.07.1940[132] war es, den »Schutz der Verkehrsopfer wirksamer zu gestalten«; nicht aber die bloßen Eigentumsinteressen des vermögenden Staates oder der Vertragspartner des Versicherungsnehmers zu schützen. **104**

Eine weitere **Parallele** zur hier vertretenen Auffassung zeigt sich in Art. 9 Abs. 1b) EuGVVO. Zu Recht wird vertreten, dass die Ausnahmevorschrift nicht für jede Person gilt. Nur der objektiv schwächere Personenkreis soll bei Auslandsberührungen mit einem Klagerecht am eigenen Wohnsitz bedacht werden. **105**

Entsprechend können weder ein Sozialversicherungsträger[133], noch ein weltweit tätiges Großunternehmen[134] am eigenen Sitz klagen. Dagegen fallen der gewöhnliche Arbeitgeber[135] oder kleinere Unternehmen[136] zu Recht noch in den Schutzbereich der Norm. **106**

Schließlich fehlt es an der besonderen Schutzwürdigkeit bei einem Land[137] der Bundesrepublik Deutschland bzw. dem Bund selbst. Sie sind gegenüber einem Haftpflichtversicherer als Partei weder wirtschaftlich schwächer noch rechtlich weniger Erfahren. Häufig verfügen Sie über eigens für die Regress- und Anspruchsverfolgung eingerichtete Behörden oder Abteilungen in den Behörden oder Landesbetrieben. Obendrein sind sie von den Gerichtskosten befreit. **107**

VI. kein Dritter

Kein Dritter ist der **Summenversicherer**, wie z.B. der Krankenversicherer für Krankenhaustagegeld, Sterbegeld-, Lebens- oder der private Unfallversicherer, da sie Leistungen unabhängig von einem Schadensereignis und der tatsächlichen Schadenhöhe zu erbringen haben. Es geht dort nur um die Zahlung einer vertraglich vereinbarten Summe. **108**

Ein Summenversicherer wird dann aber zum Dritten, wenn er sich Schadensersatzansprüche vom Geschädigten abtreten lässt. Der regulierende Haftpflichtversicherer hat die Abtretung zu beachten, auch wenn der Summenversicherer keinen Anspruch auf eine Abtretung von Schadensersatzansprüchen gegen den geschädigten Versicherungsnehmer haben sollte. Im Zweifel wird sich der Rechtsanwalt des Geschädigten mit der Wirksamkeit des Vertrages bzw. der Anfechtbarkeit der Erklärung seines Mandanten gegenüber dem Summenversicherer auseinandersetzen müssen. **109**

130 *Deiters*, Die Erfüllung öffentlicher Aufgaben durch privatrechtliche Pflichtversicherungen, FS für Reimer Schmidt, S. 379 ff. (393); *Hedderich*, Pflichtversicherung, Diss. 2010, S. 9.; *Micha*, Der Direktanspruch im europäischen Internationalen Privatrecht, Diss. 2010, S. 67.

131 *Dallwig*, Deckungsbegrenzungen in der Pflichtversicherung, Diss. 2011, S. 13; *Brand* in MüKo zum VVG, Vorb. Zu §§ 113 ff. VVG, Rn. 5.

132 RGBl. I, v. 07.11.1939, 2223.

133 *EuGH* Urt. v. 17.09.2009 – C-347/08, JurionRS 2009, 22215 = DAR 2009, 638 = VersR 2009, 1519 = NJW-Spezial 2009, 697 =VRR 2009, 419 bespr. v. *Luckey*; *OLG Celle* Urt. v. 27.11.2008 – 5 U 106/08, JurionRS 2008, 32932 = OLGR Celle 2009, 680 = VersR 2009, 1426 = VRR 2009, 303 bespr. v. *Nugel*.

134 *AG Bückeburg* Urt. v. 02.06.2010 – 31 C 181/09, JurionRS 2010, 30576 = DAR 2010, 476 = SVR 2011, 342 = VersR 2011, 389 = VRR 2011, 150 zust. bespr. v. *Nugel*.

135 *OLG Zweibrücken* Beschl. v. 29.09.2009 – 1 U 119/09, JurionRS 2009, 37172 = DAR 2010, 585 = NZV 2010, 198 = VersR 2011, 741.

136 *OLG Köln* Beschl. v. 09.03.2010 – 13 U 119/09, JurionRS 2010, 26600 = DAR 2010, 528 = VRR 2011, 249 bespr. v. *Nugel*.

137 *OLG Koblenz* Urt. v. 15.10.2012 – 12 U 1528/11, JurionRS 2012, 28196 = DAR 2013, 30 m. zust. Anm. *Schneider* (Revision wurde zurückgenommen, *BGH* VI ZR 470/12).

110 Richtigerweise[138] ist der **Mitschädiger** kein Dritter im Sinne der Norm. Er hat lediglich Ausgleichsansprüche[139] nach § 426 BGB, aber keine Schadensersatzansprüche.

111 Wer als Geschäftsherr (z.B. als Absender/Verlader oder Arbeitgeber) nach den § 278 Satz 1, 831 Abs. 1 Satz 1 BGB rechtlich für ein Verhalten des Schädigers einzutreten hat, ist entsprechend ebenfalls kein Dritter. Der Arbeitgeber kann jedoch nach § 2 Abs. 2 Nr. 6 KfzPflVV mitversicherte Person sein.

112 Ein durch eine Gemeinde Beauftragter[140] zur Reinigung einer Straße ist ebenfalls kein Dritter. Er kann schon keine Ansprüche gegen den Verursacher aus Geschäftsführung ohne Auftrag geltend machen.

113 Kein Dritter ist der **Fahrer**[141], der sich selbst verletzt.

114 Der Fahrer kann aber Rechtsnachfolger eines Insassen sein, den er bei einem Unfall tödlich verletzt hat. Soweit der getötete Insasse – wegen kurzer Überlebenszeit – z.B. noch Schmerzensgeldansprüche erwerben und somit vererben[142] konnte, kann der versicherte Fahrer Rechtsnachfolger des Insassen als Dritten sein.

115 Eigene Rechte in Bezug auf Beerdigungskosten nach §§ 844 Abs. 1 BGB, 10 Abs. 1 Satz 2 StVG, Unterhaltsansprüchen nach §§ 844 Abs. 2 BGB, 10 Abs. 2 Satz 1 StVG, wegen entgangener Dienste nach § 845 BGB oder auf Schmerzensgeld wegen Schockschadens aufgrund des Unfalltods bestehen dagegen nicht.[143] Der haftpflichtige Fahrer ist bezüglich dieser Schadenspositionen weder Rechtsnachfolger noch Dritter.

116 Kein Dritter[144] ist schließlich der Geschädigte, der den Freistellungsanspruch des Versicherungsnehmers pfändet und an sich überweisen lässt oder per – nunmehr nach § 108 Abs. 2 VVG zulässigen – Abtretungsvertrag erwirbt. Er kommt dadurch nur in eine ähnliche[145] Rechtstellung (Quasi-Dritter), wie sie ein Dritter innehat.

---

138 *BGH*, Beschl. v. 27.07.2010 – VI ZB 49/08, JurionRS 2010, 22037 = ADAJUR Dok.Nr. 89632 = DAR 2010, 698 = VersR 2010, 1360 = VRR 2010, 421 bespr. v. *Knappmann* = MDR 2010, 1322 = NZV 2010, 560 = NJW-RR 2010, 1471 = r+s 2010, 433 = WI 2010, 181 = zfs 2010, 611; *BGH* Urt. v. 17.05.1956 – II ZR 96/55, BGHZ 20, 371 = JurionRS 1956, 13461 = VersR 1956, 364 = JZ 1956, 690 = NJW 1956, 1068; *BGH* Urt. v. 01.07.2008 – VI ZR 188/07, BGHZ 177, 141 = JurionRS 2008, 17615 = DAR 2009, 307 = BGHR 2008, 948 = NJW 2008, 2642 = VersR 2008, 1273 = NZV 2008, 507 = r+s 2008, 435 = zfs 2008, 613 = VRR 2008, 382 bespr. v. *Zorn*; *KG Berlin* Urt. v. 02.03.1978 – 12 U 2934/77, JurionRS 1978, 11666 = VersR 1978, 435 (436); *OLG Hamm* Urt. v. 14.06.1968 – 9 U 217/67, VersR 1969, 508 (509); *OLG Zweibrücken* Urt. v. 13.12.1985 – 1 U 105/83, JurionRS 1985, 14171 = VersR 1987, 656 = zfs 1986, 82 (83); Stiefel/*Hofmann* § 3 PflVG Rn. 26 u. 28; Stiefel/Maier/*Jahnke* § 115 VVG Rn. 31; Prölss/Martin/*Knappmann* § 115 VVG Rn. 4; **a.A.** noch *OLG Köln*, Urt. v. 06.03.1972 – 13 U 203/84, VersR 1972, 651; Bruck/Möller/*Johannsen* Bd. V, Anm. B 12; wohl auch Schwintowski/Brömmelmeyer/*Huber* PK-VersR, § 115 Rn. 26.

139 Stiefel/Maier/*Jahnke* § 115 VVG Rn. 31; Looschelders/Pohlmann/*Schwarte* VVG-Kommentar, § 115 VVG Rn. 7.

140 *BGH* Urt. v. 21.06.2012 – III ZR 275/11, JurionRS 2012, 18167 = NVwZ-RR 2012, 707 = NZV 2012, 535 NJW-Spezial 2012, 745 = MDR 2012, 1149 = zfs 2012, 614.

141 Bestrebungen Frankreichs, auch den Fahrer zur Entlastung der Sozialkassen aus der Kraftfahrthaftpflichtversicherung zu begünstigen, sind zunächst im Rahmen der 6. KH-Richtlinie gescheitert, GDV, Bericht aus Brüssel, 12/2006, S. 35. Eine entsprechende Regelung würde unserem deutschen Rechtssystem widersprechen, da ein Fall einträte, bei dem der Schuldner Gläubiger des gegen ihn gerichteten Anspruchs wäre (Konfusion). Alternativen bieten die Unfall- oder Fahrerschutzversicherung.

142 Himmelreich/Halm/Staab/*Jaeger*/*Luckey*, Handbuch der Kfz-Schadensregulierung, Kap. 19, Rn. 401.

143 Stiefel/Maier/*Jahnke* § 115 VVG Rn. 151.

144 Bruck/Möller/*Beckmann* VVG-Kommentar, Band IV, § 115 VVG, Rn. 26.

145 Stiefel/Maier/*Jahnke* § 115 VVG Rn. 108.

VII. Sonderfall: Versicherungsnehmer und mitversicherte Personen als Dritte

Dritter kann auch der Versicherungsnehmer selbst[146] sein.

▶ **Beispiel:**

Der Vater ist Halter des Fahrzeugs und/oder zugleich Versicherungsnehmer. Da er Alkohol getrunken hat, lässt er seinen Sohn fahren und sitzt als Insasse auf dem Beifahrersitz. Der Sohn verschuldet bei einem riskanten Überholmanöver einen Unfall. Der Vater wird dabei verletzt. Ihm stehen Schadensersatzansprüche gegen den Sohn zu; gegen seinen Haftpflichtversicherer aber nur wegen seines Personenschadens, § 4 Nr. 1 KfzPflVV; A.1.5.6 AKB 2015. 117

Bei einem Unfall ohne Verschulden des eigenen Fahrers ist der Versicherungsnehmer ebenfalls grundsätzlich Dritter. 118

Ist in diesem Fall (wie üblich) der Versicherungsnehmer zugleich Halter des Fahrzeugs, liegt Konfusion[147] vor. Der Haftpflichtanspruch aus § 7 Abs. 1 StVG fällt mit dem Freistellungsanspruch zusammen. Die Situation ähnelt der, bei der der Fahrer seine unterhaltsverpflichtete Ehefrau[148] als Beifahrerin tötet. 119

Überlebt die Insassin ihren Ehemann als schädigenden Fahrer, liegt dagegen keine Konfusion[149] vor. Durch die den Haftpflichttatbestand vorausgesetzte Handlung des Fahrers schuldet der Haftpflichtversicherer akzessorisch. 120

Der Versicherungsnehmer als Insasse, der zugleich Halter ist, ist in diesen Fällen auf eine Kfz-Unfallversicherung[150] angewiesen, soweit keine Halterschutzversicherung[151] in Anlehnung an die Fahrerschutzversicherung nach A.5 AKB besteht. 121

VIII. Umfang der Leistungspflicht

Die Leistungspflicht gegenüber dem Dritten richtet sich nach der vertraglichen Vereinbarung zwischen dem Versicherungsnehmer und dem Versicherer, § 115 Abs. 1 Satz 2 VVG. Entsprechend sind die individuellen AKB als Bestandteil des Kfz-Haftpflichtvertrages auch für den Direktanspruch des geschädigten Dritten maßgeblich. 122

Bei fehlender oder nur teilweiser Leistungspflicht richtet sich der Anspruch des Dritten nach § 117 Abs. 1 bis 4 VVG. Dies führt zu einer gestuften Leistungspflicht[152] entsprechend der Schutzwürdigkeit des Dritten[153]. 123

Im Spektrum der Naturalrestitution hat der Versicherer nur in Geld zu leisten, § 115 Abs. 1 Satz 3 VVG. Dies wurde in A.1.1.2 AKB so übernommen. 124

Die rechtliche Möglichkeit, trotzdem auch in anderer Form Naturalrestitution zu leisten, wird dem Versicherer durch die Vorschrift nicht genommen. Es ist **keine Verbotsnorm**, sondern eine Schutzvorschrift, die den Versicherer vor ihm unzumutbaren Aktivitäten bewahren soll. 125

---

146 Looschelders/Pohlmann/*Schwartze VVG*-Kommentar, § 115 VVG Rn. 6; Stiefel/Maier/*Jahnke* § 115 VVG Rn. 26.

147 Zu streitigen Fällen der Konfusion siehe Schwintowski/Brömmelmeyer/*Retter* PK-VersR, § 100 VVG Rn. 35; Looschelders/*Pohlmann/Schulze Schwienhorst* VVG -Kommentar, § 100 VVG Rn. 20.

148 Stiefel/Maier/*Jahnke* § 115 VVG Rn. 151 (fehlendes 3-Personen-Verhältnis) u. 167.

149 *OLG Hamm* Urt. v. 16.06.1994 – 6 U 227/93, JurionRS 1994, 16124 = MDR 1995, 695 = NJW 1995, 2930 (Ls.) = NZV 1995, 276 = VersR 1995, 454 = zfs 1995, 220 (*BGH* Nichtannahmebeschl. v. 14.03.95 – VI ZR 230/94, VersR 1995, 454; Stiefel/*Maier* Kraftfahrtversicherung, A.1.1.2 AKB, Rn. 58.

150 Siehe *Heinrichs* A.4 AKB, Rdn. 1503 ff.

151 Siehe *Schwab* Fahrerschutzversicherung, Rn. 329.

152 Siehe *Kreuter-Lange* § 117 VVG Rdn. 29 ff.

153 Siehe oben § 115 VVG Rdn. 78–107.

126 Im Rahmen des Schadenmanagements[154] macht der Versicherer von seinem Recht Gebrauch, sich aktiv um die Schadenbehebung zu kümmern.

IX. Gesamtschuldner

127 Bei einem Direktanspruch gegen den Versicherer wird durch § 115 Abs. 1 Satz 4 VVG ein **Gesamtschuldverhältnis** mit den ersatzpflichtigen Versicherten begründet. Nach der hier vertretenen Auffassung jedoch nur dann, wenn es sich um einen schutzwürdigen Dritten[155] im Sinne des Gesetzeszwecks handelt.

128 Die Wortwahl des Gesetzes »ersatzpflichtige Versicherungsnehmer« trifft nicht so recht. Es kommt nicht auf den Versicherungsnehmer, sondern den Versicherten bzw. Mitversicherten an. Der Reformgesetzgeber hat hier die Strukturen aus § 3 Nr. 2 PflVG a.F. übernommen. Es handelt sich nach gefestigter Meinung[156] um einen gesetzlich angeordneten Schuldbeitritt.

129 Aus dem Haftpflichtverhältnis zwischen Geschädigtem und Schädiger folgen Schadensersatzansprüche gegen den Schädiger. Durch den Direktanspruch wird der Versicherer nicht selbst zum Haftenden,[157] sondern schuldet nur neben dem versicherten Schädiger Schadensersatz. Ein Gesamtschuldverhältnis ist **kein Gesamthaftungsverhältnis.**

130 Das Gesamtschuldverhältnis besteht nur im Rahmen der Leistungspflicht des Versicherers. Damit wird ein bestehendes Gesamtschuldverhältnis in mehreren Richtungen **begrenzt:**
- in der Höhe entsprechend der vereinbarten Versicherungssummen
- (ab Überschreitung der Deckungssumme schuldet der Schädiger allein)
- im Umfang des Schadensersatzes soweit kein vollständiger Ausschlusstatbestand greift:
- auf Personenschäden des geschädigten Versicherungsnehmers[158]
- auf bestimmte Sachschäden von Insassen des versicherten Fahrzeugs[159]
- in Bezug auf Höchsthaftungssummen nach den §§ 12, 12a StVG
- (wird die Höchsthaftungssumme überschritten, haftet der Halter nicht mehr; der Versicherer schuldet dann nur noch zusammen mit dem mitversicherten Fahrer, wenn dieser fahrlässig gehandelt hat)
- in der Art und Weise der zu erbringenden Leistung, da der Versicherer nach § 115 Abs. 1 Satz 3 VVG nur in Geld leisten muss[160]

131 Besteht keine Leistungspflicht gegenüber dem Versicherungsnehmer, bleibt gleichwohl das Gesamtschuldverhältnis erhalten, §§ 115 Abs. 1 Satz 2 i.V.m. 117 Abs. 1 VVG. Statt der vertraglichen gilt die vorgeschriebene Mindestversicherungssumme als Begrenzung des Gesamtschuldverhältnisses, § 117 Abs. 3 Satz 1 VVG.

132 Gesamtschuld besteht zu einem Mitschädiger eines fremdversicherten Fahrzeugs und zu dessen Versicherer[161]. Der gesetzliche Schuldbeitritt wirkt somit über das Vertragsverhältnis hinaus.

---

154 Himmelreich/Halm/Staab/*Richter*, Handbuch der Kfz-Schadensregulierung, Kap. 2.
155 Siehe oben § 115 VVG Rdn. 78–107.
156 Looschelders/Pohlmann/*Schwartze* VVG-Kommentar, § 115 VVG Rn. 3.
157 *Littbarski* Betriebshaftpflicht und Anhängerschaden, NVersZ 2001, 397 ff.; Stiefel/Maier/*Jahnke* § 115 VVG Rn. 140.
158 § 4 Nr. 1 KfzPflVV; A.1.5.1 AKB 2015.
159 § 4 Nr. 3 KfzPflVV; A.1.5.5 AKB 2015.
160 Schwintowski/Brömmelmeyer/*Huber* PK-Vers, § 115 Rn. 29.
161 *BGH* Urt. v. 13.06.1978 – VI ZR 166/76, JurionRS 1978, 12974 = MDR 1979, 129= VersR 1978, 843; *OLG Celle* Urt. v. 14.05.1973 – 5 U 129/72, JurionRS 1973, 11325 = VersR 1973, 1031; Prölss/Martin/*Knappmann* § 115 VVG Rn. 19; Feyock/Jacobsen/Lemor § 116 VVG Rn. 6; einschränkend Römer/*Langheid* § 115 VVG Rn. 18.

X. Verjährung

1. Gleichlauf der Verjährungsfrist

Die Verjährung des Direktanspruchs richtet sich nach der Verjährung des Schadensersatzanspruchs gegen den Versicherten. Damit ist § 115 Abs. 2 Satz 1 VVG eine Spezialvorschrift gegenüber § 425 Abs. 2 BGB. Das Gesetz schreibt hierdurch einen Gleichlauf[162] der Verjährung vor. 133

Der Deckungsanspruch des Versicherungsnehmers und der Mitversicherten bleibt von der Vorschrift unberührt[163]. Die Verjährung des Deckungsanspruchs gegen den Versicherer beginnt erst mit Ablauf des Jahres, in dem der Anspruch durch den Geschädigten geltend gemacht wurde und der Versicherungsnehmer hiervon erfährt, § 199 Abs. 1 BGB. 134

2. gleichzeitiger Verjährungsbeginn

Nach Abs. 2 Satz 2 erster Halbsatz der Vorschrift beginnt der Lauf der Verjährung einheitlich zum selben Zeitpunkt. 135

3. ungleichzeitiges Verjährungsende

Im zweiten Halbsatz von Abs. 2 Satz 2 wird ein unterschiedliches Ende angeordnet. Der Direktanspruch gegen den **Versicherer** endet **10 Jahre** nach Eintritt des Schadens. Der Eintritt des Schadens soll nach der Gesetzesbegründung[164] nicht das Unfallereignis selbst, sondern die Offenbarung des Schadens durch das Unfallereignis sein. Der Bedeutungsgehalt für den Beginn des Fristenlaufs bedürfte für den Kfz-Haftpflichtschadensfall allerdings nicht wesentlich sein.[165] Der Anspruch gegen den versicherten Schädiger verjährt (je nach Schadenart, Sach- oder Personenschaden) in **10 oder 30 Jahren** nach dem Schadenereignis, § 199 Abs. 2 u. 3 BGB. 136

Von Bedeutung ist dies für den **Sozialversicherungsträger**, der häufig erst sehr spät von übergegangenen Ansprüchen Kenntnis erhält, weil er plötzlich selbst in der Leistungspflicht ist bzw. dem Regresssachbearbeiter[166] die Akte vorgelegt wird. Das Problem hat sich für den Sozialversicherungsträger verschärft, da es nach Änderung der Verjährungsvorschriften nicht mehr auf die positive Kenntnis des Regressanspruchs ankommt. Vielmehr hat er schon bei grob fahrlässiger Unkenntnis[167] mit dem Lauf der Verjährung zu rechnen, § 199 Abs. 1 Nr. 2 BGB. Die Fahrlässigkeit muss dabei nicht allein beim Regresssachbearbeiter[168] vorliegen. Ein grobes Organisationsverschulden[169] in der Verwaltung reicht bereits aus. 137

---

162 PWW/*Müller* § 425 BGB Rn. 7; Schwintowski/Brömmelmeyer/*Huber* PK-Vers, § 115 Rn. 30.

163 *BGH* Urt. v. 07.04.1987 – VI ZR 55/86, JurionRS 1987, 13136 = DAR 1987, 285 = NJW-RR 1987, 916 = r+s 1987, 270 = MDR 1987, 925 = VersR 1987, 937; *BGH* Urt. v. 07.12.1976 – VI ZR 7/75, BGHZ 67, 372 = JurionRS 1976, 11403 = DB 1977, 2093 = MDR 1977, 385 = NJW 1977, 532 = VersR 1977, 282 = VRS 52, 172; *OLG Hamm* 15.12.1999 – 20 U 131/99, JurionRS 1999, 17334 = NVersZ 2000, 234 = r+s 2000, 142 = zfs 2000, 257 = NZV 2000, 414; Prölss/Martin/*Knappmann* § 3 Nr. 3 PflVG a.F. Rn. 14; Schwintowski/Brömmelmeyer/*Huber* PK-Vers, § 115 Rn. 30; Feyock/*Jacobsen*/Lemor § 115 VVG Rn. 19; Looschelders/Pohlmann/*Schwartze* VVG-Kommentar, § 115 VVG Rn. 22.

164 BT-Drs. 16/5862 S. 99.

165 Offenbart sich ein Sachschaden 10 Jahre nach dem Schadensereignis, kann allerdings einem noch unverjährten Direktanspruch entgegengehalten werden, dass der Schadensersatzanspruch bereits verjährt ist.

166 *BGH* Urt. v. 28.11.2006 – VI ZR 196/05 (Klage eines gesetzlichen Unfallversicherers), JurionRS 2006, 29955 = r+s 2007, 123 m.Anm. *Lemcke* = VersR 2007, 513 = MDR 2007, 463 = NZV 2007, 131 = SVR 2007, 144 bespr. v. *Lang* = NJW 2007, 834 = DAR 2007, 265 = VRS 112, 249 = FamRZ 2007, 390L.

167 Bei Regressen nach § 110 SGB VII soll sich der Verjährungsbeginn auf den Zeitpunkt der Leistungsfeststellung beziehen, *Möhlenkamp* Zur Verjährung von Regressansprüchen nach § 110 SGB VII – Anwendung und zur Auslegung des § 113 Abs. 1 SGB VII, VersR 2013, 544 ff.

168 So allerdings *Lang* in Anm. zu *BGH* Urt. v. 09.01.2007 – VI ZR 139/06, SVR 2007, 144.

169 *BGH*, Urt. v. 28.02.2012 – VI ZR 9/11, JurionRS 2012, 13441 = VersR 2012, 738 = NJW 2012, 1789 = zfs 2012, 444 = MDR 2012, 769 = r+s 2012, 304 = NZV 2012, 479 (Ls.) = DAR 2012, 388 (Ls.); *BGH*, Urt. v. 17.04.2012 – VI ZR 108/11, JurionRS 2012, 15084 = DB 2012, 1327 = MDR 2012, 766 =

138 Hinweise dazu ergeben sich zum Beispiel auch aus den veröffentlichten[170] »Unternehmensleitlinien« der Sozialversicherungsträger. Anspruch und Wirklichkeit können in tatsächlicher Hinsicht auseinanderfallen. Eine Organisation, die nach außen kundtut, welch hohe Sorgfaltsmaßstäbe für sie gelten, muss erwarten, dass sie rechtlich daran gemessen wird. (Beispiel: *»Jeder Mitarbeiter gibt die Informationen weiter, die andere für ihre Aufgaben benötigen. Jeder Mitarbeiter bemüht sich aber auch um notwendige Informationen. Der Mitarbeiter erhält über sein Aufgabengebiet hinausgehende Informationen, die Zusammenhänge verständlich machen. Bei der Weitergabe von Informationen sind datenschutzrechtliche Regelungen zu beachten. Der Informationsfluss wird durch ein betriebliches Kommunikationssystem unterstützt.«*)

139 Der Direktanspruch kann dann bereits verjährt sein; der Schadensersatzanspruch gegen den Schädiger aber noch nicht, es sei denn, der Personenschaden liegt mehr als 30 Jahre zurück.

140 Ist der Schadensersatzanspruch gegen den Versicherungsnehmer noch nicht verjährt, wird der Deckungsanspruch gegen den Versicherer ebenfalls noch nicht verjährt sein (da der Versicherungsnehmer erst jetzt Kenntnis[171] von der Anspruchserhebung erhält).

141 *Lemcke*[172] und *Huber*[173] weisen darauf hin, dass der Sozialversicherungsträger schnell in eine Grube fallen oder Falle tappen könne, wenn er den falschen Weg gehe:

142 Verklagt der Sozialversicherungsträger den Schädiger, kann er mit dem Titel den Deckungsanspruch pfänden und sich überweisen lassen auch wenn der Direktanspruch gegen den Versicherer bereits verjährt[174] ist. Eine analoge Anwendung von § 124 Abs. 1 VVG scheidet aus, da es sich um eine Sondervorschrift handelt. Dies ist der übliche, aber oft beschwerliche Weg bei allen Haftpflichtversicherungen. Die Probleme liegen im tatsächlichen Bereich, wenn Firmen längst aufgelöst, Schädiger lange verstorben sind und Akten erst reproduziert werden müssen (sofern dies noch geht).

143 Werden nur der Versicherer oder Versicherer und Versicherungsnehmer verklagt, kann sich der Versicherer erfolgreich auf die Verjährung berufen. Dies gilt auch dann, wenn der Sozialversicherungs- oder Sozialhilfeträger den früheren Haftpflichtversicherer, aber nicht dessen Rechtsnachfolger[175] (z.B. bei Bestandsübertragung durch Rechtsgeschäft oder nach Insolvenz) verklagt. Die Klage gegen den Versicherer ist abzuweisen. Sie ist dann aber auch gegen den versicherten Schädiger[176] abzuweisen, da sich nach § 124 Abs. 1 VVG die Rechtskraft des Urteils gegen den Versicherer auch zugunsten des Versicherungsnehmers und der mitversicherten Personen auswirkt.

144 Entgegen *Huber*[177] dürfte für eine teleologische Reduktion der Rechtskrafterstreckung nach § 124 Abs. 1 VVG kein Raum[178] sein. Der Gesetzgeber hat bei der Reform die schon vor der

---

NJW 2012, 2644 = NZS 2012, 625 (Ls.) = r+s 2012, 308 = VersR 2012, 1005 = zfs 2012, 440; *Lemcke* in Anm. zu *BGH* Urt. v. 09.01.2007 – VI ZR 139/06, r+s 2007, 125 (127); *Diehl* in Anm. zu *BGH* Urt. v. 12.05.2009 – VI ZR 294/08, zfs 2009, 620 (622); Stiefel/Maier/*Jahnke* § 115 VVG Rn. 280 f.

170 http://www.deutsche-rentenversicherung-hessen.de/cae/servlet/contentblob/151750/publicationFile/24695/LeitbildGZ.pdf.

171 Siehe oben § 115 VVG Rdn. 134.

172 *Lemcke* in Anm. zu *BGH* Urt. v. 09.01.2007 – VI ZR 139/06, r+s 2007, 125 (127).

173 Schwintowski/Brömmelmeyer/*Huber* PK-Vers, § 115 Rn. 32 f.

174 *BGH* Urt. v. 09.01.2007 – VI ZR 139/06 (Klage eines Rentenversicherungsträgers), JurionRS 2007, 10334 = r+s 2007, 125 m.Anm. *Lemcke* = DAR 2007, 205 = NZV 2007, 187 = zfs 2007, 454 = VRS 112, 204 = VersR 2007, 371 = NJW-RR 2007, 467 = MDR 2007, 583 = VRR 2007, 308 bespr. v. *Knappmann;* Bruck/Möller/*Beckmann* VVG-Kommentar, Band IV, § 115 VVG, Rn. 58.

175 *LG Memmingen* Urt. v. 16.5.2013 – 34 O 1972/12, (*OLG München*, Verfügung v. 26.09.2013 – 24 U 2200/13) ADAJUR Dok.Nr. 104074 = DAR 2014, 275 m.Anm. *Schwab.*

176 Grundlegend zum alten Recht, den §§ 3 Nr. 3 und 8 PflVG a.F., siehe *BGH* Urt. v. 24.06.2003 – VI ZR 256/02 (Klage eines Sozialhilfeträgers), JurionRS 2003, 23784 = DAR 2003, 511 = NJW-RR 2003, 1327 = VersR 2003, 1121 = MDR 2003, 1231 = VRS 105, 337 = zfs 2004, 12.

177 Schwintowski/Brömmelmeyer/*Huber* PK-Vers, § 115 Rn. 33 m.w.N.

178 Looschelders/Pohlmann/*Schwartze* VVG-Kommentar, § 115 VVG Rn. 25.

Gesetzesänderung bestehende Sachlage gekannt und es dabei belassen[179]. Auch wenn das Ergebnis für den Geschädigten nachteilig zu sein scheint, wird sich das tatsächlich kaum beim Geschädigten auswirken.

Wirtschaftlich ist es der Sozialversicherungsträger, der einen (eher unsicheren) Regressanspruch verliert. Die Gesetzeslage bringt hingegen Rechtssicherheit und Planbarkeit für den Haftpflichtversicherer. Die schützenswerten Interessen des Schuldners[180] sind zu beachten: **145**
- Wovon soll er plötzlich Rückstellungen für überraschende Altfälle bilden, für die längst die gesetzlichen Aufbewahrungsfristen abgelaufen sind?
- Nach Ablauf der Aufbewahrungsfristen fehlt oft auch die Kenntnis, ob und in welcher Höhe zum Zeitpunkt des Unfalles Versicherungsschutz bestand. Damit stellt sich das tatsächliche Problem, ob der vermutlich leistungsfreie Haftpflichtversicherer mangels Kenntnis trotzdem an den Sozialversicherungsträger leisten muss.

Umgekehrt sollte der Haftpflichtversicherer durch eine eigene **negative Feststellungsklage** gegen den Sozialversicherungsträger das Nichtbestehen eines durchsetzbaren[181] Anspruchs rechtskräftig feststellen lassen können. Die Rechtskraft erstreckt sich bei einem Feststellungstitel dann auch zugunsten des Versicherungsnehmers, § 124 Abs. 1 VVG. Bei einem sofortigen Anerkenntnis des Sozialversicherungsträgers ergeht auf Antrag ein Anerkenntnisurteil. Dies steht in der Wirkung einem streitigen Urteil gleich. **146**

Der Versicherer hat selbst dann ein Rechtsschutzbedürfnis[182] auf Feststellung, wenn der Sozialversicherungsträger unmittelbar noch keine Ansprüche bei ihm angemeldet hat. Die Intension des Sozialversicherungsträgers zielt aber darauf, über den Schädiger an den Deckungsanspruch heranzukommen. Zumindest wird er versuchen, den Versicherer mittelbar über den Versicherungsnehmer dazu zu bewegen, doch noch zu leisten obwohl der Direktanspruch bereits verjährt ist. Damit besteht für den Haftpflichtversicherer eine für das Feststellungsinteresse ausreichende Wahrscheinlichkeit, tatsächlich in Anspruch genommen werden zu können. **147**

Das Rechtsschutzbedürfnis des Haftpflichtversicherers entfällt nur dann, wenn der Sozialversicherungsträger auf einen Regress gegen den Versicherungsnehmer bzw. mitversicherten Schädiger ausdrücklich verzichtet hat. **148**

Bei der Regulierung, die neben der Befriedigung von berechtigten Schadensersatzansprüchen die Abwehr unberechtigter und einredebehafteter Ansprüche bedeutet, ist der Versicherer sogar gehalten, im Interesse des VN die negative Feststellungsklage zu erheben. Tut er dies nicht, könnte er sich ihm gegenüber schadensersatzpflichtig machen, da er seinen Regulierungsauftrag nicht ordnungsgemäß erfüllt. **149**

In diesem Zusammenhang muss gerade an die Fälle gedacht werden, wo die Versicherungssummen (im Vergleich zu heute) deutlich niedriger waren. Stehen nun plötzlich erhebliche Regressforderungen der Sozialversicherungsträger im Raum, müsste der Schädiger noch nach Jahrzehnten selbst den vom Versicherer ungedeckten Schadensteil ausgleichen. Die finanziellen Belastungen könnten für den VN erdrückend sein. **150**

---

179 Der Regierungsentwurf BT-Drucks. 16/3945 S. 91 sah eine komplette Übernahme des § 3 Nr. 8 PflVG a.F. vor.

180 *OLG Naumburg*, Urt. v. 08.11.2007 – 1 U 81/07, JurionRS 2007, 46212 = MDR 2008, 480 = VersR 2008, 775 = VRR 2008, 122; Stiefel/Maier/*Jahnke* § 115 VVG Rn. 280.

181 Der Anspruch kann bestehen, ist aber aufgrund der Erhebung der Einrede der Verjährung nicht durchsetzbar.

182 Ablehnend *Müller/Matlach* Rechtskrafterstreckung und Verjährung nach § 3 Nr. 8, Nr. 3 S. 2 Hs. 2 Pflichtversicherungsgesetz (PflVG) – Anmerkungen zum Urteil des BGH vom 09.01.2007 (VI ZR 139/06), zfs 2007, 366 ff.

4. Anmeldung beim Versicherer

151 Mit der **erstmaligen**[183] Anmeldung der Ansprüche beim Versicherer ist auch[184] die Verjährung des Direktanspruchs gehemmt, Abs. 2 Satz 3. Diese Rechtsfolge ist unabhängig davon, ob der Geschädigte die kurze Frist des § 119 Abs. 1 VVG[185] versäumt. Eine **erneute Anmeldung** führt nicht[186] zu einer erneuten Hemmung der Verjährung.

152 Die Regelung ergänzt und verschärft die allgemeinen Tatbestände der Hemmung in den §§ 203 ff. BGB zugunsten des Geschädigten. Es kommt z.B. nicht auf eine Mitwirkung[187] des Schädigers (Aufnahme von Verhandlungen) an.

5. Anmeldung beim falschen Versicherer

153 Die Anmeldung hat beim richtigen Versicherer zu erfolgen. Eine Anmeldung beim Haftpflichtversicherer A ersetzt keine Anmeldung beim Haftpflichtversicherer B.

154 Die Adressdatenspeicherung bei Anwälten bringt es mit sich, dass irrtümlich der Rechtsschutzversicherer[188] angeschrieben wird, aber der Kfz-Haftpflichtversicherer gemeint ist. Selbst wenn die Unternehmen im gleichen Haus sitzen, handelt es sich um unterschiedliche Rechtspersonen. Die Anspruchsanmeldung ist selbst dann nicht bewirkt, wenn der Rechtsschutzversicherer (ggf. nach Tagen und Wochen) das Schriftstück an den zuständigen Haftpflichtversicherer weiterleitet.

155 Meldet sich der zuständige Haftpflichtversicherer beim Geschädigten oder Anwalt, verzichtet er konkludent auf eine formal ordnungsgemäße Anspruchsanmeldung.

156 Gehören sowohl der unzuständige als auch der zuständige Haftpflichtversicherer zu einem Konzern, wird beim zuständigen Haftpflichtversicherer die Hemmung der Ansprüche erst bewirkt, wenn er die Anspruchsanmeldung erhält. Aus dieser Anmeldung muss sich zweifelsfrei ergeben, dass er und nicht das Schwesterunternehmen gemeint ist.

157 Meint der Versicherer irrtümlich, er sei zuständig und hält den Geschädigten hierdurch davon ab, beim zuständigen Versicherer Ansprüche rechtzeitig anzumelden, kann er sich schadensersatzpflichtig[189] machen. Dem liegt der Gedanke zu Grunde, dass mit der Anmeldung von Ansprüchen und dem Verhandeln des Versicherers eine schuldrechtliche Sonderbeziehung entsteht. Diese lässt Schadensersatzansprüche aus Treu und Glauben nach § 242 BGB entstehen.

158 Reguliert der Versicherer allerdings erkennbar zunächst nur für den, den es angeht, schafft er beim Geschädigten keinen Vertrauenstatbestand, der ihn später zum Schadensersatz verpflichten könnte.

159 Der unzuständige Versicherer muss nicht regieren, wenn er erkennt, dass er nicht zuständig ist. Nur dann, wenn er selbst durch aktives Tun[190] einen Vertrauenstatbestand beim Geschädigten setzt, erwachsen für ihn Pflichten, den Geschädigten aufzuklären.

---

183 *BGH* Urt. v. 05.11.2002 – VI ZR 416/01, BGHZ 152, 298 = JurionRS 2002, 23421 = PVR 2003, 132 bespr. v. *Kreuter-Lange* = DAR 2003, 161 = NJW 2003, 895 = MDR 2003, 215 = VersR 2003, 99 = VRS 104, 202 = r+s 2003, 36 = zfs 2003, 174; Feyock/*Jacobsen*/Lemor § 115 VVG Rn. 19; Looschelders/Pohlmann/*Schwartze* VVG-Kommentar, § 115 VVG Rn. 26.

184 Sie hemmt bereits den Anspruch aus dem Versicherungsvertrag, § 15 VVG.

185 *BGH* Urt. v. 19.11.1974 – VI ZR 205/73, JurionRS 1974, 11241 = NJW 1975, 260 = VersR 1975, 279 = MDR 1975, 220; *OLG München* Ents. v. 16.09.1974 – 24 U 783/74, VersR 1975, 510; Stiefel/Maier/*Jahnke* § 115 VVG Rn. 306.

186 Looschelders/Pohlmann/*Schwartze* VVG-Kommentar, § 115 VVG Rn. 26; Stiefel/Maier/*Jahnke*, § 115 VVG, Rn. 347; in Frage stellend Schwintowski/Brömmelmeyer/*Huber* PK-Vers, § 115 Rn. 43.

187 Schwintowski/Brömmelmeyer/*Huber* PK-Vers, § 115 Rn. 36.

188 Genauso häufig: Lebens-, Unfall-, Pensions-, Krankenversicherer etc.

189 *BGH* Urt. v. 11.06.1996 – VI ZR 256/95, JurionRS 1996, 14292 = VersR 1996, 1113 = MDR 1996, 1245 = NZV 1996, 401 = NJW 1996, 2724 = BB 1996, 1580 = zfs 1996, 366; Looschelders/Pohlmann/*Schwartze* VVG-Kommentar, § 115 VVG Rn. 28; Römer/*Langheid*, § 115 VVG, Rn. 25.

190 Anders Prölss/Martin/*Knappmann*, § 115 VVG, Rn. 37.

6. Anmeldung in Textform

Die Anmeldung des Anspruchs hat der geschädigte Dritte dem Versicherer in Textform anzuzeigen, § 119 Abs. 1 VVG. Eine **mündliche Anmeldung**[191] per Telefonanruf dürfte nach der Gesetzesänderung nicht mehr ausreichen, die Rechtswirkungen zu erzeugen. Insoweit ist ein Unterlassen entsprechend § 119 Abs. 1 VVG mehr als nur eine sanktionslose Obliegenheitsverletzung[192]. 160

Nach *Knappmann*[193] sei der Versicherer bei nur mündlicher Anmeldung gehalten, den Geschädigten auf die fehlende Textform hinzuweisen. Dem ist zuzustimmen, da der Geschädigte dem Versicherer erkennbar ein gewisses Vertrauen entgegen bringt. 161

Es ist häufige Praxis der Versicherer, dem Versicherungsnehmer für den Schadensfall Visitenkarten mit Kennzeichen, Versicherungsscheinnummer, weiteren Kontaktdaten und der Telefonnummer der Service-Hotline zur Verfügung zu stellen. Ruft der Geschädigte an, wird er entsprechend vom Versicherer angeschrieben. Der Geschädigte erhält somit Gelegenheit, die ordnungsgemäße Anmeldung in rechtssicherer Form zeitnah nachzuholen. 162

Die Textform richtet sich nach § 126b BGB. Zwar ist grundsätzlich eine Anmeldung per SMS[194] nicht ausgeschlossen, aber für eine Anmeldung von Ansprüchen gegenüber dem Versicherer wohl kaum praktikabel. Denkbar ist heutzutage eine Anmeldung über eine Chat-Funktion (»Chat-Bubble«) über die Homepage des Versicherers. 163

Die Anforderungen an eine Anspruchsanmeldung sind niedrig[195] anzusetzen. Die bloße Anforderung der Übersendung von Formularen zur Schadenanzeige genügt nicht. 164

7. Umfang der Anmeldung

Sofern sich nichts aus den Umständen ergibt, betrifft die Anmeldung Ansprüche aller Art. Ausreichend ist daher nach h.M.[196] eine Anmeldung dem Grunde nach, ohne sogleich Forderungen spezifizieren zu müssen. Werden nur Sachschäden oder nur Schmerzensgeld geltend gemacht, muss sich aus dem Zusammenhang ergeben, dass keine Ansprüche wegen Personenschäden erhoben werden. Im Zweifel gilt die Anmeldung für alle[197] Ansprüche. 165

Die Anmeldung der Ansprüche hat sich nicht auf bestimmte Anspruchsnormen[198] zu beziehen. Sie betrifft einen Sachverhalt, aus dem sich Schadensersatzansprüche aus den verschiedensten 166

---

191 So auch *Kreuter-Lange*, § 119 VVG Rdn. 3; Feyock/*Jacobsen*/Lemor § 115 VVG Rn. 20; Langheid/Wandt/*Schneider*, § 115 VVG, Rn. 33; dagegen *Bauer* Die Kraftfahrtversicherung Rn. 898.

192 So offenbar noch Schwintowski/Brömmelmeyer/*Huber* PK-Vers, § 115 Rn. 42; Looschelders/Pohlmann/*Schwartze* VVG-Kommentar, § 115 VVG Rn. 27; Stiefel/Maier/*Jahnke* § 115 VVG Rn. 304.

193 Prölss/Martin/*Knappmann*, § 115 VVG, Rn. 32.

194 PWW/*Ahrens* § 126b BGB Rn. 4.

195 *BGH* Urt. v. 07.04.1987 – VI ZR 55/86, JurionRS 1987, 13136 = VersR 1987, 937 = NJW-RR 1987, 916 = MDR 1987, 925 = r+s 1987, 270 = zfs 1987, 324 = DAR 1987, 285; Looschelders/Pohlmann/*Schwartze* VVG-Kommentar, § 115 VVG Rn. 27.

196 *BGH* Urt. v. 02.03.1982 – VI ZR 245/79, BGHZ 83, 162 = JurionRS 1982, 12184 = VersR 1982, 546 = MDR 1982, 659 = NJW 1982, 1761 = zfs 1982, 230; *OLG Frankfurt* Beschl. v. 03.01.2011 – 22 W 68/10, MDR 2011, 538 = NJW-RR 2011, 1178 = NZV 2011, 548; Prölss/Martin/*Knappmann* § 3 Nr. 3 PflVG a.F. Rn. 4; Schwintowski/Brömmelmeyer/*Huber* PK-Vers, § 115 Rn. 40; Looschelders/Pohlmann/*Schwartze* VVG-Kommentar, § 115 VVG Rn. 27 m.w.N; a.A. *LG Koblenz* Ents. v. 28.03.1977 – 8 O 281/76, VersR 1978, 474.

197 *BGH* Urt. v. 25.06.1985 – VI ZR 60/84, JurionRS 1985, 14956 = VersR 1985, 1141 = zfs 1985, 356 (Ls.) = VRS 69, 262; *OLG München* Urt. v. 06.10.2000 – 21 U 3623/00, VersR 2001, 230 = NVersZ 2001, 427; Looschelders/Pohlmann/*Klenk* VVG-Kommentar, § 15 VVG Rn. 16.

198 *BGH* Urt. v. 21.12. 1971 – VI ZR 137/70, JurionRS 1971, 11158 = NJW 1972, 445 = VersR 1975, 271 = MDR 1972, 508; *OLG München* Ents. v. 16.09.1974 – 24 U 783/74, VersR 1975, 510.

Rechtsgründen[199] herleiten lassen. Da heute[200] Schmerzensgeld sogar in der Gefährdungshaftung verlangt werden kann, hat sich die Bedeutung etwas gewandelt. Ein Fristversäumnis nach § 15 StVG bleibt für Ansprüche aus § 7 Abs. 1 StVG beachtlich.

167 Die Anspruchsanmeldung umfasst im Zweifel auch im Zeitpunkt des Unfalles übergegangene Ansprüche des Geschädigten, soweit sie in seiner Person als ursprünglicher Rechtsinhaber künftig erneut aufleben können, z.B. bei Aussteuerung aus der gesetzlichen Krankenversicherung.[201]

168 Keine Anmeldung von Ansprüche ist die bloße Mitteilung eines Schadenfalls an den Versicherer oder die Bitte[202] um Übersendung einen Formulars für eine Schadenanzeige. Es handelt sich dabei noch nicht um eine rechtsgeschäftliche Klärung (Anspruchsanmeldung),[203] gegenüber dem Versicherer den Direktanspruch erheben zu wollen.

169 Genauso liegt im umgekehrten Fall: Wenn der Versicherer den Geschädigten von sich aus anschreibt, liegt noch keine Anmeldung[204] durch den Geschädigten vor.

8. Anmeldung für Dritte

170 Wer[205] die Ansprüche anmeldet, ist unerheblich. Entscheidend ist, für wen angemeldet wird. Grundsätzlich sind Ansprüche für jeden Geschädigten separat anzumelden.

171 Ausnahmsweise wurde vom *BGH*[206] eine Anmeldung zugleich für unterhaltsberechtigte Kinder auch dann angenommen, wenn die Witwe ausdrücklich zunächst nur eigene Unterhaltsansprüche angemeldet hat. Seit der alten Entscheidung des *BGH* haben sich die gesellschaftlichen Verhältnisse erheblich verändert. Zu Recht bezweifelt *Huber*[207], ob die Voraussetzungen für die Geschädigten freundliche Rechtsprechung heute noch zutreffend sind.

172 Die Anspruchsanmeldung durch den Geschädigten bewirkt dagegen keine[208] Anspruchsanmeldung für den gesetzlichen Sozialversicherungsträger, auf den im Zeitpunkt des Unfalles nach § 116 Abs. 1 SGB X Ansprüche übergegangen sind.

9. Anmeldung beim Schädiger

173 Die Anmeldung beim Schädiger hemmt die Verjährung des Direktanspruchs nicht[209]. Will der Geschädigte tatsächlich einen Direktanspruch geltend machen, hat er dies gegenüber dem Versicherer zu tun, § 119 Abs. 1 VVG.

---

199 *BGH* Urt. v. 07.12.1976 – VI ZR 7/75, BGHZ 67, 372 = JurionRS 1976, 11403 = VersR 1977, 282 = NJW 1977, 532 = MDR 1977, 385 = DB 1977, 2093 = VRS 52, 172; *BGH* Urt. v. 23.03.1982 – VI ZR 144/80, JurionRS 1982, 12651 = DAR 1982, 290 = r+s 1982, 116 = VersR 1982, 651 = VRS 63, 17 = zfs 1982, 261 (Ls).

200 Seit dem 01.08.2002 aufgrund des Schadensersatzrechtsänderungsgesetzes.

201 *BGH* Urt. v. 20.04.1982 – VI ZR 311/79, JurionRS 1982, 12567 = NJW 1982, 2001 = VersR 1982, 674 = MDR 1982, 920 = r+s 1982, 138 (Ls.) = zfs 1982, 261 (Ls.).

202 *AG Berlin-Charlottenburg*, Urt. v. 20.01.1975 – 19 C 229/74, r+s 1975, 251; Prölss/Martin/*Knappmann*, § 115 VVG, Rn. 32.

203 *OLG München*, Ents. v. 16.09.1974 – 24 U 783/74, VersR 1975, 510.

204 *AG Burgwedel*, Urt. v. 08.04.2004 – 75 C 90/03, JurionRS 2004, 30598 = zfs 2004, 366; Stiefel/Maier/*Jahnke* § 115 VVG Rn. 307.

205 Looschelders/Pohlmann/*Schwartze* VVG-Kommentar, § 115 VVG Rn. 27; Prölss/Martin/*Knappmann*, § 115 VVG, Rn. 34.

206 *BGH* Urt. v. 12.06.1979 – VI ZR 192/78, BGHZ 74, 393 = JurionRS 1979, 11125 = MDR 1979, 926 = VersR 1979, 915 = NJW 1979, 2155.

207 Schwintowski/Brömmelmeyer/*Huber* PK-Vers, § 115 Rn. 37; der alten Rechtsprechung dagegen folgend Looschelders/Pohlmann/*Schwartze* VVG-Kommentar, § 115 VVG Rn. 27.

208 Unklar insoweit *Schneider* in MüKo, § 115 VVG, Rn. 34.

209 Feyock/*Jacobsen*/Lemor § 115 VVG Rn. 20; Bruck/Möller/*Beckmann*, VVG-Kommentar, Band IV, § 115 VVG, Rn. 62.

Der Schädiger kann als Erklärungsbote[210] des Geschädigten, aber nicht als Empfangsbote des Versicherers fungieren. Der Schädiger hat lediglich eine Obliegenheit, dem Versicherer die Erhebung des Anspruchs anzuzeigen, § 104 Abs. 1 Satz 2 VVG. Der Geschädigte muss im Zweifel nachweisen, dass der Versicherungsnehmer die Meldung tatsächlich an den Versicherer weitergereicht hat. Ein Unterlassen[211] des Schädigers führt nicht zu der Rechtsfolge, die der Geschädigte in direkter Anmeldung beim Versicherer hätte erreichen können. 174

Unterrichtet der Versicherungsnehmer den Versicherer[212] von der Anmeldung, tritt die Hemmung ein. Voraussetzung ist allerdings, dass es sich dabei inhaltlich um die Geltendmachung von Ansprüchen durch den Schädiger direkt beim Versicherer handelt. 175

10. Anmeldung durch den Schädiger

Die Anmeldung durch den Schädiger ersetzt nicht eine Anmeldung für den Geschädigten. Im Zweifel wird angenommen, dass der Versicherte nur seiner Anzeigepflicht[213] nach § 104 Abs. 1 VVG nachkommen will, ohne zugleich auch für den Geschädigten tätig zu werden. In der Praxis bezeichnet der Versicherte häufig die Anmeldung als »vorsorgliche« Schadenmeldung. 176

Die Hemmung tritt ein, wenn der Schädiger gleichzeitig ein Anspruchsschreiben[214] des Geschädigten, das (zumindest auch) an den Versicherer gerichtet ist, an den Versicherer sendet. 177

11. Wirkung der Hemmung

Das VVG enthält keine eigene Regelung. Es gilt daher § 209 BGB, wonach der Zeitraum, währenddessen die Verjährung gehemmt ist, in die Verjährungsfrist nicht mitberechnet wird. 178

Die Anmeldung der Ansprüche hemmt die Verjährung aller Einzelansprüche aus dem Ereignis, die absehbar[215] sind. 179

Mit der Anmeldung werden selbst die Ansprüche gehemmt, die über die vertragliche **Deckungssumme**[216] hinausgehen. 180

Keine Hemmung kann allerdings hinsichtlich derjenigen Ansprüche erfolgen, die dem Grunde nach nicht durch den Versicherungsvertrag gedeckt sind (z.B. Gepäck, das kein[217] Reisegepäck ist). Dies gilt auch für Ansprüche, die bereits nach § 15 StVG verwirkt sind. 181

12. Aufhebung der Hemmung

a) Entscheidung in Textform

Der Versicherer kann die Hemmung der Verjährung aufheben, indem er dem Anspruchsteller eine Entscheidung in Textform zugehen lässt, § 126b BGB. Die Einhaltung der Textform wird auch 182

---

210 Schwintowski/Brömmelmeyer/*Huber* PK-Vers, § 115 Rn. 37.

211 Looschelders/Pohlmann/*Schwartze* VVG-Kommentar, § 115 VVG Rn. 27.

212 *BGH* Urt. v. 19.11.1974 – VI ZR 205/73, JurionRS 1974, 11241 = MDR 1975, 220 = NJW 1975, 260 = VersR 1975, 279; Stiefel/Maier/*Jahnke* § 115 VVG Rn. 310.

213 Looschelders/Pohlmann/*Schwartze* VVG-Kommentar, § 115 VVG Rn. 27.

214 *BGH* Urt. v. 19.11.1974 – VI ZR 205/73, JurionRS 1974, 11241 = MDR 1975, 220 =NJW 1975, 260 = VersR 1975, 279; Looschelders/Pohlmann/*Schwartze* VVG-Kommentar, § 115 VVG Rn. 27.

215 *BGH* Urt. v. 07.12.1976 – VI ZR 7/75, BGHZ 67, 372 = JurionRS 1976, 11403 = VersR 1977, 282 = MDR 1977, 385 = DB 1977, 2093 = NJW 1977, 532 = VRS 52, 172; Looschelders/Pohlmann/*Schwartze* VVG-Kommentar, § 115 VVG Rn. 27.

216 *BGH* Urt. v. 02.03.1982 – VI ZR 245/79, JurionRS 1982, 12184 = BGHZ 83, 162 = VersR 1982, 546 = NJW 1982, 1761 = MDR 1982, 659 = zfs 1982, 230; Looschelders/Pohlmann/*Schwartze* VVG-Kommentar, § 115 VVG Rn. 33.

217 *AG Coburg*, Urt. v. 28.03.2008 – 12 C 1005/07, JurionRS 2008, 38162 = zfs 2009, 91 u. *LG Coburg* Hinweisbeschl. v. 24.07.2008 – 32 S 39/08 (Cello).

nicht dadurch unentbehrlich, wenn der Geschädigte[218] eine mündliche Ablehnung des Versicherers schriftlich oder in Textform bestätigt.

183 Die Anforderungen für den Geschädigten und den Versicherer sind gleich gestellt worden. Der Versicherer muss nun nicht mehr[219] zwingend in Schriftform antworten. Den Zugang der Nachricht hat der Versicherer zu beweisen. Die Hemmung wird erst mit dem Zugang der Entscheidung beendet. Von da an läuft die Verjährung weiter.

184 Anders als im Falle des § 203 BGB ist der Haftpflichtversicherer gezwungen, zu reagieren. Nur so kann er die für ihn günstige Rechtsfolge herbeiführen. Ignoriert er die rechtzeitige Anspruchsanmeldung durch Untätigkeit, bleibt die Verjährung (ewig) gehemmt. Die unterlassene Antwort kann nicht als eine konkludent ausgesprochene Ablehnung gedeutet werden, obwohl sie faktisch eine solche ist. Der Versicherer ist an die Textform nach § 126b BGB gebunden.

b) **Art der Entscheidung**

185 Es muss sich inhaltlich um eine Entscheidung handeln. Nur dann wird die Hemmung beendet.

186 **Keine Entscheidungen** im Sinne des § 115 Abs. 2 Satz 3 VVG sind:
– Eingangsbestätigung des Versicherers
– Mitteilung der Schadennummer
– kommentarlose Überweisung[220] eines Schadensersatzbetrages oder Vorschusses
– schriftlicher Hinweis des Schädigers oder dessen Anwalts auf mündliche Ablehnung des Versicherers[221]
– bloßes In-Aussichtstellen[222] einer erneuten Prüfung[223] nach Ablehnungsentscheidung

187 Eine Entscheidung ist ausnahmsweise[224] **entbehrlich**, wenn Schadensersatzansprüche abschließend und endgültig erledigt sind. Bei einer kompletten Zahlung auf sämtliche Positionen (ohne Abzüge) kann ein Berufen auf eine fehlende schriftliche Erklärung rechtsmissbräuchlich[225] sein. Dies gilt auch, wenn Ansprüche erkennbar[226] nicht weiterverfolgt[227] werden. Ein Verstoß gegen § 242 BGB

---

218 *BGH* Urt. v. 18.02.1997 – VI ZR 356/95, JurionRS 1997, 13945 = NJW 1997, 2521 = VersR 1997, 637 = DAR 1997, 246 = MDR 1997, 546 = NZV 1997, 2521 = SP 1997, 208 = VRS 93, 291; Römer/Langheid, § 115 VVG, Rn. 25.

219 Looschelders/Pohlmann/*Schwartze* VVG-Kommentar, § 115 VVG Rn. 30.

220 *BGH* Urt. v. 28.01.1992 – VI ZR 114/91, JurionRS 1992, 14999 = VersR 1992, 604 = NJW-RR 1992, 606 = r+s 1992, 186 = MDR 1992, 1038 = NZV 1992, 231 = DAR 1992, 175 = zfs 1992, 165.

221 *BGH* Urt. v. 18.02.1997 – VI ZR 356/95, JurionRS 1997, 13945 = NJW 1997, 2521 = VersR 1997, 637 = DAR 1997, 246 = MDR 1997, 546 = SP 1997, 208 = VRS 93, 291.

222 *BGH* Urt. v. 05.11.2002 – VI ZR 416/01, BGHZ 152, 298 = JurionRS 2002, 23421 = PVR 2003, 132 bespr. v. *Kreuter-Lange* = DAR 2003, 161 = NZV 2003, 80 = NJW 2003, 895 = MDR 2003, 215 = VersR 2003, 99 = VRS 104, 202 = r+s 2003, 36 = zfs 2003, 174.

223 Ggf. aber hierdurch schwebende Verhandlungen im Sinne des § 203 BGB, *OLG Düsseldorf* Urt. v. 29.10.01–1 U 39/01, SP 2002, 284; Feyock/*Jacobsen*/Lemor § 115 VVG Rn. 24.

224 *BGH* Urt. v. 30.06.1998 – VI ZR 260/97, JurionRS 1998, 15806 = NZV 1998, 457 = VersR 1998, 1295 = NJW 1998, 2819 = r+s 1998, 412 = zfs 1999, 9 = DAR 1998, 387 = MDR 1998, 1101 = SP 1998, 379 = VRS 95, 354 = BB 1998, 1815 = DB 1998, 2108 (Abbruch von Verhandlungen).

225 *OLG Düsseldorf* Urt. v. 14.07.1989 – 15 U 205/88, NZV 1990, 74; *OLG Frankfurt* Urt. v. 02.10.1990 – 14 U 212/87, DAR 1992, 60 = r+s 1992, 38 (*BGH* Nichtannahmebeschl. v. 24.09.1991 – VI ZR 327/90); Looschelders/Pohlmann/*Schwartze* VVG-Kommentar, § 115 VVG Rn. 30; Stiefel/Maier/*Jahnke* § 115 VVG, Rn. 333; *Bauer* Die Kraftfahrtversicherung Rn. 903.

226 *BGH* Urt. v. 15.11.1977 – VI ZR 250/76, JurionRS 1977, 11481, VersR 1978, 93; *BGH* Urt. v. 14.12.1976 – VI ZR 1/76, JurionRS 1976, 11468 = DAR 1977, 102 = JZ 1977, 234 = MDR 1977, 485 = NJW 1977, 674 = VersR 1977, 335.

227 *OLG Hamm* Urt. v. 19.12.1990 – 20 U 190/90, JurionRS 1990, 14643 = r+s 1991, 289 = VersR 1991, 1397.

ist zudem darin zu sehen, dass ein Geschädigter auf Abfindungsangebote nicht reagiert und durch Untätigkeit einen längeren Zeitraum[228] verstreichen lässt.

Mit einer **negativen Entscheidung**, die die Ablehnung der erhobenen Schadensersatzansprüche eindeutig zum Ausdruck bringt, wird die Hemmung beendet. Dabei ist es nicht notwendig, dass der Versicherer nur zum Ausdruck bringt, dass er sich eingehender, aber nicht abschließend[229] mit dem Vorgang beschäftigt hat. 188

Auch eine **positive Entscheidung** des Versicherers vermag die Hemmung der Verjährung zu beenden. Im Interesse der Rechtssicherheit muss sie klar zum Ausdruck[230] bringen, dass der Versicherer bereit ist weitere berechtigte Forderungen des Geschädigten zu befriedigen. 189

Dies kann insbesondere in der Form geschehen, dass eine Haftungsquote anerkannt wird, zu der künftig zu regulieren ist. Bezieht sich die Entscheidung allein[231] auf die Vergangenheit und abgerechnete Ansprüche, ist dies unzureichend. 190

Der Versicherer muss damit nicht im Vorhinein alles anerkennen, was ihm künftig zur Erstattung vorgelegt wird. Die Entscheidung muss nur erkennen lassen, dass er (gegen entsprechende Nachweise) zur weiteren Zahlung[232] bereit ist. 191

Nicht ausreichend[233] ist ein Anerkenntnis zum Grunde bei gleichzeitigem Vorbehalt zur Höhe. 192

Eine Entscheidung kann auch im **Abschluss eines Abfindungsvergleiches**[234] gesehen werden. Dies gilt unabhängig davon, ob der Vergleich abschließend oder mit einem Vorbehalt[235] versehen ist. Die Verjährung beginnt daher in allen Fällen unmittelbar nach Abschluss des Vergleichs[236] zu laufen und nicht erst, wenn sich weitere Schäden zeigen. 193

Der Vorbehalt steht regelmäßig keinem rechtkräftigen Feststellungsurteil gleich und geht auch nicht über die Wirkungen eines solchen hinaus. So verjährt nach einem Abfindungsvergleich das Stammrecht, sind auch Ansprüche auf regelmäßig wiederkehrende Leistungen nicht mehr durchsetzbar, selbst wenn diese der vierjährigen Verjährung[237] unterliegen. 194

Schließlich ist auch im **Angebot eines Abfindungsvergleichs**[238] eine Entscheidung des Versicherers zu sehen. Mit einem Abfindungsangebot erklärt der Versicherer, (etwaige) Ansprüche des 195

228 *OLG Hamm* Urt. v. 18.01.2013 – I-9 U 23/12, JurionRS 2013, 31698 = r+s 2013, 360 = VRR 2013, 264 bespr. v. *Klaws* (Klageerhebung nach 28 Jahren).

229 *OLG Düsseldorf* Urt. v. 13.03.2012 – I-1 U 123/11, JurionRS 2012, 26109 = SP 2012, 360.

230 *BGH* Urt. v. 13.07.1982 – VI ZR 281/80, JurionRS 1982, 12405 = VersR 1982, 1006 = zfs 1982, 358; *OLG Celle* Urt. v. 07.09.2011 – 14 U 60/11; Looschelders/Pohlmann/*Schwartze* VVG-Kommentar, § 115 VVG Rn. 29.

231 *BGH* Urt. v. 05.12.1995 – VI ZR 50/95, JurionRS 1995, 15172 = VersR 1996, 369 = SP 1996, 96 = VRS 91, 7 = NJW-RR 1996, 474 = NZV 1991, 141 = MDR 1996, 259 = r+s 1996, 90 = zfs 1996, 126.

232 *BGH* Urt. v. 30.04.1991 – VI ZR 229/90, BGHZ 114, 299 = JurionRS 1991, 14680 = NJW 1991, 1954 = VersR 1991, 878 = r+s 1991, 292 = DAR 1991, 448 = MDR 1991, 947 = NZV 1991, 307 = zfs 1991, 347.

233 Looschelders/Pohlmann/*Schwartze* VVG-Kommentar, § 115 VVG Rn. 29.

234 Schwintowski/Brömmelmeyer/*Huber* PK-Vers, § 115 Rn. 50.

235 *BGH* Urt. v. 29.01.2002 – VI ZR 230/01, JurionRS 2002, 19664 = DAR 2002, 209 = VersR 2002, 474 = PVR 2002, 379 bespr. v. *Halm* = NVersZ 2002, 278 = r+s 2002, 198 = NZV 2002, 312 = NJW 2002, 1878 = VRS 103, 266 = MDR 2002, 514 = zfs 2002, 226; *OLG Karlsruhe* Urt. v. 26.03.1997 – 10 U 246/96, NZV 1997, 480 = VersR 1998, 632 = NJW-RR 1997, 1318 (Teilvergleich); *OLG Rostock* Urt. v. 22.10.2010 – 5 U 225/09, JurionRS 2010, 34674 = r+s 2011, 490 = NJW-Spezial 2011, 169 = VRR 2011, 226 bespr. v. *Knappmann.*

236 *OLG Koblenz* Urt. v. 30.01.2012 – 12 U 1178/10, JurionRS 2012, 10667 = r+s 2012, 148 = NZV 2012, 233 = NJW-Spezial 2012, 23.

237 *OLG Dresden* Beschl. v. 04.02.2013 – 7 U 1325/12.

238 Dagegen Lösung über § 242 BGB: *OLG Hamm* Urt. v. 18.01.2013 – I-9 U 23/12, JurionRS 2013, 31698 = r+s 2013, 360 = VRR 2013, 264 bespr. v. *Klaws* = BeckRS 2013, 02178.

Geschädigten in Höhe einer bestimmten Summe ausgleichen zu wollen. Zwar steht die Leistungsverpflichtung unter dem Vorbehalt der Annahme durch den Geschädigten, der Versicherer gibt jedoch eine rechtsverbindliche Erklärung nach § 145 BGB ab, einen bestimmten Betrag abschließend zahlen zu wollen. Die Wiederholung eines Angebotes ist keine[239] neue Entscheidung.

196 Der Versicherer kann die Annahme seines **Abfindungsangebotes befristen.** Gewährt er einen angemessenen Reaktionszeitraum[240] von vier bis sechs Wochen, kann er erwarten, dass innerhalb dieser Frist geantwortet wird. Je nach Zeitabläufen aus der Vorkorrespondenz kann auch zwei Monate zuzuwarten sein, spätestens nach sechs Monaten, entsprechend § 204 Abs. 2 Satz 2 BGB.[241] Nach Ablauf der gesetzten Frist ist von einem Abbruch von Verhandlungen durch »Einschlafenlassen« auszugehen.

197 Hat der Versicherer kein unbedingtes Anerkenntnis abgegeben und auch nicht auf den Verzicht der Einrede der Verjährung verzichtet, muss[242] der Geschädigte – wenn er das Angebot nicht annimmt – Klage erheben, um der drohenden Verjährung zu entgehen.

198 Das gilt auch für Teil-Abfindungsangebote, die mit einen klar beschriebenen Vorbehalt künftiger Ansprüche versehen sind. Der Geschädigte kann dadurch erkennen, was der Versicherer bereit ist, jetzt auf Ansprüche für Vergangenheit und Gegenwart zu zahlen sowie welche Ansprüche er in welchem Umfang (z.B. nach Quote oder Anspruchsposition) künftig zu regulieren beabsichtigt.

199 Teil-Abfindungsangebote, die lediglich den Schmerzensgeldanspruch betreffen, sind dagegen als Entscheidung unzureichend, da sie nicht den gesamten Anspruch betreffen und den Geschädigten hinsichtlich des materiellen Schadens im Unklaren lassen. Dies gilt in gleicher Weise für sonstige Teilangebote und Teilzeiträume,[243] die keine abschließende Stellungnahme[244] enthalten.

200 Da es sich bei einem Abfindungsangebot um eine positive, für den Empfänger günstige Erklärung handelt, ist das Angebot auch gegenüber beschränkt Geschäftsfähigen[245] wirksam, § 131 Abs. 2 Satz 2 BGB. Mit Rücksicht auf die Belange des beschränkt Geschäftsfähigen endet die Hemmung jedoch erst mit Zugang des Angebots beim gesetzlichen Vertreter.

201 Stellt der Versicherer den Geschädigten **klaglos,**[246] erkennt er Schadenspositionen an und weist weitere Forderungen zurück, liegt auch hierin eine Entscheidung des Versicherers.

202 Hat der Versicherer zur Ersparung eines Rechtsstreits[247] über eine ungewisse zukünftige Schadensersatzposition (z.B. Verdienstschaden eines heutigen Kindes) ein titelersetzendes Anerkenntnis abgegeben, z.B. *»An dieses Anerkenntnis sehen wir uns auch weiterhin gebunden und erklären, dass ihm die Wirkung eines rechtskräftigen Feststellungsurteils zukommen soll«*, so verliert der Geschädigte sein Rechtsschutzbedürfnis[248] für eine Feststellungsklage. Seine Klage ist als unzulässig abzuweisen.

---

239 *OLG Köln* Urt. v. 17.09.1987 – 5 U 12/87, JurionRS 1987, 20288 = VersR 1987, 1210 (Reisegepäckversicherung); *OLG Hamm* Urt. v. 23.03.2011 – I-20 U 152/10, JurionRS 2011, 17002 = BauR 2011, 1546 (Wohngebäudeversicherung).

240 *LG Köln* Urt. v. 19.10.2012 – 25 O 375/11.

241 *OLG Düsseldorf* Urt. v. 13.03.2012 – I-1 U 123/11, JurionRS 2012, 26109 = SP 2012, 360.

242 *OLG Karlsruhe* Urt. v. 11.02.1977 – 14 U 52/75 (Begründung zur Kostenentscheidung, Veranlassung zur Klage), JurionRS 1977, 11717 = VersR 1977, 936 (Ls.).

243 *OLG München* Urt. v. 18.04.1980 – 10 U 3922/79, JurionRS 1980, 20129 = VersR 1982, 173 (*BGH* Nichtannahmebes. v. 29.09.1981 – VI ZR 19/80).

244 *KG Berlin* Urt. v. 08.12.1977 – 12 U 1188/77, JurionRS 1977, 11609 = VersR 1980, 156 = zfs 1980, 116 (*BGH* Nichtannahmebes. v. 09.10.1979 – VI ZR 36/78).

245 PWW/*Brinkmann* § 145 BGB Rn. 12; PWW/*Ahrens* § 131 BGB Rn. 5.

246 Stiefel/Maier/*Jahnke*, § 115 VVG, Rn. 328.

247 *BGH* Urt. v. 23.10.1984 – VI ZR 30/83, JurionRS 1984, 13005 = DAR 1985, 55 = NJW 1985, 791 = MDR 1985, 479 = VersR 1985, 62.

248 *OLG Karlsruhe* Urt. v. 20.07.1990 – 14 U 172/89, NZV 1990, 428 = VersR 1992, 375; *OLG Oldenburg* Urt. v. 19.01.2011 –5 U 48/10, JurionRS 2011, 10644 = MDR 2011, 1202 = NZV 2011, 446 = VersR 2011, 1027 = VRR 2011, 163.

Ist die Erklärung des Versicherers jedoch nicht eindeutig, bleibt das Feststellungsinteresse[249] erhalten. 203

Mit beachtlichen Argumenten weist *Grunsky*[250] darauf hin, dass ein urteilsvertretendes Anerkenntnis nach altem Verjährungsrecht wegen Verstoß gegen § 225 Satz 1 BGB a.F. unzulässig und daher nichtig sei, § 134 BGB. Es könne daher – selbst bei einem praktischen Bedürfnis – keine Wirkungen entfalten. 204

M.E. ist es für den Versicherer zumindest problematisch, wenn er sich heute auf die Nichtigkeit des Anerkenntnisses und somit auf Verjährung berufen wollte. Tatsächlich hat er ja durch seine Erklärung verhindert, dass Feststellungsklage erhoben wurde. Die Ausübung des Rechts nach § 214 Abs. 1 BGB die Leistung zu verweigern, könnte dann häufig unzulässig sein. 205

Nach seit 2002 geltendem Recht kann eine wirksame Vereinbarung über die Verjährung bis zu 30 Jahren getroffen werden, sofern der Verjährungsbeginn sich nach dem gesetzlichen Verjährungsbeginn richtet, § 202 Abs. 2 BGB. Für die volle Ausschöpfung[251] des Zeitraums von 30 Jahren besteht selten Bedarf. 206

13. Drittwirkung

Die Hemmung der Verjährung des Direktanspruchs durch Anmeldung des Ersatzanspruchs beim Versicherer entfaltet zugleich[252] eine Hemmung der Verjährung von Ansprüchen gegen den Versicherungsnehmer und Mitversicherte[253]. Nach Abs. 3 Satz 4 der Vorschrift gilt dies über die Hemmung hinaus für die Ablaufhemmung nach den §§ 210, 211 BGB sowie den Neubeginn der Verjährung nach § 210 BGB. 207

Die Drittwirkung ist unabhängig davon, ob ein gesundes Versicherungsverhältnis[254] zwischen Versicherungsnehmer und Versicherer besteht. 208

Die Drittwirkung reicht jedoch nur so weit, wie sich der Direktanspruch gegen den Versicherer erstreckt. Nicht versicherte und damit vom Direktanspruch **ausgenommene Bereiche**, wie z.B. bestimmte Sach- und Vermögensschäden, Unfälle außerhalb des Geltungsbereichs der Europäischen Union oder – entgegen[255] *BGH*[256] – außerhalb des öffentlichen Verkehrsraumes (streitig),[257] entlasten den Geschädigten nicht von einer unmittelbaren Rechtsverfolgung gegen den haftpflichtigen Schädiger. 209

249 *OLG Karlsruhe* Urt. v. 10.03.2000 – 10 U 271/99, JurionRS 2000, 20698 = DAR 2000, 267 = MDR 2000, 1014 = OLGR 2000, 224 = VersR 2001, 1175.

250 *Grunsky* Die Auswirkungen des »urteilsvertretenden Anerkenntnisses« auf die Verjährung, NJW 2013, 1336 ff.

251 *Grunsky* Die Auswirkungen des »urteilsvertretenden Anerkenntnisses« auf die Verjährung, NJW 2013, 1336 ff.

252 *BGH* Urt. v. 23.03.1982 – VI ZR 144/80, JurionRS 1982, 12651 = DAR 1982, 290 = VersR 1982, 651 = VRS 63, 17 = zfs 1982, 261.

253 Feyock/*Jacobsen*/Lemor § 115 VVG Rn. 25.

254 *BGH* Urt. v. 06.12.1983 – VI ZR 212/81, JurionRS 1983, 12207 = DAR 1984, 113 = MDR 1984, 568 = VRS 66, 262 = VersR 1984, 226 = zfs 1984, 139.

255 *Schwab*, Betrieb und Gebrauch eines Kraftfahrzeugs, DAR 2011, 18; Looschelders/Pohlmann/*Schwartze*, VVG-Kommentar, § 115 VVG, Rn. 9; Stiefel/Maier/*Jahnke*, § 115 VVG, Rn. 81.

256 *BGH* Urt. v. 25.10.1994 – VI ZR 107/94, JurionRS 1994, 15599 = VersR 1995, 90 = NZV 1995, 19 = NJW-RR 1995, 215 = MDR 1995, 42.

257 *Schwab*, Betrieb und Gebrauch eines Kraftfahrzeugs, DAR 2011, 18; Looschelders/Pohlmann/Schwartze, VVG-Kommentar, § 115 VVG, Rn. 9; Stiefel/Maier/*Jahnke*, § 115 VVG, Rn. 81.

14. Unabdingbarkeit

210 Um der Schutzwirkung für den Geschädigten, den Versicherungsnehmer und der Mitversicherten zu genügen, ist jeder Teil der Regelung unabdingbar[258].

C. weitere praktische Hinweise

I. Risiko bei drohendem Fristablauf

211 Eine Anspruchsanmeldung kurz vor Ablauf der Verjährungsfrist birgt besondere Risiken, wenn in der Eile nicht exakt gearbeitet wird. Allein die falsche Ermittlung der Adresse des Versicherers und der falschen Gesellschaft können zum Anspruchsverlust führen. Hier ist besondere Sorgfalt gefragt.

212 Bestehen Unsicherheiten, die sich aufgrund von Zeitnot nicht mehr aufklären lassen, sollten mehrere Anschriften aufgenommen und der Anspruch per Fax angemeldet werden. Zur Verdeutlichung sollte man optisch herausstellen, dass man »Kfz-Haftpflichtansprüche anmeldet«.

II. Haftungsfalle: »Solo«-Klage gegen den Schädiger

213 Beabsichtigt der Geschädigte (nach einem Urteil gegen den Schädiger) den Deckungsanspruch zu pfänden und sich überweisen zu lassen, kann es für ihn zu einem bösen Erwachen kommen. Ist der Versicherer nur eingeschränkt oder gar nicht leistungspflichtig, kann ihm dies der Versicherer entgegenhalten. Der Kläger hat schließlich nur das Recht gepfändet, wie es dem beklagten Versicherungsnehmer gegen seinen Versicherer zustand. Das Gesetz fingiert[259] kein gesundes Versicherungsverhältnis. Um in den Genuss der ihm günstigen Rechtsfolge zu kommen hätte der Geschädigte seine Chance wahrnehmen müssen, den Versicherer stattdessen gleich mitzuverklagen, § 117 Abs. 1 VVG.

214 Ist ein neues Verfahren – jetzt die Direktklage gegen den Versicherer – notwendig, kann der Direktanspruch bereits verjährt sein. Unter keinen Umständen erhält er die Kosten für den (erfolglosen) Vorprozess[260] in diesem Verfahren erstattet.

III. Auskunft über den Versicherungsvertrag

215 Liegt der Schadensfall außerhalb des zu versichernden Kernbereichs, den das PflVG vorschreibt, besteht ein vitales Interesse des Geschädigten, den Inhalt des individuellen Vertrages zu erfahren. Nur so kann er seine Rechte entsprechend der Leistungspflicht des Versicherers geltend machen.

216 Der Versicherer hat insoweit eine Auskunftspflicht. Die Auskunftspflicht bezieht sich jedoch nur auf für den Geschädigten relevante Vertragsinhalte aus dem Kfz-Haftpflichtvertrag. Der Versicherungsnehmer hat ein Recht darauf, dass nicht alle Vertragsinhalte an Dritte weitergegeben werden. Damit sind Auskünfte zur Beitragshöhe und zum Schadensfreiheitsrabatt ausgeschlossen. Für Kasko-, Autoschutzbrief-, Unfall-, Fahrerschutz- und weitere Verträge versteht sich dies ohnehin.

217 Verweigert der Versicherer die Informationserteilung, kann der Geschädigte Auskunft im Wege der Stufenklage[261] erheben, § 254 ZPO.

258 Schwintowski/Brömmelmeyer/*Huber* PK-Vers, § 115 Rn. 55.

259 *Höfle* Prozessuale Besonderheiten im Haftpflichtprozess, r+s 2002, 397 ff.

260 *BGH* Urt. v. 05.05.1977 – VI ZR 50/76, BGHZ 69, 153 = JurionRS 1977, 11387 = NJW 1977, 2163 = MDR 1978, 129 = JZ 1977, 800 = VersR 1977, 960.

261 Stufenklage auch gegen den VN als Schädiger möglich, um den zuständigen Versicherer zu erfahren, siehe Looschelders/Pohlmann/*Schwartze* VVG-Kommentar, § 115 VVG Rn. 5; allerdings ist der Weg über den Zentralruf der Autoversicherer – jetzt kostenfrei – über Tel. 0800 250 260 0 viel bequemer.

IV. Grenzen des Gleichlaufs der Verjährung

§ 115 Abs. 2 Satz 1 VVG schreibt nur den Gleichlauf der Verjährung im Verhältnis vom Versicherer zum ersatzpflichtigen Versicherungsnehmer (Versicherten) vor. 218

Damit wird kein[262] Gleichlauf der Verjährung unter den Mitversicherten erzeugt. Unter gesamtschuldnerisch haftenden Versicherten verbleibt es bei der Regelung des § 426 Abs. 2 BGB. 219

Im Einzelfall kann z.B. der Anspruch gegen den haftpflichtigen Halter früher verjährt sein als gegen den mitversicherten Fahrer. 220

▶ **Beispiel:**

In der Weihnachtszeit 2023 kommt es zu einem Verkehrsunfall. Der berechtigte Fahrer ist flüchtig. Der Halter wird vom Geschädigten schnell über das Kennzeichen und den Zentralruf der Autoversicherer festgestellt. Erst im neuen Jahr (2024) wird dem Geschädigten der Name[263] des Fahrers des Unfallfahrzeugs bekannt. 221

Die Schadensersatzansprüche gegen den Halter verjähren mit Ablauf des 31.12.2026. Die Ansprüche gegen den Fahrer jedoch erst mit Ablauf des 31.12.2027.

Entsprechend verhält es sich mit dem Anspruch gegen den Versicherer. Im Ergebnis gilt für ihn der Ablauf der letzten Frist.

Für die meisten Schadensfälle kommt die regelmäßige Verjährung von drei Jahren nach § 195 BGB in Betracht. Bei besonderen Rechtsbeziehungen unter den Beteiligten können im Einzelfall kürzere Verjährungsfristen zur Anwendung kommen. Denkbar ist dies beispielsweise bei Sachschäden im Zusammenhang mit Lieferung von Waren. Aufgrund von Kaufverträgen mit entsprechend gefassten AGB können kürzere Fristen zur Anwendung kommen. Dies gilt auch beim Güterfolgeschaden, der frachtrechtlichen Verjährungsfristen unterliegt, § 439 HGB bzw. Art. 32 CMR; § 200 Satz 1 BGB. 222

V. Neuverhandlungen

Nach Eintritt der Verjährung[264] bewirkt die Bereitschaft zur erneuten Prüfung keinen neuen Lauf der Verjährung. 223

Steigt nach einer früheren Ablehnung der Versicherer erneut in eine Prüfung, z.B. durch weitere Ermittlungen ein, soll dies auch dann eine neue Verhandlung[265] darstellen, auch wenn der Geschädigte davon versehentlich keine Mitteilung erhält. Dies ist bedenklich, da der Versicherer auch zur Vorbereitung eines Prozesses Ermittlungen anstellen und Beweise sichern kann, um unberechtigte Ansprüche erfolgreich abwehren zu können. 224

Hat der Versicherer Schadensersatzansprüche durch deutliche Erklärung zweifelsfrei abgelehnt, zwei Jahre später dann nochmals Verhandlungen mit einem Vergleichsangebot geführt, hindert ihn dies nicht, sich später auf die Einrede der Verjährung zu berufen. Darin ist kein unzulässig widersprüchliches Verhalten[266] zu sehen. 225

---

262 Himmelreich/Halm/*Bachmeier* Handbuch der Kfz-Schadensregulierung, Kap. 8, Rn. 22.

263 Himmelreich/Halm/*Bachmeier* Handbuch der Kfz-Schadensregulierung, Kap. 8, Rn. 29.

264 *BGH* Urt. v. 28.01.2003 – VI ZR 263/02, JurionRS 2003, 23925 = DAR 2003, 221 = VersR 2003, 452 = PVR 2003, 291 (bespr. v. *Balke*) = NZV 2003, 225 = JZ 2003, 210 = VRS 104, 405 = NJW 2003, 1524 = zfs 2003, 281; Stiefel/Maier/*Jahnke*, § 115 VVG, Rn. 344.

265 *OLG Hamm* Urt. v. 19.03.1997 – 13 U 190/96, VersR 1997, 1112 = NZV 1998, 24 = NJW-RR 1998, 101.

266 *OLG Düsseldorf* Urt. v. 13.03.2012 – I-1 U 123/11, JurionRS 2012, 26109 = SP 2012, 360; *OLG Düsseldorf* Urt. v. 29.10.2001 – 1 U 39/01, SP 2002, 284.

VI. Pactum de non petendo

226 Der Versicherer kann auf die Erhebung der Einrede der Verjährung verzichten.

227 Ein solcher Verzicht liegt nicht vor, wenn ein Versicherer weitere Haftpflichtansprüche zurückgewiesen hat und lange vor Ablauf der Verjährung erklärt, sich erneut mit der Sache beschäftigen zu wollen, falls fachlich qualifizierte Gutachten vorgelegt würden, die die gegenteilige Meinung stützten und man daraufhin neu ins Gespräch einsteigen müsse. Eine solche Erklärung berührt die Verjährungsfrage nicht und kann selbst dann nicht anders gedeutet werden, wenn sie durch den Versicherer im Rahmen einer Fernsehsendung[267] abgegeben wurde.

VII. Befreite Halter

228 Die Hemmung der Verjährung gilt auch für Ansprüche gegen Halter, die nach § 2 Nr. 1 bis 5 PflVG von der Versicherungspflicht befreit[268] sind.

§ 116 Verhältnis der Gesamtschuldner

(1) Im Verhältnis der Gesamtschuldner nach § 115 Abs. 1 Satz 4 zueinander ist der Versicherer allein verpflichtet, soweit er dem Versicherungsnehmer aus dem Versicherungsverhältnis zur Leistung verpflichtet ist. Soweit eine solche Verpflichtung nicht besteht, ist in ihrem Verhältnis zueinander der Versicherungsnehmer allein verpflichtet. Der Versicherer kann Ersatz der Aufwendungen verlangen, die er den Umständen nach für erforderlich halten durfte.

(2) Die Verjährung der sich aus Absatz 1 ergebenden Ansprüche beginnt mit dem Schluss des Jahres, in dem der Anspruch des Dritten erfüllt wird.

Übersicht Rdn.

267 *OLG Frankfurt* Urt. v. 03.07.2012 – 10 U 215/10, JurionRS 2012, 38877 = ADAJUR Dok.Nr. 100016 = DAR 2013, 83 m.Anm. *Halm/Hauser*.

268 *BGH* Urt. v. 16.02.1984 – III ZR 208/82, JurionRS 1984, 12805 = VersR 1984, 441 = zfs 1984, 242 = VRS 66, 418.

A. Allgemeines

Nach § 426 BGB haben die Gesamtschuldner grundsätzlich entsprechend ihrer Anteile die Lasten mit der Folge zu tragen, dass sie bei Inanspruchnahme durch den Gläubiger nur anteilig Ausgleich verlangen können. 1

Die Norm ist eine[1] davon abweichende Spezialvorschrift. Sie regelt das Ausgleichsverhältnis inhaltlich neu. Sie setzt unterschiedliche Rechtsfolgen, je nach gesundem und krankem Versicherungsverhältnis. 2

Die Vorschrift berührt **lediglich das Innenverhältnis** des Versicherers zu seinem Versicherungsnehmer und den mitversicherten Personen. Für das Verhältnis zum geschädigten Dritten ist die Norm ohne Belang. 3

B. Regelungsgehalt

I. Gesamtschuldverhältnis

In der Pflicht-Haftpflichtversicherung kann der Versicherer neben dem Schädiger gesamtschuldnerisch haften; genauer: schulden. In der Kfz-Haftpflichtversicherung »haftet« er nach § 115 Abs. 1 Satz 4 VVG sogar regelmäßig als Gesamtschuldner. 4

Der geschädigte Dritte kann frei wählen, welchen Einzelnen der Gesamtschuldner er in Anspruch nehmen möchte. (Natürlich kann er auch alle gemeinsam als Gesamtschuldner verklagen.) 5

Mit einem **Verzicht gegen den Schädiger** erlischt[2] auch der Anspruch gegen den Versicherer. Der Erlassvertrag nach § 397 Abs. 1 BGB über den Haftpflichtanspruch lässt auch den Deckungsanspruch entfallen. Der Verzicht beendet folglich auch das Gesamtschuldverhältnis. 6

Ein beschränkter Verzicht auf Schadensersatzansprüche, die nicht zum vertraglichen Deckungsumfang gehören, ist für Ansprüche, die gedeckte Ansprüche und somit das Gesamtschuldverhältnis betreffen, unbeachtlich. 7

Abs. 1 betrifft den Gesamtschuldnerausgleich zwischen Haftpflichtversicherer, Versicherungsnehmer und den mitversicherten Personen nach Inanspruchnahme durch den geschädigten Dritten. 8

Zu beachten ist, dass ein Versicherungsverhältnis zwischen Versicherungsnehmer und Versicherer allein noch kein[3] Gesamtschuldverhältnis entstehen lässt. Erst wenn auch der Versicherungsnehmer, 9

1 Zu ähnlichen Vorschriften siehe PWW/*Müller* § 426 BGB Rn. 11.

2 *OLG Köln* Urt. v. 30.10.1968 – 2 U 44/68, VersR 1969, 1027; *OLG Hamm* Urt. v. 11.01.1991 – 20 U 164/90, JurionRS 1991, 14877 = VersR 1992, 307 = zfs 1992, 58 = r+s 1991, 408 (AHB); PWW/*H.F.Müller* § 423 BGB, Rn. 2; Feyock/*Jacobsen*/Lemor § 116 VVG Rn. 4; Stiefel/Maier/*Jahnke*, § 116 VVG, Rn. 24; Römer/*Langheid* § 115 VVG Rn. 20.

3 *OLG Schleswig*, Urt. v. 18.12.1996 – 9 U 5/96, NZV 1997, 442; *Johannsen*, Bemerkungen zur Änderung des § 158i VVG, VersR 1991, 500 (504); Stiefel/Maier/*Jahnke*, § 115 VVG, Rn. 39.

sei es hier als Fahrer, Halter, Eigentümer oder sonstige mitversicherte Person selbst haftet, entsteht (auch) hier ein Gesamtschuldverhältnis.

10 Besteht kein Direktanspruch gegen den Versicherer, z.B.
- weil sich der Unfall außerhalb des öffentlichen Verkehrsraums[4] ereignet hat
- der Geschädigte nicht zum Kreis der privilegierten Verkehrsunfallopfer[5] gehört
- oder die konkrete Schadensposition unter einen zulässigen Deckungsausschluss[6] fällt,

besteht ebenfalls kein Gesamtschuldverhältnis.[7]

11 Zur Klarstellung: Bei störungsfreiem Innenverhältnis besteht auch in der Kfz-Pflichtversicherung (bei fehlendem Direktanspruch des geschädigten Dritten) der versicherungsvertragliche Freistellungsanspruch[8] des Versicherungsnehmers und der mitversicherten Personen.

1. Störungsfreies Innenverhältnis

12 Bei einem ungestörten Innenverhältnis zum Versicherungsnehmer ist der Versicherer zu seiner vertraglich vereinbarten Leistung verpflichtet. Im Regelfall ist er im Innenverhältnis folglich allein[9] verpflichtet. Entsprechend hat er den Versicherungsnehmer **vollständig freizustellen**, Satz 1. Damit geht die Rechtsfolge der Sondervorschrift dem § 426 Abs. 1, erster Halbsatz BGB vor. Dies entspricht dem Sinn und Zweck des Versicherungsvertrages, bei dem der Versicherer eine Prämie vom Versicherungsnehmer zur Übernahme des Risikos einer tatsächlichen Inanspruchnahme erhielt. Dieser hat sich seinerseits damit von den finanziellen Risiken[10] freigekauft. Die Freistellung hat der Versicherer bis zur Höhe der vereinbarten Deckungssumme zu bewerkstelligen, § 113 Abs. 3 VVG.

13 Wurde ein **Selbstbehalt** vereinbart, ist dieser für den Geschädigten und Mitversicherte ohne Belang, § 114 Abs. 2 Satz 2 VVG. Reguliert der Versicherer, kann er den verwirklichten Selbstbehalt als vertraglichen Anspruch beim Versicherungsnehmer einfordern. Reguliert der Versicherungsnehmer, hat der Versicherer unter Abzug der Selbstbeteiligung an den Versicherungsnehmer zu leisten.

2. Gestörtes Innenverhältnis

14 Das gestörte Innenverhältnis berührt das Außenverhältnis zum geschädigten Dritten nicht. Der Versicherer bleibt ihm in der Kfz-Haftpflichtversicherung immer gesamtschuldnerisch[11] zur Schadensersatzleistung verpflichtet, § 117 Abs. 1 VVG.

15 Abs. 1 Satz 2 ändert nun die Rechtsfolge für den Gesamtschuldnerausgleich. Statt des Versicherers wird der Versicherungsnehmer im Innenverhältnis allein verpflichtet. Er muss nun umgekehrt den Versicherer freistellen.

16 § 116 Abs. 1 Satz 2 VVG ist lex specialis. Als eine abschließende Regelung[12] für den Regress des Haftpflichtversicherers kommen für einen Rückgriff andere Normen nicht mehr zur Anwendung.

17 Die Höhe des Regressanspruchs des Versicherers richtet sich nach dem Umfang der Leistungsfreiheit.

---

4 Siehe *Schwab* § 115 VVG Rdn. 23 u. 40.

5 Str., siehe *Schwab* § 115 VVG Rdn. 75 ff.

6 Siehe *Schwab* § 115 VVG Rdn. 74.

7 Bruck/Möller/*Beckmann* VVG-Kommentar, Band IV, § 116 VVG, Rn. 3.

8 Bruck/Möller/*Beckmann* VVG-Kommentar, Band IV, § 116 VVG, Rn. 3.

9 *OLG Dresden* Urt. v. 24.07.2013 – 7 U 2032/12, JurionRS 2013, 42453 = MDR 2013, 1289 = NJW-RR 2014, 143 = NZV 2014, 125 = r+s 2013, 628.

10 HK-VVG/*Schimikowski* § 116 Rn. 4.

11 Stiefel/Maier/*Jahnke*, § 116 VVG, Rn. 34.

12 *BGH* Urt. v. 23.11.1973 – IV ZR 35/73, JurionRS 1973, 11250 = MDR 1974, 390 = VersR 1974, 125 = NJW 1974, 236 = DAR 1974, 74; *BGH*, Urt. v. 24.10.2007 – IV ZR 30/06, JurionRS 2007, 43629 = VersR 2008, 343 = zfs 2008, 93 m.Anm. *Rixecker* = r+s 2008, 63 = VK 2008, 83 = SVR 2008, 105 bespr. v. *Schröder* = NZV 2008, 241 = NJW-RR 2008, 344.

Man unterscheidet vollständige und teilweise Leistungsfreiheit. Zudem ergeben sich Sonderfälle. 18

a) Vollständige Leistungsfreiheit bei Verstoß gegen Hauptpflichten

In einigen Fällen ist der Kfz-Haftpflichtversicherer vollständig von seiner Leistungspflicht im Versicherungsfall befreit: 19
- Nicht rechtzeitige Zahlung der Einmal- oder Erstprämie unter den Voraussetzungen des § 37 Abs. 2 VVG
- Nicht rechtzeitige Zahlung der Folgeprämie unter den Anforderungen des § 38 Abs. 2 VVG
- Regress aufgrund Nachhaftung des Versicherers, § 117 Abs. 2 Satz 1 VVG

Die Folgen begründen sich darauf, dass der Versicherungsnehmer seiner Gegenleistungspflicht, der Pflicht zur Zahlung der vereinbarten Prämie, nicht nachgekommen ist. 20

b) Vollständige Leistungsfreiheit bei Obliegenheitsverletzungen

- Unterlassene Anzeige der Veräußerung, §§ 97 Abs. 1 Satz 2; 122 VVG, G.7.4 AKB 2015 21

Nach der Rechtsprechung des *BGH*[13] handelt es sich um eine gesetzliche Obliegenheit. Sie gilt auch für die Kfz-Haftpflichtversicherung.[14] Die vollständige Leistungsfreiheit ist weiterhin[15] unter Verhältnismäßigkeitsgesichtspunkten[16] nach Treu und Glauben zu prüfen. 22

c) Teilweise Leistungsfreiheit

Der Versicherer ist bei einer für den Unfall kausalen Obliegenheitsverletzung nur teilweise leistungsfrei. Die Anforderungen sind im Einzelnen von ihm nachzuweisen. Die Regressgrenzen liegen bei maximal € 5.000,–. 23

Lediglich eine Kumulation[17] von Tatbeständen, die die Verletzung von Obliegenheiten sowohl vor als auch nach dem Unfallereignis betreffen, ist möglich. Der maximale Regressbetrag gegen eine versicherte Person wegen zweier Obliegenheitsverletzungen aus verschiedenen Gruppen liegt daher bei € 10.000,–. 24

Ein Regress gegen eine zweite mitversicherte Person, wegen einer von ihr begangenen Obliegenheitsverletzung, ist damit nicht ausgeschlossen. 25

aa) Allgemeine Tatbestände – gesetzliche Obliegenheitsverletzungen

Zu den gesetzlichen Obliegenheiten zählen: 26
- objektive Gefahrerhöhung nach § 23 VVG
- subjektive Gefahrerhöhung nach § 23 VVG

13 *BGH* Urt. v. 11.02.1987 – IVa ZR 194/85 (Feuerversicherung), BGHZ 100, 60 = JurionRS 1987, 13257 = MDR 1987, 745 = JZ 1987, 631 = VersR 1987, 477 = zfs 1987, 220 = NJW 1987, 2238 = r+s 1987, 202; *BGH* Beschl. v. 07.02.2007 – IV ZR249/06, JurionRS 2007, 11575 = VersR 2007, 833 = r+s 2007, 198.

14 Halm/Engelbrecht/Krahe/*Wandt*, Handbuch des Fachanwalts Versicherungsrecht, Kap. 1 Rn. 730.

15 Halm/Engelbrecht/Krahe/*Wandt*, Handbuch des Fachanwalts Versicherungsrecht, Kap. 1 Rn. 733.

16 BT-Drucks. 16/3945, S. 85.; Schwintowski/Brömmelmeyer/*Hammel* PK-Vers § 97 VVG Rn. 4.; Looschelders/Pohlmann/*Heyers* VVG-Kommentar, § 97 VVG, Rn. 9; Römer/*Langheid*, § 97 VVG Rn. 3; einschränkend dagegen Prölss/Martin/*Armbrüster* § 97 VVG Rn. 7; *Reusch* in MüKo zum VVG, § 97 VVG, Rn. 42; *Kreuter/Lange* § 122 VVG Rdn. 2.

17 *BGH* Urt. v. 14.09.2005 – IV ZR 216/04, JurionRS 2005, 24648 = VersR 2005, 1720 = DAR 2006, 86 = MDR 2006, 444 = NJW 2006, 147 = NZV 2006, 78 = r+s 2006, 144 = VRS 110, 198 = zfs 2006, 94 = VRR 2006, 24 bespr. v. *Burkhard*.

bb) Besondere Tatbestände – vertragliche Obliegenheitsverletzungen in der Kfz-Haftpflichtversicherung

27 Zu den vertraglichen Obliegenheitsverletzungen **vor** Eintritt des Schadensfalles zählen:
- Verstoß gegen die Verwendungsklausel, D.1.1.1 AKB 2015; § 5 Abs. 1 Nr. 1 KfzPflVV
- Schwarzfahrt, D.1.1.2 AKB 2015; § 5 Abs. 1 Nr. 3 KfzPflVV
- Fahrerlaubnismangel, D.1.1.3 AKB 2015; § 5 Abs. 1 Nr. 4 KfzPflVV
- nicht genehmigte Rennen, D.1.1.4 AKB 2015; § 5 Abs. 1 Nr. 2 KfzPflVV
- unvollständiges Wechselkennzeichen, D.1.1.5 AKB 2015; § 5 Abs. 1 Nr. 6 KfzPflVV
- Alkoholklausel, D.1.2 AKB 2015; § 5 Abs. 1 Nr. 5 KfzPflVV

28 Zu den vertraglichen Obliegenheitsverletzungen **nach** Eintritt des Schadensfalles zählen:
- Nichtmeldung des Schadens, E.1.1.1 AKB 2015
- Mitteilung zu behördlichen Ermittlungen, E.1.1.2 AKB 2015
- Verstoß gegen Aufklärungspflicht, E.1.1.3 AKB 2015
- Schadenminderungspflicht, E.1.1.4 AKB 2015
- Information über Anspruchserhebung, E.1.2.1 AKB 2015
- Prozessführungsbefugnis, E.1.2.3 und E.1.2.4 AKB 2015
- Rechtsbehelfseinlegung, E.1.2.5 AKB 2015
- Verstoß gegen Ruheversicherung, H.1.5 AKB 2015

d) Sonderfall: Vorsatztat

29 Bei einer Vorsatztat des Versicherungsnehmers schuldet der Versicherer dem geschädigten Dritten nicht, § 103 VVG. Es liegt bei einer Vorsatztat[18] kein Tatbestand vor, bei dem der Versicherer grundsätzlich zur Leistung verpflichtet wäre, aber nun ausnahmsweise leistungsfrei ist. Die Beweislast[19] für ein den Vorsatz ausschließendes Handeln des Täters im Zustand der tiefen Bewusstseinsstörung, liegt beim Geschädigten.

30 Es besteht folglich kein Gesamtschuldverhältnis mit dem Schädiger. Er ist dann auch dem Dritten gegenüber nicht[20] vorleistungspflichtig.

31 Anders verhält es sich, wenn Fahrer und Halter personenverschieden[21] sind. Kommt die Betriebsgefahr des Fahrzeugs zum Tragen, schulden der Versicherer mit dem Halter gesamtschuldnerisch bis zum Höchsthaftungslimit nach den §§ 12, 12a StVG. Im Innenverhältnis trägt er dann das

---

18 Nicht nur gestellte Unfälle, auch schon im typischen Provokationsfall, siehe *OLG Nürnberg* Urt. v. 02.12.2004 – 2 U 2712/04, JurionRS 2004, 26824 = NZV 2005, 267 = OLGR 2005, 232 = zfs 2005, 503 = NJW-RR 2005, 466 = DAR 2005, 341 = VRS 108, 199; zur Terminologie siehe *Staab*, Betrug in der Kfz-Haftpflichtversicherung, Diss. 1991, S. 16 ff.

19 *BGH* Urt. v. 20.06.1990 – IV ZR 298/89, BGHZ 111, 372 = JurionRS 1990, 14172 = DAR 1990, 388 = MDR 1991, 134 = NJW 1990, 2387 = NJW-RR 1990, 1308 = NZV 1990, 386 = VersR 1990, 888 = r+s 1990, 291.

20 Stiefel/Maier/*Jahnke* Kraftfahrtversicherung, § 103 VVG, Rn. 9.

21 *BGH* Urt. v. 15.12.1970 – VI ZR 97/69, JurionRS 1970, 11056 = DAR 1971, 71 = NJW 1971, 459 = VersR 1971, 239 = BB 1971, 244 = VRS 40, 161; *OLG Hamm* 28.09.1992 – 6 U 45/92, JurionRS 1992, 15208 = DAR 1993, 28 = NJW-RR 1993, 1180 = NZV 1993, 68 = VersR 1993, 1372; *OLG Köln* Urt. v. 01.07.1981 – 16 U 25/81, VersR 1982, 383 = zfs 1982, 179; *OLG Nürnberg* Urt. v. 14.09.2000 – 8 U 1855/00, JurionRS 2000, 21283 = DAR 2000, 573 = MDR 2001, 31 = NZV 2001, 261 = NJW-RR 2001, 100 = VersR 2001, 634 = zfs 2000, 542; *OLG Schleswig* Urt. v. 15.11.1994 – 9 U 85/93, JurionRS 1994, 16572 = NZV 1995, 114 = VersR 1995, 827 = zfs 1995, 180; *OLG Hamm* Urt. v. 15.06.2005 – 13 U 63/05, JurionRS 2005, 23866 = DAR 2006, 277 = r+s 2006, 33 = NZV 2006, 303 = OLGR 2006, 306 = NJW-RR 2006, 397 = zfs 2006, 75 = VRR 2005, 402; *OLG Brandenburg* PKH-Beschluss v. 01.09.2009 – 12 W 27/09, JurionRS 2009, 24842 = VersR 2010, 274 = MDR 2010, 25 = NJW-RR 2010, 245 = VRR 2010, 64 bespr. v. *Birkeneder*; Schwintowski/Brömmelmeyer/*Retter* PK-Vers § 103 VVG Rn. 16.

Regressrisiko gegen den Fahrer zum Halter allein, da der Freistellungsanspruch des Halters unberührt bleibt, § 116 Abs. 1 Satz 1 VVG.

Hat der vom Fahrer personenverschiedene Halter die Fahrt nicht wissentlich und willentlich ermöglicht, haftet der Halter für die Schwarzfahrt wegen § 7 Abs. 3 Satz 1 StVG nicht.[22] Der Versicherer muss dann auch für den Halter nicht leisten. 32

Gleichzusetzen ist die Sachlage, wenn dem berechtigten Fahrer ohne sein Verschulden das Fahrzeug durch eine Straftat, z.B. durch Raub, räuberische Erpressung etc. abgenommen wird und der Täter in der Folge vorsätzlich mit dem Fahrzeug Dritte schädigt. 33

Der Regress gegen den Vorsatztäter richtet sich nicht nach § 116 Abs. 1 Satz 2 VVG, da mit diesem nicht die Voraussetzungen eines Gesamtschuldverhältnisses vorliegen. Es fehlt an der Gleichartigkeit des Rechtsverhältnisses. 34

Die Ausgleichspflicht richtet sich nach Bereicherungsrecht, den §§ 812 ff. BGB. 35

e) Sonderfall: Leistung ohne Rechtsgrund

Nicht ausdrücklich geregelt ist der Fall, in dem der Versicherer in der irrigen Annahme reguliert, er sei hierzu verpflichtet. Diese Fälle sind in der Praxis nicht selten, da er zunächst den Angaben Dritter vertrauen wird und zudem häufig Übertragungsfehler entstehen. 36

aa) Fallbeispiele

Beispiele, die zu einer fehlerhaften Regulierung Veranlassung geben können: 37
- falsche Kennzeichenangabe
- noch nicht dokumentierter Halter- und Versichererwechsel
- Schadensort außerhalb Europas
- kraftfahrthaftpflicht-versicherte Arbeitsmaschine darf vertraglich nur außerhalb des öffentlichen Verkehrsraumes verwendet werden; Unfall ereignete sich jedoch im öffentlichen Verkehrsraum
- Regulierung von Ansprüchen, die keine Haftpflichtansprüche privatrechtlichen Inhalts betreffen (z.B. reiner Aufwendungsersatzanspruch; rein öffentlich-rechtlicher Charakter der Forderung)
- Unfall durch nicht zugelassenes Fahrzeug, für das eine vorläufige Deckungszusage erteilt wurde
- Unfall kurz nach Ablauf des Nachhaftungszeitraums, §§ 25 Abs. Satz 1 FZV; 117 Abs. 2 Satz 1 VVG.

Es liegt in diesen Fällen **kein Gesamtschuldverhältnis mit dem Schädiger** vor. § 116 Abs. 1 Satz 2 VVG ist nicht anwendbar.[23] 38

bb) Rückforderungsanspruch nach allgemeinen Regeln

Erfolgt die Leistung an den Geschädigten ohne Rechtsgrund, ist ein Regress nur nach bereicherungsrechtlichen Regelungen möglich, §§ 812 ff. BGB. Hier zeigen sich drei unterschiedliche Wege auf: 39
- der Regress beim Versicherungsnehmer/Schädiger[24]
- der Rückgriff beim Geschädigten[25]

---

22 *OLG Nürnberg* Urt. v. 07.06.2011 – 3 U 188/11, NZV 2011, 538 (Halterin des Fahrzeugs geknebelt im Kofferraum).

23 Bruck/Möller/*Beckmann* VVG-Kommentar, Band IV, § 116 VVG, Rn. 26.

24 *OLG Düsseldorf* Urt. v. 13.10.1965 – 3 U 50/65, NJW 1966, 738; *OLG Nürnberg* Urt. v. 05.11.1992 – 8 U 3084/91, JurionRS 1992, 15536 = NZV 1993, 273 = r+s 1993, 2 = zfs 1993, 87; *LG Zweibrücken* Urt. v. 31.01.1995 – 3 S 277/94, JurionRS 1995, 15907 = MDR 1995, 578 = NJW-RR 1995, 917 = r+s 1995, 369; *Schwab* in MüKo zum BGB § 812 BGB Rn. 178; Stiefel/Maier/*Jahnke*, § 116 VVG, Rn. 29; *Schneider* in MüKO zum VVG, § 116 VVG, Rn. 3.

25 *OLG Düsseldorf* Urt. v. 26.03.1993 – 14 U 229/92, NJW-RR 1993, 1375 = zfs 1994, 54; Jauernig/*Stadler* § 812 BGB Rn. 72.

- der Rückgriff wahlweise beim Schädiger oder Geschädigten[26]

40 Entgegen einzelner Bedenken[27] ist der Rückgriff auch beim Geschädigten nicht unzulässig[28]. Als Verkehrsunfallopfer ist er nicht von vornherein schutzwürdiger als jede andere Person, die ohne Rechtsgrund eine Leistung empfangen hat. Schließlich ist er schon durch § 818 Abs. 3 BGB geschützt.

II. Aufwendungsersatzanspruch des Versicherers

1. Anzusetzende Kostenpositionen

41 Abs. 1 Satz 3 gibt dem Versicherer bei gestörtem Innenverhältnis über den Ausgleichanspruch hinaus einen Aufwendungsersatzanspruch. Einen unmittelbaren Rückgriff auf die §§ 670, 675 BGB bedarf es hierdurch nicht.

42 Der Anspruch beruht darauf, dass bei der Schadensregulierung nicht nur **Schadensersatzleistungen** an den Geschädigten anfallen (die auszugleichen sind) sondern darüber hinaus weitere **Schadenermittlungs- und Abwicklungskosten.**

43 Zum Regulierungskostenaufwand[29] zählen insbesondere die erforderlichen Kosten für Schadengutachten, Rechnungsprüfungen, Ermittlungsaktenauszüge, Gewerbe- und Handelsregisterauskünfte, Regulierungsreisen[30] sowie etwaige Anwalts-[31] und Prozesskosten[32].

44 Schließlich zählen hierzu auch alle Teilbereiche des Schadenmanagements[33] der Versicherer, da sie dazu dienen, die finanziellen Folgen eines Schadens in Grenzen zu halten.

45 Im Personenschaden wird dies besonders deutlich. Die Regulierungskosten für die Einschaltung eines Rehabilitationsdienstes sind mitunter beträchtlich. Da sie jedoch dazu dienen, einen in wirtschaftlicher Hinsicht ausufernden Gesamtschaden zu verhindern, wirkt die freiwillige Leistung »Reha-Management«[34] des Versicherers – neben allen Vorteilen auf der sozialen Ebene – aufwandssenkend.

---

26 *OLG Hamm* Urt. v. 17.06.1993 – 27 U 62/93, JurionRS 1993, 15804 = NJW-RR 1994, 291 = NZV 1993, 470 = VersR 1994, 975; Schwintowski/Brömmelmeyer/*Huber* PK-Vers § 116 VVG Rn. 19; Bruck/Möller/*Beckmann* VVG-Kommentar, Band IV, § 116 VVG, Rn. 3.

27 *LG Zweibrücken* Urt. v. 31.01.1995 – 3 S 277/94, JurionRS 1995, 15907 = MDR 1995, 578 = NJW-RR 1995, 917 = VersR 1996, 179 = r+s 1995, 369; weiter differenzierend *Canaris* Der Bereicherungsausgleich bei Zahlung des Haftpflichtversicherers an einen Scheingläubiger, NJW 1992, 868 (872); Stiefel/Maier/*Jahnke*, § 116 VVG, Rn. 29.

28 *BGH* Urt. v. 28.11.1990 – XII ZR 130/89, BGHZ 113, 62 = JurionRS 1990, 14370 = DB 1991, 858 = NJW 1991, 919 = MDR 1991, 533 = JZ 1991, 410 = VersR 1991, 356 (Haftpflichtversicherer); *BGH* Urt. v. 29.02.2000 – VI ZR 47/99, JurionRS 2000, 19595 = NJW 2000, 1718 = DAR 2000, 304 = VersR 2000, 905 = MDR 2000, 699 = r+s 2000, 264 = NVersZ 2000, 299 = BB 2000, 951 = zfs 2000, 285 (Haftpflichtversicherer); *BGH* Urt. v. 17.10.2002 – III ZR 58/02, JurionRS 2002, 23612 = VersR 2002, 1545 = NJW 2002, 3772 = MDR 2003, 77 (Wahlleistungsvereinbarung).

29 *OLG Köln* Urt. v. 29.05.1996 – 27 U 6/96, JurionRS 1996, 15042 = VersR 1997, 225 = r+s 1997, 180.

30 Falls keine telefonische Klärung möglich, Bruck/Möller/*Beckmann* VVG-Kommentar, Band IV, § 116 VVG, Rn. 31.

31 *BGH* Urt. v. 27.05.1957 – II ZR 132/56, BGHZ 24, 308 = JurionRS 1957, 10252 = NJW 1957, 230 = VersR 1957, 442 = DB 1957, 1230 = VRS 13, 183; *BGH* Urt. v. 04.07.1957 – II ZR 142/56, JurionRS 1957, 14505 = DB 1957, 968 = VersR 1957, 502, DAR 1957, 295, VRS 13, 154.

32 Schwintowski/Brömmelmeyer/*Huber* PK-Vers § 116 VVG Rn. 29; HK-VVG/*Schimikowski* § 116 Rn. 6; Feyock/*Jacobsen*/Lemor § 116 VVG Rn. 12.

33 Himmelreich/Halm/Staab/*Richter*, Handbuch der Kfz-Schadensregulierung, Kap. 2, Rn. 5 ff.

34 Himmelreich/Halm/*Nickel*, Handbuch des Fachanwalts Verkehrsrecht, Kap. 27, Rn. 3 u. 7.

2. Nicht anzusetzende Kosten

Indirekte Kosten sind die nicht schadenbezogenen Kosten des Versicherers, also die allgemeinen Regie-; Verwaltungs- und Personalkosten.[35] Sie sind auch nicht anteilig als Aufwand zu erstatten. 46

Eine Parallele hierzu findet sich in der Rechtsprechung des *BGH*[36] zur Geltendmachung von Schadensbearbeitungskosten[37] durch Behörden und Großunternehmen. 47

Dies wird von *Knappmann*[38] auch hinsichtlich der Kosten für den eigens zur Schadensregulierung eingestellten Mitarbeiter so gesehen – was in der Praxis tatsächlich nicht vorkommen wird. 48

Ob dies dann aber auch für die Kosten bei Einschaltung von **externen Regulierungsbüros** oder **Anwaltskanzleien**[39] gelten kann, ist allerdings zweifelhaft. Dagegen spricht, dass es für die erbrachte Regulierungsleistung eine konkretisierte Fremdrechnung gibt. 49

Es handelt sich dabei um **äußere** Schadensregulierungskosten, die außerhalb des bilanzierenden Versicherungsunternehmens[40] entstehen. Diese Kosten lassen sich im Sinne des *BGH*[41] rein auf den individuellen Schaden bezogen tatsächlich von sonstigen Gemeinkosten abgrenzen. Es sind folglich direkte Schadensregulierungskosten. 50

Der Ansatz dieser Kosten ist jedenfalls dann nicht ungerechtfertigt, wenn es sich nicht nur um einen bloßen Zahlschaden handelt. Schwere Personen- und Umweltschäden lassen sich schließlich nur mit erheblichem Aufwand ordnungsgemäß abwickeln. Dies kann zwangsläufig nicht nur Jahre, sondern Jahrzehnte dauern. 51

Kosten zur Regressvorbereitung[42] sind keine Regulierungskosten, da sie zur eigentlichen Schadensregulierung nicht erforderlich sind. 52

3. Umsatzsteuer

Da der Versicherer nach § 15 UStG Mehrwertsteueranteile in schadenbedingten Regulierungskosten nicht im Wege des Vorsteuerabzuges beim Finanzamt geltend machen kann, schlagen diese immer brutto zu Buche. Sie sind ohne Abzug vom Regressschuldner zu ersetzen. 53

4. Auskunftsanspruch

Bei der Geltendmachung des Aufwendungsanspruchs hat der Versicherer (auf Nachfrage des auskunftsberechtigten[43] Regressschuldners) sämtliche Schadenbelege in Kopie[44] vorzulegen. Schließlich besorgt der weisungsungebundene Versicherer im Rahmen der Schadensregulierung auch ein Geschäft des Versicherten mit.[45] 54

---

35 Feyock/*Jacobsen*/Lemor § 116 VVG, Rn. 12; Stiefel/Maier/*Jahnke*, § 116 VVG, Rn. 81.

36 *BGH* Urt. v. 28.02.1969 – II ZR 154/67, JurionRS 1969, 11360 = MDR 1969, 554 = NJW 1969, 1109 = VersR 1969, 437; *BGH* Urt. v. 09.03.1976 – VI ZR 98/75, BGHZ 66, 112 = JurionRS 1976, 11413 = VersR 1976, 857 = NJW 1976, 1256 = JR 1976, 378 = MDR 1976, 831.

37 Himmelreich/Halm/*Kärger* Handbuch Kfz-Schadensregulierung H 29.

38 Prölss/Martin/*Knappmann* § 116 VVG, Rn. 13; *Schneider* in MüKo zum VVG, § 116 VVG, Rn. 14.

39 So wohl Schwintowski/Brömmelmeyer/*Huber* PK-Vers § 116 VVG Rn. 29.

40 *Jeßnitzer* Auch bei mittelgroßen Schäden lohnt sich ein Besuch, VW 2009, 951 ff.

41 *BGH* Urt. v. 28.02.1969 – II ZR 154/67, JurionRS 1969, 11360 = MDR 1969, 554 = NJW 1969, 1109 = VersR 1969, 437.

42 *AG Berlin-Mitte* Urt. v. 23.10.2003 – 113 C 3242/03, JurionRS 2003, 32200 = VersR 2004, 776 = zfs 2004, 268 = NJOZ 2004, 1670.

43 *BGH* Urt. v. 20.11.1980 – IVa ZR 25/80, JurionRS 1980, 11920 = MDR 1981, 391 = VersR 1981, 180 = zfs 1981, 118; Schwintowski/Brömmelmeyer/*Huber* PK-Vers § 116 VVG Rn. 29.

44 *OLG Hamm* Beschl. v. 28.11.1986 – 20 W 57/86, JurionRS 1986, 14147 = r+s 1987, 123 (125) = VersR 1987, 352 (Ls).

45 *BGH* Urt. v. 27.05.1957 – II ZR 132/56, BGHZ 24, 308 = DB 1957, 629 = NJW 1957, 1230 = VersR 1957, 442 = VRS 13, 183; Bruck/Möller/*Beckmann* VVG-Kommentar, Band IV, § 116 VVG, Rn. 31.

55 Bei Personenschäden ist dies in Hinsicht auf medizinische Gutachten, Steuerbescheide und Lohnabrechnungen nicht unkritisch.[46] Mit Blick darauf, dass der Geschädigte ohne den Haftpflichtversicherer diese Unterlagen zur Durchsetzung der Schadensersatzansprüche aber dem Schädiger auch unmittelbar präsentieren muss relativiert sich dies. Im Zivilprozess muss entsprechendes Datenmaterial den Anlagen zur Klageschrift üblicherweise schon beigefügt werden.

56 Daher ist von dem Einverständnis des Geschädigten bzw. dessen Mitwirkungspflicht auszugehen, die Informationen allen Gesamtschuldnern zugänglich zu machen. Spätestens in einem Klageverfahren gegen den Regressschuldner müsste der Geschädigte als Zeuge aussagen oder es könnten Urkunden beigezogen werden. Jedenfalls begründet ein nicht ausdrücklich geäußertes Verbot des Geschädigten keinen Grund für den Versicherer, dem Regressschuldner Unterlagen vorzuenthalten.

III. Aufwendungsersatzanspruch des Versicherungsnehmers

57 Abs. 1 Satz 3 bezieht sich nur auf den vorangehenden Satz 2, nicht aber auf Satz 1.[47] Das hat zur Folge, dass – nach dem Wortlaut – im Falle der unmittelbaren und alleinigen Inanspruchnahme des Versicherungsnehmers die von ihm für erforderlich gehaltenen Aufwendungen nicht zu ersetzen sind.

58 Lediglich bestimmte Aufwendungen sind nach den §§ 82 Abs. 1 u. 2 i.V.m. 83 Abs. 1 VVG und § 101 Abs. 1 VVG zu ersetzen. Kosten für eigene Reisen und eigenen Ermittlungsaufwand fallen jedenfalls nicht hierunter.

59 In diesem Zusammenhang sei erwähnt, dass § 1 PflVG, § 2 KfzPflVV und A.1.1 AKB 2015 ausdrücklich nur die Freistellung von Schadensersatzansprüchen, nicht aber die Übernahme etwaiger Kosten des Versicherungsnehmers beinhalten.

60 Erwägenswert (zumindest für die Pflicht-Haftpflichtversicherung mit originärem Direktanspruch wie in der Kfz-Haftpflichtversicherung) ist eine **analoge Anwendung** des Abs. 1 Satz 3 VVG zugunsten des Versicherungsnehmers.

61 Schließlich darf nicht der Zufall entscheiden, welchen der Gesamtschuldner der Geschädigte in Anspruch nimmt und der Versicherungsnehmer dann ggf. auf diesen Kosten sitzen zu bleiben hat. Wegen des Wegfalls des Anerkenntnis- und Befriedigungsverbots in den AKB (durch die Anforderungen des § 105 VVG) wird sich mancher Versicherungsnehmer womöglich häufiger[48] in der Pflicht sehen, selbst aktiv zu werden. Dies gilt insbesondere für Kleinschäden, die der Versicherte (zunächst) versucht selbst zu regulieren, E.1.2.2 AKB 2015. Für ihn zweckmäßiger wäre es, den Geschädigten an den Haftpflichtversicherer zu verweisen. Zu beachten ist aber, dass der Geschädigte nicht verpflichtet ist, mit dem Versicherer zu korrespondieren oder den Direktanspruch gegen ihn zu erheben.

IV. Verjährungsregelung

62 Mit Abs. 2 beginnt die 3-jährige Frist mit Ablauf des Jahres, in dem der Anspruch entstanden ist. Abzustellen ist dabei nicht auf das Unfalljahr (Schadensersatzanspruch), sondern auf den Zeitpunkt der jeweiligen Leistungsbewirkung an den Geschädigten. Erst mit der Leistung entsteht der Regressanspruch.[49]

46 *BGH* Urt. v. 19.06.2013 – XII ZB 357/11, JurionRS 2013, 40895 = JZ 2013, 544 = MDR 2013, 1068 = NJ 2013, 4 = NJW 2013, 2961 = NJW-Spezial 2013, 542 (Abtretung einer Betreuervergütung zulässig). *OLG Oldenburg* Urt. v. 23.12.2014 – 13 U 66/14, JurionRS 2014, 31141 (kein Unterlassungsanspruch mangels Wiederholungsgefahr).

47 So auch Bruck/Möller/*Beckmann* VVG-Kommentar, Band IV, § 116 VVG, Rn. 28.

48 Schwintowski/Brömmelmeyer/*Huber* PK-Vers § 116 VVG Rn. 2.

49 Bruck/Möller/*Beckmann* VVG-Kommentar, Band IV, § 116 VVG, Rn. 32.

Es handelt sich um eine **Sondervorschrift zur Verjährung**. Sie gilt nur im Verhältnis der Gesamtschuldner nach § 115 Abs. 1 Satz 4 VVG. 63

Nach h.M.[50] beginnt der Lauf der Verjährung des Ausgleichsanspruchs nach allgemeinen Regeln ansonsten bereits mit der Entstehung der Gesamtschuld. Für das Ausgleichsverhältnis von Gesamtschuldner außerhalb dieses Verhältnisses[51] (z.B. bei zwei verschiedenen Fahrzeugen) gilt die Sondervorschrift nicht. 64

Nach Abs. 2 verjähren somit die Regressforderungen auf die Teilzahlungen eines Jahres mit Ablauf des dritten darauf folgenden Jahres, also nicht erst mit der letzten Teilzahlung.[52] 65

Der Zahlung als eine Form der Leistungsbewirkung steht der Zeitpunkt einer wirksamen Aufrechnungserklärung[53] gleich; ebenso die Hinterlegung unter Rückforderungsverzicht, §§ 422 Abs. 1 Satz 2 i.V.m. 372 BGB, HintO. 66

Die Verjährungsregelung gilt für alle Gesamtschuldner[54] des Verhältnisses aus § 115 Abs. 1 Satz 4 VVG gleichermaßen. 67

C. Weitere praktische Hinweise

I. Beweisfragen bei Geltendmachung des Regressanspruchs

Vom Grundsatz her hat derjenige, der sich auf eine für ihn günstige Rechtsfolge beruft, das Vorliegen der Tatbestandsvoraussetzungen zu beweisen. 68

Im alten Recht wurden dem Versicherer nach § 3 Nr. 10 Satz 1 PflVG a.F. Erleichterungen geschaffen. Dem Versicherungsnehmer wurde die praktisch kaum zu nehmende Hürde[55] aufgebaut, eine schuldhafte Pflichtverletzung bei der Schadensregulierung zu beweisen (sofern der Versicherer aufgrund Urteil, Anerkenntnis oder Vergleich geleistet hat). 69

Diese Erleichterung, die ja nur den Fall des Abschlusses eines streitigen Verfahrens mit dem Geschädigten betrifft, ist nach dem (bewusst fehlenden)[56] Wortlaut des Abs. 1 nunmehr scheinbar entfallen. Die alte Rechtslage sollte aber nicht verändert[57] werden. 70

Die Anforderungen an den Umfang der Nachweispflicht des Versicherers dürfen jedoch nicht überspannt werden[58]. Schließlich leistet er befriedigend und damit sozialverträglich an das 71

---

50 *BGH* Urt. v. 18.06.2009 – VII ZR 167/08 (m.w.N.), BGHZ 181, 310 = JurionRS 2009, 18790 = BGHR 2009, 1025 = MDR 2009, 1276 = ZGS 2009, 439 = WM 2009, 1852 = NJW-Spezial 2009, 569 = VersR 2010, 394 = NJW 2010, 60; *OLG Zweibrücken* Urt. v. 08.05.2014 – 4 U 32/13, JurionRS 2014, 30923 = MDR 2015, 59.

51 *OLG Zweibrücken* Urt. v. 06.06.1975 – 1 U 21/75, JurionRS 1975, 11590 = VersR 1976, 57; Prölss/Martin/*Knappmann* § 116 VVG Rn. 18; Stiefel/Maier/*Jahnke*, § 116 VVG, Rn. 93.

52 *OLG Hamm* Urt. v. 18.04.1980 – 20 U 302/79, JurionRS 1980, 12277 = VersR 1981, 645 = zfs 1981, 281 (Ls.); *OLG Bamberg* Urt. v. 04.05.2006 – 1 U 234/05, OLGR 2006, 663 = NJW-RR 2006, 1406 = zfs 2007, 37; *LG Rostock* Beschl. v. 09.04.2009 – 1 S 1/09 = JurionRS 2009, 43301; *Heintzmann*, Zur Verjährung des Rückgriffanspruchs des Versicherers nach § 3 Nr. 9, 11 PflVG, VersR 1980, 594 ff.; Prölss/Martin/*Knappmann* § 116 VVG Rn. 16; Stiefel/Maier/*Jahnke*, § 116 VVG, Rn. 88; Römer/*Langheid*, § 116 VVG, Rn. 10; **a.A.** *LG Verden* Urt. v. 17.02.1978 – 6 (7) S 106/77, VersR 1978, 657.

53 Looschelders/Pohlmann/*Schwartze*, VVG-Kommentar, § 116 VVG, Rn. 9; Prölss/Martin/*Knappmann* § 116 VVG Rn. 12; Stiefel/Maier/*Jahnke*, § 116 VVG, Rn. 90; Schwintowski/Brömmelmeyer/*Huber* PK-Vers § 116 VVG Rn. 30.

54 Feyock/*Jacobsen*/Lemor, § 116 VVG, Rn. 16.

55 *OLG Frankfurt* Urt. v. 20.06.2006 – 3 U 202/05, JurionRS 2006, 32604 = VersR 2007, ö203; Schwintowski/Brömmelmeyer/*Huber* PK-Vers § 116 VVG Rn. 21 m.w.N.

56 Zweifelnd Schwintowski/Brömmelmeyer/*Huber* PK-Vers § 116 VVG Rn. 20 ff.

57 Prölss/Martin/*Knappmann* § 116 VVG, Rn. 14; Looschelders/Pohlmann/*Schwartze*, VVG-Kommentar, § 116 VVG, Rn. 8.

58 LG Düsseldorf, Urt. v. 13.07.2017 – 9 S 37/16, r+s 2018, 190.

Verkehrsunfallopfer. Er handelt als sachkundiger und erfahrener Versicherer[59] im Rahmen der ihm vertraglich eingeräumten Vollmacht. Nur in engen Grenzen ist ein Verstoß gegen die Regulierungsvollmacht denkbar und nachweisbar. Die zu **Ermessensfehlern**[60] ergangene Rechtsprechung, die zur Belastung des Schadensfreiheitsrabatts führte, kann ergänzend herangezogen werden.

72 Der Regulierungsauftrag des Haftpflichtversicherers dauert auch im Falle der Leistungsfreiheit fort[61]. Er trägt das volle wirtschaftliche Regressrisiko gegenüber dem nicht besonders schutzwürdigen Schädiger, der seinen Teil des Versicherungsvertrages nicht eingehalten hat.

73 Der Versicherer führt beim gestörten Innenverhältnis gerade **auch ein Geschäft** des regresspflichtigen Versicherungsnehmers. Ermessensfehler in der Regulierung, die den Anspruch des Geschädigten betreffen, hat er zu vermeiden. Zudem hat der Versicherer weitere sich ihm aufdrängende Nachteile für den Versicherungsnehmer, die aus der Art der Regulierung entstehen könnten, abzuwenden.

74 So hat er ihm bekannte Möglichkeiten einer **Aufrechnung**[62] mit Gegenforderungen des Versicherungsnehmers, vor einer Auszahlung an den Geschädigten zu berücksichtigen. Zweifelhaft[63] ist allerdings, ob der Versicherer danach aktiv Rückfrage halten muss.

75 Ist der Versicherungsnehmer offenkundig zum **Vorsteuerabzug** berechtigt, ist hierauf bei der Auftragsvergabe Rücksicht zu nehmen, um den unnötigen Mehraufwand durch Steuern zu sparen. Nur wenn z.B. ein Sanierungsauftrag im Namen und für Rechnung des vorsteuerabzugsberechtigten Versicherungsnehmers vergeben wird, ist der Versicherungsnehmer Rechnungsempfänger. Er kann die Rechnung bei der nächsten Vorsteueranmeldung einreichen. Erteilt der Versicherer den Auftrag im eigenen Namen, können weder der Versicherer noch der Versicherungsnehmer die Steuerschuld absetzen.

76 Leider ist in der Praxis zu beobachten, dass staatliche Stellen eigene Interessen verfolgen und zwingend selbst Aufträge vergeben. Sie erreichen dadurch, dass Umsatzsteuer – gedeckt durch die fragwürdige[64] Rechtsprechung des *BGH*[65] – als Schadensposition weiterberechnet werden kann. Ihr Ziel ist es, zu Lasten des Schädigers an dem eigenen Schaden »zu verdienen«, was anerkannter Maßen[66] dem geschädigten Bürger gerade nicht gestatte wird. Zur Rechtfertigung bemüht der *BGH*[67] sogar die Grundsätze von Treu und Glauben und kreiert ein fiktives Bundessondervermögen »Straßenbaulast«. Letztlich kommt es zu einer unzulässigen Überkompensation[68] und Vermögensmehrung, da der Staat zugleich Gläubiger der abgeführten Steuer ist. Dies widerspricht nicht nur

---

59 *BGH* Urt. v. 27.05.1957 – II ZR 132/56, BGHZ 24, 308 = JurionRS 1957, 10252 = VersR 1957, 442 (444) = NJW 1957, 1230 = VRS 13, 183.

60 Siehe A.1.1.4 AKB Rdn. 92 ff.

61 *BGH* Urt. v. 24.03.1976 – IV ZR 8/75, JurionRS 1976, 11545 = VersR 1976, 480.

62 Schwintowski/Brömmelmeyer/*Huber* PK-Vers § 116 VVG Rn. 8; Prölss/Martin/*Knappmann* § 116 VVG Rn. 6; einschränkend Schneider in MüKo zum VVG, § 116 VVG, Rn. 10; ablehnend *OLG Hamm* Beschl. v. 28.11.1986 – 20 W 57/86, r+s 1987, 123 (125).

63 Bruck/Möller/*Beckmann* VVG-Kommentar, Band IV, § 116 VVG, Rn. 12.

64 *Halm* Beschädigung staatlichen Eigentums – Vorteilsausgleichung bei der Erstattung der Umsatzsteuer, DAR 2004, 298 ff.

65 *BGH* Urt. v. 14.09.2004 – VI ZR 97/04, NJW 2004, 3557 = VersR 2004, 1468 = MDR 2005, 145 = NZV 2005, 39.

66 *Woitkewitsch*, Verkehrsunfall – Das Verbot der Bereicherung im Rahmen der Schadensregulierung, MDR 2015, 61 ff.

67 *BGH* Urt. v. 18.03.2014 – VI ZR 10/13, JurionRS 2014, 14631 = ADAJUR Dok.Nr. 104929 = DAR 2014, 308 = MDR 2014, 773 = NJW 2014, 2874 = NJW-Spezial 2014, 525 = NZV 2014, 510 = VersR 2014, 849 = WM 2014, 1685.

68 *Schwab* Ist eine Überkompensation des Schadens zulässig, wenn die Bundesrepublik Deutschland geschädigt ist?, VersR 2014, 934 ff.

§ 8 BHO und der Anweisung in § 19 der zweiten AVVFStr[69], sondern auch dem Grundgesetz, da dies zu einer unzulässigen Finanzbeschaffung an den Art. 105 ff. GG vorbei führt.

Zumindest unkomplizierte Steuervorteile[70] sind im Wege der Vorteilsausgleich beim Schaden zu berücksichtigen. Entsprechend sind zur Vermeidung unnötig hoher Aufwendungen und eines dadurch bedingt höheren Regressbetrages beim Versicherungsnehmer, Steuervorteile, die den Schadensaufwand mindern, ebenfalls zu berücksichtigen. 77

Kommt der Versicherer dem schuldhaft nicht nach, handelt es sich um einen ausführungsbedingt[71] entstandenen Steuerschaden des Versicherungsnehmers als Geschäftsherrn. 78

Um Unsicherheiten entgegenzuwirken weist *Huber*[72] zu Recht auf die Möglichkeit hin, den **Regressschuldner** im Klageverfahren durch Streitverkündung oder auch bei weitreichenden außergerichtlichen Entscheidungen (insbesondere einer Abfindung) **mit einzubeziehen.** Ein verständiger Schuldner wird Einwendungen dann später erst nicht mehr erheben wollen. 79

II. Regressabwicklung bei Kapitalabfindung des Geschädigten

1. Praxisproblem

Bei schweren Personenschäden können über Jahrzehnte wiederkehrende Schadensersatzleistungen wegen vermehrter Bedürfnisse, Verdienstausfall und Schmerzensgeldrente, anfallen. 80

Die h.M.[73] gewährt dem Geschädigten (nach dem Wortlaut und dem Sinn und Zweck des § 843 Abs. 3 BGB[74]) nur in ganz seltenen Ausnahmefällen einen Anspruch auf eine Kapitalabfindung hinsichtlich dieser noch nicht fälligen Ansprüche. Dies dient oftmals nicht nur dem **Schutz des Geschädigten** vor sich selbst, sondern insbesondere dem **Schutz des Schädigers** vor plötzlicher übermäßiger Inanspruchnahme noch nicht fälliger Schadensersatzforderungen. 81

Die Praxis[75] sieht dagegen anders aus. Es ist eine gute, sinnvolle und rechtlich zulässige Übung der Haftpflichtversicherer, die gesetzliche Ausnahme bei Bedarf praktisch zur Regel zu machen. Frühzeitig Kapitalabfindungsvereinbarungen mit dem Geschädigten und den Sozialversicherungsträgern zu treffen verringert den Bearbeitungs- und Kostenaufwand. Für das Verkehrsopfer wirkt es sich positiv aus, einen endgültigen Schlussstrich ziehen zu können. 82

Nach Lebenserwartung und langfristiger Zinsbestimmung (häufig bei 5 %)[76] wird dann, unter Festlegung eines Kapitalisierungsfaktors, ein Jahresbetrag kapitalisiert. 83

---

69 Näheres *Schwab* VersR 2012, 1229 ff.

70 *BGH* Urt. v. 18.12.1969 – VII ZR 121/67, BGHZ 53, 132 = JurionRS 1969, 11025 = NJW 1970, 461 = JZ 1970, 579 = DB 1970, 343 = VersR 1970, 223 = MDR 1970, 315; *BGH* Urt. v. 06.06.1972 – VI ZR 49/71, JurionRS 1972, 11056 = DAR 1972, 275 = NJW 1972, 1460 = DB 1972, 1432 = VersR 1972, 973 = MDR 1972, 855 (Mehrwertsteuer); zur Kostenübernahmeerklärung beim Reparaturauftrag siehe Himmelreich/Halm/Staab/*Kuhn*, Handbuch der Kfz-Schadensregulierung, Kap. 15, Rn. 142.

71 PWW/*Fehrenbacher* § 677 BGB, Rn. 20.

72 Schwintowski/Brömmelmeyer/*Huber* PK-Vers § 116 VVG Rn. 27.

73 PWW/*Medicus* § 843 BGB Rn. 5.

74 Der Arbeitskreises IV des 57. VGT 2019 hat – mit knapper Mehrheit – die Empfehlung beschlossen, es bei der bestehenden Fassung des § 843 Abs. 3 BGB zu belassen und kein Wahlrecht zwischen Rente und Kapitalabfindung zu schaffen; *Schwintowski*, Schutzfunktion und wichtiger Grund in § 843 Abs. 3 BGB, VersR 2010, 149 ff.

75 Himmelreich/Halm/*Jaeger*, Handbuch des Fachanwalts Verkehrsrecht, Kap. 14, Rn. 195 f.; Der Arbeitskreis IV des 57. VGT 2019 ist der Auffassung, dass in der derzeitigen Niedrigzinsphase der vom BGH im Jahr 1981 gebilligte Zinsfuß von 5 % zu hoch ist. Der Arbeitskreis empfiehlt mehrheitlich, derzeit einen Zinsfuß von höchstens 3 % bei der Kapitalisierung als Orientierungshilfe nach Maßgabe der Laufzeit und unter Berücksichtigung des Einzelfalls zu Grunde zu legen.

76 Kapitalisierungstabellen bei *Küppersbusch/Höher* Ersatzansprüche bei Personenschaden, 11. Aufl. 2013 im Anhang.

84 Der Regressschuldner ist jedoch kaum in der Lage, den Abfindungsbetrag in einer Summe zu zahlen. Selbst wenn er einen Kredit zur Ablösung der Regressforderung aufnehmen könnte, müsste er regelmäßig höhere Zinssätze akzeptieren. Das wird ihn wirtschaftlich überfordern. Haftet er nur nach §§ 7, 12 Abs. 1 Satz 2 StVG und müsste nur eine Rentenforderung in entsprechender Höhe erfüllen, kann der Kapitalbetrag in einer Summe zu viel sein.

2. Lösung für den Regressschuldner

85 Auch im Regressfall ist der Schutzgedanke des § 843 BGB nicht aus den Augen zu verlieren. Hat der Geschädigte keinen einklagbaren Anspruch auf eine Kapitalabfindung für noch nicht fällige Teilbeträge, kann der Versicherer den hierauf beruhenden Abfindungsbetrag nicht in einer Summe beim Versicherungsnehmer regressieren.

86 Der Versicherungsnehmer muss nach Treu und Glauben lediglich **Raten**[77] zahlen. Er darf durch den Regress nicht stärker belastet werden, als wenn der Geschädigte unmittelbar gegen ihn vorgehen würde.

87 Jedoch ist auch bei der Höhe der Raten der Zinsvorteil, den der Schädiger durch die Kapitalabfindung erfährt, mit zu berücksichtigen. Dies kann auf zwei unterschiedlichen Wegen erfolgen:

a) Rate plus Verzinsung des Restkapitals

88 Der Abfindungsbetrag ist nicht einfach durch die vorgesehene Laufzeit (z.B. verbleibende Lebenserwartung) in Monaten zu teilen. Denn die Kapitalisierung bedeutet zugleich eine Abzinsung des effektiven, also kumulierten, Schadensbetrages. Es handelt sich dabei um einen Kapitalabschlag (Zahlung vor Fälligkeit) der dem aufgelaufenen Zinseszins entspricht.

89 Das jeweilige Restkapital ist vom Regressschuldner zu verzinsen. Als Zinssatz kommt derjenige in Betracht, der bei der tatsächlichen Kapitalabfindung zugrunde gelegt wurde.

b) Fiktive Abrechnung

90 Da durch die Kapitalzahlung der Anspruch auf wiederkehrende Leistungen abgefunden wurde, können auch die wiederkehrenden Leistungen als Basis für den Regress genommen werden. So kann der Betrag fiktiv geltend gemacht werden, der monatlich ohne Abfindung fällig werden würde.

91 Was hier anfangs einfacher erscheint, kann allerdings bei Anpassung an die Lebensverhältnisse (Inflation, Lohnsteigerungen, Bedarfsänderungen) in Jahren erneut Schwierigkeiten aufwerfen.

c) Keine Sicherheitsleistung durch Regressschuldner

92 Der Versicherer trägt das Insolvenz- und Verschlechterungsrisiko des Regressschuldners. Es versteht sich, dass es einen Bedarf an Sicherung der künftigen Regressteilbeträge gibt. Da jedoch schon der Geschädigte nach § 843 BGB keinen einklagbaren Anspruch auf eine Sicherheitsleistung[78] gegen den Schädiger hat, muss auch der Regressschuldner dem Haftpflichtversicherer keine Sicherheitsleistung stellen. Ansonsten würde er durch den Regress des Versicherers schlechter gestellt werden, als wenn er vom Geschädigten direkt in Anspruch genommen worden wäre.

93 Um den Regressanspruch dem Grunde nach zu sichern ist dem Versicherer jedoch das Recht einzuräumen, Feststellungsklage[79] zu erheben.

---

77 *BGH* Urt. v. 27.05.1957 – II ZR 132/56, BGHZ 24, 308 = JurionRS 1957, 10252 = DB 1957, 629 = VersR 1957, 442 = NJW 1957, 1230 = VRS 13, 183; *OLG Hamm* Urt. v. 25.02.1976 – 20 U 180/75, VersR 1978, 379.

78 PWW/*Luckey* § 823 BGB Rn. 13.

79 Prölss/Martin/*Knappmann* § 116 VVG, Rn. 16.

III. Mehrere Regressschuldner

Hat der Versicherer einen Regressanspruch gegen den Versicherungsnehmer und den Mitversicherten, haftet der Einzelne nur bis zur Höhe seiner Verpflichtung. Rückgriffschuldner sind keine Gesamtschuldner. Sie sind nur Schuldner entsprechend ihres Haftungsanteiles[80]. 94

Der nicht mitversicherte, aber nur im Außenverhältnis mithaftende Dritte (Beihilfe zu einer Straftat), ist nicht[81] Regressschuldner aus § 116 Abs. 1 Satz 2. VVG. Wenn der Versicherer tatsächlich mit Rechtsgrund geleistet hat, scheidet eine Leistungskondiktion über die §§ 812 ff. BGB ebenfalls aus. 95

IV. Einwand häuslicher Gemeinschaft

1. Erleichterung gegenüber altem Recht

Das frühere Familienprivileg wurde im neuen § 86 Abs. 3 VVG auf alle Personen, die zum Unfallzeitpunkt mit dem Versicherungsnehmer in häuslicher Gemeinschaft lebten erweitert. Man wollte den veränderten[82] gesellschaftlichen Lebensverhältnissen nachkommen. Der Übergang von Schadensersatzansprüchen kann nur bei Vorsatz geltend gemacht werden. Geschützt werden damit alle Familienangehörigen wie auch Lebensgefährten. Die gemeinsame Haushaltskasse soll geschont werden. 96

2. Analoge Anwendung in der Sachversicherung

Schon im Kaskobereich wird zu recht eine Ausdehnung der Regresshinderung[83] aus § 86 Abs. 3 VVG auf Fälle erwogen, bei denen der Versicherungsnehmer mittelbar (über den Umweg eines gesamtschuldnerisch mithaftenden außenstehenden Dritten) wieder dem Regressrisiko unterworfen sein könnte. Auch der Regressverzicht aus A.2.8 AKB 2015 betrifft ja nicht den außenstehenden Dritten. Würde man gegen ihn voll regressieren, könnte dieser nach § 426 Abs. 2 Satz 1 BGB wieder gegen den häuslichen Mitschädiger (entsprechend dessen Haftungsanteil) vorgehen. Im Ergebnis entspricht die Reduktion des Regressbetrages den Folgen einer gestörten Gesamtschuld. 97

3. Identische Interessenlage des Versicherungsnehmers

Die Interessenlage des Versicherungsnehmers ist in der Fahrzeugversicherung und im Haftpflichtbereich identisch. Er möchte nicht durch einen Regress seines Versicherers gegen eine Person der häuslichen Gemeinschaft belastet werden. Für ihn zählt nicht der Grund (Haftpflicht oder Kasko), sondern die Höhe des Betrages, um die man sich einschränken muss. 98

4. Keine direkte Anwendung der Norm aus der Sachversicherung

Eine direkte Anwendung von § 86 Abs. 3 VVG ist nicht möglich, da der Kfz-Haftpflichtversicherer im Rahmen des Direktanspruchs über § 115 Abs. 1 Nr. 1 VVG bereits selbst verpflichtet ist. Für einen Regress bedarf es keines gesetzlichen Anspruchsübergangs nach § 86 Abs. 1 VVG aus der 99

---

80 PWW/*Müller* § 426 BGB Rn. 19.

81 *BGH* Urt. v. 28.11.2006 – VI ZR 136/05, JurionRS 2006, 29132 = DAR 2007, 330 = VersR 2007, 198 = SVR 2007, 182, bespr. v. *Weinhold* = NJW 2007, 1208 = NZV 2007, 129 = MDR 2007, 332 = r+s 2007, 78 = zfs 2007, 195 = VRS 112, 117 = VRR 2007, 145 bespr. v. *Notthoff*; *BGH* Beschl. v. 27.07.2010 – VI ZB 49/08, JurionRS 2010, 22037 = DAR 2010, 698 = MDR 2010, 1322 = r+s 2010, 433 = VersR 2010, 1360 = NZV 2010, 510 = NJW-RR 2010, 1471 = zfs 2010, 421 = VRR 2010, 421 bespr. v. *Knappmann*; Schwintowski/Brömmelmeyer/*Huber* PK-Vers § 116 VVG Rn. 10.

82 Reg.-Entwurf, BT-Drucks. 16/3945, S. 82.

83 *Wandt* Versicherungsrecht, Rn. 990.

Sachversicherung. Der Haftpflichtversicherer erwirbt bereits durch Leistung an den Geschädigten dessen Schadensersatzanspruch[84], § 426 Abs. 2 Satz 1 BGB.

5. Rechtsunsicherheit für Analogie im Haftpflichtrecht?

100 Vor Jahrzehnten schien der Weg zu einer entsprechenden Anwendung auch für den Haftpflichtbereich (aufgrund gewichtiger Stimmen[85]) nicht mehr weit. Dies wird zuweilen auch heute noch favorisiert[86].

101 Ob der *BGH*[87] und ein wesentlicher Teil der aktuellen *Literatur*[88] seine Auffassung ändern wird, erscheint jedoch sehr fraglich.

102 Mehrere Oberlandesgerichte[89] haben sich in ihrer jüngeren Rechtsprechung dagegen ausgesprochen. Schließlich hat auch der Gesetzgeber in Kenntnis der Problematik nicht die Notwendigkeit gesehen, hierfür eine eigenständige Regelung in das VVG aufzunehmen.

Der BGH setzt seine Rechtsprechungslinie konsequent fort.[90]

V. Gesamtschuldner bei Mehrfachversicherung

1. Mehrere Versicherer verschiedener Risiken

103 Wird ein Geschädigter von zwei versicherten Fahrzeugen geschädigt, z.B. als Insasse eines Fahrzeugs durch ein anderes Fahrzeugs, haften die jeweiligen Versicherer nur gesamtschuldnerisch zu den Mitversicherten des bei ihnen versicherten Fahrzeugs. Wir erhalten folglich zwei Gesamtschuldverhältnisse nach den §§ 115 Abs. 1 Satz 4; 116 VVG.

104 Darüber hinaus haften die beiden Fahrer und beiden Halter gesamtschuldnerisch als Mittäter nach den §§ 840; 426 BGB.

105 Der Versicherer des Fahrzeugs 1 ist allerdings kein Gesamtschuldner zur Haftungseinheit des Fahrzeugs 2 und umgekehrt. § 116 VVG kommt in diesem Verhältnis nicht zur Anwendung.

---

84 *BGH* Urt. v. 13.07.1988 – IVa ZR 55/87, BGHZ 105, 140 =JurionRS 1988, 13321 = DAR 1988, 377 = NJW 1988, 2734 = NJW-RR 1988, 1300 = JZ 1989, 145 = VersR 1988, 1062 = r+s 1988, 284 = zfs 1988, 288 = NZV 1989, 66 m. zust. Anm. *Johannsen*; bedauernd *Schirmer* DAR 1989, 14 ff.

85 *OLG Hamm* PKH-Beschl. v. 16.09.1987 – 20 W 36/87, NJW-RR 1988, 93 = DAR 1989, 14 = r+s 1988, 1; *Schirmer* Das »kranke« Versicherungsverhältnis zwischen KH Versicherer und Versicherungsnehmer, VersR 1987, 19 ff.; *Lorenz* Zur entsprechenden Anwendung der Regresssperre des § 67 Abs. 2 VVG auf die gesamtschuldnerischen Ausgleichsansprüche des Kfz-Haftpflichtversicherers gegen den nicht deckungsberechtigten Versicherten (Fahrer), VersR 1991, 505 ff.

86 Schwintowski/Brömmelmeyer/*Huber* PK-Vers § 116 VVG Rn. 18.

87 *BGH* Urt. v. 13.07.1988 – IVa ZR 55/87, BGHZ 105, 140 =JurionRS 1988, 13321 = DAR 1988, 377 = NJW 1988, 2734 = NJW-RR 1988, 1300 = JZ 1989, 145 = VersR 1988, 1062 = r+s 1988, 284 = zfs 1988, 288 = NZV 1989, 66 m. zust. Anm. *Johannsen*.

88 *Kärger* Kfz-Versicherung nach dem neuen VVG Rn. 201; HK-VVG/*Muschner* § 86 VVG, Rn. 55; Feyock/*Jacobsen*/Lemor § 116 VVG Rn. 15; Stiefel/Maier/*Jahnke*, § 116 VVG, Rn. 62; Looschelders/Pohlmann/*Schwartze*, VVG-Kommentar, § 116 VVG, Rn. 3; *Schneider* in MüKo zum VVG, § 116 VVG, Rn. 12; *Bauer*, Die Kraftfahrtversicherung, Rn. 998; so wohl auch Bruck/Möller/*Beckmann* VVG-Kommentar, Band IV, § 116 VVG, Rn. 20.

89 *OLG Celle* Urt. v. 09.09.2004 – 5 U 67/04, NJOZ 2005, 1124 = VersR 2005, 681; *OLG Hamm* Urt. v. 01.02.2006 – 20 U 215/05, VersR 2006, 329 = VRR 2006, 347 bespr. v. *Notthoff* = zfs 2006, 329 = NJOZ 2006, 2402; *OLG Koblenz* Beschl. v. 02.05.2011 – 10 U 1493/10, ADAJUR Dok.Nr. 98983 = VersR 2012, 1026; *KG Berlin* Beschl. v. 20.12.2011 – 6 U 64/11, JurionRS 2011, 41677 = ADAJUR Dok. Nr. 104094 = zfs 2014, 31.

90 BGH, Urt. v. 07.12.2021 – VI ZR 1189/20, NJW-RR 2022, 539; BGH, Urt. v. 17.10.2017 – VI ZR 423/16, NJW 2018, 1242.

Der leistende Versicherer hat einen Ausgleichsanspruch[91] nach § 426 BGB. 106

2. Mehrere Versicherer bezüglich eines Risikos

Bei der Mehrfachversicherung nach § 77 VVG (früher Doppelversicherung genannt, § 59 Abs. 2 VVG a.F.) decken zwei oder mehrere Versicherer ein und dasselbe Risiko des Schädigers ab. In Bezug auf Haftpflichtfälle mit Fahrzeugen sind mehrere Situationen denkbar: 107

- Ziehendes Kraftfahrzeug mit Anhänger (Gespann)[92]
- Zugmaschine mit zwei Anhängern nach § 32a Satz 2 StVZO
- Schwertransportgespanne bestehend aus mehreren Zug- und Schubfahrzeugen sowie Tiefladern
- Zugmaschinen mit Fahrzeugkombinationen SMPT (self-propelled Modular Transporter = Modulfahrzeug mit eigenem Antrieb)
- Pflichtversichertes Fahrzeug und Versicherungsschutz über eine Handel-Handwerk-Police[93]
- Pflichtversichertes Fahrzeug im Einsatz als Arbeitsmaschine, Betriebshaftpflicht schließt Arbeitsrisiko ein[94]
- Pflichtversichertes Fahrzeug auf Verkehrsübungsplatz[95] mit eingeschlossenem Tages-Haftpflichtschutz
- Nebeneinander von zwei Kfz-Haftpflichtversicherungen[96] für ein und dasselbe Risiko
- »Mallorca-Police« – Führen fremder Fahrzeuge[97] – sofern nicht als subsidiäre[98] Zusatzdeckung ausgestaltet

Die Versicherer sind untereinander Gesamtschuldner, § 78 Abs. 1 VVG. Sie haben sich bei **intakten** Versicherungsverhältnissen die Aufwendungen nach Kopfteilen zu teilen, § 78 Abs. 2 Satz 1 VVG. 108

Ist ein Pflicht-Haftpflichtversicherer eines Fahrzeugs im Zeitpunkt des Eintritts des Versicherungsfalles **leistungsfrei**, ist er dagegen kein Gesamtschuldner mit den anderen Versicherern.[99] Der leistungsfreie Versicherer ist somit auch kein Regressschuldner für den Innenausgleich nach § 78 Abs. 2 Satz 1 VVG. 109

Der leistungsfreie Pflicht-Haftpflichtversicherer kann den Geschädigten somit nicht nur wie gewöhnlich an einen anderen Schadenversicherer verweisen, § 117 Abs. 3 Satz 2 VVG; er kann sogar 110

91 *BGH* Beschl. v. 27.07.2010 – VI ZB 49/08, JurionRS 2010, 22037 = DAR 2010, 698 = MDR 2010, 1322 = r+s 2010, 433 = VersR 2010, 1360 = NZV 2010, 510 = NJW-RR 2010, 1471 = zfs 2010, 421 = VRR 2010, 421 bespr. v. *Knappmann*.

92 *BGH* Urt. v. 27.10.2010 – IV ZR 279/08, BGHZ 197, 211 = JurionRS 2010, 28509 = DAR 2011, 80 = MDR 2011, 37 = VersR 2011, 105 = NZV 2011, 128 = NJW 2011, 447 = r+s 2011, 60 = SVR 2011, 235 bespr. v. *Hering* = TranspR 2011, 43 = zfs 2011, 90 = VK 2011, 13 = VRR 2011, 22 bespr. v. *Knappmann*; *Wilms*, Anhänger-Streitfragen entschieden, DAR 2011, 71 ff.; *Lemcke*, Innenausgleich bei Drittschäden durch Kfz und Kfz-Anhänger, r+s 2011, 56 ff., r+s 2021, 133.

93 *BGH* Urt. v. 20.03.1974 – IV ZR 94/73, JurionRS 1974, 11245 = NJW 1974, 1139 = VersR 1974, 535 = MDR 1974, 743 = DB 1974, 1061; *BGH* Urt. v. 31.03.1976 – IV ZR 29/75, JurionRS 1976, 11590 = VersR 1976, 847 = MDR 1976, 1006.

94 Z.B. *Paritätische Kommission* Fall 166 (Dachdeckeraufzug) und Fall 173 (LKW-Ladekran); Kurzfassungen abgedruckt in Anlage zu *Staab*, Der Gebrauch des Kraftfahrzeugs, 49. DVGT 2011, 131 ff.

95 *LG Köln* Urt. v. 22.12.2004 – 20 O 360/04, JurionRS 2004, 34994 = NJW-Spezial 2005, 259 = NJW-RR 2005, 828; Schwintowski/Brömmelmeyer/*Kloth/Neuhaus* PK-Vers § 78 VVG Rn. 39.

96 *OLG Nürnberg* Urt. v. 10.01.1980 – 8 U 81/79, JurionRS 1980, 12965 = VersR 1981, 745.

97 Typische Deckungserweiterung in individuellen AKB, siehe *Schwab* A.1.1 AKB Rdn. 7–10; Feyock/*Jacobsen*/Lemor, KfzVers, A.1 AKB, Rn. 81.

98 Siehe *Schwab* § 2 PflVG Rdn. 23–25.

99 *BGH* Urt. v. 05.03.1986 – IVa ZR 63/84, JurionRS 1986, 13126 = VersR 1986, 380 = MDR 1986, 738 = NJW-RR 1986, 768; Looschelders/Pohlmann/*von Koppenfels-Spies*, VVG-Kommentar, § 78 VVG, Rn. 10; *Halbach* in MüKo zum VVG, § 78 VVG, Rn. 15; Schwintowski/Brömmelmeyer/*Kloth/Neuhaus* PK-Vers § 78 VVG Rn. 14 u. 15.

an diejenigen Haftpflichtversicherer verweisen, mit denen er bei intakten Verhältnissen Gesamtschuldner einer Mehrfachversicherung wäre.

111 Der Versicherungsnehmer des gestörten Versicherungsverhältnisses tritt im Verhältnis zu den leistungspflichtigen Versicherern nicht an die Stelle des leistungsfreien Haftpflichtversicherers. Er ist nicht so zu stellen, als würde die Mehrfachversicherung fortbestehen. Folglich hat der Versicherungsnehmer vollen Versicherungsschutz gegen den noch leistungspflichtigen Versicherer, ohne sich den entfallenen Ausgleichsanspruch entgegenhalten lassen zu müssen.

§ 117 Leistungspflicht gegenüber Dritten

(1) Ist der Versicherer von der Verpflichtung zur Leistung dem Versicherungsnehmer gegenüber ganz oder teilweise frei, so bleibt gleichwohl seine Verpflichtung in Ansehung des Dritten bestehen.

(2) Ein Umstand, der das Nichtbestehen oder die Beendigung des Versicherungsverhältnisses zur Folge hat, wirkt in Ansehung des Dritten erst mit dem Ablauf eines Monats, nachdem der Versicherer diesen Umstand der hierfür zuständigen Stelle angezeigt hat. Dies gilt auch, wenn das Versicherungsverhältnis durch Zeitablauf endet. Der Lauf der Frist beginnt nicht vor Beendigung des Versicherungsverhältnisses. Ein in den Sätzen 1 und 2 bezeichneter Umstand kann dem Dritten auch dann entgegengehalten werden, wenn vor dem Zeitpunkt des Schadensereignisses der hierfür zuständigen Stelle die Bestätigung einer entsprechend den Rechtsvorschriften abgeschlossenen neuen Versicherung zugegangen ist. Die vorstehenden Vorschriften dieses Absatzes gelten nicht, wenn eine zur Entgegennahme der Anzeige nach Satz 1 zuständige Stelle nicht bestimmt ist.

(3) In den Fällen der Absätze 1 und 2 ist der Versicherer nur im Rahmen der vorgeschriebenen Mindestversicherungssumme und der von ihm übernommenen Gefahr zur Leistung verpflichtet. Er ist leistungsfrei, soweit der Dritte Ersatz seines Schadens von einem anderen Schadensversicherer oder von einem Sozialversicherungsträger erlangen kann.

(4) Trifft die Leistungspflicht des Versicherers nach Absatz 1 oder Absatz 2 mit einer Ersatzpflicht auf Grund fahrlässiger Amtspflichtverletzung zusammen, wird die Ersatzpflicht nach § 839 Abs. 1 des Bürgerlichen Gesetzbuchs im Verhältnis zum Versicherer nicht dadurch ausgeschlossen, dass die Voraussetzungen für die Leistungspflicht des Versicherers vorliegen. Satz 1 gilt nicht, wenn der Beamte nach § 839 des Bürgerlichen Gesetzbuchs persönlich haftet.

(5) Soweit der Versicherer den Dritten nach den Absätzen 1 bis 4 befriedigt und ein Fall des § 116 nicht vorliegt, geht die Forderung des Dritten gegen den Versicherungsnehmer auf ihn über. Der Übergang kann nicht zum Nachteil des Dritten geltend gemacht werden.

(6) Wird über das Vermögen des Versicherers das Insolvenzverfahren eröffnet, endet das Versicherungsverhältnis abweichend von § 16 erst mit dem Ablauf eines Monats, nachdem der Insolvenzverwalter diesen Umstand der hierfür zuständigen Stelle angezeigt hat; bis zu diesem Zeitpunkt bleibt es der Insolvenzmasse gegenüber wirksam. Ist eine zur Entgegennahme der Anzeige nach Satz 1 zuständige Stelle nicht bestimmt, endet das Versicherungsverhältnis einen Monat nach der Benachrichtigung des Versicherungsnehmers von der Eröffnung des Insolvenzverfahrens; die Benachrichtigung bedarf der Textform.

Übersicht Rdn.

A. Einleitung

Der allseits bekannte § 3 PflVG mit seinen verschiedenen Regeln, die **ausschließlich** auf die **Kraftfahrzeug-Haftpflicht-Versicherung** in ihrer Ausgestaltung als Pflichtversicherung anzuwenden waren, wurde zum einen nahezu vollständig in das neue VVG integriert und auf den Ausschluss der Verweisung (§ 3 PflVG n.F.) reduziert. Die vormaligen Regelungen des § 3 PflVG finden sich in den §§ 115 (§ 3 Nr. 1–3 PflVG a.F.), 116 (§ 3 Nr. 9, 10 S. 2, 11 S. 2 PflVG a.F.), 117 (§ 3 Nr. 4–6 PflVG a.F.), 119 (§ 3 Nr. 7 PflVG a.F.) bzw. 120, § 124 (§ 3 Nr. 8, 10 S. 1 PflVG a.F.) wieder. 1

I. Regelungsgehalt

§ 117 n.F. befasst sich ausschließlich mit der Leistungspflicht des Kraftfahrzeug-Haftpflicht-Versicherers gegenüber dem geschädigten Dritten. Dabei kommt es nach der Gesamtschau nicht auf Umstände im Innenverhältnis, die das Bestehen oder Nichtbestehen des Vertrages zur Folge haben, an. Etwas anderes kann nur gelten, wenn die sog. Nachhaftungsfrist abgelaufen ist, oder aber kein Deckungsanspruch der Versicherten Personen nach den Regeln des § 103 VVG, § 4 KfzPflVV, A.1.4. und A.1.5 AKB besteht. Aus der Regelung des § 117 Abs. 2 wird die Trennung zwischen Außen- und Innenverhältnis offensichtlich. Auch wenn im Innenverhältnis der Versicherer gegenüber dem Versicherungsnehmer von der Verpflichtung zur Leistung frei ist, etwa wegen Obliegenheitsverletzung oder Prämienverzug, muss er gegen ihn gerichtete Schadenersatzansprüche von Dritten gleichwohl befriedigen. Etwas anderes gilt nur für den Fall der Risikoausschlüsse nach den AKB, dort unter A.1.5.x und für die Vorsatztat, § 103 VVG, da der Versicherer für diese seine Leistungspflicht vollständig ausschließt durch die Formulierung »Was ist nicht versichert?«[1]. Dabei haftet der Versicherer immer nur im Rahmen der vereinbarten Versicherungssummen und der von ihm »übernommenen Gefahr«, dazu gehören jedenfalls nicht manipulierte Unfälle[2]. 2

1 Vgl. Rüffer/Halbach/*Schimikowski* § 117 Rn. 2 und § 115 Rn. 7; § 4 KfzPflVV.
2 OLG Celle v. 15.09.2011 – 14 W 28/11, NJW Spezial 2012, 10.

II. Innenverhältnis

3 Als Innenverhältnis wird alles das bezeichnet, was sich auf der Ebene Versicherer – Versicherungsnehmer abspielt. D.h. es kommt für die Leistungsverpflichtung nach § 117 VVG nicht darauf an, ob in diesem Verhältnis die Vertragsparteien ihre vertraglichen Pflichten erfüllt haben. Diese Pflichten sind zum einen die Prämienzahlungspflicht, §§ 37, 38 VVG und zum anderen die Obliegenheiten, die vor dem Schadenfall oder im Schadenfall vom Versicherungsnehmer bzw. den mitversicherten Personen zu erfüllen sind. Diese vertraglichen Nebenpflichten finden sich z.T. ebenfalls im VVG, aber auch zusätzlich in den AKB. Unabhängig von ihrer Fundstelle wirken diese Obliegenheiten nur im Innenverhältnis.

III. Außenverhältnis

4 Das Außenverhältnis bezeichnet das Rechtsverhältnis zwischen Versicherer und Geschädigtem. In diesen Bereich dringen nur die Risikoausschlüsse ein, die unter A.1.5 aufgezählt wurden und ihre Rechtsgrundlage im VVG und in der KfzPflVV finden.

IV. Ausnahme

5 Das Wesen der Pflichtversicherung ist beschränkt auf den öffentlichen Verkehrsraum, § 1 PflVG. Nur in dem Geltungsbereich dieser Pflicht können auch die Vorschriften der §§ 115 ff., also auch § 117 VVG betrachtet werden. Ereignet sich also ein Schadenfall außerhalb des öffentlichen Verkehrsraums, besteht ein Direktanspruch gegen den Versicherer nicht mehr. Soweit das Versicherungsverhältnis »gesund« ist, dem Versicherungsnehmer also kein Fehlverhalten vorgeworfen wird und er die fällige Prämie rechtzeitig gezahlt hat, kommt es im Ergebnis auf die Differenzierung nicht an. Der Versicherungsnehmer hat im Innenverhältnis einen Freistellungsanspruch gegen den Versicherer, der sich auch in den Schadenfällen, die sich im nichtöffentlichen Verkehrsraum ereignet haben, direkt mit dem Geschädigten auseinandersetzen wird. Etwas anderes gilt allerdings, wenn dem Versicherungsnehmer eine Obliegenheitsverletzung vorgeworfen wird oder gar wegen Prämienverzugs vollständige Leistungsfreiheit besteht. Dann ist der Versicherer u.U. auch von der Verpflichtung zur Vorleistung frei, d.h. der Geschädigte muss sich mit seinen Ansprüchen unmittelbar an den Schädiger wenden und von diesem Ersatz verlangen. Es kommt sogar die Eintrittspflicht der VOH in Betracht.

B. Vorleistungspflicht, § 117 Abs. 1 VVG

6 Der Versicherer ist nach dem Wortlaut des Absatzes 1 verpflichtet, dem geschädigten Dritten seinen Schaden zu ersetzen. Während in den anderen Sparten der Versicherer im Rahmen einer Haftpflichtversicherung, die nicht als Pflichtversicherung ausgestaltet ist, dem Versicherungsnehmer und dem Geschädigten alle Einwände aus dem Vertrag mit der Folge der Leistungsfreiheit entgegenhalten kann, ist ihm dieses Recht im Rahmen der als Pflichtversicherung ausgestalteten Kraftfahrzeug-Haftpflicht-Versicherung abgeschnitten.

I. Von der Verpflichtung zur Leistung frei

7 Die Leistungsfreiheit des Versicherers gegenüber dem Versicherungsnehmer kann sich aus verschiedenen Gründen ergeben:

1. Prämienverzug

8 Der Verzug mit der Prämienzahlung, einer vertraglichen Hauptpflicht, führt unter den in §§ 37, 38 VVG genannten Voraussetzungen zur vollständigen Leistungsfreiheit des Versicherers, der dann alle Aufwendungen, die er im Schadenfall für den Dritten tätigen musste, zurückfordern kann[3].

---

3 Zu den Voraussetzungen der Leistungsfreiheit vgl. die Kommentierung unter C. AKB zu Erst- und Folgeprämie; NK-VersR/Ruks § 37 VVG Rn. 15 ff.

2. gesetzliche Obliegenheiten

Neben den Hauptpflichten hat der Versicherungsnehmer auch Nebenpflichten, die Obliegenheiten, zu erfüllen. Es sind gesetzliche Obliegenheiten vorhanden, z.B. die Mitteilung der Adressänderung, die Verkaufsmitteilung, Gefahrerhöhungen am versicherten Gegenstand etc. Die Folgen der Verletzung solcher Vertragspflichten ergeben sich aus dem Gesetz. Dabei ist zu beachten, dass u.U. in den dem Vertrag zu Grunde liegenden AKB andere, weniger schwere, Vereinbarungen getroffen worden sein können. 9

3. vertragliche Obliegenheitsverletzung vor dem Schadenfall

Zusätzlich zu den gesetzlichen Obliegenheiten sind in den AKB weitere vertragliche Obliegenheiten aufgeführt, die das Risiko eines Schadeneintrittes minimieren sollen, wie z.B. Führerschein-, Alkohol-, Verwendungsklausel, Verbot von nicht genehmigten Rennveranstaltungen, Verletzung der Ruheversicherung, Verletzung von Meldepflichten (Umzug, Verkauf) etc. Diese sind auf Grundlage des § 5 KfzPflVV in den AKB eingebunden[4]. 10

4. vertragliche Obliegenheitsverletzungen im Schadenfall

Außerdem werden an die versicherten Personen im Schadenfall besondere Anforderungen gestellt. So darf der Versicherer zu Recht erwarten, dass alle Fragen, die er zur Klärung seiner Eintrittspflicht stellt, beantwortet werden, er über eventuelle Strafverfahren informiert wird und im Falle einer Klage die Prozessführungsbefugnis erhält, um alle geeigneten Schritte zur Abwehr der gegen ihn gerichteten Ansprüche einzuleiten[5]. 11

5. Bestehen- oder Nichtbestehen des Vertrages

Im Außenverhältnis kann der Versicherer dem durch den Gebrauch des KFZ im öffentlichen Verkehrsraum Geschädigten das Vertragsende nur ausnahmsweise entgegenhalten (Nachhaftung). 12

II. Außenverhältnis (Leistungspflicht in Ansehung des Dritten)

Im Außenverhältnis stehen Versicherungsnehmer und Versicherer gleichberechtigt als Gesamtschuldner nebeneinander, der Versicherer ist verpflichtet, die gegen ihn bzw. die versicherten Personen gerichteten Ansprüche zu befriedigen. Nach Befriedigung der Ansprüche durch den Versicherer steht diesem ein möglicher Ersatzanspruch nach den Grundsätzen des Gesamtschuldnerausgleichs, §§ 116 VVG, 426 ff. BGB zu. Die Verjährung dieses Ausgleichsanspruchs unterliegt dem BGB, die Verjährungsvorschriften hinsichtlich des Direktanspruches kommen dem anderen Versicherer nicht zugute. 13

C. Bestehen des Vertrages, Nachhaftung (§ 117 Abs. 2)

Dieser Absatz des § 117 VVG ersetzt den § 3 Nr. 5 PflVG a.F., in dem zum Schutz des unbeteiligten Dritten für die Kraftfahrzeug-Haftpflicht-Versicherung die Nachhaftung normiert wurde. Er ist inhaltlich gleich mit der alten Norm, so dass die durch die Rechtsprechung entwickelten Grundsätze zu § 3 Nr. 5 PflVG a.F. fortgelten. Objektives Kriterium ist das Benutzen eines nicht versicherten KFZ im öffentlichen Verkehrsraum. Dabei ist zu beachten, dass die Regelung der Nachhaftung nur für die Kraftfahrzeug-Haftpflicht-Versicherung gilt, nicht aber für die Handel- und Handwerkversicherung[6], ebenso gibt es keine Nachhaftung für Fahrzeuge, die keiner Zulassung bedürfen, für deren Betrieb aber eine Haftpflichtversicherung besteht[7]. 14

4 Wegen der Details vgl. die Kommentierung zu § 5 KfzPflVV und die Kommentierung in den AKB.

5 Vgl. insoweit die Kommentierung zu E.x AKB.

6 OLG Hamm v. 11.11.1998 – 32 U 175/98, NJW-RR 1999, 538.

7 Rebler »Geltungsbereich der Nachhaftung bei gekündigten Versicherungsverträgen von Gabelstaplern« in SVR 2003, 330 f.

I. Bestehen/Nichtbestehen des Vertrages

15 Voraussetzung für die Anwendung des § 117 Abs. 2 ist, dass ein Versicherungsvertrag zu keinem Zeitpunkt bestand, oder aber der Vertrag beendet wurde. Entscheidend kommt es auf den äußeren Anschein an. Wird der Anschein erweckt, es bestünde ein wirksames Versicherungsverhältnis, kann dahinstehen, ob ein wirksames Verhältnis nie bestand oder dieses beendet wurde[8]. Grundsätzlich kommt bei der Eintrittspflicht für Schäden des Dritten nicht darauf an, ob der Vertrag (noch) besteht oder nicht. Auch die Fälle sollen erfasst sein, in denen der Vertragsschluss wegen Irrtums (§ 119 BGB) oder arglistiger Täuschung oder Drohung (§ 123 BGB) angefochten wurde, oder aber der Vertrag wegen Minderjährigkeit[9] (§ 108 BGB), beschränkter Geschäftsfähigkeit des Versicherungsnehmers (§ 105 BGB) oder wegen versteckten Einigungsmangels (§ 155 BGB) schon gar nicht zustande kam. Als Beendigungsgründe kommen sowohl die Kündigung des Vertrages durch Versicherer oder Versicherungsnehmer, die Anfechtung des Vertrages wegen Täuschung, der Rücktritt vom Vertrag wegen Prämienverzugs, aber auch das Erlöschen des Vertrages in Betracht.

16 Ausreichend ist, dass der Vertrag geschlossen wurde. Auf das Nichtbestehen des Vertrages kann sich der Versicherer nur im Innenverhältnis zum Versicherungsnehmer berufen. Der Versicherer kann sich selbst bei Kündigung durch den Versicherungsnehmer nur dann auf das Vertragsende berufen, wenn er der Zulassungsstelle gem. § 51FZV das Ende des Vertrages angezeigt hat und die Kündigung dem Versicherungsnehmer zugegangen ist[10]. Auch gegenüber dem Fahrer ist ihm diese Möglichkeit nach § 123 VVG verwehrt. Eine Verpflichtung zur Anzeige der Vertragsbeendigung an die Zulassungsstelle gibt es nicht, sie erfolgt lediglich im eigenen Interesse des Versicherers[11]. Ist allerdings die Meldung bei der zuständigen Behörde erfolgt, gehört es zu den Amtspflichten dieser, den Halter des Kfz zu überwachen. Es reicht dann nicht aus, diesen zum Nachweis einer neuen Kfz-Versicherung aufzufordern, und bei fehlender Reaktion des Halters das Kfz lediglich in eine Datei aufzunehmen. Vielmehr müssen dann eigene Nachforschungen über den Verbleib des Halters angestrengt werden, will die Behörde dem Vorwurf der Amtspflichtverletzung entgehen[12].

17 Nicht als Vertragsende ist der Verkauf des Fahrzeuges zu sehen. Der Vertrag geht vielmehr gem. G.7.1 AKB auf den Erwerber über. Selbst wenn eine Anzeige an die Zulassungsstelle ginge, bliebe diese ohne Wirkung, da der Vertrag nicht beendet wurde. Diese Anzeige wird auch als »unechte Anzeige« bezeichnet. Die Haftung des Versicherers besteht im Falle des Verkaufs im Rahmen der vertraglichen Vereinbarungen.

II. Ende des Vertrages durch Zeitablauf

18 Wenn ein Vertrag, wie z.B. die Mofa-Verträge, die Verträge über rote Kennzeichen, Saisonkennzeichen, befristet ist und nur für einen bestimmten Zeitraum gilt, kann dies dem geschädigten Dritten auch dann nicht entgegengehalten werden, wenn – wie bei Versicherungskennzeichen – allein durch die Farbgebung schon die Jahre gekennzeichnet sind. Der Versicherer muss das Ende des Vertrages auch in diesem Fall bei der Zulassungsstelle mitteilen, wenn er die Nachhaftung begrenzen möchte. Bei Mofas reicht die Meldung an das Kraftfahrtbundesamt[13]. § 52 Abs. 3 FZV lassen die Anzeige des Versicherungsschutzes bei kurzfristigen Verträgen auch gleichzeitig als Anzeige der Beendung des Vertrages gelten. Ob man in dieser Regelung allerdings mit dem LG Nürnberg-Fürth gleichzeitig auch das Ende der Nachhaftungsfrist sehen kann und eine Anwendung des

---

8 Vgl. Looschelders/Pohlmann/*Schwartze*, § 117 Rn. 9 m.w.N.

9 Vgl. hierzu ausführlich BGH v. 02.10.2002 – IV ZR 309/01 NJW 2003, 514, 515 zum Vertragsschluss mit einem Minderjährigen m.w.H.

10 OLG Köln v. 14.10.1998 – 13 U 98/98, r+s 1999, 228.

11 OLG Köln v. 14.10.1998 – 13 U 98/98, r+s 1999, 228; Schwintowski/Brömmelmeyer/*Huber* PK-VersR § 117 Rn. 70 m.w.H.

12 OLG Karlsruhe v. 17.08.2010 – 12 U 45/10; Bruck/Möller/Beckmann, § 117 Rn. 34; 74.

13 Feyock/Jacobsen/Lemor § 117 Rn. 9.

§ 117 Abs. 2 ablehnen kann, erscheint zweifelhaft[14]. Allein die Tatsache, dass der Rechtsschein auf ein Versicherungsverhältnis bei Kurzzeitkennzeichen nach Ablauf des Gültigkeitsdatums nicht gegeben sein soll, ist nach diesseitiger Auffassung nicht mit dem Opferschutzgedanken in Einklang zu bringen! Die Regelung der Nachhaftung soll gerade dazu dienen, dem unbescholtenen Verkehrsopfer einen Schadenersatzpflichtigen an die Hand zu geben, der auch für eine Übergangsfrist weiterhaftet, bis die Stilllegung des nicht mehr versicherten Fahrzeuges erreicht werden kann[15]. Gem. § 52 FZV ist auch der Vertrag für ein Versicherungskennzeichen kraft Gesetzes beschränkt, so dass auch hier eine Anzeige entbehrlich ist.[16] Besonderheiten gelten nach Auffassung des Verfassers in der Kraftfahrzeug-Haftpflicht-Versicherung für die Saisonkennzeichen, da dort der Vertrag gerade nicht beendet, sondern lediglich in eine Ruheversicherung umgewandelt wird, es kann daher nicht zu einer Nachhaftungsregelung kommen, wenn sich außerhalb der Saison ein Schaden ereignet.

III. Mitteilung an die zuständige Stelle

Das Vertragsende muss an die zuständige Stelle mitgeteilt werden, damit diese die Neuversicherung bzw. Stilllegung des nicht mehr versicherten Fahrzeuges betreiben kann. Die Anzeige nach § 51 FZV darf erst mit dem Ende des Vertrages abgeschickt werden, um sicherzustellen, dass eine Nachhaftungsfrist gegeben ist. Da es sich um eine starre Frist handelt, kommt es nicht zu Fristverlängerungen, wenn das Ende auf ein Wochenende oder einen Feiertag fällt, § 193 BGB ist nicht anwendbar, gem. C.4 AKB hat der Versicherer Anspruch auf die anteilige Prämie. Die Schadenersatzansprüche der Geschädigten sind auf die Mindestversicherungssumme beschränkt, nur so weit reicht die Garantie[17]. Auch die verspätete Mitteilung des Versicherers an die Zulassungsstelle führt nicht dazu, dass der Versicherer über die Mindestversicherungssumme hinaus haftet[18]. 19

Auch die Ansprüche des Versicherungsnehmers, der in seinem »vertragslosen« Fahrzeug als Insasse geschädigt wird, sind dann abzulehnen, da der Versicherungsnehmer zu keinem Zeitpunkt Dritter im Sinne des § 117 Abs. 2 VVG bei dem Versicherungsvertrag ist. Wenn er sich nicht vertragsgemäß verhält, kann er selbst auch keine Leistungen erwarten. 20

Wenn der Versicherungsnehmer das Fahrzeug in Kenntnis der Vertragsbeendigung weiter nutzt, ist dies strafbar, § 6 PflVG[19]. Gem. § 25 Abs. 4 VVG hat die Zulassungsstelle dann den Halter aufzufordern, eine anderweitige Versicherungsbestätigung vorzulegen oder, falls dies nicht erfolgt, das Fahrzeug stillzulegen. 21

Gelingt es der Zulassungsstelle nicht, innerhalb dieser Frist das Fahrzeug stillzulegen, und es ereignet sich ein Schadenfall, kann ein Anspruch gegen die Zulassungsstelle wegen Amtspflichtverletzung in Betracht kommen, wenn dort die Pflichten verletzt wurden[20]. Auch die Ansprüche gegen die Zulassungsstelle wegen Amtspflichtverletzung sind auf die Mindestversicherungssummen begrenzt[21], da nur so weit die Garantiefunktion der Pflichtversicherung reicht. 22

---

14 LG Nürnberg-Fürth v. 09.09.2011 – 8 O 2539/11, allerdings im Ergebnis unschädlich, da offenbar die Kurzzeitkennzeichen fälschlicherweise verwendet wurden und das Kfz im Unfallzeitpunkt auf einen Halter zugelassen war – also Versicherungsschutz bei einem anderen Kraftfahrzeug-Haftpflicht-Versicherer bestand.

15 Folgerichtig auch OLG Frankfurt v. 26.09.2018 – 13 U 43/17, das für einen Unfall nach Ablauf der Nutzungsfrist des Kurzzeitkennzeichens eine Eintrittspflicht bestätigte.

16 Stiefel/Maier/Jahnke § 117 Rn. 59 ff.

17 117 Abs. 3 VVG es gelten die Versicherungssummen zum Unfallzeitpunkt!

18 BGH v. 04.04.1978 – VI ZR 238/76, VersR 1978, 609.

19 BGH v. 03.11.1983 – 4 StR 80/83, NJW 1984, 877 (auch wenn der Vertrag nach § 39 Abs. 3 VVG a.F. gekündigt war und der Versicherungsnehmer die Prämie noch gezahlt hatte, lässt dies die Strafbarkeit seines Handelns nicht entfallen!); vgl. auch Ferner/Bachmeier/Müller/*Ferner* § 6 PflVG m.w.H.

20 BGH v. 15.01.1987 – III ZR 17/85, NJW 1987, 2737.

21 BGH v. 17.05.1990 – III ZR 191/88, NJW 1990, 2615 beschränkt die Eintrittspflicht der Zulassungsstelle bei verspäteter Stilllegung des nicht versicherten Kfz auf die Mindestversicherungssumme, weil eine Schadenersatzpflicht der Zulassungsstelle sich nicht allein aus der Verletzung der Pflicht, ausreichend

IV. Wirkung für mitversicherte Personen

23 Grundsätzlich wirkt eine Vertragsbeendigung auch gegenüber den mitversicherten Personen. Im Hinblick auf die Entscheidung des BGH[22], der die Leistungsfreiheit auch gegenüber dem mitversicherten Fahrer bejahte, wurden die Regelungen insoweit modifiziert, als die mitversicherte Person so lange geschützt ist, als der Versicherer der Zulassungsstelle das Ende des Vertrages nicht angezeigt hat und die Nachhaftungsfrist noch nicht abgelaufen ist.

V. Fristbeginn/Fristablauf

24 Die Nachhaftungsfrist beginnt mit der Anzeige der Vertragsbeendigung bei der zuständigen Stelle. Beginn der Frist ist also das Eingangsdatum der Anzeige nach § 51 FZV.

VI. Anderer Versicherer

25 Die Monatsfrist des § 117 Abs. 2 VVG kann nur durch den Versicherungsnehmer abgekürzt werden, indem er der Zulassungsstelle die Versicherungsbestätigung eines anderen Kraftfahrzeug-Haftpflicht-Versicherer vorlegt.

VII. keine zuständige Stelle bestimmt

26 Die Einhaltung der Forderung nach einer Pflicht-Haftpflichtversicherung prüfen die Zulassungsstellen für die Kraftfahrzeug-Haftpflicht-Versicherung. In anderen Pflicht-Haftpflichtversicherungen sind dies andere Stellen, wie z.B. die Rechtsanwaltskammer nach § 51 BRAO. Soweit für eine sonstige Pflicht-Haftpflichtversicherung eine solche Stelle nicht eingerichtet wurde, gilt auch die Nachhaftungsfrist nicht. Für die Kraftfahrzeug-Haftpflicht-Versicherung hat diese Regelung keine Bedeutung.

VIII. Leistungspflicht Mindestversicherungssumme (§ 117 Abs. 3)

27 Grundsätzlich ist der Umfang der Leistungspflicht des Versicherers der vertraglichen Vereinbarung vorbehalten. Der Versicherer haftet im Rahmen der übernommenen Gefahr[23]. Soweit er einzelne Risiken wirksam ausgeschlossen hat, kann er Schäden, die aufgrund dieses Ausschlusses entstanden sind, ablehnen[24]. Der wohl bekannteste Risikoausschluss ist die vorsätzliche Herbeiführung des Versicherungsfalles[25]. Für die Fälle der Pflichtversicherung werden besondere Regelungen getroffen[26], soweit die Verträge eine Versicherungssumme nicht vorsehen. Diese Regelung des § 114 VVG wird für die Kraftfahrzeug-Haftpflicht-Versicherung aber durch die Anlage zu § 4 PflVG modifiziert.

Dienstkräfte zur Bewältigung der gestellten Aufgaben zustellen, herleiten lässt. Er gibt die Auffassung aus nachfolgender Entscheidung ausdrücklich auf: BGH v. 22.03.1965 – III ZR 162/64 in NJW 1965, 1524 beschränkt die Haftung der Zulassungsstelle nicht, sondern erstreckt diese auf die adäquaten Schadenfolgen in ihrem ganzen Ausmaß. Die Haftung richte sich nach der schuldhaften Amtspflichtverletzung nach § 839 BGB i.V.m. Art. 34 GG und fordere dann die vollständige Ersetzung des schuldhaft verursachten Schadens, die Begrenzung nach § 158 VVG a.F. auf die Mindestversicherungssummen sei damit nicht vereinbar, da die Zielrichtung der §§ 158 ff. VVG a.F. den Schutz des Verkehrsopfers, nicht aber den der Zulassungsstelle bezweckten. Die zuständige Stelle hatte die Mitteilung des Außendienstmitarbeiters, der Halter und Versicherungsnehmer sei mit unbekanntem Ziel verzogen, nicht zum Anlass weiterer Nachforschungen genommen.

22 BGH v. 21.01.2004 – IV ZR 127/03, NJW 2004, 1250 = SVR 2004, 235 m.Anm. Schwab.

23 OLG Celle v. 15.09.2011 – 14 W 28/11 NJW Spezial 2012, 10; Bruck/Möller/Beckmann § 117 Rn. 12 f.

24 Schwintowski/Brömmelmeyer/*Huber* PK-VersR § 117 Rn. 9 f.

25 Vgl. hierzu auch A.1.5.1 AKB.

26 Vgl. insoweit oben zu § 114 VVG.

Dort sind die Mindestversicherungssummen für die Kraftfahrzeug-Haftpflicht-Versicherung festgeschrieben[27]. Diese dürfen – auch durch vertragliche Vereinbarung – für den Gebrauch eines Kfz im öffentlichen Verkehrsraum nicht unterschritten werden. Dabei beschränkt sich die Wirkung der Erklärungen des Versicherers im Rahmen der Schadenregulierung nicht auf die vereinbarte Versicherungssumme, wenn er dies nicht ausdrücklich erklärt[28].

		bis 30.6.1997:		**ab 1.7.1997:**		ab 1.1.02:		seit 2008:		Seit 1.1.2012	
–	bei Personenschäden	DM	1.000.000,–	**DM**	**5.000.000,–**	€	2.500.000,–	€	7.500.000,–	€	7.500.000,–
–	bei Sachschäden	DM	400.000,–	**DM**	**1.000.000,–**	€	500.000,–	€	1.000.000,–	€	1.120.000,–
–	bei reinen Vermögensschäden	DM	40.000,–	**DM**	**100.000,–**	€	50.000,–	€	50.000,–	€	50.000,–
–	bei Tötung oder Verletzung mehrerer Personen	DM	1.500.000,–	**DM**	**15.000.000,–**	€	7.500.000,–	keine andere. Summe vorgesehen			

IX. Begrenzung der Eintrittspflicht (§ 117 Abs. 3 S. 1)

Der Versicherungsnehmer kann nur insoweit Ansprüche aus dem Vertrag geltend machen, als 28
er sich selbst an die dort getroffenen Vereinbarungen hält. Verhält er sich selbst nicht vertragsgemäß, ist der Versicherer berechtigt, seine Leistungen ebenfalls auf das gesetzliche vorgeschriebene Maß zu kürzen. Voraussetzung ist, dass dem Versicherungsnehmer ein vertragswidriges Verhalten vorgeworfen wird. Dies kann sowohl in einer Obliegenheitsverletzung[29] liegen, als auch in der Nichtzahlung der geschuldeten Erst- oder Folgeprämie bzw. in der Verletzung sonstiger Pflichten, die sich aus dem VVG ergeben[30]. Für diese Fälle sieht das VVG die Begrenzung der Eintrittspflicht auf die Mindestversicherungssumme vor. Die Regelung entspricht dem § 158c IV VVG a.F. Voraussetzung für die Beschränkung auf die Mindestversicherungssumme ist allerdings, dass die Beschränkung der Eintrittspflicht auch in den vertraglichen Regelungen (AKB) festgehalten wurde. Erfolgte eine Beschränkung im Vertrag nicht, wurde in der Vergangenheit trotz der schon damals bestehenden gesetzlichen Regelung eine Reduzierung der Eintrittspflicht auf die Mindestversicherungssumme nicht zugelassen. Daher ist in einem solchen Fall unbedingt Einsicht in die dem Vertrag zu Grunde liegenden AKB zu nehmen. Es gilt immer die Mindestversicherungssumme zum Schadenzeitpunkt, dabei ist es ausreichend, dass § 3 Nr. 1 PflVG a.F. als Anspruchsgrundlage im Urteil aufgenommen wurde, es muss nicht ausdrücklich die Beschränkung auf die Mindestversicherungssumme im Tenor aufgenommen sein[31]. Die Beschränkung der Eintrittspflicht auf die Mindestversicherungssumme bleibt auch dann wirksam bestehen, wenn dem Halter vorgeworfen werden kann, dass er die unbefugte Benutzung durch einen Dritten

27 Vgl. auch Kröger/Kappen »Mindestdeckungssummen und Regulierungsfristen bei Verkehrsunfällen in Europa«, DAR 2007, 557 ff. mit Hinweis auch auf die Internationale Lage und tabellarischer Darstellung der Mindestversicherungssummen in Europa.

28 BGH v. 11.10.2006 – V ZR 329/05, DAR 2007, 141 (L).

29 Vgl. insoweit Kommentierung zu D.3 und E.6 AKB.

30 Aufklärungs- und Hinweispflichten wie z.B. § 97 VVG – Veräußerungsmitteilung, etc.

31 OLG München v. 20.12.2001 – 24 U 15/01, Jurion.

ermöglicht hat[32], da die Halterhaftung immer auf die Grenzen des § 12 StVG beschränkt ist. Diese liegen unter denen der Mindestversicherungssumme.

29 Das deutsche Recht muss sich zusätzlich an den europäischen Vorgaben orientieren, die sich in den KH-Richtlinien wiederfinden. Da die Versicherungssummen in den anderen europäischen Ländern erheblich von den deutschen nach oben und auch nach unten abweichen, kann es dazu kommen, dass die in Deutschland geltenden Mindestversicherungssummen unter den Beträgen in dem Gastland liegen, in das das versicherte Fahrzeug gereist ist. Dann gilt als Minimalgrenze die dort geltende Mindestversicherungssumme als vereinbart. Weist das Gastland aber geringere Mindestversicherungssummen auf als in Deutschland, kommt die vertragliche Zusage, mindestens die deutschen Mindestversicherungssummen in der Regulierung eines Schadens zugrunde zu legen, zur Anwendung.

30 Besondere Aufmerksamkeit verdient in diesem Zusammenhang die Haftungsbeschränkung nach StVG für den Halter:

bis zum 31.7.1971	250.000 DM,
bis zum 30.6.1981	500.000 DM (für Sachschäden 100000 DM)
	750.000 DM bei Verletzung mehrerer Personen
bis zum 30.8.1997	1 Mio. DM für Personenschäden
	1,5 Mio. DM bei mehreren Verletzten,
	400.000 DM für Sachschäden

31

	ab 1.7.1997	**ab 1.1.2002**	**seit 1.1.2008**	**§ 12a StVG seit 01.01.2008**	**Mindestversicherungssummen ab 1.1.2012**
bei Personenschäden	5 Mio. DM	2,5 Mio. €.	5 Mio. € Bei Personenbeförderung von mehr als 8 Personen je weiterer Person 600.000€	**10 Mio. €**	7,5 Mio. €
bei Sachschäden	1 Mio. DM	500.000 €	1 Mio. €	**10 Mio. €**	1,12 Mio. € BT-Drucksache 20/8094 1,3 Mio €
bei reinen Vermögensschäden	100.000 DM	50.000 €	50.000 €		50.000,– €
bei Tötung oder Verletzung mehrerer Personen	15 Mio. DM	7,5 Mio. €	7,5 Mio. €		

32 Die Sonderregelung des § 12a StVG für gefährliche Güter bestimmt Haftungshöchstbeträge, die erheblich vom Leistungsumfang der Mindestversicherungssummen abweichen. Leider wurde es bisher versäumt, die Mindestversicherungssummen mit einer Ausnahme für die Gefahrguttransporte

32 OLG Stuttgart v. 15.11.2000 – 3 U 23/00, MDR 2001, 687 f =NJW-RR 2001, 965.

zu versehen. Realisiert sich im Falle eines Gefahrguttransportes bei einem Schaden das besondere Risiko und ist eine Obliegenheitsverletzung des Versicherungsnehmers gegeben, bleibt dem Geschädigten das Risiko, den ggf. die Grenzen über die Mindestversicherungssummen hinausgehenden Sachschaden bei dem Versicherungsnehmer oder dem Fahrer geltend zu machen. Der Fahrer setzt in einem solchen Fall seine Existenz aufs Spiel, da der Vertrauensschutz des PflVG nur auf die Mindestversicherungssummen abstellt. Auch nach § 123 VVG kann der Fahrer nicht mehr verlangen als den Versicherungsschutz in den Grenzen der Mindestversicherungssummen. Trifft ihn gar in einem solchen Fall ein auch nur anteiliges Verschulden, haftet er neben dem Versicherungsnehmer für den Sachschaden, der einen Betrag von 1,12 Mio. € übersteigt. Bei den Personenschäden dürfte – zumindest nach derzeitigem Erkenntnisstand – bei nur einer schwer verletzten Person die Mindestversicherungssumme ausreichen, aber auch hier wäre im Falle des Überschreitens ein Loch von 2,5 Mio. € gegeben.

X. Verweisungsmöglichkeit (§ 117 Abs. 3 S. 2)

Ist der Versicherer trotz Leistungsfreiheit zur Leistung verpflichtet, hat er gleichwohl die Möglich- 33
keit, seine Aufwendungen zu minimieren und das Risiko der Uneinbringlichkeit der Forderung auf mehrere Schultern zu verteilen. Oberstes Gebot ist auch hier der Schutz des geschädigten Dritten, dieses Schutzes bedarf er dann nicht, wenn er seine Ansprüche bei einem anderen Schadenversicherer befriedigen kann. Um die Gemeinschaft der Versicherten bei krankem Versicherungsverhältnis nicht über Gebühr zu belasten, wurde das sog. Verweisungsprivileg eingeführt. Der Versicherer, der sich auf die Leistungsfreiheit berufen kann, darf den Geschädigten mit seinen Ansprüchen an einen anderen Schadenversicherer verweisen, der die Leistungen dann zu erbringen hat. Allerdings haftet er neben diesem subsidiär auf Schadenersatz[33]. Der Versicherer ist grundsätzlich beweisbelastet hinsichtlich der Möglichkeit der Verweisung[34], den Geschädigten treffen aber insoweit Mithilfepflichten. Er muss offenlegen, welche Versicherungen er abgeschlossen hat und welche Sozialleistungen er aufgrund des Unfalles erhält[35].

1. Zulässigkeit der Verweisung

Die Verweisung ist immer zulässig, wenn ein anderer Schadenversicherer vorhanden ist, der für 34
den gleichen Schaden einzutreten hätte, wenn der Geschädigte sich an ihn gewendet hätte, um Schadenersatz zu erlangen. Die Verweisung ist nur in den in § 3 PflVG geregelten Fällen nicht zugelassen. Dies sind der Verstoß gegen die Führerscheinklausel, die Schwarzfahrt und der Verstoß gegen Bau- und Betriebsvorschriften der StVZO. Allerdings ist die Verweisung dann zulässig, wenn dem Versicherungsnehmer neben dem Verstoß gegen die Führerscheinklausel noch eine weitere Obliegenheitsverletzung vorgeworfen wird, die die Verweisung zulässt[36]. Die Verweisung kann auch an einen von der Versicherungspflicht befreiten Fahrzeughalter erfolgen, wobei der verweisende Versicherer mit dem Beweis belastet wird, dass der Geschädigte auch von dem befreiten Halter die Leistung erhalten kann[37]. Soweit die Obliegenheiten grob fahrlässig verletzt wurden und eine Quotierung der Leistungsfreiheit vorgenommen wurde, kann die Verweisung nur in Höhe der Quote (des Betrages), die dem Versicherungsnehmer für den Verweisungstatbestand zugrunde gelegt wurde, erfolgen.

33 Schwintowski/Brömmelmeyer/Huber in PK-VersR § 117 Rn. 45.
34 BGH v. 28.10.1982 – III ZR 206/80, VersR 1983, 84.
35 Jacobsen in Feyock/Jacobsen/Lemor § 3 PflVG Rn. 47 (a.F.).
36 OLG Hamm v. 15.04.1999 – 27 U 236/98, VersR 2000, 1139.
37 BGH v. 28.10.1982 – III ZR 206/80, VersR 1983, 84.

2. Beschränkung der Verweisung dem Grunde nach

35 Die Verweisung kann dem Grund und der Höhe nach beschränkt sein: Der Versicherer kann den Geschädigten nur dann an einen anderen Schaden-Versicherer verweisen, wenn Fahrer und Versicherungsnehmer personenidentisch sind. Bei einer mitversicherten Person ist die Verweisung nur dann zulässig, wenn dieser ebenfalls eine Verletzung einer Obliegenheit oder Kenntnis von der Obliegenheitsverletzung des Versicherungsnehmers vorgeworfen werden kann. Soweit die mitversicherte Person allerdings für sich vollen Versicherungsschutz beanspruchen kann, § 123 VVG, ist eine Verweisung nicht zulässig. Außerdem findet § 3 PflVG Anwendung. Die Verweisung ist ausgeschlossen bei Verstoß gegen die Führerscheinklausel, Schwarzfahrt und bei einem Verstoß gegen die Bau- und Betriebsvorschriften der StVZO.

3. Beschränkung der Verweisung der Höhe nach

36 Die höhenmäßige Beschränkung der Leistungsfreiheit kann sich aus zwei Gesichtspunkten ergeben. Zum einen ergibt sich eine Beschränkung aus D.3 bzw. E.2.6 AKB, wenn der Versicherungsnehmer eine Obliegenheit verletzt hat. Eine Verweisung ist dann maximal bis 10.000 € bei Zusammentreffen von Obliegenheiten vor und im Schadenfall möglich. Ist der Versicherer wegen Prämienverzuges vollständig leistungsfrei, ist eine Beschränkung der Verweisung nur noch durch den Leistungsumfang des Drittversicherers gegeben, so kann z.B. an den Vollkasko-Versicherer nur in Höhe seines Leistungsumfanges (also des Fahrzeugschadens) verwiesen werden[38]; hinsichtlich des übersteigenden Schadens ist der VR uneingeschränkt gem. Haftungsquote bis zum Erreichen der Mindestversicherungssumme zur Leistung verpflichtet.

4. Wegfall des Verweisungsprivilegs

Eine Verweisung ist dann ausgeschlossen, wenn der andere Schaden-Versicherer wegen Prämienverzugs oder Obliegenheitsverletzung ganz leistungsfrei ist. Bei teilweiser Leistungsfreiheit wird es auch dort zu einer Quotierung kommen, die dann nur zur teilweisen Erstattung führt. Soweit die Obliegenheitsverletzung des Geschädigten nicht zu einer Haftungsquote bei dem eigentlichen Unfallereignis führt, erhält er von dort die Leistungen, die er von dem »anderen Schadenversicherer« nicht ersetzt erhält, ausgezahlt.

▶ **Beispiel:**

37 Der A hat seine Prämie nicht gezahlt, die Voraussetzungen für eine Versicherungsschutzversagung sind sämtlich gegeben. Er fährt auf den B auf. Der Kraftfahrzeug-Haftpflicht-Versicherer des A macht von seinem Verweisungsrecht Gebrauch und fordert B auf, seinen Fahrzeugschaden über die abgeschlossene Vollkasko-Versicherung abzurechnen. B verfährt weisungsgemäß und erhält seinen Fahrzeugschaden von seiner Kasko-Versicherung ersetzt abzgl. Selbstbeteiligung. Die Selbstbeteiligung und evtl. vorhandene sonstige Ansprüche (z.B. Sachverständigenkosten und Abschleppkosten etc., die von der Vollkasko-Versicherung nicht übernommen wurden) kann er weiterhin bei der Kraftfahrzeug-Haftpflicht-Versicherung des A geltend machen und erhält diese auch vollständig ersetzt.

Hat aber A die Vorfahrt des B verletzt und B war leicht alkoholisiert, kann der Kasko-Versicherer des B wegen grober Fahrlässigkeit ebenfalls den Versicherungsschutz versagen und den geltend gemachten Schaden dann nur nach Quote regulieren. Hinsichtlich der Differenz kann B seinen Anspruch bei A weiter geltend machen, wenn die Alkoholisierung des B nicht zu einer Mithaftung des B führt.

38 Außerdem ist die Verweisung dann ausgeschlossen, wenn mindestens einer der Beteiligten (Fahrer oder Halter) Versicherungsschutz verlangen kann. Hat der Versicherungsnehmer beispielsweise wegen Prämienverzuges im Innenverhältnis keinen Versicherungsschutz, dem Fahrer aber ist eine

38 OLG Saarbrücken v. 04.04.2013 – 4 U 31/12; NJW-RR 2013 934 = SP 2013 300.

Obliegenheitsverletzung nicht zur Last zu legen, hat dieser Anspruch auf Haftungsfreistellung im Rahmen der Mindestversicherungssummen. Soweit der Freistellungsanspruch auf die vertragliche vereinbarte Versicherungssumme ausgeweitet wird[39], ist dem zu widersprechen. Der Vertrauensschutz des Fahrers kann nur im Rahmen der Mindestversicherungssummen Bestand haben, auf weiteren Schutz hat er keinen Anspruch. Dies kann auch umgekehrt gelten, ohne dass der Versicherungsnehmer in Schwierigkeiten kommt, da der Versicherungsnehmer und Halter, der nicht selbst Fahrer ist, nur aus der Betriebsgefahr des versicherten Fahrzeuges in den Grenzen des § 12 StVG haftet! Die Haftungshöchstbeträge liegen unterhalb der Mindestversicherungssummen. Die seinerzeitige Entscheidung des BGH hinsichtlich der Versicherungssumme[40] ist insoweit nur eingeschränkt anwendbar, als eine Beschränkung der vertraglichen Einstandspflicht auf die Mindestversicherungssummen bei Obliegenheitsverletzung gerade nicht vereinbart war. Die Beschränkung der Einstandspflicht des Versicherers aus dem Vertrag auf die Mindestversicherungssumme ist zulässig und in den Musterbedingungen des GdV auch für die Fälle der Obliegenheitsverletzungen aufgenommen worden[41].

Das Verweisungsprivileg des Kraftfahrzeug-Haftpflicht-Versicherer findet dort seine Grenzen, wo der Geschädigte (evtl. wegen Prämienverzugs) bei seiner eigenen Fahrzeugversicherung keinen Versicherungsschutz geniest, er soll durch die Verweisung nicht schlechter gestellt werden. 39

5. andere Schadenversicherer oder Sozialversicherungsträger

Andere Schadenversicherer sind alle die, die keine summenmäßigen Leistungen vereinbart haben, sondern ihre Leistungen an einen konkreten Schaden beim Versicherungsnehmer anknüpfen. Der häufigste Schadenversicherer ist in diesem Zusammenhang der Vollkasko-Versicherer[42]. Daneben kommen aber auch ein Haftpflichtversicherer eines Zweitschädigers, die Handel-Handwerkversicherung des Kfz-Betriebes, in dem sich das Fahrzeug in Obhut befand, die private Krankenversicherung für die Heilbehandlungskosten, ein Unfallversicherer, der sich in seinen Leistungen an einem konkreten Schaden orientiert und z.B. Kranken- oder Krankenhausbehandlungen ersetzt, oder der Rechtschutzversicherer, soweit es um die Anwaltskosten des Geschädigten geht. Die Gerichtskosten des Kraftfahrzeug-Haftpflicht-Versicherers sind davon allerdings nicht umfasst[43]. 40

Eine Verweisung an die Fahrerschutzversicherung ist nach diesseitiger Auffassung nicht möglich, da diese nur subsidiär eintritt, wenn die Ansprüche des Versicherungsnehmers oder Fahrers auf Ersatz seines Personenschadens nicht bei dem Schädiger realisiert werden können[44]. 41

Summenversicherer sind davon nicht umfasst, da sie sich in ihren Leistungen regelmäßig gerade nicht an konkreten Schäden beim Versicherungsnehmer, sondern an pauschal vereinbarten Summen orientieren. Es kommt nicht darauf an, ob beispielsweise beim Krankenhaustagegeld ein gleichhoher Schaden beim Versicherungsnehmer entstanden ist. 42

Die Verweisung ist auch zulässig, soweit ein Sozialversicherungsträger eintrittspflichtig ist. 43

Sozialversicherungsträger im Sinne von § 117 Abs. 3 S. 2 sind die **gesetzlichen Krankenkassen**, die **DRV Bund** oder der einzelnen Länder, die **gesetzlichen Unfallversicherer** und die **Bundesagentur für Arbeit**[45], soweit diese Versicherungsleistungen in Form von Arbeitslosengeld und Rehabilitationsmaßnahmen erbringen[46]. Von dieser Form der Verweisung merkt der gesetzlich kranken- und rentenversicherte Geschädigte nichts. Der Krankenversicherer wird durch die Vorlage der 44

39 Schwintowski/Brömmelmeyer/Huber § 117 Rn. 16 f.
40 BGH v. 29.05.1991 – IV ZR 187/81, VersR 1983, 688.
41 Schwintowski/Brömmelmeyer/Huber § 117 Rn. 21 f.
42 BGH 04.041978 – VI ZR 238/76, VersR 1978, 609 f. m.w.H.
43 Vgl. Prölss/Martin § 158c VVG a.F: Anm. 7 c.
44 Vgl. hierzu auch Schwab zur Fahrerschutzversicherung in diesem Buch, Rn. 61 ff.
45 BGH v. 17.10.2017 – VI ZR 477/16.
46 OLG München 25.07.1986 – 10 U 2275/86, VersR 1988, 29.

Versichertenkarte bei Arzt und Krankenhausbehandlung ohnehin in Anspruch genommen. Gleiches gilt für den Rentenversicherer, bei dem eine Kurmaßnahme beantragt wird. Hier erfolgt die Verweisung durch den Kraftfahrzeug-Haftpflicht-Versicherer des Schädigers in der Form der Ablehnung des Regresses. Es werden dann weder die Behandlungskosten noch ein möglicher Beitragsschaden (des Krankenversicherers) an den Sozialversicherungsträger erstattet. Dies darf aber dem Geschädigten nicht zum Nachteil gereichen. Die Kosten, die von dem Sozialversicherungsträger nicht übernommen werden, kann der Geschädigte nach wie vor bei dem Kraftfahrzeug-Haftpflicht-Versicherer des Schädigers geltend machen.

45 Eine Verweisung an den **Träger der Sozialhilfe** hingegen kommt nicht in Betracht.

6. Umfang der Verweisung

46 Der Umfang der Verweisungsmöglichkeit ist zum einen begrenzt durch den Leistungsfreibetrag wegen Pflichtverletzung des Versicherungsnehmers und Fahrers. Zum anderen wird der Umfang der Verweisung auch durch die eingeschränkten Leistungen der anderen Schadenversicherer beschränkt:

a) Krankenkasse

47 An die gesetzliche oder private Krankenkasse kann hinsichtlich aller Maßnahmen und Aufwendungen, die aus der Heilbehandlung des Geschädigten resultieren, verwiesen werden.

48 Nicht als Schadenversicherer fungiert die gesetzliche Krankenkasse dann, wenn sie im Rahmen des Umlageverfahrens dem Arbeitgeber seine Aufwendungen für Entgeltfortzahlung erstattet und diese beim Schädiger regressiert[47]. Die private Krankenkasse bietet die Krankengeldzahlung in aller Regel als Summenversicherung an, die nicht von einem konkreten Schaden abhängig ist. Hinsichtlich des Verdienstschadens kann daher eine Verweisung an die private Krankenversicherung des Geschädigten nicht erfolgen[48]. Will aber die private Krankenversicherung den Erwerbsschaden absichern, kann an sie zulässigerweise als Schaden-Versicherer verwiesen werden[49].

b) Öffentlich-rechtlicher Krankenversicherer

49 An den öffentlich-rechtlichen Krankenversicherer kann dann nicht verwiesen werden, wenn er Unfallschäden durch Satzung rechtswirksam aus seinem Leistungsangebot ausgeschlossen hat. Dieser Leistungsausschluss bei Ersatzpflicht eines Dritten greift ohne Rücksicht darauf ein, ob noch ein Haftpflichtversicherer dem Dritten leistungspflichtig ist[50].

c) Rentenversicherer

50 Eine Verweisung an den Rentenversicherer kommt nur insoweit in Betracht, als dieser für einen unfallbedingten Schaden einzutreten hat. Wegen der Kosten einer Rehabilitationsmaßnahme kann an den Rentenversicherer verwiesen werden. Eine Verweisung an den Rentenversicherer hinsichtlich der entgangenen Rentenversicherungsbeiträge[51] (bzw. die Ablehnung des Beitragsregresses nach § 119 SGB X) kommt nicht in Betracht, da es sich insoweit um eigene Ansprüche des Geschädigten handelt.

47 AG Nürnberg 3 C 392/71, VersR 1973, 516.

48 BGH v. 12.12.1975 – IV ZR 211/74, VersR 1976, 235.

49 BGH v. 07.05.1979 – IV ZR 209/73 in BGHZ 64, 260.

50 BGH v. 12.12.1975 – IV ZR 211/74, VersR 1977, 367 (Anm. Prölss); die Entscheidung ist abgedruckt VersR 1976, 235 (für die Postbeamten KK).

51 Schwintowski/Brömmelmeyer/Huber § 117 Rn. 33.

d) Bundesagentur für Arbeit (Arbeitslosengeld)

Eine Verweisung an die Bundesagentur für Arbeit ist zulässig, da sich die Leistungen an dem fehlenden Verdienst orientieren und der Erstattungsanspruch übergeht[52]. 51

e) Bundesagentur für Arbeit (ALG II, Hartz IV)/Sozialhilfeträger

Eine Verweisung an den Träger der Sozialhilfe ist hingegen nicht zulässig, da sich dessen Eintrittspflicht ausschließlich an der Bedürftigkeit des Anspruchsberechtigten orientiert[53] und nur eine subsidiäre Eintrittspflicht gegeben ist. Der Geschädigte zahlt dort keine Prämien ein, um gegen Schäden versichert zu sein. 52

7. Folgen der Verweisung

Der Geschädigte muss die Verweisung gegen sich gelten lassen. Er hat keine Wahl, ob er ihr Folge leisten will oder nicht[54]. Für den Geschädigten hat die Verweisung an den anderen Schadenversicherer keine Folgen. Im Falle der Kasko-Versicherung ist unter I.4.1.2.e AKB geregelt, dass der Schaden in diesem Fall den Vertrag nicht belastet. Der Anspruch des Geschädigten gegen den Schädiger geht insoweit auf den anderen Schadenversicherer oder Sozialversicherungsträger über, nicht aber der Direktanspruch gegen den Kraftfahrzeug-Haftpflicht-Versicherer des Schädigers. Ein Regress kann daher nur noch gegen den Schädiger unmittelbar erfolgen. 53

Da der Versicherer nur beschränkt von seinem Verweisungsrecht Gebrauch machen kann, ist auch der Regress des sonstigen Schadenversicherers nur insoweit möglich, als der Kraftfahrzeug-Haftpflicht-Versicherer leistungsfrei ist. Ein weiterer Regress durch den Kraftfahrzeug-Haftpflicht-Versicherer ist nicht mehr möglich, es sei denn, die Leistungen des Drittversicherers liegen betragsmäßig unter dem Leistungsfreibetrag. 54

Für den Versicherungsnehmer ist es gleichgültig, ob der Regress durch den Versicherer oder durch einen anderen durchgeführt wird. Die Höhe der Leistungsfreiheit ändert sich dadurch nicht.

D. Zusammentreffen von Leistungsfreiheit und Amtspflichtverletzung (§ 117 Abs. 4)

»§ 839 Haftung bei Amtspflichtverletzung 55

(1) Verletzt ein Beamter vorsätzlich oder fahrlässig die ihm einem Dritten gegenüber obliegende Amtspflicht, so hat er dem Dritten den daraus entstehenden Schaden zu ersetzen. Fällt dem Beamten nur Fahrlässigkeit zur Last, so kann er nur dann in Anspruch genommen werden, wenn der Verletzte nicht auf andere Weise Ersatz zu erlangen vermag.«

§ 839 BGB normiert die Ersatzpflicht des Beamten, der seine Amtspflichten verletzt hat. Dabei ist eine Schadenersatzpflicht nur für vorsätzliche oder grob fahrlässige Amtspflichtverletzung vorgesehen. In Fällen der nur fahrlässigen Amtspflichtverletzung haftet der Beamte nur subsidiär. D.h. in den Fällen einfacher Fahrlässigkeit kann der Geschädigte nicht an den Beamten verwiesen werden. Hat der Beamte allerdings grob fahrlässig oder gar vorsätzlich seine Amtspflicht verletzt, greift der Schutz des § 839 BGB nicht mehr. § 117 Abs. 4 will den Beamten gerade nicht von seiner Haftung freistellen, vielmehr haften der grob fahrlässig handelnde Beamte (seine Körperschaft) und der eigentlich leistungsfreie Versicherer gesamtschuldnerisch. 56

52 OLG Frankfurt v. 30.11.1989 – 1 U 175/88, VersR 1991, 686; OLG München 10 U 2275/86 bei Rehabilitationsmaßnahmen.

53 Schwintowski/Brömmelmeyer/Huber § 117 Rn. 32; OLG München v. 25.07.1986 – 10 U 2275/86, VersR 1988, 29 f.

54 BGH v. 18.01.1966 – VI ZR 147/64 in BGHZ 44, 382.

57 Ist der Beamte nicht mehr hoheitlich tätig, haftet er wie jeder andere auch[55]. Unterschieden werden muss auch hinsichtlich des Tätigkeitsbereichs. Wird der Beamte für die Körperschaft tätig, die als Eigenversicherer im Sinne von § 2 PflVG als von der Versicherungspflicht befreiter Fahrzeughalter für einen Schadenfall einzustehen hat, gilt die Privilegierung nicht. Dann ist der Rechtsträger zu behandeln wie ein anderer Kraftfahrzeug-Haftpflicht-Versicherer, die Sonderstellung des § 839 BGB kommt ihm in diesem Fall nicht zu[56].

E. Anspruchsübergang bei Befriedigung des Dritten (§ 117 Abs. 5)

58 Der Anspruchsübergang war in § 158f VVG a.F. geregelt. Das VVG in seiner ursprünglichen alten Fassung kannte keinen Direktanspruch des Geschädigten gegen den Versicherer. Es wurde der Übergang daher fingiert. Die Regulierung eines Fremdschadens wurde immer nur dann vom Versicherer übernommen (ggf. auch direkt mit dem geschädigten Dritten), wenn der Versicherungsnehmer im Vorfeld alle vertraglichen Pflichten erfüllt hatte und keine Obliegenheiten verletzt hatte. Das Wesen der Pflichtversicherung mit dem Direktanspruch in der Kraftfahrzeug-Haftpflicht macht diesen Absatz des § 117 erforderlich. Es handelt sich hier um einen Fall der Legalzession. Eine Abtretung der Ansprüche ist nicht erforderlich.

I. kein Fall des § 115 Abs. 1 S. 4 VVG

59 Grundsätzlich haften der Versicherer und der Versicherungsnehmer als Gesamtschuldner, § 115 Abs. 1 S. 4 VVG. Dabei sind die möglichen Gesamtschuldner auf Schadenersatz abschließend aufgezählt. In Verbindung mit § 116 Abs. 1 VVG wird davon ausgegangen, dass diese Gesamtschuld ausschließlich zu Lasten des Versicherers geht, wenn der Versicherungsnehmer seine Pflichten erfüllt hat. Ein Anspruch des Versicherers auf Ersatz seiner Aufwendungen scheidet in diesen Fällen aus, ein Anspruchsübergang ist daher nicht erforderlich. Der mitversicherte Fahrer kommt erst über § 123 VVG und die AKB in den Kreis der Gesamtschuldner hinein.

II. Übergang des Anspruches auf den Versicherer

60 Soweit aber der Versicherungsnehmer seine vertraglichen Haupt- oder Nebenpflichten nicht erfüllt hat und sich der Versicherer auf Leistungsfreiheit nach §§ 117 Abs. 1–4 berufen kann, geht der Anspruch des Geschädigten auf Ausgleich seiner Schadenersatzansprüche auf den leistenden Versicherer über. Dabei ist zu beachten, dass nur das von dem Versicherer regressiert werden kann, was der Versicherungsnehmer/Fahrer geschuldet hätte. Wird der Versicherer wegen Verzugs, den er alleine zu vertreten hat, verpflichtet, dem Geschädigten gem. § 3a PflVG Zinsen zu erstatten, geht ein Anspruch auf Erstattung dieser Zinsen von der versicherten Person gerade nicht über. Etwas anderes gilt nur, wenn der Versicherer wegen des Verzugs der versicherten Person im Regresswege Verzugszinsen verlangen kann. Ebenso können Prozesszinsen in den Ausgleich einbezogen werden, hier ist eine Trennung vorgenommen.[57]

61 Voraussetzung ist einerseits, dass der Versicherer gegenüber dem Versicherungsnehmer leistungsfrei ist und andererseits die Ansprüche des Geschädigten, sei es aufgrund Vergleichs oder Urteil, ganz oder teilweise befriedigt hat. Erforderlich ist auch, dass der Versicherer berechtigterweise die Ansprüche des Geschädigten befriedigt hat. War der Versicherer leistungsfrei wegen vorsätzlicher Schadensherbeiführung, § 103 VVG, und hat gleichwohl Leistungen erbracht, so kann er sich auch gegenüber dem Versicherungsnehmer nicht mehr auf seine Leistungsfreiheit berufen[58]. Der Anspruch geht nur in der Höhe über, wie die Ansprüche des Geschädigten befriedigt wurden. Ein

55 Schwintowski/Brömmelmeyer/Huber § 117 Rn. 54; Jacobsen in Feyock/Jacobsen/Lemor aaO., § 117 Rn. 24.
56 Schwintowski/Brömmelmeyer/Huber § 117 Rn. 61.
57 OLG Köln vom 11.02.2013, 19 U 113/12 für die Auflösung einer Mehrfachversicherung für ein Gespann.
58 Langheid in Römer/Langheid, § 158f VVG Rn. 3 m.w.H.

Anspruch auf Ersatz der Kosten des Kraftfahrzeug-Haftpflicht-Versicherers besteht nicht, dies gilt auch, wenn der Versicherer nur Kosten zur Anspruchsabwehr aufwenden musste.

Dem Anspruch des Versicherers kann der Versicherungsnehmer alle Einwände entgegenhalten, soweit dem Versicherer bei der Regulierung der gegen ihn gerichteten Schadenersatzansprüche ein Ermessensfehlgebrauch vorgeworfen werden kann. Auch der Einwand der Leistungsfreiheit gegenüber dem Dritten wegen einer Vorsatztat ist ein zulässiges Argument. Nicht gehört werden kann der Versicherungsnehmer allerdings mit dem Argument, der Versicherer habe in Kenntnis seiner Leistungsfreiheit gegenüber ihm für eine mitversicherte Person Schadenersatz geleistet und dürfe deshalb keine Ansprüche gegen den Versicherungsnehmer stellen[59]. 62

In dieser Regelung ist ausschließlich der Anspruchsübergang der Ansprüche des Dritten gegen den Versicherungsnehmer vorgesehen. Die sonstigen mitversicherten Personen nach § 2 KfzPflVV bzw. A.1.2 AKB sind von dieser Formulierung nicht erfasst. Ein Ausgleich unter Gesamtschuldnern wegen Obliegenheitsverletzungen von mitversicherten Personen ist in § 116 ebenfalls nicht vorgesehen. Auch § 116 bezieht sich in seinem Wortlaut nur auf den Versicherungsnehmer. Ansprüche gegen mitversicherte Personen oder gar Drittschädiger sind nicht erfasst. Im VVG a.F. wurde dies über den Anspruchsübergang nach § 67 VVG a.F. gelöst[60], so dass der Versicherer Ansprüche gegen mitversicherte Personen, die nicht Versicherungsnehmer sind, gem. § 86 VVG analog erhält, wenn er die Leistungen befriedigt. Will der Versicherer Schadenersatzansprüche des Geschädigten gegen sonstige Schädiger (Mietwagenunternehmen wegen schlechter Beratung oder Arzt wegen Behandlungsfehler), so muss er sich diese abtreten lassen[61]. 63

F. Insolvenz des Versicherers (§ 117 Abs. 6)

Auch für den Fall der Insolvenz des Versicherers ist eine Nachhaftung – in diesem Fall auch zum Schutz des Versicherungsnehmers – vorgesehen[62]. Der Versicherungsvertrag endet erst einen Monat nach der Anzeige der Insolvenz bei der Zulassungsstelle bzw. der Kündigung durch den Insolvenzverwalter gegenüber dem Versicherungsnehmer. Ein evtl. in dieser Zeit eingetretener Schaden fällt der Insolvenzmasse zur Last. Der Versicherungsnehmer und die mitversicherten Personen sind also vor Schadenersatzansprüchen Dritter geschützt. Der Dritte hat Anspruch auf Befriedigung seiner Schadenersatzansprüche. Entgegen der Regelung des § 16 VVG, der das Vertragsverhältnis einen Monat nach Eröffnung des Insolvenzverfahrens enden lässt, wird hier eine Sonderregelung für den Bereich der Kraftfahrzeug-Haftpflicht-Pflichtversicherung getroffen[63]. Nur hier existiert eine »zuständige Stelle«, nämlich die Zulassungsstelle, die dann eine andere Versicherungsbestätigung vom Versicherungsnehmer anfordern muss. Für die sonstigen Pflichtversicherungen genügt die schriftliche Information des Insolvenzverwalters über die Insolvenz an den Versicherungsnehmer. 64

§ 118 Rangfolge mehrerer Ansprüche

(1) Übersteigen die Ansprüche auf Entschädigung, die auf Grund desselben Schadensereignisses zu leisten ist, die Versicherungssumme, wird die Versicherungssumme nach folgender Rangfolge, bei gleichem Rang nach dem Verhältnis ihrer Beträge, an die Ersatzberechtigten ausgezahlt:

1. für Ansprüche wegen Personenschäden, soweit die Geschädigten nicht vom Schädiger, von einem anderen Versicherer als dessen Haftpflichtversicherer, einem Sozialversicherungsträger oder einem sonstigen Dritten Ersatz ihrer Schäden erlangen können;

59 Wie es Langheid in Römer/Langheid in der Kommentierung zu § 158f VVG a.F. Rn. 3 anklingen lässt, dies aber gleich in § 158i VVG a.F. Rn. 10 widerruft.

60 Vgl. insoweit Römer/Langheid VVG § 158f VVG Rn. 5, 6.

61 So z.B. OLG Düsseldorf v. 06.11.2001 – I-15 W 98/01 in SP 2002, 20.

62 Stiefel/Maier/Jahnke, § 117 VVG Rn. 148 ff.

63 Vgl. Schimikowski in Rüffer/Halbach/Schimikowski § 117 Rn. 12.

2. für Ansprüche wegen sonstiger Schäden natürlicher und juristischer Personen des Privatrechts, soweit die Geschädigten nicht vom Schädiger, einem anderen Versicherer als dessen Haftpflichtversicherer oder einem Dritten Ersatz ihrer Schäden erlangen können;
3. für Ansprüche, die nach Privatrecht auf Versicherer oder sonstige Dritte wegen Personen- und sonstiger Schäden übergegangen sind;
4. für Ansprüche, die auf Sozialversicherungsträger übergegangen sind;
5. für alle sonstigen Ansprüche.

(2) Ist die Versicherungssumme unter Berücksichtigung nachrangiger Ansprüche erschöpft, kann sich ein vorrangig zu befriedigender Anspruchsberechtigter, der bei der Verteilung nicht berücksichtigt worden ist, nachträglich auf Absatz 1 nicht berufen, wenn der Versicherer mit der Geltendmachung dieses Anspruchs nicht gerechnet hat und auch nicht rechnen musste.

Übersicht

A. Allgemeines

1 § 118 VVG führt eine Rangfolge[1] ein, die sich schon in anderen Bereichen findet. So hat der Geschädigte gegenüber dem Regressgläubiger ohnehin ein Befriedigungsvorrecht, soweit es um kongruente Leistungen geht. Diese Vorbefriedigungsrechte ergeben sich u.a. aus § 86 VVG für die Sachversicherung, §§ 268 Abs. 3 S. 2, 426 Abs. 2 S. 2, 774 Abs. 1 S. 4 BGB im bürgerlichen Recht[2].

2 Die Anwendung des § 118 ist beschränkt auf den Pflichthaftpflichtbereich und wirkt nur bezüglich des Anspruchs gegen den Versicherer[3]. Ein Anspruch gegen den Schädiger ist immer unbegrenzt und unabhängig von der Höhe der vertraglich vereinbarten Versicherungssummen. Bei Ansprüchen gegen den Versicherer sind daher die Beschränkungen schon im Erkenntnisverfahren zu berücksichtigen[4].

3 Zu beachten ist auch, dass sich die Regulierungsvollmacht des Versicherers nicht auf die Versicherungssumme beschränkt, sondern ggf. auch über diese hinaus zu Lasten des persönlich haftenden Schädigers wirkt[5].

1 So auch Schirmer »Neues VVG und Kraftfahrzeughaftpflicht – und Kaskoversicherung – Teil II«, DAR 2008, 319, 326.

2 Vgl. hierzu BGH v. 07.11.1978 – VI ZR 86/77, NJW 1979, 271 f. zu den Anforderungen an das Quotenvorrecht des Sozialversicherungsträgers.

3 Looschelders/Pohlmann/Schwartze, § 118 VVG Rn. 3.

4 BGH v. 25.05.1982 – VI ZR 203/80, VersR 1982, 791; OLG München v. 27.03.2003 – 1 U 4449/02, VersR 2005, 90 f.

5 BGH v. 17.03.1970, Az.: VI ZR 148/68, VersR 1970, 549 f.

I. Versicherungssummen oder Beschränkung der Höhe nach gem. § 12 StVG

Zunächst ist zu klären, warum die Leistungen der Versicherung beschränkt sind. Sind die Leistungen der Versicherung beschränkt, weil eine Mithaftung des Geschädigten besteht, hat dies keine Auswirkungen auf die Regulierung der Ansprüche, da sich ein mögliches Befriedigungsvorrecht unmittelbar aus anderen Vorschriften, z.B. § 86 VVG oder dem beamtenrechtlichen Quotenvorrecht ergibt. § 116 SGB X gibt dem Geschädigten gem. Abs. 2 nur dann ein Befriedigungsvorrecht, wenn die Leistung der Höhe nach beschränkt ist, ohne dass der Geschädigte daran ein Mitverschulden trägt, § 116 Abs. 3 SGB X. Lediglich für den Fall, dass der Anspruch durch Gesetz der Höhe nach begrenzt ist, erhält der Verletzte ein Befriedigungsvorrecht vor dem Sozialversicherungsträger. Dies bedeutet konkret, dass der Geschädigte solange ein Vorrecht erhält, als er die betragsmäßige Beschränkung der Versicherungs- oder Haftungshöchstsumme nicht zu vertreten hat. Haftet der Anspruchsgegner nur aus Betriebsgefahr und kommt die Haftungshöchstgrenze des § 12 StVG zur Anwendung, steht dem Geschädigten ein Befriedigungsvorrecht vor dem Sozialversicherungsträger nicht zu[6]. 4

II. Alte gegen neue Regelung

Im VVG a.F. gab es zwei Vorgehensweisen, wenn sich herausstellte, dass die Versicherungssumme nicht ausreichen würde, um die Schadenersatzansprüche zu befriedigen. Dabei kam es zu einem Kürzungsverfahren, welches bei nur einem Geschädigten angewendet wurde bzw. zu einem Verteilungsverfahren[7], welches bei mehreren Anspruchsberechtigten, auch den Rechtsnachfolgern, zur Anwendung kam. Hierbei wurden häufig die Ansprüche nur unzureichend befriedigt und der Geschädigte blieb – zugunsten der Sozialversicherungsträger – häufig mit einem Teil des Schadens allein. Auch das in § 116 SGB X normierte Quotenvorrecht des Geschädigten gilt nur eingeschränkt für den Fall, dass der Geschädigte nicht für die Anspruchskürzung selbst verantwortlich ist, § 116 Abs. 2 SGB X[8]. 5

Da die unzureichende Versicherungssumme für den Geschädigten häufig weder erkennbar noch beeinflussbar ist, wurde das Risiko minimiert. Dies wurde durch eine deutliche Anhebung der Mindestversicherungssummen und der Haftungshöchstgrenzen, und die Neuschaffung des § 118 VVG erreicht, der eine Rangfolge der Anspruchsberechtigten bei nicht ausreichender Versicherungssumme vorsieht. Das Verteilungsverfahren existiert nach wie vor in § 109 VVG für die sonstigen Sparten, § 118 VVG geht dieser Regelung jedoch als lex specialis für die Pflichtversicherung vor[9]. Daher kommt es nur dann zu einem Verteilungsverfahren, wenn die Versicherungssumme für alle Anspruchsberechtigten eines Ranges nicht ausreicht. Kommt dies bereits im ersten Rang vor, weil mehrere schwerverletzte Personen Ansprüche auf Erstattung ihres Personenschadens erheben, ist schon innerhalb des ersten Ranges ein Verteilungsverfahren vorzunehmen. 6

B. Versicherungssummen

Die Kraftfahrzeug-Haftpflicht-Versicherungsverträge können zu verschiedenen Konditionen angeboten werden. So kann die unbegrenzte Deckung mit derzeit 100 Mio. pauschal vereinbart werden, aber auch nur eine Deckung zu den Mindestversicherungssummen des § 4 PflVG, sei es weil der Kunde keinen höheren Versicherungsschutz will, sei es, weil aus dem Kontrahierungszwang der Versicherer verpflichtet ist, den Versicherungsschutz mindestens im Rahmen der vorläufigen Deckung zu gewähren. 7

6 Schwintowski/Brömmelmeyer/Huber § 118 Rn. 7.

7 Wegen der Details zu Kürzungs- und Verteilungsverfahren, Halm/Engelbrecht/Krahe/Kreuter, Kapitel 25 Rn. 72 ff.

8 BGH v. 25.11.2003 – VI ZR 184/03; BGH v. 21.11.2000 – VI ZR 120/99 in BGHZ 146, 84 ff.; BGH v. 08.04.1997 – VI ZR 112/96 in BGHZ 135, 170.

9 Schwintowski/Brömmelmeyer/Huber § 118 Rn. 2.

8 Die Höhe der Versicherungssummen ergibt sich aus der **Anlage zu § 4 PflVG:**

1. Die Mindesthöhe der Versicherungssumme beträgt bei Kraftfahrzeugen einschließlich der Anhänger je Schadensfall
   a) für Personenschäden siebeneinhalb Millionen Euro,
   b) für Sachschäden 1,3 Mio. Euro,
   c) für die weder mittelbar noch unmittelbar mit einem Personen- oder Sachschaden zusammenhängenden Vermögensschäden (reine Vermögensschäden) 50.000 Euro.

2. Bei Kraftfahrzeugen, die der Beförderung von Personen dienen und mehr als neun Plätze (ohne den Fahrersitz) aufweisen, erhöhen sich diese Beträge für das Kraftfahrzeug unter Ausschluss der Anhänger
   a) für den 10. und jeden weiteren Platz um
      aa) 50.000 Euro für Personenschäden,
      bb) 500 Euro für reine Vermögensschäden,
   b) vom 81. Platz ab für jeden weiteren Platz um
      aa) 25.000 Euro für Personenschäden,
      bb) 250 Euro für reine Vermögensschäden.

   Dies gilt nicht für Kraftomnibusse, die ausschließlich zu Lehr- und Prüfungszwecken verwendet werden.

3. Bei Anhängern entspricht die Mindesthöhe der Versicherungssumme für Schäden, die nicht mit dem Betrieb des Kraftfahrzeugs im Sinne des § 7 des Straßenverkehrsgesetzes im Zusammenhang stehen, und für die den Insassen des Anhängers zugefügten Schäden den in Nummer 1, bei Personenanhängern mit mehr als neun Plätzen den in Nummern 1 und 2 genannten Beträgen.

4. Zu welcher dieser Gruppen das Fahrzeug gehört, richtet sich nach der Eintragung im Kraftfahrzeug- oder Anhängerbrief.

9 Diese Versicherungssummen sind in jedem Fall garantiert, unabhängig davon, ob es sich um ein »krankes« oder um ein »gesundes« Versicherungsverhältnis handelt. Auch im Rahmen der Nachhaftung sind diese Summen zu garantieren. Die Höhe hängt zunächst von der Anzahl der Insassen ab, die in dem Kfz zulässigerweise befördert werden können und beträgt daher für den normalen PKW 7,5 Mio. € für Personenschäden, 1,12 Mio. € für Sachschäden und 50.000 € für reine Vermögensschäden, die weder mit einem Personen- oder Sachschaden zusammenhängen. Für einen Kraftomnibus liegt die Mindestversicherungssumme deutlich höher und ist von der Anzahl der Sitzplätze abhängig. So muss für einen Kraftomnibus mit 40 Sitzplätzen die Mindestversicherungssumme 7,5 Mio. € + 1.550.000 € (31 × 50.000), also insgesamt 9.050.000 € betragen!

C. Vorgehensweise

10 Im Falle eines Schadens werden in jedem Fall die vereinbarten Versicherungssummen als Maximalentschädigung zugrunde gelegt. Eine Beschränkung auf die Mindestversicherungssummen ist nur ausnahmsweise vereinbart und ergibt sich ggf. wegen Vertragsverletzungen durch Versicherungsnehmer und mitversicherte Personen[10].

I. Ansprüche auf Entschädigung

11 Anspruchsberechtigt sind die unmittelbar Geschädigten hinsichtlich ihres Sach- und Personenschadens, soweit er nicht auf Sozialversicherungsträger oder sonstige Dritte übergegangen ist. Diese sind grundsätzlich neben den unmittelbar geschädigten Personen aus übergegangenem Recht anspruchsberechtigt. Es ist dabei noch zu differenzieren, wann der Anspruchsübergang erfolgt, um die Berechtigung der Geltendmachung zu prüfen.

10 Wegen der Details vgl. hierzu oben § 117 Rdn. 26 ff. und AKB zu C.3, D.3, E.6.

II. nicht ausreichende Versicherungssumme

In ihrer Gesamtheit müssen die Ansprüche die Versicherungssumme überschreiten, um zu einem Verfahren gem. § 118 Abs. 1 VVG zu gelangen. Dies bedeutet, dass insoweit alle Ansprüche aller Geschädigten aufaddiert eine größere Summe als die vertraglich vereinbarte oder gesetzlich geschuldete Versicherungssumme ergeben. Dabei sind zunächst die Forderungen der Anspruchsberechtigten aufzustellen. Diese Aufstellung ist zu differenzieren nach Personenschäden und Sachschäden. Die Ansprüche aus dem Personenschaden sind zu teilen in die Kapitalforderungen (Beträge, die nur einmal anfallen) und die Rentenforderungen (d.h. wiederkehrende Leistungen wie Verdienstschaden, Pflegerente, Schmerzensgeldrente). Für die Rentenforderungen ist das Rentendeckungskapital entsprechend § 8 KfzPflVV zu ermitteln und einzubeziehen. Überschreiten die so ermittelten Beträge die zur Verfügung stehende Versicherungssumme, ist die Versicherungssumme im Verhältnis der Forderungen der Anspruchsteller zueinander zu verteilen[11]. Ist durch diese Verteilung der Ansprüche schon im ersten Rang die Versicherungssumme erschöpft, gehen alle nachfolgenden Ränge leer aus. Können noch alle Ansprüche auf Personenschaden erstattet werden, geht die verbleibende Versicherungssumme in den nächsten Rang. 12

III. Rangfolge der Ersatzberechtigten

Der Gesetzgeber hat in § 118 eine Rangfolge[12] erstellt, die zunächst deutlich macht, dass der Geschädigte (entsprechend § 117 VVG) seine Ansprüche gegenüber anderen Schadenversicherern geltend machen muss, die für den gleichen Schaden eintrittspflichtig sind. Seine eigenen Ansprüche sind nur insoweit auf dem 1. Rang angesiedelt, als sie mit dem Personenschaden zusammenhängen und er von keinem anderen Schadenversicherer Ersatz erhalten konnte[13]. 13

Für den Fall der Kraftfahrzeug-Haftpflicht-Versicherung, die als Pflichtversicherung mit einem Direktanspruch zugunsten der Geschädigten eines Versicherungsfalles ausgestaltet ist, ist zumindest die Einbeziehung des Schädigers oder eines sonstigen Haftpflichtversicherers des Schädigers in Abs. 1 Ziffer 1 VVG mehr als fragwürdig. Eine private Haftpflichtversicherung wird wegen der Benzinklauseln keinesfalls für einen Schaden, der durch den Gebrauch eines Kfz verursacht wurde, eintreten. Auch der Hinweis auf die Inanspruchnahme des Schädigers würde der Regelung der Kraftfahrzeug-Haftpflicht-Versicherer entgegenstehen und den Direktanspruch obsolet machen. In Betracht kommt insoweit nur ein möglicher Zweitschädiger[14] sowie dessen Kraftfahrzeug-Haftpflicht-Versicherung. Für den Fall der nicht ausreichenden Versicherungssumme kommt die Rangfolge wie folgt zur Anwendung: 14

1. Personenschäden

Der Verletzte aus einem Verkehrsunfall kann vor allen anderen Ersatz seines Schadens insoweit verlangen, als er nicht von dem Schädiger, einem dritten Kraftfahrzeug-Haftpflicht-Versicherer, einem Sozialversicherungsträger oder einem sonstigen Dritten Ersatz verlangen kann. 15

Inanspruchnahme des Schädigers

- Wegen des Direktanspruchs des Geschädigten gegen den Kraftfahrzeug-Haftpflicht-Versicherer und die Vorleistungspflicht desselben, kann eine Inanspruchnahme des Schädigers grundsätzlich nur dann in Betracht kommen, wenn die Versicherungssumme erschöpft ist. Der Anspruch gegen den Schädiger ist bei gesundem Versicherungsverhältnis erst nach Erschöpfen der Versicherungssumme zulässig, bis dahin hat der Versicherungsnehmer einen Freistellungsanspruch 16

11 BGH v. 10.10.2006 – VI ZR 44/05, r+s 2007, 83 ff.

12 NK-VersR/Dallwig § 118, Rn. 4 ff.

13 Im Zweifel handelt es sich ausschließlich um den Beitragsregress des Rentenversicherers, der diesem zur Einziehung überlassen ist, aber einen eigenen Anspruch des Geschädigten darstellt (So schon BGH VI ZR 73/89, VersR 1990, 220).

14 Stiefel/Maier/Jahnkel § 118 Rn. 22.

gegen den Versicherer. Auch bei nicht ausreichender Versicherungssumme die erste Wahl: der Geschädigte hat das Recht und die Pflicht, den Schädiger unmittelbar in Anspruch zu nehmen, bevor er zu Lasten anderer Beteiligter im Schadenfall den Vorrang erhält. Dabei wird aber häufig davon auszugehen sein, dass der Schädiger den erforderlichen Ersatz nicht oder nur unzureichend leisten kann. Es dürfte auch mehr als zweifelhaft sein, einen Schwerverletzten mit dem Aufwand zu belasten, den eine zwangsweise Beitreibung der Forderung (so sie überhaupt möglich wäre), mit sich bringt.

Inanspruchnahme eines sonstigen Versicherers als dessen Kraftfahrzeug-Haftpflicht-Versicherers

17 – Soweit mehrere Schädiger da sind, ist es natürlich ein Leichtes, einen anderen Kraftfahrzeug-Haftpflicht-Versicherer in Anspruch zu nehmen, der mit einer höheren Versicherungssumme einzutreten hat. Im Kraftfahrzeug-Haftpflicht-Schadensersatzrecht sind sonstige Versicherer diejenigen, an die der Geschädigte schon gem. § 117 Abs. 3 VVG verwiesen werden kann.

Inanspruchnahme des Sozialversicherungsträgers

18 – Grundsätzlich »merkt« der gesetzlich Pflichtversicherte überhaupt nichts von dieser Inanspruchnahme, da er schon auf dem Weg ins Krankenhaus von dem gesetzlichen Sozialversicherungsträger kostenmäßig begleitet wird. Der Anspruch auf Erstattung der Heilbehandlungskosten und sonstigen Leistungen, die der Sozialversicherungsträger erbringt, geht im Unfallzeitpunkt gem. § 116 SGB X auf diesen über. Zu beachten ist, dass der Anspruch des Rentenversicherers auf Ersatz der Beiträge gem. § 119 SGB X ein eigener Anspruch des Geschädigten ist, für den der Rentenversicherer nur zum Einzug berechtigt ist[15]. Dieser Anspruch muss daher in Stufe 1 der Rangfolge mit aufgenommen werden[16].

Inanspruchnahme eines sonstigen Dritten

19 – Dies sind in aller Regel der Arbeitgeber, der Lohnfortzahlung gewährt, die private Krankenkasse, ggf. auch das Arbeitsamt, welches Arbeitslosengeld gewährt. Nicht in diesen Kreis gehören die Träger der Sozialhilfe, da diese nur subsidiär eintrittspflichtig sind.

2. Ansprüche wegen sonstiger Schäden

20 Als sonstige Schäden sind die Sachschäden bezeichnet, die sich an Bauwerken, Fahrzeugen etc. ereignen können. Diese sollen nachrangig befriedigt werden, soweit diese Geschädigten nicht etwa durch einen Kasko-Versicherer oder einen Gebäude-Versicherer oder sonstigen Dritten Schadenersatz erhalten können. Allerdings ist zu beachten, dass auch bei pauschal vereinbarter Versicherungssumme für diese Schäden mindestens 1,12 Mio. € (die Mindestversicherungssumme) zur Verfügung stehen muss, die isoliert für die Sachschäden verwendet werden muss. Liegt eine Versicherung zu den Mindestversicherungssummen vor, ist dieser Betrag für Rang 2 in jedem Fall zur Verfügung zu stellen. Reicht dieser Betrag für die Sachschäden aus einem Unfallereignis nicht aus, ist auch hier ein Verteilungsverfahren erforderlich. Dabei werden je Anspruchsteller die Ansprüche aufgestellt, dann der Gesamtschaden ermittelt und ins Verhältnis zur (verbleibenden) Versicherungssumme gestellt. Die Ansprüche der Einzelnen werden dann in entsprechend dem Verhältnis des Gesamtschadens zur vereinbarten Versicherungssumme entschädigt.

3. Ansprüche aufgrund privatrechtlichen Übergangs

21 Anspruchsberechtigt an dritter Stelle sind neben dem Arbeitgeber, auf den der Anspruch entweder im Rahmen des § 6 EfzG oder durch Abtretung übergegangen ist, diejenigen Versicherer, auf die der Ersatzanspruch entweder durch Abtretung oder aber durch Gesetz, vgl. insoweit § 86 VVG, übergegangen sind. Als Versicherer kommen neben den oben bereits erwähnten Sachversicherern insbesondere die private Krankenkasse, die Vollkasko- und die Teilkasko-Versicherung sowie die

15 BGH v. 18.12.2007 – VI ZR 278/06. NJW 2008, 1961 =VersR 2008, 513; v. 02.12.2003 – VI ZR 243/02, NZV 2004, 249.

16 Himmelreich/Halm/Kreuter Kfz-Schadensregulierung, Kap. 22 Rn. 246b.

Schutzbriefversicherung, der Rechtsschutzversicherer etc. in Betracht, soweit diese für den vorliegenden Schaden Ersatz gewähren. Dabei wird nicht mehr differenziert zwischen den Sach- und Personenschäden.

4. Ansprüche der Sozialversicherungsträger

Erst an vierter Stelle steht der Sozialversicherungsträger, der bei unzureichender Versicherungssumme als erster Gefahr läuft, nur noch teilweise befriedigt zu werden. Hier sind insbesondere die Krankenversicherer, die gesetzlichen Unfallversicherer (Unfallkassen und Berufsgenossenschaften), die Knappschaftsversicherer und die Deutsche Rentenversicherung (DRV) zu nennen. Auf alle diese Sozialversicherungsträger gehen die Ansprüche im Unfallzeitpunkt über, so dass sie gleichrangig nebeneinander die Ansprüche erworben haben. Hier wird auch die Verteilung vorzunehmen sein, wenn die Versicherungssumme nicht ausreicht. Zu beachten ist, dass die Ansprüche des Geschädigten auf Ersatz seines möglichen Rentenschadens durch Beitragszahlung an die DRV dem Schaden unter Rang 1 zuzurechnen sind! 22

5. alle sonstigen Ansprüche

Erst an letzter Stelle kommen die sonstigen Ansprüche, die sich aus einem Verkehrsunfall ergeben könnten. 23

6. Verweisung wegen krankem Versicherungsverhältnis nach § 117 Abs. 2 VVG

Macht der Versicherer von seinem Verweisungsrecht wegen des kranken Versicherungsverhältnisses Gebrauch und muss wegen unzureichender Versicherungssumme ein Verteilungsverfahren eingeleitet werden, so ist die Rechtslage anzuwenden, die bei intaktem Versicherungsverhältnis vorläge. 24

IV. Verfahren bei mehreren Ersatzberechtigten im gleichen Rang

Soweit mehrere Ersatzberechtigte sich im gleichen Rang befinden, sind deren Ansprüche im Verhältnis zu der (ggf. noch bleibenden) Versicherungssumme zu kürzen. 25

D. Berechnungsbeispiele

I. Personenschaden

Der Verletzte kann Ersatz eines Teils seines Personenschadens von Sozialversicherungsträgern erlangen. Die Ansprüche auf Heilbehandlungskosten, die Ansprüche auf Erwerbsunfähigkeitsrenten etc. sind im Unfallzeitpunkt übergegangen. Sachschäden sind nicht gegeben. 26

Erleidet der Verletzte einen erheblichen Verdienstschaden, ist bei langanhaltender oder ggf. dauerhafter Erwerbsunfähigkeit auch ein Verlust in den Rentenbeiträgen gegeben. Diese werden durch die Legalzession des § 119 SGB X vom Träger der Rentenversicherung für den Verletzten eingezogen. Es handelt sich hier um eine Legalzession, die dem Geschädigten das Recht nimmt, die Ansprüche auf Erstattung der fehlenden Rentenbeiträge selbst gerichtlich durchzusetzen[17]. Der Rentenversicherungsträger agiert als Treuhänder und zieht den entgangenen Beitrag selbst ein[18]. Dieser ist nach einhelliger Rechtsprechung als eigener Anspruch des Geschädigten seinen eigenen Ansprüchen zuzurechnen und dementsprechend in dem ersten Rang einzurechnen[19]!

17 BGH v. 02.03.2003 – VI ZR 243/02, NZV 2004, 249 = VersR 2004, 492 = r+s 2004, 492.

18 BGH v. 02.03.2003 – VI ZR 243/02, NZV 2004, 249 = VersR 2004, 492 = r+s 2004, 492.

19 So auch BGH v. 05.01.2000 – VI ZR 64/99, der dem Rentenversicherungsträger auch gegen die Verkehrsopferhilfe einen Ersatzanspruch hinsichtlich der Rentenbeiträge zuspricht.

► **Beispiel:**

27 Versicherungssumme 200

Schmerzensgeld und sonstige, nicht übergegangene Ansprüche des Verletzten unmittelbar von 50, Beitragsregress der DRV für den Verletzten 50, Heilbehandlungskosten 100, EU-Rente DRV 50. Gesamtschaden des Verletzten inkl. Übergänge 250.

Der AS erhält 50 + Beitragsregress DRV 50, es verbleibt eine Restversicherungssumme von 100, die an DRV und KK zu verteilen sind, jeder erhält 2/3 seiner Forderung.

E. Verfahren bei erschöpfter Versicherungssumme

28 Ist die Versicherungssumme trotz aller Bemühungen erschöpft und es meldet sich ein weiterer Anspruchsberechtigter, kommt es darauf an, ob schon im Zeitpunkt der Verteilung der Ansprüche bekannt war, dass ein weiterer Anspruchsberechtigter existiert. Musste der Versicherer (zum Beispiel aus der Ermittlungsakte erkennbar) mit weiteren Anspruchsberechtigten rechnen, kann er sich nicht darauf berufen, dass die Versicherungssumme erschöpft ist. Es ist eine Neuberechnung und ggf. eine Neuverteilung vorzunehmen. Etwaige Überzahlungen gehen in diesem Fall zu Lasten des Versicherers. Etwas anderes gilt nur dann, wenn er bis zur Anmeldung dieser weiteren Ansprüche nicht damit rechnen konnte und auch nicht musste. Der verspätet sich meldende Geschädigte geht dann leer aus.

F. Erschöpfen der Versicherungssumme und Mithaftung des Verletzten

29 Soweit der Geschädigte den Unfall mitverschuldet hat, verstößt die in § 118 VVG vorgenommene Rangfolge zu Lasten der Sozialversicherungsträger gegen § 116 SGB X. Denn dort ist das Quotenvorrecht des Verletzten nur für den Fall vorgesehen, dass ihn ein Verschulden an dem gegenständlichen Unfall nicht trifft. Hat hingegen der SGB-Versicherte den Schadenfall mitverursacht, entfällt das Quotenvorrecht und die Ansprüche des Sozialversicherungsträgers werden gleichberechtigt neben die Ansprüche des Geschädigten gestellt! Diese Regelung wurde vom Gesetzgeber offensichtlich übersehen!

G. Exkurs Sonderfall: Haftungshöchstgrenzen, § 12 StVG

30 **§ 12 Höchstbeträge**

(1) Der Ersatzpflichtige haftet

1. **im Fall der Tötung oder Verletzung eines oder mehrerer Menschen durch dasselbe Ereignis nur bis zu einem Betrag von insgesamt fünf Millionen Euro; im Fall einer entgeltlichen, geschäftsmäßigen Personenbeförderung erhöht sich für den ersatzpflichtigen Halter des befördernden Kraftfahrzeugs oder Anhängers bei der Tötung oder Verletzung von mehr als acht beförderten Personen dieser Betrag um 600.000 Euro für jede weitere getötete oder verletzte beförderte Person;**
2. **im Fall der Sachbeschädigung, auch wenn durch dasselbe Ereignis mehrere Sachen beschädigt werden, nur bis zu einem Betrag von insgesamt einer Million Euro.**

Die Höchstbeträge nach Satz 1 Nr. 1 gelten auch für den Kapitalwert einer als Schadensersatz zu leistenden Rente.

(2) Übersteigen die Entschädigungen, die mehreren auf Grund desselben Ereignisses zu leisten sind, insgesamt die in Absatz 1 bezeichneten Höchstbeträge, so verringern sich die einzelnen Entschädigungen in dem Verhältnis, in welchem ihr Gesamtbetrag zu dem Höchstbetrag steht.

§ 12a Höchstbeträge bei Beförderung gefährlicher Güter

(1) Werden gefährliche Güter befördert, haftet der Ersatzpflichtige

1. **im Fall der Tötung oder Verletzung eines oder mehrerer Menschen durch dasselbe Ereignis nur bis zu einem Betrag von insgesamt zehn Millionen Euro,**

2. im Fall der Sachbeschädigung an unbeweglichen Sachen, auch wenn durch dasselbe Ereignis mehrere Sachen beschädigt werden, nur bis zu einem Betrag von insgesamt zehn Millionen Euro,

sofern der Schaden durch die die Gefährlichkeit der beförderten Güter begründenden Eigenschaften verursacht wird. Im Übrigen bleibt § 12 Abs. 1 unberührt.

(2) Gefährliche Güter im Sinne dieses Gesetzes sind Stoffe und Gegenstände, deren Beförderung auf der Straße nach den Anlagen A und B zu dem Europäischen Übereinkommen vom 30. September 1957 über die internationale Beförderung gefährlicher Güter auf der Straße (ADR) (BGBl. 1969 II S. 1489) in der jeweils geltenden Fassung verboten oder nur unter bestimmten Bedingungen gestattet ist.

(3) Absatz 1 ist nicht anzuwenden, wenn es sich um freigestellte Beförderungen gefährlicher Güter oder um Beförderungen in begrenzten Mengen unterhalb der im Unterabschnitt 1.1.3.6. zu dem in Absatz 2 genannten Übereinkommen festgelegten Grenzen handelt.

(4) Absatz 1 ist nicht anzuwenden, wenn der Schaden bei der Beförderung innerhalb eines Betriebs entstanden ist, in dem gefährliche Güter hergestellt, bearbeitet, verarbeitet, gelagert, verwendet oder vernichtet werden, soweit die Beförderung auf einem abgeschlossenen Gelände stattfindet.

(5) § 12 Abs. 2 gilt entsprechend.

Durch die §§ 12 Abs. 2 und 12a Abs. 5 StVG wird das Verteilungsverfahren für den Fall der nicht ausreichenden Höchstbeträge vorgesehen. D.h. in diesen Fällen ist immer ein Verteilungsverfahren durchzuführen, wie es in der Regelung des § 118 VVG nur im Ausnahmefall anzuwenden sein wird, wenn innerhalb eines Ranges noch ein Restbetrag vorhanden ist, der aber nicht zur Bedienung aller Anspruchsberechtigten ausreicht[20].

H. Verspätete Anspruchsanmeldung

Hat ein Geschädigter es versäumt, seine Ansprüche rechtzeitig beim Versicherer anzumelden und 31
ist das Verteilungsverfahren durchgeführt, kann der Geschädigte sich nicht mehr auf seinen Anspruch berufen, wenn der Versicherer nicht mit weiteren Ansprüchen rechnen musste[21]. Hätte der Versicherer allerdings noch mit weiteren Ansprüchen rechnen müssen, sind diese zu behandeln, als wären sie rechtzeitig gestellt worden. Sie sind dann in das Verteilungsverfahren entsprechend ihrem Rang einzustellen und zu befriedigen. Dabei wird es nicht ausreichen, wenn der Geschädigte die Frist zur Schadenanmeldung nach § 115 Abs. 1 Ziffer 1 i.V.m. § 119 VVG versäumt hat, der Versicherungsnehmer den weiteren Geschädigten aber benannt hat oder dieser in der Ermittlungsakte namentlich erwähnt ist. Sind hingegen überhaupt keine Anhaltspunkte für einen weiteren Anspruchsteller gegeben und dieser meldet seine Ansprüche verspätet an, geht er leer aus. Es bleibt ihm aber immer noch die Möglichkeit, seine Ansprüche gegen den Schädiger unmittelbar geltend zu machen.

I. Änderung der berechneten Ansprüche

Nachträgliche Veränderungen der Berechnungsgrundlagen führen dazu, dass eine Neuberechnung 32
des Verteilungsverfahrens erforderlich wird und ggf. eine Neuverteilung der Versicherungssumme erfolgen muss. Dabei kommt es nicht darauf an, ob sich die Ansprüche der Geschädigten erhöhen oder (wegen des Todes eines Geschädigten) verringern. Die Neuberechnung führt dann ggf. zu einer Verringerung bzw. Erhöhung der Anteile der anderen Beteiligten[22].

20 Vgl. hierzu auch Kreuter, § 118 VVG, Rdn. 23 ff.; BGH VI ZR 140/20 zu den Grenzen des § 12 StVG a.F.
21 Vgl. hierzu auch die Obliegenheiten des Dritten, §§ 119 und 120 VVG.
22 Looschelders/Pohlmann/Schwartze, § 118 VVG Rn. 13; Römer/Langheid § 109 Rn. 8; Schwintowski/Brömmelmeyer/Huber § 118 Rn. 6.

§ 119 Obliegenheiten des Dritten

(1) Der Dritte hat ein Schadensereignis, aus dem er einen Anspruch gegen den Versicherungsnehmer oder nach § 115 Abs. 1 gegen den Versicherer herleiten will, dem Versicherer innerhalb von zwei Wochen, nachdem er von dem Schadensereignis Kenntnis erlangt hat, in Textform anzuzeigen; zur Fristwahrung genügt die rechtzeitige Absendung.

(2) Macht der Dritte den Anspruch gegen den Versicherungsnehmer gerichtlich geltend, hat er dies dem Versicherer unverzüglich in Textform anzuzeigen.

(3) Der Versicherer kann von dem Dritten Auskunft verlangen, soweit sie zur Feststellung des Schadensereignisses und der Höhe des Schadens erforderlich ist. Belege kann der Versicherer insoweit verlangen, als deren Beschaffung dem Dritten billigerweise zugemutet werden kann.

1 § 119 Abs. 1 VVG entspricht inhaltlich der Regelung des § 3 Nr. 7 PflVG a.F. Dritter im Sinne dieser Norm kann immer nur der unmittelbar Geschädigte des Unfallereignisses bzw. sein Rechtsnachfolger sein[1]. Diesen trifft gem. Abs. 1 eine allgemeine Anzeigeobliegenheit, die nach einer Mindermeinung nur dann gelten soll, wenn ein »krankes« Versicherungsverhältnis vorliegt[2].

2 Der geschädigte Dritte, der einen Schadenersatzanspruch gegen den Versicherungsnehmer geltend machen will, muss diesen innerhalb von zwei Wochen ab Kenntnis anzeigen. Gleiches gilt, wenn er diesen Anspruch gegenüber dem Versicherer als Direktanspruch geltend machen will. Die Versäumung dieser Zweiwochenfrist hat allerdings nicht zur Folge, dass der Geschädigte seine Ansprüche verliert[3]. Insoweit handelt es sich nicht um eine Ausschlussfrist, sondern vielmehr um eine Obliegenheit des Geschädigten[4]. Ein Verstoß ist daher mit Blick auf § 254 BGB als Verletzung seiner Schadenminderungspflicht zu werten. Eine Versäumnis der Frist dürfte bei einem Rechtsnachfolger ggf. zur Folge haben, dass er bei nicht ausreichender Versicherungssumme im Rahmen der Verteilung nicht mehr berücksichtigt wird. Sanktionen sind im VVG nicht vorgesehen[5].

3 Die Anzeige hat in Textform zu erfolgen, d.h. eine mündliche oder telefonische Anmeldung der Ansprüche reicht nach dem Wortlaut des § 119 Abs. 1 VVG nicht aus[6]. Allerdings wird jedwede Art der Kenntnis des Versicherers von der Schädigung eines Dritten ihm das Recht verwehren, sich auf die Nichteinhaltung der Form zu berufen. Die Textform hat alleine den Vorteil, dass der Geschädigte den Nachweis der Rechtzeitigkeit erbringen kann.

4 Der Versicherer kann sich in der Schadenregulierung auf die Obliegenheitsverletzung berufen. Er muss sich darauf berufen[7], wenn er die Ansprüche des Geschädigten wegen des Versäumnisses[8] kürzen will. Diese Regelung bezieht sich damit ausschließlich auf die Schadenregulierung. Auch § 3 Nr. 7 PflVG a.F. kam in der Vergangenheit nur selten zur Anwendung, da in aller Regel der Geschädigte sich unmittelbar bei der gegnerischen Versicherung mit seinen Ansprüchen meldet. Nur in Ausnahmefällen entsteht durch eine verspätete Meldung durch den Geschädigten ein weitergehender Schaden, der entsprechend zu kürzen wäre[9].

5 Macht der Geschädigte seinen Anspruch nicht gegen den Versicherer, sondern gegen den Versicherungsnehmer geltend, muss er den Versicherer ebenfalls hiervon unterrichten. § 119 Abs. 1 VVG

1 Vgl. oben Schwab zu § 115 VVG Rdn. 60 ff.
2 Staudinger/Halm/Wendt/Dallwig, § 119 Rn. 2.
3 Vgl. hierzu grundlegend BGH v. 19.11.1974 – VI ZR 205/73, VersR 1975, 279 zu § 3 Nr. 7 PflVG a.F.
4 Vgl. auch Schwintowski/Brömmelmeyer/Huber §§ 119, 120 Rn. 2 und 8.
5 Bruck/Möller/Beckmann § 119 Rn. 34 f.
6 Vgl. hierzu oben ausführlich Schwab § 115 Rn. 157 f.
7 BGH v. 24.04.1974 – IV ZR 202/72, VersR 1974, 689.
8 Der Geschädigte kann beispielsweise dann keine Verzugsschäden beanspruchen, wenn er seinerseits diese gesetzlichen Obliegenheiten nicht beachtet hat.
9 OLG Oldenburg v. 18.04.1979 – 2 U 219/78, VersR 1980, 98, vgl. auch Langheid in Römer/Langheid § 3 PflVG a.F. Rn. 27.

entspricht hinsichtlich der Anzeige der Geltendmachung von Ansprüchen gegen den Versicherungsnehmer § 158d VVG a.F. und bezieht sich auf das kranke Versicherungsverhältnis[10]. Es soll sichergestellt werden, dass der Versicherer auch bei krankem Versicherungsverhältnis zeitnah über die Geltendmachung von Ansprüchen informiert wird, um ggf. seinerseits aktiv zu werden.

Der Geschädigte ist ebenfalls verpflichtet, den Versicherer über die gerichtliche Geltendmachung 6
seines Anspruches gegenüber dem Versicherungsnehmer zu informieren. Er hat dies unverzüglich nach Einreichung der Klage, d.h. ohne schuldhaftes Zögern, zu tun.

Durch § 119 Abs. 3 VVG wird dem Geschädigten auch die Pflicht auferlegt, seine Ansprüche zu 7
belegen. Der Versicherer hat das Recht, diese Unterlagen zu prüfen[11]. Die Vorlage von Belegen ist nur dann entbehrlich, wenn diese für den Geschädigten unzumutbar ist[12]. Dabei sind an die Unzumutbarkeit besondere Anforderungen zu richten. Die Anschaffungsbelege beispielsweise für Kleidungsstücke werden üblicherweise nach 2 Jahren nicht mehr vorliegen, der Wert ist dann ggf. zu schätzen, da insoweit die Beibringung der Belege schwierig sein dürfte. Sicher ist dem Geschädigten zuzumuten, z.B. die Arztbriefe über die erlittenen Verletzungen vorzulegen, um den Anspruch auf Schmerzensgeld etc. zu belegen.

§ 120 Obliegenheitsverletzung des Dritten

Verletzt der Dritte schuldhaft die Obliegenheit nach § 119 Abs. 2 oder 3, beschränkt sich die Haftung des Versicherers nach den §§ 115 und 117 auf den Betrag, den er auch bei gehöriger Erfüllung der Obliegenheit zu leisten gehabt hätte, sofern der Dritte vorher ausdrücklich und in Textform auf die Folgen der Verletzung hingewiesen worden ist.

In § 120 wird die Schadenminderungspflicht des Dritten aufgenommen[1]. Der pauschale Hinweis 1
auf die Obliegenheiten nach § 119 oder §§ 115 und 117 VVG führt dazu, dass der Dritte, der nicht entsprechend der Verweisung seine Ansprüche innerhalb der dort geltenden Fristen bei dem anderen Schadenversicherer angemeldet hat und dieser Ansprüche verlustig ging, auch keinen weiteren Anspruch gegen den Kraftfahrzeug-Haftpflicht-Versicherer des Schädigers hat. Dabei reicht einfache Fahrlässigkeit aus.

Erforderlich ist allerdings, dass der Versicherer in seinem Hinweisschreiben augenfällig in Textform 2
auf diese Folgen der Obliegenheitsverletzung hingewiesen hat. Der Versicherer muss sich auf die Obliegenheitsverletzung berufen und beweisen, dass diese Obliegenheitsverletzung zur Schadenausweitung geführt hat. Ein Anspruch des Geschädigten besteht nur insoweit, wie er bei korrektem Verhalten bestanden hätte. Mithin kann er nicht wegen der selbst verursachten Verzögerung durch Vorenthalten von Belegen einen höheren Schadenersatzanspruch geltend machen.

Nicht erfasst werden hiervon gefälschte oder verfälschte Belege oder der Versuch des Dritten, im 3
Rahmen der Schadenabwicklung sonstige Schäden mit abzurechnen[2]. Ein Ersatzanspruch des Versicherers für so fälschlicherweise veranlasste Zahlungen besteht nach den Regeln der ungerechtfertigten Bereicherung, §§ 812 ff, bzw. §§ 823 ff in Form eines Schadenersatzanspruchs.

Wurde ein Haftungsprozess ohne Beteiligung des Versicherers geführt, ohne dass der Anspruchstel- 4
ler seine Ansprüche bei dem Versicherer angemeldet hatte, kann dieses Versäumnis der Bindungswirkung rechtskräftiger Entscheidungen entgegenstehen. Der Versicherer ist dann so zu stellen, wie er bei ordnungsgemäßer Information gestanden hätte[3].

10 Langheid in Römer/Langheid § 158d a.F. Rn. 1.
11 So schon OLG Köln v. 09.04.1973 – 10 W 11/73, VersR 1974, 268.
12 Stiefel/Hofmann § 3 Nr. 7 m.w.N.; Stiefel/Maier/Jahnke § 119 VVG Rn 2 ff.
1 NK-VersR/Dallwig, § 120 VVG Rn. 2 f.; Stiefel/Hofmann § 3 Nr. 7 m.w.N.; Stiefel/Maier/Jahnke § 120 VVG Rn 10 ff;
2 Bruck/Möller/Beckmann, § 120 Rn. 21.
3 KG v. 30.01.2007 – 6 U 132/06, VersR 2008, 69; OLG Saarbrücken v. 31.10.2007 – 5 U 510/06, zfs 2008, 219.

§ 121 Aufrechnung gegenüber Dritten

§ 35 ist gegenüber Dritten nicht anzuwenden.

1 § 35 VVG berechtigt den Versicherer, hinsichtlich seiner Prämienforderungen gegenüber dem Versicherungsnehmer – soweit erforderlich – Aufrechnung zu erklären mit Forderungen, die dem Versicherungsnehmer aus dem Vertrag zustehen. Diese Möglichkeit wird in § 35 VVG auch für Forderungen, die einem Dritten zustehen, zugelassen. Da im überwiegenden Bereich des VVG von Forderungen des Versicherungsnehmers gegen den Versicherer ausgegangen werden muss, die er ggf. einem Dritten abgetreten hat (man denke an die Fahrzeugversicherungen und die Abtretung des Anspruchs an den Reparateur oder die private Krankenversicherung und die Abtretung des Anspruchs an das Krankenhaus), begegnet diese Regelung insoweit auch keinen Bedenken.

2 Soweit diese Regelung aber auf den Bereich der mit einem Direktanspruch des Geschädigten belegten Pflichtversicherung der Kraftfahrzeug-Haftpflicht ausgedehnt würde, wären alle Regelungen, die dem Geschädigten ein vollständiges Vorrecht gäben, obsolet. Der Kraftfahrzeug-Haftpflicht-Versicherer ist daher folgerichtig nicht berechtigt, seine Forderungen aus dem Vertrag (unabhängig davon, ob es sich um die Prämienforderung oder eine zulässigerweise vereinbarte Selbstbeteiligung in der Kraftfahrzeug-Haftpflicht-Versicherung handelt) den Forderungen des Geschädigten gegenüberzustellen. Diese Regelung entspricht dem § 158g VVG a.F. Eine Pfändung des Deckungsanspruchs ist dabei für den Bereich der Kraftfahrzeug-Haftpflicht-Versicherung nicht erforderlich, da § 115 VVG dem Geschädigten in Nr. 1 schon einen Direktanspruch gegen den Versicherer gewährt[1].

3 Der Versicherer ist aber berechtigt, wenn der Geschädigte ebenfalls bei ihm versichert ist, mit Forderungen gegen den Dritten aus dessen Vertragsverhältnissen aufzurechnen[2]!

§ 122 Veräußerung der von der Versicherung erfassten Sache

Die §§ 95 bis 98 über die Veräußerung der versicherten Sache sind entsprechend anzuwenden.

1 Da in der Kraftfahrzeug-Haftpflicht-Versicherung, wie auch in anderen Haftpflichtversicherungen, nicht die veräußerte Sache das Schutzobjekt der Versicherung ist, sondern vielmehr die gesetzlich vorgeschriebene Haftpflicht, sind die Regeln der Sachversicherung nur analog anzuwenden[1]. Folgerichtig zum Zweck der Pflichtversicherung und dem PflVG »wandert« der Versicherungsvertrag mit dem Kfz zu dem Erwerber des Fahrzeuges. Der Erwerber tritt in das Vertragsverhältnis mit all seinen Nebenvereinbarungen (ausgenommen der Unfallversicherung[2]) ein. D.h. er erhält ggf. auch Vollkasko-Versicherungsschutz aus dem ursprünglichen Vertrag. Es gelten auch die im ursprünglichen Vertrag vereinbarten Versicherungssummen.

2 Der Versicherungsschutz kann also durchaus über den Mindestversicherungssummen liegen. Gem. § 97 Abs. 1 ist die Veräußerung der Versicherer umgehend anzuzeigen[3]. Wenn die Anzeige innerhalb des ersten Monates nach der Veräußerung unterbleibt und sich ein Schadenfall ereignet, ist der Versicherer leistungsfrei, soweit er nachweisen kann, dass er den Vertrag mit dem Erwerber nicht geschlossen hätte. Etwas anderes gilt nur, wenn dem Versicherer zu diesem Zeitpunkt die Veräußerung bekannt war, § 97 Abs. 2 VVG. Da die Leistungsfreiheit im Gesetz normiert ist, kommt es auf § 28 VVG nicht an. Auch die Relevanzrechtsprechung ist nicht anzuwenden[4]. Entgegen der Regelungen des VVG a.F. bestimmt § 97 Abs. 2 VVG, dass der Versicherer zur Leistung verpflichtet bleibt, wenn ihm die Veräußerung zu dem Zeitpunkt bekannt war, als die Information hätte erfolgen müssen, er den Vertrag nicht gekündigt hat und die Kündigungsfrist zum Zeitpunkt des Eintritts des Versicherungsfalles schon verstrichen ist. Das Verstreichenlassen der Kündigungsfrist

1 Insoweit undifferenziert Schwintowski/Brömmelmeyer/Huber § 121 VVG Rn. 1.
2 Jacobsen in Feyock/Jacobsen/Lemor § 3 PflVG Rn. 12.
1 Schwintowski/Brömmelmeyer/Huber § 122 VVG Rn. 1 m.w.N.
2 Vgl. insoweit G.7.1 AKB.
3 NK-VersR/Dallwig, § 122 VVG Rn. 9.
4 BGH v. 20.05.1987 – IVa ZR 227/85, VersR 1987, 705 = r+s 1987, 234.

ist ein starkes Indiz dafür, dass der Versicherer kein besonderes Interesse an der Kündigung hat und sein Interesse an der Leistungsfreiheit folglich nicht sonderlich hoch ist[5].

Zu beachten ist, dass der Erwerber den Vertrag so übernimmt, wie er besteht[6]. Ist der Verkäufer des Kfz mit der Prämienzahlung in Verzug, so hat auch der Erwerber im Innenverhältnis keinen Versicherungsschutz. Versäumt es der Erwerber, bei der Zulassungsstelle das erworbene Fahrzeug unter Vorlage einer neuen Versicherungsbestätigung auf sich zuzulassen und verursacht innerhalb der Nachhaftungsfrist des Versicherers einen Unfall, ist er dafür im Innenverhältnis einstandspflichtig[7]. 3

Eine Kündigung wegen einer vom Veräußerer begangenen Obliegenheitsverletzung muss, um wirksam zu sein, dem Veräußerer gegenüber erklärt werden[8]. 4

Veräußerer und Erwerber haften gesamtschuldnerisch für die Prämie nach der Veräußerung, § 96 Abs. 1 VVG; der Erwerber und der Versicherer sind berechtigt, den Vertrag zu kündigen. Der Versicherer kann dies schriftlich binnen Monatsfrist tun, ohne dass er eine Begründung abgeben muss, der Erwerber eines Kfz kann die Kündigung auch konkludent aussprechen durch Vorlage einer Versicherungsbestätigung eines anderen Versicherers. Allerdings ist das Kündigungsrecht dann eingeschränkt, wenn der Versicherer dem Erwerber wegen § 5 PflVG (Kontrahierungszwang) einen Vertrag mindestens zu dem Mindestversicherungssummen anbieten müsste. Auch wenn der Erwerber keine Kenntnis von dem Prämienverzug hatte, fällt er nicht als gutgläubiger Fahrer unter den Schutz des § 123 VVG, da er als Erwerber in den Vertrag des ehemaligen Versicherungsnehmers eintritt und damit Versicherungsnehmer wird. 5

Die vorstehende Regelung gilt nicht für Fahrzeuge mit Versicherungskennzeichen, da diese Verträge ohnehin nur für ein Jahr abgeschlossen werden und automatisch durch Zeitablauf enden. 6

§ 123 Rückgriff bei mehreren Versicherten

(1) Ist bei einer Versicherung für fremde Rechnung der Versicherer dem Versicherungsnehmer gegenüber nicht zur Leistung verpflichtet, kann er dies einem Versicherten, der zur selbständigen Geltendmachung seiner Rechte aus dem Versicherungsvertrag befugt ist, nur entgegenhalten, wenn die der Leistungsfreiheit zu Grunde liegenden Umstände in der Person dieses Versicherten vorliegen oder wenn diese Umstände dem Versicherten bekannt oder infolge grober Fahrlässigkeit nicht bekannt waren.

(2) Der Umfang der Leistungspflicht nach Absatz 1 bestimmt sich nach § 117 Abs. 3 Satz 1; § 117 Abs. 3 Satz 2 ist nicht anzuwenden. § 117 Abs. 4 ist entsprechend anzuwenden.

(3) Soweit der Versicherer nach Absatz 1 leistet, kann er beim Versicherungsnehmer Rückgriff nehmen.

(4) Die Absätze 1 bis 3 sind entsprechend anzuwenden, wenn die Frist nach § 117 Abs. 2 Satz 1 und 2 noch nicht abgelaufen ist oder der Versicherer die Beendigung des Versicherungsverhältnisses der hierfür zuständigen Stelle nicht angezeigt hat.

Übersicht

5 BGH v. 11.02.1987 – IVa ZR 194/85, BGHZ 100, 60 = NJW 1987, 2238 = r+s 1987, 202; OLG Hamm v. 25.08.1989 – 20 U 69/89 r+s 1990, 8 (L) = r+s 1990, 22.

6 BGH v. 07.03.1984 – IVa ZR 18/82, VersR 1984, 455 f.; Schwintowski/Brömmelmeyer/Huber § 122 VVG Rn. 6.

7 BGH v. 07.03.1984 – IVa ZR 18/82, VersR 1984, 455 f.

8 BGH v.v. 14.03.1984 – VI ZR 91/82, VersR 1984, 550; BK/Hübsch, § 158h a.F. Rn. 10.

A. Versicherung für fremde Rechnung

1 Als Versicherung für fremde Rechnung werden alle diejenigen Versicherungen bezeichnet, in denen der Anspruchsberechtigte aus dem Vertrag nicht der Versicherungsnehmer selbst ist. Es handelt sich also um Schadenversicherungen, die sich mit dem Ersatz von Schäden durch den Versicherungsnehmer oder durch mitversicherte Personen befassen. Die Regelung des § 123 VVG gilt allerdings nur, wenn die mitversicherte Person selbständig berechtigt ist, aus dem Vertrag den Anspruch auf Regulierung von Schadenersatzansprüchen Dritter geltend zu machen. Auch die Kraftfahrzeug-Haftpflicht-Versicherung ist eine solche Versicherung für fremde Rechnung[1].

B. Leistungsfreiheit des Versicherers bei bestehendem Vertrag

2 Beruft sich der Versicherer auf Leistungsfreiheit wegen einer Obliegenheitsverletzung, kann er dies der mitversicherten Person nur entgegenhalten, wenn die Obliegenheitsverletzung von ihr begangen wurde. Hat sich die mitversicherte Person vertragsgerecht verhalten, hat sie Anspruch auf Gewährung von Versicherungsschutz mindestens im Umfang der Mindestversicherungssummen[2]. Einen Anspruch auf Versicherungsschutz zur ggf. vereinbarten höheren Versicherungssumme besteht nicht, da der Vertrauensgrundsatz des PflVG nur auf die Mindestversicherungssummen beschränkt ist[3]. Gleiches gilt auch für den evtl. mitversicherten Arbeitgeber, der in aller Regel von den Obliegenheitsverletzungen des Fahrers/Versicherungsnehmers keine Kenntnis hat[4].

3 Ein Verweisungsrecht nach den Regeln des § 117 Abs. 3 S. 2 ist gegeben, wenn auch die mitversicherte Person keinen oder nur teilweisen Anspruch auf Gewährung von Versicherungsschutz hat. Das Verweisungsrecht beschränkt sich auf die Höhe des Leistungsverweigerungsrechts des Versicherers[5].

C. Leistungsfreiheit des Versicherers nach Vertragsbeendigung

4 Wurde der Vertrag beendet – egal ob durch Kündigung des Versicherers oder des Versicherungsnehmers – ist der Versicherer nach den Grundsätzen des § 117 VVG im Innenverhältnis gegenüber dem Versicherungsnehmer von der Verpflichtung zur Leistung frei. Seine Leistungsfreiheit kann aber nur noch dann den mitversicherten Personen des Vertrages entgegengehalten werden, wenn der Versicherer die Mitteilung nach § 51 FZV an die Zulassungsstelle gesandt hat und das Ende des Vertrages angezeigt hat. Ist die Mitteilung an die Zulassungsstelle unterblieben, bleibt der Versicherer den unwissenden und »gutgläubigen« Mitversicherten zur Leistung im Rahmen der Regeln des PflVG verpflichtet.

5 Diese Regelung bedeutet eine Neuerung zu § 158i VVG a.F., da dort mit dem Ende des Vertrages auch der Schutz der mitversicherten Personen entfiel. Zwar galt die Frist der Nachhaftung unbeschränkt, wenn eine Anzeige nach § 29c StVZO a.F. bzw. 51 FZV n.F. an die Zulassungsstelle nicht erfolgte. Da aber auch § 158i VVG nur für bestehende Verträge galt[6], war der Fahrer nach der Kündigung des Vertrages vor Regressansprüchen durch den Versicherer nicht geschützt[7]. Durch die Neufassung wird erforderlich, dass der Versicherer die Zulassungsstelle über das Vertragsende informiert hat. Erst nach Ablauf der Nachhaftungsfrist von einem Monat kann er sich auch gegenüber

1 LG Gera 10 S 582/99 in SP 2000, 142 (für den Risikoausschluss auch für den mitversicherten Fahrer).
2 Dies gilt allerdings nur, soweit in den jeweiligen AKB die Beschränkung auf die Mindestversicherungssummen aufgenommen wurde! Vgl. insoweit auch A.1.3 Versicherungssummen, D.3.3 S. 2; E.6.7 AKB.
3 Voraussetzung ist, dass in den AKB die Versicherungssummen im Falle der Obliegenheitsverletzung auf die Mindestversicherungssumme gekürzt werden.
4 Vgl. hierzu auch Schwab in diesem Buch Rn. 304 ff.
5 Himmelreich/Halm/Staab/Kreuter-Lange, Kfz-Schadensregulierung, Kap. 22 Rn. 495.
6 OLG Celle 8 U 154/02 in r+s 2003, 275 = VersR 2003, 1390 (Verweisung nach Vertragsende, VVG a.F.).
7 So zuletzt vielbeachtet BGH IV ZR 127/03 in r+s 2004, 226 f.

dem Fahrer auf die Leistungsfreiheit berufen. Auch in diesem Fall ist die Haftung auf die Mindestversicherungssummen beschränkt[8].

D. »Gutgläubige« mitversicherte Person

Der Schutz des § 123 VVG gilt nur für denjenigen, dem die Leistungsfreiheit des Versicherers nicht bekannt war oder ihm nicht grob fahrlässig unbekannt war. Dies gilt für alle Varianten des § 123 VVG. Dabei kommen hinsichtlich der Verletzung von Obliegenheiten die dort angeführten Regeln zur Anwendung. In diesem Fall steht dem Versicherer ein Verweisungsrecht nach § 117 Abs. 2 S. 2 VVG nicht zu, da der gutgläubige Mitversicherte sonst ebenfalls Regressansprüchen ausgesetzt wäre[9]. 6

Treffen den Fahrer also besondere Prüfungspflichten, wie bei der Gefahrerhöhung, muss er sich die Verletzung dieser Pflichten auch entgegenhalten lassen. Den Verzug mit der Prämienzahlung hingegen muss sich der Fahrer nur dann entgegenhalten lassen, wenn er davon Kenntnis hatte bzw. sich dieser Kenntnis arglistig oder grob fahrlässig entzogen hatte. War der Fahrer Repräsentant des Versicherungsnehmers, ist er zu stellen wie der Versicherungsnehmer. Die Repräsentanteneigenschaft wurde bejaht, wenn derjenige in dem Geschäftsbereich des Versicherungsnehmers aufgrund eines Versicherungsvertrages oder ähnlichen Verhältnisses an die Stelle des Versicherungsnehmers tritt, er ggf. also die gleichen Befugnisse hat[10]. Eine Vielzahl der Entscheidungen zur Repräsentanteneigenschaft sind im Rahmen der Rechtsprechung zur Fahrzeugversicherung ergangen[11]. 7

Dabei kann auch der Ehegatte Repräsentant des Versicherungsnehmers sein und muss sich die Leistungsfreiheit des Versicherers entgegenhalten lassen[12]. Der Untermieter eines Kfz wird nicht zum Repräsentanten des eigentlichen Mieters des Kfz mit der Folge, dass dieser sich das Fehlverhalten des Untermieters zurechnen lassen müsste[13]. 8

§ 124 Rechtskrafterstreckung

(1) Soweit durch rechtskräftiges Urteil festgestellt wird, dass dem Dritten ein Anspruch auf Ersatz des Schadens nicht zusteht, wirkt das Urteil, wenn es zwischen dem Dritten und dem Versicherer ergeht, auch zugunsten des Versicherungsnehmers, wenn es zwischen dem Dritten und dem Versicherungsnehmer ergeht, auch zugunsten des Versicherers.

(2) Ist der Anspruch des Dritten gegenüber dem Versicherer durch rechtskräftiges Urteil, Anerkenntnis oder Vergleich festgestellt worden, muss der Versicherungsnehmer, gegen den von dem Versicherer Ansprüche auf Grund des § 116 Abs. 1 Satz 2 geltend gemacht werden, diese Feststellung gegen sich gelten lassen, es sei denn, der Versicherer hat die Pflicht zur Abwehr unbegründeter Entschädigungsansprüche sowie zur Minderung oder zur sachgemäßen Feststellung des Schadens schuldhaft verletzt.

(3) Die Absätze 1 und 2 sind nicht anzuwenden, soweit der Dritte seinen Anspruch auf Schadensersatz nicht nach § 115 Abs. 1 gegen den Versicherer geltend machen kann.

Übersicht

8 Knappmann in Prölss/Martin VVG § 158c VVG a.F. Rn. 4, OLG Düsseldorf 4 U 307/94 VersR 1996, 1269; OLG Celle 8 U 154/02 r+s 2003, 275 = VersR 2003, 1390.

9 Bruck/Möller/Beckmann § 123 R. 37.

10 BGH IV ZR 242/87, BGHZ 107, 230; BGH IV ZR 34/92, BGHZ 122, 250.

11 Vgl. hierzu unten A.2.3 AKB Rdn. 25 ff.

12 LG Paderborn 4 O 651/06, zfs 2007, 636 = r+s 2008, 65.

13 BGH XII ZR 94/07, zfs 2009, 637 ff.

A. Allgemeines

1 § 124 VVG ist auf § 3 Nr. 8 PflVG a.F. zurückzuführen. Die Regelung bezieht sich auf den Schadenersatzanspruch des geschädigten Dritten. Steht diesem ein Anspruch auf Ersatz seines Schadens gegen den Versicherungsnehmer oder mitversicherte Personen zu, kann er diesen aufgrund des Direktanspruchs unmittelbar in Anspruch nehmen. Da aber der Versicherer und der Schädiger als Gesamtschuldner haften, ist es zwingend erforderlich, dass eine Entscheidung in dem Verhältnis Geschädigter – Versicherer auch gegenüber den anderen Gesamtschuldnern wirkt, um zu verhindern, dass nach einem klageabweisenden Urteil gegen den einen ein neuer Prozess gegen den anderen Beteiligten geführt wird, der u.U. zu einem anderen Ergebnis kommt[1]. Dabei kommt es auf die inhaltliche Richtigkeit des entsprechenden Urteils nicht an[2]. Gleiches gilt, wenn Versicherungsnehmer und Versicherer im gleichen Prozess in Anspruch genommen werden[3]. Zu beachten ist in diesem Zusammenhang, dass auch ggf. vorab durchzuführende Schlichtungsverfahren mit jedem in der Klage Beteiligten durchgeführt werden müssen[4].

Eine mögliche Entscheidung über einen Schadenersatzanspruch im Rahmen des Adhäsionsverfahrens gem. §§ 403 ff StPO im Strafverfahren entfaltet keine Wirkung gegenüber dem Versicherer[5], allerdings wird im Rahmen des Adhäsionsverfahren ein Anspruch auf Schadenersatz nicht verworfen, bei unbegründet erscheinenden Ansprüchen sieht das Gericht von einer Entscheidung ab, § 406 Abs. 1 S. 3 StPO.

2 ▶ **Überlegungen für die Praxis:**

Die Entscheidung muss gegen den **zuständigen** Versicherer ergehen, eine Klage gegen den unzuständigen Versicherer entfaltet keine Wirkung gegenüber dem zuständigen Versicherer.

Man denke an einen Versichererwechsel, es wird der alte Versicherer verklagt. Hier kann ggf. durch eine Streitverkündung an den Rechtsnachfolger als zuständigen Versicherer und den Fahrer des Versicherungsnehmers Abhilfe geschaffen werden. Als Anträge kommen in Betracht die Klageabweisung oder aber auch die Einrede der Verjährung hinsichtlich des Direktanspruchs. Häufig kommt dies vor bei Regressen der Sozialversicherungsträger, die erst nach mehreren Jahren erfolgen können. Hier kann wegen der Verjährung des Direktanspruchs eine Klageabweisung erreicht werden, allerdings sollte einer möglicherweise ergehenden Erledigungserklärung des Sozialversicherungsträgers widersprochen werden. Einer möglichen Klagerücknahme kann durch negative Feststellungsklage begegnet werden, das Rechtsschutzinteresse ergibt sich aus dem Risiko der weiterhin drohenden Inanspruchnahme. Dieses Recht bleibt auch dem streitverkündeten – eigentlich zuständigen – Versicherer, das Rechtschutzinteresse ergibt sich schon aus der Streitverkündung.

B. Geltung für mitversicherte Personen

3 Abs. 2 verpflichtet den Versicherungsnehmer, die Entscheidung des Gerichtes gegen den Versicherer oder einen gerichtlichen Vergleich gegen sich gelten zu lassen, auch wenn er nach § 116 Abs. 1

1 Bruck/Möller/Beckmann § 124 Rn. 12.
2 BGH IV ZR 131/07.
3 So u.a. BGH IV ZR 366/03, r+s 2005, 397, vgl. Hierzu auch Lemcke, Der Direktanspruch gegen den KH-Versicherer, alter Probleme im neuen Gewand, in FS für Wälder, 2009, S. 179, 188.
4 BGH v. 13.07.2010 – VI ZR 111/09, VersR 2010, 1444f = r+s 2011, 86 f.
5 BGH v 18.12.2012 – VI ZR 55/12, NJW 2013, 1163 f.

Satz 2 VVG im Innenverhältnis alleine verpflichtet ist. Dieser Passus bezieht sich auf alle Fälle des kranken Versicherungsverhältnisses[6], es kommt dabei nicht darauf an, ob der Versicherer ganz oder nur teilweise von der Verpflichtung zur Leistung frei ist. Allerdings ist auch diese Regelung nur auf das Gerichtsverfahren bezogen, der Versicherer kann den Versicherungsnehmer auch durch Anerkenntnis im Prozess wirksam mitverpflichten. Soweit Huber dies auch auf die außergerichtlichen Erklärungen des Versicherers ausweitet[7], ist dem zu widersprechen, da insoweit die vertragliche Vereinbarung anzuwenden ist. § 124 VVG kann nur auf die gerichtlichen Verfahren bezogen werden. Dabei bezieht sich die Rechtskrafterstreckung nur auf das Verhältnis Geschädigter vs. Schädiger, ggf. einschließlich Versicherungsnehmer, und Versicherer[8], nicht aber auf den Deckungsanspruch des Versicherungsnehmers oder Fahrers gegen den Versicherer. Hier kann ein neues Verfahren stattfinden[9]. Auch ein rechtskräftiges Urteil, das die Eintrittspflicht des Kraftfahrzeug-Haftpflicht-Versicherers verneint, weil der Versicherungsnehmer vorsätzlich gehandelt hat, führt nicht zum Ausschluss der Eintrittspflicht des vorsätzlich handelnden Versicherungsnehmers[10].

Zu beachten ist dabei, dass für die versicherten Personen unterschiedliche Haftungsgrenzen gelten, 4
die auch im Rahmen der Rechtskrafterstreckung Berücksichtigung finden müssen. So haftet der Versicherer für den versicherten Fahrer, der nicht gleichzeitig Halter des Kfz ist, sowohl in den Grenzen des § 12 StVG für den Betrieb des versicherten Fahrzeuges wie auch für das Verschulden des Fahrers aus § 823 BGB im Rahmen der vereinbarten Versicherungssummen, mindestens aber im, Rahmen der Mindestversicherungssumme. Für den personenverschiedenen Halter, der nicht Fahrer des Kfz war, beschränkt sich die Eintrittspflicht und damit auch die Rechtskrafterstreckung auf die Grenzen des § 12 StVG in der jeweils zum Unfallzeitpunkt geltenden Summen.

Der Urteilstenor sollte diese unterschiedlichen Grenzen schon berücksichtigen, um Unklarheiten zu 5
vermeiden. Korrekter Tenor: VN, FA und VR als Gesamtschuldner in den Grenzen des § 12 StVG, FA und VR als Gesamtschuldner in den Grenzen der Versicherungssumme, FA allein unbegrenzt

Beispiel für die Auswirkungen des Tenors: 6

Eine Verurteilung in den Grenzen der Versicherungssumme, beschränkt auch die Haftung des FA auf die Versicherungssumme.

Werden Fahrer und Versicherer verurteilt, in den Grenzen der vertraglich vereinbarten Versicherungssummen sämtliche Schäden aus dem Verkehrsunfall zu ersetzen, schützt dies auch den Fahrer vor weiteren Forderungen wegen Rechtskrafterstreckung!

Korrekter Tenor: Versicherungsnehmer, Fahrer und Versicherer werden als Gesamtschuldner in den Grenzen des § 12 StVG, Fahrer und Versicherer werden als Gesamtschuldner in den Grenzen der Versicherungssumme, Fahrer allein unbegrenzt zum Schadenersatz verurteilt.

C. Regulierungsermessen des Versicherers

Abs. 2 Satz 2 bezieht sich auf das Regulierungsermessen des Versicherers. Die Regulierung des Scha- 7
dens kann nur eingeschränkt dahingehend überprüft werden, dass der Versicherer seine Pflicht zur Abwehr unbegründeter Ansprüche schuldhaft verletzt hat[11]. Damit wird klargestellt, dass das

6 Vgl. Schwintowski/Brömmelmeyer/Huber, § 124 Rn. 58 ff. m.w.H.

7 Schwintowski/Brömmelmeyer/Huber, § 124 Rn. 58.

8 BGH v. 27.04.2021 – VI ZR 883/20 gilt auch für den Halter, wenn im Verfahren gegen den Fahrer und Versicherer zumindest die Halterhaftung auch Gegenstand war. Eine isolierte nachträgliche Inanspruchnahme des Halters scheidet damit aus; OLG Saarbrücken v. 17.11.2009 – 4 U 244/09, NJW 2010, 8 (manipulierter Unfall). Wessels, Die Rechtsprechung des BGH zum Haftpflichtrecht im Straßenverkehr, DAR 2022, 422,435 f. mit Hinweis auf BGH VI ZR 883/20.

9 Vgl. Schwintowski/Brömmelmeyer/Huber § 124 Rn. 8 ff.

10 So schon BGH VI ZR 304/79, VersR 1981, 1158 f.

11 Kröger, »Regulierungsermessen und Belastung des Schadenfreiheitsrabatts – der Versicherer zwischen den Fronten«, VersR 2013, 139 ff.

Regulierungsermessen[12] des Versicherers nur eingeschränkt überprüfbar ist. Dem Versicherer muss ein Verschulden nachgewiesen werden, dabei sind dem Versicherer lediglich willkürliche Regulierungsmaßnahmen verwehrt[13]. Der Versicherungsnehmer muss nachweisen, dass der Versicherer seine berechtigten Interessen im Rahmen der Schadenregulierung schuldhaft verletzt hat[14]. Eine schuldhafte Verletzung seiner Pflicht zur Prüfung der gegen den Versicherungsnehmer gerichteten Schadenersatzansprüche ist nicht schon gegeben, wenn der Versicherer bei einer Vorfahrtsverletzung die Ansprüche des Geschädigten mit einer Quote reguliert[15]. Allerdings führt eine fehlerhafte[16] oder gar willkürliche und wissentlich falsche[17] Regulierung durch den Versicherer nicht zu einem Rückforderungsrecht gegenüber dem Versicherungsnehmer. Auch der Abschluss eines Vergleiches unter wirtschaftlichen Gesichtspunkten ist nicht pflichtwidrig, wenn sich auch durch Einholung eines unfallanalytischen Gutachtens der Hergang nicht vollständig aufklären lässt[18].

D. Klageabweisendes Urteil

8 Grundsätzlich ist die Rechtskrafterstreckung natürlich sowohl für bestätigende Urteile wie für klageabweisende Urteile geschaffen. Allerdings sind die die Eintrittspflicht des Schädigers bestätigenden Urteile nur insoweit von Bedeutung, als der Versicherungsnehmer im Falle der isolierten Inanspruchnahme einen Freistellungsanspruch gegen den Versicherer geltend machen kann. Von besonderem Interesse ist aber die Klageabweisung gegen einen der Gesamtschuldner, die dann auch für die anderen Beteiligten in diesem Verbund gelten. Es ist nicht erforderlich, dass die Verfahren zeitlich hintereinander abgewickelt werden, vielmehr gilt die Rechtskrafterstreckung auch dann, wenn im gleichen Verfahren gegen einen Gesamtschuldner die Klage abgewiesen wird[19]. Wird also gegen den einen Streitgenossen die Klage rechtskräftig abgewiesen, gilt dies durch die Rechtskrafterstreckung auch für die anderen Streitgenossen. Eine erneute Überprüfung der Haftungsfrage ist damit unzulässig, es bleibt nur noch die Klageabweisung[20]. Einem Prozessvergleich kommt diese Wirkung allerdings nicht zu, auch wenn damit ein Verzicht auf einen Teil der geltend gemachten Forderungen erklärt wird[21]. Dies kann nur durch Vereinbarung einer Ausweitung auch auf die mitversicherten Personen umgangen werden.

9 Dabei soll es allerdings darauf ankommen, aus welchem Grund die Klage abgewiesen wurde. Erfolgte die Klageabweisung z.B. wegen formellen Gründen, so soll diese nicht in Rechtskraft gegenüber allen Beteiligten erwachsen. Aus der Formulierung »soweit durch rechtskräftiges Urteil festgestellt wird …«, liest Huber die Beschränkung der Rechtskrafterstreckung nur auf diejenigen Entscheidungen, die sich inhaltlich mit dem Haftpflichtanspruch auseinandersetzen, während die Urteile, die den Anspruch aus formellen Gründen abweisen, nicht diese Wirkungen haben sollen. Allerdings wirkt eine Klageabweisung wegen Verjährung auch für den Schädiger[22]. Es besteht kein Anlass, einen Geschädigten, der die Verjährungsfristen versäumt, besser zu stellen[23]. Dieser dezente Hinweis könnte in Richtung Organisation der Sozialversicherungsträger gedeutet werden und lässt hoffen, dass in nächster Zukunft auch die Frage der inneren Organisation einer Behörde auf dem Prüfstand stehen wird.

12 Kreuter in Handbuch Kfz-Schadensregulierung, Kap. S. Rn. 68 m.w.N.; OLG Hamm 20 W 28/05, NJW-Spezial 2005, 450 f.
13 LG Duisburg 5 S 133/86, VersR 1987, 1004.
14 OLG Hamm 20 U 10/84, VersR 1984, 855.
15 So schon LG Köln 19 S 217/80, VersR 1981, 1124; AG Frankfurt 301 C 281/02 in SP 2003, 74.
16 LG Gießen 1 S 330/06 in SVR 2008, 349 f. m.Anm. Richter.
17 AG Köln 269 C 293/08 in SP 2009, 225; AG Essen 20 C 89/07, NJOZ 2007, 2242.
18 AG Völklingen 50 C 15/09, zfs 2009, 623.
19 So u.a. BGH VI ZR 137/07, VersR 2008, 485 f.; OLG Saarbrücken 2 U 244/09 in Jurion 3K 44 954.
20 BGH VI ZR 137/07, VersR 2008, 485 f.
21 BGH VI ZR 110/83, VersR 1985, 849.
22 BGH VI ZR 256/02, VersR 2003, 1121 f.
23 BGH VI ZR 256/02, VersR 2003, 1121 f.

E. Rechtskrafterstreckung und Direktanspruch

Eine Rechtskrafterstreckung scheidet dann aus, wenn dem Geschädigten ein Direktanspruch gegen den Versicherer nicht zusteht,[24] diese Regelung ist in der Kraftfahrzeug-Haftpflicht-Versicherung gegeben, wenn der Direktanspruch gem. § 115 Abs. 2 VVG verjährt ist. Die sonstigen Fälle des fehlenden Direktanspruchs sind eher selten und begrenzen sich auf den Bereich, in dem das PflVG nicht zur Anwendung kommt. Dies sind vor allem Schadenfälle im nicht-öffentlichen Bereich[25]. In den Fällen des fehlenden Direktanspruchs ist der Geschädigte gehalten, seinen Anspruch gegen den Schädiger unmittelbar geltend zu machen. Dieser wiederum kann bei gesundem Versicherungsverhältnis aus dem Versicherungsvertrag, der in seinen Wirkungen weiter geht als der Direktanspruch des PflVG, Freistellung von den gegen ihn gerichteten Schadenersatzansprüchen fordern. Aufgrund dieser Konstellation wirkt sich der fehlende Direktanspruch nur bei den Schäden im nicht-öffentlichen Bereich aus, in denen das Versicherungsverhältnis gestört ist. 10

F. Rechtskrafterstreckung und Klage nur gegen den Versicherungsnehmer

Soweit nur der Versicherungsnehmer verklagt wird und dieser wegen betrügerischer Absichten nichts gegen die Klage unternimmt, würde die Rechtskrafterstreckung dazu führen, dass der Versicherer durch dieses Unterlassen in die Gefahr unberechtigter Inanspruchnahme kommt. Der Versicherer kann sich dem unberechtigten Anspruch dann nur noch im Deckungsprozess dadurch entziehen, dass er nachweist, dass der Unfall verabredet war oder gar überhaupt nicht stattgefunden hat[26]. Dies ist ungleich schwerer. Im Kraftfahrzeug-Haftpflicht-Prozess wäre der Geschädigte mit den anspruchsbegründenden Tatsachen beweisbelastet. 11

G. Rechtskrafterstreckung und verjährter Direktanspruch

Von besonderer Bedeutung ist die Rechtskrafterstreckung im Bereich der gesetzlichen Anspruchsübergänge. Hat der Geschädigte gegen den Versicherungsnehmer, den Fahrer oder Halter oder den Versicherer ein abweisendes Urteil erstritten, wirkt dies nicht nur für alle Beteiligten auf Seiten des Versicherungsnehmers, sondern auch für alle Rechtsnachfolger auf Seiten des Geschädigten. Diese Wirkung entfaltet eine Klageabweisung des unzuständigen Gerichtes oder eine Abweisung wegen fehlender Aktivlegitimation des Klägers (wegen fehlender Rückzession) nicht[27]. Wurde der Anspruch des Dritten aber nicht abgelehnt, sondern befriedigt, liegt ein Urteil, welches rechtskrafterstreckend auch für die Gemeinschaft um Versicherungsnehmer und Versicherer wirken könnte, nicht vor. 12

I. Anspruchsübergang

Im Personenschaden wird der Anspruchsübergang nach § 116 SGB X auf die Sozialversicherungsträger im Unfallzeitpunkt fingiert. Die Krankenkassen und Berufsgenossenschaften erhalten relativ zeitnah Kenntnis von Unfall und Schädiger, so dass diese innerhalb der gesetzlichen Verjährungsfristen in der Lage sind, ihre Ansprüche anzumelden. Problematisch wird dies immer im Bereich der DRV sein, die häufig erst Jahre nach dem schädigenden Ereignis Kenntnis davon erhält. Gem. § 115 Abs. 3 verjährt der Direktanspruch wie der eigentliche Schadenersatzanspruch innerhalb von drei Jahren ab Vollendung des Schadenseintrittsjahres, §§ 195, 199 BGB. Ohne Kenntnis von Schaden und Schädiger verjährt der Direktanspruch innerhalb von 10 Jahren nach Schadeneintritt. 13

---

24 Stiefel/Maier/Jahnke, § 124 Rn. 25 f.
25 Vgl. insoweit ausführlich Schwab in FA Verkehrsrecht, Kap. 2 zur Problematik.
26 Schwintowski/Brömmelmeyer/Huber § 124 Rn. 43.
27 Schwintowski/Brömmelmeyer/Huber § 124 Rn. 11.

II. Kenntnis

14 Hat der Sozialversicherungsträger erst nach 15 Jahren von dem Schadenfall Kenntnis erhalten, ist sein Direktanspruch verjährt. Wenn der Versicherer sich auf die Verjährung beruft, kann der Sozialversicherungsträger keinen Anspruch mehr gegen ihn geltend machen. Es bleibt ihm allerdings die regelmäßige Verjährungsfrist ab dem Zeitpunkt der Kenntnis vom Schaden gegen den Schädiger, §§ 195, 199 BGB sowie die 30 jährige Verjährungsfrist für Schadenersatzansprüche nach § 199 Abs. 2 BGB, dabei ist zu beachten, dass die 30 jährige Verjährungsfrist bei regelmäßig wiederkehrenden Leistungen gem. § 197 Abs. 2 BGB durch die regelmäßige Verjährungsfrist des § 195 BGB ersetzt wird. Damit kann der Sozialversicherungsträger bei wiederkehrenden Leistungen nur die letzten Jahre, die noch nicht verjährt sind, geltend machen.

15 Zugunsten des Sozialversicherungsträgers wird dabei auf die Kenntnis des Regressachbearbeiters mit der Begründung abgestellt[28], dass erst der zuständige Sachbearbeiter dem Träger die Kenntnis vermittelt. Dabei wurde seinerzeit auch davon ausgegangen, dass der Schädiger keinen Anspruch auf Schaffung einer Organisationsstruktur habe, die eine schnellere Kenntnis von Regresstatbeständen sicherstelle. Mit dieser Judikatur wird der Sozialversicherungsträger im Verhältnis zu allen anderen natürlichen und juristischen Personen ohne Not bessergestellt. In jeder Firma genügt es, wenn das Schreiben die »Schwelle überschritten« hat[29], aber die Kenntnis der Leistungsabteilung, die es versäumt, die Regressabteilung von der Ursache der Leistungspflicht hinreichend zu informieren, wird nicht angerechnet. Dabei ist es im Zeitalter der Elektronik ein Leichtes, die Ursache der Leistungspflicht zu hinterfragen und ggf. die Ansprüche unmittelbar anzumelden, um einer Verjährung des Direktanspruchs zu entgehen. Mit der derzeitigen Rechtsprechung des BGH wird der Sozialversicherungsträger über Gebühr geschützt, es besteht für ihn überhaupt keine Notwendigkeit seine Arbeitsstrukturen zu modernisieren. Das Organisationsverschulden von Behörden wird dadurch weiter unterstützt, während – ohne, dass hier ein sachlicher Rechtfertigungsgrund zu erkennen wäre – einer privatwirtschaftlichen Firma dieser Schutz versagt wird. Sicher wird man zustimmen können, dass die Kenntnis eines Polizisten beispielsweise, der auch Mitglied einer staatlichen Organisation ist, nicht der DRV zugerechnet werden kann, allerdings bestehen keine Bedenken, die Kenntnis der Leistungsabteilung der DRV der Regressabteilung der DRV zuzurechnen. Immerhin erhält die Leistungsabteilung schon nach der Überschreitung des Entgeltfortzahlungszeitraums (also i.d.R. nach 6 Wochen) Kenntnis von Unregelmäßigkeiten, weil eine Mindereinnahme auf dem Beitragskonto verbucht wird. Dieser Differenz ist nachzugehen, um alle Regressmöglichkeiten zugunsten des Beitragskontos auszuschöpfen.

III. Klage Sozialversicherungsträger gegen Versicherungsnehmer/Fahrer

16 Ist der Direktanspruch verjährt, bleibt dem Sozialversicherungsträger nur noch die Möglichkeit, sich unmittelbar an den Schädiger (Fahrer oder Versicherungsnehmer) zu wenden. Dabei sind zunächst grundsätzlich die Versicherungssummen zu beachten. War der Schädiger der vom Versicherungsnehmer personenverschiedene Fahrer, kann der Sozialversicherungsträger seinen Anspruch gegen den Versicherungsnehmer, der gleichzeitig Halter des Schädigerfahrzeuges war, nur im Rahmen der Haftungshöchstgrenzen des StVG in der zum Unfallzeitpunkt geltenden Fassung richten. Die Forderung ist daher gegenüber dem Halter auf die Haftungshöchstgrenzen des StVG zu begrenzen, um nicht in eine Haftungsfalle zu tappen. Wendet sich der Sozialversicherungsträger an den Fahrer, hat er das Recht seine Ansprüche in unbegrenzter Höhe geltend zu machen, § 823 BGB.

17 Macht der Sozialversicherungsträger seine Ansprüche gegen den Versicherer geltend, kann dieser die negative Feststellungsklage bemühen, mit dem Antrag, »Festzustellen, dass dem

28 So schon BGH VI ZR 183/85, VersR 1986, 917 f.

29 Vgl. nur BGH VI ZR 271/91, VersR 1993, 871 m.Anm. Lorenz, der die Kenntnis des Agenten dem Krankenversicherer zurechnet; OLG Oldenburg 20 U 203/93, VersR 1996, 157 für die Zurechenbarkeit der Kenntnis eines Mitarbeiters der Krankenversicherung für die demselben Konzern angehörende Lebensversicherung.

Sozialversicherungsträger keine Ansprüche gegen den Versicherer aus diesem Schadenereignis zustehen.«, ein solches feststellendes Urteil würde im Wege der Rechtskrafterstreckung auch die weitere Durchsetzung der Ansprüche gegen den Fahrer oder Versicherungsnehmer verhindern[30].

Die mitversicherten Personen haben – obwohl die regelmäßige Verjährungsfrist[31] von 3 Jahren 18
gem. § 199 BGB zur Geltendmachung von Freistellungsansprüchen abgelaufen ist – trotzdem das Recht, die Freistellung vom Versicherer zu fordern.

30 Pohlmann/Schwartzke in Looschelders/Pohlmann § 124 Rn. 8 m.w.N.

31 Eine umfassende Darstellung der alten und der neuen Rechtslage bieten Muschner/Wendt »Die Verjährung im Versicherungsvertragsrecht« in MDR 2009, 609 ff.

Gesetz über die Pflichtversicherung für Kraftfahrzeughalter (Pflichtversicherungsgesetz PflVG)

Vom 05.04.1965 (BGBl. I S. 213), zuletzt geändert durch Artikel 1 des Gesetzes vom 11. April 2024 (BGBl. 2024 I Nr. 119)

Text in der Fassung des Gesetzes zur Umsetzung der Richtlinie (EU) 2021/2118 im Hinblick auf die Kraftfahrzeug-Haftpflichtversicherung und die Kontrolle der entsprechenden Versicherungspflicht und zur Änderung anderer versicherungsrechtlicher Vorschriften vom 11.04.2024 mit Wirkung ab vom 17.04.2024

§ 1 (Versicherungspflicht)

Der Halter eines Fahrzeugs im Sinne des § 1a Abs. 1 Nr. 1, das seinen regelmäßigem Standort im Sinne des § 1a Abs. 1 Nr. 2 oder seinen gewöhnlichen Standort im Sinne des § 1a Abs. 2 S. 1 im Inland hat, ist verpflichtet, für sich, den Eigentümer und den Fahrer sowie weitere Personen nach Maßgabe des § 4 Abs. 3 Nr. 4 bis 7 eine Haftpflichtversicherung zur Deckung der durch den Gebrauch des Fahrzeugs im Sinne des § 1a Abs. 3 verursachten Personenschäden, Sachschäden oder sonstigen Vermögensschäden nach den folgenden Vorschriften abzuschließen und aufrechtzuerhalten.

Übersicht

A. Allgemeines

Das Gesetz über die Pflichtversicherung für Kraftfahrzeughalter[1] (PflVG) gehört, wie der Name schon sagt, zum Kanon der Pflicht-Haftpflichtversicherungen nach den §§ 113 ff. VVG. Vorläufer war das Reichs-PflVG[2], das zum 01.07.1940 in Kraft trat. Eine grundlegende Reform hat das Pflichtversicherungsgesetz mit Wirkung zum 17.04.2024 durch die Umsetzung der EU-Richtlinie 2021/2118[3] erfahren. Durch die Neufassung wird das PflVG um bislang nicht normierte Aspekte ergänzt und erweitert. Die Reform dient vorwiegend der Harmonisierung des Rechts der Mitgliedsstaaten in den Bereichen der Pflichtversicherung und dem Ausbau des Schutzes nicht unmittelbar am Betrieb des Kraftfahrzeugs beteiligter Personen[4]. 1

Es handelt sich dabei um die grundlegende Norm, die mit dem Verweis *»nach den folgenden Vorschriften«* auch eine Vielzahl von Ausnahmen von der Versicherungspflicht zulässt. Die Ausnahmen beruhen auf: 2

- der Annahme nur eingeschränkter Gefährlichkeit[5] dieser Fahrzeuge, z.B. wegen geringer Höchstgeschwindigkeiten oder
- aufgrund der Annahme, wegen der Größe einer Gebietskörperschaft sei jederzeit ein zahlungskräftiger Schuldner[6] vorhanden, § 2 PflVG.

B. Regelungsgehalt

I. Schutzzweck

1. Hauptschutzzweck: Verkehrsopfer

Die Pflicht-Haftpflichtversicherung nach dem PflVG dient nach wie vor ganz vorwiegend[7] dem Schutz der Verkehrsopfer. 3

Durch die Richtlinie (EU) 2021/2118 wird der in der 6. KH-Richtlinie als Synonym für den Geschädigten verwendete Begriff »Opfer« zur Harmonisierung der Terminologie durch den Begriff »Geschädigter« ersetzt, ohne damit inhaltlich eine Änderung vorzunehmen. Auch nach heutigem Verständnis wird man unter Verkehrsopfer das Unfallopfer zu verstehen haben, wie es in Art. 12 Abs. 1 und 3 der 6. KH-Richtlinie[8] beschrieben ist. Besonders schutzwürdig als Unfallopfer sind danach: 4

- Fahrzeuginsassen mit Ausnahme des Fahrers
- Fußgänger
- Radfahrer
- andere nicht motorisierte Verkehrsteilnehmer

---

1 Gesetz vom 05.04.1965 BGBl. I S. 213, zuletzt geändert durch das Gesetz zur Umsetzung der Richtlinie (EU) 2021/2118 im Hinblick auf die Kraftfahrzeug-Haftpflichtversicherung und die Kontrolle der entsprechenden Versicherungspflicht und zur Änderung anderer versicherungsrechtlicher Vorschriften vom 11.04.2024 (BGBl. I Nr. 119).

2 Gesetz über die Einführung der Pflichtversicherung für Kraftfahrzeughalter und zur Änderung des Gesetzes über den Verkehr mit Kraftfahrzeugen sowie des Gesetzes über den Versicherungsvertrag vom 07.11.1939, RGBl. I S. 2223.

3 Richtlinie (EU) 2021/2118 des Europäischen Parlaments und des Rates vom 24.11.2021 zur Änderung der Richtlinie 2009/103/EG über die Kraftfahrzeug-Haftpflichtversicherung und die Kontrolle der entsprechenden Versicherungspflicht (ABl. EU L 430 vom 02.12.2021, S. 1).

4 ABl. EU L 430 vom 02.12.2021, vgl. inbes. Erwägungsgründe 7, 9–12, 15–17 f.

5 *Feyock*/Jacobsen/Lemor § 2 PflVG, Rn. 5.

6 Prölss/Martin/Klimke, § 2 PflVG, Rn. 1.

7 *Hedderich*, Pflichtversicherung, Diss. 2010, S. 348.

8 Richtlinie 2009/103/EG vom 16.09.2009.

5 Bereits in der Präambel des Vorläufergesetzes wurde der Zweck des Gesetzes herausgestellt: *»Um den Schutz des Verkehrsopfers wirksamer zu gestalten, ...«*. Damit wurde ein erster[9] Schritt unternommen, den wirtschaftlichen Interessen des Geschädigten gerecht zu werden. Aufgrund der Risiken des immer stärker aufkommenden Kraftfahrzeugverkehrs war es notwendig, eine materielle Absicherung bereit zu halten.

6 Dagegen ist die Norm für sich allein keine selbstständige Anspruchsgrundlage auf Schadensersatz[10].

2. Nebenschutzzweck: Versicherte Personen

7 Nach heutigem einhelligem Verständnis[11] dient die Pflichtversicherung jedoch auch dem Schutz des Versicherungsnehmers, dessen bürgerliche Existenz durch einen entsprechenden Schadensfall bedroht ist, und – mit Lücken[12] – der mitversicherten Personen. Dabei ist darauf hinzuweisen, dass Mitversicherte häufig keinerlei Kenntnis oder Einfluss darauf haben, ob eine Prämienzahlung erfolgt ist, in welcher Höhe die vertragliche Deckungssumme vereinbart wurde oder gar der Kfz-Haftpflichtvertrag durch seinen Arbeitgeber gekündigt[13] wurde. Der ungerechte[14] und völlig unbefriedigende Zustand des § 158i VVG[15] a.F. wurde durch den § 123 Abs. 4 VVG entschärft[16] und damit der frühere Fehlgriff[17] des Gesetzgebers beseitigt.

8 Die Vorschriften zur Mitversicherung haben somit eine wesentliche soziale[18] Komponente.

II. Anwendungsbereich

1. Auf öffentlichen Wegen und Plätzen[19]

9 Die Vorschrift gilt ausschließlich[20] für die Verwendung von Fahrzeugen auf öffentlichen Wegen und Plätzen und normiert eine Haftpflicht[21]-Versicherungspflicht. Die Norm nimmt dabei auf das Verkehrsverwaltungsrecht Bezug, § 1 StVG. In der 1998 geänderten Fassung spricht das StVG allerdings nicht mehr von »öffentlichen Wegen und Plätzen«, sondern nur noch von »öffentlichen Straßen«. Inhaltlich hat sich hierdurch nichts geändert. Die Änderung diente

---

9 Wesentliche Verbesserung erst 1965 durch die Einführung des Direktanspruchs in § 3 Nr. 1 PflVG a.F., heute geregelt in § 115 Abs. 1 Satz 1 Nr. 1 VVG.

10 *OLG München* Urt. v. 08.12.1995 – 10 U 4713/95, ADAJUR Dok.Nr. 6266 = NZV 1996, 199.

11 *Feyock*/Jacobsen/Lemor vor § 1 Rn. 16; *Dallwig*, Deckungsbegrenzungen in der Pflichtversicherung, Diss. 2011, S. 19.

12 Siehe Kreuter § 2 KfzPflVO § 2 KfzPflVV Rdn. 70 sowie Kreuter A.1.2 AKB A.1.2 AKB Rdn. 83–102.

13 Der Fahrer war damit dem Regress des Sozialversicherungsträgers ausgesetzt.

14 *Hinsch-Timm* Das neue Versicherungsvertragsgesetz in der anwaltlichen Praxis, Kap. D, Rn. 44.

15 *BGH* Urt. v. 14.01.2004 – IV ZR 127/03, BGHZ 157, 269 = WKRS 2004, 10971 = NZV 2004, 185 = SVR 2004, 235 m. Anm. *Schwab* = SP 2004, 135 = zfs 2004, 169 = NJW 2004, 1250 = VersR 2004, 369 mit Anm. *Lorenz* = DAR 2004, 218 u. DAR 2004, 375 mit Anm. *Schirmer*.

16 Looschelders/*Pohlmann/Schwartze* VVG-Kommentar § 123 VVG, Rn. 6.

17 Schwintowski/Brömmelmeyer/*Huber* PK-VersR, § 123 Rn. 11.

18 Looschelders/*Pohlmann/Schwartze* VVG-Kommentar § 123 VVG, Rn. 1.

19 Siehe hierzu Kreuter § 2 KfzPflVO § 2 KfzPflVV Rdn. 49–54.

20 Böhme/Biela/Tomson Kraftverkehrs-Haftpflicht-Schäden, Kap. 16, Rn. 156; *Schwab*, Betrieb und Gebrauch eines Kraftfahrzeugs, DAR 2011, 11 ff.

21 Andere in den AKB mit aufgenommen Versicherungen (Fahrzeugversicherung, Schutzbriefversicherung, Unfallversicherung, etc.) unterliegen keiner Versicherungspflicht.

lediglich der Harmonisierung[22] mit der StVO[23] und der StVZO[24] bzw. heute auch der FeV[25] und der FZV[26].

In der ab dem 17.04.2024 geltenden Textfassung entfällt der Hinweis »wenn das Fahrzeug auf öffentlichen Wegen oder Plätzen (§ 1 des Straßenverkehrsgesetzes) verwendet wird« ersatzlos. 10

Öffentlich ist der Verkehrsraum, wenn er unabhängig von Eigentumsrechten an der Straße tatsächlich für den Gemeingebrauch gewidmet ist oder zur allgemeinen Benutzung vom Berechtigten geduldet wird. Allerdings wird eine Privatstraße auch dann nicht zum öffentlichen Verkehrsraum, wenn der Eigentümer nach § 917 BGB verpflichtet ist, seinen Grundstücksnachbarn die Benutzung des Weges auch mit Kraftfahrzeugen[27] zu ermöglichen. Im Detail stellen sich diverse Abgrenzungsfragen[28]. Eine scharfe Trennung[29] zwischen öffentlichem Verkehrsraum und angrenzendem Bereich ist für die Rechtsanwendung unabdingbar. Diese erlangen insbesondere im Strafrecht[30] besondere Bedeutung. Das Be- und Entladen gehört unabhängig von der Örtlichkeit zum Gebrauch des Fahrzeugs. 11

In diesem Zusammenhang hat die Traktor-Entscheidung des *EuGH*[31] erhebliche Fragen aufgeworfen. Das Gericht geht davon aus, dass eine Versicherungspflicht zumindest für Fahrzeuge bestehe, gleich ob sie auf öffentlichem oder nichtöffentlichem Grund bewegt werden. Die so weitreichende Auslegung müsste dazu führen, dass der deutsche Gesetzgeber »nachbessern« – also die Einschränkung aufzuheben – habe. Dabei besteht keinerlei Notwendigkeit Personen durch eine Pflicht-Haftpflichtversicherung zu schützen, die sich freiwillig in einen nichtöffentlichen Raum begeben. Dem *EuGH* waren die wirtschaftlichen und strafrechtlichen Konsequenzen möglicherweise nicht bewusst, da es folglich keinen (Frei-) Raum mehr für einen Fahrzeughalter gibt, sein Fahrzeug ohne Haftpflichtversicherung abstellen oder fahren zu können. 12

2. Kraftfahrzeug

In der ab 17.04.2024 geltenden Textfassung wird insoweit nur noch von »Fahrzeug« im Sinne von § 1a Abs. 1 Nr. 1 PflVG n.F. gesprochen. 13

---

22 Auszug der Begründung zum Änderungsgesetz vom 24.04.1998 abgedruckt in Hentschel/König/*Dauer* § 1 StVG.

23 Z.B. § 34 StVO. Verkehrsunfall nur im öffentlichen Straßenverkehr möglich, FAKomm/VerkehrsR/*Müller* § 34 StVO, Rn. 9 u. 10.

24 Z.B. § 16 Abs. 1 StVZO.

25 Z.B. § 1 FeV.

26 Z.B. § 48 Nrn. 2 und 9 FZV.

27 *BGH* Urt. v. 12.12.2008 – V ZR 106/07, WKRS 2008, 27946 = DAR 2009, 138 = DNotZ 2009, 448 = NZM 2009, 253 = MDR 2009, 374 = NJW-RR 2009, 515 = NJ 2009, 200; *OLG Hamm* Urt. v. 16.02.2012 – I-5 U 143/11, WKRS 2012, 1211 = MDR 2012, 460.

28 Übersichten bei Hentschel/*König*/Dauer § 2 StVO, Rn. 13 ff.; Himmelreich/Halm/*Heinrichs*, Handbuch Verkehrsrecht, Kap. 2, Besonderheiten bei Unfällen mit Fahrzeugen außerhalb des öffentlichen Verkehrsraumes; *Rebler* Der Straßenbegriff im Verkehrsrecht, DAR 2005, 65 ff.

29 *OLG Saarbrücken* Urt. v. 03.11.2009 – 4 U 238/09, WKRS 2009, 27979 = NZV 2010, 207 = NJW 2010, 945 = NJW-Spezial 2010, 945 (Verkaufsanhänger auf zugewiesener Stellfläche).

30 *BGH* Beschl. v. 08.06.2004 – 4 StR 160/04, WKRS 2004, 14115 = DAR 2004, 529 = VersR 2005, 997 = NZV 2005, 50 = VRS 107, 179 (Fahrt auf Rasenfläche); *BGH* Urt. v. 04.03.2004 – 4 StR 377/03, BGHSt 49, 128 = WKRS 2004, 26202 = DAR 2004, 399 = NJW 2004, 1965 = VersR 2005, 92 = VRS 107, 35 (Werksgelände); Schäden an Fremdfahrzeugen durch Ladegut beim Beladen des eigenen Fahrzeugs auf öffentlichen Privatparkplatz muss kein Verkehrsunfall im Sinne des § 142 Abs. 1 StGB sein, *AG Berlin-Tiergarten* Urt. v. 16.07.2008 – 290 Cs 145/08, ADAJUR Dok.Nr. 81720 = NZV 2009, 94; Anders *OLG Köln* Urt. 19.07.2011 – 1 RVS 138/11, WKRS 2011, 20299 = DAR 2011, 541 = JuS 2011, 1038 = NJW-Spezial 2011, 554 = NStZ 2011, 354 = ADAJUR Dok.Nr. 96269 = NZV 2011, 619 = StRR 2011, 398 = VRR 2011, 350 m. Anm. *Deutscher* = TranspR 2011, 451 = zfs 2011, 588. Der »Fehlwurf als Unfall« kann aber zu einem Verbotsirrtum führen, *LG Aachen* Urt. v. 09.12.2011 – 71 Ns 607 Js 784/08–146/11, WKRS 2011, 41312.

31 *EuGH* Urt. v. 04.09.2014 – Rs. C-162/13, WKRS 2014, 20478 = ADAJUR Dok.Nr. 105915 = JZ 2015, 60 = NJW 2014, 3631 = r+s 2014, 523 = DAR 2015, 259.

14 Nach der Begriffsbestimmung des § 1a Abs. 1 Nr. 1 PflVG n.F. handelt es sich insoweit um jedes Kraftfahrzeug, das ausschließlich maschinell an Land angetrieben wird, jedoch nicht auf Schienen fährt und dessen durch die Bauart bedingte Höchstgeschwindigkeit 6 Kilometer pro Stunde übersteigt

a) ungebunden an Gleise

15 Kraftfahrzeuge sind Landfahrzeuge[32], die durch Maschinenkraft[33] bewegt werden, ohne an Bahngleise gebunden zu sein, § 1 Abs. 2 StVG. Davon abweichend spricht § 2 Nr. 1 FZV von »nicht dauerhaft spurgeführten Landfahrzeugen, die durch Maschinenkraft bewegt werden«.

16 Mit geeigneten Aufsatzvorrichtungen[34] kann ein Kraftfahrzeug auch als Schienenfahrzeug verwendet werden. Die Abweichung eröffnet technische Neuerungen[35]. Zu denken ist aber auch an Fahrzeuge, die aufgrund von technischen Ausstattungen sowohl auf Straßenbahn- oder anderen Bahnstrecken zusätzlich zum Einsatz kommen können, z.B. im Gleisbaubereich.[36]

17 Durch den Einsatz von Kraftfahrzeugen als Arbeitsmaschinen wird der gesetzliche geforderte Anwendungsbereich regelmäßig verlassen.[37] Dies betrifft nicht nur landwirtschaftliche Maschinen zur Ackerbearbeitung[38]. Vielschichtige neue Rechtsprobleme entstehen, wenn die Landfahrzeuge als Arbeitsmaschinen mit Pontons oder Schiffen verbunden werden, wie z.B. bei Autokränen, die auf der Nord- und Ostsee Windkraftanlagen aufbauen oder auf Binnengewässern Arbeiten verrichten.

b) Antriebsarten

18 Die Art der Antriebsenergie ist dabei unerheblich, so dass neben Verbrennungsmotoren jeglicher Art (Vergaserkraftstoff, Diesel, Gase, Holz, Wasserstoff etc.) auch Elektro-, Hybrid- und sonstige Antriebe in Betracht kommen. Zudem muss das Kraftfahrzeug das Betriebsmittel bzw. den Energievorrat nicht bereits mit sich führen. Es reicht aus, wenn ein Oberleitungsbus[39] die elektrische Energie erst abnimmt, um sie zu verbrauchen.

c) Beispiele

19 Zu den Kraftfahrzeugen gehören:
- alle einspurigen Fahrzeuge, also Kräder aller Art wie
- Motorräder (Krafträder), Leichtkrafträder, Mopeds[40]

---

32 Amphibienfahrzeuge (Schwimmautos) gelten beim Einsatz an Land als Landfahrzeuge.

33 Enger als »mechanische Antriebsvorrichtung« in Art. 2 KfzVAbk (Internationales Abkommen über Kraftfahrzeugverkehr v. 24.04.1926, BGBl. 1930 II S. 1234).

34 FAKomm/VerkehrsR/*Heinrich* § 2 FZV, Rn. 1.

35 Hentschel/König/*Dauer* § 2 FZV Rn. 3.

36 *AG Bremen* Urt. v. 23.04.2015 – 9 C 275/14 (in der irrigen Annahme, der Betriebshaftpflichtversicherer sei ausnahmsweise direkt in Anspruch zu nehmen, wenn das Schienenfahrzeug wie ein Kfz im öffentlichen Verkehrsraum bewegt werde).

37 Siehe *OLG Celle* Urt. v. 15.11.2023 – 14 U 56/23.

38 *BGH* Urt. v. 19.07.2023 – IV ZR 384/22, NJW-RR 2023, 1266 = MDR 2023, 1313 = VersR 2023, 1226; *BGH* Urt. v. 18.07.2023 – VI ZR 16/23, MDR 2023, 1517 = WM 2023, 2062; *BGH* Urt. v. 21.09.2021 – VI ZR 726/20, NJW 2022, 624 = NZV 2022, 388 = VersR 2021, 1518 = MDR 2022, 27; *BGH* Urt. v. 24.03.2015 – VI ZR VI ZR 265/14, WKRS 2015, 14026 = NJW 2015, 1681 = NZV 2015, 327 = r+s 2015, 253 = VersR 2015, 638 = MDR 2015, 650.

39 *OLG Karlsruhe* Urt. v. 23.09.1955 – 2 U 203/54, VRS 10, 81; gilt auch bei DUO-Bussen (Diesel und Oberleitung) und auch beim Spurbus, solange er nicht spurgesteuert ist, sondern vom Fahrer tatsächlich gelenkt wird, *Filthaut* Die Gefährdungshaftung für Schäden durch Oberleitungsbusse (Obusse) NZV 1995, 52 ff.

40 *BGH* Urt. v. 13.07.1971 – VI ZR 245/69, WKRS 1971, 11077 = NJW 1971, 1983 = DAR 1971, 298 = VersR 1971, 1043 = MDR 1971, 922 = VRS 41, 430.

- Fahrräder mit Hilfsmotoren, Mofas, zum Teil E-Bikes[41] und Pocket-Bikes[42]
- Go-Peds[43]
- Citytramp[44] (elektro-unterstützter Tretroller, der heute unter § 1 Abs. 3 StVG verkehrsrechtlich kein Kraftfahrzeug mehr sein dürfte)
- zweispurige Fahrzeuge. Neben PKW, LKW und Bussen zählen auch andere hierzu, so auch:
- Quads[45]
- Elektrorollstühle[46]
- Gabelstapler[47]
- selbstfahrende Arbeitsmaschinen wie beispielsweise Aufsitzrasenmäher[48] oder Fahrbahnmarkierungsmaschinen,
- Straßenwalzen, Radlader, Muldenkipper[49] und Bagger
- Hubstapler[50]
- dreispurige Fahrzeuge wie:
- Trikes[51] (egal, ob Achse vorn oder hinten)
- Twikes (mit reinem Elektro- und auch mit zusätzlichem Pedalantrieb)[52]
- Motorrikschas[53]
- Kleinst-LKWs
- bekannte Sonderformen, deren Räder nicht zwangsweise den Boden berühren, wie: Gleiskettenfahrzeuge[54], wie Raupen und Panzer[55]
- Motorschlitten
- neuartige Sonderformen wie:
  der nur unter Einschränkungen ungefährliche[56] **Segway**, als selbst balancierender einachsiger batteriebetriebener[57] Personentransporter gehört zu den Kraftfahrzeugen[58] und untersteht der eKFV[59]

---

41 Abbildungen mit Beschreibungen in ADAC-Motorwelt 9/2009, S. 15; *Ternig* Segway und Elektrofahrrad, zfs 2010, 2 ff.

42 Ludovisy/*Eggert*/Burhoff Praxis des Straßenverkehrsrechts, Teil 4, Rn. 19; Erbs/Kohlhaas/*Häberle*, 249. EL September 2023, PflVG § 1 Rdn. 5.

43 *Heinrich* Motorisierter Tretroller – sog. »Go-Ped« – im öffentlichen Straßenverkehr, PVR 2003, 138.

44 *VG Stuttgart* Urt. v. 11.11.2005 – 10 K 3452/03.

45 Ludovisy/*Eggert*/Burhoff Praxis des Straßenverkehrsrechts, Teil 4, Rn. 19.

46 Erbs/Kohlhaas/*Häberle*, 249. EL September 2023, PflVG § 1 Rdn. 5.

47 *OLG Köln* Urt. v. 09.03.1999 – 9 U 82/98, VersR 2000, 352 = zfs 1999, 430.

48 *OLG Düsseldorf* Urt. v. 24.10.2005 – I-1 U 53/05 *Ternig* Sitzrasenmäher/Aufsitzmäher; rechtliche Einordnung in den Straßenverkehr, DAR 2014, 487 ff.

49 *Schmalzl* Fallen durch Muldenkipper auf öffentlichen Straßen verursachte Haftpflichtschäden unter den Versicherungsschutz der Betriebshaftpflichtversicherung für Bauunternehmer?, VersR 1973, 117.

50 *BAG* Urt. v. 30.11.1988, Az.: 4 AZR 415/88, WKRS 1988, 14796 = NZA 1989, 859 = BB 1989, 635.

51 *OLG Frankfurt/M.* Urt. v. 17.06.1998 – 21 U 216/97, VersR 2000, 197.

52 Höchstgeschwindigkeit ca. 85 km/h.

53 *Huppertz* Verkehrsrechtliche Einordnung von Rikschas, NZV 2006, 299.

54 Definiert in § 34b Abs. Satz 1 StVZO.

55 § 12b StVG.

56 Schreiben der GDV-Unfallforschung vom 28.08.2008 an den Hersteller; max. 6 km/h auf Gehwegen, sonst max. 9 km/h für alle übrigen Verkehrswege; *Brockmann*, Segways und Pedelecs – Umweltfreundlich, aber gefährlich?, 50. DVGT 2012, 205 ff.

57 Hentschel/König/*Dauer* § 16 StVZO Rn. 4; *Scheidler*, Die Mobilitätshilfeverordnung – Rechtsgrundlagen für neue Form der Fortbewegung im Straßenverkehr, DAR 2009, 536 ff.

58 BR-Drucksache 844/07 vom 20.12.2007; *Kettler* Segway, NZV 2008, 71 ff.; *Ternig* Segway und Elektrofahrrad, zfs 2010, 2 ff.; *Rebler*, Moderne Zeiten: Neue Fahrzeugformen und die Schwierigkeit ihrer rechtlichen Behandlung, SVR 2012, 15 ff.; *Huppertz*, Elektrokleinstfahrzeuge, NZV 2019, 387; *ders.* Pedelec, Segway, Bierbike: Lust oder Last?, NZV 2012, 23 ff. Burmann/Heß/Hühnermann/Jahnke/Straßenverkehrsrecht, § 1 StVG, Rn. 8.

59 EKFV = Verordnung über die Teilnahme von Elektrokleinstfahrzeugen am Straßenverkehr v. 06.06. 2019, BGBl. I S. 756.

- Motoboards[60] (Skateboards mit Motorantrieb, ggf. mehr als 1,5 PS)

20 Zu beachten sind jeweils die Ausnahmetatbestände nach dem § 2 Abs. 1 Nr. 6 PflVG a.F. bzw. § 2a Abs. 1 Nrn. 1 – 3 PflVG n.F. Hierzu zählen:
- Kraftfahrzeuge, die bauartbedingt nicht schneller als 6 km/h fahren können[61]
- zulassungsfreie Anhänger und
- zulassungsfreie selbstfahrende Arbeitsmaschinen im Sinne des § 2 Nr. 17 FZV, die nicht schneller als 20 km/h fahren können.

d) **Negativbeispiele**

21 Nicht mehr zu den Kraftfahrzeugen zählen:
- ferngesteuerte Spielfahrzeuge
- Autoscooter[62]
- Luftkissenfahrzeuge (Hovercrafts) zählen eher zu den Booten, auch wenn sie sich an Land fortbewegen können
- ein Mensch mit auf den Rücken geschnalltem Gleitschirmpropellermotor[63]
- Seifenkisten sind nicht motorisierte Kleinfahrzeuge, nutzen über die Schwerkraft nur das Gefälle einer Straße
- ein Strandsegler (Sail Buggy) fährt mit Windkraft, nicht mit Maschinenkraft
- ein Bierbike, mit Muskelkraft bewegtes Thekenfahrrad[64]
- eine Fahrradrikscha[65]
- ein Bettbike, kuriose Fahrradrikscha zur Beförderung von Touristen in Betten[66]
- ein Partybike[67]
- ein Fahrrad[68]

22 **Wechselaufbauten** (-brücken, -container, -koffer etc., aber auch Campingwohnkabinen) sind keine Fahrzeuge. Sie sind also weder Kraftfahrzeuge noch Anhänger, selbst wenn sie mit eigenständigen Aggregaten zum Kühlen oder Warmhalten ausgestattet sind. Es handelt sich hierbei um Transportbehältnisse, die auf Stützen abgestellt werden können. Sie werden von besonderen Chassisfahrzeugen unterfahren und sodann als Ladung transportiert. Wechselaufbauten können durch Zusatzprämien[69] in der Kaskoversicherung mitversichert werden.

---

60 *Grams*, Motorbetriebene Skateboards als Kfz im Straßenverkehr?, NZV 1994, 172.

61 Sie sind damit von der Zulassungspflicht nach § 1 FZV ausgenommen. Ob motorbetriebene Kinderfahrzeuge hinzuzurechnen sind, kann dahinstehen, da sie nicht schneller als 6 km/h fahren können; zum Streitstand siehe Hentschel/König/*Dauer* § 1 StVG Rn. 2.

62 *OLG Nürnberg* Urt. v. 07.05.1986 – 9 U 230/86, WKRS 1986, 19603 = NJW-RR 1986, 1224 (keine Landfahrzeuge); *AG Menden* Urt. v. 07.09.2005 – 4 C 33/05, WKRS 2005, 34615 = SVR 2006, 150 m. Anm. *Otting*.

63 Dafür jedoch *OLG Oldenburg* Urt. vom 03.05.1999 – Ss 105/99, WKRS 1999, 14849 = DAR 2000, 373 = NStZ-RR 1999, 377 = zfs 1999, 357 = NZV 2000, 384 mit abl. Anm. *Grunewald*; Geigel/*Kaufmann*, Der Haftpflichtprozess, Kap. 25, Rn. 21.

64 *BVerwG* Beschl. v. 28.08.2012 – 3 B 8.12, WKRS 2012, 23209 = DAR 2012, 654 = DVBl. 2012, 1434 = NVwZ 2012, 1623 = VRR 2012, 363; Vorinstanz *OVG Münster* Urt. v. 23.11.2011 – 11 A 2325/10, WKRS 2011, 29735 = DÖV 2012, 287 = DVBl. 2012, 312 = VRR 2012, 154 m. Anm. *Deutscher*.

65 *OLG Dresden* Beschl. v. 11.10.2004 – Ss (OWi) 460/04, WKRS 2004, 24259 = DAR 2005, 99 = NJW 2005, 452 = NStZ-RR 2005, 24 = NJ 2005, 225 m. Anm. *D. Müller* = VRS 108, 53.

66 http://www.ksta.de/rund-um-die-welt/liegend-unterwegs-mit-dem–bettbike–durch-berlin,16126870,22757242.html; recherchiert am 02.03.2015.

67 *BVerwG* Beschl. v. 28.08.2012 – 3 B 8.12, DAR 2012, 654; *OVG Münster* Urt. v. 23.11.2011 – 11 A 2511/10, WKRS 2011, 29736 = DAR 2012, 276 = DÖV 2012, 287 = NVwZ-RR 2012, 422 = SVR 2012, 155 = zfs 2012, 177.

68 *AG Mülheim an der Ruhr* Urt. v. 13.11.2012 – 27 C 2052/11, WKRS 2012, 33026 = VRR 2013, 122.

69 *OLG Köln* Urt. v. 22.06.2004 – 9 U 209/03, r+s 2004, 371; Vorinstanz *LG Köln* Urt. v. 13.11.2003 – 24 O 196/02, WKRS 2003, 36438.

e) Grenzfälle

Zu den streitigen Grenzfällen zählen insbesondere **Go-Karts**[70]. Es handelt sich um Fahrzeuge, die nicht am öffentlichen Straßenverkehr teilnehmen dürfen. Sie haben Ähnlichkeit mit einem Aufsitzrasenmäher, haben aber keine Funktion als Arbeitsmaschine. Derartige Fahrgeräte werden mit unterschiedlicher Leistungsstärke auf Jahrmärkten und speziellen Kart-Bahnen eingesetzt. 23

Die Einstufung von den nicht ungefährlichen[71] **E-Bikes** bzw. **Pedelecs** als Kraftfahrzeuge[72] nach dem StVG und die daraus folgenden rechtlichen Konsequenzen war umstritten. Schwierig war insbesondere, wie Pedelecs mit Anfahrhilfe bis 6 km/h einzustufen sind. Man hat zu berücksichtigen, dass **Pedelecs mit Anfahrhilfe** mehr sind als nur ein Fahrrad. Durch die Anfahrhilfe ist es möglich, das Fahrzeug allein mit Motorkraft selbstständig zu bewegen. Somit kann es aus eigener Kraft fahren und ist grundsätzlich als Kraftfahrzeug zu qualifizieren. Dies entsprach dem Erfordernis des § 1 Abs. 2 StVG. 24

Die Absatzzahlen für E-Bikes[73] beliefen sich allein in Deutschland auf: 25

2009	2010	2011	2012	2013	2014[74]
150.000	200.000	330.000	380.000	410.000	450.000

Zum Jahreswechsel 2014/2015 verkehrten aber bereits mehr als 2,0 Mio. E-Bikes in Deutschland. Allseits[75] sah man daher Handlungsbedarf dieses Kraftfahrzeug anderen Rechtsfolgen zu unterwerfen. Dies konnte man nur durch eine klarstellende Regelung tun, die sich im 2013 neu[76] eingeführten § 1 Abs. 3 StVG findet. Inzwischen hat auch der EuGH[77] bestätigt, dass ein Fahrrad (**Pedelec**), dessen Elektromotor nur eine Tretunterstützung bietet oder/und das über eine Funktion verfügt, mit der es ohne Treten auf eine Geschwindigkeit von bis zu 20 km/h beschleunigt werden kann, wobei aber diese Funktion nur nach Einsatz von Muskelkraft aktiviert werden kann, kein Kraftfahrzeug i.S.v. Art. 1 I der KH-Richtlinie 2009/103/EG ist. 26

Der Schwebezustand in der Rechtssicherheit war unbefriedigend. Wie die Vielzahl unterschiedlichster Fahrzeugkonzepte und Qualitäten[78] im Detail verkehrsrechtlich einzustufen[79] sind, hat neben Fragen der Zulassung, der Helm-, Fahrerlaubnis-, Kennzeichen- und Steuerpflicht, auch strafrechtlich[80] andere Folgen. 27

70 *OLG Hamm* Urt. v. 04.02.2002 – 6 U 130/01, WKRS 2002, 32433 = NJW-RR 2002, 1389 = NZV 2003, 32 (eine 10jährige durchbrach mit dem GO-Kart einen durch Strohballen abgesperrten Parcours auf einem Kasernengelände. Es bejahte unverständlich sogar hier die Halterhaftung); *OLG Koblenz* Urt. v. 26.04.2004 – 12 U 62/02, WKRS 2004, 30410 = VersR 2005, 705 = NJW 2004, 2248 = NJW-RR 2004, 822.

71 Erhöhte Unfallgefahr durch Elektro-Fahrräder, Notiz in Versicherungsmedizin 2012, 177; erst 2014 verbesserte Produkte, Stiftung Warentest, test 8/2014, 78 ff.

72 *Jaeger* Elektrofahrräder, zfs 2011, 663 ff.

73 Zweirad-Industrie-Verband e.V., Jahresbericht 2014 S. 67.

74 Prognose im Halbjahresbericht v. 26.08.2014, Zweirad-Industrie-Verband e.V.

75 Siehe Empfehlungen 1 bis 5 des Arbeitskreises VI beim 50. DVGT 2012; *Huppertz* Elektrofahrräder, DAR 2011, 561 ff u. *ders.*, Pedelec, Segway, Bierbike: Lust oder Last?, NZV 2012, 23 ff.; *Rebler*, Moderne Zeiten: Neue Fahrzeugformen und die Schwierigkeit ihrer rechtlichen Behandlung, SVR 2012, 15 ff.

76 Art. 5 des Gesetzes zur Änderung des Güterkraftverkehrsgesetzes und anderer Gesetze vom 17. Juni 2013, BGBl. I 2013 S. 1558 (1560).

77 *EuGH* Urt. v. 12.10.2023 – C-286/22, NJW 2023, 3636.

78 Speed-Pedelec, Stiftung-Warentest, test 7/2012, 83; ADAC-Motorwelt 6/2012, 18.

79 Überblick bei *Huppertz* Elektrofahrräder, DAR 2013, 488 ff.

80 *OLG Hamm* Beschl. v. 28.02.2013 – 4 RBs 47/13, WKRS 2013, 46453 = DAR 2013, 712 m. Anm. *Schäpe* = StRR 2014, 116 = VRR 2014, 78 m. Anm. *Gregor*.

28 Die versicherungsrechtlichen Folgen durch die Einführung des § 1 Abs. 3 StVG wurden allerdings in keiner Weise mitbedacht. So zeigen die wortgleichen Begründungen des Gesetzentwurfs des Bundesrates[81] und der Bundesregierung[82], dass ausschließlich an die **verkehrsrechtliche** Einstufung nach dem StVG gedacht wurde und man nur hierfür Rechtsklarheit schaffen wollte, obwohl dem Gesetzgeber die versicherungsrechtliche Problematik bekannt gewesen sein müsste.

29 Auch der Wortlaut in § 1 Abs. 3 StVG »Keine Kraftfahrzeuge im Sinne **dieses** Gesetzes …« lässt nicht sicher darauf schließen, dass eine Regelung im StVG zugleich für das PflVG gelten solle.[83] Dies wäre allenfalls im PflVG zu regeln.

30 Der Wortlaut des § 1 PflVG blieb allerdings unangetastet. Ebenso wurden die Ausnahmetatbestände in § 2 PflVG nicht erweitert. Die Bezugnahme auf § 1 StVG beschränkt sich nur auf öffentliche Wege und Plätze. Somit kann nach dem Wortlaut von § 1 PflVG für die Beurteilung als Kraftfahrzeug, die Ausnahmevorschrift des § 1 Abs. 3 StVG nicht herangezogen werden.

31 Die – möglicherweise nur unbewusste – Unterlassung des Gesetzgebers zu § 1 Abs. 3 StVG könnte auch so interpretiert werden, dass im PflVG, in dem die Ausnahmevorschrift nicht eingeführt wurde, keinerlei Ausnahmen gemacht werden dürfen, die über die abschließende[84] Aufzählung in § 2 PflVG hinausgehen.

32 Die einseitige – allein verkehrsrechtliche[85] – Klarstellung in § 1 Abs. 3 StVG verhindert allenfalls eine Haftung[86] aus der Betriebsgefahr. Sie hat die **versicherungsrechtliche** Problematik in Bezug auf die § 1, 2 PflVG nicht wirklich verbessert. Für Pedelecs besteht keine Versicherungspflicht.[87] Dies gilt auch, wenn der Arbeitskreis VI des 50. Deutschen Verkehrsgerichtstages[88] sich dafür ausgesprochen hat, dass Pedelec-Fahrer bis 25 km/h einen Fahrradhelm tragen und dringend eine private Haftpflichtversicherung abschließen sollten. Lediglich die der Versicherungspflicht unterfallenden E-Bikes sind Kraftfahrzeuge mit der veränderten Bewertung im Fahrerlaubnisrecht, die im Übrigen auch für E-Roller etc. gilt.[89] Es mag sein, dass man in der freiwilligen Privat-Haftpflichtversicherung es für ausreichend[90] erachtet, dass § 1 Abs. 3 StVG keine Kraftfahrzeuge im verkehrstechnischen Sinne sind und daher Deckungsschutz über die Privathaftpflichtversicherung zu gewähren sei. Die Bewertung und Einstufung muss nicht von jedem geteilt werden. Spätestens bei einem schweren Verkehrsunfall – verursacht durch einen nicht freiwillig versicherten Pedelec-Fahrer – wird sich die Frage stellen, ob wegen des fehlenden Versicherungsschutzes die Verkehrsopferhilfe einzutreten habe. Immerhin ist das Risiko bei einer Versicherungsdichte[91] in der privaten Haftpflichtversicherung von nur zu 70 % auf einen nicht versicherten Pedelec-Fahrer zu treffen relativ groß. Zudem wurde schon vor der Änderung des StVG darauf hingewiesen, dass nicht nur § 1 PflVG, sondern auch nach den §§ 2 und 3 FZV[92] ein Pedelec unter ein Kraftfahrzeug zu subsumieren sei. Dies hat

81 BR-Drs. 31/13 S. 18.
82 BT-Drs. 17/12856 S. 11.
83 *Ternig* Elektrofahrräder – E-Bikes, zfs 2014, 244 ff. (245).
84 *OLG Dresden* Beschl. v. 11.09.2013 – 2 OLG 21 Ss 652/13, WKRS 2013, 44036 = NJW 2014, 484 (Ls.) = NStZ-RR 2013, 356 (Pocketbike).
85 *Albrecht* Die VZR-Reform und andere Neuregelungen des Straßenverkehrsgesetzes 2013, SVR 2013, 441 ff. (444).
86 *LG Saarbrücken* Urt. v. 15.11.2013 – 13 S 107/13, ADAJUR Dok.Nr. 104553 = r+s 2014, 148 = NZV 2014, 218 = zfs 2014, 18 m. Anm. *Diehl*.
87 Staudinger/Halm/Wendt/*Kreuter* NK-VersR § 1 PflVG Rn. 2.
88 50. DVGT 2012, Arbeitskreis VI, Empfehlung Nr. 1 Satz 2.
89 *OLG Karlsruhe* Urt. v. 15.10.2020 – 2 Rv 35 Ss 175/20.
90 *Stockmeier* Die kleine Benzinklausel, VersR 2013, 823 ff. (827) (eine – ausreichende? – gesetzliche Regelung erwartend); Bruck/Möller/*Koch* VVG-Kommentar Band V, Ziff. 3 AHB, Rn. 85.
91 *Stockmeier* Die kleine Benzinklausel, VersR 2013, 823 ff. (825).
92 Staudinger/Halm/Wendt NK-VersR/*Meckling-Geis* Ziff. 1.4 BBR-PHV, Rn. 38.

der EuGH[93] allerdings inzwischen verneint. Ein Pedelec ist danach kein Kraftfahrzeug i.S.v. Art. 1 I der KH-Richtlinie 2009/103/EG.

Eine Harmonisierung der Vorschriften ist auch deshalb geboten, weil die Verwendung eines nicht versicherten Kraftfahrzeugs nach wortgetreuer Auslegung des § 1 PflVG den Straftatbestand des § 6 Abs. 1 PflVG erfüllen kann.[94] Die Heranziehung des § 1 Abs. 3 StVG mag dann höchstens dazu dienen, einen Verbotsirrtum nach § 17 StGB zu begründen. 33

In § 1a Abs. 1 Nr. 1b PflVG n.F. wird nunmehr bestimmt, dass Fahrzeug i.S.v. § 1 auch jedes Landfahrzeug ist, das durch Muskelkraft fortbewegt wird und mit einem elektromotorischen Hilfsantrieb ausgestattet ist, sofern es unter Berücksichtigung des § 1 Abs. 2 und Abs. 3 StVG als Kraftfahrzeug anzusehen ist. 34

Nach der Deregulierung kann zudem nicht mehr[95] erwartet werden, dass zwangsläufig[96] Versicherungsschutz in der privaten Haftpflichtversicherung bestehen müsse, weil in der Kfz-Haftpflichtversicherung kein Deckungsschutz zu erhalten sei. Ein Anschluss der Deckungsbereiche wäre zwar wünschenswert, wird aber gesetzlich nicht gefordert. 35

Gängige Praxis ist es, dass Kraftfahrzeuge im Sinne der Ausnahmevorschrift des § 1 Abs. 3 StVG gar nicht oder nur unter weiteren Voraussetzungen in der privaten Haftpflichtversicherung mitversichert sind. Dabei ist zu beachten, dass der Versicherungsschutz nach den AHB in den weit überwiegenden Fällen nicht annähernd so umfassend ist, wie nach den AKB. Die Versicherungssummen in der Privathaftpflichtversicherung erfüllen regelmäßig nicht die Anforderungen der Anlage 1 zu § 4 Abs. 2 PflVG. 36

Zudem bestehen im Internet bereits **Tuning**-Foren, wie man Pedelecs »frisieren« kann. Unter versicherungsrechtlichen Aspekten, ist dabei nicht nur an Gefahrerhöhung nach § 23 VVG zu denken. Fahrzeuge, die normalerweise in der privaten Haftpflichtversicherung mitversichert sein könnten, werden plötzlich zu Kraftfahrzeugen, für die eine Pflicht-Haftpflichtversicherung nach dem PflVG abzuschließen ist. Damit ist mehr als nur eine bloße Gefahrerhöhung[97] eines ansonsten bekannten Risikos verbunden; das Fahrzeug, das zum Kraftfahrzeug »frisiert« wird, erlangt auch haftungsrechtlich eine andere Rechtsqualität. 37

Seit Mitte 2012 kommen in Frankreich und der Schweiz sogar **E-Kutschen** zum Einsatz. Mit Hilfe eines Elektromotors in der Kutsche wird die Arbeitsleistung eines Pferdes unterstützt. Damit zeichnen sich weitere Besonderheiten ab, da die Kutsche – quasi als Anhänger – nicht mehr nur von einem Tier gezogen wird, sondern zugleich als Kraftfahrzeug mitwirkt. 38

3. Anhänger (und Auflieger)

Ein Anhänger ist ein Fahrzeug, § 2 Nr. 3 FZV. Er hat keinen[98] eigenen Antrieb. Er kann an ein Kraftfahrzeug angehängt werden, § 2 Nr. 2 FZV. 39

In der ab dem 17.04.2024 geltenden Textfassung wird »eines Kraftfahrzeugs oder Anhängers« durch »eines Fahrzeugs« ersetzt. § 1a Abs. 1 Nr. 1 c) PflVG n.F. bezeichnet als Fahrzeug dabei auch jeden Anhänger, der mit einem in § 1a Abs. 1 Nr. 1 a) PflVG n.F. genannten Fahrzeug zu verwenden ist, unabhängig davon, ob er angekuppelt oder abgekuppelt ist. 40

93 *EuGH* Urt. v. 12.10.2023 – C-286/22, NJW 2023, 3636.

94 *Staub* § 6 PflVG Rdn. 5.

95 So noch *BGH* Urt. v. 14.12.1988 – IVa ZR 161/87, WKRS 1988, 15079 = DAR 1989, 143 = VersR 1989, 243 = NZV 1989, 146 = NJW-RR 1989, 412 = MDR 1989, 525.

96 So wohl *Jaeger*, Elektrofahrräder, zfs 2011, 663 (67).

97 Hentschel/König/*Dauer* § 26 FZV, Rn. 4.

98 Rangierhilfen per Elektroantrieb (z.B. für Wohnwagen) oder über Druckluft (LKW-Anhänger) fallen nicht hierunter.

41 Entgegen *Eggert*[99] sollte es dabei nicht darauf ankommen, ob der Anhänger nur hinter ein Kraftfahrzeug angehängt wird. Ein Anhänger kann im landwirtschaftlichen Bereich oder im Schaustellergewerbe schon dazu bestimmt sein, als Anhänger eines anderen Anhängers durch ein Kfz gezogen zu werden. Zudem verfügen LKW›s und manche PKW›s für Wohnwagengespanne auch vorne über Anhängevorrichtungen, um den Anhänger besser rangieren zu können. Damit kann der Anhänger sowohl **gezogen** als **auch geschoben** werden.

42 Selbst Sitzkarren sind Anhänger, § 2 Nr. 21 FZV.

43 Bei der gemischten Nutzung eines Anhängers stellen sich lediglich Fragen der Haftung aus der Betriebsgefahr, nicht aber hinsichtlich der versicherungsvertraglichen Deckung. So können (eher theoretisch) leichte Motorradanhänger auch von Fahrrädern oder (entsprechend umgebaute) landwirtschaftliche Anhänger auch von Pferden[100] gezogen werden. Solange sich diese Fahrzeuge im öffentlichen Verkehrsraum aufhalten, unterliegen sie uneingeschränkt der Versicherungspflicht. Haftungsrechtlich wird bei einer Bewegung des Anhängers durch Tier oder Mensch zudem regelmäßig die Tiergefahr und § 8 Nr. 1 StVG[101] zu berücksichtigen sein.

44 Nicht aufgeführt sind Auflieger, die demgegenüber in § 3 KfzPflVV[102] ausdrücklich erwähnt werden. Als 1939 der Text des Reichs-PflVG[103] abgefasst wurde, gab es noch keine Sattelzugmaschinen und Auflieger. Es bestand daher noch keine Notwendigkeit, diesen Fahrzeugtyp in den Gesetzestext mit aufzunehmen. Erst in den 1960er Jahren kam vereinzelt der entsprechende Fahrzeugtyp auf. Bei der Abfassung des PflVG 1965[104] und der Änderung 2007[105] fand dies keine Berücksichtigung. Hierzu bestand auch keine Notwendigkeit, da es sich bei Aufliegern um besondere Anhänger handelt. Sie werden im Zulassungsrecht als Sattelanhänger bezeichnet, § 2 Nr. 19 FZV.

45 Zulassungsfreie Anhänger nach § 3 Abs. 2 Nr. 2 FZV sind von der Versicherungspflicht befreit, § 2 Abs. 1 Nr. 6c) PflVG.

46 In der ab dem 17.04.2024 geltenden Textfassung wird § 2 Abs. 1 Nr. 6 gestrichen und durch den neuen § 2a ersetzt, der Ausnahmen von der Versicherungspflicht für bestimmte Fahrzeuge und deren Gebrauch bestimmt. § 1 PflVG n.F. gilt demnach nicht für Halter von Anhängern nach § 3 Abs. 3 Satz 1 Nr. 2 und Satz 2 FZV, wenn sie den Vorschriften über das Zulassungsverfahren nicht unterliegen (§ 2a Abs. 1 Nr. 2 PflVG n.F.).

4. Regelmäßiger Standort im Inland

47 Fahrzeuge unterliegen nur dann der (deutschen) Versicherungspflicht, wenn sie ihren regelmäßigen Standort im Inland haben. Auch Art. 3 Abs. 1 Satz 1 der 1. KH-Richtlinie[106] forderte schon eine entsprechende Regelung von den Mitgliedsstaaten wie sie bereits im Reichs-PflVG[107] verankert war.

99 Ludovisy/*Eggert*/Burhoff Praxis des Straßenverkehrsrechts, Teil 4, Rn. 25.
100 *Heß/Jahnke* Das neue Schadenrecht, S. 38; verneinend Xanke/Schaefer/Feller PK-StrVR-*Schaefer*, § 7 StVG, Rn. 7.
101 *Huber* Das neue Schadensersatzrecht, § 4 Rn. 111.
102 Zur unproblematischen Regelungskompetenz des Verordnungsgebers siehe Kreuter, § 3 KfzPflVV Rdn. 4.
103 Gesetz über die Einführung der Pflichtversicherung für Kraftfahrzeughalter und zur Änderung des Gesetzes über den Verkehr mit Kraftfahrzeugen sowie des Gesetzes über den Versicherungsvertrag vom 07.11.1939, RGBl. I S. 2223.
104 Gesetz vom 05.04.1965 BGBl. I S. 213.
105 Änderung durch Art. 1 und Art. 9 Satz 2 des Gesetzes vom 10.12.2007, BGBl. I S. 2833.
106 1. KH-Richtlinie 72/166/EWG vom 24.04.1972.
107 Gesetz über die Einführung der Pflichtversicherung für Kraftfahrzeughalter und zur Änderung des Gesetzes über den Verkehr mit Kraftfahrzeugen sowie des Gesetzes über den Versicherungsvertrag vom 07.11.1939, RGBl. I S. 2223.

In Art. 1 Nr. 4 der 1. KH-Richtlinie, geändert durch Art. 4 der 2. KH-Richtlinie, ist jedoch nicht von dem **regelmäßigen**, sondern von dem **gewöhnlichen** Standort die Rede. Dies ist jedoch unschädlich[108]. Auch in Art. 3 Abs. 1 der 6. KH-Richtlinie[109] wurde die Formulierung beibehalten. 48

In der ab dem 17.04.2024 geltenden Textfassung finden sich nunmehr in § 1a Abs. 1 Nr. 2 eine Begriffsbestimmung des »regelmäßigen Standorts« und in Abs. 2 PflVG n.F. des »gewöhnlichen Standorts«. 49

Der regelmäßige Standort richtet sich allein nach objektiven[110] Kriterien. Der Wille des Fahrzeughalters ist dabei unbeachtlich. Die grundsätzliche Problematik verdeutlicht ein Urteil[111] des EuGH aus dem Jahr 2018, wonach auch der Halter eines Fahrzeugs, welches er nicht mehr nutzen will, weiter eine Haftpflichtversicherung unterhalten, oder aber das Fahrzeug endgültig stilllegen muss. Entscheidend ist, wo der Schwerpunkt der Verwendung zu sehen ist.[112] Liegt dieser im Inland, besteht Versicherungs- und Zulassungspflicht[113] im Inland. 50

Regelmäßiger Standort i.S.v. § 1a Abs. 1 Nr. 2 PflVG n.F. bezeichnet dabei den regelmäßigen Standort im Sinne des § 46 Abs. 1 Satz 1, Abs. 2 und Abs. 3 Satz 1 FZV. 51

Dabei kann für die Beurteilung auf Indizien zurückgegriffen werden. Als widerlegbares Indiz[114] ist der Wohnsitz des Halters (insbesondere bei Privatpersonen) anzusehen. 52

Vornehmlich bei gewerblicher Nutzung richtet sich die Indizienlage nach dem Schwerpunkt der Ruhevorgänge[115]. Das ist der Punkt, von dem aus[116] das Fahrzeug unmittelbar zum Straßenverkehr eingesetzt wird. Der Einsatzmittelpunkt[117] kommt dagegen beim überregionalen Verkehr zum Tragen. Bei Fahrzeugen – insbesondere LKW – die zur Ausfuhr bestimmt sind liegt spätestens mit Beginn der Ausfuhr[118] der Schwerpunkt der Ruhevorgänge im Ausland. 53

Bei einem auf mehr als nur vorübergehend angelegten Aufenthalt im Inland[119] ist von einem regelmäßigen Standort im Inland auszugehen. Ansonsten hat eine Zulassung im Ausland zu erfolgen. 54

5. Versicherter Personenkreis

Zum Versicherten Personenkreis des § 1 PflVG gehören nur der Halter, der Eigentümer und der Fahrer. Es handelt sich um die Personen, gegen[120] die Haftpflichtansprüche geltend gemacht 55

108 *Feyock*/Jacobsen/Lemor § 1 PflVG Rn. 8.
109 6. KH-Richtlinie vom 16.09.2009 – Richtlinie 2009/103/EG, Amtsblatt der Europäischen Union v. 07.10.2009, L 263/11.
110 *BVerwG* Beschl. v. 18.06.1981 – 7 B 137/81, WKRS 1981, 11668 = NJW 1982, 251 (Ls.) = VRS 62, 235; Hentschel/König/*Dauer* § 6 FZV Rn. 6 u. § 20 FZV Rn. 9.
111 *EuGH* Urt. v. 04.09.2018 – C-80/17, VersR 2018, 1370.
112 Staudinger/Halm/Wendt NK-VersR/*Kreuter* § 1 PflVG Rn. 2.
113 Zum Zulassungsrecht Hentschel/König/*Dauer* § 3 FZV Rn. 4 u. 7.
114 Prölss/Martin/*Klimke,* § 1 PflVG, Rn. 4.
115 *Bouska* VD 78, 123.
116 *BVerwG* Urt. v. 09.12.1983 – 7 C 70/81, WKRS 1983, 11655 = VRS 66, 309 (312) = DVBl 1984, 527; *OLG Nürnberg* Beschl. v. 21.03.2012 – 2 St OLG Ss 272/11 (Kennzeichenmissbrauch).
117 *BVerwG* Urt. v. 09.12.1983 – 7 C 70/81, WKRS 1983, 11655 = VRS 66, 309 (312) = DVBl 1984, 527.
118 *OLG Bamberg* Beschl. v. 24.05.2012 – 2 Ss OWi 219/12, WKRS 2012, 21409 = DAR 2012, 530 = NZV 2013, 358 (Ls.) = NStZ-RR 2013, 25 (Ls.) = VRR 2012, 348 m. Anm. *Deutscher.*
119 § 46 Abs. 7 FZV ermöglicht einen vorübergehenden Aufenthalt von maximal einem Jahr.
120 Bestrebungen Frankreichs, auch den Fahrer zur Entlastung der Sozialkassen aus der Kraftfahrthaftpflichtversicherung zu begünstigen, sind zunächst im Rahmen der 6. KH-Richtlinie gescheitert, GDV, Bericht aus Brüssel, 12/2006, S. 35. In Art. 12 Abs. 1 der 6. KH-Richtlinie wurde der Fahrer als Fahrzeuginsasse begrifflich ausgenommen. Eine entsprechend anders lautende Regelung würde unserem deutschen Rechtssystem widersprechen, da ein Fall einträte, bei dem der Schuldner Gläubiger des gegen ihn gerichteten Anspruchs wäre (Konfusion). Gute Alternativen bieten die Unfall- oder Fahrerschutzversicherung.

werden könnten. Nach dem § 1 PflVG n.F. gehören zum versicherten Personenkreis auch »weitere Personen« nach Maßgabe des § 4 Abs. 3 Nr. 4 bis 7 PflVG n.F.

56 Es sei darauf hingewiesen, dass § 2 KfzPflVV diesen Kernbereich in Überschreitung[121] der Regelungskompetenz nach § 4 Abs. 1 KfzPflVV bereits bisher um weitere Personen[122] ausdehnt. *Feyock*[123] hält dies mit Blick auf höherrangiges europäisches Recht[124] für zulässig. Über § 4 Abs. 3 Nr. 4 bis 7 PflVG n.F. werden diese »weiteren Personen« nunmehr ausdrücklich in § 1 PflVG n.F. eingeschlossen.

a) **Halter**

57 Zwar wird im PflVG, in der KfzPflVV – und auch im StVG, der StVZO und der FZV der zentrale Begriff des Halters erwähnt jedoch an keiner Stelle definiert und ist somit nicht[125] eindeutig. Noch nicht einmal dort, wo es um den Umfang der aufzunehmenden personenbezogenen Daten des Halters geht, findet sich eine Definition, §§ 32, 33 StVG und 6 FZV. Es ist notwendig, auf die jeweilige Rechtsprechung zurückzugreifen.

58 Halter[126] ist, wer das Fahrzeug[127] auf eigene Rechnung in Gebrauch hat und die Verfügungsgewalt besitzt, die ein solcher Gebrauch voraussetzt. Wer ein Fahrzeug least[128], kann so ebenfalls zum Halter werden wie derjenige, der ein Fahrzeug auf Dauer[129] mietet. Wer nur kurzzeitig oder auch nur für die Zeit einer unfallbedingten Reparatur einen Ersatzwagen mietet, wird entgegen *OLG Hamm*[130] nicht schon Halter. Nicht zwingend ist somit, dass das Fahrzeug auf den Eigentümer zugelassen wird.

59 Die Zulassung hat auf den Halter zu erfolgen, dessen personenbezogene Daten in die Zulassungspapiere eingetragen werden, § 6 FZV. Doch umgekehrt muss die Person des eingetragenen Halters nicht zwangsläufig derjenigen entsprechen, die die tatsächliche Verfügungsgewalt[131] besitzt.

60 Bei Überlassung eines Fahrzeugs zur **Reparatur**[132] in eine Werkstatt bleibt die Haltereigenschaft auch dann bestehen, wenn die Reparatur mehrere Monate dauert.

61 Der Halter muss dabei keine natürliche, sondern kann auch eine juristische Person des privaten oder öffentlichen Rechts sein. Bestimmte Halterpflichten werden dort regelmäßig für das

---

121 *Müringer*, Kommentar zur Pflichtversicherung, S. 22. meint, es hätte sich angeboten, § 1 PflVG würde auf § 2 Abs. 2 KfzPflVV verweisen.

122 Siehe hierzu § 2 KfzPflVV Rdn. 57 ff.

123 *Feyock*/Jacobsen/Lemor § 1 PflVG Rn. 16.

124 Europäisches Übereinkommen über die obligatorische Haftpflichtversicherung für Kraftfahrzeuge v. 20.04.1959, BGBl. II S. 281.

125 *OLG Hamm* Urt. v. 07.12.2012 – I-9 U 117/12, WKRS 2012, 30633 = r+s 2013, 325 = NJW 2013, 1248.

126 *RG* Urt. v. 27.01.1930 – VI ZR 186/29, RGZ 127, 174 (175); *BGH* Urt. v. 29.05.1954 – VI ZR 111/53, BGHZ 13, 351 = WKRS 1954, 10454 = NJW 1954, 1198 = VersR 1954, 365; *BGH* Urt. v. 08.07.1969 – VI ZR 260/67, BGHZ 32, 331 = WKRS 1969, 13018 = VersR 1969, 907 (908); *BGH* Urt. v. 03.12.1991 – IV ZR 378/90, BGHZ 116, 200 = NJW 1992, 900 = MDR 1992, 453 = NZV 1992, 145 = VersR 1992, 437; Detailfragen zum Halterbegriff mit Rechtsprechungsnachweisen bei Hentschel/*König*/Dauer § 7 StVG Rn. 14 ff.

127 Abgeleitet von Tierhalter in § 833 BGB, Hentschel/*König*/Dauer § 7 StVG, Rn. 14.

128 *BGH* Urt. v. 22.03.1983 – VI ZR 108/81, BGHZ 87, 133 = WKRS 1983, 12571 = DAR 1983, 224 = NJW 1983, 1492 = VersR 1983, 656; *BayObLG* Beschl. v. 29.01.1985 – 1 Ob OWi 363/84, DAR 1985, 227.

129 Meist im Falle gewerblicher Fuhrparkmieten.

130 *OLG Hamm* Urt. v. 07.07.1955 – 2 Ss 576/55, DAR 1956, 111 (PKW-Miete für drei Tage).

131 *OVG Lüneburg* Beschl. v. 30.01.2014 – 12 ME 243/13, WKRS 2014, 10622.

132 *VG Berlin* Urt. v. 11.01.2012 – 1 K 149/11 (fünf Monate).

Bußgeldverfahren[133] delegiert. Halter kann zudem auch eine Rechtsanwaltssozietät sein, die als GbR[134] auftritt. Eigentum und Zulassung haben lediglich Indizwirkung[135], wer Halter ist.

Mehrere[136] Personen können zugleich nebeneinander Halter sein. 62

Praktisch relevant sind **Veräußerungsgeschäfte** mit zugelassenen Gebrauchtwagen, wenn es noch 63 vor der Ummeldung zu einem Unfall kommt. Halter im Sinne der Vorschrift ist dann nicht mehr der veräußernde »Alt«-Halter, sondern der erwerbende »Neu«-Halter. Er ist es, der nun die tatsächliche Verfügungsgewalt[137] besitzt.

Während einer **Überführungsfahrt** ist Halter derjenige, der die Fahrt tatsächlich durchführt bzw. 64 auf wessen kaufvertragliches Risiko die Überführungsfahrt durchgeführt wird.

Zu beachten ist, dass sich öffentlich-rechtliche Bescheide oftmals an den Halter wenden (insbeson- 65 dere bei Feuerwehrkosten wegen der Ölspurbeseitigung). Die landesrechtlichen Ermächtigungsgrundlagen zielen dabei auf den Halter als Störer ab und belasten ihn mit Kostenbescheiden. Der formal noch eingetragene »Alt«-Halter ist aber tatsächlich kein Störer. Er ist nur (Fahrzeug-) Schein-Störer. Folglich ist er nicht der richtige Adressat des Verwaltungsaktes. Solange ein Widerspruch möglich ist und dies entsprechend begründet wird, entstehen keine Kosten. Da mehrere Bundesländer[138] jedoch das Vorverfahren abgeschafft haben, ist sofort Klage zum Verwaltungsgericht zu erheben. Wird in dem Verfahren dann deutlich, dass sich der Bescheid gegen den früheren Halter richtete, wird dieser den Prozess in der Sache gewinnen. Jedoch besteht für ihn das Risiko, mit den Verfahrenskosten belastet zu werden, §§ 155 Abs. 4, 156 VwGO.

Als **»Alt«-Halter** gehört er nicht mehr zum versicherten Personenkreis und hat daher hierfür **kei- 66 nen Deckungsschutz** aus der Kfz-Haftpflichtversicherung. Wegen des Kostenrisikos sollte daher dringend vor einer Klageerhebung alsbald eine sogenannte »Gegenvorstellung« bei der Behörde eingereicht werden, damit diese ihren Bescheid aufheben kann.

Der **unberechtigte Benutzer** im Sinne des § 7 Abs. 3 Satz 1 StVG ist kein Halter. Er haftet nur an- 67 stelle des Halters. Er gehört nicht zum Kreis der mitversicherten Personen, da nur ein berechtigter Halter vom Versicherungsvertrag erfasst werden kann. Es besteht schließlich keine Pflicht des berechtigten Fahrzeughalters, für einen unberechtigten Benutzer/Dieb Versicherungsschutz vorzuhalten.[139]

Halter und Versicherungsnehmer müssen nicht identisch[140] sein, auch wenn dies § 1 PflVG nach 68 dem Wortlaut vorgibt. Schon § 2 Abs. 2 Nr. 1 KfzPflVV weicht hiervon ab, da der Halter nur als mitversicherte Person, nicht aber als Versicherungsnehmer erwähnt wird. Wesentlich ist nach dem Zweck des § 1 PflVG, dass der Halter versicherte Person ist.

b) Eigentümer

Fahrzeugeigentümer ist, wem das Fahrzeug – als »Mobilie« im wahrsten Sinne des Wortes – ding- 69 lich nach den §§ 929 ff. BGB gehört. Eigentümer ist damit auch der Vorbehaltseigentümer, der

133 *Fromm* Halterpflichten und Delegationsmöglichkeiten im Bußgeldverfahren, TranspR 2014, 105.
134 *BVerwG* Urt. v. 20.02.1987 – 7 C 14/84, WKRS 1987, 12629 = DAR 1987, 299 = NJW 1987, 3020 = VRS 73, 235 = NVwZ 1987, 1081; *OVG Koblenz* Urt. v. 18.04.2012 – 7 A 10058/12, WKRS 2012, 14373 = DVBl. 2012, 792 = NJW 2012, 2986 = NZV 2012, 558.
135 *Maier/Biela* Die Kraftfahrt-Haftpflichtversicherung, Rn. 107; Prölss/Martin/*Klimke* § 1 PflVG Rn. 2.
136 *BGH* Urt. v. 29.05.1954 – VI ZR 111/53, BGHZ 13, 351 = WKRS 1954, 10454 = NJW 1954, 1198 = DB 1954, 555; *BVerwG* Urt. v. 20.02.1987 – 7 C 14/84, WKRS 1987, 12629 = DAR 1987, 299 = NJW 1987, 3020 = VRS 73, 235 = NVwZ 1987, 1081; *OVG Berlin-Brandenburg* Urt. v. 30.06.2010 – 1 N 42/10, NJW 2010, 2743 = NZV 2010, 591.
137 *OLG Köln* Urt. v. 23.06.1995 – 19 U 48/95, WKRS 1995, 16427 = DAR 1995, 485 = VersR 1996, 248 (Ls.).
138 Bayern, Niedersachsen, Nordrhein-Westfalen; Himmelreich/Halm/*Heinrichs*, Handbuch Verkehrsrecht, Kap. 7, Rn. 307.
139 Näheres Kreuter A.1.2 AKB A.1.2 AKB Rdn. 19–31.
140 Bei abweichendem Halter wird gewöhnlich ein Prämienaufschlag erhoben.

Sicherungseigentümer und der Leasinggeber[141]. Der Leasinggeber kann seinerseits den Fahrzeugkaufpreis über eine Bank refinanziert haben, wobei die Bank Sicherungseigentümerin wird.

70 Der Eigentümer muss nicht im Fahrzeugbrief eingetragen sein, sondern nur derjenige, auf den das Fahrzeug zugelassen ist, § 6 Abs. 1 FZV. Die (fehlende) Zulassungsbescheinigung Teil II[142] hat nur Einfluss auf den gutgläubigen[143] Erwerb nach § 932 Abs. 1 BGB.

71 Entgegen *Bauer*[144] kann auch der Eigentümer, ohne gleichzeitig Fahrer oder Halter des Fahrzeugs zu sein, nach deutschem Recht mit Schadensersatzansprüchen konfrontiert werden. So kann ein Berechtigter verlangen, dass der Eigentümer (auch) das verunfallte Fahrzeug von seinem Grundstück entfernt oder aus seinem Gewässer geborgen wird. Ein untätig bleibender Fahrzeugeigentümer wird zum Zustandsstörer, der auch ohne eigenes Verschulden den rechtswidrigen Zustand zu beseitigen hat. Jedenfalls ist er für das körperliche Entfernen des Fahrzeugs, nicht aber auch für das Entfernen ausgelaufenen Motoröls[145] aus dem Grundstück verantwortlich. Die Besonderheit liegt darin, dass der Beseitigungsanspruch aus § 1004 Abs. 1 Satz 1 BGB nach heutigem Verständnis[146] einem Schadensersatzanspruch stark angenähert ist.

c) Fahrer

72 Auch der Fahrer ist in Gesetzen[147] nicht definiert. Der Fahrer ist dem Fahrzeugführer[148] – insbesondere nach § 2 StVG – zwar begrifflich ähnlich, geht aber darüber hinaus.

aa) Fahrer ist mehr als nur Fahrzeugführer

73 **Fahrzeugführer** ist derjenige, der das Fahrzeug unter bestimmungsgemäßer Anwendung seiner Antriebskräfte unter eigener Allein- oder Mitverantwortung in Bewegung setzt, lenkt, anhält, parkt und nach Fahrtunterbrechung weiterfährt.[149] Dabei ist es unerheblich, ob er dies berechtigt[150] oder unberechtigt[151] tut.

---

141 Himmelreich/Halm/*Schattenkirchner* Handbuch Verkehrsrecht, Kap. 17, Rn. 137.

142 Früher war es der Fahrzeugbrief nach § 25 Abs. 1 StVZO a.F.

143 Näheres bei Hentschel/König/*Dauer* § 12 FZV, Rn. 15; *BGH* Urt. v. 13.05.1996 – II ZR 222/95, WKRS 1996, 14345 = NJW 1996, 2226 = MDR 1996, 906 = BB 1996, 1577 = DB 1996, 1971 = BB 1996, 1577 = WM 1996, 1318 = NZV 1997, 37 (Gebrauchtwagen); *BGH* Urt. v. 30.10.1995 – II ZR 254/94, WKRS 1995, 15790 = DAR 1996, 52 = NJW 1996, 314 = WM 1996, 172 = MDR 1996, 148 = BB 1996, 182 = DB 1996, 86 = NZV 1996, 106 (Neuwagen); *Fritsche/Würdinger* Die Entwicklung des Kraftfahrzeugbriefs im Zivilrecht, DAR 2007, 501 ff.; siehe auch PWW/*Prütting* § 932 BGB Rn. 10.

144 *Bauer* Die Kraftfahrzeugversicherung, 6. Auflage 2010, Rn. 861.

145 So *LG Bielefeld* Urt. v. 27.10.1994 – 22 S 110/94, r+s 1994, 180 (181) = SP 1995, 7.

146 Zu den Tendenzen siehe *BGH* Urt. v. 30.05.2003 – V ZR 37/02, BGHZ 155, 99 = WKRS 2003, 26472 = DVBl. 2003, 1453 = NJW 2003, 2377 = MDR 2003, 1225 = VersR 2003, 1581 = zfs 2003, 445; *BGH* Urt. v. 22.07.1999 – III ZR 198/98, NJW 1999, 3633; PWW-*Englert* § 1004 BGB, Rn. 4; *Jauernig* § 1004 BGB, Rn. 8.

147 Der Fahrer wird in Art. 4 Nr. 1 der 5. KH-Richtlinie lediglich erwähnt.

148 Zum Fahrzeugführer siehe Hentschel/König/*Dauer* § 2 StVG, Rn. 2. (Erwähnung, aber keine Definition im Straßburger Übereinkommen, Anhang I, Art. 3 Nr. 1 und Art. 4 Nr. 1a.).

149 *OLG Hamm* Urt. v. 07.03.2023 – 7 U 130/22, NJW-RR 2023, 1135 = NZV 2023, 470; vgl. zur Übertragung des Begriffs in StVG: *BGH* Urt. v. 12.01.2021 – VI ZR 662/20 = r+s 2021, 168 Rn. 7.

150 *BGH* Urt. v. 15.10.1962 – II ZR 25/60, WKRS 1962, 11849 = VersR 1962, 1147 = DAR 1963, 167 = MDR 1963, 29 = NJW 1963, 43 (Berechtigter Fahrer eines LKW überließ LKW einem Bekannten zum Fahren, wobei der berechtigte Fahrer auf dem Beifahrersitz Platz nahm).

151 Die Berechtigung richtet sich dabei nicht nach den Vorschriften des Fahrerlaubnisrechts (schon gar nicht nach religiös motivierten Fahrverboten für Frauen, z.B. in Saudi-Arabien), sondern nach dem Willen des materiell Verfügungsberechtigten.

Weitere Vorgänge im Rahmen der Fahrzeugverwendung, die nichts mehr mit dem eigentlichen Führen des Fahrzeugs zu tun haben (wie schon das Abstellen des Motors, das Ein- und Aussteigen) können dagegen Tätigkeiten sein, die zum Aufgabenbereich des **Fahrers** gehören. Das bloße Starten des Motors[152] im Rahmen einer Reparatur des Fahrzeugs durch ein geöffnetes Fenster fällt jedoch noch nicht hierunter, da ein Fahren erst gar nicht beabsichtigt ist; so auch das bloße Drehen des Zündschlüssels, um das Autoradio[153] mit Strom zu versorgen. 74

bb) Fahrschüler und Fahrlehrer

Ein **Fahrschüler**, der das Fahrzeug lenkt, ist während der Übungs- und Prüfungsfahrten grundsätzlich[154] nicht selbst verantwortlich und somit auch nicht haftbar, sondern der **Fahrlehrer**[155]. Dieser gilt als der verantwortliche Führer[156] des Kraftfahrzeugs, § 2 Abs. 15 Satz 2 StVG. 75

Somit ist auch der Fahrlehrer nicht nur haftungs-, sondern auch deckungsrechtlich[157] regelmäßig als Fahrer anzusehen. Ein Fahrerlaubnisinhaber, der zur Eignungsbegutachtung ein Fahrzeug führt ist allerdings alleiniger Fahrer. Der Fahrlehrer ist dann als Halter oder Eigentümer nach § 1 PflVG oder notfalls als Beifahrer nach § 2 Abs. 2 Nr. 4 KfzPflVV mitversichert. Nicht mitversichert ist dagegen der Fahrprüfer. 76

Gewöhnlich sitzt der Fahrlehrer dabei im speziellen Fahrschulfahrzeug (PKW oder LKW mit Doppelbedienelementen) neben dem Fahrschüler. Fehlen die Bedienelemente, ändert dies nichts an der Eigenschaft des Fahrlehrers als Fahrer. Er hat lediglich weniger Eingriffsmöglichkeiten. 77

Noch weniger kann der Fahrlehrer bei einer **Zweiradausbildung** eingreifen. Dennoch ist auch er dann als Fahrer zu betrachten, wenn er nur am Straßenrand steht und den Fahrschüler eine »Acht« fahren oder eine Vollbremsung durchführen lässt. Der Fahrlehrer ist dann zugleich Fußgänger und Fahrer. 78

Fährt der Fahrlehrer einem Motorradschüler mit dem PKW voraus, ist er nicht nur Fahrer des Fahrschulwagens, sondern zugleich[158] Fahrer des ihm nachfolgenden Zweirades. Haftungs- und somit in diesem Spezialfall auch deckungsrechtlich fährt er gleichzeitig zwei Fahrzeuge. Die Situation ist rechtlich nicht anders zu beurteilen, wenn heutzutage die Motorradausbildung umgekehrt verläuft, 79

---

152 *LG Hildesheim* Urt. v. 21.12.1999 – 3 O 202/98, VersR 2002, 750 = zfs 2002, 219.

153 *OLG Celle* Beschl. v. 03.03.2005 – 8 W 9/05, WKRS 2005, 11694 = NJW-RR 2005, 623 = NZV 2005, 321 = SVR 2005, 350 m. Anm. *Schwab* = zfs 2005, 403 = VersR 2006, 256 = VRR 2005, 123; *OLG Koblenz* Urt. v. 01.12.2003 – 12 U 772/02, WKRS 2003, 29874 = NJW-RR 2004, 891 = NJW 2004, 2761 = NZV 2004, 401 = VersR 2004, 1283.

154 *OLG Bamberg* Urt. v. 24.03.2009 – 2 Ss OWi 127/2009, WKRS 2009, 15931 = NZV 2009, 517 = NJW 2009, 2393 = DAR 2009, 402 m. zust. Anm. *Heinrich* u. abl. Anm. *Scheidler*; Einzelheiten und Ausnahmen zur Haftung von Fahrschüler und Fahrlehrer siehe Himmelreich/Halm/Staab/*Halm/Hörle* Handbuch Kfz-Schadensregulierung, Kap. 4, Rn. 91 ff.

155 *LG Bonn* Urt. v. 20.11.2007 – 2 O 367/06, WKRS 2007, 55770 = NZV 2009, 347 = NJW-RR 2008, 1344.

156 Dagegen sei ein alkoholisierter Fahrlehrer strafrechtlich nicht als Fahrzeugführer anzusehen, da er (trotz eingerichteter Doppelbedienung im Fahrschulwagen) nicht selbst lenke, *OLG Dresden* Beschl. v. 19.12.2005 – 3 Ss 588/05, WKRS 2005, 28086 = DAR 2006, 159 m. Anm. *König* = NZV 2006, 440 = NJW 2006, 1013 = SVR 2006, 351 = zfs 2006, 171 = VRR 2006, 42; anders dagegen *AG Cottbus* Urt. v. 27.11.2001 – 73 DS 1621 Js 16 426/01 765/01, DAR 2003, 476; eine ähnliche Problematik mit divergierenden *OLG Entscheidungen* stellt sich beim Telefonieren des Fahrlehrers, siehe *OLG Düsseldorf*, Beschl. v. 04.07.2013 – 1 RBs 80/13, WKRS 2013, 47380 = VRR 2014, 77 m. Anm. *Burhoff* = DAR 2014, 40 m. Anm. *Weigel*.

157 Anders ggfs. strafrechtlich BGH 23.09.2014 – 4 StR 92/14, WKRS 2014, 28571 = DAR 2015, 97 = NJW 2015, 1124 = NZV 2015, 145 = zfs 2015, 111.

158 *OLG Köln* Urt. v. 06.07.1989 – 5 U 260/88, ADAJUR Dok.Nr. 25103 = r+s 1989, 313 = NZV 1990, 313 = zfs 1989, 417.

also der Krad-Fahrschüler vorausfährt und der Fahrlehrer per Funkverbindung die Fahranweisungen gibt.

80 Da die Pflichtversicherung heute nicht nur dem Verkehrsopfer, sondern auch den mitversicherten Personen zugutekommt, darf bei der Beurteilung der Deckungsfrage (konkret, die Mitversicherung des Fahrschülers) die Haftungsfrage keine Rolle spielen, zumal der Fahrschüler ausnahmsweise[159] sogar haften kann. Schließlich dient die Kfz-Haftpflichtversicherung auch der Abwehr unbegründeter Haftpflichtansprüche.

cc) Begleitfahrzeug

81 Bei Großraum- und Schwertransporten kommen häufig Begleitfahrzeuge zum Einsatz. Die Fahrzeugführer von Begleitfahrzeugen haben u.a. die Aufgabe, andere Verkehrsteilnehmer zu warnen und den behördlich vorgeschriebenen Fahrweg für das Sonderfahrzeug zu bahnen.[160]

82 Zwar bewirkt auch der Fahrer des Begleitfahrzeugs (ähnlich dem Fahrlehrer) eine Fahrtrichtungsangabe für das Transportfahrzeug, dennoch bleibt dieser nur Fahrer seines Begleitfahrzeugs. Als Begleiter lenkt er nicht körperlich den Straßentransport, sondern sichert[161] ihn nur ab.

dd) Zug- und Schubkombinationen

83 Bei extremen **Schwertransporten** bestehen Besonderheiten. Mitunter kommen mehrere Zugmaschinen hintereinander vor einem Tieflader und ein Schubfahrzeug hinter der Einheit zum Einsatz. Zusätzlich kann auch der Tieflader über mehrere lenkbare Achsen verfügen, die von Begleitern außerhalb des Fahrzeugs gelenkt werden.

84 Somit sind mehrere in Kooperation handelnde Fahrzeugführer beschäftigt, das zusammengesetzte Transportfahrzeug zu lenken. Aufgrund des Gewichtes und der Größe des Schwertransportes ist nur ein gemeinsames Fahren überhaupt möglich.

85 Bei den extremen Umständen ist die Straße regelmäßig für den öffentlichen Verkehr gesperrt, so dass § 1 PflVG nicht zur Anwendung kommt.

ee) begleitetes Fahren

86 Beim **begleitenden Fahren** nach § 48a FeV ist der Fahrzeugführer der alleinige[162] Fahrer.

87 Der Begleiter ist immer nur Mitfahrer mit besonderen Aufgaben. Er ist damit etwas mehr als nur ein Insasse (ohne Aufgaben), aber weniger als ein Beifahrer im Sinne des § 2 Abs. 2 Nr. 4 KfzPflVV. Er wird kaum im Rahmen eines Arbeitsverhältnisses den ungeübten Fahrer begleiten – es sei denn, es handelt sich um einen Berufskraftfahrer in Ausbildung.

ff) Fahrertrainer

88 Auf Verkehrsübungsplätzen, also außerhalb des öffentlichen Verkehrsraumes, können Fahrübungen oder Fahrsicherheitstrainings durchgeführt werden. Der Trainer des Fahrzeugführers fährt hierbei nicht selbst. Er übernimmt nur sekundäre Tätigkeiten, die nicht erfasst werden.

---

159 Hentschel/König/*Dauer* § 2 StVG Rn. 2, 43 u. 44 mit Rechtsprechungsnachweisen.

160 Siehe auch die seit 07.09.2023 geltende Straßenverkehr-Transportbegleitungsverordnung (StTbV), BGBl. I Nr. 236.

161 Zum Themenkomplex siehe *Saller*, Neue Geschäftsbedingungen des Großraum- und Schwertransportgewerbes (AGB-BSK Kran +Transport 2013), TranspR 2013, 408 ff.

162 *Lang/Stahl/Huber* Das Modell »Begleitetes Fahren mit 17« aus haftungs- und versicherungsrechtlicher Sicht, NZV 2006, 449 ff.

Zudem gibt es **Fahrertrainer**, die gerade im öffentlichen Verkehrsraum tätig werden. Diese vermitteln nicht nur praktisches Wissen für die Ladungssicherung und den sicheren Umgang mit Gefahrgut, sondern auch für das Rangieren mit Anhängern und Wohnwagenanhängern. 89

Diese Personen sind nur beim Fahren behilflich, ohne selbst eigenverantwortlich Tätigkeiten des Fahrers auszuüben. Folglich sind sie nicht selbst Fahrer. 90

gg) Insasse

In den Fällen, in denen der Insasse ins Lenkrad greift, wird der Insasse noch nicht[163] zum Fahrer. Für eigenmächtige Handlungen genießt er keinen Versicherungsschutz in der Kfz-Haftpflichtversicherung. Dies gilt ebenso für einen Begleiter, der sich zwar strafbar[164] machen kann, aber keinen Versicherungsschutz genießt. 91

III. Durch den Gebrauch des Fahrzeugs

1. Der enge Gebrauchsbegriff des PflVG

a) Vorbemerkung

Was unter »Gebrauch des Fahrzeugs« zu verstehen ist, wurde bisher weder in der Norm selbst noch an anderer Stelle im Gesetz oder gar in anderen Gesetzen und Verordnungen definiert, obwohl der Begriff an vielen Stellen Verwendung[165] findet. Es muss bei näherem Hinsehen bezweifelt werden, dass die Rechtsprechung den Begriff tatsächlich ausreichend[166] konkretisiert hat. Zu vielfältig sind die Anwendungsbereiche, als dass »eine« Lösung ausreichen könnte. 92

Dem seit dem 17.04.2024 geltende PflVG n.F. ist nunmehr in der neuen Vorschrift des § 1a PflVG n.F. eine Definition des Begriffs »Gebrauch« zu entnehmen. 93

Tatsächlich spricht auch die Strafnorm § 6 Abs. 1 PflVG von Gebrauch. Jedoch ist schon dort richtigerweise davon auszugehen, dass der Begriff mit Blick auf den Anwendungsbereich anders, nämlich nochmals enger[167] auszulegen ist. Er konzentriert sich rein auf die Fortbewegung[168], das Führen[169] entsprechend § 21 StVG[170] im öffentlichen Verkehrsraum. 94

Schon bei der rein zivilrechtlichen Betrachtung darf der Zusammenhang, in dem der Begriff auftaucht, nicht vernachlässigt werden. 95

aa) Falscher Ansatz: AKB

Ein bloßer Verweis auf die AKB[171] geht fehl, da der Begriff je nach Zweckrichtung eine engere oder weitere Bedeutung haben kann. 96

---

163 Zur Rechtslage nach deutschem und österreichischem Recht siehe *Hofmann* Deckungsschutz für den eigenmächtig Fahrerhandlungen vornehmenden Insassen, NZV 1999, 153 f.

164 *Deutscher* Fahrlässige Körperverletzung und Tötung im Straßenverkehr als Straftat?, VRR 2012, 11 ff.

165 Übersicht bei *Schwab* Betrieb und Gebrauch eines Kraftfahrzeugs, DAR 2011, 11 ff.

166 So die Empfehlung des Arbeitskreises IV des 49. DVGT 2011.

167 *Feyock*/Jacobsen/Lemor Kraftfahrtversicherung, § 6 PflVG, Rn. 4; Staudinger/Halm/Wendt NK-VersR/*Kreuter*, § 6 PflVG, Rn. 7; *Staub* § 6 PflVG Rdn. 21.

168 *Müringer* Pflichtversicherung, S. 97.

169 *BGH* Beschl. v. 03.11.1983 – 4 StR 80/83, BGHSt 32, 152 = WKRS 1983, 11004 = NJW 1984, 877 = MDR 1984, 247; *KG Berlin* 31.01.1984 – 5 Ss 315/83–1/84, VRS 67, 154; Hentschel/König/*Dauer* vor § 23 FZV, Rn. 16; *Heinzlmeier* Strafrechtliche Probleme des Pflichtversicherungsrechts, NZV 2006, 225 ff., 231; *Hansen* Gebrauch und Gestatten des Gebrauchs eines Fahrzeugs im Sinne des § 6 PflVersG, DAR 1984, 75 ff.

170 FAKomm/VerkehrsR/*Ferner* § 6 PflVG, Rn. 4.

171 So Römer/*Langheid* (2. Aufl.) § 1 PflVG, Rn. 9.

97 Die AKB haben unter Beachtung gesetzlicher Vorgaben nur den Kunden im Visier. Entsprechend kann der vertraglich vereinbarte Deckungsumfang nach den individuellen AKB selbstverständlich nicht nur in Bezug auf die Höhe der Deckungssummen, sondern auch inhaltlich deutlich erweitert sein. Umso mehr greifen hier die **Erwartungshaltung des Versicherungsnehmers** und die **Vertragsauslegung** Platz.

98 Die Folgen sind:
- ein erweitertes Verständnis des Begriffs »Gebrauch« zugunsten des Versicherungsnehmers
- (und als Rechtsreflex daraus) Vorteile für die Geschädigten gegenüber dem Versicherer durch die Anwendung des § 113 Abs. 3 VVG

99 Zudem ist die Gestaltung der AKB weitgehend so frei und so veränderlich, dass sie weder Rechtsklarheit noch Rechtssicherheit schaffen.

100 Das gilt auch für Musterbedingungen. Verbandsempfehlungen sind keine Verbandsvorschriften, an die sich jeder Versicherer zu halten hat. Sie finden jedoch zu Recht große Beachtung bei den individuellen Überlegungen zur Ausgestaltung der hauseigenen Bedingungen. Aber selbst innerhalb eines Konzerns können nochmals auf spezielle Kundengruppen ausgerichtete Abweichungen[172] angetroffen werden.

101 Zudem werden noch nicht einmal alle Verbandsempfehlungen des GDV öffentlich publiziert, weswegen auch noch der Rechts- bzw. der Empfehlungsstand zu hinterfragen wären. Allein schon aus diesem Blickwinkel können die unverbindlichen Musterbedingungen des Verbandes als Auslegungskriterium für den Begriff des »Gebrauchs« im Sinne des PflVG keine geeignete Grundlage bieten.

bb) Richtiger Ansatz: Schutzzweck des PflVG

102 Pflichtversicherung ist gesetzlich vorgeschriebener Mindestschutz. Entsprechend sollte sich hier die Auslegung des Begriffs »Gebrauch« allein an den gesetzlich vorgegebenen Mindestanforderungen orientieren.

103 Die Auslegung des Begriffs »Gebrauch« hat sich daher streng am Zweck des PflVG zu orientieren. Hauptzweck ist der **Schutz des Verkehrsopfers** und Nebenzweck der **Existenzschutz der versicherten Personen**, die durch den Gebrauch des Fahrzeugs ein solches Verkehrsopfer schädigen.

104 Damit sei klargestellt, dass entsprechend dem Zweck des PflVG **nicht jeglicher Gebrauch** des Fahrzeugs zu zählen ist. Es ist nicht gleichgültig, ob ein Verkehrsopfer oder eine außerhalb eines Verkehrsgeschehens betroffene Person einen Schaden erleidet. Nach dem Zweckgedanken und dem Wortlaut des PflVG ist zudem immanent, dass es sich um ein Opfer aus einem Verkehrsgeschehen im öffentlichen Verkehrsraum[173] handeln muss.

105 § 1a Abs. 3 PflVG n.F. definiert den Gebrauch insoweit als »jede Verwendung des Fahrzeugs, die seiner Funktion als Beförderungsmittel zum Zeitpunkt des Unfalls entspricht, unabhängig von (Nr. 1) den Merkmalen des Fahrzeugs, (Nr. 2) dem Gelände, auf dem das Fahrzeug verwendet wird und (Nr. 3) der Tatsache, ob sich das Fahrzeug in Bewegung befindet.[174] Diese mit »umfasst insbesondere« eingeleitete Begriffsbestimmung bedient zunächst die umzusetzende Vorgabe des Art. 1 Nr. 1a der EU-Richtlinie 2021/2118.

106 Die Orientierung an diesen engen Anwendungsbereich wird durch die Vorgaben des Gemeinschaftsrechts bestätigt. Sie verlangen lediglich eine Regelungsnotwendigkeit für Verkehrsgeschehen

172 Nach Empfehlung Nr. 4 des Arbeitskreises VI des 34. VGT 1996 sollten Versicherer etwaige Abweichungen von Musterbedingungen deutlich kennzeichnen, siehe Tagungsbericht von *Berz* NZV 1996, 100.

173 *Schwab* Betrieb und Gebrauch eines Kraftfahrzeugs, DAR 2011, 11 ff.

174 *Carla Burmann/Kemperdiek* Die Reform des Pflichtversicherungsgesetzes, r+s 2023, 893.

im öffentlich zugänglichen Bereich[175] bzw. durch einen Unfall bei der Nutzung eines Fahrzeugs[176].
Zu schützende Verkehrsteilnehmer sind[177] nach Art. 12 Abs. 1 und 3 der 6. KH-Richtlinie:
- Fahrzeuginsassen mit Ausnahme des Fahrers
- Fußgänger
- Radfahrer
- andere nicht motorisierte Verkehrsteilnehmer

Dabei bleibt es dem nationalen Gesetzgeber überlassen, die konkreten Anforderungen an die Versicherungspflicht zu formulieren. Mit der Umsetzung der EU-Richtlinie 2021/2118 durch § 1a Abs. 3 PflVG n.F. beabsichtigt der Gesetzgeber, dass die »nationale Rechtsprechung zur Fallgruppe des typischen Fahrerverhaltens beibehalten und fortentwickelt werden kann.[178] Der Begriff des Gebrauchs soll gegenüber der bisherigen Rechtslage und Rechtsprechung nicht ausgeweitet werden.[179] 107

Das oberste slowenische Gericht hat die Frage der Anwendung des Direktanspruchs außerhalb des öffentlichen Verkehrsraums im Jahr 2013 dem *EuGH* vorgelegt. Der Schlussantrag des Generalanwalts[180] differenziert unterschiedliche Umsetzungsvarianten in den Mitgliedsländern. Die 2014 ergangene Entscheidung[181] des *EuGH*, die eine Pflichtversicherung bei einer Verwendung durch ein Fahren auch außerhalb des öffentlichen Verkehrsraumes vorsieht, findet sich nunmehr in § 1a Abs. 3 Nr. 2 PflVG n.F. wieder, wonach der Gebrauch unabhängig von dem Gelände ist, auf dem das Fahrzeug verwendet wird. 108

An dieser Stelle bleibt mit Blick auf das PflVG festzuhalten, dass ein versicherungsvertragliches Bedingungswerk einen Begriff aus einem Gesetz nicht zu definieren vermag; die AKB haben dagegen umgekehrt wenigstens den Mindestanforderungen des Gesetzes zu entsprechen. 109

Im Ergebnis ist daher immer nur von »Gebrauch im Sinne des PflVG« oder von »Gebrauch im Sinne der AKB«[182] zu sprechen[183]. 110

b) Gebrauch, mehr als nur Betrieb

Der Gebrauchsbegriff geht auch bei enger Auslegung über den Betriebsbegriff im Sinne des § 7 StVG hinaus. § 7 StVG ist nur eine von vielen gesetzlichen Haftpflichtnormen, die einen Schadensersatzanspruch zum Gegenstand haben. Die Beschränkung auf diesen alleinigen Anwendungsbereich für die versicherungsvertragliche Mindestdeckung greift erheblich zu kurz. So sind beispielsweise nach § 2 Abs. 1 Nr. 6a) PflVG Kraftfahrzeuge mit einer Höchstgeschwindigkeit von mehr als 6 bis maximal 20 km/h zwar ebenso versicherungspflichtig wie schnellere Fahrzeuge, dennoch sind sie – in verfassungsrechtlich bedenklicher Weise[184] – von der Gefährdungshaftung durch den Fahrzeugbetrieb ausgenommen, § 8 Nr. 1 StVG. 111

Um einen umfassenden Schutz des Verkehrsopfers sicherzustellen ging man bereits in der amtlichen Begründung des PflVG-1939[185] bewusst über den zu engen Betriebsbegriff hinaus. 112

175 Art. 1 und 3 i.V.m. Anhang I, Art. 2 Nr. 1 und Anhang II Nr. 10 Straßburger Übereinkommen.
176 Art. 12 Abs. 1 u. 3 der 6. KH-Richtlinie (2009/103/EG).
177 Auch nach Lesart der Bundesregierung, Stellungnahme v. 15.07.2013 zu C-162/13.
178 BR-Drs. 229/23, S. 61.
179 BR-Drs. 229/23, S. 61.
180 *EuGH* Schlussantrag v. 26.02.2014 – Rs. C-162/13, WKRS 2014, 11448.
181 *EuGH* Urt. v. 04.09.2014 – C-162/13, WKRS 2014, 20478 = DAR 2015, 259 = NJW 2014, 3631 = VersR 2015, 311 = JZ 2015, 60 = r+s 2014, 523.
182 Siehe hierzu die Kommentierung unter A.1.1.1 AKB; ebenfalls differenzierend Ludovisy/*Eggert*/Burhoff Praxis des Straßenverkehrsrechts, Teil 4, Rn. 45.
183 Schaubild zum unterschiedlichen Gebrauchsbegriff Kreuter A.1.1.1 AKB Rdn. 86.
184 *Schwab* § 8 Nr. 1 StVG – eine Streichung ist überfällig, DAR 2011, 129 ff.
185 DJ 1939, 1771.

c) Unzweifelhafter Gebrauch

113 Zum Gebrauch des Fahrzeugs gehört zunächst das Führen des Fahrzeugs, also dessen verantwortliches in Bewegung setzen, Lenken, Anhalten, Parken und Weiterfahren.

114 Über das Führen hinaus gehören aber auch andere Tätigkeiten begriffsnotwendig hinzu. So das Ein- und Aussteigen wie auch das Be- und Entladen.

d) Einzelfälle – noch Gebrauch i.S.d. PflVG

115 Eingeschlossen sind Arbeitseinsätze von Fahrzeugen, die weiterhin **in Bewegung** bleiben (müssen). Das gilt zunächst für alle Polizeifahrzeuge, Feuerwehr- und Rettungswagen – auch wenn sie nicht unter Sonderrechten nach § 35 Abs. 1 StVO fahren. Mit Hilfe dieser Fahrzeuge wird eine Arbeitstätigkeit verrichtet, wobei man sich des Straßenverkehrs zur Distanzüberbrückung zum Einsatzort oder zur Raumüberwachung bedient.

116 Intensiv straßenbezogen sind beispielsweise Arbeitseinsätze mit dem Abschleppwagen, Gasspürfahrzeugen, sonstigen Messfahrzeugen, dem ÖWSF[186] zur Ölspurbeseitigung, der Straßenkehrmaschine, dem Winterdienst, einem Mähfahrzeug[187] oder der Müllabfuhr.

117 Ihnen ist gemein, dass sie als Fahrzeuge am Verkehr teilnehmend, zu Arbeitseinsätzen gebraucht werden. Dabei steht nicht das Fortkommen oder die Beförderung, sondern allein die Arbeitsleistung im Vordergrund.

e) Einzelfälle – kein Gebrauch i.S.d. PflVG

118 Nicht mehr zum Gebrauch des Fahrzeugs im Sinne des PflVG gehört der Einsatz als **reine Arbeitsmaschine**, wo also die Beförderungs- und Bewegungsfunktion des Fahrzeugs völlig zurücktritt.[188] Dies erschließt sich daraus, dass der Gesetzgeber in § 2 Abs. 1 Nr. 6b) PflVG für selbstfahrende Arbeitsmaschinen bis zu einer Höchstgeschwindigkeit von 20 km/h die Versicherungspflicht ausgenommen hat. Entsprechend war es auch dem Bundesaufsichtsamt für das Versicherungswesen rechtlich möglich, Sonderbedingungen[189] in der Kfz-Haftpflichtversicherung zu genehmigen, die das Arbeitsrisiko vom Versicherungsumfang bedingungsgemäß ausklammern.

119 Beispiele für entsprechende Nutzfahrzeuge, die als reine Arbeitsmaschinen zum Einsatz kommen, können sein: auf Stützen stehende Autokräne, Betonpumpenfahrzeuge, Schaustellerfahrzeuge auf Jahrmärkten, Tanklastwagen bei der Lieferung von Heizöl, Saugwagen für die Kanalreinigung oder das Ausblasen eines Silofahrzeugs.

120 Zur Klarstellung: Sofern sich die den Verkehr beeinflussende Wirkung des Fahrzeugs beim Parken oder Halten im Verkehrsraum fortwirkt und sich durch diesen Gebrauch – unabhängig vom reinen Arbeitsrisiko – ein Schaden einstellt, handelt es ich sich dagegen um einen unzweifelhaften Gebrauch[190].

2. Kausalität

121 Die Norm erfordert schließlich, dass der Schaden **durch den Gebrauch** des Fahrzeugs **verursacht** wurde.

---

186 ÖWSF = Ölspur-Waschsaugfahrzeug als Fahrzeug der Feuerwehren oder privater Abschleppunternehmen.

187 *BGH* Urt. v. 18.01.2005 – VI ZR 115/04, WKRS 2005, 11184 = DAR 2005, 263 = VersR 2005, 566 = r+s 2005, 303 = NZV 2005, 305 = SVR 2005, 263 m. Anm. *Otting* = MDR 2005, 684 = VRS 108, 350 = VRR 2005, 183 m. Anm. *Zorn*.

188 Vgl. zum Einsatz als Arbeitsmaschine *BGH* Urt. v. 21.09.2021 – VI ZR 726/20 = r+s 2021, 710 Rz. 7 ff. mwN.; *OLG Hamm* Beschl. v. 18.05.2021 – 9 W 14/21 = NJW-RR 2021, 814.

189 Sonderbedingung 11, VerBAV 1971, 320; VerBAV 1975, 299, 300.

190 Siehe oben § 1 PflVG Rdn. 101–102.

Damit wird klargestellt, dass der Schaden auf dem Gebrauch des Fahrzeugs zu beruhen hat. Eine nur gelegentliche Beteiligung des Fahrzeugs scheidet daher aus. Dies ist überall da gegeben, wo das Fahrzeug nicht einmal mehr als mitursächlich in Betracht kommt. 122

Vom Wortlaut her muss sich der Gebrauch auf das **Fahrzeug** beziehen. Eine Handlung des Fahrers, losgelöst vom Fahrzeug, fällt begrifflich nicht hierunter. Dies betrifft ebenso Handlungen von Insassen. 123

Schäden, die nicht auf einem Mangel des Fahrzeugs, sondern allein auf einem Fehler der Ladung[191] beruhen sind nicht durch den Gebrauch des Fahrzeugs entstanden. 124

Schaden im Sinne des PflVG ist der tatsächlich eingetretene und dem Schädiger zurechenbare Schaden. 125

IV. Schadenarten

Personenschäden und Sachschäden waren bereits in der Urfassung, in § 1 des Reichs-PflVG, erfasst. Dies entspricht noch heute den Anforderungen durch Art. 1 Abs. 1 der 2. KH-Richtlinie[192]. Selbst die 6. KH-Richtlinie[193] geht über diese beiden Schadenarten nicht hinaus. 126

Das PflVG kennt heute darüber hinaus die Haftpflicht für sonstige Vermögensschäden. 127

1. Personenschaden

Das PflVG selbst enthält keine nähere Bestimmung, was mit Personenschaden gemeint ist und in welchem Umfang Anspruchspositionen gedeckt sein müssen. 128

Als Kurzumschreibung des Begriffs »Personenschaden«, mit Blick auf materiell rechtliche Anspruchsgrundlagen, verweisen *Küppersbusch/Höher*[194] unter Bezugnahme auf *Larenz*[195] auf die durch eine Körperverletzung entstandene Einbuße an Lebensgütern mit den daraus resultierenden Vermögensschäden. 129

Auch für das Verständnis des Begriffs nach dem PflVG ist auf die zivilrechtlichen Haftungsnormen zurückzugreifen. Insbesondere sind dies die §§ 249 Abs. 2 Satz 1, 823 und 842 ff. BGB, die neben der Todesfolge auch den Körper- und Gesundheitsschaden behandeln. Zu Letzterem gehören auch medizinisch fassbare[196] psychische Störungen. Da neben dem unmittelbar eingetretenen Schaden der Schädiger auch für weitere Schadensfolgen ersatzpflichtig gemacht werden kann (wie beispielhaft für den Erwerbs- und Fortkommensschaden nach § 842 BGB[197]) werden zwangsläufig auch Folgeschäden erfasst. Ein wirksamer Opferschutz würde sonst ins Leere laufen. 130

Zudem fallen hierunter vorgeburtliche Schäden, durch Verletzung[198] der Mutter während der Schwangerschaft und – nach ständiger Rechtsprechung des *BGH*[199] – sogar präkonzeptionelle Schädigungen durch Infektionen. In diesem Zusammenhang ist an die Auswirkungen von Bluttransfusionen mit infiziertem Blut nach einem Verkehrsunfall zu denken. Dies betrifft nicht nur 131

---

191 Insoweit falsch *OLG Dresden* Urt. v. 29.01.2014 – 7 U 792/13, WKRS 2014, 11446 = ADAJUR Dok. Nr. 104460 = NJW-RR 2014, 1176 = MDR 2014, 402 = VRR 2014, 124 (Ls.).

192 (84/5/EWG).

193 Art. 3 der 6. KH-Richtlinie (2009/103/EG).

194 *Küppersbusch/Höher* Ersatzansprüche bei Personenschaden, 14. Aufl. 2024, Rn. 1.

195 *Larenz* Schuldrecht Allgemeiner Teil, § 29 II e.

196 PWW/*Schaub* § 823 BGB, Rn. 27.

197 Eher schon als eine Selbstverständlichkeit nach § 249 BGB zu betrachten, PWW/*Schaub* § 842 BGB, Rn. 1.

198 Sogar bei ärztlicher Falschberatung, die eine rechtlich zulässige Abtreibung verhindert, *OLG Düsseldorf* Urt. v. 06.01.1997 – 8 U 107/95, VersR 1998, 194; *BGH* Nichtannahmebeschl. v. 07.10.1997 – VI ZR 33/97.

199 *BGH* Urt. v. 06.12.1988 – VI ZR 132/88, BGHZ 106, 153 ff. = WKRS 1988, 13169 = VersR 1989, 253 = NJW 1989, 1533 = NJW-RR 1989, 726 = MDR 1989, 437.

die unfallverletzte Person, sondern auch zunächst unbeteiligte Dritte[200]. Es mag hier im Einzelfall bezweifelt werden, ob und in welchem Umfang noch eine haftungsrechtliche Zurechnung[201] zu erfolgen hat. Entscheidend ist jedoch von Seiten der versicherungsvertraglichen Deckung, dass schon mit Blick auf die Abwehr unbegründeter Ansprüche kein Bereich des Personenschadens auszunehmen ist.

132 Stiefel/*Hofmann*[202] verstehen unter Personenschaden mit Blick auf § 10 AKB a.F. zu Recht ohne jede Einschränkung, den Umfang der festgestellten Ansprüche des Verletzten. Treffender ist es jedoch, auch die Gesundheitsbeschädigung[203] und nicht nur die Verletzung zu benennen[204]. Nur damit werden alle Facetten des Personenschadens von der versicherungsvertraglichen Deckung erfasst. So entstehen Gefahren bereits durch Lärm[205] und Abgase[206], siehe § 30 Abs. 1 Satz 1 StVO.

133 § 2 Abs. 1 Nr. 1 KfzPfVV erwähnt demgegenüber nur die Tötung oder die Verletzung von Personen. Mit Blick auf den Gesundheitsschaden und das Rechtsgut Freiheit[207], als Entzug der körperlichen Bewegungsfreiheit[208], bedeutet dies gegenüber § 1 PflVG eine unzulässige Einschränkung.

2. Sachschaden

134 Beschädigte Sachen sind reparaturfähig. »Zerstörte Sache« bedeutet einen tatsächlichen oder wirtschaftlichen Totalschaden.

135 Dabei sind unter »Sachen« nur diejenigen Sachen zu verstehen, die jemandem tatsächlich gehören. Tiere sind wie Sachen zu behandeln, § 90a BGB. Beispielsweise sind wilde Tiere, die nicht unter einem Jagdaneignungsrecht stehen, hiervon ausgenommen.

136 Der Versicherungsschutz hat sich auch auf abhanden gekommene Sachen zu erstrecken. Das sind insbesondere Gegenstände, die sich im Fahrzeug oder im Besitz von verletzten Personen befanden und nach dem Unfall nicht mehr aufzufinden sind. Dazu gehört auch Bargeld[209].

137 Wörtlich nicht angesprochen ist der Sachfolgeschaden. Als Unterfall des Sachschadens gehört er jedoch in die mit zu versichernde Schadengruppe des Sachschadens.

138 Umweltschäden[210] begründen keine eigene Schadenart im Sinne des Gesetzes.

200 *BGH* Urt. v. 14.06.2005 – VI ZR 179/04 (HIV-verseuchte Blutkonserven nach Motorradunfall schädigen spätere Ehefrau des Unfallopfers mangels Aufklärung), BGHZ 163, 209 = WKRS 2005, 17905 = NJW 2005, 2614 = VersR 2005, 1238 = MDR 2005, 1347 = r+s 2005, 527 = JZ 1992, 95 = NZV 1991, 387 = zfs 2006, 141; zudem Anm. von *Katzenmeier* Haftung für HIV-kontaminierte Blutprodukte, NJW 2005, 3391 ff.

201 Anm. *Diehl* zum Urteil des *BGH* zfs 2006, 141 (145).

202 Stiefel/*Hofmann* 17. Aufl. § 10 AKB, Rn. 85.

203 Gefahren schon durch Lärm und Abgase, siehe § 30 Abs. 1 Satz StVO.

204 Zutreffend daher Schwintowski/Brömmelmeyer/*Retter* PK-VersR, § 100, Rn. 6; ähnlich jetzt auch Stiefel/*Maier* Kraftfahrtversicherung, A.1.1 AKB, Rn. 12.

205 *BGH* Urt. v. 02.07.1991 – VI ZR 6/91, BGHZ 115, 84 = WKRS 1991, 14026 = NJW 1991, 2568 = NZV 1991, 387 = VersR 1991, 1068 = MDR 1991, 1040 = DAR 1991, 380 (Unfallgeräusch lässt Schweine in Panik geraten); *OLG Hamm* Urt. v. 11.12.1996 – 13 U 121/96, WKRS 1996, 24344 = DAR 1997, 181 = MDR 1997, 350 = zfs 1997, 202 (PKW-Tür erschreckt Hühner); *AG München* Urt. v. 07.01.2005 – 123 C 3000/03, WKRS 2005, 17830 = NJW 2005, 760 = NZV 2005, 159 = NVwZ 2006, 368 (Lärm einer LKW-Standheizung).

206 Zur Luftreinhaltung siehe Himmelreich/Halm/*Heinrichs* Handbuch Verkehrsrecht, Kap. 7, Rn. 4.

207 Nach einem Verkehrsunfall ist ein (möglicherweise sogar unverletzter) Insasse gehindert, das Fahrzeug zu verlassen, da die Türen klemmen.

208 Nach h.M. mehr als nur ein bloßer Verkehrsstau erforderlich, Näheres PWW/*Schaub* § 823 BGB, Rn. 29.

209 Verlust nicht bewiesen im Fall *OLG Köln* Urt. v. 25.02.2005 – 6 U 139/04, WKRS 2005, 14425 = DAR 2005, 404 = NZV 2005, 523 = VersR 2006, 1258 = MDR 2005, 1346 = SVR 2006, 31 m. Anm. *Schwab* = VRS 109, 263 = VRR 2005, 231 m. Anm. *Jaeger*.

210 Überblick bei *Schwab* Umweltschäden durch Kraftfahrzeugunfälle, DAR 2009, 186 ff.; umfassend Himmelreich/Halm/Staab/*Heinrichs* Handbuch der Kfz-Schadensregulierung, Kap. 21.

Sie verwirklichen sich meist in Sachschäden und gelegentlich auch in Personenschäden. Soweit die privatrechtliche Seite berührt ist (also beispielsweise die Kontamination von Straßenbestandteilen und Entwässerungsgräben oder bei Vergiftungen von Personen durch Rauchentwicklung beim Fahrzeugbrand) sind diese Schäden allesamt mit zu decken. 139

3. Vermögensschaden

Abs. 1 Nr. 3 behandelt den reinen Vermögensschaden, der weder mittelbar noch unmittelbar mit einem Personen- oder Sachschaden im Zusammenhang steht. Diese lassen sich ansonsten als Vermögensfolgeschäden aufgrund von Personen- oder Sachschäden beschreiben. Sie fallen damit bereits unter den Personen- bzw. den Sachschaden. Zu den Folgeschäden zählen die Schadenfeststellungskosten, die Ermittlungskosten sowie die angemessenen Kosten für die Auslobung einer Fangprämie[211] des zunächst unbekannten Unfallverursachers. 140

Der reine Vermögensschaden[212] ist ohne große praktische Relevanz[213] und wird wohl daher noch nicht einmal in den KH-Richtlinien[214] erwähnt. Er beschränkt sich meist auf die Abwehrfunktion unbegründeter Ansprüche und/oder Schäden mittelbar Geschädigter, wie beispielsweise bei Umsatzeinbußen einer Autobahnraststätte[215] durch eine unfallbedingte Autobahnsperrung. 141

Ein reiner Vermögensschaden in der Kfz-Haftpflichtversicherung ist beispielsweise der finanzielle Verlust aufgrund von Aufwendungen für eine sogenannte »Fehlfahrt«. Das ist eine nicht durchgeführte Rettungsfahrt[216], die jedoch vom Unfallopfer als Aufwand für eine berechtigte Geschäftsführung zu bezahlen ist. 142

▶ **Weitere Beispiele:** 143
- Ein Firmengrundstück wird wegen einer unfallbedingten Explosionsgefahr polizeilich[217] geräumt. Das Gebäude kann nicht betreten und benutzt werden. Es kommt zu Produktionsausfällen
- Ein Wasserwerk muss nach einem Unfall mit Risiken für die Wassergewinnung engmaschig Proben fahren, wodurch zusätzlich Kosten für die Entnahme und Analyse von Wasserproben anfallen
- Das Jagd- oder Fischereianeignungsrecht wird durch einen Verkehrsunfall mit oder ohne Umweltschaden verletzt, so dass die Vermögenseinbuße dem Berechtigten zu erstatten ist

4. Nicht: reiner Ökoschaden

Die Aufzählung des Pflichtversicherungsgesetzes ist abschließend. Entsprechend sind reine Ökoschäden im Sinne des USchadG[218] bzw. in deren Umsetzung in den EU-Mitgliedsstaaten wegen 144

---

211 *AG Lemgo* Urt. v. 20.10.2010 – 20 C 192/10, WKRS 2010, 37239 (25 % der Schadenssumme), m.E. ist der Betrag deutlich zu hoch.

212 Rechtsprechung tendiert nicht zu einer Ausweitung von Ansprüchen, *G. Müller* Grundprinzipien und Gestaltungsspielräume beim Schadensersatz, Teil 1, zfs 2009, 62 (64).

213 *Schirmer* Der »sonstige« oder »reine« Vermögensschaden in der Kraftfahrzeughaftpflichtversicherung, DAR 1992, 11 ff. (20).

214 Art. 3 der 6. KH-Richtlinie (2009/103/EG) bezieht sich nur auf den Personen- und Sachschaden.

215 *BGH* Urt. v. 09.12.2014 – VI ZR 155/14, WKRS 2014, 28814 = DAR 2015, 137 = r+s 2015, 156 = MDR 2015, 83 = VersR 2015, 250.

216 *AG Coesfeld* Urt. v. 21.05.2008 – 4 C 35/08, DAR 2009, 38 mit Anm. *Schwab*.

217 *BGH* Urt. v. 21.06.1977 – VI ZR 58/76, WKRS 1977, 11527 = MDR 1978, 128 = NJW 1977, 2264 = VersR 1977, 965; *OLG Koblenz* Urt. v. 23.09.2009 – 1 U 428/09, WKRS 2009, 24601 = MDR 2010, 153 = OLGR 2009, 944 = LKRZ 2009, 469 (Evakuierung wegen Fliegerbombe, Umsatzausfall einer Gaststätte).

218 Gesetz zur Umsetzung der Richtlinie der Europäischen Parlaments und des Rates über die Umwelthaftung zur Vermeidung und Sanierung von Umweltschäden vom 10.05.2007, BGBl. I Nr. 19 S. 666; nach dem Entwurf des Umweltgesetzbuches 2009 (Stand 20.05.2008) sollte es in das UGB I in Abschnitt 4, §§ 26 ff. eingearbeitet werden. Die Umsetzung des UGB ist jedoch gescheitert, siehe Pressemitteilung Nr. 033/09 vom 01.02.2009 des BMU.

der EG-Umwelthaftungsrichtlinie[219] nicht erfasst. Reine Ökoschäden sind z.B. Schäden an Naturgütern, an denen kein Privatrechtseigentum oder ein vergleichbares Privatrecht besteht. Hierunter fällt insbesondere der Artenschutz für besonders geschützte Arten.

145 Es handelt sich um Schäden, die **rein öffentlich-rechtliche**[220] Verantwortlichkeiten für beruflich Tätige auslösen. Bei den eingetretenen Schäden ist die Allgemeinheit, aber nicht[221] der Einzelne in seinen privaten Rechten betroffen.

146 Eine **analoge Anwendung** ist **ausgeschlossen**. Der Bundesgesetzgeber hat entgegen dem ursprünglichen Entwurf[222] bislang ausdrücklich von einer Deckungsvorsorge durch die Versicherungswirtschaft abgesehen. Dies war möglich, da der EU-Umwelthaftungsrichtlinie es den Mitgliedsländern freigestellte, eine verpflichtende Regelung zu treffen. In 2014 sollte eigentlich darüber erneut entschieden werden.[223]

147 Im Umkehrschluss besteht somit eine planmäßige Lücke, die nicht durch eine Analogie geschlossen werden darf.

C. Weitere praktische Hinweise

148 Die weitere Umsetzung der Vorschrift erfolgt hauptsächlich in § 2 KfzPflVV.

149 Die Norm hat wesentliche Auswirkung auf den Inhalt der AKB. Die A.1.1 und A.1.2 AKB 2015 gehen jedoch über den vom Gesetzgeber vorgeschriebenen Mindestumfang hinaus.

Text in der Fassung des Gesetzes zur Umsetzung der Richtlinie (EU) 2021/2118 im Hinblick auf die Kraftfahrzeug-Haftpflichtversicherung und die Kontrolle der entsprechenden Versicherungspflicht und zur Änderung anderer versicherungsrechtlicher Vorschriften vom vom 11.04.2024 mit Wirkung ab 17.04.2024

§ 1a (Begriffsbestimmungen)

(1) Im Sinne dieses Gesetzes bezeichnet

1. »Fahrzeug«
   - **a) jedes Kraftfahrzeug, das ausschließlich maschinell an Land angetrieben wird, jedoch nicht auf Schienen fährt und dessen durch die Bauart bedingte Höchstgeschwindigkeit 6 Kilometer pro Stunde übersteigt,**
   - **b) jedes Landfahrzeug, das durch Muskelkraft fortbewegt wird und mit einem elektromotorischen Hilfsantrieb ausgestattet ist, sofern es unter Berücksichtigung des § 1 Abs. 2 und 3 des Straßenverkehrsgesetzes als Kraftfahrzeug anzusehen ist.**
   - **c) jeden Anhänger, der mit einem in Buchstabe a genannten Fahrzeug zu verwenden ist, unabhängig davon, ob er angekuppelt oder abgekuppelt ist.**

2. »regelmäßiger Standort« den regelmäßigen Standort im Sinne des § 46 Abs. 1 S. 1, Abs. 2 und Abs. 3 S. 1 der Fahrzeug-Zulassungsverordnung;

3. »Staaten des Europäischen Wirtschaftsraums« die Mietgliedstaaten der Europäischen Union sowie die anderen Vertragsstaaten des Abkommens über den Europäischen Wirtschaftsraum;

4. »Herkunftsstaat« denjenigen Staat des Europäischen Wirtschaftsraums, in dem ein Versicherungsunternehmen seinen Sitz hat;

---

219 Richtlinie 2004/35/EG vom 21.04.2004.

220 Hiervon zu differenzieren sind Ansprüche, die sowohl eine öffentlich-rechtliche als auch eine privatrechtliche Grundlage haben und nur der Verfahrensweg über einen Kostenbescheid gegangen wird, wie bei den Feuerwehrkosten zur Beseitigung einer Ölspur, *BGH* Urt. v. 20.12.2006 – IV ZR 325/05, WKRS 2006, 29131 = VersR 2007, 200 = MDR 2007, 652 = NJW 2007, 1205 = r+s 2007, 94 = zfs 2007, 273 = DAR 2007, 142 mit Anm. *Weinsdörfer*; DAR 2007, 269 Anm. *Schwab* = VRR 2007, 108 m. Anm. *Knappmann*.

221 *Petersen* USchadG, Einleitung, Rn. 14.

222 § 12 USchadG-E; BR-Drucksache 678/06.

223 Bericht der Kommission an den Rat, KOM/2010/0581 endg.

5. »Drittstaaten« alle Staaten, die nicht Staaten des Europäischen Wirtschaftsraums sind;
6. »nationales Versicherungsbüro« ein nationales Versicherungsbüro im Sinne des Art. 1 Nr. 3 der Richtlinie 2009/103/EG des Europäischen Parlaments und des Rates vom 16. September 2009 über die Kraftfahrzeug-Haftpflichtversicherung und die Kontrolle der entsprechenden Versicherungspflicht (ABl. L 263 vom 7.10.2009, S. 11), die durch die Richtlinie (EU) 2021/2118 (ABl. L 430 vom 2.12.2021, S. 1) geändert worden ist;
7. »Deutsches Büro Grüne Karte« den rechtsfähigen Verein »Deutsches Büro Grüne Karte eingetragener Verein« oder im Falle eines Zuständigkeitswechsels den jeweiligen Rechtsträger des deutschen nationalen Versicherungsbüros.

(2) Im Sinne dieses Gesetzes bezeichnet »Staat«, in dem das Fahrzeug seinen gewöhnlichen Standort hat
1. den Staat, dessen amtliches Kennzeichen das Fahrzeug trägt, unabhängig davon, ob es sich um ein endgültiges oder vorläufiges Kennzeichen handelt,
2. sofern es für eine Fahrzeugart keine Zulassung gibt, das betreffende Fahrzeug jedoch eine Versicherungsplakette oder ein dem amtlichen Kennzeichen ähnliches Unterscheidungszeichen trägt, den Staat, in dem diese Plakette oder dieses Unterscheidungszeichen verliehen wurde, oder,
3. sofern es für bestimmte Fahrzeugarten weder eine Zulassung noch eine Versicherungsplakette noch ein unterscheidendes Kennzeichen gibt, den Staat, in dem der Fahrzeughalter seinen Wohnsitz hat.

Für die Zwecke der Schadenregulierung gemäß Art. 10 der Richtlinie 2009/103/EG und der Schadenregulierung durch die nationalen Versicherungsbüros gilt jedoch abweichend von Satz 1 bei einem Fahrzeug, das in einen Unfall verwickelt wurde und das kein amtliches Kennzeichen trägt oder ein amtliches Kennzeichen trägt, das ihm nicht oder nicht mehr zugeordnet ist, der Staat, in dem das Fahrzeug seinen gewöhnlichen Standort hat.

(3) Im Sinne dieses Gesetzes umfasst der Gebrauch eines Fahrzeugs insbesondere jede Verwendung des Fahrzeugs, die seiner Funktion als Beförderungsmittel zum Zeitpunkt eines Unfalls entspricht, unabhängig von
1. den Merkmalen des Fahrzeugs
2. dem Gelände, auf dem das Fahrzeug verwendet wird, und
3. der Tatsache, ob es sich in Bewegung befindet oder nicht.

Text in der Fassung des Gesetzes zur Umsetzung der Richtlinie (EU) 2021/2118 im Hinblick auf die Kraftfahrzeug-Haftpflichtversicherung und die Kontrolle der entsprechenden Versicherungspflicht und zur Änderung anderer versicherungsrechtlicher Vorschriften vom vom 11.04.2024 mit Wirkung ab 17.04.2024

§ 2 (Ausnahmen von der Versicherungspflicht für bestimmte Halter)

(1) § 1 gilt nicht für
1. die Bundesrepublik Deutschland,
2. die Länder,
3. die Gemeinden mit mehr als einhunderttausend Einwohnern,
4. die Gemeindeverbände sowie Zweckverbände, denen ausschließlich Körperschaften des öffentlichen Rechts angehören,
5. juristische Personen, die von einem nach § 1 Abs. 3 Nr. 3 des Versicherungsaufsichtsgesetzes von der Versicherungsaufsicht freigestellten Haftpflichtschadenausgleich Deckung erhalten.

(2) [1]Die nach Absatz 1 Nrn. 1 bis 5 von der Versicherungspflicht befreiten Fahrzeughalter haben, sofern nicht aufgrund einer von ihnen abgeschlossenen und den Vorschriften dieses Gesetzes entsprechenden Versicherung Haftpflichtversicherungsschutz gewährt wird, bei Schäden der in § 1 bezeichneten Art für den Fahrer und die übrigen Personen, die durch eine auf Grund dieses Gesetzes abgeschlossene Haftpflichtversicherung Deckung erhalten würden, in gleicher Weise und in gleichem Umfange einzutreten wie ein Versicherer bei Bestehen einer solchen Haftpflichtversicherung. [2]Die Verpflichtung beschränkt

sich auf den Betrag der festgesetzten Mindestversicherungssummen. [3]Wird ein Personen- oder Sachschaden verursacht, haftet der Fahrzeughalter im Verhältnis zu einem Dritten auch, wenn der Fahrer den Eintritt der Tatsache, für die er dem Dritten verantwortlich ist, vorsätzlich und widerrechtlich herbeigeführt hat. [4]§ 12 Abs. 1 Satz 2 bis 4 gilt in diesem Fall entsprechend. [5]Die Vorschriften der §§ 100 bis 124 des Versicherungsvertragsgesetzes sowie der §§ 3 und 5a Absatz 2 sowie die Kraftfahrzeug-Pflichtversicherungsverordnung sind sinngemäß anzuwenden. [6]Erfüllt der Fahrzeughalter Verpflichtungen nach Satz 1, so kann er in sinngemäßer Anwendung der §§ 116 und 124 des Versicherungsvertragsgesetzes Ersatz der aufgewendeten Beträge verlangen, wenn bei Bestehen einer Versicherung der Versicherer gegenüber dem Fahrer oder der sonstigen mitversicherten Person leistungsfrei gewesen wäre; im übrigen ist der Rückgriff des Halters gegenüber diesen Personen ausgeschlossen.

Übersicht

A. Allgemeines

1 Auch die 6. KH-Richtlinie[1] lässt Ausnahmen von der Versicherungspflicht zu. Seit jeher wird davon in § 2 PflVG Gebrauch gemacht. Ausnahmen bestanden bereits in der Vorgängervorschrift.[2]

B. Regelungsgehalt

I. Von der Versicherungspflicht befreite Halter

2 Die Versicherungspflicht bezieht sich nach § 1 PflVG zunächst auf den Halter, dann erst auf den mitzuversichernden Fahrer und Eigentümer.

3 Bestimmte Fahrzeughalter, von denen das Gesetz davon ausgeht, dass sie wegen praktisch unbeschränktem Vermögen[3] dauerhaft wirtschaftlich[4] dazu in der Lage sind zahlungsfähig[5] zu sein, werden von der Versicherungspflicht entbunden. Zudem erwartet der Gesetzgeber, dass Schadensersatzansprüche von Verkehrsopfern von ihnen angemessen und vollständig befriedigt werden können. Sie agieren somit als eine Art »Selbst-[6] oder Quasi-Versicherer[7]«.

4 Die befreiten Halter werden in § 2 Abs. 1 Nr. 1 bis 5 abschließend aufgezählt. Es sind dies neben dem Bund und den Ländern Großgemeinden mit mehr als 100.000 Einwohnern, Gemeinde- und Zweckverbände sowie ausgewählte juristische Personen.

---

1 Art. 5 der 6. KH-Richtlinie. Richtlinie 2009/103/EG des Europäischen Parlaments und des Rates vom 16.09.2009 über die Kraftfahrt-Haftpflichtversicherung und die Kontrolle der entsprechenden Versicherungspflicht, Amtsblatt der Europäischen Union vom 07.10.2009, L 263/11.

2 Gesetz zur Einführung der Pflichtversicherung für Kraftfahrzeughalter und zur Änderung des Gesetzes über den Verkehr mit Kraftfahrzeugen sowie des Gesetzes über den Versicherungsvertrag v. 07.11.1939, RGBl. 1939 I, 2223.

3 Römer/*Langheid* (2. Aufl.) § 2 PflVG, Rn. 1.

4 An die heutige vielerorts fortgesetzt angespannte Lage der öffentlichen Haushalte glaubte man bei der Gesetzgebung wohl noch nicht.

5 Prölss/Martin/*Klimke* VVG, § 2 PflVG, Rn. 1; Schwintowski/Brömmelmeyer/*Huber* PK-VersR, § 113 VVG, Rn. 4.

6 *Feyock*/Jacobsen/Lemor KfzVers, § 2 PflVG, Rn. 1.

7 *KG* Berlin Urt. v. 12.09.2002 – 12 U 9590/00, WKRS 2002, 23849 = zfs 2002, 513 = VRS 104, 9 = NZV 2003, 30 = PVR 2003, 260 m. Anm. *Schröder*.

Wegen der Organisation der Schadensabwicklung und der Tragung der finanziellen Lasten können sich diese Halter eines **kommunalen Schadenausgleichs** bedienen, § 1 Abs. 3 Nr. 3 VAG. Es handelt sich um besondere Versicherer, die nicht der Aufsicht durch die BaFin unterliegen, § 3 Abs. 1 Nr. 4 VAG. Sie bieten Kfz-Haftpflichtschutz[8] nur ihren Mitgliedern an. Als nichtrechtsfähige Zusammenschlüsse von Gemeinden und Gemeindeverbänden sind sie nicht parteifähig.[9] Die zu zahlenden Ausgleichsbeiträge nebst Rückversicherungsprämien sind ebenso zu versteuerndes Versicherungsentgelt; nicht dagegen der Selbstbehalt.[10] 5

Der Gesetzgeber räumt dem Staat und staatsähnlichen Einrichtungen Sonderrechte ein und verschont sie vor der Teilnahme am Entschädigungsfond, da sie in § 13 Abs. 1 Satz 4 PflVG nicht erwähnt werden. Sie müssen sich nicht[11] beteiligen. Ob dies noch zeitgemäß ist, wird zu Recht von *Feyock*[12] bezweifelt. Lediglich die Kommunalen Schaden- und Haftpflichtausgleiche sind mit einer geringen Pauschale[13] beteiligt. 6

Dem befreiten Halter ist es unbenommen, selbst als Halter eine Kfz-Haftpflichtversicherung abzuschließen und damit Versicherungsnehmer zu werden. Für ihn ist es dann eine freiwillige[14] Haftpflichtversicherung. Sie ist nach h.M. dann jedoch nach den Maßstäben der Pflicht-Haftpflichtversicherung analog[15] zu behandeln, § 2 Abs. 2 Satz 1 PflVG. 7

II. Regulierung des befreiten Halters

Der befreite Halter hat wie ein Pflicht-Haftpflichtversicherer zu regulieren. Haftet der Fahrer aus Verschulden, gelten folglich für ihn die Höchsthaftungsgrenzen der §§ 12, 12a StVG nicht. Wegen der weiteren Haftungsgründe liegt ein gesetzlicher Schuldbeitritt vor. 8

Bei einer Vorsatztat seines Fahrers nach § 103 VVG[16] ist nach dem Wortlaut des § 2 Abs. 2 Satz 3 PflVG dem befreiten Halter ein Berufen auf Leistungsfreiheit versagt. Die gesetzliche Regelung entspricht der Tatsache, dass die Halterhaftung unabhängig vom Fahrerverschulden zu beurteilen ist. 9

III. Grenzen der Leistungspflicht des befreiten Halters

Die Leistungspflicht des befreiten Halters orientiert sich nach § 2 Abs. 2 Satz 2 PflVG an den Mindestversicherungssummen nach Anlage 1 zu § 4 Abs. 2 PflVG. 10

Darüber hinaus kommt im Einzelfall eine unbegrenzte Haftung des Dienstherrn in Betracht. 11

Der Dienstherr hat zudem grundsätzlich seinen Beamten/Bediensteten über die Mindestdeckungssummen hinaus im Innenverhältnis freizustellen. Landesrechtliche Regelungen[17] beschränken im Einzelfall die Freistellung, insbesondere für Vorsatz und grobe Fahrlässigkeit. 12

---

8 Mitarbeiter ihrer Mitglieder können bisweilen allerdings Kasko- und Unfalldeckungsschutz erhalten. Dieser rechtliche Zusammenschluss von Gemeinden steht damit auch in einem gewissen Konkurrenzverhältnis zur privaten Versicherungswirtschaft.

9 *OLG Naumburg* Beschl. v. 09.08.2010 – 10 W 4/10, WKRS 2010, 29482 = NVwZ-RR 2011, 183 = NZV 2011, 189.

10 *BFH* Urt. v. 08.12.2010 – II R 12/08, BFHE 232, 223 = BB 2011, 597 = DB 2011, 516 = WKRS 2010, 34408.

11 Prölss/Martin/*Klimke* VVG, § 2 PflVG, Rn. 7.

12 *Feyock*/Jacobsen/Lemor KfzVers, § 2 PflVG, Rn. 4. Möglicherweise tragen auch steuerliche Aspekte zur Beibehaltung der bestehenden Regelung bei, auch wenn sie wegen Art. 3 und 12 GG nicht unproblematisch sind.

13 Himmelreich/Halm/*Kreuter* Handbuch Verkehrsrecht, Kap. 29., Rn. 43.

14 Schwintowski/Brömmelmeyer/*Huber* PK-VersR, § 113 VVG, Rn. 4.

15 *BGH* Urt. v. 17.02.1987 – VI ZR 75/86, WKRS 1987, 15110 = DAR 1987, 223 = NJW 1987, 2375 = VersR 1987, 1034 = MDR 1987, 658; Schwintowski/Brömmelmeyer/*Huber* PK-VersR, § 113 VVG, Rn. 4; Looschelders/Pohlmann/*Schwartze* VVG-Kommentar, § 113 VVG, Rn. 18.

16 *Feyock*/Jacobsen/Lemor § 2 PflVG, Rn. 8 hält eine Berufung des befreiten Halters auf § 103 VVG für ausgeschlossen.

17 Beispiel Rheinland-Pfalz, Justizblatt v. 19.12.2005 – ZKZ 63 004, Rundschreiben des Ministeriums für Finanzen vom 08.12.2005 (H4221 A-418) »Verhalten bei Schadensfällen im behördlichen Kraftfahrzeugbetrieb und Schadenshaftung der Fahrerinnen und Fahrer«.

13 Der Bund hatte zunächst per gemeinsamen Rundschreiben des Bundesministerium des Innern und des Bundesministerium für Finanzen eine Regelung für Bundesbeamte[18] getroffen und den Freistellungsanspruch bei nicht vorsätzlicher Schädigung auf 50 Mio. € begrenzt. Zudem hat er sich Rückgriffmöglichkeiten bei Obliegenheitsverletzungen vorbehalten, aber zugleich bei besonderen Härten für den Beamten, Erleichterungen nach § 59 Abs. 1 Nr. 3 BHO vorgesehen.

14 Das Bundesministerium des Innern[19] hat sodann die Regelung auf beim Bund angestellte Arbeitnehmer mit tarifvertraglichen Sonderregelungen zur Verjährungsfrage in § 37 TVöD übernommen.

IV. Direktanspruch

15 Gegen den befreiten Halter besteht unabhängig von der Betriebsgefahr des Fahrzeugs ein unmittelbarer Anspruch gegen den Halter. Dies gilt auch dann, wenn das Fahrzeug eines Landes[20] einem Verein zur Nutzung überlassen wurde. Dies gilt ferner für den kommunalen Schadenausgleich, da über § 2 Abs. 2 Satz 5 PflVG der § 115 Abs. 1 Satz 1 Nr. 1 VVG[21] zur Anwendung kommt.

16 Bei Unfällen im Ausland kann der Kfz-Haftpflichtversicherer im Inland am Wohnsitz des Geschädigten verklagt werden, Art. 9 EuGVVO. Für ein ausländisches Verkehrsunternehmen, das von der Versicherungspflicht befreit[22] ist und Schäden selbst reguliert, soll ein Geschädigter dagegen im Ausland klagen müssen. Dies entspricht zwar dem Wortlaut, aber nicht der Intension der Verordnung, der schwächeren Partei durch besondere Zuständigkeitsvorschriften zu schützen.

17 Es gelten die §§ 100 bis 124 VVG und die KfzPflVV sinngemäß, aber nicht[23] die AKB als unverbindlichen Musterbedingungen des GDV. Sie haben seit der Deregulierung ihre gesetzesähnliche Rechtsqualität durch die nicht mehr erforderliche behördliche Genehmigung eingebüßt.[24] Das wird mitunter selbst vom *BGH*[25] übersehen.

18 Soweit[26] gefordert wird, dass auch ohne ausdrückliche Vereinbarung der Kernbereich der Haftpflichtversicherung, insbesondere die Regulierungsvollmacht, gelte, kann dem nicht zugestimmt werden. Anders als der Pflicht-Haftpflichtversicherer, der nur neben dem Haftpflichtigen schuldet, aber nicht selbst haftet[27], haftet und schuldet der befreite Halter originär selbst. Folglich kann er immer im eigenen Namen regulieren und dabei die gesamtschuldnerischen Interessen mitvertreten.

---

18 Schadenshaftung der bei den Bundesbehörden beschäftigten Kraftfahrerinnen und Kraftfahrer im Beamtenverhältnis sowie der Beamtinnen und Beamten, die zumindest zeitweilig mit der Führung eines Kraftwagens beauftragt sind, im Verhältnis zu ihrem Dienstherrn, Gems. RdSchr. d. BMI u.d. BMF v. 27.06.2007 – BMI – D I 3 210 178/24 – BMF – Z B 1 – P 1070/06/0001 –.

19 Schadenshaftung der bei den Bundesbehörden beschäftigten Kraftfahrerinnen und Kraftfahrer im Arbeitsverhältnis und der Beschäftigten, die zumindest zeitweilig mit der Führung eines Kraftwagens beauftragt sind, im Verhältnis zu ihrem Arbeitgeber, Rundschreiben des BMI v. 29.09.2009, D 5 – 220 210 – 2/3 I f.

20 *KG Berlin* Beschl. v. 26.05.2011 – 12 U 146/10, WKRS 2011, 26629; Vorinstanz *LG Berlin* Urt. v. 08.09.2010 – 24 O 523/05, WKRS 2010, 37350.

21 Siehe auch Andres § 115 VVG § 115 VVG Rdn. 13.

22 *LG Mönchengladbach* Urt. v. 17.08.2012 – 3 O 346/11, WKRS 2012, 39108 = ADAJUR Dok. Nr. 101541 = r+s 2013, 197 = SVR 2013, 28 m. Anm. *Semrau*.

23 So zu Recht Prölss/Martin/*Klimke* VVG, § 2 PflVG, Rn. 5; a.A. Römer/*Langheid* VVG (2. Aufl.), § 2 PflVG, Rn. 4.

24 *Feyock*/Jacobsen/Lemor KfzVers, 2. Auflage 1997, AKB/TB Einführung, Rn. 11; *Schwab* Betrieb und Gebrauch eines Kraftfahrzeugs, DAR 2011, 11 (16).

25 *BGH* Urt. v. 28.09.2011 – IV ZR 294/10, WKRS 2011, 25980 = DAR 2011, 704 = VersR 2011, 1509 = zfs 2011, 695 = r+s 2012, 17 = MDR 2011, 1347 = NZV 2012, 34 = NJW-RR 2012, 163 = VRR 2012, 24 m. Anm. *Knappmann*; mit guten Gründen ablehnend *M. Müller*, r+s 2012, 584; siehe auch Kreuter A.1.1.1 AKB und Andres § 115 VVG A.1.1.1 AKB Rdn. 8–14 und § 115 VVG Rdn. 26–36.

26 *Feyock*/Jacobsen/Lemor KfzVers, § 2 PflVG, Rn. 13; Prölss/Martin/*Knappmann* VVG, Rn. 5.

27 Stiefel/Maier/*Jahnke* Kraftfahrtversicherung, § 115 VVG, Rn. 140.

Bei einem freiwilligen Abschluss einer Pflicht-Haftpflichtversicherung ist entgegen *OLG Frankfurt/M.*[28] wegen des besonderen Charakters ein Direktanspruch[29] gegen den Haftpflichtversicherer in gleicher Weise gegeben, als wenn es sich um einen versicherten Halter nach § 1 PflVG handelte. 19

Der freiwillige Abschluss einer Haftpflichtversicherung begründet jedoch entgegen *AG Hanau*[30] keinen Direktanspruch, wenn das Fahrzeug weder zulassungs- noch versicherungspflichtig ist. 20

V. Regress gegen Bedienstete

§ 2 Abs. 2 Satz 6 PflVG eröffnet die Anwendung der §§ 116 ff. VVG. Damit wird der befreite Halter nicht nur Gesamtschuldner, es werden ihm auch die Regressmöglichkeiten eingeräumt, die einem leistungsfreien Pflicht-Haftpflichtversicherer zustünden. 21

Beim kommunalen Schadensausgleich können von der KfzPflVV abweichende Regelungen bestehen, die für den Mitversicherten günstiger[31] sind. 22

VI. Zusatzdeckung durch Fahrer

Die Leistungsgrenzen des Halters sind auf die Mindestversicherungssummen begrenzt. Es wird hierzu eine Mehrfachversicherung[32] diskutiert, falls der Fahrer – ähnlich der sogenannten Mallorca-Police – ergänzenden Versicherungsschutz über eine eigene Kfz-Haftpflichtversicherung bekommt. Auf diese Möglichkeit zu besonders günstigen Bedingungen wird im gemeinsamen Rundschreiben[33] ausdrücklich hingewiesen. Im Zweifel wird die Versicherung auch hier als subsidiäre Deckung ausgestaltet sein, so dass sich die Frage der Mehrfachversicherung nach den §§ 77 ff. VVG nicht stellen wird. 23

In der Praxis dürfte es sich zudem so darstellen, dass der Fahrer als Bediensteter einen Freistellungsanspruch gegenüber seinem Dienstherrn hat. Ist Fahrzeughalter der Bund oder das Land, hat ihn dieser über die eigene Halterhaftung hinaus von der Inanspruchnahme zu entlasten. 24

Ist Halter ein Zweckverband, hat dieser den Fahrer freizustellen, wenn die Leistungspflicht des kommunalen Schadensausgleichs endet. 25

VII. Wegen der Fahrzeugart befreite Fahrzeughalter

In Abs. 1 Nr. 6 PflG a.F. werden als weniger gefährlich[34] angesehene Fahrzeuge von der Versicherungspflicht ausgenommen. Dabei ist es unerheblich, wer Halter eines solchen Fahrzeuges ist. Folglich ist die Vorschrift insbesondere für den nichtstaatlichen Bereich von Relevanz. 26

Nicht unter die Versicherungspflicht fallen: 27
- nach a) Kraftfahrzeuge, die bauartbedingt mit maximal 6 km/h nur Schrittgeschwindigkeit erreichen
- nach b) zulassungsfreie, d.h. maximal 20 km/h erreichende Arbeitsmaschinen und Stapler

In der ab 17.04.2024 geltenden Textfassung des § 2 PlfG n.F. ist Abs. 1 Nr. 6 ersatzlos gestrichen. Für selbstfahrende Arbeitsmaschinen und Stapler mit einer bauartbedingten Höchstgeschwindigkeit bis 20 km/h gilt: 28

---

28 *OLG Frankfurt/M.* Urt. v. 17.04.1986 – 1 U 85/85, ADAJUR Dok.Nr. 10654 = zfs 1986, 242; *OLG Karlsruhe* Beschl. v. 22.01.1980 – 1 W 69/79, ADAJUR Dok.Nr. 46006 = VersR 1980, 937; *LG Aachen* Urt. v. 30.01.2009 – 7 O 258/07, WKRS 2009, 38127 =ADAJUR Dok.Nr. 86207 = SP 2009, 428.

29 *BGH* Urt. v. 17.02.1987 – VI ZR 75/86, WKRS 1987, 15110 = NJW 1987, 2375 = NJW-RR 1987, 1237 = VersR 1987, 1034 = DAR 1987, 223 = zfs 1987, 276 = VRS 73, 97 = MDR 1987, 658; *KG* Berlin Urt. v. 12.09.2002 – 12 U 9590/00, WKRS 2002, 23849 = zfs 2002, 513 = VRS 104, 9 = NZV 2003, 30 = PVR 2003, 260 m. Anm. *Schröder*; *Bauer*, Die Kraftfahrtversicherung, Rn. 880; Stiefel/Maier/*Jahnke* Kraftfahrtversicherung, § 115 VVG, Rn. 88.

30 *AG Hanau* Urt. V. 30.01.1991 – 36 C 3177/90, zfs 1991, 388.

31 *Feyock*/Jacobsen/Lemor KfzVers, § 2 PflVG, Rn. 18.

32 *Feyock*/Jacobsen/Lemor KfzVers, § 2 PflVG, Rn. 9; Römer/*Langheid* (2. Aufl.) § 2 PflVG, Rn. 8.

33 Gems. RdSchr. d. BMI u.d. BMF v. 27.06.2007 – BMI – D I 3 210 178/24 – BMF – Z B 1- P 1070/06/0001 –.

34 Römer/*Langheid* (2. Aufl.) § 2 PflVG, Rn. 3; *Feyock*/Jacobsen/Lemor KfzVers, § 2 PflVG, Rn. 5.

- Wird das Fahrzeug ausschließlich auf nicht-öffentlichem, eingefriedetem Gebiet gebraucht, bleibt sein Halter nicht versicherungspflichtig
- Wird das Fahrzeug auch auf (teil)öffentlichem Gebiet gebraucht, bleibt der Entschädigungsfond bei einem Schadensfall einstandspflichtig.

29 Bei einer Erhöhung der jeweiligen bauartbestimmten Höchstgeschwindigkeit durch Manipulation wird das Fahrzeug zulassungs- und versicherungspflichtig[35].

- nach c) zulassungsfreie Anhänger

30 Hierbei handelt es sich um Anhänger nach § 3 Abs. 2 Nr. 2 FZV. Ist die Geschwindigkeit bei ihnen auf 25 km/h begrenzt, ist dies durch ein Schild zu kennzeichnen. Fehlt[36] die Kennzeichnung, werden die Anhänger zulassungs- und damit auch versicherungspflichtig, wenn sie im öffentlichen Verkehrsraum verwendet werden.

31 Wird ein zulassungsfreier Spezialanhänger[37] dennoch zugelassen, untersteht er der Pflicht-Haftpflichtversicherung. Die Haftpflichtversicherung ist zu unterhalten, da der Rechtsverkehr davon ausgeht, dass ein zugelassenes Fahrzeug versichert ist.

C. Weitere praktische Hinweise

32 Das Anhängerrisiko ist über die Mitversicherung durch Kraftfahrzeuge gedeckt, solange der Anhänger mit dem Kraftfahrzeug verbunden ist oder er sich noch nach dem unfreiwilligen Lösen vom Kraftfahrzeug in Bewegung befindet.

33 Der Vermieter eines nicht zulassungs- und versicherungspflichtigen Radladers kann aus Treu und Glauben gehalten sein, einem unerfahrenen Mieter darauf hinzuweisen, dass der Radlader lediglich kasko-, aber nicht haftpflichtversichert[38] ist.

34 Der Gesetzgeber des StVG hat durch die Einführung[39] des § 1 Abs. 3 StVG weitere Kraftfahrzeuge – Pedelecs mit motorgetriebener Tretunterstützung bis 25 km/h und Pedelecs mit Anfahrfahrhilfe bis 6 km/h – ausdrücklich nur für den Geltungsbereich des StVG – einer Ausnahme zugeführt. Da nicht gleichzeitig eine Ausnahme in § 1 PflVG noch in § 2 Abs. 1 Nr. 6 PflVG erfolgte, entstand eine Unsicherheit in Bezug auf die Versicherungspflicht von Pedelecs mit motorgetriebener Unterstützung bis 25 km/h. Der Gesetzgeber sollte für eine Klarstellung[40] sorgen.

35 Im Regressfalle des Bundes, des Landes oder einer sonstigen von der Pflichtversicherung befreiten Körperschaft gegen einen Beamten oder Tarifangestellten ist zu prüfen, ob durch Sonderregelungen zu § 2 Abs. 2 Satz 2 PflVG nicht nur die gesetzlichen, sondern an die private Versicherungswirtschaft angepasste Summen zugesagt wurden, ab denen erst der Regress durchgeführt werden kann. Für Bundesbeamte[41] wurde 2007 und für Bundesangestellte[42] 2009 eine entsprechende Vergünstigung geschaffen. Unabhängig davon ist im Regressfall die Zumutbarkeit einer Regresszahlung

---

35 Ob es auch zulassungs- und versicherungsfähig ist, richtet sich nach der Qualität der Veränderung und der Vorgaben des Verordnungsgebers.

36 Zur Frage der Gefahrerhöhung wegen fehlender Kennzeichnung *LG Koblenz* Urt. v. 22.09.1997 – 5 O 217/96, r+s 1998, 7 m. krit. Anm. *Münstermann*.

37 *VG Düsseldorf* Beschl. v. 01.02.2011 – 6 L 1924/10, WKRS 2011, 10907.

38 *BGH* Urt. v. 15.11.2006 – XII ZR 63/04, WKRS 2006, 28239 = VRS 112, 88 = MDR 2007, 262 = NJW-RR 2007, 298 = NZV 2007, 196 = VersR 2007, 364 = zfs 2007, 212 = VRR 2007, 106 m. Anm. *Schulz-Doll*.

39 Art. 5 des Gesetzes zur Änderung des Güterkraftverkehrsgesetzes und anderer Gesetze vom 17. Juni 2013, BGBl. I 2013 S. 1558 (1560).

40 Siehe auch § 1 PflVG, Rdn. 21–32.

41 Ziffer 6.1 des – Gems. RdSchr. d. BMI u.d. BMF v. 27.06.2007 – BMI – D I 3 210 178/24 – BMF – Z B 1 – P 1070/06/0001.

42 BMI Rundschreiben v. 29.09.2009, AZ: D 5 – 220 210 – 2/3 I f.

nach § 59 BHO oder nach den entsprechenden Landesgesetzen zu beachten. Dies erfordert einen entsprechenden Antrag des Regressschuldners.[43]

Text in der Fassung des Gesetzes zur Umsetzung der Richtlinie (EU) 2021/2118 im Hinblick auf die Kraftfahrzeug-Haftpflichtversicherung und die Kontrolle der entsprechenden Versicherungspflicht und zur Änderung anderer versicherungsrechtlicher Vorschriften vom 11.04.2024 mit Wirkung ab vom 17.04.2024

§ 2a (Ausnahmen von der Versicherungspflicht für bestimmte Fahrzeuge und deren Gebrauch)

(1) § 1 gilt nicht für die Halter folgender Fahrzeuge:
1. **Kraftfahrzeuge nach § 3 Abs. 3 S. 1 Nr. 1 Buchstabe a der Fahrzeug-Zulassungsverordnung, deren bauartbedingte Höchstgeschwindigkeit 20 Kilometer pro Stunde nicht übersteigt, wenn sie den Vorschriften über das Zulassungsverfahren nicht unterliegen,**
2. **Anhänger nach § 3 Abs. 3 S. 1 Nr. 2 und S. 2 der Fahrzeug-Zulassungsverordnung, wenn sie den Vorschriften über das Zulassungsverfahren nicht unterliegen,**
3. **Fahrzeuge, die keinem genehmigten Typ entsprechen und für die keine Betriebserlaubnis oder andere Genehmigung erteilt ist, für die aber eine Zulassung nach den Vorschriften der Fahrzeug-Zulassungsverordnung vorgeschrieben ist.**

(2) § 1 gilt nicht für den ausschließlichen Gebrauch eines Fahrzeugs in einem Gebiet nach § 6 Abs. 2 für die Halter folgender Fahrzeuge:
1. **Fahrzeuge, die den Vorschriften über das Zulassungsverfahren unterliegen, jedoch nicht zum Gebrauch auf öffentlichen Straßen zugelassen werden,**
2. **Kraftfahrzeuge nach § 3 Abs. 3 S. 1 Nr. 1 Buchstabe b bis d, f und g der Fahrzeug-Zulassungsverordnung.**
3. **§ 1 gilt auch nicht für den Gebrauch eines Fahrzeugs bei einer Motorsportveranstaltung oder Motorsportaktivität, einschließlich Rennen, Wettbewerben, Trainings, Tests und Demonstrationen, in einem hierfür abgegrenzten Gebiet mit Zulassungsbeschränkungen, wenn die durch diesen Gebrauch des Fahrzeugs verursachten Personenschäden, Sachschäden oder sonstigen Vermögensschäden durch einen Versicherungsschutz nach Maßgabe des § 5d gedeckt sind.**

Übersicht

A. Allgemeines

In der zum 17.04.2024 neu eingeführten Vorschrift des § 2a PflVG n.F. schließt der Gesetzgeber im Einklang mit der umzusetzenden Richtlinie (EU) 2021/2118 und zugleich mit der Intention, das bisher bestehende Haftungsregime möglichst unangetastet zu lassen[1], einige Fahrzeuge von der Versicherungspflicht nach § 1 PflVG n.F. aus. 1

B. Regelungsgehalt

Zu unterscheiden ist dabei zwischen folgenden Anwendungsbereichen: 2

43 Engels/Eibelshäuser/Preißmann Kommentar zum Haushaltsrecht des Bundes und der Länder sowie der Vorschriften zur Finanzkontrolle, § 59 BHO, Rn. 15.

1 BR-Drs. 229/23, S. 62.

1. Arbeitsmaschinen und Stapler

3 Für (selbstfahrende) Arbeitsmaschinen wie Bagger, Ernte- und Kehrmaschinen sowie Stapler mit einer bauartbedingten Höchstgeschwindigkeit über 6 km/h bis 20 km/h gilt die alte Regelung, wonach auch der Gebrauch auf öffentlichen Straßen und Plätzen ohne Erfüllung der Versicherungspflicht zulässig ist, weiter fort.

4 Bereits bislang waren diese Kraftfahrzeuge gemäß § 3 Abs. 3 Satz 1 Nr. 1a FZV von der Versicherungspflicht befreit, § 2 Abs. 1 Nr. 6b PflVG a.F.. Der ursprüngliche RegE sah vor, für sämtliche unter den neuen Fahrzeugbegriff der Richtlinie (EU) 2021/2118 fallenden Fahrzeuge eine Versicherungspflicht zu schaffen. Denn die Aufrechterhaltung der Befreiung von der Versicherungspflicht hat gemäß Art. 5 Abs. 2 der Richtlinie (EU) 2021/2118 zur Folge, dass in einem Schadensfall stets der Entschädigungsfonds einzustehen hat und zwar unabhängig davon, ob sich das Unfallereignis im öffentlichen Straßenverkehr oder auf einem umschlossenen Gebiet nach § 6 PflVG n.F, ereignet. Erklärtes Ziel des Gesetzgebers war es zunächst, den Entscheidungsfond in Ansehung der geplanten Neuregelung von möglichen Schadensfällen freizuhalten, das es nicht die Aufgabe der Versichertengemeinschaft sein könne, durch die Nutzung dieser Fahrzeuge verursachte Schäden abzufangen und den eigentlichen Schädiger zu entlasten. Da nach Berechnung des GDV die Verkehrsopferhilfe in den letzten fünf Jahren allerdings nur acht Schadensfälle mit einer durchschnittlichen Entschädigungsleistung von ca. 3.500,- €, also insgesamt etwa 28.000,- € regukierte, kam Kritik an dem Vorhaben auf, alle Halter von selbstfahrenden Arbeitsmaschinen und Staplern der Versicherungspflicht zu unterwerfen. Schlussendlich verweigerte der Bundesrat der geplanten Regelung seine Zustimmung. Als Ergebnis des Vermittlungsverfahrens bleibt es nunmehr auf Dauer bei der Versicherungsfreiheit der selbstfahrenden Arbeitsmaschinen und Stapler und der Einstandspflicht des Entschädigungsfonds.

5 Die nach § 3 Abs. 2 Satz 1 Nr. 1a) FZV von den Vorschriften des Zulassungsverfahrens ausgenommenen selbstfahrenden Arbeitsmaschinen und Stapler sind auch dann von der Versicherungspflicht ausgeschlossen, wenn der Gebrauch entweder ausschließlich auf einem Gebiet nach § 6 Abs. 2 PflVG n.F. erfolgt oder eine »Allgemeine Haftpflichtversicherung« besteht. Die »Allgemeine Haftpflichtversicherung« muss mit den Mindestversicherungssummen der Anlage zu § 4 Abs. 2 PflVG n.F. den Schaden decken. Durch die Richtlinie (EU) 2021/2118 und die durch sie vermittelte Anhebung des Schutzniveaus wird nun auch für diese selbstfahrenden Arbeitsmaschinen und Stapler das Bestehen eines, nicht notwendigerweise über eine Kfz-Haftpflichtversicherung sichergestellten Versicherungsschutzes verlangt. Deckungsschutz kann insoweit z.B. auch durch eine Betriebshaftpflicht- oder Privathaftpflichtversicherung gewährleistet werden, wenn diese auch eingreifen, wenn das Fahrzeug im öffentlichen Straßenverkehr verwendet wird.[4]

2. Anhänger

6 Gemäß § 2a Abs. 1 Nr. 2 PflVG n.F. bleibt die bisherige Regelung, nach der die unter § 3 Abs. 3 Satz 1 Nr. 2 bzw. Satz 2 FZV fallenden Anhänger nicht der zulassungs- und damit der Versicherungspflicht unterliegen, erhalten. Davon umfasst sind im Wesentlichen Anhänger, die mit nicht mehr als 25 km/h mitgeführt werden sowie bestimmte Arbeitsmaschinen. In dem Fall, in dem diese Fahrzeuge einen Schaden verursachen und eine Haftung nicht z.B. über die Zugmaschine zu realisieren ist, haftet der Entschädigungsfonds[5].

3. Fahrzeuge ohne Typgenehmigung

7 Gemäß § 2a Abs. 1 Nr. 3 PflVG n.F. sind Fahrzeuge von der Versicherungspflicht ausgenommen, die ohnehin nicht auf öffentlichen Straßen, Wegen und Plätzen in Betrieb gesetzt werden. Art. 5 und Art 6 der Richtlinie (EU) 2021/2118 erlauben dem nationalen Gesetzgeber im Wege der sog.

---

4 Burmann/Kemperdiek r+s 2023, 893 (895).
5 Burmann/Kemperdiek r+s 2023, 893 (894).

Ausnahmeoption die wahlweise Herausnahme dieser Arten von Fahrzeugen aus der Pflichtversicherung. Unter § 2a Abs. 1 Nr. 3 PflVG n.F. fallen damit Fahrzeuge, die nicht zugelassen, weil nicht zulassungsfähig sind, z. B. weil sie weder über eine Einzelgenehmigung oder eine Betriebserlaubnis oder eine Ausnahmegenehmigung verfügen und auch keinem genehmigten Typ entsprechen. Die Krafthaftpflichtversicherer unterliegen hinsichtlich dieser Fahrzeuge auch keinem Kontrahierungszwang[6].

4. Bestimmter Gebrauch des Fahrzeugs

§ 2a Abs. 2 PflVG n.F. nimmt Fahrzeuge nach der Art ihres Gebrauchs von der Pflichtversicherung aus. Für § 2a Abs. 2 Nr. 1 und Nr. 2 PflVG n.F. gilt einheitlich, dass der Gebrauch nur auf einem Gebiet nach § 6 Abs. 2 PflVG n.F. erfolgen darf. Ein solches Gebiet setzt kumulativ voraus, dass der Ort der Nutzung keine öffentliche Straße i.S.d. StVG ist und entweder ein befriedetes Besitztum i.S.d. § 123 StGB darstellt oder aber eine Rechtsverordnung zur Einfriedung des Ortes besteht, wie dies gemäß § 46 LuftVZO z.B. für Flughäfen gegeben ist. Hierdurch soll ausgeschlossen werden, dass Dritte mit solchen nicht versicherten Fahrzeugen überhaupt in Kontakt kommen können. 8

Von der Versicherungspflicht sind ferner sämtliche Fahrzeuge nach § 3 Abs. 3 Satz 1 Nr. 1 b bis d, f und g FZV ausgenommen, also auch Elektrokleinstfahrzeuge (Scooter). Für die in Nr. 1 e beschriebenen motorisierten Krankenfahrstühle bleibt die Versicherungspflicht bestehen. Da von diesen ohnehin langsamen und leichten Fahrzeugen des Katalogs keine nennenswerte Gefahr für Dritte ausgeht, ist der Gebrauch dieser Fahrzeuge in den Gebieten nach § 6 Abs. 2 PflVG n.F. auch möglich, ohne der ansonsten bestehenden Versicherungspflicht zu genügen. An der beispielsweise für Elektrokleinstfahrzeugen bestehenden Versicherungspflicht nach § 2 Abs. 1 Nr. 2 ekFV i.V.m. § 29a FZV für den Gebrauch im öffentlichen Straßenverkehr ändert sich durch § 2a Abs. 2 Nr. 2 PflVG n.F. nichts. 9

5. Verwendung von Fahrzeugen bei Motorsportveranstaltungen

Durch § 2a Abs. 3 PflVG n.F. werden auch Fahrzeuge von der Versicherungspflicht nach § 1 PflVG n.F. ausgenommen, die (nur) im Rahmen von Motorsportveranstaltungen oder Motorsportaktivitäten auf einem hierfür gesondert abgegrenzten Bereich gemäß § 6 Abs. 2 PflVG n.F. gebraucht werden. In diesem Fall wird aber zusätzlich gefordert, dass statt einer Kfz-Haftpflichtversicherung eine Motorsporthaftpflichtversicherung nach der neuen Norm des § 5d PflVG n.F. unterhalten wird. 10

§ 3 (Beschränkung des Verweisungsprivilegs)

Ist der Versicherer gegenüber dem Versicherungsnehmer nicht zur Leistung verpflichtet, weil das Fahrzeug den Bau- und Betriebsvorschriften der Straßenverkehrs-Zulassungs-Ordnung nicht entsprach oder von einem unberechtigten Fahrer oder von einem Fahrer ohne die vorgeschriebene Fahrerlaubnis geführt wurde, kann der Versicherer den Dritten abweichend von § 117 Abs. 3 Satz 2 des Versicherungsvertragsgesetzes nicht auf die Möglichkeit verweisen, Ersatz seines Schadens von einem anderen Schadensversicherer oder von einem Sozialversicherungsträger zu erlangen. Soweit der Dritte jedoch von einem nach § 2 Abs. 1 Nr. 1 bis 5 von der Versicherungspflicht befreiten Fahrzeughalter Ersatz seines Schadens erlangen kann, entfällt die Leistungspflicht des Versicherers.

Änderung gem. BT-Drucksache 20/8094 § 3 letzter Satz PflVG24.07.2024:

Soweit der Dritte jedoch von einem nach § 2 Absatz 1 von der Versicherungspflicht befreiten Fahrzeughalter Ersatz seines Schadens erlangen kann, entfällt die Leistungspflicht des Versicherers.

6 Burmann/Kemperdiek r+s 2023, 893 (895).

Übersicht

A. Verweisung

1 Dem Versicherer wird in § 117 Abs. 3 S. 2 VVG im Falle eines kranken Versicherungsverhältnisses die Möglichkeit eingeräumt, in der Kraftfahrzeug-Haftpflicht-Versicherung einen Geschädigten an einen anderen Schadenversicherer zu verweisen. Dieses Recht wird durch § 3 PflVG eingeschränkt.

I. Allgemeines

2 Diese Regelung entspricht dem § 3 Nr. 6 PflVG a.F. Leider steht diese Vorschrift hier ein wenig isoliert, so dass die Bedeutung im Gesamtgefüge nicht mehr erkennbar ist. Grundsätzlich ist der Kraftfahrzeug-Haftpflicht-Versicherer bei einem Schadenfall im öffentlichen Verkehrsraum verpflichtet, dem Dritten unmittelbar – auf dessen Verlangen – den entstandenen Schaden zu ersetzen. Dabei kann er sich nicht auf irgendwelche Umstände berufen, die das Versicherungsverhältnis zum Schädiger betreffen, §§ 117 Abs. 1 und 2 VVG. Der nicht versicherte Geschädigte soll geschützt werden. Eines Schutzes bedarf er insoweit nicht, als sein Schaden durch andere Schadenversicherer gedeckt ist[1]. In diesen Fällen lässt § 117 Abs. 3 S. 2 VVG ausdrücklich zu, den Verletzten hinsichtlich der ihm zustehenden Schadenersatzansprüche an diesen anderen Schadenversicherer, der diese Positionen ebenfalls abdeckt, zu verweisen. Hat der Geschädigte aber seinerseits wegen einer Obliegenheitsverletzung oder wegen Nichtzahlung der Erst- oder Folgeprämie keinen Versicherungsschutz, so bleibt es bei der Leistungspflicht des Kraftfahrzeug-Haftpflicht-Versicherers des Schädigers. Gleiches gilt auch, wenn beispielsweise mehrere Obliegenheitsverletzungen bzw. Leistungsfrei-Tatbestände zusammentreffen, von denen nur der eine die Verweisungsmöglichkeit ausschlösse. Die Verweisung wegen der zweiten Obliegenheitsverletzung bleibt dann immer noch zulässig. Eine Ausweitung des § 3 Nr. 6 PflVG a.F. = § 3 PflVG n.F. ist nicht vorgesehen[2].

3 Die nunmehr vorgesehene Änderung des Verweises auf § 2 Abs. 1 PflVG ist lediglich der Änderung des § 2 PflVG geschuldet. Eine inhaltliche Änderung wird dadurch nicht vorgenommen.

II. Anderer Schadenversicherer

4 Als anderer Schadenversicherer kommen alle die Versicherer in Betracht, die dem Geschädigten Ersatz seines Schadens zu leisten haben, ohne Summenversicherer zu sein[3]. Dies bedeutet zum einen, dass auch an den Kraftfahrzeug-Haftpflicht-Versicherer eines anderen Schädigers verwiesen werden kann, soweit dieser Versicherungsschutz zu leisten hat. Auch an die Versicherungen des Geschädigten, die für kongruente Positionen des Schadens ihres Versicherungsnehmers eintreten müssen, kann verwiesen werden. Diese sind die Fahrzeug-Versicherung, die private Krankenversicherung, aber auch eine Transportversicherung, die Reisegepäckversicherung, soweit sie nicht in Form von Summenversicherungen reguliert.

---

1 NK-VersR/Kreuter § 3 PflVG, Rn. 2.

2 So BGH v. 02.10.2002 – IV ZR 309/01, r+s 2003, 5 = VersR 2002, 1501 = NJW 2003, 514.

3 Langheid in Römer/Langheid VVG, § 158 Rn. 18 (a.F.).

III. Sozialversicherungsträger

Als Sozialversicherungsträger sind zu nennen die gesetzlichen Krankenkassen, die Träger der gesetzlichen Unfallversicherung und die Rentenversicherungsträger. An die nur subsidiär haftenden Träger der Sozialhilfe kann nicht verwiesen werden, wie auch nicht auf die Hartz IV Regelungen (Arbeitslosenhilfe), da insoweit ein Versicherungsverhältnis nicht besteht und es nur um die Sicherung des Lebensunterhaltes geht. 5

IV. Von der Versicherungspflicht befreiter Fahrzeughalter

Auch an den Fahrzeughalter nach § 2 PflVG, der von der Versicherungspflicht befreit ist, kann zulässigerweise verwiesen werden, wenn er als Selbstversicherer agiert. Hat dieser hingegen freiwillig seine Fahrzeuge bei einem Kraftfahrzeug-Haftpflicht-Versicherer versichert, kann nur an diesen verwiesen werden, nicht aber an den befreiten Halter. 6

B. Beschränkung der Verweisung dem Grunde nach

Dieses Recht zur Verweisung wird durch § 3 PflVG in drei Fällen eingeschränkt. 7

Eine Verweisung ist ausgeschlossen, wenn das Fahrzeug durch einen führerscheinlosen oder einen unberechtigten Fahrer geführt wird, ebenso wenn ein Fahrzeug nicht den Bau- und Betriebsvorschriften der StVZO entspricht. Diese Vorschrift ist wegen der ausdrücklichen Beschränkung auf die drei nachgenannten Tatbestände einer erweiternden Auslegung nicht zugänglich[4]. Sie beziehen sich allein auf die Fälle der Leistungsfreiheit nach § 3 Ziffer 4 PflVG a.F., der jetzt in die Regelungen des § 117 Abs. 1 und 2 aufgenommen wurde. Eine Änderung der Geltung des § 3 PflVG n.F. hat diese Verschiebung nicht zur Folge. 8

I. Bau- und Betriebsvorschriften der StVZO

Das versicherte Fahrzeug entspricht nicht den Bau- und Betriebsvorschriften der StVZO, d.h. es entspricht nicht den gesetzlichen Regelungen. Gemeint sind mit dieser Formulierung im Wesentlichen die Fälle, in denen sich der Versicherer dem Versicherungsnehmer oder Fahrer gegenüber auf Leistungsfreiheit wegen einer objektiven Gefahrerhöhung gem. § 23 ff. VVG beruft. Es geht hier ausschließlich um die Zustandsveränderungen am versicherten Fahrzeug, die das versicherte Risiko nachteilig beeinflussen. Da sich die Formulierung auf die Bau- und Betriebsvorschriften der StVZO beschränkt, ist nur die Verweisung wegen der objektiven Gefahrerhöhung ausgeschlossen[5]. 9

II. Unberechtigter Fahrer

Unberechtigter Fahrer ist derjenige, der gegen oder ohne den Willen des tatsächlichen Berechtigten das versicherte Fahrzeug führt. Dabei kommt es nicht darauf an, ob sich der Fahrer das Fahrzeug in Zueignungsabsicht beschafft hat, oder er lediglich den an sich genehmigten Gebrauch des Fahrzeuges überschreitet[6]. 10

III. Fahrer ohne vorgeschriebene Fahrerlaubnis

Auch im Falle des Fahrens ohne die für das geführte Fahrzeug vorgeschriebene Fahrerlaubnis ist der Versicherer nicht berechtigt, den Geschädigten an einen anderen Schadenversicherer zu verweisen[7]. 11

4 So BGH IV ZR309/01 in r+s 2003, 5 = VersR 2002, 1501 = NJW 2003, 514.
5 Wegen der Details vgl. Kommentierung zu D.2.3 AKB, vgl. auch Kommentierung zu § 23 VVG.
6 Wegen der Details vgl. Kommentierung zu D.1.1.2 AKB.
7 Wegen der Details vgl. Kommentierung zu D.1.1.3 AKB.

C. Zusammentreffen von mehreren Obliegenheitsverletzungen

12 Begeht der Versicherungsnehmer mehrere Obliegenheitsverletzungen, von denen auch nur eine die Verweisung zulässt, ist der Ausschluss des § 3 PflVG hinfällig und der Geschädigte kann an einen anderen Schadenversicherer verwiesen werden[8].

Text in der Fassung des Gesetzes zur Umsetzung der Richtlinie (EU) 2021/2118 im Hinblick auf die Kraftfahrzeug-Haftpflichtversicherung und die Kontrolle der entsprechenden Versicherungspflicht und zur Änderung anderer versicherungsrechtlicher Vorschriften vom 11.04.2024 mit Wirkung ab vom 17.04.2024

§ 3a (Verfahren der Schadenregulierung)

(1) Macht der Dritte den Anspruch nach § 115 Abs. 1 des Versicherungsvertragsgesetzes geltend, so hat der Versicherer oder der Schadensregulierungsbeauftragte dem Dritten unverzüglich, spätestens innerhalb von drei Monaten,

1. **ein mit Gründen versehenes Schadenersatzangebot vorzulegen, wenn die Eintrittspflicht unstreitig ist und der Schaden beziffert wurde, oder**
2. **eine mit Gründen versehene Antwort auf die in dem Antrag enthaltenen Darlegungen zu erteilen, sofern die Eintrittspflicht bestritten wird oder nicht eindeutig feststeht oder der Schaden nicht vollständig beziffert worden ist.**

Die Frist beginnt mit Zugang des Antrags bei dem Versicherer oder dem Schadenregulierungsbeauftragten.

(2) Wird das Schadensersatzangebot (Abs. 1 S. 1 Nr. 1) nicht binnen drei Monaten vorgelegt, so ist der Anspruch des Dritten mit dem sich nach § 288 Abs. 1 Satz 2 des Bürgerlichen Gesetzbuchs ergebenden Zinssatz zu verzinsen. Weitergehende Ansprüche des Dritten bleiben unberührt.

Übersicht

8 BGH v. 02.10.2002 – IV ZR 309/0, r+s 2003, 5 = VersR 2002, 1501 = NJW 2003, 541 = DAR 2003, 164; OLG Hamm v. 15.04.1999 – 27 U 236/98, VersR 2000, 1139 = NJW RR 1999, 1189.

A. Allgemeines

Die zum 01.01.2003 eingefügte Vorschrift[1] und in der Umsetzung der Richtlinie (EU) 2021/2118 textlich und sprachlich leicht angepasste Norm ergänzt den Direktanspruch gegen den Kfz-Pflicht-Haftpflichtversicherer nach § 115 Abs. 1 Satz 1 Nr. 1 VVG. Es handelt sich um ein »Druckmittel«, um die Bearbeitung von Kfz-Haftpflichtschäden zu beschleunigen. Nach dem Sinn und Zweck des Gesetzes sollen die Opfer von Verkehrsunfällen hinreichenden Schutz erfahren. Dies ist nur bei einer zeitnahen Abwicklung des Schadens gewährleistet. Die Vorschrift beinhaltet aber keine[2] gesetzliche Regulierungsfrist. § 2 Abs. 2 Satz 5 PflVG verweist nicht auf § 3a PflVG. So entzieht sich der Staat dem Druck, selbst schnell und angemessen regulieren zu müssen. 1

Die Regelung geht auf die Anforderungen früherer KH-Richtlinien[3] zurück, die zuletzt in Art. 22 der 6. KH-Richtlinie[4] zusammengefasst sind. Die Vorschrift berührt zivilrechtliche Ansprüche, die vor dem Zivilgericht verfolgt werden können. Sie ermöglicht keinen Rechtsanspruch auf Einschreiten der Versicherungsaufsicht[5] gegen den Kfz-Haftpflichtversicherer. 2

B. Regelungsgehalt

I. Geltendmachung des Direktanspruchs

Der Geschädigte muss den Direktanspruch gegenüber dem Kfz-Haftpflichtversicherer geltend machen. Allein einen Anspruch zu besitzen reicht nicht aus. 3

Nicht jeder Geschädigte, sondern nach hiesigem Verständnis nur das Verkehrsunfallopfer[6], ist primär schutzwürdig. Das sind die Insassen des Fahrzeugs (mit Ausnahme des Fahrers des versicherten Fahrzeugs), Fußgänger, Radfahrer und nicht motorisierte Verkehrsteilnehmer. Wegen ihrer hohen Rechtsgüter »Leib und Leben« ist ein Eingriff in die Grundrechte[7] des Versicherers gerechtfertigt. Entsprechend ist es auch angemessen, neben der Pflicht-Haftpflichtversicherung und dem Direktanspruch gegen den Kfz-Haftpflichtversicherer, diesen unter Zeitdruck zu setzen. 4

Alle anderen (z.B. Eigentümer der Straße, Anwohner, Vertragspartner des Schädigers) können ebenfalls durch den Gebrauch des Fahrzeugs geschädigt sein. Sie sind jedoch keine Verkehrsteilnehmer und nehmen nach dem Sinn und Zweck des Direktanspruchs keine Sonderstellung ein. Sie sind nicht schutzwürdiger als im Haftpflichtfall außerhalb des Kfz-Gebrauchs. Der *BGH*[8] macht allerdings ohne stichhaltige Begründung zu Unrecht für diesen Personenkreis keinen Unterschied. 5

---

1 Gesetz vom 10.07.2002, BGBl. I 2586, in der seit 01.01.2008 geltenden Fassung. (Änderungen durch Aufnahme von Abs. 2 zum 18.12.2007 und Änderung der Bezugsnorm § 3 Nr. 1 PflVG a.F. in § 115 Abs. 1 VVG zum 01.01.2008).

2 *Kääb* FD-StrVR 2012, 335266.

3 4. und 5. KH-Richtlinie.

4 Richtlinie 2009/103/EG vom 16.09.2009, Amtsblatt der Europäischen Union v. 07.10.2009, L 263/11.

5 *VG Frankfurt am Main* Urt. v. 28.03.2011 – 9 K 566/10.F, WKRS 2011, 13445 = ADAJUR Dok. Nr. 92909 = NJW 2011, 2747.

6 Siehe hierzu ausführlicher Anders, § 115 VVG Rdn. 67–104.

7 Anders, Vor §§ 113–124 VVG, Rdn. 3–13.

8 *BGH* Nichtannahmebeschl. v. 08.04.2008 – VI ZR 227/07, (Regress eines Gewässerschadenhaftpflichtversicherers gegen einen Kfz-Haftpflichtversicherer wegen Sachschäden) zu *OLG Frankfurt/Main* Urt. v. 17.08.2007 – 19 U 268/06, WKRS 2007, 49762 = NJOZ 2008, 2864 = r+s 2008, 437 = zfs 2008, 377 m. Anm. *Diehl*; dem folgend die h.M. Himmelreich/Halm/*Luckey* Handbuch Verkehrsrecht Kap. 1, Rn. 105.

6 Zu beachten ist, dass nicht einmal alle Ansprüche eines geschädigten Insassen[9] gegen den schuldhaft[10] handelnden Fahrer eines Fahrzeugs, in dem er mitgefahren ist, mit einem Direktanspruch gegen den Versicherer versehen sind. Schäden an transportierten Sachen des Insassen sind nicht versichert; § 4 Nr. 3 KfzPflVV; A.1.5.5 AKB 2015.

II. Versicherer

7 Versicherer ist der Kfz-Haftpflichtversicherer des versicherten Fahrzeugs gegenüber dem ein Direktanspruch nach § 115 Abs. 1 Satz 1 Nr. 1 VVG bestehen kann. Der Zinsanspruch richtet sich dagegen nicht gegen mitversicherte Schädiger, auch wenn sie nach § 115 Abs. 1 Satz 4 VVG Gesamtschuldner der Schadensersatzforderung als Hauptleistung sind. Hinsichtlich der durch § 3a PflVG begründeten zusätzlichen Nebenforderung besteht somit kein Gesamtschuldverhältnis. Das Gericht hat dies in einem zivilrechtlichen Urteil bei der Abfassung des Tenors zu beachten.

III. Schadenregulierungsbeauftragter

8 Nach § 163 VAG sind von den Versicherern Schadenregulierungsbeauftragte[11] in allen Mitgliedsstaaten zu benennen. Sie können für mehrere Versicherer tätig werden und haben die Schäden für den Versicherer in der Amtssprache des Landes zu regulieren.[12] Ausländische Versicherer haben folglich in Deutschland Beauftragte mit Sitz oder Niederlassung in Deutschland, die diese Schäden hier im Inland abwickeln.

9 Schadenregulierungsbeauftragte sind nicht passivlegitimiert aber nach einem Urteil des EuGH[13] passiv zustellungsbevollmächtigt. Der Direktanspruch richtet sich somit auch nicht gegen sie, sondern den ausländischen Kfz-Haftpflichtversicherer, für den sie tätig sind.[14] Der ausländische Versicherer kann am inländischen[15] Wohnort des Geschädigten verklagt werden, auch wenn sich der Unfall im Ausland ereignet hat.

IV. Fristen

10 Das Gesetz sieht eine relative und eine absolute Frist vor, zu der eine begründete Stellungnahme des Versicherers bzw. des Schadenregulierungsbeauftragten erwartet wird.

11 Relative Frist bedeutet – unverzüglich – also ohne schuldhaftes Zögern, § 121 Abs. 1 Satz 1 BGB[16]. Die Nichteinhaltung dieser Frist ist allerdings an keine Rechtsfolge nach diesem Gesetz gebunden. Es handelt sich somit nur um einen Appell an den Versicherer, schnell zu regulieren.[17]

12 Als absolute – Rechtsfolgen auslösende – Frist sind **drei Monate** vorgesehen.

13 Die Frist **beginnt** mit Eingang der Anspruchserhebung beim Versicherer zu laufen.

14 Anspruchserhebung ist mehr als nur eine Schadenanzeige in Textform nach den §§ 119 Abs. 1 VVG; 126b BGB. Der Anspruch ist zum Grunde und zur Höhe rechtlich darzulegen und nachzuweisen[18].

---

9 *Hedderich* Pflichtversicherung, Diss. 2010, S. 350.

10 Halterhaftung wegen § 8 Nr. 3 StVG gesetzlich ausgeschlossen.

11 Art. 21 der 6. KH-Richtlinie schreibt die Übernahme in das Recht der Mitgliedsstaaten vor.

12 Prölss/Martin/*Klimke* PflVG § 3a Rn. 2.

13 *EuGH* Urt. v. 10.10.2013 – C-306/12, NJW 2014, 44 = zfs 2013, 689 m. Anm. *Diehl*.

14 Prölss/Martin/*Klimke* PflVG § 3a Rn. 3.

15 *EuGH* Urt. v. 13.12.2007 – Rs. C-463/06, WKRS 2007, 45222 = DAR 2008, 17 = NJW 2008, 819 = VersR 2008, 111 = NZV 2008, 133 = SVR 2008, 108 m. Anm. *Müller*.

16 Legaldefinition gilt in vielen Rechtsgebieten über das bürgerliche Recht hinaus, siehe PWW/*Ahrens* § 121 BGB, Rn. 3.

17 *Baumann* Die Pflicht des Kraftfahrzeug-Haftpflichtversicherers gegenüber dem geschädigten Dritten zur unverzüglichen Schadenbearbeitung, r+s 2013, 469 (476).

18 Feyock/*Jacobsen*/Lemor § 3a PflVG, Rn. 11.

Die Erhebung des Anspruchs nur zum Grunde ist für eine Rechtsfolge nach Abs. 1 Nr. 2 (§ 3a Abs. 2 n.F.) unvollständig. Ein lediglich festzustellender Anspruch kann nicht verzinst werden. Dies geht nur bei Kapitalbeträgen, die der Höhe nach feststehen. 15

Die Frist **endet** mit Eingang des mit Gründen versehenen Schadenregulierungsangebotes oder Ablehnungsschreibens beim Geschädigten. Der Versicherer hat den Zugang des Schreibens zu beweisen. 16

V. Entschädigungsverfahren

In das deutsche Recht wurden die Anforderungen an ein Entschädigungsverfahren übernommen. Dies unterscheidet begründete sowie teilbegründete und bestrittene Ansprüche. 17

1. mit Gründen versehenes Schadenersatzangebot

In unstreitigen Fällen zu Grund und Höhe hat der Versicherer bzw. der Schadenregulierungsbeauftragte ein mit Gründen versehenes Schadensersatzangebot vorzulegen. 18

Was genau darunter zu verstehen ist und wie die begründete Antwort auszusehen hat, wurde weder in der Richtlinie noch in der Begründung zur deutschen Umsetzungsnorm niedergelegt[19]. 19

Dies bedeutet, dass der Versicherer (zwangsweise) nach dem Wortlaut abrechnen muss, wobei er auf die einzelnen[20] Positionen zurückzukommen hat, die der Geschädigte selbst geltend gemacht hat. 20

Auf die Praxis wirkt sich dies unpassend und erschwerend aus, wenn der Versicherer doch genau das in Summe zu zahlen bereit ist, was der Geschädigte haben möchte. Dem Interesse des Geschädigten sollte Genüge getan sein, wenn er das bekommt, was er beansprucht hat.[21] Er kommt bei der vollständigen Regulierung nicht in der Situation überlegen zu müssen, was er als nächstes unternehmen soll. Eine Pflicht zur genauen Abrechnung läuft in diesen Fällen letztlich ins Leere, da eine erloschene Schuld nicht zu verzinsen ist. 21

2. mit Gründen versehenes Ablehnungsschreiben

Anders sieht es allerdings dann aus, wenn z.B.: 22
- die Haftung streitig ist
- Ansprüche nicht ausreichend belegt sind
- Ansprüche nicht fällig sind
- Abzüge Neu für Alt zu berücksichtigen sind
- Abzüge wegen Vorteilsausgleichung den Schadensersatzanspruch mindern
- Ansprüche aufgrund einer Abtretung, einem gesetzlichen Forderungsübergang oder einer Pfändung nicht mehr dem Geschädigten zustehen
- die Einrede der Verjährung erhoben wird
- mit einer Gegenforderung aufzurechnen ist

In diesen Fällen ist es erforderlich, dass der Versicherer nähere Angaben dazu macht, warum z.B.: 23
- er noch nicht regulieren kann
- welche Nachweise fehlen, um eine objektive Bewertung durchführen zu können
- Schadenspositionen gekürzt werden
- es an der Aktivlegitimation fehlt

Der Zwischenbescheid, das Abrechnungsschreiben oder das Ablehnungsschreiben muss hier inhaltlich umfangreicher sein. Es reicht aber aus, wenn es die Gründe knapp gehalten darlegt oder 24

---

19 Himmelreich/Halm/*Schwarz* Handbuch Verkehrsrecht, Kap. 3, Rn. 79.

20 Feyock/*Jacobsen*/Lemor § 3a PflVG, Rn. 12.

21 Prölss/Martin/*Klimke* PflVG § 3a Rn. 4.

erläutert. Auch an eine solche Antwort sind keine übertriebenen Anforderungen zu stellen. Der notwendige Begründungsumfang ist immer einzelfallabhängig[22].

3. Teilregulierung

25 Der Versicherer kann dem Risiko (der Pflicht zur Zahlung von Zinsen) entgehen, indem er zunächst auf die unstreitigen Positionen[23] reguliert. Der offene Forderungsteil ist dann genauer mit Gründen zu versehen.

4. Vorschussleistungen

26 Auf unklare Positionen kann der Versicherer Vorschussleistungen erbringen. Dies ist allerdings oft mit einem erheblichen Risiko für ihn verbunden, wenn sich herausstellt, dass die Ansprüche nicht berechtigt sind. Auf begründete Ansprüche, die der Höhe nach nicht abschließend zu bestimmen sind, hat er angemessene Vorschussleistungen zu erbringen. Dies betrifft insbesondere:

- das Schmerzensgeld, das häufig im Streit[24] steht. Bei schweren und langwierigen Verletzungen, deren Ausmaß und etwaig verbleibende Dauer-MdE noch nicht absehbar ist, bleibt der letztlich geschuldete Schmerzensgeldbetrag lange Zeit unsicher
- den Verdienstschaden wegen Lohnersatzleistungen und ausstehenden Steuerbescheiden (Rückerstattungen)

27 Zu beachten ist, dass auch die Anwaltsvollmacht vorliegt, die die Berechtigung zur Empfangnahme des Geldes mit abdeckt. Sinnvollerweise ist auf ein Anderkonto oder an den Geschädigten direkt zu zahlen.

VI. Rechtsfolgen

1. Verzinsung

28 Angemeldete Ansprüche hat der Haftpflichtversicherer nach § 288 Abs. 1 Satz 2 BGB zu verzinsen, sofern der Versicherer binnen drei Monaten kein Angebot vorlegt. Der Zinssatz beträgt 5 Prozentpunkte über dem Basiszinssatz. Es handelt sich um den objektiven Mindestschaden[25]. Es ist unerheblich, ob dem Geschädigten tatsächlich ein solcher Schaden entstanden ist. Dieser Zinssatz gilt für alle Geschädigten – unabhängig davon, ob es sich um Privatleute, Unternehmen oder Behörden handelt. Eine Differenzierung wie in § 288 Abs. 2 BGB findet nicht statt.

a) begründete Ansprüche

29 Nur wenn das Stammrecht besteht, können auch Zinsen erwachsen. Folglich muss ein materiell berechtigter Anspruch bestehen[26] und darf nicht nur erhoben worden sein. Es gibt keinen Grund – nur um der Sanktion willen – unberechtigte Ansprüche zu verzinsen.

b) fällige Ansprüche

30 Der erhobene Anspruch muss materiellrechtlich auch fällig sein. Ein erst künftig eintretender Folgeschaden kann nicht von Anfang an verzinst werden. Eine Verzinsung kann allerdings ab dem Zeitpunkt erfolgen, zu dem der Folgeschaden eintritt und damit der Ersatzanspruch selbst fällig wird.

---

22 Himmelreich/Halm/*Schwarz* Handbuch Verkehrsrecht, Kap. 3, Rn. 79.

23 Stiefel/Maier/*Jahnke* Kraftfahrtversicherung, § 3a PflVG, Rn. 20.

24 *S. Müller* Überkompensatorische Schmerzensgeldbemessung?, S. 494.

25 PWW/*Schmidt-Kessel* § 288 BGB, Rn. 1.

26 Feyock/*Jacobsen*/Lemor § 3a PflVG, Rn. 15; so offenbar auch Römer/*Langheid* (2. Aufl.) § 3a PflVG, Rn. 12.

c) Zinszeitraum

Die Verzinsung beginnt ab dem Zeitpunkt, zu dem spätestens mit dem Eingang einer begründeten Antwort auf das ordnungsgemäße Aufforderungsschreiben zu rechnen ist, also **nach**[27] Ablauf von drei Monaten. Mit Eintritt der Bedingung entsteht somit **kein rückwirkender Zinsanspruch**[28] zum Zeitpunkt der Anspruchserhebung. Die Vorschrift kann nach dem unklaren Wortlaut, aber auch anders verstanden werden. Art. 22 Abs. 2 der 6. KH-Richtlinie lässt die Frage ebenfalls offen[29]. Mit dem deutschen Rechtssystem ist eine solche Auslegung nicht zu vereinbaren, da dies einem Bußgeld für einen zivilrechtlichen Verfahrensverstoß gleichkäme. 31

Die Frist beginnt für jede Anspruchsposition neu zu laufen. Werden beispielsweise erst vier Wochen nach den Reparaturkosten die Mietwagenkosten geltend gemacht und ist die Drei-Monats-Frist wegen der Reparaturkosten bereits überschritten, sind nur hierauf Zinsen nach § 3a Abs. 1 Nr. 2 Satz 1 PflVG zu zahlen. Wegen der Mietwagenkosten kann jedoch eine Zahlungspflicht als Verzugsschaden in Betracht kommen. 32

d) Zusammentreffen mit Prozesszinsen

Mit Eintritt der Rechtshängigkeit fallen Prozesszinsen an, § 291 Satz 1 BGB. Die Verzinsung, die auf mehrere Rechtsgründe gestützt werden kann, etwa Prozesszinsen neben Zinsen nach § 3a PflVG führt nicht zu einer Addition der Zinssätze. Zu beachten ist allerdings, dass schon vor Rechtshängigkeit ein Zinsanspruch aus § 3a PflVG entstanden sein kann. 33

Bei gesamtschuldnerisch verklagtem Kfz-Haftpflichtversicherer neben dem Fahrer und/oder Halter wirkt sich dies auf die Zinsentscheidung aus. Nur der Versicherer, nicht aber mitverklagte Fahrer und Halter sind mit dem Zinsanspruch aus § 3a PflVG zu belasten.[30] 34

Im Innenausgleich eines leistungsfreien Versicherers nach § 117 Abs. 5 Satz 1 VVG kann der Versicherer keine Zinsen nach § 3a PflVG beanspruchen. Der Übergang ist auf dasjenige begrenzt, was der Versicherte dem Dritten schuldete. 35

2. weitergehende Ansprüche

Nr. 2 Satz 2 (§ 3a Abs. 2 Satz 2 n.F.) lässt weitergehende Ansprüche unberührt. Damit wird klargestellt, dass die Sondervorschrift nur zugunsten des Geschädigten wirken soll. Die Regelung entspricht der allgemeinen Vorschrift des § 288 Abs. 4 BGB. Damit können als Verzögerungsschaden[31] der Verlust höherer Anlagezinsen, die Entrichtung höherer Kreditzinsen, aber auch höhere Prozesszinsen im Falle des § 291 Satz 2 BGB beansprucht werden. 36

Vor Ablauf der Drei-Monats-Frist bleibt es daneben[32] bei den allgemeinen Regeln, insbesondere bei der Verzinsungspflicht nach Eintritt des Verzuges. Die angemessene Regulierungsfrist ist gesetzlich nicht geregelt. 37

Zu Recht weist *Pichler*[33] darauf hin, dass mit Blick auf § 106 VVG zwei Wochen als absolute Untergrenze gelten müssten. Wenn man berücksichtigt, dass der Versicherer aber nicht nur zahlen muss, um seinen Versicherten freizustellen, muss die ihm einzuräumende Frist länger sein. 38

---

27 Himmelreich/Halm/Staab/*Nissen* Handbuch der Kfz-Schadensregulierung, Kap. 25, Rn. 29; Prölss/Martin/*Klimke* § 3a PflVG, Rn. 4; Feyock/*Jacobsen*/Lemor § 3a PflVG, Rn. 15.

28 Unklar *Wandt* Versicherungsrecht, Rn. 1111.

29 Die der 6. KH-Richtlinie vorangestellten Erwägungen enthalten keine näheren Hinweise, siehe Abs. 41.

30 Beispiel *OLG Köln* Urt. v. 11.01.2013 – 19 U 113/12, WKRS 2013, 44457.

31 PWW/*Schmidt-Kessel* § 288 BGB, Rn. 6.

32 Römer/*Langheid* (2. Aufl.) § 3a PflVG, Rn. 13.

33 Himmelreich/Halm/*Pichler* Handbuch Verkehrsrecht, Kap. 4, Rn. 199.

39 Nach § 14 Abs. 1 und 2 VVG wird dem Versicherer für die Erhebung zur Leistungspflicht für Geldleistungen ein Mindestzeitraum von einem Monat gewährt. Dauert es länger, hat er den Mindestschaden zu bevorschussen. Diese Grundsätze aus dem Verhältnis des Versicherers zum Versicherungsnehmer lassen sich auf den Direktanspruch nach heute h.M.[34] übertragen. Der VI. Senat des *BGH*[35] hat die Frage noch nicht entschieden. Der IV. Senat des *BGH*[36] hält § 14 VVG zu Recht nicht für anwendbar, da Kostenbefreiungsansprüche keine Zahlungsansprüche sind. Dies ist für den Freistellungsanspruch der Versicherten Personen genauso zu sehen.

40 Im Ergebnis wird dem Geschädigten über den Direktanspruch nur die Möglichkeit gegeben, direkt auf den Freistellungsanspruch zuzugreifen. Folglich müssen andere Regeln gelten.

41 Im Haftpflichtschadensfall hat der Versicherer nicht nur die Deckungsfrage an sich, sondern auch die Haftung der versicherten Personen und deren Versicherungsschutz zu prüfen. Dabei lassen sich manche Sachverhalte erst eindeutig erschließen, wenn alle Details ermittelt geworden sind.

42 So ist es richtig, wenn der Gesetzgeber keine festen Zeitvorgaben[37] macht. Schließlich lassen sich **simple Sachverhalte** aus einem Straßenverkehrsunfall mit **zwei Beteiligten** nicht mit komplizierten Schadensereignissen vergleichen. Da mag es zutreffen dass eine Regulierung in kurzer Frist von zwei[38] bis drei Wochen[39] erfolgen kann, insbesondere dann, wenn der Fahrer gleichzeitig Versicherungsnehmer ist und bei einem reinen Sachschaden selbst den Unfall umgehend meldet und Auskünfte erteilt. Weist der Versicherer selbst in grundsätzlich einfach gelagerten Fällen allerdings darauf hin, dass er die Ermittlungsakten noch nicht einsehen konnte und Zeugenberichte ausstehen und fordert er weitere Nachweise vom Geschädigten an, kann eine Frist von acht Wochen[40] noch angemessen sein.

43 Schon etwas mehr Zeit – fünf Wochen – kann erforderlich sein, wenn es sich bei dem Fahrzeug des Schädigers um einen **Mietwagen**[41] handelt, da die Kommunikationswege oft erheblich erschwert sind.

44 Bei einem einfach gelagerten Sachschaden mit **Auslandsbeteiligung** kann sich die Frist auf vier[42] bis sechs[43] Wochen erhöhen. Liegen bei Auslandsbeteiligung zudem noch die Weihnachtsfeiertage in

---

34 *KG Berlin* Urt. v. 30.03.2009 – 22 W 12/09, WKRS 2009, 41526 = VersR 2009, 1262. Looschelders/Pohlmann/*C. Schneider* VVG-Kommentar, § 14 VVG, Rn. 8; Staudinger/Halm/Wendt NK-VersR/*Kreuter* § 14 VVG, Rn. 6. MüKoVVG/*Fausten*, § 14 VVG, Rn. 12; *Hasse* Gesetz zur Beschleunigung des Zahlungsverkehrs – Auswirkungen auf den Versicherungsvertrag, NVersZ 2000, 497 (500); Römer/Langheid/*Rixecker*, § 14 VVG, Rn. 4; **a.A.** noch *Römer*/Langheid (2. Aufl. 2003) § 11 VVG, Rn. 2; *Huber* Die Fälligkeit der Ersatzleistung beim Kfz-Sachschaden, DAR 2009, 252 ff.; *Gebhardt*, Bearbeitungs- und Prüfungszeitraum des Haftpflichtversicherers, DAR 1999, 140; Ludovisy/*Eggert*/Burhoff Praxis des Straßenverkehrsrechts, Teil 4, Rn. 174; **offen** *BGH* Beschl. v. 18.11.2008 – VI ZB 22/08, BGHZ 178, 338 = WKRS 2008, 26824 = DAR 2009, 79 = MDR 2009, 198 = NJ 2009, 165 = NJW 2009, 910 = NJW-Spezial 2009, 43 = NZV 2009, 73 = r+s 2009, 81 = SVR 2009, 99 m. Anm. *Richter* = VersR 2009, 128 = VRR 2009, 61 m. Anm. *v. Gayl* = zfs 2009, 79 m. Anm. *Schneider* zfs 2009, 70; *Prölss*/Martin VVG, § 14 VVG, Rn. 3; so wohl auch Schwintowski/Brömmelmeyer/*Ebers* PK/VersR, § 14 VVG, Rn. 7.

35 *BGH* Beschl. v. 18.11.2008 – VI ZB 22/08, BGHZ 178, 338 = WKRS 2008, 26824 = DAR 2009, 79 = MDR 2009, 198 = NJ 2009, 165 = NJW 2009, 910 = NZV 2009, 73 = r+s 2009, 81 = SVR 2009, 99 m. Anm. *Richter* = VRR 2009, 61 m. Anm. *v. Gayl* = zfs 2009, 79 m. Anm. *Schneider* (70 ff).

36 *BGH* Urt. v. 25.01.2006 – IV ZR 207/07, WKRS 2006, 10479 = MDR 2006, 871 = NJW 2006, 1281 = VersR 2006, 404 = SVR 2006, 182 m. Anm. *Hering*.

37 Wussow/*Zoll* Unfallhaftpflicht, Kap. 38, Rn. 4.

38 *AG Erlangen* Urt. v. 30.03.2005 – 1 C 1787/04, WKRS 2005, 33035 = DAR 2005, 690.

39 Himmelreich/Halm/Staab/*Kuhn* Handbuch der Kfz-Schadensregulierung, Kap. 1, Rn. 257a.

40 *AG Hamm* Urt. v. 16.04.2014 – 24 C 128/13, WKRS 2014, 20568 = SP 2014, 239.

41 *OLG Köln* Beschl. v. 31.01.2012 – 24 W 69/11, WKRS 2012, 17549 = ADAJUR Dok.Nr. 99268 = SVR 2012, 459 m. Anm. *Balke* = NJW-RR 2012, 861 = NZV 2013, 42 = bei *Halm/Fitz* Versicherungsrecht 2012/2013, DAR 2013, 447.

42 *LG Aachen* Urt. v. 29.09.2011 – 1 O 218/11.

43 *LG Heilbronn* Urt. v. 31.01.2023 – 5 O 84/22, NJOZ 2023, 683 für eindeutigen Autobahnunfall.

dieser Zeit, erhöht sich die angemessene Bearbeitungszeit auch für einen einfach gelagerten Fall auf sechs[44] Wochen. Bei Beteiligung des **Büro Grüne Karte e.V.** kann die angemessene Prüffrist zwei Monate[45] betragen.

Insbesondere bei Unfällen mit mehreren Beteiligten, Verletzten, sprachlichen Verständigungsschwierigkeiten, Unfällen von Arbeitskollegen im und außerhalb des öffentlichen Verkehrsraumes sowie bei komplizierten Vorgängen, bei denen ein Fahrzeug als Arbeitsmaschine oder »Waffe« zum Einsatz kommt, gibt es erheblichen Aufklärungsbedarf. 45

Aufklärungsbedarf kostet Zeit, gerade in Personenschäden. Hier ist der Versicherer dringend auf die Ermittlungsakte angewiesen. In der Praxis bekommt jedoch der, von dem alle erwarten, dass er zahlen soll, sie vielleicht erst am Schluss, da die Polizei zunächst die Akte an die Staatsanwaltschaft abgibt und diese anderen – vielfach auch Regressgläubigern – vorrangig Akteneinsicht gewährt. 46

Zutreffend[46] sind aber auch die Belange des Geschädigten zu berücksichtigen, insbesondere wenn sie von **existentieller Bedeutung** für den Verletzten sind. Diese können einen Anspruch auf beschleunigte Bearbeitung begründen. Das richtet sich nach der individuellen Situation des Geschädigten. Grundsätzlich ist bei Arbeits- und Wegeunfällen durch den umfassenden Leistungskatalog der gesetzlichen Unfallversicherung nach den §§ 26 ff. SGB VII, bei Entgeltfortzahlung durch den Arbeitgeber, bei Leistungen durch die gesetzliche Krankenversicherung oder Beihilfe sowie beim Bestehen einer Fahrerschutzversicherung keine Notlage erkennbar. Auf abweichende Besonderheiten hat der Geschädigte bzw. sein anwaltlicher Vertreter hinzuweisen. 47

Entgegen *Eggert*[47] kann sogar in ganz einfach gelagerten Fällen eine Regulierung binnen sechs Wochen immer noch angemessen sein. Üblicherweise werden dabei jedoch vier[48] bis sechs Wochen[49] unterstellt. Das Kostenrisiko einer verfrühten[50] Klage trägt der Kläger. 48

Es ist zwar richtig, dass ein Haftpflichtanspruch gegen den Schädiger im Zweifel sofort fällig ist, § 271 Abs. 1 BGB; das besagt aber noch nicht, dass damit auch der Direktanspruch sofort fällig[51] wäre. Dem steht bereits die Regelung des § 119 VVG entgegen. Schließlich ist der Versicherer kein Beteiligter am Schadensfall. Nach richtiger Auffassung[52] haftet auch der Versicherer nicht, sondern 49

44 *AG Heinsberg* Beschl. v. 08.03.2012 – 19 C 38/12, WKRS 2012, 35745 = ADAJUR Dok.Nr. 99987 = SVR 2012, 465 m. Anm. *Balke* = FD-StrVR 2012, 335266 m. Anm. *Kääb*; Himmelreich/Halm/Staab/*Engelbrecht* Handbuch der Kfz-Schadensregulierung, Kap. 14. Rn. 22.

45 *OLG Karlsruhe* SP 2003, 391; *LG Saarbrücken* Urt. v. 20.06.2016 – 13 T 3/16, dazu *Schulz-Merkel* jurisPR-VersR 2/2017 Anm. 5; *LG Berlin* DAR 2016, 655; *AG Rüsselsheim* Urt. v. 16.10.2016 – 3 C 5397/14 (37); *AG Nagold* SP 2013, 265; *AG Neuwied* Urt. v. 21.11.2001 – 4 C 982/01, SP 2002, 106.

46 Wussow/*Zoll* Unfallhaftpflicht, Kap. 38, Rn. 4.

47 Ludovisy/*Eggert*/Burhoff Praxis des Straßenverkehrsrechts, Teil 4, Rn. 174.

48 *OLG Hamm* Beschl. v. 19.10.2021 – 7 W 11/21 m. Anm. *Gutt* NZV 2022, 344; *LG Nürnberg-Fürth*, Endurt. v. 08.04.2021 – 2 O 6051/20.

49 *OLG Hamm* Beschl. v. 28.10.2020 – 7 U 58/20; *OLG Dresden* Beschl. v. 26.10.2020 – 4 W 640/20; *OLG Koblenz* Beschl. v. 10.9.2020 – 12 W 326/20; *OLG Frankfurt/M.* Urt. v. 06.02.2018 – 22 W 2/18 = NJW-RR 2018, 1432 = NZV 2918, 528 = VersR 2018, 928; *OLG Köln* Beschl. v. 31.01.2012 – I-24 W 69/11, WKRS 2012, 17549 = NJW-RR 2012, 861 = SP 2012, 373 = NZV 2013, 42; *LG Würzburg* Urt. v. 23.07.2014 – 62 O 2323/13, SVR 2015, 30 m. Anm. *Blüthgen. AG Hamm* Urt. v. 16.04.2014 – 24 C 128/13, SP 2014, 239; *AG Hannover* Urt. v. 28.03.2014 – 464 C 14215/13, SP 2014, 239; Übersicht bei *Balke* Prüf- und Bearbeitungsfrist des Versicherers, SVR 2009, 457 f.; *ders.* PVR 2003, 247 f.; *Richter* Zur Prüfungs- und Bearbeitungsfrist des Kfz-Haftpflichtversicherers SVR 2016, 50 f.

50 *OLG Düsseldorf* Beschl. v. 27.06.2007 – I-1 W 23/07 (hält drei Wochen für ausreichend), WKRS 2007, 40945 = DAR 2007, 611 m. Anm. *Fitz* = NJW-RR 2008, 114 = NZV 2007, 151; *LG Mönchengladbach* Beschl. v. 15.01.2008 – 5 T 5/08, WKRS 2008, 44006 = ADAJUR Dok.Nr. 79411.

51 So aber Ludovisy/*Eggert*/Burhoff Praxis des Straßenverkehrsrechts, Teil 4, Rn. 174; *Huber* Die Fälligkeit der Ersatzleistung beim Kfz-Schaden, DAR 2009, 252 (255).

52 Stiefel/Maier/*Jahnke* Kraftfahrtversicherung, § 115 VVG, Rn. 140.

tritt nur dem Schuldverhältnis als Gesamtschuldner bei. Er tritt allerdings nur dann bei, wenn die Voraussetzungen dazu vorliegen.

50 Darüber hinaus bleibt die Geltendmachung eines erhöhten Schmerzensgeldes davon unberührt, wenn dies auf einem kleinlichen und zögerlichen[53] oder treuwidrigen[54] Regulierungsverhalten[55] beruht.

51 Eine zögerliche Schadenregulierung kann zudem zu einer Schadensvertiefung führen, wenn z.B. bei voller Haftung keine Reparaturkostenübernahmeerklärung abgegeben, die Reparatur vom Geschädigten nicht vorfinanziert werden kann und auch keine Vorschüsse gezahlt werden. Bei einem nicht fahrbereiten Fahrzeug, das unfallbedingt wochenlang ausfällt, erhöht sich die Nutzungsausfallzeit[56] beträchtlich.

52 § 288 Abs. 3 BGB ist nicht anzuwenden, da diese Zinssätze einer Individualabrede[57] bedürfen.

3. Beweislast

53 Die Darlegungs- und Beweislast für die dem Geschädigten günstige Rechtsfolge trägt der Anspruchsteller. Folglich hat er den Zugang[58] des Aufforderungsschreibens mit notwendigem Inhalt und Belegen, den Zeitablauf und die unzureichende Reaktion des Versicherers zu beweisen[59].

54 Für den darüber hinausgehenden Schaden nach § 3a Abs. 1 Nr. 2 Satz 2 PflVG trägt er die Darlegungs- und Beweislast nach allgemeinen Regeln.

VII. Entsprechende Anwendung

55 Das deutsche Büro des Systems der Grünen Internationalen Versicherungskarte (IVK) hat Schäden mit im Ausland zugelassenen Fahrzeugen im Inland ebenso nach diesen Maßstäben zu regulieren wie der Entschädigungsfond (»Verkehrsopferhilfe e.V.«).

C. weitere praktische Hinweise

I. keine Analogie bei Anspruchserhebung gegenüber Schädiger

56 Es reicht nicht aus, wenn der Geschädigte sich nur[60] an den Schädiger wendet. Derjenige, der sich dem besonderen Schutzzweck nicht für bedürftig hält und daher auf die Vorteile des Direktanspruchs verzichtet, wird – wie an anderer Stelle[61] – von den Vorzügen der Regelung ausgeschlossen.

---

53 *OLG Frankfurt/M.* Urt. v. 02.09.2003 – 14 U 178/02 (im Fall verneint), WKRS 2003, 31207 = DAR 2003, 557 = NZV 2004, 39.

54 *OLG Nürnberg* Urt. v. 22.12.2006 – 5 U 1921/06, WKRS 2006, 30324 = SP 2007, 102 = MDR 2007, 718 = OLGR 2007, 112 = VersR 2007, 1137 = VRR 2007, 69 m. Anm. *Schulz-Doll*; *LG Berlin* Urt. v. 06.12.2005 – 10 O 415/05, WKRS 2005, 37861 = NZV 2006, 206 = VersR 2006, 499 = NJW 2006, 702.

55 Umfassende Darstellung Himmelreich/Halm/Staab/*Jaeger*/*Luckey* Handbuch der Kfz-Schadensregulierung, Kap. 19, Rn. 119 ff.; ebenso Haus/Krumm/Quarch NK-GVR/*Slizyk*, 3. Aufl. 2021, § 253 BGB Rdn. 142 f.

56 *OLG Düsseldorf* Urt. v. 28.05.2019 – 1 U 115/18, NJW-RR 2019, 1119 = MDR 2019, 1128 = NZV 2020, 51 = VersR 2019, 1237; *OLG Celle* Urt. v. 15.05.2018 – 14 U 179/17, r+s 2018, 616 f.; *OLG Koblenz*, Urt. v. 27.06.2016 – 12 U 1090/15; *OLG Brandenburg* Urt. v. 30.08.2007 – 12 U 60/07, WKRS 2007, 38999 = VRR 2008, 27 m. Anm. *Zorn*; *AG Magdeburg* Urt. v. 21.01.2009 – 140 C 2459/08, WKRS 2009, 44823.

57 PWW/*Schmidt-Kessel* § 288 BGB, Rn. 5.

58 Prölss/Martin/*Klimke* § 3a PflVG, Rn. 7.

59 Stiefel/Maier/*Jahnke* Kraftfahrtversicherung, § 3a PflVG, Rn. 38.

60 Prölss/Martin/*Klimke* § 3a PflVG, Rn. 4; Stiefel/Maier/*Jahnke* Kraftfahrtversicherung, § 3a PflVG, Rn. 11.

61 Gegen einen gepfändeten Deckungsanspruch kann immer noch eine bestehende Leistungsfreiheit eingewandt werden. Anders, wenn der Versicherer mitverklagt wurde, § 117 Abs. 1 VVG. Siehe auch Andres § 115 VVG, Rdn. 210.

II. keine Analogie für andere Pflicht-Haftpflichtversicherungen

Die Regelung bezieht sich nach dem Wortlaut auf sämtliche Direktansprüche, die nach § 115 Abs. 1 Satz Nr. 1 bis 3 VVG geltend gemacht werden. Für den Fall der Kfz-Haftpflichtversicherung nach § 115 Abs. 1 Satz 1 Nr. 1 VVG ist das selbstverständlich. 57

Eine Anwendung über alle[62] Pflicht-Haftpflichtversicherungen hinaus wird zwar durch den Wortlaut eröffnet, geht aber letztlich ins Leere. Insoweit ist es eher nur eine Nachlässigkeit des Gesetzgebers, dass er im Abs. 1 nur auf § 115 Abs. 1 VVG, statt § 115 Abs. 1 Satz 1 Nr. 1 VVG verweist. § 3a PflVG ist eine Norm, die § 1 PflVG folgt. Damit ist der Anwendungsbereich ausdrücklich auf das PflVG begrenzt. 58

Für eine analoge Anwendung auf andere Haftpflichtbestimmungen ist kein[63] Raum, da der Gesetzgeber die Vorschrift ansonsten in § 115 VVG hätte integrieren müssen. Das VVG enthält nicht einmal einen Verweis auf § 3a PflVG. 59

III. kein klagbarer Anspruch auf mit Gründen versehene Antwort

Der Geschädigte kann nicht gerichtlich erzwingen[64], dass der Versicherer ihm binnen der Drei-Monats-Frist ein Schadenregulierungsangebot zukommen lässt. Es handelt sich lediglich um eine Obliegenheit des Versicherers bzw. Schadenregulierungsbeauftragten, zeitnah angemessen zu reagieren. Unterlässt er dies, wird er mit dem Zinsanspruch belastet. Der Gesetzgeber wollte kein Sonderrecht für bestimmte Gruppen von Geschädigten schaffen, deren Anspruch besser als die der anderen durchsetzen zu können. Zudem wäre dies verfassungsrechtlich bedenklich, Art. 3 GG. 60

IV. erneute Anspruchserhebung

Die Vorschrift ist nicht auf die erstmalige und einmalige Anspruchserhebung beschränkt. 61

Wird derselbe Anspruch ohne neue Argumente und Nachweise wiederholt geltend gemacht, obwohl bereits eine abschließende und ausreichende Begründung gegeben wurde, setzt dies keine neue Frist in Gang. 62

Werden im Rahmen der noch nicht abgeschlossenen Regulierung weitere Ansprüche geltend gemacht, beginnt für diese Ansprüche die Frist von neuem. 63

Sind Ansprüche abgefunden, kann mit einer Anspruchserhebung wegen Wegfalls der Geschäftsgrundlage (unvorhersehbarer Eintritt von Erschwernissen) erneut die Frist in Gang gesetzt werden. 64

V. Sozialversicherungsträger

Auf Sozialversicherungsträger können Ansprüche im Zeitpunkt des Unfalles nach § 116 SGB X übergegangen sein. Auch sie sind dann Dritte[65], die den Direktanspruch gegen den Kfz-Haftpflichtversicherer geltend machen können. Dies gilt unabhängig davon, ob sie selbst besonders schutzwürdig sind. 65

Ein vorrangiges Interesse an einer beschleunigten Regulierung haben sie allerdings nicht, da sie in einer ungleich anderen wirtschaftlichen (und emotionalen) Situation zu der des Geschädigten stehen. Der Zweck des unmittelbaren Verkehrsunfallopferschutzes[66] würde verfehlt werden, die 66

---

62 Böhme/Biela/Tomson Kraftverkehrs-Haftpflicht-Schäden, Kap. 16, Rn. 205 geht offenbar von allen Ansprüchen, aber nur nach dem Pflichtversicherungsgesetz aus.

63 Stiefel/Maier/*Jahnke* Kraftfahrtversicherung, § 3a PflVG, Rn. 1.

64 *OLG Frankfurt/M.* Beschl. v. 14.08.2009 – 19 W 47/09, WKRS 2009, 21394 = NJW-Spezial 2009, 634 = DAR 2009, 698 u. 2010, 89 = ADAJUR Dok.Nr. 84731 = SP 2009, 445 = NZV 2010, 34 = NJW-RR 2010, 98 = NJW 2010, 543 (Ls.) = VRR 2009, 463 m. Anm. *Knappmann*; a.A. *AG Berlin-Mitte*, Urt. v. 25.02.2008 – 113 C 3195/07, WKRS 2008, 46161.

65 Siehe Andres § 115 VVG zu § 115 VVG Rdn. 60 ff.

66 Siehe Abs. 31 der Erwägungen zur Richtlinie 2009/103/EG; BT-Drucks. 14/8770 S. 13 f.

Regelungen des § 3a PflVG auch auf diese übergegangenen Ansprüche anzuwenden. Es hat im Rahmen einer **teleologischen Reduktion** bei den allgemeinen Verzugsregeln zu verbleiben.

VI. Private Krankenversicherer

67 Auf leistende private Krankenversicherer geht der Anspruch nach § 86 Abs. 1 VVG über. Nicht jegliche Ansprüche[67] sind jedoch übergangsfähig. Sie müssen unmittelbar mit der Kompensation des Schadens durch die Versicherungsleistung in Bezug stehen. § 3a PflVG ist ein Druckmittel für den unmittelbar Geschädigten, zeitnah seinen Schadensersatzanspruch zu verwirklichen.

VII. Kaskoversicherer

68 Für Kaskoversicherer gilt dasselbe, wie für andere Schadensversicherer.[68]

VIII. Arbeitgeber und Dienstherren

69 Arbeitgeber und Dienstherren sind aufgrund ihrer Leistungserbringung gegenüber dem Geschädigten selbst mittelbar geschädigt. Durch die Sonderregelungen zum gesetzlichen Forderungsübergang nach den §§ 6 Abs. 1 EntgFG bzw. 76 BBG, 30 Abs. 3 SoldG, 80 SVG und 81a Abs. 1 Satz 1 BVG[69] geht der Ersatzanspruch über. Die besondere Rechtsstellung als Geschädigter gegenüber dem Versicherer zur Ausübung eines »Druckmittels« nehmen sie dadurch nicht ein.

IX. Gesamtschuldner

1. Versicherer und Mitversicherte

70 Versicherer und Mitversicherte sind Gesamtschuldner nach § 115 Abs. 1 Satz 4 VVG. Die Gesamtschuldnerschaft beschränkt sich jedoch nur auf die unmittelbare Schuld der Mitversicherten, der der Versicherer beitritt.

71 § 3a PflVG begründet lediglich eine zusätzliche Verpflichtung des Versicherers, nicht aber der Mitversicherten. Folglich treten Mitversicherte nicht der zusätzlichen Verpflichtung des Versicherers bei.

2. Gesamtschuldnerausgleich unter mehreren Schädigern

72 Beim Ausgleich unter Gesamtschuldnern findet schon der Direktanspruch keine Anwendung.[70] Der Ausgleichsanspruch ist kein Schadensersatzanspruch. Folglich kommt dem Ausgleichsberechtigten erst Recht kein zusätzlicher Anspruch nach § 3a PflVG zu Gute. Dies gilt unabhängig davon, ob es sich bei dem Ausgleichsberechtigten um einen Haftpflichtversicherer oder dessen mitversicherte Person handelt.

§ 3b (Veräußerung des versicherten Kfz)

Schließt der Erwerber eines veräußerten Fahrzeugs eine neue Kraftfahrzeug-Haftpflichtversicherung, ohne das auf ihn übergegangene Versicherungsverhältnis zu kündigen, gilt dieses mit Beginn des neuen Versicherungsverhältnisses als gekündigt.

§ 3b: Eingef. durch Art. 8 Nr. 4 G v. 23.11.2007 I 2631 mWv 1.1.2008.

---

67 Prölss/Martin/*Armbrüster* Versicherungsvertragsgesetz, § 86 VVG, Rn. 3 ff.; Staudinger/Halm/Wendt NK-VersR/*Halbach*, § 86 VVG, Rn. 10.

68 Siehe § 3a PflVG Rdn. 67.

69 Außerkraftgetreten zum 31.12.2023 und Überführung in SGB XIV ab 01.01.2024, siehe dort § 120.

70 *BGH* Beschl. v. 27.07.2010 – VI ZB 49/08, DAR 2010, 639 = MDR 2010, 1322 = NJW-RR 2010, 1471 = NZV 2010, 560 = r+s 2010, 433 = VersR 2010, 1360 = VRR 2010, 421 m. Anm. *Knappmann* = zfs 2010, 61; *OLG Frankfurt/M.* Urt. v. 29.03.2016 – 16 U 139/15.

BT-Drucksache 20/8094:

§ 3b PflVG wird gestrichen

Übersicht

A. Allgemeines

§ 3b PflVG wurde mit Wirkung zum 01.01.2008 neu in das PflVG eingeführt. Der § 3 b PflVG a.F. wurde mit Wirkung zum 21.04.2024 gestrichen, gleichwohl gilt er für Schäden vor dem 21.04.2024 fort, deswegen wird er in dieser Auflage noch besprochen[1]. 1

B. Regelungsgehalt

Durch § 3b PflVG wird eine Kündigung fingiert, wenn der Erwerber eines Kfz einen neuen Kraftfahrzeug-Haftpflicht-Versicherungsvertrag bei einem anderen Versicherer abschließt. Damit wird eine in den AKB schon lange geübte Praxis als Gesetz festgehalten. Der Kraftfahrzeug-Haftpflicht-Versicherer wird durch die Vorlage einer Versicherungsbestätigung eines anderen Versicherers aus der Haftung entlassen[2]. Durch die Vorlage der Versicherungsbescheinigung wird der Zulassungsstelle auch das Ende des Vorvertrages angezeigt[3]. Erforderlich ist diese Regelung, da der Vertrag ungekündigt auf den Erwerber übergeht und der Verkäufer seinerseits keine Möglichkeit hat, den Versicherungsvertrag wirksam zu kündigen, wenn er das Kfz zugelassen an den Erwerber übergibt. 2

C. Zeitpunkt der Beendigung

Der Vertrag endet unmittelbar mit der Übergabe der Versicherungsbestätigung an die Zulassungsstelle zum Ende des Vortages, 24.00 Uhr. Diese Regelung wurde geschaffen, um Unklarheiten im Versicherungsschutz zu beseitigen. Der Vertragsbeginn wird auf 0.00 Uhr des Zulassungstages vordatiert. Korrespondierend dazu hat der Versicherungsnehmer auch für Fahrten zur Zulassungsstelle Versicherungsschutz[4]. 3

Ist die Versicherungsbestätigung noch nicht bei der Zulassungsstelle eingegangen besteht gegenüber der vorherigen Versicherung ein Direktanspruch, da das Ende des Vertrages bei der Zulassungsstelle noch nicht angezeigt wurde. 4

D. Nachhaftung

Die Nachhaftung endet in diesem Fall unmittelbar mit der Übergabe der Versicherungsbestätigung an die Zulassungsstelle. Auch im Außenverhältnis gilt dann der neue Versicherer als eintrittspflichtig. 5

E. Sonderfall Versicherungskennzeichen

Bei Versicherungskennzeichen ist diese Regelung ebenfalls anzuwenden, Es wird aber üblicherweise wegen der ohnehin kurzen Vertragsdauer von 1 Jahr, das automatisch am 28./29. Februar eines Kalenderjahres endet, in der Praxis nur in Ausnahmefällen erfolgen, da der Versicherungsvertrag immer nur bis zum Ablauf abgeschlossen werden kann und dann auch für den Erwerber gilt[5]. 6

1 Beschlussempfehlung https://dserver.bundestag.de/btd/20/097/2009767.pdf.Stand 13.12.2023 zur BT-Drucksache 20/8094 https://dserver.bundestag.de/btd/20/080/2008094.pdf.

2 Staudinger/Halm/Wendt/Kreuter, § 3b PflVG Rn. 1 f.

3 P/M/*Knappmann*, § 3b PflVG Rn. 1.

4 Vgl. hierzu AKB H.1.3.

5 Vgl. insoweit Kommentierung unter G.1 AKB; unten AKB G.1.3 und VVG § 122 m.w.N.

§ 4 (Mindest-Versicherungssummen, Ermächtigungsgrundlage)

(1) Um einen dem Zweck dieses Gesetzes gerecht werdenden Schutz sicherzustellen, bestimmt das Bundesministerium der Justiz und für Verbraucherschutz unter Beachtung gemeinschaftsrechtlicher Verpflichtungen sowie des Europäischen Übereinkommens vom 20. April 1959 über die obligatorische Haftpflichtversicherung für Kraftfahrzeuge (BGBl. 1965 II S. 281) im Einvernehmen mit dem Bundesministerium der Finanzen und dem Bundesministerium für Verkehr und digitale Infrastruktur durch Rechtsverordnung ohne Zustimmung des Bundesrates den Umfang des notwendigen Versicherungsschutzes, den der Versicherungsvertrag zu gewähren hat. Das gilt auch für den Fall, dass durch Gesetz oder gemeinschaftsrechtliche Verpflichtung eine Versicherungspflicht zur Deckung der beim Transport gefährlicher Güter durch Kraftfahrzeuge verursachten Schäden begründet wird.

(2) Die Mindesthöhen der Versicherungssummen ergeben sich aus der Anlage. Das Bundesministerium der Justiz und für Verbraucherschutz wird ermächtigt, im Einvernehmen mit dem Bundesministerium für Verkehr und digitale Infrastruktur und dem Bundesministerium für Wirtschaft und Energie durch Rechtsverordnung ohne Zustimmung des Bundesrates die in der Anlage getroffenen Regelungen zu ändern, wenn dies erforderlich ist, um

1. bei einer Änderung der wirtschaftlichen Verhältnisse oder der verkehrstechnischen Umstände einen hinreichenden Schutz der Geschädigten sicherzustellen oder
2. die Mindesthöhen der Versicherungssummen an die nach Artikel 9 Absatz 2 der Richtlinie 2009/103/EG des Europäischen Parlaments und des Rates vom 16. September 2009 über die Kraftfahrzeug-Haftpflichtversicherung und die Kontrolle der entsprechenden Versicherungspflicht (ABl. L 263 vom 7.10.2009, S. 11) erhöhten Beträge anzupassen.

Ergeben sich auf Grund der Platzzahl des Personenfahrzeugs, auf das sich die Versicherung bezieht, erhöhte Mindestversicherungssummen, so haftet der Versicherer in den Fällen des § 117 Abs. 1 und 2 des Versicherungsvertragsgesetzes für den einer einzelnen Person zugefügten Schaden nur im Rahmen der nicht erhöhten Mindestversicherungssummen.

Änderung gem. BT-Drucksache 20/8094:

(1) Um einen dem Zweck dieses Gesetzes gerecht werdenden Schutz sicherzustellen, bestimmt das Bundesministerium der Justiz unter Beachtung unionsrechtlicher Verpflichtungen sowie des Europäischen Übereinkommens über die obligatorische Haftpflichtversicherung für Kraftfahrzeuge vom 20. April 1959 (BGBl. 1965 II S. 281) im Einvernehmen mit dem Bundesministerium der Finanzen und dem Bundesministerium für Digitales und Verkehr durch Rechtsverordnung ohne Zustimmung des Bundesrates den Umfang des zur Erfüllung der Versicherungspflicht nach § 1 notwendigen Versicherungsschutzes. Das gilt auch für den Fall, dass durch Gesetz oder unionsrechtliche Verpflichtung eine Versicherungspflicht zur Deckung der beim Transport gefährlicher Güter durch Fahrzeuge verursachten Schäden begründet wird.

(2) Die Mindesthöhen der Versicherungssummen ergeben sich aus der Anlage. Das Bundesministerium der Justiz wird ermächtigt, im Einvernehmen mit dem Bundesministerium für Digitales und Verkehr und dem Bundesministerium für Wirtschaft und Klimaschutz durch Rechtsverordnung ohne Zustimmung des Bundesrates die in der Anlage getroffenen Regelungen zu ändern, wenn dies erforderlich ist, um

1. *bei einer Änderung der wirtschaftlichen Verhältnisse oder der verkehrstechnischen Umstände einen hinreichenden Schutz der Geschädigten sicherzustellen oder*
2. *die Mindesthöhen der Versicherungssummen an die nach Artikel 9 Absatz 2 der Richtlinie 2009/103/EG erhöhten Beträge anzupassen.*

Ergeben sich auf Grund der Platzzahl des Personenfahrzeugs, auf das sich die Versicherung bezieht, erhöhte Mindestversicherungssummen, so haftet der Versicherer in den Fällen des § 117 Abs. 1 und 2 des Versicherungsvertragsgesetzes für den einer einzelnen Person zugefügten Schaden nur im Rahmen der nicht erhöhten Mindestversicherungssummen.

»(3) Die Versicherung muss die Haftpflicht mindestens folgender Personen decken:
1. des Halters,
2. des Eigentümers,
3. des Fahrers,
4. einer Person der Technischen Aufsicht, wenn es sich um ein Kraftfahrzeug mit autonomer Fahrfunktion im Sinne des § 1d des Straßenverkehrsgesetzes handelt,
5. von Personen, die im Rahmen ihres Arbeitsverhältnisses zum Versicherungsnehmer oder Halter den berechtigten Fahrer zu seiner Ablösung oder zur Vornahme von Lade- und Hilfsarbeiten nicht nur gelegentlich als Beifahrer begleiten,
6. von Omnibusschaffnern, soweit sie im Rahmen ihres Arbeitsverhältnisses zum Versicherungsnehmer oder Halter tätig werden, und
7. von Arbeitgebern oder öffentlichen Dienstherrn des Versicherungsnehmers, wenn das versicherte Fahrzeug mit Zustimmung des Versicherungsnehmers für dienstliche Zwecke gebraucht wird.

(4) Mitversicherten Personen ist das Recht auf selbständige Geltendmachung ihrer Ansprüche einzuräumen.«

Übersicht

A. Allgemeines

1 Durch § 4 wird das Bundesministerium der Justiz ermächtigt, neben der Regelung des zu gewährenden Versicherungsumfangs auch die Höhe der mindestens zu garantierenden Versicherungssummen zu bestimmen und den jeweiligen Gegebenheiten anzupassen.

B. Versicherungsumfang

2 In der Form der KfzPflVV hat das Justizministerium die Ermächtigung genutzt und Mindestanforderung an die Allgemeinen Bedingungen für die Kraftfahrtversicherung vorgelegt, von denen nur zum Vorteil des Versicherungsnehmer, nicht aber zu seinem Nachteil abgewichen werden kann. Die Regelungen hinsichtlich versicherten Personen, Leistungsverweigerungsrechten, Obliegenheiten vor und im Schadenfall werden in der KfzPflVV aufgenommen[1]. Vor der KfzPflVV waren die AKB der Versicherer vom Bundesaufsichtsamt für das Versicherungswesen zu genehmigen. Diese Genehmigung entfällt jetzt, die AKB müssen sich in der Kraftfahrzeug-Haftpflicht-Versicherung lediglich an der KfzPflVV orientieren.

C. Versicherter Personenkreis

3 Neu im PflVG n.F. ist die Aufnahme der versicherten Personen. Diese waren bisher in der KfzPflVV verortet. Die dortigen Absätze 2 und 3 des § 2 KfzPflVV werden gestrichen

I. Versicherte Personen

4 Der Gesetzgeber beschränkt seine Anforderungen des notwendigen Versicherungsschutzes allein auf Personen aus dem Kernbereich des Kfz-Risikos. Dies sind nach § 1 PflVG der Halter, der Eigentümer und der Fahrer des Fahrzeugs. Folgerichtig werden diese Personen auch in § 4 Abs. 3 PflVG n.F. aufgenommen.

1 Wegen der Details vgl. zu den jew. §§ der KfzPflVV sowie AKB D und E.

5 Zu den einzelnen Begriffen »Halter, Eigentümer, Fahrer«, darf auf die entsprechenden Kommentierungen zu § 1 PflVG[2] verwiesen werden.

6 Die Hauptrisiken liegen nun einmal bei diesen drei Personen, also denen, die sich mit dem ordnungsgemäßen Bewegen verkehrssicherer Fahrzeuge im öffentlichen Verkehrsraum hauptsächlich zu verantworten haben.

II. Erweiterter Personenkreis (zu § 4 PflVG a.F. iVm. § 2 KfzPflVV a.F.)

7 Die Verordnungsgeber erweitern den mit zu versichernden Personenkreis in zwei Richtungen. Sie überschreiten[3] damit erneut den ihnen von § 4 Abs. 1 Satz 1 PflVG eingeräumten Kompetenzbereich, da sie über das Inhaltliche was der Gesetzgeber in § 1 PflVG vorgegeben hat hinausgehen. Dies kann auch nicht aus höherrangigem Recht[4] herausgelesen werden, da Anhang I Art. 3 Abs. 1 des Europäischen Übereinkommens[5] sowie die 6. KH-Richtlinie[6] sich ausdrücklich nur auf den Eigentümer, den Halter und den Fahrer beziehen. Die verantwortlichen Personen für das versicherte Fahrzeug[7] sind eben nur diese Personen.

aa) Neue Regelung, § 4 PflVG n.F. ab dem 17.04.2024

8 Der noch in der KfzPflVV aufgeführte Versicherungsnehmer wurde nicht übernommen. Die seinerzeitige Aufnahme des Versicherungsnehmers in die KfzPflVV beruht auf der Fassung der genehmigten AKB vor der Deregulierung. Es schadet dem Versicherer nichts, da es ihm nichts kostet.

9 bb) Folgerichtig zur Ausweitung des PflVG auch auf teil- und vollautomatisierte Fahrzeuge wird die Person der Technischen Aufsicht mit aufgenommen. § 4 Abs. 3 Ziffer 4 PflVG n.F.

10 cc) sinnvoll: Arbeitswelt

11 Ziffern 5 – 7 beschäftigen sich mit den Besonderheiten, die sich aus den Arbeitsverhältnissen ergeben können. Zielrichtung ist es, den Arbeitgeber, der zugleich Versicherungsnehmer und/oder Halter des Fahrzeugs ist, Deckung wegen Ansprüchen aus § 831 BGB zu geben.

12 So soll nach **Nr. 5** auch der Beifahrer mitversichert werden. Damit ist nicht der Beifahrer im landläufigen Sprachgebrauch gemeint; dieser ist lediglich Insasse. Gemeint ist eine Person, die entweder dazu bestimmt ist, den Fahrer abzulösen oder fahrertypische und fahrzeugbezogene Arbeiten durchzuführen. Die Person muss diese Tätigkeit im Rahmen eines **Arbeitsverhältnisses** zum Halter oder Versicherungsnehmer ausüben und darf den berechtigten Fahrer hierzu nicht nur gelegentlich begleiten.

13 Der Anwendungsbereich ist damit bereits stark eingeengt. Der mögliche Sinn wird in der Praxis oft verfehlt, wenn man hier auch den Schutz des Schädigers einbeziehen wollte. Der – oft schlecht bezahlte – Gelegenheitshelfer ist genauso ausgenommen wie der, der nur aus Gefälligkeit oder als selbstständiger Subunternehmer[8] den Fahrer begleitet.

14 Sind Fahrer und Beifahrer mit einem vorübergehend **gemieteten LKW** unterwegs, stehen sie in keinem Verhältnis zum Halter oder Versicherungsnehmer. Lediglich der Fahrer ist dann in den Kreis der Versicherten Personen aufgenommen, ein Beifahrer, der dem Fahrer unterstützend zur Seite steht, hat in diesem Fall keinen Anspruch auf Freistellung von Schadenersatzansprüchen. Auch eine Haftung aus der Betriebsgefahr für diesen Begleiter entfällt, da diese nur für die **versicherten Personen** greift.

2 *Balke zu* § 1 PflVG.

3 *Hofmann* Die neue Kfz-Versicherung, S. 33; *Müringer* Kommentar zur Pflichtversicherung, S. 22. meint, es hätte sich angeboten, § 1 PflVG würde auf § 2 Abs. 2 KfzPflVV verweisen.

4 So aber Stiefel/Maier/*Jahnke* Kraftfahrtversicherung, § 2 KfzPflVV, Rn. 11 sowie § 5 PflVG, Rn. 12; *Feyock*/Jacobsen/Lemor, Kraftfahrtversicherung § 1 PflVG, Rn. 16.; § 5 PflVG, Rn. 4.

5 Straßburger Übereinkommen vom 20.04.1959.

6 Siehe Erwägung 45 der Richtlinie 2009/103/EG.

7 *»Person in charge of the insured vehicle«.*

8 Gefahr des Scheinselbstständigen?.

Die **Nr. 6** betrifft eine andere im Fahrzeug tätig werdende Person, nämlich den Omnibusschaffner. Im Omnibus-Verkehr gibt es jedoch kaum noch Schaffner, die Fahrkarten verkaufen und kontrollieren. Fahrkartenkontrolleure sind Schaffner, die lediglich Fahrkarten kontrollieren. Sind sie outgesourct, stehen sie nicht in einem Arbeitsverhältnis zum Versicherungsnehmer oder Halter. Dann gilt das Gleiche wie für den o.g. Beifahrer. 15

Nach der **Nr.** 7 soll der Arbeitgeber oder Dienstherr des Versicherungsnehmers, sofern das versicherte Fahrzeug mit Zustimmung des Versicherungsnehmers für dienstliche Zwecke gebraucht wird, in den Versicherungsschutz einbezogen werden. Denkbar sind Fälle aber nur dann, wenn der Versicherungsnehmer selbst haftpflichtig ist, also als Halter, Eigentümer oder Fahrer zugleich mitversichert ist. 16

Leiht der versicherte Vater sein auf sich zugelassenes Fahrzeug seinem Sohn, der es mit seiner Zustimmung zum Ausfahren für einen Pizza-Heimdienst einsetzt, ist der Arbeitgeber des Sohnes nicht mitversichert. 17

Zu beachten ist jedoch, dass erst mit der Erweiterung des persönlichen Deckungsumfangs dem Schutzzweck des PflVG von »Verkehrsopfer[9] und Schädiger« weitgehend Rechnung getragen wird. 18

III. nicht versicherter Personenkreis

Dabei bleiben in der Praxis teils erhebliche Lücken. Es sei an dieser Stelle auf die Ausführungen zu A.1.2 AKB 2015[10] verwiesen. 19

1. Versicherung (auch[11]) für fremde Rechnung

In der Neufassung des § 4 Abs. 3 PflVG (wie auch schon in der KfzPflVV vorher) nicht ausdrücklich geregelt, aber dem Sinn des § 43 Abs. 1 VVG entsprechend, hat der Versicherungsnehmer eigene Rechte aus dem Versicherungsvertrag. Darüber hinaus ist nach § 4 Abs. 4 PflVG n.F. (§ 2 Abs. 3 KfzPflVV a.F.) auch den mitversicherten Personen ein Recht auf selbstständige Geltendmachung ihrer Ansprüche einzuräumen. Den Versicherungsschein[12] benötigt er, anders als nach § 44 Abs. 2 VVG, hierzu nicht. In Bezug auf die mitversicherten Personen liegt somit ein echter **Vertrag zugunsten Dritter** vor, § 328 BGB. 20

In der Zusammenschau handelt es sich begrifflich um eine kombinierte Eigen- und Fremdversicherung[13]. 21

IV. Folgen von Abweichungen

1. Abweichung zu Gunsten des VN

Abweichungen von § 4 Abs. 3 PflVG n.F. (§ 2 Abs. 2 KfzPflVV a.F.) in den jeweiligen AKB **zu Gunsten** des Versicherungsnehmers, der mitversicherten Personen und der Geschädigten sind bedenkenlos **zulässig**[14]. Ein vertraglich erweiterter Deckungsbereich bindet zugleich den Versicherer, § 113 Abs. 3 VVG, sofern er diese Regelungen nicht zweckmäßigerweise[15] in einen gesonderten Vertrag aufnimmt[16]. Bleibt es bei einem Vertrag, so beschränkt sich die gesetzliche Geltungserweiterung 22

9 Der Kunde bei der Heizöllieferung ist nicht schutzwürdig; schon gar nicht bei einer Schwarzfahrt des Angestellten, der auf eigene Rechnung Ware »vertickert«; bedenklich daher *OLG Köln* Urt. v. 10.02.1992 – 11 U 172/92, JurionRS 1992, 15364 = VersR 1994, 108 = zfs 1993, 232.

10 *Schwab/Kreuter* A.1.2 AKB Rdn. 83–102.

11 *Müringer* Kommentar zur Pflichtversicherung, S. 22.

12 Rüffer/Halbach/Schimikowski/*Muschner* VVG-Kommentar, § 43 VVG, Rn. 5.

13 Schwintowski/Brömmelmeyer/*Hübsch* PK-VersR, Vorb. Zu §§ 43 bis 48 VVG, Rn. 32.

14 Stiefel/*Maier/Jahnke* § 2 KfzPflVV, Rn. 5; Prölss/Martin/*Klimke* Vorb. zur KfzPflVV, Rn. 1 u. 2.

15 *Marlow/Spuhl* Das neue VVG, S. 129.

16 Feyock/*Jacobsen*/Lemor Einführung KfzPflVV, Rn. 5.

nicht nur auf die Versicherungssummen und den räumlichen[17] Geltungsbereich, sondern auch auf den Kreis der mitversicherten Personen[18].

2. Abweichung zum Nachteil des VN

23 Eine Abweichungen **zum Nachteil** ergeben sich zwei Problemkreise und zwingen zu einer Differenzierung.

a) Folgen: KfzPflVV-Anforderungen unterschritten

24 Wie an verschiedenen Stellen[19] dargelegt, überschreiten einzelne Regelungen der KfzPflVV dasjenige, was nach § 4 Abs. 1 PflVG a.F. Regelungsauftrag an den Verordnungsgeber war. Der Ermächtigungsrahmen darf jedoch durch die Verordnungsgeber nicht[20] überschritten werden.

25 Soweit sich die Bedingungen der individuellen AKB der Versicherer noch im Kernbereich dessen halten, was die Verordnungsgeber zwingend regeln durften und mussten, ist eine Abweichung zum Nachteil unschädlich. Denn dies ist immer noch vom Regelungsgehalt des PflVG gedeckt.

Jahnke[21] geht dagegen davon aus, eine Unterschreitung der Vorgaben der KfzPflVV zur Nichtigkeit führe. Dem kann nicht zugestimmt werden, da eine Verordnung, die die Ermächtigung des Gesetzgebers überschreitet, selbst gegen höherrangiges Recht verstößt. Der noch zulässige Eingriff durch das PflVG in Grundrechte[22] kann nicht durch die Verordnungsgeber nach Belieben ausgeweitet werden.

b) Folgen: PflVG-Anforderungen unterschritten

26 Werden auch die Mindestanforderungen des PflVG in den AKB nicht erfüllt[23], stellt sich spätestens dann die Frage, ob die Unterschreitung nach § 134 BGB zur Nichtigkeit[24] führt. Dann könnte die KfzPflVV an die Stelle der AKB treten. Dabei kann fraglich werden, ob die zulässigen Grenzen bei den Ausschlüssen und bei den Obliegenheiten nach den §§ 4 ff. KfzPflVV anzuwenden sind.

27 Dagegen[25] wird zu Recht unter Hinweis auf den *BGH*[26] vertreten, dass eine Geltung erhaltende Reduktion nicht zulässig sei. Im Einzelfall müsse geprüft werden, welche gesetzliche Regelung an deren Stelle trete. Damit ist die Regelung lediglich unwirksam. Sie ist nicht nur mit Blick auf den Vertragspartner, sondern mit Rücksicht auf den Geschädigten[27] auszulegen, §§ 307 Abs. 2 Nr. BGB und 114 Abs. 2 VVG[28].

---

17 Zumindest der sachliche Geltungsbereich, der sich von einer Privathaftpflichtdeckung inhaltlich und tatsächlich abhebt, wie bei einer Deckung für öffentlich-rechtliche Verantwortlichkeiten nach dem USchadG, fällt nicht hierunter.

18 Schwintowski/Brömmelmeyer/*Huber* PK-VersR, § 113, Rn. 11.

19 Oben § 2 KfzPflVV Rdn. 1, 49–54 u. 60–70.

20 Prölss/Martin/*Klimke* vor § 1 KfzPflVV, Rn. 1.

21 Stiefel/Maier/*Jahnke* Kraftfahrtversicherung, § 2 KfzPflVV, Rn. 4 u. 5.

22 Näheres *Schwab* Vor §§ 113–124 VVG Rdn. 3–13.(Vorauflage) Vgl. Andres zu Vor §§ 113 VVG.

23 (Rein theoretisches Beispiel: zu geringe Versicherungssummen, Halter nicht mitversichert).

24 Stiefel/*Hofmann* Kraftfahrtversicherung 17. Aufl. 2000, § 2 KfzPflVV, Rn. 6.

25 Prölss/Martin/*Klimke* Vorb. zur KfzPflVV, Rn. 2; Schwintowski/Brömmelmeyer/*Huber* PK-VersR, § 114, Rn. 8.

26 *BGH* Urt. v. 22.01.1992 – IV ZR 59/01, BGHZ 117, 92 = JurionRS 1992, 14738 = VersR 1992, 477 = MDR 1992, 454 = BB 1992, 571 = NJW 1992, 1164.

27 Auch mitversicherte Personen sind schutzwürdig, siehe Schwintowski/Brömmelmeyer/*Huber* PK-VersR, § 114, Rn. 6.

28 *Marlow/Spuhl* Das neue VVG, S. 130 f.

V. Geltendmachung von Rechten durch Mitversicherte

Nach Abs. 4 wird vorgeschrieben, dass den mitversicherten Personen die Geltendmachung von eigenen Rechten[29] aus dem Versicherungsvertrag gegen den Versicherer eingeräumt werden müsse. Insoweit hat der Vertrag zwingend die sinnvolle Komponente eines **Versicherungsvertrages zugunsten Dritter** zu enthalten. 28

Die für die KfzPflVV kritisierte Ausweitung der Befugnisse[30] wird nun durch die Aufnahme dieser Regelung in das PflVG geheilt. 29

D. Versicherungssummen

Die Ermächtigung zur Schaffung von Mindestversicherungssummen wird in der Anlage zu § 4 PflVG entsprechend angewendet und regelmäßig angepasst. 30

In den vergangenen Jahren haben sich die Versicherungssummen immer wieder verändert, um den steigenden Lebenshaltungskosten angemessen Rechnung zu tragen. Diese Anpassungen dienen nicht nur dem Schutz des Opfers eines Verkehrsunfalles, sondern auch dem Schutz von Versicherungsnehmer und Fahrer, die sonst u.U. in ihrer Existenz bedroht sein könnten[31]. 31

Die Versicherungssummen orientieren sich in ihrem Aufbau zunächst an den PKW, die max. 5 Personen aufnehmen können. Da jedoch auch KOM, Großraumtaxis und Klein-Busse versichert werden müssen, muss auch insoweit dem erhöhten Risiko Rechnung getragen werden. Die Versicherungssummen werden daher für Fahrzeuge mit mehr als 10 Sitzplätzen mit pauschalen Summen angepasst. Dabei sind die Versicherungssummen für Kfz höher als die Maximal-Entschädigungsleistungen nach § 12 StVG[32] für die Haftung aus der Betriebsgefahr. 32

Die Mindestversicherungen kommen in zwei Fallvarianten zur Anwendung: zum einen bei einer Versicherung gem. § 5 PflVG, (der Vertragsschluss konnte wegen des Kontrahierungszwanges nicht abgelehnt werden) und zum anderen bei Prämienverzug des Versicherungsnehmers, Obliegenheitsverletzungen des Fahrers und während der Nachhaftung. 33

Nach derzeitigem Kenntnisstand sind die Mindestversicherungssummen gem. der Anlage zu § 4 PflVG auskömmlich[33], solange nur eine Person schwerverletzt wird. Kommt es aber zur schweren Verletzungen bei mehreren Personen, ist auch die Mindestversicherungssumme keine Garantie, dass 34

---

29 Feyock/*Jacobsen*/Lemor KfzVers, § 2 KfzPflVV, Rn. 6 hält dies trotz Abweichung von §§ 44 Abs. 2 und 45 VVG für zulässig, da hier das VVG abdingbar sei. So auch Stiefel/Maier/*Jahnke* Kraftfahrtversicherung, § 2 KfzPflVV, Rn. 15; MüKo StVR/*Gail*, § 2 KfzPflVV, Rn. 16.

30 Ein Rückgriff auf die sechs KH-Richtlinien führt nicht weiter, da dort das Schwergewicht dem Opferschutz gilt, nicht aber der mitversicherten Person. *Hofmann* Die neue Kfz-Versicherung, S. 33.

31 Feyock/Jacobsen/Lemor, § 4 Rn. 1.

32 **§ 12 Höchstbeträge.**
(1) Der Ersatzpflichtige haftet.
1. im Fall der Tötung oder Verletzung eines oder mehrerer Menschen durch dasselbe Ereignis nur bis zu einem Betrag von insgesamt fünf Millionen Euro; im Fall einer entgeltlichen, geschäftsmäßigen Personenbeförderung erhöht sich für den ersatzpflichtigen Halter des befördernden Kraftfahrzeugs oder Anhängers bei der Tötung oder Verletzung von mehr als acht beförderten Personen dieser Betrag um 600.000 Euro für jede weitere getötete oder verletzte beförderte Person;
2. im Fall der Sachbeschädigung, auch wenn durch dasselbe Ereignis mehrere Sachen beschädigt werden, nur bis zu einem Betrag von insgesamt einer Million Euro. Die Höchstbeträge nach Satz 1 Nr. 1 gelten auch für den Kapitalwert einer als Schadensersatz zu leistenden Rente.
(2) Übersteigen die Entschädigungen, die mehreren auf Grund desselben Ereignisses zu leisten sind, insgesamt die in Absatz 1 bezeichneten Höchstbeträge, so verringern sich die einzelnen Entschädigungen in dem Verhältnis, in welchem ihr Gesamtbetrag zu dem Höchstbetrag steht.

33 BGH v. 10.10.2006 – VI ZR 44/05, zur ausreichenden Versicherungssumme und dem Verfahren nach VVG a.F. bei nicht ausreichender Versicherungssumme; OLG München v. 27.3.2003 – 1 U 4449/02; OLG München v. 20.12.2001 – 24 U 15/01.

diese Summen ausreichen werden. Durch die Rangfolge in § 118 VVG ist zwar der Direktgeschädigte mit seinen Ansprüchen voll abgesichert, dies reicht angesichts unseres Sozialsystems auch für zwei oder drei schwergeschädigte Fahrzeuginsassen. Allerdings werden die Sozialversicherungsträger, die in der Rangfolge erst an letzter Stelle stehen, dann häufig leer ausgehen. Bei unzureichender Versicherungssumme ist zu befürchten, dass dann der Sozialversicherungsträger seinen Regress unmittelbar beim Schädiger anmelden und ggf. durchführen wird. Als Sozialversicherungsträger sind zu nennen die gesetzlichen Krankenkassen, die Träger der gesetzlichen Unfallversicherung und die Rentenversicherungsträger. An die nur subsidiär haftenden Träger der Sozialhilfe kann nicht verwiesen werden, wie auch nicht auf die Hartz IV Regelungen (Arbeitslosenhilfe), da insoweit ein Versicherungsverhältnis nicht besteht und es nur um die Sicherung des Lebensunterhaltes geht. Das früher durchzuführende Verteilungsverfahren wird daher nur noch dann erforderlich, wenn schon für die unmittelbar Geschädigten eines Verkehrsunfalls die vorhandenen Versicherungssummen nicht ausreichen[34].

35 Werden in einem Kfz mit mehr als 10 Sitzplätzen Personen verletzt, gilt auch für diese nur die nicht erhöhte Mindestversicherungssumme als Obergrenze, § 4 Abs. 2 letzter Satz. Eine solche Beschränkung der Regulierung ist zulässig, da der Vertrauensschutz auch nur für diese Mindestsummen gilt.

E. Versicherungssummen für Gefahrtransporte

36 Probleme bereiten immer noch die wegen der Anzahl der Sitzplätze erhöhten Haftungshöchstbeträge nach § 12 Abs. 1 Ziffer 1 letzter HS (600.000€ ab dem 11. Sitzplatz) sowie die erhöhten Haftungshöchstgrenzen für Gefahrguttransporte nach § 12a StVG. Für diese werden in § 12a StVG deutlich höhere Entschädigungsleistungen festgelegt, die sich aber leider noch immer nicht in der Anlage zu § 4 PflVG wiederfinden.

37 Es sind folgende Fallvarianten denkbar:

1. Der Versicherungsnehmer hat die Prämie nicht gezahlt. Versicherungsschutz besteht nur in den Grenzen der Mindestversicherungssummen, der Fahrer verursacht einen Schaden, bei dem sich das Gefahrgutrisiko realisiert und die Haftungshöchstgrenzen des § 12a StVG zur Anwendung kommen: Auch sein Anspruch auf Versicherungsschutz ist beschränkt auf die Mindestversicherungssummen. Hat er einen Sachschaden über 1,12 Mio. € (BT-Drucksache 20-8094 1,3 Mio. Euro) verursacht, haftet er mit seinem Privatvermögen, da er nur insoweit Anspruch auf Versicherungsschutz hat, § 117 VVG.
2. Der Fahrer begeht eine Obliegenheitsverletzung, der Versicherungsnehmer trifft kein Verschulden daran. Es geschieht ein Unfall, den der Fahrer verschuldet hat und bei dem sich das Gefahrgutrisiko realisiert, der Sachschaden beträgt 5 Mio. €. Der Fahrer als Verursacher haftet in vollem Umfang, der Versicherungsnehmer ist aus der Haftung aus der Betriebsgefahr gem. § 12a StVG bis zur Obergrenze eintrittspflichtig.

38 Hier ist dringend eine Anpassung der Formulierungen der Anlage zu § 4 PflVG geboten, so dass in jedem Fall die in §§ 12 und 12a StVG geltenden Höchstbeträge abgesichert sind. Leider hat der Gesetzgeber es auch 2023 wieder versäumt, diese Chance der Gesetzesänderung zu nutzen. Ein Verzicht auf die Beschränkung des Versicherungsschutzes auf die Mindestversicherungssummen, wie er jetzt in den AKB 2015/2022 Niederschlag gefunden hat, reicht dazu nicht aus, da die Assekuranz frei ist, diesem Vorschlag zu folgen oder nicht!

F. Übersicht über die Versicherungssummen

39

bis zum 31.7.1971	250.000 DM,
bis zum 30.6.1981	500.000 DM (für Sachschäden 100000 DM)

34 Vgl. insoweit H/K/S/*Kreuter* § 117 VVG; Hi/Ha/*Kreuter* Kfz-Schadensregulierung Rn. 503 ff. zusätzlich mit Darstellung der Rechtslagen nach VVG a.F.

	750.000 DM bei Verletzung mehrerer Personen
bis zum 30.8.1997	1.000.000 DM für Personenschäden
	1.500.000 DM bei mehreren Verletzten,
	400.000 DM für Sachschäden

	ab 1.7.1997	**ab 1.1.2002**	**seit 1.1.2008**	**Seit 01.01.2012**
bei Personenschäden	DM 5 Mio.	2,5 Mio. €.	7,5 Mio. €	7,5 Mio. €
bei Sachschäden	DM 1 Mio.	500.000 €	1 Mio. €	1,12 Mio. € BT-Drucksache 20-8094 1,3 Mio. €
bei reinen Vermögensschäden	DM 100000	50000 €	50.000 €	50.000€
bei Tötung oder Verletzung mehrerer Personen	DM 15 Mio.	7,5 Mio. €	7,5 Mio. €	7,5 Mio. €

G. Gegenüberstellung Mindestversicherungssumme/Haftungshöchstgrenzen

40

Stand 01.01.2012	Mindestversicherungssumme	Höchstgrenze § 12 StVG	Höchstgrenze § 12a StVG (Gefahrgut)	KOM mit 50 Plätzen
Eine Person		5 Mio. €	10 Mio. €	
Personenschäden (mehrere Personen in StVG-Haftung)	7,5 Mio. €	5 Mio. €	10 Mio. €	9,5 Mio. Mindestv. aber bis zu 29 Mio. € StVG-Haftung
Sachschaden	1,12 Mio. €	1 Mio. €	10 Mio. €	1,12 Mio. € PflVG n.F. 1,3 Mio €
Reine Vermögensschäden	50.000 €	–/–	–/–	50.000
Kfz mit mehr als 10 Sitzplätzen	Zzgl. 50.000 €/Platz	Ab 8 Personen für jede verletzte Person 600,000 €		
KOM mit 50 Sitzplätzen	9,5 Mio. €	Bei 50 Verl. Personen bis zu 29 Mio. €		

Anlage zu § 4 Abs. 2

(Fundstelle: BGBl. I 1965, 221)

Mindestversicherungssummen

1. Die Mindesthöhe der Versicherungssumme beträgt bei Kraftfahrzeugen einschließlich der Anhänger je Schadensfall
   a) für Personenschäden siebeneinhalb Millionen Euro,
   b) für Sachschäden 1 120 000 Euro, PflVG neu ab 23.12.2023 1 300 000 EUR
   c) für die weder mittelbar noch unmittelbar mit einem Personen- oder Sachschaden zusammenhängenden Vermögensschäden (reine Vermögensschäden) 50 000 Euro.
2. Bei Kraftfahrzeugen, die der Beförderung von Personen dienen und mehr als neun Plätze (ohne den Fahrersitz) aufweisen, erhöhen sich diese Beträge für das Kraftfahrzeug unter Ausschluss der Anhänger
   a) für den 10. und jeden weiteren Platz um
      aa) 50 000 Euro für Personenschäden,
      bb) 500 Euro für reine Vermögensschäden,
   b) vom 81. Platz ab für jeden weiteren Platz um
      aa) 25 000 Euro für Personenschäden,
      bb) 250 Euro für reine Vermögensschäden.

Dies gilt nicht für Kraftomnibusse, die ausschließlich zu Lehr- und Prüfungszwecken verwendet werden.

3. Bei Anhängern entspricht die Mindesthöhe der Versicherungssumme für Schäden, die nicht mit dem Betrieb des Kraftfahrzeugs im Sinne des § 7 des Straßenverkehrsgesetzes im Zusammenhang stehen, und für die den Insassen des Anhängers zugefügten Schäden den in Nummer 1, bei Personenanhängern mit mehr als neun Plätzen den in Nummern 1 und 2 genannten Beträgen.
4. Zu welcher dieser Gruppen das Fahrzeug gehört, richtet sich nach der Eintragung im Kraftfahrzeug- oder Anhängerbrief.

§ 5 (Kontrahierungszwang)

(1) Die Versicherung kann nur bei einem im Inland zum Betrieb der Kraftfahrzeug-Haftpflichtversicherung befugten Versicherungsunternehmen genommen werden.

(2) Die im Inland zum Betrieb der Kraftfahrzeug-Haftpflichtversicherung befugten Versicherungsunternehmen sind verpflichtet, den in § 1 genannten Personen zur Erfüllung der Versicherungspflicht nach § 1 nach den gesetzlichen Vorschriften Versicherung gegen Haftpflicht zu gewähren. Diese Verpflichtung besteht auch, wenn das zu versichernde Risiko nach § 57 Absatz 4 des Versicherungsaufsichtsgesetzes im Inland belegen ist.

(3) Der Antrag auf Abschluß eines Haftpflichtversicherungsvertrages für Zweiräder, Personen- und Kombinationskraftwagen bis zu 1 Tonne[1] Nutzlast gilt zu den für den Geschäftsbetrieb des Versicherungsunternehmens maßgebenden Grundsätzen und zum allgemeinen Unternehmenstarif als angenommen, wenn der Versicherer ihn nicht innerhalb einer Frist von zwei Wochen vom Eingang des Antrags an schriftlich ablehnt oder wegen einer nachweisbaren höheren Gefahr ein vom allgemeinen Unternehmenstarif abweichendes schriftliches Angebot unterbreitet. Durch die Absendung der Ablehnungserklärung oder des Angebots wird die Frist gewahrt. Satz 1 gilt nicht für die Versicherung von Taxen, Personenmietwagen und Selbstfahrervermietfahrzeugen.

(4) Der Antrag darf nur abgelehnt werden, wenn sachliche oder örtliche Beschränkungen im Geschäftsplan des Versicherungsunternehmens dem Abschluß des Vertrags entgegenstehen oder

1 »1 t« wird durch BT-Drucksache 20/8094 in »1 Tonne« geändert.

wenn der Antragsteller bereits bei dem Versicherungsunternehmen versichert war und das Versicherungsunternehmen
1. den Versicherungsvertrag wegen Drohung oder arglistiger Täuschung angefochten hat,
2. vom Versicherungsvertrag wegen Verletzung der vorvertraglichen Anzeigepflicht oder wegen Nichtzahlung der ersten Prämie zurückgetreten ist oder
3. den Versicherungsvertrag wegen Prämienverzugs oder nach Eintritt eines Versicherungsfalls gekündigt hat.

(5) Das Versicherungsverhältnis endet spätestens,
1. wenn es am ersten Tag eines Monats begonnen hat, ein Jahr nach diesem Zeitpunkt,
2. wenn es zu einem anderen Zeitpunkt begonnen hat, an dem nach Ablauf eines Jahres folgenden Monatsersten.

Es verlängert sich um jeweils ein Jahr, wenn es nicht spätestens einen Monat vor Ablauf schriftlich gekündigt wird. Gleiches gilt, wenn die Vertragslaufzeit nur deshalb weniger als ein Jahr beträgt, weil als Beginn der nächsten Versicherungsperiode ein vor Ablauf eines Jahres nach Versicherungsbeginn liegender Zeitpunkt vereinbart worden ist. Ist in anderen Fällen eine kürzere Vertragslaufzeit als ein Jahr vereinbart, so bedarf es zur Beendigung des Versicherungsverhältnisses keiner Kündigung.

(6) Das Versicherungsunternehmen hat dem Versicherungsnehmer bei Beginn des Versicherungsschutzes eine Versicherungsbestätigung auszuhändigen. Die Aushändigung kann von der Zahlung der ersten Prämie abhängig gemacht werden.

(7) Das Versicherungsunternehmen hat dem Versicherungsnehmer bei Beendigung des Versicherungsverhältnisses eine Bescheinigung über dessen Dauer, die Anzahl und Daten während der Vertragslaufzeit gemeldeter Schäden, die zu einer Schadenzahlung oder noch wirksamen Schadenrückstellung geführt haben, auszustellen; ist die Rückstellung innerhalb einer Frist von drei Jahren nach ihrer Bildung aufgelöst worden, ohne dass daraus Leistungen erbracht wurden, so hat der Versicherer auch hierüber eine Bescheinigung zu erteilen. Während des Versicherungsverhältnisses hat das Versicherungsunternehmen dem Versicherungsnehmer jederzeit eine Bescheinigung nach Satz 1 innerhalb von 15 Tagen ab Zugang des entsprechenden Verlangens bei dem Versicherungsunternehmen zu erteilen.

(8) Ist die Versicherung mit einem Versicherungsunternehmen ohne Sitz im Inland im Dienstleistungsverkehr abgeschlossen, so haben der Versicherungsschein und die Versicherungsbestätigung auch Angaben über den Namen und die Anschrift des gemäß § 8 Abs. 2 Satz 1 bestellten Vertreters zu enthalten.

Anmerkung: Die Absätze 5-8 entfallen in der Neufassung des Pflichtversicherungsgesetzes.

Übersicht

Änderung in PflVG n.F. BT-Drucksache 20/8094: 1

(1) Die Versicherung nach § 1 kann nur bei einem im Inland zum Betrieb der Kraftfahrzeug-Haftpflichtversicherung befugten Versicherungsunternehmen genommen werden.

(2) Die im Inland zum Betrieb der Kraftfahrzeug-Haftpflichtversicherung befugten Versicherungsunternehmen sind verpflichtet, den in § 1 genannten Personen zur Erfüllung der Versicherungspflicht nach § 1 nach den gesetzlichen Vorschriften Versicherung gegen Haftpflicht zu gewähren.

Diese Verpflichtung besteht auch, wenn das zu versichernde Risiko nach § 57 Absatz 4 des Versicherungsaufsichtsgesetzes im Inland belegen ist.

2 Die Absätze 5–8 des § 5 PflVG entfallen und werden in § 5a PflVG bzw. § 5b PflVG umgesetzt.

A. Allgemeines

3 Es wird geregelt, wer berechtigt ist, im Inland eine Kraftfahrzeug-Haftpflicht-Versicherung anzubieten und verpflichtet diese gleichzeitig, den in § 1 PflVG genannten Personen als Minimalanforderung Versicherungsschutz zu gewähren. Durch »§ 2 Abs. 2 KfzPflVV a.F. wurde der Personenkreis erweitert. Durch die Anpassung des PflVG an die Vorgaben der KH-Richtlinie werden diese Personen jetzt in § 4 PflVG n.F. aufgenommen.

I. zugelassener Versicherer

4 Als Versicherer zugelassen sind nur solche Versicherer, die eine Genehmigung nach § 5 Abs. 1 VAG erhalten haben. Ausländische Versicherer müssen die Voraussetzungen nach § 110 VAG erfüllen.

II. Annahmefristen

5 Um dem Opferschutzgedanken Rechnung zu tragen, wird dem Versicherer auch eine Frist zur Annahme oder Modifizierung des Antrags gesetzt, innerhalb derer er eine Modifizierung des Antrages vornehmen kann. Ob man diese Fristen auch analog auf Vertragsänderungen anwenden kann, ist nach diesseitiger Auffassung fraglich[2].

B. Kontrahierungszwang

6 Gem. § 5 Abs. 3 PflVG muss der Versicherer jeden Antrag auf Versicherung eines Zweirades, Personenkraft- oder Kombinationswagens bis 1 t. Nutzlast innerhalb von 14 Tagen bescheiden[3]. Er muss den Antrag innerhalb dieser Zeit schriftlich ablehnen oder ein neues Angebot unterbreiten[4]. Versäumt der Versicherer diese Frist, gilt der Versicherungsvertrag wie beantragt als abgeschlossen. Die Annahmefiktion gilt für alle anderen Fahrzeuge wie Selbstfahrervermietfahrzeuge, Droschken, LKW über 1 t Nutzlast etc. nicht[5], es besteht jedoch die Pflicht, einen Vertrag mindestens zu den Mindestversicherungsbedingungen anzubieten[6].

7 Auch ein Sedgeway-Zweirad gehört zu den Fahrzeugen, die dem Kontrahierungszwang unterliegen[7]. Voraussetzung ist allerdings, dass das jeweilige Fahrzeug auch für das Führen auf öffentlichen Plätzen und Wegen technisch zugelassen ist[8].

8 Der Versicherer darf allerdings nicht jeden Vertrag einfach ablehnen, er muss sich hier an den Voraussetzungen des § 5 Abs. 4 PflVG orientieren. Der Kontrahierungszwang gilt nicht für die vorläufige Deckung[9].

I. Beschränkungen im Geschäftsplan

9 Der Antrag auf Versicherung eines Kfz darf abgelehnt werden, wenn nach dem Geschäftsplan nur bestimmte Berufsgruppen oder Fahrzeuge versichert werden sollen, wie z.B. nur Fahrlehrer, nur Beamte[10], nur LKW etc.

---

2 AG Bad Iburg v. 13.05.2005 – 4C C 176/05, ist der Auffassung, dass eine Annahme eines Antrags auf Aufhebung der Vollkaskoversicherung nach 5 Wochen verspätet ist und spricht daher die Vollkasko-Entschädigung wg. Bestehendem Vertrag zu.

3 Präve, »Schweigen als Zustimmung?«, r + s 1998, 441,.

4 BGH, Urteil vom 31.01.2001 – IV ZR 185/99 zum Kontrahierungszwang.

5 VERBAV 1996, 19.

6 VERBAV 1996 19.

7 LG Lübeck v. 11.12.2008 – 14 S 250/07; AG Lübeck v 27.09.2007 – 28 C 1036/07.

8 LG München I v. 18.05.2020 – 34 O 11826/19 für Elektrokleinfahrzeuge.

9 Rüffer/Halbach/Schmikowski, § 5 Rn. 4.

10 OLG Koblenz v. 28.3.8010 U 43/79, VersR 1981, 247.

In diesem Fall darf der Versicherer den Antrag einer nicht zu dieser Gruppe gehörenden Person ab- 10
lehnen. Er muss dies innerhalb der Frist nach § 5 Abs. 3 PflVG tun, sonst gilt der Vertrag trotz des entgegenstehenden Geschäftsplans als abgeschlossen und kann vom Versicherer nur noch zum Ablauf/Jahresende gekündigt werden. Eine Kündigung wäre wegen des entgegenstehenden Geschäftsplans zulässig.

II. Anfechtung des Vertrages wegen Drohung oder arglistiger Täuschung

War der Versicherungsnehmer bereits Kunde bei dem Versicherer und hat der Versicherer diesen 11
Vertrag wegen Täuschung oder Drohung angefochten, kann der Versicherer den Vertragsschluss ablehnen.

III. Rücktritt wegen Verletzung der vorvertraglichen Anzeigepflicht oder Nichtzahlung der ersten Prämie

Hat der Versicherungsnehmer im Vorvertrag seine vorvertraglichen Anzeigepflichten (z.B. richtigen 12
KM-Stand des versicherten Kfz, Art der geplanten Verwendung o.ä.) verletzt, kann der Versicherer den Vertragsschluss ablehnen. Gleiches gilt, wenn er vom Vorvertrag wegen Nichtzahlung der Erstprämie[11] berechtigt zurückgetreten ist.

IV. Kündigung wegen Prämienverzugs oder Schadens

Auch wenn das Vertragsverhältnis wegen Verzugs mit einer Folgeprämie oder wegen eines Schaden- 13
falles berechtigt gekündigt wurde, kann der neuerliche Vertragsschluss abgelehnt werden.

V. Kontrahierungszwang nur für die Kraftfahrzeug-Haftpflicht-Versicherung

Der Kontrahierungszwang des § 5 PflVG gilt nur für die Kraftfahrzeug-Haftpflicht-Versicherung[12], 14
da nur insoweit ein Interesse an der Versicherungspflicht besteht, um dem Opferschutzgedanken Rechnung zu tragen. Die Sparten Teil- oder Vollkasko-Versicherung[13], Fahrerschutz- und Insassenunfallversicherung sind zwar an den Kraftfahrzeug-Haftpflicht-Vertrag gekoppelt, es besteht aber keine Verpflichtung des Versicherers, eine solche Kombination anzubieten[14]. Ein Rücktritt von der vorläufigen Deckung wegen der Nationalität des Versicherungsnehmers ist nichtig[15]. D.h. der Versicherer kann auf den Antrag des Versicherungsnehmers ein modifiziertes Angebot nur für die Kraftfahrzeug-Haftpflicht-Versicherung zu den Mindestversicherungssummen anbieten, ohne gegen seine Pflichten aus § 5 PflVG zu verstoßen. In diesem Fall endet auch die bis dahin ggf. gewährte vorläufige Deckung in der Fahrzeugversicherung, wenn der Vertrag nur noch über die Kraftfahrzeug-Haftpflicht-Versicherung zustande kommt[16].

Wird ein Vertragsschluss zu Unrecht abgelehnt[17], gilt der Vertrag als zustande gekommen, eine Fest- 15
stellungsklage, dass der Vertrag zustande gekommen ist, ist wegen fehlendem Rechtsschutzbedürfnis nicht zulässig. Eine Bestätigung über vorläufigen Versicherungsschutz ist auch ohne Vorlage bei der Zulassungsstelle wirksam[18].

---

11 BGH v. 09.07.1986 – IV A ZR 5/85.
12 OLG Hamm v. 23.1.1987 – 20 U 240/86.
13 OLG Karlsruhe v. 28.08.2009 – 12 U 90/09.
14 AG Köln v. 13.11.1981 – 111 C 201/81, wobei die Begründung heute gegen das AGG verstößt.
15 LG Berlin, Beschluss v. 31.05.1989 – 17 T 2/89.
16 OLG Saarbrücken v. 22.03.2000 – 5 U 818/99–53.
17 LG Berlin, Beschluss v. 31.05.1989 – 17 T 2/89.
18 OLG Hamm v. 10.11.1982 20 U 87/82.

C. Ende des Vertrages

16 Der Versicherungsvertrag endet gem. Abs. 5 automatisch nach Ablauf eines Jahres seit Vertragsbeginn, wenn der Vertrag an einem Monatsersten begonnen hat. Wurde der Vertrag zu einem anderen Zeitpunkt geschlossen, endet der Vertrag nach einem Jahr an dem Monatsersten des Folgemonates. Eine automatische Verlängerung des Vertrags ist vorgesehen.

17 In den Muster-AKB des GdV ist eine Kalenderjahres-Vertragslaufzeit vorgesehen, so dass ein unterjährig beginnender Vertrag nur bis zum 31.12. dieses Jahres läuft und sich sodann automatisch verlängert.

18 Es können auch andere Vertragslaufzeiten vereinbart werden. Als Kündigungszeitpunkt ist nach § 5 nur die Kündigung zum Ablauf des Kalenderjahres vorgesehen.

D. Aushändigung der Versicherungsbestätigung

19 Der Versicherungsnehmer erhält eine Versicherungsbestätigung mit dem Abschluss des Vertrages. Die Aushändigung kann von der Prämienzahlung abhängig gemacht werden. Eine solche Verknüpfung ist in aller Regel nur bei den Versicherungskennzeichen gegeben, dort wird das Kennzeichen nur gegen die Prämienzahlung ausgegeben, so dass ein Prämienverzug per se nicht möglich ist.

E. Bescheinigung über die Vertragsdauer

20 Bei Beendigung des Vertrags muss der Versicherer gem. § 5 Abs. 7 dem Versicherungsnehmer eine Bescheinigung über den Vertragsverlauf, Anzahl der Jahre, SFR und Anzahl der Schäden erteilen. Es sind nur diejenigen Schäden anzuführen, für die eine Rückstellung gebildet und Schadenzahlungen erbracht wurden. Wurde die Rückstellung ohne Schadenzahlung aufgelöst, ist dieses innerhalb eines Zeitraumes von drei Jahren ebenfalls zu bescheinigen. Ein schadenfreier Verlauf kann nur dann bestätigt werden, wenn keinerlei Rückstellungen für Schäden und keinerlei Schadenzahlungen während der Vertragsdauer erfolgten[19]. Werden allerdings Rückstellungen gebildet und Schadenersatzleistungen aufgrund pflichtgemäß ausgeübtem Ermessen erbracht, besteht kein Anspruch auf Rücknahme der Rückstufung im Schadenfreiheitsrabatt[20].

21 Bietet ein Versicherer Sondervereinbarungen für die Einstufung des Schadensfreiheitsrabatts an, müssen diese nicht vom Nachversicherer übernommen werden[21].

F. Versicherung im Dienstleistungsverkehr

22 Bei Abschluss einer Versicherung ohne Sitz im Inland muss vom Versicherungsunternehmen ein Dienstleister im Inland benannt werden und dessen ladungsfähige Anschrift mitgeteilt werden.

Neu nach BT-Drucksache 20/8094

§ 5a Dauer des Versicherungsverhältnisses, Kündigungsfiktion

(1) Das Versicherungsverhältnis endet,

1. *wenn es am ersten Tag eines Monats begonnen hat, spätestens ein Jahr nach diesem Zeitpunkt,*
2. *wenn es zu einem anderen als dem in Nummer 1 genannten Zeitpunkt begonnen hat, spätestens an dem*

nach Ablauf eines Jahres folgenden Monatsersten.

19 OLG Karlsruhe v. 28.08.2009 – 12 U 90/09; LG Köln v. 26.03.2008 – 20 S 64/07; AG Köln v. 06.07.2007 – 261 C 555/05; AG Köln v. 07.11.2006 – 261 C 554/05.

20 OMBUDSMANN, Urteil v. 21.08.2003 – 6740/2003.

21 AG Lippstadt v. 03.12.1999 – 26 C 429/99.

Es verlängert sich um jeweils ein Jahr, wenn es nicht spätestens einen Monat vor Ablauf schriftlich gekündigt wird. Gleiches gilt, wenn die Vertragslaufzeit nur deshalb weniger als ein Jahr beträgt, weil als Beginn der nächsten Versicherungsperiode ein vor Ablauf eines Jahres nach Versicherungsbeginn liegender Zeitpunkt vereinbart worden ist. Ist in anderen Fällen eine kürzere Vertragslaufzeit als ein Jahr vereinbart, so bedarf es zur Beendigung des Versicherungsverhältnisses keiner Kündigung.

(2) Schließt der Erwerber eines veräußerten Fahrzeugs eine neue Kraftfahrzeug-Haftpflichtversicherung ab, ohne das auf ihn übergegangene Versicherungsverhältnis zu kündigen, so gilt dieses mit Beginn des neuen Versicherungsverhältnisses als gekündigt.

Übersicht

A. Allgemeines

§ 5 a Abs. 1 PflVG entspricht mit geringfügigen Anpassungen[1] § 5 Abs. 5 PflVG a.F; § 5 a Abs. 2 PflVG entspricht § 3 b PflVG a.F[2]. Die regelmäßige Vertragsdauer eines Kraftfahrzeug-Haftpflicht-Vertrages beträgt immer längstens ein Kalenderjahr, die Vertragsdauer kann aber kürzer sein, z.B. bei unterjähriger Zulassung. 1

B. Regelungsgehalt

I. Kündigung (§ 5a Abs. 1 PflVG n.F.)

Der Versicherungsnehmer kann den Vertrag regelmäßig mit einer Frist von einem Monat zum Jahresende kündigen. Erfolgt zu diesem Zeitpunkt eine Kündigung nicht, verlängert sich der Vertrag automatisch um ein weiteres Jahr. Eine andere Regelung gilt nur, wenn kürzere Laufzeiten vertraglich vereinbart wurden, dann entfällt die Klausel der automatischen Verlängerung mit der Folge, dass es einer Kündigung nicht bedarf. Gleichlautende Formulierungen finden sich in den Musterbedingungen zu G.1 AKB.[3] 2

II. Verkauf des versicherten Fahrzeugs (§ 5a Abs. 2 PflVG n.F.)

Eine Kündigung wird fingiert, wenn der Erwerber eines Kfz einen neuen Kraftfahrzeug-Haftpflicht-Versicherungsvertrag bei einem anderen Versicherer abschließt. Damit wird eine in den AKB schon lange geübte Praxis als Gesetz festgehalten. Der Kraftfahrzeug-Haftpflicht-Versicherer wird durch die Vorlage einer Versicherungsbestätigung eines anderen Versicherers aus der Haftung entlassen[4]. Durch die Vorlage der Versicherungsbescheinigung wird der Zulassungsstelle auch das Ende des Vorvertrages angezeigt[5]. Erforderlich ist diese Regelung, da der Vertrag ungekündigt auf den Erwerber übergeht und der Verkäufer seinerseits keine Möglichkeit hat, den Versicherungsvertrag wirksam zu kündigen, wenn er das Kfz zugelassen an den Erwerber übergibt. 3

1 So die Gesetzesbegründung in BT-Drucksache 20/8094, S. 63.
2 Vgl. insoweit BT-Drucksache 20/8094, S. 63.
3 Wegen weiterer Details zur aktuell geltenden Regelung vgl. dort Kreuter zu G.1 AKB.
4 Staudinger/Halm/Wendt/Kreuter, § 3b PflVG Rn. 1 f.
5 P/M/*Knappmann*, § 3b PflVG Rn. 1.

C. Zeitpunkt der Beendigung

4 Der Vertrag endet unmittelbar mit der Übergabe der Versicherungsbestätigung an die Zulassungsstelle zum Ende des Vortages, 24.00 Uhr. Diese Regelung wurde geschaffen, um Unklarheiten im Versicherungsschutz zu beseitigen. Der Vertragsbeginn wird auf 0.00 Uhr des Zulassungstages vordatiert. Korrespondierend dazu hat der Versicherungsnehmer auch für Fahrten zur Zulassungsstelle Versicherungsschutz[6].

5 Ist die Versicherungsbestätigung noch nicht bei der Zulassungsstelle eingegangen besteht gegenüber der vorherigen Versicherung ein Direktanspruch, da das Ende des Vertrages bei der Zulassungsstelle noch nicht angezeigt wurde.

D. Nachhaftung

6 Die Nachhaftung endet in diesem Fall unmittelbar mit der Übergabe der Versicherungsbestätigung an die Zulassungsstelle. Auch im Außenverhältnis gilt dann der neue Versicherer als eintrittspflichtig.

E. Sonderfall Versicherungskennzeichen

7 Bei Versicherungskennzeichen ist diese Regelung ebenfalls anzuwenden, Es wird aber üblicherweise wegen der ohnehin kurzen Vertragsdauer von 1 Jahr, das automatisch am 28./29. Februar eines Kalenderjahres endet, in der Praxis nur in Ausnahmefällen erfolgen, da der Versicherungsvertrag immer nur bis zum Ablauf abgeschlossen werden kann und dann auch für den Erwerber gilt[7].

§ 5b Versicherungsbestätigung; Angaben über den bestellten Vertreter

(1) Das Versicherungsunternehmen hat dem Versicherungsnehmer bei Beginn des Versicherungsschutzes eine Versicherungsbestätigung zu übermitteln. Das Versicherungsunternehmen kann die Übermittlung der Versicherungsbestätigung von der Zahlung der einmaligen oder der ersten Prämie abhängig machen.

(2) Ist die Versicherung mit einem Versicherungsunternehmen ohne Sitz im Inland im Dienstleistungsverkehr abgeschlossen, so haben der Versicherungsschein und die Versicherungsbestätigung auch Angaben über den Namen und die Anschrift des gemäß § 8 Absatz 3 Satz 1 bestellten Vertreters zu enthalten.

1 § 5b Abs. 1 PflVG n.F. ersetzt § 5 Abs. 6 PflVG a.F. Neu aufgenommen wurde lediglich die Regelung zur Einmalprämie, um sachlich nicht begründete Abweichungen zum AuslPflVG zu vermeiden, dort war dieser Fall bisher in § 5 Satz 1 AuslPflVG geregelt[1].

2 § 5 b Abs. 2 PflVG n.F. entspricht § 5 Abs. 8 PflVG a.F. Bei Abschluss einer Versicherung ohne Sitz im Inland muss vom Versicherungsunternehmen ein Dienstleister im Inland benannt werden und dessen ladungsfähige Anschrift mitgeteilt werden.

§ 5c Bescheinigung über den Schadenverlauf

(1) Das Versicherungsunternehmen hat dem Versicherungsnehmer zu folgenden Zeitpunkten eine Bescheinigung über den Schadenverlauf auszustellen:
1. jederzeit innerhalb von 15 Tagen ab Zugang eines entsprechenden Verlangens des Versicherungsnehmers und
2. bei Beendigung des Versicherungsverhältnisses.

---

6 Vgl. hierzu AKB H.1.3.
7 Vgl. insoweit Kommentierung unter G.1 AKB; unten AKB G.1.3 und VVG § 122m.w.N.; vgl. hierzu auch die neue Regelung in den Bedingungen für Fahrzeuge mit Versicherungskennzeichen, dort G. 2.3.
1 So die Gesetzesbegründung in BT-Drucksache 20/8094, S. 63.

(2) Die Bescheinigung ist nach Maßgabe des Musters auszustellen, das von der Europäischen Kommission in einem Durchführungsrechtsakt nach Artikel 16 Absatz 6 der Richtlinie 2009/103/EG festgelegt wird. Die Bescheinigung muss auch Angaben enthalten zur Anzahl derjenigen gemeldeten Haftungsansprüche Dritter einschließlich des Datums jeder einzelnen Forderung, die im Rahmen des Versicherungsvertrages in dem von der Bescheinigung abgedeckten Zeitraum zu einer noch bestehenden Schadenrückstellung geführt haben. Ist eine solche Rückstellung innerhalb einer Frist von drei Jahren nach ihrer Bildung aufgelöst worden, ohne dass entsprechende Leistungen erbracht wurden, so hat der Versicherer auch diese Information in die Bescheinigung aufzunehmen.

(3) Das Versicherungsunternehmen hat bei der Festsetzung der Prämien einschließlich der Anwendung etwaiger Rabatte eine in einem anderen Staat des Europäischen Wirtschaftsraums ausgestellte Bescheinigung genauso wie eine im Inland ausgestellte Bescheinigung zu behandeln. Das Versicherungsunternehmen darf Versicherungsnehmer bei der Berücksichtigung der von anderen Versicherungsunternehmen oder von anderen in Artikel 16 Absatz 2 der Richtlinie 2009/103/EG genannten Stellen ausgestellten Bescheinigungen nicht aufgrund ihrer Staatsangehörigkeit oder allein aufgrund ihres früheren Wohnsitzstaates innerhalb des Europäischen Wirtschaftsraums in diskriminierender Weise behandeln oder einen Prämienaufschlag verlangen.

Bei Beendigung des Vertrags muss der Versicherer gem. § 5 Abs. 7 PflVG a.F., **jetzt in § 5c PflVG n.F.** aufgenommen, dem Versicherungsnehmer eine Bescheinigung über den Vertragsverlauf, Anzahl der Jahre, SFR und Anzahl der Schäden erteilen. Neu in der Formulierung ist, dass der Versicherungsnehmer jederzeit – auch über das Versicherungsverhältnis hinaus innerhalb von 15 Tagen eine solche Bescheinigung verlangen kann[1]. 1

Es sind nur diejenigen Schäden anzuführen, für die eine Rückstellung gebildet und Schadenzahlungen erbracht wurden. Wurde die Rückstellung ohne Schadenzahlung aufgelöst, ist dieses innerhalb eines Zeitraumes von drei Jahren ebenfalls zu bescheinigen. Ein schadenfreier Verlauf kann nur dann bestätigt werden, wenn keinerlei Rückstellungen für Schäden und keinerlei Schadenzahlungen während der Vertragsdauer erfolgten[2]. Werden allerdings Rückstellungen gebildet und Schadenersatzleistungen aufgrund pflichtgemäß ausgeübtem Ermessen erbracht, besteht kein Anspruch auf Rücknahme der Rückstufung im Schadenfreiheitsrabatt[3]. 2

Um eine Einheitlichkeit der Bescheinigung zu gewährleisten, ist eine bestimmte Form nach einem von der Europäischen Kommission festgelegten Muster einzuhalten, Abs. 2 n.F. Dabei müssen neben den angegebenen Schäden / Leistungsfällen jetzt auch die Daten der Haftpflichtforderungen, die zu einer Rückstellung geführt haben, aufgenommen werden. Es sind auch die Schadenfälle mit Datum aufzuführen, in denen die Rückstellungen ohne Leistungserbringung innerhalb von drei Jahren aufgelöst wurden. Diese Regelung war auch schon in der Fassung des § 5 Abs. 7 PflVG a.F. enthalten und soll grundsätzlich der Risikokalkulation des Versicherers dienen. 3

Bietet ein Versicherer Sondervereinbarungen für die Einstufung des Schadensfreiheitsrabatts an, müssen diese nicht vom Nachversicherer übernommen werden[4]. 4

Im Zuge der Harmonisierung des Europäischen Rechtes müssen auch Bescheinigungen ausländischer Versicherer über den Schadenverlauf eines Vertrages im Ausland für die Einstufung berücksichtigt werden, eine Schlechterstellung wegen einer anderen Staatsangehörigkeit oder eines Herkunftslandes innerhalb des Europäischen Wirtschaftsraums ist nicht zulässig. Hierdurch wird Art. 16 der KH-Richtlinie umgesetzt. 5

---

1 Gesetzesbegründung in BT-Drucksache 20/8094, S. 63.

2 OLG Karlsruhe v. 28.08.2009 – 12 U 90/09; LG Köln v. 26.03.2008 – 20 S 64/07; AG Köln v. 06.07.2007 – 261 C 555/05; AG Köln v. 07.11.2006 – 261 C 554/05.

3 OMBUDSMANN, Urteil v. 21.08.2003 – 6740/2003.

4 AG Lippstadt v. 03.12.1999 – 26 C 429/99.

§ 5d Mindestumfang des Versicherungsschutzes bei Motorsportveranstaltungen; Verordnungsermächtigung

(1) Der alternative Versicherungsschutz für den Gebrauch eines Fahrzeugs bei einer Motorsportveranstaltung oder Motorsportaktivität, einschließlich Rennen, Wettbewerben, Trainings, Tests und Demonstrationen, in einem hierfür abgegrenzten Gebiet mit Zugangsbeschränkungen kann aufgrund einer vom Halter, Eigentümer oder Fahrer des Fahrzeugs, vom Veranstalter oder einer anderen Partei abgeschlossenen Haftpflichtversicherung bestehen und muss den Mindestanforderungen nach den Absätzen 2 bis 4 genügen.

(2) Die Versicherung muss für den Halter, den Eigentümer und den Fahrer diejenigen Personenschäden, Sachschäden und sonstigen Vermögensschäden Dritter, einschließlich Zuschauern und anderen Umstehenden, decken, die durch den Gebrauch des Fahrzeugs bei Motorsportveranstaltungen und -aktivitäten, einschließlich Rennen, Wettbewerben, Trainings, Tests und Demonstrationen, verursacht werden, und vorsehen, dass der Dritte seinen Anspruch auf Schadensersatz entsprechend § 115 des Versicherungsvertragsgesetzes auch gegen den Versicherer geltend machen kann.

(3) Die Mindesthöhe der Versicherungssumme beträgt je Schadensfall
1. *für Personenschäden 7 500 000 Euro,*
2. *für Sachschäden 1 300 000 Euro,*
3. *für die weder mittelbar noch unmittelbar mit einem Personen- oder Sachschaden zusammenhängenden Vermögensschäden 50 000 Euro.*

(4) Von der Versicherung kann die Haftung nur ausgeschlossen werden für Ersatzansprüche, mit denen Ersatz eines von einem teilnehmenden Fahrer erlittenen Personenschadens oder Ersatz eines Sachschadens an dem vom teilnehmenden Fahrer geführten Fahrzeug begehrt wird. Im Übrigen kann der Versicherungsvertrag Inhalt und Umfang der Versicherung näher bestimmen, soweit dadurch die Erreichung des Zwecks der Versicherung nicht gefährdet wird und durch Rechtsvorschrift nicht ausdrücklich etwas anderes bestimmt ist. Ein Selbstbehalt des Versicherungsnehmers kann dem Dritten nicht entgegengehalten und gegenüber einer mitversicherten Person nicht geltend gemacht werden.

(5) Das Bundesministerium der Justiz wird ermächtigt, im Einvernehmen mit dem Bundesministerium für Digitales und Verkehr und dem Bundesministerium für Wirtschaft und Klimaschutz durch Rechtsverordnung ohne Zustimmung des Bundesrates die in Absatz 3 genannten Mindestversicherungssummen zu ändern, wenn dies erforderlich ist, um
1. *bei einer Änderung der wirtschaftlichen Verhältnisse oder der verkehrstechnischen Umstände einen hinreichenden Schutz der Geschädigten sicherzustellen oder*
2. *die Mindesthöhen der Versicherungssummen an diejenigen für eine Haftpflichtversicherung nach § 1 anzugleichen.«*

Übersicht

A. Allgemeines

1 § 5d PflVG n.F. nimmt Bezug auf die Ausnahmeregelung des § 2a Abs. 4 PflVG n.F. wonach Fahrzeuge unter bestimmten Voraussetzungen von der Verpflichtung zum Abschluss einer Pflichtversicherung im Sinne des § 1 PflVG ausgenommen sind. Eine Versicherungsfreiheit ist nur gegeben, wenn das Fahrzeug gem. § 2a Abs. 4 PflVG in einem abgegrenzten Bereich im Rahmen von Motorsportveranstaltungen – ohne Öffentlichkeit – stattfindet. Sofern diese im begrenzt öffentlichen Raum (mit Zuschauern) stattfindet, kann die Zulassungs- und Versicherungspflicht vermieden werden, wenn eine Versicherung nach § 5d PflVG n.F. abgeschlossen ist, die den Mindestversicherungen der Anlage zu § 4 PflVG entspricht.

B. Regelungsgehalt

Es muss sich um eine Motorsportaktivität oder Motorsportveranstaltung handeln, eingeschlossen sind hierbei Rennen, Wettbewerbe, Trainings, Tests und Demonstrationen, die in einem abgegrenzten Gebiet mit Zugangsbeschränkung durchgeführt werden. Die in der Regelung des § 4 KfzPflVV verwendete Sprachregelung »behördlich genehmigten Rennen zur Erzielung von Höchstgeschwindigkeiten...« wird aufgegeben. Es kommt jetzt nur noch auf die motorsportliche Ausgestaltung an, die ggf. – wenn die Öffentlichkeit beteiligt ist – eine Versicherung nach § 5d PflVG n.F. erfordert. Es wird dabei von der Möglichkeit Gebrauch gemacht, die Fahrzeuge, die ausschließlich im nichtöffentlichen Verkehrsraum gebraucht werden, von der Versicherungspflicht auszunehmen. 2

Es handelt sich damit nicht nur um die klassischen Veranstaltungen, die auf Rennstrecken durchgeführt werden, sondern für alle Motorsportveranstaltungen. Da diese aber oft mit Zuschauern stattfinden, muss für diesen Fall eine den Regeln der Pflichthaftpflichtversicherung entsprechende Versicherung abgeschlossen werden. Da sowohl in der KfzPflVV wie auch den AKB der Ausschluss von behördlich genehmigten Rennveranstaltungen normiert ist, wurde in § 4 KfzPflVV die Formulierung angepasst und ein Ausschluss nur für Motorsportveranstaltungen zugelassen, wenn eine entsprechende Versicherung nach § 5d PflVG n.F. besteht. Die AKB sind nach Veröffentlichung des PflVG n.F. anzupassen. 3

Soweit in der Gesetzesbegründung auf § 6 Abs. 3 PflVG n.F.[1]. hingewiesen wird, wonach bei Motorsportveranstaltungen ein Kfz in jedem Fall eine Pflichtversicherung, entweder nach § 1 PflVG oder nach § 5d Abs. 3 PflVG n.F. aufweisen muss, bleibt die weitere Entwicklung abzuwarten. Ein Versicherungsschutz für Motorsportveranstaltungen mit Renncharakter, die eine behördliche Genehmigung aufweisen, ist in den AKB vom Leistungsumfang ausgenommen. Es bleibt – wenn es sich nicht um eine behördlich genehmigte Motorsportveranstaltung handelt, bei der Obliegenheitsverletzung nach D.1.1.3 AKB[2]. 4

Da sich das PflVG ausschließlich auf die Haftpflichtansprüche Dritter bezieht, sind in Abs. 4 folgerichtig die Ansprüche des Fahrers des versicherten Fahrzeuges sowie die Ansprüche wegen der Beschädigung des versicherten Fahrzeuges ausgeschlossen. Ausnahmen zur freien Vertragsgestaltung sind insoweit jedoch vorgesehen, die aber nicht zu Lasten des Opferschutzes gehen dürfen. Auch ist die Möglichkeit der Vereinbarung einer Selbstbeteiligung an den Aufwendungen der Schadenregulierung vorgesehen, die jedoch dem Geschädigten nicht entgegengehalten werden kann. Es bleibt abzuwarten, welche Produkte hierfür von der Assekuranz angeboten werden. 5

Die nach § 5d PflVG auszugestaltende Haftpflichtversicherung muss den Regeln des § 115 VVG entsprechen und dem Geschädigten einen Direktanspruch gegen den Versicherer gewähren. Der Versicherer wird sich nach der Neuregelung nicht mehr auf die Rennklausel nach A.1.5.2 AKB als Leistungsausschluss berufen können, vgl. insoweit auch § 4 Ziffer 4 KfzPflVV[3]. 6

Eigene Auffassung: 7

Wünschenswert wäre gewesen, wenn für alle Veranstaltungen auf Motorsportgeländen und auch bei den sog. Zuverlässigkeitsfahrten, Gleichmäßigkeitsfahren, Vergleichsfahrten etc. eine Verpflichtung zum Abschluss einer gesonderten Motorsportversicherung gefordert worden wäre, um insoweit Rechtssicherheit auch für die tw. fragwürdigen Veranstaltungen auf Rennstrecken zu schaffen und die Gerichte zu entlasten. Aktuell ist nur unter Strafe gestellt, ein nicht versichertes Fahrzeug bei einer Motorsportveranstaltung mit Öffentlichkeit (Publikum, oder auf öffentlichen Verkehrswegen) zu gebrauchen.

1 Wegen der Details vgl. dort.
2 Wegen der versicherungsrechtlichen Besonderheiten und der laufenden Rechtsprechung zur Abgrenzung vgl. Kreuter D.1.1.3 AKB m.w.H.
3 Vgl. insoweit dort.

§ 6 Verbot des Gebrauchs unversicherter Fahrzeuge

(1) Es ist verboten, ein Fahrzeug zu gebrauchen, für das die nach § 1 erforderliche Haftpflichtversicherung nicht besteht

(2) Ein Fahrzeug, dessen Halter nach § 2a Absatz 1 Nummer 2 oder Absatz 2 von der Versicherungspflicht befreit ist und für das keine Haftpflichtversicherung nach § 1 besteht, darf nur in einem Gebiet gebraucht werden, das
1. keine öffentliche Straße im Sinne des § 1 Absatz 1 Satz 1 des Straßenverkehrsgesetzes ist und
2. aufgrund einer Rechtsvorschrift einzufrieden ist, um den Zugang von Unbefugten zu verhindern, oder als befriedetes Besitztum im Sinne des § 123 Absatz 1 des Strafgesetzbuches der Öffentlichkeit aufgrund einer Beschränkung nicht zugänglich ist

(3) Ein Fahrzeug darf bei Motorsportveranstaltungen und -aktivitäten, einschließlich Rennen, Wettbewerben, Trainings, Tests und Demonstrationen, nur gebraucht werden, wenn
1. für das Fahrzeug eine Haftpflichtversicherung nach § 1 besteht und dieser Gebrauch des Fahrzeugs nicht im Versicherungsvertrag vereinbarte Obliegenheiten verletzt oder
2. für diesen Gebrauch des Fahrzeugs Versicherungsschutz nach Maßgabe des § 5d besteht und das Fahrzeug in dem hierfür abgegrenzten Gebiet mit Zugangsbeschränkungen gebraucht wird

(4) Es ist verboten, einen nach den Absätzen 1 bis 3 verbotenen Gebrauch zu gestatten.

Übersicht

A. Allgemeines

Das Pflichtversicherungsgesetz stellt Verstöße gegen die Kraftfahrzeugversicherungspflicht unter Strafe, zunächst in § 5 PflVG, später mit § 6 PflVG. Die Vorschrift *»dient dem effektiven Schutz der Verkehrsopfer«*[1]; die Vorschrift soll *»dem gesetzgeberischen Gebot der Versicherungsnahme hinreichenden Nachdruck zu verschaffen … ein derartiges Zuwiderhandeln (ist) kriminalpolitisch als sanktionswürdig einzustufen.«*[2] 1

Einerseits ist damit bei der Prüfung der Strafbarkeit des Täters/der Täterin die Klärung einer Vielzahl von zivilrechtlichen bzw. versicherungsrechtlichen Fragen verbunden.[3] Andererseits ist nicht jede Störung des Kraftfahrzeughaftpflichtvertragsverhältnisses strafbar, denn es ist auf das Bestehen des Versicherungsvertrages und nicht auf das Bestehen von Versicherungsschutz abzustellen; z.B. gilt, dass Obliegenheitsverletzungen des Versicherungsnehmers, die bei bestehendem Kraftfahrzeughaftpflichtversicherungsvertrag ihm gegenüber, aber nicht gegenüber dem Geschädigten zur Leistungsfreiheit führen, nicht bestraft werden.[4] Bei Zweifeln gilt der *»In-dubio-Satz.«*[5] 2

Die Änderung durch den Gesetzentwurf zur Umsetzung der Richtlinie (EU) 2021/2118 betrifft auch die Strafvorschrift des PflVG. Im § 6 PflVG n.F. werden Regelungen von Ge- und Verboten formuliert und die sich darauf beziehende Strafvorschrift wird sich in einem neuen § 30 PflVG befinden. 3

§ 6 PflVG n.F. verbietet, so wie bisher, den Gebrauch und die Gestattung des Gebrauchs, wenn *»die erforderliche Haftpflichtversicherung«* (Anmerkung: bisher war die Formulierung *»der erforderliche Haftpflichtversicherungsvertrag«*) nicht besteht und sieht Verbotstatbestände des Gebrauchs von Fahrzeugen bei Befreiung des Halters von der Versicherungspflicht nach dem neuen § 2a PflVG und bei Motorsportveranstaltungen und -aktivitäten, einschließlich Rennen, Wettbewerben, Trainings, Test, Demonstrationen vor. 4

Unklar ist, ob mit der Neuformulierung *»die erforderliche Haftpflichtversicherung«* statt wie bisher *»der erforderliche Haftpflichtversicherungsvertrag«* eine Änderung des Tatbestands gewollt ist oder nur eine sprachliche Änderung oder gar ein Versehen vorliegt, denn es stellt einen Unterschied dar, ob eine Versicherung im Sinne von Versicherungsschutz oder der Vertrag einer Versicherung besteht. Aus den Abschnitten Problem, Ziel, Lösung in der BT-Drucksache 20/8094 vor dem Gesetzestext ist eine solche Absicht des Gesetzgebers nicht zu entnehmen und im Hinblick auf den Anlass der Gesetzesänderung auch nicht eingängig. Damit dürfte die bisherige Rechtsprechung zur a.F. zunächst auch für die n.F. Bestand haben, bis sich ggf. die obergerichtliche Rechtsprechung verbindlich dazu äußert. 5

---

1 *Kreuter/Schwab* in Staudinger/Halm/Wendt, Versicherungsrecht, § 6 PflVG Rn. 1.

2 *Koch in Bruck/Möller,* § 6 PflVG Rn 4.

3 *Quarch* in Dölling/Duttke/König/Rössner, Gesamtes Strafrecht, § 6 PflVG Rn. 39; *Heinzlmeier* NZV 2006, 225.

4 *Hentschel/König/Dauer*, vor § 23 FZV Rn. 16; *Kreuter/Schwab* in Staudinger/Halm/Wendt, Versicherungsrecht, § 6 PflVG Rn. 2; *Häberle* in Erbs/Kohlhaas, Strafrechtliche Nebengesetze, § 6 PflVG Rn. 8.

5 *Quarch* in Dölling/Duttke/König/Rössner, Gesamtes Strafrecht, § 6 PflVG Rn. 39.

6 Der neue § 30 PflVG sieht unter Beibehaltung des bisherigen Strafrahmens eine Bestrafung für den Gebrauch bzw. die Gestattung des Gebrauchs vor, mit einer Verneinung der Strafbarkeit bei besonderem Auslandsbezug. Die Möglichkeit der Einziehung des Fahrzeugs bleibt bestehen.

»Abschnitt 4 Strafvorschriften, Übergangs- und Schlussvorschriften«

»§ 30 Strafvorschriften

(1) Mit Freiheitsstrafe bis zu einem Jahr oder mit Geldstrafe wird bestraft, wer
1. entgegen § 6 Absatz 1, 2 oder 3 ein Fahrzeug gebraucht oder
2. entgegen § 6 Absatz 4 einen dort genannten Gebrauch gestattet

(2) Handelt der Täter fahrlässig, so ist die Strafe Freiheitsstrafe bis zu sechs Monaten oder Geldstrafe bis zu einhundertachtzig Tagessätzen.

(3) Die Tat ist nicht strafbar, wenn für den Gebrauch des Fahrzeugs, sofern es nur seinen regelmäßigen Standort und nicht seinen gewöhnlichen Standort im Inland hat,
1. ein den Anforderungen des § 3 Absatz 1, 2 oder 3 des Auslandsfahrzeug-Pflichtversicherungsgesetzes genügender Versicherungsschutz besteht oder
2. die Schadenregulierung nach § 9 des Auslandsfahrzeug-Pflichtversicherungsgesetzes gewährleistet ist.

(4) Fahrzeuge, auf die sich eine Straftat nach Absatz 1 bezieht, können eingezogen werden, wenn sie dem Täter oder Teilnehmer zur Zeit der Entscheidung gehören.«

B. Regelungsgehalt

I. Objektiver Tatbestand

1. Eigenhändiges Delikt

7 »Wer« ein Kraftfahrzeug gebraucht bzw. den Gebrauch gestattet, soll bestraft werden. Damit gilt, dass das Fahren ein eigenhändiges Delikt[6] ist, der Beifahrer kann im Regelfall nur Teilnehmer, also nur Anstifter oder Gehilfe sein.[7] Dabei kann durch »Gestatten des Gebrauchs« ein Dritter, der nicht Fahrer ist, wiederum Täter sein.[8]

2. Fahrzeug

a) Definition, skurrile Fahrzeuge und der E-Scooter

8 Fahrzeuge im Sinne der Vorschrift sind Kraftfahrzeuge und Anhänger[9], die nicht an Schienen gebunden sind und durch Maschinenkraft bewegt werden, so dass grundsätzlich alle klassischen und auch neuartigen oder auch skurrilen Motorfahrzeuge erfasst sind.[10] So hat z.B. das *OLG Dresden*[11] entschieden, dass ein Pocketbike kein versicherungsfreies motorbetriebenes Spielzeug darstelle, da es nach seiner bauartbedingten Bestimmung zur Personenbeförderung diene und damit ist es Kraftfahrzeug im Sinne des Pflichtversicherungsgesetzes. Auch wird auf den etwas skurrilen, aber zu Recht als tatbestandsmäßig anerkannten Fall verwiesen, in dem ein Fahrradfahrer sich nicht allein mittels Muskelkraft, sondern mittels eines auf den Rücken geschnallten Gleitschirmpropellermotors

6 Vgl. zum eigenhändigen bzw. arbeitsteiligen Führen *Hentschel/König/Dauer*, § 316 StGB Rn. 3, 5.
7 Vgl. unten Rdn. 22, dort. a.A. *KG*.
8 Vgl. unten Rdn. 23.
9 *Koch* in Bruck/Möller, § 6 PflVG Rn. 9; *Häberle* in Erbs/Kohlhaas, Strafrechtliche Nebengesetze, § 6 PflVG Rn. 1.
10 Wegen weiterer Details vgl. Kommentierung zu § 1 PflVG, Rdn. 12 ff. mit einer Vielzahl von Einzelfallbeispielen.
11 *OLG Dresden*, Beschl. v. 11.09.2013 – 2 OLG 21 Ss 652/13, JurionRS 2013, 44036 = NJW 2014, 484 = NStZ-RR 2013, 356.

selbstständig fortbewegte.[12] Modernere Varianten der alternativen Fortbewegung sind z.B. das Segway[13] oder das Hoverboard[14] und selbstverständlich der E-Scooter.[15]

b) Taugliches Tatwerkzeug

Nicht jedes mit Maschinenkraft betriebene Fahrzeug kann taugliches Tatwerkzeug sein, nur für Fahrzeuge, für die eine Versicherungspflicht normiert ist, besteht auch eine Strafandrohung,[16] so sind z.B. Inlineskates keine Fahrzeuge.[17] Mithin sind die Ausnahmen nach § 2 PflVG zu beachten, insbesondere die Nr. 6 für max. 6 km/h langsam fahrende Fahrzeuge. Allerdings kann sich jemand, der ein Fahrzeug führt, welches eigentlich versicherungsfrei ist, doch strafbar machen, z.B. wenn er bauliche oder technische Veränderungen an dem versicherungsfreien Fahrzeug vornimmt.[18] Davon zu unterscheiden ist jedoch unbedingt der (straffreie) Fall des »Frisierens« eines dem Grunde nach versicherten Fahrzeugs.[19] 9

c) Pedelecs, Elektroräder, das Hoverboard, der E-Scooter[20]

Bei der Frage einer möglichen Strafbarkeit ist zunächst sorgfältig zu ermitteln, welche Art von Zweirad geführt wurde, denn es gibt eine Vielzahl von Zweirädern mit verschiedensten Formen des unterstützten Fahrens.[21] Elektroräder mit eigenem tretunabhängigem Antrieb mit über 6 km/h sind immer Kraftfahrzeuge[22], denn diese bewegen sich selbstständig mit Motorkraft. Davon zu unterscheiden sind Pedelecs, bei denen der Elektroantrieb nur als Anfahr- oder/und Trethilfe dient. Pedelecs mit Hilfsantrieb bis zu einer Geschwindigkeit von 25 km/h, unabhängig von einer Anfahrhilfe sind keine Fahrzeuge im Sinne des Gesetzes,[23] da der Elektromotor nur eine unterstützende Wirkung als Trethilfe hat. Die schnelleren Pedelecs mit bis zu 45 km/h sind immer Kraftfahrzeuge.[24] 10

Mit § 1 Abs. 3 StVG hat der Gesetzgeber seit 2013 eine neue Regelung für *Landfahrzeuge, die durch Muskelkraft fortbewegt werden und mit elektromotorischem Hilfsantrieb ausgestattet sind*, eingeführt. Eine ausdrückliche gesetzgeberische Regelung für das Pflichtversicherungsgesetz unterblieb allerdings,[25] damit muss der Betrieb eines Fahrzeugs nach § 1 Abs. 3 StVG nicht zwingend die Strafbarkeit ausschließen;[26] vgl. aber OLG Karlsruhe[27]: *»Es liegt nahe, Elektrofahrräder mit Begrenzung der motorunterstützten Geschwindigkeit auf 25 km/h (sog. Pedelecs) auch strafrechtlich nicht als Kraftfahrzeuge einzustufen«*, vgl. ebenso LG Hildesheim[28]: *»Wer einen unversicherten E-Scooter ohne* 11

12 *OLG Oldenburg*, Urt. v. 03.05.1999 – 1 Ss 105/99, DAR 2000, 373 ff. = NZV 2000, 384 mit Anmerkung = NStZ-RR 1999, 377 = zfs 1999, 357.

13 Vgl. *OLG Hamburg*, Beschl. v. 19.12.2016 – 1 Rev 76/16 = NZV 2017, 193 zu § 316 StGB.

14 Vgl. dazu *AG Düsseldorf*, Urt. v. 17.11.2016 – 412 Cs – 100 Js 7810/10–2016/16 = Jurion RS 2016, 36208, lies auch: *Huppertz* NZV 2016, 513; *Ternig* DAR 2016, 350.

15 Ausführlich zum E-Scooter, vgl. *Staub/Dronkovic* DAR 2023,647 ff.

16 *Quarch* in Dölling/Duttke/König/Rössner, Gesamtes Strafrecht, § 6 PflVG Rn. 39.

17 Vgl. *LG Landshut*, Beschl. v. 09.02.2016 – 6 Qs 281/15 = DAR 2016, 473 ff. mit Anm. *König* DAR 2016, 537 zu § 316 StGB.

18 *Heinzlmann* NZV 2006, 225; vgl. *Grams* NZV 1994, 172 ff. für motorisierte Skateboards.

19 Siehe unten Rn. 14.

20 Vgl. Kommentierung zu § 1 PflVG Rdn. 21 ff.

21 Vgl. Aufzählung bei *Jaeger* zfs 2011, 663; Überblick bei *Huppertz* DAR 2013, 488 ff.

22 *Jaeger* zfs 2011, 663, (664).

23 Vgl. zu § 24a StVG *OLG Hamm*, Beschl. v. 28.02.2013 – 4 RBs 47/13, JurionRS 2013, 46453 = DAR 2013, 712 mit Anm. *Schäpe*; *Jaeger* zfs 2011, 663, (665); aktueller zu § 316 StGB: *OLG Karlsruhe*, Beschl. v. 14.07.2020 – 2 Rv 35 Ss 175/20.

24 Vgl. *Jaeger* zfs 2011, 663, (665).

25 Vgl. Kommentierung zu § 1 PflVG Rdn. 24.

26 Vgl. Kommentierung zu § 1 PflVG Rdn. 25 ff.

27 *OLG Karlsruhe*, Beschl. v. 14.07.2020 – 2 Rv 35 Ss 175/20.

28 *LG Hildesheim*, Urt. v. 20.9.2022 – 13 Ns. 40 Js 25077/21, ZfS 2023, 48 ff.

Fahrerlaubnis im öffentlichen Straßenverkehr wie einen einfachen Tretroller mit bloßer Muskelkraft fortbewegt, verhält sich selbst dann weder strafbar noch ordnungswidrig, wenn er zuvor Drogen konsumiert hat, ohne Ausfallerscheinungen zu zeigen.«

12 Wenn bisher ein motorbetriebenes Skateboard[29], ein Herrenfahrrad mit Propellerantrieb[30], ein Pocketbike[31] und ein Hoverboard[32], die bei selbstständigem Motorantrieb mehr als 6 km/h schnell fahren, die Strafbarkeit auslösen, dann muss dieser Grundgedanke konsequenterweise auch auf Pedelecs und Elektroräder übertragen werden. Auch die Rechtsprechung zum Tatbestandsmerkmal »Gebrauchen« stellt regelmäßig, wenn auch im Einzelfall nicht immer konsequent und schlüssig, auf den bestimmungsgemäßen Gebrauch der Antriebskräfte ab.[33] Ein Moped/Mofa ist von seiner Konstruktion her ein selbstständig fahrendes motorbetriebene Fahrzeug, was ein Pedelec mit einer bloßen Tretunterstützung gerade nicht ist, ein Elektrofahrrad mit selbstständiger Bewegung durch Motorkraft wiederum doch.

13 Nach diesseitiger Auffassung kommt es bei der Prüfung der Strafbarkeit des Gebrauchs bzw. des Gestattens des Gebrauchs eines Zweirades mit unterstütztem Fahren auf die Selbstständigkeit des motorbetriebenen Fahrens in Abgrenzung zur bloßen Tretunterstützung an.

14 Bei diesen neuen Formen des unterstützten Fahrens ist von der Verteidigung, so wie bei ungewöhnlichen Fahrzeugen immer, insbesondere auf mögliche Irrtümer nach §§ 16, 17 StGB zu achten.[34]

15 Die Elektrokleinstfahrzeuge-Verordnung (eKFV)[35] tritt am 15.06.2019 in Kraft und nach § 1 eKFV gilt als E-Scooter ein Fahrzeug mit E-Antrieb, einer Höchstgeschwindigkeit bis max. 20 km/h, selbstbalancierend mit definierter Länge, Breite, Gewicht und Leistung in Watt, mit und ohne Sitz. Der/die Fahrer/in benötigt keine Mofa-Prüfbescheinigung und keinen Führerschein. Das Mindestalter liegt bei 14 Jahren. Elektroroller sind nur für eine Person zugelassen und nach § 2 Abs. 1 Nr. 2 eKFV besteht eine allgemeine Versicherungspflicht. Sind Elektrokleinstfahrzeuge schneller als 20 km/h, gilt nicht die eKFV, insbesondere nicht § 3 eKFV mit der Freigabe ab 14 Jahren und ohne Fahrerlaubnis.[36]

d) Abschleppen und Anschleppen als Sonderfall

16 Abschleppen ist das Ziehen von betriebsunfähigen Fahrzeugen, Anschleppen ist das Ziehen von Fahrzeugen zum Zweck der Inbetriebnahme.[37] Solche ab- bzw. angeschleppten Fahrzeuge sind von der Versicherungspflicht nicht erfasst.[38] Bezüglich einer Straffreiheit beim Abschleppen und Anschleppen gilt jedoch, dass das Ziehen der Fahrzeuge auch nur zu diesen Zwecken erfolgt darf, also Notbehelfsmaßnahmen wie z.B. Schleppen in die Werkstatt usw.[39] Dabei ist auf den konkreten Zweck und das Ziel der Abschleppmaßnahme und nicht auf die Entfernung oder auf den Ort, von

---

29 *Grams* NZV 1994, 172 (175).

30 *OLG Oldenburg*, Urt. v. 03.05.1999 – 1 Ss 105/99, DAR 2000, 373 ff. = NZV 2000, 384 mit Anmerkung = NStZ-RR 1999, 377 = zfs 1999, 357.

31 *OLG Dresden*, Beschl. v. 11.09.2013 – 2 OLG 21 Ss 652/13, JurionRS 2013, 44036 = NJW 2014, 484 = NStZ-RR 2013, 356.

32 *AG Düsseldorf*, Urt. v. 17.11.2016 – 412 Cs – 100 Js 7810/10–2016/16 = Jurion RS 2016, 36208.

33 Vgl. unten Rn. 21.

34 Vgl unten Rn. 26, 27.

35 www.gesetze-im-internet.de/ekfv/eKFV.pdf.

36 Vgl. *BGH*, Beschl. v. 13.04.2023 Az. 4 StR 439/22, NStZ-RR 2023, 222 ff. = zfs 2023, 407ff = DAR 2023, 578.

37 *Häberle* in Erbs/Kohlhaas, Strafrechtliche Nebengesetze, § 1 PflVG Rn. 8, 10.

38 *Häberle* in Erbs/Kohlhaas, Strafrechtliche Nebengesetze, § 1 PflVG Rn. 8; *Klimke in Pröls/Martin, § 1 PflVG* Rn. 3.

39 *Häberle* in Erbs/Kohlhaas, Strafrechtliche Nebengesetze, § 1 PflVG Rn. 8 bis 11 mit vielen Einzelfallbeispielen aus der Rspr.

wo oder wohin abgeschleppt wird, abzustellen.[40] Alle Ab- und Anschleppmaßnahmen sind damit strafbar, wenn sie nicht dem Zweck des An- oder Abschleppens dienen.

3. Öffentliche Wege und Plätze

Dabei gilt die allgemeine Definition von öffentlichem Verkehrsraum und nicht ein von den Eigentumsverhältnissen bzw. der öffentlich-rechtlichen Widmung geprägter Begriff, sondern es kommt auf die konkrete Ausgestaltung der Nutzung an.[41] 17

Der BGH[42] definiert wie folgt: »Vom öffentlichen Verkehrsraum erfasst werden zum einen alle Verkehrsflächen, die nach dem Wegerecht des Bundes und der Länder oder der Kommunen dem allgemeinen Verkehr gewidmet sind (z.B. Straßen, Plätze, Brücken, Fußwege). Ein Verkehrsraum ist darüber hinaus auch dann öffentlich, wenn er ohne Rücksicht auf seine Widmung und ungeachtet der Eigentumsverhältnisse entweder ausdrücklich oder mit stillschweigender Duldung des Verfügungsberechtigten für jedermann oder aber zumindest für eine allgemein bestimmte größere Personengruppe zu Benutzung zugelassen ist und auch tatsächlich genutzt wird. Für die Frage, ob eine Duldung des Verfügungsberechtigten vorliegt, ist nicht auf dessen inneren Willen, sondern auf die für etwaige Besucher erkennbaren äußeren Umstände (Zufahrtssperren, Schranken, Ketten, Verbotsschilder etc.) abzustellen. Die Zugehörigkeit einer Fläche zum öffentlichen Verkehrsraum endet mit einer eindeutigen, äußerlich manifestierten Handlung des Verfügungsberechtigten, die unmissverständlich erkennbar macht, dass ein öffentlicher Verkehr nicht (mehr) geduldet wird.« 18

Die Auslegung richtet sich nach einer verkehrsrechtlichen, nicht wegerechtlichen Betrachtung. Entscheidend ist, ob der Verkehrsraum der Allgemeinheit zugänglich ist,[43] wie z.B. bei der im privaten Eigentum stehenden Zufahrt einer Waschstraße[44] oder einem Betriebsgelände für einen Autozug,[45] weil es jedermann möglich sei, ein Ticket zu erwerben, so dass durch den Betreiber der allgemeine Verkehr geduldet werde und das Betriebsgelände nicht nur einen durch persönliche Beziehung miteinander verbunden Personenkreis zugänglich sei. 19

Dabei kann die Zugänglichkeit enden, z.B. durch Schließung einer Parkplatzschranke.[46] Die faktische Zugänglichkeit kann aber auch allein nicht ausreichend sein, wenn auf einem Parkplatz alle Parkboxen vermietet sind und nur einem eng bestimmten Nutzerkreis zugänglich ist und die öffentliche Nutzung nicht gewollt ist und nur wegen einer geöffneten defekten Schrankenanlage möglich ist.[47] 20

Dabei gilt, dass ein und derselbe Verkehrsraum einmal öffentlich und einmal nicht öffentlich sein kann, z.B. wenn die Zugänglichkeit endet, z.B. durch Schließung einer Parkplatzschranke,[48] aber kein öffentlicher Verkehrsraum bei einem Parkplatz, der privat genutzt wird und eine defekte Schranke aufweist.[49] Aber die mitgeteilte Beschilderung »als Privatparkplatz« und die Einordnung von Stellflächen als »Privatparkplätze der Mieter«, deuten auf die Zulassung nur eines begrenzten Nutzerkreises und damit auf das Vorliegen einer nicht-öffentlichen Verkehrsfläche hin.[50] 21

---

40 Vgl. dazu ausführlich *Häberle* in Erbs/Kohlhaas, Strafrechtliche Nebengesetze, § 1 PflVG Rn. 9 m.w.N.

41 Vgl. *Burhoff* VA 2005, 53 ff. Nr. 6.

42 *BGH*, Beschl. v. 30.01.2013 – 4 StR 527/12, Blutalkohol 2013, 184 = NZV 2013, 508 = NStZ 2013, 530,531 = VA 2013, 82 = VRR 2013, 148, Bespr. v. *Deutscher*, zfs 2013, 528.

43 Viele Beispiele mit Rspr. bei *Himmelreich/Staub/Krumm/Nissen*, Verkehrsunfallflucht, 7. Aufl., 2019, Rn. 219, 220.

44 Vgl. *OLG Oldenburg*, Beschl. v. 04.06.2018 Az. 1 Ss 83/18, zfs 2018, 532.

45 *LG Flensburg*, Beschl. v. 3.3.2023 Az. 11 Qs 9/23, NZV 8/2023, 379 = BeckRS 2023, 4971 für den »Sylt Shuttle«.

46 Vgl. *BGH*, Beschl. v. 4.3.2004 AZ 4 StR 377/03 = BGHSt 49, 128 = StV 2004, 488.

47 *OLG Zweibrücken*, Beschl. v. 11.11.2019 Az 1 OLG Ss 77/19 = DAR 2020, 40 – 42.

48 Vgl. *BGH*, Beschl. v. 04.03.2005 – 4 StR 377/03 = BGHSt 49, 128 = StV 2004, 488.

49 *OLG Zweibrücken*, Beschl. v. 11.11.2019 1 Az. OLG 2 Ss 77/19 = DV 1/2020 40 ff. = DAR 2020, 40 ff.

50 *OLG Jena*, Beschl. v. 09.02.2021 – 1 OLG 121 Ss 116/20 = BeckRS 2021, 6827.

22 Die Richtlinie (EU) 2021/2118 sieht optionale Ausnahmen von der Versicherungspflicht für bestimmte Fälle vor, in denen das Fahrzeug nicht am öffentlichen Straßenverkehr teilnimmt. Davon macht der Gesetzgeber im § 6 Abs. 2 n.F. Gebrauch. Die Rechtsprechung dazu bleibt abzuwarten.

23 Während der Motorsport bisher nicht gesondert erwähnt wurde, wird in der KH-Richtlinie (EU) 2021/2118 erstmals geregelt, unter welchen Voraussetzungen Motorsportveranstaltungen nicht unter die Richtlinie fallen. Davon macht der Gesetzgeber im § 6 Abs. 3 n.F. Gebrauch mit der Folge einer Strafbarkeit nach § 30 Abs. 1 PflVG. Die Rechtsprechung dazu bleibt abzuwarten.

4. Der nach § 1 erforderliche Haftpflichtversicherungsvertrag besteht nicht oder nicht mehr

a) Definition

24 Dieses Tatbestandsmerkmal ist erfüllt, bei Gebrauch bzw. Gestattung ohne zivilrechtlichen wirksamen Haftpflichtversicherungsertrag,[51] was bedeutet, dass in der Rechtsprechung allein darauf abgestellt wird, ob formell ein Versicherungsvertrag besteht.[52] Diesem Grundsatz konsequent folgend gilt, dass bloße Obliegenheitsverletzung im Rahmen eines bestehenden Vertragsverhältnisses, die den Bestand des Versicherungsvertrages nicht beeinträchtigen, gerade nicht die Strafbarkeit von § 6 Pflichtversicherungsgesetz begründen.[53] Allerdings schließt z.B. Versicherungsschutz trotz Nichtbestehens oder Beendigung des Versicherungsvertrages aufgrund der Nachhaftung gem. § 117 Abs. 2 S. 1 VVG eine Strafbarkeit nicht aus.[54]

25 *»(1) Es ist verboten, ein Fahrzeug zu gebrauchen, für das die nach § 1 erforderliche Haftpflichtversicherung nicht besteht.«*

26 Unklar ist, ob mit der Neuformulierung *»die erforderliche Haftpflichtversicherung«* statt wie bisher *»der erforderliche Haftpflichtversicherungsvertrag«* eine Änderung des Tatbestands gewollt ist oder nur eine sprachliche Änderung oder gar ein Versehen vorliegt, denn es stellt einen Unterschied dar, ob eine Versicherung im Sinne von Versicherungsschutz oder der Vertrag einer Versicherung besteht. Aus den Abschnitten Problem, Ziel, Lösung in der BT-Drucksache 20/8094 vor dem Gesetzestext ist eine solche Absicht des Gesetzgebers nicht zu entnehmen und im Hinblick auf den Anlass der Gesetzesänderung auch nicht eingängig. Damit dürfte die bisherige Rechtsprechung zur a.F. zunächst auch für die n.F. Bestand haben, bis sich ggf. die obergerichtliche Rechtsprechung verbindlich dazu äußert.

b) Zwei Grundsatzentscheidungen des BGH

27 Zwei Grundsatzentscheidungen des BGH bilden immer noch den Rahmen für die Prüfung der Tatbestandsmäßigkeit. So fehlt es »am äußeren Tatbestand der Strafvorschrift, sofern im Zeitpunkt der Verwendung des Fahrzeugs im Verkehr ein gültiger, den Erfordernissen des § 1 Pflichtversicherungsgesetz genügender Haftpflichtversicherungsvertrag besteht, eine vorläufige Deckung reicht, auch wenn diese später (Anmerkung: z.B. infolge Nichteinlösen des Versicherungsscheins) entfällt, denn es besteht keine strafrechtliche Wirkung in die Vergangenheit, wenn nach Ende der Tathandlung die Bedingung eintritt«.[55] Etwas anderes gilt, wenn »ein Fahrzeugführer sein Kfz nach Zugang der Kündigungserklärung (seiner Kfz-Haftpflichtversicherung) im öffentlichen Straßenverkehr

---

51 *BGH*, Urt. v. 03.11.1983 – 4 StR 80/83, BGHSt 32, 152,156 f. = DAR 1984, 291 = MDR 1984, 247 = NJW 1984, 877; *BGH*, Urt. v. 16.04.1985 – 4 StR 755/84, BGHSt 33, 172 (174 f.) = DAR 1985, 259 = JR 1985, 690 = JZ 1985, 690 = MDR 1985, 690 = NJW 1985, 439 = NStZ 1985, 415 = StV 1985, 193.

52 *BayObLG*, Urt. v. 21.05.1993 – 1 St RR 19/93, NZV 1993, 449 = VersR 1994, 85.

53 *Häberle* in Erbs/Kohlhaas, Strafrechtliche Nebengesetze, § 6 PflVG Rn. 8; *Burhoff* VA 2005, 53 ff. Nr. 10; *Koch* in Bruck/Möller, § 6 PflVG Rn. 30.

54 *Koch* in Bruck/Möller, § 6 PflVG Rn. 15 m.w.N.

55 *BGH*, Urt. v. 16.04.1985 – 4 StR 755/84, BGHSt 33, 172 (174, 176) = DAR 1985, 259 = JR 1985, 690 = JZ 1985, 690 = MDR 1985, 690 = NJW 1985, 439 = NStZ 1985, 415 = StV 1985, 193.

(Anmerkung: gebraucht), so führt er es somit, obwohl der erforderliche Haftpflichtversicherungsschutz nicht mehr besteht (auch), wenn der Versicherungsnehmer innerhalb eines Monats nach Zugang der Kündigung die Zahlung nachgeholt und der Versicherungsfall nicht eingetreten ist«.[56]

c) Kündigung, Rücktritt, Anfechtung oder sonstige Beendigungsgründe für den Versicherungsvertrages, insbesondere Nichtzahlung der Erst- bzw. Folgeprämie

Für die Praxis hoch relevant sind die Fälle, in denen Kraftfahrzeuge gebraucht bzw. deren Gebrauch gestattet wird, wenn die Versicherung vom Versicherungsvertrag wegen Nichtzahlung der Erstprämie zurückgetreten ist bzw. die Kündigung des Versicherungsvertrages durch den Versicherer bei Nichtzahlung der Folgeprämie erfolgt. Dieses richtet sich nach § 37 VVG für die Erstprämie und nach § 38 VVG für die Folgeprämie. **28**

Die Wirksamkeit der Vertragsbeendigung und der Zugang der Kündigungserklärung sind von der Verteidigung vorab unbedingt zu prüfen.[57] Denn sofern der Versicherungsvertrag zum Tatzeitpunkt (d.h. strafrechtlich relevant ist nur der Zeitraum nach Eintritt der auflösenden Bedingung)[58] nicht mehr wegen Kündigung bestand, so muss das Instanzgericht positiv feststellen, dass die Kündigung dem Versicherungsnehmer auch tatsächlich zugegangen ist.[59] Eine bloße, selbst behördliche Auskunft reicht nicht aus,[60] ebenso reicht nicht aus, dass das Gericht feststellt, die Kündigung sei abgesandt worden und der Angeklagte habe nichts Gegenteiliges behauptet.[61] Auch die Feststellung eines Prämienrückstandes reicht nicht aus, da dieser allein nicht zur Beendigung des Versicherungsvertrages, sondern nur zum Kündigungsrecht des Versicherers führt.[62] Kritisch, zumindest diskussionswürdig nach Auffassung des Autors, ist eine Entscheidung des KG, welches eine glaubhafte geständige Einlassung zum Tatbestandsmerkmal, dass der erforderliche Haftpflichtversicherungsvertrag nicht oder nicht mehr besteht, ausreichend sei,[63] da mit dem Geständnis nicht nur eine Tatsache, sondern eine zivilrechtliche Rechtsfrage gestanden wird, die eigentlich der juristischen Prüfung und Feststellung bedarf. **29**

d) Revision gegen Urteile der Instanzgerichte bei Beendigung des Versicherungsvertrages

Lücken in den Entscheidungsgründen der Instanzgerichte zu diesem Punkt, führen regelmäßig zum Erfolg einer (Sprung)-Revision mit Aufhebung und Zurückverweisung des Urteils, allein schon mit Erhebung der Sachrüge[64] bzw. der Rüge der Verletzung materiellen Rechts. Denn das Gericht muss sich mit sämtlichen Tatsachen, ob der Versicherungsvertrag aufgelöst wurde, auseinandersetzen[65] oder aufgrund welcher Umstände das Tatgericht von einer zivilrechtlich wirksamen Beendigung des Versicherungsvertrags ausgegangen ist.[66] **30**

56 *BGH*, Urt. v. 03.11.1983 – 4 StR 80/83, BGHSt 32, 152 (155) = DAR 1984, 291 = MDR 1984, 247 = NJW 1984, 877.
57 *KG*, Beschl. v. 22.06.2021 – (3) 161 Ss 74/21 (30/21, BeckRS 2021, 22647.
58 *Koch* in Bruck/Möller, § 6 PflVG Rn. 18.
59 *KG Berlin*, Beschl. v. 26.11.2001 – (3) 1 Ss 185/01, JurionRS 2001, 34059 = ADAJUR Dok.Nr. 47479 = NZV 2002, 200; *KG Berlin*, Beschl. v. 30.05.2007 – (3) 1 Ss 170/07 (72/07), ADAJUR Dok.Nr. 77385 = openJur 2012, 6018 = VRS 113, 364.
60 *KG Berlin*, Beschl. v. 05.06.2000 (3) 1 Ss 5/00 (31/00), www.iww.de Abrufnummer: 050344.
61 *OLG Brandenburg*, Beschl. v. 01.04.2020 – 53 Ss 35/20 BeckRS 2020,6132.
62 *KG*, Beschl. v. 22.06.2021 – (3) 161 Ss 74/21 (30/21, BeckRS 2021, 22647.
63 *KG*, Beschl. v. 27.02.2023 – 3 QRs 5/23 – 161 Ss 20/23, BeckRS 2023, 5180.
64 Ausführlich zur Sachrüge in Verkehrstrafsachen vgl. *Staub* DAR 2013, 422 ff.; ders. DAR 2018, 592 ff.
65 *OLG Köln*, Beschl. v. 11.04.2018 – III-1 RVs 61/18 = NZV 2018, 435.
66 *KG*, Beschl. v. 08.06.2018 – (3) 121 Ss 96/18 (12/18) = JurionRs 2018, 23149.

e) Das »Frisieren« von Zweirädern

31 Da in der Rechtsprechung allein darauf abgestellt wird, ob formell ein Versicherungsvertrag besteht, ist das insbesondere bei jungen Leuten, so beliebte »Frisieren« von Zweirädern, um eine höhere Geschwindigkeit zu erzielen, im Regelfall nicht tatbestandsmäßig. Denn aufgrund der vorgenommenen baulichen Veränderungen entfällt der Haftpflichtversicherungsvertrag im Regelfall nicht, sondern es tritt allenfalls eine Gefahrenerhöhung ein, was nur im Innenverhältnis wirkt.[67] Selbst eine vorübergehende Stilllegung aufgrund von baulichen Veränderungen schadet nicht und führt nicht zur Strafbarkeit.[68] Konsequent zu Ende gedacht, muss das dann auch für getunte E-Scooter gelten, solange ein wirksamer Versicherungsvertrag besteht.

f) Die Vorläufige Deckungszusage

32 Besteht eine vorläufige Deckungszusage auch für Zulassungsfahrten, so erfüllt eine Fahrt vor Zulassung des Fahrzeugs zu anderen als zu Zulassungszwecken nicht den objektiven Tatbestand, weil hierin lediglich die Obliegenheitsverletzung im Rahmen eines bestehenden Versicherungsverhältnisses zu sehen ist, welches nicht dem Stand des Versicherungsvertrages an sich beeinträchtigt.[69]

g) Rote Kennzeichen

33 Auch der Missbrauch von sog. roten Kennzeichen[70], z.B. um statt einer Probefahrt oder der Überführungsfahrt eine Einkaufsfahrt durchzuführen, führt versicherungsvertraglich gesehen nur zu einer Obliegenheitsverletzung und nicht zur Strafbarkeit nach § 6 PflVG.[71] Es reicht aus, wenn das Fahrzeug mit dem roten Kennzeichen versehen ist,[72] anders nur dann, wenn die Nutzung des sog. rote Kennzeichens ohne Wissen und Wollen des Eigentümers erfolgt[73] oder die Zuteilung des roten Kennzeichens wegen Unzuverlässigkeit ganz oder teilweise für die Zukunft widerrufen wurde.[74]

h) Unberechtigte Weitergabe des Kurzkennzeichens[75]

34 Für die Strafbarkeit der Weitergabe eines Kurzkennzeichens ist Voraussetzung, ob bei der unberechtigten Weitergabe eines Kurzkennzeichens Versicherungsschutz für das unter diesem Kennzeichen geführte Fahrzeug besteht oder der Versicherungsschutz mit Weitergabe erlischt. Dieses wurde von den Zivilgerichten unterschiedlich beurteilt.[76] Der

---

67 *OLG Bremen*, Beschl. v. 24.05.1982 – Ss 45/82 JurionRS 1982, 15924 = VRS 63, 395; *OLG Köln*, Beschl. v. 16.12.2003 – Ss 508/03, DAR 2004, 283, (284); vgl. auch Hentschel/König/*Dauer* § 26 FZV Rn. 4; *Koch* in Bruck/Möller, § 6 PflVG Rn. 30.

68 *BayObLG*, Urt. v. 21.05.1993 – 1 St RR 19/93, NZV 1993, 449 = VersR 1994, 85.

69 *OLG Celle*, Beschl. v. 08.08.2013 – 31 Ss 20/13, NJW 2013, 3319 (3320) = VRS 125, 51 (54) = NStZ-RR 2013, 357 = NZV 2013, 562 (563) = VerkMitt 2013, Nr. 72 = VRR 2013, 427, *Kreuter/Schwab* in Staudinger/Halm/Wendt, Versicherungsrecht, § 6 PflVG Rn. 5.

70 Bei roten Kennzeichen meint man in der Regel Händlerkennzeichen, weil diese Kennzeichen zur Mehrfachverwendung nur noch an Kraftfahrzeugbetriebe u.ä. ausgegeben werden. Zu unterscheiden davon ist das Kurzkennzeichen, auch Überführungskennzeichen genannt, welches regelmäßig von Privatleuten genutzt wird.

71 *OLG Hamm*, Beschl. v. 18.12.2006 – 2 Ss 533/06, NStZ-RR 2007, 185 = StraFO 2007, 172 f. = NZV 2007, 375 f. = NJW 2007, 2133 = VRS 112, 294 = zfs 2007, 352; Hentschel/König/*Dauer*, vor § 23 FZV Rn. 16.

72 *BayObLG* Beschl. v. 07.11.2002 – 1St RR 109/02, DAR 2003, 81 = NStZ-RR 2003, 93 = NZV 2003, 147 = VersR 2003, 479 = VRS 104, 377 = zfs 2003, 258.

73 *Koch* in Bruck/Möller, § 6 PflVG Rn. 24.

74 Vgl. *VG Bayreuth*, Gerichtsbeschl. v. 18.02.2020 – B 1 K 19.233, BeckRS 2020, 19896.

75 Das Kurzkennzeichen, auch Überführungskennzeichen genannt, wird regelmäßig von Privatleuten genutzt, z.B. um neu erworbene Fahrzeuge zu überführen. Davon zu unterscheiden ist das rote Kennzeichen bzw. Händlerkennzeichen.

76 Das *OLG Stuttgart*, Urt. v. 22.10.2014 – 3 U 36/14, JurionRS 2014, 25756 = ADAJUR Dok.Nr. 106219 sieht darin ein Erlöschen des Versicherungsschutzes, *OLG Hamm*, Urt. v. 7.12.2012 – I 9 U 117/12, NJW

BGH[77] hat sich in den Fällen, in denen der Haftpflichtversicherungsschutz für ein Fahrzeug mit einem Kurzkennzeichen so gewährt wird, dass im Versicherungsschein ein namentlich benannter Halter aufgeführt ist, so sei die Versicherung nur auf Fahrzeuge dieses Halters beschränkt; die Weitergabe des Kennzeichens an einen Dritten führe insoweit nicht dazu, dass der Versicherungsschutz aus dem Versicherungsvertrag für das Kurzzeitkennzeichen auf den Dritten übergegangen sei oder auf ihn ausgedehnt wurde. Damit muss in diesen Fällen konsequent eine Strafbarkeit angenommen werden.[78]

In den Fällen, in denen in dem Versicherungsschein ausdrücklich kein Halter mit Namen benannt wird, könnte weiterhin eine Parallele zum Missbrauch des roten Kennzeichens gezogen werden mit der Folge, dass die Verteidigung damit argumentieren kann, dass eine Weitergabe nur eine straflose Obliegenheitsverletzung darstelle, zumindest kann die Verteidigung bei dieser versicherungsrechtlichen Konstellation auf eine Einstellung des Strafverfahrens aus Opportunitätsgründen hinwirken. 35

i) Saisonkennzeichen und ungestempeltes Kennzeichen

Das Saisonkennzeichen ermöglicht, ein Fahrzeug für einen bestimmten Zeitraum im Kalenderjahr (Saison) zu nutzen; dadurch wird das An- und Abmelden nur zeitweilig genutzter Fahrzeuge erspart.[79] Außerhalb der Saison haben diese Fahrzeuge Versicherungsschutz durch die Ruheversicherung.[80] Damit besteht Versicherungsschutz und eine Strafbarkeit scheidet aus.[81] 36

Aus demselben Grund, da ebenfalls Versicherungsschutz im Rahmen der Ruheversicherung besteht,[82] scheidet auch eine Strafbarkeit für das Fahren mit ungestempelten Kennzeichen aus.[83] 37

j) Mitsichführen eines nichtversicherten Anhängers

Umstritten ist, ob das Mitsichführen eines unversicherten, aber grundsätzlich versicherungspflichtigen Anhängers strafbar ist. Einerseits wird vertreten, dass das Mitsichführen eines unversicherten versicherungspflichtigen Anhängers strafbar sei, auch wenn sich auf ihm keine Personen befinden und das Zugfahrzeug versichert sei; Straffreiheit bestehe nur, wenn der Anhänger, auf dem sich keine Personen befinden, grundsätzlich versicherungsfrei sei.[84] Andererseits wird vertreten, dass das Mitsichführen eines unversicherten Anhängers nie strafbar sei, denn dieser sei über das Zugfahrzeug mitversichert.[85] 38

Diesseitig wird dieser zweiten Auffassung gefolgt, denn dem Schutzzweck der Strafvorschrift zum Schutz von Verkehrsopfern ist durch die Mitversicherung genüge getan. Das Regressinteresse des Versicherers des Zugfahrzeugs ist nicht vom Schutzzweck der Norm umfasst. 39

2013, 1248 f. und *LG Nürnberg-Fürth*, Urt. v. 14.03.2012 – 8 S 6486/11, r+s 2013, 372 bejahen das Bestehen von Versicherungsschutz.

77 *BGH*, Urt. v. 11.11.2015 – IV ZR 429/14 = JurionRS 2015, 31245 = DAR 2016, 86 f.

78 So auch *Koch* in Bruck/Möller, § 6 PflVG Rn. 25; *Kreuter/Schwab* in Staudinger/Halm/Wendt, Versicherungsrecht, § 6 PflVG Rn. 5.

79 Vgl. Kommentierung zu § H.2 AKB Rn. 1.

80 Vgl. Kommentierung zu § H.2.3 AKB Rn. 1.

81 So auch: *Koch* in Bruck/Möller, § 6 PflVG Rn. 30; *Kreuter/Schwab* in Staudinger/Halm/Wendt, Versicherungsrecht, § 6 PflVG Rn. 5.

82 Vgl. Kommentierung zu § H.3 AKB Rn. 1.

83 *OLG Oldenburg*, Beschl. v. 16.06.2017 – 1 Ss 115/17 = www.burhoff.de; *Koch* in Bruck/Möller, § 6 PflVG Rn. 22.

84 *Hentschel/König/Dauer*, vor § 23 FZV Rn. 16 mit Hinweis auf BayObLG.

85 *Kreuter/Schwab* in Staudinger/Halm/Wendt, Versicherungsrecht, § 6 PflVG Rn. 9., *Koch* in Bruck/Möller, § 6 PflVG Rn. 17.

k) Vorsätzliche Herbeiführung des Verkehrsunfalls

40 Zuzustimmen ist, wenn der/die Fahrer/in den Schaden vorsätzlich i.S.d. § 103 VVG herbeigeführt hat, hat die daraus gem. §§ 115 Abs. 1 S. 2, 117 Abs. 3 S. 1 1. Alt. 2 VVG resultierende Leistungsfreiheit gegenüber Geschädigten nicht eine Strafbarkeit zur Folge, wenn ein Haftpflichtversicherungsvertrag zum Tatzeitpunkt bestand.[86]

5. Tathandlungen

41 Mit den Tathandlungen des Gebrauchens bzw. Gestatten des Gebrauchs werden von der Rspr. nicht nur die klassischen Fälle des Führens eines Fahrzeugs bzw. der Betrieb des Fahrzeugs umfasst, sondern sämtliches bestimmungsgemäßes Benutzen eines Fahrzeugs zum Zwecke der Fortbewegung. Begründet wird dieses mit dem Schutzzweck des § 6 PflVG, der typische Schadenrisiken eines Fahrzeugs erfassen will.[87]

42 *»(1) Es ist verboten, ein Fahrzeug zu gebrauchen, …« »(4) Es ist verboten, einen nach den Absätzen 1 bis 3 verbotenen Gebrauch zu gestatten.«*

43 Die n.F. knüpft bzgl. der Tathandlungen, die verboten sind an den bisherigen Wortlaut an, so dass die dazu ergangene Rechtsprechung übernommen werden kann.

44 Wahlfeststellung zwischen den beiden Tathandlungen Gebrauchen bzw. Gestatten des Gebrauchs ist möglich.[88]

a) Gebrauchen

45 Gebrauchen ist sämtliches bestimmungsgemäßes Benutzen eines Fahrzeugs zum Zwecke der Fortbewegung.[89] Von der Rechtsprechung als tatbestandsmäßig anerkannt worden sind, das Bewegen eines Motorrades im Leerlauf,[90] das Fortbewegen eines Kfz durch Betätigen des Anlassers,[91] das Fortbewegen durch Treten eines Mopeds,[92] Rollenlassen eines Mopeds auf einer Gefällestrecke durch Ausnutzen der Schwerkraft[93] und das Ziehenlassen auf einem defekten Motorrad durch ein nebenherfahrendes Motorrad.[94]

46 Aber nicht als Gebrauchen anerkannt ist, das Abstoßen eines Mofas mit den Füßen vom Boden[95] und nicht das Ziehen des Fahrzeugs durch Menschen oder Tiere,[96] da nicht die bestimmungsgemäßen Antriebskräfte des Fahrzeugs eingesetzt werden[97] und nicht das Nutzen eines E-Scooters als Tretroller, denn Voraussetzung für eine Strafbarkeit ist, dass das Kraftfahrzeug bestimmungsgemäß gebraucht wird und das ist beim Nutzen als Tretroller nicht der Fall, denn es realisieren sich die typischen Verkehrsgefahren von Kraftfahrzeugen nicht, wenn diese durch bloßes Schieben, Ziehen oder durch eigene Körperkraft im Straßenverkehr bewegt werden.[98]

---

86 *Koch* in Bruck/Möller § 6 PflVG Rn. 29.

87 *Häberle* in Erbs/Kohlhaas, Strafrechtliche Nebengesetze, § 6 PflVG Rn. 9, *Heinzlmeier* NZV 2006, 225, 231; *Burhoff* VA 2005, 53 ff. Nr. 13.

88 *Häberle* in Erbs/Kohlhaas, Strafrechtliche Nebengesetze, § 6 PflVG Rn. 13.

89 *BGH*, Urt. v. 17.10.1957 – 4 StR 523/57, BGHSt 11, 47 (50) = DAR 1958, 75 = NJW 1958, 151.

90 BGH, Urt. v. 27.11.1957 – 2 StR 426/57, BGHSt 11, 44 ff. = DAR 1958, 74 = NJW 1958, 152.

91 *BayObLG*, Beschl. v. 25.02.1980 – 1 Ob OWi 592/79, DAR 1981, 241 bei *Rüth*.

92 *KG Berlin*, Urt. v. 06.09.1973, VRS 45, 475.

93 *OLG Düsseldorf*, Beschl. v. 18.04.1983 – 5 Ss 87/83 – 73/83 I, DAR 1983, 301; *BayObLG*, Urt. v. 09.08.1984 – RReg. 2 St 154/84, V RS 67, 373.

94 *OLG Düsseldorf*, Urt. v. 26.11.1979 – 2 Ss 541/79 – 45/79 V, VRS 59, 58 (59); denn dieses stellt keinen Fall des Abschleppens dar, da es an der dafür notwendigen festen Verbindung zwischen den Fahrzeugen fehlt.

95 *OLG Düsseldorf*, Urt. v. 29.09.1981 – 2 Ss 426/81 – 219/81 II, VRS 62, 193 (194); denn von dieser Art der Fortbewegung geht keine größere Verkehrsgefahr aus als von einem Fahrrad.

96 *KG*, Beschl. v. 31.01.1984 – 5 Ss 315/83 – 1/84, VRS 67, 154 f.

97 *Häberle* in Erbs/Kohlhaas, Strafrechtliche Nebengesetze, § 6 PflVG Rn. 10.

98 *LG Hildesheim*, Urt. v. 20.9.2022 – 13 Ns. 40 Js 25077/21 = ZfS 2023, 48 ff.

Da die Rechtsprechung auf die Benutzung zur Fortbewegung abstellt, führen Tätigkeiten, wie z.B. das Ladegeschäft oder das Auslaufen von Betriebsstoffen, die aus haftungsrechtlichen Gründen zum Betrieb des Fahrzeugs gerechnet werden,[99] nicht zur Strafbarkeit.[100] 47

Täter/in beim Gebrauch kann nur der/die Fahrer/in sein, nicht der/die Mitfahrer/in; der kann aber Gehilfe gemäß § 27 StGB oder Anstifter gemäß § 26 StGB sein.[101] Allerdings soll nach einer Entscheidung des KG[102] ein Beifahrer nicht *»nur Gestatten«*, sondern *Gebrauchen* i.S.d. der 1. Alt., *»wenn er als Käufer und damit (im wirtschaftlichen und materiellen Sinne) Halter des Pkw kraft Tatplanung und Kenntnis aller strafbarkeitsbegründender Umstände die Tatherrschaft hat und die Fahrt der Verfolgung seiner persönlichen Ziele dient.«* Das ist kritisch, zumindest diskussionswürdig, denn das Tatbestandsmerkmal des Gebrauchens umfasst sämtliches bestimmungsgemäßes Benutzen eines Fahrzeugs zum Zwecke der Fortbewegung und das dürfte im Sitzen neben dem/der Fahrer/in nicht gesehen werden, da der/die Fahrer/in durch ein solches Verhalten seines/r Beifahrers/in nur unterstützt wird.[103] 48

b) Gestatten des Gebrauchs

Gestatten des Gebrauchs bedeutet zunächst, vorsätzliches Anordnen bzw. Zulassen im Sinne des § 21 StVG. Die Abgrenzung des Tatbestandsmerkmals zum straflosen Verhalten erfolgt dabei negativ. Das heißt, ein bloßes Ermöglichen des Gebrauchs ohne weiteres Zutun ist nicht als Gestatten tatbestandsmäßig, denn zusätzliche Voraussetzung ist zumindest eine konkludente Willenserklärung oder ein schlüssiges Verhalten des Gestattenden im Sinne eines stillschweigenden Einverständnisses.[104] Auch bloßes Dulden des Gebrauchens bzw. Ermöglichen des Gebrauchens durch jedweden Dritten ist nicht tatbestandsmäßig, denn Voraussetzung ist, dass der Gestattende gegenüber dem Gebrauchenden eine übergeordnete Sachherrschaft an dem Fahrzeug hat.[105] Damit ist auch nicht tatbestandsmäßig, wenn der Gebrauch auf nicht öffentlichem Grund gestattet war, aber der/die Fahrzeugführer/in sich darüber hinwegsetzt.[106] 49

Gestatten, ist allerdings auch fahrlässig möglich,[107] indem der/die Halter/in die Nichtversicherung fahrlässig übersieht, aber das Gestatten vorsätzlich erlaubt oder der Halter sich der Nichtversicherung bewusst ist, aber sich fahrlässig so verhält, dass Dritte auf sein Einverständnis zur Nutzung rückschließen. 50

II. Subjektiver Tatbestand

1. Vorsatz

Vorsatz bedeutet, dass der/die Täter/in Kenntnis aller Tatumstände hat (Wissenselement) und den Willen zur Tatbestandsverwirklichung hat (Wollenselement).[108] Der/die Täter/in muss demnach wissen, dass es sich um ein versicherungspflichtiges Fahrzeug handelt und, dass dieses nicht 51

---

99 Statt vieler Hentschel/*König*/Dauer, § 7 StVG Rn. 6.

100 Kreuter/Schwab in Staudinger/Halm/Wendt, Versicherungsrecht, § 6 PflVG Rn. 8.

101 *BayObLG*, Urt. v. 23.04.1963 – 2 St 649/62, VRS 25, 287 f.; *Burhoff* VA 2005, 53 ff. Nr. 14; *Häberle* in Erbs/Kohlhaas, Strafrechtliche Nebengesetze, § 6 PflVG Rn. 11; *Koch* in Bruck/Möller, § 6 PflVG Rn. 12.

102 *KG*, Beschl. v. 27.02.2023 – 3 ORs 5/23 – 161 Ss 20/23, BeckRS 2023, 5180.

103 *Häberle* in Erbs/Kohlhaas, Strafrechtliche Nebengesetze, § 6 PflVG Rn. 6; *Koch* in Bruck/Möller, § 6 PflVG Rn. 12, beide jeweils mit Hinweis auf BayObLG.

104 *OLG Köln*, Beschl. v. 17.10.1986 – Ss 566/86, NJW 1987, 914 = NStZ 1987, 117 = VRS 72, 137.

105 *OLG Köln*, Beschl. v. 18.06.2013 – III-1 RVs 111/13, JurionRS 2013, 43999 = DAR 2013, 481 = zfs 2013, 712 = NZV 2013, 454; *OLG Düsseldorf*, Beschl. v. 27.01.2014 – III-3RVs 4/14, JurionRS 2014, 13643.

106 *Hentschel/König/Dauer*, vor § 23 FZV Rd. 16; *Koch* in Bruck/Möller, § 6 PflVG Rn. 14.

107 OLG Stuttgart, Urt. v. 29.01.1960 – 2Ss 765/59, VRS 19, 213 f.

108 *BGH*, Urt. v. 04.11.1988 – 1 StR 262/88, BGHSt 36, 1 (9 f.) = JZ 1989, 496 = MDR 1989, 273 = NJW 1989, 781 = StV 1989, 61.

versichert ist,[109] dabei ist dolus eventualis ausreichend, z.B. bei Diebstahl[110] oder bei Nichtzahlung einer Folgeprämie und Antritt einer längeren Reise.[111] Der Vorsatz bei der Gebrauchsgestattung muss sich zusätzlich auch auf die Ermöglichung des Gebrauchs beziehen.[112] Vorsatz wird bejaht, wenn der/die Täter/in weiß, dass das Fahrzeug stillgelegt war und die Kennzeichen zur Fahndung ausgeschrieben waren.[113]

2. Irrtümer

52 Der Tatbestandsirrtum gemäß § 16 StGB z.B. über die Eigenschaft des Transportmittels als Fahrzeug (hier: propellerbetriebenes Herrenrad) lässt den Tatbestand entfallen,[114] ebenso wie der Irrtum über das Nicht- bzw. Nichtmehrbestehen des Haftpflichtversicherungsvertrages.[115] Nach § 16 Abs. 1 Satz 2 bleibt jedoch die fahrlässige Begehungsweise bestehen.

53 Zu unterscheiden davon ist der Verbotsirrtum nach § 17 StGB, der nach Satz 1 zunächst nach der Vermeidbarkeit des Irrtums fragt und im Fall des Verneinens, nach Satz 2 allenfalls zur Strafmilderung führt. Der/die Täter/in irren dann nicht über ein Tatbestandsmerkmal, sondern nur über die tatsächlichen Umstände der Tat, z.B. ob ein Weg im rechtlichen Sinne öffentlich ist.[116] Ein Verbotsirrtum über die Versicherungspflicht soll regelmäßig vermeidbar sein,[117] was im Hinblick auf skurille Fahrzeuge, wie z.B. motorisierte Skateboards[118] oder die unterschiedlichsten Formen von Pedelecs[119] sicherlich Raum für Diskussion und Verteidigung bietet.[120] Insbesondere ist die Einordnung bzw. Abgrenzung der jeweiligen Irrtümer in der Rechtsprechung und der Literatur manchmal unscharf und dogmatisch nicht immer eindeutig.

54 Zumindest kann die Verteidigung bei diesen Fallkonstellation auf eine Einstellung des Strafverfahrens aus Opportunitätsgründen hinwirken.

3. Fahrlässigkeit

55 Fahrlässigkeit bedeutet, dass der/die Täter/in einen objektiven Sorgfaltspflichtverstoß begeht und dieser subjektiv vorhersehbar und vermeidbar war.[121] Damit müssen der/die Täter/in sich Gewissheit bezüglich der Versicherung des Fahrzeugs verschaffen, bloßes Vertrauen darauf reicht nicht aus, insbesondere, wenn der/die Täter/in den Versicherungsvertrag für wirksam bestehend halten oder überhaupt nicht an die Notwendigkeit von Versicherungsschutz denken oder diese in Erwägung ziehen, aber verneinen[122] oder den Versicherungsschutz für bestehend halten, obwohl Anlass zur Prüfung besteht.[123]

109 *BGH*, Beschl. v. 31.01.2017 – 4 StR 597/16 = JurionRS 2017,10993 = DAR 2017, 678 ff.
110 *Koch* in Bruck/Möller, § 6 PflVG Rn. 33.
111 *OLG Frankfurt*, Urt. v. 30.04.1968 – 2 Ss 93/68, VRS 35, 396 (397 f.).
112 *Koch* in Bruck/Möller, § 6 PflVG Rn. 22.
113 *LG Itzehoe*, Urt. v. 19.11.202 – 1 KLs 315 Js 14276/20 Rn. 74, BeckRS 2020, 53046.
114 *OLG Oldenburg*, Urt. v. 03.05.1999 – 1 Ss 105/99, DAR 2000, 373 ff. = NZV 2000, 384 mit Anmerkung = NStZ-RR 1999, 377 = zfs 1999, 357 (propellergetriebenes Herrenrad).
115 *Häberle* in Erbs/Kohlhaas, Strafrechtliche Nebengesetze, § 6 PflVG Rn. 15.
116 *BayOblG*, Urt. v. 21.12.1955 – 1 St 870/55, VRS 10, 277 (278).
117 *Häberle* in Erbs/Kohlhaas, Strafrechtliche Nebengesetze, § 6 PflVG Rn. 15 mit Hinweis auf *BayObLG*, Urt. v. 22.08.1980 – RReg. 1 St 91/80 bei *Rüth* DAR 1981, 247 = DAR 1980, 375.
118 Vgl. dazu *Grams* NZV 1994, 172 (175).
119 Vgl. *Jaeger* zfs 2011, 663 ff.
120 Vgl. *LG Aachen*, Urt. v. 09.12.2011 – 71 Ns 607Js 784/08–146/11, NZV 2013, 305 f. zur Bejahung der Unvermeidbarkeit eines Verbotsirrtums über das Tatbestandsmerkmal Unfall im Straßenverkehr.
121 *Fischer* § 15 Rn. 12a.
122 *Koch* in Bruck/Möller, § 6 PflVG Rn. 35.
123 *Häberle* in Erbs/Kohlhaas, Strafrechtliche Nebengesetze, § 6 PflVG Rn. 16.

Allerdings gilt, dass Erwerber/innen eines zugelassenen Kfz, welches mit gültigem amtlichem Kennzeichen versehen ist, darauf vertrauen können, dass das Fahrzeug versichert ist und handeln nicht fahrlässig,[124] denn das Bestehen von Versicherungsschutz muss nur aus besonderem Anlass geprüft werden.[125] 56

III. Sonstiges

1. Versuch

Der Versuch ist nicht strafbar, da §§ 6, 30 PflVG dieses nicht bestimmt, was gemäß § 23 Abs. 1 StGB jedoch erforderlich wäre. 57

2. Täterschaft und Teilnahme

Der/die Täter/in müssen das Fahrzeug selbst führen, das bloße Mitfahren erfüllt nicht den Tatbestand. Allerdings kann eine dritte Person, die den/die Fahrer/in unterstützt oder veranlasst, Gehilfe oder Anstifter sein.[126] Allerdings soll nach einer Entscheidung des KG[127] ein Beifahrer nicht *»nur Gestatten«*, sondern *Gebrauchen* i.S.d. der 1. Alt., *»wenn er als Käufer und damit (im wirtschaftlichen und materiellen Sinne) Halter des Pkw kraft Tatplanung und Kenntnis aller strafbarkeitsbegründender Umstände die Tatherrschaft hat und die Fahrt der Verfolgung seiner persönlichen Ziele dient.«* Das ist kritisch, zumindest diskussionswürdig, denn das Tatbestandsmerkmal des Gebrauchens umfasst sämtliches bestimmungsgemäßes Benutzen eines Fahrzeugs zum Zwecke der Fortbewegung und das dürfte im Sitzen neben dem Fahrer nicht gesehen werden, da der Fahrer durch ein solches Verhalten seines Beifahrers nur unterstützt wird.[128] 58

3. Konkurrenzen

Jedes Gebrauchen bzw. Gestatten des Gebrauchs stellt eine neue Straftat dar, die gemäß § 53 StGB in Tatmehrheit zueinander stehen. Allerdings liegt bei nur kurzzeitigen Fahrtunterbrechungen auch nur eine Tat vor.[129] Etwas anderes gilt wiederum bei einem Verkehrsunfall mit anschließender Flucht, dann ist die Strafvorschrift *»zweifach verwirklicht«*.[130] Im Übrigen gilt, die Annahme einer Dauerstraftat oder eines Fortsetzungszusammenhangs oder eine natürliche Handlungseinheit scheidet aus.[131] Bei gleichzeitig verwirklichten Urkundsdelikten, z.B. bei dem typischen Fall, wenn ein Fahrzeug mit für ein anderes Fahrzeug ausgegebenen Kennzeichen versehen wird, um dieses als vermeintlich im Straßenverkehr zugelassen zu nutzen, dann ist das Geschehen als eine Tat der Urkundenfälschung in Tateinheit mit dem Verstoß gegen das Pflichtversicherungsgesetz zu sehen.[132] Nach dem KG[133], soll dann sogar die Zäsurwirkung des Unfalls entfallen, so die Formulierung: … *»im Falle unechter Kennzeichen das fortdauernde Gebrauchen der Urkunde sogar mehrere Fahrten zu einer Tat verklammert«*. Es formuliert allerdings der BGH[134]: *»die wegen der Unterbrechung durch das Unfallereignis erfolgte zweifache Verwirklichung der Delikte des … § 6 Abs. 1 PflVG«*. Bei der Gesamtstrafenbildung gemäß § 54 StGB ist zu beachten, dass bei wiederholter gleichartiger 59

124 *Häberle* in Erbs/Kohlhaas, Strafrechtliche Nebengesetze, § 6 PflVG Rn. 17 m.w.N.; *Koch* in Bruck/Möller, § 6 PflVG Rn. 35.

125 Hentschel/König/*Dauer*, vor § 23 FZV Rn. 16.

126 *BayObLG*, Urt. v. 23.04.1963 – 2 Ss 649/62, VRS 25, 287 f.; *Häberle* in Erbs/Kohlhaas, Strafrechtliche Nebengesetze, § 6 PflVG Rn. 11.

127 *KG*, Beschl. v. 27.02.2023 – 3 ORs 5/23 – 161 Ss 20/23, BeckRS 2023, 5180.

128 *Häberle* in Erbs/Kohlhaas, Strafrechtliche Nebengesetze, § 6 PflVG Rn. 6; *Koch* in Bruck/Möller, § 6 PflVG Rn. 12, beide jeweils mit Hinweis auf BayObLG.

129 *BGH*, Beschl. v. 17.10.2018 – 4 StR 149/18 = JurionRS 2018, 38261 = NStZ-RR 2019, 29 f.

130 *BGH*, Beschl. v. 18.02.2021 – 4 StR 279/20 = BeckRS 2021, 4031.

131 Vgl. *OLG Jena*, Beschl. v. 29.04.2004 – 1 Ss 19/04, VRS 107, 220.

132 *BGH*, Beschl. v. 22.08.2023 – 3 StR, BeckRS 2023, 26422; *BGH*, Beschl. v. 18.02.2021 – 4 StR 279/20 = BeckRS 2021, 4031.

133 Vgl. *KG*, Beschl. v. 27.02.2023 – 3 ORs 5/23 – 161 Ss 20/23 Rn. 6,7, *BeckRS 2023, 5180.*

134 *BGH*, Beschl. v. 18.02.2021 – 4 StR 279/20 Rn. 10, BeckRS 2021, 4031.

Begehungsweise dieses Ausdruck einer niedriger werdenden Hemmschwelle sein kann, was zu einer maßvollen Gesamtstrafenhöhe führen kann.[135]

60 Das Gebrauchen steht mit den sonstigen typischen Verkehrsstraftaten nach §§ 142, 248b, 315 bis 315c, 316 StGB, 21 Abs. 1 Nr. 1 StVG gemäß § 52 StGB in Tateinheit zueinander, da das Führen des Fahrzeugs eine Ausführungshandlung darstellt.[136] Das gilt auch bei Nicht-Verkehrsdelikten, z.B. Handel mit BtM nach § 29a BtMG, weil zum Transport ein unversicherter E-Scooter verwendet wird.[137] Diese Einheit der Ausführungshandlung geht so weit, dass, wenn durch das Führen des Fahrzeuges weitere Gesetzesverstöße begangen werden, diese bei Verurteilung nur wegen der Verkehrsstraftaten wegen Strafklageverbrauch nicht weiterverfolgt werden können.[138] Ein Zurücktreten der Strafbarkeit nach §§ 6, 30 PflVG hinter andere Straftatbestände dürfte sich wegen der unterschiedlichen Schutzzwecke der jeweiligen Strafnormen verbieten.

61 Zusätzlich könnte auch ein tateinheitlicher Verstoß gegen § 370 Abgabenordnung in Betracht kommen.[139] Allerdings ist der Versicherungsnehmer eines Kraftfahrzeugs nicht verpflichtet, die Finanzbehörde über die Beendigung des Haftpflichtversicherungsvertrages zu unterrichten, denn der Wegfall der Pflichtversicherung ist kein steuerlich bedeutsamer Sachverhalt im Sinne des § 370 AO.[140]

4. Straferwartung

62 Vorsätzliche Tatbegehung wird nach § 38 Abs. 2 StGB mit einem Mindestmaß von einem Monat Freiheitsstrafe, die gemäß § 47 Abs. 1 StGB im Regelfall als Geldstrafe nach § 40 StGB verhängt wird, betraft. Fahrlässige Tatbegehung wird milder bestraft. Zur Bemessung der Tagessatzhöhe vgl. BayObLG.[141]

5. Führerscheinentzug/Fahrverbot

63 §§ 6, 30 PflVG ist keine Katalogtat nach § 69a StGB, ist aber eine verkehrsspezifische Anlasstat, so dass ein Entzug der Fahrerlaubnis nach § 69 StGB bei gesonderter Feststellung eines Eignungsmangels durch das Instanzgericht in Betracht kommen kann;[142] a.A. keine Anlasstat, da die konkrete Verkehrssicherheit nicht berührt sei.[143] Ein Fahrverbot nach § 44 StGB n.F. von ein bis sechs Monaten als Nebenstrafe kommt ebenfalls in Betracht,[144] allerdings nicht schon bei Verstößen gegen Halterpflichten (str.).[145]

C. Einziehung des Fahrzeugs

64 Nach § 30 Abs. 4 PflVG kann das bei der Tat benutzte Fahrzeug eingezogen werde. Voraussetzungen sind jedoch, dass der/die Täter/in bzw. der/die Teilnehmer/in sich wegen vorsätzlicher Begehungsweise schuldig gemacht haben und, dass das Fahrzeug dem/der Täter/in oder dem/der Teilnehmer/in zur Zeit der Entscheidung gehörte. Mit dieser Vorschrift wird auf § 74 StGB und die dazu ergangene Rechtsprechung verwiesen und § 74 Abs. 3 Satz 1 StGB beschränkt die Anwendung auf Fahrzeuge, die dem/der Täter/in oder dem/der Teilnehmer/in gehören oder zustehen.

---

135 *BGH*, Beschl. v. 26.09.2002 – 3 StR 278/02, DAR 2003, 292 = NStZ-RR 2003, 9 (10) = StV 2003, 555.
136 *BGH*, Beschl. v. 31.01.2017 – 4 StR 597/16 = JurionRS 2017,10993 = DAR 2017, 678 ff.
137 *BGH*, Beschl. v. 24.5.2022 – 2 StR 394/21 NStZ-RR 2022, 280 = BeckRS 2022, 18563.
138 *BGH*, Beschl. v. 24.5.2022 – 2 StR 394/21 NStZ-RR 2022, 280 = BeckRS 2022, 18563; *BGH*, Beschl. v. 02.07.2013 – 4 StR 187/13, NStZ-RR 2013, 320 f.
139 *LG Detmold*, Urt. v. 09.05.2022 – 23 KLs-31 Js 1112/21–4/22 Rn. 112, BeckRS 2022, 47687.
140 *OLG Düsseldorf*, Beschl. v. 27.01.2014 – III-3RVs 4/14, JurionRS 2014, 13643.
141 *BayObLG*, Beschl. v. 18.10.2023 – 202 StRR 76/23, BeckRS 2023, 31058.
142 *Fischer*, StGB, § 69 Rn. 38; *Koch* in Bruck/Möller, § 6 PflVG Rn. 45.
143 *Harrendorf* in Satzger/Schluckebier/Widmaier, § 69 StGB Rn. 23.
144 *Claus* in Satzger/Schluckebier/Widmaier, § 44 StGB Rn. 11; *Koch* in Bruck/Möller, § 6 PflVG Rn. 45.
145 Vgl. *Winkler* in Himmelreich/Halm, Handbuch Verkehrsrecht, Teil 2 Kap. 32 Rn. 261.

Ein Großteil aller Fahrzeuge in Deutschland ist mittlerweile finanziert, steht also unter dem Eigentumsvorbehalt des Kreditgebers, oder ist geleast und steht im Eigentum des Leasinggebers. Solche nicht im Eigentum des/der Täter/in oder Teilnehmer/in stehenden Fahrzeuge können nach der Rechtsprechung nicht eingezogen werden, da Voraussetzung dafür ist, dass der/die Täter/in oder der/die Teilnehmer/in zum Zeitpunkt der letzten tatrichterlichen Entscheidung Eigentümer des Fahrzeugs war.[146] Allerdings kann die Anwartschaft des/der Täters/in/Teilnehmers/in auf den Erwerb des Fahrzeugs eingezogen werden.[147] 65

Bei der geringen Straferwartung der §§ 6, 30 PflVG hat die Verteidigung insbesondere auf den in § 74f Abs. 1 Satz 1 StGB für den Fall der Einziehung ausdrücklich normierten Grundsatz der Verhältnismäßigkeit hinzuweisen. Allerdings kann eine Einziehung bei konkreter Wiederholungsgefahr geboten sein.[148] 66

D. Weitere praktische Hinweise

I. Schwerwiegende Zuwiderhandlung

Anlage 12 zu § 34 Fahrerlaubnisverordnung bewertet jetzt unter A 1.3 Straftaten nach dem PflVG nicht mehr als »Schwerwiegende Zuwiderhandlung«, der Abschnitt ist gestrichen worden. Das PflVG fällt jetzt unter B 1.1 als »Sonstige Straftat, soweit im Zusammenhang mit dem Straßenverkehr begangen und nicht in Abschnitt A aufgeführt« als »Weniger schwerwiegende Zuwiderhandlung«, so dass gegenüber Inhabern/innen einer Fahrerlaubnis auf Probe nach § 2a Abs. 2 Nr. 1 StVG Maßnahmen wegen eines Verstoßes gegen das PflVG allein nicht verhängt werden können. Voraussetzung wäre, dass der/die Inhaber/in einer Fahrerlaubnis auf Probe daneben eine schwerwiegende oder zusätzlich eine zweite weniger schwerwiegende Zuwiderhandlungen begangen hat. 67

II. Einstellung aus Opportunitätsgründen

Bei der Verteidigung sollte frühzeitig auf einer Einstellung des Strafverfahrens aus Opportunitätsgründen gemäß §§ 153 ff. StPO hingewirkt werden, insbesondere wenn die Straftat nicht im Zusammenhang mit sonstigen schwerwiegenden allgemeinen Straftaten steht.[149] 68

Sollte jedoch ein Zusammenhang mit sonstigen schwerwiegenden allgemeinen Straftaten bestehen, bietet sich wiederum die Anregung zur Einstellung gemäß §§ 154, 154a StPO an.[150] 69

III. Verteidigung von Jugendlichen und Heranwachsenden

Bei der Verteidigung von Jugendlichen und Heranwachsenden sollte frühzeitig auf die Möglichkeit der Diversion, z.B. durch Teilnahme an einem Verkehrsentziehungskurs hingewiesen werden. Argumentationshilfe bieten dabei Richtlinien zur Förderung der Diversion im Jugendstrafverfahren,[151] die beinhalten können, dass Diversion insbesondere bei Verstößen gegen das PflVG in Betracht komme, so z.B. in Brandenburg unter II. 1[152] oder Thüringen 3.1.2c[153]. 70

146 *BGH*, Beschl. v. 28.09.1971 – 1 StR 261/71, BGHSt 24, 222 (226f) = DB 1971, 2110 = JZ 1972, 171 = MDR 1972, 63.
147 *BGH*, Urt. v. 27.08.1998 – 4 StR 307/98, NStZ-RR 1999, 11.
148 *Kreuter/Schwab* in Staudinger/Halm/Wendt, Versicherungsrecht, § 6 PflVG Rn. 12.
149 Eine Einstellung »dränge sich auf«, so das *OLG Oldenburg*, Urt. v. 03.05.1999 – 1 Ss 105/99, DAR 2000, 373 ff. = NZV 2000, 384 mit Anmerkung = NStZ-RR 1999, 377 = zfs 1999, 357.
150 *BGH*, Beschl. v. 16.01.1997 – 4 StR 626/96 = JurionRS 1997,20571.
151 https://www.dvjj.de/diversionsrichtlinien/.
152 https://bravors.brandenburg.de/verwaltungsvorschriften/jugstrdi.
153 https://www.dvjj.de/diversionsrichtlinien/.

IV. Fahreignungsregister

71 Nach Anlage 13 Nr. 2.3 a.F. zu § 40 Fahrerlaubnisverordnung wurden bis zum 30.04.2014 Verurteilungen nach § 6 PflVG mit 6 Punkten bewertet. Ab dem 01.05. 2014 taucht das PflVG im Bewertungssystem nicht mehr auf.

V. Schadenersatz wegen Strafbarkeit nach §§ 6, 30 PflVG

72 §§ 6, 30 PflVG sind Schutzgesetz i.S.d. § 823 Abs. 2 BGB[154] mit der Folge, dass nicht nur der/die Schädiger/in haftet, der eigenhändig handelt, indem er das nicht haftpflichtversicherte Kraftfahrzeug gebraucht, sondern z.B. auch der, der den Gebrauch gestattet[155] bzw. der/die, der/die Halter/in ist[156].

VI. Mitteilung nach § 183 GVG wegen einer Strafbarkeit nach dem PflVG

73 Das OLG München[157] hat beschlossen, dass in Zivilrechtsverfahren bei – außerhalb der Sitzung begangenen – Straftaten nach § 6 PflVG, die dem Gericht bekannt werden, es im pflichtgemäßen Ermessen des Gerichts liege, ob es der Staatsanwaltschaft nach § 183 GVG Mitteilung mache, was vorliegend im Hinblick auf das beharrliche, vorsätzliche Verhalten des Klägers und die Ankündigung sich weiter rechtswidrig verhalten zu wollen, veranlasst war.

74 *»Abschnitt 4 Strafvorschriften, Übergangs- und Schlussvorschriften«*

»§ 30 Strafvorschriften

(1) Mit Freiheitsstrafe bis zu einem Jahr oder mit Geldstrafe wird bestraft, wer
1. entgegen § 6 Absatz 1, 2 oder 3 ein Fahrzeug gebraucht oder
2. entgegen § 6 Absatz 4 einen dort genannten Gebrauch gestattet

(2) Handelt der Täter fahrlässig, so ist die Strafe Freiheitsstrafe bis zu sechs Monaten oder Geldstrafe bis zu einhundertachtzig Tagessätzen.

(3) Die Tat ist nicht strafbar, wenn für den Gebrauch des Fahrzeugs, sofern es nur seinen regelmäßigen Standort und nicht seinen gewöhnlichen Standort im Inland hat,
1. ein den Anforderungen des § 3 Absatz 1, 2 oder 3 des Auslandsfahrzeug-Pflichtversicherungsgesetzes genügender Versicherungsschutz besteht oder
2. die Schadenregulierung nach § 9 des Auslandsfahrzeug-Pflichtversicherungsgesetzes gewährleistet ist.

(4) Fahrzeuge, auf die sich eine Straftat nach Absatz 1 bezieht, können eingezogen werden, wenn sie dem Täter oder Teilnehmer zur Zeit der Entscheidung gehören.«

1. Allgemeines

Der neue § 30 PflVG sieht unter Beibehaltung des bisherigen Strafrahmens eine Bestrafung für den Gebrauch bzw. die Gestattung des Gebrauchs vor, mit einer Verneinung der Strafbarkeit bei besonderem Auslandsbezug. Die Möglichkeit der Einziehung des Fahrzeugs bleibt bestehen.

Zu § 6 PflVG n.F.: *»(1) Es ist verboten, ein Fahrzeug zu gebrauchen, …« »(4) Es ist verboten, einen nach den Absätzen 1 bis 3 verbotenen Gebrauch zu gestatten.«*

Die n.F. knüpft bzgl. der Tathandlungen, die verboten sind an den bisherigen Wortlaut an, so dass die dazu ergangene Rechtsprechung übernommen werden kann.

Die Richtlinie (EU) 2021/2118 sieht optionale Ausnahmen von der Versicherungspflicht für bestimmte Fälle vor, in denen das Fahrzeug nicht am öffentlichen Straßenverkehr teilnimmt (vgl. § 6 Abs. 2 n.F.) und trifft erstmals Regelung zu Motorsportveranstaltungen (vgl. § 6

154 *Kreuter/Schwab* in Staudinger/Halm/Wendt, Versicherungsrecht, § 6 PflVG Rn. 1; *Koch* in Bruck/Möller, § 6 PflVG Rn. 7 m.w.N.
155 Vgl. z.B. *OLG Zweibrücken*, Urt. v. 22.09.1989 – 1 U 211/88 NZV 1990, 476 f.
156 Vgl. *OLG Koblenz*, Urt. v. 28.01.2004 – 3 U 167/01 DAR 2004, 450.
157 *OLG München*, Beschl. v. 17.12.2020 – 25 U 3566/20, BeckRS 2020, 37307.

Abs. 3 n.F.). Das findet sich in § 30 Abs. 1 n.F. wieder. Die Rechtsprechung dazu bleibt abzuwarten.

§ 30 Abs. 3 n.F. trifft Regelung für den Fall des Auslandsbezug, sowohl auf den Standort des Fahrzeugs und Auslandsversicherungsschutz betreffend. Die Rechtsprechung dazu bleibt abzuwarten.

2. Tathandlungen: Verbote nach § 6n.F. siehe Rn. 2 – 23 zu § 6
3. Vorsatz siehe Rn. 25 zu § 6
4. Irrtümer siehe Rn. 26, 27 zu § 6
5. Fahrlässigkeit siehe Rn. 28, 29 zu § 6
6. Versuch siehe Rn. 30 zu § 6
7. Täterschaft und Teilnahme siehe Rn. 31 zu § 6
8. Konkurrenzen siehe Rn. 32 – 34 zu § 6
9. Straferwartung siehe Rn. 35 zu § 6
10. Führerscheinentzug siehe Rn. 36 zu § 6
11. Fahrverbot siehe Rn. 36 zu § 6
12. Einziehung des Fahrzeugs siehe Rn. 37 zu § 6
13. Fahrerlaubnis auf Probe siehe Rn. 38 zu § 6
14. Einstellung des Strafverfahrens siehe Rn. 39 zu § 6
15. Verteidigung von Jugendlichen und Heranwachsenden siehe Rn. 40 zu § 6
16. Fahreignungsregister siehe Rn. 41 zu § 6
17. Schadenersatz wegen Strafbarkeit siehe Rn. 42 zu § 6
18. Mitteilung nach § 183 GVG siehe Rn. 43 zu § 6

§ 7 (Verordnungsermächtigung)

Das Bundesministerium für Digitales und Verkehr wird ermächtigt, zur Durchführung des Ersten Abschnitts dieses Gesetzes im Einvernehmen mit dem Bundesministerium der Justiz und dem Bundesministerium für Wirtschaft und Klimaschutz durch Rechtsverordnung mit Zustimmung des Bundesrates Vorschriften zu erlassen über

1. **die Form des Versicherungsnachweises;**
2. **die Prüfung der Versicherungsnachweise durch die Zulassungsbehörden;**
3. **die Erstattung der Anzeige des Versicherungsunternehmens gegenüber der zuständigen Zulassungsbehörde zur Beendigung seiner Haftung nach § 117 Abs. 2 des Versicherungsvertragsgesetzes**
4. **Maßnahmen der Verkehrsbehörden, durch welche der Gebrauch nicht oder nicht ausreichend versicherter Fahrzeuge im Straßenverkehr verhindert werden soll.**

§ 7a (Durchführungsregelungen; Verordnungsermächtigung)

Das Bundesministerium für Digitales und Verkehr wird ermächtigt, zur Durchführung des Ersten Abschnitts dieses Gesetzes im Einvernehmen mit dem Bundesministerium der Justiz und dem Bundesministerium für Wirtschaft und Klimaschutz durch Rechtsverordnung mit Zustimmung des Bundesrates Vorschriften zu erlassen über

1. **die Form des Versicherungsnachweises;**
2. **die Prüfung der Versicherungsnachweise durch die Zulassungsbehörden;**
3. **die Erstattung der Anzeige des Versicherungsunternehmens gegenüber der zuständigen Zulassungsbehörde zur Beendigung seiner Haftung nach § 117 Abs. 2 des Versicherungsvertragsgesetzes**
4. **Maßnahmen der Verkehrsbehörden, durch welche der Gebrauch nicht oder nicht ausreichend versicherter Fahrzeuge im Straßenverkehr verhindert werden soll.**

Übersicht

A. Allgemeines

1 Es handelt sich um die Ermächtigungsnorm zur Schaffung von verschiedenen Rechtsverordnungen, die der Abwicklung von Schadensfällen dienen. Dies ist notwendig aufgrund der Vorgaben in Art. 3 der 6. KH-Richtlinie[1]. Sie stellen sicher, dass das Verkehrsunfallopfer an die notwendigen Informationen[2] kommt, um einen Schadensersatzanspruch erheben zu können.

2 Die ursprüngliche Vorschrift gibt den Stand vor dem 22.10.2013 wieder. In der 18. Legislaturperiode wurde das zuständige Ministerium in »Bundesministerium für Verkehr und digitale Infrastruktur« umbenannt. Das gilt ebenso für das »Bundesministerium für Justiz und Verbraucherschutz« sowie das »Bundesministerium für Wirtschaft und Energie«. Eine inhaltliche Änderung in Bezug auf den hiesigen Anwendungsbereich ist damit nicht verbunden. Alle drei Ministerien wurden in der 19. Legislaturperiode erneut umbenannt.

B. Regelungsgehalt

3 Die Vorschrift bietet insbesondere die Rechtsgrundlage für die Fahrzeugzulassungsverordnung[3] (FZV).

4 Die Form des Versicherungsnachweises ist in den §§ 49, 50, 62 (23, 24 und 35 a.F.) FZV geregelt. Nur mit dem Nachweis, dass eine Kfz-Haftpflichtversicherung besteht, ist die Zulassung eines Fahrzeugs möglich, § 3 Abs. 1 Nr. 2 FZV.

5 Bestimmte zulassungsfreie Fahrzeuge erhalten ein Versicherungskennzeichen zum Nachweis der bestehenden Versicherung, §§ 4 Abs. 3; 52 (26 a.F.) FZV.

6 Die unter der Nr. 3 aufgeführte Ermächtigung betrifft das Anzeigeverfahren zur Beendigung der Nachhaftung des Versicherers nach § 117 Abs. 2 VVG[4] (§ 3 Nr. 5 PflVG a.F.). Dies wurde in § 51 (25 a.F.) FZV umgesetzt.

7 Die Ermächtigung unter der Nr. 4 der Vorschrift wurde durch § 51 Abs. 3 und 4 (§ 25 Abs. 3 und 4 a.F.) FZV umgesetzt.

C. Weitere praktische Hinweise

8 Rechtsprechung unmittelbar zu § 7 PflVG ist – soweit ersichtlich – nicht ergangen. Hinweise auf die Vorschrift beruhen größtenteils auf unsauberem Zitieren durch die Gerichte[5], da es sehr leicht zu einer Verwechslung mit § 7 StVG kommt.

1 2009/103/EG.

2 *Feyock*/Jacobsen/Lemor Kraftfahrtversicherung, § 7 PflVG, Rn. 1.

3 Verordnung über die Zulassung von Fahrzeugen zum Straßenverkehr (Fahrzeug-Zulassungsverordnung – FZV), vom 20.07.2023 (BGBl. 2023 I Nr. 199 S. 2) mit Geltung ab 01.09.2023, zuletzt geändert durch Artikel 2 Abs. 7 des Gesetzes vom 04. Dezember 2023 (BGBl. 2023 I Nr. 344).

4 *Kreuter* § 117 VVG Rdn. 14 ff.

5 Beispiele: *OLG Hamm* Urt. v. 09.09.2008 – 9 U 73/08, WKRS 2008, 33333 = NJW-RR 2009, 1031 = OLGR 2009, 425 (Abschleppvorgang); *AG Aachen* Urt. v. 25.01.2007 – 10 C 554/06 (Mietwagen); *AG Essen* Urt. v. 07.02.1997 – 16 C 529/94, WKRS 1997, 24118 = VersR 1997, 1417 (HWS-Zerrung); *AG Düsseldorf* Urt. v. 21.10.2008 – 40 C 3978/08, WKRS 2008, 34665 (Mietwagenkosten); *AG Frankfurt/Main* Urt. v. 27.09.2011 – 32 C 525/11 (84) (Gutachterkosten); *AG Lebach* Urt. v. 23.01.2008 – 3B C 489/07 (Sachverständigenkosten); *LG Arnsberg* Urt. v. 30.05.1988 – 5 S 47/88, WKRS 1988, 20362 (Nutzungsausfall); *LG Bonn* Urt. v. 01.08.2002 – 6 S 408/00, NZV 2002, 504 (Schmerzensgeld); *LG Göttingen* Urt. v. 13.01.2003 – 9 S 69/02 (Fahrstreifenwechsel).

Text in der Fassung des Gesetzes zur Umsetzung der Richtlinie (EU) 2021/2118 im Hinblick auf die Kraftfahrzeug-Haftpflichtversicherung und die Kontrolle der entsprechenden Versicherungspflicht und zur Änderung anderer versicherungsrechtlicher Vorschriften vom 11.04.2024 mit Wirkung ab vom 17.04.2024

§ 8 (Pflichten der Versicherungsunternehmen zur Beitragszahlung und zur Bestellung eines Vertreters)

(1) Versicherungsunternehmen, die zum Betrieb der Kraftfahrzeug-Haftpflichtversicherung für Fahrzeuge mit regelmäßigem oder gewöhnlichem Standort im Inland befugt sind, sind verpflichtet, die satzungsmäßigen Leistungen und Beiträge an das Deutsche Büro Grüne Karte, an den Entschädigungsfonds nach § 24 Abs. 1 Nummer 1 und an die nach § 24 Absatz 1 Nummer 2 errichtete Entschädigungsstelle oder an eine andere jeweils mit der Erfüllung dieser Aufgaben betraute juristische Person zu erbringen. Sie teilen hierzu dem Deutschen Büro Grüne Karte, dem Entschädigungsfonds und der Entschädigungsstelle bezüglich der von ihnen in der Bundesrepublik Deutschland nach diesem Gesetz getätigten Kraftfahrzeug-Haftpflichtversicherungen die gebuchten Prämienbeträge oder die Anzahl der versicherten Risiken mit.

(2) Versicherungsunternehmen, die in der Bundesrepublik Deutschland zum Betrieb der Kraftfahrzeug-Haftpflichtversicherung zugelassen wurden, sind verpflichtet, die satzungsmäßigen Leistungen und Beiträge an den Insolvenzfonds nach § 24 Absatz 2 oder an eine andere mit der Erfüllung dieser Aufgaben betraute juristische Person zu erbringen. Sie teilen hierzu dem Insolvenzfonds bezüglich der von ihnen in der Bundesrepublik Deutschland und in den übrigen Staaten des Europäischen Wirtschaftsraums getätigten Kraftfahrzeug-Haftpflichtversicherungen die gebuchten Prämienbeträge und die Anzahl der versicherten Risiken mit.

(3) Versicherungsunternehmen, die im Dienstleistungsverkehr die Kraftfahrzeug-Haftpflichtversicherung für Fahrzeuge mit regelmäßigem oder gewöhnlichem Standort im Inland betreiben, sind verpflichtet, einen im Inland ansässigen oder niedergelassenen Vertreter zu bestellen, der den Anforderungen nach § 59 des Versicherungsaufsichtsgesetzes zu genügen hat. Ansprüche aus Kraftfahrzeug-Haftpflichtfällen gegen das Versicherungsunternehmen können auch gegen den nach Satz 1 bestellten Vertreter gerichtlich und außergerichtlich mit Wirkung für und gegen das Versicherungsunternehmen geltend gemacht werden. Der nach Satz 1 bestellte Vertreter ist auch verpflichtet, Auskunft über das Bestehen oder die Gültigkeit von diesem Gesetz unterliegenden Haftpflichtversicherungsverträgen bei dem Versicherungsunternehmen zu erteilen.

Übersicht

A. Allgemeines

Der bis zum 28.07.1994 geltende zweite Abschnitt des PflVG »Tarife in der Kraftfahrzeug-Haftpflichtversicherung« war wegen des Wegfalls der Tarifgenehmigung aufzuheben[1]. Die Neuregelung erfolgte zum 29.07.1994 durch das dritte Gesetz zur Durchführung versicherungsrechtlicher Richtlinien des Rates der Europäischen Gemeinschaften (Drittes Durchführungsgesetz/EWG zum VAG)[2]. Die §§ 8 bis 11 PflVG regeln seither die Beteiligung (auch) ausländischer Versicherer an 1

1 S. BT-Drucksache 12/6959, 110.
2 Gesetz vom 21.07.1994, BGBl. I 1630, 3134.

den gemeinschaftsrechtlich vorgeschriebenen Gemeinschaftseinrichtungen[3], die Bestellung eines Schadenregulierungsvertreters und die Grundlage für eine Jahresgemeinschaftsstatistik[4]. § 8a PflVG, der die Einrichtung einer Auskunftsstelle regelt und der Umsetzung des Art. 4 der 4. KH-Richtlinie 2000/26/EG[5] vom 16.05.2000 dient[6], wurde eingefügt zum 01.01.2003 durch das Gesetz zur Änderung des Pflichtversicherungsgesetzes und anderer versicherungsrechtlicher Vorschriften[7]. Durch die Umsetzung der Richtlinie (EU) 2021/2118 findet insoweit eine textliche Anpassung der bisherigen Norm statt.

B. Regelungsgehalt

I. Beitragspflicht

2 Gemäß § 8 Abs. 1 S. 1 PflVG sind alle Versicherungsunternehmen, die zum Betrieb der Kfz-Haftpflichtversicherung befugt sind, verpflichtet, Beiträge an das mit der Durchführung des Abkommens über die internationale Versicherungskarte beauftragte deutsche Versicherungsbüro sowie an den nach § 24 Abs. 1 Nr. 1 PflVG (§ 13 PflVG a.F.) errichteten Entschädigungsfonds, an die nach § 24 Abs. 1 Nr. 2 PflVG (§ 13a PflVG a.F.) errichtete Entschädigungsstelle bzw. eine andere mit der Erfüllung dieser Aufgaben betraute juristische Person zu erbringen. Dies sind der Deutsche Büro Grüne Karte e.V. und der Verkehrsopferhilfe e.V., der seit dem 01.01.1966 die Stellung des gesetzlichen Entschädigungsfonds (§ 24 Abs. 1 Nr. 1 PflVG, § 13 PflVG a.F.) und seit dem 01.01.2003 auch die Aufgaben der Entschädigungsstelle (§ 24 Abs. 1 Nr. 2 PflVG, § 13a PflVG a.F.) wahrnimmt[8].

3 Hintergrund der Neuregelung in 1994 war das durch die 3. Schadenversicherungs-Richtlinie[9] einzuführende Prinzip der Aufsicht auch von Niederlassungen europäischer Versicherer durch das Herkunftsland, welches dazu führte, dass ausländische Versicherer mit Sitz in der Europäischen Gemeinschaft für ihre inländischen Niederlassungen keiner inländischen Zulassung mehr bedürfen. Es war unklar, ob sich diese Versicherer an den Gemeinschaftseinrichtungen des HUK-Verbandes, des Deutschen Büros Grüne Karte e.V. und des Verkehrsopferhilfe e.V. beteiligen. § 8 Abs. 1 S. 1 PflVG stellt dies sicher und setzt Art. 12a Abs. 2 der 2. Schadenversicherungs-Richtlinie in der Fassung vom 08.11.1990[10] und Art. 45 der 3. Schadenversicherungs-Richtlinie[11] um, die eine finanzielle Beteiligung fordern[12].

II. Mitteilungspflicht

4 In § 8 Abs. 1 S. 2 PflVG ist die Mitteilungspflicht der Versicherungsunternehmen über die gebuchten Prämienbeträge oder die Anzahl der versicherten Risiken normiert, damit die satzungsmäßigen Leistungen und Beiträge von den Gemeinschaftseinrichtungen berechnet werden können.

---

3 Deutsche Büro Grüne Karte e.V. und Verkehrsopferhilfe e.V. – s. sogl. unter B.I.
4 Vgl. BT-Drucksache 12/6959, 110.
5 Die 1. bis 5. KH-Richtlinie, sowie die Richtlinie 2009/I03 EG (Kodifizierung der 1.-5. KH-Richtlinie) ist z.B. abgedruckt in Himmelreich/Halm/Staab/*Nissen*, Handbuch der Kfz-Schadensregulierung 5. Aufl 2022, Kap. 25, Rn. 130 ff.
6 Vgl. Feyock/Jacobsen/*Lemor* § 8a PflVG, Rn. 1.
7 Gesetz vom 10.07.2002, BGBl. 2586 f.
8 Vgl. Staudinger/Halm/Wendt NK-VersR/*Kreuter* § 8 PflVG, Rn. 2 ff.
9 Richtlinie 92/49/EWG vom 18.06.1992.
10 Richtlinie 90/618/EWG.
11 A.a.O.
12 Vgl. BT-Drucksache 12/6959, 110. Eine finanzielle Beteiligung ist ausreichend. Eine Mitgliedschaft der ausländischen Versicherer in den Gemeinschaftseinrichtungen ist nicht erforderlich, de faco jedoch erfolgt (s. Feyock/Jacobsen/*Lemor* § 8 PflVG, Rn. 7 f.).

III. Schadenregulierungsvertreter (Abs. 3; § 8 Abs. 2 a.F.)

1. Bestellung und Befugnisse

Seit der Neuregelung des § 8 PflVG zum 29.07.1994 blieb der Absatz 3 (§ 8 Abs. 2 PfVG a.F.) inhaltlich unverändert. Mit ihm wurde 1994 Art. 12a Abs. 4 der 2. Schadenversicherungs-Richtlinie[13] umgesetzt. Hiernach haben Kfz-Haftpflichtversicherer, die ohne Sitz oder Niederlassung in einem Mitgliedstaat der Europäischen Gemeinschaft die Kfz-Haftpflichtversicherung im Dienstleistungsverkehr betreiben, im jeweiligen Dienstleistungsland einen inländischen Vertreter zu bestellen[14]. Dieser Schadenregulierungsvertreter ist nicht mit dem Schadenregulierungs**beauftragten** zu vergleichen und insbesondere auch nicht zu verwechseln.[15] 5

Der Vertreter muss gemäß Abs. 3 Satz 1 den Anforderungen des § 59 (§ 13c a.F.) VAG genügen. Er muss mithin die gleichen Voraussetzungen erfüllen, die für die Bestellung von Vertretern deutscher Kfz-Haftpflichtversicherer im übrigen Geltungsbereich der EG-Richtlinien gelten[16]. Er hat die erforderliche fachliche und personelle Ausstattung zu gewährleisten[17]. Insbesondere auf die Voraussetzungen in § 59 Abs. 1 Ziff. 2 (§ 13c Abs. 1 Ziff. 2 a.F.) VAG ist hinzuweisen. 6

Zu den Befugnissen des Schadenregulierungsvertreters gehören u.a. der Ausgleich von Schadenersatzforderungen, die Durchführung von Regressen, der Abschluss von Regressverzichtsabkommen und die Zwangsvollstreckung. Vertragsbegründungen, Verlängerungen oder Beendigungen sind ihm hingegen untersagt.[18] 7

2. Direktanspruch

Direktansprüche können nach dem Wortlaut des Absatzes 3 S. 2 (Abs. 2 S. 2 a.F.) auch gerichtlich gegen den Schadenregulierungsvertreter geltend gemacht werden; er ist passivlegitimiert[19]. Die Formulierung »auch« ist nach zutreffender Auffassung alternativ und nicht kumulativ zu verstehen, so dass der Geschädigte entweder gegen das Versicherungsunternehmen oder gegen den Schadenregulierungsvertreter gerichtlich vorgehen kann[20]. 8

3. Auskunftspflicht

Der bestellte Schadenregulierungsvertreter ist gemäß Abs. 3 S. 3 (Absatz 2 S. 3 a.F.) »verpflichtet, Auskunft über das Bestehen oder die Gültigkeit von diesem Gesetz unterliegenden Haftpflichtversicherungsverträgen bei dem Versicherungsunternehmen zu erteilen«. Von ihm kann zudem gemäß Art. 152 Abs. 1 S. 1 der Richtlinie 2009/138/EG vom 25.11.2009 verlangt werden, das Nichtlebensversicherungsunternehmen bei den Aufsichtsbehörden des Aufnahmemitgliedsstaats hinsichtlich der Kontrolle des Bestehens und der Gültigkeit einer Versicherungspolice über die Kraftfahrzeug-Haftpflichtversicherung zu vertreten.[21] 9

---

13 A.a.O.

14 BT-Drucksache 12/6959, 110.

15 Vgl. u.a. Feyock/Jaobsen/Lemor § 8 PflVG, Rn. 24; *Schneider*, Das verkehrsrechtliche Mandat Bd. 2, 8. Aufl. 2020, § 5 Rn. 10 ff. mit näheren Ausführungen insbesondere zum Schadensregulierungsbeauftragten.

16 BT-Drucksache 12/6959, 110.

17 Staudinger/Halm/Wendt NK-VersR/*Kreuter* § 8 PflVG, Rn. 5.

18 Vgl. *Müringer* PflVG-Kommentar S. 108; Feyock/Jacobsen/Lemor § 8 PflVG, Rn. 53.

19 Vgl. LG Saarbrücken, Beschl. v. 20.01.2011 – 13 T11/10 = NJW-RR 2011, 969; Sanden/*Völtz* Sachschadenrecht, Rn. 545; *Feyock*/Jacobsen/Lemor § 8 PflVG, Rn. 34; *Müringer* PflVG-Kommentar, S. 108 f.; Schneider, a.a.O. § 5 Rn. 11; Fucks, IPRax 2012, 144, Fn. 8.

20 Vgl. LG Saarbrücken, a.a.O.; Sanden/*Völtz* Sachschadenrecht, Rn. 546; *Feyock*/Jacobsen/Lemor § 8 PflVG, Rn. 34; Geigel/*Lafontaine* Kap. 42 Rn. 80.

21 Zuvor: Art. 12a Abs. 4 S. 3 der 2. Schadenversicherungs-Richtlinie (a.a.O.).

Text in der Fassung des Gesetzes zur Umsetzung der Richtlinie (EU) 2021/2118 im Hinblick auf die Kraftfahrzeug-Haftpflichtversicherung und die Kontrolle der entsprechenden Versicherungspflicht und zur Änderung anderer versicherungsrechtlicher Vorschriften vom 11.04.2024 mit Wirkung ab vom 17.04.2024

§ 8a (Auskunftsstelle)

(1) Es wird eine Auskunftsstelle eingerichtet, die Geschädigten, deren Versicherern, dem Deutschen Büro Grüne Karte und dem Entschädigungsfonds nach § 24 Absatz 1 Nummer 1 oder einer anderen jeweils mit der Erfüllung dieser Aufgaben betrauten juristischen Person unter den Voraussetzungen des Satzes 2 auf Anforderung folgende Angaben übermittelt, soweit dies zur Geltendmachung von Schadenersatzansprüchen im Zusammenhang mit der Teilnahme am Straßenverkehr erforderlich ist:

1. **Namen und Anschrift des Versicherers des schädigenden Fahrzeugs sowie dessen in der Bundesrepublik Deutschland benannten Schadenregulierungsbeauftragten,**
2. **die Nummer der Versicherungspolice und das Datum der Beendigung des Versicherungsschutzes, sofern dieser abgelaufen ist,**
3. **bei Fahrzeugen, die nach Artikel 5 Absatz 1 der Richtlinie 2009/103/EG von der Versicherungspflicht befreit sind, den Namen der Stelle oder Einrichtung, die dem Geschädigten nach geltendem Recht ersatzpflichtig ist,**
4. **Namen und Anschrift des eingetragenen Fahrzeughalters oder, soweit die Auskunftsstelle diese Informationen nach Absatz 2 erlangen kann, des Fahrzeugeigentümers oder des gewöhnlichen Fahrers; § 39 Abs. 1 des Straßenverkehrsgesetzes gilt entsprechend. Geschädigte sind berechtigt, sich an die Auskunftsstelle zu wenden, wenn sie ihren Wohnsitz in der Bundesrepublik Deutschland haben, wenn das Fahrzeug, das den Unfall verursacht haben soll, seinen gewöhnlichen Standort in der Bundesrepublik Deutschland hat oder wenn sich der Unfall in der Bundesrepublik Deutschland ereignet hat.**

(2) Die Auskunftsstelle ersucht die Zulassungsbehörden oder das Kraftfahrt-Bundesamt sowie die in den anderen Staaten des Europäischen Wirtschaftsraums nach Artikel 23 Absatz 1 der Richtlinie 2009/103/EG errichteten oder anerkannten Auskunftsstellen im Einzelfall um Übermittlung der Informationen nach Absatz 1 Satz 1. Sie übermittelt den in diesen Staaten nach Artikel 23 Absatz 1 der Richtlinie 2009/103/EG errichteten oder anerkannten Auskunftsstellen auf Ersuchen die Informationen nach Absatz 1 Satz 1, soweit dies zur Erteilung von Auskünften an Geschädigte erforderlich ist, insbesondere in Fällen, in denen ein Fahrzeug von einem Staat des Europäischen Wirtschaftsraums in einen anderen Staat des Europäischen Wirtschaftsraums überführt wird.

(3) Die Aufgaben und Befugnisse der Auskunftsstelle nach den Absätzen 1 und 2 werden von der GDV Dienstleistungs-GmbH & Co. KG – »Zentralruf der Autoversicherer« – in Hamburg wahrgenommen, sobald und soweit diese schriftlich gegenüber dem Bundesministerium der Justiz ihre Bereitschaft dazu erklärt hat. Das Bundesministerium der Justiz gibt die Erklärung und den Zeitpunkt, ab dem die betroffenen Aufgaben von dem Zentralruf der Autoversicherer wahrgenommen werden, im Bundesanzeiger bekannt. Der Zentralruf der Autoversicherer untersteht, soweit er die übertragenen Aufgaben wahrnimmt, der Aufsicht des Bundesministeriums der Justiz. Das Bundesministerium der Justiz wird ermächtigt, durch Rechtsverordnung ohne Zustimmung des Bundesrates die Aufgaben und Befugnisse der Auskunftsstelle nach den Absätzen 1 und 2 der in § 23 genannten Anstalt zu übertragen, soweit die Wahrnehmung der Aufgaben durch den Zentralruf der Autoversicherer nicht gewährleistet ist oder dieser nicht mehr zur Wahrnehmung der Aufgaben bereit ist.

(4) Versicherungsunternehmen, denen im Inland die Erlaubnis zum Betrieb der Kraftfahrzeug-Haftpflichtversicherung für Fahrzeuge erteilt ist, haben der Auskunftsstelle nach Absatz 3 sowie den in den anderen Staaten des Europäischen Wirtschaftsraums nach Artikel 23 Absatz 1 der Richtlinie 2009/103/EG errichteten oder anerkannten Auskunftsstellen die Namen und Anschriften der nach § 163 des Versicherungsaufsichtsgesetzes bestellten Schadenregulierungsbeauftragten sowie jede Änderung dieser Angaben mitzuteilen.

Übersicht

A. Allgemeines

Der § 8a stellt die Umsetzung der EG-KH-Richtlinien zur Vereinfachung der Informationsbeschaffung für Geschädigte eines Unfalles unter Beteiligung eines Kraftfahrzeuges sicher. Die Regelungen der früheren EG-KH-Richtlinien wurden mittlerweile in Art. 23 der Richtlinie 2009/103/EG zusammengefasst. 1

Durch die Regelungen soll es dem Geschädigten ermöglicht werden in seinem Wohnsitzland die für die Schadensregulierung erforderlichen Angaben über den Versicherer, beziehungsweise dessen Schadenregulierungsbeauftragten, anhand des Kfz-Kennzeichens des Schädigers zu ermitteln. Obwohl diese Regelung bereits seit Jahren europaweit gilt, kann es in Ländern in denen der Versicherungsnachweis über eine Plakette in der Windschutzscheibe erfolgt (u.a. Frankreich, Spanien) immer noch problematisch sein, die entsprechenden Informationen zu beschaffen. Es ist daher sinnvoll sich bereits an der Unfallstelle um die entsprechenden Informationen zu bemühen. 2

Sofern das Versicherungsunternehmen eines ausländischen Fahrzeuges ermittelt werden soll, welches einen Unfall in Deutschland verursacht hat, so muss sich der Geschädigte an das Deutsche Büro Grüne Karte wenden um die benötigten Angaben zu erhalten. 3

B. Regelungsinhalt

I. Wahrnehmung der Aufgaben der Auskunftsstelle

Die Aufgaben der Auskunftsstelle wurden in Deutschland an die GDV Dienstleistungs-GmbH & Co. KG, Glockengießerwall 1, 20095 Hamburg, Telefon: 0800-2502600 oder 040-33449-0, Telefax: 040-33449-7050, E-Mail: info@gdv-dl.de, übertragen. 4

II. Umfang der Informationspflichten

Unter Angabe des Kennzeichens des Schädigerfahrzeugs, des Zulassungslandes, des Schadentages und des Unfalllandes ermittelt der Zentralruf nach § 8a PflVG folgende Informationen: 5

- Name und Anschrift des Versicherers und ggf. des Schadenregulierungsbeauftragen in Deutschland,
- die Nummer der Versicherungspolice sowie deren Ablaufdatum, falls diese abgelaufen ist,
- bei von der Versicherungspflicht befreiten Fahrzeugen, den Namen der Stelle oder Einrichtung, die dem Geschädigten nach geltendem Recht ersatzpflichtig ist,
- den Namen und die Anschrift des Fahrzeughalters oder soweit bekannt, den Namen und die Anschrift des Eigentümers oder gewöhnlichen Fahrers, wenn ein berechtigtes Interesse besteht.

Wann ein berechtigtes Interesse an den Angaben über den Halter, den Eigentümer oder den Fahrer besteht ist nicht geregelt, allerdings wird in den Erwägungsgründen der Richtlinie 2009/103/EG 6 unter Punkt 43 darauf verwiesen, dass dies der Fall sein kann, wenn der Geschädigte beispielsweise nur von diesen Personen Schadensersatz erhalten kann, weil das Fahrzeug nicht ordnungsgemäß versichert ist oder der Schaden die Deckungssumme überschreitet.

III. Aufbewahrungsfristen

7 Die Auskunftsstelle hat sicher zu stellen, dass die entsprechenden Informationen bis zu 7 Jahre nach dem Unfall verfügbar sind.[1]

IV. Berechtigter Personenkreis

8 Auskunftsberechtigt sind alle Personen die an einem Verkehrsunfall mit einem Kraftfahrzeug i.S. des Art. 1 Abs. 1 der Richtlinie 2009/103/EG beteiligt sind.[2] Fahrzeug in diesem Sinne (s. dazu die neu eingeführte Definition in § 1a Abs. 1 Nr. 1 a bis c PflVG) ist jedes maschinell angetriebene Kraftfahrzeug, welches zum Verkehr zu Lande bestimmt und nicht an Gleise gebunden ist, sowie die Anhänger, auch wenn sie nicht angekoppelt sind. Ferner muss entweder der Geschädigte seinen Wohnsitz in der Bundesrepublik Deutschland haben, das unfallverursachende Fahrzeug seinen gewöhnlichen Standort in der Bundesrepublik Deutschland haben oder der Unfall sich in der Bundesrepublik Deutschland ereignet haben.

V. Datenbeschaffung

9 Der Zentralruf speichert die erforderlichen Daten nicht selbst, sondern beschafft sich diese Daten zur Weiterleitung an den Geschädigten über die Versicherer, die Zulassungsstellen, das Kraftfahrtbundesamt sowie die jeweiligen nationalen Auskunftsstellen der entsprechenden EU-Mitgliedsstaaten.[3] Dies steht im Einklang mit Art. 23 Abs. 1b der Richtlinie 2009/103/EG. Die nationalen Auskunftsstellen sind zur gegenseitigen Kooperation verpflichtet.[4]

VI. Datenschutz

10 Im Hinblick auf den Datenschutz unterliegt der Auskunftsanspruch gemäß § 39 Abs. 1 StVG Beschränkungen.[5] Die Verarbeitung der personenbezogenen Daten muss im Einklang mit den einzelstaatlichen Maßnahmen gemäß der EU-Datenschutzgrundverordnung (EU) 2016/679 erfolgen.[6]

VII. Einschaltung der Entschädigungsstelle

11 Kann der zuständige Versicherer nicht innerhalb von einer Frist von zwei Monaten ermittelt werden, so kann gemäß § 12a Abs. 1 Nr. 3 PflVG die Entschädigungsstelle für Schäden aus Auslandsunfällen (Verkehrsopferhilfe e.V.) eingeschaltet werden.[7] Dies gilt auch für die Fälle, in denen zwar ein Versicherungsunternehmen benannt worden ist, dieses aber eine Regulierung ablehnt, weil das Fahrzeug dort nicht oder nicht mehr versichert ist.[8]

C. Praktische Hinweise

12 Die Einrichtung der Auskunftsstelle soll es dem Geschädigten erleichtern seine Ansprüche geltend zu machen und die Regulierung beschleunigen. Entsprechend sollen die Schadenregulierungsbeauftragen[9] über ausreichende Befugnisse verfügen, um das Versicherungsunternehmen gegenüber den

1 Art. 23 Abs. 3 der Richtlinie 2009/103/EG.
2 Art. 23 Abs. 5 der Richtlinie 2009/103/EG.
3 *Bachmeier* Regulierung von Auslandsunfällen, 3. Aufl. 2021, § 4 Rn. 465.
4 Art. 23 Abs. 3 S. 2 Richtlinie 2009/103/EG.
5 *Bachmeier* Regulierung von Auslandsunfällen, § 4 Rn. 467.
6 Art. 23 Abs. 6 Richtlinie 2009/103/EG.
7 Erwägungsgrund 47 der Richtlinie 2009/103/EG.
8 Feyock/Jacobsen/*Lemor*, § 8a, Rn. 13.
9 S. dazu *Bachmeier* Regulierung von Auslandsunfällen, § 4 Rn. 469 ff.

Geschädigten, den Behörden und gegebenenfalls, soweit dies mit den Regelungen des internationalen Privat- und Zivilrechts über die Feststellung der gerichtlichen Zuständigkeiten vereinbar ist, gegenüber den Gerichten zu vertreten.[10]

Sofern sich der Unfall in der Bundesrepublik Deutschland ereignet hat, ist das Deutsche Büro Grüne Karte passivlegitimiert und zustellungsbevollmächtigt. 13

Nach Art. 13 Abs. 2 EuGVVO[11] in Verbindung mit Art. 11 Abs. 1b EuGVVO kann der Geschädigte 14
in dem Mitgliedsstaat, in dem er seinen Wohnsitz hat, den zuständigen Haftpflichtversicherer verklagen.[12] Es ist zu beachten, dass nur das ausländische Versicherungsunternehmen verklagt werden kann. Der Schadensregulierungsbeauftragte ist nicht passivlegitimiert. Die Klage kann aber dem Schadensregulierungsbeauftragten zugestellt werden. Laut der Entscheidung des EuGH vom 10.10.2013 ist Art. 21 Abs. 5 der Richtlinie 2009/103/EG dahingehend auszulegen, dass zu den ausreichenden Befugnissen des Schadensregulierungsbeauftragten auch die Zustellungsbevollmächtigung für gerichtliche Schriftstücke gehört.[13] Voraussetzung ist allerdings, dass Art. 21 Abs. 5 der Richtlinie 2009/103/EG in das nationale Recht übernommen wurde, welches in Deutschland der Fall ist.[14] Ferner ist zu beachten, dass ein entsprechendes Klagerecht nur besteht, sofern die beteiligten Parteien aus einem Mitgliedsstaat der EU oder des Luganer Abkommens (Schweiz, Norwegen, Island)[15] stammen und sich der Unfall in einem Land des Grüne Karte Systems ereignet hat. Voraussetzung ist das Bestehen eines Direktanspruches nach § 115 VVG[16] und eine schwächere Stellung des Geschädigten gegenüber dem Haftpflichtversicherer (Schutzzweck)[17]. Dieser Schutzzweck ist nach Auffassung des EuGH nicht auf Personen auszudehnen, die dieses Schutzes nicht bedürfen. So hat der EuGH bei Ansprüchen zwischen Unternehmen, die beide im Bereich Versicherung, Sozialversicherung oder Rückversicherung tätig sind, ein entsprechendes Ungleichgewicht zwischen den Parteien regelmäßig verneint.[18] Bei international agierenden Großunternehmen ist ebenfalls nicht davon auszugehen, dass diese eines besonderen Schutzes bedürfen, da eine schwächere Stellung gegenüber dem Haftpflichtversicherer nicht erkennbar ist.[19] Abweichend hiervon hat das OLG Frankfurt/M. in einem Urteil[20] den Schutzzweck bei einer europaweit agierenden Leasinggesellschaft bejaht.

Zu beachten ist, dass bei Unfällen im Ausland in der Regel das Recht des Unfalllandes Anwendung 15
findet (Tatortprinzip). Abweichungen kann es dann geben, wenn die Beteiligten Parteien einen gemeinsamen gewöhnlichen Aufenthaltsort haben und das anwendbare materielle Recht nach der Rom II Verordnung[21] ermittelt wird. Hier findet dann in der Regel das Schadensersatzrecht des Landes Anwendung, in dem die Parteien ihren gemeinsamen Aufenthaltsort haben.

---

10 Art. 21, Abs. 5, Richtlinie 2009/103/EG; Erwägungsgrund 37, Richtlinie 2009/103/EG.

11 In Kraft getreten am 01.03.2002, EU-Verordnung 44/2001, zuletzt ersetzt und aufgehoben durch Verordnung vom 12.12.2012 (EU) Nr. 1215/2012, ABl. L 351 S. 1 »Brüssel-Ia-VO«.

12 *EuGH*, Urt. v. 13.12.2007 – C-463/06 – *Odenbreit*, NJW 2008, 819 = NZV 2008, 133 = VersR 2008, 111 = DAR 2008, 17 = BB 2008, 72.

13 *EuGH, Urt. v.* 10.10.2013 – C-306/12, WKRS 2013, 46367 = NJW 2014, 44 = DAR 2013, 699 = EuZW 2013, 913 = zfs 2013, 602.

14 Vgl. § 163 VAG bzw. § 7b VAG a.F.

15 Klagerecht nach Luganer Abkommen bejaht: *BGH* Urt. v. 23.10.2012 – VI ZR 260/11; *Schweizerisches Bundesgericht*, Urt. v. 02.05.2012 – 4A_531/2011.

16 In den Mitgliedstaaten der EU besteht nach Art. 18 der Richtlinie 2009/103/EG ein Direktanspruch des Geschädigten gegenüber dem Haftpflichtversicherer.

17 Erwägungsgrund 18 EuGVVO.

18 Zuletzt *EuGH*, Urt. v. 17.09.2009 – C-347/08; *OLG Koblenz*, Urt. v. 15.10.2012 – 12 U 1528/11, WKRS 2012, 28196 = IPRax 2013, 11 = ADAJUR Dok.Nr. 99825 = DAR 2013, 30 m. Anm. *Schneider*; Nichtzulassungsbeschwerde, *BGH* VI ZR 470/12 wurde zurückgenommen.

19 *AG Bückeburg*, Urt. v. 02.06.2010 – 31 C 181/09, WKRS 2010, 30576 = DAR 2010, 476 = ADAJUR Dok.Nr. 88593 = SVR 2011, 342 = VersR 2011, 389 = VRR 2011, 150 m. Anm. *Nugel*.

20 *OLG Frankfurt/M.*, Urt. v. 23.06.2014 – 16 U 224/13, NJW-RR 2014, 1339 = NZV 2015, 238.

21 Art. 4 Rom II VO.

Text in der Fassung des Gesetzes zur Umsetzung der Richtlinie (EU) 2021/2118 im Hinblick auf die Kraftfahrzeug-Haftpflichtversicherung und die Kontrolle der entsprechenden Versicherungspflicht und zur Änderung anderer versicherungsrechtlicher Vorschriften vom 11.04.2024 mit Wirkung ab vom 17.04.2024

§ 8b (Allgemeine Übersicht zur Berücksichtigung von Bescheinigungen über den Schadensverlauf)

(1) Das Versicherungsunternehmen hat eine allgemeine Übersicht über seine Politik der Berücksichtigung von Bescheinigungen über den Schadenverlauf gemäß Artikel 16 der Richtlinie 2009/103/EG bei der Berechnung der Prämien verfügbar zu machen. Das Versicherungsunternehmen hat diese Information sowie jede Änderung dieser Information unverzüglich
1. an deutlich sichtbarer Stelle auf seiner Internetseite zu veröffentlichen und
2. der zuständigen Aufsichtsbehörde mitzuteilen.

Übersicht

A. Allgemeines

1 In Umsetzung der Richtlinie (EU) 2021/2118 ist der neue § 8b PflVG geschaffen worden.

B. Regelungsinhalt

2 Die Berücksichtigung des Schadenverlaufs erfolgt im Schadenfreiheitsrabatt-System, welches in den Allgemeinen Bedingungen für die Kfz-Versicherung (Muster-AKB 2015 mit Stand 28.09.2022) unter Punkt I ausführlich dargelegt wird. In den Muster-AKB wird unter Punkt I.4 die Bedeutung eines schadenfreien (Punkt I.4.1) und eines schadenbelasteten (Punkt I.4.2) Verlaufs erläutert. In Punkt I.1 finden sich auch entsprechende Erläuterungen, wie sich ein Schadenverlauf auf die Einstufung in die Schadenfreiheitsklassen (SF-Klassen) und damit die Prämienberechnung auswirkt.

§ 9 (Gemeinschaftsstatistik)

(1) Es wird eine jährliche Gemeinschaftsstatistik über den Schadenverlauf in der Kraftfahrzeug-Haftpflichtversicherung geführt. Sie muß Angaben enthalten über die Art und Anzahl der versicherten Risiken, die Anzahl der gemeldeten Schäden, die Erstattungsleistungen und Rückstellungen (Schadenaufwand), die Schadenhäufigkeit, den Schadendurchschnitt und den Schadenbedarf.

(2) Sofern die Träger der Kraftfahrzeug-Haftpflichtversicherung und ihre Verbände keine den Anforderungen des Absatzes 1 genügende Gemeinschaftsstatistik zur Verfügung stellen, wird die Statistik von der Bundesanstalt für Finanzdienstleistungsaufsicht geführt.

(3) Die Ergebnisse der Statistik sind von der Bundesanstalt für Finanzdienstleistungsaufsicht jährlich zu veröffentlichen.

Übersicht

Nach dem Gesetz zur Umsetzung der Richtlinie (EU) 2021/2118 im Hinblick auf die Kraftfahrzeug-Haftpflichtversicherung und die Kontrolle der entsprechenden Versicherungspflicht und zur Änderung anderer versicherungsrechtlicher Vorschriften vom 11.04.2024 mit Wirkung ab 17.04.2024 erhält § 9 PflVG folgende geänderte Überschrift »Gemeinschaftsstatistik über den Schadenverlauf«.

A. Allgemeines

1 Die Norm erfuhr zum 29.07.1994 durch das dritte Gesetz zur Durchführung versicherungsrechtlicher Richtlinien des Rates der Europäischen Gemeinschaften (Drittes Durchführungsgesetz/EWG zum VAG) eine Neuregelung[1] und ihren jetzigen Regelungsgehalt. Die hierauf folgende Änderung zum 01.05.2013[2] trug der Zusammenlegung der Bundesaufsichtsämter für das Kreditwesen, das Versicherungswesen und den Wertpapierhandel zur »BaFin« Rechnung und hatte damit lediglich redaktionellen Charakter. Im Rahmen der Umsetzung der Richtlinie (EU) 2021/2118 erhält § 9 lediglich eine textlich veränderte Überschrift.

2 § 9 PflVG normiert die Führung und Veröffentlichung einer jährlichen Gemeinschaftsstatistik über den Schadenverlauf in der Kraftfahrzeug-Haftpflichtversicherung. Ergänzende Vorschriften hierzu finden sich in den folgenden §§ 10 und 11 PflVG.

B. Regelungsgehalt

I. Sinn und Zweck

3 Durch die Änderung zum 29.07.1994 entfielen im PflVG u.a. die Regelungen über die Tarifbedingungen, die nunmehr nicht mehr der Genehmigung der zuständigen Aufsichtsbehörde bedürfen. Durch die Gemeinschaftsstatistik soll nach dem Willen des Gesetzgebers aufgrund des Wegfalls der Bedingungs- und Tarifkontrolle weiterhin ein gewisses Maß an Transparenz gewährleistet werden. Es soll ein zutreffendes Bild über den Schadenverlauf in der Kfz-Haftpflichtversicherung vermittelt werden[3].

4 Zudem soll der Gefahr der Diskriminierung bestimmter Antragsteller und Personengruppen entgegen gewirkt werden und gewährleistet sein, dass jedem Antragsteller der Zugang zu einer risikogerechte Prämie möglich ist[4].

5 Die vorgenannten Motive des Gesetzgebers überzeugen auch nach Ansicht von *Schwab/Kreuter*[5] nicht[6]. Zutreffend weist *Schwab/Kreuter*[7] allerdings darauf hin, dass Einzel- und Gesamtstatistiken den Versicherungsunternehmen wesentliche Daten an die Hand geben, um Risiken einzuschätzen und diese daher bereits im eigenen Interesse geführt werden.

II. Inhalt der Gemeinschaftsstatistik

6 Die inhaltlichen Anforderungen der Gemeinschaftsstatistik sind in § 9 Abs. 1 S. 2 PflVG geregelt. Darüber hinaus findet sich in § 11 PflVG eine Verordnungsermächtigung für das Bundesministerium der Finanzen, um weitere Einzelheiten für die Erstellung der Statistik zu regeln. Hiervon wurde bisher aber noch kein Gebrauch gemacht, da die von der Versicherungswirtschaft geführte Statistik aussagekräftig ist und inhaltlich sogar über die Anforderungen des Gesetzes hinaus geht[8].

---

1 Gesetz vom 21.07.1994, BGBl. I 1630, 3134.
2 Gesetz vom 24.04.2013, BGBl. I 932, 2584.
3 BT-Drucksache 12/6959, 110.
4 BT-Drucksache 12/6959, 110.
5 Staudinger/Halm/Wendt NK-VersR/*Kreuter* § 9 PflVG.
6 S. im Einzelnen zur Kritik ausführlich Feyock/Jacobsen/*Lemor* Vor § 9 PflVG, Rn. 1 ff.
7 A.a.O.
8 Vgl. Feyock/Jacobsen/*Lemor* Vor § 9 PflVG, Rn. 13 und § 9 Rn. 10.

7 Werden die inhaltlichen Anforderungen nicht oder nicht in vollem Umfang eingehalten, ist die Statistik von der BaFin zu führen. Dies ergibt sich aus § 9 Abs. 2 PflVG.

III. Gewährleistung der Gemeinschaftsstatistik

8 Der Gesetzgeber geht grundsätzlich davon aus, dass die Versicherungswirtschaft auch weiterhin eine jährliche Gemeinschaftsstatistik erstellt. Die Regelung in § 9 Abs. 2 PflVG soll allerdings sicherstellen, dass die Statistik auch dann geführt wird, wenn sie nicht von der Versicherungswirtschaft erstellt werden sollte[9] oder wie vorstehend ausgeführt nicht den Anforderungen des § 9 Abs. 1 S. 2 PflVG genügt.

9 Aktuell wird die Statistik vom Gesamtverband der Deutschen Versicherungswirtschaft e.V. (GDV) geführt.

IV. Veröffentlichung

10 Die Statistik ist von der BaFin gemäß § 9 Abs. 3 PflVG jährlich zu veröffentlichen. Seit dem 03.05.2023 liegt die neunundzwanzigste Gemeinschaftsstatistik für das Jahr 2022 vor. In ihr sind 99,97 % des Marktvolumens, gemessen an der gebuchten Gesamtbeitragseinnahme, enthalten[10].

§ 10 Mitteilung der Daten für die Gemeinschaftsstatistik

(1) Versicherungsunternehmen mit Sitz im Inland, die die Kraftfahrzeug-Haftpflichtversicherung nach diesem Gesetz betreiben, übermitteln der Aufsichtsbehörde die für die Führung der Statistik nach § 9 erforderlichen Daten.

(2) Soweit Versicherungsunternehmen mit Sitz im Inland in anderen Staaten des Europäischen Wirtschaftsraums die Kraftfahrzeug-Haftpflichtversicherung betreiben, sind der Aufsichtsbehörde die in § 9 Abs. 1 Satz 2 genannten Angaben auch für jeden dieser Staaten gesondert mitzuteilen.

Übersicht

A. Allgemeines

1 Die zum 29.07.1994 in erheblichem Umfange geänderte[1] und seitdem im Wesentlichen unverändert[2] fortbestehende Vorschrift schafft in Absatz 1 eine Meldepflicht[3] der inländischen

9 BT-Drucksache 12/6959, 110 f.

10 Jahresgemeinschaftsstatistik über den Schadenverlauf in der Kraftfahrzeug-Haftpflichtversicherung 2022 vom 14.11.2023 (abrufbar auf der Internetseite der BaFin).

1 Vgl. Drittes Durchführungsgesetz/EWG zum VAG vom 21. Juli 1994 (BGBl. I S. 1630, 3134).

2 Überschrift neu gefasst und Abs. 2 geändert mit Wirkung vom 17.4.2024 durch Gesetz vom 11.4.2024 (BGBl. 2024 I Nr. 119) zur Umsetzung der Richtlinie (EU) 2021/2118 im Hinblick auf die Kraftfahrzeug-Haftpflichtversicherung und die Kontrolle der entsprechenden Versicherungspflicht und zur Änderung anderer versicherungsrechtlicher Vorschriften.

3 Vgl. die Begründung zum Regierungsentwurf zum Dritten Durchführungsgesetz/EWG zum VAG vom 04.03.1994, BT-Drucks. 12/6959, S. 110f und *Kreuter/Schwab* in: Staudinger/Halm/Wendt Fachanwaltskommentar Versicherungsrecht, 3. Auflage 2022, § 10 PflVG sowie *Jahnke* in: Stiefel/Maier/Jahnke PflVG, 19. Aufl. 2017, § 10 PflVG Rn. 2 und MüKoStVR/Rolfs/Binz, 1. Aufl. 2017, PflVG § 10 Rn. 1.

Versicherungsunternehmen bezüglich der für die Statistik erforderlichen Daten. Der Gesetzgeber verspricht sich von einer Jahresgemeinschaftsstatistik unter anderem die Schaffung geeigneter Strukturen zur Sammlung aller notwendigen Informationen über Schadenfälle im Interesse von Verkehrsunfallopfern und Versicherten, die Gewährleistung eines gewissen Maßes an öffentlicher Transparenz sowie eine Wettbewerbsförderung und legt deshalb gesteigerten Wert darauf, dass sichergestellt ist, dass diese Statistik tatsächlich auch geführt wird.[4]

Bewusst[5] von dieser Norm ausgenommen wurden jedoch diejenigen Daten, die von ausländischen Versicherern, die in Deutschland die Kraftfahrzeug-Haftpflichtversicherung betreiben, ohne Mitglied im HUK-Verband[6] zu sein, beizutragen sind. Die Meldepflicht richtet sich also nicht an solche Versicherungsunternehmen, die – mit Sitz in einem anderen Mitgliedstaat oder des EWR – Versicherungsgeschäft in Deutschland durch eine Niederlassung oder im Dienstleistungsverkehr durch Mittelspersonen betreiben.[7] Diese Daten sollten aufgrund des Artikels 44 der 3. Schadenversicherungs-Richtlinie[8] von der zuständigen ausländischen Aufsichtsbehörde zur Verfügung gestellt werden.[9] 2

Absatz 2 der Vorschrift sollte die sich aus Artikel 44 der 3. Schadenversicherungs-Richtlinie[10] ergebende Verpflichtung beim Betrieb der Kraftfahrzeug-Haftpflichtversicherung durch deutsche Versicherer im Dienstleistungsverkehr in anderen Mitgliedstaaten der Europäischen Gemeinschaft erfüllen.[11] 3

(einstweilen unbesetzt) 4

4 Vgl. hierzu die Begründung zum Regierungsentwurf zum Dritten Durchführungsgesetz/EWG zum VAG vom 04.03.1994, BT-Drucks. 12/6959, S. 110f; Vgl. zu den Motiven des Gesetzgebers auch die ausführliche Erörterung von *Feyock* in: Feyock/Jacobsen/Lemor Kraftfahrtversicherung, 3. Auflage 2009, Vor § 9 PflVG, Rn. 1–12; Vgl. zum Zweck einer Schadenbedarfsstatistik *Langheid* in: Römer/Langheid Versicherungsvertragsgesetz, 2. Auflage 2003, § 11 PflVG Rn. 1.

5 Vgl. die Begründung zum Regierungsentwurf zum Dritten Durchführungsgesetz/EWG zum VAG vom 04.03.1994, BT-Drucks. 12/6959, S. 111.

6 Bzw. Gesamtverband der Deutschen Versicherungswirtschaft e.V. (GDV).

7 Vgl. *Langheid* in: Römer/Langheid Versicherungsvertragsgesetz, 2. Auflage 2003, § 11 PflVG Rn. 4.

8 Artikel 44 Abs. 2 der Richtlinie 92/49/EWG des Rates vom 18. Juni 1992 zur Koordinierung der Rechts- und Verwaltungsvorschriften für die Direktversicherung (mit Ausnahme der Lebensversicherung) sowie zur Änderung der Richtlinien 73/239/EWG und 88/357/EWG – aufgehoben mWv 01.01.2016 durch Art. 310 Abs. 1 RL v. 25.11.2009 (ABl. L 335 S. 1, geänd. 12, L/249/1, geänd. 13, L/341/1); siehe jetzt hierzu die Solvabilität II-Richtlinie und deren Umsetzung durch das Gesetz zur Modernisierung der Finanzaufsicht über Versicherungen (VAG) – lautete auszugsweise:
(2) Jedes Versicherungsunternehmen muss der zuständigen Behörde des Herkunftsmitgliedstaats für im Rahmen der Niederlassungsfreiheit getätigte Geschäfte und getrennt davon für im Rahmen der Dienstleistungsfreiheit getätigte Geschäfte die gebuchten Prämienbeträge, die Höhe der Erstattungsleistungen und der Rückstellungen – ohne Abzug der Rückversicherung – pro Mitgliedstaat und pro Versicherungszweig sowie in Bezug auf den Zweig 10 von Buchstabe A des Anhangs der Richtlinie 73/239/EWG – ausschließlich der Haftung des Frachtführers –, die Häufigkeit und die durchschnittlichen Kosten der Erstattungsleistungen mitteilen …
… Die zuständige Behörde des Herkunftsmitgliedstaats teilt den zuständigen Behörden jedes betroffenen Mitgliedstaats auf Antrag innerhalb einer vertretbaren Frist die Angaben zusammengefasst mit.

9 Kritisch hierzu: *Feyock* in: Feyock/Jacobsen/Lemor Kraftfahrtversicherung, 3. Auflage 2009, § 10 PflVG Rn. 3 sowie *Jahnke* in: Stiefel/Maier/Jahnke PflVG, 19. Aufl. 2017, § 10 PflVG Rn. 4.

10 Vgl. Fn 7.

11 Vgl. die Begründung zum Regierungsentwurf zum Dritten Durchführungsgesetz/EWG zum VAG vom 04.03.1994, BT-Drucks. 12/6959, S. 111.

B. Regelungsgehalt

I. Meldepflicht (Inlandsgeschäft)

5 Die in Absatz 1 enthaltene Datenübermittlungspflicht gegenüber der Aufsichtsbehörde erlangt nur dann Bedeutung, wenn die Aufsichtsbehörde die jährliche Gemeinschaftsstatisik über den Schadenverlauf in der Kraftfahrzeug-Haftpflichtversicherung selbst »führt«, § 9 Abs. 2 PflVG.[12]

6 Derzeit wird die Statistik allerdings vom Gesamtverband der Deutschen Versicherungswirtschaft e.V. (GDV) geführt, welcher der BaFin regelmäßig die für die Veröffentlichung notwendigen Daten zur Verfügung stellt. Da sich über den GDV somit – wie vom Gesetzgeber gefordert[13] – »ein für die Aussagefähigkeit der Statistik genügender Teil der die KH-Versicherung betreibender Versicherer« an der Gesamtstatistik beteiligt, besteht für das Bundesaufsichtsamt derzeit kein Handlungsbedarf.

7 Dies insbesondere auch deshalb nicht, da die vom Gesamtverband der Deutschen Versicherungswirtschaft e.V. (GDV) geführte Statistik mehr Daten enthält, als die Aufsichtsbehörde gesetzlich erlangen könnte. Denn, wenn es soweit kommen sollte, dass der GDV auf eine Datenübermittlung verzichtet, dürfte sich die Meldepflicht der inländischen Versicherungsunternehmen auf tariflichrelevante Daten beschränken, eine Verpflichtung, Daten festzustellen und der Aufsichtsbehörde zu übermitteln, die für die Prämienberechnung nach Unternehmenstarif nicht erforderlich sind, aus den gesetzlichen Bestimmungen nicht ableiten.[14] Darüber hinaus können die Beschränkung der Verpflichtung der Statistikvorschriften auf Versicherungsunternehmen mit Sitz im Inland durch den Gesetzgeber und die bestehenden Erfassungsunterschiede zu Art. 44 der 3. Schadenversicherungs-Richtlinie dazu führen, dass die Ergebnisse der ausländischen Versicherer auf dem deutschen Markt für die Gemeinschaftsstatistik verloren gehen. Derzeit nehmen diese Versicherungsunternehmen als Verbandsmitglieder zumindest noch faktisch an der Gemeinschaftsstatistik teil.[15]

II. Auskunft über Auslandsgeschäft

8 Absatz 2 der Vorschrift statuiert eine Pflicht[16] des deutschen Versicherungsunternehmens, welches über die Niederlassungs- oder Dienstleistungsfreiheit im Ausland eine Kraftfahrt-Haftpflicht-Versicherung betreibt, (ausschließlich)[17]gegenüber der BaFin Auskunft über das Auslandsgeschäft zu erteilen.

9 In diesem Zusammenhang ist der Verweis auf § 9 Abs. 1 Satz 2 PflVG[18] allerdings insofern problematisch, als dass das Geschäft in anderen Mitgliedsstaaten länderspezifischen Besonderheiten bei den Tarifstrukturen und Risikomerkmalen unterliegt, eine Vergleichbarkeit insoweit nicht gegeben ist.[19]

---

12 Vgl. zum »Vorrang der Verbandsstatistik« auch *Feyock* in: Feyock/Jacobsen/Lemor Kraftfahrtversicherung, 3. Auflage 2009, Vor § 9 PflVG, Rn. 13 und § 10 PflVG Rn. 1 sowie *Jahnke* in: Stiefel/Maier/Jahnke PflVG, 19. Aufl. 2017, § 9 PflVG Rn. 7 f.

13 Vgl. die Begründung zum Regierungsentwurf zum Dritten Durchführungsgesetz/EWG zum VAG vom 04.03.1994, BT-Drucks. 12/6959, S. 110.

14 Ebenso: *Feyock* in: Feyock/Jacobsen/Lemor Kraftfahrtversicherung, 3. Auflage 2009, § 10 PflVG Rn. 6.

15 Vgl. *Feyock* in: Feyock/Jacobsen/Lemor Kraftfahrtversicherung, 3. Auflage 2009, § 10 PflVG Rn. 5.

16 Vgl. *Jahnke* in: Stiefel/Maier/Jahnke PflVG, 19. Aufl. 2017, § 10 PflVG Rn. 5.

17 Vgl. Müringer Kommentar zur Pflichtversicherung in der Kfz-Haftpflichtversicherung, 1. Auflage 1999, S. 114.

18 § 9 Abs. 1 Satz 2 PflVG lautet:
Sie muss Angaben enthalten über die Art und Anzahl der versicherten Risiken, die Anzahl der gemeldeten Schäden, die Erstattungsleistungen und Rückstellungen (Schadenaufwand), die Schadenhäufigkeit, den Schadendurchschnitt und den Schadenbedarf.

19 Vgl. Müringer Kommentar zur Pflichtversicherung in der Kfz-Haftpflichtversicherung, 1. Auflage 1999, S. 114 und *Feyock* in: Feyock/Jacobsen/Lemor Kraftfahrtversicherung, 3. Auflage 2009, § 10 PflVG Rn. 8 f., der eine richtlinienkonforme Auslegung der Verweisung auf § 9 Abs. 1 Satz 2 PflVG für geboten

C. weitere praktische Hinweise

I. Jahresgemeinschaftsstatisik 2022

Die vom GDV übermittelte Jahresgemeinschaftsstatistik über den Schadenverlauf in der Kraft- 10
fahrzeug-Haftpflichtversicherung für das Jahr 2022 ist auf der Homepage der Bundesanstalt für Finanzdienstleistungsaufsicht abrufbar.[20]

II. Sanktionen und Rechtsweg

Sofern die Statistik vom Gesamtverband der Deutschen Versicherungswirtschaft e.V. (GDV) nicht 11
mehr geführt werden und ein Versicherungsunternehmen seiner gesetzlichen Verpflichtung zur Datenübermittlung nicht nachkommen sollte, könnte die Aufsichtsbehörde die geeigneten und erforderlichen Anordnungen treffen, um diesen Missstand zu beseitigen und gegebenenfalls Zwangsmittel festsetzen.[21] Hiergegen stünde dem Versicherungsunternehmen dann der Rechtsweg durch Anfechtungsklage zum Verwaltungsgericht offen.[22]

§ 11 Verordnungsermächtigung zur Gemeinschaftsstatistik

Das Bundesministerium der Finanzen wird ermächtigt, im Einvernehmen mit dem Bundesministerium der Justiz und dem Bundesministerium für Wirtschaft und Klimaschutz durch Rechtsverordnung Vorschriften zu erlassen über den Inhalt, die Form und die Gliederung der nach § 9 zu führenden Kraftfahrzeug-Haftpflichtversicherungsstatistik sowie über die Fristen, den Inhalt, die Form und die Stückzahl der von den Versicherungsunternehmen einzureichenden Mitteilungen.

Übersicht

A. Allgemeines

Die zum 29.07.1994 in erheblichem Umfange geänderte[1] und seitdem nahezu[2] unveränderte Vor- 1
schrift soll die technische Durchführung der in § 9 PflVG erwähnten Statistik ermöglichen, ohne das Gesetz mit Einzelheiten zu belasten.[3]

---

hält, sowie *Jahnke* in: Stiefel/Maier/Jahnke PflVG, 19. Aufl. 2017, § 10 PflVG Rn. 6, der auf länderspezifische Kriterien abstellen möchte und MüKoStVR/Rolfs/Binz, 1. Aufl. 2017, PflVG § 10 Rn. 2.

20 Vgl. https://www.bafin.de.

21 Vgl. MüKoStVR/Rolfs/Binz, 1. Aufl. 2017, PflVG § 10 Rn. 2.

22 Vgl. *Feyock* in: Feyock/Jacobsen/Lemor Kraftfahrtversicherung, 3. Auflage 2009, § 10 PflVG Rn. 10 zu § 81 Abs. 2 VAG a.F.

1 Vgl. Drittes Durchführungsgesetz/EWG zum VAG vom 21. Juli 1994 (BGBl. I S. 1630, 3134).

2 Überschrift neu gefasst und Text geändert mit Wirkung vom 17.4.2024 durch Gesetz vom 11.4.2024 (BGBl. 2024 I Nr. 119) zur Umsetzung der Richtlinie (EU) 2021/2118 im Hinblick auf die Kraftfahrzeug-Haftpflichtversicherung und die Kontrolle der entsprechenden Versicherungspflicht und zur Änderung anderer versicherungsrechtlicher Vorschriften.

3 Vgl. die Begründung zum Regierungsentwurf zum Dritten Durchführungsgesetz/EWG zum VAG vom 04.03.1994, BT-Drucks. 12/6959, S. 111.

2 Der Gesetzgeber geht jedoch davon aus, dass solange, wie der HUK-Verband[4] bereit ist, die nach § 9 PflVG vorgesehene Statistik auf freiwilliger Grundlage zu führen und dadurch ein für die Aussagefähigkeit der Statistik genügender Teil der in Deutschland tätigen Kraftfahrzeug-Haftpflichtversicherer daran beteiligt ist, kein Anlass besteht, von der Verordnungsermächtigung Gebrauch zu machen.[5]

3 (einstweilen unbesetzt)

B. Regelungsgehalt

I. derzeit fehlende Praxisrelevanz

4 Da die momentan vom Gesamtverband der Deutschen Versicherungswirtschaft e.V. (GDV) geführte Statistik den Anforderungen des Gesetzgebers genügt und der BaFin regelmäßig die für die Veröffentlichung notwendigen Daten zur Verfügung gestellt werden[6], wurde bislang von der Ermächtigung kein Gebrauch gemacht.[7] Zutreffend hebt *Müringer*[8] in diesem Zusammenhang hervor, dass grundsätzlich auch in Zukunft davon auszugehen ist, dass der Gesamtverband der Deutschen Versicherungswirtschaft e.V. (GDV) auch weiterhin auf freiwilliger Basis bereit sein wird, die betreffende Statistik zu führen. Eine Verpflichtung zum Erlass einer Rechtsverordnung besteht aber auch dann nicht, wenn der Verband keine Statistik mehr führt.[9]

II. Auslegung der Ermächtigungsnorm

5 Sollte sich das Bundesministerium der Finanzen jedoch dazu veranlasst sehen, als Verordnungsgeber tätig zu werden, wäre die »recht unbestimmte Formulierung über die Gegenstände, über die im Einzelnen Statistiken zu führen sind«[10], zunächst zu konkretisieren. In diesem Zusammenhang wäre die Ermächtigungsnorm richtigerweise eng auszulegen. *Feyock*[11] weist etwa darauf hin, dass das Bundesministerium der Finanzen dann insbesondere keine festen Tarifstrukturen vorgeben, keine Verbindlichkeit der Ergebnisse der Gemeinschaftsstatistik für die Preisgestaltung der Versicherungsunternehmen vorschreiben und es kein Versicherungsunternehmen zwingen darf, Daten zu übermitteln, die es nach seiner eigenen Tarifgestaltung zur Risikoerfassung nicht benötigt.

C. weitere praktische Hinweise

6 **Sanktionen und Rechtsweg**

Sofern der Gesamtverband der Deutschen Versicherungswirtschaft e.V. (GDV) nicht mehr bereit wäre, die Gemeinschaftsstatistik zu führen, und das Bundesministerium der Finanzen dennoch

4 Bzw. Gesamtverband der Deutschen Versicherungswirtschaft e.V. (GDV).

5 Vgl. die Begründung zum Regierungsentwurf zum Dritten Durchführungsgesetz/EWG zum VAG vom 04.03.1994, BT-Drucks. 12/6959, S. 111.

6 Vgl. hierzu auch die hiesige Kommentierung zu § 10 PflVG Rn. 5.

7 Vgl. *Kreuter/Schwab* in: Staudinger/Halm/Wendt Fachanwaltskommentar Versicherungsrecht, 3. Auflage 2022, § 11 PflVG; *Langheid* in: Römer/Langheid Versicherungsvertragsgesetz, 2. Auflage 2003, § 11 PflVG Rn. 3 sowie *Jahnke* in: Stiefel/Maier/Jahnke PflVG, 19. Aufl. 2017, § 11 PflVG Rn. 3.

8 In: Kommentar zur Pflichtversicherung in der Kfz-Haftpflichtversicherung, 1. Auflage 1999, S. 115.

9 Vgl. MüKoStVR/Rolfs/Binz, 1. Aufl. 2017, PflVG § 11 Rn. 1.

10 Vgl. *Langheid* in: Römer/Langheid Versicherungsvertragsgesetz, 2. Auflage 2003, § 11 PflVG Rn. 3.

11 In: Feyock/Jacobsen/Lemor Kraftfahrtversicherung, 3. Auflage 2009, § 11 PflVG Rn. 2.

auf den Erlass einer Verordnung verzichten würde, müsste die BaFin die Anforderungen zur Übermittlung statistischer Informationen eigenverantwortlich in Form eines Sammelverwaltungsaktes konkretisieren.[12] Hiergegen stünde dem Versicherungsunternehmen dann der Rechtsweg durch Anfechtungsklage zum Verwaltungsgericht offen.[13]

§ 12 (Leistungspflicht des Entschädigungsfonds)

(1) Wird durch den Gebrauch eines Fahrzeugs im Inland ein Personen- oder Sachschaden verursacht, so kann derjenige, dem wegen dieser Schäden Ersatzansprüche gegen eine in § 4 Abs. 3 genannte Person zustehen, diese Ersatzansprüche auch gegen den »Entschädigungsfonds für Schäden aus Fahrzeugunfällen« (Entschädigungsfonds) geltend machen,

1. **wenn das Fahrzeug, durch dessen Gebrauch der Schaden verursacht worden ist, nicht ermittelt werden kann,**
2. **wenn die auf Grund eines Gesetzes erforderliche Haftpflichtversicherung für das Fahrzeug nicht besteht,**
3. **wenn für den Schaden, der durch den Gebrauch des ermittelten oder nicht ermittelten Fahrzeugs verursacht worden ist, eine Haftpflichtversicherung deswegen keine Deckung gewährt oder gewähren würde, weil der Ersatzpflichtige den Eintritt der Tatsache, für die er dem Ersatzberechtigten verantwortlich ist, vorsätzlich und widerrechtlich herbeigeführt hat,**
4. **wenn der Halter des Fahrzeugs nach § 2a Abs. 1 Nr. 1 oder 2 von der Versicherungspflicht befreit ist,**
5. **wenn der Halter des Fahrzeugs nach § 2a Abs. 1 Nr. 3 oder Abs. 2 von der Versicherungspflicht befreit ist und das Fahrzeug im Zeitpunkt des Unfalls entgegen § 6 Abs. 2 außerhalb eines hierfür zulässigen Gebiets gebraucht wurde oder**
6. **wenn das Fahrzeug nach einer in Umsetzung des Artikels 5 Absatz 2 bis 5 der Richtlinie 2009/103/EG erlassenen Bestimmung eines anderen Staates des Europäischen Wirtschaftsraums nicht der Versicherungspflicht unterliegt.**

Das gilt nur, soweit der Ersatzberechtigte glaubhaft macht, dass er weder von dem Halter, dem Eigentümer oder dem Fahrer des Fahrzeugs noch von einem Schadensversicherer oder vom Deutschen Büro Grüne Karte Ersatz seines Schadens zu erlangen vermag. Die Leistungspflicht des Entschädigungsfonds entfällt, soweit der Ersatzberechtigte in der Lage ist, Ersatz seines Schadens nach den Vorschriften über die Amtspflichtverletzung zu erlangen, oder soweit der Schaden durch Leistungen eines Sozialversicherungsträgers, durch Fortzahlung von Dienst- oder Amtsbezügen, Vergütung oder Lohn oder durch Gewährung von Versorgungsbezügen ausgeglichen wird. Im Falle einer fahrlässigen Amtspflichtverletzung geht abweichend von § 839 Abs. 1 Satz 2 des Bürgerlichen Gesetzbuches die Ersatzpflicht auf Grund der Vorschriften über die Amtspflichtverletzung der Leistungspflicht des Entschädigungsfonds vor. Die Leistungspflicht des Entschädigungsfonds entfällt ferner bei Ansprüchen des Bundes, der Länder, der Gemeinden und der Gemeindeverbände als Straßenbaulastträger. Satz 1 Nr. 4 bis 6 ist nicht anzuwenden auf den erlaubten Gebrauch eines Fahrzeugs nach § 6 Abs. 3 Nr. 2.

(2) In den Fällen des Absatzes 1 Satz 1 Nr. 1 können gegen den Entschädigungsfonds Ansprüche nach § 253 Abs. 2 BGB nur geltend gemacht werden, wenn und soweit die Leistung einer

12 Vgl. *Feyock* in: Feyock/Jacobsen/Lemor Kraftfahrtversicherung, 3. Auflage 2009, § 11 PflVG Rn. 4 m.w.N zu § 81 Abs. 2 VAG a.F.

13 Ebenda.

Entschädigung wegen der besonderen Schwere der Verletzung zur Vermeidung einer groben Unbilligkeit erforderlich ist. Für Sachschäden beschränkt sich in den Fällen des Absatzes 1 Satz 1 Nr. 1 die Leistungspflicht des Entschädigungsfonds auf den Betrag, der 500 Euro übersteigt. Darüber hinaus können in den Fällen des Absatzes 1 Satz 1 Nr. 1 Ansprüche auf Ersatz folgender Sachschäden nur geltend gemacht werden, wenn der Entschädigungsfonds auf Grund desselben Ereignisses zur Leistung einer Entschädigung wegen der Tötung oder erheblichen Verletzung des Körpers oder der Gesundheit einer Person verpflichtet ist oder eine solche Entschädigung geleistet hat:

1. Sachschäden an einem Fahrzeug,
2. Sachschäden an folgenden Einrichtungen, einschließlich der mit diesen Einrichtungen verbundenen Sachen,
   a) Einrichtungen des Bahnverkehrs,
   b) Einrichtungen des Luftverkehrs,
   c) Einrichtungen des Straßenverkehrs,
   d) Einrichtungen des Verkehrs auf Binnenwasserstraßen,
3. Sachschäden an Einrichtungen der Energieversorgung oder
4. Sachschäden an Einrichtungen der Telekommunikation

(3) Der Anspruch des Ersatzberechtigten gegen den Entschädigungsfonds verjährt in drei Jahren. Die Verjährung beginnt mit dem Zeitpunkt, in dem der Ersatzberechtigte Kenntnis von den den Anspruch gegen den Entschädigungsfonds begründenden Umständen erlangt. Ist der Anspruch des Ersatzberechtigten bei dem Entschädigungsfonds angemeldet worden, so ist die Verjährung bis zum Eingang der schriftlichen Entscheidung des Entschädigungsfonds und, wenn die Stelle nach § 26 angerufen worden ist, des Einigungsvorschlags dieser Stelle gehemmt.

(4) Im Übrigen bestimmen sich Voraussetzungen und Umfang der Leistungspflicht des Entschädigungsfonds sowie die Pflichten des Ersatzberechtigten gegenüber dem Entschädigungsfonds nach den Vorschriften, die bei Bestehen einer auf Grund dieses Gesetzes abgeschlossenen Haftpflichtversicherung für das Verhältnis zwischen dem Versicherer und dem Dritten in dem Falle gelten, dass der Versicherer dem Versicherungsnehmer gegenüber von der Verpflichtung zur Leistung frei ist. § 3a ist entsprechend anzuwenden. In den Fällen des Absatzes 1 Satz 1 Nr. 2 und 3 haben die in § 4 Abs. 3 genannten Personen gegenüber dem Entschädigungsfonds die einen Versicherungsnehmer nach Eintritt des Versicherungsfalls gegenüber dem Versicherer treffenden Verpflichtungen zu erfüllen.

(5) Leistungen an ausländische Staatsangehörige ohne festen Wohnsitz im Inland erbringt der Entschädigungsfonds nur bei Vorliegen der Gegenseitigkeit, soweit nicht unionsrechtliche oder völkerrechtliche Verpflichtungen der Bundesrepublik Deutschland dem entgegenstehen.

(6) Der Entschädigungsfonds hat auch für Schäden einzutreten, die unter den Voraussetzungen des Absatzes 1 Satz 1 Nummer 1 einem deutschen Staatsangehörigen im Ausland entstehen,

1. wenn die Schäden nicht nach § 15 gegenüber der Entschädigungsstelle geltend gemacht werden können,
2. wenn in dem Staat, in dem sich der Unfall zugetragen hat, eine Stelle besteht, die Angehörigen dieses Staates in Fällen dieser Art Ersatz leistet, und
3. wenn und soweit deutsche Staatsangehörige von der Ersatzleistung durch diese Stelle ausgeschlossen sind.

Übersicht

A. Allgemeines

Durch die Einrichtung des Entschädigungsfonds sollen Opfer von Verkehrsunfällen geschützt werden, welche andernfalls ihre Ansprüche gegen den Schädiger nicht durchsetzen können, weil dieser nicht zu ermitteln ist (z.B. Fahrerflucht), die Schadensverursachung durch den Fahrer vorsätzlich erfolgte, das Fahrzeug pflichtwidrig nicht versichert ist oder der eintrittspflichtige Versicherer Insolvenz angemeldet hat.[1] Die Änderungen, die im Zusammenhang mit der Umsetzung der Richtlinie (EU) 2021/2118 verbunden sind, sind größtenteils redaktioneller Natur und der vorgenommenen gesetzlichen Neustrukturierung (Einfügung der neuen § 13 und § 14, § 12a a.F. wird § 15, § 12b a.F. wird § 16, § 12c bis 14a a.F. werden durch §§ 17 ff ersetzt) geschuldet. Eine größere Änderung betrifft allerdings den bisherigen § 12 Abs. 1 Satz 1 Nr. 4 PflVG a.F. Dieser wird aufgehoben und entfällt, da die dem Entschädigungsfonds zufallende Entschädigung von Verkehrsopfern im Falle der Insolvenz eines Versicherungsunternehmens zukünftig in den §§ 17 ff. PflVG neu geregelt wird (Insolvenzfonds). 1

B. Regelungsinhalt

I. Allgemeine Anspruchsvoraussetzungen

1. Gebrauch

Die erste Vorrausetzung für die Inanspruchnahme des Fonds ist, dass der Personen- und/oder Sachschaden beim Gebrauch eines Kraftfahrzeuges entstanden ist.[2] Der EuGH hat den Begriff Gebrauch des Fahrzeuges sehr weit ausgelegt. Dieser umfasst jede Benutzung eines Fahrzeuges, die dessen gewöhnlicher Funktion entspricht, unabhängig davon, ob sich das Fahrzeug in Bewegung befindet oder nicht.[3] Kraftfahrzeug in diesem Sinne ist jedes maschinell angetriebene Kraftfahrzeug, welches zum Verkehr zu Lande bestimmt und nicht an Gleise gebunden ist, sowie die Anhänger, auch wenn sie nicht angekoppelt sind.[4] Der Begriff des Fahrzeugs wird in Umsetzung der Richtlinie (EU) 2021/2118 nunmehr in § 1a Abs. 1 Nr. 1 PflVG definiert. 2

2. Geltungsbereich

Die Regelungen des § 12 PflVG gelten für Schadenfälle die sich im Gebiet der Bundesrepublik Deutschland ereignet haben. Darüber hinaus werden auch Schadenfälle im Ausland erfasst, wenn das schadenverursachende Fahrzeug nicht ermittelt werden kann und in dem Staat in dem sich der Schadenfall ereignet hat eine Stelle besteht, die in diesen Fällen Ersatz leistet, Deutsche aber von den Ersatzleistungen ausschließt.[5] 3

Eintrittspflicht besteht auch für Schadenfälle die durch pflichtwidrig nicht versicherte Fahrzeuge verursacht wurden und sich auf privaten Wegen und Grundstücken ereignet haben. Zwar besteht nach § 1 PflVG a.F. eine Versicherungspflicht nur, wenn das Fahrzeug auf öffentlichen Wegen oder Plätzen 4

1 *Carla Burmann/Kemperdiek* Die Reform des Pfichtversicherungsgesetzes, r+s 2023, 893 (897).
2 Siehe hierzu § 1 PflVG, Rn. 37 ff.
3 *EuGH*, Urt. v. 04.09.2014 – C162/13, NJW 2014, 3631 = VersR 2015, 311.
4 Art. 1, S. 1 Richtlinie 2009/103/EG; § 1, Abs. 2 StVG.
5 § 10 VO Entschädigungsfonds, § 14 PflVG a.F.

verwendet wird, jedoch ist eine solche Einschränkung des Versicherungsschutzes für Unfälle auf nicht öffentlichen Wegen oder Plätzen nach § 2 Abs. 1 KfzPflVV nicht vorgesehen und entsprechende Schäden sind im Rahmen einer bestehenden Kfz-Haftpflichtversicherung gedeckt. In den europarechtlichen Regelungen ist eine solche Einschränkung ebenfalls nicht vorgesehen.[6] In Umsetzung der Richtlinie (EU) 2021/2118 ist nunmehr der Hinweis auf die »Verwendung auf öffentlichen Wegen oder Plätzen« in § 1 PflVG weggefallen. Zu beachten ist jedoch, dass eine Haftung nach § 7 StVG u.U. auf privaten Wegen und Grundstücken entfällt.

5 Die Richtlinie 2009/103/EG bezieht sich auf alle Fahrzeuge[7], also auch solche, die nach § 2 Abs. 6 von der Versicherungspflicht befreit sind. Entsprechende Ausnahmen von der Versicherungspflicht sind zulässig.[8] Opfer von Unfällen mit solchen Fahrzeugen sollen ebenso behandelt werden, wie Opfer von Unfällen durch pflichtwidrig nicht versicherte Fahrzeuge.[9] Entsprechend besteht eine Eintrittspflicht des Entschädigungsfonds auch für diese Fälle.[10]

3. Deckungsumfang

6 Der Entschädigungsfonds haftet nur im Rahmen der Mindestdeckungssummen wie ein leistungsfreier Versicherer.[11] Die Höhe der Mindestdeckungssummen ist in der Anlage zu § 4 PflVG Abs. 2 festgelegt. Europarechtlich ist die Höhe der Mindestdeckungssummen in Art. 9 der Richtlinie 2009/103/EG geregelt und wird in Umsetzung der Richtlinie (EU) 2021/2118 erhöht. In einem Fall nach § 12 Abs. 1 S. 1 Nr. 4 PflVG a.F. (Insolvenz des Versicherers) haftet der Entschädigungsfonds (Insolvenzfonds gemäß § 17) nach der vereinbarten Versicherungssumme, maximal bis zum Dreifachen der gesetzlichen Mindestversicherungssumme.[12] Vermögensschäden werden nicht ersetzt.

4. Ersatzberechtigter

7 Ersatzberechtigt ist, wem Ersatzansprüche aus einem Schadenfall im Geltungsbereich des PflVG wegen Personen- oder Sachschäden gegen den Halter, den Eigentümer oder den Fahrer des Fahrzeuges zustehen. Voraussetzung ist daher das Bestehen eines Anspruchs gemäß § 823 Abs. 1 BGB und/oder § 7 Abs. 1 StVG. Der Geschädigte ist beweispflichtig für Grund und Höhe seines Anspruches. Eine Beweiserleichterung sieht das Gesetz hier nicht vor.[13]

8 Nach § 14 PflVG a.F. (s. nunmehr § 12 Abs. 5) und § 11 der Verordnung über den Entschädigungsfonds für Schäden aus Kraftfahrzeugunfällen besteht eine Leistungspflicht des Entschädigungsfonds gegenüber ausländischen Staatsangehörigen ohne festen Wohnsitz im Inland nur bei Vorliegen der Gegenseitigkeit. Ein fester Wohnsitz liegt dann vor, wenn der ausländische Geschädigte nicht nur kurzfristig an einem bestimmten Wohnort im Inland ansässig ist und sich auch der räumliche Schwerpunkt seiner Lebensverhältnisse dort abspielt. Ausländer aus Drittländern mit einem festen Wohnsitz in einem anderen EU-Mitgliedsland sind wie Ausländer ohne festen Wohnsitz zu behandeln.[14] Flüchtlinge ohne deutsche Volkszugehörigkeit (Art. 116 GG) sind ebenfalls wie Ausländer ohne festen Wohnsitz in Deutschland zu behandeln und haben trotz des Art. 23 der Genfer Flüchtlingskonvention keinen Anspruch gegen den Entschädigungsfonds, wenn keine Gegenseitigkeit mit deren Heimatstaat vereinbart ist.[15] Unter Gegenseitigkeit wird verstanden, dass ein deutscher Geschädigter

6 Art. 3, Art. 5 Richtlinie 2009/103/EG; *EuGH*, Urt. v. 04.09.2014 – C162/13, NJW 2014, 3631 = VersR 2015, 311.

7 Art. 1 Abs. 1 Richtlinie 2009/103/EG.

8 Art. 5 Abs. 2 S. 1 Richtlinie 2009/103/EG.

9 Art. 5 Abs. 2 S. 2 Richtlinie 2009/103/EG; Erwägungsgrund 11 Richtlinie 2009/103/EG.

10 Art. 3 Abs. 2 S. 3 Richtlinie 2009/103/EG.

11 § 18 Abs. 3 Nr. 1 PflVG bzw. § 12 Abs. 4 S. 1 PflVG a.F.

12 § 18 Abs. 3 Nr. 2 PflVG bzw. § 12 Abs. 4 S. 2 PflVG a. F.

13 BT-Drucks. IV/2252, S. 24 f.

14 Himmelreich/Halm/*Schwarz*, Handbuch Verkehrsrecht, Kapitel 29, Rn. 65–67.

15 Himmelreich/Halm/*Schwarz*, Handbuch Verkehrsrecht, Kapitel 29, Rn. 68.

bei einem Unfall im Heimatstaat des geschädigten Ausländers, bei Vorliegen der Voraussetzungen, ebenfalls entschädigt werden würde. Eine unterschiedliche Höhe der Leistungen spielt keine Rolle. Gegenseitigkeit besteht mit den Mitgliedsstaaten der EU, des EWR, der Schweiz, Iran, Israel[16], Serbien, Türkei, Weißrussland und einzelner Bundesstaaten der USA.[17] Bei ausländischen Truppenangehörigen, die dem NATO-Truppenstatut unterliegen, gilt der Stationierungsort als fester Wohnsitz.

II. Besondere Voraussetzungen nach § 12 Abs. 1 S. 1 Nr. 1–3 PflVG

1. Nicht ermittelbares Schädigerfahrzeug

Neben den Fällen in denen das schadenstiftende Fahrzeug nicht ermittelt werden kann (z.B. wegen Unfallflucht), fallen hierunter auch die Schadenfälle in denen das Kennzeichen falsch abgelesen oder ein falsches Kennzeichen verwendet wurde. Das Kennzeichen muss ordnungsgemäß ausgegeben und optisch gültig sein. Ein entstempeltes Kennzeichen genügt nicht.[18] Unerheblich ist, ob tatsächlich Versicherungsschutz besteht.[19] Im Fall der Verwendung eines falschen Kennzeichens kann jedoch im Einzelfall von einem nicht versicherten Fahrzeug ausgegangen werden, wenn dies aufgrund der besonderen Umstände als nahezu gesichert angesehen werden kann.[20] Bei der Verwendung von falschen oder falsch abgelesenen ausländischen Kennzeichen ist der Entschädigungsfonds ebenfalls zuständig, wenn das scheinbar zuständige ausländische Grüne Karte Büro die Garantie nach Art. 11.2 Internal Regulations verweigert.[21] 9

Keine Eintrittspflicht besteht bei Massenunfällen, bei denen alle beteiligten Fahrzeuge feststehen und lediglich das schuldhafte Verhalten eines bestimmten Fahrers nicht nachgewiesen werden kann.[22] 10

Mit der Einführung des § 12 Abs. 1 S. 1 Nr. 2a PflVG ist auch bei nicht ermittelbaren und von der Versicherungspflicht befreiten Schädigerfahrzeugen von einer Eintrittspflicht des Entschädigungsfonds auszugehen.[23] Zu beachten ist jedoch, dass eine Haftung nach § 7 StVG u.U. bei von der Versicherungspflicht befreiten Fahrzeugen entfällt.[24] 11

Beweiserleichterungen für den Geschädigten sind nicht vorgesehen.[25] Wie bei anderen Schadenfällen trägt der Geschädigte die volle Beweislast für Beteiligung eines anderen Fahrzeuges, das Bestehen einer Anspruchsvoraussetzung (§§ 823 Abs. 1 BGB, 7 Abs. 1 StVG) sowie den Kausalzusammenhang zwischen Unfallablauf und dem eingetretenen Schaden.[26] 12

Die Anwesenheit eines unerkannt gebliebenen Fahrzeuges an der Unfallstelle ist kein Beweis dafür, dass sich der Unfall beim Betreib dieses Fahrzeuges ereignet hat.[27] Das Verhalten des Fahrers oder der Betrieb des Fahrzeuges muss an der Entstehung des Schadens mitgewirkt haben.[28] Die bloße Möglichkeit, dass ein entsprechender Umstand unfallursächlich gewesen sein könnte, ist nicht 13

16 Die Mitgliedschaft des Versicherungsbüros Israels im Council of Bureaux endete zum 31.12.2021.

17 Feyock/Jacobsen/Lemor, § 12, Rn. 29.

18 *OLG Karlsruhe*, Beschl. v. 27.08.1997 – 14 W 16/96, NZV 1998, 287 = DAR 1999, 363 = VersR 1998, 230.

19 *LG Heidelberg*, Urt. v. 15.04.2020 – 4 S 11/19, NZV 2021, 145 m. Anm. *Ternig*.

20 Feyock/Jacobsen/Lemor, § 12, Rn. 47.

21 Art. 1 Nr. 4d Richtlinie 2009/103/EG; Art. 11.2 Internal Regulations; Explanatory Memorandum to Internal Regulations zu Art. 11.1 und 11.2.

22 Feyock/Jacobsen/Lemor, § 12, Rn. 39.

23 Art. 5 Abs. 1 S. 2 Richtlinie 2009/103/EG.

24 Vgl. § 8 StVG.

25 BT-Drucksache IV/2252, S. 24 f.

26 *OLG Dresden*, Urt. v. 14.05.2010 – 7 U 283/10, DAR 2012, 461; *LG Kleve*, Urt. v. 25.05.2010 – 3 O 278/09, ADAJUR Dok.Nr. 88317; *LG Bremen*, Urt. v. 27.01.2010 – 8 O 1853/08, DAR 2010, 587 = ADAJUR Dok.Nr. 86605.

27 *BGH*, Urt. v. 11.07.1972 – VI ZR 86/71, WKRS 1972, 11088 = DAR 1972, 332 = MDR 1972, 1023 = NJW 1972,1808 = VersR 1972, 1074.

28 *BGH*, Urt. v. 22.10.1968 – VI ZR 178/67, VersR 1969, 58.

ausreichend.[29] Der Nachweis ist dann als erbracht anzusehen, wenn vernünftige Zweifel an der Unfallverursachung durch ein anderes Fahrzeug ausscheiden.[30]

14 Sofern der Schaden durch den Fahrer eines nicht ermittelbaren Fahrzeuges vorsätzlich verursacht wurde, findet § 12 Abs. 1 S. 1 Nr. 3 PflVG Anwendung.

2. Nicht versicherte Fahrzeuge

15 Hierunter fallen alle versicherungspflichtigen Fahrzeuge[31] für die kein ordnungsgemäßer Versicherungsschutz mehr besteht.

16 Eine Einschränkung auf inländische Fahrzeuge erfolgt nicht, so dass § 12 Abs. 1 S. 1 Nr. 2 PflVG auch auf ausländische Fahrzeuge anzuwenden ist.[32] Zu beachten ist jedoch, dass bei im Ausland zugelassenen Fahrzeugen das Deutsche Büro Grüne Karte eintrittspflichtig ist, wenn das zuständige ausländische Grüne Karte Büro die Garantie nicht nach Art. 11.2 Internal Regulations verweigert. Das Council of Bureaux (CoB) sieht für gefälschte Kennzeichen nunmehr die Zuständigkeit des Büros in dem Land der letzten Registrierung vor.[33] Ist für das Fahrzeug das am Fahrzeug befindliche Kennzeichen nicht oder nicht mehr ausgegeben, gilt das Land des Unfalls als gewöhnlicher Standort.[34] In diesem Fall ist der Entschädigungsfonds des Unfalllandes eintrittspflichtig.

17 Maßgeblich ist nicht die Leistungsfreiheit des Versicherers gegenüber dem Versicherungsnehmer, sondern das tatsächliche Nichtbestehen oder die wirksame Beendigung des Versicherungsverhältnisses auch im Außenverhältnis.[35] Eine wirksame Beendigung des Versicherungsverhältnisses ist nur gegeben, wenn der Vertrag gegenüber dem Versicherungsnehmer gekündigt wurde und eine Anzeige des Versicherers über das Nichtbestehen der Versicherung gemäß § 51 Abs. 1 (§ 25 Abs. 1 a.F.) FZV an die Zulassungsbehörde erfolgt ist. Sofern der Zulassungsstelle eine Versicherungsbestätigung über den Abschluss einer neuen KFZ-Haftpflichtversicherung zugegangen ist, ist eine Anzeige nach § 51 Abs. 1 (§ 25 Abs. 1 a.F.) FZV nicht erforderlich.[36] Kann der Versicherer die wirksame Beendigung (z.B. wegen eines fehlenden Zustellungsnachweises der Kündigung) nicht nachweisen, bleibt dieser dem Dritten gegenüber eintrittspflichtig, auch wenn eine Anzeige nach § 51 Abs. 1 (§ 25 Abs. 1 a.F.) FZV erfolgt ist, da eine entsprechende Anzeige erst dann wirksam erfolgen kann, wenn die Kraftfahrzeug-Haftpflichtversicherung nicht oder nicht mehr besteht.[37] Die Zuteilung eines Kurzzeitkennzeichens gilt gleichzeitig auch als Anzeige zur Beendigung der Haftung nach § 51 Abs. 1 (§ 25 Abs. 1 a.F.) FZV. Ausfuhrkennzeichen (Zollkennzeichen) nach § 45 (§ 19 a.F.) FZV fallen nicht unter die Regelungen für Kurzzeitkennzeichen nach § 51 Abs. 1 Satz 4 (§ 25 Abs. 1 Satz 4 a.F.) FZV. Insoweit muss auch hier eine Anzeige nach § 51 Abs. 1 (§ 25 Abs. 1 a.F.) FZV erfolgen um die Nachhaftungsfrist in Gang zu setzen. Das Nichtbestehen oder die Beendigung des Versicherungsverhältnisses kann einem Dritten erst nach Ablauf eines Monats nach erfolgter Anzeige gemäß § 51 Abs. 1 FZV (bei Kurzzeitkennzeichen einen Monat nach Ablauf der Gültigkeit) entgegen gehalten werden (Nachhaftung).[38]

---

29 *OLG Düsseldorf*, Urt. v. 15.03.2011 – I-1 U 126/10, WKRS 2011, 34011 = ADAJUR Dok.Nr. 95017 (Ölspur als Unfallursache).

30 *OLG Dresden*, Urt. v. 14.05.2010 – 7 U 283/10, DAR 2012, 461; *OLG Düsseldorf*, Urt. v. 15.03.2011 – I-1 U 126/10, WKRS 2011, 34011 = ADAJUR Dok.Nr. 95017.

31 § 2 PflVG; Art. 5 Richtlinie 2009/103/EG.

32 § 1 AuslPflVG; Art. 10 Richtlinie 2009/103/EG.

33 Geigel/Lafontaine, Kap. 42 Rn. 74.

34 Art. 1 Nr. 4d Richtlinie 2009/103/EG; Art. 11.2 Internal Regulations; Explanatory Memorandum to Internal Regulations zu Art. 11.1 und 11.2.

35 Vgl. § 117 VVG.

36 *Kreuter* § 117 VVG, Rn. 15–19.

37 § 51 Abs. 1 S. 1 FZV.

38 § 117 Abs. 2 VVG.

18 Werden Fahrzeuge von einem Mitgliedstaat in einen anderen versandt, so ist während eines Zeitraumes von dreißig Tagen unmittelbar nach der Annahme der Lieferung durch den Käufer der Bestimmungsmitgliedstaat, als der Mitgliedstaat anzusehen, der mit dem Risiko zu belegen ist, selbst wenn das Fahrzeug im Bestimmungsland nicht offiziell zugelassen wurde.[39] Ist das Fahrzeug innerhalb dieses Zeitraumes in einen Unfall verwickelt und nicht versichert, so ist die Entschädigungsstelle des Bestimmungsmitgliedstaates schadenersatzpflichtig.[40]

19 Sofern das Schädigerfahrzeug keine Kennzeichen getragen hat oder mit falschen Kennzeichen versehen war, das Fahrzeug aber selbst bekannt ist, kann über die Fahrgestellnummer beim Kraftfahrtbundesamt der letzte Haftpflichtversicherer ermittelt werden. Hier ist dann zu prüfen, ob das Versicherungsverhältnis ordnungsgemäß beendet wurde und auch keine Nachhaftung mehr besteht. Andernfalls ist der letzte Haftpflichtversicherer eintrittspflichtig.

3. Von der Versicherungspflicht befreite Fahrzeuge

20 Mit der Einführung der Richtlinie 2009/103/EG wurde festgelegt, dass Geschädigte auch bei Unfällen mit von der Versicherungspflicht befreiten Fahrzeugen[41] einen Anspruch gegen den Entschädigungsfonds haben. Hierunter waren nach § 2 Abs. 1 Nr. 6 PflVG a.F. Fahrzeuge mit einer bauartbedingten Höchstgeschwindigkeit von bis zu 6 km/h, selbstfahrende Arbeitsmaschinen und zulassungsfreie Anhänger umfasst. Nach der Neuregelung in § 1a Abs. 1 Nr. 1 PflVG fallen Fahrzeuge mit einer bauartbedingten Höchstgeschwindigkeit von bis zu 6 km/h jedoch nicht mehr unter den Fahrzeugbegriff. Sie müssen daher auch nicht mehr von der Versicherungspflicht befreit werden. Schäden durch Fahrzeuge mit einer bauartbedingten Höchstgeschwindigkeit von bis zu 6 km/h lösen daher zukünftig keine Einstandspflicht des Entschädigungsfonds mehr aus.

21 Sofern es sich um ein Fahrzeug aus einem anderen Mitgliedstaat der Europäischen Union handelt, hat der Entschädigungsfonds einen Erstattungsanspruch gegenüber dem Entschädigungsfonds des Herkunftslandes.[42] Zu beachten ist, dass die Vorschriften nach § 7 PflVG für bestimmte, von der Versicherungspflicht befreite, Fahrzeuge nicht gelten.[43] Ein Anspruch gegen das Deutsche Büro Grüne Karte besteht hier nicht, da die dortige Verpflichtung nur greift, sofern das Fahrzeug in dem Land, in dem es benutzt wird (sich der Schadenfall ereignet) der Pflichtversicherung unterliegt.[44]

22 Bei einem Fahrzeug, welches in seinem Herkunftsland von der Versicherungspflicht befreit ist, in Deutschland aber versicherungspflichtig ist, ist eine Eintrittspflicht des Deutschen Büros Grüne Karte gegeben, sofern es sich bei dem Herkunftsland um ein Mitglied des Grüne Karte Systems handelt.[45]

4. Vorsätzliche Schädigung

23 Gemäß § 103 VVG i.V.m. § 117 Abs. 3 S. 1 VVG ist der Versicherer bei vorsätzlicher Herbeiführung des Schadens leistungsfrei.[46] Zu beachten ist, dass der Vorsatz immer nur gegenüber dem vorsätzlich Handelnden eingewandt werden kann. Weicht der Halter vom Fahrer ab, so bleiben eventuelle Ansprüche des Geschädigten nach § 7 Abs. 1 StVG gegen den Halter hiervon unberührt.

39 Art. 15 Abs. 1 Richtlinie 2009/103/EG.
40 Art. 15 Abs. 2 Richtlinie 2009/103/EG.
41 § 2 PflVG; Art. 5 Richtlinie 2009/103/EG.
42 Art. 5 Abs. 2 S. 3 Richtlinie 2009/103/EG; s. neuer § 14 Abs. 1 PflVG.
43 § 8 PflVG.
44 Art. 2.5 Internal Regulations.
45 Art. 2.5 Internal Regulations.
46 *BGH*, Urt. v. 30.09.1980 – VI ZR 36/79, WKRS 1980, 12106 = DAR 1981, 50 = MDR 1981, 218 = NJW 1981, 113 = VersR 1981, 40 = VRS 60, 85; *OLG Düsseldorf*, Urt. v. 28.02.2003 – 14 U 167/02, WKRS 2003, 25229 = NZV 2003, 424 = r+s 2003, 258 VersR 2003, 1248 = ADAJUR Dok.Nr. 54628; *OLG Oldenburg*, Beschl. v. 05.08.2009 – 6 U 143/09, WKRS 2009, 47257 = VK 2010, 12.

Wenn das Fahrzeug ohne Wissen und Willen des Halters geführt wurde, besteht ein Anspruch nach § 7 Abs. 1 StVG gegen den Halter nur, wenn der Halter die Benutzung des Fahrzeuges durch sein Verschulden ermöglicht hat.[47] Gemäß § 7 Abs. 3 StVG tritt in diesen Fällen der unberechtigte Fahrer in die Haftung gemäß § 7 Abs. 1 StVG ein. Die Beweispflicht für eine vorsätzliche Handlung obliegt dem Kraftfahrzeughaftpflichtversicherer, welcher sich auf Vorsatz beruft.

24 Ein bedingter Vorsatz ist hier ausreichend. Nach ständiger Rechtsprechung des BGH ist bedingter Vorsatz dann gegeben, wenn der Täter den Eintritt des Erfolges als möglich erkennt und diesen billigend in Kauf nimmt. Die Billigung ist anzunehmen, wenn der Täter trotz starker Gefährdung des betroffenen Rechtsgutes sein Vorhaben durchführt, ohne darauf zu vertrauen, dass der vorgestellte Schaden nicht eintritt und es dem Zufall überlässt, ob sich die von Ihm erkannte Gefahr verwirklicht oder nicht.[48] Gegen eine Vorsatztat spricht eine versuchte Gefahrenabwehr (z.B. Notbremsung) oder die Selbstgefährdung (Ausnahme: Suizidabsichten).

25 Nicht abschließend geklärt ist, ob der Vorsatz auch die Schadenfolgen umfassen muss (Auffassung des Entschädigungsfonds). Im Hinblick auf die Anforderung an eine Vorsatztat nach der Rechtsprechung des BGH ist anzunehmen, dass sich der Täter über die Möglichkeit der Rechtgutverletzung im Klaren sein muss, ohne darauf zu vertrauen, dass diese nicht eintritt. Demnach ist darauf abzustellen, ob der Täter in Kenntnis der Möglichkeit der Schädigung von seinem Vorhaben abgesehen hätte.[49] Bei einem Suizid oder Suizidversuch des Fahrers ist von Vorsatz auszugehen.[50]

26 Problematisch sind vor allem die Fälle in denen der Fahrer vorsätzlich ein Fahrmanöver durchführt um andere Verkehrsteilnehmer zu »disziplinieren« (Vorsatz bejaht bei plötzlichem scharfem Abbremsen[51]). Bei einem bloßen Abbremsen um einen anderen Verkehrsteilnehmer zum Anhalten zu bewegen ist ein Vorsatz in der Regel zu verneinen, da hier nicht davon auszugehen ist, dass der Fahrer damit rechnet, dass es deswegen zu einem Schaden kommt.

27 Provoziert der Fahrer und Halter eines Fahrzeuges einen Unfall ist von einem Risikoausschluss nach § 103 VVG auszugehen. Der Geschädigte kann sich in diesen Fällen an den Entschädigungsfonds wenden.

28 Bei manipulierten Unfällen liegt zwar auch eine Vorsatztat vor, allerdings ist der Entschädigungsfonds hier nicht eintrittspflichtig, da durch die Einwilligung des Geschädigten in die Beschädigung des Fahrzeuges keine widerrechtliche Schädigung vorliegt und somit kein Schadenersatzanspruch besteht.[52]

29 In den Fällen von Verfolgungsfahrten liegt ein Ausschluss nach § 103 VVG in der Regel nur vor, wenn der Täter ein Fahrzeug vorsätzlich beschädigt (z.B. der Täter rammt einen, seinen Fluchtweg versperrenden Streifenwagen, um seine Flucht fortsetzen zu können).[53] Rammt hingegen ein

47 Vgl. § 7 Abs. 3 StVG; Zu den Anforderungen an die Sorgfaltsanforderungen gegen eine unberechtigte Nutzung: *OLG Hamm*, Urt. v. 02.10.1989 – 32 U 45/88, WKRS 1989, 13895 = NZV 1990, 470 = NJW-RR 1990, 289 = zfs 1990, 150; *OLG Oldenburg*, Urt. v. 29.04.1998 – 2 U 264/97, WKRS 1998, 39204 = DAR 1999, 265 = NZV 1999, 294 = VersR 1999, 482; *OLG Hamm, Urt. v.* 15.06.2005 – 13 U 63/05, WKRS 2005, 23866 = DAR 2006, 277 = NJW-RR 2006, 397 = NZV 2006, 303 = r+s 2006, 33 = zfs 2006, 75 = VRR 2005, 402.

48 *BGH*, Urt. v. 19.01.2022 – 4 StR 319/21, BGHSt 65, 42 = NJW 2020, 2900 = NZV 2020, 517; *BGH*, Urt. v. 16.07.1980 – 2 StR 127/80, WKRS 1980, 11047 = JZ 1981, 35 m. Anm. *Köhler* = NStZ 1981, 22; *BGH*, Urt. v. Urt. v. 13.12.2001 – VII ZR 305/99, WKRS 2001, 20439 = BauR 2002, 620 = DB 2002, 788 = MDR 2002, 513 = NJW-RR 2002, 740.

49 *OLG Hamm, Urt. v.* 15.06.2005 – 13 U 63/05, WKRS 2005, 23866 = DAR 2006, 277 = NJW-RR 2006, 397 = NZV 2006, 303 = r+s 2006, 33 = zfs 2006, 75 = VRR 2005, 402.

50 *OLG Oldenburg*, Beschl. v. 05.08.2009 – 6 U 143/09, WKRS 2009, 47257 = VK 2010, 12.

51 *OLG Düsseldorf*, Urt. v. 12.12.2005, I-1 U 91/05, WKRS 2005, 33417.

52 *OLG Celle*, Urt. v. 21.02.2006 – 14 U 149/05, WKRS 2006, 12125 = SVR 2006, 305 = VRR 2006, 305 m. Anm. *Notthoff*.

53 *LG Wuppertal*, Urt. v. 17.12.2004 – 1 O 262/04; siehe auch *LG Dortmund*, Urt. v. 01.06.2006 – 2 O 268/05, WKRS 2006, 43030 = NJW-RR 2007, 26 = NZV 2007, 87.

Polizeifahrzeug das Fahrzeug des Täters, haftet die Versicherung des Fluchtfahrzeuges im Rahmen der Herausforderung.[54] Hierbei ist grundsätzlich die Verhältnismäßigkeit der polizeilichen Maßnahmen zu beachten. Allerdings scheint die Argumentation des BGH in diesem Fall nicht ganz schlüssig, da u.a. das Verhalten des Schädigers nach der bisherigen Rechtsprechung des BGH als Vorsatz einzustufen ist.[55]

5. Insolvenz des Versicherers

Bereits bei Antrag auf Eröffnung eines Insolvenzverfahrens über das Vermögen des leistungspflichtigen Versicherers kann der Geschädigte seine Ansprüche gegenüber dem Entschädigungsfonds geltend machen. 30

6. Streitfälle

Nach Art. 11 der Richtlinie 2009/103/EG sollen Streitigkeiten über die Eintrittspflicht zwischen Versicherer und Entschädigungsfonds nicht zu Lasten des Geschädigten gehen. Es ist eine Partei zu bestimmen, die dem Geschädigten unverzüglich vorläufigen Schadensersatz leistet. Die andere Partei hat diese Aufwendungen zu erstatten, soweit später eine entsprechende Eintrittspflicht festgestellt wird. 31

III. Einschränkung der Leistungspflicht und vorrangige Eintrittspflichtige

Eine Leistungspflicht des Entschädigungsfonds besteht nur, wenn der Geschädigte nicht von einem Schadenversicherer oder einem Verband von im Inland zum Geschäftsbetrieb befugten Haftpflichtversicherern (Deutsches Büro Grüne Karte e.V. und Gemeinschaft der Grenzversicherer) Ersatz erlangen kann. Der Entschädigungsfonds ist insgesamt nur subsidiär eintrittspflichtig. Verbleibt bei dem Geschädigten ein Restschaden (z.B. Selbstbeteiligungen, Höherstufungsschaden), so wird dieser vom Entschädigungsfonds übernommen.[56] 32

Die Leistungspflicht entfällt auch bei Amtspflichtverletzung (§ 839 BGB). In der Regel betrifft dies Fälle, bei denen das Fahrzeug nach einer Anzeige gem. § 51 abs. 1 (§ 25 Abs. 1 a.F.) FZV über das Nichtbestehen des Versicherungsschutzes durch die Zulassungsstelle nicht unverzüglich außer Betrieb gesetzt wird. Gelingt es der Zulassungsstelle nicht, dass Fahrzeug bis zum Ablauf der Nachhaftungsfrist aus dem Verkehr zu ziehen, so gilt dies als Anscheinsbeweis für eine Amtspflichtverletzung.[57] Die Zulassungsstelle kann diesen Anscheinsbeweis aber entkräften indem sie darlegt, dass umfangreiche Maßnahmen zur Außerbetriebssetzung des Fahrzeuges ergriffen wurden[58], oder beweist, dass der Schaden auch ohne die Amtspflichtverletzung eingetreten wäre[59]. 33

Ferner entfällt die Leistungspflicht des Entschädigungsfonds, wenn der Schaden des Geschädigten durch Leistungen eines Sozialversicherungsträgers ausgeglichen wird. Eine Regressmöglichkeit des Sozialversicherungsträgers gegen den Entschädigungsfonds besteht nicht, es sei denn, dass die 34

---

54 *BGH*, Urt. v. 31.01.2012 – VI ZR 43/11, BGHZ 192, 261 = WKRS 2012, 14346 = DAR 2012, 384 = MDR 2012, 707 = NJW 2012, 1951 = NZV 2012, 325 = r+s 2012, 511 = VersR 2012, 734 = VRR 2012, 262 m. Anm. *Knappmann* = zfs 2012, 436.

55 *BGH*, Urt. v. 16.07.1980 – 2 StR 127/80, WKRS 1980, 11047 = JZ 1981, 35 m. Anm. *Köhler* = NStZ 1981, 22; *BGH*, Urt. v. Urt. v. 13.12.2001 – VII ZR 305/99, WKRS 2001, 20439 = BauR 2002, 620 = DB 2002, 788 = MDR 2002, 513 = NJW-RR 2002, 740; *Schwab* DAR 2012, 490.

56 *Himmelreich/Halm/Schwarz*, Handbuch Verkehrsrecht, Kapitel 29, Rn. 156.

57 *LG Köln*, Urt. v. 08.06.1979 – 5 O 45/78, VersR 1980, 954; *OLG Karlsruhe*, Urt. v. 07.03.1979 – 13 U 205/77, WKRS 1979, 11437 = MDR 1979, 845 = r+s 1979, 256 = VersR 1980, 74.

58 *BGH*, Urt. v. 06.05.1957 – III ZR 35/56, WKRS 1957, 14139 = VersR 57, 367; *BGH*, Urt. v. 28.09.1959 – III ZR 99/58, WKRS 1959,14293 = MDR 1960,116 = NJW 1960, 240 = VersR 60, 75; *OLG Düsseldorf*, Urt. v. 11.03.1993 – 18 U 176/92, WKRS 1993, 15539 = VersR 94, 859 = zfs 1994, 44.

59 *OLG Düsseldorf*, Urt. v. 11.03.1993 – 18 U 176/92, WKRS 1993, 15539 = ADAJUR Dok.Nr. 20709 = OLGR 1993, 337 = VersR 94, 859 = zfs 1994, 44.

Ansprüche gemäß § 119 Abs. 1 SGB X übergegangen sind, da es hier um Ansprüche des Geschädigten selbst geht, welche nur treuhänderisch durch den Sozialversicherungsträger abgeführt werden.[60]

35 Leistungen der Sozialhilfe sind dagegen nachranging[61], auch gegenüber Leitungen des Entschädigungsfonds.

36 Weiterhin entfällt die Leistungspflicht soweit der Schaden durch Fortzahlung von Dienst- und Amtsbezügen, Vergütung oder Lohn oder durch Gewährung von Versorgungsbezügen ausgeglichen wird. Hierunter fallen auch Leistungen der Bundesagentur für Arbeit und Beihilfeleistungen.[62]

37 In den Fällen nach § 12 Abs. 1 S. 1 Nr. 1–3 PflVG besteht eine Leistungspflicht darüber hinaus nur, wenn der Geschädigte glaubhaft macht, dass er weder vom Halter, Fahrer oder Eigentümer des schädigenden Fahrzeuges Ersatz erlangen kann. Es ist nicht erforderlich, dass der Geschädigte diesen Umstand beweist.[63]

38 Generell entfällt eine Leistungspflicht bei Schäden von Einrichtungen des Bahn- Luft- oder Straßenverkehrs sowie bei Beschädigung von Einrichtungen der Energieversorgung (auch Tankstellen) und der Telekommunikation. Hiermit wird dem Umstand Rechnung getragen, dass der Entschädigungsfonds in erster Linie dem wirtschaftlich schwachen Geschädigten dienen soll.[64] Diese Regelung ist auch europarechtlich unbedenklich, da laut Art. 10 Abs. 3 der Richtlinie 2009/103/EG die Mitgliedsstaaten den Ersatz von Sachschäden einschränken oder ausschließen können.

IV. Einschränkung der Leitungspflicht bei nicht ermittelbarem Schädigerfahrzeug (§ 12 Abs. 1 S. 1 Nr. 1 PflVG)

39 Die Einschränkung der Leistungspflicht in diesen Fällen wird damit begründet, eine Inanspruchnahme des Entschädigungsfonds über den eigentlichen Zweck hinaus zu vermeiden und diesen finanziell nicht zu überlasten.[65]

40 Eine Zahlung von Schmerzensgeld erfolgt nur in den Fällen einer besonders schweren Verletzung. Nach ständiger Rechtsprechung muss in diesen Fällen ein erheblicher Dauerschaden verbleiben (z.B. Amputationen, Querschnittslähmungen, Verlust von Sinnesorgangen, etc.).[66] Ferner muss die Nichtzahlung eines Schmerzensgeldes eine grobe Unbilligkeit darstellen, d.h. wenn dies dem Gerechtigkeitsempfinden in unerträglicher Weise widersprechen würde.[67] Das Erfordernis der groben Unbilligkeit und der Wegfall der Genugtuungsfunktion führen weiterhin zu einer deutlichen Reduzierung des Schmerzensgeldbetrages. Hier können 30 bis 50 Prozent des sonst üblichen Betrages ausreichen.[68]

41 Offen bleibt ob nach der Änderung der gesetzlichen Regelungen (§ 253 Abs. 2 BGB und § 11 StVG, Wegfall der Verschuldensvoraussetzung) die Einschränkungen gemäß § 12 PflVG Abs. 2 S. 1 noch mit Art. 10 der Richtlinie 2009/103/EG vereinbar sind. Demnach ist für Sach- und

60 *BGH*, Urt. v. 25.01.2000 – VI ZR 64/99, BGHZ 143, 344 = WKRS 2000, 19461 = DAR 2000, 216 = MDR 2000, 449 = NJW 2000, 1338 = NZV 2000, 252 = r+s 2000, 201 = SP 2000, 156 = VersR 2000, 471 = VRS 98, 333 = zfs 2000, 201.

61 Vgl. § 2 Abs. 2 SGB XII.

62 *OLG München*, Urt. v. 25.07.1986 – 10 U 2275/86, WKRS 1986, 14339 = NJW-RR 1986, 1474 = zfs 1986, 307 = VersR 1988, 29.

63 Art. 10 Abs. 1 S. 2, Richtlinie 2009/103/EG.

64 BT Drucksache 14/8770, S. 16.

65 BT Drucksache IV/2252, S. 16.

66 *LG Darmstadt*, Urt. v. 02.05.1979 – 2 O 48/79, VersR 1980, 365; *OLG Hamm*, Urt. v. 30.06.1986 – 6 U 109/86, VersR 1987, 456.

67 *LG Darmstadt*, Urt. v. 02.05.1979 – 2 O 48/79, VersR 1980, 365; *OLG Hamm*, Urt. v. 26.03.2007 – 13 W 11/07.

68 *LG Lüneburg*, Urt. v. 10.11.2000 – 3 S 38/00, WKRS 2000, 31809 = VersR 2001, 1152; *LG Regensburg*, Urt. v. 09.05.1969 – 4 O 26/69; LG Itzehoe, Urt. v. 28.06.1979 – 6 O 273/78.

Personenschäden durch nicht ermittelbare oder nicht versicherte Fahrzeug zumindest in den Grenzen der Versicherungspflicht Ersatz zu leisten. Eine Einschränkung der Haftung ist nur bei Sachschäden die durch ein nicht ermittelbares Fahrzeug verursacht wurden vorgesehen.[69]

Sachschäden werden nur ersetzt, soweit gleichzeitig eine erhebliche Verletzung des Ersatzberechtigten oder eines Insassen vorliegt. Die Verletzung eines Dritten reicht nicht aus.[70] In der Regel wird eine Verletzung als erheblich anzusehen sein, wenn eine stationäre Krankenhausbehandlung erforderlich ist.[71] In der amtlichen Begründung wird darauf verwiesen, dass die Verletzung eine solche Schwere aufweisen muss, dass unter gewöhnlichen Umständen kein Betrugsfall angenommen werden kann.[72] Generell ist bei Sachschäden ein Selbstbehalt von 500 Euro zu berücksichtigen. 42

V. Verjährung

Der Anspruch des Ersatzberechtigten gegen den Entschädigungsfonds verjährt innerhalb von 3 Jahren. Die Frist beginnt mit der Kenntnis des Schadens und den Umständen, aus denen sich ein Anspruch gegen den Entschädigungsfonds ergibt. Maßgeblich ist daher, dass der Geschädigte Kenntnis davon hat, dass er bei den in § 12 Abs. 1 PflVG genannten Stellen keinen Ersatz seines Schadens erlangen kann.[73] In den Fällen des § 18 Abs. 2 PflVG (§ 12 Abs. 1 S. 1 Nr. 4 PflVG a.F.) wird die gegenüber dem leistungspflichtigen Versicherer verstrichene Verjährungsfirst berücksichtigt, da es in diesem Fall keinen sachlichen Grund für eine Begünstigung gibt.[74] 43

VI. Ersatzansprüche

Der Entschädigungsfonds kann nach § 12 Abs. 5 PflVG vom Halter, Eigentümer und Fahrer des Schädigerfahrzeuges in den Fällen des § 12 Abs. 1 S. 1 Nr. 1–3 PflVG den Ersatz seiner Aufwendungen verlangen, unabhängig von einem gesetzlichen Forderungsübergang. 44

Die Ersatzansprüche des Ersatzberechtigten gegenüber einem Ersatzpflichtigen gehen auf den Entschädigungsfonds über, soweit dieser den Schaden ersetzt. Sofern der Geschädigte seinen Ersatzanspruch oder ein zur Sicherung des Anspruchs dienendes Recht aufgibt, entfällt insoweit auch die Ersatzpflicht des Entschädigungsfonds, wenn er aus diesem Anspruch oder Recht einen Ersatz seiner Aufwendungen hätte erlangen können. 45

Im Falle der Leistung nach § 12 Abs. 1 S. 1 Nr. 4 PflVG a.F. (Insolvenzfall) ist der Regress gegenüber dem Versicherungsnehmer und den anderen versicherten Personen auf jeweils 2.500,- EURO beschränkt. Nach der Einführung des § 12 Abs. 6 S. 5–6 PflVG greift diese Einschränkung auch für Ansprüche Dritter, die infolge der Insolvenz den Ersatzberechtigten wegen Leistungsfreiheit des Entschädigungsfonds nach § 12 Abs. 1 S. 2 bis 5 PflVG entschädigt haben. 46

Leistet der Entschädigungsfonds vorab bei streitiger Eintrittspflicht, besteht ein Erstattungsanspruch gegenüber dem eigentlich zur Leistung Verpflichteten.[75] 47

VII. Regulierungsverfahren

Die Bearbeitung von Schadenfällen durch den Entschädigungsfonds ist in den §§ 11 ff der Satzung des Vereins Verkehrsopferhilfe e.V. geregelt. Gemäß § 13a PflVG a.F. wurden die Aufgaben der Entschädigungsstelle auf den Verein »Verkehrsopferhilfe e.V.« übertragen. 48

---

69 Art. 10 Abs. 3 Richtlinie 2009/103/EG; Erwägungsgrund 14, 16 u. 17 Richtlinie 2009/103/EG.
70 BT Drucksache 16/5551, S. 31.
71 Art. 10 Abs. 3 S. 5 Richtlinie 2009/103/EG.
72 BT Drucksache 16/5551, S. 31.
73 BT Drucksache IV/2252, S. 26.
74 BT Drucksache 14/8770, S. 16.
75 Art. 11 Richtlinie 2009/103/EG.

49 Die Schadenfälle nach § 12 Abs. 1 S. 1 Nr. 1–3 PflVG werden im Auftrag des Vereins durch einen Versicherer, der die Kfz-Haftpflichtversicherung als Erstversicherer betreibt, bearbeitet.[76] Handelt es sich um Schadenfälle mit geringem Umfang, kann der Verein die Ansprüche sofort befriedigen oder Schadenfälle mit offenbarer Unbegründetheit sofort zurückweisen. Im Rahmen eines vom Vorstand des Vereins festgesetzten Rahmens kann das Versicherungsunternehmen den Schaden im Namen und auf Rechnung des Vereins regulieren. Übersteigt die zu erwartende Gesamtentschädigung diesen Betrag, entscheidet eine vom Vorstand eingesetzte Regulierungskommission. Wird der Entschädigungsbetrag ganz oder teilweise abgelehnt oder der Schaden nicht in angemessener Frist bearbeitet, kann der Geschädigte eine begründete Entscheidung der Regulierungskommission verlangen. Das Versicherungsunternehmen hat den Geschädigten auf diese Möglichkeit hinzuweisen. In einem abschließenden Bescheid des Vereins ist der Geschädigte darauf hinzuweisen, dass eine Klage gegen den Verein erst nach einer Entscheidung der Schiedsstelle möglich ist, bzw. wenn seit der Anrufung der Schiedsstelle mehr als drei Monate vergangen sind. Klagen sind gegen den Verein Verkehrsopferhilfe zu richten und nicht gegen das beauftragte Versicherungsunternehmen.[77] Wird gegen das Versicherungsunternehmen geklagt, scheidet eine Rubrumsberichtigung i.d.R. aus.[78]

50 Im Fall der Zuständigkeit nach § 12 Abs. 1 S. 1 Nr. 4 PflVG kann der Verein ein oder mehrere Versicherungsunternehmen mit der Bearbeitung der Schadenfälle beauftragen.[79] Der Vorstand legt die Art und Weise der Organisation sowie der Abwicklung fest. Das Schiedsverfahren findet in diesen Fällen keine Anwendung.

§ 12a PflVG a.F. (Entschädigungsstelle)

(einstweilen unbesetzt)

§ 12b PflVG a.F. (Anspruchsübergang)

Soweit die Entschädigungsstelle nach § 12a dem Ersatzberechtigten den Schaden ersetzt, geht der Anspruch des Ersatzberechtigten gegen den Halter, den Eigentümer, den Fahrer und einen sonstigen Ersatzpflichtigen auf die Entschädigungsstelle über. Der Übergang kann nicht zum Nachteil des Ersatzberechtigten geltend gemacht werden. Soweit eine Entschädigungsstelle im Sinne des Artikels 24 der Richtlinie 2009/103/EG einer anderen Entschädigungsstelle einen als Entschädigung gezahlten Betrag erstattet, gehen die auf die zuletzt genannte Entschädigungsstelle übergegangenen Ansprüche des Geschädigten gegen den Halter, den Eigentümer, den Fahrer und einen sonstigen Ersatzpflichtigen auf die zuerst genannte Entschädigungsstelle über.

Übersicht

A. Allgemeines

1 In Umsetzung der Richtlinie (EU) 2021/2118 wird der bisherige § 12b PflVG a.F. in den neuen § 16 PflVG überführt.

B. Regelungsinhalt

2 Ersetzt die Entschädigungsstelle nach § 15 PflVG (§ 12a PflVG a.F.) dem Ersatzberechtigten den entstandenen Schaden, so geht der Anspruch des Ersatzberechtigten gegen den Halter, den

76 § 11 Abs. 1 Satzung des Vereins Verkehrsopferhilfe vom 17.02.2011.
77 *OLG München*, Urt. v. 18.11.2011 – 10 U 1146/11.
78 *Bachmeier* Regulierung von Auslandsunfällen, § 2 Rn. 68.
79 § 13 Abs. 1 Satzung des Vereins Verkehrsopferhilfe vom 17.02.2011.

Eigentümer, den Fahrer und einen sonstigen Ersatzpflichtigen auf die Entschädigungsstelle über.[1] Dieser Übergang kann nicht zum Nachteil des Ersatzberechtigten geltend gemacht werden.

Die Entschädigungsstelle, welche den Ersatzberechtigten im Wohnsitzland entschädigt hat, hat gegenüber der Entschädigungsstelle im Mitgliedsstaat des ersatzpflichtigen Versicherungsunternehmens einen Anspruch auf Erstattung der geleisteten Entschädigungszahlungen.[2] Entsprechend gehen nach § 16 PflVG (§ 12b S. 3 PflVG a.F.) die Ansprüche des Ersatzberechtigten nach Erstattung auf diese Entschädigungsstelle über. Damit soll die Durchsetzung des Regressanspruches gegen das haftende Versicherungsunternehmen erleichtert werden.[3] 3

§ 12c PflVG a.F. (Internationaler Ausgleich und Anspruchsübergang)

(1) Der Entschädigungsfonds nach § 12 ist verpflichtet, einem Entschädigungsfonds im Sinne des Artikels 10 Absatz 1 der Richtlinie 2009/103/EG eines anderen Mitgliedstaats der Europäischen Union den Betrag zu erstatten, den dieser als Entschädigung wegen eines Personen- oder Sachschadens zahlt, der auf dem Gebiet dieses Mitgliedstaats durch ein Fahrzeug verursacht wurde, dessen Halter nach § 2 Abs. 1 Nr. 6 von der Versicherungspflicht befreit ist.

(2) Soweit der Entschädigungsfonds nach § 12 einen Betrag nach Absatz 1 erstattet, gehen die auf den Entschädigungsfonds des anderen Mitgliedstaats der Europäischen Union übergegangenen Ansprüche des Geschädigten gegen den Halter, den Eigentümer, den Fahrer und einen sonstigen Ersatzpflichtigen auf den Entschädigungsfonds nach § 12 über.

Regelungsinhalt

§ 12c PflVG a.F. regelt den Ersatzanspruch von Entschädigungsstellen der Mitgliedsstaaten gegen die deutsche Entschädigungsstelle, soweit diese Ersatz für Schäden geleistet haben, die durch ein nicht versichertes deutsches Fahrzeug im Mitgliedsstaat verursacht wurden.[1] Erstattet der Entschädigungsfonds die Aufwendungen der Entschädigungsstelle des Mitgliedstaates, so geht der Ersatzanspruch des Geschädigten gegen den Halter, den Eigentümer, den Fahrer und einen sonstigen Ersatzpflichtigen auf die Entschädigungsstelle über.[2] 1

§ 13 PflVG a.F. (Träger des Entschädigungsfonds)

(1) Zur Wahrnehmung der Aufgaben des Entschädigungsfonds wird eine rechtsfähige Anstalt des öffentlichen Rechts errichtet, die mit dem Inkrafttreten dieses Gesetzes als entstanden gilt. Organe der Anstalt sind der Vorstand und der Verwaltungsrat. Die Anstalt untersteht der Aufsicht des Bundesministeriums der Justiz und für Verbraucherschutz. Das Nähere über die Anstalt bestimmt die Satzung, die von der Bundesregierung durch Rechtsverordnung ohne Zustimmung des Bundesrates aufgestellt wird. Die im Geltungsbereich dieses Gesetzes zum Betrieb der Kraftfahrzeug-Haftpflichtversicherung befugten Versicherungsunternehmen und die Haftpflichtschadenausgleiche im Sinne von § 3 Abs. 1 Nr. 4 des Versicherungsaufsichtsgesetzes sowie die nach § 2 Nrn. 1 bis 4 von der Versicherungspflicht befreiten Halter nichtversicherter Fahrzeuge sind verpflichtet, unter Berücksichtigung ihres Anteils am Gesamtbestand der Fahrzeuge und der Art dieser Fahrzeuge an die Anstalt Beiträge zur Deckung der Entschädigungsleistungen und der Verwaltungskosten zu leisten. Das Nähere über die Beitragspflicht bestimmt das Bundesministerium der Justiz und für Verbraucherschutz im Einvernehmen mit dem Bundesministerium für Verkehr und digitale Infrastruktur,

1 Art. 24 Abs. 2 S. 2 Richtlinie 2009/103/EG.
2 Art. 24 Abs. 2 S. 1 Richtlinie 2009/103/EG.
3 Erwägungsgrund 50, Richtlinie 2009/103/EG.
1 Art. 5 Abs. 1 Richtlinie 2009/103/EG i.V.m. Art. 10 Abs. 1 S. 1 Richtlinie 2009/103/EG und Art. 24 Abs. 2 S. 1 Richtlinie 2009/103/EG.
2 Art. 24 Abs. 2 S. 2 Richtlinie 2009/103/EG.

dem Bundesministerium für Wirtschaft und Energie und dem Bundesministerium der Finanzen durch Rechtsverordnung mit Zustimmung des Bundesrates.

(2) Das Bundesministerium der Justiz und für Verbraucherschutz wird ermächtigt, im Einvernehmen mit dem Bundesministerium für Verkehr und digitale Infrastruktur, dem Bundesministerium für Wirtschaft und Energie und dem Bundesministerium der Finanzen durch Rechtsverordnung ohne Zustimmung des Bundesrates die Stellung des Entschädigungsfonds einer anderen bestehenden juristischen Person zuzuweisen, wenn diese bereit ist, die Aufgaben des Entschädigungsfonds zu übernehmen, und wenn sie hinreichende Gewähr für die Erfüllung der Ansprüche der Ersatzberechtigten bietet. Durch die Rechtsverordnung kann sich das Bundesministerium der Justiz und für Verbraucherschutz die Genehmigung der Satzung dieser juristischen Person vorbehalten und die Aufsicht über die juristische Person regeln.

(3) Das Bundesministerium der Justiz und für Verbraucherschutz wird ferner ermächtigt, im Einvernehmen mit den in Absatz 2 genannten Bundesministerien durch Rechtsverordnung ohne Zustimmung des Bundesrates zu bestimmen, von welchem Zeitpunkt ab die Anstalt (Absatz 1) oder die durch Rechtsverordnung (Absatz 2) bezeichnete juristische Person von Ersatzberechtigten in Anspruch genommen werden kann, und zu bestimmen, dass eine Leistungspflicht nur besteht, wenn das schädigende Ereignis nach einem in der Verordnung festzusetzenden Zeitpunkt eingetreten ist. Die Anstalt kann jedoch spätestens zwei Jahre nach dem Inkrafttreten dieses Gesetzes wegen der Schäden, die sich nach diesem Zeitpunkt ereignen, in Anspruch genommen werden, sofern nicht bis zu diesem Zeitpunkt den Ersatzberechtigten durch Rechtsverordnung die Möglichkeit gegeben worden ist, eine andere juristische Person in Anspruch zu nehmen.

(4) Der Entschädigungsfonds ist von der Körperschaftsteuer, der Gewerbesteuer und der Vermögensteuer befreit.

(5) Die vom Entschädigungsfonds zur Befriedigung von Ansprüchen nach § 12 Abs. 1 Nr. 4 in einem Kalenderjahr zu erbringenden Aufwendungen sind auf 0,5 vom Hundert des Gesamtprämienaufkommens der Kraftfahrzeug-Haftpflichtversicherung des vorangegangenen Kalenderjahres begrenzt.

Übersicht

A. Allgemeines

1 § 13 PflVG a.F. stellt sicher, dass die Aufgaben des Entschädigungsfonds durch einen geeigneten Träger wahrgenommen werden und regelt dessen Finanzierung,

B. Regelungsinhalt

2 § 13 Abs. 1 PflVG a.F. regelt die Möglichkeit der Wahrnehmung der Aufgaben des Entschädigungsfonds durch eine Anstalt des öffentlichen Rechts. Diese untersteht der Aufsicht des Bundesministeriums für Justiz. Details über die Anstalt sollen über eine Satzung bestimmt werden, welche durch die Bundesregierung im Rahmen einer Rechtsverordnung ohne Zustimmung des Bundestages aufgestellt wird. Die Anstalt dient als Auffanglösung für den Fall, dass die Aufgaben des Entschädigungsfonds nicht mehr durch den Verein Verkehrsopferhilfe e.V. oder eine andere bestehende juristische Person wahrgenommen werden. Durch die Errichtung der Anstalt nach § 13 Abs. 1 PflVG a.F. und die Ausgestaltung durch Rechtsverordnungen soll sichergestellt werden, dass diese zügig errichtet und schnell an sich ändernde Verhältnisse angepasst werden kann.[1]

1 BT-Drucks. IV/2252, S. 26.

Auf Basis des § 13 Abs. 2 PflVG a.F. kann die Stellung des Entschädigungsfonds auf eine andere bestehende juristische Person mittels einer Rechtsverordnung übertragen werden. Durch die Verordnung über den Entschädigungsfonds für Schäden aus Kraftfahrzeugunfällen (KfzUnfEntschV) ist dem Verein »Verkehrsopferhilfe e.V«. die Stellung des Entschädigungsfonds zugewiesen worden. Die Satzung des Vereines sowie jede Änderung bedarf der Genehmigung des Bundesministeriums für Justiz. Die erforderlichen Mittel für die Erfüllung der Aufgaben des Entschädigungsfonds werden dem Verein durch seine Mitglieder und den nach § 8 Abs. 1 PflVG zur Beitragsleistung verpflichteten Versicherungsunternehmen zur Verfügung gestellt.[2] 3

Das Bundesministerium kann durch Rechtsverordnung bestimmen ab welchem Zeitpunkt die Anstalt oder die durch Rechtsverordnung bezeichnete juristische Person (Verein »Verkehrsopferhilfe e.V«) von Ersatzberechtigten in Anspruch genommen werden kann. Nach § 4 KfzUnfEntschV besteht die Eintrittspflicht des Vereins »Verkehrsopferhilfe e.V.« für Schadenfälle die sich nach dem 31.12.1965 ereignet haben. 4

Da der Entschädigungsfonds ausschließlich im Interesse der Allgemeinheit liegende Aufgaben erfüllt, ist dieser von der Körperschaftssteuer, der Gewerbesteuer und der Vermögenssteuer befreit.[3] 5

Für den Fall der Insolvenz eines Versicherers wird die Leistungspflicht des Entschädigungsfonds auf jährlich 0,5 % des Gesamtprämienaufkommens der Kraftfahrzeug-Haftpflichtversicherung begrenzt. Damit soll eine unbegrenzte Haftung der Beitragspflichtigen (§ 13 Abs. 1, S. 4 a.F.) für fremde Verbindlichkeiten verhindert werden.[4] Durch diese Regelung werden die Ansprüche der Ersatzberechtigten nicht gekürzt, sondern allenfalls die Leistungen aus dem Entschädigungsfonds zeitlich gestreckt.[5] 6

Text in der Fassung des Gesetzes zur Umsetzung der Richtlinie (EU) 2021/2118 im Hinblick auf die Kraftfahrzeug-Haftpflichtversicherung und die Kontrolle der entsprechenden Versicherungspflicht und zur Änderung anderer versicherungsrechtlicher Vorschriften vom 11.04.2024 mit Wirkung ab 17.04.2024: 7

§ 13 PflVG a.F. (Aufwendungsersatz; Forderungsübergang)

(1) Der Entschädigungsfonds kann von den Personen, für deren Schadensersatzverpflichtungen er nach § 12 Abs. 1 einzutreten hat, wie ein Beauftragter Ersatz seiner Aufwendungen verlangen.

(2) Soweit der Entschädigungsfonds dem Ersatzberechtigten nach § 12 Abs. 1 den Schaden ersetzt, gehen die Ersatzansprüche auf den Entschädigungsfonds über, die dem Ersatzberechtigten zustehen gegen
1. **eine nach § 4 Abs. 3 zu versichernde Person,**
2. **den Haftpflichtversicherer des Fahrzeugs oder**
3. **eine sonstige ersatzpflichtige Person, insbesondere auch gegen einen sonstigen nach § 115 Abs. 1 Satz 1 des Versicherungsvertragsgesetzes leistungspflichtigen Haftpflichtversicherer.**

Der Übergang der Ersatzansprüche kann nicht zum Nachteil des Ersatzberechtigten geltend gemacht werden. Gibt der Ersatzberechtigte seinen Ersatzanspruch oder ein zur Sicherung des Anspruchs dienendes Recht auf, so entfällt die Leistungspflicht des Entschädigungsfonds insoweit, als er aus dem Anspruch oder dem Recht hätte Ersatz erlangen können.

Der bisher in § 12 Abs. 6 Satz 1 PflVG a.F. vorgesehene Forderungsübergang von Ersatzansprüchen, die dem Halter, dem Eigentümer oder dem Fahrer des Fahrzeugs gegen einen sonstigen Ersatzpflichtigen zustehen, findet sich in § 13 PflVG nicht mehr. Die Rechtsposition der vorgenannten 1

2 § 4 Abs. 1 Satzung des Vereins »Verkehrsopferhilfe e.V.«.
3 BT-Drucks. IV/2252, S. 28.
4 BT-Drucks. 12/6959, S. 111.
5 BT-Drucks. 12/6959, S. 112.

regresspflichtigen Personen sind nach der Neuregelung nicht mehr von vornherein dadurch eingeschränkt, dass auch ihre Ersatzansprüche gegen Dritte auf den Entschädigungsfonds übergehen.

§ 13a (Träger der Entschädigungsstelle)

(1) Die Aufgaben und Befugnisse der Entschädigungsstelle nach § 12a werden von dem rechtsfähigen Verein »Verkehrsopferhilfe eingetragener Verein« in Hamburg (Verkehrsopferhilfe) wahrgenommen, sobald und soweit dieser schriftlich gegenüber dem Bundesministerium der Justiz seine Bereitschaft dazu erklärt hat. Das Bundesministerium der Justiz gibt die Erklärung und den Zeitpunkt, ab dem die betroffenen Aufgaben von der Verkehrsopferhilfe wahrgenommen werden, im Bundesanzeiger bekannt. Die Verkehrsopferhilfe untersteht, soweit sie die übertragenen Aufgaben wahrnimmt, der Aufsicht des Bundesministeriums der Justiz. Das Bundesministerium der Justiz wird ermächtigt, durch Rechtsverordnung ohne Zustimmung des Bundesrates die Aufgaben und Befugnisse der Entschädigungsstelle nach § 12a der in § 13 genannten Anstalt zu übertragen, soweit die Wahrnehmung der Aufgaben durch die Verkehrsopferhilfe nicht gewährleistet ist oder diese nicht mehr zur Wahrnehmung der Aufgaben bereit ist.

(2) Die Entschädigungsstelle ist von der Körperschaftsteuer, der Gewerbesteuer und der Vermögensteuer befreit.

1 Durch § 13a PflVG a.F. werden die Aufgaben und Befugnisse der Entschädigungsstelle nach § 12a PflVG a.F. auf den Verein »Verkehrsopferhilfe e.V.« übertragen. Die Regelungen entsprechen weitestgehend denen des § 13 Abs. 2 u. 3 PflVG.

2 Da die Entschädigungsstelle wie der Entschädigungsfonds ausschließlich im Interesse der Allgemeinheit liegende Aufgaben erfüllt, ist auch dieser von der Körperschaftssteuer, der Gewerbesteuer und der Vermögenssteuer befreit.[1]

§ 14 PflVG a.F. (Gegenseitigkeitsklausel)

Das Bundesministerium der Justiz und für Verbraucherschutz wird ermächtigt, im Einvernehmen mit dem Bundesministerium für Verkehr und digitale Infrastruktur, dem Bundesministerium für Wirtschaft und Energie und dem Bundesministerium der Finanzen durch Rechtsverordnung ohne Zustimmung des Bundesrates

1. zu bestimmen, dass der Entschädigungsfonds in den Fällen des § 12 Abs. 1 Nr. 1 auch für Schäden einzutreten hat, die einem Deutschen außerhalb des Geltungsbereichs dieses Gesetzes entstehen und nicht von einer Stelle in dem Staat ersetzt werden, in dem sich der Unfall zugetragen hat, wenn dies erforderlich ist, um eine Schlechterstellung des Deutschen gegenüber den Angehörigen dieses Staates auszugleichen;

2. zu bestimmen, dass der Entschädigungsfonds Leistungen an ausländische Staatsangehörige ohne festen Wohnsitz im Inland nur bei Vorliegen der Gegenseitigkeit erbringt, soweit nicht völkerrechtliche Verträge der Bundesrepublik Deutschland dem entgegenstehen;

3. zu bestimmen,

a) dass beim Entschädigungsfonds eine Schiedsstelle gebildet wird, die in Streitfällen zwischen dem Ersatzberechtigten und dem Entschädigungsfonds auf eine gütliche Einigung hinzuwirken und den Beteiligten erforderlichenfalls einen begründeten Einigungsvorschlag zu machen hat,

b) wie die Mitglieder der Schiedsstelle, die aus einem die Befähigung zum Richteramt besitzenden, sachkundigen und unabhängigen Vorsitzenden sowie einem von der Versicherungswirtschaft benannten und einem dem Bereich der Ersatzberechtigten zuzurechnenden Beisitzer besteht, zu bestellen sind und wie das Verfahren der Schiedsstelle einschließlich der Kosten zu regeln ist,

---

1 BT-Drucks. 14/8770. S. 17.

c) dass Ansprüche gegen den Entschädigungsfonds im Wege der Klage erst geltend gemacht werden können, nachdem ein Verfahren vor der Schiedsstelle vorausgegangen ist, sofern nicht seit der Anrufung der Schiedsstelle mehr als drei Monate verstrichen sind.

§ 14 PflVG a.F. bietet die Rechtsgrundlage für die §§ 5–11 der Verordnung über den Entschädigungsfonds für Schäden aus Kraftfahrzeugunfällen (KfzUnfEntschV). 1

Entgegen der Bestimmungen im § 12 PflVG a.F. kann nach § 10 KfzUnfEntschV ein deutscher Geschädigter Ansprüche nach § 12 Abs. 1 Nr. 1 PflVG a.F. (»Unfallflucht«) geltend machen, wenn sich der Unfall außerhalb des Geltungsbereiches des PflVG ereignet hat. Voraussetzung ist, dass in dem Staat in dem sich der Unfall ereignet hat, eine Stelle besteht, die dem Geschädigten in derartig gelagerten Fällen Ersatz leistet, Deutsche allerdings von dieser Leistung ausschließt. 2

Nach § 11 KfzUnfEntschV besteht eine Leistungspflicht des Entschädigungsfonds gegenüber ausländischen Staatsangehörigen ohne festen Wohnsitz im Inland nur bei Vorliegen der Gegenseitigkeit.[1] Ein fester Wohnsitz liegt dann vor, wenn der ausländische Geschädigte nicht nur kurzfristig an einem bestimmten Wohnort im Inland ansässig ist und sich auch der räumliche Schwerpunkt seiner Lebensverhältnisse dort abspielt. 3

Die §§ 5–9a KfzUnfEntschV regeln das Schiedsverfahren, welches einem Prozessverfahren vorausgehen muss. Demnach kann ein Geschädigter die Schiedsstelle anrufen nachdem ihm ein anschließender schriftlicher Bescheid zugegangen ist oder der Schadensfall von dem Verein »Verkehrsopferhilfe e.V.« nicht in einer angemessenen Frist bearbeitet worden ist. Eine Klage gegen den Verein »Verkehrsopferhilfe e.V.« ist erst nach Abschluss des Schiedsverfahrens möglich oder falls seit der Anrufung der Schiedsstelle mehr als drei Monate vergangen sind. 4

Text in der Fassung des Gesetzes zur Umsetzung der Richtlinie (EU) 2021/2118 im Hinblick auf die Kraftfahrzeug-Haftpflichtversicherung und die Kontrolle der entsprechenden Versicherungspflicht und zur Änderung anderer versicherungsrechtlicher Vorschriften vom 11.04.2024 mit Wirkung ab vom 17.04.2024

§ 14 (Erstattungspflicht des Entschädigungsfonds, Forderungsübergang und Rückgriff)

(1) Der Entschädigungsfonds ist verpflichtet, einem Entschädigungsfonds im Sinne des Artikels 10 Absatz 1 der Richtlinie 2009/103/EG eines anderen Staates des Europäischen Wirtschaftsraums denjenigen Betrag zu erstatten, den dieser als Entschädigung wegen eines Personen- oder Sachschadens zahlt, der auf dem Gebiet dieses Staates durch ein Fahrzeug verursacht wurde, dessen Halter nach § 2a Absatz 1 oder 2 von der Versicherungspflicht befreit ist.

(2) Soweit ein Entschädigungsfonds im Sinne des Artikel 10 Absatz 1 der Richtlinie 2009/103/EG einen anderen solchen Entschädigungsfonds einen Betrag erstattet, den dieser als Entschädigung wegen eines Personen- oder Sachschadens gezahlt hat, der auf dem Gebiet dieses Staates durch ein Fahrzeug verursacht wurde, das nach einer in Umsetzung des Artikels 5 Absatz 2 bis 5 der Richtlinie 2009/103/EG erlassenen Bestimmung eines anderen Staates des Europäischen Wirtschaftsraums nicht der Versicherungspflicht unterliegt, gehen die auf den erstattungsberechtigten Entschädigungsfonds übergegangenen Ansprüche des Geschädigten gegen den Versicherer des Fahrzeugs und sonstige Ersatzpflichtige auf den erstattenden Entschädigungsfonds über.

(3) Handelt es sich bei dem Fahrzeug nicht um ein Fahrzeug im Sinne des Artikels 1 Nummer 1 der Richtlinie 2009/103/EG, so richtet sich der Rückgriff unter den Entschädigungsfonds der Staaten des Europäischen Wirtschaftsraums allein nach den zwischen den Entschädigungsfonds getroffenen Vereinbarungen.

---

1 § 11 KfzUnfEntschV.

1 Mit der Regelung des § 14 PflVG stellt der Gesetzgeber klar, dass Forderungen gegen den Haftpflichtversicherer des Fahrzeugs auf den Entschädigungsfonds übergehen.

§ 15 Leistungspflicht der Entschädigungsstelle

(1) Wird durch den Gebrauch eines Fahrzeugs im Ausland ein Personen- oder Sachschaden verursacht, so kann derjenige, der seinen Wohnsitz im Inland hat und dem wegen dieser Schäden Ersatzansprüche gegen den Haftpflichtversicherer des schädigenden Fahrzeugs zustehen, diese vorbehaltlich des Absatzes 4 gegen die »Entschädigungsstelle für Schäden aus Auslandsunfällen« (Entschädigungsstelle) geltend machen,

1. **wenn das Versicherungsunternehmen oder sein Schadenregulierungsbeauftragter binnen drei Monaten nach der Geltendmachung des Entschädigungsanspruchs beim Versicherungsunternehmen des Fahrzeugs, durch dessen Nutzung der Unfall verursacht wurde, oder beim Schadenregulierungsbeauftragten keine mit Gründen versehene Antwort auf die im Schadenersatzantrag enthaltenen Darlegungen erteilt hat oder**
2. **wenn das Versicherungsunternehmen entgegen Artikel 21 Absatz 1 der Richtlinie 2009/103/EG in der Bundesrepublik Deutschland keinen Schadenregulierungsbeauftragten bestellt hat, es sei denn, dass der Geschädigte einen Antrag auf Erstattung direkt beim Versicherungsunternehmen eingereicht hat und von diesem innerhalb von drei Monaten eine mit Gründen versehene Antwort auf das Schadenersatzbegehren erteilt oder ein begründetes Angebot vorgelegt worden ist oder**
3. **wenn das Fahrzeug nicht oder das Versicherungsunternehmen nicht innerhalb von zwei Monaten nach dem Unfall ermittelt werden kann.**

Ein Antrag auf Erstattung ist nicht zulässig, wenn der Geschädigte unmittelbar gegen das Versicherungsunternehmen gerichtliche Schritte eingeleitet hat.

(2) Die Entschädigungsstelle unterrichtet unverzüglich

1. **das Versicherungsunternehmen des Fahrzeugs, das den Unfall verursacht haben soll, oder dessen in der Bundesrepublik Deutschland bestellten Schadenregulierungsbeauftragten,**
2. **die Entschädigungsstelle in dem Staat des Europäischen Wirtschaftsraums, in dem die Niederlassung des Versicherungsunternehmens ihren Sitz hat, die die Versicherungspolice ausgestellt hat,**
3. **die Person, die den Unfall verursacht haben soll, sofern sie bekannt ist,**
4. **das Deutsche Büro Grüne Karte und das nationale Versicherungsbüro des Staates, in dem sich der Unfall ereignet hat, wenn das schadenstiftende Fahrzeug seinen gewöhnlichen Standort nicht in diesem Staat hat,**
5. **in den Fällen des Absatzes 1 Nr. 3 den Garantiefonds im Sinne von Artikel 10 Absatz 1 der Richtlinie 2009/103/EG des Staates, in dem das Fahrzeug seinen gewöhnlichen Standort hat, sofern das Versicherungsunternehmen nicht ermittelt werden kann, oder, wenn das Fahrzeug nicht ermittelt werden kann, den Garantiefonds des Staates, in dem sich der Unfall ereignet hat, darüber, dass ein Antrag auf Entschädigung bei ihr eingegangen ist und dass sie binnen zwei Monaten auf diesen Antrag eingehen wird.**

(3) Die Entschädigungsstelle wird binnen zwei Monaten nach Eingang eines Schadenersatzantrages des Geschädigtentätig, schließt den Vorgang jedoch ab, wenn das Versicherungsunternehmen oder dessen Schadenregulierungsbeauftragter in dieser Zeit eine mit Gründen versehene Antwort auf das Schadenersatzbegehren erteilt oder ein begründetes Angebot vorlegt. Geschieht dies nicht, reguliert sie den geltend gemachten Anspruch unter Berücksichtigung des Sachverhalts nach Maßgabe des anzuwendenden Rechts. Sie kann sich hierzu anderer Personen oder Einrichtungen, insbesondere eines zur Übernahme der Regulierung bereiten Versicherungsunternehmens oder Schadenabwicklungsunternehmens, bedienen. Im Übrigen bestimmt sich

das Verfahren nach dem Abkommen der Entschädigungsstellen nach Artikel 24 Absatz 3 der Richtlinie 2009/103/EG.

(4) Hat sich der Unfall in einem Drittstaat ereignet, so kann der Geschädigte unter den Voraussetzungen des Absatzes 1 einen Antrag auf Erstattung an die Entschädigungsstelle richten, wenn

1. das nationale Versicherungsbüro dieses Drittstaates dem System der Grünen Karte beigetreten ist und

2. der Unfall durch den Gebrauch eines Fahrzeugs verursacht wurde, das in einem Staat des Europäischen Wirtschaftsraums versichert ist und dort seinen gewöhnlichen Standort hat.

(5) Handelt es sich bei dem Fahrzeug nicht um ein Fahrzeug im Sinne des Artikels 1 Nummer 1 der Richtlinie 2009/103/EG, so ist die Entschädigungsstelle nur dann nach den Absätzen 1 bis 4 verpflichtet, wenn der Rückgriff gegenüber der Entschädigungsstelle im Staat des Europäischen Wirtschaftsraums der Niederlassung des Versicherungsunternehmens, die die Versicherungspolice ausgestellt hat, gewährleistet ist.

Übersicht

A. Allgemeines

In der Vergangenheit gestaltete es sich für Geschädigte die einen Unfall im Ausland erlitten hatten oft schwierig, ihre Schadensersatzansprüche im Ausland durchzusetzen (u.a. wegen fehlender Sprach- und Rechtskenntnisse). Mit der Einführung der Richtlinie 2000/26/EG vom 15.05.2000 (mittlerweile aufgegangen in der Richtlinie 2009/103/EG) wurde es dem Geschädigten ermöglicht seine Ansprüche in seinem Wohnsitzland in vertrauter Art und Weise geltend zu machen. Durch die Regelungen in Art. 24 der Richtlinie 2009/103/EG (umgesetzt in nationales Recht durch § 12a PflVG) soll ein reibungsloser Ablauf auch für Fälle gewährleistet werden in denen der Versicherer nicht ermittelt werden kann sowie die Bearbeitung des Schadensersatzantrages in angemessener Frist. 1

In Umsetzung der Richtlinie (EU) 2021/2118 wird der bisherige § 12a PflVG a.F. in den neuen § 15 PflVG überführt. 2

B. Regelungsinhalt

§ 12a regelt das Entschädigungsverfahren bei Schadensfällen, die sich durch den Gebrauch eines Kraftfahrzeuges oder Anhängers im Ausland ereignet haben und das zuständige Versicherungsunternehmen oder dessen Schadenregulierungsbeauftragter innerhalb einer angemessenen Frist nicht ermittelt werden kann oder keine begründete Antwort auf den Schadensersatzantrag erteilt hat. Damit wurden die Regelungen von Art. 6 der Richtlinie 2000/26/EG (4. EU-KH-Richtlinie, mittlerweile Art. 24 der Richtlinie 2009/103/EG) umgesetzt. Hierdurch soll eine wesentliche Verbesserung des Schutzes der Verkehrsopfer erreicht werden. Gemäß § 13a PflVG wurden die Aufgaben der Entschädigungsstelle auf den Verein Verkehrsopferhilfe übertragen. 3

I. Anspruchsvoraussetzung

Der Geschädigte muss durch ein Kraftfahrzeug oder Anhänger bei einem Unfall im europäischen Ausland (EU/EWR Staaten) oder in einem Mitgliedsland des Grüne Karten Systems durch ein Fahrzeug, welches in einem EU/EWR-Staat zugelassen ist, geschädigt worden sein. Ferner muss sich der Unfall nach dem 31.12.2002 ereignet haben.[1] 4

1 § 12a Abs. 1 S. 1 PflVG a.F.; § 12a Abs. 4 PflVG a.F.

5 Die Entschädigungsstelle ist nur eintrittspflichtig, wenn:
- ein ausländisches Versicherungsunternehmen keinen Regulierungsbeauftragten ernannt und sich der Geschädigte nicht direkt an das Versicherungsunternehmen gewandt hat (§ 12a Abs. 1 S. 1 Nr. 2 PflVG a.F.);[2]
- das ausländische Versicherungsunternehmen oder sein Schadenregulierungsbeauftragter binnen drei Monaten ab Anspruchsanmeldung weder ein mit Gründen versehenes Schadensersatzangebot noch eine mit Gründen versehene Antwort, für den Fall das die Eintrittspflicht bestritten wird, bzw. nicht fest steht oder der Schaden nicht vollständig beziffert wurde, vorlegt (§ 12a Abs. 1 S. 1 Nr. 1 PflVG a.F.);[3]
- das Schädigerfahrzeug oder das Versicherungsunternehmen nicht binnen zweier Monate ermittelt werden kann (§ 12a Abs. 1 S. 1 Nr. 3 PflVG a.F.);[4]
- der Geschädigte keine gerichtliche Schritte gegen das Versicherungsunternehmen eingeleitet hat (§ 12a Abs. 1 S. 2 PflVG a.F.).[5]

6 Die Begriffe begründete Stellungnahme und begründetes Schadensersatzangebot sind nicht näher definiert. Ob dies der Fall ist, entscheidet die Entschädigungsstelle im Einzelfall. Eine Überprüfung der Richtigkeit der Entscheidung des Versicherungsunternehmens oder des Regulierungsbeauftragten findet nicht statt. Dies ist vom Gesetzgeber auch nicht gewünscht. Die Entschädigungsstelle soll nur in seltenen Einzelfällen eingeschaltet werden, wenn das Versicherungsunternehmen die Regulierung verzögert oder nicht ermittelt werden kann.[6] Gegen die Entscheidung steht dem Geschädigten der ordentliche Rechtsweg offen.

7 Ansprüche von juristischen Personen aus übergegangenem Recht (beispielsweise Regresse von Sozialversicherungsträgern oder Kaskoversicherern) können nicht gegenüber der Entschädigungsstelle geltend gemacht werden.[7]

II. Entschädigungsverfahren

8 Sobald der Geschädigte bei der Entschädigungsstelle einen Antrag auf Schadensersatz gestellt hat, unterrichtet diese unverzüglich das Versicherungsunternehmen des unfallverursachenden Fahrzeuges bzw. dessen Schadensregulierungsbeauftragten, die Entschädigungsstelle im Mitgliedsstaat der Niederlassung des Versicherungsunternehmens, die Person, die den Unfall verursacht hat (soweit bekannt) sowie, falls sich der Unfall nicht in dem Land ereignet hat, in dem das Schädigerfahrzeug seinen gewöhnlichen Aufenthaltsort hat, das Deutsche Büro Grüne Karte und das Grüne Karte Büro des Landes in dem sich der Unfall ereignet hat (§ 12a Abs. 2 S. 1–4 PflVG a.F.)[8] Kann das Versicherungsunternehmen nicht ermittelt werden, unterrichtet die Entschädigungsstelle ferner den Garantiefonds des Staates, in dem das Schädigerfahrzeug seinen gewöhnlichen Standort hat, bzw. falls das Fahrzeug nicht ermittelt werden kann, den Garantiefonds des Staates, in dem sich der Unfall ereignet hat (§ 12a Abs. 2 S. 5 PflVG a.F.).

9 Die Entschädigungsstelle wird binnen 2 Monaten nach Eingang des Antrages auf Schadenersatz tätig. Erteilt das Versicherungsunternehmen oder dessen Regulierungsbeauftragter in dieser Zeit eine begründete Antwort auf den Schadenersatzantrag oder legt ein begründetes Angebot vor, schließt die Entschädigungsstelle den Vorgang ab (§ 12a Abs. 3 S. 1 PflVG a.F.).[9] Andernfalls reguliert die

2 Art. 24 Abs. 1 S. 2a Richtlinie 2009/103/EG.
3 Art. 24 Abs. 1 S. 2b Richtlinie 2009/103/EG.
4 Art. 25 Abs. 1 S. 1 Richtlinie 2009/103/EG.
5 Art. 24 Abs. 1 S. 3 Richtlinie 2009/103/EG.
6 Erwägungsgrund 47, Richtlinie 2009/103/EG.
7 Erwägungsgrund 49, Richtlinie 2009/103/EG.
8 Art. 24 Abs. 1 S. 5 Richtlinie 2009/103/EG.
9 Art. 24 Abs. 1 S. 4 Richtlinie 2009/103/EG.

Entschädigungsstelle den geltend gemacht Anspruch nach Sach- und Rechtslage unter Berücksichtigung des anwendbaren Rechts auf Kosten des Versicherungsunternehmens. Vermögensschäden werden nicht ersetzt.[10]

Umstritten ist, ob die zweimonatige Frist eine Ausschlussfrist darstellt, nach deren Ablauf das Versicherungsunternehmen die Schadensregulierung nicht wieder an sich ziehen kann. Nach dem Willen des Gesetzgebers[11] und der in der Literatur vorherrschenden Meinung[12] ist davon auszugehen, dass nach Ablauf der Frist ausschließlich die Entschädigungsstelle für die weitere Schadensregulierung zuständig ist. 10

Die Passivlegitimation der Entschädigungsstelle ist nicht ausdrücklich gesetzlich geregelt. Da die Entschädigungsstelle allein entscheidungsberechtigt ist, ob die Voraussetzungen für das Tätig werden vorliegen, muss es dem Geschädigten möglich sein, eine Entscheidung der Entschädigungsstelle gerichtlich zu überprüfen. Gleiches gilt für den Fall, dass die Entschädigungsstelle nach Ablauf der zweimonatigen Frist eine Regulierung vornimmt (in die das Versicherungsunternehmen nicht mehr eingreifen kann), mit der der Geschädigte nicht einverstanden ist.[13] 11

§ 16 (Forderungsübergang auf die Entschädigungsstelle)

Soweit die Entschädigungsstelle nach § 15 dem Ersatzberechtigten den Schaden ersetzt, gehen die Ansprüche des Ersatzberechtigten gegen den Haftpflichtversicherer des Fahrzeugs des Fahrzeugs und andere Ersatzpflichtige auf die Entschädigungsstelle über. Der Übergang kann nicht zum Nachteil des Ersatzberechtigten geltend gemacht werden. Soweit eine Entschädigungsstelle im Sinne des Artikels 24 der Richtlinie 2009/103/EG einer anderen Entschädigungsstelle einen als Entschädigung gezahlten Betrag erstattet, gehen die auf die zuletzt genannte Entschädigungsstelle übergegangenen Ansprüche des Geschädigten gegen den Haftpflichtversicherer des Fahrzeugs und andere Ersatzpflichtige auf die zuerst genannte Entschädigungsstelle über. Ein nach Artikel 24 Absatz 2 Unterabsatz 2 der Richtlinie 2009/103/EG vorgesehener Forderungsübergang unterliegt den Rechtsvorschriften des Staates des Europäischen Wirtschaftsraums, dessen Entschädigungsstelle des Wohnsitzstaates des Geschädigten Erstattung geleistet hat.

Übersicht

A. Allgemeines

In Umsetzung der Richtlinie (EU) 2021/2118 ist der bisherige § 12b PflVG a.F. unter leichter textlicher Veränderung in den neuen § 16 PflVG überführt worden. Die Kommentierung von § 12b PflVG a.F. behält ihre Bedeutung fort. 1

B. Regelungsinhalt

Ersetzt die Entschädigungsstelle nach § 15 PflVG dem Ersatzberechtigten den entstandenen Schaden, so geht der Anspruch des Ersatzberechtigten gegen den Haftpflichtversicherer des Fahrzeugs 2

10 § 12a Abs. 1 S. 1 PflVG.

11 BT Drucksache 14/8770, S. 17.

12 Geigel/*Lafontaine*, Kap. 42, Rn. 82; *Riedmeyer*, Regulierung von Auslandsunfällen, zfs 2006, 132 ff.; *Backu*, Der grenzüberschreitende Schadensfall, DAR 2003, 145 (149).

13 Feyock/Jacobsen/*Lemor*, § 12a, Rn. 20.

und andere Ersatzpflichtige auf die Entschädigungsstelle über.[1] Dieser Übergang kann nicht zum Nachteil des Ersatzberechtigten geltend gemacht werden.

3 Die Entschädigungsstelle, welche den Ersatzberechtigten im Wohnsitzland entschädigt hat, hat gegenüber der Entschädigungsstelle im Mitgliedsstaat des ersatzpflichtigen Versicherungsunternehmens einen Anspruch auf Erstattung der geleisteten Entschädigungszahlungen.[2] Entsprechend gehen nach § 16 PflVG die Ansprüche des Ersatzberechtigten nach Erstattung auf diese Entschädigungsstelle über. Damit soll die Durchsetzung des Regressanspruches gegen das haftende Versicherungsunternehmen erleichtert werden.[3]

Text in der Fassung des Gesetzes zur Umsetzung der Richtlinie (EU) 2021/2118 im Hinblick auf die Kraftfahrzeug-Haftpflichtversicherung und die Kontrolle der entsprechenden Versicherungspflicht und zur Änderung anderer versicherungsrechtlicher Vorschriften vom 11.04.2024 mit Wirkung ab vom 17.04.2024

Unterabschnitt 3
Insolvenzfonds für Schäden aus Fahrzeugunfällen

§ 17 (Leistungspflicht des Insolvenzfonds)

(1) Ansprüche gegen den Versicherer auf Ersatz eines durch den Gebrauch eines Fahrzeugs verursachten Personen- oder Sachschadens können unter den weiteren Voraussetzungen des Absatzes 2, 3 oder 4 und des § 18 gegen den Insolvenzfonds für Schäden aus Fahrzeugunfällen (Insolvenzfonds) geltend gemacht werden, wenn
1. das Fahrzeug bei einem Versicherer mit Sitz im Inland oder mit Sitz in einem anderen Staat des Europäischen Wirtschaftsraums versichert ist und
2. der Versicherer Gegenstand eines Insolvenzverfahrens oder eines Liquidationsverfahrens im Sinne des Artikel 268 Absatz 1 Buchstabe d der Richtlinie 2009/103/EG des Europäischen Parlaments und des Rates vom 25. November 2009 betreffend die Aufnahme und Ausübung der Versicherungs- und der Rückversicherungstätigkeit (Solvabilität II) (ABl. L 335 vom 17.12.2009, S. 1), die zuletzt durch die Richtlinie (EU) 2022/2556 (ABl. L 333 vom 27.12.2022, S. 153) geändert worden ist, ist.

Ein Versicherer mit Sitz im Inland ist Gegenstand eines Insolvenzverfahrens, sobald die Versicherungsaufsichtsbehörde den Antrag auf Eröffnung eines Insolvenzverfahrens über das Vermögen des Versicherers stellt.

(2) Wem Ansprüche gegen den Versicherer auf Ersatz eines durch den Gebrauch eines Fahrzeugs verursachten Personen- oder Sachschadens zustehen, kann diese Ersatzansprüche unter den weiteren Voraussetzungen des Absatzes 1 gegen den Insolvenzfonds geltend machen, wenn
1. der Geschädigte seinen Wohnsitz im Inland hat und
2. der Unfall sich
a) im Inland ereignet hat,
b) in einem anderen Staat des Europäischen Wirtschaftsraums ereignet hat oder

1 Art. 24 Abs. 2 S. 2 Richtlinie 2009/103/EG.
2 Art. 24 Abs. 2 S. 1 Richtlinie 2009/103/EG.
3 Erwägungsgrund 50, Richtlinie 2009/103/EG.

c) **in einem Drittstaat ereignet hat, dessen nationales Versicherungsbüro dem System der Grünen Karte beigetreten ist, wenn das Fahrzeug seinen gewöhnlichen Standort in einem Staat des Europäischen Wirtschaftsraums hat.**

(3) Wem Ansprüche gegen den Versicherer auf Ersatz eines durch den Gebrauch eines Fahrzeugs verursachten Personen- oder Sachschadens zustehen, kann diese Ersatzansprüche unter den weiteren Voraussetzungen des Absatzes 1 gegen den Insolvenzfonds geltend machen, wenn
1. **der Geschädigte keinen Wohnsitz in einem Staat des Europäischen Wirtschaftsraums hat und**
2. **der Unfall sich im Inland ereignet hat.**

Der Insolvenzfonds erbringt in diesem Fall Leistungen an ausländische Staatsangehörige nur bei Vorliegen der Gegenseitigkeit, soweit nicht unionsrechtliche oder völkerrechtliche Verpflichtungen der Bundesrepublik Deutschland dem entgegenstehen.

(4) Wem Ansprüche gegen den Versicherer auf Ersatz eines durch den Gebrauch eines Fahrzeugs verursachten Personen- oder Sachschadens zustehen, kann diese Ersatzansprüche unter den weiteren Voraussetzungen des Absatzes 1 gegen den Insolvenzfonds geltend machen, wenn
1. **der Geschädigte glaubhaft macht, dass er von der nach Artikel 25a Absatz 1 der Richtlinie 2009/103/EG eingerichteten und zugelassenen Stelle des Staates des Europäischen Wirtschaftsraums, in dem er seinen Wohnsitz hat, deshalb keinen Ersatz seines Schadens erlangen kann, weil es sich bei dem versicherten Fahrzeug nicht um ein Fahrzeug im Sinne des Artikels 1 Nummer 1 der Richtlinie 2009/103/EG handelt, und**
2. **der Unfall sich im Inland ereignet hat.**

Übersicht

A. Allgemeines

Die Richtlinie (EU) 2021/2118 sieht die Einführung einer unionsweiten Absicherung bei Insolvenz eines Kfz-Haftpflichtversicherers und den Regress unter den hierfür zu schaffenden Stellen vor. Die Vorgaben zur Insolvenzabsicherung hat der Gesetzgeber durch die neu geschaffenen §§ 17 bis 22 PflVG umgesetzt. An die Stelle des für die Absicherung der Insolvenz eines Kfz-Haftpflichtversicherers bisher zuständigen Entschädigungsfonds tritt nunmehr der in der Richtlinie (EU) 2021/2118 vorgesehene Insolvenzfonds. Die Aufgaben des Insolvenzfonds werden nach § 24 PflVG vom Verein »Verkehrsopferhilfe e.V.« wahrgenommen. 1

B. Regelungsinhalt

§ 17 Abs. 1 regelt die Grundvoraussetzungen der Inanspruchnahme des Insolvenzfonds. Es muss sich um die Versicherung eines Fahrzeugs in einem Staat des Europäischen Wirtschaftsraums und dessen Versicherung bei einem Versicherungsunternehmen handeln, welches Gegenstand eines Insolvenz- oder Liquidationsverfahrens ist und in Deutschland zugelassen ist. § 17 Abs. 2 bis 4 PflVG regelt, unter welchen weiteren Voraussetzungen Geschädigte Ansprüche gegen den Insolvenzfonds geltend machen können. 2

§ 17 Abs. 1 Satz 1 PflVG stellt eine Klarstellung dar, ab welchem Zeitpunkt der Versicherer »Gegenstand eines Insolvenzverfahrens« ist, nämlich sobald die Versicherungsaufsichtsbehörde den Antrag auf Eröffnung des Insolvenzverfahrens über das Vermögen des Versicherers gestellt hat. 3

§ 17 Abs. 2 Satz 1 PflVG siehe einen Anspruch gegen den Insolvenzfonds vor, wenn 4
1. der Geschädigte seinen Wohnsitz im Inland hat und
2. der Unfall sich
   a) im Inland ereignet hat

b) in einem anderen Staat des Europäischen Wirtschaftsraums ereignet hat, oder
c) in einem Drittstaat ereignet hat, dessen nationales Büro dem System der Grünen Karte beigetreten ist, wenn das Fahrzeug seinen gewöhnlichen Standort in einem Staat des Europäischen Wirtschaftsraums hat.

5 Hat der Geschädigte seinen Wohnsitz nicht im Inland, sondern in einem anderen Mitgliedsstaat, muss er sich an die zuständige Stelle seines Wohnsitzmitgliedstaates wenden. In diesem Fall stehen dem Geschädigten keine Ansprüche gegen den (deutschen) Insolvenzfonds zu.

6 Hat ein Geschädigter keinen Wohnsitz in einem Staat des Europäischen Wirtschaftsraums, so kann ihm unter den Voraussetzungen des § 17 Abs. 3 PflVG ein Anspruch gegen den Insolvenzfonds zustehen.

Text in der Fassung des Gesetzes zur Umsetzung der Richtlinie (EU) 2021/2118 im Hinblick auf die Kraftfahrzeug-Haftpflichtversicherung und die Kontrolle der entsprechenden Versicherungspflicht und zur Änderung anderer versicherungsrechtlicher Vorschriften vom 11.04.2024 mit Wirkung ab vom 17.04.2024

§ 18 (Umfang der Leistungspflicht des Insolvenzfonds)

(1) Der Ersatzberechtigte kann seine Ansprüche gegen den Insolvenzfonds nur geltend machen, soweit er glaubhaft macht, dass er weder von einem anderen Schadensversicherer noch vom Deutschen Büro Grüne Karte Ersatz seines Schadens zu erlangen vermag. Die Leistungspflicht des Insolvenzfonds entfällt, soweit

1. der Ersatzberechtigte in der Lage ist, Ersatz seines Schadens nach den Vorschriften über die Amtspflichtverletzung zu erlangen, oder
2. der Schaden durch Leistungen eines Sozialversicherungsträgers, durch Fortzahlung von Dienst- oder Amtsbezügen, Vergütung oder Lohn oder Gewährung von Versorgungsbezügen ausgeglichen wird.

Die Absätze 1 und 2 sind nicht anzuwenden, soweit ihre Anwendung dazu führen würde, dass der Ersatzberechtigte darauf verwiesen wird, vorrangig andere als die in Satz 1 oder Satz 2 genannten Schuldner in Anspruch zu nehmen.

(2) Der Anspruch des Ersatzberechtigten gegen den Insolvenzfonds verjährt in drei Jahren. Die Verjährung beginnt mit dem Zeitpunkt, in dem der Ersatzberechtigte Kenntnis von den den Anspruch gegen den Insolvenzfonds begründenden Umständen erlangt. Ist der Anspruch des Ersatzberechtigten bei dem Insolvenzfonds angemeldet worden, so ist die Verjährung bis zum Eingang der schriftlichen Entscheidung des Insolvenzfonds gehemmt. Die gegenüber dem leistungspflichtigen Versicherer verstrichene Verjährungsfrist kommt dem Insolvenzfonds zugute. War der Anspruch des Geschädigten gegen den leistungspflichtigen Versicherer zu dem Zeitpunkt, zu dem der Anspruch des Geschädigten gegen den Insolvenzfonds nach § 17 entstanden ist, noch nicht verjährt, so verjährt der Anspruch des Ersatzberechtigten gegen den Insolvenzfonds jedoch frühestens sechs Monate nach dem in Satz 2 bezeichneten Zeitpunkt. Der Anspruch des Ersatzberechtigten gegen den Insolvenzfonds verjährt zudem nicht vor dem Zeitpunkt, zu dem der Anspruch des Ersatzberechtigten gegen den leistungspflichtigen Versicherer verjährt.

(3) Die Leistungspflicht des Insolvenzfonds bestimmt sich nach dem höheren der beiden folgenden Beträge:

1. der nach dem anwendbaren Recht vorgeschriebenen Mindestversicherungssumme,
2. der vereinbarten Versicherungssumme, maximal jedoch das Dreifache der nach diesem Gesetz vorgesehenen Mindestversicherungssumme.

(4) § 3a ist auf Ansprüche nach § 17 Absatz 2 bis 4 entsprechend anzuwenden. Der Insolvenzfonds hat die Entschädigung unverzüglich zu leisten, spätestens aber innerhalb von drei

Monaten, nachdem er das mit Gründen versehene Schadensersatzangebot abgegeben hat oder hätte abgeben müssen. Wurde der Schaden nur teilweise beziffert, so gilt Satz 2 für diesen teilweise bezifferten Schaden und ab dem Zeitpunkt der Abgabe des entsprechenden mit Gründen versehenen Schadensersatzangebots.

(5) Im Übrigen bestimmen sich die Voraussetzungen und der Umfang der Leistungspflicht des Insolvenzfonds sowie die Pflichten des Ersatzberechtigten gegenüber dem Insolvenzfonds nach den Vorschriften, die für das Verhältnis zwischen dem Versicherer und dem Ersatzberechtigten gelten.

Übersicht

A. Allgemeines

§ 18 Abs. 1 PflVG greift Regelungen des § 12 Abs. 1 Satz 2 und 3 PflVG a.F. auf, die auch bisher schon für die Insolvenzabsicherung galten. Auf die entsprechende dortige Kommentierung wird verwiesen. Die Entschädigung durch den Insolvenzfonds wird auch weiterhin subsidiär ausgestaltet. 1

B. Regelungsinhalt

Wie bereits in § 12 Abs. 1 Satz 2 bis 3 PflVG a.F. kann der Ersatzberechtigte nur dann geltend machen, wenn er glaubhaft macht, dass er weder von einem anderen Schadenversicherer noch vom Deutschen Büro Grüne Karte Ersatz seines Schadens zu erhalten vermag. 2

Die Entschädigungspflicht des Insolvenzfonds – ebenso wie die des Entschädigungsfonds – entfällt auch dann, wenn der Geschädigte in der Lage ist, anderweitig Ersatz seines Schadens zu erhalten. Hier erfolgt in § 18 Abs. 1 Satz 3 PflVG eine ausdrückliche Klarstellung. Danach sind Satz 1 oder Satz 2 nicht anzuwenden, soweit ihre Anwendung dazu führen würde, dass der Ersatzberechtigte vorrangig andere als die in Satz 1 oder 2 genannten Schuldner oder Leistungen in Anspruch zu nehmen hätte. 3

Abweichend von § 12 Abs. 4 Satz 2 PflVG a.F., der lediglich eine Leistung bis zum Dreifachen der nach dem PflVG vorgesehenen Mindestversicherungssumme vorsah, bestimmt sich die Leistungspflicht nach § 18 Abs. 3 PflVG nunmehr nach der dem anwendbaren Recht vorgeschriebenen Mindestversicherungssumme oder der vereinbarten Versicherungssumme, maximal jedoch dem Dreifachen der nach diesem Gesetz vorgesehenen Mindestversicherungssumme. 4

§ 19 (Aufwendungsersatz; Forderungsübergang)

(1) Der Insolvenzfonds kann von den Personen, für deren Schadensersatzverpflichtungen er nach § 17 einzutreten hat, wie ein Beauftragter Ersatz seiner Aufwendungen verlangen, wobei Ersatzansprüche des Insolvenzfonds gegenüber dem Versicherungsnehmer und mitversicherten Personen auf den Betrag beschränkt sind, den der Versicherungsnehmer oder die mitversicherte Person auch im Verhältnis zum Versicherer zu tragen hätte.

(2) Soweit der Insolvenzfonds den Ersatzberechtigten den Schaden ersetzt, gehen die Ersatzansprüche des Ersatzberechtigten gegen den Haftpflichtversicherer des Fahrzeugs und andere Ersatzverpflichtete auf den Insolvenzfonds über. Forderungen gegen den Versicherungsnehmer und mitversicherte Personen gehen nur in dem in Absatz 1 vorgesehenen Umfang auf den Insolvenzfonds über. Der Übergang kann nicht zum Nachteil des Ersatzberechtigten geltend gemacht werden. Gibt der Ersatzberechtigte seinen Ersatzanspruch oder ein zur Sicherung des Anspruchs dienendes Recht auf, so entfällt die Leistungspflicht des Insolvenzfonds insoweit, als er aus dem Anspruch oder dem Recht hätte Ersatz erlangen können. Ein nach Artikel 10a Absatz 10

Unterabsatz 3 Satz 1 oder Artikel 25a Absatz 10 Unterabsatz 3 Satz 1 der Richtlinie 2009/103/EG vorgesehener Forderungsübergang unterliegt den Rechtsvorschriften des Staates des Europäischen Wirtschaftsraums, dessen nach Artikel 10a Absatz 10 Unterabsatz 1 oder Artikel 25a Absatz 10 Unterabsatz 1 der Richtlinie 2009/103/EG geleistet hat.

(3) Soweit die Leistungspflicht des Insolvenzfonds nach § 18 Absatz 1 entfällt, sind auch die Ersatzansprüche der in § 18 Absatz 1 genannten ersatzpflichtigen Stellen gegen den Versicherungsnehmer und mitversicherte Personen auf den Betrag nach Absatz 1 beschränkt.

(4) Machen mehrere Gläubiger Ersatzansprüche geltend, für die die Beschränkung des § 18 Absatz 3 gelten, so sind die Ersatzansprüche insgesamt auf den Betrag nach Absatz 1 beschränkt, die Auszahlung erfolgt nach dem Verhältnis der Höhe der Ersatzansprüche.

(5) Befriedigt ein Versicherungsnehmer oder eine mitversicherte Person berechtigte Ansprüche eines Geschädigten über den nach Absatz 1 im Verhältnis zum Insolvenzfonds zu tragenden Betrag hinaus, so kann der Versicherungsnehmer oder die mitversicherte Person insoweit beim Insolvenzfonds Rückgriff nehmen. Die Ansprüche des Geschädigten gegen den Insolvenzfonds gehen insoweit auf den Versicherungsnehmer oder die mitversicherte Person über.

§ 20 (Informationspflichten und Zusammenarbeit im Insolvenzfall)

(1) Beantragt die Versicherungsaufsichtsbehörde die Eröffnung eines Insolvenzverfahrens über ein Versicherungsunternehmen mit Sitz im Inland, so hat sie diesen Antrag unverzüglich bekanntzumachen und dem Insolvenzfonds zu übermitteln. Dasselbe gilt, wenn die zuständige Aufsichtsbehörde Maßnahmen zur Eröffnung eines Liquidationsverfahrens über ein solches Versicherungsunternehmen ergreift. Wird über ein Versicherungsunternehmen mit Sitz im Inland das Insolvenzverfahren eröffnet, so hat das Insolvenzgericht den Eröffnungsbeschluss unverzüglich dem Insolvenzfonds zu übermitteln.

(2) Der Insolvenzfonds hat unverzüglich alle gemäß Artikel 10a Absatz 1 und Artikel 25a Absatz 1 der Richtlinie 2009/103/EG eingerichteten oder zugelassenen Stellen und alle gemäß Artikel 24 der Richtlinie 2009/103/EG eingerichteten oder zugelassenen Entschädigungsstellen in allen Staaten des Europäischen Wirtschaftsraums über den Antrag nach Absatz 1 Satz 1, die Maßnahme nach Absatz 1 Satz 2 oder den Beschluss nach Absatz 1 Satz 3 zu unterrichten.

(3) Geht ein Antrag des Geschädigten auf Schadensersatz nach § 17 Absatz 2 beim Insolvenzfonds ein, so unterrichtet dieser hierüber die folgenden Stellen:

1. diejenige Stelle im Herkunftsstaat des Versicherungsunternehmens, die
   a) in den Fällen des § 17 Absatz 2 Nummer 2 Buchstabe a in Umsetzung des Artikels 10a Absatz 1 der Richtlinie 2009/103/EG zugelassen oder errichtet wurde,
   b) in den Fällen des § 17 Absatz 2 Nummer 2 Buchstabe b oder c in Umsetzung des Artikels 25a Absatz 1 der Richtlinie 2009/103/EG zugelassen oder errichtet wurde,
2. in den Fällen des § 17 Absatz 2 Nummer 2 Buchstabe b oder c die Entschädigungsstelle nach § 24 Absatz 1 Nummer 2,
3. das Versicherungsunternehmen, das Gegenstand eines Insolvenz- oder Liquidationsverfahrens ist, oder dessen Verwalter oder Liquidator im Sinne des Artikels 268 Absatz 1 Buchstabe e oder f der Richtlinie 2009/103/EG.

(4) Der Insolvenzfonds ist in allen Phasen der Entschädigungsverfahren befugt, zu gegebener Zeit mit folgenden Stellen zusammenzuarbeiten:

1. mit gemäß Artikel 10a Absatz 1, Artikel 24 oder Artikel 25a Absatz 1 der Richtlinie 2009/103/EG eingerichteten oder zugelassenen Stellen in allen Staaten des Europäischen Wirtschaftsraums,

2. mit nicht in Nummer 1 genannten Beteiligten, insbesondere
   a) mit dem Versicherungsunternehmen, das Gegenstand eines Insolvenz- oder Liquidationsverfahrens ist,
   b) mit einem nach Artikel 152 Absatz 1 der Richtlinie 2009/103/EG bestellten Vertreter,
   c) mit dem Schadenregulierungsbeauftragten,
   d) mit dem vorläufigen Insolvenzverwalter (§ 22 Absatz 1 Satz 1 Insolvenzordnung) ebenso wie dem Insolvenzverwalter (§ 56 der Insolvenzordnung) oder einem sonstigen Verwalter,
   e) mit dem Liquidator,
   f) mit dem von der Aufsicht bestellten Sonderbeauftragten,
   g) mit allen Personen, die mit der Verwaltung der Kraftfahrzeug-Haftpflichtversicherungsverträge einschließlich der Regulierung der diesen Verträgen zuzurechnenden Schadensfälle betraut sind,
3. mit den zuständigen nationalen Behörden der Staaten des Europäischen Wirtschaftsraums.

Diese Zusammenarbeit umfasst die Anforderung, Entgegennahme und Übermittlung von Informationen, gegebenenfalls auch über die Einzelheiten konkreter Ansprüche.

(5) Die in Absatz 4 Satz 1 Nummer 1 und 2 genannten Stellen und Personen sowie die zustän- 1
digen deutschen Behörden sind verpflichtet, dem Insolvenzfonds die für die Erfüllung seiner Aufgaben erforderlichen Auskünfte zu erteilen, die benötigten Unterlagen zu überlassen und ihn bei der Abwicklung zu unterstützen. Das Versicherungsunternehmen, das Gegenstand eines Insolvenz- oder Liquidationsverfahrens ist, oder sein Verwalter oder Liquidator ist insbesondere verpflichtet, den Insolvenzfonds zu unterrichten, wenn es für einen Anspruch, der auch beim Insolvenzfonds eingegangen ist, Entschädigung leistet oder die Eintrittspflicht bestreitet. Ist der Anspruch bei einer nach Artikel 10a Absatz 1 oder Artikel 25a Absatz 1 der Richtlinie 2009/103/EG zugelassenen oder eingerichteten Stelle eines anderen Staates des Europäischen Wirtschaftsraum eingegangen, so bestehen die Pflichten nach den Sätzen 1 und 2 gegenüber dieser Stelle.

§ 21 (Rückgriff unter den Insolvenzfonds)

(1) Ist der Herkunftsstaat des Versicherers die Bundesrepublik Deutschland und hat eine nach Artikel 10a Absatz 1 oder Artikel 25a Absatz 1 der Richtlinie 2009/103/EG eingerichtete oder zugelassene Stelle in einem anderen Staat des Europäischen Wirtschaftsraums einem Geschädigten mit Wohnsitz in diesem Staat Entschädigung gezahlt, so ist der Insolvenzfonds verpflichtet, dieser Stelle den als Entschädigung gezahlten Betrag nach Maßgabe des Absatzes 2 zu erstatten. Der Insolvenzfonds leistet die Zahlung innerhalb einer angemessenen Frist von höchstens sechs Monaten, nachdem er einen entsprechenden Antrag auf Erstattung erhalten hat, wenn nicht zwischen dem Insolvenzfonds und dieser Stelle schriftlich etwas anderes vereinbart ist.

(2) Aufgaben, Verpflichtungen und Verfahren bei der Erstattung richten sich nach den gemäß Artikel 10a Absatz 13 Unterabsatz 1 und Artikel 25a Absatz 13 Unterabsatz 1 der Richtlinie 2009/103/EG geschlossenen Vereinbarungen oder nach den gemäß Artikel 10a Absatz 13 Unterabsatz 4 und Artikel 25a Absatz 13 Unterabsatz 4 der Richtlinie 2009/103/EG von der Europäischen Kommission erlassenen delegierten Rechtsakten. Der Insolvenzfonds ist beauftragt, Vereinbarungen nach Artikel 10a Absatz 13 Unterabsatz 1 und Artikel 25a Absatz 13 Unterabsatz 1 der Richtlinie 2009/103/EG auszuhandeln und abzuschließen. Sind derartige Vereinbarungen vor der Zulassung des Insolvenzfonds von der zuständigen Verhandlungsstelle abgeschlossen worden, so wird der Insolvenzfonds mit seiner Zulassung Vertragspartei dieser Vereinbarung.

(3) Soweit eine nach Artikel 10a Absatz 1 oder Artikel 25a Absatz 1 der Richtlinie 2009/103/EG eingerichtete oder zugelassene Stelle einen anderen nach Artikel 10a Absatz 1 oder Artikel 25a Absatz 1 der Richtlinie 2009/103/EG eingerichteten oder zugelassenen Stelle einen Betrag erstattet, den diese als Entschädigung gezahlt hat, gehen die auf die erstattungsberechtigte Stelle übergegangenen Ansprüche des Geschädigten gegen den Haftpflichtversicherer des Fahrzeugs und andere Ersatzpflichtige auf die erstattende Stelle über.

(4) Handelt es sich bei dem versicherten Fahrzeug nicht um ein Fahrzeug im Sinne des Artikels 1 Nummer 1 der Richtlinie 2009/103/EG, so richtet sich der Rückgriff zwischen dem Insolvenzfonds und den anderen nach Artikel 10a Absatz 1 oder Artikel 25a Absatz 1 der Richtlinie 2009/103/EG eingerichteten oder zugelassenen Stellen allein nach den zwischen diesen Stellen getroffenen Vereinbarungen.

§ 22 Rückgriffsrecht des Deutschen Büros Grüne Karte

(1) Soweit das Deutsche Büro Grüne Karte dem nationalen Versicherungsbüro eines anderen Staates des Europäischen Wirtschaftsraums die Kosten der Schadenregulierung für einen Unfall erstattet hat, der in diesem Staat von einem Fahrzeug mit gewöhnlichen Standort im Inland verursacht wurde, kann das Deutsche Büro Grüne Karte seinerseits vom Insolvenzfonds die Erstattung des gezahlten Betrages verlangen, wenn das Fahrzeug bei einem Versicherungsunternehmen mit Sitz im Inland versichert ist und das Versicherungsunternehmen Gegenstand eines Insolvenzverfahrens oder eines Liquidationsverfahrens im Sinne des Artikels 268 Absatz 1 Buchstabe d der Richtlinie 2009/138/EG ist.
(2) § 21 Absatz 3 ist entsprechend anzuwenden.

1 § 22 regelt das Rückgriffsrecht des deutschen Grüne Karte-Büros, wenn es im Wege der Garantiehaftung gemäß Art. 6 der Internal Regulations des COB Schadensersatzleistungen an ein nationales Versicherungsbüro eines anderen europäischen Staates erstatten musste. Voraussetzung ist, dass dieses Grüne Karte-Büro seinerseits Schadensersatz leisten musste, weil durch ein deutsches Fahrzeug im Ausland ein Schaden verursacht wurde, dessen Versicherer zwar bekannt, aber im fraglichen Zeitpunkt bereits insolvent ist.

2 Da auch die Garantiehaftung des Grüne Karte-Büros gemäß den Internal Regulations des COB subsidiär ausgestaltet ist, ist insoweit das Grüne-Karte-Büro gemäß Absatz II gleich gestellt mit einem Insolvenzfonds der gemäß Art. 10 a nach einem Unfall im Inland oder nach einem Unfall im Ausland gemäß Art. 25 a der Richtlinie 2009/103/EG vorleisten musste. Insofern finden die Regelungen zum Rechtsübergang gemäß § 21 III entsprechende Anwendung.

3 Die klare Trennung der jeweils für die Regulierung und die nachfolgende Erstattung der Schadensersatzleistungen zuständigen Stellen wurde auch durch die unterschiedliche Finanzierung der jeweiligen Rechtsträger erforderlich.

4 Die Kosten der Verkehrsopferhilfe in ihrer Funktion als nationaler Entschädigungsfonds und als Entschädigungsstelle bei von Deutschen im Ausland erlittenen Unfällen und die Kosten des deutschen Grüne Karte-Büros sind gemäß § 8 I von allen Versicherern zu tragen, die im Inland Versicherungen anbieten (also auch von ausländischen Versicherern, die lediglich im Wege der Dienstleistungsfreiheit oder über eine Niederlassung in Deutschland vertreten sind).

5 Für den Insolvenzfonds wurde insoweit in § 8 II eine abweichende Regelung getroffen, als dessen Kosten nur von den Versicherern zu tragen sind, die im jeweiligen Mitgliedstaat ihre Zulassung erhalten und ihren Hauptsitz haben, weil sie nach dem Sitzlandprinzip auch nur in diesem Staat der Versicherungsaufsicht unterliegen (s. auch § 23 II 3.).

Unterabschnitt 4

Wahrnehmung der Aufgaben von Entschädigungsfonds, Entschädigungsstelle und Insolvenzfonds

§ 23 Wahrnehmung der Aufgaben durch eine Anstalt; Verordnungsermächtigung

(1) Die nach § 13 Absatz 1 Satz 1 und 2 in der bis zum 17.04.2024 geltenden Fassung errichtete Anstalt nimmt die ihr nach diesem Gesetz oder aufgrund dieses Gesetzes übertragenen Aufgaben wahr und untersteht der Aufsicht des Bundesministeriums der Justiz. Das Nähere über die Anstalt bestimmt die Satzung, die von der Bundesregierung durch Rechtsverordnung ohne Zustimmung des Bundesrates erlassen wird.

(2) Soweit der Anstalt Aufgaben nach § 8a Absatz 3 Satz 4 oder § 28 Absatz 1 übertragen werden, sind zur Leistung von Beiträgen an die Anstalt verpflichtet:
1. **zur Deckung der Verwaltungskosten für die Wahrnehmung der Aufgaben der Auskunftsstelle und zur Deckung der Entschädigungsleistungen und der Verwaltungskosten für die Wahrnehmung der Aufgaben des Entschädigungsfonds**
   a) **die im Geltungsbereich dieses Gesetzes zum Betrieb der Kraftfahrzeug-Haftpflichtversicherung befugten Versicherungsunternehmen unter Berücksichtigung ihres Anteils an den gebuchten Prämienbeträgen und der Anzahl der versicherten Risiken bezüglich der von ihnen in der Bundesrepublik Deutschland nach diesem Gesetz getätigten Kraftfahrzeug-Haftpflichtversicherungen,**
   b) **die nach § 2 Absatz 1 Nummer 1 bis 4 von der Versicherungspflicht befreiten Halter nichtversicherter Fahrzeuge sowie die Haftpflichtschadenausgleiche im Sinne des § 3 Absatz 1 Nummer 4 des Versicherungsaufsichtsgesetzes jeweils unter Berücksichtigung ihres Anteils am Gesamtbestand der Fahrzeuge und der Art dieser Fahrzeuge;**
2. **zur Deckung der Entschädigungsleistungen und der Verwaltungskosten für die Wahrnehmung der Aufgaben der Entschädigungsstelle die im Geltungsbereich dieses Gesetzes zum Betrieb der Kraftfahrzeug-Haftpflichtversicherung befugten Versicherungsunternehmen unter Berücksichtigung ihres Anteils an den gebuchten Prämienbeträgen und der Anzahl der versicherten Risiken bezüglich der von ihnen in der Bundesrepublik Deutschland nach diesem Gesetz getätigten Kraftfahrzeug-Haftpflichtversicherungen;**
3. **zur Deckung der Entschädigungsleistungen und der Verwaltungskosten für die Wahrnehmung der Aufgaben des Insolvenzfonds die Versicherungsunternehmen, die in Deutschland zum Betrieb der Kraftfahrzeug-Haftpflichtversicherung zugelassen wurden, unter Berücksichtigung ihres Anteils an den gebuchten Prämienbeträgen und der Anzahl der versicherten Risiken bezüglich der von ihnen in der Bundesrepublik Deutschland und in den übrigen Staaten des Europäischen Wirtschaftsraums getätigten Kraftfahrzeug-Haftpflichtversicherungen.**

Das Nähere über die Beitragspflicht bestimmt das Bundesministerium der Justiz im Einvernehmen mit dem Bundesministerium für Digitales und Verkehr, dem Bundesministerium für Wirtschaft und Klimaschutz und dem Bundesministerium der Finanzen durch Rechtsverordnung mit Zustimmung des Bundesrates.

§ 23 I stellt klar, dass die nach § 13 vorrangig als nationaler Entschädigungsfonds einzurichtende 1
Anstalt in der Ausübung aller ihr nach dem Pflichtversicherungsgesetz übertragenen Aufgaben der Aufsicht des Bundesministeriums für Justiz unterstehen soll.

§ 23 II regelt die Finanzierung dieser Anstalt, die vorrangig durch Beiträge der Versicherungsunter- 2
nehmen, die im Geltungsbereich des deutschen Pflichtversicherungsgesetzes zum Geschäftsbetrieb

im Bereich Kraftfahrzeug-Haftpflicht zugelassen sind, gesichert wird. Zusätzlich sind zur Leistung von Beiträgen auch die nach § 2 I PflVG von der Pflichtversicherung befreiten Fahrzeughalter und die Haftpflichtschadenausgleiche nach § 3 I 4. VAG verpflichtet.

3 Die Höhe der von diesen Versicherern jeweils zu leistenden Kostenanteile wird durch den jeweiligen Anteil der Gesellschaften an dem gesamten Prämienvolumen der getätigten Haftpflichtversicherungen für Kraftfahrzeuge ermittelt.

4 Die Unternehmen haben nicht nur die in den Schadensfällen getätigten Aufwendungen zu erstatten. Sie sind auch zuständig für die Deckung der Verwaltungs- und Betriebskosten der eingerichteten Anstalt. Alles weitere wird in Abstimmung mit den Bundesministerien für Justiz, digitales und Verkehr, Wirtschaft und Klimaschutz und dem Bundesministerium der Finanzen durch Rechtsverordnung mit Zustimmung des Bundesrates geregelt.

5 Eine Sonderregelung gilt gemäß § 23 II 3. für die Finanzierung der Aufgaben des Insolvenzfonds. Dort sind nur die Unternehmen kostenpflichtig, die in Deutschland zum Betrieb der Kraftfahrzeug-haftpflichtversicherung zugelassen wurden. Diese Gesellschaften sind sowohl mit den in Deutschland versicherten Risiken, als auch mit eventuell in anderen Staaten des Europäischen Wirtschaftsraums getätigten Kraftfahrzeugversicherungen dort zu berücksichtigen. Folgerichtig muss auch das Gesamtvolumen der aus dem Kraftfahrzeugversicherungsgeschäft gezogenen Prämien dieser Gesellschaften bei der Bemessung ihrer Beitragsschuld Berücksichtigung finden.

§ 24 Wahrnehmung der Aufgaben durch die Verkehrsopferhilfe

(1) Dem rechtsfähigen Verein »Verkehrsopferhilfe eingetragener Verein« in Berlin (Verkehrsopferhilfe) sind mit seiner Zustimmung zugewiesen:

1. **die Stellung des Entschädigungsfonds und die Wahrnehmung der Aufgaben und Befugnisse des Entschädigungsfonds aufgrund § 13 Absatz 2 in der bis zum 17.04.2024 geltenden Fassung in Verbindung mit der Verordnung nach § 13 Absatz 2 in der bis zum 17.04.2024 geltenden Fassung,**
2. **die Stellung der Entschädigungsstelle und die Aufgaben und Befugnisse der Entschädigungsstelle aufgrund § 13a Absatz 1 in der bis zum 17.04.2024 geltenden Fassung und**
3. **die Stellung und die Aufgaben und Befugnisse der Verhandlungsstelle aufgrund § 14a in der bis zum 17.04.2024 geltenden Fassung.**

(2) Der Verkehrsopferhilfe werden die Stellung des Insolvenzfonds und die Wahrnehmung der Aufgaben und Befugnisse des Insolvenzfonds zugewiesen, sobald diese schriftlich gegenüber dem Bundesministerium der Justiz ihre Bereitschaft dazu erklärt hat. Das Bundesministerium der Justiz gibt die Erklärung und den Zeitpunkt, ab dem die betroffenen Aufgaben von der Verkehrsopferhilfe wahrgenommen werden, im Bundesanzeiger bekannt. Mit Zuweisung nach Satz 1 ist die Verkehrsopferhilfe zugelassene Stelle im Sinne des Artikels 10a Absatz 1 und des Artikels 25a Absatz 1 der Richtlinie 2009/103/EG.

(3) Die Verkehrsopferhilfe kann sich zur Schadenregulierung anderer Personen oder Einrichtungen, insbesondere eines zur Übernahme der Regulierung bereiten Versicherungsunternehmens oder Schadenabwicklungsunternehmens bedienen.

(4) Die Verkehrsopferhilfe hat an deutlich sichtbarer Stelle auf ihrer Internetseite und einem Geschädigten auf dessen Verlangen die wesentlichen Informationen über die verschiedenen Wege der Beantragung von Schadensersatz auf Papier oder in Textform bereitzustellen, sofern einzelne der in den Absätzen 1 und 2 genannten Aufgabenbereiche durch Rechtsverordnung gemäß § 28 Absatz 1 oder 2 einer anderen juristischen Person übertragen worden sind.

1 § 24 stellt klar, dass die Verkehrsopferhilfe die Aufgaben der in § 23 angesprochenen Anstalt in der Praxis wahrnehmen wird. Die Verkehrsopferhilfe ist ein rechtsfähiger Verein.

Sie behält insoweit gemäß § 24 I in der Praxis die Stellung als nationaler Entschädigungsfonds aufgrund der Regelungen des § 13 Abs. 2, sowie die Stellung als Entschädigungsstelle aufgrund § 13a Abs. 1 für Unfälle, die sich im Ausland ereignet haben. 2

Die gemäß § 13 geschaffene Anstalt des öffentlichen Rechts als formeller Träger der vorgenannten Funktionen stellt sich insoweit lediglich als rechtliche Konstruktion zur zusätzlichen Absicherung der ordnungsgemäßen Erfüllung Tätigkeiten in den angesprochenen Gebieten dar. 3

Gemäß § 24 II wird in derselben Form der Verkehrsopferhilfe auch die praktische Stellung des Insolvenzfonds für Inlandsfälle gemäß § 10a und für Auslandsfälle gemäß § 25a zugewiesen. 4

Gleichzeitig bleibt es gemäß § 24 III bei der Berechtigung der Verkehrsopferhilfe, sich zur Erfüllung ihrer Aufgaben der Hilfe Dritter zu bedienen, da die Verkehrsopferhilfe bis auf weiteres nicht über die nötigen Ressourcen verfügt, die entsprechenden Schadensfälle in eigener Regie zu regulieren. Die notwendige Unterstützung leisten die Schadensabteilungen von am Markt tätigen Versicherungsunternehmen oder selbstständige Schadensregulierer mit ausreichender Qualifikation. 5

Um den Geschädigten die Geltendmachung von Schadensersatzleistungen im jeweils zutreffenden System auch dann zu erleichtern, wenn die Verkehrsopferhilfe nicht selbst für die Regulierung zuständig ist, wird die Verkehrsopferhilfe zusätzlich in § 24 IV verpflichtet, auf ihrer Internetseite die wesentlichen Informationen zur Beantragung von Leistungen auch für die Fälle bereitzustellen, in denen die Leistungen nicht von ihr selbst, sondern von einer anderen juristischen Person zu erbringen sind. 6

§ 25 Aufsicht; Genehmigung der Satzung der Verkehrsopferhilfe

(1) Die Verkehrsopferhilfe untersteht der Rechtsaufsicht des Bundesministeriums der Justiz, soweit sie die übertragenen Aufgaben und Befugnisse wahrnimmt.

(2) Die Satzung der Verkehrsopferhilfe sowie jede Änderung der Satzung bedürfen der Genehmigung des Bundesministeriums der Justiz. Die Genehmigung von Bestimmungen der Satzung, die die Finanzierung nach § 27 betreffen, und von jeder Änderung einer solchen Bestimmung der Satzung erteilt das Bundesministerium der Justiz im Einvernehmen mit dem Bundesministerium der Finanzen. Die Satzung und jede Änderung der Satzung sind vom Bundesministerium der Justiz im Bundesanzeiger bekanntzumachen.

(3) Die Verkehrsopferhilfe hat dem Bundesministerium der Justiz als Grundlage für die Genehmigung einer Änderung ihrer Satzung, die die Regelungen über die satzungsmäßigen Leistungen zur Finanzierung der Aufgaben von Entschädigungsfonds, Entschädigungsstelle und Insolvenzfonds betrifft, ein Gutachten eines Wirtschaftsprüfers oder einer Wirtschaftsprüfungsgesellschaft vorzulegen, das bestätigt, dass die in den zur Genehmigung vorgelegten Satzungsänderungen getroffenen Regelungen über die satzungsmäßigen Leistungen und deren Erhebung und den diesen Satzungsänderungen zugrunde gelegten Annahmen eine den Anforderungen an die Finanzierung nach § 27 entsprechende Finanzierung gewährleisten. Gemeinsam mit dem Jahresbericht für das vorangegangene Kalenderjahr hat die Verkehrsopferhilfe dem Bundesministerium der Justiz jährlich zum 30. Juni ein Gutachten eines Wirtschaftsprüfers oder einer Wirtschaftsprüfungsgesellschaft vorzulegen, das bestätigt, dass die nach ihrer Satzung erhobenen satzungsmäßigen Leistungen den Anforderungen an die Finanzierung nach § 27 entsprechen. Für die Prüfung nach Satz 1 und 2 sind § 319 Absatz 2 bis 4, § 319b Absatz 1, § 320 Absatz 2 und § 323 des Handelsgesetzbuchs entsprechend anzuwenden

§ 25 enthält die Regelungen, die vor der Reform in § 13 PflVG aufgenommen waren. Die Verkehrsopferhilfe untersteht der Aufsicht des Bundesministeriums für Justiz, soweit sie die ihr übertragenen Aufgaben und Befugnisse wahrnimmt. Die in § 23 aufgenommene Anstalt findet hier bereits keine gesonderte Erwähnung mehr, da sie gemäß § 28 lediglich als Auffanglösung zur Verfügung stehen 1 sollte, falls der Verein Verkehrsopferhilfe die ihm übertragenen Aufgaben nicht mehr wahrnehmen könnte oder wollte.

2 Als Verein hat die Verkehrsopferhilfe eine Satzung. Jedwede Änderung dieser Satzung bedarf der Genehmigung des Bundesministeriums für Justiz. Die Satzung und ihre Änderungen sind im Bundesanzeiger bekannt zu machen.

3 Zur Sicherung einer ordnungsgemäßen Finanzierung sieht zudem Absatz 3) unter Bezugnahme auf § 27 vor, dass ein externer Wirtschaftsprüfer im Wege eines jährlichen Gutachtens das ordnungsgemäße Wirtschaften der Verkehrsopferhilfe bestätigen muss. Ein externer Wirtschaftsprüfer ist ebenfalls einzuschalten, wenn es um Satzungsänderungen geht, die eine Auswirkung auf die finanziellen Beiträge der Mitgliedsunternehmen zur Erfüllung der Aufgaben der Verkehrsopferhilfe haben.

§ 26 Stelle zur gütlichen Einigung; Verordnungsermächtigung

Das Bundesministerium der Justiz wird ermächtigt, im Einvernehmen mit dem Bundesministerium für Digitales und Verkehr, dem Bundesministerium für Wirtschaft und Klimaschutz und dem Bundesministerium der Finanzen durch Rechtsverordnung ohne Zustimmung des Bundesrates zu bestimmen,
1. **dass beim Entschädigungsfonds eine Stelle gebildet wird, die in Streitfällen zwischen dem Ersatzberechtigten und dem Entschädigungsfonds auf eine gütliche Einigung hinzuwirken und den Beteiligten erforderlichenfalls einen begründeten Einigungsvorschlag zu machen hat,**
2. **wie die Mitglieder der Stelle nach Nummer 1, die aus einem die Befähigung zum Richteramt besitzenden, sachkundigen und unabhängigen Vorsitzenden sowie einem von der Versicherungswirtschaft benannten und einem dem Bereich der Ersatzberechtigten zuzurechnenden Beisitzer besteht, zu bestellen sind und wie das Verfahren der Stelle einschließlich der Kosten zu regeln ist,**
3. **dass Ansprüche gegen den Entschädigungsfonds im Wege der Klage erst geltend gemacht werden können, nachdem ein Verfahren vor der Stelle nach Nummer 1 vorausgegangen ist, sofern nicht seit der Anrufung der Stelle mehr als drei Monate verstrichen sind.**

1 Ziel der Arbeit der Verkehrsopferhilfe ist eine möglichst einverständliche Regulierung der Unfallschäden mit den Ersatzberechtigten. Um diese Zielsetzung zu unterstützen, bildet § 26 die Rechtsgrundlage für die Tätigkeit der bei der Verkehrsopferhilfe eingerichteten separaten Schiedsstelle, die vermitteln soll, wenn der Regulierungsversuch der erstbearbeitenden Gesellschaft noch nicht zu einer einverständlichen Lösung geführt hat. Die entsprechenden Regelungen waren bisher in § 14 Nr. 3 PflVG enthalten. Die Bezeichnung als »Stelle« soll ermöglichen, dass die Schiedsstelle gegebenenfalls auch als Schlichtungsstelle o. ä. benannt werden kann[1].

2 Diese Schiedsstelle ist zu besetzen mit einem die Befähigung zum Richteramt besitzenden Vorsitzenden, der zudem unabhängig von beiden anderen Parteien sein und über eine entsprechende Sachkunde verfügen muss, sowie je einem Mitglied der Versicherungswirtschaft und einem Mitglied, welches dem Bereich der ersatzberechtigten Verkehrsopfer (möglicherweise der Anwaltschaft) zuzurechnen ist, während der Vorsitzende, wie bereits erwähnt, unabhängig sein muss.

3 Um die Bemühungen der Verkehrsopferhilfe um eine einverständliche Regulierung zu unterstützen und die Zahl streitiger Verfahren gegen die Verkehrsopferhilfe vor ordentlichen Gerichten möglichst gering zu halten, ist außerdem ist in Ziffer 3. vermerkt, dass dieses Schiedsverfahren zwingend durchzuführen ist, bevor eine Klage eingereicht werden kann. Es handelt sich hier also um eine objektiv zwingende Voraussetzung für die Zulässigkeit einer Klage gegen die Verkehrsopferhilfe. Sofern ein Schiedsverfahren nicht durchgeführt wurde, ist eine Klage als verfrüht und unzulässig abzuweisen. Eine Ausnahme besteht lediglich dann, wenn nach der Anrufung der Schiedsstelle

1 BR Drucksache 229/23 Seite 49.

bereits eine Frist von drei Monaten abgelaufen ist, ohne dass der Fall aufgegriffen wurde. Dann ist den Anspruchstellern eine weitere Verzögerung nicht zumutbar und er kann ohne Abwarten einer weiteren Aktivität der Schiedsstelle ein Klageverfahren anstrengen.[2]

§ 27 Finanzierung

(1) Die Verkehrsopferhilfe hat in ihrer Satzung Leistungen durch ihre Mitglieder und die weiteren nach § 8 Absatz 1 und 2 verpflichteten Unternehmen in Form von Beiträgen, Vorschüssen, Umlagen, Sonderbeiträgen und sonstigen Leistungen sowie ausreichende Sicherheitsleistungen für zukünftige Beiträge, Umlagen oder Sonderbeiträge so vorzusehen, dass die Verkehrsopferhilfe jederzeit über ausreichende liquide Mittel zur Erfüllung ihrer Aufgaben nach diesem Gesetz und ihrer Satzung, insbesondere zur Deckung bereits entstandener sowie zukünftiger und potentieller Entschädigungsleistungen, sowie der dafür erforderlichen Verwaltungskosten verfügt.

(2) Die Mittel aus Leistungen der nach § 8 Absatz 1 verpflichteten Unternehmen dürfen nur für die Erfüllung der Aufgaben des Entschädigungsfonds einschließlich der Aufgaben des Entschädigungsfonds nach § 12 Absatz 1 Satz 1 Nummer 4 in der bis zum … [einsetzen: Datum des Inkrafttretens nach Artikel 10 Absatz 1 dieses Gesetzes] geltenden Fassung und der Entschädigungsstelle sowie die dafür erforderlichen Aufwendungen verwendet werden. Die Mittel der nach § 8 Absatz 2 verpflichteten Unternehmen dürfen nur für die Erfüllung der Aufgaben des Insolvenzfonds sowie die dafür erforderlichen Aufwendungen verwendet werden. Verwaltungskosten, die für die Erfüllung mehrerer Aufgaben anfallen, können nach einem sachgerechten und nachvollziehbaren Schlüssel aufgeteilt werden.

§ 27 befasst sich mit der Finanzierung der Verkehrsopferhilfe. Dabei soll für die Zukunft sicher- 1
gestellt werden, dass der Verkehrsopferhilfe bereits vorab ausreichende finanzielle Mittel, etwa für den Fall einer Versichererinsolvenz etc. zur Verfügung stehen. Ob insoweit Vorschüsse oder Sicherheitsleistungen anzufordern sind, oder ob etwa eine angemessene Deckung in Form eines Rückversicherungsvertrags in Frage kommt, ist noch zu definieren.

Zur Leistung von Beiträgen verpflichtet sind alle Mitgliedsunternehmen, sowie auch die Unterneh- 2
men, die nach § 8 Abs. 1 und 3 PflVG verpflichtet sind, die Aufwendungen der Verkehrsopferhilfe mit entsprechenden Beiträgen und Sonderleistungen etc. mitzutragen. Hier sind also alle Versicherer zusammengefasst, die in Deutschland Kraftfahrzeughaftpflichtversicherungen anbieten dürfen.

Im Gegensatz dazu sind zur Beitragszahlung in den Insolvenzfonds lediglich die Versicherer ver- 3
pflichtet, die ihren Firmensitz auch in Deutschland haben und ihre Zulassung zum Verkauf von Kraftfahrt-Haftpflicht-Versicherungen in Deutschland erhalten haben.

Da insoweit zwei verschiedene Vermögen gebildet werden, müssen die allgemeinen Verwaltungs- 4
kosten der Verkehrsopferhilfe nach einem angemessenen Schlüssel von beiden Vermögen getragen werden.

§ 28 Übertragung der Wahrnehmung der Aufgaben auf eine andere juristische Person; Verordnungsermächtigungen

(1) Das Bundesministerium der Justiz wird ermächtigt, durch Rechtsverordnung ohne Zustimmung des Bundesrates die Aufgaben und Befugnisse des Entschädigungsfonds, der Entschädigungsstelle, der Verhandlungsstelle oder des Insolvenzfonds der in § 23 genannten Anstalt zu übertragen, soweit die Wahrnehmung der Aufgaben und Befugnisse des Entschädigungsfonds, der Entschädigungsstelle, der Verhandlungsstelle oder des Insolvenzfonds durch die Verkehrsopferhilfe nicht gewährleistet ist oder diese nicht mehr zur Wahrnehmung der Aufgaben bereit ist.

2 Langheid warnt Münchener Kommentar zum VVG § 214, Rn. 22 ff.

(2) Das Bundesministerium der Justiz wird ermächtigt, im Einvernehmen mit dem Bundesministerium für Digitales und Verkehr, dem Bundesministerium für Wirtschaft und Klimaschutz und dem Bundesministerium der Finanzen durch Rechtsverordnung ohne Zustimmung des Bundesrates die Stellung des Entschädigungsfonds, die Stellung der Entschädigungsstelle, die Stellung der Verhandlungsstelle oder die Stellung des Insolvenzfonds einer anderen bestehenden juristischen Person des Privatrechts zuzuweisen, soweit die Wahrnehmung der Aufgaben und Befugnisse des Entschädigungsfonds, der Entschädigungsstelle, der Verhandlungsstelle oder des Insolvenzfonds durch die Verkehrsopferhilfe nicht gewährleistet ist oder diese nicht mehr zur Wahrnehmung der Aufgaben bereit ist, wenn

1. diese juristische Person des Privatrechts bereit ist, die Aufgaben des Entschädigungsfonds, der Entschädigungsstelle, der Verhandlungsstelle oder des Insolvenzfonds zu übernehmen, und

2. sie hinreichende Gewähr für die Erfüllung der Ansprüche der Ersatzberechtigten bietet.

(3) § 24 Absatz 3 und 4 gilt auch für die Anstalt nach § 23 entsprechend, wenn und soweit ihr durch Rechtsverordnung nach Absatz 1 Aufgaben und Befugnisse zugewiesen werden. § 24 Absatz 3 und 4 und die §§ 25 bis 27 gelten für jede andere juristische Person entsprechend, wenn und soweit dieser juristischen Person durch Rechtsverordnung nach Absatz 2 Aufgaben und Befugnisse zugewiesen werden

1 Während in § 13a.F. vorgesehen war, eine Anstalt des öffentlichen Rechts zu errichten, um die Aufgaben des nationalen Entschädigungsfonds wahrnehmen zu können, sieht § 28 nunmehr vor, dass das Bundesministerium der Justiz sämtliche Aufgabenfelder, also Entschädigungsfonds, Entschädigungsstelle, Verhandlungsstelle und Insolvenzfonds der in § 23 genannten Anstalt übertragen kann, wenn die Verkehrsopferhilfe nicht mehr bereit oder in der Lage sein sollte, die vorgenannten Aufgaben ordnungsgemäß zu erfüllen.

2 Das Bundesjustizministerium könnte sich stattdessen auch dafür entscheiden, aus den vorgenannten Gründen statt der Verkehrsopferhilfe eine andere bereits bestehende juristische Person des Privatrechts zu beauftragen. Diese müsste dann aber nicht nur zur Übernahme der Aufgaben bereit sein, sondern daneben auch eine ausreichende Gewähr dafür bieten, dass sie die entsprechenden Funktionen durch Erfüllung der geltend gemachten Ersatzansprüche auch zugunsten der Verkehrsopfer ordnungsgemäß ausfüllen kann.

§ 29 Steuerbefreiung

Der Entschädigungsfonds, die Entschädigungsstelle, die Verhandlungsstelle und der Insolvenzfonds sind von der Körperschaftsteuer, der Gewerbesteuer und der Vermögensteuer befreit.

1 Da es sich bei dem Entschädigungsfonds, der Entschädigungsstelle, der Verhandlungsstelle und dem Insolvenzfonds jeweils um Körperschaften des öffentlichen Rechts handelt, sind sie auch sämtlich von der Körperschaftssteuer, der Gewerbesteuer und der Vermögenssteuer befreit.

Abschnitt 4

Strafvorschriften, Übergangs- und Schlussvorschriften

§ 30 Strafvorschriften

(1) Mit Freiheitsstrafe bis zu einem Jahr oder mit Geldstrafe wird bestraft, wer

1. entgegen § 6 Absatz 1, 2 oder 3 ein Fahrzeug gebraucht oder

2. entgegen § 6 Absatz 4 einen dort genannten Gebrauch gestattet.

(2) Handelt der Täter fahrlässig, so ist die Strafe Freiheitsstrafe bis zu sechs Monaten oder Geldstrafe bis zu einhundertachtzig Tagessätzen.

(3) Die Tat ist nicht strafbar, wenn für den Gebrauch des Fahrzeugs, sofern es nur seinen regelmäßigen Standort und nicht seinen gewöhnlichen Standort im Inland hat,
1. **ein den Anforderungen des § 3 Absatz 1, 2 oder 3 des Auslandsfahrzeug-Pflichtversicherungsgesetzes genügender Versicherungsschutz besteht oder**
2. **die Schadenregulierung nach § 9 des Auslandsfahrzeug-Pflichtversicherungsgesetzes gewährleistet ist.**

(4) Fahrzeuge, auf die sich eine Straftat nach Absatz 1 bezieht, können eingezogen werden, wenn sie dem Täter oder Teilnehmer zur Zeit der Entscheidung gehören.

Das Pflichtversicherungsgesetz enthält eigene Strafvorschriften, so ist es untersagt, ein Fahrzeug ohne entsprechenden Haftpflichtversicherungsschutz zu gebrauchen. Die Strafvorschrift richtet sich sowohl an den Fahrer wie auch an den Halter. In § 6 PlfVG a.F. war der Gebrauch des nicht versicherten Fahrzeugs bereits unter Strafe gestellt. Dies wird nun in § 30 aufgenommen. Das Strafmaß ist gleich geblieben. 1

Hiervon sind nur ausgenommen die Fahrzeuge, die aufgrund des AuslPflVG versichert sind, oder die Schadenregulierung nach § 9 AuslPflVG gewährleistet ist. 2

Als ausreichend gelten 3
- eine Grenzversicherung im Sinne von § 3 Abs. 1 Ziffer 1 AuslPflVG
- eine sonstige ausländische Haftpflichtversicherung besteht
- der Halter von der Versicherungspflicht befreit ist, oder
- es sich um ein Fahrzeug handelt, welches für Motorsportaktivitäten verwendet wird und für dieses Fahrzeug eine entsprechende Haftpflichtversicherung abgeschlossen ist.

Sofern es sich um ein dem Täter gehörendes Fahrzeug handelt, kann dies eingezogen werden. 4

§ 31 Tarifumstellung bei Bestandsübertragung

Wird zur Vermeidung einer Insolvenz ein Bestand an Kraftfahrzeug-Haftpflichtversicherungsverträgen mit Genehmigung der Aufsichtsbehörden auf einen anderen Versicherer übertragen, so kann der übernehmende Versicherer die Anwendung des für sein Unternehmen geltenden Tarifs (Prämie und Tarifbestimmungen) und seiner Versicherungsbedingungen vom Beginn der nächsten Versicherungsperiode an erklären, wenn er dem Versicherungsnehmer die Tarifänderung unter Kenntlichmachung der Unterschiede des alten und neuen Tarifs spätestens einen Monat vor Inkrafttreten der Änderung mitteilt und ihn schriftlich über sein Kündigungsrecht belehrt.

Übersicht Rdn.

A. Allgemeines

Der Gesetzgeber sieht in der Vorschrift[1] nach ihrer Änderung zum 29.07.1994[2] »eine flankierende Maßnahme zur Konkursvorbeugung in der Kraftfahrzeug-Haftpflichtversicherung«[3]. Dem 1

1 Früherer § 15 wird § 31 und die Überschrift wird neu gefasst mit Wirkung vom 17.4.2024 durch Gesetz vom 11.4.2024 (BGBl. 2024 I Nr. 119) zur Umsetzung der Richtlinie (EU) 2021/2118 im Hinblick auf die Kraftfahrzeug-Haftpflichtversicherung und die Kontrolle der entsprechenden Versicherungspflicht und zur Änderung anderer versicherungsrechtlicher Vorschriften.

2 Vgl. Drittes Durchführungsgesetz/EWG zum VAG vom 21. Juli 1994 (BGBl. I S. 1630, 3134).

3 Vgl. die Begründung zum Regierungsentwurf zum Dritten Durchführungsgesetz/EWG zum VAG vom 04.03.1994, BT-Drucks. 12/6959, S. 112.

Versicherer, dem bei drohender Insolvenz eines Kraftfahrzeug-Haftpflichtversicherers der Bestand an Kraftfahrzeug-Haftpflichtversicherungsverträgen übertragen wird, um dadurch die dauernde Erfüllbarkeit der Versicherungsleistung zu gewährleisten, soll es durch die Norm ermöglicht werden, den etwa wegen Untertarifierung gefährdeten Vertragsbestand durch Eingliederung in seinen eigenen Unternehmenstarif zu sanieren.[4]

2 Einen vergleichbaren deutschen Fall, wie denjenigen der niederländischen International Insurance Corporation (IIC), welche in Deutschland Kraftfahrthaftpflichtversicherungen unter den Namen Ineas und Lady-CarOnline vertrieb und über dessen Vermögen im Jahre 2010 das Insolvenzverfahren nach niederländischem Recht eröffnet worden war, hat es hierzulande zwar noch nicht[5] gegeben. Da Insolvenzen jedoch, insbesondere, um das Vertrauen in die Versicherungswirtschaft zu erhalten[6], zu vermeiden sind, ist die vom deutschen Gesetzgeber präventiv initiierte Maßnahme dennoch zu begrüßen.

3 (einstweilen unbesetzt)

B. Regelungsgehalt

I. Anwendungsbereich

4 Die Vorschrift ist auch dann anwendbar, wenn die Bestandsübernahme nicht bloß »zur Vermeidung einer Insolvenz« erfolgt. Bei dieser Formulierung dürfte es sich lediglich um eine »programmatische Aussage«[7] des Gesetzgebers und nicht um eine zwingende Voraussetzung handeln, so dass auch andere unternehmerische Ziele in Betracht kommen. Gleichwohl erfordert eine Bestandsübertragung die Genehmigung der zuständigen Aufsichtsbehörde nach § 13 VAG[8].

5 Ebenso steht es der Anwendbarkeit der Bestimmung nicht entgegen, wenn einem Kraftfahrzeug-Haftpflichtversicherer nur ein Teil des Bestandes an Kraftfahrzeug-Haftpflichtversicherungsverträgen übertragen wird (argumentum a maiore ad minus).Teilbestandsübertragungen sind demnach von der Norm erfasst.[9]

II. Tarifangleichung und AVB-Anpassung

6 Dem übernehmenden Versicherer steht es im Grunde frei, den übernommenen Bestand zu den bisherigen Tarifen und Bedingungen der abgebenden Gesellschaft fortzuführen oder die Übernahme seiner Tarife und Bedingungen erst zu einem späteren Zeitpunkt zu erklären. Die Anwendung des für sein Unternehmen geltenden Tarifs (Prämie und Tarifbestimmungen) und seiner Versicherungs-bedingungen vom Beginn der nächsten Versicherungsperiode an ist für den übernehmenden Versicherer weder zwingend[10] gesetzlich vorgeschrieben, noch besteht eine Frist, bis zu welchem Zeitpunkt bestehende Tarife und Bedingungen auf den übernommenen Bestand angewendet werden müssen.[11]

4 Ebenda.

5 Vgl. *Kreuter/Schwab* in: Staudinger/Halm/Wendt Fachanwaltskommentar Versicherungsrecht, 3. Auflage 2022, § 15 PflVG.

6 Ebenda.

7 Vgl. *Feyock* in: Feyock/Jacobsen/Lemor Kraftfahrtversicherung, 3. Auflage 2009, § 15 PflVG Rn. 1.

8 § 13 Abs. 1 Satz 1 VAG lautet: *Jeder Vertrag, durch den der Versicherungsbestand eines Erstversicherungsunternehmens ganz oder teilweise auf ein anderes Versicherungsunternehmen übertragen werden soll, bedarf der Genehmigung der Aufsichtsbehörden, die für die beteiligten Unternehmen zuständig sind.*

9 Ebenso: *Feyock* in: Feyock/Jacobsen/Lemor Kraftfahrtversicherung, Auflage 2009, § 15 PflVG Rn. 2 sowie *Jahnke* in: Stiefel/Maier/Jahnke PflVG, 19. Aufl. 2017, § 15 PflVG Rn. 4.

10 Es handelt sich lediglich um eine »Kann-Bestimmung«; Ebenso: MüKoStVR/Rolfs/Binz, 1. Aufl. 2017, PflVG § 15 Rn. 5.

11 Ebenso: *Feyock* in: Feyock/Jacobsen/Lemor Kraftfahrtversicherung, 3. Auflage 2009, § 15 PflVG Rn. 3, 4.

Allerdings ist eine Vereinheitlichung zunächst unterschiedlicher Tarife im Bestand dann zwingend vorzunehmen, wenn der übernehmende Versicherer zu einem späteren Zeitpunkt einen neuen Tarif kalkuliert. Es hat dann eine Anpassung (des übernommenen Bestandes) an den Neutarif des übernehmenden Versicherers zu erfolgen.[12] 7

Kommt es zu einer Tarifänderung, hat der übernehmende Versicherer zur Wahrung des Gleichheitsgebotes gleichzeitig auch seine AVB auf den Bestand der abgebenden Gesellschaft anzuwenden.[13] Sinn und Zweck der Vorschrift verbieten es, nur den Tarif, nicht aber die Versicherungsbedingungen anzupassen.[14] 8

III. Sonderkündigungsrecht und Belehrungspflicht

Durch das gesetzlich eingeräumte (Sonder-) Kündigungsrecht sollen die Rechte der Versicherungsnehmer, die auf die Übertragung des Bestandes keinen Einfluss haben, gewahrt werden.[15] 9

Feyock[16] erachtet es in diesem Zusammenhang als problematisch, dass nach dem Wortlaut der Norm eine Bedingungsänderung ohne gleichzeitige Tarifänderung keine Belehrungspflicht und auch kein Kündigungsrecht nach sich zieht und hält es zum Schutze des Versicherungsnehmers für geboten, analog zur Tarifangleichung ein Sonderkündigungsrecht nebst Belehrungspflicht zu gewähren. Dies erscheint allerdings nicht als ganz unbedenklich, hat es der Gesetzgeber ausweislich der Gesetzesbegründung[17] doch erkannt, dass durch eine Bestandsübertragung Rechte der Versicherungsnehmer beeinträchtigt werden können und nichtsdestotrotz ausdrücklich lediglich ein Sonderkündigungsrecht und eine Belehrungspflicht für den Fall einer Tarifänderung normiert. Es ist daher durchaus denkbar, dass der Gesetzgeber eine etwaige Verschlechterung des Preis-/Leistungsverhältnisses zu Lasten des Versicherungsnehmers durch zu übernehmende Bedingungen bei unveränderter Prämie bewusst in Kauf genommen hat, sie dem Allgemeininteresse an einer praktikablen Insolvenzprävention unterordnete. Dann würden jedoch die Voraussetzungen einer Analogie nicht vorliegen. Es würde an der Planwidrigkeit der Regelungslücke fehlen. 10

Über sein Kündigungsrecht muss der Versicherungsnehmer schriftlich und spätestens einen Monat vor Inkrafttreten der Änderung belehrt werden. Die Tarifänderung wird daher nur dann rechtswirksam, wenn richtig und fristgemäß belehrt wurde.[18] 11

C. weitere praktische Hinweise

Nicht von dieser Vorschrift erfasst ist die Konstellation, in der der übernehmende Versicherer Bedingungen und Tarif des übernommenen Geschäfts auf seinen bisherigen Bestand anwenden will. Diesbezüglich könnte im Fall der Fälle aber durchaus über eine analoge Anwendbarkeit des § 31 PflVG auf diesen »Umkehrfall« nachgedacht werden.[19] 12

---

12 Ebenso: *Feyock* in: Feyock/Jacobsen/Lemor Kraftfahrtversicherung, 3. Auflage 2009, § 15 PflVG Rn. 5 mit näherer Begründung; Ablehnend mit näherer Begründung: MüKoStVR/Rolfs/Binz, 1. Aufl. 2017, PflVG § 15 Rn. 5.

13 Vgl. *Feyock* in: Feyock/Jacobsen/Lemor Kraftfahrtversicherung, 3. Auflage 2009, § 15 PflVG Rn. 11.

14 Vgl. MüKoStVR/Rolfs/Binz, 1. Aufl. 2017, PflVG § 15 Rn. 6.

15 Vgl. die Begründung zum Regierungsentwurf zum Dritten Durchführungsgesetz/EWG zum VAG vom 04.03.1994, BT-Drucks. 12/6959, S. 112.

16 In: Feyock/Jacobsen/Lemor Kraftfahrtversicherung, 3. Auflage 2009, § 15 PflVG Rn. 13; Zustimmend: MüKoStVR/Rolfs/Binz, 1. Aufl. 2017, PflVG § 15 Rn. 6.

17 Vgl. Begründung zum Regierungsentwurf zum Dritten Durchführungsgesetz/EWG zum VAG vom 04.03.1994, BT-Drucks. 12/6959, S. 112.

18 Vgl. *Feyock* in: Feyock/Jacobsen/Lemor Kraftfahrtversicherung, 3. Auflage 2009, § 15 PflVG Rn. 14 sowie *Jahnke* in: Stiefel/Maier/Jahnke PflVG, 19. Aufl. 2017, § 15 PflVG Rn. 10.

19 Vgl. hierzu *Feyock* in: Feyock/Jacobsen/Lemor Kraftfahrtversicherung, 3. Auflage 2009, § 15 PflVG Rn. 6, der eine solche Analogie als »vertretbar« erachtet, sowie *Jahnke* in: Stiefel/Maier/Jahnke PflVG, 19. Aufl. 2017, § 15 PflVG Rn. 8.

Text in der Fassung des Gesetzes zur Umsetzung der Richtlinie (EU) 2021/2118 im Hinblick auf die Kraftfahrzeug-Haftpflichtversicherung und die Kontrolle der entsprechenden Versicherungspflicht und zur Änderung anderer versicherungsrechtlicher Vorschriften vom 11.04.2024 mit Wirkung ab vom 17.04.2024.

§ 32 Anwendungsbestimmung; Übergangsregelung

(1) Dieses Gesetz in der ab dem 17.04.2024 geltenden Fassung ist nicht vor dem 23. Dezember 2023 anzuwenden, soweit in den nachfolgenden Absätzen nichts anderes geregelt ist.

(2) § 8 Absatz 2 und § 21 Absatz 2 Satz 2 und 3 sowie Unterabschnitt 4 des Abschnitts 3 sind ab dem 17.04.2024 anzuwenden. § 14a in der bis einschließlich 16.04.2024 geltenden Fassung ist weiterhin anzuwenden bis zu dem Zeitpunkt, ab dem die Aufgaben und Befugnisse des Insolvenzfonds

1. **nach der Bekanntmachung gemäß § 24 Absatz 2 Satz 3 von der Verkehrsopferhilfe wahrgenommen werden oder**
2. **durch eine Rechtsverordnung nach § 28 Absatz 1 oder 2 erstmals einer anderen juristischen Person übertragen werden.**

(3) Auf Versicherungsfälle, die vor dem 17.04.2024 eingetreten sind, sind die bis einschließlich 16.04.2024 geltenden Vorschriften weiterhin anzuwenden.

(4) Sind Vertragsbestimmungen, die auf den Allgemeinen Versicherungsbedingungen des Versicherers beruhen, aufgrund einer Änderung der Rechtsverordnung nach § 4 Absatz 1 unwirksam geworden, so kann der Versicherer durch Erklärung gegenüber dem Versicherten die unwirksamen Vertragsbestimmungen durch die neuen Bestimmungen in seinen Allgemeinen Versicherungsbedingungen ersetzen oder sie aufheben. Die Erklärung zur Ersetzung oder Aufhebung der Vertragsbestimmungen bedarf der Textform und ist nur wirksam, wenn sie eine Gegenüberstellung des bisherigen Vertragsinhalts und des neuen Vertragsinhalts enthält, in der die Änderungen so kenntlich gemacht sind, dass der Versicherungsnehmer sie einfach erfassen kann. Die Vertragsänderung wird einen Monat nach Zugang der Erklärung wirksam. Für Versicherungsverträge, die am 17.04.2024 bestehen und in denen wirksam ein Haftungsausschluss gemäß § 4 Nummer 4 der Rechtsverordnung nach § 4 Absatz 1 in der bis einschließlich 16.04.2024 geltenden Fassung vereinbart ist, ist die Haftung für Ersatzansprüche aus dem Gebrauch des Fahrzeugs bei einer Motorsportveranstaltung oder Motorsportaktivität, einschließlich Rennen, Wettbewerben, Trainings, Tests und Demonstrationen, für bis zum 31. Dezember 2024 eingetretene Versicherungsfälle ausgeschlossen, wenn

1. **das Fahrzeug in einem hierfür abgegrenzten Gebiet mit Zugangsbeschränkungen gebraucht wird und**
2. **für diesen Gebrauch des Fahrzeugs Versicherungsschutz nach Maßgabe des § 5d besteht, der diese Ersatzansprüche deckt.**

(5) Die §§ 5c und 8b sind ab dem Tag der Anwendung des in Artikel 16 Absatz 6 der Richtlinie 2009/103/EG genannten delegierten Rechtsakts der Europäischen Kommission, frühestens jedoch ab dem 23. April 2024 anzuwenden. Das Bundesministerium der Justiz gibt den Tag der Anwendung im Bundesanzeiger bekannt. Bis zum Tag der Anwendung ist § 5 Absatz 7 in der bis einschließlich 16.04.2024 geltenden Fassung weiterhin anzuwenden.

(6) Auf vor dem 17.04.2024 eingetretene Entschädigungspflichten des Entschädigungsfonds nach § 12 Absatz 1 Satz 1 Nummer 1 bis 3 in der bis zum 17.04.2024 geltenden Fassung und

auf vor dem 17.04.2024 eingetretene Entschädigungspflichten der Entschädigungsstelle nach diesem Gesetz in der bis zum 17.04.2024 geltenden Fassung sind jeweils die bis einschließlich 16.04.2024 geltenden Vorschriften weiterhin anzuwenden.

(7) Die §§ 17 bis 22 sind im Übrigen ab dem Tag der in Artikel 10a Absatz 13 Unterabsatz 1 und Artikel 25a Absatz 13 Unterabsatz 1 der Richtlinie 2009/103/EG genannten Vereinbarungen oder ab dem Zeitpunkt der Anwendung der in Artikel 10a Absatz 13 Unterabsatz 4 und Artikel 25a Absatz 13 Unterabsatz 4 der Richtlinie 2009/103/EG genannten delegierten Rechtsakte der Europäischen Kommission anzuwenden, frühestens jedoch ab dem 23. Dezember 2023. Bis zum Tag der Anwendung nach Satz 1 sind auf Ansprüche Geschädigter für den Fall, dass die Versicherungsaufsichtsbehörde den Antrag auf Eröffnung eines Insolvenzverfahrens über das Vermögen eines leistungspflichtigen Versicherers stellt oder, sofern der Versicherer seinen Sitz in einem anderen Staat des Europäischen Wirtschaftsraums hat, von der zuständigen Aufsichtsbehörde eine vergleichbare Maßnahme ergriffen wird, weiterhin die bis einschließlich 16.04.2024 geltenden Vorschriften anzuwenden.

Da es sich hier um den Entwurf des Pflichtversicherungsgesetzes handelt, welche noch durch den Bundesrat bestätigt werden muss, sind hier noch keine Daten für die Wirksamkeit enthalten. Frühestmögliche Geltungszeitraum wäre der 23.12.2023. 1

Es ist eine Übergangsregelung vorgesehen, wonach die alten Vorschriften noch angewendet werden können für einen gewissen Zeitraum. Diese Daten sind ebenfalls einzusetzen. Sämtliche Übergangsregelungen sollen verhindern, dass hier ein »rechtsfreier« Raum entsteht. 2

Abs. 4 verpflichtet die Assekuranz, ihre AVB anzupassen und den Versicherungsnehmer darüber aufzuklären. Beizufügen ist eine Gegenüberstellung, Synopse, der bisherigen Regelung zur neuen Regelung, in der die Änderungen kenntlich gemacht sind. 3

Hierbei ist davon auszugehen, dass analog der Rechtsprechung zu den Belehrungen, die z.B. für die sonstigen Gestaltungsrechte des Versicherungsnehmers ergangen ist, auch hier eine drucktechnische Hervorhebung der Unterschiede ausreichend sein dürfte. Zu beachten ist, dass in diesem Fall auch eine Beratung des Versicherungsnehmers erforderlich werden kann. 4

Die Vertragsänderung wird frühestens einen Monat, nachdem der Versicherungsnehmer diese Änderung erhalten hat, wirksam. Die altbekannten Probleme zum Zugangsnachweis werden auch hier auftreten. Ggf. muss der Versicherer 5

§ 33 Anpassung an Änderungen der Fahrzeug-Zulassungsverordnung; Verordnungsermächtigung

Das Bundesministerium der Justiz wird ermächtigt, im Einvernehmen mit dem Bundesministerium für Digitales und Verkehr durch Rechtsverordnung mit Zustimmung des Bundesrates die Verweise auf Vorschriften der Fahrzeug-Zulassungsverordnung in diesem Gesetz an geänderte Vorschriften der Fahrzeug-Zulassungsverordnung anzupassen, soweit

3. **die Fahrzeug-Zulassungsverordnung aufgrund von Verordnungsermächtigungen nach dem Straßenverkehrsgesetz geändert wird und**
4. **die Vorschriften der Fahrzeug-Zulassungsverordnung, auf die durch dieses Gesetz verwiesen wird, durch eine Verordnung nach Nummer 1 durch inhaltsgleiche Regelungen zur Definition von Kraftfahrzeugen und Anhängern sowie den Anforderungen an deren Zulassung zur Inbetriebnahme auf öffentlichen Straßen ersetzt werden.«**

Verordnung über den Versicherungsschutz in der Kraftfahrzeug-Haftpflichtversicherung (Kraftfahrzeug-Pflichtversicherungsverordnung – KfzPflVV)

vom 29. Juli 1994 (BGBl. I S. 1837), die zuletzt durch Artikel 5 des Gesetzes vom 11. April 2024 (BGBl. 2024 I Nr. 119) geändert worden ist

Vorbemerkung

1 Die zuletzt am 13.01.2012[1] insbesondere wegen der Einführung des Wechselkennzeichens geänderte KfzPflVV vom 29.07.1994[2] bezieht sich im Gegensatz zu den AKB ausschließlich[3] auf den Bereich der gesetzlichen Pflicht-Haftpflichtversicherung.

2 Die am 03.08.1994 in Kraft getretene Verordnung beruht auf der Verordnungsermächtigung des § 4 Abs. 1 Satz 1 PflVG. Danach hat das Bundesministerium für Justiz im Einvernehmen mit dem Bundesministerium für Finanzen und dem Bundesministerium für Verkehr unter Beachtung gemeinschaftsrechtlicher Verpflichtungen den Umfang des notwendigen Versicherungsschutzes zu bestimmen. Es handelt sich damit um Anforderungen an vertragliche Mindestbedingungen zu Kraftfahrzeug-Haftpflichtverträgen, wie sie der Versicherer bei Verwendung gegenüber seinem Versicherungskunden zugrunde zu legen hat.

3 Die KfzPflVV ergänzt das PflVG und die Regelungen über die Pflicht-Haftpflichtversicherung nach den §§ 113 ff. VVG in Bezug auf die versicherungsvertraglichen Mindestanforderungen der Kfz-Haftpflichtversicherung. Damit wird durch den deutschen Verordnungsgeber geregelt, was aufgrund der Vorgaben der europäischen Gesetzgebung als Mindestanforderungen in nationales Recht umzusetzen war. Entsprechend hat eine Auslegung der in diesem Zusammenhang stehenden nationalen Normen, den Vorgaben der hierzu ergangenen sechs[4] gemeinschaftsrechtlichen KH-Richtlinien zu folgen.

4 Die Muster-AKB des GDV orientieren sich an dem in der KfzPflVV geregelten Mindestumfang und Mindestinhalt. Sie geht jedoch auch darüber hinaus.

5 Die individuellen Regelungswerke der einzelnen Kfz-Haftpflichtversicherer gehen dabei – in zulässiger Weise[5] – teilweise noch erheblich weiter.

---

1 BGBl. I S. 103.

2 BGBl. I S. 1837, geändert durch Gesetz vom 10.07.2002, BGBl. I S. 2586.

3 Prölss/Martin/*Klimke,* Vor § 1 KfzPflVV, Rn. 2; Stiefel/Maier/*Jahnke* Kraftfahrtversicherung, Vor § 1 KfzPflVV, Rn. 7.

4 1. KH-Richtlinie 72/166/EWG v. 24.04.1972; 2. KH-Richtlinie 84/5/EWG v. 30.12.1983; 3. KH-Richtlinie 90/232/EWG v. 14.05.1990; 4. KH-Richtlinie 2000/26/EG v. 16.05.2000; 5. KH-Richtlinie 2005/714/EG v. 11.05.2005. Die inhaltliche Zusammenfassung und Klarstellung in einer Richtlinie wurde in der 6. KH-Richtlinie 2009/103/EG v. 16.09.2009 umgesetzt. Das Ergebnis wird sehr befürwortend, Halm/Engelbrecht/Krahe/*Riedmeyer* Handbuch des Fachanwalts Versicherungsrecht, Kap. 6, Rn. 20.

5 Prölss/Martin/*Klimke,* Vor § 1 KfzPflVV, Rn. 2.

Die KfzPflVV hat unmittelbare[6] Auswirkungen auch auf Verträge nach dem AuslPflVG, § 4 AuslPflVG. Für von der Versicherungspflicht befreite Halter nach § 2 PflVG ist die Verordnung sinngemäß[7] anzuwenden, § 2 Abs. 2 Satz 3 PflVG. 6

Offen[8] ist die Frage, ob die KfzPflVV auch für diejenigen Verträge gilt, die vor dem In-Krafttreten der Verordnung zum 04.08.1994 aufgrund vom Aufsichtsamt genehmigter AKB geschlossen wurden. Aufgrund weiterer notwendiger Veränderungen durch die Anforderungen nach der VVG-Reform verliert die Frage weiter an Relevanz in der Praxis. Weder mit den Zielsetzungen des Verkehrsopferschutzes noch mit den Anforderungen der KH-Richtlinien ist es heute unvereinbar, am Inhalt von Altverträgen festzuhalten, die hinter der Rechtsentwicklung zurückbleiben. 7

§ 1 (Geltungsbereich/Mindestversicherungssummen)

(1) Die Kraftfahrzeug-Haftpflichtversicherung hat Versicherungsschutz in Europa sowie in den außereuropäischen Gebieten, die zum Geltungsbereich des Vertrages über die Europäische Wirtschaftsgemeinschaft gehören, in der Höhe zu gewähren, die in dem jeweiligen Land gesetzlich vorgeschrieben ist, mindestens jedoch in der in Deutschland vorgeschriebenen Höhe. Wird eine Erweiterung des räumlichen Geltungsbereichs des Versicherungsschutzes vereinbart, gilt Satz 1 entsprechend.

(2) Beginn und Ende des Versicherungsschutzes bestimmen sich nach den §§ 187 und 188 des Bürgerlichen Gesetzbuches.

Neu in der Fassung vom 11.04.2024

(1) Die Kraftfahrzeug-Haftpflichtversicherung hat Versicherungsschutz in Europa sowie in den außereuropäischen Gebieten, die zum Geltungsbereich des Vertrages über die Europäische Union gehören, nach den dort geltenden Vorschriften über die Pflichtversicherung zu gewähren, mindestens jedoch in dem in der Bundesrepublik Deutschland vorgeschriebenen Umfang. Wird eine Erweiterung des räumlichen Geltungsbereichs des Versicherungsschutzes vereinbart, gilt Satz 1 entsprechend.

Übersicht

A. Allgemeines

Entsprechend der Ausrichtung der Verordnung beschreibt die Norm einen Teil des Mindestinhalts zum Geltungsbereich in örtlicher und zeitlicher Hinsicht. Dabei wird durch die Neufassung der Bereich mit aufgenommen, der nicht in dem landkartenmäßigen Europa liegt, aber über den Vertrag über die Europäische Union eingeschlossen wird. Es handelt sich lediglich um eine deklaratorische Folgeänderung aufgrund der Veränderungen im AuslPflVG, dort § 7a a.F.[1]. Der inhaltliche Geltungsbereich wird erst in § 2 dargestellt. 1

Aus dem Inhalt des § 2 wird dann auch deutlich, dass die in § 1 formulierte »Kraftfahrt-Haftpflichtversicherung« richtigerweise »Fahrzeug-Haftpflichtversicherung (für Landfahrzeuge)« heißen müsste. Die fehlerhafte[2] Begrifflichkeit muss zwangsweise so auch in die AKB übernommen werden, obwohl auch versicherungspflichtige Anhänger darunter fallen. 2

6 Feyock/*Jacobsen*/Lemor KfzVers, Einführung KfzPflVV, Rn. 3.

7 Feyock/*Jacobsen*/Lemor KfzVers, Einführung KfzPflVV, Rn. 4; Stiefel/Maier/*Jahnke* Kraftfahrtversicherung, Vor § 1 KfzPflVV, Rn. 10; Prölss/Martin/*Klimke,* Vor § 1 KfzPflVV, Rn. 3.

8 Römer/*Langheid* 2. Aufl. § 1 KfzPflVV, Rn. 5; Feyock/*Jacobsen*/Lemor KfzVers, Einführung KfzPflVV, Rn. 7; *Feyock*/Jacobsen/Lemor KfzVers, § 4 PflVG, Rn. 31 ff;.

1 Vgl. BT-Drucksache 20-8094, S. 208.

2 A.A. MüKo StVR/*Gail,* § 1 KfzPflVV, Rn. 5.

B. Regelungsgehalt

I. Örtlicher Geltungsbereich

3 Der räumliche Geltungsbereich bezieht sich zunächst auf das kontinentale Europa[3]. Hierbei sind die natürlichen Grenzen (im Osten der Ural und im Süden die durch den Bosporus geteilte Türkei) zu beachten.

4 Darüber hinaus werden jedoch außereuropäische Teile von Mitgliedsstaaten einbezogen. Dies betrifft insbesondere Frankreich (Saint-Martin[4], Französisch-Guayana[5], Neu-Kaledonien[6], Réunion[7], Guadeloupe[8], Martinique[9]), Portugal (mit seinen Azoreninseln und Madeira) sowie Spanien (mit den Kanarischen Inseln vor der Westküste Afrikas und Enklaven in Nordafrika). Der »Brexit« dürfte insoweit wohl zu keinen Veränderungen führen.[10]

5 Die Grenzen Europas enden nicht mit der Landmasse, sondern erst mit der 12-Seemeilen-Zone. Auch die Bundesrepublik Deutschland[11] beansprucht seit dem 01.01.1995 diese Gebiete außerhalb der Landmasse. Bedeutung kann dies gewinnen, wenn Fahrzeuge auf Fährschiffen oder Pontons gefahren werden.

6 Eine Ausweitung[12] des räumlichen Versicherungsschutzes durch die verwendeten AKB oder per Einzelvertrag ist möglich. Gerade bei Reisen oder Transporten ins außereuropäische Ausland, wie beispielsweise in Teile Russlands oder der Türkei, besteht ansonsten kein Versicherungsschutz. Den Versicherer treffen nach § 6 VVG im Einzelfall gerade hierzu besondere Erkundigungs-, Hinweis- und Beratungspflichten[13].

7 Wird eine Grüne Karte vom Versicherer herausgegeben, soll sich der Versicherungsschutz auch auf den nichteuropäischen Teil der Türkei[14] beziehen.

II. Zeitlicher Geltungsbereich

8 Der Beginn[15] des Versicherungsschutzes bezieht sich nach dem Verweis auf § 187 BGB auf den Beginn des Tages, also 0:00 Uhr. Entsprechend endet der Versicherungsschutz um 24:00 Uhr, § 188 BGB. Die Norm war zur Vereinheitlichung wegen der Mittagsregel des § 7 VVG a.F. notwendig.

---

3 »Europadeckung« als Vorgabe aus Art. 3 Abs. 2 und Art. 6 der 1. KH-Richtlinie 72-/166/EWG.

4 Nördlicher Teil einer Karibikinsel; Südteil gehört zu den Niederlanden.

5 Departement im Norden Südamerikas.

6 Inselgruppe im Pazifischen Ozean vor Australien.

7 Insel im Indischen Ozean, westlich von Madagaskar.

8 Inselgruppe im Karibischen Meer.

9 Insel im Karibischen Meer.

10 *Bouwmann*, Verkehrsrechtliche Auswirkungen des Brexit, DAR 2018, 250.

11 Bekanntmachung der Proklamation der Bundesregierung über die Ausweitung des deutschen Küstenmeeres vom11. November 1994 (BGBl. I S. 3428).

12 Eine Einengung des räumlichen Anwendungsbereichs mit Ausschlusscharakter war auch früher nicht möglich, als es bis zum 30.06.1998 den Güternahverkehr (zuletzt 75 km Radius um Standort) nach den §§ 80 ff. GüKG a.F. noch gab. In diesen Fällen kam beim Überschreiten der Grenzen lediglich ein Verstoß gegen die Verwendungsklausel nach § 5 Abs. 1 Nr. KfzPflVV in Betracht.

13 Schon zur alten Rechtslage bei Fahrt in die Türkei: *BGH* Urt. v. 13.04.2005 – IV ZR 86/04, JurionRS 2005, 13266 = DAR 2005, 396 = MDR 2005, 1108 = NJW 2005, 2011 = VersR 2005, 824 = r+s 2005, 455 = SVR 2006, 109 bespr. v. *M. Müller* = NZV 2005, 361 = zfs 2005, 348 = VRR 2005, 266 bespr. v. *Knappmann*; Schwintowski/Brömmelmeyer/*Kärger* PK-VersR 2. Aufl., AKB, Rn. 9, zur neuen Rechtslage: *AG Coburg* Urt. v. 06.08.2009 – 11 C 1326/08, ADAJUR Dok.Nr. 85981 = zfs 2009, 693 = r+s 2009, 503.

14 *OLG Köln* Urt. v. 31.07.1991 – 13 U 38/91, ADAJUR Dok.Nr. 358 = VersR 1991, 1202 = IPRspr 1991, 55 = r+s 1991, 327 = zfs 1992, 14 (Ls.); *Kreuter* A.1.4.2 AKB Rdn. 2.

15 Abweichungen hiervon sind durch die vorläufige Deckung nach § 9 KfzPflVV möglich.

Sie hat sich jedoch auch heute noch nicht durch § 10 VVG überholt, da außerhalb des PflVG hiervon abgewichen werden kann[16].

Auch in Europa gibt es unterschiedliche **Zeitzonen.** Ein Unfall, der sich beispielsweise in Irland noch vor 24:00 Uhr Ortszeit ereignet, kann schon im gleichen Moment in Deutschland nach 0:00 Uhr Ortszeit liegen. Damit hat bereits der nächste Tag begonnen. Es ist auf die in Deutschland geltende Ortszeit abzustellen, da sich nur so ein einheitlicher Schutzumfang feststellen lässt. Ansonsten hätte der Versicherungsnehmer Richtung Osten einen Nachteil und Richtung Westen einen Vorteil. 9

Wird das Fahrzeug veräußert, geht ohne Kündigung der Vertrag auf den Erwerber über, § 95 VVG. 10
Mit Vorlage der neuen Versicherungsbestätigung gilt der alte Vertrag als gekündigt, § 3b PflVG. Der neue Versicherer wird ab 0:00 Uhr des Tages des Versichererwechsels[17] (rückwirkend zum Tagesbeginn) zuständig.

III. Mindestversicherungssummen

Die Versicherungssummen in den Ländern weichen teils erheblich[18] voneinander ab. Unabhängig 11
davon, wo sich der Unfall nun im Geltungsbereich der Verordnung ereignet, gelten zunächst die Mindestversicherungssummen, wie sie in der Anlage zu § 4 Abs. 2 PflVG[19] vorgesehen sind. Liegen die Mindestversicherungssummen im Ausland jedoch darüber, gelten die höheren Mindestversicherungssummen des ausländischen Unfallortes.

Schaubild:

Es gelten	Je geschädigte Person max.	Je Schadensfall mit Personenschäden max.	Je Schadensfall mit Sachschäden insgesamt max.	Reine Vermögensschäden
In **Deutschland** Sockelbetrag nach Anlage 1 Nr. 1 zu § 4 Abs. 2 PflVG	EUR 7,5 Mio.	EUR 7,5 Mio.	EUR 1,22 Mio.	EUR 50.000,–
In **Deutschland (Busse)** nach Anlage 1 zu § 4 Abs. 2 Nr. 2 PflVG		Ab dem 10. Platz weitere 50.000 Ab dem 81. Platz weitere 25.000		Ab dem 10. Platz weitere 500 Ab dem 81. Platz weitere 250
Beim **Auslandsunfall** Mindestsummen nach der Übergangsregelung vom 11.12.2009 bis **11.06.2012** nach der 6. KH-Richtlinie[20]	EUR 0,5 Mio.	EUR 2,5 Mio.	EUR 0,5 Mio.	nicht vorgesehen
Beim **Auslandsunfall** für alle **ab dem 12.06.2012** verbindliche Mindestsummen nach 6. KH-Richtlinie[21]	EUR 1 Mio.	EUR 5 Mio.	EUR 1 Mio.	nicht vorgesehen
Auslandsunfall	Die im jeweiligen Mitgliedsstaat geltende nationale Mindestdeckungssumme, soweit sie die Anforderungen der 6. KH-Richtlinie überschreiten.			

16 HK-VVG/*Muschner* § 10 VVG, Rn. 9.
17 Stiefel/Maier/*Jahnke* Kraftfahrtversicherung, § 1 KfzPflVV, Rn. 16.
18 Übersicht mit Stand 01.07.2017: http://avus-group.com/mediaCache/DE_Mindestdeckungssummen_Uebersicht_072017_803541.pdf.
19 Zuletzt angepasst zum 11.06.2016.
20 Art. 9 der 6. KH-Richtlinie 2009/103/EG v. 16.09.2009.
21 6. KH-Richtlinie 2009/103/EG v. 16.09.2009 hat in Art. 9 Abs. 1 die Summen aus der 5. KH-Richtlinie 2005/714/EG vom 11.05.2005 übernommen.

12 Besonderheiten ergeben sich für Busse. Bei mehr als neun beförderten Personen (ohne Fahrer) sind nicht nur höhere Höchsthaftungssummen nach § 12 Abs. 1 Nr. 1 StVG, sondern auf den Sockelbetrag von Anlage 1 Nr. 1 aufgestockte weitere Summen nach der Anlage 1 Nr. 2 hinzurechnen. Die Mindestversicherungssumme ist individuell auszurechnen, was nicht ganz einfach ist.[22]

13 Der Fahrer wird ausdrücklich nicht mitgerechnet. Der echte Beifahrer wird nicht erwähnt, obwohl er zur Ablösung des Fahrers bereitstehen kann. Der echte Beifahrer ist zwar mitversicherte Person nach § 2 Abs. 2 Nr. 4 KfzPflVV, er kann aber im Schadensfalle selbst Haftpflichtansprüche gegen andere Mitversicherte haben. Ansprüche bezüglich des Personenschadens können nach den §§ 104 ff. SGB VII ausgeschlossen sein.

14 Anhänger werden bei der Platzzahl nicht mitgerechnet. Für sie gilt eine entsprechende Regelung zur Platzzahl in Anlage 1 Nr. 3 zu § 4 Abs. 2 PflVG.

15 Abs. 1 Satz 2 schreibt zudem vor, dass bei einer (freiwilligen) Vereinbarung, die den räumlichen Geltungsbereich erweitert, dann (zwangsweise) auch die deutschen oder noch höheren ausländischen Mindestversicherungssummen gelten. Dieser Teil der Regelung ist rechtlich nicht unproblematisch[23], geht er doch über den begrenzten[24] Ermächtigungsumfang nach § 4 Abs. 1 PflVG hinaus. Der Verordnungsgeber darf nur im Rahmen seiner Ermächtigung[25] Recht setzen.

C. Weitere praktische Hinweise

16 Die Anforderungen von § 1 KfzPflVV sind in A.1.4 und B.1 AKB 2015 umgesetzt.

17 Die Überprüfung und Anpassung der Mindestversicherungssummen erfolgt seit dem 11. Juni 2005 grundsätzlich in einem Fünfjahres-Rhythmus, Art. 9 Abs. 2 der 6. KH-Richtlinie. Spätestens in 2021 dürfte es somit einer weiteren Anpassung kommen.

§ 2 (sachlicher und persönlicher Deckungsumfang) a.F.

(1) Die Versicherung hat die Befriedigung begründeter und die Abwehr unbegründeter Schadensersatzansprüche zu umfassen, die auf Grund gesetzlicher Haftpflichtbestimmungen privatrechtlichen Inhalts gegen den Versicherungsnehmer oder mitversicherte Personen erhoben werden, wenn durch den Gebrauch des versicherten Fahrzeugs
1. Personen verletzt oder getötet worden sind,
2. Sachen beschädigt oder zerstört worden oder abhanden gekommen sind oder
3. Vermögensschäden herbeigeführt worden sind, die weder mit einem Personen- noch mit einem Sachschaden mittelbar oder unmittelbar zusammenhängen.

(2) Mitversicherte Personen sind
1. der Halter,
2. der Eigentümer,
3. der Fahrer,
4. Beifahrer, das heißt Personen, die im Rahmen ihres Arbeitsverhältnisses zum Versicherungsnehmer oder Halter den berechtigten Fahrer zu seiner Ablösung oder zur Vornahme von Lade- und Hilfsarbeiten nicht nur gelegentlich begleiten,

22 *Kreuter-Lange/Schwab* Haftungs- und Versicherungsfragen beim Busfernverkehr, DAR 2015, 67 ff.
23 Auch wirtschaftlich nicht unproblematisch: *Wies*, Die neue Kraftfahrt-Haftpflichtversicherung, S. 44, strebt diesbezüglich eine Änderung von § 1 KfzPflVV an.
24 Römer/*Langheid*, VVG 2. Auflage; Rn. 3 zu § 1 KfzPflVV.
25 Prölss/Martin/*Klimke*, VVG, Vor § 1 KfzPflVV, Rn. 1.

5. Omnibusschaffner, soweit sie im Rahmen ihres Arbeitsverhältnisses zum Versicherungsnehmer oder Halter tätig werden,
6. Arbeitgeber oder öffentlicher Dienstherr des Versicherungsnehmers, wenn das versicherte Fahrzeug mit Zustimmung des Versicherungsnehmers für dienstliche Zwecke gebraucht wird.

(3) Mitversicherten Personen ist das Recht auf selbständige Geltendmachung ihrer Ansprüche einzuräumen.

Neu in der Fassung vom 11.04.2024

§ 2 n.F.

Die Versicherung hat die Befriedigung begründeter und die Abwehr unbegründeter Schadensersatzansprüche zu umfassen, die auf Grund gesetzlicher Haftpflichtbestimmungen privatrechtlichen Inhalts gegen den Versicherungsnehmer oder mitversicherte Personen erhoben werden, wenn durch den Gebrauch des versicherten Fahrzeugs
1. Personen verletzt oder getötet worden sind,
2. Sachen beschädigt oder zerstört worden oder abhanden gekommen sind oder
3. Vermögensschäden herbeigeführt worden sind, die weder mit einem Personen- noch mit einem Sachschaden mittelbar oder unmittelbar zusammenhängen.

Abs. 2 und 3 werden gestrichen

Übersicht

A. Allgemeines

1 Die Vorschrift der Rechtsverordnung greift die Anforderungen des § 1 PflVG auf, geht jedoch über den dort angesprochenen Regelungsgehalt hinaus[1]. Dies ist bedenklich, da der Regelungsspielraum der Verordnungsgeber nicht weiter geht als der Bereich, der ihnen aufgrund des Gesetzesvorbehaltes eingeräumt wurde. Trotzdem ist die KfzPflVV zwingendes[2] Recht.

2 Nachvollziehbar ist der Systembruch allein deswegen, da sich die Verordnungsgeber bei der Abfassung der Verordnung keine eigenen Gedanken[3] gemacht haben. Sie haben lediglich Formulierungen der letzten genehmigten AKB a.F. in den Verordnungstext übernommen.

1 Prölss/Martin/*Klimke* § 2 KfzPflVV, Rn. 1; Feyock/*Jacobsen*/Lemor KfzVers, § 2 KfzPflVV, Rn. 2; Stiefel/Maier/*Jahnke* Kraftfahrtversicherung, § 2 KfzPflVV, Rn. 9; MüKo StVR/*Gail*, § 2 KfzPflVV, Rn. 8.
2 Looschelders/Pohlmann/*Kammerer-Galahn* VVG-Kommentar, Anhang A, Rn. 17.
3 Stiefel/*Hofmann* Kraftfahrtversicherung 17. Aufl. 2000, § 2 KfzPflVV, Rn. 1.

B. Regelungsgehalt

I. Sachlicher Deckungsumfang

3 Abs. 1 greift die Formulierungen auf, wie sie in den alten Fassungen der AKB verwendet wurden.

1. Schadensersatzansprüche

4 Die Verordnung stellt auf Schadensersatzansprüche ab. Damit sind die Ansprüche gemeint, die sich wörtlich auf Schadensersatz beziehen oder im weiteren Sinne einem Schadensersatzanspruch nachgebildet sind.

5 Ein Aufwendungsersatzanspruch ist daher grundsätzlich kein Schadensersatzanspruch. Eine umstrittene[4] Ausnahme ist jedoch da zu machen, wo es sich um unfreiwillige Vermögensopfer handelt, etwa bei zufälligen Schäden anlässlich der Erfüllung eines Auftrages. Der unfreiwillige Aufwand ist dann einem Schaden gleichzustellen.

6 Entgegen dem *BGH*[5] ist es sehr fragwürdig[6], Aufwendungen für behördliche Absicherungsmaßnahmen zur Abwendung eines potentiellen Schadens bereits mit einem Schadensersatzanspruch gleichzustellen.

2. Haftpflichtbestimmungen

7 Die AKB seit 2008[7] verweisen heute hierzu exemplarisch auf das StVG und das BGB. Hinzuzurechnen sind insbesondere das HaftPflG, das UmweltHG und das WHG.

3. Privatrechtlichen Inhalts

8 Die Haftpflichtbestimmungen müssen lediglich einen privatrechtlichen Charakter haben. Unerheblich ist es, wenn privatrechtlich gestaltete Anspruchsnormen in Gesetzen enthalten sind, die ansonsten dem öffentlichen Recht zuzuordnen sind. Maßgebend ist die inhaltliche Qualität. Der Schutz individueller Rechte ist ausschlaggebend.

9 Reine öffentlich-rechtliche Verantwortlichkeiten bleiben dagegen ausgeklammert. Dies hat jetzt wesentliche Auswirkungen für den Fahrzeugbereich, da bedingt durch die Umsetzung der EG-Umwelthaftungsrichtlinie[8] in das nationale USchadG[9] erstmals auch Ökoschäden zu verantworten sind.

10 Es ist zu betonen, dass Versicherer, die nicht nur eine Zusatzversicherung[10] oder Sonderbedingung für Schadensfälle[11] nach dem USchadG anbieten, sondern diese in ihre individuellen AKB integrieren[12], damit keinen zusätzlichen Deckungsanspruch einer Pflichtversicherung begründen. Der entscheidende Unterschied liegt darin, dass sich hieraus weder ein Direktanspruch[13] gegen den

---

4 PWW/*Fehrenbacher* § 670 Rn. 6 m.w.N.

5 *BGH*, Urt. v. 28.09.2011 – IV ZR 294/10, JurionRS 2011, 25980 = DAR 2011, 704 = VersR 2011, 1509 = MDR 2011, 1347 = NZV 2012, 34 = r+s 2012, 17 = NJW-RR 2012, 163 = NJW-Spezial 2012, 138 = VRR 2012, 24 bespr. v. *Knappmann* = zfs 2011, 695.

6 Näheres *Andres* zu § 115 VVG Rdn. 26 f..

7 A.1.1.1 AKB 2015.

8 Richtlinie 2004/35/EG vom 21.04.2004.

9 Gesetz zur Umsetzung der Richtlinie des Europäischen Parlaments und des Rates über die Umwelthaftung zur Vermeidung und Sanierung von Umweltschäden vom 10.05.2007, BGBl. I 2007, 666 ff.; kurz: USchadG.

10 Unverbindliche Musterbedingungen für eine Kfz-Umweltschadensversicherung (Kfz-USV) des GDV vom 29.10.2007.

11 Einzelheiten Himmelreich/Halm/Staab/*SchwabHeinrichs* Handbuch Kfz-Schadensregulierung, Kap. 21, Rn. 216 ff.

12 Feyock/*Jacobsen*/Lemor KfzVers, A.1, Rn. 86.

13 Feyock/*Jacobsen*/Lemor KfzVers, A.1, Rn. 85.

Haftpflichtversicherer noch eine Vorleistungspflicht bei einem kranken Versicherungsverhältnis ableiten lässt.

Daran ändert auch die Tatsache nichts, dass der *4. Senat des BGH*[14] in einer viel beachteten Entscheidung mit Recht[15] einen Deckungsanspruch bejahte, wenn der Versicherungsnehmer öffentlich-rechtlich in Anspruch genommen wird, aber parallel auch privatrechtlich zum Schadensersatz verpflichtet ist. Abzustellen ist hinsichtlich der versicherungsvertraglichen Deckung auf den tatsächlich parallel existierenden privatrechtlichen Haftpflichtanspruch. 11

4. Anspruchsbefriedigung

Die Befriedigung begründeter Schadensersatzansprüche bedeutet zunächst, dass das geschädigte Verkehrsopfer durch den Versicherer Leistungen erhalten soll. Damit wird zwar kein Direktanspruch bestimmt, wie er heute[16] in § 115 Abs. 1 Satz 1 Nr. 1 VVG niedergeschrieben ist; dennoch wird deutlich, dass zumindest vorrangig die unmittelbare Schadensregulierung an den Geschädigten, nicht aber über den Umweg des versicherten Schädigers erfolgen soll. 12

Gleichzeitig bedeutet die Vorschrift, dass damit der Schädiger durch den Versicherer von seiner Verbindlichkeit gegenüber dem Geschädigten freigestellt werden soll. Hierin kann man zudem einen Regulierungsauftrag für den Versicherer ablesen. Er soll also auch das Schadenabwicklungsmanagement betreiben. 13

Schließlich schlagen bei einem Schaden nicht nur der Aufwand in Form von Schadensersatzleistungen plus Nebenkosten, sondern auch erhebliche weitere Kosten zu Buche, da ein Schaden ordnungsgemäß verwaltet und abgewickelt werden muss. Ein solcher Abwicklungsprozess kann sich im schlimmsten Fall, z.B. bei schweren Personenschäden von unfallverletzten Kindern[17], sogar über viele Jahrzehnte hinziehen. Der Schädiger allein wäre hierzu objektiv nicht in der Lage. 14

5. Anspruchsabwehr

a) Bedeutung

Die Abwehr unbegründeter Schadensersatzansprüche bedeutet, dass der Versicherer im Interesse seines Versicherungsnehmers und der mitversicherten Personen zum Grund und zur Höhe unberechtigte Forderungen zurückzuweisen hat. Es handelt sich um den Teil der Regulierungsaufgabe des Versicherers, wo er nicht nur prüfend, sondern ähnlich[18] einem Rechtsschutzversicherer, tätig wird. Die Kosten des Rechtsschutzes gehen dabei auch zu Lasten des Versicherers. 15

b) Ermächtigungsnorm

Diese in der Verordnung gestellte Anforderung an den Versicherungsvertrag geht damit inhaltlich über das hinaus, was wörtlich im PflVG geregelt ist. Von einer Abwehr unberechtigter Ansprüche ist in § 1 PflVG nicht die Rede. Die Zielsetzung im PflVG ist ja auch zunächst nur der Verkehrsopferschutz; nicht aber primär die Interessen des Schädigers zu schützen. 16

---

14 *BGH* Urt. v. 20.12.2006 – IV ZR 325/05, JurionRS 2006, 29131 = DAR 2007, 142 mit Anm. *Weinsdörfer* = VersR 2007, 200 = NJW 2007, 1205 = NZV 2007, 233 = r+s 2007, 94 = zfs 2007, 273 = NJW-RR 2007, 635 = WI 2007, 37 = VRR 2007, 108 bespr. v. *Knappmann.*

15 Zustimmend *Schwab* DAR 2007, 269.

16 Inhaltlicher Vorläufer ist § 3 Nr. 1 PflVG a.F.

17 Es sei denn, es gelingt doch eine interessengerechte Abfindung, *Hoffmann/Schwab/Tolksdorf* Abfindungsregelungen nach Unfällen von Kindern sowie angepasste Lösungen für ältere oder andere besonders schutzbedürftige Menschen – Nachhaltige Sicherung der Geldsummen, DAR 2006, 666.

18 Für den reinen Rechtsschutzversicherer gelten z.B. strengere Regeln bei der Wahl des Anwalts, *EuGH* Urt. v. 10.09.2009 – C-199/08 (Fall Esching), JurionRS 2009, 22198 = DAR 2009, 641 = DVBl. 2009, 1376 = NJW 2010, 355 = NJW-Spezial 2009, 687 = EuZW 2009, 732, DVBl. 2009, 1376 = NJW 2010, 355.

17 Lediglich die für alle Haftpflichtversicherungen geltenden §§ 100, 101 Abs. 1 VVG beschreiben den Abwehranspruch. Es handelt sich um eines der Grundprinzipien[19] der Haftpflichtversicherung. Das Recht ist grundsätzlich dispositiv[20].

18 Dennoch wird man aber auch die Abwehr von unberechtigten Schadensersatzansprüchen zum notwendigen Umfang des Versicherungsschutzes rechnen müssen, die ein Versicherungsvertrag zu gewähren hat, § 4 Abs. 1 Satz 1 PflVG.

19 Ein Versicherer, der die Aufgabe der Schadenregulierung übernimmt, benötigt einen gewissen Handlungsfreiraum. Er prüft nicht nur die Deckungsfrage zum Versicherungsnehmer, sondern auch die Ansprüche des Geschädigten zu Grund und Höhe. Diese Prüfungskosten, die auch mit Prozesskosten im Unterliegensfalle einhergehen können, hat der Versicherer im Innenverhältnis als Gesamtschuldner allein zu tragen, §§ 115 Abs. 1 Satz 4, 116 Abs. 1 Satz 1 VVG.

20 Folgerichtig müssen zugunsten des Geschädigten und des Versicherungsnehmers – über den Kernbereich der Pflichtversicherung[21] nach den §§ 113 ff. VVG hinaus – auch die §§ 100, 101 Abs. 1 VVG als unabdingbar verstanden werden.

c) Interessenlage

21 Die Abwehr unberechtigter Ansprüche liegt, anders als bei den mitversicherten Personen, wesentlich auch im Interesse des Versicherungsnehmers. Er ist der derjenige, dessen Vertrag belastet wird und der mit einem Verlust seines Schadensfreiheitsrabatts nach I.3.5 AKB 2015, der Verwirklichung eines grundsätzlich zulässigen vertraglichen Selbstbehaltes[22] oder einer Prämienanpassung nach einem Bonus-/Malus-System zu rechnen hat.

d) voller Zivilrechtsschutz

22 Der Wortlaut der Vorschrift grenzt auch bei der Abwehr der unberechtigten Ansprüche auf rein zivilrechtliche Schadensersatzansprüche ein. Dies ist aufgrund der Entwicklungen der letzten Jahre nicht nur in Bezug auf öffentlich-rechtliche Ansprüche nicht haltbar. Auch zivilrechtliche Aufwendungsersatz- und Ausgleichsansprüche sind einzubeziehen, soweit sie den Charakter von Schadensersatzansprüchen haben.

e) begrenzter Verwaltungsrechtsschutz

23 Muss sich der Versicherungsnehmer gegen einen förmlichen Kostenbescheid, der gleichfalls einen privatrechtlichen Schadensersatzanspruch betrifft im Verwaltungsverfahren oder vor dem Verwaltungsgericht[23] zur Wehr setzen, hat in Ansehung der Entscheidung des *BGH*[24] auch hier der Versicherer Rechtsschutz zu gewähren.

f) begrenzter Sozialrechtsschutz

24 Das Gleiche gilt für das sozialgerichtliche Verfahren auf Anerkennung eines Arbeitsunfalls unter Arbeitskollegen, dessen Urteil für die zivilrechtlichen Ansprüche von ausschlaggebender Bedeutung

19 Looschelders/Pohlmann/*Schulze Schwienhorst* § 101 VVG, Rn. 1.

20 Schwintowski/Brömmelmeyer/*Retter* PK-VersR § 100, Rn. 82 und § 101, Rn. 27; Looschelders/Pohlmann/*Schulze Schwienhorst* § 101 VVG, Rn. 27.

21 Unabdingbar, siehe Schwintowski/Brömmelmeyer/*Huber* PK-VersR § 116, Rn. 39.

22 Siehe Andres zu § 114 VVG Rdn. 74.

23 Nach Abschaffung der Widerspruchverfahren in Bayern in 2007, Niedersachsen in 2005, Nordrhein-Westfalen in 2007 (geregelt in der jeweiligen AGVWGO) ist sogar unmittelbar binnen Monatsfrist die Klageerhebung erforderlich.

24 *BGH* Urt. v. 20.12.2006 – IV ZR 325/05, JurionRS 2006, 29131 = DAR 2007, 142 = MDR 2007, 652 = NJW 2007, 1205 = VersR 2007, 200 = NZV 2007, 233 = r+s 2007, 94 = zfs 2007, 273; siehe hierzu bereits die Forderung von *Schwab* DAR 2007, 269 (270).

ist. Sowohl der Arbeitgeber als auch der Kollege könnten nach den §§ 104 ff. SGB VII von der Haftung für Personenschäden befreit sein, was sich insbesondere auf die häufigen Unfälle beim Be- und Entladen[25] auswirkt.

Dies kommt unmittelbar auch dem gesamtschuldnerisch haftenden **Kfz-Haftpflichtversicherer** zugute, der seinerseits nach der zutreffenden Rechtsprechung des *BSG*[26] **selbst antragsbefugt** ist. Die Antragsbefugnis ergibt sich wegen der planwidrigen Regelungslücke aus § 109 Satz 1 SGB VII analog. Die Klage hat er – völlig ungewohnt – an seinem Firmensitz also am Sitz des Kfz-Haftpflichtversicherers einzureichen, da er Antragsteller ist, § 57 Abs. 1 Satz 1 SGG. 25

Arbeitgeber und sonstige betroffene Personen sind sogar mit ausdrücklichem Hinweis auf Schadensersatzansprüche nach § 109 SGB VII im Verfahren vor dem Unfallversicherer antragsbefugt. Eine sozialgerichtliche Entscheidung über die Rechtsfolgen der §§ 104 ff. SGB VII bindet die Zivilgerichte, § 108 Abs. 1 SGB VII. Zivilgerichtliche Verfahren sind auszusetzen[27], § 108 Abs. 2 SGB VII. 26

Damit wird deutlich, dass der Versicherungsnehmer und die mitversicherten Personen mit dem Versicherer »in einem Boot sitzen«, da sie die gleiche Interessenlage verfolgen, die unmittelbare zivilrechtliche Auswirkungen zeigen. 27

Die Kosten der Rechtsverteidigung hat daher nach dem Sinn und Zweck der Vorschrift auch hier der Versicherer im Innenverhältnis allein[28] zu tragen. 28

g) kein Strafrechtsschutz

Zur Klarstellung sei angemerkt, dass strafrechtliche Entscheidungen[29] die zivilrechtliche Haftungsbeurteilung wegen der freien Beweiswürdigung nicht präjudizieren. Entsprechend kann es hierüber nie – auch nicht ausnahmsweise – zu einem Deckungsanspruch kommen. 29

Der Verteidiger darf (sollte) jedoch im Interesse seines Mandanten an den Kfz-Haftpflichtversicherer herantreten, wenn z.B. ein mit Zweifeln behaftetes verkehrsanalytisches Gutachten zu überprüfen sein sollte, dem betroffenen Fahrer aber eigene Mittel hierzu nicht zur Verfügung stehen. Um schneller Klarheit über die objektiven Umstände zu erhalten und um eine sachgerechte zivilrechtliche Haftungsbewertung vornehmen zu können, darf es dem Versicherer erlaubt sein, diese Kosten nach strenger Abwägung freiwillig zu übernehmen. 30

Werden zivilrechtliche Ansprüche im **Adhäsionsverfahren**[30] nach den §§ 403 ff. StPO geltend gemacht, hat der Kfz-Haftpflichtversicherer nur wegen diesbezüglicher Verfahrenskosten den Beschuldigten freizustellen. 31

Die dem Fahrer auferlegten Kosten einer zugelassenen Nebenklage sind keine Kosten, die der Abwehr von zivilrechtlichen Ansprüchen dienen. 32

---

25 *BGH* Urt. v. 17.06.2008 – VI ZR 257/06, BGHZ 177, 97 = JurionRS 2008, 17685 = DAR 2009, 302 = VersR 2008, 1260 = NJW 2008, 2916 = NZV 2008, 504 = MDR 2008, 1032 = DB 2008, 2432 = r+s 2008, 488 = zfs 2008, 618; kritisch *Lang* SVR 2009, 183.

26 *BSG* Urt. v. 27.03.2012 – 2 B U 5/11 R, DAR 2012, 535 = ADAJUR Dok.Nr. 98663 = NZS 2012, 826.

27 *BGH* Nichtannahmebeschl. v. 22.04.2008 – VI ZR 202/06, DAR 2008, 519 = MDR 2008, 797 = NZV 2008, 396 = VersR 2008, 820 = MDR 2008, 1032 = NJW-RR 2008, 1239; *Horst/Katzenstein* Die Bindung der Gerichte nach § 108 SGB VII, VersR 2009, 165 ff.

28 Im Gegenzug ist ihm auch in diesen Verfahren das Recht der Prozessführung zuzugestehen.

29 Zu § 153a StPO siehe *BVerfG* Beschl. v. 06.12.1995 – 2 BvR 1732/95, JurionRS 1995, 13186 = NStZ-RR 1996, 168 = StV 1996, 163; *BGH* Urt. v. 16.03.2005 – IV ZR 140/04, JurionRS 2005, 13287 = NJW-RR 2005, 1024 = MDR 2005, 1114 = FamRZ 2005, 1070 = Jus 2005, 1045 = WM 2005, 1530; *Fromm/Schmidtke* Risiken der Einstellung des Strafverfahrens gem. § 153a StPO bei Verkehrsstraftaten – Pyrrhus-Sieg oder besonderer Verdienst des Strafverteidigers, NZV 2007, 552 ff.

30 *Schirmer* Das Adhäsionsverfahren nach neuem Recht – die Stellung des Unfallbeteiligten und deren Versicherer, DAR 1988, 121 (126).

h) kein Rechtschutz in USchadG-Verfahren

33 Ebenso haben rein verwaltungsrechtliche Verantwortlichkeiten, wie etwa nach dem USchadG[31], keinen Bezug zu privatrechtlichen Haftpflichtansprüchen. Versicherungsschutz ist nur über entsprechende Zusatzdeckungen durch die Kfz-USV zu erlangen.

6. Schadenarten

34 Aufgezählt werden drei Schadenarten: der Personen-, Sach- und Vermögensschaden.

a) Personenschaden

35 Die Versicherung hat beim Personenschaden Todesfolgen und Verletzungsfolgen zu umfassen. Keine Schwierigkeiten bestehen begrifflich bei körperlichen Verletzungsfolgen. Psychisch vermittelte Folgen sind jedoch ebenso unter den Begriff »Verletzung« zu fassen.

36 Der mit Gesetz vom 17.07.2017[32] eingeführte Anspruch auf Hinterbliebenengeld ist ein neuartiger Haftpflichtanspruch auf einen Leidensausgleich eines mittelbar Betroffenen, der keinen eigenen Schaden voraussetzt. § 1 PflVG ist noch vom Gesetzgeber auf derartige Haftpflichtansprüche zu erweitern und § 2 KfzPflVV entsprechend anzupassen.[33]

b) Sachschaden

37 Beschädigte Sachen sind reparaturfähig. Eine zerstörte Sache bedeutet einen tatsächlichen oder wirtschaftlichen Totalschaden.

38 Sachen sind körperliche Gegenstände nach § 90 BGB, aber nicht Tiere. Das sind seit 1990 Mitgeschöpfe nach § 90a Satz 1 BGB. Der Gesetz- und die Verordnungsgeber haben weder 1994 noch in der jüngsten Vergangenheit eine Korrektur bedacht. Durch die Orientierung an der Verordnung findet sich auch in A.1.1.1 AKB 2015[34] leider keine Nennung des Tieres. Helfen kann man sich nur über § 90a Satz 3 BGB, wonach die Vorschriften für Sachen für anwendbar erklärt werden.

39 Dabei sind unter »Sachen« nur diejenigen Sachen zu verstehen, die jemandem tatsächlich gehören. Beispielsweise sind wilde Tiere, die nicht unter einem Jagdaneignungsrecht stehen, hiervon ausgenommen.

40 Der Versicherungsschutz hat sich auch auf abhanden gekommene Sachen zu erstrecken. Das sind insbesondere Gegenstände, die sich im Fahrzeug oder im Besitz von verletzten Personen befanden und nach dem Unfall nicht mehr aufzufinden sind. Dazu gehört auch Bargeld[35].

41 Wörtlich nicht angesprochen ist der Sachfolgeschaden. Als Unterfall des Sachschadens gehört er jedoch in die mit zu versichernde Schadengruppe.

c) Vermögensschaden

42 Abs. 1 Nr. 3 behandelt den reinen Vermögensschaden, der weder mittelbar noch unmittelbar mit einem Personen- oder Sachschaden im Zusammenhang steht. Diese lassen sich ansonsten als Vermögensfolgeschäden aufgrund von Personen- oder Sachschäden beschreiben. Sie fallen damit bereits unter den Personen- bzw. den Sachschaden.

---

31 Gesetz zur Umsetzung der Richtlinie des Europäischen Parlaments und des Rates über die Umwelthaftung zur Vermeidung und Sanierung von Umweltschäden vom 10.05.2007, BGBl. I 2007, 666 ff.

32 Gesetz zur Einführung eines Anspruchs auf Hinterbliebenengeld, BGBl. I S. 2421.

33 *Schwab*, Das versicherungsrechtliche Problem beim Hinterbliebenengeld, DAR 2018, 284 ff.

34 Siehe *Schwab/Kreuter* A.1.1.1 AKB Rdn. 43.

35 Verlust nicht bewiesen im Fall *OLG Köln* Urt. v. 25.02.2005 – 6 U 139/04, JurionRS 2005, 14425 = DAR 2005, 404 = ADAJUR Dok.Nr. 63583 = NZV 2005, 523 = VersR 2006, 1258 = MDR 2005, 1346 = SVR 2006, 31 bespr. v. Schwab = VRS 109, 263 = VersR 2006, 1258 = VRR 2005, 231, bespr. v. *Jaeger*.

Der reine Vermögensschaden ist ohne große praktische Relevanz[36] und beschränkt sich meist auf die Abwehrfunktion unbegründeter Ansprüche und/oder Schäden mittelbar Geschädigter. 43

Ein reiner Vermögensschaden in der Kfz-Haftpflichtversicherung ist beispielsweise der finanzielle Verlust aufgrund von Aufwendungen für eine so genannte »Fehlfahrt«[37], also eine nicht durchgeführte Rettungsfahrt[38], die jedoch vom Unfallopfer zu ersetzen ist. 44

Weitere Beispiele: 45
- Ein Firmengrundstück wird wegen einer unfallbedingten Explosionsgefahr polizeilich[39] geräumt. Das Gebäude kann nicht betreten und benutzt werden. Es kommt zu Produktionsausfällen.
- Ein Wasserwerk muss nach einem Unfall mit Risiken für die Wassergewinnung engmaschig Proben fahren, wodurch zusätzlich Kosten für die Entnahme und Analyse von Wasserproben anfallen.

d) nicht: reiner Ökoschaden

Der reine Ökoschaden ist ein Schaden an der Natur, der der Allgemeinheit bzw. dem Staat in seiner Gesamtheit zusteht. Es geht nicht um individualisierte Rechte. Folglich sind Verantwortlichkeiten nach dem USchadG nicht von der Deckung erfasst. 46

7. Durch den Gebrauch des versicherten Fahrzeugs

Da der Verordnungsgeber die wörtliche Formulierung der vom Bundesaufsichtsamt genehmigten AKB übernommen hatte, liegt es nah, den Begriff des »Gebrauchs« im Sinne der KfzPflVV an den Bestimmungen der AKB auszurichten. Dies ist jedoch ein Trugschluss, da die Verordnungsgeber durch den Gesetzesvorbehalt nicht dazu ermächtigt sind, den vom PflVG gesetzten Rahmen zu verlassen. 47

Schließlich waren die damals noch genehmigungsbedürftigen AKB nicht die einzige Richtschnur zur gesetzeskonformen Verwendung von Versicherungsbedingungen. Die Behörde ließ unter Beachtung der Schutzzwecke nach dem PflVG auch Sonderbedingungen zu, die den Anwendungsbereich der AKB einschränkten. 48

Folglich verbietet sich schon deshalb eine Übernahme bloßer AKB-Auslegungen zur alleinigen Interpretation der KfzPflVV. Entscheidend ist, dass die früheren und heutigen Muster-AKB auch auf der (dem PflVG fremden) Zielsetzung beruhen, der berechtigten Erwartungshaltung des Versicherungskunden zu entsprechen. 49

Somit hat sich die Auslegung allein an den Vorgaben des PflVG zu orientieren. Auf die Kommentierung zu § 1 PflVG[40] darf verwiesen werden. 50

8. Auf öffentlichen Wegen und Plätzen[41]

Klimke[42] und *Jahnke* gehen bei § 2 Abs. 1 KfzPflVV von einer Deckungserweiterung auf nichtöffentliche Wege und Plätze aus. *Jahnke*[43] und *Schwartze*[44] und andere[45] bestreiten dabei zu Recht 51

---

36 *Schirmer* Der »sonstige« oder »reine« Vermögensschaden in der Kraftfahrzeughaftpflichtversicherung, DAR 1992, 11 ff. (20).

37 Jährlich ist mit rund 800.000 Fehlfahrten zu rechnen, Bachmeier/*Müller*/Rebler, StVO-Kommentar, § 35 StVO, Rn. 6.

38 *AG Coesfeld* Urt. v. 21.05.2008 – 4 C 35/08, JurionRS 2008, 46261 = DAR 2009, 38 mit Anm. *Schwab*.

39 *BGH* Urt. v. 21.06.1977 – VI ZR 58/76, JurionRS 1977, 11527 = DÖV 1977, 868 (Ls.) = DVBl. 1979, 240 (Ls.) = NJW 1977, 2264 = VersR 1977, 965.

40 Siehe Balke § 1 PflVG Rdn. 82–113.

41 Siehe hierzu ergänzend Balke § 1 PflVG Rdn. 9–11.

42 Prölss/Martin/*Klimke* VVG-Kommentar, § 2 KfzPflVV, Rn. 1.

43 Stiefel/Maier/*Jahnke* Kraftfahrtversicherung, § 2 KfzPflVV, Rn. 9 und § 115 VVG, Rn. 90 ff.

44 Looschelders/Pohlmann/*Schwartze* VVG-Kommentar, § 115 VVG, Rn. 9.

45 Offenbar auch Prölss/Martin/*Klimke* VVG-Kommentar, § 1 PflVG, Rn. 5; *Lemcke* r+s 2014, 194 (195).

einen Direktanspruch in diesem Bereich. Die Frage, ob der nicht-öffentliche Bereich unter die Pflichtversicherung fällt, ist vom *EuGH*[46] zu entscheiden. Dieser[47] hat sich in einer Vorabentscheidung dafür ausgesprochen, den Pflichtversicherungsschutz – zumindest für gewöhnliche Fahrzeugbewegungen – auf den nichtöffentlichen Bereich auszudehnen und die Sache an das nationale Gericht zur weiteren Aufklärung zurückgegeben. Der *EuGH* berief sich dabei auf Rechtsprechung, die jedoch allesamt zu Unfällen im öffentlichen Verkehrsraum erfolgten und somit seine neue Rechtsprechung nicht zu stützen vermögen.[48] Leider wird auch in neueren Entscheidungen die Sichtweise – ohne erneut zu hinterfragen – fortgeführt.[49]

52 In Ansehung der Entscheidungen des *EuGH* wurde von der Europäischen Kommission ein Änderungsvorschlag[50] erarbeitet, der neben anderen Anpassungen beabsichtigt, die Ausführungen der Rechtsprechung in die Richtlinie aufzunehmen. Hierzu soll in Art. 1 der Richtlinie 2009/103/EG folgende Nummer 1a eingefügt werden:

»Verwendung eines Fahrzeugs« jede Verwendung eines in der Regel zur Verwendung als Beförderungsmittel bestimmten Fahrzeugs, die seiner normalen Funktion entspricht, und zwar unabhängig von den Merkmalen und der Tatsache, ob es sich in Bewegung befindet oder nicht.«

53 Es muss bezweifelt werden, dass eine so weit gehende Formulierung dem eigentlich Zweck gerecht wird, potentielle Opfer von (Kraft-)fahrzeugunfällen zu schützen, die sich über die nationalen Grenzen hinweg auf den Straßen bewegen. Umgekehrt ist die Formulierung wieder so eng gewählt, dass es offenbar ausschließlich auf die Beförderungsfunktion (Beförderung von Personen; Transport von Waren) ankommen soll. Nicht mehr erfasst wären Arbeitsvorgänge auf Straßen, wie etwa mit Straßenkehrmaschinen.

54 Das Ergebnis einer Deckungserweiterung[51] nach § 2 KfzPflVV lässt sich allenfalls mit der aktuellen *EuGH*-Rechtsprechung und dem Bestreben nach einer Ergänzung[52] der 6.-KH-Richtlinie begründen. Mit Blick auf die deutsche Ausgangsnorm ist die Vorschrift allerdings nicht schlüssig. Bei »auf öffentlichen Wegen und Plätzen[53]« handelt es sich um ein ungeschriebenes Tatbestandsmerkmal. Es ist aus den §§ 1, 4 Abs. 1 Satz 1 PflVG i.V.m. § 1 StVG in § 2 KfzPflVV hineinzuinterpretieren. Die maßgebliche Ermächtigungsnorm für die Verordnung hat einen eingeschränkten örtlichen Anwendungsbereich. Dies entspricht dem Sinn und Zweck des Pflichtversicherungsgesetzes, da sich jedermann im öffentlichen Verkehrsraum bewegen darf. Zwar setzt man sich damit Risiken aus, wird aber auch zum Risiko für andere – oft völlig unbekannte – Verkehrsteilnehmer.

55 Das wörtliche Fehlen des Tatbestandsmerkmals ist nur so zu verstehen, dass der Verordnungsgeber die Formulierungen aus § 10 AKB a.F. unreflektiert übernommen hat. In anderem Zusammenhang schreibt *Hofmann*[54]: *»In Abs. 1 hat der Verordnungsgeber eigene Gedankenarbeit nicht geleistet.«*

---

46 Schlussantrag zum Vorabentscheidungsersuchen *EuGH*, SA v. 26.02.2014 – C-162/13 (Vnuk), JurionRS 2014, 11448.

47 *EuGH* Urt. v. 04.09.2014 – Rs. C-162/13 (Vnuk), JurionRS 2014, 20478 = ADAJUR Dok.Nr. 105915 = JZ 2015, 60 = NJW 2014, 3631 = r+s 2014, 523.

48 *Schwab*, 50 Jahre Direktanspruch in Deutschland – offene Rechtsfragen, DAR 2015, 570 (573).

49 *EuGH*, Urt. v. 28.11.2017 – Rs. C-514/16 (de Andrade – stehende Arbeitsmaschine), DAR 2018, 16 m. Anm. *Schwab* = NJW 2018, 1155 = EuZW 2018, 48 = VersR 2018, 156; *EuGH*, Urt. v. 20.12.2017 – C-334/16 (Torreiro – Fahrt auf Truppenübungsplatz), DAR 2018, 136 = NJW 2018, 285 = EuZW 2018, 135.

50 2018/0168 (COD) https://ec.europa.eu/transparency/regdoc/rep/1/2018/DE/COM-2018-336-F1-DE-MAIN-PART-1.PDF.

51 So wohl auch die Ausführungen in der Stellungnahme der deutschen Regierung, siehe Schlussantrag zum Vorabentscheidungsersuchen *EuGH*, SA v. 26.02.2014 – C-162/13 (Vnuk), JurionRS 2014, 11448.

52 2018/0168 (COD).

53 Zu den Besonderheiten bei Unfällen mit Fahrzeugen außerhalb des öffentlichen Verkehrsraumes siehe Himmelreich/Halm/*Schwab* Handbuch des Fachanwalts Verkehrsrecht, Kap. 2.

54 Stiefel/*Hofmann* Kraftfahrtversicherung, 17. Auflage 2000, § 2 KfzPflVV, Rn. 1.

Das Fehlen des einschränkenden Merkmales wurde zwar teilweise bemerkt, aber dennoch kommentarlos[55] hingenommen. Lediglich im Zusammenhang mit der Mindestversicherungssumme bei krankem Versicherungsverhältnis und den Folgen einer Obliegenheitsverletzung wurde der Umfang der Ermächtigung durch § 4 Abs. 1 PflVG bislang problematisiert[56]. 56

Vorsicht ist geboten, da § 117 Abs. 3 Satz 1 VVG nur Beschränkungen auf die Mindestversicherungssumme und die vom Versicherer übernommene Gefahr enthält, nicht aber generell auf den gesetzlich vorgeschriebenen (örtlichen) Mindestumfang. Hier bleibt der Versicherer nach § 113 Abs. 3 VVG[57] in der Pflicht. 57

Da die meisten Versicherer die Musterbedingungen des GDV als Basis für ihre individuellen Bedingungen verwenden, diese aber keine dahingehenden Einschränkungen enthalten, bleibt es jedenfalls bei einem gesunden Versicherungsverhältnis[58] bei einem theoretischen Problem. Schließlich boten die Haftpflichtversicherer schon vor in Kraft treten der KfzPflVV inhaltlich freiwillig mehr. Damit kann man aber nicht unterstellen, der Verordnungsgeber dürfe dies daher heute von den Versicherern so verlangen. 58

II. Persönlicher Deckungsumfang

Auch Abs. 2 greift die Elemente auf, die bereits in der früheren Fassung der AKB aufgelistet wurden. Er entspricht dem § 10 Abs. 2 AKB a.F., jedoch mit der Ausnahme, dass dort verbindlich nicht auch die Vollmacht[59] des Versicherers gleich mitgeregelt wird. 59

Es bleibt dem Versicherer freigestellt, ob[60] und in welchem Umfang[61] er sich durch Verwendung seiner individuellen AKB eine Regulierungsvollmacht einräumen lässt. § 2 KfzPflVV steht dem nicht entgegen[62]. 60

1. Versicherter Personenkreis

Der versicherte Personenkreis findet sich nach der Reform des PflVG jetzt in dem neu geschaffenen § 4 Abs. 3 PflVG, so dass die Absätze 2 und 3 des § 2 KfzPflVV gestrichen werden[63]. 61

---

55 Stiefel/*Hofmann* Kraftfahrtversicherung, 17. Auflage 2000, § 2 KfzPflVV, Rn. 2; Prölss/Martin/*Klimke* § 2 KfzPflVV, Rn. 1; Feyock/*Jacobsen*/Lemor KfzVers § 2 KfzPflVV, Rn. 2.

56 *Wandt* Nichtigkeit des § 5 Abs. 3 S. 1 KfzPflVV wegen Überschreitens der Verordnungsermächtigung, VersR 2005, 494 ff.; *Johannsen* Zur Frage der Rechtswirksamkeit des § 5 Abs. 3 S. 1 KfzPflVV – Erwiderung auf den Aufsatz von Wandt VersR 2005, 494, VersR 1995, 888 ff.; *Knappmann* Rechtsfragen der neuen Kraftfahrtversicherung, VersR 1996, 401 ff.; *Burmann* Die Verletzung von Obliegenheiten in der KH-Versicherung, die vor dem Versicherungsfall zu erfüllen sind, zfs 1996, 442.

57 Näheres *Schwab* § 113 VVG Rdn. 35–70. (Vorauflage) bzw. Andres zu § 113 VVG, Rdn 56 ff.

58 Soll der Kfz-Haftpflichtversicherer auch außerhalb des öffentlichen Verkehrsraumes als Gesamtschuldner haften und vorleisten müssen, wenn der Versicherungsnehmer die Prämie nicht gezahlt hat? Außerhalb des Geltungsbereichs des PflVG muss beispielsweise auch der Entschädigungsfond nicht leisten, § 12 Abs. 1 Satz 1 PflVG. Haftpflichtversicherer sind Wirtschaftsunternehmen. Mutet man ihnen das volle Regressrisiko zu, liegt hierin ein Verstoß gegen Art. 14 GG.

59 Zur Regulierungsvollmacht *Schwab/Kreuter* A.1.1.4 AKB Rdn. 1 ff.

60 *Hofmann* Die neue Kfz-Versicherung, S. 33; Stiefel/Maier/*Jahnke* Kraftfahrtversicherung, § 2 KfzPflVV, Rn. 13 f.

61 Sinnvollerweise auch in Bezug auf Erklärungen nach öffentlichem Recht, Himmelreich/Halm/*Schwab* Handbuch des Fachanwalts Verkehrsrecht, Kap. 7, Rd. 108 ff.

62 Stiefel/*Hofmann* § 2 KfzPflVV, Rn. 5.

63 Aus diesem Grund wurden die Ausführungen zum Versicherten Personenkreis in die Kommentierung zu § 4 PflVG verschoben.

C. Weitere praktische Hinweise

62 Es sind immer die individuellen[64] AKB heranzuziehen. Sie sind dem PflVG und der KfzPflVV gegenüber zu stellen. Bei erheblichen Abweichungen zum Nachteil des Geschädigten oder des VN ist in einem zweiten Schritt zu prüfen, ob der Anwendungsbereich der Zielsetzung und dem Regelungsauftrag des PflVG noch entspricht.

§ 3 (Mitversicherung durch ziehendes oder schleppendes Kfz)

(1) Die Versicherung eines Kraftfahrzeugs hat auch die Haftung für Schäden zu umfassen, die durch einen Anhänger oder Auflieger verursacht werden, der mit dem Kraftfahrzeug verbunden ist oder sich während des Gebrauchs von diesem löst und sich noch in Bewegung befindet. Das Gleiche gilt für die Haftung für Schäden, die verursacht werden durch geschleppte und abgeschleppte Fahrzeuge, für die kein Haftpflichtversicherungsschutz besteht.

(2) (weggefallen)

Übersicht

A. Allgemeines

1 Für zulassungspflichtige Anhänger nach § 6 FZV ist bereits eine Fahrzeughaftpflichtversicherung abzuschließen und aufrecht zu erhalten, §§ 1 und 2 Abs. 1 Nr. 6c PflVG. Hierauf bezieht sich § 3 KfzPflVV nicht. Die Vorschrift wendet sich allein an den Versicherer des ziehenden Fahrzeugs.

2 Die Verordnung schreibt damit eine Erweiterung des Versicherungsumfangs für Kraftfahrzeuge vor. Sie hat sich auch auf Anhänger und andere bestimmte Fahrzeuge zu beziehen, auf die sich die motorgetriebene Kraft des ziehenden oder schiebenden Fahrzeugs auswirkt.

3 Abs. 2 ist im Nachgang zum zweiten Schadensersatzrechtsänderungsgesetz zum 01.01.2003 weggefallen. Die reine Anhängerversicherung kann heute nicht mehr sachlich eingeschränkt werden.

B. Regelungsgehalt

I. Anhänger/Auflieger

4 Nach § 2 Nr. 3 FZV ist ein Anhänger ein Fahrzeug ohne[1] eigenen Antrieb, das an ein Kraftfahrzeug angehängt werden kann, § 2 Nr. 2 FZV. Ein Auflieger (Sattelanhänger) besitzt ebenfalls keinen eigenen Antrieb und wird auf einer Sattelzugmaschine aufgesattelt, wobei ein wesentlicher Teil des Fahrzeuggewichtes von der Zugmaschine getragen wird, § 2 Nr. 19 FZV.

5 Rechtlich und technisch handelt es sich somit um selbstständige Fahrzeuge in Abgrenzung zu Wechselladerbrücken, Wechselsilobehältern oder Aufsetztanks, die bei Bedarf auf Fahrzeugfahrgestelle oder Ladeflächen montiert werden. Selbst Arbeitsmaschinen (wie auf LKW montierte

64 *Kärger* Kfz-Versicherung nach dem neuen VVG, Rn. 8; *Heinrichs* Synopse für das Versicherungsrecht im Verkehrsrecht bedeutsamsten Auswirkungen der VVG Reform, zfs 2009, 187; *Heinrichs* Die neuen AKB Teil II, DAR 2015, 256 (258).

1 Rangierhilfen per Elektroantrieb (z.B. für Wohnwagen) oder über Druckluft (LKW-Anhänger) fallen nicht hierunter.

Hubbühnen[2]) sind lediglich Ladung, solange sie im Straßenverkehr zum nächsten Einsatzort in abgebauter, nicht einsatzfähiger Form, bewegt werden.

II. Versicherung für Anhänger/Auflieger

Nach § 1 PflVG hat auch der Halter eines Anhängers eine entsprechende Haftpflichtversicherung abzuschließen. Der Wortlaut des § 1 PflVG lässt jedoch, wohl aus historischen[3] Gründen, den Begriff »Auflieger« vermissen. Dies ist unschädlich, da der Auflieger technisch ein Sattelanhänger ist und damit nur eine besondere Form des Anhängers darstellt. Dem Verordnungsgeber stand es daher frei, den Auflieger gesondert mit aufzuführen. 6

Damit ist bei einem zusammengesetzten Zug (PKW mit Wohnwagenanhänger, LKW mit Anhänger, Sattelzugmaschine mit Auflieger) regelmäßig auch das Anhängerrisiko bereits mit abgedeckt, sofern es sich um einen zulassungspflichtigen Anhänger handelt. Dies gilt sowohl für den mit einem Kraftfahrzeug verbundenen Anhänger/Auflieger als auch für den nicht verbundenen Anhänger/Auflieger. Eine Einschränkung auf nicht verbundene Anhänger/Auflieger ist nach Aufhebung[4] des § 3 Abs. 2 KfzPflVV a.F. nicht mehr zulässig. 7

Zu beachten bleibt, dass zulassungsfreie Anhänger nach § 3 Abs. 2 Nr. 2 FZV auch von der Versicherungspflicht befreit sind, § 2 Abs. 1 Nr. 6c) PflVG. 8

Wird ein zulassungspflichtiger Anhänger nicht von Maschinenkraft durch ein Kraftfahrzeug, sondern durch menschliche oder tierische Muskelkraft bewegt, mag dies für die Haftungsbeurteilung[5] von Interesse sein; die Versicherungspflicht bei Verwendung im öffentlichen Straßenverkehr wird hierdurch nicht aufgehoben. 9

III. Mitversicherung von Anhängern/Aufliegern

Die Vorschrift erläutert in Satz 1, dass sich die Versicherung des Kraftfahrzeugs (also des motorisierten Zugfahrzeugs bei bestehender Verbindung mit dem Anhänger/Auflieger) auch auf dieses Risiko zu beziehen hat. Der Versicherungsumfang durch das Kraftfahrzeug endet nach Trennung mit dem Zugfahrzeug erst mit Ende der Bewegung des Anhängers/Aufliegers. 10

Der Geschädigte kann nach der Änderung[6] der §§ 7, 17 StVG, die eine skandalöse[7] Rechtslage beendete, sich somit bei einem zusammengesetzten Zug an einen von zwei Haltern und zwei Versicherern wenden. Er braucht sich also im Zweifelsfall nicht mehr an den Versicherer der Zugmaschine verweisen lassen, wenn die Schadenursache eindeutig beim Anhänger[8] liegt. 11

Probleme bestanden wegen der Frage des Innenausgleichs zwischen den beteiligten Versicherern[9] bzw. Fahrzeughaltern. Hierzu war nicht der VI. sondern der IV. Senat des *BGH*[10] aufgerufen. Dieser ging in seiner Entscheidung von einer grundsätzlichen Teilung nach Kopfteilen aus. Er begründete 12

2 *OLG Zweibrücken* Urt. v. 18.12.2008 – 4 U 43/07, JurionRS 2008, 52172 = VersR 2009, 541 = NJOZ 2009, 585 = r+s 2009, 338 = OLGR 2009, 267.

3 Siehe Balke zu § 1 PflVG, Rdn 38.

4 Aufhebung zum 01.01.2003, Art. 4 u. 7 des Gesetzes zur Änderung des Pflichtversicherungsgesetzes und anderer versicherungsrechtlicher Vorschriften vom 10.07.2002, BGBl. I S. 2586; Zweifel an einer ausreichenden Regelung durch einfache Streichung haben Römer/*Langheid* (2. Auflage) § 3 KfzPflVV.

5 *Heß/Jahnke* Das neue Schadenrecht, S. 38; *Huber* Das neue Schadensersatzrecht, § 4 Rn. 111.; verneinend Xanke/Schaefer/Feller PK-StrVR-*Schaefer*, § 7 StVG, Rn. 7.

6 Zweites Schadensersatzrechtsänderungsgesetz vom 19.07.2002; seit 01.08.2002 in Kraft.

7 *Wilms* Anhänger-Streitfragen, DAR 2008, 671 f.

8 So noch zur alten Rechtslage *OLG Köln* Urt. v. 07.06.1994 – 9 U 81/94, JurionRS 1994, 16321 = r+s 1994, 283 = SP 1994, 329 = VersR 1995, 163 = zfs 1995, 179 (Verlust des Reserverades am Anhänger).

9 Hierzu *Wilms* aaO. Problemlösung im Sonderrundschreiben K 01/2006 des *GDV* vom 18.01.2006 (maßgebend ist das Schwergewicht der Schadenverursachung).

10 *BGH* Urt. v. 27.10.2010 – IV ZR 279/08, BGHZ 187, 211 = JurionRS 2010, 28509 = DAR 2011, 80 m. Anm. *Wilms* DAR 2011, 71 = NJW 2011, 447 = MDR 2011, 37 = NZV 2011, 128 = VersR 2011, 128 = r+s 2011, 60 = SVR 2011, 235 = TranspR 2011, 43 = VRR 2011, 22, bespr. v. *Knappmann* = zfs 2011, 90.

dies damit, dass beide Fahrzeuge eine Haftungseinheit bilden und beide Haftpflichtversicherungen sich nicht auf die Halterhaftung beschränken, sondern auch der Anhängerversicherer für ein Verschulden des Fahrers Versicherungsschutz zu bieten habe.

13 Das Urteil steht im Gegensatz zur Rechtsmeinung des GDV[11] und sorgte für Unruhe in der Versicherungswirtschaft, da Anhänger gewöhnlich wegen des höheren Risikos der Zugmaschine mit vergleichsweise extrem niedrigen Versicherungsprämien versichert sind. Eine inhaltliche Änderung der Vorschrift wird daher angestrebt. Diese Rechtsprechung ist durch die Entscheidung des EuGH[12] aufgehoben worden Infolge dieses Ungleichgewichtes wurden die §§ 19 und 19a StVG mit Wirkung vom 20.07.2020 neu geregelt. Es bleibt dabei, dass im Außenverhältnis sowohl der Hänger wie auch das Zugfahrzeug wegen eines Schadens in Anspruch genommen werden können, im Innenverhältnis allerdings ist von einer alleinigen Haftung des Zugfahrzeuges auszugehen. Eine Ausnahme besteht nur dann, wenn sich konkret das Risiko des Anhängers/Aufliegers verwirklicht hat[13].

14 Besteht eine Anhängerversicherung, tritt die Mitversicherung über das Kraftfahrzeug hinzu. Es handelt sich um eine gewollte Mehrfachversicherung, § 77 VVG.

IV. Geschleppte und abgeschleppte Fahrzeuge

15 Zudem werden geschleppte und abgeschleppte Fahrzeuge[14] in Satz 2 mit erfasst.

16 Geschleppte Fahrzeuge sind betriebsfähige Fahrzeuge. Der Lenker des geschleppten Fahrzeugs benötigt eine Fahrerlaubnis[15] (Führerscheinklausel, § 5 Abs. 1 Nr. 4 KfzPflVV) für dieses Fahrzeug, § 33 Abs. 2 Nr. 1 StVZO.

17 Abgeschleppte Fahrzeuge sind betriebsunfähig[16]. Das Abschleppen betriebsunfähiger Fahrzeuge ist gewohnheitsrechtlich zulässig[17] und häufig auch geboten, um derartige Fahrzeuge, die zu Verkehrshindernissen werden, wegziehen zu können. Betriebsunfähige Fahrzeuge, die nur angeschleppt werden, damit der Motor wieder anspringt, sind abgeschleppten Fahrzeugen gleichzustellen. Da für abgeschleppte Fahrzeuge keine Fahrerlaubnis gefordert wird, sondern nur für den Führer des abschleppenden Fahrzeugs nach § 6 Abs. 1 Satz 2 FeV, kommt die Führerscheinklausel aus § 5 Abs. 1 Nr. 4 KfzPflVV beim Lenker des abgeschleppten Fahrzeugs nicht zum Tragen.

18 Die Mitversicherung wird nur dann vorgeschrieben, wenn für diese Fahrzeuge keine[18] Haftpflichtversicherung besteht. Die individuellen AKB können darüber hinaus freiwillig auch für bereits haftpflichtversicherte Fahrzeuge eine Mitversicherung vorsehen.

V. Geschobene Fahrzeuge

19 Beim Anhänger, der gewöhnlich gezogen, aber zum Rangieren auch geschoben werden kann, fallen alle Bewegungsrichtungen unter den Versicherungsschutz. Der Wortlaut von Satz 1 enthält hierzu keine Einschränkungen.

20 Betriebsunfähige Fahrzeuge können technisch auch geschoben statt gezogen werden. Der Wortlaut des Verordnungstextes beschränkt sich in Satz 2 jedoch auf den reinen Schleppvorgang. Dieser

---

11 Sonderrundschreiben K 01/2006 des *GDV* vom 18.01.2006. (Möglicherweise waren die Parteien des Rechtsstreits keine Verbandsmitglieder).

12 EuGH v. 21.01.2016 – C 359/14 und C 475/14.

13 Kreuter, Handbuch FA Verkehrsrecht, 7. Auflage Kap. 19 Rn 31 mit ausführlicher Darstellung der seitherigen Rechtslage der Haftung von Gespannen.

14 Zu den schwierigen Abgrenzungsfragen siehe *Grohmann* Abschleppen, Anschleppen, Schleppen, DAR 1998, 342 ff.; *Blum* Abschleppen und Schleppen und die neue Fahrzeugzulassungs-Verordnung, NZV 2008, 547 ff.; *Herberlein/Miller* Abschleppen und Schleppen, DAR 2009, 288 ff.

15 Hentschel/König/*Dauer* § 6 FeV Rn. 25.

16 § 18 Abs. 1 StVZO a.F.

17 Hentschel/König/*Dauer* § 33 StVZO, Rn. 6 und § 1 FZV Rn. 6.

18 Somit subsidiäre Versicherung, Feyock/*Jacobsen*/Lemor § 3 KfzPflVV, Rn. 2.

hat ziehenden Charakter und wird auch so bei der Erteilung von Ausnahmegenehmigungen zum gewerbsmäßigen Schleppen[19] so bezeichnet.

Eine ergänzende Auslegung ist hier versperrt. Die KfzPflVV wendet sich an den Haftpflichtversicherer. Auf den Empfängerhorizont eines potentiellen Versicherungsnehmers kommt es nicht an. Dieser ist allein bei den AKB und deren Auslegung (positiv) zu berücksichtigen. 21

C. Weitere praktische Hinweise

Die Mitversicherung des Anhängers über das ziehende Kraftfahrzeug wird nicht dadurch ausgeschlossen, dass der Versicherer des Kraftfahrzeugs keine eigene Anhängerversicherung anbietet. So etwas ist nach dem Geschäftsplan des Unternehmens als Spezial- oder Segmentversicherer theoretisch möglich, § 5 Abs. 4 PflVG. Die diskutierte[20] Frage dürfte in der Praxis eher theoretischer Natur sein. Ein Versicherer wird kaum erfolgreich Kraftfahrzeugversicherungen verkaufen können, ohne zugleich auch eine Haftpflicht- und Kaskoversicherung für den risikoärmeren Anhänger im Angebot zu haben. 22

Im Ergebnis kommt es nicht auf den Anhänger, sondern auf das Kraftfahrzeug an. Die Mitversicherung des Anhängers ist Teil des Kfz-Risikos. Die Mitversicherung ist auch nicht daran gebunden, dass der Anhänger versichert ist. Auch zulassungs- und damit versicherungsfreie Anhänger sind in der Kraftfahrtversicherung mitversichert. Schließlich hat der vom Kraftfahrzeug bewegte Zug gewöhnlich eine höhere Betriebsgefahr als das Solofahrzeug. 23

Entsprechend besteht bei der Geltendmachung von Forderungen gegen den Versicherer des Kraftfahrzeugs kein Grund, an den Anhängerversicherer oder Halter zu verweisen. 24

Die Anforderungen des Verordnungsgebers sind durch A.1.1.5 AKB 2015 und A.1.2 g AKB 2015 mehr als erfüllt. 25

Der Verordnungstext behandelt nicht die Frage, ob sich die Versicherung auch auf einen **zweiten Anhänger** zu beziehen hat. Ein zweiter Anhänger kann hinter dem ersten Anhänger angehängt sein, ohne unmittelbar mit dem Zugfahrzeug verbunden zu sein. Es würde jedoch dem Regelungszweck wiedersprechen, wenn der nur mittelbar über den ersten Anhänger verbundene Anhänger nicht mitversichert ist. Schließlich wirken die Kräfte des Zugfahrzeugs auch auf ihn. 26

Nicht geregelt ist der Sonderfall, bei dem zwei Kraftquellen zusammenwirken. Dies ist insbesondere beim **Schwertransport** möglich, wo z.B. die Leistung zweier in Reihe geschalteter Zugmaschinen benötigt wird. Die Versicherung eines jeden Zugfahrzeugs wirkt sich zwar auf den Anhänger aus, jedoch nicht auf das mitziehende Fahrzeug. 27

§ 4 Ausschlüsse

Von der Versicherung kann die Haftung nur ausgeschlossen werden

1. **für Ersatzansprüche des Versicherungsnehmers, Halters oder Eigentümers gegen mitversicherte Personen wegen Sach- oder Vermögensschäden;**
2. **für Ersatzansprüche wegen Beschädigung, Zerstörung oder Abhandenkommens des versicherten Fahrzeugs mit Ausnahme der Beschädigung betriebsunfähiger Fahrzeuge beim nicht gewerbsmäßigen Abschleppen im Rahmen üblicher Hilfeleistung;**
3. **für Ersatzansprüche wegen Beschädigung, Zerstörung oder Abhandenkommens von mit dem versicherten Fahrzeug beförderten Sachen mit Ausnahme jener, die mit Willen des Halters**

---

19 *BVerwG* Urt. v. 14.04.2005 – 3 C 3.04, JurionRS 2005, 16443 = DAR 2005, 585 = DÖV 2005, 1007 = NVwZ-RR 2005, 711 = NZV 2005, 605; siehe auch FAKomm/VerkehrsR/*Rebler* § 33 StVZO, Rn. 3.

20 Für einen Ausschluss Römer/*Langheid* (2. Auflage) § 3 KfzPflVV; zu Recht dagegen Feyock/*Jacobsen*/Lemor KfzVers § 3 KfzPflVV, Rn. 1a; Stiefel/Maier/*Jahnke* Kraftfahrtversicherung, § 3 KfzPflVV, Rn. 12; Prölss/Martin/*Knappmann* § 3 KfzPflVV, Rn. 2; MüKo StVR/*Gail*, § 3 KfzPflVV, Rn. 19.

beförderte Personen üblicherweise mit sich führen oder, sofern die Fahrt überwiegend der Personenbeförderung dient, als Gegenstände des persönlichen Bedarfs mit sich führen;

4. für Ersatzansprüche aus der Verwendung des Fahrzeugs bei behördlich genehmigten kraftfahrt-sportlichen Veranstaltungen, bei denen es auf die Erzielung einer Höchstgeschwindigkeit ankommt oder den dazugehörigen Übungsfahrten;
5. für Ersatzansprüche wegen Vermögensschäden durch die Nichteinhaltung von Liefer- und Beförderungsfristen;
6. für Ersatzansprüche wegen Schäden durch Kernenergie.

neu in der Fassung vom 11.04.2024

4. *für Ersatzansprüche aus Gebrauch des Fahrzeugs bei einer Motorsportveranstaltung oder Motorsportaktivität, einschließlich Rennen, Wettbewerben, Trainings, Test und Demonstrationen, wenn*
   a) das Fahrzeug in einem hierfür abgegrenzten Gebiet mit Zugangsbeschränkungen gebraucht wird und
   b) für diesen Gebrauch des Fahrzeugs Versicherungsschutz nach Maßgabe des § 5d Pflichtversicherungsgesetzes besteht.

Übersicht

A. Allgemeines

1 In § 4 KfzPflVV sind die Risikoausschlüsse aufgeführt, nach denen sich der Kraftfahrzeug-Haftpflicht-Versicherer auf seine Leistungsfreiheit auch im Außenverhältnis berufen kann. Damit sind die vertraglich vereinbarten Haftungsausschlüsse enumerativ aufgezählt, zusätzliche vertraglich vereinbarte Risikoausschlüsse in der Kraftfahrzeug-Haftpflicht-Versicherung sind unwirksam. Es besteht keine Verpflichtung, die obigen Ausschlüsse auch in den Verträgen aufzunehmen, diese Regelung stellt lediglich die Maximalgrenze dar, so dass es sich bei Berufen des Versicherers auf einen Risikoausschluss in der Kraftfahrzeug-Haftpflicht-Versicherung durchaus lohnt, die dem Vertrag zugrunde liegenden AKB zu prüfen[1]. Nicht von dieser Vorschrift erfasst sind gesetzlich normierte Risikoausschlüsse wie z.B. § 103 VVG (Vorsatz). In diesem Fall steht dem Geschädigten ein Anspruch gem. § 12 Abs. 1 PflVG gegen die Verkehrsopferhilfe zu.[2]

2 Als Risikoausschlüsse sind nur diejenigen schadenstiftenden Ereignisse aufgeführt, für die sich der Versicherungsnehmer selbst anderweitig versichern kann bzw. für die es Schadenersatzansprüche nach anderen Gesetzen gibt. Ausgenommen von dem gesetzlichen Ausschluss hat der Geschädigte die Möglichkeit, sich anderweitig gegen dieses Risiko entweder über die Vollkasko- oder die Transportversicherung zu versichern.

B. Ansprüche wegen Sach- oder Vermögensschäden

3 Der Versicherungsnehmer, Halter oder Eigentümer des versicherten Kfz kann gegen mitversicherte Personen keine Ansprüche auf Ersatz des ihm durch einen Schadenfall entstehenden Sach- oder

1 Richter, DAR 2012, 243 ff.
2 Balke, § 12 PflVG Rdn. 22 ff.

reinen Vermögensschaden geltend machen. Diese Ausschlussregelung umfasst den sog. Eigenschaden. Der Versicherungsnehmer kann nicht über den Umweg der Geltendmachung seiner Ansprüche auf Schadenersatz gegen den Fahrer von der Kraftfahrzeug-Haftpflicht-Versicherung Ersatz seines sonstigen Sachschadens verlangen. Selbstverständlich bleibt ihm der deliktische oder vertragliche Anspruch auf Schadenersatz gegen den Fahrer. Insoweit hat der Fahrer wegen des Ausschlusses auch keinen Anspruch auf Freistellung[3].

C. Ansprüche wegen Beschädigung des Kfz gegen mitversicherte Personen

In Ziffer 3 findet sich der Ausschluss, wie er in den AKB a.F. unter § 11 zu finden war. Die Formulierung wurde durch die Reform der AKB aufgelockert und ist nun leichter nachvollziehbar, da sie in zwei Punkte geteilt wurde. 4

I. Ausschluss von Schäden am versicherten Kfz

Zum einen sind die Ansprüche von Versicherungsnehmer, Eigentümer oder Halter des versicherten Kfz wegen dessen Beschädigung durch eine mitversicherte Person ausgeschlossen, da dieser Schaden in der Fahrzeugversicherung versichert werden kann. 5

II. Einschluss von Schäden am abgeschleppten Kfz

Zum anderen beinhaltet dieser Ausschluss einen Einschluss: Versichert ist der Schaden, der beim Abschleppen als Hilfeleistung an dem betriebsunfähigen Fahrzeug entsteht. Dieser Einschluss hebt die Einheit des Gespanns schleppendes Kfz – geschlepptes Kfz auf, soweit durch das schleppende Kfz an dem geschleppten Kfz ein Schaden entsteht. 6

betriebsunfähig

– Voraussetzung ist, dass das geschleppte Kfz betriebsunfähig war. Betriebsfähig sind die Kfz, die noch selbständig gelenkt und gebremst werden können, da der Fahrer des geschleppten Kfz den Fahrvorgang noch durch eigene Handlungen beeinflussen kann. Es kommt daher entscheidend darauf an, ob der Lenker durch seine Einflussmöglichkeiten noch eine eigene Gefahrenquelle bildet[4]. Als betriebsunfähig im Sinne dieser Vorschrift gelten Fahrzeuge nicht, die sich infolge eines technischen Defekts[5] nicht mehr fortbewegen, aber noch selbständig gelenkt oder gebremst werden können. Ziel dieser Regelung ist der Schutz gerade derjenigen abgeschleppten Fahrzeuge, die keinen Einfluss mehr auf das Fahrgeschehen nehmen können und dem Zugfahrzeug vollständig – wie ein Anhänger – nachfolgen. Grund für die Einschränkung ist, dass bei einem betriebsunfähigen Kfz die diesem Kfz innewohnende Betriebsgefahr entfällt[6]! 7

aus Gefälligkeit

– Das Abschleppen eines betriebsunfähigen Kfz darf nur aus Gefälligkeit erfolgen. Dies ist jedenfalls dann nicht gegeben, wenn der Abschleppende eine Fachwerkstatt betreibt und das Kfz dorthin verbracht werden soll, sich der Besitzer des betriebsunfähigen Kfz gerade an die Werkstatt auch wegen der Reparatur gewandt hatte[7]. Eine Gefälligkeitshandlung wird auch dann verneint, wenn das Abschleppen auch dem Gewerbebetrieb dienlich ist[8]. 8

im Rahmen der Ersten Hilfe

– Das Abschleppen muss im Rahmen der ersten Hilfe erfolgen und ist damit nur eingeschlossen, soweit es um das Abschleppen zur nächstgelegenen Werkstatt geht. Dann darf auch die zulässige 9

3 Vgl. insoweit auch A.1.5.3 AKB m.w.N.
4 LG Hannover v. 09.11.1977 – 11 S 238/77, VersR 1978, 430 (L.) = NJW 1978, 430.
5 OLG Koblenz v. 06.01.1986 – 12 U 447/85, VersR 1987, 707 (Motorschaden).
6 OLG Koblenz v. 06.01.1986 – 12 U 447/85, VersR 1987, 707.
7 OLG Koblenz v. 06.01.1986 – 12 U 447/85, VersR 1987, 707; für diesen Schadenfall ist die Kfz-Handel- und Handwerk-Versicherung zuständig, da sich das Kfz mit dem Anhängen in Werkstattobhut befindet.
8 OLG Koblenz v. 06.01.1986 – 12 U 447/85, VersR 1987, 707.

Anhängelast kurzfristig überschritten werden[9]. Ein längerfristiges Abschleppen hingegen muss sich auch an der Führerscheinklausel messen lassen[10].

Dauer des Abschleppvorgangs

10 – Dabei gilt – anders als bei der Regelung der Haftung für einen sonstigen Anhänger – der Abschleppvorgang solange nicht als beendet, als das geschleppte Fahrzeug den Zielort nicht erreicht hat. Löst sich vorher die Abschleppvorrichtung, kommt das geschleppte Fahrzeug zum Stehen und wird dann ein Dritter durch dieses Fahrzeug geschädigt, haftet die Kraftfahrzeug-Haftpflicht-Versicherung des Abschleppers weiter[11].

11 Liegen diese Voraussetzungen nicht vor, ist ein Schaden an dem geschleppten Fahrzeug nicht zu erstatten, da dann die Einheit des Gespanns gilt und ein möglicher Schaden nur durch die Fahrzeugversicherung des jeweiligen Kfz gedeckt ist.

D. Ansprüche wegen Beschädigung von Ladung

12 § 4 Abs. 4 KfzPflVV enthält eigentlich zwei Regelungen, einen Ausschluss und einen Einschluss. Diese Regelung wurde im Zuge der AKB-Reform in geänderter Formulierung umgesetzt.

I. Ausschluss von Schäden an der Ladung

13 Ansprüche wegen der Beschädigung der Ladung sind ausgeschlossen[12]. Als Ladung wird alles bezeichnet, das mit dem Kfz transportiert wird und bei dem die Beförderung im Vordergrund steht[13]. Auch ein abgeschlepptes Kfz, das auf der Ladefläche eines LKW transportiert wird, ist Ladung, eine Gefährdungshaftung besteht nicht[14]. Will der Versicherungsnehmer die mit dem Kfz transportierte Ladung absichern, kann er eine Transportversicherung abschließen. Insbesondere Vermischungsschäden im Gewerblichen Gütertransport fallen unter diesen Ausschluss, wenn die Schädigung der Ladung im Fahrzeug erfolgt[15].Von diesem Ausschluss nicht umfasst sind aber die Kosten, die durch die Entsorgung der beschädigten Ladung entstehen[16], da Ziel des Ausschlusses nur ist, den Versicherungsnehmer mit der Versicherung seiner Ladung in den Bereich der Sachversicherung zu verweisen[17].

II. Einschluss persönlicher Gegenstände

14 In den Versicherungsschutz eingeschlossen sind die Gegenstände, die eine Person üblicherweise mit sich führt, also Kleidung, Brille, Handtasche. Nicht eingeschlossen ist z.B. ein sonstiger Gegenstand, der nicht üblicherweise, sondern nur gelegentlich mitgeführt wird, wie z.B. ein Musikinstrument[18]. Etwas weiter gefasst ist die Regelung, wenn es sich um gewerbliche Personenbeförderung handelt. Dann sind auch die Gegenstände mitversichert, die dem persönlichen Bedarf dienen.

9 BayObLG v. 05.11.1993 – 2 ObOWi 469/93, NZV 1994, 163 f. zur Überschreitung der Anhängelast mit betriebsunfähigem Fahrzeug.

10 Jedenfalls dann, wenn kein LKW-Führerschein vorhanden ist und ein Fahrzeug mit vier Achsen über die reine Nothilfe hinaus geschleppt wird; vgl. Himmelreich/Halm/Kreuter FA Verkehrsrecht, Kap. 19 Rn. 35.

11 So schon BGH v. 03.03.1971 – IV ZR 134/69, VersR 1971, 611.

12 OLG Celle v. 31.01.2024 – 14 U 58/23, mit der Folge, dass ein Direktanspruch gegen den Versicherer nicht besteht.

13 Wegen der Details vgl. unter A.1.5.5 AKB.

14 OLG Karlsruhe, 28.08.2014 – 13 U 15/14, leider wird die Ladungseigenschaft nicht herausgestellt, sondern unzutreffend auf die Betriebseinheit zwischen Abschlepper und Abgeschlepptem abgestellt.

15 Für einen Sonderfall OLG Nürnberg v. 14.01.1982 – 8 U 170/81, VersR 1982, 1092.

16 BGH v. 23.11.1994 – IV ZR 48/94, VersR 1995, 162.

17 BGH v. 23.11.1994 – IV ZR 48/94, VersR 1995, 162.

18 OLG Saarbrücken, v. 13.03.2013 – 5 U 342/12 in DAR 2013, 578 m.Anm. Kreuter-Lange; Kreuter-Lange/Schwab, »Haftungs- und Versicherungsfragen beim Busfernverkehr«, DAR 2015, 67; LG Coburg v. 24.07.2008 – 32 S 39/08 für ein Cello, der Regress des Musikinstrumentenversicherers wurde abgewiesen.

Damit ist dann u.U. auch das Reisegepäck gemeint, aber auch ein Musikinstrument[19], das am Zielort Verwendung finden soll. Gleiches müsste nach diesseitiger Auffassung dann auch für ein Laptop gelten, das z.B. aus beruflichen Gründen mit sich geführt wird.

E. Ausschluss behördlich genehmigter Rennen

Rennen sind alle die motorsportlichen Veranstaltungen, die auf die Erzielung einer Höchstgeschwindigkeit ausgerichtet sind. Wird ein Rennen behördlich genehmigt, so ist eine spezielle Veranstalterhaftpflicht nachzuweisen, um die behördliche Genehmigung zu erhalten. Ggf. wird auch ein Haftungsausschluss der Teilnehmer untereinander verlangt[20]. Die Teilnahme an einem behördlich nicht genehmigten Rennen unterfällt daher den Obliegenheitsverletzungen vor dem Schadenfall nach D. AKB[21]. 15

E.1 Ausschluss für Motorsportveranstaltungen etc.

neu in der Fassung vom 11.04.2024

4. *für Ersatzansprüche aus Gebrauch des Fahrzeugs bei einer Motorsportveranstaltung oder Motorsportaktivität, einschließlich Rennen, Wettbewerben, Trainings, Test und Demonstrationen, wenn*
   a) *das Fahrzeug in einem hierfür abgegrenzten Gebiet mit Zugangsbeschränkungen gebraucht wird und*
   b) *für diesen Gebrauch des Fahrzeugs Versicherungsschutz nach Maßgabe des § 5d Pflichtversicherungsgesetzes besteht.*

Die Reform des PflVG führt auch zu einer Veränderung des § 4 Ziffer 4 KfzPflVV. Bisher waren nur behördlich genehmigte Rennen ausgeschlossen. Die allgemeiner gehaltene Formulierung Motorsportveranstaltung oder Motorsportaktivität ist weiter gefasst und auch nicht mehr auf die Erzielung von Höchstgeschwindigkeiten begrenzt. Ausschließbar sind alle Motorsportveranstaltungen, wenn eine entsprechende Versicherung nach § 5d PflVG n.F. abgeschlossen wurde. Ist dies nicht der Fall, kann sich – nach der Neuregelung – der Versicherer gegenüber dem Geschädigten Dritten nicht mehr auf den Ausschluss berufen. 16

F. Nichteinhaltung von Lieferungs- und Beförderungsfristen

Bei den Ansprüchen gegen den Versicherungsnehmer wegen Nichteinhaltung von Lieferungs- oder Beförderungsfristen handelt es sich um vertraglich durch den Versicherungsnehmer vereinbarte Bedingungen, die nicht dem Wesen der Kfz-Versicherung entsprechen. Da es dem Versicherungsnehmer frei steht, sich vertraglich zu binden, die Schadenersatzpflicht des Versicherers sich aber an den gesetzlichen Vorschriften des Schadenersatzes zu orientieren hat, können die möglicherweise aus der Nichteinhaltung entsprechender frei vereinbarter Fristen resultierenden Schäden ausgeschlossen werden. 17

G. Ausschluss Kernenergie

Schadenersatzansprüche wegen Schäden durch Kernenergie richten sich nach §§ 25 ff. AtomG. 18

---

19 OLG Saarbrücken, v. 13.03.2013 – 5 U 342/12 in DAR 2013, 578 m.Anm. Kreuter-Lange; Kreuter-Lange/Schwab, »Haftungs- und Versicherungsfragen beim Busfernverkehr«, DAR 2015, 67.

20 Wegen der Details und den Abgrenzungen vgl. unter A.1.5.2 und D.2.2 AKB m.w.H. zur Rspr.

21 OLG Karlsruhe v. 15.04.2014 – 12 U 149/13, Jurion; OLG Karlsruhe v. 23.02.2012, 9 U 97/11, DAR 2012, 519 f. noch zur alten Rechtslage; zur Unfallversicherung vgl. OLG Bamberg v. 23.02.2010 – 1 U 161/09.

§ 5 Obliegenheiten vor dem Schadenfall

(1) Als Obliegenheiten vor Eintritt des Versicherungsfalls können nur vereinbart werden die Verpflichtung,

1. das Fahrzeug zu keinem anderen als dem im Versicherungsvertrag angegebenen Zweck zu verwenden;
2. das Fahrzeug nicht zu behördlich nicht genehmigten Fahrveranstaltungen zu verwenden, bei denen es auf die Erzielung einer Höchstgeschwindigkeit ankommt;
3. das Fahrzeug nicht unberechtigt zu gebrauchen oder wissentlich gebrauchen zu lassen;
4. das Fahrzeug nicht auf öffentlichen Wegen und Plätzen zu benutzen oder benutzen zu lassen, wenn der Fahrer nicht die vorgeschriebene Fahrerlaubnis hat;
5. das Fahrzeug nicht zu führen oder führen zu lassen, wenn der Fahrer infolge des Genusses alkoholischer Getränke oder anderer berauschender Mittel dazu nicht sicher in der Lage ist.

Seit 01.07.2012:

6. ein mit einem Wechselkennzeichen zugelassenes Fahrzeug nicht auf öffentlichen Wegen oder Plätzen zu benutzen oder benutzen zu lassen, wenn es das nach § 8 Abs. 1a der Fahrzeug-Zulassungsverordnung vorgeschriebene Kennzeichen nicht vollständig trägt.[1]

(2) Gegenüber dem Versicherungsnehmer, dem Halter oder Eigentümer befreit eine Obliegenheitsverletzung nach Absatz 1 Nr. 3 bis 5 den Versicherer nur dann von der Leistungspflicht, wenn der Versicherungsnehmer, der Halter oder der Eigentümer die Obliegenheitsverletzung selbst begangen oder schuldhaft ermöglicht hat. Eine Obliegenheitsverletzung nach Absatz 1 Nr. 5 befreit den Versicherer nicht von der Leistungspflicht, soweit der Versicherungsnehmer, Halter oder Eigentümer durch den Versicherungsfall als Fahrzeuginsasse, der das Fahrzeug nicht geführt hat, geschädigt wurde.

(3) Bei Verletzung einer nach Absatz 1 vereinbarten Obliegenheit oder wegen Gefahrerhöhung ist die Leistungsfreiheit des Versicherers gegenüber dem Versicherungsnehmer und den mitversicherten Personen auf den Betrag von höchstens je 5.000 Euro beschränkt. Satz 1 gilt nicht gegenüber einem Fahrer, der das Fahrzeug durch eine strafbare Handlung erlangt hat.

in der Fassung vom 11.04.2024 § 5 n. F.[2]

(1) Als Obliegenheiten vor Eintritt des Versicherungsfalls können nur vereinbart werden die Verpflichtung,

1. das Fahrzeug zu keinem anderen als dem im Versicherungsvertrag angegebenen Zweck zu verwenden;
2. das Fahrzeug nicht zu behördlich nicht genehmigten Fahrveranstaltungen zu verwenden, bei denen es auf die Erzielung einer Höchstgeschwindigkeit ankommt;

2a. das Fahrzeug nur dann bei einer Motorsportveranstaltung oder Motorsportaktivität, einschließlich Rennen, Wettbewerben, Trainings, Tests und Demonstrationen, zu gebrauchen oder gebrauchen zu lassen, wenn
   a) das Fahrzeug in einem hierfür abgegrenzten Gebiet mit Zugangsbeschränkungen gebraucht wird und
   b) für diesen Gebrauch des Fahrzeugs Versicherungsschutz nach Maßgabe des § 5d des Pflichtversicherungsgesetzes besteht;

3. das Fahrzeug nicht unberechtigt zu gebrauchen oder wissentlich gebrauchen zu lassen;
4. das Fahrzeug nicht auf öffentlichen Wegen und Plätzen zu benutzen oder benutzen zu lassen, wenn der Fahrer nicht die vorgeschriebene Fahrerlaubnis hat;
5. das Fahrzeug nicht zu führen oder führen zu lassen, wenn der Fahrer infolge des Genusses alkoholischer Getränke oder anderer berauschender Mittel dazu nicht sicher in der Lage ist;

---

1 BGBl. 2012/I Nr. 5 v. 30.01.2012 lfd. Nr. 13 Art. 5.

2 Hierbei handelt sich um eine deklaratorische Folgeänderung aufgrund der geänderten Vorgaben in den §§ 1, 2a Abs. 4, § 6 Abs. 3 PflVG n.F.

6. ein mit einem Wechselkennzeichen zugelassenes Fahrzeug nicht auf öffentlichen Wegen oder Plätzen zu benutzen oder benutzen zu lassen, wenn es das nach § 8 Absatz 1a der Fahrzeug-Zulassungsverordnung vorgeschriebene Wechselkennzeichen nicht vollständig trägt.

(2) Gegenüber dem Versicherungsnehmer, dem Halter oder Eigentümer befreit eine Obliegenheitsverletzung nach Absatz 1 Nr. 3 bis 5 den Versicherer nur dann von der Leistungspflicht, wenn der Versicherungsnehmer, der Halter oder der Eigentümer die Obliegenheitsverletzung selbst begangen oder schuldhaft ermöglicht hat. Eine Obliegenheitsverletzung nach Absatz 1 Nr. 5 befreit den Versicherer nicht von der Leistungspflicht, soweit der Versicherungsnehmer, Halter oder Eigentümer durch den Versicherungsfall als Fahrzeuginsasse, der das Fahrzeug nicht geführt hat, geschädigt wurde.

(3) Bei Verletzung einer nach Absatz 1 vereinbarten Obliegenheit oder wegen Gefahrerhöhung ist die Leistungsfreiheit des Versicherers gegenüber dem Versicherungsnehmer und den mitversicherten Personen auf den Betrag von höchstens je 5 000 Euro beschränkt. Satz 1 gilt nicht gegenüber einem Fahrer, der das Fahrzeug durch eine strafbare Handlung erlangt hat.

Übersicht

A. Allgemeines

Die Obliegenheiten als vertragliche Nebenpflichten im Schadenfall dienen sämtlich zur Verringerung des Schadensrisikos. Sie sind in § 5 KfzPflVV abschließend aufgeführt[3]. Werden weitere Obliegenheiten vor dem Schadenfall vereinbart, sind diese, soweit sie sich nicht aus dem VVG ergeben (Anzeigepflichten, Gefahrerhöhung), nicht zulässig und damit ungültig! Es müssen nicht alle aufgeführten Obliegenheiten in den Vertrag einfließen. Sie können vereinbart werden. 1

Soweit als eine Variante in Abs. 1 Nr. 3–5 die Formulierung gewählt wurde »nicht gebrauchen zu lassen« richten sich diese Obliegenheiten ausschließlich an Versicherungsnehmer, Halter und Eigentümer. Der Versicherer ist diesen gegenüber nur dann von der Leistungspflicht befreit, wenn Versicherungsnehmer, Halter oder Eigentümer die Obliegenheitsverletzung selbst begangen haben oder diese schuldhaft ermöglicht haben. Es wird von ihnen erwartet, dass sie weder einem führerscheinlosen noch einem alkoholisierten Fahrer das versicherte Fahrzeug anvertrauen. Ebenso wird von ihnen erwartet, dass sie das Fahrzeug nicht zu einem behördlich nicht genehmigten Rennen verwenden oder die unberechtigte Fahrt gestatteten. Außerdem darf das versicherte Fahrzeug nur zu dem vereinbarten Zweck verwendet werden. Im gleichen Atemzug wird im Rahmen der Regressbeträge auch die Gefahrerhöhung als – gesetzliche – Obliegenheit in den Bereich der vorvertraglichen Obliegenheiten mit beschränkter Leistungsfreiheit aufgenommen. 2

3 NK-VersR/Kreuter, § 5 KfzPflVV, Rn. 1.

B. Obliegenheiten des Versicherungsnehmers und des Fahrers

3 Alle Obliegenheiten richten sich an diejenigen, die das Fahrzeug gebrauchen, also nicht nur den Versicherungsnehmer, Halter und Eigentümer, sondern auch den mitversicherten Fahrer, der nicht Vertragspartner der Versicherung ist. Die Formulierungen sind insoweit eindeutig.

I. Versicherungsnehmer als Fahrer

4 Hat der Versicherungsnehmer als Fahrer die Obliegenheitsverletzung selbst begangen besteht Leistungsfreiheit nach Abs. 3. Hat der personenverschiedene Fahrer die Obliegenheitsverletzung begangen, besteht **nur ihm** gegenüber Leistungsfreiheit gem. Abs. 3. Hat der Versicherungsnehmer die Obliegenheitsverletzung durch den Fahrer gestattet oder schuldhaft ermöglicht, besteht zusätzlich gegenüber dem Versicherungsnehmer Leistungsfreiheit in den Grenzen des Abs. 3.

II. mitversicherter Fahrer

5 Auch der Fahrer als mitversicherte Person i.S.d. § 2 KfzPflVV ist an die Obliegenheiten gebunden. Sofern er eine oder mehrere der in § 5 KfzPflVV normierten Obliegenheiten verletzt, kann er ebenfalls in Regress genommen werden.

III. Versicherungsnehmer hat Fahrt schuldhaft ermöglicht

6 Den Versicherungsnehmer trifft zusätzlich zu den Obliegenheiten als Fahrer auch die Pflicht, dafür Sorge zu tragen, dass die Obliegenheiten auch von den mitversicherten Personen eingehalten werden. Die Formulierung »schuldhaft ermöglicht«, nimmt den Versicherungsnehmer in die Pflicht, den Führerschein des Fahrers zu kontrollieren und ihm das Fahrzeug beispielsweise nicht zu überlassen, wenn der Fahrer alkoholisiert ist, die Nutzung des versicherten Fahrzeuges auch nur zu dem versicherten Zweck zu gestatten und das Fahrzeug vor unbefugtem Gebrauch zu schützen.

7 Es muss dem Versicherungsnehmer ein Verschuldensvorwurf gemacht werden können, wenn der Fahrer eine Obliegenheit verletzt hat, um ihn gem. § 5 in Regress zu nehmen. Die Formulierung wirkt zugunsten des Versicherungsnehmers, beinhaltet aber keine Beweislastumkehr[4], dass der Versicherungsnehmer sich entlasten müsste. Durch § 5 Abs. 2 S. 2 wird klargestellt, dass der Versicherer kein Leistungsverweigerungsrecht gegenüber dem verletzten Versicherungsnehmer hat, wenn dieser als Insasse in dem Kfz geschädigt wird[5]. Allerdings bleibt es bei dem Regress nach Abs. 1, wenn der Versicherungsnehmer die Benutzung der Kfz durch einen alkoholisierten Fahrer gestattet hat[6].

C. Einzelne Obliegenheiten

8 Die in § 5 KfzPflVV aufgeführten Obliegenheiten entsprechen denen, die in den ursprünglich vom Aufsichtsamt genehmigten AKB enthalten waren. Um dem Markt gerecht zu werden, wurde die Genehmigungspflicht für AKB aufgehoben und stattdessen der Rahmen, an dem sich die AKB für die Kraftfahrzeug-Haftpflicht-Versicherung orientieren müssen, vorgegeben. Die dort enthaltenen Obliegenheiten sind enumerativ aufgezählt. Weitere Obliegenheiten sind nur zulässig, wenn sie ihre Grundlage im VVG finden. Dies ist z.B. die Nichtanzeige der Veräußerung, die die Leistungsfreiheit des Versicherers nach sich ziehen kann. Diese Obliegenheit der Verkaufsanzeige könnte auch in die vorvertraglichen Obliegenheiten der AKB aufgenommen werden, wenn ein Versicherer dies wollte. Auch die Obliegenheit, ein Fahrzeug während der Ruheversicherung nicht im öffentlichen Verkehrsraum zu nutzen, kann in die Obliegenheiten vor dem Schadenfall aufgenommen werden, diese Pflicht war auch in den zu genehmigenden AKB enthalten, dort war die vollständige

4 Jacobsen in Feyock/Jacobsen/Lemor § 5 KfzPflVV Rn. 7.
5 Schirmer, »Neues VVG und die Kraftfahrzeug-Haftpflicht- und Kasko-Versicherung«, DAR 2008, 319, 320.
6 Schirmer, »Neues VVG und die Kraftfahrzeug-Haftpflicht- und Kasko-Versicherung«, DAR 2008, 319, 320.

Leistungsfreiheit für einen Kraftfahrzeug-Haftpflicht-Schaden aufgenommen, allerdings gibt es auch AKB, in denen diese Pflicht in den Obliegenheiten nach D. aufgenommen ist und die Leistungsfreiheit auf € 5.000 beschränkt wird. Findet sich der Hinweis auf D.2 AKB hinsichtlich des Umfangs der Leistungsfreiheit, richtet sich diese auch nach D.2 AKB.

I. Verwendungsklausel

Der Versicherungsnehmer gibt bei Vertragsschluss die geplante Verwendung des zu versichernden Kfz an, nach dieser Verwendung wird der zu zahlende Versicherungsbeitrag ermittelt. Wird nun das Fahrzeug zu einem anderen als dem versicherten Zweck verwendet, stellt dies u.U. eine Risikoveränderung in Form der Gefahrerhöhung dar. Eine Gefahrerhöhung muss der Versicherungsnehmer gem. § 23 VVG dem Versicherer rechtzeitig anzeigen, damit der Beitrag entsprechend angepasst werden kann bzw. der Versicherer den Vertrag beenden kann, wenn es sich um ein Risiko handelt, welches nicht § 5 PflVG (Kontrahierungszwang) unterfällt. In den Obliegenheiten ist die Verwendungsklausel die Spezialregelung gegenüber der Gefahrerhöhung. Es gibt eine Vielzahl von Verwendungen eines Kraftfahrzeuges, diese reichen von PKW – Eigenverwendung bis hin zu dem LKW im Europaverkehr[7]. 9

Grundsätzlich stellt jede Abweichung der Verwendung des versicherten Kfz von der vertraglichen Vereinbarung einen Verstoß gegen die Verwendungsklausel dar. Eine Obliegenheitsverletzung liegt aber nur dann vor, wenn sich durch die geänderte Verwendung für den Versicherer ein erhöhtes Risiko ergibt. Dabei reicht nach Auffassung der Rechtsprechung die einmalige geänderte Verwendung als Verstoß gegen die Verwendungsklausel aus[8]. 10

Besonders problematisch ist derzeit der Vorstoß amerikanischer Unternehmer, die über eine App sog. Privattaxis vermitteln. Häufig ist davon auszugehen, dass derjenige, der mit Hilfe dieser App gerufen werden kann, weder sein Fahrzeug als Taxi versichert hat, noch dass derjenige über eine entsprechende Fahrerlaubnis zur Fahrgastbeförderung verfügt[9]. Auch der Busfernverkehr wirft insoweit Fragen auf[10]. 11

Beispiele für einen Verstoß gegen die Verwendungsklausel: 12
- LKW Güternahverkehr wird im Güterfernverkehr eingesetzt[11];
- Landwirtschaftliche Zugmaschine wird bei Fastnachtsumzug eingesetzt[12];
- Rote Kennzeichen oder Kurzzeitkennzeichen werden zu anderem Zweck als Prüf-, Probe- und Überführungsfahrten eingesetzt[13];
- Rote Kennzeichen werden durch unbefugten Dritten verwendet[14];
- Geschäftswagen einer Reparaturwerkstatt wird an Kunden vermietet[15];

7 Vgl. hierzu Anhang 6 der AKB mit den einzelnen Verwendungsmöglichkeiten.
8 OLG Karlsruhe v. 10.08.2022 – 25 U 137/22 (Güternah-/Fernverkehr).
9 Bauer/Friesen, »UberPop – rechtlich top oder eher ein Flop? «, DAR 2015, 61, 65 f; Rebler, »Mi(e)tfahrgelegenheit modern – WunderCar und UberPop rechtliche Grauzone oder Illegalität? «, DAR 2014 550 f.; vgl. auch die jüngsten Entscheidungen: Das OVG Hamburg Beschl. v. 24.09.2014 – 3 Bs 175/14, NZV 2014, 600 (Anm. Nebel/Kramer zu dieser Entscheidung NVwZ 2014, 1532), hat die Vermittlung privater Fahrten von UperPop untersagt; ebenso LG Frankfurt v. 18.03.2015 – 3–08 O 136/14 (n. rskr.); VG Berlin v. 26.09.2014 – VG 11L 353/14.
10 Kreuter-Lange/Schwab, »Haftungs- und Versicherungsfragen beim Busfernverkehr«, DAR 2015, 67.
11 BGH v. 01.03.1972 – IV ZR 107/70, VersR 1972, 530; BGH v. 14.07.1976 – IV ZR 235/74, VersR 1976, 870; OLG Saarbrücken v. 24.02.1978 – 3 U 247/76, VersR 1979, 99.
12 OLG Karlsruhe v. 30.04.1986 – 4 U 9/85, VersR 1986, 1180.
13 BGH v. 28.06.2006 – IV ZR 316/04; vgl. auch D.1.1.1 AKB m.w.N, sowie KfzSBHH A.3.1; Schon BGH v. 29.05.1974 – IV ZR 56/73, VersR 1974, 793; BGH v. 18.12.1974 – IV ZR 123/73, VersR 1975, 29 (Handel-Handwerk-Versicherung); OLG Hamm v. 31.05.1978 – 20 U 327/77, VersR 1978, 1110; OLG Köln v. 20.02.1986 – 5 U 172/85, VersR 1987, 1004; LG Kassel v. 16.11.1990 – 2 S 423/90, VersR 1991, 656; Halm/Fitz, Versicherungsschutz bei entgeltlichen Probefahrten, DAR 2006,433.
14 BGH v. 28.06.2006 – IV ZR 316/04, DAR 2007, 26.
15 Schon OLG Köln v. 14.01.1969 – 9 U 12/67, VersR 1970; 513; OLG Düsseldorf v. 22.06.1993 – 4 U 72/92, VersR 1994, 1176 auch wenn Nutzungsentschädigung verlangt wird.

- Ein geleastes Fahrzeug wird weiter verleast[16];
- Überlassung eines Kfz gegen Lieferung von Sonderzubehör[17];

13 Kein Verstoß gegen die Verwendungsklausel ist gegeben:
- wenn sich der Unfall nicht anlässlich der geänderten – nicht versicherten – Verwendung ereignete[18];
- wenn die geänderte Verwendung keine Gefahrerhöhung darstellt, weil der Mieter das Mietfahrzeug selbst versichert[19];

14 Dabei ist der Versicherer beweisbelastet hinsichtlich der andersartigen Verwendung[20]. Der Versicherungsnehmer kann sich entlasten, indem er nachweist, dass der Schaden sich nicht anlässlich der anderen (nicht versicherten) Verwendung ereignete.

II. Teilnahme an Motorsportveranstaltungen, Ziffer 4 (vormals behördlich nicht genehmigte Fahrtveranstaltungen)

15 Nach der Neufassung des PflVG sind alle Teilnahmen an Motorsportveranstaltungen ohne entsprechende Versicherung nach § 5d PflVG Obliegenheitsverletzungen mit der Folge der Leistungsfreiheit des Versicherers gegenüber dem Versicherungsnehmer. Die neue Diktion ist deutlich weiter gefasst als die »behördlich nicht genehmigten Rennen«. Es bleibt abzuwarten, ob die aktuell geltenden Regeln, nämlich das Abstellen auf die Erzielung von Höchstgeschwindigkeiten nach Veröffentlichung des PflVG noch Bestand haben wird[21]. Sicher werden sich die Schadenfälle bis zum Ende des Jahres 2023 an den zu dieser Zeit geltenden Maßgaben orientieren müssen. Für diese gilt nach wie vor die alte Rechtslage. Die behördlich nicht genehmigten Fahrtveranstaltungen sind alle diejenigen Fahrten, bei denen es auf die Erzielung einer Höchstgeschwindigkeit ankommt. Die Erzielung der Höchstgeschwindigkeit muss das das Ziel der Veranstaltung sein, es kommt nicht darauf an, dass sich der Schadenfall ereignete, während die Höchstgeschwindigkeit nicht erreicht wurde. Davon abzugrenzen sind die Veranstaltungen, in denen es gerade nicht um die Erzielung von Höchstgeschwindigkeiten geht. Diese sind z.B. Fahrsicherheitstrainings[22], Jedermann-Fahrlehrgang[23]; Orientierungsfahrten und Gleichmäßigkeitsfahrten, bei denen mehrere Runden immer in der gleichen Zeit zurückgelegt werden müssen[24].

16 Soweit es sich um sportliche Wettbewerbe handelt, die eine Erzielung einer Höchstgeschwindigkeit nicht zum Inhalt haben, kann der Geschädigte seinen Anspruch gegen den Schädiger geltend machen, sofern dieser eine Haftpflichtversicherung abgeschlossen hat, die Versicherungsschutz gewährt[25].

---

16 OLG Hamm v. 14.06.1991 – 20 U 196/90, VersR 1992, 350.
17 OLG Hamburg v. 09.05.1990 – 5 U 146/89, VersR 1991, 655, stellt eine »Vermietung« dar.
18 OLG Hamm 16.06.1999 – 20 U 32/74, VersR 1975, 223 (Unfall nicht anlässlich einer Mietwagenfahrt, sondern um Ersatzteile für einen weiteren Mietwagen zu besorgen).
19 OLG Karlsruhe v. 07.07.1994 – 12 U 12/94, VersR 1995, 568 m.w.N.
20 So schon BGH v. 09.06.1986 – IVa ZR 182/84, VersR 1986, 541 (für die Frage, ob Werk-Nahverkehr oder Werk-Fernverkehr im Rahmen der Deckungszusage versichert war).
21 Die Gesetzesbegründung, BT-Drucksache 20-8094, S. 109 ist insoweit etwas ungenau formuliert, indem sie auf die »nicht genehmigten Fahrtveranstaltungen zur Erzielung einer Höchstgeschwindigkeit« Bezug nimmt. Dies ist nach diesseitiger Auffassung verfehlt, da auch die Zuverlässigkeits- und Gleichmäßigkeitsfahrten oder die als »Touristenfahrten« getarnten Rennen ohne offizielle Wertung zur Ausreizung des Fahrzeugs und des fahrerischen Könnens führen! In der Stellungnahme des Bundesrates vom 07.07.2023 BT-Drucksache 20-8094 S. 120 wird auch ergänzend vorgeschlagen, den Gesetzentwurf des %§ 5 Ziffer 1 um Ziffer 1 a zu erweitern, um die Illegalen Rennen nach § 315d StGB zu erfassen. Diese Erweiterung wurde – unter Hinweis auf den Begriff »Rennen« abgelehnt.
22 OLG Stuttgart v. 21.07.2008 – 5 U 44/08, Jurion.
23 OLG Karlsruhe v. 21.10.2008 – 10 U 36/08, Jurion.
24 Vgl. auch D.1.1.4 AKB m.w.N.
25 BGH v. 29.01.2008 – VI ZR 98/07, Jurion.

Dabei soll es darauf ankommen, ob es sich um eine besonders risikoträchtige Sportart handelt und wie der Ausschluss formuliert war. War der Ausschluss für mögliche Schadenersatzansprüche auf »Rennen« begrenzt, ist in den Fällen, in denen ein Rennen gerade nicht vom Veranstalter beabsichtigt war, ein Schadenersatzanspruch gegeben. Ob diese Haltung den besonderen Umständen, die auf einer Rennstrecke gegeben sind, gerecht wird, ist mehr als fraglich, da gerade dort die Gefahr groß ist, dass die Fahrer sich auch untereinander in der Geschwindigkeit messen. Dem hat auch das LG Stuttgart bei der Bewertung einer Veranstaltung des Porscheclubs Rechnung getragen[26]. Dort waren hochmotorige Sportwagen angetreten, um den eigenen Grenzbereich des Fahrers und den des Fahrzeuges zu erarbeiten. Zwar war die Veranstaltung als Gleichmäßigkeitsfahrt angegeben, aber die dort bekannt gewordenen Gesamtumstände ließen das LG den Renncharakter bejahen. Dies hat der BGH bei einer ähnlichen Veranstaltung des Porscheclub auf dem Hockenheimring bestätigt, da auch dort die Höchstgeschwindigkeit in die Wertung bei Gleichstand miteinbezogen wurde, so dass die Teilnehmer auch von einer Rennveranstaltung ausgingen und einen Haftungsausschluss vereinbarten.[27]. Allerdings hat der BGH seine Haltung zum Haftungsausschluss bei kraftsportlichen Veranstaltungen insoweit verändert, als er jetzt eine Eintrittspflicht des Schädigers auch für alle Schäden anlässlich dieser Veranstaltung bejaht, wenn eine Haftpflichtversicherung Versicherungsschutz gewährt[28]. Diese Rechtsprechung ist kritisch zu betrachten, da entscheidendes Kriterium für die Ersatzpflicht von Schäden, die ein Teilnehmer anlässlich einer Sportveranstaltung erleidet, unabhängig vom Verschulden nicht das Bestehen oder Nichtbestehen einer Haftpflichtversicherung sein kann. Man stelle sich nur vor, dass die bestehende Haftpflichtversicherung aus anderen Gründen nicht eintritt, dann wird derjenige, der sich auf den Haftungsausschluss des Veranstalters verlässt, dann doch auch für leicht fahrlässiges Verhalten in die Pflicht genommen.

Auch spontane Beschleunigungsrennen fallen unter die »behördlich nicht genehmigten Rennen«[29]. 17
Im Strafrecht finden sich zu § 315c Abs. 1 Nr. 3 lit d. bzw. § 315d StGB die entsprechenden strafrechtlichen Entscheidungen[30]. Vielfach werden in zwischen die Rennen im öffentlichen Verkehrsraum, die zur Tötung eines unbeteiligten Verkehrsteilnehmers führen, als Mord geahndet[31], mit der Folge, dass es sich nicht mehr um eine unter § 5 KfzPflVV fallende Obliegenheitsverletzung, sondern einen Leistungsausschluss nach § 103 VVG mit der Folge, dass auch keine Vorleistungspflicht des Versicherers besteht.

III. unberechtigter Gebrauch des Kfz

Die Formulierung in Abs. 1 Ziffer 3 ist missverständlich: »Der Versicherungsnehmer darf das Fahr- 18
zeug nicht »unberechtigt gebrauchen« bzw. »wissentlich[32] gebrauchen zu lassen«.

Als unberechtigter Gebrauch wird die Verwendung des Kfz ohne oder gegen den Willen des Ver- 19
fügungsberechtigten bezeichnet. Dies ist in aller Regel der Versicherungsnehmer, kann aber auch eine andere Person (z.B. abweichender Halter oder Eigentümer) sein. Dann dürfte der Versicherungsnehmer das versicherte Fahrzeug nicht ohne die Einwilligung dieser Person benutzen. Ein wissentliches Gebrauchen im Sinne dieser Vorschrift ist kaum vorstellbar. Wenn der Versicherungsnehmer den unbefugten Gebrauch seines Kfz wissentlich zulässt, ist von einer entsprechenden

26 LG Stuttgart v. 26.01.2005 – 18 O 536/04, Jurion zum Anneau du Rhin 2004 – Speed & Emotions.

27 BGH v. 01.04.2003 – VI ZR 321/02, NJW 2003, 2018 = NZV 2003, 321 = r+s 2004, 518; vgl. auch Armbrüster »Auswirkungen von Versicherungsschutz auf die Haftung«, NJW 2009, 187, 189 zum stillschweigenden Haftungsausschluss im Rahmen von Gefälligkeitsfahrten und Sportveranstaltungen.

28 BGH v. 29.01.2008 – VI ZR 98/0, r+s 2008, 256 = NJW 2008, 1591 = NZV 2008, 288.

29 OLG Karlsruhe v. 23.02.2012 – 9 U 97/11, DAR 2012, 519 ff.

30 BayObLG München Beschl. v. 22.07.2020 – 207 StRR 245/20.

31 BGH v. 24.03.2021 – 4 StR 142/20 (Berlin); OLG München v. 24.05.2019 – 10 U 500/16 nicht jedes Rennen führt zu einem Haftungsausschluss wegen Vorsatzes.

32 BGH IV ZR 90/13 zur Wissentlichkeit einer Pflichtverletzung.

Genehmigung auszugehen. Dann liegt aber der Tatbestand des unbefugten Gebrauchs nicht mehr vor[33]. Eine Ausnahme wäre nur dann denkbar, wenn der Versicherungsnehmer gegen den tatsächlichen Willen des personenverschiedenen Halters oder Eigentümers das versicherte Kfz gebraucht. Dieser Fall dürfte aber eher die Ausnahme sein.

20 Die Fälle des unbefugten Gebrauchs reichen von der Überschreitung des genehmigten Gebrauchs bis hin zum unbefugten Gebrauch durch den Schwarzfahrer oder Dieb[34].

IV. erforderliche Fahrerlaubnis

21 Wird ein Kfz geführt, ist darauf zu achten, dass der Fahrer über die erforderliche Fahrerlaubnis verfügt. Erforderlich ist die Fahrerlaubnis, die zum Führen des konkreten Fahrzeugs berechtigt.
- **Kraftfahrzeug**
- Als Kraftfahrzeug werden alle diejenigen zulassungspflichtigen Fahrzeuge iSd. § 1 StVZO bezeichnet, die sich, ohne an Schienen gebunden zu sein, mit Motorkraft fortbewegen können.
- **öffentlichen Wegen und Plätzen**
- Die Führerscheinpflicht besteht für das Führen von Kraftfahrzeugen auf öffentlichen Wegen und Plätzen. Als öffentlich werden alle Wege und Plätze bezeichnet, die einer Vielzahl von Personen zugänglich sind, ohne dass die Nutzung durch irgendwelche Maßnahmen beschränkt wird[35].
- **erforderliche Fahrerlaubnis**
- es muss auch die für das geführte Kfz erforderliche Fahrerlaubnis vorliegen[36].

22 Führt nicht der Versicherungsnehmer das versicherte Fahrzeug, sondern eine mitversicherte Person, obliegt dem Versicherungsnehmer auch die Pflicht, das Vorliegen der Fahrerlaubnis zu prüfen. Nur in ganz engen Ausnahmetatbeständen darf der Versicherungsnehmer auf dem Vorliegen der entsprechenden Fahrerlaubnis vertrauen. Auch mit Blick auf die Fahrerlaubnis ist derzeit der Vorstoß amerikanischer Unternehmer, die über eine App sog. Privattaxis vermitteln, problematisch. Es ist davon auszugehen, dass derjenige, der mit Hilfe dieser App gerufen werden kann, weder sein Fahrzeug als Taxi versichert hat, noch dass derjenige über eine entsprechende Fahrerlaubnis zur Fahrgastbeförderung verfügt[37].

V. Alkoholklausel

23 Auch das Führen eines Kfz unter Alkoholeinfluss stellt eine Obliegenheitsverletzung im Sinne des § 5 KfzPflVV dar. Ursprünglich war die Alkoholfahrt nicht in den AKB aufgenommen. Die regelmäßigen Alkoholfahrten wurden über die sog. subjektive Gefahrerhöhung gelöst[38].

24 Schon 1994 wurde die Alkoholklausel in die AKB eingeführt und folgerichtig in die KfzPflVV aufgenommen. Grundsätzlich sind Grenzen in der KfzPflVV nicht vorgesehen. Erforderlich ist für die Tatbestandsverwirklichung die alkoholbedingte Fahruntüchtigkeit. Diese Formulierung hat zur Folge, dass jeder Fahrfehler, der infolge Alkoholgenusses geschieht, zur Leistungsfreiheit des Versicherers führt[39]. Der Versicherungsnehmer darf das Kfz nicht einem erkennbar alkoholisierten Fahrer zur Verfügung stellen, will er seinen Versicherungsschutz nicht gefährden. Auch wenn der

---

33 Vgl. hierzu unter AKB. D.1.1.2 Rdn. 8.

34 Zu den Details bzgl. unberechtigtem Fahrer vgl. D.1.1.2 AKB m.w.N.

35 So BGH v. 19.12.1991 – VI ZR 155/91, VRS 22, 185; BGH v. 10.06.1969 – VI ZR 35/68, VersR 1969, 832.

36 Zu den Details bezgl. der Fahrerlaubnis vgl. unter D.1.1.3 AKB m.w.N.

37 Bauer/Friesen, »UberPop – rechtlich top oder eher ein Flop? «, DAR 2015, 61, 65 f, aus diesem Grund wurde das Weiterbetreiben von einzelnen Gerichten untersagt: OVG Hamburg Beschl. v. 24.09.2014 – 3 Bs 175/14, NZV 2014, 600 (Anm. Nebel/Kramer zu dieser Entscheidung NVwZ 2014, 1532); LG Frankfurt v. 18.03.2015 – 3–08 O 136/14 (n. rskr.).

38 Wegen der Details vgl. Kommentierung zu § 26 VVG.

39 OLG Saarbrücken, 04.04.2013 – 4 U 31/12–9; Wegen der Details vgl. ausführlich unter D1.2 AKB.

Versicherungsnehmer als Insasse im Fahrzeug verletzt wird, verhindert dies den Regress wegen des Überlassens des Kfz an einen erkennbar alkoholisierten Fahrer nicht[40].

VI. Wechselkennzeichen

Seit dem 01.07.2012 können zwei gleichartige Fahrzeuge auf einen Versicherungsvertrag zugelassen werden. Sie erhalten Wechselkennzeichen[41] nach § 8 Abs. 1a FZV, davon verbleibt ein Teil immer fest an dem jeweiligen Fahrzeug, während der zweite Teil des Kennzeichens »gewechselt« werden kann. Voraussetzung ist, dass es sich um zwei gleichartige Fahrzeuge der gleichen EU-Fahrzeugklasse handelt. Hauptsächlich wird das Wechselkennzeichen für Oldtimer von Interesse sein[42]. Es kann also kein Wechselkennzeichen für ein Motorrad und einen PKW beantragt werden. Außerdem ist diese Möglichkeit nur der privaten Nutzung eröffnet, da der Gewerbetreibende regelmäßig Interesse an einer vollständigen Ausnutzung seines Fuhrparks hat. 25

Ein Muster[43] für Kfz: 26

zweizeilige Kennzeichen:

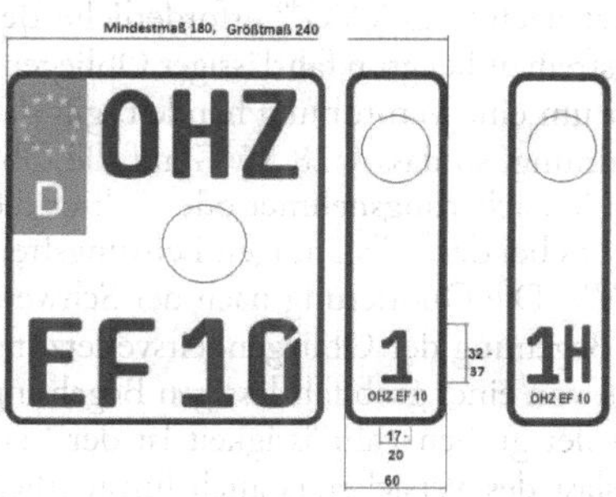

und für Krad:

VII. Gefahrerhöhung

Als Gefahrerhöhung wird jede Veränderung am Kfz bezeichnet, die eine Risikoerhöhung zur Folge hat und dem Versicherer bekannt gemacht werden muss. Aber auch risikoerhöhende Umstände in der Person des Kfz-Führers können eine Gefahrerhöhung darstellen[44]. 27

40 Schirmer, »Neues VVG und die Kraftfahrzeug-Haftpflicht- und Kasko-Versicherung«, DAR 2008, 319, 320.
41 Liebermann, »Wechselkennzeichen können ab 01.070.2012 zugeteilt werden«, DAR 2012, 425 f.
42 Remsperger, »Die Oldtimerzulassung unter Berücksichtigung des neuen Anforderungskatalogs für die Begutachtung eines Fahrzeuges zur Einstufung als Oldtimer gemäß § 23 StVZO«, DAR 2012, 72 f.
43 Quelle: Verordnung zur Änderung der Fahrzeug-Zulassungsverordnung, anderer straßenverkehrsrechtlicher Vorschriften und der Kraftfahrzeug-Pflichtversicherungsverordnung zum 01.02.2012.
44 Wegen der Details vgl. ausführlich Kommentierung zu §§ 23–26 VVG.

D. Eintrittspflicht für den verletzten Versicherungsnehmer, Halter oder Eigentümer

28 Soweit das versicherte Fahrzeug von einem alkoholisierten Fahrer geführt wird und der Versicherungsnehmer, Halter oder Eigentümer als Insasse verletzt wird, befreit auch die Obliegenheitsverletzung des Verletzten den Versicherer nicht von seiner Eintrittspflicht gegenüber dem Verletzten. Der Versicherer kann nicht unter Hinweis, dass der Versicherungsnehmer – auch wenn er seine Obliegenheit nach D.2.1 AKB verletzt hat und das Fahren unter Alkoholeinfluss ermöglicht hat – die Regulierung des Personenschadens des Versicherungsnehmers ablehnen. Allerdings wird diese Frage dann über die Mithaftung des Versicherungsnehmers gelöst[45].

E. Regressbeschränkung

29 Für den Fall der Obliegenheitsverletzung vor dem Schadenfall ist der Regress auf einen Maximalbetrag von 5.000 € gegen die versicherte Person beschränkt, die die Obliegenheit verletzt hat. Hat der Versicherungsnehmer gar die Obliegenheitsverletzung durch den Fahrer gestattet oder von ihr Kenntnis gehabt, besteht auch diesem gegenüber ein Leistungsverweigerungsrecht.

30 Die Formulierung des § 5 KfzPflVV berücksichtigt die jetzt nach § 28 VVG[46] erforderliche Bewertung des Verschuldens und die Quotierung der Leistungsfreiheit bei grob fahrlässiger Obliegenheitsverletzung nicht. Da es sich aber bei der KfzPflVV nur um eine Verordnung handelt, gilt das höherrangige Recht, die Gesetzesnorm, auch für die Verordnung, so dass § 28 VVG auf die Obliegenheiten vor dem Schadenfall anzuwenden ist. Begehen Versicherungsnehmer oder Fahrer die Verletzung der ihm obliegenden Pflichten vorsätzlich, bleibt es bei der vollständigen Leistungsfreiheit des Versicherers in den Grenzen des § 5 Abs. 3 KfzPflVV. Die Quotierung nach der Schwere des Verschuldens ist gem. § 28 VVG bei grob fahrlässiger Begehung der Obliegenheitsverletzung vorzunehmen. Dabei wird nach dem Wortlaut grundsätzlich von einer grob fahrlässigen Begehung der Obliegenheit auszugehen sein. Für das Nichtvorliegen der groben Fahrlässigkeit ist der Versicherungsnehmer oder Fahrer beweisbelastet. Eine Beweislast des Versicherers auch hinsichtlich der groben Fahrlässigkeit als solchen trifft nicht den Kern der Sache. Der Versicherer ist zunächst mit dem Nachweis des objektiven Tatbestandes belastet. Ist der Tatbestand einer der nachfolgend beschriebenen Obliegenheitsverletzungen gegeben, ist von einer grob fahrlässigen Begehung auszugehen. Es ist dann an dem Versicherungsnehmer oder Fahrer, entsprechende, ihn entlastende, Umstände vorzutragen und zu beweisen, die die Schwere der Vorwerfbarkeit mindern[47]. Solange der Versicherer von einer groben Fahrlässigkeit mittlerer Stufe ausgeht, dürfte sich diese aus der Tatbestandsverwirklichung ergeben, will der Versicherer allerdings wegen besonderer Vorwerfbarkeit eine höhere Stufe der groben Fahrlässigkeit seiner Leistungsfreiheit zugrunde legen, ist er für dieses höhere Verschulden beweisbelastet.

31 Für die vorsätzliche Begehung der Obliegenheit ist der Versicherer beweisbelastet, allerdings kommen ihm bei manchen Obliegenheiten durchaus die Fakten zur Hilfe[48]!

32 Die Formulierung in § 5 Abs. 2 KfzPflVV gibt vor, wie die Vorgehensweise bei Ermittlung des Regressbetrages ist: »… befreit den Versicherer von der Leistungspflicht …«. Zunächst wird festgestellt,

45 Vgl. hierzu Kreuter in Handbuch Kfz-Schadensregulierung Kap. 22 Rn. 11.

46 § 28 Abs. (2) VVG: Bestimmt der Vertrag, dass der Versicherer bei Verletzung einer vom Versicherungsnehmer zu erfüllenden vertraglichen Obliegenheit nicht zur Leistung verpflichtet ist, ist er leistungsfrei, wenn der Versicherungsnehmer die Obliegenheit vorsätzlich verletzt hat. Im Fall einer grob fahrlässigen Verletzung der Obliegenheit ist der Versicherer berechtigt, seine Leistung in einem der Schwere des Verschuldens des Versicherungsnehmers entsprechenden Verhältnis zu kürzen; die Beweislast für das Nichtvorliegen einer groben Fahrlässigkeit trägt der Versicherungsnehmer.

47 Vgl. insoweit auch § 28 VVG.

48 Wegen der Details vgl. dort und zur Kommentierung der jew. Obliegenheiten unter D. AKB; NK-VersR/Kreuter, § 6 KfzPflVV.

dass der Versicherer von der Verpflichtung zur Leistung frei ist, erst im zweiten Schritt erfolgt durch Abs. 3 die Begrenzung der Leistungsfreiheit in einem Betrag.

Auch § 28 VVG, der zunächst von einer Leistungsfreiheit und dann von der Schwere des Verschuldens spricht, bestätigt diese Reihenfolge der Quotierung. Es ist daher erst zu klären, ob die Obliegenheitsverletzung vorsätzlich oder grob fahrlässig begangen wurde, sodann ist ggf. die Schwere des Verschuldens festzulegen. Danach erst wird vom ermittelten Schaden die Quote der Leistungsfreiheit gebildet. Liegt dieser Betrag unterhalb der Grenze des Abs. 3 (€ 5.000), so gilt der ermittelte Betrag als Regressforderung gegen den Versicherungsnehmer, liegt der Betrag der Leistungsfreiheit über der Regressgrenze, wird der Regress beschränkt auf € 5.000. 33

§ 6 Obliegenheitsverletzung im Schadenfall

(1) Wegen einer nach Eintritt des Versicherungsfalls vorsätzlich oder grob fahrlässig begangenen Obliegenheitsverletzung ist die Leistungsfreiheit des Versicherers dem Versicherungsnehmer gegenüber vorbehaltlich der Absätze 2 und 3 auf einen Betrag von höchstens 2.500 Euro beschränkt. Die Beweislast für das Nichtvorliegen einer groben Fahrlässigkeit trägt der Versicherungsnehmer.

(2) Soweit eine grob fahrlässig begangene Obliegenheitsverletzung weder Einfluss auf die Feststellung des Versicherungsfalles noch auf die Feststellung oder den Umfang der dem Versicherer obliegenden Leistung gehabt hat, bleibt der Versicherer zur Leistung verpflichtet.

(3) Bei besonders schwerwiegender vorsätzlich begangener Verletzung der Aufklärungs- oder Schadensminderungspflichten ist die Leistungsfreiheit des Versicherers auf höchstens 5.000 Euro beschränkt.

Übersicht Rdn.

A. Obliegenheit nach Eintritt des Versicherungsfalls

Die Obliegenheiten nach Eintritt des Schadenfalls sind nicht separat aufgeführt, da diese Pflichten in aller Regel nicht geeignet sind, das Schadeneintrittsrisiko als solches zu reduzieren. Diese Obliegenheiten haben alleine die Aufgabe, die Höhe des zu leistenden Schadenersatzes möglichst gering zu halten[1]. 1

Es wird in den Rechtsfolgen differenziert zwischen der vorsätzlich und der grob fahrlässig begangenen Obliegenheitsverletzung. Eine lediglich fahrlässige Obliegenheitsverletzung hat keine Auswirkungen auf den Versicherungsschutz. Eine vorsätzliche Begehung der Obliegenheitsverletzung setzt ein besonderes vorwerfbares Verhalten voraus. Die grob fahrlässige Begehung der Obliegenheitsverletzung, die sich weder hinsichtlich der Feststellung des Schadenfalls noch des Umfangs der zu erbringenden Schadenersatzleistungen ausgewirkt habt, bleibt für den Versicherungsnehmer folgenlos, § 6 Abs. 2. Auch wenn damit der »Strafcharakter«[2] der Regelung teilweise verloren geht, ist diese Regelung angemessen, da ein Schaden bei dem Versicherer über das, was er ohnehin geschuldet hätte, nämlich die Haftungsfreistellung im Schadenfall, hinaus dann gerade nicht entstanden ist. Der Versicherer leistet dann genau das, was er auch bei gehöriger Pflichterfüllung des Versicherungsnehmers hätte leisten müssen. 2

1 Notthoff, »Der Regress des Kraftfahrzeug-Haftpflichtversicherers – Teil 1«, VRR 2013, 84, 88.
2 So bedauernd Langheid in Römer/Langheid VVG, § 7 KfzPflVV Rn. 3.

B. Grenzen der Leistungsfreiheit

3 Die Leistungsfreiheit ist zum einen von der Form der Begehung der Obliegenheitsverletzung, nämlich der Frage der vorsätzlichen oder grob fahrlässigen Begehung und zum anderen auch von der Frage der Folgen (»besonders schwerwiegende«) abhängig. Für das Verschulden ist der Versicherer beweisbelastet[3], also auch für die grob fahrlässige Begehung. Diese Regelung scheint angesichts der VVG-Reform, die nach dem Wortlaut des § 28 VVG von der grob fahrlässigen Begehung der Obliegenheitsverletzung als Regelform ausgeht, nicht mehr sachgerecht. Ausgehend von den Regeln der VVG-Reform ist der Versicherungsnehmer beweisbelastet hinsichtlich des Vorliegens leichter Fahrlässigkeit und ggf. hinsichtlich der fehlenden Auswirkungen auf die Schadenersatzleistungen, die die Leistungspflicht des Versicherers nach § 6 Abs. 2 zur Folge haben. Hinsichtlich der vorsätzlichen Begehung der Obliegenheitsverletzung bleibt der Versicherer beweisbelastet[4]. Klarstellend wurde in der Neufassung aufgenommen, dass der Versicherungsnehmer für das Vorliegen lediglich einfacher Fahrlässigkeit beweispflichtig ist. Dies dient nur der Klarstellung und entspricht der Regelung des § 28 VVG.

C. Besonders schwerwiegende Obliegenheitsverletzung

4 In § 6 Abs. 3 wird für den Fall einer besonders schwerwiegenden Verletzung der Aufklärungspflicht oder der Schadenminderungspflicht der Regress erhöht. Dabei muss sich der Verschuldensvorwurf deutlich von den üblicherweise begangenen Obliegenheitsverletzungen abheben[5]. Diese Regelung wird in E.6.4 AKB dahingehend modifiziert, dass die Tatbestände »unerlaubtes Entfernen von der »Unfallstelle«, »bewusst wahrheitswidrigen Angaben dem Versicherer gegenüber« und unterlassene Hilfeleistung« die Regressforderung erhöhen. Auch ein besonders hoher Schaden ist geeignet, eine schwerwiegende Obliegenheitsverletzung anzunehmen, insbesondere, wenn ein Personenschaden vorliegt[6].

D. Zusammentreffen von Obliegenheitsverletzungen vor und im Schadenfall

5 Die ehedem streitige Frage, wie im Zusammentreffen von Obliegenheitsverletzungen vor und im Schadenfall zu verfahren ist, ist von der Rechtsprechung hinlänglich entschieden worden: Durch den Unfall tritt eine Zäsur ein, die ein neuerliches Fehlverhalten als rechtlich selbständige Tat darstellt[7]. Es besteht kein Anlass, hier dem Versicherungsnehmer oder der mitversicherten Person, die sich schon vor dem Unfallereignis regelwidrig verhalten hat, insoweit entgegenzukommen, als man ein weiteres regelwidriges Verhalten einfach folgenlos hinnimmt[8]. Damit ist eine Addition der Leistungsfreibeträge zulässig[9].

§ 7 Leistungsfreiheit bei vorsätzlicher Obliegenheitsverletzung

Wird eine Obliegenheitsverletzung in der Absicht begangen, sich oder einem Dritten dadurch einen rechtswidrigen Vermögensvorteil zu verschaffen, ist die Leistungsfreiheit hinsichtlich des erlangten rechtswidrigen Vermögensvorteils unbeschränkt. Gleiches gilt hinsichtlich des Mehrbetrages, wenn der Versicherungsnehmer vorsätzlich oder grob fahrlässig einen Anspruch ganz oder teilweise

---

3 Vgl. Jacobsen in Feyock/Jacobsen/Lemor aaO. § 6 KfzPflVV Rn. 7.

4 Wegen der Details zu einzelnen Obliegenheiten im Schadenfall sei auf die Kommentierung unter E. AKB verwiesen.

5 BGH v. 21.04.1982 – IVa ZR 267/80, VersR 1982, 742.

6 OLG Schleswig v. 30.11.2002 – 9 U 150/01, VersR 2003, 140; wenn bei Trunkenheitsfahrt ein Personenschaden entsteht und der Fahrer Fahrerflucht begeht.

7 BGH v. 14.09.2005 – IV ZR 216/04; OLG Frankfurt v. 24.07.2014 – 3 U 66/13, SP 2014, 384 f.; OLG Celle Beschl. v. 26.07.2012 – 8 W 39/12, r+s 2014,59; NK-VersR/Nugel, § 28 VVG, Rn. 88 ff.; ders. »Die Quotenbildung bei einer Leistungskürzung nach dem »neuen« VVG – eine Übersicht zu den aktuellen Streitständen« MDR 2008, 1320, 1326 f.

8 Statt aller OLG Schleswig 30.11.2002. – 9 U 150/01, VersR 2003, 140 m.w.H. zur Rechtsprechung.

9 OLG Frankfurt Beschl. v. 27.12.2017 – 10 U 218/16.

unberechtigt anerkennt oder befriedigt, eine Anzeigepflicht verletzt oder bei einem Rechtsstreit dem Versicherer nicht dessen Führung überlässt.

Übersicht

A. Allgemeines

1 Grundsätzlich ist die Leistungsfreiheit des Versicherers wegen einer Obliegenheitsverletzung – sei es vor oder im Schadenfall – nach den §§ 5 und 6 KfzPflVV der Höhe nach begrenzt. Durch § 7 wird diese Grenze aufgehoben: sie gilt dann nicht, wenn die versicherte Person die Obliegenheitsverletzung in betrügerischer Absicht begangen hat, um sich oder anderen einen Vermögensvorteil zu verschaffen. Eine Differenzierung zwischen den Obliegenheiten vor oder im Schadenfall ist insoweit in der Formulierung zwar nicht erfolgt, aber allein die dargestellten Sachverhalte lassen den Rückschluss zu, dass § 7 als Ergänzung zu § 6 KfzPflVV[1] zu sehen ist und die Leistungsfreiheit nur für die vorsätzlichen Obliegenheitsverletzungen im Schadenfall erweitern will. Die Obliegenheiten nach § 5 KfzPflVV sind nicht aufgeführt, da mit diesen Obliegenheitsverletzungen vor dem Schadensfall in aller Regel die Schaffung eines Vermögensvorteils für den Geschädigten nicht möglich ist.

B. vollständige Leistungsfreiheit

2 Die vollständige Leistungsfreiheit ist hinsichtlich des Mehrbetrages gegeben, der erlangt wurde durch die betrügerische Obliegenheitsverletzung, die begangen wurde, um einen rechtswidrigen Vermögensvorteil zu erlangen. Voraussetzung ist dabei, dass der Betrug vollendet wurde, der bloße Versuch führt nicht zu einem Vermögensvorteil. Dann bleibt es bei den Grenzen des § 6 KfzPflVV. Mit dieser Regelung werden auch die manipulierten und gestellten Verkehrsunfälle erfasst[2].

C. Leistungsfreiheit hinsichtlich Mehrbetrags

3 Soweit durch ein **unberechtigtes Anerkenntnis** eine höhere Leistung erbracht wird als geschuldet, besteht Leistungsfreiheit hinsichtlich des Mehraufwandes. Diese Regelung ist im Kraftfahrzeug-Haftpflicht-Schadenfall entbehrlich, da der Kraftfahrzeug-Haftpflicht-Versicherer ohnehin nur im Rahmen der gesetzlichen Haftpflichtbestimmungen reguliert und die Höhe der Ansprüche selbstständig prüft. Ein Anerkenntnis des Versicherungsnehmers kann ihn nur insoweit belasten, als er aufgrund § 823 BGB oder 7 StVG ohnehin eintrittspflichtig wäre[3]. Etwas anderes kann nur gelten, wenn der Versicherungsnehmer die Schadenersatzansprüche des Geschädigten bereits beglichen hat. Aber auch dabei ist zu beachten, dass der Versicherer im Rahmen seiner Verpflichtung zum Schadenersatz gem. §§ 823, 249 BGB nur den Zustand wieder herzustellen hat, der vor dem schädigenden Ereignis bestand. Hat der Versicherungsnehmer also mehr an Schadenersatz erbracht, als gesetzlich geschuldet war, unterliegt er insoweit im Deckungsprozess. Dass nach § 105 VVG nun die Vorschriften unwirksam sind, die eine Leistungsfreiheit des Versicherers wegen eines Anerkenntnisses vorsehen, steht dieser Regelung nicht entgegen, da es hier nur um die Frage eines Mehrbetrages gegenüber dem gesetzlich Geschuldeten geht.

4 Auch bei einer Verletzung der Aufklärungspflicht und der Nichtbeachtung der Prozessführungsbefugnis des Versicherers ist hinsichtlich der Mehraufwendungen Leistungsfreiheit in vollem Umfang

1 Vgl. Jacobsen in Feyock/Jacobsen/Lemor aaO. § 7 KfzPflVV Rn. 1.
2 Vgl. hierzu Kommentierung unter A.1.5.1.
3 So schon LG Saarbrücken v. 12.05.1972 – 4 O 232/71, VersR 1973, 513 f.; OLG Hamm v. 21.04.1989 – 20 U 227/88, VersR 1990, 81 f. lvm.

gegeben[4]. Erforderlich ist aber, dass es durch die Obliegenheitsverletzung überhaupt zu einem Mehraufwand gekommen ist. Dies entfällt bei der Anzeigepflichtverletzung schon dann, wenn sich der Geschädigte wegen seiner Schadenersatzansprüche an den Versicherer wendet. Bezogen auf die Verletzung der Prozessführungsbefugnis kommt ein Mehraufwand nur dann in Frage, wenn der Versicherer den Prozess bei rechtzeitiger Information nicht oder nicht in vollem Umfange geführt hätte. Leistungsfreiheit besteht dann ggf. in voller Höhe der Anwalts- und Gerichtskosten. Dabei kommt es nicht darauf an, ob der Versicherungsnehmer diese Obliegenheit vorsätzlich oder grob fahrlässig verletzt[5].

5 Nach dem Willen der Literatur sollen die Beträge nach S. 1 des § 7 zu den Leistungsfreibeträgen des § 6 hinzuaddiert werden, um zu verhindern, dass der kriminell agierende Versicherungsnehmer auch noch begünstigt wird, weil der Vermögensvorteil oder Mehraufwand unter den Grenzen des § 6 Abs. 1 KfzPflVV liegt[6].

§ 8 Rentenzahlung, Übersteigen der Versicherungssumme

(1) Hat der Versicherungsnehmer an den Geschädigten Rentenzahlungen zu leisten und übersteigt der Kapitalwert der Rente die Versicherungssumme oder den nach Abzug etwaiger sonstiger Leistungen aus dem Versicherungsfall noch verbleibenden Restbetrag der Versicherungssumme, so muß die zu leistende Rente nur im Verhältnis der Versicherungssumme oder ihres Restbetrages zum Kapitalwert der Rente erstattet werden. Der Rentenwert ist auf Grund einer von der Versicherungsaufsichtsbehörde entwickelten oder anerkannten Sterbetafel und unter Zugrundelegung des Rechnungszinses, der die tatsächlichen Kapitalmarktzinsen in der Bundesrepublik Deutschland berücksichtigt, zu berechnen. Hierbei ist der arithmetische Mittelwert über die jeweils letzten zehn Jahre der Umlaufrenditen der öffentlichen Hand, wie sie von der Deutschen Bundesbank veröffentlicht werden, zugrunde zu legen. Nachträgliche Erhöhungen oder Ermäßigungen der Rente sind zum Zeitpunkt des ursprünglichen Rentenbeginns mit dem Barwert einer aufgeschobenen Rente nach der genannten Rechnungsgrundlage zu berechnen.

(2) Für die Berechnung von Waisenrenten kann das 18. Lebensjahr als frühestes Endalter vereinbart werden.

(3) Für die Berechnung von Geschädigtenrenten kann bei unselbständig Tätigen das vollendete 65. Lebensjahr als Endalter vereinbart werden, sofern nicht durch Urteil, Vergleich oder eine andere Festlegung etwas anderes bestimmt ist oder sich die der Festlegung zugrunde gelegten Umstände ändern.

(4) Bei der Berechnung des Betrages, mit dem sich der Versicherungsnehmer an laufenden Rentenzahlungen beteiligen muß, wenn der Kapitalwert der Rente die Versicherungssumme oder die nach Abzug sonstiger Leistungen verbleibende Restversicherungssumme übersteigt, können die sonstigen Leistungen mit ihrem vollen Betrag von der Versicherungssumme abgesetzt werden.

Übersicht

A. Allgemeines

1 Grundsätzlich richtet sich das Verfahren bei Überschreitung der Versicherungssumme nach § 118 VVG. Die dort eingeführte Rangfolge führt im Zusammenwirken mit der Erhöhung der

4 Vgl. hierzu ausführlich E.2.3 und E.2.4 AKB.
5 Diese Regelungen wurden in E. AKB aufgenommen. Wegen der Details vgl. dort.
6 Vgl. insoweit Jacobsen in Feyock/Jacobsen/Lemor aaO. § 7 KfzPflVV Rn. 3 m.w.H.

Mindestversicherungssummen dazu, dass nach derzeitigem Erkenntnisstand eine Kürzung der Versicherungssumme zur Befriedigung der Ansprüche des Personengeschädigten nur in Ausnahmefällen erforderlich werden wird. Aus der Formulierung des Absatzes 1 wird deutlich, dass die sonstigen Forderungen des/der Geschädigten von der Versicherungssumme in Abzug zu bringen sind. Dies bezieht sich sowohl auf die bereits bekannten wie auch auf die noch zu erwartenden Forderungen, die durch Einmalzahlungen zu begleichen sind. Davon zu trennen sind diejenigen Zahlungen, die als regelmäßig wiederkehrende Leistungen in Rentenform zu erstatten sind. Werden wiederkehrende Leistungen wie Verdienstschaden, Haushaltsführungsschaden, Verletztenrenten oder Schmerzensgeldrenten in einer Einmalzahlung kapitalisiert abgefunden, ist der so ermittelte Betrag ebenfalls von der Versicherungssumme in Abzug zu bringen[1].

B. Berechnung des Rentenkapitals

§ 8 regelt ausschließlich die Rentenberechnung bezogen auf die Ansprüche des unmittelbar Geschädigten im Verteilungsverfahren mit dem Versicherungsnehmer sowie die Festlegung des Mindestumfangs gegenüber dem Versicherungsnehmer und den mitversicherten Personen bei nicht ausreichender Versicherungssumme. Zwar wurde das Kürzungsverfahren nach § 155 VVG a.F. vollständig durch § 118 VVG abgeschafft, aber bei mehreren Geschädigten ist eine Kürzung der Ansprüche des Einzelnen im Verhältnis zur Versicherungssumme gem. §§ 118, 109 VVG immer noch erforderlich, wenn sich diese im gleichen Rang befinden. Das Rentendeckungskapital wird dabei anhand einer anerkannten Sterbetafel und unter Zugrundelegung des durchschnittlichen aktuellen Kapitalmarktzinses gem. Abs. 1 S. 2 und 3 errechnet. Sollten sich nachträglich Veränderungen ergeben, sind diese mit dem Wert einer aufgeschobenen Rente ab dem ursprünglichen Rentenbeginn in die Berechnung einzustellen. 2

Angesichts der deutlichen Erhöhung der Mindestversicherungssummen und der Reform des Verfahrens bei Überschreitung der Versicherungssummen ist durch die Einführung einer Rangfolge in § 118 VVG für die Ersatzansprüche eine Kürzung der Ansprüche des alleinigen Verletzten nicht mehr gegeben. Es ist nur noch ein Verteilungsverfahren vorgesehen, welches sich unter mehreren Anspruchsberechtigten, die sich innerhalb einer Rangstufe befinden, vorgesehen[2]. 3

Hierzu ist zunächst die o.g. Entschädigungsleistung, die als Einmalzahlung erbracht wurde, in Abzug zu bringen. Unter Berücksichtigung der so gekürzten Versicherungssumme ist das Rentendeckungskapital zu ermitteln und der Versicherungssumme gegenüberzustellen. Reicht das Kapital hierfür aus, ist die Rente ungekürzt zu erbringen. Das Risiko einer späteren Überschreitung der Versicherungssumme trägt der Versicherer, während es im Rahmen des Verteilungsverfahrens auch ohne Belang ist, wenn die Renten nicht bis zur erwarteten Summe ausgezahlt werden. Dieser »verteilte« Betrag wird dann nicht mehr den anderen Positionen zugeschlagen. Im Hinblick darauf, dass der Versicherer das Risiko der Überschreitung der veranschlagten Summe für die Rentenzahlungen auch allein trägt, ist diese Lösung sachgerecht. 4

C. Berechnungsgrundlage

Grundlage für die Berechnung des erforderlichen Rentendeckungskapitals ist die Grenze der Laufzeit. So kann der Verdienstschaden bis zum Ende der wahrscheinlichen Erwerbstätigkeit errechnet werden. Liegen keine besonderen Anhaltspunkte für eine Verkürzung oder Verlängerung vor, ist das 65. Lebensjahr als Endzeitpunkt anzusetzen. Da diese Grenze abhängig von einzelnen Berufsgruppen deutlich unterschritten wird und einzelne Berufsgruppen schon mit 50 verrentet werden, ist das Alter 65 nur als Vorschlag zu werten, von dem in begründeten Fällen abgewichen werden kann. Durch die Reform des Renteneintrittsalters kann bzw. muss im Einzelfall sogar nach oben davon abgewichen werden. 5

1 Deichl/Küppersbusch S. 11 Rn. 73.
2 NK-VersR/Dallwig, § 118 VVG, Rn. 4 f.

6 Der Unterhaltsschaden eines Waisen muss mindestens bis zum 18. Lebensjahr in die Berechnung eingestellt werden, wenn keine anderen Anhaltspunkte vorliegen. Die Formulierung »kann als frühestes Endalter« bedeutet nicht, dass ein anderes Endalter nicht vereinbart werden könnte, wenn beispielsweise die Einkünfte des Auszubildenden den Unterhaltsschaden vollständig ausgleichen[3].

7 Die Begrenzung der Berechnung von Geschädigtenrenten auf das vollendete 65. Lebensjahr steht dem aktuellen Renteneintrittsalter entgegen. Es würde sich empfehlen, hier einen Bezug auf das gesetzliche Renteneintrittsalter herzustellen. Gerade bei jungen Geschädigten ist davon auszugehen, dass ein Renteneintrittsalter 65 nicht haltbar ist, da entsprechende Anknüpfungstatsachen nicht gegeben sind. Auch bei anderen Berufsgruppen (z.B. Handwerkern oder Polizisten) ist das Renteneintrittsalter 65 zu hoch gegriffen.

D. Vorgehensweise bei erschöpfter Versicherungssumme.

8 Ist die Versicherungssumme erschöpft, gehen nachrangige Anspruchsberechtigte leer aus. Die hier angesprochenen Regeln zur Errechnung des Kürzungsverfahrens sind damit für die Neuregelung des VVG und den Schadenersatz im Kraftfahrzeug-Haftpflicht-Schaden obsolet. Sie können nur noch für die Schäden angewendet werden, die sich bei alten Verträgen bis zum 31.12.2008 ereignet haben. Eine Beteiligung des Versicherungsnehmers an der Rente des Einzelnen dürfte angesichts der Höhe der Mindestversicherungssumme für den Personenschaden nur in Ausnahmefällen in Betracht kommen. Nach der Einführung des § 118 VVG ist davon auszugehen, dass die Ansprüche des unmittelbar Geschädigten auf Ersatz seines Personenschadens von der Versicherungssumme gedeckt sind und ggf. der Regress des Rechtsnachfolgers dann unmittelbar beim Versicherungsnehmer geltend gemacht wird, weil die Versicherungssumme erschöpft ist.

§ 9 Vorläufige Deckung

Sagt der Versicherer durch Aushändigung der zur behördlichen Zulassung notwendigen Versicherungsbestätigung vorläufigen Deckungsschutz zu, so ist vorläufiger Deckungsschutz vom Zeitpunkt der behördlichen Zulassung des Fahrzeuges oder bei einem zugelassenen Fahrzeug vom Zeitpunkt der Einreichung der Versicherungsbestätigung bei der Zulassungsstelle an bis zur Einlösung des Versicherungsscheins zu gewähren.

Sofern er den Versicherungsnehmer schriftlich darüber belehrt, kann sich der Versicherer vorbehalten, dass die vorläufige Deckung rückwirkend außer Kraft tritt, wenn bei einem unverändert angenommenen Versicherungsantrag der Versicherungsschein nicht binnen einer im Versicherungsvertrag bestimmten, mindestens zweiwöchigen Frist eingelöst wird und der Versicherungsnehmer die Verspätung zu vertreten hat.

Übersicht

A. Vorläufige Deckung

1 Die vorläufige Deckung ist ein Sonderfall in der Kraftfahrzeug-Haftpflicht-Versicherung, nur dort kommt sie so regelmäßig vor, dass sie per Gesetz gesondert geregelt werden muss. Diese Regelung stammt – wie die gesamte KfzPflVV – aus einer Zeit, in der die vorläufige Deckung im VVG nicht

3 A.A. Jacobsen in Feyock/Jacobsen/Lemor aaO. § 8 KfzPflVV Rn. 7, der das vollendete 18. Lebensjahr als Minimalanforderung sieht.

normiert war. Sie wurde durch richterliche Rechtsfortbildung als Vertrag sui generis gewertet[1]. Es war daher erforderlich, eine Regelung über die Rahmenbedingungen zu treffen. Zwar wurden im Zuge der VVG-Reform Regelungen über die versicherungsvertragliche Behandlung der vorläufigen Deckung getroffen, aber das Zustandekommen der vorläufigen Deckung als solches wurde nicht geregelt. Die Formulierung »bei einem Versicherungsvertrag, dessen wesentlicher Inhalt …« reicht sicher nicht aus. Es kommen daher hinsichtlich des Zustandekommens des Vertrages über die vorläufige Deckung die allgemeinen Vorschriften des BGB zur Anwendung. Auch in den AKB wird diese Frage unter B »Zustandekommen des Vertrages« nicht differenziert betrachtet. Der Vertrag über die vorläufige Deckung kann nur mit demjenigen zustande kommen, der einen Vertrag mit dem Kraftfahrzeug-Haftpflicht-Versicherer vereinbart hat und in der Police als Versicherungsnehmer erwähnt wurde, auch dann, wenn das Fahrzeug auf den Namen eines anderen zugelassen wird[2].

B. Aushändigung der Versicherungsbestätigung

§ 9 regelt den Beginn der vorläufigen Deckung für den Zeitpunkt der Einreichung der Versi- 2
cherungsbestätigung, die für die behördliche Zulassung erforderlich ist, bei der Zulassungsstelle. Die Frage der Aushändigung wird dabei nach neuerer Vorgehensweise und Einführung der elektronischen Versicherungsbestätigung nicht mehr wörtlich genommen werden dürfen. Nach dem Wortlaut der Vorschrift gilt der Versicherungsschutz erst ab dem körperlichen Vorliegen der Versicherungsbestätigung bei der Zulassungsstelle. Dies ist die Minimalanforderung an Versicherungsschutz, die von Seiten des Gesetzgebers vom Versicherer erwartet wird. Die Musterbedingungen des GdV sehen einen weiteren Schutzraum vor: Gem. B.1.2 AKB wird vorläufige Deckung mit Aushändigung der Versicherungsbestätigung[3] oder der elektronischen Versicherungsbestätigungs-Nummer für den vereinbarten Zeitpunkt, spätestens aber ab dem Tag der Zulassung gewährt, wenn das Fahrzeug noch nicht zugelassen war[4]. Bei bereits zugelassenem Fahrzeug beginnt die vorläufige Deckung ab dem vereinbarten Zeitpunkt. In diesem Fall gilt Versicherungsschutz nach den AKB für diesen Tag ab 0.00 Uhr. Die Regelung der AKB ist weiter gefasst und hat damit zur Folge, dass mit der Aushändigung der Versicherungsbestätigung Versicherungsschutz im Rahmen der vorläufigen Deckung zu gewähren ist, wenn kein besonderes Datum vereinbart wurde. Vom Gesetzgeber war nur der Zeitraum nach Vorlage der Versicherungsbestätigung bei der Zulassungsstelle als Minimalanforderung vorgesehen, diese Regelung steht weitergehenden Zusagen nicht entgegen. Die Musterbedingungen des GdV gehen in der vorliegenden Fassung ebenfalls vom Beginn des Versicherungsschutzes mit Zulassung oder sonst vereinbartem Zeitpunkt aus. Dabei dürfte die bloße Aushändigung der Versicherungsbestätigung nicht als konkludente Erklärung dahingehend zu werten sein, dass der Versicherer bereits mit Übergabe der Versicherungsbestätigung im Risiko sein will, sonst hätten die Musterbedingungen auch die Formulierung in § 1 Abs. 3 AKB a.F. übernehmen können, die die Aushändigung der Versicherungsbestätigung als Zusage der vorläufigen Deckung dann bezeichnete, wenn nichts anderes vereinbart war.

C. Dauer der Vorläufigen Deckung

Die vorläufige Deckung beginnt nach dem Wortlaut des § 9 mit der Vorlage bei der Zulassungs- 3
stelle und endet im Regelfall mit der Einlösung des Versicherungsscheins, also der Zahlung der Erstprämie in der gesetzten Frist. Die weiteren Beendigungsgründe des § 52 VVG sind hier nicht

1 BGH v. 02.10.2002 – IV ZR 209/01 r+s 2003, 5 = VersR 2002, 1501 = NJW 2003, 514 Zustandekommen durch Angebot und Annahme (Unwirksamer Versicherungsvertrag mit Minderjährigem). Vgl. hierzu auch unter AKB B. m.w.H.

2 LG Heidelberg v. 27.07.2012, 5 S 62/11, Jurion.

3 Vgl. auch BGH v. 14.07.1999 – IV ZR 112/98, NJW 1999, 3560 = r+s 2000, 491 = VersR 1999, 1274; OLG Frankfurt v. 09.08.2000 – 7 U 50/00, r+s 2001, 103.

4 Dabei kommt es nicht darauf an, welches Fzg zugelassen wird, wenn eine blanko eVB ausgehändigt wurde, KG v. 29.05.2020 – 6 U 109/19.

angeführt. Eine Aufnahme ist aber nicht erforderlich, da das VVG der KfzPflVV vorgeht. Die vorläufige Deckung endet auch, wenn das versicherte Risiko bei einem anderen Versicherer endgültig versichert wurde[5]. Es kommt für die Leistungspflicht aus der vorläufigen Deckung auch nicht darauf an, ob der Hauptvertrag überhaupt zustande gekommen ist[6].

D. Umfang der Vorläufigen Deckung

4 Grundsätzlich ist die vorläufige Deckung gem. § 9 KfzPflVV nur für die Kraftfahrzeug-Haftpflicht-Versicherung vorgesehen. Ob ein Fahrzeug vollkaskoversichert ist oder nicht, ist für den Gesetzgeber und den mit dem PflVG bezweckten Schutz des Dritten ohne Belang. Gleichwohl hat die Rechtsprechung für den Umfang der vorläufigen Deckung eine Ausweitung auch auf die Fahrzeugversicherung dann angenommen, wenn der Versicherungsnehmer glaubhaft machen konnte, dass er in jedem Fall eine Fahrzeugversicherung abgeschlossen hätte (und nicht nur, weil just dieses Kfz jetzt verunfallt ist). Davon ist in aller Regel jedenfalls dann auszugehen, wenn der Versicherungsnehmer ein neues bzw. neuwertiges Fahrzeug zugelassen hat und in der Vergangenheit immer eine Fahrzeugversicherung mit vereinbart hatte. Zugunsten des Versicherungsnehmers ist auch von der Vereinbarung einer Vollkasko-Versicherung auszugehen, wenn er diese beantragt hat und der Versicherer die ihm überlassene Versicherungsbestätigung nicht ausdrücklich auf das Kraftfahrzeug-Haftpflicht-Risiko beschränkte[7]. Wurde aber eine Beschränkung ausdrücklich auf die Kraftfahrzeug-Haftpflicht-Versicherung in der Versicherungsbestätigung aufgenommen, muss der Versicherer auf diese Einschränkung der Annahme des Antrages deutlich hinweisen[8].

E. Belehrung

5 Der Versicherer kann bei Prämienverzug vereinbaren, dass auch die vorläufige Deckung rückwirkend entfällt. Darauf muss er hinweisen und den Versicherungsnehmer darüber belehren. An diese Belehrung werden hohe Anforderungen gestellt, da die Folgen erheblich sind. So muss diese Belehrung auffällig gestaltet sein und so im Versicherungsschein platziert werden, dass der Versicherungsnehmer nicht umhin kann, sie zur Kenntnis zu nehmen. Eine Platzierung inmitten einer Vielzahl von Hinweisen und lediglich mit einer fettgedruckten Überschrift reicht nicht aus. Auch der Hinweis erst auf Seite drei des Versicherungsscheines reicht nicht aus[9].

F. Rückwirkendes Außerkrafttreten

6 Die vorläufige Deckung kann im Falle des Erstprämienverzuges[10] rückwirkend außer Kraft treten, wenn der Versicherer den Versicherungsnehmer darauf hingewiesen hat und ihn über die Rechtsfolgen aufgeklärt hat[11]. Der Versicherungsnehmer ist augenfällig auf dieses Risiko hinzuweisen[12]. Erfolgt die Belehrung[13] nicht oder nicht ausreichend, fällt der Versicherungsschutz nicht rückwirkend

---

5 BGH v. 14.07.1999 – IV ZR 112/98, NZV 1999, 465 = r+s 2000, 491.
6 BGH IV ZR 328/93, VersR 1995, 409 = NZV 1995, 187.
7 So ständige Rechtsprechung des BGH v. 19.03.1986 – IVa ZR 182/84, VersR 1986, 541.
8 BGH v. 14.07.1999 – IV ZR 112/98, NZV 1999, 465 = r+s 2000, 491.
9 OLG München v. 10.07.2012 – 25 U 1169/12, Jurion. Vgl. auch grundlegend zur unterjährigen Zahlungsweise von Versicherungsprämien BGH v. 06.02.2013 – IV ZR 230/12, Jurion = r+s 2013, 119 = VersR 2013, 341; es endet mit der vollständigen Vertragsbeendigung, OLG Celle v. 02.02.2012 – 8 U 125/11; Beachte: die Entscheidung BGH v. 16.10.2013 – IV ZR 52/12, befasst sich noch mit der alten Rechtslage! LG Dortmund, Urteil vom 19.01.2011 – 2 O 192/10, vgl. auch VVG § 6 Rdn. 7 m.w.N.
10 Stiefel/Maier/Jahnke, § 9 KfzPflVV Rn. 6 ff.; NK-VersR/Kreuter, § 9 KfzPflVV, Rn. 5.
11 LG Dortmund v. 19.01.2011, 2 O 192/10, Jurion.
12 OLG Hamm v. 29.01.1999 – 20 U 159/98, VersR 1999, 1229.
13 OLG Naumburg v. 26.06.2011 – 4 U 94/10, Adajur; LG Dortmund v. 19.09.2011 – 2 O 192/10, Adajur.

weg[14]. Ein solcher Hinweis muss augenfällig[15] schon auf der ersten Seite des Versicherungsscheins erfolgen. Der Hinweis muss sich deutlich von anderen Hinweisen abheben[16].

Ein Sonderfall ist gegeben, wenn im Zeitraum der vorläufigen Deckung, noch vor Erhalt des Versicherungsscheins, ein Schaden eintritt. Dann richtet sich der Vertragsinhalt des vorläufigen Deckungsvertrages nach dem Inhalt der §§ 52 VVG, 9 KfzPflVV. Enthielt die Belehrung bei Vergabe der EVB-Nummer keinen Hinweis auf die Möglichkeit des rückwirkenden Wegfalls der vorläufigen Deckung, und hat sich der Versicherer diese Möglichkeit auch nicht schriftlich vorbehalten, entfällt die Möglichkeit des Versicherers sich darauf zu berufen[17], wenn der Vertrag nicht unverändert entsprechend dem Antrag angenommen wurde. Schon die Zugrundelegung anderer AKB beim Vertrag führen dazu, dass der Antrag nicht gem. § 9 KfzPflVV unverändert angenommen wurde[18]. 7

G. Ende der vorläufigen Deckung

Die vorläufige Deckung endet durch Einlösung des Versicherungsscheins und geht in den Versicherungsvertrag ein. Außerdem kann die vorläufige Deckung gem. § 52 VVG gekündigt werden. Auch der Abschluss eines Versicherungsvertrages bei einem anderen Versicherer ist die Beendigung der vorläufigen Deckungsvereinbarung, § 52 Abs. 2 VVG. 8

§ 10 (Wirksamwerden von Änderungen)

Änderungen dieser Verordnung und Änderungen der Mindesthöhe der Versicherungssumme finden auf bestehende Versicherungsverhältnisse von dem Zeitpunkt an Anwendung, zu dem die Änderungen in Kraft treten.

Die Änderung sowohl des Rahmens dieser Verordnung wie auch die Änderungen der Mindestversicherungssummen gelten nicht nur für neue Verträge, sondern für alle bestehenden Verträge unmittelbar ab Zeitpunkt des Inkrafttretens der Veränderung. Die Aufnahme dieser Vorschrift in die KfzPflVV soll es dem Gesetzgeber ermöglichen, auf die Anforderungen an den Versicherungsschutz, die auch durch die Rechtsprechung erhöht werden, angemessen und für alle verbindlich zu reagieren. § 10 kann auch in den AKB nicht abbedungen werden[1]. Zu beachten ist, dass die Änderung der »Muss-Regelungen« der §§ 1, 2, 3 Abs. 1, 8 Abs. 1 und 9 Abs. 1 KfzPflVV sich auf die Verträge auswirken muss. Demgegenüber soll nach Jacobsen[2] eine differenzierte Betrachtung der »Kann-Regelungen« und Einschränkungen im Versicherungsschutz erforderlich sein. Eine Übernahme von Änderungen dieser Vorschriften ist in jedem Fall erforderlich, wenn diese »Kann-Regelungen« durch die Aufnahme in die AKB des Versicherers Gegenstand des Vertrages wurden. Sind diese Regelungen aber nicht aufgenommen, wirken sich Änderungen in den Kann-Regelungen auch auf den bestehenden Vertrag nicht auf. 1

Dies hat dreierlei zur Folge: 2

1. die Assekuranz muss ggf. ihre Bedingungen an die geänderten Gesetze anpassen, ohne dass insoweit eine Übergangsregelung zur Verfügung stünde.
2. die Erhöhung der Mindestversicherungssummen, die sich aus der Anlage zu § 4 PflVG ergeben, wirkt unmittelbar für alle ab diesem Zeitpunkt sich ereignenden Schadenfälle aus und kommt unmittelbar allen Versicherungsnehmern zu Gute.

---

14 Wegen der Details zum rückwirkenden Wegfall und sonstigen Beendigungsgründen der vorläufigen Deckung sei auf die Ausführungen zu C.1 AKB (dem Erstprämienverzug) und B.2 AKB (vorläufige Deckung) hingewiesen.

15 LG Kassel v. 18.12.2009 – LG Kassel v. 18.12.2009 – 1 S 334/09, r+s 2010, 339.

16 OLG Naumburg v. 26.06.2011 – 4 U 94/10, Adajur.

17 AG Essen v. 14.06.2011 – 12 C 5/11, BeckRS 2011, 22472.

18 AG Essen v. 14.06.2011 – 12 C 5/11, BeckRS 2011, 22472.

1 Stiefel/Maier/Jahnke § 10 KfzPflVV Rn. 3.

2 Jacobsen in Feyock/Jacobsen/Lemor § 10 KfzPflVV Rn. 2.

3. Die Versicherer müssen – wenn sie die Bedingungen des GdV verwenden – die auch alle Kann-Regelungen der KfzPflVV beinhalten, besonderes Augenmerk auf die Veränderungen der KfzPflVV haben und die Änderungen in die eigenen Bedingungen entsprechend einarbeiten und die Verträge ggf. anpassen.

3 Die Veränderung der Mindestversicherungssummen führt automatisch zu einer Anpassung auch des Versicherungsschutzes, ohne dass es Aktivitäten des Versicherers erfordert. Ggf. kann aber die Erhöhung der Versicherungssumme eine Beitragsanpassung erforderlich machen.

§ 11 **(Inkrafttreten)**

Diese Verordnung tritt am Tage nach der Verkündung in Kraft.

1 Die Verkündung erfolgte am 03.08.1994, die aktuelle Fassung wurde zuletzt geändert durch Art. 5 V v. 11.04.2024.

AKB 2015

Synopse AKB 2008/AKB 2015

(Textliche Abweichungen sind zusätzlich grau hinterlegt.)

AKB 2008	AKB 2015
Präambel	
A. Welche Leistungen umfasst Ihre Kfz-Versicherung?	
A.1 Kfz-Haftpflichtversicherung – für Schäden, die Sie mit Ihrem Fahrzeug Anderen zufügen	
A.1.1 Was ist versichert?	
A.1.1.1 (Schadensersatzansprüche; Gebrauch, etc.)	
A.1.1.2 (Leistung in Geld)	
A.1.1.3 (Rechtsschutzanspruch)	
A.1.1.4 (Regulierungsvollmacht)	
A.1.1.5 (Mitversicherung von Fahrzeugen)	
A.1.2 Wer ist versichert?	
A.1.3 Bis zu welcher Höhe leisten wir?	
A.1.3.1 (vereinbarte Versicherungssummen)	
A.1.3.2 (Schäden von Insassen eines Anhängers)	
A.1.3.3 (nicht ausreichende Versicherungssumme)	
A.1.4 In welchen Ländern besteht Versicherungsschutz?	
A.1.4.1 (geographischer Geltungsbereich)	
A.1.4.2 (Geltungsbereich Grüne Karte)	
A.1.5 Was ist nicht versichert?	
A.1.5.1 (vorsätzliche Herbeiführung)	
A.1.5.2 (behördlich genehmigte kraftfahrtsportliche Veranstaltungen)	
A.1.5.3 (Beschädigung der versicherten Fahrzeugs)	
A.1.5.4 (Abschleppen)	

AKB 2008	AKB 2015
A.1.5.5 Beschädigung von beförderten Sachen	
A.1.5.6 (Ausgleich Versicherungsnehmer – Fahrer)	
A.1.5.7 (Vertragsstrafen)	
A.1.5.8 (vertraglicher Schadensersatz)	
A.1.5.9 (Kernenergie)	
A.2 **Kaskoversicherung – für Schäden an Ihrem Fahrzeug**	
A.2.1 Was ist versichert?	
A.2.1.1 Ihr Fahrzeug	
A.2.1.2 Beitragsfrei mitversicherte Teile	A.2.1.2.1
A.2.1.3 (Mitversicherte Teile)	A.2.1.2.2
A.2.1.4 Nicht mitversicherte Gegenstände	A.2.1.2.3
A.2.2 Welche Ereignisse sind in der Teilkasko versichert?	A.2.2.1
A.2.2.1 Brand und Explosion	A.2.2.1.1
A.2.2.2 Entwendung	A.2.2.1.2
A.2.2.3 Sturm, Hagel, Blitzschlag, Überschwemmung	A.2.2.1.3
A.2.2.4 Haarwild	A.2.2.1.4
A.2.2.5 Glasbruch	A.2.2.1.5
A.2.2.6 Kurzschlussschäden	A.2.2.1.6
A.2.3 Welche Ereignisse sind in der Vollkasko versichert?	A.2.2.2
A.2.3.1 Ereignisse der Teilkasko	A.2.2.2.1
A.2.3.2 Unfall	A.2.2.2.2
A.2.3.3 Mut- und böswillige Handlungen	A.2.2.2.3
A.2.4 Wer ist versichert?	A.2.3
A.2.5 In welchen Ländern besteht Versicherungsschutz?	A.2.4

AKB 2008	AKB 2015
	A.2.5 Was zahlen wir im Schadensfall?
A.2.6 Was zahlen wir bei Totalschaden, Zerstörung oder Verlust?	A.2.5.1
A.2.6.1 Wiederbeschaffungswert abzüglich Restwert	A.2.5.1.1
A.2.6.2 Neupreisentschädigung	A.2.5.1.2 Neupreisentschädigung (Variante 1)
A.2.6.2 XX Neupreisentschädigung	A.2.5.1.2 Neupreisentschädigung (Variante 2)
A.2.6.3 XX Neupreisentschädigung/2-Jahresfrist	A.2.5.1.3
A.2.6.4 Abzug bei fehlender Wegfahrsperre	A.2.5.1.4
A.2.6.5 Totalschaden	A.2.5.1.5
A.2.6.6 Wiederbeschaffungswert	A.2.5.1.6
A.2.6.7 Restwert	A.2.5.1.7
	A.2.5.1.8 (Neupreis)
A.2.7 Was zahlen wir bei Beschädigung?	A.2.5.2
A.2.7.1 Reparatur	A.2.5.2.1
A.2.7.2 Abschleppen	A.2.5.2.2
A.2.7.3 Abzug neu für alt	A.2.5.2.3
A.2.8 Sachverständigenkosten	A.2.5.3
A.2.9 Mehrwertsteuer	A.2.5.4
A.2.10 Zusätzliche Regelungen bei Entwendung	A.2.5.5
A.2.10.1 Wiederauffinden des Fahrzeugs	A.2.5.5.1
A.2.10.2 Kosten der Abholung	A.2.5.5.2
A.2.10.3 Eigentumsübergang nach Entwendung	A.2.5.5.3
A.2.10.4 (bei Pflichtverletzung)	A.2.5.5.4
A.2.11 Bis zu welcher Höhe leisten wir?	A.2.5.6
A.2.12 Selbstbeteiligung	A.2.5.8
A.2.13 Was wir nicht ersetzen und Rest- und Altteile	A.2.5.7

AKB 2008	AKB 2015
A.2.13.1 Was wir nicht ersetzen	A.2.5.7.1
A.2.13.2 Rest- und Altteile	A.2.5.7.2
A.2.14 Fälligkeit unserer Zahlung, Abtretung	A.2.7
A.2.14.1 Fälligkeit	A.2.7.1
A.2.14.2 (Vorschuss)	A.2.7.2
A.2.14.3 (Fälligkeit bei Entwendung)	A.2.7.3
A.2.14.4 Abtretung	A.2.7.4
A.2.15 Können wir unsere Leistung zurückfordern, wenn Sie nicht selbst gefahren sind?	A.2.8 Können wir unsere Leistung vom Fahrer zurückfordern, wenn Sie nicht selbst gefahren sind?
A.2.16 Was ist nicht versichert?	A.2.9
A.2.16.1 Vorsatz und grobe Fahrlässigkeit	A.2.9.1
A.2.16.2 Rennen	A.2.9.2 Genehmigte Rennen
A.2.16.3 Reifenschäden	A.2.9.3
A.2.16.4 Erdbeben, Kriegsereignisse, innere Unruhen, Maßnahmen der Staatsgewalt	A.2.9.4
A.2.16.5 Schäden durch Kernenergie	A.2.9.5
A.2.17 Sachverständigenverfahren	A.2.6
A.2.17.1 Sachverständigenausschuss	A.2.6.1
A.2.17.2 Ausschussbesetzung	A.2.6.2
A.2.17.3 Obmann	A.2.6.3
A.2.17.4 Verfahrenskosten	A.2.6.4
A.2.18 Fahrzeugteile und Fahrzeugzubehör	A.2.1.2
A.3 **Autoschutzbrief – Hilfe für unterwegs als Service oder Kostenerstattung**	
A.3.1 Was ist versichert?	
A.3.2 Wer ist versichert?	
A.3.3 Versicherte Fahrzeuge	

<table>
<tr><th>AKB 2008</th><th>AKB 2015</th></tr>
<tr><td colspan="2">A.3.4
In welchen Ländern besteht Versicherungsschutz?</td></tr>
<tr><td colspan="2">A.3.5
Hilfe bei Panne oder Unfall</td></tr>
<tr><td colspan="2">A.3.5.1
Wiederherstellung der Fahrbereitschaft</td></tr>
<tr><td colspan="2">A.3.5.2
Abschleppen</td></tr>
<tr><td colspan="2">A.3.5.3
Bergen</td></tr>
<tr><td colspan="2">A.3.5.4
Was versteht man unter Panne und Unfall?</td></tr>
<tr><td colspan="2">A.3.6
Zusätzliche Hilfe bei Panne, Unfall oder Diebstahl ab 50 km Entfernung</td></tr>
<tr><td colspan="2">A.3.6.1
Weiter- oder Rückfahrt</td></tr>
<tr><td colspan="2">A.3.6.2
Übernachtung</td></tr>
<tr><td colspan="2">A.3.6.3
Mietwagen</td></tr>
<tr><td colspan="2">A.3.6.4
Fahrzeugunterstellung</td></tr>
<tr><td colspan="2">A.3.7
Hilfe bei Krankheit, Verletzung oder Tod auf einer Reise</td></tr>
<tr><td colspan="2">A.3.7.1
Krankenrücktransport</td></tr>
<tr><td colspan="2">A.3.7.2
Rückholung von Kindern</td></tr>
<tr><td colspan="2">A.3.7.3
Fahrzeugabholung</td></tr>
<tr><td colspan="2">A.3.7.4
Was versteht man unter einer Reise?</td></tr>
<tr><td colspan="2">A.3.8
Zusätzliche Leistungen bei einer Auslandreise</td></tr>
<tr><td colspan="2">A.3.8.1
Bei Panne oder Unfall</td></tr>
<tr><td colspan="2">A.3.8.2
Bei Fahrzeugdiebstahl</td></tr>
<tr><td colspan="2">A.3.8.3
Im Todesfall</td></tr>
<tr><td colspan="2">A.3.9
Was ist nicht versichert?</td></tr>
<tr><td colspan="2">A.3.9.1
Vorsatz und grobe Fahrlässigkeit</td></tr>
<tr><td>A.3.9.2
Rennen</td><td>A.3.9.2
Motorsportveranstaltungen oder -aktivitäten</td></tr>
<tr><td colspan="2">A.3.9.3
Erdbeben, Krieg, Unruhe, Staatsgewalt</td></tr>
<tr><td colspan="2">A.3.9.4
Kernenergie</td></tr>
</table>

<table>
<tr><th>AKB 2008</th><th>AKB 2015</th></tr>
<tr><td colspan="2">A.3.10
Anrechnung ersparter Aufwendungen</td></tr>
<tr><td colspan="2">A.3.10.1
Anrechnung</td></tr>
<tr><td colspan="2">A.3.10.2
Abtretung</td></tr>
<tr><td colspan="2">A.3.11
Verpflichtung Dritter</td></tr>
<tr><td colspan="2">A.3.11.1
Vorleistung Dritter</td></tr>
<tr><td colspan="2">A.3.11.2
Abweichung</td></tr>
<tr><td colspan="2">A.4
Kfz-Unfallversicherung – wenn Insassen verletzt oder getötet werden</td></tr>
<tr><td colspan="2">A.4.1
Was ist versichert?</td></tr>
<tr><td>A.4.1.1
Unfallereignis als Versicherungsfall</td><td></td></tr>
<tr><td>A.4.1.2
Unfallbegriff</td><td></td></tr>
<tr><td>A.4.1.3
Fiktion eines Unfalls</td><td>A.4.1.3
Erweiterter Unfallbegriff</td></tr>
<tr><td colspan="2">A.4.2
Wer ist versichert?</td></tr>
<tr><td colspan="2">A.4.2.1
Pauschalsystem</td></tr>
<tr><td colspan="2">A.4.2.2
Kfz-Unfall-Plus-Versicherung</td></tr>
<tr><td colspan="2">A.4.2.3
Platzsystem</td></tr>
<tr><td colspan="2">A.4.2.4
Was versteht man unter berechtigten Insassen?</td></tr>
<tr><td colspan="2">A.4.2.5
Berufsfahrerversicherung</td></tr>
<tr><td colspan="2">A.4.2.6
Namentliche Versicherung</td></tr>
<tr><td colspan="2">A.4.3
In welchen Ländern besteht Versicherungsschutz?</td></tr>
<tr><td colspan="2">A.4.4
Welche Leistungen umfasst die Kfz-Unfallversicherung?</td></tr>
<tr><td colspan="2">A.4.5
Leistung bei Invalidität</td></tr>
<tr><td>A.4.5.1
Voraussetzung der Invalidität</td><td>A.4.5.1
Voraussetzung der Invalidität</td></tr>
<tr><td></td><td>A.4.5.1.1
Invalidität</td></tr>
<tr><td></td><td>A.4.5.1.2
Eintritt und ärztliche Feststellung der Invalidität</td></tr>
<tr><td></td><td>A.4.5.1.3
Geltendmachung der Invalidität</td></tr>
</table>

AKB 2008	AKB 2015
	A.4.5.1.4 Keine Invaliditätsleistung bei Unfalltod im ersten Jahr
	A.4.5.2 Art und Höhe der Leistung
A.4.5.2 Art der Leistung	
A.4.5.3 Berechnung der Leistung	A.4.5.2.1 Berechnung der Invaliditätsleistung
	A.4.5.2.2 Bemessung des Invaliditätsgrads, Zeitraum für die Bemessung
	A.4.5.2.3 Gliedertaxe
	A.4.5.2.4 Bemessung außerhalb der Gliedertaxe
	A.4.5.2.5 Minderung bei Vorinvalidität
	A.4.2.5.6 Invaliditätsgrad bei Beeinträchtigung mehrerer Körperteile oder Sinnesorgane
	A.4.2.5.7 Invaliditätsleistung bei Tod der versicherten Person
A.4.6 Leistung bei Tod	A.4.8
A.4.6.1 Voraussetzungen der Todesfallleistungen	A.4.8.1
A.4.6.2 Höhe der Leistung	A.4.8.2 Art und Höhe der Leistung
A.4.7 Krankenhaustagegeld, Genesungsgeld, Tagegeld	*(Überschrift entfällt)*
A.4.7.1 Krankenhaustagegeld	A.4.7 Krankenhaustagegeld
	A.4.7.1 Voraussetzungen für die Leistung
A.4.7.2 Dauer und Höhe des Krankenhaustagegeldes	A.4.7.2 Höhe und Dauer der Leistung
A.4.7.3 Genesungsgeld	*(entfällt)*
A.4.7.4 Höhe des Genesungsgeldes	
A.4.7.5 Tagegeld	A.4.6 Tagegeld
	A.4.6.1 Voraussetzung für die Leistung
A.4.7.6 Bemessung der Tagegeldhöhe	A.4.6.2 Höhe und Dauer der Leistung
A.4.7.7 Dauer der Tagesgeldzahlung	

AKB 2008	AKB 2015
A.4.8 Welche Auswirkungen haben vor dem Unfall bestehende Krankheiten oder Gebrechen?	A.4.9 Was passiert, wenn Unfallfolgen mit Krankheiten oder Gebrechen zusammentreffen?
A.4.8.1 Mitwirkung von Krankheiten oder Gebrechen	A.4.9.1 Krankheiten und Gebrechen
A.4.8.2 Mindestanteil der Mitwirkung	A.4.9.2 Mitwirkung
	A.4.9.2.1 (Mitwirkungsanteil)
	A.4.9.2.2 (Prozentsatz)
A.4.9 Fälligkeit unserer Zahlung, Abtretung	A.4.10 Fälligkeit
A.4.9.1 Erklärungsfrist des Versicherers	A.4.10.1 Erklärungsfrist, ärztliche Gebühren
A.4.9.2 Ärztliche Gebühren der Feststellung	
A.4.9.3 Fälligkeit der Leistung	A.4.10.2 Leistung innerhalb von 2 Wochen
A.4.9.4 Vorschüsse	A.4.10.3
A.4.9.5 Leistung vor Abschluss des Heilverfahrens	
A.4.9.6 Neubemessung des Grades der Invalidität	A.4.10.4
	A.4.11 Abtretung und Zahlung für eine mitversicherte Person
A.4.9.7 Leistung für eine mitversicherte Person	A.4.11.2 Zahlung für eine mitversicherte Person
A.4.9.8 Verpfändung/Abtretungsverbot	A.4.11.1 Abtretung
A.4.10 Was ist nicht versichert?	A.4.12
A.4.10.1 Straftat	A.4.12.1
A.4.10.2 Geistes- oder Bewusstseinsstörungen/Trunkenheit	A.4.12.2
A.4.10.3 Rennen	A.4.12.3 Motorsportveranstaltungen oder -aktivitäten
A.4.10.4 Erdbeben, Kriegsereignisse, innere Unruhen, Maßnahmen der Staatsgewalt	A.4.12.4
A.4.10.5 Kernenergie	A.4.12.5
A.4.10.6 Bandscheiben, innere Blutungen	A.4.12.6
A.4.10.7 Infektionen	A.4.12.7
A.4.10.8 Psychische Reaktionen	A.4.12.8

AKB 2008	AKB 2015
A.4.10.9 Bauch- und Unterleibsbrüche	A.4.12.9
(entfällt)	A.5 **Fahrerschutzversicherung – wenn der Fahrer verletzt oder getötet wird**
	A.5.1 Was ist versichert?
	A.5.2 Wer ist versichert?
	A.5.3 In welchen Ländern besteht Versicherungsschutz?
	A.5.4 Was leisten wir in der Fahrerschutzversicherung?
	A.5.4.1 Was wir ersetzen
	A.5.4.1 Was wir ersetzen (Alternative)
	A.5.4.2 Vorrangige Leistungspflicht Dritter
	A.5.4.3 Bis zu welcher Höhe leisten wir (Versicherungssumme)?
	A.5.5 Fälligkeit, Abtretung, Zahlung für eine mitversicherte Person
	A.5.5.1 Fälligkeit der Leistung und Vorschussleistung
	A.5.5.2 Abtretung Ihrer Ansprüche an Dritte
	A.5.5.3 Zahlung für eine mitversicherte Person
	A.5.6 Was ist nicht versichert?
	A.5.6.1 Straftat
	A.5.6.2 Psychische Reaktionen
	A.5.6.3 Schäden an der Bandscheibe
	A.5.6.4 Ansprüche Dritter
	A.5.6.5 Genehmigte Rennen
	A.5.6.6 Erdbeben, Kriegsereignisse, innere Unruhen, Maßnahmen der Staatsgewalt
	A.5.6.7 Schäden durch Kernenergie

AKB 2008	AKB 2015
B **Beginn des Vertrages und vorläufiger Versicherungsschutz**	
B.1 Wann beginnt der Versicherungsschutz?	
B.2 Vorläufiger Versicherungsschutz	
B.2.1 Kfz-Haftpflichtversicherung und Autoschutzbrief	
B.2.2 Kasko- und Kfz-Unfallversicherung	B.2.2 Kasko-, Kfz-Unfall- und Fahrerschutzversicherung
B.2.3 Übergang des vorläufigen in den endgültigen Versicherungsschutz	
B.2.4 Rückwirkender Wegfall des vorläufigen Versicherungsschutzes	
B.2.5 Kündigung des vorläufigen Versicherungsschutzes	
B.2.6 Beendigung des vorläufigen Versicherungsschutzes durch Widerruf	
B.2.7 Beitrag für vorläufigen Versicherungsschutz	
C **Beitragszahlung**	
C.1 Zahlung des ersten oder einmaligen Beitrags	
C.1.1 Rechtzeitige Zahlung	
C.1.2 Nicht rechtzeitige Zahlung	
C.1.3 (Rücktritt)	
C.2 Zahlung des Folgebeitrags	
C.2.1 Rechtzeitige Zahlung	
C.2.2 Nicht rechtzeitige Zahlung	
C.2.3 (Schaden nach Fristablauf)	
C.2.4 (Kündigungsmöglichkeit bei Verzug)	
C.3 Nicht rechtzeitige Zahlung bei Fahrzeugwechsel	
C.4 Zahlungsperiode	
C.5 Beitragspflicht bei Nachhaftung in der Kfz-Haftpflichtversicherung	
	D. **Ihre Pflichten bei Gebrauch des Fahrzeugs und Folgen einer Pflichtverletzung**

AKB 2008	AKB 2015
D. Welche Pflichten haben Sie beim Gebrauch des Fahrzeugs?	D.1
D.1. Bei allen Versicherungsarten	D.1.1
D.1.1 Vereinbarter Verwendungszweck	D.1.1.1 Nutzung nur zum vereinbarten Zweck
D.1.2 Berechtigter Fahrer	D.1.1.2 Nutzung nur durch den berechtigten Fahrer
D.1.3 Fahren mit Fahrerlaubnis	D.1.1.3 Fahren nur mit Fahrerlaubnis
(entfällt)	D.1.1.5 Fahrzeuge mit Wechselkennzeichen
D.2 Zusätzlich in der Kfz-Haftpflichtversicherung	D.1.2
D.2.1 Alkohol und andere berauschende Mittel	
D.2.2 Nicht genehmigte Rennen	D.1.1.4 Kraftfahrtsportliche Veranstaltungen und Rennen
(entfällt)	D.1.3 Zusätzlich in der Fahrerschutzversicherung
	D.1.3.1 Alkohol und andere berauschende Mittel
	D.1.3.2 Gurtpflicht
D.3 Welche Folgen hat eine Verletzung dieser Pflichten?	D.2
D.3.1 Leistungsfreiheit bzw. Leistungskürzung	D.2.1
D.3.2 (Exkulpationsmöglichkeit)	D.2.2
D.3.3 Beschränkung der Leistungsfreiheit in der Kfz-Haftpflichtversicherung	D.2.3
D.3.4 (Dieb, strafbare Handlung)	D.2.4
	E **Ihre Pflichten im Schadensfall und Folgen einer Pflichtverletzung**
E **Welche Pflichten haben Sie im Schadenfall?**	E.1 Welche Pflichten haben Sie im Schadenfall?
E.1 Bei allen Versicherungsarten	E.1.1
E.1.1 Anzeigepflicht	E.1.1.1
E.1.2 (Ermittlungen der Polizei, Staatsanwaltschaft)	E.1.1.2
E.1.3 Aufklärungspflicht	E.1.1.3
E.1.4 Schadenminderungspflicht	E.1.1.4

AKB 2008	AKB 2015
E.2 Zusätzlich in der Kfz-Haftpflichtversicherung	E.1.2
E.2.1 Bei außergerichtlich geltend gemachten Ansprüchen	E.1.2.1
E.2.2 Anzeige von Kleinschäden	E.1.2.2
E.2.3 Bei gerichtlich geltend gemachten Ansprüchen	E.1.2.3
E.2.4 (Prozessführungsbefugnis)	E.1.2.4
E.2.5 Bei drohendem Fristablauf	E.1.2.5
E.3 Zusätzlich in der Kaskoversicherung	E.1.3
E.3.1 Anzeige des Versicherungsfalls bei Entwendung des Fahrzeugs	E.1.3.1
E.3.2 Einholen unserer Weisung	E.1.3.2
E.3.3 Anzeige bei der Polizei	E.1.3.3
E.4 Zusätzlich beim Autoschutzbrief	E.1.4
E.4.1 Einholen unserer Weisung	E.1.4.1
E.4.2 Untersuchung, Belege, ärztliche Schweigepflicht	E.1.4.2
E.5 Zusätzlich in der Kfz-Unfallversicherung	E.1.5
E.5.1 Anzeige des Todesfalls innerhalb 48 Stunden	E.1.5.1
E.5.2a)–c) Ärztliche Untersuchung, Gutachten, Entbindung von der Schweigepflicht	E.1.5.2 Medizinische Versorgung
E.5.2d)–f)	E.1.5.3 Medizinische Aufklärung
E.5.3 Frist zur Feststellung und Geltendmachung der Invalidität	E.1.5.4
(entfällt)	E.1.6 Zusätzlich in der Fahrerschutzversicherung E.1.6.1 Medizinische Versorgung E.1.6.2 Medizinische Aufklärung E.1.6.3 Aufklärung Ihrer Ansprüche gegen Dritte E.1.6.4 Wahrung Ihrer Ansprüche gegen Dritte
E.6 Welche Folgen hat eine Verletzung dieser Pflichten?	E.2

AKB 2008	AKB 2015
E.6.1 Leistungsfreiheit bzw. Leistungskürzung	E.2.1
E.6.2 (Pflichtverletzung nicht ursächlich)	E.2.2
E.6.3 Beschränkung der Leistungsfreiheit in der KH-Versicherung	E.2.3
E.6.4 (erweiterte Leistungsfreiheit)	E.2.4
E.6.5 Vollständige Leistungsfreiheit in der Kfz-Haftpflichtversicherung	E.2.5
E.6.6 Besonderheiten in der Kfz-Haftpflichtversicherung bei Rechtsstreitigkeiten	E.2.6
E.6.7 Mindestversicherungssummen	E.2.7
F **Rechte und Pflichten der mitversicherten Personen**	
F.1 Pflichten mitversicherter Personen	
F.2 Ausübung der Rechte	
F.3 Auswirkungen einer Pflichtverletzung auf mitversicherte Personen	
G **Laufzeit und Kündigung des Vertrags, Veräußerung des Fahrzeugs Wagniswegfall**	
G.1 Wie lange läuft der Versicherungsvertrag?	
G.1.1 Vertragsdauer	
G.1.2 Automatische Verlängerung	
G.1.3 Versicherungskennzeichen	
G.1.4 Verträge mit einer Laufzeit unter einem Jahr	
G.2 Wann und aus welchem Anlass können Sie den Versicherungsvertrag kündigen?	
G.2.1 Kündigung zum Ablauf des Versicherungsjahres	
G.2.2 Kündigung des vorläufigen Versicherungsschutzes	
G.2.3 Kündigung nach einem Schadenereignis	
G.2.4 (sofortige oder Ablaufkündigung)	
G.2.5 Kündigung bei Veräußerung oder Zwangsversteigerung des Fahrzeugs	
G 2.6 (Kündigungsfiktion)	

AKB 2008	AKB 2015
G.2.7 Kündigung bei Beitragserhöhung	
G.2.8 Kündigung bei geänderter Verwendung des Fahrzeugs	
G.2.9 (Kündigung bei Veränderung des SFR-Systems)	
G.2.9 (Variante) XX Kündigung bei Veränderung der Tarifstruktur	
G.2.10 Kündigung bei Bedingungsänderung	
G.3 Wann und aus welchem Anlass können wir den Versicherungsvertrag kündigen?	
G.3.1 Kündigung zum Ablauf	
G.3.2 Kündigung des vorläufigen Versicherungsschutzes	
G.3.3 Kündigung nach einem Schadenereignis	
G.3.4 Kündigung bei Nichtzahlung des Folgebeitrags	
G.3.5 Kündigung bei Verletzung Ihrer Pflichten bei Gebrauch des Fahrzeugs	
G.3.6 Kündigung bei geänderter Verwendung des Fahrzeugs	
G.3.7 Kündigung bei Veräußerung oder Zwangsversteigerung des Fahrzeugs	
G.4 Kündigung einzelner Versicherungsarten	
G.4.1 (Selbstständigkeit der Sparten)	
G.4.2 (Kündigungsrecht für alle Sparten)	
G.4.3 (Kündigungserweiterung durch Versicherungsnehmer)	
G.4.4 (Sonderregelung Schutzbrief)	
G.4.5 (Regelung für mehrere Kfz in einem Vertrag)	
G.5 Form und Zugang der Kündigung	G.5 Zugang der Kündigung
G.6 Beitragsabrechnung nach Kündigung	
G.7 Was ist bei Veräußerung des Fahrzeugs zu beachten?	
G.7.1 Übergang der Versicherung auf den Erwerber	
G.7.2 (Neue Beitragsrechnung für Erwerber)	
G.7.3 (Gesamtschuld für Prämien)	

AKB 2008	AKB 2015
G.7.4 Anzeige der Veräußerung	
G.7.5 (Folgen der Kündigung des Vertrags)	
G.7.6 (Zwangsversteigerung des Fahrzeugs)	
G.8 Wagniswegfall	
H **Außerbetriebsetzung, Saisonkennzeichen, Fahrten mit ungestempelten Kennzeichen**	
H.1 Was ist bei Außerbetriebsetzung zu beachten?	
H.1.1 Ruheversicherung	
H.1.2 (Beitragsfreie Ruheversicherung)	
H.1.3 (Einschränkung der Ruheversicherung)	
H.1.4 (Leistungsumfang in der Ruheversicherung)	
H.1.5 Ihre Pflichten bei der Ruheversicherung	
H.1.6 Wiederanmeldung	
H.1.7 Ende des Vertrags und der Ruheversicherung	
H.1.8 (Kein Vertragsende durch neue Versicherungsbestätigung)	
H.2 Welche Besonderheiten gelten bei Saisonkennzeichen?	
H.2.1 (Versicherungsschutz bei Saisonkennzeichen)	
H.2.2 (Ruheversicherung nach der Saison)	
H.2.3 (Versicherungsschutz innerhalb Ruheversicherung)	
H.3 Fahrten mit ungestempelten Kennzeichen	
H.3.1 Versicherungsschutz in der Kfz-Haftpflichtversicherung und beim Autoschutzbrief	
H.3.2 Was sind Zulassungsfahrten?	
I **Schadenfreiheitsrabatt-System**	
I.1 Einstufung in Schadenfreiheitsklassen	
I.2 Ersteinstufung	
I.2.1 Ersteinstufung in SF-Klasse 0	

AKB 2008	AKB 2015
I.2.2 Sonderersteinstufung eines Pkw in SF-Klasse 1/2 oder SF-Klasse 2	
I.2.2.1 Sonderersteinstufung in SF-Klasse 1/2	
I.2.2.2 Sonderersteinstufung in SF-Klasse 2	
I.2.3 Anrechnung des Schadenverlaufs der Kfz-Haftpflichtversicherung in der Vollkaskoversicherung	
I.2.4 Führerscheinsonderregelung	
I.2.5 Gleichgestellte Fahrerlaubnisse	
I.3 Jährliche Neueinstufung	
I.3.1 Wirksamwerden der Neueinstufung	
I.3.2 Besserstufung bei schadenfreiem Verlauf	
I.3.3 Besserstufung bei Saisonkennzeichen	
I.3.4 Besserstufung bei Verträgen mit SF-Klassen [2], 1/2, S, 0 oder M	
I.3.5 Rückstufung bei schadenbelastetem Verlauf	
I.4 Was bedeutet schadenfreier oder schadenbelasteter Verlauf?	
I.4.1 Schadenfreier Verlauf	
I.4.1.1 (Kalenderjahr ohne Entschädigungspflicht)	
I.4.1.2 (Ausnahmen)	
I.4.2 Schadenbelastender Verlauf	
I.4.2.1 (bei Leistungs- oder Rückstellungspflicht)	
I.4.2.2 (Rückstufung im Folgejahr)	
I.5 Wie Sie eine Rückstufung in der Kfz-Haftpflichtversicherung vermeiden können	
I.6 Übernahme eines Schadenverlaufs	
I.6.1 In welchen Fällen wird ein Schadenverlauf übernommen?	
I.6.1.1 Fahrzeugwechsel	
I.6.1.2 Rabatt-Tausch	
I.6.1.3 Schadenverlauf einer anderen Person	

<table>
<tr><th>AKB 2008</th><th>AKB 2015</th></tr>
<tr><td colspan="2">I.6.1.4
Versichererwechsel</td></tr>
<tr><td colspan="2">I.6.2
Welche Voraussetzungen gelten für die Übernahme?</td></tr>
<tr><td colspan="2">I.6.2.1
Fahrzeuggruppe</td></tr>
<tr><td colspan="2">I.6.2.2
Gemeinsame Übernahme des Schadenverlaufs in der Kfz-Haftpflicht- und der Vollkaskoversicherung</td></tr>
<tr><td colspan="2">I.6.2.3
Zusätzliche Regelung für die Übernahme des Schadenverlaufs von einer anderen Person nach I.6.1.3</td></tr>
<tr><td colspan="2">I.6.3
Wie wirkt sich eine Unterbrechung des Versicherungsschutzes auf den Schadenverlauf aus?</td></tr>
<tr><td colspan="2">I.6.3.1
Im Jahr der Übernahme</td></tr>
<tr><td colspan="2">I.6.3.2
Im Folgejahr nach der Übernahme</td></tr>
<tr><td colspan="2">I.6.4
Übernahme des Schadenverlaufs nach Betriebsübergang</td></tr>
<tr><td colspan="2">I.7
Einstufung nach Abgabe des Schadenverlaufs</td></tr>
<tr><td colspan="2">I.7.1
(Gemeinsame Abgabe der Schadenverläufe)</td></tr>
<tr><td colspan="2">I.7.2
(Einstufung nach Abgabe des Schadenverlaufs)</td></tr>
<tr><td colspan="2">I.7.3
(Nacherhebung eines Mehrbetrages)</td></tr>
<tr><td colspan="2">I.8
Auskünfte über den Schadenverlauf</td></tr>
<tr><td colspan="2">I.8.1
(Auskünfte vom Vorversicherer)</td></tr>
<tr><td colspan="2">I.8.2
(Auskünfte vom Nachversicherer)</td></tr>
<tr><td></td><td>I.8.3
(Meldung an Gemeinschaftseinrichtung)</td></tr>
<tr><td></td><td>I.8.4
(Nachfrage bei Gemeinschaftseinrichtung)</td></tr>
<tr><td colspan="2">J
Beitragsänderung aufgrund tariflicher Maßnahmen</td></tr>
<tr><td colspan="2">J.1
Typklasse</td></tr>
<tr><td colspan="2">J.2
Regionalklasse</td></tr>
<tr><td colspan="2">J.3
Tarifänderung</td></tr>
<tr><td colspan="2">J.4
Kündigungsrecht</td></tr>
<tr><td colspan="2">J.5
Gesetzliche Änderung des Leistungsumfangs in der Kfz-Haftpflichtversicherung</td></tr>
<tr><td colspan="2">J.6
Änderung des SF-Klassen-Systems</td></tr>
</table>

AKB 2008	AKB 2015
J.6 (Variante) Änderung des SF-Klassen-Systems	
K **Beitragsänderung aufgrund eines bei Ihnen eingetretenen Umstands**	
K.1 Änderung des Schadenfreiheitsrabatts	
K.2 Änderung von Merkmalen zur Beitragsberechnung	
K.2.1 Welche Änderungen werden berücksichtigt?	
K.2.2 (Auswirkung auf den Beitrag)	
K.2.3 (Änderung der Jahreslaufleistung)	
K.3 Änderung der Regionalklasse wegen Wohnsitzwechsels	
K.4 Ihre Mitteilungspflichten zu den Merkmalen zur Beitragsberechnung	
K.4.1 Anzeige von Änderungen	
K.4.2 Überprüfung der Merkmale zur Beitragsberechnung	
K.4.3 Folgen von unzutreffenden Angaben	
K.4.4 (Vertragsstrafe)	
K.4.5 Folgen von Nichtangaben	
K.5 Änderung der Art und Verwendung des Fahrzeugs	
L **Meinungsverschiedenheiten und Gerichtsstände**	
L.1 Wenn Sie mit uns einmal nicht zufrieden sind	
L.1.1 Versicherungsombudsmann	
L.1.2 Versicherungsaufsicht	
L.1.3 Rechtsweg	
L.2 Gerichtsstände	
L.2.1 Wenn Sie uns verklagen	
L.2.2 Wenn wir Sie verklagen	
L.2.3 Sie haben Ihren Wohnsitz oder Geschäftssitz ins Ausland verlegt	
M Zahlungsweise	*(gestrichen)*
N Bedingungsänderung	

AKB 2008	AKB 2015
Anhang 1: **Tabellen zum Sachenfreiheitsrabatt-System**	
1 PKW	
1.1 Einstufung von PKW in Schadenfreiheitsklassen (SF-Klassen) und Beitragssätze	
1.2 Rückstufung im Schadensfall bei PKW	
1.2.1 Kfz-Haftpflichtversicherung	
1.2.2 Vollkaskoversicherung	
2 Krafträder	
2.1 Einstufung von Krafträdern in Schadenfreiheitsklassen (SF-Klassen) und Beitragssätze	
2.2 Rückstufung im Schadensfall bei Krafträdern	
2.2.1 Kfz-Haftpflichtversicherung	
2.2.2 Vollkaskoversicherung	
3 Leichtkrafträder	
3.1 Einstufung von Leichtkrafträdern in Schadenfreiheitsklassen (SF-Klassen) und Beitragssätze	
3.2 Rückstufung im Schadensfall bei Leichtkrafträdern	
3.2.1 Kfz-Haftpflichtversicherung	
3.2.2 Vollkaskoversicherung	
4 Taxen und Mietwagen	
4.1 Einstufung von Taxen und Mietwagen in Schadenfreiheitsklassen (SF-Klassen) und Beitragssätze	
4.2 Rückstufung im Schadensfall bei Taxen und Mietwagen	
4.2.1 Kfz-Haftpflichtversicherung	
4.2.2 Vollkaskoversicherung	
5 Campingfahrzeuge (Wohnmobile)	
5.1 Einstufung von Campingfahrzeugen (Wohnmobile) in Schadenfreiheitsklassen (SF-Klassen) und Beitragssätze	
5.2 Rückstufung im Schadensfall bei Campingfahrzeugen (Wohnmobile)	
5.2.1 Kfz-Haftpflichtversicherung	

AKB 2008	AKB 2015
5.2.2 Vollkaskoversicherung	
6 Lieferwagen, LKW, Zugmaschinen (ausgenommen landwirtschaftliche), Krankenwagen, Leichenwagen, Busse (nur Kfz-Haftpflicht), Abschleppwagen (nur Kfz-Haftpflicht und Stapler (nur Kfz-Haftpflicht)	6 Lieferwagen, LKW, Zugmaschinen, Krankenwagen, Leichenwagen, Busse (nur Kfz-Haftpflicht), Abschleppwagen (nur Kfz-Haftpflicht und Stapler (nur Kfz-Haftpflicht)
6.1 Einstufung	
6.2 Rückstufung	
Anhang 2: **Merkmale zur Beitragsberechnung**	
1 Individuelle Merkmale zur Beitragsberechnung bei PKW	
1.1 Abstellort	
1.2 Jährliche Fahrleistung	
1.2.1 Kfz-Haftpflichtversicherung	
1.2.2 Vollkaskoversicherung	
1.2.3 Teilkaskoversicherung	
1.3 Weitere Merkmale zur Beitragsberechnung	
2 Merkmale zur Beitragsberechnung bei Krafträdern	2 Merkmale zur Beitragsberechnung bei Krafträdern (und Leichtkrafträdern)
3 Merkmale zur Beitragsberechnung bei LKW, Zugmaschinen, Bussen, Anhängern	
Anhang 3: **Tabellen zu den Typenklassen**	
1 Kfz-Haftpflichtversicherung	
2 Vollkaskoversicherung	
3 Teilkaskoversicherung	
Anhang 4: **Tabellen zu den Regionalklassen**	
1 Für PKW	
1.1 In der Kfz-Haftpflichtversicherung	
1.2 In der Vollkaskoversicherung	
1.3 In der Teilkaskoversicherung	

AKB 2008	AKB 2015
2 Für Krafträder	
2.1 In der Kfz-Haftpflichtversicherung	
2.2 In der Teilkaskoversicherung	
3 Für Lieferwagen	
3.1 In der Kfz-Haftpflichtversicherung	
3.2 In der Vollkaskoversicherung	
3.3 In der Teilkaskoversicherung	
4 Für landwirtschaftliche Zugmaschinen	
4.1 In der Kfz-Haftpflichtversicherung	
4.2 In der Teilkaskoversicherung	
Anhang 5: **Berufsgruppen (Tarifgruppen)**	
1 Berufsgruppe A	
2 Berufsgruppe B	
3 Berufsgruppe D	
Anhang 6: **Art und Verwendung von Fahrzeugen**	
1 Fahrzeuge mit Versicherungskennzeichen	
1.1 (Fahrräder mit Hilfsmotor)	
1.2 (Kleinkrafträder)	
1.3 (vierrädrige Leichtkraftfahrzeuge)	
1.4 motorisierte Krankenfahrstühle	
2 Leichtkrafträder	
3 *(entfällt)*	
4 Krafträder	
5 PKW	
6 Mietwagen	

AKB 2008	AKB 2015
7 Taxen	
8 Selbstfahrermietfahrzeuge	
9 Leasingfahrzeuge	
10 Kraftomnibusse	
11 Campingfahrzeuge	
12 Werkverkehr	
13 Gewerblicher Güterverkehr	
14 Umzugsverkehr	
15 Wechselaufbauten	
16 Landwirtschaftliche Zugmaschinen	
17 Melkwagen und Milchsammel-Tankwagen	
18 Sonstige landwirtschaftliche Sonderfahrzeuge	
19 Milchtankwagen	
20 Selbstfahrende Arbeitsmaschinen	
21 Lieferwagen	
22 LKW	
23 Zugmaschinen	

**Allgemeine Bedingungen für die Kfz-Versicherung
AKB 2015**

Die Kfz-Versicherung umfasst je nach dem Inhalt des Versicherungsvertrags folgende Versicherungsarten:

- **Kfz-Haftpflichtversicherung (A.1)**
- **Kaskoversicherung (A.2)**
- **Autoschutzbrief (A.3)**
- **Kfz-Unfallversicherung (A.4)**
- **Fahrerschutzversicherung (A.5)**

Diese Versicherungen werden als jeweils rechtlich selbstständige Verträge abgeschlossen. Ihrem Versicherungsschein können Sie entnehmen, welche Versicherungen Sie für Ihr Fahrzeug abgeschlossen haben.

Es gilt deutsches Recht. Die Vertragssprache ist deutsch.

Sämtliche Personenbezeichnungen in den AKB gelten gleichermaßen für männliche, weibliche und anderweitige Geschlechter.

Übersicht

A. Allgemeines

Die hier dargestellten Muster-Bedingungen des GDV sind unverbindlich. Die Versicherer können hiervon abweichen und den Bedürfnissen des Unternehmens und deren Zielgruppen entsprechend ihre eigenen AKB anpassen. Die heutigen AKB beinhalten die allgemeinen Kraftfahrtbedingungen und die Tarifbestimmungen in einem Bedingungswerk für die Versicherung von Kraftfahrzeugen und Fahrzeuganhängern. Die Bezeichnung »Kfz-Versicherung« erfasst nicht den gesamten Geltungsbereich, ist aber gängig. Über die Bezeichnung hinaus gelten sie auch für die Anhängerversicherung. Die vorliegenden AKB 2015 Stand 2022 wurden insoweit ergänzt, als ein Zusatz hinsichtlich der Geschlechter aufgenommen wurde. Weitere Änderungen in den AKB 2015/2022 ergeben sich aus den neu formulierten AKB für Versicherungskennzeichen. Die entsprechenden Passagen in den AKB 2015/2022 für Kfz wurden gestrichen. 1

Bereits aus der Einleitung zum Bedingungswerk werden der Aufbau und die Unterteilung in vier verschieden Versicherungsarten aufgeschlüsselt. Ein Gesamtüberblick erschließt sich hieraus jedoch nicht. Dazu ist auf das Inhaltsverzeichnis zurückzugreifen. 2

B. Regelungsgehalt

Die in Form einer Einleitung zum Bedingungswerk gefassten Worte sind mehr als nur eine Präambel. Sie enthalten bereits selbst entscheidende Regelungen. 3

I. Versicherungsarten

In den Muster-AKB werden fünf verschiedene Versicherungsarten angesprochen: Kfz-Haftpflichtversicherung, Kaskoversicherung, Autoschutzbrief, Kfz-Unfallversicherung und neu seit den AKB 2015 auch die Fahrerschutzversicherung. 4

5 Es handelt sich um das Grundgerüst von Versicherungsarten um das Fahrzeug. Beliebige Erweiterungen über dieses Grundgerüst hinaus sind in individuellen AKB der Versicherer möglich. Beispiele hierfür sind:
- Trennung der Kfz-Haftpflicht in die gesetzlich vorgeschriebene Pflicht-Haftpflichtversicherung und vertragliche Deckungserweiterungen zur Höhe sowie zum Anwendungsbereich nach der Örtlichkeit und Art des Fahrzeuggebrauchs
- Kfz-USV (integriert oder als Sonderbedingung)
- Kasko-Ergänzungen
- Güterfolgeschadenversicherung

6 Die Regelung bringt zum Ausdruck, dass nicht nur ein, sondern gleich mehrere **rechtlich selbstständige** Versicherungsverträge vorliegen. Dies gilt auch dann, wenn die rechtlich eigenständigen Verträge tatsächlich in einer Police (gebündelte Versicherung)[1] zusammengefasst werden. Es werden somit mehrere vertragliche Schuldverhältnisse, aber **keine Einheitsversicherung**[2] begründet. Die unterschiedlichen Schuldverhältnisse führen letztlich auch dazu, dass sich Obliegenheitsverletzungen in der Haftpflichtversicherung nicht ohne weiteres auf die Kaskoversicherung übertragen lassen.

7 Dem in der Einleitung genannten Versicherungsschein kommt eine besondere Bedeutung zu. Aus ihm ergibt sich nicht nur die Versicherungsart bzw. die Versicherungsarten und der Umfang der Versicherung, sondern auch das versicherte Risiko[3], gekennzeichnet durch die Fahrzeugidentifikationsnummer (FIN) und das amtliche Kennzeichen.

II. Anzuwendendes Recht

8 Grundsätzlich bestehen hinsichtlich der Wahl[4] des anzuwendenden Rechts in den Grenzen des Art. 7 Rom I Gestaltungsmöglichkeiten; nicht aber für die Pflicht-Haftpflichtversicherung, für die nur deutsches Recht zulässig ist, Art. 46c Abs. 2 EGBGB; Art. 7 Abs. 4 Rom I VO. Durch die Vertragsklausel wird ausdrücklich die Anwendung von deutschem Recht für alle Versicherungsarten vereinbart. Die Klausel erfüllt die Vorgaben von § 1 Nr. 17 VVG-InfoV i.V.m. § 7 Abs. 1 Satz 1 VVG. Dabei ist das im Zeitpunkt des Versicherungsfalls geltende Recht anzuwenden.

9 Durch die EU-KH-Richtlinie 2021/2118 wurden Ergänzungen und Änderungen im PflVG nötig, die Ergänzungen betreffen im Wesentlichen die Definition des Begriffs »Fahrzeug« in Art. 1 Ziffer 1:

1. ›Fahrzeug‹

a) jedes Kraftfahrzeug, das ausschließlich maschinell an Land angetrieben wird, jedoch nicht auf Schienen fährt, mit
- *i) einer bauartbedingten Höchstgeschwindigkeit von mehr als 25 km/h oder*
- *ii) einem maximalen Nettogewicht von mehr als 25 kg und einer bauartbedingten Höchstgeschwindigkeit von mehr als 14 km/h,*

b) jeder Anhänger, der mit einem unter Buchstabe a genannten Fahrzeug zu verwenden ist, unabhängig davon, ob er angekuppelt oder abgekuppelt ist.

Unbeschadet der Buchstaben a und b gelten Rollstühle, die ausschließlich für den Gebrauch durch Menschen mit körperlichen Behinderungen bestimmt sind, nicht als Fahrzeuge im Sinne dieser Richtlinie;«.

---

1 *Wandt* Versicherungsrecht, Rn. 432.

2 *OLG Karlsruhe* Urt. v. 18.01.2013 – 12 U 117/12, JurionRS 2013, 10218 = MDR 2013, 650 = NJW-RR 2013, 544 = r+s 2013, 121 = VersR 2013, 1123 =VK 2013, 37 = VRR 2013, 122 = ZAP 2013, 505 = FD-VersR 2013, 342372 bespr. v. *Günther* = zfs 2013, 505; *OLG Karlsruhe* Urt. v. 15.04.2014 – 12 U 149/13, JurionRS 2014, 14473 = DAR 2014, 464 = MDR 2014, 722 = NJW-RR 2014, 1311 = r+s 2014, 275 = zfs 2014, 453.

3 Früher: »des im Vertrag bezeichneten Fahrzeugs«, § 10 Abs. 1 AKB a.F.

4 *Micha*, Der Direktanspruch im europäischen Internationalen Privatrecht, Diss. 2010, S. 178.

Zusätzlich wird in die Richtlinie Artikel 1 Nr. 1a eingefügt:

1a. ›Verwendung eines Fahrzeugs‹ jede Verwendung eines Fahrzeugs, die seiner Funktion als Beförderungsmittel zum Zeitpunkt des Unfalls entspricht, unabhängig von den Merkmalen des Fahrzeugs und unabhängig von dem Gelände, auf dem das Kraftfahrzeug verwendet wird, und der Tatsache, ob es sich in Bewegung befindet oder nicht;«.

Die Veränderung der Definition Fahrzeug erfordert zwingend die Veränderung im PflVG, auf die, soweit es die AKB betrifft, an der jeweiligen Stelle eingegangen wird. Außerdem wird bezogen auf die selbstfahrenden Arbeitsmaschinen und Stapler eine Versicherungspflicht normiert, wenn sie im Bereich von öffentlichen Straßen und Wegen verwendet werden. Außerdem müssen die Versicherungssummen für den Gebrauch von selbstfahrenden Arbeitsmaschinen und Gabelstaplern, auch wenn sie nicht im öffentlichen Verkehrsraum verwendet werden, den Mindestversicherungssummen der Kraftfahrzeug-Haftpflicht-Versicherung, Anlage zu § 4 PflVG entsprechen. Dabei kann in der Betriebshaftpflicht ggf. eine gesonderte Versicherungssumme vereinbart sei, mit dem Einschluss, dass bei Gebrauch der Selbstfahrenden Arbeitsmaschinen oder Gabelstaplern die Mindestversicherungssummen des PflVG zur Verfügung stehen[5]. 10

Darüber hinaus ist die Festlegung auf ein Recht bereits aus Gründen der Praktikabilität notwendig. 11 Vertragsschlüsse könnten auch im Ausland getätigt werden. Zudem werden bestimmte Fahrzeuge sehr häufig im Ausland verwendet. Dies hätte zur Folge, dass ansonsten möglicherweise das am Ort des Vertragsschlusses geltende Recht zur Anwendung käme, Art. 28 EGBGB[6] i.V.m. Art. 15 EGVVG. Durch die Festlegung von deutschem Recht entfällt zugleich die Frage, ob jeder Versicherungsvertrag einer gebündelten Police dem gleichen Recht zu unterstellen ist.

III. Vertragssprache

Als Vertragssprache wird deutsch zu Grunde gelegt. Sowohl die Bedingungen als auch die Police 12 sind in deutscher Sprache abgefasst, § 1 Nr. 18 VVG-InfoV i.V.m. § 7 Abs. 1 Satz 1 VVG.

Dies dient der Praktikabilität und Vertragssicherheit und entspricht auch der Gerichtssprache, § 184 S. 1 GVG.

C. Weitere praktische Hinweise

Bei der rechtlichen Bearbeitung eines versicherungsvertraglich geprägten Falles dienen die vorlie- 13 gende Muster-AKB des GDV und die hierzu erfolgte Kommentierung als Basis für den Einstieg in eine Prüfung. Es ist jedoch unabdingbar, die einschlägigen individuellen AKB des Versicherers[7] hinzuzuziehen. Im Ergebnis kommt es nämlich nicht darauf an, was man vereinbart haben könnte, sondern auf das, was tatsächlich vereinbart worden ist. Hier gilt es, Abweichungen zu erkennen und eigenständig rechtlich neu aus dem Zusammenhang heraus zu bewerten. Dabei dürfen die insbesondere durch das PflVG, die KfzPflVV, das VVG und der §§ 305 ff. BGB gesetzten Rahmenbedingungen nicht aus dem Auge verloren gehen.

---

5 vgl. BT-Drucksachen 20 8094 und 20/9767 (Stand 13.12.2023).

6 Siehe PWW/*Brödermann/Wegen/Remien* Art. 28 EGBEB, Rn. 74.

7 *Kärger* Kfz-Versicherung nach dem neuen VVG, Rn. 8; *Heinrichs* Synopse für das Versicherungsrecht im Verkehrsrecht bedeutsamsten Auswirkungen der VVG Reform, zfs 2009, 187; *Heinrichs* Die neuen AKB 2015 – Teil II, DAR 2015, 256 (258).

A Welche Leistungen umfasst Ihre Kfz-Versicherung?

A.1 Kfz-Haftpflichtversicherung – für Schäden, die Sie mit Ihrem Fahrzeug Anderen zufügen

A.1.1 Was ist versichert?

Sie haben mit Ihrem Fahrzeug einen Anderen geschädigt

Übersicht

A. Allgemeines

1 Unter A.1 erläutert sich die Bedeutung der Kfz-Haftpflichtversicherung von selbst. Es handelt sich um eine sogenannte Passivenversicherung[1] die keinem speziellen Schutzobjekt, sondern dazu dient, nicht mit gesetzlichen Verpflichtungen gegenüber Dritten belastet zu werden. Sie grenzt sich dabei von anderen Versicherungsarten ab, die Schäden betreffen, die man selbst erlitten hat.

2 Die Kfz-Haftpflichtversicherung ist eine Pflicht-Haftpflichtversicherung[2] im Sinne der §§ 113 ff. VVG.

B. Regelungsgehalt

3 Der einleitende Satz schränkt den nachfolgend genannten Umfang des Versicherungsschutzes ein. Er begrenzt ihn auf ein bestimmtes Fahrzeug und auf bestimmte Personen.

I. »mit Ihrem Fahrzeug«

1. Normalfall

4 Die Versicherungsbedingungen wenden sich zunächst an den Versicherungsnehmer, den Vertragspartner des Versicherers. Da der Versicherungsnehmer häufig zugleich Halter und Eigentümer des Fahrzeugs ist, wird er verständlicherweise auch von »seinem« Fahrzeug sprechen. Dem wollte man zwar sprachlich entgegenkommen, trifft damit aber rechtlich nicht alle Besonderheiten.

5 Tatsächlich gemeint ist mit »Ihrem« nicht die sachenrechtliche Zugehörigkeit des Fahrzeugs (Eigentum am Fahrzeug), sondern die Haftpflichtversicherung bezogen auf das im Versicherungsschein bezeichnete Risiko.

1 Prölss/Martin/*Armbrüster* Vorb. § 74 VVG, Rn. 35.
2 Die für alle zugelassenen Fahrzeuge abgeschlossen sein muss, EuGH, Urteil vom 29.4.2021 -C-383/19.

Es wird zudem deutlich, dass die Kfz-Haftpflichtversicherung eine auf das individualisierte Fahrzeug[3] bezogene Versicherung ist. Unabhängig von der strafrechtlichen Relevanz darf der Eigentümer zweier Fahrzeuge nicht beliebig Kennzeichen umschrauben. Dies ist nur in engen Grenzen bei Wechselkennzeichen zulässig. 6

2. Sonderfall: Mallorca-Police

Für das Führen fremder Fahrzeuge im In- und Ausland sieht die eigene Kfz-Haftpflichtversicherung keinen Deckungsschutz vor. Dies ist gesetzlich nicht vorgeschrieben. Jedes zulassungspflichtige Fahrzeug hat den im jeweiligen Land vorgeschriebenen Mindestversicherungsschutz zu haben. 7

Problematisch wird dies, wenn im Ausland Fahrzeuge nur zu deutlich niedrigeren Mindestsummen versichert sind. Entstehen teure Schäden, können diese die dort üblichen Mindestsummen übersteigen. 8

Über die sogenannte »**Mallorca-Police**«[4] ist es möglich, den Versicherungsschutz auch für fremde Fahrzeuge über die eigene Kfz-Haftpflichtversicherung auszudehnen. Das ist insbesondere bei der Anmietung von Mietwagen im Ausland ratsam[5]. Erforderlich ist hierzu der Abschluss einer Zusatzdeckung, die entweder im Rahmen der Kfz-Haftpflichtversicherung oder beim Autoschutzbrief in den Vertrag aufgenommen wird. 9

Die Zusatzdeckung ist keine Pflicht-Haftpflichtversicherung. 10

3. Sonderfall: Erweiterung in der Kfz-USV

Eine weitere Ausnahme beim Führen fremder Fahrzeuge wird teilweise im Rahmen von **Zusatzdeckungen zur Kfz-USV**[6] angeboten. Dies ist dort wichtig, wo der beruflich tätige Versicherungsnehmer bzw. seine Angestellten auf Mietwagen oder Fahrzeuge der eigenen Mitarbeiter zurückgreifen müssen. Fehlt der gesetzlich nicht vorgeschriebene Versicherungsschutz für die Inanspruchnahme wegen öffentlich-rechtlicher Verantwortlichkeiten beim Mietwagen/Mitarbeiterfahrzeug, steht der Versicherungsnehmer unerwartet ohne entsprechenden Versicherungsschutz da. Dies ist fatal, wenn der Arbeitgeber[7] seinen Mitarbeiter wegen öffentlich-rechtlicher Verantwortlichkeiten auf arbeitsrechtlicher Basis freizustellen hat. 11

Je nach Vertragsklausel kann die Zusatzdeckung zum Kraftfahrthaftpflichtvertrag für das eigene Fahrzeug diese Lücke beim Deckungsumfang des Fremdfahrzeugs füllen. 12

II. »einen Anderen«

»Einen Anderen« hat klarstellende Bedeutung. Haftpflichtansprüche setzen immer voraus, dass andere geschädigt werden, die dann Schadensersatzansprüche gegen den Schädiger haben. Wer sich selbst schädigt, indem er sein eigenes Fahrzeug beschädigt, ist nicht Inhaber von Haftpflichtansprüchen gegen sich selbst. Es liegt Konfusion vor. 13

---

3 Gegensatz: Personen bezogene private Haftpflichtversicherung. Dort ist es z.B. egal, welches Fahrrad die Person gerade fährt.

4 Anders als der Name sagt, nicht nur begrenzt auf Mallorca. Laut Handelsblatt vom 07.06.2009 enthalten 78 % der Verträge bereits eine Mallorca-Klausel.

5 Mögliches Beratungsverschulden, falls beim Vertragsabschluss bekannt ist oder deutlich wird, dass bei Urlaubs- oder Geschäftsreisen ins Ausland dort häufig Fahrzeuge gemietet werden, vgl. auch OLG Dresden v. 26.04.2024 – 3 U 79/23 (keine Dokumentationspflicht, wenn ein Vertrag nicht zustande kommt, keine Beweislastumkehr zugunsten des Kunden)

6 Siehe *Nicolai* Kfz-USV Rdn. 1 ff.

7 Himmelreich/Halm/Staab/*Schwab/Heinrichs* Handbuch Kfz-Schadensregulierung, Teil 5, Kap. 21, Rn. 233 ff.

1. **kein Ersatz von Schäden am Fahrzeug**

14 Der vom Eigentümer abweichende Fahrer könnte sich zwar ihm gegenüber haftpflichtig machen, jedoch werden durch die A.1.5.3 ff. AKB diese Schäden vom Versicherungsschutz sowohl für den Fahrzeugschaden als auch daraus bedingte Folgeschäden ausgenommen. Für den Fahrzeugschaden ist allein die Kaskoversicherung vorgesehen.

2. **kein Ersatz von Schäden an anderen eigenen Sachen**

15 Dies gilt auch dann (aus dem Blickwinkel des A.1.5.6 AKB), wenn ein Mitversicherter[8] mit dessen eigenem Fahrzeug das versicherte Fahrzeug beschädigt.

C. Weitere praktische Hinweise

16 Es ist immer auf die Eigentumsverhältnisse abzustellen. Dabei ergeben sich insbesondere aus den Regelungen nach dem **WEG** besondere Beziehungen. Es ist zu prüfen, ob es sich um Gemeinschaftseigentum nach § 1 Abs. 5 WEG oder Sondernutzungsrechte handelt. Dies ist zum Beispiel bei Sondernutzungsrechten an Kfz-Stellplätzen relevant. Garagenstellplätze können im Sondereigentum stehen, § 3 Abs. 2 Satz 2 WEG.

17 Auch der Vermieter von Wohnraum nebst PKW-Stellfläche[9] ist ein »Anderer«. Vermieter von Sondereigentum[10] an Kfz-Stellplätzen kann eine Mithaftung bei Schäden durch die Betätigung einer Hubeinrichtung treffen.

18 Ist das **Gemeinschaftseigentum** betroffen, z.B. durch eine Beschädigung des Garagentores einer Wohnungseigentumsanlage durch das Fahrzeug eines Miteigentümers, so hat die Gemeinschaft auch gegen den Miteigentümer einen Anspruch. Dies gilt umgekehrt[11] entsprechend bei der Beschädigung eines Fahrzeugs eines Miteigentümers durch eine Verkehrssicherungspflichtverletzung der Gemeinschaft. Bei der Gemeinschaft handelt es sich um eine Bruchteilsgemeinschaft nach den §§ 741 ff. BGB.

19 Dem gesamtschuldnerischen Anspruch der Gemeinschaft gegen den Kfz-Haftpflichtversicherer kann der anteilige Eigenschaden aus der Bruchteilsgemeinschaft entgegengehalten werden. Insoweit handelt es sich um ein gestörtes Gesamtschuldverhältnis.

20 Entsprechende Konsequenzen können sich aus dem Miteigentum nach § 1011 BGB ergeben.

21 Im gewerblichen Bereich wird die Unterscheidung schwierig. Aus steuerlichen Gründen werden durch **Firmenaufspaltung**[12] in Grundstücksbesitz-Gesellschaften und sonstigem Betriebsunternehmen, das dann wieder das Gelände für den eigenen Fuhrpark pachtet, plötzlich »Andere« geschädigt. Dennoch verfolgt die Unternehmensgruppe ein gemeinsames wirtschaftliches Ziel.

---

8 *BGH* Urt. v. 25.06.2008 – IV ZR 313/06 zu § 11 Nr. 2 AKB a.F., JurionRS 2008, 17042 = DAR 2008, 518 = r+s 2008, 372 = MDR 2008, 1153 = NJW-RR 2008, 1350 = VersR 2008, 1202 = NZV 2008, 509 = zfs 2008, 629.

9 *AG Köln* Urt. v. 11.12.2001 – 205 C 345/01 (Ölflecken auf gemieteter PKW-Stellplatz).

10 *AG Düsseldorf* Urt. v. 05.10.2007 – 20 C 14522/06, JurionRS 2007, 54714 = ADAJUR Dok.Nr. 72054.

11 *OLG München* Beschl. v. 24.10.2005 – 34 Wx 82/05, JurionRS 2005, 24531 = JuS 2006, 748 = MDR 2006, 807 = NJW 2006, 1293 = NZM 2006, 110.

12 Beispiele schon bei der Bahn in Eisenbahninfrastrukturunternehmen und Eisenbahnverkehrsunternehmen, *BGH* Urt. v. 17.02.2004 – VI ZR 69/03, BGHZ 158, 130 = JurionRS 2004, 11188 = NJW-RR 2004, 959 = MDR 2004, 746 (Ls.) = NZV 2004, 245 = VersR 2004, 612 = TranspR 2004, 256 = zfs 2004, 308.

Die ansonsten vorliegende Konfusion wird durch die Aufspaltung in zwei rechtlich selbstständige Gesellschaften ausgehebelt. Es kann nicht die Aufgabe des Kfz-Haftpflichtversicherers sein, zu Lasten der Versichertengemeinschaft betriebliche Eigenschäden an Grundstücken (sei es durch Rangierschäden oder Ölverluste von Fahrzeugen) auszugleichen. 22

Es empfiehlt sich für den Versicherer, diese »Quasi-Eigenschäden« durch besondere textliche Klarstellungen von der Deckung auszunehmen. 23

Probleme ergeben sich zudem bei Eheleuten und eingetragenen Lebenspartnerschaften, wenn diese vertraglich die **Gütergemeinschaft** nach §§ 1415 ff. BGB; § 7 LPartG vereinbart haben. Im Zweifel gehören alle Gegenstände, aber selbst Schadensersatzansprüche wegen Personenschäden[13] aus einem Verkehrsunfall zum Gesamtgut nach § 1416 BGB. Gütergemeinschaft ist Gemeinschaft zur gesamten Hand[14]. Eine Aufspaltung ist nicht möglich. Da diese Gemeinschaft zugleich berechtigt, aber auch verpflichtet ist, fällt der Schadensersatzanspruch in sich zusammen. 24

Die Häufigkeit von Gütergemeinschaften ist unbekannt. Sie soll heute ein Schattendasein führen und sei eher in ländlichen Gebieten[15] anzutreffen. 25

A.1.1.1 (Schadensersatzansprüche; Gebrauch, etc.)

Wir stellen Sie von Schadensersatzansprüchen frei, wenn durch den Gebrauch des Fahrzeugs
a Personen verletzt oder getötet werden,
b Sachen beschädigt oder zerstört werden oder abhandenkommen,
c Vermögensschäden verursacht werden, die weder mit einem Personen- noch mit einem Sachschaden mittelbar oder unmittelbar zusammenhängen (reine Vermögensschäden),

und deswegen gegen Sie oder uns Schadensersatzansprüche aufgrund von Haftpflichtbestimmungen des Bürgerlichen Gesetzbuchs oder des Straßenverkehrsgesetzes oder aufgrund anderer gesetzlicher Haftpflichtbestimmungen des Privatrechts geltend gemacht werden. Zum Gebrauch des Fahrzeugs gehört neben dem Fahren z.B. das Ein- und Aussteigen sowie das Be- und Entladen.

Übersicht **Rdn.**

13 *BGH* Urt. v. 07.12.1993 – VI ZR 152/92, JurionRS 1993, 14914 = DAR 1994, 113 = DB 1994, 524 = NJW 1994, 652 = VersR 1994, 694 = MDR 1994, 253 = NJW-RR 1994, 770 = FamRZ 1994, 295 = zfs 1994, 323.
14 *RG* Urt. v. 21.05.1930 RGZ 129, 120; PWW/*Weinreich* § 1416 BGB, Rn. 4.
15 *Möller*, Die Gütergemeinschaft im Wandel der Gesellschaft, Diss. 2010, 30.

A. Allgemeines

1 Als Gegenleistung für die Prämieneinnahme hat der Versicherer seinerseits Leistungen zu erbringen. Ein Teil des Umfangs seiner vertraglichen Leistungspflicht, und zwar der wirtschaftlich wesentliche, wird in der Vorschrift näher dargestellt. Der vertragliche Freistellungsanspruch entspricht der gesetzlichen Anforderung des § 110 VVG.

2 In der Vertragsklausel werden Teile der Anforderungen durch § 1 PflVG und § 2 KfzPflVV umgesetzt. Anders als nach den vorgenannten gesetzlichen bzw. verordnungsrechtlichen Anforderungen hat sich die Auslegung auch und gerade an den Interessen des Versicherungsnehmers als Vertragspartner zu orientieren.

Zu beachten ist, dass der Anwendungsbereich der AKB sich nicht auf den gesetzlich vorgeschriebenen öffentlichen Verkehrsraum beschränkt. Die AKB gelten nach ihrem Wortlaut **auch im nicht-öffentlichen[1] Verkehrsraum.** Dies stellt eine deutliche Erweiterung und Verbesserung für die Versicherten dar. 3

B. Regelungsgehalt

I. Schadensersatzansprüche

Gemeint sind nicht alle Schadensersatzansprüche, sondern nur bestimmte. Sie müssen auf Haftpflichtnormen zurückzuführen sein, die Schadensersatzcharakter haben. Exemplarisch zählt die Vertragsvorschrift das BGB und das StVG auf. Die Aufzählung ist somit nicht abschließend. 4

1. Positivbeispiele

Im StVG ist an die §§ 7, 18 StVG zu denken und im BGB vorrangig an § 823 Abs. 1 BGB. 5

Als Anspruchsnormen kommen insbesondere zudem in Betracht: 6
- § 823 Abs. 2 BGB i.V.m. einem Schutzgesetz, z.B. GGVSEB[2], TA-Lärm[3], GaragenVO[4]
- Billigkeitshaftung nach § 829 BGB
- Haftung für Verrichtungsgehilfen nach § 831 Abs. 1 Satz BGB
- die Anlagenhaftung nach § 89 Abs. 2 WHG
- die Anlagenhaftung nach § 2 Abs. 1 HaftPflG
- die Anlagenhaftung nach § 1 UmweltHG i.V.m. § 3 Abs. 3a) UmweltHG (Fahrzeuge – auch fremde – als Zubehör einer stationären Anlage)

Neben diesen Normen, in denen das Wort Schadensersatz ausdrücklich vorkommt, werden vereinzelt auch Vorschriften hinzugezählt, die Schadensersatzcharakter haben und damit dem Schadensersatzanspruch angenähert sind. 7

Eine umstrittene[5] Ausnahme wird da gemacht, wo es sich um **unfreiwillige Vermögensopfer** handelt, etwa bei zufälligen Schäden anlässlich der Erfüllung eines Auftrages. Der Versicherungsnehmer wird berechtigterweise erwarten können, dass er zusätzlich für schadensersatzähnliche Ansprüche, die aus dem Bereich des Aufwendungsersatzrechts stammen, Versicherungsschutz genießt, wenn der Schadensfall eingetreten ist. 8

Anders als nach der umstrittenen[6] Meinung des *BGH*[7] können hierzu aber keine »gesetzlich aufgezwungenen Vermögensopfer«, Aufwendungsersatzansprüche für das zusätzliche Absichern von Fahrzeugen gehören. 9

---

1 *BGH* Urt. v. 16.02.1977 – IV ZR 42/76, JurionRS 1977, 11486 = DAR 1977, 243 = DB 1977, 1789 = MDR 1977, 737 = r+s 1977, 136 = VersR 1977, 468 = VRS 53, 90; *BGH* Urt. v. 25.10.1994 – VI ZR 107/94, JurionRS 1994, 15599 = NZV 1995, 19 = NJW-RR 1995, 215 = MDR 1995, 42 = VersR 1995, 90 = r+s 1995, 55 m.Anm. *Lemcke.*

2 *OLG Hamm* Urt. v. 17.03.1992 – 7 U 103/91, NJW-RR 1993, 914.

3 *AG München* Urt. v. 07.01.2005 – 123 C 3000/03, NJW 2005, 760.

4 *BGH* Urt. v. 05.05.1987 – VI ZR 181/86, JurionRS 1987, 13115 = NJW-RR 1987, 1311 = VersR 1987, 1014 = MDR 1988, 41.

5 PWW/*Fehrenbacher* § 670 BGB, Rn. 6 m.w.N.

6 Zu Recht ablehnend *M. Müller*, r+s 2012, 584 ff.

7 *BGH*, Urt. v. 28.09.2011 – IV ZR 294/10, JurionRS 2011, 25980 = DAR 2011, 704 = MDR 2011, 163 = VersR 2011, 1509 = NZV 2012, 34 = r+s 2012, 17 = NJW-RR 2012, 163 = NJW-Spezial 2012, 138 = zfs 2011, 695 = VRR 2012, 24 bespr. v. *Knappmann.*

10 Einerseits ist bereits zweifelhaft, ob tatsächlich gegen den Halter eines ordnungsgemäß abgesicherten Pannenfahrzeugs, der somit seinen gesetzlichen Verpflichtungen in vollem Umfang genügt, ein Anspruch wegen zusätzlicher und von ihm nicht beauftragter und nicht gewollter Absicherung, besteht.

11 Die konkrete Gefahr für einen Verkehrsunfall in Folge einer Panne mag noch für eine notwendige Absicherung durch Dritte entsprechen. Sobald ein Pannenfahrzeug ordnungsgemäß abgesichert ist, reduziert sich die konkrete Gefahr auf eine abstrakte Unfallgefahr. Die Verhinderung abstrakter Unfallgefahren ist jedoch nicht Aufgabe des Bürgers. Der *BGH* bürdet leider dem rechtstreuen Bürger ein unzulässiges Sonderopfer auf. Die wirtschaftliche Entlastung des Staates in seinen Kernaufgaben ist rechtlich mehr als fragwürdig.

12 Versicherungsschutz in der Kfz-Haftpflichtversicherung gibt es nur im Falle eines Unfalles, nicht aber schon bei einer Panne. Die **Panne** ist noch **kein Versicherungsfall** der Haftpflichtversicherung. Entsprechend besteht nach vorzugwürdiger[8] Ansicht[9] in der Haftpflichtversicherung für den Versicherungsnehmer nach § 82 Abs. 1 VVG noch keine[10] Rettungspflicht.

13 Für die **Anwendung der Vorerstreckungstheorie** aus der Sachversicherung nach den §§ 82, 90 VVG auf die Haftpflichtversicherung besteht keine Veranlassung. Der VVG-Reformgesetzgeber hätte das bekannte Problem ansonsten[11] schon 2008 anders regeln können. Es verwundert, dass sich der *BGH* in seiner Entscheidung über den Willen des Gesetzgebers hinweg setzt.

14 Offenbar hat der Senat übersehen, dass die AKB seit Mitte 1994 nicht mehr genehmigt werden müssen und unverbindlich sind. Wieso im konkreten Fall des *BGH* ein ausländischer Versicherungsnehmer – mit einem Versicherungsvertrag im Ausland – erwarten dürfe, dass derartige Ansprüche nach den deutschen (unverbindlichen) AKB mitversichert sein müssten, erschließt sich erst recht nicht.

15 Tatsächlich handelt es sich bei der Panne um einen Versicherungsfall in der Autoschutzbrief-Versicherung nach A.3.5.1 AKB 2015[12] oder nach den AVAR[13]. Das normiert ausgerüstete Pannenhilfsfahrzeug[14] ist zudem in der Lage, nicht nur die Stelle abzusichern, sondern Pannenhilfe zu leisten. Selbst für LKWs sind spezielle Schutzbriefe am Markt erhältlich.

16 Ausgleichsansprüche nach § 24 Abs. 2 BBodSchG können Schadensersatzcharakter haben, da sie Personen gewährt werden, die eher zufällig primär zur Schadenbehebung herangezogen wurden.

17 Problematisch ist die **Besitzstörung durch Falschparken** auf Privatgrundstücken. Der *BGH*[15] gibt bei einer Besitzstörung durch verbotene Eigenmacht bereits einen Schadensersatzanspruch gegen den Falschparker. Wenn der Berechtigte gehalten ist, das unrechtmäßig geparkte Fahrzeug

8 *OLG Köln* Urt. v. 30.04.2002 – 9 U 110/01, JurionRS 2002, 32329 = NVersZ 2002, 519 =VersR 2002, 1231 = r+s 2003, 12 m.Anm. *Schimikowski*; Schwintowski/Brömmelmeyer/*Kloth*/*Neuhaus*, PK-Vers, § 82 VVG, Rn. 4; Stiefel/*Maier* § 82 VVG, Rn. 2; Prölss/Martin/*Voit* § 82 VVG, Rn. 6.

9 *BGH* Beschl. v. 29.09.2004 –IV ZR 162/02, JurionRS 2004, 19667 = r+s 2004, 499 = NJW-RR 2004, 1675 = VersR 2005, 110 = zfs 2005, 250 (noch offen gelassen).

10 Zudem aus mehreren Gründen kein Direktanspruch, *Andres* § 115 VVG Rdn. 26 ff.

11 Schwintowski/Brömmelmeyer/*Kloth*/*Neuhaus* PK-Vers, § 82 VVG, Rn. 6; Prölss/Martin/*Armbrüster* § 90 VVG, Rn. 2; Schwintowski/Brömmelmeyer/*Hammel* PK-Vers, § 90 VVG, Rn. 4; Looschelders/Pohlmann/*Schmidt-Kessel* VVG-Kommentar, § 90 VVG, Rn. 2.

12 *Schwab*/*Kreuter* A.3 AKB Rdn. 1 ff.

13 *Heinrichs* AVAR Rdn. 1 ff.

14 *Schwab*/*Kreuter* A.3.5.1 AKB Rdn. 2–4.

15 *BGH* Urt. v. 05.06.2009 – V ZR 144/08, BGHZ 181, 233 = JurionRS 2009, 17376 = DAR 2009, 515 = NJW 2009, 2530 = WM 2009, 1664 = NZM 2009, 595 = NJW-Spezial 2009, 538 = VersR 2009, 1121 = MDR 2009, 1166 = zfs 2009, 558 m.Anm. *Diehl* = r+s 2010, 342 = VRR 2009, 298 bespr. v. *Deutscher*; *LG München I* Urt. v. 24.09.2009 – 31 S 3 648/09.

abschleppen zu lassen, um sein Besitzrecht wieder uneingeschränkt nutzen zu können, soll er gegen den Falschparker vorgehen können, §§ 823 Abs. 2, 858 Abs. 1 BGB.

Nunmehr sieht der fünfte Senat des *BGH* nicht nur den Falschparker, sondern auch den Halter[16] zum Schadensersatz verpflichtet, da er Zustandsstörer der Besitzbeeinträchtigung sei. Zudem seien nicht nur die reinen Abschleppkosten, sondern Vorbereitungshandlungen[17] mit Ausnahme der Parkraumüberwachung zu erstatten. Gegen den überhöht abrechnenden Abschleppunternehmer, dem der Grundstückseigentümer die Forderung abgetreten hat, dürfen Fahrer und Halter allerdings nicht vorgehen. Sie müssen sich ihrerseits an den Grundstückseigentümer[18] wenden. 18

Folgt man der umstrittenen[19] Ansicht des fünften Senats des *BGH*, so hat der in seinem Besitzrecht Beeinträchtigte eventuell[20] dann auch einen Direktanspruch[21] in Höhe der Abschleppkosten[22] gegen den Haftpflichtversicherer des Falschparkers. Die »produzierten« Gesamtschadenkosten[23] mögen sich noch in einer Größenordnung bewegen, in der der Versicherungsnehmer seinen Schadenfreiheitsrabatt durch Selbstzahlung retten will. Der mit dem »Schaden« zusammenhängende Arbeits- und Kostenaufwand ist dabei aber nicht unerheblich und müsste letztlich bei der Prämie berücksichtigt werden, sollten Besitzstörungsfälle nun vermehrt abgerechnet werden. Wegen der überhöhten Abschleppkosten kann sich sogar der Rechtsschutzanspruch verwirklichen. 19

Sogar Vermieter von Mietfahrzeugen müssen die Rechtsentwicklung mit Sorge betrachten. Als Fahrzeughalter können sie vom Grundstückseigentümer in Anspruch genommen werden, wenn der Mieter das Fahrzeug – letztlich auf Kosten des Vermieters – zu sorglos widerrechtlich parkt. 20

2. Negativbeispiele

Die Problematik Besitzstörung durch Falschparken lässt sich nicht auf den öffentlichen Verkehrsraum übertragen. Dort geht es immer um die Störung der öffentlichen Sicherheit oder Ordnung durch Falschparken, nicht aber vorrangig um eine Besitzstörung; auch nicht an einer abgelaufenen Parkuhr. 21

---

16 *BGH* Urt. v. 21.09.2012 – V ZR 230/11, JurionRS 2012, 26099 = DAR 2013, 141 = MDR 2012, 1407 = NJW 2012, 3759 = NZV 2013, 75 = NZM 2013, 44.

17 *BGH* Urt. v. 02.12.2011 – V ZR 30/11, JurionRS 2011, 31970 = MDR 2012, 145 = NZV 2012, 127 = MDR 2012, 145 = NJW 2012, 528 = DAR 2012, 139 mit krit. Anm. *Heimgärtner* DAR 2012, 330 = zfs 2012, 313 m.Anm. Diehl = VRR 2012, 103 bespr. v. *v. Gayl.*

18 *BGH* Urt. v. 06.07.2012 – V ZR 268/11, JurionRS 2012, 21439 = MDR 2012, 1225 = NJW 2012, 3373 = NZM 2012, 773 = NZV 2012, 537 = DAR 2012, 457 m.krit.Anm. *Heimgärtner.*

19 Mit beachtlichen Gründen dagegen *Stöber*, Ansprüche des Grundstücksbesitzers gegen den unbefugt Parkenden auf Ersatz der Abschleppkosten, DAR 2009, 539 ff.

20 Nur wenn der Fahrer das Hinweisschild »Parken nur für Kunden« fahrlässig übersieht. Ansonsten Vorsatztat, § 103 VVG. Keine verbotene Eigenmacht durch den Halter oder Fahrzeugeigentümer, da diese nicht handeln im Sinne des § 858 Abs. 1 BGB.

21 Sofern individualvertraglich keine zwei getrennten Haftpflichtdeckungen vereinbart und keine Falschparkerklausel in die AKB aufgenommen wurde.

22 Der *BGH* verneinte dort einen Anspruch wegen der Folgekosten durch die Beauftragung eines Inkassounternehmens. Gleiches müsste entsprechend auch für etwaige Anwaltskosten gelten. Ob dies für die Unkostenpauschale zu gelten habe, war nicht Gegenstand des Rechtstreits.

23 Ggf. mit Kosten der Überwachung der Abschleppmaßnahme, *AG München* Urt. v. 29.06.2009 – 461 C 4134/09, JurionRS 2009, 44854.

22 Rein vertragliche Haftungsvereinbarungen haben keine Grundlage in gesetzlichen Haftpflichtbestimmungen. Sie sind ausdrücklich und damit klarstellend durch A.1.5.9 AKB ausgenommen.

23 Der Versicherer ist auch dann nicht zur Leistung verpflichtet, wenn grundsätzlich eine gesetzliche Haftungsnorm in Betracht kommt, diese jedoch wegen anderer Tatbestände nicht zum Zuge kommen kann oder die Haftung begrenzt ist. Beispiele:
- Haftungsausschluss für den Personenschaden beim Unfall unter Arbeitskollegen nach den §§ 104 ff. SGB VII
- Haftungsausschluss auch bei Schwarzarbeit, wenn der VN als Arbeitgeber verbotswidrig Beiträge nicht abführt[24] und der Unfallversicherungsträger bei ihm regressiert, § 110 Abs. 1a SGB VII
- Möglicher Haftungsausschluss bei Gefälligkeitsfahrt[25]
- Haftungsbegrenzung auf Rennstrecken[26]
- Haftungsausschluss für Güterfolgeschäden[27] nach § 432 Abs. 2 HGB.

II. Schadenarten

1. Vom Regelungsgehalt erfasste Schadenarten

24 § 1 PflVG spricht von Personen-, Sach- und sonstigen Vermögensschäden, ohne diese näher inhaltlich zu definieren. § 2 KfzPflVV präzisiert die Anforderungen, die durch die Vertragsklausel in den AKB umgesetzt wurden.

a) Personenschaden

aa) Personen getötet werden

25 Dem Tod geht regelmäßig die unfallbedingte Körperverletzung voraus. Unter Tod ist das medizinisch-biologisch feststellbare Ableben zu verstehen. Dies ist auch dann gegeben, wenn der **Hirntod**[28] eingetreten ist, aber die körperlichen Funktionen noch maschinell aufrechterhalten werden. Die Todesfeststellung ist nunmehr nach den §§ 3 Abs. 1 Satz 1 Nr. 2; 5 Abs. 1 TPG vorzunehmen.

26 Gerade bei tödlichen Verkehrsunfällen junger Opfer kann es bei entsprechender Einwilligung zur Organspende noch Stunden und Tage dauern, bis die Geräte nach Eintritt des Hirntods abgeschaltet werden. Der Deckungsschutz richtet sich nach dem Schadensersatzanspruch. Die Kosten der Apparatemedizin zur Vorbereitung der Organspende sind nicht mehr Teil des Schadensersatzes und somit auch nicht Teil des Deckungsschutzes.

27 Gedeckt sind dagegen alle gesetzlichen Schadensersatzansprüche, die sich aus der Folge des Ablebens einer Person ergeben können. Dies sind mittelbare Vermögensschäden, insbesondere Beerdigungskosten (§§ 844 Abs. 1 BGB; § 10 Abs. 1 Satz 2 StVG), Unterhaltsschäden (§§ 844 Abs. 2 BGB; 10 Abs. 2 StVG) und entgangene Dienste (§ 845 BGB).

---

24 Es ist nicht Aufgabe des Kfz-Haftpflichtversicherers, die finanziellen Nachteile aus einem gesetzwidrigen Verhalten des VN als Arbeitgeber aufzufangen, *Schwab* Schwarzarbeit und Haftungsausschluss bei Arbeitsunfall, SVR 2004, 285 f.

25 *OLG Hamm* Urt. v. 14.05.2007 – 13 U 34/07, JurionRS 2007, 42394 = NJW-RR 2007, 1517 = NZV 2008, 204 = VersR 2008, 1219.

26 *OLG Karlsruhe* Urt. v. 27.01.2014 – 1 U 158/12, JurionRS 2014, 10234 = NJW-RR 2014, 692 = NJW-Spezial 2014, 298 = VRR 2014, 82 = ZAP 2014, 305.

27 Ausnahme bei Leichtfertigkeit, *BGH* Urt. v. 05.10.2006 – I ZR 240/03, BGHZ 169, 187 = JurionRS 2006, 24617 = TranspR 2006, 454 m.Anm. *Heuer* = SVR 2006, 466, bespr. von *Schwab* = LMK 2006, 204 386 m.Anm. *Koller* = VersR 2007, 86 m.Anm. *Boettge* = NJW 2007, 58 = JA 2007, 304 bespr. v. *Oechsler* = WI 2007, 40 = DB 2006, 2570 = BB 2006, 2550 = NZV 2007, 135 = MDR 2007, 413 = VRS 112, 31.

28 PWW/*Prütting* § 1 BGB, Rn. 15.

bb) Personen verletzt werden

Vom Wortlaut erfasst werden sämtliche Körper- und Gesundheitsverletzungen von Personen. Dazu gehört zunächst die unmittelbare Verletzung mit deren Folgen. 28

Für das nähere Verständnis ist wiederum auf die schadensersatzrechtlichen Anspruchsgrundlagen zurückzugreifen, die neben dem immateriellen Schaden (§§ 253 BGB; 11 Satz 2 StVG), materielle Positionen für Folgeschäden wie Heilbehandlungskosten, Verdienstausfall, Fortkommensschaden, Haushaltsführung etc. (§§ 842 ff. BGB; 11 Satz 1 StVG) vorsehen. 29

Auch unmittelbare psychische Verletzungen sind gedeckt. Medizinisch fassbare[29] psychische Verletzungen von Personen sind bereits länger bekannt[30]. Sie treten nun aber verstärkt bei der Schadenregulierung[31] ins Bewusstsein. 30

Ebenso gedeckt sind mittelbar durch einen Unfall verursachte unmittelbare Gesundheitsschäden bei Dritten, also Schockschäden[32] naher Angehöriger. Diese Ansprüche beruhen nicht auf einer gesetzlichen Anspruchsgrundlage, sondern sind vom Reichsgericht[33] entwickeltes, damals als Fernwirkungsschaden bezeichnetes, Richterrecht. 31

Soweit es um Schockschäden von Helfern und Betreuern von Unfallopfern geht, die ihrerseits Ansprüche erheben, hat der Versicherer mangels adäquat kausalem[34] Schaden Ansprüche abzuwehren, A.1.1.3 Satz 1 AKB. 32

cc) Freiheits-»beraubung«

Personen können durch Folgen eines Verkehrsunfalls oder beim Einsatz des Fahrzeugs als Arbeitsmaschine in ihrer Freiheit eingeschränkt werden. Gemeint sind damit nicht im Fahrzeug eingeklemmte Personen oder der nur mittelbare Schaden durch das Stehen im Verkehrsstau nach einem Unfall, sondern Einflüsse auf die Bewegungsfreiheit durch unmittelbare äußere Umstände. 33

Verluste giftiger Ladung, Austreten explosiver Stoffe und Fahrzeugbrände können dazu zwingen, Fenster und Türen geschlossen zu halten oder aufgrund eines Platzverweises[35] ein Gebäude zu Räumen, etwa nach einer massiven Beschädigung der Hausfassade. Umgekehrt können Personen durch beschädigte Gebäude in Räumen gefangen sein. 34

---

29 PWW/*Schaub* § 823 BGB, Rn. 29.

30 *Dahlmann* Psychische Unfallfolgen, DAR 1992, 325.

31 Der 46. VGT. 2008 befasste sich im Arbeitskreis II mit den Psychischen Schäden als Unfallfolgen«; *Clemens/Hack/Schottmann/Schwab* Psychische Störungen nach Verkehrsunfällen – Implikationen für das Personenschadenmanagement, DAR 2008, 9.

32 *BGH* Urt. v. 11.05.1971 – VI ZR 78/70, BGHZ 56, 163 = JurionRS 1971, 11063 = NJW 1971, 1183 = JZ 1971, 122 = JuS 1971, 657 = MDR 1971, 919 = VersR 1971, 905; Himmelreich/Halm/*Jaeger/Luckey*, Handbuch des Fachanwalts Verkehrsrecht, Kap. 7. Rn. 131 ff.

33 *RG* Urt. v. 15.01.1938 – VI 168/37, RGZ 157, 11; zuletzt BGH Urt. v. 27.01.2015 – VI ZR 548/12, JurionRS 2015, 10795 = DAR 2015, 200 = JZ 2015, 187 = MDR 2015, 39 = NJW-Spezial 2015, 169 = r+s 2015, 151 = VersR 2015, 501; BGH Urt. v. 10.02.2015 – VI ZR 8/14, JurionRS 2015, 12297 = DAR 2015, 261 = ADAJUR-Archiv Dok.-Nr. 10717 = NJW-Spezial 2015, 202 = VersR 2015, 590.

34 *BGH* Urt. v. 22.05.2007 – VI ZR 17/06, BGHZ 172, 263 = JurionRS 2007, 33110 = DAR 2007, 515 = VersR 2007, 1093 = MDR 2007, 1015 = SP 2007, 248 = r+s 2007, 388 = JR 2007, 205 = NZV 2007, 510 = NJW 2007, 2764 = VRS 113, 191 = VRR 2007, 341 bespr. v. *Luckey* = JZ 2007, 1154 m. abl. Anm. *Teichmann* JZ 2007, 1156.

35 *BGH* Urt. v. 21.06.1977 – VI ZR 58/76, JurionRS 1977, 11527 = NJW 1977, 2264 = VersR 1977, 965 = MDR 1979, 128; *OLG Koblenz* Urt. v. 23.09.2009 – 1 U 428/09, JurionRS 2009, 24601 = OLGR 2009, 944 = LKRZ 2009, 469 = MDR 2010, 153 (Evakuierung wegen Fliegerbombe, Umsatzausfall einer Gaststätte).

35 Im Vordergrund bei der Schadenregulierung steht zwar der materielle Schaden in Form des Sachschadens mit seinem Sachfolgeschaden. Unter Umständen ergeben sich bei entsprechender Dauer aber auch immaterielle Ansprüche.

36 Der **Wortlaut der AKB** ist bezüglich dieser Sonderfälle **zu eng**. Zwar orientiert er sich an den Vorgaben des § 2 KfzPflVV; dieser ist aber im Lichte des § 1 PflVG zu sehen, der einen umfassenderen Opferschutz vorsieht. Der Versicherungsnehmer darf daher erwarten, dass er auch wegen solcher Schadenspositionen freigestellt wird.

dd) Ehrverletzungen gegenüber Personen

37 Im Straßenverkehr geübtes rücksichtsloses Verhalten ist leider häufig anzutreffen. Es geht meist mit Ehrverletzungen und Personengefährdungen einher (»Stinkefinger, Vogelzeigen, aggressives Hupen, dichtes Auffahren, bewusstes Schneiden oder Ausbremsen[36]«).

38 Verständige Versicherungsnehmer wie auch der Geschädigte können nicht erwarten, dass der Versicherer für Ehrverletzungen Genugtuung in Geld leistet. Schon der Anspruch an sich unterliegt sehr engen[37] Grenzen. Regelmäßig handelt es sich um Vorsatztaten, § 103 VVG.

39 Dies gilt gerade auch im Zusammenhang mit einer tätlichen Auseinandersetzung[38] anlässlich eines Unfalles.

b) Sachschaden

40 Sachen sind körperliche Gegenstände, § 90 BGB. Dies sind Mobilien und Immobilien. Virtuelle Sachen[39] (z.B. Computerspiele) sind keine körperlichen Gegenstände, sondern Immaterialgüter, weshalb eine direkte oder analoge Anwendung ausscheidet.

41 Software ist keine[40] Sache. Sacheigenschaft von Standardsoftware besteht jedoch nach der Rechtsprechung des *BGH*[41] dann, wenn sie auf einem Datenträger (CD-ROM, DVD, Festplatte, USB-Stick usw.) verkörpert ist.

42 **Tiere** sind Mitgeschöpfe – aber keine Sachen – § 90a Satz 1 BGB. Dieser Rechtszustand[42] gilt seit 1990. Zuvor galten auch im BGB Tiere als Sachen. Bei Verkündung des PflVG wurden Tiere unter den Sachbegriff subsumiert. Trotz der Aufnahme des Tierschutzes als Staatsziel in Art. 20a GG hatte es einer Klarstellung in § 1 PflVG als auch in § 2 KfzPflVV nicht zwingend bedurft, da Tiere im Wesentlichen nach den für Sachen geltenden Vorschriften zu behandeln sind, § 90a Satz 3 BGB.

43 Nicht nur durch die gesetzliche Vorgabe, sondern auch vom Erwartungshorizont des Versicherungsnehmers sind Tiere in den Schutz mit einzubeziehen.

44 In den AKB sollte eine Formulierung aufgenommen werden (z.B.: »*Tiere verletzt oder getötet werden oder entlaufen*«), die letzte Klarheit schafft. Ansonsten könnte der Versicherungsnehmer beim Lesen der AKB davon abgehalten werden, den Tier-Schaden zu melden.

---

36 *OLG Nürnberg* Urt. v. 02.12.2004 – 2 U 2712/04, JurionRS 2004, 26824 = DAR 2005, 341 = zfs 2005, 503 = NJW-RR 2005, 466 = NZV 2005, 267 = VRS 108, 199.

37 *Jaeger/Luckey*, Schmerzensgeld, Rn. 472 ff.

38 *BGH* Urt. v. 27.06.1984 – IVa ZR 7/83, JurionRS 1984, 13074 = DAR 1984, 317 = VersR 1984, 854 = MDR 1984, 128 = r+s 1994, 181 = zfs 1984, 342; *OLG Saarbrücken* Beschl. v. 24.07.2001 – 5 W 223/01–66, NVersZ 2002, 188 = VersR 2002, 1417 = r+s 2002, 405 = zfs 2001, 501; *LG Stuttgart* Urt. v. 23.08.1979 – 16 S 115/79, VersR 1980, 473.

39 PWW/*Völzmann-Stickelbrock* § 90 BGB Rn. 3.

40 H.L. PWW/*Völzmann-Stickelbrock* § 90 BGB Rn. 5 mwN.

41 *BGH* Urt. v. 14.07.1993 – VIII ZR 147/92, BGHZ 102, 135 = JurionRS 1993, 15083 = NJW 1993, 2436 = BB 1993, 1755 = WM 1993, 1639 = MDR 1993, 950.

42 Gesetz zur Verbesserung der Rechtsstellung des Tieres vom 20.08.1990, BGBl. I S. 1762.

Der lebende Mensch ist keine Sache, sondern Rechtssubjekt. In den Körper eingebrachte Prothesen sind Bestandteile des Körpers (Herzschrittmacher, Zahnplombe, Implantate, Hüftprothese etc.). Nicht dauerhaft verbundene Körperersatzstücke oder Hilfsmittel (künstliches Bein, Zahnprothese, Hörgerät, Brille, Perücke etc.) sind dagegen Sachen. 45

Abgetrennte Körperteile werden als Sachen verstanden, wenn sie nicht dazu bestimmt sind, der Person zurückgeführt zu werden (z.B. Eigenblutspende). Entnommene Spenderorgane oder Blutkonserven sind Sachen, die erst mit der Verbindung in den Körper des Empfängers ihre Sacheigenschaft verlieren. Unfälle mit Blut- oder Organtransporten führen insoweit lediglich zu Sachschäden, wenn das Spenderorgan untergeht. Der leer ausgehende Organempfänger erleidet einen nicht ersatzfähigen mittelbaren Schaden. 46

aa) beschädigt

Beschädigt ist eine Sache, wenn durch körperliche Einwirkung eine Veränderung[43] eingetreten ist. Dabei muss sich die Sache selbst nicht zwangsläufig im Kern verändert haben (verschmutzte Fahrbahn). 47

Es ist nicht[44] notwendig, dass dadurch die Gebrauchsfähigkeit aufgehoben oder gemindert wird. Eine Beeinträchtigung der Brauchbarkeit einer Sache zu ihrer bestimmungsgemäßen Verwendung liegt jedoch nicht schon dann vor, wenn nur der tatsächliche Bedarf für die entsprechende Verwendung eingeschränkt[45] wird. 48

Auch optische Beeinträchtigungen[46] (»Schönheitsschäden«) können einen Schaden darstellen, wobei es eine andere Frage ist, ob und in welchem Umfang ein Ersatzanspruch besteht. Hier hat der Versicherer ggf. Ansprüche abzuwehren. 49

bb) zerstört

Bei zerstörten Sachen liegt ein **technischer Totalschaden** vor, der eine Reparatur unmöglich macht. 50

Der wirtschaftliche Totalschaden lässt technisch eine Reparatur zu, die aber tatsächlich unwirtschaftlich ist. Insoweit genießt der Versicherungsnehmer den Anspruch auf Abwehr unbegründeter Ansprüche nach A.1.1.3 Satz 2 AKB. 51

cc) abhanden kommen

Abhanden kommen können Gegenstände, die sich im Fahrzeug oder im Besitz von verletzten Personen befinden. Da häufig nur die Fahrzeuge aber nicht sämtliche Gegenstände sichergestellt werden, sind sie teilweise nach dem Unfall nicht mehr aufzufinden. Neben Ladungsverlusten ist bei Verletzten auch mit abgelegter Kleidung und Schmuck zu rechnen. Zu den Gegenständen gehört auch Bargeld[47]. 52

---

43 Kurios »Fettecke« von Joseph Beuys, *LG Düsseldorf* Urt. v. 16.12.1987 – 2 O 222/87, NJW 1988, 345 = NJW-RR 1988, 281 (Vergleich vor dem *OLG Düsseldorf* – DM 40.000,–, NJW 1990, 2024).

44 Anders dagegen Feyock/*Jacobsen*/Lemor § 10 AKB Rn. 16.

45 *BGH* Urt. v. 09.12.2014 – VI ZR 155/14, JurionRS 2014, 28814 = DAR 2015, 137 = NJW 2015, 1174 = NJW-Spezial 2015, 105 = r+s 2015, 156 = MDR 2015, 83 = VersR 2015, 250 (Autobahnraststätte wegen Unfall nicht erreichbar).

46 *AG Stuttgart-Bad Cannstatt* Urt. v. 24.03.2009 – 5 C 2962/08, JurionRS 2009, 44901 = r+s 2009, 418 = WI 2010, 14 = zfs 2009, 455 (Versicherungsschaden an Alu-Raffstores nach Hagelschlag).

47 Verlust nicht bewiesen im Fall *OLG Köln* Urt. v. 25.02.2005 – 6 U 139/04, JurionRS 2005, 14425 = DAR 2005, 404 = NZV 2005, 523 = VersR 2006, 1258 = MDR 2005, 1346 = OLGR 2005, 334 = SVR 2006, 31 bespr. v. *Schwab* = VRS 109, 263 = VRR 2005, 231 bespr. v. *Jaeger*; zum Geldtransporter siehe Valoren-Transport-Versicherung *BGH* Beschl. v. 09.11.2011 – IV ZR 239/09, JurionRS 2011, 28581 = VersR 2012, 720.

dd) Sachfolgeschäden

53 Wörtlich erfasst wird nur der reine Sachschaden. Dies greift zu kurz, da sich regelmäßig aus dem Sachschaden auch ein Sachfolgeschaden entwickeln kann, insbesondere wegen Nutzungsausfall und Mietwagenkosten. Diese Sachfolgeschäden sind Vermögensschäden, die aus dem Sachschaden erwachsen.

54 Beschädigt der Versicherungsnehmer sein eigenes Fahrzeug, das er an einen Dritten vermietet hat, so hat der Mieter wegen des Sachentzuges Ansprüche gegen den Vermieter. Hierbei handelt es sich um einen nicht versicherten Eigen-Sachschaden des Versicherungsnehmers, aus dem ein Eigen-Sachfolgeschaden erwächst. Für diesen Folgeschaden hat der Kfz-Haftpflichtversicherer weder Schadensersatz zu leisten noch dem Versicherungsnehmer passiven Rechtsschutz zu gewähren, da kein originärer Drittschaden entstanden ist.

ee) Güterfolgeschäden

55 Güterfolgeschäden sind Schäden, die in Folge eines Güterschadens, der während des Obhutzeitraumes des Frachtführers am transportierten Gut eingetreten ist, entstehen.

56 Der Schaden am transportierten Gut selbst ist von der Deckung ausgenommen, A.1.5.5 AKB. Der Ausschluss betrifft jedoch nicht den Folgeschaden an Rechten Dritter. Der Zeitraum, in dem der Frachtführer das Fahrzeug gebraucht, ist regelmäßig ein Zeitabschnitt des Obhutzeitraumes.

57 Bedeutsam ist dies bei Vermischungsschäden, die im Transportbehälter (Silo, Tankwagen) entstehen und in der Folge zu weiteren Kontaminationen im Lager des Empfängers (Güterfolgeschaden) führen. Diese Folgeschäden sind in der Kfz-Haftpflichtversicherung gedeckt.

58 Der Frachtführer haftet[48] allerdings selbst bei grober Fahrlässigkeit nicht. Der Kfz-Haftpflichtversicherer hat daher entsprechend Ansprüche abzuwehren[49].

59 Bei qualifiziertem Verschulden nach § 435 HGB, also bei Vorsatz und Leichtfertigkeit[50], haftet dagegen der Frachtführer. Für Vorsatz besteht keine Leistungspflicht, § 103 VVG. Bei Leichtfertigkeit hat der Versicherer den Versicherungsnehmer dagegen freizustellen.

c) Reine Vermögensschäden

60 Folgeschäden von Sach- und Personenschäden sind Vermögensschäden, die bereits aufgrund eines anderweitig gedeckten Schadens eintreten.

61 Der reine Vermögensschaden beruht nicht auf einer entsprechend vorgelagerten Rechtsgutverletzung. Er hat kaum praktische Relevanz[51], zumal ein wesentlicher Bereich, das Nichteinhalten von Liefer- und Beförderungsfristen nach A.1.5.7 AKB, § 4 Nr. 5 KfzPflVV ausgeschlossen ist. Das Vermögen als Solches ist zudem in den für den Kfz-Haftpflichtbereich wichtigsten Vorschriften, den

48 *BGH* Urt. v. 05.10.2006 – I ZR 240/03, BGHZ 169, 187 = JurionRS 2006, 24617 = TranspR 2006, 454 m.Anm. *Heuer* = SVR 2006, 466, bespr. von *Schwab* = LMK 2006, 204 386 m.Anm. *Koller* = VersR 2007, 86 m.Anm. *Boettge* = NJW 2007, 58 = WI 2007, 40 = DB 2006, 2570 = NZV 2007, 135 = MDR 2007, 413.

49 Lösung der Versicherungswirtschaft: Güterfolgeschadenversicherung, siehe *Schwab* Güterfolgeschadenversicherung Rdn. 1 ff.

50 Objektiv besonders schwerer Pflichtenverstoß, bei dem sich der Frachtführer in krasser Weise über die Sicherheitsinteressen des Vertragspartners hinwegsetzt. Subjektiv muss sich aus dem Handeln heraus dabei die Erkenntnis aufdrängen, dass wahrscheinlich ein Schaden entstehen werde. Der Hinweis für die innere Erkenntnis erschließt sich dann, wenn das leichtfertige Verhalten nach seinem Inhalt und den Umständen, unter denen es aufgetreten ist, diese Folgerung rechtfertigt, *BGH* Urt. v. 29.07.2009 – I ZR 212/06, JurionRS 2009, 19624 = TranspR 2009, 331 = MDR 2009, 1285 = DB 2009, 2433.

51 *Schirmer* Der »sonstige« oder »reine« Vermögensschaden in der Kraftfahrzeughaftpflichtversicherung, DAR 1992, 11 ff. (20).

§§ 7 StVG; 823 Abs. 1 BGB, nicht[52] geschützt. Das Vermögen ist auch kein[53] »*sonstiges Recht*«. Als Ausnahme bleibt der notwendige Aufwand zur Abwehr von Angriffen auf Rechtsgüter nach § 823 Abs. 1 BGB. Beispiele:
- unfallbedingt erst veranlasster frustrierter Aufwand für sog. »Fehlfahrt« eines Rettungswagens[54], da nur ein vermuteter aber tatsächlich nicht eingetretener Personenschaden vorliegt
- Kosten für gerufenen aber nicht benötigten Abschleppwagen, da Fahrzeugmotor später wieder anspringt
- der Unfallgegner eines Verkehrsunfalles bedient sich im Strafverfahren eines Verteidigers und erhebt die ihm dadurch angefallenen Rechtsanwaltskosten[55] als reinen Vermögensschaden beim Versicherten
- der unverletzte Unfallgegner macht den vergeblichen Feststellungsaufwand für seinen nicht nachweisbaren Körperschaden geltend[56]
- bei Geltendmachung von Eingriffen in den eingerichteten und ausgeübten Gewerbebetrieb, die gewöhnlich an der Zielgerichtetheit des Eingriffs scheitern (ansonsten Vorsatz nach § 103 VVG)
- Vermögenschäden mittelbar geschädigter Dritter aufgrund unfallbedingter Autobahnsperrung[57]
- der umstrittene[58] Aufwand für Absperr- und Sicherungsmaßnahmen[59] durch die Straßenmeisterei

Diskutiert[60] wird dagegen auch in der Kfz-Haftpflichtversicherung der Vermögensschaden eines Fahrzeugeigentümers, dessen Garagenausfahrt durch einen Parkverstoß nach § 12 Abs. 3 Nr. 3 StVO blockiert wird. Die Norm wird allgemein bejahend[61] als Schutzgesetz im Sinne des § 823 Abs. 2 BGB zu Gunsten des Grundstückseigentümers, Mieters und sonstiger einfahrtberechtigter Personen angesehen. 62

Das unzulässige Parken nach § 12 Abs. 1 Nr. 6a StVO, das die Durchfahrt von Fahrzeugen zu einer Baustelle[62] verhindert oder die Lademöglichkeit für einen Umzugswagen einschränkt, ist dagegen entschädigungslos[63] hinzunehmen, da die Norm nicht die Vermögensinteressen des Unternehmers schützt. 63

---

52 PWW/*Schaub* § 823 BGB, Rn. 59.

53 *BGH* Urt. v. 05.02.1992 – IV ZR 94/91, JurionRS 1992, 16096 = MDR 1992, 753 = NJW 1992, 1511 = VersR 1992, 487.

54 *AG Coesfeld* Urt. v. 21.05.2008 – 4 C 35/08, DAR 2009, 38 mit Anm. *Schwab.*

55 *BGH* Urt. v. 22.04.1958 – VI ZR 65/57, BGHZ 27, 137 = JurionRS 1958, 13932 = DAR 1958, 189 = DB 1958, 1128 = DRiZ 1958, 201 = JZ 1958, 742 = MDR 1958, 596 = NJW 1958, 1041; *LG Erfurt* Urt. v. 11.01.2005 – 3 O 242/04, NZV 2006, 44; *LG Saarbrücken* Urt. v. 17.12.2010 – 13 S 129/10; *LG Nürnberg-Fürth* Urt. v. 09.09.2010 – Az. 8 O 1617/10, NZV 2012, 140.

56 *OLG Hamm* Urt. v. 23.06.2003 – 6 U 99/02; *KG Berlin* Urt. v. 16.11.2006 – 22 U 267/04, VersR 2008, 837; a.A. *KG Berlin* Urt. v. 27.02. 2003 – 12 U 8408/00, NZV 2003, 281.

57 *BGH* Urt. v. 09.12.2014 – VI ZR 155/14, JurionRS 2014, 28814 = MDR 2015, 83 = VersR 2015, 250 (Autobahnraststätte wegen Unfall nicht erreichbar); *AG Bad Segeberg* Urt. v. 09.02.2012 – 17 C 96/11, JurionRS 2012, 11803 (Tankstellenbetreiber – Urteil fehlerhaft, soweit Anspruch wegen nicht verkauftem und entsorgtem Fastfood zugesprochen wurde, *BGH* Urt. v. 04.02.1964 -VI ZR 25/63, BGHZ 41, 123 = JurionRS 1964, 10253 ist nicht einschlägig).

58 *M. Müller* r+s 2012, 584 ff.

59 *BGH* Urt. v. 28.09.2011 – IV ZR 294/10, JurionRS 2011, 25980 = DAR 2011, 704 = VersR 2011, 1509 = zfs 2011, 695 = r+s 2011, 17 = NZV 2012, 34 = NJW-RR 2012, 163 = VRR 2012, 24 bespr. v. *Knappmann.*

60 Stiefel/*Maier* A.1.1 AKB, Rn. 27 f.

61 *BGH* Urt. v. 01.07.2011 – V ZR 154/10, JurionRS 2011, 20543 = NJW-RR 2011, 1476 = NZM 2011, 632 = NZV 2011, 604; *OLG Nürnberg* Urt. v. 18.01.1974 – 1 U 136/73, VersR 1974, 1090 = NJW 1974, 1145 (Ls.); FAKomm/Verkehrs/*Balke* § 12 StVO, Rn. 74; Hentschel/*König*/Dauer § 12 StVO, Rn. 47.

62 *BGH* Urt. v. 18.11.2003 – VI ZR 385/02, JurionRS 2003, 23633 0 DAR 2004, 77 = NJW 2004, 356 = VersR 2004, 255 = r+s 2004, 83 = VRS 106, 33 = JuS 2004, 545 = JZ 2003, 569 = MDR 2004, 274 = NJ 2004, 129 = NZV 2004, 136 = zfs 2004, 111 (Autokran gelangt nicht an Baustelle).

63 Kritsch *Weber* Der Schadensersatzanspruch des Bauunternehmers beim Versperren einer Baustellenzufahrt durch verkehrsbehindernd abgestellte Kraftfahrzeuge, DAR 1994, 251 f.

64 Vermögensschäden aufgrund bewussten Falschparkens dürften regelmäßig den bedingten Schädigungsvorsatz einschließen. In der Praxis wird in allen anderen Fällen wird wegen der geringen Schadenhöhe der Schädiger selbst regulieren, um die SFR-Belastung des Vertrages zu vermeiden.

65 Der Hauptanwendungsbereich bezieht sich daher auf die Abwehr unbegründeter Ansprüche, A.1.1.3 Satz 1 AKB.

2. Nicht erfasste Schadenarten

66 Von der vertraglichen Regelung werden keine weiteren Schadenarten erfasst. Damit wird zugleich der Anwendungsbereich limitiert. Als weitere Schadenarten sind z.B. denkbar:
- Aufwendungen im Rahmen polizeilicher Ermittlungen
- frustrierte Aufwendungen von Geschädigten, für die keine Anspruchsgrundlage gegeben ist
- mittelbare Schäden Dritter, für die der deutsche Gesetzgeber ebenfalls keine Anspruchsgrundlage vorsieht
- Zeitaufwand[64]
- der reine Ökoschaden an Gütern im Sinne des USchadG[65]

67 Die berechtigte Ablehnung von Schadensersatzleistungen stößt bei Geschädigten oft auf Unverständnis. Sind Nachbarn, Bekannte oder Verwandte geschädigt, besteht häufig ein großes Interesse des Versicherungsnehmers, dass diese Schadenspositionen auch von seinem Versicherer übernommen werden. Er möchte das **Konfliktpotential** durch das Unfallereignis nicht noch zusätzlich durch nicht ausgeglichene Positionen belastet wissen.

68 Im Bereich der Privathaftpflichtversicherung[66] wurde der Bedarf bei manchen Gesellschaften erkannt. Es sind deswegen in engen Grenzen – stark abweichende[67] – Deckungskonzepte erstellt worden, wonach auf ausdrücklichen Wunsch des Versicherungsnehmers Schäden reguliert werden, für die tatsächlich kein Ersatzanspruch besteht.

69 Der vertraglichen Bestimmung in den AKB kommt daher eine limitierende Wirkung zu. Der Versicherungsnehmer kann bei Vertragsabschluss klar erkennen, dass sein Versicherer nicht zu mehr verpflichtet ist. Alles andere bedeutete Kulanz.

70 Freilich eröffnet dies Wege, in Anlehnung an Konzepte in der Privathaftpflichtversicherung, die individuellen AKB der Kfz-Haftpflichtversicherer durch Aufnehme entsprechender Klauseln »nachzubessern«.

III. Freistellungsanspruch

71 Die Vertragsvorschrift nimmt das Wort »freizustellen« auf, wie sie nunmehr in § 100 VVG enthalten ist. Das alte VVG enthielt noch keine derartige Vorschrift, weswegen auch die AKB a.F. den Begriff noch nicht[68] beinhaltet haben.

72 Der Versicherungsnehmer kann danach die Befreiung von seiner Verbindlichkeit gegenüber einem Geschädigten durch seinen Versicherer verlangen. Gleichzeitig wird damit dem

64 *BGH* Urt. v. 09.03.1976 – VI ZR 98/75, BGHZ 66, 112 = JurionRS 1976, 11413 = VersR 1976, 857 = NJW 1976, 1256 =DB 1976, 1284 = MDR 1976, 831; *AG Mainz* Urt. v. 12.03.2009 – 83 C 324/08, SP 2010, 82.

65 Eine Lösung über die Kfz-USV ist möglich; siehe *Nicolai* Kfz-USV Rdn. 1 ff.

66 *Kuhn* ADAC-RechtsForum vom 12.05.2004, »Kinderunfälle im Straßenverkehr – Haftung und Versicherung«, S. 111.

67 Halm/Engelbrecht/Krahe/*Wendt* Handbuch des Fachanwalts Versicherungsrecht, Kap. 24, Rn. 1 u. 41.

68 Stiefel/*Maier* Kraftfahrtversicherung, A.1.1.2 AKB, Rn. 77.

Wesen der Haftpflichtversicherung[69] entsprechend klargestellt, dass der Versicherungsnehmer nicht[70] regelmäßig[71] Zahlung an sich verlangen kann.

Hat ein unbeteiligter Dritter bereits für den Versicherungsnehmer in dessen Auftrag geleistet, besteht dessen[72] Verbindlichkeit nunmehr gegenüber dem Dritten. Der Versicherungsnehmer kann dann von seinem Versicherer statt Leistung an den Geschädigten Leistung an den nicht geschädigten Dritten[73] verlangen. 73

Handelt der unbeteiligte Dritte ohne Auftrag des Versicherungsnehmers, wie häufig durch Selbstbeauftragung bei der Ölspurbeseitigung, so besteht mangels Anspruch gegenüber dem Versicherungsnehmer erst recht kein Direktanspruch[74] gegenüber dem Versicherer. Der Versicherungsnehmer hat dann mangels Schadensersatzanspruch gegen ihn durch den unbeteiligten Dritten auch keinen Freistellungsanspruch gegen seinen Versicherer. 74

Reguliert der Versicherungsnehmer den Schaden des Dritten selbst, wandelt sich sein Freistellungsanspruch in einen Zahlungsanspruch[75] gegen seinen Haftpflichtversicherer um. 75

»Reguliert« der geschädigte Dritte durch Aufrechnung mit anderen Forderungen gegen den Versicherungsnehmer an sich selbst[76], wandelt sich der Freistellungsanspruch ebenfalls in einen Zahlungsanspruch um. Der Versicherungsnehmer kann Zahlung an sich verlangen. Dies gilt auch den Fällen, in denen der Dritte in anderer Weise (z.B. durch Vollstreckung) ohne Zutun[77] des Versicherungsnehmers die Leistung an sich bewirkt hat. 76

Ist ein vermögensloser Gegner nicht versichert und besitzt er keinen aufrechenbaren Gegenanspruch, so wandelt sich für den Versicherungsnehmer ausnahmsweise der Freistellungsanspruch nicht[78] in einen Zahlungsanspruch um. Der Versicherungsnehmer kann in diesem Falle nicht erwarten so gestellt zu werden, als habe er einen realisierbaren Anspruch durch Aufrechnung verloren. 77

In den Fällen, in denen der geschädigte Dritte ausnahmsweise keinen Direktanspruch gegen den Kfz-Haftpflichtversicherer nach § 115 Abs. 1 Satz 1 Nr. 1 VVG hat, kann dieser vom Versicherungsnehmer den Freistellungsanspruch wie im sonstigen Haftpflichtrecht[79] erwerben – und zwar: 78

- durch Abtretungsvertrag mit dem Versicherungsnehmer
- durch Pfändung und Überweisung
- im Falle der Insolvenz des Versicherungsnehmer nach § 115 Abs. 1 Satz 1 Nr. 2 VVG
- des unbekannten Aufenthaltes des Versicherungsnehmer nach § 115 Abs. 1 Satz 1 Nr. 3 VVG

Der Freistellungsanspruch wandelt sich dann auch in diesem Fall in einen Zahlungsanspruch um. 79

69 *BGH* Urt. v. 08.10.1952 – II ZR 309/51, BGHZ 7, 244 = JurionRS 1952, 10088 = DB 1952, 908 = JZ 1952, 695 = MDR 1952, 743 = NJW 1952, 1333.

70 *BGH* Urt. v. 30.10.1954 – II ZR 131/53, BGHZ 15, 154 = JurionRS 1954, 13004 = DB 1954, 1019 = JZ 1955, 209 = NJW 1955, 101 = VersR 1954, 592; Stiefel/*Maier* Kraftfahrtversicherung, A.1.1.2 AKB, Rn. 77.

71 Ausnahmen unter A.1.1.1 AKB Rdn. 74–75.

72 Nicht die des Versicherers. Kein Direktanspruch des Dritten gegen den Versicherer, *OLG Frankfurt* Urt. v. 09.01.1980 – 13 U 191/78, zfs 1980, 117.

73 *BGH* Urt. v. 26.11.1959 – II ZR 60/58, JurionRS 1959, 14619 = VersR 1960, 73 = MDR 1960, 207; Schwintowski/Brömmelmeyer/*Retter* PK-VersR § 100 VVG, Rn. 37.

74 *BGH* Urt. v. 04.07.1978 – VI ZR 95/77, BGHZ 72, 151 = JurionRS 1978, 11397 = NJW 1978, 2030 = VersR 1978, 870 = DB 1978, 212 = JZ 1978, 719 = MDR 1979, 130; *BGH* Urt. v. 04.07.1978 – VI ZR 96/77, JurionRS 1978, 11398 = VersR 1978, 952 (Ölschadendienst).

75 *BGH* Urt. v. 01.02.1968 – II ZR 79/65, JurionRS 1978, 11398 = VersR 1968, 289.

76 *OLG Hamm* Urt. v. 14.11.1975 – 20 U 126/75, JurionRS 1975, 11519 = VersR 1978, 80.

77 NK-VersR/*Heinrichs* FAKomm/VersR § 100 VVG, Rn. 27.

78 Stiefel/*Maier* Kraftfahrtversicherung, A.1.1.3 AKB, Rn. 77.

79 *BGH* Urt. v. 21.09.1983 – IVa ZR 165/81, BGHZ 88, 228 = JurionRS 1983, 12555 = MDR 1984, 210 = NJW 1984, 370; *OLG Saarbrücken* Urt. v. 01.06.2005 – 5 U 328/04–41, JurionRS 2005, 19575 = OLGR 2005, 704 = VersR 2006, 400 = r+s 2005, 416; Schwintowski/Brömmelmeyer/*Retter* PK-VersR § 100 VVG, Rn. 39.

IV. Gebrauch des Fahrzeugs

1. Welches Fahrzeug?

80 Gemeint ist das versicherte Risiko, also das Fahrzeug, das im Versicherungsschein anhand der **Fahrzeug-Identifikationsnummer** (FIN) feststellbar ist, § 59 StVZO. Sie hat ausschlaggebende, aber nicht alleinige[80] Bedeutung. Eine solche Nummer ist an jedem Fahrzeug angebracht (im Rahmen eingeschlagen). Sie individualisiert jedes Fahrzeug unterscheidbar von anderen.

81 Weicht die im Versicherungsschein eingetragene Nummer von der FIN lediglich durch einen Übertragungsfehler oder fehlerhafte Angaben des Versicherungsnehmers ab, ist dies für den Versicherungsschutz unerheblich, da es auf den wahren Willen[81] des Versicherungsnehmers ankommt.

82 Das amtliche Kennzeichen bei zulassungspflichtigen Fahrzeugen reicht für eine Individualisierung allein nicht aus, da Kennzeichen leicht entfernt werden können.

83 Auch zulassungsfreie Fahrzeuge, die mit Versicherungskennzeichen im öffentlichen Verkehrsraum gefahren werden dürfen, verfügen über eine individualisierte FIN, § 26 Abs. 1 Satz 4 FZV.

84 Gravierende[82] nachträgliche Veränderungen können die Individualisierbarkeit des versicherten Fahrzeugs aufheben. Als massive Veränderung wird man ansehen können, wenn der Motor auf Flüssiggasbetrieb[83] umgestellt wurde. Es handelt sich dann nicht mehr um das im Versicherungsschein bezeichnete Fahrzeug. Dies gilt insbesondere dann, wenn sich die FIN auf den Bauteilen des verunfallten Fahrzeugs nicht mit dem im Vertrag bezeichneten Fahrzeug[84] deckt.

85 Aber nicht nur die Fahrzeugidentifikationsnummer als solche, sondern auch weitere fahrzeug- und nutzungsbezogene Merkmale dienen der Individualisierung und Einordnung in Risikokategorien[85], wobei diese durchaus individuell von den Versicherern unterschiedlich gewichtet werden können. So sind fahrzeugbezogen neben

- Fahrzeugart
- Hersteller
- Modell
- Baujahr
- Motorleistung
- Höchstgeschwindigkeit[86]
- Sitzplatzzahl
- Nutzlast
- zulässiges Gesamtgewicht
- Fahrzeugaufbau
- Anhängerzugvorrichtung

auch nutzungsbezogene Angaben entscheidend wie

- Standort

---

80 *OLG Karlsruhe* Urt. v. 19.02.1981 – 12 U 94/80.

81 *BGH* Urt. v. 22.02.1995 – IV ZR 58/94, JurionRS 1995, 15596 = DB 1995, 1603 = MDR 1995, 1207 = NJW-RR 1995, 859 = BB 1995, 1155 = VersR 1995, 648 = zfs 1995, 219.

82 *BGH* Urt. v. 15.03.1978 – IV ZR 115/76, JurionRS 1978, 11501 = VersR 1978, 457 (BMW statt Opel); *AG Weiden i.d. OPf.* Urt. v. 25.09.1987 – 2 C 779/87, zfs 1988, 82 (Doppelkarte wird für einen Opel ausgegeben, aber ein BMW gefahren).

83 In Anlehnung an *OLG Koblenz* Beschl. v. 26.09.2012 – 2 U 1127/11, NJOZ 2013, 204 (Erlöschen der Werksgarantie).

84 *OLG Saarbrücken* Urt. v. 17.03.1989 – 3 U 164/84, JurionRS 1989, 14261 = r+s 1990, 292 = VersR 1990, 779 = zfs 1990, 60 (»frisiertes« Mofa); *BGH* Nichtannahmebeschl. v. 13.12.1989 – IVa ZR 103/89; *LG Hanau* Urt. v. 21.02.1980 – 70 O 356/79, VersR 1981, 545 (Rahmen ausgewechselt).

85 Zur Tarifierung siehe *Stadler* Die Kfz-Versicherung, Rn. 84 ff.

86 *BGH* Urt. v. 25.02.1970 – IV ZR 639/68, JurionRS 1970, 11136 = VersR 1970, 412.

- voraussichtliche Jahreskilometerleistung
- Alter der Fahrer
- private Nutzung/Mietwagen/Selbstfahrer-Mietfahrzeug
- Werkverkehr[87]-/Güterverkehr-/Baustellenverkehr
- Nahverkehr/Fernverkehr
- Gefahrgutbeförderung

2. Auslegung des Gebrauchsbegriffs im Sinne der AKB

Die Musterbedingungen des GDV enthalten leider[88] ebenso wenig wie das PflVG oder die KfzPflVV eine Definition[89] des Begriffs »*Gebrauch*«. Nach Empfehlung Nr. 2 des Arbeitskreises IV des 49. Deutschen Verkehrsgerichtstages 2011 wird eine Definition für überflüssig gehalten, da eine umfangreiche Rechtsprechung[90] existiere. Sieht man allerdings, wo und wie unterschiedlich das Wort Verwendung findet, sollten Zweifel aufkommen. Das Wort »*Gebrauch*« – allein im Zusammenhang mit der Kraftfahrtversicherung – kommt an folgenden Stellen vor: 86

Straf- und Ordnungswidrigkeitenrecht	§ 6 Abs. 1 PflVG § 9 Abs. 1 AuslPflVG § 22 Abs. 2 StVG § 248b Abs. 1 StVG
zivilrechtlichen Haftungsrecht	§ 12 Abs. 1 PflVG § 12a Abs. 1 PflVG
Versicherungsrecht	§ 1 PflVG § 7 Nr. 4 PflVG § 2 Abs. 1 KfzPflVV § 3 Satz 1 KfzPflVV
Versicherungsvertragsrecht	A.1.1.1 AKB A.1.1.5 AKB A.1.2 e AKB A.1.5.6 AKB A.2.1.2.1 b AKB A.2.1.2.1 d AKB A.2.2.1.2 b AKB A.2.2.1.2 c AKB A.2.2.3 AKB A.4.1.1 AKB A.4.2.1 AKB A.4.2.3 AKB A.4.2.4 AKB D.1.1.2 AKB G.3.5 AKB H.1.5 AKB

Die Zielsetzungen des PflVG, in Anlehnung an die europäischen Vorgaben durch die KH-Richtlinien und die Rechtsprechung des EuGH[91], sehen das Verkehrsopfer, das am öffentlichen Straßenverkehr teilnimmt, im Vordergrund. Entsprechend ist auch bei der Auslegung der AKB dieser Mindestumfang zu beachten (Unterschreitungsverbot). 87

87 OLG Celle v. 17.11.2016 – 8 U 114/16.
88 *Stadler* Die Kfz-Versicherung, Rn. 144.
89 *Richter* »Gebrauch« und »Betrieb« eines Kfz, SVR 2011, 13 ff.
90 *Staab* Der Gebrauch des Kraftfahrzeugs, 49. DVGT 2011, 131 ff. (146); *ders.* DAR 2011, 181 ff. (186).
91 U.a. EUGH v. 28.11.2017 – C 514/16 – jedwede Verwendung des Kfz in seiner Funktion als Transportmittel.

88 Gegenüber dem Versicherungsnehmer kommt es aber nicht nur auf diesen Mindeststandard an. Allgemeine Versicherungsbedingungen haben sich zudem bei der Auslegung an der berechtigten Erwartungshaltung eines verständigen Versicherungsnehmers zu orientieren. Es kommt also darauf an, was er noch von seiner Kfz-Haftpflichtversicherung erwarten kann (Gebot).

89 Dabei sollten einerseits Deckungslücken genauso vermieden werden wie Mehrfachversicherungen, die das gleiche Risiko abdecken. Zwingend ist diese Betrachtung allerdings nicht.

90

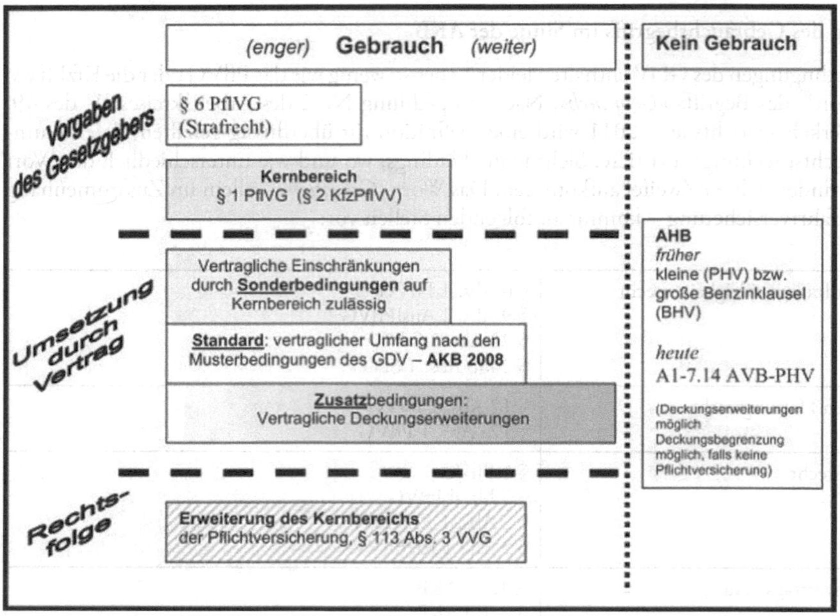

V. Durch den Gebrauch

1. Allgemeines

91 Die AKB 2015 gehen – wie schon die AKB 2008 – inhaltlich über die Mindestanforderungen des PflVG hinaus. Insbesondere gibt es keine örtliche Begrenzung auf den öffentlichen Verkehrsraum oder Einschränkungen auf reine Fahrzeugbewegungen.

92 Der gegenüber dem PflVG[92] erweiterte Anwendungsbereich verlangt daher nach einer anderen Ausrichtung. Nach dem *BGH*[93] ist ein Schaden erst dann nicht mehr *durch* den Gebrauch des Fahrzeugs verursacht, wenn das Fahrzeug nicht mehr körperlich beteiligt ist und auch keine typische Fahrerhandlung vorliegt, die im Zusammenhang mit einer bestimmten Fahrt steht.

93 Durch den vertraglichen Einbezug von Mitversicherten nach den AKB, die selbst eigenständige Handlungen als Beifahrer oder Omnibusschaffner vornehmen können oder vorzunehmen haben (Unterlassen), sind auch deren Handlungen gedeckt. Voraussetzung ist, dass es sich um typische

92 Knauff: Die Kfz-Halterhaftung für Verkehrsverstöße im Lichte des höherrangigen Rechts, NZV 2023, 395 ff.; Müller: Halterhaftung – Bedarf für und mögliche Auswirkungen auf die Verkehrssicherheit, NZV 2023, 289 ff.

93 *BGH* Urt. v. 10.07.1980 – IVa ZR 17/80, BGHZ 78, 52 = JurionRS 1980, 11759 = DAR 1980, 365 = NJW 1980, 2525 = MDR 1980, 1007 = VersR 1980, 1039 (Ausschluss KH).

Handlungen von Mitversicherten handelt, die mit einer bestimmten Fahrt im Zusammenhang stehen.

Besonderheiten ergeben sich jedoch bei den versicherungspflichtigen Fahrzeugen, die gem. § 8 StVG wegen der bauartbedingten Höchstgeschwindigkeit von 20 km/h nicht gem. § 7 StVG haften. Anknüpfung an die Regelung der AKB ist der Gebrauch durch den Versicherungsnehmer oder die mitversicherten Personen. Sind diese nicht feststellbar (Verursacherprinzip), entfällt auch eine Haftung des Versicherers[94] 94

2. Sonderbedingungen

Das Aufsichtsamt[95] kannte allgemeine und besondere Kraftfahrt-Bedingungen sowie Sonderbedingungen. Besondere Kraftfahrt-Bedingungen betrafen den allgemeinen Risikobereich und wurden einzelnen Unternehmen genehmigt. Dies geschah häufig mit der Zielsetzung, diese später in die AKB zu integrieren. 95

Sonderbedingungen sind vom Bundesaufsichtsamt für das Versicherungswesen genehmigte Kraftfahrt-Bedingungen, die sich auf spezielle Teilbereiche und letztlich auf spezielle Risiken beziehen. In Sonderbedingungen[96] können die allgemeinen Bedingungen näher beschrieben werden. Sie können sowohl Einschränkungen des Versicherungsschutzes als auch Erweiterungen enthalten. Sie sind bei der Auslegung dann heranzuziehen, wenn sie als speziellere Vorschriften ebenfalls Bestandteil des Kfz-Haftpflichtvertrages geworden sind. Wichtige Sonderbedingungen für die Kfz-Haftpflichtversicherung sind die Sonderbedingung Handel/Handwerk[97] und die Sonderbedingung 11 versicherungspflichtige Arbeitsmaschinen (außer Abschleppwagen). Nachstehend ist die Sonderbedingung 11 mit der Zusatzbedingung zur Sonderbedingung 11 und der Risikobeschreibung abgedruckt. 96

*Die **Sonderbedingung 11** für versicherungspflichtige Arbeitsmaschinen (außer Abschleppwagen)*[98] 97

1. *Der Versicherungsschutz erstreckt sich nach Maßgabe der AKB und der folgenden Bestimmungen auch auf die gesetzliche Haftpflicht aus der Verwendung des Fahrzeugs zur Leistung von Arbeit.*
2. *Mitversichert ist im Sinne von § 10 Abs. 2 AKB sind auch Personen,*
   a) *Die das Fahrzeug zum Zwecke der Arbeitsleistung unmittelbar bedienen,*
   b) *Die eine einweisende Tätigkeit ausüben, wenn sie dem Betrieb des Versicherungsnehmers angehören.*
3. *Falls im Versicherungsschein oder seinen Nachträgen nicht ausdrücklich etwas anderes bestimmt ist, bezieht sich der Versicherungsschutz nicht auf*
   a) *Haftpflichtansprüche aus Sachschäden durch Senkungen von Grundstücken, durch Erdrutschungen und durch Erschütterungen infolge von Rammarbeiten, soweit der Sachsachaden an dem Baugrundstück selbst oder an den darauf befindlichen Gebäuden oder Anlagen entsteht.*
   b) *Haftpflichtansprüche wegen Beschädigung fremder Sachen, die der Versicherungsnehmer gemietet, gepachtet, geliehen hat oder die Gegenstand eines Verfahrungsvertrages sind,*
   c) *Haftpflichtansprüche wegen Beschädigung fremder Sachen, die durch eine gewerbliche oder berufliche Tätigkeit des Versicherungsnehmers an oder mit diesen Sachen(z.B. Bearbeitung, Be- und Entladen, Prüfung und dergl.) entstanden sind; bei Schäden an fremden unbeweglichen Sachen gilt dieser Ausschluss nur insoweit, als diese Sachen oder Teile von ihnen unmittelbar Gegenstand der Tätigkeit sind,*

94 OLG Bremen v. 15.11.2023 – 1 U 15/23, die Eintrittspflicht des Vermieters eines E-Scooters wegen Sturz eines Fußgängers über den abgestellten E-Scooter wurde verneint, vgl. auch Figgener/Wendland E-Scooter im Licht der Rechtsprechung, NJW-Spezial 2024, 9 ff.

95 Bundesaufsichtsamt für das Versicherungswesen (BAV) VerBAV 1975, 299 (300).

96 Hinweise zu Sonderbedingungen VerBAV 1971, 320; VerBAV 1975, 299; VerBAV 1990, 176.

97 *Kreuter* SB Handel/Handwerk Rdn. 1 ff.

98 BAV Az: V –A 72 – 6 17/71, VerBAV 1975, 320 ff.

d) *Haftpflichtansprüche aus Sach- und Vermögensschäden an Erdleitungen (Kabeln, unterirdischen Kanälen, Wasserleitungen, Gasrohren und anderen Leitungen) sowie an elektrischen Frei- und Oberleitungen einschließlich der sich daraus ergebenden Folgeschäden bei Verwendung des Fahrzeugs zur Leistung von Arbeiten irgendwelcher Art. (Dieses Risiko kann durch eine besondere Versicherung abgedeckt werden.)*

Sind die Voraussetzungen der obigen Ausschlüsse in der Person von Angestellten, Arbeitern, Bediensteten, Bevollmächtigten oder Beauftragten des Versicherungsnehmers gegeben, so entfällt gleichfalls der Versicherungsschutz, und zwar sowohl für den Versicherungsnehmer als auch für die durch den Versicherungsvertrag mitversicherten Personen.

Die Erfüllung von Verträgen und die an die Stelle der Erfüllungsleistung tretende Ersatzleistung ist nicht Gegenstand der Haftpflichtversicherung, auch dann nicht, wenn es sich um gesetzliche Ansprüche handelt, desgleichen nicht der Anspruch aus der gesetzlichen Gefahrtragung (für zufälligen Untergang und zufällige Verschlechterung).

4. *Ausgeschlossen von der Versicherung bleiben*

a) *Haftpflichtansprüche, die darauf zurückzuführen sind, dass der Versicherungsnehmer besonders gefahrdrohende Umstände, deren Beseitigung der Versicherer billigerweise verlangen konnte und verlangt hatte, nicht innerhalb einer angemessenen Fristbeseitigte. Ein Umstand, welcher zu einem Schaden geführt hat, gilt ohne weiteres als besonders gefahrdrohend,*

b) *Haftpflichtansprüche wegen Schäden, die an den vom Versicherungsnehmer (oder in seinem Auftrag oder für seine Rechnung von Dritten) hergestellten oder gelieferten Arbeiten oder Sachen infolge einer in der Herstellung oder Lieferung liegenden Ursache entstehen.*

98 ***Zusatzbedingung zur Sonderbedingung 11** für den Einschluss von Schäden an Erdleitungen und elektrischen Frei- und Oberleitungen*

Abweichend von Ziffer 3d der »Sonderbedingung 11 für versicherungspflichtige Arbeitsmaschinen (außer Abschleppwagen)« sind eingeschlossen Haftpflichtansprüche aus Schäden an Erdleitungen (Kabel, unterirdische Kanäle, Wasserleitungen, Gasrohre und andere Leitungen) sowie an elektrischen Frei- und Oberleitungen einschließlich der sich daraus ergebenden Folgeschäden.

Abweichend von Ziffer 3c der »Sonderbedingung 11 für versicherungspflichtige Arbeitsmaschinen (außer Abschleppwagen)« schließt der Versicherungsschutz auch die gesetzliche Haftpflicht wegen Bearbeitungsschäden an solchen Leitungen ein.

99 ***Risikobeschreibung** (nicht genehmigungspflichtig)*

Von jedem Schaden hat der Versicherungsnehmer 20 %, mindestens 100,– DM, höchstens 5.000,– DM selbst zu tragen.

Die Selbstbeteiligung erhöht sich auf 25 %, mindestens 500,– DM, höchstens 15.000,– DM, wenn der Versicherungsnehmer oder sein Bevollmächtigter vor Beginn der Arbeiten sich nicht bei den zuständigen Stellen nach der Lage und dem Verlauf der Erdleitungen erkundigt oder den für die Baustelle Verantwortlichen nicht über das Ergebnis seiner Erkundigungen informiert hatte.

Die Höchstersatzleistung des Versicherers beträgt für Sach- und Vermögensschäden zusammen … DM je Schadensereignis, das Zweifache dieser Summe für alle Schäden eines Versicherungsjahres.

3. Rechtsprechung zu einzelnen Fallgruppen[99]

Für die Auslegung der AKB sind **nur**[100] die AKB heranzuziehen. Für die Auslegung der AHB gilt dies nach neuerer Rechtsprechung[101] entsprechend.[102] 100

Die AHB mit ihren auf den Kraftfahrtbereich bezogenen Ausschlussklauseln können allenfalls ergänzend zur Abgrenzung des »Gebrauchs«[103] herangezogen werden. Die überwiegende Anzahl der Entscheidungen[104] betreffen auch gerade Fälle, bei denen um Deckungsschutz aus der Privat- oder der Betriebshaftpflichtversicherung gestritten wurde. Es ging dabei oftmals um die Anwendung der früheren »kleinen Benzinklausel« im Bereich der Privathaftpflichtversicherung und der »großen Benzinklausel« in den Bedingungen der Betriebshaftpflichtversicherung. So ist in aller Regel eine Eintrittspflicht der PHV ausgeschlossen, wenn ein Kfz (auch eine Hebebühne) be- oder entladen wird[105]. 101

Eine Auslegung einzelner Klauseln kann heute – im Zeitalter nach der Deregulierung 1994 – weder das Ziel haben, alle Haftpflichtfälle abzudecken, noch Überscheidungen der Haftpflichtbereiche zu vermeiden. Dabei bleibt es selbstverständlich wünschenswert, wenn der Versicherungsnehmer nicht mehrfach Prämie für ein und denselben Risikobereich bezahlen muss. Misslich ist, dass er sich gleichzeitig nicht sicher sein kann, dass auch wirklich alle Fälle gedeckt sind, wenn er gerade nach einem für ihn geeigneten Deckungsanschluss[106] sucht. 102

Tatsächlich sind – wie auch schon vor der Deregulierung[107] – einerseits Deckungslücken möglich; andererseits aber auch Mehrfachversicherungen[108] denkbar. Schon vor der Deregulierung war bekannt, dass es keinen[109] lückenlosen Versicherungsschutz geben kann. Der Deckungsschutz in der Haftpflichtversicherung[110] kann sich auch nicht an den Ausschlüssen in der Kraftfahrthaftpflichtversicherung orientieren. 103

Die sich daraus ergebenden Fragen betreffen aber nicht in erster Linie die Auslegung der jeweiligen Vertragsklausel, sondern, ob der Versicherungsnehmer **ausreichend beraten** wurde. Im Falle eines vom Versicherungsnehmer[111] darzulegenden und nachzuweisenden Beratungsverschuldens[112] ist dieser dann so zu stellen, wie er bei angemessener Beratung den Vertrag geschlossen hätte. 104

---

99 Bei den unten folgenden Orientierungssätzen bei den einzelnen Fallgruppen handelt es sich nicht um Leitsätze des Gerichts.

100 *OLG Frankfurt* Urt. v. 07.05.2009 – 1 U 264/08, JurionRS 2009, 31972 = OLGR 2009, 680 = r+s 2009, 426 = MDR 2009, 1337 = NZV 2010, 77 = NJOZ 2011, 358 = SP 2009, 300 = SVR 2011, 17 bespr. v. *Richter.*

101 *BGH* Urt. v. 13.12.2006 – IV ZR 120/05, BGHZ 170, 182 = JurionRS 2006, 29989 = DAR 2007, 207 = VersR 2007, 388 = MDR 2007, 584 = NJW-RR 2007, 464 = NZV 2007, 189 = SVR 2007, 264 = VK 2007, 39 = zfs 2007, 221 = VRS 112, 207 = r+s 2007, 107 = VRR 2007, 185 bespr. v. *Knappmann*; bespr. v. *Felsch* Die neuere Rechtsprechung des IV Zivilsenats des Bundesgerichtshofs zur Haftpflichtversicherung, r+s 2008, 265 ff.; bespr. v. *Terno* Die Rechtsprechung des Bundesgerichtshofs zum Kraftfahrtversicherungsrecht, DAR 2007, 316 ff.

102 Zustimmend Prölss/Martin/*Lücke* BesBed PHV Nr. 3, Rn. 7.

103 Früher war wohl die Klausel *»Ausgeschlossen bleiben in jedem Fall Schäden, die im Zusammenhang stehen mit dem Besitz oder der Führung von Luftfahrzeugen, von Kraftfahrzeugen, von Motorbooten, von mit Hilfsmotor versehenen Fahrzeugen jeder Art sowie von eigenen Wasserfahrzeugen und eigenen Fuhrwerken.«* üblich, *BGH* Urt. v. 26.03.1956 – II ZR 209/54, JurionRS 1956, 13650 = DB 1956, 522.

104 Sammlung in Prölss/Martin/*Lücke* BesBed PHV Nr. 3, Rn. 10 ff.

105 LG Wuppertal v. 14.11.2019 – 9 S 125/19.

106 *BGH* Urt. v. 26.03.1986 – IVa ZR 86/84, JurionRS 1986, 13728 = MDR 1986, 831 = VersR 1986, 537 = NJW-RR 1986, 900.

107 *BGH* Urt. v. 16.10.1991 – IV ZR 257/90, JurionRS 1991, 14354 = VersR 1992, 47 = DAR 1992, 101 = MDR 1992, 235 = NJW 1992, 315 = r+s 1992, 46 = zfs 1992, 90 = NZV 1992, 74 = SP 1992, 93 = VRS 82, 179.

108 Prölss/Martin/*Lücke* BesBed PHV Nr. 3, Rn. 7.

109 *Hofmann* in krit. Anm. zu *OLG Hamm* Urt. v. 02.10.1992 – 20 U 81/92, zfs 1993, 312.

110 *Hofmann* Die Abgrenzung der Haftpflichtversicherung von der Kraftfahrtversicherung durch die Kraftfahrzeugklauseln, NVersZ 1998, 54 ff.

111 *BGH* Urt. v. 23.10.2014 – III ZR 82/13, JurionRS 2014, 25026 = DB 2014, 2888 = NJW-RR 2015, 158 = WM 2014, 2212 (fehlerhafte Beratung durch Versicherungsmakler).

112 *Kreuter* § 6 VVG Rdn. 17.

a) **Anhänger**

105 Bei einem Anhänger stellen sich zwei Fragenkomplexe:

106 Ein Anhänger ist ein Fahrzeug aber mangels Motor kein Kraftfahrzeug, § 1 Abs. 2 StVG.

107 Die Benzinklauseln aus der allgemeinen Haftpflichtversicherung betreffen, selbst wenn sie *»Benzin- oder Kraftfahrzeugklauseln«* genannt werden, auch Fahrzeuge, die mit einem Kraftfahrzeug verbunden werden können. Insoweit mag dort die Bezeichnung etwas ungenau[113] sein. Auf den ersten Blick könnte man annehmen, ein von einem Zugfahrzeug abgekoppelter Anhänger sei aufgrund der dortigen Ausschlussklausel zwanglos in der allgemeinen Haftpflichtversicherung eingeschlossen. Dem ist jedoch nicht so.

108 Das Beispiel zeigt wie wichtig es ist, die Auslegung der AKB **nicht** an den AHB zu orientieren.

109 Neben der möglichen Abgrenzungsproblematik zur allgemeinen Haftpflichtversicherung war es früher sehr wichtig, zu unterscheiden, ob die Verwendung des Anhängers noch dem Gebrauch der Zugmaschine zuzurechnen ist.

110 Diese Fragestellung hat sich aufgrund der eigenständigen Halterhaftung nach § 7 Abs. 1 StVG für den Anhänger mit Inkrafttreten des zweiten Schadensersatzrechtsänderungsgesetzes[114] zum 01.08.2002 weitgehend entschärft.

111 Neu hinzugekommen ist dafür die Problematik, wie bei zusammengesetzten Zügen eine Klärung im Innenverhältnis zu erfolgen hat.

aa) **Gebrauch bejaht**

112
- Der Betrieb nach § 7 StVG a.F. (und damit auch der Gebrauch) der Zugmaschine ist zu bejahen, wenn ein beim Betriebsvorgang mit einem Zug verunglückter Anhänger zur Abholung an der Fahrbahnseite abgestellt wird und es nachfolgend mit dem betriebsunfähigen Anhänger zu einem Unfall kommt[115]
  - ebenso führt ein Schaden beim Entladen des Hängers nicht zwingend zu einer Erhöhung der Betriebsgefahr und einer Haftung des Hänger-Versicherers für Schäden[116].
- Ein zum Entladen abgekoppelter Anhänger bildet noch eine Betriebseinheit mit dem wartenden Zugfahrzeug, so dass sich bei einem Schaden durch den Anhänger zugleich ein Schaden durch den Gebrauch der Zugmaschine verwirklicht[117]
- Wird ein umgebauter, nicht zugelassener und auch nicht zulassungsfähiger Bauwagen von Menschenkraft bewegt, fällt ein hierbei eintretender Schaden nicht unter den Schutz der allgemeinen Haftpflichtversicherung[118]
- Unfall im Rahmen der Ladungssicherungsarbeiten an einem Anhänger, der mit einem Mofa verbunden ist[119]

---

113 Die alten sog. *»Großen Benzinklauseln«* der Betriebshaftpflicht enthielten ausdrücklich eine entsprechende Unterscheidung zwischen Kfz und Kfz-Anhänger.

114 Gesetz vom 19.07.2002, BT-Drucks. 14/7752.

115 *BGH* Urt. v. 21.03.1961 – VI ZR 88/60, JurionRS 1961, 10281 = DAR 1991, 199 = VersR 1961, 473 = DB 1961, 672 = MDR 1961, 589 = NJW 1961, 1163.

116 OLG München Beschl. v. 15.5.2023 – 24 U 721/23, m. Anm. Quaisser/Figgener NJW Spezial 2023, 459 f.

117 *OLG München* Urt. v. 19.12.1997 – 10 U 2963/97, OLGR 1998, 167 = NZV 1999, 124.

118 *OLG Hamm* Urt. v. 15.12.1987 – 20 W 88/87, r+s 1988, 163 (*Ausschluss AH*).

119 *OLG Frankfurt* Urt. v. 07.05.2009 – 1 U 264/08, JurionRS 2009, 31972 = OLGR 2009, 680 = r+s 2009, 426 = MDR 2009, 1337 = NZV 2010, 77 = NJOZ 2011, 358.

– Ein in der Kfz-Haftpflichtversicherung versicherbarer Anhängergebrauch ist kein von der Betriebshaftpflicht zu deckender Anhängergebrauch[120]

bb) Gebrauch verneint

– Wird ein Anhänger von einer Weide von Hand gezogen, liegt als Vorbereitungshandlung für das spätere Anhängen an die Zugmaschine noch Gebrauch der Zugmaschine vor[121] 113

cc) eigene Ansicht

Mit Blick auf die gebesserte Haftungssituation durch Änderung des § 7 StVG zu Gunsten der Verkehrsopfer bedarf es keiner allzu weiten Ausdehnung des Gebrauchs- und Betriebsbegriffs mehr, um diese Personen in den Genuss von Ansprüchen aus der Gefährdungshaftung kommen zu lassen. Sind Zugmaschine und Anhänger getrennt, wird im Regelfall eine Zäsur eintreten. 114

Anhängergebrauch und Gebrauch der Zugmaschine sind immer getrennt voneinander zu betrachten. Nicht jeder Halter der Zugmaschine ist gleichzeitig Halter des Anhängers. Entsprechend will er nicht mit Schäden belastet werden, die außerhalb seines Verantwortungsbereichs liegen. 115

Die beteiligten Haftpflichtversicherer eines Zuges haben zudem zu klären, wer vorrangig betroffen ist. Der GDV[122] schlägt dabei zu Recht vor, dies nach dem Ursachenschwerpunkt für den eingetretenen Schaden zu entscheiden. 116

b) Arbeitsmaschinen

Neben dem Fahrbetriebsrisiko ist das Arbeitsrisiko, das im Zusammenhang mit dem Fahrzeugeinsatz steht, von besonderer Bedeutung. Häufig sind damit tatsächliche Gefahren des Gewerbebetriebes[123] verbunden, die dennoch häufig dem Kfz-Haftpflichtrisiko zugerechnet werden. 117

Allerdings lassen sich Arbeitsrisiken in rechtlich zulässiger und in der Praxis häufig angewandter Form ausschließen. Dies erfolgt durch Sonderbedingungen.[124] Versicherer, die keine Sonderbedingungen verwenden, sollten das Zusatzrisiko in die normale Haftpflichtprämie durch auskömmliche Aufschläge einkalkulieren. 118

Beim Arbeitsrisiko ist nach Einsatzbereichen zu differenzieren. 119

aa) Fahrzeug dient der Transport- und Arbeitsleistung[125]

aaa) Gebrauch bejaht

– Arbeitsmaschine – Entladen eines Tanklastzuges mit dessen Betriebseinrichtung über (fremde) **Druckluft**[126] 120
  – Arbeitsmaschine: Entladen mit auf dem LKW montiertem Kran[127]

---

120 *OLG Hamm* Urt. v. 30.01.1991 – 20 U 225/90, NJW-RR 1991, 992 = VersR 1991, 1399 (erster Ls. unzutreffend) = r+s 1991, 218 (*Ausschluss AH*).
121 *OLG Hamm* Urt. v. 17.01.1990 – 20 U 184/89, JurionRS 1990, 14630 = r+s 1990, 231 = VersR 1991, 219 = zfs 1990, 170 (Dort dann aber zwar Gebrauch des Anhängers, aber Zaun wurde nur gelegentlich des Gebrauchs nicht verschlossen; kein Ausschluss PHV).
122 Sonderrundschreiben des GDV vom 18.01.2006, K 01/2006.
123 Stiefel/*Maier* A.1.1 AKB, Rn. 54 ff.
124 Sonderbedingung 11, VerBAV 1971, 320; siehe A.1.1.1 AKB Rdn. 93–97.
125 Witt: Halterhaftung bei Kraftfahrzeugen mit Arbeitsfunktion, NJW 2022, 579, bietet einen Überblick über die Problematik.
126 *VG Hannover* Urt. v. 24.11.1992 – 10 A 4946/91, VersR 1994, 552.
127 OLG KÖLN vom 21.02.2019 – 14 U 26/18.

- Arbeitsmaschine – Entladen von Chemikalien aus Tankwagen durch den Motor des Fahrzeugs angetriebenen **Kompressor.** Der Begriff des Gebrauchs i.S. von § 10 AKB (a.F.) bestimmt sich nach dem Interesse, das der Versicherte daran hat, durch den Einsatz des Kraftfahrzeugs und der an und auf ihm befindlichen Vorrichtungen nicht mit Haftpflichtansprüchen belastet zu werden. Dabei ist es unerheblich, ob diese auf den §§ 7 StVG, 823 BGB oder anderen Haftungsnormen beruhen[128]
- Arbeitsmaschine – Entladen von Heizöl aus einem Tankwagen mittels **Motorkraft**[129], da Versicherter Schutz aus der Kfz-Haftpflichtversicherung hier erwartet
- Missbräuchliche Verwendung von nur einem Hydraulikhebel der Ladeeinrichtung an einem Kübeldienst-LKW[130]
- Gabelstapler sind keine selbstfahrenden Arbeitsmaschinen. Wird ein Gabelstapler bis 19 km/h im öffentlichen Verkehrsraum benutzt, besteht Versicherungspflicht in der Kfz-Haftpflichtversicherung, so dass kein Deckungsschutz aus der bestehenden BHV verlangt werden kann[131],
  - es besteht auch für den Fall, dass der Gabelstapler nur außerhalb des öffentlichen Verkehrsraums genutzt wird, aber ein Zinken desselben in den öffentlichen Verkehrsraum hineinragt, Eintrittspflicht aus der BHV für die Verletzung von Verkehrssicherungspflichten[132].
- Gabelstapler sind Kraftfahrzeuge. Ein Gabelstapler, der auf der Ladefläche eines LKW fährt, fällt unter die Ausschlussklausel in der BHV[133]
  - Einfüllen des Transportgutes in einen falschen Behälter mit der Folge der Kontamination oder ungenügende Reinigung des Transportbehältnisses mit anschließender Kontamination gehören zum Gebrauch des Kfz[134].

bbb) Gebrauch verneint

121 – Auswahl des falschen Stutzens am Silo des Empfängers durch den Fahrer[135]
– Vermischung von Vergaserkraftstoff mit Diesel wegen Verwechslung der Einfüllstutzen an der Tankstelle durch den Tankwagenfahrer[136]

---

128 *BGH* Urt. v. 19.09.1989 – VI ZR 301/88, JurionRS 1989, 13483 = DAR 1989, 418 = NJW 1990, 257 = MDR 1990, 143 = VRS 78, 33 = VersR 1989, 1187 = JuS 1990, 416 = NZV 1990, 116.

129 *BGH* v. 08.12.2025 – VI ZR 139/15; *BGH*, v. 26.06.1979 – VI ZR 122/78, BGHZ 75, 45 = JurionRS 1979, 11241 = NJW 1979, 2408 = MDR 1979, 1010; *BGH* Urt. v. 19.09.1989 – VI ZR 301/88, BGHZ 75, 45 = JurionRS 1989, 13483 = NJW 1990, 257 = NJW-RR 1990, 161 = VersR 1989, 1187 = NZV 1990, 116 = r+s 1990, 8; *BGH* Beschl. v. 08.04.2008 – VI ZR 229/07, NJW-Spezial 2008, 298 = SP 2008, 338 zum Berufungsurteil *OLG Frankfurt* Urt. v. 17.08.2007 – 19 U 268/06, JurionRS 2007, 49762 = zfs 2008, 377 = r+s 2008, 437 = NJOZ 2008, 2864; *OLG Köln* Urt. v. 10.02.1992 – 11 U 172/92, JurionRS 1992, 15364 = zfs 1993, 232 = r+s 1994, 43 = SP 1994, 130 = VersR 1994, 108; *OLG Köln* Urt. v. 02.03.1989 – 5 U 133/88, JurionRS 1989, 14122 = NZV 1989, 276 = VersR 1989, 402 = OLGZ 1989, 456 = ZfW 1990, 356; *LG Hamburg* Urt. v. 06.10.1994 – 323 O 225/93, SP 1994, 431.

130 *OLG Karlsruhe* Urt. v. 28.12.1995 – 19 U 70/95, JurionRS 1995, 16306 = VersR 1996, 1228 (Ausschluss BHV); Vorinstanz *LG Freiburg* Urt. v. 16.02.1995 – 8 O 574/94, JurionRS 1995, 15861 = VersR 1996, 51.

131 *OLG Köln* Urt. v. 09.03.1999 – 9 U 82/98, r+s 1999, 272 m.Anm. *Schimikowski* = VersR 2000, 352 = zfs 1999, 430; *OLG Koblenz* Beschl. v. 21.02.2011 – 10 U 1049/10, VersR 2011, 1434.

132 OLG Saarbrücken v. 11.02.2021 – 4 U 8/20.

133 *OLG Düsseldorf* Urt. v. 25.06.1985 – 4 U 408/83, r+s 1986, 31.

134 OLG München v. 23.02.2023 – 25 U 3191/21 m. Anm. Stöckmann in DAR 21023, 391ff, der zutreffend darauf hinweist, dass zunächst zu differenzieren ist zwischen der Transportfunktion und der Arbeitsfunktion. Erst danach kann ggf. eine Zurechnung zum Gebrauch des Kfz vorgenommen werden.

135 *LG Koblenz* Urt. v. 14.05.2009 – 14 S 118/08, JurionRS 2009, 43027 = DAR 2009, 468; *AG Dortmund* Urt. v. 22.07.2008 – 423 C 1629/08.

136 *OLG Hamburg* Beschl. v. 26.06.2008 – 15 W 4/08, JurionRS 2008, 42577 = OLGR 2008, 895 = DAR 2010, 699, bestätigt mit anderer Begründung *BGH* Beschl. V. 27.07.2010 – VI ZB 49/08, JurionRS 2010, 22037 = DAR 2010, 639 u. 698 = VersR 2010, 1360 = r+s 2010, 433 = MDR 2010, 1322 = NZV

- auch eine Verwirklichung eines Risikokreises Dritter (fehlerhafte Füllstandsanzeige am Tank lässt eine Eintrittspflicht des Tanklasters entfallen, da auch für die Haftung des Kraftfahrzeugs die Transport- und Fortbewegungsfunktion maßgeblich sind, die sich nicht realisiert, wenn der Fehler in dem Mangel der Tankanlage ausging.[137]
- Wenn ein angehängter Kreiselmäher auf dem Feld Steine hochschleudert, die in der Folge einen Passanten verletzen, ist dies nicht dem Betrieb des Kfz zurechenbar, ebenso wenn ein Kreiselschwader einen Zinken verliert, wodurch der nachfolgend eingesetzte Grashäcksler geschädigt wird.[138].
- Wird der Traktor nur als Arbeitsmaschine mit Hilfe einer winde verwendet, entfällt die Haftung aus der Betriebsgefahr[139].
- auch die Verunreinigung von Trauben durch Dieselkraftstoff eines Traubenvollernters bei der Ernte soll nicht dem Gebrauch des Kfz unterfallen, da bei der Ernte der Trauben auf dem Feld nicht der Fokus auf der Fortbewegung und Nutzung des Ernters zur Fortbewegung liegt, sondern auf dem Erntevorgang, der gerade auch nicht dem Betrieb des Kfz zuzurechnen ist[140].
- Wird Dieselkraftstoff alleine durch die Schwerkraft der Ladung in ein Tanklager eingefüllt, unterfallen Schäden (Verunreinigungen) dabei nicht dem Gebrauch des Kfz[141].
- Kein Betrieb des Tankwagens, wenn Mähroboter den Schlauch des Tankwagens überfährt und beschädigt und infolgedessen Treibstoff in den Boden gelangt.[142]

ccc) eigene Ansicht

Fahrzeuge mit Silo- oder Tankaufbauten verfügen über besondere Einrichtungen, um das Be- und Entladen bewerkstelligen zu können. Die Transportfunktion steht im Vordergrund. **122**

Saugfahrzeuge ziehen über Motorleistung oder Zusatzaggregate Produkte in den Transportbehälter. Das Entladen kann mittels eigener Motorleistung mit Nebenantrieb aber auch mit fremder Kraft, fremder Pressluft, im freien Fall oder durch eine fremde stationäre Pumpenleistung erfolgen. Es ist daher zu differenzieren: **123**

Gebrauch: Die Arbeitsleistung beim Be- und Entladen gehört zum Gebrauch des Fahrzeugs, soweit das Fahrzeug in seiner Transportfunktion durch die dem Be- und Entladen dienenden **fahrzeugeigenen Zubehöreinrichtungen** unterstützt wird. **124**

Kein Gebrauch: Arbeitsleistungen, vermittelt durch Fremdluft, fremdem Pumpendruck etc., liegen dagegen im Wirk- und Verantwortungsbereich **fahrzeugfremder Einrichtungen** und Personen. **125**

Handlungen des Fahrers oder Beifahrers stehen soweit im Zusammenhang mit dem Gebrauch des Fahrzeugs, als sie noch mit ihrem **Aufgabenbereich am Fahrzeug** oder dessen Sicherung im Zusammenhang stehen. Hierzu gehören beispielhaft: **126**
- das Anschließen von Schläuchen am Fahrzeug
- das Öffnen von Ventilen am Fahrzeug
- das Regeln der Pumpen am Fahrzeug

2010, 560 = NJW-RR 2010, 1471 = zfs 2010, 611 = VRR 2010, 421 bespr. v. *Knappmann*; *OLG München* Urt. v. 24.04.2015 – 25 U 4874/14.

137 OLG Celle, 15.11.2023 – 14 U 56/23.

138 BGH v. 21.09.2021 – VI ZR 726/20; Wessels, Die Rechtsprechung des BGH zum Haftpflichtrecht im Straßenverkehr, DAR 2022, 422 f. BGH v. 24.03.2015 – VI ZR 265/14.

139 OLG Hamm Beschl. v. 18.05.2021 – 9 W 14/21.

140 BGH v. 19.07.2023 – VI ZR 384/22; BGH v. 18.07.2023 – VI ZR 16/23; BGH v. 21.09.2021 – VI ZR 726/20; OLG Koblenz v. 20.06.2022 – 12 U 532/21 m. Anmerkung Maier, r+s 2022, 675 (das die Eintrittspflicht bejaht.

141 LG Düsseldorf v. 19.10.2017 – 9 S 3/17.

142 OLG Köln Beschl. v. 15.04.2020 – 13 U 94/19, DAR 2022, 30 ff m. Anm. Papatheodorou.

– das Aufstellen von »Lübecker Hütchen« zur Absicherung des Fahrzeugs oder eines zum Fahrzeug gehörenden Schlauchs

127 Dagegen sind **fahrzeugferne Handlungen**, auch wenn sie vom Fahrer tatsächlich ausgeführt werden, nur Arbeiten, die **gelegentlich mit erledigt** werden.

128 Dies geschieht in Ermangelung einer weiteren Person beim Verlader oder Empfänger, weil man dort Personal einspart. Hierzu zählen insbesondere:
– das Öffnen von Domdeckeln am Empfängertank
– das Auswählen von Anschlüssen beim Empfänger
– das Öffnen von Ventilen am Silo- oder Tankbehälter des Empfängers

129 Übernimmt der Fahrer Aufgaben Dritter, ist er nur als dessen Erfüllungsgehilfe[143] tätig oder er tut dies im Rahmen eines zusätzlichen Auftrages. Es handelt sich dann um eine gesondert zu versichernden Logistikleistung. Die Tätigkeiten des Fahrers sind nur Handlungen **gelegentlich des Gebrauchs** des Fahrzeugs. Solche Arbeiten kann auch ein »Nicht-Fahrer« bzw. »Nicht-Beifahrer« ausführen.

130 **Gegenprobe:** Schließt ein Mitarbeiter des Empfängers an dessen Tank falsch an, produziert er einen Eigenschaden. Niemand käme jetzt ernsthaft auf die Idee, diese Tätigkeit dem Fahrer zurechnen zu wollen. Diese (fahrzeugfremde) Person ist zudem auch keine mitversicherte Person nach A.1.2 d) bis g) AKB.

bb) Fahrzeug mit Anbaugerät für Arbeitsleistung

aaa) Gebrauch bejaht

131 – Arbeitsmaschine – Einsatz einer hydraulischen Containerhubvorrichtung eines LKW[144]
– Arbeitsmaschine – Seilwinde eines Forstschlepper[145]

bbb) Gebrauch verneint

132 – Arbeitsmaschine – fehlerhafte Anbauspritze. Bei ordnungsgemäßem Gebrauch eines fehlerfreien Fahrzeugs kommt dieser Mitwirkung an der Schadensentstehung keine selbstständige Bedeutung zu[146]
– Arbeitsmaschine – Schäden sind nicht dem Gebrauch zuzurechnen, wenn sich die Gefahren aus der betrieblichen Verwendung eines Unkrautvernichtungsmittels ergeben[147]
– Arbeitsmaschine – Schäden durch Windabdrift sind nicht Schäden durch den Gebrauch des Fahrzeugs[148]
– Arbeitsmaschine – Planierraupe: Eine bloße zusätzliche Ursache, die durch den Gebrauch eines Kraftfahrzeugs gesetzt wird, ist kein Umstand, dem gegenüber der Verwirklichung der allgemeinen betrieblichen Haftpflichtgefahr eine selbstständige Bedeutung zukommt[149]

143 *OLG Frankfurt* Urt. v. 30.05.2006 – 18 U 64/05, JurionRS 2006, 26582 = SVR 2006, 340, bespr. v. *Schwab* = OLGR 2007, 403; *LG Köln* Urt. v. 24.09.1993 – 90 O 42/93, TranspR 1994, 114.

144 *LG Freiburg* Urt. v. 16.02.1995 – 8 O 574/94, JurionRS 1995, 15861 = VersR 1996, 51, bestätigt durch *OLG Karlsruhe*, Urt. v. 28.11.1995 – 19 U 70/95, VersR 1996, 1228.

145 *LG Hechingen* v. 13.05.2020 – 1 O 320/19; *LG Stuttgart* Urt. v. 08.12.1995 – 17 O 215/95, NZV 1997, 45.

146 *BGH* Urt. v. 27.10.1993 – IV ZR 243/92, JurionRS 1993, 15349 = NJW-RR 1994, 218 = NZV 1994, 66 = r+s 1994, 2 = SP 1994, 96 = zfs 1994, 91 = VersR 1994, 83 = VerBAV 1994, 184 = MDR 1995, 44; Vorinstanz *OLG Frankfurt* Urt. v. 22.10.1992 – 3 U 179/91, OLGR 92, 214.

147 *OLG Schleswig* Urt. v. 01.11.2001 – 16 U 32/01, SP 2002, 253; *BGH* Nichtannahmebeschl. v. 25.09.2002 – IV ZR 286/01, SP 2003, 28.

148 *LG Frankenthal* Urt. v. 01.04.2004 – 3 O 400/03, SVR 2004, 275 bespr. v. *Schwab*.

149 *BGH* Urt. v. 17.02.1966 – II ZR 103/63, BGHZ 45, 168 = JurionRS 1966, 11549 = NJW 1966, 929 = MDR 1966, 482 = DB 1966, 536.

- Verwendung des Kfz quasi als Anker zum Betrieb einer Seilwinde, die Transportfunktion stehe nicht mehr im Vordergrund[150].

ccc) eigene Ansicht

Anders als bei speziellen Fahrzeugaufbauten, die regelmäßig im Rahmen der Mehrwertversicherung in der Fahrzeugversicherung aufgenommen werden, ist dem Versicherer bei Vertragsschluss gar nicht bekannt, was der Versicherungsnehmer über das eigentliche Fahrbetriebsrisiko hinaus mit dem Fahrzeug unternehmen will. 133

Die möglichen Anbauteile im landwirtschaftlichen und gewerblichen Bereich sind so vielfältig, dass eine Konkretisierung gar nicht möglich ist. 134

Der Versicherer hat jedoch die Möglichkeit, das Arbeitsrisiko durch Sonderbedingungen auszuschließen. Damit wird er aber den Interessen des Versicherungsnehmers hinsichtlich der Arbeitsmaschine nicht gerecht. Denkbar wäre eine Begrenzung auf bestimmte Anbaugeräte, die im Vertrag eingeschlossen oder ausgeklammert werden können. 135

Dennoch bleibt immer zu prüfen, worin tatsächlich das Schwergewicht der Schadenverursachung liegt. Beispiel: 136

Anbaugeräte, die nur vorübergehend mit dem Fahrzeug verbunden werden, bergen allein für sich betrachtet erhebliche Risiken. So können z.B. Anbauholzspalter, die im Wald eingesetzt werden, schwere Personenschäden verursachen. Die Kraftquelle für den Antrieb des Holzspalters kommt dabei, ähnlich bei den Spritzschäden, eher zufällig von einem Traktor. Ist das Anbaugerät defekt oder manipuliert worden und kommt es bei deren Verwendung zu einem Schaden, ist das Fahrzeug als Kraftquelle nur gelegentlich an dem Vorgang beteiligt. 137

cc) Fahrzeug dient ausschließlich der Arbeitsleistung

aaa) Gebrauch bejaht

- Arbeitsmaschine – Ausfahren eines auf einem Anhänger fest montierten Hubgestänges[151] 138
- Rohrreinigung (Kanal auf Rädern): Das häusliche Kanalnetz wird[152] per Schlauchleitung mittels Motorleistung aufgebautem Druck gereinigt
- Rohrreinigung (Kanal auf Rädern) beim Absaugen: Untergrund bricht aufgrund des mit der Beladung anwachsenden Fahrzeuggewichtes ein[153]
- Nicht zugelassene, auf 29 km/h »*getunte*« selbstfahrende Pflanzenschutzspritze ist nicht in der Betriebshaftpflichtversicherung versicherbar[154]
- Autokran als Arbeitsmaschine. Der Begriff des Gebrauchs des Fahrzeugs i.S.v. § 10 Abs. 1 AKB a.F. umschließt zwar den Begriff des Betriebes i.S.v. § 7 Abs. 1 StVG, geht aber auch über ihn hinaus. Er betrifft jeden Vorgang und jede Handlung, die mit dem Verwendungszweck des Fahrzeugs zeitlich und örtlich in unmittelbarem Zusammenhang steht. Darüber hinaus wird bei einem Kfz auch seine Verwendung als Arbeitsmaschine als Gebrauch des Kfz angesehen[155]

---

150 OLG Hamm Urteil vom 7.3.2023 – 7 U 130/22.

151 *OLG Hamm* Urt. v. 30.01.1991 – 20 U 225/90, VersR 1991, 1399 (erster Ls. unzutreffend) = r+s 1991, 218 = NJW-RR 1991, 992.

152 *OLG Hamm* Urt. v. 12.12.2003 – 20 U 140/03, NJW-RR 2004, 603 = r+s 2004, 98 = NZV 2004, 204 = SP 2004, 204 = VersR 2004, 773 = zfs 2004, 171 = ZfW 2005, 67.

153 *OLG Düsseldorf* Urt. v. 04.02.1993 – 10 U 38/92, JurionRS 1993, 15513 = VersR 1993, 602 = OLGR 1993, 226.

154 *OLG Koblenz* Urt. v. 14.03.2008 – 10 U 526/07, JurionRS 2008, 24122 = VersR 2009, 209 = OLGR 2009, 27 (So wohl aber auch nicht in der Kfz-Haftpflichtversicherung versicherbar!).

155 *OLG Frankfurt* Urt. v. 05.07.1995 – 19 U 63/93, JurionRS 1995, 16077 = r+s 1997, 141 = BB 1996, 13 = zfs 1997, 59 = VersR 1996, 1403 m.Anm. *Hammacher*, Urteilsbespr. von *Saller/Winter* in VersR 1997, 1191.

bbb) Gebrauch verneint

139 – Eine sog. »Ameise« (motorbetriebener Hubwagen bis 6 km/h) ist schon kein Kraftfahrzeug, das unter den Pflicht-Versicherungsschutz der Kfz-Haftpflichtversicherung fällt[156]

ccc) eigene Ansicht

140 Sprachlich enthält der Wortlaut der AKB keinen Ausschluss des Arbeitsrisikos. Daher ist das Arbeitsrisiko grundsätzlich in der Kfz-Haftpflichtversicherung mit gedeckt.

141 Der Versicherer muss aber wissen, welches Risiko er tatsächlich decken soll. Die konkrete Art der Verwendung kommt hierbei zum Tragen, da dies ein essenzieller Faktor für die Bewertung des Risikos und der Festlegung der Prämie ist. Zudem besteht kein Zwang für den Versicherer, das Arbeitsrisiko eindecken zu müssen.

142 Das Arbeitsrisiko lässt sich durch die Vereinbarung von Sonderbedingungen[157] in zulässiger Weise ausschließen, da es nicht zum Kernbereich des PflVG gehört.

143 Ist das Arbeitsrisiko im Verwendungszweck des Kfz-Haftpflichtvertrages niedergelegt, gehört das dort beschriebene Arbeitsrisiko mit in den Deckungsumfang.

144 Ist es ausgeklammert worden oder werden vertragsuntypische Arbeiten mit dem Fahrzeug verrichtet, besteht kein Deckungsschutz wegen Verstoßes gegen die Verwendungsklausel, D.1.1.1 AKB i.V.m.D.2.1 Satz 1 AKB.

145 Entscheidend ist daher, vor Vertragsschluss die exakte Beschreibung des Arbeitsrisikos sicherzustellen. Es obliegt dem Versicherer, die Situation des VN[158] zu ermitteln und aufklärend nachzufragen.

c) Beladen

aa) Gebrauch bejaht

146 – Hantieren mit Ladegut beim Beladen setzt Fahrzeug in Bewegung[159]
– Beim Hantieren mit Ladegut beim Beladen wird Ladegut beschädigt. Es kommen jedoch die die Ladung betreffenden Ausschlussklauseln der AHB und AKB (heute A.1.5.5 Abs. 1 AKB) zur Anwendung[160]
– Beim Anfahren während des noch nicht abgeschlossenen Beladevorgangs durch einen Gabelstapler werden dieser und das Ladegut beschädigt (Ausschlussklausel bezüglich Ladung, heute A.1.5.5 Abs. 1 AKB)[161]
– Kommt es beim Beladen eines LKW mit dessen Ladekran zu einem Ausreißen eines mit Metallstaub gefüllten Fasses (Folge: Rostflug auch Nachbargelände), so besteht eine Haftung aus § 7 StVG, da das Be- und Entladen hierzu gerechnet werden müsse[162]

---

156 *BGH* Urt. v. 26.03.1986 – IVa ZR 86/84, JurionRS 1986, 13728 = VersR 1986, 537 = NJW-RR 1986, 900 = MDR 1986, 831.

157 Siehe A.1.1.1 AKB Rdn. 93–97.

158 Looschelders/*Pohlmann* VVG-Kommentar, § 6 VVG, Rn. 46.

159 *LG Köln* Urt. v. 30.11.1994 – 23 S 13/94, JurionRS 1994, 15788 = VersR 1996, 50 = zfs 1996, 61.

160 *OLG München* Urt. v. 02.10.1990 – 18 2407/90, VersR 1991, 456.

161 *OLG Hamm* Urt. v. 27.10.1995 – 20 U 75/95, JurionRS 1995, 16260 = NJW-RR 1996, 1432 = NZV 1996, 241 = VersR 1996, 967 = zfs 1996, 59.

162 *OLG Hamm* Urt. v. 22.09.1999 – 13 U 134/98, JurionRS 1999, 32831 = DAR 2001, 221 = NZV 2001, 84 = r+s 2000, 498 = PVR 2002, 259 bespr. v. *Schwab* (lediglich der Gebrauch ist zu bejahen; § 7 StVG unzureichend geprüft; § 12 StVG ist von Amts wegen zu beachten, wurde aber übersehen; unverständlich daher *BGH* Nichtannahmebeschl. v. 04.07.2000 – VI ZR 374/99).

- Kollidiert ein nicht zugelassenes Fahrzeug, das auf einen in 150 Meter Entfernung stehenden Autotransporter aufgeladen werden soll mit einem Dritten, hat der Kfz-Haftpflichtversicherer des Autotransporters[163] den Schaden zu ersetzen

bb) Gebrauch verneint

- wird bei dem Beladen eines Traubenvollernters die Ladung durch austretendes Hydrauliköl kontaminiert, ist dies kein dem Fahrzeughalter zuzurechnender Schaden.[164] 147
- Bei einer Vorbereitung zum Verladen liegt noch keine unmittelbare Funktionsbeziehung zum Fahrzeug vor. Wird das Fahrzeug bei der Schaden stiftenden Verrichtung nicht eingesetzt, wird es nicht gebraucht[165]
- Beladen eines Silos durch einen LKW ist grundsätzlich dem Gebrauch des Fahrzeugs zuzuordnen. Der Einsturz eines baufälligen Silos ist allerdings nicht durch den Gebrauch des Fahrzeugs bedingt, sondern beruht auf einem allenfalls äußerlichen Zusammenhang[166]

cc) eigene Ansicht

Bereits in A.1.1.1 Satz 2 AKB wird das Be- und Entladen des Fahrzeugs wie auch das Ein- und Aussteigen klarstellend erwähnt. Zu beachten ist allerdings, dass damit der Versicherungsschutz für die mitversicherten Personen, die sich jetzt in § 4 Abs. 3 PflVG wiederfinden, gemeint ist. In einer pauschalen Zuweisung des Risikos »Aussteigen« wird man dieser Einschränkung leider nicht gerecht[167]. Der eigentliche Vorgang des Beladens ist damit ist damit unproblematisch ausdrücklich gedeckt. 148

Offen sind jedoch die Punkte, die über die körperliche Verschiebung der Ladung – von der und auf die Ladefläche – hinausgehen. Diese sind regelmäßig nicht mehr dem Fahrzeugrisiko zuzuordnen, da das Fahrzeug nicht mehr unmittelbar am Vorgang beteiligt ist, sondern sich allenfalls nur in der Nähe des Schadensortes befindet. 149

Soweit der Beladevorgang mit Hilfe einer technischen Ladehilfe[168] (Ladekran, Greifer) am Fahrzeug vorgenommen wird, geschieht dies im bestimmungsgemäßen Wirkkreis des Fahrzeugs. 150

Anders ist es jedoch wiederum, wenn mit Hilfe eines solchen Ladekrans nicht Beladen wird, sondern z.B. Paletten außerhalb der Ladefläche nur umgesetzt werden. In diesem Falle ist die Verwendung nicht bezogen auf das Fahrzeug. Die reine Arbeitsleistung, die hierdurch erbracht wird, ist nicht Bestandteil der Vorgaben der Pflichtversicherung und kann in individuellen AKB ausgeschlossen werden. 151

Fließende Übergänge sind denkbar, wenn z.B. ein LKW (passiv) durch einen Radlader (aktiv) beladen wird. So können beide Fahrzeuge gleichzeitig[169] in Gebrauch sein. 152

---

163 *LG Bremen* Urt. v. 18.06.2013 – 6 S 48/13, ADAJUR Dok.Nr. 104102 = NJW-RR 2013,1447 = NZV 2014,130 = r+s 2013, 454 = VersR 2014, 259; zu Recht schon die Haftung ablehnend Hentschel/*König*/Dauer, § 7 StVG Rn. 10.

164 BGH v. 27.02.2024 – VI ZR 80/23 m. Anm. Figgener/Quaisser NJW Spezial 2024, 298f; ebenso BGH v. 18.07.2023 – VI ZR 16/23 und BGH v. 19.07.2023 – VI ZR 384/22 zu dem Einsatz von Kfz als Arbeitsmaschinen mit Verunreinigung des Ladegutes durch Dieselöl.

165 *BGH* Urt. v. 23.02.1977 – IV ZR 59/76, JurionRS 1977, 11548 = MDR 1977, 652 = VersR 1977, 418 = DAR 1977, 218.

166 *OLG Hamm* Urt. v. 17.09.1991 – 27 U 76/91, JurionRS 1991, 14900 = SP 1993, 94 = OLGR 1991, 18 = VersR 1993, 90 = zfs 1993, 86.

167 Die Entscheidung EuGH v. 15.11.2018 – C 648/17 wird dieser Thematik nicht gerecht, hier wird auf den Fahrzeuggebrauch abgestellt und die Definition »Benutzung eines Fahrzeugs« in das Unionsrecht gestellt. Dies bedeutet jedoch für die Kraftfahrzeug-Haftpflicht-Versicherung nur, dass aus der Betriebsgefahr einzustehen ist, aber ein Regress gegen die **nicht** mitversicherte Person (Beifahrer) möglich ist. Das Aussteigen aus dem Kfz als Beifahrer ist auch von der PHV über die kleine Benzinklausel nicht ausgenommen!

168 Ein Bordladegerät ist ein typischer Mehrwert eines Fahrzeugs, das entsprechend in der Kaskoversicherung berücksichtigt wird.

169 Siehe auch A.1.1.1 AKB Rdn. 167.

d) Brände

aa) Gebrauch bejaht

153 – Brand bei Startversuch des Fahrzeugmotors durch Restaurator an einem seit Jahren[170] nicht zugelassenen Fahrzeug mit externer Energiequelle.
  - Ebenso Startversuch mit Starthilfe und Explosion der seit Jahren nicht benutzten Batterie[171]
  - Brand eines abgestellten Rollers aufgrund streitiger Ursache[172]
  - Ereignet sich der Brand kurze Zeit nach dem Abstellen des Kfz, ist dies unproblematisch dem Betrieb zuzurechnen[173].
- Der Versuch, einen Motor zum Laufen zu bringen, ist ein Hauptanwendungsfall des Gebrauchs[174]
  - Defekt eines Unfallfahrzeuges, das auf dem Gelände des Abschleppers in Brand gerät[175]
  - Ebenso, wenn das Fahrzeug in der Werkstatthalle in Brand gerät[176], dann ist aber auch an die Eintrittspflicht der Kfz-Handel- und Handwerk-Versicherung für die Schäden zu denken!
  - allerdings wird auch der Brand der Elektrik eines Wohnmobils, der weder mit der Transportfunktion des Kfz noch seiner Fahrfunktion zusammenhing, dem Betrieb des Kfz zugerechnet[177].
  - Die Verwendung eines Fahrzeugs ist nach Auffassung des EuGH nicht auf die Situationen der Verwendung im Straßenverkehr beschränkt, damit bejaht der EuGH auch die Eintrittspflicht des Kraftfahrzeug-Haftpflicht-Versicherers für Brandschäden außerhalb des öffentlichen Verkehrsraums, wenn ein Fahrzeug schon länger abgestellt und nicht bewegt worden ist[178].

bb) Gebrauch verneint

154 – Fahrzeugbrand durch Einsatz eines fahrzeugfremden Heizlüfters[179]. Selbst dann liegt kein Gebrauch des Fahrzeugs vor, wenn die Schaden stiftende Verrichtung der Vorbereitung des Fahrzeugeinsatzes zu seinem typischen Verwendungszweck durch den Fahrzeugführer diente[180]
- Brand eines PKW, der von außen verursacht wurde[181]

---

170 Anders *BGH* Urt. v. 14.12.1988 – IVa ZR 161/87, JurionRS 1988, 15079 = MDR 1989, 525 = r+s 1989, 44 = VersR 1989, 243 = NJW-RR 1989, 412 (Schweißarbeiten an einem über ein Jahr stillgelegten Fahrzeug).

171 OLG Dresden v. 19.07.2021 – 4 W 475/21, auch zur Ruheversicherung.

172 OLG Bremen Beschl. v. 5.7.2023 – 1 U 12/23.

173 OLG Celle, Urteil vom 12.5.2021 – 14 U 189/20; zur Beweislast, dass Schaden durch den Brand des Kfz eingetreten ist: ObLG Bremen Beschl. v. 05.07.2023, Az.: 1 U 12/23.

174 *OLG Düsseldorf* Urt. v. 27.06.2008 – I-4 U 191/07, JurionRS 2008, 23713 = VersR 2008, 1387 = zfs 2008, 697 = VRR 2008, 465 bespr. v. *Knappmann* = WI 2009, 44 = VK 2008, 211 bespr. v. *Lücke (Ausschluss AH).*

175 BGH v. 20,10,2020 – VI ZR 319/18.

176 BGH v. 20.10.2020 – VI ZR 374/19; BGH v. 20.10.2020, VI ZR 158/19.

177 BGH v. 26,03,2019 – VI ZR 236/18 zum Regress des Gebäudeversicherers gegen den Kraftfahrzeug-Haftpflicht-Versicherer des Wohnmobils.

178 EuGH v. 20.06.2019, C 100/18.

179 *BGH* Urt. v. 13.12.2006 – IV ZR 120/05, BGHZ 170, 182; zuvor *OLG Karlsruhe* Urt. v. 28.04.2005 – 19 U 33/05, = SVR 2005, 350, bespr. v. *Schwab* (*kein Ausschluss AH*); offenbar grds. bejahend *AG Bonn* Urt. v. 18.12.1990 – 2 C 404/90, SP 1993, 28 (Heizlüfter im Wohnanhänger).

180 (dann KH für Schäden Dritter?).

181 *OLG Frankfurt* Urt. v. 27.04.1995 – 3 U 81/94, JurionRS 1995, 16124 = WI 1996, 206 = VersR 1996, 1269 = SP 1995, 315.

- Fahrzeugbrand durch vorsätzliches Inbrandsetzen[182] nach Diebstahlversuch[183]
  - Brand eines Wohnmobiles durch technischen Defekt am Erhaltungsladegerät durch Kabelbrand an den unfachmännisch verbauten Lüsterklemmen im Anschlussbereich ist nicht den Betriebs- und Transportfunktionen des Kfz zuzurechnen[184].
- Fahrzeugbrand bei fehlerhafter Beheizung einer Garage für Reparatur durch einen Monteur[185]
- Garagenbrand nach einschalten eines Heizlüfters, um die Garage für die spätere Reparatur eines Fahrzeugs angenehm warm zu machen[186]
- Fahrzeugbrand bei Schweißarbeiten aus Gefälligkeit[187]
- Späterer Brand nach Abstellen eines Transporters in Carport[188]
- Ein Brand eines in eine Werkstatt für eine Reparatur eingebrachter LKW auf einer Hebebühne erfolgt außerhalb des Gebrauchs[189]
  - auch eine Explosion einer ausgebauten Batterie eines Elektrorollers ist nicht mehr dem Betrieb des Rollers zuzurechnen[190].
  - Wenn eine Selbstentzündung erfolgt, ohne dass ein Zusammenhang mit der Fortbewegungs- und Transportfunktion des KFZ besteht, liegt ein Betrieb dann nicht mehr vor, wenn ein Kurzschluss einer Betriebseinrichtung den Brand verursacht[191].

cc) eigene Ansicht

Entsteht der Brand – gleich auch welche Weise – beim Versuch, den Fahrzeugmotor zu **starten**, liegt ein Gebrauch des Fahrzeugs vor, wenn der Startversuch mit der beabsichtigten Verwendung des Fahrzeugs im Zusammenhang steht. 155

Wird jedoch nur versucht, einen ausgebauten Motor zu starten, ist gar kein Fahrzeug vorhanden, das gebraucht werden könnte. Mit der (wenn auch nur vorübergehenden) Trennung einzelner Teile[192] aus dem Fahrzeug heraus endet der Gebrauch. 156

Brände durch eingebautes **Zubehör**, das der Fortsetzung der Fahrt dient (z.B. eine fahrzeuginterne Standheizung) oder durch Zubehör das dem weiteren Verwendungszweck dient (z.B. Klimagerät auf Kühlkofferaufbau), sind in den Gebrauch des Fahrzeugs einzubeziehen. Die Aufgabe des Versicherers wird sich dabei im Wesentlichen auf die Abwehr von Ansprüchen zu beschränken haben. Es wird sich darin weder die Betriebsgefahr des Fahrzeugs verwirklichen, da Zubehör keine fahrbetriebsnotwendige Betriebseinrichtung ist noch eine Verschuldenshaftung des Fahrers nachweisen lassen. Leider ist der BGH hier aber immer mehr geneigt, alle Schadenfälle, an denen im weitesten 157

182 Halter ist auch öffentlich-rechtlich mangels Zurechnungszusammenhang nicht für Löschkosten heranzuziehen, *OVG Münster* Urt. v. 09.06.1994 – 9 A 2908/92, JurionRS 1994, 14149; *OLG Karlsruhe*, Urt. v. 24.07.1991 – 1 U 60/91, VRS 83, 36.

183 *OLG Brandenburg* Urt. v. 28.01.2004 – 7 U 157/03, JurionRS 2004, 42084 = MDR 2004, 745 = VersR 2005, 1278.

184 OLG Frankfurt v. 30.07.2021 – 5 U 121/20.

185 *LG Koblenz* Urt. v. 18.11.2003 – 1 O 284/02, r+s 2004,97.

186 *LG Augsburg* Urt. v. 08.03.1985 – 6 O 4030/84, zfs 1985, 281.

187 OLG Hamm v. 02.10.2015 -I-1 U 139/14; *AG Kerpen* Urt. v. 02.07.2003 – 23 C 59/03, SP 2004, 133.

188 *OLG Rostock* Urt. v. 22.12.2004 – 6 U 124/03, JurionRS 2004, 33662 = NJOZ 2005, 4021 = zfs 2005, 605 = OLGR 2005, 776 = VersR 2006, 257.

189 *OLG Düsseldorf* Urt. v. 14.09.2010 –I-1 U 6/10, JurionRS 2010, 37247 = DAR = MDR 2011, 157 = NZV 2011, 190 = NJW-RR 2011, 318 = VRR 2010, 442; ähnlich *OLG Saarbrücken* Urt. v. 17.01.2013 – 4 U 201/11–104, JurionRS 2013, 10302 (zum fehlenden Betrieb); (ähnlich zum fehlenden Betrieb *LG Saarbrücken* Urt. v. 23.04.2010 – 13 S 197/09 – r+s 2010, 438). Anderer Auffassung BGH v. 26.03.2019 – VI ZR 236/18, da die bei dem Betrieb geschaffene Gefahrenlage fortdauere.

190 BGH v. 24.01.2023 – VI ZR 1234/20; Halm/Fitz Versicherungsverkehrsrecht 2022/2023, S. 301.

191 OLG Dresden, 03.09.2019, 6 U 609/19.

192 So auch Stiefel/*Hofmann* § 10 AKB a.F. Rn. 73; Feyock/*Jacobsen*/Lemor § 10 AKB Rn. 10.

Sinne ein Kfz beteiligt ist, dem Betrieb eben dieses Kfz zuzurechnen und eine Eintrittspflicht nach § 7 StVG festzustellen.

158 Fahrzeugbrände aufgrund von Straftaten, übergreifenden Feuern oder im Rahmen von sonstigen Arbeiten an einem Fahrzeug stehen in keinem adäquat kausalen Zusammenhang mit dem Fahrzeuggebrauch. Das Fahrzeug ist nur das geschädigte **Objekt fahrzeugferner Handlungen**. Die Risiken, die über das Fahrzeug Folgeschäden an weiteren Rechtsgütern auslösen, sind nicht dem Fahrzeug zuzurechnen.

e) Einkaufswagen

aa) Gebrauch bejaht

159
- Wegrollender Einkaufswagen, aus dem das Fahrzeug beladen werden sollte: Es gehört schon zum Gebrauch des Kfz, wenn der Kofferraum bereits aufgeschlossen wurde, da es sich dabei um eine Vorbereitungshandlung für das Beladen handelt[193]
- Wegrollender Einkaufswagen, aus dem das Fahrzeug beladen werden sollte: Unabhängig davon, ob das Fahrzeug bereits aufgeschlossen wurde oder nicht, sind dem unmittelbaren Entladen des Einkaufswagens zeitlich vorgelagerte Vorbereitungshandlungen bereits dem Gebrauch des Kfz hinzurechnen[194]
- Wegrollender Einkaufswagen, da der PKW-Halter den Wagen loslässt, um mit der Fernbedienung das Fahrzeug zu öffnen, um es später Beladen zu können[195]
- Plattenwagen mit Zementsäcken rollt nach Aufnahme eines Sacks zum Beladen in das Fahrzeug weg. Person setzt Ladevorgang fort, ohne sich um den Plattenwagen zu kümmern[196]
- Schadensfälle im Zusammenhang mit dem Be- und Entladen gehören regelmäßig zum Gebrauch des Kfz[197]
- Rollt ein Einkaufswagen während des Umladens im Fahrzeug für die Aufnahme neu einzuladender Güter weg, zählt dies bereits zum Gebrauch des Fahrzeugs[198]

bb) Gebrauch verneint

160
- Ein wegrollender Einkaufswagen fällt auch dann unter die Privathaftpflicht, wenn der Kofferraum zwar geöffnet wurde, aber die Sicherung des Einkaufswagens entfernt wird[199]
- Hebt jemand einen Kasten Mineralwasser aus dem Einkaufswagen, um sie in den Kofferraum zu stellen und rollt der Einkaufswagen gegen einen vorbeifahrenden PKW ist dieses Haftungsrisiko der Privathaftpflichtversicherung zuzurechnen[200]
- Ein wegrollender Einkaufswagen fällt unabhängig davon, ob mit dem Beladen begonnen wurde unter die Privathaftpflicht. Die Gefahr geht nicht selbst vom Fahrzeug aus. Außer dem Fahrzeugführer können typischerweise auch andere Personen einen Schaden mit dem Einkaufswagen verursachen[201]

---

193 *AG Bamberg* Urt. v. 25.10.1990 – 1 C 1400/90, JurionRS 1990, 13622 = VersR 1992, 1460 = Beck RS 2008 08 656.

194 *AG Unna* Urt. v. 30.12.1994 – 16 C 803/94, ADAJUR Dok.Nr. 15757 = r+s 1995, 251.

195 *AG Frankfurt am Main* Urt. v. 05.09.2003 – 301 C 769/03 (70), JurionRS 2003, 31769 = SP 2003, 433 = NJW-RR 2004, 116 = VersR 2004, 997 (Ls.).

196 *LG Köln* Urt. v. 30.11.1994 – 23 S 13/94, JurionRS 1994, 15788VersR 1996, 50 = zfs 1996, 61.

197 *AG München* Urt. v. 05.07.1989 – 143 C 1320, zfs 1990, 136.

198 *LG Aachen* Urt. v. 30.03.1990 – 5 S 477/89, zfs 1990, 274 = r+s 1990, 188 = BB 1990, 1229 = VersR 1990, 1384 = NZV 1991, 76.

199 *LG Karlsruhe* Urt. v. 24.05.1991 – 9 S 578/90, zfs 1991, 246.

200 *AG Bad Homburg* Urt. v. 21.01.1992 – 2 C 2605/91, NJW-RR 1992, 538 = SP 1992, 224 = zfs 1992, 233 = ZAP EN-Nr. 768/92.

201 *LG Marburg* Urt. v. 06.10.1993 – 5 S 51/93, JurionRS 1993, 23216 = ADAJUR Dok.Nr. 3386 = NJW-RR 1994, 221 = zfs 1994, 169.

- Ein wegrollender Einkaufswagen fällt unter die Privathaftpflicht, wenn mit dem Beladen noch nicht begonnen wurde. Das Suchen eines Fahrzeugschlüssels ist lediglich eine Vorbereitungshandlung gelegentlich des Fahrzeuggebrauchs[202]
- Ein wegrollender Einkaufswagen fällt unter den Schutz der Privathaftpflichtversicherung, wenn nach dem Beladen wegrollt[203]
- Ein wegrollender Einkaufswagen fällt unter der Privathaftpflicht, wenn das Kfz noch nicht zum Beladen geöffnet wurde und es sich nur um eine Vorbereitungshandlung zum Beladen handelt[204]
- Lässt jemand einen Einkaufswagen los, um einen Kofferraum zu öffnen, ist der Schaden durch den Einkaufswagen an einem anderen PKW dem Deckungsbereich der PHV zuzurechnen. Es gibt keine gesetzliche Pflicht für Fahrzeugführer, Einkaufswagen gegen Wegrollen zu sichern. Zudem kann der Vorgang in gleicher Weise durch einen führerscheinlosen und in der Kfz-Haftpflichtversicherung nicht mitversicherten Begleiter verursacht werden[205]
- Kommt ein Einkaufswagen, der vom Fahrer eines PKW neben seinem Kofferraum abgestellt wird, beim Beladen ins Rollen und beschädigt das daneben stehende Fahrzeug, haftet nicht die KFZ-Haftpflichtversicherung, sondern derjenige, der den Einkaufswagen ungesichert abgestellt hat.[206]

cc) eigene Ansicht

Es liegt objektiv immer ein Fehlgebrauch des Einkaufswagens vor, da er entweder nicht festgehalten oder – falls vorhanden – seine Feststellbremse nicht betätigt wurde. Diesen Fehler machen sowohl Fahrer, Insassen oder außenstehende Dritte, die beim Einladen behilflich sein wollen. Insoweit liegt unabhängig davon, ob bereits der Kofferraum geöffnet oder per Fernbedienung das Fahrzeugschloss entriegelt wurde, noch keine fahrzeugbezogene Tätigkeit vor. 161

Eine völlig andere Frage ist, ob sich daraus ein verkehrsstrafrechtlich beachtlicher[207] Zusammenhang herleiten lässt. Dabei ist es für die Auslegung des § 142 StGB richtig, erst gar nicht auf die Thematik des Fahrzeuggebrauchs[208] einzugehen.[209] 162

Verneint[210] man den Fahrzeuggebrauch, kommt man nicht zu dem Problem, ob Unfallflucht mit den Folgen des § 28 Abs. 2 VVG i.V.m.E.1.1.3 AKB vorliegen könnte. Die weitere Frage, ob und wie bei einem vereinbarten »Rabattretter« die Sache zu entscheiden wäre, müsste dann erst gar nicht gestellt werden. 163

Ausnahmsweise anders ist es jedoch dann, wenn die auf der Ladefläche abgesetzte Ladung umkippt und gegen den Einkaufswagen stößt und diesen fortrollen lässt. Erst hierdurch wird eine fahrzeugbezogene Kausalkette in Gang gesetzt, bei dem das Fahrzeug tatsächlich auch körperlich beteiligt ist. 164

---

202 *LG Limburg* Urt. v. 21.07.1993 – 3 S 263/92, ADAJUR Dok.Nr. 19165 = zfs 1993, 377 = NJW-RR 1994, 486 = VersR 1994, 464.

203 *AG Lünen* Urt. v. 28.06.1993 – 8 C 132/83, JurionRS 1993, 14678 = NJW-RR 1994, 26 = zfs 1994, 91 (Es erwies sich als günstig, dass sowohl die Kfz-Haftpflicht als auch die PHV bei einem Unternehmen eingedeckt waren; der SFR war zu entlasten).

204 *AG Stuttgart* Urt. v. 20.06.1997 – 2 C 698/97, r+s 1998, 105.

205 *LG Kassel* Urt. v. 16.01.2003 – 1 S 402/02, zfs 2003, 301 m. zust. Anm. *Rixecker*.

206 *AG München* Urt. v. 05.02.2014 – 343 C 28512/12, Jurion 2015, 310785.

207 Verneinend: *LG Düsseldorf* Urt. v. 06.05.2011 – 29 Ns 3/11, JurionRS 2011, 22489 = NStZ-RR 2011, 355 = NZV 2012, 194 = StRR 2011, 399 = VRR 2011, 431 bespr. v. *Deutscher;* Siehe auch *Ternig* Der Kratzer durch den Einkaufswagen – Ein Verkehrsunfall? zfs 2012, 304 ff.

208 Bejahend: *OLG Düsseldorf* Urt. v. 07.11.2011 – III-1 RVs 62/11, JurionRS 2011, 35732 = NZV 2012, 350 = NStZ 2012, 326 = VRR 2012, 228 bespr. v. *Deutscher* = StRR 2012, 234 bespr. v. *Deutscher*.

209 So auch *Burhoff* Die Rechtsprechung im Verkehrsstrafrecht in den Jahren 2010 – 2012 – Teil 1, VRR 2013, 246 (247).

210 Nicht so das *AG Dortmund*, Hinweisbeschl. v. 16.8.2013 – 417 C 11581/12, VRR 2014, 70 bespr. v. *Nugel*.

f) Entladen

aa) Gebrauch bejaht

165 – Fällt ein aus einem PKW bereits ausgeladenes Gepäckstück beim weiteren Hantieren mit anderen Gepäckstücken ins Wasser, ist der Schaden beim Umgang mit der übrigen Ladung entstanden. Das Fahrzeug ist als noch am Schaden stiftenden Vorgang beteiligt anzusehen (kein Ausschluss für Reisegepäck nach A.1.5.5 Abs. 2 Satz 2 AKB)[211]
– Milch wird aus einem Tankwagen abgelassen. Es kommt zu einer Überfüllung, weil der Fahrer eine Klappe am Empfängertank nicht umlegt. Das Entladen gehört zum Gebrauch, da befördertes Gut seine Eigenschaft erst mit dem Ende des Abladens verliert[212]
– Das Abrollen eines Aufsatzcontainers mit einem darauf befestigten Streusatzautomaten gehört zum Gebrauch des Fahrzeugs. Ist der am Container als Ladegut eingetretene Schaden durch A.1.5.5 Abs. 1 AKB ausgeschlossen, kann wegen unstimmiger Klauseln in den verwendeten AHB der Schaden als in der Betriebshaftpflichtversicherung eingeschlossen angesehen werden[213]
– Das Entladen eines Tankwagens gehört zum Gebrauch des Fahrzeugs und endet erst mit Abschalten der Pumpe[214]
– Verliert ein LKW Ladung (Autowrack) und kommt es mehr als 36 Stunden später zu einem Unfall mit der verlorenen Ladung, ist dies dem Gebrauch des LKW zuzurechnen[215]

bb) Gebrauch verneint

166 – Nach dem Herunterheben eines transportierten Gegenstandes von der Ladefläche und Gehen von zwei bis drei Schritten[216]
– Kein Gebrauch, wenn Entladender sich bereits 5 bis 6 m vom Fahrzeug entfernt hat[217]
– Nach dem Absetzen der Ladung auf dem LKW mittels Gabelstapler endet das Beladen und somit der Gebrauch des LKW[218]
– Beschädigt ein Dritter beim Entladen, den zu entladenden Anhänger, ist die PHV eintrittspflichtig[219]
– Handlungen nach dem Abladen eines Transportgegenstandes auf Gitterwagen[220]
– Das Wegrollen einer Person auf einem Rollstuhl nach dem beendeten Herausheben aus dem Fahrzeug[221]

cc) eigene Ansicht

167 Das Entladen wie auch das Aussteigen gehören nach A.1.1.1 Satz 2 AKB ausdrücklich zum Gebrauch des Fahrzeugs. Soweit sich der funktionale Zusammenhang mit dem Fahrzeug verändert, besteht kein unmittelbarer Fahrzeuggebrauch mehr. Die weiteren Handlungen stehen dann nur noch lose mit dem Geschehen im Zusammenhang. Dies sind Handlungen die gelegentlich der

---

211 *OLG Saarbrücken* Urt. v. 28.06.1988 – 2 U 76/86, JurionRS 1988, 14190 = zfs 1988, 366.
212 *OLG Hamm* Urt. v. 08.01.1992 – 20 U 285/91, NJW-RR 1992, 862 = NZV 1992, 410 = zfs 1992, 268 = SP 1992, 157 = r+s 1992, 219 = VersR 1993, 44.
213 *OLG Saarbrücken* Urt. v. 01.06.2005 – 5 U 328/04–41, JurionRS 2005, 19575 = r+s 2005, 416 = OLGR 2005, 704 = VersR 2006, 400.
214 *OLG Nürnberg* Urt. v. 14.01.1982 – 8 U 1707/81, VersR 1982, 1092 = zfs 1983, 20.
215 *LG Berlin* Urt. v. 16.06.1972 – 2 S 112/72, VersR 1974, 274.
216 *OLG Köln* Urt. v. 13.09.1994 – 9 U 97/94, JurionRS 1994, 16344 = r+s 1995, 250 = zfs 1995, 339 = VersR 1996, 49 = OLGR 1995, 88.
217 *OLG Hamm* Urt. v. 02.11.1990 – 20 U 78/90, JurionRS 1990, 21028 = r+s 1991, 83 = VersR 1991, 652.
218 *LG Bochum* Urt. v. 25.10.1995 – 6 O 371/95, SP 1996, 29.
219 *AG Neumünster* Urt. v. 04.09.1987 – 8 C 101/87, MDR 1988, 147 = NJW-RR 1988, 217 = zfs 1988, 121.
220 *OLG Hamm* Urt. v. 07.07.1997 – 6 U 86/97, zfs 1998, 297 = r+s 1998, 52 = OLGR 1998, 63.
221 *AG Sangerhausen* Urt. v. 29.09.1999 – 1 C 828/98, SP 2000, 177 (übertragbar auf Kinderwagen).

vorangegangenen Fahrzeugnutzung vorgenommen werden. Gedeckt sind dagegen nur Schäden, die sich während des Aussteigens oder während des Entladens ereignen.

Dabei sind auch Umstände denkbar, die sowohl dem Gebrauch des Anhängerfahrzeugs als auch dem des damit transportierten Fahrzeugs (noch Ladung) zugerechnet werden können. Es kann ein fließender Übergang vorliegen falls dieses Fahrzeug im unmittelbaren Anschluss mit Motorkraft weiterbewegt werden soll und im Zeitpunkt des Unfallgeschehens nicht mehr bloße Ladung ist (z.B. Jet-Ski an Slipanlage[222]). 168

Schließlich sind auch Vorgänge möglich, bei denen sowohl ein im Entladungszustand befindliches Kraftfahrzeug gebraucht wird, als auch das Fahrzeug bzw. die Arbeitsmaschine, das mit eigener Kraft am Ladevorgang teilnimmt. Beispiele sind das Befahren der Ladefläche eines Autotransporters mit einem PKW, das Rangieren eines Gabelstaplers im Laderaum eines LKW sowie das Befahren eines Tiefladers durch einen Bagger[223] (, der ein mitgeführtes Fass aus der Schaufel verliert). 169

g) Garagentor

aa) Gebrauch bejaht

- Bedienung des Druckknopfes für einen Mechanismus in einer Garage, um danach mit dem PKW ausfahren zu können[224] 170
- Öffnen des elektronisch gesteuerten Garagentores per Funkbedienung, um in die Garage Fahren zu können[225]
- Zufällige Bedienung des Funktasters durch ein Kind im Fahrzeug nach dem Aussteigen des Fahrers gehöre nicht zur privaten Haftpflichtversicherung[226]

bb) Gebrauch verneint

- Auf dem Weg zum eigenen Fahrzeug öffnet ein PKW-Fahrer ein Garagentor und beschädigt ein Fremdfahrzeug[227] 171
- Das Bewegen einer Parkhubbox geschieht nur gelegentlich des »Fahrzeugbetriebes«[228]
- Das Schließen eines automatischen Garagentores per Funkbedienung aus dem Fahrzeug heraus ist kein unmittelbarer und typischer Fahrzeuggebrauch[229]

cc) eigene Ansicht

Im Vordergrund steht die Nutzung eines fahrzeugfremden elektrischen Antriebes per Fernbedienung, um ein Garagentor (Kipptor) zu bewegen. Elektrische Torantriebe stellen zusätzliche Gefahrenherde dar, weswegen sie mit Notabschaltungen[230] ausgerüstet werden müssen, um ein Einklemmen zu verhindern. 172

222 *LG Köln* Urt. v. 31.03.1993 – 24 O 349/92, VersR 1994, 1056 = zfs 1994, 418 bejaht Gebrauch des Jet-Skis als Wasserkraftfahrzeug.

223 *OGH Wien* Urt. v. 21.12.2011 – Ob 223/11, VersR 2013, 81 (Doppelversicherung, Gesamtschuldnerausgleich).

224 *LG Wiesbaden* Urt. v. 29.10.1990 – 1 S 314/90, VersR 1991, 872.

225 *LG Saarbrücken* Urt. v. 30.06.2005 – 12 S 6/05, JurionRS 2005, 33600 = r+s 2005, 415 = VK 2006, 136 m. abl. Anm. *Lücke*, ders. in Prölss/Martin/*Lücke* BesBed PHV Nr. 3, Rn. 11 = zfs 2005, 553 m. abl. Anm. *Rixecker*; für zweifelhaft haltend Beckmann/Matuschke-Beckmann/*Schneider*, Versicherungsrechts-Handbuch, Kap. 24, Rn. 102; zust. dagegen Stiefel/*Maier* A.1.1 AKB, Rn. 65.

226 *AG Düsseldorf* Urt. v. 12.12.2003 – 31 C 14060/03, JurionRS 2003, 35709 = DAR 2004, 157.

227 *AG Hannover* Urt. v. 07.08.1997 – 564 C 8544/97, zfs 1997, 463 m.Anm. *Hofmann*; *AG Frankenberg (Eder)* Urt. vom 03.09.2008 – 6 C 204/08, JurionRS 2008, 38206 = zfs 2009, 30.

228 *AG Bad Homburg* Urt. v. 14.08.1997 – 2 C 1233/97–10, VersR 1998, 92.

229 *LG Düsseldorf* Beschl. v. 22.03.2012 – 12 S 19/12.

230 BGR232:2003 – Richtlinien für kraftbetätigte Fenster, Türen und Tore (gilt auch für Sektionaltore).

173 Eine unmittelbare Beteiligung des Fahrers ist dabei nicht erforderlich; auch ein Insasse könnte den Mechanismus in Gang setzen. Es kann auch nicht auf die Intension der Person ankommen, ob nun das Fahrzeug, das Fahrrad oder ein anderer dort gelagerter Gegenstand aus der Garage geholt werden soll, um den Schaden einem bestimmten Haftpflichtbereich zuzuordnen. Für die Bejahung des Fahrzeuggebrauchs kann es nicht ausschlaggebend darauf ankommen, ob jemand beabsichtigt, mit dem Fahrzeug in die Garage zu fahren.

174 Ein elektrischer Torantrieb eines Garagentores ist nicht Zubehör des Fahrzeugs, sondern Bestandteil des Grundstücks, § 94 Abs. 2 BGB. Auch wenn die Fernbedienung im Fahrzeug mitgeführte wird, bleibt sie Zubehör des Grundstücks, § 97 BGB.

175 Höherwertige Fahrzeuge werden heute mit Funksendern als Sonderausstattung geliefert, die im Fahrzeug fest eingebaut sind. Der Funksender ist dann Bestandteil des Fahrzeugs. Seine Funktion wird im Frequenzbereich auf die stationäre Empfangsanlage des elektrischen Torantriebes abgestimmt. Folglich dient er nur der bestimmungsgemäßen Funktion des Garagentorantriebes, nicht aber der des Fahrzeuges.

176 Der Gefahrenbereich wird damit nicht durch das Fahrzeug, sondern vom Haus- und Grundbesitzer geschaffen. Das Fahrzeug ist nur gelegentlich an dem Bewegungsvorgang des Tores beteiligt.

177 Selbst der willentliche Akt des Fahrers (oder auch des Insassen), das Garagentor per Funkbedienung zu öffnen, um in die Garage einfahren zu können, ändert hieran nichts. Die Person führt lediglich beim Führen des Fahrzeugs eine weitere Funktion aus, die dem Risikobereich des Haus- und Grundbesitzes zuzurechnen ist.

178 Es handelt sich um schlichtes »*Multitasking*«: Der Prozess »Fahrzeugführen« und der Prozess »Garagentoröffnen« laufen parallel nebeneinander ab. Die handelnde Person wechselt dabei im Bewusstsein schnell zwischen dem einen und dem anderen Ablauf. Hierbei entsteht der Eindruck[231] der Gleichzeitigkeit.

179 Verunfallt das Fahrzeug, weil sich der Fahrer zu lange auf das Öffnen des Garagentores konzentriert und ähnlich dem Mobiltelefonieren[232] abgelenkt ist, beruht dieser Unfall auf einem Fehler als Fahrer.

180 Kommt es dagegen zu einem Schaden an einem vor der Garage geparkten Fahrzeug weil der Fahrer ohne genaue Wahrnehmung seines Garagentores zu frühzeitig den Öffner drückt, wirkt sich der Gefahrenbereich des funkgesteuerten elektrischen Torantriebes aus. Dabei spielt es keine Rolle, dass der Fahrer in seiner Konzentration auf das Garagentor vom Geschehen im Straßenverkehr möglicherweise abgelenkt war.

181 Allein darauf abzustellen, der Fahrer wolle doch nur in seine Garage fahren, trifft die Zusammenhänge nicht. Man stelle sich vor, der Nachbar habe ebenfalls einen funkbetriebenen elektrischen Torantrieb und habe zufällig die gleiche Frequenz. Unser Fahrer will in seine Garage, nicht aber in die des Nachbarn fahren.

182 Im Rahmen des Multitasking wird lediglich parallel eine weitere Handlung gelegentlich des Fahrzeuggebrauchs vorgenommen.

231 Zum Multitasking insbesondere Telefonieren und Autofahren siehe *Kiefer/Urbas* Multitasking-Heuristiken in dynamischer Mensch-Technik-Interaktion, http://www.zmms.tu-berlin.de/prometei/download/publikationen/jki/anthropotechnik2006_jki_lur.pdf.

232 Zum Mobiltelefon siehe FAKomm/VerkehrsR/*Bachmeier* § 23 StVO, Rn. 17 ff.

h) Waschen und Reparaturarbeiten am Fahrzeug

aa) Gebrauch bejaht

- Schweißen an einer Spritzwand am eigenen PKW unabhängig von einer beabsichtigten bestimmten Fahrt[233] 183
- Reparaturarbeiten nebst Schweißen einer Auspuffanlage[234]
- Reparaturen gehören zum Gebrauch des Kfz, so auch Schweißarbeiten an einem betriebsfähigen Fahrzeug[235]
- Schweißarbeiten durch einen Fremdbesitzer, der nur zu diesem Zwecke das Fahrzeug besitzt[236]
- Schweißarbeiten an einem Fahrzeug, das noch über die Ruheversicherung versicherbar ist[237]
- Reparaturarbeiten an den Bremsen eines aufgebockten, radlosen und abgemeldeten PKW führen zu Schäden an anderem Fahrzeug[238]
- Reparaturarbeiten durch Fahrzeugeigentümer am Fahrzeugtank in einer unentgeltlich überlassenen Werkstatthalle. Es unterliegt dem sachlichen Anwendungsbereich des PflVG, typische, dem Kfz inne wohnende Gefahr durch entzünden des Hauptbetriebsstoffs dem Gebrauch des Fahrzeugs zuzuordnen. Es können Parallelen zum Auswechseln der Glühbirnen oder zum Radwechsel[239] gezogen werden
- Zum Gebrauch gehören nicht gewerbsmäßige Reparaturarbeiten und das Rangieren in der Garage. Starten des Motors durch das geöffnete Fenster gehört zum Gebrauch, auch ohne dass die Person Fahrer sein muss[240]
- Sprühen mit einer Farbspraydose, um Lackarbeiten am eigenen Fahrzeug auszuführen, wenn dadurch nach Windabdrift ein anderes Fahrzeug beschädigt wird[241]
- Schäden bei der Demontage von Reifen am Fahrzeug A, um sie am Fahrzeug B montieren zu können, sind dem Gebrauch des Fahrzeugs B und somit nicht der Privathaftpflichtversicherung zuzurechnen[242]
- Werkzeugholen mit Fahrzeug durch Freund des mittelbaren Fahrzeugbesitzers[243]
- Wird die Wagenwäsche in einer Waschanlage bei eingeschalteter Zündung und eingelegtem Gang vorgenommen, ist das Fahrzeug auch in Gebrauch[244], ebenso, wenn Betriebseinrichtungen betätigt werden[245],
- Wird die Waschanlage ohne eingezogene Antenne befahren, hat der Kfz-Haftpflichtversicherer den Schaden an der Waschanlage zu decken[246]

---

233 *OLG München* Urt. v. 05.07.1985 – 18 U 2012/85, zfs 1985, 344 = VersR 1987, 196.

234 *OLG Hamm* Urt. v. 12.11.1992 – 6 U 120/92, JurionRS 1992, 15147 = r+s 1993, 127 = zfs 1993, 126 = SP 1993, 164 = VersR 1993, 1475 (Ls); *LG Bochum* Urt. v. 10.05.1991 – S 438/90, VersR 1991, 1401 (Ls.).

235 *BGH* Urt. v. 26.10.1988 – IVa ZR 73/87, JurionRS 1988, 13621 = NZV 1989, 110 = NJW-RR 1989, 218 = MDR 1989, 238 = r+s 89,8 = VRS 76, 120 = VersR 1988, 1283 = DAR 1989, 142.

236 *OLG Celle* Urt. v. 15.03.1989 – 8 U 63/88, VersR 1991, 216 = r+s 1990, 224 (*BGH* Nichtannahmebeschl. v. 28.02.1990 – IV ZR 120/89, JurionRS 1990, 15753).

237 *OLG Schleswig* Urt. v. 19.11.1992 – 16 U 118/91, JurionRS 1992, 15590 = r+s 1994, 90 = zfs 1994, 174, (*BGH* Nichtannahmebeschl. v. 15.12.1993 – IV ZR 65/93 – Ausschluss AH).

238 *AG Prüm* Urt. v. 01.10.1986 – 6 C 170/86, zfs 1987, 58 (Ausschluss PHV).

239 *OLG Koblenz* Urt. v. 11.01.2008 – 10 U 1705/06, JurionRS 2008, 16711 = NJW-RR 2008, 1613 = OLGR 2008, 878.

240 *LG Hildesheim* Urt. v. 21.12.1999 – 3 O 202/98, VersR 2002, 750 = zfs 2002, 219.

241 *AG Dinslaken* Urt. v. 16.01.1985 – 8 C 735/84, VersR 1985, 983.

242 *AG Koblenz* Urt. v. 10.03.1989 – 41 C 3053/88, VersR 1991, 653.

243 *OLG Schleswig*, Beschl. v. 13.09.1988 – 7 W 71/87, r+s 1989, 114 (*Ausschluss AH*); ablehnend zum Begriff »Besitzer« Prölss/Martin/*Lücke* BesBed PHV Nr. 3, Rn. 9.

244 *OLG Celle* Urt. v. 18.09.1975 – 5 U 145/74, DAR 1973, 72.

245 OLG Celle, 20.11.2019, 14 U 172/18.

246 *LG Kiel* Urt. v. 07.06.1984 – 10 S 25/84, zfs 1984, 259.

bb) Gebrauch verneint

184 – Schweißarbeiten durch einen Dritten sind jedenfalls keine Arbeiten durch einen Mitversicherten nach den AKB[247]
  – Kontaminierung mit Kraftstoff durch ausgebauten Tank eines Kfz gehört nicht mehr zum Betrieb des Kfz[248].
– Schweißarbeiten durch einen Fremdbesitzer sind keine Arbeiten durch einen Mitversicherten nach den AKB, so dass aus der privaten Haftpflichtversicherung Deckungsschutz zu gewähren ist[249]
– Schweißarbeiten durch einen Fremdbesitzer, der nur gelegentlich Mitbesitzer ist, fallen unter die private Haftpflichtdeckung[250]
– Schweißarbeiten durch einen Fahrer, der nur zum Zwecke des Schweißens das Fahrzeug in die Werkhalle gefahren hat, sind nicht durch den Gebrauch im Sinne der »kleinen Benzinklausel« in der Privathaftpflicht ausgeschlossen[251]
– Schweißarbeiten an einem Kfz, das über ein Jahr stillgelegt und damit nach den AKB nicht versicherbar ist, sind in der Allgemeinen Haftpflichtversicherung gedeckt[252]
– Zur Feststellung, ob die Ausschlussklausel (kleine Benzinklausel) in der Privathaftpflichtversicherung zur Anwendung kommt, ist aufzuklären, ob das Fahrzeug länger als ein Jahr stillgelegt war[253]
– Umfangreiche Reparaturarbeiten gehören nicht mehr zu den Pflichten eines Fahrers, sondern in die eines Reparaturbetriebes[254]
– Weitreichende Arbeiten sind keine typischen Fahrerhandlungen[255]
– Einstellarbeiten an der Einspritzanlage durch einen pensionierten Kfz-Meister an einem Fremdfahrzeug, die nicht unmittelbar mit einer beabsichtigten Fahrt zu tun haben, fallen in die Deckung der privaten Haftpflichtversicherung[256]
– Sprühen mit einer Farbspraydose, um Lackarbeiten am eigenen Fahrzeug auszuführen, wenn dadurch nach Windabdrift ein anderes Fahrzeug beschädigt wird[257]
– Fällt bei Reparaturarbeiten an einem Fahrzeug eine Standlampe gegen ein anderes Fahrzeug besteht Deckungsschutz nach den AHB[258]
– Wird für eine Wagenwäsche per elektrischem Hochdruckreiniger der Stromanschluss einer Kühltruhe verwendet, so fällt es nicht unter den Kfz-Gebrauch, wenn Abschluss der Arbeiten am Fahrzeug vergessen wird, die Kühltruhe wieder anzuschließen[259]

---

247 *OLG Braunschweig* Urt. v. 13.11.1987 – 2 U 245/86, *BGH* Nichtannahmebeschl. v. 12.07.1988 – VI ZR 330/87, r+s 1988, 354.

248 OLG Karlsruhe v. 12.12.2018 – 7 U 67/18.

249 *OLG Hamm* Urt. v. 09.12.1988 – 20 W 76/88, NJW-RR 1989, 413 = r+s 1989, 79 = VersR 1989, 696; *OLG Hamm* Urt. v. 02.10.1992 – 20 U 81/92, JurionRS 1992, 15104 = r+s 1993, 210 = NJW-RR 1993, 537 = VersR 1993,601 = zfs 1993, 312 m. ablehnender Anm. *Hofmann*; *OLG Celle* Urt. v. 15.03.1989 – 8 U 63/88, VersR 1991, 216; *OLG Oldenburg* Urt. v. 03.11.1993 – 2 U 114/93, OLGR 1994, 261; *LG Bochum* Urt. v. 10.05.1991 – 5 S 438/90, VersR 1991, 1401 (Ls.).

250 *OLG Nürnberg* Urt. v. 02.06.1989 – 8 U 2161/88, JurionRS 1989, 14221 = r+s 1989, 354 = VersR 1990, 79.

251 *OLG Köln* Urt. v. 23.12.1993 – 5 U 237/92, JurionRS 1993, 16144 = VersR 1994, 1056 = zfs 1994, 418.

252 *BGH* Urt. v. 14.12.1988 – IVa ZR 161/87, JurionRS 1988, 15079 = r+s 1989, 44 = NZV 1989, 146 = NJW-RR 1989, 412 = VRS 76, 182 = VersR 1989, 243 = DAR 1989, 143.

253 *BGH* Urt. v. 21.02.1990 – IV ZR 271/88, JurionRS 1990, 15738 = VersR 1990, 482.

254 *LG Koblenz* Urt. v. 18.11.2003 – 1 O 284/02, r+s 2004, 97.

255 *LG Itzehoe* Urt. v. 29.04.1988 – 7 O 140/86, zfs 1988, 180.

256 *OLG Saarbrücken* Urt. v. 08.02.2012 – 5 U 370/11 – 50, r+s 2012, 591.

257 *LG Köln* Urt. v. 01.02.1983 – 11 S 347/82, zfs 1983, 119.

258 *LG Karlsruhe* Urt. v. 09.02.1990 – 9 S 450/89, r+s 1990, 334.

259 *AG Hamburg* Urt. v. 07.11.1986 – 4 C 37/86, VersR 1988, 260 (das *LG Hamburg* sah es genau anders herum).

  – Auch die Wagenwäsche in einer Waschstraße, in der das Kfz durch ein Förderband bei ausgeschaltetem Motor weiter gezogen wird, unterfällt nicht dem Betriebsbegriff;[260]
- Liegt eine Wagenwäsche bereits drei Stunden zurück, ist ein Schaden durch gefrorenes Wasser nicht mehr dem Fahrzeuggebrauch zuzurechnen[261]
- Reinigen eines Fahrzeugmotors (Außenbordmotor) im Keller[262]
- Sohn vergisst beim Ölfilterwechsel am Fahrzeug der Mutter Öl nachzufüllen[263]
- Wird beim Reifenwechsel eine dabei benutzte Hebebühne beschädigt, geht die Gefahr nicht vom Fahrzeug selbst aus, da es bei der schadensstiftenden Verrichtung weder aktuell, unmittelbar, zeitlich und örtlich nahe eingesetzt wird noch sich dabei ein spezifisches Risiko des Kfz-Gebrauchs verwirklicht[264]

cc) eigene Ansicht

Reparaturarbeiten am eigenen Fahrzeug bergen eigenständige Risiken, die über das Fahren und die fahrzeugbezogene Verwendung hinausgehen. **185**

Es sollte danach abgegrenzt werden, was unmittelbar durch die Tätigkeit am Fahrzeug bewirkt werden soll. **186**

Bei umfassenden Arbeiten, die dem Werterhalt und der Herstellung der Verkehrstauglichkeit, der Nutzbarmachung des Fahrzeugs dienen, ist das Fahrzeug **reines Objekt einer Reparatur.** Solche Arbeiten werden gewöhnlich in der Autoreparaturwerkstatt, einem Karosseriebetrieb oder Lackierbetrieb durchgeführt. Für das mitunter extrem gefährliche Schweißen wird eine qualifizierte Zusatzausbildung in der Fügetechnik verlangt. Es wird dann nicht das Fahrzeug verwendet, sondern man benötigt besonderes Werkzeug, um das Fahrzeug reparieren zu können. Die Arbeiten dieser Betriebe sind über eine eigene Handel-/Handwerk-Versicherung versicherbar. **187**

Entsprechend sind Reparaturarbeiten, die ausnahmsweise eine Privatperson in größerem Ausmaß selbst durchführt, nicht mehr vom eigentlichen Fahrzeugrisiko zu erfassen. Zudem muss nicht jeder Kfz-Mechaniker oder Schweißer auch gleichzeitig eine Fahrerlaubnis besitzen. Es kann nicht darauf ankommen, ob und wie lange[265] ein Fahrzeug stillgelegt war und ob gewerbsmäßig[266] oder privat an Fahrzeugen gearbeitet wird, um unter der einen oder anderen Haftpflichtversicherung[267] Deckungsschutz zu erhalten. Schließlich ist kaum verständlich zu machen was gelten soll, wenn der **188**

---

260 OLG Brandenburg v. 12.12.2023 – 3 U 211/22; OLG Celle v. 20.11.2019, 14 U 172/18; OLG Koblenz, 05.08.2019, 12 U 57/19.

261 *OLG Hamm* Beschl. v. 29.05.1987 – 20 W 73/86, NJW-RR 1987, 1246 = r+s 1987, 213 = zfs 1987, 308 = VersR 1988, 732.

262 *AG Husum* Urt. v. 29.05.1987 – 2 C 63/87, zfs 1988, 119 (kein Ausschluss AH).

263 *LG Augsburg* Urt. v. 27.04.1990 – 9 O 3465/89, zfs 1990, 241 (kein Ausschluss AH), aufgehoben wegen subjektivem Risikoausschluss (grobe Fahrlässigkeit) durch *OLG München* Urt. v. 12.12.1990 – 30 U 505/90, zfs 1991, 101.

264 *LG Karlsruhe* Urt. v. 23.05.2014 – 9 S 460/13, ADAJUR Dok.Nr. 105694 = NJW-RR 2014, 1126 = NZV 2014, 587 = VersR 2015, 100 = SP 2015, 31 = zfs 2015, 101 (kein Ausschluss AH).

265 Je nach Dauer unterschiedliche Ergebnisse findend: *BGH* Urt. v. 14.12.1988 – IVa ZR 161/87, JurionRS 1988, 15079 = VersR 1989, 243 = NJW-RR 1989, 412 = MDR 1989, 525 = r+s 1989, 44 (kein Gebrauch, wenn 1 Jahr stillgelegt); *LG Kiel* Urt. v. 28.01.1985 – 2 O 210/84, zfs 1986,249 = VersR 1986, 538 = zfs 1986, 249 (kein Gebrauch, wenn 1 Jahr stillgelegt); *BGH* Urt. v. 21.02.1990 – IV ZR 271/88, JurionRS 1990, 15738 = VersR 1990, 482 = r+s 1990, 196 = zfs 1990, 242 (Zurückverweisung zur Aufklärung, ob bereits ein Jahr stillgelegt); *LG Bielefeld* Urt. v. 18.05.1988 – 1 S 54/88, VersR 1989, 246 = zfs 1989, 173 (beim beabsichtigten Ausschlachten Gebrauch verneint).

266 Auch bei gewerbsmäßigem Reparieren dagegen *OLG Hamm* Urt. v. 12.11.1992 – 6 U 120/92, JurionRS 1992, 15147 = r+s 1992, 127 = zfs 1993, 126.

267 Anders *Hofmann* NVersZ 1998, 54 (56), der befürchtet, die Privathaftpflichtversicherung würde in die Rolle einer subsidiären Versicherung des Kfz-Risikos gedrängt werden, statt endlich einen klaren Trennstrich zu ziehen.

Halter zusammen mit einem Dritten repariert und beide in Ausführung der Reparatur gemeinsam einen Drittschaden verursachen.

189 Die Fahrzeugkomplettwäsche (nicht nur Scheibenreinigen) und das Polieren des Lacks dienen ebenfalls nur dem Werterhalt des Fahrzeugs.

190 Tätigkeiten am Fahrzeug, die der **unmittelbaren Weiterfahrt** dienen, sind hingegen dem Fahrzeuggebrauch zuzurechnen. Es handelt sich um Arbeiten, die sich mit dem Bordwerkzeug des Fahrzeugs durchführen lassen. Hier steht die verkehrssichere Weiterfahrt, aber nicht der Werterhalt oder die generelle »TÜV-Fähigkeit« für die nächsten zwei Jahre im Vordergrund.

191 Eine Abgrenzung kann man mit Hilfe der **Bedienungsanleitung für das Fahrzeug** leicht vornehmen, da die Hersteller angeben, welche Arbeiten der Fahrer ohne besondere technische Vorkenntnisse und spezielles Werkzeug selbst durchführen kann und für welche Arbeiten er eine Fachwerkstatt aufsuchen sollte.

192 Folgende Arbeiten können beispielsweise vom Fahrer zur Fortsetzung der Fahrt durchgeführt werden:

- Prüfen des Motorölstands und Nachfüllen[268] von Öl
- Prüfen des Frostschutzmittels
- Nachfüllen der Flüssigkeit für die Scheibenwaschanlage
- Reinigen von Scheiben, Scheinwerfern und Rücklichtern
- Eiskratzen von Scheiben
- Austausch der Wischerblätter
- Aufstecken einer abnehmbaren Anhängerkupplung
- Auswechseln defekter Glühlampen
- Anbringung eines Dachgepäckträgers[269]
- Einbau eines Kindersitzes/Abschalten des Airbags wegen Kindersitz
- Ausbau einer herausnehmbaren Sitzbank
- Radwechsel nach einer Panne[270]

i) Straftaten, etc.

aa) Gebrauch bejaht

193
- Unbefugtes Fahren – Gebrauch ist unabhängig vom Versicherungsschutz[271]
- Fahren eines noch nicht versicherten Fahrzeugs ist ein in der Kfz-Haftpflicht versicherbarer Fahrzeuggebrauch[272]

---

268 Ölwechsel erfordert dagegen weitere Kenntnisse und Werkzeug und Entsorgungsmöglichkeiten. Zur falsch angezogenen Ölablassschraube siehe *Bayer* Benzinklausel und Gesamtkausalität – Zur Reichweite der »kleinen Benzinklausel« und der Privathaftpflichtversicherung, VersR 1985, 305 ff; *Allgaier* Die kleine Benzinklausel in der Privathaftpflichtversicherung, VersR 1985, 917 ff.

269 *AG Hamburg-Altona* Urt. v. 18.10.1989 – 315c C 467/89, zfs 1989, 424.

270 *BGH* Urt. v. 10.07.1980 – IVa ZR 17/80, BGHZ 78, 52 = JurionRS 1980, 11759 = VersR 1980, 1039 = NJW 1980, 2525 = zfs 1981, 18 = DAR 1980, 365 = VRS 59, 333.

271 *OLG Brandenburg* Urt.v. 03.09.2014 – 11 U 28/14, JurionRS 2014, 21434 = FD-VersR 2014, 362259 m. Anm. *Günther* = r+s 2014, 599 = VuR 2014, 483 (zulassungspflichtiges Quad – Ausschluss AH) *OLG Karlsruhe* Urt. v. 06.06.1991 – 12 U 33/91, JurionRS 1991, 14951 = VersR 1994, 564 = NZV 1993, 33 = r+s 1992, 227 = zfs 1991, 389 u. 1993, 130; *LG Freiburg* Urt. v. 09.11.1995 – 3 S 309/94, JurionRS 1995, 15860 = VersR 1996, 1227.

272 *BGH* Urt. v. 16.10.1991 – IV ZR 257/90, JurionRS 1991, 14354 = VersR 1992, 47 = DAR 1992, 101 = MDR 1992, 235 = NJW 1992, 315 = r+s 1992, 46 = zfs 1992, 90 = NZV 1992, 74 = SP 1992, 93 = VRS 82, 179.

bb) Gebrauch verneint

- PKW wird im Kanalbett versenkt – drei Wochen später fährt Schiff dagegen[273] 194
- Suizid eines Fahrers, der sich nach einem Alleinunfall vom Fahrzeug 250 m entfernt und sich dann vor einen herannahenden PKW wirft (eigenes Fahrzeug ist nicht unmittelbar beteiligt – keine typische Fahrerhandlung)[274]
- Suizid eines Kraftfahrers, der aus seinem Fahrzeug aussteigt und sich vor einen herannahenden LKW wirft[275]
- Flucht eines Fahrzeugführers zu Fuß vor einem nacheilenden Polizeibeamten stellt nur ein verdachtstypisches Risiko, nicht aber ein gebrauchstypisches Risiko dar[276]
- Körperliche Gewalt nach einem Verkehrsunfall ist keine typische oder vom Gesetz vorgeschriebene Tätigkeit des Fahrers[277]
- Ein bloßer örtlicher und zeitlicher Zusammenhang mit dem Gebrauch des Fahrzeugs i.S. des § 10 AKB reicht nicht aus. Bei einer tätlichen Auseinandersetzung mit einem Taxifahrer fehlt es an einem inneren Zusammenhang mit dem Fahrzeuggebrauch[278]

cc) Eigene Ansicht

Fahrzeuggebrauch liegt auch beim Gebrauch durch einen nicht berechtigten Fahrer vor, der selbst keinen Versicherungsschutz genießt, D.1.2 Satz 1, D.3.1 AKB. 195

Straftaten mit einem Fahrzeug stellen eher einen **Missbrauch** des Fahrzeugs dar, um vorsätzlich Schäden zu verursachen. 196

Soweit eine Halterhaftung aus Betriebsgefahr[279] neben der des vorsätzlich handelnden Straftäters als Fahrer in Betracht kommt, ist dieser Gebrauch allein in Bezug auf das Halterrisiko[280] selbst bei einem »verabredeten Unfall«[281] gedeckt. 197

Sind vorsätzlich[282] handelnder Fahrer und Halter identisch[283], liegt kein versicherter Gebrauch vor, § 103 VVG, A.1.5.1 AKB. 198

---

273 *AG Dortmund* Urt. v. 30.11.1990 – 137 C 2/90, SP 1992, 28.

274 *OLG Frankfurt* Urt. v. 03.07.1990 – 14 U 43/89, NZV 1990, 395 = VersR 1991, 458.

275 *LG Münster* Urt. v. 27.04.1995 – 2 O 100/95, NZV 1996, 154.

276 *OLG Saarbrücken* Urt. v. 15.09.1999 – 5 U 389/99–28, JurionRS 1999, 32788 = NVersZ 2000, 46 = VersR 2002, 351 = SP 2002, 216.

277 *OLG Saarbrücken* Beschl. v. 24.07.2001 – 5 W 223/01–66, r+s 2002, 405 = NVersZ 2002, 188 = VersR 2002, 1417 = zfs 2001, 501; *LG Stuttgart* Urt. v. 23.08.1979 – 16 S 115/79, VersR 1980, 473.

278 *BGH* Urt. v. 27.06.1984 – IVa ZR 7/83, JurionRS 1984, 13857 = DAR 1984, 317 = VersR 1984, 854 = MDR 1984, 126 = r+s 1984, 181 = zfs 1984, 342.

279 *BGH* Urt. v. 15.12.1970 – VI ZR 97/69, JurionRS 1970, 11056 = VersR 1971, 239 = MDR 1971, 288 = NJW 1971, 459 = DAR 1971, 71 = DB 1971, 233 = VRS 40, 161 (Ausnahmefall wegen Verschulden des VN, der Fahrzeug für späteres Vorsatzdelikt nicht verschlossen hatte).

280 *OLG Hamm* Urt. v. 15.06.2005 – 13 U 63/05, JurionRS 2005, 23866 = VRR 2005, 402 (Ls.) = r+s 2006, 33 = NZV 2006, 253 = NJW-RR 2006, 397 = zfs 2006, 75 = OLGR 2006, 306 = DAR 2006, 277 (Ehemann der Fahrzeughalterin fährt absichtlich in Menschengruppe); *OLG Köln* Urt. v. 01.07.1981 – 16 U 25/81, VersR 1982, 383; *OLG Brandenburg*, Beschl. v. 01.09.2009 – 12 W 27/09, JurionRS 2009, 24842 = VersR 2010, 274 = MDR 2010, 25 = NJW-RR 2010, 245 = VRR 2010, 64 bespr. v. *Birkeneder* (kein PKH für Täter, wenn KH-Versicherer als Streithelfer beitritt).

281 *OLG Köln* Urt. v. 30.05.2000 – 9 U 130/99, JurionRS 2000, 21127 = r+s 2000, 316 = MDR 2000, 1492 = NJW-RR 2000, 1476 = NVersZ 2001, 44 = VersR 2000, 1140; *OLG Schleswig* Urt. v. 15.11.1994 – 9 U 85/93, JurionRS 1994, 16572 = NJW 1995, 2499 (Ls.) = r+s 1995, 84 = NZV 1995, 114 = VersR 1995, 827 = zfs 1995, 180 (verabredeter Unfall ohne Kenntnis des Halters).

282 Beispiel: scharfes Abbremsen bis zum Stillstand im Stadtverkehr *OLG Nürnberg* Urt. v. 02.12.2004 – 2 U 2712/04, JurionRS 2004, 26824 = DAR 2005, 341 = zfs 2005, 503 = NJW-RR 2005, 466 = NZV 2005, 267 = VRS 108, 199 = zfs 2005, 503.

283 *OLG Celle* Urt. v. 15.05.2003 – 14 U 240/02, zfs 2004, 122 (Ehemann als Fahrer und Halter verletzt mitfahrende Ehefrau vorsätzlich).

199 Vorsätzlich und fahrlässig begangene Straftaten von Dritten an dem Tatobjekt Fahrzeug, mit der Folge weiterer Schäden, sind nicht[284] dem Gebrauch des Fahrzeugs zurechenbar.

j) Tiere

aa) Gebrauch bejaht

200 – Ein Schaf entweicht beim Abladen aus einem Anhänger und stößt mit einem Radfahrer zusammen; Entladevorgang ist noch nicht ordnungsgemäß beendet[285]
– Ist der Fahrer eines fremden PKW zugleich Halter von Tieren und beruht der Schaden am PKW im Verhalten der eigenen Tiere, liegt dennoch allein ein Gebrauch des Fahrzeugs vor. § 10 AKB a.F. gilt auch außerhalb des öffentlichen Verkehrsraumes[286]
– Herausspringen eines Hundes nach Verkehrsunfall führt zu weiterem Unfall – Betriebsgefahren des Kraftfahrzeugverkehrs schließen auch solche Einwirkungen auf das tierische Verhalten mit ein[287]
– Ein gegen die Verkehrssicherungspflichten abgestelltes Fahrzeug auf dem Gelände einer Trabrennbahn wird zum Hindernis für ein in Panik geratenes Pferd (bereits Betrieb bejaht; öffentlich zugängliches Gelände?)[288]

bb) Gebrauch verneint

201 – Das Gatter eines Wildgeheges wird nach dem Durchfahren mit dem Fahrzeug geöffnet gelassen. Das Schließen hat für die Weiterfahrt des Fahrzeugs keinen Zweck, weswegen das unterlassene Schließen dem Privathaftpflichtbereich zuzurechnen ist[289]
– Hund springt aus geparktem PKW, dessen Fenster leicht geöffnet war und erschreckt ein Turnierpferd[290]

cc) eigene Ansicht

202 Tiere stellen eine eigene Gefahrenquelle dar.

203 Beispiel: Ein Hund sitzt in einem geparkten Fahrzeug und schlägt an, als Personen vorbeigehen. Die Passanten erschrecken und verletzten sich.

204 Es verwirklicht sich allein eine Gefahr durch das Tier.

---

284 Unverständlich daher *OLG Dresden* Urt. v. 18.10.2000 – 12 U 1457/00, da es das *LG Chemnitz* Urt. v. 25.04.2000 – 1 O 4629/99 aufhob, (Umweltschaden durch Dieseldiebstahl).

285 *OLG Stuttgart* Urt. v. 20.09.1994 – 10 U 332/93, JurionRS 1994, 16601 = SP 1994, 395 = VersR 1995, 1042 = zfs 1995, 100 = r+s 1995, 3.

286 *OLG Köln* Urt. v. 07.03.1991 – 5 U 177/90, JurionRS 1991, 15055 = NZV 1992, 410 = zfs 1993, 381; anders noch *LG Aachen* Urt. v. 23.05.1990 – 4 O 475/89, r+s 1991, 335.

287 *BGH* Urt. v. 09.02.1988 – VI ZR 168/87, JurionRS 1988, 13230 = DAR 1988, 159 = r+s 1988, 164 = NZV 1988, 17 = NJW-RR 1988, 731 = MDR 1988, 664 = VersR 1988, 640 = JZ 1988, 570.

288 *BGH* Urt. v. 25.10.1994 – VI ZR 107/94, JurionRS 1994, 15599 = NZV 1995, 19 = NJW-RR 1995, 215 = MDR 1995, 42 = VersR 1995, 90 = r+s 1995, 44 = r+s 1995, 55 m.Anm. *Lemcke.*

289 *LG Kaiserslautern* Urt. v. 14.10.2008 – 1 S 16/08, JurionRS 2008, 28519 = NJW-Spezial 2009, 139 = NJW-RR 2009, 249 = NZV 2009, 346.

290 *OLG Karlsruhe* Urt. v. 07.12.2006 – 12 U 133/06, JurionRS 2006, 31725 = VersR 2007, 788 = zfs 2007, 160 = VK 2007, 24 = VRR 2007, 67 m.Anm. *Böhm (kein Ausschluss AH), BGH* Nichtannahmebeschl. v. 25.06.2008 – IV ZR 7/07, JurionRS 2008, 16412; Vorinstanz *LG Mannheim* Urt. v. 21.04.2006 – 8 O 32/06, JurionRS 2008, 38236 = SP 2006, 327.

Erschreckt sich aber während der Fahrt ein Taxifahrer, der den Hund eines Fahrgastes mitnimmt, verwirklicht sich bei einem Unfall neben dem Fahrzeugrisiko auch das Tierrisiko. 205

Solange sich durch einen Verkehrsunfall noch verstörte Tiere frei bewegen oder nicht beherrscht werden können, ist die vom Fahrzeuggebrauch herrührende Kausalkette nicht unterbrochen. Für Folgeunfälle ist die durch den Fahrzeuggebrauch ausgehende erhöhte Tiergefahr zu berücksichtigen. 206

Fehler durch Personen, die nur durch den gelegentlichen Gebrauch des Fahrzeugs begangen werden (Weidetor nicht richtig verschlossen), können von jedermann gemacht werden und bestehen nicht in einer typischen Fahrerhandlung. 207

k) Wegräumen von Hindernissen

aa) Gebrauch bejaht

- Wegschieben eines behindernden Krades oder Anhängers von Hand, um PKW das Wegfahren oder Einparken zu ermöglichen ist Gebrauch des PKW[291] 208
- Beim Wegschieben eines auf einem Betriebsgelände behindernd stehenden – noch nicht zugelassenen – Anhängers von Hand greift die große Benzinklausel[292]
- Das Beiseiteschieben eines anderen Fahrzeugs, um mit dem versicherten Fahrzeug ausparken zu können, ist eine typische Fahrerhandlung. Das Beseitigen von Hindernissen gehört zum Aufgabenkreis des Fahrzeugführers[293]
- Das Beseitigen von Hindernissen (hier Lösen der Handbremse von außen) ist eine typische Fahrerhandlung, wenn es nicht umfahren werden kann. Die extensive Auslegung des Gebrauchs führt zu einem angemessenen Ergebnis, da die im Gegensatz zur PHV, die Kfz-Haftpflichtversicherung obligatorisch ist[294]
- Wegschieben eines behindernden Krades, um PKW das Weiterfahren zu ermöglichen, ist Gebrauch des PKW, da eine vom Kfz ausgehende typische Gefahr und eine typische Tätigkeit des Fahrers vorliegen[295]

bb) Gebrauch verneint

- Wegschieben eines behindernden Krades, um PKW das Wegfahren zu ermöglichen, ist kein Gebrauch des PKW, da keine vom Kfz ausgehende typische Gefahr und keine typische Tätigkeit des Fahrers vorliegen[296] 209
- Das bloße Wegschieben eines fremden PKWs ist kein Inbetriebsetzen und damit kein Gebrauch des Fahrzeugs, der in die Kfz-Haftpflicht fiele, sondern eine Tätigkeit an einem fremden Auto, die in den Bereich der Privathaftpflicht[297] fällt

291 *OLG Frankfurt* Urt. v. 25.05.1991 – 1 U 20/89, WI 1991, 162; *LG Frankfurt* Urt. v. 22.05.1990 – 2/26 O 514/89, NZV 1991, 236 = zfs 1991, 280. *LG Hamburg* Urt. v. 09.12.1997 – 309 S 185/97, VersR 1998, 1148 (Ls.); *LG Hannover* Urt. v. 05.09.1996 – 16 S 17/96, zfs 1996, 422; *LG Köln* Urt. v. 29.03.2007 – 24 S 42/06, JurionRS 2007, 51846 = NJW-RR 2007, 1404 = SVR 2011, 19 = SP 2008, 124; *AG Laufen* Urt. v. 09.02.1995 – 1 C 12/95, zfs 1995, 299; *AG Braunschweig* Urt. v. 12.01.1993 – 116 C 5035/92 (3), VersR 1994, 208. *AG Dortmund* Urt. v. 12.01.1996 – 121 C 15563/95, JurionRS 1996, 14070 = VersR 1997, 101.

292 *LG Paderborn* Urt. v. 07.02.2001 – 1 S 201/00, NVersZ 2001, 430 m. zust. Anm. *Littbarski* NVersZ 2001, 397 ff.

293 *OLG Hamm* Urt. v. 12.02.1993 – 20 U 262/92, NJW-RR 1993, 994 = r+s 1993, 203 = NZV 1993, 352 = zfs 1993, 196 = SP 1993, 192 = VersR 1993, 1475 (Ls.).

294 *LG Düsseldorf* Urt. v. 15.12.1999 – 23 S 162/99, VersR 2001, 1018 (Ausschluss PHV).

295 *AG Frankfurt* a.M. Urt. v. 26.07.1983 – 30 C 12 146/83, VersR 1985, 983.

296 *AG Bersenbrück* Urt. v. 28.02.1991 – 1634–9–4 C 69/91, VersR 1992, 308 (Ls.) = NJW-RR 1992, 29.

297 *AG Köln* Urt. v. 09.10.1992 – 266 C 398/91, JurionRS 1992, 14223 = DAR 1993, 356 = VersR 1993, 1006 = zfs 1993, 378.

- Das bloße Beiseiteschieben eines fremden PKWs, um den eigenen PKW aus einer Halle schieben zu können, ist nur eine Vorbereitungshandlung für den späteren Gebrauch[298]
- Ein Unfall beim Wegfahren eines behinderndes Krankenwagens ist dem Gebrauch dieses Fahrzeugs und nicht dem des behinderten Fahrzeugs zuzurechnen[299]

cc) eigene Ansicht

210 Das eigene Fahrzeug selbst ist unmittelbar nicht körperlich beteiligt. Es ist eine Handlung des Fahrers an einem anderen Gegenstand oder Fahrzeug, um eine spätere Handlung mit dem eigenen Fahrzeug erst ausüben zu können.

211 Ich sehe hierin nur ein Handeln gelegentlich des eigenen Fahrzeuggebrauchs, aber kein Handeln durch den Gebrauch des versicherten Fahrzeugs.

212 Werden andere Fahrzeuge fortgeschoben, die eine Person stören, werden diese bewegt. Die Person kann damit zum **unberechtigten Fahrer** des fremden Fahrzeugs werden. Die Nähe zu einer Straftat nach § 248b StGB ist bereits gegeben, wenn es über ein bloßes Rangieren[300] hinausgehen sollte.

213 Es ist daher keine typische Tätigkeit eines Fahrers, als Nichtberechtigter eigenmächtig Handlungen in der Sphäre einer anderen Person vorzunehmen, die leicht die Grenze des Strafbaren überschreiten. Entsprechend ist ein Schaden nicht dem eigenen Fahrzeugrisiko zuzuordnen – auch wenn es dem erst späteren Fahrzeuggebrauch dienlich ist.

214 Handlungen von **Insassen**, die fremde Fahrzeuge wegschieben, um dem Fahrer zu helfen, fallen bereits deswegen vom Deckungsschutz heraus, weil sie als Insasse nicht zum Kreis der mitversicherten Personen zählen. Würde der Fahrer zusammen mit dem Insassen ein störendes Fahrzeug wegschaffen, wären beide als Mittäter nach § 830 BGB verantwortlich. Aber nur der Fahrer hätte bei anderer Auffassung Versicherungsschutz zu erwarten.

215 Der Versicherungsnehmer wird nicht ernsthaft erwarten können, für Schäden, die er nicht unmittelbar mit seinem Fahrzeug verursacht, von seinem Kfz-Haftpflichtversicherer freigestellt zu werden.

l) Zweifelhafte Sonderfälle

aa) Gebrauch bejaht

216
- Versehentliches Lösen der Handbremse beim Aussteigen durch 13jährigen Insassen[301]
- Schäden durch nicht ordnungsgemäß geparktes Fahrzeug (fehlende Handbremse)[302]
- Zurückschieben des Fahrersitzes beschädigt dahinter stehenden Laptop, wegen Vorbereitungshandlung für das Fahren kein Fall der Privathaftpflicht[303]
- Nutzung eines Wohnmobils zum Wohnen und Spielen ist eine typische Gebrauchshandlung des Fahrzeugs[304]
- Besteigung eines Wohnmobils während Verkaufsverhandlungen, wobei die angebaute Trittleiter sich aus der Verankerung löst[305]

---

298 *LG Paderborn* Urt. v. 29.10.1987 – 3 O 346/87, zfs 1988, 87 (kein Ausschluss AH).

299 *LG Aachen* Beschl. v. 12.01.2011 – 5 S 220/10, r+s 2011, 309.

300 Hentschel/*König*/Dauer § 248b StGB, Rn. 4 u. 5.

301 *OLG Düsseldorf* Urt. v. 07.04.1992 – 4 U 123/91, JurionRS 1992, 14982 = r+s 1992, 408 = NJW-RR 1993, 294 = VersR 1993, 302 = SP 1993,128 = WI 1993, 302 = zfs 1993, 57 *(Ausschluss AH)*.

302 *LG Nürnberg-Fürth* Urt. v. 17.04.2003 – 11 S 10091/02, SP 2004, 386 = SVR 2004, 149, bespr. von *Fitz*.

303 *AG München* Urt. v. 28.10.2010 – 222 C 16217/10, WI 2012, 195 = r+s 2012, 437, zu Recht zustimmend *Maier* r+s 2012, 429.

304 *LG Bückeburg* Urt. v. 04.06.1992 – 1 S 68/92, VRS 83, 333 = zfs 1993, 17.

305 *OLG Hamm* Urt. v. 21.09.1998 – 6 U 125/98, JurionRS 1998, 32261 = VersR 1999, 882 = r+s 1999, 55.

- Schieben eines fahruntüchtigen Fahrzeugs[306]
- Fahren eines Wohnmobils mit Unfall wegen einer Höhenbegrenzung. Ein Ausschluss in der Kfz-Haftpflichtversicherung führt nicht automatisch zum Einschluss in der PHV[307]
- Das Einsammeln während der Fahrt verloren gegangener Unterlagen ist typische Fahrerhandlung[308]
- Der Versuch, ein Fahrzeug nach einem Unfall zum Anhalten zu bewegen, um der eigenen Feststellungspflicht nachkommen zu können[309]
- Prüft der Fahrer (mit laufendem Motor) außerhalb seines Fahrzeugs, ob ein geeigneter Parkplatz vorhanden ist, liegt Gebrauch des Kfz vor[310]
- Fahrer steigt aus, um nach dem richtigen Weg zu fragen und verursacht hierdurch einen Unfall[311]
- Rasenmähen mit zulassungs- und versicherungsfreiem Rasentraktor unter 6 km/h ist auch dann Gebrauch des Kfz, wenn in der Kfz-Haftpflichtversicherung kein Versicherungsschutz zu erlangen ist[312]
- (Falsch-)Betanken des Fahrzeugs durch Fahrer[313]
- 15-jähriger dreht Schlüssel im Zündschloss, um Musikkassette zu prüfen, wobei versehentlich der Motor anspringt[314]
- 16-jähriger fährt mit noch nicht zugelassenen Neuwagen auf Betriebsgelände[315]
- abgemeldetes Bastlerfahrzeug wird von Jugendlichen auf privatem Gelände gefahren[316]
- Gefahren eines zur Vernichtung bestimmten, abgemeldeten Schrottfahrzeugs auf einer nicht zugelassenen Sammelstelle[317]
- Das Absicherung eines Fahrzeugs gegen Wegrollen beim Parken ist eine typische Fahrerhandlung[318]

---

306 *OLG Köln* Urt. v. 04.05.1999 – Ss 163/99, DAR 1999, 373 = NZV 1999, 341 = NStZ-RR 1999, 343 = zfs 1999, 358.

307 *OLG Karlsruhe* Urt. v. 06.06.1991 – 12 U 33/91, JurionRS 1991, 14951 = VersR 1992, 564 = NZV 1993, 33 = zfs 1993, 130.

308 *OLG Hamm* Urt. v. 24.11.2008 – 6 U 105/08, JurionRS 2008, 32616 = DAR 2009, 201 = NJW-RR 2009, 901 = r+s 2009, 124 = VersR 2009, 652 = zfs 2009, 182 = OLGR 2009, 195 = NZV 2009, 187.

309 *OLG Hamm* Urt. v. 16.08.1999 – 6 U 227/98, JurionRS 1999, 31926 = DAR 1999, 546 = NJW-RR 2000, 32 = NVersZ 2000, 42 = NZV 1999, 469 = r+s 1999, 494 = VersR 2000, 1270.

310 *LG Itzehoe* Urt. v. 10.11.1981 – 4 S 134/81, zfs 1982, 210.

311 *AG Lingen* Urt. v. 24.04.1990 – 4 C 25/90, zfs 1990, 419.

312 *OLG Köln*, Urt. v. 17.09.1992 – 5 U 65/92, JurionRS 1992, 15406 = r+s 1993, 250 = zfs 1993, 89 = OLGR 1993, 25 = SP 1993, 129 = VersR 1993, 304.

313 *BGH* Urt. v. 25.06.2003 – IV ZR 322/02, JurionRS 2003, 23828 = DAR 2003, 45 = VersR 2003, 1031 = r+s 2003, 355 = NZV 2003, 469 = NJW-RR 2003, 1248 = VRS 105, 339 = zfs 2003, 503 (Betriebsschaden in Kasko); *KG Berlin* Urt. v. 02.12.2011 – 6 U 13/11, JurionRS 2011, 37026 = r+s 2012, 384 = zfs 2012, 639 (Ausschluss Privathaftpflicht); *OLG Düsseldorf* Urt. v. 28.10.2008 – I-4 U 12/08, NZV 2009, 291 = NJW-RR 2009, 610 = r+s 2009, 273 = zfs 2009, 451 = OLGR 2009, 464 (Brandschaden infolge Falschbetankung über Teilkasko gedeckt); *OLG Rostock* Urt. v. 09.02.2004 – 3 U 85/03, JurionRS 2004, 14547 = OLGR 2004, 247; *LG Köln* Urt. v. 19.04.2007 – 24 O 349/06, JurionRS 2007, 51847 = SP 2008, 160 = NJOZ 2007, 3201; *LG Duisburg* Urt. v. 05.07.2006 – 11 O 105/05, JurionRS 2006, 36956 = NJW-RR 2007, 831 = VersR 2007, 56 (Ausschluss PHV, Betanken durch Nichtfahrer).

314 *LG Koblenz* Urt. v. 07.05.1991 – 6 S 398/90, r+s 1994, 256 (Ls.).

315 *BGH* Urt. v. 16.10.1991 – IV ZR 257/90, JurionRS 1991, 14354 = DAR 1992, 101 = MDR 1992, 235 = NJW 1992, 315 = NZV 1992, 74 = VersR 1992, 47 (Ausschluss AH).

316 *OLG Brandenburg* Urt. v. 20.11.2012 – 6 U 36/12, JurionRS 2012, 28986 (mangels KH-Versicherungsschutz keine Deckung; AH-Versicherer lehnte aus vertraglichen Gründen ab – nach Nr. 3.2 (1) Musterbedingungsstruktur IX Versicherungsschutz in der PHV, sofern ein berechtigter Fahrer das abgemeldete Kfz außerhalb des öffentlichen Verkehrsraumes führt.

317 *BGH* Urt. v. 16.02.1977 – IV ZR 42/76, JurionRS 1977, 11486 = DAR 1977, 243 = DB 1977, 1789 = MDR 1977, 737 = r+s 1977, 136 = VersR 1977, 468 = VRS 53, 90 (Ausschluss PHV, Ruheversicherung in den AKB bis ein Jahr nach Abmeldung).

318 *LG Bremen* Urt. v. 12.07.2012 – 6 S 324/11, NJW-RR 2012, 1427 = NZV 2013, 44 (Ausschluss PHV).

- Das bewusste Anlassen des Motors nebst Bedienung des Schaltwählhebels ohne den Willen Fahren zu wollen[319]

bb) Gebrauch verneint

217 – Aufsichtspflichtverletzung weil ein kleines Kind im Fahrzeug zurückgelassen wird, das die Handbremse löst[320]
- Die bloße Nutzung einer Batterie, um Radio im Fahrzeug hören zu können, stellt keinen Gebrauch dar, selbst wenn die Minderjährige hierzu den Zündschlüssel zu weit dreht und das Fahrzeug sich durch den Anlassermotor bewegt[321]
- Potentieller Käufer besteigt Motorradsitz und betätigt Handbremse ohne Fahrzeug anzulassen und Fahren zu wollen, Krad fällt dabei um und wird beschädigt[322]
- Versehentliches Entriegeln einer Handbremse durch Hilfsperson aufgrund falsch verstandener Anweisung; Versicherungsschutz in der Privathaftpflichtversicherung[323]
- 10-jähriges Kind will spielen und setzt Fahrzeug auf Betriebsgelände in Gang[324]
- Das bloße Nutzen einer Fahrzeugbatterie als Stromquelle, um Starthilfe für ein anderes Fahrzeug zu geben[325]
- Rasenmähen mit Aufsitztraktor auf nicht öffentlichen Wegen und Plätzen[326]
- Stehenlassen eines LKW auf Standstreifen durch Fahrer, der als Fußgänger im Anschluss die Straße quert[327]
- Fußgängerin läuft zum wartenden Taxi[328]
- Keine Eintrittspflicht der Insassen-Unfallversicherung, wenn kein innerer Zusammenhang mit dem Kfz-Gebrauch vorliegt – Insasse stieg zum Gehweg aus und überquerte anschließend die Straße[329]
- Mit Abstellen eines Kraftfahrzeugs in einer Halle oder Garage endet jede typische Fahrzeuggefahr. Es liegt außerhalb aller vorhersehbaren Wahrscheinlichkeit, dass der Motor eines dort abgestellten Kfz durch einen Marderbiss angelassen wird[330]

---

319 *LG Dortmund* Urt. v. 18.03.2010 – 2 S 51/09, JurionRS 2010, 19733 = NJW-RR 2010, 1472 = NZV 2010, 619 = r+s 2010, 466 = VK 2010, 170 (Ausschluss PHV).

320 *AG Mannheim* Urt. v. 04.07.1995, 2 C 1650/95, JurionRS 1995, 32029 = VersR 1995, 1084 (bejaht PHV; daneben sollte m.E. das Unterlassen der Fahrerin für einen Gebrauch sprechen).

321 *OLG Hamm* Urt. v. 27.11.1987 – 20 U 234/87, NJW-RR 1988, 859 = r+s 1988, 71 = MDR 1988, 323 = NZV 1988, 106 (Ls.) = VersR 1988, 457; *OLG Celle* Beschl. v. 03.03.2005 – 8 W 9/05, JurionRS 2005, 11694 = NJW-RR 2005, 623 = SP 2006, 149 = VK 2005, 89 = SVR 2005, 350, bespr. v. *Schwab* = NZV 2005, 321 = OLGR 2005, 231 = VersR 2006, 256 (kein Ausschluss AH); die Haftung aus § 7 StVG bejahend, *AG Berlin Mitte* Urt. v. 07.10.2010 – 106 C 3150/09, SP 2011, 139.

322 *OLG Saarbrücken* Urt. v. 20.03.1991 – 5 U 46/90, r+s 1991, 369 = NZV 1991, 409 = VersR 1991, 1400 (kein Ausschluss AH).

323 *LG Dortmund* Urt. v. 30.01.1991 – 4 O 277/90, VersR 1991, 1401 = NJW-RR 1992, 28 = zfs 1992, 58.

324 *LG Freiburg* Urt. v. 22.2.90, 6 O 629/89, zfs 90, 137 (kein Ausschluss in PHV).

325 *AG Fürstenfeldbruck* Urt. v. 17.03.2011 – 5 C 1779/10, SP 2011, 303.

326 *AG Hamburg* Urt. v. 02.02.1999 – 9 C 357/98, NVersZ 1999, 583; *AG St. Wendel* Urt. v. 29.02.2000 – 4 C 1145/99, NVersZ 2000, 440.

327 *LG Kassel* Urt. v. 15.09.1976 – 7 O 133/76, VersR 1977, 856 (Kausalität verneint).

328 *BGH* Urt. v. 09.12.1981 – IVa ZR 222/80, JurionRS 1981, 12147 = MDR 1982, 468 = NJW 1982, 827 = VersR 1982, 281 (Entscheidung zum Rahmenteilungsabkommen mit gesetzlicher Krankenversicherung).

329 *OLG Bamberg* Urt. v. 07.03.1996 – 1 U 115/95, JurionRS 1996, 14799 = NZV 1996, 412 = zfs 1996, 464 = r+s 1997, 213 = VersR 1997, 611.

330 *OLG München* Urt. v. 20.04.2000 – 24 U 45/99, NZV 2001, 510 = r+s 2002, 110 (*BGH* Nichtannahmebeschl. v. 24.07.2001 – VI ZR 224/00).

cc) eigene Ansicht

In der Praxis gibt es immer neue Abgrenzungsfälle, die sich oft nur schwierig in einzelne Gruppen einteilen lassen. 218

Entscheidend für die Auslegung der AKB ist immer, was von der Kfz-Haftpflichtversicherung an Deckungsschutz erwartet werden kann. 219

Das ist nach der Vorgabe des PflVG zunächst immer das Betriebsrisiko des Fahrzeugs entsprechend § 7 StVG. 220

Das obige Beispiel des *OLG Celle*[331] zeigt deutlich, dass eine Beurteilung je nach Bedingungswerk unterschiedlich ausfallen kann. Da das Fahrzeug mittels Motorkraft in Bewegung gesetzt wurde, war es nach den AKB in Gebrauch. 221

Der Kfz-Haftpflichtversicherer regulierte für den Halter[332] den Schaden am Fahrzeug des geschädigten Dritten. Er nahm die minderjährige Insassin in Regress. Diese war als bloße Insassin nicht mitversicherte Person der Kfz-Haftpflichtversicherung. 222

Obwohl sie das Fahrzeug durch (Über-) Drehen des Zündschlüssels fahrlässig in Bewegung setzte, wollte sie das Fahrzeug nicht gebrauchen, sondern nur die Batterie zum Radiohören nutzen. Dieser Gebrauch ist aber kein Gebrauch des Kraftfahrzeugs im Sinne der Ausschlussklausel der privaten Haftpflichtversicherung. 223

4. Paritätische Kommission – »Benzinklauseln«

Die Paritätische Kommission ist eine Einrichtung beim GDV zur Klärung von Abgrenzungsfragen der Allgemeinen Haftpflichtversicherung zur Kfz-Haftpflichtversicherung. 224

Der Hauptausschuss Schaden-/Unfallversicherung hat mehrere Fachausschüsse, darunter den Kraftfahrt-Fachausschuss und den Haftpflicht-Fachausschuss. Das Gremium besteht aus fünf Mitgliedern und zwei Stellvertretern, wobei je zwei Vertreter aus Kraftfahrt und Haftpflicht benannt werden. Der Kommissionsvorsitzende wird einvernehmlich bestimmt. 225

Die Mitgliedsunternehmen[333] des GDV können in Streitfragen untereinander, ob sich nun der Kfz-Haftpflicht oder der Haftpflichtversicherer mit dem Schadensfall zu befassen hat, die Kommission anrufen. 226

Weder das Verfahren noch die Entscheidungen sind mit gerichtlichen Verfahren und Urteilen vergleichbar. Die vom Gremium getroffenen Entscheidungen[334] sind nicht bindend. Sie binden auch ausdrücklich nicht[335] die Parteien, die die Kommission angerufen haben. 227

Den Parteien, die die Kommission anrufen, ist es jedoch unbenommen, sich im Vorfeld der Kommissionsentscheidung zu unterwerfen also auf ein gerichtliches Verfahren zu verzichten. 228

---

331 *OLG Celle* Beschl. v. 03.03.2005 – 8 W 9/05, JurionRS 2005, 11694 = NJW-RR 2005, 623 = SVR 2005, 350, bespr. v. *Schwab* = NZV 2005, 321 = OLGR 2005, 231 = VersR 2006, 256 (*kein Ausschluss AH*).

332 Und den nicht anwesenden Fahrer, der den Schlüssel fahrlässig stecken ließ.

333 Freiwillige Mitgliedschaft nach § 3 Abs. 1 Satz 1 der Satzung des GDV.

334 Bislang 189 Verfahren, die jedoch auch zum Teil durch Vergleich erledigt wurden. (Entscheidungszugriff ab dem 50. Verfahren über das Intranet des GDV; ansonsten siehe *Hock* Die Benzinklausel (Kraftfahrzeugklausel), 2. Aufl. 2009 zudem mit auch älteren Entscheidungen der Kommission sowie Rechtsprechung.).

335 Bereits Verfahrensordnung vom 01.10.2004, aktuell ist die Verfahrensordnung vom Januar 2008; insoweit überholt Feyock/*Jacobsen*/Lemor § 10 AKB Rn. 30.

229 Auch ohne rechtlich verbindliche Wirkungen kommt den Entscheidungen[336] eine wichtige Orientierungsfunktion zu. Sie helfen den Versicherern, wie sie untereinander die Frage des »Gebrauchs des Fahrzeugs« verstehen könnten. Denn notwendig ist eine Abgrenzung, um eine Mehrfachversicherung festzustellen bzw. auszuräumen.

230 Mehrfachversicherungen lassen sich aber nicht immer[337] verhindern.

231 Dabei ist jedoch zu beachten, dass vor der Deregulierung die Versicherer an die vom Bundesaufsichtsamt für das Versicherungswesen[338] genehmigten Bedingungen gebunden waren. Diese waren einheitlich, was eine inhaltliche Abgrenzung erleichterte und förderte.

232 Dem ist heute nicht mehr so. Die individuellen Bedingungen können im Einzelfall sogar erheblich von denen des Mitbewerbers abweichen.

233 Nach den Musterbedingungen zur PHV und BHV ist der Ausschluss des Fahrzeuggebrauchs (durch Benzinklauseln[339]) unterschiedlich[340] geregelt. Die seit mehr als 30 Jahren praktizierte »kleine Benzinklausel« eines Versicherers darf zu Recht weiterhin[341] verwendet werden. In der **Privathaftpflichtversicherung**[342] findet sich der entsprechende aktuelle **Ausschluss vom Versicherungsschutz** (früher sogenannte kleine Benzinklausel) dann unter A1–7.14 AVB-PHV:

A1–6.10 Nicht versicherungspflichtige Kraftfahrzeuge, Kraftfahrzeug-Anhänger

A1–6.10.1

Versichert ist – abweichend von A1–7.14 – die gesetzliche Haftpflicht des Versicherungsnehmers wegen Schäden, die verursacht werden durch den Gebrauch ausschließlich von folgenden nicht versicherungspflichtigen Kraftfahrzeugen und Kraftfahrzeug-Anhängern:

(1) nur auf nicht öffentlichen Wegen und Plätzen verkehrenden Kraftfahrzeuge ohne Rücksicht auf eine bauartbedingte Höchstgeschwindigkeit;
(2) Kraftfahrzeuge mit nicht mehr als 6 km/h bauartbedingter Höchstgeschwindigkeit;
(3) Stapler mit nicht mehr als 20 km/h bauartbedingter Höchstgeschwindigkeit;
(4) selbstfahrende Arbeitsmaschinen mit nicht mehr als 20 km/h bauartbedingter Höchstgeschwindigkeit;
(5) Kraftfahrzeug-Anhänger, die nicht zulassungspflichtig sind oder nur auf nicht öffentlichen Wegen und Plätzen verkehren.

---

336 Umfangreiche Fallsammlung hierzu nebst gerichtlichen Entscheidungen bei *Hock*, Die Benzinklausel (Kraftfahrzeugklausel) in der Allgemeinen Haftpflichtversicherung, 2. Auflage 2009; Komplettübersicht der entschiedenen Fälle 50 bis 183 nebst Schlagworten aus dem Zeitraum 1959 bis 2007 im Anhang zum Vortrag bei *Staab* Der Gebrauch des Kraftfahrzeugs 49. DVGT 2011, 146 ff.

337 *Schug* Zur Benzinklausel in der Haftpflichtversicherung, VersR 1998, 819 ff.

338 Heute integriert in die BaFin, Bundesaufsichtsamt für Finanzdienstleistungen in Berlin.

339 Irreführend, da es auch andere Antriebe gibt, NK-VersR/*Meckling-Geis*, BBR-PHV, Rn. 90. Ausführlich zu den Abgrenzungsproblemen Füllner, Abgrenzungsprobleme der Benzinklausel in der Haftpflichtversicherung, r+s 2023, 933 ff. auch mit Hinweisen auf die Kraftfahrzeug-Haftpflicht-Versicherung.

340 Prölss/Martin/*Lücke* BetriebsHaftPfl, Nr. 7.4.3, Rn. 7. Vgl. zu den vorher bestehenden Unklarheiten bei Nutzung eines Radladers zu einem älteren Bedingungswerk der PHV: OLG Koblenz Beschl. v. 02.09.2020 – 10 U 391/20 m. Anm. Schimikowski, r+s 2022, 256 f.

341 *LG München I* Schlussurt. v. 20.12.2012 – 12 O 12009/12, FD-VersR 2013, 343474 m.Anm. *Günther* = r+s 2013, 225; bestätigt durch *OLG München* v. 04.07.2013 – 29 U 430/13, JurionRS 2013, 40839 = MDR 2013, 1278 = r+s 2013, 492 = VersR 2013, 1168 = WI 2013, 191 = zfs 2014, 95.

342 GDV, Allgemeine Versicherungsbedingungen für die Privathaftpflichtversicherung (AVB PHV), Stand 25.08.2014.

A1–6.10.2

Für die vorgenannten Fahrzeuge gilt:

Diese Fahrzeuge dürfen nur von einem berechtigten Fahrer gebraucht werden. Berechtigter Fahrer ist, wer das Fahrzeug mit Wissen und Willen des Verfügungsberechtigten gebrauchen darf. Der Versicherungsnehmer ist verpflichtet, dafür zu sorgen, dass die Fahrzeuge nicht von unberechtigten Fahrern gebraucht werden.

Der Fahrer des Fahrzeugs darf das Fahrzeug auf öffentlichen Wegen oder Plätzen nur mit der erforderlichen Fahrerlaubnis benutzen. Der Versicherungsnehmer ist verpflichtet, dafür zu sorgen, dass das Fahrzeug nur von einem Fahrer benutzt wird, der die erforderliche Fahrerlaubnis hat.

Wenn der Versicherungsnehmer eine dieser Obliegenheiten verletzt, gilt B3–3.3 (Rechtsfolgen bei Verletzung von Obliegenheiten).

A1–7.14 Kraftfahrzeuge, Kraftfahrzeug-Anhänger

Ausgeschlossen sind Ansprüche wegen Schäden, die der Eigentümer, Besitzer, Halter oder Führer eines Kraftfahrzeugs oder Kraftfahrzeug-Anhängers durch den Gebrauch des Fahrzeugs verursacht.

In der **Betriebshaftpflichtversicherung**[343] findet sich die entsprechende aktuelle **Ausschlussklausel** 234
(früher sogenannte große Benzinklausel):

A1–7.14 Kraftfahrzeuge, Kraftfahrzeug-Anhänger

Ausgeschlossen sind Ansprüche wegen Schäden, die der Versicherungsnehmer, eine mitversicherte Person oder eine von ihnen bestellte oder beauftragte Person durch den Gebrauch eines Kraftfahrzeugs oder Kraftfahrzeug-Anhängers verursachen.

Eine Tätigkeit der vorstehend genannten Personen an einem Kraftfahrzeug oder Kraftfahrzeug-Anhänger ist kein Gebrauch im Sinne dieser Bestimmung, wenn keine dieser Personen Halter oder Besitzer des Fahrzeugs ist und wenn das Fahrzeug hierbei nicht in Betrieb gesetzt wird.

Es muss heute allerdings bezweifelt[344] werden, dass die große Benzinklausel noch den Anforderun- 235
gen der Wirtschaft und des sich ändernden Rechts gerecht wird.

C. Weitere praktische Hinweise

I. Abweichungen vom Mindeststandard

Die individuellen AKB der Versicherer können deutlich von den Muster-AKB 2015 abweichen. 236
Zudem können Sonderbedingungen[345] vereinbart sein. Der Mindeststandard entsprechend der Anforderungen durch das PflVG ist allerdings zu wahren.

Möglich ist es daher, dass im Rahmen eines »*Basis-, Grund- oder PflVG-Tarifs*« auf die Mindest- 237
anforderungen zurückgegangen wird. Im Rahmen einer ergänzenden Deckung kann dann durch einen gesonderten Vertrag der Versicherungsumfang wieder erweitert sein.

Was das Haftpflichtrecht angeht, so sind die AKB für den Normalfall geschaffen. Dabei kann als 238
Normalfall der simple Verkehrsunfall – nebst Unfall beim Ein- und Aussteigen – gelten. Die Fülle von Entscheidungen zum Fahrzeuggebrauch zeigt jedoch, dass die Strukturen an Übersichtlichkeit

343 GDV, Allgemeine Versicherungsbedingungen für die Betriebs- und Berufshaftpflichtversicherung (AVB BHV), Stand 25.08.2014.

344 *Kreuter-Lange/Schwab* Haftungs- und Versicherungsfragen beim Busfernverkehr, DAR 2015, 67 ff.

345 Siehe Sonderbedingung 11, A.1.1.1 AKB Rdn. 93–97.

verlieren, wenn es darum geht, den speziellen Anforderungen der Arbeitswelt und des modernen Wirtschaftslebens gerecht zu werden.

239 Aus Sicht des Versicherungskunden und des Geschädigten ist es geboten, für mehr Klarheit zu sorgen. Transparenz in den Bedingungswerken erleichtert nicht zu Letzt den Beratern und Maklern sowie den Gerichten die Arbeit. M.E. kann die Lösung nur in einem **Bausteinsystem für die Kfz-Haftpflichtversicherung** liegen. In anderen Versicherungsbereichen ist das Modell bekannt und hat sich bewährt. Selbst in der Kraftfahrtsparte findet das System seit Jahren bereits erfolgreich außerhalb der Haftpflichtversicherung Verwendung, so z.B. durch Ergänzungen zur Kaskoversicherung.

240 Ein Bausteinsystem ist auch in der Kfz-Haftpflichtversicherung zulässig, da es bereits möglich ist, durch zwei getrennte Kfz-Haftpflichtverträge eine Unterscheidung zwischen Pflichtversicherung und freiwilliger Höherversicherung zu erreichen.

241 Wie kann ein Bausteinsystem in der Kfz-Haftpflichtversicherung aussehen? Über den gesetzlichen Mindestrahmen (Pflichtversicherung) hinaus sollte der Kunde seinen Bedürfnissen entsprechend Module hinzukaufen können. Dabei kann eine Staffelung nach erforderlichem Anwendungsbereich in Kombination mit Zusatzverträgen vorgenommen werden. Die Zusatzverträge sollten zweckmäßigerweise auch dann der Kfz-Haftpflichtversicherung beigeordnet werden, wenn sie nach ihrer Grundaussage keine eigentliche Haftpflichtversicherung darstellen. Letzteres ist beispielsweise denkbar für die Güterfolgeschadenversicherung, eine Zusatzversicherung für Befüllschäden, Vermischungsschäden und sogar für echte Eigenschäden[346]. Sie dienen dem Risiko, dass bestimmte Tätigkeiten gelegentlich des Gebrauchs weder dem Kfz-Haftpflicht- noch einem sonstigen Haftpflichtbereich zugeordnet werden können. Zudem sind Ausfallrisiken aufzufangen, wenn die Geschäftsbeziehung des gewerblichen Kunden zu seinem Kunden trotz eindeutiger Rechtslage nicht leiden darf. Regelungen mit ähnlicher Zielsetzung zur Erhaltung des sozialen Friedens finden sich häufig in der Privathaftpflichtversicherung. So bei Ersatzleistungen für von deliktsunfähigen Kindern[347] verursachte Schäden oder Schäden aus Anlass einer Gefälligkeitshandlung[348] (kein Berufen auf stillschweigendem Haftungsausschluss).

346 Looschelders/Pohlmann/*Schulze Schwienhorst* VVG-Kommentar, § 100 VVG, Rn. 18.
347 Halm/Engelbrecht/Krahe/*Hunger* Handbuch des Fachanwalts Versicherungsrecht, Kap. 24, Rn. 41.
348 Halm/Engelbrecht/Krahe/*Hunger* Handbuch des Fachanwalts Versicherungsrecht, Kap. 24, Rn. 42.

242

<table>
<tr><th rowspan="2">Bereich</th><th rowspan="2">Baustein</th><th rowspan="2">Inhalt</th><th colspan="8">Zielgruppen</th></tr>
<tr><th>Privatkunde</th><th>Landwirte</th><th>Gewerbekunde</th><th>Werkverkehr</th><th>Güterverkehr</th><th>Autokran</th><th>Schwertransport</th><th>Begleitfahrzeug</th></tr>
<tr><td rowspan="3">Pflicht-Haft-Pflicht-versicherung</td><td>KH-Basis-Deckung</td><td>Öffentl. Verkehrsraum Mindestversicherungs-summe</td><td colspan="8">Pflichtdeckung für Fahrzeugzulassung</td></tr>
<tr><td>KH-Zusatz Gefahrgut</td><td>Öffentl. und nicht öff. Verkehrsraum; bes. Mindestsummen</td><td>entfällt</td><td colspan="6">Pflicht, soweit behördlich gefordert</td><td>entfällt</td></tr>
<tr><td>§ 29 Abs. 3 StVO</td><td>Öffentlicher Verkehrsraum</td><td colspan="5">entfällt</td><td colspan="2">Pflicht wegen Haftungserklärung VwV Ziff. 126</td><td>entfällt</td></tr>
<tr><td rowspan="8">Freiwillige Haftpflichtversicherung</td><td>Nicht öffentl. Verkehrsraum</td><td>Ausweitung auf Bereiche außerhalb des PflVG</td><td colspan="8">sinnvolle Erweiterung</td></tr>
<tr><td>Unbegr. Deckungssumme</td><td>Deckungssumme, z.B. € 100 Mio.</td><td colspan="8">sinnvolle Erweiterung</td></tr>
<tr><td>Mallorca-klausel</td><td>Deckungserw. für Fremd-Kfz</td><td>sinnvoll</td><td>entfällt</td><td>sinnvoll</td><td colspan="5">entfällt</td></tr>
<tr><td>Mitversicherung</td><td>z.B. Einweiser, Begleiter</td><td colspan="8">bedarfsgerechte Erweiterung</td></tr>
<tr><td>Einsatz als Arbeitsmaschine</td><td>Leistung z.B. durch Ladekran</td><td>entfällt</td><td colspan="5">eigene Deckungssummen</td><td>entfällt</td><td>eigene Deckungssummen</td></tr>
<tr><td>Sondereinsätze</td><td>(statt Individualvertrag)</td><td>entfällt</td><td colspan="2">Karneval</td><td colspan="2">entfällt</td><td>Jahrmarkt</td><td>entfällt</td><td>Multitasking neben Fz-gebrauch</td></tr>
<tr><td>Länder außerhalb Grenzen Europas</td><td>Räumliche Ausweitung, z.B. Ural, asiatischer Teil der Türkei</td><td>bei Bedarf</td><td>entfällt</td><td colspan="6">bedarfsgerechte Erweiterung</td></tr>
<tr><td>Kfz-USV</td><td>Schutz wegen USchadG</td><td>vorsorglich</td><td colspan="7">notwendiger Zusatz</td></tr>
<tr><td rowspan="2">Subsidiäre Haftpflichtversicherung</td><td>Befüllvorgänge</td><td>Handlungen an Einrichtungen Dritter</td><td>entfällt</td><td colspan="6">falls keine Deckung über BHV</td><td>entfällt</td></tr>
<tr><td>Reparatur am Fahrzeug; Funkbed.</td><td>Handlungen gelegentl. des Fahrzeuggebrauchs</td><td colspan="8">Sinnvolle Abrundung, falls keine Deckung über PHV oder BHV</td></tr>
<tr><td rowspan="2">Schadenversicherung</td><td>Vermischung</td><td>Güterfolgeschadenvers.</td><td colspan="4">entfällt</td><td>sinnvoll</td><td colspan="3">entfällt</td></tr>
<tr><td>Eigenschäden</td><td>Anprall- u. Rangierschäden auf Firmengel.</td><td>entfällt (?)</td><td colspan="6">sinnvolle Erweiterung für Firmen</td><td>entfällt</td></tr>
</table>

II. Auswirkungen von Entscheidungen der Paritätischen Kommission

1. Auswirkungen auf den Versicherungsnehmer

Die Entscheidungen bilden keinen Maßstab oder rechtlichen Beurteilungsrahmen für den betroffenen Versicherungsnehmer. Ihm bleibt die Möglichkeit erhalten, seinen Versicherer auf Deckungsschutz aus dem entsprechenden Kraftfahrt- oder Haftpflichtversicherungsvertrag zu verklagen. 243

Dabei ist nicht auszuschließen, dass der gleiche Lebenssachverhalt dazu führt, dass weder in der einen noch bei der anderen Sparte eine für den Versicherungsnehmer positive Entscheidung ergeht. Das kann an einer bestehenden Deckungslücke liegen. 244

Der Anwalt des Versicherungsnehmers ist hier gehalten, den jeweiligen Versicherungsumfang genau zu prüfen und zu ermitteln, ob ein »gesundes« Vertragsverhältnis vorliegt. Dabei ist nicht auszuschließen, dass der Mandant in Sonderfällen sogar mehrfach gegen das gleiche Risiko versichert ist. 245

246 Ebenfalls nicht auszuschließen ist dabei aber auch, dass Deckungslücken im Versicherungsschutz objektiv verbleiben. Der einzige rechtliche Weg führt dann über ein etwaiges Beratungsverschulden des Maklers oder Vermittlers.

247 Wenn dies nicht zum Erfolg führen kann, bleibt nur die vage Hoffnung auf eine positive Kulanzentscheidung des Versicherers. Im Einzelfall kann sich dann zeigen, ob es für den Versicherungsnehmer tatsächlich günstig war, Haftpflichtrisiken aus unterschiedlichen Bereichen bei unterschiedlichen Versicherern einzudecken.

2. Auswirkungen auf den Geschädigten

248 Erst recht können Ansprüche des Geschädigten durch Entscheidungen der Paritätischen Kommission nicht abgeschnitten werden. Dieser hat insbesondere dann ein Interesse, wenn es um die Frage des Direktanspruchs geht, den er mit in der Praxis eher selten vorkommenden Ausnahmen nur gegen den Kfz-Haftpflichtversicherer nach § 115 Abs. 1 Satz 1 Nr. 1 VVG haben kann.

249 Zudem ist die Anwendung der richtigen Haftpflichtsparte für ihn von Bedeutung, wenn es in Extremfällen (z.B. hohe Querschnittslähmung, schwere Brandverletzung) um die Höhe der Deckungssummen geht. Der Abstand zu den (Mindest-)[349] Deckungssummen der allgemeinen Haftpflichtversicherungen differiert gewaltig. Nicht zuletzt wird den Geschädigten interessieren, ob individualvertragliche Erweiterungen gegenüber dem Mindeststandard der Pflicht-Haftpflichtversicherungen für ihn wegen des § 113 Abs. 3 VVG günstiger erscheinen.

250 Bestehen Zweifel, welcher Versicherer zuständig ist, ist von dem sonst üblichen Mitverklagen des Kfz-Haftpflichtversicherers dringend abzuraten. Der Prozessvertreter geht ansonsten (schuldhaft) zum Nachteil seines Mandanten ein unnötiges Kostenrisiko ein.

III. Begriffsbestimmung als Maßstab für öffentlich-rechtliche Kostenbescheide

251 In den Feuerwehrgesetzen der Länder spielen Kostenerstattungsansprüche eine große Rolle. Im Bereich der Ölspurbeseitigung[350] und der sonstigen technischen Hilfeleistung wirkt sich dies auch auf den Halter von Kraftfahrzeugen aus, wenn er mit Kostenbescheiden durch die ausführende Gemeindefeuerwehr belastet wird.

252 In den 16 Bundesländern gibt es entsprechend 16 unterschiedliche Feuerwehrgesetze. Die jeweiligen Normen greifen alle, wenn auch mit unterschiedlichen Begriffen, auf die Verwendung des Kraftfahrzeugs und größtenteils des Anhängers zurück. Kurioserweise differieren drei Ermächtigungsnormen zum Teil erheblich von denen der anderen Bundesländer, die für den Kostenersatzanspruch von »beim Betrieb eine Kraftfahrzeugs« ausgehen.

253 Davon abweichend verwenden Bayern[351] und Schleswig-Holstein[352] eine Mischform, in dem Sie den Begriff »Betrieb« aus den StVG und den Begriff **»durch«** aus den AKB zusammenführen in »durch den Betrieb eines Kraftfahrzeugs«. Sie schränken damit den Anwendungsbereich der eng auszulegenden Ermächtigungsnorm ein.

254 Baden-Württemberg[353] hatte in seiner Fahrzeugaufzählung dagegen Kraftfahrzeuge als einziges Bundesland gar nicht enthalten. Zum 01.01.2010 wurde der Unterschied zu den anderen Bundesländern aufgehoben, indem nun Kraftfahrzeuge im Gesetz mit aufgezählt werden. Allerdings folgt Baden-Württemberg auch der Mischlösung »durch den Betrieb« nach § 36 Abs. 1 Nr. 2 FwG BW.

---

349 Pflicht-Haftpflichtversicherungen haben eine Untergrenze von derzeit EUR 250.000, – je Versicherungsfall, falls das jeweilige Gesetz keine spezialgesetzliche Regelung enthält, § 114 Abs. 1 VVG.

350 Hierzu Himmelreich/Halm/*Borchardt*, Handbuch des Fachanwalts Verkehrsrecht, Kap. 7, Rn. 285 ff.(6. Auflage).

351 Art. 28 BayFG.

352 § 29 BrSG-SH.

353 § 36 FwG-BW.

Zielsetzung des Gesetzgebers ist es, gerade bei Verkehrsunfällen vermehrt den Haftpflichtversicherer mit Kosten[354] der Daseinsvorsorge zu belasten. Zudem will man den für die Gemeinden negativen Auswirkungen der bürger- und versicherungsfreundlichen Rechtsprechung[355] zur Berechnung der Kostensätze begegnen[356].

Ob diese Tendenzen noch mit dem verfassungsrechtlichen Gleichheitssatz im Einklang stehen, ist zu bezweifeln. Jedenfalls sollte sich die Auslegung des Gebrauchsbegriffs in den jeweiligen Landesfeuerwehrgesetzen nicht an dem weiten Begriff der AKB, sondern an dem engen des PflVG orientieren. 255

IV. Teilungsabkommen mit Sozialversicherungsträgern

Teilungsabkommen (TA) sind privatrechtliche Vereinbarungen, die die Haftungsfrage durch Festlegung einer einheitlichen Quote ersetzen. Sie dienen der schnelleren Abwicklung von massenhaft auftretenden Regressfällen nach dem »Gesetz der großen Zahl«. 256

Auch in Teilungsabkommen zwischen Haftpflichtversicherern und Sozialversicherungsträgern[357] findet sich oftmals eine Formulierung, die sich auf den »Gebrauch des Fahrzeugs« bezieht. Vielfach sind dort aber Klauseln enthalten, die trotz bestehenden Fahrzeuggebrauchs, die Anwendbarkeit ausschließen. In einem sogenannten **Groteskfall**[358] käme haftungsrechtlich niemand auf die Idee, trotz »Gebrauch« Haftpflichtansprüche zu erheben. Fälle des offensichtlich fehlenden Kausalzusammenhangs[359] scheiden daher aus. 257

Da es sich um privatrechtliche Vereinbarungen handelt, unterliegen Teilungsabkommen nach ständiger Rechtsprechung[360] der freien Vertragsauslegung. Es gelten die allgemeinen Grundsätze. Ein TA ist danach gemäß der §§ 133, 157 BGB unter Berücksichtigung der Interessen der Vertragspartner, der Verkehrssitte und dem Sinn und Zweck[361] auszulegen. 258

Dabei wird häufig der Gebrauch im Sinne der AKB[362] ausgelegt. Nach der Deregulierung und der Verwendung unterschiedlicher AKB durch die einzelnen Versicherer kann dies zu Problemen führen. Im Zweifel wird man für die Auslegung auf die zum Zeitpunkt des Abschlusses des Teilungsabkommens verwendeten Musterbedingungen zurückgreifen müssen. 259

---

354 Bereits 2005 schätzte der Landesrechnungshof die Mehreinnahmen zu Lasten der Versicherer auf EUR 3,6 Mio. pro Jahr, LT-BW Drucksache 14/5103 vom 15.09.2009, S. 2.

355 *OVG Münster* Urt. v. 13.10.1994 – 9 A 780/93, JurionRS 1994, 14206 = NWVBl 1995, 66; *OVG Koblenz* Urt. v 18.11.2004 – 12 A 11382/04.OVG, KStZ 2006, 152 = DAR 2005, 111 f. m.Anm. *Schwab; VGH Kassel* Urt. v. 22.08.2007 – 5 UE 1734/06, JurionRS 2007, 44030 = DÖV 2007, 1061 = GemHH 2008, 91 = KStZ 2008, 36 = ESVGH 58, 77 = LKRZ 2007, 426 = Städtetag 2008, 37 = ZKF 2008, 119; bespr. v. *Grundmann* DVBl. 2007, 1572 ff.; *VG Göttingen*, Urt. v. 09.04.2008 – 1 A 140/07, JurionRS 2008, 45331; *VG Göttingen*, Urt. v. 09.04.2008 – 1 A 301/06, JurionRS 2008, 13860 = KommJur 2009, 116.

356 LT-BW Drucksache 14/5103 vom 15.09.2009, S. 53.

357 Umfassende Darstellungen in *Wussow*, Unfallhaftpflichtrecht, Rn. 1501 ff.; *LG Leipzig* Urt. v. 20.02.2009 – 5 O 3378/07, SP 2009, 425.

358 *OLG Koblenz* Beschl. v. 30.04.2012 – 12 U 406/11, JurionRS 2012, 14677; *Marburger* Anwendung von Teilungsabkommen bei Verkehrsunfällen, NZV 2012, 521 ff.

359 *OLG Celle* Urt. v. 29.10.2000 – 9 U 169/00, JurionRS 2000, 19928 = NVersZ 2001, 234 = VersR 2002, 114.

360 *BGH* Urt. v. 06.07.1977 – IV ZR 147/76, JurionRS 1977, 11409 = MDR 1978, 38 = VersR 1977, 854 (Groteskfall, TA mit Krankenkasse); *BGH* Urt. v. 23.03.1993 – VI ZR 164/92, JurionRS 1993, 15271 = VersR 1993, 841 = NZV 1993, 309 = MDR 1993, 623 = zfs 1993, 224 = NJW-RR 1993, 911.

361 *BGH* Urt. v. 23.03.1993 – VI ZR 164/92, VersR 1993, 841 = MDR 1993, 623 = NZV 1993, 309 = NJW-RR 1993, 911.

362 *BGH* Urt. v. 12.06.2007 – VI ZR 110/06, JurionRS 2007, 36837 = r+s 2007, 407 = NZV 2007, 507 = SVR 2007, 423 = DAR 2007, 586 = r+s 2007, 407 = VersR 2007, 1247 = VRS 113, 164.

260 Ein Automatismus, wonach ein Fahrzeug in einem Kraftfahrthaftpflichtvertrag versichert ist, müsse auch das entsprechende Teilungsabkommen mit dem Sozialversicherungsträger zur Anwendung kommen, existiert nicht. Dies ist im Regelfall allerdings zutreffend. Dennoch werden auch zulassungsfreie Arbeitsmaschinen und langsame Kraftfahrzeuge und Anhänger, für die nach § 2 Abs. 1 Nr. 6a) bis c) PflVG keine Versicherungspflicht besteht, mitunter aus Praktikabilitätsgründen einem Kfz-Haftpflichtvertrag zugeordnet.

261 Die richtige Einordnung wird dann bedeutsam, wenn unterschiedliche Quoten nach dem Teilungsabkommen für die allgemeine Haftpflicht und Kraftfahrthaftpflicht bestehen. Dies führt dann dazu, dass zunächst die richtige Sparte[363] zu ermitteln ist, um dann überhaupt das TA korrekt anwenden[364] zu können.

V. Stillschweigende Haftungsbeschränkung bei fehlendem Versicherungsschutz

262 Das Bestehen einer Haftpflichtversicherung wirkt (grundsätzlich) nicht[365] anspruchsbegründend. Allerdings ist darauf hinzuweisen, dass zumindest im Rahmen nachbarschaftlicher Hilfe[366] oder anderer besonderer Fallkonstellationen fehlender Versicherungsschutz bzw. die fehlende Erreichbarkeit von Versicherungsschutz die Auslegung begünstigt, einen stillschweigenden Haftungsausschluss anzunehmen. Haftungsbeschränkungen werden selbst bei bestehendem, insbesondere nur eingeschränktem Versicherungsschutz in der Kfz-Haftpflichtversicherung für zulässig[367] erachtet.

Begründete und unbegründete Schadensersatzansprüche

A.1.1.2 (Leistung in Geld)

Sind Schadensersatzansprüche begründet, leisten wir in Geld.

Übersicht

A. Allgemeines

1 Die Regelung konkretisiert die Leistung, zu deren Erbringung sich der Versicherer verpflichtet.

B. Regelungsgehalt

2 Der Geschädigte hat gegenüber dem Schädiger ein Wahlrecht, wie Schadensersatz geleistet werden soll:
- Naturalrestitution durch Herstellung, § 249 Abs. 1 BGB
- Naturalrestitution durch Zahlung des hierfür erforderlichen Geldbetrages (Wertersatz), § 249 Abs. 2 Satz 1 BGB
- Kompensation durch Geldzahlung, § 251 Abs. 1 BGB

---

363 *OLG München* Urt. v. 27.10.1989 – 21 U 2589/89, JurionRS 1989, 14216 = VersR 1990, 1221 (Ls.) = zfs 1991, 21 (Ls.) = r+s 1990, 40 (Werkstattunfall); *LG Karlsruhe* Urt. v. 24.10.1974 – 5 O 124/74, VersR 1976, 235 (Motorkraft treibt Anbaugerät an).

364 *OLG Köln* Urt. v. 19.09.1991 – 5 U 59/91, VersR 1992, 564 = zfs 1992, 275 (Go-Cart).

365 *BGH* Urt. v. 27.10.2009 – VI ZR 296/08, JurionRS 2009, 26158 = VersR 2009, 1677 = MDR 2010, 83 = NJ 2010, 119 = NJW 2010, 537 = NZV 2010, 74 = r+s 2010, 33 = zfs 2010, 133.

366 *OLG Stuttgart* Urt. v. 08.05.2008 – 13 U 223/07, JurionRS 2008, 14930 = NJW-RR 2009, 384 = r+s 2008, 304 (Minibagger – Versicherungsschutz weder über die Kfz- noch allgemeine Haftpflicht erreichbar).

367 Empfehlungen des Arbeitskreises III, 49. DVGT 2011.

Nach § 115 Abs. 1 Satz 3 VVG ist der Versicherer demgegenüber lediglich verpflichtet, dem Geschädigten Schadensersatz in Geld zu leisten. Die Herstellungspflicht trifft ihn folglich nicht[1]. 3

Eine unmittelbare Rechtsfolge für das Vertragsverhältnis zwischen Versicherungsnehmer und Versicherer enthält § 115 VVG nicht. Das neue[2] VVG enthält auch an anderer Stelle keine diesbezügliche Regelung. 4

Es obliegt daher der freien Vertragsgestaltung, den Umfang der Leistungspflicht im Verhältnis zum Versicherungsnehmer zu regeln. 5

Durch die Klausel wird auch im Verhältnis zum Versicherungsnehmer die Leistungspflicht gegenüber dem Geschädigten eingeschränkt. Der vertragliche Freistellungsanspruch aus § 100 VVG wird somit in zulässiger Weise auf das »*wie ist freizustellen?*« im Sinne der gesetzlichen Mindestanforderung begrenzt. 6

C. Weitere praktische Hinweise

Weder § 115 Abs. 1 Satz 3 VVG noch A.1.1.2 AKB stellen dagegen gesetzliche bzw. vertragliche Verbote dar. Der Versicherer kann freiwillig mehr tun. Unbenommen ist es daher dem Versicherer gegenüber dem Versicherungsnehmer und dem Geschädigten mehr als nur Schadensersatz in Geld zu leisten. 7

Viele Haftpflichtversicherer[3] tun dies im Rahmen eines sogenannten »**Schadenmanagements**«[4]. Es wird dabei versucht, in Absprache mit dem Geschädigten[5] und auch mit seinem Anwalt steuernd einzugreifen. Dies wird bisweilen kritisch[6] gesehen, auch wenn sich insbesondere im Person-[7] und Umweltschadenmanagement[8] die Erfolge und der praktische Nutzen[9] für alle Beteiligten nicht mehr leugnen lassen. Sie sind nach heutigem Verständnis zum festen Bestandteil der Regulierungspraxis geworden. Sie spiegeln auch einen positiven Wandel im Berufsbild des Schadensregulierer wider. 8

A.1.1.3 (Rechtsschutzanspruch)

Sind Schadensersatzansprüche unbegründet, wehren wir diese auf unsere Kosten ab. Dies gilt auch, soweit Schadensersatzansprüche der Höhe nach unbegründet sind.

Übersicht

1 Feyock/*Jacobsen*/Lemor § 115 VVG, Rn. 12.

2 Anders als § 49 VVG a.F.

3 Auch Rechtsschutzversicherer, siehe *BGH* Urt. v. 04.12.2013 – IV ZR 215/12, JurionRS 2013, 50143 = DAR 2014, 25 = MDR 2014, 157 = NJW 2014, 630 = NZV 2014, 75 = r+s 2014, 68 = VersR 2014, 98 = VRR 2014, 63 bespr. v. *Knappmann* = WM 2014, 1185 = zfs 2014, 96.

4 Himmelreich/Halm/Staab/*Richter* Handbuch der Kfz-Schadensregulierung, Kap. 2.

5 Z.B. beim Mietwagen, siehe Himmelreich/Halm/*Grabenhorst* Handbuch des Fachanwalts Verkehrsrecht, Kap. 5, Rn. 40.(6. Auflage).

6 Schwintowski/Brömmelmeyer/*Huber* PK-VersR, § 115 Rn. 29.

7 Himmelreich/Halm/*Nickel* Handbuch des Fachanwalts Verkehrsrecht, Kap. 27, Personenschadenmanagement.

8 Himmelreich/Halm/*Schwab* Handbuch des Fachanwalts Verkehrsrecht, Kap. 28, Umweltschadenmanagement. (6. Auflage).

9 Siehe Aufforderung in den Empfehlungen des Arbeitskreises I, »Personenschadenmanagement«, 46. VGT 2008, 7.

A. Allgemeines

1 Die Abwehr von unberechtigten Schadensersatzansprüchen ist neben der Leistung von Schadensersatz eine wesentliche, vollwertige[1] und zudem gleichrangige[2] Aufgabe des Versicherers. Die Rechtsschutzverpflichtung ist Bestandteil der Hauptleistungspflichten[3] des Versicherers. Sie wird als Geschäftsbesorgungsverpflichtung[4] des Versicherers bezeichnet. Der Versicherer übt sie aber bereits im eigenen Interesse aus, da hiervon der Umfang seiner Freistellungspflicht abhängt. Zu dieser oft sehr mühevollen und kostenträchtigen Tätigkeit verpflichtet sich der Versicherer durch die Vertragsklausel auch zu Gunsten des Versicherungsnehmers. Anders als ein Rechtsschutzversicherer, der lediglich die Kostenlast trägt, kommt dem abwehrenden Haftpflichtversicherer eine **aktive Rolle** zu. Er trägt die Arbeitslast der Verteidigung und die Verantwortung[5] bei einem Misserfolg.

2 Hierzu ist der Versicherer zwar nach den §§ 100, 101 Abs. 1 VVG angehalten; das Recht ist aber dispositiv[6]. Entsprechend ist der bedingungsgemäße Rechtsschutzanspruch enger gestaltet als die gesetzliche Grundregelung. Nach der zutreffenden herrschenden Meinung[7] muss der Versicherer nicht zwangsweise[8] abwehren. Er darf auch freistellen – den Haftpflichtanspruch befriedigen/erfüllen[9] –, da ihm sonst der notwendige Ermessenspielraum entzogen wird.

3 Der Kfz-Haftpflichtversicherer ist **kein** Rechtsschutzversicherer. Er gewährt jedoch einen Rechtsschutzanspruch[10]. Damit wird er zugleich (unter Einschränkungen[11]) ähnlich einem Rechtsschutzversicherer tätig. Die Abweichungen zum reinen Rechtsschutzversicherer bestehen insbesondere in der Einschränkung der freien Anwaltswahl[12] und des Weisungsrechts des Versicherers hinsichtlich der Prozessführung, E.1.2.4 AKB 2015.

4 Es ist zwar richtig, dass § 2 Abs. 1 KfzPflVV[13] diese Aufgabe dem Versicherer vorschreibt. Dennoch überschreiten die Verordnungsgeber damit vom Wortlaut her den ihnen eröffneten Handlungsspielraum. Das PflVG, mit seinem Blick auf den Verkehrsopferschutz, stellt jedenfalls selbst keine ausdrücklichen Anforderungen[14]. Diese ergeben sich eher aus teils dispositivem Recht der §§ 100, 101 VVG.

---

1 Stiefel/*Maier* Kraftfahrtversicherung, A.1.1.3 AKB, Rn. 81 ff.
2 NK-VersR/*Heinrichs*, § 100 VVG, Rn. 22.
3 *BGH* Urt. v. 30.09.1992 – IV ZR 314/91, BGHZ 119, 276 = JurionRS 1992, 14895 = DAR 1993, 219 = NJW 1993, 68 = VersR 1992, 1504 = r+s 1992, 406 = zfs 1993, 60; *OLG Koblenz* Beschl. v. 20.03.2012 – 5 U 76/12, JurionRS 2012, 13838 = ADAJUR Dok.Nr. 99028 = MDR 2012, 970 = r+s 2013, 68 = VersR 2012, 1008. Bruck/Möller/*Koch* Band IV, § 101 VVG, Rn. 2.
4 *Littbarski* in MüKo zum VVG, Bd. II, 101 VVG, Rn. 5.
5 *BGH* Urt. v. 20.02.1956 – II ZR 53/55, JurionRS 1956, 14100 = NJW 1956, 826 = VersR 1956, 186; *BGH* Urt. v. 30.09.1992 – IV ZR 314/91, BGHZ 119, 276 = JurionRS 1992, 14895 = DAR 1993, 219 = NJW 1993, 68 = VersR 1992, 1504 = r+s 1992, 406 = zfs 1993, 60. Looschelders/Pohlmann/*Schulze Schwienhorst* VVG-Kommentar, § 100, Rn. 29; Schwintowski/Brömmelmeyer/*Retter* PK-VersR, § 100 VVG Rn. 46.
6 Schwintowski/Brömmelmeyer/*Retter* PK-VersR, § 100 VVG Rn. 79 und § 101 VVG, Rn. 27; *Littbarski* in MüKo zum VVG, Bd. II, 101 VVG, Rn. 115.
7 Looschelders/Pohlmann/*Schulze Schwienhorst* VVG-Kommentar, § 100, Rn. 27; *Heinrichs*, § 100 VVG, Rn. 23.
8 So aber Prölss/Martin/*Lücke* VVG Kommentar, § 100 VVG, Rn. 2.
9 Bruck/Möller/*Koch* Band IV, § 100 VVG, Rn. 3.
10 Schwintowski/Brömmelmeyer/*Retter* PK-VersR, § 100 VVG Rn. 40 ff.
11 *EuGH* Urt. v. 10.09.2009 – C-199/08 (Fall Esching), JurionRS 2009, 22198 = DAR 2009, 641 = NJW-Spezial 2009, 687 = EuZW 2009, 732 = NJW 2010, 355 = DVBl. 2009, 1376 = RVGreport 2010, 318.
12 § 127 Abs. 1 VVG gilt nur für die Rechtsschutzversicherung.
13 Näheres Schwab/*Kreuter* § 2 KfzPflVV Rdn. 16–32.
14 Ebenso wenig die sechs KH-Richtlinien.

Anders als § 2 Abs. 1 KfzPflVV differenziert die AKB-Klausel nach Grund und Höhe. Dies hat klarstellende Funktion und trägt zum besseren Verständnis für den Versicherungsnehmer bei. 5

B. Regelungsgehalt

I. Schadensersatzansprüche

Die Abwehr unbegründeter Schadensersatzansprüche ist im Kontext mit A.1.1.1 AKB 2015 zu lesen. Der verständige Versicherungsnehmer kann danach nur erwarten, dass lediglich diejenigen Ansprüche abzuwehren sind, für die der Versicherer ihn bei bestehendem Anspruch grundsätzlich inhaltlich auch zu befreien hätte. 6

Damit besteht der Rechtsschutzanspruch nur dann, wenn eine Situation vorliegt, wonach ein anderer einen Schadensersatzanspruch geltend macht. Dieser hat auf gesetzlichen Haftpflichtbestimmungen des Privatrechts zu beruhen, der durch den Gebrauch des Fahrzeugs entstanden sein könnte. 7

Regelmäßig kompliziert erweisen sich Fälle des Treibstoffdiebstahls, bei denen Diesel oder Benzin aus den Tanks geparkter Fahrzeuge gestohlen wird. Der Diebstahl des Treibstoffs und die Sachbeschädigung am Fahrzeugtank ist dabei eine Sache. Der Versicherte ist Opfer einer vorsätzlichen[15] Straftat. Wesentlich schwieriger und ungleich teuer gestaltet sich der Umweltschaden, der nebenbei durch das Aufbohren und Absaugen des Tankinhalts entsteht. Häufig fangen die Täter nicht alles auf und lassen den Überschuss in den Untergrund oder die Kanalisation laufen. 8

Die an den Grundstücken entstehenden Schäden sind nicht durch den Gebrauch des Fahrzeugs bewirkt. Der Fahrzeugtank war nur Objekt der Straftat, in dessen Folge ein Umweltschaden entstanden ist. 9

Der Versicherungsnehmer sieht sich häufig öffentlich-rechtlichen Forderungen wegen Ersatzvornahmen oder zivilrechtlichen Forderungen[16] der Grundstückseigentümer ausgesetzt. Mangels Fahrzeuggebrauch haben die Versicherer keinen Rechtsschutzanspruch zu gewähren. Sie können jedoch auch aus Kulanz die Versicherten bei der Abwehr unterstützen. 10

Haben Ansprüche z.B. keinen Schadensersatzcharakter, beruhen sie allein auf öffentlich-rechtlichen Verantwortlichkeiten; geht es um Aufwendungen im Bußgeld- oder Strafverfahren, hat der Versicherer keine vertragliche Pflicht zur Abwehr. Der Versicherungsnehmer ist in diesen Fällen darauf angewiesen, bei seinem Rechtsschutzversicherer um eine Deckungsschutzzusage nachzusuchen. 11

Der Versicherungsnehmer kann im Zweifel jedoch dann die Rechtsschutzleistung durch seinen Haftpflichtversicherer erwarten, wenn durch den Dritten Ansprüche erhoben werden, die dieser als Schadensersatzansprüche bezeichnet, rechtlich aber keine sind. Bedeutung gewinnt dies, da schon in der Rechtsprechung[17] nicht immer klare Grenzen gezogen werden. Das Bestehen von Ähnlichkeiten zum 12

---

15 Siehe auch A.1.1.1 AKB Rdn. 197.

16 Unverständlich *OLG Dresden* Urt. v. 18.10.2000 – 12 U 1457/00, da es das *LG Chemnitz* Urt. v. 25.04.2000 – 1 O 4629/99 aufhob, (Umweltschaden durch Dieseldiebstahl).

17 *BGH*, Urt. v. 28.09.2011 – IV ZR 294/10, JurionRS 2011, 25980 = DAR 2011, 704 = MDR 2011, 163 = VersR 2011, 1509 = NZV 2012, 34 = r+s 2012, 17 = NJW-RR 2012, 163 = NJW-Spezial 2012, 138 = zfs 2011, 695 = VRR 2012, 24 bespr. v. *Knappmann; BGH* Urt. v. 05.06.2009 – V ZR 144/08, BGHZ 181, 233 = JurionRS 2009, 17376 = DAR 2009, 515 = NJW 2009, 2530 = WM 2009, 1664 = NZM 2009, 595 = NJW-Spezial 2009, 538 = VersR 2009, 1121 = MDR 2009, 1166 = zfs 2009, 558 m.Anm. *Diehl* = r+s 2010, 342 = VRR 2009, 298 bespr. v. *Deutscher*; *BGH* Urt. v. 21.09.2012 – V ZR 230/11, JurionRS 2012, 26099 = MDR 2012, 1407 = NJW 2012, 3759 = NZV 2013, 75 = NZM 2013, 44; siehe auch A.1.1.1 AKB Rdn. 7–19.

Schadensersatz sollte ausreichen, ohne dass die Anspruchsgrundlage echten Schadensersatzcharakter haben muss. Dafür spricht, dass in § 100 VVG selbst nur undifferenziert und daher fast uferlos von »Ansprüchen«[18] die Rede ist, wobei allerdings die Haftpflichtversicherung als Schadenversicherung zu klassifizieren[19] ist.

13 Selbst wenn Ansprüche Schadensersatzcharakter haben ist sein Haftpflichtversicherer dann nicht zur Abwehr verpflichtet, wenn diese im Zusammenhang mit Ausschlusstatbeständen stehen. Beispiele:
- Schadensort außerhalb des Geltungsbereiches der EU nach A.1.4.1 AKB
- Beschädigung von beförderten Sachen nach A.1.5.5 AKB
- Nichteinhaltung von Liefer- und Beförderungsfristen nach A.1.5.7 AKB

II. Abwehr zum Grunde

14 In Satz 1 werden ausdrücklich unbegründete Schadensersatzansprüche herausgestellt.

15 Unbegründet bedeutet, dass ein Haftungsgrund fehlt oder aufgrund von Rechtshindernissen nicht zum Zuge kommen kann. Beispiele sind:
- Haftungsausschluss nach § 104 ff. SGB VII
- Haftungsausschluss nach § 434 HGB
- Einwendung von Haftungsgrenzen nach § 12 StVG
- Einrede der Verjährung, § 214 Abs. 1 BGB

III. Abwehr zur Höhe

16 Satz 2 enthält eine weitere Klarstellung. Sie gibt dem Versicherungsnehmer Gewissheit, dass auch bei grundsätzlich bestehendem Haftungsgrund die Abwehr überzogener Forderungen vom Versicherer betrieben wird.

17 Beispiele sind:
- Einwand der Mithaftung, §§ 254 Abs. 1 BGB, 9 StVG
- Einwendungen zum Schadensumfang, § 249 BGB
- Einwendungen beim Verstoß gegen die Schadenminderungspflicht, § 254 Abs. 2 Satz 1 BGB
- Einwendungen zur Vorteilsausgleichung[20]

IV. Kombination

18 In der Praxis ist es der Regelfall, dass sowohl zum Grund als auch zur Höhe unberechtigte Ansprüche abgewehrt werden. Darüber hinaus kann der Haftpflichtversicherer neben der Abwehr gleichzeitig zur Freistellung von berechtigten Schadensersatzansprüchen verpflichtet sein, so bei einer anteiligen Haftung des Versicherten.

19 Die verschiedenen von der Haftungs- und Beweislage abhängigen Aufgaben verdeutlichen, dass der versicherungsvertragliche Deckungsanspruch weder ein reiner Anspruch auf Freistellung noch ein reiner auf Rechtschutz gerichteter Anspruch ist. Der Aufgabenschwerpunkt des Versicherers kann sich zudem im Laufe der sich dynamisch verändernden[21] Umstände verschieben.

---

18 Die gesetzliche Definition der Haftpflichtversicherung reicht für die Verwaltungspraxis nicht aus, *Bauer* Die Kraftfahrtversicherung, Rn. 745.

19 *BGH* Urt. v. 30.10.1954 – II ZR 131/53, BGHZ 15, 154 = JurionRS 1954, 13004 = DB 1954, 1019 = JZ 1955, 209 = NJW 1955, 101.

20 PWW/*Luckey* § 249 BGB, Rn. 78 ff.

21 *Felsch* Die neuere Rechtsprechung des IV. Zivilsenats des Bundesgerichtshofs zu Haftpflichtversicherung, r+s 2008, 265 (278).

Entsprechend ist bei einer Deckungsklage des Versicherungsnehmers bzw. der Mitversicherten, grundsätzlich auf den einheitlichen Versicherungsanspruch – Feststellung[22] auf Freistellung und Rechtsschutz (und nicht generell auf Leistung) abzustellen. 20

Je nach dem, in welchem Stadium sich die Anspruchsdurchsetzung des Geschädigten gegen den Versicherten befindet, kann dies ausnahmsweise variieren: 21
- Vor[23] einer Verurteilung des Versicherten lautet der Feststellungsantrag auf Gewährung von Deckungsschutz.
- Nach[24] der Verurteilung des Versicherten, aber noch vor Zahlung oder Vollstreckung gegen ihn, lautet der Feststellungsantrag auf Freistellung.
- Erst wenn der Versicherungsnehmer – wie höchst selten – bereits den Dritten, sei es vor- oder nachprozessual, befriedigt, kann er Leistung[25] an sich fordern.

V. Umfang der versicherten Kosten beim Rechtsschutz

Der Umfang des Rechtsschutzes ist in § 101 VVG als dispositives[26] Recht normiert. Das Gesetz kann unterstützend zur Auslegung der Vertragsklausel herangezogen werden. Insbesondere kommt dem Gesetzeswortlaut Bedeutung zu, da es zwischen gerichtlichen und außergerichtlichen Abwehrkosten unterscheidet. Der Versicherungsnehmer erwartet, dass er nicht nur außerhalb eines gerichtlichen Verfahrens, sondern gerade im kostspieligen Gerichtsverfahren nicht mit Kosten belastet wird. Die Kosten sind nicht auf eine Instanz beschränkt. 22

1. zu tragende Abwehrkosten

Die Abwehr unberechtigter Schadensersatzansprüche umfasst: 23
- Ermittlungskosten zur Feststellung von Tatsachen, die der Widerlegung von behaupteten Ansprüchen dienen (Sachverständigengutachten aller Art, Ortsbesichtigungen, Zeugenbefragungen, medizinische und juristische Beratung, etc.)
- Kosten eines Verwaltungsvorverfahrens, sofern Gesetzeskonkurrenz zu privatrechtlichen Ansprüchen besteht
- Kosten für die Verteidigung im Strafverfahrens, sofern diese auf Weisung des Versicherers, z.B. bei Umweltstraftaten[27] mit Kraftfahrzeugen, aufgewendet wurden, um die Ausgangslage zur Abwehr unberechtigter Ansprüche zu verbessern, § 101 Abs. 1 Satz 2 VVG. Dabei darf der Versicherer allerdings nicht bestimmen, welcher Verteidiger die Vertretung zu übernehmen hat und darf keine Weisungen[28] erteilen. Denkbar sind hier zusätzliche Kosten wegen eines Einspruchs gegen einen Strafbefehl, eines Rechtsmittels[29] oder aufgrund zusätzlicher Beweisanträge, beispielsweise für unfallanalytische Gutachten. Die Erteilung einer Weisung durch den Versicherer kann unter besonderen Umständen des Einzelfalles dann sinnvoll sein, wenn zu befürchten ist, dass ein Strafurteil als Urkunde – in Kenntnis der

22 *Bauer* Die Kraftfahrtversicherung, Rn. 757 ff.

23 Himmelreich/*Halm/Halm/Fitz* Handbuch Fachanwalt Verkehrsrecht, Kap. 26, Rn. 63.

24 Himmelreich/*Halm/Halm/Fitz* Handbuch Fachanwalt Verkehrsrecht, Kap. 26, Rn. 63.

25 Himmelreich/*Halm/Halm/Fitz* Handbuch Fachanwalt Verkehrsrecht, Kap. 26, Rn. 62.

26 Schwintowski/Brömmelmeyer/*Retter* PK-VersR, § 101 VVG Rn. 27.

27 NK-VersR/*Heinrichs*, § 101 VVG, Rn. 10.

28 *Littbarski* in MüKo zum VVG, Bd. II, 101 VVG, Rn. 60; einschränkend auf Nachteile Looschelders/Pohlmann/*Schulze Schwienhorst* VVG-Kommentar, § 101, Rn. 6.

29 Schwintowski/Brömmelmeyer/*Retter* PK-VersR, § 101 VVG Rn. 10; *Littbarski* in MüKo zum VVG, Bd. II, 101 VVG, Rn. 62. Stiefel/*Maier* Kraftfahrtversicherung, A.1.1.3 AKB, Rn. 81–87.

fehlender Bindungswirkung für den Zivilrechtsstreit – in zulässiger Weise[30] in einem späteren zivilrechtlichen[31] Verkehrsunfallprozess[32] (nachteilig) verwertet wird
- Kosten im selbständigen Beweisverfahren, §§ 485 ff. ZPO
- Abwehrkosten im Prozesskostenhilfeverfahren, §§ 114 ff. ZPO
- Kosten im Rahmen der Streitverkündung, §§ 72 ff. ZPO
- Kosten der Rechtsverteidigung in Passivprozessen inkl. der Anwalts- und Gerichtsgebühren nebst Auslagen für Sachverständige und Zeugen
- Rechtsanwaltskosten für den mitverklagten Fahrer zur eigenen Rechtsverteidigung im Haftpflichtprozess, auch wenn der Versicherer bereits als Streithelfer beigetreten ist, ihm aber eine (unbewiesene) Unfallmanipulation vorgeworfen hat[33]. (Entsprechend kann der so geschützte Versicherungsnehmer keine Prozesskostenhilfe[34] beanspruchen)
- Kosten notwendiger Aktivprozesse (negative Feststellungsklage)[35]
- Kosten eines Aktivprozesses bei unberechtigter Aufrechnung[36], wobei ein Prozess gegen einen zahlungsunfähigen Gegner nicht notwendigerweise geführt werden muss[37]
- Kosten eines Aktivprozesses auf Herausgabe[38] einer Sache bei unberechtigter Geltendmachung von Zurückbehaltungsrechten, ohne dass der Versicherer stattdessen Geldersatz leisten dürfe. Handelt es sich dabei um eine vertretbare Sache, zu der der Versicherungsnehmer keinen besonderen persönlichen Bezug hat, sollte allerdings die Zumutbarkeitsgrenze für den Versicherer überschritten werden
- Kosten einer (Teil-)Drittwiderklage, um aus prozesstaktischen Gründen[39] den gegnerischen Fahrer als Zeugen auszuschließen
- sogar ausnahmsweise die Kosten einer (Teil-)Widerklage, wenn aus prozesstaktischen Gründen[40] der Halter als Insasse im gegnerischen Fahrzeug als Zeugen ausgeschlossen werden soll
- Zwangsvollstreckungskosten nebst Regressrisiko, §§ 704 ff. ZPO

---

30 *BGH* Beschl. v. 24.01.2012 – VI ZR 132/10, JurionRS 2012, 11058 (Schadensersatzprozess nach versuchtem Mord, schwerer Körperverletzung und Brandstiftung); *OLG Zweibrücken* Urt. v. 01.07.2010 – 4 U 7/10, JurionRS 2010, 23391 = VRR 2010, 403 = NJW-RR 2011, 496 (Schmerzensgeldklage nach Vergewaltigung und Menschenhandel); *OLG Hamm* Beschl. v. 07.09.2012 – I-9 W 4/12, JurionRS 2012, 23750 (Schmerzensgeld- und Schadensersatzklage nach Totschlagsverurteilung); *OLG Hamm* 03.05.2012 – 9 U 182/11, JurionRS 2012, 30427 (Schmerzensgeldklage nach sexuellem Missbrauch); *OLG Saarbrücken* Urt. v. 13.07.2011 – 1 U 32/08 – 9, JurionRS 2011, 34713 (Schmerzensgeldklage nach Kindesmissbrauch).

31 *Littbarski* in MüKo zum VVG, Bd. II, 101 VVG, Rn. 54.

32 *KG Berlin* Beschl. v. 02.07.2009 – 12 U 113/09, JurionRS 2009, 32160 = DAR 2010, 88 = MDR 2010, 265 = NZV 2010, 153 (PKW – Fußgängerunfall).

33 *BGH* Urt. v. 15.09.2010 – IV ZR 107/09, JurionRS 2010, 25468 = DAR 2010, 700 = VersR 2010, 1590 = NJW 2011, 377 = NZV 2011, 21 = MDR 2010, 1380 = r+s 2010, 504 = SVR 2011, 233 bespr. v. *Hering* = VRR 2010, 463 bespr. v. *Knappmann* = zfs 2010, 628; vgl. Parallele zur PKH *BGH* Beschl. v. 06.07.2010 – VI ZB 31/08, JurionRS 2010, 20670 = DAR 2011, 313 = MDR 2010, 519 = VersR 2010, 1472 = NJW 2010, 3522 = NZV 2010, 561 = r+s 2010, 411 = NJ 2010, 519 = zfs 2010, 569.

34 *OLG Karlsruhe* Beschl. v. 24.03.2011 – 1 U 19/11, JurionRS 2011, 13132 = DAR 2011, 257 = NJW-Spezial 2011, 234 = NZV 2011, 260 = VersR 2011, 1201 = VRR 2011, 162.

35 *Littbarski* in MüKo zum VVG, Bd. II, 101 VVG, Rn. 46.

36 *OLG Hamm* Urt. v. 14.11.1975 – 20 U 126/75, JurionRS 1975, 11519 = VersR 1978, 80; *LG Dortmund* Urt. v. 27.01.2011 – 2 O 275/10, JurionRS 2011, 11027 = VK 2011, 102.

37 Stiefel/*Maier* Kraftfahrtversicherung, A.1.1.3 AKB, Rn. 81–87.

38 Stiefel/*Maier* Kraftfahrtversicherung, A.1.1.3 AKB, Rn. 81–87.

39 Himmelreich/*Halm Halm/Fitz* Handbuch des Fachanwalts Verkehrsrecht, Kap. 26, Rn. 55b; Dronkovic/*Engel* Formularbuch des Fachanwalts Verkehrsrecht, Kap. 6, Rn. 28.

40 Himmelreich/*Halm/Halm/Fitz* Handbuch des Fachanwalts Verkehrsrecht, Kap. 26, Rn. 55b.

- Arrest, §§ 916 ff. ZPO
- Einstweilige Verfügung, §§ 935 ff. ZPO

2. nicht zu tragende Kosten

Die Kosten, die nicht mehr allein der Abwehr von Schadensersatzansprüchen dienen oder den Umständen nach nicht geboten[41] sind, werden hiervon ausgenommen. Als solche kommen insbesondere in Betracht: 24
- Kosten für die Geltendmachung eigener Ansprüche
- Kosten der Widerklage[42] des Versicherungsnehmers wegen eigener Schadensersatzansprüche
- Kosten eines zusätzlich beauftragten Anwalts zur Rechtsverteidigung ohne Rücksprache mit dem Versicherer[43]
- Kosten der Nebenklage im Strafverfahren[44]
- Generelle Kosten für einen Strafverteidiger[45]

Für diese Seite des Rechtsschutzes ist es notwendig, anfallende Kosten über eine Rechtsschutzversicherung[46] (Verkehrsrechtschutz bzw. Fahrerrechtsschutz) abzuschließen. Die Ausschlussklauseln in 3.2.3 ARB 2012[47] betreffen die Passivseite. Das ist spiegelbildlich der Teil, der bei den AKB als Rechtsschutzanspruch gedeckt ist. Mit der Abgrenzung durch Ausschlusstatbestände wird eine Mehrfachversicherung nach § 77 VVG über die AKB und ARB vermieden. 25

3. Kostenerstattungsansprüche

Im Falle des Unterliegens des Gegners entstehen Kostenerstattungsansprüche. Waren der Versicherungsnehmer und die Mitversicherten verklagt oder mit dem Versicherer mitverklagt worden, so stehen sämtliche Erstattungsansprüche im Innenverhältnis dem Versicherer[48] zu, selbst wenn die Ansprüche zu Recht zugunsten der Mitversicherten tituliert wurden. Die Mitversicherten werden als Einzugsberechtigte angesehen oder dürfen im Rahmen der Drittschadensliquidation[49] die Kosten im eigenen Namen geltend machen. 26

41 Entsprechend § 101 Abs. 1 Satz 1 VVG.
42 Schwintowski/Brömmelmeyer/*Retter* PK-VersR, § 101 VVG Rn. 5.
43 *OLG Hamburg* Urt. v. 27.03.2009 – 14 U 40/09, JurionRS 2009, 41766 = SP 2009, 341.
44 *BGH* Urt. v. 23.01.1958 – II ZR 28/57, BGHZ 26, 261 = JurionRS 1958, 10276 = DAR 1958, 70 = DB 1958, 223 = MDR 1958, 218 = NJW 158, 420 = VersR 1958, 106; a.A. *OLG Stuttgart* Urt. v. 31.03.1955 – 5 U 167/54, DAR 1956, 159 = JZ 1955, 676.
45 *Littbarski* in MüKo zum VVG, Bd. II, 101 VVG, Rn. 58.
46 Speziell zur Rechtsschutzversicherung im Verkehrsrecht siehe hierzu Himmelreich/Halm/*Burmann-Schneider*, Handbuch Fachanwalt Verkehrsrecht, Kap. 24.
47 Musterbedingungen des GDV, Stand Oktober 2014.
48 Römer/Langheid VVG-Kommentar, § 101 VVG, Rn. 2.
49 *OLG Karlsruhe* Beschl. v. 12.03.2002 – 3A W 40/02, JurionRS 2002, 20755 = OLGR 2002, 230; Schwintowski/Brömmelmeyer/*Retter* PK-VersR, § 101 VVG Rn. 6.

27

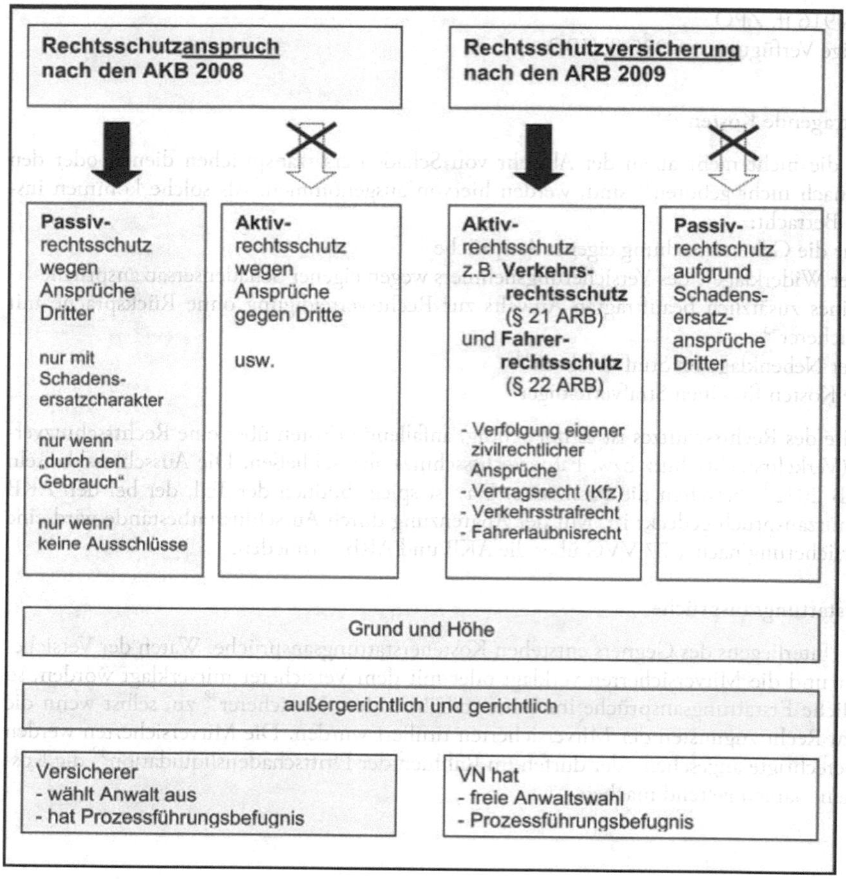

C. Weitere praktische Hinweise

28 Die Abwehr von Schadensersatzansprüchen, die inhaltlich unter den Deckungsumfang der Kfz-Haftpflichtversicherung fallen, muss nicht zwangsläufig auf den Zivilrechtsweg begrenzt sein.

29 Verschiedentlich sind zivilrechtliche Fragen im Vorfeld vor anderen Gerichten zu verhandeln, werden mitverhandelt oder haben Auswirkungen auf den Umfang der Ersatzleistung. Dies betrifft beispielhaft:

- die Arbeitsgerichtsbarkeit[50] beim Bestehen von arbeitsrechtlichen Bezügen unter den Beteiligten eines Unfallereignisses
- die Sozialgerichtsbarkeit wegen Haftungsausschluss aufgrund Unfall unter Arbeitskollegen nach den §§ 104 ff. SGB VII
- die deutsche[51] Strafgerichtsbarkeit wegen eines vom Verletzten beantragten Adhäsionsverfahren[52] nach den §§ 403 ff. StPO gegen den volljährigen[53] mitversicherten Fahrer/Beifahrer auf

50 Nach § 12a Abs. 1 Satz 1 ArbGG trägt im Urteilsverfahren auch die obsiegende Partei die eigenen Kosten.

51 Dort eher selten, siehe Himmelreich/Halm/Staab/*Kuhn* Handbuch Kfz-Schadensregulierung, Kap. 3, Rn. 131; *Krumm* Das Adhäsionsverfahren in Verkehrsstrafsachen, SVR 2007, 41.

52 *Schirmer* Das Adhäsionsverfahren nach neuem Recht – die Stellung des Unfallbeteiligten und deren Versicherer, DAR 1988, 121 (126).

53 § 81 JGG.

Schadensersatz, insbesondere wegen Schmerzensgeld. Die dabei entstehenden zusätzlichen[54] Kosten für den zivilrechtlich handelnden Verteidiger nebst Gerichtskosten nach § 472a Abs. 1 StPO berühren den Rechtsschutzanspruch. Selbst wenn dem Versicherten ein Pflichtverteidiger[55] zur Seite gestellt wurde, umfasst dies nicht schon die Abwehr von zivilrechtlichen Ansprüchen im Adhäsionsverfahren. Dies gilt unabhängig davon, dass ein strafgerichtliches Urteil im Adhäsionsverfahren keine Bindungswirkung[56] gegenüber dem Haftpflichtversicherer entfaltet

- ungeklärt ist, ob die Mitwirkung eines Verteidigers beim Aushandeln eines Schmerzensgeldbetrages[57] im Rahmen der Einstellung nach § 153a StPO[58] bereits den Versicherungsanspruch auslöst. Zumindest dann, wenn das Schmerzensgeld auf den Freistellungsanspruch anrechenbar sei, soll dies auch für die Anwaltskosten gelten. Dem ist zuzustimmen. Auch in Verkehrsstrafsachen kommt der Täter-Opfer-Ausgleich nach § 46a StGB grundsätzlich zur Anwendung. In den Genuss der Strafvergünstigung[59] kommt der Täter/Fahrer jedoch nur, wenn sein Beitrag zum Ausgleich in mehr besteht als nur der Zahlung der obligatorischen Versicherungsprämie.
- die ausländische[60] Strafgerichtsbarkeit bei Unfällen im Ausland mit entsprechenden zivilrechtlichen Adhäsionsverfahren
- die Verwaltungsgerichtsbarkeit wegen Forderungen aus Kostenbescheiden, z.B. für die Beseitigung einer Ölspur, die in Gesetzeskonkurrenz[61] zu zivilrechtlichen Schadensersatzansprüchen stehen
- die Finanzgerichtsbarkeit bei klärungsbedürftigen Fragen zur Besteuerung von Schadensersatzleistungen (Einkommensteuer; Umsatzsteuer, Energiesteuererlass)

Nicht erst im gerichtlichen Verfahren, auch im behördlichen Verwaltungsverfahren wie beim Antrags- und Widerspruchsverfahren sowie bei Verfahren vor dem Hauptzollamt (Erlassantrag) findet die Rechtsschutzfunktion Bedeutung. 30

Der Versicherer selbst ist – anders als ein Schadenregulierungsbeauftragter[62] – nicht[63] umsatzsteuerpflichtig, § 4 Nr. 11 UStG. Daher ist er auch nicht nach § 15 Abs. 2 Nr. 1 UStG zum Vorsteuerabzug berechtigt. 31

Ist der Versicherte zum Vorsteuerabzug berechtigt, bestehen die Kosten allein im Nettobetrag ohne die zusätzlich anfallende Umsatzsteuer. Der Versicherte bleibt wegen dieser Durchlaufposition nicht effektiv mit Kosten belastet. Soweit angenommen wird, der Versicherer beauftrage einen 32

54 Schwintowski/Brömmelmeyer/*Retter* PK-VersR, § 101 VVG Rn. 12; *Littbarski* in MüKo zum VVG, Bd. II, 101 VVG, Rn. 61.

55 *Stoffers/Möckel* Beteiligte im strafprozessualen Adhäsionsverfahren, NJW 2013, 830 ff.

56 *BGH* Urt. v. 18.12.2012 – VI ZR 55/12, JurionRS 2012, 31675 DAR 2013, 258 = NJW 2013, 1163 = FD-StrVR 2013, 343121 bespr. v. *Kääb* = NJW-Spezial 2013, 138 = VRR 2013, 261 bespr. v. *Knappmann*; Himmelreich/Halm/*Winkler* Handbuch des Fachanwalts Verkehrsrecht, Kap. 32, Rn. 433.

57 NK-VersR/*Heinrichs*, § 101 VVG, Rn. 12.

58 *LG Tübingen* 31.12.1987 –2 O 158/87, VersR 1988, 1172; Schwintowski/Brömmelmeyer/*Retter* PK-VersR, § 101 VVG Rn. 13; *Littbarski* in MüKo zum VVG, Bd. II, 101 VVG, Rn. 63; *Bruck/Möller/Koch* Band IV, § 101 VVG, Rn. 36.

59 *BayObLG* Beschl. v. 17.12.1997 – 2St RR 273/97, NZV 1998, 122 = NJW 1998, 1654 = NStZ 1998, 356 = VersR 1998, 1430 = JR 1999, 40.

60 Häufiger anzutreffen, siehe *Neidhart* Verkehrsrechts-Praxis – Adhäsionsverfahren – ein kurzer Ländervergleich – Schadenersatz im Strafprozess nach Verkehrsstraftaten, DAR 2006, 415.

61 *BGH* Urt. v. 20.12.2006 – IV ZR 325/05, JurionRS 2006, 29131 = DAR 2007, 142 m.Anm. *Weinsdörfer* = MDR 2007, 652 = NJW 2007, 1205 = VersR 2007, 200 = NZV 2007, 233 = r+s 2007, 94 = zfs 2007, 273 = VRR 2007, 108 bespr. v. *Knappmann*; siehe hierzu bereits die Forderung von *Schwab* DAR 2007, 269 (270).

62 *BFH* Beschl. v. 20.07.2012 – V B 82/11, JurionRS 2012, 20687 = DB 2012, 2081.

63 *BGH* Beschl. v. 25.10.2005 – VI ZB 58/04, JurionRS 2005, 25599 = DAR 2006, 237 = NJW 2006, 774 = MDR 2006, 476 = NZV 2006, 74 = VersR 2006, 241 = VRS 110, 183 = SP 2006, 115 = r+s 2006, 265 = VRR 2006, 156 abl. bespr. v. *Schneider* = Rpfleger 2006, 100 = SVR 2006, 178 abl. bespr. v. *Schwab*; abl. Himmelreich/Halm/*Müller* Handbuch des Fachanwalts Verkehrsrecht Kap. 6, Rn. 77.

Rechtsanwalt zugunsten des Versicherten und sei daher selbst[64] dessen Vertragspartner, widerspricht dies den wirtschaftlichen Interessen des Versicherers, als auch mittelbar denen des Versicherten.

33 Richtig dürfte eher sein, dass der Versicherer den Auftrag im Namen und in Vollmacht des Versicherten[65] vergibt. Es ist unzutreffend, die Vollmacht als Indiz dafür heranzuziehen, dass der Versicherer sich letztlich selbst verpflichten wolle, weil er die Kosten im Innenverhältnis zu tragen hat. Der Versicherer bedient sich nur des Rechtsanwalts zur Erfüllung seiner Vertragspflichten gegenüber den Versicherten, wobei er ähnlich einem selbstschuldnerisch haftenden Bürgen, für die Anwaltskosten aufkommt.

34 Umsatzsteuerrechtlich ist der Versicherte der (Haupt-)Auftraggeber, denn er ist derjenige, der haftet. Der Versicherer ist dagegen nur derjenige, der aufgrund der Haftung der Versicherten bei bestehendem Direktanspruch mitschuldet.

35 Die Entscheidung des *BGH*[66] zum Kfz-Haftpflichtversicherer und Mitversicherten als obsiegende Streitgenossen verkennt[67] die steuerliche Seite der rechtsgeschäftlichen Erklärung des Versicherers bei der Beauftragung eines Rechtsanwalts. Danach sei, da der nicht zum Vorsteuerabzug berechtigte Versicherer die Kosten im Innenverhältnis der Streitgenossen allein zu tragen habe, bei der Kostenfestsetzung die Umsatzsteuer mit festzusetzen.

36 Tatsächlich hat der Versicherer im Verhältnis zu den Mitversicherten nur die erforderlichen Kosten der Rechtsverteidigung zu tragen. Die Umsatzsteuer bei vorsteuerabzugsberechtigten Versicherungsnehmern gehört nicht hierzu. Versicherungsunternehmen sind Wirtschaftsunternehmen. Sie werden daher auch selbst keine Kosten produzieren wollen, die im Falle des Unterliegens weder vom Gegner noch vom Versicherten zurückerstattet werden.

37 Die Meinung des *BGH* führt zum Nachteil des Kostenschuldners dazu, dass dem Staat letztlich trotz Vorsteuerabzugsberechtigung des redlich Obsiegenden, die Mehrwertsteuer verbleibt. Ist der Obsiegende unredlich, streicht er die Mehrwertsteuer ein und macht sie dann trotzdem[68] beim Vorsteuerabzug geltend. Dann macht er einen finanziellen Gewinn.

38 M.E. dürfen Gerichte unter Beachtung von Art. 105 GG weder mit Rücksicht auf den Finanzbeschaffungsbedarf des Staats entscheiden, noch durch sachfremde Kostenentscheidungen, Möglichkeiten für betrügerischen Missbrauch eröffnen.

39 Der Versicherer trägt die Kosten der Rechtsverteidigung auch dann allein, wenn ein Selbstbehalt[69] vereinbart sein sollte.

40 Die Kosten der Abwehr unbegründeter Ansprüche sind nicht Teil der Versicherungssumme, sondern sind nach § 101 Abs. 2 Satz 1 VVG vom Versicherer zusätzlich aufzubringen. Dies gilt auch für angefallene Prozesszinsen, § 101 Abs. 2 Satz 2 VVG. Von der nach § 112 VVG grundsätzlich bestehenden Möglichkeit einer abweichenden Bestimmung – in den Schranken des § 83 VVG – wurde in den AKB kein Gebrauch gemacht.

41 Ein Haftpflichtversicherer, der seiner Aufgabe nicht nachkommt, macht sich seinem Versicherungsnehmer gegenüber nach den §§ 280, 281 BGB schadensersatzpflichtig. Der Versicherte kann in

64 *Littbarski* in MüKo zum VVG, Bd. II, 101 VVG, Rn. 36.

65 *Schmalzl/Krause-Allenstein* Berufshaftpflichtversicherung des Architekten und Bauunternehmers, Rn. 387.

66 *BGH* Beschl. v. 25.10.2005 – VI ZB 58/04, JurionRS 2005, 25599 = DAR 2006, 237 = NJW 2006, 774 = MDR 2006, 476 = NZV 2006, 74 = VersR 2006, 241 = VRS 110, 183 = SP 2006, 115 = r+s 2006, 265; dargestellt in Himmelreich/Halm/Staab/*Engelbrecht* Handbuch der Kfz-Schadensregulierung, Kap. 14, Rn. 177; zustimmend P/G/*Schmidt* § 104 ZPO, Rn. 6.

67 *Schwab* SVR 2006, 178; Himmelreich/Halm/*Müller* Handbuch des Fachanwalts Verkehrsrecht Kap. 6, Rn. 77.

68 *Schneider* VRR 2006, 156.

69 Prölss/Martin/*Lücke* Versicherungsvertragsgesetz, § 101 VVG, Rn. 19.

diesem Falle zur Abwehr drohender Nachteile selbst einen eigenen Anwalt beauftragen[70] ohne an Weisungen des Versicherers gebunden zu sein. Der Versicherer hat die Rechtsanwaltskosten zu erstatten.

Regulierungsvollmacht

A.1.1.4 (Regulierungsvollmacht)

Wir sind bevollmächtigt, gegen Sie geltend gemachte Schadensersatzansprüche in Ihrem Namen zu erfüllen oder abzuwehren und alle dafür zweckmäßig erscheinenden Erklärungen im Rahmen pflichtgemäßen Ermessens abzugeben.

Übersicht

A. Allgemeines

1 Die Regulierungsvollmacht war früher in § 10 Abs. 5 AKB a.F. geregelt. Sie gehört von Anfang an zum wesentlichen Handwerkszeug des Haftpflichtversicherers, im Schadensfall tatsächlich angemessen agieren zu können. Sie beinhaltet die Vertretungsmacht, den Versicherungsnehmer[1] rechtlich binden zu können, § 164 Abs. 1 Satz 1 BGB. Sie räumt dem Versicherer eine Geschäftsführungsbefugnis ein.

---

70 *OLG Düsseldorf* Urt. v. 13.12.1988 – 4 U 181/88, r+s 1989, 325; *AG Mannheim* Urt. v. 04.11.2011 – 10 C 156/11, JurionRS 2011, 31692 = r+s 2012, 73.

1 Der Versicherungsnehmer wird persönlich haftpflichtig erst mit seiner Doppelfunktion, z.B. als Halter, Fahrer oder Eigentümer des Fahrzeugs.

2 Da der Versicherer durch den gesetzlichen Schuldbeitritt zugleich als Gesamtschuldner nach § 115 Abs. 1 Satz 4 VVG »haftet«[2], schadet es nicht, wenn der Versicherer gleichzeitig auch im eigenen Interesse (gesamt-) verbindliche Erklärungen abgibt.

3 In der Kfz-Haftpflichtversicherung führt der Versicherer somit regelmäßig ein **»auch-fremdes-Geschäft«** für alle Gesamtschuldner. Richtet der Geschädigte Haftpflichtansprüche nur gegen den Schädiger, bleibt der Versicherer – wie im allgemeinen Haftpflichtrecht[3] – selbstverständlich auch dann bevollmächtigt.

4 Systematisch fehlplatziert[4] steht die Vollmacht unter »Umfang des Versicherungsschutzes«, da die Vollmacht begrifflich nicht zum Versicherungsumfang gehört. Letztlich ist dies aber dann doch nicht so falsch. Der Versicherer übernimmt schließlich damit auch den Regulierungsservice für seinen Versicherungsnehmer.

B. Regelungsgehalt

I. Grundsätzliches

1. keine Vorgabe durch Gesetz oder Verordnung

5 Die Erteilung einer Vollmacht wird weder vom Gesetz- noch von den Verordnungsgebern verlangt.

6 Insbesondere § 2 KfzPflVV enthält keine entsprechende Regelung. Sie darf auch keine enthalten, denn eine Vollmacht ist, wenn auch in den Bedingungen vorformuliert, nur eine einseitige empfangsbedürftige Willenserklärung, die der Versicherungsnehmer gegenüber dem Versicherer abgibt, § 167 Abs. 1 BGB. Die KfzPflVV wendet sich jedoch nicht an den Versicherungsnehmer, um ihn zu verpflichten, dem Versicherer Vollmacht zu erteilen.

2. Gesetzliche Ermächtigung zur Vertretung von Halter, Eigentümer und Fahrer

7 Es handelt sich somit auch nicht begrifflich um eine gesetzliche[5] Vollmacht.

8 Zu Zeiten, als die AKB noch vom Aufsichtsamt genehmigt werden mussten, mögen die AKB als amtlich genehmigte Bedingungen eine andere Rechtsqualität gehabt haben. Der *BGH*[6] hatte dies jedoch offen gelassen und nur für Mitversicherte aus dem Gesetzesverständnis heraus, insbesondere zur praktikablen Abwicklung der Ansprüche von Unfallopfern, eine *gesetzliche Ermächtigung* des Versicherers bejaht. Hieran hält der *BGH*[7] auch nach Einführung des Direktanspruchs zu Recht fest, auch wenn sich der Geschädigte ja allein schon aufgrund des Direktanspruchs nach § 115 Abs. 1 Satz 1 Nr. 1 VVG unmittelbar an den Versicherer halten kann.

9 Einer unbedingten Vorgabe durch den Gesetz- bzw. die Verordnungsgeber, eine Vollmacht zu verlangen, bedarf es nach der Zielrichtung »Verkehrsopferschutz« heute insoweit nicht mehr. Richtig und wesentlich ist aber, dass bei einer Aufgabe der »gesetzlichen Ermächtigung« in der Praxis kaum zu lösende Probleme auftreten würden. Der Kfz-Haftpflichtversicherer muss in seiner Funktion als

2 Der Versicherer haftet nicht; er schuldet nur mit, weil er vertraglich dazu verpflichtet ist.

3 *Littbarski* in MüKo zum VVG, Bd. II, 101 VVG, Rn. 33.

4 *Stadler* Verständliche Gestaltung Allgemeiner Versicherungsbedingungen am Beispiel der AKB, S. 190.

5 Den Begriff verwendend Himmelreich/Halm/Staab/*Kuhn*, Handbuch der Kfz-Schadensregulierung, Kap. 3, Rn. 29; Beispiel für gesetzliche Vollmacht in § 69 VVG (Versicherungsvertreter).

6 *BGH* Urt. v. 23.10.1958 – II ZR 54/57 m.w.N. zum Streitstand, BGHZ 28, 244 = JurionRS 1958, 14483 = NJW 1959, 39 = DAR 1959, 17 = MDR 1959, 23.

7 *BGH* Urt. v. 03.06.1987 – IVa ZR 292/85, BGHZ 101, 276 = JurionRS 1987, 13060 = VersR 1987, 924 (925) = BB 1987, 1628 = zfs 1987, 338 (Ls.) = DAR 1987, 326 = MDR 1987, 917 = NJW 1987, 2586 = NJW-RR 1987, 1239 (Ls.); *BGH* Urt. v. 22.07.2004 – IX ZR 482/00, JurionRS 2004, 16102 = NJW-RR 2004, 1475 = DAR 2004, 697 = MDR 2005, 90 = NJW-RR 2004, 1475 = NZV 2004, 623 = r+s 2005, 262 = VersR 2004, 1278 VRS 107, 323 = VRR 2005, 109, bespr. v. *Jaeger* = zfs 2005, 10.

zentraler Ansprechpartner für alle Belange des Verkehrsopfers, seines Anwalts und auch des Gerichts erhalten bleiben.

Die gesetzliche Ermächtigung bezieht sich vom Sinn und Zweck her nie auf den Versicherungsnehmer selbst. Er wird zu Recht im PflVG nicht genannt, da gegen ihn keine Haftpflichtansprüche Dritter denkbar sind, nur weil er Vertragspartner eines Versicherers ist. 10

Die Anforderung nach § 2 Abs. 1 Satz 1 KfzPflVV, den Schutz auf den Versicherungsnehmer auszudehnen, macht aufgrund der fehlenden rechtlichen Möglichkeit der Inanspruchnahme objektiv keinen Sinn. Wegen der **Überschreitung der Normsetzungskompetenz** durch die Verordnungsgeber ist diese Anforderung zudem unbeachtlich. 11

Folgerichtig wird man hierin das Bestehen einer vom Vertragswillen unabhängigen[8] gesetzlichen Grundlage erkennen können. 12

Das Gesetz ermächtigt den Versicherer damit zwar nicht wörtlich, es ergibt sich aber aus dem Sinnzusammenhang zur Vertretung der versicherten Haftpflichtschuldner[9]. 13

14

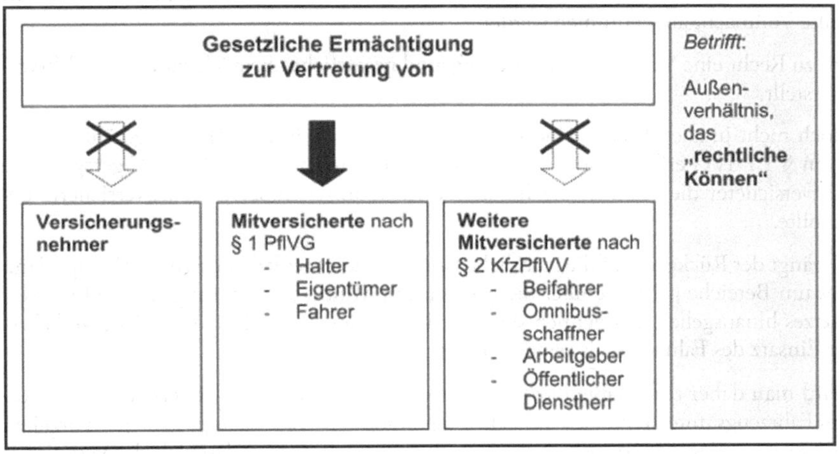

Diese Ermächtigung bewirkt jedoch keine rechtsgeschäftliche Bevollmächtigung oder ersetzt sie. Es bleibt bei einer gesetzlichen Ermächtigung zur Vertretung. 15

3. rechtsgeschäftlich erteilte Vollmacht durch den Versicherungsnehmer

Die Regulierungsvollmacht in den AKB wird dadurch nicht überflüssig. 16

Erst durch die Ausgestaltung der Regulierungsvollmacht wird der Rahmen festgelegt. Innerhalb dessen hat sich der Versicherer zu bewegen. 17

Sie genügt damit einerseits der Erwartungshaltung der Geschädigten an verbindlichen Erklärungen und verhindert andererseits eine zu weitgehende Regelung zum Nachteil des Versicherungsnehmers. Die Bedingung schafft **Rechtsklarheit und Rechtssicherheit**, wie sie sonst nur durch einen per Gesetz zu beschreibenden Umfang[10] zu erreichen wäre. 18

8 Stiefel/*Hofmann* § 10 AKB, Rn. 95.
9 *BGH* Urt. v. 23.10.1958 – II ZR 54/57 m.w.N. zum Streitstand, BGHZ 28, 244 = JurionRS 1958, 14483 = NJW 1959, 39 = DAR 1959, 17 = MDR 1959, 23.
10 Beispiele: Prozessvollmacht nach § 81 ff. ZPO; Prokura § 49 ff. HGB; Versicherungsvertreter § 69 VVG.

19 Die Regulierungsvollmacht ist damit nicht nur eine rechtsgeschäftlich erteilte Vertretungsmacht (§ 166 Abs. 2 BGB) für das Außenverhältnis[11], sondern beschreibt viel wichtiger die konkrete Ausgestaltung der Vertretungsmacht.

20 Ohne eine durch Vertrag erteilte Vollmacht könnte der Versicherer seiner Regulierungsaufgabe nicht in vollem Umfang gerecht werden, da Unsicherheiten über die Reichweite des rechtlichen Dürfens im Innen- wie im Außenverhältnis verbleiben würden. Daher ist sie ein wesentlicher und unverzichtbarer Bestandteil aller Haftpflichtbedingungen, so auch in der Kfz-Haftpflichtversicherung.

21 Durch Abschluss des Haftpflichtversicherungsvertrages unter Einbeziehung der AKB wird rechtsgeschäftlich dem Versicherer die Regulierungsvollmacht erteilt.

4. mitversicherte Personen

22 Mitversicherte Personen sind keine Vertragspartner[12] des Versicherers. Sie sind lediglich Begünstigte aus dem Versicherungsvertrag. Folglich kann hier auch keine ausdrücklich durch Rechtsgeschäft (Vertrag) erteilte Vollmacht angenommen werden.

23 Dennoch wird zu Recht eine **Vertretungsmacht aufgrund gesetzlicher Ermächtigung**[13] für Mitversicherte[14] unterstellt.

24 Dies hilft jedoch nicht in allen Fällen. Einerseits werden nicht alle in den AKB aufgezählten Mitversicherten von § 1 PflVG erfasst; andererseits ist weder dort noch in § 2 KfzPflVV geregelt, wie der Haftpflichtversicherer die Regulierung für den Versicherungsnehmer und Mitversicherte bewerkstelligen sollte.

25 Schließlich verfängt der Rückgriff auf die rechtliche Konstruktion »gesetzliche Ermächtigung« dann nicht, wenn es um Bereiche geht, die über die gesetzlichen Mindestanforderungen des Pflichtversicherungsgesetzes hinausgehen. Zu nennen sind hier insbesondere der nicht öffentliche Verkehrsraum und der Einsatz des Fahrzeugs als reine Arbeitsmaschine.

26 Tatsächlich wird man daher regelmäßig davon auszugehen haben, dass der Mitversicherte bei Verwendung eines Fahrzeugs unterstellt, dass das Fahrzeug mindestens nach den gesetzlichen Vorgaben haftpflichtversichert ist. Für den etwaigen Schadensfall vertraut er darauf, dass sich der Versicherer um alles kümmert. Folglich sollte in der willentlichen Ingebrauchnahme[15] des Fahrzeugs durch Mitversicherte gleichzeitig eine **konkludente Vollmachterteilung** an den Versicherer für die Regulierung etwaiger Schadensfälle gesehen werden. Mit der Schadenmeldung geht dem Versicherer diese Erklärung zu.

---

11 Stiefel/*Maier* Kraftfahrtversicherung, A.1.1.4 AKB, Rn. 91–97.

12 Es sei denn, sie sind zugleich in der Doppelfunktion als Versicherungsnehmer.

13 *BGH* Urt. v. 23.10.1958 – II ZR 54/57 m.w.N. zum Streitstand, BGHZ 28, 244 = JurionRS 1958, 14483 = NJW 1959, 39 = DAR 1959, 17 = MDR 1959, 23; *BGH* Urt. v. 03.06.1987 – IVa ZR 292/85, BGHZ 101, 276 = JurionRS 1987, 13060 = VersR 1987, 924 (925) = BB 1987, 1628 = zfs 1987, 338 (Ls.) = DAR 1987, 326 = MDR 1987, 917 = NJW 1987, 2586 = NJW-RR 1987, 1239 (Ls.); *BGH* Urt. v. 22.07.2004 – IX ZR 482/00, JurionRS 2004, 16102 = NJW-RR 2004, 1475 = DAR 2004, 697 = MDR 2005, 90 = NJW-RR 2004, 1475 = NZV 2004, 623 = r+s 2005, 262 = VersR 2004, 1278 VRS 107, 323 = VRR 2005, 109, bespr. v. *Jaeger* = zfs 2005, 10; Stiefel/*Maier* Kraftfahrtversicherung, A.1.1.4 AKB, Rn. 91–97.

14 Mitversicherte nach § 1 PflVG nur Halter, Fahrer und Eigentümer. Die veröffentlichten Entscheidungen befassten sich bislang lediglich mit diesem Personenkreis.

15 Ähnlich Feyock/*Jacobsen*/Lemor A.1. AKB 2008, Rn. 20.

27

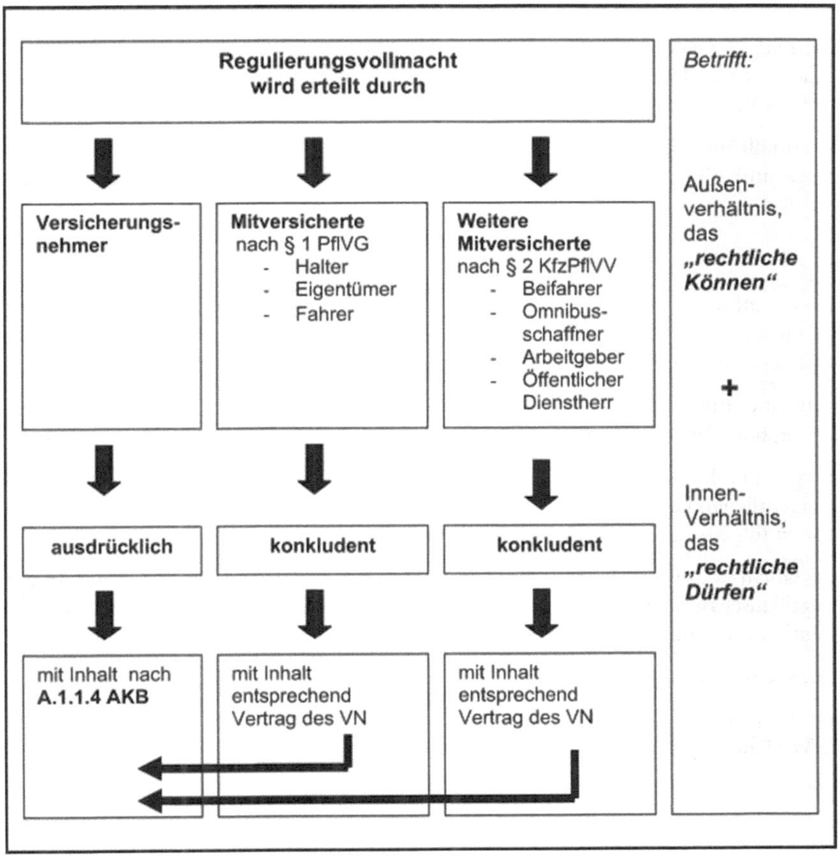

II. Wir sind bevollmächtigt

»Wir«, das ist das Versicherungsunternehmen[16], der Vertragspartner des Versicherungsnehmers. 28

Im Gegensatz zur früheren Fassung in § 10 Abs. 5 AKB a.F., wo es hieß, *»der Versicherer gilt als bevollmächtigt«*, ist die Neufassung sprachlich verbessert[17], denn sie ist eindeutig und direkt. Verständnisprobleme[18] früherer Zeiten dürften mit der neuen Formulierung in der heutigen Praxis nicht mehr vorkommen. 29

1. Unwiderruflichkeit

Die Vollmacht kann nicht widerrufen[19] werden. Sie ist jedenfalls in der Kfz-Haftpflichtversicherung nicht[20] an die Laufzeit[21] des Haftpflichtversicherungsvertrages gebunden, sondern an den 30

16 Bzw. die organschaftlichen Vertreter des Versicherungsunternehmens, *Stiefel/Hofmann* § 10 AKB, Rn. 103.

17 Ebenso heute die Vollmacht in 5.2 Abs. 1 AHB 2012, *Littbarski* in MüKo zum VVG, Bd. II, 101 VVG, Rn. 33.

18 Feyock/*Jacobsen*/Lemor § 10 AKB, Rn. 76 erwähnt hierzu noch ausdrücklich, dass es sich nicht nur um eine unterstellte Bevollmächtigung handele.

19 *BGH* Urt. v. 03.06.1987 – IVa ZR 292/85, BGHZ 101, 276 = JurionRS 1987, 13060 = VersR 1987, 924 (925) = BB 1987, 1628 = zfs 1987, 338 (Ls.) = DAR 1987, 326 = MDR 1987, 917 = NJW 1987, 2586 = NJW-RR 1987, 1239 (Ls.); Feyock/*Jacobsen*/Lemor § 10 AKB, Rn. 78 will offenbar Ausnahmen zulassen (*»grundsätzlich«*).

20 Im Einzelfall anders in der allgemeinen Haftpflichtversicherung, *Vrzal* Zur Beurteilung vorgerichtlicher Erklärungen des Haftpflichtversicherers im Rahmen der Schadensregulierung, VersR 2012, 694 ff.

21 Der Versicherungsvertrag ist zudem im Schadensfalle von jedem Vertragspartner kündbar, siehe G.2.3 Satz 1 bzw. G.3.3 Satz 1 AKB, § 111 Abs. 1 Satz 1 VVG.

Schadensfall. Nur so lässt sich der Regulierungsauftrag des Versicherers praktisch und zweckentsprechend umsetzen. Demgemäß ist eine **Unwiderruflichkeitsabrede**[22] anzunehmen. Die Vollmacht endet daher erst mit der endgültigen Abwicklung[23] des Schadensfalles, der im Zeitraum der Gültigkeitsdauer des Vertrages entstanden ist.

31 Die Vollmacht entfällt auch dann nicht, wenn der Versicherungsnehmer selbst im Laufe eines Rechtsstreits prozessunfähig[24] wird. Entsprechendes gilt für den Regulierungsauftrag des Versicherers.

2. umfassend

32 Die Vollmacht ist umfassend auf **alle** Schadensersatzansprüche ausgerichtet. Begrenzungen zur Höhe bestehen nicht. Einem durchschnittlichen Versicherungsnehmer ist dies bei verständiger Würdigung von Bedeutung und Reichweite der Vollmacht durch diese Wortwahl klar erkennbar.

33 Der *BGH*[25] hat in einer Entscheidung zu § 5 Abs. 7 AHB a.F. darauf abgestellt, dass der Versicherer »alle« zur Beilegung oder Abwehr »ihm« zweckmäßig erscheinenden Erklärungen abgeben darf.

34 Dies muss uneingeschränkt auch für den Kfz-Haftpflichtbereich gelten. Der früheren Einschränkung[26] auf den eigentlichen Umfang der Regulierungspflicht ist über die AHB[27] hinaus auch in den AKB nicht mehr zu folgen, da sich die Interessenlage vergleichen lässt.

35 Das Wort »ihm« taucht zwar weder in den heutigen AKB noch in § 10 Abs. 5 AKB a.F. auf. In der aktuellen Vertragsklausel ist auch kein hierzu passendes »uns« enthalten[28]. Dennoch ist deutlich, dass es zwangsläufig immer nur auf die Sichtweise des Bevollmächtigten ankommen kann.

36 Der Versicherungsnehmer wird hierdurch nicht benachteiligt[29].

37 Folglich umfasst die Vollmacht auch den Teil, den der Versicherer nicht mehr zu decken[30] hat, weil die vertragliche Versicherungssumme bereits überschritten ist.

---

22 Generell zur Unwiderruflichkeitsabrede siehe PWW-*Frensch* § 168 BGB Rn. 13.

23 *BGH* Urt. v. 03.06.1987 – IVa ZR 292/85, BGHZ 101, 276 = JurionRS 1987, 13060 = VersR 1987, 924 (925) = BB 1987, 1628 = zfs 1987, 338 (Ls.) = DAR 1987, 326 = MDR 1987, 917 = NJW 1987, 2586 = NJW-RR 1987, 1239 (Ls.); Feyock/*Jacobsen*/Lemor § 10 AKB, Rn. 85; Stiefel/*Maier* Kraftfahrtversicherung, A.1.1.4 AKB, Rn. 91–97.

24 *OLG Brandenburg* Urt. v. 28.09.2006 – 12 U 61/06, JurionRS 2006, 24546.

25 *BGH* Urt. v. 11.10.2006 – IV ZR 329/05, BGHZ 169, 232 =JurionRS 2006, 25651 = DB 2006, 2741 = MDR 2007, 464 = NZV 2007, 196 = NJW 2007, 69 = VersR 2006, 1676 = DAR 2007, 141 (Ls.) = r+s 2007, 16 = VRS 112, 108 = zfs 2007, 96.

26 *BGH* Urt. v. 03.06.1987 – IVa ZR 292/85, BGHZ 101, 276 = JurionRS 1987, 13060 = VersR 1987, 924 (925) = BB 1987, 1628 = zfs 1987, 338 (Ls.) = DAR 1987, 326 = MDR 1987, 917 = NJW 1987, 2586 = NJW-RR 1987, 1239 (Ls).

27 *BGH* Urt. v. 11.10.2006 – IV ZR 329/05, BGHZ 169, 232 =JurionRS 2006, 25651 = DB 2006, 2741 = MDR 2007, 464 = NZV 2007, 196 = NJW 2007, 69 = VersR 2006, 1676 = DAR 2007, 141 (Ls.) = r+s 2007, 16 = VRS 112, 108 = zfs 2007, 96; *BGH* Urt. v. 19.11.2008 – IV ZR 293/05, JurionRS 2008, 27639 = DAR 2009, 85 Ls. = VersR 2009, 106 = VRS 116, 58 = zfs 2009, 162 = MDR 2009, 382 = NJW-RR 2009, 382 = r+s 2009, 504 zfs 2009, 162 = VRR 2009, 140 bespr. v. *Knappmann*.

28 Klarer: »… alle dafür uns zweckmäßig erscheinenden …«.

29 *OLG Düsseldorf* Urt. v. 29.06.1978 – 18 U 27/78, VersR 1979, 151 (Fall zur Selbstbeteiligung eines Notars).

30 *BGH* Urt. v. 11.04.1978 – VI ZR 29/76, JurionRS 1978, 11460 = MDR 1978, 741 = VersR 1978, 533 (534); offen gelassen *BGH* Urt. v. 07.10.2003 – VI ZR 392/02, JurionRS 2003, 23285 = NJW-RR 2004, 109 = VersR 2003, 1547 = NZV 2003, 565 = DAR 2004, 83 = VRS 106, 82 = zfs 2004, 62; *BGH* Urt. v. 19.11.2008 – IV ZR 293/05, JurionRS 2008, 27639 = DAR 2009, 85 Ls. = VersR 2009, 106 = VRS 116, 58 = zfs 2009, 162 = MDR 2009, 382 = NJW-RR 2009, 382 = r+s 2009, 504 zfs 2009, 162 =

Zutreffend[31] gilt dies auch für den vereinbarten Selbstbehalt. Ist der Haftpflichtversicherer dem Direktanspruch ausgesetzt, muss er sich den gegen ihn gerichteten Schadensersatzansprüchen in gleicher Weise stellen, als wenn kein Selbstbehalt vereinbart ist. Schließlich darf der Versicherer weder gegenüber dem Geschädigten noch einem Mitversicherten den Selbstbehalt einwenden, § 114 Abs. 2 Satz 2 VVG. Das *LG Berlin*[32] übersieht, dass der Versicherer das Regressrisiko gegenüber dem Versicherungsnehmer hinsichtlich des verwirklichten Selbstbehaltes trägt und zudem sogar über die Versicherungssumme hinaus bevollmächtigt ist. Raum für eine Differenzierung des Vollmachtumfangs, wegen des eher niedrigen Selbstbehaltsbetrages, besteht nicht. 38

Die Vollmacht hat nicht nur Bedeutung für ein aktives Handeln des Versicherers, sondern auch für die passive Seite, etwa die Entgegennahme von Erklärungen. Entsprechend kann auch der Schädiger durch ein Mahnschreiben[33] selbst in Verzug gesetzt werden. 39

Der Versicherer kann jedoch mangels hierauf ausgerichteter (General-) Vollmacht den Versicherungsnehmer nicht durch Abschluss eines Teilungsabkommens[34] mit einem Sozialversicherungsträger binden. 40

3. diskutierte Ausnahme: Leistungsfreiheit

Ausnahmsweise ist dann die Vollmacht zweifelhaft, wenn Leistungsfreiheit besteht. Dabei sind die nachfolgenden Fallgruppen zu unterscheiden: 41

a) vollständige Leistungsfreiheit

In den Fällen des Prämienverzuges nach den §§ 37, 38 VVG[35] und der Nichtanzeige der Veräußerung nach §§ 97 VVG[36] ist der Versicherer vollständig leistungsfrei. Eine vertragliche Leistungsverpflichtung zum Versicherungsnehmer entfällt. 42

Entsprechend sah der *BGH*[37] eine Vollmacht als nicht gegeben an. Dies ist zweifelhaft, da der Versicherungsvertrag und die Bedingungen nach den AKB samt Regulierungsvollmacht nicht deshalb rückwirkend hinfällig[38] werden, nur weil der Versicherungsnehmer einer seiner vertraglichen Hauptpflichten nicht nachkommt. 43

In der Praxis wird der Versicherer häufig trotz Säumnis des Versicherungsnehmers von diesem vom Schaden informiert. Hieraus ließe sich notfalls eine konkludent erteilte Vollmacht ableiten. 44

b) Schaden nach Vertragsende

Ein Schaden kann nach Ablauf des Vertrages eintreten. Wurde der Vertrag z.B. durch Kündigung[39] beendet, ist ein später eintretendes Schadensereignis außerhalb des Wirkungszeitraums der Vollmacht. 45

VRR 2009, 140 bespr. v. *Knappmann; OLG Frankfurt* Urt. v. 17.09.1980 – 13 U 128/78, JurionRS 1980, 12245 = VersR 1982, 58.

31 *Nugel* Das Regulierungsermessen des Kraftfahrzeughaftpflichtversicherers, VRR 2008, 244 ff.

32 *LG Berlin* Urt. v. 11.08.2005 – 17 S 62/04, JurionRS 2005, 41884 = r+s 2007, 10.

33 *OLG Hamm* Urt. v. 31.01.2000 – 13 U 90/99, JurionRS 2000, 32467 = DAR 2000, 263 = OLGR 2000, 232.

34 Wussow/*Schneider* Unfallhaftpflichtrecht, Kap, 76, Rn. 3.

35 C.1 und C.2 AKB.

36 G.7.4 AKB.

37 *BGH* Urt. v. 03.06.1987 – IVa ZR 292/85, BGHZ 101, 276 = JurionRS 1987, 13060 = VersR 1987, 924 (925) = BB 1987, 1628 = zfs 1987, 338 (Ls.) = DAR 1987, 326 = MDR 1987, 917 = NJW 1987, 2586 = NJW-RR 1987, 1239 (Ls).

38 In diesem Falle müsste – entgegen allen Bestrebungen zum Opferschutz – zwangsläufig auch der Direktanspruch des Geschädigten entfallen, da dieser einen wirksamen Versicherungsvertrag voraussetzt.

39 Stiefel/*Maier* Kraftfahrtversicherung, A.1.1.4 AKB, Rn. 91–97.

46 Im Falle der Nachhaftung kann dann der Versicherer nach § 117 Abs. 2 Satz 1 VVG i.V.m § 25 Abs. 1 FZV als Gesamtschuldner mit verpflichtet sein. Im Innenverhältnis der Gesamtschuldner hat der Versicherungsnehmer den Versicherer freizustellen.

47 Mangels bestehendem Vertragsverhältnis, auf das zurückgegriffen werden könnte, ist jedoch eine **konkludente Vollmacht** dann zu unterstellen, wenn der (frühere) Versicherungsnehmer den Versicherer bei der Abwehr unberechtigter Ansprüche unterstützt. Dies ist ihm im eigenen Interesse dringend zu raten[40].

c) teilweise Leistungsfreiheit

48 Bei teilweiser Leistungsfreiheit kommt es auf die Höhe der geltend gemachten Schadensersatzforderungen an. Übersteigen diese die Grenzen der Leistungsfreiheit, wird also der Versicherer nach seinem Regress selbst mit einem Teilbetrag endgültig belastet, bleibt die Vollmacht nach allgemeiner Auffassung bestehen.

d) mitversicherte Personen

49 Hat der Versicherer in Ansehung des Mitversicherten dem Geschädigten Schadensersatz zu leisten und kann lediglich vom Versicherungsnehmer regressieren, wird die (konkludente) Vollmacht durch den Mitversicherten hierdurch nicht berührt.

4. Regulierungsverbot

50 Der Versicherungsnehmer kann wegen der Unwiderruflichkeit der Vollmacht seinem Kfz-Haftpflichtversicherer kein[41] wirksames Regulierungsverbot erteilen. Er kann dem Versicherer auch keine Weisungen[42] erteilen.

51 Der Versicherer hat jedoch begründete Einwendungen zu berücksichtigen; insbesondere dann, wenn sie erkennbaren Interessen des Versicherungsnehmers (Verlust eines SFR; Nachteile bei der gerichtlichen Durchsetzung von Gegenansprüchen) zuwider laufen.

5. Regulierungsvollmacht und Anerkenntnisverbot

52 Die Erteilung einer Regulierungsvollmacht bedeutet nicht, dass der Versicherungsnehmer oder die mitversicherten Personen sich ihrer eigenen rechtsgeschäftlichen Handlungsmacht begeben würden. Eine auferlegte Enthaltung von eigener Regulierungstätigkeit ist damit nicht verbunden. Ein solches Verständnis würde der Aufhebung des Anerkenntnisverbots[43] in § 105 VVG widersprechen.

6. Regulierungsvollmacht und Prozessbevollmächtigung

53 Bei den Pflichten im Schadenfall, den Obliegenheiten, ist unter E.1.2.4 AKB die alleinige Prozessführungsbefugnis des Versicherers geregelt. Dieser bestimmt auch, welcher Anwalt den Versicherungsnehmer vertreten soll und kann somit rechtswirksam das Mandat[44] erteilen. Hierbei wird dem Versicherungsnehmer zudem auferlegt, diesem Rechtsanwalt Vollmacht zu erteilen. Das mag eine Einschränkung der freien Anwaltswahl[45] bedeuten, führt aber im Ergebnis nicht zu einem Nachteil

---

40 Schwintowski/Brömmelmeyer/*Huber* PK-VersR, § 117 VVG Rn. 7.

41 Himmelreich/Halm/Staab/*Kuhn* Handbuch der Kfz-Schadensregulierung, Kap. 3, Rn. 29; *LG Coburg* Urt. v. 25.05.2009 – 32 S 15/09, DAR 2010, 94; *LG Düsseldorf* Urt. v. 25.06.1999 – 20 S 230/98, SP 2000, 30; *LG Düsseldorf* Urt. v. 07.04.2006 – 22 S 422/05, JurionRS 2006, 39986 = SP 2007, 191; *LG Düsseldorf* Urt. v. 06.11.2009 – 22 S 160/09, JurionRS 2009, 34024 =VRR 2010, 189 bespr. v. *Nugel.*

42 *OLG Bamberg* Urt. v. 21.03.1975 – 3 U 14/75, VersR 1976, 651.

43 Noch in § 7 II Abs. 1 Satz 1 AKB a.F.; in E.1 und E.2 AKB 2008 nicht mehr vorhanden.

44 *OLG Koblenz* Beschl. v. 20.03.2012 – 5 U 76/12, JurionRS 2012, 13838 = ADAJUR Dok.Nr. 99028 = MDR 2012, 970 = r+s 2013, 68 = VersR 2012, 1008 (AHB).

45 *Koch/Hierse* Die Prozessführung durch den Versicherer, VersR 2001, 405.

für den Versicherungsnehmer, da der Versicherer allein das wirtschaftliche Risiko[46] trägt und seinen Regulierungsauftrag[47] zu erfüllen hat. Die Prozessvollmacht ist, anders als nach § 167 Abs. 2 BGB, in schriftlicher Form zu erteilen, um den Anforderungen des § 80 Satz 1 ZPO zu genügen. Der Umfang der Prozessvollmacht ist gesetzlich bestimmt, § 81 ZPO.

Der Versicherungsnehmer ist jedoch in der Lage, die Vollmachterteilung an einen bestimmten Rechtsanwalt zu verweigern. Der Versicherer kann den Versicherungsnehmer hierzu nicht durch Klage zwingen[48]. 54

Eine solche Obliegenheitsverletzung ist entschuldbar, wenn gute Gründe dafür sprechen, dem vom Versicherer ausgewählten Anwalt keine Vollmacht zu erteilen. Sie könnten etwa darin bestehen, dass der Rechtsanwalt früher Prozesse gegen ihn geführt hat[49]. 55

Im Ergebnis bedarf es keiner ausdrücklichen Vollmachterteilung durch den Versicherungsnehmer an den Rechtsanwalt. Der Versicherer ist bereits durch die Regulierungsvollmacht dazu befugt[50], eine Prozessvollmacht an einen Rechtsanwalt im Namen des Versicherungsnehmers zu erteilen. Nach § 80 Satz 1 ZPO ist die Schriftform einzuhalten. 56

7. Regulierungsvollmacht von Versicherungsmaklern und -Vermittlern

Versicherungsmakler und -vermittler vertreten die Interessen des Kunden beim Abschluss eines Versicherungsvertrages gegenüber dem Versicherungsunternehmen, §§ 59 ff. VVG. Sie sind damit aber nicht zur Regulierung von Schäden durch den Versicherungsnehmer bevollmächtigt. 57

Eine Regulierungsvollmacht erhalten Makler und Vermittler erst, wenn der durch die AKB bevollmächtigte Kfz-Haftpflichtversicherer ihnen eine **Untervollmacht** zur Regulierung von Schäden erteilt. Davon wird in der Regel für einzelne Sparten und limitierte Schadenhöhen Gebrauch gemacht. 58

8. Sonderbedingungen zur Selbstregulierung von Bagatellschäden

Es ist rechtlich zulässig, dass in Sonderbedingungen vereinbart werden kann, dass der Versicherungsnehmer eine Selbstregulierung vornehmen darf. Der Versicherer entledigt sich damit der Regulierungslast bei Bagatellschäden, begibt sich allerdings damit in Gefahr, bei einem sich auswachsenden Schaden präjudiziert zu werden. 59

Bei entsprechend vereinbarten Sonderbedingungen müsse nach Auffassung des *LG Flensburg*[51] der Versicherer, bei Geltendmachung des Direktanspruchs, der Geschädigten an den Schädiger verwiesen werden. Diese Verfahrensweise widerspricht dem Sinn- und Zweck des Direktanspruchs, der gerade vermeiden will, dass sich der Geschädigte mit dem Schädiger auseinandersetzen muss. Der Haftpflichtversicherer bleibt daher auch zur Regulierung bevollmächtigt und verpflichtet. 60

46 Situation in der Rechtsschutzversicherung (87/344/EWG) ist auf die Kfz-Haftpflichtversicherung nicht übertragbar. Zur Rechtsschutzversicherung siehe *EuGH* Urt. v. 10.09.2009 – C-199/08 (Fall Esching), JurionRS 2009, 22198 = DAR 2009, 641 = NJW-Spezial 2009, 687 = EuZW 2009, 732 = NJW 2010, 355 = DVBl. 2009, 1376.

47 *BGH* Urt. v. 23.10.1990 – VI ZR 105/90, BGHZ 112, 345 = JurionRS 1990, 14254 = DAR 1991, 142 = NZV 1991, 350 = VersR 1991, 236 = NJW 1991, 1176 = AnwBl 1992, 271 = MDR 1991, 234 = zfs 1991, 134 (Ls.) = r+s 1992, 110.

48 *BGH* Urt. v. 04.12.1967 – II ZR 151/65, JurionRS 1967, 10686 = VersR 1968, 162 = AnwBl. 1968, 181.

49 *BGH* Urt. v. 30.04.1981 – IVa ZR 129/80, JurionRS 1981, 12581 = MDR 1981, 919 = NJW 1981, 1952 = VersR 1981, 948.

50 *Hofmann* Der Schadensersatzprozess, 2. Auflage 1999, § 3 Rn. 49; *Zschieschack* Verbotene Vertretung durch die Haftpflichtversicherung im Verkehrsunfallprozess, NJW 2010, 3275.

51 *LG Flensburg* Urt. v. 14.12.1974 – 1 S 179/74, DAR 1975, 245 = VersR 1975, 1116 (Ls.).

III. Vertretungsmacht, § 164 Abs. 1 Satz 1 BGB

1. Vertretung des Versicherungsnehmers

61 Vollmacht ist die rechtsgeschäftlich erteilte Vertretungsmacht. Die Vertretungsmacht berechtigt, den Versicherungsnehmer rechtsgeschäftlich zu binden. Eine Bindung erfolgt, soweit Vertretungsmacht tatsächlich besteht.

62 Der Umfang der Vertretungsmacht richtet sich nicht nach einem Spezialgesetz[52], sondern nach allgemeinen Vorschriften. Hierbei ist wiederum auf die Formulierungen in der Vollmacht »Schadensersatzansprüche« und »alle dafür« abzustellen. Damit sind Einschränkungen zu Umfang und Höhe von Schadensersatzansprüchen ausgenommen; wohl aber Ansprüche, die tatsächlich keinen Schadensersatzcharakter haben.

63 Für die Auslegung des Umfangs der Vertretungsmacht ist dabei auf den **Empfängerhorizont**[53] (des Geschädigten) abzustellen, da der Versicherer sich ihm gegenüber auf den Wortlaut der Regulierungsvollmacht[54] als Außenvollmacht berufen kann. Der Geschädigte genießt daher nach allgemeinen Vorschriften Vertrauensschutz.

64 Will der Versicherer seine Erklärungen einschränken, etwa begrenzt auf die vertragliche Deckungssumme, hat er dies dem Erklärungsempfänger mitzuteilen[55].

65 Ansonsten wird der Versicherungsnehmer in vollem Umfang gebunden.

2. Vertretung mitversicherter Personen

66 Mangels ausdrücklich erteilter Vollmacht besteht hierüber auch keine gewillkürte Vertretungsmacht. Eine gesetzliche Vertretungsmacht besteht nicht. Dennoch wird allgemein eine Vertretungsbefugnis angenommen bzw. unterstellt.

67 Herzuleiten ist diese mittelbar aus § 1 PflVG[56] und § 2 KfzPflVV. Doch Vorsicht ist angebracht, da § 2 Abs. 2 KfzPflVV den Kreis der mitversicherten Personen über den Halter, Fahrer und Eigentümer des Fahrzeugs hinaus erweitert[57].

68 Die Mitvertretung des Mitversicherten liegt im mutmaßlichen Interesse des Mitversicherten. Dieser duldet nicht nur regelmäßig, dass der Haftpflichtversicherer auch für ihn reguliert, er arbeitet ihm häufig zu. Er gibt damit konkludent zum Ausdruck, dass der Versicherer doch bitte auch für ihn tätig werden möge. Entsprechend ist über die Grundsätze der Duldungs- und Anscheinsvollmacht[58] der Rechtsschein für das Bestehen einer Vertretungsmacht gesetzt. Mit Blick auf die seit Jahrzehnten geübte Praxis und dem Empfängerhorizont eines schutzwürdigen Geschädigten schafft dies die Grundlage des rechtlichen Könnens.

---

52 Zum Schutz des Rechtsverkehrs gesetzlich eindeutig geregelter Umfang: bei der handelsrechtlichen Prokura (§ 49 HGB), der Prozessvollmacht (§ 81 ZPO) und der Vertretungsmacht des Versicherungsvertreters (§ 69 VVG).

53 *BGH* Beschl. v. 23.02.2000 – XII ZR 77/98, JurionRS 2000, 19408 = NJW-RR 2000, 745 = NZM 2000, 382.

54 Zusammen mit dem Versicherungsvertrag besteht sogar eine Vollmachtsurkunde nach § 172 Abs. 1 BGB.

55 *BGH* Urt. v. 11.10.2006 – IV ZR 329/05, BGHZ 169, 232 =JurionRS 2006, 25651 = DB 2006, 2741 = MDR 2007, 464 = NZV 2007, 196 = NJW 2007, 69 = VersR 2006, 1676 = DAR 2007, 141 (Ls.) = r+s 2007, 16 = VRS 112, 108 = zfs 2007, 96; *Felsch* Die neuere Rechtsprechung des IV. Zivilsenats des Bundesgerichtshofs zur Haftpflichtversicherung, r+s 2008, 265 (269); Stiefel/*Maier* Kraftfahrtversicherung, A.1.1.4 AKB, Rn. 91–97.

56 *BGH* Urt. v. 03.06.1987 – IVa ZR 292/85, BGHZ 101, 276 = JurionRS 1987, 13060 = VersR 1987, 924 (925) = BB 1987, 1628 = zfs 1987, 338 (Ls.) = DAR 1987, 326 = MDR 1987, 917 = NJW 1987, 2586 = NJW-RR 1987, 1239 (Ls).

57 Damit Überschreitung des den Verordnungsgebern vorgegebenen Rahmens, § 4 Abs. 1 PflVG.

58 Hierzu PWW/*Frensch* § 167 BGB Rn. 37 ff.

Wollte der Mitversicherte nicht mit vertreten werden, müsste er sich seinerseits hierzu ausdrücklich erklären. 69

IV. Innenverhältnis

1. Grundsätzliches

Das rechtliche Können (Vertretungsmacht) ist die eine Seite; das rechtliche Dürfen aufgrund der erteilten Vollmacht eine andere. Der Bevollmächtigte hat sich dabei am Umfang der ihm eingeräumten Vollmacht zu orientieren. 70

Bei der Regulierungsvollmacht des Haftpflichtversicherers gelten jedoch Besonderheiten. Das Innenverhältnis ist zu Gunsten des Versicherers ausgestaltet, um seinem Regulierungsauftrag gerecht zu werden. 71

2. Zweckmäßigkeit

Dem Versicherer wird durch die Formulierung der Vollmacht gestattet, alle zur Regulierung des Schadens zweckmäßig erscheinenden Erklärungen abzugeben. 72

Als solche kommen insbesondere in Betracht: 73

- Ablehnungsschreiben
- Erhebung der Einrede der Verjährung
- Abgabe von Haftungs- und Schuldanerkenntnissen
- Zahlung von Vorschussbeträgen
- Zahlung von Entschädigungsbeträgen
- Pauschalierung von Entschädigungsleistungen statt konkreter Abrechnung
- Abgabe einer Reparaturkostenübernahmeerklärung
- Erteilung von Reparaturaufträgen im Namen und auf Rechnung des Versicherungsnehmers[59]
- Verzicht auf den Einwand der Verjährung
- Vergleichsabschlüsse (gerichtlich und außergerichtlich)
- Kapitalisierungsvereinbarungen zu noch nicht fälligen Forderungen
- Beauftragung von Rechtsanwälten[60]
- Aufnahme von Passivprozessen
- Nichtaufnahme von Passivprozessen und Verhandlung mit der Gegenseite zur Klagerücknahme bei Angebot, selbst keinen Kostenantrag zu stellen[61]
- Erhebung der negativen Feststellungsklage (Aktivprozess)[62]
- Führung von Antrags-, Widerspruchs- und Klageverfahren zur Feststellung eines Arbeitsunfalls im Sozialgerichtsweg
- Einlegung von Rechtsmitteln

---

59 Der Schaden des vorsteuerabzugsberechtigten Versicherungsnehmers belastet damit letztlich nur mit Nettoschadenshöhe seinen Vertrag. Dies verbessert seine Renta-Daten bzw. erleichtert ihm den Rückkauf des SFR-belasteten Schadens.

60 Der Versicherungsnehmer hat dem Versicherer auch aus E.2.4 AKB die Führung des Rechtsstreits zu überlassen.

61 Stellt der Versicherungsnehmer dennoch einen Kostenantrag, verletzt er eine Obliegenheit aus E.2.4, *LG Dortmund* Urt. v. 29.01.2009 – 2 S 33/08, JurionRS 2009, 20521 = DAR 2009, 591 = NJW-RR 2009, 969 = NJW-Spezial 2009, 404 = NZV 2009, 461 = VuR 2009, 319 = zfs 2009, 453 (noch zu § 7 II (5) AKB a.F.). Entgegen *OLG Schleswig* Beschl. v. 23.01.2003 – 7 W 38/02, SP 2003, 146 = r+s 2004, 54 ist der Versicherungsnehmer nicht gehindert, im Außenverhältnis Erklärungen abzugeben, die im Innenverhältnis zu seinem Versicherer eine Obliegenheitsverletzung darstellen.

62 Jedoch keine aktive Geltendmachung von Gegenansprüchen des Versicherungsnehmers.

74 Problematisiert wird, ob mit einer Forderung des Versicherungsnehmers die **Aufrechnung** gegen Schadensersatzansprüche erklärt werden kann. Dem ist mit der h.M.[63] ausnahmslos[64] zuzustimmen, sofern der Haftpflichtversicherer seinem Versicherungsnehmer den aufgerechneten Betrag alsbald erstattet, da dies im Interesse des Versicherungsnehmers liegt. Für ein solches Vorgehen besteht ein praktischer Handlungsbedarf, da sich Schäden häufig im Rahmen von Geschäftsbeziehungen ereignen, z.B. im Rahmen der Anlieferung von Waren.

75 Schließt der Versicherer mit dem Geschädigten einen Abfindungsvergleich, kann der geschädigte Gläubiger bestimmen, an wen die Zahlung erfolgen soll. Die Tilgungsbestimmung kann dazu führen, dass der Versicherer an seinen eigenen Versicherungsnehmer zu zahlen hat, der seinerseits im Rechtsstreit mit dem Geschädigten steht. Insoweit wird der Versicherungsnehmer den Rechtsstreit für erledigt erklären müssen, wobei die Kostenentscheidung zu Ungunsten des Geschädigten ausgehen dürfte.

76 Verlangt der geschädigte Gläubiger jedoch nicht die Tilgung der Schuld durch den Versicherer, sondern durch den klagenden Versicherungsnehmer, kann der geschädigte Gläubiger der Klage mit einer Aufrechnung/Hilfsaufrechnung begegnen. Dies ist dann der Fall, wenn die Forderungen im Verhältnis der Gegenseitigkeit stehen, wie im Fall des *OLG Frankfurt*[65]. Auch wenn der klagende Versicherungsnehmer letztlich sein Geld von seinem eigenen Versicherer erhält, wird er im Urteil in der Kostenentscheidung belastet werden. Vermutlich wegen dieses außergewöhnlichen Ergebnisses ist die Entscheidung des *OLG Frankfurt* auf Kritik[66] gestoßen.

77 Typischerweise schließt ein Versicherer einen Abfindungsvergleich mit dem Geschädigten, in dem er sich allein verpflichtet, den Schaden des Dritten zu befriedigen und im Gegenzug die Ansprüche des Dritten gegen alle Gesamtschuldner und sonstige Personen erlöschen. Der Geschädigte erlangt durch den Vergleichsabschluss nur einen Zahlungsanspruch gegen den Versicherer, so dass es an einer Aufrechnungslage im Verhältnis Geschädigter zum Versicherungsnehmer fehlt.

78 Formuliert der Haftpflichtversicherer allerdings den Vergleich in der Form, dass er seinen Versicherungsnehmer (trotz gesundem Versicherungsverhältnis) zur Zahlung des Vergleichsbetrages mitverpflichtet, so dürfte er sich seinem Versicherungsnehmer gegenüber schadensersatzpflichtig machen, wenn die Hilfsaufrechnung im Verfahren des Unfallgegners den Versicherungsnehmer mit unnötigen Kosten belastet.

79 Unzweckmäßig sind dagegen Erklärungen, die mit der unmittelbaren Schadenregulierung nicht im Zusammenhang stehen können. Das sind etwa Erklärungen mit fehlendem Wahrheitsgehalt oder haltlose Schuldzuweisungen.

80 Selbst grundsätzlich positiv gemeinte Formulierungen wie *»unser Versicherungsnehmer bedauert den Unfall zutiefst«* oder *»im Namen des mitversicherten Fahrers erklären wir die aufrichtige Anteilnahme«* sind ausschließlich Sache des Versicherungsnehmers bzw. seines Verteidigers. Die Persönlichkeitssphäre ist nicht anzutasten.

3. Ermessen

81 Mit der Regulierungsvollmacht wird gleichzeitig dem Versicherer das Ermessen eingeräumt zu beurteilen, was noch als zweckmäßig anzusehen ist. Der Beurteilungsspielraum ist dabei weit[67].

---

63 Prölss/Martin/Klimke A.1.1.4 AKB, Rn. 24; *Wussow*, Umfang und Grenzen der Regulierungsvollmacht des Versicherers in der Haftpflichtversicherung, VersR 1994, 1014; a.A. Bruck/Möller/*Johannsen* VVG-Kommentar, Band III, Anm. G 15 (S. 677).

64 Einschränkend auf Ansprüche aus demselben Schadenereignis *Prölss* Grundsätzliches zur Schadenregulierung in der Kraftfahrversicherung, VersR 1954, 1; einschränkend auf Zustimmung des Versicherungsnehmers Feyock/*Jacobsen*/Lemor § 10 AKB Rn. 82.

65 *OLG Frankfurt* Urt. v. 07.04.1972 – 3 U 172/71, VersR 1973, 968.

66 Stiefel/*Maier* Kraftfahrtversicherung, A.1.1.4 AKB, Rn. 91–97.

67 *AG München* Urt. v. 09.04.1987 – 27 C 5247/86, zfs 1987, 214 (sehr weit).

Über den Einzelfall des eigentlichen Schadens hinaus ist es dem Versicherer gestattet, Maßnahmen zum dauerhaften und zügigen[68] Abschluss des Schadensfalles zu ergreifen. Die Anforderung an eine zügige Bearbeitung ergibt sich bereits aus der drohenden Zinsbelastung nach § 3a Abs. 1 Nr. 1 PflVG. Diese Vorschrift dient ebenfalls als Argument[69] für den Ermessensspielraum. 82

Mithin haben wirtschaftliche Überlegungen, etwa hinsichtlich eines pauschalen Risikovergleichs statt langwieriger und kostenintensiver Ermittlungen[70] nebst eben solchen gerichtlichen Verfahren, einen ähnlichen Stellenwert wie die ansonsten exakte Feststellung von Haftungsgrund und Höhe des Schadens. Dabei kommt der Erfahrungsschatz[71] zum Tragen, dass Schäden mit fortschreitender Regulierungsdauer und bestehender Ungewissheit regelmäßig deutlich teurer werden. Es fallen nicht nur vermehrt Kosten an, sondern auch der »Erfindungsreichtum« bei den Schadenpositionen wächst. 83

Auch Aufwand und Kosten sind im Verhältnis zum geltend gemachten Schaden[72] zu sehen. Kleine Schäden sind gemessen an der Entschädigungsleistung überproportional kostenintensiv. Gerade hier zwingen wirtschaftliche Gründe zum baldigen Befriedigungsprozess mit dem Geschädigten[73], selbst wenn dies dem Gerechtigkeitssinn des Versicherungsnehmers widersprechen mag. 84

Bestehen Zweifel an der Berechtigung von Forderungen, sind sie also nicht leicht nachweisbar[74] unbegründet, nutzt der Versicherer seinen Ermessensspielraum und darf regulieren. Dabei darf der Versicherer auch die Tauglichkeit der Beweisangebote[75] seines Versicherungsnehmers in die Risikoabwägung mit einbeziehen. 85

4. pflichtgemäßes Ermessen

Der Haftpflichtversicherer hat in Ansehung der Gesamtumstände die Erklärungen im pflichtgemäßen Ermessen abzugeben. Was pflichtgemäß ist, hat sich am Versicherungsvertrag zu orientieren. Jedoch steht eine abschließende Klärung[76] der Frage noch aus. Jedenfalls darf der Versicherer die wohlverstandenen Interessen seines Vertragspartners nicht ignorieren. Diese beziehen sich jedoch nur auf den reinen Vertragszweck und der damit unmittelbar verbundenen Ansprüche. 86

Das Interesse des Versicherungsnehmers als **Privatkunden** begrenzt sich regelmäßig auf den Höherstufungsschaden durch Verlust des Schadensfreiheitsrabatts, des SFR. Es handelt sich dabei um keine Existenz gefährdende Größe. Einer besonderen Pflicht zur Rücksichtnahme in Zweifelsfällen[77], etwa durch Regulierungsablehnung oder Einholung einer Regulierungsgenehmigung[78] beim Versicherungsnehmer, ist entgegenzutreten. Der Versicherer ist auch nicht gehalten, einen geringen Schadenbetrag noch »herunterzufeilschen«[79], um dem Versicherungsnehmer den Rückkauf des Schadensfreiheitsrabatts zu erleichtern. 87

---

68 *AG Köln* Urt. v. 15.06.1984 – 266 C 404/83, VersR 1984, 835 = zfs 1984, 241.

69 *Kröger* Regulierungsermessen und Belastung des Schadensfreiheitsrabatts – der Versicherer zwischen den Fronten, VersR 2013, 139 ff.

70 *AG Dortmund* Urt. v. 23.09.1982 – 114 C 111/82, zfs 1983, 53; *AG Dortmund* Urt. v. 08.01.2002 – 123 C 10526/01, ADAJUR Dok.Nr. 52378 = SP 2002, 399; *AG Köln*, Urt. v. 15.06.1984 – 266 C 404/83, VersR 1984, 835 = zfs 1984, 241.

71 *AG Münster* Urt. v. 29.09.1981 – 28 C 327/81, JurionRS 1981, 11948 = VersR 1982, 1045.

72 *LG Düsseldorf* Urt. v. 25.06.1999 – 20 S 230/98, SP 2000, 30.

73 *AG Köln* Urt. v. 15.06.1984 – 266 C 404/83, VersR 1984, 835 = zfs 1984, 241.

74 *AG Augsburg* Urt. v. 07.10.1982 – 3 C 2280/82, zfs 1983, 54.

75 *LG Frankfurt* Urt. v. 25.01.1989 – 2/1 S 150/88, r+s 1989, 174 (Ehefrau als Zeugin für fehlende Delle hinter nachgewiesen beschädigter Zierleiste).

76 Bruck/Möller/*Koch* VVG-Kommentar, Band IV, § 100 VVG, Rn. 91.

77 So jedoch *AG Stuttgart-Bad-Cannstatt* Urt. v. 17.03.1987 – 5 C 3719/86, zfs 1987, 213.

78 *LG Düsseldorf* Urt. v. 25.06.1999 – 20 S 230/98, SP 2000, 30.

79 *AG Coburg* Urt. v. 26.02.2009 – 15 C 1469/08, JurionRS 2009, 36016, *LG Coburg* Urt. v. 05.06.2009 – 32 S 15/09, DAR 2010, 94.

88 Ist ein Anhänger, eine landwirtschaftliche Zugmaschine oder ein sonstiges Fahrzeug versichert, für das kein Schadensfreiheitsrabattsystem eingerichtet ist, muss der Versicherer bei der Regulierung noch weniger Rücksicht nehmen. Nur wenn er seinen Versicherungsnehmer wegen einer Obliegenheitsverletzung[80] in Regress nehmen will, muss er umsichtiger agieren.

89 Beim **gewerblichen Kunden** geht es zudem oft um Rückvergütungen und konkrete Prämiennachzahlungen nach einem Bonus-Malus-System. Auf diese wirken sich, wie auch beim SFR, nicht erst die Schadenersatzleistungen, sondern bereits die Schadenrückstellungen[81] aus. Im Ergebnis führt auch dies nicht zu einer wirtschaftlichen Bedrohung des Unternehmens.

90 **Gegenansprüche** des Versicherungsnehmers gegen den Unfallgegner berühren den Vertragszweck dagegen allenfalls mittelbar. Der Versicherer soll bei bestehender Aufrechnungslage mit Gegenforderungen des Versicherungsnehmers Rücksicht[82] nehmen müssen; was jedoch nur bei eindeutigen Forderungen und klaren Hinweisen an den Versicherer zumutbar erscheint. Die Vereinbarung einer Haftungsquote im Verhältnis zum Geschädigten mag Indizwirkung auch für die Gegenansprüche haben und dabei deren Umsetzung tatsächlich erschweren. Auf diese Erschwernis muss der Versicherer jedoch nicht einmal wegen etwaiger nebenvertraglicher Umstände Rücksicht nehmen. Er darf es auch nicht, wenn sich dadurch z.B. der Abschluss eines günstigen Abfindungsvergleichs mit dem Gegner nicht mehr erzielen lässt.

91 Der Versicherer kann objektiv mangels Vertretungsmacht den Versicherungsnehmer wegen Aktivansprüchen (Gegenansprüchen) nicht binden[83]. Abweichende Haftungsquoten im Verhältnis von Anspruch und Gegenanspruch sind daher nichts Ungewöhnliches.

5. Ermessensfehler

92 Ermessensfehler liegen dann vor, wenn im Zeitpunkt[84] der Beurteilung der Sach- und Rechtslage[85] eine Entscheidung herbeigeführt wird, die der Beurteilungslage in grober Weise nicht gerecht wird. Die Regulierung darf nicht »auf gut Glück«[86] erfolgen.

93 Der Versicherer hat sich daher ein hinreichend genaues Bild[87] als Grundlage für eine Entscheidung zum Grunde und zur Höhe zu schaffen, um überhaupt sein Regulierungsermessen ausüben zu können. Er hat die Einwendungen[88] des Versicherungsnehmers zur Kenntnis[89] zu nehmen. Er darf sie folglich nicht ignorieren, sondern hat sie zu werten, auch wenn er hierbei zu einer völlig anderen Sichtweise kommt, als sie beim Versicherungsnehmer vorliegt.

---

80 *LG Saarbrücken* Urt. v. 30.03.2012 – 13 S 49/11, ADAJUR Dok.Nr. 99865 = NJOZ 2013, 309 = r+s 2013, 275 = zfs 2012, 628.

81 *OLG Bamberg* Urt. v. 21.03.1975 – 3 U 14/75, VersR 1976, 651 (mit Hinweis auf früheren Streit).

82 Bruck/Möller/*Koch* VVG-Kommentar, Band IV, Rn. 100, Rn. 95.

83 *BGH* Urt. v. 27.05.1957 – II ZR 132/56, BGHZ 24, 308 = JurionRS 1957, 10252 = DB 1957, 629 = VersR 1957, 442 = NJW 1957, 1230 = VRS 13, 183; *BGH* Urt. v. 23.10.1990 – VI ZR 105/90, BGHZ 112, 345 = JurionRS 1990, 14254 = DAR 1991, 142 = NZV 1991, 350 = VersR 1991, 236 = NJW 1991, 1176 = MDR 1991, 234 = zfs 1991, 134 (Ls.) = r+s 1992, 110 = AnwBl 1992, 271; Stiefel/*Hofmann* § 10 AKB Rn. 91–97.

84 *LG Weiden* Urt. v. 19.01.1982 – 2 S 698/81, zfs 1983, 53.

85 Späterer Freispruch ändert nichts für die Beurteilung zum Zeitpunkt der Entscheidungsfindung, *AG Charlottenburg* Urt. v. 10.07.1981 – 205 C 163/81, zfs 1981, 280.

86 *BGH* Urt. v. 20.11.1980 – IVa ZR 25/80, JurionRS 1980, 11920 = MDR 1981, 391 = VersR 1981, 180 = zfs 1981, 118; *OLG Köln* Urt. v. 26.01.1989 – 5 U 103/88, JurionRS 1989, 14178 = r+s 1989, 38.

87 *AG Berlin-Mitte* Urt. v. 21.01.2013 – 108 C 3425/11, ADAJUR Dok.Nr. 103951 = SP 2013, 445.

88 Der bloße Einwand des Versicherungsnehmers, »er wisse nichts von einem Unfall«, wird kaum ausreichen, siehe Fall des *LG Ravensburg* Urt. v. 14.02.1985 – 2 S 336/84, DAR 1985, 258 = zfs 1985, 306 = VersR 1985, 1057 (Ls.).

89 *AG Köln* Urt. v. 28.01.2009 – 269 C 293/08, JurionRS 2009, 26328 = SP 2009, 225 = NJW-RR 2010, 98.

Basis für eine Entscheidungsfindung kann zudem neben der Ermittlungsakte[90] auch der Inhalt einer Bußgeldakte[91] sein. Ermittelt der Versicherer sogar noch weiter, etwa durch Kurzanalysen[92] eines Unfallsachverständigen, darf der Versicherer auf die Ergebnisse vertrauen und seine Entscheidung hierauf aufbauen. Ist die Sachlage entscheidungsfähig und entscheidet der Versicherer, sind nachträgliche Erkenntnisse unbeachtlich, da es auf den Tag der Entscheidung[93] ankommt. 94

a) Beispiele für Ermessensfehler

- In der Summe: fragwürdige Schadenschilderung des Anspruchstellers; Bestreiten jeglicher Verursachung durch Versicherungsnehmer; mögliche anderweitige Schadenverursachung; keine Zeugen für Schadenhergang; keine Beschädigung am Fahrzeug des Versicherungsnehmers[94] 95
- Versicherer missachtet die Behauptung des Versicherungsnehmers, dass kein Schaden an dem Motorrad des Unfallgegners entstanden sei; SV-Gutachten bestätigte die geringfügige Krafteinwirkung auf den Vorderradreifen, die objektiv nicht zu einem Gabelbruch führen konnte[95]
- Versicherer lässt Aussagen zweier unbeteiligter Zeugen außer Acht, dass der Unfallgegner bei Rotlicht gefahren ist[96]
- Abgabe eines unbegrenzten Haftungsanerkenntnisses für den Halter, der nicht selbst Fahrer ist und daher selbst nur aus Betriebsgefahr nach den §§ 7, 12, 12a StVG haftet[97]
- Versicherer reguliert teilweise den Schaden des Unfallgegners, der nach Zeugenaussagen rechts anhielt und dann ohne zu blinken versuchte nach links in ein Firmengelände einzubiegen[98]
- Versicherer missachtet den Hinweis, dass die Schäden der Höhe nach nicht kompatibel[99] sind und lässt die Unterlagen auch nicht durch einen hauseigenen Gutachter überprüfen
- Der Versicherer dürfe nicht[100] schon regulieren, wenn nur bewiesen sei, dass die Versicherungsnehmerin einen Bus zum starken Abbremsen gezwungen habe und objektivierbare Befunde in einem Arztbericht zu einem HWS-Schleudertrauma fehlen. (Das Urteil widerspricht der einhelligen Rechtsprechung der Instanzgerichte[101]. Es handelt sich um ein grobes Fehlurteil! Die Geschädigte litt bereits unfallunabhängig unter psychischen Störungen und hatte die Versicherungsgesellschaft verklagte. Der Schadensersatzprozess wurde durch Zahlung eines Vergleichsbetrages erledigt.)
- Der Versicherungsnehmer schildert, dass es zum Unfall kam, weil der Gegner nach rechts blinkte, dann aber nach links auf einen Parkplatz fahren wollte. Dabei kam es zum Zusammenstoß mit dem überholenden Versicherungsnehmer, der seine Ehefrau und seinen Sohn als Zeugen benannte. Gebührenpflichtig verwarnt wurde niemand. Der Versicherer regulierte ohne weitere

90 *OLG Köln* Urt. v. 26.01.1989 – 5 U 103/88, JurionRS 1989, 14178 = r+s 1989, 38.

91 *LG Köln* Urt. v. 11.02.1981 – 19 S 217/80, VersR 1981, 1124 = zfs 1982, 52; *LG Osnabrück* Urt. v. 29.04.1988 – 11 S 42/88, zfs 1989, 242.

92 *AG Essen* Urt. v. 02.05.2007 – 20 C 89/07, JurionRS 2007, 51958 = NJW-Spezial 2007, 259 = NJOZ 2007, 2242 (offenbar wollte der Versicherer in dem Fall ganz sicher gehen, da er selbst bei bestehenden Zweifeln hätte regulieren dürfen).

93 *AG Köln* Urt. v. 10.06.2003 – 264 C 376/02, ADAJUR Dok.Nr. 60210 = SP 2004, 350.

94 *OLG Köln* Urt. v. 19.03.1992 – 5 U 100/91, JurionRS 1992, 15413 = r+s 1992, 261 = zfs 1992, 342 (Urteil zu einem Rückgriff nach § 3 Nr. 9 S. 2 PflVG a.F., heute § 116 Abs. 1 S. 2 VVG).

95 *LG Gießen* Urt. v. 19.02.2008 – 1 S 330/06, JurionRS 2008, 37415 = SVR 2008, 349 bespr. v. *Richter.*

96 *AG Köln* Urt. v. 08.08.1986 – 266 C 144/86, zfs 1987, 19.

97 Bei Großschäden werden Haftungslimits gelegentlich übersehen. Haftungslimits sollten von Gerichten bei der Rechtsanwendung beachtet werden; Fall *OLG Hamm,* Urteil vom 22.09.1999 – 13 U 134/98, JurionRS 1999, 32831 = DAR 2001, 221 = NZV 2001, 84 = PVR 2002, 259 bespr. v. *Schwab.*

98 *AG Nürnberg* Urt. v. 17.08.1988 – 23 C 1907/88, r+s 1989, 74.

99 *LG Köln* Urt. v. 22.10.2003 – 20 S 8/03, JurionRS 2003, 35309; Vorinstanz AG Kerpen Urt. v. 13.03.2003 – AZ: 25 C 40/02, JurionRS 2003, 34950; zust. *Adolpffs/Burkhard* Das pflichtgemäße Ermessen des Versicherers gem. § 10 Abs. 5 AKB, VersR 2008, 322 ff.

100 *AG Frankfurt a.M.* Urt. v. 14.06.2002 – 301 C 281/02, SP 2002,3, 74.

101 Anm. *Piendl* SP 2003, 74.

Nachforschungen anzustellen mit dem Ansinnen, der Versicherungsnehmer – statt der Gegner-habe gegen die zweite Rückschaupflicht verstoßen[102]

b) **Beispiele für verneinte Ermessensfehler**

96 – begründete SFR-Belastung, da Kollision mit Kreuzungsräumer nicht unabwendbar ist[103]
- begründete SFR-Belastung, wenn Nachweis der Unabwendbarkeit voraussichtlich nicht zu führen sein wird[104]
- bei einem Unfall im Begegnungsverkehr in einer Kurve, bei dem feststeht, dass keines der Fahrzeuge im Kollisionszeitpunkt gestanden hat und nach Sachverständigengutachten im Bußgeldverfahren nicht ausgeschlossen werden kann, dass der Versicherungsnehmer sich optimal verhalten hat, kann der Versicherer zur Meidung des Prozessrisikos einen Vergleich schließen[105]
- bei einem Auffahrunfall hat der Versicherungsnehmer zur Erschütterung des Anscheinsbeweises zumindest einen Beweis dafür anzubieten, der Gegner sei rückwärts gefahren[106]
- bei einem unstreitigen Auffahrunfall in einer Parkgarage spricht der Anschein für ein Verschulden des dicht Auffahrenden. Der Versicherer muss nicht der Meinung des Versicherungsnehmers folgen, der sich nur auf die besonders kritisch zu würdigende Aussage seines Bekannten und Beifahrers stützen kann, der Vorrausfahrende habe grundlos gebremst[107]
- ist der Versicherungsnehmer unstreitig aufgefahren, muss der Versicherer wegen einer niedrigen Schadenshöhe (€ 634,17) keine weiteren Ermittlungen anstellen[108]
- lassen sich nach polizeilicher Feststellung bei einem Auffahrunfall Kratzer in gleicher Höhe am Fahrzeugheck des einen als auch an der Front des auffahrenden Fahrzeugs feststellen, muss der Versicherte einräumen, er habe so stark bremsen müssen, dass das ABS angesprungen sei, darf der Versicherer regulieren ohne ein Sachverständigengutachten einholen zu müssen[109]
- bei einer Kollision mit einem anderen Fahrzeug, bei dem keine weiteren Zeugen[110] vorhanden sind, ist der Unfall wahrscheinlich unaufklärbar. Die Regulierung auf Basis von 50 % wegen vergleichbaren Betriebsgefahren ist nicht pflichtwidrig
- kein Ermessenfehler liegt vor, wenn bei einem Linksabbiegevorgang des Versicherungsnehmers der Versicherer nach Aktenlage von einer hohen Wahrscheinlichkeit ausgehen muss, dass der Versicherungsnehmer zumindest aus der Betriebsgefahr des Fahrzeugs haftet[111]
- fährt der Versicherungsnehmer rückwärts, spricht gegen ihn der Anscheinsbeweis, den Unfall aus Unachtsamkeit verursacht und verschuldet zu haben[112]
- bei einem Unfall auf einem Parkplatz darf der Versicherer davon ausgehen, dass ein Schaden mit dem versicherten Fahrzeug verursacht wurde, wenn zwei unabhängige Zeugen dies bestätigen und die Polizei frische Spuren an der Stoßstange feststellen konnten. Auf Details kommt es dabei nicht an[113]
- es ist unerheblich, wenn der Sohn des Versicherungsnehmers beim Ausparken das neben ihm stehende Fahrzeug nicht berührt haben will, wenn ein Zeuge beobachtet hat, dass dieses Fahrzeug

102 *LG Arnsberg* Urt. v. 16.06.1986 – 5 S 45/86, NJW-RR 1986, 1353.
103 *LG Oldenburg* Urt. v. 05.01.1982 – 1 S 112/81, zfs 1983, 52.
104 *LG Weiden* Urt. v. 19.01.1982 – 2 S 698/81 zfs 1983, 53; *AG Münster* Urt. v. 29.09.1981 – 28 C 327/81, JurionRS 1981, 11948 = VersR 1982, 1045; *AG Bremen* Urt. v. 15.12.1982 – 4 C 461/82, VersR 1983, 972.
105 *AG Mayen* Urt. v. 29.05.1991 – 2 C 75/91, JurionRS 1991, 13951 = r+s 1991, 363 = zfs 1992, 15 (Ls.).
106 *AG Köln* Urt. v. 01.03.1982 – 264 C 152/81.
107 *AG München* Urt. v. 27.01.2010 – 343 C 27107/09, JurionRS 2010, 34452 = ADAJUR Dok.Nr. 86910.
108 *AG Dresden* Urt. v. 27.01.2008 – 111 C 6861/08, SP 2009, 225.
109 *AG München* Urt. v. 04.09.2012 – 333 C 4271/12, Jurion 2013, 266066.
110 *AG Düsseldorf* Urt. v. 17.10.2011 – 47 C 6137/11, NZV 2012, 293 = r+s 2012, 167.
111 *AG Chemnitz* Urt. v. 16.10.2000 – 15 C 2804/00, SP 2001, 213.
112 *AG Charlottenburg* Urt. v. 26.03.1987 – 207 C 663/86, zfs 1987, 214.
113 *AG Essen* Urt. v. 13.08.1999 – 12 C 112/99, r+s 2000, 5.

zur Seite geruckt ist und sich bei Nachschau durch die Polizei an beiden Fahrzeugen Kratzspuren in derselben Höhe zeigen[114]
- kommt es beim rückwärtigen Ausparken zu einem Knall, den die fahrzeugführende Ehefrau des Versicherungsnehmers einräumt und sind in der polizeilichen Ermittlungsakte Schäden an beiden Fahrzeugen dokumentiert, ist eine Regulierung nicht pflichtwidrig[115]
- ein Unfall nach beiderseits überraschendem Fahrstreifenwechsel ist nicht unabwendbar[116]
- hat der Versicherungsnehmer einem Fahrstreifenwechsel auf der Autobahn vorgenommen und bestätigt er einen Kontakt mit einem anderen Fahrzeug, so war der Versicherer berechtigt zu regulieren. Stellt sich später heraus, dass die Berührungspunkte der Karosserien Höhenunterschiede von mehreren Zentimetern aufweisen ist dies für die Rechtmäßigkeit der Entscheidung im Zeitpunkt der Regulierung nicht maßgebend[117]
- kommt es im Rahmen eines Fahrstreifenwechsels eines Wohnmobils zu einem geringfügigen Auffahrunfall, bei dem die jeweiligen Ehefrauen der Fahrer zur Verfügung stehen und einigt sich der Versicherungsnehmer im Klageverfahren mit dem Gegner auf einen etwa hälftigen Teilbetrag, handelt der eigene Haftpflichtversicherer nicht pflichtwidrig, wenn er ohne unfallanalytisches Gutachten die Hälfte des Bagatellschadens des Unfallgegners reguliert[118]
- wenn der Umfang des Schadens in Streit steht, der Versicherungsnehmer sich aber nur auf eine Aussage der Ehefrau stützen kann, darf der Versicherer den Beweiswert der Aussage in die Risikobeurteilung einbeziehen[119]
- wenn der Versicherungsnehmer selbst einsehen muss, dass der Sachverhalt der Bußgeldakte die Möglichkeit seines Mitverschuldens zulässt[120]
- findet eine Rechtserwartung des Versicherungsnehmers in der StVO keine Stütze, kann der Versicherer Ansprüche des Unfallgegners regulieren[121]
- es ist ausreichend, wenn das äußere Bild auf einen Unfall schließen lässt. Es muss tatsächlich kein Unfall mit dem Fahrzeug des Versicherungsnehmers stattgefunden haben[122]
- ist im Zeitpunkt der Regulierungsentscheidung eine massive Geschwindigkeitsüberschreitung des Unfallgegners nicht sicher, kann der Versicherer ohne Einholung eines unfallanalytischen Gutachtens ermessenfehlerfrei regulieren. Auf Feststellungen im Nachhinein, dass die Geschwindigkeitsüberschreitung bei 100 % lag und die Ansprüche des Versicherten zu 100 % reguliert wurden, kommt es nicht mehr an[123]
- kam es unstreitig zu einem Unfall und bezieht sich das Gutachten auf Schäden im Anstoßbereich, muss der Versicherer keine weiteren Nachforschungen anstellen[124]
- nicht ersichtlich unbegründete und ersichtlich widerlegbare Ansprüche darf der Versicherer regulieren. Eingescannte Originalfotos darf er nach der Regulierung vernichten ohne dass ihm eine Beweisvereitelung vorzuwerfen wäre[125]

---

114 *LG Essen* Urt. v. 23.11.2000 – 10 S 401/00, SP 2001, 173.

115 *AG Frankfurt* Urt. v. 10.08.2011 – 30 C 478/11 (47), ADAJUR Dok.Nr. 96441 = NJW-Spezial 2011, 747 = NZV 2011, 549.

116 *AG Köln* Urt. v. 08.11.1982 – 264 C 144/82, zfs 1983, 54; *AG Karlsruhe* Urt. v. 25.07.1985 – 5 C 369/85, zfs 1987, 19.

117 *LG Düsseldorf* Urt. v. 25.06.1999 – 20 S 230/98, SP 2000, 30.

118 *AG Düsseldorf* Urt. v. 10.11.2010 – 38 C 7609/10, JurionRS 2010, 37635 = NJW-Spezial 2011, 555 = FD-VersR 2011, 321797.

119 *LG Frankfurt* Urt. v. 25.01.1989 – 2/1 S 150/88, r+s 1989, 174.

120 *LG Frankenthal* Urt. v. 17.04.1991 – 2 S 547/90, zfs 191, 347.

121 *AG Düsseldorf* Urt. v. 09.01.2008 – 27 C 488/06, SP 2008, 62.

122 *AG Köln* Urt. v. 28.01.2009 – 269 C 293/08, JurionRS 2009, 26328 = SP 2009, 225 = NJW-RR 2010, 98.

123 *AG Dortmund* Urt. v. 18.05.1995 – 123 C 7950/94, SP 1995, 350.

124 *LG Marburg* Urt. v. 10.01.2001 – 5 S 98/00, SP 2001, 247.

125 *AG Düsseldorf* Urt. v. 07.04.2009 – 48 C 7891/08, JurionRS 2009, 33188 = SP 2009, 374.

- der Versicherer muss den Versicherungsnehmer nicht erneut anhören, wenn nach einem Sachverständigengutachten fest steht, dass neben dem Altschaden am Fahrzeug des Versicherungsnehmers ein diesen überlagernder Neuschaden festgestellt wurde[126]
- gegen einen Ermessensfehlgebrauch spricht die Würdigung von Aussagen unabhängiger Zeugen und kompatibler Kontaktspuren an den Fahrzeugen[127]
- wenn beim Einparken eine unklare Verkehrssituation vorliegt und der Versicherungsnehmer von der Polizei mit »ON 01« geführt wird[128]
- hat sich der Versicherungsnehmer gegenüber der Polizei eingelassen, er habe das Fahrzeug geführt und den Unfall verursacht, muss der Versicherer nicht vom Gegenteil ausgehen, wenn das Strafverfahren wegen Verkehrsunfallflucht gegen Zahlung einer Geldbuße eingestellt wurde[129]
- wenn der Versicherungsnehmer zwar trotz frischer Spuren am Fahrzeug einen Anstoß bestreitet, aber zugeben muss, dass er sich in einer »schwierigen« Ausparksituation befunden habe[130]
- bei einem Bagatellschaden[131] bzw. bei relativ geringen Schaden[132] darf sich der Versicherer mit dem polizeilichen Unfallbericht begnügen, um eine Entscheidung zu treffen
- wirtschaftliche Erwägungen können ausschlaggebend sein[133]
- den Ausgang eines OWi-Verfahrens muss der Versicherer nicht abwarten, da er die Haftung auch aus dem Gesichtspunkt der Gefährdungshaftung beurteilen kann[134]
- bei einem Unfall unter Beteiligung von Kindern ist, wenn die Würdigung der Zeugenaussagen eine Haftung aus Betriebsgefahr nicht gänzlich zurücktreten lassen, eine Regulierung nicht völlig unsachgemäß und willkürlich[135]
- bei einem Unfall mit einem erkennbar alten Mann, der die Fahrbahn überquert, ist damit zu rechnen, dass dieser nicht auf der Mitte der Fahrbahn stehen bleiben wird, zumal aus der Gegenrichtung ein LKW naht[136]
- bei einem Unfall mit einem Fußgänger, da selten die Betriebsgefahr des Fahrzeugs zurücktritt[137]
- die Regulierung bei einem Unfall im Begegnungsverkehr ohne Zeugen bei einer Quote von 30 % (PKW) zu 70 % (LKW) ist nicht unangemessen[138]. Sofern zwar nicht gänzlich, aber doch zumindest teilweise, eine Mitschuld nicht auszuschließen ist, liegt kein Ermessensmissbrauch vor[139]
- später geänderte Unfalldarstellung stimmt mit polizeilichen Ermittlungen nicht überein[140]
- die Höhe der Regulierungssumme ist für den SFR solange unbeachtlich, wie der Versicherungsnehmer nicht bereit ist selbst zu regulieren; entsprechend ist auch eine etwaig überhöht angenommene Haftungsquote unbeachtlich[141]

---

126 *AG Köln* Urt. v. 03.03.2009 – 267 C 213/08, JurionRS 2009, 38632 = SP 2009, 302.

127 *AG Berlin-Mitte* Urt. v. 21.06.2004 – 110 C 3432/03, SP 2004, 422.

128 *AG Düsseldorf* Urt. v. 30.08.2001 – 56 C 7535/01, SP 2002, 254.

129 *AG Düsseldorf* Urt. v. 22.02.2001 – 47 C 16310/00, SP 2001, 249 u. 279.

130 *LG Düsseldorf* Urt. v. 07.04.2006 – 22 S 422/05, JurionRS 2006, 39986 = SP 2007, 191.

131 *AG Hannover* Urt. v. 31.07.1986 – 508 C 3078/86, VersR 1987, 277.

132 *AG Lüneburg* Urt. v. 28.04.2010 – 50 C 441/09 (€ 2.000,–).

133 *LG Duisburg* Urt. v. 04.11.1986 – 5 S 133/86, JurionRS 1986, 19750 = NJW-RR 1987, 610 = VersR 1987, 1004.

134 *LG Aachen* Urt. v. 15.10.1986 – 7 S 155/86, zfs 1987, 19.

135 *AG Münster* Urt. v. 23.10.1991 – 29 C 491/91, JurionRS 1991, 13961 = zfs 1992, 375.

136 *AG Hamburg-Altona* Urt. v. 31.01.1980 – 317 C 449/79, VersR 1980, 738.

137 *LG Mönchengladbach* Urt. v. 17.04.1998 – 2 S 29/98, r+s 1998, 271.

138 *AG Berlin-Mitte* Urt. v. 25.03.2009 – 112 C 3123/08, SP 2009, 341.

139 *LG München I* Urt. v. 20.03.2003 – 31 S 11519/02, JurionRS 2003, 33954 = NZV 2003, 333.

140 *AG Köln* Urt. v. 06.05.1996 – 264 C 310/05, SP 1996, 399.

141 *AG Saarbrücken* Urt. v. 08.07.1975 – 5 C 128/75, JurionRS 1975, 11220 = VersR 1976, 360, hierzu kritisch *Kaulbach* VersR 1976, 676; *AG Münster* Urt. v. 23.10.1991 – 29 C 491/91, JurionRS 1991, 13961 = zfs 1992, 375.

- bei einem unstreitigen Auffahrunfall spricht der Anscheinsbeweis für ein Verschulden des Auffahrenden, weswegen ein ausdrückliches Regulierungsverbot nicht zu beachten ist[142]
- bleibt bei einem Kettenauffahrunfall unaufklärbar und streitig, ob das mittlere Fahrzeug aufgefahren ist oder aufgeschoben wurde, so darf der Versicherer den Schaden des vorderen Fahrzeughalters regulieren[143]
- Werden kompatible Spuren von einem Sachverständigen am Tag des Unfalles festgestellt und steht außer Streit, dass es zu einer Berührung der Fahrzeuge kam, muss der Versicherer nicht noch einen Polizeibeamten zum Umfang der Schäden befragen[144]
- bei einem unstreitigen Zurücksetzen des Fahrzeugs durch den Versicherungsnehmer spricht bereits der Anschein für eine Haftung, ohne dass sich eine Mitverursachung des Unfallgegners aufdrängen muss[145]
- werden hinreichend kompatible Schäden an den Fahrzeugtüren dokumentiert und lassen das Vorbringen von Zeugen die Schadensentstehung beim Öffnen der Tür möglich erscheinen, ist die Erklärung des Versicherungsnehmers, Zeugen für den Vorfall existierten nicht und der Hergang sei unglaubwürdig, unzureichend[146]
- wenn der Versicherer auf ein in seinem Auftrag gefertigten Kurzbericht eines Sachverständigen reguliert[147]
- wenn der Versicherer den Schaden eines im Kreuzungsbereich gestürzten Rollerfahrers zu 100 % reguliert, weil der Sohn mit dem Fahrzeug des Versicherungsnehmers entgegenkommend angeblich 100 m vor ihm nach links abgebogen ist[148]
- wenn der Versicherer nach unstreitigem Aufprall und Beratung durch einen Schadenverständigen eine Anhängerkupplung austauschen lässt[149]
- wenn der Haftpflichtversicherer die Feststellungen im Strafverfahren für seine Regulierungsentscheidung auswertet[150]
- wenn der Beweiskraft eines unfallunabhängigen Zeugen höhere Beweiskraft zukommt und der Entschädigungsbetrag jedenfalls vertretbar ist[151]
- wenn der Versicherer von einem schuldhaften Auffahrunfall ausgeht, nachdem der Versicherungsnehmer einräumt, dass beim Bremsen das ABS seines Fahrzeugs angesprochen habe und Polizeibeamte Kratzer an beiden Fahrzeugen auf gleicher Höhe feststellten[152]
- der Versicherer kann bei der Beurteilung der Schadenshöhe vernachlässigen, wenn ein Nachfolgemodell des geschädigten Kleinkraftrads als Aktionsware ab und zu und gegebenenfalls auch örtlich begrenzt günstig auf dem Markt zur Verfügung steht. Dies führt noch nicht dazu, dass der Wiederbeschaffungswert sich diesem anpassen müsste[153]

---

142 *AG Coburg* Urt. v. 26.02.2009 – 15 C 1469/08, JurionRS 2009, 36016, *LG Coburg* Urt. v. 05.06.2009 – 32 S 15/09, DAR 2010, 94.

143 *LG Aachen* Urt. v. 12.02.1988 – 5 S 394/87, r+s 1988, 323 = MDR 1989, 63.

144 *LG Düsseldorf* Urt. v. 06.11.2009 – 22 S 160/09, JurionRS 2009, 34024 =VRR 2010, 189 bespr. v. *Nugel.*

145 *AG Köln* Urt. v. 18.03.2002 – 264 C 559/01, JurionRS 2002, 31339 = SP 2002, 212.

146 *LG Köln* Urt. v. 19.04.2011 – 11 S 289/09, JurionRS 2011, 26237 = SP 2011, 338.

147 *AG Gummersbach* Urt. v. 30.10.2010 – 18 C 17/10, SP 2011, 196 = VRR 2011, 69 bespr. v. *Nugel.*

148 *AG Gelsenkirchen-Buer* Urt. v. 11.03.2010 – 27 C 273/09.

149 *LG Erfurt* Urt. v. 26.08.2004 – 1 S 132/04, JurionRS 2004, 33876.

150 *LG Hagen* Beschl. v. 11.06.2013 – 7 S 15/13, JurionRS 2013, 40208 = ADAJUR Dok.Nr. 102906 = NJW-Spezial 2013, 682 = VRR 2013, 465 bespr. v. *Nugel* = SP 2013, 338; siehe zuvor *AG Hagen* Urt. v. 24.04.2013 – 140 C 206/12, JurionRS 2013, 43437 =zfs 2013, 637.

151 *OLG Hamm* Beschl. v. 31.08.2005 – 20 W 28/05, JurionRS 2005, 24874 = ADAJUR Dok.Nr. 65438 = NJW 2005, 3077 = NJW-Spezial 2005, 405 = NZV 2005, 641.

152 *AG München* Urt. v. 04.09.2012 – 333 C 4271/12, ADAJUR Dok.Nr. 104840 = Pressemitteilung 14/13 AG München v. 25.03.2013, Jurion 2013, 266066.

153 *AG Berlin-Mitte* Urt. v. 21.01.2013 – 108 C 3425/11, ADAJUR Dok.Nr. 103951 = SP 2013, 445.

6. Darlegungs- und Beweislast

97 Die Darlegungs- und Beweislast für den Ermessensfehlgebrauch liegt beim Versicherungsnehmer[154].

98 Es reicht im Prozessfalle nicht aus lediglich zu behaupten und durch Sachverständigengutachten unter Beweis zu stellen, die Regulierung sei zu hoch vorgenommen worden, weil der Anstoß sehr gering gewesen sei und unfallbedingte Verletzungen seien daher auszuschließen, wenn eine konkrete Pflichtverletzung nicht dargetan wird.[155]

7. Rechtsfolgen

99 Dem Versicherungsnehmer stehen vertragliche Schadensersatzansprüche aus positiver Forderungsverletzung[156] bzw. Vertragsverletzung[157] zu.

C. Weitere praktische Hinweise

I. Prozessrisiko

100 Die Fülle der von Versicherungsnehmern erfolglos[158] geführten Verfahren zeigt nicht nur die von den Gerichten anerkannte starke Rechtsposition des Versicherers aufgrund der erteilten Vollmacht. Sie machen auch das ganz erhebliche Prozessrisiko deutlich, wenn es um die Höherstufung geht. Selbst bei einem nachgewiesenen Ermessenfehler muss dies nicht zwangsläufig zu einem Schaden führen, wenn der Fehler nicht kausal[159] geworden ist. Dieselben Maßstäbe gelten allerdings auch im Regressprozess[160], z.B. nach Obliegenheitsverletzungen[161] oder wegen Prämienverzuges[162]. Schon zum eigenen Schutz sollten die Beratung des Mandanten und die Dokumentation der Beratung umfassend sein.

101 Da es sich bei der SFR-Belastung um eine vermögensrechtliche Streitigkeit mit oftmals niedrigem Streitwert handelt, ist in mehreren Ländern zu prüfen, ob als **Zulässigkeitsvoraussetzung** für eine Klage, das erfolglose Anrufen einer Schlichtungsstelle erforderlich ist, § 15a Abs. 1 Nr. 1 EGZPO. Ansonsten kann die Klage als unzulässig[163] zugewiesen werden.

102 Der **Gegenstandswert** richtet sich nach dem Interesse des Versicherungsnehmers an der Fortführung des Versicherungsvertrages in der Schadensfreiheitsklasse vor dem Unfall. Der Wert errechnet sich aus der zu zahlenden Mehrprämie, bis die günstigste Schadensfreiheitsklasse[164] erreicht wird. Somit ist die Differenz mehrerer Jahre zu addieren. Die Versicherer erstellen unter Vorbehalten entsprechende Vergleichsberechnungen.

---

154 *BGH* Urt. v. 20.11.1980 – IVa ZR 25/80, JurionRS 1980, 11920 = MDR 1981, 391 = VersR 1981, 180 = zfs 1981, 118; *OLG Bamberg* Urt. v. 21.03.1975 – 3 U 14/75, VersR 1976, 651; *OLG Hamm* Urt. v. 01.02.1984 – 20 U 10/84, VersR 1984, 855; *AG Lüdenscheid* Urt. v. 21.03.2013 – 94 C 353/12, ADAJUR Dok.Nr. 103744 = zfs 2013, 638 m.Anm. *Rixecker*.

155 *LG Saarbrücken* Urt. v. 30.03.2012 – 13 S 49/11, ADAJUR Dok.Nr. 99865 = NJOZ 2013, 309 = r+s 2013, 275 = zfs 2012, 628.

156 *AG Itzehoe* Urt. v. 20.11.1981 – 4 C 223/81.

157 *AG Frankfurt a.M.*, Urt. v. 25.02.1999 -31 C 2858/98–44, DAR 1999, 554.

158 *Kröger* Regulierungsermessen und Belastung des Schadensfreiheitsrabatts – der Versicherer zwischen den Fronten, VersR 2013, 139 ff.

159 *Kröger* Regulierungsermessen und Belastung des Schadensfreiheitsrabatts – der Versicherer zwischen den Fronten, VersR 2013, 139 ff.

160 *Nugel* Das Regulierungsermessen des Kraftfahrzeughaftpflichtversicherers, VRR 2008, 244 ff.

161 *AG Berlin-Mitte* Urt. v. 15.02.2002 – 101 C 3258/01, SP 2002, 211 (Alkohol); *AG Strausberg* Urt, v. 02.12.2010 – 9 C 199/10 (Alkohol), *AG Cottbus* Urt. v. 16.03.2011 – 45 C 57/09 (Meldepflicht).

162 *LG Stuttgart* Urt. v. 06.04.1979 – 6 S 227/78, DAR 1980, 56 = MDR 1979, 756 (zur Verjährung des Schadensersatzanspruch).

163 *AG Köln* Urt. v. 18.03.2002 – 264 C 559/01, JurionRS 2002, 31339 = SP 2002, 212.

164 *BGH* Beschl. v. 19.01.2011 – IV ZB 29/10, JurionRS 2011, 10243 = VersR 2011, 814.

Häufig spielt beim Versicherten der Gedanke eine Rolle, dass es doch nur eine kleine Kollision gab und der Schaden beim Unfallgegner könne gar nicht so groß sein. Dabei ist auch den Gerichten[165] bekannt, dass der Umfang des tatsächlichen Schadens sich erst nach einer sachverständigen Untersuchung erweist. Selbst der Einschätzung es Polizeibeamten[166] kommt kein höherer Beweiswert zu. 103

Im Rahmen der Beratung sind die individuellen AKB auch dahingehend zu prüfen, ob dem Versicherungsnehmer ggf. ein »Freischuss« oder »Rabattretter« eingeräumt wurde. In diesem Falle kommt es effektiv bei einem vertragsbelastenden Unfall noch nicht zu einer Höherstufung. 104

Letztlich gibt es bei Gerichtsverfahren[167] wegen der Höherstufung/SFR-Belastung nur Verlierer. Der niedrige Streitwert[168] zum vergleichsweise hohen Arbeitsaufwand steht außer jedem wirtschaftlichen Verhältnis, es sei denn, der Rechtsanwalt benötigt noch entsprechende Fälle für seinen Fachanwaltstitel. 105

Zudem wird häufig die bereits belastete Beziehung der Parteien einer weiteren Prüfung unterworfen. Der Vorwurf, der Versicherer wolle aus der Regulierung einen Gewinn erzielen, ist haltlos, da der Versicherungsnehmer wie auch der Versicherer im Schadensfall kündigen kann. Die höhere Prämie steht dann dem neuen Versicherer[169] zu. 106

Statt um jeden Preis[170] Recht zu bekommen, empfiehlt es sich, erst einmal das Gespräch zu suchen. Wirtschaftlich kann es auch für einen Versicherer günstiger sein, einen Kunden mit sonst gutem Schadenverlauf dauerhaft zu behalten. 107

II. Prozess um Höherstufung – neue Prämienanforderung

Bietet der Versicherer dem Versicherungsnehmer die Rückerstattung des aufgewendeten Betrages an, verzichtet dieser aber hierauf, wird der SFR zwangsläufig belastet. Um den Versicherungsschutz zu erhalten ist in jedem Falle die neue, erhöhte Prämie zu zahlen. 108

Tut der Versicherungsnehmer dies im Streit um die Höherstufung nicht, geht er ein viel höheres wirtschaftliches Risiko[171] ein, wenn es dann zu einem weiteren Schadensfall kommen sollte. 109

Dem Versicherungsnehmer ist daher selbst bei einer anhängigen Klage wegen der von ihm behaupteten willkürlichen Schadenregulierung dringend zu raten, die erhöhte Prämie (zunächst) vollständig zu zahlen. 110

In der vollständigen Zahlung der erhöhten Prämie ist kein Anerkenntnis zu sehen, solange das Gerichtsverfahren nicht abgeschlossen ist. 111

Alternativ kann der Versicherungsnehmer auch den vom Versicherer aufgewendeten Betrag unter Vorbehalt zurückerstatten, um bis zur Klärung im gerichtlichen Verfahren keine erhöhte Prämie zahlen zu müssen. 112

Stellt der Versicherer im Haftpflichtprozess einen Rechtsanwalt, hat der Versicherungsnehmer im Falle des Obsiegens grundsätzlich keinen Kostenerstattungsanspruch für einen zusätzlich beauftragten eigenen Anwalt. Die Beauftragung ist auch nicht deswegen erforderlich, um einen drohenden Rückstufungsschaden[172] abzuwenden. 113

---

165 *LG Düsseldorf* Urt. v. 25.06.1999 – 20 S 230/98, SP 2000, 30; *LG Marburg* Urt. v. 10.01.2001 – 5 S 98/00, SP 2001, 247.

166 *LG Düsseldorf* Urt. v. 06.11.2009 – 22 S 160/09, JurionRS 2009, 34024 =VRR 2010, 189 bespr. v. *Nugel*.

167 Zum Prozessantrag siehe Himmelreich/*Halm/Halm/Fitz*, Handbuch des Fachanwalts Verkehrsrecht, § 26 Rn. 63a.

168 *AG Gummersbach* Urt. v. 30.10.2010 – 18 C 17/10, JurionRS 2010, 31937 = ADAJUR Dok.Nr. 92197 = SP 2011, 196 = VRR 2011, 69 bespr. v. *Nugel* (mit € 592,– knapp unter der Berufungssumme).

169 *LG Köln* Urt. v. 19.04.2011 – 11 S 289/09, JurionRS 2011, 26237 = SP 2011, 338.

170 Prozesse um den Schadensfreiheitsrabatt werden nicht selten erst in der Berufungsinstanz abgeschlossen.

171 *OLG Bamberg* Urt. v. 21.03.1975 – 3 U 14/75, VersR 1976, 651.

172 *OLG Saarbrücken* Beschl. v. 23.11.2011 – 9 W 269/11 – 35, JurionRS 2011, 35343 = NJW-Spezial 2012, 171.

III. Problem bei öffentlich-rechtlicher Verantwortlichkeit

1. Grenzen der »gewöhnlichen« Regulierungsvollmacht

114 Die Regulierungsvollmacht nach A.1.1.4 AKB befasst sich nach dem Wortlaut der Klausel auf Schadensersatzansprüche.

115 Dies bereitet dann Schwierigkeiten, wenn es um öffentlich-rechtliche Verantwortlichkeiten des Fahrzeughalters als Zustandsstörer[173] oder des Fahrers als Verhaltensstörer nach öffentlich-rechtlichen Vorschriften geht.

116 In den Fällen, in denen zivilrechtliche Ansprüche bestehen, aber gleichzeitig auch öffentlich-rechtliche Kostenbescheide in gleicher Sache erwirkt werden können, sieht der *BGH*[174] zu recht den Haftpflichtversicherer in der Pflicht, auch diese Ansprüche zu decken. Letztlich ist es dann nur eine Formalie, auf welchem Weg der Anspruch geltend gemacht wird.

117 Bei der Anerkennung des Anspruchs und der Zahlung auf einen Kostenbescheid ist dies in der Praxis unproblematisch.

118 Nur dann, wenn der Kostenbescheid übersetzt ist, kommt das Thema zum Tragen. Der Versicherer muss im Namen des Versicherungsnehmers Widerspruch oder gar eine Klage zum Verwaltungsgericht erheben. Hier reicht der bloße Hinweis auf den Wortlaut der AKB oft[175] nicht aus. Der Versicherer muss sich auf Anforderung der Behörde noch eine gesonderte schriftliche Vollmachtsurkunde besorgen, in der die textliche Erweiterung bezüglich öffentlich-rechtlicher Verantwortlichkeiten aufgenommen wurde. Da es regelmäßig um Fristsachen und präzise Formulierungen durch die Vollmachtgeber geht, sind tatsächliche Schwierigkeiten vorprogrammiert.

2. konkludente Vollmachterteilung

119 Im Ergebnis lässt sich durch entsprechende Umstände aufzeigen, was der Versicherungsnehmer tatsächlich möchte. Er will, dass sein Versicherer für ihn auch die »Behördensache« regelt. Dies wird deutlich, wenn er seinem Haftpflichtversicherer die Unterlagen übersendet oder über den Makler zukommen lässt. Hierin ist eine Vollmachterteilung durch konkludentes Verhalten des Versicherungsnehmers zu sehen.

120 Dies der Behörde verständlich zu machen ist häufig schwierig. Leider wird doch zur eigenen Absicherung des dortigen Sachbearbeiters auf Vorlage einer Urkunde nach § 172 Abs. 1 BGB bestanden.

3. ausdrückliche Vollmachterweiterung

121 Man kann nicht sicher sein, dass alle Gerichte der vorzugswürdigen Auffassung des *VGH Kassel*[176] folgen. Es ist daher für den Versicherer im eigenen und auch im Interesse des Versicherungsnehmers sinnvoll, die Vollmacht entsprechend zu erweitern.

122 Beispielsweise hat der R+V-Konzern eine entsprechende textliche Erweiterung in den AKB auf öffentlich-rechtliche Bereiche eingeführt. Diese lautet:

---

173 Teils auch als Verhaltensstörer bei angestelltem Fahrer.

174 *BGH* Urt. v. 20.12.2006 – IV ZR 325/05, JurionRS 2006, 29131 = DAR 2007, 142 m.Anm. *Weinsdörfer* = MDR 2007, 652 = NJW 2007, 1205 = NVwZ-RR 2007, 635 = NZV 2007, 233 = r+s 2007, 94 = VersR 2007, 200 = VRR 2007, 108, bespr. v. *Knappmann* = zfs 2007, 273.

175 Dank sehr weiter Auslegung zu Recht für ausreichend gehalten *VGH Kassel* Beschl. v. 22.07.2008 – 5 B 6/08, JurionRS 2008, 22064 = NVwZ-RR 2008, 785 = DAR 2009, 159 = LKRZ 2009, 21 = NZV 2009, 256 = KStZ 2008, 170 = DÖV 2009, 254 (Ls.) = GemHH 2008, 284 = FamRZ 2009, 159.

176 Siehe A.1.1.4 AKB Rdn. 119.

»Gleiches gilt für die Abwehr von öffentlich-rechtlichen Ansprüchen, insbesondere Feuerwehrkostenbescheiden, sowie zur Abgabe notwendiger Erklärungen nach öffentlichem Recht, die zur Regulierung des Schadenfalls erforderlich sind.«

Es handelt sich um ein praktikables Hilfsmittel, den Missständen durch überhöhte Feuerwehrkostenbescheide, insbesondere bei der Ölspurbeseitigung, besser begegnen zu können. 123

Kommt es bei der Verwendung des Fahrzeugs auch zu Umweltschäden, ist häufig Erdreich unter behördlicher Aufsicht zu entsorgen. Unnötige Zwischenlagerungskosten lassen sich vermeiden, wenn der Versicherer die dazu erforderlichen Erklärungen für den versicherten Schädiger abgeben kann. 124

Mitversicherung von Anhängern, Aufliegern und abgeschleppten Fahrzeugen

A.1.1.5 (Mitversicherung von Fahrzeugen)

Ist mit dem versicherten Kraftfahrzeug ein Anhänger oder Auflieger verbunden, erstreckt sich der Versicherungsschutz auch hierauf. Der Versicherungsschutz umfasst auch Fahrzeuge, die mit dem versicherten Kraftfahrzeug abgeschleppt oder geschleppt werden, wenn für diese kein eigener Haftpflichtversicherungsschutz besteht.

Dies gilt auch, wenn sich der Anhänger oder Auflieger oder das abgeschleppte oder geschleppte Fahrzeug während des Gebrauchs von dem versicherten Kraftfahrzeug löst und sich noch in Bewegung befindet.

Übersicht

A. Allgemeines

Die Versicherung von Anhängern und Aufliegern ist bereits in A.1.1.1 AKB erfasst, da sie unter den Oberbegriff Fahrzeuge fallen. 1

Anhänger können somit je nach Verwendungsart bereits versichert sein: 2
- aufgrund eines Kfz-Haftpflichtvertrag (Anhängerversicherung in KH)
- einem Privathaftpflichtvertrag nach A1–6.10 AVB PHV[1]
- einem besonderen[2] Haftpflichtvertrag, beispielsweise nach A1–6.3 AVB PferdehalterHV[3]

1 Unverbindliche GDV Musterbedingungen, Allgemeine Versicherungsbedingungen für die Privathaftpflichtversicherung (AVB PHV), Stand 25.08.2014.

2 Entsprechende Klauseln finden sich in weiteren Bedingungswerken der Allgemeinen Haftpflichtversicherung.

3 Unverbindliche GDV Musterbedingungen, Allgemeine Versicherungsbedingungen für die Pferdehalterhaftpflichtversicherung (AVB PferdehalterHV), Stand September 2014.

– oder einem Betriebshaftpflichtvertrag nach A1–6.5 AVB BHV[4].

Auch wenn Anhänger/Auflieger bereits eigenständig versichert sein können, greift im Zusammenhang mit Kraftfahrzeugen eine hinzutretende **Mitversicherung.**

3 Für die Anhängergefahr besteht dann eine **Mehrfachversicherung**[5], § 77 VVG. Dies wird von § 3 Abs. 1 KfzPflVV gefordert.

4 Von Bedeutung ist die Vorschrift insbesondere für nicht zulassungspflichtige Anhänger nach § 2 Abs. 1 Nr. 6c PflVG, da diese von der Versicherungspflicht ausgenommen sind. Darunter fallen Anhänger, deren zulässige Höchstgeschwindigkeit nach § 3 Abs. 2 Nr. 2 FZV auf 25 km/h begrenzt[6] ist. Wenn zulassungsfreien Anhängern ein Begrenzungsschild mit 25 km/h fehlt, bleiben diese jedenfalls mitversichert, selbst wenn man[7] annimmt, sie müssten eine eigene Versicherung vorweisen können.

5 Für den Bereich Kfz-Haftpflichtversicherung für das Zugfahrzeug und Kfz-Haftpflichtversicherung für den Anhänger ist der **Ausgleich** aufgrund der Mehrfachversicherung nach § 77 ff. VVG vom *BGH*[8] entschieden worden.[9]

6 Eine Übertragung der dortigen Grundsätze auf die Anhängerversicherung im Bereich der Privat- und Betriebshaftpflichtversicherung wird von *Meckling-Geis*[10] bezweifelt. Dies geschieht m.E. zu Unrecht. Die Einstandspflicht in der Privathaftpflichtversicherung[11] ist grundsätzlich nicht ausgeschlossen. Solange keine Subsidiaritätsklauseln in der allgemeinen Haftpflichtversicherung bestehen, kann die Lösung nur über § 78 VVG erfolgen.

7 Abs. 1 Satz 2 der Klausel dehnt den Anwendungsbereich auf nicht versicherte abgeschleppte und geschleppte Fahrzeuge aus. Auch wenn sie an ein Zugfahrzeug angehängt sind, handelt es sich nicht um Anhänger und werden nicht vollständig als solche behandelt.

B. Regelungsgehalt

8 Eine Mitversicherung von anderen Fahrzeugen über die Versicherung des Kraftfahrzeuges besteht so lange die Krafteinwirkung des Kraftfahrzeuges anhält oder noch fortwirkt. Dabei ist es unerheblich, ob das beteiligte Kraftfahrzeug das mitversicherte Fahrzeug **zieht** oder **schiebt.**

9 Die Vertragsvorschrift beschränkt sich nach ihrem Sinn und Zweck auf Kräfte der Fortbewegung der verbundenen Fahrzeuge. Nicht angesprochen ist der sonstige Gebrauch des Fahrzeugs. Kommt der Anhänger oder Auflieger als **reine Arbeitsmaschine** zum Einsatz, tritt die Fortbewegungsfunktion

---

4 Unverbindliche GDV Musterbedingungen, Allgemeine Versicherungsbedingungen für die Betriebs- und Berufshaftpflichtversicherung (AVB BHV), Stand 25.08.2014.

5 Die Probleme bei der Lösung des Innenausgleichs war auch früher schon Aufgabe der beteiligten Versicherer, *LG Potsdam* Urt. v. 19.05.1999 – 9 S 294/98, ADAJUR Dok.Nr. 35947 = SP 1999, 286; zum Ausgleich unter den Versicherern siehe auch *Stahl/Jahnke*, Deckungs- und Haftungsfragen bei Unfallbeteiligung eines Anhängers, NZV 2010, 57 ff.

6 *Balke* § 2 PflVG Rdn. 29.

7 *Ternig* Das fehlende 25 km/h-Schild und Auswirkungen auf das Pflichtversicherungsgesetz, NZV 2011, 525.

8 *BGH* Urt. v. 27.10.2010 – IV ZR 279/08, BGHZ 187, 211 = JurionRS 2010, 28509 = DAR 2011, 80 = MDR 2011, 37 = NJW 2011, 447 = NJW-Spezial 2011, 10 = NZV 2011, 128 = r+s 2011, 60 = SVR 2011, 235 = TranspR 2011, 43 = VersR 2011, 105 = VK 2011, 13 = VRR 2011, 22 bespr. v. *Knappmann* = zfs 2011, 90.

9 Zur Verjährung des Ausgleichsanspruchs siehe *AG Essen* Urt. v. 16.02.2012 – 11 C 457/11, JurionRS 2012, 22604 = ADAJUR Dok.Nr. 99072.

10 *NK-VersR/Meckling-Geis*, BBR-PHV, Rn. 99.

11 Prölss/Martin/Klimke Versicherungsvertragsgesetz, A.1.1.5 AKB, Rn. 47.

vollständig zurück. Dies steht scheinbar im Widerspruch zu den Anforderungen des § 3 KfzPflVV, der in Satz 1 ausdrücklich »während des Gebrauchs« anspricht.

Da sich der Gebrauchsbegriff in § 3 KfzPflVV jedoch an dem eng auszulegenden § 1 PflVG zu orientieren hat, ist die Formulierung des A.1.1.5 AKB nicht zu beanstanden. Zudem ist erkennbar beabsichtigt, dass es nur wegen des generellen Sicherheitsrisikos[12] durch das Mitführen nach § 32a StVZO zu einem Mitversichern kommen soll. Bestätigt wird dies durch die Gesetzesbegründung, die sich ausschließlich mit dem erhöhten Betriebsrisiko[13] und Schäden im öffentlichen Straßenverkehr auseinandersetzt. Nur über die verbundenen Betriebsgefahren lässt sich eine Haftungseinheit des Gespanns begründen, die letztlich eine Mitversicherung des Anhängers rechtfertigt. 10

Zum gleichen Ergebnis gelangt man, wenn man die Entscheidung des *BGH*[14] zur mitgeführten Arbeitsmaschine (landwirtschaftliches Spritzgerät) zu Rate zieht. Beruht der Schaden auf einem auswechselbaren Anbaugerät oder (so ausdrücklich) einem Dungstreuanhänger, verwirklicht sich nicht das Gebrauchsrisiko des Traktors. Nur bei festem (aufgeschweißten) Fahrzeugaufbau[15] ist das Arbeitsrisiko – sofern nicht ausgeschlossen – notfalls über die Kfz-Haftpflichtversicherung zu decken. 11

Die Vorschrift erweitert den Versicherungsumfang statt ihn einzugrenzen[16]. 12

I. mitversicherte Fahrzeuge

1. Anhänger

Ein Anhänger ist ein Fahrzeug ohne[17] eigenen Antrieb, § 2 Nr. 3 FZV. Es ist dazu bestimmt, an ein Kraftfahrzeug[18] angehängt zu werden, § 2 Nr. 2 FZV. 13

Durch technische Neuerungen im Rahmen der Elektromobilität dürfte künftig eine rechtliche Anpassung erforderlich sein. So gibt es bereits Pferdefuhrwerke, E-Kutsche genannt[19], die das Pferd bei der Arbeit mit einem Elektroantrieb – ähnlich einem Pedelec – unterstützen. 14

Der Anhänger kann – aber muss nicht zwangsläufig[20] – der Zulassung für Fahrzeuge unterliegen. Der Anhänger kann – aber muss nicht zwangsläufig[21] – selbst versichert sein. 15

2. Auflieger

Ein Auflieger ist ein spezieller Anhänger, § 2 Nr. 19 FZV. Ein wesentlicher Teil des Fahrzeuggewichtes wird von der Sattelzugmaschine getragen, § 2 Nr. 15 FZV. 16

12 FAKomm/VerkehrsR/*Rebler* § 32a StVZO, Rn 1; Hentschel/König/*Dauer* Straßenverkehrsrecht, § 32a StVZO, Rn. 1.

13 BT-Drucks. 14/7752 S. 29.

14 *BGH* Urt. v. 27.10.1993 – IV ZR 243/92, JurionRS 1993, 15349 = MDR 1995, 44 = NJW-RR 1994, 218 = NZV 1994, 66 = VersR 1994, 83.

15 *LG Kiel* Urt. v. 17.11.2000 – 13 O 243/00, JurionRS 2000, 40725 (festmontierte Spritze auf Unimog).

16 *BGH* Urt. v. 03.03.1971 – IV ZR 134/69, JurionRS 1971, 10989 = DAR 1971, 158 = DB 1971, 959 = MDR 1971, 565 = NJW 1971, 940 = VersR 1971, 611 = VRS 40, 405.

17 Rangierhilfen per Elektroantrieb (z.B. für Wohnwagen) oder über Druckluft (LKW-Anhänger) fallen nicht hierunter.

18 Nicht der Fahrradanhänger.

19 www.ee-news.ch/de/erneuerbare/rticle/24993/e-kutsche-das-elektrovelo-fuer-pferde; Recherche am 21.05.2015.

20 Zulassungsfreie Anhänger, § 3 Abs. 2 Nr. 2 FZV.

21 Soweit vom Zulassungsverfahren ausgenommen, besteht keine Versicherungspflicht, §§ 3 Abs. 2 Nr. 2 FZV; 1, 2 Abs. 1 Nr. 6c PflVG.

3. subsidiäre Mitversicherung

17 Nach Abs. 1 Satz 2 wird die Mitversicherung auf abgeschleppte und geschleppte Fahrzeuge erweitert. *Knappmann*[22] hält die Erweiterung auf Fahrzeuge für missverständlich, da nur Kraftfahrzeuge gemeint sein könnten. Das ist zu bezweifeln, da zumindest selbstfahrende Arbeitsmaschinen und Stapler, wenn auch tunlichst nicht im öffentlichen Verkehrsraum, so doch auf anderem Gelände geschleppt werden könnten.

18 Richtig ist es allerdings anzunehmen, dass nicht jegliche Fahrzeuge ohne straßenverkehrsrechtlichen Bezug mitversichert sind, da dies kein verständiger Versicherungsnehmer erwartet. Beispiele sind:
– Segelflugzeuge, beim sogenannten Autoschleppstart[23]
– Schlitten, die im Winter von einem Traktor
– oder Badewannen, die von einem Unimog[24] gezogenen werden

19 Bei diesen Abschlepp- bzw. Schleppvorgängen berührt zumindest eine Achse[25] der Räder des geschleppten Fahrzeugs noch die Fahrbahn. Wird ein Fahrzeug dagegen von einem anderen Fahrzeug auf der Ladefläche transportiert, ist das aufgeladene Fahrzeug wie bei einem Autotransporter nur noch Ladung[26]. Ist ein Fahrzeug nur noch Ladung, ist es selbst nicht in Gebrauch. Dies gilt selbst beim Verladen[27] auf ein Schiff.

a) abgeschleppte Fahrzeuge

20 Abgeschleppte Fahrzeuge sind betriebsunfähig[28], weil sie einen technischen Mangel haben. Als technische Mängel kommen bereits eine leere Batterie[29] oder allein schon Benzinmangel[30] in Betracht. Betriebsunfähig sind zudem Fahrzeuge, die nur angeschleppt werden, damit der Motor wieder anspringt. Ein auf einem Anhänger transportiertes betriebsunfähiges Kraftfahrzeug[31] wird nicht abgeschleppt; es ist Ladung.

21 Für abgeschleppte Fahrzeuge wird keine Fahrerlaubnis gefordert. Die Fahrerlaubnisklausel aus § 5 Abs. 1 Nr. 4 KfzPflVV, D.1.1.3 AKB kommt beim Lenker des abgeschleppten Fahrzeugs nicht zum Tragen.

22 Der Übergang vom Anschleppen zum Schleppen ist insbesondere dann fließend[32], wenn der Motor wieder anspringt. Wird dann nicht sofort angehalten, kann im Schadensfall ein Verstoß gegen die Fahrerlaubnisklausel drohen.

23 Betriebsunfähige Krafträder dürfen nicht abgeschleppt werden, § 15a Abs. 4 StVO. An der grundsätzlichen Mitversicherung ändert dies nichts, wenn sie trotzdem abgeschleppt werden sollten.

24 Besteht für das abgeschleppte Fahrzeug bereits eine Haftpflichtversicherung, ist eine Mitversicherung über das ziehende Kraftfahrzeug ausgeschlossen, Abs. 1 Satz 2.

---

22 Prölss/Martin/*Klimke*, VVG-Kommentar, A.1.1.5 AKB, Rn. 47.
23 *Klußmann/Malik* Lexikon der Luftfahrt.
24 *LG Itzehoe* Urt. v. 14.07.2010 –6 O 145/09, JurionRS 2010, 37333.
25 *OLG Schleswig* Beschl. v. 17.05.1982 – 2 Ss OWi 131/82, JurionRS 1982, 11506 = VRS 64, 234 (Abschleppen bei hochgenommener Vorderachse).
26 *OLG Köln* Urt. v. 12.03.1992 – 5 U 145/91, r+s 1992, 220 = SP 1992, 289 (Ls.).
27 *OLG Köln* Urt. v. 29.03.1983 – 5 C 69/82 BSch, VersR 1984, 273.
28 § 18 Abs. 1 StVZO a.F.; *BGH* Urt. v. 17.11.1955 – II ZR 340/53, BGHZ 19, 31 (38).
29 *BayObLG* Beschl. v. 09.07.1969 – 2b St 124/69, bespr. v. *Rüth* Die Rechtsprechung des Bayerischen Obersten Landesgerichts in Verkehrsstrafsachen, DAR 1970, 253 (259).
30 *OLG Hamm* Beschl. v. 07.01.1999 – 4 Ss 1081/98, JurionRS 1999, 32246 = DAR 1999, 178.
31 *LG Hildesheim* Urt. v. 07.05.1996 – 3 O 541/95, SP 1998, 26.
32 FAKomm/VerkehrsR/*Rebler* § 33 StVZO, Rn. 7.

b) geschleppte Fahrzeuge

Geschleppte Fahrzeuge sind betriebsfähige und betriebsunfähige[33] Fahrzeuge. Sie werden von einem Kraftfahrzeug auf eigenen Rädern[34] mitgeführt. Der Lenker des geschleppten Fahrzeugs benötigt eine Fahrerlaubnis[35] (Fahrerlaubnisklausel § 5 Abs. 1 Nr. 4 KfzPflVV, D.1.1.3 AKB) für dieses Fahrzeug, § 33 Abs. 2 Nr. 1 StVZO. 25

Auch betriebsfähige Krafträder dürfen nicht abgeschleppt werden, § 15a Abs. 4 StVO. An der grundsätzlichen Mitversicherung ändert das Verbot nichts. 26

Ist das geschleppte Fahrzeug bereits haftpflichtversichert, scheidet eine Mitversicherung über das ziehende Fahrzeug aus, Abs. 1 Satz 2. 27

II. verbunden

1. unmittelbar verbunden

Anhänger werden über eine Anhängerzugvorrichtung am Kraftfahrzeug angehängt, die die Zug- und Schubkräfte aus dem Gespannbetrieb auffängt. 28

Abgeschleppte und geschleppte Fahrzeuge werden über Abschleppstangen oder Abschleppseile[36] miteinander verbunden. 29

Eine lose Verbindung durch Kabel reicht nicht aus, wenn keine **Kraftentfaltung** des Zugfahrzeugs zum Anhänger besteht. Dies ist dann der Fall, wenn das Kraftfahrzeug nur noch als Fixpunkt zur Sicherung dient. 30

▶ **Beispiel:**

Sicherungskabel für Bootsanhänger[37] beim Ablassen an einer Slipanlage. 31

Sind Tankwagen und Tankanhänger für das Umpumpen nur über den Schlauch verbunden, besteht keine zweckgerichtete Verbindung im Sinne der Vorschrift. Die Motorkraft dient hierbei nicht der Fortbewegung. Sie dient ausschließlich dem Einsatz als Arbeitsmaschine. 32

▶ **Beispiele:**

Umpumpen von Milchsammeltankwagen in Anhänger; Ansaugen vom Tankanhänger in Heizöltankwagen. 33

Es handelt sich dann nicht um eine verbundene (angehängte) Zugeinheit, sondern um miteinander verbundene Tankanlagen. Die Situation entspricht dem Umpumpen von einem Tankwagen zu einem anderen Tankwagen oder vom Tankwagen zu einem stationären Tank. 34

Keine Verbindung besteht, wenn Fahrzeuge nur scheinbar miteinander verbunden sind. Den trügerischen Eindruck gewinnt man beim sehr nahen Parken der Zugmaschine vor dem Anhänger/Auflieger. 35

---

33 *BVerwG* Urt. v. 14.04.2005 – 3 C 3/04, JurionRS 2005, 16443 = DAR 2005, 582 = DÖV 2005, 1007 = NVwZ-RR 2005, 711 = NZV 2005, 605 (Ls.).

34 *OVG Münster* Urt. v. 03.12.2003 – 8 A 1793/03, DÖV 2004, = VRS 106, 230.

35 Hentschel/König/*Dauer* § 6 FeV Rn. 25.

36 FAKomm/VerkehrsR/*Balke* § 15a StVO, Rn. 2.

37 Anhänger wird über Drahtseil gehalten, um nicht die schiefe Ebene herunterzurollen. Zugfahrzeug wird dann nur wie ein Baum als Fixpunkt verwendet.

2. mittelbar verbunden

36 Nach § 32a Satz 2 StVZO ist es zulässig, nicht nur einen, sondern gleich **zwei Anhänger**[38] hinter einem ziehenden Kraftfahrzeug anzuhängen. Die Gesamtlänge von 18 Metern darf dabei nicht überschritten werden, § 32 Abs. 4 Nr. 3 StVZO.

37 Durch Ausnahmevorschriften[39] wird derzeit unter Erweiterung der Teststrecken[40] der Einsatz von LKW mit Überlängen erprobt. Es handelt sich um sogenannte Lang-LKW bis 25,25 m Länge und einem zulässigen Gesamtgewicht von 44 Tonnen. Neben den geänderten Abmessungen und Gewichten werden in § 3 LKWÜberlStVAusnV weitere technische Besonderheiten ermöglicht. So können z.B. nach der Nr. 4 Sattelkraftfahrzeuge (bestehend aus einer Sattelzugmaschine und einem Sattelauflieger) mit einem zusätzlichen Sattelanhänger zusammengesetzt werden. Damit besteht der **Zug aus drei Fahrzeugkomponenten.**

38 Haftungsrechtlich führen drei Fahrzeugkomponenten grundsätzlich zu einer Drittelung[41] beim Gesamtschuldnerausgleich.

39 Der zweite Anhänger kann dabei nicht unmittelbar an das Kraftfahrzeug angehängt werden. Er muss mit dem ersten Anhänger verbunden werden. Der zweite Anhänger ist damit nur mittelbar mit dem Kraftfahrzeug verbunden.

40 Weder § 3 KfzPflVV noch die AKB-Klausel sprechen diesen Sonderfall an. In der Praxis ist er jedoch keinesfalls selten. Neben dem Schaustellergewerbe ist gerade im landwirtschaftlichen Bereich das Mitführen eines zweiten Anhängers häufig notwendig[42].

41 Der Versicherungsnehmer kann erwarten, dass er genauso Versicherungsschutz für den zweiten Anhänger über die Fahrzeughaftpflichtversicherung des verbundenen Kraftfahrzeuges erhält wie für den ersten unmittelbar verbundenen Anhänger. Schließlich ist der zweite Anhänger tatsächlich mit dem Kraftfahrzeug verbunden, nur eben über den ersten Anhänger.

42 Dem steht nicht entgegen, dass im Wortlaut der AKB-Klausel nur »**ein**« Anhänger erwähnt ist. Es handelt sich offenbar um eine unbeabsichtigte sprachliche Einschränkung des Anwendungsbereichs. Jedenfalls hatte man damit bezweckt, die Anforderungen des § 3 KfzPflVV zu erfüllen. Aus dem Verordnungstext kann jedenfalls auch »einer von zwei« herausgelesen werden.

43 Eine erweiternde Auslegung der AKB-Vorschrift ist deshalb unverzichtbar, weil sich die Kraft des ziehenden Fahrzeugs auf den ersten Anhänger nicht anders auswirkt als die auf den zweiten.

44 Vorschlag für eine Änderung: *»Sind mit dem versicherten Kraftfahrzeug ein oder zwei Anhänger bzw. ein Auflieger verbunden, erstreckt sich der Versicherungsschutz auch hierauf. «*

3. gelöst und noch in Bewegung

45 Die Mitversicherung über das ziehende Kraftfahrzeug endet mit dem Lösen. Wird dabei der Anhänger von Hand aus dem Kupplungsmaul gedrückt und dadurch bewegt, ist die Mitversicherung über das ziehende Kraftfahrzeug bereits ausgeschlossen[43].

---

38 *OLG Braunschweig* Urt. v. 28.02.1997 – 5 U 36/96, NZV 1998, 204 = r+s 1998, 286 = VRS 94, 409 (unzulässige, aber nicht grob fahrlässige Personenbeförderung); *LG Koblenz* Urt. v. 22.09.1997 – 5 O 217/96, r+s 1998, 7 m. krit. Anm. *Münstermann* (Gefahrerhöhung).

39 Verordnung über Ausnahmen von straßenverkehrsrechtlichen Vorschriften für Fahrzeuge und Fahrzeugkombinationen mit Überlänge vom 19. Dezember 2011 (LKWÜberlStVAusnV).

40 Zweite Verordnung zur Änderung der Verordnung über Ausnahmen von straßenverkehrsrechtlichen Vorschriften für Fahrzeuge und Fahrzeugkombinationen mit Überlänge v. 08.02.2013, BAnz AT 14.02.2013 V1.

41 *Wilms* Neue Anhänger-Streitfragen, DAR 2012, 68 ff.

42 FAKomm/VerkehrsR/*Rebler* § 32a StVZO, Rn. 2.

43 Stiefel/*Maier* Kraftfahrtversicherung, A.1.1.5 AKB, Rn. 111–115.

Geschieht das Lösen ohne Willen[44] von Fahrer[45] oder Beifahrer, greift dagegen die Mitversicherung. Diese bleibt bis zum Erschöpfen der zugbedingten Kräfte bestehen (Ausrollen – Abbau der kinetischen Energie). 46

Auch wenn sich ungewollt Teile[46] des Anhängers lösen, sind die dadurch bedingten Gefahren über das ziehende Fahrzeug mitversichert. 47

Dabei ist es nicht erforderlich, dass die Fahrzeuge tatsächlich vorher miteinander mechanisch verbunden waren. Ein Anschieben »Stoßstange an Stoßstange« reicht aus, denn hierin besteht eine Verbindung durch Anpressdruck. Die Krafteinwirkung setzt sich nach der Beschleunigung durch das schiebende Kraftfahrzeug ebenso noch fort, als wenn sich ein Abschleppseil vom ziehenden Kraftfahrzeug gelöst hätte. 48

Nach der Trennung der Fahrzeuge kann sich die Betriebsgefahr des ziehenden Fahrzeugs noch auf den Anhänger auswirken, so z. B. wenn ein im öffentlichen Verkehrsraum geparkter Anhänger im Rahmen eines Unfallgeschehens gegen eine Hauswand geschoben wird[47]. In diesem Fall kommt die Anwendung von A.1.1.1 AKB unmittelbar[48] in Betracht. 49

4. zweiter Anhänger gelöst vom ersten Anhänger

Löst sich der zweite Anhänger vom ersten Anhänger, hat sich die Versicherung des Kraftfahrzeugs über den Wortlaut hinaus[49] auch auf den zweiten Anhänger zu beziehen. 50

Lag die Gefahrenquelle für das Lösen des zweiten Anhängers beim ersten Anhänger (Versagen der Kupplung), führt dies nicht zu einer Mitversicherung des zweiten Anhängers über den ersten. Die Mitversicherung ist nur über die Haftpflichtversicherung des Kraftfahrzeuges konzipiert, nicht aber über sonstige Fahrzeuge. 51

Schließlich ist nach Wegfall der Klausel in § 10a Abs. 2 Satz 1 AKB a.F. ein Kraftfahrzeug umgekehrt auch nicht mehr[50] über den Anhänger mitversichert. 52

5. Anhänger gelöst von abgeschleppter betriebsunfähiger Zugmaschine

Das Schleppen von mehreren[51] betriebsfähigen Fahrzeugen ist nicht gestattet, § 33 Abs. 2 Nr. 1 StVZO. 53

Das Abschleppen eines betriebsunfähigen Fahrzeugs ist im Gesetz nicht geregelt und beruht auf Gewohnheitsrecht[52]. Das Abschleppen eines betriebsunfähigen Fahrzeugs mit Anhänger ist daher ebenfalls gesetzlich nicht geregelt. Mangels Verbotsnorm (entsprechend § 33 Abs. 2 Nr. 1 StVZO) dürften sich Grenzen allein aus der zulässigen Anhängelast und der Länge des Gespanns ergeben, § 32a Satz 2 StVZO. 54

Löst sich der Anhänger des abgeschleppten Zugfahrzeugs, stellt sich die Frage, ob dieser nun über die defekte Zugmaschine oder die abschleppende Zugmaschine mitversichert ist. 55

---

44 Stiefel/*Maier* Kraftfahrtversicherung, A.1.1.5 AKB, Rn. 111–115; Feyock/*Jacobsen*/Lemor § 10a AKB, Rn. 10.

45 Anscheinsbeweis für nicht richtiges Einhängen, *LG Dresden* Urt. v. 11.12.2001 – 15 S 590/00, DAR 2002, 222.

46 *OLG Köln* Urt. v. 07.06.1994 – 9 U 81/94, JurionRS 1994, 16321 = SP 1994, 329 = VersR 1995, 163 = r+s 1994, 283 = zfs 1994, 369 u. 1995, 179.

47 BGH v. 7.2.2023 – VI ZR 87/22.

48 *OLG Bremen* Urt. v. 18.10.1984 – 3 U 21/84, JurionRS 1984, 13238 = VersR 1984, 1084; *OLG München* Urt. v. 19.12.1997 – 10 U 2963/97, OLGR 1998, 166; Feyock/*Jacobsen*/Lemor § 10a AKB, Rn. 11.

49 Siehe A.1.1.5 AKB Rdn. 39.

50 Feyock/*Jacobsen*/Lemor A.1., Rn. 30.

51 FAKomm/VerkehrsR/*Rebler* § 33 StVZO, Rn. 13.

52 Hentschel/König/*Dauer* § 33 StVZO Rn. 6.

Beispiel:

56 PKW mit kleinem Anhänger bleibt nach Motorschaden liegen. Ein hilfsbereiter zweiter PKW-Fahrer schleppt das Gespann ab; der Anhänger löst sich.

57 Der Fall ist nicht anders zu behandeln, als wenn zwei Anhänger mitgeführt werden. Schließlich wirkt sich nur die Kraft des tatsächlich ziehenden Kraftfahrzeugs aus.

58 Zudem ist derjenige, der das Gespann mitführt, der alleinige Fahrzeugführer der Einheit.

III. Mitversicherte Personen

59 Mitversicherten Personen werden heute[53] durch diese Vertragsklausel nicht erwähnt. Sie beschränkt sich auf das mitversicherte Risiko. Personen sind dagegen über A.1.2.g AKB mitversichert.

60 A.1.1.5 AKB entspricht den Anforderungen des § 3 KfzPflVV, der ebenfalls keine Aufzählung von Mitversicherten enthält.

61 Dies ist logisch, da es lediglich einer Mitversicherung zu Gunsten des Halters und Eigentümers bedarf. Der Fahrzeugführer ist immer schon über das ziehende Kraftfahrzeug abgesichert.

62 Derjenige, der ein abgeschlepptes oder geschlepptes Fahrzeug lenkt, ist nie selbst Fahrzeugführer. Dies gilt auch dann, wenn er im geschleppten Fahrzeug eine Fahrerlaubnis benötigt, § 33 Abs. 2 Nr. 1 StVZO. Die Klausel des alten § 10a Abs. 1 Satz 2 AKB a.F. gibt insbesondere dem Lenker des gezogenen Fahrzeugs eine trügerische Sicherheit, denn nicht jeder bereitwillige Lenker erfüllt die rechtlichen Anforderungen eines Beifahrers.

63 Tatsächlich sieht § 1 PflVG keine Erweiterung des Versicherungsschutzes auf andere Personen als den Fahrer und Eigentümer vor.

64 Der Umfang des Versicherungsschutzes für mitversicherte Personen richtet sich nach dem der Mitversicherung des Fahrzeugs. Soweit der Anhänger demnach nicht mehr als Fortbewegungsmittel, sondern als reine Arbeitsmaschine zum Einsatz kommt, besteht auch keine Mitversicherung von Personen bezüglich des Arbeitsrisikos.

65 Das Arbeitsrisiko kann für diese Personen über den in der (Kfz-) Anhängerversicherung versicherten Fahrzeuggebrauch oder als Tätigkeitsschaden über die Betriebshaftpflichtversicherung nach A1–6.7.1 AVB BHV[54] versichert sein.

53 Zum alten Rechtsstand Feyock/*Jacobsen*/Lemor § 10a AKB a.F., Rn. 12.
54 Unverbindliche GDV Musterbedingungen, Allgemeine Versicherungsbedingungen für die Betriebs- und Berufshaftpflichtversicherung (AVB BHV), Stand 25.08.2014.

66

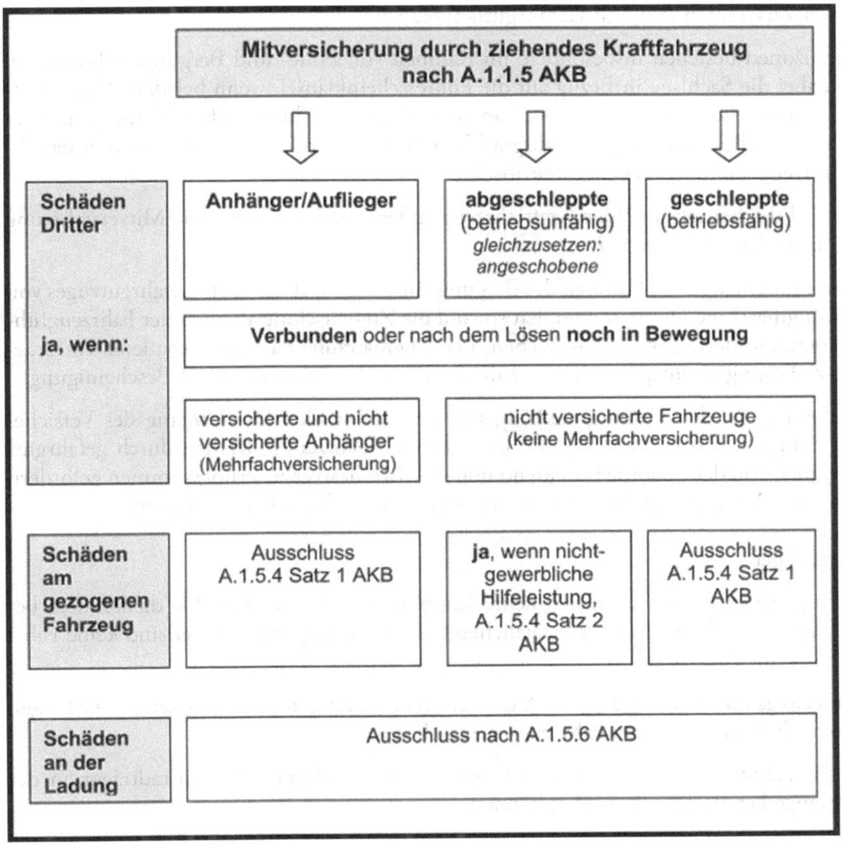

C. Weitere praktische Hinweise

I. Insassen des gezogenen Anhängers

Auch in oder auf einem Anhänger können[55] Insassen befördert werden. Ab dem 10. Platz ist eine Aufstockung der Mindestversicherungssumme auch für Personenanhänger vorgeschrieben, Anlage 2 Nr. 2 und 3 zu § 4 Abs. 2 PflVG. 67

§ 3 KfzPflVV verlangt keine Anpassung der Mindestsummen auf die Mitversicherung über das ziehende Kraftfahrzeug. Die Versicherungssummen des ziehenden Fahrzeugs sind somit auf die dortigen vertraglichen Deckungssummen limitiert. 68

Im Ergebnis werden Insassen nach den aktuellen AKB besser gestellt, da § 10a Abs. 1 Satz 2 AKB a.F.[56] noch eine Limitierung auf die Grundversicherungssumme (Mindestdeckungssumme) vorsah. 69

55 Oft verbotswidrig, siehe *OLG Braunschweig* Urt. v. 28.02.1997 – 5 U 36/96, NZV 1998, 204 = r+s 1998, 286 = VRS 94, 409.

56 Feyock/*Jacobsen*/Lemor § 10a AKB, Rn. 13.

II. Vorgänge im Zusammenhang mit Gefahrgutfahrzeugen

70 Rechtliche Grauzonen bestehen insbesondere im Rahmen von Hilfe- und Bergungsmaßnahmen. Ungeklärt ist dabei die Sachlage in Bezug auf die Führerscheinklausel, wenn beladene Gefahrgutfahrzeuge abgeschleppt werden müssen. Der Fahrzeugführer des schleppenden Fahrzeugs hat gewöhnlich keine ADR-Bescheinigung (Gefahrgutführerschein). Soweit der Gefahrgutfahrer das abgeschleppte Fahrzeug lenkt, ist dies eher unkritisch.

71 In der Praxis wird das betriebsunfähige Kraftfahrzeug zudem versichert sein. Die Mitversicherung ist dann nicht betroffen, Abs. 1 Satz 2.

72 Wird der Gefahrgutanhänger im Rahmen der Bergung eines liegengebliebenen Gefahrgutzuges von einer anderen Zugmaschine übernommen, hat sowohl die Zugmaschine als auch der Fahrzeugführer den Gefahrgutanforderungen zu entsprechen. Die Zugmaschine hat den besonderen Anforderungen an die Zulassung zu entsprechen. Der Fahrzeugführer benötigt eine ADR-Bescheinigung.[57]

73 Die Mitversicherung für den Gefahrgutanhänger besteht selbst hier. Der Umfang des Versicherungsschutzes richtet sich nach dem Vertrag des ziehenden Fahrzeugs. Werden durch gefahrgutrechtliche Vorgaben von der Behörde bedeutend höhere[58] Mindestversicherungssummen gefordert, kommt es zu keiner Aufstockung der Versicherungssummen für das ziehende Fahrzeug.

III. Kupplungsträger

74 Auf Anhängerzugvorrichtungen lassen sich heute Kupplungsträger aufbauen. Sie dienen dem bequemen Transport von Fahrrädern oder zusätzlichen Lastboxen. Kupplungsträger sind keine Fahrzeuge und damit keine Anhänger.

75 Werden sie unterwegs verloren, handelt es sich um verlorene Ladung des Kraftfahrzeugs. Die Folgen sind dem Gebrauch des verlierenden Fahrzeugs zuzurechnen.

76 Dasselbe gilt für Fahrzeuge mit sogenannten Flexsystemen, bei denen z.B. Fahrradträger an der hinteren Stoßstange herausgezogen werden können.

IV. Schäden innerhalb des Gespanns

77 Insbesondere beim Abschleppen mit Abschleppseil kommt es häufig zu Fahrzeugschäden, wenn sich ziehendes und gezogenes Fahrzeug berühren. Diese Schäden sind nicht mitversichert, so dass Schäden insbesondere am Anhänger[59] ausscheiden[60]. Sie sind nach A.1.5.3 und A.1.5.4 AKB ausgeschlossen[61].

78 Im Rahmen der nichtgewerblichen Hilfeleistung[62] für betriebsunfähige Fahrzeuge besteht ausnahmsweise Versicherungsschutz auch für Schäden an diesen Fahrzeugen, A.1.5.4 Satz 2 AKB.

---

57 Himmelreich/Halm/Staab/*Schwab/Heinrichs* Handbuch der Kfz-Schadensregulierung, Kap. 21, Rn. 242–242c.

58 Man beachte bereits die Unterschiede in der Gefährdungshaftung nach § 12 StVG zu § 12a StVG.

59 *BGH* Urt. v. 18.12.1980 – IVa ZR 49/80, JurionRS 1980, 11893 = DAR 1981, 223 = MDR 1981, 476 = VersR 1981, 322.

60 Zum Rangierschaden in der Kaskoversicherung siehe *LG Essen* Urt. v. 25.08.2005 – 10 S 184/05, JurionRS 2005, 42076 = r+s 2006, 65 = SVR 2006, 227 bespr. v. *Steding* = NJW-RR 2006, 1688 = NZV 2007, 88.

61 *OLG Stuttgart* Urt. v. 10.08.2006 – 7 U 73/06, JurionRS 2006, 27288 = MDR 2007, 658 = r+s 2007, 238 = NZV 2007, 304 = zfs 2007, 93 = NJW-RR 2007, 304 = VK 2007, 32 = SP 2007, 259 (Ausschluss Betriebsschäden); *Kreuter* A.1.5.4 AKB Rdn. 1. Stiefel/*Maier* Kraftfahrtversicherung, A.1.1.5 AKB, Rn. 111–115.

62 *LG Hildesheim* Urt. v. 07.05.1995 – 3 O 541/95, SP 1998, 26 (nur bis zur nächsten Werkstatt); *Stadler* Die Kraftfahrtversicherung, Rn. 155.

Nach zweifelhafter Entscheidung des *OLG Celle*[63] haften beim Abschleppvorgang beide Fahrzeughalter sich gegenseitig aus der Betriebsgefahr, selbst wenn sich der Unfall außerhalb des öffentlichen Verkehrsraums ereignet.

Regelmäßig sind zudem Betriebsschäden[64] in der Kaskoversicherung nach A.2.2.2.2 AKB ausgeschlossen – gleich ob sie als Anhänger oder Auflieger[65] oder Fahrzeuge bezeichnet sind, da sie nicht den Unfallbegriff[66] erfüllen. Die Auswirkungen von Spurrillen können jedoch nach der Rechtsprechung des *BGH*[67] beim Gespannfahren ausnahmsweise eine Einwirkung von außen darstellen. 79

V. Schäden an der Ladung des Anhängers

Die Mitversicherung des Anhängers über das Zugfahrzeug führt nicht zu einer Haftung für Schäden an Sachen, die nicht mit dem versicherten Fahrzeug, sondern mit dem Anhänger transportiert wurden. Der Ausschluss nach A.1.5.6 Abs. 1 AKB bezieht sich dann auf die mit der zusammengesetzten Einheit[68] beförderten Sachen. 80

VI. Keine Mitversicherung des Zugfahrzeugs durch die Anhängerversicherung

Die Regelung beschränkt sich rein auf die Mitversicherung des Anhängers über die Versicherung des Kraftfahrzeuges. Umgekehrt wirkt die Versicherung nicht. Die Vertragsvorschrift kann nicht analog angewandt werden. 81

Besteht für die Zugmaschine kein Versicherungsschutz, verbleibt es allein beim bestehenden Versicherungsschutz für den Anhänger. Diese bilden dennoch nach wie vor eine Haftungseinheit. Die Konsequenz hieraus ist, dass der leistungsfreie Haftpflichtversicherer des Zugfahrzeugs auch an den Anhängerhaftpflichtversicherer verweisen kann, denn auch dieser ist ein Schadensversicherer, § 117 Abs. 3 Satz 2 VVG. Erst wenn alle Versicherer eines Fahrzeuggespanns[69] leistungsfrei sind, ist an andere Schadensversicherer außerhalb des Gespanns zu verweisen. 82

Der leistende Anhängerversicherer kann den Gesamtschuldnerausgleich[70] normalerweise beim Versicherer des Zugfahrzeugs gelten machen, da die Subsidiarität der Anhängerversicherung nicht mehr[71] besteht. Ist der Haftpflichtversicherer des Zugfahrzeugs leistungsfrei, kann der Anhängerversicherer beim Halter des Zugfahrzeugs regressieren, denn dieser ist nicht mitversicherte Person der Anhängerversicherung. Dies gilt selbst dann, wenn Halter von Zugfahrzeug und Anhänger 83

63 *OLG Celle* Urt. v. 14.11.2012 –14 U 70/12, JurionRS 2012, 28024 = ADAJUR Dok.Nr. 99779 = NZV 2013, 292 = r+s 2013, 145 = SVR 2013, 143 bespr. v. *Walter* = SP 2013, 135 = VRR 2013, 181 bespr. v. *Notthoff*.

64 *OLG Hamm* Beschl. v. 21.05.2014 – 20 U 13/14, JurionRS 2014, 28233; *LG Essen* Urt. v. 13.02.2012 – 18 O 342/11, JurionRS 2012, 36152 (Aufrollen mangels kraftschlüssigen Ankuppelns); *AG Mönchengladbach* Urt. v. 25.06.2014 – 36 C 71/14, JurionRS 2014, 21867 = VRR 2014, 430 bespr. v. *Stoeber* = zfs 2014, 578.

65 *OLG Hamm* Beschl. v. 09.07.2014 – 20 U 13/14, JurionRS 2014, 27972 = VersR 2015, 61; BGH Urt. v. 04.03.2015 – IV ZR 128/14, JurionRS 2015, 12835 = ADAJUR Dok.Nr. 107171 = NJW-Spezial 2015, 266.

66 *Stomper* A.2.2.2 AKB Rdn. 8 ff.

67 *BGH* Urt. v. 19.12.2012 – IV ZR 21/11, JurionRS 2012, 31498 = ADAJUR Dok.Nr. 100593 = DAR 2013, 146 = NJW-RR 2013, 406 = NJW-Spezial 2013, 105 = NZV 2013, 238 = VersR 2013, 354 = r+s 2013, 166 = SVR 2013, 144 bspr. v. *Philipp* = VRR 2013, 143 bespr. v. *Knappmann* = zfs 2013, 213.

68 *OLG Köln* Urt. v. 12.03.1992 – 5 U 145/91, ADAJUR Dok.Nr. 9562 = r+s 1992, 220 = SP 1992, 289 (Ls.) noch zu § 11 Abs. 3 Satz 1 AKB a.F.; Prölss/Martin/*Knappmann* § 11 AKB a.F., Rn. 10.

69 *Wilms* Neue Anhänger-Streitfragen, DAR 2012, 68 ff.

70 *BGH* Urt. v. 27.10.2010 – IV ZR 279/08, BGHZ 187, 211 = JurionRS 2010, 28509 = DAR 2011, 80 = MDR 2011, 37 = NJW 2011, 447 = NJW-Spezial 2011, 10 = NZV 2011, 128 = r+s 2011, 60 = SVR 2011, 235 = TranspR 2011, 43 = VersR 2011, 105 = VK 2011, 13 = VRR 2011, 22 bespr. v. *Knappmann* = zfs 2011, 90.

71 NK-VersR/*Eckes*, § 77 VVG, Rn. 22, Fn. 49.

identisch sind. Ein Regress beim Entschädigungsfond (Verein Verkehrsopferhilfe e.V.) nach § 12 PflVG findet nicht statt.

A.1.2 Wer ist versichert?

Der Schutz der Kfz-Haftpflichtversicherung gilt für Sie und für folgende Personen (mitversicherte Personen):

- **den Halter des Fahrzeugs,**
- **den Eigentümer des Fahrzeugs,**
- **den Fahrer des Fahrzeugs,**
- **den Beifahrer, der im Rahmen seines Arbeitsverhältnisses mit Ihnen oder mit dem Halter den berechtigten Fahrer zu seiner Ablösung oder zur Vornahme von Lade- und Hilfsarbeiten nicht nur gelegentlich begleitet,**
- **Ihren Arbeitgeber oder öffentlichen Dienstherrn, wenn das Fahrzeug mit Ihrer Zustimmung für dienstliche Zwecke gebraucht wird,**
- **den Omnibusschaffner, der im Rahmen seines Arbeitsverhältnisses mit Ihnen oder mit dem Halter des versicherten Fahrzeugs tätig ist,**
- **den Halter, Eigentümer, Fahrer, die Technische Aufsicht, den Beifahrer und Omnibusschaffner eines nach A.1.1.5 mitversicherten Fahrzeugs.**

Diese Personen können Ansprüche aus dem Versicherungsvertrag selbstständig gegen uns erheben.

Übersicht

A. Allgemeines

1 Die vertragliche Vorschrift erfüllt die gesetzlichen Anforderungen nach § 1 PflVG zum Kreis der zu versichernden Personen, geht jedoch weit darüber hinaus.

2 Einerseits bleiben trotzdem Lücken bestehen (z.B. Insassen), andererseits wird selbst da Schutz gewährt, wo objektiv gar kein Bedarf besteht (Versicherungsnehmer).

B. Regelungsgehalt

I. Versicherte Personenkreise

3 Die aufgelisteten Personen lassen sich in mehrere Personenkreise einordnen.

4 Aufgrund der gesetzlichen Anforderungen stehen sie unter mehr oder weniger ausgeprägtem Schutz. Bei einem intakten Versicherungsverhältnis ergeben sich hieraus keinerlei Auswirkungen.

1. Versicherungsnehmer

Der Versicherungsnehmer wird im Eingangssatz der Vertragsklausel mit »Sie« erwähnt. Der Versicherungsschutz für den Versicherungsnehmer ist gesetzlich nicht vorgeschrieben. Er wird in § 1 PflVG nicht erwähnt. Es bedarf auch keiner Nennung, da er nur allein deshalb, weil er Vertragspartner eines Haftpflichtversicherers ist, nicht mit Haftpflichtansprüchen Dritter belastet werden kann. 5

Dies wäre er erst dann, wenn er zugleich als Halter, Fahrer oder Eigentümer verantwortlich gemacht werden könnte. Dann genießt er aber bereits Schutz als Pflicht-Mitversicherter. 6

Es verbleiben zwei kleine Anwendungsbereiche: 7
- Wird der Versicherte irrtümlich mitverklagt obwohl er weder Halter, Fahrer noch Eigentümer des Fahrzeugs ist, muss er sich gegen die Klage verteidigen. In diesem Fall kommt der Rechtsschutzanspruch nach A.1.1.3 AKB zum Tragen.
- Bedeutsamer ist der Fall, wenn der Versicherungsnehmer als Insasse des Fahrzeugs einen Schaden verursacht. Der Insasse selbst ist regelmäßig über den Fahrzeuggebrauch nicht mitversichert, wenn er z.B. unachtsam eine Tür öffnet und dadurch jemand zu Schaden kommt.

2. Pflicht-Mitversicherte

Pflicht-Mitversicherte sind Personen, die in § 1 PflVG abschließend aufgelistet sind. 8

a) Halter

Zum Halter darf zunächst auf die weiterführenden Darlegungen zu § 1 PflVG verwiesen[1] werden. 9

Auch die AKB enthalten **keine Definition** des Halterbegriffs, weswegen man sich an der zu § 1 PflVG ergangenen Rechtsprechung zu orientieren hat. Schließlich darf die vertragliche Regelung nicht hinter den gesetzlichen Anforderungen zurückbleiben. 10

Im Kern ist festzuhalten, dass Halter[2] ist, wer das Fahrzeug[3] auf eigene Rechnung in Gebrauch hat und die Verfügungsgewalt besitzt, die ein solcher Gebrauch voraussetzt. 11

Die Gewalt über ein Fahrzeug hat auch eine Person, die sich auf Dauer[4] des Fahrzeugs bemächtigt hat, so dass die Halterhaftung des früheren Halters[5] ausscheidet. Anders als beim unberechtigten Fahrer, dem gegenüber der Versicherer wegen Obliegenheitsverletzung nach D.1.1.2 AKB leistungsfrei ist, soll[6] der **unberechtigte Halter** (besser: **unberechtigter Benutzer**) uneingeschränkt 12

1 Siehe *Balke* § 1 PflVG, Rdn. 48–58.

2 *BGH* Urt. v. 29.05.1954 – VI ZR 111/53, BGHZ 13, 351 = JurionRS 1954, 10454 = DB 1954, 555 = NJW 1954, 1198 = VersR 1954, 365 = VRS 7, 30 = Das Recht des Kraftfahrers 1955, 22; *BGH* Urt. v. 08.07.1969 – VI ZR 260/67, BGHZ 32, 331 = JurionRS 1969, 13018 = VersR 1969, 907 (908); *BGH* Urt. v. 03.12.1991 – IV ZR 378/90, BGHZ 116, 200 = JurionRS 1991, 14046 = DAR 1992, 208 = BB 1992, 457 = NJW 1992, 900 = MDR 1992, 453 = NZV 1992, 145 = VersR 1992, 437 = WM 1992, 961; Detailfragen zum Halterbegriff mit Rechtsprechungsnachweisen bei Hentschel/*König*/Dauer § 7 StVG Rn. 14 ff.

3 Abgeleitet von Tierhalter in § 833 BGB, Hentschel/*König*/Dauer § 7 StVG, Rn. 14.

4 *KG Berlin* Urt. v. 09.03.1989 – 12 U 2502/88, DAR 1989, 347 = NZV 1989, 273 = VersR 1989, 905 = zfs 1989, 386 (Ls.).

5 *BGH* Urt. v. 26.11.1996 – VI ZR 97/96, JurionRS 1996, 14650 = DAR 1997, 108 = MDR 1997, 241 = NJW 1997, 660 = NZV 1997, 116 = VersR 1997, 204 = zfs 1997, 89.

6 *Hofmann* Unfälle mit nicht versicherten Kraftfahrzeugen, NZV 1991, 409 ff. Stiefel/*Maier* Kraftfahrtversicherung A.1.2 AKB, Rn. 148; Prölss/Martin/*Klimke* VVG-Kommentar, A.1.2 AKB, Rn. 11; *Knappmann* Versicherte Risiken in der Kfz-Haftpflichtversicherung, VRR 2006, 126 ff. *Notthoff* Der Regress des Kraftfahrzeug-Haftpflichtversicherers – Teil 2, VRR 2013, 124 ff.; Himmelreich/Halm/Staab/*Kreuter* Handbuch der Kfz-Schadensregulierung, Kap. 22, Rn. 122b.

Versicherungsschutz[7] genießen. Offenbar zielen die Ansichten darauf, dem Opferschutz zu dienen. Dabei ist dem Opferschutz durch den Entschädigungsfond bereits ausreichend Genüge getan. Zwar geht der Begriff des unberechtigten Benutzers von dem des Halters aus, ist mit diesem aber nicht[8] identisch.

13 Falls unberechtigter Fahrer und der sogenannte unberechtigter Halter identisch sind, ergebe sich nach *Johannsen*[9] die vertrackte Konsequenz, dass dem unberechtigten Halter grundsätzlich Versicherungsschutz zu gewähren sei. Das Problem sei zu lösen, indem man dem dominierenden Sinngehalt des § 2 Abs. 2b) AKB a.F. folge, wonach der Versicherer leistungsfrei werde.

14 Das *KG Berlin*[10] hat in seiner Entscheidung erfolgreich das Problem umschifft, indem es die Haltereigenschaft verneinte und den Dieb auch für die Unfallfahrt eines unbekannten Dritten verantwortlich machte. Dies sei eine Folge der früheren Zerstörung der Sicherheitseinrichtungen am Fahrzeug. Dieser Weg ist allerdings in den Fällen versperrt, wenn der Täter den gesicherten Fahrzeugschlüssel bei einem Wohnungseinbruch stiehlt oder den berechtigten Schlüsselinhaber beraubt.

15 *Hofmann*[11] ging offenbar davon aus, dass der unberechtigte Halter nur in Ansehung des geschädigten Dritten in die Pflichtversicherung aufgenommen wurde, der Versicherer ihm gegenüber aber leistungsfrei sei.

16 Bei einer Vorsatztat des unberechtigten Fahrers/Halters mit dem gestohlenen Fahrzeug ergeben sich grundsätzlich keine Probleme, sofern der berechtigte Halter den Diebstahl nicht ermöglicht hat, § 7 Abs. 3 Satz 1 StVG. Der berechtigte Halter haftet dann[12] nicht. Sein Haftpflichtversicherer hat dann entsprechend auch niemand freizustellen.[13]

17 M.E. ist zu bezweifeln, dass es in versicherungsrechtlicher Hinsicht überhaupt einen unberechtigten Halter[14] gibt. Tatsächlich stammt die Formulierung auch nicht aus dem Versicherungs-, sondern abgeleitet aus dem Haftungsrecht. Da gehört der Begriff auch hin. Er dient dazu, die Halterhaftung des berechtigten Halters nach § 7 Abs. 3 Satz 1 StVG entfallen und für den unberechtigten Benutzer nach § 7 Abs. 1 StVG aufleben zu lassen. Schließlich haftet der berechtigte frühere Halter nach dem Halterwechsel auch nicht[15] analog aus § 7 StVG. Er haftet allenfalls gebührenrechtlich,[16] solange er pflichtwidrig seiner Mitteilungspflicht nach § 15 Abs. 4 Satz 1 FZV nicht nachgekommen ist.

---

7 Unberechtigter Fahrer als Quasi-VN *AG Lemgo*, 26.08.2013 – 19 C 481/12, JurionRS 2013, 45065 (Regress wegen Obliegenheitsverletzungen stattgegeben).

8 *BGH* Urt. v. 04.12.1956 – VI ZR 161/55, BGHZ 22, 293 = JurionRS 1956, 13008 = DB 1957, 114 = NJW 1957, 500.

9 Bruck/Möller/*Johannsen* Kommentar zum VVG, Band V, Teil 1, S. 823; so auch Hofmann Unfälle mit nicht versicherten Kraftfahrzeugen, NZV 1991, 409 ff.

10 *KG Berlin* Urt. v. 09.03.1989 – 12 U 2502/88, DAR 1989, 347 = NZV 1989, 273 = VersR 1989, 905 = zfs 1989, 386 (Ls.).

11 Stiefel/*Hofmann* Kraftfahrtversicherung, § 2b AKB, Rn. 53.

12 Strenge Anforderungen an die Beweisführung des berechtigten Halters, *OLG Hamm* Urt. v. 15.06.2005 – 13 U 63/05, JurionRS 2005, 23866 = DAR 2006, 277 = NJW-RR 2006, 397 = NZV 2006, 253 = OLGR 2006, 33 = r+s 2006, 33 = zfs 2006, 75; *OLG Nürnberg* Urt. v. 17.05.2011 – 3 U 188/11, JurionRS 2011, 42253 = ADAJUR Dok.Nr. 97177 = NZV 2011, 538 = r+s 2012, 65 = zfs 2011, 554.

13 *OLG Frankfurt* Urt. v. 20.10.1982 – 17 U 223/81, VersR 1983, 494; *LG Osnabrück* Urt. v. 22.02.2007 – 5 O 1452/06, JurionRS 2007, 12791 = ADAJUR Dok.Nr. 74354.

14 Offengelassen wegen einvernehmlicher Besitzüberlassung *BGH* Urt. v. 22.09.1958 – II ZR 87/57, BGHZ 28, 137 = JurionRS 1958, 14360 = DAR 1958, 305 = DB 1958, 1183 = JZ 1959, 213 = MDR 1958, 908 = NJW 1958, 1872.

15 *BGH* Urt. V. 26.11.1996 – VI ZR 97/96, JurionRS 1996, 1465 = DAR 1997, 108 = MDR 1997, 241 = NJW 1997, 660 = NZV 1997, 116 = r+s 1997, 58 = SP 1997, 93 = VersR 1997, 204 = zfs 1997, 89 m. Anm. *Diehl.*

16 *VGH Baden-Württemberg* Beschl. v. 22.12.2014 – 10 S 299/14, JurionRS 2014, 30776.

Der Begriff des Halters ist weder in § 1 PflVG noch in § 7 StVG definiert. § 1 Abs. 1 Nr. 1 KraftStG verwendet ebenso den Halterbegriff, ohne jedoch in § 2 KraftStG den Halter zu definieren, wo doch die Vorschrift eigentlich der Begriffsdefinition dient. 18

Bei genauerer Betrachtung ist unter versicherungsvertraglichen Gesichtspunkten **nur der berechtigte Halter versichert.**[17] Dies ergibt sich aus der Zulassung des Fahrzeugs auf einen bestimmten Halter und aus dem Versicherungsvertrag. In der amtlichen Urkunde und im Versicherungsschein sind die Personen namentlich benannt, auf die sich individuell der Versicherungsschutz bezieht. Versicherungsschutz besteht damit nicht für jeden beliebigen[18] Halter. Das *OLG Stuttgart*[19] stellt entsprechend auch bei Kurzzeitkennzeichen auf die Eigenschaft des Halters als Vertragspartner des Versicherers ab, so dass die bloße Weitergabe des Kennzeichens den Versicherungsschutz nicht mit übergehen lasse. Dies entspricht der zutreffenden Sichtweise des *BGH*[20] zu Kfz-Handel-/Handwerksverträgen. 19

Diese Sichtweise entspricht den Anforderungen des § 1 PflVG. Danach ist der Halter insbesondere verpflichtet, für sich eine Haftpflichtversicherung abzuschließen und aufrechtzuerhalten. Dabei kann zwanglos angenommen werden, dass der berechtigte Mithalter[21] und der berechtigte Rechtsnachfolger in der Halterstellung ebenfalls versichert bzw. mitversichert[22] ist. 20

Der berechtigte Halter ist jedoch nach dem eindeutigen Wortlaut des § 1 PflVG nur verpflichtet, **für sich** eine Versicherung abzuschließen, aber nicht für den unberechtigten Halter/unberechtigten Benutzer,[23] der ihm das Fahrzeug entwendet. Niemand kann gesetzlich gezwungen werden, für den Fall, dass man Opfer einer Straftat wird, den Straftäter mitzuversichern. Zudem lässt sich weder aus § 1 PflVG noch aus § 2 KfzPflVV herleiten, dass der Kfz-Haftpflichtversicherer auch den nichtberechtigten Benutzer nach § 7 Abs. 3 Satz 1 StVG als Quasi-Halter mitversichern müsste. 21

Dem Haftpflichtversicherer erwächst dadurch tatsächlich zunächst kein Vorteil. Schließlich hat er dem berechtigten Halter nach wie vor Versicherungsschutz zu gewähren. Seine Leistungspflicht besteht in der Abwehr unberechtigter Ansprüche gegen den nach § 7 Abs. 3 Satz 1 StVG nicht haftenden (früheren) Halter. 22

Der Haftpflichtversicherer darf jedoch nicht mit zusätzlichen Nachteilen belastet werden, für die es keine Rechtsgrundlage gibt. Der Versicherungsschutz darf nicht zum Täterschutz ausgeweitet werden. Entsprechend gibt es keinen kostenlosen Pflichtversicherungsschutz für Straftäter, der auf dem Rücken der Versichertengemeinschaft eines einzelnen Versicherers durch höhere Prämien zu finanzieren wäre. 23

---

17 So zumindest bei Drittschäden beim Fahrzeugaufbruch *AG Köln* Urt. v. 21.06.2005 – 263 C 618/04, JurionRS 2005, 34594 = ADAJUR Dok.Nr. 66542 = SP 2005, 367.

18 So aber Stiefel/*Maier* Kraftfahrtversicherung A.1.2 AKB, Rn. 148; Prölss/Martin/*Klimke* VVG-Kommentar, A.1.2 AKB, Rn. 2.

19 *OLG Stuttgart*, Urt. v. 22.10.2014 – 3 U 36/14, JurionRS 2014, 25756 = ADAJUR Dok.Nr. 106219 = NJW-Spezial 2014, 715 (Revision zugelassen); zustimmend *Wenker* jurisPR-VerkR 2/2015 Anm. 2 **a.A.** *OLG Hamm* Urt. v. 07.12.2012 – I-9 U 117/12, JurionRS 2012, 30633 = ADAJUR Dok.Nr. 103948 = NJW 2013, 1248 = NZV 2013, 301 = SP 2013, 155 = r+s 2013, 325 = SVR 2013, 431 bespr. v. *Hering* = VRR 2013, 382 bespr. v. *Küppers*.

20 *BGH* Urt. v. 28.06.2006 – IV ZR 316/04, JurionRS 2006, 20450 = DAR 2007, 26 = MDR 2007, 216 = NJW-RR 2006, 1462 = NJW-Spezial 2006, 498 = NZV 2006, 645 = r+s 2006, 646 = VersR 2006, 1352 = VRR 2006, 462 bespr. v. *Knappmann* = VRS 111, 249 = zfs 2006, 630.

21 *BGH* Urt. v. 29.05.1954 – VI ZR 111/53, BGHZ 13, 351 = Das Recht des Kraftfahrers 1955, 22 = NJW 1954, 1198 = DB 1954, 555 = JZ 1954, 514.

22 *BGH* Urt. v. 22.09.1958 – II ZR 87/57, BGHZ 28, 137 = JurionRS 1958, 14360 = DAR 1958, 305 = DB 1958, 1183 = JZ 1959, 213 = MDR 1958, 908 = NJW 1958, 1872.

23 *BayObLG* Urt. v. 18.06.1958 – RevReg. 1 St 1/56, BayObLGSt 1958, 137.

24 Der unberechtigte Halter/unberechtigte Benutzer muss sich schon selbst versichern. Unterhält der unberechtigte Halter[24] keine Haftpflichtversicherung, kann er sich bei entsprechend innerer Tatbestandsseite nach § 6 PflVG strafbar machen. Folgte man der Auffassung, dass der unberechtigte Halter/unberechtigte Benutzer mitversichert sei, liefe die Strafnorm ins Leere, solange der ursprüngliche Haftpflichtvertrag nicht beendet ist.

25 Tatsächlich führte die unzutreffende Annahme einer Mitversicherung des unberechtigten Halters/unberechtigten Benutzers bislang nur in seltenen Ausnahmefällen[25] zu Problemen. Bei Unfällen stand regelmäßig die Verschuldenshaftung des nicht berechtigten Fahrers im Vordergrund. Gegen ihn wurde (mehr oder weniger erfolgreich) der Regress nach D.1.1.2 AKB[26] durchgeführt.

26 Die versicherungsrechtliche Relevanz hat sich durch die geänderte haftungsrechtliche Situation im Wege des zweiten Schadensersatzrechtsänderungsgesetzes[27] verändert.

27 Beispiel: Der Eigentümer und Halter eines Fahrzeugs parkt seinen ordnungsgemäß verschossenen PKW am Flughafen und unternimmt eine mehrwöchige Urlaubsreise. Ein Dieb stiehlt das Fahrzeug und benutzt es als eigenes. Dem Dieb läuft seitlich ein neunjähriges Kind in das Fahrzeug, das sich schwer verletzt. Es ergeben sich folgende Haftungslagen:

- Der Eigentümer haftet nicht, da ihn kein Verschulden trifft.
- Der frühere Halter des Fahrzeugs haftet nicht, da er den Diebstahl nicht ermöglicht hat, § 7 Abs. 3 Satz 1 StVG.
- Der Dieb haftet als Fahrer nicht, wenn er sich entlasten[28] kann, § 18 Abs. 1 Satz 2 StVG. Dazu muss er weder höhere Gewalt noch die Unabwendbarkeit beweisen, sondern muss nur die gesetzliche Verschuldensvermutung entkräften.[29] Die Vorschrift unterscheidet nicht danach, ob der Fahrer das Fahrzeug berechtigt führte, so dass auch vom »Schwarzfahrer« der Entlastungsbeweis geführt werden kann. Entsprechend wird in der Kommentarliteratur zu § 18 StVG[30] auch nicht differenziert.
- Der Dieb haftet jedoch (als unberechtigter Halter, genauer:) als unberechtigter Benutzer des gestohlenen Fahrzeugs nach §§ 7 Abs. 1 und 3 Satz 1 StVG, 828 Abs. 2 Satz 1 BGB.

28 Der Regress gegen den Dieb als Fahrer nach D.1.1.2 AKB ist ausgeschlossen, da der Fahrer nicht haftet.

29 Wollte man den Kfz-Haftpflichtversicherer durch Analogie oder Richterrecht »verpflichten«, auch für den unberechtigten Halter – besser: **unberechtigten Benutzer** im Sinne des § 7 Abs. 3 Satz 1 StVG – Versicherungsschutz gewähren zu müssen, so gibt es für den Regress gegen den unberechtigten Halter keine Regelung. § 116 Abs. 1 Satz 2 und 3 VVG gewährt nur einen Aufwendungsersatzanspruch gegen den Versicherungsnehmer und (echte) Mitversicherte. Durch eine Leistung des Versicherers an den Geschädigten erwirbt der Versicherer nach § 267 BGB keine[31] Rechte. Er wäre allein auf bereicherungsrechtliche Ansprüche[32] angewiesen mit dem unzumutbaren Risiko,

---

24 *BGH* Urt. v. 06.12.1960 – 1 StR 520/60, JurionRS 1960, 11291; *BayObLG* Urt. v. 18.06.1958 – RevReg. 1 St 1/56, BayObLGSt 1958, 137.

25 *KG Berlin* Urt. v. 09.03.1989 – 12 U 2502/88, DAR 1989, 347 = NZV 1989, 273 = VersR 1989, 905 = zfs 1989, 386 (Ls.).

26 Siehe *Kreuter* D.1.1.2 AKB Rdn. 1–2.

27 In Kraft getreten am 01.08.2002.

28 *BGH* Urt. v. 14.05.1957 – VI ZR 132/56, JurionRS 1957, 14723 = VersR 1957, 519. Burmann/*Heß*/Jahnke/Janker StVR, § 18 StVG, Rn. 9.

29 Himmelreich/Halm/Staab/*Epple* Handbuch der Kfz-Schadensregulierung, Kap. 4, Rn. 63, 87 ff.

30 Hentschel/*König*/Dauer Straßenverkehrsrecht, § 18 StVG, Rn. 2 (erwähnt Schwarzfahrt); Wussow/*Fad* Unfallhaftpflichtrecht, Kap. 17, Rn. 168; Xanke/*Schaefer* Praxiskommentar Straßenverkehrsrecht, § 18 StVG, Rn. 4.

31 PWW/*Zöchling-Jud* § 267 BGB, Rn. 9.

32 *OLG Nürnberg* Urt. v. 05.11.1992 – 8 U 3084/91, ADAJUR Dok.Nr. 12627 = NZV 1993, 273 = r+s 1993, 2 = SP 1994, 226 = zfs 1994, 132; Bruck/Möller/*Beckmann* Band IV, § 116 VVG, Rn. 26.

dem Vorwurf der Kenntnis der Nichtschuld nach § 814 BGB ausgesetzt zu sein. Der Versicherer wird sich kaum darauf berufen können, trotz Kenntnis wegen »unklarer Rechtslage« auf Druck[33] geleistet zu haben. Der richtige Weg der Rückforderung ist zudem bereits außerhalb der Fallgestaltung »unberechtigter Benutzer« umstritten.[34]

Nur der Versicherungsnehmer hätte gegenüber dem Dieb einen Anspruch auf Freistellung von sämtlichen Nachteilen, die im Zusammenhang mit dem Diebstahl und dem folgenden Unfall entstanden sind. Sein wirtschaftliches Interesse ist aber begrenzt. Es endet bereits in der Höherstufung seiner Schadensfreiheitsklasse nach I.3.5 AKB, da die Inanspruchnahme aufgrund der Betriebsgefahr des Fahrzeugs nicht als ein Fall schadenfreien Verlaufs nach I.4.1.2 AKB behandelt wird. 30

Richtigerweise wird man daher annehmen müssen, dass der unberechtigte Halter/unberechtigter Benutzer nicht mitversichert[35] ist. Das Fahrzeug ist tatsächlich **so nicht versichert.** Es muss auch so nicht versichert[36] sein. Der unberechtigte Benutzer ist **keine mitversicherte Person.** Dies hat zur Folge, dass das Verkehrsopfer seinen Schaden nicht nur bei dem nicht versicherten unberechtigten Halter/unberechtigten Benutzer, sondern auch beim **Entschädigungsfond** nach § 12 Abs. 1 Nr. 2 PflVG geltend machen kann. Zwar ist auch dort der unberechtigte Benutzer nicht wörtlich erwähnt, es handelt sich aber um den Ersatzpflichtigen, der wie ein Halter an dessen Stelle haftet. Aufgrund der gesetzlichen Regelung in § 12 Abs. 6 Satz 1 PflVG geht der Ersatzanspruch des Ersatzberechtigten auf den Entschädigungsfond über. Der Anspruchsübergang bezieht sich nach dieser Vorschrift ausdrücklich auf den »sonstigen Ersatzpflichtigen«, folglich auch auf unversicherte Fahrzeughalter[37] und unberechtigte Benutzer im Sinne des § 7 Abs. 3 Satz 1 StVG. Die Verkehrsopferhilfe kann folglich beim unberechtigten Halter/unberechtigten Benutzer regressieren. 31

Halter und Versicherungsnehmer müssen nicht identisch[38] sein, auch wenn dies § 1 PflVG nach dem Wortlaut scheinbar vorgibt. Schon § 2 Abs. 2 Nr. 1 KfzPflVV weicht hiervon ab, da der Halter nur als mitversicherte Person, nicht aber als Versicherungsnehmer erwähnt wird. 32

In der Praxis werden Verträge mit Versicherungsnehmern, die nicht selbst Halter sind, besonders dokumentiert. Für Verträge mit »**abweichendem Halter**« ist eine Mehrprämie wegen des erhöhten Verwaltungsaufwandes beim Versicherer gerechtfertigt. 33

Der Halter geht ein erhebliches Risiko ein, wenn er nicht selbst Versicherungsnehmer ist. Zur Prämienzahlung wird nur der Versicherungsnehmer aufgefordert. Denn nur der Versicherungsnehmer ist Vertragspartner des Versicherers. 34

Wie der Fahrer muss in diesen Fällen auch der Halter darauf vertrauen, dass der Versicherungsnehmer durch die Prämienzahlung für ausreichenden Versicherungsschutz gesorgt hat. 35

b) Eigentümer

Auch für den Eigentümerbegriff ist zunächst auf die weitergehenden Ausführungen zu § 1 PflVG zu verweisen[39]. 36

An das Eigentum sind nach deutschem Recht Pflichten gebunden. Die Bedeutung, als Eigentümer für Schäden Dritter in Anspruch genommen zu werden, mag noch gering sein. Gleichwohl 37

33 PWW/*Prütting* § 814 BGB, Rn. 6.

34 Anthes § 116 VVG Rdn. 35–39.

35 *BayObLG* Urt. v. 18.06.1958 – RevReg. 1 St 1/56, BayObLGSt 1958, 137; Stiefel/Maier Kraftfahrtversicherung AKB A.1.1.2 Rn. 140.

36 Europäisches Übereinkommen über die obligatorische Haftpflichtversicherung für Kraftfahrzeuge v. 20.04.1959, Anhang I Art. 3 Nr. 1.

37 Feyock/Jacobsen/Lemor/*Elvers* § 12 PflVG Rn. 119.

38 Feyock/*Jacobsen*/Lemor § 10 AKB a.F. Rn. 8; Stiefel/*Maier* Kraftfahrtversicherung A.1.2 AKB, Rn. 136–144.

39 Siehe *Balke* § 1 PflVG Rdn. 59–61.

besteht[40] eine solche Möglichkeit, sei es beispielsweise bei auslaufendem Motoröl[41] oder bei einer Besitzstörung[42] durch unzulässiges Parken.

38 Die Inanspruchnahme des Fahrzeugeigentümers nach ausländischem Recht kann zudem von deutschem Recht abweichen. Folglich ist nicht nur wegen § 1 PflVG, sondern auch wegen Haftungsregelungen im Ausland der Eigentümer mitversichert.

c) Fahrer

39 Der Begriff des Fahrers wird schon nicht im Gesetz und so auch nicht in den AKB definiert. Bei einer eigenen Definition durch die AKB bestünde die Gefahr, Einschränkungen aufzunehmen, die von der Rechtsprechung nicht akzeptiert werden. Es ist erneut auf die Ausführungen zu § 1 PflVG zu verweisen[43].

40 Alle Fahrer zählen zu den mitversicherten Personen. Dies entspricht den Anforderungen[44] nach der Änderung von § 1 PflVG. Der Fahrer ist nur solange mitversicherte Person, als seine Tätigkeit mit dem Betrieb des Kfz unmittelbar zusammen hängt. Entfernt er sich von dem abgestellten und verschlossenen Fahrzeug, wird er zum Fußgänger[45]. Der unberechtigte Fahrer begeht jedoch eine Obliegenheitsverletzung nach D.1.1.2 AKB, so dass er in Regress[46] genommen werden kann.

3. Mitversicherte auf Anforderung des § 2 Abs. 2 KfzPflVV

41 Bei der Abfassung der KfzPflVV im Rahmen der Deregulierung wurde ein wesentlicher Teil der damals genehmigten AKB übernommen. Die Verordnungsgeber haben dabei ihren gesetzlich eingeräumten **Kompetenzrahmen überschritten**[47]. Gleichwohl hat es sich trotz der zweifelhaften rechtlichen Grundlage eingebürgert, dem Bedürfnis weiterer Personen an einem Einbezug in die Mitversicherung nachzukommen.

42 Die Muster-AKB sehen daher in Anlehnung an die Anforderungen der Verordnungsgeber in § 2 Abs. 2 Nrn. 4 bis 6 KfzPflVV eine entsprechende Erweiterung des Kreises der Mitversicherten vor.

43 Es kann nicht ausgeschlossen werden, dass Versicherungsunternehmen in ihren individuellen AKB auf die gesetzliche Basis des PflVG, das zugleich den Anforderungen sämtlicher KH-Richtlinien entspricht, zurückgehen.

44 Denkbar wäre hier sogar eine Aufteilung in:
- eine Basisdeckung mit Mindestversicherungssummen und Pflicht-Mitversicherten sowie
- einem Zusatzvertrag mit erweiterten Deckungssummen und weiteren Mitversicherten

45 In Bezug auf Versicherungssummen wird zumindest die Aufspaltung in zwei Kfz-Haftpflichtverträge[48] für zulässig und zu Recht als zukunftsweisend[49] erachtet.

---

40 Ausschließend *Bauer* Die Kraftfahrzeugversicherung, 6. Auflage 2010, Rn. 861.

41 *LG Bielefeld* Urt. v. 27.10.1994 – 22 S 110/94, r+s 1994, 180 (181).

42 *BGH* Urt. v. 05.06.2009 – V ZR 144/08, BGHZ 181, 233 = JurionRS 2009, 17376 = DAR 2009, 515 = MDR 2009, 2530 = NJW 2009, 2530 = WM 2009, 1664 = NZM 2009, 595 = NJW-Spezial 2009, 538 = r+s 2010, 342 = VersR 2009, 1121 = zfs 2009, 558 = VRR 2009, 298 bespr. v. *Zorn*; *LG München I* Urt. v. 24.09.2009 – 31 S 3648/09, ADAJUR Dok.Nr. 86214.

43 Siehe *Balke,* § 1 PflVG Rdn. 62–81.

44 BT-Drucks. IV/2252 S. 13.

45 OLG Hamm v. 05.04.2018 – 6 U 163/17.

46 Näheres bei *Kreuter* D.1.1.2 AKB Rdn. 1.

47 *Hofmann* Die neue Kfz-Versicherung, S. 33; *Müringer* Kommentar zur Pflichtversicherung, S. 22. meint, es hätte sich angeboten, § 1 PflVG würde auf § 2 Abs. 2 KfzPflVV verweisen.

48 *Niederleithinger* Das neue VVG, A Rn. 221; Schwintowski/Brömmelmeyer/*Huber* PK-Vers, § 113 Rn. 11; HK-VVG/*Schimikowski* § 113 VVG Rn. 5; *Marlow/Spuhl* Das neue VVG kompakt, S. 129; *Feyock*/Jacobsen/Lemor § 113 VVG, Rn. 4; Looschelders/*Pohlmann/Schwartze* VVG-Kommentar, § 113 VVG, Rn. 16.

49 *Marlow/Spuhl* Das neue VVG kompakt, S. 129.

Eine grundsätzliche Erweiterung[50] des Deckungsschutzes für weitere Personen über den Pflichtversicherungsvertrag hinaus ist generell denkbar. 46

Im Zweifel sollten hier[51] bei der Fallbearbeitung die tatsächlich vereinbarten AKB des Versicherers hinzugezogen werden. 47

a) echter Beifahrer

Mitversichert ist der echte **Beifahrer.** 48

Gemeint ist also nicht der im landläufigen Sprachgebrauch vorkommende Insasse auf dem Beifahrersitz vorne. Diese Person ist »nur« Insasse[52]. Öffnet sie die Beifahrertür und verursacht einen Schaden, besteht kein Schutz aus der Kfz-Haftpflichtversicherung, sofern sie nicht zugleich als Eigentümer oder Halter[53] mitversichert ist. 49

Die Anforderungen sind streng, absichtlich eng[54] gefasst und müssen kumuliert vorliegen: 50
- Der Beifahrer ist ein regelmäßiger Begleiter des berechtigten[55] Fahrers
- Er hat in einem Arbeitsverhältnis zum Halter oder Versicherungsnehmer zu stehen
- Er verrichtet fahrertypische Arbeiten wie das Ablösen beim Fahren und/oder er verrichtet fahrzeugbezogene Arbeiten wie Lade- oder Hilfsarbeiten
- Die auszuführenden Tätigkeiten sind Inhalt des Arbeitsvertrages

Positivbeispiele: 51
- Rettungswagenfahrer mit zweitem Rettungsassistenten, die gemeinsam Personen auf einer Trage ins Fahrzeug heben (ebenso beim Leichenwagen)
- Pizza-Lieferdienst mit einem Fahrer und einem Austräger (Be- und Entladen)
- Reisebus mit Fahrer und ablösebereitem zweiten Fahrer[56]
- Azubi eines Gewerbebetriebes, der zusammen mit dem Fahrer regelmäßig schweres Arbeitsmaterial ein- und ausladen muss
- Beifahrer eines Geldtransporters, der nicht nur das Geld, sondern auch das Fahrzeug wegen seines spezifischen Verwendungszwecks überwacht und sichert[57]
- Bergungshelfer eines Abschleppdienstes

Negativbeispiele: 52
- Reisebus mit Fahrer und Reiseleiter, der sich um die Unterhaltung und Information der Fahrgäste aber nicht das Fahrzeug kümmert (nicht vergleichbar mit Omnibusschaffner)
- Fahrertrainer, der ständig wechselnd bei anderen Fahrern mitfährt, um deren Fahrverhalten zu optimieren
- Ein angestellter Fahrlehrer ist selbst Fahrzeugführer aber kein Beifahrer
- Ein Fahrer, der ausnahmsweise aber nicht regelmäßig als Beifahrer fungiert[58]

Der Versicherungsschutz für den echten Beifahrer ist mit vielen Fragezeichen versehen; hierzu stellen sich folgende Problemfelder: 53

---

50 Looschelders/*Pohlmann/Schwartze* VVG-Kommentar, § 113 VVG, Rn. 16; Römer/*Langheid* § 158k VVG a.F., Rn. 1; Prölss/Martin/*Knappmann* § 158k VVG a.F., Rn. 3.

51 Besser immer: *Heinrichs* Synopse der für das Versicherungsrecht im Verkehrsrecht bedeutsamsten Auswirkungen der VVG Reform, zfs 2009, 187 (189); *Bauer* Die Kraftfahrtversicherung, Vorwort.

52 Stiefel/*Maier* Kraftfahrtversicherung A.1.2 AKB, Rn. 158–164.

53 Die Mitversicherung des Halters ist nicht auf Ansprüche aus § 7 StVG begrenzt.

54 Stiefel/*Hofmann* § 10 AKB a.F., Rn. 56.

55 Stiefel/*Maier* Kraftfahrtversicherung A.1.2 AKB, Rn. 148–157.

56 *Kreuter-Lange/Schwab* Haftungs- und Versicherungsfragen beim Busfernverkehr, DAR 2015, 67 ff.

57 *BGH* Urt. v. 10.12.1996 –VI ZR 14/96, JurionRS 1996, 14283 = DAR 1997, 157 = MDR 1997, 240 = NJW 1997, 868 = NJW-RR 1997, 600 = NZV 1997, 117 = r+s 1997, 113 = SP 1997, 94 = VersR 1997, 458 = zfs 1997, 85 (abhandengekommene Geldkoffer nach Unfall).

58 *OVG Münster* Urt. v. 17.02.1970 – I A 572/69, JurionRS 1970, 10943 = VersR 1970, 652.

- Der Versicherungsschutz des Beifahrers hängt davon ab, ob der Fahrer[59] noch berechtigter Fahrer ist. Unterschlägt dieser ohne Kenntnis des Beifahrers das Fahrzeug oder liegt eine »Schwarzfahrt« des Fahrers vor, hilft dies dem Beifahrer nichts. Schon beim Verlassen der vorgegebenen Fahrtroute[60] durch den Fahrer aus eigennützigen Zwecken kann zum Verlust des Versicherungsschutzes auch für den Beifahrer führen
- Der (schlecht bezahlte) Gelegenheitshelfer ist schutzlos, da er nicht regelmäßig mitarbeitet. Dies trifft auf Praktikanten, Probearbeiter und Jobber zu
- Der selbstständige Subunternehmer ist kein Arbeitnehmer, sofern er nicht nur Scheinselbstständiger ist
- Der freie Mitarbeiter hat ebenfalls keinen Arbeitsvertrag
- Fahrer und Beifahrer mit einem kurzeitig gemieteten LKW stehen in keinem Arbeitsverhältnis zum Halter oder Versicherungsnehmer des Mietfahrzeugs

b) Arbeitgeber/Dienstherr

54 § 2 Abs. 2 Nr. 6 KfzPflVV fordert den gesetzlich nicht vorgeschriebenen Einbezug des Arbeitgebers und des Dienstherrn in den Schutzkreis der Mitversicherten. Dem kommt die Vertragsklausel nach.

55 Viele Versicherungsnehmer setzen ihr versichertes Fahrzeug mit Willen oder unter Zustimmung ihres Arbeitgeber oder Dienstherrn zu betrieblichen oder dienstlichen Fahrten ein. Für die Unfallfolgen können dann mitunter auch der Arbeitgeber nach den §§ 278, 831 BGB und der Dienstherr nach § 839 BGB, Art. 34 GG von den Geschädigten in Anspruch genommen werden.

56 Beim Verkehrsunfall sind dann nicht nur der mitversicherte Fahrer und sein Versicherer Gesamtschuldner, sondern auch der Unternehmer und sein Verrichtungsgehilfe, § 840 Abs. 1 BGB.

57 Nur wenn der Unternehmer sich entlasten kann, haftet er persönlich nicht.

58 Der allgemeine Gesamtschuldnerausgleich (nach Kopfteilen) in § 426 Abs. 1 Satz 1 BGB wird durch die Sondervorschrift des § 840 Abs. 2 BGB ersetzt.

59 Der Versicherungsnehmer als Verrichtungsgehilfe, der hier sein Fahrzeug für die Dienstfahrt einsetzt, haftet grundsätzlich im Innenverhältnis nach § 840 Abs. 2 BGB gegenüber dem Geschäftsherrn allein. Dieser Grundsatz wird jedoch durch die arbeitsrechtlichen Sonderregelungen[61] über die Beschränkung der Haftung des Arbeitnehmers bei betrieblicher Tätigkeit (Grundsätze der schadengeneigten Arbeit) wieder überlagert, da der Arbeitnehmer zu Recht als schutzbedürftig angesehen wird.

60 In der Folge verschieben sich die Ausgleichsanteile, insbesondere bei leichter Fahrlässigkeit (einfachen und leicht entschuldbaren Pflichtverletzungen), zum Nachteil des Arbeitgebers.

61 Gehörte der Arbeitgeber nicht zum Kreis der mitversicherten Personen, könnte der Kfz-Haftpflichtversicherer den Arbeitgeber seines Versicherungsnehmers nach § 86 Abs. 1 VVG[62] in der Höhe in Regress nehmen, wie er sich unter arbeitsrechtlichen Gesichtspunkten[63] darstellt.

62 Der *BGH*[64] hat dennoch einen Rückgriff des Versicherers wegen unzulässiger Rechtsausübung versagt. Er kommt zu dem Schluss, dass der Arbeitnehmer als berechtigter Fahrer aufgrund einer

---

59 Feyock/*Jacobsen*/Lemor § 10 AKB a.F., Rn. 66; Stiefel/*Maier* Kraftfahrtversicherung A.1.2 AKB, Rn. 148–157.

60 *OVG Münster* Urt. v. 17.02.1970 – I A 572/69, JurionRS 1970, 10943 = VersR 1970, 652 (Soldaten auf Abwegen).

61 PWW/*Schaub* § 840 BGB, Rn. 9.

62 Looschelders/Pohlmann/*von Koppenfels-Spies* § 86 VVG, Rn. 6; Feyock/*Jacobsen*/Lemor § 10 AKB a.F., Rn. 68; Prölss/Martin/*Knappmann* § 10 AKB a.F., Rn. 23.

63 PWW/*Lingemann* § 611 BGB, Rn. 92 ff.

64 *BGH* Urt. v. 08.12.1971 – IV ZR 102/70, JurionRS 1971, 11031 = DAR 1972, 128 = MDR 1972, 499 = NJW 1972, 440 = VersR 1972, 166 = VRS 42, 169.

bestehenden Pflichtversicherung tatsächlich nicht schutzbedürftig ist. Unter diesen Wertungsgesichtspunkten schränkt er die Anwendung der Grundsätze der schadengeneigten Arbeit ein.

Die Aufnahme[65] des Arbeitgebers und des Dienstherrn in den Kreis der Mitversicherten verhindert nun ausdrücklich, dass der Versicherer dort Regress nehmen kann. 63

Die Vertragsklausel hat damit klarstellende Wirkung. Für den Versicherungsnehmer ist dies zudem wichtig, da sein Arbeitsverhältnis nicht durch einen Regress seines Versicherers gegen seinen Arbeitgeber belastet werden kann. 64

Fatal ist die Situation, wenn der Versicherungsnehmer als Arbeitnehmer die Versicherungsprämie nicht bezahlt hat und mit seinem Fahrzeug dienstlich unterwegs war. Der Versicherer kann dann bei ihm regressieren, aber nach dem klaren Wortlaut des § 123 VVG nicht beim gutgläubigen mitversicherten Arbeitgeber. 65

Der Gedanke, der unzulässigen Rechtsausübung nach der Rechtsprechung des *BGH*[66], die bei bestehendem Versicherungsschutz zutreffen mag, greift dann nicht. Sinn und Zweck der Regelung sind dann verfehlt, wenn der arbeitnehmerrechtliche Freistellungsanspruch selbst bei Leistungsfreiheit des Versicherers nicht zum Zuge kommen darf. 66

Besonders deutlich wird dies, wenn der Versicherungsnehmer in einen Dienstunfall verwickelt wird, an dem er nicht einmal Schuld hat, aber wegen der §§ 7 Abs. 1 StVG; 828 Abs. 2 BGB nach § 12 Abs. 1 Nr. 1 StVG mit bis zu € 5 Mio. haftet. 67

Die Fahrt erfolgte schließlich auf Veranlassung des Arbeitgebers. Dieser musste weder selbst ein eigenes versichertes Fahrzeug noch einen Mietwagen für die Unfallfahrt zur Verfügung stellen. Der Arbeitgeber sollte allerdings den Fall der Leistungsfreiheit des Kfz-Haftpflichtversicherers seines Mitarbeiters – entgegen der Ausschlussklausel in A1–7.14 AVB BHV[67] – ggfs. gegen Zahlung einer Mehrprämie versichern können. 68

Drei Lösungen zu Gunsten des versicherten Arbeitnehmers stehen zur Wahl: 69

- Der vorleistungspflichtige, aber leistungsfreie Versicherer regressiert beim Versicherungsnehmer. Dieser erhebt dann seinen Freistellungsanspruch gegen seinen Arbeitgeber. Dem Arbeitgeber ist darauf der Einwand zu versagen, dass sein Arbeitnehmer sich durch vertragswidriges Verhalten gegenüber seinem Haftpflichtversicherer grob fahrlässig verhalten und somit zugleich gegen arbeitsvertragliche Schutzpflichten gegenüber seinem Arbeitgeber verstoßen habe.
- § 123 Abs. 1 VVG müsste um einen Satz 2 erweitert werden der lautet: *»Ausgenommen von dieser Regelung ist der mitversicherte Arbeitgeber oder Dienstherr. «*
- Am einfachsten ist es, § 2 Abs. 2 Nr. 6 KfzPflVV und A.1.2e) AKB zu ändern, indem ihm die Worte: *»soweit die Leistungspflicht des Versicherers besteht, «* vorangestellt werden.

Der letzten Variante ist der Vorzug zu geben, da die Ausweitung des Versicherungsschutzes auf den Arbeitgeber nicht auf gesetzlicher Grundlage beruht. Die diesbezügliche Regelung in der KfzPflVV ist sowieso nicht zwingend, da sie von der Ermächtigungsnorm nicht gedeckt ist. 70

Die Klausel wirkt nur im unmittelbaren Verhältnis zum Arbeitgeber oder Dienstherrn des Versicherten als Mitversicherten. Keine Anwendung[68] findet die Klausel, wenn ein mitversicherter Fahrer, ohne selbst Versicherungsnehmer zu sein, das Fahrzeug für eine Dienstfahrt benutzt. 71

---

65 Zunächst als Sonderbedingung VerBAV 1975, 300; ab 1977 unmittelbar in die AKB aufgenommen, Stiefel/*Hofmann* § 10 AKB a.F., Rn. 165.

66 *BGH* Urt. v. 08.12.1971 – IV ZR 102/70, JurionRS 1971, 11031 = DAR 1972, 128 = MDR 1972, 499 = NJW 1972, 440 = VersR 1972, 166 = VRS 42, 169.

67 Unverbindliche Musterbedingungen des GDV, Allgemeine Bedingungen für die Betriebs- und Berufshaftpflichtversicherung (AVB BHV), Stand 25.08.2014.

68 Prölss/Martin/*Klimke* VVG Kommentar A.1.2 AKB, Rn. 13.

72 Der Auftraggeber des Arbeitgebers oder Dienstherrn ist keine[69] mitversicherte Person. Das *OLG Köln*[70] ließ dagegen später in ergänzender Auslegung der AKB einen Regress des Haftpflichtversicherers gegen den Dienstherrn der Beschäftigungsstelle nicht zu. Dies erscheint bedenklich, war doch der Bund Zweckveranlasser der Unfallfahrt. Es ist nicht Aufgabe der Versichertengemeinschaft, die Lasten der Staatshaftung zu tragen.

73 Soweit der Versicherungsnehmer durch Verlust seines SFR in der Kfz-Haftpflichtversicherung höher gestuft wird, hat er grundsätzlich einen Anspruch gegen seinen Arbeitgeber[71] bzw. Dienstherrn[72] aus der allgemeinen Fürsorgepflicht. Das *BAG*[73] geht allerdings davon aus, dass mit dem Kilometergeld ein etwaiger Höherstufungsschaden in der Haftpflichtversicherung als abgegolten gilt.

74 Dies gilt auch für den Höherstufungsschaden wegen seines eigenen kaskoversicherten Schadens bzw. seines nicht versicherten Fahrzeugschadens, sofern der Arbeitnehmer hierfür keine besondere Vergütung[74] vom Arbeitgeber erhält. Der Anspruch ist im Rahmen des innerbetrieblichen Schadensausgleichs nach § 670 BGB analog geltend zu machen.[75]

c) Omnibusschaffner

75 Auf Anforderung von § 2 Abs. 2 Nr. 5 KfzPflVV sind in die Bedingungen auch die Omnibusschaffner aufgenommen worden.

76 Tatsächlich hat die Vorschrift kaum noch eine Bedeutung, da im Omnibus-Verkehr seit den 1990er Jahren wohl kaum noch echte Schaffner eingesetzt werden.[76] Schaffner sind Personen, die Fahrkarten verkaufen und kontrollieren.

77 Fahrkartenkontrolleure sind Schaffner, die lediglich Fahrkarten kontrollieren. Auch wenn sie nicht mehr im vollen Umfang den Tätigkeitsbereich eines Omnibusschaffners ausfüllen, sollte man sie trotzdem noch unter den Schutzbereich fallen lassen[77].

78 Der Omnibusschaffner ist nur mitversichert, wenn er in einem Arbeitsverhältnis zum Versicherungsnehmer oder Halter steht.

79 Dies ist dann nicht der Fall, wenn er outgesourct wurde und nun für ein Drittunternehmen in dem Omnibus eingesetzt wird. Dem folgend ist auch der Arbeitgeber des outgesourcten Schaffners nicht geschützt, wenn sich der Arbeitnehmer mit arbeitsrechtlichen Freistellungsansprüchen an ihn wendet.

---

69 *OLG Köln* Urt. v. 21.06.1994 – 20 U 26/94, JurionRS 1994, 16385 = VersR 1995, 526 = zfs 1995, 339 (Zivildienstleistender fährt für den ASB; Bund als Dienstherr des ASB ist nicht mitversicherte Person); Prölss/Martin/*Klimke* VVG Kommentar A.1.2 AKB, Rn. 13.

70 *OLG Köln* Urt. v. 06.04.2000 – 7 U 195/99, JurionRS 2000, 20910 = VersR 2000, 1409 = NVwZ 2000, 1210 = OLGR 2000, 308 = VRS 99, 186.

71 Dornbusch/Fischermeier/Löwisch/*Kamanabrou* Kommentar zum gesamten Arbeitsrecht § 611 BGB, Rn. 455.

72 *VG Oldenburg* Urt. v. 26.04.1990 – 3 A 189/89.OS, zfs 1991, 311; Feyock/*Jacobsen*/Lemor § 10 AKB a.F., Rn. 69.

73 *BAG* Urt. v. 30.04.1992 – 8 AZR 409/91, BAGE 70, 197 = JurionRS 1992, 10230 = BB 1992, 2363 = DAR 1993, 27 = MDR 1993, 550 = NJW 1993, 1028 = NZV 1993, 148 = VersR 1993, 374 = zfs 1993, 78.

74 *LAG Düsseldorf* Urt. v. 22.10.2014 – 12 Sa 617/14, JurionRS 2014, 26551 = ZTR 2015, 26.

75 *BAG* Urt. v. 22.06.2011 – 8 AZR 102/10, JurionRS 2011, 24535 = DB 2011, 2382 = NJW-Spezial 2011, 658 = NZA 2012, 91.

76 *Kreuter-Lange/Schwab* Haftungs- und Versicherungsfragen beim Busfernverkehr, DAR 2015, 67 ff.

77 Ebenso Prölss/Martin/*Klimke* VVG Kommentar A.1.2 AKB, Rn. 18; unklare Position Feyock/*Jacobsen*/Lemor § 10 AKB a.F., Rn. 66a.

d) Mitversicherte Personen von angehängten/gezogenen Fahrzeugen

A.1.1.5 AKB bezieht sich allein auf das Fahrzeug. Durch A.1.2 g AKB werden Halter, Eigentümer, 80
Fahrer, Beifahrer und Omnibusschaffner zu Mitversicherten des ziehenden Fahrzeugs.

Die Vertragsklausel geht damit über die Anforderungen durch § 2 Abs. 2 KfzPflVV hinaus, der dies 81
selbst nicht[78] vorsieht. Abweichungen in individuellen AKB der Versicherer widersprechen somit nicht den Anforderungen der Verordnungsgeber.

Tatsächlich besteht nicht die Notwendigkeit einer Ausdehnung auf diesen Personenkreis, der bereits 82
über die eigene[79] Fahrzeughaftpflichtversicherung verfügt. Anders liegt es dagegen, wenn es sich um einen nicht zulassungspflichtigen und nicht freiwillig versicherten Anhänger handelt.

Bedenklich ist es, wenn der Halter eines schadenursächlichen, weil mit Mängeln behafteten, An- 83
hängers über das ziehende Kraftfahrzeug geschützt werden soll. Der Regress gegen ihn steht im Rahmen des Gesamtschuldnerausgleichs offen.

4. Lückenfälle

Mag der durch $ 4 Abs. 3 PflVG n.F. (vormals § 2 Abs. 2 KfzPflVV) und der durch A.1.2 AKB 84
nochmals erweiterte Kreis der Mitversicherten zunächst als umfassend erscheinen, verbleiben doch erhebliche Lücken. Diese Lücken sind nicht durch eine erweiternde Auslegung zu schließen, da es sich um eine abschließende[80] Aufzählung handelt. Somit verbleiben Lücken im Versicherungsschutz für die folgenden Personengruppen.

a) Insasse

Insassen sind regelmäßig ohne[81] Schutz. Ihr fehlerhaftes Verhalten kann zum Beispiel beim Öffnen 85
der Fahrzeugtür[82] zu erheblichen Schäden führen. Haftet der Halter, kann der Kfz-Haftpflichtversicherer bei ihm Regress nehmen. Dies ist auch in Fällen möglich, in denen eine Aufsichtspflichtverletzung[83] der Eltern gegenüber Ihren Kindern vorliegt, die beispielsweise beim Aussteigen aus einem Taxi Dritte schädigen.

In individuellen AKB kann über die Musterbedingungen des GDV hinaus der Insasse als mit- 86
versicherte Person aufgenommen sein. Dabei ist es üblich, diese als **subsidiäre Mitversicherung** auszugestalten, falls also nicht anderweitig über die private Haftpflichtversicherung Versicherungsschutz zu erlangen ist. Insassen werden in der privaten Haftpflichtversicherung durch die dortige Ausschlussklausel A1–7.14 AVB PHV[84] nicht erfasst. Es handelt sich allerdings nicht um eine Pflicht-Haftpflichtversicherung, so dass trotz großem Verbreitungsgrad nicht jeder versichert ist. Im Einzelfall wird im Rahmen die Subsidiaritätsklausel zusätzlich zu prüfen sein, ob der Insasse über seinen Arbeitgeber bzw. dessen Haftpflichtversicherer freigestellt werden kann.

In Anlehnung an den berechtigten Fahrer wird der Schutz immer nur dem berechtigten Insassen 87
gewährt.

78 Feyock/*Jacobsen*/Lemor § 2 KfzPflVV, Rn. 4.

79 Prölss/Martin/*Knappmann* 27. Auflage, § 10a AKB a.F., Rn. 8 sprach zu Recht von einer Doppelversicherung, heute Mehrfachversicherung nach § 77 VVG.

80 Prölss/Martin/*Klimke* VVG Kommentar A.1.2 AKB, Rn. 22.

81 Es sei denn, sie sind freiwillig privat haftpflichtversichert und die schadenverursachende Tätigkeit wurde nicht in den Bedingungen ausgeschlossen.

82 Nur Schutz des Verkehrsopfers bei einer Haftung des Halters nach § 7 StVG.

83 *LG Würzburg* Urt. v. 04.12.2012 – 11 O 1744/12, ADAJUR Dok.Nr. 102665 = SVR 2013, 185 bespr. v. *Günther*.

84 Unverbindliche Musterbedingungen des GDV, Allgemeine Versicherungsbedingungen für die Privathaftpflichtversicherung (AVB PHV), Stand 25.08.2014.

b) Einweiser

88 Einweiser sind Personen, die Aufgaben zur Sicherung im öffentlichen Straßenverkehr wahrnehmen. Bei unübersichtlichen Grundstücksausfahrten ist ein Einweiser unabdingbar. Er übernimmt eine hohe Verantwortung[85], ist aber in der Kfz-Haftpflichtversicherung nur mitversichert, wenn er zugleich echter Beifahrer des berechtigten Fahrers ist.

89 Wer nur kurzzeitig behilflich ist, ist dann allenfalls über seine private Haftpflichtversicherung geschützt.

90 Wer im Rahmen von beruflichen Be- Und Entladetätigkeiten den Fahrzeugführer einweist, kann nach A1–6.7.1 AVB BHV versichert sein.

91 Arbeitseinweiser und Anschläger im Rahmen eines Arbeitseinsatzes eines Fahrzeugs als Arbeitsmaschine müssen gesondert aufgeführt werden, sollen sie subsidiär mitversichert sein. Begrifflich erschließt sich ansonsten nicht, dass mehr gemeint sein soll, als das bloße Einweisen im Straßenverkehr nach den §§ 9 Abs. 5; 10 Satz 1 StVO.

c) Begleiter im Fahrzeug (begleitetes Fahren)

92 Beim begleitenden Fahren nach § 48a FeV ist der Fahrzeugführer der alleinige Fahrer.

93 Der Begleiter ist immer nur Mitfahrer mit besonderen Aufgaben. Er ist damit etwas mehr als nur ein Insasse (ohne Aufgaben), aber weniger als ein Beifahrer im Sinne des § 2 Abs. 2 Nr. 4 KfzPflVV, da er wohl kaum im Rahmen eines Arbeitsverhältnisses den ungeübten Fahrer begleiten wird.

94 Nur dann, wenn der Begleiter bereits aus anderen – häufig tatsächlich – vorliegenden Gründen bereits mitversichert ist, so als Halter, Eigentümer oder Versicherungsnehmer, drohen ihm keine Gefahren. Anders sieht es bei dem sonstigen Begleiter aus, der sich nicht schon auf eine andere Mitversicherung berufen kann. In der Praxis ist das Fahrzeug häufig auf den Familienvater zugelassen, der auch Versicherungsnehmer ist. Der Sohn oder die Tochter wird aber in der Mehrzahl der Fälle von der Mutter[86] begleitet.

95 Jeder Begleiter kann Dritten gegenüber haftpflichtig[87] sein, sich zumindest Forderungen ausgesetzt sehen, so dass er sich dagegen wehren muss.

96 Es reicht nicht, auf die private Haftpflichtversicherung[88] zu verweisen, da der Fahrzeuggebrauch nach den AHB[89] regelmäßig ausgeschlossen[90] ist.

97 Zumindest hier besteht tatsächlich eine Haftungsfalle[91], die ohne zusätzliche Absicherung über die Kfz-Haftpflichtversicherung[92] nicht sinnvoll zu lösen ist. Es besteht nach wie vor Klärungsbedarf[93].

---

85 FAKomm/VerkehrsR/*Bachmeier* A Rn. 241 ff.

86 ADAC-Motorwelt 11/2009, S. 16.

87 *Feltz/Kögel* Begleitetes Fahren mit 17, DAR 2004, 121 ff.; *Fischinger/Seibl* Rechtliche Probleme des Projekts »Begleitetes Fahren ab 17«, NJW 2005, 2886 ff.; *Sapp* Das Modell »Begleitetes Fahren ab 17« im Haftungsrecht, NJW 2006, 408 ff; *Lang/Stahl/Huber* Das Modell »Begleitetes Fahren mit 17« aus haftungs- und versicherungsrechtlicher Sicht, NZV 2006, 449 ff.; *Brock* Rechtsprobleme beim begleiteten Fahren ab 17, DAR 2006, 63.

88 So aber: *Lang/Stahl/Huber* Das Modell »Begleitetes Fahren mit 17« aus haftungs- und versicherungsrechtlicher Sicht, NZV 2006, 449 ff.

89 Siehe 3.1.2. Satz 2 AHB 2012 bzw. A1–7.1 AVB PHV.

90 *Brock* Rechtsprobleme beim begleiteten Fahren ab 17, DAR 2006, 63.

91 *Feltz* 41.VGT 2003, 39 (43); *Feltz/Kögel* Begleitetes Fahren mit 17, DAR 2004, 121 ff.

92 *Brock* Rechtsprobleme beim begleiteten Fahren ab 17, DAR 2006, 63.

93 Die Empfehlung Nr. 9 des AK I des 41.VGT 2003, 7 lautet: *»Außerdem sieht der Arbeitskreis Klärungsbedarf hinsichtlich der Rechtsposition des Begleiters und des Geschädigten sowie hinsichtlich des Haftpflichtversicherungsschutz im Schadensfall.«.*

d) Begleiter außerhalb des Fahrzeugs (Schwertransporte)

Im LKW-Bereich verschärft sich die Problematik gerade bei Schwertransporten. Das Begleitpersonal außerhalb des Fahrzeugs ist nicht geschützt. Es sind keine regelmäßigen Beifahrer. Es sind Personen, die »nur« den Fahrweg sichern und beim Nebenherlaufen Schaulustige davon abhalten, sich in den Wirkbereich des Fahrzeugs hinein zu bewegen. **98**

In individuellen AKB ist die subsidiäre Mitversicherung von Begleitpersonal möglich. **99**

e) betriebsfremde Personen

Aber auch der sonstige LKW-Bereich wartet mit massiven Lücken auf. So sind heute neben dem Fahrer nach § 23 Abs. 1 S. 2 StVO und dem Halter nach § 31 Abs. 2 StVZO auch andere Personen zur Ladungssicherung[94] verpflichtet oder haben selbst gefahrgutrechtliche Prüfpflichten[95] am Fahrzeug zu erfüllen. Sie werden sogar schon hinsichtlich der Überladung[96] des Fahrzeugs angesprochen. Der Gesetz- und Verordnungsgeber erweiterte zwar deren Verantwortungsbereich – ohne jedoch über ergänzende Erfordernisse des Versicherungsschutzes nachzudenken. Dies ist umso brisanter, als regelmäßig in den Bedingungswerken zur Haftpflicht- und Betriebshaftpflichtversicherung fahrzeugbezogene Tätigkeiten[97] ausgeschlossen werden. **100**

Brisant sind zudem Fälle aus dem Frachtrecht, bei denen das transportierte Gut Schaden nimmt und dadurch Folgeschäden entstehen. Der Frachtführer haftet dann für den Schaden am Gut, der über die Verkehrshaftungsversicherung pflicht-haftpflichtversichert ist. Wegen des Folgeschadens haftet der Frachtführer nur unter den engen Voraussetzungen des § 435 HGB. Der in der Kfz-Haftpflichtversicherung nicht mitversicherte Auftraggeber des Frachtführers haftet häufig dem Empfänger. Ist der Schaden jedoch beim Gebrauch des Fahrzeugs entstanden, greift der Ausschluss in der Betriebshaftpflichtversicherung. Die dortigen Bedingungen sollten der geänderten Rechtslage angepasst werden. **101**

f) Fahrprüfer

Von den Folgen her unkritisch sind fehlerhafte Fahr- und Verhaltensanweisungen des Fahrprüfers[98], die sich unfallursächlich auswirken. Da die Prüfungen nach § 15 Satz 3 FeV von einem amtlich anerkannten Sachverständigen oder Prüfer abgenommen werden, besteht hier Schutz der Verkehrsopfer nach Amtshaftungsgesichtspunkten. **102**

---

94 § 22 StVO i.V.m. § 412 HGB; *OLG Koblenz,* Urt. v. 22.02.1988 – 1 Ss 72/88, NZV 1988, 113 (Gasflaschen); *OLG Koblenz,* Urt. vom 24.04.1988 – 1 Ss 182/88, NZV 1988, 157; *AG Montabaur,* Urt. v. 16.01.1989 – 109 Js 44 934/88 2 OWi, NZV 1989, 286 (Gefahrgutbeauftragter); *OLG Stuttgart,* Beschl. v. 27.12.1982 – 1 Ss 858/82, JurionRS 1982, 11514 = VRS 64, 308; *OLG Celle,* Beschl. v. 28.02.2007 – 322 Ss 39/07, JurionRS 2007, 12044 = NStZ-RR 2007, 215 = SVR 2008, 191, bespr. v. *Schmuck/Fromm/Zacharias* = VRS 112, 289; Hentschel/*König*/Dauer § 22 StVO Rn. 12; PK-Straßenverkehrsrecht/*Xanke,* § 22 StVO, Rn. 26; *Neufang/Valder* Laden und Ladungssicherung im Straßengüterverkehr – Wer ist verantwortlich?, TranspR 2002, 325 ff.; *Albrecht,* 40. VGT 2002, 169 ff., 177; *Schindler* 40. VGT 2002, 189 ff, 192 ff.; einschränkend *Hillmann* Verstöße gegen Verkehrsvorschriften über ordnungsgemäße Ladung im Straßenverkehr, zfs 2003, 387 ff.; *Wieske/Kramer,* Bußgeldrechtliche Tragweite von Verstößen gegen die Ladungssicherheit, TranspR 2008, 435 ff.; Himmelreich/Halm/*Karbach(6. Auflage),* Kap. 34, Rn. 43.

95 § 9 Abs. 13 GGVSEB i.V.m. 7.5.1.1 und 7.5.1.3 ADR; *Schindler* 40. VGT 2002, 189 ff, 194.

96 Die Empfehlung Nr. 2 des AK V des 40. VGT 2002 lautet: *»Den für die Ladungssicherung Verantwortlichen (Fahrer, Halter und Verlader) und den Überwachungsbehörden müssen praktikable Regeln an die Hand gegeben werden. Der Kenntnisstand aller Beteiligten muss nachhaltig verbessert werden. Die Mitverantwortung des Verladers sollte auch für die Überladung gesetzlich verankert werden, wie es hinsichtlich der Ladungssicherheit bereits aus § 22 Abs. 1 StVO folgt.«.*

97 Z.B. bei Fehlbetankung, *Kärger* Kfz-Versicherung nach dem neuen VVG Rn. 528 u. 610 ff.; *LG Duisburg* Urt. v. 05.07.2006 – 11 O 105/05, JurionRS 2006, 36956 = VersR 2007, 56 = NJW-RR 2007, 831.

98 Hentschel/König/*Dauer* § 2 StVG Rn. 44.

g) **Monteur/Reparaturhelfer**

103 Nicht zu den mitversicherten Personen zählen zudem Personen, die an einem Fahrzeug bloß Reparaturarbeiten[99] durchführen. Sie sind ggf. über ihren Arbeitgeber, die Betriebshaftpflicht- oder die Privathaftpflicht geschützt. Es besteht für diesen Personenkreis keinen Bedarf[100] für eine Mitversicherung in der Kraftfahrthaftpflichtversicherung, da sie über ihren Arbeitgeber mitversichert werden können, um so die Lücke zu schließen.

II. Selbstständige Geltendmachung vertraglicher Ansprüche

104 Bei der Mitversicherung handelt es sich um eine Versicherung auf fremde Rechnung nach den §§ 43 und 44 VVG. Der etwas beschwerliche Weg über die Vorlage des Versicherungsscheins und die Einschränkung, dass die Geltendmachung der Versicherungsleistung an die Zustimmung des VN geknüpft ist, sind für die Pflicht-Haftpflichtversicherung nicht passend. § 2 Abs. 3 KfzPflVV modifiziert daher die Anforderungen zu Gunsten der Mitversicherten. Sie sollen unmittelbar und auch ohne Vorlage des Versicherungsscheins ihren Deckungsanspruch beim Kfz-Haftpflichtversicherer geltend machen.

105 Die Klausel räumt den Mitversicherten dieses Sonderrecht vertraglich ein.

C. Weitere praktische Hinweise

106 Beifahrer, die aus dem Schutzbereich herausfallen, haben ggf. arbeitsrechtliche Freistellungsansprüche gegen ihre Arbeitgeber. Da diese selbst mitversichert sind, genießen sie mittelbar Versicherungsschutz. Ihnen bleibt jedoch versagt, vertragliche Ansprüche selbst geltend machen zu können.

107 Sollte der Versicherungsschutz fraglich sein, sind individuellen Bedingungen[101] genau zu studieren, da über die Regelungen der Muster-AKB hinaus die Versicherer den Kreis der mitversicherten Personen erweitert haben könnten.

---

99 *OLG Braunschweig* Urt. v. 13.11.1987 – 2 U 245/86, r+s 1988, 354 (Schweißarbeiten); *BGH* Nichtannahmebeschl. vom 12.07.1988 – VI ZR 330/87; *OLG Celle* Urt. v. 15.03.1989 – 8 U 63/88, r+s 1990, 224 = VersR 1991, 216; *BGH* Nichtannahmebeschl. v. 28.02.1990 – IV ZR 120/89.

100 Prölss/Martin/*Klimke* VVG Kommentar A.1.2 AKB, Rn. 20.

101 Stiefel/*Maier* Kraftfahrtversicherung A.1.2 AKB, Rn. 134 f.

A.1.3 Bis zu welcher Höhe leisten wir (Versicherungssummen)?

Höchstzahlung

Dieser Abschnitt befasst sich mit den vertraglich vereinbarten Versicherungssummen und den Folgen einer möglichen Überschreitung der Versicherungssummen. 1

Obwohl sich die AKB und der Versicherungsvertrag grundsätzlich nur mit dem sog. Innenverhältnis zwischen Versicherungsnehmer und Versicherer befassen, hat diese vertragliche Vereinbarung doch auch Außenwirkungen gegenüber dem Geschädigten. Der Direktanspruch, den der Geschädigte durch § 115 VVG im Falle eines Schadens hat, ist der Höhe nach auf die zwischen den Vertragsparteien vereinbarten Versicherungssummen beschränkt[1]. Auch nur in diesen Grenzen kann der Fahrer oder eine sonstige mitversicherte Person Ansprüche auf Freistellung von Schadenersatzansprüchen geltend machen. Der Vertrauensschutz der mitversicherten Personen reicht allerdings nicht so weit, dass er immer die vertraglich vereinbarten Versicherungssummen als die Grenze des Leistungsumfangs des KH-Versicherers »in Anspruch nehmen kann«. Vielmehr reicht sein Vertrauensschutz nur so weit, als die gesetzlich vorgeschriebenen Mindestversicherungssummen gelten, § 123 VVG. 2

Grundsätzlich sollten dabei die Beträge der Mindestversicherungssummen so hoch sein, dass auch die Haftung nach StVG aus der Betriebsgefahr betragsmäßig abgedeckt ist[2]. Dies ist jedoch leider nur eingeschränkt der Fall: die Grenzen des § 12 StVG liegen unter den Grenzen der Anlage zu § 4 Abs. 2 PflVG, allerdings sind die Haftungshöchstsummen des § 12a StVG für den Bereich Gefahrguttransport deutlich über den Grenzen des PflVG, da dort bei Sachschäden, bei denen sich das besondere Risiko des Gefahrguttransportes verwirklicht hat, statt der üblichen 1 Mio. € 10 (!) Mio. € vorgesehen sind. Dies stellt ein nicht zu unterschätzendes Risiko insbesondere für die mitversicherten Personen dar, die u.U. überhaupt keinen Einfluss auf das Versicherungsverhältnis haben und im Falle des kranken Versicherungsverhältnisses nur durch § 123 VVG in den Grenzen der Mindestversicherungssummen geschützt sind.

Beispiel:

Der VN hat wegen Prämienverzugs keinen Versicherungsschutz, die Haftung wurde wirksam auf die Mindestversicherungssummen begrenzt. Der angestellte Fahrer wird in einen schweren Unfall verwickelt, bei dem durch das transportierte Gut ein erheblicher Sach-Schaden in Höhe von 3 Mio. € verursacht wird. Da die Haftung des Versicherers auf die Mindestversicherungssummen begrenzt ist, die für den Sachschaden 1 Mio. € vorsehen, haftet der Fahrer aus dem Betrieb des KFZ nach §§ 17, 18, 7 StVG neben dem Halter mit seinem eigenen Vermögen für weitere 2 Mio. €, da § 123 VVG ihn nur eingeschränkt schützt. Es gilt, diesen Missstand umgehend zu beheben. 3

---

1 BGH v. 23.11.1971 – VI ZR 97/70, Jurion = BGHZ 57, 265, 269 f. = NJW 1972, 387; 84, BGH v-25.05.1982 – VI ZR 203/80, Jurion = BGHZ 151, 153 = NJW 1982, 2321f; BGH v. 07.11.1978 – VI ZR 86/77, Jurion = VersR 1979, 30 ff.; BGH v. 21.01.1986 – VI ZR 63/85, NJW 1986, 2703 f.; BGH v. 28.06.2006 – IV ZR 316/04 m.w.H. Jurion = VersR 2006, 1352 = NJW-RR 2006, 1462 =MDR 2007, 216 (für die Handel- und Handwerk-Versicherung).

2 Auch Bollweg, »Neue Haftungsgrenzen in der Straßenverkehrshaftung«, NZV 2007, 599, 601 hat dieses Problem in seiner Diskussion über das Europäische Recht und die Anforderungen des EuGH an die Haftungshöchstgrenzen und Mindestversicherungssummen nicht bedacht.

		bis 30.6.1997:		ab 1.7.1997:		ab 1.1.02:		seit 2008:		Seit 1.1.2012	
–	bei Personenschäden	DM	1 Mio.	DM	5 Mio.,–	€	2,5 Mio.	€	7,5 Mio.	€	7,5 Mio.
–	bei Sachschäden	DM	400.000,–	DM	1 Mio.	€	500.000,–	€	1 Mio.	€	1,12 Mio. PflVG n.F. 1,3 Mio € –
–	bei reinen Vermögensschäden	DM	40.000,–	DM	100.000,–	€	50.000,–	€	50.000,–	€	50.000,–
–	bei Tötung oder Verletzung mehrerer Personen	DM	1.500.000,–	DM	15 Mio.	€	7,5 Mio.	keine andere. Summe vorgesehen			

Achtung bei Gefahrguttransporten:

Transport gefährlicher Güter	alt: § 12 StVG ab 2002	neu: § 12a StVG	§ 12a StVG 2008	Mindestversicherungssumme 2002	2008
ein Geschädigter	600.000€	600.000€	10 Mio. €	2,5 Mio. €	7,5 Mio. €
Ein Geschädigter Jahresrente	36.000€	Entfällt	Entfällt	Entfällt	entfällt
mehrere Geschädigte	3 Mio. €	6 Mio. €	10 Mio. €	7,5 Mio. €	7,5 Mio. €
Sachschäden	300.000€	6 Mio. €	10 Mio. €	500.000€	1 Mio. €

A.1.3.1 (Vereinbarte Versicherungssummen[1])

Unsere Zahlungen für ein Schadenereignis sind jeweils beschränkt auf die Höhe der für Personen-, Sach- und Vermögensschäden vereinbarten Versicherungssummen. Mehrere zeitlich zusammenhängende Schäden, die dieselbe Ursache haben, gelten als ein einziges Schadenereignis. Die Höhe Ihrer Versicherungssummen können Sie dem Versicherungsschein entnehmen.

1 Waren die Versicherungssummen in den AKB a.F. in § 10 Abs. 6 AKB a.F. versteckt, so wird jetzt schon zu Beginn der AKB deutlich auf diese Obergrenze hingewiesen. Die Höchstgrenze der vertraglichen Leistung bildet immer die vereinbarte Versicherungssumme[2]. Nicht enthalten sind Kosten des Versicherers zur Ermittlung des Schadens sowie Zinsen. Grundsätzlich ist bei einem Anerkenntnis des Versicherers davon auszugehen, dass dies nur im Rahmen der vertraglich vereinbarten Versicherungssummen gelten soll. Eine Erklärung des Versicherers unterbricht auch die Verjährung zu Lasten des Versicherungsnehmers, der ggf. als Fahrer über die vereinbarten Versicherungssummen hinaus haften muss. Anderes kann nur gelten, wenn der Versicherer erkennbar zum Ausdruck bringt, dass er über die vereinbarte Deckungssumme hinaus nicht anerkennen wolle[3].

2 Allerdings müssen als Mindestanforderung die Grenzen des § 4 Abs. 2 PflVG in Verbindung mit der Anlage zu § 4 Abs. 2 PflVG als unterste Grenze in der Kraftfahrzeug-Haftpflichtversicherung beachtet werden. Die Versicherungssumme kann pauschal vereinbart, aber auch dem einzelnen Risiko betragsmäßig zugeordnet werden. In diesem Fall sind mindestens die Beträge für Personen-, Sach- und Vermögensschaden bereitzustellen, die die Anlage zu § 4 Abs. 3 PflVG

1 Überschrift des Verfassers!
2 BGH v. 10.10.2006 – VI ZR 44/05, Jurion = NZV 2007, 127 ff. = VersR 2006, 1679 = r+s 2007, 83 m.w.H. zur Deckungssummenüberschreitung nach VVG a.F.; Richter, Risikoausschlüsse in der Kfz-Versicherung, DAR 2012, 243 f.
3 BGH v. 22.07.2004 – IX ZR 482/00.

vorsieht. Die Mindestversicherungssummen variieren abhängig von der Art des versicherten Risikos. So sind bei einem Kraftfahrzeug, welches nicht zur Personenbeförderung dient, derzeit mindestens 7,5 Mio. € für Personenschäden und 1 Mio. € für Sachschäden bereitzustellen. In diese Grenzen sind auch die Anhänger eingeschlossen. Soweit das versicherte Fahrzeug der Personenbeförderung dient (also als Taxi, Kraftomnibus o.ä. mit mehr als 9 Plätzen eingesetzt wird), sind die Mindestbeträge angepasst und erhöht worden. Für die Anhänger sind nur insoweit eigene Mindestversicherungssummen vorgesehen, als diese Schäden verursachen, die nicht beim Betrieb des Kraftfahrzeuges verursacht wurden. Diese Mindestgrenzen liegen in Europa im oberen Drittel, werden aber von einzelnen Ländern übertroffen[4]. Wird einem Versicherungsnehmer eine internationale Versicherungskarte ausgehändigt, beinhaltet diese auch die Zusage, Versicherungsschutz mindestens im Umfang der in dem Besuchsland geltenden Mindestversicherungssummen zu gewähren. Dabei ist in der Übersicht ein West-Ost-Gefälle in Europa zu beobachten, wie auch ein Süd-Nord-Gefälle.

3 Werden höhere Versicherungssummen als die gesetzlich vorgeschriebenen Mindestversicherungssummen vereinbart, kann der Versicherer im Falle der Obliegenheitsverletzungen, des sog. »kranken Versicherungsverhältnisses«, den Umfang seiner Eintrittspflicht auf die Grenzen der Mindestversicherungssummen senken. Dies ist im Gesetz ausdrücklich zugelassen, § 117 Abs. 3 VVG[5]. Dabei kommt es nach dem Wortlaut des Gesetzes nicht darauf an, ob der Versicherer ganz oder nur teilweise von der Verpflichtung zur Leistung frei ist. Es kommt für die Leistungsbegrenzung nach §§ 117 Abs. 3, 123 Abs. 2 VVG auch nicht darauf an, wer die Obliegenheit verletzt hat. Auch eine mitversicherte Person kann durch Verletzung einer Obliegenheit die Begrenzung der Eintrittspflicht auf die Mindestversicherungssummen verschulden[6]. Gem. § 123 Abs. 1 VVG kann der Mitversicherte nur auf den Schutz der Mindestversicherungssummen vertrauen. Er kann für sich selbst keinesfalls verlangen, die vertraglich vereinbarten (über den Mindestversicherungssummen liegenden) Versicherungssummen gewährt zu erhalten, wenn dem Versicherungsnehmer eine Obliegenheitsverletzung vorzuwerfen ist. Dies ist auch für den personenverschiedenen Halter unschädlich, da er als (nicht selbst fahrende Person) ohnehin nur in den Grenzen des § 12 StVG haftet, die betragsmäßig deutlich unter der Mindestversicherungssumme liegen, zumindest bei Pkws.

4 Soweit Gerichtsverfahren über Haftung und Schadenumfang anhängig sind, ist eine eventuelle Begrenzung der Eintrittspflicht des Versicherers bereits im Erkenntnisverfahren in die Entscheidung mit aufzunehmen[7], jedoch reicht es aus, wenn als Anspruchsgrundlage § 3 Nr. 1 PflVG a.F. aufgenommen wurde[8]. Der Versicherer ist beweisbelastet hinsichtlich der Tatsachen, aus denen er eine Begrenzung des Versicherungsumfangs herleitet, also sowohl hinsichtlich der Obliegenheitsverletzung, der entsprechenden Belehrung und ggf. auch hinsichtlich des ihm entstandenen Schadens (bei Verletzung einer Obliegenheit nach E. AKB)[9]. Sollte eine Begrenzung der Eintrittspflicht auf die vertraglich vereinbarte Versicherungssumme im (Feststellungs-)Urteil unterbleiben – und sei es

4 Vgl. insoweit Übersicht von Kröger/Kappen »Mindestdeckungssumme und Regulierungsfristen in Europa« in DAR 2007, 557, 563.

5 Wegen der weiteren Details vgl. Kreuter § 117 VVG Rn. 27 f. zu Versicherungssummen.

6 OLG Stuttgart v. 15.11.2000 – 3 U 23/00, Jurion = MDR 2001, 687 f =NJW-RR 2001, 965.

7 BGH v. 25.02.1982 – VI ZR 203/80, Jurion = BGHZ 84, 151; BGH v. 06.10.1982 – IVa ZR 54/81, Jurion = VersR 1983, 26; BGH v. 10.10.2006 – VI ZR 44/05, Jurion = NZV 2007, 127 ff. = VersR 2006, 1679 = r+s 2007, 83.

8 OLG München v. 20.12.2001 – 24 U 15/01, Jurion RS 2001, 24106.

9 BGH v. 10.10.2007 – IV ZR 95/07, Jurion = NJW-RR 2008, 273 = VersR 2008, 241 =r+s 2008, 163 zur Nichtangabe einer weiteren Unfallversicherung, i.Ü. vgl. die Kommentierung zu den einzelnen Obliegenheiten.

auch nur versehentlich – und dieses Urteil wird rechtskräftig, kann sich der Versicherer nicht mehr auf diese Grenzen berufen, da die Rechtskraft des Urteils, in dem die Haftungsquote ausgesprochen wurde, dem entgegensteht[10]. Allerdings begründet das Fehlen der Beschränkung der Eintrittspflicht im Tenor eines Feststellungsurteils noch keine Beschwer, wenn sich aus den Gründen des Urteils zweifelsfrei der Bezug zu § 3 Nr. 1 PflVG a.F. ergibt[11]. Es ist zu berücksichtigen, dass diesem Ausspruch früher angesichts der häufig zu niedrigen Versicherungssummen größere Bedeutung zukam als heute. Angesichts der nunmehr vorliegenden Summen ist – zumindest im Personenschadenbereich – davon auszugehen, dass diese Beträge auch bei krankem Versicherungsverhältnis ausreichen. Nach älterer Auffassung des BGH soll es nur bei dem kranken Versicherungsverhältnis erforderlich sein, die Begrenzung auf die Mindestversicherungssummen im Urteilstenor aufzunehmen. Bei allen anderen Fällen sei es ausreichend, wenn sich dies aus den Urteilsgründen ergebe[12]. Etwas anderes gilt nur, wenn sich die Beschränkung der Eintrittspflicht aus dem StVG ergibt, dann reicht es aus, wenn sich die Beschränkung auf die Gefährdungshaftung aus dem Grundurteil ergibt, weil dort als Anspruchsgrundlage nur § 7 StVG genannt ist[13].

5 Grundsätzlich muss der Haftpflichtversicherer die vereinbarte Versicherungssumme je Schadenfall zur Verfügung stellen. Dabei ist als ein Schadenfall jedes Ereignis zu werten, bei dem durch ein zeitlich zusammenhängendes Ereignis mehrere geschädigt werden[14] (z.B. ein Auffahrunfall, durch den mehrere Personen verletzt werden). Ein Ereignis, das den ursprünglichen Geschehensablauf verändert (der Verletzte wird durch einen zweiten Unfall, den der Krankenwagenfahrer verursacht, getötet) gilt als Zäsur[15]. Dann gilt die dort vereinbarte Versicherungssumme zusätzlich in vollem Umfang als Basis der Schadenregulierung.

6 Im Falle der Beteiligung eines Gespanns ist je Teil des Gespanns die Mindestversicherungssumme zur Verfügung zu stellen. Damit kann es zu einer Verdoppelung der zur Verfügung stehenden Beträge kommen, wenn die einzelne (vereinbarte oder Mindest-)Versicherungssumme nicht ausreicht. Bei ausreichenden Versicherungssummen kommt ein Innenausgleich in Betracht[16].

7 Im Rahmen der Bewertung, welche Positionen bei der Berechnung des Schadens einzubeziehen sind, müssen alle Kosten des Versicherers sowie die Zinsen außer Betracht bleiben[17]. Es sind alle geltend gemachten und ernstlich zu erwartenden Ansprüche[18] des Geschädigten und seiner Rechtsnachfolger in die Berechnung einzuziehen. Die wiederkehrenden Leistungen[19] sind mit ihrem Kapitalwert[20] in die Berechnung einzustellen. Ergibt sich aus dieser Berechnung, dass die Versicherungssumme ausreicht, wird reguliert. Ergibt sich aber, dass die Versicherungssumme nicht ausreicht[21], ist nach § 118 VVG zu verfahren und ggf. die Ansprüche zu verteilen.

10 BGH 03.11.1978 – IV ZR 199/77, Jurion = VersR 1979, 272.

11 BGH v. 21.01.1986 – VI ZR 63/85, Jurion = NJW 1986, 2703.

12 BGH v. 21.01.1986 – IV ZR 63/85, Jurion = NJW 1986, 2703.

13 OLG München v. 20.12.2001 – 24 U 15/01, Jurion = r+s 2003, 388 = zfs 2003, 176.

14 BGH v. 20.05.1969 – IV ZR 619/68, Jurion = VersR 1969, 699; BGH v. 06.06.1966 – II ZR 22/64, Jurion = VersR 1966, 745 für ein schleuderndes Fahrzeug, welches neben Personen- auch Sachschaden verursachte.

15 BGH. 06.06.1966 II ZR 22/64, Jurion = VersR 1966, 745.

16 Ausführlich hierzu Himmelreich/Halm/Staab/Kreuter Hdb Kfz-Schadensregulierung, Kap. 22, Rdn 134 a m.w.H. zur Rspr.; OLG Karlsruhe, v. 20.08.2021, 12 U 155/21.

17 Halm/Engelbrecht/Krahe/Kreuter FA Versicherungsrecht, Kap. 25, Rn. 98.

18 Schulze Schwienhorst in Looschelders/Pohlmann aaO. § 109 Rn. 4.

19 Wie Verdienstschaden, Erwerbsunfähigkeits- oder Verletztenrente, Haushaltsführungsschaden, Schmerzensgeldrente und regelmäßig wiederkehrende sonstige vermehrte Bedürfnisse, die als Renten ausgezahlt werden.

20 Vgl. hierzu § 8 KfzPflVV.

21 Zum Verfahren nach altem Recht BGH v. 10.10.2006 – VI ZR 44/05, DAR 2007, 203.

Anlage zu § 4 Abs. 2 PflVG Mindestversicherungssummen

1. Die Mindesthöhe der Versicherungssumme beträgt bei Kraftfahrzeugen einschließlich der Anhänger je Schadensfall
   a) für Personenschäden siebeneinhalb Millionen Euro,
   b) für Sachschäden 1,3 Millionen Euro, Änderung PflVG n.F.
   c) für die weder mittelbar noch unmittelbar mit einem Personen- oder Sachschaden zusammenhängenden Vermögensschäden (reine Vermögensschäden) 50.000 Euro.
2. Bei Kraftfahrzeugen, die der Beförderung von Personen dienen und mehr als neun Plätze (ohne den Fahrersitz) aufweisen, erhöhen sich diese Beträge für das Kraftfahrzeug unter Ausschluss der Anhänger
   a) für den 10. und jeden weiteren Platz um
      aa) 25.000 Euro für Personenschäden,
      bb) 500 Euro für reine Vermögensschäden,
   b) vom 81. Platz ab für jeden weiteren Platz um
      aa) 50.000 Euro für Personenschäden,
      bb) 250 Euro für reine Vermögensschäden.

   Dies gilt nicht für Kraftomnibusse, die ausschließlich zu Lehr- und Prüfungszwecken verwendet werden.
3. Bei Anhängern entspricht die Mindesthöhe der Versicherungssumme für Schäden, die nicht mit dem Betrieb des Kraftfahrzeugs im Sinne des § 7 des Straßenverkehrsgesetzes im Zusammenhang stehen, und für die den Insassen des Anhängers zugefügten Schäden den in Nummer 1, bei Personenanhängern mit mehr als neun Plätzen den in Nummern 1 und 2 genannten Beträgen.
4. Zu welcher dieser Gruppen das Fahrzeug gehört, richtet sich nach der Eintragung im Kraftfahrzeug- oder Anhängerbrief.

Übersicht über die Versicherungssummen der Vergangenheit

		bis 30.6.1997:		ab 1.7.1997:		ab 1.1.02:		seit 2008:		Seit 1.1.2012	
–	bei Personenschäden	DM	1 Mio.	DM	5 Mio.	€	2,5 Mio.	€	7,5 Mio.	€	7,5 Mio.
–	bei Sachschäden	DM	400.000,–	DM	1 Mio.	€	500.000,–	€	1 Mio.	€	1,12 Mio. 1,3 Mio. € PflVG n.F.
–	bei reinen Vermögensschäden	DM	40.000,–	DM	100.000,–	€	50.000,–	€	50.000,–	€	50.000,–
–	bei Tötung oder Verletzung mehrerer Personen	DM	1,5 Mio.	DM	15 Mio.	€	7,5 Mio.	keine andere. Summe vorgesehen			

A.1.3.2 (Schäden von Insassen eines Anhängers[1])

Bei Schäden von Insassen in einem mitversicherten Anhänger gelten xx < die gesetzlichen Mindestversicherungssummen oder höhere individuell vereinbarte Versicherungssummen; ist keine Begrenzung gewünscht, entfällt Klausel A.1.3.2 >.

1 Zusätzlich können besondere Versicherungssummen für Insassen in einem Anhänger vereinbart werden. Werden hier keine gesonderten Beträge in den jeweiligen AKB vereinbart, gelten die vertraglich vereinbarten Versicherungssummen des Zugfahrzeuges auch für den Hänger und die Insassen, soweit sich der Schaden ereignete, als sich der Betrieb des KFZ verwirklichte. Nur für den Fall, dass sich **ausschließlich** die Betriebsgefahr des Hängers verwirklichte, gelten die für den Hänger vereinbarten Versicherungssummen!

Übersteigen der Versicherungssummen

A.1.3.3 (nicht ausreichende Versicherungssumme[1])

Übersteigen die Ansprüche die Versicherungssummen, richten sich unsere Zahlungen nach den Bestimmungen des Versicherungsvertragsgesetzes und der Kfz-Pflichtversicherungsverordnung. In diesem Fall müssen Sie für einen nicht oder nicht vollständig befriedigten Schadenersatzanspruch selbst einstehen.

Übersicht

A. Allgemeines

1 Die Grenze der vertraglichen Leistungen ist die vereinbarte Versicherungssumme. Für den Fall, dass diese Summe nicht ausreichen sollte, kommen die Regeln des VVG, §§ 118, 123, und der KfzPflVV, § 8, zur Anwendung. Durch die stete Anhebung der Mindestversicherungssummen ist eine Überschreitung der Versicherungssummen im normalen Tagesgeschäft nicht zu befürchten. Allein die Variante des § 12a StVG für die Gefahrguttransporte birgt ein Risiko in sich, das der Gesetzgeber aber hoffentlich bald beseitigen wird.

B. welche Versicherungssumme wurde vereinbart

2 Es ist abzustellen – bei gesundem Versicherungsverhältnis – auf die vereinbarten Versicherungssummen, bei krankem Versicherungsverhältnis ist zu prüfen, ob im Vertrag dann die in den Musterbedingungen vorgesehene Beschränkung auf die Mindestversicherungssummen vereinbart wurde.

I. Pauschale

3 Bei der Prüfung, ob die Versicherungssummen überschritten werden, ist zunächst festzustellen, ob eine Pauschale (10 Millionen pauschal o.ä.) oder bestimmte Summen je Schadenereignis vereinbart wurden[2].

1 Überschrift des Verfassers!

1 Überschrift des Verfassers!

2 Auch hier treffen den Versicherer bzw. seine Agenten Beratungspflichten hinsichtlich der Versicherungssumme, vgl. insoweit OLG Stuttgart v. 30.03.2011 – 3 U 192/10, Jurion; für die Pflichten des Versicherungsmaklers vgl. OLG Hamm v. 30.04.2012 – I-18 U 141/06 = Jurion.

II. Mindestversicherungssumme

Soweit ein Vertrag wegen Kontrahierungszwang zu den Mindestbedingungen vereinbart wurde, ist davon auszugehen, dass die Grenzen des PflVG für jede Schadenart gesondert vereinbart wurden. Dies bedeutet, dass für Personenschäden maximal 7,5 Mio. € vereinbart wurden, für Sachschäden maximal 1 Mio. € und für reine Vermögensschäden 50.000 € als Obergrenzen gelten. Durch diese Regelung beispielsweise kann auch bei reinen Sachschäden, die die Maximalleistung des Versicherungsvertrages nicht erreichen, gleichwohl eine Überschreitung der Versicherungssumme im Bereich der Sachschäden erfolgen[3]. 4

	bis 30.06.1997	ab 01.07.1997	ab 01.01.2002	ab 01.01.2008
Personenschaden	DM 1 Mio.	DM 5 Mio.	€ 2,5 Mio.	€ 7,5 Mio.
Sachschäden	DM 400.000	DM 1 Mio.	€ 500.000	01.01.2008 – 31.12.2011 eine Mio. €, seit 1.1.2012 1,12 Mio. € ab.2024 1,3 Mio €
reine Vermögensschäden	DM 40.000	DM 100.000	€ 50.000	€ 50.000
Tötung/Verletzung mehrerer Personen	DM 1,5 Mio.	DM 15 Mio.	€ 7,5 Mio.	€ 7,5 Mio.

C. Verfahren bei unzureichender Versicherungssumme

Das Verfahren bei Überschreitung der Versicherungssummen weicht nach der VVG-Reform erheblich von dem Verfahren gem. §§ 155, 156 VVG a.F. ab[4]. Die VVG-Reform bringt mit der Einführung einer Rangfolge in § 118 VVG eine entscheidende Erleichterung für den unverschuldet Geschädigten. 5

I. Rangordnung nach § 118 VVG

Durch die Einführung einer Rangordnung der Anspruchsberechtigten in **§ 118 VVG** werden die Fälle des Verteilungsverfahrens minimiert. Danach sind zunächst die Ansprüche aus den Personenschäden (§ 118 Abs. 1 Ziff. 1 VVG) zu ersetzen, soweit die Geschädigten nicht von dem Schädiger, anderen Versicherern als des KH-Versicherers des Schädigers, Sozialversicherungsträgern oder sonstigen Dritten Schadenersatz verlangen können. Mit dieser Platzierung an erster Stelle ist mit Sicherheit der alleinige Schwerverletzte eines Schadenfalls vollständig abgesichert. Folgerichtig wurde in der VVG-Reform auch das Kürzungsverfahren abgeschafft[5]. Dieses ist nicht mehr erforderlich. Soweit dann noch eine restliche Versicherungssumme zur Verfügung steht, wird diese nach Ziff. 2 wegen sonstiger Schäden natürlicher und juristischer Personen des Privatrechts, die gleichfalls nicht von anderen Ersatz verlangen können, ausgekehrt. Die Sachschäden stehen damit hinter den Ansprüchen aus dem Personenschaden bei nicht ausreichender Versicherungssumme zurück mit der Folge, dass bei mehreren Geschädigten zunächst die Personenschäden gegenübergestellt und befriedigt werden müssen. Erst nachdem dies erfolgt ist, können die Sachschäden auch dieser Personen ausgeglichen werden! 6

3 Vgl. auch Kröger/Kappen Mindestdeckungssumme und Regulierungsfristen in Europa« in DAR 2007, 557 ff, 563 (Tabelle zu den Mindestdeckungssummen in Europa).

4 Hinsichtlich der früher geltenden Verfahrensweise vgl. ausführlich Kfz-Schadensregulierung, RN 9173 ff.

5 Dort wurden die Ansprüche des einen Geschädigten im Verhältnis zueinander und zu der Versicherungssumme gekürzt ausgezahlt.

Erst unter Ziff. 3 werden dann die Versicherer oder sonstige Personen genannt, auf die die Ansprüche nach § 86 VVG, § 6 EfzG etc. übergegangen sind (z.B. Kasko-Versicherer, Arbeitgeber, private Krankenkasse). Unter Ziff. 4 erst werden die Sozialversicherungsträger bedacht, so dass diese bei Schäden, die nur im Rahmen der Mindestversicherungssumme ersetzt werden müssen, ggf. leer ausgehen.

II. Verteilungsverfahren

7 Es bleibt jedoch auch nach der neuen Regelung dabei, dass ein Verteilungsverfahren[6] bei mehreren Schwerverletzten und unzureichender Versicherungssumme schon unter den Direktgeschädigten erfolgen muss.

8 Soweit auch nach der Neuregelung des VVG ein Verteilungsverfahren erforderlich sein sollte, gelten die alten Regelungen fort. Die Kosten sind beim Überschreiten der Versicherungssumme auch dann allein vom Versicherer zu tragen, wenn Kosten und Schadenersatzforderung die Versicherungssumme übersteigen. § 118 VVG spricht von den Ansprüchen auf Entschädigung. Dies bedeutet, dass alle Aufwendungen, die der Geschädigte hatte, um seinen Schadenersatzanspruch zu belegen[7], der Entschädigung zuzuschlagen sind, während alle Aufwendungen, die der Versicherer hatte, um seine Eintrittspflicht dem Grunde und der Höhe nach zu klären, als Kosten nicht eingerechnet werden können.

Bei mehreren Verletzten kann auch schon hinsichtlich der Ansprüche aus Personenschaden eine Verteilung der Versicherungssumme erforderlich werden:

Beispiel:

9 Versicherungssumme 100, Ansprüche des A 65 und Ansprüche des B 85, Gesamtforderung damit 150, die Versicherungssumme ist damit im Verhältnis der Gesamtforderung zu den Einzelforderungen (2:3) auf die beiden Geschädigten zu verteilen, so dass A 2/3 seiner Forderungen erhält und B ebenfalls 2/3 seiner Forderungen ausgezahlt erhält. Nach diesen Auszahlungen ist die Versicherungssumme erschöpft. Die an Position 2, 3 und 4 stehenden Anspruchsinhaber gehen leer aus.

10 Hinsichtlich der Sozialversicherungsträger mag diese Regelung ja noch nachvollziehbar sein, nicht erkennbar ist aber, warum auch derjenige, der nur einen Sachschaden erleidet, jetzt leer ausgehen soll, obwohl auch er keine Schuld an dem schadenstiftenden Ereignis hat. Im Übrigen richtet sich die Verteilung nach § 8 KfzPflVV[8].

D. Anspruch gegen den Schädiger

11 Neben der Versicherung haftet der Schädiger für den Fall der nicht ausreichenden Versicherungssumme. Voraussetzung ist, dass der Schädiger gem. § 823 BGB für sein Verschulden einzustehen hat. Besteht lediglich eine Haftung des Schädigers gem. § 7 StVG, beschränkt sich seine Haftung auf die Grenzen des § 12 StVG[9], so dass eine Überschreitung der vertraglich vereinbarten Versicherungssummen nicht gegeben ist.

12 In aller Regel wird aber die Forderung gegen den Schädiger nicht einbringlich sein, so dass der Geschädigte auf seinen Anspruch gegen den Versicherer im Rahmen der oben dargestellten Verfahrensweise beschränkt bleiben wird. Im Falle der Leistungsfähigkeit ist der Schädiger gehalten, die die Versicherungssumme übersteigenden Beträge selbst zu finanzieren und dafür mit seinem Vermögen einzustehen.

---

6 Bezgl. des Verteilungsverfahrens vgl. Kommentierung zu § 118 VVG in diesem Buch.
7 Sachverständigengutachten für den Fahrzeugschaden, für den Verdienstschaden, für den Körperschaden etc.
8 Wegen der Details vgl. dort.
9 So u.a. OLG Brandenburg v. 21.07.2011 – 12 U 19/11, Jurion = NJW Spezial 2011, 554.

A.1.4 In welchen Ländern besteht Versicherungsschutz?

Versicherungsschutz in Europa und in der EU

A.1.4.1 (geographischer Geltungsbereich[1])

Sie haben in der Kfz-Haftpflichtversicherung Versicherungsschutz in den geographischen Grenzen Europas sowie den außereuropäischen Gebieten, die zum Geltungsbereich der Europäischen Union gehören. Ihr Versicherungsschutz richtet sich nach dem im Besuchsland gesetzlich vorgeschriebenen Versicherungsumfang, mindestens jedoch nach dem Umfang Ihres Versicherungsvertrags.

Übersicht

A. Allgemeines

1 A.1.4.1 AKB gilt ausschließlich für die Kraftfahrzeug-Haftpflicht-Versicherung. In der Fahrzeugversicherung gilt A.2.5 AKB, in der Schutzbriefversicherung gilt A.3.4 AKB, in der Insassenunfall-Versicherung gilt A.4.3 AKB.

I. räumlicher Geltungsbereich

1. Europa

2 Der räumliche Geltungsbereich der Kraftfahrzeug**haftpflicht**versicherung ist begrenzt auf das geographische Europa[2]; auch der europäische Teil der Türkei und Russlands gehören dazu, jedoch nicht der asiatische Teil dieser Länder[3]. Darüber hinaus sind auch die außereuropäischen Länder, die Mitglied der EU sind, einbezogen. Dabei gelten die AKB sowohl im öffentlichen wie auch im nichtöffentlichen Verkehrsraum[4].

2. Ausweitung des Geltungsbereichs auf Europäische Union

3 Wird dieser Geltungsbereich auf das Gebiet der europäischen Union ausgedehnt, ist Art. 227 des Vertrages über die Europäische Union anzuwenden mit der Folge, dass auch die Enklaven in Nordafrika Ceuta und Melilla, die Kanaren[5] (spanisches Hoheitsgebiet), Madeira, Azoren (portugiesisches Hoheitsgebiet) Niederländische Antillen (niederländisches Hoheitsgebiet), Französisch Guyana, Guadeloupe, Martinique und Réunion (französisches Hoheitsgebiet) zum europäischen Bereich zählen.

4 Soweit einzelne Länder nicht der EU angehören, gilt das landkartenmäßige Europa.

5 Fragt der Versicherungsnehmer wegen einer Urlaubsreise in die Türkei hinsichtlich seines Versicherungsschutzes nach, muss er vom Versicherer besonders darauf hingewiesen werden, dass der asiatische Teil der Türkei nicht eingeschlossen ist[6]. Gibt der Versicherungsnehmer einen konkreten Anlass, ist er weiter zu beraten[7]. Der pauschale Hinweis auf der internationalen Versicherungskarte

---

1 Überschrift des Verfassers!

2 BGH v. 20.06.1963 – II ZR 199/61 Jurion = VersR 1963, 768; BGH v. 04.07.1989 – VI ZR 217/88, Jurion = NJW 1989, 3095 ff = VersR 1989, 948.

3 OLG Frankfurt v. 17.11.2005 – 7 U 142/05, Jurion, in der übersandten Grünen Karte war auf die Einschränkung ausdrücklich hingewiesen worden.

4 Stiefel/Maier/Maier, A. AKB, Rn. 25.

5 LG Berlin v. 09.01.2007 – 7 S 31/06, VersR 2007, 941.

6 OLG Hamm v. 30.11.1990 – 20 U 179/90, Jurion = NZV 1991, 314 ff.; OLG Karlsruhe v. 18.03.1987 – 13 U 43/85, NJW-RR 1987, 922 f.

7 OLG Frankfurt v. 14.03.1985 – 1 U 196/84, NJW-RR 1986, 1410; OLG Koblenz v. 28.03.1980, Az.: 10 U 450/79, Jurion, für Algerien (dem Berater war bekannt, dass der Versicherungsnehmer mit dem Kfz nach Algerien reisen wollte).

reicht hierfür nicht aus[8]. Erfolgt allerdings der Hinweis, muss der Versicherungsnehmer sich selbst über die geographischen Gegebenheiten Europas informieren[9]. Der Einschluss der Türkei auf der internationalen Versicherungskarte bestätigt aber nur den Haftpflichtversicherungsschutz[10]. Die mündliche Zusage eines Versicherungsagenten ist aufgrund des eindeutigen Wortlautes in § 2 AKB a.F. irrelevant und löst eine Vertrauenshaftung nicht aus[11]. Zu beachten ist auch, dass der griechische Teil von Zypern[12] der EU angehört. Da Zypern geographisch zu Asien gezählt wird, ist der türkische Teil von Zypern ohne separate Zusage des Versicherers nicht mitversichert.

Internationale Versicherungskarte (Grüne Karte)

A.1.4.2 (Geltungsbereich Grüne Karte[1])

Haben wir Ihnen die Grüne Karte ausgehändigt, gilt: Ihr Versicherungsschutz in der Kfz-Haftpflichtversicherung erstreckt sich auch auf die dort genannten nichteuropäischen Länder, soweit Länderbezeichnungen nicht durchgestrichen sind. Hinsichtlich des Versicherungsumfangs gilt A.1.4.1 Satz 2.

1 Im Zuge der Neubearbeitung der AKB wurde auch die Sprache überprüft und die Internationale Versicherungskarte, die schon im Sprachgebrauch wegen ihrer grünen Farbe als Grüne Karte bezeichnet wurde, auch in den Bedingungen so bezeichnet. Die Grüne Karte bescheinigt nur den Versicherungsschutz in der Kraftfahrzeug-Haftpflicht-Versicherung. Sie soll für alle durch die Länderkennzeichen deutlich machen, in welchen Ländern Versicherungsschutz gewährt werden soll. Dabei können auch außereuropäische Länder eingeschlossen werden, wenn dies vom Versicherungsnehmer gewünscht wird. Einen Rechtsanspruch hierauf hat der Versicherungsnehmer allerdings nicht, die Aufnahme außereuropäischer Länder in den Versicherungsschutz ist eine freiwillige Leistung! Unklarheiten bei den Ländern mit europäischem und asiatischem Teil hat die Rechtsprechung durch Anforderungen an die Aufklärung des Kunden beseitigt[2]. Ein Aufklärungsbedürfnis muss für den Versicherer erkennbar sein[3]. Wird dem Kunden pauschal für das Land Versicherungsschutz zugesagt, so gilt auch der asiatische Teil als eingeschlossen[4 5]. Ein Risikoausschluss und ein (vollständiges) Leistungsverweigerungsrecht des Versicherers sind dann nicht gegeben.

2 Der Geltungsbereich der KH-Versicherung kann in jedem Fall der internationalen Versicherungskarte entnommen werden, dieser sind die Länder angefügt, für die Versicherungsschutz gewährt wird. Wenn in einzelnen Ländern kein Versicherungsschutz gewährt wird, sind sie auf der Liste durchgestrichen. Ist also auf der Liste das Länderkennzeichen TR durchgestrichen, muss der

8 St. Rechtsprechung, u.a. OLG Karlsruhe v. 18.03.1987 – 13 U 43/85, VersR 1988, 486; OLG Saarbrücken v. 08.10.2004 – 5 U 87/04-13, Jurion = r+s 2005, 14 für die Vollkasko-Versicherung. Der BGH hat jetzt in einer anderen Sache allerdings entschieden, dass die AKB hinsichtlich ihrer Transparenz den Anforderungen des § 307 Abs. 1 S. 2 BGB standhalten: BGH v. 13.04.2005 – IV ZR 86/04, Jurion = r+s 2005, 455 = VersR 2005, 824.

9 OLG Bamberg 1 U 20/06 (n.v.) zu LG Coburg v. 11.01.2006 – 12 O 751/05, SP 2007. 74 f.

10 LG Aachen v. 11.05.2007- 9 O 621/06, SP 2007, 438f (der Versicherer hatte ausdrücklich nur für die Kraftfahrzeug-Haftpflicht-Versicherung Versicherungsschutz zugesagt.).

11 LG Frankenthal v. 01.04.1987 – 5 O 39/87, VersR 1988, 261.

12 BGH v. 04.07.1989 – VI ZR 217/88; OLG Hamburg v. 14.05.2009 – 9 U 108/08 für Yachtversicherung.

1 Überschrift des Verfassers!

2 Schon BGH v. 20.06.1963 – II ZR 199/61, VersR 1963, 1192.

3 OLG Koblenz, 28.03.1980 – 10 U 450/79, Jurion.

4 Richter, »Risikoausschlüsse in der Kfz-Versicherung«, DAR 2012, 241 f.

5 BGH v. 07.07.1992 – VI ZR 1/92, Jurion, m.Anm. Wandt, VersR 1992, 1237; BGH v. 29.10.1992 – IV ZR 326/91 = Jurion = NJW 1993, 1007 ff =VersR 1993, 88; OLG Köln v. 19.09.1991 – 5 U 137/90, Jurion =VersR 1992, 487; OLG Koblenz v. 16.06.1995 – 10 U 31/95, Jurion = VersR 1996, 1270; OLG Köln v. 19.08.1997 – 9 U 222/96 Jurion = VersR 1998, 1104; OLG Frankfurt 7 U 138/97, JurionRS 1997, 31741 = NJW 1998, 3359; OLG Saarbrücken v. 08.10.2004 – 5 U 87/04-13, Jurion = r+s 2005, 14; BGH v. 13.04.2005 – IV ZR 86/04, Jurion = r+s 2005, 455.

Versicherungsnehmer dieses so verstehen, dass eine Gewährung von Versicherungsschutz für Fahrten in die gesamte Türkei nicht gewollt ist[6]. Auch wenn die Türkei im Rahmen der internationalen Versicherungskarte eingeschlossen ist, bedeutet dies noch keinen Einschluss von Nord-Zypern[7]. Weitere Erweiterungen können im Einzelfall mit dem jeweiligen Versicherer vereinbart werden. Erstreckt sich der Geltungsbereich der Grünen Karte auch auf die Türkei, so haftet der Versicherer für Unfälle im asiatischen Teil nur im Rahmen der dort geltenden Mindestversicherungssummen[8].

Daneben lassen auch die neuen AKB grundsätzlich für die anderen Sparten (Kasko, Insassen-Unfall etc.) 3
andere Regelungen zu. Der räumliche Geltungsbereich des A.1.4.1 bezieht sich der Formulierung nach nur auf die Kraftfahrzeug-Haftpflicht-Versicherung. Die vertraglich vereinbarten Versicherungssummen gelten auch bei Unfällen dort. Auch bei Reisen in außereuropäische Länder kann Versicherungsschutz bestehen, wenn von dem Reiseveranstalter Fahrzeuge zur Beförderung der Kunden verwendet werden[9].

Hier kann besonderer Beratungsbedarf bei dem Kunden bestehen, der ggf. gesondert zu berück- 4
sichtigen ist und bei Nichtbeachtung Schadenersatzansprüche des Kunden auslöst[10].

A.1.5 Was ist nicht versichert?

In der neuen AKB-Version sind unter A.1.5 AKB alle Ausschlüsse (ausgenommen der räumliche 1
Geltungsbereich), d.h. alle diejenigen Schadenverläufe und Schadenhergänge aufgeführt, für die keine Deckung gewährt wird. Diese sogenannten Risikoausschlüsse geben dem Versicherer auch im Außenverhältnis gegenüber dem Geschädigten ein Leistungsverweigerungsrecht[1]. Der Versicherer muss also auch im Rahmen der Pflichtversicherung hier keine Vorleistungen erbringen. Zulässig sind nur die Risikoausschlüsse, die in § 4 KfzPflVV und in § 103 VVG normiert sind[2]. Sie sind so auszulegen, wie sie ein verständiger Versicherungsnehmer auslegen würde, ohne dass spezielle versicherungsrechtliche Kenntnisse vorhanden sind[3]. Eine enge Auslegung dieser Ausschlüsse[4] ist geboten, da sonst der Zweck der Pflichtversicherung unterlaufen würde. Beweisbelastet für das Vorliegen des Risikoausschlusses ist der Versicherer[5].

Vorsatz

A.1.5.1 (vorsätzliche Herbeiführung[1])

Kein Versicherungsschutz besteht für Schäden, die Sie vorsätzlich und widerrechtlich herbeiführen.

Übersicht

6 BGH v. 13.04.2005 – IV ZR 86/04, Jurion = r+s 2005, 455.
7 BGH v. 04.07.1989 – VI ZR 217/88, Jurion = NJW 1989, 3095 = BGHZ 108, 200.
8 OLG Köln v. 17:03:1993 – 13 U 38/91, Jurion = VersR 1991, 1202 auch zur Anwendung des Rechts des Tatortes.
9 OLG Hamburg v. 17.09.2015 – 9 U 16/15 (Motorräder in Afrika).
10 Vgl hierzu insbesondere die Ausführungen zu § 6 VVG.
1 NK-VersR/Heinrichs, § 103 VVG Rn. 1.
2 Halbach in Rüffer/Halbach/Schimikowski AKB 2008 A.1 Rn. 1.
3 BGH v. 29.09.2004 – IV ZR 170/03, NJW-RR 2005, 257 = VersR 2004, 1596 (allerdings für das Baurecht).
4 So auch Stiefel/Maier, AKB A.1.5 Rn. 210–212.
5 Zu den besonderen Anforderungen an die Beweislast vgl. jeweils zu den einzelnen Risikoausschlüssen.
1 Überschrift des Verfassers!

A. Allgemeines

1 Der KH-Versicherer haftet nicht, wenn der Versicherungsnehmer den Schaden vorsätzlich herbeigeführt hat, § 103 VVG gilt auch im Rahmen des Pflichtversicherungsgesetzes[2]. Es entfällt auch der Direktanspruch gegen die Versicherung[3]. Auch wenn die Formulierung des § 103 VVG (»der Versicherer ist nicht zur Leistung verpflichtet«) von der Formulierung des § 152 VVG a.F[4] (der Versicherer haftet nicht«) abweicht, ändert sich am Ergebnis nichts, da auch die Aufhebung der Leistungspflicht bei vorsätzlicher Schadensherbeiführung die Vorleistungspflicht des Versicherers einschließt. Es handelt sich dabei um einen subjektiven Risikoausschluss[5]. Das Verhalten des (Mit-) Versicherten kann dem Versicherungsnehmer gem. § 47 VVG nicht zugerechnet werden[6].

2 Auch wenn in jüngster Zeit Stimmen[7] laut werden, die die Vereinbarkeit dieser auf § 103 VVG fußenden Regelung mit der 6. KH-Richtlinie bezweifeln, ist der Schutz des Opfers einer Vorsatztat durch die Verkehrsopferhilfe hinreichend sichergestellt. Diese Sichtweise würde dazu führen, dass auch derjenige, der in betrügerischer Absicht einen Schadenfall herbeiführt, über den Direktanspruch von der Versicherung vorab den Schaden reguliert erhält, obwohl er diesen vorsätzlich dem Dritten zugefügt hat, z.B. um den eigenen Schaden in der Fahrzeug-Versicherung geltend zu machen.

B. Vorsatz

I. Definition

3 Vorsätzlich handelt, wer im Wissen und Wollen des tatbestandlichen Erfolges handelt,[8] also auch den eingetretenen Erfolg mindestens billigend in Kauf nimmt (bedingter Vorsatz). Erforderlich ist, dass der Versicherungsnehmer die Möglichkeit der Schädigung erkannt hat und dies billigend in Kauf nimmt (bedingter Vorsatz). Dabei ist zu beachten, dass sich der Vorsatz auch auf den eingetretenen Erfolg beziehen muss, um Leistungsfreiheit nach sich zu ziehen[9]. Nach Auffassung des BVerfG ist ein PKW nicht unter den Begriff Waffe zu subsumieren, auch wenn der Fahrer

---

2 Vgl. OLG Düsseldorf v. 28.02.2003 – 14 U 167/02, Jurion = NZV 2003, 424 zur Anwendbarkeit des § 152 VVG a.F., BGH v. 16.03.2006 – 4 StR 594/05, Jurion = NZV 2006, 553 Vorsätzliche Geisterfahrt als Mord; *OLG* Nürnberg v. 02.12.2004 – 2 U 2712/04, Jurion = zfs 2005, 503 = DAR 2005, 341 Abbremsen im Stadtverkehr von 40 km/h auf Stillstand.

3 Vgl. AG *Berlin-Mitte* SP 2004, 243, AG Berlin-Wedding, r+s 1997, 319, wobei diese Entscheidung die Leistungsfreiheit auch auf den berechtigten Fahrer, der vorsätzlich handelt, unter Hinweis auf BGH v. 15.12.1970 – VI ZR 97/69, VersR 1971, 239, 240 fälschlicherweise ausweitet, dort bestand nach altem Recht kein Anspruch auf Schmerzensgeld gegen den Halter, so dass insoweit zu differenzieren war; LG Koblenz v. 01.10.1987 – 3 S 269/86, r+s 1989, 5: Fahrer = Versicherungsnehmer, daher keine Eintrittspflicht; BGH v. 15.12.1970 – VI ZR 97/69, VersR 1971, 239; BGH v. 20.06.199 – IV ZR 298/89, VersR 1989, 888. Franck, »Richtlinienkonforme Auslegung der Vorschriften über die vorsätzliche Herbeiführung des Versicherungsfalls in der Kfz-Pflichtversicherung«, VersR 2014, 13 ff.

4 Zur Anwendbarkeit des § 152 VVG a.F. auf die Pflichthaftpflichtversicherung vgl. OLG Oldenburg v. 31.03.1999 – 2 U 264/98, r+s 1999, 310 (LS) und r+s 1999, 236 = VersR 1999, 482.

5 So schon BGH v. 15.12.1970 – VI ZR 97/69, VersR 1971, 239 ff.

6 So Römer in Römer/Langheid, § 79 VVG a.F. Rn. 4 (der inhaltlich § 47 VVG n.F. entspricht.

7 Franck, »Richtlinienkonforme Auslegung der Vorschriften über die vorsätzliche Herbeiführung des Versicherungsfalles in der Kfz-Pflichtversicherung«, VersR 2014, 13 ff, 16.

8 Grüneberg-Heinrichs § 276 Rn. 10.; NK-VersR/Heinrichs, § 103 Rn. 3; Burmann/Jahnke Die Haftung bei vorsätzlicher Schadenverursachung im Straßenverkehr, DAR 2020, 128 – 138.

9 BGH v. 26.05.1971 – IV ZR 28/70, VersR 1971, 806; OLG *Hamm v.* 02.10.1995 – 20 U 78/85, VersR 1987, 88.

vorsätzlich unter Einsatz des Kfz handelt[10]. Die weit verbreitete Unsitte der Geschädigten, anzugeben, der Schädiger habe dies absichtlich getan, birgt das nicht zu unterschätzende Risiko in sich, dass sich der in Anspruch genommene Versicherer darauf beruft und die Leistung verweigert. An der Leistungsfreiheit des Versicherers hat auch die VVG-Reform nichts geändert[11].

4 In neuerer Rechtsprechung[12] wird auch bei Straßenrennen eine Vorsatztat angenommen mit der Begründung, dass bei illegalen Straßenrennen im öffentlichen Verkehrsraum billigend in Kauf genommen wird, dass dabei jemand zu Schaden/zu Tode kommt. Es ist mindestens von dolus eventualis auszugehen[13].

II. Umfang des Vorsatzes

5 Der Vorsatz des Versicherungsnehmers muss sich darauf erstrecken, dem Beteiligten einen konkreten Schaden zuzufügen. Hat sich der Vorsatz des Versicherungsnehmers generell auf die Schädigung des Unfallgegners bezogen, so gilt § 103 VVG auch bezüglich der Schäden, die vom Versicherungsnehmer nicht gewollt waren[14]. Die Grenzen sind hier fließend[15]. Allerdings bedeutet das Abbremsen[16] nach dem Überholen eines Verkehrsteilnehmers aus »erzieherischen Gründen«, oder um den anderen zur Rede zu stellen, nicht gleichzeitig die vorsätzliche Herbeiführung eines Schadenfalles, wenn es zum Unfallereignis kommt[17]. Abzugrenzen sind davon die provozierten Unfälle, in denen Ziel gerade der Auffahrunfall ist. Besondere Bedeutung kommt dabei in neuerer Zeit den Amok-Fahrten zu[18].

6 Auch das absichtliche Zufahren auf einen Fußgänger auf der Fahrbahn kann zu einem Risikoausschluss führen[19].

7 Der Versicherer darf sich auch bei der Direktklage auf den Risikoausschluss berufen[20]. Sofern der Versicherungsnehmer vorsätzlich handelt, haben die mitversicherten Personen gleichwohl Versicherungsschutz, § 123 VVG[21]. Dabei gilt der Pkw allerdings nicht als gemeingefährliches Tötungsmittel

10 BVerfG v. 01.09.2008 – 2BvR 2238/07, NZV 2009, 148, da ein PKW nicht unter den Begriff »Waffe« passe, welcher im Strafgesetzbuch geregelt sei; OLG Jena v. 18.09.2007 – 1 Ss 191/07, NZV 2008, 366 f. A.A. OLG Hamm v. 15.06.2005 – 13 U 63/05, DAR 2005, 277 f.

11 Unberath »Die Leistungsfreiheit des Versicherers – Auswirkung der Neuregelung auf die Kraftfahrtversicherung« in NZV 2008, 537 ff.

12 U.a. BGH v. 18.12.2021 – 4 StR 266/20; kein Vorsatz wurde angenommen bei BGH v. 17.01.2021 – 4 StR 225/20.

13 BGH v. 18.02.2021 – 4 StR 266/20 zu den Anknüpfungspunkten bei der Feststellung des Vorsatzes; BGH, 18.06.2020, 4 StR 482/19 (Ku-Damm-Raser).

14 OLG *Hamm* v. 12.12.2006 – 27 U 98/02 SP 2004, 30 f., zur Frage des Tötungsvorsatzes beim Fahrzeugverkehr; BGH v. 28.07.2005 – 4 Str. 109/05, NZV 2005, 538 in schadenersatzrechtlicher Hinsicht müsste hier ein Leistungsverweigerungsrecht des Versicherers angenommen werden. OLG Koblenz v. 24.06.2013 – 10 U 235/13, VersR 2014, 1450 (Schlag gegen den Kopf und anschließendes Schädel-Hirn-Trauma mit bedingtem Vorsatz).

15 OLG Karlsruhe v. 13.12.2013 – 9 U 27/13 (für das Anzünden von Pappbechern und anschließendem Abbrennen einer Gartenhütte.

16 OLG Nürnberg, 02.12.2004 – 2 U 2712/04, Abbremsen alleine ist nicht zwingend vorsätzliches Herbeiführen des Schadenfalles.

17 Bloßes Abbremsen nach Überholvorgang, um and. zur Rede zu stellen, reicht nicht aus, *Böhme/Biela*, Kraftfahrthaftpflichtversicherung, Kap. 16 Rn. 35 f.; a.A. AG Bremen v. 13.06.2013 – 9 C 16/13, r+s 2014, 165. a.A. OLG Düsseldorf I-1U91/05 SVR 2006, 467 zur »erzieherischen Maßnahmen, um den Hintermann zu verkehrsgerechtem Verhalten zu zwingen, welches als vorsätzliche Herbeiführung des Schadenfalls gilt; vgl. aber OLG *Celle*, v. 21.02.2006, 14 U 149/05 in SVR 2008, 305 zum Vorliegen des sog. »Berliner Modells«; LG Duisburg v. 07.10.2001 – 10 O 401/01.

18 Lang/Mergner, Amokfahrten mit dem Kfz, VersR 2024, 1177 ff, mit besonderen Hinweise zur Regressproblematik.

19 BGH v. 25.04.2019 – 4 StR 442/18 (Gleichgültigkeit gegenüber dem hingenommenen Erfolg reicht aus).

20 BGH v. 20.06.1990 – IV ZR 298/89 r+s 1990, 291.

21 Feyock/Jacobsen/Lemor aaO. AKB 2007 § 11 RN 44 wobei ein solcher Fall nicht wirklich denkbar ist.

im Sinne des Strafrechts[22]. Im Hinblick auf die subjektive Komponente der Vorsatztat kann sich der Versicherungsnehmer entlasten, wenn der Nachweis der Schuldunfähigkeit gelingt[23]; es kommt nicht darauf an, dass die Klage im Haftpflichtprozess gegen den Versicherer abgewiesen wurde und der Versicherungsnehmer alleine im Wege des Versäumnisurteils zur Zahlung verpflichtet wurde. Im nachfolgenden Deckungsprozess kann der Versicherungsnehmer noch immer sein fehlendes Verschulden belegen[24].

III. Haftungsfalle Strafrecht

8 Gelingt es gar dem Prozessvertreter des Geschädigten, im Strafverfahren eine Verurteilung wegen Vorsatztat zu erlangen, führt dies zur Leistungsfreiheit des Versicherers[25]. Dieses – an sich im Strafrecht korrekte Verhalten – löst im Zivilrecht jedenfalls dann die Leistungsfreiheit des Versicherers aus, wenn Fahrer und Halter personenidentisch sind. Eine klassische Haftungsfalle! Auch wenn im Rahmen des Strafverfahrens eine Verurteilung des Schädigers sowie im Rahmen des Adhäsionsverfahrens die Zahlung eines Schmerzensgeldes erreicht werden kann, führt dies nicht zu einer Bindungswirkung gegenüber dem Kraftfahrzeug-Haftpflicht-Versicherer[26].

9 In jüngerer Zeit sind diverse Urteile im Zusammenhang mit Fahrzeugrennen ergangen, die auch den Vorsatz der Beteiligten mit der Folge des Leistungsverweigerungsrechts des Versicherers bestätigten[27].

10 Im Falle von sog. Alleinrennen ist bei der Frage, ob es sich um ein vorsätzliches Geschehen handelt zu prüfen, ob sich der Täter über die allgemeine Gefährlichkeit des Alleinrennens hinaus auch der Umstände bewusst ist, die den in Rede stehenden Gefahrerfolg im Sinne eines Beinaheunfalls als naheliegende Möglichkeit erscheinen lassen, und er sich mit dem Eintritt dieser Gefahrenlage zumindest abfindet[28].

C. Einzelfälle

I. gestellter Unfall

11 § 103 VVG gilt auch für einen **gestellten Unfall**[29]; es besteht dann ebenfalls Leistungsfreiheit. Auch wenn der Versicherungsnehmer und der Fahrer personenverschieden sind, da der Unfallbeteiligte in die Schädigung eingewilligt hat[30]. Wenn bei einem gestellten Auffahrunfall der Beteiligte durch das Auffahren eine HWS-Verletzung erleidet, fehlt es an der Eintrittspflicht, da es nicht außerhalb jeder Wahrscheinlichkeit liegt, dass bei einem Auffahrunfall ein leichter Personenschaden eintreten

---

22 BGH v. 16.041.2007- 4 StR 598/06, NZV 2007, 371 f. = DAR 2007, 526 f.

23 OLG Nürnberg v. 12.07.2013 – 5 U 562/13, beweisbelastet ist der Versicherungsnehmer.

24 LG Dortmund v. 01.06.2006 – 2 O 268/05, SP 2007, 82 ff; vgl. aber OLG Köln v. 16.03.1999 – 9 U 99/09 zur Bindungswirkung von im Vorprozess festgestelltem Vorsatz, VersR 1999, 1270 f.

25 OLG Karlsruhe Beschl. v. 05.08.2020 – 1 Rv 34 Ss406/20 (vorsätzliche Straßenverkehrsgefährdung mit vorsätzlicher gefährlicher Körperverletzung).

26 BGH v. 18.12.2012 – VI ZR 55/12, DAR 2013, 258–261.

27 BGH v. 24.03.2021 – 4 StR 142/20 (Berlin); v. 06.07.2017 – 4 StR 415/16; OLG München v. 24.05.2019 – 10 U 500/16 nicht jedes Rennen führt zu einem Haftungsausschluss wegen Vorsatzes; BGH Beschl. v. 17.2.2021 – 4 StR 225/20 – Polizeiflucht kann ein Rennen sein.

28 BGH v- 18.8.2022 – 4 StR 377/21 m. Anm. Koehl, SVR 2023,109.

29 Zur Beweisführung und Indizien OLG Hamm, Beschluss vom 03.05.2021 – 20 U 256/20; OLG Hamm v. 13.05.2019 – 6 U 144/17; OLG Köln v. 18.10.2013 – 19 U 79/13, SP 2014, 113. Vgl. hierzu auch Meschkat/Nauert/Staab, Betrug in der Kraftfahrzeughaftpflichtversicherung, Rn. 258, 263 f.; KG v. 05.06.1989 – 12 U 4073/88, r+s 1989, 277 m.w.N.; Röttger, »Manipulierte Verkehrsunfälle im Haftpflichtprozess, zfs. 2018, 184 ff geht ausführlich auf die Problematik ein; Halm/Fitz »Versicherungsrecht 2007/2008«, DAR 2008, 507 f; Halm/Fitz, Versicherungsvekehrsrecht 2023/2024, DAR 2024, 301, 303.

30 OLG *Celle* v. 09.09.2004 – 14 U 240/03, NZV 2006, 267.

kann[31]. Gleiches gilt auch für sonstige fingierte Unfälle[32]. Eine Eintrittspflicht besteht auch dann nicht, wenn bei diesem Schadenfall auch unbeteiligte Dritte geschädigt werden, um die Inszenierung glaubwürdiger zu machen[33]. Dabei müssen, um die Leistungsfreiheit des Versicherers nach sich zu ziehen, die entsprechenden Umstände nachgewiesen werden, die in ihrer Gesamtheit auf den gestellten Unfall deuten[34]. Es reichen Indizien aus, die für einen gestellten Unfall sprechen[35]. Indiz für einen gestellten Unfall kann die fehlende Schadenkompatibilität sein[36]. Ob die Entscheidung allerdings korrekt ist, dass nach einem gestellten Unfall einer der beiden – nicht beteiligten – Halter 50 % seines Schadens vom Unfallgegner (respektive dessen Kraftfahrzeug-Haftpflicht-Versicherer) erhalten[37] soll, wenn davon ausgegangen wird, dass der Unfall als solches von den beiden Fahrzeugführern verabredet war, ist fraglich. Sicher wird diese Entscheidung eine Einzelfallentscheidung bleiben. Hat der Versicherer den Verdacht, dass ein gestellter oder manipulierter Unfall vorliegt, darf er im Haftpflichtprozess seine eigenen Interessen wahren und dem Verfahren ggf. als Streithelfer beitreten[38]. Dabei kann der Beweis durch die Gesamtschau und einer ungewöhnlichen Häufung von Beweisanzeichen für einen gestellten Unfall sprechen[39]. Auch eine zunächst verschwiegene Bekanntschaft kann den Verdacht bestätigen[40].

Problematisch in dem Bereich der verabredeten Unfälle die Stellung eines Sicherungseigentümers[41]. 12
Dieser hat im Zweifel weder den Unfall verabredet noch sonst in die Beschädigung eingewilligt, allerdings hat das LG zu Lasten der Sicherungsgeberin eine Einwilligung fingiert mit der Begründung der Übertragung der Entscheidungsgewalt über das Kfz auf den Kunden (Geschädigten).

II. manipulierter Unfall

Der **manipulierte Unfall**[42] fällt nicht unter die Regelungen des § 103 VVG, da die Manipulation in 13
aller Regel von dem Geschädigten ausgeht und der Schädiger nach dem Zufallsprinzip vom zukünftigen

31 KG v. 05.06.1989 – 12 U 4073/88, VersR 1989, 1188.

32 BGH v. 28.03.1989 – VI ZR 232/88, r+s 1989, 181; u.a. OLG Köln, v. 22.6.2017 – 8 U 19/16; OLG Hamm v. 9.03.2001 – 6 U 79/00, r+s 2001, 456 f., OLG Karlsruhe v. 08.03.2007 – 19 U 54/06, r+s 2007. 189.

33 Meschkat/Nauert/Staab, Betrug in der Kraftfahrzeug-Haftpflicht-Versicherung, B.1 Rn. 263 f. m.w.N.

34 OLG Frankfurt v. 21.04.2009 – 16 U 175/08; LG Münster v. 28.10.2013 – 15 O 96/11, SP 2014, 64 f. (für die Kasko-Versicherung).

35 OLG München v. 19.05.2017 – 10 U 1209/15.

36 OLG Schleswig Beschl. v. 20.2.2023 – 7 U 170/22;Schleswig-Holsteinisches OLG Beschl. v. 4.1.2021 – 7 U 150/20.

37 LG Hagen v. 23.09.2009 – 10 S 228/08, r+s 2009, 478 f.

38 BGH vom 29.11.2011, VI ZR 201/10.

39 BGH 01.10.2019 – VI ZR 164/18; OLG Bremen v. 08.03.2021 – 1 U 48/20, der Indizienbeweis ist zulässig; Schleswig-Holsteinisches OLG v. 02.07.2018 – 7 U 119/17, OLG Düsseldorf v. 20.02.2018 – I-1 U 59/17; LG Hannover v. 18.06.2013 – 9 O 261/12, SP 2014, 49 f; ausführlich hierzu Exter, Unfallfremde Schäden in der Schadensregulierung – von Manipulation und Betrug bis zu den alltäglichen Nachteilen der fiktiven Abrechnung, VersR 2022, 137 f. Halm/Fitz Versicherungsrecht 2020/2021, DAR 2021,422, 423 f.

40 OLG Brandenburg Beschl. v. 29.12.2020 – 12 U 160/201; Schleswig-Holsteinisches OLG v. 08.05.2018 – 7 U 52/17. OLG Hamm Beschl. v. 03.05.2021 – 20 U 256/20, relevanter Vortrag des Versicherers hierzu ist erforderlich.

41 KG Hinweisbeschluss v. 16.12.2021 – 22 U 69/21; dazu kritisch Neumann Ansprüche von Sicherungseigentümern bei verabredeten Unfällen, NZV 2023, 456 ff.

42 OLG Düsseldorf v. 24.06.2014 – I-1 U 122/13, SP 2014, 327f; OLG Schleswig Beschl. v. 12.10.2022 – 7 U 62/22 zur Überzeugungsbildung des Gerichts; OLG Saarbrücken v. 03.04.2014 – 4 U 60/13 zu den Anforderungen an eine Unfallmanipulation (nicht jeder Auffahrunfall trägt den Verdacht der Manipulation in sich). Vgl. hierzu auch Meschkat/Nauert/Staab, Betrug in der Kraftfahrzeug-Haftpflicht-Versicherung, 2008 aaO. Rn. 256, zur Haftungsseite bei Unfallmanipulation s. auch Betrieb des Kfz Explosion Elektroroller Halm/Fitz »Versicherungsverkehrsrecht« 2022/2023, S. 301, 303; Halm/Fitz »Versicherungsrecht«, DAR 2009, 1481, 1482, BGH v. 29.11.2011 – VI ZR 201/10 zu den Rechten des Kraftfahrzeug-Haftpflicht-Versicherers.

Geschädigten ausgewählt wird[43]. Der Vorsatz hinsichtlich der Schädigung muss bei dem Versicherungsnehmer liegen, gegen den Ansprüche gerichtet werden[44]. Anzeichen sind gesehen worden bei einem Unfall im Innenhof eines Anwesens[45]. Auch hier ist der Indizienbeweis zulässig[46]. Ein nach Sachverständigengutachten unplausibler Schadenhergang spricht für Manipulation[47]. Soweit sich der Versicherer auf ein manipuliertes Geschehen oder ein Einverständnis des Geschädigten beruft, ist er hierfür beweisbelastet[48]. Der Beweis gilt als geführt, wenn eine erhebliche Wahrscheinlichkeit für unredliches Verhalten festgestellt werden kann[49]. Bei manipulierten Verkehrsunfällen entfällt auch der Anspruch auf Ersatz des Personenschadens, wenn dessen Eintritt zumindest abstrakt möglich ist[50]. Besondere Indizien sind insbesondere typische Geschehensabläufe, streifende Schäden mit geparkten Kfz[51], ältere hochwertige Kfz, die schlecht verwertbar sind, nicht belebte Unfallstelle[52]. Fragwürdige Erwerbshistorien bedürfen dabei auch gesonderter Aufmerksamkeit sind aber für sich allein kein Anzeichen für ein manipuliertes Ereignis[53].

III. provozierter Unfall

14 Ein provozierter Unfall erfordert, dass der Geschädigte vorsätzlich einen Unfall herbeiführt, um den ohne Schuld handelnden Unfallbeteiligten bzw. dessen Kraftfahrzeug-Haftpflicht-Versicherer in Anspruch zu nehmen[54]. Auch der **provozierte Unfall** unterfällt nicht dem Risikoausschluss des § 103 VVG, da bei dem provozierten Unfall kein vorsätzliches Handeln des Versicherungsnehmers, der »Opfer« dieses schädigenden Ereignisses wird, sondern vielmehr Vorsatz des vermeintlichen Geschädigten[55] gegeben ist. Dieser provoziert den Unfall, um Leistungen zu erschleichen. Diese Unfälle sind daher über das Schadensrecht zu lösen. Eine bereits bewillige Prozesskostenhilfe kann in einem solchen Fall widerrufen werden[56]. Kein provozierter Unfall liegt vor, wenn es sich um ein unabwendbares Ereignis handelt[57]. Diese Entscheidung ist jedoch fraglich, da gerade bei provozierten Unfällen das Augenmerk der Täter naturgemäß auf die »lebensechte« Darstellung des Herganges als für das vermeintliche Opfer unabwendbar gerichtet ist. Der Indizienbeweis ist zulässig[58].

IV. Suizid

15 Wenn der Versicherungsnehmer mit seinem Fahrzeug Selbstmord[59] begeht, indem er beispielsweise gegen einen Brückenpfosten fährt, ist von einer Vorsatztat auch hinsichtlich der eingetretenen Schäden am Brückenpfosten auszugehen. Der Vorsatz bejaht wurde auch bei:

---

43 Staab, aktuelle Rechtsprechung zum Betrug in der Kfz-Haftpflichtversicherung, DAR 2021, 314 f. m. w. Hinweisen zu gestellten, manipulierten oder sonst in betrügerischer Absicht herbeigeführten Unfällen.

44 Zum Vorliegen von für eine Unfallmanipulation sprechenden Umstände OLG Naumburg v. 03.04.2014 – 4 U 59/13.

45 OLG München v. 08.09.2017 – 10 U 4665/16.

46 OLG Bremen v. 08.03.2021 – 1 U 48/20; Schleswig-Holsteinisches OLG v. 0.07.2018 – 7 U 119/17.

47 OLG Hamm v. 31.8.2021 – 9 U 141/19.

48 OLG Hamm v. 12.03.2021 – 7 U 12/20.

49 OLG Dresden Beschl. v. 27.04.2022 – 4 U 2658/21 zur Beweislast hinsichtlich der Unredlichkeit; Oberlandesgericht Dresden Beschl. v. 28.02.2022, Az.: 4 U 2654/21; OLG Hamm v. 22.02.2019 – 9 U 111/17; Schleswig-Holsteinisches OLG v. 08.05.2018 – 7 U 52/17. OLG Celle v. 15.07.2015 – 14 U 161/16.

50 Oberlandesgericht Hamm v. 21.10.2022 – 7 U 96/21.

51 Zu den Anforderungen vgl. OLG Hamm Beschl. v. 12.04.2022 – 7 U 1/21, trotz erheblicher Hinweise wurde hier die Manipulation nicht angenommen.

52 OLG Schleswig v. 12.10.2022 – 7 U 62/22 (langgezogener Streifschaden auf Parkplatz ohne Zeugen und Beweismaterial; Halm/Fitz Versicherungsverkehrsrecht 2020/2021, DAR 2021 422 f.

53 OLG Hamm v. 16,05.2023 – 7 U 18/22 m. Anm. Fahl NZV 2024,142.

54 LG Münster v. 08.08.2014 – 011 O 279/11.

55 OLG München v. 19.01.1990 – 10 U 5353/89 in SP 1992, 354.

56 OLG Hamm v. 14.11.2014 – 9 U 165/13, MDR 2015, S. R 16.

57 LG Münster v. 23.04.2014 – 02 O 462/11.

58 OLG Schleswig Beschluss v. 21.10.2022 – 7 U 140/22.

59 BGH v. 13.02.1985 – IV a ZR 71/83, r+s 1985, 79 f (Vorsatztat und Anwendung des Teilungsabkommens mit SVT). Halm/Fitz Versicherungsrecht 2020/2021, DAR 2021,422, 427.

- Zusammenstoß mit einem Zug in Selbsttötungsabsicht[60];
- Verfolgungsjagd mit der Polizei und verkehrswidrigem Überholen, welches sein Ende in der Frontalkollision mit dem Gegenverkehr nimmt[61],
- der Selbsttötung durch Kollision mit dem Begegnungsverkehr[62].
- Fußgänger tritt absichtlich nachts auf die Fahrbahn in Selbstschädigungsabsicht[63];

Der Nachweis der vorsätzlichen Schädigung des Unfallbeteiligten obliegt dem Versicherer[64], die Fälle, in denen der Nachweis einer Vorsatztat gelingt, sind eher selten. Sofern der Versicherungsnehmer als Geisterfahrer sein Kfz für den Suizid verwendet, trifft ihn bzw. die Erben die Beweislast für eine behauptete Unzurechnungsfähigkeit im Tatzeitpunkt[65]. 16

V. Herausforderer-Fälle

Auch in den Fällen, in denen im Rahmen einer Verfolgung durch die Polizei Schäden verursacht werden, d.h. eine sog. Herausforderung der Polizei vorliegt, kann von einer Vorsatztat ausgegangen werden[66]. Wird man den Vorsatz des Fahrers des flüchtenden Fahrzeuges bejahen können, führt dies zum Risikoausschluss in der Kraftfahrzeug-Haftpflicht-Versicherung jedenfalls dann, wenn der Fahrer und der Versicherungsnehmer identisch sind[67]. Der Vorsatz der Polizeibeamten, die die Beschädigung der Polizeifahrzeuge billigend in Kauf nehmen, um den Verfolgten zu stellen, entbindet den Versicherer nicht von der Eintrittspflicht[68]. In diesen Fällen wird man nach diesseitiger Auffassung immer davon ausgehen können, dass der Fahrer des flüchtenden PKW die Schädigung Dritter mindestens billigend in Kauf nahm. 17

VI. Vorsatztat von mitversicherten Personen

Fallen Fahrer und Versicherungsnehmer auseinander und der eigentliche Halter des Fahrzeuges ermöglicht eine Schwarzfahrt, besteht zwar keine Eintrittspflicht des Versicherers wegen der Vorsatztat des Fahrers, jedoch bleibt es wegen des Ermöglichens der Schwarzfahrt bei einer Halterhaftung aus der Betriebsgefahr[69]. Dies kann im europäischen Ausland durchaus anders sein[70]. Wenn aber der Fahrer vom Versicherungsnehmer personenverschieden ist und der Versicherungsnehmer vom Plan nichts weiß, besteht gleichwohl Eintrittspflicht der KH-Versicherung aus § 7 StVG, da der Halter bzw. Versicherungsnehmer für sich Versicherungsschutz beanspruchen kann[71]. Es besteht 18

60 OLG Oldenburg v. 19.06.1995 – 13 U 31/95, SP 1995, 361.

61 OLG Nürnberg, 07.06.2011 – 3 U 188/11. Ebenso BGH Beschl. v. 06.08.2019 – 4 StR 255/19.

62 OLG Oldenburg v. 29.04.1998 – 2 U 264/97, NZV 1999, 294 ff.

63 OLG Koblenz, Beschl. v. 21.09.2021 – 12 U 777/21.

64 OLG Dresden v. 10.11.2020 – 4 U 1106/20, zfs 2021, 150 f; OLG München v. 11.03.2020 – 10 U 2150/18 (keine Haftung der Kraftfahrzeug-Haftpflicht-Versicherung bei Selbstmord im Bahnverkehr).

65 OLG Köln v. 30.04.2019 – 9 U 30/17.

66 OLG Frankfurt v. 13.12.2001 – 3 U 141/99, Jurion; a.A. OLG Bamberg Beschl. v. 23.10.2018 – 2 Ss OWi 1379/18.

67 AG Landshut v. 23.02.2011 – 3 C 604/10, Jurion.

68 BGH v. 31.01.2012 – VI ZR 43/11 m.Anm. Jahnke (Juris). Hier wurde der Vorsatz des Versicherten offenbar nicht eingewendet, sondern sich auf die Haftungseinwände beschränkt (Vorinstanz OLG Frankfurt v. 19.01.2011 – 13 U 50/10).

69 BGH v. 29.04.1970 – IV ZR 97/69 VersR 1971, 239; OLG Schleswig v. 15.11.1994 – 9 U 85/93, VersR 1995, 827; OLG Oldenburg v. 29.04.1998 – 2 U 264/97r+s 1999, 236 = NJW 1999, 3454 = VersR 1999, 482, OLG Hamm v. 23.01.1996 – 9 U 145/95, r+s 1996, 435 = DAR 1997, 53; LG Essen v. 0.10.2006 – 13 S 104/06, ADAJUR Dok.-Nr. 73 686.

70 OLG Hamm v. 19.03.2021 – 7 U 27/19 – kein Direktanspruch gegen den Kraftfahrzeug-Haftpflicht-Versicherer nach belgischem Recht.

71 OLG *Köln* v. 30.05.2000 – 9 U 130/99, r+s. 2000, 316 = VersR 2000, 1140, OLG *Hamm* v. 15.06.2005 – 13 U 63/05, r+s 2006, 33 = NZV 2006, 253, a.A. AG Berlin-Wedding v. 11.03.1997 – 6 a C 337/96, r+s 1997, 319 Leistungsfreiheit auch gegenüber dem vorsätzlich handelnden Fahrer, LG Gera v. 21.12.1999 – 10 S 582/99, SP 2000, 142.

dann lediglich Leistungsfreiheit gegenüber dem »Vorsatztäter«[72]. Die Halter-Haftung aus der Betriebsgefahr ist durch § 12 StVG der Höhe nach begrenzt[73]. Soweit hier die Mindestversicherungssummen[74] unterhalb der Grenze des § 12 StVG liegen, sind diese anzuwenden (dies wäre z.B. bei einem Gefahrgutunfall möglich!). Der Fahrer, der unberechtigt das Fahrzeug führt und vorsätzlich Dritte schädigt, ist diesen vollumfänglich zum Schadenersatz verpflichtet[75].

19 Die Rechtsprechung hat die Eintrittspflicht des Versicherers auch für den Fall aus § 7 StVG bejaht, dass ein Repräsentant[76] des Versicherungsnehmers die Vorsatztat beging[77]. Repräsentant ist, wer vom Versicherungsnehmer die eigenverantwortliche Wahrnehmung von Rechten und Pflichten des Versicherungsnehmers übertragen erhalten hat[78]. Allerdings begründen die gemeinsame Kostentragung für ein Kfz und die Nutzung zu 60 % noch keine Repräsentantenstellung eines Ehepartners[79].

20 Ist der Versicherer für den Halter aus der Betriebsgefahr eintrittspflichtig, führte dies bei Vorsatztaten bis zur Schadenrechtsreform in 2002 dazu, dass der Halter für den Sachschaden und den Personenschaden – ausgenommen das Schmerzensgeld – einzustehen hatte, der Fahrer aber allein und unmittelbar zur Zahlung des Schmerzensgeldes an den Geschädigten verurteilt wurde. Seit der Schadenrechtsreform hat der Geschädigte aus der Betriebsgefahr das Recht alle seine Ansprüche gegen den Halter zu richten, der in aller Regel Versicherungsschutz für sich beanspruchen kann, wenn der personenverschiedene Fahrer die Vorsatztat beging. Es bleibt dem Versicherer dann nur die Möglichkeit, gegenüber dem Fahrer Regress in unbegrenzter Höhe zu nehmen. Dabei geht der Anspruch auf den Versicherer nach den §§ 115, 123, VVG, 426 BGB über, da Fahrer, Versicherungsnehmer und Versicherer nebeneinander als Gesamtschuldner für den entstandenen Schaden haften und der Ausgleich über die Regeln des Ausgleichs der Gesamtschuld erfolgt[80].

VII. Beweislast

21 Es gelten auch hier die allgemeinen Beweisregeln[81]. Der Versicherer trägt die Beweislast, dass der Versicherungsnehmer den Schadenfall vorsätzlich herbeigeführt hat. Dabei kommt es entscheidend auf die Feststellungen im Strafverfahren an[82]. Es kann der Beweis auch durch fehlende technische

72 LG Bonn v. 19.12.1997 – 2 S 18/96, r+s 1998, 461.

73 OLG *Oldenburg* v. 29.04.1998 – 2 U 264/97, VersR 1999, 482; BGH v. 20.03.1967 – III ZR 100/66, NJW 1967, 1273; OLG *Schleswig* v. 15.11.1994 – 9 U 85/93 r+s 1995, 84. OLG Stuttgart v. 15.11.2000 – 3 U 23/00, r+s 2001, 312: für den Fall des Verstoßes gegen Führerscheinklausel, Alkoholklausel und Schwarzfahrt ist die Haftung auf die Mindestversicherungssumme beschränkt, unabhängig von der Frage des Ermöglichens der Schwarzfahrt durch den Halter, da die Haftungshöchstgrenzen des StVG für diesen anzuwenden wären und unter der Mindestversicherungssumme lagen.

74 Vgl. Hierzu oben A.1.3.

75 So OLG Düsseldorf, v. 15.03.2004 – I-1U 44/03, BeckRS 2004, 30 340 516, da dort ein Ermöglichen der Schwarzfahrt nicht gegeben war und damit auch die Halterhaftung ausschied, der Fahrer wurde in diesem Fall wegen versuchten Mordes (also einer Vorsatztat) verurteilt. A.A. AG Berlin-Wedding, r+s 1997, 319, wobei diese Entscheidung die Leistungsfreiheit auch auf den berechtigten Fahrer der vorsätzlich handelt, unter Hinweis auf BGH v. 15.12.1970 – VI ZR 97/69, VersR 1971, 239, 240 fälschlicherweise ausweitet.

76 Vgl. auch Präve »Das neue VVG und das AGB-Recht«, VersW 2009, 98f, 100.

77 OLG Köln v. 30.05.2000 – 9 U 130/99, r+s 2000, 316 = VersR 2000, 1140; OLG Nürnberg v. 14.09.2000 – 8 U 1855/00, VersR 2001, 634 = NJW-RR 2001, 100 f.

78 BGH v. 14.03.2007 – IV ZR 102/03, zfs 2007, 335 ff.

79 LG Paderborn v. 09.05.2007 – 4 O 651/06, zfs 2007, 636 f. Stomper AKB. A.2.3. Rdn. 25.

80 Der Hinweis auf § 86 VVG geht fehl, da gerade kein Anspruch des Versicherungsnehmers auf den Versicherer übergeht, der Versicherer hat einen eigenen Anspruch aus § 116 VVG, falsch insoweit Schimikowski, aaO. § 103 VVG Rn. 9; s. hierzu auch BGH VI ZR 136/05 in zfs 2007, 195 ff. = SP 2007, 224 ff.

81 Zu den Beweisregeln vgl. auch Staab in Meschkat/Nauert, Betrug in der Kraftfahrzeugversicherung, Rn. 285, 286.

82 BGH v. 14.02.2023 – 4 StR 485/22 zu vorsätzlichem Überfahren und Verurteilung wegen Totschlags, ausreichend ist das billigend Inkaufnehmen des Todes!

Plausibilität des geschilderten Unfallhergangs erfolgen[83]. Erst danach stellt sich die Frage der Schuldfähigkeit[84]. Soweit der Schadenverursacher alkoholisiert war, als es zu dem Schaden kam, trägt der Geschädigte die Beweislast dafür, dass der Verursacher zurechnungsunfähig/schuldunfähig war[85] und damit der Vorsatz entfällt. Auch für eine Bewusstseinsstörung trägt der Versicherungsnehmer die Beweislast[86]. Die Herbeiführung eines Unfalles unter Störung des Geistes lässt einen Vorsatz entfallen[87]. Für die vorsätzliche Herbeiführung des Versicherungsfalles ist der Versicherer beweisbelastet[88], dabei muss der Vorsatz auch die Schadensfolgen umfassen[89]. Der Versicherer kann als Nebenintervenient dem Anspruchsteller, der eine vorsätzliche Schädigung durch den Versicherungsnehmer behauptet, beitreten, ohne seine versicherungsvertraglichen Treuepflichten zu verletzen[90]. Der Versicherer, der am Haftpflichtprozess zwischen Versicherungsnehmer und Unfallbeteiligtem nicht beteiligt wurde, kann auch nach rechtskräftigem Abschluss des Haftpflichtprozesses im Deckungsprozess den Einwand der arglistigen Täuschung durch Zusammenwirken der Beteiligten führen[91]. Für das äußere Unfallgeschehen ist grds. der Anspruchsteller beweisbelastet, vor allem, wenn Indizien für ein manipuliertes Unfallgeschehen sprechen[92].

Genehmigte Rennen[1]

A.1.5.2 Motorsportveranstaltungen oder -aktivitäten

Kein Versicherungsschutz besteht für Schäden aus dem Gebrauch des Fahrzeugs bei einer Motorsportveranstaltung oder Motorsportaktivität, einschließlich Rennen, Wettbewerben, Trainings, Tests und Demonstrationen, wenn

– das Fahrzeug in einem hierfür abgegrenzten Gebiet mit Zugangsbeschränkungen gebraucht wird und

– für diesen Gebrauch des Fahrzeugs eine Motorsporthaftpflichtversicherung nach Maßgabe des § 5d des Pflichtversicherungsgesetzes besteht.

Übersicht

▶ Hinweis:

Die Teilnahme an behördlich nicht genehmigten Rennen stellt eine Verletzung ihrer Pflichten nach D.1.1.4 dar.

---

83 OLG Saarbrücken v. 27.09.2019 – 5 U 43/16.

84 OLG Nürnberg v. 12.07.2013 – 5 U 562/13, Jurion.

85 BGH v. 20.06.1990 – IV ZR 298/89, r+s 1990, 291 = NJW 1990, 2387; OLG Köln v. 30.04.2019 – 9 U 30/17; vgl. auch AG Düsseldorf v. 26.02.2007 – 58 C 8469/06, SP 2008, 125.

86 OLG Düsseldorf v. 23.08.2005 – I-4 U 172/04, VersR 2006, 402 = r+s 2007, 102 (bei Depression).

87 BGH 4 StR 329/22 v. 16.02.2023 – bestätigt Feststellung der Schuldunfähigkeit eines Amokfahrers auf der AVUS Berlin und verwirft Revision des Fahrers wegen Unterbringung; Allerdings wird die Amokfahrt von Kassel als vorsätzlicher Mord geahndet und bestätigt: BGH v. 10.11.2022, 4 StR 192/22; LG Düsseldorf v. 01.06.2011 – 9 O 26/08 in SP 2012, 24.

88 BGH v. 13.04.2005 – IV ZR 62/04 in NZV 2005, 515 = NJW-RR 2005, 1051.

89 BGH v. 15.07.2008 – VI ZR 212/07, billigendes Inkaufnehmen reicht aus.

90 OLG Nürnberg, Beschl. v. 11.04.2022 – 5 W 2855/20.

91 OLG Frankfurt/M.v. 27.03.2014 – 7 U 242/13, NZV 2015. 78 f.

92 OLG Saarbrücken v. 30.10.2012 – 4 U 259/11, NZV 2013, 288 ff.

1 Überschrift des Verfassers!

A. Allgemeines

1 Die Teilnahme an Motorsportveranstaltungen oder Motorsportaktivitäten ist nicht versichert. Die in den vorherigen AKB verwendete Formulierung der »behördlich genehmigten Rennen« und »dazugehörige Übungsfahrten« wurde wegen der Reform des PflVG und Neufassung des § 5d PflVG aufgegeben. Grundsätzlich sind Rennen gem. § 29 StVO im öffentlichen Straßenverkehr verboten, Ausnahmegenehmigungen können von den zuständigen Stellen gem. § 46 StVO erteilt werden[2]. Die vormalige Klausel war hinreichend transparent[3]. Es bleibt abzuwarten, ob die Neuregelung des § 5d PflVG den Anforderungen standhält.

B. Motorsportveranstaltung oder -aktivität

2 Motorsportveranstaltungen ist als Begriff weiter gefasst als in der vorherigen Regelung, es wird ein Ausschluss formuliert für jedwede Aktivität im Motorsport einschließlich Rennen, Trainings, Tests und Demonstrationen, wenn diese in einem abgegrenzten Gebiet mit Zugangskontrolle erfolgt. Erforderlich ist dabei nicht mehr, dass es auf die Erzielung von Höchstgeschwindigkeiten ankommt. Erforderlich ist, dass eine entsprechende Motorsporthaftpflichtversicherung nach § 5d PflVG besteht. Als Rennveranstaltung sind die Fahrten zu bezeichnen, bei denen es auf die Erzielung einer Höchstgeschwindigkeit ankommt[4]. In der Kasko-Versicherung können weitergehende Ausschlüsse vereinbart sein[5]. Die in der Rechtsprechung entwickelten Grundsätze für Zuverlässigkeitsfahrten, die nicht unter die Rennklausel a.F. fallen sollen, haben weiterhin Bestand, wenn die Veranstaltungen – wie häufig – gerade nicht auf abgegrenztem Terrain stattfinden.

Die weitere Entwicklung der Rechtsprechung bleibt abzuwarten. Eine Vielzahl von Problemen dürfte jedoch durch die Neufassung entfallen.

C. Abgrenzung Zuverlässigkeitsfahrt

3 Soweit es bei den Veranstaltungen gerade nicht auf die gefahrene Höchstgeschwindigkeit ankommt, ist der Ausschluss zu verneinen. Es kommen Gleichmäßigkeitsfahrten, Zuverlässigkeitsfahrten und Touristenfahrten auf Rennstrecken in Betracht. Selbst wenn man unterstellt, dass im Rahmen von Touristenfahrten – auch wenn eine Höchstgeschwindigkeit gewertet wird – die private Fahrt auf der Rennstrecke doch zu »Rennverhalten« verführt, gilt dies nicht als Rennen im Sinne dieses Ausschlusses. Allerdings kann hier eine Obliegenheitsverletzung nach D.1.1.4 AKB vorliegen. Auch eine Touristenfahrt auf dem Hockenheimring ist mangels Platzierung und Zeitmessung kein Rennen (für die Kasko-Versicherung)[6]. So hat der BGH für den Umfang der Haftung bei kraftsportlichen Veranstaltungen entschieden, hier war Haftung für den Fall ausgeschlossen, dass eine KH-Versicherung nicht eintrittspflichtig sei[7]. Ein Risikoausschluss wurde hingegen verneint, wenn es im Rahmen eines Sicherheitstrainings zum Schadenfall kam, in dem die Erzielung einer Höchstgeschwindigkeit gerade nicht das Ziel der Veranstaltung war[8]. Auch die Teilnahme an

---

2 OVG Münster v. 12.06.1996 – 25 A 199/96, Jurion = NVwZ-RR 1997, 4 ff.; VG Köln v. 13.09.2007 – 11 L 1308/07 zu Cannonball 2008 (ein verbotenes Rennen ist nicht genehmigungsfähig) Jurion.

3 OLG Karlsruhe, Urteil vom 15.4.2014 – 12 U 149/13 (zur Kasko-Versicherung), DAR 2014, 464 f.

4 Vgl. Hentschel, Straßenverkehrsrecht, § 29 Rn. 2.

5 OGH, Urt. v. 25.5.2022 – 7 Ob 2/22b, auch vom öffentlichen Verkehr abgetrennte Zufahrten oder Verbindungswege (Motocross-Strecke) können vom Versicherungsschutz ausgeschlossen sein (in der Kasko-Versicherung, in der Kraftfahrzeug-Haftpflicht-Versicherung kann es sich nur um eine Obliegenheitsverletzung nach D. AKB handeln).

6 BGH v. 01.04.2003 – VI ZR 321/02, Jurion = VersR 2003, 775 = DAR 2003, 410, OLG *Karlsruhe* v. 06.09.2007 – 12 U 107/07, Jurion = zfs 2007, 635f = r+s 2007, 502f = SP 2008, 156 f.

7 BGH v. 19.02.2008 – VI ZR 98/07, Jurion = r+s 2008, 256 f. = DAR 2008, 265f 5. = VersR 2008, 540 = NZV 2008, 288 f.

8 OLG Karlsruhe v. 06.09.2007 – 12 U 107/07, Jurion = SP 2009, 281 f.

einer Zuverlässigkeitsfahrt, die eine vorgeschriebene Durchschnittsgeschwindigkeit von 40 km/h vorsieht, führt nicht zu einem Risikoausschluss[9]. Eine Geschicklichkeitsfahrt fällt ebenfalls nicht unter die Rennklausel[10]. Beweisbelastet ist der Versicherer, der sich auf den Risikoausschluss berufen will[11]. Bei Gleichmäßigkeitsfahrten gehen die Meinungen in der Rechtsprechung auseinander. OLG Nürnberg verneint den Renncharakter einer Gleichmäßigkeitsfahrt, weil auch derjenige, der langsamer fährt, aber gleiche Rundenzeiten erreicht, gewinnen kann, ohne die Höchstgeschwindigkeit zu erzielen[12]. Auch ein Fahrsicherheitstraining gefährdet den Versicherungsschutz nicht, solange es dort nicht auf die Erzielung einer Höchstgeschwindigkeit ankommt.[13]

D. Eintritt für Schäden

Ein Ausschluss ist zulässig, da der Veranstalter von Veranstaltungen auf abgeschlossenem Terrain eine entsprechende Motorsportversicherung anbieten muss. Welche Leistungen und welche Ausschlüsse diese konkret beinhalten werden, ist noch offen. Eine Rennversicherung wird als Unfallversicherung für den Fahrer angeboten, allerdings konnten die Bedingungen konkret im Internet nicht eingesehen werden. Es ist davon auszugehen, dass mindestens die allgemeinen Regeln der Unfallversicherung gelten, damit aber auch wesentliche Folgen eines Unfalles auf der Strecke im Personenschaden nicht vollständig abgedeckt sind, der Fahrzeugschaden ist nicht enthalten, hierfür ist eine zusätzliche Renn-Kasko erforderlich. Problematisch ist, dass über die angebotenen Versicherungen nur der Teilnehmer selbst bzw. das teilnehmende Fahrzeug versichert werden können. Im Rahmen der Haftpflichtversicherung müssen die gesetzlichen Mindestversicherungssummen garantiert werden, jedoch können Obliegenheiten -insbesondere die Forderung eines Haftungsverzichts für Schäden auf der Rennstrecke als Deckungsvoraussetzung aufgenommen sein. Ob diese Klauseln einer inhaltlichen Prüfung standhalten, bleibt abzuwarten. 4

Bei den bisherigen Veranstalter-Haftpflichtversicherungen war / ist auf die AHB dieses Vertrages abzustellen. Zur Anwendung kommen dann die AHB des Haftpflichtversicherers[14] des Veranstalters, die nur bei Verschulden[15] des Beteiligten und bei schuldhafter Verletzung der Verkehrssicherungspflicht[16] eintreten. Zutreffend wird die Eintrittspflicht des beteiligten Motorradfahrers während eines Crosstrainings abgelehnt[17]. Nicht unter den Ausschluss fallen »verabredete« Rennen, auch wenn sich die Teilnehmer bewusst auf das Risiko einer Selbstschädigung eingelassen haben[18]. Dieses kann nur im Rahmen der Mithaftung berücksichtigt werden. Ein Haftungsausschluss könnte nur

9 So auch OLG Celle v. 09.10.2003 – 8 U 256/02, Jurion = r+s 2004, 164 = zfs 2003, 604 = SVR 2004, 195 m.Anm. Halm.

10 OLG Saarbrücken v. 21.06.2006 – 5 U 51/06, Jurion = zfs 2007, 645 f.

11 OLG Köln v. 21.11.2006 – 9 U 76/06, Jurion = r+s 2007, 12 = SP 2007, 185 = VersR 2007, 683.

12 OLG Nürnberg v. 29.06.2007 – 8 U 158/07, Jurion = zfs 2008, 31f = NZV 2008, 300 = SP 2008, 56f; a.A. LG Stuttgart v. 26.01.205 – 18 O 536/04, Jurion = SP 2005, 312.

13 OLG Koblenz vom 14.03.2011 – 12 U 1529/09, Jurion.

14 BGH v. 04.12.1990 – VI ZR 300/89, Jurion = VersR 1991, 1033 = NJW-RR 1991, 472 = DAR 1991, 172; OLG Köln v. 10.01.1992 – 19 U 198/91, Jurion = VersR 1992, 470 Verletzung des Rennbegleiters, wobei dort aber auch die Frage des Haftungsausschlusses nach §§ 104 ff. SGB VII zu prüfen sein wird; vgl. hierzu SG Gießen v- 28.05.2009 – 3 U 202/06, Jurion, das Unfallversicherungsschutz für einen Streckenposten annimmt!

15 *Böhme/Biela*, Kraftfahrthaftpflichtversicherung, Kap. 16 Rn. 39 m.w.H.; BGH v. 10.04.1990 – VI ZR 174/89, Jurion = VersR 1991, 1032; BGH v. 12.03.1976 – VI ZR 79/73, Jurion = VersR 1976, 381.

16 BGH v. 29.04.1986 – VI ZR 227/85, Jurion = VersR 1986, 705 zur Streckensicherung; OLG Köln 19 U 198/91 in VersR 1992, 470.

17 BGH v. 17.02.2009 – VI ZR 86/08, Jurion = DAR 2009, 326f = NJW-RR 2009, 812 = r+s 2009, 211. Vgl. auch Armbrüster »Auswirkungen von Versicherungsschutz auf die Haftung« in NJW 2009, 187, 189 zum stillschweigenden Haftungsausschluss im Rahmen von Gefälligkeitsfahrten und Sportveranstaltungen; Meier, »Die Haftung des Athleten im Sport«, VersR 2014, 800, 803.

18 OLG Karlsruhe v. 23.02.2012 – 9 U 97/11, Jurion = NZV 2012, 4.

dann in Betracht kommen, wenn die Teilnehmer sich zumindest konkludent auf für alle Teilnehmer verbindliche Regeln geeinigt haben[19]. Auch bei einer Demonstrationsfahrt von Rennmotorrädern wird ein Haftungsausschluss angenommen, wenn eine nur geringfügige Regelverletzung vorgelegen hat und eine Versicherung nicht bestand[20]. Auch ein Fahrsicherheitstraining außerhalb des öffentlichen Verkehrsraums fällt nicht unter diesen Ausschluss[21].

5 Zwischen den Teilnehmern kann entweder direkt oder durch die AGB des Veranstalters ein Ausschluss der straßenverkehrsrechtlichen Gefährdungshaftung vereinbart werden, der sowohl zu Gunsten der Teilnehmer wie auch des Veranstalters wirkt.[22]

6 F. Auswirkungen der Reform des PflVG in Anpassung an die KH-Richtlinie

neu nach BT-Drucksache 20/8094

4. für Ersatzansprüche aus Gebrauch des Fahrzeugs bei einer Motorsportveranstaltung oder Motorsportaktivität, einschließlich Rennen, Wettbewerben, Trainings, Test und Demonstrationen, wenn

a) das Fahrzeug in einem hierfür abgegrenzten Gebiet mit Zugangsbeschränkungen gebraucht wird und

b) für diesen Gebrauch des Fahrzeugs Versicherungsschutz nach Maßgabe des § 5d Pflichtversicherungsgesetzes besteht.

7 Die Formulierung »behördlich genehmigten kraftsportlichen Veranstaltungen zur Erzielung einer Höchstgeschwindigkeit« wurde aufgegeben. Nach der Neufassung des § 5d PflVG iVm. & 6 Abs. 3 PflVG n.F. ist entweder eine Pflichtversicherung im Sinne von § 1 PflVG oder eine Haftpflichtversicherung nach § 5d PflVG vorgesehen. Eine Leistungsverweigerung in den AKB für Kraftfahrzeuge ist danach nur dann zulässig, wenn die (allgemeine) Haftpflichtversicherung nach § 5d PflVG abgeschlossen wurde. Liegt diese Versicherung nicht vor, kann sich der Versicherer jedenfalls im Außenverhältnis nicht auf ein Leistungsverweigerungsrecht nach A.1.5.2 AKB berufen. Durch das Zulassen des Haftungsausschlusses nach § 4 Ziffer 4 soll eine Doppelversicherung vermieden werden.

Beschädigung des versicherten Fahrzeugs

A.1.5.3 (Beschädigung des versicherten Fahrzeugs)

Kein Versicherungsschutz besteht für die Beschädigung, die Zerstörung oder das Abhandenkommen des versicherten Fahrzeugs.

1 Schäden an dem versicherten Fahrzeug sind nicht von der Haftpflichtversicherung umfasst. Dies ergibt sich schon aus der Formulierung A.1. »Wenn Sie einen Dritten schädigen«, die allgemein den Eigenschaden aus der Kraftfahrzeug-Haftpflicht-Versicherung ausschließt. Eine Einheit zwischen Schädiger und Geschädigtem schließt die Leistungspflicht in der Kraftfahrzeug-Haftpflicht-Versicherung aus[1]. Es kann aber auch ein Quotaler Anspruch bestehen, wenn eine Eigentümergemeinschaft besteht, ohne dass eine Repräsentantenschaft gegeben ist[2].

---

19 OLG Hamm vom 12.05.1997 – 13 U 198/96, NZV 1997, 515.
20 OLG Naumburg v. 15.02.2013 – 10 U 33/12, SP 2014, 8 ff. m.w.H. = NJW 2013, 699.
21 OLG Brandenburg v. 17.10.2013 – 12 U 55/13, Jurion.
22 OLG Karlsruhe v. 27.01.2014 – 1 U 158/12, Jurion.
1 OLG Nürnberg v. 09.02.2004 – 8 U 2772/03, Jurion = VersR 2004, 905.
2 OLG Karlsruhe, 18.01.2013, 12 U 117/12, Jurion.

Hierfür gibt es die besondere Fahrzeugversicherung. Will der Versicherungsnehmer auch für den Fall, dass sein Fahrzeug beschädigt wird, abgesichert sein, muss er eine Fahrzeugvollversicherung abschließen (Vollkasko). Die Ausschlussklausel bezieht sich auch auf eventuelle an diesem Fahrzeug befindliche Anhänger[3] oder nicht versicherte Kfz[4]. Sie ist auch nicht völlig überraschend und hält damit auch einer rechtlichen Prüfung stand[5]. Auch bei der Handel-Handwerkversicherung finden die AKB Anwendung, soweit in den Sonderbedingungen keine abweichenden Regelungen getroffen wurden. Daher gilt dieser Ausschluss auch im Rahmen der Händlerversicherung, wenn ein KFZ des Händlers ein anderes, ebenfalls dem Händler gehörendes Fahrzeug schädigt[6]. Auch diese Schäden können über eine ggf. vorhandene Vollkasko-Versicherung abgewickelt werden. Dazu gehört auch der ggf. am versicherten Fahrzeug angehängten Hänger, der mit diesem verbunden ist und durch das Zugfahrzeug einen Schaden erleidet. Durch die Einheit des Gespanns handelt es sich um einen nicht versicherten Betriebsschaden[7]. 2

A.1.5.4 (Abschleppen[1])

Kein Versicherungsschutz besteht für die Beschädigung, die Zerstörung oder das Abhandenkommen eines mit dem versicherten Fahrzeug
- **verbundenen Anhängers oder Aufliegers**
- **eines mit dem versicherten Fahrzeug geschleppten oder abgeschleppten Fahrzeugs.**

Versicherungsschutz besteht jedoch, wenn mit dem versicherten Kraftfahrzeug ein betriebsunfähiges Fahrzeug im Rahmen der üblichen Hilfeleistung ohne gewerbliche Absicht abgeschleppt wird und dabei am abgeschleppten Fahrzeug Schäden verursacht werden.

Übersicht

A. Allgemeines

Von der KH-Versicherung nicht umfasst sind Schäden am Anhänger oder eines geschleppten oder abgeschleppten Fahrzeugs. Diese bilden mit dem Zugfahrzeug eine Einheit[2], so dass es sich bei einem möglichen Schaden um einen sog. Betriebsschaden[3] handelt. Dieser kann daher folgerichtig nur über die jeweilige Kasko-Versicherung des geschleppten Fahrzeugs oder Hängers erstattet werden, wenn ein Betriebsschaden dort eingeschlossen[4] wurde, oder aber das schadenstiftende Ereignis 1

3 BGH v. 18.12.1980 – IVa ZR 49/80, Jurion = VersR 1981, 322 für einen Wohnwagen; ebenso OLG Hamm v. 02.06.1993 – 20 U 373/93, Jurion = NZV 1993, 481.

4 So § 10a.A.bs. 3 AKB a.F.; BGH v. 19.01.1977 – IV ZR 99/75, Jurion = VersR 1977, 341 zum Schleppen eines nicht zugelassenen selbstfahrenden Baggers.

5 OLG Jena v. 06.01.2004 – 4 U 936/03, Jurion = SP 2004, 136 = VersR 2004, 1168.

6 BGH v. 13.03.1974 – IV ZR 30/73, Jurion = VersR 1974, 637.

7 LG Nürnberg-Fürth vom 04.04.2011, 8 O 7327/10, r+s 2011, 204.

1 Überschrift des Verfassers!

2 So schon RGZ 159, 147, 150; u.a. OLG Stuttgart 7 U 47/03 NZV 2004, 87 ff; OLG Düsseldorf 4 U 233/05, Jurion = NZV 2007, 303 = SP 2007, 154.

3 LG Paderborn 2 O 296/02, NJOZ 2003, 309; OLG Stuttgart 7 U 73/06, Jurion = zfs 2007, 93.

4 Vgl. zum Beratungsverschulden bei Vertragsschluss, wenn der Einschluss zwar gewünscht war, aber nicht ausgeführt wurde OLG Koblenz 10 U 1615/05, Jurion = SP 2007, 331 f.

von außen als Unfallereignis im Sinne der Bedingungen zu werten ist[5]. Die nunmehr mit Satz 2 neu gewählte Formulierung hat keine inhaltlichen Auswirkungen sondern dient lediglich der besseren Verständlichkeit.

2 Einzelfälle:

- Wenn sich die Anhängerkupplung komplett löst und der Wohnwagen daher während der Fahrt auf das ziehende Fahrzeug auffährt, besteht kein Versicherungsschutz für die Schäden am Zugfahrzeug[6].
- der Schutzbriefversicherer ist nicht verantwortlich für das Fehlverhalten des Abschleppunternehmers[7].

B. Abschleppen

3 Als Abschleppen wird das Anhängen eines Kraftfahrzeuges oder Hängers an das versicherte Fahrzeug bezeichnet, das dazu dient, das angehängte Fahrzeug vom ursprünglichen Standort zu einem anderen Ort zu verbringen[8]. Ein Haftungsausschluss kann nur insoweit vereinbart werden, als das Risiko eines Schadens durch eine andere Versicherung abgesichert werden kann. Im Rahmen des gewerbsmäßigen Abschleppens kann eine Versicherung für Kfz-Handel und Handwerk abgeschlossen werden, die die angehängten Fahrzeuge absichert.

4 Diese Bestimmung findet keine Anwendung auf das nicht gewerbsmäßige Abschleppen[9] betriebsunfähiger Fahrzeuge im Rahmen der ersten Hilfe aus Gefälligkeit.

I. Betriebsunfähig

5 Als betriebsunfähig im Sinne dieser Vorschrift gelten Fahrzeuge nicht, die sich infolge eines technischen Defekts[10] nicht mehr fortbewegen können, aber noch selbständig gelenkt oder gebremst werden können. Ziel dieser Regelung ist gerade der Schutz derjenigen abgeschleppten Fahrzeuge, die keinen Einfluss mehr auf das Fahrgeschehen nehmen können und dem Zugfahrzeug vollständig – wie ein Anhänger – nachfolgen. Grund für diese Einschränkung ist, dass bei einem betriebsunfähigen Kfz die diesem Kfz innewohnende Betriebsgefahr entfällt[11]!

II. aus Gefälligkeit

6 Weiterhin darf das Abschleppen nicht gewerblich erfolgen. Eine Gefälligkeitshandlung setzt voraus, dass ohne Gewinnerzielungsabsicht gehandelt wird. Dies ist jedenfalls dann nicht gegeben, wenn der Abschleppende eine Fachwerkstatt betreibt und das Kfz dorthin verbracht werden soll, sich der Besitzer des betriebsunfähigen Kfz gerade an die Werkstatt auch wegen der Reparatur gewandt hatte[12].

---

5 OLG Düsseldorf 4 U 233/05, Jurion = NZV 2007, 303 = SP 2007, 154.
6 LG Karlsruhe v. 07.12.2011 – 1 S 88/11, r+s 2012, 68.
7 OLG Hamm v. 11.10.2013 – 20 U 152/13, zfs 2014, 280.
8 Zur Differenzierung zwischen Abschleppen und Schleppen vgl. Schwab/Kreuter unter § 3 KfzPflVV Rdn 10 und A.1.1.5, Rdn. 10; Blum »Abschleppen und Schleppen und die neue Fahrzeug-Zulassungsverordnung«, NZV 2008, 547 f., diese ist für den Ausschluss allerdings nicht von Bedeutung.
9 BGH v. 19.11.1955 – VI ZR 134/54, NJW 1956, 220 Abschleppen ist das Fortbewegen eines betriebsunfähigen KFZ durch ein anderes Fahrzeug im Straßenverkehr.
10 OLG Koblenz v. 06.11.1986 – 12 U 447/85, Jurion = VersR 1987, 707 (Motorschaden).
11 OLG Koblenz v. 06.11.1986 – 2 U 447/85, Jurion = VersR 1987, 707.
12 OLG Koblenz 12 U 447/85, JurionRS 1986, 23318 = VersR 1987, 707; für diesen Schadenfall ist die Kfz-Handel- und Handwerk-Versicherung zuständig, da sich das Kfz mit dem Anhängen in Werkstattobhut befindet.

III. im Rahmen der Nothilfe

Erfolgt das Abschleppen, um einem anderen zu helfen, sollen Schäden, die dabei an dem geschleppten Fahrzeug entstehen, versichert sein. Im Rahmen der Nothilfe wird auch über die sonstigen Anforderungen wie Fahrerlaubnis[13] für ein Gespann mit 4 Achsen, zulässige Anhängelast[14] etc. kurzfristig hinweggesehen. Keinesfalls ist ein Abschleppen über mehrere hundert Kilometer mehr im Rahmen der Nothilfe zu werten, oder das abzuschleppende Fahrzeug schon mehrere Stunden an der Pannenstelle stand, da dann auch die Möglichkeit des Anforderns eines regulären Abschleppdienstes bestanden hätte[15]. 7

IV. Dauer des Abschleppens

Wird ein betriebsunfähiges Kfz abgeschleppt und reißt diese Verbindung zum Zugfahrzeug, dauert der »Vorgang Abschleppen« gleichwohl fort, auch wenn das geschleppte Fahrzeug endgültig zum Stehen gekommen ist[16]. 8

Auch das Anschleppen als Starthilfe gilt als Abschleppen[17]. Abgeschleppte Fahrzeuge sind solche, die gem. § 15 StVO wegen eingeschränkter Betriebsfähigkeit oder Betriebsunfähigkeit von der Pannenstelle verbracht werden. Als betriebsunfähig gelten Fahrzeuge, die nicht mehr aus »eigener Kraft« sich fortbewegen können. Auf den Grund der Betriebsunfähigkeit kommt es dabei nicht an, auch wenn der Motor wegen zu schwacher Batterie nicht anspringt gilt dies als betriebsunfähig[18]. 9

V. Besonderheit Haftungsrecht

In den Fällen, in denen der Versicherungsnehmer ein betriebsunfähiges Fahrzeug im Rahmen der üblichen Hilfestellung abschleppt und durch dessen Verschulden das gezogene Fahrzeug beim Abschleppen beschädigt wird, kann der Halter des abgeschleppten Fahrzeuges sehr wohl Ansprüche gegen die Haftpflichtversicherung des Zugfahrzeuges geltend machen[19]. In diesem besonderen Fall wird dann nicht von einer Einheit zwischen gezogenem und ziehendem Fahrzeug ausgegangen. Die ansonsten auch für das abgeschleppte Fahrzeug geltende »Anhängerregelung« würde einen Schaden an dem geschleppten Fahrzeug zum nicht erstattungsfähigen Betriebsschaden machen[20]. Auch von dem abgeschleppten Fahrzeug geht eine Haftung aus der Betriebsgefahr aus, ist das Fahrzeug aber auf dem Abschleppwagen aufgeladen, gilt es als Ladung. Eine Haftung aus der Betriebsgefahr ist selbst dann nicht gegeben, wenn das abzuschleppende Fahrzeug auf der Ladefläche in Brand gerät[21]. 10

13 Jedenfalls dann, wenn kein LKW-Führerschein vorhanden ist und ein Fahrzeug mit 4 Achsen über die reine Nothilfe hinaus abgeschleppt wird; Himmelreich/Halm/Kreuter FA Verkehrsrecht, Kap. 19 Rn. 35.

14 BayObLG 2 ObOWi 469/93 zur Überschreitung der Anhängelast mit betriebsunfähigem Fahrzeug.

15 So Maier in Stiefel/Maier, AKB A.1.5 Rn. 240.

16 So schon BGH v. 03.03.1971 – IV ZR 134/69, Jurion = VersR 1971, 611.

17 OLG Frankfurt v 08.10.1979 – 3 Ss 408/79, VRS 58, 145; Reisch, Rechtliche Aspekte des Schleppens/Abschleppens von Fahrzeugen DAR 1996, 421.

18 OLG Celle v. 14.11.2012 – 14 U 70/12, r+s 2013, 145f; OLG Düsseldorf v. 08.03.1977 – 2 Ss 30/77, VRS 54, 369.

19 OLG Hamm v. 09.09.2008 – 9 U 73/08, NJW-RR 2009, 1031 f.

20 OLG Stuttgart v. 10.08.2006 – 7 U 73/06 in NZV 2007, 304 f.; OLG *Düsseldorf* SP 2007, 145 Hänger und Zugfahrzeug bilden eine Einheit, es handelt sich dann um einen Betriebsschaden, ob allerdings eine Böschung den Unfallbegriff in der Tat rechtfertigen kann, ist mehr als fraglich; LG Essen 10 S 184/05 in NZV 2007, 88 für Eintrittspflicht der Kasko bei Rangierschaden zwischen PKW und Anhänger.

21 OLG Karlsruhe v. 28.08.2014 – 13 U 15/14, NZV 2015, 76 ff.

VI. versichertes Kfz

11 Erforderlich ist aber auch, dass das Fahrzeug versichert war, um einen Schadenersatz gegen das schleppende Fahrzeug zu ermöglichen. Handelte es sich bei dem geschleppten Fahrzeug um ein nicht zugelassenes und/oder nicht versichertes Fahrzeug (dabei ist unerheblich, ob eine Versicherung überhaupt nicht bestand oder ob diese keinen Versicherungsschutz gewährt), so wird dieses Fahrzeug wie ein normaler Anhänger behandelt. Ein Schadenersatz wegen Schäden an dem angehängten Fahrzeug scheidet dann wegen der Einheit zwischen Zugfahrzeug und angehängtem Fahrzeug aus. Ein Ersatz kann dann nur aus der Fahrzeugversicherung des beschädigten Fahrzeuges erfolgen.

12 Werden durch das Schleppgespann Dritte geschädigt, so kann sich der Geschädigte aussuchen, wen er in Anspruch nimmt, im Innenverhältnis zwischen schleppendem Kfz und Pannenfahrzeug wird dann zu prüfen sein, durch wessen Fehlverhalten der Schaden verursacht wurde und ggf. ein Ausgleich vorzunehmen sein.

Beschädigung von beförderten Sachen

A.1.5.5 (Ladungsschäden[1])

Kein Versicherungsschutz besteht bei Schadenersatzansprüchen wegen Beschädigung, Zerstörung oder Abhandenkommens von Sachen, die mit dem versicherten Fahrzeug befördert werden.

Versicherungsschutz besteht jedoch für Sachen, die Insassen eines Kraftfahrzeugs üblicherweise mit sich führen (z. B. Kleidung, Brille, Brieftasche). Bei Fahrten, die überwiegend der Personenbeförderung dienen, besteht außerdem Versicherungsschutz für Sachen, die Insassen zum persönlichen Gebrauch üblicherweise mit sich führen (z. B. Reisegepäck, Reiseproviant). Kein Versicherungsschutz besteht für Sachen unberechtigter Insassen.

Übersicht Rdn.

A. Allgemeines

1 Ansprüche wegen Beschädigung, Abhandenkommen oder Zerstörung von mit dem versicherten Fahrzeug beförderten Sachen sind ausgeschlossen, damit wird die Abgrenzung zur Leistung der Transportversicherung geschaffen. Die Haftung für Beschädigung von beförderten Gegenständen ist in der Kraftfahrzeug-Haftpflicht-Versicherung grundsätzlich ausgeschlossen[2]. Es gibt allerdings vielfältige Möglichkeiten, sich gegen den Verlust oder Schäden an Sachen anderweitig zu schützen. So ist das Reisegepäck auch über die Hausratversicherung mit abgesichert, ohne dass hier eine Zeitwertabrechnung erfolgt[3]. Auch eine Camping-Versicherung kann Schutz bieten[4]. Schäden an

1 Überschrift des Verfassers!

2 OLG *Hamm* v. 06.12.1991 – 20 U 216/91, r+s 1992, 259 ff.

3 Einen Überblick über die verschiedenen Anspruchsmöglichkeiten bietet Knappmann, »Ansprüche bei Verlust oder Schäden an Sachen in Kraftfahrzeugen«, VRR 2014, 324 ff. Zu den Grenzen der Hausratversicherung vgl. OLG Hamm Beschl. v. 8.11.2022 – 20 U 287/22.

4 AVB Camping 1985/2008.

gewerbsmäßig transportierter Ladung können über eine Transportversicherung abgesichert werden[5]. Der Versicherungsnehmer kann sein Risiko (als Frachtführer für die beförderten Gegenstände) wegen Schlechterfüllung des Transportes nicht auf die Kraftfahrzeug-Haftpflicht-Versicherung abwälzen.

B. Sachen

Der Begriff Sache richtet sich nach der Definition des § 90 BGB, danach sind Sachen körperliche Gegenstände. Für Tiere gilt § 90a BGB, der Tiere zwar nicht als Sachen bezeichnet, aber die analoge Anwendung von für Sachen geltenden Gesetzen zulässt, soweit keine speziellen Regeln für Tiere getroffen wurden. Das Schadenersatzrecht, §§ 823 ff. BGB, kennt keine Sonderregelung für Tiere, so dass das Sachenrecht insoweit zu Rate zu ziehen ist[6]. Allein § 251 Abs. 2 BGB regelt die Erstattungsfähigkeit von Heilbehandlungskosten für Tiere gesondert. Das VVG hingegen trifft keine gesonderte Regelung für Tiere. Auch in der KfzPflVV und in den AKB sucht man solche Sonderregelungen vergebens. 2

C. Beförderung

Wesentliches Kriterium ist die Beförderung der Gegenstände. Der Begriff ergibt sich aus § 8 Abs. 3 StVG. Die Beförderung ist allein auf einen Ortswechsel gerichtet[7] und muss mindestens von einem der Beteiligten (Fahrer, Versicherungsnehmer, Eigentümer der Sache) gewollt sein[8]. Zu dem Begriff der Beförderung gehören auch die Vor- und Nachbereitungshandlungen wie z.B. das Be- und Entladen des Kfz[9]. Wird also der Gegenstand beim Beladen beschädigt, fällt dies schon unter den Risikoausschluss der Kraftfahrzeug-Haftpflicht-Versicherung[10]. Wenn die Beförderung allein Ziel der Fahrt ist, greift der Ausschluss. Der Entladevorgang endet, wenn der beförderte Gegenstand den Einwirkungen des ihn befördernden Fahrzeuges entzogen ist und erstmals auf der Erde abgestellt wurde[11]. 3

Ebenfalls nicht gedeckt sind die Schäden an Gegenständen, die der Versicherungsnehmer oder der Fahrer im Fahrzeug mit sich führen (Bsp. der LKW-Fahrer, der in der Schlafkabine neben Kleidung auch einen Fernseher und sonstige Unterhaltungselektronik mit sich führt), da hier nicht das Merkmal der Beförderung im Vordergrund steht, aber es handelt sich bei dem Eigentum des Fahrers auch nicht um Gegenstände, die üblicherweise mitgeführt werden. 4

Der Schaden an einer Elektroameise, die sich auf der Ladefläche des versicherten LKW befindet, kann aber gleichwohl gedeckt sein, wenn der LKW-Fahrer lediglich an der Laderampe rangiert und dabei die Elektroameise zu Schaden kommt, da das Merkmal der Beförderung nicht im Vordergrund stand[12]. Dieses Merkmal ist regelmäßig bei den eigenen Bedarfsgegenständen nicht gegeben. Folgerichtig wird die Beschädigung von Kanone und Protzenwagen von diesem Ausschluss erfasst[13]. 5

5 Wussow, »Abgrenzung der Zuständigkeiten des Kfz-Haftpflichtversicherers und des Transportversicherers bei einem Ladungsschaden«, WP 1996, 165; OLG Hamm v. 27.10.1995 – 20 U 75/95, r+s 1996, 123.

6 OLG Nürnberg v. 31.08.2000 – 2 U 553/00, r+s 2002, 101 = VersR 2002, 757.

7 BGH v. 29.06.1994 – IV ZR 229/93, r+s 1994, 324 =NJW-RR 1994, 1302 zur Schädigung einer Elektroameise, die auf der Laderampe des LKW verblieb und beim Abfahren herunterfiel.

8 BGH v. 03.07.1962 – VI ZR 184/61, BGHZ 37, 311 = NJW 1962, 1676 für die Personenbeförderung.

9 OLG Hamm v. 06.12.1991 – 20 U 216/91, r+s 1992, 259 = SP 1992, 158 = zfs 1992, 268 (Anspannen der Kranseile eines mobilen Krans).

10 BGH v. 24.11.1967 – III ZR 111/69, VersR 70, 179 für das Aus- und Einsteigen von Personen, das aber inhaltlich auf das Be- und Entladen von Gegenständen übertragen werden kann.

11 OLG Frankfurt v. 30.10.1991 – 17 U 111/90, NJW-RR 1992, 356 = zfs 1992, 163.

12 Hentschel, Straßenverkehrsrecht § 8 StVG Rn. 9.

13 OLG Karlsruhe v. 12.10.2007 – 10 U 100/06, SP 2008, 305 = NZV 2008, 577 f.=JurionRS 20074, 59542.

6 Auch die Beförderung eines E-Rollstuhls ist nicht von der Kraftfahrzeug-Haftpflicht-Versicherung gedeckt[14].

D. Folgeschäden

7 Nicht erfasst von dem Ausschluss sind die durch die Beschädigung entstehenden Folgekosten, die Entsorgungskosten der beschädigten Ladung (mittelbaren Kosten) sollen nach Auffassung des BGH wieder eingeschlossen sein[15]. Auch die Schäden, die durch die Ladung Dritten entstehen, sind in der Kraftfahrzeug-Haftpflicht-Versicherung eingeschlossen[16], sogar, wenn es sich dabei um ein nicht zugelassenes Exportfahrzeug handelt, welches beim Rangieren zum Aufladen ein anders Kfz schädigt[17]. Der OGH Wien lehnt die Erstattungsfähigkeit auch dieser Kosten mit der Begründung ab, dass der verständige Versicherungsnehmer alles als ausgeschlossen verstehe, was mit der transportierten Ladung zusammenhänge, also auch die Entsorgungskosten[18].

E. Eingeschlossene Gegenstände

8 Ausgenommen von dem Haftungsausschluss sind folgerichtig diejenigen Gegenstände, die beförderte Personen üblicherweise an sich tragen, da dort nicht die Beförderung der Gegenstände, sondern des Insassen des Kfz im Vordergrund steht. Diese Regelung führt dazu, dass auch Schäden an Kleidungsstücken, die diese beim Herausnehmen aus dem Kofferraum davontragen, bei der KH-Versicherung (mit der Folge der Höherstufung des Vertrages) geltend gemacht werden können. Werden im Rahmen der Fahrt Gegenstände im versicherten Fahrzeug beschädigt, die die Insassen des versicherten Kfz nicht üblicherweise mit sich führen, entfällt die Erstattungspflicht[19]. Gleiches gilt für Gegenstände, die auf einem Anhänger mitgeführt werden[20]. Auch die Gegenstände, die ein LKW-Fahrer für seinen persönlichen Bedarf mit sich führt, erfüllen das Kriterium der Beförderung nicht und sind daher mitversichert[21].

9 Eine Beschädigung dieser Gegenstände ist auch nicht über die PHV des Fahrers zu regeln, da der Schadenfall beim Betrieb des Kfz sich ereignete (auch wenn der Fahrer nur den Fahrersitz zurückstellte und dadurch das Laptop des Insassen beschädigte)[22]. Es stellt sich allerdings die Frage, ob nicht ggf. auf einzelne Berufsgruppen abzustellen ist, so z.B. »Businesswoman« oder »Businessman«, für die durchaus das Laptop zu den »Arbeitsmitteln« gehört, die sie immer mit sich führen[23]. Etwas anderes kann gelten, wenn es sich um eine Gefälligkeitsfahrt handelt. Dann soll nach dem Willen des OLG Frankfurt ein Haftungsausschluss stillschweigend vereinbart sein[24]. Ein Musikinstrument gehört nicht zwingend zu den üblicherweise mit sich geführten Gegenständen und ist daher im Regelfall von der Erstattungsfähigkeit ausgenommen[25].

---

14 OLG Jena v. 19.09.2019 – 4 U 208/19.

15 BGH v. 23.11.1994 – IV ZR 48/94, NJW-RR 1995, 276 = r+s 1995, 45.

16 OLG Bremen v. 21.11.2006 – 3 U 55/06, Jurion.

17 LG Bremen Hinweisbeschluss v. 18.06.2013 – 6 S 48/13.

18 OGH Wien 70b 197/08h vom 24.09.2009.

19 LG Coburg v. 24.07.2008 – 32 S 39/08 für ein Cello, der Regress des Musikinstrumentenversicherers wurde abgewiesen; SP 2008, 445, auch ein Laptop gehört nicht zu den Gegenständen, die üblicherweise mitgeführt werden, LG Erfurt, Urteil vom 29.11.2012 – 1 S 101/12, NZV 2013, 400 m.Anm. Huber.

20 Halm/Fitz »Versicherungsrecht 2008/2009« in DAR 2009, 437, 442.

21 LG Dessau-Roßlau v. 07.08.2014 – 5 S 201/13, zfs 2015, 34.

22 Amtsgericht München, Urteil vom 28.10.10 – 222 C 16217/10.

23 Vgl. hierzu auch Huber in Anm. zu LG Erfurt, v. 29.11.2012 – 1 S 101/12, NZV 2013, 400.

24 OLG Frankfurt v. 24.06.1986 – 8 U 174/85, NJW-RR 1986, 1350 ff, allerdings war hier der Geschädigte Insasse gleichzeitig Halter des schädigenden Kfz, es bestand nur ein Anspruch gegen den Fahrer, der nach den AKB aber über A.1.6 AKB und vorher über § 11 AKB ausgeschlossen waren.

25 OLG Saarbrücken, v. 13.03.2013 – 5 U 342/12 in DAR 2013, 578 m.Anm. Kreuter-Lange; Kreuter-Lange/Schwab, Haftungs- und Versicherungsfragen beim Busfernverkehr, DAR 2015, 67; LG Coburg v. 24.7.2008 – 32 S 39/08.

F. Gewerbliche Personenbeförderung

Als gewerbliche Personenbeförderung ist die Beförderung von Personen in der Absicht, mit der Beförderung Gewinn zu erzielen, zu verstehen, dazu gehören Fahrgemeinschaften in ihrem Wesen gerade nicht, da es mit Blick auf die Verwendungsklausel dort gerade nicht auf die Erzielung von Gewinn sondern um Kostenbeteiligungen geht[26]. Im Rahmen der Personenbeförderung wurden auch die Gegenstände mit aufgenommen, die Personen üblicherweise mit sich führen[27]. Dabei kommt es nicht darauf an, ob die Personenbeförderung gewerblich erfolgt oder privat. Als Gegenstände des persönlichen Gebrauchs sind alle Gegenstände zu bezeichnen, die der Insasse (nicht der Fahrer oder sonstige mitversicherte Personen) in ihrem Eigentum als Endverbraucher besitzen und diese während der Fahrt oder am Zielort gebrauchen wollen. Dabei ist zu beachten, dass auch ungewöhnliche Gepäckstücke nach diesseitiger Auffassung zu den beförderten und mitversicherten Gegenständen gehören, wenn der Fahrgast diese am Zielort verwenden will[28]. 10

Ihr Schadenersatzanspruch gegen eine mitversicherte Person

A.1.5.6 (Ausgleich Versicherungsnehmer – Fahrer[1])

Kein Versicherungsschutz besteht für Sach- oder Vermögensschäden, die eine mitversicherte Person Ihnen, dem Halter oder dem Eigentümer durch den Gebrauch des Fahrzeugs zufügt. Versicherungsschutz besteht jedoch für Personenschäden, wenn Sie z.B. als Beifahrer Ihres Fahrzeugs verletzt werden.

Übersicht

A. Allgemeines

Aus A.1.5.6 AKB 2008 ergibt sich, dass Haftpflichtansprüche des Versicherungsnehmers, Halters oder Eigentümers aus diesem Vertrag gegen mitversicherte Personen wegen eigener Sach- oder Vermögensschäden von der KH-Versicherung ausgeschlossen sind. 1

Der Versicherungsnehmer kann gegen mitversicherte Personen keinen Anspruch auf Ersatz seines Sach- oder Vermögensschadens aus dem Kraftfahrzeug-Haftpflicht-Versicherungsvertrag richten. Diese Konstellation ist immer dann gegeben, wenn der Fahrer des versicherten Fahrzeuges ein anderes dem gleichen Halter, Versicherungsnehmer oder Eigentümer gehörendes Fahrzeug oder einen sonstigen Gegenstand beschädigt[2]. Dieser Ausschluss wird gemeinhin als der Ausschluss des Eigenschadens bezeichnet. Dies ist aber nur teilweise richtig. Ausgeschlossen sind in der vorliegenden Vorschrift nur die Ansprüche des Versicherungsnehmers gegen mitversicherte Personen wegen eines 2

26 Vgl. dazu AKB D.1.1.1, Rdn. 9.

27 Vgl. Insoweit auch OLG Karlsruhe v. 12.10.2007 10 U 100/06, SP 2008, 305.

28 OLG Saarbrücken v. 13.03.2013 – 5 U 342/12, DAR 2014, 328 ff m.Anm. Kreuter-Lange zum Kontrabass; vgl. hierzu auch Kreuter-Lange/Schwab, »Haftungs- und Versicherungsfragen im Busfernverkehr«, DAR 2015, 61 ff; Baumann, »Der Kontrabass auf Reisen«, VersR 2014, S. 808, ist leider auf dem völlig falschen Weg, da die Frachtführereigenschaft des Busfahrers überhaupt nicht in Betracht kommt, bei diesen Verträgen kommt es vordergründig auf die Beförderung der Ladung an, das ist hier aber nur vertraglicher Nebenzweck gewesen!

1 Überschrift des Verfassers!

2 OLG Hamm v. 15.03.1989 – 20 U 291/88, r+s 1989, 173.

Sach- oder Vermögensschadens aus dem Versicherungsvertrag, die zivilrechtlichen Schadenersatzansprüche bleiben hiervon unberührt[3].

B. Eigenschaden des Versicherungsnehmers

3 Wenn der Versicherungsnehmer sich aber selbst als Fahrer schädigt, ist dieser Ausschluss aus der Formulierung des A.1.1 AKB zu entnehmen: »Wenn Sie einen Dritten[4] schädigen«. Nach ständiger Rechtsprechung entfällt die Leistungspflicht des Kraftfahrzeug-Haftpflicht-Versicherers, wenn eine Einheit von Schädiger und Geschädigtem vorliegt[5].

4 Dabei können als Eigenschaden verschiedene Konstellationen vorliegen:

- der Versicherungsnehmer oder sein Fahrer schädigt mit dem versicherten Fahrzeug sein eigenes Zweitfahrzeug[6];
- der Versicherungsnehmer beschädigt sein Garagentor, Haus, Grundstück, Fahrrad etc.
- aber auch der Alleingesellschafter einer GmbH beschädigt seinen Privatwagen oder einen anderen Gegenstand[7];
- der Versicherungsnehmer hat seinen LKW veräußert, diese Veräußerung aber nicht angezeigt und der Erwerber beschädigt mit dem gegenständlichen LKW einen PKW des Versicherungsnehmers[8].

5 Auch wenn der Fahrer des Versicherungsnehmers sonstige Sachen, die im Eigentum des Versicherungsnehmers, Halters oder Eigentümers stehen, beschädigt, ist die Eintrittspflicht der Kraftfahrzeug-Haftpflicht-Versicherung ausgeschlossen[9]. Der Versicherungsnehmer hat gegenüber dem Fahrer einen Anspruch auf Schadenersatz sowohl wegen Beschädigung des von diesem gesteuerten Fahrzeug als auch wegen Beschädigung des geparkten Fahrzeuges gem. § 823 BGB. Der Fahrer ist außerdem mitversicherte Person i.S.d.A.1.2 AKB. Gleichwohl hat der KH-Versicherer keinen Ersatz zu leisten: Bezüglich des von dem Fahrer gesteuerten Fahrzeuges ergibt sich dies aus A.1.5.3 AKB, da es sich um eine Beschädigung des im Vertrag bezeichneten Fahrzeuges handelt. Zuständig hierfür wäre die Kaskoversicherung. Bezüglich des geparkten Fahrzeuges ergibt sich obiges Ergebnis aus A.1.5.6 AKB i.V.m.A.1.1 AKB (Sie schädigen einen Dritten). Es handelt sich bei diesem Sachschaden um einen Eigenschaden des Versicherungsnehmers, der von der KH-Versicherung ausgeschlossen ist.

6 Problematisch wird es dann, wenn der Versicherungsnehmer gemeinsam mit weiteren Personen Eigentümer der beschädigten Sache ist. Dies ist häufig bei Hausanwesen der Fall, die Eheleuten gemeinsam gehören. Dann kann der Versicherungsnehmer als Vertreter der Eigentümergemeinschaft Schadenersatz nur für den Teil der Reparaturkosten verlangen, die auf den Eigentümer, der nicht Versicherungsnehmer ist, entfallen. Gleiches gilt bei Wohnanlagen, auch dort kann nur der Anteil der sonstigen Eigentümer von der Gemeinschaft ersetzt verlangt werden.

7 Einen besonders komplexen Fall hatte das OLG Celle zu entscheiden: Ein Eigentümer besitzt mehrere Fahrzeuge, die er vermietet. Beschädigt nun der Fahrer des gemieteten Fahrzeuges ein anderes

3 Vgl. hierzu OLG Celle v. 26.01.2016 – 14 U 148/15 (stillschweigender Haftungsausschluss bei Kfz-Überlassung).

4 Der Versicherungsnehmer ist kein Dritter vgl. Halm/Fitz »Versicherungsrecht 2008/2009« in DAR 2009, 437, 442, vgl. hierzu Schwab VVG § 114 Rdn. 61 ff.

5 OLG Nürnberg 8 U 2772/03 in VersR 2004, 905.

6 BGH IV ZR 313/06 in zfs 2008, 629 f. = NZV 2008, 509f = DAR 2008, 518 f. = SP 2008, 338; vgl. auch Anm. Terno in »Aus der Rechtsprechung des BGH zum Kraftfahrtversicherungsrecht« in zfs 2009, 362, 364.

7 OLG Nürnberg v. 09.02.2004 – 8 U 2772/03, VersR 2004, 905.

8 LG Dortmund v. 28.09.2006 – 4 S 23/06, Jurion; LG Erfurt v. 08.02.2007 – 2 S 343/05, zfs 2007, 393 f.

9 BGH v. 25.06.2008 – IV ZR 313/06, zfs 2008, 629 f. = NZV 2008, 509 f. = SP 2008, 338; vgl. auch Anm. Terno in »Aus der Rechtsprechung des BGH zum Kraftfahrtversicherungsrecht«, zfs 2009, 362, 364.

Fahrzeug aus dem Fuhrpark seines Arbeitgebers, liegt kein Eigenschaden vor, da es sich um unterschiedliche Versicherungsverhältnisse handelt[10].

C. Eigenschaden des Fahrers

Schwierig wird es, wenn der Fahrer, der nicht gleichzeitig Versicherungsnehmer für das von ihm geführte Kfz ist, durch den Gebrauch dieses Kfz sein sonstiges Eigentum schädigt[11].

▶ **Beispiel:**

Versicherungsnehmer, Eigentümer mehrerer Fahrzeuge, verleiht eines seinem Freund F. Dieser beschädigt beim Rangieren fahrlässig ein anderes, dem F. gehörendes, geparktes Fahrzeug. 8

Grundsätzlich gilt auch hier die Regel, dass Schädiger und Geschädigter keine Einheit bilden dürfen. Allerdings ereignete sich der Schaden in jedem Fall beim Gebrauch des Kfz und damit ist auch die Halterhaftung des § 7 StVG dem Grunde nach gegeben. Es ist dem Fahrer des versicherten Fahrzeuges jedoch gem. § 8 Halbsatz 2 StVG verwehrt, die Ansprüche gegen den Halter gem. § 7 Abs. 1 StVG zu richten[12], da der Fahrer als bei dem Betrieb des Kfz tätiger Verletzter mit seinen Ansprüchen ausgeschlossen ist[13].

D. Umfang des Ausschlusses

Gemäß A.1.5.6 AKB bezieht sich der Ausschluss lediglich auf Sach- oder Vermögensschäden. Nicht ausgeschlossen sind Personenschäden (Heilbehandlungskosten, Verdienstausfall, Schmerzensgeld etc.). Der Versicherungsnehmer ist insoweit Dritter im Sinne des § 115 VVG[14].

▶ **Beispiel:**

In dem von F. gesteuerten Fahrzeug befindet sich der Versicherungsnehmer als Beifahrer. Bei der Kollision mit dem geparkten Fahrzeug erleidet er eine Platzwunde, die behandelt werden muss. Durch das Blut der Wunde wird der Anzug unbrauchbar. 9

Wegen dieser Verletzung hat der Versicherungsnehmer gegenüber F. Ansprüche aus § 823 ff. BGB. F. ist mitversicherte Person in der KH-Versicherung. Die Kosten, die im Zusammenhang mit der Körperverletzung des Versicherungsnehmers anfallen, müssen von der KH-Versicherung erstattet werden, ein Ausschluss liegt insoweit nicht vor. Allerdings greift der Ausschluss hinsichtlich sämtlicher Gegenstände, die der Versicherungsnehmer im Fahrzeug mit sich führt. Lediglich die Gegenstände, die er am Körper trägt und infolge der Körperverletzung beschädigt werden, sind zu erstatten.

Entscheidend kommt es auf die Eigentümerstellung an: 10

Zwei von unterschiedlichen Eigentümern an die gleiche Spedition vermietete LKW kollidieren miteinander. Hier liegt ein Eigenschaden gerade nicht vor[15]:

---

10 OLG Celle v. 14 U 143/22, Wessels, Rechtsprechung der Oberlandesgerichte zum Haftpflichtrecht im Straßenverkehr, DAR 2023, 182, 183.

11 BGH v. 12.01.2021 – VI ZR 662/20 (Ausparken eines behindertengerecht umgebauten PKW eins Dritten aus Gefälligkeit aus Parklücke und Beschädigung des eigenen Fahrzeugs); BGH v. 25.06.2008 – IV ZR 313/06, DAR 2008, 518f = r+s 2008, 372 f.

12 OLG Hamm v. 25.06.1996 – 27 U 68/96, r+s 1997, 59 ff. (zu §§ 10 Abs. 1, 11 Ziffer 2 AKB a.F.) m. Anmerkung Lemcke, der fälschlicherweise von einer Lücke im Haftpflichtversicherungsschutz ausgeht. Bei Kollisionen zweier Fahrzeuge kann der Halter sich immer noch einer Vollkasko-Versicherung bedienen und damit dieses Risiko abdecken.

13 BGH v. 30.05.1972 – VI ZR 38/71, VersR 1972, 959f; BGH v. 18.10.1988 – VI ZR 223/87 NZV 1989, 105 f. bezogen auf Armeeangehörige engl. Streitkräfte als »beim Betrieb tätige Personen« im Sinne des § 8 StVG.

14 LG Paderborn v. 24.11.2011 – 3 = 230/11, Jurion.

15 Vgl. OLG Celle v. 30.03.2022 – 14 U 143/21 m. Anm. Maier, r+s 2022, 495 ff.

Nichteinhaltung von Liefer- und Beförderungsfristen

A.1.5.7 (Vertragsstrafen[1])

Kein Versicherungsschutz besteht für reine Vermögensschäden, die durch die Nichteinhaltung von Liefer- und Beförderungsfristen entstehen.

1 Haftpflichtansprüche aus reinen Vermögensschäden, die auf der Nichteinhaltung von Liefer- und Beförderungsfristen basieren, sind ausgeschlossen. Als reine Vermögensschäden werden solche Vermögenseinbußen bezeichnet, die nicht auf einem Sach- oder Personenschaden basieren.

2 Damit wird nochmals klargestellt, dass Schadenersatzansprüche wegen vertraglich vereinbarter Strafen z.B. wegen Nichteinhaltung von Liefer- oder Beförderungsfristen durch den Versicherten nicht von der Deckung umfasst sind. Es ist dabei unerheblich, warum die Fristen nicht eingehalten werden konnten. Diese Klausel bezieht sich vorrangig auf den gewerblichen Güterverkehr, da in diesem Bereich häufig Vertragsstrafen für verspätete Lieferung vereinbart werden, wenn die Lieferung zu einem bestimmten Termin erfolgen sollte. Diese sind auch über den weiteren Ausschluss von Leistungen aufgrund vertraglicher Vereinbarungen ausgeschlossen.

Vertragliche Ansprüche

A.1.5.8 (vertraglicher Schadenersatz[1])

Kein Versicherungsschutz besteht für Haftpflichtansprüche, soweit sie aufgrund Vertrags oder besonderer Zusage über den Umfang der gesetzlichen Haftpflicht hinausgehen.

1 Nicht Gegenstand eines KH-Vertrages sind alle die Haftpflichtansprüche, die aufgrund Vertrags oder besonderer Zusage über den Umfang der gesetzlichen Haftpflicht hinausgehen. Es sind nur diejenigen Schäden zu ersetzen, die in A.1.1 AKB geregelt sind. Soweit der Versicherungsnehmer oder eine mitversicherte Person dem Geschädigten auch dann Regulierung des Schadens zusagt, wenn dieser von der KH-Versicherung überhaupt nicht umfasst ist, sind diese Ansprüche ausgeschlossen. Gleiches gilt, wenn der Verursacher Schadenersatz über den Umfang des nach § 249 BGB Geschuldeten verspricht. Besteht der Geschädigte auf der Erfüllung dieser Vereinbarung, muss er seine Ansprüche gegen den VN direkt geltend machen. Eine Eintrittspflicht der KH-Versicherung ist insoweit nicht gegeben, auch keine Vorleistungspflicht.

Schäden durch Kernenergie

A.1.5.9 (Kernenergie[1])

Kein Versicherungsschutz besteht für Schäden durch Kernenergie.

1 Schäden durch Kernenergie sind ausgeschlossen, da sich Schadenersatzansprüche ausschließlich nach §§ 25 ff. AtomG richten. § 4 KfzPflVV sieht diesen Ausschluss ausdrücklich vor.

2 Die Formulierung ist allumfassend und schließt nach derzeitiger h.M. jedweden Anspruch auf Ersatz von Schäden aufgrund Kernenergie aus[2].

3 Folgende Fallkonstellationen sind denkbar:

Das Transportgut verursacht – ohne dass ein eintrittspflichtiger Schadenfall vorliegt – durch die Strahlungen Schäden. Dieser Fall unterliegt dem Ausschluss, da ein Schaden gerade nicht durch den Gebrauch des Kfz im öffentlichen Verkehrsraum verursacht wurde. Es fehlt an dem Unfallereignis.

1 Überschrift des Verfassers!
1 Überschrift des Verfassers!
1 Überschrift des Verfassers!
2 Stiefel/Maier, A.1.5.9 AKB Rn. 276.

Ein Transporter von radioaktiven Medizinmaterialien kommt von der Straße ab, ohne dass Dritte geschädigt werden. Die Mehrkosten, die durch das radioaktive Material verursacht werden (Schutzanzüge, Strahlenduschen etc.) sind nicht von der Kraftfahrzeug-Haftpflicht-Versicherung zu tragen. 4

Problematisch aber wird es, wenn der Versicherungsnehmer auf ein solches Fahrzeug auffährt und dann diese Mehrkosten nicht übernommen werden und ihm als Schädiger unmittelbar in Rechnung gestellt werden. Da es dem Zufall überlassen bleibt, ob bei dem Schadenfall ein Dritter geschädigt wird, der radioaktives Material transportiert, das zu nicht erstattungsfähigen Kosten führt, wird der Versicherungsnehmer im Zweifel davon ausgehen, dass diese Schäden von der Kraftfahrzeug-Haftpflicht-Versicherung übernommen werden. 5

Ebenso denkbar: Stürzt bei dem Rückbau des AKW ein Teil vom Kran und fällt auf das AKW und setzt dabei z.B. Radioaktivität frei, stellt sich die Frage, ob das noch ausgeschlossen sein kann. Der verständige Versicherungsnehmer würde – wie oben – davon ausgehen, dass Drittschäden versichert sind. Vor allem Schwertransport- und Kranunternehmen warten derzeit auf Aufträge zum Rückbau von Atomkraftwerken. Dafür ist zu klären, inwieweit von Seiten der Kraftfahrzeug-Haftpflicht-Versicherung Eintrittspflicht für Schäden besteht. Insbesondere stellt sich die Frage, wie die Schäden zu bewerten sind, die durch den Transport von radioaktiven Materialien im Falle eines Schadens verursacht werden. 6

Im Streitfall wäre dies ggf. anders zu werten sein, da der Schaden nicht unmittelbar durch die Kernenergie verursacht wurde, sondern durch eine fehlerhafte Befestigung des Bauteiles am Kran. Der Versicherungsnehmer würde erwarten, dass der Drittschaden – wie jeder andere Drittschaden auch – von der Kraftfahrzeug-Haftpflicht-Versicherung ersetzt wird. Dies vor allem vor dem Hintergrund der Regelungen im AtomG, dort bleibt der Versicherungsnehmer gem. §§ 25, 33 AtG als ein Gesamtschuldner in der Haftung. Er hat daher ein besonderes Interesse an der Übernahme solcherart entstandener Schäden durch seine Kraftfahrzeug-Haftpflicht-Versicherung. Aus dieser Gesamtschuldnerschaft kann sich der Versicherungsnehmer nur befreien, wenn er von vorneherein Haftungsausschlüsse bzw. die Freistellung von der Haftung für solche Risiken in dem Vertrag mit dem Inhaber der Anlage vereinbart. 7

Sofern also das Arbeitsrisiko in der Kraftfahrzeug-Haftpflicht-Versicherung mitversichert ist, sollte ein Ausschluss aufgenommen werden, der auch Folgeschäden ausnimmt. 8

Eine Pflicht, dieses Risiko zu übernehmen, gibt es nicht, da sich der Abbau der AKW regelmäßig außerhalb des öffentlichen Verkehrsraums ereignet und damit das PflVG und die KfzPflVV nicht zur Anwendung kommen. 9

Das PflVG hat hierzu keine Einschränkungen vorgenommen. Auch wird der Transporteur von radioaktiven Medizinprodukten z.B. nicht als »Betreiber einer Anlage« iSd AtG zu bezeichnen sein. 10

Konsequenterweise müssten daher alle Ansprüche, die aus Schäden durch radioaktive Materialien herrühren, gegen die Eigentümer des Materials gerichtet werden. 11

Bislang war ein solcher Schadenfall mit radioaktiven Materialien noch nicht Gegenstand der deutschen Rechtsprechung 12

A.2 Kaskoversicherung – für Schäden an Ihrem Fahrzeug

A.2.1 Was ist versichert?

A.2.1.1 Ihr Fahrzeug

Versichert ist Ihr Fahrzeug gegen Beschädigung, Zerstörung, Totalschaden oder Verlust infolge eines Ereignisses nach A.2.2.1 (Teilkasko) oder A.2.2.2 (Vollkasko).

Übersicht

A. Allgemeines – Rechtsnatur der Kaskoversicherung

1 Die Kaskoversicherung ist ihrer Rechtsnatur nach eine **Schadenversicherung**, auf die die **§§ 74–87 VVG** sowie die besonderen Vorschriften über die **Sachversicherung**, **§§ 88–99 ff. VVG** mit Ausnahme von § 94 VVG, Anwendung finden. Sie leistet in der **Teilkasko** bei Schäden am versicherten Fahrzeug durch Brand und Explosion (A.2.2.1.1 AKB), Entwendung (A.2.2.1.2 AKB), Naturgewalten (A.2.2.1.3 AKB), Zusammenstößen mit Haarwild (A.2.2.1.4 AKB), Glasbruch (A.2.2.1.5 AKB) sowie Kurzschlussschäden an der Verkabelung (A.2.2.1.6 AKB) und in der **Vollkasko** bei Schäden durch Unfall (A.2.2.2.2 AKB) und mut- oder böswillige Handlungen nicht berechtigter Personen (A.2.2.2.3 AKB). Entschädigt wird generell der **Zeitwert**. Die Kaskoversicherung ist anders als die Kfz-Haftpflichtversicherung **keine Pflichtversicherung**. Es gilt deshalb auch kein gesetzlicher Mindestversicherungsumfang. Im Unterschied zu anderen Sachversicherungen wird mit dem VN in der Regel **keine Versicherungssumme** vereinbart, so dass die Vorschriften zur Über- und Unterversicherung (§§ 74, 75 VVG) keine Anwendung finden.[1] **Sinn und Zweck** der Kaskoversicherung ist die **wirtschaftliche Absicherung** des eigenen Kraftfahrzeuges für den Fall der Verwirklichung bestimmter, von den AKB genau definierter versicherter Gefahren, somit der **Eigenschaden**. Fremdschäden deckt die entsprechende Kfz-Haftpflichtversicherung. Die Kaskoversicherung dient somit dem **Eigentümerinteresse** an der Erhaltung seines Fahrzeuges.

2 Der **Umfang des Versicherungsschutzes** ergibt sich aus dem Vertrag (AKB). Die auf dem Markt konkurrierenden Versicherer sind grundsätzlich frei in der Gestaltung ihrer AKB. Dennoch orientieren sich die meisten Versicherer an den **Musterbedingungen** des Gesamtverbandes der Deutschen Versicherungswirtschaft e.V. (GDV), **Stand: 17.04.2024**, die auch Gegenstand der vorliegenden Kommentierung sind. Detailunterschiede können beim Versicherungsumfang (z.B. Teilkaskoschutz bei Zusammenstößen mit Tieren aller Art, Marderbissschäden, Mitversicherung auch grob fahrlässig herbeigeführter Schäden) oder beim Leistungsumfang (z.B. Mietwagenkosten oder Neupreisentschädigung) bestehen. Die AKB unterscheiden zwischen Teilkasko- und Vollkaskoversicherung, wobei die Vollkasko auch Teilkaskoschäden miteinschließt (A.2.2.2.1 AKB). Zudem besteht in der Vollkasko eine erweiterte Deckung auch für Unfallschäden und Schäden durch mut- oder böswillige Handlungen betriebsfremder Personen. Die Vereinbarung einer individuellen **Selbstbeteiligung** ist möglich.

3 Der Entschädigungsanspruch des VN wegen einer Beschädigung, Zerstörung oder des Verlustes seines Kfz setzt eine vom Kaskoversicherungsvertrag **gedeckte Schadenursache** voraus. Die AKB enthalten

1 OLG Hamm Urt. v. 18.06.1998 – 6 U 187/98 – r+s 1998, 454.

daher einen **Leistungskatalog**, der die Voraussetzungen für den **Eintritt** eines bestimmten **versicherten Risikos** nach Art der einzelnen Schäden und seiner Ursachen beschreibt (A.2.2.1 und A.2.2.2 AKB). Durch die jeweils gedeckte Ursache unterscheiden sich Teil- und Vollkaskoversicherung. Darüber hinaus legen die AKB den **Umfang der Entschädigungsleistungen** im Einzelnen fest (A.2.5.1 bis A.2.5.8 AKB). Aus diesem Grunde können unbestimmte Rechtsbegriffe aus dem allgemeinen Schadenersatzrecht wie z.B. die Erforderlichkeit von Reparaturkosten gemäß § 249 BGB und die hierzu ergangene Rechtsprechung bei der Abwicklung eines Kaskoschadenfalles nicht herangezogen werden.[2]

B. Regelungsgehalt – Was ist versichert? – A.2.1 AKB (§ 12 Abs. 1 AKB 2007 a.F.; A.2.1 AKB 2008 a.F.)

I. Ihr Fahrzeug – A.2.1.1 AKB

1. Umfang des Versicherungsschutzes

Die Kaskoversicherung umfasst als reine Sachversicherung den durch Beschädigung, Zerstörung, Totalschaden und Verlust unmittelbar am **versicherten Fahrzeug** als Ganzes entstandenen Schaden (A.2.1.1 AKB) als Folge bestimmter Schadenursachen, die gesondert in A.2.2.1 AKB für die Teilkasko und in A.2.2.2 AKB für die Vollkasko beschrieben werden. Die Leistungspflicht des VR besteht daher nur, soweit ein Schaden auf ein bestimmtes, von den AKB beschriebenes Schadenereignis zurückgeführt werden kann (sogenannte **gedeckte Schäden**). Alle Fälle der Teilkasko sind auch in der Vollkasko miteingeschlossen (vgl. A.2.2.2.1 AKB). Auch für ein **nach § 16 StVZO nicht zulassungsfähiges Fahrzeug** kann ein Kaskoversicherungsvertrag wirksam abgeschlossen werden; dieser ist nicht wegen Verstoßes gegen ein gesetzliches Verbot nach § 134 BGB nichtig.[3] 4

Versichert ist grundsätzlich das Interesse des Eigentümers an der Erhaltung des versicherten Fahrzeuges (Sacherhaltungsinteresse), nicht dagegen das Interesse eines Dritten, im Falle einer Beschädigung des Fahrzeuges vor Ansprüchen des Eigentümers geschützt zu sein.[4] Dies schließt es allerdings nicht aus, entsprechend dem Willen der Vertragsparteien neben dem Sacherhaltungsinteresse des Eigentümers auch andere Interessen mitzuversichern, (vgl. A.2.3 AKB Rdn. 21 ff., wonach auch das Sacherhaltungsinteresse abgesichert sein kann). Betroffen sein muss daher entweder das Eigeninteresse des VN, wenn er zugleich auch Eigentümer des versicherten Kfz ist (**Eigenversicherung**), oder das Fremdinteresse eines Dritten, der für diesen Fall zumeist Sicherungseigentümer des Kfz ist, z.B. der Leasinggeber oder die das Kfz finanzierende Bank, vgl. A.2.3 AKB Rdn. 1 ff., (**Fremdversicherung**). Demnach verlangt die **Formulierung »Ihr Fahrzeug«** in A.2.1.1 AKB vom VN im Versicherungsfall nicht, dass er als Anspruchsvoraussetzung sein Eigentum an dem Fahrzeug darlegt und beweist.[5] Selbst wenn er zu einer Fremdversicherung zugunsten eines anderen Eigentümers im Prozess nichts vorträgt, muss der VN nicht dartun und beweisen, dass ihm das Eigentum an dem Fahrzeug zusteht oder zustand.[6] Ausreichend ist der Nachweis, dass es sich bei dem im Schadenfall betroffenen Fahrzeug um das vom VN kaskoversicherte Fahrzeug handelt, (welches auch einem anderen gehören kann). Insofern genügt es, wenn der VN die Existenz des versicherten Fahrzeuges beweist, bezüglich dessen der Versicherungsfall eingetreten ist. Dies gilt jedenfalls dann, wenn das Sacherhaltungsinteresse eines etwaigen Fremdeigentümers dadurch gewahrt ist, dass das Fahrzeug vollständig und fachgerecht repariert wurde.[7] Hierfür spricht auch der Wortlaut in A.2.3 AKB, der den persönlichen Schutzbereich des Versicherungsvertrages regelt 5

2 BGH Urt. v. 24.05.2006 – **IV ZR 263/03** – VersR 2006, 1066 = NJW 2006, 2545.

3 OLG Celle Urt. v. 03.07.2023 – 11 U 109/22 – r+s 2023, 853; **a.A.** OLG Naumburg Urt. v. 23.10.2014 – 4 U 69/13 – r+s 2025, 186.

4 Vgl. BGH Urt. v. 27.10.1993 – **IV ZR 33/93** – VersR 1994, 85 = NJW 1994, 585.

5 So aber OLG Saarbrücken Urt. v. 11.09.2019 – 5 U 102/18 – VersR 2020, 28; OLG Saarbrücken Urt. v. 09.05.2018 – 5 U 51/17 – VersR 2018, 1183 = zfs 2018, 565 mit kritischer Anm. v. Rixecker zfs 2018, 637 und Maier r+s 2018, 475.

6 **A.A.**, aber zu weitgehend OLG Celle Urt. v. 04.01.2007 – 8 U 195/05 – NJOZ 2007, 1804; OLG Karlsruhe Urt. v. 19.02.1981 – 12 U 94/80 – VersR 1982, 485; LG Dortmund Urt. v. 15.08.2007 – 22 O 204/06 – BeckRS 2007, 65178.

7 So zutreffend auch OLG Hamm Urt. v. 31.10.2018 – 20 U 19/18 – r+s 2019, 142 = VersR 2019, 479.

(»**Der Schutz der Kaskoversicherung gilt für Sie…**«). Steht allerdings fest, dass der versicherte Pkw aus **entwendeten Fahrzeugteilen** zusammengebaut wurde, besteht mangels »eigenem Fahrzeug« des VN kein Versicherungsschutz.[8] Gleiches gilt, wenn aufgrund nicht zuordnungsfähiger **FIN** offen bleibt, ob das Fahrzeug, von dem der VN behauptet, dass es gestohlen worden sei, überhaupt identisch ist mit dem Fahrzeug, welches beim Teilkasko-VR versichert wurde.[9] Handelt es sich um eine Kaskoversicherung für Kraftfahrzeug-Handel und -Handwerk, erstreckt sich der Versicherungsschutz nicht auf Fahrzeuge, die ein unberechtigter Dritter ohne Wissen und Wollen des VN mit **roten Kennzeichen** versieht, die die Zulassungsstelle dem VN zuvor für andere Fahrzeuge zugeteilt hat.[10] Ein Kaskoversicherungsschutz für ein Kfz mit rotem Kennzeichen setzt im Übrigen voraus, dass das Fahrzeug nicht zu anderen als in § 16 Abs. 1 FZV aufgeführten Zwecken verwendet wird.[11]

2. Versicherte Gefahren

6 Eine **Beschädigung** im Sinne von A.2.1.1 AKB ist jede Veränderung des technischen Zustandes im Fahrgestell oder Karosserieaufbau, die vom Normalzustand des Kfz abweicht.[12] Es muss eine Minderung des bisher vorhandenen Maßes an Unversehrtheit durch einen Eingriff vorliegen. Erforderlich ist eine Substanzverletzung oder eine Einwirkung auf das Fahrzeug, durch die entweder seine bestimmungsgemäße Brauchbarkeit nicht nur geringfügig beeinträchtigt wird,[13] (z.B. durch schwer lösliche chemische Rückstände[14]) oder jedenfalls seine Gebrauchsfähigkeit zumindest vorübergehend aufgehoben wird (z.B. durch das Ablassen von Luft[15]). Auch das Besprühen der Wagenlackierung mit Farbe stellt eine Beschädigung dar, sofern sich diese nicht ohne Beschädigung des Lacks rückstandsfrei wieder entfernen lässt.[16]

7 Bei Kfz mit hoch- oder vollautomatisierter Fahrfunktion i.S.v. **§ 1a StVG** liegt eine Beschädigung des **Fahrerassistenz- bzw. Automatisierungssystems** auch bei vorübergehender Aufhebung der Gebrauchsmöglichkeit infolge eines **Hackerangriffs (Cyberattacke)** vor.[17] Durch das Einschleusen von Schadsoftware kommt es zu einer Veränderung der Programmierung und damit der Oberfläche des Speichermediums auf mikromolekularer Ebene, was eine Sachsubstanzverletzung des Speichermediums darstellt.[18] Eine Beschädigung liegt auch vor, wenn der Hackerangriff zu Datenverlust ohne gleichzeitige Beschädigung des Datenträgers führt, ebenso bei einer Beeinträchtigung oder Aufhebung der Funktionalität der Software.[19]

8 Eine **Zerstörung** liegt vor, wenn aufgrund des Ausmaßes der Beschädigung eine Wiederherstellung oder Wiederbenutzung des Fahrzeuges endgültig ausgeschlossen erscheint, wobei der Begriff der Zerstörung technisch und nicht wirtschaftlich zu verstehen ist,[20] (vgl. auch A.2.5.1 AKB Rdn. 10). Die in wirtschaftlicher Hinsicht eingetretene Zerstörung des Fahrzeuges ist durch die Aufzählung des **Totalschadens**, der in A.2.5.1.5 AKB definiert wird, als versicherte Gefahr mit eingeschlossen, (vgl. auch A.2.5.1 AKB Rdn. 58 ff.). Eine Zerstörung ist in der Regel als eine über den (wirtschaftlichen) Totalschaden hinausgehende Beschädigung zu verstehen.[21]

---

8 OLG Köln Urt. v. 24.04.2007 – 9 U 181/05 – VersR 2007, 1510 = zfs 2008, 212.
9 OLG Brandenburg Urt. v. 13.03.2019 – 11 U 64/18 – BeckRS 2019, 4952.
10 BGH Urt. v. 28.06.2006 – **IV ZR 316/04** – VersR 2006, 1352 = r+s 2006, 410.
11 LG München I Urt. v. 20.12.2011 – 26 O 2833/11 – SP 2012, 186.
12 LG Düsseldorf Urt. v. 09.07.1969 – 14 S 29/69 – VersR 1971, 431.
13 Vgl. BGH Urt. v. 14.04.1976 – **IV ZR 60/75** – VersR 1976, 629.
14 Vgl. BGH Urt. v. 06.12.1994 – **VI ZR 229/93** – NJW-RR 1995, 342.
15 Vgl. BGH Beschl. v. 14.07.1959 – **1 StR 296/59**; BayObLG NJW 1987, 3271.
16 OLG Jena Beschl. v. 27.04.2007 – 1 Ss 337/06 – NJW 2008, 776; OLG Hamburg Beschl. v. 31.03.1999 – II a 28–99 – NStZ-RR 1999, 209.
17 Notthoff r+s 2019, 496, 499; Singler NZV 2017, 353, 355; Hammel VersR 2016, 281; **a.A.** Stiefel/Maier/*Stadler* A.2 AKB Rn. 70.
18 Singler NZV 2017, 353, 355.
19 Vgl. Pütz/Maier r+s 2019, 444,449.
20 LG Düsseldorf Urt. v. 09.07.1969 – 14 S 29/69 – VersR 1971, 431.
21 OLG Hamm Urt. v. 29.11.2018 – I-6 U 42/18 – VersR 2019, 675 = DAR 2019, 454.

Der **Verlust** umschreibt jede Art des Abhandenkommens eines Fahrzeuges, sei es durch eigenes oder fremdes Verschulden, wobei das »Verlieren« im Sinne des allgemeinen Sprachgebrauchs dem »Verlust« nicht gleichzusetzen ist, (vgl. auch A.2.5.1 AKB Rdn. 11). Erforderlich ist, dass das versicherte Fahrzeug dem Herrschaftsbereich des VN entzogen wird.[22] 9

C. Weitere praktische Hinweise

I. Auslegung der AKB

1. AKB als Allgemeine Geschäftsbedingungen

Die AKB sind kein Gesetzestext, sondern **vertragliche Vereinbarungen**, die zwischen VN und VR geschlossen werden. Sie unterliegen als allgemeine Geschäftsbedingungen der Wirksamkeitskontrolle der **§§ 305 ff. BGB.** Dies gilt auch für die Tarifbestimmungen, die die AKB ergänzen. Es handelt sich um vorformulierte Vertragsbedingungen für eine Vielzahl von Verträgen, die eine Vertragspartei, der VR, der anderen Vertragspartei, dem VN, bei Abschluss des Vertrages stellt, ohne dass diese im Einzelnen ausgehandelt werden. Die Vertragsklauseln in den AKB dürfen nicht gegen zwingende gesetzliche Vorschriften verstoßen. Dies hätte die Unwirksamkeit der entsprechenden Bestimmung zur Folge.[23] Insbesondere am **Transparenzgebot des § 307 Abs. 1 S. 2 BGB** müssen sich die AKB messen lassen. Die Auslegung zur Klärung des Inhalts einer Klausel in den AKB hat stets Vorrang vor der Inhaltskontrolle gemäß den §§ 305c Abs. 1, 307 BGB. Bei der Prüfung, ob dem VN Ansprüche aus der Kaskoversicherung gegen den VR zustehen, sind die Regelungen in den AKB grundsätzlich so auszulegen, wie sie ein **durchschnittlicher VN** ohne versicherungsrechtliche Spezialkenntnisse bei verständiger Würdigung und aufmerksamer Durchsicht unter Berücksichtigung des mit der jeweiligen Klausel verfolgten Zwecks und des erkennbaren Sinnzusammenhanges verstehen muss.[24] Nicht maßgebend ist, was sich der Verfasser der Bedingungen bei ihrer Abfassung vorstellte. Insbesondere kommt es nicht auf die **Entstehungsgeschichte der Klausel** an, selbst wenn die Auslegung der Klausel unter Berücksichtigung der Entstehungsgeschichte für den VN im Ergebnis günstiger wäre.[25] Der VN muss **weder das Wesen anderer Versicherungsarten** kennen, **noch eine vergleichende Exegese an Hand anderer AVB** vornehmen. Vielmehr muss sich der Sinn und Zweck einer Klausel für den VN aus sich heraus erschließen. Dies gilt vor allem für solche Klauseln, mit denen der VR bestimmte Gefahren und Risiken vom Versicherungsschutz ausschließen will. Hier geht das Interesse des VN in der Regel dahin, dass der Versicherungsschutz nicht weiter verkürzt wird als der erkennbare Zweck der Klausel dies gebietet. Soll ein bereits auch schon gesetzlich bestehender Risikoausschluss zum Nachteil des VN erweitert werden, muss der VN darauf deutlich hingewiesen werden.[26] 10

Eine **Ausnahme vom Grundsatz**, dass es auf die **Verständnismöglichkeiten des durchschnittlichen VN** ankommt, besteht nur dann, wenn es sich um einen auch in der **allgemeinen Rechtssprache** verwendeten Begriff mit fest umrissenen Konturen handelt[27] wie z.B. »Fälligkeit«. Dieser Begriff beschreibt den Zeitpunkt, zu dem der Gläubiger die Leistung verlangen und der Schuldner säumig werden kann. In solchen Fällen ist davon auszugehen, dass auch die AKB darunter nichts anderes 11

22 Himmelreich/Halm/Staab/*Papatheodorou* Kap. 23 F Rn. 821.

23 Himmelreich/Halm/Staab/*Papatheodorou* Kap. 23 C Rn. 5.

24 BGH Urt. v. 11.11.2015 – **IV ZR 426/14** – VersR 2016, 45 = NJW 2016, 314; BGH Urt. v. 13.07.2005 – **IV ZR 83/04** – VersR 2005, 1417 = NJW-RR 2005, 1479; BGH Urt. v. 25.9.2002 – **IV ZR 248/01** – VersR 2002, 1503 = NJW 2003, 139; BGH Urt. v. 23.06.1993 – **IV ZR 135/92** – VersR 1993, 957 = NJW 1993, 2369.

25 BGH Urt. v. 17.05.2000 – **IV ZR 113/99** – VersR 2000, 1090 = r+s 2000, 478.

26 BGH Urt. v. 17.12.2008 – **IV ZR 9/08** – VersR 2009, 341 = NJW 2009, 1147 zur Erweiterung des § 61 VVG a.F. auf Leistungsfreiheit bei schon leicht fahrlässiger Herbeiführung des Versicherungsfalles.

27 BGH Urt. v. 22.03.2000 – **IV ZR 233/99** – VersR 2000, 752 = NJW 2000, 2021.

verstehen wollen. Klauseln, die lediglich den Gesetzeswortlaut wiedergeben und in jeder Hinsicht mit ihnen übereinstimmen, sind der Inhaltskontrolle grundsätzlich entzogen.[28] **Anderes gilt** nur für **Fachbegriffe, die keine fest umrissenen Begriffe der Rechtssprache** sind; sie scheiden als objektive Verständnisvorgabe für die Auslegung von Versicherungsbedingungen aus.[29]

12 In der täglichen Praxis ist es wichtig, sich zunächst einmal Klarheit darüber zu verschaffen, **welche AKB zum Zeitpunkt des Versicherungsfalles** gelten. Dies müssen nicht unbedingt diejenigen sein, die der VN in Besitz hat oder die ihm bei Vertragsbeginn zusammen mit dem Versicherungsschein übermittelt wurden. Denn die Bedingungen können sich nachträglich wirksam geändert haben. Neue oder aktualisierte Versicherungsbedingungen werden nicht automatisch Bestandteil eines bestehenden Versicherungsvertrages, sondern bedürfen ihrer Einbeziehung in das Vertragsverhältnis.[30]

13 **Übersendet der VR dem VN eine Broschüre** mit der Überschrift »Alles, was Sie zu Ihrer Kfz-Versicherung wissen müssen«, kann der VN dies nur so verstehen, dass der ihm damit übermittelte Bedingungsinhalt zum Gegenstand seines Vertrages gemacht werden soll (§ 157 BGB), wobei es ausreicht, dass der VN dieses Angebot stillschweigend annimmt, ohne dass dem VR eine Annahmeerklärung zugehen muss (§ 151 S. 1 BGB).[31] Umgekehrt müssen auch nicht die derzeit aktuellen AKB des VR zwingend auch die maßgeblichen Bedingungen sein, die für die Beurteilung des Schadenfalles heranzuziehen sind. Zur Schlüssigkeit des Klagevorbringens im Prozess gehört der **Vortrag des VN, welche Versicherungsbedingungen im Einzelnen konkret vereinbart** wurden, insbesondere wenn die AKB durch zusätzliche Sonderbedingungen abgeändert worden sein könnten.[32] Steht allerdings bei einem älteren Kaskoversicherungsvertrag fest, dass der VN irgendwann einmal in den Besitz neuerer (für ihn günstigerer) AKB gekommen ist und hat der VR außergerichtlich auf diese auch bereits Bezug genommen, so kann er im Prozess eine wirksame Vertragsänderung zugunsten des VN nicht pauschal bestreiten. Stützt der VN seinen Klageanspruch auf diese neuen AKB, muss der VR konkret und substanziiert darlegen, auf welche Weise und zu welchem Zeitpunkt der VN denn ohne Wissen und Wollen des VR in den – unstreitigen – Besitz der aktuellen AKB gelangt sein könnte, andernfalls die neuen AKB als Vertragsbedingungen zugrunde zu legen sind.[33] Behauptet der VN, die für den Vertrag geltenden AKB nicht erhalten zu haben und legt nur den Versicherungsschein vor, sind die beiderseitigen Rechte und Pflichten der Vertragspartner im Wege der ergänzenden Vertragsauslegung zu definieren. Hierzu kann auf die unverbindlichen Musterbedingungen des GDV zurückgegriffen werden. Dies gilt sowohl für die Frage, wofür der VR überhaupt eintrittspflichtig wäre als auch für die Frage, ob ein Leistungsausschluss bestehen könnte.[34]

14 Nicht alle nach dem VVG erforderlichen Belehrungspflichten des VR sind in die AKB übernommen worden. Es empfiehlt sich daher, immer auch an Hand des VVG zu prüfen, **ob den VR im konkreten Fall bestimmte Belehrungspflichten treffen**. Sind die Belehrungen nicht in Textform erfolgt, kann sich der VR auf eine (anteilige) Leistungsfreiheit nicht berufen. Im Übrigen ist es notwendig, die im konkreten Fall einschlägigen AKB des jeweiligen VR, die in der Regel durch eigene abändernde oder ergänzende Klauseln von den hier kommentierten Musterbedingungen des GDV abweichen, auf ihre Vereinbarkeit mit den §§ 305 ff. BGB zu überprüfen. Dies gilt vor allem für solche Klauseln, durch die der Versicherungsschutz zum Nachteil des VN eingeschränkt wird.

---

28 BGH Urt. v. 09.05.2001 – **IV ZR 121/00** – VersR 2001, 842 = NJW 2001, 2014.
29 BGH Urt. v. 08.05.2013 – **IV ZR 84/12** – VersR 2013, 995 = WM 2013, 1214.
30 LG Dortmund Urt. v. 30.06.2011 – 2 S 36/10 – r+s 2011, 425.
31 OLG Saarbrücken Urt. v. 01.12.2010 – 5 U 395/09 – zfs 2011, 151, 152.
32 LG Potsdam Urt. v. 15.12.2008 – 7 S 57/08 – NZV 2009, 401.
33 OLG Saarbrücken Urt. v. 01.12.2010 – 5 U 395/09 – zfs 2011, 151, 152.
34 Vgl. LG Oldenburg Urt. v. 18.10.2017 – 13 S 322/17 – zfs 2018, 96 (zu einem Gespannschaden).

Vgl. zur Prüfung der **konkret einschlägigen AKB** und zu den **Konsequenzen fehlender Anpassung** von alten AKB an das neue VVG 2008 auch A.2.1.1 AKB Rdn. 30 ff. 15

2. Inhaltskontrolle von Vertragsklauseln – § 307 BGB

Eine vertragliche Klausel ist wegen **unangemessener Benachteiligung** des Vertragspartners gemäß **§ 307 Abs. 1 S. 1 BGB** unwirksam, wenn – bezogen auf den **Zeitpunkt des Vertragsschlusses** – feststeht, dass der Verwender die Vertragsgestaltung einseitig für sich in Anspruch genommen und eigene Interessen missbräuchlich auf Kosten des Vertragspartners durchzusetzen versucht hat, ohne von vornherein die Interessen seines Partners hinreichend zu berücksichtigen und ihm einen angemessenen Ausgleich zuzugestehen.[35] AKB- und sonstige Vertragsregelungen müssen sich vorrangig am **Transparenzgebot** gemäß § 307 Abs. 1 S. 2 BGB messen lassen. Danach ist der VR entsprechend den Grundsätzen von Treu und Glauben gehalten, die Rechte und Pflichten des VN **klar, verständlich und durchschaubar** darzustellen.[36] Die Klausel muss nicht nur in ihrer Formulierung für den durchschnittlichen VN verständlich sein; es ist zusätzlich erforderlich, dass dem VN die **mit der Klausel verbundenen wirtschaftlichen Nachteile, Belastungen und Risiken** so deutlich und unmissverständlich vor Augen geführt werden, wie dies nach den Umständen gefordert werden kann.[37] Fehlt es hieran, kann schon dies eine **unangemessene Benachteiligung** des VN i.S.v. § 307 Abs. 1 S. 1 BGB darstellen. Jedenfalls dann, wenn die Klausel so unscharf formuliert ist, dass der VN sie erst interpretieren muss, um seine Risiken zu erkennen, fehlt es an der notwendigen Transparenz, was zur Unwirksamkeit der Klausel führt. Dies gilt vor allem und gerade auch dann, wenn sich aus dem **Zusammenspiel mehrerer Klauseln** für den VN eine überraschende Rechtsfolge ergibt.[38] 16

Die Klausel muss den **Inhalt des Leistungsversprechens** des VR **eindeutig definieren.** Andernfalls ist die Klausel nicht kontrollfähig, was sie ebenfalls unwirksam macht. 17

Der VR muss die tatbestandlichen Voraussetzungen und Rechtsfolgen in seinen jeweiligen AKB so genau beschreiben, dass für ihn **kein ungerechtfertigter Beurteilungsspielraum** verbleibt.[39] Die Beschreibung muss für den VN **nachprüfbar** und darf **nicht irreführend** sein.[40] Bei der Bewertung der Transparenz einer Klausel ist abzustellen auf die Erwartungen und Erkenntnismöglichkeiten eines **durchschnittlichen VN** im Zeitpunkt des Vertragsschlusses.[41] 18

Die Klausel muss mit den **wesentlichen Grundgedanken der gesetzlichen Regelung**, von der sie abweicht, vereinbar sein, **§ 307 Abs. 2 Nr. 1 BGB.** Als »gesetzliche Regelung« sind auch die Grundgedanken des Versicherungsrechts und die von der Rechtsprechung und Literatur durch Auslegung, Analogie oder Rechtsfortbildung aus den einzelnen gesetzlichen Bestimmungen hergeleiteten Regelungssätze heranzuziehen.[42] Beschränkt die Klausel wesentliche Rechte des VN, die sich aus der Natur des Kaskoversicherungsvertrages ergeben, in einem Ausmaß, dass die **Erreichung des Vertragszwecks gefährdet** 19

---

35 BGH Urt. v. 14.01.2015 – **XII ZR 176/13** – NJW 2015, 928 = DAR 2015, 141; BGH Urt. v. 24.10.2012 – **XII ZR 40/11** – r+s 2013, 12 = zfs 2013, 147; BGH Urt. v. 14.03.2012 – **XII ZR 44/10** – VersR 2012, 1573 = NJW 2012, 2501; BGH Urt. v. 19.12.2007 – **XII ZR 61/05** – NJW-RR 2008, 818 = MDR 2008, 441.

36 BGH Urt. v. 19.01.2005 – **XII ZR 107/01** – NZV 2005, 247 = DAR 2005, 279.

37 Vgl. BGH Urt. v. 15.05.2013 – **IV ZR 33/11** – VersR 2013, 888 = MDR 2013, 786; BGH Urt. v. 23.02.2011 – **XII ZR 101/09** – NZV 2011, 389 = MDR 2011, 480; BGH Urt. v. 16.05.2007 – **XII ZR 13/05** – NJW 2007, 2176 = MDR 2007, 1124; BGH Urt. v. 09.05.2001 – **IV ZR 121/00** – VersR 2001, 842 = NJW 2001, 2014.

38 Vgl. BGH Urt. v. 24.05.2006 – **IV ZR 263/03** – VersR 2006, 1066 = NJW 2006, 2545.

39 Vgl. BGH Urt. v. 20.07.2005 – **VIII ZR 121/04** – VersR 2006, 261 = NJW-RR 2005, 1496; BGH Urt. v. 26.10.2005 – **VIII ZR 48/05** – NJW 2006, 996 = DB 2006, 666.

40 BGH Urt. v. 19.01.2005 – **XII ZR 107/01** – NZV 2005, 247 = DAR 2005, 279.

41 Vgl. BGH Urt. v. 09.12.2009 – **XII ZR 109/08** – NJW 2010, 671 = MDR 2010, 313; BGH Urt. v. 16.05.2007 – **XII ZR 13/05** – NJW 2007, 2176 = MDR 2007, 1124; BGH Urt. v. 07.05.2008 – **XII ZR 5/06** – GuT 2008, 339.

42 BGH Urt. v. 22.03.2000 – **IV ZR 233/99** – VersR 2000, 752 = NJW 2000, 2021; BGH Urt. v. 21.04.1993 – **IV ZR 33/92** – VersR 1993, 830 = NJW-RR 1993.

ist, fehlt es an der inhaltlichen Angemessenheit der Klausel, was nach **§ 307 Abs. 1 und Abs. 2 Nr. 2 BGB** gleichfalls zur Unwirksamkeit der gesamten Klausel führt.

20 Im Rahmen der Wirksamkeitsprüfung ist eine **zweifelhaft erscheinende Klausel** zunächst **auszulegen.** Verbleiben danach immer noch **Unklarheiten** an der Tragweite und Bedeutung einer Klausel, die mindestens zwei Auslegungsergebnisse rechtlich vertretbar erscheinen lassen, ist **die für den VN günstigste Auslegung** zugrunde zu legen. An die Stelle einer unwirksamen vertraglichen Klausel ist gemäß **§ 306 Abs. 2 BGB** vorrangig auf die gesetzlichen Vorschriften zurückzugreifen, sofern insoweit eine **konkrete Ersatzregelung** in Betracht kommt. Lässt sich die infolge der Unwirksamkeit einer Vertragsklausel entstehende Lücke durch eine **geeignete Vorschrift des dispositiven Rechts** schließen, tritt an die Stelle der unwirksamen Vertragsbestimmung die gesetzliche Regelung,[43] bei einer unwirksamen Versicherungsbedingung also eine entsprechende Vorschrift des VVG.[44] Nur wenn solche nicht zur Verfügung steht, stellt sich die Frage, ob ein **ersatzloser Wegfall der unwirksamen Klausel** eine sachgerechte Lösung darstellt. Scheiden beide Möglichkeiten aus, weist das Vertragsgefüge eine planwidrige Regelungslücke auf,[45] so dass weiter zu prüfen ist, ob durch eine ergänzende Vertragsauslegung eine interessengerechte Lösung gefunden werden kann.[46]

21 Eine **ergänzende Vertragsauslegung** hat sich am hypothetischen Parteiwillen zu orientieren und soll diejenige Regelung herbeiführen, die die Parteien bei sachgerechter Abwägung der beiderseitigen Interessen nach Treu und Glauben redlicherweise vereinbart hätten, wenn ihnen die Unwirksamkeit der Klausel bekannt gewesen wäre.[47]

22 **Voraussetzung** für eine ergänzende Vertragsauslegung ist, dass
- diese nicht zu einer Erweiterung des Vertragsgegenstandes führt,
- es dem Verwender der Klausel ohne ergänzende Vertragsauslegung nicht zumutbar ist, an dem lückenhaften Vertrag festgehalten zu werden (§ 306 Abs. 3 BGB), und
- der ergänzte Vertrag für den Vertragspartner des Verwenders typischerweise von Interesse ist.[48]

23 Eine ergänzende Vertragsauslegung **scheidet aus,** wenn der Verwender die Klausel in Kenntnis ihrer Unwirksamkeit weiter verwendet,[49] oder wenn er eine ihm gesetzlich eingeräumte Möglichkeit, die unwirksame Klausel einseitig durch eine gültige Regelung zu ersetzen, nicht wahrnimmt.[50] In diesem Fall entfällt die Klausel insgesamt.[51] Eine geltungserhaltende Reduktion auf den gerade noch zulässigen Kerngehalt der Klausel findet grundsätzlich nicht statt. Das **Verbot der geltungserhaltenden Reduktion**[52] soll bei einer unwirksamen Vertragsbestimmung eine Auslegung verhindern, die die Klausel auf ihren gerade noch zulässigen Kerngehalt reduziert und ihr damit letztlich doch noch zur Wirksamkeit verhilft. Andernfalls könnte der Klauselverwender seine Allgemeinen Geschäftsbedingungen ohne jegliches Risiko völlig einseitig zu seinen Gunsten in dem Bewusstsein ausgestalten, dass selbst eine den §§ 307 ff. BGB nicht standhaltende, unwirksame Klausel zumindest teilweise erhalten bleibt.[53]

24 Eine **Ausnahme** vom Verbot der geltungserhaltenden Reduktion besteht nur für den Fall, dass die Bestimmung **mehrere, materiell-rechtlich selbstständige und abtrennbare Regelungen** enthält und

---

43 BGH Urt. v. 24.09.1985 – **VI ZR 4/84** – VersR 1986, 153 = NJW 1986, 1610.
44 Vgl. BGH Urt. v. 21.12.1981 – **II ZR 76/81** – VersR 1982, 382 = NJW 1982, 824.
45 Vgl. BGH Urt. v. 22.01.1992 – **IV ZR 59/91** – VersR 1992, 477 = NJW 1992, 1164.
46 BGH Urt. v. 11.10.2011 – **VI ZR 46/10** – VersR 2011, 1524 = r+s 2012, 14; BGH Urt. v. 12.10.2005 – **IV ZR 162/03** – VersR 2005, 1565 = NJW 2005, 3559.
47 BGH Urt. v. 22.01.1992 – **IV ZR 59/91** – VersR 1992, 477 = NJW 1992, 1164.
48 BGH Urt. v. 12.10.2011 – **IV ZR 199/10** – VersR 2011, 1550 = r+s 2012, 9.
49 BGH Urt. v. 04.07.2002 – **VII ZR 502/99** – NJW 2002, 3098 = MDR 2002, 1365.
50 BGH Urt. v. 12.10.2011 – **IV ZR 199/10** – VersR 2011, 1550 = r+s 2012, 9.
51 Vgl. BGH Urt. v. 28.06.2006 – **VIII ZR 124/05** – NJW 2006, 2915 = MDR 2007, 205.
52 Vgl. Grüneberg/*Grüneberg* § 306 Rn. 6.
53 BGH Urt. v. 14.03.2012 – **XII ZR 44/10** – VersR 2012, 1573 = NJW 2012, 2501.

sich lediglich ein Teil als unwirksam erweist. In einem solchen Fall bleibt der übrige Teil der Bestimmung wirksam.[54]

Ist im **Mietvertrag eines gewerblichen Kfz-Vermieters** eine **Haftungsbefreiung** oder -reduzierung nach dem **Leitbild einer Vollkaskoversicherung**[55] vereinbart, ist eine Vertragsklausel, die bei grob fahrlässiger Schadenverursachung durch den berechtigten Fahrer eine volle Haftung vorsieht, nach § 307 Abs. 1 S. 1, Abs. 2 Nr. 1 BGB wegen Verstoßes gegen § 81 Abs. 2 VVG unwirksam.[56] Dies führt jedoch nicht dazu, dass die Regelung insgesamt entfällt und der Mieter im Schadenfall überhaupt nicht haftet oder ggf. nur eine vereinbarte Selbstbeteiligung zu zahlen hat. Vielmehr lässt sich die **Lücke im Vertrag** durch einen gemäß **§ 306 Abs. 2 BGB** zulässigen **Rückgriff auf eine geeignete gesetzliche Regelung** im VVG schließen. Entsprechend dem Grundgedanken des **§ 81 Abs. 2 VVG** bemisst sich der Umfang der Schadenersatzverpflichtung eines grob fahrlässig handelnden Kfz-Mieters im Falle eines unwirksamen Haftungsvorbehalts daher nach der Schwere seines Verschuldens.[57] Dies gilt für die Beurteilung **aller Pflichtverstöße** des Mieters und ist nicht beschränkt auf Fälle von Alkohol- und Drogenfahrten oder die Ermöglichung der Entwendung des Mietfahrzeuges.[58] Dabei ist es unerheblich, ob sich zum Zeitpunkt der Anmietung des Fahrzeuges auf dem Markt der Vollkaskoversicherung bereits eine Vertragsgestaltung durchgesetzt hatte, wonach der VR auf den Einwand der groben Fahrlässigkeit mit Ausnahme von Alkoholfahrten und Diebstahl verzichtet; die Schließung einer infolge der Unwirksamkeit einer Klausel entstandenen Vertragslücke hat nicht zur Folge, dass Vertragsgestaltungen zu berücksichtigen sind, die am Versicherungsmarkt üblich sind.[59] 25

Privilegiert ist gleichermaßen auch der grob fahrlässig handelnde **berechtigte Fahrer**, der nicht Mieter ist,[60] erst recht dann, wenn dessen Haftungsfreistellung in den Allgemeinen Vermietungsbedingungen ausdrücklich vorgesehen ist.[61] 26

Eine **Klausel** in einem **gewerblichen Kfz-Mietvertrag**, die bei grundsätzlich vereinbarter Haftungsbegrenzung nach Art einer Vollkaskoversicherung **sowohl – unwirksame** – Regelungen zur Herbeiführung des Versicherungsfalles **als auch** – für sich genommen **wirksame – Regelungen** über die 27

54 BGH Urt. v. 14.01.2015 – **XII ZR 176/13** – NJW 2015, 928 = DAR 2015, 141; OLG Köln Urt. v. 01.10.1999 – 3 U 4/99 – r+s 2000, 305; Langheid/*Rixecker* § 1 VVG Rn. 107.

55 Vgl. BGH Urt. v. 24.10.2012 – **XII ZR 40/11** – r+s 2013, 12 = zfs 2013, 147; weitere BGH Urteile unter A.2.8 AKB Rdn. 57.

56 BGH Urt. v. 15.07.2014 – **VI ZR 452/13** – VersR 2014, 1135 = r+s 2014, 491; BGH Urt. v. 11.10.2011 – **VI ZR 46/10** – VersR 2011, 1524 = r+s 2012, 14 m.w.N.; OLG Rostock Urt. v. 24.11.2011 – 3 U 151/10 – r+s 2012, 533; KG Urt. v. 15.08.2011 – 22 U 57/11 – BeckRS 2011, 23647 **unter Bestätigung von** LG Berlin Urt. v. 26.01.2011 – 4 O 184/10 – DAR 2011, 264; LG Nürnberg-Fürth Urt. v. 27.01.2010 – 8 O 10700/08 – r+s *2010*, 145; LG Göttingen Urt. v. 18.11.2009 – 5 O 118/09 – VersR 2010, 1490 = r+s 2010, 194; **a.A. noch** Günther/Spielmann r+s 2008, 133, 143; Hövelmann VersR 2008, 616; Funck VersR 2008, 168.

57 BGH Urt. v. 15.07.2014 – **VI ZR 452/13** – VersR 2014, 1135 = r+s 2014, 491 **unter Bestätigung von** OLG Koblenz Urt. v. 09.09.2013 – 12 U 1198/12 – r+s 2013, 545 (aufgehoben aus anderem Grund); BGH Urt. v. 11.10.2011 – **VI ZR 46/10** – VersR 2011, 1524 = r+s 2012, 14 **unter Aufhebung von** OLG Köln Urt. v. 13.01.2010 – 11 U 159/09 – VersR 2010, 1193; **wie BGH:** OLG Hamm Urt. v. 21.12.2021 – I-7 U 31/21 – r+s 2022, 75; OLG Rostock Urt. v. 24.11.2011 – 3 U 151/10 – r+s 2012, 533; LG Hamburg Urt. v. 08.04.2016 – 302 O 220/15 – BeckRS 2016, 18189; LG Köln Urt. v. 11.04.2012 – 26 O 174/10 – BeckRS 2012, 22056; LG Göttingen Urt. v. 18.11.2009 – 5 O 118/09 – VersR 2010, 1490 = r+s 2010, 194; **a.A. noch die ältere Rspr.** KG Urt. v. 15.08.2011 – 22 U 57/11 – BeckRS 2011, 23647 **unter Bestätigung von** LG Berlin Urt. v. 26.01.2011 – 4 O 184/10 – DAR 2011, 264.

58 BGH Urt. v. 15.07.2014 – **VI ZR 452/13** – VersR 2014, 1135 = r+s 2014, 491 (**Rotlichtverstoß**).

59 BGH Urt. v. 15.07.2014 – **VI ZR 452/13** – VersR 2014, 1135 = r+s 2014, 491; **a.A.** LG München Urt. v. 13.07.2012 – 12 O 21256/11 – DAR 2012, 583.

60 Ebenso OLG Hamm Urt. v. 16.08.2019 – 9 U 164/18 – r+s 2020, 201.

61 BGH Urt. v. 11.10.2011 – **VI ZR 46/10** – VersR 2011, 1524 = r+s 2012, 14.

versicherungsähnlich erfassten Schadenereignisse enthält, ist nur dann gänzlich unwirksam, wenn der verbleibende Rest im Gesamtgefüge des Vertrages keinen Sinn mehr ergibt.[62] Dies hat zur Folge, dass mietvertraglich nach dem Leitbild einer Vollkaskoversicherung vereinbarte Ausschlüsse für die Haftungsfreistellung des Mieters selbst dann wirksam bleiben, wenn der Vertrag gleichzeitig unwirksame Bestimmungen enthält, wonach der Mieter trotz Vereinbarung einer Haftungsfreistellung oder -reduzierung bei grob fahrlässiger Herbeiführung bestimmter Schadenereignisse in vollem Umfange haftbar sein soll.

28 Auch eine in einem gewerblichen Kfz-Mietvertrag enthaltene Vertragsklausel, die ohne Rücksicht auf das Verschulden des Mieters und die Relevanz seiner Vertragsverletzung einen **gänzlichen Wegfall der vereinbarten Haftungsfreistellung** für den Fall **vorsieht**, dass der Mieter gegen die ebenfalls vertraglich vereinbarte Obliegenheit verstößt, bei einem Unfall die Polizei hinzuzuziehen, ist wegen Verstoßes gegen § 28 Abs. 2 S. 2 VVG gemäß § 307 Abs. 1 S. 1 BGB **unwirksam**;[63] die durch die Unwirksamkeit der Klausel entstandene Vertragslücke kann nach Auffassung des **12. Zivilsenates des BGH** gemäß § 306 Abs. 2 BGB durch einen Rückgriff auf § 28 Abs. 2 und 3 VVG geschlossen werden.[64] Danach könnte sich der Mieter trotz der unwirksamen Klausel nicht in jedem Falle uneingeschränkt auf die vertragliche Haftungsfreistellung berufen. Vielmehr käme es für die Frage, ob und in welchem Umfange die Haftungsfreistellung des Mieters zum Tragen kommt, auf den Verschuldensgrad des Mieters und bei Feststellung von grober Fahrlässigkeit auf die Schwere seines Verschuldens an, ferner darauf, ob er den Kausalitätsgegenbeweis nach § 28 Abs. 3 VVG führen kann, sich also der Pflichtenverstoß überhaupt konkret auf die Interessen des Kfz-Vermieters ursächlich ausgewirkt hat. **Dies erscheint** schon deshalb **zweifelhaft**, weil § 28 Abs. 2 BGB keine gesetzliche Vorschrift i.S.d. § 306 Abs. 2 BGB ist, sondern die in § 28 Abs. 2 VVG geregelten Rechtsfolgen eine (wirksame) vertragliche Vereinbarung zwischen Kfz-Mieter und -Vermieter voraussetzen.[65] Nur wenn der zugrundeliegende Vertrag für den Fall der Verletzung vertraglicher Verpflichtungen Sanktionen enthält,[66] die in ihren Rechtsfolgen mit § 28 Abs. 2 und 3 VVG übereinstimmen, ist die Obliegenheit wirksam vereinbart. Fehlt es hieran, ist kein Raum für die Anwendbarkeit von **§ 28 Abs. 2 VVG**, da diese Bestimmung **ein vertragliches, aber kein gesetzliches Leistungskürzungsrecht – wie in § 81 Abs. 2 VVG** – normiert. Anders als bei einer Vertragsklausel, die entgegen § 81 Abs. 2 VVG bei grob fahrlässiger Herbeiführung des Versicherungsfalles eine vollständige Leistungsfreiheit vorsieht und bei der nach der Rechtsprechung des **6. Zivilsenates des BGH** auf die Grundgedanken des § 81 Abs. 2 VVG als gesetzlicher Ersatzregelung zurückgegriffen werden kann,[67] geht es in § 28 Abs. 2 VVG allein um die Rechtsfolgen von Pflichtverletzungen, die an ein bestimmtes **Verhalten des Mieters** (oder auch des VN) anknüpfen. Folglich können diese Rechtsfolgen auch nicht als eigenständige gesetzliche Regelungen im Wege einer geltungserhaltenden Reduktion herangezogen werden und eine unwirksame vertragliche Klausel ersetzen. Vielmehr ist der Rückgriff auf § 28 Abs. 2 und 3 VVG gerade deshalb versperrt, weil eine diese Vorschrift voraussetzende und damit ihre Rechtsfolgen erst eröffnende wirksame Vertragsklausel über die Sanktion einer Obliegenheitsverletzung fehlt. Der **4. Zivilsenat des BGH** hat bereits in einem früheren Urteil festgestellt, dass § 28 Abs. 2 VVG kein gesetzliches Leistungskürzungsrecht beinhaltet,[68] (vgl. A.2.1.1 AKB Rdn. 33 ff.). Es erstaunt daher, dass sich der 12. Senat mit der

---

62 BGH Urt. v. 14.01.2015 – **XII ZR 176/13** – NJW 2015, 928 = DAR 2015, 141.

63 Ebenso OLG Saarbrücken Urt. v. 24.06.2015 – 2 U 73/14 – BeckRS 2016, 09658; vgl. auch LG Frankfurt/M. Urt. v. 04.08.-2021 – 2-13 O 333/20 – DAR 2021, 572.

64 BGH Urt. v. 24.10.2012 – **XII ZR 40/11** – r+s 2013, 12 = zfs 2013, 147; BGH Urt. v. 14.03.2012 – **XII ZR 44/10** – VersR 2012, 1573 = NJW 2012, 2501; ebenso OLG Saarbrücken Urt. v. 24.06.2015 – 2 U 73/14 – BeckRS 2016, 09658.

65 BGH Urt. v. 18.12.1989 – **II ZR 34/89** – VersR 1990, 384 = r+s 1991, 5.

66 Vgl. § 28 Abs. 2 VVG: »Bestimmt der Vertrag, dass …«.

67 BGH Urt. v. 11.10.2011 – **VI ZR 46/10** – VersR 2011, 1524 = r+s 2012, 14.

68 BGH Urt. v. 12.10.2011 – **IV ZR 199/10** – VersR 2011, 1550 = r+s 2012, 9.

insoweit abweichenden Auffassung des 4. Senats nicht auseinandersetzt und in seiner Entscheidung ausschließlich auf das Mietwagenurteil des 6. Senats verweist.[69]

Zum **Umfang des Regresses des VR** gegen den Kfz-Mieter und den berechtigten Fahrer nach erfolgtem Anspruchsübergang gemäß § 86 Abs. 1 S. 1 VVG vgl. im Übrigen A.2.8 AKB Rdn. 53 ff. Zur **Einstandspflicht des Kfz-Mieters** für von einem Dritten verursachte Fahrzeugschäden vgl. A.2.3 AKB Rdn. 37 ff. Zur **Wirksamkeitsprüfung einer Vertragsklausel** vgl. auch A.2.5.4 AKB Rdn. 32 ff. 29

II. Probleme bei der Umstellung von Altverträgen vor 2008 auf neue AKB (ab 2008)

Bei der Prüfung insbesondere der Höhe eines versicherungsrechtlichen Anspruches sind die jeweils im konkreten Einzelfall einschlägigen AKB der VR besonders sorgfältig zu überprüfen, (vgl. auch A.2.1.1 AKB Rdn. 10 ff.). Die meisten VR haben von den Musterbedingungen abweichende oder ergänzende Regelungen getroffen. Zudem haben nicht alle VR ihre noch auf dem alten VVG fußenden Versicherungsbedingungen **auf die neuen AKB 2008 umgestellt.** Hierzu hatte der Gesetzgeber den VR in Art. 1 Abs. 3 EGVVG eine Frist eingeräumt, wonach bei Altverträgen, die bis zum 31.12.2007 abgeschlossen wurden, dem VN notwendige Bedingungsänderungen bis spätestens einen Monat **vor dem 01.01.2009** in Textform mitgeteilt werden mussten unter gleichzeitiger Kenntlichmachung der Unterschiede. 30

Ein **bloßes Informationsschreiben**, welches den VN ohne inhaltliche Änderung der vereinbarten AKB lediglich über die neue Gesetzeslage unterrichtete, stellte **keine Vertragsanpassung** dar.[70] Hierzu hätte es vielmehr einer **Synopse** bedurft. Viele VR dürften aus Kostengründen auf die Umstellung des alten Vertragsbestandes verzichtet haben. Im Streitfall ist daher nicht nur zu prüfen, welche konkreten AKB bei Abschluss des Versicherungsvertrages vereinbart wurden, sondern auch, ob diese AKB durch Nachträge ergänzt, abgeändert und gemäß **Art. 1 Abs. 3 EGVVG** an die Vorschriften des neuen VVG angepasst wurden. 31

Für eine wirksame Umstellung obliegt dem **VR** der **Nachweis**, den er in der Regel nur dann wird erbringen können, wenn er dem VN die notwendigen Bedingungsänderungen per Einschreiben/Rückschein übersandt hat.[71] Ist dem VN nicht bekannt, welche AKB-Fassung seinem Vertrag zugrunde liegt, kann er vom VR die Übersendung der einschlägigen Versicherungsbedingungen sowie des Versicherungsscheines verlangen, **§ 3 Abs. 4 VVG.** Ergibt sich danach, dass für den Kaskoversicherungsvertrag noch auf das VVG a.F. bezogene AKB maßgeblich sind, ist im Einzelfall zu prüfen, ob und inwieweit die dann einschlägigen alten AKB den Regelungen des neuen VVG widersprechen und ggf. unwirksam sind.[72] 32

Für die Verletzung einer vertraglichen Obliegenheit durch den VN, die nach § 28 Abs. 2 VVG zu beurteilen ist, hat der **BGH**[73] entschieden, dass sich der VR auf die Obliegenheitsverletzung nicht berufen kann, sofern er den Versicherungsvertrag nicht rechtzeitig wirksam auf die neuen AKB 2008 umgestellt und von der Möglichkeit der Vertragsanpassung nach Art. 1 Abs. 3 EGVVG keinen Gebrauch gemacht hat. Denn die **AKB a.F.** sehen auch **bei grober Fahrlässigkeit** des VN eine **vollständige Leistungsfreiheit** des VR vor, weil sie sich an der gesetzlichen Regelung des alten Rechts in § 6 VVG a.F. orientieren. Diese Vorschrift ist mit der neuen Bestimmung in § 28 Abs. 2 Satz 2 VVG durch eine für den VN günstigere Regelung ersetzt worden. Dies hat zur Folge, dass 33

69 Ebenso kritisch Maier r+s 2013, 13.

70 OLG Hamm Urt. v. 11.01.2012 – 20 U 64/11 – r+s 2012, 288 = zfs 2012, 328.

71 Vgl. LG Berlin Urt. v. 09.08.2011 – 43 O 302/10 – r+s 2011, 384.

72 Zum Streitstand in der Literatur vgl. Maier r+s 2010, 497.

73 BGH Urt. v. 12.10.2011 – **IV ZR 199/10** – VersR 2011, 1550 = r+s 2012, 9 **unter Bestätigung** von OLG Köln Urt. v. 18.08.2010 – 9 U 41/10 – VersR 2011, 1592 = r+s 2010, 406 **(aus anderen Gründen aufgehoben) und** LG Köln Urt. v. 21.01.2010 – 24 O 458/09 – zfs 2010, 209 = r+s 2010, 104; **ebenso** LG Berlin Urt. v. 09.08.2011 – 43 O 302/10 – r+s 2011, 384; LG Nürnberg-Fürth Urt. v. 27.01.2010 – 8 O 10700/08 – r+s 2010, 145; vgl. auch Günther, zfs 2010, 362.

die an der alten Rechtslage ausgerichteten Bedingungen dem neuen Recht widersprechen, weil sie eine vertraglich vereinbarte Rechtsfolge zum Inhalt haben, die zum Nachteil des VN von der neuen gesetzlichen Regelung in § 28 Abs. 2 VVG abweicht. Denn danach kann sich der VR für den Fall einer grob fahrlässigen Obliegenheitsverletzung durch den VN nur auf ein **Leistungskürzungsrecht** berufen. Damit gilt die in den AKB a.F. vertragliche Obliegenheit gemäß **§ 32 VVG** als nicht (mehr) wirksam vereinbart, weil sie eine von § 28 Abs. 2 S. 2 VVG abweichende Rechtsfolgenregelung zum Inhalt hat. Dies führt zur gänzlichen Unwirksamkeit der Vertragsklausel gemäß **§ 307 Abs. 1 S. 1, Abs. 2 Nr. 1 BGB**. Eine auf den Kerngehalt der Klausel geltungserhaltene Reduktion findet nicht statt.[74]

34 Die **gegenteilige Auffassung,**[75] wonach es lediglich erforderlich sei, dass die Obliegenheit, nicht aber die Rechtsfolge wirksam vereinbart sei, so dass im Falle einer unterbliebenen Vertragsanpassung die gesetzlichen Rechtsfolgen des § 28 Abs. 2 VVG zum Tragen kämen, ist vor dem Hintergrund der genannten BGH-Entscheidung als **überholt** anzusehen. Die fehlende Anpassung der AKB a.F. an das neue VVG 2008 hat zur Konsequenz, dass **Verstöße des VN gegen vertraglich vereinbarte Obliegenheiten** – abgesehen von der verbleibenden Möglichkeit des VR, sich auf die Verletzung gesetzlicher Obliegenheiten (z.B. § 81 Abs. 2 VVG oder §§ 23 ff. VVG) zu berufen – **folgenlos bleiben.** Denn entgegen § 28 Abs. 2 S. 1 VVG »bestimmt« der Vertrag (d.h. die AKB) dann gerade eben nicht mehr, dass der VR bei der Verletzung einer vom VN zu erfüllenden »vertraglichen Obliegenheit« leistungsfrei wird.

35 Da **§ 28 Abs. 2 S. 2 VVG kein gesetzliches Leistungskürzungsrecht** enthält, sondern eine vertragliche Vereinbarung über die Sanktion einer Obliegenheitsverletzung voraussetzt,[76] hat die ursprünglich (wirksam) vereinbarte Vertragsklausel wegen Verstoßes gegen § 28 Abs. 2 VVG keinen Bestand mehr. Dem VR bleibt nur die **Möglichkeit**, unter den Voraussetzungen des § 28 Abs. 1 VVG den Versicherungsvertrag **fristlos zu kündigen.**

36 In gleicher Weise kann sich der VR zur Begründung eines **Regressanspruches** bei fehlendem Nachweis des Zuganges einer Vertragsänderung mit Anpassung an das VVG n.F. nicht auf seine AKB a.F. berufen; insoweit sind Regressforderungen gegen den VN selbst bei vorsätzlichen Obliegenheitsverstößen nicht durchsetzbar.[77]

37 **Außerhalb des Bereiches der vertraglich vereinbarten Obliegenheiten** hat der VR jedoch weiterhin die Möglichkeit, sich auf die grob fahrlässige Herbeiführung eines Versicherungsfalles nach § 81 Abs. 2 VVG oder eine Gefahrerhöhung nach § 23 ff. VVG zu berufen, da sich bei diesen Regelungen die **Rechtsfolgen unmittelbar aus dem Gesetz** ergeben.[78] **Verstößt** eine in den AKB a.F. verankerte **Vertragsklausel gegen** gesetzliche Bestimmungen, indem sie z.B. entgegen **§ 81 Abs. 2 VVG** noch eine generelle Leistungsfreiheit bei einer grob fahrlässigen Herbeiführung des Versicherungsfalles vorsieht, so stellt zwar auch eine solche Regelung eine unangemessene Benachteiligung des VN gemäß § 307 Abs. 2 Nr. 1 BGB dar, was zur Unwirksamkeit der Klausel gemäß § 307 Abs. 1 S. 1 BGB führt; die dadurch entstehende Vertragslücke kann jedoch geschlossen werden, indem anstelle der unwirksamen Klausel der Grundgedanke der gesetzlichen Regelung des § 81 Abs. 2 VVG zum Tragen kommt.[79]

38 Sofern der VN aus der unterbliebenen Anpassung der AKB an die Rechtslage des neuen VVG Nachteile erleidet, kann sich eine **Schadenersatzverpflichtung des VR** nach § 6 Abs. 5 VVG **wegen**

---

74 BGH Urt. v. 12.10.2011 – **IV ZR 199/10** – VersR 2011, 1550 = r+s 2012, 9 (**mit ausführlicher Darstellung des Meinungsstandes**); vgl. Günther/Spielmann VersR 2012, 549 ff.

75 LG Ellwangen Urt. v. 20.08.2010 – 4 O 69/10 – VersR 2011, 62 = zfs 2011, 30; LG Erfurt Urt. v. 08.06.2010 – 8 O 1204/09 – VersR 2011, 335.

76 Vgl. BGH Urt. v. 18.12.1989 – **II ZR 34/89** – VersR 1990, 384 = r+s 1991, 5.

77 OLG Celle Urt. v. 29.09.2011 – 8 U 58/11 – VersR 2012, 753 = zfs 2012, 513.

78 BGH Urt. v. 12.10.2011 – **IV ZR 199/10** – VersR 2011, 1550 = r+s 2012, 9.

79 BGH Urt. v. 11.10.2011 – **VI ZR 46/10** – r+s 2012, 14 = NJW 2012, 222; **a.A.** noch LG Nürnberg-Fürth Urt. v. 27.01.2010 – 8 O 10700/08 – r+s 2010, 145.

Beratungsverschuldens ergeben. Das gleiche gilt für den Fall, dass der VR es unterlässt, den VN auf inzwischen vorteilhaftere AKB mit umfassenderem Versicherungsschutz hinzuweisen, da dem VR auch während der Dauer eines laufenden Vertragsverhältnis gegenüber dem VN eine Beratungspflicht obliegt, § 6 Abs. 4 VVG. Voraussetzung ist allerdings stets ein für den VR erkennbarer diesbezüglicher Beratungsbedarf des VN. Dieser ist zu bejahen, wenn der VR entweder aufgrund von Verhandlungen anlässlich von Vertragsänderungen oder aufgrund der Informationen, die er besitzt, bereits entstandene oder zu erwartende Deckungslücken erkennen kann.[80] Bei entsprechend unterbliebener Aufklärung des Versicherungsvermittlers ist an eine Haftung nach § 280 BGB zu denken. Vgl. **zu Fragen des Beratungsverschuldens** ausführlich auch A.2.1.1 AKB Rdn. 55 ff. und A.2.4 AKB Rdn. 4 ff.

III. Beweislastverteilung in der Kaskoversicherung

1. Grundsätzliches

Auch im Versicherungsrecht gilt vorrangig der zivilprozessuale Grundsatz, dass jede Partei die tatsächlichen Voraussetzungen der für sie günstigen Normen beweisen muss. 39

Die **primäre Risikobegrenzung** einer versicherungsvertraglichen Klausel beschreibt das **versicherte Risiko** und damit die Gesamtheit aller Voraussetzungen, bei deren Vorliegen eine Eintrittspflicht des VR begründet ist. Die Beweislast hierfür obliegt dem VN. Er muss Tatsachen für das Vorliegen aller Voraussetzungen des von ihm geltend gemachten Anspruches dartun und beweisen. Nur dann ist der Nachweis für den Eintritt des Versicherungsfalles geführt. Erforderlich ist grundsätzlich der Vollbeweis (§ 286 Abs. 1 ZPO). 40

Die **sekundäre Risikobegrenzung** umschreibt diejenigen Konstellationen, bei denen der VR trotz Eintritts des Versicherungsfalles nicht leistet. Der VR will bestimmte Risiken von vornherein nicht übernehmen, weshalb er mit dem VN **Risikoausschlüsse** vereinbart. Dadurch legt er fest, unter welchen Voraussetzungen keine Leistungspflicht besteht. Das Vorliegen eines Risikoausschlusses hat der VR voll zu beweisen. Weder für den Nachweis eines subjektiven Risikoausschlusses (z.B. in A.2.9.1 AKB, § 81 VVG bei der vorsätzlichen oder grob fahrlässigen Herbeiführung des Versicherungsfalles), noch für den eines objektiven Risikoausschlusses (z.B. in A.2.2.1.2b AKB bei der Unterschlagung eines Kfz durch denjenigen, dem es zum Gebrauch im eigenen Interesse überlassen wird) gibt es einen Anscheinsbeweis zugunsten des VR. 41

Die **tertiäre Risikobegrenzung** stellt eine Gegenausnahme zum Risikoausschluss dar. Obwohl ein Risikoausschluss eingreift, besteht trotzdem Versicherungsschutz. Diese Voraussetzungen muss wiederum der VN voll beweisen. 42

2. Beweiserleichterungen

Abweichend von den obigen Grundsätzen bestehen in der Teilkaskoversicherung **für den Bereich des Fahrzeugdiebstahls** Beweiserleichterungen für den VN und den VR durch eine Beweismaßabsenkung, (vgl. hierzu A.2.2.1 AKB Rdn. 144 ff. und A.2.2.1 AKB Rdn. 173 ff.). 43

3. Substanziierungslast

Von der Beweislast ist die Substanziierungslast zu unterscheiden. Ist einer beweisbelasteten Prozesspartei sachgerechter Vortrag nur deshalb nicht möglich, weil sich die betreffenden **Vorgänge in der Sphäre der anderen Partei** abgespielt haben, so besteht für diese Partei im Rahmen des Grundsatzes von Treu und Glauben eine **sekundäre Darlegungslast** und damit die Verpflichtung, zu den nur ihr bekannten Vorgängen so substanziiert vorzutragen, wie ihr dies möglich und zumutbar ist. Die andere (beweisbelastete) Prozesspartei hat diesen Vortrag sodann zu widerlegen. An der Beweislast ändert dies nichts. Hat z.B. der VR einen Vertrag aufgrund behaupteter Falschangaben des VN 44

80 OLG Karlsruhe Urt. v. 15.01.2013 – 12 U 121/12 – VK 2013, 55.

wegen arglistiger Täuschung angefochten, so hat der VN darzulegen, wieso es zu den Falschangaben gekommen ist. Diese muss der VR sodann widerlegen. Für die Arglist des VN bleibt der VR weiterhin beweispflichtig.[81]

45 Entsprechendes gilt z.B. auch bei der **Führung des Kausalitätsgegenbeweises durch den VN** im Rahmen des E.2.2 AKB, § 28 Abs. 3 S. 1 VVG. Der VR muss im Rahmen seiner sekundären Darlegungslast die konkrete Möglichkeit eines für ihn günstigeren Ergebnisses aufzeigen. Dazu muss er vortragen, welche Maßnahmen er bei rechtzeitiger Erfüllung der vertraglichen Obliegenheit getroffen hätte und zu welchem Erfolg diese Maßnahmen geführt hätten bzw. welchen Erfolg er sich hiervon versprochen hätte. Um den Kausalitätsgegenbeweis erfolgreich führen zu können, muss der VN diese Behauptungen sodann widerlegen.[82]

4. Vollbeweis des § 286 Abs. 1 ZPO

46 Obliegt einer Prozesspartei für den von ihr behaupteten Prozessvortrag der Vollbeweis, so ist es nicht erforderlich, dass die zu beweisenden Tatsachenbehauptungen in ihrer Gesamtschau eine unumstößliche Gewissheit ergeben. Vielmehr **genügt ein für das praktische Leben brauchbarer Grad an Gewissheit, der Zweifeln Schweigen gebietet, ohne sie völlig auszuschließen.**[83] Die tatrichterliche Beweiswürdigung muss auf einer tragfähigen Tatsachengrundlage beruhen und die vom Gericht gezogenen Schlussfolgerungen dürfen sich nicht nur als bloße Vermutungen erweisen. Eine mathematische, jede Möglichkeit eines abweichenden Geschehensablaufes ausschließende, von niemandem mehr anzweifelbare Gewissheit ist jedoch nicht erforderlich.[84]

IV. Vorläufige Deckung und Beratungsverschulden

1. Rechtliche Bedeutung der vorläufigen Deckung

47 Die vorläufige Deckung ist gesetzlich in den **§§ 49–52 VVG** verankert. Dabei geht es vornehmlich um den Schutz in der Kfz-Haftpflichtversicherung ab Zulassung des Kfz bzw. bei Ummeldung ab Einreichung der Versicherungsbestätigung bei der Zulassungsstelle (vgl. § 9 S. 1 KfzPflVV). Grundsätzlich sichert der VR dem VN mit der **Aushändigung der Versicherungsbestätigung** nicht gleichzeitig auch einen vorläufigen Versicherungsschutz in der Kaskoversicherung zu. Dazu bedarf es nach dem Wortlaut in B.2.2 S. 1 AKB vielmehr einer »ausdrücklichen« Vereinbarung (vgl. aber A.2.1.1 AKB Rdn. 55 ff.). Mit der Erteilung einer vorläufigen Deckungszusage durch den VR wird ein von dem eigentlichen (Haupt)-Versicherungsvertrag losgelöster, gesonderter, **rechtlich selbstständiger Versicherungsvertrag** begründet, der dem Abschluss des eigentlichen Hauptvertrages vorgeschaltet ist. Er lässt somit bereits vor Beginn eines materiellen Versicherungsschutzes aus dem Hauptvertrag und völlig unabhängig von diesem für den VN einen Anspruch auf Versicherungsschutz entstehen.

48 Die vorläufige Deckung bietet dem VN somit den optimalen **Schutz vor Schadenrisiken** in der Zeit **zwischen Antragstellung und Abschluss des Hauptvertrages.** Der **Inhalt des Vertrages** richtet sich nach den Bestimmungen des VVG und derjenigen AKB, die vom VR für die vorläufige Deckung zum Zeitpunkt des Vertragsschlusses üblicherweise verwendet werden bzw. nach den Bedingungen, die gelten würden, wenn das Versicherungsverhältnis bereits ein endgültiges wäre,[85] (vgl. § 49 Abs. 2 S. 1 VVG). **Im Zweifel werden** die vom VR verwendeten **Bedingungen Vertragsbestandteil, die für den VN am günstigsten sind,** § 49 Abs. 2 S. 2 VVG.

---

81 **A.A.** mit Fehlzitaten: OLG Frankfurt/M. Urt. v. 02.05.2001 – 7 U 58/00 – r+s 2001, 401 = zfs 2001, 117.

82 Vgl. BGH Urt. v. 04.04.2001 – **IV ZR 63/00** – VersR 2001, 756, 757 = r+s 2001, 361.

83 Vgl. OLG München Urt. v. 06.07.2012 – 10 U 3111/11 – BeckRS 2012, 19007.

84 St.Rspr., z.B. BGH Urt. v. 22.11.2006 – **IV ZR 21/05** – VersR 2007, 1429 = r+s 2007, 59 m.w.N.; OLG Köln Urt. v. 28.10.2005 – 9 U 156/04 – r+s 2006, 21 = zfs 2006, 161.

85 OLG Saarbrücken Urt. v. 12.03.2003 – 5 U 460/01-33 – NJW-RR 2003, 814.

2. Beendigung der vorläufigen Deckung

Ob der endgültige Versicherungsvertrag später zustande kommt oder nicht, ist für den Versicherungsschutz aus der vorläufigen Deckung unbeachtlich.[86] Daher **endet die vorläufige Deckung** auch grundsätzlich **nicht rückwirkend**, wenn der Abschluss des Hauptvertrages aufgrund einer Weigerung des VR nicht zustande kommt oder der VN keinen Antrag stellt,[87] **sondern erst** 49

- mit Beginn des Versicherungsschutzes aus dem Hauptvertrag oder einem weiteren Vertrag über eine vorläufige Deckung mit gleichartigem Versicherungsschutz, **§ 52 Abs. 1 S. 1 VVG i.V.m. B.2.3 AKB**,
- wenn der VN die Prämie nicht oder verspätet zahlt, **§ 52 Abs. 1 S. 2 VVG**, und zwar zulässigerweise auch rückwirkend bei Vereinbarung der Klausel in **B.2.4 AKB**,[88]
- wenn der VN einen Hauptvertrag oder einen weiteren Vertrag über eine vorläufige Deckung bei einem anderen VR abschließt, **§ 52 Abs. 2 VVG**,
- wenn der VR die vorläufige Deckung kündigt, **§ 52 Abs. 4 S. 1 VVG i.V.m. B.2.5 AKB**, oder
- wenn der VN den Hauptvertrag nach § 8 VVG widerruft oder nach § 5 Abs. 1 und 2 VVG einen Widerspruch erklärt, **§ 52 Abs. 3 VVG i.V.m. B.2.6 AKB.**

Soweit nach vorläufiger Deckungszusage in der Kaskoversicherung der **Hauptvertrag mit geringerem Leistungsumfang** zustande kommt, z.B. nur in der Haftpflichtversicherung, soll die vorläufige Deckung ebenfalls enden, weil für eine Fortgeltung des vorläufigen Versicherungsschutzes kein Grund mehr bestehe.[89] Das dürfte zweifelhaft sein. Der VR sollte in einem solchen Fall zur Vermeidung von Unklarheiten die vorläufige Deckung kündigen. 50

3. Versicherungsschutz und Beratungsverschulden nach alten AKB (vor 2008)

Bei Beantragung einer Versicherungsbestätigung durch den VN im Zusammenhang mit der Zulassung seines Kfz wird zwar, anders als in der Kfz-Haftpflichtversicherung, ein vorläufiger Deckungsschutz in der Kaskoversicherung grundsätzlich nicht ohne weiteres begründet. Die Rechtsprechung hat diesen Grundsatz aber in der Vergangenheit aufgeweicht. Stellt der (künftige) VN einen **einheitlichen Antrag auf Abschluss einer Kfz-Haftpflicht- und Kaskoversicherung** und wird ihm daraufhin eine Versicherungsbestätigung nach § 23 FZV (früher: **Doppelkarte**) übergeben oder erhält er eine elektronische Versicherungsbestätigung (**eVB**), ist der VR auch zur Gewährung von vorläufigem Deckungsschutz in der Kaskoversicherung verpflichtet, wenn er bzw. der für ihn handelnde **Versicherungsvertreter** den VN nicht unmissverständlich darauf hinweist, dass die vorläufige Deckung nur auf die Kfz-Haftpflichtversicherung beschränkt ist.[90] Dies gilt auch in den Fällen, in denen der VN die eVB von einem **Versicherungsmakler** erhält. Denn der Versicherungsvertrag kommt bereits mit Erteilung der eVB zustande. Der Makler wird durch die Weitergabe der eVB an den VN ausschließlich im Aufgabenkreis des VR tätig und ist aus Sicht des VN auch berechtigt, den VR entsprechend rechtswirksam auch im Rahmen eines vorläufigen Deckungsvertrages in der Kaskoversicherung zu verpflichten.[91] Eine Ausnahme besteht nur dann, wenn der Versicherungsmakler 51

---

86 BGH Urt. v. 14.07.1999 – **IV ZR 112/98** – VersR 1999, 1274 = zfs 1999, 522.

87 Vgl. BGH Urt. v. 25.01.1995 – **IV ZR 328/93** – VersR 1995, 409 = r+s 1995, 124; OLG Hamm Urt. v. 28.05.1997 – 20 U 5/97 – NJW-RR 1998, 27.

88 Vgl. Rixecker zfs 2007, 314, 315.

89 OLG Saarbrücken Urt. v. 22.03.2000 – 5 U 818/99-53 – VersR 2001, 323 = r+s 2000, 405.

90 BGH Urt. v. 14.07.1999 – **IV ZR 112/98** – VersR 1999, 1274 = NJW 1999, 3560; BGH Urt. v. 19.03.1986 – **IVa ZR 182/84** – VersR 1986, 541 = r+s 1986, 144; KG Urt. v. 11.02.2014 – 6 U 64/12 – VersR 2015, 1285 = zfs 2015, 335; OLG Schleswig Urt. v. 24.05.2007 – 7 U 64/06 – MDR 2007, 1422; OLG Saarbrücken Urt. v. 20.04.2006 – 5 U 575/05 – VersR 2006, 1353 = zfs 2006, 514; OLG Köln Urt. v. 24.10.2000 – 9 U 34/00 – VersR 2002, 970 = zfs 2001, 120; OLG Frankfurt/M. Urt. v. 09.08.2000 – 7 U 50/00 – r+s 2001, 103 = zfs 2000, 21; OLG Hamm Urt. v. 06.03.1998 – 20 U 221/97 – r+s 1998, 404; OLG Koblenz Urt. v. 25.07.1997 – 10 U 737/96 – VersR 1998, 311; OLG Hamm Urt. v. 26.04.1989 – 20 U 252/88 – VersR 1990, 82 = NZV 1990, 74; Himmelreich/Halm/Staab/*Papatheodorou* Kap. 23 C Rn. 122; Himmelreich/Halm/*Bartholomy* Teil 1 Abschnitt B Kap. 20 Rn. 8.

91 KG Urt. v. 09.12.2014 – 6 U 22/14 – r+s 2015, 287 = zfs 2015, 337.

vom VN damit betraut war, den »passenden« Versicherungsschutz auszuwählen und den Versicherungsvertrag abzuschließen. Dann nämlich tritt er gegenüber dem VR als Vertreter des VN auf, so dass eine vorläufige Deckungszusage auch für den Kaskoschutz durch Abrufen der eVB beim VR nur zustande kommt, wenn der Wunsch des VN auch an einer vorläufigen Kaskodeckung dem VR nachweislich übermittelt wurde.[92]

52 Diese Grundsätze gelten auch dann, wenn später **kein Hauptvertrag** zustande kommt, der VN aber nachweisen kann, den Wunsch nach Abschluss einer Kaskoversicherung in den Verhandlungen erwähnt zu haben.[93] Allein die Tatsache, dass das **Vorgängerfahrzeug kaskoversichert** war, reicht nicht aus, um den vom VN gewünschten Versicherungsumfang hinreichend deutlich zu bestimmen.[94] Behauptet der VR, auf die beschränkte vorläufige Deckung nur in der Kfz-Haftpflichtversicherung **ausdrücklich hingewiesen** zu haben, hat er hierfür die Beweislast. Will der VR den Nachweis mit Hilfe der dem VN übergebenen Versicherungsbestätigung führen, bedarf es einer ausdrücklichen, drucktechnisch hervorgehobenen Beschränkung des Versicherungsschutzes nur auf den Haftpflichtbereich.[95]

53 Ein bloß **formularmäßiger Hinweis auf der Versicherungsbestätigung** reicht für die Haftungsbeschränkung nicht aus,[96] da der VN nicht damit rechnen muss, dass die Versicherungsbestätigung neben Erklärungen für die Zulassungsstelle auch solche enthält, die an ihn gerichtet sind und durch die der Versicherungsschutz eingeschränkt werden könnte.[97] Ist die Frage der **Selbstbeteiligung** offen geblieben, kann das Gericht diese Einigungslücke nach § 315 Abs. 3 S. 2 BGB schließen und eine Selbstbeteiligung nach billigem Ermessen festsetzen.[98]

54 Eine **stillschweigende Einbeziehung der Kaskoversicherung in die vorläufige Deckung** gilt sogar, wenn der VN den Wunsch nach einem (vorläufigen) Kaskoversicherungsschutz dem VR **(fern) mündlich** mitteilt. Sie gilt unabhängig davon, ob der VN gleichzeitig einen Antrag für den Hauptvertrag stellt und auch unabhängig von einem Antrag auf Abschluss einer Kfz-Haftpflichtversicherung, also z.B. auch dann, wenn der VN für einen kurz bevorstehenden Urlaub Kaskoschutz begehrt und schon einen Scheck in Höhe der zu erwartenden Prämien überreicht[99] oder auch dann, wenn der VN bei der mündlichen oder telefonischen Bitte an den Versicherungsvertreter, ihm eine Versicherungsbestätigung nach § 23 FZV zu überlassen, seine Absicht äußert, das vom Voreigentümer bisher vollkaskoversicherte Fahrzeug **»zu den bisherigen Bedingungen« weiter versichern** zu wollen.[100] In diesem Fall ist offenkundig, dass es dem VN darauf ankommt, schon vor Erteilung der Police und damit vor Abschluss des Hauptvertrages vorläufigen Deckungsschutz zu erhalten.

4. Versicherungsschutz und Beratungsverschulden nach neuen AKB (ab 2008)

55 Diese Rechtsprechung hat auch unter der Geltung von **B.2.2 AKB**, wonach eine vorläufige Deckung in der Kaskoversicherung grundsätzlich nur besteht, wenn sie vom VR »ausdrücklich« zugesagt wurde, weiter Bestand. Denn sie beruht auf dem aus § 242 BGB entwickelten Gedanken, dass bei dem VN die Vorstellung erweckt wird, der VR behandele die kombinierten Versicherungen

---

92 KG Urt. v. 11.02.2014 – 6 U 64/12 – VersR 2015, 1285 = zfs 2015, 335.

93 BGH Urt. v. 14.07.1999 – **IV ZR 112/98** – VersR 1999, 1274 = NJW 1999, 3560; OLG Saarbrücken Urt. v. 20.04.2006 – 5 U 575/05 – VersR 2006, 1353 = zfs 2006, 514; vgl. auch KG Urt. v. 29.05.2020 – 6 U 102/19 – zfs 2020, 630.

94 AG Pirmasens Urt. v. 27.06.2007 – 3 C 98/07 – zfs 2008, 33.

95 OLG Karlsruhe Urt. v. 20.07.2006 – 12 U 86/06 – zfs 2006, 632 = NZV 2007, 85 = r+s 2006, 414.

96 BGH Urt. v. 14.07.1999 – **IV ZR 112/98** – VersR 1999, 1274 = NJW 1999, 3560; OLG Saarbrücken Urt. v. 20.04.2006 – 5 U 575/05 – VersR 2006, 1353 = zfs 2006, 514; OLG Köln Urt. v. 24.10.2000 – 9 U 34/00 – VersR 2002, 970; OLG Frankfurt/M. Urt. v. 09.08.2000 – 7 U 50/00 – r+s 2001, 103 = zfs 2000, 21.

97 BGH Urt. v. 14.07.1999 – **IV ZR 112/98** – VersR 1999, 1274 = NJW 1999, 3560.

98 OLG Saarbrücken Urt. v. 20.04.2006 – 5 U 575/05 – VersR 2006, 1353 = zfs 2006, 514.

99 Vgl. OLG Hamm Urt. v. 06.05.1992 – 20 U 344/91 – VersR 1992, 1462.

100 OLG Köln Urt. v. 24.10.2000 – 9 U 34/00 – VersR 2002, 970 = zfs 2001, 120; OLG Saarbrücken Urt. v. 22.03.2000 – 5 U 818/99 – VersR 2001, 323.

(Haftpflicht und Kasko) im Stadium des vorläufigen Deckungsschutzes einheitlich, solange ihm nichts Gegenteiliges mitgeteilt wird.[101] Für die Bewusstseinslage des durchschnittlichen VN, dem die **rechtliche Selbstständigkeit von Haftpflicht- und Kaskoversicherung** häufig nicht bekannt ist und der seine Kfz-Versicherung als einen einheitlichen Vertrag begreift, besteht im Vergleich zur alten Rechtslage daher kein Unterschied.

Im Übrigen treffen sowohl den **VR**, als auch die **Versicherungsvermittler** (§ 59 Abs. 1 VVG), zu denen Versicherungsvertreter (§ 59 Abs. 2 VVG, früher: Versicherungsagenten), aber auch Versicherungsmakler (§ 59 Abs. 3 VVG) gehören, umfassende **Beratungs-, Dokumentations- und Aufklärungspflichten**. Diese sind für den VR in **§ 6 VVG** und für die Versicherungsvermittler in den **§§ 60, 61 VVG** normiert. Die Pflichten bestehen nur dann, wenn und soweit nach der Schwierigkeit der angebotenen Versicherung oder nach der Person oder Situation des Kunden ein **Beratungsanlass** oder **konkreter Beratungsbedarf** besteht. Bei Verletzung dieser Pflichten durch den VR ergibt sich eine **Schadenersatzverpflichtung** des VR nach **§ 6 Abs. 5 VVG**, bei Verletzung durch einen Versicherungsvermittler nach **§ 63 VVG**. In beiden Fällen wird ein schuldhaftes Verhalten des VR bzw. Versicherungsvermittlers vermutet. Es handelt sich um spezialgesetzliche Regelungen, die bei einem infrage stehenden Beratungsverschulden die allgemeinen Schadenersatzvorschriften verdrängen, (vgl. im Übrigen zu den **Beratungspflichten** vor Abschluss und während der Dauer des Vertrages auch A.2.4 AKB Rdn. 4 ff. und A.2.1.1 AKB Rdn. 38). 56

a) Erfüllungshaftung des VR

Auch die Rechtsprechung zur Erfüllungshaftung des VR gilt unter den AKB 2008 weiter fort.[102] Der **Versicherungsvertreter ist »Auge und Ohr« des VR**, was sich ausdrücklich aus **§ 70 VVG** ergibt. Bei falschen Auskünften des Versicherungsvertreters über vertragswesentliche Punkte, insbesondere über den Versicherungsumfang, haftet der VR. Der VN darf auf die Richtigkeit der diesbezüglichen Erklärungen des Vertreters vertrauen. Er ist aus Sicht des VN der Fachmann. Der VR muss die Erklärungen gegen sich gelten lassen und hat den Vertrag entsprechend den erfolgten Zusagen des Vertreters zu erfüllen.[103] 57

Diese Vertrauens- oder Erfüllungshaftung des VR greift auch ein bei **unterlassener Aufklärung** durch den Versicherungsvertreter, wenn dieser aus dem Antragsgespräch mit dem VN erkennen muss, dass sich der VN über einen vertragswesentlichen Punkt unzutreffende Vorstellungen macht. Der Vertreter darf dann nicht schweigen, sondern muss den VN aufklären und belehren.[104] Dies kann auch erforderlich werden bei einer erkennbar falschen Vorstellung des VN, mit der vorläufigen Deckung in der Kfz-Haftpflichtversicherung sei automatisch auch eine solche in der Kaskoversicherung verbunden. Der VN ist dann so zu stellen, wie er stünde, wenn ihm ausdrücklich auch eine vorläufige Deckung in der Kaskoversicherung zugesagt worden wäre. 58

Für die Erfüllungshaftung ist es **unerheblich, ob der zugesagte Versicherungsschutz** bei diesem VR oder überhaupt bei einem anderen VR **versicherbar gewesen** wäre. Auch trifft die Erfüllungshaftung den VR **unabhängig von** einem eigenen **Verschulden** oder einem schuldhaften Verhalten seines Versicherungsvertreters. **§ 254 BGB** ist zulasten des VN **nicht anwendbar**, da es nicht um einen Schadenersatz-, sondern um einen Erfüllungsanspruch geht. Trotzdem kann der Anspruch des VN bei erheblichem Eigenverschulden entfallen, weil er dann nicht schutzwürdig ist,[105] z.B. wenn die Angaben des Versicherungsvertreters in offensichtlichem Widerspruch zu den klaren und eindeutigen Regelungen in den AKB stehen. Das gleiche gilt, wenn er mit dem Versicherungsvertreter zum Nachteil des VR **kollusiv zusammenwirkt**.[106] 59

---

101 Himmelreich/Halm/Staab/*Papatheodorou* Kap. 23 C Rn. 125.

102 Strittig, **a.A.** *Fricke* VersR 2015, 1090; vgl. Looschelders/*Pohlmann* § 6 VVG Rn. 26 ff.

103 BGH Urt. v. 19.09.2001 – **IV ZR 235/00** – VersR 2001, 1498 = NJW-RR 2002, 169; OLG Hamm Urt. v. 20.12.1996 – 20 U 139/96 – zfs 1997, 462.

104 OLG Köln Urt. v. 12.03.1992 – 5 U 145/91 – r+s 1992, 220; OLG Köln Urt. v. 30.08.1990 – 5 U 181/89 – r+s 1990, 325.

105 OLG Köln Beschl. v. 26.11.1990 – 5 W 55/90 – r+s 1991, 6.

106 Vgl. BGH Urt. v. 27.07.2008 – **IV ZR 270/06** – DAR 2008, 520 = VersR 2008, 765 = zfs 2008, 392.

60 Dem VR obliegen darüber hinausgehend grundsätzlich auch **Hinweispflichten nach § 5 VVG**, die aber **ausnahmsweise entfallen** können. Hat der VN einen einheitlichen Antrag auf Abschluss einer Kfz-Haftpflicht- und Kaskoversicherung gestellt, wird jedoch schon in dem vom VR vorbereiteten Antragsformular auf das Fehlen einer Kaskoversicherung hingewiesen, so ist der VR mangels Schutzbedürftigkeit des VN nicht verpflichtet, diesen bei der Übermittlung des Versicherungsscheines, aus dem sich nur der Haftpflichtschutz ergibt, gemäß § 5 Abs. 2 VVG auf eine Abweichung des Versicherungsscheines von seinem Antrag hinzuweisen.[107]

b) Schadenersatzhaftung des VR

61 **Neben der Erfüllungshaftung** steht zusätzlich eine Schadenersatzhaftung des VR, wenn er bzw. sein Versicherungsvertreter (§ 59 Abs. 2 VVG), dessen Verschulden sich der VR über § 278 BGB zurechnen lassen muss, die ihm in § 6 Abs. 1, 2 und 4 VVG gegenüber dem VN obliegenden Beratungspflichten schuldhaft verletzt, wobei das Verschulden kraft Gesetzes vermutet wird (§ 6 Abs. 5 S. 1 und 2 VVG). Dass beide Haftungsmöglichkeiten selbstständig nebeneinander stehen, war schon unter der Geltung des VVG a.F. anerkannt.[108] Allerdings ist der VR nicht verpflichtet, den VN bei Vertragsabschluss über alles aufzuklären, was durch den Vertrag nicht versichert ist.

62 Ein **Beratungsfehler kann nur angenommen werden**, wenn der VR aufgrund einer besonderen Interessen- oder Gefährdungslage ein gesteigertes Interesse beim VN hätte erkennen können, bestimmte Versicherungslücken zu schließen oder Risiken abzudecken, den VN aber trotzdem nicht über geeignete Absicherungsmöglichkeiten beraten hat.[109] Ein Beratungsverschulden liegt vor, wenn der Versicherungsvertreter erkennen kann, dass es dem VN gerade darauf ankommt, schon vor Abschluss des Hauptvertrages vorläufigen Deckungsschutz auch in der Kaskoversicherung zu erhalten. Diese **Haftung kann der VR** in seinen AKB auch **nicht abbedingen**, da eine abweichende Vereinbarung mit dem VN nach § 18 VVG unzulässig wäre. Ein **Direktversicherer** muss beim Vertragsabschluss im Internet nur auf die Leistungsunterschiede von Vollkasko und Teilkasko hinweisen; ihm obliegen keine darüber hinaus gehenden besonderen Beratungspflichten.[110] Kein Beratungsfehler eines Direktversicherers auch dann, wenn sich die erworbene Kasko-Deckung für den VN als unnütz erweist, weil der erst fünf Monate nach Erstzulassung abgeschlossene Tarif eine Neupreisentschädigung nur in solchen Fällen vorsieht, in denen der Vertragsbeginn nicht später als einen Monat nach Zulassung des Fahrzeugs erfolgte, was der VN bei Lektüre des ihm vom VR vor Vertragsabschluss zur Verfügung gestellten Informationsmaterials hätte erkennen können.[111]

63 Der **Beratungsfehler** muss **kausal für den Schaden** des VN geworden sein, wofür ein Anscheinsbeweis besteht.[112] An der Kausalität fehlt es nur dann, wenn der VN den vorläufigen Deckungsschutz in der Kaskoversicherung auch bei einem anderen VR nicht erhalten hätte. Ansonsten kann der VN verlangen, so gestellt zu werden, wie er bei ordnungsgemäßer Beratung (z.B. Hinweis durch den VR, dass die vorläufige Deckung nicht automatisch auch den Kaskobereich umfasst) gestanden hätte. Dabei kann bis zum Beweis des Gegenteils unterstellt werden, dass sich der **VN bei zutreffender Beratung beratungskonform verhalten**,[113] demnach auf der ausdrücklichen Zusage einer vorläufigen Deckung auch im Kaskobereich bestanden und diese Zusage vom VR auch erhalten hätte. Der VN kann also verlangen, so gestellt zu werden, als hätte die vermeidbare Deckungslücke nicht bestanden und er den erforderlichen Versicherungsschutz erhalten, sog. **»Quasideckung«**.[114]

---

107 OLG Saarbrücken Urt. v. 27.05.2009 – 5 U 481/08-58 – r+s 2009, 319.
108 BGH Urt. v. 20.06.1963 – **II ZR 199/61** – VersR 1963, 768.
109 KG Beschl. v. 08.06.2010 – 6 U 64/09 – zfs 2011, 329, 331.
110 AG Neuss Urt. v. 08.08.2018 – 80 C 2220/17 – r+s 2019, 386 = zfs 2020, 154.
111 OLG Saarbrücken Urt. v. 05.09.2024 – 5 U 91/23 – BeckRS 2024, 25466.
112 LG Wuppertal Urt. v. 04.08.2011 – 9 S 99/10 – JurionRS 2011, 25168.
113 Vgl. BGH Beschl. v. 03.02.2011 – **IV ZR 171/09** – VersR 2011, 622 = r+s 2011, 250.
114 Vgl. BGH Urt. v. 26.03.2014 – **IV ZR 422/12** – VersR 2014, 625 = r+s 2014, 228 (**zu den AHB 2008**); OLG Brandenburg Urt. v. 29.04.2015 – 11 U 90/10 – BeckRS 2015, 08565.

Wenn der VN bei dem in Anspruch genommenen oder einem anderen VR in vollem Umfange den gewünschten Versicherungsschutz erhalten hätte, kann der Schadenersatzanspruch nach § 6 Abs. 5 S. 1 VVG bis zur Höhe des vertraglichen Erfüllungsanspruches reichen. **Subsidiär** kommt auch ein Anspruch aus **§§ 311 Abs. 2 Nr. 1, 241 Abs. 2, 280 Abs. 1 BGB**, ggf. i.V.m. § 278 BGB, in Betracht.[115] 64

Erklärt der VN gegenüber dem Versicherungsvertreter, er wünsche für sein Fahrzeug eine Haftpflicht- nebst Teilkaskoversicherung und **unterzeichnet** daraufhin – wie schon beim Abschluss früherer Versicherungen – das **unausgefüllte Antragsformular blanko**, so kommt der Versicherungsvertrag einschließlich Teilkaskoversicherung auch dann zustande, wenn der Vertreter bei der Vervollständigung des Antragsformulars nur den Antrag auf Haftpflichtversicherung aufnimmt und der VR daraufhin den Versicherungsschein nur für die Haftpflichtversicherung erteilt, ohne auf die Abweichung von dem mündlichen Antrag hinzuweisen.[116] 65

Will der VN eine Kaskoversicherung bei einem anderen VR nur abschließen, wenn er **Versicherungsschutz »wie bisher«** bei seinem alten VR erhält und ermittelt der Versicherungsvertreter diesen Umfang nicht hinreichend mit der Folge, dass der neue Versicherungsschutz hinter dem bisherigen zurückbleibt, so haftet der VR auf Schadenersatz, wenn ein Ereignis eintritt, das nach dem alten Vertrag bei dem bisherigen VR versichert gewesen wäre, nach dem neuen Vertrag hingegen nicht versichert ist. Es ist dann grundsätzlich Deckung zu gewähren.[117] 66

Die Pflicht des Versicherungsvertreters, den VN nach seinen Wünschen und Bedürfnissen zu befragen, findet jedoch dort ihre Grenze, wo der **VN einen klar artikulierten, fest abgegrenzten Wunsch** äußert. Ist allen Beteiligten bekannt, dass das bisherige Fahrzeug nur haftpflicht- und teilkaskoversichert war, kann die Bitte des VN, sein neues Kfz »wie bisher« zu versichern, nur als eindeutiger, nicht zu hinterfragender Wunsch gewertet werden, auch für das Ersatz-Kfz nur eine Haftpflicht- und Teilkasko-, nicht aber eine Vollkaskoversicherung abschließen zu wollen.[118] 67

Anders als bei der Erfüllungshaftung **muss** der **VN** bei der Schadenersatzhaftung **vortragen und beweisen, dass er** bei richtiger Information und Aufklärung bei dem in Anspruch genommenen VR oder jedenfalls bei einem anderen Versicherungsunternehmen **den gewünschten Kaskoversicherungsschutz erhalten hätte.** Ein mögliches Mitverschulden des VN ist gemäß § 254 BGB zu berücksichtigen. 68

c) Schadenersatzhaftung des Versicherungsvermittlers

Auch die Versicherungsvermittler (§ 59 Abs. 1 VVG), gleichgültig, ob als **Versicherungsvertreter (§ 59 Abs. 2 VVG)** für einen bestimmten VR oder als **Versicherungsmakler** (**§ 59 Abs. 3 VVG**) beratend für den VN tätig, treffen nach den §§ 60, 61 Abs. 1 VVG Beratungs- und Dokumentationspflichten, bei deren Verletzung sie sich gegenüber dem VN nach **§ 63 VVG** schadenersatzpflichtig machen können. Auch hier ist im Prozess der Vortrag und Nachweis des VN erforderlich, dass das gewünschte Risiko (vorläufige Deckung in der Kaskoversicherung) bei dem in Anspruch genommenen oder jedenfalls bei einem anderen VR versicherbar gewesen wäre. Wie schon im Falle der Haftung des VR (vgl. A.2.1.1 AKB Rdn. 63) muss die behauptete **Beratungspflichtverletzung kausal für den** konkret eingetretenen **Schaden** geworden sein. Daran fehlt es, wenn der vom VN geltend gemachte Schaden auch dann eingetreten wäre, wenn es zu der von ihm behaupteten Pflichtverletzung des Vermittlers nicht gekommen wäre. Eine Falschberatung über fehlenden Vollkaskoschutz für ein rotes Kennzeichen führt daher mangels Kausalität nicht zu einer Haftung des VR, wenn der VN das Kennzeichen nicht außen am Kfz angebracht, sondern im Inneren des Fahrzeuges verwahrt hatte; denn bei dieser Sachlage hätte selbst dann kein Versicherungsschutz bestanden, wenn für das Kfz zum Schadenszeitpunkt ein Vollkaskoversicherungsvertrag bestanden hätte.[119] 69

115 Vgl. auch LG Aachen Urt. v. 25.06.2010 – 9 O 75/07 – r+s 2011, 253.
116 OLG Düsseldorf Urt. v. 03.08.1999 – 4 U 120/98 – VersR 2000, 1265.
117 OLG Koblenz Urt. v. 27.10.06 – 10 U 1615/05 – VersR 2007, 482 = NJW-RR 2007, 318.
118 OLG Hamm Urt. v. 04.12.2009 – 20 U 131/09 – VersR 2010, 1215 = r+s 2011, 88.
119 OLG Koblenz Beschl. v. 04.04.2011 – 10 U 1258/10 – r+s 2011, 464.

70 Die **persönliche Haftung** eines Versicherungsvertreters lässt sich mangels Vorliegen einer rechtlich verbindlichen Garantieerklärung allerdings nicht allein an dessen **mündlicher Zusage** gegenüber dem VN festmachen, er werde – nach bereits erfolgter Ablehnung des Vollkaskoversicherungsschutzes durch den VR – gleichwohl für den Abschluss einer Vollkasko sorgen. Solange der VN den Versicherungsschein nicht in Händen hat, darf er bei dieser Sachlage nicht darauf vertrauen, dass allein aufgrund der Zusage des Vertreters der gewünschte Versicherungsschutz im Schadenfall auch tatsächlich greift.[120]

71 Ein Beratungsverschulden kann sich auch aus einem **Beratungsversäumnis** im Zusammenhang mit dem **Wechsel zu einem anderen Versicherer** ergeben, wenn der Vermittler nur dessen Vorzüge anpreist, nicht aber über die Folgen und Risiken des Wechsels aufklärt (z.B. minderwertigerer Versicherungsschutz).[121] Bei der Beratung über die **Umstellung eines laufenden Versicherungsvertrages** auf neue Versicherungsbedingungen oder einen neuen Tarif handelt es sich um eine Beratung nach Vertragsschluss gemäß § 6 Abs. 4 VVG, so dass die Beratungspflichten nur den VR, nicht aber den Versicherungsvermittler treffen können.[122] Denn es geht nicht mehr um die Bedarfsermittlung im Zusammenhang mit dem erstmaligen Abschluss eines Versicherungsvertrages und damit um die Pflichten, deren Verletzung eine Schadenersatzpflicht des Vermittlers nach §§ 61, 63 VVG begründen kann. Soweit es um Beratungsfehler während der Vertragslaufzeit geht, ist eine persönliche Haftung des Vermittlers daher ausgeschlossen.

72 **Bei Verletzung anderer Pflichten** verbleibt es bei der allgemeinen Schadenersatzpflicht nach **§ 280 BGB**. Besteht keine vertragliche Beziehung, kommt ein Anspruch aus **§§ 241 Abs. 2, 311 Abs. 3 i.V.m. § 280 Abs. 1 BGB** in Betracht. Die insoweit eingreifende Eigenhaftung des Vermittlers setzt voraus, dass der VN dem Vermittler ein besonderes Vertrauen entgegengebracht hat. Dies ist nicht schon dann der Fall, wenn der Vermittler dem VN mehrere Versicherungsverträge vermittelt hat.[123] Vielmehr haftet er nur dann, wenn er durch sein Verhalten Einfluss auf die Entscheidung des VN genommen hat, indem er eine zusätzliche, von ihm persönlich ausgehende Gewähr für die Seriösität und die Erfüllung des Geschäfts geboten hat.[124]

73 Zu den Beratungspflichten des VR und Versicherungsvertreters im Zusammenhang mit beabsichtigten **Fahrten des VN in die Türkei** und **außereuropäische Regionen** vgl. A.2.4 AKB Rdn. 4 ff.

d) Darlegungs- und Beweislast

74 Die Beweislast für eine objektive Verletzung von Beratungspflichten durch den VR bzw. Versicherungsvermittler trägt grundsätzlich der VN.[125] Hierzu hat der **VN** zunächst **Anlass und Bedarf** für die behauptete unterlassene **Beratung** bzw. **Tatsachen** für eine **fehlerhafte** oder **unvollständige Beratung** darzulegen und zu beweisen. Ferner muss er den Nachweis erbringen, dass die nicht oder nicht ordnungsgemäß durchgeführte Beratung **ursächlich** für den entstandenen Schaden geworden ist.

75 Der **VR** hat sodann im Rahmen seiner sekundären Darlegungslast substanziiert – ggf. durch Vorlage der Beratungsdokumentation – im Einzelnen **vorzutragen, dass und wie er den VN** umfassend aufgeklärt **und worüber** er ihn im Einzelnen **beraten hat.**[126] Er darf sich nicht darauf beschränken, den Vortrag des VN mit Nichtwissen zu bestreiten.[127]

---

120 OLG Koblenz Beschl. v. 23.07.2009 – 5 U 692/09 – r+s 2010, 60.

121 Vgl. OLG Karlsruhe Urt. v. 15.09.2011 – 12 U 56/11 – VersR 2012, 856 = zfs 2012, 271.

122 LG Ingolstadt Urt. v. 29.12.2010 – 33 O 136/10 – VersR 2012, 1301.

123 OLG Celle Urt. v. 05.02.2009 – 8 U 186/09 – VersR 2009, 1205, 1206.

124 BGH Urt. v. 17.06.1991 – **II ZR 171/90** – VersR 1991, 1052 = NJW-RR 1991, 1241; OLG Celle Urt. v. 05.02.2009 – 8 U 186/09 – VersR 2009, 1205, 1206.

125 LG Koblenz Urt. v. 12.10.2011 – 16 O 145/10 – NJW-RR 2012, 1310.

126 OLG Frankfurt/M. Urt. v. 30.01.2014 – 12 U 146/12 – BeckRS 2014, 09479; LG Wuppertal Urt. v. 04.08.2011 – 9 S 99/10 – JurionRS 2011, 25168.

127 BGH Beschl. v. 03.02.2011 – **IV ZR 171/09** – VersR 2011, 622 = r+s 2011, 250.

Gelingt dem VR der Nachweis, dass er den VN nach Maßgabe des § 6 Abs. 1 VVG zutreffend und umfassend beraten hat, fehlt es an der für den Schadenersatzanspruch nach § 6 Abs. 5 VVG erforderlichen Pflichtverletzung des VR.[128] 76

Gelingt dem VR der Nachweis nicht, obliegt dem VN der weitere Nachweis, dass die Beratung pflichtwidrig unterlassen wurde oder aber fehlerhaft war.[129] Hierfür stehen dem **VN Beweiserleichterungen** zur Seite, weil der VR den wesentlichen Inhalt jedes Beratungsgespräches und das Beratungsergebnis gemäß § 6 Abs. 1 S. 2 VVG zu dokumentieren, d.h. schriftlich niederzulegen und dem VN zuzuleiten hat. 77

Vermag der **VR** über die behauptete Beratung **keine** schriftliche **oder** nur eine **unzulängliche Dokumentation** vorzulegen, streitet zugunsten des VN die Vermutung, dass die Beratung nicht oder jedenfalls nur in unzulänglicher Weise stattgefunden hat. Für das Gegenteil ist nun der VR beweispflichtig.[130] Der Schadenersatzanspruch des VN ist dem Grunde nach gegeben, wenn dem VR nicht der Nachweis gelingt, dass trotz der unterbliebenen oder unzulänglichen Dokumentation die von ihm behauptete vollständige und zutreffende Beratung gleichwohl erfolgt ist. 78

Die **Nichtvorlage einer Beratungsdokumentation ist unschädlich**, wenn weder eine Befragungs-, noch eine Beratungspflicht des VR bzw. Versicherungsvermittlers bestand,[131] (vgl. A.2.1.1 AKB Rdn. 56). 79

Zur **Beweislast** bei der **Schadenersatzhaftung** vgl. auch A.2.1.1 AKB Rdn. 68. 80

Der **haftungsausfüllende Kausalzusammenhang** zwischen dem Haftungsgrund und dem Eintritt des geltend gemachten Schadens ist nach dem Beweismaß des **§ 287 Abs. 1 ZPO** zu beurteilen; dabei ist zu prüfen, welchen Verlauf die Dinge ohne die Pflichtverletzung genommen hätten und wie sich die Vermögenslage des VN ohne die Pflichtverletzung darstellen würde; darlegungs- und beweisbelastet ist insoweit grundsätzlich der VN.[132] Demgegenüber trifft den VR bzw. Versicherungsvermittler die Darlegungs- und Beweislast dafür, dass der VN sich über die aus der Aufklärung und Beratung folgenden Verhaltensempfehlungen hinweggesetzt hätte und deshalb der Schaden auch bei vertragsgerechter und pflichtgemäßer Aufklärung und Beratung eingetreten wäre.[133] 81

e) Konkurrenzen

Prozessual ist von Bedeutung, dass VR und Versicherungsvertreter als Gesamtschuldner haften. Wird der Vertreter mitverklagt, scheidet er für den VR als Zeuge aus. 82

Bei **fehlerhafter Beratung allein durch einen Versicherungsmakler** steht dem VN kein (zusätzlicher) Schadenersatzanspruch gegen den VR zu, da der Makler in der Regel aufgrund eines Geschäftsbesorgungsvertrages (§§ 652, 675 BGB) für den VN die Vermittlung oder den Abschluss von Versicherungsverträgen übernimmt, ohne hierzu von einem VR betraut zu sein. Steht also der Makler ausschließlich »im Lager« des VN, **wird dem VR** die **Pflichtverletzung** des Maklers nach § 278 BGB **nicht zugerechnet.**[134] Allerdings kann dies **im Einzelfall** dann **anders** sein, wenn der VR auf ein eigenes System zum Vertrieb seiner Versicherungsprodukte verzichtet und sich stattdessen ausschließlich externer Vermittler bedient, zu denen nicht nur Versicherungsvertreter, sondern auch – normalerweise im »Lager« des VN stehende – Versicherungsmakler gehören; der VR muss 83

---

128 LG Koblenz Urt. v. 12.10.2011 – 16 O 145/10 – BeckRS 2012, 12896.

129 Vgl. BGH Beschl. v. 03.02.2011 – **IV ZR 171/09** – VersR 2011, 622 = r+s 2011, 250.

130 Vgl. BGH Urt. v. 13.11.2004 – **III ZR 544/13** – VersR 2015, 107 = r+s 2015, 216; OLG Saarbrücken Urt. v. 27.01.2010 – 5 U 337/09 – VersR 2010, 1181 = zfs 2010, 207.

131 OLG Hamm Urt. v. 04.12.2009 – 20 U 131/09 – VersR 2010, 1215 = r+s 2011, 88; **zur vorvertraglichen Beratungspflicht** vgl. auch Küster VersR 2010, 730.

132 Vgl. BGH Urt. v. 23.10.2014 – **III ZR 82/13** – r+s 2015, 579 = MDR 2015, 91 m.w.N.

133 Vgl. BGH Urt. v. 23.10.2014 – **III ZR 82/13** – r+s 2015, 579 = MDR 2015, 91 m.w.N.

134 Vgl. LG Köln Urt. v. 06.12.2011 – 21 O 251/11 – VersR 2012, 701.

sich in diesen Fällen die Erklärungen rechtlich selbstständiger Vermittler einschließlich ihrer Untervermittler zurechnen lassen.[135]

A.2.1.2 Mitversicherte Teile und nicht versicherbare Gegenstände

Versichert sind auch die unter A.2.1.2.1 und A.2.1.2.2 als mitversichert aufgeführten Fahrzeugteile und als mitversichert aufgeführtes Fahrzeugzubehör, sofern sie straßenverkehrsrechtlich zulässig sind (mitversicherte Teile). Bei Beschädigung, Zerstörung, Totalschaden oder Verlust von mitversicherten Teilen gelten die nachfolgenden Regelungen in A.2 entsprechend, soweit nichts anderes geregelt ist.

< Redaktioneller Hinweis: Falls eine Kaskoklausel nicht für mitversicherte Teile gelten soll, müsste dies in der jeweiligen Klausel ausdrücklich ausgeschlossen werden. >

A.2.1.2.1 Beitragsfrei mitversicherte Teile

Soweit in A.2.1.2.2 nicht anders geregelt, sind folgende Fahrzeugteile und folgendes Fahrzeugzubehör des versicherten Fahrzeugs ohne Mehrbeitrag mitversichert:

a Fest im Fahrzeug eingebaute oder fest am Fahrzeug angebaute Fahrzeugteile.

b Fest im Fahrzeug eingebautes oder am Fahrzeug angebautes oder im Fahrzeug unter Verschluss verwahrtes Fahrzeugzubehör. Voraussetzung ist, dass es ausschließlich dem Gebrauch des Fahrzeugs dient (z.B. Schonbezüge, Pannenwerkzeug) und nach allgemeiner Verkehrsanschauung nicht als Luxus angesehen wird.

c Im Fahrzeug unter Verschluss verwahrte Fahrzeugteile, die zur Behebung von Betriebsstörungen des Fahrzeugs üblicherweise mitgeführt werden (z.B. Sicherungen und Leuchtmittel).

d Schutzhelme (auch mit Wechselsprechanlage), solange sie bestimmungsgemäß gebraucht werden oder mit dem abgestellten Fahrzeug so fest verbunden sind, dass ein unbefugtes Entfernen ohne Beschädigung nicht möglich ist.

e Planen, Gestelle für Planen (Spriegel).

f Folgende außerhalb des Fahrzeugs unter Verschluss gehaltene Teile:
- **ein zusätzlicher Satz Räder mit Winter- oder Sommerbereifung,**
- **Dach-/Heckständer, Hardtop, Schneeketten und Kindersitze,**
- **nach a bis f mitversicherte Fahrzeugteile und Fahrzeugzubehör während einer Reparatur.**

A.2.1.2.2 Abhängig vom Gesamtneuwert mitversicherte Teile

Die nachfolgend unter a bis e aufgeführten Teile sind ohne Beitragszuschlag mitversichert, wenn sie im Fahrzeug fest eingebaut oder am Fahrzeug fest angebaut sind:
- **bei Pkw, Krafträdern, xx < *Alle gewünschten WKZ aufführen* > bis zu einem Gesamtneuwert der Teile von xx EUR (brutto) und**
- **bei sonstigen Fahrzeugarten (z.B. Lkw, xx <*Als Beispiele gewünschte WKZ aufführen*>) bis zu einem Gesamtneuwert der Teile von xx EUR (brutto)**

a Radio- und sonstige Audiosysteme, Video-, technische Kommunikations- und Leitsysteme (z.B. fest eingebaute Navigationssysteme),

b zugelassene Veränderungen an Fahrwerk, Triebwerk, Auspuff, Innenraum oder Karosserie (Tuning), die der Steigerung der Motorleistung, des Motordrehmoments, der Veränderung des Fahrverhaltens dienen oder zu einer Wertsteigerung des Fahrzeugs führen,

135 Vgl. BGH Beschl. v. 26.09.2012 – **IV ZR 71/11** – r+s 2013, 117 = VuR 2013, 231; **zu den Aufklärungs- und Beratungspflichten des Versicherungsmaklers** vgl. BGH Urt. v. 10.03.2016 – **I ZR 147/14** – VersR 2017, 158 = MDR 2016, 1086.

c individuell für das Fahrzeug angefertigte Sonderlackierungen und -beschriftungen sowie besondere Oberflächenbehandlungen,
d Beiwagen und Verkleidungen bei Krafträdern, Leichtkrafträdern, Kleinkrafträdern, Trikes, Quads,
e Spezialaufbauten (z.B. Kran-, Tank-, Silo-, Kühl- und Thermoaufbauten) und Spezialeinrichtungen (z.B. für Werkstattwagen, Messfahrzeuge, Krankenwagen).

Ist der Gesamtneuwert der unter a bis e aufgeführten Teile höher als die genannte Wertgrenze, ist der übersteigende Wert nur mitversichert, wenn dies ausdrücklich vereinbart ist.

Bis zur genannten Wertgrenze verzichten wir auf eine Kürzung der Entschädigung wegen Unterversicherung.

A.2.1.2.3 Nicht versicherbare Gegenstände

Nicht versicherbar sind alle sonstigen Gegenstände, z.B. Mobiltelefone und mobile Navigationsgeräte, auch bei Verbindung mit dem Fahrzeug durch eine Halterung, Reisegepäck, persönliche Gegenstände der Insassen.

Übersicht Rdn.

A. Allgemeines

1 Durch die im Gegensatz zu A.2.18 AKB 2008 neue Positionierung der Regelung zur Anwendung aller Kaskobestimmungen auch auf die mitversicherten Teile bringen die **AKB 2015** noch deutlicher als bisher zum Ausdruck, dass sich der Schutz der Kaskoversicherung nicht nur auf das Fahrzeug des VN als solches beschränkt (A.2.1.1 AKB), sondern auch auf bestimmte Fahrzeug- und Zubehörteile (A.2.1.2 AKB). Der Übersichtlichkeit halber wird in einer Untergliederung zwischen beitragsfrei mitversicherten Teilen (A.2.1.2.1 AKB), abhängig vom Gesamtneuwert mitversicherten Teilen (A.2.1.2.2 AKB) und nicht versicherbaren Gegenständen (A.2.1.2.3 AKB) unterschieden. Durch die neue Positionierung der Klausel als Grundregel und als **übergeordnete Bestimmung** gleich zu Anfang des Abschnitts über die Kaskoversicherung (A.2) wird deutlich, dass alle nachfolgenden Bestimmungen, insbesondere die Regelungen in A.2.5 AKB zu Höhe und Umfang des Entschädigungsanspruchs auch für die Entschädigung aller nach A.2.1.2 AKB mitversicherten Fahrzeug- und Zubehörteile anzuwenden sind.

2 Insbesondere die **Begrenzung der Ersatzleistung** auf den Wiederbeschaffungswert in A.2.5.1.1 und A.2.5.2.1 AKB und auf den Neupreis in A.2.5.6 AKB gilt damit auch für alle mitversicherten Fahrzeugteile und mitversichertes Fahrzeugzubehör, d.h. selbstständige Baugruppen wie den **Motor**, das **Autoradio**, einen **CD-Wechsler**[1] oder ein fest eingebautes **Navigationssystem.** Im Einzelfall kann aber auch eine Entschädigung auf **Basis des Neupreises** in Betracht kommen, entweder nach Maßgabe von A.2.5.6 AKB oder auch dann, wenn ein **Gebrauchtteilemarkt nicht existiert** oder auf einen solchen nur in für den VN **nicht zumutbarer Weise** zurückgegriffen werden kann, (vgl. A.2.1.2 AKB Rdn. 61 ff.).

B. Regelungsgehalt – Was ist versichert? – A.2.1 AKB (§ 12 Abs. 1 AKB 2007 a.F. i.V.m. der Liste der Fahrzeug- und Zubehörteile; A.2.1 AKB 2008 a.F.)

I. Mitversicherte Teile und nicht versicherbare Gegenstände – A.2.1.2 AKB

1. Umfang des Versicherungsschutzes

3 Durch A.2.1.2 AKB wird klargestellt, dass nicht nur das versicherte Fahrzeug als Ganzes, sondern auch bestimmte Fahrzeug- und Zubehörteile gegen die in A.2.1.1 AKB beschriebenen Gefahren versichert sind. Ohne besondere Voraussetzungen mitversichert sind **Fahrzeugteile**, die fest im Fahrzeug ein- oder am Fahrzeug angebaut sind, A.2.1.2.1a AKB. **Zubehörteile** sind mitversichert, sofern sie entweder ausdrücklich in A.2.1.2.1 oder A.2.1.2.2 AKB aufgeführt sind oder jedenfalls unter die Generalklausel in A.2.1.2.1b AKB fallen. Für alle Teile steht eine Mitversicherung gemäß A.2.1.2 AKB unter der weiteren Voraussetzung, dass es sich um straßenverkehrsrechtlich zulässige Fahrzeug- oder Zubehörteile handelt. Der Versicherungsschutz für Fahrzeug- und Zubehörteile setzt nicht zusätzlich noch eine Beschädigung, Zerstörung oder den Verlust des versicherten Fahrzeuges voraus.[2]

4 Die umfangreiche, oftmals den technischen und aktuellen Entwicklungen nicht mithaltende Teileliste, wie sie noch in den vor 2008 verwendeten Bedingungen enthalten war, wurde schon in den AKB 2008 völlig neu gestaltet. Die Aufteilung wurde auch in den neuen AKB weitgehend beibehalten. Die **AKB 2015** unterscheiden **drei verschiedene Kategorien:**
- Beitragsfrei mitversicherte Teile, **A.2.1.2.1 AKB,**
- Bis zu einem Höchstbetrag (abhängig vom Gesamtneuwert) beitragsfrei mitversicherte Teile, **A.2.1.2.2 AKB,**
- Nicht versicherbare Teile, **A.2.1.2.3 AKB.**

5 Die Teileliste wird in ihrer konkreten, ggf. von den Muster-AKB abweichenden Ausgestaltung, Vertragsinhalt des vom VN abgeschlossenen Kaskoversicherungsvertrages.

1 Versicherungsombudsmann Urt. v. 05.06.2008 – 9125/2007 – SP 2009, 22 = r+s 2013, 328.
2 OLG Stuttgart Urt. v. 02.08.2018 – 7 U 17/18 – VersR 2019, 872 = r+s 2019, 575, 576.

2. Fahrzeug- und Zubehörteile

Vgl. die Ausführungen unter A.2.1.2 AKB Rdn. 12 ff. 6

3. Straßenverkehrsrechtliche Zulässigkeit

Fahrzeug- und Zubehörteile fallen nur dann unter den Kaskoversicherungsschutz, wenn sie straßenverkehrsrechtlich zulässig sind. Gehören die Teile zum **serienmäßigen, herstellerseitigen Ausstattungsumfang**, kann ohne weiteres unterstellt werden, dass das Fahrzeug über die nach **§ 20 StVZO** erforderliche Allgemeine Betriebserlaubnis bzw. die EG-Typgenehmigung verfügt, wie sie sich aus der Zulassungsbescheinigung Teil II (früher: Kfz-Brief) ergibt. 7

Gehört das Fahrzeug zu einem **nicht genehmigten Typ**, muss eine Betriebserlaubnis für Einzelfahrzeuge nach **§ 21 StVZO** erteilt worden sein. Grundsätzlich kann von der straßenverkehrsrechtlichen Zulässigkeit eines Fahrzeuges ausgegangen werden, da es ohne Typgenehmigung gar nicht zugelassen werden kann, § 3 Abs. 1 S. 1 FZV.[3] 8

Für serienmäßig produzierte **Fahrzeugteile**, die als selbstständige technische Einheit angesehen werden können (z.B. Motoren, Alufelgen, Tuning-Chips zur Leistungssteigerung der Motorelektronik) muss eine gesonderte Betriebserlaubnis nach **§ 22 StVZO** erteilt worden sein, was durch eine auf dem Teil angebrachte Plakette kenntlich gemacht wird. 9

Darüber hinaus können bestimmte, in **§ 22a StVZO** aufgeführte Fahrzeug- und Zubehörteile nur dann in straßenverkehrsrechtlich zulässiger Art und Weise benutzt werden, wenn sie in einer amtlich genehmigten Bauart ausgeführt und mit einem amtlich vorgeschriebenen und zugeteilten Prüfzeichen gekennzeichnet sind, § 22a Abs. 2 StVZO. 10

Nicht straßenverkehrsrechtlich zulässig ist Fahrzeugzubehör, deren Betrieb ausdrücklich untersagt ist (z.B. Radarwarn- oder Laserstörgeräte, § 23 Abs. 1b StVO). 11

II. Beitragsfrei mitversicherte Fahrzeugteile – A.2.1.2.1 AKB

1. Allgemeines

Bei den ohne Beitragszuschlag mitversicherten Teilen wird unterschieden zwischen Fahrzeugteilen und Fahrzeugzubehör. Teile werden definiert als Stücke eines Ganzen, **Fahrzeugteile** also als Stücke des ganzen Fahrzeuges, ohne die das Fahrzeug unvollständig wäre (z.B. Hardtop-Dach,[4] Rad, Auspuff, Lenkrad). 12

Ein **Zubehörteil** stellt demgegenüber ein zusätzliches Stück des Fahrzeuges dar (z.B. Autoradio, Dachgepäckträger). Fehlt ein Zubehörstück, so bleibt das Fahrzeug trotzdem vollständig.[5] Für die rechtlich bedeutsame **Abgrenzung** (vgl. A.2.1.2 AKB Rdn. 12 ff.) ist bei der Auslegung der Begriffe auf das **Verständnis des durchschnittlichen VN** sowie darauf abzustellen, ob Fahrzeuge bei einem Wiederverkauf typischerweise auch ohne das betreffende Teil angeboten werden,[6] (dann Zubehör). Zubehörteile sind demnach keine Teile des Fahrzeuges, sondern befinden sich üblicherweise im Fahrzeug oder werden mitgeführt.[7] 13

Maschinen oder Arbeitsgeräte, die für bestimmte arbeitstechnische Zwecke bei Bedarf vorübergehend an ein Zugfahrzeug angehängt werden können, sind weder als Fahrzeugteil, noch als Zubehör des kaskoversicherten Zugfahrzeuges beitragsfrei mitversichert (z.B. eine an einen Traktor angehängte **Rundballenpresse**).[8] 14

---

3 Feyock/*Jacobsen*/Lemor A.2 AKB Rn. 10.
4 LG Essen Urt. v. 02.07.2012 – 18 O 125/12 – BeckRS 2012, 20216.
5 Himmelreich/Halm/Staab/*Papatheodorou* Kap. 23 D Rn. 150a.
6 Stiefel/Maier/*Stadler* A.2 AKB Rn. 11.
7 Himmelreich/Halm/*Bartholomy* Teil 1 Abschnitt B Kap. 20 Rn. 34.
8 OLG Saarbrücken Urt. v. 11.01.2012 – 5 U 321/11 – zfs 2012, 392.

2. Fahrzeugteile – A.2.1.2.1a AKB

15 **Beitragsfrei mitversichert** ohne Rücksicht auf ihren Wert sind alle Fahrzeugteile, die **fest im Fahrzeug eingebaut oder** sonst fest mit dem Fahrzeug **verbunden** sind. Dazu zählen alle Teile, die nach der Verkehrsanschauung begriffsnotwendig zum Fahrzeug gehören.[9] Dies sind die üblicherweise bei einem Neufahrzeug **zur serienmäßigen Ausstattung** gehörenden Bauteile und Bauteilgruppen (Aggregate), mit denen das Fahrzeug werksmäßig ausgeliefert wird, wie z.B. Motor, Reifen, Auspuff, Lenkrad, Sitze, Alufelgen. Ebenso gehören hierzu solche Teile, die zulassungsbedürftig sind wie z.B. **Fahrerassistenzsysteme** (z.B. ABS) und **Automatisierungssysteme** (z.B. Tempomat).[10] Auch **Batterien**, insbesondere bei Elektro- oder Hybridfahrzeugen, gehören zu den versicherten Fahrzeugteilen. Dies gilt unabhängig davon, ob es sich um Versorgungsbatterien oder Antriebsbatterien handelt. Zu Batterieladekabeln siehe unter A.2.1.2 AKB Rdn. 35.

16 Gleichgültig ist es, ob diese Teile bereits im Rahmen der **Basisversion** im Fahrzeuggrundpreis enthalten sind, auf besondere Bestellung gegen Aufpreis als **Sonderausstattung** vom Fahrzeughersteller mitgeliefert[11] oder erst **nachträglich** vom VN **angeschafft** werden.

17 Für den Fall einer nach A.2.5.1.2 AKB vereinbarten Neupreisentschädigung ist zu beachten, dass die **Höchstentschädigung** auch dann auf den **Neupreis des ursprünglich angeschafften Fahrzeuges** beschränkt ist, wenn der VN das Fahrzeug nachträglich mit hochwertigeren – nach A.2.1.2.1 AKB grundsätzlich beitragsfrei mitversicherten – Fahrzeugteilen (z.B. teureren Alufelgen) oder sonstiger Sonderausstattung versieht, die er im Kfz-Handel erwirbt.

3. Fahrzeugzubehör – A.2.1.2.1b AKB

a) Generalklausel für die Mitversicherung von Zubehör

18 A.2.1.2.1b AKB stellt eine allgemeine **Generalklausel** für die **beitragsfreie Mitversicherung** von Fahrzeugzubehör **unabhängig von seinem Wert** dar. Die in den alten AKB enthaltene Regelung, nach der Zubehörteile nur mitversichert galten, wenn sie ausdrücklich in einer Teileliste aufgeführt waren, ist durch eine abstrakt generelle Regelung ersetzt worden.

19 Fahrzeugzubehör ist nur mitversichert, wenn es
- im Fahrzeug **fest eingebaut oder** am Fahrzeug **angebaut** ist (vgl. A.2.1.2 AKB Rdn. 21 ff.) oder **unter Verschluss verwahrt** wird (vgl. A.2.1.2 AKB Rdn. 25 ff.),
- ausschließlich **dem Gebrauch des Fahrzeuges dient** (vgl. A.2.1.2 AKB Rdn. 31 ff.),
- nach A.2.1.2 AKB **straßenverkehrsrechtlich zulässig** ist (vgl. A.2.1.2 AKB Rdn. 7 ff.),
- nach der Verkehrsanschauung **kein Luxus** ist (vgl. A.2.1.2 AKB Rdn. 36) und
- es **in A.2.1.2.3 AKB nicht** ausdrücklich **ausgeschlossen** ist (vgl. A.2.1.2 AKB Rdn. 56 ff.).

20 Die Voraussetzungen müssen **kumulativ** vorliegen. Wie schon bei den Fahrzeugteilen gelten auch beim Fahrzeugzubehör die Teile, die **serienmäßig ab Werk** bereits bei der Auslieferung des Fahrzeuges fest eingebaut oder angebaut sind, als mitversichert. Aber auch Zubehörteile, die **gesondert nachträglich angeschafft** werden, sind mitversichert, sofern sie dem Zweck des Fahrzeuges als Verkehrsmittel oder der Verkehrssicherheit dienen wie z.B. Sitz-Schonbezüge, Batterieladegerät, Pannenwerkzeug, Verbandskasten, Warndreieck oder Abschleppseil und unter Verschluss verwahrt werden.

b) fest eingebaut oder angebaut

21 Versicherungsschutz besteht für alle sowohl innen, als auch außen fest eingebauten oder unmittelbar am versicherten Fahrzeug angebauten **Fahrzeugteile (A.2.1.2.1a AKB)** und die meisten **Zubehörteile (A.2.1.2.1b AKB)**. Dabei muss es sich nicht unbedingt um eine besonders haltbare oder schwer zu lösende Verbindung handeln. Vielmehr genügen Befestigungen mit **normalen**

9 AG Düsseldorf Urt. v. 04.02.2009 – 43 C 7882/08 – SP 2009, 262.
10 Singler NZV 2017, 353, 354; Stiefel/Maier/*Stadler* A.2 AKB Rn. 49.
11 Ebenso Stiefel/Maier/*Stadler* A.2 AKB Rn. 13; **a.A.** OLG Hamm Urt. v. 02.11.1994 – 20 U 165/94 – r+s 1995, 87 (**Lederpolsterung ab Werk gehört nicht zur Grundausstattung eines Kfz**).

Schrauben, wie sie üblicherweise bei **Scheibenwischern** oder **Reserverädern** an der Außenseite des Fahrzeuges verwendet werden oder auch **Schraubverschlüsse** für einen Dachgepäckträger.[12]

Auch eine Verbindung, die lediglich verhindert, dass das Teil sich durch eigene Schwerkraft oder den Fahrtwind vom Fahrzeug löst, reicht aus. Daher fallen auch **Radkappen**, die durch eingerastete Klemmen gehalten werden oder eine durch **Riemen** festgebundene **LKW-Plane** unter den Versicherungsschutz. 22

Gleiches gilt für ein »**Quick-out**«**-Radiogerät**, d.h. ein mittels einer »Quick-out«-Halterung befestigtes Autoradio, wobei die Gerichte allerdings im Entwendungsfall zum Teil grobe Fahrlässigkeit zulasten des VN angenommen haben.[13] 23

Dagegen reicht eine Befestigung von Zubehör (z.B. Lautsprecher und Verstärker) mit **Klett- oder Klebeband** für eine feste Verbindung mit dem Kfz nicht aus.[14] Ebenso wenig genügt eine **Saug- oder Schwanenhalshalterung**, weil diese gerade eine leichte Beweglichkeit des Gegenstandes (z.B. eines mobilen Navigations- oder Mehrfunktionsgerätes) und damit die Mitnahme und Verwendung auch in anderen Fahrzeugen ermöglicht.[15] 24

c) unter Verschluss verwahrt

Fahrzeugzubehör ist unter Verschluss verwahrt, wenn es durch **besondere Sicherheitsvorkehrungen** vor äußeren Einflüssen, insbesondere vor Beschädigung, Verlust oder Entwendung geschützt ist. Dazu muss es sich in einem **Behältnis** oder **umschlossenen Raum** befinden, dessen Verschluss gesichert wurde, allerdings nicht notwendigerweise mit einem Schlüssel. Vielmehr reicht jede Sicherheitsvorkehrung aus, deren Beseitigung das Tatbestandsmerkmal des »Einbrechens« i.S.d. § 243 Abs. 1 Nr. 1 StGB erfüllen würde. 25

Für ein »**Einbrechen**« bedarf es einer nicht unerheblichen körperlichen Kraftanstrengung, so dass sich hieran die Anforderungen an einen ausreichenden Verschluss messen lassen müssen. Ist das Zubehörteil so verwahrt, ist es auch dann versichert, wenn der Täter ohne Beseitigung des Verschlusses auf anderem Wege in den Ort der Verwahrung eindringt und das Teil entwendet, z.B. indem der Dieb 26

- ein unverschlossenes Seitenfenster des Kfz aufdrückt, ins Fahrzeuginnere hineingreift und die verschlossene Seitentür von innen öffnet, oder
- durch den Kofferraum in einen Wagen hineinkriecht, dessen Türen verschlossen sind, oder
- mit Hilfe von Nachschlüsseln einen verschlossenen Wagen öffnet und daraus Teile entwendet.[16]

Der **umschlossene Raum** kann das **Fahrzeug selbst** sein, wenn dessen Türen – beim **Cabriolet** auch dessen Kunststoff- oder Stoffdach – mit der üblichen Schließvorrichtung des Herstellers verschlossen wurde und sich das Zubehörteil im Inneren des Fahrzeuges oder im verschlossenen Motor- oder Kofferraum befindet. 27

Es reicht aber auch ein **verschlossenes Behältnis** aus, wenn sich dieses **im Kfz** befindet, z.B. ein verschlossener Koffer mit Pannenwerkzeug. Wird er vom Täter aufgebrochen oder mit einem Nachschlüssel geöffnet und Werkzeug gestohlen, besteht Versicherungsschutz, nicht aber, wenn der Täter den ganzen Koffer, der im unverschlossenen Fahrzeug liegt, entwendet. Unter Verschluss verwahrt 28

---

12 Stiefel/Maier/*Stadler* A.2 AKB Rn. 59.

13 Vgl. A.2.9.1 AKB Rdn. 272.

14 AG Hamburg-St. Georg Urt. v. 20.01.2011 – 910 C 467/10 – SP 2011, 302.

15 Vgl. LG Hannover Urt. v. 30.06. 2006 – 8 S 17/06 – DAR 2008, 215 = VersR 2007, 100; AG Hannover Urt. v. 06.02.2008 – 549 C 14676/07 – r+s 2009, 148.

16 Stiefel/Maier/*Stadler* A.2 AKB Rn. 62.

sind Gegenstände auch im verschlossenen Handschuhfach, ferner auch dann, wenn das verschlossene Behältnis **außen am Kfz** befestigt ist, z.B. auf der Ladefläche.[17]

29 Fahrzeugzubehör muss **nicht zwingend im oder am Fahrzeug unter Verschluss** gehalten werden. Dies ergibt sich ausdrücklich aus der Regelung in **A.2.1.2.1f AKB**, wonach auch während einer Reparatur außerhalb des Fahrzeuges unter Verschluss gehaltenes Fahrzeugzubehör nach b bis f, aber auch unter Verschluss gehaltene Fahrzeugteile nach a mitversichert gelten. Sind nach der konkreten AKB-Vertragsklausel *»die unter Verschluss verwahrten, im Fahrzeug eingebauten oder durch entsprechende Halterung mit dem Fahrzeug fest verbundenen Fahrzeug- und Zubehörteile …«* vom Versicherungsschutz umfasst, ist es generell unbeachtlich, wo das Teil unter Verschluss aufbewahrt wird. Denn nach dem Wortlaut dieser Klausel reicht es aus, dass die Teile alternativ entweder *»unter Verschluss verwahrt«*, oder *»im Fahrzeug eingebaut«* oder *»durch entsprechende Halterung mit dem Fahrzeug fest verbunden«* sind. Daher besteht bei dieser vertraglichen Ausgestaltung Versicherungsschutz auch für solche Zubehörteile, die sich nicht im oder am Fahrzeug befinden, wenn sie nur unter Verschluss verwahrt sind.[18]

30 Der in Reparatur gegebene **ausgebaute Motor** ist daher versichert, sofern er von der Reparaturwerkstatt unter Verschluss verwahrt wird und in das Fahrzeug noch kein Austauschmotor eingebaut wurde. Ansonsten würde sich der Versicherungsschutz ausschließlich auf diesen Austauschmotor erstrecken. Versichert ist auch der von einer Werkstatt für den VN eingelagerte und unter Verschluss verwahrte **Reifensatz.**[19] Reifen, die in einer **Großraumtiefgarage** gelagert werden, sind nicht »unter Verschluss verwahrt«, wenn die Garage nur durch ein Tor gesichert ist, auch wenn dieses nur durch befugte Benutzer der Garage geöffnet werden kann.[20]

d) ausschließlich dem Gebrauch des Fahrzeuges dienend

31 Fahrzeugzubehör ist nur dann mitversichert, wenn es ausschließlich dem Gebrauch des Fahrzeuges dient. **A.2.1.2.1b S. 2 AKB** normiert dies nunmehr als **Voraussetzung** dafür, dass ein Zubehörteil überhaupt unter den **Kaskoversicherungsschutz** fallen kann. en muss. Der bisherige, in A.2.1.4 AKB 2008 noch enthaltene Ausschluss für solche Gegenstände, deren Nutzung nicht ausschließlich dem Gebrauch des Fahrzeuges dienen, konnte damit entfallen.

32 Unter »**Gebrauch**« ist jeder Umgang mit dem Fahrzeug zu verstehen, der mit der Nutzung typischerweise einhergeht, so dass hierunter auch Be- und Entladevorgänge, Reparatur-, Pflege- und Wartungsarbeiten fallen.[21] Der Begriff ist gleichzusetzen mit dem »Gebrauch des Fahrzeuges« in § 1 PflVG. Ein Zubehörteil dient nur dann ausschließlich dem Gebrauch des versicherten Fahrzeuges, wenn sich seine **generelle Verwendungsmöglichkeit** unter Berücksichtigung auch der **Produktbezeichnung und -beschreibung** des Herstellers ausschließlich auf eine Verwendung im Zusammenhang mit dem Gebrauch eines Kraftfahrzeuges beschränkt. Dies ist bei mobilen oder flexibel handhabbaren, auch außerhalb eines Fahrzeuges einsetzbaren Produkten nicht der Fall.

33 Es muss ein **enger Zusammenhang zwischen** den **Nutzungsmöglichkeiten des Zubehörteils** und dem **Gebrauch des versicherten Fahrzeuges** bestehen. Dies setzt voraus, dass eine Verwendung des Teils außerhalb des Fahrzeuges entweder technisch ausgeschlossen ist oder jedenfalls aus der Sicht eines verständigen VN nicht sinnvoll möglich ist.[22] Dabei ist nicht auf die konkrete Verwendung des Gegenstandes durch den VN und damit auf seine subjektive Sicht abzustellen, sondern allein darauf, ob der Gegenstand rein **objektiv betrachtet** auch außerhalb des versicherten Kfz Verwendung finden kann.[23]

---

17 Stiefel/Maier/*Stadler* A.2 AKB Rn. 63.
18 OLG Stuttgart Urt. v. 02.08.2018 – 7 U 17/18 – VersR 2019, 872 = r+s 2019, 575.
19 AG Mülheim/Ruhr Urt. v. 27.03.2008 – 10 C 2124/07 – SP 2003, 303.
20 AG Bad Homburg Urt. v. 05.09.2006 – 2 C 1111/06-19 – VersR 2007, 1217 = ADAJUR Dok.Nr. 75976.
21 Feyock/*Jacobsen*/Lemor § 1 PflVG Rn. 9.
22 Stiefel/Maier/*Stadler* A.2 AKB Rn. 22.
23 Vgl. auch LG Hannover Urt. v. 30.06.2006 – 8 S 17/06 – VersR 2007, 100.

Tragbare **Kühlboxen** oder mobile **Handstaubsauger**, die zur Stromversorgung am Zigarettenanzünder des Fahrzeuges angeschlossen werden können, fallen daher nicht unter den Versicherungsschutz. Gleiches gilt für einen **Autokompass**, einen **Wanderaschenbecher**,[24] für **Straßenkarten** und **Reiseatlanten**, für **Autodecken**, **Musik-/Video-CDs**, **-DVDs** oder **–Cassetten**. Auch eine vom VN im Fahrzeug verwahrte **Fotokamera** wird nicht dadurch zum mitversicherten Zubehörteil, dass der VN sie für etwaige Unfallaufnahmen verwenden will.[25] Demgegenüber fallen **Navigations-CDs** oder **-DVDs** eines werksmäßig eingebauten Navigationssystems unter den Versicherungsschutz.[26] 34

Bei **Elektrofahrzeugen** ist das **Batterieladekabel** nach A.2.1.2.1b AKB lediglich dann mitversichertes Zubehör, wenn es aus dem verschlossenen Fahrzeug entwendet wird. Beim Diebstahl des Kabels während des Ladevorgangs fehlt es dagegen an der erforderlichen festen Verbindung mit dem Fahrzeug.[27] 35

e) kein Luxus

Fahrzeugzubehör ist nur versichert, wenn es nach allgemeiner Verkehrsanschauung[28] nicht als Luxus angesehen wird. Luxusaufwendungen sind solche, die in ihrem Wert weit über das übliche Maß und den üblichen Standard hinausgehen, den sich ein wirtschaftlich vernünftig denkender VN für sein Fahrzeug leisten würde. Hierzu zählen z.B. **Echtpelz-Sitzbezüge**[29] oder auch exotische Zusatzausstattungen wie z.B. **Panzerverglasungen** oder ein **Safe.** 36

4. Sonstige mitversicherte Fahrzeug- und Zubehörteile – A.2.1.2.1c bis f AKB

Die in A.2.1.2.1b AKB enthaltene allgemeine Generalklausel für die beitragsfreie Mitversicherung von Fahrzeugzubehör wird unter c bis f ergänzt um darüber hinausgehende **Spezialregelungen für weiteres Zubehör**, welches zur Behebung von Betriebsstörungen des Fahrzeuges üblicherweise mitgeführt wird sowie für Schutzhelme und Planen einschließlich deren Gestelle. 37

Außerhalb des Fahrzeuges unter Verschluss gehaltene Teile sind nur dann ohne Mehrbeitrag mitversichert, wenn es sich um zusätzliche Räder mit Winter- oder Sommerbereifung, Dach- oder Heckständer, Hardtops (Dachkoffer), Schneeketten oder Kindersitze handelt. Eine **Ausnahme gilt während einer Reparatur** des Fahrzeuges. In diesem Fall sind außerhalb des Fahrzeuges unter Verschluss gehaltene Teile generell beitragsfrei mitversichert, wenn sie unter A.2.1.2.1a bis f AKB fallen. 38

a) Fahrzeugteile zur Behebung von Betriebsstörungen

Von dem Grundsatz, dass Fahrzeugteile nur dann mitversichert sind, wenn sie fest im Fahrzeug eingebaut oder am Fahrzeug angebaut sind, besteht nach **A.2.1.2.1c AKB** eine Ausnahme für solche Teile, die der Behebung von Betriebsstörungen dienen und üblicherweise mitgeführt werden (z.B. Sicherungen und Leuchtmittel aller Art, insbesondere Glühlampen). Der Wert der Teile spielt für den Versicherungsschutz keine Rolle. 39

b) Schutzhelme

Als mitversichert gelten nach **A.2.1.2.1d AKB** Schutzhelme (auch mit Wechselsprechanlage), solange sie sich entweder auf dem Kopf des Motorradfahrers befinden und damit »bestimmungsgemäß 40

24 LG Wuppertal Urt. v. 07.05.2020 – 9 S 7/20 – r+s 2020, 442 = zfs 2020, 634.

25 AG Hannover Urt. v. 18.08.1988 – 544 C 17655/87 – zfs 1989, 421; Stiefel/Maier/*Stadler* A.2 AKB Rn. 45.

26 AG Düsseldorf Urt. v. 01.12.2008 – 231 C 14006/08 – DAR 2009, 211; **a.A.** AG Mainz Urt. v. 05.04.2011 – 80 C 240/10 – r+s 2011, 283; Versicherungsombudsmann Urt. v. 05.06.2008 – 9125/2007 – SP 2009, 22 = r+s 2013, 328, 329 (**wobei der VR hier jeweils Ton- und Datenträger jeder Art bzw. CD-Patten vom Versicherungsschutz ausgenommen hatte**).

27 Stiefel/Maier/*Stadler* A.2 AKB Rn. 52.

28 Vgl. hierzu Grüneberg/*Ellenberger* § 97 Rn. 9.

29 Vgl. Stadler Rn. 166.

gebraucht« werden, oder sie so diebstahlsicher mit dem Motorrad verbunden sind, dass ein unbefugtes Entfernen ohne eine Substanzbeeinträchtigung des Helmes oder des Fahrzeuges nicht möglich wäre.

c) Planen und Gestelle für Planen (Spriegel)

41 Nach **A.2.1.2.1e AKB** sind auch Planen und deren Unterkonstruktionen (Spriegel), die vor allem bei Lkw und Lieferwagen zur Abdeckung der Ladung Verwendung finden, vom Versicherungsschutz umfasst. Anders als in A.2.1.2.1a bis d AKB gilt es für die Befestigungsart keine Anforderungen zu beachten, weshalb es ausreicht, wenn eine Plane mittels Riemen oder Stricken mit dem Kfz verbunden ist.[30]

d) Außerhalb des Fahrzeuges unter Verschluss gehaltene Teile

42 **A.2.1.2.1f AKB** enthält eine weitere Ausnahme von dem Grundsatz, wonach mitversicherte Teile fest im Fahrzeug eingebaut oder am Fahrzeug angebaut sein müssen. Zubehörteile, die abhängig von der jeweiligen Jahreszeit oder, weil sie regelmäßig keiner Dauernutzung unterliegen, **außerhalb des versicherten Kfz** in abgeschlossenen Garagen oder abgesperrten Räumen **gelagert** werden, sind vom Versicherungsschutz umfasst.

43 **Hierzu gehören** Schneeketten ebenso wie ein zusätzlicher Satz Winter- oder Sommerreifen, aber auch Hardtops, Kindersitze, Dachgepäckträger oder Heckständer für Fahrräder. Befindet sich das **Fahrzeug in Reparatur**, sind darüber hinaus auch diejenigen **Zubehörteile**, die unter **A.2.1.2.1a bis f AKB** fallen, beitragsfrei mitversichert, sofern sie sich in der Werkstatt **unter Verschluss** (vgl. A.2.1.2 AKB Rdn. 25) befinden.

44 Klarstellend ist anzumerken, dass ein unter A.2.1.2f AKB fallendes, **im versicherten Kfz** montiertes oder unter Verschluss verwahrtes Zubehörteil Versicherungsschutz bereits nach Maßgabe der Generalklausel des A.2.1.2b AKB besteht.

III. Abhängig vom Gesamtneuwert mitversicherte Teile – A.2.1.2.2 AKB

45 Im Gegensatz zu den generell ohne Wertbegrenzung beitragsfrei mitversicherten Teilen in A.2.1.2.1 AKB führt A.2.1.2.2 AKB diejenigen Teile auf, die nur **bis zu einer bestimmten Wertobergrenze** beitragsfrei mitversichert sind. Dies ist der von der Klausel als »Gesamtneuwert der Teile von xx EUR (brutto)« festgelegte Betrag. Er differiert, je nachdem, ob das zu versichernde Fahrzeug der ersten Gruppe der beschriebenen Fahrzeugarten (z.B. **Pkw, Kraftrad, Leichtkraftrad mit Versicherungskennzeichen**) oder der zweiten Gruppe (z.B. **Lkw, Omnibusse, Anhänger, Auflieger**) zuzuordnen ist.

46 Die Praxis der meisten Versicherer geht dahin, die in A.2.1.3 AKB aufgeführten Teile bei den Fahrzeugarten der ersten Gruppe bis zu einem Gesamtneuwert von **5.000,00 €** und bei den Fahrzeugarten der zweiten Gruppe bis zu einem Gesamtneuwert von **10.000,00 €** ohne gesonderten Zuschlag mitzuversichern. Voraussetzung ist jedoch stets, dass die Teile im Fahrzeug eingebaut oder mit dem Fahrzeug durch entsprechende Halterungen fest verbunden sind.

47 **Gesamtneuwert** ist der Betrag, den der VN **bei der Neuanschaffung aller Teile** aufwenden musste.[31] Übersteigt der Neuwert aller in A.2.1.2.2a bis e AKB aufgeführten Teile, die sich in einem zu versichernden Fahrzeug befinden, die vereinbarte betragsmäßige Grenze von z.B. 5.000,00 €, so liegt – bezogen auf den Gesamtwert aller Neuteile – eine Unterversicherung vor. Um diese zu vermeiden, muss der VN alle in A.2.1.2.2 AKB aufgeführten Teile mit den Neupreisen deklarieren und eine entsprechende Mitversicherung des Mehrwertes – ggf. gegen einen Prämienzuschlag – ausdrücklich mit dem VR vereinbaren, andernfalls er im Schadenfall unterversichert wäre und mit

30 Stiefel/Maier/*Stadler* A.2 AKB Rn. 28.

31 Feyock/*Jacobsen*/Lemor A.2 AKB Rn. 26.

einer Kürzung der Entschädigung rechnen müsste (vgl. A.2.1.2.2 Abs. 2 und 3 AKB). Im Schadenfall würde er nur den maximal vereinbarten Höchstbetrag (also z.B. 5.000,00 €) erhalten.

Der VN wird hierdurch nicht unangemessen benachteiligt. Da auf den Neuwert der zuschlagspflichtigen Mehrausstattung abgestellt wird, kann der VN bereits bei überschlägiger Schätzung schnell übersehen, ob die genannte Betragsgrenze überschritten wird oder nicht. Dann ist es ihm aber für einen umfassenden, von ihm gewünschten Versicherungsschutz auch zuzumuten, den VR bei Antragstellung entsprechend aufzuklären und einen **Prämienzuschlag** in Kauf zu nehmen. Umgekehrt muss der VR den VN ohne erkennbaren Anlass bei Abschluss des Versicherungsvertrages nicht über die Höchstbeträge, bis zu denen Fahrzeug- und Zubehörteile mitversichert sind, aufklären.[32] 48

Vereinbart der VN keinen Beitragszuschlag, liegt trotzdem **keine klassische Unterversicherung i.S.v. § 75 VVG** vor. § 75 VVG wird durch A.2.1.2.2 AKB vertraglich abbedungen. Da nach der Klausel die unter A.2.1.2.2a bis e AKB aufgeführten Teile unabhängig von ihrem Einzelneuwert jedenfalls in ihrer Gesamtheit bis zu dem vereinbarten Höchstbetrag versichert sind, muss der VN nicht mit einer Kürzung seiner Entschädigung rechnen, sofern ein Schaden nur an einem oder mehreren Fahrzeugteilen eintritt, deren Neuwert in der Summe den maximal vereinbarten Höchstentschädigungsbetrag nicht übersteigt. Liegt der Neuwert aller beschädigten Teile über der vereinbarten Wertgrenze, erhält der VN nur den maximal vereinbarten Höchstbetrag ersetzt. Insoweit sieht **A.2.1.2.2 Abs. 3 AKB** bei Teilschäden unterhalb der vereinbarten Höchstgrenze ausdrücklich einen **Unterversicherungsverzicht des VR** vor. 49

▶ **Beispiel:**

Das vom VN mit einem Navigationssystem im Wert von 4.000,00 € und Tuning-Aufbauten im Wert von 6.000,00 € ausgestattete Fahrzeug wird gestohlen. Ist die Höchstentschädigung im Kaskoversicherungsvertrag mit 5.000,00 € vereinbart worden und hat der VN den Ausstattungsmehrwert dem VR gegenüber weder angegeben, noch einen Beitragszuschlag hierfür bezahlt, so erhält er maximal die vereinbarte Entschädigung von 5.000,00 €, da für die beitragsfreie Mitversicherung der Gesamtneuwert der in A.2.1.3 AKB aufgeführten Teile auf 5.000,00 € begrenzt ist. Wird dem VN dagegen nur das Navigationssystem entwendet, so erhält er, sofern die Unterversicherungsverzichtsklausel vereinbart wurde, trotzdem den Wert von 4.000,00 € erstattet. Bei einem Vertrag ohne Unterversicherungsverzicht könnte der VN nur mit 2.000,00 € rechnen, da eine Unterversicherung in Höhe von 50 % vorliegt. Die Entschädigung berechnet sich in diesem Fall nach der Formel: Schaden × vereinbarte Versicherungssumme dividiert durch Gesamtneuwert der Teile.[33] 50

Zu den mitversicherten Teilen gehören z.B. fest installierte Telefone mit Antenne, komplette Radioanlagen, Lautsprecher, Infotainmentsysteme, Navigations- und ähnliche Verkehrsleitsysteme (**A.2.1.2.2a AKB**) – soweit nicht ohnehin als serienmäßiges Fahrzeugteil mitversichert – einschließlich der dazugehörigen CDs,[34] zugelassene Veränderungen am Fahr- oder Triebwerk, Auspuff, Innenraum oder Karosserie (Tuning) zur Leistungssteigerung und Verbesserung der Fahreigenschaften oder zur Wertsteigerung des Fahrzeuges (**A.2.1.2.2b AKB**), individuell fahrzeugbezogene Sonderlackierungen und –beschriftungen sowie besondere Oberflächenbehandlungen (**A.2.1.2.2c AKB**), Beiwagen und Verkleidungen bei Zweirädern, Trikes und Quads (**A.2.1.2.2d AKB**) sowie Spezialaufbauten (z.B. Kran-, Tank-, Silo-, Kühl- und Thermoaufbauten) und Spezialeinrichtungen (z.B. Werkstattwagen, Messfahrzeuge, Krankenwagen), (**A.2.1.2.2e AKB**). 51

Die zum Auf- und Abladen von Containern auf einem **Containerfahrzeug** angebrachten **Umlenkarme** stellen keinen »Ladekran« und damit einen Spezialaufbau i.S.v.A.2.1.3e AKB dar, sondern zählen zu den beitragsfrei mitversicherten Fahrzeugteilen.[35] Der durchschnittliche VN wird nicht 52

32 Vgl. Stiefel/Maier/*Stadler* A.2 AKB Rn. 39.
33 Vgl. Stiefel/Maier/*Stadler* A.2 AKB Rn. 43.
34 Vgl. AG Düsseldorf Urt. v. 01.12.2008 – 231 C 14006/08 – DAR 2009, 211.
35 OLG Frankfurt/M. Urt. v. 29.10.2003 – 7 U 171/02 – zfs 2005, 135 = NJOZ 2005, 195.

erwarten können, dass **LKW-Wechselkofferaufbauten**,[36] **Thermokocheraufbauten** oder sonstige betriebliche Gerätschaften ohne gesonderten Prämienzuschlag beitragsfrei mitversichert sind.[37]

53 Ein **mobiles Navigationsgerät** gehört nicht hierzu. Ohne besondere Vereinbarung ist es kein mitversichertes Zubehörteil.[38] Es ist weder im Fahrzeug eingebaut, noch mit dem Fahrzeug fest verbunden, woran auch das Einstecken in eine entsprechende (ggf. mit dem Fahrzeug verschraubte oder verklebte) Halterung[39] bzw. die Anbringung mit einer Saugnapfhalterung im Fahrzeuginneren nichts ändert. Im Übrigen ist es auch in **A.2.1.2.3 AKB** ausdrücklich als nicht versicherbar aufgeführt (vgl. A.2.1.2 AKB Rdn. 56).

54 Gleiches gilt für ein im Fahrzeug nicht fest eingebautes, handelsübliches **Mobilfunktelefon** (Handy), auch wenn es zur Fahrzeugausstattung gehört und in die Mittelarmlehne eingepasst ist, es sei denn, es handelt sich lediglich um einen unselbstständigen Bestandteil eines fest installierten **Autotelefons.**[40] Dieses ist nach A.2.1.3a AKB mitversichert. Demgegenüber ist eine **Freisprechanlage** für ein Handy kein mitversichertes Fahrzeug- oder Zubehörteil.[41]

55 **A.2.1.2.1 und A.2.1.2.2 AKB** finden **keine Anwendung**, sofern es sich um Fahrzeugarten handelt, bei denen bereits bei Abschluss des Versicherungsvertrages der Gesamtneuwert des Fahrzeuges einschließlich aller Fahrzeug- und Zubehörteile in die Kalkulation der Versicherungsprämie einfließt, wie dies regelmäßig bei **Omnibussen** oder **Wohnmobilen** der Fall sein wird.[42]

IV. Nicht versicherbare Gegenstände – A.2.1.2.3 AKB

56 A.2.1.2.3 AKB enthält eine Bestimmung zu nicht – auch nicht gegen Beitragszuschlag – versicherbaren Fahrzeugteilen. Der Abschnitt stellt im System der versicherten und versicherbaren Fahrzeug- und Zubehörteile lediglich eine **klarstellende** – und damit eigentlich verzichtbare – **Regelung** ohne rechtsgestaltenden Charakter[43] dar. Denn die Voraussetzungen, unter denen bestimmte Teile beitragsfrei mitversichert sind oder gegen Beitragszuschlag mitversichert werden können, werden schon durch A.2.1.2 AKB sowie durch die Unterpunkte A.2.1.2.1 und A.2.1.2.2 AKB abschließend beschrieben. Liegen diese Voraussetzungen nicht vor, besteht kein Versicherungsschutz, ohne dass es eines Rückgriffs auf A.2.1.2.3 AKB bedarf. Dies gilt insbesondere für Fahrzeug- oder Zubehörteile, die in A.2.1.2.2 AKB nicht aufgeführt sind oder i.S.v.A.2.1.2.1b AKB nicht ausschließlich dem Gebrauch des Fahrzeuges dienen. Im Umkehrschluss ist daraus zu folgern, dass A.2.1.2.3 AKB die nicht versicherbaren Gegenstände nur beispielhaft, aber keinesfalls erschöpfend,[44] aufzählt.

57 Vom Versicherungsschutz ausdrücklich ausgeschlossen sind **Handys** sowie **mobile Navigationsgeräte** in Abgrenzung zu den fest eingebauten Navigationssystemen, die in A.2.1.2.2a AKB ausdrücklich als mitversichert erwähnt werden (vgl. A.2.1.2 AKB Rdn. 53). Als »mobil« gilt ein Gerät immer dann, wenn es mit nur wenigen Handgriffen demontiert und auch außerhalb des versicherten Fahrzeuges eingesetzt werden kann (z.B. als »**Pocket-PC**[45] oder für die Radfahr- oder Fußgängernavigation). A.2.1.2.2 AKB stellt ausdrücklich klar, dass die mobile Eigenschaft eines Gerätes nicht dadurch infrage steht, dass es mit dem Fahrzeug durch eine Halterung verbunden ist.

36 OLG Köln Urt. v. 22.06.2004 – 9 U 209/03 – r+s 2004, 371.
37 Vgl. OLG Karlsruhe Urt. v. 01.10.2003 – 12 U 52/03 – r+s 2004, 13 = zfs 2003, 598.
38 Vgl. LG Hannover Urt. v. 30.06.2006 – 8 S 17/06 – VersR 2007, 100; AG Hannover Urt. v. 06.02.2008 – 549 C 14676/07 – VersR 2009, 628.
39 AG Hannover Urt. v. 01.02.2007 – 553 C 15340/06 – SP 2007, 187.
40 AG Düsseldorf Urt. v. 04.02.2009 – 43 C 7882/08 – SP 2009, 262.
41 AG Köln Urt. v. 05.12.2003 – 261 C 176/03.
42 Feyock/*Jacobsen*/Lemor A.2 AKB Rn. 9.
43 Feyock/*Jacobsen*/Lemor A.2 AKB Rn. 34.
44 Stiefel/Maier/*Stadler* A.2 AKB Rn. 44.
45 LG Hannover Urt. v. 30.06. 2006 – 8 S 17/06 – DAR 2008, 215 = VersR 2007, 100.

Zu den nicht versicherbaren Gegenständen gehören z.B. auch Schirme, Brillen, Garagentoröffner, Fahrerkleidung, Notebooks, Magnetschilder, Ton- und Datenträger jeder Art mit Ausnahme von Navigations-CDs. **Reisegepäck** und **persönliche Gegenstände** der Insassen sind ebenfalls ausdrücklich vom Versicherungsschutz ausgeschlossen. 58

C. Weitere praktische Hinweise

I. Prüfungsreihenfolge im Rahmen des A.2.1.2 AKB

Bei der Frage, ob für einen bestimmten Gegenstand Versicherungsschutz aus der Teilkaskoversicherung besteht, ist zunächst zu prüfen, ob es sich um ein **Fahrzeugteil oder um Fahrzeugzubehör** handelt. Um ein Fahrzeugteil handelt es sich nur unter den in A.2.1.2.1a AKB genannten Voraussetzungen. Für eine Mitversicherung als Fahrzeugzubehör muss der Gegenstand entweder unter A.2.1.2.1c bis f AKB zu fassen sein oder, sofern dies nicht der Fall ist, unter die **Generalklausel in A.2.1.2.1b AKB**. In diesem Fall muss geprüft werden, ob sämtliche hier normierten Voraussetzungen vorliegen. Fehlt eine Voraussetzung, z.B. weil der Gegenstand nicht ausschließlich dem Gebrauch des Fahrzeuges dient, sondern auch außerhalb des Fahrzeuges verwendet werden kann, liegt kein mitversichertes Fahrzeugzubehör vor. 59

Sofern Zubehör im Fahrzeug eingebaut oder unter Verschluss verwahrt ist und auch ausschließlich dem Gebrauch des Fahrzeuges dient, dürfte es in **Streitfällen** oftmals **nur noch darauf ankommen**, ob es sich um **überflüssigen Luxus** handelt, ob das Zubehör zu den nur bis zu einem bestimmten Höchstbetrag versicherten Teilen gemäß **A.2.1.2.2 AKB** gehört, oder ob es bereits als von vornherein nicht versicherbarer Gegenstand in **A.2.1.2.3 AKB** aufgeführt ist. 60

II. Entschädigungsumfang bei mitversicherten Teilen

Ob sich der VN bei Zerstörung oder Verlust von versicherten Fahrzeug- oder Zubehörteilen auf einen gebrauchten Ersatz verweisen lassen muss oder eine **Entschädigung auf Basis des Neupreises** verlangen kann (zu fest eingebauten Multimedia- und Navigationssystemen vgl. A.2.1.2 AKB Rdn. 69 ff.), hängt maßgeblich davon ab, ob das zerstörte bzw. entwendete Teil auch als gebrauchtes, **gleichwertiges Ersatzteil im seriösen Fachhandel erhältlich** ist. 61

Nach A.2.5.1.1, A.2.5.1.6 AKB ist als Entschädigung der Betrag geschuldet, der für den Kauf eines gleichwertigen Ersatz- oder Zubehörteiles aufgewendet werden muss. Dies ist regelmäßig der Wiederbeschaffungswert. Die Höhe dieses Betrages lässt sich nicht durch fiktive Schätzung feststellen, sondern nur aufgrund konkreter, vergleichbarer Angebote auf einem entsprechenden Markt. Dazu zählen grundsätzlich auch die **Bezugsquellen im Internet**, da sich über den virtuellen Gebrauchtteilemarkt immer öfter Ersatzteile beziehen lassen. 62

Der VR darf den Wiederbeschaffungswert für ein Fahrzeug- oder Zubehörteil nur dann anhand des Kaufpreises ermitteln darf, der für vergleichbare gebrauchte Teile im Versand- oder Online-Handel gezahlt wird, wenn sich dort ein **seriöser Gebrauchtteilemarkt etabliert** hat. Von seriösen Anbietern wird man unter Umständen nicht sprechen können, wenn die versicherten Fahrzeugteile ausschließlich im Rahmen von **Internetauktionen** erhältlich sind. Abgesehen davon, dass die Herkunft der dort angebotenen Teile mitunter zweifelhaft sein kann, stellen die Angebote oftmals schon deshalb keine realistische Grundlage für die Ermittlung des Wiederbeschaffungswertes dar, weil eine **Gewährleistung** oder ein **Umtausch** regelmäßig **ausgeschlossen** ist. Dies gilt vor allem für Angebote von Privatpersonen. Insbesondere für **ältere Fahrzeug- oder Zubehörteile** existiert häufig kein seriöser Internetmarkt, der dem VN die realistische Möglichkeit eröffnet, problemlos ein adäquates, gleichwertiges Ersatzteil zu erwerben. 63

Der seriöse **Gebrauchtteilemarkt** muss **dem VN problemlos zugänglich** sein. Daran fehlt es, wenn es sich um Angebote von Gewerbetreibenden handelt, die ausschließlich gewerbliche Abnehmer beliefern, oder wenn der VN über keinen Internetanschluss verfügt und auch keine Kenntnisse besitzt, wie Kaufverträge über das Internet abgeschlossen werden können. In diesem Fall muss sich 64 der VN nur dann auf den Wiederbeschaffungswert verweisen lassen, wenn anderweitige seriöse Gebrauchtteile-Anbieter existieren. Dies ist der Fall bei markengebundenen Geräten, wenn gleichwertige Gerätetypen des Herstellers als Gebrauchtgeräte angeboten werden.[46]

65 Sind solche Bezugsquellen nicht vorhanden, ist ein seriöser Gebrauchtteilemarkt faktisch nicht existent bzw. dem VN nicht problemlos zugänglich. Die Entschädigung richtet sich dann nach dem Betrag, den der VN für die Anschaffung eines **neuen oder neuwertigen Ersatzteiles** aufwenden muss.[47] Der zu ersetzende Wiederbeschaffungswert entspricht in diesen Fällen dem **Neupreis**, der vom VR ungeachtet der in A.2.5.1.2 und A.2.5.1.3 AKB niedergelegten Voraussetzungen zu entschädigen ist.

66 Der **Neupreis** ist auch dann zu erstatten, wenn das auf dem Gebrauchtmarkt verfügbare **Teil** mit dem konkret zu ersetzenden Fahrzeugteil **nicht vergleichbar** ist. Der VN hat Anspruch auf Ersatz nicht irgendeines gleichwertigen Fahrzeug- oder Zubehörteiles, sondern auf ein solches des fraglichen Kfz-Herstellers.[48]

67 Werden **einzelne Teile des versicherten Fahrzeuges** (z.B. Kotflügel, Stoßstange) **beschädigt**, gilt die Begrenzung der Entschädigung auf den Wiederbeschaffungswert nicht, auch wenn in der Regel alle Teile bei Autoverwertungs-Firmen gebraucht erworben werden können. Der VN kann den **Neupreis** verlangen. Er kann für die Reparatur seines Fahrzeuges nicht auf die Verwendung von Gebrauchtteilen verwiesen werden. **Abzüge »neu für alt«** sind grundsätzlich **nicht** vorzunehmen (vgl. A.2.1.2 AKB Rdn. 87 ff.). Zu beachten ist, dass isolierte **Reifenschäden** nach A.2.9.3 S. 1 AKB immer vom Versicherungsschutz ausgenommen sind.

68 Übersteigen die Reparaturkosten für ein Fahrzeugteil den Wiederbeschaffungswert, liegt ein **Totalschaden** vor. Ist z.B. bei einem unfallbeschädigten Motor die Reparatur teurer als ein gleichwertiger, generalüberholter Austauschmotor, so kann der VN nicht die Reparaturkosten verlangen. Sein Anspruch ist auf die Höhe des Kaufpreises für einen gleichwertigen Ersatzmotor beschränkt. Sofern das beschädigte Teil noch einen verbleibenden Wert hat, wie dies bei einem beschädigten Motor regelmäßig der Fall sein dürfte, kann dieser als »Restwert« von der Entschädigungsleistung abgezogen werden, A.2.5.1.1, A.2.5.1.5 AKB.

III. Fest eingebaute Multimedia- und Navigationssysteme

1. Entschädigung nach Wiederbeschaffungswert oder Neuwert?

69 Viele VR erstatten im Falle der Entwendung eines fest eingebauten Video-, Audio- und/oder Navigationssystems nicht die volle Entschädigung für die Anschaffung eines neuen Gerätes, sondern verweisen den VN auf einen für ihn angeblich zugänglichen Gebrauchtgerätemarkt, auf dem vergleichbare Systeme billiger zu beschaffen sein sollen. Alternativ nehmen sie einen Abzug »neu für alt« vor.

a) Voraussetzungen für eine Verweisung des VN auf den Gebrauchtgerätemarkt

70 Ein **Gebrauchtgerätemarkt** besteht dann, wenn ein mit dem entwendeten Navigationssystem identisches oder zumindest vergleichbares, **vom Hersteller produziertes Originalteil** als Gebrauchtnavigationsgerät zur Verfügung steht. Es muss sich um ein **Austauschgerät** handeln, das im Zusammenhang mit Garantie- oder Gewährleistungsarbeiten aus einem anderen Fahrzeug ausgebaut wurde und nun **in repariertem oder generalüberholtem Zustand**[49] von einer Kfz-Fachwerkstatt als Gebrauchtteil wieder angeboten wird. Das gebrauchte Navigationsgerät muss vom Fahrzeughersteller

46 AG Düsseldorf Urt. v. 05.01.1988 – 54 C 173/87 – zfs 1990, 63 (**für ein gestohlenes Autoradio**).

47 Versicherungsombudsmann Urt. v. 05.06.2008 – 9125/2007 – SP 2009, 22 = r+s 2013, 328; Versicherungsombudsmann Urt. v. 15.12.2006 – 8141/2006 – r+s 2007, 415.

48 Vgl. AG Karlsruhe Urt. v. 21.06.2013 – 1 C 18/13 – zfs 2013, 579.

49 Vgl. AG Essen Urt. v. 15.04.2011 – 20 C 617/10 – SP 2011, 376.

als kompatibles System für den Wiedereinbau speziell in den Fahrzeugtyp des VN vorgesehen und geeignet sein.

Das Gebrauchtgerät muss es **konkret verfügbar** sein. Um dies festzustellen, reicht es aus, dass sich der VN an eine – dem Fabrikat seines Fahrzeuges entsprechende – herstellergebundene **Vertragswerkstatt** an seinem Wohnsitz oder seiner Region wendet.[50] Für die Verfügbarkeit ist primär entscheidend, ob die markengebundene Fachwerkstatt des VN ein solches Gerät überhaupt zum Einbau anbietet und ob – was der VR zu beweisen hat – der **Einbau** eines gebrauchten Navigationsgerätes in das Fahrzeug des VN **technisch überhaupt möglich** ist.[51] Ist letzteres zwar der Fall, kann das Gerät aber über die Fachwerkstatt des VN nicht beschafft werden, setzt eine Verfügbarkeit voraus, dass der VR dem VN geeignete andere seriöse Bezugsquellen konkret benennt und die Beschaffungsmöglichkeit eines Ersatzgerätes durch das Angebot eines Lieferanten belegt.[52] Kann er dies nicht, hat er den Neupreis für ein vergleichbares Gerät zu entschädigen. Auch dann, wenn nicht feststeht, ob die Kfz-Werkstatt des VN überhaupt bereit und in der Lage ist, das Gebrauchtgerät in das Fahrzeug des VN einzubauen, fehlt es an einer zumutbaren Beschaffungsalternative. 71

Das auf dem Markt beschaffbare **Ersatzgerät** muss **baugleich und technisch gleichwertig** zu dem entwendeten Gerät sein.[53] Für der Beurteilung der Gleichwertigkeit ist zu berücksichtigen, dass ein werksmäßig fest eingebautes Navigationssystem in der Regel integrierter Bestandteil der Armaturentafel ist, das Design sowie die Größe und Form des Displays speziell für den entsprechenden Fahrzeugtyp konzipiert und entwickelt wird und auch die elektrischen Anschlüsse auf den speziellen Fahrzeugtyp abgestimmt sind.[54] Außerdem sind Sprachsteuerung, Touch-Screen-Bedienfunktion, eingebaute Steuerungstasten im Multifunktionslenkrad sowie die Ausstattung des Gerätes als Multimedia-, Unterhaltungs- oder Kommunikationssystem zu berücksichtigen und, sofern bei dem entwendeten Gerät als Ausstattungsmerkmale vorhanden, auch für ein gebrauchtes Ersatzgerät zu fordern. Erfüllt das Ersatzgerät alle Anforderungen, die im konkreten Fall an ein gleichwertiges Navigationssystem zu stellen sind, schuldet der VR nicht den Neupreis, sondern nur den **Wiederbeschaffungswert**, der sich in dem Preis des Ersatzgerätes wiederspiegelt. Für die Wertermittlung ist dann allein auf die Preise des vom VR nachgewiesenen seriösen Gebrauchtgerätemarktes abzustellen.[55] Sofern der VN nach dem Schadenfall durch seine Werkstatt das Austauschgerät in sein Fahrzeug hat einbauen lassen, was auch in einer Rechnung entsprechend dokumentiert ist, hat der VR diese **Einbaukosten** ohne weitere Abzüge ersetzen, (vgl. A.2.1.2 AKB Rdn. 96). 72

Streitigkeiten entstehen häufig, wenn **ein Austauschgerät auf diese Weise nicht erhältlich** ist. Der VN steht dann regelmäßig vor dem Problem, dass ihm ein Gebrauchtgerätemarkt nicht zugänglich ist. In diesem Fall wird der VR den VN auf **alternative Beschaffungsmöglichkeiten** für gebrauchte Navigationssysteme außerhalb des herstellergebundenen Werkstattnetzes verweisen. Diese Weisungen sind für den VN nur dann verbindlich, wenn **der VR nachweist**, dass ein **baugleiches und gleichwertiges Gebrauchtgerät** auf einem entsprechenden alternativen Markt erhältlich ist und dieser Markt als **seriöser Gebrauchtgerätemarkt** angesehen werden kann. 73

Kommt ein Gericht – ggf. nach sachverständiger Beratung – zu dem Ergebnis, dass das entwendete **Gerät in vergleichbarer Qualität** wie ein vom Hersteller bezogenes Gerät auf dem Gebrauchtmarkt **nicht verfügbar** ist oder gelingt es dem VR nicht, die **Vergleichbarkeit der Qualität** nachzuweisen, fehlt es an einer zumutbaren Wiederbeschaffungsmöglichkeit für den VN. Da sich in diesen Fällen der nach Maßgabe von A.2.5.1.1 AKB zu entschädigende Wiederbeschaffungswert nicht ermitteln 74

---

50 AG Berlin-Hohenschönhausen Urt. v. 05.09.2006 – 2 C 381/05 – zfs 2007, 154.

51 Vgl. AG Mainz Urt. v. 05.04.2011 – 80 C 240/10 – r+s 2011, 283.

52 AG Mainz Urt. v. 05.04.2011 – 80 C 240/10 – r+s 2011, 283.

53 AG Mainz Urt. v. 05.04.2011 – 80 C 240/10 – r+s 2011, 283.

54 AG Hamburg-St. Georg Urt. v. 08.01.2008 – 919 C 48/07 – BeckRS 2008, 09127.

55 Vgl. LG Essen Urt. v. 09.09.2010 – 10 S 159/10 – VersR 2011, 914 = SP 2011, 27 **unter Bestätigung von** AG Essen Urt. v. 09.04.2010 – 20 C 417/09 – VersR 2011, 914; AG Essen Urt. v. 15.04.2011 – 20 C 617/10 – SP 2011, 376; AG Essen Urt. v. 01.04.2010 – 20 C 554/09 – SP 2010, 335.

lässt, bemisst sich die Entschädigungshöhe für das entwendete Navigationssystem nach dem **Neupreis eines vergleichbaren Gerätes des betreffenden Kfz-Herstellers.**[56]

75 Gleiches gilt, wenn nach den Feststellungen des Gerichts **kein seriöser Gebrauchtgerätemarkt** für Navigationssysteme existiert und es dem VN deshalb nicht zumutbar ist, ein gebrauchtes Gerät aus unseriös erscheinenden, zweifelhaften Quellen zu erwerben.[57] **Anders** nur dann, wenn das Gericht unter Bezugnahme auf ein Sachverständigengutachten von der **Existenz eines seriösen Gebrauchtgerätemarkt** ausgeht.[58]

76 Für die Frage, ob der VN einen Anspruch auf eine Neupreisentschädigung hat, ist das **Alter** des entwendeten Navigationsgerätes nicht entscheidend.[59]

77 Hat der VN seinem VR Marke und Typ des entwendeten Navigationssystems bekannt gegeben und ihm mitgeteilt, dass er sich von seiner Fachwerkstatt ein neues Ersatzgerät einbauen lassen werde, muss der VR – ungeachtet eines seriösen Gebrauchtgerätemarktes – gleichwohl **den Neupreis** erstatten, wenn er es verabsäumt hat, den VN darauf hinzuweisen (vgl. E.1.3.2 AKB), dass nur die Kosten für ein gebrauchtes Gerät erstattungsfähig sind und auch ein ihm vorliegendes Angebot für den Erwerb eines gebrauchten Navigationssystems dem VN nicht zugeleitet hat; denn dadurch hat er **dem VN die Möglichkeit genommen, mit der** von ihm beauftragten **Werkstatt abzuklären, ob diese** zum Einbau eines gebrauchten Gerätes überhaupt bereit wäre.[60]

b) Online-Handel, Internet- und Restpostenmärkte

aa) Seriöser Gebrauchtgerätemarkt?

78 **Umstritten** ist, ob auch der **Internet-Markt als seriöser Gebrauchtgerätemarkt** angesehen werden kann und ob demnach die Weisung des VR an seinen VN, eine Ersatzbeschaffung für das aus seinem Pkw entwendete Navigationsgerät im Internet vorzunehmen, **für den VN zumutbar und verbindlich** ist.

79 **Nach teilweiser Auffassung** sollen Internetangebote gewerblicher Händler als Grundlage für die Schätzung des Wiederbeschaffungswertes eines gestohlenen Navigationsgerätes generell herangezogen werden können; der VN sei im Rahmen seiner **Schadenminderungspflicht** gehalten, auf den in Internetplattformen (z.B. **ebay, Amazon**) allgemein zugänglichen Markt für gebrauchte Navigationssysteme zurückzugreifen.[61] Insoweit habe sich ein seriöser Marktplatz für neue, gebrauchte oder auch generalüberholte Geräte etabliert, so dass sich der Wiederbeschaffungswert an der mittleren Preisspanne für diese Geräte zu orientieren habe, ggf. zuzüglich der Kosten für neue Navigationssoftware.[62]

80 **Nach gegenteiliger Auffassung** fehlt es hingegen an einer zumutbaren Wiederbeschaffungsmöglichkeit für den VN. Der VN kann das Gerät – wie bei Internetangeboten üblich – vor dem Kauf **nicht in Augenschein nehmen**, sich **kein persönliches Bild von der Seriösität des Anbieters** machen und erhält auch **keine Garantie** wie beim Originalhersteller.[63] Keinesfalls muss sich der VN auf ein

---

56 OLG Frankfurt/M. Beschl. v. 10.11.2009 – 7 U 91/09 – r+s 2010, 281 = zfs 2010, 154; AG Karlsruhe Urt. v. 21.06.2013 – 1 C 18/13 – zfs 2013, 579; AG Köln Urt. v. 02.11.2010 – 264 C 311/09 – r+s 2011, 332 = NZV 2011, 496; AG Hamburg-St. Georg Urt. v. 08.01.2008 – 919 C 48/07 – BeckRS 2008, 09127; AG Berlin-Hohenschönhausen Urt. v. 05.09.2006 – 2 C 381/05 – zfs 2007, 154; AG Düsseldorf Urt. v. 25.06.2009 – 42 C 9779/08 – NJW-RR 2010, 102 = NZV 2010, 258.

57 Vgl. AG Köln Urt. v. 02.11.2010 – 264 C 311/09 – r+s 2011, 332 = NZV 2011, 496.

58 Vgl. AG Essen Urt. v. 31.08.2007 – 20 C 1/07 – r+s 2008, 13 = SP 2007, 403.

59 **A.A.** AG Essen Urt. v. 01.04.2010 – 20 C 554/09 – SP 2010, 335.

60 OLG Frankfurt/M. Beschl. v. 10.11.2009 – 7 U 91/09 – r+s 2010, 281 = zfs 2010, 154.

61 LG Arnsberg Urt. v. 12.04.2017 – I-3 S 110/16 – r+s 2017, 585, 586; AG Wuppertal Urt. v. 17.03.2009 – 39 C 489/08 – SP 2009, 339; AG Hannover Urt. v. 03.05.2007 – 427 C 11356/06 – SP 2007, 333.

62 AG Bremen Urt. v. 26.11.2013 – 18 C 290/12 – r+s 2014, 228.

63 AG Hannover Urt. v. 08.02.2010 – 547 C 4343/09 – zfs 2010, 333.

Internetangebot verweisen zu lassen, wenn es nicht hinreichend nachprüfbar seriös ist, weil der Verkäufer jegliche **Angaben über die Herkunft des Gerätes** verweigert.[64] Selbst wenn man von einem seriösen Gebrauchtteilemarkt ausgehen wollte, kann die Ersatzbeschaffung für den VN gleichwohl unzumutbar sein, wenn sich nicht eine Fachwerkstatt zum Einbau des gebrauchten Systems bereiterklärt haben sollte.[65]

bb) Differenzierung zwischen Internet-Auktionen/Restpostenmärkte und Online-Shops

Richtigerweise ist in diesem Zusammenhang zwischen Internet-Auktionen und gewerblichen Online-Shops zu unterscheiden: 81

Soweit der VR auf die Verfügbarkeit von gebrauchten Navigationssystemen in **Internetauktionen**, z.B. bei ebay, verweist, handelt es sich dabei oftmals um alles andere als einen seriösen Gebrauchtgerätemarkt. Gerade gestohlene Navigationssysteme werden von den Tätern häufig über solche Vertriebskanäle zu Tiefstpreisen vermarktet. Die Beschaffung eines Ersatzgerätes auf diesem zweifelhaften Markt ist für den VN nicht zumutbar, zumal durchaus die Möglichkeit besteht, dass er sein gestohlenes Gerät als Hehlerware wiedererkennt. Die Verweisung des VN auf diesen Markt würde einen künstlichen Bedarf nach solchen Gebrauchtgeräten schaffen, der kriminelle Kreise auch in Zukunft dazu ermuntern würde, derartige Systeme zu entwenden. Um diesen Kreislauf zu durchbrechen, ist es allein konsequent, jedenfalls für Multimedia- und Navigationssysteme den Internetmarkt, soweit er Auktionscharakter hat, **als seriösen Gebrauchtgerätemarkt auszuschließen.** Auf **spezielle Restpostenmärkte** als Bezugsquellen braucht sich der VN ebenso wenig verweisen zu lassen. 82

Was demgegenüber die Verfügbarkeit von Gebrauchtgeräten im **Versandhandel** oder **Online-Shops** anbelangt, so kann es sich im Einzelfall durchaus um seriöse Wiederbeschaffungsquellen handeln, insbesondere dann, wenn sich dies durch einen gerichtlichen Sachverständigen untermauern lässt. Voraussetzung ist, dass das Gebrauchtgerät gleichwertig ist und das Angebot dem VN mühelos zugänglich ist. 83

cc) Kriterien für eine gleichwertige und mühelos zugängliche Beschaffungsmöglichkeit via Internet

Häufig wird es an der **Gleichwertigkeit** des als gebraucht angebotenen Navigationssystems fehlen, wenn dieses nicht mit denselben, evtl. noch laufenden **Herstellergarantie- und kaufrechtlichen Gewährleistungsfristen** wie bei dem entwendeten Gerät wiederbeschafft werden kann. Auch dann, wenn ein **modellgleiches Gerät nicht zu beschaffen** ist, kann der VN nicht auf ein beliebiges anderes, »schlicht vergleichbares« Navigationsgerät verwiesen werden. Wurde das gestohlene Navigationsgerät speziell für das vom VN gefahrene Fahrzeugmodell entwickelt und behauptet der VR lediglich, die auf dem Gebrauchtmarkt erhältlichen Geräte seien vergleichbar, ohne anzugeben, wie alt die Geräte sind, noch inwieweit sie mit dem entwendeten Gerät vergleichbar sein sollen, so ist der Neupreis als Entschädigung zugrunde zu legen.[66] 84

Im Übrigen ist eine **Verweisung des VN** auf gebrauchte Geräte im Internet von vornherein **ausgeschlossen**, wenn dem VN eine Ersatzbeschaffung auf diesem Markt **nicht zumutbar** oder die Bezugsquelle dem VN **nicht ohne weiteres problemlos zugänglich** ist. Daher reicht auch der Hinweis des VR auf einen »seriösen« Gebrauchtgerätemarkt im Internet allein nicht aus, um den VN verbindlich auf diesen Markt verweisen zu können. Es gehört nicht zum Allgemeinwissen eines VN, Gewerbebetriebe zu kennen, wo gebrauchte Navigationsgeräte angeboten werden.[67] 85

Angebote von Privatpersonen, die für den Verkauf von Gebrauchtgeräten keine Gewährleistung anbieten oder **Angebote von Händlern**, die sich ausschließlich an gewerbliche Kunden richten, 86

64 AG Köln Urt. v. 02.11.2010 – 264 C 311/09 – r+s 2011, 332 = NZV 2011, 496.
65 OLG Frankfurt/M. Beschl. v. 10.11.2009 – 7 U 91/09 – r+s 2010, 281 = zfs 2010, 154.
66 AG Hamburg-Barmbeck Urt. v. 23.05.2008 – 820 C 14/08 – r+s 2009, 11.
67 AG Düsseldorf Urt. v. 28.11.2008 – 27 C 5601/08 – DAR 2009, 209, 210 = NZV 2009, 510.

können keine Grundlage für die Ermittlung einer Entschädigungszahlung sein. Problemlos ohne weiteres zugänglich sind Angebote von Online-Shops dann nicht, wenn der VN weder über einen **Internetanschluss**, noch über die notwendigen Kenntnisse verfügt, Kaufverträge via Internet abschließen zu können.[68] In allen Fällen beschränkt sich der Entschädigungsanspruch nicht lediglich nur auf den Wiederbeschaffungswert und damit auf die Kosten eines gleichwertigen gebrauchten Navigationsgerätes; vielmehr ist der **Neupreis** zu ersetzen, den der VN bei einem Kfz-Vertragshändler für ein modellgleiches neues Gerät aufwenden muss.[69] Kürzungen sind unzulässig.

c) Abzüge »neu für alt«? – Rechtslage nach den neuen AKB (ab 2008)

87 **Hat der VN Anspruch auf den Neupreis** eines Gerätes, ist dieser grundsätzlich uneingeschränkt zu erstatten. Dies gilt selbst dann, wenn das neue Gerät technische Verbesserungen oder Ausstattungserweiterungen aufweist. Die noch nach den früheren AKB a.F. möglichen **Abzüge »neu für alt« entfallen**, da sich die entsprechende Klausel in A.2.5.2.3 AKB nur auf den Reparaturschadenfall bezieht und eine Verweisung auf A.2.5.1.1 AKB, der die Entschädigung bei Verlust regelt, nicht vorgesehen ist.

88 **Ausnahmsweise** ist ein Abzug »neu für alt« dann vorzunehmen, wenn nach den konkret vereinbarten AKB bei »Beschädigung, Zerstörung oder Verlust von Informations- oder Unterhaltungssystemen« ausnahmsweise ein »dem Alter und der Abnutzung entsprechender Abzug« vereinbart worden ist. Bei einem **Bordmonitorsystem**, d.h. bei Computereinheiten, die die gesamte audiomediale Ausstattung steuern und Informationen über Fahrzeug- und Fahrdaten liefern, handelt es sich schon begrifflich nicht um ein Navigationssystem, so dass auch keine Abzugsberechtigung des VR besteht, wenn ein Abzug »neu für alt« in den AKB nur für »Navigationssysteme« vereinbart ist.[70]

89 Bei einem **»dem Alter entsprechenden Abzug«** kann bei Zerstörung oder Verlust eines werkseitig eingebauten Navigationssystems ein Abzug in Höhe von **1 % des Neupreises pro Monat** seit Erstzulassung des Fahrzeuges gerechtfertigt sein. Eine **Klausel**, die einen solchen, nach Alter gestaffelten Abzug ab dem Zeitpunkt des Erwerbs vorsieht, beginnend aber nicht vor Ablauf von 12 Monaten seit Erstzulassung des Fahrzeuges, ist wirksam und benachteiligt den VN nicht unangemessen.[71] Auch eine Klausel, die eine Neupreisentschädigung für das Navigationsgerät für die ersten 18 Monate und danach einen Abzug von 1 % je Kalendermonat vom aktuellen Neupreis des Gerätes vorsieht, hält der Inhaltskontrolle stand; dies gilt auch dann, wenn sich nicht feststellen lässt, ob ein gebrauchtes Ersatzgerät auf einem seriösen Gebrauchtgerätemarkt überhaupt beschaffbar ist.[72] Darf der VR nach den konkret vereinbarten AKB nur einen **»der Abnutzung entsprechenden Abzug«** vornehmen, ist beim Einbau von Neuteilen ein solcher Abzug trotzdem nur dann gerechtfertigt, wenn der VN durch den Neueinbau ihm auch sonst entstehende Aufwendungen erspart, d.h. das ausgewechselte Teil in der Regel die Lebensdauer des gesamten Fahrzeuges nicht erreicht hätte.[73] Üblicherweise muss aber ein im Fahrzeug fest integriertes Navigationssystem während der Lebensdauer des Fahrzeuges nicht ersetzt werden,[74] so dass sich ein Abzug allenfalls wegen des bei einem Neugerät aktualisierten Kartenmaterials begründen lässt.

---

68 AG Düsseldorf Urt. v. 28.11.2008 – 27 C 5601/08 – DAR 2009, 209, 210 = NZV 2009, 510; **a.A.** AG Essen Urt. v. 01.04.2010 – 20 C 554/09 – SP 2010, 335.

69 AG Berlin-Hohenschönhausen Urt. v. 05.09.2006 – 2 C 381/05 – zfs 2007, 154 mit Anm. Rixecker; vgl. auch Pamer Rn. 666 ff.; Versicherungsombudsmann Urt. v. 05.06.2008 – 9125/2007 – SP 2009, 22 = r+s 2013, 328; Versicherungsombudsmann Urt. v. 15.12.2006 – 8141/2006 – r+s 2007, 415.

70 AG Frankfurt/Main Urt. v. 11.05.2015 – 30 C 790/15 – DV 2016, 61.

71 LG Arnsberg Urt. v. 12.04.2017 – I-3 S 110/16 – r+s 2017, 585; AG Hannover Urt. v. 14.08.2012 – 530 C 4959/12 – VersR 2013, 994 = r+s 2013, 328.

72 LG Düsseldorf Urt. v. 12.01.2017 – 9 S 26/16 – DAR 2017, 588 **unter Aufhebung von** AG Düsseldorf Urt. v. 16.12.2015 – 53 C 233/15 – VK 2016, 37.

73 Vgl. OLG Koblenz Urt. v. 26.11.1999 – 10 U 246/99 – r+s 2000, 97.

74 AG Düsseldorf Urt. v. 25.06.2009 – 42 C 9779/08 – NJW-RR 2010, 102 = NZV 2010, 258.

d) Abzüge »neu für alt«? – Rechtslage nach den alten AKB (vor 2008)

In manchen älteren AKB-Fassungen ist in **§ 13 Abs. 5 AKB a.F.** auch **für den Fall des Verlustes** von den Kosten der Ersatzteile ein dem Alter und der Abnutzung entsprechender **Abzug »neu für alt«** vorzunehmen. Allerdings sind die Abzüge nach dem Wortlaut der Vertragsbedingungen oftmals bis zu einem bestimmten Jahr ausschließlich auf Bereifung, Batterie und Lackierung beschränkt (z.B. bei Krafträdern, Pkw und Omnibussen bis zum Schluss des vierten, bei allen übrigen Fahrzeugen bis zum Schluss des dritten auf die Erstzulassung des Fahrzeuges folgenden Kalenderjahres). 90

Der **durchschnittliche VN** darf diese Regelung als abschließend ansehen und so verstehen, dass er sich hinsichtlich anderer Ersatzteile, also auch des Navigationssystems, keinen Abzug gefallen lassen muss, **sofern** dieses **innerhalb des genannten Zeitraumes nach Erstzulassung entwendet** wird.[75] Der VN ist nach dieser Klausel auch nicht verpflichtet, sich ein gebrauchtes Navigationssystem zu beschaffen. Die erforderlichen Wiederherstellungskosten bemessen sich an den **Kosten für ein Neugerät**, das sich der VN über die örtliche Werkstatt seines Vertrauens beschaffen und einbauen lassen darf. Die in § 13 Abs. 5 AKB a.F. genannten Kosten der Wiederherstellung beziehen sich nicht auf gebrauchte, sondern auf neue Teile, weil sonst die Regelung eines Abzuges »neu für alt« unter bestimmten Voraussetzungen überflüssig wäre. 91

Bei älteren Pkw, bei denen das **Navigationssystem nach Ablauf des vierten** auf die Erstzulassung folgenden **Kalenderjahres entwendet** wird, ist als Entschädigung der **Preis maßgeblich, der vom Hersteller für ein** entsprechendes vergleichbares **Austauschteil verlangt** wird, sofern ein solches verfügbar ist und angeboten wird. Da es sich nicht um ein Neuteil handelt, beinhaltet der Preis für dieses Austauschteil bereits einen konkreten Abzug »neu für alt«, dessen Umfang der VR auch nicht gestützt auf eine anders lautende gutachterliche Bewertung in Frage stellen kann. Die Entschädigung bemisst sich daher an dem für das Austauschteil tatsächlich aufgewendeten Kaufpreis. 92

Sofern bei älteren Fahrzeugen **vergleichbare Austauschgeräte nicht zur Verfügung stehen**, steht der VN wiederum vor dem Problem, dass zumindest auf einem seriösen Markt gebrauchte Navigationssysteme oftmals nicht erhältlich sind, (vgl. A.2.1.2 AKB Rdn. 73 ff.) Daher bemisst sich die Höhe der Entschädigung auch in diesem Fall nach dem **Neupreis.**[76] 93

Abzüge »neu für alt« sind in der Regel nicht gerechtfertigt, da ein neues Navigationssystem keine Wertverbesserung des Fahrzeuges darstellt.[77] Ein herstellerseitig eingebautes **Navigationssystem** weist technisch gesehen die **gleiche Lebensdauer** auf **wie das Fahrzeug selbst.** Gleichwohl wird man bei älteren Fahrzeugen einen **Abzug von bis zu 20 %** als vertretbar ansehen können, wenn man einen gewissen Verschleiß der Bedienelemente unterstellt und das neue Gerät sowohl mit neuerem Kartenmaterial ausgestattet ist, als auch über eine höhere Leistungsfähigkeit verfügt.[78] 94

e) Ersatz von Multimedia-Software

Der VR schuldet keinen Ersatz für die Beschädigung, die Zerstörung oder den Verlust von **Navigations-CDs** oder **-DVDs.**[79] 95

2. Erstattung sonstiger Kosten

Unabhängig davon, ob nur der Wiederbeschaffungswert oder der Neuwert – ggf. mit einem Abzug »neu für alt« – zu erstatten ist, hat der VR auch die **Einbaukosten** zu ersetzen,[80] da die 96

75 AG Hannover Urt. v. 08.02.2010 – 547 C 4343/09 – zfs 2010, 333.

76 Ebenso AG Hamburg-Barmbeck Urt. v. 23.05.2008 – 820 C 14/08 – r+s 2009, 11.

77 OLG Frankfurt/M. Beschl. v. 10.11.2009 – 7 U 91/09 – r+s 2010, 281 = zfs 2010, 154; **a.A.** AG Hamburg-Barmbeck Urt. v. 23.05.2008 – 820 C 14/08 – r+s 2009, 11, **das die Abzüge unter proportionaler Berücksichtigung einer Abschreibungsdauer von 8 Jahren vornimmt.**

78 AG Düsseldorf Urt. v. 04.02.2009 – 43 C 7882/08 – SP 2009, 262.

79 AG Mainz Urt. v. 05.04.2011 – 80 C 240/10 – r+s 2011, 283; **a.A.** AG Düsseldorf Urt. v. 01.12.2008 – 231 C 14006/08 – DAR 2009, 211.

80 Ebenso AG Hamburg-Barmbeck Urt. v. 23.05.2008 – 820 C 14/08 – r+s 2009, 11.

Funktionsfähigkeit von fest in das Fahrzeug integrierten Navigationssystemen deren ordnungsgemäßen Einbau zwingend voraussetzt. Sofern **zusätzliche Reparaturkosten** anfallen, z.B. weil das gestohlene Navigationssystem von dem Täter mit Gewalt aus der Verkleidung gerissen wurde, sind diese in voller Höhe – bei fiktiver Abrechnung regelmäßig mit dem Netto-Betrag, (vgl. A.2.5.4 AKB) – ohne einen Abzug »neu für alt« zu erstatten.

IV. Glasbruchschäden

97 Zum Entschädigungsumfang einschließlich Preisnachlässen vgl. unter A.2.2.1 AKB Rdn. 101 ff.; zur Höhe der Entschädigung beim Totalschaden vgl. unter A.2.5.1 AKB Rdn. 116 ff. und beim Reparaturschaden unter A.2.5.2 AKB Rdn. 95 ff.

V. Erstattungsumfang bei Fahrzeug- und Zubehörteilen

98 Auch die **Einbaukosten eines** reparierten oder ersatzweise neu angeschafften **Fahrzeugteiles** sind zu ersetzen, wenn die Montage für die ordnungsgemäße Funktion des Teiles unentbehrlich ist oder es sich um ein wesentliches Fahrzeugbestandteil handelt (z.B. Anbringung einer mitversicherten Reklamebeschriftung, Einbaukosten eines Autoradios). Dagegen ist **reines Fahrzeugzubehör** nur zum Teilewert **ohne Einbaukosten** versichert. Im Falle einer Entwendung von **Nummernschildern** gehören die Gebühren beim Straßenverkehrsamt für die Zuteilung neuer Kennzeichen nicht zum Entschädigungsumfang.

VI. Vorgehensweise des VN bei Regulierungsverweigerung

99 Kann der VN mit seinem VR **keine Übereinstimmung in Bezug auf die Entschädigungshöhe erzielen**, sollte er dem VR eine Frist setzen zur Abgabe einer Erklärung, wonach auf die Durchführung des Sachverständigenverfahrens nach A.2.6 AKB verzichtet wird. Für den Fall, dass der VR nicht reagiert oder die erbetene Erklärung nicht abgibt, sollte der VN gleichzeitig die Einleitung des Sachverständigenverfahrens androhen und auch einen Kfz-Sachverständigen namentlich benennen. Sofern streitig ist, ob dem VN ein Anspruch auf ein neues oder nur ein gebrauchtes Navigationsgerät zusteht, ist ein Sachverständigenverfahren allerdings entbehrlich, da es sich allein um eine den Gerichten vorbehaltene Rechtsfrage handelt, (vgl. A.2.6 AKB Rdn. 16).

A.2.2 Welche Ereignisse sind versichert?

A.2.2.1 Welche Ereignisse sind in der Teilkasko versichert?

Versicherungsschutz besteht bei Beschädigung, Zerstörung, Totalschaden oder Verlust des Fahrzeugs einschließlich seiner mitversicherten Teile durch die nachfolgenden Ereignisse:

A.2.2.1.1 Brand und Explosion

Versichert sind Brand und Explosion. Als Brand gilt ein Feuer mit Flammenbildung, das ohne einen bestimmungsgemäßen Herd entstanden ist oder ihn verlassen hat und sich aus eigener Kraft auszubreiten vermag. Nicht als Brand gelten Schmor- und Sengschäden. Explosion ist eine auf dem Ausdehnungsbestreben von Gasen oder Dämpfen beruhende, plötzlich verlaufende Kraftäußerung.

A.2.2.1.2 Entwendung

Versichert ist die Entwendung in nachfolgenden Fällen:

a Versichert sind Diebstahl und Raub sowie die Herausgabe des Fahrzeugs aufgrund räuberischer Erpressung.

b Unterschlagung ist nur versichert, wenn dem Täter das Fahrzeug weder zum Gebrauch in seinem eigenen Interesse, noch zur Veräußerung noch unter Eigentumsvorbehalt überlassen wird.

c Unbefugter Gebrauch ist nur versichert, wenn der Täter in keiner Weise berechtigt ist, das Fahrzeug zu gebrauchen. Nicht als unbefugter Gebrauch gilt insbesondere, wenn der Täter vom Verfügungsberechtigten mit der Betreuung des Fahrzeugs beauftragt wird (z.B. Werkstatt- oder Hotelmitarbeiter). Außerdem besteht kein Versicherungsschutz, wenn der Täter in einem Näheverhältnis zu dem Verfügungsberechtigten steht, z.B. dessen Arbeitnehmer, Familien- oder Haushaltsangehöriger ist.

A.2.2.1.3 Sturm, Hagel, Blitzschlag, Überschwemmung

Versichert ist die unmittelbare Einwirkung von Sturm, Hagel, Blitzschlag oder Überschwemmung auf das Fahrzeug. Als Sturm gilt eine wetterbedingte Luftbewegung von mindestens Windstärke 8. Eingeschlossen sind Schäden, die dadurch verursacht werden, dass durch diese Naturgewalten Gegenstände auf oder gegen das Fahrzeug geworfen werden. Ausgeschlossen sind Schäden, die auf ein durch diese Naturgewalten veranlasstes Verhalten des Fahrers zurückzuführen sind.

A.2.2.1.4 Zusammenstoß mit Haarwild

Versichert ist der Zusammenstoß des in Fahrt befindlichen Fahrzeugs mit Haarwild im Sinne von § 2 Abs. 1 Nr. 1 des Bundesjagdgesetzes (z.B. Reh, Wildschwein).

A.2.2.1.5 Glasbruch

Versichert sind Bruchschäden an der Verglasung des Fahrzeugs. Als Verglasung gelten Glas- und Kunststoffscheiben (z.B. Front-, Heck-, Dach-, Seiten- und Trennscheiben), Spiegelglas und Abdeckungen von Leuchten. Nicht zur Verglasung gehören Glas- und Kunststoffteile von Mess-, Assistenz-, Kamera- und Informationssystemen, Solarmodulen, Displays, Monitoren sowie Leuchtmittel. Nicht versichert sind Folgeschäden.

A.2.2.1.6 Kurzschlussschäden an der Verkabelung

Versichert sind Schäden an der Verkabelung des Fahrzeugs durch Kurzschluss. Folgeschäden sind nicht versichert.

Übersicht Rdn.

A. Allgemeines

Die Bestimmung definiert inhaltlich unverändert zu den bisherigen AKB die in der Teilkasko versicherten Ereignisse. Neu ist allerdings ist die Darstellung der einzelnen Gefahren. **Die bis 2008 gültigen AKB** unterschieden noch sehr systematisch zwischen drei Gruppen von Kasko-Tatbeständen, nämlich den Teilkasko-Tatbeständen (§ 12 Abs. 1 Nr. I AKB a.F.), den Vollkasko-Tatbeständen (§ 12 Abs. 1 Nr. II AKB a.F.) und den Glasbruch- und Kurzschlussschäden (§ 12 Abs. 2 AKB a.F.). Die Trennung der Glasbruch- und Kurzschlussschäden von den Teilkasko- und 1

Vollkasko-Tatbeständen war systematisch gerechtfertigt. Denn während es sich bei Glasbruch und Kurzschlüssen um versicherte Schäden handelt, beschreiben die Kasko-Tatbestände bestimmte Schadenursachen (z.B. Diebstahl, Brand, Hagel, Unfall), die Voraussetzung für den Anspruch des VN aus der Kaskoversicherung sind. So wird ein Glasbruchschaden unabhängig von seiner Entstehung ersetzt, während die Beschädigung einer Stoßstange nur dann versichert ist, wenn ein versichertes Ereignis (z.B. Wildschaden, Unfall) die Ursache des Schadens war.[1]

2 In den **AKB 2008** wurde diese schematische Trennung bereits aufgegeben. Die Teilkasko-Tatbestände wurden vollständig in Abschnitt A.2.2 AKB und die Vollkasko-Tatbestände in A.2.3 AKB dargestellt. Die **AKB 2015** verfeinern diese Systematik, indem zur besseren Struktur und Darstellung eine zusätzliche Gliederungsebene (A.2.2 AKB) eingeführt wird, die dem VN zum einen aufzeigt, welche Ereignisse in der Teilkasko (A.2.2.1 AKB) und welche Ereignisse in der Vollkasko (A.2.2.2 AKB) versichert sind, wobei durch weitere Untergliederungen die in beiden Sparten jeweils versicherten Gefahren dargestellt werden, und zwar für die Teilkasko in A.2.2.1.1 bis A.2.2.1.6 AKB und für die Vollkasko in A.2.2.2.1 bis A.2.2.2.3 AKB.

3 Die wichtigen **Teilkasko-Tatbestände »Brand« und »Explosion«** wurden bereits in den **AKB 2008 neu gefasst**, um die bisherigen Auslegungsprobleme zu beseitigen. Ebenso wurden die Voraussetzungen, unter denen eine **Unterschlagung** versichert ist, präzisiert im Anschluss an die frühere Auslegung, wonach Versicherungsschutz nur besteht, wenn dem Täter das Fahrzeug nicht zum Gebrauch im eigenen Interesse, zur Veräußerung oder unter Eigentumsvorbehalt überlassen worden war. Schließlich findet auch der frühere **Begriff der »betriebsfremden Person«** seit den AKB 2008 keine Verwendung mehr. Stattdessen wird der Tatbestand des »unbefugten Gebrauchs« umschrieben, wobei A.2.2.1.2c AKB in Form eines negativen Tatbestandsmerkmals denjenigen Personenkreis konkretisiert, der als Täter eines »unbefugten Gebrauchs« und damit eines versicherten Ereignisses unter keinen Umständen in Betracht kommt. In den **AKB 2015** werden anders als bisher die versicherten Entwendungstatbestände mit ihren Voraussetzungen und Einschränkungen aufgeführt. Die Aufzählung ist abschließend. Der Straftatbestand der **räuberischen Erpressung** wird erstmals namentlich mit aufgelistet.

B. Regelungsgehalt – Welche Ereignisse sind versichert? – A.2.2 AKB/Welche Ereignisse sind in der Teilkasko versichert? – A.2.2.1 AKB (§ 12 Abs. 1 Nr. I und Abs. 2 AKB 2007 a.F.; A.2.2 AKB 2008 a.F.)

I. Beschädigung, Zerstörung, Totalschaden, Verlust – A.2.2.1 AKB

4 Vgl. hierzu A.2.1.1 AKB Rdn. 6 ff.

II. Brand und Explosion – A.2.2.1.1 AKB

5 Erstmals seit den AKB 2008 werden die Begriffe »Brand« und »Explosion« in Anlehnung an die Definition in der allgemeinen Feuerversicherung konkret umschrieben.

1. Brand – A.2.2.1.1 Alt. 1 AKB

a) Definition

6 Entsprechend der Definition in § 1 Nr. 2 AFB 2008 ist unter »Brand« ein **Feuer mit offener Glut- oder Flammenbildung** zu verstehen, das entweder ohne einen bestimmungsgemäßen Herd entstanden ist oder diesen verlassen hat und sich aus eigener Kraft auszubreiten vermag.

1 Maier/Stadler Rn. 98.

b) Kausalität – Unmittelbare und mittelbare Brandschäden

Die Eintrittspflicht des VR erfordert, dass der Fahrzeugschaden adäquat kausal »durch Brand« verursacht wurde. Voraussetzung hierfür ist, dass das **Fahrzeug** entweder selbst **vom Feuer erfasst** oder **unmittelbar durch seine Einwirkung beschädigt** wird. Als technische Brandursache innerhalb des Fahrzeuges kommt in erster Linie Selbsterhitzung mit anschließender Selbstentzündung, bedingt durch **Vergaserbrand, Heißlaufen des Motors** oder **Kurzschlüsse** in Betracht, aber auch ein Brand durch **undichte Kraftstoffleitungen** in Zusammenhang mit einer **Überhitzung des Auspuffs.** Die **Brandursache** kann auch **außerhalb des Fahrzeuges** liegen. **Ausreichend** ist, dass das Kfz durch **bloße Hitze- oder Raucheinwirkung** einen Schaden erleidet, und zwar unabhängig davon, ob es selbst in Brand gerät oder nicht. Voraussetzung ist lediglich, dass das **Feuer** in einem engen örtlichen und zeitlichen Zusammenhang **unmittelbar** auf das versicherte Fahrzeug **einwirkt.** Entstehen dabei **Riss-, Sprung- oder Sengschäden**, sind auch diese mitversichert. Zur **Falschbetankung** mit anschließendem Brand vgl. A.2.2.2 AKB Rdn. 53. 7

Schäden am versicherten Fahrzeug, **die mittelbar** durch einen an anderer Stelle ausgebrochenen Brand **entstehen (Brandfolgeschäden)**, sind ebenso versichert, solange sie in einem engen räumlichen und zeitlichen Zusammenhang zum Brandherd stehen. Auch hier muss das versicherte Fahrzeug nicht selbst gebrannt haben. Es genügt ein adäquater Ursachenzusammenhang zwischen dem Brand und dem Schaden am Fahrzeug.[2] Einer »unmittelbaren« Einwirkung wie bei den Schäden durch Naturgewalten bedarf es nicht. Ein gedeckter Brandschaden liegt daher auch dann vor, wenn die **einstürzende Mauer eines brennenden Gebäudes** auf die Garage fällt und das darin stehende versicherte Fahrzeug beschädigt, oder das geparkte Fahrzeug durch **Gebäudeteile**, die sich **beim Brand eines Hauses gelöst** haben (z.B. Dachziegel), beschädigt wird.[3] Selbst Schäden, die durch das **Eindringen von Löschwasser** aus einem brennenden Haus **in eine Tiefgarage** entstehen, in der das versicherte Fahrzeug abgestellt ist, sind zu ersetzen.[4] 8

Nach früher vertretener Ansicht in der Literatur sollte ein nur mittelbar durch Brand verursachter Schaden nicht gedeckt sein.[5] Jedoch dürfte diese Einschränkung dem Versicherungsumfang, wie er in § 1 Nr. 1 AFB für die Feuerversicherung festgelegt ist, nicht gerecht werden. Nach der dortigen Beschreibung leistet der VR eine Entschädigung für versicherte Sachen, die »durch Brand« zerstört oder beschädigt werden. Eine Differenzierung dahingehend, dass nur unmittelbar adäquat kausal verursachte Schäden zu ersetzen sind, ist der Regelung nicht zu entnehmen. Da die AKB die Definition des »Brandes« ebenfalls den AFB entnommen haben, erscheint es sachgerecht, den Versicherungsschutz nicht zu Ungunsten des VN einzuschränken. Die **gegenteilige Literaturmeinung** hätte zur Konsequenz, dass bei brennenden Gebäudeteilen (z.B. Holzbalken), die auf das versicherte Fahrzeug herabstürzen, zu unterscheiden wäre zwischen brandbedingten Schäden (dann wohl versichert) und solchen, die sturzbedingt entstanden sind (dann wohl nicht versichert). Diese Unterscheidung dürfte dem durchschnittlichen VN, auf dessen Empfängerhorizont es bei der Auslegung allgemeiner Versicherungsbedingungen ankommt, kaum zu vermitteln sein. Er wird vielmehr davon ausgehen, in einem solchen Fall den gesamten Schaden an seinem Fahrzeug ersetzt zu bekommen. In gleicher Weise wird für den VN kein nachvollziehbarer Grund für eine Differenzierung zu erkennen sein, wenn man mit der Gegenmeinung annimmt, Schäden durch herabfallende Dachziegel, die sich beim Brand eines Gebäudes gelöst haben, seien nicht versichert, denn beim Herabstürzen brennender Balken müsste auch nach der gegenteiligen Auffassung zumindest der brandbedingte Schaden am Fahrzeug ersetzt werden. 9

---

2 Stiefel/Maier/*Stadler* A.2 AKB Rn. 82.

3 OLG Düsseldorf Urt. v. 06.08.1991 – 4 U 251/90 – VersR 1992, 567; AG Hamburg Urt. v. 26.10.1994 – 11 C 525/94 – VersR 1995, 1305; AG Berlin-Charlottenburg Urt. v. 13.09.1989 – 13 C 457/89 – VersR 1990, 44; Prölss/Martin/*Klimke* A.2.2.1 AKB Rn. 5.

4 LG Hamburg Urt. v. 14.04.1977 – 21 O 229/76 – VersR 1978, 857.

5 Stiefel/Hofmann, Kraftfahrtversicherung, 17. Auflage, § 12 AKB Rn. 24.

10 **Kein Versicherungsschutz besteht**, wenn der räumliche und zeitliche Zusammenhang zwischen Brandherd und Schadenereignis fehlt. Dies ist z.B. der Fall, wenn der **Brandhelfer auf dem Weg zur Brandstätte** mit seinem Fahrzeug einen **Unfall erleidet** oder das bei **Löscharbeiten** im Wege stehende Kfz beiseite gestoßen und dabei beschädigt wird.[6] Gleiches gilt, wenn das versicherte Fahrzeug durch das **Gedränge der Schaulustigen** am Brandort einen Schaden erleidet.

c) Bestimmungsgemäßer Brandherd

11 Das den Brandschaden auslösende **Feuer muss außerhalb eines bestimmungsgemäßen Brandherdes entstanden** sein. Schäden an solchen Fahrzeugteilen, die ihrer bestimmungsgemäßen Verwendung nach Hitze, Feuer oder Funkenbildung ausgesetzt sind (z.B. **Zündkerzen, Sicherungen, Katalysator**), sind nicht versichert. Bei einem »Durchbrennen« solcher Teile wird es in aller Regel auch an der erforderlichen Flammenbildung fehlen.

12 Ein versicherter Brandschaden liegt auch dann vor, wenn ein **Feuer** zwar **zunächst gewollt** an einem bestimmungsgemäßen Ort **entstanden** ist, es sich von diesem gewollten Herd **aber ungewollt und unkontrolliert aus eigener Kraft ausgebreitet** und einen Schaden am versicherten Fahrzeug verursacht hat. Ein **Vergaserbrand** gilt nicht als versicherter Brand, denn das Feuer kann nur so lange brennen, wie ihm weiteres Kraftstoffgemisch zugeführt wird. Es fehlt daher an der Ausbreitungsfähigkeit des Feuers aus eigener Kraft.[7]

d) Risikoausschlüsse

aa) Schmorschäden

13 Ein nicht versicherter Schmorschaden liegt vor, wenn die Substanz einer Sache durch Hitzeeinwirkung zersetzt wird, ohne dass es zu einer Glut- oder offenen Flammenbildung kommt.[8] Dies ist z.B. der Fall beim **Verschmelzen von Kabeln**, bedingt durch Verschleiß der Isolierung, Schäden an der Elektrik oder Wackelkontakte, beim **Heißlaufen eines Radlagers**[9] oder beim **Durchbrennen des Katalysators** infolge zu hoher Betriebstemperatur, weil hier ein Schmelzvorgang des Keramikkörpers vorliegt.[10]

14 Auch »**Kabelbrände**« zählen grundsätzlich zu den nicht versicherten Schmorschäden. Sie entstehen infolge der Einwirkung von Wärmequellen durch Zersetzungsprozesse, ohne dass es zu einer Flammenbildung kommt.[11] Soweit sie **durch einen Kurzschluss ausgelöst** werden, sind Schäden an der Verkabelung jedoch – mit Ausnahme der Folgeschäden an den angrenzenden Aggregaten (Lichtmaschine, Anlasser, Batterie) – nach **A.2.2.1.6 AKB** im Rahmen der Teilkasko versichert (vgl. A.2.2.1 AKB Rdn. 109).

bb) Sengschäden

15 An einer Flammenbildung fehlt es auch bei einem Sengschaden, der gleichfalls nicht versichert ist. Er liegt z.B. vor bei der Beschädigung eines **Cabrioverdecks durch einen glimmenden Feuerwerkskörper**,[12] ohne dass das Fahrzeug hierdurch in Brand gerät (dann versicherter Schaden!), beim **Ansengen des Sitzpolsters** durch eine glühende Zigarette oder den Zigarettenanzünder, aber auch

6 Stiefel/Maier/*Stadler* A.2 AKB Rn. 84.

7 LG Koblenz Urt. v. 26.03.1990 – 3 U 257/89 – r+s 1990, 367; LG Hamburg Urt. v. 26.06.1985 – 18 S 37/84 – r+s 1985, 262.

8 AG Geldern Urt. v. 24.01.2006 – 14 C 158/05 – SP 2007, 75.

9 OLG Oldenburg Urt. v. 06.05.1988 – 2 U 275/87 – zfs 1989, 315; LG Stuttgart Urt. v. 07.04.1988 – 25 O 596/87 – r+s 1989, 352.

10 Stiefel/Maier/*Stadler* A.2 AKB Rn. 77.

11 Stiefel/Maier/*Stadler* A.2 AKB Rn. 78.

12 AG Pforzheim Urt. v. 17.12.1993 – C 384/93 – VersR 1994, 1336 = zfs 1995, 22.

dann, wenn sich eine Sache durch **Selbsterhitzung** in ihrer Form verändert und dadurch unbrauchbar wird.[13]

cc) Schmor- oder Sengschäden und Brand

Nach dem eindeutigen Wortlaut in A.2.2.1.1 S. 2 AKB sind Schäden durch Schmor- oder Sengvorgänge ausdrücklich vom Versicherungsschutz ausgeschlossen. Daraus folgt, dass Schmor- oder Sengschäden nur als **Brandfolgen** vom Versicherungsschutz umfasst sind. Deckung besteht also nur in den Fällen, in denen sich aus einem Schmor- oder Sengvorgang ein offenes Feuer mit Flammenbildung entwickelt, welches zu Schäden an angrenzenden Fahrzeugteilen führt, die jedenfalls durch den Schmor- oder Sengvorgang allein nicht hätten entstehen können.[14] Ist hingegen der Schmor- oder Sengvorgang infolge starker Hitzeentwicklung nur die **Ursache eines** später ausbrechendes **Brandes** und wären die Schäden auch ohne die Flammenbildung bereits infolge des Schmor- oder Sengvorganges entstanden, liegt ein entschädigungspflichtiger Brandschaden nicht vor. Kommt es zu einer offenen Flammenbildung und treten Beschädigungen am Fahrzeug auf, muss zur Klärung eines möglichen Risikoausschlusses die Ursache dieser Fahrzeugschäden festgestellt werden, da ansonsten die Ausschlussklausel zumindest bei solchen Fallkonstellationen leerlaufen würde. Zur **Beweislastverteilung** und zu weiteren **Einzelfällen** vgl. A.2.2.1 AKB Rdn. 112 ff. 16

2. Explosion – A.2.2.1.1 Alt. 2 AKB

Die **Definition** für eine Explosion ist § 1 Nr. 4 AFB 2008 entnommen. Voraussetzung ist eine auf dem Ausdehnungsbestreben von Gasen oder Dämpfen beruhende, plötzlich verlaufende Kraftäußerung. Unerheblich ist, ob die Gase oder Dämpfe schon vor der Explosion vorhanden waren oder sich erst anlässlich dieser gebildet haben.[15] **Versicherungsschutz besteht** sowohl für Explosionen ohne Hinzutreten eines Brandes, als auch für solche mit Brand und zwar unabhängig davon, ob sich erst der Brand ereignet und danach die Explosion oder umgekehrt. Die Explosion braucht weder vom Fahrzeug auszugehen, noch muss das Fahrzeug Mittelpunkt der Explosion sein. Es genügt, dass **die Druckwelle das Fahrzeug deformiert** oder nach einer Explosion herumfliegende **Gegenstände gegen das Fahrzeug geschleudert** werden (z.B. durch Feuerwerkskörper oder einen bei Schweißarbeiten explodierenden Tank). Auch Schäden durch **Feuerwerkskörper**, die von einem Autodach aus abgefeuert werden und dort Dellen hinterlassen, sind über die Teilkasko abzuwickeln. Anders nur dann, wenn der Feuerwerkskörper nicht explodiert und am Fahrzeuglack nur Seng- oder Schmorschäden entstehen (Ausschluss nach A.2.2.1.1 S. 3 AKB) oder die Schäden durch zu schwungvolles Aufstellen auf dem Dach entstehen (allenfalls Eintrittspflicht des VR aus der Vollkasko, da mutwillige Beschädigung). 17

Bei der **Explosion eines Behälters** (Kessel, Rohrleitung usw.) ist Voraussetzung, dass er in einem solchen Umfang zerrissen wird, dass durch das Ausströmen von Gas oder Dämpfen ein plötzlicher Ausgleich des Druckunterschieds innerhalb und außerhalb des Behälters stattfindet. Keine Explosionen sind daher Ereignisse, bei denen das Ausdehnungsbestreben großer Energiemengen nach außen keine Rolle spielt (z.B. **Schwungradexplosionen**). Auch **Implosionen**, bei denen ein Hohlkörper nach innen zusammenbricht, sind nicht versichert.[16] Sie stellen auch keinen in der Vollkasko versicherten »Unfall« dar, da sie regelmäßig auf einen Bedienungsfehler des Fahrers zurückzuführen sind.[17] 18

Schäden durch eine sog. **Motorexplosion** sind nicht gedeckt, da diese darauf beruht, dass ein Pleuellager heißläuft, sich festfrisst, anschließend die Pleuelstange bricht und das Kurbelgehäuse 19

13 Stiefel/Maier/*Stadler* A.2 AKB Rn. 79.
14 Vgl. auch AG Saarlouis Urt. v. 11.12.1997 – 28 C 1942/97 – SP 1998, 331; AG Mannheim Urt. v. 10.09.1990 – 14 C 343/89 – zfs 1991, 383.
15 Vgl. Prölss/Martin/*Armbrüster* § 1 AFB Rn. 4a.
16 OLG Köln Urt. v. 13.04. 1966 – 2 U 118/65 – VersR 1966, 725.
17 OLG Hamm Urt. v. 25.11.1994 – 20 U 120/94 – VersR 1995, 1345 = zfs 1995, 182.

durchschlägt. Damit liegt eine mechanische Einwirkung von innen vor, die nicht auf dem Ausdehnungsbestreben von Gasen oder Dämpfen beruht.[18]

20 Der eingetretene Schaden muss **adäquat kausal** auf der Explosion beruhen, was der VN zu beweisen hat. Es gelten die gleichen Grundsätze wie beim Brand (vgl. A.2.2.1 AKB Rdn. 7 ff.), wobei allerdings der räumliche Zusammenhang weiter zu fassen ist, weil ein Kfz durch die Detonationswelle bei einer Explosion auch noch in mehreren Kilometern Entfernung beschädigt werden kann. Zur **Beweislastverteilung** und zu weiteren **Einzelfällen** vgl. A.2.2.1 AKB Rdn. 112 ff.

III. Entwendung – A.2.2.1.2 AKB

1. Begriff der Entwendung

21 Nach der **Definition des BGH** setzt eine Entwendung eine objektiv widerrechtliche Sachentziehung im Sinne einer unfreiwilligen Wegnahme voraus, die zu einer – in der Regel dauerhaften – **wirtschaftlichen Entrechtung des Eigentümers** führt,[19] ihn also insoweit seiner Befugnisse beraubt. Versicherungsschutz besteht also nur dann, wenn das Fahrzeug durch eine objektiv unerlaubte, widerrechtliche Handlung eines Dritten gegen den Willen des VN bzw. Eigentümers abhandenkommt.[20] Für die Eigentümerstellung des VN bzw. des Versicherten streitet die sich aus **§ 1006 Abs. 1 S. 1 BGB** ergebende Vermutung, die der VR im Streitfall widerlegen muss.[21]

22 **In den AKB 2008** war die Aufzählung der aufgeführten Entwendungstatbestände nicht abschließend.[22] Vielmehr diente der **Oberbegriff der »Entwendung« als Auffangtatbestand**, der immer dann zum Zuge kam, wenn »insbesondere« (vgl. den Wortlaut in A.2.2.2 AKB 2008) die **beispielhaft** für eine Entwendung aufgeführten Straftatbestände Diebstahl (**§ 242 StGB**) und Raub (**§ 249 StGB**) nicht erfüllt waren und darüber hinaus auch die Unterfälle der Unterschlagung (**§ 246 StGB**) und des unbefugten Gebrauchs eines Kraftfahrzeuges (**§ 248b StGB**) nicht vorlagen. Da somit die objektive Erfüllung der Straftatbestände ausreichte und nicht darauf abgestellt wurde, ob der Täter schuldhaft gehandelt hatte, griff der Auffangtatbestand der »Entwendung« immer dann ein, wenn der »Täter« ein Fahrzeug oder Teile hiervon einem anderen versehentlich oder in der irrtümlichen Annahme wegnahm, hierzu berechtigt zu sein. Als **Beispiele** kamen die versehentliche Mitnahme eines Reifens in einer Werkstatt[23] oder die Wegnahme eines Fahrzeuges wegen irrtümlicher Annahme der Zugehörigkeit zum Nachlass[24] in Betracht. Der Versicherungsfall der »Entwendung« nach Maßgabe der bisherigen AKB betraf daher gerade auch die Fälle, in denen der »Täter« mangels Vorsatzes bzw. Fehlens rechtswidriger Zueignungsabsicht den Straftatbestand des Diebstahls gerade nicht erfüllte.

23 **In den AKB 2015** wird die bisherige Regelung nicht nur zum besseren Verständnis sprachlich neu gefasst; es wird nun auch deutlich gemacht, dass **ausschließlich** die konkret **genannten strafrechtlichen Tatbestände** unter Berücksichtigung der beschriebenen Risikobegrenzungen als »Entwendung« zu verstehen sein sollen (*»versichert ist die Entwendung in nachfolgenden Fällen«*). Die bisher in den AKB 2008 enthaltene Formulierung (*»insbesondere durch«*) erweckte den Eindruck, als gäbe es außer den strafrechtlichen Tatbeständen auch noch weitere versicherte Tatbestände. Dies führte zu einer Ausweitung des Anwendungsbereiches der versicherten »Entwendung«, die nicht gewollt war. A.2.2.1.2 AKB korrigiert dies dadurch, dass einer der dort abschließend aufgezählten und konkret beschriebenen Tatbestände erfüllt sein muss, um den Versicherungsfall »Entwendung«

18 Vgl. Halm/Engelbrecht/Krahe/*Oberpriller* Kap. 15 Rn. 42.
19 BGH Urt. v. 27.11.1980 – **IVa ZR 36/80** – VersR 1981, 345 = NJW 1981, 684.
20 LG Koblenz Urt. v. 06.06.1988 – 4 O 39/88 – r+s 1989, 111.
21 OLG Hamm Urt. v. 23.10.1997 – 20 U 189/96 – r+s 1998, 101.
22 Vgl. OLG Karlsruhe Urt. v. 15.01.1998 – 12 U 268/97 – NVersZ 1998, 129 = zfs 1999, 251; **a.A.** OLG Jena Urt. v. 01.07.1998 – 4 U 1448/97 – VersR 1999, 305 = zfs 1999, 24.
23 BGH Urt. v. 27.11.1980 – **IVa ZR 36/80** – 1981, 345 = NJW 1981, 684.
24 BGH Urt. v. 25.01.1995 – **IV ZR 328/93** – VersR 1995, 409 = r+s 1995, 125.

auslösen zu können. Dazu gehört im Gegensatz zu den AKB 2008 auch die Herausgabe des Fahrzeuges durch räuberische Erpressung (**§ 255 StGB**), die in A.2.2.1.2 AKB ausdrücklich unter den Schutz der Teilkasko gestellt wird.

Keine versicherte Entwendung liegt im Umkehrschluss in allen anderen, nicht ausdrücklich in A.2.2.1.2 AKB beschriebenen – auch strafrechtlichen – Konstellationen vor, z.B. wenn der Täter den VN durch Betrug (**§ 263 StGB**) oder Erpressung (**§ 253 StGB**) dazu veranlasst, ihm das Fahrzeug zu überlassen. In diesen Fällen verschafft sich der Täter den Besitz am Fahrzeug gerade nicht durch rechtswidrige Zueignung ohne Einwilligung des VN; vielmehr erreicht er aufgrund einer Täuschung bzw. Drohung gegenüber dem VN eine willentliche Herausgabe des Fahrzeuges und damit eine bewusste Vermögensverfügung, die keine gedeckte Schadenursache darstellt. Ebenso scheidet eine »Entwendung« begrifflich aus, wenn die **Entziehung des Fahrzeuges aufgrund öffentlichen Rechts oder Privatrechts** gerechtfertigt oder gestattet ist, so z.B. bei der polizeilichen Sicherstellung des Kfz,[25] der Pfändung durch den Gerichtsvollzieher oder beim Umparken des Kfz durch den Parkhausbetreiber gemäß § 692 BGB zwecks Sicherung des Fahrzeuges wegen bevorstehender Abbrucharbeiten.[26] Folglich sind auch dabei verursachte Beschädigungen am Fahrzeug nicht als Teilkaskoschaden zu ersetzen.[27] 24

2. Diebstahl, Raub, räuberische Erpressung – A.2.2.1.2a AKB

Ein **Diebstahl** liegt nach der strafrechtlichen Definition in **§ 242 StGB** vor, wenn der Täter einem anderen eine fremde bewegliche Sache wegnimmt, um sie sich selbst zuzueignen. Versichert ist sowohl der Diebstahl von Fahrzeugteilen und –zubehör (Reifen, Autoradio), wie auch des kompletten Fahrzeugs. Notwendig ist der **Bruch fremden und die Begründung neuen Gewahrsams.** Der Bruch von Mitgewahrsam reicht aus.[28] Unter Gewahrsam ist nach h.M. ein **tatsächliches Herrschaftsverhältnis** zwischen einer Person und einer Sache (objektiv-physisches Element) zu verstehen, das von einem Herrschaftswillen (subjektiv-psychisches Element) getragen ist.[29] Der Gewahrsam entfällt nicht schon durch eine in angemessenen Grenzen auch nach der Anschauung des täglichen Lebens durchaus übliche, vorübergehende Aufhebung der tatsächlichen Sachherrschaft. Eine solche Gewahrsamslockerung schadet nicht. 25

Ein **Gewahrsamsbruch setzt voraus**, dass die tatsächliche Sachherrschaft des bisherigen Gewahrsamsinhabers, also z.B. des VN, gegen oder ohne seinen Willen aufgehoben oder beeinträchtigt wird. Es genügt der Bruch von **Mitgewahrsam** gegenüber einem gleichrangigen Mitgewahrsamsinhaber.[30] **Dagegen** schließt ein Einverständnis mit dem vom Täter erstrebten oder erlangten Gewahrsam eine Wegnahme aus.[31] Dies gilt selbst für den Fall, dass dieses **Einverständnis durch Täuschung** erlangt worden ist.[32] Dem VN soll Schutz geboten werden vor einem von ihm nicht voll beherrschbaren Risiko; freiwillig eingegangene Risiken soll der VN selbst, nicht die Gemeinschaft der Versicherten, tragen.[33] Erfolgt die **Übertragung des Gewahrsams** an den Täter **durch eine Täuschung des VN**, liegt keine Entwendung, sondern ein **nicht versicherter Betrug** vor. Hierfür ist aber Voraussetzung, dass mit der Täuschung die Vermögensverfügung vollendet ist und der VN sich seiner Herrschaft an der versicherten Sache vollständig und endgültig begibt. Behält der VN dagegen noch einen Gewahrsamsrest an der versicherten Sache zurück, so besteht lediglich eine Gewahrsamslockerung. Wird dieser Rest an Gewahrsam vom Täter gebrochen, liegt ein vom 26

25 LG Kleve Urt. v. 10.12.2015 – 6 O 36/15 – zfs 2016, 330.
26 LG Koblenz Urt. v. 06.06.1988 – 4 O 39/88 – r+s 1989, 111.
27 Stiefel/Maier/*Stadler* A.2 AKB Rn. 102.
28 OLG Naumburg Urt. v. 11.07.2013 – 4 U 5/13 – VersR 2014, 828 = r+s 2013, 595.
29 Z.B. Schönke/Schröder/*Eser* § 242 Rn. 23.
30 LG Frankfurt/M. Urt. v. 20.12.2017 – 2-08 O 305/16 – r+s 2018, 651.
31 BGH Urt. v. 30.04.1953 – **5 StR 941/52** – BGHSt 4, 199.
32 OLG Saarbrücken Urt. v. 12.07.2006 – 5 U 650/05 – VersR 2007, 830 = r+s 2007, 314; LG Dortmund Urt. v. 21.11.2007 – 22 O 96/07 – SP 2008, 266.
33 OLG Saarbrücken Urt. v. 11.11.2009 – 5 U 197/09 – zfs 2010, 154.

Teilkaskoversicherungsschutz umfasster **Trickdiebstahl** vor,[34] (vgl. A.2.2.1 AKB Rdn. 194). Diesen nimmt die Rechtsprechung überwiegend auch in den Fällen an, in denen der VN dem Täter das Fahrzeug freiwillig für eine **Probefahrt** überlässt, (vgl. A.2.2.1 AKB Rdn. 198 ff.).

27 An einem Gewahrsamsbruch fehlt es, wenn ein Ehegatte den Pkw des anderen Ehegatten (VN), den er während der Ehe berechtigt genutzt hat und für den er einen eigenen Wagenschlüssel besaß, nach dem Scheitern der Ehe nicht zurückgibt.[35]

28 Beim **Raub** muss nach **§ 249 StGB** hinzukommen, dass die Wegnahme mit Gewalt gegen eine Person oder unter Anwendung von Drohungen mit gegenwärtiger Gefahr für Leib und Leben erfolgt, z.B. wenn der Fahrer mit vorgehaltener Pistole zum Aussteigen gezwungen oder niedergeschlagen wird. Der Raub muss immer auf das versicherte Fahrzeug gerichtet sein.

29 Die Herausgabe des Fahrzeuges aufgrund **räuberischer Erpressung** nach **§ 255 StGB** wird als betrugsverwandtes Selbstschädigungsdelikt, das eine »freiwillige« Vermögensverfügung voraussetzt,[36] als versicherter Entwendungstatbestand ausdrücklich aufgeführt. Er setzt voraus, dass der VN rechtswidrig durch gegen ihn oder eine andere Person gerichtete Gewalt oder unter Anwendung von Drohungen mit gegenwärtiger Gefahr für Leib und Leben zur Herausgabe des versicherten Fahrzeuges an den Täter genötigt wird, wobei es gleichgültig ist, ob diese auf einer Handlung, Duldung oder Unterlassung des VN beruht.

30 Zur **Beweislastverteilung** mit **Einzelfällen** aus der Rechtsprechung vgl. A.2.2.1 AKB Rdn. 171 ff. und A.2.2.1 AKB Rdn. 191 ff.; zum **Diebstahl mitversicherter Teile** vgl. A.2.2.1 AKB Rdn. 204; zur **Beschädigung des Kfz** durch (versuchte) Entwendung vgl. A.2.2.1 AKB Rdn. 205 ff. und A.2.2.1 AKB Rdn. 222 ff.; zu den **Obliegenheitsverletzungen des VN im Entwendungsfall** vgl. A.2.2.1 AKB Rdn. 225 ff.; zum **Verlust von Fahrzeugschlüsseln** vgl. A.2.2.1 AKB Rdn. 244 ff.; zu den **Nachweisanforderungen an die Schadenhöhe** vgl. A.2.2.1 AKB Rdn. 250; zur **Entwendung mit nachfolgendem Unfall oder Brand** vgl. A.2.2.1 AKB Rdn. 251 ff., zum **Rückforderungsrechtsstreit des VR gegen den VN** vgl. A.2.2.1 AKB Rdn. 256 ff.

3. Unterschlagung – A.2.2.1.2b AKB

a) Definition

31 Auch eine Unterschlagung stellt nach A.2.2.1.2b AKB einen in der Teilkasko versicherten Fall des Verlustes eines Fahrzeuges (bzw. mitversicherten Fahrzeug- oder Zubehörteiles) durch Entwendung dar. Der **objektive Tatbestand des § 246 StGB** in der bis zum 31.03.1998 geltenden Fassung setzte noch voraus, dass sich der Täter eine fremde bewegliche Sache, die sich zuvor bereits in seinem Alleingewahrsam befunden haben musste, zueignete. Der Zueignungswille des Täters musste sich nach außen hin erkennbar durch eine Zueignungshandlung manifestiert haben. Außerdem durfte sich der Täter die Sache nicht schon durch eine andere strafbare Handlung zugeeignet haben. Aufgrund der Änderung des § 246 StGB durch das 6. Strafrechtsreformgesetz kommt es auf einen Gewahrsam des Täters nun nicht mehr an. **Ausreichend** ist, dass sich die **Sache bereits im Besitz des Täters** befindet. Das so in seinem Besitz befindliche Fahrzeug muss der Täter sich oder einem Dritten **rechtswidrig zueignen.** Einer Wegnahme wie beim Diebstahl bedarf es nicht. Der Eigentümer des Fahrzeuges muss durch die Zueignungshandlung des Täters dauerhaft »entrechtet« werden. Im Unterschied zum unbefugten Gebrauch muss der Täter einer Unterschlagung die Absicht haben, sich das Fahrzeug endgültig und nicht nur vorübergehend zuzueignen. Der hierauf gerichtete Wille des Täters muss sich in einer nach außen erkennbaren Handlung manifestieren. Diese Handlung muss den Rückschluss auf den inneren Willen des Täters zulassen, den Eigentümer dauernd auszuschließen und das Fahrzeug dem eigenen Vermögen bzw. dem eines Dritten einzuverleiben.[37]

34 BGH Urt. v. 27.11.1974 – **IV ZR 117/73** – VersR 1975, 225 = MDR 1975, 214.
35 LG Coburg Urt. v. 07.09.2001 – 32 S 131/01 – ZFE 2002, 30 = ADAJUR Dok.Nr. 47327.
36 Sinn in: SK-StGB § 255 StGB Rn. 4.
37 Seemayer r+s 2010, 6, 9.

Mit der Neufassung des § 246 StGB ist die Vorschrift als **Auffangtatbestand** für alle Formen rechtswidriger Zueignung fremder beweglicher Sachen ausgestaltet worden, der in strafrechtlicher Hinsicht immer dann eingreift, wenn die Tathandlung nicht unter einen mit schwererer Strafe bedrohten anderen Straftatbestand fällt (Subsidiaritätsklausel).[38] Dies hat in der Kaskoversicherung zur Folge, dass selbst dann, wenn der Täter zumindest den Besitz an dem Fahrzeug des VN durch Betrug erlangt, eine versicherte Unterschlagung in Betracht kommt, z.B. wenn der Täter eine **Probefahrt** mit dem Fahrzeug des VN unternimmt, es jedoch anschließend absprachewidrig nicht wieder zurückbringt,[39] (vgl. A.2.2.1 AKB Rdn. 202). Noch nach alter Rechtslage **unter Geltung des § 246 StGB a.F.** wäre hier kein Raum gewesen für eine Unterschlagung. Denn Voraussetzung für die Erfüllung des Straftatbestands der Unterschlagung war schon nach damaliger Ansicht des BGH,[40] dass der Täter sich die fremde Sache nicht schon durch eine andere strafbare Handlung zugeeignet haben dürfe. Erlange er Gewahrsam an der fremden Sache durch Betrug, könne der Täter im Falle einer späteren (weiteren) Zueignungshandlung nicht auch noch wegen Unterschlagung bestraft werden, weil dies zu unbilligen Ergebnissen führe. Da es nach alter Rechtslage somit am objektiven Tatbestand des § 246 StGB a.F. fehlte, andererseits aber auch der Besitzbetrug nach den AKB nicht versichert war (und auch heute noch nicht versichert ist), ging der VN leer aus. **Nach § 246 StGB n.F.** sind indes Fallgestaltungen denkbar, bei denen der Täter sowohl den Straftatbestand des Betruges, als auch den einer Unterschlagung verwirklicht, der Täter aber in strafrechtlicher Hinsicht allein wegen der Subsidiarität des § 246 StGB nicht wegen Unterschlagung verurteilt wird. Für eine **versicherungsrechtlich relevante Unterschlagung** kommt es aber allein auf die Vollendung des **objektiven Tatbestandes des § 246 StGB** an und **nicht darauf, ob der Täter bestraft** werden kann. Ebenso ist es unerheblich, ob sich der Täter im Rahmen seiner strafrechtlichen Verantwortung auf **persönliche Schuldausschließungsgründe** berufen kann. Steht die Unterschlagung danach fest, besteht eine Eintrittspflicht des VR, sofern die Unterschlagung gedeckt ist, d.h. die in A.2.2.1.2b AKB normierten Voraussetzungen vorliegen. 32

Der **Versicherungsfall »Unterschlagung« ist nur gedeckt**, solange er nicht durch denjenigen begangen wird, dem der VN das Fahrzeug zu bestimmten Zwecken, die in **A.2.2.1.2b AKB** beschrieben werden, überlassen hat. **Gehört der Täter zum Kreis einer dieser Personen, besteht kein Versicherungsschutz.** Damit ist allerdings ein Großteil der strafrechtlich relevanten Unterschlagungen nicht versichert. Gerade diese Fälle kommen jedoch typischerweise in der Praxis vor, wenn der Täter das ihm überlassene Fahrzeug nicht mehr an den VN zurückgibt. Grund für den restriktiven Wortlaut des A.2.2.1.2b AKB ist die Überlegung, dass der VR nicht dafür haften soll, dass das Vertrauen des VN von einer Person, der er sein Fahrzeug freiwillig zur eigenen Nutzung, zur Veräußerung oder unter Eigentumsvorbehalt überlässt, missbraucht wird.[41] Es handelt sich um nicht gedeckte Unterschlagungen. 33

b) Nicht gedeckte Unterschlagungen

Grundsätzlich ist ein erhöhtes Risiko für eine Unterschlagung gegeben, wenn der Dritte das Fahrzeug im eigenen Interesse gebrauchen kann und ihm vom VN eine selbstständige Verfügungsmacht über das Fahrzeug eingeräumt worden ist. Dem tragen die in A.2.2.1.2b AKB geregelten **Ausschlusstatbestände** Rechnung. 34

38 Seemayer r+s 2010, 6, 9.

39 OLG Köln Urt. v. 22.07.2008 – 9 U 188/07 – zfs 2009, 94 = VersR 2008, 1640 = r+s 2008, 373; **a.A.** OLG Saarbrücken Urt. v. 11.11.2009 – 5 U 197/09 – zfs 2010, 154, das sich offenbar noch am § 246 StGB a.F. orientiert.

40 BGH Urt. v. 07.12.1959 – **GSSt 1/59** – NJW 1960, 684 = BGHSt 14, 38.

41 OLG Brandenburg Urt. v. 20.11.1996 – 1 U 5/96 – zfs 1998, 21 = VersR 1997, 1349; Stadler Rn. 177.

aa) Überlassung des Kfz zum Gebrauch im eigenen Interesse

(1) Grundsätzliches

35 Während in den AKB vor 2008 eine **nicht versicherte Unterschlagung** lediglich die Überlassung des Fahrzeuges an den Täter »zum Gebrauch« erforderte (§ 12 Abs. 1 I b AKB a.F.), wird in A.2.2.1.2b AKB die **Überlassung »zum Gebrauch im eigenen Interesse«** des späteren Täters vorausgesetzt. Eine materiell-rechtliche Änderung ergibt sich hieraus jedoch nicht, da die Rechtsprechung für eine Versagung des Versicherungsschutzes auch schon bisher verlangte, dass dem Täter das Fahrzeug zum Gebrauch im eigenen Interesse überlassen worden sein musste.[42] **Nach überwiegender Auffassung** bedeutet die Überlassung des Fahrzeuges »zum Gebrauch im eigenen Interesse«, dass der Täter, dem das Fahrzeug zur Verfügung gestellt wird, es mit **selbstständiger Verfügungsmöglichkeit im eigenen Interesse** nutzen darf,[43] also selbst entscheiden kann, wann und wohin er das Fahrzeug bewegt.[44] Dafür muss ihm das **Fahrzeug als Fortbewegungsmittel** oder jedenfalls **für Transportzwecke** zur Verfügung gestellt werden. Eine Überlassung zur Durchführung von Instandsetzungs- und Reparaturarbeiten reicht nicht aus.[45] Der Fahrer muss selbst entscheiden können, wann und wohin er mit dem Fahrzeug fährt. Dies ist z.B. bei einem **Mieter**[46] oder **Leasingnehmer** eines Pkw der Fall, ebenso bei einem **Angestellten**, der einen **Firmenwagen für private Zwecke** zur freien Verfügung hat, der ihm für ein Wochenende oder eine Urlaubsreise zur Verfügung gestellt wurde. In diesen Fällen greift der Ausschluss, (vgl. speziell zur **Beweislastverteilung** bei der Unterschlagung eines Mietfahrzeuges A.2.2.1 AKB Rdn. 264).

36 **Keine selbstständige Verfügungsmacht** des Fahrers liegt demgegenüber vor, wenn er als Angestellter ausschließlich im Auftrag seines Arbeitgebers dessen Firmenwagen zur Durchführung **konkreter Aufträge** nutzen darf, sei es für eine **vorgegebene Fahrt** zu einem **bestimmten Ziel** oder zu einem **bestimmten Zweck.**[47] Ihm ist dann das Fahrzeug nicht zum Gebrauch im eigenen Interesse überlassen. Für eine Unterschlagung bestünde somit Versicherungsschutz. Ebenso wenig liegt ein Gebrauch im eigenen Interesse vor bei der kurzfristigen Überlassung des Fahrzeuges an einen Kaufinteressenten zum Zwecke einer **Probefahrt,**[48] (vgl. A.2.2.1 AKB Rdn. 202).

37 **Nach einer modifizierten, neueren Auffassung** kann dem Täter das Fahrzeug richtigerweise auch dann »zum Gebrauch im eigenen Interesse« überlassen werden, wenn es ihm nicht als Fortbewegungsmittel oder für Transportzwecke zur Verfügung gestellt wird. Für die Frage, ob ein »Gebrauch im eigenen Interesse« des Täters vorliegt, ist nach dem Sinn und Zweck der Klausel stattdessen maßgeblich auf den **Grad der selbstständigen Verfügungsmacht** des Täters abzustellen,[49] weil der Ausschluss »Gebrauch im eigenen Interesse« gerade dem erhöhten Unterschlagungs-Risiko Rechnung tragen will, welches durch die Einräumung einer selbstständigen und eigenständigen Verfügungsmöglichkeit durch einen Dritten entsteht. Je größer diese ausgestaltet ist und je geringer die verbleibenden Einwirkungsmöglichkeiten des VN auf das Fahrzeug sind, desto größer ist auch die

---

42 OLG Hamm Urt. v. 31.08.1994 – 20 U 40/94 – VersR 1995, 1477; LG Berlin Urt. v. 28.03.2011 – 43 O 313/10 – SP 2011, 443; Stiefel/Maier/*Stadler* A.2 AKB Rn. 123.

43 OLG Hamm Urt. v. 22.06.2005 – 20 U 242/04 – zfs 2005, 555; OLG Hamm Urt. v. 31.08.1994 – 20 U 40/94 – VersR 1995, 1477 = r+s 1995, 127 = NJW-RR 1995, 347.

44 Himmelreich/Halm/Staab/*Papatheodorou* Kap. 23 D Rn. 192.

45 OLG Hamm Urt. v. 18.01.2006 – 20 U 145/05 – zfs 2006, 275 = SP 2007, 78.

46 Vgl. BGH Urt. v. 20.01.1993 – **IV ZR 277/91** – VersR 1993, 472 = r+s 1993, 169; KG Beschl. v. 24.07.2018 – 6 U 24/18 – r+s 2019, 141 = zfs 2019, 32; OLG Brandenburg Urt. v. 20.11.1996 – 1 U 5/96 – VersR 1997, 1349 = zfs 1998, 21; OLG Celle Urt. v. 06.01.1994 – 8 U 4/92 – zfs 1995, 20; OLG Köln Urt. v. 13.05.1993 – 5 U 199/92 – r+s 1995, 449; LG Düsseldorf Urt. v. 10.03.2016 – 11 O 317/13 – zfs 2016, 698 = DAR 2016, 269.

47 OLG Hamm Urt. v. 31.08.1994 – 20 U 40/94 – VersR 1995, 1477 = r+s 1995, 127 = NJW-RR 1995, 347; Stiefel/Maier/*Stadler* A.2 AKB Rn. 124.

48 OLG Köln Urt. v. 22.07.2008 – 9 U 188/07 – zfs 2009, 94 = VersR 2008, 1640 = r+s 2008, 373; OLG Düsseldorf Urt. v. 23.02.1999 – 4 U 77/98 – r+s 1999, 230.

49 OLG Saarbrücken Urt. v. 11.11.2009 – 5 U 197/09 – zfs 2010, 154.

Gefahr, dass das Fahrzeug unterschlagen werden kann. Überlässt die VN daher in einem fremden Land ohne jegliche Ortskenntnisse ihrem früheren Lebensgefährten ihren Pkw mit allen Fahrzeugschlüsseln und beauftragt ihn, den Pkw in ihrem Interesse in einer sicheren Garage zu parken, deren Adresse ihr nicht bekannt ist, so liegt hierin eine Überlassung zum »Gebrauch im eigenen Interesse«, weil dem Lebensgefährten eine selbstständige Verfügungsmacht über den Pkw eingeräumt wurde.[50] Eine Unterschlagung des Pkw durch den Lebensgefährten ist nicht gedeckt.

(2) Abgrenzung zwischen nicht gedeckter Unterschlagung und Diebstahl

Der Ausschlusstatbestand »Überlassung nicht zum Gebrauch im eigenen Interesse« kann nur eingreifen, wenn der Versicherungsfall »Unterschlagung« vorliegt, nicht aber, wenn es sich um einen »Diebstahl« handelt. 38

Für den praxisrelevanten Fall der **rechtswidrigen Aneignung eines Kfz durch einen angestellten Fahrer** wurde früher diese Abgrenzung maßgeblich danach vorgenommen, ob der angestellte Fahrer, dem ein Firmenfahrzeug zum Gebrauch im eigenen Interesse überlassen worden war, als Besitzdiener (§ 855 BGB) anzusehen war (in diesem Fall konnte zwar keine Unterschlagung, wohl aber ein Diebstahl in Betracht kommen), oder ob er Alleingewahrsam an dem Fahrzeug inne hatte (was nach der früheren Fassung des § 246 StGB a.F. Voraussetzung für eine Unterschlagung war, während ein Diebstahl von vornherein ausschied). Nach der zum 01.04.1998 in Kraft getretenen Neufassung des § 246 StGB ist ein **(Allein-) Gewahrsam des Täters** für eine Unterschlagung **nicht mehr erforderlich.** Demnach **reicht es bei einem angestellten Fahrer aus**, dass er das Kfz in Besitz hat bzw. es ihm »anvertraut« ist (§ 246 Abs. 2 StGB). Wenn ein solcher **angestellter Fahrer vorgegebene Fahraufträge erhält**, d.h. bestimmte Waren mit dem ihm anvertrauten Kfz seines Arbeitgebers (VN) auf dessen Weisung innerhalb eines bestimmten zeitlichen und räumlichen Rahmens, ggf. sogar unter Verwendung einer bestimmten Fahrtroute auszuliefern hat, gebraucht er das Fahrzeug nicht eigenständig. Beim **Arbeitgeber** verbleibt zumindest noch **Mitgewahrsam**, wenn nicht sogar – im Falle einer Besitzdienerschaft beim angestellten Fahrer – Alleingewahrsam an dem Fahrzeug. Verfügt der Fahrer dann eigenmächtig über das Fahrzeug, liegt darin ein Gewahrsamsbruch mit der Folge, dass der Verlust des Fahrzeuges dem VN aus dem **Versicherungsfall »Diebstahl«** zu entschädigen ist.[51] Lässt sich ein **Mitgewahrsam des Arbeitgebers (VN) nicht feststellen,** kommt jedenfalls eine **versicherte Unterschlagung** in Betracht. Da die Verwirklichung des Tatbestandes der Unterschlagung nicht mehr voraussetzt, dass zuvor (Allein-) Gewahrsam am Fahrzeug bestand, hat dies zur Folge, dass in den Fällen, in denen ein Betrug (nur) zur Erlangung des Besitzes führt (sog. **Besitzbetrug**), bei gleichzeitiger Zueignung auch der Tatbestand der Unterschlagung verwirklicht wird.[52] Da das Fahrzeug dem angestellten Fahrer – schon aufgrund seiner Weisungsgebundenheit – nicht zum Gebrauch im eigenen Interesse überlassen wurde, liegt auch kein Ausschlusstatbestand vor. 39

Handelt es sich demgegenüber nicht um einen angestellten Fahrer, sondern z.B. um einen **selbstständigen Transportunternehmer**, der als **gleichberechtigter Geschäftspartner des VN** für diesen aufgrund einer vertraglichen Beförderungspflicht Waren in dessen Fahrzeug transportiert, so ist für einen Restgewahrsam des VN kein Raum mehr. Im Falle einer Zueignung des Fahrzeuges durch den Fahrer liegt daher kein Diebstahl, sondern eine Unterschlagung vor, wobei es für die Frage, ob es sich um eine versicherte oder nicht versicherte Unterschlagung handelt, wiederum darauf ankommt, ob der VN dem Transportunternehmer konkrete Weisungen in Bezug auf seine Fahrtroute und die Auslieferung der zu transportierenden Güter erteilt hat (**dann versicherte Unterschlagung**), oder ob er ihm das Fahrzeug zum Gebrauch im eigenen Interesse mit selbstständiger Verfügungsmöglichkeit überlassen hat (**dann keine versicherte Unterschlagung**). Vergleichbares gilt, wenn der angestellte Fahrer das Kfz im Einverständnis mit dem VN zur **privaten freien Nutzung** über das Wochenende nach Hause nimmt. Der VN verliert dadurch jegliche reale Einwirkungsmöglichkeiten 40

50 OLG Saarbrücken Urt. v. 11.11.2009 – 5 U 197/09 – zfs 2010, 154.

51 Vgl. OLG Hamm Urt. v. 22.06.2005 – 20 U 242/04 – zfs 2005, 555 = VRR 2006, 103.

52 Vgl. Münchener Kommentar-StGB/*Hohmann* § 246 StGB Rn. 61; Murmann NStZ 1999, 14, 16.

auf das Fahrzeug, so dass der Fahrer Alleingewahrsam erlangt. Eignet sich der Fahrer das Kfz zu, fehlt es an einem Gewahrsamsbruch und damit an einem Diebstahl, im Übrigen aber auch an einem unerlaubten Gebrauch des Fahrzeuges.[53] Selbst eine gedeckte Unterschlagung liegt aus den o.a. Gründen nicht vor.

(3) Gebrauchsüberlassung durch Dritte an weitere Personen

41 Der **Versicherungsschutz ist auch dann ausgeschlossen**, wenn die Unterschlagung durch eine andere Person als den Dritten erfolgt, dem der VN sein Fahrzeug zum Gebrauch in dessen eigenem Interesse überlassen hat, sofern eine **ununterbrochene Gebrauchsüberlassungskette** – bezogen auf das versicherte Fahrzeug – vom VN über den Dritten bis hin zu dem Täter vorliegt. Entscheidend dafür, ob der Ausschluss Anwendung findet, ist daher, ob der **VN der Überlassung seines Kfz durch den Dritten an weitere Personen ausdrücklich oder stillschweigend zugestimmt** hat.[54] Wie schon § 12 Abs. 1 Ib) AKB a.F., wonach die *»Unterschlagung durch denjenigen, dem es* (das Fahrzeug) *zum Gebrauch … überlassen wurde«*, vom Versicherungsschutz ausgeschlossen war, bringt auch A.2.2.1.2b AKB zum Ausdruck, dass kein Versicherungsschutz bestehen soll, wenn dem Täter das Fahrzeug zum Gebrauch im eigenen Interesse überlassen wurde. Beide Regelungen knüpfen an eine Verhaltensweise des VN an. Dieser soll das Risiko tragen, dass sich der Dritte, dem er sein Fahrzeug anvertraut, als unzuverlässig erweist.

42 Der Versicherungsschutz würde allerdings in einer vom VN letztlich nicht mehr zu beherrschenden oder gar zu beeinflussenden Weise eingeschränkt, wenn sich der **VN** ein **Auswahlverschulden des Dritten** bei der Weitergabe des Fahrzeuges an eine andere (weitere) Person **zurechnen** lassen müsste.[55] Auch der Wortlaut in A.2.2.1.2b AKB, der die Voraussetzungen einer gedeckten Unterschlagung positiv formuliert, während § 12 Abs. 1 Ib) AKB a.F. noch festlegte, unter welchen Voraussetzungen eine Unterschlagung nicht gedeckt sein soll, rechtfertigt keine andere Beurteilung, zumal die gegenteilige postulierte Auslegung zu einer Aushöhlung des Versicherungsschutzes in vielen Bereichen, insbesondere im gewerblichen Mietwagengeschäft führen würde. Zur **Beweislastverteilung** vgl. A.2.2.1 AKB Rdn. 259 ff.

bb) Überlassung des Kfz zur Veräußerung

43 Dieser Ausschluss trägt dem Umstand Rechnung, dass der VR nicht in den Fällen haften soll, in denen der VN freiwillig seinen Gewahrsam an seinem Fahrzeug vollständig aufgibt und der Dritte, dem das Kfz zur Veräußerung übergeben wurde, das Vertrauen des VN missbraucht. Versicherungsschutz besteht nur dann, wenn das Kfz dem Dritten, dem der VN es überlassen hat, gestohlen und durch einen unbeteiligten Dritten veruntreut worden ist.[56] Auch einem **Vermittler**, der das Kfz einem Kaufinteressenten vorführen soll, ist dieses zur Veräußerung überlassen,[57] (vgl. zu **Probefahrten** auch A.2.2.1 AKB Rdn. 198 ff.)

cc) Überlassung des Kfz unter Eigentumsvorbehalt

44 Vor allem im Bereich des finanzierten Fahrzeugkaufs ist es üblich, einen Eigentumsvorbehalt zu vereinbaren. Die Übereignung des Fahrzeuges steht unter der aufschiebenden Bedingung der vollständigen Kaufpreiszahlung, **§§ 449 Abs. 1, 929, 158 Abs. 1 BGB**. Der Käufer kann das Fahrzeug zwar frei nutzen; das Eigentum geht aber erst über, wenn die letzte Kaufpreisrate gezahlt ist. Taucht ein solcher Käufer mit dem Fahrzeug unter, ohne die vereinbarten Raten zu zahlen, liegt eine nicht

53 OLG Köln Urt. v. 19.09.1995 – 9 U 59/95 – VersR 1996, 1271 = r+s 1996, 13.
54 Vgl. OLG Köln Urt. v. 10.07.2001 – 9 U 3/99 – r+s 2001, 359; OLG Hamm Urt. v. 31.08.1994 – 20 U 40/94 – VersR 1995, 1477 = r+s 1995, 127 = NJW-RR 1995, 347.
55 So aber Stiefel/Maier/*Stadler* A.2 AKB Rn. 128.
56 OLG Köln Urt. v. 13.07.2004 – 9 U 181/03 – SP 2004, 345.
57 OLG Hamm Urt. v. 14.08.1996 – 20 U 41/94 – zfs 1997, 20.

gedeckte Unterschlagung vor. Zur **Beweislastverteilung** bei der Unterschlagung und zu weiteren **Einzelfällen** vgl. A.2.2.1 AKB Rdn. 259 ff.

dd) Überlassung des Kfz per Mietvertrag

Erlangt der Täter durch Täuschung über seine Identität den Abschluss eines Mietvertrages über das versicherte Fahrzeug und gewährt der VN aufgrund dessen dem Täter den Gewahrsam an dem Kfz zur ausschließlichen und alleinigen Nutzung für die Dauer der Mietzeit, so überlässt er dem Täter das Kfz in Erfüllung des abgeschlossenen Mietvertrages zum Gebrauch in dessen eigenem Interesse. Ein Abhandenkommen des Kfz durch Unterschlagung ist daher nicht versichert; mangels Wegnahme scheidet auch ein versicherter Trickdiebstahl aus.[58] 45

4. Unbefugter Gebrauch – A.2.2.1.2c AKB

a) Definition

Der Tatbestand des »unbefugten Gebrauchs« verlangt eine vorübergehende Ingebrauchnahme des versicherten Kfz gegen den Willen des Verfügungsberechtigten, jedoch ohne dauerhafte Zueignungsabsicht des Täters. Der Begriff ist nicht nur rein strafrechtlich i.S.d. § 248b StGB zu verstehen. Es genügt jede Form einer »**Schwarzfahrt**«, bei der sich der Täter im Unterschied zum Diebstahl und der Unterschlagung das Fahrzeug **nicht dauerhaft zueignen** will. Der Regelfall liegt vor, wenn **Jugendliche** sich ein Fahrzeug ausleihen in der Absicht, es lediglich für eine **Spritztour** zu nutzen und am nächsten Tag zurückzubringen. 46

Voraussetzung für einen unbefugten Gebrauch ist, dass das versicherte Fahrzeug **als Fortbewegungsmittel mit eigener Kraftquelle benutzt** wird. Kein Versicherungsschutz besteht daher für Schäden, die ein Täter bei der unbefugten Nutzung eines **Wohnwagens** zu Wohnzwecken verursacht.[59] Das Fahrzeug muss zudem **ohne Wissen** und **gegen den** ausdrücklichen oder stillschweigenden **Willen des Halters oder Verfügungsberechtigten** von einem Täter **in Gebrauch genommen** werden, der mit dem Betrieb und der Betreuung des Fahrzeuges nichts zu tun hat, zu dem Verfügungsberechtigten in keinerlei Näheverhältnis steht und auch sonst in keiner Weise berechtigt ist, das Fahrzeug zu gebrauchen. 47

Die bisherigen AKB umschrieben den versicherten Personenkreis als »betriebsfremde Personen«, ohne hierfür eine Definition zu geben. Das Merkmal »betriebsfremd« wurde nach allgemeiner Meinung im Zusammenhang mit § 7 Abs. 3 StVG gesehen.[60] In **A.2.2.1.2c S. 2 und 3 AKB** werden nun diejenigen **Personen** konkretisiert, **die zu dem vom Versicherungsschutz ausgeschlossenen Täterkreis gehören**, also als Täter eines (teilkaskoversicherten) unbefugten Gebrauchs keinesfalls in Frage kommen. Dies sind einerseits diejenigen Personen, die der VN mit der **Betreuung des Fahrzeuges beauftragt** hat (z.B. der Mitarbeiter oder Angestellte einer Werkstatt oder eines Hotels), andererseits diejenigen, zu denen er in einem **persönlichen Näheverhältnis** steht (z.B. dessen Arbeitnehmer, Familien- oder Haushaltsangehörige). Dahinter steht der Gedanke, den VR davor zu schützen, dass unfallbedingte Schäden am Fahrzeug über die Teilkaskoversicherung abgerechnet werden mit der Behauptung, der Arbeitnehmer oder Familienangehörige des VN sei nicht berechtigt gewesen, das Kfz zu nutzen. Umgekehrt soll der VN selbst den Schaden tragen, wenn sein investiertes Vertrauen gegenüber dem Fahrzeugbesitzer von diesem missbraucht wird. 48

b) Keine Nutzungsberechtigung des Täters

Versichert ist der unbefugte Gebrauch nur dann, wenn der Täter **in keiner Weise zur Nutzung des Fahrzeuges berechtigt** ist. Berechtigte Beziehungen lassen sich nur vom verfügungsberechtigten VN, Halter oder Eigentümer ableiten.[61] **Als nicht berechtigt**, d.h. »betriebsfremd«, sind 49

58 KG Beschl. v. 24.07.2018 – 6 U 24/18 – r+s 2019, 141 = zfs 2019, 32.
59 LG Frankfurt Urt. v. 15.06.2000 – 2/15 S 2/00 – VersR 2002, 751.
60 Vgl. OLG Köln Urt. v. 22.04.1993 – 5 U 222/92 – VersR 1994, 593 = zfs 1993, 307.
61 Stiefel/Maier/*Stadler* A.2 AKB Rn. 140.

demzufolge **diejenigen Personen** anzusehen, die von dem Verfügungsberechtigten **weder ausdrücklich ermächtigt** sind, den Wagen zu benutzen oder irgendwelche Handlungen mit ihm vorzunehmen, **noch** kraft ihrer Stellung – z.B. als Verwandte oder leitende Angestellte des VN – aufgrund einer **stillschweigend anzunehmenden Ermächtigung** als berechtigt gelten müssen.[62]

50 Allein der **Besitz eines Zweitschlüssels** zu dem versicherten Kfz führt noch nicht zur Annahme einer berechtigten Beziehung und damit zum Ausschluss des Versicherungsschutzes.[63]

51 Sofern der Fahrer seine **Gebrauchsberechtigung** nicht vom Halter, sondern **von einem Dritten ableitet**, kommt es darauf an, ob der Dritte zumindest konkludent als bevollmächtigt gilt, dem anderen Fahrer das Steuer zu überlassen. Das bloße Bestehen einer Gebrauchsüberlassungskette reicht nicht aus, wenn der VN einem anderen das Kfz zwar zur Verfügung gestellt, ihm aber untersagt hat, es Dritten zur Nutzung zu überlassen. **Keine Nutzungsberechtigung eines Fahrers liegt daher vor**, wenn der Vater sein Kfz seinem Sohn für einen Abend zur Verfügung stellt und dieser es ohne Wissen des Vaters anderen jungen Leuten überlässt. Auch der angestellte Fahrer, dem das Kfz seines Arbeitgebers für eine bestimmte Fahrt übergeben wird, ist nicht befugt, einer anderen Person die Erlaubnis zur Nutzung des Fahrzeuges zu erteilen.[64] **Dagegen ist derjenige**, der das Fahrzeug mit Wissen und Willen des Halters in Besitz hat, auch dann nicht »betriebsfremd« (und gehört damit zu dem vom Versicherungsschutz ausgenommenen Personenkreis), wenn ihm untersagt wurde, mit dem Fahrzeug zu fahren[65] oder wenn er das Fahrzeug absprachewidrig für andere Zwecke einsetzt als die, für die es ihm überlassen wurde.[66]

52 Der **Arbeitnehmer**, der mit Wissen seines Arbeitgebers beabsichtigt, **Wochenendfahrten mit dem Firmenwagen** durchzuführen, ist auch dann zur Nutzung des Kfz berechtigt, wenn er es entgegen der Anweisung seines Arbeitgebers versäumt, diesen im Einzelfall zuvor über die beabsichtigte Fahrt zu informieren.[67] Ebenso wenig entfällt die grundsätzliche Berechtigung zur Nutzung des Kfz bei einem Arbeitnehmer, dem die **Benutzung nur an einem bestimmten Tag** untersagt ist. Kein Versicherungsschutz besteht auch bei unbefugtem Gebrauch des Kfz durch einen **Mechaniker**[68] oder durch einen **Fahrer, der**, nachdem ihm der VN die Fahrzeugschlüssel gegeben hat, um die neue im Fahrzeug eingebaute Stereoanlage zu testen, **absprachewidrig losfährt** und einen Unfall verursacht.[69] Denn dieser war jedenfalls berechtigt, das Fahrzeug zum Radiohören zu gebrauchen.

c) Folgeschäden am Fahrzeug durch unbefugten Gebrauch

53 **Versicherungsschutz besteht**, wenn infolge einer (versuchten) unbefugten Ingebrauchnahme oder Schwarzfahrt ein dauerhafter **Verlust** des Fahrzeuges eintritt oder dieses **beschädigt** oder **zerstört** wird. Insoweit gelten dieselben Grundsätze wie für Schäden im Zusammenhang mit dem Diebstahl oder Diebstahlversuch eines Fahrzeuges (vgl. A.2.2.1 AKB Rdn. 214 ff.). Der VN kann erwarten, dass grundsätzlich auch in Fällen, in denen sein Kfz nach einer »Spritztour« in beschädigtem Zustand wieder aufgefunden wird, für diese Schäden Versicherungsschutz gewährt wird unabhängig davon, ob der Täter eine Diebstahlshandlung begehen wollte und daher mit Zueignungsabsicht handelte, oder ob er als Unbefugter das Kfz von vornherein nur vorübergehend in Gebrauch nehmen wollte.[70]

54 **Voraussetzung für eine Deckung** ist stets, dass der Täter in keiner Weise zum Gebrauch des Fahrzeuges berechtigt ist. Steht der unbefugte Fahrer in einem persönlichen Näheverhältnis zum VN

62 OLG Schleswig Urt. v. 31.10.1984 – 9 U 208/83 – VersR 1986, 30.
63 OLG Schleswig Urt. v. 31.10.1984 – 9 U 208/83 – VersR 1986, 30.
64 BGH Urt. v. 13.07.1993 – **VI ZR 278/92** – DAR 1993, 430 = zfs 1993, 342.
65 OLG Köln Urt. v. 22.04.1993 – 5 U 222/92 – VersR 1994, 593 = zfs 1993, 307.
66 OLG Köln Urt. v. 19.09.1995 – 9 U 59/95 – VersR 1996, 1271 = r+s 1996, 13.
67 OLG Celle Urt. v. 04.02.1977 – 8 U 102/76 – VersR 1977, 561.
68 LG München Urt. v. 18.05.1980 – 6 O 762/80 – VersR 1981, 247.
69 OLG Köln Urt. v. 22.04.1993 – 5 U 222/92 – VersR 1994, 593 = zfs 1993, 307.
70 Ebenso Stiefel/Maier/Stadler A.2 AKB Rn. 131, 135.

oder ist er mit der Betreuung des Kfz beauftragt, so gilt er als zum Gebrauch autorisiert. Kommt es beim Gebrauch des Fahrzeuges durch diesen Personenkreis zu einem Unfall, fehlt es zwar an einem aus der Teilkasko zu entschädigenden Versicherungsfall; jedoch ist der Schaden aus einer etwaig bestehenden Vollkaskoversicherung zu ersetzen. Denn in der **Vollkasko** kommt es nicht darauf an, ob der Täter berechtigte Beziehungen zu dem Kfz hatte oder nicht.

Die **schuldhafte Ermöglichung des unbefugten Gebrauchs** durch den VN schließt den Versicherungsschutz zwar nicht aus; jedoch riskiert der VN eine Leistungskürzung im Rahmen des A.2.9.1 AKB, § 81 Abs. 2 VVG, wenn er die Schwarzfahrt grob fahrlässig ermöglicht. Dabei reicht ein adäquater Kausalzusammenhang zwischen der grob fahrlässigen Handlungsweise des VN und dem vom nicht berechtigten Täter verursachten Schaden aus. Zur **Beweislastverteilung** beim unbefugten Gebrauch vgl. A.2.2.1 AKB Rdn. 266 ff. 55

IV. Sturm, Hagel, Blitzschlag, Überschwemmung – A.2.2.1.3 AKB

1. Allgemeines

Die AKB bieten in der Regel ausschließlich bei den genannten Elementarereignissen Sturm, Hagel, Blitzschlag und Überschwemmung Versicherungsschutz in der Teilkasko. Dabei handelt es sich um eine abschließende Aufstellung der versicherten Naturereignisse.[71] Einige VR haben **Zusatztarife** auf den Markt gebracht, in denen zusätzlich auch Schäden durch **Lawinenabgänge und Muren** mitversichert sind. Elementarschäden durch Erdbeben, Erdrutsch, Vulkanausbruch und Steinschlag sind jedoch regelmäßig vom Versicherungsschutz ausgeschlossen. Zur **Beweislastverteilung** bei Schäden durch Naturgewalten vgl. A.2.2.1 AKB Rdn. 268 ff. 56

2. Unmittelbarkeit der Einwirkung durch Naturgewalten – A.2.2.1.3 Satz 1 und 3 AKB

Versichert sind nur Schäden, die durch unmittelbare Einwirkung der beschriebenen Naturgewalten auf das versicherte Fahrzeug entstehen, oder bei denen durch die Naturgewalten andere Gegenstände auf oder gegen das Fahrzeug geworfen werden.[72] Von einer Hauswand abspritzendes Regenwasser, welches einen Nässeschaden am Fahrzeug verursacht, ist nicht als »Gegenstand« i.S.d. Klausel anzusehen, der vom Sturm geworfen wird.[73] Die **Unmittelbarkeit** als Voraussetzung für einen Entschädigungsanspruch in **A.2.2.1.3 S. 1 AKB** erfordert einen adäquat kausalen und direkten zeitlichen Zusammenhang zwischen der Naturgewalt und dem eingetretenen Schaden und damit eine tatsächliche Zwangsläufigkeit, der sich der Geschädigte nicht mehr durch geeignete Gegenmaßnahmen entziehen kann, weil er ihr ausgeliefert ist.[74] Die **Naturgewalt** muss immer die **einzige oder zeitlich letzte Ursache für den Schaden** darstellen.[75] Eine Unmittelbarkeit im Sinne einer adäquaten Kausalität bedeutet, dass zwischen der durch das Naturereignis bedingten Einwirkung und deren »Erfolg«, also die Beschädigung oder Zerstörung des Kraftfahrzeuges, **keine** weitere Ursache mehr treten darf.[76] Eine solche »**Zwischenursache**« kann auch das fehlerhafte Fahrverhalten oder eine für den Schadeneintritt zumindest **mitursächliche Fehlreaktion des Fahrers** sein. Dann greift der Ausschluss in A.2.2.1.3 S. 4 AKB (vgl. A.2.2.1 AKB Rdn. 63 ff.). Durch das Erfordernis der Unmittelbarkeit sollen solche Schäden vom Versicherungsschutz ausgenommen werden, bei denen die Naturgewalt die Reaktion und damit das Fahrverhalten des Fahrers im Sinne eines mitursächlichen Abweichens vom Normalverhalten beeinflusst, weil die Versicherung von Fahrfehlern gerade 57

71 OLG Köln Beschl. v. 28.02.2012 – 9 U 250/11 – r+s 2012, 383.
72 Vgl. BGH Urt. v. 26.04.2006 – **IV ZR 154/05** – VersR 2006, 966 = zfs 2006, 511.
73 OLG Hamm Beschl. v. 21.01.2015 – 20 U 233/14 – r+s 2015, 228.
74 AG Bremen Urt. v. 16.01.2015 – 7 C 323/14 – zfs 2015, 215.
75 Vgl. OLG Hamm Urt. v. 20.11.2013 – 20 U 26/13 – r+s 2014, 224; OLG Köln Urt. v. 01.12.1998 – 9 U 103/98 – zfs 1999, 338 = r+s 1999, 451; OLG Düsseldorf Urt. v. 12.07.1983 – 4 U 247/82 – VersR 1985, 1035.
76 BGH Urt. v. 19.10.1983 – **IVa ZR 51/82** – VersR 1984, 28 = NJW 1984, 369.

nicht typischer Gegenstand der Teilkaskoversicherung ist.[77] Sofern ein Automatisierungssystem das Fahrzeug steuern sollte (**autonomes Fahren**), bleibt auch bei einer für den Eintritt des Schadens mitursächlichen Fehlreaktion des Fahrerassistenzsystems allein der Fahrzeugführer verantwortlich,[78] vgl. **§ 1a Abs. 4 StVG.**

58 Es ist unerheblich, ob der konkret am Fahrzeug des VN eingetretene Schaden auch durch andere Ursachen hätte entstehen können. War der beim Sturm entwurzelte und umgestürzte Baum bereits so morsch, dass er auch durch eine leichte Windböe hätte umstürzen und auf das versicherte Fahrzeug fallen können, so liegt gleichwohl ein entschädigungspflichtiger Sturmschaden vor. Auf **hypothetische Ursachen** ist nicht abzustellen, sondern nur darauf, ob der konkret eingetretene Schaden adäquat kausal unmittelbar auf das versicherte Elementarereignis zurückzuführen ist.

59 **A.2.2.1.3 S. 3 AKB** erweitert den Versicherungsschutz auf alle Fälle, bei denen Gegenstände (z.B. Felsbrocken, Baumstamm) durch eines der beschriebenen Naturereignisse bewegt und auf oder gegen das Fahrzeug katapultiert werden.[79] Die Bestimmung erfordert, dass die **Naturgewalt** selbst weiterhin **die unmittelbar treibende Kraft** für einen schädigenden Gegenstand gewesen sein muss.[80] Der Gegenstand muss durch den Sturm nicht schlechthin nur in Bewegung gesetzt, sondern nach dem Wortlaut der Klausel *»auf oder gegen das Fahrzeug geworfen werden.«* Die Bewegung muss zwar keine Flugbahn wie bei einem Wurf beschreiben; die Zerstörungskraft des Gegenstandes muss aber wesentlich bestimmt sein durch die **Bewegungsenergie der Naturgewalt**, gegen deren Einwirkung Versicherungsschutz besteht.[81] **Keine Deckung** besteht daher in Fällen, in denen eine versicherte Naturgewalt eine andere, nicht versicherte Naturgewalt lediglich auslöst, ohne die Zerstörung direkt zu bewirken; ein Lawinenschaden am versicherten Kfz ist daher kein in der Teilkasko zu entschädigender Sturmschaden.[82]

60 Eine **unmittelbare Einwirkung** einer Naturgewalt auf das Fahrzeug liegt vor, wenn
- es durch einen Sturm **umgeworfen** wird;
- **Gegenstände** (z.B. Äste) infolge der Einwirkung von Naturgewalten **gegen ein Fahrzeug** oder so plötzlich und unmittelbar **vor ein in Fahrt befindliches Kfz geschleudert** werden und zum Liegen kommen, dass der Fahrer aus technischer Sicht weder rechtzeitig ausweichen, noch bremsen und vor dem Hindernis anhalten kann,[83] weil das normale verkehrsgerechte Verhalten eines Fahrers und der technisch vergeblich gebliebene Versuch, anzuhalten, die Unmittelbarkeit der Einwirkung durch die Naturgewalt nicht beseitigen kann;
- eine **Autofähre** mit dem versicherten Fahrzeug **im Sturm sinkt**;
- ein windempfindlicher **Kastenwagen** trotz verkehrsgerechtem Gegenlenken sturmbedingt **von der Fahrbahn geweht** wird;[84]
- durch große **Niederschlagsmengen** das auf den **Berghang** auftreffende und über diesen abfließende Wasser Steine mit sich führt, von denen einer gegen das versicherte Fahrzeug schlägt und es beschädigt;[85]
- infolge heftigen Sturms dem Fahrer die **Fahrzeugtür beim Öffnen aus der Hand gerissen** und gegen das Fahrzeug geschleudert wird,[86]

---

77 BGH Urt. v. 26.04.2006 – **IV ZR 154/05** – VersR 2006, 966 = zfs 2006, 511; Stiefel/Maier/*Stadler* A.2 AKB Rn. 238.

78 Notthoff r+s 2019, 496, 500; Singler NZV 2017, 353, 355.

79 Vgl. Wussow VersR 2000, 679.

80 AG Bremen Urt. v. 16.01.2015 – 7 C 323/14 – zfs 2015, 215.

81 BGH Urt. v. 19.10.1983 – **IVa ZR 51/82** – VersR 1984, 28 = NJW 1984, 369.

82 BGH Urt. v. 19.10.1983 – **IVa ZR 51/82** – VersR 1984, 28 = NJW 1984, 369.

83 LG Düsseldorf Urt. v. 25.01.2001 – 20 S 287/00 – SP 2002, 208; OLG Celle Urt. v. 14.07.1978 – 8 U 3/78 – VersR 1979, 178; OLG München Urt. v. 25.01.1968 – 1 U 973/67 – DAR 1969, 103.

84 OLG Köln Urt. v. 13.06.1985 – 5 U 241/84 – zfs 1986, 119 = r+s 1986, 27.

85 BGH Urt. v. 21.05.1964 – **II ZR 9/63** – VersR 1964, 712 = BeckRS 2008, 24504; OLG Celle Urt. v. 14.07.1978 – 8 U 3/78 – VersR 1979, 178.

86 AG Dortmund Urt. v. 25.03.2003 – C 5790/02 – r+s 2003, 499; LG Itzehoe Urt. v. 13.06.1968 – 1 S 78/68 – VersR 1969, 606.

- auf einem Campingplatz eine Stange der an einem Caravan befestigten **Vorzeltkonstruktion** sturmbedingt gegen den Caravan schlägt;[87]
- das versicherte Kfz infolge eines durch den Sturm **umgestürzten Anhängers** beschädigt wird,[88] oder der Sturm ein nicht versichertes Fahrzeugteil (z.B. Auflieger eines Sattelzuges) bewegt und dadurch ein Schaden am kaskoversicherten Zugfahrzeug eintritt;[89]
- infolge einer Überschwemmung **Erdreich über einer Garage** abrutscht und das in der Garage befindliche Fahrzeug zerstört;[90]
- der Fahrer bei nachgewiesenem normalem verkehrsgerechten Verhalten sturmbedingt mit seinem **Kfz von der Straße gefegt** wird.[91]

Eine **nur mittelbare** und damit nicht versicherte **Einwirkung** einer Naturgewalt auf das Fahrzeug liegt vor, wenn 61
- das Fahrzeug gegen oder über **Felsbrocken** fährt, die nicht gerade zeitlich unmittelbar zuvor durch einen Sturm auf die Fahrbahn gerollt sind;[92]
- durch einen Sturm eine **Lawine** ausgelöst wird, die das Fahrzeug zerstört;[93]
- ein **Blitzschlag** im Stromnetz eines Gebäudes eine Überspannung verursacht, die sich über ein an diesen Stromkreis angeschlossenes Batterieladegerät auf elektronische Bauteile eines Fahrzeuges überträgt und diese beschädigt;[94]
- nach einem **Sturmschaden** aufgrund von Niederschlag Wasser in das Fahrzeug eintritt und dadurch **Feuchtigkeitsschäden** entstehen;[95]
- sturmbedingt ein großer **Ast abbricht**, der sich zunächst im Baum verfängt und erst 20 Stunden **später auf das Fahrzeug des VN stürzt** und dieses beschädigt;[96]
- bei einem sturmbedingten hohen Wellengang, der zu einer Schräglage einer **Autofähre** führt, Fahrzeuge aneinanderprallen und hierdurch beschädigt werden.[97]

Umstritten ist die Einordnung blitzbedingter **Überspannungsschäden** bei **Elektrofahrzeugen.** 62 Führt beim Laden eines Elektrofahrzeuges ein Blitzeinschlag in die Ladestation oder ein nahegelegenes Gebäude zu einer Überspannung im Stromnetz, die einen Schaden in der Fahrzeugelektrik auslöst, so besteht nach teilweiser Auffassung mangels unmittelbarer Einwirkung der Naturgewalt auf das versicherte Fahrzeug kein Versicherungsschutz.[98] Dies erscheint indes fraglich. Abgesehen davon, dass nicht alle Überspannungsschäden ihre Ursache in einem Blitzeinschlag haben müssen, sondern ein Überspannungsschaden auch dadurch entstehen kann, dass das örtliche Stromnetz plötzlich überlastet ist oder der regionale Stromversorger bestimmte Zu- oder Abschaltungen vornimmt, wird man die Unmittelbarkeit richtigerweise nur dann verneinen können, wenn der Blitzschlag zu einer Fehlfunktion innerhalb des Stromnetzes führt, die ihrerseits wiederum Auslöser für die Überspannung ist. Nur in einem solchen Fall führt das Naturereignis über einen »Umweg« zu einem – nicht gedeckten – Schaden am versicherten Fahrzeug.

---

87 LG Oldenburg Urt. v. 16.01.2003 – 13 S 647/03 – VersR 2004, 858.
88 LG Karlsruhe Urt. v. 14.07.1995 – 9 S 21/95 – DAR 1995, 489.
89 LG Neubrandenburg Urt. v. 12.09.1996 – 1 S 76/96 – SP 1997, 113.
90 BGH Urt. v. 21.05.1964 – **II ZR 9/63** – VersR 1964, 712 = BeckRS 2008, 24504.
91 LG Chemnitz Urt. v. 19.03.2004 – 6 S 98/02 – zfs 2004, 325; LG Rostock Urt. v. 25.07.2003 – 3 O 421/02 – SP 2004, 22.
92 Vgl. AG Iserlohn Urt. v. 05.07.1995 – 42 C 302/95 – VersR 1996, 1272.
93 Vgl. BGH Urt. v. 19.10.1983 – **IVa ZR 51/82** – VersR 1984, 29 = NJW 1984, 369; LG Rostock Urt. v. 25.07.2003 – 3 O 421/02 – SP 2004, 22.
94 ÖGH Urt. v. 23.05.2013 – 7 Ob 76/13 – r+s 2013, 429.
95 OLG Hamm Urt. v. 20.11.2013 – 20 U 26/13 – r+s 2014, 224.
96 AG Bremen Urt. v. 16.01.2015 – 7 C 323/14 – zfs 2015, 215.
97 Vgl. Kuhn DAR 1987, 276, 277.
98 ÖGH Urt. v. 23.05.2013 – 7 Ob 76/13x – r+s 2013, 429; Stiefel/Maier/*Stadler* A.2 AKB Rn. 229; **kritisch:** Wälder r+s 2013, 430.

3. Keine Unmittelbarkeit bei durch Naturgewalten veranlasstem Verhalten des Fahrers – A.2.2.1.3 Satz 4 AKB

63 Ausgeschlossen ist der Versicherungsschutz gemäß A.2.2.1.3 S. 4 AKB für diejenigen Schäden, die auf ein durch die betreffende Naturgewalt veranlasstes Verhalten des Fahrers zurückzuführen sind. Dabei kommt es nicht darauf an, ob der Fahrer einen Fahrfehler begangen hat.[99] Ausreichend ist, dass das Fahrzeug erst **durch eine Reaktion des Fahrers auf die Naturgewalt** (z.B. bremsen oder lenken) außer Kontrolle gerät und verunfallt. Insoweit fehlt es an der Unmittelbarkeit der Einwirkung durch die Naturgewalt. Dies betrifft z.B. **Fälle**, in denen

- das Kfz durch eine durch starke Windböe über den Fahrbahnrand gedrückt wird und infolge eines **instinktiven Ausweichmanövers** des Fahrers außer Kontrolle gerät;[100]
- das Kfz im Sturm nach Auftreffen eines Astes auf der Motorhaube durch eine **Fehlreaktion des VN** in Form eines **reflexartigen Ausweichens** von der Fahrbahn abkommt und in den Straßengraben gelenkt wird;[101]
- der Fahrer gegen einen sturmbedingt **umgestürzten, auf der Straße liegenden Baum** fährt,[102] und zwar auch dann, wenn ungeklärt bleibt, ob dem Fahrer ein rechtzeitiges Anhalten technisch oder nur möglicherweise wegen überhöhter bzw. unangepasster Geschwindigkeit nicht mehr möglich war;[103]
- der Fahrer **auf ein anderes Kfz auffährt**, welches mit einem sturmbedingt umgestürzten Baum zusammengeprallt war;[104]
- der Fahrer bei einem Blitzschlag **vor Schreck das Lenkrad verreißt** und dadurch verunfallt;
- der Fahrer den Unfall **durch überhöhte Geschwindigkeit** mitverursacht hat.[105]

64 Auch dann, wenn die Naturgewalt auf das Verhalten eines anderen Kfz-Insassen, Fußgängers oder auch eines Tieres Einfluss nimmt und dadurch **beim Kraftfahrer eine Reaktion ausgelöst** wird, die erst Ursache des letztlich eintretenden Schadens am versicherten Fahrzeug ist, fehlt es an einem versicherten Ereignis. Das Tatbestandsmerkmal der »unmittelbaren Einwirkung« ist in diesem Fall nicht bewiesen, was bereits zum Ausschluss des Anspruchs beim VN führt und nicht etwa nur zu einer Leistungskürzung im Rahmen des § 81 Abs. 2 VVG, (vgl. A.2.2.1 AKB Rdn. 270).

65 Fließen z.B. erhebliche **Niederschlagsmengen sturzbachartig** über einen Steilhang in Richtung Fahrbahn ab und werden dabei auch **auf dem Hang liegende Gesteinsbrocken vom Wasser mitgerissen**, ist die Beschädigung eines Fahrzeuges durch einen auf die Straße gestürzten Stein von A.2.2.1.3 AKB in der Teilkasko umfasst, nicht aber die **Schäden**, die dadurch entstehen, dass der Fahrer **infolge eines Ausweichmanövers** gegen die am rechten Fahrbahnrand verlaufende Begrenzungsmauer der Bergstraße stößt.[106] Allerdings kommt insoweit ein Aufwendungsersatzanspruch gegen den VR wegen **Rettungskosten (§ 83 VVG)** in Betracht.

4. Sturm – A.2.2.1.3 Satz 1 und 2 AKB

66 Als versicherter Sturmschaden gilt eine wetterbedingte **Luftbewegung von mindestens 8 Beaufort**, was einer Windgeschwindigkeit von 62 bis 74 km/h entspricht (17,2 bis 20,7 Meter pro

99 So aber OLG Köln Urt. v. 13.06.1985 – 5 U 241/84 – zfs 1986, 119 = r+s 1986, 27.

100 OLG Hamm Urt. v. 15.06.1988 – 20 U 261/87 – VersR 1989, 37 = NJW-RR 1989, 26; **a.A.** OLG Köln Urt. v. 13.06.1985 – 5 U 241/84 – zfs 1986, 119 = r+s 1986, 27, das in einem **Gegenlenken eines Kfz bei Sturm** keinen Fahrfehler sieht, sondern ein notwendiges Manöver, um den Wagen auf der Fahrbahn zu halten.

101 AG Hamburg Urt. v. 24.03.1992 – 55b C 3/91 – VersR 1992, 1509 = SP 1993, 59.

102 LG Ellwangen Urt. v. 16.12.1994 – 2 O 338/94 – SP 1995, 280.

103 LG Deggendorf Urt. v. 19.05.1987 – O 551/86 – r+s 1988, 34.

104 OLG Hamburg Urt. v. 29.06.1971 – 7 U 142/70 – VersR 1972, 241.

105 Vgl. LG Görlitz Urt. v. 09.02.1998 – 2 O 224/97 – SP 1998, 396.

106 BGH Urt. v. 26.04.2006 – **IV ZR 154/05** – VersR 2006, 966 = zfs 2006, 511.

Sekunde).[107] Nach der Beaufortskala ist Windstärke 8 umschrieben als »stürmischer Wind, der Zweige von Bäumen bricht und das Gehen im Freien erheblich erschwert«.[108] Die Windbewegung muss wetterbedingt sein, also **durch Luftdruckunterschiede in der Atmosphäre** zustande kommen. Hieran fehlt es bei Druck- oder Sogwellen, die durch Lawinen, Explosionen oder den Fahrtwind (z.B. beim Hochreißen der nicht ordnungsgemäß verriegelten Motorhaube[109]) entstehen.

5. Hagel – A.2.2.1.3 Satz 1 AKB

Unter Hagel ist ein **Niederschlag in Form von Eisstücken** zu verstehen, die sich aus unterkühlten Wassertropfen bilden und durch Anlagerung an Schneekristalle unterschiedliche Größen aufweisen können. Entsprechend unterschiedlich groß und tief können auch die Dellen im Karosserieblech ausfallen. Dabei wird der Lack in der Regel nicht beschädigt. Typische Hagelschäden lassen sich mit Hilfe eines Kfz-Sachverständigen zumeist eindeutig von anderen Schadenursachen abgrenzen. 67

6. Blitzschlag – A.2.2.1.3 Satz 1 AKB

Ein versicherter Schaden durch Blitzschlag liegt vor, wenn ein in der Atmosphäre entstandener Blitz durch **plötzliche elektrische Entladung** unmittelbar auf das Fahrzeug einwirkt, wobei der Blitz nicht notwendig zur Erde niedergehen muss.[110] Der Blitzschlag ist eine selbstständige Schadenursache; ein nachfolgender Brand ist nicht erforderlich.[111] Alle aus dem Blitzschlag resultierenden Schäden einschließlich **Schmor- und Sengschäden** sind gedeckt. Versicherungsschutz besteht auch, wenn ein vom Blitz gespaltener Baum, Teile hiervon oder auch Teile eines vom Blitz getroffenen Gebäudes auf das versicherte Fahrzeug herabfallen. Schäden, die erst durch eine blitzbedingte **Schreckreaktion** des Fahrers entstehen, sind nicht versichert (vgl. A.2.2.1 AKB Rdn. 57). Zu **Überspannungsschäden** bei **Elektrofahrzeugen** vgl. A.2.2.1 AKB Rdn. 62. 68

7. Überschwemmung – A.2.2.1.3 Satz 1 AKB

Eine Überschwemmung im Sinne der Klausel liegt vor, wenn **Wasser** in erheblichen Mengen, meist mit schädlichen Auswirkungen, **sein natürliches Gelände verlässt** und nicht auf normalem Wege abfließt, sondern auf einem sonst nicht in Anspruch genommenen Gelände in Erscheinung tritt und dieses überflutet. Dies ist der Fall, wenn 69

- ein **Gewässer** über die Ufer tritt,
- sich aufgrund von **Starkregen** das **Niederschlagswasser** auf der Erdoberfläche aufstaut.

Stets muss die Überschwemmung aber auch unmittelbar auf das Fahrzeug eingewirkt haben. Die Naturgewalt muss die einzige oder letzte Ursache für den Schadenseintritt gewesen sein. Daran fehlt es, wenn es lediglich durch die von oben auf das Fahrzeug herabfallenden **Regenmengen** und nicht durch die auf dem Grundstück aufgestauten Niederschläge zu einem Wassereintritt in den Innenraum des versicherten Fahrzeugs kommt. Ein Überlaufen der Wasserkästen am Fahrzeug, z.B. unterhalb der Scheibenwischer, mit der Folge des Eindringens von Regenwasser ins Fahrzeuginnere und **Schäden an der Elektronik** beruht daher nicht auf einer Überschwemmung, sondern auf einem in der Teilkasko nicht versicherten Starkregenereignis.[112] Ebenso besteht kein Versicherungsschutz, wenn infolge eines Unwetters Regen in das Fahrzeug eindringt und den Fahrzeuginnenraum überflutet,[113] oder wenn **Nässeschäden** am und im Fahrzeug durch Spritzwasser entstehen.[114] 70

107 Vgl. OLG Celle Urt. v. 14.07.1978 – 8 U 3/78 – VersR 1978, 178; OLG Koblenz Urt. v. 20.12.1973 – 4 U 573/73 – VersR 1975, 32.
108 Himmelreich/Halm/Staab/*Papatheodorou* Kap. 23 D Rn. 251.
109 Stiefel/Maier/*Stadler* A.2 AKB Rn. 216.
110 Feyock/*Jacobsen*/Lemor § 12 AKB Rn. 89.
111 Himmelreich/Halm/Staab/*Papatheodorou* Kap. 23 D Rn. 254.
112 OLG Karlsruhe Beschl. v. 09.10.2019 – 12 U 78/19 – r+s 2020, 560.
113 KG Beschl. v. 01.07.2016 – 6 U 71/16 – r+s 2017, 347.
114 OLG Hamm Beschl. v. 21.01.2015 – 20 U 233/14 – r+s 2015, 228.

71 Eine Überschwemmung liegt auch vor bei der **Überflutung eines Parkplatzes**, einer **Straße**,[115] **Unterführung** oder **Tunnel**, gleichgültig, ob diese durch übermäßige Regenfälle, Hochwasser eines nahegelegenen Flusses oder einen Rohrbruch bedingt ist.[116] Erforderlich ist stets eine unmittelbare Einwirkung einer – bereits zuvor eingetretenen – Überschwemmung auf das versicherte Fahrzeug. **Bei Überflutung einer Straße** nach ergiebigen Regenfällen liegt die **Unmittelbarkeit der Einwirkung** und damit ein gedeckter Schaden vor, wenn das **Fahrzeug** von herannahendem Wasser **überschwemmt** wird[117] oder durch die Intensität der Flutmassen bzw. die Gewalt des Wassers zur Seite gedrückt und beschädigt wird. Dies ist z.B. der Fall, wenn der VN in seinem stehenden Kfz in einer Unterführung von dem stetig ansteigenden Wasser eingeschlossen wird; dann ist die Überflutung die letzte Ursache für den Schaden.[118]

72 Im Gegensatz zu der noch früher vorherrschenden Regelung in § 12 Nr. 1 Ziff. I c AKB a.F. ist es für eine **unmittelbare Einwirkung** der Überschwemmung **nicht mehr zwingend, dass das Wasser zum Fahrzeug kommt.**[119] Denn A.2.2.1.3 Satz 3 AKB stellt klar, dass nur der Ersatz solcher Schäden ausgeschlossen ist, die auf ein durch die Überschwemmung (*»durch diese Naturgewalten«*) veranlasstes Verhalten des Fahrers zurückzuführen ist; diese Formulierung ist im Sinne einer Präzisierung und Konkretisierung der eher unbestimmten Formulierung *»unmittelbare Einwirkung«* zu verstehen.[120] Soweit also das Fahrverhalten des VN für den Überschwemmungsschadens eine mitursächliche Rolle spielt, steht dies einer *»unmittelbaren Einwirkung«* nur dann entgegen, wenn das im Schadenfall relevante Fahrverhalten (Ausweichen, Abbremsen, Gegenlenken) durch die Naturgewalt ausgelöst und erst durch dieses Fahrverhalten der Schaden (mit-) verursacht wird.[121] Setzt der Fahrer seine Fahrt bei einem plötzlich auftretenden Unwetter auf der zwischenzeitlich überfluteten Straße fort und gerät erst hierdurch in einen überschwemmten Straßenbereich, ändert dies nichts daran, dass ein normaler, verkehrsgerechter Gebrauch des Fahrzeuges vorliegt, durch den die Unmittelbarkeit des später eintretenden Überschwemmungsschadens nicht beseitigt wird.[122]

73 **Fährt der VN** also **in einen überfluteten Straßenbereich oder Tunnel hinein**, den er **irrtümlich für ungefährlich** hält, oder kann er nicht erkennen, dass die plötzlich vor ihm auftauchende Wasserlache besonders tief ist und fährt hindurch, so ist das Weiterfahren gerade nicht durch die Naturgewalt veranlasst. Entsteht dabei am versicherten Fahrzeug ein technischer Defekt oder gar ein Motorschaden, weil Wasser über den Ansaugtrakt in die Kompressionsräume gelangt (sogenannter »**Wasserschlag**«), liegt eine »unmittelbare Einwirkung« der Überschwemmung auf das versicherte Fahrzeug (und damit ein gedeckter Teilkaskoschaden) vor.[123] Gleiches gilt, wenn die Überschwemmung den VN so unvorhergesehen und überraschend trifft, dass er den Motor nicht mehr rechtzeitig abstellen kann, z.B.

– bei Weiterfahrt auf einer durch einen plötzlichen **Wolkenbruch** überfluteten Straße;[124]
– wenn der Fahrer beim Einfahren in eine Unterführung die Überflutung wegen **schlechter Sicht- und Witterungsverhältnisse** nicht erkennen konnte (daher auch keine grobe Fahrlässigkeit nach § 81 VVG) und der Motor abstirbt;[125]

---

115 Vgl. OLG Karlsruhe Beschl. v. 28.10.2019 – 9 U 4/18 – r+s 2020, 264 **(Durchfahren einer Wasseransammlung von 10–15 cm Höhe, die aufgrund Starkregens bis auf 90 cm anschwillt)**.

116 BGH Urt. v. 21.05.1964 – **II ZR 9/63** – VersR 1964, 712 = BeckRS 2008, 24504; LG Kassel Urt. v. 21.03.1963 – 1 S 292/62 – VersR 1963, 670; Prölss/Martin/*Klimke* A.2.2.1 AKB Rn. 56.

117 AG Krefeld Urt. v. 25.06.2010 – 6 C 456/09 – SP 2010, 373.

118 LG Kiel Urt. v. 20.08.1999 – 6 O 112/99 – DAR 2000, 220.

119 So aber noch Stiefel/Maier/*Stadler* A.2 AKB Rn. 231.

120 OLG Karlsruhe Beschl. v. 28.10.2019 – 9 U 4/18 – r+s 2020, 264.

121 Vgl. Prölss/Martin/*Klimke* A.2.2.1 AKB Rn. 61.

122 Vgl. Prölss/Martin/*Klimke* A.2.2.1 AKB Rn. 62.

123 KG Beschl. v. 28.08.2020 – 6 U 58/19 – r+s 2021, 86; LG Bochum Urt. v. 21.04.2015 – 9 S 204/14 – r+s 2015, 345 = zfs 2015, 513.

124 OLG Stuttgart Urt. v. 18.10.1973 – 10 U 83/73 – VersR 1974, 234.

125 OLG Karlsruhe Beschl. v. 28.10.2019 – 9 U 4/18 – r+s 2020, 264.

- wenn das Fahrzeug, nachdem es verkehrsbedingt **in einer Unterführung angehalten** wurde, durch plötzlich einsetzenden Starkregen überschwemmt und der Motor beschädigt wird.
- Vergrößert sich der Schadenumfang durch einen anschließenden **Neustart des Motors**[126] oder erleidet der Motor einen Wasserschlag überhaupt erst durch einen **erneuten Startversuch**,[127] so sind auch diese Schäden aus der Teilkasko zu ersetzen.

Entgegenstehende frühere Rechtsprechung, die beim Einfahren des versicherten Fahrzeugs in eine überflutete Straßenunterführung eine unmittelbare Einwirkung der Naturgewalt und damit einen teilkaskoversicherten Überschwemmungsschaden ablehnte,[128] ist als **überholt** anzusehen.[129] In Abkehr von der hier noch in der Vorauflage vertretenen Auffassung entfällt die Unmittelbarkeit des Schadeneintritts durch die Überschwemmung also nicht schon dadurch, dass der VN sich dazu entschließt, normal weiterzufahren. Es ist daher auch **unerheblich**, 74

- ob der VN eine **tiefe Pfütze** bei extrem starkem Regen durchfährt,
- ob er in einen überschwemmten Straßenbereich einfährt, weil er sich lediglich **dem Verhalten anderer Fahrer**, die ebenfalls weitergefahren sind, **anpasst**, oder
- ob er die maximale Gewässertiefe (**Wattiefe**), durch die sein (Gelände-) wagen fahren (»waten«) kann, **falsch einschätzt.**

Der **Versicherungsschutz entfällt nur** in den seltenen Fällen, in denen die Überschwemmung das Verhalten des Fahrers beeinflusst und es erst durch dieses Verhalten zur Beschädigung des Fahrzeuges kommt.[130] Dabei genügt es, dass der Fahrer durch sein infolge der Überschwemmung ausgelöstes Verhalten eine **Mitursache für den Eintritt des Schadens** setzt. Ein **Verschulden** ist nicht erforderlich, wird allerdings regelmäßig anzunehmen sein. Für diesen Fall wäre zwar eine etwaig bestehende **Vollkaskoversicherung** grundsätzlich eintrittspflichtig, weil ein Unfall i.S.d. A.2.2.2.2 AKB durch Einwirkung mechanischer Gewalt vorliegt (vgl. A.2.2.2 AKB Rdn. 29); jedoch dürfte in vielen Fällen der Versicherungsschutz wegen grober Fahrlässigkeit nach A.2.9.1 AKB, § 81 VVG infrage stehen. Aber auch in der Teilkasko kann der VR unabhängig von der Frage, ob die Überschwemmung unmittelbar auf das versicherte Fahrzeug eingewirkt hat, die Entschädigungsleistung ganz oder teilweise kürzen, wenn der Fahrer **grob fahrlässig** gehandelt hat, z.B. 75

- beim Einfahren in einen erkennbar **weitläufig überfluteten Straßenbereich** oder in eine Unterführung, wodurch es zu einem Motorschaden (»**Wasserschlag**«) kommt;[131]
- beim Abstellen des Fahrzeugs in einem Hochwasser-Risiko-Gebiet trotz Hochwasserwarnung.

Von einer »Überschwemmung« ist auch auszugehen, wenn so **starker Regen auf einem Berghang** niedergeht, dass das Wasser weder vollständig versickern, noch sonst geordnet über natürliche Wege (z.B. Rinnen oder Furchen) abfließen kann, sondern **sturzbachartig** den Hang hinunterfließt. Die »Überschwemmung« **wirkt unmittelbar auf das Fahrzeug** ein, wenn das an einem Berghang herabfließende Wasser Steine ausschwemmt und durch das von den Wassermassen **mitgeführte Geröll, dem Schlamm oder Sand** Schäden am versicherten Fahrzeug entstehen.[132] 76

---

126 OLG Hamm Urt. v. 02.11.2016 – 20 U 19/16 – VersR 2017, 151 = zfs 2017, 153.

127 LG Trier Urt. v. 18.01.1996 – 6 O 185/95 – r+s 1996, 221.

128 OLG Frankfurt/M. Urt. v. 15.03.2000 – 7 U 53/99 – VersR 2001, 187; OLG Karlsruhe Urt. v. 06.12.1995 – 13 U 88/95 – SP 1996, 93; LG Mönchengladbach Beschl. v. 06.10.2005 – 2 S 102/05 – **unter Bestätigung von** AG Mönchengladbach Urt. v. 12.04.2005 – 5 C 153/04 – r+s 2006, 490; LG Lübeck Urt. v. 21.11.2003 – 4 O 80/03 – r+s 2005, 103; LG Mühlhausen Urt. v. 23.09.2002 – 4 O 750/02 – zfs 2002, 590; AG Krefeld Urt. v. 25.06.2010 – 6 C 456/09 – SP 2010, 373; AG Frankfurt/M. Urt. v. 13.06.2003 – 301 C 485/03 – SP 2003, 389; AG Neustadt a.d. Weinstraße Urt. v. 26.07.1985 – 2 C 509/85 – VersR 1987, 301.

129 Vgl. OLG Karlsruhe Beschl. v. 28.10.2019 – 9 U 4/18 – r+s 2020, 264, 265.

130 OLG Stuttgart Urt. v. 18.10.1973 – 10 U 83/73 – VersR 1974, 234.

131 OLG Frankfurt/M. Urt. v. 18.04.2001 – 7 U 97/00 – JurionRS 2001, 22101; OLG Frankfurt/M. Urt. v. 15.03.2000 – 7 U 53/99 – VersR 2001, 187; OLG Stuttgart Urt. v. 18.10.1973 – 10 U 83/73 – VersR 1974, 234; LG Mühlhausen Urt. v. 23.09.2002 – 4 O 750/02 – zfs 2002, 590.

132 BGH Urt. v. 26.04.2006 – **IV ZR 154/05** – VersR 2006, 966 = zfs 2006, 511.

77 Bei **Fährunfällen** liegt ein Versicherungsfall nur vor, wenn infolge einer durch die Natur hervorgerufenen Überflutung das Fahrzeug beschädigt wird. Sinkt die Fähre hingegen durch ein Leck nach einer Kollision, liegt eine Überschwemmung im Sinne der Definition nicht vor, da das Wasser sein natürliches Gelände nicht verlassen hat. Es besteht dann allenfalls Deckung über einen »Unfall«, sofern gleichzeitig auch Vollkaskoversicherungsschutz besteht und das Fährunglück sich nicht außerhalb des in A.2.5 AKB vereinbarten Geltungsbereiches des Versicherungsvertrages ereignet hat.

78 Die **Überspülung eines Strandabschnittes** durch Meerwasser stellt schon begrifflich keine Überschwemmung dar, weil es sich gerade um ein natürlicherweise überflutetes Gelände handelt.[133]

8. Lawinen und Muren

79 Abweichend von den Musterbedingungen des GDV haben manche VR Lawinen und Muren als versicherte Gefahren zusätzlich in ihre AKB aufgenommen. Bei **Lawinen** handelt es sich begrifflich um **Schnee- oder Eismassen**, die von Berghängen niedergehen. Lawinenschäden fallen – sofern nichts Abweichendes vereinbart ist – nach den Muster-AKB nicht unter die entschädigungspflichtigen Naturgewalten. Insbesondere lassen sie sich nicht als »Sturmschäden« i.S.v.A.2.2.1.3 AKB qualifizieren, und zwar selbst dann nicht, wenn starke Luftbewegungen zur Entstehung der Lawine beigetragen haben.[134] Soweit VR in ihren AKB Versicherungsschutz bei Schneelawinen gewähren, sind darunter nicht nur Berglawinen, sondern auch **Dachlawinen** zu verstehen.[135] **Muren** sind an Berghängen abgehende **Geröll-, Schlamm- und Gesteinsmassen**, auch in Verbindung mit Baumgruppen.

V. Zusammenstoß mit Haarwild – A.2.2.1.4 AKB

1. Allgemeines

80 Die Klausel gewährt Versicherungsschutz für die Beschädigung oder Zerstörung des Kfz, die adäquat kausal auf einen Zusammenstoß oder jedenfalls eine Berührung des in Bewegung befindlichen Fahrzeuges mit Haarwild zurückzuführen ist. Nach dem **Sinn und Zweck der Klausel** soll der VN durch die Erwähnung von »Haarwild« explizit abgesichert werden gegen die spezifischen Gefahren solcher Tiere, für die ein **haftender Tierhalter** im Schadenfall nicht in Anspruch genommen werden könnte.[136] Auf die Vollkaskoversicherung muss der VN nicht zurückgreifen. Er vermeidet damit eine Prämienanpassung. Kommt es nicht zu einer Kollision mit dem Wild, jedoch aufgrund eines **Ausweichmanövers des VN** gleichwohl zu einem Schaden am versicherten Kfz, kann dem VN ein Anspruch auf **Aufwendungsersatz** (»Rettungskosten«) nach den §§ 90, 83 VVG zustehen, (vgl. A.2.2.1 AKB Rdn. 286 ff.).

81 Der »Zusammenstoß mit Haarwild« wird in den AKB verschiedener VR – manchmal abhängig vom jeweils vereinbarten Tarif – häufig erweitert auf Haus- oder Nutztiere (z.B. **Pferde, Hunde, Katzen, Rinder, Schafe, Ziegen**) oder sogar auf **Tiere aller Art** ausgedehnt. Bei einer solchen **Erweiterung des Versicherungsschutzes zugunsten des VN** kommt es für den Eintritt des Versicherungsfalles nur noch darauf an, ob die eingetretene Beschädigung auf den Zusammenstoß des versicherten Fahrzeuges mit dem Tier zurückzuführen ist. Die Besonderheit einer solch weit gefassten Klausel besteht darin, dass sie dem VN einen zusätzlichen Schutz für ein Risiko bietet, für welches er im Schadenfall auch den Tierhalter gemäß § 833 BGB in Anspruch nehmen könnte. Dieser kann sich allerdings nach § 833 S. 2 BGB exkulpieren, wenn es sich um ein Nutztier (= Haustier, das dem Beruf, der Erwerbstätigkeit oder dem Unterhalt des Tierhalters zu dienen bestimmt ist) handelt und entweder der Tierhalter bei der Beaufsichtigung des Tieres die im Verkehr erforderliche Sorgfalt beobachtet hat oder der Schaden auch bei Anwendung dieser Sorgfalt entstanden

133 OLG Hamm Urt. v. 26.06.1992 – 20 U 383/91 – VersR 1992, 1506 = zfs 1992, 343.
134 BGH Urt. v. 19.10.1983 – **IVa ZR 51/82** – VersR 1984, 28 = NJW 1984, 369.
135 OLG Köln Beschl. v. 28.02.2012 – 9 U 250/11 – r+s 2012, 383.
136 Vgl. Stiefel/Maier/*Stadler* A.2 AKB Rn. 249.

sein würde. Kann der Tierhalter den Entlastungsbeweis führen, ginge der VN leer aus, wenn er nicht seinen Kasko-VR in Anspruch nehmen könnte. Insofern stellt eine auf den Zusammenstoß mit Nutztieren oder Tieren aller Art erweiterte »Wildschadensklausel« einen echten **Versicherungs-Mehrwert** für den VN dar.

Sofern die hier zu kommentierende Klausel in den jeweiligen AKB vereinbart ist, muss der VN für einen versicherten Wildschaden nachweisen, dass sein in Fahrt befindliches Fahrzeug mit **Haarwild** i.S.v. § 2 Abs. 1 Nr. 1 BJagdG kollidiert ist. Beispielhaft verweist die Klausel auf das Reh und das Wildschwein. Ferner muss der Zusammenstoß mit dem Tier **adäquat kausal zu einem Schaden** an dem versicherten Fahrzeug geführt haben. 82

2. Haarwild

Die Beschädigung am versicherten Fahrzeug muss durch Haarwild entstanden sein. Die Wildschadensklausel nimmt auf die in **§ 2 Abs. 1 Nr. 1 BJagdG** stehende Aufzählung verschiedener Tiere Bezug, die als »Haarwild« bezeichnet werden: Wisent, Elchwild, Rotwild, Damwild, Sikawild, Rehwild, Gamswild, Steinwild, Muffelwild, Schwarzwild, Feldhase, Schneehase, Wildkaninchen, Murmeltier, Wildkatze, Luchs, Fuchs, Steinmarder, Baummarder, Iltis, Hermelin, Mauswiesel, Dachs, Fischotter und Seehund. **Eichhörnchen,**[137] **Rentiere,**[138] **Elche, Waschbären,**[139] **Braunbären** oder **Wölfe** fallen nach dem Wortlaut des § 2 Abs. 1 Nr. 1 BJagdG nicht unter die Klausel. Der ausdrückliche Verweis auf das Bundesjagdgesetz lässt eine Ausdehnung des Anwendungsbereichs der Klausel auch dann nicht zu, wenn es sich um ein wild lebendes Tier handelt.[140] 83

Es dürfte allerdings zweifelhaft sein, ob der bloße Verweis in der Klausel auf die vorgenannte, noch nicht einmal alphabetisch geordnete, in einem anderen Gesetz stehende Aufzählung verschiedener Tiere dem **Transparenzgebot** des **§ 307 Abs. 1 S. 2 BGB** genügt, (vgl. auch A.2.1.1 AKB Rdn. 10 ff. und A.2.1.1 AKB Rdn. 16 ff.). Eine Klausel in allgemeinen Geschäftsbedingungen muss aus sich heraus verständlich sein. Für das Verständnis ist auf den **durchschnittlichen VN** ohne versicherungsrechtliche Spezialkenntnisse abzustellen. Dieser wird regelmäßig zur Feststellung des Umfanges seines Versicherungsschutzes nicht auf den Gesetzestext des Bundesjagdgesetzes zurückgreifen können. Er wird auch nicht davon ausgehen, dass ein Schaden durch solche Tiere, die zwar nach dem **allgemeinen Sprachgebrauch durchaus als »Haarwild« bezeichnet** werden können, jedoch nicht explizit in § 2 Abs. 1 Nr. 1 BJagdG aufgeführt sind, nicht vom Versicherungsschutz umfasst sein könnten. Vielmehr wird er den Wortlaut der Klausel *»im Sinne von § 2 Abs. 1 Nr. 1 des Bundesjagdgesetzes«* in Verbindung mit den beispielhaft aufgeführten Tieren *»Reh, Wildschwein«* so verstehen, dass die **Aufzählung in § 2 Abs. 1 Nr. 1 BJagdG nicht abschließend** ist, sondern auch der Zusammenstoß mit solchem Haarwild versichert ist, welches mit den konkret aufgeführten Tieren und Tiergattungen vergleichbar ist. Hierfür spricht, dass das beispielhaft erwähnte Wildschwein in § 2 Abs. 1 Nr. 1 BJagdG nur mit dem Oberbegriff »Schwarzwild« aufgeführt ist. 84

Welche **Unsicherheiten für den VN** in diesem Zusammenhang bestehen, belegt eine Entscheidung des OLG Frankfurt/Main, das einem VN bei einem Zusammenstoß seines Fahrzeuges mit einem **Rentier** in Norwegen nur eine Entschädigung wegen des eingetretenen Glasschadens zugesprochen hat mit der Begründung, das Rentier, das keine Erwähnung in § 2 Abs. 1 Nr. 1 BJagdG finde, gelte nicht als versichertes Haarwild; das Rentier könne auch nicht als Hirsch angesehen werden abgesehen davon, dass Hirsche nicht schlechthin zum Haarwild zählten, sondern nur die einzeln aufgeführten Arten wie Rotwild, Damwild oder Sikawild.[141] An Hand dieser Entscheidung wird deutlich, dass es für den VN häufig **nicht transparent** sein wird, ob ein **Zusammenstoß mit »behaartem Wild«** unter den Versicherungsschutz fällt oder nicht. Dabei geht es nicht nur um 85

137 LG Coburg Urt. v. 29.06.2010 – 23 O 256/09 – ADAJUR Dok.Nr. 90766 = BeckRS 2010, 25375.
138 OLG Frankfurt/M. Urt. v. 25.06.2003 – 7 U 190/02 – r+s 2005, 102 = zfs 2005, 193.
139 Vgl. Jahresbericht des Versicherungsombudsmanns 2003, 18.
140 LG Köln Urt. v. 11.01.1990 – 34 S 193/89 – VersR 1991, 222.
141 OLG Frankfurt/M. Urt. v. 25.06.2003 – 7 U 190/02 – r+s 2005, 102 = zfs 2005, 193.

Schwierigkeiten bei der Einordnung eines bestimmten Tieres unter einen im BJagdG aufgeführten Oberbegriff (Wildschwein als Schwarzwild), sondern auch darum, dass letztlich häufig für einen VN nicht klar ist, warum ein durch eine bestimmte Tiergattung (Hirsch) verursachter Schaden nur deshalb nicht entschädigt wird, weil es sich bei dem Hirsch nicht um Rotwild, Damwild oder Sikawild handelt. In dem konkreten Fall des OLG Frankfurt hätte sicherlich auch Veranlassung bestanden, sich mit der Frage auseinanderzusetzen, wieso das Rentier aus der Sicht eines durchschnittlichen VN nicht unter den Begriff »Elchwild« i.S.d. § 2 Abs. 1 Nr. 1 BJagdG subsumiert werden kann. Letztlich **bleibt damit der Umfang des Versicherungsschutzes für den VN intransparent**, so dass die Klausel durch eine transparente Fassung zu ersetzen ist. Danach ist von der für den VN günstigsten Auslegung der Klausel auszugehen, wonach der Schaden durch Haarwild im Sinne von »behaartem Wild« verursacht worden sein muss. Daher wäre im Falle des OLG Frankfurt dem VN eine Entschädigung zuzusprechen gewesen. Es ist begrüßenswert, dass viele VR, die inzwischen den Versicherungsschutz auf Zusammenstöße mit Tieren aller Art ausgeweitet haben, diese Problematik offenbar ebenfalls erkannt haben.

3. Zusammenstoß des in Fahrt befindlichen Fahrzeuges mit Haarwild

86 Die Beschädigung des Fahrzeuges muss auf einem Zusammenstoß mit dem Haarwild beruhen. Ausreichend für den nach der Klausel erforderlichen »Zusammenstoß« ist eine **Berührung** zwischen dem versicherten Fahrzeug und dem Wild.[142] Eine solche ist allerdings Mindestvoraussetzung dafür, dass die Wildschadensklausel überhaupt eingreifen kann. Daran fehlt es, wenn der Fahrzeugführer dem Wild ausweicht, ohne es zu berühren und es anschließend zu einem Unfall kommt.[143]

87 Ein versicherter Wildschaden setzt ein **in Fahrt befindliches Kfz** voraus. Das **Tier** selbst braucht **nicht auch in Bewegung** gewesen sein. Es reicht aus, dass es steht oder liegt. Selbst beim **Überfahren eines** auf der Straße liegenden **toten Tieres** ist nach **h.M.** die Wildschadensklausel in aller Regel erfüllt.[144] Der häufig vom VR vorgebrachte Einwand, in diesen Fällen verwirkliche sich nicht die typische Wildgefahr, gegen die sich der VN in der Teilkasko absichern will, überzeugt nicht. Denn die Klausel verlangt seinem Wortlaut nach gerade nicht, dass sich das Tier – ebenso wie das versicherte Fahrzeug – in Bewegung befunden haben muss. Jedenfalls dann, wenn bei lebhaftem Verkehr im Rahmen eines einheitlichen Unfallgeschehens das Haarwild von mehreren Fahrzeugen überrollt wird und es nur vom Zufall abhängt, durch welches Fahrzeug es getötet wird, wird man einen versicherten Wildschaden annehmen müssen.[145] Denn auch bei einem toten Tier verwirklicht sich immer noch das typische, gerade von Haarwild ausgehende und damit versicherte Risiko und nicht etwa nur eine Gefahr, wie sie bei jedem anderen Hindernis auch besteht und mit der der VN jederzeit rechnen muss. **Anderes** gilt allenfalls dann, wenn das bereits seit geraumer Zeit auf der Straße liegende Wild schon mehrfach von anderen Fahrzeugen überrollt wurde, so dass sich der **Tierkadaver** für den VN **wie ein beliebiges anderes Hindernis** auf der Straße darstellt.[146]

---

142 BGH Urt. v. 18.12.1991 – **IV ZR 204/90** – VersR 1992, 349 = r+s 1992, 82; OLG Saarbrücken Urt. v. 26.01.2011 – 5 U 356/10-57 – r+s 2011, 380 = zfs 2011, 331; LG Duisburg Urt. v. 16.12.1980 – 1 O 419/80 – zfs 1981, 53; **a.A.** OLG Frankfurt/M. Urt. v. 23.01.2002 – 7 U 100/01 – NVersZ 2002, 316.

143 BGH Urt. v. 18.12.1991 – **IV ZR 204/90** – VersR 1992, 349 = r+s 1992, 82; LG Mönchengladbach Urt. v. 11.06.1992 – 1 O 403/91 – SP 1992, 344.

144 OLG Saarbrücken Urt. v. 30.04.2003 – 5 U 389/02-50 – VersR 2004, 1306 = r+s 2003, 357; OLG Nürnberg Urt. v. 27.01.1994 – 8 U 2961/93 – VersR 1994, 929 = DAR 1994, 279; LG Stuttgart Urt. v. 07.02.2007 – 5 S 244/06 – DAR 2009, 151 = r+s 2008, 150; AG Kaiserslautern Urt. v. 11.12.2015 – 4 C 575/13 – ADAJUR Dok.Nr. 110038; Stiefel/Maier/*Stadler* A.2 AKB Rn. 254; **a.A.** OLG München Urt. v. 31.01.1986 – 10 U 4630/85 – VersR 1986, 863 = DAR 1986, 293; LG München Urt. v. 14.05.1992 – 27 O 2987/92 – VersR 1992, 1509; Bauer Rn. 1002.

145 Ebenso OLG Saarbrücken Urt. v. 30.04.2003 – 5 U 389/02-50 – VersR 2004, 1306 = r+s 2003, 357; LG Stuttgart Urt. v. 07.02.2007 – 5 S 244/06 – DAR 2009, 151 = r+s 2008, 150.

146 OLG Bremen Urt. v. 17.09.2002 – 3 U 33/02 – r+s 2003, 276 (**toter Dachs**).

4. Kausalität zwischen Zusammenstoß und Schaden

Zwischen der Wildberührung und dem eingetretenen Schaden muss ein **adäquater Kausalzusammenhang** bestehen. Dieser ist nicht nur dann zu bejahen, wenn der Zusammenstoß mit dem Haarwild unmittelbar zu dem Schaden an dem versicherten Fahrzeug geführt hat, sondern auch dann, wenn er die adäquate Ursache für ein späteres zum Unfall führendes Verhalten des Fahrzeugführers war.[147] Zu ersetzen sind demnach nicht nur die **unmittelbaren Schäden**, die beim Zusammenstoß mit dem Wild eintreten, sondern auch die **mittelbaren Schäden**, die nach erfolgtem Zusammenstoß mit dem Wild erst durch eine **(Fehl- oder Schreck-) Reaktion des Fahrers** (z.B. Gegenlenken, Bremsen oder Ausweichen) und dem dadurch bedingten Abkommen des Fahrzeuges von der Fahrbahn entstehen.[148] Insofern besteht ein Unterschied zu den Schäden durch Naturgewalten, für die in A.2.2.1.3 AKB ausdrücklich eine »unmittelbare Einwirkung« auf das versicherte Fahrzeug gefordert wird. Ein vergleichbares Unmittelbarkeitserfordernis wie bei den Versicherungsfällen »Sturm, Hagel, Blitzschlag und Überschwemmung« fehlt in der Wildschadensklausel. 88

Verunfallt der Fahrer daher, weil er **nach einem Zusammenstoß mit dem Wild** in einer Schrecksekunde **falsch reagiert**[149] oder infolge der Wildberührung die **Kontrolle über seinen Wagen verliert** und dadurch ein weiterer Fahrzeugschaden entsteht,[150] stellt der Zusammenstoß mit dem Wild eine adäquate Ursache für ein erst später zum Unfall führendes Verhalten des Fahrers dar, so dass die Unfallschäden aus der Teilkasko zu ersetzen sind. Gleiches gilt, wenn der VN erst nach der Kollision mit dem Tier mit seinem Fahrzeug ins Schleudern gerät und es im Rahmen einer **nachfolgenden Kollision mit einem anderen Kfz** zu einem Unfallschaden an seinem Fahrzeug kommt. 89

Ein **Motorschaden** kann als adäquate Folge eines Wildunfalles aus der Teilkaskoversicherung zu entschädigen sein. Versicherungsschutz besteht, wenn beim Zusammenstoß mit einem Hasen das Kühlsystem beschädigt wird und wenige Tage danach ein Motorschaden auftritt,[151] oder wenn der VN nach einem nächtlichen Zusammenstoß mit einem Fuchs auf einer Autobahn bis zum nächsten Parkplatz weiterfährt und dadurch ein Motorschaden eintritt.[152] In diesem Fall führt er den Motorschaden auch nicht durch grob fahrlässige Verletzung seiner Schadenminderungsobliegenheit gemäß § 82 Abs. 1 VVG herbei.[153] 90

Der **Zusammenstoß mit dem Haarwild** muss sich als **auslösendes Moment für den weiteren Schaden** darstellen; er darf nicht nur ein Begleitumstand sein.[154] **Zu verneinen ist der Kausalzusammenhang**, wenn Wild zwar beteiligt war, es aber **entweder** nicht zu einer Berührung gekommen ist und die Schäden bei einem geglückten Brems- oder Ausweichmanöver entstanden sind,[155] (dann 91

147 BGH Urt. v. 18.12.1991 – **IV ZR 204/90** – VersR 1992, 349 = r+s 1992, 82; OLG Saarbrücken Urt. v. 26.01.2011 – 5 U 356/10-57 – r+s 2011, 380 = zfs 2011, 331.

148 Vgl. BGH Urt. v. 18.12.1991 – **IV ZR 204/90** – VersR 1992, 349 = r+s 1992, 82; OLG Hamm Urt. v. 12.12.1997 – 20 U 121/97 – r+s 1998, 54 = zfs 1998, 181; OLG Karlsruhe Urt. v. 05.12.1991 – 12 U 195/91 – r+s 1993, 448; OLG München Urt. v. 10.06.1988 – 10 U 6342/87 – zfs 1989, 206; OLG Karlsruhe Urt. v. 20.11.1986 – 12 U 131/86 – r+s 1987, 156; LG Mönchengladbach Urt. v. 11.06.1992 – 1 O 403/91 – SP 1992, 344; **a.A.** OLG Celle Urt. v. 23.01.1987 – 8 U 87/86 – VersR 1988, 1173; OLG Celle Urt. v. 29.11.1985 – 8 U 56/85 – zfs 1986, 119; LG Aachen Urt. v. 13.04.1989 – 2 O 80/89 – zfs 1990, 25; **differenzierend** OLG Frankfurt/M. Urt. v. 07.03.1984 – 13 U 90/83 – VersR 1985, 851.

149 OLG München Urt. v. 24.07.2015 – 10 U 3566/14 – DAR 2015, 651 = zfs 2015, 698; OLG Jena Urt. v. 04.02.1998 – 4 U 1152/97 – VersR 1998, 623.

150 OLG Koblenz Urt. v. 12.12.1988 – 12 U 1840/87 – r+s 1989, 246; LG Düsseldorf Urt. v. 26.10.1989 – 11 O 636/87 – VersR 1990, 300.

151 LG Bielefeld Urt. v. 31.08.1990 – 4 O 390/89 – zfs 1990, 382.

152 OLG Saarbrücken Urt. v. 08.02.2012 – 5 U 313/11 – zfs 2012, 273.

153 OLG Saarbrücken Urt. v. 08.02.2012 – 5 U 313/11 – zfs 2012, 273, 275.

154 BGH Urt. v. 18.12.1996 – **IV ZR 321/95** – VersR 1997, 351 = r+s 1997, 98; OLG Brandenburg Urt. v. 20.02.2002 – 14 U 56/01 – VersR 2002, 1274 = zfs 2003, 191; OLG Düsseldorf Urt. v. 18.12.2001 – 4 U 106/01 – r+s 2002, 230 = zfs 2002, 346.

155 OLG Saarbrücken Urt. v. 26.01.2011 – 5 U 356/10-57 – r+s 2011, 380 = zfs 2011, 331; LG Halle Urt. v. 02.10.1996 – 5 O 216/96 – r+s 1998, 57 = SP 1997, 171 (**Marder**).

besteht ggf. ein Aufwendungsersatzanspruch nach §§ 90, 83 VVG, vgl. A.2.2.1 AKB Rdn. 286 ff.) **oder** eine Berührung zwar erfolgt ist, aber keinen Einfluss auf den Unfallverlauf genommen hat.[156]

92 **Keine Deckung besteht daher**, wenn die Wildberührung nur zufällige Folge eines vor dem Zusammenstoß eingeleiteten Ausweichmanövers oder eines auf überhöhte Geschwindigkeit zurückzuführenden unkontrollierten Schleudervorganges des Fahrzeuges ist,[157] oder wenn die Kollision auf einer eingeschränkten Fahrtüchtigkeit des Fahrers beruht, z.B. durch alkohol- oder drogenbedingte Ausfallerscheinungen.[158]

93 Bei einer infolge des Zusammenstoßes mit dem Wild **völlig überzogenen Reaktion des Fahrers** muss der VN mit einer **Leistungskürzung** wegen grober Fahrlässigkeit rechnen (vgl. A.2.2.1 AKB Rdn. 283 und A.2.9.1 AKB Rdn. 314 ff.).

94 Zu **Obliegenheitsverletzungen** beim Wildunfall und zur **Beweislastverteilung** vgl. A.2.2.1 AKB Rdn. 275 ff.; zum **Aufwendungsersatz beim berührungslosen Wildschaden** (»Rettungskostenersatz«) vgl. A.2.2.1 AKB Rdn. 286 ff.

VI. Glasbruch – A.2.2.1.5 AKB

1. Allgemeines

95 Glasbruchschäden werden **unabhängig von ihrer Ursache und Entstehung** ersetzt. Darin unterscheiden sie sich von den übrigen Schadenereignissen in der Teilkaskoversicherung. Während es bei »Diebstahl«, »Brand« oder »Hagel« um versicherte Schadenursachen geht, knüpft die Entschädigungspflicht bei Glasbruch allein an die Folge einer beliebigen Schadensursache an. Es ist daher unerheblich, ob der Schaden auf einen selbstverschuldeten, in der Teilkasko nicht gedeckten Unfall, auf Steinschlag, einen Betriebs- oder Bremsschaden, der auch in der Vollkasko nicht gedeckt ist oder einen Vandalismusschaden anlässlich einer (versuchten) Fahrzeugentwendung zurückzuführen ist. Eine zeitliche Eingrenzung des **Zeitpunkts der Schadenentstehung** ist nicht erforderlich, wenn jedenfalls feststeht, dass der Schaden erst zeitnah zur Schadensmeldung bemerkt wurde.[159]

2. Bruchschäden an der Verglasung

96 Obwohl sich der Versicherungsschutz in **A.2.2.1.5 S. 1 AKB** seinem Wortlaut nach ausschließlich auf Bruchschäden an der Fahrzeugverglasung erstreckt, ist es nicht notwendig, dass die Scheibe zerbrochen sein muss. **Beschädigungen in der Glasschicht** durch Einschnitte, Risse oder Sprünge in Scheiben, z.B. durch Steinschlag, fallen unter den Begriff des Glasbruchs, nicht aber bloße Kratzer oder Trübungen an der Oberfläche des Glases.[160] Eine rein oberflächliche Beschädigung einer Fahrzeugscheibe, die ersichtlich keine Auswirkungen auf die Verkehrssicherheit hat, so dass sich der Austausch der Scheibe in erster Linie als kosmetische Reparatur darstellt, erfüllt nicht die Voraussetzungen für einen Glasbruchschaden.[161]

97 Der **Begriff »Verglasung«** ist funktionell zu verstehen und nicht auf Materialien aus kristallinem, mineralischem Glas beschränkt. Daher fallen auch **Kunststoff- oder Plexigläser** unter den Versicherungsschutz, wenn sie wie eine Verglasung verarbeitet sind und der Bruch nicht auf Verschleiß

---

156 OLG Köln Urt. v. 14.03.2000 – 9 U 125/99 – r+s 2000, 190 (**Hase**); OLG Köln Urt. v. 13.01.1998 – 9 U 13/98 – r+s 2000, 96 (**Fuchs**); LG Köln Urt. v. 28.02.1983 – 24 O 114/82 – zfs 1983, 246 (**Hase**).

157 OLG München Urt. v. 10.06.1988 – 10 U 6342/87 – zfs 1989, 206; OLG Düsseldorf Urt. v. 18.12.1984 – 4 U 110/84 – VersR 1985, 851; OLG Nürnberg Urt. v. 13.03.1980 – 8 U 116/79 – VersR 1981, 1069 = zfs 1980, 315; LG Hannover Urt. v. 28.01.1993 – 5 O 330/92 zfs 1993, 309; LG Münster Urt. v. 24.02.1988 – 9 S 204/87 – VersR 1988, 1174 = r+s 1988, 159.

158 Vgl. OLG Schleswig Urt. v. 29.11.1989 – 9 U 12/88 – r+s 1993, 205; LG Limburg Urt. v. 21.11.1986 – 1 O 18/86 – zfs 1987, 375; LG Augsburg Urt. v. 29.10.1986 – 7 S 449/86 – zfs 1987, 150.

159 LG Saarbrücken Urt. v. 10.02.2023 – 13 S 109/22 – zfs 2023, 275 und 451.

160 Prölss/Martin/*Klimke* A.2.2.1 AKB Rn. 77.

161 Vgl. LG Saarbrücken Urt. v. 10.02.2023 – 13 S 109/22 – zfs 2023, 275 und 451 m.w.N.

zurückzuführen ist.[162] Dies war unter der Geltung der bisherigen **AKB 2008** noch **streitig.**[163] In **A.2.2.1.5 S. 2 AKB 2015** gelten nun auch alle am Fahrzeug befindlichen **Kunststoffscheiben** ausdrücklich als **mitversichert**, es sei denn, es handelt sich um Materialermüdungsschäden (wie z.B. Schäden an Kunststoffscheiben in Cabriodächern durch wiederholtes Auf- und Zufallen)[164], die nach A.2.5.7.1 AKB als Verschleißschäden ausdrücklich vom Versicherungsschutz ausgenommen sind. Mit der beispielhaften Aufzählung von Front-, Heck-, Dach-, Seiten- und Trennscheiben wird deutlich gemacht, dass **alle nur denkbaren Fahrzeugscheiben** – auch soweit sie nicht besonders erwähnt werden – gegen Bruchschäden versichert sein sollen, vorausgesetzt, es handelt sich nicht um solche Scheiben, die in A.2.2.1.5 S. 3 AKB ausnahmsweise als nicht zur Verglasung gehörend aufgeführt werden.

Zur Verglasung gehören auch alle Teile, deren Funktion durch die Lichtdurchlässigkeit des Glases oder die Funktion eines Spiegels bestimmt wird. Nach A.2.2.1.5 S. 2 AKB werden »Spiegelglas« und »Abdeckungen von Leuchten« ausdrücklich als versichert genannt. Damit fallen insbesondere die Gläser von **Außenspiegeln**, **Scheinwerfern** und **Rückleuchten** unter den Versicherungsschutz. Nicht versichert sind allerdings die dazugehörigen Leuchtmittel (z.B. **Glühbirnen**[165]), die in A.2.2.1.5 S. 3 AKB vom Versicherungsschutz ausgenommen werden oder auch **Scheinwerferreflektoren.**[166] **98**

In Abgrenzung zu den versicherten Verglasungen enthält **A.2.2.1.5 S. 3 AKB** einen Negativkatalog der **nicht versicherten Glas- und Kunststoffteile.** Soweit diese an Mess-, Assistenz-, Kamera- und sonstigen Informationssystemen angebracht oder mit diesen verbunden sind (z.B. Parksensoren, Rückfahrkamera), werden Bruchschäden nicht ersetzt. Gleiches gilt für Glasschäden an der **Kameralinse** eines Kfz mit hoch- oder vollautomatisierter Fahrfunktion i.S.v. **§ 1a StVG** oder für die Linsenabdeckung eines **ACC-Systems** (»Adaptive Cruise Control« = Abstandsregelautomat), wenn dieses steinschlagbedingt ausfällt und die Erneuerung der Abdeckung ohne den Komplettaustausch des ganzen ACC-Systems nicht möglich ist.[167] Ebenso wenig sind **Solarmodule** auf einem Solarschiebedach versichert. Schließlich ist auch der Ersatz von **Displays**, **Monitoren** sowie **Leuchtmitteln** aller Art ausgeschlossen. **99**

Zur Risikobegrenzung stellt **A.2.2.1.5 S. 4 AKB** klar, dass **Folgeschäden**, die durch einen versicherten Glasbruchschaden eintreten, nicht versichert sind. **100**

3. Entschädigungsumfang/Preisnachlässe des Autoglasers

Neben dem **Glasteil** mit den **Dichtungsgummis** sind auch Mehrkosten einer Sonderausstattung für **Wärmeschutzverglasungen**, **beheizbare Heckscheiben**, **Regensensoren** in Front- oder Heckscheiben und **Scheibenantennen** zu entschädigen, wenn das Fahrzeug mit dieser Mehrausstattung versichert worden ist, außerdem die Lohnkosten für die Demontage der beschädigten und die Montage der neuen Verglasung (**Aus- und Einbaukosten**).[168] Auch die Kosten **101**

162 Vgl. Himmelreich/Halm/Staab/*Papatheodorou* Kap. 23 D Rn. 295.

163 **Bejahend:** AG München Urt. v. 21.05.2014 – 271 C 4878/14 – FD-VersR 2015, 365111; Feyock/*Jacobsen*/Lemor § 12 AKB Rn. 107; **a.A. und verneinend:** LG Köln Urt. v. 22.04.1999 – 24 S 114/98 – SP 1999, 322; AG Düsseldorf Urt. v. 02.08.2001 – 50 C 6608/01 – SP 2002, 69; AG Köln Urt. v. 02.11.1998 – 142 C 109/98 – VersR 2000, 1412.

164 Vgl. AG München Urt. v. 21.05.2014 – 271 C 4878/14 – FD-VersR 2015, 365111.

165 So schon AG Stuttgart Urt. v. 10.12.1987 – 15 C 9783/87 – VersR 1988, 1019.

166 Himmelreich/Halm/Staab/*Papatheodorou* Kap. 23 D Rn. 295a.

167 LG Verden Urt. v. 18.08.2010 – 2 S 247/09 – SVR 2010, 428 mit zustimmender Anm. Richter SVR 2010, 429.

168 Vgl. OLG Karlsruhe Urt. v. 06.09.2007 – 12 U 107/07 – NJOZ 2008, 762; OLG München Urt. v. 25.06.1987 – 24 U 556/86 – ADAJUR Dok.Nr. 10724; AG Dresden Urt. v. 20.03.2001 – 114 C 9832/00 – DAR 2002, 172; **a.A.** AG Köln Urt. v. 19.04.1998 – 262 C 119/98 – SP 1999, 322; AG München Urt. v. 21.02.1996 – 344 C 5361/95 – SP 1996, 394.

der fachgerechten **Entsorgung der beschädigten Glasteile** sind zu erstatten, vgl. AltfahrzeugV Anhang 3.2.3.3 Spiegelstrich 4.[169]

102 **Nicht zu erstatten** sind Kosten für die **Reinigung** des Fahrgastinnenraumes, insbesondere der Polsterung oder der Heizung des Fahrzeuges von Glassplittern,[170] anders nur dann, wenn die Reinigungskosten für die Entfernung von reparaturbedingten Verschmutzungen (z.B. an den Gummidichtungen eines Metalldach-Cabriolets) anfallen.[171] Ebenso wenig gehören Kosten für die Erneuerung von auf der Scheibe aufgebrachten **Umweltplaketten, Werbeaufklebern** oder vergleichbaren Beschriftungen[172] oder der Gebührenwert von an der Scheibe befestigten **Autobahnvignetten** zum Erstattungsumfang, da es sich bei den Aufklebern weder um ein mitversichertes Fahrzeugteil, noch um ein Bestandteil der Fahrzeugverglasung handelt.[173]

103 Können **beschädigte Gläser bei Spiegeln oder Scheinwerfern** nicht einzeln ausgetauscht werden, besteht Anspruch auf vollständigen **Neuersatz**.

104 Bei kleineren **punktförmigen Steinschlagschäden**, die sich nicht direkt im Sichtbereich des Fahrers befinden und bei denen ausschließlich die obere Glasschicht der Windschutzscheibe betroffen ist, kann statt eines Austauschs der gesamten Scheibe auch eine **Reparatur** durch spezielle Fachbetriebe in Betracht kommen. Da diese kostenmäßig deutlich günstiger ist als ein Austausch, verzichten fast alle VR bei Scheibenreparaturen auf den Abzug einer ggf. vertraglich vereinbarten Selbstbeteiligung.

105 Der **Verzicht auf die Selbstbeteiligung** ist regelmäßig davon abhängig, dass eine **vorherige Zustimmung des VR** zur Durchführung der Reparatur in einer vom VR empfohlenen Werkstatt eingeholt wird. Wirbt ein Unternehmer mit der Aussage »kostenlose Steinschlagreparatur«, so muss er entweder mit dem Kunden, oder mit dessen VR alle Eventualitäten vor Reparaturbeginn geklärt haben, andernfalls kein Werklohnanspruch gegen den Kunden besteht.[174]

106 **Lockt eine Werkstatt ihren Kunden** mit dem Versprechen, einen Preisnachlass in Form einer (teilweisen) **Rückerstattung des Selbstbehaltes** in der Teilkaskoversicherung zu gewähren, stellt dies einen **Wettbewerbsverstoß** dar, weil der VN dadurch veranlasst werden kann, auf das Angebot einzugehen, ohne den Vorteil an den VR weiterzugeben.[175] Gleiches gilt für einen »**Bonus« von 150,00 €**, der dem VN zugesagt wird, wenn er im Rahmen eines »Werbepartnervertrages« einen **Werbeaufkleber** der Werkstatt für einen bestimmten Zeitraum auf der Autoscheibe belässt,[176] beim Versprechen von **Tankgutscheinen**[177] oder Gutscheinen für **Folgeaufträge**.[178] Der VN ist zur Offenlegung des Nachlasses gegenüber dem VR verpflichtet, denn durch einen solchen Rabatt vermindert sich der ersatzpflichtige Schaden des VN. Rechnet die Werkstatt ihre Reparaturleistungen aufgrund Abtretungsvereinbarung mit dem Kunden direkt mit dem VR ab, muss der Nachlass in

---

169 LG Saarbrücken Urt. v. 10.02.2023 – 13 S 109/22 – zfs 2023, 275 und 451.

170 AG Saarbrücken Urt. v. 24.09.1995 – 5 C 441/84 – r+s 1987, 187.

171 LG Lüneburg Urt. v. 07.04.2015 – 9 S 104/14 – NJW-RR 2015, 979; AG Weiden Urt. v. 28.06.2016 – 1 C 318/16 – VK 2016, 163.

172 AG Saarbrücken Urt. v. 01.08.1994 – 42 C 302/94 – VersR 1995, 778.

173 Feyock/*Jacobsen*/Lemor § 12 AKB Rn. 110; Stiefel/Maier/*Stadler* A.2 AKB Rn. 272; Rüffer/*Halbach*/Schimikowski A.2.2.1 AKB Rn. 42; **a.A.** Prölss/Martin/*Klimke* A.2.2.1 AKB Rn. 77.

174 LG Frankfurt/M. Urt. v. 26.02.2010 – 2-01 S 206/09 – NZV 2011, 43; AG Marienberg Urt. v. 07.12.2010 – 1 C 286/10 – ADAJUR Dok.Nr. 92680; AG Meiningen Urt. v. 18.02.2010 – 11 C 651/09 – NZV 2011, 44.

175 BGH Urt. v. 08.11.2007 – **I ZR 60/05** – NJW 2008, 1888 (**Autoglas**); BGH Urt. v. 08.11.2007 – **I ZR 192/06** – SP 2008, 29 = SVR 2008, 417 (**Hagelschaden**); OLG Brandenburg Urt. v. 15.09.2009 – 6 U 80/08 – BeckRS 2010, 04720; OLG Frankfurt/M. Urt. v. 11.05.2006 – 6 U 7/06 – VersR 2006, 1068; OLG Hamm Urt. v. 01.03.2005 – 4 U 174/04 – SP 2006, 439.

176 OLG Celle Urt. v. 15.09.2005 – 13 U 113/05 – NZV 2006, 96; OLG Köln Urt. v. 12.10.2012 – 6 U 93/12 – BeckRS 2012, 21762; LG Köln Urt. v. 22.12.2011 – 81 O 72/11 – r+s 2012, 334.

177 LG Bonn Urt. v. 22.12.2005 – 14 O 146/05 – NZV 2006, 649.

178 OLG Hamm Urt. v. 12.11.2013 – 4 U 31/13 – r+s 2014, 63 = DAR 2014, 531.

der Abrechnung ausdrücklich erwähnt werden, andernfalls ein (**versuchter**) **Betrug** zulasten des VR vorliegt.[179] Dies gilt für Nachlässe, Rabatte, Auslagenerstattungen oder sonstige **geldwerte Vorteile jeglicher Art** (z.B. einer Servicecard[180] oder Wertgutscheinen[181]), die dem VN auf Reparaturleistungen gewährt werden.[182]

Dem **VR** kann gegen die Autoglaserei ein **vorbeugender Unterlassungsanspruch** wegen betrügerischen Abrechnungsverhaltens zustehen.[183] Bei Zuwiderhandlung gegen ein vom VR gegen den Autoglaser erwirktes Unterlassungsurteil, wonach es diesem untersagt wird, Kunden des VR einen Nachlass ganz oder teilweise in Höhe der Selbstbeteiligung einzuräumen, ohne dies gegenüber dem VR offen zu legen, kann die Festsetzung eines Ordnungsgeldes von bis zu 8.000,00 €, ersatzweise für je bis zu 500,00 € ein Tag Ordnungshaft, gegen den Geschäftsführer der Autoglaswerkstatt angemessen sein.[184] 107

Zur Höhe der Entschädigung beim Glasbruchschaden vgl. A.2.5.1 AKB Rdn. 116 ff. und A.2.5.2 AKB Rdn. 95 ff. 108

VII. Kurzschlussschäden an der Verkabelung – A.2.2.1.6 AKB

Wie schon in § 12 Abs. 2 AKB a.F. fallen Schäden an der Verkabelung (Kabelbaum) und damit speziell »**Kabelbrände**«, die durch einen Kurzschluss ausgelöst werden, unter die in der Teilkasko versicherten Ereignisse. Es handelt sich in der Regel um **Schmorschäden**, die durch Hitzeeinwirkung entstehen. Dazu bedarf es nicht zwingend eines Brandes mit offener Flammenbildung. **Gedeckt** sind **nur die Schäden an den Elektrokabeln**, nicht dagegen die Folgeschäden an angrenzenden stromerzeugenden oder –verbrauchenden Aggregaten wie z.B. Radio, Lichtmaschine, Anlasser, Batterie oder Microcomputer[185] oder an elektronischen Bauteilen, auch wenn diese ebenfalls durch den Schmorvorgang beschädigt wurden.[186] Durch A.2.2.1.6 S. 2 AKB werden diese Schäden ausdrücklich vom Versicherungsschutz ausgeschlossen. Soweit es jedoch an diesen Teilen zu einer offenen Flammenbildung kommt und die Teile dadurch beschädigt oder zerstört werden, liegt ein nach A.2.2.1.1 AKB versicherter Brandschaden vor. 109

Der Versicherungsschutz erstreckt sich nicht auf **Halbleitertechnologie (Mikro-Elektronik)**, da diese im technischen Sinne nicht zur Verkabelung des Kraftfahrzeuges gehört.[187] Entstehen durch einen Kurzschluss Schäden an Mikrocomputern, die Bestandteil der Zündung, Kraftstoffeinspritzung (Motorsteuergerät[188]), des Antiblockiersystems oder der Geschwindigkeitsüberwachung (Tempomat) sind, handelt es sich um nicht gedeckte Schäden.[189] 110

Zu **Schäden durch Marderbiss** vgl. A.2.2.1 AKB Rdn. 329 ff. 111

179 LG Passau Urt. v. 13.01.2016 – 1 Ns 35 Js 4140/13 – SVR 2017, 235 = BeckRS 2016, 12060; AG Köln Urt. v. 03.04.2013 – 523 Ds 77/13 – DAR 2014, 711.
180 OLG Naumburg Urt. v. 03.03.2011 – 1 U 92/10 – BeckRS 2011, 17142.
181 OLG Schleswig Urt. v. 22.01.2009 – 6 U 19/06 – BeckRS 2009, 12560.
182 LG Köln Urt. v. 22.12.2011 – 81 O 72/11 – r+s 2012, 334.
183 OLG Köln Urt. v. 12.10.2012 – 6 U 93/12 – BeckRS 2012, 21762.
184 Vgl. LG Rostock Beschl. v. 16.06.2015 – 3 O 320/13 (1) – BeckRS 2015, 19306; LG Köln Urt. v. 27.02.2013 – 84 O 99/12 SH I – SP 2013, 228.
185 AG Düsseldorf Urt. v. 04.03.2005 – 30 C 11294/04 – SP 2006, 73.
186 Stiefel/Maier/*Stadler* A.2 AKB Rn. 279.
187 Stiefel/Maier/*Stadler* A.2 AKB Rn. 277.
188 Vgl. AG Berlin-Mitte Urt. v. 08.01.2009 – 10 C 271/08 – SP 2009, 262.
189 Himmelreich/Halm/Staab/*Papatheodorou* Kap. 23 D Rn. 306.

C. Weitere praktische Hinweise

I. Brand und Explosion

1. Beweislastverteilung und Einzelfälle

a) Grundsatz

112 Da jede Brandursache versichert ist, es sei denn, der VR kann beweisen, dass der VN den Brand **vorsätzlich** (vgl. A.2.2.1 AKB Rdn. 118 ff.) oder **grob fahrlässig** (vgl. A.2.9.1 AKB Rdn. 357 ff.) herbeigeführt hat (A.2.9.1 AKB, § 81 VVG), kommen dem VN im Falle der Zerstörung oder Beschädigung eines Kraftfahrzeuges durch Brand oder Explosion grundsätzlich keine Beweiserleichterungen zugute. Vielmehr **obliegt dem VN der Vollbeweis** (§ 286 Abs. 1 ZPO) für den **Eintritt des Versicherungsfalles** und auch für die **Höhe der beanspruchten Entschädigungsleistung.** Dieser Nachweis wird von ihm in aller Regel ohne weiteres zu führen sein, da das versicherte Objekt zur Feststellung, ob der Versicherungsfall eingetreten ist und zur Ermittlung der Schadenshöhe ohne weiteres besichtigt werden kann. Steht fest, dass der Pkw des VN in Brand gesetzt wurde, liegen die Voraussetzungen für den Versicherungsfall vor, ohne dass der VN zusätzlich noch den Nachweis erbringen müsste, dass der Brand durch nicht berechtigte, »betriebsfremde« Personen verursacht worden ist.[190] Einer Beweislastabsenkung zugunsten des VN dahingehend, dass er – wie etwa beim Diebstahl des Fahrzeuges – nur das »äußere Bild« eines Brandes oder einer Explosion darlegen und beweisen müsste, bedarf es daher nicht. Umgekehrt **obliegt dem VR die volle Beweislast**, wenn er sich auf **Leistungsfreiheit wegen** vorsätzlicher oder grob fahrlässig herbeigeführter Inbrandsetzung des versicherten Kfz berufen will. Kann er den Nachweis einer **Eigenbrandstiftung** nur durch Indizien führen, bedarf es dazu keiner unumstößlichen Gewissheit. Es genügt ein für das praktische Leben brauchbarer Grad von Gewissheit, der Zweifeln Schweigen gebietet, ohne sie jedoch auszuschließen.[191]

113 Um dem VR diese Beweisführung zu ermöglichen, muss der VN bereits in der **Schadenanzeige** – und auch nach späterer Aufforderung – zu detaillierten Fragen des VR, deren Beantwortung die Aufklärung der Brandursache bezweckt, vollständige und wahrheitsgemäße Angaben machen, weil sich aus ihnen Hintergründe und Motive des VN für eine eventuelle Brandstiftung ergeben können. Dies betrifft bei **Leasingfahrzeugen** vor allem auch die vertragliche Situation des in Brand geratenen Kfz. Erteilt der VN vorsätzlich oder grob fahrlässig unvollständige bzw. unwahre Auskünfte oder beantwortet er Nachfragen des VR nicht, kann sich der VR auf Leistungsfreiheit wegen Verletzung einer Aufklärungsobliegenheit (vgl. E.1.3 AKB i.V.m.E.6.1 und E.6.2 AKB) berufen,[192] ohne dass der VR verpflichtet wäre, sich weitere Aufklärung durch persönliche Rücksprache mit dem VN zu holen.[193]

b) Brand nach vorausgegangenem/nachfolgendem Unfall

114 Der Versicherungsfall »Brand« liegt auch vor, wenn das **Fahrzeug infolge eines in der Teilkasko nicht gedeckten Unfalles ausbrennt,** (vgl. auch A.2.2.1 AKB Rdn. 251 ff.). In diesem Fall ist das Schadenereignis zwar auf mehrere adäquate Ursachen zurückzuführen (z.B. Anstoß an die Leitplanke und Brand); der Schaden beruht aber jedenfalls auch auf der versicherten Ursache »Brand«.[194] **Lässt sich der Schaden in einzelne Teilkomplexe zerlegen**, die kausal den unterschiedlichen Schadenursachen »Unfall« und »Brand« zugeordnet werden können, ist nur der Teilschaden zu ersetzen, der auf die versicherte Ursache »Brand« zurückgeht. Bei der **Ermittlung der Schadenshöhe** ist somit zu differenzieren, **welcher Teil des Gesamtschadens auf das Brandereignis und welcher auf das Unfallereignis** zurückzuführen ist. Maßgeblich ist der Wert des Fahrzeuges nach dem Unfall, aber

190 OLG Koblenz Beschl. v. 24.11.2003 – 10 W 553/03 – VersR 2005, 783 und 935.
191 OLG Köln Urt. v. 15.05.2007 – 9 U 117/06 – r+s 2007, 274 = SP 2007, 22.
192 Vgl. OLG Köln Urt. v. 25.10.2005 – 9 U 177/04 – zfs 2006, 276.
193 OLG Hamburg Urt. v. 24.10.1995 – 7 U 231/94 – zfs 1998, 18.
194 Vgl. OLG Nürnberg Urt. v. 31.03.1994 – 8 U 3630/93 – VersR 1995, 206 = r+s 1995, 9.

vor Ausbruch des Brandes.[195] Die Schäden, die bereits vor dem Eintritt des Versicherungsfalles »Brand« durch den Unfall entstanden sind, sind also abzuziehen. Hat das Fahrzeug durch den Unfall einen Reparatur- und durch den anschließenden Brand einen Totalschaden erlitten, bemisst sich die Entschädigung nach dem durch den Unfallschaden geminderten Wiederbeschaffungswert. Hat das Fahrzeug aufgrund des Unfalles bereits einen wirtschaftlichen Totalschaden erlitten, besteht die Leistung aus der Teilkasko nur noch in Höhe des Restwerts.

Lässt sich der Schaden nicht in mehrere Teilkomplexe zerlegen, weil der Gesamtschaden zwar mehrere konkurrierende Ursachen (Unfall und Brand) hat, das **Fahrzeug** jedoch **sofort beim Unfall Feuer gefangen hatte** und somit – ex post betrachtet – von vornherein auch der Brandgefahr ausgesetzt war, kommt der Mitverursachung durch die nicht versicherte Unfallgefahr eine nur untergeordnete, letztlich unerhebliche Bedeutung zu. Nach dem **Grundsatz der »Gesamtkausalität«** ist in solchen Konstellationen bei einem Unfall, bei dem ein den Wiederbeschaffungswert übersteigender Reparaturschaden entsteht, dieser Wiederbeschaffungswert vom VR im Rahmen der Teilkasko zu ersetzen, wenn feststeht, dass das Fahrzeug auch in Brand geraten ist und dadurch jedenfalls ein Teilschaden verursacht wurde, der den maßgeblichen Wiederbeschaffungswert ebenfalls übersteigt.[196] 115

Anders gestaltet sich die Schadensberechnung nur dann, wenn das **Fahrzeug während der Fahrt in Brand gerät** und dadurch von der Straße abkommt und verunfallt. In diesem Fall ist der gesamte entstandene Fahrzeugschaden als Brandfolgeschaden aus der Teilkasko zu entschädigen.[197] 116

Bei einer vom VR behaupteten **Alkoholisierung des VN mit anschließendem Unfall**, in dessen Folge das Kfz durch Brand zerstört wird, obliegt dem VR für eine Leistungsfreiheit der Vollbeweis für den ursächlichen Zusammenhang zwischen dem alkoholbedingten Fahrfehler und der Zerstörung des Fahrzeuges durch Brand.[198] 117

c) Brand nach vorausgegangener strittiger Entwendung

Wird ein gestohlenes Fahrzeug ausgebrannt aufgefunden, kann der VN seinen Kaskoentschädigungsanspruch sowohl aus dem Leistungstatbestand der »Entwendung«, als auch aus dem des »Brandes« verlangen. Schwierigkeiten können entstehen, wenn zwar **feststeht**, dass das versicherte **Fahrzeug durch** einen **Brand zerstört** wurde, jedoch **streitig** ist, **ob** ein **Diebstahl des Fahrzeuges vorausgegangen** ist, sei es, dass der VN mit der von ihm behaupteten Fahrzeugentwendung beweisfällig geblieben ist oder sei es, dass der VR sich darauf beruft, der Diebstahl sei durch den VN vorgetäuscht worden, (vgl. A.2.2.1 AKB Rdn. 251 ff.). Wenn – wie üblich – nach den AKB die **Versicherungsfälle »Brand« und »Entwendung«** als teilkaskoversicherte Gefahren **selbstständig und gleichwertig nebeneinander** stehen, ist es dem VN nicht verwehrt, sich darauf zu berufen, dass jedenfalls ein aus der Teilkasko zu entschädigender Brandschaden vorliegt.[199] Dies gilt auch dann, wenn der VR die erhebliche Wahrscheinlichkeit eines vorgetäuschten Diebstahls durch den VN nachweisen kann. 118

Eine **Entschädigungspflicht für den Brandschaden** als zweiten Versicherungsfall **entfällt** nur dann, wenn der VR den Vollbeweis dafür führen kann, dass der VN den Brand vorsätzlich herbeigeführt oder veranlasst hat, **A.2.9.1 AKB, § 81 VVG.** Beweiserleichterungen kommen ihm dabei nicht zugute. **Weder** findet eine **Beweislastumkehr** zu seinen Gunsten statt,[200] **noch** lassen sich die **Beweiserleichterungen**, die dem VR für den Versicherungsfall »Diebstahl« als Ausgleich für die dort 119

195 OLG Celle Urt. v. 16.03.2006 – 8 U 155/05 – r+s 2007, 53 = VersR 2007, 1510.

196 OLG Nürnberg Urt. v. 31.03.1994 – 8 U 3630/93 – VersR 1995, 206 = r+s 1995, 9.

197 Vgl. Halm/Engelbrecht/Krahe/*Oberpriller* Kap. 15 Rn. 37.

198 OLG Saarbrücken Urt. v. 03.03.2004 – 5 U 663/03 – zfs 2005, 349, 350.

199 BGH Urt. v. 11.02.2009 – **IV ZR 156/08** – VersR 2009, 540 = zfs 2009, 272; BGH Urt. v. 31.10.1984 – **IVa ZR 33/83** – VersR 1985, 78 = NJW 1985, 917; BGH Urt. v. 19.12.1984 – **IVa ZR 159/82** – NJW 1985, 919 = MDR 1985, 917; BGH Urt. v. 16.05.1979 – **IV ZR 20/78** – VersR 1979, 805 = MDR 1979, 918.

200 BGH Urt. v. 08.11.1995 – **IV ZR 221/94** – VersR 1996, 186 = r+s 1996, 410.

zunächst dem VN zugestandenen Beweiserleichterungen zugebilligt werden, auf die Beweisanforderungen für das Herbeiführen des Versicherungsfalles »Brand« übertragen.[201]

aa) Indizien für eine vorsätzliche Brandstiftung des VN

120 Zweifel an der Behauptung des VN, sein Kfz sei ihm gestohlen worden, begründen nicht automatisch auch den Verdacht, der VN müsse das Kfz selbst vorsätzlich in Brand gesetzt haben. Sofern allerdings der VR eine **erhebliche Wahrscheinlichkeit für einen vorgetäuschten Diebstahl** durch den VN nachweist, stellt dieser Umstand gleichzeitig auch ein **gewichtiges Indiz für eine Eigen- oder Auftragsbrandstiftung** des VN dar.[202] Der Tatrichter darf jedoch nicht aus einer überwiegenden Wahrscheinlichkeit für einen vorgetäuschten Diebstahl automatisch auch auf eine überwiegende Wahrscheinlichkeit für einen vom VN selbst initiierten Brandschaden schließen. Vielmehr muss ihm bewusst sein, dass es sich nur um ein **Beweisanzeichen für die Unredlichkeit des VN** handelt, das er im Rahmen einer Gesamtschau aller Umstände bei seiner Überzeugungsbildung beachten muss.[203] **Bleibt offen**, ob der VN an der Inbrandsetzung seines Kfz beteiligt war, ist er aus der Teilkaskoversicherung zu entschädigen. Denn es geht dann nicht mehr um den Nachweis des Versicherungsfalles »Brand« (weil dieser aufgrund der **unstreitigen Tatsache, dass das Fahrzeug durch Feuer vernichtet** wurde, feststeht), sondern nur noch um die Leistungsfreiheit des VR, die selbst dann nicht eintritt, wenn sich der vom VN vorgetragene Geschehensablauf zur Entstehung des Brandes zwar als sehr unwahrscheinlich erweist, er gleichwohl aber weder ausgeschlossen, noch auch nur lebensfremd, unvernünftig oder fern liegend erscheint.[204]

121 Für die Unredlichkeit des VN können **gleich gelagerte frühere Versicherungsfälle** oder auch **angespannte finanzielle Verhältnisse des VN** sprechen, vor allem im Zusammenhang mit einer zu erwartenden Neuwertentschädigung. Aber auch der Umstand, dass sich die vom VN behauptete Inbrandsetzung des Kfz durch den Dieb **nicht plausibel begründen** lässt, wenn z.B. das Fahrzeug zuvor mit einem nachgemachten (Zweit-) Schlüssel entwendet wurde, kann in die Überzeugungsbildung des Tatrichters einfließen. Denn der Dieb, der die Mühe auf sich nimmt, sich einen passenden Schlüssel zu besorgen, wird das Fahrzeug wohl kaum anzünden. Gleiches gilt, wenn eine Entwendung durch einen Dritten einen erheblichen technischen Aufwand vorausgesetzt hätte, der Pkw aber unmittelbar nach dem angeblichen Diebstahl in Brand gesetzt wurde, keine Aufbruchsspuren festgestellt wurden und der Fahrzeugeigentümer in finanziellen Schwierigkeiten war.[205]

122 Für den **vom VR zu führenden Nachweis**[206] einer Inbrandsetzung des Fahrzeuges durch den VN genügt eine **Häufung von Indizien**,[207] wenn diese in ihrer Gesamtheit und ihrem Zusammenwirken nach **Überzeugung des Gerichts** für eine Eigen- oder Auftragsbrandstiftung des VN sprechen.[208] Dabei sind insbesondere die Umstände des Tatherganges, die Verschlusssituation des Pkw, vorhandene Motive des VN, dessen schwierige wirtschaftliche Lage sowie verdächtige Begleitumstände zu berücksichtigen.[209]

---

201 Vgl. BGH Urt. v. 17.05.1989 – **IVa ZR 130/88** – VersR 1989, 841 = MDR 1989, 976.

202 OLG Nürnberg Urt. v. 01.04.1993 – 8 U 3326/92 – zfs 1994, 173.

203 Vgl. BGH Urt. v. 11.02.2009 – **IV ZR 156/08** – VersR 2009, 540 = zfs 2009, 272; BGH Urt. v. 31.10.1984 – **IVa ZR 33/83** – VersR 1985, 78 = NJW 1985, 917.

204 OLG Frankfurt/M. Urt. v. 20.08.2009 – 3 U 20/07 – JurionRS 2009, 21400 (**nach vorheriger Zurückverweisung durch** BGH Urt. v. 11.02.2009 – **IV ZR 156/08** – VersR 2009, 540 = zfs 2009, 272).

205 KG Urt. v. 03.06.2003 – 6 U 7/02 – zfs 2004, 74.

206 BGH Beschl. v. 13.04.2005 – **IV ZR 62/04** – VersR 2005, 1387 = r+s 2005, 292.

207 Vgl. OLG Köln Urt. v. 28.08.2012 – 9 U 88/11 – r+s 2013, 289 **zu möglichen Indizien.**

208 BGH Urt. v. 22.11.2006 – **IV ZR 21/05** – r+s 2007, 59 = NJW-RR 2007, 312; vgl. OLG Karlsruhe Urt. v. 22.02.2007 – 19 U 33/06 – MDR 2007, 656.

209 OLG Köln Urt. v. 26.08.2009 – 9 U 208/07 – r+s 2009, 414; zur **Checkliste der verdächtigen Umstände** vgl. Klingenberg/Nugel DAR 2013, 185, 187.

Der Vollbeweis einer **Beteiligung des VN an der Inbrandsetzung** des versicherten Kfz wurde **bei folgenden Indizien** angenommen: 123

- Auffinden des ausgebrannten Kfz kurze Zeit nach dem behaupteten Diebstahl mit **unversehrter Lenkradsperre** und fehlenden sonstigen Einbruchsspuren;[210]
- der mit einer Wegfahrsperre der zweiten Generation ausgestattete ausgebrannte Lkw des VN wurde mit einem **passenden Schlüssel** weggefahren, wobei zugleich mit der angeblichen Entwendung des Lkw auch Topf- und Messersets gestohlen worden sein sollen, für die es aber keinen realen Absatzmarkt mehr gab;[211]
- **unrichtige Angaben des VN** in der Schadenanzeige, **Brand 3–4 Stunden nach der behaupteten Entwendung**, spurenloses Überwinden der Lenkradsperre und **keine Spuren eines Kurzschließens**; außerdem erlaubte die wirtschaftliche Lage des VN die Haltung des versicherten Kfz nicht;[212]
- widersprüchliche Angaben des VN zum Geschehen und unglaubwürdige Erklärungsversuche zu einem im Fahrzeug befindlichen **Benzinkanister**; zögerliche Beantwortung des Fragebogens des VR;[213]
- der **VN will sich nach dem Abstellen des Motors noch im Fahrzeug aufgehalten haben**, als plötzlich Rauch bzw. Feuer aus den Lüftungsschlitzen des Armaturenbretts ausgetreten sei; denn vor dem Einsetzen der Rauchentwicklung entsteht durch freigesetzte Salpetersäure ein so starker Geruch, dass der VN diesen hätte bemerken müssen;[214]
- Anfertigung eines **Nachschlüssels** kurz vor der behaupteten Entwendung und anschließender **Brand** nur drei Wochen vor Beendigung des Leasingvertrages und Ablauf der Zweijahresgrenze für eine Neuwertentschädigung;[215]
- die **Brandentstehung im Fahrzeuginneren** steht fest. **Fehlende Aufbruchspuren** legen nahe, dass der Originalschlüssel verwendet wurde. Entgegen der üblichen Praxis wurde das Kfz in sicherer Entfernung zu den Gebäuden abgestellt und der VN sowie sein Mitarbeiter hatten bereits zu einem unerklärlich frühen Zeitpunkt Kenntnis vom Geschehen.[216]

Beim **Brand eines Pkw in einer Garage** kann eine vorsätzliche Inbrandsetzung durch den VN auch dann als nachgewiesen erachtet werden, wenn die Brandstiftung aus technischer Sicht nicht feststeht, aber eine Vielzahl weiterer Indizien zumindest für eine Tatbeteiligung des VN sprechen.[217] 124

bb) Keine Indizien für eine vorsätzliche Brandstiftung des VN

Weder die Anfertigung von **Nachschlüsseln** durch den Ehemann der VN, noch die **Demontage wertvoller Fahrzeugteile** vor der Inbrandsetzung, noch **Vorentwendungen des versicherten Fahrzeuges** begründen die erhebliche Wahrscheinlichkeit einer Brandstiftung durch die VN, solange nicht feststeht, dass sie mit diesen Umständen in Verbindung steht.[218] Auch fehlende **Aufbruchspuren an Tür- und Lenkradschloss**[219] sind noch kein ausreichendes beweiskräftiges Indiz für eine Vortäuschung des Versicherungsfalles »Diebstahl« durch den VN und können daher auch **nicht als alleiniges Indiz** für eine vorsätzliche Eigeninbrandsetzung herangezogen werden. Selbst eine 125

210 LG Essen Urt. v. 23.11.1994 – 10 S 401/94 – VersR 1995, 955 = r+s 1998, 11; **a.A.** LG Kiel Urt. v. 25.02.1999 – 8 S 226/98 – VersR 1999, 1361 = DAR 2000, 269.
211 OLG Düsseldorf Urt. v. 28.09.2000 – 4 U 183/99 – r+s 2001, 142.
212 OLG Hamm Urt. v. 21.10.1998 – 20 U 87/98 – zfs 1999, 157 = r+s 1999, 144.
213 LG Dortmund Urt. v. 20.01.2000 – 2 O 1/99 – SP 2000, 239.
214 OLG Köln Urt. v. 05.12.2000 – 9 U 147/99 – r+s 2001, 142.
215 OLG Hamm Urt. v. 11.10.1995 – 20 U 102/95 – VersR 1996, 1362 = zfs 1996, 100.
216 LG Wiesbaden Urt. v. 27.09.2018 – 9 O 138/14 – VersR 2019, 413.
217 OLG Hamm Urt. v. 16.10.1993 – 20 U 84/92 – zfs 1994, 171; OLG Hamm Urt. v. 23.06.1993 – 20 U 374/92 – zfs 1995, 460.
218 OLG Köln Urt. v. 25.11. 2003 – 9 U 73/03 – zfs 2004, 367 = r+s 2004, 142.
219 OLG Köln Urt. v. 11.03.1993 – 5 U 215/92 – zfs 1994, 172; OLG Hamm Urt. v. 03.02.1989 – 20 U 260/88 – juris.

Vielzahl verdächtiger Umstände führen nicht zwingend zum Nachweis einer Brandstiftung durch den VN oder einen in seinem Auftrag handelnden Dritten.[220] Der Beweis ist auch nicht erbracht, wenn sich nach einer Explosion von im Fahrzeug befindlichen Feuerwerkskörpern der Verschlusszustand des Kfz nicht mehr sicher feststellen lässt und damit auch ein Eindringen eines unbekannten Täters in das Kfz nicht ausgeschlossen werden kann.[221]

126 Eine Auftragsbrandstiftung ist nicht nachgewiesen, wenn der VR keine hinreichende Indizienkette vortragen kann und das strafrechtliche Ermittlungsverfahren gegen den VN eingestellt wurde.[222]

2. Grobe Fahrlässigkeit

127 Zu Fällen, in denen die Rechtsprechung in der Vergangenheit grobe Fahrlässigkeit bejaht hat, vgl. A.2.9.1 AKB Rdn. 357 ff.

3. Unzurechnungsfähigkeit

128 Ist das versicherte Fahrzeug vom VN **zum Zwecke der Selbsttötung in Brand gesetzt** worden und steht damit die vorsätzliche Herbeiführung des Versicherungsfalles durch den zwischenzeitlich verstorbenen VN fest, müssen die Erben, wollen sie einer Leistungsfreiheit des VR nach § 81 Abs. 1 VVG entgehen, in entsprechender Anwendung des **§ 827 S. 1 BGB**[223] beweisen, dass die Willensbildung des VN durch eine Bewusstseinsstörung beeinträchtigt war und die Eigenbrandstiftung des VN somit auf seiner Unzurechnungsfähigkeit beruhte.[224] Entsprechendes gilt, wenn sich der VN auf eine alkoholbedingte Bewusstseinsstörung beruft, (vgl. A.2.9.1 AKB Rdn. 385 ff.).

4. Gefahrerhöhung

129 Eine gewollte Gefahrerhöhung[225] gemäß § 23 Abs. 1 VVG, z.B. durch **mangelhafte Einbauten** in das versicherte Kfz, setzt beim VN das Bewusstsein voraus, dass sich durch die vorgenommenen oder gestatteten Einbauten die Gefahrenlage geändert hat. Erforderlich ist das Bewusstsein des VN von der gefahrerhöhenden Eigenschaft der von ihm vorgenommenen Handlung; seine Kenntnis allein von den gefahrerhöhenden Umständen reicht nicht aus.[226] Der Handlungswille des VN muss sich über die bloße Weiterbenutzung des Fahrzeuges hinaus auch auf den nicht verkehrs- oder gebrauchssicheren Zustand erstrecken, in welchem dieses für weitere Fahrten benutzt wird. Erforderlich ist die positive Kenntnis des VN vom mangelhaften Zustand seines Kfz. Nicht erforderlich ist, dass der VN gleichzeitig auch den im Verhältnis zum VR gefahrerhöhenden Charakter seiner Einbauten erkennen muss.[227] Den VR trifft die **Darlegungs- und Beweislast** sowohl für das Vorliegen der objektiven Umstände einer Gefahrerhöhung, als auch für die Kenntnis des VN von diesen Umständen.[228]

---

220 OLG Köln Urt. v. 09.07.2002 – 9 U 239/96 – r+s 2002, 360.
221 OLG München Urt. v. 21.02.2014 – 25 U 2798/13 – BeckRS 2014, 04201.
222 OLG Jena Urt. v. 13.03.2012 – 4 U 151/11 – r+s 2012, 331.
223 BGH Urt. v. 29.10.2003 – **IV ZR 16/03** – VersR 2003, 1561 = DAR 2004, 24.
224 OLG Düsseldorf Urt. v. 23.08.05 – I-4 U 172/04 – VersR 2006, 402 = zfs 2006, 100.
225 Vgl. den **Überblick** über Gefahrerhöhungen bei Knappmann VRR 2014, 44; Burmann NJW-Spezial 2015, 329.
226 BGH Urt. v. 10.09.2014 – **IV ZR 322/13** – VersR 2014, 1313 = r+s 2014, 543.
227 OLG Karlsruhe Urt. v. 17.09.2013 – 12 U 43/13 – r+s 2013, 542 = DAR 2013, 643.
228 OLG Karlsruhe Urt. v. 17.09.2013 – 12 U 43/13 – r+s 2013, 542 = DAR 2013, 643.

II. Diebstahl/Raub/räuberische Erpressung

1. Beweislastverteilung

a) Das »Drei-Stufen-Modell« des BGH – Überblick[229]

Beim **Diebstahl** (oder **Raub**, vgl. auch A.2.2.1 AKB Rdn. 140) des versicherten Kfz wird der VN den ihm nach den allgemeinen Beweislastregeln obliegenden Vollbeweis (§ 286 ZPO) für den Eintritt des Versicherungsfalles nur in den wenigsten Fällen führen können. Wenn niemand den Diebstahl beobachtet hat, stehen dem VN **keine Zeugen für das unmittelbare Diebstahlgeschehen** zur Verfügung. Regelmäßig wird auch der Täter nicht ermittelt, so dass sich die Tatumstände im Detail nicht aufklären lassen. Der VN befindet sich in einer meist unüberwindbaren Beweisnot. Würde man in einem solchen Fall vom VN den Vollbeweis verlangen, wäre der Versicherungsschutz für ihn stark entwertet. Die Kaskoversicherung könnte ihn letztlich nicht wirksam vor dem Diebstahl seines Fahrzeuges schützen, obwohl sie ihm gerade für diesen Fall eine Entschädigungsleistung verspricht. Der **BGH** hat daher in Auslegung dieses im Versicherungsvertrag enthaltenen Leistungsversprechens ein **»Drei-Stufen-Modell«** von Beweisregeln entwickelt (oftmals auch nur »Zwei-Stufen-Theorie« genannt[230]), welches **Beweiserleichterungen** sowohl dem VN, als auch dem VR gewährt.[231] Es handelt sich um eine rein **materiell-rechtlich begründete Verteilung des Beweisrisikos** und nicht um eine gesetzliche Beweisregel i.S.d. § 286 Abs. 2 ZPO. 130

Auf der ersten Stufe werden dem **VN Beweiserleichterungen** zugestanden. Er genügt seiner Darlegungslast, wenn er ein **Mindestmaß an Tatsachen** vorträgt, die nach der Lebenserfahrung mit hinreichender Wahrscheinlichkeit den Schluss auf eine Wegnahme des versicherten Fahrzeugs gegen den Willen des Berechtigten zulassen. Verlangt wird also nicht der Vollbeweis des Diebstahls, sondern nur der **Nachweis des »äußeren Bildes«** einer bedingungsgemäßen Fahrzeugentwendung, eines Einbruchdiebstahls oder Raubes. Hierzu reicht es aus, dass der VN substanziiert darlegt, sein Fahrzeug zu einer bestimmten Zeit an einem bestimmten Ort abgestellt und dort später gegen seinen Willen nicht mehr aufgefunden zu haben.[232] 131

Für diesen **Mindestsachverhalt** muss der **VN** im Bestreitensfall den **Vollbeweis** erbringen, § 286 Abs. 1 ZPO.[233] Er muss für den Tatrichter mit an Sicherheit grenzender Wahrscheinlichkeit feststehen. Dass das Fahrzeug »gegen den Willen« des VN nicht wieder aufgefunden wurde, ist eine innere Tatsache, auf deren Vorhandensein aus den äußeren Tatsachen geschlossen werden kann.[234] 132

Oftmals bezieht sich der VN bei seinem Vortrag, sein Pkw sei gestohlen worden, **zum Beweis auf die amtliche Ermittlungsakte der Staatsanwaltschaft**. Das reicht nicht aus. Da der VN in der Regel keine Zeugen benennen kann, die den Diebstahl beobachtet haben, muss er **substanziiert zum Abstellen und Nichtwiederauffinden seines Fahrzeuges vortragen**. Dazu gehört auch, dass er, wenn sein Fahrzeug nicht gerade vor seiner Haustüre entwendet wurde, den **Zweck der Fahrt** angibt sowie nach Möglichkeit **Zeugen benennt**, die Angaben dazu machen können, wo er sich in der Zeit zwischen dem Abstellen seines Fahrzeuges und dem Nichtwiederauffinden aufgehalten hat. 133

229 Vgl. auch Buchholz NJW-Spezial 2019, 201 ff.; Schade r+s 2017, 292 ff.

230 KG Beschl. v. 03.09.2010 – 6 U 20/10 – r+s 2012, 68 = zfs 2011, 390.

231 BGH Urt. v. 17.05.1995 – **IV ZR 279/94** – VersR 1995, 909 = r+s 1995, 288; vgl. Brockmöller zfs 2017, 184 ff.

232 Vgl. BGH Urt. v. 17.05.1995 – **IV ZR 279/94** – VersR 1995, 909 = r+s 1995, 288; OLG Saarbrücken Urt. v. 13.02.2019 – 5 U 42/18 – VersR 2019, 750; OLG Dresden Urt. v. 04.09.2018 – 4 U 427/18 – zfs 2018, 635; OLG Köln Urt. v. 16.07.2013 – 9 U 30/13 – VersR 2013, 1576 = r+s 2013, 488; OLG Köln Urt. v. 27.04.2004 – 9 U 161/03 – SP 2004, 241; AG Hannover Urt. v. 15.12.2020 – 532 C 6234/20 – BeckRS 2020, 47449.

233 Vgl. BGH Urt. v. 17.03.1993 – **IV ZR 11/92** – VersR 1993, 571 = NJW-RR 1993, 719; BGH Urt. v. 08.11.1995 – **IV ZR 221/94** – VersR 1996, 186 = r+s 1996, 410.

234 Römer NJW 1996, 2329, 2331.

134 Vereinzelt wird vertreten, diese Beweiserleichterungen kämen nur einem redlichen VN zugute. Sei der **VN persönlich unglaubwürdig**, müsse er den Vollbeweis der von ihm behaupteten Entwendung erbringen. Diese Ansicht verkennt, dass auch ein persönlich unglaubwürdiger VN sich auf die von der Rechtsprechung entwickelte Beweismaßabsenkung berufen kann. Es steht ihm offen, den Nachweis des »äußeren Bildes« einer Fahrzeugentwendung durch einen oder mehrere glaubwürdige **Zeugen** zu führen. Kann der VN auf diese Weise den Vollbeweis für das Abstellen und Nichtwiederauffinden seines Fahrzeuges führen, kommt es auf seine eigene Glaubwürdigkeit nicht an.

135 Gelingt es dem VN nicht, den Nachweis des »äußeren Bildes« einer versicherten Entwendung durch Zeugen zu erbringen, weil ihm solche entweder nicht zur Verfügung stehen oder deren Aussagen unglaubhaft und/oder unergiebig sind, kann er den **Beweis auch durch seine eigenen Angaben** führen, wenn das Gericht diesen Angaben Glauben schenkt. Dafür bietet sich die Parteianhörung nach **§ 141 ZPO** an und – sofern das Gericht danach einen Anfangsbeweis bejahen sollte – auch eine Parteivernehmung nach **§ 448 ZPO.** Alternativ kommt auch eine Vernehmung des VN auf seinen ausdrücklichen Antrag gemäß **§ 447 ZPO** in Betracht. Diese erleichterte Beweisführung **setzt** allerdings im Gegensatz zur Beweisführung durch Zeugen einen **uneingeschränkt glaubwürdigen VN voraus. Hieran fehlt** es, wenn konkrete Tatsachen feststehen oder – falls sie streitig sind – vom VR bewiesen werden, die **schwerwiegende Zweifel an der Glaubwürdigkeit des VN** und seiner Sachverhaltsschilderung rechtfertigen. Insoweit ist auf dasjenige abzustellen, was der VN im Zusammenhang mit dem »äußeren Bild« bereits außergerichtlich gegenüber dem VR, aber auch schriftsätzlich bei Gericht vorgetragen hat. Welche Tatsachen ausreichen, um den VN als unglaubwürdig ansehen zu können, ist immer eine Frage des Einzelfalles.

136 Nicht ausreichend ist es, wenn der VN nicht alle Fahrzeugschlüssel vorlegen kann oder sich an Originalschlüsseln Kopierspuren befinden. Wenn er sich aber in **Widersprüche** zum Entwendungsvorgang verstrickt oder Falschangaben gegenüber dem VR z.B. in der Schadenanzeige gemacht hat, kann dem VN nicht uneingeschränkt geglaubt werden. Eine Anhörung des VN nach § 141 ZPO scheidet damit aus. Das »äußere Bild« eines Diebstahls könnte er nicht beweisen. Seine Klage müsste abgewiesen werden.

137 Stehen dem VN für das »äußere Bild« **Zeugen** zur Verfügung, muss er diese **benennen.** Er kann dann nicht verlangen, nach § 141 ZPO angehört zu werden, da er sich gerade nicht in Beweisnot befindet. Die Anhörung ist nur subsidiär für den Fall zulässig, dass dem VN entweder keine Zeugen zur Verfügung stehen oder das Gericht auch nach Vernehmung der Zeugen das »äußere Bild« (noch) nicht als bewiesen erachtet.[235]

138 **Auf der zweiten Stufe** kann der **VR den Beweis für das »äußere Bild«** eines Fahrzeugdiebstahls **erschüttern.** Dafür wird von ihm nicht der Vollbeweis verlangt, dass der VN den Versicherungsfall inszeniert hat. Denn wenn einerseits dem redlichen VN Beweiserleichterungen zugutekommen, ohne die er den Nachweis einer Fahrzeugentwendung überhaupt nicht führen könnte, muss andererseits auch für den VR eine Beweismaßabsenkung gelten, um sich wirksam vor einem Missbrauch dieser Beweiserleichterungen durch einen unredlichen VN zu schützen. Der VR kann daher den **Nachweis einer vorgetäuschten Fahrzeugentwendung** ebenfalls **in erleichterter Form** führen. Für diesen Gegenbeweis reichen nicht erst solche Tatsachen aus, die eine erhebliche Wahrscheinlichkeit für die Vortäuschung des Versicherungsfalles begründen, sondern schon solche, die lediglich eine erhebliche Wahrscheinlichkeit hierfür nahelegen.[236] Um das »äußere Bild« eines versicherten Fahrzeugdiebstahls zu Fall zu bringen, genügt es demnach, dass der VR ausreichende Tatsachen vorträgt und beweist, die es **mit erheblicher Wahrscheinlichkeit nahelegen**, dass der VN die **behauptete Entwendung nur vorgetäuscht** haben könnte.[237] Diese Tatsachen können sich sowohl aus den Tatumständen des Diebstahlgeschehens als solchem, als auch aus erheblichen Zweifeln an

235 Vgl. OLG Dresden Beschl. v. 05.07.2021 – 4 U 428/21 – DAR 2022, 94 = zfs 2021, 690.
236 OLG Köln Urt. v. 18.07.2000 – 9 U 36/98 – VersR 2002, 225 = SP 2001, 135.
237 BGH Urt. v. 12.04.1989 – **IVa ZR 83/88** – VersR 1989, 587 = r+s 1990, 130.

der Glaubwürdigkeit des VN und seinem – auch früheren – Verhalten ergeben.[238] Insoweit steht dem VR eine breite Palette von Möglichkeiten zur Verfügung, indem er auf rechtskräftige **Strafverurteilungen** des VN,[239] frühere **Täuschungsversuche, ungeklärte Alibis und Schlüsselverhältnisse, Widersprüche** des VN, **schwierige Vermögensverhältnisse** und sonstige Umstände abhebt, die geeignet sind, den VN in einem unredlichen Licht erscheinen zu lassen. **Auffälligkeiten bei den Schlüsselverhältnissen** sind nur relevant in Verbindung mit weiteren gegen den VN sprechenden Umständen, die für eine erhebliche Wahrscheinlichkeit einer Vortäuschung der behaupteten Fahrzeugentwendung sprechen.[240] Alle vorgebrachten **Umstände müssen entweder unstreitig** sein **oder** bei einem Bestreiten durch den VN vom VR **bewiesen werden**. Notwendig ist hier ebenfalls der **Vollbeweis.**

Gelingt dem VR dieser Gegenbeweis, steht damit zwar noch nicht fest, dass die Entwendung durch den VN vorgetäuscht wurde; dies ist aber auch nicht erforderlich. Es genügt, dass die nachgewiesenen Umstände die erhebliche Wahrscheinlichkeit einer vorgetäuschten Entwendung nahelegen. Damit ist das vom VN bewiesene »äußere Bild« der Entwendung zu Fall gebracht. Konsequenz: Der **VN muss auf der dritten Stufe** entsprechend den allgemeinen Beweislastgrundsätzen nun doch den Vollbeweis für den von ihm behaupteten Eintritt des Versicherungsfalles erbringen, eine Beweisanforderung, die er im Fall eines Kfz-Diebstahls in der Regel aber gerade nicht wird erfüllen können,[241] befindet er sich doch gerade in den Beweisschwierigkeiten, die die Rechtsprechung veranlasst haben, das »Drei-Stufen-Modell« zu entwickeln. Im Ergebnis wird der VR in einem solchen Fall regelmäßig leistungsfrei, ohne dass er die Vortäuschung des Versicherungsfalles durch den VN beweisen muss. 139

Beim **Raub** oder der **räuberischen Erpressung** gelten die Beweiserleichterungen für den VN nur dann, wenn er selbst Opfer des Raubes ist. Steht dem VN dagegen **der Beraubte als Zeuge** zur Verfügung, befindet er sich nicht in Beweisnot. Dies gilt auch dann, wenn der Zeuge von seinem Aussageverweigerungsrecht Gebrauch macht, da die Beweisnot des VN für diesen Fall nicht aus den typischen Gegebenheiten des Versicherungsfalles entsteht.[242] 140

b) Wahrscheinlichkeitsstufen

aa) Grundsätzliches

Bei dem **Beweismodell des BGH** handelt es sich **nicht um Regeln, die für den Anscheinsbeweis gelten.** Dieser kann bei typischen Geschehensabläufen herangezogen werden. Dazu gehört die Entwendung eines Kraftfahrzeuges nicht. Vielmehr ist beim Beweismaß zwischen den unterschiedlichen Stufen und Graden von Wahrscheinlichkeiten zu differenzieren: Während der **VN die hinreichende Wahrscheinlichkeit für das »äußere Bild«** einer Fahrzeugentwendung beweisen muss, obliegt es dem **VR, eine erhebliche Wahrscheinlichkeit für ihre Vortäuschung** zu beweisen. Dabei ist eine erhebliche Wahrscheinlichkeit höher anzusetzen als eine hinreichende Wahrscheinlichkeit. Keinesfalls ist sie mit überwiegender Wahrscheinlichkeit gleichzusetzen.[243] 141

238 Prölss/Martin/*Klimke* A.2.2.1 AKB Rn. 41; BGH Urt. v. 21.02.1996 – **IV ZR 300/94** – VersR 1996, 575 = zfs 1996, 220; LG Düsseldorf Urt. v. 23.06.2005 – 11 O 559/03 – r+s 2006, 187.

239 Vgl. OLG Dresden Beschl. v. 04.04.2022 – 4 U 2654/21 – BeckRS 2022, 10725 = VK 2023, 57.

240 Vgl. BGH Urt. v. 23.10.1996 – **IV ZR 93/95** – VersR 1997, 102 = r+s 1997, 5; BGH Urt. v. 26.06.1996 – **IV ZR 164/95** – VersR 1996, 1135 = r+s 1996, 341; BGH Urt. v. 13.12.1995 – **IV ZR 54/95** – VersR 1996, 319 = r+s 1996, 92; BGH Urt. v. 17.05.1995 – **IV ZR 279/94** – VersR 1995, 909 = r+s 1995, 288; BGH Urt. v. 03.07.1991 – **IV ZR 220/90** – VersR 1991, 1047 = r+s 1991, 294.

241 Vgl. BGH Urt. v. 13.12.1995 – **IV ZR 54/95** – VersR 1996, 319 = r+s 1996, 92.

242 LG Köln Urt. v. 04.11.1999 – 24 O 406/98 – SP 2000, 136.

243 Vgl. BGH Urt. v. 02.05.1990 – **IV ZR 48/89** – VersR 1990, 735, 736 = r+s 1990, 242.

142 **Wahrscheinlichkeitsgrade:**

– **geringe** Wahrscheinlichkeit
– **hinreichende** Wahrscheinlichkeit → **Beweismaß VN** für das »äußere Bild«.
– **erhebliche** Wahrscheinlichkeit → **Beweismaß VR** für den fingierten Diebstahl.
– **überwiegende** Wahrscheinlichkeit
– **hohe** Wahrscheinlichkeit → **Beweismaß VN** bei Scheitern des »äußeren Bildes«.

143 Die unterschiedlichen Wahrscheinlichkeitsgrade lassen sich nicht durch feste Prozentzahlen festlegen. Vielmehr ist eine wertende Betrachtungsweise vorzunehmen, die sich einer genauen prozentualen Zuordnung entzieht.

bb) Erste Stufe – Beweiserleichterungen des VN beim Nachweis des Kfz-Diebstahls

(1) »Äußeres Bild«

144 Das »äußere Bild« eines versicherten Diebstahls ist gegeben, wenn der VN oder ein sonstiger Berechtigter das versicherte Fahrzeug an einer bestimmten Stelle zu einem bestimmten Zeitpunkt abgestellt und es dort gegen seinen Willen später nicht wieder aufgefunden hat.[244] Dies gilt auch für die **Entwendung von Fahrzeugteilen** eines abgestellten Kfz,[245] selbst dann, wenn sich das abgestellte Fahrzeug innerhalb eines **umzäunten Geländes befand**[246]. Der VN muss für diesen **Minimalsachverhalt** den **Vollbeweis** erbringen.[247] Gelingt ihm dies, kann das Gericht aus den bewiesenen äußeren Tatsachen die Überzeugung gewinnen, dass das Fahrzeug gegen den Willen des VN abhandengekommen ist. Dies gilt vor allem in Verbindung mit einer unmittelbar anschließenden **Strafanzeige** und einer **mit dieser übereinstimmenden Schadenanzeige** gegenüber dem VR.[248] **Nicht ausreichend** für die Beweisführung ist ein **bloßer »Rahmensachverhalt«**.[249] Daher genügt es nicht, den behaupteten Diebstahl bei der Polizei zur Anzeige zu bringen[250] oder sich auf Erzählungen gegenüber Dritten zu berufen,[251] z.B. indem der VN Nachbarn als Zeugen dafür benennt, dass er nach Entdeckung des Diebstahls »aufgelöst« gewesen sei.[252] Auch reicht es nicht aus, dass der VN lediglich vorträgt, der Fahrzeugschlüssel sei aus dem Haus gestohlen worden, wenn für einen Einbruchsdiebstahl keinerlei Hinweise vorliegen und das Vorbringen des VN Widersprüche und Ungereimtheiten enthält.[253] **Andererseits** gehören **Einbruchspuren** eines **vorausgegangenen Wohnungseinbruchs** nicht zum »äußeren Bild« eines Kfz-Diebstahls, wenn der VN glaubhaft geltend macht, sein Fahrzeug sei mit dem vom Täter zuvor aus seiner Wohnung gestohlenen Fahrzeugschlüssel entwendet worden.[254]

---

244 OLG Dresden Beschl. v. 20.06.2022 – 4 U 87/22 – r+s 2022, 624 = zfs 2023, 18; OLG Brandenburg Urt. v. 31.08.2020 – 11 U 70/17 – BeckRS 2020, 22432; OLG Brandenburg Urt. v. 06.02.2019 – 11 U 77/18 – zfs 2019, 452; OLG Celle Urt. v. 24.09.2018 – 8 U 73/18 – NJW-RR 2019, 152; OLG Hamburg Urt. v. 23.03.2011 – 14 U 160/10 – SP 2011, 374; OLG Köln Urt. v. 19.04.2005 – 9 U 86/04 – r+s 2005, 241; LG Dortmund Urt. v. 16.12.2009 – 22 O 50/08 – VK 2010, 118.

245 OLG Hamm Urt. v. 08.02.2012 – 20 U 172/11 – r+s 2012, 381 = zfs 2012, 331.

246 OLG Hamm Urt. v. 25.10.2023 – 20 U 356/21 – zfs 2024, 277.

247 OLG Köln Urt. v. 18.11.2003 – 9 U 186/02 – VersR 2005, 349; OLG Köln Urt. v. 10.05.2005 – 9 U 65/04 – r+s 2006, 103, 104.

248 OLG Hamm Urt. v. 03.02.1988 – 20 U 220/87 – juris.

249 Vgl. BGH Urt. v. 19.02.1997 – **IV ZR 12/96** – VersR 1997, 691 = DAR 1997, 248; BGH Urt. v. 30.01.2002 – **IV ZR 263/00** – VersR 2002, 431 = r+s 2002, 143.

250 OLG Hamburg Urt. v. 19.11.1993 – 14U 59/90 – VersR 1995, 38; OLG Hamm Urt. v. 14.02.1992 – 20 U 162/91 – NJW-RR 1992, 862; OLG Karlsruhe Urt. v. 19.08.1993 – 12 U 49/93 – VersR 1995, 40; OLG Köln Urt. v. 16.11.1989 – 5 U 203/88 – VersR 1990, 263.

251 BGH Urt. v. 30.01.2002 – **IV ZR 263/00** – VersR 2002, 431 = r+s 2002, 143; OLG Karlsruhe Urt. v. 04.12.1997 – 12 U 224/97 – zfs 1998, 302.

252 OLG Köln Urt. v. 04.09.2001 – 9 U 18/01 – VersR 2002, 478 = zfs 2002, 186.

253 OLG Brandenburg Urt. v. 06.01.2010 – 4 U 66/06 – zfs 2010, 391.

254 OLG Karlsruhe Urt. v. 28.05.2019 – 9 U 46/17 – DAR 2019, 457.

Das »**äußere Bild**« **entfällt** auch **nicht** schon deshalb, weil beim Auffinden des Fahrzeuges keine Einbruchspuren an den Türschlössern oder am Lenkradschloss festgestellt werden.[255] Denn technisch besteht die Möglichkeit, ein Fahrzeug auch ohne äußerliche Spuren zu öffnen und wegzufahren oder anderweitig abtransportieren zu lassen.[256] Auch die genaue oder namentliche **Bezeichnung des Abstellortes** ist nicht zwingend erforderlich, wenn der VN jedenfalls darlegen und beweisen kann, dass das Kfz auf einem umfriedeten und verschlossenen Gelände geparkt wurde.[257] Wird das Fahrzeug mit **Aufbruchspuren** (z.B. einer eingeschlagenen Seitenscheibe[258]) aufgefunden, scheitert der Nachweis des »äußeren Bildes« nicht schon daran, dass solche Spuren auch bei einem vorgetäuschten Diebstahl vorhanden sein können.[259] Denn der Nachweis des »äußeren Bildes« setzt nicht voraus, dass die vorgefundenen Spuren »stimmig« in dem Sinne sind, dass sie zweifelsfrei auf einen Aufbruch des Fahrzeuges schließen lassen; insbesondere müssen nicht sämtliche, typischerweise auftretende Spuren vorhanden sein.[260] Nicht »stimmige« Spuren berühren daher allein die Frage, ob trotz des »äußeren Bildes« eine erhebliche Wahrscheinlichkeit für die bloße Vortäuschung des (versuchten) Diebstahls spricht,[261] was auf der zweiten Stufe zu prüfen ist, (vgl. A.2.2.1 AKB Rdn. 138, A.2.2.1 AKB Rdn. 173 ff.). 145

(2) Anhörung des glaubwürdigen VN nach § 141 ZPO

Stehen dem VN für das Abstellen und Verschwinden seines Fahrzeuges keine Zeugen oder sonstigen Beweismittel zur Verfügung, befindet er sich in Beweisnot, so dass er den **Nachweis des »äußeren Bildes«** auch **durch seine eigenen Angaben** führen kann. Dies setzt allerdings einen uneingeschränkt glaubwürdigen VN voraus.[262] Solange das Gericht keine Zweifel an der persönlichen Glaubwürdigkeit des VN hat, kann es den VN nach **§ 141 ZPO** zu dem Mindestsachverhalt des »äußeren Bildes« anhören und diesen auch als bewiesen erachten.[263] Eine informatorische Anhörung ist selbst in den Fällen durchzuführen, in denen das Gericht den schriftsätzlich vorgetragenen Sachverhalt als widersprüchlich oder realitätsfremd einstuft.[264] Reicht eine Anhörung des VN für die Überzeugungsbildung des Gerichts noch nicht aus, spricht aber für die Richtigkeit seiner Sachdarstellung eine gewisse Wahrscheinlichkeit (sog. **Anfangsbeweis**), so kann zusätzlich eine **Parteivernehmung des VN** nach **§§ 447, 448 ZPO** erfolgen.[265] Lehnt das Gericht einen entsprechenden Beweisantrag ab, muss es dies in revisionsrechtlich nachprüfbarer Weise im Urteil begründen.[266] 146

Grundsätzlich ist von der **Redlichkeit des VN** und seiner Glaubwürdigkeit auszugehen.[267] Es gilt die **Unschuldsvermutung.** Bloße Verdachtsmomente, die gegen die Glaubwürdigkeit des VN sprechen könnten, reichen nicht aus, um die Redlichkeitsvermutung zu erschüttern.[268] Mit Rücksicht 147

---

255 Vgl. OLG Köln Urt. v. 11.03.1993 – 5 U 215/92 – zfs 1994, 172.
256 OLG Celle Urt. v. 24.09.2018 – 8 U 73/18 – NJW-RR 2019, 152, 153.
257 OLG Naumburg Urt. v. 06.09.2012 – 4 U 69/11 – VersR 2014, 578.
258 OLG Hamm Urt. v. 08.02.2012 – 20 U 172/11 – r+s 2012, 381 = zfs 2012, 331.
259 So aber OLG Hamm Urt. v. 17.06.1998 – 20 U 248/97 – zfs 1998, 467.
260 Vgl. BGH Urt. v. 08.04.2015 – **IV ZR 171/13** – r+s 2015, 292 = NJW-RR 2015, 1247 **für den Fall der Diebstahlversicherung.**
261 Vgl. Brockmöller zfs 2017, 184, 187.
262 BGH Urt. v. 19.02.1997 – **IV ZR 12/96** – VersR 1997, 691 = DAR 1997, 248; LG Wuppertal Urt. v. 06.09.2012 – 7 O 303/10 – BeckRS 2013, 01973.
263 BGH Urt. v. 24.04.1991 – **IV ZR 172/90** – VersR 1991, 917 = r+s 1991, 221; BGH Urt. v. 25.03.1992 – **IV ZR 54/91** – VersR 1992, 867 = NJW-RR 1992, 920; OLG Hamm Urt. v. 25.10.2023 – 20 U 356/21 – zfs 2024, 277; OLG Hamburg Urt. v. 23.03.2011 – 14 U 160/10 – SP 2011, 374; OLG Köln Urt. v. 18.11.2003 – 9 U 186/02 – VersR 2005, 349; OLG Düsseldorf Urt. v. 29.12.2005 – I-4 U 155/04 – NJW-RR 2006, 1263.
264 LG München I Urt. v. 05.04.2016 – 23 S 17285/15 – VersR 2016, 1435.
265 BGH Urt. v. 24.04.1991 – **IV ZR 172/90** – VersR 1991, 917 = r+s 1991, 221.
266 BGH Urt. v. 01.02.1983 – **IV ZR 152/81** – VersR 1983, 445 = NJW 1983, 2033.
267 OLG Dresden Urt. v. 27.04.2022 – 4 U 2658/21 – BeckRS 2022, 12440.
268 Vgl. BGH Urt. v. 05.10.1983 – **IVa ZR 19/82** – VersR 1984, 29 = MDR 1984, 209; BGH Urt. v. 11.12.1996 – **IV ZR 268/95** – VersR 1997, 896 = r+s 1997, 100; BGH Urt. v. 22.01.1997 – **IV**

hierauf können dem VN die Beweiserleichterungen nur dann vorenthalten bzw. auf Grund des Sachvortrages des VR auf die Unredlichkeit des VN erkannt werden, wenn konkrete Tatsachen feststehen, die den VN entweder als unglaubwürdig erscheinen lassen oder jedenfalls geeignet sind, schwerwiegende **Zweifel an** seiner persönlichen **Glaubwürdigkeit** oder der Richtigkeit seiner Sachverhaltsdarstellung aufkommen zu lassen.[269] Dafür **genügt** aber **nicht schon jede Ungereimtheit im Sachvortrag** des VN. Es muss sich schon um Umstände handeln, die seine Darstellung zum Kern des behaupteten Diebstahlgeschehens in Frage stellen.[270] Dem VN ist dann die Möglichkeit genommen, den Minimalsachverhalt des »äußeren Bildes« einer Entwendung durch eigene Angaben im Rahmen einer Parteianhörung gemäß § 141 ZPO nachzuweisen. Dies stellt keinen Verstoß gegen die Unschuldsvermutung des **Art. 6 Abs. 2 EMRK** dar.[271] Die Beweismöglichkeit der persönlichen Anhörung darf nur dem redlichen VN eröffnet sein, weil ein Gericht den VR allein aufgrund der eigenen Angaben und Behauptungen des VN zur Entschädigungsleistung verurteilen kann, sofern es im Rahmen der freien Beweiswürdigung keinerlei Anlass hat, an der wahrheitsgemäßen Darstellung des VN zu zweifeln.

148 **Ein VN ist glaubwürdig**, wenn seine bisherige Darstellung zum »äußeren Bild« glaubhaft und frei von Widersprüchen ist und sich wesentliche Einzelheiten seines Sachvortrages nicht als unrichtig erweisen. Für die Glaubhaftigkeit des vom VN darzulegenden und zu beweisenden Minimalsachverhaltes ist es auch von Bedeutung, ob das geschilderte **Randgeschehen**, welches mit der **Fahrt zum Diebstahlort und dem Abstellen des Pkw** in Zusammenhang steht (z.B. Anlass der Fahrt, genaue Fahrtstrecke auf dem Hinweg, geplante Fahrtstrecke auf dem Rückweg, sonstige Aktivitäten des VN vor dem Abstellen des Kfz), **plausibel und nachvollziehbar** ist.[272] Ernsthafte und gewichtige Zweifel an der Glaubwürdigkeit des VN und der Richtigkeit des von ihm behaupteten Versicherungsfalls lassen sich aber nicht schon damit begründen, dass offen bleibt, ob erhebliche **Vorschäden** am Fahrzeug vollständig und fachgerecht repariert wurden und wer von mehreren Fahrzeuginsassen zuletzt als **Fahrzeugführer(in)** hinter dem Lenkrad saß.[273]

149 **Um eine persönliche Anhörung des VN abzulehnen**, braucht das Gericht nicht davon überzeugt zu sein, dass die Angaben des VN unglaubhaft sind.[274] **Ausreichend** ist, dass die **Glaubwürdigkeit des VN erschüttert** ist. Bei der Prüfung der Glaubwürdigkeit des VN sind auch diejenigen **Tatsachen zu berücksichtigen**, die der VR im Zusammenhang mit einer erheblichen Wahrscheinlichkeit **für einen vorgetäuschten Versicherungsfall** vorträgt und unter Beweis stellt. Zwar handelt es sich dabei um Vorbringen, das eigentlich erst in der zweiten Wahrscheinlichkeitsstufe (vgl. A.2.2.1 AKB Rdn. 173 ff.) relevant wird. Dennoch strahlt es auch aus auf die in der ersten Stufe vorzunehmende Prüfung, ob überhaupt eine Verpflichtung des Gerichts besteht, den VN zum Nachweis des »äußeren Bildes« persönlich anzuhören. Es genügt, wenn die vom VR vorgebrachten (bewiesenen oder unstreitigen) **Tatsachen** geeignet sind, bei Gericht **schwerwiegende Zweifel an der Redlichkeit des VN** zu wecken. Dabei muss der VR nicht die Unredlichkeit des VN beweisen, sondern nur Tatsachen, aus denen sich **Rückschlüsse auf eine mangelnde Glaubwürdigkeit des VN** ergeben. Anders als in der zweiten Stufe, wo der VR den Nachweis einer **erheblichen**

ZR 320/95 – r+s 1997, 184 = NJW-RR 1997, 598; OLG Koblenz Urt. v. 27.06.1997 – 10 U 936/96 – zfs 1998, 19; Stiefel/Maier/*Stadler* A.2 AKB Rn. 178.

269 Vgl. OLG Hamm Beschl. v. 08.03.2017 – 20 U 15/17 – BeckRS 2017, 121241; OLG Celle Urt. v. 30.05.2013 – 8 U 275/12 – NZV 2013, 440.

270 OLG Hamm Urt. v. 16.06.1993 – 20 U 378/92 – VersR 1994, 168.

271 BGH Urt. v. 30.01.2002 – **IV ZR 263/00** – VersR 2002, 431 = r+s 2002, 143; OLG Düsseldorf Urt. v. 24.03.1998 – 4 U 16/97 – r+s 1998, 453 = zfs 1998, 383.

272 KG Beschl. v. 15.04.2014 – 6 U 163/13 – BeckRS 2015, 05205; KG Urt. v. 10.09.2010 – 6 U 18/10 – VersR 2011, 743 = r+s 2013, 168; vgl. OLG Karlsruhe Urt. v. 21.06.1990 – 12 U 312/89 – zfs 1991, 166; Bach/Günther S. 19.

273 OLG Brandenburg Urt. v. 06.02.2019 – 11 U 77/18 – zfs 2019, 452.

274 OLG Hamm Urt. v. 02.06.1993 – 20 U 380/92 – VersR 1994, 48; OLG Hamm Urt. v. 16.06.1993 – 20 U 378/92 – VersR 1994, 168.

Vortäuschungswahrscheinlichkeit des behaupteten Diebstahls führen muss, reicht dafür auf der ersten Stufe schon eine **hinreichende** Wahrscheinlichkeit aus.[275]

Das **Gericht ist erst recht nicht verpflichtet, den VN persönlich anzuhören**, wenn es aufgrund der vom VR bewiesenen Tatsachen bereits davon überzeugt ist, dass die Entwendung vom VN mit erheblicher Wahrscheinlichkeit **vorgetäuscht** ist. Diese Bewertung unterliegt der freien richterlichen **Beweiswürdigung** und ist grundsätzlich auch in der Berufungsinstanz nicht angreifbar.[276] Sie ist insbesondere **weder fehlerhaft, noch** stellt sie eine **Verletzung des rechtlichen Gehörs** dar.[277] 150

Im Ergebnis kann der VN daher bei bloßen – wenn auch erheblichen – Zweifeln an seiner Redlichkeit die Möglichkeit verlieren, den Beweis des »äußeren Bildes« durch seine eigenen Angaben zu führen, sei es, dass das Gericht eine Anhörung gemäß § 141 ZPO von vornherein nicht zulässt, oder sei es, dass sich bei oder nach der Anhörung des VN Umstände herausstellen, die Zweifel an der Glaubwürdigkeit des VN aufkommen lassen oder die geeignet sind, einen vorgetäuschten Diebstahl mit hinreichender Wahrscheinlichkeit zu begründen. Denn damit fehlt es letztlich an den Voraussetzungen für die Beweiserleichterungen, die nur dem uneingeschränkt redlichen und glaubwürdigen VN zugutekommen sollen. Der VN muss dann den Vollbeweis für den behaupteten Diebstahl führen.[278] 151

Das **Gericht ist berechtigt, eine Anhörung nach § 141 ZPO abzulehnen**, wenn der VN schon schriftsätzlich oder im Vorfeld des Prozesses gegenüber dem VR widersprüchlich zum Diebstahlgeschehen oder zu wertbeeinflussenden Faktoren betreffend sein Fahrzeug vorgetragen hat, so z.B. bei 152
- unterschiedlichen Angaben zu **Ort, Zeitpunkt** oder sonstigen Umständen der behaupteten Entwendung;[279]
- falschen oder wechselnden Angaben zur **Laufleistung** des angeblich gestohlenen Kfz;[280]
- Verschweigen von nicht reparierten **Vorschäden**;[281]
- abweichenden Angaben gegenüber **Polizei und VR**;[282]
- unrichtigen Angaben gegenüber dem VR in der **Schadenanzeige**;[283]
- Falschangaben zum **Kaufpreis** des gebraucht erworbenen Kfz;[284]
- **wechselndem Prozessvortrag**, der an das Vorbringen des Gegners angepasst wird;
- einer **Häufung** von nicht ausräumbaren **Widersprüchen** und **Ungereimtheiten.**[285]

Eine **auffällige Häufung früherer Versicherungsfälle**, bei denen Unredlichkeiten des VN nicht nachgewiesen werden konnten, kann nicht als Indiz für die Unglaubwürdigkeit des VN herangezogen werden. Ein VN ist auch nicht deshalb unglaubwürdig, weil gegen ihn in der Vergangenheit **Strafverfahren** anhängig waren. Diese Tatsache kann sich bei zivilrechtlichen Beweisüberlegungen nur dann zum Nachteil des VN auswirken, wenn die Strafverfahren zu **rechtskräftigen Verurteilungen** geführt haben und diese dem VN noch vorgehalten und zu seinen Lasten verwertet werden 153

275 OLG Koblenz Beschl. v. 27.12.2012 – 10 U 503/12 – r+s 2013, 543; OLG Rostock Urt. v. 18.02.2004 – 6 U 76/03 – VersR 2005, 495 = SVR 2004, 388.

276 OLG Bamberg Urt. v. 15.10.2010 – 1 U 89/10 – SpV 2011, 20 und 61 = BeckRS2010, 28935.

277 KG Beschl. v. 03.09.2010 – 6 U 20/10 – r+s 2012, 68 = zfs 2011, 390.

278 Vgl. LG Hannover Urt. v. 28.11.2003 – 4 O 8/03 – SP 2004, 168.

279 Vgl. OLG Köln Urt. v. 16.05.2000 – 9 U 47/99 – SP 2000, 423; OLG Hamm Urt. v. 07.04.2000 – 20 U 237/99 – r+s 2000, 446; OLG Hamburg Urt. v. 07.05.1999 – 14 U 288/98 – VersR 2000, 1272; OLG Düsseldorf Urt. v. 26.09.2000 – 4 U 227/99 – SP 2001, 25.

280 OLG Köln Urt. v. 10.02.1998 – 9 U 174/97 – r+s 1998, 320.

281 OLG Hamm Beschl. v. 08.03.2017 – 20 U 15/17 – BeckRS 2017, 121241; OLG Hamm Urt. v. 24.04.1998 – 20 U 2/98 – zfs 1999, 161.

282 OLG Hamm Urt. v. 29.05.1985 – 20 U 381/84 – VersR 1987,149.

283 OLG Hamm Urt. v. 15.11.1991 – 20 U 218/91 – VersR 1992, 819; OLG Stuttgart Urt. v. 07.02.1991 – 7 U 176/90 – r+s 1992, 331.

284 OLG Karlsruhe Urt. v. 19.08.1993 – 12 U 49/93 – VersR 1995, 40.

285 OLG Köln Urt. v. 28.03.2000 – 9 U 116/99 – r+s 2000, 277, 279; OLG Hamm Urt. v. 24.04.1998 – 20 U 2/98 – zfs 1999, 161.

dürfen (§ 51 **BZRG**).[286] Dies ist der Fall, wenn die Tilgungsfristen gemäß § 46 BZRG zum Zeitpunkt des behaupteten Diebstahls noch nicht abgelaufen sind. Im Strafregister getilgte oder tilgungsreife Eintragungen haben außer Betracht zu bleiben.[287] Stützt sich der VR auf unstreitige oder bewiesene **Vorfälle aus dem Verwandten- oder Bekanntenkreis des VN**, ist dies jedenfalls so lange unbeachtlich, wie nicht feststeht, dass der VN in relevanter Weise an diesen Vorfällen beteiligt war oder sie ihm nach den Regeln der **Repräsentantenhaftung** (vgl. A.2.3 AKB Rdn. 25 ff.) bzw. unter den Voraussetzungen der **Versicherung für fremde Rechnung (§ 47 VVG)** zugerechnet werden können. Sofern Strafverfahren nach **§ 153a StPO** eingestellt wurden, können allerdings feststehende bzw. bewiesene Tatsachen hieraus zulasten des VN bei der Beurteilung seiner Glaubwürdigkeit berücksichtigt werden, es sei denn, dass diese Tatsachen wiederum zu rechtskräftigen Verurteilungen des VN geführt haben und diese zwischenzeitlich dem Verwertungsverbot des § 51 BZRG unterliegen.[288] Die **Redlichkeitsvermutung des VN ist auch widerlegt**, wenn er im Rahmen seiner Anhörung **lügt**,[289] oder wenn er unzutreffende Angaben zum Geschehensablauf vor der angeblichen Entwendung des Kfz macht. Er kann sich nicht darauf berufen, **Falschangaben** zu Vorschäden in einer Schadenanzeige nur **auf Anraten seines Versicherungsagenten** gemacht zu haben.[290]

154 Die Beweiserleichterungen sind dem VN jedoch nicht schon deshalb zu versagen, weil ein von ihm in der Vergangenheit gemeldeter Diebstahl eines anderen Fahrzeuges mit erheblicher Wahrscheinlichkeit vorgetäuscht war. Denn damit war dessen Vortäuschung gerade nicht voll bewiesen worden. **Unredlichkeiten im Zusammenhang mit einem früher gemeldeten Diebstahl** kommen nur in Betracht, wenn sie als Tatsachen feststehen. Im Übrigen ist immer auch zu prüfen, ob feststehende frühere Unredlichkeiten des VN ausreichen, die Redlichkeitsvermutung zugunsten des VN auch im streitigen Versicherungsfall als widerlegt anzusehen.[291] Der VR ist nicht nach § 242 BGB gehindert, sich auf eine fehlende Glaubwürdigkeit des VN zu berufen, nur weil er den bekanntermaßen bereits in der Vergangenheit in Versicherungsbetrügereien verstrickten VN erneut versichert hat.[292]

155 **Welche Indizien ausreichen**, um ernsthafte Zweifel an der Glaubwürdigkeit des VN begründen zu können, ist immer eine Frage des Einzelfalles. Auch mehrere Tatsachen können im Rahmen einer **Gesamtwürdigung** dazu führen, dass dem VN seine Darstellung von der Entwendung nicht geglaubt werden kann. Allerdings reicht nicht jede Unregelmäßigkeit für schwerwiegende Zweifel aus. Das gilt z.B. auch für falsche Angaben im Prozess zur Schadenhöhe. Ernsthafte Zweifel können aber berechtigt sein, wenn der VN im Rechtsverkehr, insbesondere in Versicherungsangelegenheiten, zur **Durchsetzung seiner Vermögensinteressen** wiederholt oder sogar beharrlich bewusst unrichtige Angaben gemacht hat.[293]

156 **Wurde das** versicherte **Fahrzeug zuletzt von einem Dritten genutzt** und kann der VN deshalb selbst zum Abstellen und Nichtwiederauffinden keine Angaben machen, ist dieser Dritte regelmäßig als **Zeuge** zu hören, (vgl. A.2.2.1 AKB Rdn. 166 ff.). Ist er **verstorben** und sind auch sonst keine hinreichenden Feststellungen zum »äußeren Bild« möglich, bleibt der VN beweisfällig, auch wenn für ihn die Vermutung der Redlichkeit streiten sollte.[294]

---

286 Vgl. BGH Urt. v. 16.10.1996 – **IV ZR 154/95** – VersR 1997, 53 = zfs 1997, 60; BGH Urt. v. 21.02.1996 – **IV ZR 300/94** – VersR 1996, 575 = zfs 1996, 220.

287 BGH Urt. v. 11.02.1998 – **IV ZR 306/96** – VersR 1998, 488 = zfs 1998, 218; LG Dortmund Urt. v. 26.06.2013 – 22 O 189/08 – r+s 2013, 489 = JurionRS 2013, 42859; **a.A.** OLG Düsseldorf Urt. v. 24.03.1998 – 4 U 16/97 – r+s 1998, 453 = zfs 1998, 383.

288 BGH Urt. v. 11.02.1998 – **IV ZR 306/96** – VersR 1998, 488 = zfs 1998, 218.

289 OLG Hamm Urt. v. 09.08.2017 – 20 U 184/15 – r+s 2017, 467.

290 LG Hannover Urt. v. 05.02.2003 – 6 O 120/98 – zfs 2003, 357.

291 BGH Urt. v. 21.02.1996 – **IV ZR 300/94** – VersR 1996, 575 = zfs 1996, 220.

292 OLG Hamm Urt. v. 22.10.2004 – 20 U 103/04 – VersR 2005, 1071 = zfs 2005, 296; OLG Koblenz Urt. v. 31.03.1995 – 10 U 1552/94 – VersR 1995, 1184 = r+s 1995, 205.

293 BGH Urt. v. 18.11.1986 – **IVa ZR 100/85** – VersR 1987, 61 = MDR 1987, 389; LG Düsseldorf Urt. v. 27.01.2016 – 9 O 149/14 – zfs 2016, 329.

294 OLG Hamm Urt. v. 14.01.2020 – 20 U 154/19 – r+s 2020, 445.

(3) Schlüsselverhältnisse bei der Prüfung des »äußeren Bildes«

Der Nachweis des »äußeren Bildes« eines Kfz-Diebstahls scheitert nicht daran, dass der VN bei einem von ihm als fabrikneu erworbenem Kfz nicht den **kompletten Schlüsselsatz für sein Fahrzeug** vorlegen oder das **Fehlen einzelner Schlüssel** nicht plausibel erklären kann.[295] Dies gilt erst recht, wenn der VN sein Kfz als Gebrauchtfahrzeug erworben hat und somit noch nicht einmal feststeht oder bewiesen ist, dass er jemals im Besitz des fehlenden Originalschlüssels gewesen ist.[296] Bei einem **13 Jahre alten Kfz** mit mehreren Vorbesitzern ist es auch nicht ungewöhnlich, dass sich im Fahrzeug nicht mehr der ursprünglich eingebaute Original-Schließzylinder des Kfz-Herstellers befindet, sondern lediglich ein nachträglich eingebauter Schließzylinder, der mit **Ersatzschlüsseln** bedient werden kann.[297] 157

Falsche Angaben des VN zur Anzahl der Fahrzeugschlüssel erschüttern nicht bereits die Unschuldsvermutung, wenn der VN plausibel erklären kann, warum er die Existenz eines weiteren Schlüssels vergessen hatte.[298] Aber auch für den Fall, dass von einem der Originalschlüssel **Duplikate** angefertigt wurden[299] oder festgestellt wird, dass das **später aufgefundene Kfz mit einem passenden Schlüssel gefahren** worden sein muss, ist das »äußere Bild« nicht von vornherein in Frage gestellt.[300] Auch ein redlicher VN kann vor allem nach längerer Besitzdauer Schlüssel verlegt haben, so dass er ihren Verbleib nicht plausibel erklären kann. Der Schlüssel kann ihm entwendet worden sein, ohne dass er dies bemerken musste. Selbst wenn nach den Angaben des VN **einer von zwei Kfz-Schlüsseln, der einen kürzeren Zeitraum im Gebrauch war, deutlich mehr Gebrauchsspuren aufweist** als der andere ebenfalls zu dem Fahrzeug gehörende Schlüssel, so folgt daraus nicht schon von vornherein die Unglaubwürdigkeit des VN, da nicht der Gebrauchszeitraum, sondern die Gebrauchsintensität die Abnutzung bestimmt.[301] Anders aber, wenn der VN auf die in der Schadenanzeige gestellte Frage des VR nach dem Aufbewahrungsort der Schlüssel antwortet, die Schlüssel hätten sich bei ihm und seinen Eltern befunden und der VR später durch **Auslesen der Fahrzeugschlüssel** feststellt, dass ein Schlüssel kurz vor der angeblichen Entwendung des Kfz verwendet wurde.[302] 158

In der Regel berühren **Auffälligkeiten bei den Schlüsselverhältnissen** nicht das »äußere Bild« einer Fahrzeugentwendung und stellen diese auch nicht in Frage, sondern werden **erst auf der »zweiten Stufe«** bei der Prüfung der erheblichen Wahrscheinlichkeit der Vortäuschung des Versicherungsfalles relevant, und dies in der Regel auch nur in Verbindung mit weiteren gegen den VN sprechenden Umständen,[303] (vgl. A.2.2.1 AKB Rdn. 181 ff.). **Bestreitet der VN allerdings die Fertigung eines Nachschlüssels, obwohl** der nach seinen Angaben ständig gebrauchte Schlüssel **Kopierspuren** aufweist, die nicht von Gebrauchsspuren überlagert sind, so genügt dies, um die Redlichkeitsvermutung zu erschüttern.[304] Auch dann, wenn nach dem Kopieren des Fahrzeugschlüssels höchstens nur noch 20 Schließungen vorgenommen wurden, so dass die Duplizierung innerhalb eines 159

---

295 BGH Urt. v. 17.05.1995 – **IV ZR 279/94** – VersR 1995, 909 = r+s 1995, 288; OLG Saarbrücken Urt. v. 20.02.2002 – 5 U 427/01 – zfs 2002, 587; **a.A.** Bach/Günther S. 19 ff.

296 BGH Urt. v. 16.10.1996 – **IV ZR 154/95** – VersR 1997, 53 = zfs 1997, 60.

297 OLG Hamm Urt. v. 03.02.1988 – 20 U 220/87 – juris.

298 OLG Köln Urt. v. 28.06.2005 – 9 U 59/05 – zfs 2006, 31 (**Werkstattschlüssel**); OLG Köln Urt. v. 10.05.2005 – 9 U 159/04 – r+s 2005, 500 (**3. Schlüssel war infolge Umzugs verlegt und beim VN in Vergessenheit geraten**).

299 Vgl. LG Bochum Urt. v. 25.06.2003 – 4 O 73/03 – zfs 2003, 553.

300 BGH Urt. v. 13.11.1996 – **IV ZR 220/95** – VersR 1997, 181 = r+s 1997, 6; BGH Urt. v. 23.10.1996 – **IV ZR 93/95** – VersR 1997, 102 = r+s 1997, 5; BGH Urt. v. 16.10.1996 – **IV ZR 154/95** – VersR 1997, 53 = zfs 1997, 60; BGH Urt. v. 26.06.1996 – **IV ZR 164/95** – VersR 1996, 1135 = r+s 1996, 341; BGH Urt. v. 17.05.1995 – **IV ZR 279/94** – VersR 1995, 909 = r+s 1995, 288.

301 BGH Urt. v. 22.01.1997 – **IV ZR 320/95** – r+s 1997, 184 = NJW-RR 1997, 598.

302 OLG Düsseldorf Urt. v. 21.01.2022 – 4 U 282/20 – BeckRS 2022, 24477.

303 BGH Urt. v. 13.12.1995 – **IV ZR 54/95** – VersR 1996, 319 = r+s 1996, 92; BGH Urt. v. 23.10.1996 – **IV ZR 93/95** – VersR 1997, 102 = r+s 1997, 5.

304 OLG Celle Urt. v. 23.12.2004 – 8 U 78/04 – zfs 2005, 294, 295.

eingrenzbaren Zeitraumes und damit nicht ohne Wissen des VN durchgeführt worden sein muss, kann der Beweis der Mindesttatsachen für die Entwendung des Fahrzeugs nicht allein durch die eigenen Angaben des VN geführt werden.[305]

160 Bei Fahrzeugen mit **eingebauter elektronischer Wegfahrsperre** gehört es nicht zur schlüssigen Darlegung des »äußeren Bildes« einer Entwendung, dass der VN plausibel erklären kann, wie der Täter in den Besitz eines passenden Schlüssels kommen konnte. Allerdings kann der Umstand, dass der VN von insgesamt zwei ihm übergebenen Sendern für die Wegfahrsperre seines Fahrzeuges nach dem Diebstahl nur noch einen vorlegen kann, die erhebliche Wahrscheinlichkeit für einen vorgetäuschten Versicherungsfall nahelegen,[306] was sich wiederum auch negativ auf die Glaubwürdigkeit des VN im Hinblick auf das von ihm nachzuweisende »äußere Bild« eines Diebstahls auswirken kann,[307] (vgl. A.2.2.1 AKB Rdn. 146 ff.).

161 **Fehlende Aufbruchspuren** am später in beschädigtem Zustand wiederaufgefundenen Fahrzeuges sind kein Indiz, erst recht kein Beweis dafür, dass der VN unredlich im Hinblick auf den von ihm behaupteten Diebstahl seines Fahrzeuges sein könnte. Kriminelle Banden haben inzwischen raffinierte Techniken entwickelt, um die vom Autoschlüssel mittels Funkfernbedienung ausgehenden Signale abzufangen und für sich zu nutzen. Dabei kommen insbesondere zwei Verfahren zum Einsatz: Bei der sogenannten »**Relay Attack**« fängt der Täter das Funksignal des Autoschlüssels ab, um mit den ausgespähten Daten das verschlossene Fahrzeug wieder zu öffnen. Beim sogenannten »**Jamming**« blockiert ein Sender die Funkfernbedienung des Schlüssels, so dass das Fahrzeug von vornherein erst gar nicht abgeschlossen wird. Beides bemerkt der VN in der Regel nicht, so dass er verständlicherweise in Erklärungsnot gerät, wenn er vom VR mit der Feststellung konfrontiert wird, an seinem als gestohlen gemeldeten Fahrzeug seien keine Aufbruchspuren festgestellt worden. Dieser Umstand allein reicht daher nicht aus, um dem VN seine Redlichkeit und Glaubwürdigkeit abzusprechen und ihm Beweiserleichterungen für den Nachweis des »äußeren Bilds« einer bedingungsgemäßen Fahrzeugentwendung zu versagen.

(4) Zeugenbeweis

162 Der VN kann den **Beweis für das »äußere Bild« eines Diebstahls durch Zeugen** führen, wenn diese das Abstellen des Fahrzeuges und sein späteres Nichtwiederauffinden beobachtet haben. Handelt es sich um **unterschiedliche Zeugen**, so ist mit ihnen der Beweis des »äußeren Bildes« nur dann zu führen, wenn ihre Aussagen zuverlässig ergeben, dass sich ihre Beobachtungen auf dieselbe Örtlichkeit beziehen.[308] Die **Minimaltatsachen sind dann nicht bewiesen, wenn** der für das Abstellen benannte Zeuge das Fahrzeug zwar zu einem bestimmten Zeitpunkt abgestellt gesehen hat, das Fahrzeug jedoch von diesem Abstellort zu einem späteren Zeitpunkt und vor seinem Verschwinden nochmals wegbewegt worden ist.[309] Gleiches gilt, wenn der einzige Zeuge zwar das Abstellen und Nichtwiederauffinden des Kfz, gleichzeitig aber auch das Einverständnis des VN bekundet, wonach die Entfernung vom Abstellort einem zuvor gefassten Plan entsprochen habe.[310] Da Angaben eines Zeugen zum »äußeren Bild« eines Kfz-Diebstahls grundsätzlich nur die Wiedergabe eines einfach strukturierten, überschaubaren Sachverhaltes erfordern, können widersprüchliche Angaben, nicht ausräumbare Ungereimtheiten und zeitliche Ungenauigkeiten in der Zeugenaussage, die sich nicht durch Erinnerungsschwächen erklären lassen, bei der Beweiswürdigung besonders zu gewichten sein und auch dazu führen, dass das Gericht die behauptete Fahrzeugent-

305 OLG Karlsruhe Urt. v. 17.08.1995 – 12 U 320/94 – zfs 1996, 102.
306 OLG Köln Urt. v. 18.07.2000 – 9 U 36/98 – VersR 2002, 225 = SP 2001, 135.
307 Vgl. Veith/Gräfe/*Halbach* § 5 Rn. 43 ff.
308 BGH Urt. v. 27.05.1998 – IV ZR 81/97 – VersR 1998, 1012 = zfs 1998, 382.
309 OLG Köln Urt. v. 10.05.05 – 9 U 159/04 – r+s 2005, 499 = VK 2006, 33.
310 OLG Hamm Urt. v. 22.06.2005 – 20 U 242/04 – zfs 2005, 555.

wendung als nicht bewiesen erachtet.[311] Sind die Zeugen unglaubwürdig, geht dies zulasten des VN.[312]

Widersprüchliche Angaben von Zeugen zum Rahmengeschehen sind **irrelevant**, wenn sich aus den **Aufbruchspuren am Pkw** (z.B. Schlossstechen) und dem Fehlen einzelner Fahrzeugteile (z.B. Vordersitze) ohne weiteres das »äußere Bild« eines Diebstahls von Gegenständen aus dem Fahrzeug bestätigt,[313] **anders aber**, wenn der einzige für das äußere Bild der Entwendung benannte Zeuge das Kerngeschehen zwar widerspruchsfrei schildert, sein persönliches Verhalten sowie wechselnde und unglaubhafte Angaben zum Randgeschehen aber durchgreifende Zweifel an der Glaubhaftigkeit seiner Aussage wecken.[314] Gleiches gilt, wenn zwei dem VN nahestehende Zeugen den Monat der behaupteten Entwendung anders angeben als der VN und zudem aufgrund nicht zuordnungsfähiger **FIN** offenbleibt, ob dieses Fahrzeug überhaupt identisch ist mit dem Fahrzeug, welches beim Teilkasko-VR versichert wurde und von dem der VN behauptet, dass es gestohlen worden sei.[315] Kann der VN **nur für das Abstellen seines Kfz einen Zeugen** benennen, dem er später telefonisch mitgeteilt hat, der Wagen sei gestohlen worden, ist damit lediglich ein Rahmensachverhalt nachgewiesen, nicht aber das »äußere Bild« als Mindestsachverhalt eines Diebstahls. Für die Frage des Nichtwiederauffindens des Fahrzeuges kommt es daher zusätzlich auf die Glaubwürdigkeit des VN im Rahmen seiner persönlichen Anhörung sowie darauf an, ob sich das Gericht davon überzeugen kann, dass die telefonische Mitteilung des VN an den Zeugen den Tatsachen entspricht.[316] Sind die **Aussagen der vom VN benannten Zeugen widersprüchlich oder unergiebig**, kommt trotzdem immer noch eine Anhörung des VN nach § 141 ZPO in Betracht, durch die sich das Gericht die erforderliche Überzeugung davon verschaffen kann, dass sich die Entwendung des Fahrzeugs so, wie vom VN behauptet, ereignet hat.[317] 163

Der Beweis für einen Diebstahl ist auch bei Vorliegen des »äußeren Bildes« nicht erbracht, wenn eine **erhebliche Wahrscheinlichkeit für** eine **nicht versicherte Unterschlagung** besteht.[318] 164

Probleme können entstehen, wenn **zwischen dem Abstellen des Fahrzeuges und dem Nichtwiederauffinden ein längerer Zeitraum** liegt, in dem der VN theoretisch die Möglichkeit gehabt hätte, sein Kfz selbst zu entfernen. Hier wird im Einzelfall immer zu prüfen sein, ob nicht schon dadurch das »äußere Bild« eines Diebstahls infrage gestellt ist. Wenn der VN Zeugen dafür anbieten kann, dass und wann er sein Kfz abgestellt hat und es auch bewiesenermaßen einen Monat später dort nicht mehr vorgefunden hat, wird man den Vortrag des VN unter Plausibilitätsgesichtspunkten daran messen müssen, **ob der VN** in dieser Zeit nicht vielleicht **auf sein Fahrzeug angewiesen war, oder** ob er den Monat über eine **Fernreise unternommen** hat. Trotz einzelner Widersprüche bei der Schilderung des Tagesablaufes vor der behaupteten Entwendung können die eigenen Angaben des VN zum Nachweis des »äußeren Bildes« ausreichen, wenn dieser sein Kfz **nach einmonatigem Urlaub** nicht wieder aufgefunden hat.[319] 165

Die **Anhörung des VN nach § 141 ZPO ist nur subsidiär zulässig** und setzt voraus, dass sich der VN in Beweisnot befindet. Hat er Zeugen zum Beweis des »äußeren Bildes«, so muss er sie benennen. Das Gericht muss die Zeugen vorrangig vernehmen und darf sich nicht lediglich auf die Anhörung oder Vernehmung des VN beschränken.[320] Das gleiche gilt, wenn der VN zwar einen **Zeugen** 166

311 OLG Köln Urt. v. 16.07.2013 – 9 U 30/13 – r+s 2013, 488.

312 Vgl. OLG Dresden Urt. v. 19.11.2019 – 4 U 479/19 – VersR 2020, 475; OLG Saarbrücken Urt. v. 11.09.2019 – 5 U 102/18 – VersR 2020, 28; LG Düsseldorf Urt. v. 27.01.2016 – 9 O 149/14 – zfs 2016, 329.

313 OLG Hamm Urt. v. 11.06.2010 – I-20 U 212/09 – VersR 2011, 745 = zfs 2011, 271.

314 OLG Saarbrücken Urt. v. 08.08.2018 – 5 U 2/18 – NJW-RR 2018, 1304.

315 OLG Brandenburg Urt. v. 13.03.2019 – 11 U 64/18 – NJW-RR 2019, 1125.

316 BGH Urt. v. 30.01.2002 – **IV ZR 263/00** – VersR 2002, 431 = r+s 2002, 143; BGH Urt. v. 21.02.1996 – **IV ZR 351/94** – VersR 1996, 703 = r+s 1996, 476.

317 OLG Brandenburg Urt. v. 01.03.2023 – 11 U 161/22 – r+s 2023, 394.

318 OLG Hamm Urt. v. 14.08.1996 – 20 U 41/94 – zfs 1997, 20.

319 KG Urt. v. 10.09.2010 – 6 U 18/10 – VersR 2011, 743 = r+s 2013, 168.

320 St. Rspr. BGH Beschl. v. 10.11.2010 – **IV ZR 122/09** – VersR 2011, 369 = NJW 2011, 1364; BGH Urt. v. 30.01.2002 – **IV ZR 263/00** – VersR 2002, 431 = r+s 2002, 143; BGH Urt. v. 22.09.1999 – **IV**

hat, ihn aber **nicht benennen will**, weil er befürchtet, der Zeuge könne die Unwahrheit sagen oder das Gericht werde ihm keinen Glauben schenken. Der VN ist für diesen Fall mit der Möglichkeit einer Anhörung ausgeschlossen.[321] Benennt er die Zeugen nicht, so bleibt er beweisfällig.[322] Um seine persönliche Anhörung nach § 141 ZPO zu erreichen, muss er glaubhaft darlegen, dass ihm Zeugen nicht zur Verfügung stehen.[323] Fehlt es an der hinreichenden Individualisierbarkeit eines **Zeugen »N.N.«**, so ist ein solches Beweisangebot zum Nachweis des »äußeren Bildes« einer bedingungsgemäßen Entwendung unbeachtlich.[324]

167 Eine **Ausnahme von der** strengen **Subsidiarität der Anhörung** gilt für den Fall, dass die Vernehmung des Zeugen für den Beweis des »äußeren Bildes« nicht ausreichte, sei es, dass seine **Erinnerungen lückenhaft** oder seine **Beobachtungen unzulänglich** waren oder er selbst für das Gericht unglaubwürdig erschien. Solange sich aus der Zeugenaussage keine Hinweise für eine Unredlichkeit des VN ergeben, ist das Gericht nicht gehindert, den VN in diesem Fall trotzdem nach § 141 ZPO anzuhören und damit für die Beweisführung des »äußeren Bildes« wieder auf die eigenen Angaben des VN zurückzugreifen. Andernfalls wäre der VN in einer solchen Situation schlechter gestellt als ein VN, der von vornherein keine Beweismittel für das »äußere Bild« benennen kann.[325]

(5) Unglaubwürdiger VN und Zeugenbeweis

168 Auf die Redlichkeit des VN kommt es dann nicht an, wenn er Zeugen aufbieten kann, die glaubwürdig das »äußere Bild« des Diebstahls bestätigen können.[326] Daher kann auch ein **persönlich unglaubwürdiger**, unredlicher **VN den Vollbeweis für das »äußere Bild«** einer Fahrzeugentwendung **durch Zeugen** führen. Gelingt ihm dies, kommt es auf seine eigene Glaubwürdigkeit nicht an.[327] Diese ist grundsätzlich nur – dann allerdings entscheidend – von Bedeutung, wenn der VN für das Abstellen und/oder Wiederauffinden seines Fahrzeuges keinen Zeugen benennen kann und es für den Nachweis des »äußeren Bildes« somit allein auf seine eigenen persönlichen Angaben ankommt. Steht allerdings fest, dass die von den Zeugen bekundeten Indiztatsachen nicht auf eigenem Wissen der Zeugen, sondern auf einer Mitteilung des VN beruhen, gegen dessen Redlichkeit Bedenken bestehen, so muss das Gericht dies im Rahmen der Würdigung der vom VN beigebrachten Zeugenaussagen berücksichtigen und auch die Glaubwürdigkeit des VN selbst beurteilen.[328] **Weichen die Angaben des VN** über die Uhrzeit des Abstellens des Kfz **erheblich von denen des angeblich anwesenden Zeugen ab**, ist das »äußere« Bild eines Kfz-Diebstahls nicht bewiesen.[329] Das gleiche gilt, wenn ein Zeuge zwar uneingeschränkt die Angaben des VN zum Abstellen und

---

ZR 172/98 – VersR 1999, 1535 = r+s 1999, 495; BGH Urt. v. 26.03.1997 – **IV ZR 91/96** – VersR 1997, 733 = r+s 1997, 277; BGH Urt. v. 19.02.1997 – **IV ZR 12/96** – VersR 1997, 691 = DAR 1997, 248; BGH Urt. v. 21.02.1996 – **IV ZR 300/94** – VersR 1996, 575 = zfs 1996, 220; BGH Urt. v. 24.04.1991 – **IV ZR 172/90** – VersR 1991, 917 = r+s 1991, 221; OLG Karlsruhe Urt. v. 15.01.2009 – 12 U 218/08 – VK 2009, 81; Himmelreich/Halm/Staab/*Papatheodorou* Kap. 23 D Rn. 216 ff. m.w.N.

321 BGH Urt. v. 26.03.1997 – **IV ZR 91/96** – VersR 1997, 733 = r+s 1997, 277; OLG Hamm Urt. v. 28.08.1997 – 6 U 202/96 – r+s 1997, 491; OLG Hamm Urt. v. 29.06.1994 – 20 U 36/94 – r+s 1995, 126.

322 BGH Urt. v. 26.03.1997 – **IV ZR 91/96** – VersR 1997, 733 = r+s 1997, 277; Römer NJW 1996, 2329.

323 OLG Köln Urt. v. 25.08.1998 – 9 U 130/96 – zfs 1999, 197.

324 OLG Celle Urt. v. 23.12.2004 – 8 U 78/04 – zfs 2005, 294, 295.

325 OLG Brandenburg Urt. v. 01.03.2023 – 11 U 161/22 – r+s 2023, 394; OLG Hamm Urt. v. 28.08.1997 – 6 U 202/96 – r+s 1997, 491; OLG Hamm Urt. v. 02.03.1994 – 20 U 316/93 – SP 1994, 356; **a.A.** OLG Hamburg Urt. v. 29.01.1999 – 14 U 235/98 – NVersZ 1999, 576, **das meint, es handele sich insoweit um das normale Prozessrisiko des VN.**

326 OLG Dresden Beschl. v. 02.08.2022 – 4 U 428/22 – zfs 2022, 626; OLG Köln Urt. v. 10.05.2005 – 9 U 142/04 – r+s 2006, 15.

327 BGH Urt. v. 22.09.1999 – **IV ZR 172/98** – VersR 1999, 1535 = r+s 1999, 495; BGH Urt. v. 11.02.1998 – **IV ZR 306/96** – VersR 1998, 488, 489 = zfs 1998, 218.

328 BGH Urt. v. 21.02.1996 – **IV ZR 351/94** – VersR 1996, 703 = r+s 1996, 476.

329 OLG Köln Urt. v. 10.05.2005 – 9 U 142/04 – r+s 2006, 15.

Nichtwiederauffinden des Fahrzeuges bestätigt, sich aber aus anderen, die Entwendung mittelbar betreffenden feststehenden Umständen Zweifel an der Glaubwürdigkeit sowohl des Zeugen als auch des VN ergeben.[330]

Hat der VN bei seiner Parteianhörung **Widersprüche** zum Ablauf des behaupteten Diebstahlgeschehens **nicht glaubhaft aufgeklärt**, befand sich der **Kfz-Schein hinter der Sonnenblende** im Fahrzeug und hatte der VN auch ein **Motiv für eine vorgetäuschte Entwendung** (Überschreiten der mit der Leasinggesellschaft vereinbarten Kilometerzahl und zu hohe Kosten bei der Rückgabe des Kfz), so ist der Beweis des »äußeren Bildes« einer Entwendung des versicherten Kfz nicht geführt.[331] 169

Der **Diebstahlnachweis** kann auch **ohne Zeugen** – selbst bei einem ansonsten unglaubwürdigen VN – als geführt angesehen werden, wenn das Fahrzeug mit in sich stimmigen Spuren einer professionellen Entwendung in unfallbeschädigtem Zustand aufgefunden wird,[332] oder durch die Verwertung eines **rechtskräftigen Strafurteils**, mit welchem der Täter des Diebstahls verurteilt wurde.[333] Allerdings beweist das Wiederauffinden des Kfz im Ausland in beschädigtem Zustand und gefälschter FIN ein Jahr nach der Diebstahlsmeldung und weiteren 20.000 Fahrtkilometern noch nicht, dass das Kfz dem VN unfreiwillig abhandengekommen ist.[334] 170

(6) Einzelfälle aus der Rechtsprechung

Die Anhörung nach **§ 141 ZPO unterblieb** mangels Glaubwürdigkeit des VN bzw. der **Nachweis des »äußeren Bildes«** eines Kfz-Diebstahls wurde trotz persönlicher Anhörung des VN als **nicht geführt** angesehen in folgenden Fällen: 171

- **Widersprüchliche Angaben** im Polizeiprotokoll und dem Klagevorbringen;[335]
- **Falschangaben** in der Schadenanzeige zur **Fahrleistung**; VN verschweigt **Vorschäden**, macht unterschiedliche Angaben zur Entwendung gegenüber Polizei und VR und war an fünf angeblich unverschuldeten Unfällen innerhalb von 6 Monaten beteiligt, die er fiktiv abrechnete;[336]
- **Widersprüchliche Angaben zum Erwerb des Fahrzeuges**; VN will Kaufvertrag und Fahrzeugschein verloren haben und macht nicht nachvollziehbare Angaben zur Finanzierung des Kfz;[337]
- Angabe eines deutlich **zu hohen Kilometerstands** bei Abschluss der Versicherung und **Weigerung**, den **Kaufpreis** anzugeben und die **Anschaffungsrechnung** für das Kfz vorzulegen;[338]
- Nach Wiederauffinden des Fahrzeuges konnte anhand des **Kilometerstands** ausgeschlossen werden, dass der VN das Kfz an den behaupteten Diebstahlort gefahren hat;[339]
- **Widersprüchliche Angaben zur Stelle und den Zweck des Parkens** des Fahrzeuges, zu den Zeitangaben und den Ort eines Zusammentreffens mit einem Freund vor dem angeblichen Diebstahl, zu den näheren Begleitumständen des Abschieds des Freundes nach dem Treffen in einem Café sowie zum Kaufpreis des Fahrzeuges, wobei der VN ist nicht in der Lage ist, die Widersprüchlichkeit seiner Angaben nachvollziehbar zu erläutern;[340]
- **Unglaubwürdiges Verhalten und unplausibler Vortrag** des VN zum angeblichen Diebstahl seines Motorrades;[341]

---

330 OLG Saarbrücken Urt. v. 14.07.2004 – 5 U 58/04-7 – zfs 2004, 463, 464.
331 OLG Koblenz Urt. v. 30.08.2002 – 10 U 1415/01 – VersR 2003, 589 = r+s 2002, 448.
332 Vgl. OLG Hamm Urt. v. 22.06.2005 – 20 U 15/05 – VersR 2006, 211.
333 OLG Dresden Beschl. v. 20.06.2022 – 4 U 87/22 – r+s 2022, 624 = zfs 2023, 18.
334 KG Beschl. v. 31.10.2014 – 6 U 200/13 – BeckRS 2015, 05206.
335 Vgl. OLG Hamburg Urt. v. 07.05.1999 – 14 U 288/98 – VersR 2000, 1272.
336 OLG Düsseldorf Urt. v. 10.04.2008 – I-4 U 123/07 – r+s 2009, 460.
337 LG Essen Urt. v. 08.07.2008 – 3 O 95/08 – SP 2009, 120.
338 OLG Naumburg Urt. v. 07.03.2013 – 4 U 51/12 – r+s 2014, 118.
339 OLG Dresden Beschl. v. 30.10.2018 – 4 U 1272/18 – BeckRS 2018, 30313.
340 OLG Köln Urt. v. 19.04.2005 – 9 U 86/04 – r+s 2005, 241.
341 OLG Celle Urt. v. 11.12.2008 – 8 U 110/08 – SP 2009, 153.

- **Wechselnde** und **widersprüchliche Angaben** des VN zum Abstellzeitpunkt und zum angeblichen Tatzeitraum[342] bzw. zum Abstellort und Entwendungszeitpunkt des Kfz;[343]
- Unglaubhafte Angaben zur behaupteten **Entwendung von Fahrzeugteilen** (Tacho, Airbag, Beifahrersitz und hintere Sitzbank);[344]
- **Unwahre Angaben** über die Hintergründe des Erwerbs des versicherten Kfz und nur vage Angaben zum Abstellen und Wiederauffinden des Fahrzeuges;[345]
- **Unwahre Angaben** über die Anzahl der Fahrer, den Tachostand und die Umstände einer Fahrt nach Polen i.V.m. Widersprüchen und unglaubhaften Zeugenaussagen;[346]
- **Falschangaben zum Verbleib des Kfz** nach dem 10.5., wobei ihm dieses in der Zeit vom 17.5.-20.5. gestohlen worden sein soll, er aber nicht wisse, dass sein Kumpel am 10.05. – unstreitig – mit dem Kfz nach Polen gefahren sei;[347]
- **Falschangaben zur Laufleistung** und zur Anfertigung eines Nachschlüssels, Falschangaben bei Beantragung einer Unfallversicherung; VN wurde als generell nicht glaubwürdig angesehen;[348]
- **Falschangaben zur Laufleistung** und Verschweigen eines früheren Kfz-Diebstahls oder Diebstahlversuchs, Unglaubwürdigkeit des vom VN benannten Zeugen;[349]
- **Verurteilung** des VN **wegen Banküberfalls** ca. sechs Wochen nach dem behaupteten Diebstahl; VN steckt in finanziellen Schwierigkeiten und verstrickt sich bei seinem Vorbringen in Widersprüche;[350]
- **Vorstrafe** des VN wegen **Raubes**; VN macht in der Berufungsinstanz zu wesentlichen Umständen des behaupteten Kfz-Diebstahls andere Angaben als noch in der Klageschrift;[351]
- **Vorstrafe** des VN wegen **Steuerhinterziehung** i.V.m. unterschiedlichen Angaben zum Tatzeitpunkt und zur Laufleistung des Kfz;[352]
- **Vorstrafen** des VN wegen **Betruges** und **Urkundenfälschung**;[353]
- Kfz sollte am Tage nach dem behaupteten Diebstahl wegen **Zahlungsrückständen** an die Leasingfirma zurückgegeben werden i.V.m. widersprüchlichen Angaben des VN zum Abstellort;[354]
- VN hat **in zeitnahem Abstand mehrere Kfz-Entwendungsfälle** angezeigt, einen Kfz-Vorschaden im Schadensformular absichtlich nicht bekannt gegeben, die Kilometerlaufleistung des Fahrzeuges falsch angegeben und eine bestehende Vorsteuerabzugsberechtigung verschwiegen;[355]
- **VN verschweigt** einen von unstreitig fünf vorhandenen **Originalschlüsseln** sowohl in der polizeilichen Diebstahlanzeige, als auch in der Schadenanzeige gegenüber dem VR;[356]
- VN legt einen **Schlüssel mit ausgetauschtem Transponder** und Kopierspuren sowie ein **manipuliertes Wartungsheft** zum angeblich entwendeten Kfz vor;[357]
- Der Schlüssel, den der VN angeblich immer benutzt haben will, weist **Abtastspuren eines Kopiervorganges** auf, die jedoch von keinerlei Gebrauchsspuren überlagert sind;[358]

---

342 OLG Hamm Urt. v. 26.10.2016 – 20 U 197/15 – r+s 2017, 300; OLG Düsseldorf Urt. v. 26.09.2000 – 4 U 227/99 – SP 2001, 25.
343 LG Dortmund Urt. v. 16.12.2009 – 22 O 50/08 – VK 2010, 118.
344 AG Berlin-Spandau Urt. v. 06.03.2013 – 4 C 249/12 – r+s 2014, 10.
345 KG Urt. v. 22.03.2011 – 6 U 169/09 – r+s 2012, 170.
346 LG Hamburg Urt. v. 15.01.2010 – 306 O 107/09 – SP 2010, 371.
347 OLG Hamm Urt. v. 07.04.2000 – 20 U 237/99 – r+s 2000, 446 = SP 2000, 348.
348 OLG Hamm Urt. v. 02.02.2001 – 20 U 142/00 – r+s 2001, 273 = SP 2001, 353.
349 OLG Celle Urt. v. 30.05.2013 – 8 U 275/12 – NZV 2013, 440.
350 OLG Düsseldorf Urt. v. 17.06.1997 – 4 U 40/96 – r+s 1997, 447 = zfs 1998, 56.
351 OLG Köln Urt. v. 04.09.2001 – 9 U 190/00 – r+s 2001, 496 = SP 2002, 104.
352 OLG Düsseldorf Urt. v. 27.11.1997 – 4 U 168/96 – VersR 1999, 303 = NVersZ 1999, 140; **a.A.** OLG Hamm Urt. v. 17.09.1998 – 6 U 51/98 – NVersZ 1999, 138.
353 OLG Hamm Urt. v. 15.09.2000 – 20 U 36/00 – VersR 2001, 226 = zfs 2001, 416; LG Dortmund Urt. v. 26.06.2013 – 22 O 189/08 – r+s 2013, 489 = JurionRS 2013, 42859.
354 OLG Köln Urt. v. 16.05.2000 – 9 U 47/99 – SP 2000, 423.
355 LG Düsseldorf Urt. v. 18.12.2002 – 11 O 136/02 – SP 2004, 57.
356 OLG Hamburg Urt. v. 29.11.2000 – 14 U 85/00 – zfs 2001, 267 = r+s 2001, 233.
357 LG Dortmund Urt. v. 19.3.2008 – 22 O 126/07 – r+s 2008, 327.
358 OLG Celle Urt. v. 23.12.2004 – 8 U 78/04 – zfs 2005, 294, 295.

- **VN verschweigt** der VN die Existenz von **zwei Kfz-Schlüsseln** bei der Anzeige des Diebstahls;[359]
- **Widersprüchliche Angaben** zu den **Schlüsselverhältnissen sowie zum Kaufvertrag**; VN legt dem VR einen nicht zum entwendeten Fahrzeug passenden Schlüssel vor, ohne eine auch nur im Ansatz plausible Erklärung hierfür angeben zu können;[360]
- Der **VN**, der seinen Pkw ausschließlich selbst nutzt, gibt in der Schadenanzeige an, dass während seiner Besitzzeit **kein Nachschlüssel angefertigt** worden sei. Obwohl diese **Aussage durch ein Sachverständigengutachten widerlegt** wird, legt der VN nicht dar, wann er den Wagen mit dem Originalschlüssel einem Dritten überlassen haben könnte;[361]
- **Diebstahl von Inventar aus** einem versicherten **Wohnwagen**, wenn im Umfeld des VN eine unerklärliche **Häufung von Einbruchdiebstählen** auch in andere Wohnwagen festzustellen ist, wobei in allen Fällen der Sachverhalt, die Art der Tatausführung und das entwendete Diebesgut mit dem gemeldeten Diebstahl nahezu identisch ist;[362]
- Der VN **zeigt** den **Diebstahl** trotz ausdrücklichen Hinweises durch den VR **nicht bei der deutschen Polizei an** und informiert den VR hierüber falsch, er verschweigt gegenüber dem VR eine in den Pkw eingebaute Zusatzsicherung (**Zündungssperre sim 4.2**) und offenbart auch nicht ein mit dem wahren oder vermeintlichen Dieb geführtes Telefonat, in welchem dem VN der »**Rückerwerb**« des gestohlenen Pkw **gegen Zahlung eines Lösegeldes** angeboten wird;[363]
- Bewusste **Falschangaben zu Vorschäden und zur Entwendung des Kfz** gegenüber Polizei und VR, widersprechende und unglaubhafte Angaben über den Verlauf des Vorabends der behaupteten Entwendung;[364]
- Angabe unterschiedlicher Zeitpunkte der letzten Fahrt, widersprüchliche Aussagen zu Fahrten nach angeblichem Diebstahlszeitpunkt, wechselnde Aussagen auch von Familienmitgliedern;[365]
- Manipulationen durch **Fälschung** des Kfz-Kaufvertrages und der FIN.[366]

Die Anhörung nach **§ 141 ZPO** wurde in nachfolgenden Fällen für **zulässig** bzw. das »**äußere Bild**« 172
eines versicherten Diebstahls als **bewiesen** erachtet, wobei der **VN** insbesondere **nicht** schon deshalb als **unglaubwürdig** angesehen worden ist,

- weil ihm im Rahmen seiner osteuropäischen Auslandstätigkeit **bereits sechs Kfz gestohlen** wurden, er die Frage nach früheren Schadenfällen in der Schadenanzeige mit einem bloßen »ja« beantwortete und ein früheres Strafverfahren wegen Ladendiebstahls nicht erwähnte;[367]
- weil er dem VR die **Überschreitung** der vereinbarten jährlichen **Kilometerleistung** vertragswidrig nicht angezeigt hat;[368]
- weil das **13 Jahre alte Kfz** des VN, das mehrere Vorbesitzer hatte, nicht mehr mit den vom Kfz-Hersteller ausgelieferten Originalschlüssel bedient werden kann, sondern nur noch mit Ersatzschlüsseln, die zwar nicht zu dem ursprünglich eingebauten Originalzylinder passen, wohl aber zu dem im Kfz tatsächlich vorhandenen Schließzylinder;[369]
- weil der VN sein **hochwertiges Kfz seinem Angestellten für eine Fahrt nach Kroatien ausgeliehen** hat und er nicht in der Lage ist, sämtliche Originalschlüssel vorzulegen, hierfür aber eine plausible Erklärung hat;[370]

359 OLG Hamburg Urt. v. 29.11.2000 – 14 U 85/00 – zfs 2001, 267 = r+s 2001, 233.
360 LG Dortmund Urt. v. 22.12.2008 – 22 O 196/07 – SP 2009, 299.
361 OLG Naumburg Urt. v. 31.05.2007 – 4 U 93/05 – VersR 2008, 1060.
362 OLG Hamm Urt. v. 12.07.1989 – 20 U 75/89 – r+s 1989, 393 = zfs 1990, 63.
363 OLG Hamm Urt. v. 24.04.2009 – 20 U 195/08 – VersR 2010, 105 = zfs 2009, 692 = NZV 2009, 606.
364 OLG Koblenz Beschl. v. 27.12.2012 – 10 U 503/12 – r+s 2013, 543.
365 OLG Hamm Urt. v. 13.02.2019 – 20 U 123/18 – BeckRS 2019, 10268.
366 LG Aachen Urt. v. 04.04.2014 – 9 O 593/10 – SP 2014, 311.
367 LG Potsdam Urt. v. 21.05.2007 – 2 O 199/06 – r+s 2008, 102.
368 KG Beschl. v. 22.07.2011 – 6 U 24/11 – r+s 2015, 63.
369 OLG Hamm Urt. v. 03.02.1988 – 20 U 220/87 – juris.
370 OLG Karlsruhe Urt. v. 05.11.1997 – 13 U 214/95 – VersR 1998, 1229.

- weil vom Kfz-Werkstattschlüssel ein **Nachschlüssel angefertigt** wurde und das Kfz mit aktivierter Wegfahrsperre nicht ohne weiteres in Gang gesetzt werden kann, in Verbindung mit Geldsorgen des VN aufgrund der Trennung von seiner Ehefrau;[371]
- weil der VN durch **falsche Angaben über Vorschäden** seine Aufklärungsobliegenheit gegenüber dem VR verletzt hat;[372]
- weil der VN einen **Kfz-Werkstattschlüssel und teure Gegenstände** (Sonnenbrillen und Kameras) in zum Teil mehrfacher Ausfertigung **im Kfz zurückgelassen** hatte, wenn er dafür plausible Gründe angeben kann;[373]
- weil der Pkw nach seiner Behauptung am helllichten Tag aus einer Parktasche der Königsallee in Düsseldorf gestohlen worden sein soll, der VN etwa 3 Monate nach dem Diebstahl die **eidesstattliche Versicherung abgeben** musste und er bei der etwa 8 Monate späteren Rückgabe des **geleasten Fahrzeugs** wegen Überschreitung der vereinbartem Kilometerleistung erhebliche Nachzahlungen hätte leisten müssen;[374]
- weil sich **auffällige Merkwürdigkeiten** in seinen Lebensverhältnissen und seiner Darstellung zu den Begleitumständen der Entwendung seines Kfz ergeben;[375]
- weil der VN **vor der behaupteten Entwendung** eines Motorrades einen **Nachschlüssel bestellt** hatte, der ihm aber nie ausgehändigt worden ist, der Verbleib des zweiten Garagenschlüssels nicht geklärt ist, der VN dies aber plausibel und nicht widerlegbar erklären kann, der Abstellort für einen Diebstahl grundsätzlich in Betracht kommt, Widersprüche in der Schadenmeldung und der polizeilichen Befragung sich nicht erhärten, unterschiedliche Angaben des VN zum Abschließen seines Fahrzeugs eine Erklärung finden, der VN aus freien Stücken den Tag des Abstellens des Kfz um einen Tag berichtigt, er seine Alarmanlage eingeschaltet hatte, keine Indizien für eine angespannte finanzielle Situation des VN vorliegen, der VN bei der Anhörung des Sachverständigen zugesteht, zum Teil Gebrauchtteile eingebaut zu haben, vorher aber nie das Gegenteil behauptet hat, Spuren des Diebstahls fehlen und niemand das Auslösen der Alarmanlage gehört hat;[376]
- weil er **entgegen dem gängigen Verhalten sein Kfz (Jaguar)** auf dem **Parkplatz eines Supermarktes abgestellt** hat, selbst dann nicht, wenn später als Zufallsfund bei polizeilichen Ermittlungen Teile des Fahrzeuges in einer Werkstatt aufgefunden werden, gegen deren Inhaber ermittelt wird, wenn keine Verbindung zu dem VN oder dessen Repräsentanten vom VR aufgezeigt werden kann;[377]
- weil am Fahrzeug **keine Aufbruchsspuren vorhanden** waren, da es technische Möglichkeiten gibt, ein mit einer funkgesteuerten Zentralverriegelung ausgestattetes Kfz auch ohne Aufbruchsspuren zu öffnen;[378]
- weil es zu Falschangaben in der Schadenanzeige gekommen ist, wenn sich diese mit **ungenügenden Deutschkenntnissen** des VN erklären lassen und daraus entstandenen Missverständnissen eines Dritten, der ihm beim Ausfüllen des Formulars geholfen hat;[379]
- weil er sich trotz Nachweises des Minimalsachverhalts bei einer bereits 3 Jahre zurückliegenden Kfz-Entwendung beim **Randgeschehen** in **Widersprüche** verstrickt hat.[380]

---

371 OLG Karlsruhe Urt. v. 15.01.2009 – 12 U 218/08 – VK 2009, 81.
372 LG Hamburg Urt. v. 11.12.2003 – 323 O 99/03 – SP 2004, 346.
373 LG Köln Urt. v. 12.08.2009 – 24 O 365/08 – r+s 2010, 14.
374 LG Köln Urt. v. 27.07.2006 – 24 O 93/04 – NJOZ 2007, 2840.
375 OLG Düsseldorf Urt. v. 04.06.1996 – 4 U 79/95 – zfs 1997, 303 = r+s 1997, 355.
376 LG Stuttgart Urt. v. 09.02.2010 – 16 O 237/09 – r+s 2010, 463.
377 KG Urt. v. 14.09.2010 – 6 U 42/09 – r+s 2012, 168.
378 AG Karlsruhe Urt. v. 21.06.2013 – 1 C 18/13 – zfs 2013, 579.
379 OLG Naumburg Urt. v. 10.10.2013 – 4 U 11/13 – VersR 2015, 232.
380 OLG Naumburg Urt. v. 18.06.2015 – 4 U 58/14 – VersR 2017, 93.

cc) Zweite Stufe – Beweiserleichterungen des VR beim Nachweis der vorgetäuschten Entwendung

(1) Umstände der Vortäuschung und Voraussetzungen

Gelingt es dem VN, das »äußere Bild« einer Entwendung des versicherten Fahrzeuges zu beweisen, kann der **VR** den **Gegenbeweis** führen, dass der VN die behauptete **Entwendung nur vorgetäuscht** hat. Hierzu kommen auch dem VR **Beweiserleichterungen** zugute. Er muss **konkrete Umstände** aufzeigen und **Tatsachen** vorbringen, die nicht nur mit hinreichender, sondern mit höherer, nämlich **erheblicher Wahrscheinlichkeit** darauf schließen lassen müssen, dass der VN den Diebstahl nur **vorgetäuscht** hat. Für diese indiziellen Umstände und konkreten Tatsachen, die den VN entweder als unglaubwürdig erscheinen lassen oder schwerwiegende Zweifel an seiner Glaubwürdigkeit begründen, muss der VR den **Vollbeweis** erbringen. Sie müssen für das Gericht feststehen, also entweder unstreitig oder bewiesen sein.[381] Bloße Verdachtsmomente, nicht ausgeräumte Ungereimtheiten im Vortrag des VN[382] oder auch erhebliche **Zweifel** an der vom VN behaupteten Entwendung **reichen nicht** aus. Gleiches gilt für eine **auffällige Häufung früherer Versicherungsfälle**, bei denen Unredlichkeiten des VN nicht nachgewiesen werden konnten,[383] weil es hier gerade an feststehenden oder bewiesenen Tatsachen fehlt, die geeignet sind, die Glaubwürdigkeit des VN zu erschüttern. Selbst **falsche Angaben des VN zur Schadenhöhe** führen **für sich allein** nicht zur Annahme der erheblichen Wahrscheinlichkeit einer Vortäuschung.[384] 173

Eine erhebliche Wahrscheinlichkeit für den Gegenbeweis kann sich sowohl aus **allgemeinen Tatsachen** als auch aus dem **Verhalten des VN** oder der Beteiligten – vor oder auch nach dem Versicherungsfall – oder aus Zweifeln an der Glaubwürdigkeit des VN ergeben, so z.B. aus der Ungewöhnlichkeit des behaupteten Geschehens, aber auch dann, wenn der VN zur Durchsetzung seiner Vermögensinteressen bei der Schadensabwicklung wiederholt (vor oder nach dem angeblichen Diebstahl) bewusst **unrichtige, wechselnde oder widersprüchliche Angaben** gemacht hat, vor allem, wenn eine **Häufung unausräumbarer Widersprüche** vorliegt.[385] 174

Erforderlich ist stets eine **Gesamtschau und -würdigung** der einzelnen **Indizien und Umstände** durch das Gericht. Der Tatrichter muss die Zweifel auslösenden Umstände im Zusammenhang mit Blick darauf würdigen, ob sie überhaupt und mit welcher Wahrscheinlichkeit sie die Annahme einer Vortäuschung des Versicherungsfalles nahelegen. Das gilt auch für die Würdigung solcher Tatsachen, die eine Vortäuschung nicht unmittelbar ergeben, sondern sie nur indizieren.[386] Insgesamt gelten dieselben Maßstäbe, wie sie für den Ausschluss des VN von der Anhörung nach § 141 ZPO gelten, wenn er allein aufgrund seiner eigenen Angaben den Nachweis des Versicherungsfalles führen will.[387] Das Gericht muss das Tatsachenvorbringen zu einer Diebstahlsvortäuschung 175

381 St. Rspr. des BGH Urt. v. 05.10.1983 – **IVa ZR 19/82** – VersR 1984, 29 = MDR 1984, 209; BGH Urt. v. 11.12.1996 – **IV ZR 268/95** – VersR 1997, 896 = r+s 1997, 100; OLG Bamberg Urt. v. 15.10.2010 – 1 U 89/10 – SpV 2011, 20 und 61 = BeckRS2010, 28935; OLG Koblenz Urt. v. 14.03.2008 – 10 U 878/07 – VersR 2009, 214 = r+s 2009, 147; vgl. Prölss/Martin/*Klimke*, A.2.2.1 AKB, Rn. 28 m.w.N.

382 Vgl. BGH Urt. v. 18.10.1989 – **IVa ZR 341/88** – VersR 1990, 45 = r+s 1990, 129, 130.

383 BGH Urt. v. 21.02.1996 – **IV ZR 300/94** – VersR 1996, 575 = zfs 1996, 220; **a.A.** OLG Düsseldorf Urt. v. 24.03.1998 – 4 U 16/97 – r+s 1998, 453 = zfs 1998, 383.

384 Vgl. BGH Urt. v. 18.11.1986 – **IVa ZR 100/85** – VersR 1987, 61 = MDR 1987, 389.

385 Vgl. BGH Urt. v. 08.04.2015 – **IV ZR 171/13** – r+s 2015, 292 = NJW-RR 2015, 1247 **für den Fall der Diebstahlversicherung**; OLG Oldenburg Beschl. v. 21.03.2023 – 1 U 54/23 – r+s 2023, 658; OLG Hamm Urt. v. 11.06.2010 – I-20 U 212/09 – VersR 2011, 745 = zfs 2011, 271; Prölss/Martin/*Klimke*, A.2.2.1 AKB, Rn. 41 f.

386 BGH Urt. v. 12.04.1989 – **IVa ZR 83/88** – VersR 1989, 587 = r+s 1990, 130; BGH Urt. v. 14.02.1996 – **IV ZR 334/94** – NJW-RR 1996, 981 = BeckRS 1996, 01730; BGH Urt. v. 30.01.2008 – **IV ZR 18/07** – VersR 2008, 776 = r+s 2008, 324.

387 BGH Urt. v. 21.02.1996 – **IV ZR 300/94** – VersR 1996, 575 = zfs 1996, 220; Urt. v. 11.02.1998 – **IV ZR 306/96** – VersR 1998, 488 = zfs 1998, 218.

umfassend sowohl in seinen Einzelheiten, als auch in seiner Gesamtheit würdigen. Es darf sich nicht nur ausschnittsweise mit dem vorgebrachten Tatsachenmaterial befassen und nur dieses seiner Entscheidung zugrunde legen.[388]

176 Behauptet der VR, die Umstände des behaupteten Fahrzeugdiebstahls stünden nicht in Einklang mit den **GPS-Daten** des Fahrzeugs und beantragt er im Prozess, dem Fahrzeughersteller die Vorlage dieser Daten aufzugeben, muss er das Vorhandensein der Daten beim Hersteller glaubhaft machen.[389]

177 **Indizien für eine vorgetäuschte Entwendung** können sich auch aus nachfolgenden Umständen oder Verhaltensweisen des VN ergeben, die zwar mit dem strittigen Versicherungsfall in keinerlei Zusammenhang stehen, den VN aber als unglaubwürdig erscheinen lassen.[390] In Betracht kommen z.B.:

- **Frühere Täuschungsversuche** des VN bei der Schadenabwicklung in einem Versicherungsfall;[391]
- **Verschweigen früherer Entwendungen** von Fahrzeugen, die nicht im Eigentum des VN standen;[392]
- **Vorstrafen**, sofern kein Verwertungsverbot nach § 51 BZRG eingreift;
- **Bevorstehender Fristablauf** für die **Neuwertentschädigung**;[393]
- Vorausgegangene vergebliche **Versuche**, das **Fahrzeug zu veräußern**;
- **Angespannte Vermögenslage** des VN mit laufendem Verbraucherinsolvenzverfahren und Abgabe der eidesstattlichen Versicherung mehrere Monate nach der behaupteten Entwendung des Kfz;[394]
- Nicht versicherte **Vorschäden** in der Vergangenheit;
- **Häufung von Versicherungsfällen** in der Vergangenheit, vor allem in zeitnahen Abständen;
- Durch das Auslesen des Fehlerspeichers lässt sich nachweisen, dass die behauptete Entwendung nicht stattgefunden haben kann;[395]
- Unrichtige, wechselhafte, **widersprüchliche, unplausible oder mit Zeugenaussagen nicht in Einklang zu bringende Angaben** des VN in der Schadenanzeige, zum Geschehensablauf,[396] zur Laufleistung und Verwertung des Kfz i.V.m. früherer erfolgloser Inanspruchnahme von VR auf Regulierung von Kfz-Schäden[397] oder zu den Schlüsselverhältnissen,[398] (vgl. zu letzterem A.2.2.1 AKB Rdn. 157 ff., 181 ff.).

178 **Einzelne Verfehlungen reichen** für sich allein in der Regel **nicht** aus, um eine erhebliche Wahrscheinlichkeit für einen vorgetäuschten Fahrzeugdiebstahl zu begründen. Ein hoher Kaufpreis des Fahrzeuges, schlechte wirtschaftliche Verhältnisse eines Familienangehörigen und die Tatsache, dass das versicherte Fahrzeug bereits vor der behaupteten Entwendung zum Verkauf im Internet angeboten wurde, rechtfertigen aber auch in ihrer Gesamtheit regelmäßig keine erhebliche Vortäuschungswahrscheinlichkeit.[399] Dies gilt erst recht, wenn der VN seine unmittelbar vor der behaupteten Entwendung entfalteten Verkaufsabsichten plausibel erklären kann.[400] Das Gericht muss stets im

388 BGH Beschl. v. 10.12.2008 – **IV ZR 107/08** – VersR 2009, 496 = r+s 2009, 234.
389 OLG Celle Urt. v. 24.09.2018 – 8 U 73/18 – NJW-RR 2019, 152.
390 Vgl. BGH Urt. v. 26.03.1997 – **IV ZR 91/96** – VersR 1997, 733 = r+s 1997, 277; OLG Köln Urt. v. 11.01.2000 – 9 U 154/98 – r+s 2000, 320 = SP 2000, 241; OLG Köln Urt. v. 28.03.2000 – 9 U 116/99 – r+s 2000, 277 = SP 2000, 281; OLG Hamburg Urt. v. 07.05.1999 – 14 U 288/98 – VersR 2000, 1272.
391 BGH Urt. v. 30.01.2002 – **IV ZR 263/00** – VersR 2002, 431 = r+s 2002, 143.
392 LG Dortmund Urt. v. 10.10.2007 – 22 O 209/06 – zfs 2008, 457.
393 Vgl. Römer NJW 1996, 2329, 2332.
394 LG Coburg Urt. v. 20.04.2011 – 12 O 648/10 – r+s 2011, 283.
395 LG Bochum Urt. v. 29.03.2023 – 4 O 228/21 – BeckRS 2023, 31163.
396 LG Coburg Urt. v. 20.04.2011 – 12 O 648/10 – r+s 2011, 283.
397 OLG Hamm Urt. v. 11.06.2010 – I-20 U 212/09 – VersR 2011, 745 = zfs 2011, 271.
398 BGH Urt. v. 17.05.1995 – **IV ZR 279/94** – VersR 1995, 909 = r+s 1995, 288; KG Beschl. v. 27.07.2010 – 6 W 20/10 – VersR 2011, 914 = r+s 2011, 64; LG München I Urt. v. 09.07.2010 – 37 O 5394/08 – VersR 2010, 1209.
399 BGH Urt. v. 30.01.2008 – **IV ZR 18/07** – VersR 2008, 776 = r+s 2008, 324.
400 OLG Saarbrücken Urt. v. 20.02.2002 – 5 U 427/01-30 – zfs 2002, 587.

Rahmen einer **Gesamtschau** auf alle bewiesenen Tatsachen abstellen, die den Verdacht erhärten, die Entwendung könnte vorgetäuscht sein, wobei auch Gewicht und Zeitnähe früherer Verfehlungen des VN von Bedeutung sind.

Typische **Jugendsünden**, die Jahre oder gar Jahrzehnte zurückliegen, scheiden aus. Die Verfehlungen des VN verlieren jedenfalls in dem Maße ihre Indizwirkung, je länger sie zurückliegen. Art und Schwere früherer Verurteilungen müssen den Rückschluss zulassen, dass der VN auch im aktuellen Versicherungsfall die Unwahrheit gesagt hat. Die gegen den VN sprechenden Tatsachen müssen feststehen. Sind die früheren Vorgänge streitig, darf das Gericht sie nur dann zum Nachteil des VN in seine Gesamtwürdigung einbeziehen, wenn es aufgrund eigener Prüfung davon überzeugt ist, dass der VR das behauptete unredliche Verhalten des VN bewiesen hat. **179**

Obwohl es grundsätzlich dem VR obliegt, konkrete Tatsachen nachzuweisen, die die Annahme einer Vortäuschung der Entwendung des versicherten Kfz mit erheblicher Wahrscheinlichkeit nahelegen, kann dennoch in besonderen Ausnahmefällen den **VN** eine **sekundäre Darlegungslast** treffen. Dies gilt immer dann, wenn der VR außerhalb des von ihm darzulegenden Geschehensablaufes steht und keine nähere Kenntnis der maßgebenden Tatsachen hat und auch nicht haben kann, während der VN sie hat und ihm auch nähere Angaben zumutbar sind. Hat der VR bereits konkrete und gewichtige Anhaltspunkte für ein Vortäuschen der Entwendung dargelegt, die für sich allein genommen aber noch nicht ausreichen, um eine erhebliche Vortäuschungswahrscheinlichkeit zu begründen und bestehen begründete Zweifel daran, dass der VN die finanzielle Potenz hat, das angeblich entwendete Fahrzeug zu unterhalten, muss sich der VN im Prozess zu seinen wirtschaftlichen Verhältnissen äußern. Der **BGH** hat schon in anderem Zusammenhang sowohl die Möglichkeit, aus einer bestimmten wirtschaftlichen Lage des VN für ihn nachhaltige Schlüsse in Bezug auf die Vortäuschung eines behaupteten Diebstahls zu ziehen,[401] als auch das grundsätzliche Bestehen einer an die primäre Darlegungslast anknüpfenden sekundären Darlegungslast hinsichtlich der **eigenen finanziellen Verhältnisse**[402] vom Grundsatz her anerkannt. Macht der VN z.B. falsche, zur Irreführung des VR geeignete Angaben in der Schadenanzeige, indem er trotz fehlender Fahrerlaubnis behauptet, das Fahrzeug ausschließlich selbst genutzt und nicht an Dritte verliehen zu haben und weigert er sich trotz substanziierter Behauptung des VR im Prozess, wonach dem VN überhaupt nicht die finanziellen Mittel zur Verfügung stehen könnten, ein derart teures Fahrzeug zu erwerben und zu unterhalten, nähere Angaben zu seinen wirtschaftlichen Verhältnissen zu machen, gilt die Behauptung des VR nach § 138 Abs. 3 ZPO als zugestanden mit der Folge, dass diesem Umstand (ggf. neben weiteren Umständen) eine nicht unerhebliche Indizwirkung hinsichtlich der Behauptung eines vorgetäuschten Diebstahls zukommt.[403] **180**

(2) Schlüsselverhältnisse und Kopierspuren

Da im Falle eines vorgetäuschten Diebstahls der Abnehmer des Fahrzeuges auf der Aushändigung eines passenden Schlüssels bestehen wird, sei es ein Original- oder ein nachträglich angefertigter Ersatzschlüssel, verlangt der VR im Hinblick auf die Aufklärungsobliegenheit des VN regelmäßig die **Vorlage aller Originalschlüssel**, um diese durch einen Gutachter auf Kopierspuren untersuchen zu lassen,[404] (vgl. A.2.2.1 AKB Rdn. 225 ff.). Dieser kann durch mikroskopische Untersuchungen herausfinden, ob Abtastspuren vorhanden sind, die auf einen **Dupliziervorgang** hindeuten und ob diese von mehr oder weniger umfangreichen Gebrauchsspuren überlagert sind. Bei neueren Fahrzeugen kann die Benutzungshistorie eines Kfz-Schlüssels elektronisch ausgelesen werden. Aus den Auslesedaten lassen sich Hinweise auf Vortäuschungsindizien ableiten, wenn das aufgezeichnete **181**

401 BGH Urt. v. 23.10.1996 – **IV ZR 159/95** – VersR 1997, 55 = r+s 1997, 5.
402 BGH Urt. v. 16.11.2005 – **IV ZR 120/04** – NJW-RR 2006, 394, 397.
403 OLG Celle Urt. v. 16.04.2015 – 8 U 227/14 – VersR 2016, 110.
404 Vgl. BGH Urt. v. 07.07.2004 – **IV ZR 265/03** – VersR 2004, 1117 = NJW-RR 2004, 1395; Hagedorn NJW-Spezial 2014, 137.

Datum der letzten Benutzung oder die vom Schlüssel für diesen Zeitpunkt gemessene Temperatur nicht in Übereinstimmung zu bringen ist mit den Angaben des VN oder seiner Zeugen.[405]

182 **Kann der VN das Fehlen eines Originalschlüssels nicht plausibel erklären** oder behauptet er, nicht zu wissen, dass von einem seiner Originalschlüssel eine Kopie angefertigt wurde, obwohl ein Sachverständiger Kopierspuren festgestellt hat, so spricht dies ohne das Hinzutreten weiterer, gegen den VN sprechender Indizien weder für seine Unredlichkeit (vgl. A.2.2.1 AKB Rdn. 157 ff.), noch lässt sich hierauf die Annahme stützen, dass der Diebstahl nur vorgetäuscht sein könnte.[406] Dies gilt insbesondere bei einem in gebrauchtem Zustand erworbenem, mehrfach baulich veränderten Fahrzeug, zu dem der VN **nicht mehr alle Originalschlüssel** vorlegen kann,[407] oder bei einem nur **fünf Monate alten Kfz**, bei dem bereits eine **Schlüsselkopie** gezogen wurde, und zwar selbst dann, wenn ausgeschlossen werden kann, dass vor Auslieferung des Fahrzeuges eine Kopie hergestellt wurde.[408] Gleiches gilt, wenn Kopierspuren an einem Originalschlüssel festgestellt werden und das angeblich entwendete Fahrzeug später **mit unversehrten Tür-, Zünd- und Lenkradschlössern wieder aufgefunden** wird.[409] Es liegt dann zwar nahe, dass das Fahrzeug mit einem passenden Schlüssel gefahren sein muss; jedoch kann der Nachschlüssel auch ohne Wissen des VN, etwa anlässlich eines Werkstattaufenthaltes, angefertigt worden sein. Der vom VR zu führende Gegenbeweis ist daher nicht schon dann erbracht, wenn aufgrund von Kopierspuren lediglich feststeht, dass von einem Kfz-Schlüssel ein Duplikat angefertigt worden ist, wobei unbekannt ist, wann, von wem und mit wessen Billigung dies geschah und wenn nach dem unwiderlegten Vortrag des VN die Möglichkeit besteht, dass die **Duplizierung ohne sein Wissen durch Dritte** erfolgt ist.[410] In diesem Fall müssen schon weitere konkret feststehende oder bewiesene, **gegen den VN sprechende Indiztatsachen** von einigem Gewicht **hinzukommen.**

183 **Solche Umstände können darin bestehen**, dass der VR nachweist, dass ein nur wenige Tage vor der behaupteten Entwendung nachträglich angefertigter Ersatzschlüssel tatsächlich in den Besitz des VN gelangt ist, der VN ihn gleichwohl aber beim VR nicht eingereicht hat.[411] Kann der VR dagegen nicht die Möglichkeit ausräumen, dass auch ein Dritter (z.B. der Ehemann der VN) Zugriff auf den von der VN benutzten Kfz-Schlüssel hatte und insoweit ohne ihre Kenntnis gehandelt haben könnte, so fehlt es an solchen Umständen, es sei denn, der VR weist eine Repräsentantenstellung des Dritten nach, über die sich die VN das Verhalten ihres Ehemannes zurechnen lassen müsste.[412]

184 Zusätzliche Indiztatsachen für die Annahme eines fingierten Diebstahls können auch darin liegen, dass das Kfz von einem **unüblichen Abstellplatz** entwendet worden sein soll und der **VN zuvor vergeblich versucht hat, das Fahrzeug zu veräußern.**[413] Gleiches gilt, wenn Auslesungen des Zündschlüssels auf einen Fahrzeugzustand hindeuten, bei dem das Kfz allenfalls wegtransportiert, nicht

---

405 OLG Köln Urt. v. 24.11.2009 – 9 U 77/09 – VK 2010, 9.

406 Vgl. BGH Urt. v. 27.05.1998 – **IV ZR 81/97** – VersR 1998, 1012 = zfs 1998, 382; OLG Hamm Urt. v. 26.01.1994 – 20 U 248/93 – NJW-RR 1995, 348.

407 LG Köln Urt. v. 30.01.2013 – 20 O 176/11 – r+s 2014, 169 (Harley-Davidson).

408 BGH Urt. v. 04.11.1998 – **IV ZR 302/97** – VersR 1999, 181 = NZV 1999, 163.

409 BGH Urt. v. 13.12.1995 – **IV ZR 54/95** – VersR 1996, 319 = r+s 1996, 92.

410 BGH Urt. v. 16.10.1996 – **IV ZR 154/95** – VersR 1997, 53 = zfs 1997, 60; BGH Urt. v. 13.12.1995 – **IV ZR 54/95** – VersR 1996, 319 = r+s 1996, 92; BGH Urt. v. 24.05.1995 – **IV ZR 167/94** – VersR 1995, 1043 = zfs 1995, 460; BGH Urt. v. 17.05.1995 – **IV ZR 279/94** – VersR 1995, 909 = r+s 1995, 288; OLG Düsseldorf Urt. v. 29.12.2005 – 4 U 155/04 – NJW-RR 2006, 1263 = VK 2006, 194; OLG Köln Urt. v. 25.11.2003 – 9 U 73/03 – zfs 2004, 367 = r+s 2004, 142; OLG Koblenz Urt. v. 31.01.1997 – 10 U 405/96 – zfs 1998, 139; OLG Köln Urt. v. 05.12.1995 – 9 U 334/94 – r+s 1997, 148; OLG Bamberg Urt. v. 15.12.1994 – 1 U 198/93 – zfs 1995, 422; OLG Frankfurt/M. Urt. v. 24.10.1994 – 1 U 153/93 – zfs 1995, 378.

411 LG Halle Urt. v. 29.04.2008 – 5 O 44/07 – BeckRS 2008, 13400.

412 OLG Köln Urt. v. 25.11.2003 – 9 U 73/03 – zfs 2004, 367 = r+s 2004, 142.

413 OLG Bremen Urt. v. 04.03.1997 – 3 U 75/96 – NJWE-VHR 1998, 101.

aber weggefahren worden sein kann.[414] Demgegenüber lassen sich bei einem **Kfz-Diebstahl im Ausland** belastende Indizien nicht schon daraus herleiten, dass es wenig wahrscheinlich sei, dass der Täter dem VN mit einem Nachschlüssel ins Ausland gefolgt sei, um dort das Kfz zu entwenden, wenn noch nicht einmal feststeht, ob das Fahrzeug überhaupt mit einem Nachschlüssel wegbewegt wurde.[415]

Der VN ist nicht gehalten, das Fehlen eines Schlüssels oder die Möglichkeit einer **Fertigung von Schlüsselkopien durch unbekannte Dritte** im Einzelnen plausibel zu erklären.[416] 185

Sind festgestellte Kopierspuren durch keine oder nur wenige Gebrauchsspuren überlagert, spricht einiges dafür, dass der Kopiervorgang zeitlich noch nicht sehr lange zurückliegt und demnach nicht ohne Wissen seines Besitzers erfolgt sein kann. Dies ist aber nicht zwingend. Aus der Intensität der die Kopierspuren eines ständig benutzten Kfz-Schlüssels überlagernden Gebrauchsspuren lässt sich eine genaue zeitliche Einordnung des Kopiervorganges im Hinblick darauf, dass die Gebrauchsspuren im Einzelfall nicht nur durch die Anzahl der Schließvorgänge, sondern auch durch die Art und Weise des Gebrauchs beim jeweiligen Schließvorgang entstehen, nicht vornehmen.[417] Selbst wenn Duplizierungsspuren auf einem Fahrzeugschlüssel durch keinerlei Gebrauchsspuren überlagert werden, lässt sich hieraus nicht ohne weiteres folgern, dass der Schlüssel nach dem Kopiervorgang nicht mehr benutzt wurde.[418] 186

Der **Zustand des Schlüssels kann** daher **allenfalls ein Indiz für eine vorgetäuschte Entwendung** sein. Es ist immer zu berücksichtigen, dass es zahlreiche Konstellationen geben kann, in denen diesem Umstand wenig Bedeutung beizumessen sein wird, z.B. bei ohnehin nicht oder kaum erkennbaren Gebrauchsspuren eines nur wenig benutzten Schlüssels. Dabei stehen diese Gebrauchsspuren auch keineswegs in direktem Zusammenhang mit der Laufleistung des Fahrzeuges. Bei einer Nutzung des Fahrzeuges im Langstreckenverkehr wird der Schlüssel weniger gebraucht werden als bei vielen Kurzstreckenfahrten im Stadtverkehr. Auch durch den individuellen Umgang mit dem Schlüssel sind unterschiedlich starke und tiefgreifende Gebrauchsspuren denkbar, die den Kopiervorgang schon nach kürzester Zeit massiv überlagern. Je mehr Gebrauchsspuren festgestellt werden, desto länger wird ein Sachverständiger den Zeitpunkt des Kopierens zurückdatieren und desto eher wird man einem VN abnehmen, sich an die Anfertigung eines Ersatzschlüssels nicht mehr erinnern zu können, weil dieser schon so lange zurückliegt. 187

Behauptet der VN, von der Anfertigung eines Nachschlüssels nichts zu wissen, weil dieser auch in der Werkstatt oder anlässlich eines Ölwechsels an der Tankstelle vorgenommen worden sein kann, wird dies nur dann für einen mit erheblicher Wahrscheinlichkeit vorgetäuschten Diebstahl sprechen, wenn der Abstellort des versicherten Fahrzeuges dem unbekannten Duplizierer nicht bekannt gewesen sein kann. Anders ist der Sachverhalt jedoch zu beurteilen, wenn der VN das Fahrzeug vor seinem Haus oder jedenfalls in der Nähe abgestellt hatte und der unbekannte Täter aus der Werkstatt oder der Tankstelle die Anschrift des VN aus dem Fahrzeugschein kannte.[419] 188

Der Umstand, dass der **VN das Fehlen eines Senders zur Betätigung der Wegfahrsperre nicht plausibel erklären** kann, entfaltet für eine erhebliche Vortäuschungswahrscheinlichkeit des Diebstahls zwar eine besondere Indizwirkung, da eine Ingebrauchnahme des Fahrzeuges ohne Sender – anders als ohne Schlüssel – praktisch unmöglich ist. Gleichwohl müssen auch in einem solchen 189

414 LG Duisburg Urt. v. 05.07.2018 – 4 O 10/17 – BeckRS 2018, 29381.
415 BGH Urt. v. 23.10.1996 – **IV ZR 159/95** – VersR 1997, 55 = r+s 1997, 5.
416 BGH Urt. v. 17.05.1995 – **IV ZR 279/94** – VersR 1995, 909 = r+s 1995, 288; Urt. v. 16.10.1996 – **IV ZR 154/95** – VersR 1997, 53 = zfs 1997, 60; OLG Koblenz Urt. v. 31.01.1997 – 10 U 405/96 – zfs 1998, 139.
417 OLG Köln Urt. v. 05.12.1995 – 9 U 334/94 – r+s 1997, 148.
418 OLG Düsseldorf Urt. v. 27.02.1996 – 4 U 293/94 – zfs 1996, 221; OLG Hamm Urt. v. 25.09.1995 – 6 U 2/95 – zfs 1996, 98.
419 BGH Urt. v. 13.12.1995 – **IV ZR 54/95** – VersR 1996, 319 = r+s 1996, 92.

Fall – ebenso wie im Rahmen von Auffälligkeiten bei den Schlüsselverhältnissen[420] – noch weitere Verdachtsmomente hinzukommen,[421] die sich aus der Person des VN und seines Verhaltens ergeben und in einer vorzunehmenden Gesamtschau die erhebliche Wahrscheinlichkeit der Vortäuschung eines Diebstahls nahelegen.[422] Behauptet der VN einen **Diebstahl des Kfz mit anschließendem Unfall unter Verwendung eines passenden Schlüssels**, reicht es zur Annahme einer erheblichen Vortäuschungswahrscheinlichkeit aus, wenn sämtliche Originalschlüssel keine Kopierspuren aufweisen und wegen des eingebauten Transponders auch kein Nachschlüssel über einen Schlüsseldienst oder eine Werkstatt, sondern nur über den Kfz- Hersteller hätte beschafft werden können und sich nach dem Unfall alle Originalschlüssel im Besitz des VN befinden, da ein Dieb wird nicht zuerst den Schlüssel entwenden und ihn nach gescheitertem Vorhaben wieder zurückbringen wird.[423] Gleiches gilt, wenn der VN dem VR einen Schlüssel ohne Transponder vorlegt, mit dem das mit einer elektronischen Wegfahrsperre ausgerüstete Fahrzeug zum Diebstahlsort gefahren worden sein soll.[424]

190 Bei einer behaupteten Entwendung versicherter **Fahrzeug- und Zubehörteile** (z.B. eines Navigationsgerätes) ist von einer erheblichen Vortäuschungswahrscheinlichkeit auszugehen, wenn der Versicherungsfall die **klassischen Merkmale einer nur vorgetäuschten Teileentwendung** aufweist: Fragliche Werthaltigkeit und unklare Herkunft des angeblich entwendeten Gerätes, fragliches Eigentum des VN an dem Gerät (Hehlerware?), unklare und nicht nachprüfbare Umstände des angeblichen Einbaus des Gerätes in das Fahrzeug.[425]

(3) Einzelfälle aus der Rechtsprechung

191 Die erhebliche Wahrscheinlichkeit eines **vorgetäuschten Kfz-Diebstahls** wurde in folgenden Fällen angenommen:

– VN stellt Kfz mit elektronischer Wegfahrsperre und Alarmanlage auf **Flughafenparkplatz für Kurzzeitparker** mit Schranke ab gegen eine Gebühr von 1,00 DM je 15 Minuten für die Dauer einer **mehrwöchigen Flugreise**;[426]
– Bei dem an der Grenze beschlagnahmten versicherten Kfz wird ein **Nachschlüssel** vorgefunden, der **starke Gebrauchsspuren** aufweist, während die im Besitz des VN befindlichen Schlüssel nur in geringem Umfang verwendet worden sind;[427]
– VN macht **unklare Angaben** hinsichtlich der gefahrenen Kilometer, zum Verbleib der Fahrzeugpapiere und des Zweitschlüssels;[428]
– **Falschangaben** des VN zum Kfz-Kaufpreis und zur vertraglich gemeldeten Laufleistung des Fahrzeuges, unterschiedliche Angaben der Zeugen und des VN zum Randgeschehen, **Häufung von** gleichartigen **Schadenfällen** innerhalb eines kurzen Zeitraumes (5 Schäden in 2 Jahren);[429]
– **Kfz** des VN wird nur wenige Stunden nach dem angeblichen Diebstahl **ausgebrannt** an einem abgelegenen Ort **mit demontierten Kennzeichen** aufgefunden;[430]
– VN kann nur einen **Zündschlüssel** vorweisen, der **frische Kopierspuren** aufweist und laut Sachverständigengutachten anschließend nur noch für einen Sperrvorgang benutzt wurde, d.h. für die letzte Fahrt vor dem Diebstahl;[431]

420 BGH Urt. v. 17.05.1995 – **IV ZR 279/94** – VersR 1995, 909 = r+s 1995, 288.
421 **A.A.** Himmelreich/Halm/Staab/*Papatheodorou* Kap. 23 D Rn. 235.
422 OLG Köln Urt. v. 18.07.2000 – 9 U 36/98 – VersR 2002, 225 = SP 2001, 135.
423 AG Marl Urt. v. 24.08.2001 – 16 C 301/01 – SP 2002, 137.
424 OLG Jena Urt. v. 28.02.2019 – 4 U 72/16 – FD-VersR 2020, 425561.
425 LG Dortmund Urt. v. 31.05.2012 – 2 O 30/12 – r+s 2013, 64.
426 OLG Düsseldorf Urt. v. 23.11.1999 – 4 U 202/98 – r+s 2000, 143 = NVersZ 2000, 277.
427 OLG Karlsruhe Urt. v. 07.08.1997 – 12 U 95/97 – zfs 1998, 299.
428 OLG Frankfurt/M. Urt. v. 22.06.1977 – 17 U 193/76 – VersR 1977, 1022; OLG Frankfurt/M. Urt. v. 24.03.1994 – 1 U 85/92 – VersR 1994, 976.
429 LG Düsseldorf Urt. v. 22.01.2007 – 11 O 55/06 – SP 2008, 59.
430 OLG Celle Urt. v. 11.12.1997 – 8 U 143/96 – zfs 1999, 158.
431 OLG Celle Urt. v. 21.09.2000 – 8 U 127/99 – SP 2001, 207.

- VN hat keine plausible Erklärung für seinen Aufenthalt zur Tatzeit und **behauptet, mit Freunden unterwegs gewesen zu sein**, ohne auch nur einen benennen zu können;[432]
- VN verweigert die Benennung der TÜV-Prüfstelle der letzten HU;[433]
- Dieb soll den **Schlüssel** laut VN-Angaben **aus** dessen **Jacke an der bewachten Garderobe einer Diskothek entwendet**, kopiert, das Fahrzeug entwendet, den Originalschlüssel aber anschließend wieder in die Jackentasche an der Garderobe zurückgebracht haben;[434]
- **VN legt** 4. Kfz-Schlüssel, einen sog. **Werkstattschlüssel**, den er angeblich in einer Kommode aufbewahrt und vergessen hatte, **erst drei Monate nach dem behaupteten Diebstahl vor.** Der Schlüssel sei nur zwei Mal benutzt worden, das Kfz habe sich nicht in der Werkstatt befunden. Der Sachverständige stellt an dem nachgereichten Schlüssel ebenso viele Gebrauchsspuren fest wie an den übrigen Schlüsseln;[435]
- VN hat vor Zeugen erklärt, er wolle das Fahrzeug verschwinden lassen, verbunden mit weiteren Umständen;[436]
- Kläger **legt** nach behauptetem Diebstahl eines Porsche 911 Carrera den **Sender für die Wegfahrsperre** zum zweiten Schlüsselsatz **nicht vor.** Zunächst bestreitet er, überhaupt jemals zwei Schlüsselsätze besessen zu haben, gibt dann an, er habe den Sender im Handschuhfach aufbewahrt, während er noch gegenüber dem Sachverständigen angegeben hatte, ihn im Schließfach bei der Sparkasse deponiert zu haben. Bei Beantragung der Versicherung hatte der Kläger eine **Phantomfirma** als VN angegeben, um in eine günstigere Beitragsklasse eingestuft zu werden. Den Porsche hatte er privat einen Tag nach dem **Konkursantrag** der von ihm geleiteten Firma gekauft und dabei einen zum Betriebsvermögen gehörenden Pkw Jaguar in Zahlung gegeben;[437]
- Der VN und seine Ehefrau, die in beengten finanziellen Verhältnissen leben, haben bei mehreren in ihrem Eigentum stehenden Altfahrzeugen **in 2 1/2 Jahren mehr als zehn »privat« behobene Verkehrsunfallschäden fiktiv** auf Gutachtenbasis **abgerechnet.** Den behaupteten Diebstahl eines 12 Jahre alten, mit Wegfahrsperre nachgerüsteten Pkw im Wert von angeblich 10.000,00 DM von einem nicht vorhersehbaren Abstellort hat das Gericht als mit erheblicher Wahrscheinlichkeit vorgetäuscht angesehen;[438]
- Repräsentant des VN macht **falsche Angaben zum Abstellort des Kfz.** Nach behauptetem Diebstahl wird das Kfz unfallbeschädigt aufgefunden. Es wurde mit einem Originalschlüssel gefahren. Das Alibi des Repräsentanten, bis über den Zeitpunkt des Wiederauffindens des Kfz ununterbrochen in einer Gaststätte gewesen zu sein, ist nicht bewiesen;[439]
- **Widerlegte Behauptung des VN**, dem Versicherungsvertreter bei Anzeige des Diebstahls alle Fahrzeugschlüssel übergeben zu haben;[440]
- Die **Art und Weise, wie das Kfz** bzw. der Wohnwagen **aufgebrochen** und leer geräumt **wurde**, spricht gegen eine unfreiwillige Entwendung;[441]
- Auffinden des Kraftfahrzeugs kurz nach der Entwendung in beschädigtem Zustand bei Belassen wertvollen Zubehörs im Wagen und Integrität der Schließanlage und Wegfahrsperre;[442]

---

432 OLG Celle Urt. v. 07.06.1989 – 8 U 197/88 – VersR 1990, 518.

433 OLG Düsseldorf Urt. v. 23.10.2001 – 4 U 41/01 – r+s 2002, 102 = NVersZ 2002, 320.

434 OLG Hamm Urt. v. 12.01.2000 – 20 U 63/99 – r+s 2000, 275 = VersR 2000, 1492 = SP 2000, 242.

435 OLG München Urt. v. 04.08.2000 – 25 U 2803/00 – SP 2001, 240.

436 OLG Hamm Urt. v. 30.10.2000 – 6 U 198/99 – r+s 2002, 55; OLG Celle Urt. v. 18.04.1996 – 8 U 248/94 – zfs 1996, 383.

437 OLG Köln Urt. v. 18.07.2000 – 9 U 36/98 – VersR 2002, 225 = SP 2001, 135.

438 OLG Düsseldorf Urt. v. 23.10.2001 – 4 U 41/01 – r+s 2002, 102 = NVersZ 2002, 320.

439 OLG Köln Urt. v. 20.11.2001 – 9 U 39/00 – r+s 2002, 104 = NVersZ 2002, 270.

440 OLG Hamm Urt. v. 14.07.1995 – 20 U 58/95 – r+s 1996, 129 = zfs 1995, 419.

441 OLG Stuttgart Urt. v. 24.01.1989 – 10 U 295/87 – VersR 1989, 622; OLG Zweibrücken Urt. v. 06.10.1989 – 1 U 36/88 – r+s 1990, 332; OLG Hamm Urt. v. 08.06.1988 – 20 U 317/87 – VersR 1989, 617; OLG Hamm Urt. v. 13.04.1988 – 20 U 192/87 – r+s 1988, 356; OLG Karlsruhe Urt. v. 01.09.1988 – 12 U 64/88 – VersR 1989, 619; **a.A.** OLG Köln Urt. v. 09.02.1989 – 5 U 46/88 – r+s 1989, 141; OLG Karlsruhe Urt. v. 05.03.1998 – 12 U 288/97 – VersR 1999, 249.

442 OLG Celle Urt. v. 05.01.2004 – 8 U 179/03 – zfs 2004, 321.

- Die behauptete **Entwendung hätte erheblichen technischen Aufwand vorausgesetzt**, der PKW wurde aber unmittelbar nach dem angeblichen Diebstahl bereits in Brand gesetzt;[443]
- VN kann keinen plausiblen Grund dafür angeben, warum er 5 Jahre nach Erwerb des Kfz **kurz vor** dessen angeblicher **Entwendung** ein **Wertgutachten** hat anfertigen lassen;[444]
- Der **Ersatz-Fahrzeugschlüssel**, den der VN in seiner Wohnung verwahrt haben will, weist **Duplizierspuren** auf, für die der VN keine plausible Erklärung hat. Der Pkw Camaro Cabrio, der nur durch einen passenden Schlüssel gestartet werden kann, so dass ein Kurzschließen ausscheidet, war im Innenhof einer Gaststätte abgestellt und damit an einem nicht allgemein bekannten und zugänglichen **Abstellort**, was ebenfalls gegen eine Entwendung ohne Beteiligung des VN spricht;[445]
- Diebstahl des Kfz zu einem Zeitpunkt, in dem das Auto nicht am gewohnten Ort steht, Schwierigkeiten des VN, den **Ratenkredit zur Finanzierung des Kfz** abzuzahlen, Herstellung von **zwei Nachschlüsseln** an unterschiedlichen Maschinen kurz hintereinander, keine Hinweise auf die Anfertigung weiterer Schlüssel durch Dritte, **geringe Nutzung** sowie das Öffnen des Verschlusses der **Originalschlüssel**;[446]
- **Entfernung des Originaltransponders** aus dem Kfz-Schlüssel, da hiermit ein voll funktionstüchtiger Nachschlüssel angefertigt werden kann, mit dem sich das Fahrzeug vor allem auf dem Schwarzmarkt verkaufen lässt. Auch eröffnet der Einsatz eines fremden Transponderchips im funktionslos gewordenen Originalschlüssel immerhin die Chance, dass bei bloß oberflächlicher Untersuchung des Schlüssels die Manipulation unentdeckt bleibt;[447]
- VN legt Kfz-Funkschlüssel mit **ausgetauschter Originalsteuereinheit** und **eindeutigen Kopierspuren** vor, i.V.m. unglaubhaften Erklärungsversuchen des VN;[448]
- Zu dem mit Wegfahrsperre und Alarmanlage ausgestatteten Kfz **legt der VN von drei Schlüsseln nur den Hauptschlüssel vor**, und dies auch erst **drei Monate nach dem behaupteten Diebstahl**, wobei seine **Angaben** zu dem übergebenen Schlüssel teils **falsch oder widersprüchlich** sind; ferner nicht mit den Aussagen des VN bzw. seiner Zeugen in Übereinstimmung zu bringende Auslesedaten des Kfz-Schlüssels sowie weitere nachweislich falsche Angaben des VN zu den Begleitumständen der angeblichen Entwendung;[449]
- Der **einschlägig vorbestrafte VN** macht widersprüchliche Aussagen zu den Umständen der Fahrzeugentwendung und hat versucht, das Kfz in der kurzen Zeit, in der er es im Besitz hatte, mehrmals im Internet zu verkaufen;[450]
- Behaupteter Diebstahl von zwei sorgfältig, **fachgerecht** und ohne jegliche Begleitschäden **ausgebauten Vordersitzen** und eines **Navigationsgerätes** einschließlich des Abklemmens der Verkabelung aus einem in **enger Einzelgarage** abgestellten Pkw (trotz eingeschlagener Seitenscheibe);[451]
- Behaupteter Einbruchdiebstahl aus einem in geringer Stückzahl hergestellten Typ eines Wohnwagens, wobei nahezu **alle Holztüren der Inneneinrichtung** einschließlich Kühlschranktür nebst Holzblende und Waschraumtür, Schubladen, Polster, Gardinen und Vorhänge **ohne Beschädigungen ausgebaut und gestohlen** worden sein sollen;[452]
- VN fährt nach **nächtlichem Unfall durch Auffahren** auf ein geparktes Kfz bei gleichzeitigem Verlust des Nummernschildes zunächst zum angeblichen Tatort zurück, entfernt sodann das Fahrzeug, um es einige Straßen weiter zu parken und benachrichtigt in **alkoholisiertem Zustand** die Polizei; **Aufbruchspuren fehlen**; VN ist im Besitz der Kfz-Schlüssel;[453]

443 KG Urt. v. 03.06.2003 – 6 U 7/02 – zfs 2004, 74.
444 OLG Frankfurt/M. Urt. v. 25.09.2002 – 7 U 206/01 – VersR 2003, 1169 = zfs 2003, 297.
445 OLG Nürnberg Urt. v. 17.11.1994 – 8 U 2177/94 – VersR 1995, 1089.
446 LG Düsseldorf Urt. v. 23.06.2005 – 11 O 559/03 – r+s 2006, 187.
447 OLG Stuttgart Beschl. v. 15.09.2006 – 7 U 139/06 – r+s 2007, 316 = VersR 2007, 686 = NZV 2007, 83.
448 LG München I Urt. v. 09.07.2010 – 37 O 5394/08 – VersR 2010, 1209.
449 OLG Köln Urt. v. 24.11.2009 – 9 U 77/09 – VK 2010, 9.
450 LG Dortmund Urt. v. 11.03.2004 – 2 O 363/03 – SP 2005, 19.
451 OLG Hamm Urt. v. 08.02.2012 – 20 U 172/11 – r+s 2012, 381 = zfs 2012, 331.
452 OLG Düsseldorf Urt. v. 21.09.1999 – 4 U 154/98 – r+s 2000, 144 m.w.N.
453 KG Beschl. v. 03.09.2010 – 6 U 20/10 – r+s 2012, 68 = zfs 2011, 390.

- VN bewegt das Kfz einen Tag nach dem Abstellen 5 km mit dem **Originalzweitschlüssel**, den sie wenige Tage später dem VR übergibt, beschuldigt den **flüchtigen Ehemann**, der Zugriff auf den Zweitschlüssel gehabt habe und behauptet hartnäckig **eine um 20.000 km geringere** als die tatsächliche **Laufleistung**;[454]
- Widersprüchliche Angaben des VN zum **Aufbewahrungsort von Kfz-Schlüssel und -papieren** bei Kfz-Diebstahl aus der Garage nach vorangegangenem **Schlüsseldiebstahl** aus der Wohnung, den der VN schon um 6.00 Uhr bemerkt hat, obwohl er erst um 4.15 Uhr zu Bett gegangen sein will;[455]
- **Wiederauffinden** des angeblich entwendeten **Motorrades** an einer nur 20 km vom Wohnort des VN entfernten **öffentlichen Bushaltestelle**, wobei nur Fahrzeugteile im Wert von 4.900,00€ ausgebaut, aber Teile im Wert von 10.000,00€ am Fahrzeug belassen wurden, i.V.m. weiteren ähnlich gelagerten Vorfällen beim VN bzw. dessen Familie in der Vergangenheit;[456]
- Wiederaufgefundenes Kfz mit noch vollständig funktionsfähiger Schließanlage weist eine **Vielzahl von Schäden** auf, die sich mit geringem Aufwand beseitigen lassen, deren fachmännische Beseitigung jedoch erhebliche Entschädigungsleistungen auslösen würde;[457]
- **Einzelne Fahrzeugteile** wie Bordmonitor und Radionavigationsteil werden bei funktionierender safe-lock-Funktion **beschädigungslos ausgebaut** und die Schrauben werden nach Demontage der Scheinwerfer wieder eingesetzt;[458]
- VN behauptet, **innerhalb von zwei Monaten zweimal Opfer eines identischen Fahrzeugteilediebstahls** geworden zu sein, **vereitelt** aber die vom VR gewünschte **Nachbesichtigung** seines Fahrzeugs und die **Auslesung des Fehlerspeichers** durch eine Veräußerung des Fahrzeugs ins Ausland.[459]

Die erhebliche Wahrscheinlichkeit eines **vorgetäuschten Kfz-Diebstahls** konnte der VR in folgen- 192
den Fällen **nicht nachweisen:**

- Von dem Haupt-Fahrzeugschlüssel wurde zwar ein **Nachschlüssel** im Kopierfräsverfahren hergestellt, wobei die **Kopierspuren nicht von** schlossspezifischen **Gebrauchsspuren überlagert** sind. Der gerichtliche Sachverständige konnte, nachdem der VN die Richtigkeit des vom VR außergerichtlich eingeholten **Schlüsselgutachtens** bestritten hatte, keine verbindliche Aussage treffen, weil er die Schlüssel wegen zwischenzeitlichem Verlust auf dem Postweg selbst nicht begutachten konnte. Weitere relevante Verdachtsmomente konnte der VR nicht aufzeigen;[460]
- Diebstahl eines **Kfz**, das nicht nur mit einer elektronischen Wegfahrsperre, sondern auch **mit einer Alarmanlage** ausgestattet ist. VN hatte **vor dem Diebstahl bereits ein neues Fahrzeug bestellt** und ursprünglich die Absicht, das später entwendete Fahrzeug zu veräußern; vom VR behauptete objektive Falschangaben des VN in der Schadenanzeige, u.a. Angabe eines überhöhten Kaufpreis bei gleichzeitiger Beifügung der Pkw-Bestellung mit »richtigem« Kaufpreis; einer der dem VR übersandten Schlüssel gehörte nicht zu dem entwendeten Kfz;[461]
- Vom Kfz-Werkstattschlüssel wurde ein **Nachschlüssel** angefertigt; das Kfz kann mit **aktivierter Wegfahrsperre** nicht ohne weiteres in Gang gesetzt werden, in Verbindung mit vom VR behaupteten Geldsorgen des VN aufgrund der Trennung von seiner Ehefrau,[462]
- Entwendung eines Pkw aus **abgeschlossener Garage während des Urlaubs des VN**, wobei ein Bekannter sowohl die Schlüssel zur Wohnung, als auch zum Pkw des VN in Besitz hatte,[463]

---

454 KG Beschl. v. 27.07.2010 – 6 W 20/10 – VersR 2011, 914 = r+s 2011, 64.
455 LG Düsseldorf Urt. v. 26.05.2011 – 11 O 259/09 – r+s 2012, 384.
456 LG Düsseldorf Urt. v. 03.02.2012 – 22 S 125/11 – r+s 2013, 125.
457 KG Beschl. v. 10.04.2014 – 6 U 107/09 – BeckRS 2015, 04972.
458 OLG Hamm Beschl. v. 14.01.2021 – 6 U 138/19 – zfs 2021,454.
459 OLG Oldenburg Urt. v. 21.03.2023 – 1 U 54/22 – zfs 2023, 686.
460 LG Düsseldorf Urt. v. 21.02.2008 – 11 O 191/06 – BeckRS 2008, 19694.
461 LG Düsseldorf Urt. v. 22.08.2007 – 11 O 31/06 – BeckRS 2007, 15171.
462 OLG Karlsruhe Urt. v. 15.01.2009 – 12 U 218/08 – VK 2009, 81.
463 OLG Düsseldorf Urt. v. 30.09.1997 – 4 U 272/95 – zfs 1998, 298.

- Der VN legt **einen Original- und drei kopierte Fahrzeugschlüssel** vor und behauptet, dass ihm beim Erwerb des Gebrauchtwagens lediglich drei Schlüssel übergeben worden seien und sein Bruder einen weiteren Schlüssel im Wege des mechanischen Abtastverfahrens habe nachmachen lassen, wobei diese Ausführungen in einem Sachverständigengutachten als nachvollziehbar angesehen werden;[464]
- VN **behauptet Kfz-Erwerb mit einem Navigationsgerät**, das aber erst später eingebaut worden ist, i.V.m. Falschangabe des Kaufpreises, Aufbewahrung des Kfz-Kaufvertrages im gestohlenen Kfz und Nichtbenennung des Voreigentümers;[465]
- Sitze und Teile des Armaturenbretts wurden von den Tätern aus einem mit einem Safe-System gesicherten Kfz **fachmännisch ausgebaut.**[466]

dd) Dritte Stufe – Vollbeweis des VN

193 Gelingt es dem VR, die erhebliche Wahrscheinlichkeit für eine vorgetäuschte Entwendung durch den VN darzutun und zu beweisen, verbleibt dem VN nur noch die Möglichkeit, den Vollbeweis für den Eintritt des von ihm behaupteten Versicherungsfalles (also nicht nur für das »äußere Bild«) zu führen.[467] Dies wird ihm in der Regel nicht gelingen, wenn Zeugen für die unmittelbare Entwendung gerade nicht vorhanden sind bzw. der Täter auch nicht gefasst wurde.

2. Abgrenzung der versicherten Entwendung zum nicht versicherten Betrug

a) Trickdiebstahl

194 Straftaten, die sich nicht unter den Begriff der »Entwendung« fassen lassen, sind vom Teilkaskoversicherungsschutz nicht umfasst. Dazu gehört insbesondere der Betrug.[468] Bei diesem erlangt der Täter das Einverständnis des VN zur Übertragung des Gewahrsams an der versicherten Sache durch eine Täuschung des VN. Nicht immer stellt jedoch die durch einen »Trick« eingeleitete Gewahrsamserlangung des Täters einen nicht versicherten Betrug dar. Für die **Abgrenzung** zwischen einem **versicherten Trickdiebstahl** und einem **nicht versicherten Betrug** kommt es darauf an, ob lediglich eine Gewahrsamslockerung im Einverständnis mit dem Verfügungsberechtigten erzielt und durch eine weitere Handlung der verbliebene »Gewahrsamsrest« gebrochen wird (**dann versicherte Entwendung**), oder ob der Verfügungsberechtigte den vollständigen Gewahrsam bereits unmittelbar infolge einer Täuschungshandlung aufgibt (**dann nicht versicherter Betrug**).[469] Dem VN obliegt die **Beweislast für die Entwendung.** Besteht neben der versicherten Entwendung eine andere, nicht versicherte Möglichkeit des Fahrzeugverlustes, wie z.B. der nicht versicherte Betrug, so hat der beweisbelastete VN diesen auszuschließen.[470] Lässt sich nicht klären, ob das versicherte Fahrzeug durch eine widerrechtliche Sachentziehung – einen Diebstahl oder eine versicherte Unterschlagung – oder durch einen – nicht versicherten – Betrug abhandengekommen ist, so entfällt die Leistungspflicht des VR. Dementsprechend ist der Nachweis einer versicherten **Entwendung eines vermieteten Lkw** nicht geführt, wenn dieser durch einen in Begleitung des Mieters aufgetretenen Dritten vom Firmengelände des Vermieters mittels eines von diesem ausgehändigten Schlüssel weggefahren wird

464 OLG Frankfurt/M. Urt. v. 12.02.2003 – 7 U 179/99 – r+s 2005, 191.
465 OLG Hamm Urt. v. 11.01.2012 – 20 U 64/11 – r+s 2012, 288 = zfs 2012, 328.
466 OLG Brandenburg Urt. v. 24.06.2015 – 11 U 10/15 – SP 2015, 345 = BeckRS 2015, 11636.
467 OLG Bamberg Urt. v. 15.10.2010 – 1 U 89/10 – SpV 2011, 20 und 61 = BeckRS 2010, 28935.
468 Vgl. BGH Urt. v. 27.11.1974 – IV ZR 117/73 – VersR 1975, 225 = MDR 1975, 214; OLG Düsseldorf Urt. v. 26.09.2000 – 4 U 208/99 – VersR 2001, 1551 = r+s 2001, 448; OLG Karlsruhe Urt. v. 15.01.1998 – 12 U 268/97 – NVersZ 1998, 129.
469 OLG München Urt. v. 04.10.1993 – 31 U 3462/93 – VersR 1995, 954; OLG Frankfurt/M. Urt. v. 03.11.1999 – 7 U 244/98 – PVR 2001, 115 = NJW-RR 2000, 1050; vgl. Watzlawik DAR 2013, 232 f.
470 OLG Hamm Urt. v. 18.01.2006 – 20 U 145/05 – zfs 2006, 275; vgl. OLG Jena Urt. v. 01.07.1998 – 4 U 1448/97 – zfs 1999, 24 = VersR 1999, 305.

(kein Diebstahl) und auch nicht auszuschließen ist, dass der Mieter an einer Unterschlagung durch den Dritten beteiligt gewesen sein könnte **(keine gedeckte Unterschlagung)**.[471]

Übergibt der VN in der Tiefgarage eines Kaufhauses **einem Dritten**, der ihn in eine Parklücke einweist, sich mit dem Parkwächter unterhält und dabei auf eine Werbeaktion des Kaufhauses hinweist, wonach die Fahrzeuge aller Kunden kostenlos gewaschen werden, bedenkenlos **die Fahrzeugschlüssel** und **flüchtet der Dritte** danach mit dem Fahrzeug, so handelt es sich um eine Wegnahme im Sinne eines **Trickdiebstahls.** Der VN hatte in der Tiefgarage noch einen Mitgewahrsam an seinem Fahrzeug, der zwar gelockert war, aber dennoch gebrochen werden konnte. Diesen Mitgewahrsam verlor er unfreiwillig erst in dem Moment, in dem das Fahrzeug die Parkgarage mit Passieren der Ausfahrtkontrolle verließ.[472] 195

Hingegen stellt die **freiwillige Aushändigung des Fahrzeuges an einen Dritten**, der beabsichtigt, es nicht zurückzubringen und unter Vorlage eines falschen Personalausweises das Kfz anmietet, einen nicht versicherten **Betrug** dar.[473] Gleiches gilt, wenn die VN einem Dritten **eine eigenständige Verfügungsgewalt über ihr Fahrzeug einräumt**, indem sie ihm den Pkw mit allen Fahrzeugschlüsseln in einem fremden Land ohne eigene Ortskenntnis überlässt mit dem Auftrag, es in einer sicheren Garage zu parken und den Dritten, der mit dem Fahrzeug später untertaucht, mit unbekanntem Ziel davonfahren lässt.[474] Die VN verliert er bereits durch einen freiwilligen Verlust (und damit durch einen nicht versicherten Betrug) jegliche Einwirkungsmöglichkeiten auf ihr Fahrzeug und damit auch den vollständigen Gewahrsam. 196

Eine Gewahrsamserlangung durch Betrug liegt auch dann vor, wenn der Täter in Abwesenheit des VN gegenüber dessen Prokuristen behauptet, der **VN habe ihm gestattet, das Fahrzeug auszuleihen**, oder wenn sich ein Dritter gegenüber dem VN, der eine Autopanne hat, **als Werkstattinhaber ausgibt**, seine Hilfe anbietet und mit dem Wagen verschwindet, oder wenn ein Anhalter, der von einem Lkw-Fahrer mitgenommen wird, anlässlich eines späteren Werkstattaufenthaltes den Anschein erweckt, er sei der Besitzer des Lkw, woraufhin ihm das Fahrzeug herausgegeben wird.[475] 197

b) Probefahrten

Eine häufige Fallkonstellation ist auch die behauptete Probefahrt des vermeintlichen Kaufinteressenten, der dem VN – wenn überhaupt – falsche Angaben zu seinen Personalien macht oder falsche Ausweispapiere vorlegt. Spiegelt der **Täter als vermeintlicher Kaufinteressent** dem VN vor, mit dem versicherten Fahrzeug eine Probefahrt machen zu wollen, kehrt aber nicht mehr zurück, so trifft den VN für den Nachweis des Versicherungsfalles »Diebstahl« die Beweislast dafür, dass der Täter mit Überlassung des Fahrzeuges noch keinen Alleingewahrsam an diesem erlangt hat. Für die Frage, ob ein versicherter (Trick-) Diebstahl oder ein nicht versicherter (Sach-) Betrug vorliegt, ist daher **entscheidend**, ob dem VN auch nach Aushändigung seines Fahrzeuges an den Täter noch ein Rest von – zumindest – **gelockertem Mitgewahrsam** an seinem Fahrzeug verbleibt, der vom Täter zwar leichter gebrochen werden kann, aber immer noch gebrochen werden muss. 198

Die **Rechtsprechung** kommt in diesen Fällen zu sehr **unterschiedlichen Ergebnissen**, je nachdem, ob der VN nur den Kfz-Brief (Zulassungsbescheinigung Teil II) oder auch den Kfz-Schein (Zulassungsbescheinigung Teil I) einbehält und ob sich der Täter bei der Probefahrt aus dem Sichtbereich des VN entfernt oder nicht. **Zum Teil wird vertreten**, dass der VN den Gewahrsam bereits freiwillig und vollumfänglich in dem Moment aufgibt, in dem er dem Täter für eine Probefahrt die **Fahrzeugschlüssel aushändigt** und ihn alleine wegfahren lässt,[476] insbesondere dann, wenn auch 199

471 OLG Düsseldorf Urt. v. 26.09.2000 – 4 U 208/99 – VersR 2001, 1551 = r+s 2001, 448.
472 BGH Urt. v. 27.11.1974 – **IV ZR 117/73** – VersR 1975, 225 = MDR 1975, 214.
473 OLG Köln Urt. v. 13.05.1993 – 5 U 199/92 – r+s 1995, 449.
474 OLG Saarbrücken Urt. v. 11.11.2009 – 5 U 197/09 – zfs 2010, 154.
475 Vgl. Stiefel/Maier/*Stadler* A.2 AKB Rn. 148.
476 OLG Hamm Urt. v. 02.03.1984 – 20 U 239/83 – VersR 1985, 490; LG Bonn Urt. v. 31.07.1995 – 9 O 203/95 – VersR 1996, 1139.

alle **Fahrzeugpapiere im Fahrzeug** verblieben sind.[477] Der VN hat dann jeglichen Gewahrsamsrest freiwillig eingebüßt, was eine Wegnahme und damit einen Diebstahl ausschließt. Aber auch bei **Einbehalt** jedenfalls **des Kfz-Briefes** soll lediglich ein nicht versicherter Betrug vorliegen, wenn der VN dem angeblichen Käufer sein Fahrzeug gegen Übergabe eines **ungedeckten Schecks** aushändigt.[478] Mit der Übergabe bestehe für den VN keinerlei Zugriffsmöglichkeit mehr auf das Fahrzeug. Er verliere daher mit der Aushändigung des Kfz an den Kaufinteressenten seinen vollständigen Gewahrsam. Ein Gewahrsamsrest verbleibe nicht. Daran ändere auch die Zurückbehaltung des Fahrzeugbriefes nichts. Denn dieser weise den VN lediglich als Eigentümer aus, habe aber keinerlei Indizwirkung für die Möglichkeit des VN, die tatsächliche Sachherrschaft über das Fahrzeug auszuüben.[479] **Nach anderer Auffassung, der zuzustimmen ist**, liegt allenfalls eine Gewahrsamslockerung vor, wenn der VN dem angeblichen Kaufinteressenten, mit dem eine zeitlich und örtlich begrenzte Probefahrt abgesprochen ist, das Fahrzeug überlässt, jedoch die Kfz-Zulassungsbescheinigung einbehält.[480] Hierdurch dokumentiert der VN seinen verbliebenen Gewahrsam an dem Kfz. Daher ist er ungeachtet der Probefahrt noch als Gewahrsamsinhaber des Kfz selbst für den Fall anzusehen, dass sich der angebliche Kaufinteressent aus dem **Sichtbereich des VN** entfernt.[481] Denn in subjektiver Hinsicht will der VN durch die Gestattung einer Probefahrt seinen Herrschaftswillen an seinem Kfz nicht aufgeben. Er geht davon aus, dass er sein Fahrzeug zurückerhält.

200 Als **taugliches Abgrenzungskriterium** bietet sich auch an, darauf abzustellen, ob die **Probefahrt im Rahmen von Verkaufsverhandlungen** gestattet und durchgeführt wurde (dann keine vollständige Gewahrsamsaufgabe mit der Konsequenz, dass ein gedeckter Trickdiebstahl vorliegt, falls der vermeintliche Kaufinteressent mit dem Fahrzeug nicht mehr zurückkehrt), **oder** ob **zum Zeitpunkt der Gestattung der Probefahrt bereits ein Vertragsschluss** über das Fahrzeug vorlag (dann gänzlicher Gewahrsamsverlust beim VN durch einen nicht versicherten Betrug).[482] Letzteres wird nur in Ausnahmefällen anzunehmen sein, da eine Probefahrt regelmäßig erst Voraussetzung für den späteren Vertragsschluss ist.

201 **Verfehlt** wäre es, in diesen Fällen mit dem Risikoausschluss des A.2.9.1 S. 2 AKB **i.V.m. § 81 Abs. 2 VVG** zu argumentieren.[483] Denn dies setzt die zumindest mitursächliche Herbeiführung eines Versicherungsfalles voraus. Wenn aufgrund der Gewahrsamsübertragung des VN auf den Kaufinteressenten der Versicherungsfall »Diebstahl« ausscheidet, stellt sich die Frage, welchen Versicherungsfall der VN grob fahrlässig herbeigeführt haben könnte, (vgl. zur **grob fahrlässigen Ermöglichung einer Entwendung** im Zusammenhang mit Probefahrten A.2.9.1 AKB Rdn. 212 f. und A.2.9.1 AKB Rdn. 220).

202 Letztlich kann der Streit zumindest bei den **erschlichenen Probefahrten** dahinstehen. Wenn dem Täter das Fahrzeug zur Probefahrt überlassen und ihm dabei schon der Gewahrsam übertragen worden ist, liegt jedenfalls auch eine versicherte Unterschlagung vor, (vgl. A.2.2.1 AKB Rdn. 31 ff.). Denn der VN nimmt nicht schon aufgrund der Täuschung des Täters über dessen wahre Absichten, das Kfz nach der Probefahrt nicht mehr zurückzugeben, eine Vermögensverfügung zu seinen Lasten vor. Er wird lediglich veranlasst, das Kfz vorübergehend und zweckgebunden aus der Hand zu geben. Dadurch geht zwar der Besitz beim VN verloren, nicht aber der Gewahrsam. Dieser wird erst mit Beginn der Probefahrt gebrochen. Da der angebliche Kaufinteressent von vornherein eine Möglichkeit gesucht hat, das Kfz des VN zu entwenden, hat sich die Zueignungsabsicht des Täters

477 LG Coburg Urt. v. 29.05.2007 – 11 O 70/07 – VK 2007, 193.
478 LG Dortmund Urt. v. 21.11.2007 – 22 O 96/07 – SP 2008, 266.
479 OLG Saarbrücken Urt. v. 12.07.2006 – 5 U 650/05 – VersR 2007, 830 = zfs 2006, 634 = r+s 2007, 314.
480 Vgl. BGH Urt. v. 27.11.1974 – **IV ZR** 117/73 – VersR 1975, 225 = MDR 1975, 214; OLG Frankfurt/M. Urt. v. 03.11.1999 – 7 U 244/98 – PVR 2001, 115 = NJW-RR 2000, 1050.
481 OLG Köln Urt. v. 22.07.2008 – 9 U 188/07 – zfs 2009, 94 = VersR 2008, 1640 = r+s 2008, 373; **a.A.** OLG München Urt. v. 04.10.1993 – 31 U 3462/93 – VersR 1995, 954, **wonach Sichtkontakt des VN während der Probefahrt erforderlich sein soll.**
482 Vgl. auch Seemayer r+s 2010, 6, 7 ff.
483 So aber LG Coburg Urt. v. 29.05.2007 – 11 O 70/07 – VK 2007, 193.

durch den Beginn der vermeintlichen Probefahrt auch objektiv nach außen manifestiert.[484] **Der anfängliche Verlust des Fahrzeuges durch einen nicht versicherten Betrug schließt also eine spätere versicherte Unterschlagung durch denselben Täter nicht aus.**[485] Auch der Risikoausschluss nach A.2.2.2 Abs. 1 S. 2 AKB greift nicht ein, da der VN dem Täter das Fahrzeug nicht »zur Veräußerung«, sondern zum Zwecke einer Probefahrt und damit nur in Vorbereitung einer Veräußerung ausgehändigt hat[486] und zudem die Überlassung auch nicht »zum Gebrauch im eigenen Interesse« mit gleichzeitiger Begründung eigenständiger Verfügungsgewalt erfolgt ist. Durch die Unterschlagung kommt dem Eigentümer das Fahrzeug nicht i.S.v. **§ 935 BGB** abhanden, so dass dieser sein Eigentum an dem Fahrzeug verliert, wenn es nachfolgend durch einen Dritten in gutem Glauben erworben wird.[487]

Ebenso wenig ist die Streitfrage in den Fällen von Belang, in denen der **VN nach Abschluss der** 203
Probefahrt wieder Gewahrsam an dem Fahrzeug erlangt. Stellt ein Kaufinteressent den Pkw nach Beendigung der Probefahrt vereinbarungsgemäß wieder auf dem Betriebsgelände des Autohauses ab, so erlangt dieses – trotz Verbleib von Kfz-Schlüssel und -Papieren bei dem Kaufinteressenten – jedenfalls zumindest wieder Mitgewahrsam an dem Fahrzeug mit der Folge, dass sich ein anschließendes Abhandenkommen des Fahrzeuges nicht als eine ungedeckte Unterschlagung darstellt, sondern als ein bedingungsgemäßer Diebstahl.[488]

3. Diebstahl mitversicherter Teile – Antennen, Embleme, Scheibenwischer und Außenspiegel

Ein **Nachweis der Entwendung** von Fahrzeugteilen und -zubehör setzt voraus, dass eine zum Ge- 204
brauch des Fahrzeuges befugte Person das Kfz unbeschädigt und verschlossen zu einem konkreten Zeitpunkt an einem bestimmten Ort abgestellt hat, an dem es später unerwartet beschädigt und ohne die als entwendet gemeldeten Sachen aufgefunden wurde.[489] Bei entwendeten **Antennen, Scheibenwischern oder ähnlichem** liegt ein versicherter Diebstahlschaden nur dann vor, wenn der Täter die Teile vom Fahrzeug **in voller Länge so abgeschraubt oder demontiert** hat, dass sie **auch an einem anderen Fahrzeug wieder Verwendung finden** könnten.[490] Werden die Teile dagegen vom Täter in einer Weise abgebrochen, dass eine Wiederverwendung ausgeschlossen ist, so liegt keine Entwendung vor, sondern eine nicht versicherte Zerstörung und damit ein **Vandalismusschaden** (vgl. A.2.2.1 AKB Rdn. 210 ff.), der nur über die Vollkaskoversicherung gedeckt wäre. Dies gilt erst recht in den Fällen, in denen die abgebrochenen Teile vom Täter an Ort und Stelle zurückgelassen werden, weil es dann erkennbar auch an der Zueignungsabsicht des Täters fehlt. Zum **Entschädigungsumfang bei mitversicherten Teilen**, insbesondere bei fest eingebauten **Navigationsgeräten** vgl. A.2.1.2 AKB Rdn. 61 ff.

4. Beschädigung des Kfz durch (versuchte) Entwendung

a) Überblick

Versichert sind Schäden, die »durch« Entwendung des Kfz oder den Versuch seiner Entwendung[491] 205
entstehen. Erforderlich ist ein besonderer, **adäquat ursächlicher Zusammenhang zwischen der**

484 Vgl. OLG Düsseldorf Urt. v. 23.02.1999 – 4 U 77/98 – r+s 1999, 230; OLG Köln Urt. v. 22.07.2008 – 9 U 188/07 – zfs 2009, 94 = VersR 2008, 1640 = r+s 2008, 373.

485 OLG Köln Urt. v. 22.07.2008 – 9 U 188/07 – zfs 2009, 94 = VersR 2008, 1640 = r+s 2008, 373; **a.A.** OLG Saarbrücken Urt. v. 11.11.2009 – 5 U 197/09 – zfs 2010, 154.

486 Vgl. OLG Frankfurt/M. Urt. v. 03.11.1999 – 7 U 244/98 – PVR 2001, 115 = NJW-RR 2000, 1050.

487 BGH Urt. v. 18.09.2020 – **V ZR 8/19** – DAR 2020, 683.

488 Vgl. OLG Naumburg Urt. v. 11.07.2013 – 4 U 5/13 – VersR 2014, 828 = r+s 2013, 595, **welches sogar die Wiedererlangung von Alleingewahrsam annimmt.**

489 OLG Brandenburg Urt. v. 04.05.2022 – 11 U 74/21 – r+s 2023, 12.

490 Stiefel/Maier/*Stadler* A.2 AKB Rn. 165.

491 OLG Köln Urt. v. 25.10.1994 – 9 U 188/94 – VersR 1995, 1350; vgl. zur Historie Stiefel/Maier/*Stadler* A.2 AKB Rn. 149.

(versuchten) Entwendungshandlung und dem eingetretenen Schaden. Die Handlung des Täters ist dann kausal für den späteren Schaden, wenn sie nicht hinweggedacht werden kann, ohne dass der verursachte Schaden entfiele. Zur Begrenzung eines ansonsten nicht überschaubaren Leistungsrisikos des VR muss sich der Schaden adäquat im Rahmen dessen halten, mit dem bei einer (versuchten) Entwendung eines Kfz erfahrungsgemäß gerechnet werden muss. Er darf nicht außerhalb jeder Wahrscheinlichkeit liegen, so dass mit ihm schlechterdings nicht gerechnet werden kann. Für die kausale Verknüpfung genügt es, dass der Schaden am Kfz nur mittelbar auf die Entwendungshandlung des Täters zurückgeht (**Entwendung → Fahrt → Unfall → Schaden = versichertes Ereignis**).

206 Ersatzpflichtig sind somit alle **Schäden**, die **bei der Entwendung** entstanden sind und durch die die Entwendung erst ermöglicht wurde sowie alle Schäden, die unmittelbar auf den Versuch einer Fahrzeugentwendung zurückzuführen sind und der Realisierung dieses Versuchs dienten.

207 Ersatzpflichtig sind ferner alle **Schäden**, die **nach der Entwendung** bei der Benutzung des Fahrzeuges durch den Täter entstehen, sei es durch Unfall oder im Zusammenhang mit der Spurenbeseitigung durch den Täter, weil der Eintritt dieser Schäden durch die Entwendung erst ermöglicht wird.

208 Sowohl die Schäden bei, als auch die nach Entwendung dürfen **nicht lediglich nur bei Gelegenheit der (versuchten) Entwendungshandlung** entstanden sein (z.B. bös- und mutwillige Schäden). Denn dann fehlt es an dem erforderlichen adäquaten Ursachenzusammenhang zwischen der Tatverwirklichung und dem eingetretenen Schaden,[492] (**Entwendung → Frust/Verärgerung/Wut/Enttäuschung über den gescheiterten Entwendungsversuch → Vandalismus → Schaden = nicht versichertes Ereignis**).

209 **Schäden durch versuchte Entwendung**, so z.B. die Beschädigung an der aufgebrochenen Fahrzeugtür, sind auch dann im Rahmen der Teilkasko versichert, wenn es dem Täter nicht gelingt, das Fahrzeug zu starten oder der Diebstahlversuch aus anderen Gründen scheitert. Gleiches gilt, wenn der Täter das Lenkradschloss beschädigt[493] oder er zur Entwendung eines Autoradios die Scheibe einschlägt. Für den Nachweis von Schäden durch einen Diebstahlversuch gewährt die Rechtsprechung dem **VN** die gleichen **Beweiserleichterungen** wie für einen vollendeten Diebstahl, (vgl. A.2.2.1 AKB Rdn. 131 ff.). Eine eingeschlagene Scheibe und ein verkratztes Armaturenbrett reichen für einen Nachweis allerdings nicht aus, wenn gleichzeitig feststeht, dass der Täter noch nicht einmal versucht hat, die Lenkradsperre zu überwinden oder das Fahrzeug kurzzuschließen.[494]

b) Abgrenzung zu Vandalismusschäden

210 Im Gegensatz zur Vollkasko (A.2.2.2 AKB) fehlt in der Teilkasko ein Versicherungsschutz für solche Schäden am Fahrzeug, die durch mut- oder böswillige Handlungen betriebsfremder Personen entstehen (Vandalismusschäden). Dementsprechend sind in der Teilkasko beim – vollendeten oder versuchten – Diebstahl eines Kraftfahrzeugs oder seiner mitversicherten Fahrzeugteile **nur diejenigen Schäden** am Fahrzeug zu ersetzen, die nachweislich entweder **durch die Verwirklichung der Tat** (»durch Entwendung«) entstanden sind **oder jedenfalls** mit dieser **in einem adäquat kausalen Zusammenhang** stehen.[495] Die Schäden dürfen nicht aus sonstigen Motiven des Täters – z.B. aus Zerstörungswut – verursacht worden sein. Der VN muss daher darlegen und beweisen, dass die Schäden durch den Täter verursacht wurden, um den Diebstahl zu ermöglichen, oder dass es sich um solche Schäden handelt, die regelmäßig im Zusammenhang mit einer Entwendung oder einem

492 BGH Urt. v. 24.11.2010 – **IV ZR 248/08** – VersR 2011, 107 = r+s 2011, 63; BGH Urt. v. 17.05.2006 – **IV ZR 212/05** – VersR 2006, 968 = r+s 2006, 325.

493 LG Mainz Urt. v. 26.10.1990 – 7 O 222/90 – zfs 1992, 18; vgl. Prölss/Martin/*Klimke* A.2.2.1 AKB Rn. 34; **a.A.** Bauer Rn. 964; LG Karlsruhe Urt. v. 26.01.1984 – 5 S 263/83 – VersR 1984, 979.

494 OLG Köln Urt. v. 15.07.2014 – 9 U 57/13 – BeckRS 2014, 14571.

495 BGH Urt. v. 24.11.2010 – **IV ZR 248/08** – VersR 2011, 107 = r+s 2011, 63; BGH Urt. v. 17.05.2006 – **IV ZR 212/05** – VersR 2006, 968 = r+s 2006, 325; AG Bad Homburg Urt. v. 12.12.1997 – 2 C 1624/97 – r+s 1998, 495.

Entwendungsversuch am Fahrzeug auftreten oder jedenfalls zu erwarten sind. Bei **Kratzschäden** an Lack und Glas sowie Einbeulungen im gesamten Fahrzeugbereich handelt es sich daher um – in der Teilkasko – nicht gedeckte Vandalismusschäden.[496]

Wird aus einem Mercedes Benz 300 SL Cabrio nach eingeschlagener Fensterscheibe ein **CD-Player entwendet** und das **Fahrzeug mit mehreren Beulen und Kratzern sowie aufgeschlitztem Verdeck** von dem Täter zurückgelassen, so ist gleichwohl nur der CD-Player und der Glasschaden aus der Teilkasko zu ersetzen.[497] Im Übrigen handelt es sich um mut- oder böswillige Schäden, die »**bei Gelegenheit**« **der Entwendungshandlung**, nicht aber als deren Folge (»durch« die Entwendung) entstanden sind. Insoweit verwirklicht sich gerade kein typisches, der Entwendungshandlung innewohnendes Risiko. **Mutwillige Schäden nach einem missglückten Entwendungsversuch** sind daher **nicht adäquat-kausal dem Vorgang der Entwendungshandlung zuzurechnen**, sondern beruhen auf anderen Motiven, da sie auf einen von der Entwendungshandlung unabhängigen, regelmäßig spontanen Entschluss des Täters zurückzuführen sind.[498] Unerheblich ist, ob es sich um Schäden aus reiner Zerstörungswut des Täters oder um solche handelt, die der Täter aus Verärgerung oder Enttäuschung über eine misslungene Entwendung des Fahrzeuges verursacht oder weil er mit der Beute bzw. deren Umfang unzufrieden ist. Alle diese Schäden fallen nicht unter den Versicherungsschutz in der Teilkasko.[499] 211

Die **gegenteilige Auffassung,**[500] **wonach sämtliche** – auch mut- und böswillige – **Beschädigungen als mitversichert gelten**, wenn die Tat im Zuge eines Diebstahls oder Diebstahlversuches begangen wird, muss jedenfalls vor dem Hintergrund der neueren BGH-Rechtsprechung[501] **als überholt** angesehen werden. Sie steht nicht in Einklang mit der Systematik der Regelungen in A.2.2.1 und A.2.2.2 AKB. Denn Schäden durch mut- oder böswillige Handlungen nicht berechtigter Personen (Vandalismusschäden) werden als versichertes Risiko ausschließlich unter den Ereignissen beschrieben, die dem Vollkaskoschutz unterliegen. Für den durchschnittlichen VN erschließt sich bei aufmerksamer Lektüre der Anspruchsvoraussetzungen **in der Vollkaskoversicherung**, dass diese **einen gegenüber der Teilkasko erweiterten Versicherungsschutz bietet**, da sie zum einen in A.2.2.2.1 AKB die versicherten Gefahren in der Teilkasko mit umfasst, zum anderen in A.2.2.2.2 und A.2.2.2.3. AKB zusätzlich weitere versicherte Risiken – u.a. gegen mut- oder böswillige Handlungen nichtberechtigter Personen – aufgeführt werden, die in der Teilkasko gerade fehlen. Da mut- oder böswillige Beschädigungen im Teilkaskobereich nicht erwähnt sind, wird der VN nicht erwarten können, dass sie in jedem Fall ersetzt werden, wenn sie nur in irgendeinem Zusammenhang mit einer (versuchten) Entwendung des versicherten Fahrzeuges stehen.[502] Vandalismusschäden durch einen Dieb – gleichgültig, ob vor oder nach der Entwendung – sind daher generell **vom Versicherungsschutz in der Teilkasko ausgeschlossen.** 212

496 OLG Brandenburg Urt. v. 28.02.2020 – 11 U 103/19 – zfs 2020, 270.

497 BGH Urt. v. 17.05.2006 – **IV ZR 212/05** – VersR 2006, 968 = r+s 2006, 325; OLG Bamberg Urt. v. 14.07.2005 – 1 U 35/05 – VersR 2006, 210 = zfs 2005, 606.

498 So schon BGH Urt. v. 27.11.1974 – **IV ZR 117/73** – VersR 1975, 225 = MDR 1975, 214; OLG Frankfurt/M. Urt. v. 18.12.2001 – 7 U 156/01 – VersR 2002, 1232.

499 BGH Urt. v. 24.11.2010 – **IV ZR 248/08** – VersR 2011, 107 = r+s 2011, 63; BGH Urt. v. 17.05.2006 – **IV ZR 212/05** – VersR 2006, 968 = r+s 2006, 325; OLG Bamberg Urt. v. 14.07.2005 – 1 U 35/05 – VersR 2006, 210 = zfs 2005, 606; vgl. auch OLG Frankfurt/M. Urt. v. 18.12.2001 – 7 U 156/01 – VersR 2002, 1232; LG Aachen Urt. v. 27.08.1997 – 7 S 132/97 – r+s 1998, 12; AG Düsseldorf Urt. v. 17.04.2008 – 54 C 11697/07 – SP 2008, 406; Himmelreich/Halm/*Papatheodorou* Kap. 23 D Rn. 186; Himmelreich/Halm/*Bartholomy* Teil 1 Abschnitt B Kap. 20 Rn. 55.

500 LG Essen Urt. v. 23.11.1994 – 10 S 401/94 – VersR 1995, 955; LG Mainz Urt. v. 26.10.1990 – 7 O 222/90 – VersR 1991, 806; Pauly VersR 2011, 377.

501 BGH Urt. v. 24.11.2010 – **IV ZR 248/08** – VersR 2011, 107 = r+s 2011, 63; BGH Urt. v. 17.05.2006 – **IV ZR 212/05** – VersR 2006, 968 = r+s 2006, 325.

502 BGH Urt. v. 24.11.2010 – **IV ZR 248/08** – VersR 2011, 107 = r+s 2011, 63.

213 Zu eng ausgelegt wird der Teilkaskoschutz allerdings, wenn in einem Fall, bei dem am geparkten **Cabrio des VN das Dach** lediglich zum Teil und nicht durch die Isolierung hindurch **aufgeschnitten** wurde und – obwohl die Tür entriegelt war – an der Seitenscheibe Zeichen von Hebeleinwirkungen festgestellt werden konnten, dem VN eine Entschädigung für das Verdeck unter Hinweis auf einen Vandalismusschaden versagt und ihm aus der Teilkasko nur der Glasschaden erstattet wird.[503] Denn hier ist es naheliegend, dass der Täter zunächst versuchte, durch **Aufschlitzen des Verdecks** ins Fahrzeuginnere zu gelangen und erst, nachdem ihm dies misslang, das Seitenfenster aufhebelte. Dass die Türe im konkreten Fall nicht verriegelt war, muss ein Täter, der nicht mit einer unverriegelten Türe rechnet und für den es darauf ankommt, ein Fahrzeug möglichst schnell zu öffnen, nicht unbedingt sofort erkannt haben. Hieraus lässt sich kein überzeugendes Indiz für eine mutwillige Beschädigung des Verdecks ableiten. Auch wenn nichts entwendet wurde, weil der Täter vielleicht gestört wurde, so ergibt sich doch **aus dem gesamten Beschädigungsbild** am Fahrzeug, dass der Täter zumindest **in Diebstahlsabsicht versucht hat, in das Fahrzeug einzudringen**, so dass das Verdeck infolge der versuchten Entwendung aus der Teilkasko zu entschädigen gewesen wäre. Andererseits können durchaus **Lage und Ausführungen der Schnitte** in einem Cabriodach (z.B. Längsschnitte von 10–20 cm Länge) den Schluss zulassen, dass es sich um einen Vandalismusschaden handelt.[504]

c) Schäden vor, beim und nach Gebrauch des entwendeten Fahrzeuges

214 Versichert sind grundsätzlich alle Schäden, die der Täter **im unmittelbaren Zusammenhang mit dem Aufbrechen** (Einschlagen oder Aufhebeln der Seitenscheibe, Aufschlitzen des Cabriodachs) **oder Starten des Motors** (Schäden am Lenkradschloss oder durch Kurzschließen) verursacht in der Absicht, das Fahrzeug zu entwenden. Erleidet der **Dieb nach erfolgreicher Tat** beim Gebrauch des entwendeten Fahrzeuges einen **Unfall**, bei dem der Pkw beschädigt wird (vgl. auch A.2.2.1 AKB Rdn. 251 ff.) oder entstehen **Beschädigungen bei der Spurenbeseitigung** durch den Täter, verwirklicht sich ebenfalls ein der Entwendung innewohnendes Risiko.

215 Die Entwendungshandlung und die Schäden müssen in einem adäquaten Ursachenzusammenhang stehen. Ist dies der Fall, sind alle Schäden, auch **Betriebs-, Brems- Bruch- und Unfallschäden** im Rahmen der Teilkaskoversicherung zu ersetzen. Dies führt zu dem überraschenden Ergebnis, dass der Versicherungsschutz in diesen Fällen weiter geht als wenn der VN selbst mit seinem versicherten Fahrzeug verunfallt wäre. Denn hier kann der VN nur bei Bestehen einer Vollkaskoversicherung Ersatz seines Fahrzeugschadens verlangen. Grund für diese versicherungsnehmerfreundliche Betrachtungsweise der Rechtsprechung ist der Wortlaut der AKB. Nach A.2.2.1 S. 1 i.V.m.A.2.2.1.2a AKB besteht Versicherungsschutz auch bei Beschädigung oder Zerstörung des Fahrzeuges »durch« Entwendung, namentlich »durch« Diebstahl, Raub oder räuberische Erpressung. Eine besondere kausale Verknüpfung ist daher Voraussetzung für die Entschädigungspflicht des VR. Unmittelbare adäquate Folge der Entwendungshandlung ist die Benutzung des entwendeten Fahrzeuges durch den Dieb. Darauf wiederum beruht unmittelbar die unfallbedingte Beschädigung oder Zerstörung des entwendeten Fahrzeuges. **Dagegen stehen mut- oder böswillig verursachte Beschädigungen** durch den Täter, auch wenn sie nach oder bei Gebrauch des Fahrzeuges eintreten, mit der Entwendungshandlung gerade **nicht in dem geforderten besonderen Ursachenzusammenhang,**[505] (vgl. A.2.2.1 AKB Rdn. 210 ff.). Die gleichen Grundsätze gelten auch für Schäden im Zusammenhang mit einem **unbefugten Gebrauch** des Fahrzeuges, (vgl. A.2.2.1 AKB Rdn. 53 ff.).

503 AG Mainz Urt. v. 05.09.2007 – 81 C 347/07 und LG Mainz Beschl. v. 27.05.2008 – 3 S 210/07 – r+s 2009, 10.
504 Vgl. AG Ingolstadt Urt. v. 07.11.1985 – C 1461/85-10 – zfs 1987, 183.
505 Vgl. BGH Urt. v. 24.11.2010 – **IV ZR 248/08** – VersR 2011, 107 = zfs 2011, 213 = r+s 2011, 63; BGH Urt. v. 17.05.2006 – **IV ZR 212/05** – VersR 2006, 968 = r+s 2006, 325.

d) Beschädigung des Kfz durch (versuchte) Entwendung (nicht) mitversicherter Teile

Wird das teilkaskoversicherte Fahrzeug bei einem (versuchten) Diebstahl beschädigt, ist nach **h.M.** 216 Voraussetzung für eine Ersatzpflicht des VR, dass der **Täter den Willen hatte, das Fahrzeug oder** nach A.2.1 AKB **mitversicherte Fahrzeug- oder Zubehörteile zu entwenden.**[506] Zielt der (versuchte) Diebstahl auf die Ladung oder das Gepäck ab, besteht kein Versicherungsschutz.[507] Auch reicht es für eine Eintrittspflicht des VR nicht aus, dass das Fahrzeug im Zusammenhang mit einem (versuchten) Diebstahl von sonstigen Gegenständen oder nicht mitversichertem Fahrzeugzubehör, z.B. von **Ausweispapieren**,[508] einer **Sonnenbrille**,[509] einer **Brieftasche**,[510] einem **Mobiltelefon**,[511] einer **Lederjacke**[512] oder einer **Pocketkamera**[513] beschädigt worden ist. Liegen dagegen objektive Anhaltspunkte dafür vor, dass die (beabsichtigte) Entwendung auch dem Fahrzeug oder mitversicherten Fahrzeug- oder Zubehörteilen gelten sollte, sind Aufbruchsschäden am Fahrzeug im Rahmen der Teilkasko mitversichert.[514]

Nach gegenteiliger Auffassung ergibt sich aus den AKB nicht, dass der (versuchte) Diebstahl zwin- 217 gend dem Fahrzeug oder seinen mitversicherten Teilen gelten muss. Die Teilkasko müsse auch dann eintreten, wenn z.B. beim Diebstahl eines Regenschirmes oder einer Sonnenbrille aus dem Fahrzeug dieses beschädigt werde.[515]

Dieser **Auffassung** kann zumindest **dann nicht gefolgt** werden, wenn offenkundig ist, dass sich die 218 (versuchte) Entwendung nur auf einen gemäß A.2.1.2.3 AKB nicht versicherbaren Gegenstand bezogen hat. Denn in A.2.2.1 AKB werden die in der Teilkasko versicherten Ereignisse abschließend aufgeführt. Es geht um den Schutz »des Fahrzeuges einschließlich seiner mitversicherten Teile« unter anderem »durch« und nicht »anlässlich«[516] einer – in A.2.2.1.2 AKB definierten – Entwendung. Ein Regenschirm und eine Sonnenbrille sind »persönliche Gegenstände der Insassen« und damit nach A.2.1.2.3 AKB gerade nicht versichert. Gleiches gilt für ein mobiles Navigationsgerät oder Gepäckstücke. Damit sind auch die durch die Entwendung derartiger Gegenstände verursachten Fahrzeugschäden – mit Ausnahme des **Glasbruchschadens** (vgl. A.2.2.1 AKB Rdn. 95 ff.) – in der Teilkasko grundsätzlich nicht erstattungsfähig. Allerdings ist das Gericht nicht gehindert, **aus den Fahrzeugbeschädigungen** (z.B. am Tür- oder Lenkradschloss) **den Rückschluss auf die anfängliche Absicht des Täters** zu ziehen, das Fahrzeug selbst oder ein mitversichertes Fahrzeugteil entwenden zu wollen, und zwar selbst dann, wenn letztlich nur unversicherte Gegenstände (z.B. Lederjacken) aus dem Fahrzeug gestohlen werden.[517] Sind im Fahrzeuginneren verbliebene, nicht versicherte Gegenstände für den Täter von außen unsichtbar (z.B. ein mobiles Navigationsgerät im Handschuhfach), kann auch bei **nicht aufklärbarer Stehlrichtung** die Absicht des Täters unterstellt werden, nach dem Aufbruch des Kfz alles »Stehlenswerte«, also generell alle als Diebesgut

---

506 BGH Urt. v. 17.05.2006 – **IV ZR 212/05** – VersR 2006, 968 = r+s 2006, 325; OLG Bamberg Urt. v. 14.07.2005 – 1 U 35/05 – VersR 2006, 210 = zfs 2005, 606; AG Düsseldorf Urt. v. 14.12.2004 – 230 C 14275/04 – r+s 2006, 148; AG Frankfurt/M. Urt. v. 04.07.1995 – 3 C 1086/95 – zfs 1995, 344; AG Nürnberg Urt. v. 28.11.2005 – 12 C 6409/05 – SP 2006, 216.

507 OLG Köln Urt. v. 25.10.1994 – 9 U 188/94 – VersR 1995, 1350.

508 AG Lingen Urt. v. 12.08.1983 – 12 C 460/83 II – zfs 1989, 421.

509 LG Aachen Urt. v. 23.10.1981 – 5 S 195/81 – zfs 1989, 420.

510 AG Bielefeld Urt. v. 08.11.1987 – 12 C 708/87 – zfs 1989, 421.

511 AG Duisburg-Hamborn Urt. v. 12.04.2000 – 9 C 59/00 – SP 2000, 242.

512 AG Hannover Urt. v. 27.05.1988 – 539 C 3532/88 – zfs 1989, 421.

513 AG Hannover Urt. v. 18.08.1988 – 544 C 17655/87 – zfs 1989, 421.

514 LG Köln Urt. v. 28.03.1991 – 19 S 413/90 – NZV 1991, 315.

515 AG München Urt. v. 13.08.2009 – 223 C 6889/09 – DAR 2010, 95 = NZV 2010, 259 (**aufgeschnittenes Cabrioverdeck und Diebstahl einer im PKW befindlichen Jacke**); AG Essen Urt. v. 03.09.1999 – 12 C 141/99 – SP 2000, 98; Blumberg NZV 1997, 105.

516 So aber LG Aurich Urt. v. 11.12.2009 – 1 S 251/09 – VersR 2010, 1178.

517 LG Köln Urt. v. 28.03.1991 – 19 S 413/90 – NZV 1991, 315.

tauglichen Gegenstände und somit auch versicherte Teile, mitnehmen zu wollen.[518] Dem VN obliegt insoweit nicht die Beweislast dafür, dass sich die anfängliche Entwendungsabsicht des Täters (auch) auf versicherte Gegenstände bezogen hat.

219 Für die Feststellung, ob sich der (versuchte) Diebstahl auf mitversicherte Fahrzeug- oder Zubehörteile bezogen hat, (vgl. zur Abgrenzung zum Vandalismusschaden auch A.2.2.1 AKB Rdn. 210 ff.) ist entscheidend, ob das **Beschädigungsbild am Fahrzeug mit dem (versuchten) Diebstahl des Fahrzeugteils korrespondiert**. Fehlt die Kompatibilität, weil z.B. beim Diebstahl eines **Markenemblems** nicht nur der entsprechende Bereich auf der Motorhaube, sondern auch die Karosserie seitlich beschädigt wurde, fehlt es insoweit (weil nicht durch – versuchte – Entwendung entstanden) an einem entschädigungspflichtigen Teilkaskoschaden, während die Schäden auf der Motorhaube in dem Bereich, wo sich das Emblem befand, zu ersetzen sind. Keine Kompatibilität liegt auch vor auch bei **Beschädigungen des Lacks** und dem **Aufschlitzen** von Vorder- und Rücksitzen im Zusammenhang mit dem Diebstahl eines Autoradios,[519] oder beim Ausgießen von **Buttersäure** anlässlich des Diebstahlversuchs eines Autoradios.[520]

220 Wesentlich ist auch, **ob das Teil zerstörungsfrei demontiert** sowie **vom Täter** zwecks Wiederverwendung **mitgenommen** wurde. Dabei ist zu berücksichtigen, dass es bei einem Diebstahl dem Täter regelmäßig darauf ankommt, das gestohlene Fahrzeugteil in einem Zustand zu erhalten, in dem es für ihn noch in irgendeiner Weise zu verwenden ist, sei es, dass er es selbst gebraucht oder aber weiterveräußert. Sind daher **keine Einzelteile oder Bruchstücke** eines Markenemblems **am Tatort zurückgeblieben**, ist eine mit dem Diebstahl korrespondierende Beschädigung des Kfz vom Teilkasko-VR zu ersetzen.[521] Dies gilt auch dann, wenn zwar Bruchstücke neben dem Kfz aufgefunden werden, der VN aber nachweisen kann, dass das Emblem zerbrochen ist bei dem Versuch des Täters, es zwecks Mitnahme zu demontieren.

221 Umgekehrt ist von **Vandalismus** auszugehen, wenn **Scheibenwischer und Antenne abgebrochen** werden, weil die Teile damit zerstört und für den Täter unbrauchbar werden. Sie können auch nicht an einem anderen Fahrzeug wiederverwendet werden. Gleiches gilt, wenn der Außenspiegel durch den Täter **gewaltsam abgetreten** wird.[522] Versicherungsschutz für Fahrzeugschäden besteht nur, wenn die Teile zerstörungsfrei abgelöst oder abgeschraubt werden.

e) **Beweislast**

222 Bei den Anspruchsvoraussetzungen in A.2.2.1.2 AKB handelt es sich um eine **primäre Leistungsbeschreibung**, deren Voraussetzungen einschließlich des besonderen adäquaten Zusammenhanges zwischen (versuchter) Entwendungshandlung und dem eingetretenen Schaden der VN darzulegen und zu beweisen hat. Der VN muss somit beweisen, dass die **Fahrzeugschäden adäquat kausal unmittelbar auf dem Diebstahl oder Diebstahlversuch beruhen**, also »durch« die (versuchte) Entwendung entstanden sind und nicht auf zerstörerischer Vandalismusabsicht des Täters beruhen,[523] (in diesem Fall wäre allenfalls eine Deckung des Schadens aus der Vollkasko denkbar). Hierzu gehört auch der Nachweis, dass der (versuchte) **Diebstahl dem Fahrzeug oder mitversicherten Fahrzeugteilen gegolten** haben muss.[524] Vielfach wird sich dieser Nachweis schon aufgrund der **Art der**

518 Vgl. LG Frankfurt/Oder Urt. v. 11.01.2016 – 16 S 98/15 – r+s 2016, 291 = zfs 2016, 451 (**der später gefasste Täter entwendete nur zwei USB-Sticks, nicht aber den im Kfz eingebauten und versicherten CD-Spieler**) mit zustimmender Anm. Maier r+s 2016, 292, 293; LG Aurich Urt. v. 11.12.2009 – 1 S 251/09 – VersR 2010, 1178; Brockmöller zfs 2017, 184, 195.

519 AG Dortmund Urt. v. 30.01.1996 – 28 C 275/95 – SP 1996, 395.

520 OLG Frankfurt/M. Urt. v. 18.12.2001 – 7 U 156/01 – VersR 2002, 1232.

521 AG München Urt. v. 09.02.2007 – 271 C 33125/06 – r+s 2008, 151 (**Markenemblem eines BMW**).

522 AG Essen Urt. v. 16.06.2000 – 12 C 132/00 – SP 2001, 103.

523 **A.A.** LG Mainz Urt. v. 26.10.1990 – 7 O 222/90 – VersR 1991, 806.

524 BGH Urt. v. 17.05.2006 – **IV ZR 212/05** – VersR 2006, 968 = r+s 2006, 325; OLG Bamberg Urt. v. 14.07.2005 – 1 U 35/05 – VersR 2006, 210 = zfs 2005, 606; AG Frankfurt/M. Urt. v. 04.07.1995 – 3 C 1086/95 – zfs 1995, 344.

Schäden am Fahrzeug führen lassen,[525] (z.B. Schäden am Lenkradschloss oder durch Kurzschließen; nicht ausreichend: Aufschlitzen eines Cabrioverdecks[526]). Lassen diese objektiv den Schluss zu, dass der Täter das Fahrzeug aufgebrochen hat, um es selbst oder eines seiner mitversicherten Teile zu entwenden, ist der Nachweis, dass die Schäden in ursächlichem Zusammenhang mit einer versuchten Entwendungshandlung stehen, selbst dann geführt, wenn der Täter letztlich nur persönliche und damit nicht versicherte Gegenstände aus dem Fahrzeug stiehlt.[527]

Dies gilt auch in **Zweifelsfällen** bei nicht aufklärbarer Stehlrichtung des Täters, weil der VN ansonsten alle anderen nach dem Sachverhalt denkbaren Alternativen, die als Ursache für die Fahrzeugschäden in Betracht kommen könnten, ausschließen müsste.[528] Für den Nachweis, dass der Täter, der die Schäden verursacht hat, auch die Absicht hatte, das Fahrzeug selbst oder Teile davon zu entwenden, muss es daher genügen, dass sich aus den Schäden bzw. sonstigen vom VN nachzuweisenden Tatsachen mit hinreichender Sicherheit das **»äußere Bild«** einer auf die Entwendung des Fahrzeuges oder seiner mitversicherten Teile gerichteten Handlung ableiten lässt.[529] An diesem »äußeren Bild« fehlt es z.B., wenn der Täter das Dach eines Cabrios genau an der Stelle aufgeschlitzt hat, an der er problemlos eine auf dem Sitz liegende dünne Regenjacke, nicht aber weitere Gegenstände, entwenden konnte,[530] oder wenn auffallende Gepäckstücke – von außen gut sichtbar – im Fahrzeug lagen. 223

Die hierzu vertretene **Gegenmeinung** verlangt zwar vom VN den Vollbeweis dafür, dass die vom Täter verursachten Schäden durch den (versuchten) Diebstahl entstanden sind und sieht nur den Nachweis des »äußeren Bildes« hierfür als nicht ausreichend an; andererseits billigt aber auch sie dem VN Beweiserleichterungen zu, indem sie zu seinen Gunsten einen **Anscheinsbeweis** bei solchen Schäden annimmt, die typischerweise einem Entwendungsversuch zugeordnet werden können.[531] 224

5. Obliegenheitsverletzungen des VN im Entwendungsfall

a) Grundsätzliches

Sofern es dem VR nicht gelingt, das vom VN bewiesene »äußere Bild« einer Entwendung zu Fall zu bringen und die erhebliche Wahrscheinlichkeit einer Vortäuschung der Entwendung zu beweisen, wird er versuchen, dem Leistungsanspruch des VN dadurch entgegenzutreten, dass er sich wegen möglicher Falschangaben in der Schadenanzeige oder eines sonstigen Fehlverhaltens des VN **auf eine Obliegenheitsverletzung beruft**. Dies muss durch eine **ausdrückliche Erklärung gegenüber dem VN** geschehen. Die Rechtsfolgen einer Obliegenheitsverletzung treten nicht bereits kraft Gesetzes und ohne weiteres Zutun des VR ein.[532] 225

Da vor allem den Kfz-Schlüsseln eine erhebliche Bedeutung für die Aufklärung eines Fahrzeugdiebstahls zukommt, können **unrichtige Angaben des VN zu den Schlüsselverhältnissen** nicht nur als Indiz für eine Vortäuschung des Versicherungsfalles relevant werden, sondern auch einen Verstoß gegen die Aufklärungsobliegenheit nach E.1.1.3 AKB darstellen und in diesem Zusammenhang 226

525 Himmelreich/Halm/Staab/*Papatheodorou* Kap. 23 D Rn. 188.
526 AG Nürnberg Urt. v. 28.11.2005 – 12 C 6409/05 – SP 2006, 216.
527 LG Köln Urt. v. 28.03.1991 – 19 S 413/90 – NZV 1991, 315.
528 LG Frankfurt/Oder Urt. v. 11.01.2016 – 16 S 98/15 – r+s 2016, 291; LG Köln Urt. v. 28.03.1991 – 19 S 413/90 – NZV 1991, 315; AG Hanau Urt. v. 21.07.1998 – 32 C 3546/97; Stiefel/Maier/*Stadler* A.2 AKB Rn. 155.
529 OLG Köln Urt. v. 25.10.1994 – 9 U 188/94 – VersR 1995, 1350; AG Düsseldorf Urt. v. 14.12.2004 – 230 C 14275/04 – r+s 2006, 148.
530 AG Düsseldorf Urt. v. 14.12.2004 – 230 C 14275/04 – r+s 2006, 148.
531 Vgl. LG Frankfurt/M. Urt. v. 20.06.2018 – 2-08 S 11/16 – VersR 2018, 1244 (**Schäden durch ein Hebelwerkzeug**); Prölss/Martin/*Klimke* A.2.2.1 AKB Rn. 30.
532 BGH Urt. v. 26.01.2005 – **IV ZR 239/03** – VersR 2005, 493 = DAR 2005, 208.

zur (anteiligen) Leistungsfreiheit des VR nach E.2.1 und E.2.2 AKB führen.[533] Entsprechend E.2.1 AKB, § 28 Abs. 2 VVG bestimmt sich die **Leistungsfreiheit in Abhängigkeit von der Schwere des Verschuldens des VN**. Durch E.2.2 AKB, § 28 Abs. 3 VVG wird darüber hinaus gefordert, dass sich die **Falschangaben** (z.B. zu den Schlüsselverhältnissen) auch **ursächlich auf die Feststellung oder den Umfang der Leistungspflicht des VR ausgewirkt** haben müssen. Daran fehlt es, wenn der VN zwar unrichtige Angaben gegenüber den Strafverfolgungsbehörden gemacht hat, diese dem VR aber erst zu einem so späten Zeitpunkt zugänglich werden, dass sie sein Aufklärungsinteresse unmittelbar nicht mehr berühren oder beeinträchtigen können.[534] In diesem Fall kann der VN den Kausalitätsgegenbeweis führen, so dass es bei der Leistungspflicht des VR verbleibt.

227 **Unrichtige Angaben über die Anzahl der erhaltenen Schlüssel** stellen eine Obliegenheitsverletzung dar, die eine Leistungsfreiheit nach sich ziehen kann.[535] Dies gilt jedoch nur in den Fällen, in denen der VN dem VR eine zu niedrige Anzahl von Schlüsseln angibt. Eine **zu hohe Angabe vorhandener Fahrzeugschlüssel** in der Schadenanzeige, die nicht übereinstimmt mit der Anzahl der dem VR später tatsächlich überlassenen Schlüssel, ist generell nicht geeignet, die Interessen des VR zu gefährden, weil der VR wegen des aus seiner Sicht fehlenden Schlüssels allenfalls dazu veranlasst wird, die Regulierung zurückzustellen, bis der Verbleib des vermeintlich fehlenden Schlüssels geklärt ist.[536] Auch insoweit fehlt es an der Kausalität des Obliegenheitsverstoßes i.S.v.E.2.2 AKB, § 28 Abs. 3 VVG.

228 **Leistungsfreiheit des VR wegen vorsätzlicher Obliegenheitsverletzung** ist anzunehmen, wenn der VN dem VR nach der Entwendung einen Satz angeblicher **Originalschlüssel** aushändigt, die in Wirklichkeit **zu einem anderen Fahrzeug gehören**[537] oder nach dem Verlust eines der beiden Kfz-Schlüssel einen Ersatzschlüssel nach Vorlage des bei ihm verbliebenen hat anfertigen lassen und ein gerichtlicher Sachverständiger dies ausschließt.[538] Der VN wird in einem solchen Fall den Kausalitätsgegenbeweis gemäß E.2.2 S. 1 AKB, § 28 Abs. 1 S. 1 VVG nicht führen können. Außerdem dürfte arglistiges Verhalten naheliegen (vgl. E.2.2 S. 2 AKB, § 28 Abs. 1 S. 2 VVG). Gleiches gilt, wenn der VN in der Schadenanzeige die Fertigung eines **Nachschlüssels verschweigt**, selbst wenn er sie später nach Vorlage eines **Schlüsselgutachtens** einräumt[539] oder dem VR vorenthält, dass ihm kurz vor dem Abhandenkommen des Kfz ein Schlüsselbund mit einem Fahrzeugschlüssel gestohlen wurde und die hierzu gestellte Frage des VR in der Schadenanzeige unrichtig beantwortet.[540] Arglist liegt auch vor, wenn der VN in der Schadenanzeige die Anzahl der zu seinem Fahrzeug existierenden Schlüssel falsch angibt und trotz Aufforderung des VR, alle im seinem Besitz befindlichen Fahrzeugschlüssel herauszugeben, bewusst einen Reserveschlüssel zurückhält, der – so die Aussage des VN später – erst nach Schadenregulierung übergeben werden könne.[541]

229 Der VR muss die Obliegenheitsverletzung des VN beweisen. Behauptet der VN, dass einer Postsendung **nicht nur seine Schadenanzeige mit unrichtigen Angaben** zu den Schlüsseln, sondern auch die **richtige Anzahl der Schlüssel** sowie ein weiteres **berichtigtes Schreiben** beigelegen habe, so hat der VR dies zu widerlegen. Eine Unaufklärbarkeit geht zu seinen Lasten.[542] **Aber:** Macht der VN **nach Leistungsablehnung durch den VR** vorprozessual oder auch im Prozess falsche – selbst arglistig falsche – Angaben z.B. zur Höhe seines Anspruchs, so kann dies zwar für die Einschätzung seiner Glaubwürdigkeit bei der Frage, ob die Entwendung mit erheblicher Wahrscheinlichkeit vorgetäuscht ist, von maßgeblicher Bedeutung sein; die **Falschangaben** stellen aber **keine**

533 Vgl. OLG Hamm Urt. v. 13.07.1994 – 20 U 33/94 – r+s 1995, 245; OLG Saarbrücken Urt. v. 15.06.1994 – 5 U 236/94 – VersR 1995, 1089.
534 BGH Urt. v. 24.05.1995 – **IV ZR 167/94** – VersR 1995, 1043 = zfs 1995, 460.
535 Vgl. OLG Köln Urt. v. 18.03.2003 – 9 U 128/02 – zfs 2004, 125.
536 BGH Urt. v. 06.07.2011 – **IV ZR 108/07** – VersR 2011, 1136 = r+s 2011, 422.
537 So OLG Koblenz Urt. v. 17.07.1998 – 10 U 15/97 – zfs 1999, 20.
538 OLG Celle Urt. v. 25.03.2004 – 8 U 225/02 – zfs 2005, 504 = r+s 2006, 446.
539 LG Köln Urt. v. 22.06.2006 – 24 O 519/05 – zfs 2006, 636.
540 OLG Köln Urt. v. 04.09.2001 – 9 U 97/00 – r+s 2002, 5 = SP 2002, 137.
541 OLG Dresden Beschl. v. 10.06.2024 – 4 U 226/24 – BeckRS 2024, 20260.
542 OLG Hamm Urt. v. 23.06.2004 – 20 U 8/04 – zfs 2004, 522 = r+s 2004, 369.

Obliegenheitsverletzung des VN dar und führen demnach auch nicht zu einer Leistungsfreiheit des VR, solange dieser an seiner Ablehnung festhält.[543] Die Sanktion der Leistungsfreiheit hat ihre Berechtigung im Schutzbedürfnis des prüfungs- und verhandlungsbereiten VR. Diese Schutzbedürftigkeit fehlt, solange der VR nicht oder nicht mehr prüfungs- und leistungsbereit ist. Obliegenheiten gegenüber dem VR sind dann nicht mehr zu erfüllen, so dass der VR seine Leistungsfreiheit demnach auch nicht auf eine Obliegenheitsverletzung des VN stützen kann.

Auch ein **Verstoß gegen** die in E.1.3.1 AKB vereinbarte **Obliegenheit** des VN, einen **Entwendungsfall unverzüglich in Schriftform anzuzeigen**, kann eine Leistungsfreiheit des VR nach E.2.1 AKB zur Folge haben. Zwar hat die Rechtsprechung in der Vergangenheit überwiegend angenommen, dass eine tatsächliche Vermutung dafür spreche, dass der VN die Anzeigepflicht nicht vorsätzlich verletzt habe, da es auf der Hand liege, dass ein VN nicht durch eine verspätete Schadenanzeige seinen Versicherungsschutz gefährden wolle.[544] Im Entwendungsfall gibt es jedoch keine Erfahrungstatsache, dass VN in der Regel keinen Grund haben, die Schadenanzeige an den VR bewusst hinauszuzögern, insbesondere, wenn der VN bei einem vorgetäuschten Diebstahl und einer Verschiebung des Kfz ins Ausland noch Zeit benötigt, um Kopien des Originalschlüssels anfertigen lassen zu können.[545] 230

Vom VR aufgewendete **Kosten für ein Schlüsselgutachten** können als »Kosten des Rechtsstreits« i.S.v. § 91 ZPO gegen den VN nicht festgesetzt werden, wenn das Gutachten nur wegen des Verdachts eines Versicherungsbetruges vorprozessual in Auftrag gegeben und nicht in den Rechtsstreit eingebracht wurde.[546] 231

b) Kurzübersicht über die Obliegenheitsverletzungen nach § 28 VVG

aa) Einfache Fahrlässigkeit

Mit einfacher Fahrlässigkeit begangene Obliegenheitsverletzungen bleiben **folgenlos**, so dass der VR in vollem Umfang zur Erbringung der Versicherungsleistung verpflichtet bleibt. Da grob fahrlässiges Verhalten des VN kraft Gesetzes vermutet wird, trägt der **VN die Beweislast** dafür, nur **leicht fahrlässig** gehandelt zu haben, § 28 Abs. 2 S. 2 Hs. 2 VVG. Gelingt ihm dieser Beweis, kann sich der VR nicht auf (teilweise) Leistungsfreiheit berufen. 232

bb) Grobe Fahrlässigkeit

Bei grob fahrlässig begangenen Obliegenheitsverletzungen erfolgt eine **quotale Leistungskürzung** im Verhältnis zur Schwere des Verschuldens des VN, (§ 28 Abs. 2 S. 2 Hs. 1 VVG). Ist die Obliegenheit objektiv verletzt, wird **grobe Fahrlässigkeit des VN vermutet**. Die Beweislast für fehlende grobe Fahrlässigkeit liegt beim VN (§ 28 Abs. 2 S. 2 Hs. 2 VVG). 233

Steht grob fahrlässiges Verhalten des VN fest, kann der **VN** den **Kausalitätsgegenbeweis** führen, dass die Obliegenheitsverletzung weder für den Eintritt oder die Feststellung des Versicherungsfalles, noch für die Feststellung oder den Umfang der Leistungspflicht des VR ursächlich war (§ 28 Abs. 3 S. 1 VVG). An der **Kausalität für den Eintritt des Versicherungsfalles** fehlt es, wenn dieser bei Erfüllung der Obliegenheit durch den VN ebenfalls eingetreten wäre. Standen dem VN mehrere Alternativen zur Erfüllung einer gefahrmindernden Obliegenheit zur Verfügung, so entfällt die Kausalität, wenn die Wahl irgendeiner der Alternativen den Eintritt des Versicherungsfalles nicht vermieden hätte.[547] Zudem fehlt es an der Ursächlichkeit für den Eintritt des Versicherungsfalles ebenso wie an der **Kausalität für die Feststellung oder den Umfang der Leistungspflicht**, wenn 234

---

543 Vgl. BGH Urt. v. 22.09.1999 – **IV ZR 172/98** – VersR 1999, 1535 = r+s 1999, 495.

544 Vgl. BGH Urt. v. 08.01.1981 – **IVa ZR 60/80** – VersR 1981, 321 = NJW 1981, 1098; OLG Düsseldorf Urt. v. 27.09.1988 – 4 U 245/87 – VersR 1990, 411; OLG Hamm Urt. v. 19.02.1997 – 20 U 150/96 – VersR 1997, 1341.

545 OLG Hamm Urt. v. 24.11.2004 – 20 U 157/04 – zfs 2005, 193.

546 OLG Naumburg Beschl. v. 23.07.2010 – 6 W 69/10 – VRR 2011, 109.

547 OLG Karlsruhe Urt. v. 01.03.2012 – 12 U 196/11 – r+s 2012, 237.

der VR auch bei rechtzeitiger Erfüllung der Obliegenheit durch den VN, z.B. wahrheitsgemäße Angaben in der Schadenanzeige zu machen, keine anderen Beweise erhoben und keine anderen Feststellungen getroffen hätte und auch nicht hätte treffen können als diejenigen, die ihm nach Aufdeckung des Obliegenheitsverstoßes auch jetzt noch möglich sind. Entscheidend ist daher, ob der VR noch Feststellungen zum Versicherungsfall oder zum Grund und Umfang seiner Leistungspflicht hätte treffen können, die er aufgrund der Obliegenheitsverletzung des VN nun nicht mehr treffen kann. Der **Obliegenheitsverstoß** darf also **noch keine nachteiligen Folgen** für den VR verursacht haben. Kann die nachgeholte Obliegenheit ihren Zweck nicht mehr erreichen, weil bereits ein Beweismittel verloren gegangen ist, scheitert der Kausalitätsgegenbeweis, weil dann die Obliegenheitsverletzung gerade nicht folgenlos geblieben ist.[548]

235 Da der VN nicht wissen kann, ob und inwieweit die Feststellungsmöglichkeiten des VR durch die Obliegenheitsverletzung tatsächlich tangiert worden sind, ist es zunächst ausreichend, wenn der **VN** die sich aus dem konkreten Sachverhalt ergebenden **Kausalitätsmöglichkeiten**, wonach sich die Obliegenheitsverletzung ursächlich nachteilig zulasten des VR ausgewirkt haben könnte, **ausräumt**. Dem **VR** obliegt es sodann im Rahmen seiner **sekundären Beweislast**, die konkrete Möglichkeit eines für ihn günstigeren Ermittlungsergebnisses aufzuzeigen. Gelingt ihm dies, muss der **VN** den **vollen Beweis** dafür führen, dass sich sein Obliegenheitsverstoß in keiner Weise ursächlich nachteilig für den VR ausgewirkt hat. Der Kausalitätsgegenbeweis ist bei **Falschangaben des VN zur Laufleistung** des gestohlenen Fahrzeuges geführt, wenn der VR zum Zeitpunkt seiner Regulierungsentscheidung eine höhere Kilometerlaufleistung kannte und dies durch Herabsetzung des Wiederbeschaffungswertes bei seiner Entschädigungsleistung ohne weiteres hätte berücksichtigen können.[549] Gleiches gilt, wenn der VR bereits vor seiner Regulierungsentscheidung erkennt, dass der VN falsche Angaben gemacht hat.[550] Auch die **Korrektur** von Falschangaben **vor der Leistungsentscheidung des VR** führt regelmäßig zu fehlender Kausalität.[551]

236 Bei **Obliegenheitsverletzungen vor Eintritt des Versicherungsfalles** kann der **VR** innerhalb eines Monats nach Kenntnis von der Obliegenheitsverletzung den Versicherungsvertrag **fristlos kündigen** (§ 28 Abs. 1 VVG). Er erhält dann nach § 39 VVG für die zurückliegende Zeit die anteilige Versicherungsprämie. Anders als noch in § 6 Abs. 1 S. 2 VVG a.F. geregelt muss der VR nicht mehr kündigen, um sich auf Leistungsfreiheit berufen zu können.

237 Bei **Obliegenheitsverletzungen nach Eintritt des Versicherungsfalles** hat die teilweise oder vollständige Leistungsfreiheit des VR nach § 28 Abs. 2 VVG zur Voraussetzung, dass der VR den VN durch **gesonderte Mitteilung in Textform** auf diese Rechtsfolge hingewiesen hat (§ 28 Abs. 4 VVG). Bei dieser **Belehrung** handelt es sich um ein besonderes Hinweiserfordernis. Eine Belehrung ist nicht erforderlich bei **spontan zu erfüllenden Obliegenheiten** (z.B. Verbleiben am Unfallort nach einem Unfall).

cc) Vorsatz

238 Eine vorsätzlich begangene Obliegenheitsverletzung führt zur **vollständigen Leistungsfreiheit** des VR, sofern der **VR den Vorsatz beweist** (§ 28 Abs. 2 S. 1 VVG).

239 Wie bei der groben Fahrlässigkeit kann der **VN** den **Kausalitätsgegenbeweis** führen. Gelingt ihm dieser, verbleibt es bei der Leistungspflicht des VR.

240 Im Übrigen gelten bei Obliegenheitsverletzungen vor und nach Eintritt des Versicherungsfalles die gleichen Regelungen wie bei grober Fahrlässigkeit des VN.

---

548 BGH Urt. v. 07.07.2004 – **IV ZR 265/03** – VersR 2004, 1117 = NJW-RR 2004, 1395.
549 KG Urt. v. 09.11.2010 – 6 U 103/10 – r+s 2011, 15 = zfs 2011, 93.
550 Vgl. Meixner/Steinbeck Rn. 332.
551 LG Dortmund Urt. v. 11.03.2010 – 2 O 245/09 – BeckRS 2010, 12704.

dd) Arglist

Eine arglistig begangene Obliegenheitsverletzung führt zur **vollständigen Leistungsfreiheit** des VR, sofern der **VR die Arglist**, die gleichzeitig auch ein vorsätzliches Verhalten beinhaltet, **beweist** (§ 28 Abs. 2 S. 1 VVG). 241

Die Möglichkeit des **Kausalitätsgegenbeweises** besteht nicht bei feststehender oder vom VR nachgewiesener Arglist des VN, (§ 28 Abs. 3 S. 2 VVG). Der VR ist daher immer leistungsfrei, gleichgültig, ob der Verstoß des VN kausal für den Eintritt oder die Feststellung des Versicherungsfalles oder für die Feststellung oder den Umfang der Leistungspflicht des VR war. Eine fehlende **Belehrung** nach § 28 Abs. 4 VVG ist bei einem arglistigen Verhalten des VN unschädlich.[552] Im Übrigen gelten bei Obliegenheitsverletzungen vor und nach Eintritt des Versicherungsfalles die gleichen Regelungen wie bei grober Fahrlässigkeit des VN. 242

Zur Frage der **Unwirksamkeit von vertraglichen Obliegenheiten** bei unterbliebener Umstellung der Versicherungsbedingungen auf die AKB 2008/2015 und damit fehlender Anpassung der AKB a.F. an das neue VVG 2008 vgl. A.2.1.1 AKB Rdn. 30 ff. 243

6. Verlust von Fahrzeugschlüsseln

Stellt der VN den Verlust oder Diebstahl von Fahrzeugschlüsseln fest, muss er grundsätzlich nur dann **Vorkehrungen gegen eine Entwendung des Fahrzeuges** treffen, wenn die Gefahr besteht, dass der Finder oder Dieb die Schlüssel mit dem versicherten Fahrzeug in Verbindung bringt, z.B. aufgrund von Informationen auf dem Schlüsselbund oder –anhänger, oder wenn Anzeichen für einen gezielten Schlüsseldiebstahl naheliegen.[553] Dann allerdings muss der VN notfalls auch den **Austausch der Schließanlage**[554] in Auftrag geben. Die Kosten hierfür kann er nicht vom VR erstattet verlangen. Es handelt sich nicht um nach §§ 90, 83 Abs. 1 VVG vom VR zu ersetzende Rettungskosten, sondern ausschließlich um **Aufwendungen zur allgemeinen Schadensverhütung.**[555]. Die Schließanlage wurde durch den reinen Diebstahl der Schlüssel nicht beschädigt und der Schlossaustausch dient nur dem Schutz vor einem nun möglicherweise mit höherem Risiko zu erwartenden Diebstahl des Kfz.[556] Anderes kann allenfalls dann gelten, wenn die vorsorgliche Auswechselung der Schlösser zur Abwendung eines dem VN drohenden, unmittelbar bevorstehenden Fahrzeugdiebstahls geboten ist,[557] was der VN zu beweisen hat. Unterlässt der VN den Austausch, läuft er Gefahr, dass sich der VR bei einer kurz darauf eintretenden Entwendung des versicherten Fahrzeuges auf eine **grob fahrlässige Herbeiführung des Versicherungsfalles** nach A.2.9.1 AKB, § 81 Abs. 2 VVG beruft, (vgl. auch A.2.9.1 AKB Rdn. 246 ff.). 244

Nicht jeder **Verlust von Fahrzeugschlüsseln** stellt eine **Gefahrerhöhung** dar.[558] Erforderlich ist, dass sich aus den Umständen des Schlüsselverlustes das objektive Risiko eines Zugriffs Dritter auf das versicherte Fahrzeug ergibt.[559] Daran fehlt es, wenn der VN nicht ernsthaft mit der Möglichkeit rechnen muss, dass ein unbekannter Finder das versicherte Kfz auffindet und unbefugt nutzt, so z.B. wenn der Schlüssel an einem Ort abhandengekommen ist, der sich räumlich nicht unerheblich von dem Bereich entfernt befindet, in welchem das versicherte Kfz regelmäßig abgestellt wird.[560] Gleiches gilt, wenn der Schlüssel nur innerhalb der Wohnung des VN verlegt worden ist oder wenn der Schlüssel keinen Funksensor oder sonstige Merkmale aufweist, mit deren Hilfe das Fahrzeug 245

552 Vgl. BGH Beschl. v. 04.05.2009 – **IV ZR 62/07** – VersR 2009, 968 = r+s 2009, 295.
553 Vgl. Himmelreich/Halm/*Bartholomy* Teil 1 Abschnitt B Kap. 20 Rn. 57.
554 Vgl. hierzu OLG Düsseldorf Urt. v. 27.03.1990 – 4 U 178/89 – r+s 1991, 78.
555 AG Hannover Urt. v. 03.12.1998 – 546 C 13772/98 – r+s 1999, 100.
556 AG Köln Urt. v. 03.07.2007 – 133 C 210/07 – r+s 2008, 66 = SP 2007, 365.
557 AG Karlsruhe Urt. v. 23.08.1995 – 5 C 214/95 – zfs 1996, 19.
558 Vgl. den **Überblick über Gefahrerhöhungen** bei Knappmann VRR 2014, 44; Burmann NJW-Spezial 2015, 329.
559 OLG Hamm Urt. v. 03.07.2013 – 20 U 226/12 – r+s 2013, 373.
560 OLG Düsseldorf Urt. v. 27.03.1990 – 4 U 178/89 – r+s 1991, 78.

ausfindig gemacht werden kann. Grundsätzlich ist das **Risiko einer Entwendung immer dann als erhöht anzusehen**, wenn sich nicht ausschließen lässt, dass Dritte – ob in der Wohnung oder außerhalb – den Schlüssel an sich genommen haben,[561] z.B. während eines Werkstattaufenthaltes des Fahrzeuges,[562] oder beim Verlust eines Portemonnaie-Schlüssels.[563]

246 **Umstritten** ist, ob die **Weiterbenutzung des versicherten Kfz** nach dem Verlust bzw. Diebstahl eines Fahrzeugschlüssels oder einer so genannten »Keyless-Go-Karte« ohne Vornahme jeglicher Schutzvorkehrungen gegen Diebstahl als **subjektive (gewillkürte) Gefahrerhöhung nach § 23 Abs. 1 VVG** mit der Konsequenz einer Leistungsfreiheit des VR nach **§ 26 Abs. 1 VVG** angesehen werden kann,[564] oder ob es sich um eine **objektive Gefahrerhöhung nach § 23 Abs. 3 VVG** handelt, die lediglich eine Anzeigeobliegenheit gegenüber dem VR auslöst, deren Verletzung in **§ 26 Abs. 2 VVG** sanktioniert ist.[565]

247 Voraussetzung für eine **subjektive Gefahrerhöhung** ist, dass der VN entweder selbst einen Zustand schafft, der den Eintritt des Versicherungsfalles wahrscheinlicher macht oder die Vornahme eines gefahrerhöhenden Zustandes durch einen Dritten gestattet. Erforderlich ist das Bewusstsein des VN von der gefahrerhöhenden Eigenschaft der von ihm vorgenommenen Handlung; seine Kenntnis allein von den gefahrerhöhenden Umständen reicht nicht aus.[566] Ein solcher Zustand kann gemäß § 23 Abs. 1 VVG aber **nur durch ein aktives Tun, nicht** dagegen **durch ein Unterlassen** verwirklicht werden.[567] Dies ist zwar nicht unbestritten,[568] entspricht aber inzwischen der **h.M.** in der Rechtsprechung.[569] Ein VN, der es unterlässt, eine für ihn ungewollt oder von einem Dritten gegen seinen Willen herbeigeführte Gefahrerhöhung zu beseitigen oder jedenfalls durch ihm zumutbare und mögliche Maßnahmen auszugleichen, nimmt daher gerade keine gewollte, subjektive Gefahrerhöhung vor.[570] Es handelt sich lediglich um eine **ungewollte, objektive Gefahrerhöhung,**[571] die unabhängig vom Willen des VN eintritt. Für den **VN** erwächst hieraus nur eine **Anzeigeobliegenheit** gegenüber seinem VR, nicht aber eine Obliegenheit, die Gefahrerhöhung wieder zu beseitigen.[572] Der VN muss den gefahrerhöhenden Umstand dem VR unverzüglich anzeigen, sobald er von ihm Kenntnis erlangt. Kenntniserlangung ist die sichere Feststellung und das positive Wissen

561 OLG Hamm Urt. v. 03.07.2013 – 20 U 226/12 – r+s 2013, 373.

562 OLG Hamm Urt. v. 06.12.1991 – 20 U 231/91 – VersR 1992, 1217 = r+s 1992, 261.

563 OLG Nürnberg Urt. v. 28.03.2003 – 8 U 4326/01 – VRS 105, 185.

564 So OLG Düsseldorf Urt. v. 27.03.1990 – 4 U 178/89 – r+s 1991, 78; OLG Karlsruhe Urt. v. 18.01.1990 – 12 U 216/89 – VersR 1990, 1386; OLG München Urt. v. 12.08.1987 – 3 U 3304/87 – r+s 1988, 256, 258; OLG Stuttgart Urt. v. 30.07.1986 – 4 U 49/86 – r+s 1987, 62; LG Wiesbaden Urt. v. 21.10.1993 – 2 O 326/93 – VersR 1994, 855 = zfs 1994, 135.

565 So z.B. OLG Celle Urt. v. 23.09.2004 – 8 U 128/03 – VersR 2005, 640 = zfs 2004, 564.

566 BGH Urt. v. 10.09.2014 – **IV ZR 322/13** – VersR 2014, 1313 = r+s 2014, 543.

567 BGH Urt. v. 21.01.1987 – **IVa ZR 112/85** – VersR 1987, 653 = r+s 1987, 110; LG Dortmund Urt. v. 11.03.2010 – 2 O 245/09 – SP 2010, 332 = VK 2010, 115.

568 Vgl. zum Meinungsstand Prölss/Martin/*Armbrüster* § 23 VVG Rn. 101 ff.; *Langheid*/Rixecker § 23 VVG Rn. 30 ff., jeweils m.w.N. aus der Rechtsprechung.

569 Vgl. OLG Hamm Urt. v. 06.12.1991 – 20 U 231/91 – VersR 1992, 1217 = r+s 1992, 261 **unter Aufgabe seiner bis dahin abweichenden Rechtsauffassung**; OLG Hamm Urt. v. 24.02.1982 – 20 U 323/81 – VersR 1982, 969.

570 St.Rspr. BGH Urt. v. 08.07.1987 – **IVa ZR 19/86** – VersR 1987, 921; BGH Urt. v. 21.01.1987 – **IVa ZR 112/85** – VersR 1987, 653 = r+s 1987, 110; BGH Urt. v. 23.09.1981 – **IVa ZR 216/80** – VersR 1982, 33; BGH Urt. v. 11.12.1980 – **IVa ZR 18/80** – VersR 1981, 1094; OLG Hamm Urt. v. 26.01.1994 – 20 U 248/93 – NJW-RR 1995, 348.

571 Vgl. BGH Urt. v. 21.02.1996 – **IV ZR 351/94** – VersR 1996, 703 = r+s 1996, 476; OLG Celle Urt. v. 23.09.2004 – 8 U 128/03 – VersR 2005, 640; OLG Nürnberg Urt. v. 28.03.2003 – 8 U 4326/01 – VRS 105, 185.

572 KG Urt. v. 15.07.2016 – 6 U 24/16 – zfs 2019, 213; OLG Celle Urt. v. 23.09.2004 – 8 U 128/03 – VersR 2005, 640 = zfs 2004, 564; OLG Nürnberg Urt. v. 28.03.2002 – 8 U 4326/01 – r+s 2003, 233; OLG Stuttgart Urt. v. 18.11.1993 – 7 U 223/93 – r+s 1995, 90; OLG Hamm Urt. v. 06.12.1991 – 20 U 231/94 – VersR 1992, 1217.

von Umständen, die das Entwendungsrisiko zulasten des VR erhöhen; bloße Verdächtigungen und ungesicherte Vermutungen unterliegen allerdings nicht der Anzeigepflicht.[573]

Bleibt der VN untätig, obwohl ihn eine Anzeigeobliegenheit trifft, kann sich der VR gemäß **§ 26 Abs. 2 S. 1 VVG** auf Leistungsfreiheit trotzdem nur dann berufen, wenn der Versicherungsfall später als einen Monat nach dem Zeitpunkt eingetreten ist, in welchem die Anzeige dem VR hätte zugegangen sein müssen, es sei denn, dem VR war der Schlüsselverlust zu diesem Zeitpunkt bereits bekannt. Die vollständige Leistungsfreiheit des VR setzt eine **vorsätzliche Anzeigepflichtverletzung** des VN voraus, § 26 Abs. 2 S. 2 Halbsatz 1 VVG. Vorsatz muss der VR beweisen. Nach Ansicht des **KG Berlin**[574] soll allerdings eine **Vorsatzvermutung zulasten des VN** gelten, so dass es ihm obliege, den Beweis für ein nicht vorsätzliches Verhalten zu führen. Dies wird damit begründet, dass der Gesetzgeber in § 26 Abs. 2 S. 2 VVG die die schon für § 19 Abs. 3 S. 1 VVG gewählte Beweislastverteilung habe übernehmen wollen. **Dies erscheint zweifelhaft**, da § 19 Abs. 3 S. 1 VVG bestimmt, wann das grundsätzlich nach § 19 Abs. 2 VVG bestehende Rücktrittsrecht des VR – ausnahmsweise und damit zum Vorteil für den VN – ausgeschlossen sein soll. Insofern liegt die Beweislast für diesen Ausnahmetatbestand und damit für ein nicht vorsätzliches Verhalten hier nachvollziehbar beim VN. Demgegenüber regelt § 26 Abs. 2 S. 2 VVG das Bestehen der grundsätzlichen Leistungspflicht des VR, die ausnahmsweise entfallen soll, wenn die Verletzung der Anzeigepflicht auf Vorsatz beruht. Dabei sind die Worte »wenn nicht« im Sinne von »es sei denn« zu lesen. Dies hat zur Konsequenz, dass der VR den Vorsatz als Ausnahmetatbestand für den Wegfall seiner grundsätzlichen Leistungsverpflichtung beweisen muss. Im Falle einer **grob fahrlässigen Anzeigepflichtverletzung** muss der VN mit einer quotalen Leistungskürzung rechnen, § 26 Abs. 2 S. 2 Halbsatz 2 VVG i.V.m. § 26 Abs. 1 S. 2 VVG. Ein grob fahrlässiges Verhalten des VN wird vermutet, § 26 Abs. 1 S. 2 Halbsatz 2 VVG. Um sich zu entlasten, muss der VN beweisen, dass er nicht grob fahrlässig gehandelt hat. Trifft den VN überhaupt **kein Verschulden**, bleibt die Leistungspflicht des VR bestehen, § 26 Abs. 2 S. 2 Halbsatz 1 VVG. Dies gilt nach § 26 Abs. 3 VVG – ungeachtet einer vom VN nicht ausräumbaren groben Fahrlässigkeit – auch dann, wenn sich die Gefahrerhöhung nicht kausal auf den Eintritt des Versicherungsfalles oder den Umfang der Leistungspflicht ausgewirkt hat oder zum Zeitpunkt des Eintritts des Versicherungsfalles die einmonatige Frist für die Kündigung des VR nach § 24 Abs. 2 VVG bereits abgelaufen und die Kündigung nicht erfolgt war. 248

Liegt daher ein **gezielter Schlüsseldiebstahl** nahe und wird der **Pkw** des VN, der **ohne Sicherungsmaßnahmen weiter benutzt** und vor der Wohnung abgestellt wurde, am zweiten Tag nach dem Schlüsseldiebstahl ohne Aufbruchspuren entwendet, kann eine (partielle) Leistungsfreiheit des VR zwar nach Maßgabe des A.2.9.1 AKB i.V.m. § 81 Abs. 2 VVG wegen grob fahrlässiger Herbeiführung des Versicherungsfalles in Betracht kommen, nicht aber wegen einer Gefahrerhöhung gemäß § 26 Abs. 2 S. 1 VVG.[575] **Leistungsfreiheit** wegen der ungewollten Gefahrerhöhung kann **nach § 26 Abs. 2 S. 1 VVG** vielmehr **erst dann** eintreten, wenn der VN vorsätzlich oder grob fahrlässig gegen seine Anzeigeobliegenheit verstößt und der Versicherungsfall später als einen Monat nach dem Zeitpunkt eintritt, in welchem dem VR die Anzeige hätte zugehen müssen.[576] Der in § 26 Abs. 2 S. 1 VVG genannten Monatsfrist ist also immer der Zeitraum vorzuschalten, der dem VN zur Erstattung der unverzüglichen Anzeige bis zu ihrem – fiktiven – Zugang beim VR zuzubilligen ist. Die Monatsfrist beginnt erst mit dem Tag, an dem die Anzeige dem VR hätte zugehen müssen. Solange diese Frist nicht abgelaufen ist, kann sich der VR zur Begründung seiner Leistungsfreiheit nicht auf das Anzeigeversäumnis des VN berufen. Trotz der nicht angezeigten Gefahrerhöhung besteht in diesem Zeitraum daher volle Leistungspflicht des VR. 249

573 OLG Hamm Urt. v. 03.07.2013 – 20 U 226/12 – r+s 2013, 373.
574 KG Urt. v. 15.07.2016 – 6 U 24/16 – zfs 2019, 213.
575 So aber LG Wiesbaden Urt. v. 21.10.1993 – 2 O 326/93 – zfs 1994, 135.
576 Vgl. auch BGH Urt. v. 21.02.1996 – **IV ZR 351/94** – VersR 1996, 703 = r+s 1996, 476.

7. Nachweis der Schadenhöhe

250 Der auch für die Höhe seines Schadens beweispflichtige VN ist keineswegs schutzlos, wenn er keine Original-Rechnungen oder sonstigen Anschaffungsbelege mehr vorlegen kann. Ihm stehen auch insoweit Beweiserleichterungen zur Verfügung. Ohne dass es – wie bei § 448 ZPO – eines Anfangsbeweises bedarf, kann das Gericht zur Ermittlung der Schadenhöhe den VN als Prozesspartei nach **§ 287 Abs. 1 S. 3 ZPO** vernehmen (**Schätzungsvernehmung**), und zwar selbst dann, wenn ernsthafte Bedenken an seiner Glaubwürdigkeit im Übrigen bestehen. Zwar muss das Gericht diesen Bedenken im Rahmen der Beweiswürdigung (§ 286 ZPO) Rechnung tragen; der VN ist aber in solchen Fällen nicht von vornherein auf den Vollbeweis beschränkt.

8. Entwendung und nachfolgender Unfall/Brand

251 Unfall- bzw. Brandschäden als **adäquate Folge einer Entwendungshandlung** sind auch bei Bestehen einer Vollkaskoversicherung aus der Teilkaskoversicherung zu entschädigen, (vgl. A.2.2.1 AKB Rdn. 114 ff., A.2.2.1 AKB Rdn. 118 ff. und A.2.2.1 AKB Rdn. 214 ff.). Bei einem **vollkaskoversicherten VN**, der seinen Entschädigungsanspruch auf eine **teilkaskoversicherte Fahrzeugentwendung** stützt, diese aber nicht beweisen kann, kann der feststehende **Versicherungsfall »Unfall«** selbst dann zu einer Entschädigungspflicht des VR führen, wenn sich der VN nur auf den Versicherungsfall »Diebstahl« berufen hat. Erst recht ist ein »Unfall« zu berücksichtigen, wenn er sich aus dem vom VN von Anfang an vorgetragenen unstreitigen Sachverhalt ergibt. Die **Versicherungsfälle Unfall und Entwendung stehen selbstständig und gleichwertig nebeneinander.** Beide Tatbestände umschreiben jeweils eigenständige versicherte Gefahren und ihre Voraussetzungen für den Eintritt des Versicherungsfalles.[577] Der VN kann sich selbst dann auf einen Unfall berufen, wenn er zunächst eine Entwendung vorgetragen hat, deren Beweis aber misslingt.[578] Kann z.B. der VN den Nachweis einer Entwendung des versicherten Fahrzeuges nicht führen, weil das als gestohlen gemeldete Fahrzeug mit dem Originalschlüssel in beschädigtem Zustand an der Unfallstelle aufgefunden wurde, kann er zwar die Fahrzeugschäden nicht aus der Teilkaskoversicherung als Folgeschäden des behaupteten Kfz-Diebstahls erstattet verlangen; trotzdem ist er aber nicht daran gehindert, seine Vollkaskoversicherung wegen des jedenfalls unstreitigen Versicherungsfalles »Unfall« in Anspruch zu nehmen.[579] Gleiches gilt für den der Entwendung nachfolgenden **Versicherungsfall »Brand«.**

252 Besteht Anlass zu der Vermutung, dass der VN nach einem Unfall oder Brand mit seinem lediglich teilkaskoversicherten Fahrzeug eine **vorangegangene Entwendung seines Fahrzeuges vorgetäuscht** haben könnte, um den Unfall- bzw. Brandschaden als Versicherungsschaden in der Teilkasko abrechnen zu können, ist der VR im Rahmen des A.2.9.1 AKB, § 81 Abs. 1 VVG leistungsfrei, wenn er nachweisen kann, dass der VN den der behaupteten Entwendung **nachfolgenden Versicherungsfall** (entwendungsbedingter Unfall oder Brand) **vorsätzlich herbeigeführt** hat. **Beweiserleichterungen** kommen dem **VR** dabei nicht zugute.[580] Für die Leistungsfreiheit des VR reicht es nicht aus, dass nur Indizien bewiesen werden können, die lediglich für eine vom VN vorgetäuschte Entwendung des Kfz sprechen könnten. **Manipulationen durch den VN** stehen nicht schon deshalb fest, weil seine Glaubwürdigkeit aufgrund einer Vorstrafe wegen Versicherungsbetruges, wegen weiterer ungeklärter Versicherungsfälle in der Vergangenheit und wegen seiner unklaren wirtschaftlichen Verhältnisse nach Abgabe der eidesstattlichen Versicherung mehr als erschüttert ist.[581] Vielmehr

---

577 Vgl. BGH Urt. v. 31.10.1984 – **IVa ZR 33/83** – VersR 1985, 78 = NJW 1985, 917; BGH Urt. v. 15.12.1982 – **IVa ZR 55/81** – VersR 1983, 289 = NJW 1983, 943; OLG Hamm Urt. v. 29.11.1985 – 20 U 67/85 – VersR 1987, 605; LG Essen Urt. v. 30.10.1995 – 2 O 413/95 – NJW-RR 1996, 1433.

578 OLG Saarbrücken Urt. v. 24.10.2007 – 5 U 238/07 – zfs 2008, 96 m.w.N.; OLG Hamburg Urt. v. 18.08.2006 – 14 U 224/05 – SP 2007, 262.

579 OLG Karlsruhe Urt. v. 01.08.1991 – 12 U 60/91 – VersR 1992, 733 m.w.N.

580 Vgl. BGH Beschl. v. 13.04.2005 – **IV ZR 62/04** – VersR 2005, 1387 = r+s 2005, 292; ebenso Stiefel/Maier/*Stadler* A.2 AKB Rn. 213.

581 Vgl. OLG Hamm Urt. v. 22.06.2005 – 20 U 15/05 – VersR 2006, 211.

obliegt dem VR der Vollbeweis für den fingierten Diebstahl (im Falle des vom VN behaupteten nachträglichen diebstahlbedingten Unfalles) bzw. die vorsätzliche Inbrandsetzung (im Falle des vom VN behaupteten nachträglichen diebstahlbedingten Brandes).

Für den Fall eines der behaupteten Entwendung nachfolgenden Unfallschadens müsste der VR beweisen, dass das in beschädigtem Zustand aufgefundene versicherte Fahrzeug von dem VN selbst oder in seinem Auftrag durch Dritte an den Auffindungsort verbracht worden ist, wobei dem Fahrzeug dann nachträglich zu dem Unfallschaden die festgestellten und auf eine professionelle Entwendung hindeutenden Spuren hinzugefügt worden sein müssten. 253

Für den Fall eines der behaupteten Entwendung nachfolgenden Brandschadens müsste der VR beweisen, dass das Fahrzeug relativ zeitnah nach der angeblichen Entwendung in Brand geraten ist und ohne jegliche Beschädigungsspuren am Lenkradschloss und Spuren eines Kurzschließens aufgefunden wurde.[582] Zwar könnte der unbekannte Täter das Fahrzeug auch mit einem zuvor entwendeten Originalschlüssel gestohlen haben; der damit verbundene Aufwand dürfte es aber als wenig glaubhaft erscheinen lassen, dass der Täter das Fahrzeug unmittelbar nach seiner Entwendung selbst in Brand setzt, (vgl. auch A.2.2.1 AKB Rdn. 118 ff.). 254

9. Wiederauffinden des Fahrzeuges und Höhe der Entschädigung

Die Fälle, in denen das Fahrzeug nach seiner Entwendung wieder aufgefunden wird, werden durch **A.2.5.5 AKB** geregelt. Für die Höhe der Entschädigung ist **A.2.7.3 AKB** zusätzlich zu beachten. 255

10. Rückforderungsrechtsstreit des VR gegen VN

Das Beweismodell der Rechtsprechung gilt nur dort, wo der VN vom VR Entschädigungsleistungen aus der Teilkasko verlangt. Werden **bereits erbrachte Zahlungen vom VR nach § 812 BGB** mit der Begründung **zurückgefordert**, das Kfz sei nicht entwendet worden, so dass ein Rechtsgrund für die gewährte Diebstahlsentschädigung in Wirklichkeit nicht vorgelegen habe, muss der VR hierfür den **Vollbeweis** führen. Im Gegensatz zu der älteren Rechtsprechung, die noch davon ausging, dass der VR nur nachweisen müsse, dass es am »äußeren Bild« einer bedingungsgemäßen Entwendung fehle,[583] hat der **BGH** und mit ihm die neuere Rechtsprechung klargestellt, dass **dem VR keine Beweiserleichterungen zugutekommen.**[584] Bei Leasingfahrzeugen richtet sich der Rückforderungsanspruch nicht gegen den Leasinggeber, der die Entschädigung erhalten hat, sondern gegen den VN.[585] Der Beweis, dass der VN die angebliche Entwendung nur vorgetäuscht hat, ist erbracht, wenn das angeblich vom Dieb ohne passenden Schlüssel gestohlene Kfz bei seinem Wiederauffinden weder an der Lenksperrvorrichtung, noch am Schließzylinder Spuren des Gebrauchs von Sperrwerkzeugen oder einem nicht passenden Schlüssel aufweist, weil dann davon auszugehen ist, dass es nur mit einem zum Fahrzeug gehörigen Schlüssel in Gang gesetzt worden sein kann.[586] 256

Stützt der VR seinen Rückforderungsanspruch auf die Verletzung einer vertraglichen Obliegenheit (z.B. wegen falscher Angaben in der Schadenanzeige), so hat der VR nicht nur wie im Deckungsprozess den objektiven Tatbestand der Obliegenheitsverletzung zu beweisen, sondern auch das relevante Verschulden des VN,[587] also mindestens grobe Fahrlässigkeit, die nicht von vornherein schon zulasten des VN vermutet wird. Gelingt dem VR der Nachweis einer **grob fahrlässigen** 257

582 OLG Hamm Urt. v. 21.10.1998 – 20 U 87/98 – r+s 1999, 144; vgl. OLG Düsseldorf Urt. v. 28.03.1996 – 4 U 69/95 – VersR 1996, 1097; OLG Celle Urt. v. 08.01.1998 – 6 U 96/97 – zfs 1999, 158; Prölss/Martin/*Klimke* A.2.2.1 AKB Rn. 9.

583 Rspr.-Nachweise bei Stiefel/Maier/*Stadler* A.2 AKB Rn. 205.

584 BGH Urt. v. 14.07.1993 – **IV ZR 179/92** – VersR 1993, 1007 = NJW 1993, 2678; OLG Köln Urt. v. 23.01.2007 – 9 U 11/06 – r+s 2007, 101 = VK 2007, 85.

585 BGH Urt. v. 04.05.1994 – **IV ZR 298/93** – r+s 1994, 284 = NJW 1994, 2895.

586 OLG Düsseldorf Urt. v. 28.03.1996 – 4 U 69/95 – VersR 1996, 1097.

587 BGH Urt. v. 14.12.1994 – **IV ZR 304/93** – r+s 1995, 81 = VersR 1995, 281; OLG Stuttgart Urt. v. 28.02.2008 – 7 U 179/07 – VK 2008, 85.

Obliegenheitsverletzung, erhält er die erbrachte Versicherungsleistung nicht vollständig zurück, sondern nur anteilig entsprechend der Schwere des Verschuldens des VN analog § 28 Abs. 2 S. 2 VVG. Der VR wird daher bestrebt sein, den Nachweis einer **vorsätzlichen Obliegenheitsverletzung** durch den VN zu führen. Darüber hinaus muss er aber auch nachweisen, dass die Falschangaben des VN entweder für den Eintritt oder die Feststellung des Versicherungsfalles oder für die Feststellung bzw. den Umfang seiner Leistungspflicht ursächlich waren. Die Kausalitätsvermutung des § 28 Abs. 3 VVG gilt im Rückforderungsprozess nicht. Die Unterscheidung ist gerechtfertigt, weil der VR in der Regulierungsphase in besonderer Weise auf wahrheitsgemäße Angaben des VN angewiesen ist. Dieses Argument greift indes dann nicht mehr, wenn der VR nach Prüfung des Versicherungsfalles die Leistungen bereits erbracht hat.

258 Die **Verjährungsfrist für den Rückforderungsanspruch** des VR aus § 812 BGB beträgt drei Jahre (§ 195 BGB).

III. Unterschlagung

1. Beweislastverteilung

259 Anders als in der Diebstahlversicherung kommen dem **VN keine Beweiserleichterungen** zugute. Das »äußere Bild« einer versicherten Unterschlagung wird weder in der Literatur, noch in der Rechtsprechung beschrieben. Es besteht auch kein Bedürfnis, dem VN in Fällen, in denen er sich auf eine versicherte Unterschlagung durch einen ihm bekannten Dritten beruft, Beweiserleichterungen zu gewähren.[588] Denn der VN befindet sich nicht in einer vergleichbaren Beweisnot wie im Falle eines behaupteten Diebstahls. Er weiß regelmäßig, wem er das Fahrzeug anvertraut hat.

260 Der **VN hat die volle Beweislast** dafür, dass die **Voraussetzungen einer versicherten Unterschlagung** vorliegen. Dazu gehört, dass er die Beschädigung, Zerstörung oder den Verlust des Fahrzeuges durch die Unterschlagung eines Dritten beweist, wobei diesem das Fahrzeug nachweislich nicht zum Gebrauch im eigenen Interesse, zur Veräußerung oder aufgrund einer Veräußerung unter Eigentumsvorbehalt überlassen worden sein darf.[589] Anders als noch in § 12 AKB a.F., wo der VR für diese Ausschlüsse beweisbelastet war, beschreibt der **Wortlaut in A.2.2.1.2b AKB keine echten Risikoausschlüsse**, die der VR zu beweisen hätte, **sondern einschränkende Anspruchsvoraussetzungen**, die den objektiven Tatbestand einer versicherten Unterschlagung definieren (*»Unterschlagung ist nur versichert, wenn …«*). (Zur abweichenden Beweislastverteilung bei unbefugtem Gebrauch vgl. A.2.2.1 AKB Rdn. 266 f.)

261 Beruft sich der VN darauf, dass das Fahrzeug von einem anderen Dritten als demjenigen unterschlagen wurde, dem es zum Gebrauch im eigenen Interesse überlassen wurde, muss er dies gleichfalls beweisen.[590] Hierfür darf **keine ununterbrochene Gebrauchsüberlassungskette** vom VN über einen Dritten bis hin zu einer weiteren Person in Bezug auf das versicherte Fahrzeug vorliegen. Überlässt der Dritte den Gebrauch des Fahrzeuges einer anderen Person, die das Fahrzeug unterschlägt, so ist der Versicherungsschutz folglich nur dann ausgeschlossen, wenn der VN dieser Weitergabe ausdrücklich oder stillschweigend zugestimmt hat.[591] Anders ausgedrückt: Steht fest, dass das Fahrzeug von dem Dritten, der es zunächst in Besitz hatte, mit Wissen und Wollen des VN an eine weitere Person übergeben wurde, besteht bei einer Unterschlagung durch diese weitere Person kein Versicherungsschutz.

262 **Sofern dieser Punkt streitig ist, hat der VR zu beweisen**, dass der VN der Überlassung des Fahrzeuges an eine weitere Person zugestimmt hat und damit die Unterschlagung nicht versichert ist. Hierfür trifft den **VR die volle Beweislast**. Beweiserleichterungen wie in der Diebstahlversicherung,

588 OLG Hamm Urt. v. 18.01.2006 – 20 U 145/05 – zfs 2006, 275 = SP 2007, 78.
589 Feyock/*Jacobsen*/Lemor A.2.2 AKB Rn. 56; **a.A.** Stiefel/Maier/*Stadler* A.2 AKB Rn. 210.
590 BGH Urt. v. 20.01.1993 – **IV ZR 277/91** – VersR 1993, 472 = r+s 1993, 169.
591 OLG Köln Urt. v. 10.07.2001 – 9 U 3/99 – r+s 2001, 359; OLG Hamm Urt. v. 31.08.1994 – 20 U 40/94 – VersR 1995, 1477 = r+s 1995, 127 = NJW-RR 1995, 347.

wo er lediglich die erhebliche Wahrscheinlichkeit der Vortäuschung eines Diebstahls durch den VN beweisen muss, kommen ihm nicht zugute,[592] weil umgekehrt auch der VN für sich keine Beweiserleichterungen in Anspruch nehmen kann.[593]

Steht eine Entwendung nicht fest und kommt **entweder** ein **Diebstahl oder** eine **nicht gedeckte Unterschlagung** durch eine Person in Betracht kommt, die zum Gebrauch des Fahrzeuges berechtigt war, so muss der VN den Diebstahl beweisen.[594] **Steht die Gebrauchsüberlassung des Fahrzeuges an einen Dritten fest**, muss der **VN nachweisen**, dass das Fahrzeug entweder diesem Dritten entwendet worden ist – insoweit läge dann ein **versicherter Diebstahl** vor – oder durch eine andere Person als diesen Dritten unterschlagen worden ist – was den Versicherungsfall einer **gedeckten Unterschlagung** begründen würde.[595] Den Nachweis wird der VN regelmäßig nur durch das Zeugnis des Dritten führen können. Bestätigt der Dritte den Diebstahl, so führt allein die theoretische Möglichkeit, dass entgegen seiner Aussage das Fahrzeug diesem Dritten nicht entwendet, sondern von ihm selbst unterschlagen worden sein könnte – wofür der VN dann keinen Versicherungsschutz hätte – nicht dazu, dem VN den Versicherungsschutz zu versagen und ihn als beweisfällig anzusehen.[596] Hat der VN aber sein Fahrzeug einem Dritten überlassen und **behauptet er eine Entwendung durch unbekannte Täter**, die er jedoch nicht beweisen kann, so besteht keine Leistungspflicht des VR.[597] **Zur Gebrauchsüberlassung durch Dritte an weitere Personen** vgl. auch A.2.2.1 AKB Rdn. 41 ff. 263

2. Einzelfälle

Auf die Beweislastverteilung kam es entscheidend in einem vom OLG Hamm[598] entschiedenen Fall an. Der VN hatte das versicherte **Kfz an einen Dritten vermietet**, der es wiederum **ohne Wissen des VN an einen anderen Dritten weitergegeben** hatte. Unstreitig wurde das Fahrzeug entwendet, da der VN es nicht zurückerhielt. Streitig blieb, ob die Entwendung durch Diebstahl oder Unterschlagung erfolgte, wobei insoweit wiederum ungeklärt blieb, ob die Unterschlagung durch den Mieter oder den anderen Dritten begangen wurde. Zwar ist der VN grundsätzlich für den von ihm behaupteten Diebstahl beweispflichtig, wenn als denkbare Alternative sowohl ein versicherter Diebstahl als auch eine nicht versicherte Unterschlagung in Betracht kommt.[599] Steht allerdings neben diesen Alternativen auch eine versicherte Unterschlagung – nämlich durch den anderen Dritten – im Raum, muss der **VR den Ausschlusstatbestand der nicht versicherten Unterschlagung beweisen.** Insbesondere muss er beweisen, dass die Überlassung des Fahrzeuges durch den Dritten an die weitere Person mit Kenntnis oder Willen des VN erfolgt ist. Gelingt ihm dies nicht, geht dieses »non liquet« zu seinen Lasten mit der Folge, dass der Versicherungsfall »Unterschlagung« zugunsten des VN als bewiesen gilt.[600] Hat der VN hingegen sein **Kfz einem gewerbsmäßigen Autovermieter überlassen**, der es **im Einverständnis mit dem VN an einen Dritten weitergegeben** hat, wo es verschwunden ist, kommt – anders als im Fall des OLG Hamm – neben einem versicherten Diebstahl durch den Dritten allein eine nicht versicherte Unterschlagung in Betracht. Es bleibt dann bei den 264

592 **A.A.** OLG Celle Urt. v. 01.02.1996 – 22 U 66/95 – VersR 1996, 843.

593 So auch OLG Hamm Urt. v. 18.01.2006 – 20 U 145/05 – zfs 2006, 275.

594 BGH Urt. v. 20.01.1993 – **IV ZR 277/91** – VersR 1993, 472 = r+s 1993, 169; LG Düsseldorf Urt. v. 10.03.2016 – 11 O 317/13 – zfs 2016, 698 = DAR 2016, 269.

595 OLG Köln Urt. v. 17.07.2001 – 9 U 70/00 – r+s 2003, 57 (**Unterschlagung nach Gebrauchsüberlassung**); OLG Düsseldorf Urt. v. 26.09.2000 – 4 U 208/99 – VersR 2001, 1551 = r+s 2001, 448 (**Nachweis der versicherten Unterschlagung eines gemieteten Lkw**); LG Düsseldorf Urt. v. 10.03.2016 – 11 O 317/13 – zfs 2016, 698 = DAR 2016, 269.

596 OLG Hamm Urt. v. 01.12.2000 – 20 U 248/99 – zfs 2001, 171.

597 OLG Celle Urt. v. 06.01.1994 – 8 U 4/92 – zfs 1995, 20.

598 OLG Hamm Urt. v. 25.02.2000 – 20 U 151/99 – r+s 2000, 228, 229 = zfs 2000, 300.

599 BGH Urt. v. 20.01.1993 – **IV ZR 277/91** – VersR 1993, 472 = r+s 1993, 169.

600 OLG Hamm Urt. v. 25.02.2000 – 20 U 151/99 – r+s 2000, 228, 229 = zfs 2000, 300.

oben genannten Beweisgrundsätzen, wonach eine Entwendung nur als bewiesen erachtet werden kann, wenn der VN den Nachweis eines Diebstahls geführt hat.[601]

265 Zu einer gedeckten Unterschlagung im Rahmen einer **Probefahrt** vgl. auch A.2.2.1 AKB Rdn. 198 ff.

IV. Unbefugter Gebrauch – Beweislastverteilung

266 Der **VN** hat grundsätzlich den **Vollbeweis** (§ 286 ZPO) zu erbringen, dass sein Fahrzeug durch unbefugten Gebrauch beschädigt oder zerstört wurde. Hat der Täter bei der Fahrt einen Originalschlüssel verwendet, reicht es jedoch aus, dass der VN darlegt und beweist, wie der Täter in den Besitz des Schlüssels kommen konnte.[602] Allerdings muss der VN nicht beweisen, dass der Täter zu dem unter den Versicherungsschutz fallenden Personenkreis gehört, also in keiner Weise berechtigt war, das Fahrzeug zu gebrauchen. Vielmehr trägt umgekehrt der VR die Beweislast dafür, dass der Täter keine betriebsfremde Person war und somit nicht dem vom Versicherungsschutz umfassten Personenkreis angehörte.[603] Er muss daher beweisen, dass der Täter vom VN (bzw. dem Verfügungsberechtigten) mit der Betreuung des Fahrzeuges beauftragt war oder zum Zeitpunkt der Tat zum VN (bzw. dem Verfügungsberechtigten) in einem Näheverhältnis stand. Obwohl die Vertragsklausel als positive Risikobegrenzung ausgestaltet ist, hat die Rechtsprechung schon unter der Geltung des § 12 AKB a.F. dem VR die Beweislast auferlegt, den unbefugten Gebrauch durch nicht »betriebsfremde Personen« zu beweisen, wenn der VR die Deckung ablehnen wollte. Schon nach der damaligen Rechtsprechung kamen dabei dem VR keine **Beweiserleichterungen** zugute.[604] Hieran ist auch unter der Geltung der AKB 2015 festzuhalten.

267 **Der Unterschied in der Beweislastverteilung im Vergleich zum Versicherungsfall »Unterschlagung« ist gerechtfertigt.** Während der VN beim Tatbestand der Unterschlagung i.d.R. die Person kennt, der er sein Fahrzeug überlässt, so dass es auch gerechtfertigt ist, ihm die Beweislast dafür aufzubürden, dass dieser Person das Fahrzeug nicht zum Gebrauch im eigenen Interesse, zur Veräußerung oder unter Eigentumsvorbehalt überlassen wurde, ist der Versicherungsfall des unbefugten Gebrauchs dadurch geprägt, dass das Fahrzeug dem VN – ähnlich wie beim Diebstahl, wenn auch nur vorübergehend und ohne dauerhafte Zueignungsabsicht des Täters – abhandenkommt und bei dem sich daran anschließenden unbefugten Gebrauch durch den – dem VN unbekannten – Täter beschädigt oder zerstört wird. Müsste der VN trotz der vergleichbaren Formulierung beim Tatbestand der Unterschlagung (»... *ist nur versichert, wenn* ...«) beim unbefugten Gebrauch auch einen zusätzlichen Beweis in der Form führen, dass der Täter in keiner Weise berechtigt war, das Fahrzeug zu gebrauchen, müsste er als Anspruchsvoraussetzung alle denkbaren Möglichkeiten eines berechtigten Fahrzeuggebrauches nachweislich ausschließen. Dieser Beweis dürfte für den VN nicht zu führen sein, so dass **ein vergleichbares Beweislasterfordernis wie bei der Unterschlagung** bei Schäden durch unbefugten Gebrauch des Fahrzeuges für den VN eine nicht hinnehmbare **Aushöhlung des Versicherungsschutzes** zur Folge hätte (vgl. zu den gleichlautenden Voraussetzungen des Versicherungsschutzes in der Vollkasko bei **mut- oder böswilligen Handlungen** von Personen, die in keiner Weise berechtigt sind, das Fahrzeug zu gebrauchen, auch A.2.2.2 AKB Rdn. 144 ff.).

V. Sturm, Hagel, Blitzschlag, Überschwemmung – Beweislastverteilung

268 Dem **VN** obliegt der **Vollbeweis** dafür, dass die Elementargewalt nicht nur mittelbar, sondern **unmittelbar** auf sein Fahrzeug **eingewirkt** hat und dadurch die geltend gemachten **Schäden** am versicherten Fahrzeug eingetreten sind. **Beweiserleichterungen** wie in Diebstahlsfällen kommen dem

601 OLG Köln Urt. v. 10.07.2001 – 9 U 3/99 – r+s 2001, 359; LG Düsseldorf Urt. v. 09.04.2004 – 11 O 619/02 – zfs 2005, 86.

602 Vgl. Stiefel/Maier/*Stadler* A.2 AKB Rn. 207.

603 Vgl. Stiefel/Maier/*Stadler* A.2 AKB Rn. 209.

604 BGH Urt. v. 25.06.1997 – **IV ZR 245/96** – VersR 1997, 1095 = NJW 1997, 3027.

VN nicht zugute.[605] Es reicht nicht aus, dass für eine Schadenverursachung durch die Naturgewalt eine größere oder überwiegende Wahrscheinlichkeit spricht.[606] Der VN muss die Möglichkeit anderer Schadenursachen sicher ausschließen.[607] Kann er dies nicht und kommt statt einer Naturgewalt auch eine andere Ursache (z.B. Aquaplaning bei einem Unfall) in Betracht, so ist lediglich eine »**Zwischenursache**« nachgewiesen. Für den hinsichtlich der Unmittelbarkeit der Einwirkung beweisbelasteten VN besteht dann kein Deckungsschutz. Unerheblich ist, ob die Naturgewalt die entstandenen Fahrzeugschäden theoretisch verursachen kann, (vgl. A.2.2.1 AKB Rd. 57).

Ist es streitig, ob der Schaden auf die Naturgewalt oder auf ein **vom Fahrer veranlasstes Verhalten** zurückzuführen ist, trifft den VN die Beweislast für die unmittelbare Verursachung des Schadens durch die Naturgewalt, d.h. auch dafür, dass kein vom Fahrer ausgehendes Verhalten den Schaden am Fahrzeug mitursächlich herbeigeführt hat. Dazu muss er die **Möglichkeit ausräumen**, **dass** sein Fahrverhalten bzw. eine **Reaktion des Fahrers** auf die Naturgewalt den **Schaden** am Fahrzeug **mitverursacht haben könnte.**[608] Er muss mithin die **Vermutung widerlegen**, dass der Fahrzeugschaden auch auf ein durch die Naturgewalten veranlasstes Verhalten des Fahrers zurückzuführen sein könnte. Grund dafür ist, dass der VN für das Unmittelbarkeitserfordernis beweispflichtig ist. An der Unmittelbarkeit fehlt es aber, wenn die Naturgewalt Einfluss auf das (Fahr-) Verhalten des VN genommen hat und es erst dadurch zum Eintritt des Schadenfalles gekommen ist. 269

Gelingt es dem VN nicht, die Tatbestandsvoraussetzung der »unmittelbaren Einwirkung« zu beweisen, weil auch die Möglichkeit besteht, dass der Schadeneintritt letztlich auf eine Fehlreaktion des Fahrers zurückzuführen ist, hat der VN keinen Anspruch aus der Teilkaskoversicherung. **Nicht gefolgt werden kann der Auffassung**, wonach die bloße Mitverursachung des Schadens durch den Fahrer nicht zum Anspruchsverlust (wegen nicht nachgewiesener Unmittelbarkeit der Einwirkung durch die Naturgewalt), sondern nur zu einer Leistungskürzung im Rahmen des § 81 Abs. 2 VVG führen soll.[609] Dies wäre nur dann zutreffend, wenn es sich bei der Regelung in A.2.2.1.3 S. 4 AKB um einen echten, vom VR zu beweisenden Risikoausschluss handeln würde, auf den A.2.9.1 S. 2 AKB angewendet werden könnte. Richtigerweise formuliert die Klausel aber eine vom VN zu beweisende negative Tatbestandsvoraussetzung, (vgl. A.2.2.1 AKB Rdn. 271). 270

Bei der Regelung in **A.2.2.1.3 S. 4 AKB** (*»Ausgeschlossen sind Schäden …«*) handelt es sich **nicht** um einen vom VR zu beweisenden **Risikoausschluss**, sondern um eine Erläuterung des Tatbestandsmerkmals »unmittelbar«, da sich die Beschränkung des Versicherungsschutzes schon aus dem Erfordernis der Unmittelbarkeit der Verursachung ergibt.[610] Die Klausel trägt dem Umstand Rechnung, dass die Teilkasko im Unterschied zur Vollkasko nach A.2.2.2 AKB nur Schäden deckt, die durch ganz bestimmte Ursachen ausgelöst werden. Es sollen **die Fälle vom Versicherungsschutz ausgenommen** werden, in denen das Naturereignis die Reaktion des Fahrers im Sinne eines mitursächlichen Abweichens vom Normalverhalten beeinflusst, weil in diesen Fällen die Grenze zwischen dem (vollkaskoversicherten) Risiko des Fahrerverhaltens und dem (teilkaskoversicherten) Risiko der Naturgewalten nur schwer zu ziehen ist.[611] 271

---

605 OLG Nürnberg Beschl. v. 25.06.2024 – 8 U 775/24 – r+s 2024, 621; **a.A.** AG Düsseldorf Urt. v. 03.06.2015 – 235 C 14139/14 – zfs 2016, 33 mit ablehnender Anm. Rixecker zfs 2016, 34.

606 OLG Naumburg Urt. v. 25.07.2013 – 4 U 79/12 – r+s 2014, 22; OLG Karlsruhe Urt. v. 06.07.2000 – 12 U 311/99 – SP 2001, 59.

607 OLG Köln Urt. v. 01.12.1998 – 9 U 103/98 – zfs 1999, 338 = r+s 1999, 451.

608 OLG Hamm Urt. v. 15.06.1988 – 20 U 261/87 – VersR 1989, 37 = NJW-RR 1989, 26.

609 LG Neubrandenburg Urt. v. 12.09.1996 – 1 S 76/96 – SP 1997, 113.

610 LG Mönchengladbach Beschl. v. 06.10.2005 – 2 S 102/05 – unter Bestätigung von AG Mönchengladbach Urt. v. 12.04.2005 – 5 C 153/04 – r+s 2006, 490; OLG Hamm Urt. v. 15.06.1988 – 20 U 261/87 – VersR 1989, 37 = NJW-RR 1989, 26, 27; Stiefel/Maier/*Stadler* A.2 AKB Rn. 248.

611 BGH Urt. v. 26.04.2006 – **IV ZR 154/05** – VersR 2006, 966 = zfs 2006, 511; OLG Köln Urt. v. 13.06.1985 – 5 U 241/84 – zfs 1986, 119 = r+s 1986, 27, 28; OLG Hamburg Urt. v. 29.06.1971 – 7 U 142/70 – VersR 1972, 241, 242; OLG Karlsruhe Urt. v. 17.04.1968 – 8 U 2/68 – VersR 1968, 889.

272 Für eine **Parteivernehmung des VN** von Amts wegen nach § 448 ZPO bedarf es zumindest einer gewissen Wahrscheinlichkeit für den vom VN behaupteten Versicherungsfall.[612] Lässt sich schon nach dem **eigenen Vortrag des VN** eine andere Ursache als die unmittelbare Einwirkung einer Naturgewalt für die Verursachung oder Herbeiführung des Unfalls nicht ausschließen, so besteht kein Anspruch auf die Versicherungsleistung.[613]

273 Bei einem **Hagelschaden** kann es für den VN zu Beweisproblemen kommen, wenn es sich nach Meinung des Sachverständigen um ein für einen Hagelschaden untypisches Schadenbild handelt. Oftmals wird dem VN auch ein Zeuge nicht helfen, denn die Beschädigungen können auch bereits vor dem Hagelschauer vorhanden gewesen sein, ohne dass sie der Zeuge zwangsläufig bemerken musste.[614] Trotzdem kann der Versicherungsfall als bewiesen erachtet werden, wenn jedenfalls feststeht, dass in zeitlicher Nähe zum Schadeneintritt ein Hagelschauer niedergegangen ist, der Sachverständige ein **für Hagelkörner typisches Schadenbild** feststellt und zudem die steinschlagbedingten Lackschäden am Fahrzeug von den Lackschäden durch den behaupteten Hagel abgrenzen kann.[615] Dabei ist ein **Hagelschadenbild** geprägt von unterschiedlich tiefen runden Dellen, die in die gleiche Richtung verlaufen.[616]

274 Für einen **Sturmschaden** hat der VN auch den Nachweis zu führen, dass zum Zeitpunkt des Schadeneintrittes am Schadenort eine wetterbedingte Luftbewegung von **mindestens Windstärke 8** geherrscht hat. Dafür reicht die bloße Möglichkeit oder Wahrscheinlichkeit einer solchen Windstärke nicht aus.[617] Mit Hilfe eines **Gutachtens des Deutschen Wetterdienstes** mit Sitz in Essen und Offenbach lässt sich in aller Regel gutachterlich der Beweis führen, dass zum Schadenzeitpunkt am Schadenort die vorgeschriebene Mindest-Windstärke geherrscht hat. Dies gilt in der Regel auch für lokal sehr beschränkt auftretende extreme Wetterphänomene. Unschädlich ist, wenn der VN zwar den genauen Zeitpunkt des schadenverursachenden Sturms nicht darlegen und nachweisen kann, das versicherte Fahrzeug (Wohnwagen) aber in einem Winterlager abgestellt war, in diesem Zeitraum unstreitig mehrere bedingungsgemäße Stürme auftraten und der Schaden am Fahrzeug durch Sturmeinwirkung erfolgt ist.[618] Wird das versicherte **Fahrzeug durch einen Gegenstand** (z.B. einen Felsbrocken) **beschädigt**, ist der VN beweisbelastet dafür, dass dieser Gegenstand durch die Elementargewalten in Bewegung gesetzt und infolgedessen auf oder gegen das Fahrzeug geworfen wurde.

VI. Unfälle durch Haarwild

1. Zusammenstoß mit Haarwild – Beweislastverteilung

275 Dem VN obliegt der **Vollbeweis** (§ 286 ZPO) dafür, dass es zu einem Zusammenstoß zwischen dem Haarwild und dem versicherten Fahrzeug gekommen ist und der an seinem Fahrzeug eingetretene Schaden auf diesem Zusammenstoß beruht.[619] Kommt das Fahrzeug infolge der Kollision mit dem Wild von der Fahrbahn ab und verunfallt, trägt der VN die Beweislast für den adäquaten Ursachenzusammenhang. Ausreichend ist, dass die Wildberührung auslösendes Moment für den Unfall gewesen ist, selbst wenn der Unfall auch auf einer (Fehl- oder Schreck-) Reaktion des Fahrers beruhte,[620] (vgl. A.2.2.1 AKB Rdn. 88 ff.). Beweiserleichterungen wie in der Diebstahlsversicherung

612 LG Deggendorf Urt. v. 19.05.1987 – O 551/86 – r+s 1988, 34.
613 OLG Köln Urt. v. 01.12.1998 – 9 U 103/98 – zfs 1999, 338 = r+s 1999, 451.
614 Vgl. LG Trier Urt. v. 24.04.2007 – 1 S 40/07 – SP 2008, 61 (**Loch im Cabriodach**).
615 AG Landstuhl Urt. v. 21.09.2007 – 2 C 828/06 – zfs 2008, 32; vgl. OLG Karlsruhe Urt. v. 06.07.2000 – 12 U 311/99 – SP 2001, 59.
616 LG Verden Urt. v. 29.06.1990 – 8 O 609/88 – zfs 1991, 24.
617 LG Görlitz Urt. v. 09.02.1998 – 2 O 224/97 – SP 1998, 396.
618 OLG Hamm Urt. v. 20.11.2013 – 20 U 26/13 – r+s 2014, 224.
619 BGH Urt. v. 18.12.1991 – **IV ZR 204/90** – VersR 1992, 349 = r+s 1992, 82; OLG Hamm Urt. v. 20.02.2008 – 20 U 134/07 – VersR 2008, 1059 = r+s 2009, 59; LG Hannover Urt. v. 28.01.1993 – 5 O 330/92 – zfs 1993, 309.
620 BGH Urt. v. 18.12.1991 – **IV ZR 204/90** – VersR 1992, 349 = r+s 1992, 82; OLG Köln Urt. v. 14.03.2000 – 9 U 125/99 – r+s 2000, 190.

stehen dem VN nicht zur Verfügung.[621] **Für den Nachweis genügt es nicht**, dass der VN auf die Richtigkeit seiner eigenen Unfalldarstellung verweist[622] oder darauf, dass sich der Schaden in einer **wildreichen Gegend** ereignet hat.[623] Ebenso wenig sind **Wildhaarspuren** im Stoßfänger- oder Scheinwerferbereich des Pkw ausreichend, wenn sonstige Anprallspuren des Wilds fehlen.[624] Dies gilt insbesondere für größeres Wild wie z.B. ein Reh.[625] Auch genügt es nicht, wenn ein Jahr nach dem Unfallgeschehen an dem Unfallwrack Wildhaare aufgefunden werden, der behauptete Unfall nahe einer Kleinstadt in der Mittagszeit für einen Wildunfall ungewöhnlich ist und die Polizei am Unfallort keine Wildberührungsspuren festgestellt hat.[626]

Fährt der VN nach dem **Überfahren eines Wildkadavers** auf ein stehendes Fahrzeug auf, welches 276 zuvor zusammen mit anderen Pkw in eine Wildschweinrotte geraten war, spricht kein Anscheinsbeweis dafür, dass der Zusammenstoß mit dem toten Wild ursächlich für den von ihm erlittenen Auffahrunfall gewesen ist.[627] Indiziell spricht es für einen Wildunfall, wenn der Förster am Unfalltag nahe der Unfallstelle ein verendetes Reh aufgefunden hat.[628] Der **Beweis ist erbracht**, wenn **Tierhaare oder Blut** an einem beschädigten Fahrzeugteil gefunden werden[629] oder sich durch eine **mikroskopische oder chemische Untersuchung** ein Zusammenstoß mit Haarwild feststellen lässt.[630] Dabei ist es gleichgültig, ob der VN eine Kollision mit einem Reh behauptet und später Haare eines Wildschweins am vorderen Stoßfänger festgestellt werden.[631] Ausreichend kann auch ein **frischer Streifschaden** am Fahrzeug sein, wenn dieser laut Aussage eines Sachverständigen höchstwahrscheinlich durch eine Berührung mit einem Reh verursacht wurde.[632] Kollidiert ein **Motorrad** mit einem Fuchs, ist der Beweis auch bei einem VN als geführt anzusehen, der innerhalb von zwei Jahren bereits vier Wildunfälle gemeldet hat, wenn er zu Beweiszwecken dem verendeten, aufgeplatzten Fuchs den Schwanz abschneidet, diesen mit Motorradteilen in Tüten packt und dem Förster nachts vor die Haustüre legt.[633]

Der VN kann den Beweis auch durch **Zeugen** führen.[634] Dabei kommt den **Aussagen von Verwandten oder Freunden des VN**, die zum Unfallzeitpunkt mit im Fahrzeug gesessen haben, nicht schon von vornherein ein geringerer Beweiswert zu als der Aussage völlig unbeteiligter Zeugen.[635] 277

Steht eine Kollision mit Haarwild fest, kann der VN für die **Fälle eines ausweichbedingten Unfallschadens** den Beweis des Kausalzusammenhanges auch im Wege des **Anscheinsbeweises** führen, 278 wenn der Zusammenstoß mit dem Tier nach der Lebenserfahrung typischerweise geeignet ist, ein Abkommen des Fahrzeuges von der Fahrbahn zu erklären.[636] Dies ist bei einem vorangegangenen

621 OLG Hamm Urt. v. 05.05.2004 – 20 U 29/04 – VersR 2004, 1309 = r+s 2004, 318.

622 LG Berlin Urt. v. 09.09.2008 – 17 O 114/07 – ADAJUR Dok.Nr. 82176.

623 LG Nürnberg-Fürth Urt. v. 21.12.1983 – 8 O 6298/83 – zfs 1984, 213; OLG Hamm Urt. v. 28.10.1981 – 20 U 206/81 – VersR 1982, 868.

624 OLG Saarbrücken Urt. v. 19.12.1986 – 3 U 74/85 – zfs 1987, 56; LG Essen Urt. v. 20.11.1987 – 12 O 466/87 – zfs 1988, 395.

625 OLG Hamburg Urt. v. 14.03.1986 – 14 U 225/85 – r+s 1986, 115.

626 OLG Köln Urt. v. 13.01.1998 – 9 U 13/98 – r+s 2000, 96.

627 OLG Saarbrücken Urt. v. 30.04.2003 – 5 U 389/02-50 – VersR 2004, 1306 = r+s 2003, 357.

628 LG Berlin Urt. v. 09.09.2008 – 17 O 114/07 – ADAJUR Dok.Nr. 82176.

629 Vgl. OLG Karlsruhe Urt. v. 06.05.1993 – 12 U 38/92 – r+s 1995, 4; OLG Hamm Urt. v. 11.11.1981 – 20 U 188/81 – VersR 1982, 868 = zfs 1982, 343.

630 Vgl. OLG Jena Urt. v. 04.02.1998 – 4 U 1152/97 – VersR 1998, 623 mit ausführlicher Darstellung unterschiedlicher Fallgruppen.

631 KG Beschl. v. 05.06.2018 – 6 U 166/16 – BeckRS 2018, 28895.

632 LG Konstanz Urt. v. 23.09.2011 – 11 S 92/11 – DV 2012, 34.

633 OLG Koblenz Urt. v. 17.05.2002 – 10 U 1825/01 – r+s 2002, 363 = NVersZ 2002, 407.

634 OLG Karlsruhe Urt. v. 20.01.1994 – 12 U 292/93 – r+s 1995, 5.

635 BGH Urt. v. 03.11.1987 – VI ZR 95/87 – NJW 1988, 566.

636 OLG Köln Urt. v. 16.06.1998 – 9 U 204/97 – r+s 1998, 365 = zfs 1999, 66; OLG Saarbrücken Urt. v. 19.12.1986 – 3 U 74/85 – zfs 1987, 56; OLG Nürnberg Urt. v. 13.03.1980 – 8 U 116/79 – VersR 1981, 1069 = zfs 1980, 315.

Zusammenstoß mit einem größeren Tier wie z.B. einem Hirsch, Reh oder Wildschwein in der Regel zu bejahen, nicht aber bei einem Zusammenstoß mit einem Wildhasen.[637] Schließt ein Sachverständiger aufgrund der **Masseverhältnisse** zwischen dem Wildhasen und dem Fahrzeug eine Einwirkung des Zusammenstoßes mit dem Wild auf den Unfallhergang aus, ist der Beweis nicht geführt.[638]

279 Nach den Grundsätzen der **Beweisvereitelung** ist der Nachweis eines Wildschadens allein auf der Grundlage des Vorbringens des VN auch dann erbracht, wenn der VR die ihm für eine Laborprobe vom VN übersandten Wildhaare nach der Laboruntersuchung vernichtet und das ihm ebenfalls übersandte Nummernschild gereinigt an den VN zurückgibt, im Prozess jedoch den vom VN behaupteten Wildunfall bestreitet.[639]

280 In den Fällen, in denen der VN nicht nur eine Teilkasko-, sondern auch eine Vollkaskoversicherung abgeschlossen hat, ihm jedoch nicht der Nachweis gelingt, dass sich ein – vom VR bestrittener – Zusammenstoß mit Haarwild ereignet hat, ist er nicht gehindert, seinen **Schaden über** die bestehende **Vollkaskoversicherung abzurechnen**, wenn unstreitig ist, dass jedenfalls ein von der Vollkasko gedeckter Unfall vorliegt oder die Beschädigungen am Fahrzeug zumindest auf ein in der Vollkasko versichertes Unfallereignis hindeuten. **Argwöhnt der VR**, der VN habe in Bezug auf den behaupteten Zusammenstoß mit Haarwild **wahrheitswidrige Angaben** gemacht, muss er – ebenfalls mit dem Beweismaßstab des § 286 ZPO – nachweisen, dass es einen Wildunfall nicht gegeben hat, wenn er sich wegen Verletzung der Aufklärungsobliegenheit nach E.1.1.3 i.V.m.E.2.1 AKB auf Leistungsfreiheit in der Vollkaskoversicherung berufen will.[640] Ein **non liquet** geht daher in der Teilkasko zulasten des VN, in der Vollkasko jedoch zulasten des VR.

281 Macht der VN **Falschangaben zum Unfallhergang oder Unfallort**, weil er den Unfallschaden zunächst als Wildschaden im Rahmen der Teilkasko abrechnen will, riskiert er auch seinen Versicherungsanspruch aus der Vollkasko, wenn das Fahrzeug zwar Unfallspuren aufweist, sich aber herausstellt, dass sich der Unfall nicht wie vom VN behauptet ereignet haben kann. Dass sich der Unfall zu anderer Zeit und an anderer Stelle ereignet haben mag, ändert daran nichts, weil **Streitgegenstand** immer nur das vom VN vorgetragene Unfallereignis ist.[641] Zu den **Anzeigepflichten des VN** gemäß E.1.3.3 AKB (vgl. A.2.2.1 AKB Rdn. 333 ff.).

282 Dass Beschädigungen am Kfz bei einer Kollision mit größerem Wild selbst bei geringen Geschwindigkeiten entstehen können, ist eine offenkundige Tatsache (**§ 291 ZPO**), über die das Gericht keinen Beweis erheben muss.[642] Steht fest, dass es zu einer Wildberührung gekommen und das Fahrzeug des VN aufgrund dessen zu Schaden gekommen ist, ist der VR grundsätzlich leistungspflichtig.

283 Hat der VN oder dessen berechtigter Fahrer **nach dem Kontakt mit dem Haarwild** aufgrund einer **grob fahrlässigen Überreaktion** eine (Mit-) Ursache für einen nachfolgenden Unfall gesetzt, ist der Zusammenstoß mit dem Wild nicht mehr adäquat ursächlich für das spätere zum Unfall führende Verhalten des Fahrzeugführers anzusehen.[643] Dies ist insbesondere dann der Fall, wenn der Fahrer zur Vermeidung eines Zusammenstoßes das Steuer verreißt, der Kontakt mit dem Haarwild eher

637 BGH Urt. v. 18.12.1991 – **IV ZR 204/90** – VersR 1992, 349 = r+s 1992, 82 (**Pkw Porsche**); OLG Köln Urt. v. 14.03.2000 – 9 U 125/99 – r+s 2000, 190 (**Pkw Mercedes C 200 Diesel**).

638 OLG Hamm Urt. v. 22.10.1993 – 20 U 147/93 – r+s 1995, 6 (**Geländewagen Nissan Terrano**); LG Köln Urt. v. 28.02.1983 – 24 O 114/82 – zfs 1983, 246.

639 OLG München Urt. v. 24.07.2015 – 10 U 3566/14 – DAR 2015, 651 = zfs 2015, 698.

640 OLG Hamm Urt. v. 20.02.2008 – 20 U 134/07 – VersR 2008, 1059 = r+s 2009, 59; vgl. Nugel VRR 2012, 248 (**zu Indizien für manipulierte Wildunfälle**).

641 OLG Karlsruhe Urt. v. 16.3.2006 – 12 U 292/05 – DAR 2006, 507 = zfs 2006, 330 mit missverständlichem Leitsatz; OLG Hamm Urt. v. 21.01.2005 – 20 U 228/03 – zfs 2005, 396 = r+s 2005, 396.

642 AG Bad Segeberg Urt. v. 30.10.2014 – 17 C 65/14 – r+s 2015, 10, **bestätigt durch** LG Kiel Beschl. v. 08.05.2015 und 23.06.2015 – 10 S 90/14 – BeckRS 2015, 12313 und 12480.

643 BGH Urt. v. 18.12.1991 – **IV ZR 204/90** – VersR 1992, 349 = r+s 1992, 82.

zufällig erfolgt und das Fahrzeug anschließend von der Fahrbahn abkommt und verunfallt.[644] Bei einem solchen Fahrmanöver führt der Fahrer nicht nur den in der Teilkasko gedeckten **Versicherungsfall »Wildschaden«**, sondern auch den in der Vollkasko gedeckten **Versicherungsfall »Unfall«** gemäß A.2.9.1 AKB, **§ 81 Abs. 2 VVG** grob fahrlässig herbei, was regelmäßig zu einer quotalen Leistungsfreiheit des VR führt.[645] Die Beweislast für grobe Fahrlässigkeit obliegt dem VR.

Gleiches gilt, wenn das **Ausweichmanöver zeitlich vor dem Zusammenstoß** mit dem Haarwild vorgenommen wurde und es infolge eines als grob fahrlässig zu qualifizierenden Brems- oder Lenkmanövers des Fahrers erst zu dem schadenstiftenden Zusammenstoß mit dem Haarwild gekommen ist. 284

Hat nicht der VN selbst, sondern ein Dritter das Fahrzeug geführt, schadet dem VN die Fehlreaktion des Dritten nur dann, wenn dieser Repräsentant des VN war.[646] Für **Zurechnungsfragen** vgl. auch A.2.2.1 AKB Rdn. 324 ff.; zum **Begriff des Repräsentanten** vgl. A.2.3 AKB Rdn. 25 ff. 285

2. Aufwendungsersatz beim berührungslosen Wildschaden

a) Allgemeines

Fehlt es an einem Zusammenstoß mit Haarwild, liegt kein nach der Wildschadensklausel ersatzpflichtiger Schaden vor. Entstehen jedoch Fahrzeugschäden, weil der VN in letzter Sekunde dem plötzlich auf der Straße auftauchenden Haarwild ausweicht, kann ihm ein Anspruch auf »erweiterten Aufwendungsersatz« (früher: »**Rettungskostenersatz**«) nach den **§§ 90, 83 Abs. 1 S. 1 VVG** zustehen. Bereits unter der Geltung der bisherigen AKB und des VVG a.F. ging der BGH davon aus, dass die Schadenabwendungs- und -minderungspflicht des VN vorverlagert sei und bereits dann einsetze, wenn der Versicherungsfall unmittelbar bevorstehe. Dementsprechend könne der VN auch Aufwendungen, die er zur Vermeidung eines unmittelbar bevorstehenden Versicherungsfalles getätigt habe, vom VR als Rettungskosten ersetzt verlangen, sofern er die Aufwendungen – das können auch Schäden sein – für geboten halten durfte (**sog. Vorerstreckungstheorie**).[647] Durch die §§ 90, 83 Abs. 1 S. 1 VVG ist dieser durch die Rechtsprechung entwickelte Anspruch des VN für die gesamte Schadenversicherung nun gesetzlich verankert und der Zeitpunkt, ab dem der VN Rettungskostenersatz verlangen kann, nach vorne verschoben worden. 286

Gemäß **§ 82 VVG** ist der VN verpflichtet, bei Eintritt des Versicherungsfalles nach Möglichkeit für die Abwendung und Minderung des Schadens zu sorgen. Dabei hat er den Weisungen des VR Folge zu leisten. Es handelt sich um eine Obliegenheit, die der VN nach § 90 VVG schon dann zu beachten hat, wenn der Versicherungsfall unmittelbar bevorsteht. Dieser **Rettungsobliegenheit** korrespondiert in § 83 VVG die Verpflichtung des VR, dem VN die daraus resultierenden Kosten zu erstatten, die er für die Abwendung bzw. Minderung des Schadens den Umständen nach für geboten halten durfte. Diese **Aufwendungen** hat der VR auch dann zu erstatten, wenn sie letztlich **erfolglos geblieben** sind, wenn es also dem VN nicht gelungen ist, den Eintritt des Schadens abzuwenden oder zu mindern.[648] Versucht der VN daher, durch ein **Ausweichmanöver** einen drohenden Zusammenstoß seines teilkaskoversicherten Fahrzeuges mit Haarwild zu vermeiden, kommt er seiner durch § 90 VVG vorverlagerten Schadenabwendungspflicht nach, weil ein in der Teilkaskoversicherung gedeckter Wildschaden unmittelbar bevorsteht. Verunglückt der VN aufgrund dessen mit seinem Fahrzeug, so steht ihm wegen seiner Fahrzeugschäden ein Aufwendungsersatzanspruch gegen den VR zu, sofern das Ausweichmanöver **objektiv geboten** war **oder** der VN die mit dem Ausweichmanöver verbundenen Schadenrisiken ohne grobe Fahrlässigkeit **subjektiv für geboten halten** durfte, was wiederum von der Größe und Schwere des Wilds abhängt. Schließlich darf der 287

644 Vgl. OLG Hamm Urt. v. 12.12.1997 – 20 U 121/97 – r+s 1998, 54 = zfs 1998, 181.
645 Vgl. BGH Urt. v. 18.12.1991 – **IV ZR 204/90** – VersR 1992, 349 = r+s 1992, 82.
646 OLG Hamm Urt. v. 12.12.1997 – 20 U 121/97 – r+s 1998, 54 = zfs 1998, 181.
647 BGH Urt. v. 20.02.1991 – **IV ZR 202/90** – VersR 1991, 459 = r+s 1991, 116.
648 Rüffer/Halbach/*Schimikowski* § 83 VVG Rn. 8.

VN auch die konkrete Gefahrensituation, die Anlass für sein Ausweichen war, nicht grob fahrlässig herbeigeführt haben.

288 Der Umfang der **erstattungsfähigen Aufwendungen** (»**Rettungskosten**«) bemisst sich nach A.2.5.1.1 bzw. A.2.5.2.1 AKB, weil der Anspruch des VN der Höhe nicht weiter reichen kann, als wenn der Versicherungsfall eingetreten wäre. Eine **Selbstbeteiligung** nach A.2.5.8 AKB ist nicht abzuziehen, da eine solche nur für den Anspruch des VN auf die vertragliche, nach den AKB zu beurteilende Ersatzleistung im Versicherungsfall vorgesehen ist, nicht aber für den gesetzlichen, aus §§ 90, 83 VVG herzuleitenden Anspruch.[649]

b) Beweisführung

289 Für den Anspruch auf erweiterten Aufwendungsersatz muss der VN die objektiven Voraussetzungen der §§ 90, 83 Abs. 1 S. 1 VVG darlegen und beweisen. Erforderlich ist, dass ein **drohender Zusammenstoß mit Haarwild** unmittelbar bevorstand **und** dass die getroffene Rettungsmaßnahme **entweder objektiv geboten** war, um das Fahrzeug vor dem drohenden Schadeneintritt zu bewahren, **oder** der Fahrer die Rettungsmaßnahme jedenfalls **subjektiv für erforderlich halten** durfte, **ohne** dass ihm hinsichtlich einer etwaigen Fehleinschätzung **Vorsatz** oder **grobe Fahrlässigkeit** vorgeworfen werden kann,[650] (vgl. A.2.2.1 AKB Rdn. 305 ff.). Beruht sein Irrtum über die Gebotenheit der Rettungsmaßnahme auf Vorsatz, ist der VR leistungsfrei, beruht er auf grober Fahrlässigkeit, kann der **VR** seine **Leistung kürzen**, (vgl. A.2.2.1 AKB Rdn. 316 ff.; zu den **Kürzungsquoten** vgl. A.2.2.1 AKB Rdn. 320 f.). Der VN muss ferner nachweisen, dass die Beschädigung seines Fahrzeuges **ursächlich** auf das Ausweichmanöver zurückzuführen ist, das der Fahrer vornahm, um eine Kollision mit dem Wild zu verhindern. Der **VN** hat insoweit den **Vollbeweis** zu führen. Anders als bei der Entwendung seines Fahrzeuges stehen dem VN nach h.M. **keine Beweiserleichterungen** zu.[651] Der VN befindet sich in keiner größeren Beweisnot als ein Kläger in jeder anderen prozessualen Situation auch, selbst wenn er keine Zeugen hat.

290 **Grundsätzlich** hat der **VN keine Möglichkeit**, den Beweis durch seine bloße Anhörung gemäß **§ 141 ZPO** oder das Angebot seiner Vernehmung als Partei gemäß **§ 447 ZPO** zu führen, es sei denn, dass bereits andere hinreichende Indizien für einen haarwildbedingten Ausweichschaden sprechen.[652] Verbleiben nach dem Ergebnis der Beweisaufnahme und unter Würdigung aller Umstände Zweifel an dem Unfallhergang, so geht dies zulasten des VN. Der VN muss damit rechnen, dass seine eigene Unfallschilderung selbst in Verbindung mit den Feststellungen eines Sachverständigen, wonach er erst kurz vor dem Unfall nach links ausgewichen ist, für eine Überzeugungsbildung

---

649 Vgl. OLG Hamm Urt. v. 07.05.2004 – 20 U 48/04 – VersR 2004, 1409 = r+s 2004, 319; AG Bad Segeberg Urt. v. 30.10.2014 – 17 C 65/14 – r+s 2015, 10, **bestätigt durch** LG Kiel Beschl. v. 08.05.2015 und 23.06.2015 – 10 S 90/14 – BeckRS 2015, 12313 und 12480; **a.A. ohne nähere Begründung**: OLG Nürnberg Urt. v. 11.07.1991 – 8 U 1290/91 – r+s 1991, 297; LG Itzehoe Urt. v. 28.06.2007 – 3 O 32/07 – ADAJUR Dok.Nr. 78362.

650 LG Kleve Urt. v. 30.08.2018 – 6 O 97/16 – ADAJUR Dok.Nr. 110767; vgl. Rüffer/*Halbach*/Schimikowski A.2.2.1 AKB Rn. 40; Prölss/Martin/*Klimke* A.2.2.1 AKB Rn. 70; *Langheid*/Rixecker § 83 VVG Rn. 8.

651 OLG Hamm Beschl. v. 07.10.2020 – 20 U 128/20 – r+s 2021, 448; OLG Rostock Urt. v. 27.05.2016 – 5 U 45/14– VersR 2017, 686; OLG Saarbrücken Urt. v. 26.01.2011 – 5 U 356/10-57 – r+s 2011, 380 = zfs 2011, 331; OLG Köln Urt. v. 20.04.2004 – 9 U 9/03 – r+s 2004, 228; OLG Saarbrücken Urt. v. 10.10.2001 – 5 U 217/01 – zfs 2002, 143; OLG Jena Urt. v. 07.03.2001 – 4 U 893/00 – VersR 2001, 855 = NJW-RR 2001, 1319; OLG Düsseldorf Urt. v. 02.05.2000 – 4 U 99/99 – VersR 2001, 322 = SP 2000, 390; OLG Jena Urt. v. 12.05.1999 – 4 U 1639/98 – VersR 2000, 578 = zfs 1999, 340; OLG Köln Urt. v. 16.08.1994 – 9 U 133/94 – VersR 1995, 1231 = r+s 1994, 369; OLG Hamburg Urt. v. 15.07.1992 – 14 U 66/92 – VersR 1992, 1508 = zfs 1992, 377; LG Gera Urt. v. 20.03.2019 – 1 S 221/18 – BeckRS 2019, 15597; LG Köln Urt. v. 01.06.2006 – 24 O 371/05 – SP 2007, 189; LG Köln Urt. v. 06.02.2003 – 24 O 185/02 – juris.

652 OLG Saarbrücken Urt. v. 10.10.2001 – 5 U 217/01 – zfs 2002, 143; LG Köln Urt. v. 01.06.2006 – 24 O 371/05 – SP 2007, 189; AG Coburg Urt. v. 23.11.2005 – 12 C 706/05 – SP 2006, 432.

des Gericht nach § 286 Abs. 1 ZPO und damit den Nachweis des Versicherungsfalles nicht ausreicht.[653] **Andererseits** ist ein Gericht nicht gehindert, den VN zum Unfallhergang gemäß **§ 448 ZPO** von Amts wegen zu vernehmen, wenn die bislang erhobenen Beweise zwar unergiebig geblieben sind, der VN aber im Rahmen seiner Anhörung nach § 141 ZPO glaubhafte Angaben zum Schadenhergang gemacht hat und daher eine gewisse Anfangswahrscheinlichkeit für die Richtigkeit seines Vorbringens spricht.[654] Selbst ohne förmliche Anhörung des VN kann das Gericht zu der **Überzeugung** (§ 286 ZPO) gelangen, dass der Vortrag des VN der Wahrheit entspricht und daher als bewiesen anzusehen ist.[655]

Kann der VN **Zeugen** benennen (Beifahrer, nachfolgender Kraftfahrer), ist es wesentlich, dass die **Angaben** des VN und der Zeugen **im Kerngeschehen übereinstimmen** und plausibel sind. Zu geringe Entfernungsangaben zu dem auf der Straße aufgetauchten Wild, die nicht stimmig sein können, weil der VN ansonsten mit dem Wild kollidiert wäre, sprechen allerdings für sich allein noch nicht gegen die Behauptung des VN, er sei dem Wild ausgewichen, weil solche Angaben häufig von einer erheblichen Fehleinschätzung geprägt sind.[656] Insbesondere wegen des Schreckmomentes beim plötzlichen Auftauchen des Wilds können **exakte Zeit- und Entfernungsangaben** in der Regel nicht erwartet werden.[657] Auch bei **falschen Schätzangaben** eines Zeugen zu Entfernung und Geschwindigkeit können die Tatsachen für einen Anspruch auf Aufwendungsersatz zur Vermeidung eines Wildunfalls erwiesen sein.[658] Gibt der VN dagegen an, zwei Rehe hätten die Straße von links nach rechts überquert, woraufhin er sein Fahrzeug nach links gesteuert habe, kann das Gericht zu dem Ergebnis kommen, dass der bevorstehende Versicherungsfall als nicht bewiesen erachtet wird, weil normalerweise der Abwehrreflex eines Kraftfahrers in einer Gefahrensituation ein Lenkmanöver von der Gefahr weg, hier also nach rechts, zur Folge hat.[659] 291

Ist im Bereich der Unfallstelle schon häufiger Wildwechsel beobachtet worden oder hat es dort bereits in der Vergangenheit Wildunfälle gegeben, können diese **Indizien die Beweisführung des VN erleichtern**, wenn sie sich durch Zeugen oder Auskünfte der zuständigen Polizei- bzw. Forstdienststellen verifizieren lassen. Auch wird häufig durch Hinzuziehung eines Sachverständigen festzustellen sein, ob der konkrete Unfallablauf typischerweise Folge eines Ausweichens vor einem Wildwechsel ist. 292

Entscheidende Bedeutung kommt den **Angaben des Fahrzeugführers bei der polizeilichen Unfallaufnahme vor Ort** zu. Gibt er bereits an der Unfallstelle gegenüber der Polizei an, zur Vermeidung eines Zusammenstoßes mit einem Haarwild abgebremst und ausgewichen zu sein und stimmt diese Schilderung sowohl mit den festgestellten Brems- und Schleuderspuren überein, als auch mit der widerspruchsfreien Darstellung des Herganges in der Schadenanzeige an den VR, so kann dies in Verbindung mit weiteren Indizien für eine beweiskräftige Überzeugung des Gerichts ausreichend sein.[660] Hat der Fahrzeugführer demgegenüber das Haarwild als Unfallursache überhaupt nicht erwähnt,[661] oder hat er sich bei den Polizeibeamten nur danach erkundigt, ob er wegen des Unfalles mit Punkten im Verkehrszentralregister rechnen müsse,[662] wird sich der VN später nicht glaubhaft 293

653 OLG Jena Urt. v. 12.05.1999 – 4 U 1639/98 – VersR 2000, 578 = zfs 1999, 340.

654 AG Bad Segeberg Urt. v. 30.10.2014 – 17 C 65/14 – r+s 2015, 10, bestätigt durch LG Kiel Beschl. v. 08.05.2015 und 23.06.2015 – 10 S 90/14 – BeckRS 2015, 12313 und 12480; Himmelreich/Halm/Staab/*Papatheodorou* Kap. 23 D Rn. 224 f.; **a.A.** OLG Jena Urt. v. 07.03.2001 – 4 U 893/00 – VersR 2001, 855 = NJW-RR 2001, 1319; LG Kassel Urt. v. 03.06.1992 – 10 S 128/92 – SP 1992, 283.

655 OLG Saarbrücken Urt. v. 10.10.2001 – 5 U 217/01 – zfs 2002, 143.

656 OLG Köln Urt. v. 11.10.2005 – 9 U 34/05 – r+s 2006, 147 = zfs 2006, 459.

657 LG München I Urt. v. 14.04.2010 – 25 O 13700/09 – ADAJUR Dok.Nr. 97635; OLG Köln Urt. v. 19.09.2000 – 9 U 48/99 – r+s 2000, 495.

658 OLG Hamm Beschl. v. 07.10.2020 – 20 U 128/20 – r+s 2021, 448.

659 Vgl. OLG Düsseldorf Urt. v. 02.05.2000 – 4 U 99/99 – VersR 2001, 322 = SP 2000, 390.

660 OLG Schleswig Urt. v. 27.06.1994 – 9 U 117/93 – r+s 1994, 450.

661 OLG Hamm Urt. v. 05.05.2004 – 20 U 29/04 – VersR 2004, 1309 = r+s 2004, 318.

662 OLG Köln Urt. v. 20.04.2004 – 9 U 9/03 – r+s 2004, 228.

darauf berufen können, das zum Unfall führende Ausweichen sei erfolgt, um einen Wildschaden zu vermeiden. Gleiches gilt, wenn der VN zeitnah zum Unfall der Polizei gegenüber erklärt hat, dass »ein Tier (Fuchs, Hund o.ä.)« vor ihr über die Fahrbahn gelaufen sei und ihre Aussage Monate später nach Weckung des Problembewusstseins, aber ohne Zugang zu besseren Erkenntnisquellen dahin präzisiert, dass es ein Fuchs gewesen sei,[663] oder wenn der VN angibt, nicht richtig wahrgenommen zu haben, um welches Tier es sich gehandelt habe, später aber von einem Hasen oder Kaninchen spricht.[664] Der Beweis ist ebenfalls nicht geführt, wenn offen bleibt, ob der VN wegen Steinen oder mehreren Hasen auf der Fahrbahn ausgewichen ist.[665]

294 Steht zwar fest, dass das Ausweichen zur Vermeidung eines Wildunfalles erfolgte, kann der VN aber die **Größe des Tieres nicht beweisen**, so ist zu seinen Lasten davon auszugehen, dass er vor einem kleinen Tier ausgewichen ist, wodurch er regelmäßig einem grob fahrlässigen Irrtum über das Gebotensein der Rettungshandlung unterliegt.[666] Für die **Schwere des Verschuldens** in diesem Fall ist allerdings der VR beweisbelastet, (vgl. A.2.2.1 AKB Rdn. 319).

295 Es existiert **kein Anscheinsbeweis** dafür, dass das Abkommen von der Fahrbahn auf gerader Strecke stets ursächlich auf ein **Ausweichen vor Haarwild** zurückzuführen ist,[667] da die verschiedensten denkbaren **Alternativursachen** (z.B. alkoholbedingte Fahruntüchtigkeit, Geschwindigkeitsüberschreitung, Sekundenschlaf) in Betracht kommen können. Diese hat der VN auszuschließen. Es reicht auch nicht aus, dass **verschiedene Unfallversionen** gleichermaßen wahrscheinlich sind. Behauptet der VN, der in einer langgezogenen Rechtskurve nach einem Bremsmanöver unter im Übrigen ungeklärten Umständen von der Fahrbahn abgekommen zu sein, wegen eines auf die Straße laufenden Rehs ausgewichen zu sein, muss er die Existenz des Rehs als atypische Unfallursache beweisen.[668]

296 Durch die Beweisanforderungen soll der **Missbrauchsgefahr entgegengewirkt** werden, dass der VN bei einem selbst verschuldeten Unfall einen angeblich drohenden Zusammenstoß mit Haarwild vorgibt, um auf diese Weise in den Genuss einer Entschädigungsleistung zu kommen, die er ansonsten nur bei Bestehen einer Vollkaskoversicherung – mit der Konsequenz einer Belastung seines Schadenfreiheitsrabattes – erlangen könnte.

c) Anspruchsvoraussetzungen

297 Verunglückt der VN mit seinem Fahrzeug nach einem misslungenen Ausweichmanöver, so steht ihm nach den **§§ 90, 83 Abs. 1 S. 1 VVG i.V.m. § 82 Abs. 1 und 2 VVG** unter folgenden Voraussetzungen ein Anspruch auf Rettungskostenersatz zu:

aa) Aufwendungen bei unmittelbar bevorstehendem Versicherungsfall

298 Gemäß **§ 90 VVG** muss der Versicherungsfall unmittelbar bevorgestanden haben. Damit ist generell gemeint, dass der Versicherungsfall in kurzer Zeit und mit hoher Wahrscheinlichkeit ohne die Rettungsmaßnahme eingetreten wäre.[669] Ersatzfähig sind nach § 83 Abs. 1 VVG nur solche Aufwendungen, die auf die Abwendung oder Minderung eines vom Kaskoversicherungsschutz umfassten, unmittelbar bevorstehenden Versicherungsfalles abzielen. Allgemeine Schadenverhütungskosten, die der VN vor diesem Zeitpunkt aufwendet, um im Schadenfall nicht mit dem Vorwurf der grob fahrlässigen Herbeiführung des Versicherungsfalles konfrontiert zu werden, fallen nicht

663 OLG Köln Urt. v. 16.08.1994 – 9 U 133/94 – VersR 1995, 1231 = r+s 1994, 369.
664 OLG Köln Urt. v. 17.12.1996 – 9 U 112/95 – r+s 1997, 52.
665 LG Lübeck Urt. v. 01.02.1996 – 12 O 198/95 – r+s 1996, 220.
666 OLG Saarbrücken Urt. v. 26.01.2011 – 5 U 356/10-57 – r+s 2011, 380 = zfs 2011, 331.
667 OLG Jena Urt. v. 12.05.1999 – 4 U 1639/98 – VersR 2000, 578 = zfs 1999, 340; AG Nordhorn Urt. v. 02.02.1999 – 3 C 473/99 – SP 2000, 65.
668 OLG Naumburg Urt. v. 17.12.2002 – 9 U 187/02 – NJW-RR 2003, 677.
669 Vgl. Prölss/Martin/*Klimke* A.2.2.1 AKB Rn. 70.

hierunter. Nach teilweiser Auffassung fehlt es bei einem **drohenden Zusammenstoß mit einem kleinen Tier** schon an einem unmittelbar bevorstehenden Versicherungsfall, weil ein Kleintier von vornherein nicht geeignet sei, bei einer Kollision mit dem versicherten Fahrzeug überhaupt einen Schaden zu erzeugen.[670] Dies erscheint fragwürdig. Abgesehen davon, dass unklar bleibt, bis zu welcher Tiergröße kein drohender Versicherungsfall anzunehmen sein soll, besteht auch kein allgemeiner Erfahrungssatz, wonach Wildunfälle mit kleinen Tieren nie zu Fahrzeugschäden führen können.[671]

Unter »**Aufwendung**« **i.S.v. § 83 Abs. 1 VVG** ist jede auch unfreiwillige Vermögensminderung verstehen, die als adäquate Folge einer Maßnahme des VN zur Schadenabwehr oder -minderung entsteht, wozu auch ein ausweichbedingter Unfallschaden an dem versicherten Fahrzeug gehört.[672] 299

bb) Vermeidung eines Zusammenstoßes mit Haarwild

Voraussetzung ist weiter, dass es **ohne das Ausweichmanöver zu einem Zusammenstoß mit »Haarwild«** im Sinne der Wildschadensklausel in A.2.2.1.4 AKB gekommen wäre. Sind in den betreffenden AKB des jeweiligen VR Zusammenstöße mit Tieren aller Art versichert, kann die Einordnung des Tieres dahingestellt bleiben. Ansonsten muss feststehen, dass es sich um Haarwild gehandelt hat, denn nur ein solcher Schaden wäre auch im Falle eines Zusammenstoßes versichert gewesen.[673] Dem VN steht insbesondere dann kein Anspruch zu, wenn das Ausweichmanöver zur Vermeidung einer Kollision mit einem anderen Fahrzeug vorgenommen wurde.[674] Dies gilt selbst dann, wenn ein plötzlicher Spurwechsel des anderen Fahrzeuges durch ein die Fahrbahn kreuzendes Haarwild ausgelöst wurde.[675] 300

cc) Objektiv auf den Schutz des Kfz abzielende (Reflex-) Rettungshandlung

Gemäß § 83 Abs. 1 S. 1 i.V.m. § 82 Abs. 1 VVG werden dem VN Kosten erstattet, wenn er diese aufgewendet hat, um den Eintritt des Versicherungsfalles abzuwenden oder zumindest in seinen Auswirkungen abzumildern. Dies gilt auch bei **erfolglos** gebliebenen Rettungsmaßnahmen, wenn der Fahrzeugführer diese jedenfalls den Umständen nach für geboten halten durfte. Die zu ersetzenden Aufwendungen (Reparaturkosten) müssen zu dem **Zweck** aufgewandt worden sein, das versicherte Risiko nicht eintreten zu lassen. Dazu muss der Fahrzeugführer mit seiner Rettungshandlung den Zweck verfolgen, das versicherte Kfz vor Schaden zu bewahren. Ein **Brems- oder Ausweichmanöver** muss daher auch **darauf abzielen**, den von der Teilkaskoversicherung **gedeckten Schaden am versicherten Fahrzeug** (und damit den Eintritt des Versicherungsfalles = Zusammenstoß mit dem Haarwild) **abzuwenden oder** jedenfalls die Auswirkungen eines ansonsten drohenden Schadens am Fahrzeug **zu vermindern.** 301

Dafür bedarf es grundsätzlich eines **bewussten und gezielten Ausweichens** vor der Gefahr. Ein Schreckmoment des VN beim Erblicken eines Rehs schließt eine gewollte Rettungshandlung nicht aus.[676] Dagegen **genügt es nicht**, wenn die beabsichtigte Abwendung des Versicherungsschadens 302

670 *Langheid*/Rixecker § 90 VVG Rn. 11 m.w.N.

671 OLG Saarbrücken Urt. v. 10.10.2001 – 5 U 217/01 – zfs 2002, 143; OLG Köln Urt. v. 10.12.2002 – 9 U 75/02 – SP 2003, 251.

672 OLG Saarbrücken Urt. v. 26.01.2011 – 5 U 356/10-57 – r+s 2011, 380 = zfs 2011, 331, 332; AG Bad Segeberg Urt. v. 30.10.2014 – 17 C 65/14 – r+s 2015, 10, **bestätigt durch** LG Kiel Beschl. v. 08.05.2015 und 23.06.2015 – 10 S 90/14 – BeckRS 2015, 12313 und 12480.

673 OLG Karlsruhe Urt. v. 17.02.1994 12 U 147/93 – VersR 1995, 1088; Bauer Rn. 1009.

674 Himmelreich/Halm/Staab/*Papatheodorou* Kap. 23 D Rn. 287.

675 OLG Düsseldorf Urt. v. 18.12.2001 – 4 U 106/01 – r+s 2002, 230 = zfs 2002, 346.

676 OLG Koblenz Urt. v. 26.11.1999 – 10 U 246/99 – VersR 2000, 1359 = r+s 2000, 97; AG Bad Segeberg Urt. v. 30.10.2014 – 17 C 65/14 – r+s 2015, 10, **bestätigt durch** LG Kiel Beschl. v. 08.05.2015 und 23.06.2015 – 10 S 90/14 – BeckRS 2015, 12313 und 12480.

lediglich eine **Reflexwirkung der Rettungshandlung** war.[677] Weicht der teilkaskoversicherte VN einem entgegenkommenden Kfz zur Abwendung eines in der Teilkasko nicht gedeckten Unfalls aus, wodurch sein Fahrzeug von der Straße abkommt und beschädigt wird und macht er anschließend geltend, jedenfalls auch zur Vermeidung eines ansonsten in der Teilkaskoversicherung zu regulierenden Glasschadens ausgewichen zu sein, stellt sich die Rettung des Fahrzeuges und damit die Abwehr des versicherten Risikos »Glasbruchschaden« nur noch als vollkommen untergeordnetes, geringfügiges Nebeninteresse und damit ausschließlich als Reflexwirkung einer Rettungshandlung des VN dar.[678] In einem solchen Fall ist es nicht ausreichend, wenn der VN durch das Ausweichmanöver vorrangig Gefahr für Leib und Leben von sich selbst abwenden will.[679] Andererseits muss das Ausweichmanöver nicht in jedem Fall zwingend auch von einem **Rettungswillen des VN** getragen sein, das versicherte Fahrzeug vor Schaden zu bewahren.[680]

303 **Ausnahmsweise** ist auch eine **Reflexhandlung ausreichend**, wenn sie sich **objektiv als eine Rettungshandlung** darstellt, die jedenfalls auch auf die Abwendung des vom Versicherungsschutz umfassten Schadens abzielte. Es kommt dann nicht darauf an, ob der VN diesen Erfolg auch subjektiv primär bezweckte.[681] Dies ist z.B. der Fall bei einem reflexmäßigen **Ausweichen vor größerem Haarwild** (z.B. einem Reh), um einen Schaden vom Fahrzeug abzuwenden.[682] Einem Fahrmanöver des VN kann daher nicht schon deshalb die Qualifikation als Rettungshandlung abgesprochen werden, weil es dem VN möglicherweise **in erster Linie um die Rettung seines eigenen Leib und Lebens** und erst **in zweiter Linie – reflexartig – auch um den Schutz des versicherten Fahrzeuges** ging.[683] Denn es entspricht durchaus der Lebenserfahrung, dass ein Kraftfahrer, der zur Vermeidung eines Frontalzusammenstoßes mit einem Tier eine Vollbremsung oder ein Ausweichmanöver vornimmt, jedenfalls auch die Beschädigung seines Fahrzeuges vermeiden will. Dabei handelt es sich auch keineswegs um ein nur geringfügiges Rettungsinteresse, welches bei lebensnaher Betrachtungsweise gänzlich zurücktreten würde.[684] Insofern sind **auch spontane**, durch das Unterbewusstsein gesteuerte, **aber letztlich zielgerichtete Reaktionen** eines Fahrzeugführers als objektiv geeignete Rettungsmaßnahmen einzustufen.[685]

304 **Demgegenüber** genügt es nicht, wenn der VN durch das Ausweichmanöver lediglich das Leben des Tieres retten will. **Motive des Tierschutzes** spielen versicherungsrechtlich keine Rolle.[686]

dd) Subjektiv den Umständen nach erforderliche Rettungshandlung

305 Der Anspruch des VN auf Aufwendungsersatz bedingt, dass die Rettungshandlung zur Abwendung des drohenden Schadens entweder **objektiv geboten und erforderlich** war (vgl. A.2.2.1 AKB Rdn. 301 ff.) **oder** der **VN** (bzw. ein **berechtigter Fahrer**, vgl. A.2.2.1 AKB Rdn. 324 ff.) das Ausweichmanöver zur Rettung des Fahrzeuges (nicht des Wilds!) **subjektiv den Umständen nach für geboten halten** durfte, (§ 83 Abs. 1 S. 1 BGB). Ist der zu erwartende Schaden durch ein

---

677 Vgl. BGH Urt. v. 13.07.1994 – **IV ZR 250/93** – VersR 1994, 1181 = r+s 1994, 326; OLG Koblenz Urt. v. 31.10.2003 – 10 U 1442/02 – VersR 2004, 464 = r+s 2004, 11.

678 BGH Urt. v. 13.07.1994 – **IV ZR 250/93** – VersR 1994, 1181 = r+s 1994, 326; vgl. OLG Koblenz Urt. v. 31.10.2003 – 10 U 1442/02 – VersR 2004, 464 = r+s 2004, 11.

679 BGH Urt. v. 13.07.1994 – **IV ZR 250/93** – VersR 1994, 1181 = r+s 1994, 326.

680 Vgl. BGH Urt. v. 18.12.1996 – **IV ZR 321/95** – VersR 1997, 351 = r+s 1997, 98.

681 BGH Urt. v. 13.07.1994 – **IV ZR 250/93** – VersR 1994, 1181 = r+s 1994, 326; OLG Saarbrücken Urt. v. 26.01.2011 – 5 U 356/10-57 – r+s 2011, 380 = zfs 2011, 331.

682 OLG Hamm Beschl. v. 07.10.2020 – 20 U 128/20 – r+s 2021, 448; OLG Köln Urt. v. 11.10.2005 – 9 U 34/05 – r+s 2006, 147 = zfs 2006, 459; OLG Oldenburg Urt. v. 22.09.2004 – 3 U 80/04 – zfs 2005, 24 = MDR 2004, 34.

683 OLG Koblenz Urt. v. 19.05.2006 – 10 U 1415/05 – VersR 2007, 831 = r+s 2006, 412.

684 Vgl. OLG Hamm Urt. v. 07.05.2004 – 20 U 48/04 – VersR 2004, 1409 = r+s 2004, 319.

685 OLG Jena Urt. v. 07.03.2001 – 4 U 893/00 – VersR 2001, 855 = NJW-RR 2001, 1319; LG Limburg Urt. v. 17.02.2010 – 2 O 137/09 – SP 2010, 190.

686 **A.A.** LG Marburg Urt. v. 03.03.1994 – 1 O 8/94 – NJW-RR 1994, 805 = r+s 1995, 49.

Ausweichmanöver größer als der Schaden bei der Kollision mit dem Wild, stellt sich die Frage, ob dem VN **bei einer Fehleinschätzung jeder Irrtum zum Nachteil** gereicht. Nach teilweiser Auffassung soll der Anspruch schon bei jeglichem Verkennen der Gebotenheit einer Rettungsmaßnahme vollständig entfallen, weil es für diesen Fall an den tatbestandlichen Voraussetzungen des § 83 Abs. 1 S. 1 VVG fehle.[687] Hiergegen spricht allerdings der Wortlaut der Vorschrift, die gerade eine Erstattungspflicht »insoweit« normiert, als der VN die Aufwendungen für geboten halten durfte.[688] Die Gegenmeinung will dem VN den Aufwendungsersatzanspruch schon bei nur leichter Fahrlässigkeit, eine andere Ansicht hingegen nur bei Vorsatz versagen.[689]

Richtigerweise ist mit der **h.M.** davon auszugehen, dass dem VN ein **Irrtum über die objektive Gebotenheit und Tauglichkeit der Rettungsmaßnahme so lange nicht schadet, wie der Irrtum nicht auf Vorsatz oder grober Fahrlässigkeit beruht.**[690] Hierfür spricht der enge Zusammenhang mit § 81 VVG und der Umstand, dass das in § 83 Abs. 1 VVG normierte »Rettungsrecht« das notwendige Gegenstück der dem VN in § 82 Abs. 1 VVG auferlegten Rettungsobliegenheit darstellt.[691] Es wäre ein **Wertungswiderspruch**, wenn ein VN, der über die Gebotenheit einer Rettungsmaßnahme irrt, einem strengeren Haftungsmaßstab unterworfen wäre als ein VN, dem bei der Herbeiführung eines Versicherungsfalles oder der Verletzung von Rettungsobliegenheiten nur grobe Fahrlässigkeit schadet.[692] 306

Ob die **Rettungshandlung erforderlich und geboten war**, hängt maßgeblich von der **Größe des Wilds** ab.[693] Droht ein Fahrzeugschaden durch den Zusammenstoß mit einem Tier, ist der versicherte Sachschaden stets gegen die durch ein Brems- und Ausweichmanöver drohenden Fahrzeugschäden **abzuwägen**, die der VR im Fall eines gebotenen Ausweichens erstatten muss. Nur solche Handlungen sind zur Rettung geboten, bei denen die sicher oder möglicherweise entstehenden **Aufwendungen**, d.h. die durch das Risiko eines Ausweichmanövers entstehenden Schäden, in einem **vernünftigen, angemessenen Verhältnis zum angestrebten Erfolg**, d.h. dem bei einer Kollision mit dem Wild ansonsten zu erwartenden Schaden stehen. Die Rettungshandlung darf also **keine unverhältnismäßigen Kosten** verursachen. Zumindest muss der VN ein vernünftiges Verhältnis ohne grobe Fahrlässigkeit für geboten halten dürfen. Dabei ist eine **ex-ante Betrachtung** anzustellen. Hat der VN die Gebotenheit, Tauglichkeit oder Angemessenheit der Rettungsmaßnahme mindestens grob fahrlässig falsch eingeschätzt, besteht allenfalls ein gekürzter Anspruch auf Aufwendungsersatz,[694] (vgl. A.2.2.1 AKB Rdn. 316 ff.). Grobe Fahrlässigkeit liegt vor, wenn der VN die im Verkehr erforderliche Sorgfalt nach den gesamten Umständen in ungewöhnlich hohem Maß verletzt und dasjenige unbeachtet lässt, was in dem gegebenen Fall jedem hätte einleuchten müssen. Abzustellen ist darauf, wie ein durchschnittlicher, verständiger VN in der konkreten Situation gehandelt hätte. Geht es um die freiwillige Inkaufnahme eines Schadenrisikos, darf dieses jedenfalls nicht größer sein, als der ohne die Rettungshandlung drohende Schaden.[695] In besonderem Maße 307

687 Marlow/Spuhl S. 168 ff.

688 OLG Koblenz Urt. v. 14.01.2011 – 10 U 239/10 – VersR 2012, 54 = r+s 2012, 67.

689 Vgl. Prölss/Martin/*Voit* § 83 VVG Rn. 7 ff. m.w.N. zum Meinungsstand.

690 Vgl. BGH Urt. v. 25.06.2003 – **IV ZR 276/02** – VersR 2003, 1250 = r+s 2003, 406 (im Ergebnis offen gelassen); BGH Urt. v. 18.12.1996 – **IV ZR 321/95** – VersR 1997, 351 = r+s 1997, 98; OLG Koblenz Urt. v. 14.01.2011 – 10 U 239/10 – VersR 2012, 54 = r+s 2012, 67, jeweils m.w.N. zum Meinungsstand; OLG Saarbrücken Urt. v. 26.01.2011 – 5 U 356/10-57 – r+s 2011, 380 = zfs 2011, 331; OLG Koblenz Urt. v. 31.10.2003 – 10 U 1442/02 – VersR 2004, 464 = r+s 2004, 11; Looschelders/Pohlmann/*Schmidt-Kessel* § 83 VVG Rn. 9; **a.A.** Schulz VersR 1994, 1275, 1277.

691 OLG Koblenz Urt. v. 31.10.2003 – 10 U 1442/02 – VersR 2004, 464 = r+s 2004, 11.

692 OLG Saarbrücken Urt. v. 26.01.2011 – 5 U 356/10-57 – r+s 2011, 380 = zfs 2011, 331, 333; Stiefel/*Maier* § 83 VVG Rn. 17; Prölss/Martin/*Klimke* A.2.2.1 VVG Rn. 72; Bruck/Möller/*Koch* § 83 VVG Rn. 57, 58; Nugel DAR 2011, 484, 486.

693 BGH Urt. v. 25.06.2003 – **IV ZR 276/02** – VersR 2003, 1250 = r+s 2003, 406.

694 Vgl. *Langheid*/Rixecker § 83 VVG Rn. 14 ff; **a.A.** Prölss/Martin/*Voit* § 83 VVG Rn. 9.

695 BGH Urt. v. 25.06.2003 – **IV ZR 276/02** – VersR 2003, 1250 = r+s 2003, 406.

kann es sich bei der Abwägung zulasten des VN auswirken, wenn er mit einem **schweren Pkw** nicht nur abrupt abbremst, sondern gleichzeitig auch zur Seite lenkt, um einem Hasen auszuweichen.[696]

308 Bei **größerem Haarwild (z.B. Hirsch, Reh, Wildschwein)** ist ein Ausweichen schon **objektiv geboten**, um eine Beschädigung des eigenen Kfz zu vermeiden.[697] Auf die objektive Geeignetheit eines Bremsmanövers, die Kollision mit dem Tier zu vermeiden, kommt es nicht an.[698] Zudem darf der VN aufgrund der Körpermasse des Tieres regelmäßig ein **Ausweichmanöver subjektiv für erforderlich** halten, um eine drohende Kollision für das versicherte Fahrzeug abzuwenden.[699]

309 Droht ein Zusammenstoß mit **kleineren Tieren (z.B. Kaninchen, Hase, Marder, Wiesel)**, geht die Rechtsprechung überwiegend davon aus, dass der VN das mit einem (oftmals abrupten) **Ausweichmanöver** oder einer riskanten Vollbremsung verbundene erhebliche Risiko eines noch größeren Schadens am Fahrzeug jedenfalls **subjektiv nicht für geboten** halten durfte.[700] Dies gilt auch dann, wenn letztlich offen bleibt, ob es sich bei dem auf die Fahrbahn gelaufenen Haarwild um ein kleineres oder größeres Tier gehandelt hat.[701] Im Falle eines unmittelbar bevorstehenden Zusammenstoßes eines Mittelklassewagens mit einem **Hasen** bei 90 km/h auf gerader Strecke ist der zu erwartende Schaden am Fahrzeug zu gering, um eine gefährliche, letztlich zum Unfall führende plötzliche Fahrtrichtungsänderung des VN zu rechtfertigen.[702] Der VN unterliegt in einem solchen Fall einem grob fahrlässigen Irrtum über das Gebotensein seiner Rettungshandlung und der damit verbundenen Aufwendungen, also letztlich des entstandenen Fahrzeugschadens.

310 Ob ein Pkw-Fahrer auch das **Ausweichen vor einem Fuchs** regelmäßig für geboten halten darf, kann nur unter Berücksichtigung aller Umstände des Einzelfalles entschieden werden. In der Regel rechtfertigt das Gewicht eines rund 10 kg schweren Fuchses ein risikoreiches, absehbar folgenträchtiges Ausweichmanöver des VN nicht, auch wenn er beim Aufprall erhebliche Zerstörungen am Fahrzeug verursachen mag.[703] Dies gilt selbst bei einer Tieferlegung des Fahrzeuges und der damit

---

696 OLG Düsseldorf Urt. v. 05.10.1993 – 4 U 15/93 – r+s 1993, 450.

697 OLG Saarbrücken Urt. v. 23.11.2022 – 5 U 120/21 – zfs 2023, 148 (**Rehe am rechten Straßenrand**); OLG Hamm Beschl. v. 07.10.2020 – 20 U 128/20 – r+s 2021, 448 (**Reh**); OLG Köln Urt. v. 11.10.2005 – 9 U 34/05 – r+s 2006, 147 = zfs 2006, 459 (**Reh**); OLG Oldenburg Urt. v. 22.09.2004 – 3 U 80/04 – zfs 2005, 24 = MDR 2004, 34 (**Reh**); LG Koblenz Urt. v. 24.11.2003 – 5 O 448/01 – ADAJUR Dok. Nr. 57742 (**Wildschwein**); OLG Köln Urt. v. 19.09.2000 – 9 U 48/99 – r+s 2000, 495 (**Reh und Kleinwagen**); OLG Schleswig Urt. v. 27.06.1994 – 9 U 117/93 – r+s 1994, 450 (**Reh**); AG Bad Segeberg Urt. v. 30.10.2014 – 17 C 65/14 – r+s 2015, 10 (**2 Rehe**), bestätigt durch LG Kiel Beschl. v. 08.05.2015 und 23.06.2015 – 10 S 90/14 – BeckRS 2015, 12313 und 12480.

698 Vgl. AG Bad Segeberg Urt. v. 30.10.2014 – 17 C 65/14 – r+s 2015, 10 (**2 Rehe**), bestätigt durch LG Kiel Beschl. v. 08.05.2015 und 23.06.2015 – 10 S 90/14 – BeckRS 2015, 12313 und 12480.

699 OLG Koblenz Urt. v. 26.11.1999 – 10 U 246/99 – VersR 2000, 1359 = r+s 2000, 97 (**Reh**); OLG Jena Urt. v. 07.03.2001 – 4 U 893/00 – VersR 2001, 855 = NJW-RR 2001, 1319 (**Wildschweine**); OLG Koblenz Urt. v. 19.05.2006 – 10 U 1415/05 – VersR 2007, 831 = r+s 2006, 412 (**Rehe**).

700 OLG Bremen Urt. v. 17.09.2002 – 3 U 33/02 – r+s 2003, 276 (**Dachs**); OLG Nürnberg Urt. v. 27.02.1997 – 8 U 3572/96 – r+s 1997, 359 = NZV 1997, 313 (**Marder**); OLG Köln Urt. v. 17.12.1996 – 9 U 112/95 – r+s 1997, 52 (**Hase**); OLG Frankfurt/M. Urt. v. 05.05.1994 – 15 U 256/92 – r+s 1995, 49 = SP 1994, 323 (**Dachs**); OLG Düsseldorf Urt. v. 05.10.1993 – 4 U 15/93 – r+s 1993, 450 (**Hase und Pkw Mercedes 230 E**); OLG Hamburg Urt. v. 15.07.1992 – 14 U 66/92 – VersR 1992, 1508 = zfs 1992, 377 (**Hase**); OLG Köln Urt. v. 13.07.1992 – 5 U 48/92 – r+s 1992, 295 = NZV 1993, 155 (**Kaninchen/Hase und Pkw BMW**); LG Düsseldorf Urt. v. 16.06.1994 – 11 O 316/93 – r+s 1995, 7 (**Hase**); **a.A.** OLG Brandenburg Urt. v. 20.02.2002 – 14 U 56/01 – zfs 2003, 191 (**Hase**); OLG Nürnberg Urt. v. 17.12.1992 – 8 U 2451/92 – r+s 1993, 206 (**Hase**); LG Regensburg Urt. v. 05.07.2001 – 6 O 312/01 – juris (**Hase**); AG Nördlingen Urt. v. 30.11.2005 – 5 C 29/05 – zfs 2006, 396 = NZV 2006, 427 (**Biber**).

701 OLG Saarbrücken Urt. v. 26.01.2011 – 5 U 356/10-57 – r+s 2011, 380 = zfs 2011, 331 (unklar blieb, ob der VN einem Kaninchen oder Reh ausgewichen war).

702 BGH Urt. v. 18.12.1996 – **IV ZR 321/95** – VersR 1997, 351 = r+s 1997, 98.

703 OLG Frankfurt/M. Urt. v. 23.01.2002 – 7 U 100/01 – NVersZ 2002, 316; OLG Koblenz Urt. v. 14.01.2011 – 10 U 239/10 – VersR 2012, 54 = r+s 2012, 67 (rk. nach Revisionsrücknahme BGH

verbundenen Gefahr, dass der Fuchs in die Luft geschleudert wird und gegen die Windschutzscheibe prallt.[704] Bei normalen Straßenverhältnissen und einer Geschwindigkeit von 80 bis 100 km/h steht ein Ausweichen vor einem Fuchs – selbst unter Berücksichtigung der schutzwürdigen Lebensinteressen des Fuchses – in keinem angemessen Verhältnis zu dem durch einen möglichen Zusammenstoß aller Voraussicht nach drohenden geringeren Schaden am Kfz und ist daher als **grob fahrlässig** einzustufen.[705]

Der **BGH**[706] hat zwar bei einem reflexartig leichten Ausweichen eines Kraftfahrers vor einem **Fuchs** 311
auf einer Autobahn die Einschätzung des Berufungsgerichts, es läge keine grobe Fahrlässigkeit i.S.d. § 61 VVG a.F. vor, gebilligt. Hieraus kann aber nicht abgeleitet werden, dass der BGH im Rahmen des § 83 Abs. 1 S. 1 VVG das Ausweichmanöver eines VN vor einem Fuchs generell für geboten halten könnte, zumal die Entscheidung im Rahmen des § 61 VVG a.F. erging und nicht zur Frage eines möglichen Rettungskostenersatzes nach § 63 VVG a.F. Im Übrigen kann davon ausgegangen werden, dass der BGH ein reflexartiges, abruptes und unkontrolliertes Ausweichmanöver eines VN, verbunden mit einem scharfen Abbremsen und dem Verlust der Fahrzeugkontrolle auch subjektiv als grob fahrlässig und damit als nicht geboten eingestuft hätte. Das im konkreten Fall vom VN lediglich vorgetragene und vom VR nicht widerlegbare »reflexartige leichte Ausweichen« genügte ihm dagegen nicht, um ein grob fahrlässiges Verhalten zu begründen.

Bei einem **Motorrad** ist im Rahmen der Abwägung, ob die Rettungshandlung objektiv geboten 312
war oder der VN das vollzogene Ausweichmanöver ohne grobe Fahrlässigkeit für erforderlich halten durfte, die gegenüber einem Pkw **geringere Bodenhaftung und Fahrstabilität** zu berücksichtigen.[707] Jedenfalls dann, wenn ein Motorradfahrer in einer **Kurvenschräglage** versucht, durch Abbremsen und Ausweichen einen Zusammenstoß mit einem die Straße überquerenden Fuchs oder Kleinwild (Kaninchen, Hase, Marder, Wiesel o.ä.) zu vermeiden, wird man im Regelfall wegen der akuten Gefahr des seitlichen Wegrutschens und der damit einhergehenden beträchtlichen Beschädigung des Motorrades **kein grob fahrlässiges Fahrverhalten** vorwerfen können.[708] Dies gilt erst recht bei einem Ausweichen vor größeren Tieren.[709]

IV ZR 36/11); LG Trier Urt. v. 03.04.2010 – 4 O 241/09 – r+s 2010, 509 = zfs 2010, 510; LG Marburg Urt. v. 17.01.2006 – 2 O 80/05 – NZV 2006, 425 = r+s 2006, 188 (**Pkw Mercedes S 500**); LG Bonn Urt. v. 05.04.1994 – 13 O 43/94 – r+s 1995, 7.

704 BGH Urt. v. 25.06.2003 – **IV ZR 276/02** – VersR 2003, 1250 = r+s 2003, 406.

705 Ganz **h.M.**: OLG Koblenz Urt. v. 31.10.2003 – 10 U 1442/02 – VersR 2004, 464 = r+s 2004, 11; OLG Frankfurt/M. Urt. v. 29.08.2001 – 7 U 187/00 – PVR 2002, 178; OLG Karlsruhe Urt. v. 04.03.1999 – 12 U 264/98 – r+s 1999, 404; OLG Köln Urt. v. 16.06.1998 – 9 U 204/97 – r+s 1998, 365 = zfs 1999, 66; OLG Köln Urt. v. 13.01.1998 – 9 U 13/98 – r+s 2000, 96; OLG Jena Urt. v. 17.07.1996 – 4 U 230/96 – VersR 1997, 609 = r+s 1997, 279; OLG Köln Urt. v. 16.08.1994 – 9 U 133/94 – VersR 1995, 1231 = r+s 1994, 369; OLG Frankfurt/M. Urt. v. 31.03.1993 – 7 U 148/92 – SP 1994, 194; LG Marburg Urt. v. 17.01.2006 – 2 O 80/05 – NZV 2006, 425 = r+s 2006, 188; LG Ellwangen Urt. v. 28.11.1997 – 5 O 369/97 – SP 1998, 223; r+s 2000, 96; LG Kempten Urt. v. 09.10.1997 – 2 O 1802/97 – SP 1998, 222; LG Stralsund Urt. v. 15.12.1994 – 5 O 42/94 – zfs 1995, 380; LG Kleve Urt. v. 09.01.1992 – 4 O 300/91 – SP 1992, 86; **a.A.** OLG Zweibrücken Urt. v. 25.08.1999 – 1 U 218/98 – VersR 2000, 884; OLG Nürnberg Urt. v. 29.07.1999 – 8 U 1477/99 – DAR 2001, 224; LG Nürnberg-Fürth Urt. v. 02.06.2014 – 8 O 9666/13 – r+s 2014, 493; LG Köln Urt. v. 11.11.1998 – 19 S 502/97 – SP 1999, 102; LG Verden Urt. v. 19.12.1997 – 6 S 208/97 – NVersZ 1998, 90 = zfs 1998, 263.

706 BGH Urt. v. 11.07.2007 – **XII ZR 197/05** – VersR 2007, 1531 = NJW 2007, 2988.

707 Vgl. OLG Saarbrücken Urt. v. 23.11.2022 – 5 U 120/21 – zfs 2023, 148 (**Rehe am rechten Straßenrand**); OLG Hamm Urt. v. 16.12.1992 – 20 U 171/92 – r+s 1994, 167 = NZV 1993, 401.

708 OLG Hamm Urt. v. 03.05.2001 – 6 U 209/00 – r+s 2001, 495 = zfs 2001, 461 (**Fuchs**); OLG Köln Urt. v. 10.10.1998 – 9 U 176/97 – NVersZ 1999, 137 = SP 1999, 25 (**Hase**); LG München I Urt. v. 14.04.2010 – 25 O 13700/09 – ADAJUR Dok.Nr. 97635 (**Hase**); LG Hamburg Urt. v. 03.08.2006 – 323 O 106/06 – juris (**Hase bzw. Kaninchen**); **a.A.** LG Halle Urt. v. 02.10.1996 – 5 O 216/96 – r+s 1998, 57 (**Marder**).

709 OLG Koblenz Urt. v. 19.05.2006 – 10 U 1415/05 – VersR 2007, 831 = r+s 2006, 412 (**Rehe**).

313 Bei der Abwägung sind stets alle Umstände des Einzelfalles zu berücksichtigen. Sowohl **Größe**, **Gewicht** und **Fahrzeugart** (Motorrad, Pkw, Lkw), als auch die technische **Sicherheitsausstattung** (Antiblockiersystem, automatische Abstandsregelung, Antriebs-Schlupf-Regelung, Spurhalte-Assistent), die **Fahrgeschwindigkeit** sowie die **Straßen-**, **Sicht- und Witterungsverhältnisse** (gerade Strecke oder Kurvenfahrt, trockene oder nasse, laubbedeckte Fahrbahn) sind von Bedeutung für die Beurteilung der Frage, ob das Ausweichmanöver objektiv geboten war oder der VN seine plötzliche Fahrtrichtungsänderung jedenfalls subjektiv für geboten halten durfte.[710] Bei **Schneeglätte** ist eine Vollbremsung zur Vermeidung einer Kollision mit zwei Rehen objektiv jedenfalls dann geboten, wenn die Ausgangsgeschwindigkeit des VN-Kfz nur gering war.[711] Entscheidend ist auch, ob der Fahrzeugführer **völlig unerwartet** und **überraschend** mit dem drohenden Wildunfall konfrontiert wurde (Autobahn oder Waldstück mit Warnschildern vor Wildwechsel) und welche **Reaktionszeit** ihm verblieb, um den drohenden Schaden eines Zusammenstoßes mit dem Wild gegen die Risiken eines Brems- und/oder Ausweichmanövers abzuwägen.[712] Daneben spielen auch die **Größe**, **Entfernung** und das **Verhalten des Tieres** eine entscheidende Rolle für die Frage, ob der VN ein Ausweichmanöver für geboten halten durfte.[713] Je kleiner das Tier und je größer und schwerer das Fahrzeug ist, desto weniger wird der VN ein Ausweichmanöver für geboten halten dürfen.

314 Erleidet der VN einen Unfall, weil er z.B. nachts bei eingeschränkten Sichtverhältnissen **unter erheblicher Überschreitung der zulässigen Höchstgeschwindigkeit einem größeren Haarwild** (z.B. einem Wildschwein) **ausweicht**, ist zwar das Ausweichmanöver zwar als solches objektiv geboten, so dass den VN insoweit nicht der Vorwurf grober Fahrlässigkeit trifft. Wäre es jedoch zu einem Zusammenstoß mit dem Haarwild gekommen, hätte der VR seine nach A.2.2.1.4 AKB zu erbringende Entschädigungsleistung wegen grob fahrlässiger Herbeiführung des Versicherungsfalles »Wildschaden« nach A.2.9.1 AKB, § 81 Abs. 2 VVG kürzen können. Ist der VR aber berechtigt, seine Leistung zu kürzen, kann er gemäß **§ 83 Abs. 2 VVG** auch den Aufwendungsersatz beim berührungslosen Wildschaden kürzen.[714]

315 Bei Kfz mit hoch- oder vollautomatisierter Fahrfunktion i.S.v. § 1a StVG (**autonomes Fahren** mit automatisiertem **Fahrerassistenzsystem**) wird ein vom System vorgenommenes Ausweichmanöver in aller Regel objektiv nachvollziehbar und damit auch objektiv geboten sein.[715] Sofern das System eine nicht mehr nachvollziehbare Handlung vornimmt, weil es z.B. einen Hasen als ein Kind ansieht, wäre die Gebotenheit zu verneinen mit der Folge, dass der VN den Schaden zu tragen hätte,[716] (vgl. auch A.2.2.1 AKB Rdn. 327).

d) Vollständige Leistungsfreiheit des VR bei grob fahrlässiger Fehleinschätzung über die Gebotenheit der Rettungshandlung?

316 Bei riskanten Fahr- und Ausweichmanövern wegen eines Kleintieres, die zu einem erheblichen Schaden am versicherten Fahrzeug führen, unterliegt der VN einem grob fahrlässigen Irrtum über die Gebotenheit seiner Rettungshandlung. **Umstritten** ist, ob der **Anspruch des VN** nach § 83 Abs. 1 S. 1 VVG bei dieser Fallgestaltung **gänzlich entfällt**, oder ob der VR lediglich berechtigt ist, die »Rettungskosten« in einem der Schwere des Verschuldens entsprechenden Verhältnis zu kürzen.[717]

317 **Zum Teil wird vertreten**, dass **nach dem Wortlaut des § 83 VVG für eine Quotierung** bei grober Fahrlässigkeit entsprechend § 81 Abs. 2 VVG, abgestuft nach der Schwere des Verschuldens beim

---

710 Vgl. BGH Urt. v. 25.06.2003 – **IV ZR 276/02** – VersR 2003, 1250 = r+s 2003, 406.
711 AG Bad Segeberg Urt. v. 30.10.2014 – 17 C 65/14 – r+s 2015, 10, bestätigt durch LG Kiel Beschl. v. 08.05.2015 und 23.06.2015 – 10 S 90/14 – BeckRS 2015, 12313 und 12480.
712 Vgl. LG Limburg Urt. v. 17.02.2010 – 2 O 137/09 – SP 2010, 190.
713 LG Stralsund Urt. v. 07.08.1997 – 1 S 352/96 – ADAJUR Dok.Nr. 30912.
714 Vgl. OLG Karlsruhe Urt. v. 17.02.1994 – 12 U 147/93 – VersR 1995, 1088 = NZV 1994, 443.
715 Singler NZV 2017, 353, 355.
716 Vgl. Singler NZV 2017, 353, 355.
717 Vgl. zum Meinungsstand Bruck/Möller/*Koch* § 83 VVG Rn. 55.

VN, **kein Raum** ist, weil eine mit § 81 VVG vergleichbare Regelung in § 83 VVG fehlt. § 82 VVG normiert zwar eine Rettungsobliegenheit des VN zugunsten des versicherten Fahrzeuges, bei deren grob fahrlässiger Verletzung der VR nach § 82 Abs. 3 S. 2 VVG die Versicherungsleistung kürzen kann, wobei dies gemäß § 83 Abs. 2 VVG auch für den Aufwendungsersatz gilt; bei einem Ausweichmanöver ist der VN aber seiner (vermeintlichen) Rettungsobliegenheit nachgekommen, so dass die in § 82 Abs. 3 sowie § 83 Abs. 2 VVG erwähnten Pflichtverletzungen gerade nicht vorliegen. Es handelt sich daher gerade nicht um eine Konstellation, bei der eine grundsätzlich zunächst bestehende Leistungsverpflichtung des VR wegen Verletzung einer in § 82 Abs. 1 und 2 VVG beschriebenen Obliegenheit (teilweise) in Wegfall gerät. Vielmehr **fehlt es von vornherein an einer vom VN zu beweisenden primären Anspruchsvoraussetzung** für einen Anspruch auf Aufwendungsersatz, weil dieser in § 83 Abs. 1 VVG daran geknüpft ist, dass der VN die Rettungshandlung »den Umständen nach für geboten halten durfte«. Da diese Voraussetzungen bei einem Ausweichmanöver wegen eines Kleintieres nicht erfüllt sind und auch eine Quotierung der Versicherungsleistung für den Fall, dass der VN grob fahrlässig über die Tauglichkeit seiner Rettungsmaßnahme irrt, vom Gesetz nicht vorgesehen ist, entfällt nach dieser Meinung die Leistungsverpflichtung des VR in Gänze.[718]

Nach anderer Auffassung, der zuzustimmen ist, ist dem VN auch im Falle einer **grob fahrlässigen Fehleinschätzung der Gebotenheit seiner Rettungshandlung** zumindest ein **gekürzter Anspruch** zuzubilligen, dessen Höhe sich an der Schwere seines Verschuldens zu orientieren hat. Dies entspricht auch der Grundkonzeption der VVG-Reform, nach der grob fahrlässiges Verhalten grundsätzlich nur zur Leistungskürzung berechtigen soll.[719] Wenn einem VN bei einem Irrtum über die Erforderlichkeit der Rettungskosten nur ein grob fahrlässiges Fehlverhalten schadet (vgl. A.2.2.1 AKB Rdn. 305 ff.), weil er auch im Falle der Herbeiführung des Versicherungsfalles gemäß § 81 VVG oder im Falle einer Verletzung seiner Rettungs- und Schadenminderungsobliegenheit in § 82 Abs. 1 VVG nur bei grober Fahrlässigkeit mit einer Leistungskürzung rechnen müsste, muss man konsequenterweise einem VN, der zur Vermeidung eines Wildunfalles ein Ausweichmanöver einleitet, welches objektiv nicht geboten war und auch subjektiv vom ihm nicht für erforderlich gehalten werden durfte, einen zumindest quotalen Rettungskostenersatzanspruch zubilligen. Es wäre ein **Wertungswiderspruch**, würde man gemäß § 81 Abs. 2 VVG bzw. § 83 Abs. 2 VVG demjenigen VN, der den Versicherungsfall grob fahrlässig herbeiführt bzw. grob fahrlässig seine Rettungsobliegenheiten verletzt, den Entschädigungs- bzw. Aufwendungsersatzanspruch zumindest teilweise zubilligen, jedoch andere Maßstäbe anlegen, wenn er grob fahrlässig die Gebotenheit einer Rettungsmaßnahme (Brems- und/oder Ausweichmanöver) falsch einschätzt.[720] Es kommt hinzu, dass der VR bei gleicher Fallgestaltung in der **Vollkaskoversicherung** eine Entschädigungsleistung nach § 81 Abs. 2 VVG regelmäßig auch nicht gänzlich versagen, sondern nur anteilig kürzen könnte. 318

Soweit eine **quotale Kürzung des Aufwendungsersatzanspruchs** nach § 83 Abs. 1 S. 1 VVG wegen grob fahrlässiger Verkennung der Gebotenheit des Brems- oder Ausweichmanövers infrage kommt, trifft den **VR** die **Beweislast** für den Umfang der Kürzung. Es bedarf der Abwägung aller objektiven und subjektiven **Umstände des Einzelfalles,** (vgl. A.2.9.1 AKB Rdn. 12 ff.). Zu berücksichtigen ist, dass der VN völlig unerwartet mit einer für ihn regelmäßig ungewohnten Gefahrensituation 319

718 Maier/Stadler Rn. 219; Rüffer/Halbach/Schimikowski § 83 VVG Rn. 13; Marlow/Spuhl S. 169.

719 Stiefel/*Maier* § 83 VVG Rn. 22.

720 OLG Saarbrücken Urt. v. 26.01.2011 – 5 U 356/10-57 – r+s 2011, 380 = zfs 2011, 331, 334; diskutiert von OLG Koblenz Urt. v. 14.01.2011 – 10 U 239/10 – VersR 2012, 54 = r+s 2012, 67 (**im Ergebnis offen gelassen**); LG Trier Urt. v. 03.04.2010 – 4 O 241/09 – r+s 2010, 509 = zfs 2010, 510; AG Bad Segeberg Urt. v. 30.10.2014 – 17 C 65/14 – r+s 2015, 10, bestätigt durch LG Kiel Beschl. v. 08.05.2015 und 23.06.2015 – 10 S 90/14 – BeckRS 2015, 12313 und 12480; Bruck/Möller/*Koch* § 83 VVG Rn. 55; Nugel DAR 2011, 484, 487; Münchener Kommentar-VVG/*Wandt* § 83 VVG Rn. 35; *Burmann/Heß/* Stahl Rn. 427 ff., 619; Rixecker zfs 2007, 255, 256; Schirmer DAR 2008, 319, 324.

konfrontiert wird, in **Sekundenbruchteilen die Entscheidung treffen** muss, ob er ausweicht oder nicht und oftmals schon deshalb oder auch aus **Aufregung, Verwirrung** oder **Schrecken** nicht die objektiv notwendigen Maßnahmen ergreifen wird.[721] Grundsätzlich muss allerdings von einem Fahrzeugführer verlangt werden, dass er in der Lage ist, auch auf unerwartete Ereignisse sachgerecht zu reagieren.[722] Entscheidend ist auch, ob der Fahrer durch eine **Beschilderung** vor Wildwechsel gewarnt war oder aufgrund seiner **Ortskunde** sich der besonderen Gefahrenlage hätte bewusst sein müssen. Maßgebliche Bedeutung haben im Rahmen der Abwägung auch die **Witterungsbedingungen**, eine ggf. unangepasste **Geschwindigkeit**, die **Entfernung** zum auftauchenden Wild und die Frage, ob es sich um ein gut erkennbares **kleines Tier** handelte.[723]

320 Für den typischen Fall eines Ausweichens vor einem kleinen Tier werden **Kürzungsquoten** von **33,3 %**,[724] **50 %**[725] oder auch **40–60 %**[726] empfohlen.

321 Dies entspricht auch der Auffassung der Rechtsprechung, wobei im Einzelfall auch eine Kürzung **bis zu 100 %** in Betracht kommen kann:

- Ausweichen vor einem **Fuchs**, der auf halber Strecke umkehrt, mit Mittelklassewagen bei 70–80 km/h nachts in einer Rechtskurve auf einer Landstraße ohne Warnschilder vor Wildwechsel (Kürzung von **60 %**);[727]
- Ausweichmanöver mit **übermäßiger Lenkbewegung** ohne Bremsen auf einer BAB bei 120 km/h, wobei der VN die Hände vom Lenkrad nimmt und sich vor die Augen hält und hinsichtlich der Größe des Tieres nur feststeht, dass es nicht größer als ein Hase war (Kürzung von **50 %**);[728]
- Behauptetes Ausweichen vor einem **Fuchs** mit großem SUV (VW Touareg) und Kollision mit einem Baum bei gleichzeitig feststehender Alkoholisierung des VN (1,57 Promille), deren Unfallursächlichkeit streitig ist (Kürzung von **100 %**).[729]

322 Eine quotale Kürzung des Anspruchs auf Ersatz von »Rettungskosten« ist dem VR verwehrt, sofern er in seinem Bedingungswerk (AKB) einen **Verzicht auf den Einwand der grob fahrlässigen Herbeiführung des »Schadenfalles«** erklärt hat. Ein solcher Verzicht beschränkt sich nicht nur auf »Versicherungsfälle«, sondern gilt ganz allgemein auch dann, wenn der VN einen Versicherungsfall (Zusammenstoß mit Haarwild) verhindern will und dabei grob fahrlässig einen Schaden an seinem Fahrzeug verursacht.[730]

e) Leistungskürzung in der Vollkaskoversicherung

323 Letztlich riskiert der VN nicht nur seinen Teilkaskoversicherungsschutz, sondern auch eine Leistungskürzung im Rahmen einer ggf. zusätzlich noch bestehenden Vollkaskoversicherung, da gefährliche Ausweichmanöver vor kleinen Tieren teilweise als **grob fahrlässige Herbeiführung des** in A.2.3.2 AKB beschriebenen **Versicherungsfalles »Unfall«** gemäß A.2.9.1 AKB, § 81 Abs. 2 VVG eingestuft werden,[731] (vgl. auch A.2.9.1 AKB Rdn. 314 ff.). Dabei sind die für die Ansprüche **aus der Teilkaskoversicherung entwickelten Grundsätze** in Bezug auf die Prüfung eines grob fahrlässigen Verhaltens des VN auch **auf die Vollkaskoversicherung übertragbar**.[732] So wird ein reflexartiges abruptes und unkontrolliertes Ausweichmanöver, verbunden mit einer scharfen Abbremsung,

721 Vgl. Münchener Kommentar-VVG/*Looschelders* § 82 VVG Rn. 15.
722 BGH Urt. v. 18.12.1996 – **IV ZR 321/95** – VersR 1997, 351 = r+s 1997, 98.
723 Vgl. Nugel DAR 2011, 484, 487.
724 Meschkat/Nauert/*Stehl* Rn. 131.
725 Schwintowski/Brömmelmeyer/*Kloth/Neuhaus* § 81 VVG Rn. 62.
726 Nugel, Kürzungsquoten nach dem VVG, § 2 Rn. 149; vgl. die Übersicht bei Nugel DAR 2011, 484, 487.
727 LG Trier Urt. v. 03.04.2010 – 4 O 241/09 – r+s 2010, 509 = zfs 2010, 510.
728 OLG Saarbrücken Urt. v. 26.01.2011 – 5 U 356/10-57 – r+s 2011, 380 = zfs 2011, 331, 334.
729 LG Saarbrücken Urt. v. 06.09.2018 – 14 O 162/17 – r+s 2019, 84 = zfs 2019, 157.
730 OLG Koblenz Urt. v. 14.01.2011 – 10 U 239/10 – VersR 2012, 54 = r+s 2012, 67.
731 OLG Köln Urt. v. 16.06.1998 – 9 U 204/97 – r+s 1998, 365 = zfs 1999, 66.
732 OLG Koblenz Urt. v. 31.10.2003 – 10 U 1442/02 – VersR 2004, 464 = r+s 2004, 11.

aufgrund dessen der Fahrer die Herrschaft über sein Fahrzeug verliert, in der Regel subjektiv als grob fahrlässig begangener Fahrfehler zu bewerten sein, was es aber nicht ausschließt, dass ein Tatrichter bei einem Fahrer, der mit seinem Fahrzeug einem die Fahrbahn überquerenden Fuchs reflexartig ausweicht, zu einer revisionsrechtlich nicht zu beanstandenden anderen Bewertung kommt.[733]

f) Rettungshandlung durch vom VN personenverschiedene Fahrer

Rettungshandlungen können auch von Dritten vorgenommen werden, wenn der vom VN personenverschiedene berechtigte Fahrer ein Ausweichmanöver durchführt und damit eine Rettungshandlung auf Kosten des VN vornimmt. Bei der Beurteilung, **ob die Aufwendungen für geboten gehalten werden durften, ist auf die Person des handelnden Dritten abzustellen.**[734] Es schadet dem VN daher, wenn das von dem Dritten vollzogene Fahrmanöver, welches zum Schaden an dem versicherten Fahrzeug geführt hat, objektiv nicht geboten war oder der Dritte es den Umständen nach für nicht geboten halten durfte und diesbezüglich grob fahrlässig gehandelt hat. Dies gilt **auch dann, wenn der Dritte nicht Repräsentant des VN** ist.[735] Insofern besteht ein Unterschied zur Leistungsfreiheit des VR nach A.2.9.1 AKB, § 81 VVG, wo dem VN nur das Fehlverhalten eines Repräsentanten zugerechnet werden kann. 324

Hintergrund hierfür ist der Umstand, dass § 83 Abs. 1 S. 1 VVG zwar seinem Wortlaut nach nur »Aufwendungen des Versicherungsnehmers« als erstattungsfähig ansieht, jedoch kein einleuchtender Grund erkennbar ist, warum der VR von berechtigterweise aufgewendeten Schadenverhütungskosten nur deshalb entlastet sein sollte, weil nicht der VN selbst, sondern ein Dritter die Aufwendungen (= Schaden am Fahrzeug des VN) getätigt hat.[736] Konsequenterweise muss dann umgekehrt aber auch für die Frage, ob in einem solchen Fall dem VN ein Rettungskostenersatzanspruch zusteht, bei der Beurteilung der »Gebotenheit« der Rettungshandlung auf die subjektive Einschätzung **jedes berechtigten Fahrers**, also auch eines solchen, der den VN nicht »repräsentiert«, abgestellt werden. 325

Daraus können bei einem Unfall im Zusammenhang mit Haarwild unterschiedliche **Zurechnungsprobleme** entstehen, (vgl. auch A.2.2.1 AKB Rdn. 283 ff.). **Ist es zu einem Zusammenstoß mit Wild gekommen** und verreißt der Fahrer infolgedessen das Steuer, woraufhin das Fahrzeug verunfallt, muss sich der VN die grob fahrlässige Überreaktion des Fahrers nur zurechnen lassen, wenn dieser sein Repräsentant war (vgl. **zur Repräsentantenstellung** vgl. A.2.3 AKB Rdn. 25 ff.). **Ist es nicht zu einem Kontakt mit Wild** gekommen, weil der Fahrer beim Auftauchen des Wilds zur Vermeidung eines Anstoßes bereits ausgewichen war und dabei das Lenkrad verrissen hatte, woraufhin das Fahrzeug verunfallte, muss sich der VN das grob fahrlässige Ausweichen eines jeden Fahrers zurechnen lassen mit der Folge, dass es an der Gebotenheit der Rettungsaufwendungen im Rahmen des § 83 Abs. 1 S. 1 VVG fehlt, was wiederum entweder den Anspruch gänzlich entfallen lässt (vgl. A.2.2.1 AKB Rdn. 316) oder jedenfalls zu einer quotalen Kürzung des Rettungskostenersatzanspruchs führt (vgl. A.2.2.1 AKB Rdn. 318). **Lässt sich der Sachverhalt nicht aufklären**, weil der VN weder die eine, noch die andere Fallalternative beweisen kann, verbleibt dem VN nur ein Anspruch auf Erstattung des Glasschadens nach Maßgabe des A.2.2.1.5 AKB.[737] 326

Führt nicht der VN, sondern ein anderer berechtigter Fahrer ein autonom fahrendes Kfz, kann ein automatisiertes **Fahrerassistenzsystem**, welches selbstständig ein Ausweichmanöver einleitet, bei dem es zu einem Zusammenstoß mit einem anderen Fahrzeug oder einem Gegenstand kommt, ebenfalls als »Dritter« angesehen werden.[738] Das automatisierte Ausweichen, das mit dem 327

733 BGH Urt. v. 11.07.2007 – **XII ZR 197/05** – VersR 2007, 1531 = NJW 2007, 2988.
734 BGH Urt. v. 20.02.1991 – **IV ZR 202/90** – VersR 1991, 459 = r+s 1991, 116.
735 BGH Urt. v. 25.06.2003 – **IV ZR 276/02** – VersR 2003, 1250 = r+s 2003, 406; OLG Hamm Urt. v. 12.12.1997 – 20 U 121/97 – r+s 1998, 54 = zfs 1998, 181; **noch zweifelnd** OLG Köln Urt. v. 13.01.1998 – 9 U 13/98 – r+s 2000, 96.
736 BGH Urt. v. 20.02.1991 – **IV ZR 202/90** – VersR 1991, 459 = r+s 1991, 116.
737 Vgl. OLG Hamm Urt. v. 12.12.1997 – 20 U 121/97 – r+s 1998, 54 = zfs 1998, 181.
738 Notthoff r+s 2019, 496, 500; Hammel VersR 2016, 281, 284; Singler NZV 2017, 353, 355.

Willensentschluss eines »Dritten« vergleichbar ist, wird objektiv regelmäßig auch nachvollziehbar und damit als objektiv geboten i.S.v. § 83 Abs. 1 VVG angesehen werden können,[739] (vgl. auch A.2.2.1 AKB Rdn. 315).

328 **Ergebnis: Voraussetzung** für einen **Anspruch auf Rettungskostenersatz** ist mithin, dass der VN oder sein berechtigter Fahrer eine objektiv erforderliche Rettungshandlung vorgenommen hat oder diese zumindest subjektiv für geboten halten durfte. Bei der Prüfung, ob der Fahrer die Rettungshandlung für geboten halten durfte oder nicht, führt nach h.M. erst ein grob fahrlässiger Irrtum über das Gebotensein der Rettungshandlung zum Anspruchsverlust nach §§ 90, 83 Abs. 1 VVG,[740] gleichgültig, ob der VN selbst oder ein Dritter diesem Irrtum unterliegt und gleichgültig, ob der Dritte Repräsentant des VN ist oder nicht. Diese Konstellation ist **zu unterscheiden von der grob fahrlässigen Herbeiführung des Versicherungsfalles** nach A.2.9.1 AKB, § 81 Abs. 2 VVG, bedingt durch eine Fehlreaktion, die dem VN nur dann schadet, wenn er entweder selbst oder ein Dritter, der Repräsentant des VN gewesen sein muss, am Steuer gesessen hat.

VII. Kurzschlussschäden an der Verkabelung durch Marderbiss und Tierbissschäden

329 Bei Marderschäden scheidet eine Mitversicherung über die Wildschadenklausel aus, da sich der Marder – angezogen vom warmen Motor des oftmals gerade erst abgestellten Fahrzeuges – am nicht in Bewegung befindlichen Fahrzeug zu schaffen macht. Da jedoch in der Bevölkerung durchaus ein Bedürfnis für die Abdeckung auch dieses Schadenrisikos besteht, versichern einige VR in **Erweiterung** der in den Musterbedingungen des GDV aufgeführten **Teilkasko-Risiken** auch die unmittelbar **durch Marderbiss verursachten Schäden an Kabeln, Schläuchen und Leitungen**. Folgeschäden am Fahrzeug werden teilweise ausgeschlossen, gelten in manchen Bedingungswerken aber auch bis zu einem bestimmten Höchstbetrag je Schadenfall als mitversichert.

330 **Gedeckt** sind regelmäßig nur die **unmittelbar durch Zerbeißen** an den genannten Fahrzeugteilen **entstehenden Substanzschäden**.[741] Unmittelbarkeit bedeutet, dass zwischen dem Biss und dem Schaden keine weitere Ursache hinzutreten darf.[742] Unmittelbarkeit liegt auch vor bei Schäden an Aggregaten oder Baugruppen, die **als technische Einheit konstruktiv untrennbar mit dem Kabel verbunden** sind, wenn die Kabel durch Marderfraß nicht reparierbar zerstört werden (z.B. **Lambdasonden**).[743] **Folgeschäden** an Platinen,[744] der Bordelektronik, Aggregaten oder dem Fahrzeug selbst, z.B. durch Verkratzen des Lacks, sind ausgeschlossen. Auch sonstige mittelbare Schäden wie die Kosten für eine Motorwäsche oder zur Beschaffung von Marder abschreckenden Mitteln oder Vorrichtungen sind nicht ersatzpflichtig.[745] **Kabel** sind ummantelte Leitungen zum Transport elektrischer Energie; **Schläuche und Leitungen** dienen der Versorgung des Fahrzeuges mit Kraftstoff, Öl, Kühlflüssigkeit, Bremsflüssigkeit und sonstigen Betriebsmitteln.[746] Eine **Achsmanschette** ist nur versichert, wenn sie in den AKB als versichertes Fahrzeugteil ausdrücklich aufgeführt ist.[747]

739 Notthoff r+s 2019, 496, 500.

740 BGH Urt. v. 18.12.1996 – **IV ZR 321/95** – VersR 1997, 351 = r+s 1997, 98 m.w.N.

741 LG Heidelberg Urt. v. 14.04.2000 – 5 S 18/00 – ADAJUR Dok.Nr. 41856.

742 Stiefel/Maier/*Stadler* A.2 AKB Rn. 282.

743 AG Betzdorf Urt. v. 13.08.2008 – 3 C 110/08 – SP 2009, 155; AG Mannheim Urt. v. 11.04.2008 – 3 C 74/08 – NJOZ 2008, 2912 = BeckRS 2008, 06475; AG Zittau Urt. v. 28.02.2006 – 5 C 545/05 – r+s 2007, 318 = zfs 2008, 691 mit zustimmender Anm. Rixecker zfs 2008, 692; **a.A.** AG Berlin-Mitte Urt. v. 13.08.2008 – 9 C 229/08 – SP 2009, 79; AG Hannover Urt. v. 14.07.2008 – 525 C 6333/08 – zfs 2008, 690; Versicherungsombudsmann zfs 2008, 690; Pamer Rn. 233; Stiefel/Maier/*Stadler* A.2 AKB Rn. 283.

744 AG Hannover Urt. v. 25.05.2009 – 514 C 14439/08 – NZV 2010, 409.

745 Himmelreich/Halm/*Bartholomy* Teil 1 Abschnitt B Kap. 20 Rn. 72.

746 Stiefel/Maier/*Stadler* A.2 AKB Rn. 281.

747 LG Lüneburg Urt. v. 11.05.2004 – 5 S 22/04 – SP 2004, 272.

Der Umfang des unmittelbar durch Marderbiss entstehenden Schadens ist häufig nicht leicht von dem nicht zu erstattenden mittelbaren Folgeschaden abzugrenzen. Wenn aus technischen Gründen ein von einem Marder zerbissenes Zündkabel nicht isoliert ausgetauscht werden kann, sondern der Hersteller nur den **Ersatz der kompletten Baugruppe** als Modul anbietet, umfasst die Entschädigung des VR auch diejenigen Kosten, die über den Ersatz des zerstörten Kabels hinausgehen.[748] Die vom VR nach A.2.5.2.1a AKB für eine vollständige und fachgerechte Reparatur zu übernehmenden erforderlichen Kosten können sich **nicht nur an den anteiligen Kosten orientieren, die hypothetisch auf den Austausch des bloßen Kabels entfallen.** Denn die Instandsetzung ist objektiv nur möglich, wenn auch die mit dem zerstörten Kabel verbundene Baugruppe ausgewechselt wird. Dies bedeutet keineswegs eine unzulässige Erweiterung des Versicherungsumfanges entgegen dem Wortlaut der Klausel, der die Entschädigung ausdrücklich auf unmittelbare Schäden an Kabeln beschränkt. Es geht vielmehr um die Frage, mit welchem Aufwand der dem VN bei Eintritt eines Versicherungsfalles entstandene Schaden zu ersetzen ist. Wenn sich die Restitution aus technisch bedingten Gründen nur bewerkstelligen lässt, indem **komplette Fertigmodule** ersetzt werden, so sind die hierfür anfallenden Aufwendungen vom VR insgesamt zu übernehmen. In diesem Fall ist auch die »Unmittelbarkeit« der Schadenentstehung durch Marderbiss entsprechend der Klausel zu bejahen (vgl. A.2.2.1 AKB Rdn. 330). Anderes gilt nur dann, wenn auch der separate Einzelaustausch des zerbissenen Kabels technisch möglich und wirtschaftlich sinnvoll wäre. 331

Zum unmittelbaren Schadenumfang gehören zusätzlich alle **Diagnosearbeiten** und **Funktionsprüfungen**, soweit diese nach dem schadenbedingten Austausch eines Kabelbaumes notwendig werden.[749] Sind nach den AKB **Folgeschäden bis zu einem bestimmten Betrag mitversichert**, kann der VR in seinen Versicherungsbedingungen die Auszahlung der Entschädigungsleistung in Gestalt eines Risikoausschlusses davon abhängig machen, dass ein Sachverständiger zuvor die Verursachung des Schadens durch Marderbiss bestätigt.[750]

Soweit in Erweiterung der Muster-AKB Schäden versichert sind, die unmittelbar durch Tierbiss am Fahrzeug verursacht werden, wobei Schäden am Fahrzeuginnenraum vom Versicherungsschutz ausgeschlossen sein sollen, bezieht sich dieser Ausschluss allein auf solche Schäden, die auf der der Fahrgastzelle oder dem Kofferraum zugewandten Seite der Innenraumverkleidung entstehen. Für **Tierbissschäden** an vom Motorraum abgehenden und in den Fahrzeuginnenraum führenden Kabeln besteht hingegen Versicherungsschutz, wenn die Kabel im Bereich zwischen der Außenhaut des Kfz und der Innenverkleidung beschädigt werden.[751] 332

VIII. Besondere Anzeigepflichten des VN in der Teilkasko und Vorschäden

Zu beachten ist, dass die AKB 2015 in Abschnitt **E.1.3 AKB besondere Anzeigepflichten des VN** normieren, die über die allgemeinen Pflichten in E.1.1 AKB hinausgehen. So muss der VN **bei einer Entwendung** den Schadenfall nicht nur dem VR innerhalb einer Woche melden, sondern auch unverzüglich **durch ein unterschriebenes Schadenformular anzeigen.** Zeigt er den Diebstahl seines Pkw telefonisch an, entlastet es den VN nicht, wenn er eine schriftliche Schadenmeldung 333

748 AG Betzdorf Urt. v. 13.08.2008 – 3 C 110/08 – SP 2009, 155; AG Mannheim Urt. v. 11.04.2008 – 3 C 74/08 – NJOZ 2008, 2912 = BeckRS 2008, 06475; AG Zittau Urt. v. 28.02.2006 – 5 C 545/05 – r+s 2007, 318 = zfs 2008, 691 mit zustimmender Anm. Rixecker zfs 2008, 692; **a.A.** AG Berlin-Mitte Urt. v. 13.08.2008 – 9 C 229/08 – SP 2009, 79; AG Hannover Urt. v. 14.07.2008 – 525 C 6333/08 – zfs 2008, 690; Versicherungsombudsmann zfs 2008, 690; Pamer Rn. 233; Stiefel/Maier/*Stadler* A.2 AKB Rn. 283.

749 Himmelreich/Halm/*Bartholomy* Teil 1 Abschnitt B Kap. 20 Rn. 72.

750 Vgl. AG Pforzheim Urt. v. 02.09.2010 – 2 C 149/10 – SP 2011, 121.

751 OLG Frankfurt/M. Urt. v. 05.09.2018 – 7 U 25/16 – VersR 2019, 25 = zfs 2018, 694 (**für Schäden durch Mäusebiss oberhalb des Dachhimmels, hinter Verkleidungsteilen und unterhalb des Bodenbelages**).

deshalb unterlässt, weil das Schadenanzeigeformular, dessen Übermittlung der VR zugesagt hat, nach Behauptung des VN bei ihm nicht eingegangen ist.[752]

334 Zusätzlich besteht – ebenso wie auch bei einem Brand- oder Wildschaden – die Verpflichtung des VN, den **Schaden ab einem bestimmten**, in **E.1.3.3 AKB** festgelegten **Betrag** – in der Regel 500,00 bis 1.000,00 € – unverzüglich **bei der Polizei anzuzeigen.** Ein durchschnittlicher VN ist in der Lage, diese Klausel so zu verstehen, dass sich die Verpflichtung auf die **Höhe des Schadens am kaskoversicherten Fahrzeug** und nicht auf etwaige Fremdschäden (Wild, Straßenbäume, Leitplanken) bezieht.[753] Bei einem **Wildschaden** kann diese Anzeigepflicht tatbestandsmäßig nur verletzt werden, wenn es zu einer Berührung mit Haarwild gekommen ist, nicht hingegen in Fällen, bei denen der VN dem Wild ausgewichen ist und **Rettungskostenersatz** nach den §§ 90, 83 VVG verlangt.[754]

335 Schließlich muss der VN gemäß **E.1.3.2 AKB** die **Weisungsbefugnis des VR** vor einer Reparatur oder Verwertung des versicherten Fahrzeuges beachten.

336 **Steht ein Vorschaden fest**, behauptet der VN aber, von diesem Vorschaden keine Kenntnis gehabt und das **Fahrzeug in unbeschädigtem Zustand erworben** zu haben, kann er die von ihm nur vermutete fachgerechte Reparatur des Vorschadens behaupten und unter Zeugenbeweis stellen; seine Klage ist nicht schon deshalb als unschlüssig abzuweisen, weil er keine Details zur Reparatur eines beim Vorbesitzer eingetretenen Vorschadens vortragen kann.[755] Zur generellen Problematik bei **Vorschäden** vgl. A.2.2.2 AKB Rdn. 119 ff.

IX. Teil-/Vollkaskoschutz trotz Risikoausschluss in der Voll-/Teilkasko

337 Ungeachtet eines Risikoausschlusses in der Teilkasko kann jedenfalls ein Entschädigungsanspruch aus der Vollkaskoversicherung in Betracht kommen, sofern eine entsprechende Risikoabdeckung besteht (vgl. A.2.2.2 AKB Rdn. 3 ff.). Umgekehrt ist es auch im Falle eines Risikoausschlusses in der Vollkaskoversicherung denkbar, dass der Versicherungsfall aus der Teilkasko entschädigt werden muss, (vgl. A.2.2.2 AKB Rdn. 6).

X. Gerichtliche Zuständigkeit bei im Ausland zugelassenen Kfz und Prozessuales

338 Bei Entwendung eines im Ausland zugelassenen und bei einem ausländischen VR kaskoversicherten Kfz in Deutschland kann der VN, wenn das Fahrzeug an seinem deutschen Wohnsitz gestohlen wurde, den VR auch dann an dem für seinen Wohnsitz örtlich zuständigen deutschen Gericht verklagen, wenn er noch einen weiteren Zweitwohnsitz im Ausland unterhält.[756] Bei einem Fahrzeugdiebstahl kann der VN statt einer Leistungs- auch eine Feststellungsklage erheben, wenn der VR seine grundsätzliche Eintrittspflicht leugnet, da die streitige Schadenhöhe i.d.R. auch später im Rahmen eines außergerichtlichen Sachverständigenverfahrens – vgl. A.2.6 AKB – geklärt werden kann.[757]

A.2.2.2 Welche Ereignisse sind in der Vollkasko versichert?

Versicherungsschutz besteht bei Beschädigung, Zerstörung, Totalschaden oder Verlust des Fahrzeugs einschließlich seiner mitversicherten Teile durch die nachfolgenden Ereignisse:

752 AG Coburg Urt. v. 18.06.2009 – 15 C 378/09 – zfs 2009, 576.
753 KG Beschl. v. 13.06.2006 – 6 U 62/06 – zfs 2006, 513.
754 LG Frankfurt Urt. v. 21.12.2005 – 2-23 O 301/05 – zfs 2006, 277.
755 KG Beschl. v. 21.04.2020 – 6 U 175/18 – r+s 2021, 575.
756 OLG Saarbrücken Urt. v. 27.03.2013 – 5 U 463/11-63 – r+s 2014, 548.
757 LG Berlin II Urt. v. 07.06.2024 – 23 O 227/23 – VK 2024, 163.

A.2.2.2.1 Ereignisse der Teilkasko

Versichert sind die Schadenereignisse der Teilkasko nach A.2.2.1

A.2.2.2.2 Unfall

Versichert sind Schäden am Fahrzeug durch Unfall. Ein Unfall ist ein unmittelbar von außen plötzlich mit mechanischer Gewalt auf das Fahrzeug einwirkendes Ereignis.

Keine Unfallschäden sind deshalb insbesondere:
- Schäden am Fahrzeug, die ihre alleinige Ursache in einem Bremsvorgang haben, z.B. Schäden an der Bremsanlage oder an den Reifen.
- Schäden am Fahrzeug, die ausschließlich aufgrund eines Betriebsvorgangs eintreten, z.B. durch falsches Bedienen, falsches Betanken oder verrutschende Ladung.
- Schäden am Fahrzeug, die ihre alleinige Ursache in einer Materialermüdung, Überbeanspruchung oder Abnutzung haben.
- Schäden zwischen ziehendem und gezogenem Fahrzeug oder Anhänger ohne Einwirkung von außen, z.B. Rangierschäden am Zugfahrzeug durch den Anhänger.
- Verwindungsschäden.

Vorhersehbare Beschädigungen des Fahrzeugs, die üblicherweise im Rahmen der bestimmungsgemäßen Verwendung des Fahrzeugs entstehen, gelten nicht als Unfallschaden. Beispiel: Schäden an der Ladeoberfläche eines Lkw durch Beladen mit Kies.

A.2.2.2.3 Mut- oder böswillige Handlungen

Versichert sind mut- oder böswillige Handlungen von Personen, die in keiner Weise berechtigt sind, das Fahrzeug zu gebrauchen. Als berechtigt sind insbesondere Personen anzusehen, die vom Verfügungsberechtigten mit der Betreuung des Fahrzeugs beauftragt wurden (z.B. Werkstatt- oder Hotelmitarbeiter) oder in einem Näheverhältnis zu dem Verfügungsberechtigten stehen (z.B. dessen Arbeitnehmer, Familien- oder Haushaltsangehörige).

Übersicht Rdn.

A. Allgemeines

1 Die Vollkaskoversicherung bietet dem VN **gegenüber der Teilkaskoversicherung einen erweiterten Schutz**, indem sie nicht nur alle in der Teilkasko aufgeführten Risiken abdeckt, sondern darüber hinaus **Schutz** bietet **bei selbstverschuldeten Unfällen** des VN und Schäden, die **durch mut- oder böswillige Handlungen** nicht berechtigter Personen (Vandalismusschäden) verursacht werden. Im Vergleich zu den bisherigen AKB wurde die Regelung mehr sprachlich als inhaltlich verändert. In gleicher Weise wie in der Teilkasko wird Versicherungsschutz für die Beschädigung, Zerstörung, den Totalschaden oder den Verlust des Fahrzeuges sowie seiner mitversicherten Teile durch bestimmte fest umrissene Schadenereignisse gewährt. Zu den **versicherten Gefahren** vgl. auch A.2.1.1 AKB Rdn. 6 ff.; zur **Beweislastverteilung** beim Unfall vgl. A.2.2.2 AKB Rdn. 109 ff., bei mut- oder böswilligen Handlungen A.2.2.2 AKB Rdn. 144 ff.

2 Wie auch in der Teilkasko können **unterschiedliche Selbstbehalte** im Schadenfall vereinbart werden. Anders als bei einem Schaden in der Teilkasko wirkt sich ein Vollkaskoschaden durch die Belastung des Schadenfreiheitsrabattes auf die künftige Versicherungsprämie aus und führt nach I.3.5 AKB zu einer **Rückstufung des Vertrages**. Diese entfällt nur ausnahmsweise dann, wenn in einem Kfz-Haftpflichtschadenfall der Haftpflichtversicherer des Schädigers den Geschädigten nach § 117 Abs. 3 S. 2 VVG auf die eigene Vollkaskoversicherung als »anderen Schadensversicherer« verweist.

B. Regelungsgehalt – Welche Ereignisse sind versichert? – A.2.2 AKB/Welche Ereignisse sind in der Vollkasko versichert? – A.2.2.2 AKB (§ 12 Abs. 1 Nr. II und Abs. 2 AKB 2007 a.F.; A.2.3 AKB 2008 a.F.)

I. Ereignisse der Teilkasko – A.2.2.2.1 AKB

1. Vollkaskoschutz trotz Risikoausschluss in der Teilkasko

3 Deutlicher als in den bisherigen AKB wird klargestellt, dass die Vollkaskoversicherung auch alle versicherten Gefahren in der Teilkaskoversicherung mit umfasst, somit gegenüber der Teilkaskoversicherung **ein »Mehr« an Versicherungsschutz** darstellt. Wesentlich dabei ist, dass Einschränkungen des Versicherungsschutzes durch Risikoausschlüsse, wie sie für bestimmte teilkaskoversicherte Gefahren in A.2.2.1 AKB gelten, für die Vollkasko keine Bedeutung haben, da die Risikoausschlussklauseln in der Vollkaskoversicherung nicht wiederholt werden. A.2.2.2.1 AKB verweist nur auf die *»Schadenereignisse der Teilkasko nach A.2.2.1«* und somit auf die Teilkasko-Tatbestände, die in der primären Leistungsbeschreibung aufgeführt sind. Ein Verweis auch auf die sekundäre

Risikobegrenzung, bei der der VR seine Leistungspflicht unter bestimmten Voraussetzungen wieder einschränken will, ist der Regelung nicht zu entnehmen.

So sind unfallbedingte **Schäden am Fahrzeug durch unbefugten Gebrauch** nach A.2.2.1.2c AKB 4
in der Teilkasko nur versichert, wenn der Täter in keiner Weise zum Gebrauch des Kfz berechtigt ist. Führt der unbefugte Gebrauch des Kfz indes bei Bestehen einer Vollkaskoversicherung zu einem Schaden, so ist dieser zu ersetzen ohne Rücksicht darauf, wer den Unfall verursacht hat. Selbst wenn der Unfallschaden z.B. durch den nicht zur Nutzung des Fahrzeuges berechtigten Sohn des VN verursacht wurde, besteht Deckungsschutz, da jedenfalls ein in der Vollkasko versicherter »Unfall« vorliegt.

Gleiches gilt auch bei **Schäden am Fahrzeug infolge einer Unterschlagung.** Diese sind in der 5
Teilkasko nur versichert, wenn dem Täter das Fahrzeug nicht zu bestimmten Zwecken überlassen worden ist. Wird demgegenüber ein vollkaskoversichertes Fahrzeug bei einem der Unterschlagung nachfolgenden Unfall beschädigt, ist der Schaden aus der Vollkasko auch dann zu ersetzen, wenn es sich um eine nicht gedeckte Unterschlagung gehandelt hat. Anderes gilt nur dann, wenn der Schaden unmittelbar durch die Unterschlagungshandlung eintritt. In einem solchen Fall wird er nur ersetzt, wenn er nicht unter den Risikoausschluss in A.2.2.1.2b AKB fällt.

2. Teilkaskoschutz trotz Risikoausschluss in der Vollkasko

Umgekehrt kann trotz eines Risikoausschlusses in der Vollkaskoversicherung gleichwohl eine Leis- 6
tungspflicht des VR aus der Teilkasko gegeben sein, wenn der Schadenseintritt jedenfalls auch auf ein teilkaskoversichertes Ereignis zurückgeführt werden kann, für welches der in der Vollkasko bestehende Risikoausschluss nicht gilt. So stellt z.B. die **Versorgung eines Fahrzeuges mit falschem Kraftstoff** in der Vollkaskoversicherung zwar einen nicht versicherten Betriebsschaden dar; **erhitzt sich** jedoch **nach einer Falschbetankung der Katalysator und gerät** unstreitig infolgedessen **das Fahrzeug in Brand**, so liegt jedenfalls ein entschädigungspflichtiger Teilkaskoschaden vor.[1] Die Entscheidung erging zwar noch zu § 12 Abs. 1 AKB a.F., der in einer einzigen Vorschrift neben dem Leistungsumfang der Teilkasko und Vollkasko unter II e auch die für die Vollkasko maßgeblichen Leistungsausschlüsse umfasste, wonach u.a. ein Betriebsschaden keinen im Rahmen der Vollkasko entschädigungspflichtigen »Unfall« darstellte. Indes findet sich in der Regelung kein Hinweis dafür, dass diese Ausschlüsse auch auf einen in der Teilkaskoversicherung versicherten Brandschaden Anwendung finden könnten. Der durchschnittliche VN ohne versicherungsrechtliche Spezialkenntnisse, auf dessen Verständnishorizont abzustellen ist, muss daher davon ausgehen, dass die in § 12 Abs. 1 II e AKB a.F. enthaltenen Ausschlüsse im Rahmen der Teilkasko nicht gelten, wenn das Fahrzeug durch Brand beschädigt oder zerstört wird.

Daran dürfte sich auch **durch** die **Neufassung der AKB** und die damit verbundene strikte Trennung 7
zwischen Teilkaskoschäden in A.2.2.1 und Vollkaskoschäden in A.2.2.2 AKB **nichts geändert** haben, im Gegenteil: Die Tatbestände »Unfall« in der Vollkasko und »Brand« in der Teilkasko stehen selbstständig nebeneinander. Der Brand eines Fahrzeuges wird in A.2.2.1.1 AKB klar und unmissverständlich als versichertes Ereignis definiert. Ausschlüsse werden hier nicht geregelt. Worauf der Brand eines Fahrzeuges zurückzuführen ist und ob er seine Ursache in einem Bedienungsfehler seines Fahrers hat, ist also völlig unerheblich.

II. Unfall – A.2.2.2.2 AKB

1. Unfallbegriff

Während noch in A.2.3.2 AKB 2008 a.F. schlicht *»Unfälle des Fahrzeuges«* als versicherte Schaden- 8
ereignisse aufgeführt waren, stellt **A.2.2.2 Abs. 1 S. 1 AKB** klar, dass *»Schäden am Fahrzeug«* des VN versichert sein sollen, sofern sie *»durch«* einen Unfall entstanden sind. Dieses Erfordernis ergibt

1 OLG Düsseldorf Urt. v. 28.10.2008 – I-4 U 12/08 – zfs 2009, 451 = VK 2009, 51.

sich zwar schon aus der Eingangsklausel für die Vollkasko in A.2.2.2 AKB, die – wie auch die sprachlich identische Eingangsklausel für die Teilkasko in A.2.2.2.1 AKB – darauf abstellt, dass der Schaden am versicherten Fahrzeug *»durch die nachfolgenden Ereignisse«* eingetreten sein muss. Dem VN wird aber durch die Wiederholung der Formulierung in Abs. 1 S. 1 der Klausel noch einmal transparent vor Augen geführt, dass ein Unfall nur dann ein entschädigungspflichtiges Ereignis in der Vollkasko darstellt, wenn zwischen dem Unfall und dem am Fahrzeug eingetretenen Schaden ein adäquat kausaler Zusammenhang besteht, der Schaden also *»durch«* den Unfall entstanden ist, (vgl. A.2.2.2 AKB Rdn. 101 ff.). Ein Unfall wird in **A.2.2.2 Abs. 1 S. 2 AKB 2015** noch klarer als in den AKB 2008 definiert als ein unmittelbar von außen plötzlich mit mechanischer Gewalt auf das Fahrzeug einwirkendes Ereignis.[2] Stoßen zwei Fahrzeuge zusammen, ist unzweifelhaft von einem Unfall auszugehen. Nicht immer ist dies jedoch so eindeutig. Für die Frage, ob ein Ereignis als »Unfall« zu qualifizieren ist, ist auf das Verständnis eines **durchschnittlichen VN ohne versicherungsrechtliche Spezialkenntnisse** abzustellen.[3] Ergänzend zu den Voraussetzungen in A.2.2.2.2 Abs. 1 AKB kann für die Auslegung des Unfallbegriffs auch die **Verkehrsanschauung** und der **allgemeine Sprachgebrauch** herangezogen werden.

9 Ein Schadenereignis, das sich nicht unter die in Abs. 1 S. 2 der Klausel festgelegte Definition subsumieren lässt, stellt von vornherein kein versichertes Unfallereignis dar. Eines Rückgriffs auf **A.2.2.2.2 Abs. 2 AKB** bedarf es nicht mehr. Diese Klausel bietet eine Auslegungshilfe zur **Abgrenzung eines** versicherten **Unfallschadens zu einem** nicht versicherten **»Betriebsschaden«**, indem sie in Form eines Negativkatalogs solche Schadenvorgänge aufzählt und teilweise zusätzlich durch Beispiele erläutert, die den Unfallbegriff nicht erfüllen. Die Formulierung *»insbesondere«* in Abs. 1 S. 1 der Klausel stellt klar, dass die Aufzählung nicht abschließend ist, so dass auch Schadenereignisse, die sich zwar in dem Negativkatalog des A.2.2.2.2 Abs. 2 AKB nicht wiederfinden, die aber gleichwohl die Voraussetzungen in A.2.2.2.1 Abs. 1 AKB nicht erfüllen, keine entschädigungspflichtigen Unfallereignisse darstellen.

10 Zur Verdeutlichung des in A.2.2.2.2 Abs. 1 AKB beschriebenen Unfallbegriffs werden in **A.2.2.2.2 Abs. 2 AKB** insbesondere solche Schäden vom Versicherungsschutz ausgenommen, die auf **inneren Betriebsvorgängen** beruhen, also nicht von außen kommen. Der **BGH** hat schon unter der Geltung der vergleichbaren bisherigen Klausel in § 12 Abs. 1 II e AKB a.F. mehrfach darauf hingewiesen, dass Schäden, die im Zusammenhang mit Betriebsvorgängen durch normale Abnutzung, Material- oder Bedienungsfehler an dem Fahrzeug oder seinen Teilen entstehen, nicht versichert sind.[4] Dementsprechend sieht auch A.2.2.2.2 Abs. 2 AKB vor, dass Schäden, die durch Brems- oder Betriebsvorgänge, durch Materialermüdung, Überbeanspruchung oder Abnutzung entstehen, nicht versichert sind. Hierunter fallen insbesondere die typischen Verschleiß- und Getriebeschäden, aber auch Schäden durch Materialbrüche, die noch in A.2.3.2 Abs. 2 AKB 2008 ausdrücklich als *»reine Bruchschäden«* in der Auflistung der nicht versicherten Schäden enthalten waren. Die abstrakten Begriffe werden in der Klausel durch eine beispielhafte Aufzählung von verschiedenen, im Alltag häufig vorkommenden »Normalfällen« konkretisiert. Dies sind Schäden am Fahrzeug durch Bedienungsfehler, falsches Betanken, verrutschende Ladung sowie Gespann-, Rangier- und Verwindungsschäden.

11 Anders als noch in A.2.3.2 AKB 2008 wird der Anwendungsbereich des Unfallbegriffs in **A.2.2.2.2 Abs. 3 AKB** seinem Wortlaut nach zusätzlich begrenzt. Dennoch stellt dies keine materiell-rechtliche Einschränkung oder gar Verkürzung des bislang schon geltenden Versicherungsschutzes bei »Unfällen« dar. Vielmehr werden in der Klausel lediglich die schon in der Vergangenheit von der Rechtsprechung entwickelten Grundsätze herangezogen, wonach es für die Frage, ob der

2 Zum Unfallbegriff in der Kaskoversicherung vgl. Mayer NZV 1991, 132.

3 BGH Urt. v. 25.06.2003 – **IV ZR 322/02** – VersR 2003, 1031 = r+s 2003, 355.

4 Vgl. BGH Urt. v. 06.03.1996 – **IV ZR 275/95** – VersR 1996, 622 = r+s 1996, 169; BGH Urt. v. 23.10.1968 – **IV ZR 515/68** – VersR 1969, 32 = DAR 1969, 22; BGH Urt. v. 06.02.1954 – **II ZR 65/53** – VersR 1954, 113 = NJW 1954, 596.

Versicherungsfall »Unfall« eingetreten ist, entscheidend auf die **Zweckbestimmung des versicherten Fahrzeuges** ankommt. Vom VN voraussehbare Schäden, die üblicherweise im Rahmen des bestimmungsgemäßen Gebrauchs des Fahrzeuges eintreten, scheiden von vornherein als versicherte Unfallschäden aus. Dies wird nun auch in der Klausel selbst und damit für den VN in lesbarer Form zum Ausdruck gebracht, wobei die Klausel zum besseren Verständnis für den VN noch zusätzlich ein typisches Beispiel enthält, wann eine vorhersehbare Beschädigung des Kfz durch bestimmungsgemäßen Gebrauch vorliegen kann.

2. Voraussetzungen eines Unfalls – A.2.2.2.2 Satz 1 und 2 AKB

a) Unmittelbar einwirkendes Ereignis

12 Das Unfallereignis muss mit dem eingetretenen Schaden in einem unmittelbar ursächlichen Zusammenhang stehen, d.h. den Schaden **unter unmittelbarer Einwirkung auf das Fahrzeug** selbst herbeigeführt haben. Dabei darf es nicht nur eine entfernt denkbare Ursache unter mehreren anderen möglichen, näher liegenden Ursachen für den Schaden sein. Unmittelbar wirkt ein Ereignis ein, wenn es **ohne Dazwischentreten einer anderen Ursache**, mindestens aber gleichzeitig mit ihr, **den Eintritt des Schadens bewirkt.**[5] Zumeist wird das Unmittelbarkeitserfordernis erfüllt sein, da die Einwirkung auf das Kfz mit dem Unfallereignis in seiner letzten Phase regelmäßig identisch ist.[6] Die **Schadenfolgen** müssen nicht zwingend auch unmittelbar durch das Unfallereignis entstehen.[7] Für eine ersatzpflichtige Deckung reicht es aus, wenn ein adäquat ursächlicher Zusammenhang zwischen Unfall und Schadenfolgen festgestellt werden kann, (vgl. A.2.2.2 AKB Rdn. 101 ff.).

13 Unmittelbarkeit liegt auch dann vor, wenn nicht durch die Einwirkung des Ereignisses als solches, sondern erst durch den **weiteren Betrieb des Fahrzeuges** nach Neustart des Motors ein Schaden entsteht, z.B. bei im Motorraum liegengebliebenen Schrauben.[8] Gleiches gilt, wenn es nach dem Einfahren in einen überfluteten Straßenbereich durch die Hubbewegung des Motorkolbens zu einem **Wasserschlagschaden** im Kompressionsraum kommt.[9] Oftmals wird in diesen Konstellationen aber bereits Deckung aus der Teilkasko bestehen (vgl. A.2.2.1 AKB Rdn. 73 ff.).

14 **Schnellt ein Stein von der Straße hoch** und durchschlägt die Ölwanne, so dass das Fahrzeug innerhalb kürzester Zeit Öl verliert und hierdurch ein **Motorschaden** eintritt, liegt zweifellos eine unmittelbare Einwirkung auf das Fahrzeug vor. Das gleiche gilt aber auch dann, wenn der Schaden an der Ölwanne minimal ist und es erst durch **langsamen Ölverlust** ganz **allmählich** nach mehreren Kilometern Fahrtstrecke zu einem Folgeschaden am Motor kommt.[10]

15 Ebenso liegt ein unmittelbar auf das Fahrzeug einwirkendes Schadenereignis (und kein nicht gedeckter Betriebsschaden) vor, wenn durch einen vorangegangenen Unfall ein **Leck am Ölfilter** oder ein **Riss an der Ölwanne** entsteht, den der VN nicht bemerkt, so dass es bei der Weiterfahrt durch Ölverlust zu einem Motorschaden kommt,[11] oder bei einer **Kollision mit** einem auf der Fahrbahn liegenden **Fremdkörper (z.B. Stein)**, die zwar unstreitig zu einer Beschädigung (Leck) des Kühlers führt, die dem Fahrer aber nicht bewusst wird, weshalb er seine Fahrt fortsetzt, dabei nicht den

---

5 OLG Koblenz Urt. v. 18.06.1999 – 10 U 1091/98 – VersR 2000, 485 = r+s 1999, 359.

6 AG Münster Urt. v. 12.01.2000 – 5 C 5508/99 – VersR 2002, 227.

7 Prölss/Martin/*Klimke* A.2.2.2 AKB Rn. 4.

8 Vgl. BGH Urt. v. 06.02.1954 – **II ZR 65/53** – VersR 1954, 113 = NJW 1954, 596.

9 KG Beschl. v. 28.08.2020 – 6 U 58/19 – r+s 2021, 86; OLG Hamm Urt. v. 31.05.1989 – 20 U 328/88 – VersR 1990, 85 = r+s 1990, 11; OLG Hamm Urt. v. 29.10.1986 – 20 U 128/86 – VersR 1988, 239 = NJW-RR 1987, 279; **a.A.** OGH Wien Urt. v. 10.06.2015 – 7 Ob 86/15w – BeckRS 2016, 80314.

10 Ebenso Prölss/Martin/*Klimke* A.2.2.2 AKB Rn. 5; **a.A.** LG Mannheim Urt. v. 17.07.1987 – 5 O 68/87 – r+s 1988, 288.

11 LG Zweibrücken Urt. v. 05.12.2011 – 1 O 166/11 – zfs 2013, 38; AG Köln Urt. v. 12.10.1998 – 268 C 558/96 – SP 1999, 103.

Verlust von Kühlflüssigkeit bemerkt, was zur Folge hat, dass erst später durch mangelnde Kühlung ein Schaden am Motor eintritt.[12]

16 Gleiches gilt, wenn es nach einem allmählichen Eindringen eines Fremdkörpers in einen Reifen zum **Platzen des Reifens** und dadurch zu einem Fahrzeugschaden kommt,[13] oder wenn **nach der Reparatur eines Kühlerschadens** und dem Fortsetzen der Fahrt **ein Lagerschaden** im Motor infolge Ölmangels **auftritt,** den die Reparaturwerkstatt nicht erkannt hatte, wenn dieser ebenfalls auf die Kollision mit dem Fremdkörper zurückzuführen ist.[14] Denn wesentlich ist, dass das Unfallereignis und der Schaden am Kühler in einem unmittelbaren ursächlichen Zusammenhang stehen. Hinsichtlich des weiteren (mittelbaren) Folgeschadens am Motor ist eine Ersatzpflicht des VR jedenfalls dann anzunehmen, wenn dieser Folgeschaden adäquat kausal auf den Erstschaden und damit auch auf das Unfallereignis zurückgeführt[15] und dem Fahrer auch nicht vorgeworfen werden kann, er habe in Kenntnis oder schuldhafter Nichtkenntnis des Erstschadens das Fahrzeug gleichwohl weiterbenutzt. In diesem Falle läge ein Bedienungsfehler des Fahrers vor (somit kein »Unfall«) mit der Folge, dass der Versicherungsschutz entfiele. Der VN ist zur Erlangung seines Versicherungsschutzes auch für den Folgeschaden beweisbelastet dafür, dass ein solcher Bedienungsfehler des Fahrers auszuschließen ist.

17 **Hiervon zu unterscheiden** ist der Fall, bei dem ein unfallbedingter Schaden am Kühler bei der Reparatur nicht erkannt wird und der VN nach Behebung der sonstigen Unfallschäden das Fahrzeug weiter nutzt, wodurch es erst zum Motorschaden kommt. Denn dann beruht die unmittelbare Ursache des Motorschadens allein auf der Weiterbenutzung des nicht ordnungsgemäß reparierten Fahrzeuges, nicht aber auf einer Einwirkung des Unfallereignisses auf den Motor.[16]

18 An der Unmittelbarkeit der Einwirkung fehlt es auch bei sogenannten **»Allmählichkeitsschäden«.** Diese sind nicht zu verwechseln mit den unter A.2.2.2 AKB Rdn. 14 genannten Fallgestaltungen. Kommt es aufgrund einer Durchbohrung des Abschlussdeckels des Trockenansaugluftfilters bei einem Muldenkipper zu einer **allmählichen Verunreinigung des Motors,** so kann der später eintretende Motorschaden nicht mehr als unmittelbare Folge der Beschädigung des Abschlussdeckels angesehen werden.[17] Keine Unmittelbarkeit liegt auch vor, wenn nach unfallbedingter **Beschädigung der Dachhaut eines Wohnmobils** der VN die Reparatur hinauszögert, wodurch ein **Durchfeuchtungsschaden** eintritt, weil die Ursache des Schadens in der vom VN zwar als notwendig erkannten, aber zunächst unterlassenen Reparatur des Daches besteht.[18] In diesen Fällen fehlt es zudem auch am Merkmal der Plötzlichkeit, (vgl. A.2.2.2 AKB Rdn. 24 ff.).

b) Einwirkung von außen

19 Zum Zwecke der Abgrenzung zu den nicht versicherten inneren Betriebsvorgängen (Brems-, Betriebs- und Gespannschäden), die in den A.2.2.2.2 Abs. 2 AKB ausdrücklich vom Versicherungsschutz ausgenommen werden, setzt ein versicherter Unfallschaden voraus, dass das Schadenereignis von außen auf das versicherte Fahrzeug eingewirkt haben muss. Der Gegenstand, von dem die auf das versicherte Fahrzeug wirkende mechanische Gewalt ausgehen muss, darf **nicht Teil des Fahrzeuges selbst** sein. Wird das versicherte Fahrzeug durch ein eigenes Fahrzeugteil beschädigt, schließt dies eine Einwirkung von außen und damit einen versicherten Unfall aus; dies gilt auch für den Fall, dass das Fahrzeugteil unmittelbar nach seiner Ablösung zum Hindernis für das versicherte Fahrzeug

12 OLG Frankfurt/M. Urt. v. 14.11.1989 – 8 U 283/88 – r+s 1990, 262 = zfs 1990, 95; **a.A.** AG Karlsruhe Urt. v. 14.07.1987 – 1 C 275/87 – zfs 1988, 322.

13 LG Karlsruhe Urt. v. 20.08.2013 – 9 O 95/12 – r+s 2013, 490 = zfs 2013, 577.

14 OLG Frankfurt/M. Urt. v. 23.11.1994 – 19 U 17/94 – OLGR 1995, 7 = juris.

15 Prölss/Martin/*Klimke* A.2.2.2 AKB Rn. 5.

16 OLG München Urt. v. 28.03.1958 – 8 U 1650/56 – VersR 1959, 103.

17 OLG Frankfurt/M. Urt. v. 24.06.1992 – 23 U 172/91 – r+s 1994, 165.

18 Ebenso Stiefel/Maier/*Stadler* A.2 AKB Rn. 315; **a.A.** OLG Hamm Urt. v. 14.04.1989 – 20 U 271/88 – VersR 1990, 82 = NZV 1989, 395.

wurde, (z.B. Überfahren eines Frontballastgewichtes, das sich während der Fahrt von einem kaskoversicherten Traktor gelöst hatte).[19] Eine unmittelbare Einwirkung von außen liegt auch vor, wenn ein **Grillhähnchen-Verkaufswagen**, dessen seitliche Verkaufsklappe sich aufgrund unzureichender Befestigung durch den VN während der Vorbeifahrt an einer Hausecke öffnet, dort hängenbleibt.[20]

Äußere Umstände liegen insbesondere dann vor, wenn das versicherte Kfz mit einem anderen Fahrzeug oder Gegenstand (z.B. einem Baum) kollidiert, oder wenn es durch das Aufschlagen auf den Boden Schäden erleidet. In diesem Fall besteht die von außen einwirkende Gewalt in der Abbremskraft, die beim Aufprall auf den festen Boden von diesem ausgeht.[21] Eine Einwirkung von außen liegt auch dann vor, wenn durch nicht zum Motor gehörende, im Motorraum liegengebliebene **Schrauben** ein Motorschaden herbeigeführt wird; ein innerer, nicht versicherter Betriebsvorgang läge nur dann vor, wenn die Schrauben zum Motor gehört und sich von ihm gelöst hätten.[22] Entsteht infolge des Überfahrens einer – für den Fahrer zuvor **nicht erkennbaren – Bodenschwelle** ein Riss an der Seitenwand oder am Unterboden eines Wohnmobils,[23] oder wird das Fahrzeug aufgrund eines **ungenügenden Straßenzustands**, mit dem der Fahrer nicht rechnen musste (z.B. einer ungesicherten Fräskante) beschädigt,[24] handelt es sich um ein unmittelbar von außen plötzlich mit mechanischer Gewalt auf das Fahrzeug einwirkendes Ereignis. **Anders** nur dann, wenn die Bodenschwelle oder der der schlechte Straßenzustand für den Fahrer objektiv erkennbar ist und es somit an einem Überraschungsmoment fehlt.[25] Nach **gegenteiliger Ansicht** soll es sich bei dem Überfahren von absichtlich angebrachten Fahrbahnerhöhungen stets um einen Betriebsvorgang handeln. Selbst ein Wohnmobil sei im gewöhnlichen Fahrbetrieb typischerweise dem Risiko ausgesetzt, beim Überfahren von Bodenschwellen Schäden zu erleiden; unerheblich sei, ob der Fahrer die Bodenschwelle erkennen konnte, zu schnell oder zu unaufmerksam fuhr oder der Schaden durch einen ungünstigen Auffahrtswinkel oder eine unglückliche Lenkbewegung mitverursacht habe.[26] **Diese Auffassung begegnet Bedenken.** Die Rechtsprechung hat seit jeher für die Abgrenzung eines Betriebs- von einem Unfallschaden an die Voraussehbarkeit eines Schadeneintritts angeknüpft (vgl. A.2.2.2 AKB Rdn. 82 ff.). Daher kommt es richtigerweise zum einen darauf an, ob sich die Bodenschwelle für den Fahrer als ein vorhersehbares oder als ein außergewöhnliches Ereignis darstellte, mit dem er nicht rechnen musste; zum anderen ist entscheidend, ob das Hindernis unter Berücksichtigung des Fahrzeugtyps (PKW, Allrad-SUV oder Wohnmobil) mit objektiv angepasster Geschwindigkeit überfahren wurde. Sofern der Fahrer von der Bodenschwelle überrascht wurde und deshalb die Fahrbahnerhöhung – in Anbetracht des von ihm benutzten Fahrzeugtyps – objektiv zu schnell überfuhr, wird man einen versicherten Unfallschaden bejahen müssen. 20

Ein **Reifenplatzer**, der durch einen von außen in die Lauffläche des Reifens eingedrungenen größeren Fremdkörper (Schraube, Bolzen o.ä. mit Kopf) verursacht wird und zu weiteren Schäden an angrenzenden Karosserieteilen führt, stellt einen »**Unfallschaden**« dar, insbesondere dann, wenn das im Fahrzeug vorhandene Reifendruckkontrollsystem einen Druckverlust nicht gemeldet hatte, weil dieser zu plötzlich erfolgte.[27] Unerheblich ist, ob der Fremdkörper auf der Fahrbahn liegt und vom Fahrzeug überfahren wird, oder ob sich der Fremdkörper schon vorher im Reifen befand und erst später durch Einwirkungen während der Fahrt das Platzen des Reifens verursacht.[28] **Anders** aber, 21

19 BGH Beschl. v. 15.05.2013 – **IV ZR 62/12** – VersR 2013, 993 = r+s 2013, 326.
20 OLG Karlsruhe Urt. v. 01.06.2021 – 9 U 54/19 – VersR 2021, 1280 = zfs 2021, 631.
21 BGH Urt. v. 02.07.1969 – **IV ZR 625/68** – VersR 1969, 940 = DAR 1969, 272.
22 BGH Urt. v. 06.02.1954 – **II ZR 65/53** – VersR 1954, 113 = NJW 1954, 596.
23 LG München II Urt. v. 13.01.2017 – 10 O 3458/16 – r+s 2017, 136; LG Stuttgart Urt. v. 30.03.2015 – 16 O 34/15 – juris; AG Hersbruck Urt. v. 06.11.2014 – 4 C 1324/13 – DV 2016, 16.
24 LG Bochum Urt. v. 29.06.2013 – 4 O 477/11 – SP 2012, 409.
25 LG Nürnberg-Fürth Urt. v. 31.03.2016 – 8 O 7495/15 – r+s 2017, 137 = DAR 2017, 529.
26 OLG Stuttgart Urt. v. 30.07.2020 – 7 U 57/20 – VersR 2020, 1102; OLG Nürnberg Beschl. v. 04.01.2017 – 8 U 934/16 – NJW-RR 2017, 929.
27 LG Karlsruhe Urt. v. 20.08.2013 – 9 O 95/12 – r+s 2013, 490 = zfs 2013, 577.
28 Vgl. OLG Karlsruhe Urt. v. 17.12.2020 – 9 U 124/18 – DAR 2021, 154 = zfs 2021, 153.

wenn jegliche **mechanische Einwirkung von außen fehlt** oder sich nur das **normale Betriebsrisiko** auswirkt und sich damit eine Gefahr verwirklicht, denen das Fahrzeug im Rahmen seiner vorgesehenen konkreten Verwendung üblicherweise ausgesetzt ist, oder wenn der Schaden auf **inneren Betriebsvorgängen** des Fahrzeuges beruht. Dies ist z.B. der Fall,

– wenn **fehlerhafte Montage, falscher Luftdruck** oder ein sonstiger, schon vor Fahrtantritt bestehender **Reifenschaden** alleinige Ursache für das Platzen des Reifens während der Fahrt ist;[29]
– wenn der Reifen durch kleinere, **gewöhnlich auf der Fahrbahn liegende Gegenstände** so beschädigt wird, dass er platzt,[30]
– wenn durch das normale Platzen eines Reifens ein Karosserieblech weggerissen wird und dadurch die darüber liegenden **Kabel und Leitungen zerstört** werden;[31]
– wenn nicht auszuschließen ist, dass es infolge des **Überfahrens einer Bordsteinkante** zu der Schädigung des Reifens gekommen ist, die sich erst im Laufe der Zeit ausweitete und schließlich zum Platzen des Reifens führte,[32] (vgl. hierzu auch A.2.2.2 AKB Rdn. 63 ff., A.2.2.2 AKB Rdn. 117).

22 Zu beachten ist, dass die **isolierte Beschädigung oder Zerstörung eines Reifens** stets unter den Ausschluss in **A.2.9.3 AKB** fällt, so dass der VR insoweit selbst bei Vorliegen eines versicherten Unfallereignisses i.S.v. A.2.2.2.2 Abs. 1 AKB nicht leistungspflichtig ist, (vgl. A.2.9.3 AKB Rdn. 5).

23 **Keine Einwirkung von außen** und damit ein innerer Betriebsvorgang liegt auch dann vor, wenn sich **Teile eines Reifens** oder andere integrale Bestandteile des Fahrzeuges **ablösen** und dadurch Schäden am Unterboden oder der Karosserie entstehen.[33] Gleiches gilt, wenn während der Fahrt **Radmuttern verloren** gehen und ein Rad abreißt,[34] oder wenn sich der **Keilriemen** ablöst und dadurch ein Motorschaden eintritt.[35]

c) Plötzliches Ereignis

24 Voraussetzung für einen versicherten Unfall ist ein plötzlich eintretendes Schadenereignis. Damit wird die **Abgrenzung** zu den nicht versicherten **Verschleiß- und Abnutzungsschäden** sowie den sonstigen, **über einen längeren Zeitraum** auf das Fahrzeug einwirkenden **Allmählichkeitsschäden** geschaffen. Der Begriff der »Plötzlichkeit« bedeutet nicht, dass es sich um ein besonders schnell ablaufendes Schadenereignis handeln muss. Auch allmählich in ein Fahrzeug **eindringendes Wasser** oder ein mehrere Minuten andauerndes **Zerkratzen** eines Kfz durch unbekannte Täter stellt ein«plötzliches» Ereignis im Sinne des Unfallbegriffs dar.[36] Zudem erschöpft sich der Begriff des »Plötzlichen« auch nicht ausschließlich in einer rein zeitlichen Komponente, sondern umfasst auch Ereignisse, die sich für den VN als **überraschend, unerwartet**, oder **unentrinnbar** darstellen.[37] Dabei ist ein rein objektiver Maßstab anzulegen. Unerheblich ist daher, ob der Fahrer bei gehöriger Aufmerksamkeit das auf sein Fahrzeug einwirkende Schadenereignis hätte voraussehen können.[38]

---

29 OLG Karlsruhe Urt. v. 17.12.2020 – 9 U 124/18 – DAR 2021, 154 = zfs 2021, 153.
30 OLG Hamm Urt. v. 21.04.1989 – 20 U 255/88 – BeckRS 1989, 07823.
31 AG Düren Urt. v. 16.05.2007 – 45 C 113/07 – r+s 2008, 12.
32 OLG Hamm Urt. v. 15.11.2013 – I-20 U 83/13 – VersR 2014, 698 = DAR 2014, 459; LG Zwickau Urt. v. 26.04.2019 – 6 S 182/18 – BeckRS 2019, 29219; **vgl. aber** OLG Koblenz Urt. v. 11.02.2011 – 10 U 742/10 – VersR 2012, 175 = r+s 2011, 423 (**Verformung des Kühlers durch Fahren gegen eine Borsteinkante als versichertes Unfallereignis**).
33 OLG Düsseldorf Urt. v. 30.09.1997 – 4 U 112/96 – r+s 1998, 318 = zfs 1998, 180.
34 AG Nürnberg Urt. v. 30.01.2007 – 17 C 7859/06 – r+s 2008, 13 = SP 2007, 401.
35 OLG München Urt. v. 08.11.2019 – 10 U 2305/19 – BeckRS 2019, 27694.
36 OLG Hamm Beschl. v. 27.04.2020 – 20 U 42/20 – r+s 2021, 26.
37 BGH Urt. v. 05.02.1981 – **IVa ZR 58/80** – VersR 1981, 450 = NJW 1981, 1315; OLG Koblenz Urt. v. 01.12.2008 – 10 U 622/08 – VersR 2009, 1613 = r+s 2010, 235; AG Göppingen Urt. v. 14.07.1995 – 12 C 632/95 – SP 1996, 27; Stiefel/Maier/*Stadler* A.2 AKB Rn. 310.
38 OLG Nürnberg Urt. v. 27.02.1975 – 8 U 17/74 – VersR 1975, 897; ebenso Stiefel/Maier/*Stadler* A.2 AKB Rn. 310.

Ein mögliches Verschulden des Fahrers spielt also keine Rolle. Ausreichend ist, dass das **Schadenereignis als solches »plötzlich« auf das Fahrzeug einwirkt** (z.B. Aufsetzen des Fahrzeuges beim Durchfahren eines unerwartet tiefen, mit Wasser gefüllten Schlagloches und dadurch verursachte Beschädigung des Kühlers oder der Ölwanne).

Die **Folgen der Einwirkung** des Schadenereignisses auf das versicherte Fahrzeug müssen nicht zwingend auch plötzlich eingetreten sein.[39] Auch wenn sich die Wirkungen (Kühlwasser- bzw. Ölverlust und daraus resultierender Motorschaden) erst allmählich und damit zeitlich unter Umständen **erst wesentlich später zeigen**, stehen sie der Annahme eines »plötzlichen« Ereignisses nicht entgegen, wenn die Folgen für den Fahrer nicht vorhersehbar waren[40] (sonst nicht versicherter Bedienungsfehler). Plötzlich ist das Ereignis auch dann, wenn ein anderer Verkehrsteilnehmer den Zusammenstoß zwar bewusst herbeiführt, die Situation sich für den VN aber völlig unerwartet und überraschend darstellt.[41] Beschädigt der VN beim **Waschen mit einem sandbeschmutzten Schwamm** den Lack seines Fahrzeuges, fehlt es neben der erforderlichen Einwirkung von außen auch am Merkmal der Plötzlichkeit.[42] 25

d) Mechanische Gewalt

Das Schadenereignis muss mit mechanischer Gewalt auf das Fahrzeug einwirken. Dazu bedarf es einer spürbaren, aber nicht zwingend besonders intensiven[43] direkten **Krafteinwirkung** auf das Fahrzeug **durch Zug- oder Druckkräfte** oder eine **vom Pkw selbst ausgehende Krafteinwirkung** auf andere, sich passiv verhaltende Objekte.[44] In Abgrenzung zu den nicht versicherten **Abnutzungsschäden** (vgl. A.2.2.2 AKB Rdn. 63 ff.) muss sich die mechanische Gewalt in einer vom VN nicht gewollten, gewaltsamen Weise auswirken. Es genügt ein kleiner Stein, der gegen das Fahrzeug geschleudert wird. Auch das Anstoßen des Fahrzeuges gegen einen starren Gegenstand im Fahrbahnbereich (Stein, Bordsteinkante) stellt einen Unfall und keinen Betriebsschaden dar, auch wenn es Folge eines Fahrfehlers ist.[45] Gleiches gilt für einen **Verkaufswagen**, dessen seitliche Verkaufsklappe sich aufgrund unzureichender Befestigung während Vorbeifahrt an einer Hausecke öffnet und dort hängenbleibt.[46] 26

Nicht ausreichend sind **Einwirkungen durch elektrische Energie**[47] (z.B. Blitze, Kontakt mit Starkstrom- oder Hochspannungsleitungen), durch **Witterungs- oder Temperatureinflüsse**[48] (z.B. Rostbildung, Frost) oder durch **sonstige chemische Veränderungen**[49] (z.B. Lackschäden durch Säure oder verunreinigten Sprühlack, Verschmutzungen des Fahrzeuginnenraumes durch Austritt von Blut[50] oder anderen **Körperflüssigkeiten** infolge einer Verwesung des Fahrers nach einem Suizid[51]). 27

Ebenso fehlt es an einer mechanischen Gewalteinwirkung bei **Substanzveränderungen in der Fahrzeugbatterie**, bei unerwünschtem **Stromverbrauch** sowie bei Schäden an der Fahrzeuglackierung 28

39 OLG Nürnberg Urt. v. 27.02.1975 – 8 U 17/74 – VersR 1975, 897.
40 Vgl. BGH Urt. v. 05.02.1981 – **IVa ZR 58/80** – VersR 1981, 450 = NJW 1981, 1315; OLG Hamm Urt. v. 14.04.1989 – 20 U 271/88 – VersR 1990, 82 = NZV 1989, 395; Prölss/Martin/*Klimke* A.2.2.2 AKB Rn. 7.
41 BGH Urt. v. 02.10.1985 – **IVa ZR 184/83** – VersR 1986, 177 = NJW 1986, 431.
42 AG Göppingen Urt. v. 14.07.1995 – 12 C 632/95 – SP 1996, 27.
43 OLG Hamm Urt. v. 01.12.1952 – 7 U 183/50 – VersR 1956, 537.
44 OLG Koblenz Urt. v. 16.10.1998 – 10 U 1213/97 – r+s 1999, 405 = NVersZ 1999, 329.
45 OLG Koblenz Urt. v. 11.02.2011 – 10 U 742/10 – VersR 2012, 175 = r+s 2011, 423.
46 OLG Karlsruhe Urt. v. 01.06.2021 – 9 U 54/19 – VersR 2021, 1280 = zfs 2021, 631.
47 **A.A.** OLG Hamm Urt. v. 19.02.1992 – 20 U 312/91 – VersR 1993, 91 = r+s 1992, 190.
48 AG Köln Urt. v. 06.06.1969 – 111 C 185/69 – VersR 1970, 344.
49 OLG Oldenburg Urt. v. 22.12.1993 – 2 U 210/93 – VersR 1994, 1335; LG Düsseldorf Urt. v. 28.01.1999 – 21 S 344/98 – SP 1999, 211; AG Gladbeck Urt. v. 07.11.2000 – 11 C 437/00 – SP 2001, 138; AG München Urt. v. 19.10.1984 – 8 C 13667/84 – VersR 1986, 543.
50 AG Münster Urt. v. 12.01.2000 – 5 C 5508/99 – VersR 2002, 227.
51 OLG Saarbrücken Urt. v. 06.10.2004 – 5 U 161/04 – VersR 2005, 1071 = zfs 2005, 25.

durch **sauren Regen**, **Vogelkot**, **Schmutzablagerungen**, **Farbpartikeln** durch Fahrbahnmarkierungsarbeiten oder durch ein Hochschlagen von **ausgelaufenem Treibstoff.**[52] Deckung besteht jedoch, wenn diese Einwirkungen ihrerseits Folge eines Unfalls sind, weil z.B. das versicherte Fahrzeug gegen einen Baum prallt, hierdurch Batteriesäure ausläuft und Folgeschäden verursacht,[53] oder wenn das Fahrzeug in einen Fluss stürzt, wo Wasser in das Fahrzeug eindringt.

29 Auch **Naturgewalten** können mit mechanischer Gewalt auf das Fahrzeug einwirken. Sofern ein Sturm Windstärke 8 nicht erreicht, besteht zwar keine Deckung in der Teilkasko; wohl aber kann Versicherungsschutz in der Vollkasko gegeben sein.

30 Bei einem **Zusammenstoß mit Tieren** wirkt die mechanische Gewalt durch den Druck des Tieres auf das Fahrzeug ein. Dies gilt selbst dann, wenn eine im Motorraum befindliche Katze vom Zahnriemen erfasst wird und dadurch ein Motorschaden entsteht.[54]

31 Auch fehlt es an einer direkten Krafteinwirkung auf das Fahrzeug, wenn der Fahrzeugführer **infolge äußerer Umstände** (z.B. einen ihm ins Auge fliegenden Fremdkörper) oder **psychischer Einwirkungen** (z.B. Erschrecken beim Herannahen eines im Einsatz befindlichen Polizei- oder Rettungsfahrzeuges) zu einer **Fehlreaktion bei der Bedienung des Kfz** (z.B. Verschalten, Überdrehen des Motors) veranlasst wird und dadurch ein Motor- oder Getriebeschaden entsteht; kommt er stattdessen aber von der Straße ab und kollidiert mit einem Baum, liegt darin ein entschädigungspflichtiges Unfallereignis.[55]

32 **Mechanische Gewalt** wirkt auf das Fahrzeug ein, wenn
- beim Überfahren eines aus der Straße herausragenden Steins[56] oder eines harten Gegenstandes[57] die **Ölwanne oder der Kühler** beschädigt werden und durch den Verlust von Öl oder Kühlflüssigkeit ein **Motorschaden** eintritt, (wobei ein versicherter Unfallschaden selbst für den Fall vorliegt, dass der Fahrer den Schlag gegen die Ölwanne zwar akustisch wahrnimmt, das Geräusch aber als solches nicht zuordnen kann oder auch das allmähliche Auslaufen des Öls zunächst nicht bemerkt, weiterfährt und der Motorschaden erst zu einem späteren Zeitpunkt eintritt; demgegenüber liegt ein nicht versicherter Bedienungsfehler vor, wenn der Fahrer in dem Bewusstsein, dass Öl ausläuft, seine Fahrt fortsetzt und erst dadurch der Schaden entsteht, vgl. A.2.2.2 AKB Rdn. 14);
- beim **Befahren einer überschwemmten Straße** Wasser in den Zylinderraum des Motors gelangt, das im Zusammenhang mit der Hubbewegung des Kolbens einen Motorschaden durch »**Wasserschlag**« auslöst;[58]
- der Fahrer in Verkennung der Wassertiefe in einen **überfluteten Bereich** einfährt, woraufhin der Motor stehenbleibt;[59]
- es nach verkehrsbedingtem Anhalten in einer Unterführung durch **Starkregen** überschwemmt wird;[60]
- bei aufkommender Flut **Meerwasser** in ein **im Sandboden des Strandes festgefahrenes** und in den nachgebenden Untergrund einsinkendes **Kfz eindringt**, wobei unbeachtlich ist, dass die durch den Salzwassereintritt entstandenen Schäden auch auf chemischen Reaktionen beruhen können;[61]

52 Himmelreich/Halm/Staab/*Papatheodorou* Kap. 23 D Rn. 322.
53 Vgl. Stiefel/Maier/*Stadler* A.2 AKB Rn. 304.
54 AG Saarbrücken Urt. v. 12.02.2008 – 5 C 1112/07 – juris.
55 Vgl. Stiefel/Maier/*Stadler* A.2 AKB Rn. 298.
56 OLG Frankfurt/M. Urt. v. 23.11.1994 – 19 U 17/94 – OLGR 1995, 7 = juris.
57 AG Hamburg Urt. v. 27.02.2009 – 54a C 124/08 – SP 2009, 372.
58 OLG Hamm Urt. v. 31.05.1989 – 20 U 328/88 – VersR 1990, 85 = r+s 1990, 11; OLG Frankfurt/M. Urt. v. 14.12.1965 – 14 U 39/65 – VersR 1966, 437; AG Neustadt Urt. v. 26.07.1985 – 2 C 509/85 – VersR 1987, 301; **a.A.** OGH Wien Urt. v. 10.06.2015 – 7 Ob 86/15w – BeckRS 2016, 80314.
59 OLG Hamm Urt. v. 29.10.1986 – 20 U 128/86 – VersR 1988, 239 = NJW-RR 1987, 279.
60 OLG Hamm Urt. v. 02.11.2016 – 20 U 19/16 – r+s 2017, 7.
61 OLG Hamm Urt. v. 26.06.1992 – 20 U 383/91 – VersR 1992, 1506 = r+s 1992, 365.

- das Kfz **bei Hochwasser** durch die Gewalt der Wassermassen **gegen eine Mauer geschleudert** wird;[62]
- das Kfz mangels hinreichend betätigter Feststellbremse auf einem abschüssigen Weg in einen Weiher rollt, da es sich bei dem **Eintauchen in ein Gewässer** um eine plötzliche, unmittelbare mechanische Einwirkung auf das versicherte Kfz von außen handelt.[63] Gleiches gilt erst recht, wenn das Kfz nach dem Versinken durch Bodenberührung beschädigt wird.[64]

Keine mechanische Gewalt wirkt auf das Fahrzeug ein, wenn 33
- infolge starker **Regenfälle** Wasser in das Fahrzeug eindringt;
- beim Befahren einer frisch asphaltierten Straße **Teerpartikel** auf den Lack des Fahrzeuges gelangen und diesen angreifen;
- **Salzwasserspritzer** den Fahrzeuglack eines Kfz auf einer Autofähre beschädigen;
- **säurehaltiges Wasser** von einer Brücke auf ein Fahrzeug herabtropft;[65]
- in einer Werkstatt **säurehaltige Substanzen** die Fahrzeuglackierung beschädigen;
- durch das **Platzen eines Säurerohres** die Lackierung von in der Nähe geparkten Fahrzeugen angegriffen wird;[66]
- der Fahrzeuglack beim Durchfahren einer Baustelle, an der mit Farbe gearbeitet wird, durch das **Hochspritzen von Farbpartikeln** beschädigt wird;[67]
- durch Berührung des Kfz mit einer **Starkstromleitung** eine Dichtung zerstört wird mit der Folge eines Ölverlustes, der zu einem Motorschaden führt.[68]

3. Ausschlüsse, die der Annahme eines Unfalls entgegenstehen – A.2.2.2.2 Abs. 2 und 3 AKB – Allgemeines

Die in **A.2.2.2.2 Abs. 2 AKB** aufgeführten Ausschlüsse sind **keine echten Risikoausschlüsse**, sondern haben nur **deklaratorische Bedeutung.** Im Falle eines Schadens durch Brems- oder Betriebsvorgänge oder bei reinen Bruchschäden fehlt es schon begrifflich an einem »Unfall«, weil keine unmittelbare mechanische »Einwirkung von außen« auf das Fahrzeug vorliegt.[69] Auch bei »Schäden zwischen ziehendem und gezogenem Fahrzeug oder Anhänger ohne Einwirkung von außen« handelt es sich nicht um einen »Unfall« i.S.d. Klausel, für den Versicherungsschutz unter bestimmten Voraussetzungen wieder ausgeschlossen wird. Denn bei einem Schaden ohne »Einwirkung von außen« fehlt es entsprechend der Klausel von vornherein an einer Eintrittspflicht des VR.[70] Nach der Definition des **BGH**[71] sind **Betriebsschäden** solche Schäden, die durch normale Abnutzung, durch Material- oder Bedienungsfehler an dem Fahrzeug oder seinen Teilen entstehen, ferner Schäden, die zwar auf einer Einwirkung mechanischer Gewalt beruhen, aber zum normalen Betrieb des Kraftfahrzeuges gehören sowie Schäden zwischen ziehendem und gezogenen Fahrzeug ohne Einwirkung von außen. In Anlehnung an diesen Betriebsschadenbegriff sollen durch die Klausel **alle** 34

62 Stiefel/Maier/*Stadler* A.2 AKB Rn. 302.
63 OLG Koblenz Urt. v. 01.12.2008 – 10 U 622/08 – VersR 2009, 1613 = r+s 2010, 235.
64 OLG Oldenburg Urt. v. 15.05.1991 – 2 U 37/91 – VersR 1992, 567 = r+s 1993, 7.
65 LG Düsseldorf Urt. v. 28.01.1999 – 21 S 344/98 – SP 1999, 211; AG Köln Urt. v. 06.06.1969 – 111 C 185/69 – VersR 1970, 344.
66 Vgl. OLG Saarbrücken Urt. v. 06.10.2004 – 5 U 161/04 – VersR 2005, 1071 = zfs 2005, 25; Stiefel/Maier/*Stadler* A.2 AKB Rn. 303.
67 OLG Oldenburg Urt. v. 22.12.1993 – 2 U 210/93 – VersR 1994, 1335 = zfs 1995, 21.
68 Stiefel/Maier/*Stadler* A.2 AKB Rn. 295; **a.A.** OLG Hamm Urt. v. 19.02.1992 – 20 U 312/91 – VersR 1993, 91 = r+s 1992, 190.
69 OLG Karlsruhe Urt. v. 01.06.2021 – 9 U 54/19 – VersR 2021, 1280 = zfs 2021, 631; Himmelreich/Halm/Staab/*Papatheodorou* Kap. 23 D Rn. 325; vgl. Maier r+s Beilage 2011, 85; Stiefel/Maier/*Stadler* A.2 AKB Rn. 363.
70 **A.A.** wohl Maier r+s Beilage 2011, 85.
71 BGH Urt. v. 19.12.2012 – **IV ZR 21/11** – zfs 2013, 213 = DAR 2013, 146; BGH Urt. v. 23.10.1968 – **IV ZR 515/68** – VersR 1969, 32, 33 = DAR 1969, 22.

Schäden ausgeschlossen werden, die entweder ihre **Ursache in einem innerbetrieblichen Vorgang** haben (Verschleiß, Materialermüdung, Bedienungsfehler), oder zwar auf einer Einwirkung mechanischer Gewalt auf das Fahrzeug beruhen, jedoch in Ansehung der konkreten Verwendungsart des Fahrzeuges **dem normalen, gewöhnlichen Betriebsrisiko des Fahrzeuges** zuzuordnen sind.[72] Die in Abs. 2 abstrakt beschriebenen Ausschlusstatbestände werden durch Fallgruppen beispielhaft konkretisiert. Ob ein Schadenfall als versichertes Unfallereignis oder als nicht versicherter Betriebsschaden einzustufen ist, entscheidet sich bei der **Auslegung der Klausel** nach dem Verständnishorizont eines durchschnittlichen Versicherungsnehmers ohne versicherungsrechtliche Spezialkenntnisse.

35 Demgegenüber stellt der in **A.2.2.2.2 Abs. 3 AKB** aufgeführte Ausschluss einen **echten Risikoausschluss** dar, der vom VR zu beweisen ist. Die Klausel bezieht sich insoweit zwar auf Gefahren, denen das versicherte Fahrzeug üblicherweise im Rahmen seiner bestimmungsgemäßen Verwendung ausgesetzt ist und die sich konkret verwirklichen können, wenn durch eine »Einwirkung von außen« ein Schaden am Fahrzeug entsteht. Gleichwohl sollen diese Schäden aber dann vom Versicherungsschutz ausgeschlossen sein, wenn sie »vorhersehbar« waren. Damit wird klargestellt, dass die beim bestimmungsgemäßen Gebrauch des Fahrzeugs eintretenden Schäden jedenfalls dann nicht als »Unfall« i.S.d. Klausel gelten, wenn sie für den VN (bzw. en ihn repräsentierenden Fahrer) vorhersehbar waren. Diese Voraussetzungen sind vom VR zu beweisen.

36 Nach Auffassung des **LG Stuttgart**[73] war der bislang in den **AKB 2008 a.F.** verwendete Ausschlusstatbestand ***»Schaden aufgrund eines Betriebsvorgangs«***, wie er noch in A.2.3.2 S. 3 AKB a.F. enthalten war, **unwirksam**, da sich letztlich jeder Unfall als Folge eines »Betriebsvorgangs« (der jeweiligen Fahrt oder der konkreten Verrichtung) darstellt. Damit handelt es sich entweder um einen umfassenden Ausschluss, der dann jedoch den Versicherungsschutz gänzlich entwerten würde, oder er bleibt unklar. Für den durchschnittlichen VN ist nicht erkennbar, dass unter »Betrieb« etwas anderes zu verstehen ist als das allgemeine Gebrauchmachen von Funktionen des Fahrzeuges. Was er sich konkret unter einem ausgeschlossenen Betriebsvorgang vorzustellen hat, wird auch durch die Beispiele in A.2.3.2 S. 4 AKB a.F. nicht deutlich, da unklar bleibt, welches der Beispiele welchem Oberbegriff des A.2.3.2. S. 3 AKB a.F. zuzuordnen ist. Daher sind nur solche Betriebsschäden vom Versicherungsschutz in der Vollkasko ausgeschlossen, die sich konkret einem der in A.2.3.2 S. 4 AKB a.F. aufgeführten Beispiele zuordnen lassen.[74]

37 **Dieser Auffassung ist zuzustimmen.** Eine Vertragsklausel muss aus sich heraus verständlich sein. Der VN muss unzweifelhaft erkennen, welche Risiken vom Versicherungsschutz umfasst und welche ausgeschlossen sein sollen. Dies wird ihm bei dem pauschalen Begriff des »Betriebsvorgangs« nicht klar genug vor Augen geführt, zumal die Klausel auch nicht auf die konkrete Verwendungsart des Fahrzeuges abstellt. Zudem wäre auch eine Auslegung des Begriffs denkbar, wonach – ähnlich wie in § 7 Abs. 1 StVG – alle Vorgänge »beim Betrieb« des Fahrzeuges erfasst sein könnten, was dann jedoch dazu führen würde, dass jegliche Unfallereignisse von dem Ausschluss erfasst wären, was ersichtlich aber auch nicht gewollt sein kann. Dies führt nach § 307 Abs. 1 S. 2 BGB zur Unwirksamkeit dieser – bislang in den AKB 2008 a.F. verwendeten Klausel, sofern der Schaden nicht umgekehrt durch einen der in A.2.3.2 S. 4 AKB a.F. konkret beschriebenen Betriebsvorgänge entstanden sein sollte.

38 In den **AKB 2015** wurde auf diese Kritik reagiert. A.2.2.2.2 AKB wurde im Vergleich zu A.2.3.2 AKB a.F. vollkommen neu gefasst und umformuliert, (vgl. auch A.2.2.2 AKB Rdn. 8 ff.). Auf eine Zuordnung der in A.2.2.2.2 Abs. 2 AKB aufgeführten Beispiele zu einzelnen Oberbegriffen wurde bewusst verzichtet, da gerade die Zuordnung einzelner Schäden zu den Oberbegriffen in der Praxis

72 Vgl. auch OLG Stuttgart Urt. v. 22.02.07 – 7 U 163/06 – VersR 2007, 1121 = r+s 2007, 276.

73 LG Stuttgart Urt. v. 17.02.2012 – 22 O 503/11 – NJW-RR 2012, 1500 = r+s 2013, 425; vgl. auch Prölss/Martin/*Klimke* A.2.2.2 AKB Rn. 16; Maier r+s Beilage 2011, 85; **a.A.** LG Nürnberg-Fürth Urt. v. 31.03.2016 – 8 O 7495/15 – r+s 2017, 137 = DAR 2017, 529; LG Karlsruhe Urt. v. 20.08.2013 – 9 O 95/12 – r+s 2013, 490 = zfs 2013, 577.

74 LG Stuttgart Urt. v. 17.02.2012 – 22 O 503/11 – NJW-RR 2012, 1500.

zu Auslegungsproblemen führte und von der Rechtsprechung kritisiert wurde. Die neu gefasste Klausel ist unter AGB-rechtlichen Gesichtspunkten nicht mehr zu beanstanden.

4. Ausschlüsse in A.2.2.2.2 Abs. 2 AKB

a) Bremsvorgänge

Schäden, die allein **durch Bremsvorgänge unmittelbar am Fahrzeug** entstehen, ohne dass es zu einer Kollision mit einem anderen Fahrzeug oder sonstigen Gegenständen kommt, sind vom Versicherungsschutz ausgeschlossen.[75] Dies können Schäden sein durch **Überdehnung der Sicherheitsgurte**, Schäden an den **Reifen**[76] (die im Übrigen aber schon durch A.2.9.3 S. 1 AKB ausgeschlossen sind), am **Motor** oder sonstigen technischen Teilen. Auch **Schäden durch Fahrzeuginsassen**, die aufgrund einer Notbremsung des Fahrers gegen die Windschutzscheibe schlagen und diese beschädigen, sind durch einen nicht versicherten Bremsvorgang entstanden. 39

Kommt es allerdings **durch den Bremsvorgang zu einer nachfolgenden Kollision** mit einem anderen Fahrzeug oder schleudert das Fahrzeug infolge des Bremsmanövers gegen einen Baum, überschlägt sich oder stürzt um, so ist diese Folge des Bremsens als **versicherter Unfall** anzusehen.[77] **Reifenschäden**, die durch ein dem Unfall vorausgehendes Bremsmanöver entstehen, kann der VN nicht als Aufwendungen (»Rettungskosten«) nach §§ 83, 90 VVG ersetzt verlangen.[78] 40

a) Betriebsvorgänge

Der Begriff der »Betriebsschäden« in den bisherigen AKB wurde in den neuen AKB 2008 durch die Bezeichnung »**Betriebsvorgänge**« ersetzt, um eine bessere Unterscheidung zu den in der Kfz-Haftpflichtversicherung versicherten Schäden »beim Betrieb« des Fahrzeuges zu ermöglichen. Eine inhaltliche Änderung ist damit nicht verbunden. Auch wenn sich **Teile vom Fahrzeug aufgrund unzulänglicher Befestigung** durch den VN **lösen**, wodurch das Fahrzeug an einer Hausecke hängenbleibt und beschädigt wird, stellt dies keinen Schaden aufgrund eines Betriebsvorganges dar, mit dem im Normalbetrieb des Fahrzeugs immer zu rechnen ist; zudem gewährt die Vollkaskoversicherung dem VN Versicherungsschutz gerade auch in den Fällen, in denen er fahrlässig zum Entstehen des Unfalls **beigetragen** hat.[79] 41

aa) Bedienungsfehler

Schon unter der Geltung der bisherigen AKB gehörten alle durch eine falsche Bedienung des Fahrzeuges entstehenden Schäden zu den nicht versicherten Betriebsschäden.[80] Ein Schaden aufgrund eines Bedienungsfehlers liegt vor, wenn er **Folge eines Bedienungsvorganges** ist, **der unmittelbar den Schaden** am oder im Fahrzeug **herbeiführt, ohne** dass eine **weitere Einwirkung von außen** stattfindet, d.h. wenn entweder der Schaden allein durch den Bedienungsvorgang des Fahrers ohne sonstige zusätzliche Einwirkung von außen entsteht oder aufgrund des Bedienungsvorganges der Schaden am Fahrzeug durch ein anderes Fahrzeugteil verursacht wird, (z.B. Getriebeschaden nach Schaltfehlern oder Schäden nach Einfüllen falschen Kraftstoffes).[81] Ein Bedienungsfehler liegt 42

---

75 Vgl. OLG Hamm Beschl. v. 26.11.1975 – 20 W 15/75 – VersR 1976, 626.

76 AG Simmern Urt. v. 26.05.1992 – 3 C 27/92 – SP 1992, 256; AG Nürnberg Urt. v. 19.09.1986 – 14 C 6082/85 – r+s 1987, 37.

77 Vgl. BGH Urt. v. 02.07.1969 – **IV ZR 625/68** – VersR 1969, 940 = DAR 1969, 272; OLG Hamm Beschl. v. 26.11.1975 – 20 W 15/75 – VersR 1976, 626; Prölss/Martin/*Klimke* A.2.2.2 AKB Rn. 14.

78 AG Simmern Urt. v. 26.05.1992 – 3 C 27/92 – SP 1992, 256; AG Frankfurt/M. Urt. v. 01.08.1986 – 30 C 2048/86-81 – zfs 1987, 55.

79 OLG Karlsruhe Urt. v. 01.06.2021 – 9 U 54/19 – VersR 2021, 1280 = zfs 2021, 631.

80 Z.B. OLG Hamm Urt. v. 25.11.1994 – 20 U 120/94 – VersR 1995, 1345 = NJW-RR 1995, 988 für einen **Implosionsschaden an einem Milchsammeltankwagen.**

81 LG Stuttgart Urt. v. 17.02.2012 – 22 O 503/11 – NJW-RR 2012, 1500.

daher nicht schon dann vor, wenn beim mechanischen Absetzen des **Streubehälters eines Streufahrzeuges** der Streuteller auf den Boden aufschlägt und dadurch der immer noch mit dem Fahrzeug verbundene Streubehälter verbogen wird.[82] Führt der Bedienungsfehler allerdings dazu, dass das Fahrzeug verunglückt, so ist der Schaden vom VR zu ersetzen, soweit dieser auf dem anschließenden Unfallereignis beruht. Es kommt daher nicht darauf an, ob eine Unfallursache, sondern ob das Schadenereignis die Voraussetzungen des Unfallbegriffes erfüllt.[83]

43 Ein **bloßer Fahrfehler** ist nicht in jedem Fall als Bedienungsfehler zu qualifizieren. Eine andere Betrachtungsweise wäre unvereinbar mit dem wesentlichen Zweck einer Vollkaskoversicherung, den VN gerade vor den wirtschaftlichen Folgen des eigenen Fehlverhaltens zu schützen und würde zu einer Aushöhlung des Versicherungsschutzes führen, da dann jeder zu einem Fahrzeugschaden führende Fahrfehler als nicht versicherter Betriebsschaden einzustufen wäre.[84]

44 Das **Anstoßen des Kfz gegen einen starren Gegenstand** im Fahrbahnbereich (Stein, Bordsteinkante, geparktes Kfz) stellt daher auch dann ein versichertes Unfallereignis dar, wenn es auf einem Fahrfehler beruht.[85] Verhakt sich jedoch infolge einer Unaufmerksamkeit des VN beim Rückwärtsfahren die **Anhängerkupplung** seines Kfz so mit dem Anhänger, dass dieser an seinem Kfz eine Delle verursacht, liegt ein Bedienungsfehler vor.[86] Gleiches gilt, wenn der VN mit dem Frontlader seines Traktors die Baumkrone eines umgestürzten Baumstammes zur Seite schiebt und sich hierdurch eine Spannung im Baum aufbaut, die dazu führt, dass der **Baumstamm zurückschnellt** und das Führerhaus des Schleppers beschädigt.[87]

45 Ein **Bedienungsfehler** liegt auch vor, wenn sich die **Motorhaube während der Fahrt öffnet** und, bedingt durch den Fahrtwind, gegen das Fahrzeugdach oder die Windschutzscheibe schlägt, weil die Verriegelung nicht eingerastet war,[88] oder wenn die Motorhaube nicht ordnungsgemäß verschlossen war, weil der VN beim Nachfüllen von Motoröl die **Verschlusskappe der Ölflasche im Motorraum vergessen** hatte.[89] Der VN kann lediglich den Bruchschaden an der Verglasung aus der Teilkasko erstattet verlangen.[90]

46 Ebenso liegt ein Betriebs- und kein Unfallschaden vor, wenn das Aufspringen der Motorhaube darauf zurückzuführen ist, dass sich **Befestigungsschrauben gelöst** haben und keine Kräfte auf das Fahrzeug eingewirkt haben, die über diejenigen physikalischen Einwirkungen hinausgehen, denen das Kfz im normalen Fahrbetrieb üblicherweise ausgesetzt ist,[91] oder wenn die Motorhaubenverriegelung infolge einer das Normalmaß nicht überschreitenden **Erschütterung des Fahrzeuges** durch Bodenunebenheiten aufspringt, selbst wenn ein schlechter Fahrbahnzustand hieran zusätzlich mitgewirkt hat.[92]

47 **Kein Bedienungsfehler** liegt demgegenüber vor, wenn das Hochschlagen der Fronthaube darauf zurückzuführen ist, dass die Motorhaubenverriegelung bereits bei einem **vorangegangenen Unfall** beschädigt wurde, was der Fahrer aber nicht erkennen konnte; in diesem Fall besteht eine Deckung

82 LG Stuttgart Urt. v. 17.02.2012 – 22 O 503/11 – NJW-RR 2012, 1500.
83 OLG Braunschweig Urt. v. 28.06.2000 – 3 U 201/99 – VersR 2001, 579.
84 LG Stuttgart Urt. v. 17.02.2012 – 22 O 503/11 – NJW-RR 2012, 1500.
85 OLG Koblenz Urt. v. 11.02.2011 – 10 U 742/10 – VersR 2012, 175 = r+s 2011, 423.
86 AG München Urt. v. 07.09.2011 – 343 C 11207/11 – BeckRS 2012, 09983.
87 AG Norden Urt. v. 02.08.2013 – 5 C 582/12 – n.v.
88 OLG Hamburg Urt. v. 18.04.1986 – 14 U 237/85 – zfs 1986, 374; AG Herne Urt. v. 04.02.2000 – 20 C 483/99 – SP 2000, 423.
89 LG Ravensburg Urt. v. 01.07.2010 – 1 S 92/10 – zfs 2010, 510.
90 AG Herne Urt. v. 04.02.2000 – 20 C 483/99 – SP 2000, 423.
91 OLG Karlsruhe Urt. v. 20.02.1997 – 12 U 269/96 – zfs 1998, 59 = r+s 1997, 407; OLG Hamm Urt. v. 20.01.1989 – 20 U 138/88 – VersR 1989, 836; AG Bonn Urt. v. 12.12.2002 – 4 C 497/02 – SP 2003, 247.
92 AG Essen Urt. v. 23.02.2001 – 20 C 416/00 – SP 2001, 278.

als Unfallfolgeschaden.[93] Führt die aufspringende Motorhaube für den Fahrer zu einer Sichtbehinderung und zu einem **nachfolgenden Unfall**, weil er von der Fahrbahn abkommt, so sind auch die auf diesem Unfall beruhenden Schäden vom VR zu übernehmen.[94]

In gleicher Weise besteht eine Erstattungspflicht des VR bei einem **Fahrzeug, das nach einem Bedienungsfehler »instabil« wird**, in einen Graben stürzt und dabei Beschädigungen davonträgt.[95] Auch eine **unterlassene Absicherung** des Fahrzeuges mittels Feststellbremse **an einer Gefällstrecke** stellt keinen Bedienungsfehler des VN dar, wenn sich das Fahrzeug anschließend ungewollt in Bewegung setzt und beschädigt wird,[96] kann aber als grob fahrlässige Herbeiführung des Versicherungsfalles bewertet werden, (vgl. A.2.9.1 AKB Rdn. 331 ff.). 48

Die beim **Abrutschen des Wagenhebers** während eines Radwechsels entstehende Beschädigung des Fahrzeuges stellt ebenfalls einen versicherten Unfallschaden dar.[97] 49

Ein **versicherter Unfallfolgeschaden** liegt auch vor bei einem **Motorschaden**, der dadurch entsteht, dass ein Stein die Ölwanne des Pkw durchschlägt und der Motor aufgrund von **allmählichem Ölverlust** heißläuft, wenn der Fahrer dies nicht bemerken konnte und musste.[98] Erkennt er hingegen den Ölverlust oder hat er ihn schuldhaft nicht erkannt und setzt seine Fahrt trotzdem fort, beruht der Eintritt des Motorschadens auf einem Bedienungsfehler des Fahrers und damit auf einem nicht versicherten Betriebsschaden, (vgl. A.2.2.2 AKB Rdn. 14). Entsteht ein **Getriebeschaden durch mangelnde Ölversorgung**, weil vor dem Abschleppen eines Lkw die Gelenkwelle entgegen der Herstelleranweisung nicht demontiert wurde, stellt auch dies einen Bedienungsfehler dar.[99] 50

Auch ein **Schaltfehler** durch Falschbedienung des Schalthebels eines Automatikgetriebes von Stufe 4 auf 1 bei 80 km/h mit daraus entstehendem Motor- und Getriebeschaden ist als Bedienungsfehler nicht versichert.[100] Anderes kann gelten, wenn der **Schaden an einem Mietfahrzeug** eingetreten ist und der Mieter gegen zusätzliches Entgelt eine Haftungsbefreiung nach den Grundsätzen einer Vollkaskoversicherung abgeschlossen hat,[101] (vgl. A.2.8 AKB Rdn. 53 ff.). 51

Ein Bedienungsfehler liegt auch vor bei **Verkratzungen des Lacks** durch Waschen des Kfz mit einem sandbeschmutzten Schwamm.[102] Gleiches gilt, wenn ein zur Kippvorrichtung eines Lkw gehörender **Sicherheitsbolzen fehlt** oder nicht ordnungsgemäß arretiert ist, der VN dies mangels Überprüfung vor Beginn des Kippvorganges nicht bemerkt, woraufhin sich der Kipper während des Kippvorganges verdreht und gegen das Führerhaus schlägt.[103] 52

bb) Falschbetankung

Die **Versorgung eines Pkw mit** den für die Fortsetzung der Fahrt notwendigen **Betriebsmitteln** gehört zu den Bedienvorgängen des Fahrzeuges. Ein Bedienungsfehler und damit ein nicht 53

93 OLG Koblenz Urt. v. 26.07.2013 – 10 U 1452/12 – VersR 2014, 1371 = r+s 2015, 289; LG Landau Urt. v. 25.01.2000 – 1 S 370/99 – VersR 2000, 1536 = NJW-RR 2000, 838; AG Alzey Urt. v. 24.09.2001 – 20 C 179/01 – SP 2002, 250.

94 AG Essen Urt. v. 23.02.2001 – 20 C 416/00 – SP 2001, 278.

95 OLG Hamm Urt. v. 31.07.2002 – 20 U 10/01 – VersR 2003, 189 = r+s 2002, 449.

96 OLG Koblenz Urt. v. 01.12.2008 – 10 U 622/08 – VersR 2009, 1613 = r+s 2010, 235.

97 OLG München Beschl. v. 30.07.2014 – 14 U 1328/14 – www.iww.de, Abruf-Nr. 143300 **unter Bestätigung von** LG Augsburg Urt. v. 28.02.2014 – 12 O 3509/13 – iww, Abruf-Nr. 143299; AG Bad Homburg v.d.H. Urt. v. 12.06.2012 – 2 C 751/12 – n.v.

98 Vgl. LG Zweibrücken Urt. v. 05.12.2011 – 1 O 166/11 – zfs 2013, 38.

99 OLG Koblenz Urt. v. 18.06.1999 – 10 U 1091/98 – VersR 2000, 485 = r+s 1999, 359.

100 OLG Stuttgart Urt. v. 24.03.1994 – 7 U 287/93 – VersR 1995, 1044 = r+s 1994, 450.

101 BGH Urt. v. 19.01.2005 – **XII ZR 107/01** – NZV 2005, 247 = SVR 2005, 269.

102 AG Göppingen Urt. v. 14.07.1995 – 12 C 632/95 – SP 1996, 27.

103 OLG Koblenz Beschl. v. 04.03.2010 – 10 U 412/09 – NZV 2010, 621 **unter Bestätigung von** LG Koblenz Urt. v. 19.03.2009 – 16 O 321/09 – VersR 2010, 1076.

versicherter Betriebsschaden liegt daher vor bei der **Betankung mit falschem Kraftstoff** (z.B. Benzin statt Diesel) und einem daraus resultierenden Motorschadens beim Neustart des Fahrzeuges.[104] Gerät das Fahrzeug jedoch nach dem Falschbetanken im Rahmen der weiteren Benutzung aufgrund einer **Überhitzung des Katalysators** in **Brand**, ist der daraus entstehende Schaden aus der in der Teilkasko versicherten Gefahr »Brand« zu entschädigen, (vgl. A.2.2.2 AKB Rdn. 6). Der Ausschluss von Betriebsschäden bezieht sich nur auf Unfallereignisse, nicht auf Brandschäden; ein partieller Leistungsausschluss nach A.2.9.1 AKB i.V.m. § 81 Abs. 2 VVG aufgrund grober Fahrlässigkeit liegt ebenfalls nicht vor.[105]

cc) **Verrutschende Ladung**

54 Ein **innerer Betriebsvorgang** liegt auch vor, wenn – ohne vorausgehende Einwirkung von außen – die Ladung des Fahrzeuges aufgrund **ungenügender Befestigung**, durch **Erschütterung**, infolge eines **Fahrfehlers** oder **fehlerhafter Bedienung** des Fahrzeuges ins Rutschen gerät und dadurch an den Aufbauten oder im Inneren des Fahrzeuges einen Schaden verursacht[106] oder während der Fahrt vom Fahrzeug herabstürzt.[107] Es verwirklicht sich lediglich das **normale Betriebsrisiko**, das der VN kalkulierbar in Kauf genommen hat und dem er durch eine bessere Ladungssicherung hätte vorbeugen können.[108]

55 Wenn infolge eines Brems- oder sonstigen Betriebsmanövers des Fahrers der beladene **Anhänger instabil** wird, die Ladung im Anhänger umherrutscht und bedingt hierdurch das gesamte Fahrzeug umstürzt, handelt es sich um einen nicht gedeckten Betriebsschaden.[109] Dies gilt auch für Eisplatten, die sich vom Dach eines gezogenen Anhängers beim Abbremsen des Zugfahrzeuges lösen und dieses beschädigen.[110] Verrutscht die Ladung dagegen als **Folge einer vorausgehenden äußeren Einwirkung** auf das Fahrzeug oder eines Unfalles, so ist auch der Schaden am Fahrzeug durch die verrutschte oder herabgestürzte Ladung als adäquater Unfallfolgeschaden zu ersetzen.

56 Als »**Ladung**« gilt dasjenige, was bestimmungsgemäß nicht dauerhaft mit dem Fahrzeug verbunden ist, sondern lediglich mit ihm transportiert werden soll. Ein nicht versicherter Ladungsschaden liegt z.B. vor bei verrutschtem **Sand**, der die Bordwand eindrückt, bei **Vieh**, das gegen die Rückwand des Führerhauses auskeilt, bei einer erschütterungs- oder bremsbedingt umstürzenden **Kiste**, die die Ladefläche beschädigt,[111] oder bei einem vom Kfz-Dach herabfallenden **Fahrrad**.[112]

57 Trotz eines in der Vollkasko nicht versicherten Bremsschadens können Schäden am Fahrzeug durch verrutschende Ladung infolge verkehrsbedingter Brems- oder Ausweichmanöver als »**Rettungskosten**« nach §§ 83 Abs. 1, 90 VVG zu ersetzen sein, wenn der Fahrer die Vollbremsung oder die Ausweichbewegung zur Abwendung einer ansonsten drohenden, unmittelbar bevorstehenden Kollision mit einem anderen Kfz für erforderlich halten durfte.[113] Eine in der Vollkaskoversicherung ggf. vereinbarte **Selbstbeteiligung** ist nicht abzuziehen, (vgl. A.2.2.1 AKB Rdn. 288). Auch eine **Quotelung** der »Rettungskosten« entfällt, wenn der Fahrer nicht durch grob fahrlässiges Eigenverschulden (zu geringer Abstand, Ablenkung, Fehler beim Fahrstreifenwechsel) die Notwendigkeit des Brems- oder Ausweichmanövers selbst herbeigeführt hat.

---

104 BGH Urt. v. 25.06.2003 – **IV ZR 322/02** – VersR 2003, 1031 = r+s 2003, 355; OLG Rostock Urt. v. 09.02.2004 – 3 U 85/03 – OLGR 2004, 247 = JurionRS 2004, 14547.
105 OLG Düsseldorf Urt. v. 28.10.2008 – I-4 U 12/08 – r+s 2009, 273 = zfs 2009, 451.
106 OLG München Urt. v. 30.07.1997 – 3 U 1978/97 – zfs 1998, 99; OLG Hamm Urt. v. 28.10.1988 – 20 U 369/87 – r+s 1989, 7.
107 LG Köln Urt. v. 17.03.1982 – 24 O 633/80 – VersR 1983, 1175.
108 OLG München Urt. v. 04.12.1998 – 10 U 3049/98 – VersR 2000, 96 = MDR 1999, 480.
109 LG Duisburg Urt. v. 05.01.2010 – 1 O 160/09 – NZV 2010, 576 = SVR 2011, 261.
110 OLG Hamm Urt. v. 09.01.2017 – 6 U 139/16 – VersR 2017, 611 = r+s 2017, 238.
111 Vgl. Stiefel/Maier/*Stadler* A.2 AKB Rn. 349.
112 AG Köln Urt. v. 25.06.2003 – 265 C 34/03 – SP 2004, 238.
113 OLG München Urt. v. 29.05.2013 – 7 U 4096/12 – VersR 2014, 1077 = zfs 2015, 39.

c) Materialermüdung und Überbeanspruchung

Ein auf Materialermüdung oder Überbeanspruchung zurückzuführender Schaden äußert sich häufig in einem **Bruchschaden**, der unterschiedliche Entstehungsursachen haben kann. Es kann sich um einen **Gewaltbruch** (z.B. **durch** einen **Unfall** herbeigeführt) oder um einen **Dauerbruch** (z.B. **durch** abnutzungs- bzw. verschleißbedingte **Materialermüdung**) handeln. Nur Dauerbrüche (= Ermüdungsbrüche) sind nach Sinn und Zweck der Regelung vom Versicherungsschutz ausgeschlossen.[114] Der VR will weder für Ermüdungsbrüche eintreten, die auf Materialfehlern oder dem natürlichen Verschleiß des Fahrzeuges beruhen, noch für Schäden, die durch Überbeanspruchung des Fahrzeuges entstehen. Ansonsten könnte der VN jeden Bruchschaden auf den jeweiligen Straßenzustand zurückführen. Indes gehören auch schwierige Straßenverhältnisse in der Regel zu den normalen, alltäglichen Gefahren, denen das versicherte Kfz bei seiner üblichen Verwendung im Fahrbetrieb ausgesetzt ist, so dass es konsequent ist, Schäden durch Dauerbrüche auszuschließen. 58

Kommt es allerdings **aufgrund eines Dauerbruchs** (z.B. aufgrund Materialverschleiß) **zu einem Unfall**, so ist dieser als Folgeschaden in der Vollkasko gedeckt.[115] Nach dem Wortlaut der Klausel greift der Ausschluss nur ein, wenn der Schaden seine *»alleinige Ursache«* in einer Materialermüdung oder Überbeanspruchung hat. 59

Wird durch einen Abschleppversuch die **Abschleppvorrichtung von der Fahrzeugkarosserie abgerissen**, stellt dies einen nicht versicherten Bruchschaden dar, wenn feststeht, dass die abgebrochene Abschleppvorrichtung nicht ordnungsgemäß mit der Karosserie verschweißt war.[116] Ein Schaden am versicherten Pkw durch Verlust eines Rades durch **verloren gegangene Radmuttern** während des Fahrvorganges kann seine Ursache in einem Materialfehler oder einem Verschleiß von Fahrzeugteilen haben, so dass für diesen Fall eine Einwirkung von außen und damit ein versicherter Unfallschaden ausscheidet.[117] 60

Verschleißbedingte **Dauerbrüche aufgrund Materialermüdung** sind insbesondere anzunehmen bei Kurbelwellenbrüchen, beim Durchschlagen oder Rissen der Zylinderköpfe und Auspuffdichtungen, beim Brechen von Kolbenringen, Ventilen und Stirnrädern, beim Verbiegen von Ventilschäften, Abreißen von Kupplungsbelägen, aber auch bei ausgebrochenen Zahnrädern, gerissenen Bremstrommeln und Bremszylindern sowie bei ausgeschlagenen Teilen der Lenkung, während **Schäden aufgrund Überbeanspruchung** vor allem bei Brüchen am Fahrgestellrahmen anzunehmen sein werden.[118] Eine Differenzierung zwischen den beiden Schadenursachen kann letztlich dahinstehen, da beide zu einem Ausschluss der Deckung führen. 61

Gewaltbrüche und **Verbiegungen** stets versichert, sofern sie Folge einer äußeren Einwirkung auf das Fahrzeug sind und die weiteren Voraussetzungen des Unfallbegriffes vorliegen. 62

d) Abnutzung

Abnutzungsschäden sind als Beispielsfälle der nicht gedeckten Betriebsschäden aufgeführt. Erforderlich für den Ausschluss ist auch hier, dass die Schäden *»ihre alleinige Ursache«* in einer Abnutzung haben. Die Vollkaskoversicherung ist keine Maschinenversicherung, weshalb ausschließlich **verschleißbedingte Schäden** im Rahmen der Vollkasko nie übernommen werden.[119] Dies gilt für den Motor und die elektrische Anlage ebenso wie für Bereifung und Lackierung. Weder sind Schäden durch das **Auslaufen von Öl und Kraftstoffen**, noch durch **Verstopfungen in den Zuleitungen** 63

114 Vgl. Stiefel/Maier/*Stadler* A.2 AKB Rn. 367.
115 BGH Urt. v. 02.07.1969 – **IV ZR 625/68** – VersR 1969, 940 = DAR 1969, 272.
116 AG Düsseldorf Urt. v. 25.11.2005 – 20 C 5035/05 – SP 2007, 81.
117 AG Nürnberg Urt. v. 30.01.2007 – 17 C 7859/06 – r+s 2008, 13 = SP 2007, 401.
118 Vgl. Stiefel/Maier/*Stadler* A.2 AKB Rn. 334.
119 Vgl. die umfassende Übersicht bei Stiefel/Maier/*Stadler* A.2 AKB Rn. 328-335.

gedeckt. Das **Verrußen der Zündkerzen** sowie **Schäden durch Bremsversagen** sind ebenso nicht versichert. Das **Ablösen von Reifenteilen**[120] oder **Verlorengehen von Radmuttern,**[121] wodurch der Reifen abreißt und das Fahrzeug beschädigt wird, fällt ebenso unter den Ausschluss.

64 Gleiches gilt bei einem **Reifenplatzer**, wenn dadurch das darüber liegende Abdeckblech mit Kabeln und Leitungen weggerissen wird.[122] **Platzen** allerdings auf der Autobahn **beide Hinterreifen gleichzeitig**, spricht dies nicht für einen alters- oder verschleißbedingten Schaden, sondern dafür, dass das Fahrzeug einen größeren Gegenstand überfahren hat und damit der Schaden durch ein versichertes Unfallereignis herbeigeführt worden ist,[123] (vgl. auch A.2.2.2 AKB Rdn. 19 ff.).

e) Gespannschäden – Schäden zwischen ziehendem und gezogenem Fahrzeug

aa) Überblick

65 Durch Aufzählung der Gespannschäden in A.2.2.2.2 Abs. 2 AKB wird klargestellt, dass **jegliche Schäden** aus Verkehrssituationen, bei denen es zwischen einem Zugfahrzeug und einem anderen gezogenen Fahrzeug zu einer Berührung oder Kollision kommt, **ohne** dass als Ursache für diese Schäden eine **Einwirkung von außen** vorgelegen hat, **vom Versicherungsschutz** in der Vollkasko **ausgeschlossen** sind. Dies gilt auch dann, wenn ein Anhänger oder Auflieger mit dem Zugfahrzeug kollidiert. Diese Regelung entspricht der früheren, noch unter der Geltung der alten AKB vor 1994 herrschenden gängigen Rechtsmeinung, wonach stets ein nicht deckungspflichtiger Betriebsschaden angenommen wurde, wenn sich die Betriebsvorgänge der Zugmaschine bei der Schadenentstehung in vollem Umfange – ohne jegliche Einwirkung von außen – auf den Anhänger ausgewirkt hatten.

66 Dies war insbesondere der Fall bei Schäden am Zugfahrzeug durch einen **umkippenden**[124] oder infolge Windeinwirkung **schleudernden Anhänger,**[125] bei einer Kollision des Anhängers mit der Zugmaschine durch eine **Vollbremsung**[126] oder ein **Ausweichmanöver** des Zugfahrzeuges,[127] aber auch bei Schäden, die durch die Zuggabel des Anhängers verursacht werden, weil die Zugmaschine mit einem Rad von der Straße abkommt und der Lastzug beim Versuch des **Gegenlenkens** außer Kontrolle gerät.[128] Als Betriebsschäden eingestuft wurden auch Schäden an der Anhängerkupplung nach **übermäßigen Lenkbewegungen** durch den Fahrer der Zugmaschine,[129] oder auch Schäden am Anhänger, die beim **Rückwärtsfahren** des Zugfahrzeuges entstehen.[130] Bei einer **Rückwärtsfahrt** wird der Anhänger oder Auflieger zwar geschoben und nicht gezogen. Gleichwohl dürfte der Ausschluss auch in diesen Konstellationen greifen. auch § 19 Abs. 1 StVG erfasst unabhängig von der Fahrtrichtung jede Bewegung des Anhängers durch das Zugfahrzeug und damit letztlich auch das Rückwärtsschieben. Es kommt hinzu, dass Rangierschäden in der Klausel ausdrücklich vom Versicherungsschutz ausgenommen werden und ein »Rangieren« gerade durch ein Hin und Her aus Vorwärts- und Rückwärtsbewegung gekennzeichnet ist.[131]

---

120 Vgl. OLG Düsseldorf Urt. v. 30.09.1997 – 4 U 112/96 – r+s 1998, 318 = zfs 1998, 180.
121 AG Nürnberg Urt. v. 30.01.2007 – 17 C 7859/06 – r+s 2008, 13 = SP 2007, 401.
122 AG Düren Urt. v. 16.05.2007 – 45 C 113/07 – r+s 2008, 12.
123 AG Coburg 11 C 587/00 und LG Coburg 32 S 5/01 – n.v.
124 OLG Schleswig Urt. v. 26.03.1974 – 9 U 53/73 – VersR 1974, 1093.
125 OLG Hamm Urt. v. 14.01.1983 – 20 U 176/82 – VersR 1983, 1124; LG Essen Urt. v. 17.12.1986 – 15 S 156/86 – zfs 1988, 115.
126 OLG Hamm Urt. v. 29.11.1989 – 20 U 224/89 – VersR 1990, 413 = NJW 1990, 1187.
127 OLG Nürnberg Urt. v. 11.07.1991 – 8 U 1290/91 – r+s 1991, 297.
128 LG Frankfurt/M. Urt. v. 09.11.1994 – 2/16 S 143/94 – zfs 1995, 222.
129 LG Detmold Urt. v. 26.10.1983 – 2 S 198/83 – DAR 1984, 152.
130 LG Ansbach Urt. v. 16.09.1994 – 1 S 155/94 – VersR 1995, 1044.
131 Vgl. BGH Urt. v. 14.11.2023 – **VII ZR 98/23** – NJW 2024, 1039 = r+s 2024, 83.

Nachdem zunächst das **OLG Hamm**[132] und anschließend auch der **BGH**[133] seine bisherige Rechtsprechung geändert hatten, wurden unter Hinweis auf das Verständnis des durchschnittlichen VN von der Rechtsprechung fortan solche Fälle, bei denen ein Anhänger mit einem Zugfahrzeug fest verbunden war und das Zugfahrzeug durch eine Schleuderbewegung des Anhängers beschädigt wurde, als versicherte Unfallschäden eingestuft. Trotz der Verbindung von Pkw und Anhänger sehe der durchschnittliche VN hierin zwei Fahrzeuge, von denen jedes durch einen einzelnen Versicherungsvertrag versichert sei. Komme es zu einem Schaden, wirke das eine Fahrzeug auf das andere mit mechanischer Gewalt von außen ein, so dass ein **Unfall** gegeben sei. Auch **andere Gerichte**[134] schlossen sich dieser geänderten Auffassung an. 67

Diese **Rechtsprechung ist** seit der neuen Klausel in den AKB 2008 und auch in den AKB 2015 für Gespannschäden **hinfällig.** Insoweit gilt also wieder der Zustand, wie er vor Änderung der Rechtsprechung bestand. Die neue **Klausel** stellt mithin eine **materiell-rechtliche Änderung zu den bisherigen AKB vor 2008** dar. Sie ist AGB-rechtlich (§§ 305 ff. BGB) nicht zu beanstanden, da sie **weder unklar, noch überraschend** ist.[135] 68

bb) Reichweite des Ausschlusses

Der **Ausschluss** für gegenseitige Schäden zwischen »ziehendem und gezogenem Fahrzeug« gilt **für alle Schäden**, die bei einem Abschlepp- oder Rangiervorgang **zwischen zwei »Fahrzeugen«** entstehen können. Dabei muss es sich nicht notwendigerweise um »Kraftfahrzeuge« handeln. 69

Unter dem **Oberbegriff »Fahrzeug«** ist in diesem Zusammenhang nicht nur ein mit Maschinenkraft ausgestattetes Fortbewegungsmittel, sondern auch jeder **Auflieger**, **Anhänger**[136] oder **Wohnwagen**[137] zu verstehen. Mit der Regelung will der VR seine Einstandspflicht für jegliche Schäden ausschließen, die auf ein spezifisches Risiko, nämlich die **Instabilität** eines Zuggespanns, zurückzuführen sind. Dieses Risiko ist erkennbar nicht auf Abschleppvorgänge motorisierter Fahrzeuge beschränkt. In Zusammenschau etwa mit A.1.1.5 AKB, in der der Versicherungsschutz eines versicherten Kraftfahrzeuges auf von diesem gezogene Anhänger und damit nicht nur auf abgeschleppte, sondern auch auf geschleppte und damit aus eigener Kraft nicht fahrfähige Fahrzeuge erstreckt wird, vermag der durchschnittliche VN zu erkennen, dass auch Anhänger und Auflieger als »Fahrzeuge« i.S.d. Klausel anzusehen sind.[138] Daher ist der Ausschlusstatbestand auch dann erfüllt, wenn sich ein nicht motorisiertes gezogenes Fahrzeug vom Zugfahrzeug löst und anschließend ohne Einwirkung von außen auf das abbremsende Zugfahrzeug aufprallt. Entscheidend ist, dass nach der Klausel ganz allgemein die besonderen Gefahren und Risiken eines Schleppvorganges vom Versicherungsschutz ausgeschlossen sein sollen. Die **Gegenansicht**[139] verkennt, dass nach dem Wortlaut 70

132 OLG Hamm Urt. v. 16.12.1994 – 20 U 193/94 – VersR 1996, 447 = NZV 1995, 323.

133 BGH Urt. v. 06.03.1996 – **IV ZR 275/95** – VersR 1996, 622 = r+s 1996, 169.

134 OLG Oldenburg Urt. v. 13.11.1996 – 2 U 207/96 – NJW-RR 1997, 283; AG Frankfurt/M. Urt. v. 04.12.2009 – 29 C 2002/09-21 und LG Frankfurt/M. Beschl. v. 31.05.2010 – 2-08 S 46/09 – r+s 2010, 370.

135 OLG Hamm Beschl. v. 21.05.2014 – 20 U 13/14 – zfs 2015, 156 und 09.07.2014 – r+s 2015, 131 **unter Bestätigung von** LG Arnsberg Urt. v. 26.11.2013 – I-4 O 280/13 – VersR 2015, 61; LG Nürnberg-Fürth Urt. v. 04.04.2011 – 8 O 7327/10 – r+s 2011, 204 = zfs 2011, 516; Stiefel/Maier/*Stadler* A.2 AKB Rn. 360; vgl. zur vergleichbaren Klausel in den AKB a.F. OLG Stuttgart Urt. v. 10.08.2006 – 7 U 73/06 – r+s 2007, 238.

136 OLG Hamm Beschl. v. 21.05.2014 – 20 U 13/14 – zfs 2015, 156 und 09.07.2014 – r+s 2015, 131 **unter Bestätigung von** LG Arnsberg Urt. v. 26.11.2013 – I-4 O 280/13 – VersR 2015, 61; OLG Stuttgart Urt. v. 10.08.2006 – 7 U 73/06 – r+s 2007, 238; OLG Stuttgart Urt. v. 24.07.2003 – 7 U 47/03 – VersR 2005, 643; LG Essen Urt. v. 13.02.2012 – 18 O 342/11 – BeckRS 2013, 03046; LG Wuppertal Urt. v. 27.08.2009 – 7 O 14/09 – VersR 2010, 662.

137 LG Karlsruhe Urt. v. 07.12.2011 – 1 S 88/11 – r+s 2012, 68.

138 OLG Hamm Beschl. v. 21.05.2014 – 20 U 13/14 – zfs 2015, 156 und 09.07.2014 – r+s 2015, 131 **unter Bestätigung von** LG Arnsberg Urt. v. 26.11.2013 – I-4 O 280/13 – VersR 2015, 61.

139 LG Essen Urt. v. 25.08.2005 – 10 S 184/05 – r+s 2006, 65 (zu § 12 Abs. 6 AKB a.F.).

in A.2.1 AKB eine Kaskoversicherung ganz allgemein für »Fahrzeuge« und nicht nur für »Kraftfahrzeuge« abgeschlossen werden kann. Würde man einen Anhänger nicht auch als »Fahrzeug« verstehen, könnte er vom Schutz einer Kaskoversicherung gar nicht umfasst sein. Der **BGH**[140] hat sich für die AKB 2008 der erstgenannten Auffassung angeschlossen. Schon in früheren Entscheidungen hatte der BGH bei vergleichbaren Klauseln (Wohn-)Anhänger als »Fahrzeuge« angesehen[141] und eine Zugmaschine und einen Anhänger als ein »aus beiden Fahrzeugen gebildetes Gespann« bezeichnet.[142] Die neuen **AKB 2015** nennen nun in A.2.2.2.2 Abs. 2 AKB als gezogenes Fahrzeug ausdrücklich auch den Anhänger, so dass mit dieser Klarstellung frühere Streitigkeiten über die Frage der Einbeziehung des Anhängers in die Gespannschäden der Vergangenheit angehören dürften.

cc) Schaden ohne Einwirkung von außen

71 Nach dem ausdrücklichen Wortlaut in A.2.2.2.2 Abs. 2 AKB liegt **kein versichertes Unfallereignis** vor, wenn der Schaden *»ohne Einwirkung von außen«* eingetreten ist und in unmittelbarem Zusammenhang mit dem Schleppvorgang steht. Dies ist der Fall, wenn der Schaden durch Material- oder Bedienungsfehler entsteht, die sich auf eines der zu dem Gespann gehörenden Fahrzeuge beziehen.[143]

72 Danach werden ausschließlich solche Einwirkungen den Betriebsschäden zugeordnet, die ihre Ursache in **gespanninternen Umständen** finden. Dies ist der Fall, wenn Zugfahrzeug und Anhänger infolge **zu heftigen Lenkens** des Fahrers ins Schlingern geraten und miteinander kollidieren,[144] bei Schäden am Anhänger durch ein **Rangiermanöver** des ziehenden Pkw,[145] oder auch bei einem **Abschleppschaden** ohne Einwirkung von außen.[146] Auch Schäden durch **Eisplatten**, die sich vom Dach eines gezogenen Anhängers beim Abbremsen des Zugfahrzeuges lösen und dieses beschädigen, sind nicht versichert.[147] **Rangierschäden** werden als ausgeschlossene Schäden in A.2.2.2.2 Abs. 2 AKB erstmals ausdrücklich genannt.

73 Eine »**Einwirkung von außen**« ist eine Kraft, die weder von dem ziehenden, noch von dem gezogenen Fahrzeug ausgeht.[148] Sie kann nicht nur aktiv, sondern auch passiv auf das Fahrzeug einwirken. Kommt es zu einer Beschädigung des Zugfahrzeuges durch den Anhänger, weil das Gespann – aus welchem Grund auch immer – von der Fahrbahn abkommt und auf eine **Böschung** oder gegen eine **Leitplanke** gerät, wobei entweder durch den Aufprall selbst oder durch Unebenheiten der Anhänger sodann vor oder gegen das Zugfahrzeug schleudert, so liegt ein Unfallschaden und kein Betriebsschaden vor.[149] Denn der Schaden ist dann durch eine außerhalb des versicherten Zugfahrzeuges liegende Ursache, wenngleich auch möglicherweise durch einen Fahrfehler des VN, bewirkt worden, nämlich durch das Hindernis »Böschung« bzw. »Leitplanke«. Dabei kommt es nicht darauf an, ob Zugfahrzeug und Anhänger zur Zeit der Kollision noch miteinander verbunden waren.[150] Ein **Traktor**, dessen angehängter **Ackerpflug** beim Abbiegen ausschert und gegen eine **Böschung** neben dem Feldweg stößt, wodurch sich Kräfte auf die Hydraulikaufhängung übertragen

---

140 BGH Urt. v. 04.03.2015 – **IV ZR 128/14** – VersR 2015, 571 = r+s 2015, 383.
141 BGH Urt. v. 19.12.2012 – **IV ZR 21/11** – zfs 2013, 213 = DAR 2013, 146; BGH Urt. v. 06.03.1996 – **IV ZR 275/95** – VersR 1996, 622 = r+s 1996, 169.
142 BGH Urt. v. 27.10.2010 – **IV ZR 279/08** – NJW 2011, 447 = r+s 2011, 60.
143 BGH Urt. v. 19.12.2012 – **IV ZR 21/11** – zfs 2013, 213 = DAR 2013, 146.
144 LG Wuppertal Urt. v. 27.08.2009 – 7 O 14/09 – VersR 2010, 662, wobei die Entscheidung zu § 12 AKB a.F. erging und sich nicht mit BGH Urt. v. 06.03.1996 – IV ZR 275/95 – VersR 1996, 622 = r+s 1996, 169 auseinandersetzt (vgl. A.2.2.2 AKB Rdn. 67), wonach richtigerweise ein versicherter »Unfall« hätte angenommen werden müssen.
145 AG Herne-Wanne Urt. v. 10.06.2011 – 13 C 141/10 – SP 2011, 444.
146 OLG München Urt. v. 24.03.2017 – 10 U 3749/16 – VersR 2018, 160 = zfs 2017, 448.
147 OLG Hamm Urt. v. 09.01.2017 – 6 U 139/16 – VersR 2017, 611 = r+s 2017, 238.
148 BGH Urt. v. 19.12.2012 – **IV ZR 21/11** – zfs 2013, 213 = DAR 2013, 146.
149 OLG Nürnberg Urt. v. 21.02.1991 – 8 U 2803/90 – VersR 1992, 482.
150 OLG Düsseldorf Urt. v. 05.09.2006 – I-4 U 233/05 – NZV 2007, 303 = NJW-RR 2007, 829; AG Mönchengladbach Urt. v. 25.06.2014 – 36 C 71/14 – zfs 2014, 578.

und einen Schaden am Traktor verursachen,[151] unterliegt ebenso einer »Einwirkung von außen« wie ein Pkw, dessen angehängter **Fahrradträger** beim Rangieren seitlich anstößt und infolgedessen beschädigt wird.

Auch ein durch **Witterungsverhältnisse** oder die **Fahrbahnbeschaffenheit** hervorgerufenes Schleudern, z.B. durch Unebenheiten oder unerwartet starke **Spurrillen**, die die Richtungsstabilität des Anhängers nachteilig beeinflussen und einen Schleudervorgang auslösen, stellen eine Einwirkung von außen dar.[152] Gleiches gilt, wenn ein Gespann wegen falscher Beladung des Anhängers auf gerader Strecke ins »Trudeln« gerät, der ausscherende **Anhänger mit einem entgegenkommenden Fahrzeug zusammenstößt**, das Zugfahrzeug ebenfalls ins Schleudern gerät und durch den Anprall an die rechte Leitplanke sowie durch die Abschleppwinde des Anhängers beschädigt wird,[153] ebenso, wenn sich der Anhänger in Folge von **Eisglätte** querstellt und das Heck des versicherten Zugfahrzeuges eindrückt.[154] 74

Ein **fahrerisches Fehlverhalten**, das an der Entstehung des Schadens mitwirkt, stellt nicht die für einen deckungspflichtigen Unfall erforderliche Einwirkung »von außen« dar.[155] Kommt es zu einer Beschädigung des Zugfahrzeuges durch den Anhänger, weil der Fahrzeugführer zur Vermeidung einer Kollision mit einem plötzlich vor ihm anfahrenden Fahrzeug (und damit zur Abwendung eines vollkaskoversicherten Unfallschadens im Frontbereich) eine Vollbremsung vornehmen muss, sind die Schäden dem VN allerdings als Aufwendungen (»**Rettungskosten**«) nach §§ 83, 90 VVG zu ersetzen, wobei dann unbeachtlich ist, dass die Rettungsmaßnahme nur zu einem unversicherten Betriebsschaden geführt hat.[156] 75

f) Verwindungsschäden

Seit den AKB 2008 findet sich in den Bedingungen ein klarstellender ausdrücklicher Ausschluss für Verwindungsschäden, die regelmäßig auf internen Betriebsvorgängen beruhen und daher nicht versicherte Betriebsschäden darstellen. Sie entstehen besonders häufig bei Nutzfahrzeugen am Fahrzeugrahmen, wenn sich ein auf einer Baustelle eingesetzter **Lkw** aufgrund des unebenen Untergrundes **während eines Kippvorganges zur Seite neigt** und einsinkt[157] oder wenn ein **Auflieger** mit ausgefahrener Kippvorrichtung **umkippt** und dabei das Zugfahrzeug beschädigt.[158] 76

Es handelt sich im Übrigen auch um – schon durch A.2.2.2.2 Abs. 3 AKB ausgeschlossene – **Schäden, die mit der konkreten Geländebeschaffenheit voraussehbar zusammenhängen.** Auch in den Fällen, in denen die Zugmaschine eines Sattelzuges nach Abkommen von der Fahrbahn einseitig in weiches Erdreich und anschließend auf eine Böschung gerät, während der Auflieger eine entgegengesetzte Kippbewegung vollzieht, treten an der Zugmaschine für den normalen Betrieb typische, von dem Auflieger ausgehende nicht versicherte Verwindungsschäden auf.[159] Das gleiche gilt, wenn ein Sattelzug **infolge Rangierens umstürzt.**[160] Letztlich ist es aber nach dem **Wortlaut der Klausel** im Gegensatz noch zu den AKB 2007 a.F. für die Annahme eines Verwindungsschadens nicht mehr entscheidend, dass kein ungewöhnliches, von außen auf das Fahrzeug einwirkendes und nicht im 77

---

151 LG Amberg Urt. v. 09.08.2018 – 21 O 103/18 – r+s 2019, 385.

152 BGH Urt. v. 19.12.2012 – **IV ZR 21/11** – zfs 2013, 213 = DAR 2013, 146.

153 OLG Saarbrücken Urt. v. 01.12.2010 – 5 U 395/09 – zfs 2011, 151.

154 OLG Schleswig Urt. v. 30.11.1994 – 9 U 62/94 – VersR 1992, 487; **a.A.** OLG Stuttgart Urt. v. 24.07.2003 – 7 U 47/03 – VersR 2005, 643, dessen Auffassung aber durch BGH IV ZR 21/11 als überholt anzusehen sein dürfte.

155 Vgl. BGH Urt. v. 05.02.1981 – **IVa ZR 58/80** – VersR 1981, 450 = NJW 1981, 1315; OLG Schleswig Urt. v. 26.03.1974 – 9 U 53/73 – VersR 1974, 1093.

156 LG Nürnberg-Fürth Urt. v. 04.04.2011 – 8 O 7327/10 – r+s 2011, 204 = zfs 2011, 516.

157 OLG Köln Urt. v. 25.02.2003 – 9 U 118/02 – VersR 2003, 1248 = r+s 2003, 356.

158 Vgl. OLG Bamberg Urt. v. 11.11.1970 – 1 U 75/70 – VersR 1971, 334.

159 ÖGH Urt. v. 28.02.1996 – 7 Ob 37/95 – zfs 1996, 301.

160 LG Arnsberg Urt. v. 31.03.1988 – 4 O 603/87 – zfs 1988, 219.

Voraus einzukalkulierendes Ereignis vorgelegen hat;[161] vielmehr stellt A.2.2.2.2 Abs. 2 AKB klar, dass **Verwindungsschäden als solche generell nicht als Unfallschäden gelten** und daher vom Versicherungsschutz ausgeschlossen sein sollen.

78 Bei **Gespannen** fallen Verwindungsschäden zwischen Zugfahrzeug und Anhänger zudem unter den zusätzlichen Ausschluss in A.2.3.2 S. 4 AKB (vgl. A.2.2.2 AKB Rdn. 65 ff.). Erleidet das Fahrzeug aber **infolge der Verwindung** durch Umkippen oder Umstürzen einen **Aufprallschaden**, so ist dieser als Unfallschaden versichert, (vgl. A.2.2.2 AKB Rdn. 91 ff.). Gleiches kann für einen **Folgeschaden** (z.B. Motorschaden) gelten, wenn der bloße Umstürzvorgang noch nicht zu einem Schaden geführt hat, (vgl. A.2.2.2 AKB Rdn. 94 ff.).

5. Ausschlüsse in A.2.2.2.2 Abs. 3 AKB

a) Vorhersehbare Beschädigung bei bestimmungsgemäßer Verwendung des Kfz

79 Für die **Abgrenzung** eines versicherten Unfallereignisses zu einem nicht versicherten Betriebsvorgang kommt es darauf an, ob sich bei der Einwirkung auf das Fahrzeug von außen das **normale Betriebsrisiko des Fahrzeuges** im Rahmen seiner Zweckbestimmung im gewöhnlichen Fahrbetrieb realisiert hat und der Fahrer damit rechnen konnte.[162] Schäden, die nur Ausfluss des normalen Betriebsrisikos sind, also durch Ereignisse und Umstände hervorgerufen werden, denen das Fahrzeug im Rahmen seiner **konkreten Verwendungsart im gewöhnlichen Fahrbetrieb** typischerweise ausgesetzt ist, beruhen auf nicht versicherten Betriebsvorgängen. Hierzu zählen auch **Bearbeitungsschäden**, die durch den Kfz-Monteur beim Beschmutzen des Fahrzeuginnenraumes[163] oder beim Waschen des Fahrzeuges mit einem sandbeschmutzten Schwamm auf dem Lack[164] entstehen.

80 **Anders liegt es**, wenn sich beim gewöhnlichen Betrieb ein Risiko verwirklicht, welches als **außergewöhnliches Unfallereignis** angesehen werden muss. Dies ist insbesondere dann anzunehmen, wenn ein durchschnittlicher VN nicht auf die Idee kommen würde, ein solches Risiko in seine **Betriebskostenkalkulation** einzustellen.[165]

81 Wird daher ein Wohnmobil durch Teile beschädigt, die sich von einem seiner **Reifen** während der Fahrt auf der Autobahn ohne erkennbare Einwirkung von außen lösen, so liegt ein nicht versicherter Betriebsschaden vor.[166] Dies gilt ebenso bei **Aggregatschäden**, die auf den Fahrbetrieb zurückzuführen sind, bei **Motorschäden durch Überhitzung**, wenn versäumt wurde, Kühlwasser oder Motoröl nachzufüllen, oder bei einem **»Festfressen« des Motors**, bedingt durch austretendes Öl an der Ölwanne aufgrund eines Haarrisses.[167]

aa) Voraussehbarkeit des Schadeneintritts

82 Kommt ein Fahrzeug wegen des schlechten Straßenzustandes zu Schaden, richtet sich die Abgrenzung zwischen Unfall- und Betriebsschäden auch danach, inwieweit der Fahrer die Unebenheiten oder Schäden auf der Fahrbahn nach dem allgemeinen Zustand der befahrenen Straße erwarten konnte und musste (dann **nicht versicherter Betriebsvorgang**) oder ob die Schäden aus Sicht des Fahrers eher ungewöhnlich waren und überraschend auftraten (dann **versicherter Unfallschaden**).

161 So noch BGH Urt. v. 02.07.1969 – **IV ZR 625/68** – VersR 1969, 940 = DAR 1969, 272; OLG Köln Urt. v. 25.02.2003 – 9 U 118/02 – VersR 2003, 1248 = r+s 2003, 356.

162 OLG Koblenz Urt. v. 18.06.1999 – 10 U 1091/98 – VersR 2000, 485 = r+s 1999, 359; OLG Hamm Urt. v. 27.10.1993 – 20 U 111/93 – VersR 1994, 1290 = r+s 1994, 86.

163 Stiefel/Maier/*Stadler* A.2 AKB Rn. 355.

164 AG Göppingen Urt. v. 14.07.1995 – 12 C 632/95 – SP 1996, 27.

165 BGH Urt. v. 23.10.1968 – **IV ZR 515/68** – VersR 1969, 32 = DAR 1969, 22; OLG Zweibrücken Urt. v. 31.10.2018 – 1 U 93/17 – VersR 2019, 218 = r+s 2019, 138; OLG Hamm Urt. v. 18.06.2003 – 20 U 229/02 – SP 2004, 21; OLG Köln Urt. v. 19.09.1995 – 9 U 395/94 – SP 1995, 413 = r+s 1995, 405; OLG Hamm Urt. v. 02.06.1993 – 20 U 373/93 – r+s 1993, 405 m.w.N.

166 OLG Düsseldorf Urt. v. 30.09.1997 – 4 U 112/96 – r+s 1998, 318 = zfs 1998, 180; vgl. auch AG Düren Urt. v. 16.05.2007 – 45 C 113/07 – r+s 2008, 12.

167 Vgl. OLG Celle Urt. v. 05.06.1991 – 8 U 168/90 – r+s 1991, 330.

Beim **Durchfahren eines nicht asphaltierten Baustellenbereiches** muss sich ein aufmerksamer Fahrer auf **Straßenunebenheiten** und geringfügig **herausragende Kanaldeckel** einstellen. Bleibt das Fahrzeug an einem der Kanaldeckel hängen und wird dadurch beschädigt, ist dies dem normalen Betriebsrisiko des Fahrzeuges zuzurechnen und demnach nicht als »Unfall« zu entschädigen.[168] 83

Wenn **Straßenschäden** (z.B. Frostaufbrüche oder Schlaglöcher) nach der sonstigen Beschaffenheit der benutzten Straße **eher ungewöhnlich** sind, so dass der Fahrer im Rahmen des gewöhnlichen Betriebes seines Fahrzeuges mit ihnen nicht zu rechnen braucht (z.B. auf Autobahnen oder Schnellstraßen) und demnach seine Geschwindigkeit auch nicht darauf einstellt, stellen sich solche Schäden als plötzlich mit mechanischer Gewalt auf das Fahrzeug einwirkende Ereignisse dar, die die Voraussetzungen eines versicherten Unfalles erfüllen. Die **Schlaglöcher** müssen objektiv unvorhersehbar sein.[169] Dies ist der Fall, wenn der VN auf einer **Autobahn in einem Baustellenbereich**, ohne dass Warnschilder aufgestellt gewesen wären, in ein 10 cm tiefes und ca. 60 × 40 cm großes Schlagloch gerät.[170] Wird der Fahrer jedoch durch Schilder **vor Straßenschäden gewarnt** oder über **erkennbar schlecht ausgebaute Straßen** umgeleitet, muss er mit normal großen Schlaglöchern rechnen.[171] Im Befahren einer solchen Straße verwirklicht sich dann lediglich das normale Betriebsrisiko mit der Folge, dass etwaige durch Schlaglöcher verursachte Schäden (z.B. Achs- oder Federbruch) als nicht versicherte Betriebsschäden zu qualifizieren sind.[172] Erst recht gilt dies in noch viel stärkerem Maße bei Nutzfahrzeugen, die auf Baustellen eingesetzt werden. 84

bb) Zweckbestimmung des versicherten Kfz

Für Unfälle, die Auswirkungen des allgemeinen Betriebsrisikos sind, in denen sich also die Gefahren verwirklichen, denen das Fahrzeug im Rahmen seiner vorgesehenen konkreten Verwendungsart üblicherweise ausgesetzt ist, besteht kein Versicherungsschutz.[173] Der aus der Konstruktion des Fahrzeuges folgende **übliche Gebrauch**[174] bzw. die **Widmung des Fahrzeuges für einen bestimmten Verwendungszweck**[175] ist daher ganz entscheidend für die Frage, ob bestimmte Schäden in das Betriebsrisiko eingeschlossen und damit als nicht versicherte Betriebsschäden gelten. 85

Bei einem VN, der seinen **Pkw** normalerweise ausschließlich auf asphaltierten Straßen benutzt und der nur ausnahmsweise versehentlich oder in Verkennung der Straßenverhältnisse mit seinem Pkw auf einem schlammigen Weg stecken bleibt oder auf weichem Untergrund absackt, wird eher eine unerwartete, außergewöhnliche Einwirkung auf das Fahrzeug und damit ein »Unfall« anzunehmen sein als bei einem **Geländewagen mit Allradantrieb**, dessen Zweckbestimmung gerade darauf ausgerichtet ist, unbefestigte Wegstrecken zu befahren.[176] Dabei ist es unerheblich, ob dem Pkw-Fahrer ein Verschulden deshalb angelastet werden kann, weil er überhaupt diesen Bereich befahren hat. Dieser Umstand spielt allenfalls im Rahmen des A.2.9.1 AKB i.V.m. § 81 VVG eine Rolle. Entscheidend ist, dass die normale Verwendung eines standardmäßigen Pkw typischerweise nicht die Benutzung unwegsamer, unbefestigter, aufgeweichter und schlammiger Wegstrecken umfasst, so dass diese Straßenverhältnisse als außergewöhnliche und nicht vom normalen Betriebsrisiko des Pkw umfasste Umstände auf das versicherte Fahrzeug einwirken mit der Folge, dass entsprechende Schäden einen versicherten Unfallschaden und keinen Betriebsschaden darstellen. 86

168 OLG Köln Urt. v. 19.09.1995 – 9 U 395/94 – SP 1995, 413 = r+s 1995, 405.
169 LG Stuttgart Urt. v. 28.09.1992 – 7 O 172/92 – zfs 1993, 198 = SP 1993, 298.
170 Vgl. OLG Nürnberg Urt. v. 08.02.1995 – 4 U 3697/94 – DAR 1996, 59 = NJW 1996, 1481 **zur Frage der Verletzung der Verkehrssicherungspflicht eines Bundeslandes für Straßenschäden.**
171 Vgl. OLG Koblenz Urt. v. 22.06.1970 – 6 U 231/68 – DAR 1971, 78.
172 Vgl. BGH Urt. v. 05.11.1997 – **IV ZR 1/97** – VersR 1998, 179 = r+s 1998, 9.
173 BGH Urt. v. 23.10.1968 – **IV ZR 515/68** – VersR 1969, 32 = DAR 1969, 22; OLG Koblenz Urt. v. 11.02.2011 – 10 U 742/10 – VersR 2012, 175 = r+s 2011, 423.
174 OLG Hamm Urt. v. 18.06.2003 – 20 U 229/02 – SP 2004, 21.
175 LG Paderborn Urt. v. 29.10.2002 – 2 O 296/02 – SP 2003, 105.
176 Vgl. OLG Hamm Urt. v. 13.06.1990 – 20 U 43/90 – NZV 1990, 436 = zfs 1990, 381.

87 Der **Anprall gegen** einen starren Gegenstand wie z.B. einen **Stein** oder eine **Bordsteinkante**, mag er auch auf einem Fahrfehler beruhen, zählt nicht zu den Gefahren, denen ein Pkw üblicherweise ausgesetzt ist und stellt daher keinen Betriebsschaden, sondern ein versichertes Unfallereignis dar.[177] Anders nur dann, wenn es beim Überfahren einer Bordsteinkante in einem ungünstigen Winkel zu einem Schaden an einem Reifen kommt, der später platzt, weil sich insoweit ein Risiko realisiert, dem selbst ein Sportwagen im gewöhnlichen Fahrbetrieb typischerweise ausgesetzt ist.[178]

88 Die Klärung der **konkreten, üblichen Verwendung des versicherten Fahrzeuges** ist für die Abgrenzung zwischen solchen Schäden, die durch die Einwirkung eines außergewöhnlichen Ereignisses entstanden sind und solchen, die dem gewöhnlichen Betriebsrisiko zuzurechnen sind, vor allem bei **Traktoren, Baustellenfahrzeugen, Müllwagen oder Lkw**, die im normalen Fahrbetrieb gerade auch auf unwegsamem Gelände eingesetzt werden, von Bedeutung. Schäden durch Ereignisse und Umstände, denen das Fahrzeug im Rahmen seiner üblichen Verwendung ausgesetzt ist, sind nicht versicherte Betriebsschäden. Wenn das **Befahren von unbefestigten Wegen**, Plätzen, Abhängen und Böschungen zum üblichen Betrieb des Fahrzeuges gehört, unterfällt diese Nutzung dem gewöhnlichen Verwendungs- und Betriebsrisiko.

89 Der **Einsatz eines Nutzfahrzeuges** bei schlechten Straßenverhältnissen oder auf Baustellen birgt immer das Risiko in sich, dass das Fahrzeug aufgrund zu erwartender Hindernisse oder Unebenheiten beschädigt wird.[179] Sinkt ein solches Fahrzeug z.B. beim Abladen von Schutt auf schlammigem Untergrund ein, so handelt es sich nicht um einen Unfall, sondern um einen nicht versicherten Betriebsvorgang. Gleiches gilt für **Ladungsschäden**, wenn es beim Verladen eines Fahrzeuges zu einem versehentlichen Überfahren des »Bremsschuhs« auf der Ladepritsche des versicherten Lkw mit anschließendem Anprall gegen das Führerhaus kommt, weil das **Be- und Entladen als Teil des Speditionsvorganges** zum normalen Betrieb des Fahrzeuges gehört und sich mit dem Schaden lediglich das normale Betriebsrisiko verwirklicht.[180] Dies ist z.B. auch dann der Fall, wenn der VN in einem Waldstück mit dem Frontlader seines Traktors einen **umgestürzten Baumstamm** anhebt, um ihn zur Seite zu räumen, wodurch dieser aufgrund der Bewegungsenergie so unter Spannung gesetzt wird, dass er unerwartet zurückschnellt, über den Frontlader gegen das Führerhaus rutscht und dieses beschädigt.[181]

90 **Demgegenüber** liegt **kein** lediglich **betriebsinterner Geschehensablauf** vor, wenn das Zugfahrzeug eines Gespanns wegen **falscher Beladung des Anhängers** auf gerader Strecke ins »Trudeln« gerät und deshalb zunächst mit einem entgegenkommenden Fahrzeug, sodann mit der Leitplanke und schließlich mit einem Teil des Anhängers kollidiert.[182]

cc) Kein Betriebsschaden bei Aufprallschäden nach Umkippen oder Absturz

91 Wenn auf einer Baustelle das **Erdreich unter dem Lkw wegbricht**, ohne dass dies für den Fahrer vorauszusehen war, liegt ein versichertes Unfallereignis vor, weil das Fahrzeug durch eine außergewöhnliche, aus Sicht des Fahrers völlig **unerwartete Einwirkung von außen** beschädigt wird.[183]

92 Erleidet ein Fahrzeug durch **Umkippen oder Abstürzen in einen Abgrund Aufprallschäden**, so sind auch diese als versicherte Unfallschäden zu qualifizieren. Kein Betriebsschaden liegt daher vor, wenn ein Traktor dadurch beschädigt wird, dass er seine durch unzureichende Befestigung herabgefallene

---

177 OLG Koblenz Urt. v. 11.02.2011 – 10 U 742/10 – VersR 2012, 175 = r+s 2011, 423.

178 OLG Hamm Urt. v. 15.11.2013 – I-20 U 83/13 – VersR 2014, 698 = DAR 2014, 459.

179 BGH Urt. v. 01.07.1963 – **II ZR 55/62** – VersR 1963, 772; OLG Frankfurt/M. Urt. v. 24.06.1992 – 23 U 172/91 – zfs 1993, 198 = NJW-RR 1993, 216; LG Köln Urt. v. 03.05.1978 – 74 O 17/78 – VersR 1978, 914.

180 LG Ravensburg Urt. v. 06.08.2002 – 1 O 159/02 – r+s 2003, 360.

181 AG Norden Urt. v. 02.08.2013 – 5 C 582/12 – n.v.

182 OLG Saarbrücken Urt. v. 01.12.2010 – 5 U 395/09 – zfs 2011, 151.

183 BGH Urt. v. 02.07.1969 – **IV ZR 625/68** – VersR 1969, 940 = DAR 1969, 272; BGH Urt. v. 23.10.1968 – **IV ZR 515/68** – VersR 1969, 32 = DAR 1969, 22.

Schaufel überrollt und deshalb im Grabenbereich eines Wirtschaftsweges aufschlägt.[184] Sackt ein mit Eisenteilen beladener Lkw auf dem Gelände einer Mülldeponie unerwartet auf einem sandigen Weg ein, gerät in eine Schieflage und kippt schließlich um, sind zwar die dabei entstehenden **Verwindungsschäden** nicht versichert, wie sich dies nun auch ausdrücklich aus A.2.2.2.2 Abs. 2 AKB ergibt (vgl. A.2.2.2 AKB Rdn. 76 ff.); demgegenüber sind aber die Schäden, die am Lkw durch das Umstürzen und Aufschlagen auf den Boden entstehen, als »Unfallschäden« gedeckt, weil aus Sicht eines durchschnittlichen VN derartige **Aufprallschäden** nicht als Schäden beim Betrieb des Fahrzeuges angesehen werden können.[185]

Auch der **BGH**[186] hat in Fällen, in denen ein Lkw beim Abladen von Schüttgut infolge des **nachgebenden Untergrundes** umstürzte, in dem **Aufschlagen auf den Boden** ein versichertes Unfallereignis gesehen. Gleiches gilt, wenn ein Kipperfahrzeug **von einem Erddamm abrutscht,**[187] ein Betonmischfahrzeug auf einem Baustellengelände auf dem Weg zur Betonpumpe durch **Nachgeben der Böschung** umkippt und in eine Baugrube stürzt[188] oder ein Lkw, der eine frische Aufschüttung befährt, um dort weiteres Aushubmaterial abzuladen, umstürzt, weil die Aufschüttung nachgibt.[189] Dementsprechend gehört es zwar zum Betriebsrisiko, wenn eine **landwirtschaftliche Zugmaschine,** die in **Steillagen eines Weinbergs** eingesetzt wird, bei Trockenheit des Bodens und damit schlechtem Halt der Reifen ins Rutschen gerät und von der Spur abkommt. Nicht zum einkalkulierten Risiko gehört es aber, wenn die Zugmaschine nach Überqueren mehrerer Weinberge einen Abhang hinunterstürzt, sich währenddessen überschlägt und auf ein mehrere Meter tiefer gelegenes Gartengrundstück prallt. Hier liegt zwar die **Schadenursache** in einem Betriebsvorgang; die **Schadenentstehung** (und damit der versicherte Unfallschaden) erfolgt aber erst durch das Aufschlagen auf den Boden.[190] 93

dd) Kein Betriebsschaden bei Folgeschäden durch Umkippen oder Absturz

Umstritten ist, ob der **Folgeschaden** bei dem bloßen Umstürzvorgang eines Lkw auf unwegsamem Gelände, z.B. an einer angeschütteten Böschung, als »Unfall« zu qualifizieren ist. 94

Das **OLG Köln**[191] verneinte dies bei einem im Tagebergbau eingesetzten Lkw, der auf einer Rampe des Tagebaugeländes umkippte, wodurch der **Motor infolge der Schräglage des Lkw einen Ölmangelschaden** erlitt. Es stellte darauf ab, dass der Fahrer auf sandigem Gelände unterwegs gewesen sei und der Boden – für den Fahrer voraussehbar – nachgegeben habe, wodurch der Lkw umgestürzt und letztlich der Motorschaden eingetreten sei. Es liege in der Natur der Sache, dass in einem Tagebaugelände das Erdreich mitunter wegbreche und auch einen schweren Lkw zum Kippen bringen könne.[192] Dies könne weder als unerwartet, noch als außergewöhnlich angesehen werden. Indes erscheint es nicht gerechtfertigt, das Abgrenzungskriterium allein an der subjektiven Sichtweise und 95

---

184 OLG Hamm Urt. v. 31.07.2002 – 20 U 10/01 – VersR 2003, 189 = NJW-RR 2002, 1545.

185 OLG Köln Urt. v. 25.02.2003 – 9 U 118/02 – VersR 2003, 1248 = r+s 2003, 356; **anders noch** OLG Köln Urt. v. 16.11.1989 – 5 U 66/89 – VersR 1990, 414 = r+s 1990, 114.

186 BGH Urt. v. 05.11.1997 – **IV ZR 1/97** – VersR 1998, 179 = r+s 1998, 9 **unter Bestätigung von** OLG Nürnberg Urt. v. 28.11.1996 – 8 U 2337/96 – r+s 1997, 53; BGH Urt. v. 02.07.1969 – **IV ZR 625/68** – VersR 1969, 940 = DAR 1969, 272; vgl. auch OLG Koblenz Urt. v. 16.10.1998 – 10 U 1213/97 – r+s 1999, 405 = NVersZ 1999, 329.

187 OLG Frankfurt/M. Urt. v. 17.02.1967 – 3 U 206/66 – VersR 1967, 850.

188 OLG Celle Urt. v. 05.03.1998 – 22 U 141/96 – r+s 1999, 360; **anders noch** OLG Celle Urt. v. 19.01.1973 – 8 U 77/72 – VersR 1973, 535.

189 OLG Bamberg Urt. v. 11.11.1970 – 1 U 75/70 – VersR 1971, 334.

190 OLG Koblenz Urt. v. 16.10.1998 – 10 U 1213/97 – zfs 1999, 476.

191 OLG Köln Urt. v. 24.09.1996 – 9 U 15/96 – zfs 1997, 305.

192 Ähnlich auch OLG Köln Urt. v. 16.11.1989 – 5 U 66/89 – VersR 1990, 414 = r+s 1990, 114 (**Umkippen des Aufliegers eines Kipperfahrzeuges infolge nachgebenden Schotterbodens auf dem Gelände eines Asphaltmischwerks mit anschließendem Aufprall auf den Boden**); vgl. aber OLG Köln Urt. v. 25.02.2003 – 9 U 118/02 – VersR 2003, 1248 = r+s 2003, 356, das den Aufprallschaden als versicherten Unfallschaden ansieht.

Einschätzung des betreffenden Fahrers festzumachen. Ob ein Nachgeben des Bodens für den Fahrer vorhersehbar und unerwartet war oder nicht, wird sich häufig einer richterlichen Überprüfungsmöglichkeit entziehen.

96 Das **OLG Jena**[193] hat daher in einem vergleichbaren Fall, bei dem ein Lkw auf einer Müllkippe umstürzte und der **Motor infolge der Schräglage des Fahrzeuges einen Ölschlag** erlitt, zu Recht bereits in dem bloßen Umkippen des Lkw ein versichertes Unfallereignis gesehen und den daraus resultierenden **Motorschaden als versicherten Unfallfolgeschaden** eingestuft. Für diese rechtliche Einordnung spricht, dass das Umstürzen einen Vorgang darstellt, bei dem ebenso wie bei einem Auffahren auf ein Hindernis ein unmittelbar von außen plötzlich auftretendes Ereignis auf das versicherte Fahrzeug einwirkt. Auch wird man sagen müssen, dass das Umkippen eines Lkw über das mit dem normalen Befahren eines unebenen Baustellen- oder Deponiegeländes verbundene Betriebsrisiko hinausgeht. Das spezielle Risiko des Umkippens ist von anderer Qualität als die Betriebsschäden, die nach der Verkehrsanschauung und vom Verständnis des durchschnittlichen VN vom Schutz der Kfz-Kaskoversicherung ausgeschlossen sein sollen, wie etwa das Einsinken eines Lkw auf einer Baustelle.[194]

97 Auch wenn das OLG Jena seine Auffassung ausdrücklich mit der Entscheidung des **BGH**[195] vom 05.11.1997 begründet, was nicht ganz treffend ist, da hier lediglich entschieden wurde, dass die beim Umkippen eines Lkw entstehenden Aufprallschäden als versicherte Unfallschäden zu ersetzen sind, **ist** im Ergebnis dennoch **der Auffassung des OLG Jena zu folgen**. Denn dem normalen Betriebsrisiko können nur solche Vorgänge zugewiesen werden, mit denen der durchschnittliche VN in Anbetracht der konkreten Zweckbestimmung des versicherten Fahrzeuges rechnen muss. Dazu mag das Einsinken oder Absacken eines Lkw auf sandigem oder nicht verdichtetem Untergrund gehören, nicht aber das **Umkippen des gesamten Fahrzeuges** infolge eines Nachgebens oder gar Wegbrechens des Untergrundes. Dies stellt kein vorhersehbares, normales Ereignis im Rahmen des gewöhnlichen Fahrbetriebes eines Lkw dar. Ist dieser Vorgang somit als »Unfall« zu qualifizieren, ist auch ein adäquat kausal **darauf beruhender Motorschaden zu ersetzen**, der wiederum daraus resultiert, dass nach dem seitlichen Umfallen des Lkw der Motor aufgrund von ausgelaufenem Öl heiß gelaufen ist. Es handelt sich um einen **Unfallfolgeschaden**, der – zusätzlich zu etwaig entstandenen Aufprallschäden – zu ersetzen ist, weil der Schaden nicht beim (bestimmungsgemäßen) Betrieb des Lkw, sondern als unmittelbare Folge des Umkippens und damit eines Unfalls entstanden ist.

98 Für die Einordnung des **Motorschadens als Unfallfolgeschaden** spricht auch, dass es letztlich keinen Unterschied machen kann, ob das Festfressen des Motors auf eine durch einen Unfall beschädigte Ölwanne zurückzuführen ist[196] oder darauf, dass der Motor infolge der durch das Umkippen verursachten Seitenlage nicht mehr ausreichend mit Schmieröl versorgt wurde.[197] In beiden Fällen besteht eine Entschädigungspflicht des VR für die Motorschäden aus der Vollkaskoversicherung.

b) Einzelfälle aus der Rechtsprechung

99 Ein nicht versicherter **Betriebsvorgang** liegt insbesondere vor, wenn
- beim Abschleppen einer Lkw-Sattelzugmaschine nach vorangegangenem Unfall deshalb ein **Getriebeschaden** entsteht, weil die Gelenkwelle entgegen der Herstelleranweisung nicht demontiert wurde und **während des Abschleppvorganges** ohne ausreichende Ölversorgung blieb;[198]

---

193 OLG Jena Urt. v. 24.03.2004 – 4 U 812/03 – VersR 2004, 1261 = zfs 2004, 268.

194 Vgl. BGH Urt. v. 23.10.1968 – **IV ZR 515/68** – VersR 1969, 32 = DAR 1969, 22; OLG Karlsruhe Urt. v. 18.02.1993 – 12 U 207/92 – VersR 1994, 1222 = zfs 1995, 101.

195 BGH Urt. v. 05.11.1997 – **IV ZR 1/97** – VersR 1998, 179 = r+s 1998, 9.

196 Vgl. OLG Hamm Urt. v. 27.10.1993 – 20 U 111/93 – VersR 1994, 1290 = r+s 1994, 86, wonach der Motorschaden als Unfallfolgeschaden zu ersetzen ist.

197 So OLG Jena Urt. v. 24.03.2004 – 4 U 812/03 – VersR 2004, 1261 = zfs 2004, 268.

198 OLG Koblenz Urt. v. 18.06.1999 – 10 U 1091/98 – VersR 2000, 485 = r+s 1999, 359.

– ein Kipper eine nicht oder wenig befestigte Rampe befährt, um Material von seiner Ladefläche abzukippen und die Rampe nachgibt, wodurch **infolge der Schräglage des Fahrzeuges** an dessen Motor ein **Ölschlag** eintritt,[199] (wobei die Schräglage des Lkw in dem vom OLG Köln entschiedenen Fall nicht nur durch ein Nachgeben des Untergrundes, sondern durch ein Umkippen des Lkw bedingt war, was entgegen dem OLG Köln als versicherter Unfallschaden einzuordnen gewesen wäre, (vgl. A.2.2.2 AKB Rdn. 94 ff.);
– ein in der Forstwirtschaft eingesetzter Traktor auf einen **im Waldboden versteckten Stein auffährt;**[200]
– ein Sattelzug, der **zum Transport von Erdaushub** eingesetzt ist und dabei auch über kurz zuvor angelieferten, noch nicht verdichteten Aushub fahren muss, **mit den Rädern einsackt**, wodurch ein Schaden entsteht;[201]
– ein **Gespann** aus einem Lkw und einem anhängenden Wohnanhänger beim Ausfahren aus einem unebenen Tankstellengelände auf eine öffentliche Straße mit den Zugrohren und dem Chassis des Anhängers **aufsetzt;**[202]
– der VN es entgegen den Sicherheitsanweisungen der Deutschen Bahn unterlässt, die auf dem Dach seines Wohnmobils befestigte **Parabolantenne** abzumontieren und diese während eines Bahntransports durch den Fahrtwind abgerissen wird.[203]

Dagegen liegt ein **Unfallschaden** vor, wenn 100
– ein **Lkw auf Bahngleisen aufsetzt**, weil wider Erwarten der Bahnübergang nicht mit Stahlplatten zum Ausgleich des Gleiskörpers versehen ist;[204]
– auf einem Betriebshof durch eine im Schotter zunächst verborgene, **plötzlich auftauchende hochstehende Ablaufrinne die Ölwanne** des Fahrzeuges **beschädigt** wird, wobei auch die Folgeschäden durch »Festfressen« des Motors zu ersetzen sind;[205]
– der Fahrer eines beim Straßenbau eingesetzten Lkw beim Wenden von der bereits befestigten Fahrbahn abkommt und die **Hinterräder auf dem Bankett einsinken**, wodurch ein Schaden entsteht;[206]
– eine selbstfahrende Holzbearbeitungsmaschine **bei der Anfahrt zu Holzrückarbeiten** auf einem Waldweg mit einem am Wegrand befindlichen **Baumstumpf kollidiert**, weil der VN zu diesem Zeitpunkt noch nicht mit Holzrückarbeiten begonnen hatte, sondern erst auf dem Weg dorthin war und auf dem unbefestigten Waldweg auch nicht mit Hindernissen in Form von Baumstümpfen rechnen musste;[207]
– eine Zugmaschine bei **Holzrückarbeiten** durch einen **unkontrolliert einen Steilhang hinunterschießenden Baumstamm** beschädigt wird, wobei es unerheblich ist, dass der Stamm durch ein Drahtseil mit der auf dem Lkw montierten Seilwinde verbunden ist, wenn das **Zugseil** jedenfalls zu dem Zeitpunkt, zu dem sich der Baumstamm aus seiner instabilen Lage löst, **nicht unter Spannung steht;**[208]
– wenn bei einem **Fahrzeug der Straßenmeisterei** nach Beendigung des Streueinsatzes der Streubehälter abgesetzt werden soll, was nur vom Führerhaus aus bei laufendem Motor möglich ist und dabei der **Streuteller auf den Boden aufschlägt;**[209]
– wenn ein Rad eines landwirtschaftlichen Streuwagens beim Überfahren eines ca. 30–40 cm hohen **Geländeabsatzes** abreißt.[210]

199 Vgl. OLG Köln Urt. v. 24.09.1996 – 9 U 15/96 – zfs 1997, 305.
200 OLG Karlsruhe Urt. v. 04.12.1986 – 12 U 202/86 – VersR 1988, 371 = zfs 1987, 281.
201 OLG Karlsruhe Urt. v. 18.02.1993 – 12 U 207/92 – zfs 1995, 101.
202 OLG Hamm Urt. v. 02.06.1993 – 20 U 373/93 – NZV 1993, 481 = VersR 1994, 342.
203 AG Köln Urt. v. 18.12.2013 – 118 C 282/13 – SP 2014, 168.
204 OLG Hamm Urt. v. 19.10.1990 – 20 U 166/90 – NZV 1991, 235 = zfs 1991, 58.
205 OLG Hamm Urt. v. 27.10.1993 – 20 U 111/93 – VersR 1994, 1290 = r+s 1994, 86.
206 OLG Schleswig Urt. v. 27.10.1970 – 1 U 65/70 – VersR 1971, 406.
207 OLG Stuttgart Urt. v. 22.02.07 – 7 U 163/06 – VersR 2007, 1121 = r+s 2007, 276.
208 OLG Braunschweig Urt. v. 28.06.2000 – 3 U 201/99 – VersR 2001, 579.
209 LG Stuttgart Urt. v. 17.02.2012 – 22 O 503/11 – NJW-RR 2012, 1500.
210 OLG Zweibrücken Urt. v. 31.10.2018 – 1 U 93/17 – VersR 2019, 218 = r+s 2019, 138.

6. Kausalzusammenhang zwischen Unfall und Schaden

101 Liegen alle Voraussetzungen eines Unfallereignisses vor, sind sämtliche, **adäquat kausal** darauf beruhenden Schäden durch den VR zu ersetzen. Dies beinhaltet auch alle **Folgeschäden**, sofern sich mit dem Beurteilungsmaßstab des **§ 287 ZPO** feststellen lässt, dass diese mit großer Wahrscheinlichkeit ursächlich auf den versicherten Unfall zurückzuführen sind. Praxisrelevante Fälle sind Motorschäden durch unfallbedingte Beschädigung der **Ölwanne,**[211] durch **Schmierölmangel** infolge einer unfallbedingten Schräglage des Fahrzeuges (vgl. A.2.2.2 AKB Rdn. 94 ff.), Motorschäden aufgrund **mangelnder Kühlung** infolge einer unfallbedingten Beschädigung des Kühlers durch einen Fremdkörper (Stein o.ä.) oder aufgrund eines unfallbedingten Lecks am Ölfilter (vgl. A.2.2.2 AKB Rdn. 14 f.), Schäden durch eine **aufspringende Motorhaube**, deren Verriegelung bei einem vorausgegangenen Unfall beschädigt wurde, die Beschädigung aber unentdeckt blieb und deshalb nicht repariert worden war (vgl. A.2.2.2 AKB Rdn. 45 ff.) oder Schäden am Fahrzeug durch **Bergungsarbeiten** bzw. Aufbrechen der Fahrgastzelle zur Befreiung der Insassen nach einem Unfall.[212]

102 Ist der konkret eingetretene Schaden nicht nur auf ein versichertes Unfallereignis, sondern gleichzeitig auch auf einen nicht versicherten Betriebsschaden zurückzuführen (Ermüdungsbrüche, Verschleiß, technische Mängel des Fahrzeuges), so besteht Deckung aus der Vollkaskoversicherung nur dann, wenn sich der **Unfall als wesentliche (Haupt-) Ursache für den Schaden** darstellt.[213] Nicht zu ersetzen sind dabei die Schäden, die auf den in A.2.3.2 S. 4 AKB als nicht versicherte Betriebsschäden aufgeführten Ursachen beruhen (z.B. der Bruchschaden an gebrochenen Fahrwerksfedern). Umgekehrt sind Bruch- oder Verwindungsschäden aber zu ersetzen, wenn sie **Folge eines gedeckten Unfallereignisses** sind.

III. Mut- oder böswillige Handlungen – A.2.2.2.3 AKB

103 Dem Versicherungsfall »Unfall« sind durch A.2.2.2.3 AKB solche Schäden gleichgestellt, die durch mut- oder böswillige Handlungen einer **betriebsfremden Person** verursacht werden. Hierzu gehören vorsätzlich, also absichtlich herbeigeführte Beschädigungen (Vandalismusschäden) des versicherten Fahrzeuges. Der Täter darf nicht dem in A.2.2.2.3 S. 2 AKB genannten, vom Versicherungsschutz ausgeschlossenen Personenkreis angehören. Er darf in keiner Weise berechtigt sein, das Fahrzeug zu gebrauchen. Es handelt sich zwar um eine **Anspruchsvoraussetzung** und damit um eine regelmäßig vom VN zu beweisende primäre Risikobeschreibung. Gleichwohl obliegt die Beweislast dafür, dass der Täter nicht betriebsfremd war, beim VR.[214] Beweiserleichterungen kommen ihm dabei nicht zugute.[215] Zur **Beweislastverteilung** im Übrigen vgl. A.2.2.2 AKB Rdn. 144 ff.

104 **Betriebsfremd ist eine Person**, die keinerlei berechtigte Beziehungen zu dem Fahrzeug hat, es ohne Wissen und Wollen des Halters nutzt und auch nicht mit Betrieb, Wartung, Verwaltung oder Betreuung des Fahrzeuges beauftragt ist. **Nicht betriebsfremd ist eine Person**, die das Fahrzeug zwar nicht so, wie geschehen, nutzen darf, die es aber mit Willen des Halters in Besitz hat.[216] Wie schon in A.2.2.1.2c AKB für die Versicherung des unbefugten Gebrauchs (vgl. A.2.2.1 AKB Rdn. 46 ff.) wird auch hier beispielhaft ein Personenkreis aufgezählt, der typischerweise als berechtigt angesehen wird, das Fahrzeug zu gebrauchen. Dazu zählen vor allem Personen, die mit der Reparatur, Wartung, Betreuung und Verwaltung betraut sind oder zu dem VN in einem Näheverhältnis stehen wie z.B. als Kraftfahrer angestellte Arbeitnehmer, Familien- oder Haushaltsangehörige. Mut- oder böswillige Handlungen dieser Personen sind von der Vollkasko nicht gedeckt. Der VN soll selbst das

211 OLG Hamm Urt. v. 27.10.1993 – 20 U 111/93 – VersR 1994, 1290 = r+s 1994, 86, wonach der Motorschaden als Unfallfolgeschaden zu ersetzen ist.
212 Stiefel/Maier/*Stadler* A.2 AKB Rn. 372.
213 Stiefel/Maier/*Stadler* A.2 AKB Rn. 374.
214 BGH Urt. v. 25.06.1997 – **IV ZR 245/96** – VersR 1997, 1095 = r+s 1997, 446; Stiefel/Maier/*Stadler* A.2 AKB Rn. 387.
215 OLG Köln Beschl. v. 13.08.2013 – 9 U 96/13 – r+s 2014, 65 = zfs 2014, 517.
216 OLG Köln Urt. v. 19.09.1995 – 9 U 59/95 – SP 1996, 57.

Risiko dafür tragen, dass Personen, denen er das Fahrzeug vertrauensvoll überlässt, dieses Vertrauen missbrauchen und vorsätzliche Schäden verursachen.

Der **Vorsatz des Täters** muss auf die Beschädigung des Fahrzeuges gerichtet sein und damit das Motiv seines Handelns bestimmen. Eine »**mutwillige**« Beschädigung wird eher bei solchen Tätern vorliegen, die nur einen dummen Streich verüben wollen, während eine »**böswillige**« Handlung die Freude des Täters an der Beschädigung des Fahrzeuges, unter Umständen verbunden mit einer feindseligen Haltung oder schlechten Gesinnung gegenüber dem betroffenen Fahrzeugeigentümer, zum Ausdruck bringt.[217] 105

Schäden durch mut- oder böswillige Handlungen betriebsfremder Personen sind auch dann gedeckt, wenn sie sich als »**Betriebsschäden**« darstellen. Die Ausschlüsse in A.2.2.2.2 Abs. 2 und 3 AKB gelten nur für den Versicherungsfall »Unfall«. Die mut- oder böswillige Handlung muss nicht wie beim Unfall »mit mechanischer Gewalt« auf das Fahrzeug einwirken. Auch chemische Einwirkungen sind versichert, selbst wenn sie einen Betriebsschaden auslösen,[218] z.B. wenn ein Fuhrunternehmer beim Fahrzeug seines Konkurrenten heimlich schädigende Zusätze in den Tank schüttet, wodurch ein Motorschaden entsteht. 106

Kein versicherter Vandalismusschaden liegt jedoch vor, wenn der Täter nur aus eigenem Interesse Schäden an dem Fahrzeug hervorruft, weil er es entweder stehlen oder als Schwarzfahrer benutzen will. In diesem Fall besteht aber Deckung gemäß A.2.2.1 i.V.m. A.2.2.1.2 AKB im Rahmen der Teilkasko, weil es sich um Schäden »durch« eine (versuchte) Entwendung bzw. einen unbefugten Gebrauch des Fahrzeuges handelt,[219] (vgl. A.2.2.1 AKB Rdn. 205 ff.). 107

Mehrere Schäden, die in engem räumlichen und zeitlichen Zusammenhang vom Täter an dem versicherten Fahrzeug verursacht werden, sind nur als ein Versicherungsfall mit **einmaligem Abzug des Selbstbehaltes** anzusehen, wenn sich das Schadenereignis als einheitlicher Lebensvorgang darstellt, so z.B. bei Schäden durch auf dem Fahrzeug herumkletternde, mit Sand und Steinen spielende Kinder,[220] (vgl. A.2.5.8 AKB Rdn. 9 ff.). 108

C. Weitere praktische Hinweise

I. Unfall

1. Beweislastverteilung

a) Grundsätzliches

Der **VN** ist für den Eintritt des bedingungsgemäßen Versicherungsfalles »Unfall« in vollem Umfange **darlegungs- und beweispflichtig.**[221] Die im Rahmen der Entwendung des Kfz von der Rechtsprechung entwickelten **Beweiserleichterungen** kann er nicht in Anspruch nehmen.[222] Er befindet sich nicht in der bei Diebstahlfällen üblichen Beweisnot. Der Nachweis kann für den VN allerdings entbehrlich sein, wenn der VR aus einer **Garantie** einstandspflichtig ist, die er anlässlich eines früheren Kaskoschadens auf die Reparaturarbeiten der Werkstatt übernommen hatte.[223] 109

217 OLG Köln Urt. v. 13.12.2011 – 9 U 83/11 – VersR 2012, 1297 = r+s 2012, 109; OLG Hamm Urt. v. 23.11.1995 – 6 U 50/95 – VersR 1996, 881; Stiefel/Maier/*Stadler* A.2 AKB Rn. 381.

218 Vgl. Feyock/Jacobsen/Lemor § 12 AKB Rn. 130.

219 Vgl. OLG Frankfurt/M. Urt. v. 28.01.1988 – VersR 1988, 1122; KG Urt. v. 01.03.1996 – 6 U 7232/95 – VersR 1997, 871 = DAR 1996, 498.

220 LG Düsseldorf Urt. v. 20.04.2000 – 21 S 110/99 – r+s 2002, 7.

221 OLG Köln Urt. v. 15.06.2004 – 9 U 164/03 – r+s 2004, 321.

222 OLG Köln Urt. v. 28.06.2016 – 9 U 4/16 – NJOZ 2017, 1237; OLG Köln Urt. v. 02.03.2010 – 9 U 122/09 – VersR 2010, 1361 = r+s 2010, 192; OLG Köln Urt. v. 03.03.1998 – 9 U 199/95 – r+s 1998, 406; OLG Celle Urt. v. 05.06.1991 – 8 U 168/90 – r+s 1991, 330.

223 Vgl. OLG Saarbrücken Urt. v. 18.12.2015 – 5 U 4/15 – r+s 2017, 71.

110 Der VN muss den Nachweis führen, dass sich der Unfall zu einer **bestimmten Zeit** an einem **bestimmten Ort** ereignet und zu **bestimmten Schäden** am versicherten Fahrzeug geführt hat, die mit dem behaupteten Unfallhergang **kompatibel** sein müssen.[224] Vor allem die **Lage der Unfallstelle** ist eine für die Individualisierung des geltend gemachten Versicherungsfalles unabdingbare Angabe; stellt der VR diese infrage, muss der VN konkret beweisen, wo genau sich der Unfall zugetragen haben soll, andernfalls der Versicherungsfall »Unfall« als nicht nachgewiesen angesehen werden kann.[225]

111 **Nicht erforderlich** ist, dass der vom VN behauptete Unfallhergang und damit der schadenbegründende Sachverhalt in allen Einzelheiten aufgeklärt werden kann und sich die Schadenursache feststellen lässt. Unerheblich ist auch, wenn – wie so häufig – der ursächliche Zusammenhang zwischen dem behaupteten Unfallereignis und den festgestellten Schäden am Fahrzeug streitig bleibt. Es ist auch nicht erforderlich, dass der VN die Kompatibilität aller Schäden auch am gegnerischen Fahrzeug beweist.[226] **Es genügt** in diesen Fällen für eine Einstandspflicht des VR, dass der VN nachweist, dass die **Fahrzeugschäden nach Art und Beschaffenheit** nur durch ein unmittelbar von außen plötzlich mit mechanischer Gewalt auf das Fahrzeug einwirkendes Ereignis, also durch einen »Unfall« im Sinne der AKB, herbeigeführt worden sein können.[227] Dieser Nachweis reicht selbst dann aus, wenn sich die Angaben des VN zum Unfallverlauf und zur Unfallursache zwar als falsch herausstellen, immerhin aber feststeht, dass die **Schäden** am versicherten Fahrzeug mit den Schäden am Unfallort **kompatibel** sind und auch an dem **vom VN angegebenen Unfallort entstanden** sind.[228]

112 Darin liegt auch keine Obliegenheitsverletzung des VN. Die oftmals in diesem Zusammenhang vom VR aufgestellte Behauptung, der VN habe den Unfall vorsätzlich oder grob fahrlässig herbeigeführt oder gar vorgetäuscht (vgl. A.2.9.1 AKB, § 81 VVG), ändert nichts daran, dass von einem versicherten »Unfall« ausgegangen werden muss. Dies gilt insbesondere dann, wenn jegliche Anhaltspunkte dafür fehlen, dass der VN sein nicht mehr fahrbereites Fahrzeug an den Unfallort verbracht hat, um dort ein Unfallgeschehen zu inszenieren, das der Fahrer verursacht haben soll.[229]

113 **Steht** allerdings **fest, dass sich der** vom VN **geschilderte Unfall** zu der behaupteten Zeit, an dem behaupteten Ort und unter den angegebenen Bedingungen **nicht ereignet haben kann**, sondern nur zu einer anderen Zeit an einem anderen Ort unter anderen Bedingungen, so besteht **keine Deckungspflicht des VR.** Ob der VN möglicherweise im versicherten Zeitraum, aber an anderer Stelle und unter anderen Bedingungen mit dem Fahrzeug verunfallt ist, ist unerheblich.[230] **Streitgegenständlich ist nur das** vom VN gegenüber dem VR in der Schadenanzeige gemeldete bzw. prozessual mit der Klage **vorgetragene Unfallereignis.** Steht fest, dass dieses gar nicht stattgefunden

224 OLG Hamm Urt. v. 21.01.2005 – 20 U 228/03 – r+s 2005, 194 = zfs 2005, 396.

225 OLG Brandenburg Urt. v. 14.05.2009 – 12 U 215/08 – VersR 2009, 1653 = zfs 2009, 450; LG Dortmund Urt. v. 02.07.2009 – 2 O 31/09 – VRR 2010, 68.

226 OLG Köln Urt. v. 15.06.2004 – 9 U 164/03 – r+s 2004, 321.

227 OLG Karlsruhe Urt. v. 06.04.2021 – 12 U 333/20 – VersR 2021, 693 = zfs 2021, 394; OLG Braunschweig Urt. v. 11.02.2019 – 11 U 74/17 – zfs 2019, 633 (**Unfall eines sich selbstständig in Bewegung gesetzten Automatik-Fahrzeugs**); OLG Koblenz Urt. v. 06.12.2003 – 10 U 255/13 – DV 2014, 60; OLG Hamm Urt. v. 21.01.2005 – 20 U 228/03 – NZV 2006, 89; OLG Köln Urt. v. 15.06.2004 – 9 U 164/03 – r+s 2004, 321; OLG Hamm Urt. v. 25.04.1998 – 20 U 251/97 – r+s 1998, 455 = zfs 1998, 466; OLG Hamm Urt. v. 31.03.1993 – 20 U 343/92 – VersR 1994, 341 = r+s 1994, 125.

228 OLG Stuttgart Urt. v. 17.11.2016 – 7 U 34/16 – VersR 2017, 347 = r+s 2017, 298; OLG Naumburg Urt. v. 07.02.2013 – 4 U 16/12 – r+s 2014, 8; OLG Karlsruhe Urt. v. 16.3.2006 – 12 U 292/05 – DAR 2006, 507 = zfs 2006, 330; LG Dortmund Urt. v. 16.03.2017 – 2 O 175/16 – r+s 2017, 299; Prölss/Martin/*Klimke* A.2.2.2 AKB Rn. 10.

229 Vgl. OLG Köln Urt. v. 31.03.1998 – 9 U 96/96 – zfs 1998, 230; OLG Köln Urt. v. 10.07.2001 – 9 U 87/00 – r+s 2002, 321.

230 OLG Hamm Urt. v. 21.01.2005 – 20 U 228/03 – r+s 2005, 194 = zfs 2005, 396; LG Münster Beschl. v. 02.05.2018 – 15 S 13/17 – BeckRS 2018, 18697.

hat, weil sich der Unfall an der vom VN angegebenen Unfallstelle nicht so, wie von ihm geschildert, ereignet haben kann (**fehlende Plausibilität**)[231] oder die vorgefundenen Fahrzeugschäden bei der vom VN behaupteten Kollision an der von ihm angegebenen Unfallstelle gar nicht entstanden sein können (**fehlende Kompatibilität**), kann der behauptete Unfall auch nicht Gegenstand des geltend gemachten Versicherungsanspruches sein. Dass sich der Unfall zu einem anderen Zeitpunkt und an anderer Stelle ereignet haben mag, ändert daran nichts, denn der an einem anderen Ort geschehene Unfall ist nicht Streitgegenstand des mit der Klage geltend gemachten Anspruchs. In einem solchen Fall fehlt es am Eintritt eines Versicherungsfalles, so dass die Klage des VN abzuweisen ist.[232]

Der VR kann den Unfall im Prozess auch dann noch bestreiten, wenn er vorgerichtlich bereits einen Teil des Schadens reguliert hat; ein **Anerkenntnis** dem Grunde nach, an das der VR im Prozess gebunden wäre, ist einer **außergerichtlichen Zahlung** nicht zu entnehmen.[233] 114

Bei einem Schaden am versicherten Fahrzeug durch den **Auf- oder Anprall eines Gegenstandes während der Fahrt** (z.B. Kühlerschaden durch hochgeschleuderten Stein oder Anstoßen gegen die Bordsteinkante), den der Fahrer nicht sofort bemerkt, genügt der VN seiner Substanziierungspflicht auch dann, wenn er **keine Angaben zu Ort und Zeit des Aufpralls und zur Art des Gegenstandes** machen kann; ausreichend ist, dass er **lediglich zur Schadenursache** (Überhitzung des Motors aufgrund einer Beschädigung des Kühlers durch den Aufprall eines Gegenstandes) vorträgt und dies nachweist.[234] 115

Im Rahmen seiner Darlegungs- und Beweislast **muss der VN ausschließen**, dass **der Schaden aufgrund eines Brems- oder Betriebsvorganges** entstanden ist **oder** es sich um einen reinen **Ermüdungs- oder Verschleißschaden** handelt. A.2.2.2.2 Abs. 2 AKB enthält dogmatisch keine vom VR zu beweisenden echten Risikoausschlüsse.[235] Da die dort beschriebenen Schäden ausdrücklich nicht als Unfall gelten, umfasst die Beweislast des VN auch diese Voraussetzungen als negative Tatbestandsmerkmale. Bleibt offen, ob ein Unfall oder ein nicht versicherter Betriebsschaden vorliegt, geht dies zulasten des VN.[236] Bei einem **Gespannschaden** muss der **VR beweisen**, dass die Schäden zwischen ziehendem und gezogenem Fahrzeug »ohne Einwirkung von außen« entstanden sind und damit vom Ausschluss in A.2.2.2.2 Abs. 2 AKB erfasst werden. Den **VN** trifft jedoch insoweit eine **sekundäre Darlegungslast**; es reicht nicht aus, dass er pauschal behauptet, der Fahrer des abschleppenden Kfz sei durch die Beteiligung eines fremden Fahrzeuges zum Abbremsen gezwungen worden, wodurch es zu einem Auffahren seines Fahrzeuges auf das abschleppende Kfz gekommen sei, wenn es ansonsten an objektiven Anhaltspunkten für die Beteiligung eines fremden Fahrzeuges fehlt.[237] 116

Platzt bei einem Sportwagen während einer Autobahnfahrt ein **Reifen**, wodurch der Wagen aufsetzt und massive Schäden eintreten, hat der VN den Beweis eines bedingungsgemäßen Unfalles nicht geführt, wenn für das Platzen des Reifens mehrere Ursachen denkbar sind, darunter auch eine länger zurückliegende Quetschung des Reifens durch das Überfahren einer Bordsteinkante, die auch bei einem Sportwagen zum normalen Betrieb eines Fahrzeuges gehört.[238] 117

Ist streitig, ob die **Fahrzeugschäden auf ein oder mehrere Unfälle i.S.v. A.2.2.2.2 Abs. 1 AKB zurückzuführen** sind, so trifft den VN zur Vermeidung eines zusätzlichen Selbstbehaltes gemäß A.2.5.8 AKB und einer doppelten Rückstufung gemäß I.3.5 AKB die Nachweispflicht, dass die Schäden auf ein und demselben Schadenereignis beruhen, (vgl. A.2.5.8 AKB Rdn. 9 ff.).[239] 118

231 OLG Hamm Urt. v. 25.04.1998 – 20 U 251/97 – r+s 1998, 455 = NJW-RR 1998, 1556.
232 OLG Hamm Urt. v. 21.01.2005 – 20 U 228/03 – r+s 2005, 194 = zfs 2005, 396.
233 LG Frankfurt/O. Urt. v. 15.10.2012 – 16 S 122/12 – BeckRS 2012, 23297.
234 OLG Koblenz Urt. v. 11.02.2011 – 10 U 742/10 – VersR 2012, 175 = r+s 2011, 423.
235 **A.A.** Prölss/Martin/*Klimke* A.2.2.2 AKB Rn. 34.
236 OLG München Urt. v. 08.11.2019 – 10 U 2305/19 – BeckRS 2019, 27694; OLG Köln Urt. v. 19.09.1995 – 9 U 395/94 – r+s 1995, 405 = SP 1995, 413.
237 OLG München Urt. v. 24.03.2017 – 10 U 3749/16 – VersR 2018, 160 = zfs 2017, 448.
238 OLG Hamm Urt. v. 15.11.2013 – I-20 U 83/13 – VersR 2014, 698 = DAR 2014, 459; **vgl. aber** OLG Koblenz Urt. v. 11.02.2011 – 10 U 742/10 – VersR 2012, 175 = r+s 2011, 423.
239 LG Köln Urt. v. 16.11.2006 – 24 O 288/06 – VersR 2008, 1061.

b) Vorschäden

119 **Vorschäden**, die zwar im versicherten Zeitraum, aber an einer anderen Unfallstelle zu einem anderen Zeitpunkt am Fahrzeug des VN entstanden sind, können nicht Gegenstand einer Entschädigungsleistung des VR für einen neu eingetretenen Unfallschaden sein. Dem VN obliegt der Nachweis, dass sämtliche geltend gemachten Schäden auf das neue Unfallereignis zurückzuführen sind. Dazu muss er im Einzelnen darlegen und beweisen, dass Schäden gleicher Art und gleichen Umfanges bei Eintritt des Versicherungsfalles nicht bzw. nicht mehr vorhanden waren.[240] Sind **Vorschäden durch einen versicherten Kaskoschaden überlagert**, trifft den VN die Darlegungslast für die **Abgrenzung zum Neuschaden.**[241] Hierfür muss er nicht nur substanziiert zu Hergang und Verlauf der zu den Vorschäden führenden Unfälle vortragen, sondern die hierdurch eingetretenen Schäden im Einzelnen benennen und spezifiziert den **Reparaturweg** und **Reparaturumfang** der in der Vergangenheit erfolgten Schadenbeseitigungsmaßnahmen aufzeigen.[242] Dies gilt jedenfalls dann, wenn er das Fahrzeug unrepariert erworben und die Vorschadensreparatur während seiner Besitzzeit des Kfz durchgeführt wurde.[243]

120 Der VN muss dem VR ihm bekannte Vorschäden am versicherten Fahrzeug offenbaren, d.h. den Gutachter auf diese Schäden hinweisen. Diese Obliegenheit besteht auch, wenn der VN selbst davon ausgeht, dass ein vollständig fachgerecht reparierter Vorschaden vorliegt.[244] **Steht fest, dass Vorschäden vorhanden waren**, muss der VN zum einen darlegen und ggf. beweisen, in welchem Umfang Schäden (abgrenzbar) auf den von ihm gemeldeten Schadensfall und nicht etwa auf den Vorschadensfall zurückzuführen sind; zum anderen muss er Art und Umfang der Beseitigung der Vorschäden darlegen und ggf. auch beweisen, durch welche konkreten Reparaturmaßnahmen die unstreitigen Vorschäden im Einzelnen fachgerecht beseitigt wurden.[245] Dafür muss er die jeweils

240 OLG Düsseldorf Urt. v. 27.10.2009 – I-4 U 63/08 – r+s 2010, 107; LG Saarbrücken Urt. v. 06.09.2011 – 14 S 2/11 – VersR 2012, 98.

241 OLG Köln Beschl. v. 04.06.2018 – 15 U 7/18 – BeckRS 2018, 22217; OLG Koblenz Urt. v. 26.03.2009 – 10 U 1163/08 – VersR 2010, 246 = r+s 2010, 234; LG Essen Urt. v. 04.01.2016 – 18 O 228/13 – r+s 2017, 182; LG Duisburg Urt. v. 05.02.2014 – 3 O 265/12 – BeckRS 2014, 09466.

242 Vgl. OLG Koblenz Beschl. v. 28.07.2021 – 12 U 353/21 – zfs 2021, 692; OLG Bremen Urt. v. 30.06.2021 – 1 U 90/19 – NJW-RR 2021, 1468; OLG Hamm Beschl. v. 25.05.2018 – 9 U 180/17 – BeckRS 2018, 11298; OLG Hamm Beschl. v. 23.03.2018 – 9 U 12/18 – r+s 2018, 391; OLG Naumburg Urt. v. 06.11.2017 – 1 U 79/17 – DAR 2018, 629; OLG Hamburg Urt. v. 29.08.2013 – 14 U 57/13 – VA 2013, 184; KG Beschl. v. 29.05.2012 – 22 U 191/11 – DAR 2013, 464; OLG Köln Urt. v. 08.02.2011 – 15 U 151/10 – SP 2011, 331; OLG Düsseldorf Urt. v. 02.03.2010 – I-1 U 111/09 – SP 2011, 114; KG Beschl. v. 12.11.2009 – 12 U 9/09 – NZV 2010, 348; KG Urt. v. 06.06.2007 – 12 U 57/06 – NZV 2008, 297; OLG Hamburg Urt. v. 28.03.2001 – 14 U 87/00 – r+s 2001, 455; LG Köln Urt. v. 05.09.2014 – 7 O 311/12 – BeckRS 2014, 19384; LG Essen Urt. v. 24.04.2012 – 8 O 357/10 – SP 2013, 19; LG Essen Urt. v. 23.12.2011 – 8 O 133/11 – SP 2012, 261; Klein zfs 2020, 188, 193 f.

243 Vgl. OLG Hamm Urt. v. 21.12.2021 – 9 U 164/20 – BeckRS 2021, 54767.

244 OLG Bremen Beschl. v. 26.06.2023 – 3 U 41/22 – VersR 2023, 1432 = DAR 2024, 77; AG Kaiserslautern Urt. v. 10.11.2023 – 2 C 332/23 – DAR 2024, 99; vgl. AG Mönchengladbach-Rheydt Urt. v. 14.01.2016 – 11 C 130/14 – zfs 2016, 275 mit ablehnender Anm. Rixecker zfs 2016, 277.

245 Vgl. OLG Bremen Beschl. v. 14.06.2023, 19.04.2023 und 26.06.2023 – 3 U 41/22 – r+s 2023, 796 = zfs 2024, 146; OLG Hamm Urt. v. 25.01.2022 – 9 U 46/21 – BeckRS 2022, 2475; OLG Dresden Urt. v. 16.02.2021 – 4 U 1909/20 – r+s 2023, 56; OLG Frankfurt/M. Urt. v. 24.11.2020 – 8 U 45/20 – BeckRS 2020, 45900; OLG Düsseldorf Beschl. v. 13.07.2015 – 1 U 164/14 – r+s 2016, 96; OLG Hamm Beschl. v. 01.02.2013 – I-9 U 238/12 – JurionRS 2013, 34061; KG Urt. v. 11.10.2007 – 12 U 46/07 – NJW 2008, 1006; LG Berlin Urt. v. 27.10.2015 – 42 O 330/14 – BeckRS 2016, 04040; LG Köln Urt. v. 05.09.2014 – 7 O 311/12 – BeckRS 2014, 19384; LG Münster Urt. v. 12.12.2012 – 2 O 207/12 – BeckRS 2013, 04429; LG Düsseldorf Urt. v. 20.11.2012 – 9 O 468/11 – BeckRS 2013, 07672; LG Hagen Urt. v. 27.08.2012 – 2 O 93/12 – BeckRS 2012, 22391; LG Dortmund Urt. v. 15.02.2012 – 2 O 214/11 – r+s 2013, 65; LG Berlin Urt. v. 09.02.2010 – 42 O 220/09 – SP 2010, 404; AG Essen Urt. v. 26.06.2014 – 25 C 233/13 – juris; AG Velbert Urt. v. 04.04.2013 – 10 C 173/12 – BeckRS 2013, 09381; AG Düsseldorf Urt. v. 08.02.2012 – 53 C 13465/11 – SP 2012, 334; AG Marburg Urt. v. 09.12.2011 – 9 C 1370/10-82 – SP 2012, 299.

eingetretenen Schäden so konkret benennen, dass nachvollzogen werden kann, wie welcher Schaden eingetreten ist.[246] Nur dann ist eine hinreichende Abgrenzung möglich, ob und ggf. in welchem Umfang ein im Bereich der streitgegenständlichen Schadenstelle vorhandener Schaden auf das frühere oder auf das neue Schadenereignis zurückzuführen ist; dies ist auch Voraussetzung für die Schätzung eines **Mindestschadens** nach **§ 287 ZPO.**[247] Eine solche Schätzung kommt in Betracht, wenn der VN zumindest mit überwiegender Wahrscheinlichkeit i.S.v. § 287 ZPO nachweist, dass der geltend gemachte Zweitschaden nach Art und Umfang insgesamt oder jedenfalls in einem **technisch und rechnerisch eindeutig abgrenzbaren Teilbereich** auf das streitgegenständliche Unfallereignis zurückzuführen ist,[248] oder wenn umgekehrt mit überwiegender Wahrscheinlichkeit i.S.v. § 287 ZPO auszuschließen ist, dass alle oder jedenfalls ein Teil des geltend gemachten Zweitschadens bereits bei einem früheren Unfalls eingetreten ist.[249]

Nicht ausreichend hierfür ist die alleinige Bezugnahme auf die Schadenkalkulation eines Privatgut- 121
achters des VN,[250] die bloße Einreichung eines Sachverständigengutachtens und Reparaturbescheinigungen ohne Schilderung des Schadenbildes und des Reparaturweges,[251] die Bescheinigung eines Sachverständigen, wonach das Fahrzeug »sachgerecht repariert« worden sei[252] oder die pauschale, unter Zeugenbeweis gestellte Behauptung, sämtliche Vorschäden an der Anstoßstelle seien fachgerecht und ordnungsgemäß repariert worden[253] oder seien jedenfalls im Zeitpunkt des Unfalles bereits beseitigt gewesen.[254] Denn der Zeuge kann nur zu Tatsachen benannt werden; die Frage der fachgerechten Reparatur eines Vorschadens lässt sich hingegen nur mit Hilfe eines Sachverständigen beantworten. Der Sachvortrag ist auch unzureichend, wenn der VN lediglich eine Reparaturkostenrechnung vorlegt, aus der sich die tatsächlich vollzogenen Reparaturschritte nicht oder nur unzureichend nachvollziehen lassen[255] oder aus der sich nicht ergibt, welche Reparaturmaßnahmen an dem Kfz konkret vorgenommen wurden und der VN diese auch nicht näher erläutert.[256]

Die **Substantiierungsanforderungen** an den VN dürfen gleichwohl nicht überspannt werden. Dies 122
gilt selbst dann, wenn der Vorschaden in einen Zeitraum fällt, in dem der VN das Fahrzeug schon in Besitz hatte.[257] Der **BGH**[258] hat insoweit zum Haftpflichtschadensrecht entschieden, dass ein Geschädigter, der behauptet, von einem Vorschaden selbst keine Kenntnis gehabt und das Fahrzeug in unbeschädigtem Zustand erworben zu haben, nicht gehindert sei, die von ihm nur vermutete fachgerechte Reparatur des Vorschadens zu behaupten und unter Zeugenbeweis zu stellen;

246 LG Essen Urt. v. 18.03.2013 – 20 O 140/12 – BeckRS 2013, 19322.
247 Vgl. OLG Hamm Urt. v. 17.01.2020 – 9 U 132/19 – BeckRS 2020, 10681; KG Beschl. v. 12.12.2011 – 22 U 151/11 – BeckRS 2011, 142118.
248 Vgl. OLG Brandenburg Urt. v. 03.03.2022 – 12 U 194/20 – DAR 2022, 448 **unter überwiegender Bestätigung von** LG Potsdam Urt. v. 27.07.2020 – 11 O 163/18 – BeckRS 2020, 55989; OLG Frankfurt Urt. v. 12.12.2019 – 22 U 190/18 – BeckRS 2019, 37931; OLG Hamm Beschl. v. 10.04.2018 – 9 U 199/17 – r+s 2018, 392 und 9 U 202/17 – BeckRS 2018, 13384; OLG München Urt. v. 27.01.2006 – 10 U 4904/05 – NZV 2006, 261.
249 Vgl. OLG Koblenz Urt. v. 05.07.2021 – 12 U 764/20 – BeckRS 2021, 26771; OLG Köln Urt. v. 21.01.2021 – 15 U 164/19 – BeckRS 2021, 22235; OLG Köln Beschl. v. 27.12.2018 – 16 U 118/18 – BeckRS 2018, 34254.
250 LG Berlin Urt. v. 21.04.2004 – 24 O 596/03 – VersR 2005, 995 = SP 2004, 302.
251 LG Düsseldorf Urt. v. 13.04.2018 – 7 O 82/17 – BeckRS 2018, 9706; LG Essen Urt. v. 26.05.2014 – 19 O 20/14 – SP 2014, 377; AG Essen Urt. v. 16.03.2012 – 29 C 356/10 – SP 2012, 329.
252 LG Düsseldorf Urt. v. 20.11.2012 – 9 O 468/11 – BeckRS 2013, 07672.
253 OLG Hamburg Urt. v. 21.05.2003 – 14 U 222/02 – SP 2003, 382.
254 AG Werl Urt. v. 17.06.2013 – 4 C 663/12 – BeckRS 2013, 21522.
255 KG Beschl. v. 29.05.2012 – 22 U 191/11 – DAR 2013, 464 = SP 2012, 439; LG Düsseldorf Urt. v. 13.04.2018 – 7 O 82/17 – BeckRS 2018, 9706.
256 Vgl. OLG Düsseldorf Beschl. v. 10.07.2011 – I-1 W 19/12 – r+s 2013, 46 = SP 2013, 113.
257 Vgl. **zum Haftpflichtschadensrecht** OLG Hamm Urt. v. 11.04.2022 – 7 U 9/22 – BeckRS 2022, 14294.
258 BGH Beschl. v. 15.10.2019 – **VI ZR 377/18** – VersR 2020, 441 = r+s 2020, 108.

darin liege weder eine Verletzung der prozessualen Wahrheitspflicht, noch ein unzulässiger Ausforschungsbeweis. Diese Grundsätze werden für die Vorschadenproblematik auch im Kaskobereich zu berücksichtigen sein. Insofern dürfte es für eine Beweiserhebung vor Gericht durch Einholung eines Sachverständigengutachtens ausreichend sein, wenn der VN ein Schadengutachten vorlegt und behauptet, dass die Reparatur entsprechend den dortigen Vorgaben erfolgt ist,[259] oder wenn er die von ihm nur vermutete fachgerechte Behebung der Vorschäden schlicht unter Beweis stellt.[260]

123 **Arglistig** handelt der VN mit Folge vollständiger Leistungsfreiheit des VR, wenn er einen ihm beim Kauf des Fahrzeugs vom Voreigentümer offenbarten **reparierten schweren Unfallschaden** gegenüber dem VR verneint; seiner Darlegungs- und Beweislast zum Schadenumfang kann er auch nicht durch Vorlage eines Privatgutachtens nachkommen, wenn er seinem Privatgutachter die unstreitig vorhandenen Vorschäden verschwiegen hat und dieser daher die Vorschäden bei der Ermittlung der Schadenshöhe unberücksichtigt lässt.[261]

124 Bei **unstreitigen Vorschäden und bestrittener unfallbedingter Kausalität** muss der VN ausschließen, dass Schäden gleicher Art und gleichen Umfanges vor dem Schadenfall bereits vorhanden waren, wozu er im Einzelnen zur Art des Vorschadens und dessen behaupteter Reparatur vorzutragen hat.[262] **Ist eine Abgrenzung** zu Schäden aus vorangegangenen Ereignissen **nicht möglich**, weil offen bleibt, ob die angeblich bei der Kollision beschädigten Fahrzeugteile nicht schon aufgrund eines früheren Unfalles vorgeschädigt waren und ohnehin hätten repariert oder ausgetauscht werden müssen, und ist auch eine zuverlässige Ermittlung nur eines unfallbedingten Teilschadens aufgrund der Wahrscheinlichkeit erheblicher Vorschäden nicht möglich, **bleibt der VN beweisfällig.**[263]

125 Bei **kompatiblen Schäden**, die dem Unfallereignis zugeordnet werden können, scheidet ein Anspruch des VN scheidet ebenfalls aus, wenn **nicht mit überwiegender Wahrscheinlichkeit (§ 287 ZPO)** auszuschließen ist, dass diese Schäden zumindest teilweise schon bei einem früheren Unfall entstanden sind und entweder unrepariert blieben oder »billiger« instandgesetzt wurden.[264] In beiden Fällen ist eine **Schadenschätzung nach § 287 ZPO** nicht möglich.[265] Dies gilt selbst dann, wenn der VN zu den Einzelheiten einer fachgerechten Reparatur der Vorschäden nur deshalb nichts sagen kann, weil er das Kfz als Gebrauchtfahrzeug erworben hat und die **Schäden vor seiner**

---

259 Vgl. OLG Frankfurt Urt. v. 12.12.2019 – 22 U 190/18 – BeckRS 2019, 37931.

260 Vgl. OLG Bremen Urt. v. 30.06.2021 – 1 U 90/19 – NJW-RR 2021, 1468.

261 OLG Bremen Beschl. v. 14.06.2023, 19.04.2023 und 26.06.2023 – 3 U 41/22 – r+s 2023, 796 = zfs 2024, 146.

262 Vgl. OLG Brandenburg Urt. v. 03.03.2022 – 12 U 194/20 – BeckRS 2022, 5792; KG Urt. v. 27.08.2015 – 22 U 152/14 – DAR 2016, 461; OLG Köln Beschl. v. 08.04.2012 – 11 U 214/12 – r+s 2013, 305; LG Dortmund Urt. v. 11.03.2013 – 21 O 22/11 – BeckRS 2013, 16777; LG Essen Urt. v. 25.07.2012 – 20 O 8/12 – BeckRS 2012, 20276.

263 Vgl. OLG Düsseldorf Urt. v. 07.03.2017 – I-1 U 31/16 – r+s 2017, 435; OLG Koblenz Urt. v. 26.03.2009 – 10 U 1163/08 – VersR 2010, 246 = r+s 2010, 234; OLG Düsseldorf Beschl. v. 10.07.2011 – I-1 W 19/12 – r+s 2013, 46 = SP 2013, 113; LG Nürnberg-Fürth Urt. v. 16.07.2015 – 8 O 7943/13 – r+s 2015, 547 = zfs 2015, 634; LG Dortmund Urt. v. 08.01.2014 – 21 O 321/12 – BeckRS 2014, 02291; LG Düsseldorf Urt. v. 01.10.2013 – 2b O 183/12 U – BeckRS 2013, 20059.

264 Vgl. **für Haftpflichtschäden** OLG Hamm Urt. v. 15.10.2013 – I-9 U 53/13 – BeckRS 2013, 19340; OLG Köln Beschl. v. 08.04.2012 – 11 U 214/12 – r+s 2013, 305; OLG Köln Beschl. v. 22.08.2011 – 22 U 199/10 – SP 2012, 152; KG Urt. v. 11.03.2010 – 12 U 115/09 – NZV 2010, 579; KG Urt. v. 22.02.2010 – 12 U 59/09 – VRS 119, 96; KG Urt. v. 06.06.2007 – 12 U 57/06 – NZV 2008, 297; LG Köln Urt. v. 16.03.2018 – 4 O 111/16 – BeckRS 2018, 18480; LG Hamburg Urt. v. 02.06.2015 – 323 O 179/13 – BeckRS 2015, 17065; LG Köln Urt. v. 05.09.2014 – 7 O 311/12 – BeckRS 2014, 19384; LG Düsseldorf Urt. v. 01.10.2013 – 2b O 183/12 U – BeckRS 2013, 20059; LG Aachen Urt. v. 14.11.2012 – 10 O 487/11 – BeckRS 2013, 09004; LG Hagen Urt. v. 15.06.2012 – 9 O 298/11 – r+s 2013, 306.

265 KG Beschl. v. 12.11.2009 – 12 U 9/09 – NZV 2010, 348; OLG Düsseldorf Urt. v. 27.10.2009 – I-4 U 63/08 – r+s 2010, 107; LG Köln Urt. v. 08.01.2016 – 16 O 452/14 – BeckRS 2016, 08292.

Besitzzeit eingetreten sind.[266] Kann der VN mangels Kontakt zum Verkäufer von diesem keine Informationen zu den Vorschäden und deren Beseitigung einholen, geht dies grundsätzlich zu seinen Lasten.[267] Jedenfalls aber wird man verlangen müssen, dass der VN in einem solchen Fall nicht nur belegt, dass ihm keine beschaffbaren **Informationen vom Vorbesitzer** betreffend die Reparatur der Vorschäden zur Verfügung stehen, sondern dass er auch zum konkreten **Zustand** der vorgeschädigten Stellen **zum Zeitpunkt des Erwerbs seines Fahrzeuges** substanziiert unter Beweisantritt vorträgt.[268] Kann hingegen mit überwiegender Wahrscheinlichkeit (§ 287 ZPO) ausgeschlossen werden, dass die kompatiblen Schäden auf einem anderen, früheren Unfallereignis beruhen und spricht im Gegenteil eine überwiegende Wahrscheinlichkeit für eine Unfallbedingtheit der kompatiblen Schäden, sind jedenfalls diese – trotz des Vorliegens auch inkompatibler Schäden – als **Mindestschaden** zu ersetzen.[269] Kann der VN demnach bei unstreitigen Vorschäden, die in der Besitzzeit des Voreigentümers eingetreten sind, zu Art und Umfang einer fachgerechten Reparatur keine Angaben machen und kann er hierüber auch keine Informationen mehr vom Voreigentümer erlangen, ist seine Klage nicht als unschlüssig abzuweisen; vielmehr lässt sich mit sachverständiger Hilfe selbst unter Berücksichtigung eines unstreitigen Vorschadens jedenfalls noch ein Mindestwiederbeschaffungswert ermitteln.[270]

Bestreitet der VN die Existenz von Vorschäden und **äußert sich** auch **nicht zu inkompatiblen Schäden**, die nach den Feststellungen eines Sachverständigen nicht auf dem versicherten Schadenereignis beruhen können, so steht ihm selbst hinsichtlich der kompatiblen Schäden kein Anspruch zu, da auch insoweit eine Verursachung durch ein früheres (nicht versichertes) Ereignis nicht ausgeschlossen werden kann.[271] Dies soll für Haftpflichtschäden wegen eines Verstoßes des Geschädigten gegen § 242 BGB selbst dann gelten, wenn sich der von ihm gänzlich als unfallbedingt behauptete Schaden zumindest in einem Teilbereich technisch und rechnerisch **von dem Vorschaden abgrenzen** lassen sollte.[272] Auf den Kaskobereich wird man diese Rechtsprechung jedoch nur dann übertragen können, wenn man in dem Schweigen des VN eine zur Leistungsfreiheit des VR führende vertragliche Aufklärungspflichtverletzung sieht. 126

c) Unfreiwilligkeit des Unfalls

Häufig trägt der VR im Prozess vor, der Schadenfall weise so viele Ungereimtheiten auf, dass davon ausgegangen werden müsse, dass es sich nicht um ein unfreiwilliges Ereignis gehandelt habe. Der VN müsse daher zunächst die **Unfreiwilligkeit des Schadenereignisses** beweisen. Diese Argumentation ist falsch. Ein Unfall stellt grundsätzlich immer ein unfreiwilliges Schadenereignis dar, wobei diese Unfreiwilligkeit, d.h. der Umstand, dass ein bestimmter Geschehensablauf nicht absichtlich 127

266 KG Beschl. v. 12.12.2011 – 22 U 151/11 – BeckRS 2011, 142118; OLG Hamburg Beschl. v. 06.05.2003 – 14 U 12/03 – BeckRS 2003, 17980; LG Münster Urt. v. 12.12.2012 – 2 O 207/12 – BeckRS 2013, 04429; LG Aachen Urt. v. 14.11.2012 – 10 O 487/11 – BeckRS 2013, 09004.

267 LG Essen Urt. v. 27.05.2013 – 3 O 288/11 – BeckRS 2013, 19324.

268 Vgl. OLG Hamm Beschl. v. 01.02.2013 – I-9 U 238/12 – JurionRS 2013, 34061.

269 Vgl. OLG Bremen Urt. v. 30.06.2021 – 1 U 90/19 – NJW-RR 2021, 1468; OLG Frankfurt/M. Urt. v. 10.09.2015 – 22 U 150/14 – r+s 2016, 97; OLG Düsseldorf Beschl. v. 13.07.2015 – 1 U 164/14 – r+s 2016, 96; OLG Düsseldorf Urt. v. 15.01.2013 – I-1 U 153/11 – BeckRS 2013, 11149; OLG Düsseldorf Urt. v. 11.02.2008 – I-1 U 181/07 – NZV 2008, 295 = DAR 2008, 344 mit kritischer Anm. Halm DAR 2008, 345; OLG München Urt. v. 27.01.2006 – 10 U 4904/05 – NZV 2006, 261; LG Köln Urt. v. 23.10.2015 – 7 O 53/13 – BeckRS 2015, 17958; LG Aachen Urt. v. 24.07.2015 – 8 O 334/13 – BeckRS 2015, 13113.

270 KG Beschl. v. 21.04.2020 – 6 U 175/18 – zfs 2021, 207.

271 Vgl. OLG Hamm Urt. v. 12.08.2013 – I-6 U 154/12 – BeckRS 2014, 06868; OLG Frankfurt/M. Urt. v. 07.06.2004 – 16 U 195/03 – zfs 2005, 69; OLG Köln Urt. v. 22.02.1999 – 16 U 33/98 – NZV 1999, 378 = DAR 1999, 406.

272 Vgl. **für Haftpflichtschäden** OLG Köln Beschl. v. 29.01.2015 – 12 U 63/14 – BeckRS 2015, 09679; OLG Köln Urt. v. 22.02.1999 – 16 U 33/98 – NZV 1999, 378 = DAR 1999, 406; LG Frankenthal Urt. v. 09.06.2021 – 1 O 4/20 – VersR 2022, 574.

herbeigeführt wurde, **nach h.M. nicht zum Unfallbegriff gehört** und vom VN auch nicht zu beweisen ist.[273] Bei einem Zusammenstoß zweier Fahrzeuge ist daher immer von einem Unfallereignis auszugehen, gleichgültig, ob dieses vorsätzlich oder unverschuldet verursacht wurde.[274] Gleiches gilt, wenn bei unklarer Spurenlage die Fahrzeugschäden nach Art und Beschaffenheit nur auf einem Verkehrsunfall beruhen können, selbst wenn sich herausstellen sollte, dass sich der Unfall so, wie vom VN geschildert, gar nicht ereignet haben kann, (vgl. A.2.2.2 AKB Rdn. 111). Auch bei Verdacht einer Unfallverursachung in **Suizidabsicht** liegt begrifflich ein Unfall i.S.d. AKB vor.[275]

128 Beruft sich der **VR** auf ein nicht unfreiwilliges Schadenereignis, muss er den **Nachweis** erbringen, dass der VN oder sein Repräsentant den **Unfall vorsätzlich herbeigeführt** hat und damit die Voraussetzungen des subjektiven Risikoausschlusses gemäß **A.2.9.1 S. 1 AKB, § 81 Abs. 1 VVG** erfüllt sind.[276] Mehrere Indizien können in ihrer Gesamtheit für die Annahme einer vorsätzlichen Herbeiführung eines Unfalls sprechen,[277] (vgl. auch A.2.9.1 AKB Rdn. 371).

d) Unfallmanipulation

129 Für die Behauptung einer **Unfallmanipulation** ist der VR ebenfalls beweispflichtig.[278] Wendet der VR ein, der VN habe den Unfall, aus dem er Versicherungsleistungen fordert, fingiert, so muss er beweisen, dass der Unfall entweder auf einer mit der **Einwilligung des VN zur Beschädigung** seines Eigentums verbundenen **Absprache** der Unfallbeteiligten[279] oder auf einer **Provokation des VN**[280] beruht. Zur Aufklärung des Unfallgeschehens ist der VN im Rahmen seiner Aufklärungsobliegenheit verpflichtet, dem VR das Auslesen des **elektronischen Datenspeichers** seines Fahrzeuges – soweit vorhanden – zu ermöglichen.[281]

130 Der Umstand, dass sich die Beteiligten vor dem Unfall nicht gekannt haben, schließt die Annahme eines verabredeten Unfallgeschehens nicht aus.[282] Für die hierfür notwendige Überzeugungsbildung des Gerichts bedarf es keiner mathematisch lückenlosen Gewissheit; vielmehr kann eine **ungewöhnliche Häufung von Beweisanzeichen**, die auf einen gestellten oder vorgetäuschten Unfall hindeuten, ausreichen.[283] Beweisanzeichen können sich z.B. ergeben aus dem Unfallhergang, der Art der Schäden, der Art der beteiligten Fahrzeuge, dem Anlass der Fahrt, fehlender Kompatibilität,

---

273 BGH Urt. v. 05.02.1981 – **IVa ZR 58/80** – VersR 1981, 450 = NJW 1981, 1315; OLG Dresden Urt. v. 10.11.2020 – 4 U 1106/20 – r+s 2021, 150; OLG Naumburg Urt. v. 07.02.2013 – 4 U 16/12 – r+s 2014, 8; OLG Köln Urt. v. 02.03.2010 – 9 U 122/09 – VersR 2010, 1361 = r+s 2010, 192; OLG Saarbrücken Urt. v. 06.10.2004 – 5 U 161/04 – zfs 2005, 25; OLG Köln Urt. v. 15.06.2004 – 9 U 164/03 – r+s 2004, 321; OLG Köln Urt. v. 10.07.2001 – 9 U 87/00 – r+s 2002, 321; LG Dortmund Urt. v. 16.03.2017 – 2 O 175/16 – r+s 2017, 299.

274 OLG Köln Urt. v. 10.07.2001 – 9 U 87/00 – r+s 2002, 321.

275 OLG Dresden Urt. v. 10.11.2020 – 4 U 1106/20 – r+s 2021, 150.

276 OLG Köln Urt. v. 15.06.2004 – 9 U 164/03 – r+s 2004, 321.

277 Vgl. hierzu LG Coburg Urt. v. 05.06.2018 – 24 O 360/16 – VK 2019, 29.

278 Vgl. BGH Urt. v. 01.10.2019 – **VI ZR 164/18** – r+s 2020, 47 = NJW 2020, 1072; OLG Koblenz Urt. v. 06.12.2003 – 10 U 255/13 – DV 2014, 60; OLG München Urt. v. 08.03.2013 – 10 U 3241/12 – zfs 2013, 336; OLG Köln Urt. v. 02.03.2010 – 9 U 122/09 – VersR 2010, 1361 = r+s 2010, 192.

279 Vgl. OLG Hamm Beschl. v. 15.03.2016 – 26 U 164/15 – BeckRS 2016, 13806; OLG Düsseldorf Urt. v. 24.06.2014 – I-1 U 122/13 – BeckRS 2014, 21932; OLG München Urt. v. 08.03.2013 – 10 U 3241/12 – zfs 2013, 336; OLG Schleswig Urt. v. 27.02.2013 – 7 U 114/12 – r+s 2013, 327; LG Duisburg Urt. v. 02.07.2013 – 4 O 345/11 – ADAJUR Dok.Nr. 102765.

280 Vgl. OLG Hamm Urt. v. 11.03.2013 – 6 U 167/12 – BeckRS 2013, 06682 (**Auffahrunfall durch grundloses Abbremsen vor einer Grünlichtampel**).

281 OLG Köln Beschl. v. 08.07.2020 – 9 U 111/20 – r+s 2020, 702 **unter Bestätigung von** LG Köln Urt. v. 28.03.2020 – 24 O 236/19 – DAR 2020, 463.

282 OLG Schleswig Urt. v. 27.02.2013 – 7 U 114/12 – r+s 2013, 327.

283 BGH Urt. v. 13.12.1977 – **VI ZR 206/75** – VersR 1978, 862 = NJW 1978, 2154; vgl. OLG Schleswig Beschl. v. 20.02.2023 – 7 U 170/22 – BeckRS 2023, 3889; OLG Schleswig Beschl. v. 21.10.2022 – 7 U 140/22 – VersR 2023, 243; OLG Hamm Urt. v. 13.05.2019 – 6 U 144/17 – BeckRS 2019, 16923; OLG Schleswig Beschl. v. 30.01.2017 – 7 U 120/16 – r+s 2017, 437; OLG Schleswig Urt. v. 23.09.2016 – 7

den persönlichen Beziehungen oder wirtschaftlichen Verhältnissen; selbst wenn es für jede einzelne verdächtige Feststellung bei separater Betrachtung eine unverfängliche Erklärung geben mag, kann deren durch Zufall nicht mehr lebensnah erklärbare Häufung die Schlussfolgerung auf ein gemeinsames betrügerisches Vorgehen zu Lasten des VR begründen.[284] Allerdings rechtfertigt allein die Häufung von Beweisanzeichen für eine Manipulation **nicht die Anwendung eines Anscheinsbeweises**; vielmehr dient die Häufung solcher Beweisanzeichen nur der Überzeugungsbildung des Tatrichters dahin, dass eine solche Manipulation vorliegt.[285]

Wesentlich ist stets die richtige **Gewichtung** der einzelnen Beweisanzeichen im Zusammenspiel aller beweisrelevanten Faktoren im zu entscheidenden Einzelfall. Erst dann, wenn der Richter nach der Gesamtschau aller Indizien im Sinne des § 286 ZPO die volle, allen noch vernünftigen Zweifeln Einhalt gebietende Überzeugung gewinnt, dass der Unfall abgesprochen war, ist der Beweis für den Manipulationseinwand des VR erbracht.[286] 131

Als Indizien geeignet sind Umstände, für die es bei der Annahme eines echten Unfalls entweder keine Erklärung gibt oder solche, die bei einem gestellten Unfall signifikant häufiger vorkommen als bei einem wirklichen Unfall.[287] Es kommt nicht darauf an, ob einzelne Indizien bei isolierter Betrachtung einen Manipulationsvorwurf tragen. Ausschlaggebend ist vielmehr eine **Gesamtwürdigung aller Tatsachen und Beweise**, bei denen aus einer **Indizienkette** auf eine planmäßige Vorbereitung und Herbeiführung des vermeintlichen Unfalls geschlossen werden kann.[288] Ungenaue und widersprüchliche Angaben der Beteiligten zum Kern- und Randgeschehen des Unfallablaufes, die Abgeschiedenheit des Unfallortes, der späte Unfallzeitpunkt, aber auch die Hochwertigkeit des Geschädigten-Fahrzeuges und die Wertlosigkeit des Schädiger-Fahrzeuges können die Annahme eines manipulierten Unfalles rechtfertigen.[289] Gleiches gilt, wenn der VN weder Ausgangspunkt und Ziel seiner Fahrt, noch die genaue Unfallstelle benennen kann,[290] wenn trotz erheblicher Fahrzeugschäden auf die Hinzuziehung der Polizei und der Anfertigung von Beweisfotos trotz vorhandener 132

U 58/16 – NJW-RR 2017, 731; OLG Köln Beschl. v. 23.10.2014 – 19 U 79/14 – BeckRS 2015, 03036; OLG Bremen Urt. v. 10.10.2012 – 1 U 18/12 – BeckRS 2012, 24865; OLG Düsseldorf Urt. v. 27.10.2009 – I-4 U 63/08 – r+s 2010, 107; KG Beschl. v. 17.07.2008 – 12 U 240/07 – NJOZ 2009, 2403; OLG Koblenz Urt. v. 04.10.2005 – 12 U 1114/04 – NJW-RR 2006, 95; OLG Köln Urt. v. 19.12.1997 – 19 U 87/97 – VersR 1999, 121; LG Münster Urt. v. 06.05.2024 – 11 O 1424/21 – BeckRS 2024, 18052; LG Münster Urt. v. 13.11.2014 – 8 O 416/12 – BeckRS 2015, 09691; **Übersicht über die infrage kommenden Beweisanzeichen** bei Schröder SVR 2020, 416 ff., Klein zfs 2020, 188 ff.; Röttger zfs 2018, 184 ff.; Siegel SVR 2017, 281; Born NZV 1996, 257.

284 OLG Schleswig Beschl. v. 04.01.2021 – 7 U 150/20 – BeckRS 2021, 4310 (**Parkplatzunfall**).

285 Vgl. BGH Urt. v. 01.10.2019 – **VI ZR 164/18** – r+s 2020, 47 = NJW 2020, 1072.

286 OLG Saarbrücken Urt. v. 03.04.2014 – 4 U 60/13 – BeckRS 2014, 09559.

287 Zu den **Indizien für eine Unfallmanipulation** vgl. OLG Hamm Urt. v. 21.10.2022 – 7 U 96/21 – BeckRS 2022, 38555; OLG Bremen Beschl. v. 08.03.2021 – 1 U 48/20 – BeckRS 2021, 11817; OLG München Urt. v. 19.05.2017 – 10 U 1209/15 – BeckRS 2017, 112370; OLG Frankfurt/M. Urt. v. 16.04.2015 – 12 U 138/13 – BeckRS 2016, 04878; OLG Saarbrücken Urt. v. 27.02.2015 – 4 U 248/11-79 – BeckRS 2015, 11725; OLG Saarbrücken Urt. v. 30.10.2012 – 4 U 259/11 – NJW-RR 2013, 476; OLG Köln Urt. v. 02.03.2010 – 9 U 122/09 – VersR 2010, 1361 = r+s 2010, 192; KG Beschl. v. 31.08.2009 – 12 U 203/08 – NZV 2010, 351; KG Beschl. v. 27.07.2009 – 12 U 200/08 – NZV 2010, 202; OLG Karlsruhe Urt. v. 08.03.2007 – 19 U 54/06 – VersR 2007, 1365 = r+s 2007, 188; LG Heidelberg Urt. v. 28.09.2016 – 1 S 11/15 – BeckRS 2016, 18590; LG Duisburg Urt. v. 30.12.2011 – 6 O 386/09 – VRR 2012, 265; LG Duisburg Urt. v. 07.11.2011 – 8 O 494/09 – SP 2012, 176; LG Köln Urt. 10.02.2010 – 23 O 49/09 – SP 2010, 355; LG Duisburg Urt. v. 13.04.1992 – 17 O 426/91 – r+s 1992, 267; Exter VersR 2022, 137; Staab DAR 2019, 434, DAR 2017, 622 und DAR 2016, 445; Klein zfs 2020, 188 ff.; Franzke/Nugel NJW 2015, 2071; Staab/Halm DAR 2014, 66 ff.; Geigel Kap. 37 Rn. 38.

288 Vgl. OLG Köln Urt. v. 22.06.2017 – 8 U 19/16 – zfs 2018, 195; OLG Koblenz Urt. v. 04.10.2005 – 12 U 1114/04 – NJW-RR 2006, 95.

289 Vgl. OLG Schleswig Urt. v. 27.02.2013 – 7 U 114/12 – r+s 2013, 327; LG Köln Urt. v. 04.05.2012 – 24 O 191/11 – SP 2012, 319.

290 OLG Saarbrücken Urt. v. 30.10.2012 – 4 U 259/11 – NJW-RR 2013, 476.

Kamera verzichtet wird,[291] wenn der VN eine unplausible Fahrstrecke zum Fahrtziel behauptet und gleichzeitig ein für die Kollision während eines Abbiegevorganges außergewöhnlicher Unfallwinkel vorliegt,[292] bei einem nicht nachvollziehbaren Fahrverhalten[293] oder zahlreichen Unstimmigkeiten bei der Unfallschilderung des VN.[294]

133 Der Rückschluss auf eine Unfallprovokation kann insbesondere bei einer **früheren Verstrickung der Beteiligten** in gestellte Unfälle[295] oder bei einer Beteiligung des VN an einer **Vielzahl von Verkehrsunfällen** in der Vergangenheit **innerhalb eines kurzen Zeitraumes** gerechtfertigt sein,[296] ebenso bei einer Unfallhistorie mit regelmäßigem Kennzeichenwechsel der unfallbeteiligten Fahrzeuge des VN, um offenbar die Häufung der Versicherungsfälle zu verschleiern und bei gleichzeitiger **Abrechnung** auf Gutachtenbasis unter Einschluss **unfallunabhängiger Vorschäden.**[297] Weitere Indizien sind das Fehlen von Zeugen, ein Unfall zur Nachtzeit und die fiktive Abrechnung eines lukrativen Seitenschadens.[298] Gleiches gilt bei Auffälligkeiten und zahlreichen Verdachtsmomenten, die sich aus der konkreten Unfallsituation, der Person des Geschädigten und seiner Verwandtschaft und der Art der Schadenabrechnung ergeben.[299]

134 Der **Beweis einer Unfallmanipulation ist geführt**, wenn sich der neue Unfall als letztes Glied einer Kette gleichartiger, früherer Unfälle des VN darstellt, ohne dass sich die festgestellten Gemeinsamkeiten noch durch Zufall erklären ließen.[300] Ist der Schädiger in kurzer Zeit mit »verbrauchten« Fahrzeugen in mehrere, allein verschuldete Unfälle verwickelt, bei denen werthaltige Luxusfahrzeuge beschädigt werden und sind an den Unfällen häufig dieselben Personen oder Familien beteiligt, die mit den »verbrauchten« Fahrzeugen fuhren, liegen starke Indizien für einen manipulierten Unfall vor.[301] Der beim Auffahren eines »Schrottfahrzeuges« auf eine Luxus-Limousine fehlende wirtschaftliche Vorteil des Unfallverursachers steht der Annahme einer Unfallmanipulation jedenfalls dann nicht entgegen, wenn ansonsten alle **klassischen Merkmale eines gestellten Unfallereignisses** vorliegen (Unfall bei Dunkelheit ohne neutrale Zeugen, sofortiges Schuldeingeständnis des Auffahrenden gegenüber der Polizei, der Wert des auffahrenden, nur für ein Wochenende angemeldeten

---

291 LG Wiesbaden Urt. v. 10.07.2014 – 9 O 264/12 – VersR 2015, 185.

292 OLG Schleswig Urt. v. 14.11.2012 – 7 U 42/12 – r+s 2013, 569 = SP 2013, 245.

293 OLG Celle Urt. v. 09.09.2015 – 5 U 175/14 – NZV 2016, 275; LG Offenburg Urt. v. 05.11.2020 – 2 O 285/18 – BeckRS 2020, 42262.

294 OLG Saarbrücken Urt. v. 16.12.20920 – 5 U 39/20, BeckRS 43158.

295 LG Köln Urt. v. 04.05.2012 – 24 O 191/11 – SP 2012, 319.

296 OLG Schleswig Urt. v. 15.06.2021 – 7 U 204/20 – BeckRS 2021, 93914 (**9 angeblich unverschuldete Verkehrsunfälle in 3,5 Jahren**); OLG Köln Urt. v. 18.10.2013 – 19 U 78/13 – BeckRS 2014, 09399 = SP 2014, 113 und OLG Köln Urt. v. 12.04.2013 – 19 U 96/12 – BeckRS 2013, 16609 (**4 Unfälle in knapp 7 Monaten + weitere Indizien**); LG Wiesbaden Urt. v. 06.09.2022 – 9 O 116/22 – BeckRS 2022, 42325 (**8 Unfälle in 2 Jahren**); LG Köln Urt. v. 24.02.2016 – 4 O 439/14 – BeckRS 2016, 11132 (**20 Unfälle verschiedener Familienmitglieder in 2 Jahren**); LG Münster Urt. v. 10.09.2012 – 2 O 392/11 – ADAJUR Dok.Nr. 100147 (**26 Unfälle in 5 Jahren**); LG Essen Urt. v. 06.08.2012 – 4 O 29/11 – VRR 2013, 28 = BeckRS 2012, 21318 (**40 Unfälle in 16 Jahren**); OLG Karlsruhe Urt. v. 08.03.2007 – 19 U 54/06 – VersR 2007, 1365 = r+s 2007, 188 (**3 Unfälle in 5 Jahren + weitere Indizien**); **a.A.** OLG Dresden Urt. v. 23.10.2018 – 4 U 187/18 – BeckRS 2018, 30314 (**Häufung von Versicherungsfällen in engem zeitlichen Zusammenhang und enge Bekanntschaft des VN mit dem Unfallgegner**); OLG Koblenz Urt. v. 06.12.2003 – 10 U 255/13 – DV 2014, 60 (**3 Unfälle in knapp 2 Jahren + weitere Indizien**).

297 AG Essen Urt. v. 07.10.2011 – 20 C 314/10 – BeckRS 2012, 11637.

298 OLG Düsseldorf Urt. v. 24.06.2014 – I-1 U 12213 – ADAJUR Dok.Nr. 105706.

299 Vgl. OLG Düsseldorf Urt. v. 19.03.2013 – I-1 U 99/12 – ADAJUR Dok.Nr. 101697.

300 OLG Hamm Urt. v. 12.03.2021 – 7 U 12/20 – zfs 2021, 561; OLG Frankfurt/M. Urt. v. 08.12.2017 – 15 U 37/16 – BeckRS 2017, 138222; OLG Karlsruhe Urt. v. 08.03.2007 – 19 U 54/06 – VersR 2007, 1365 = r+s 2007, 188.

301 OLG Köln Urt. v. 12.04.2013 – 19 U 96/12 – BeckRS 2013, 16609; vgl. LG Köln Urt. v. 19.02.2016 – 4 O 25/15 – BeckRS 2016, 11130.

Pkw war gleich Null).[302] Ebenso sprechen für ein kollusives Zusammenwirken der Beteiligten **Parkplatzunfälle** ohne Zeugen und Beweisfotos mit langgezogenen Streifschäden,[303] eine mehrmalige Kollision des Schädiger-Kfz gegen ein geparktes, hochwertiges Kfz,[304] oder gegen ein angeblich gestandenes Kfz, wenn für einen Stillstand an der konkreten Stelle kein Anlass bestand und dieser auch durch ein unfallanalytisches Gutachten widerlegt ist.[305]

Kleinere **Verletzungen des »Geschädigten«** schließen einen abgesprochenen Unfall nicht aus.[306] 135
Ebenso ist es unschädlich, wenn dem VR der Nachweis einer behaupteten **Bekanntschaft** zwischen Schädiger und vermeintlich Geschädigtem nicht gelingt, wenn jedenfalls eine Gesamtwürdigung aller Tatsachen und Indizien für ein manipuliertes Geschehen spricht.[307] Das wahrheitswidrige Abstreiten eines Bekanntschaftsverhältnisses zwischen zwei Unfallbeteiligten reicht zwar als alleiniges Indiz noch nicht aus für die Annahme einer Unfallmanipulation;[308] allerdings kann eine erst im Nachhinein auf konkrete Nachfrage eingeräumte persönliche Bekanntschaft der Unfallbeteiligten bei Vorliegen weiterer Ungereimtheiten in der Darstellung die Feststellung eines fingierten Unfalles rechtfertigen.[309] Gleiches gilt, wenn feststeht, dass die Unfallparteien bereits vor dem Unfall miteinander bekannt oder befreundet waren, dies aber im Prozess bestreiten.[310] Für den Nachweis der vorsätzlichen Herbeiführung des Versicherungsfalles **genügt** es allerdings **nicht**, dass sich aus den vorgelegten Indizien lediglich **eine erhebliche Wahrscheinlichkeit** dafür ergibt, dass der VN die Unfallschäden fingiert und absichtlich selbst verursacht haben könnte.[311] Denn dies würde auf eine Beweismaßabsenkung im Sinne einer Beweiserleichterung zugunsten des VR hinauslaufen, die unstatthaft ist, da umgekehrt auch dem VN für den Nachweis des Versicherungsfalles in der Vollkaskoversicherung keine Beweiserleichterungen gewährt werden.

Gegen eine Unfallmanipulation spricht eine große Anzahl von Insassen in den beteiligten Fahr- 136
zeugen.[312] Gleiches gilt bei einem Unfall auf einem belebten Parkplatz vor einem Einkaufszentrum, wenn die Fahrzeuge bis zum Eintreffen der Polizei nicht bewegt wurden,[313] oder wenn der Unfall der Polizei gemeldet und dem VR ein Antrag auf Zahlung der Versicherungsleistung an den Kreditgeber vorgelegt wurde.[314] Auch aus dem **Unfallverlauf** lässt sich regelmäßig nicht ableiten, dass der VN in die Beschädigung seines Fahrzeuges eingewilligt haben könnte. Es gibt auch keinen Erfahrungssatz, dass ein grob fahrlässiges oder gar rücksichtsloses Verhalten des Schädigers auf ein Einverständnis des Geschädigten hindeutet.[315] Ein instabiler Fahrvorgang infolge des Passierens eines engen Kreisverkehrs und Überfahrens der Mittelinsel in Verbindung mit Straßenschäden spricht gerade nicht für eine gewollte, zielgerichtete Kollision.[316] Auch ein Auffahrunfall bei geringer Geschwindigkeit im fließenden Verkehr lässt nicht den Rückschluss auf einen manipulierten Unfall zu.[317] Gleiches gilt für

302 OLG Celle Urt. v. 30.06.2010 – 14 U 6/10 – BB 2011, 1679 = ADAJUR Dok.Nr. 92287; vgl. LG Köln Urt. v. 19.10.2011 – 32 O 271/10 – BeckRS 2012, 11351.
303 Vgl. OLG Schleswig Beschl. v. 12.10.2022 – 7 U 62/22 – DAR 2023, 216.
304 Vgl. OLG Köln Urt. v. 08.05.2015 – 19 U 47/13 – BeckRS 2016, 02002.
305 OLG Hamm Urt. v. 22.02.2019 – 9 U 111/17 – r+s 2019, 291.
306 OLG Köln Beschl. v. 01.06.2016 – 7 U 53/16 – BeckRS 2016, 11430.
307 OLG Schleswig Urt. v. 24.06.2010 – 7 U 102/09 – NZV 2011, 291.
308 OLG München Urt. v. 08.03.2013 – 10 U 3241/12 – zfs 2013, 336.
309 OLG Saarbrücken Urt. v. 28.04.2016 – 4 U 96/15 – BeckRS 2016, 13571; OLG Köln Urt. v. 19.07.2011 – 4 U 25/10 – VersR 2011, 1415.
310 OLG Brandenburg Beschl. v. 29.12.2020 – 12 U 160/20 – BeckRS 2020, 42916 mit Urt. v. 23.02.2021 – BeckRS 2021, 3618.
311 Vgl. OLG Frankfurt/M. Urt. v. 08.12.2017 – 15 U 37/16 – BeckRS 2017, 138222; **a.A.** OLG Schleswig Urt. v. 08.05.2018 – 7 U 52/17 – BeckRS 2018, 42188 = VK 2019, 127.
312 OLG Naumburg Urt. v. 25.08.2011 – 4 U 31/11 – DAR 2012, 148.
313 OLG Naumburg Urt. v. 03.04.2014 – 4 U 59/13 – BeckRS 2014, 19096.
314 OLG Hamm Beschl. v. 03.05.2021 – 20 U 256/20 – r+s 2021, 685 = zfs 2022, 33.
315 OLG Saarbrücken Urt. v. 19.12.2006 – 4 U 318/06 – BeckRS 2007, 02370.
316 OLG Hamm Urt. v. 12.03.2021 – 7 U 12/20 – zfs 2021, 561.
317 LG Paderborn Urt. v. 20.06.2016 – 3 O 174/15 – BeckRS 2016, 17269.

einen fehlerhaften Fahrspurwechsel zur Hauptverkehrszeit im Innenstadtbereich[318] oder für einen besonders gefahrträchtigen Unfallhergang, bei dem der VN im Baustellenbereich durch ein anderes Kfz nach links abgedrängt wird.[319] Weder nicht offenbarte, nicht kompatible Vorschäden[320] noch eine Fahrzeugreparatur in Eigenregie[321] sind Indizien für ein manipuliertes Unfallgeschehen. Ebenso wenig reicht es aus, dass die **Unfallschilderungen** der Beteiligten zum Kerngeschehen voneinander abweichen und das Gericht nur eine mutmaßliche, nicht ausgeschlossene Bekanntschaft der Unfallbeteiligten feststellen kann.[322] Belastbare Beweisanzeichen für eine Unfallmanipulation lassen sich auch nicht daraus herleiten, dass die Umstände der Entdeckung eines Kaskoschadens durch einen Zeugen seltsam anmuten; dies gilt jedenfalls dann, wenn es der VR trotz rechtzeitiger Schadenanzeige des VN versäumt, einen Sachverständigen zu beauftragen, um eigene Ermittlungen zur Leistungspflicht zu treffen.[323] Ein **Streifschaden** an einem geparkten Oberklasse-Pkw, der durch ein nahezu wertloses Fahrzeug verursacht wurde und typischerweise mit geringem Verletzungsrisiko des Unfallverursachers einhergeht, genügt nicht zwingend für die Annahme einer Einwilligung in einen Verkehrsunfall.[324]

137 Ist auch nur ein Teil der geltend gemachten Schäden mit dem behaupteten Schadenhergang nicht zu vereinbaren, so entfällt jegliche Regulierungsverpflichtung des VR; wegen wissentlicher Falschangaben des VN ist auch für eine Schadenschätzung gemäß **§ 287 ZPO** kein Raum.[325]

2. Ansprüche des VR gegen den VN

a) Kostenerstattung von Privatgutachten und Detektivkosten

138 Die vom VR **vorprozessual aufgewendeten Kosten eines Privatgutachtens** können ausnahmsweise als Kosten des Rechtstreites gemäß § 91 Abs. 1 S. 1 ZPO angesehen werden.[326] Sie sind erstattungsfähig, wenn bei Erteilung des Gutachtenauftrages ausreichende Anhaltspunkte für einen versuchten Versicherungsbetrug gegeben waren und das im Einzelnen nicht angegriffene Gutachten aufzeigt, dass Ersatz von Schäden begehrt wurde, die durch den Unfall nicht entstanden sein können,[327] oder wenn der Verdacht einer Unfallmanipulation bestand und das Gutachten der Abklärung des Unfallschadenbildes diente.[328] Eine Erstattungsfähigkeit besteht erst recht, wenn sich im Prozess der Anfangsverdacht des VR bestätigt.[329] Die Tätigkeit des Privatgutachters muss jedoch stets in unmittelbarer Beziehung zu dem sich konkret abzeichnenden Rechtsstreit gestanden haben, also prozessbezogen gewesen sein. Erforderlich ist demnach eine gerade **mit Rücksicht auf den konkreten Prozess** vom VR **veranlasste und i.S.v. § 91 Abs. 1 ZPO »notwendige« Sachverständigentätigkeit.**[330] Die Erstattungsfähigkeit der Kosten für ein prozessbegleitend eingeholtes, privates

318 Vgl. OLG Schleswig Beschl. v. 04.02.2020 – 7 U 8/17 – BeckRS 2020, 5546.

319 Vgl. OLG Köln Urt. v. 22.04.2015 – 11 U 154/14 – BeckRS 2015, 08276.

320 OLG Hamm Urt. v. 31.08.2018 – 7 U 33/17 – BeckRS 2018, 32000.

321 OLG Koblenz Urt. v. 06.12.2003 – 10 U 255/13 – DV 2014, 60.

322 OLG Saarbrücken Urt. v. 03.04.2014 – 4 U 60/13 – BeckRS 2014, 09559.

323 OLG Brandenburg Urt. v. 21.12.2018 – 11 U 26/16 – BeckRS 2018, 35288.

324 OLG Hamm Beschl. v. 12.04.2022 – 7 U 1/21 – NJW 2022, 2853.

325 LG Wiesbaden Urt. v. 10.07.2014 – 9 O 264/12 – VersR 2015, 185.

326 BGH Beschl. v. 17.12.2002 – **VI ZB 56/02** – VersR 2003, 481 = r+s 2004, 128 mit weiteren Rspr.-Nachweisen.

327 BGH Beschl. v. 18.11.2008 – **VI ZB 24/08** – VersR 2009, 563 = DAR 2009, 198; BGH Beschl. v. 14.10.2008 – **VI ZB 16/08** – VersR 2009, 280 = NZV 2009, 27; AG Neuss Beschl. v. 12.12.2012 – 78 C 2996/12 – BeckRS 2013, 12213.

328 OLG Hamm Beschl. v. 01.02.2013 – I-25 W 350/12 – NJW-RR 2013, 895.

329 OLG Köln Beschl. v. 21.10.2011 – 17 W 210/11 – n.v.

330 OLG Frankfurt/M. Beschl. v. 11.01.2018 – 12 W 63/17 – BeckRS 2018, 678; OLG Frankfurt/M. Beschl. v. 26.07.2012 – 18 W 114/12 – BeckRS 2013, 05614; OLG Frankfurt/M. Beschl. v. 05.11.2008 – 18 W 359/08 – ADAJUR Dok.Nr. 82152.

Sachverständigengutachten ist nicht schon deshalb gegeben, weil einem solchen privaten Gutachten im Rahmen des Rechtsstreits ein höheres Gewicht zukommt als sonstigem Parteivortrag.[331]

Die **Prozessbezogenheit** eines Privatgutachtens ist regelmäßig bereits dann gegeben, wenn bei objektiver Betrachtung genügend Anhaltspunkte für einen versuchten Versicherungsbetrug vorhanden waren und abzusehen war, dass es zum Prozess kommen würde, weil der VN gegen eine ablehnende Regulierungsentscheidung des VR klagen würde.[332] In einem solchen Fall ist es geboten, einen Sachverständigen vorprozessual mit der Spurensicherung zu beauftragen, um im Deckungsprozess zum Verdacht des Versicherungsbetruges substanziiert vortragen zu können.[333] Grundsätzlich ist darüber hinaus ein **enger zeitlicher Zusammenhang** zwischen Gutachten und Rechtsstreit zu verlangen. **Trotzdem** kann auch **bei fehlender zeitlicher Nähe** ein bereits lange vor Prozessbeginn vom VR eingeholtes Privatgutachten noch als prozessbezogen anzusehen sein, wenn ein konkreter Verdacht für einen versuchten Versicherungsbetrug bestand und der VR das Gutachten gerade deshalb nicht nur zur Prüfung seiner Einstandspflicht benötigte, sondern vor allem zur Abwehr unberechtigter Ansprüche im Rahmen eines sich bereits abzeichnenden Deckungsprozesses.[334] Der VR muss dies im Kostenfestsetzungsverfahren substanziiert vortragen und glaubhaft machen; ein bloßer, nicht näher erläuterter subjektiver Argwohn reicht nicht aus.[335] Unerheblich dabei ist, ob der Prozess dem VN zuvor angedroht worden war.[336] Gleiches gilt für **Detektivkosten**, die dem VR entstanden sind, um zeitnah und prozessbezogen dem Verdacht einer Unfallmanipulation nachzugehen.[337] 139

Für den Fall eines **erst im Prozessverlauf eingeholten Privatgutachtens** hängt die Erstattungsfähigkeit der Kosten nicht davon ab, ob das Gutachten im Rahmen einer ex post Betrachtung tatsächlich die Entscheidung des Gerichts beeinflusst hat.[338] Ebenso wenig ist Voraussetzung für eine Kostenerstattung, dass das Gutachten oder die Kenntnisse des vom VR vorprozessual beauftragten Sachverständigen in den laufenden Prozess eingeführt wurden.[339] 140

Die **Notwendigkeit** eines Privatgutachters muss gegeben sein. Wesentlich ist neben der Prozessbezogenheit des Gutachtens daher, ob eine verständige und wirtschaftlich vernünftig denkende Partei die Beauftragung des Privatgutachters und damit die Kosten auslösende Maßnahme – **ex ante** betrachtet – zur Klärung der Frage einer möglichweise gegebenen Unfallmanipulation als sachdienlich erachten durfte.[340] Dies ist nicht der Fall, wenn der VR über ausreichend eigene Sachkunde verfügte.[341] 141

---

331 BGH Beschl. v. 01.02.2017 – **VII ZB 18/14** – juris.

332 OLG Düsseldorf Beschl. v. 22.03.2011 – I-4 W 1/11 – SP 2011, 341.

333 LG Bochum Urt. v. 09.12.2013 – I-1 O 436/12 – SP 2014, 280.

334 OLG Frankfurt/M. Beschl. v. 11.01.2018 – 12 W 63/17 – BeckRS 2018, 678; OLG Zweibrücken Beschl. v. 11.03.2014 – 6 W 13/14 – r+s 2014, 531; OLG Koblenz Beschl. v. 12.11.2013 – 14 W 621/13 – r+s 2014, 530; OLG Köln Beschl. v. 02.04.2013 – 17 W 49/13 – r+s 2014, 530; OLG Hamm Beschl. v. 17.06.2002 – 23 W 171/02 – zfs 2003, 145.

335 OLG Koblenz Beschl. v. 12.11.2013 – 14 W 621/13 – r+s 2014, 530.

336 OLG Karlsruhe Beschl. v. 11.05.2004 – 13 W 15/04 – VersR 2004, 931.

337 Vgl. OLG Frankfurt/M. Beschl. v. 19.10.2018 – 25 W 35/18 – r+s 2019, 297; OLG Bremen Beschl. v. 08.09.2015 – 2 W 82/15 – zfs 2016, 227.

338 BGH Beschl. v. 20.12.2011 – **VI ZB 17/11** – VersR 2012, 920 = r+s 2013, 103.

339 BGH Beschl. v. 26.02.2013 – **VI ZB 59/12** – NJW 2013, 1823 = NZV 2013, 379 **unter Bestätigung von** OLG Frankfurt/M. Beschl. v. 26.07.2012 – 18 W 114/12 – BeckRS 2013, 05614; **a.A. noch** OLG Celle Beschl. v. 10.01.2011 – 2 W 8/11 – NZV 2011, 503; OLG München Beschl. v. 09.02.1995 – 11 W 689/95 – NJW-RR 1995, 1470.

340 BGH Beschl. v. 26.02.2013 – **VI ZB 59/12** – NJW 2013, 1823 = NZV 2013, 379; BGH Beschl. v. 20.12.2011 – **VI ZB 17/11** – VersR 2012, 920 = r+s 2013, 103; vgl. OLG Frankfurt/M. Beschl. v. 28.04.2015 – 18 W 83/15 – BeckRS 2015, 10697; OLG Frankfurt/M. Beschl. v. 10.09.2013 – 18 W 189/13 – VersR 2014, 979; OLG Saarbrücken Beschl. v. 08.12.2011 – 9 W 222/11-31 – r+s 2012, 625.

341 Vgl. Quadflieg NJW-Spezial 2013, 649 ff.

142 Die Kosten für ein Sachverständigengutachten zur Prüfung seiner Regulierungspflicht kann der VR auch nicht aus übergegangenem Recht seines VN nach § 86 Abs. 1 VVG vom Unfallgegner ersetzt verlangen.[342]

b) **Anspruch des VR aus § 812 BGB**

143 Dem VR steht ein **Bereicherungsanspruch nach § 812 Abs. 1 S. 1 BGB** auf Rückzahlung seiner Entschädigungsleistung zu, wenn er aufgrund unrichtiger Angaben und arglistiger Täuschung des VN – somit ohne Rechtsgrund – eine Kaskoentschädigung an den VN erbracht hat,[343] vgl. auch A.2.2.1 AKB Rdn. 256 ff.

II. **Mut- oder böswillige Handlungen – Beweislastverteilung**

144 Der **VN** muss den **Vollbeweis** dafür erbringen, dass die Beschädigung des versicherten Fahrzeuges auf einer **mut- oder böswilligen Handlung** beruht. Der Beweis ist geführt, wenn eine Beschädigung des Fahrzeuges zu einem konkreten Zeitpunkt nachgewiesen oder unstreitig ist, die nur mit absichtlicher Beschädigung erklärt werden kann.[344] Dieser Beweis scheitert, wenn sich bereits aus dem Schadenbild und der Art der Schäden ergibt, dass die Beschädigungen nicht durch Mut- oder Böswilligkeit geprägt waren, weil sie nicht wahllos, sondern offenbar planmäßig und gezielt herbeigeführt wurden, oder wenn dies zwar offen bleibt, jedoch auch eine absichtlich vom VN herbeigeführte Beschädigung zum Aufbauschen des Schadens möglich und plausibel erscheint.[345] Eine Beschädigung nur der obersten Lackschicht eines Fahrzeuges steht der Annahme eines Vandalismusschadens nicht entgegen.[346]

145 Nicht entscheidend ist, ob der VN – wie in Diebstahlfällen – den Vollbeweis erbringen kann, dass er das Fahrzeug zur behaupteten Zeit am behaupteten Ort unverkratzt abgestellt und dort später verkratzt wieder vorgefunden hat.[347] **Beweiserleichterungen** wie im Diebstahlsfall kommen dem **VN** grundsätzlich nicht zugute.[348] Im Falle der Zerstörung oder Beschädigung eines Kraftfahrzeuges bedarf es einer Beweisführung mittels des äußeren Bildes von vornherein nicht, da das versicherte Fahrzeug zur Feststellung, ob der Versicherungsfall eingetreten ist, besichtigt werden kann. Steht eine mut- oder böswillige Beschädigung nicht schon aufgrund des Schadenbildes fest, kann der VN den Beweis in aller Regel über ein gerichtlich einzuholendes Sachverständigengutachten führen. Unproblematisch ist die Beweisführung regelmäßig auch in solchen Fällen, in denen sich Beschädigungsspuren anlässlich eines versuchten Diebstahls am Fahrzeug feststellen lassen, wenn z.B. der Täter aus Verärgerung über die fehlgeschlagene Entwendung lang gezogene Verkratzungen im Lack oder Dellen hinterlassen hat und es sich nicht um Schäden handelt, die zur Verdeckung von Diebstahlspuren oder als Folge einer (versuchten) Entwendung vom Täter verursacht wurden

342 BGH Urt. v. 18.10.2018 – **III ZR 236/17** – NJW 2019, 150.
343 LG Wuppertal Urt. v. 08.10.2009 – 7 O 294/07 – SP 2010, 301.
344 Vgl. OLG Saarbrücken Urt. v. 11.12.2020 – 5 U 8/20 – r+s 2021, 213, 214; OLG Köln Beschl. v. 13.08.2013 – 9 U 96/13 – r+s 2014, 65 = zfs 2014, 517.
345 OLG Köln Urt. v. 13.12.2011 – 9 U 83/11 – VersR 2012, 1297 = r+s 2012, 109.
346 OLG Naumburg Urt. v. 21.11.2013 – 4 U 23/13 – VersR 2015, 572.
347 So aber LG Duisburg Urt. v. 17.04.2014 – 12 S 61/13 – r+s 2014, 451.
348 BGH Urt. v. 25.06.1997 – **IV ZR 245/96** – VersR 1997, 1095 = r+s 1997, 446; OLG Frankfurt/M. Urt. v. 08.08.2017 – 7 U 24/17 – zfs 2018, 515; OLG Hamm Beschl. v. 10.06.2015 – I-20 U 44/15 – BeckRS 2015, 118693; OLG Köln Beschl. v. 13.08.2013 – 9 U 96/13 – r+s 2014, 65 = zfs 2014, 517; OLG Köln Urt. v. 03.06.2008 – 9 U 35/07 – VersR 2008, 1389 = r+s 2008, 464; OLG Koblenz Urt. v. 31.10.2003 – 10 U 38/03 – VersR 2004, 730 = zfs 2004, 22; OLG Oldenburg Urt. v. 10.11.1999 – 2 U 200/99 – VersR 2000, 1535 = r+s 2000, 56; OLG Köln Urt. v. 28.04.1998 – 9 U 197/97 – r+s 1998, 232 = zfs 1998, 257; **a.A.** OLG Düsseldorf Urt. v. 21.02.1995 – 4 U 146/94 – NJW-RR 1996, 408 = r+s 1995, 404; OLG Hamm Urt. v. 23.11.1995 – 6 U 50/95 – VersR 1996, 881; LG Bochum Urt. v. 25.04.2013 – 4 O 14/13 – r+s 2014, 167; LG Köln Urt. v. 08.04.2009 – 20 O 201/08 – r+s 2010, 237; Stiefel/Maier/*Stadler* A.2 AKB Rn. 386.

(dann wären sie auch aus der Teilkasko zu entschädigen). Lediglich in ganz untypischen **Ausnahmefällen**, in denen das Kfz zwar vollkasko-, jedoch nicht teilkaskoversichert ist und in denen streitig ist, ob die Beschädigung des zunächst entwendeten und später wiederaufgefundenen Fahrzeuges eine Folge der Entwendung des Kfz ist oder eine Folge einer mut- oder böswilligen Handlung des Täters, ist auf das äußere Bild der Beschädigungsspuren abzustellen.[349]

Kann der VN nicht beweisen, dass die Schäden auf einer mut- oder böswilligen Handlung beruhen, kann der VR trotzdem aufgrund des **Versicherungsfalls »Unfall«** eintrittspflichtig sein, wenn das Fahrzeug jedenfalls Spuren einer eindeutigen Gewalteinwirkung von außen aufweist.[350] Auch wenn das Kfz durch eine **Vielzahl von Kratzern** beschädigt worden ist, was einige Minuten gedauert haben mag, handelt es sich gleichwohl um ein »plötzliches« Ereignis im Sinne des Unfallbegriffs.[351] 146

Der **VN** muss **nicht** den **Beweis** dafür erbringen, dass die Schäden von einer **betriebsfremden Person** verursacht wurden, also einem Täter, der in keiner Weise zum Gebrauch des Fahrzeuges berechtigt war.[352] Er muss auch nicht ausschließen, dass er selbst oder eine nicht betriebsfremde Person als Täter in Frage kommt. Hat der VN die mut- oder böswillige Beschädigung seines Fahrzeuges und damit einen Vandalismusschaden bewiesen oder ist dieser unstreitig, behauptet jedoch der VR, das Schadenbild wirke wie geplant, weshalb eine Beschädigung durch unberechtigte Dritte unwahrscheinlich sei, muss der **VR für eine Ablehnung des Schadens** den Vollbeweis für seine Behauptung erbringen, der Schadenfall sei nur fingiert oder von nicht betriebsfremden bzw. nicht berechtigten Personen herbeigeführt worden. Er trägt die volle Beweislast dafür, dass die Vandalismusschäden entweder mit Wissen und Wollen des VN bzw. seines Repräsentanten herbeigeführt/veranlasst wurden oder auf Handlungen solcher Personen beruhen, die zum Gebrauch des Fahrzeuges berechtigt sind und somit zum ausgeschlossenen Personenkreis gem. A.2.2.2.3 AKB gehören.[353] **Beweiserleichterungen** kommen dem **VR** dabei nicht zugute.[354] Es genügt daher nicht, dass der VR lediglich Umstände vorträgt, die die erhebliche Wahrscheinlichkeit eines **vorgetäuschten Vandalismusschadens** durch den VN oder nicht betriebsfremde Personen nahe legen.[355] Denn dies käme einer Beweismaßabsenkung zugunsten des VR gleich, die aber deshalb unzulässig ist, weil 147

349 LG Frankfurt/M. Urt. v. 25.04.2018 – 2-08 O 213/16 – VersR 2019, 1213.

350 BGH Urt. v. 25.06.1997 – **IV ZR 245/96** – VersR 1997, 1095 = r+s 1997, 446; OLG Karlsruhe Urt. v. 24.06.2015 – 12 U 421/14 – r+s 2015, 599 (**Durchlöcherung nahezu aller Karosserieteile mit spitzen Gegenständen**); LG Dortmund Urt. v. 02.03.2017 – 2 O 155/15 – zfs 2017, 450; (**Verkratzungen des Lacks**); LG Dortmund Urt. v. 01.09.2016 – 2 S 28/15 – zfs 2017, 279 (**Verbeulung des Kfz rundum durch Hammerschläge**).

351 OLG Hamm Beschl. v. 27.04.2020 – 20 U 42/20 – r+s 2021, 26.

352 OLG Frankfurt/M. Urt. v. 08.08.2017 – 7 U 24/17 – zfs 2018, 515; OLG Köln Urt. v. 13.12.2011 – 9 U 83/11 – VersR 2012, 1297 = r+s 2012, 109 (allerdings mit missverständlichem, gegensätzlichem Leitsatz).

353 Vgl. BGH Urt. v. 25.06.1997 – **IV ZR 245/96** – VersR 1997, 1095 = r+s 1997, 446; BGH Urt. v. 17.05.1989 – **IVa ZR 130/88** – VersR 1989, 841 = r+s 1989, 297; OLG Köln Beschl. v. 13.08.2013 – 9 U 96/13 – r+s 2014, 65 = zfs 2014, 517; OLG Köln Urt. v. 20.08.2010 – 20 U 96/09 – BeckRS 2011, 01449; OLG Köln Urt. v. 03.06.2008 – 9 U 35/07 – VersR 2008, 1389 = r+s 2008, 464; OLG Koblenz Beschl. v. 24.11.2003 – 10 W 553/03 – VersR 2005, 783 und 935; OLG Oldenburg Urt. v. 10.11.1999 – 2 U 200/99 – VersR 2000, 1535 = r+s 2000, 56; OLG Köln Urt. v. 28.04.1998 – 9 U 197/97 – r+s 1998, 232 = zfs 1998, 257; OLG Köln Urt. v. 03.12.1992 – 5 U 75/92 – r+s 1996, 93; LG Dortmund Urt. v. 01.09.2016 – 2 S 28/15 – zfs 2017, 279; Stiefel/Maier/*Stadler* A.2 AKB Rn. 387.

354 OLG Köln Beschl. v. 13.08.2013 – 9 U 96/13 – r+s 2014, 65 = zfs 2014, 517.

355 OLG Koblenz Urt. v. 31.10.2003 – 10 U 38/03 – VersR 2004, 730 = zfs 2004, 22; LG Dortmund Urt. v. 02.03.2017 – 2 O 155/15 – zfs 2017, 450; **a.A.** OLG Düsseldorf Urt. v. 21.02.1995 – 4 U 146/94 – NJW-RR 1996, 408 = r+s 1995, 404; OLG Hamm Urt. v. 23.11.1995 – 6 U 50/95 – VersR 1996, 881.

umgekehrt auch dem VN für den Nachweis des Versicherungsfalles keine Beweiserleichterungen gewährt werden.[356]

148 Für die Überzeugung des Gerichts, dass der VN den **Versicherungsfall nur vorgetäuscht** hat, kann es ausreichen, wenn die vom VR bewiesenen **Indizien in ihrer Gesamtheit** dafür sprechen, dass der VN den Versicherungsfall nur vorgetäuscht hat.[357] Von einer **erheblichen Vortäuschungswahrscheinlichkeit** eines Vandalismusschadens ist **in der Gesamtschau** auszugehen, wenn es sich um ein für einen Vandalismusschaden **untypisches äußeres Beschädigungsbild** handelt, weil z.B. das Fahrzeug rundum zerkratzt ist, der VN zudem den Schaden fiktiv abrechnen möchte und er innerhalb von sechs Jahren zehn Schadenfälle gemeldet hat, darunter mit dem aktuellen Fall vier Vandalismusschäden mit jeweils ähnlichem Schadenbild und beträchtlichen Schadensummen.[358] Für einen vorgetäuschten Vandalismusschaden spricht auch, wenn der VN für ein erworbenes altes, stark beschädigtes Kfz eine Vollkasko abgeschlossen hat, in seiner Schadenanzeige falsche Angaben zum Schadenumfang macht und die Fragen des VR nach Vorschäden nicht beantwortet.[359]

149 Bei »**Speerwurfschäden**« besteht häufig der Verdacht eines vorgetäuschten Versicherungsfalles. Diese Schäden zeichnen sich dadurch aus, dass gezielt – und nicht etwa wahllos – kleine **Bohrlöcher** an bestimmten, planmäßig ausgewählten Stellen der Fahrzeugkarosserie angebracht werden, um auf diese Weise eine möglichst hohe Reparaturkostenkalkulation auf Gutachtenbasis zu erhalten, obwohl sich die Schäden durch bloßes Beispachteln und Beilackieren mit verhältnismäßig geringem Kostenaufwand auch im Rahmen einer Selbst- oder Billigreparatur beseitigen lassen.[360]

150 Gleiches gilt bei »**Durchstoßungsschäden**« an der Außenhaut eines Wohnwagens. Bei Einstichen, die über die gesamte Oberfläche des Wohnwagens verteilt sind und nur die Außenwand, nicht aber die Innenwand und die Verkleidung beschädigen, hat die Rechtsprechung in Verbindung mit weiteren feststehenden Indizien wiederholt die Vortäuschung eines Versicherungsfalles bejaht.[361] Auch hier ist bei einem solchen Schadenbild zwar eine umfassende Reparatur der kompletten Außenhaut mit entsprechend hohem Instandsetzungsaufwand objektiv erforderlich; andererseits erlaubt der Schaden aber wegen der unbeschädigt gebliebenen Innenwände eine verhältnismäßig billige Eigenreparatur durch den VN.[362]

151 Ebenso erfordern vielfältige, aber nur **oberflächliche Kratzer an zahlreichen Karosserieteilen** zwar einen kalkulatorisch hohen Reparaturkostenaufwand, erlauben aber eine optische Instandsetzung im Sinne der Beseitigung ihrer äußerlichen Erkennbarkeit mit vergleichsweise geringen Mitteln.[363] Bohrlöcher, die regelmäßig und scheinbar planvoll am gesamten Fahrzeug ohne Kratzer und ohne jegliche Beschädigungen anderer Fahrzeugteile gesetzt sind, sprechen indiziell für einen vorgetäuschten Versicherungsfall.[364] Gleiches gilt für einzelne, nur oberflächliche Kratzer, die jeweils auf mehreren Bauteilen ringsherum an dem Fahrzeug in unterschiedlicher Höhe aufgebracht wurden.[365] Anderes gilt jedoch dann, wenn es sich um Kratzspuren handelt, die typischerweise durch

356 BGH Urt. v. 25.06.1997 – **IV ZR 245/96** – VersR 1997, 1095 = r+s 1997, 446; OLG Frankfurt/M. Urt. v. 08.08.2017 – 7 U 24/17 – BeckRS 2017, 135561.

357 Vgl. OLG Saarbrücken Urt. v. 11.12.2020 – 5 U 8/20 – r+s 2021, 213, 214.

358 LG Aachen Urt. v. 16.03.2012 – 9 O 328/11 – r+s 2013, 63.

359 LG Bochum Urt. v. 25.04.2013 – 4 O 14/13 – r+s 2014, 167.

360 OLG Köln Urt. v. 13.12.2011 – 9 U 83/11 – VersR 2012, 1297 = r+s 2012, 109.

361 Vgl. OLG Hamm Urt. v. 23.11.1995 – 6 U 50/95 – VersR 1996, 881; LG Hagen Urt. v. 25.06.2004 – 2 O 105/04 – zfs 2004, 465; LG Essen Urt. v. 05.06.2002 – 16 O 181/02 – SP 2002, 69; LG Essen Urt. v. 23.10.1998 – 3 O 481/97 – SP 1999, 246.

362 OLG Hamm Urt. v. 23.11.1995 – 6 U 50/95 – VersR 1996, 881.

363 OLG Köln Beschl. v. 13.08.2013 – 9 U 96/13 – r+s 2014, 65 = zfs 2014, 517.

364 LG Hildesheim Urt. v. 04.12.2012 – 3 O 288/12 – BeckRS 2013, 11358; vgl. aber OLG Köln Urt. v. 03.12.1992 – 5 U 75/92 – r+s 1996, 93.

365 OLG Frankfurt/M. Urt. v. 08.08.2017 – 7 U 24/17 – zfs 2018, 515; LG Duisburg Urt. v. 19.12.2014 – 10 O 433/13 – BeckRS 2014, 123277.

Schlüssel oder Werkzeuge, wie z.B. Schraubenzieher, verursacht werden und wenn darüber hinaus noch weitere Umstände für einen Vandalismusschaden sprechen (z.B. durchstochene Reifen).[366]

Ein fingierter Vandalismusschaden steht auch bei solchen Schäden im Raume, bei denen es für eine fachgerechte Instandsetzung zwar objektiv erforderlich ist, komplette Fahrzeugteile auszutauschen, andererseits sich aber nach Art der Beschädigungen auch eine erheblich billigere Reparatur mit zufriedenstellendem Ergebnis für den VN bewerkstelligen lässt.[367] Allerdings wurde in jenen Fällen die Leistungsfreiheit des VR fälschlich schon deshalb angenommen, weil der VR Umstände dargetan hatte, aus denen sich die **erhebliche Wahrscheinlichkeit einer Vortäuschung von Vandalismusschäden** durch betriebsfremde Personen herleiten ließ. **Dies widerspricht jedoch der h.M.** in der Rechtsprechung, wonach weder der VN beweisen muss, dass die Schäden ihrem äußeren Bild nach nur durch nicht berechtigte Personen verursacht worden sein können, noch dem VR Beweiserleichterungen für den Nachweis einer Vortäuschung von Vandalismusschäden zugutekommen. Der **Nachweis einer vorsätzlichen Beschädigung** eines Wohnwagens **unter Beteiligung des VN** wurde als **nicht erbracht** angesehen bei symmetrisch angeordneten Löchern in der Außenwand[368] oder auch bei mehrfachen Messerstichen in der Außenhaut des Wohnwagens.[369] 152

III. Brand nach vorausgegangenem/nachfolgendem Unfall

Vgl. die Ausführungen unter A.2.2.1 AKB Rdn. 114 ff. 153

IV. Entwendung und nachfolgender Unfall

Vgl. die Ausführungen unter A.2.2.1 AKB Rdn. 251 ff. 154

A.2.3 Wer ist versichert?

Der Schutz der Kaskoversicherung gilt für Sie und, wenn der Vertrag auch im Interesse einer weiteren Person abgeschlossen ist, z.B. des Leasinggebers als Eigentümer des Fahrzeugs, auch für diese Person.

Übersicht Rdn.

366 Vgl. LG Stuttgart Urt. v. 16.12.2013 – 16 O 577/12 – juris.
367 OLG Düsseldorf Urt. v. 21.02.1995 – 4 U 146/94 – NJW-RR 1996, 408 = r+s 1995, 404.
368 OLG Köln Urt. v. 03.12.1992 – 5 U 75/92 – r+s 1996, 93.
369 OLG Koblenz Urt. v. 31.10.2003 – 10 U 38/03 – VersR 2004, 730 = zfs 2004, 22.

A. Allgemeines

1 Als Sachwertversicherung deckt die Kaskoversicherung grundsätzlich das **Eigentümerinteresse** an der Erhaltung des Fahrzeuges.[1] Im Gegensatz zu den AKB a.F. stellt A.2.3 AKB ausdrücklich klar, wer Versicherungsschutz in der Kaskoversicherung genießt. Dies ist **vorrangig der VN (Eigenversicherung)**. Aber auch das **Interesse dritter Personen (Fremdversicherung)** kann eingeschlossen sein. Beispielhaft wird der Leasinggeber als Eigentümer des Fahrzeuges genannt. Auch beim Verkauf eines Fahrzeuges unter Eigentumsvorbehalt oder bei der Fahrzeugfinanzierung mit damit verbundenem Sicherungseigentum des Kreditgebers besteht die Notwendigkeit, das Sachsubstanz- bzw. **Sacherhaltungsinteresse**, d.h. das Interesse an der Erhaltung des durch das Fahrzeug verkörperten Vermögenswertes zugunsten des Eigentümers zu schützen. Dies ist möglich, indem der VN den Kaskoversicherungsvertrag im eigenen Namen für einen anderen Dritten, also in dessen Interesse abschließt. Es handelt sich um eine **Versicherung für fremde Rechnung, §§ 43 ff. VVG.** Eine solche Vertragsgestaltung kann sich auch **aus den konkreten Umständen** ergeben, wenn z.B. der Vater auf seinen Namen das Fahrzeug des Sohnes kaskoversichert oder ein Gesellschafter einer BGB-Gesellschaft den Versicherungsvertrag für den firmeneigenen Pkw für die Gesellschaft und damit auch für die übrigen der Mitgesellschafter abschließt.

2 Eine Kaskoversicherung kann auch **gleichzeitig als Eigen- und Fremdversicherung** abgeschlossen werden, z.B. wenn zwei Eheleute ein jeweils im hälftigen Miteigentum stehendes Fahrzeug versichern (vgl. A.2.3 AKB Rdn. 68). Im Zweifel ist durch eine Auslegung des Vertrages zu ermitteln, **welche Interessen** (nur Sacherhaltungsinteresse oder auch Sachersatzinteresse,[2] (vgl. A.2.3 AKB Rdn. 21 ff.) vom Versicherungszweck mit umfasst sein sollten.

3 Von Bedeutung ist eine Fremdversicherung auch für die Frage, wer **Anspruchsberechtigter** aus dem Versicherungsvertrag ist, (vgl. **F.2 AKB**), auf wessen Verhältnisse bei der **Entschädigungsberechnung** nach A.2.5.1.1 und A.2.5.2.1 AKB abzustellen ist (vgl. A.2.5.2 AKB Rdn. 112 ff.) und ob sich der VN die Kenntnis oder das Verhalten des Versicherten **zurechnen** lassen muss, (vgl. A.2.3 AKB Rdn. 60 ff.).

B. Regelungsgehalt – Wer ist versichert? – A.2.3 AKB (§ 3 Abs. 1 AKB 2007 a.F.; A.2.4 AKB 2008 a.F.)

I. Anspruchsberechtigte und geschützter Personenkreis

4 Ansprüche aus dem Versicherungsvertrag stehen grundsätzlich ausschließlich dem VN zu. Ist der **VN (Mit-) Eigentümer** des zu versichernden Fahrzeuges schließt er den Vertrag regelmäßig für sich selbst, also als **Eigenversicherung** ab. Dafür besteht **nach § 43 Abs. 3 VVG eine gesetzliche Vermutung.** Sofern sich nicht aus den Umständen ergibt, dass der Versicherungsvertrag für einen anderen als den VN abgeschlossen werden sollte, muss der VN nicht sein Eigentümerinteresse gesondert beweisen; auch eines Rückgriffs auf § 1006 BGB bedarf es in einem solchen Fall nicht.[3]

5 Ist der **VN nicht (Mit-) Eigentümer** des zu versichernden Fahrzeuges, kann er den Kaskoversicherungsvertrag im eigenen Namen auch als **Fremdversicherung** für einen Dritten abschließen, nämlich dann, wenn das zu versichernde Fahrzeug in dessen (fremdem) Eigentum steht, (z.B. der Leasingnehmer, der für das geleaste Fahrzeug einen Kaskoversicherungsschutz wünscht oder der Arbeitgeber, der für das Privatfahrzeug seines Arbeitnehmers zu dessen Gunsten eine Dienstreise-Vollkaskoversicherung abschließt). Insoweit liegt eine Versicherung für fremde Rechnung nach den §§ 43 ff. VVG vor, da fremdes Interesse versichert wird, nämlich das Interesse des vom VN personenverschiedenen Eigentümers (Versicherter) an der Erhaltung der ihm gehörenden Sache.

1 BGH Urt. v. 05.03.2008 – **IV ZR 89/07** – VersR 2008, 634 = NJW 2008, 1737.
2 Vgl. BGH Urt. v. 28.03.2001 – **IV ZR 163/99** – VersR 2001, 713 = r+s 2001, 254.
3 **A.A.** OLG Celle Urt. v. 04.01.2007 – 8 U 195/05 – VersR 2007, 1217 = NJOZ 2007, 1804; OLG Karlsruhe Urt. v. 19.02.1981 – 12 U 94/80 – VersR 1982, 485; LG Dortmund Urt. v. 15.08.2007 – 22 O 204/06 – BeckRS 2007, 65178.

Der VN hat bei einer **Fremdversicherung** die gleichen **Pflichten** aus dem Versicherungsvertrag zu erfüllen wie im Falle einer Eigenversicherung. Dies betrifft insbesondere die Prämienzahlungspflicht und die Erfüllung von Obliegenheiten. Ohne besondere Vereinbarung zwischen dem Dritten und dem Kasko-VR (z.B. in Form der Erteilung eines **Sicherungsscheines**, vgl. A.2.3 AKB Rdn. 17) hat dieser keinerlei Mitteilungspflichten gegenüber dem Dritten, falls das Versicherungsverhältnis notleidend werden sollte. Die **Unkenntnis der Vertragsparteien von den Eigentumsverhältnissen** steht der Annahme einer Fremdversicherung nicht entgegen; das **Interesse des wahren Eigentümers** ist selbst dann versichert, wenn dieser dem VR namentlich nicht mitgeteilt wird. Selbst wenn dem VR bei Vertragsabschluss bekannt ist, dass der VN nicht Eigentümer des Fahrzeuges ist oder der VN sich irrtümlich für den Eigentümer hält, gilt gleichwohl das Sacherhaltungsinteresse des tatsächlichen Eigentümers als versichert.[4] 6

Sind Elemente einer **Fremdversicherung** gegeben, **steht dem VN derjenige gleich**, der die **Rechtsstellung eines Versicherten** hat. Dieser ist in den Schutz des Kaskoversicherungsvertrages miteinbezogen, weil sein Sacherhaltungsinteresse mitversichert ist. **Praktische Bedeutung** hat dies vor allem dann, wenn sich der VR auf partielle oder vollständige Leistungsfreiheit beruft, sei es, dass eine vorsätzliche oder grob fahrlässige Herbeiführung des Versicherungsfalles im Raum steht, (**A.2.9.1 AKB**), oder sei es, dass der VR dem Fahrer eine Anzeige- oder Aufklärungspflichtverletzung nach E.1.1. AKB (z.B. Unfallflucht) vorwirft, (**E.2.2 AKB**). Für die Beantwortung der Frage, ob der VR Entschädigungsleistungen an den VN erbringen muss und ob ihm für diesen Fall Rückgriffsansprüche gegen den Fahrer zustehen, ist entscheidend, ob der Pflichtenverstoß von einer Person begangen wurde, die in den Schutzbereich des Kaskoversicherungsvertrages miteinbezogen ist. Bei einem **Pflichtenverstoß des mitversicherten Eigentümers** kann sich der VR hierauf berufen mit der Folge, dass seine Leistungspflicht gegenüber dem VN ganz oder teilweise entfällt. Wurde der **Verstoß hingegen durch einen** berechtigterweise mit dem Kfz fahrenden (**nicht mitversicherten**) »**Dritten**« begangen, bleibt die Leistungspflicht des VR gegenüber dem VN bestehen; er kann seine Aufwendungen aber in dem Umfang, in dem er Versicherungsleistungen erbringt, aus übergegangenem Recht (§ 86 Abs. 1 S. 1 VVG) unter Beachtung der Regressbeschränkungen in A.2.8 Abs. 1 AKB gegenüber diesen »Dritten« zurückfordern. »Dritter« i.S. von § 86 Abs. 1 S. 1 VVG kann dabei grundsätzlich jeder sein, der nicht VN oder Versicherter ist.[5] Anders als in der Kfz-Haftpflichtversicherung (vgl. A.1.2 AKB) sind in der Kaskoversicherung insbesondere der **Halter oder berechtigte Fahrer** des Fahrzeuges – sofern nicht gleichzeitig auch Fahrzeugeigentümer oder VN des Kaskoversicherungsvertrages – grundsätzlich **keine mitversicherten Personen nach F.1 AKB**, so dass ihnen weder Verfügungsbefugnisse aus dem Versicherungsvertrag zustehen, noch sie die Pflichten aus E.1 AKB treffen.[6] Sie sind wie beliebige, außenstehende Dritte zu behandeln.[7] Pflichtenverstöße durch diese Personen haben daher auch keine Leistungsfreiheit des VR gegenüber dem VN zur Folge. Vielmehr eröffnet sich nach erfolgter Entschädigungszahlung an den VN aufgrund des nach § 86 Abs. 1 S. 1 VVG auf den VR übergegangenen Schadenersatzanspruchs des VN gegen den »Dritten« auch insoweit nur eine Regressmöglichkeit des VR gegenüber diesem »Dritten« unter den in A.2.8 AKB genannten Beschränkungen. Daraus folgt gleichzeitig auch, dass ein **Regress des VR gegen einen Mitversicherten** nicht in Betracht kommt, weil eine in den Schutzkreis des Kaskoversicherungsvertrages einbezogene mitversicherte Person von vornherein kein »Dritter« i.S.v. § 86 Abs. 1 S. 1 VVG sein kann,[8] (vgl. auch A.2.8 AKB Rdn. 19 ff.). Zu beachten ist, dass ein berechtigter Fahrer, der gleichzeitig als **Repräsentant des VN** anzusehen ist (vgl. A.2.3 AKB Rdn. 25 ff.), 7

4 OLG Hamm Urt. v. 04.12.1992 – 20 U 157/92 – r+s 1993, 246; LG Dortmund Urt. v. 08.09.2011 – 22 O 204/07 – r+s 2012, 334.

5 BGH Urt. v. 05.02.1992 – **IV ZR 340/90** – VersR 1992, 485 = BGHZ 117, 151, 158; BGH Urt. v. 30.04.1959 – **II ZR 126/57** – VersR 1959, 500 = BGHZ 30, 40, 42.

6 Vgl. OLG Braunschweig Beschl. v. 19.09.2017 – 11 U 10/17 – zfs 2018, 29; LG Nürnberg-Fürth Urt. v. 27.01.2010 – 8 O 10700/08 – r+s 2010, 145.

7 Vgl. BGH Urt. v. 30.03.1965 – **VI ZR 248/63** – VersR 1965, 508 = NJW 1965, 1269.

8 Ebenso OLG Braunschweig Beschl. v. 19.09.2017 – 11 U 10/17 – zfs 2018, 29; **a.A., aber abzulehnen:** LG Kiel Urt. v. 19.03.1998 – 6 O 145/97 – VersR 1999, 1105 mit kritischer Anm. Brill VersR 1999, 1538.

zwar nicht die Stellung eines (Mit-) Versicherten innehat, dem VN aber die Pflichtenverstöße des berechtigten Fahrers – mit der Folge möglicher Leistungsfreiheit des VR – zugerechnet werden.

8 Zu dem durch A.2.3 AKB mitversicherten Personenkreis gehört der – beispielhaft aufgeführte – **Leasinggeber eines Kraftfahrzeuges.** Die vom Leasingnehmer für ein geleastes Kfz abgeschlossene Kaskoversicherung stellt eine Versicherung für fremde Rechnung i.S.d. §§ 43 ff. VVG dar, da sie im Interesse des Leasinggebers als dem Eigentümer des versicherten Fahrzeuges abgeschlossen wird. Der vom Leasingnehmer (VN) personenverschiedene Leasinggeber (Eigentümer des Fahrzeugs) ist der Versicherte. Dessen Sacherhaltungsinteresse ist durch die Kaskoversicherung abgesichert,[9] (vgl. auch A.2.3 AKB Rdn. 67, A.2.3 AKB Rdn. 69 ff.).

9 Bei einer Fremdversicherung ist zwar der **Versicherte Träger des materiellen Versicherungsanspruches, § 44 Abs. 1 VVG;** im Rahmen einer gesetzlichen Prozessstandschaft ist jedoch allein der **VN verfügungsberechtigt über diesen Anspruch, § 45 Abs. 1 VVG.** Der Versicherte ist trotz § 45 Abs. 2 VVG selbst dann nicht klagebefugt, wenn der VN einer gerichtlichen Geltendmachung der Ansprüche durch den Versicherten **zugestimmt** oder er seine Forderungen an den Versicherten **abgetreten** hat. Denn in der Kaskoversicherung ist § 44 Abs. 2 VVG insoweit durch **F.2 AKB** vertraglich abbedungen. Hiernach steht die Ausübung der Rechte der mitversicherten Personen ausschließlich dem VN zu. Nur er ist grundsätzlich **aktivlegitimiert.** Dies bleibt er auch, selbst wenn der versicherte Eigentümer das Kfz nach Eintritt des Versicherungsfalls **veräußert.**[10] Der VR will sich nicht mit einer Vielzahl anderer Personen auseinandersetzen müssen, die eine Entschädigungsleistung fordern. Der Versicherte kann eine eigene Klagebefugnis auch nicht aus einer gewillkürten Prozessstandschaft herleiten.[11] Eine Abtretung liefe zudem ins Leere, da dem Versicherten der materielle Versicherungsanspruch ohnehin schon zusteht.[12]

10 Es ist daher **nicht rechtsmissbräuchlich**, wenn der VR bei einer Klage des Versicherten den **Einwand mangelnder Aktivlegitimation** erhebt. **Anderes gilt** nur dann, wenn der **VR** außergerichtlich bereits **ausschließlich mit dem Versicherten korrespondiert** hat und der VR sich erstmals im Prozess auf die mangelnde Verfügungsbefugnis des Versicherten beruft,[13] oder wenn der **VN** ohne billigenswerten Grund **nicht gewillt ist, sein Forderungsrecht** zugunsten des Versicherten gegenüber dem VR **wahrzunehmen,**[14] sei es, dass er sich überhaupt nicht um die Geltendmachung des Versicherungsanspruches kümmert oder er nach Deckungsablehnung durch den VR seine Forderungen nicht weiter verfolgt. Gleiches gilt, wenn über das Vermögen der VN (z.B. einer GmbH & Co. KG) das **Insolvenzverfahren** eröffnet ist, so dass sie kein Interesse hat, eine Forderung gerichtlich geltend zu machen, die ihrem Geschäftsführer als Eigentümer des kaskoversicherten Kfz zusteht.[15] Denn in diesen Fällen bestünde die Gefahr, dass der Versicherte seinen Anspruch ansonsten nicht durchsetzen könnte.[16] Liegen diese Voraussetzungen nicht vor, ist allein der VN, nicht aber der Versicherte zur Verfügung über den Versicherungsanspruch befugt.

11 Im Rahmen seines vertraglichen Verhältnisses zum VR **kann der VN auf Leistung an sich klagen und die Forderung einziehen**, muss aber die Entschädigung des VR aufgrund des zwischen ihm

9 Vgl. BGH Urt. v. 27.10.1993 – **IV ZR 33/93** – VersR 1994, 85 = NJW 1994, 585.

10 LG Dortmund Urt. v. 25.10.2018 – 2 O 85/17 – zfs 2019, 277.

11 Vgl. BGH Beschl. v. 13.12.2006 – **XII ZR 261/04** – VersR 2007, 238; OLG Hamm Urt. v. 06.10.2004 – 20 U 53/04 – VersR 2005, 934 = zfs 2005, 136.

12 OLG Stuttgart Urt. v. 07.02.1991 – 7 U 176/90 – r+s 1992, 331.

13 Vgl. OLG Frankfurt/M. Urt. v. 20.03.2019 – 7 U 8/18 – r+s 2019, 328; OLG Hamm Urt. v. 03.03.1995 – 20 U 335/94 – r+s 1996, 29.

14 OLG Köln Urt. v. 18.02.2003 – 9 U 94/02 – r+s 2003, 409 = SP 2003, 207; OLG Stuttgart Urt. v. 07.02.1991 – 7 U 176/90 – r+s 1992, 331.

15 OLG Köln Urt. v. 18.02.2003 – 9 U 94/02 – r+s 2003, 409 = SP 2003, 207.

16 BGH Urt. v. 13.12.2006 – **IV ZR 261/04** – VersR 2007, 238; BGH Urt. v. 14.12.1994 – **IV ZR 14/94** – VersR 1995, 332 = r+s 1995, 117; vgl. OLG Hamm Urt. v. 01.03.1996 – 20 U 205/95 – VersR 1997, 309.

und dem Versicherten bestehenden **gesetzlichen Treuhand- oder sonstigen Vertragsverhältnisses** an diesen auskehren.[17]

Besteht ein **Prämienrückstand**, kann der VN gegen die Beitragsforderung des VR mit seinem Anspruch auf Auszahlung der Versicherungsleistung **nicht aufrechnen**, da dieser Anspruch bei einer Fremdversicherung materiell-rechtlich allein dem Versicherten zusteht und es infolgedessen an der für eine Aufrechnung erforderlichen Gegenseitigkeit der beiderseitigen Forderungen fehlt; eine bloße Einwilligung des Versicherten in die Aufrechnung reicht nicht aus, vielmehr bedarf es für eine wirksame Aufrechnung der vorherigen Abtretung der Ansprüche durch den Versicherten an den VN.[18] wobei für die Wirksamkeit der Abtretung jedoch nicht mehr die Zustimmung des VR vorliegen muss, (vgl. A.2.7 AKB Rdn. 37). 12

II. Versicherungsschein und Sicherungsschein

Der **Versicherte** hat eine erheblich bessere Rechtsposition inne, wenn er **im Besitz des Versicherungsscheines** ist, **§ 44 Abs. 2 VVG.** Die Ausstellung oder Nichtausstellung des Versicherungsscheines ändert zwar weder die Rechtsnatur der Kaskoversicherung als Versicherung für fremde Rechnung, noch berührt sie die Stellung des Eigentümers als Versicherten;[19] der Besitz des Versicherungsscheines begründet aber eine **Ausnahme von der nach F.2 AKB** dem Kaskoversicherungsvertrag zugrunde liegenden **alleinigen Verfügungsbefugnis des VN.** Erteilt der VR dem – vom VN personenverschiedenen – Versicherten (z.B. einer Leasingfirma oder einer finanzierenden Bank) den Versicherungsschein, erhält der Versicherte die Verfügungsbefugnis über die Ansprüche aus dem Versicherungsvertrag und die Möglichkeit, diese Ansprüche **auch ohne Zustimmung des VN geltend zu machen.** 13

Einer **Abtretung** der Kaskoentschädigungsansprüche durch **den VN an den Versicherten** bedarf es dafür nicht. Eine solche Abtretung liefe ins Leere, da der Versicherte bereits Inhaber des materiellen Versicherungsanspruches ist und der VN ihm diesen folglich nicht mehr abtreten kann. 14

Eine **Abtretung des VN an einen Dritten** ist auch dann unwirksam, wenn der VN zugunsten des Versicherten (z.B. eines Leasinggebers) eine Erklärung unterzeichnet hat, wonach allein der Dritte berechtigt sein soll, die Rechte aus dem Versicherungsvertrag auszuüben. Denn dann kann der VN über die materiellen Rechte, die dem Dritten zustehen, entgegen § 45 Abs. 1 VVG nicht mehr verfügen.[20] 15

Mit Erteilung des Versicherungsscheines an den Versicherten werden dessen Rechte gestärkt. Zum einen werden **Mitteilungspflichten des VR** für den Fall begründet, dass das Versicherungsverhältnis zwischen VN und VR notleidend werden sollte, weil dann der Versicherungsschutz des Versicherten gefährdet sein könnte. Zum anderen werden die Bestimmungen der §§ 44 Abs. 2, 45 VVG stillschweigend abbedungen, weil **der Versicherte anstelle des VN die Verfügungsbefugnis** über den im Versicherungsfall ihm zustehenden Entschädigungsanspruch erhält. Die Zahlung der Versicherungsleistung hat dann unmittelbar an den Versicherten zu erfolgen. 16

Gleiches gilt im Falle eines Sicherungsscheines, der regelmäßig auf Verlangen eines Leasing- oder Kreditgebers vom VR ausgestellt wird. Dabei handelt es sich um ein besonderes Sicherungsversprechen des VR gegenüber dem Versicherten (Sicherungsabrede), in welchem der VR den Versicherungsumfang bestätigt. Außerdem verpflichtet er sich in der Regel, eine **Entschädigungszahlung**, die einen bestimmten Betrag übersteigt, **nur an den Versicherten** und ohne dessen schriftliche Zustimmung nicht an den VN zu erbringen.[21] Eine **abredewidrige Zahlung an den VN** oder 17

---

17 Vgl. BGH Urt. v. 12.12.1990 – **IV ZR 213/89** – r+s 1991, 358 = VersR 1991, 299 (**zur Vertrauensschadenversicherung der Notarkammern**).

18 OLG Köln Urt. v. 18.06.1995 – 9 U 229/95 – VersR 1997, 1265.

19 Insoweit missverständlich BGH Urt. v. 31.10.2007 – **VIII ZR 278/05** – VersR 2008, 501 = NJW 2008, 989.

20 Vgl. OLG Hamm Urt. v. 05.12.1997 – 20 U 230/96 – VersR 1999, 44 = zfs 1998, 178.

21 OLG Köln Urt. v. 26.07.2005 – 9 U 189/04 – r+s 2005, 459.

nach Reparatur an die Werkstatt entfaltet gegenüber dem gesicherten Eigentümer nach Maßgabe des Sicherungsscheines keine Tilgungswirkung.[22] **Leistet der VR in Unkenntnis eines leistungsbefreienden Tatbestandes** (z.B. fingierter Diebstahl eines geleasten Pkw) an den Leasinggeber, so richtet sich der bereicherungsrechtliche Rückzahlungsanspruch gemäß **§ 812 BGB** gegen den VN (= Leasingnehmer).[23] Ferner hat der VR **den Versicherten zu informieren** im Falle eines Schadeneintritts (weil der VN nicht mehr frei über die Versicherungsleistung verfügen kann), im Falle eines **Prämienrückstands** des VN[24] (weil der Versicherte ein Interesse daran hat, durch eigene Zahlungen den Versicherungsschutz zu erhalten) oder im Falle einer **Änderung oder Kündigung des Versicherungsvertrages** durch den VN.[25] **Einwendungen** gegenüber dem VN aus dem Versicherungsvertrag kann der VR gemäß **§ 334 BGB** ungeachtet des erteilten Sicherungsscheines auch weiterhin gegenüber dem Versicherten geltend machen. Obwohl der Versicherte den Anspruch auf die Versicherungsleistung in beiden Fällen (sowohl dann, wenn er im Besitz des Versicherungsscheines ist, als auch dann, wenn ihm ein Sicherungsschein erteilt wurde) geltend machen kann, ist er oftmals gar nicht daran interessiert, das **Kostenrisiko eines Prozesses** gegen den Kasko-VR zu übernehmen. Dementsprechend ist der **VN** im Verhältnis zum Versicherten regelmäßig **vertraglich verpflichtet** (z.B. als Leasingnehmer eines geleasten Kfz), einen **Rechtsstreit im eigenen Namen und auf eigene Kosten** für den Versicherten (z.B. den Leasinggeber) – insoweit in gewillkürter Prozessstandschaft – zu führen. Der **Klageantrag** muss in diesem Fall auf **Zahlung an den Leasinggeber** gerichtet sein. Andernfalls wäre die Klage des VN mangels Aktivlegitimation abzuweisen.[26]

III. Mehrfachversicherung und sonstige Fremdversicherungen

18 Denkbar ist auch eine **Mehrfachversicherung** bei einem vollkaskoversicherten Fahrzeug. Schließt z.B. der **Vermieter eines Garagenparkplatzes** für die bei ihm untergestellten Fahrzeuge ebenfalls eine Kaskoversicherung ab, handelt es sich um eine Fremdversicherung zugunsten der Fahrzeugeigentümer, die zusätzlich neben die eigene Kaskoversicherung der Fahrzeugeigentümer tritt. Im Schadenfall erfolgt der Ausgleich zwischen den beteiligten Versicherern nach § 78 VVG bzw. nach besonderen Teilungsabkommen.[27]

19 Eine Fremdversicherung liegt auch vor bei **besonderen Eigentumsrechten von Dritten an Fahrzeug- oder Zubehörteilen**, die nicht als wesentliche Bestandteile des Fahrzeuges im Sinne von § 93 BGB anzusehen sind, (z.B. Ersatzreifen, Dachgepäckträger oder ähnliche, nicht dauerhaft mit dem Fahrzeug verbundene Teile). Gleiches gilt bei einem **Motor**, der von der Werkstatt **unter Eigentumsvorbehalt eingebaut** wird; dieser wäre zwar vom Kaskoversicherungsschutz des Fahrzeuges erfasst; insoweit läge aber eine Fremdversicherung zugunsten des Eigentümers des Motors, also des Werkstattbesitzers vor. Um eine (auch) im fremden Interesse abgeschlossene Kaskoversicherung handelt es sich bei einer **Fahrzeugversicherung für Kfz-Handel und –Handwerk**, deren Versicherungsschutz sich typischerweise sowohl auf die eigenen Fahrzeuge des Kfz-Händlers erstreckt, als auch auf fremde Fahrzeuge, die von Kunden in Reparatur gegeben, vom Händler zwecks Verkauf in Kommission genommen oder bereits an Erwerber übereignet wurden.[28]

20 Ebenso ist die Konstellation einer Fremdversicherung gegeben, wenn der VN (z.B. der Vater) für das nicht in seinem Eigentum stehende Kfz eines Dritten (z.B. seines Sohnes) eine Kaskoversicherung

---

22 LG Stuttgart Urt. v. 07.05.2010 – 16 O 232/09 – r+s 2011, 245 = zfs 2011, 95.

23 BGH Urt. v. 10.03.1993 – **XII ZR 253/91** – r+s 1993, 239 = NJW 1993, 1578; vgl. BGH Urt. v. 02.11.1988 – **IVb ZR 102/87** – VersR 1988, 74 = NJW 1989, 900; OLG Hamburg Urt. v. 11.11.1988 – 14 U 245/87 – MDR 1989, 817; **a.A.** OLG Karlsruhe Urt. v. 07.11.1991 – 12 U 97/91 – VersR 1992, 1463.

24 Vgl. BGH Urt. v. 06.12.2000 – **IV ZR 28/00** – NJW-RR 2001, 314 = NVersZ 2001, 127.

25 Vgl. Stiefel/Maier/*Stadler* A.2 AKB Rn. 398.

26 Vgl. OLG Dresden Beschl. v. 20.08.2018 – 4 W 600/18 – VersR 2018, 1441 = NJW-RR 2018, 1507.

27 Vgl. Stiefel/Maier/*Stadler* A.2 AKB Rn. 392.

28 Vgl. BGH Urt. v. 28.06.2006 – **IV ZR 316/04** – VersR 2006, 1352 = r+s 2006, 410; OLG Hamm Urt. v. 24.07.2002 – 20 U 71/02 – VersR 2003, 190 = r+s 2002, 450.

abschließt, weil er eine **günstigere Versicherungsprämie** in Anspruch nehmen kann als der Eigentümer des Fahrzeuges.

C. Weitere praktische Hinweise

I. Juristische Personen und Personengesellschaften als VN

Bei juristischen Personen des Privatrechts (z.B. GmbH) und Personengesellschaften (z.B. OHG oder Gesellschaften bürgerlichen Rechts) wird entgegen der früheren Rechtsprechung des **BGH**[29] bei der Frage, ob bei einer von der Gesellschaft abgeschlossenen Kaskoversicherung auch eine Fremdversicherung zugunsten der Gesellschafter vorliegt, nicht mehr unterschieden. Eine Differenzierung, wonach ein Sacherhaltungsinteresse bei den Gesellschaftern einer juristischen Person verneint, ein solches bei den Gesellschaftern einer Personengesellschaft dagegen bejaht wurde, lässt sich nach der Rechtsprechung des **BGH** zur Rechtsnatur der Gesamthand[30] nicht mehr aufrechterhalten.[31] Künftig ist von der Kaskoversicherung **nicht nur das Interesse des Eigentümers** – also der Gesellschaft – an der Erhaltung des versicherten Fahrzeuges umfasst (**Sacherhaltungsinteresse**), sondern darüber hinaus zusätzlich **auch das Interesse des nutzungsberechtigten Nichteigentümers** – also des Gesellschafters, bei Beschädigung, Zerstörung oder Verlust des versicherten Fahrzeuges von der Gesellschaft als Eigentümer des Fahrzeuges nicht auf Schadenersatz in Anspruch genommen zu werden (**Sachersatzinteresse**).[32] 21

Zwar ist **Träger des** versicherten **Sacherhaltungsinteresses** in einer Kaskoversicherung, die von einer Gesellschaft für das zum Gesellschaftsvermögen gehörende Fahrzeug abgeschlossen wird, allein **die Gesellschaft** aufgrund ihrer eigenen Rechtspersönlichkeit als von den Gesellschaftern verschiedenes Rechtssubjekt; eine ergänzende Auslegung des Versicherungsvertrages ergibt jedoch regelmäßig, dass auch das **Sachersatzinteresse der** einzelnen **Gesellschafter oder Geschäftsführer**, die gesellschaftsintern dazu berufen sind, das versicherte Fahrzeug zu nutzen, als mitversichert anzusehen ist. Dieses Sachersatzinteresse ist bei einem Gesellschafter einer juristischen Person, z.B. als Kommanditist einer GmbH & Co. KG nicht anders zu beurteilen als bei einem persönlich haftenden Gesellschafter einer offenen Handelsgesellschaft, der vom BGH immer schon als (Mit-) Versicherter eingestuft wurde, weil bei diesem im Gegensatz zum Gesellschafter einer juristischen Person immer schon ein Interesse an der Erhaltung des versicherten Kfz (Sacherhaltungsinteresse) angenommen worden war. 22

Praktische Bedeutung gewinnt diese Problematik, wenn nach Beschädigung eines im Eigentum einer juristischen Person oder Personengesellschaft stehenden kaskoversicherten Fahrzeuges der VR Entschädigungsleistungen an die Gesellschaft erbringt und aus übergegangenem Recht nach § 86 Abs. 1 S. 1 VVG, A.2.8 Abs. 1 AKB **Regressansprüche** gegen einen ihrer Gesellschafter oder deren Angehörigen erhebt. Der Gesellschafter ist in diesem Fall nicht als »Dritter« i.S.d. § 86 Abs. 1 S. 1 VVG anzusehen. Das **versicherte Sacherhaltungsinteresse** steht zwar der rechtlich selbstständigen **Gesellschaft** (z.B. der GmbH & Co. KG oder dem eingetragenen Verein) als Eigentümerin des Fahrzeuges zu. Sie ist nämlich allein Trägerin des Gesellschaftsvermögens, nicht hingegen ihre Gesellschafter, gleichgültig, ob diese innerhalb der Gesellschaft die Stellung eines Komplementärs oder eines Kommanditisten innehaben. Die **Nutzung des Fahrzeuges** und damit die Ausübung des unmittelbaren Besitzes ist aber nicht der Gesellschaft als solcher, sondern nur einer **natürlichen Person** möglich, (z.B. dem Geschäftsführer der Komplementär-GmbH oder dem Vereinsmitglied), was für den VR auch bei Abschluss des Versicherungsvertrages erkennbar ist. Ebenso ist für ihn erkennbar, 23

29 BGH Urt. v. 27.10.1993 – **IV ZR 33/93** – VersR 1994, 85 = NJW 1994, 585; BGH Urt. v. 09.03.1964 – **II ZR 216/61** – VersR 1964, 479 = WM 1964, 592.

30 BGH Urt. v. 29.01.2001 – **II ZR 331/00** – VersR 2001, 510 = NJW 2001, 1056.

31 Ebenso Prölss/Martin/*Klimke* § 43 VVG Rn. 39; Armbrüster NVersZ 2001, 193, 197.

32 BGH Urt. v. 05.03.2008 – **IV ZR 89/07** – VersR 2008, 634 = NJW 2008, 1737; Terno DAR 2008, 313, 315; vgl. OLG Hamm Urt. v. 09.11.2011 – I-20 U 191/11 – VersR 2013, 55 = zfs 2012, 391 (**zur Luftfahrtkaskoversicherung**).

dass die Gesellschaft für den Fall einer Beschädigung oder Zerstörung des firmeneigenen Dienstwagens kein Interesse an haftungsrechtlichen Auseinandersetzungen mit ihren eigenen Gesellschaftern haben wird, auf die sie zur Ausübung ihrer unmittelbaren Sachherrschaft an dem Fahrzeug angewiesen ist. Im Rahmen der Auslegung des Versicherungsvertrages wird der **Gesellschafter** umgekehrt regelmäßig davon ausgehen können, dass der Schutz der abgeschlossenen Kaskoversicherung auch ihm zugutekommt, und zwar auch insoweit, als ihm das **Dienstfahrzeug** – was durchaus üblich ist – **zur privaten Nutzung** zur Verfügung steht. Da die Kaskoversicherung als Fremdversicherung auch sein Sachersatzinteresse mitversichert, gilt er als **Versicherter nach A.2.3 AKB.** Verunfallt er daher mit dem Fahrzeug und erbringt der Kasko-VR daraufhin Entschädigungszahlungen, so scheidet ein Rückgriff des VR gegen ihn nach § 86 Abs. 1 S. 1 VVG aus, da er nicht »Dritter« im Sinne dieser Bestimmung ist.

24 Hat der Gesellschafter **das Fahrzeug einem anderen überlassen, der mit ihm in häuslicher Gemeinschaft lebt** und erleidet dieser einen Unfallschaden, so ist der Angehörige zwar »Dritter«, kann aber aufgrund des Angehörigenprivilegs in § 86 Abs. 3 VVG nicht in Anspruch genommen werden. Wäre der Gesellschafter hingegen nicht als (Mit-) Versicherter anzusehen, so wäre sein Angehöriger, dem er das Fahrzeug überlassen hat, im Verhältnis zur Gesellschaft nicht als privilegierter »Dritter« anzusehen, so dass ihn folglich bei Vorsatz oder grober Fahrlässigkeit die volle Rückgriffshaftung nach § 86 Abs. 1 S. 1 VVG, A.2.8 Abs. 1 AKB treffen würde (vgl. auch A.2.8 AKB Rdn. 19 ff. und A.2.8 AKB Rdn. 30 ff.

II. Zurechnung der Kenntnis und des Verhaltens Dritter

1. Repräsentant[33]

a) Voraussetzungen für eine Repräsentantenstellung

25 Grundsätzlich muss sich der VN im Versicherungsvertragsrecht ein schuldhaftes Verhalten eines Dritten nicht zurechnen lassen, (vgl. auch A.2.9.1 AKB Rdn. 419). Insbesondere ist die Zurechnungsnorm des **§ 278 BGB** über die Haftung für Erfüllungsgehilfen **nicht anwendbar**, weil sich der VN des Dritten im Versicherungsvertragsrecht nicht »zur Erfüllung seiner Verbindlichkeiten« bedient. Wäre jedes Fehlverhalten eines Dritten dem VN zurechenbar, wäre der Versicherungsschutz des VN stark ausgehöhlt. Andererseits kann der VN dann nicht mehr als schützenswert vor den Folgen einer vorsätzlichen oder grob fahrlässigen Verhaltensweise eines Dritten angesehen werden, wenn der Dritte faktisch an seine Stelle getreten ist, ihn damit also repräsentiert. Das Fehlverhalten eines Repräsentanten schlägt auf den Versicherungsschutz des VN durch. Der VN hat für das Verhalten seines Repräsentanten wie für eigenes einzustehen.[34]

26 Die Repräsentantenhaftung, die für alle Obliegenheiten und die Rechtsbeziehungen zwischen VN und VR entwickelt wurde, beruht auf **Billigkeitserwägungen**. Dem VN, der das versicherte Risiko aus der Hand gibt und sich der Obhut über die Sache gänzlich entledigt, soll es verwehrt sein, die Lage des VR nach Belieben zu verschlechtern mit der Folge, dass dieser auch bei Vorsatz und grober Fahrlässigkeit des Repräsentanten leistungspflichtig wäre, während er sich auf Leistungsfreiheit berufen könnte, wenn die »Risikoverwaltung« beim VN persönlich gelegen und dieser in gleicher Weise gehandelt hätte.[35]

27 **Repräsentant ist**, wer in dem Geschäftsbereich, zu dem das versicherte Risiko gehört, aufgrund eines Vertretungs- oder ähnlichen Verhältnisses an die Stelle des VN getreten ist, wobei die bloße Überlassung der Obhut über die versicherte Sache hierfür nicht ausreicht.[36] Zu unterscheiden ist zwischen dem Risikoverwalter und dem Vertragsverwalter.

33 Vgl. Lehmann r+s 2019, 361 ff.

34 BGH Urt. v. 10.07.1996 – **IV ZR 287/95** – VersR 1996, 1229 = r+s 1996, 385.

35 Vgl. BGH Urt. v. 20.05.2009 – **XII ZR 94/07** – VersR 2009, 1123 = NJW 2009, 2881.

36 BGH Urt. v. 14.3.2007 – **IV ZR 102/03** – VersR 2007, 673 = NJW 2007, 2038; BGH Urt. v. 23.06.2004 – **IV ZR 219/03** – VersR 2005, 218 = r+s 2004, 376; OLG Hamm Urt. v. 11.04.2014 – 20 U 171/13 – zfs 2015, 633.

Risikoverwalter ist derjenige, dem der VN die alleinige, vollständige Obhut über die versicherte Sache überträgt, ohne dass dem VN tatsächliche Einwirkungs-, Zugriffs- oder Kontrollmöglichkeiten verbleiben.[37] Dem Risikoverwalter muss das Kfz zur vollständigen eigenverantwortlichen Nutzung überlassen worden sein. Er muss befugt sein, selbstständig in einem gewissen, nicht ganz unbedeutenden Umfang für den VN zu handeln und die versicherte Sache zu betreuen. Allerdings ist es nicht erforderlich, dass er zusätzlich auch noch Rechte und Pflichten aus dem Versicherungsvertrag aufgrund einer Vollmacht für den VN wahrnimmt.[38] 28

Vertragsverwalter ist derjenige, der aufgrund eines Vertretungs- oder ähnlichen Verhältnisses die Verwaltung des Versicherungsvertrages eigenverantwortlich ausübt. Dazu muss er nicht zwingend auch im Besitz der versicherten Sache sein.[39] Andererseits reicht die bloße Überlassung der Obhut über die versicherte Sache für sich allein für die Begründung einer Repräsentantenstellung nicht aus. Ebenso wenig begründen allein verwandtschaftliche (Ehegatte, Kinder) oder allein vertragliche Beziehungen, kraft derer der Dritte die Obhut über das versicherte Risiko ausübt (z.B. Miet-, Arbeits- oder Geschäftsbesorgungsverträge), die Repräsentantenstellung.[40] 29

Der Repräsentant ist auch verantwortlich für die **Erfüllung der Obliegenheiten** vor und nach Eintritt des Versicherungsfalles. Entfernt sich daher z.B. der Repräsentant unerlaubt vom Unfallort, muss sich der VN diese Aufklärungspflichtverletzung zurechnen lassen.[41] Das gleiche gilt, wenn der Repräsentant bewusst falsche Angaben in der Schadenanzeige (z.B. zu Vorschäden) macht oder diese verschweigt.[42] Zu beachten ist, dass es nicht erforderlich ist, die Zurechnungsfigur des Repräsentanten heranzuziehen, wenn eine **Versicherung für fremde Rechnung** vorliegt (vgl. A.2.3 AKB Rdn. 60 ff.). 30

b) Repräsentant in der Kaskoversicherung

Auch in der Kaskoversicherung muss sich der VN das vorsätzliche oder grob fahrlässige Verschulden eines berechtigten Fahrers – von § 47 Abs. 1 VVG abgesehen – nur für den Fall zurechnen lassen, dass der Fahrer Repräsentant des VN ist.[43] Für die Annahme einer Repräsentanteneigenschaft **genügt es allein nicht**, dass der Dritte das **Fahrzeug zur alleinigen Benutzung in Besitz** hat,[44] wie dies z.B. bei einem Dienstwagen der Fall ist. Auch ist es für die Frage der Repräsentanteneigenschaft unbeachtlich, dass er **dauerhaft die laufenden finanziellen Lasten** wie Steuern, Versicherung, Betriebskosten und Reparaturen trägt.[45] Daraus lässt sich **allenfalls ein Indiz für eine Repräsentantenstellung** ableiten,[46] denn für die Risikoverwaltung kommt es nicht allein darauf an, wer die finanziellen Lasten des Fahrzeuges zu tragen hat.[47] Entscheidend ist vielmehr, 31

---

37 Vgl. OLG Bamberg Beschl. v. 04.10.2004 – 1 U 96/04 – r+s 2005, 459.

38 BGH Urt. v. 10.07.1996 – **IV ZR 287/95** – VersR 1996, 1229 = r+s 1996, 385; BGH Urt. v. 21.04.1993 – **IV ZR 34/92** – VersR 1993, 828 = r+s 1993, 321; vgl. OLG Düsseldorf Urt. v. 12.10.1999 – 4 U 219/98 – SP 2000, 175; OLG Hamm Urt. v. 02.11.1994 – 20 U 142/94 – NJW-RR 1995, 482.

39 BGH Urt. v. 14.05.2003 – **IV ZR 166/02** – zfs 2003, 411 = NJW-RR 2003, 1250, 1251; BGH Urt. v. 21.04.1993 – **IV ZR 34/92** – VersR 1993, 828 = r+s 1993, 321.

40 OLG Düsseldorf Urt. v. 27.02.2007 – I-24 U 93/06 – VersR 2007, 982.

41 BGH Urt. v. 10.07.1996 – **IV ZR 287/95** – VersR 1996, 1229 = r+s 1996, 385.

42 Vgl. OLG Bamberg Urt. v. 04.10.2004 – 1 U 96/04 – r+s 2005, 459.

43 Vgl. OLG Köln Urt. v. 03.06.2003 – 9 U 182/02 – r+s 2003, 278 = SP 2004, 57; Hering SVR 2012, 201 mit **Beispielen aus der Rechtsprechung.**

44 **A.A.**, wenngleich im Ergebnis zutreffend OLG Frankfurt/M. Urt. v. 28.06.1994 – 14 U 117/93 – r+s 1994, 367 = zfs 1995, 105, da in diesem Fall die Zurechnungsfigur des Repräsentanten wegen der Eigentümerstellung des Sohnes als alleinigem Nutzer des Kfz gar nicht hätte bemüht werden müssen (vgl. § 47 Abs. 1 VVG bzw. § 79 Abs. 1 VVG a.F.).

45 Vgl. OLG Köln Urt. v. 21.10.1997 – 9 U 376/94 – www.justiz.nrw.de.

46 OLG Koblenz Urt. v. 04.02.2005 – 10 U 1561/03 – VersR 2005, 1577; OLG Köln Urt. v. 27.09.2002 – 9 U 143/00 – r+s 2003, 56; LG Karlsruhe Urt. v. 27.08.1999 – 9 S 120/99 – VersR 2000, 967.

47 BGH Urt. v. 10.07.1996 – **IV ZR 287/95** – VersR 1996, 1229 = r+s 1996, 385.

dass **der Dritte selbstständig und in nicht ganz unbedeutendem Umfange befugt sein muss, für den VN zu handeln.** Dafür muss er nicht nur längere Zeit die Obhut über das Fahrzeug im Sinne einer eigenverantwortlichen, tatsächlichen Betreuung innehaben, sondern es müssen ihm auch wesentliche Aufgaben und Befugnisse aus dem eigenen Pflichtenkreis des VN zur selbstständigen und eigenverantwortlichen Erledigung übertragen worden sein. Dazu gehört insbesondere die Pflicht, für die **Betriebs- und Verkehrssicherheit** des Fahrzeuges zu sorgen, es zu warten, zu pflegen und umsichtig zu benutzen einschließlich der Verpflichtung, erforderliche **Reparaturen, Wartungsarbeiten, AU- und TÜV-Untersuchungen** zu beauftragen.[48] Der VN muss sich der Verfügungsbefugnis und der Verantwortlichkeit für das Fahrzeug ohne wesentliche Einschränkungen und Vorbehalte begeben haben.[49]

32 Wenn ein Dritter das Fahrzeug neben dem VN genauso benutzen kann wie dieser, genügt dies für eine Repräsentantenstellung ebenso wenig, wie wenn der Dritte das Fahrzeug nur überwiegend, nicht aber ausschließlich nutzt.[50] Überlässt der VN seinen Pkw aber im Rahmen eines **Leihvertrages** langfristig einem Dritten zur Nutzung, erlangt dieser die Stellung eines Repräsentanten. Überlässt dieser Repräsentant das Fahrzeug einer weiteren Person, die nicht im Besitz einer gültigen Fahrerlaubnis ist, so kann der VN, wenn das Fahrzeug verunglückt, vom Kasko-VR keinen Ersatz seines Schadens verlangen, weil er sich das Verhalten seines Repräsentanten zurechnen lassen muss, und zwar selbst dann, wenn der Repräsentant als Entleiher nach dem Vertrag gar nicht befugt war, den Gebrauch des Fahrzeuges anderen Personen zu überlassen.[51]

c) Ehegatte und Lebensgefährte

33 Der Ehepartner oder Lebensgefährte, der nicht VN ist, ist grundsätzlich **nur in besonderen Ausnahmefällen als Repräsentant des anderen** anzusehen. Insbesondere spricht keine tatsächliche Vermutung[52] oder gar ein Anscheinsbeweis dafür, dass dem Ehegatten eines VN allein auf Grund des Ehegattenverhältnisses die Risikoverwaltung für das versicherte Fahrzeug übertragen worden sein könnte.[53] Bloßer Mitgewahrsam an dem Fahrzeug genügt für die Annahme einer Repräsentantenstellung nicht.[54] Ebenso wenig reicht es aus, dass beide Partner das versicherte Fahrzeug abwechselnd gleichermaßen nutzen,[55] oder dass die **Anschaffungskosten** gemeinschaftlich aufgebracht worden sind und die **laufenden Unterhaltungskosten gemeinschaftlich** bestritten werden. Dies gilt selbst dann, wenn der andere Ehepartner das versicherte Fahrzeug zu 60 % mitbenutzt und eine gemeinsame Kostentragungspflicht zwischen den Ehepartnern vereinbart ist.[56] Ein Partner wird auch nicht dadurch zum Repräsentanten des anderen, dass er dessen Fahrzeug während der Dauer eines stationären **Krankenhausaufenthaltes**[57] oder eines **längeren Urlaubs** im Ausland nutzt.[58] Auch reicht es nicht aus, wenn der Ehegatte den Pkw der VN zwar an Werktagen zwischen 5.15 Uhr und 17.30 Uhr allein benutzt, die VN aber jedenfalls Teilbereiche der Risikoverwaltung des Kfz dadurch abdeckt, dass sie sich um die Verkehrssicherheit kümmert durch die Auftragsvergabe von Reparaturen und Inspektionen und auch die Schadenmeldung ausgefüllt hat.[59]

---

48 BGH Urt. v. 10.07.1996 – **IV ZR 287/95** – VersR 1996, 1229 = r+s 1996, 385; ebenso LG Saarbrücken Urt. v. 18.02.2015 – 14 O 108/14 – r+s 2016, 343.

49 BGH Urt. v. 14.05.2003 – **IV ZR 166/02** – zfs 2003, 411 = NJW-RR 2003, 1250, 1251.

50 OLG Koblenz Urt. v. 04.02.2005 – 10 U 1561/03 – VersR 2005, 1577 = NZV 2005, 481.

51 OLG Celle Urt. v. 23.03.2000 – 8 U 32/99 – VRS 2003, 128 = SP 2000, 388.

52 Prölss/Martin/*Armbrüster* § 28 VVG Rn. 128 m.w.N.

53 OLG Koblenz Urt. v. 12.03.2004 – 10 U 550/03 – VersR 2004, 1410 = r+s 2004, 279.

54 OLG Karlsruhe Urt. v. 21.06.1990 – 12 U 56/90 – VersR 1991, 1048.

55 OLG Hamm Urt. v. 21.09.1994 – 20 U 124/94 – VersR 1995, 1086.

56 LG Paderborn Urt. v. 09.05.2007 – 4 O 651/06 – zfs 2007, 636.

57 Vgl. OLG Köln Urt. v. 29.03.1990 – 5 U 161/89 – VersR 1990, 1226 = r+s 1990, 192.

58 OLG Koblenz Urt. v. 12.03.2004 – 10 U 550/03 – VersR 2004, 1410 = r+s 2004, 279.

59 OLG Frankfurt/M. Urt. v. 11.08.2004 – 7 U 156/03 – VersR 2005, 1232 = zfs 2005, 245, 246.

Eine Repräsentantenstellung des Ehegatten des VN lässt sich in der Regel auch nicht aus **§ 1357 BGB** herleiten. Es ist bereits fraglich, ob diese Vorschrift auf den Abschluss eines Kaskoversicherungsvertrages Anwendung findet. Der **BGH**[60] bejahte dies in einem Fall, in welchem der versicherte Pkw das einzige Fahrzeug einer fünfköpfigen Familie war. Der Abschluss der Vollkaskoversicherung habe den Erhalt eines Fahrzeugs für die Familie sichern sollen, weshalb damit auch der Bedarf der Familie, immer ein Fahrzeug zur Verfügung zu haben, im Sinne von § 1357 Abs. 1 S. 1 BGB gedeckt werde. Allenfalls bei einer solchen Konstellation wird man eine Repräsentantenstellung des Ehegatten, der nicht VN ist, in Erwägung ziehen können. Handelt es sich hingegen um ein Fahrzeug, bei dem sich die Beteiligung des anderen Ehegatten darauf beschränkt, es nur in Ausnahmefällen oder – wie z.B. bei einem Wohnmobil – zu Urlaubs- und Freizeitzwecken zu nutzen, lässt sich eine Repräsentantenstellung des anderen Ehegatten aus § 1357 BGB nicht herleiten.[61] 34

Für eine Repräsentation des VN durch den anderen Partner ist erforderlich, dass dieser die alleinige Verfügungsbefugnis und Verantwortlichkeit für das Fahrzeug besitzt,[62] es ständig oder jedenfalls weit überwiegend nutzt und im Schadenfall auch die Regulierungsverhandlungen mit dem VR selbstständig durchführt. Übernimmt der andere Partner anfallende Reparatur- und Wartungskosten und ist verantwortlich für die regelmäßige Hauptuntersuchung nach **§ 29 StVZO**, kann dies ein **Indiz** für eine übertragene Risikoverwaltung und die Annahme einer Repräsentantenstellung sein.[63] 35

Kann der VR die Repräsentanteneigenschaft nicht beweisen, muss sich der VN das Fehlverhalten seines Ehegatten oder Partners trotzdem dann (teilweise) zurechnen lassen, wenn dieser (Mit-) Eigentümer des Fahrzeuges ist, was der VR ebenfalls zu beweisen hat. In diesem Fall ist bezüglich des **(Mit-) Eigentums des anderen Partners** von einer Versicherung für fremde Rechnung auszugehen (vgl. A.2.3 AKB Rdn. 60 ff.). 36

d) Kraftfahrzeugmieter

Die **Begrenzung der Einstandspflicht für Dritte** nach den Grundsätzen der Repräsentantenhaftung gilt auch für den **Mieter eines Kraftfahrzeuges**, der mit dem gewerblichen Kfz-Vermieter gegen ein zusätzliches oder im Tarif einkalkuliertes Entgelt eine **Haftungsreduzierung für** selbst oder fremd verursachte **Schäden am Mietfahrzeug nach Art der Vollkaskoversicherung** mit oder ohne Selbstbeteiligung vereinbart. Nur wenn der Dritte Repräsentant des Mieters ist, ist – abweichend von § 540 Abs. 2 BGB – eine Zurechnung des vorsätzlichen oder grob fahrlässigen Verhaltens des Fahrers des gemieteten Kfz zulässig.[64] Der **Mieter gilt** in einem solchen Fall **als Quasiversicherungsnehmer** und kann darauf vertrauen, dass die Reichweite des mietvertraglich vereinbarten Schutzes im Wesentlichen dem Schutz entspricht, den er als Eigentümer des Fahrzeuges und VN in der Vollkaskoversicherung genießen würde; weichen einzelne Klauseln im Mietvertrag zum Nachteil des Mieters von diesem Leitbild ab, sind sie gemäß § 307 Abs. 1, Abs. 2 Nr. 1 BGB wegen unangemessener Benachteiligung des Mieters grundsätzlich unwirksam.[65] 37

Ist der Mieter im Verhältnis zum Vermieter **berechtigt, das Fahrzeug einem Dritten zu überlassen** und führt dieser einen Unfallschaden am Mietfahrzeug grob fahrlässig herbei, so kann sich der auf Schadenersatz in Anspruch genommene Mieter auf die vereinbarte Haftungsreduzierung gegenüber dem Vermieter nur dann nicht berufen, wenn der Dritte als sein Repräsentant anzusehen ist. Nur in diesem Fall hat der Mieter für das Verschulden des Dritten wie für eigenes einzustehen und muss sich das Fehlverhalten des Dritten zurechnen lassen. Dies gilt auch für Fälle, in denen der 38

60 BGH Urt. v. 28.02.2018 – **XII ZR 94/17** – NJW 2018, 1313 = r+s 2018, 239.
61 OLG Hamm Beschl. v. 23.01.2023 – 6 U 107/21 – zfs 2023, 271.
62 OLG Karlsruhe Urt. v. 16.05.1991 – 12 U 25/91 – VersR 1992, 1391.
63 OLG Koblenz Urt. v. 12.03.2004 – 10 U 550/03 – VersR 2004, 1410 = r+s 2004, 279.
64 BGH Urt. v. 20.05.2009 – **XII ZR 94/07** – VersR 2009, 1123 = NJW 2009, 2881.
65 BGH Urt. v. 20.05.2009 – **XII ZR 94/07** – VersR 2009, 1123 = NJW 2009, 2881; OLG Düsseldorf Urt. v. 27.02.2007 – I-24 U 93/06 – VersR 2007, 982 m.w.N.

Dritte vertragliche Verhaltenspflichten (Obliegenheiten) verletzt.[66] Allerdings wird der mietvertraglich bloß berechtigte Fahrer, der in der Kaskoversicherung grundsätzlich nicht als Mitversicherter anzusehen ist,[67] noch nicht allein dadurch zum Repräsentant des Mieters, dass dieser ihm das Mietfahrzeug lediglich zur Obhut überlässt.[68]

39 Die aus dem Rechtsgedanken des § 81 VVG analog hergeleitete, auf den Repräsentanten des Kfz-Mieters anwendbare eingeschränkte Haftung hat bei vereinbarter entgeltlicher Haftungsreduzierung in der gewerblichen Kfz-Vermietung die gleiche Berechtigung wie die unmittelbar aus § 81 VVG hergeleitete Repräsentantenhaftung im Versicherungsrecht.[69] Die davon **abweichend** in der Rechtsprechung **vertretene Auffassung**,[70] wonach sich der Mieter stets das schuldhafte Verhalten eines Dritten, dem er das Fahrzeug überlasse, zurechnen lassen müsse, **überzeugt nicht**. Die Interessenlage des quasiversicherten Fahrzeugmieters ist keine andere als die des VN für ein eigenversichertes Fahrzeug. Beide wollen sich vor einem Schadenrisiko schützen. Der gewerbliche **Kraftfahrzeugvermieter, der als »Quasiversicherer« fungiert**, erhält ebenso wie der VR in der Kaskoversicherung für das zusätzlich übernommene Haftungsrisiko ein gesondertes Entgelt, dessen Höhe er entsprechend seinem übernommenen Risiko kalkulieren kann. Zur Vermeidung einer ansonsten ausufernden Haftung vor allem bei gewerblichen Kraftfahrzeugmietern, die das Mietfahrzeug regelmäßig nicht selbst, sondern durch **angestellte Fahrer** führen lassen, ist es dem Vermieter durchaus zuzumuten, bei einer Schadenverursachung durch einen Dritten, der kein Repräsentant des Mieters ist, auf die vertragliche Haftung gegenüber dem Mieter zu verzichten. Es ist nicht einzusehen, warum nur der VN, der seine Versicherungsprämie an den Kasko-VR zahlt, nicht aber in gleicher Weise auch der Kraftfahrzeugmieter, der für den gleichen Versicherungsschutz ein ähnlich hohes Zusatzentgelt an den Vermieter als »Quasiversicherer« zahlen wird, vor dem Risiko geschützt sein soll.

40 Die **Nichtanwendung des Repräsentantenbegriffs auf die gewerbliche Kraftfahrzeugvermietung rechtfertigt sich** auch **nicht** aus Nachteilen des Vermieters beim Rückgriff gegen den schadenverursachenden Fahrer. Ihm stehen die deliktischen Ansprüche aus §§ 823 Abs. 1 und 2 BGB i.V.m. dem jeweils verletzten Schutzgesetz zu, ggf. aber auch vertragliche Ansprüche, deren Abtretung er analog §§ 255, 285 BGB von dem Mieter für den Fall verlangen kann,[71] dass vertragliche Beziehungen zwischen dem Mieter und dem schädigenden Dritten bestehen sollten. Seine Rechtsposition ist daher nicht schlechter als die eines Kasko-VR, der nach erfolgter Entschädigungszahlung an seinen VN seine Regressansprüche aus übergegangenem Recht nach Maßgabe des A.2.8 Abs. 1 AKB, § 86 Abs. 1 S. 1 VVG gegen den Fahrer durchsetzen kann.[72]

41 Zum **Umfang des Regresses des VR** gegen den Kfz-Mieter und den berechtigten Fahrer nach erfolgtem Anspruchsübergang gemäß § 86 Abs. 1 S. 1 VVG vgl. im Übrigen A.2.8 AKB Rdn. 53 ff. Zur **Unwirksamkeit einer Klausel**, die im Mietvertrag eines gewerblichen Kfz-Vermieters trotz einer vereinbarten Haftungsbefreiung nach dem Leitbild einer Vollkaskoversicherung eine **volle Haftung** des berechtigten Fahrers auch **bei grob fahrlässiger Verursachung** eines Schadens vorsieht, vgl. A.2.1.1 AKB Rdn. 25 ff.

66 Ebenso OLG Hamm Urt. v. 16.08.2019 – 9 U 164/18 – r+s 2020, 201.
67 Ebenso OLG Braunschweig Beschl. v. 19.09.2017 – 11 U 10/17 – r+s 2018, 592 = zfs 2018, 29.
68 BGH Urt. v. 20.05.2009 – **XII ZR 94/07** – VersR 2009, 1123 = NJW 2009, 2881.
69 OLG Düsseldorf Urt. v. 27.02.2007 – I-24 U 93/06 – VersR 2007, 982; OLG Düsseldorf Urt. v. 25.02.2003 – 24 U 105/02 – NJW-RR 2003, 974; LG Nürnberg-Fürth Urt. v. 27.01.2010 – 8 O 10700/08 – r+s 2010, 145.
70 OLG Hamm Urt. v. 22.03.2006 – 30 U 177/05 – OLGR 2006, 719 = NZV 2006, 593; OLG Jena Urt. v. 07.12.2000 – 1 U 627/00 n.v.; OLG München Urt. v. 05.12.1996 – 19 U 2004/96 – VersR 1997, 1238.
71 Grüneberg/*Grüneberg* § 255 Rn. 7 f.
72 Im Ergebnis auch OLG Düsseldorf Urt. v. 27.02.2007 – I-24 U 93/06 – VersR 2007, 982.

e) Weitere Einzelfälle

Repräsentant ist 42

- ein **Handelsvertreter**, der aufgrund vertraglicher Vereinbarung mit dem VN das Kfz nicht nur in Besitz hat und benutzt, sondern auch **für seine ständige Unterhaltung und Verkehrssicherheit zu sorgen** hat,[73] wobei dies erst recht gilt, wenn er das Fahrzeug neben der eigenverantwortlichen Nutzung auch anderen Dritten anvertrauen darf;[74]
- ein **Handelsvertreter**, der das von der VN geleaste und vorfinanzierte Kfz nicht nur zu eigenen Zwecken nutzen darf, sondern aufgrund vertraglicher Vereinbarung auch **verpflichtet** ist, das Fahrzeug **nach Ablauf der Leasingzeit auszulösen** bzw. bei vorzeitigem Ausscheiden aus dem Unternehmen der VN zu übernehmen;[75]
- der faktische **Betriebsinhaber**, der einen von seinem Bruder versicherten LKW ausschließlich nutzt;[76]
- ein **Eigentumsvorbehaltskäufer**, dessen Fahrzeug noch auf den Verkäufer zugelassen ist;[77]
- der **Sohn der VN**, der das Fahrzeug aus eigenen Mitteln erworben hat, es alleine nutzt und außer der **Versicherungsprämie** auch alle **laufenden Unterhaltungskosten** trägt,[78] der ein Kfz lediglich aus **»versicherungstechnischen Gründen«** auf seine Mutter zugelassen und versichert hat,[79] oder der Sohn, der das Fahrzeug seines räumlich entfernt lebenden Vaters schon seit mehreren Jahren dauerhaft alleine nutzt;[80]
- der **Ehegatte des VN**, der den Pkw zunächst alleine gekauft und finanziert, später dann jedoch den **Versicherungsvertrag** wegen Schwierigkeiten mit dem Schadenfreiheitsrabatt **auf den VN umgestellt** hat;[81]
- der **Ehemann der VN**, wenn er als **Leasingnehmer** Besitzer und Halter des Fahrzeuges ist und **sämtliche mit dem Fahrzeug zusammenhängenden Kosten** wie Kfz-Versicherung, Kfz-Steuer, Benzin, Reparaturen und Leasingraten trägt;[82]
- ein Dritter, der einen **langfristigen Leihvertrag** mit dem VN abschließt bei vollständiger Übernahme aller Kosten für die Nutzung eines Pkw im Ausland und Übertragung der alleinigen Obhut über das Fahrzeug;[83]
- der **Geschäftsführer** eines auf die GmbH zugelassenen Fahrzeuges,[84] der **persönlich haftende Gesellschafter** einer OHG und KG, aber auch ein **Kommanditist** eines auf die Gesellschaft zugelassenen Fahrzeuges,[85] wobei diese Personen nach der neueren Rechtsprechung des BGH als Mitversicherte im Rahmen einer Versicherung für fremde Rechnung gelten dürften, so dass sich die Gesellschaft (VN) das schädigende Verhalten dieser Personen bereits unmittelbar über § 47 Abs. 1 VVG zurechnen lassen muss (vgl. A.2.3 AKB Rdn. 21 ff. und A.2.3 AKB Rdn. 62);
- ein **Angestellter**, dem vertraglich die alleinige Obhut über ein firmeneigenes Kfz übertragen worden ist, wenn er es jederzeit auch für private Fahrten nutzen kann und für die Betriebs- und Verkehrssicherheit zu sorgen, insbesondere die **Gefahrstandspflicht** i.S.d. § 23 Abs. 1 VVG wahrzunehmen hat.[86]

---

73 OLG Frankfurt/M. Urt. v. 27.07.1994 – 17 U 259/93 – VersR 1996, 838.
74 OLG Hamm Urt. v. 12.12.1986 – 20 U 299/85 – VersR 1988, 509.
75 OLG Koblenz Urt. v. 22.12.2000 – 10 U 508/00 – VersR 2001, 1507 = zfs 2001, 364.
76 OLG Celle Urt. v. 17.11.2016 – 8 U 114/16 – zfs 2017, 218.
77 Vgl. OLG Düsseldorf Urt. v. 20.11.1962 – 4 U 209/61 – VersR 1963, 351.
78 LG Karlsruhe Urt. v. 27.08.1999 – 9 S 120/99 – VersR 2000, 967.
79 OLG Oldenburg Urt. v. 26.06.1996 – 2 U 106/96 – VersR 1997, 997.
80 LG Saarbrücken Urt. v. 18.02.2015 – 14 O 108/14 – r+s 2016, 343.
81 OLG Brandenburg Urt. v. 12.06.1997 – 2 U 123/96 – r+s 1999, 59.
82 OLG Hamm Urt. v. 08.03.1995 – 20 U 290/94 – VersR 1996, 225; vgl. OLG Oldenburg Urt. v. 21.06.1995 – 2 U 105/95 – r+s 1996, 394.
83 OLG Celle Urt. v. 23.03.2000 – 8 U 32/99 – VRS 2003, 128 = SP 2000, 388.
84 OLG Bremen Urt. v. 02.10.2007 – 3 U 27/07 – VersR 2007, 1692 = r+s 2008, 148.
85 Vgl. OLG Düsseldorf Urt. v. 16.08.1988 – 4 U 227/87 – r+s 1989, 43.
86 OLG Köln Urt. v. 19.09.1995 – 9 U 338/94 – VersR 1996, 839 = r+s 1995, 402 (**aufgehoben aus anderen Gründen** durch BGH Urt. v. 10.07.1996 – **IV ZR 287/95** – VersR 1996, 1229 = r+s 1996, 385).

43 **Kein Repräsentant** ist

- der **angestellte Fahrer**, wenn er zwar das Firmenfahrzeug nutzt, ansonsten aber weder für die Betriebs-, noch für die Verkehrssicherheit einzustehen hat;[87]
- der **Sohn**, dem das **Fahrzeug** vom VN **einmalig überlassen** wurde;[88]
- die **Tochter** des VN als Halterin des Fahrzeuges, wenn im Antrag auf Abschluss der Kraftfahrtversicherung und in der Schadenanzeige angeben wurde, das **Fahrzeug werde überwiegend**, allerdings nicht ausschließlich, **von ihr gefahren**;[89]
- der **Sohn**, auch wenn er das Fahrzeug überwiegend oder fast ausschließlich nutzt, falls der **Vater als VN alle Unterhaltungskosten für das Kfz trägt**, verantwortlich ist für dessen **Verkehrssicherheit** und auch die **Verfügungsbefugnis** über das Fahrzeug weiter **innehat**;[90]
- der **Sohn**, wenn er nur das Fahrzeug nutzt und die Betriebskosten trägt;[91]
- der **Ehemann der VN** als Prokurist eines Hotelbetriebes, der das Kfz gelegentlich nutzt;[92]
- ein **Angestellter (Prokurist) des VN**, dem das Kfz als **Dienstwagen** zwar zur ausschließlichen betrieblichen und privaten Nutzung überlassen worden ist, dem aber nicht auch die eigenverantwortliche Verpflichtung übertragen wurde, es in verkehrs- und betriebssicherem Zustand zu erhalten;[93]
- der **Mitarbeiter eines Autohauses**, dem der VN sein Kfz zur Abmeldung überlassen hat, wenn dieses von dem nicht umfriedeten und frei zugänglichen Betriebsgelände des Autohauses entwendet wird.[94]

2. Wissenserklärungsvertreter

a) Relevante Erklärung des Dritten (Vertreters)

44 Soweit es um Anzeige-, Aufklärungs- oder Auskunftsobliegenheiten geht und nicht um ein Verhalten des Dritten in Bezug auf die Behandlung und den Umgang mit der versicherten Sache, kommt eine **Zurechnung zulasten des VN analog § 166 BGB** über die Figur des Wissenserklärungsvertreters in Betracht. Ein **Wissenserklärungsvertreter**, dessen Erklärungen dem VN zugerechnet werden, ist eine Person, die vom VN an seiner Stelle ausdrücklich oder stillschweigend mit der Erfüllung von dessen Obliegenheiten, der Übermittlung von Kenntnissen oder der Abgabe von Erklärungen beauftragt wurde und eine eigene, selbst unterschriebene Erklärung an Stelle des VN abgibt,[95] z.B. bei der Auskunftserteilung und Ausfüllung eines Schadenanzeigeformulares. Diese Anforderungen gelten auch für den Fall, dass der Ehegatte des VN Erklärungen gegenüber dem VN abgibt.[96]

45 **Wesentlich** für eine Wissenserklärungsvertretung ist, **dass der Dritte das Formular selbst ausfüllt und es auch selbst unterschreibt.** Dabei ist es unerheblich, ob der Dritte eigenes Wissen weitergibt oder nur die Informationen, die er vom VN erhalten hat. Das Handeln und Verschulden des Dritten muss sich der VN wie eigenes zurechnen lassen.[97] Dies gilt selbst für solche Erklärungen, die der VN nicht kennt und billigt.[98]

---

87 Vgl. OLG Hamm Urt. v. 26.10.1994 – 20 U 48/94 – VersR 1995, 1086 = r+s 1995, 41.
88 Vgl. OLG Hamm Urt. v. 02.11.1994 – 20 U 142/94 – VersR 1995, 1348 = NJW-RR 1995, 482.
89 OLG Koblenz Urt. v. 04.02.2005 – 10 U 1561/03 – VersR 2005, 1577 = NZV 2005, 481.
90 OLG Köln Urt. v. 20.04.2004 – 9 U 86/03 – SP 2005, 23; OLG Köln Urt. v. 19.03.1992 – 5 U 115/91 – r+s 1992, 155.
91 OLG Hamm Urt. v. 02.11.1994 – 20 U 142/94 – VersR 1995, 1348 = NJW-RR 1995, 482.
92 OLG Koblenz Urt. v. 20.11.1998 – 10 U 1428/97 – VersR 1999, 1231 = NJW-RR 1999, 536.
93 OLG Hamm Urt. v. 26.10.1994 – 20 U 48/94 – VersR 1995, 1086 = r+s 1995, 41; OLG Karlsruhe Urt. v. 16.03.1995 – 12 U 302/94 – r+s 1995, 442.
94 LG Nürnberg-Fürth Urt. v. 29.03.2012 – 8 O 2729/11 – zfs 2013, 156.
95 BGH Urt. v. 02.06.1993 – **IV ZR 72/92** – VersR 1993, 960 = r+s 1993, 281.
96 Vgl. LG Stuttgart Urt. v. 28.07.2020 – 16 O 476/16 – BeckRS 2020, 23379.
97 OLG Köln Urt. v. 26.04.2005 – 9 U 113/04 – VersR 2005, 1528 = r+s 2005, 240; LG Aachen Urt. v. 03.08.2017 – 9 O 34/17 – zfs 2018, 212.
98 OLG Düsseldorf Urt. v. 30.09.1998 – 4 U 97/96 – zfs 1999, 166.

Für die Beurteilung der Falschangaben kommt es hinsichtlich des Verschuldens grundsätzlich auf den **Kenntnisstand des Dritten und nicht auf den des VN** an,[99] denn dieser hat keine eigene Erklärung abgegeben. **Auf den Kenntnisstand des VN ist nur ausnahmsweise dann abzustellen**, wenn der Wissenserklärungsvertreter das Formular nach bestimmten Weisungen des VN ausgefüllt (vgl. A.2.3 AKB Rdn. 50 ff.), oder als Schreibhilfe des VN fungiert hat (vgl. A.2.3 AKB Rdn. 54 ff.). 46

Auch bei **Ehegatten** ist es erforderlich, dass der eine den anderen mit der Abgabe von Erklärungen gegenüber dem VR betraut hat.[100] Verursacht daher z.B. der Ehemann mit dem vollkaskoversicherten Kfz seiner Ehefrau einen selbst verschuldeten Unfall und macht in dem Schadenanzeigeformular, das er auftragsgemäß als Fahrer ausfüllt und unterschreibt, vorsätzlich falsche Angaben, so kann sich der VR gegenüber der Ehefrau als VN auf Leistungsfreiheit berufen, da diese sich das Fehlverhalten des Ehemannes als ihres Wissenserklärungsvertreters zurechnen lassen muss.[101] Auf die Frage einer möglichen Repräsentantenhaftung kommt es in diesem Zusammenhang nicht an. 47

Gleiches gilt für den **Zeugen**, der das versicherte Kfz vor dem behaupteten Diebstahl abgestellt hat und das Schadenanzeigeformular des VR ausfüllt und unterschreibt[102] oder den **Rechtsanwalt**, der vom VN mit der Beantwortung der Fragen des VR betraut worden ist.[103] 48

Die **Lebensgefährtin des VN**, die für diesen mit dessen Einverständnis alle versicherungsrechtlichen Angelegenheiten erledigt, ist Wissenserklärungsvertreterin.[104] Hat der VN zwar das Schadenanzeigeformular selbst ausgefüllt, verweist aber wegen Fragen des VR nach Vorschäden auf seinen besser informierten **Sohn**, der gegenüber dem VR insoweit falsche Angaben macht, muss der VN sich das Fehlverhalten seines Sohnes als Wissenserklärungsvertreter zurechnen lassen.[105] Gleiches gilt, wenn der Sohn des VN nach einem Unfall mit dem kaskoversicherten Kfz auf Nachfrage des VR seinen in unmittelbarem zeitlichen Zusammenhang mit dem Unfall stattgefundenen Alkoholkonsum verschweigt oder hierzu falsche Angaben macht.[106] 49

b) Relevante Erklärung des VN (Vertretenen)

aa) Zurechnung über § 166 Abs. 1 BGB

Ausnahmsweise handelt es sich um eine **Erklärung des VN** und nicht des Dritten als Wissenserklärungsvertreter des VN, wenn der VN entweder **bösgläubig** in Kenntnis der wahren Sachlage **den gutgläubigen Dritten dazu benutzt**, entsprechend seiner konkreten Weisung Fehlinformationen an den VR weiterzuleiten,[107] **oder** wenn der VN bei überlegener eigener Sachkenntnis einen unbedarften, **uninformierten Dritten vorschiebt** und dabei weiß oder billigend in Kauf nimmt, dass der Dritte aufgrund seiner Unkenntnis falsche Angaben machen wird.[108] Gleiches gilt bei **unbewussten Falschangaben des Dritten** gegenüber dem VR, die darauf zurückzuführen sind, dass der VN den Dritten bewusst falsch unterrichtet hat. In allen Fällen muss sich der VN die Falschangaben seines Vertreters **analog § 166 Abs. 1 BGB zurechnen** lassen. Er kann sich nicht darauf berufen, es komme für die Frage, ob ihm eine Obliegenheitsverletzung vorzuwerfen sei, nur auf den Kenntnisstand des Dritten an, wobei diesen aber kein Verschulden treffe, da er von der Unrichtigkeit seiner Angaben nichts gewusst habe. **Voraussetzung** für eine Zurechnung analog § 166 Abs. 1 BGB ist 50

99 OLG Nürnberg Urt. v. 19.12.1996 – 8 U 2035/96 – zfs 1997, 378.
100 BGH Urt. v. 02.06.1993 – **IV ZR 72/92** – VersR 1993, 960 = r+s 1993, 281.
101 Vgl. BGH Urt. v. 19.01.1967 – **II ZR 37/64** – VersR 1967, 343, 344; OLG Köln Urt. v. 02.12.1993 – 5 U 59/93 – r+s 1994, 245; OLG Stuttgart Urt. v. 07.02.1991 – 7 U 176/90 – r+s 1992, 331.
102 OLG Köln Urt. v. 20.06.2000 – 9 U 157/99 – r+s 2000, 448.
103 OLG Hamm Urt. v. 31.05.1996 – 20 U 281/95 – NZV 1997, 80.
104 OLG Köln Urt. v. 26.04.2005 – 9 U 113/04 – r+s 2005, 240.
105 OLG Hamm Urt. v. 16.05.2001 – 20 U 15/01 – zfs 2002, 79.
106 OLG Köln Urt. v. 15.07.2014 – 9 U 204/13 – VersR 2014, 1452 = zfs 2015, 38.
107 OLG Hamm Urt. v. 14.07.1995 – 20 U 58/95 – r+s 1996, 129 = NJW-RR 1996, 96.
108 OLG Hamm Urt. v. 24.06.1998 – 20 U 32/98 – r+s 1998, 491 = NJW-RR 1998, 1720.

stets, dass der VN dem Dritten **für den konkreten Einzelfall bestimmte Weisungen** erteilt bzw. ihn vorgeschoben hat in Bezug auf die Abgabe der falschen Erklärungen gegenüber dem VR.

51 Auch dem **VN**, der eine bereits **fertig ausgefüllte Schadenanzeige blind unterschreibt**, wird es als Arglist analog § 166 BGB zugerechnet, wenn sein Ehegatte, der die Schadenanzeige ausgefüllt hat, Vorschäden verschweigt und die diesbezüglichen Fragen des VR »ins Blaue hinein« verneint, ohne zuvor den das Kfz regelmäßig benutzenden Sohn nach vorhandenen Vorschäden gefragt zu haben.[109] **Anders** nur dann, wenn der **VN**, der von den Vorschäden nichts weiß, die Fragen im Schadenanzeigeformular ebenso wie **die von dem Dritten bereits ausgefüllten Antworten liest, bevor er unterschreibt**; in diesem Fall ist eine **Zurechnung ausgeschlossen**, weil die Falschangaben auf subjektiven Mängeln des Erklärungsgehilfen beruhen und eine Zurechnung zulasten des VN auf eine Haftung für einen Erfüllungsgehilfen hinausliefe, die das Versicherungsrecht nicht kennt.[110]

52 Demnach kommt es bei der Verschuldensprüfung im Rahmen einer Obliegenheitsverletzung **in Fällen, in denen der VN** die Erklärung gegenüber dem VR – **blind oder blanko – selbst unterschrieben** hat, primär auf die Person des VN an. Hat der VN den abzugebenden Erklärungsinhalt selbst nicht überprüft und wollte dies auch nicht, weil er sich vollständig auf die Information des Dritten verlassen hat, ist bei bewusst oder »ins Blaue hinein« abgegebenen falschen Erklärungen des Dritten gegenüber dem VR entweder ein **eigenes arglistiges Verhalten des VN** zu bejahen, wenn dieser bewusst falsche Antworten des Dritten billigend in Kauf genommen hat, **oder** es ist ein **arglistiges Verhalten des Dritten** anzunehmen, welches dem VN dann jedoch analog § 166 BGB zugerechnet wird. Diese **Zurechnung** erfolgt **auch dann, wenn** nicht der VN, sondern **der Dritte** an Stelle des VN die Erklärung **unterzeichnet**; entscheidend ist allein, dass der VN die erheblichen Angaben nicht selbst auf ihre objektive Richtigkeit hin überprüft hat und auch nicht überprüfen wollte.[111]

53 **Differenzierend** sind demgegenüber solche Fälle zu beurteilen, in denen **der Dritte generell** (und nicht nur im konkreten Einzelfall) vom VN **mit der Abgabe von Erklärungen** gegenüber dem VR **betraut** ist, weil ihm solche Tätigkeiten vom VN schlichtweg übertragen worden sind und daher zu seinem Aufgabengebiet gehören. Füllt der Dritte in diesen Fällen ein Schadenanzeigeformular entsprechend seinem eigenen Kenntnis- und Informationsstand aus, trifft den VN regelmäßig kein Verschulden, selbst wenn die Angaben objektiv falsch sein sollten. Da dem VN nicht bekannt sein wird, welche konkreten Erklärungen der Dritte abgegeben hat, können ihm in den Fällen der generellen Betrauung eines Dritten Falschangaben analog **§ 166 Abs. 1 BGB nur dann** zugerechnet werden, wenn entweder das Formular von dem Dritten nach bestimmten **Vorgaben oder Weisungen des VN unrichtig** ausgefüllt wurde oder die Falschangaben jedenfalls auf eine dem VN vorzuwerfende **schuldhafte Fehlunterrichtung des Dritten** zurückzuführen sind. Beweisbelastet hierfür ist der VR. Wusste der VN von den Falschangaben in der Schadenanzeige nichts und liegt auch keine Desinformation des Dritten vor, kann sich der VR trotz objektiv unrichtiger Angaben nicht auf Leistungsfreiheit wegen einer Obliegenheitsverletzung berufen.[112] Zur Abgrenzung zum Wissensvertreter vgl. A.2.3 AKB Rdn. 58 f.

bb) Dritter als Schreibhilfe

54 Eine **eigene Erklärung des VN** liegt auch dann vor, wenn **der Dritte** das Schadenformular aus eigenem Wissen **ausfüllt, der VN** es aber **unterschreibt**. Hier fehlt es an einer Wissenserklärungsvertretung.

109 OLG Saarbrücken Urt. v. 06.10.2010 – 5 U 88/10-16 – VersR 2011, 1511 = r+s 2011, 325.

110 BGH Urt. v. 14.12.1994 – **IV ZR 304/93** – VersR 1995, 281 = r+s 1995, 81; OLG Saarbrücken Urt. v. 06.10.2010 – 5 U 88/10-16 – VersR 2011, 1511 = r+s 2011, 325.

111 OLG Saarbrücken Urt. v. 06.10.2010 – 5 U 88/10-16 – VersR 2011, 1511 = r+s 2011, 325; **a.A.** BGH Urt. v. 14.12.1994 – **IV ZR 304/93** – VersR 1995, 281 = r+s 1995, 81, wonach für die Anwendung von § 166 BGB kein Raum sei, wenn der VN die Unterschrift »blind« oder »blanko« geleistet habe.

112 Vgl. OLG Hamm Urt. v. 14.07.1995 – 20 U 58/95 – r+s 1996, 129 = NJW-RR 1996, 96.

Der Dritte fungiert als bloße Schreibhilfe des VN, ist ihm also lediglich bei der Abfassung seiner Erklärung behilflich.

Gleiches gilt, wenn der VN einen Fragebogen zunächst **blanko unterschreibt** und anschließend **von dem Dritten ausfüllen lässt**. In diesen Fällen liegt keine Erklärung des Dritten, sondern des VN vor.[113] Folglich kommt es auch allein auf den Kenntnisstand des VN an, also darauf, ob ihm – nicht aber dem Dritten – Vorsatz oder grobe Fahrlässigkeit bei der Abgabe der Erklärung vorzuwerfen ist. Dabei kann das relevante Verschulden des VN auch darin gesehen werden, dass er sich über die von seinem Schreibgehilfen in den Fragebogen aufgenommenen Informationen nicht unterrichtet hat.[114] Wird z.B. die Laufleistung des Kfz in einem zuvor vom VN blanko unterschriebenen Schadenanzeigeformular von dem Dritten unwissentlich falsch angegeben, während der VN Kenntnis von der tatsächlichen Laufleistung hat, handelt es sich um eine Obliegenheitsverletzung des VN.[115] Auf die Unkenntnis seines Schreibgehilfen kann der VN nicht verweisen. 55

Wenn der VN, der bei dem Unfall nicht zugegen war, **die vom Fahrer ausgefüllte Schadenanzeige gemeinsam mit diesem unterschreibt**, liegt allein eine Erklärung des VN und nicht des Fahrers vor, der in diesem Fall demnach auch nicht Wissenserklärungsvertreter des VN ist.[116] 56

Auch der **Versicherungsmakler** ist nur Schreibhelfer, wenn er das Schadenanzeigeformular nach den Angaben des VN ausfüllt und der VN es anschließend unterschreibt.[117] Vom Wissenserklärungsvertreter ist der **Bote** zu unterscheiden. Er gibt lediglich die Erklärung des VN an den VR weiter. 57

3. Wissensvertreter

Wissensvertreter ist, wer in nicht ganz untergeordneter Stellung vom VN zumindest in einem Teilbereich damit betraut ist, an dessen Stelle – bei juristischen Personen oder Personengesellschaften an Stelle des dazu berufenen Organs – für das Versicherungsverhältnis rechtserhebliche Tatsachen zur Kenntnis zu nehmen.[118] Es genügt, wenn der VN einem **Familienangehörigen** den versicherten Pkw vollständig zur Nutzung überlässt und sich in der Folgezeit um den Pkw nicht mehr kümmert.[119] Dieser ist dann gleichzeitig auch damit betraut, an Stelle des VN den Pkw betreffende Umstände zur Kenntnis zu nehmen.[120] Verneint daher der VN unwissentlich Fragen des VR nach Vorschäden an dem kaskoversicherten Kfz »ins Blaue hinein«, obwohl seiner Ehefrau solche Vorschäden bekannt sind, handelt er arglistig. Er muss sich die Kenntnis seiner Ehefrau nach **§ 166 BGB** zurechnen lassen, wenn ihr das Kfz zur ständigen Nutzung überlassen war und sie sich auch allein um das Kfz gekümmert hat; dabei ist es unerheblich, ob die Lebensgemeinschaft der Ehegatten intakt ist oder diese getrennt leben, weil die Wissenszurechnung allein an die Überlassung des versicherten Kfz, nicht aber an familienrechtliche Beziehungen anknüpft.[121] 58

Im Gegensatz zum Wissenserklärungsvertreter, der aktiv Erklärungen für den VN abgibt, **nimmt der Wissensvertreter passiv für den VN rechtserhebliche Tatsachen und Erklärungen** (z.B. Leistungsablehnung, Mahnung, Kündigung) **entgegen**. Mit Zugang der Erklärung bei dem Dritten gilt sie dem VN gegenüber als wirksam abgegeben. Der Wissensvertreter muss – nicht zwingend ausdrücklich – vom VN beauftragt worden sein, Informationen für den VN in rechtserheblicher 59

---

113 **A.A., aber bedenklich** OLG Frankfurt/M. Urt. v. 21.01.1999 – 3 U 255/97 – r+s 2002, 37, das meint, es handele sich um eine Erklärung des Schreibgehilfen, dessen wahrheitswidrige Angaben sich der VN trotz seiner Blanko-Unterschrift über die Figur des Wissenserklärungsvertreters zurechnen lassen müsse.

114 Vgl. BGH Urt. v. 14.12.1994 – **IV ZR 304/93** – VersR 1995, 281 = r+s 1995, 81.

115 OLG Hamm Urt. v. 01.12.1999 – 20 U 58/99 – VersR 2000, 1135 = NJW-RR 2000, 765.

116 OLG Hamm Urt. v. 25.04.1998 – 20 U 251/97 – r+s 1999, 455 = zfs 1998, 466.

117 OLG Köln Urt. v. 23.02.1998 – 9 U 83/98 – r+s 1999, 315; OLG Köln Urt. v. 04.09.2001 – 9 U 97/00 – r+s 2002, 5.

118 BGH Urt. v. 23.06.2004 – **IV ZR 219/03** – VersR 2005, 218 = r+s 2004, 376.

119 OLG Saarbrücken Urt. v. 06.10.2010 – 5 U 88/10-16 – VersR 2011, 1511 = r+s 2011, 325.

120 OLG Saarbrücken Urt. v. 15.01.2003 – 5 U 261/02-25 – r+s 2003, 147.

121 LG Saarbrücken Urt. v. 21.06.2016 – 14 S 32/15 – zfs 2017, 451.

Weise zur Kenntnis zu nehmen und an ihn weiterzuleiten.[122] Dafür genügt es, dass er eine tatsächliche, nicht ganz unbedeutende Position oder Stellung im Betrieb bzw. Haushalt des VN einnimmt, die ihm vom VN bewusst überlassen worden sein muss und kraft derer er anstelle oder jedenfalls neben dem VN Kenntnis von rechtlich bedeutsamen Tatsachen erlangen kann.[123] Die Kenntnis des Wissensvertreters wird dem VN **analog § 166 BGB** als eigene **zugerechnet**.[124]

4. Versicherung für fremde Rechnung

60 Die Vorschriften der Versicherung für fremde Rechnung nach den §§ 43 ff. VVG eröffnen dem VR in § 47 VVG eine **Zurechnungsmöglichkeit**, die nicht selten übersehen wird. Diese besteht selbst dann, wenn der Dritte nicht als Repräsentant oder Wissenserklärungsvertreter des VN anzusehen ist.

61 Soweit die Kenntnis und das Verhalten des VN von rechtlicher Bedeutung sind, ist bei einer Fremdversicherung gemäß **§ 47 Abs. 1 VVG** auch auf die Kenntnis und das Verhalten des Versicherten abzustellen. Der VN muss sich daher eine **Pflichtverletzung des Versicherten wie eigenes Versagen zurechnen** lassen. Bei **mehreren VN** schadet das Fehlverhalten eines einzigen den anderen Mit-VN, ohne dass es hierfür einer Repräsentanteneigenschaft bedarf. Voraussetzung ist allerdings, dass ein gemeinschaftliches, gleichartiges und ungeteiltes Interesse versichert ist,[125] was bei mehreren Miteigentümern eines kaskoversicherten Kfz regelmäßig der Fall sein wird.

62 **Ist die VN eine juristische Person oder eine** – als eigenes Rechtssubjekt anerkannte – **Personengesellschaft**, so wird ihr das Fehlverhalten ihrer gesetzlichen Vertreter ebenso über **§ 47 Abs. 1 VVG** zugerechnet (vgl. A.2.3 AKB Rdn. 21 ff.). Verletzt z.B. der Geschäftsführer einer GmbH als (Mit-)Versicherter vor oder nach einem Unfall mit einem kaskoversicherten firmeneigenen Fahrzeug eine gesetzliche oder vertragliche Obliegenheit oder führt er den Versicherungsfall vorsätzlich oder grob fahrlässig herbei, kann dieser Umstand zur Leistungsfreiheit des VR mit der Folge führen, dass die GmbH als VN die Kaskoentschädigung nicht verlangen kann. Daran ändert sich auch nichts für den Fall, dass die Gesellschaft nicht nur VN, sondern zugleich auch Alleineigentümerin des kaskoversicherten Fahrzeuges ist.

63 Teilweise wird von der Rechtsprechung als Zurechnungsnorm auch **§ 31 BGB** herangezogen[126] oder auf die Grundsätze der **Repräsentantenhaftung** abgestellt.[127] **Richtigerweise** muss sich eine GmbH als VN eines kaskoversicherten Kfz das Handeln ihres Geschäftsführers, der als Fahrer einen Kaskoschaden verursacht, auch über § 31 BGB zurechnen lassen; dabei kann offen bleiben, ob der Geschäftsführer auch als Repräsentant der GmbH anzusehen ist; unerheblich ist auch, inwieweit er im Innenverhältnis zu anderen Geschäftsführern oder durch die Gesellschafter der GmbH mit Befugnissen ausgestattet ist oder nicht.[128] Denn der Geschäftsführer einer GmbH ist als deren gesetzlicher Vertreter stets Adressat der die GmbH als VN treffenden Verhaltensnormen.[129] Da eine Zurechnung jedoch regelmäßig über § 47 Abs. 1 VVG erfolgen kann, braucht weder auf die Zurechnungsnormen des § 31 BGB bzw. § 278 S. 1 Alt. 1 BGB, noch auf die Rechtsfigur des Repräsentanten zurückgegriffen werden.[130]

64 Da der **Versicherte** nach § 47 VVG dem VN gleichgestellt ist, schadet er sich mit eigenem Fehlverhalten auch selbst, was auf seinen Anspruch aus dem Versicherungsvertrag (§ 44 Abs. 1 S. 1 VVG, vgl. A.2.3 AKB Rdn. 9) durchschlägt.[131] Umgekehrt kann auch ein Fehlverhalten des **VN**

---

122 OLG Hamm Urt. v. 23.11.1994 – 20 U 57/94 – VersR 1995, 1437.
123 BGH Urt. v. 24.01.1992 – **V ZR 262/90** – NJW 1992, 1099.
124 Vgl. Himmelreich/Halm/Staab/*Papatheodorou* Kap. 23 D Rn. 603.
125 Rüffer/Halbach/Schimikowski/*Karczewski* § 81 VVG Rn. 82.
126 OLG Koblenz Beschl. v. 08.12.2011 – 10 U 572/11 – r+s 2012, 482.
127 OLG Bremen Urt. v. 02.10.2007 – 3 U 27/07 – VersR 2007, 1692 = r+s 2008, 148.
128 OLG Koblenz Beschl. v. 08.12.2011 – 10 U 572/11 – r+s 2012, 482.
129 Prölss/Martin/*Armbrüster* § 28 VVG Rn. 85 und § 81 VVG Rn. 7.
130 Ebenso Looschelders/Pohlmann/*Schmidt-Kessel* § 81 VVG Rn. 44.
131 Vgl. LG Dortmund Urt. v. 17.08.2017 – 2 O 300/16 – r+s 2017, 524 = zfs 2018, 213.

den Anspruch des Versicherten zunichtemachen, weil der Versicherte aus dem Versicherungsvertrag keine weitergehenden Rechte erwerben kann als der VN selbst. Dies ergibt sich ausdrücklich aus **F.3 S. 1 AKB.**

Hat der VN das **im Eigentum eines Dritten** stehende Fahrzeug kaskoversichert (Fremdversicherung) und verletzt der Dritte eine vertragliche **Aufklärungs- oder Auskunftsobliegenheit**, so muss sich der VN das Verhalten des Dritten nach § 47 Abs. 1 VVG zurechnen lassen. Sofern zum Schadenzeitpunkt nicht der Dritte, sondern der **VN selbst Eigentümer des Fahrzeuges** war, kommt gleichwohl eine Zurechnung über die Figur des Wissenserklärungsvertreters analog § 166 Abs. 1 BGB in Betracht, wenn der VN den Dritten als Halter und Nutzer des Fahrzeuges damit betraut hat, die Schadenabwicklung mit dem VR vorzunehmen und dem Dritten auch alle Einzelheiten betreffend das Kfz und Schadenfall persönlich bekannt sind.[132] 65

Bei Ehegatten oder in sonstigen Partnerschaften muss sich der VN das grob fahrlässige Fehlverhalten seines Partners zurechnen lassen, wenn der VR darlegt und beweist, dass nicht der VN, sondern sein Partner Eigentümer des versicherten Kfz im Schadenzeitpunkt gewesen ist. Dieser Beweis ist erbracht, wenn der VR die unstreitige Kaufvertragsurkunde vorlegt, nach der nicht die VN, sondern ihr Ehemann das Kfz auf seinen Namen gekauft hat und es der VN nicht gelingt, die – widerlegbare – Vermutung der Vollständigkeit und Richtigkeit dieser Urkunde insofern zu entkräften, als sie überzeugend darlegt, dass ihr Ehemann das Kfz nur als verdeckter Stellvertreter für sie mit ihren finanziellen Mitteln gekauft hat.[133] 66

Bei einem **Leasingfahrzeug** deckt die Kaskoversicherung nicht nur das Sacherhaltungsinteresse des Eigentümers (Leasinggebers) ab, sondern auch das des Sachersatzinteresse des Besitzers (Leasingnehmers) als demjenigen, der dem Eigentümer bei Beschädigung des Fahrzeuges zum Ersatz verpflichtet ist.[134] Dies hat zur Folge, dass in einem Fall, in dem die Ehefrau als VN den Kaskoversicherungsvertrag für ihren Ehemann als Leasingnehmer des Fahrzeuges abgeschlossen hat, diese sich eine grob fahrlässige Herbeiführung des Versicherungsfalles durch ihren Ehemann über **§ 47 VVG** zurechnen lassen muss.[135] In gleicher Weise muss sich der Leasinggeber und Eigentümer eines kaskoversicherten Kfz die Unfallflucht des Leasingnehmers als Aufklärungspflichtverletzung in der Kaskoversicherung zurechnen lassen, die zur Leistungsfreiheit des VR auch dann führen kann, wenn nicht der Leasingnehmer selbst der VN ist, sondern ein Familienangehöriger.[136] Anderes gilt aber für den Fall, dass der berechtigte Fahrer, der Unfallflucht begangen hat, als »Dritter« anzusehen ist, weil er weder VN, noch Repräsentant des VN, noch Eigentümer des Fahrzeuges ist, z.B. Ehemann der Geschäftsführerin einer GmbH, die als VN ein Leasingfahrzeug kaskoversichert hat. Da kein Sachersatzinteresse des berechtigten Fahrers tangiert ist, weil er als »Dritter« außerhalb des Schutzbereichs der Kaskoversicherung steht, kann seine Unfallflucht der VN auch nicht als Aufklärungspflichtverletzung zugerechnet werden.[137] 67

Besonderes ist zu beachten in den Fällen, in denen keine reine Fremdversicherung vorliegt, sondern der **Versicherungsvertrag** – wie z.B. beim **hälftigen Miteigentum** von zwei Eheleuten – **teils Eigenversicherung für den VN und teils Fremdversicherung für den Versicherten** ist. Hier schadet ein mögliches Fehlverhalten des Versicherten nur ihm selbst in Bezug auf seinen eigenen Miteigentumsanteil, während es dem VN in Bezug auf dessen Miteigentumsanteil nicht zuzurechnen ist. Konsequenz: Nur der Versicherte verliert für seinen Miteigentumsanteil den durch die Fremdversicherung für ihn begründeten Versicherungsschutz. Der Versicherungsschutz für den Miteigentumsanteil des VN bleibt demgegenüber bestehen.[138] Der **BGH** hat diesen Fall bisher noch nicht entschieden. 68

132 Vgl. OLG Köln Urt. v. 18.01.2005 – 9 U 60/04 – r+s 2006, 235 = zfs 2005, 298.
133 Vgl. OLG Koblenz Urt. v. 12.03.2004 – 10 U 550/03 – VersR 2004, 1410 = r+s 2004, 279.
134 Prölss/Martin/*Klimke* § 43 VVG Rn. 45.
135 Vgl. LG Dortmund Urt. v. 27.02.2014 – 2 O 370/13 – r+s 2014, 347 = zfs 2014, 399.
136 LG Dortmund Urt. v. 17.08.2017 – 2 O 300/16 – r+s 2017, 524 = zfs 2018, 213.
137 Vgl. LG Köln Urt. v. 15.03.2018 – 24 O 209/17 – n.v.
138 Vgl. OLG Karlsruhe Urt. v. 18.01.2013 – 12 U 117/12 – r+s 2013, 121 = zfs 2013, 214.

Denkbar wäre auch eine einheitliche Betrachtungsweise, wonach jeder Miteigentümer am Erhalt der gesamten Sache und nicht nur seines ideellen Miteigentumsanteils interessiert ist. Gemessen an diesem Sacherhaltungsinteresse könnte man den einen Ehepartner auch als Versicherten des Miteigentumsanteils des anderen Ehepartners (VN) ansehen mit der Folge, dass Kenntnis und Verhalten des Versicherten dem VN dann insgesamt über § 47 Abs. 1 VVG zugerechnet werden könnte.

III. Schadenabwicklung bei Leasing und Finanzierung

69 Erfolgt die Finanzierung des zu versichernden Fahrzeuges durch ein Leasing- oder Kreditgeschäft, schließt der VN als Leasing- bzw. Kreditnehmer die Kaskoversicherung als **Fremdversicherung** nach den §§ 43 ff. VVG im Hinblick auf das **Sacherhaltungsinteresse** des Sicherungsgebers als Eigentümer des Kfz ab und gleichzeitig als **Eigenversicherung** im Hinblick auf das eigene **Sachersatzinteresse**, im Falle einer Beschädigung oder Entwendung des Kfz keinen Schadensersatzansprüchen des Sicherungsgebers ausgesetzt zu sein.[139] Mit Vertragsabschluss erlangt der Sicherungsgeber die Rechtsposition eines **Versicherten i.S.v. § 44 VVG**. Ihm stehen als Inhaber des materiellen Versicherungsanspruches die **Ansprüche aus dem Versicherungsverhältnis** zu, (§ 44 Abs. 1 S. 1 VVG). Dennoch ist im Versicherungsfall allein der VN befugt, über den Versicherungsanspruch zu verfügen. Nur ihm steht das Einziehungsrecht zu, so dass er grundsätzlich die Entschädigung beim VR im eigenen Namen geltend machen und Leistung an sich verlangen kann, (§ 45 Abs. 1 VVG). Zu beachten ist, dass, da der Kaskoversicherungsvertrag in dieser Konstellation nicht nur Fremd-, sondern auch Eigenversicherung zugunsten des VN ist, **nach vollständiger und fachgerechter Reparatur** die Eigenversicherung entscheidend in den Vordergrund tritt mit der Folge, dass jedenfalls dann der VN nicht mehr allein nur Verfügungsberechtigter, sondern auch materiellrechtlicher Inhaber des Leistungsanspruchs aus der Kfz-Kaskoversicherung ist.[140]

70 Dies gilt auch, wenn der **VN** einer **Geltendmachung der Ansprüche durch den Versicherten zugestimmt** hat. § 44 Abs. 2 VVG ist insoweit durch F.2 S. 1 AKB abbedungen. Gleiches gilt für eine in den Kreditbedingungen der finanzierenden Bank enthaltene **Abtretung des Versicherungsanspruches durch den VN an die Bank**. Auch diese ändert nichts an der Aktivlegitimation des VN gemäß § 45 Abs. 1 VVG. Denn die Abtretung geht ins Leere, weil der Versicherte (hier: die Bank) als Sicherungseigentümer ohnehin Inhaber des materiellen Versicherungsanspruchs ist.

71 Eine **Ausnahme von der alleinigen Anspruchsberechtigung des VN** besteht in den Fällen, in denen der **Versicherte im Besitz des Versicherungsscheines** ist oder jedenfalls vom VR einen sogenannten Sicherungsschein (Sicherungsbestätigung) erhalten hat. Dadurch werden die Rechte des Sicherungsgebers über die eines »normalen Versicherten« hinaus vor allem dadurch gestärkt, dass der VR gewährleistet, dass bei Beschädigung oder Verlust des Fahrzeuges die **Entschädigung allein dem Sicherungsgeber zufließt** und dieser auch allein – außergerichtlich und gerichtlich – zur **Ausübung aller Rechte** aus dem Versicherungsvertrag berechtigt sein soll.[141] Die Vertragsbedingungen der Leasinggesellschaften sehen in diesen Fällen regelmäßig vor, dass nach Eintritt des Versicherungsfalles der Leasinggeber die Rechtsverfolgung gegenüber dem Kasko-VR betreibt. Führt der VN als Leasingnehmer dennoch zunächst die außergerichtliche Korrespondenz mit dem VR, muss er dem Leasinggeber spätestens nach Deckungsablehnung zur Vorbereitung eines Klageverfahrens alle für die Durchsetzung des Anspruches erforderlichen Informationen zukommen lassen. Andernfalls läuft er Gefahr, dass der Leasinggeber untätig bleibt und später zu Recht die Entschädigung bei ihm, dem VN, einfordert.[142] Will der Sicherungsgeber (Leasing- bzw. Kreditgeber) sich nicht mit dem Kasko-VR auseinanderzusetzen, kann er – was häufig schon durch eine entsprechende Klausel im Leasing- oder Kreditvertrag geschieht – den **VN ermächtigen**, treuhänderisch im eigenen

139 Vgl. BGH Urt. v. 08.10.2014 – **IV ZR 16/13** – r+s 2014, 596, 597; BGH Urt. v. 14.07.1993 – **IV ZR 181/92** – r+s 1993, 329 = NJW 1993, 2870.

140 OLG Hamm Urt. v. 31.10.2018 – 20 U 19/18 – r+s 2019, 142 = VersR 2019, 479.

141 Vgl. OLG Köln Urt. v. 26.07.2005 – 9 U 189/04 – r+s 2005, 459.

142 Vgl. OLG Hamm Urt. v. 10.03.2014 – 18 U 84/13 – DAR 2014, 529.

Namen im Wege einer **gewillkürten Prozessstandschaft** die Ansprüche des Sicherungsgebers gegen den VR einzuklagen.[143] Das hierfür erforderliche **schutzwürdige Interesse des VN** ergibt sich daraus, dass die Versicherungsleistung zur Tilgung der offenen Kreditraten bzw. Verbindlichkeiten aus dem Leasingvertrag dient.[144] Der **Klageantrag** muss in diesem Fall auf Zahlung an den Sicherungsgeber gerichtet sein.

Eine **weitere Ausnahme** von der alleinigen Verfügungsbefugnis des VN besteht auch in den Fällen, 72
in denen **der VN** – insbesondere nach außergerichtlicher Ablehnung der Forderungen – **seinen Anspruch** erkennbar ohne billigenswerten Grund **nicht mehr weiterverfolgen will,**[145] oder wenn sich der Sicherungsgeber im Prozess mit dem – dann **rechtsmissbräuchlichen** – Einwand des VR konfrontiert sieht, er sei nicht aktivlegitimiert, obwohl er bereits außergerichtlich Ansprüche gegen den VR erhoben und Korrespondenz geführt hat, ohne dass der VR die Anspruchsberechtigung des Sicherungsgebers angezweifelt hat.[146] **Liegen diese Ausnahmen nicht vor**, bleibt es bei dem Grundsatz, dass die Ausübung der Rechte aus dem Versicherungsvertrag ausschließlich dem VN zusteht. Der VN kann in diesem Fall im eigenen Namen klagen. Im **Klageantrag** kann er die Auszahlung der Kaskoentschädigung an sich verlangen, muss aber – unabhängig von etwaigen Verpflichtungen aus dem jeweils zugrundeliegenden Schuldverhältnis – die erhaltene Entschädigung jedenfalls auch aufgrund eines **gesetzlichen Treuhandverhältnisses** zwischen ihm und dem Versicherten (Leasing- bzw. Kreditgeber) an diesen auskehren, soweit sie ihm zusteht.[147] Daraus folgt, dass der VR nicht rechtsmissbräuchlich handelt, wenn er nach einem Kaskoschaden an den **Nachlassinsolvenzverwalter** des verstorbenen VN, der für den Eigentümer des Kfz, seinen Sohn, eine Kaskoversicherung unterhalten hatte, eine Entschädigung für einen vor dem Todesfall eingetretenen Kaskoschaden zahlt.[148]

Denkbar ist auch, dass der **Sicherungsgeber als VN** selbst den Kaskoversicherungsvertrag als Rah- 73
menvertrag mit dem VR abschließt, in den der zur Nutzung des Fahrzeuges berechtigte Leasing- bzw. Kreditnehmer als versicherte Person aufgenommen wird.[149] Ist er gleichzeitig Sicherungseigentümer des Fahrzeuges, handelt es sich nicht um eine Versicherung für fremde Rechnung, sondern um eine Eigenversicherung. Der Leasing- bzw. Kreditnehmer ist gleichwohl in den Schutzbereich des Versicherungsvertrages einbezogen, da er seinem Vertragspartner für Verlust, Beschädigung oder Untergang des Fahrzeuges haftet und somit ein eigenes schutzwürdiges Sachersatzinteresse hat, im Versicherungsfall nicht auf Schadenersatz in Anspruch genommen zu werden. Dies führt insbesondere dazu, dass er vor einem Regress des VR nach A.2.8 AKB, § 86 Abs. 1 S. 1 VVG geschützt ist.

Ein **Sicherungsschein** zugunsten des Sicherungsgebers ist bei dieser Vertragskonstruktion **entbehr-** 74
lich, da der Leasing- bzw. Kreditgeber als VN in Bezug auf mögliche Entschädigungsansprüche ohnehin allein anspruchs- und verfügungsberechtigt ist. Das **wirtschaftliche Risiko des Sicherungsgebers** besteht allerdings darin, dass ihm Pflichtverletzungen des Leasing- bzw. Kreditnehmer, insbesondere die vorsätzliche oder grob fahrlässige Herbeiführung des Versicherungsfalles nach den Grundsätzen der **Repräsentantenhaftung** zugerechnet werden[150] mit der Folge einer möglicherweise gänzlichen oder jedenfalls quotalen Leistungsfreiheit des VR. Außerdem kommt eine Zurechnung über **§ 47 Abs. 1 VVG** in Betracht, (vgl. A.2.3 AKB Rdn. 60 ff.).

---

143 OLG Hamm Urt. v. 05.12.1997 – 20 U 230/96 – VersR 1999, 44 = zfs 1998, 178.

144 OLG Hamm Urt. v. 20.11.1987 – 20 U 135/87 – VersR 1988, 926.

145 BGH Urt. v. 27.05.1998 – **IV ZR 166/97** – VersR 1998, 1016 = r+s 1998, 437; BGH Urt. v. 11.03.1987 – **IVa ZR 240/85** – r+s 1987, 155 = NJW-RR 1987, 856; BGH Urt. v. 04.05.1983 – **IVa ZR 106/81** – VersR 1983, 823.

146 Vgl. OLG Karlsruhe Urt. v. 01.06.2021 – 9 U 54/19 – VersR 2021, 1280 = zfs 2021, 631; OLG Hamm Urt. v. 03.03.1995 – 20 U 335/94 – r+s 1996, 29.

147 Vgl. BGH Urt. v. 12.12.1990 – **IV ZR 213/89** – VersR 1991, 299 = r+s 1991, 358.

148 OLG Celle Beschl. v. 29.04.2016 – 8 U 22/16 – zfs 2016, 516.

149 Vgl. OLG Düsseldorf Urt. v. 09.08.1995 – 4 U 219/94 – r+s 1996, 165 = NJW-RR 1997, 88.

150 OLG Hamm Urt. v. 08.03.1995 – 20 U 290/94 – VersR 1996, 225; OLG Nürnberg Urt. v. 25.10.1990 – 8 U 1458/90 – NJW-RR 1992, 360.

A.2.4 In welchen Ländern besteht Versicherungsschutz?

Sie haben in Kasko Versicherungsschutz in den geographischen Grenzen Europas sowie den außereuropäischen Gebieten, die zum Geltungsbereich der Europäischen Union gehören.

Übersicht

A. Allgemeines

1 Wie schon in der Kfz-Haftpflichtversicherung unter A.1.4 AKB wird der **räumliche Geltungsbereich des Versicherungsschutzes** auch in der Kaskoversicherung auf die geographischen Grenzen Europas sowie die außereuropäischen Gebiete, die zum Geltungsbereich der Europäischen Union (EU) gehören, beschränkt. Für die versicherungsrechtliche Deckung ist daher allein maßgeblich, ob sich der Versicherungsfall geografisch in Europa ereignet hat. Im **geographischen Europabegriff** sind der **asiatische Teil Russlands** (jenseits des Ural-Gebirges im Norden und des Ural-Flusses im Süden) und der **Türkei** (jenseits des Bosporus, z.B. Anatolien einschließlich der dazugehörigen Vororte von Istanbul) **nicht enthalten.** Der Bosporus bildet insoweit die Grenze zwischen Europa und Asien. **Zypern** gehört geographisch ebenfalls zu Asien, wird politisch jedoch zu Europa gezählt. Der südliche (griechische) Teil ist Teil der EU; für den nördlichen (türkischen) Teil greift die Europaklausel.[1] Die zu Portugal gehörende Inselgruppe der **Azoren** sowie **Madeira** im Nordatlantik und die zu Spanien gehörenden Kanarischen Inseln zählen ebenso zum Geltungsbereich der EU wie die französischen Überseedepartements **Guadeloupe** und **Martinique** in der Karibik, **Réunion** und **Mayotte**[2] im Indischen Ozean, **Französisch-Guayana** in Südamerika und die spanischen Exklaven **Ceuta** und **Melilla** an der marokkanischen Mittelmeerküste.

2 Bei einem **Fährunglück auf See** besteht Versicherungsschutz, wenn sich der Kaskoschaden innerhalb der 12-Meilen-Zone eines Staates, der dem Internationalen Seerechtsübereinkommen der UN beigetreten ist, ereignet; Deckung ist insoweit gegeben, als diese Zone nach Art. 2 und 3 des Übereinkommens zum Staatsgebiet eines Mitgliedstaates zählt.[3]

B. Regelungsgehalt – In welchen Ländern besteht Versicherungsschutz? – A.2.4 AKB (§ 2a Abs. 1 AKB 2007 a.F.; A.2.5 AKB 2008 a.F.)

3 Durch die Regelung wird klargestellt, dass der Versicherungsschutz außerhalb der genannten Regionen ausgeschlossen ist. Es handelt sich um eine **primäre Risikobeschreibung.** Im Streitfall muss der VN beweisen, dass sich das Schadenereignis innerhalb des örtlichen Geltungsbereiches ereignet hat. Eine Erweiterung des Versicherungsschutzes kann bei Bedarf ausdrücklich vereinbart werden, wenn Reisen mit dem Fahrzeug z.B. auch in den asiatischen Teil Russlands oder der Türkei in Betracht kommen.

---

1 Vgl. Richter DAR 2012, 243, 245.
2 Seit dem 01.01.2014.
3 Himmelreich/Halm/*Bartholomy* Teil 1 Abschnitt B Kap. 20 Rn. 13.

C. Weitere praktische Hinweise

I. Beratungspflichten des VR und Versicherungsvertreters

Bereits unter A.2.1.1 AKB Rdn. 51 ff. wurden die Beratungspflichten des VR und der Versicherungsvermittler im Zusammenhang mit der vorläufigen Deckung in der Kaskoversicherung sowie die sich aus einer fehlerhaften, unzureichenden Beratung ergebenden schadenersatzrechtlichen Folgen dargestellt. Für den VR und seinen Versicherungsvertreter ergibt sich aus **§ 6 Abs. 1 VVG vor Abschluss** des Versicherungsvertrages die uneingeschränkte Pflicht, den VN nach seinen Wünschen und Bedürfnissen zu befragen. Auch **während der Dauer des Vertragsverhältnisses** obliegt dem VR nach **§ 6 Abs. 4 S. 1 VVG** die Pflicht zur Nachfrage und Beratung über solche Umstände, die Anlass zu einer Änderung des bestehenden oder dem Abschluss eines neuen Versicherungsvertrages sein könnten. 4

Ein solcher besonderer **Beratungsanlass** ergibt sich für den VR regelmäßig bei geplanten **Reisen des VN in die Türkei.** Nach h.M. treffen den VR Hinweis- und Aufklärungspflichten, wenn für ihn erkennbar wird, dass der VN einer Belehrung bedarf, weil er sich über einen wesentlichen Vertragspunkt – wie etwa über die Reichweite des bestehenden Versicherungsschutzes – irrige Vorstellungen macht. Teilt der VN dem VR im Zusammenhang mit der Anforderung der Grünen Versicherungskarte mit, dass er mit dem versicherten Fahrzeug in die Türkei reisen wird, so liegt es nahe, dass sich der VN bei seiner angekündigten Reise nicht auf den europäischen Raum beschränken könnte. Daraus resultiert ein **Informations- und Aufklärungsbedarf des VN**, dem der VR Rechnung tragen muss. Er muss den VN ungefragt auf die Lücke in seinem Versicherungsschutz sowohl in der Haftpflicht-, als auch in der Kaskoversicherung aufmerksam machen, die jedenfalls für den Fall droht, dass sich der VN mit dem versicherten Fahrzeug in den **asiatischen Teil der Türkei** hineinbewegen sollte.[4] Dabei muss er ihm Klarheit über die Besonderheiten des Versicherungsschutzes verschaffen, der sich für die Türkei in einen (versicherten) europäischen und einen – weil die Türkei nicht EU-Mitglied ist – (nicht versicherten) asiatischen Teil aufspaltet.[5] Händigt er dem VN eine Internationale Versicherungskarte (**Grüne Karte**) aus, auf der das **Länderkürzel »TR« nicht gestrichen** ist, dokumentiert dies zwar die Erweiterung des Haftpflichtversicherungsschutzes für die Türkei, nicht aber des Kaskoversicherungsschutzes. Der durchschnittliche VN hat hiervon regelmäßig keine Kenntnis. Er sieht Haftpflicht- und Kaskoversicherung häufig nicht als zwei rechtlich selbstständige Verträge an, sondern als ein einheitliches Versicherungspaket. Es besteht daher die Gefahr, dass er glaubt, mit der Aushändigung der Grünen Karte umfassend versichert zu sein, und zwar auch in der Kaskoversicherung. Unterlässt es der VR, dem VN die Lücke in seinem Versicherungsschutz deutlich vor Augen zu führen, führt dies zu einer Schadenersatzverpflichtung des VR wegen positiver Vertragsverletzung[6] bzw. nach § 6 Abs. 5 VVG. 5

Eine **Beratungspflicht des VR setzt voraus**, dass »besondere Umstände« auf eine mögliche Nutzung des Fahrzeuges im außereuropäischen Ausland hindeuten, z.B. weil der VN dem Versicherungsvertreter über eine geplante Reise in die Türkei erzählt hat. Allein die Tatsache, dass der VN türkischer Staatsbürger ist oder ein in Anatolien geborener Türke mit ständigem Wohnsitz in Deutschland eine Haftpflicht- und Vollkaskoversicherung für seinen in Deutschland zugelassenen Pkw abschließt, begründet noch keine Aufklärungspflicht des VR, auf das Nichtbestehen des Kaskoversicherungsschutzes im außereuropäischen Ausland hinzuweisen bzw. darauf, dass eine Kaskoversicherung 6

4 Vgl. OLG Saarbrücken Urt. v. 08.10.2004 – 5 U 87/04 – VersR 2005, 971 = zfs 2005, 138; OLG Oldenburg Urt. v. 29.09.1999 – 2 U 157/99 – VersR 2000, 1010 = MDR 2000, 450; OLG Hamm Urt. v. 30.11.1990 – 20 U 179/90 – VersR 1991, 1238 = NZV 1991, 314; OLG Frankfurt/M. Urt. v. 14.03.1985 – 1 U 196/84 – NJW-RR 1986, 1410.

5 BGH Urt. v. 13.04.2005 – **IV ZR 86/04** – VersR 2005, 824 = NJW 2005, 2011; vgl. OLG Koblenz Urt. v. 06.03.1998 – 10 U 134/97 – VersR 1999, 438 = zfs 1998, 261; LG Aachen Urt. v. 11.05.2007 – 9 O 621/06 – VK 2008, 27.

6 Vgl. BGH Urt. v. 13.04.2005 – **IV ZR 86/04** – VersR 2005, 824 = NJW 2005, 2011.

ohne besondere Vereinbarung nicht im asiatischen Teil der Türkei gilt.[7] Dies gilt auch dann, wenn dem VN die konkreten AKB, die eine Deckungspflicht für den außereuropäischen Teil der Türkei ausschließen, nicht übersandt wurden. Im Wege der ergänzenden Vertragsauslegung gelten dann die AKB-Musterbedingungen des GdV, nach denen kein Versicherungsschutz im asiatischen Teil der Türkei besteht.[8]

7 Nach teilweiser Auffassung in der Rechtsprechung kann die **Beratungspflicht eines türkischen Staatsangehörigen bei Antragstellung** sogar dann erforderlich sein, wenn nicht ausdrücklich über eine geplante Fahrt in die Türkei gesprochen wurde, weil es naheliegend sei, dass das Fahrzeug auch zu Fahrten in den asiatischen Teil der Türkei benutzt werden könne.[9] Der **VR genügt allerdings seiner Aufklärungspflicht**, wenn sich aus einem sogar in der Sprache des VN auf der Rückseite des Versicherungsscheines und auch in der Grünen Versicherungskarte enthaltenen Hinweis ergibt, dass die Versicherung außerhalb des europäischen Teils der Türkei nur für die Kfz-Haftpflicht eintritt.[10] Gleiches gilt, wenn er sich vom VN ein Formular unterzeichnen lässt, welches auf die örtliche Begrenzung des Versicherungsschutzes deutlich hinweist.[11]

II. Beratungspflichten des Versicherungsvermittlers

8 Den Versicherungsvermittler trifft ebenso wie den VR und den für den VR tätigen Versicherungsvertreter eine **Beratungsverpflichtung** gegenüber dem VN, **§§ 60, 61 VVG**. Bei Verletzung dieser Pflichten kann dem VN ein **Schadenersatzanspruch nach § 63 VVG** zustehen. Dies gilt aber nur im Zusammenhang mit dem **erstmaligen Abschluss** des Versicherungsvertrages. Bei späteren Vertragsänderungen scheidet eine persönliche Haftung des Versicherungsvermittlers nach § 63 VVG aus, weil es bei den in §§ 60, 61 VVG normierten Pflichten allein um die vor Vertragsschluss vorzunehmende Bedarfsermittlung und Aufklärung des VN geht. Nur den VR treffen nach § 6 Abs. 4 VVG auch während der Vertragslaufzeit Beratungspflichten. Die fehlende oder unzureichende Beratung eines VN über den örtlichen Geltungsbereich des Kaskoversicherungsschutzes bei Fahrten in die Türkei durch einen Versicherungsvermittler wird als Pflichtverletzung allerdings von **§ 280 Abs. 1 BGB** erfasst. Der VN ist nach § 249 BGB schadenersatzrechtlich so zu stellen, wie er ohne das schädigende Verhalten gestanden hätte. Die Zusage des Versicherungsvermittlers (Maklers) führt allerdings nicht zu einer Deckungspflicht des VR.[12]

III. Mitverschulden des VN

9 Soweit ein Schadenersatzanspruch des VN wegen mangelnder Beratung in Betracht kommt, ist ein mögliches Mitverschulden des VN zu prüfen. Ob und inwieweit es dadurch zu einer Anspruchsminderung kommt, ist jeweils nach den **Umständen des Einzelfalles** zu entscheiden. Wenn auf der dem VN überreichten Grünen Versicherungskarte das Länderkürzel »TR« gestrichen ist, muss dies einen VN zu Nachfragen veranlassen, ob sich der Haftpflicht- und insbesondere ein etwaig bestehender Kaskoversicherungsschutz auch auf das gesamte Staatsgebiet der Türkei erstreckt. Im Übrigen wird man je nach Sachverhaltsgestaltung von einem VN vor Antritt einer Fahrt in den asiatischen Teil der Türkei verlangen können, dass er die **Versicherungsbedingungen durchliest** oder zumindest **beim VR Rückfrage hält**, ob das Fahrzeug auch dort gegen Schäden versichert ist. Andernfalls kann den VN bei einem Schaden ein erhebliches Mitverschulden treffen.[13]

---

7 OLG Hamm Beschl. v. 01.10.1999 – 20 W 18/99 – VersR 2000, 1010; OLG München Urt. v. 29.05.2009 – 10 U 4908/08 – VK 2009, 189 = DAR 2010, 93.

8 LG Landshut Urt. v. 27.01.2020 – 73 O 2539/19 – zfs 2020, 335.

9 OLG Frankfurt/M. Urt. v. 20.11.1997 – 7 U 138/97 – VersR 1998, 1103, 1104 = NJW 1998, 3359.

10 OLG Hamm Urt. v. 15.01.2020 – 20 U 198/19 – r+s 2020, 446; AG Coburg Urt. v. 06.08.2009 – 11 C 1326/08 – zfs 2009, 693 = r+s 2009, 503.

11 OLG Hamm Urt. v. 13.05.1983 – 20 U 56/83 – VersR 1984, 131.

12 LG Landshut Urt. v. 27.01.2020 – 73 O 2539/19 – zfs 2020, 335.

13 OLG Frankfurt/M. Urt. v. 20.11.1997 – 7 U 138/97 – VersR 1998, 1103, 1104; LG München I Urt. v. 25.11.1985 – 30 O 2388/85 – zfs 1986, 310.

A.2.5 Was zahlen wir im Schadenfall?

Nachfolgende Entschädigungsregeln gelten bei Beschädigung, Zerstörung, Totalschaden oder Verlust des Fahrzeugs. Sie gelten auch für mitversicherte Teile, soweit nichts anderes geregelt ist.

<Redaktioneller Hinweis: Falls etwas anderes gewollt ist, z.B. bei Werkstattsteuerung, bitte in der entsprechenden Entschädigungsregelung ergänzen: »Dies gilt nicht für ...«>.

A.2.5.1 Was zahlen wir bei Totalschaden, Zerstörung oder Verlust?

A.2.5.1.1 Wiederbeschaffungswert abzüglich Restwert

Bei Totalschaden, Zerstörung oder Verlust des Fahrzeugs zahlen wir den Wiederbeschaffungswert unter Abzug eines vorhandenen Restwerts des Fahrzeugs. Lassen Sie Ihr Fahrzeug trotz Totalschadens oder Zerstörung reparieren, gilt A.2.5.2.1.

< *Achtung! Es folgen zwei Varianten der Neupreisentschädigung* >

A.2.5.1.2 Neupreisentschädigung bei Totalschaden, Zerstörung oder Verlust (Variante 1)

Wir zahlen bei Pkw (ausgenommen Mietwagen, Taxen und Selbstfahrervermiet-Pkw) den Neupreis nach A.2.5.1.8 unter folgenden Voraussetzungen:
- Innerhalb von xx Monaten nach Erstzulassung tritt ein Totalschaden, eine Zerstörung oder ein Verlust des Pkw ein und
- der Pkw befindet sich bei Eintritt des Schadenereignisses im Eigentum dessen, der ihn als Neufahrzeug vom Kfz-Händler oder Kfz-Hersteller erworben hat.

Ein vorhandener Restwert des Pkw wird abgezogen.

A.2.5.1.2 Neupreisentschädigung bei Totalschaden, Zerstörung oder Verlust (Variante 2)

Wir zahlen bei Pkw (ausgenommen Mietwagen, Taxen und Selbstfahrervermiet-Pkw) den Neupreis nach A.2.5.1.8 unter folgenden Voraussetzungen:
- Innerhalb von xx Monaten nach Erstzulassung tritt eine Zerstörung oder ein Verlust des Pkw ein oder die erforderlichen Reparaturkosten betragen mindestens xx % des Neupreises und
- der Pkw befindet sich bei Eintritt des Schadenereignisses im Eigentum dessen, der ihn als Neufahrzeug vom Kfz-Händler oder Kfz-Hersteller erworben hat.

Ein vorhandener Restwert des Pkw wird abgezogen.

A.2.5.1.3 Wir zahlen die über den Wiederbeschaffungswert hinausgehende Neupreisentschädigung nur in der Höhe, in der gesichert ist, dass die Entschädigung innerhalb von zwei Jahren nach ihrer Feststellung für die Reparatur des Fahrzeugs oder den Erwerb eines anderen Fahrzeugs verwendet wird.

A.2.5.1.4 Abzug bei fehlender Wegfahrsperre im Falle eines Diebstahls

Bei Totalschaden, Zerstörung oder Verlust eines Pkw, xx < *gewünschte WKZ aufführen* > infolge Diebstahls vermindert sich die Entschädigung um xx %. Dies gilt nicht, wenn das Fahrzeug zum Zeitpunkt des Diebstahls durch eine selbstschärfende elektronische Wegfahrsperre gesichert war.

Die Regelung über die Selbstbeteiligung nach A.2.5.8 bleibt hiervon unberührt.

A.2.5.1.5 Was versteht man unter Totalschaden, Wiederbeschaffungswert, Restwert und Neupreis?

Ein Totalschaden liegt vor, wenn die erforderlichen Kosten der Reparatur des Fahrzeugs dessen Wiederbeschaffungswert übersteigen.

A.2.5.1.6 Wiederbeschaffungswert ist der Preis, den Sie für den Kauf eines gleichwertigen gebrauchten Fahrzeugs am Tag des Schadenereignisses bezahlen müssen.

A.2.5.1.7 Restwert ist der Veräußerungswert des Fahrzeugs im beschädigten oder zerstörten Zustand.

A.2.5.1.8 Neupreis ist der Betrag, der für den Kauf eines neuen Fahrzeugs in der Ausstattung des versicherten Fahrzeugs aufgewendet werden muss. Wird der Typ des versicherten Fahrzeugs nicht mehr hergestellt, gilt der Preis für ein vergleichbares Nachfolgemodell. Maßgeblich ist jeweils die unverbindliche Preisempfehlung des Herstellers am Tag des Schadenereignisses abzüglich orts- und marktüblicher Nachlässe.

Übersicht

A. Allgemeines

Sofern ein Schadenereignis unter die in A.2.1 bis A.2.4 AKB beschriebenen Tatbestände der Kaskoversicherung fällt, erbringt der VR – soweit nicht aus anderen Gründen Leistungsfreiheit besteht – die in A.2.5 AKB vertraglich festgelegten Ersatzleistungen. Der Umfang des Entschädigungsanspruches richtet sich ausschließlich nach den vertraglich vereinbarten Versicherungsbedingungen (AKB) und nicht etwa nach den §§ 249 ff. BGB, (vgl. auch A.2.1.1 AKB Rdn. 1 ff.). 1

Die bisherige Regelung in § 13 AKB 2007 a.F. zur Ersatzleistung in der Kaskoversicherung wurde zwar inhaltlich im Wesentlichen beibehalten, aber schon in den **AKB 2008** völlig neu gegliedert. Die **AKB 2015** fassen nun zur besseren Übersichtlichkeit alle Bestimmungen, die die Ersatzleistungen des VR im Schadenfall regeln, in Abschnitt **A.2.5** einheitlich systematisch zusammen. Durch die Einbeziehung insbesondere auch der Regelungen zur Erstattung der Mehrwertsteuer (vgl. A.2.5.4 AKB) und zum Abzug der Selbstbeteiligung (vgl. A.2.5.8 AKB) wird der Umfang der Entschädigungsleistung noch transparenter als bisher dargestellt. Für den VN wird noch deutlicher als bisher zwischen den einzelnen Schadenvarianten unterschieden, d.h. zwischen dem Leistungsumfang bei Totalschaden, Zerstörung und Verlust des versicherten Fahrzeuges in **A.2.5.1 AKB** auf der einen Seite und bei Beschädigung des Fahrzeuges in **A.2.5.2 AKB** auf der anderen Seite. 2

Dem besseren Verständnis für den VN dienen die **Definitionsklauseln in A.2.5.1.5 bis A.2.5.1.8 AKB** zum Totalschaden, Wiederbeschaffungswert, Restwert und Neupreis, wobei die Klausel zum Neupreis bislang in A.2.11 AKB 2008 zu finden war. 3

4 Bei der Ermittlung der Höhe der Kaskoersatzleistung kommt es für eine **Abgrenzung zwischen A.2.5.1 und A.2.5.2 AKB** auf das Verhältnis der Brutto-Reparaturkosten zum Brutto-Wiederbeschaffungswert an.[1] Bei vorsteuerabzugsberechtigten VN oder dann, wenn auf die steuerlichen Verhältnisse eines vorsteuerabzugsberechtigten Versicherten abzustellen ist (z.B. eines Leasinggebers), sind die Netto-Schadenbeträge maßgeblich. Sind danach die **Reparaturkosten höher** als der Wiederbeschaffungswert, erfolgt eine Abrechnung auf Totalschadensbasis nach A.2.5.1.1 AKB (Wiederbeschaffungswert abzüglich Restwert); sind die **Reparaturkosten niedriger** als der Wiederbeschaffungswert, erfolgt eine Abrechnung auf Reparaturkostenbasis nach A.2.5.2.1 AKB (bei **nachgewiesener** vollständiger und fachgerechter Reparatur bis maximal zur Höhe des Wiederbeschaffungswertes, A.2.5.2.1a AKB; bei **nicht nachgewiesener** vollständiger und fachgerechter Reparatur bis maximal zur Höhe des – um den Restwert verminderten – Wiederbeschaffungswertes, A.2.5.2.1b AKB). Bei der Vergleichsberechnung bleiben auf der Reparaturkostenseite etwaige Abzüge »neu für alt« gemäß A.2.5.2.3 AKB außer Betracht.

5 Ergänzend ist **§ 88 VVG** für die Höhe der Entschädigungsleistung zu beachten. Danach gilt als **Versicherungswert eines kaskoversicherten Kfz** derjenige Betrag, den der VN zum Zeitpunkt des Schadeneintritts für die Wiederbeschaffung in neuwertigem Zustand unter Abzug eines sich aus dem Unterschied zwischen alt und neu ergebenden Minderwertes aufzuwenden hat. Damit ist letztlich der Wiederbeschaffungswert des Fahrzeuges gemeint, der – mit Ausnahme der Regelungen zur Neupreisentschädigung – stets die Obergrenze der Ersatzleistung darstellt.

6 Die Kaskoversicherung dient vorrangig der Kompensation eines dem VN **tatsächlich entstandenen Schadens**, was auch in den §§ 74 ff. VVG zum Ausdruck kommt. Der VN soll sich grundsätzlich an der Entschädigungsleistung nicht bereichern. Allerdings gilt dies nicht uneingeschränkt. Schon vor der VVG-Reform vertrat der **BGH**[2] die Auffassung, dass die gesetzlichen Bestimmungen zum VVG a.F., insbesondere auch § 55 VVG a.F., der im Übrigen nicht ins VVG n.F. übernommen wurde, keine Leistungsbeschränkungen im Hinblick auf die dem VN zu zahlende Entschädigung enthielten. Dem VR sei es daher unbenommen, dem VN in den Versicherungsvertragsbedingungen für den Fall eines Schadeneintritts auch eine über seinen tatsächlichen Schaden hinausgehende Entschädigung vertraglich zu garantieren. Sei dies der Fall, könne sich der VR im Schadenfall nicht auf ein »allgemeines Bereicherungsverbot« berufen, sondern müsse die **vertraglich versprochene Entschädigung** erbringen. Der Gesetzgeber ermöglicht den Vertragsparteien auch weiterhin, im Rahmen ihrer Dispositionsfreiheit Entschädigungsregelungen vertraglich zu vereinbaren, die im Schadenfall eine Überkompensation des VN zum Inhalt haben.[3]

7 Dementsprechend sehen die AKB 2015 auch eine **Neupreisentschädigung unter bestimmten Voraussetzungen** vor. Bereits unter der Geltung der AKB a.F. enthielten viele Versicherungsverträge die Bestimmung, dass der VR bei Schäden in den ersten zwei Jahren nach Erstzulassung des versicherten Pkw bei Zerstörung oder Verlust den Neupreis ersetzte, wenn sich das Fahrzeug am Tag des Schadeneintritts im Eigentum desjenigen befand, der es als Neufahrzeug entweder vom Kfz-Händler oder direkt vom Hersteller erworben hatte. Dabei musste der VN durch Vorlage eines verbindlichen Kaufvertrages nachweisen, dass er die Entschädigung zur Anschaffung eines entsprechenden Ersatzfahrzeuges verwendet hatte. Diese durchaus verbraucherfreundliche Regelung wurde jedoch von den VR nach und nach wieder aus den Versicherungsbedingungen entfernt, nachdem sie offenbar für kriminelle Kreise zunehmend einen Anreiz bot, Kfz-Diebstähle vorzutäuschen und oftmals gerade kurz vor Ablauf der Zweijahresfrist entsprechend versicherte Fahrzeuge unter dubiosen Umständen verschwinden zu lassen. Erst nach und nach unter dem Eindruck des zunehmenden Wettbewerbes zwischen den einzelnen Versicherungsgesellschaften tauchte die Neupreisentschädigung in modifizierter Form in den AKB wieder auf. Dieser Tendenz folgt nun auch die Regelung in

1 Vgl. BGH Urt. v. 03.03.2009 – **VI ZR 100/08** – r+s 2009, 316 = NJW 2009, 1340 **zum Haftpflichtschaden.**

2 BGH Urt. v. 04.04.2001 – **IV ZR 138/00** – VersR 2001, 749 = r+s 2001, 252.

3 Vgl. die amtliche Begründung zum Regierungsentwurf zu §§ 74, 75 VVG.

A.2.5.1.2 AKB, die – wie schon A.2.5.1.2 AKB 2008 – zwei unterschiedliche Abrechnungsvarianten vorschlägt.

B. Regelungsgehalt – Was zahlen wir im Schadenfall – A.2.5 AKB/Was zahlen wir bei Totalschaden, Zerstörung oder Verlust? – A.2.5.1 AKB (§ 13 Abs. 1 und 4 AKB 2007 a.F.; A.2.6 AKB 2008 a.F.)

Durch die den einzelnen Abrechnungsvarianten **vorangestellte Klausel in A.2.5 AKB** wird hervorgehoben, dass alle nachfolgenden Entschädigungsregeln bei Beschädigung, Zerstörung, Totalschaden und Verlust des nach A.2.1 AKB versicherten Fahrzeuges und seiner nach A.2.1.2 AKB mitversicherten Fahrzeug- und Zubehörteile Anwendung finden. Dies stellt insofern eine Wiederholung dar, als die **versicherten Gefahren** bereits in A.2.1 AKB und bei den versicherten Ereignissen in A.2.2.1 AKB (Teilkasko) und A.2.2.2 AKB (Vollkasko) erwähnt werden. Trotzdem dient die Wiederholung der Übersichtlichkeit und dem besseren Verständnis der Systematik der Entschädigungsregeln. Will der VR von diesen grundsätzlichen Bestimmungen abweichen, kann er in seinen jeweiligen AKB Ausnahmen formulieren, indem er die entsprechenden Entschädigungsregeln ergänzt mit den einleitenden Worten: »*Dies gilt nicht für* …«. Dadurch wird für den VN deutlich, dass die konkret zu beurteilenden AKB des jeweiligen VR im Einzelfall Einschränkungen zu den grundsätzlichen Entschädigungsregeln enthalten können. 8

I. Wiederbeschaffungswert abzüglich Restwert – A.2.5.1.1 AKB

Wie schon nach der bisherigen Regelung in § 13 AKB a.F. ersetzt der VR im **Totalschadenfall (A.2.5.1.5 AKB)** sowie bei Zerstörung oder Verlust des Fahrzeuges weiterhin den **Wiederbeschaffungswert (A.2.5.1.6 AKB)** unter Abzug eines etwaig vorhandenen **Restwerts (A.2.5.1.7 AKB)**. 9

Eine **Zerstörung** liegt vor, wenn das Fahrzeug so stark beschädigt ist, dass eine Wiederherstellung technisch ausgeschlossen ist. Das Fahrzeug ist dann nicht mehr als reparabel anzusehen.[4] Entscheidend ist nicht die Unwirtschaftlichkeit der Reparatur (die dem Begriff des Totalschadens unterfällt), sondern deren Unmöglichkeit.[5] Die Beschädigungen müssen einen Grad erreicht haben, der eine Wiederherstellung oder Weiterbenutzung des Fahrzeuges nicht nur unwirtschaftlich macht, sondern ausschließt.[6] Aufgrund technisch immer weiter fortschreitender Reparaturmöglichkeiten wird man eine Zerstörung nur noch bei einer vollständigen Vernichtung des Fahrzeuges annehmen können. Da ein zerstörtes Fahrzeug immer auch einen Totalschaden erlitten hat und die »Zerstörung« in A.2.5 AKB dem Totalschaden gleichgesetzt wird, kommt dem Begriff letztlich keine eigenständige Bedeutung mehr bei. Eine Zerstörung ist in der Regel als eine über den (wirtschaftlichen) Totalschaden hinausgehende Beschädigung zu verstehen.[7] Im Falle einer **GAP-Versicherung** (vgl. A.2.5.2 AKB Rdn. 114 ff.) kann unter einer »Zerstörung« auch ein hinter dem Totalschaden zurückbleibender (besserer) Fahrzeugzustand verstanden werden, der schon dann erreicht ist, wenn die Reparaturkosten den um den Restwert geminderten Wiederbeschaffungswert (= Wiederbeschaffungsaufwand) des Fahrzeuges übersteigen und die in den AKB hierzu konkret verwendete Klausel diese Auslegung nahelegt.[8] Vgl. im Übrigen auch A.2.1.1 AKB Rdn. 8. 10

Der **Verlust** des Fahrzeuges ist begrifflich nicht nur bei einem entwendungsbedingten Verlust gegeben, sondern auch dann, wenn der Verlust **Folge eines anderen versicherten Ereignisses** ist, weil das Fahrzeug nicht mehr zu bergen ist, so z.B. beim Sturz des Fahrzeuges ins Meer, einen tiefen See, eine Felsspalte oder bei anderen vergleichbaren Einwirkungen durch in A.2.2.3 AKB genannte 11

---

4 BGH Urt. v. 08.11.1995 – IV ZR 365/94 – VersR 1996, 21 = NJW 1996, 256; OLG Köln Urt. v. 17.08.2004 – 9 U 3/04 – r+s 2004, 453; OLG Nürnberg Urt. v. 20.03.1997 – 8 U 3879/96 – VersR 1997, 1350 = zfs 1997, 302.

5 OLG Celle Urt. v. 07.08.2014 – 8 U 94/14 – VersR 2015, 184 = r+s 2014, 598.

6 OLG München Urt. v. 25.06.19987 – 24 U 556/86 – NJW-RR 1988, 90 = zfs 1988, 86.

7 OLG Hamm Urt. v. 29.11.2018 – I-6 U 42/18 – VersR 2019, 675 = DAR 2019, 454.

8 OLG Celle Urt. v. 07.08.2014 – 8 U 94/14 – VersR 2015, 184 = r+s 2014, 598.

Naturgewalten.[9] Im Falle einer **Entwendung des Fahrzeuges** tritt der »Verlust« erst nach Ablauf der Monatsfrist des **A.2.5.5.1 AKB** ein, (vgl. A.2.5.5 AKB Rdn. 2 ff.). Wird das Fahrzeug vor Ablauf der Monatsfrist wieder aufgefunden, weist es aber **Beschädigungen** auf oder wurde das Fahrzeug bei dem untauglichen Versuch, es zu entwenden, beschädigt, so fehlt es an einem »Verlust« mit der Folge, dass sich die Entschädigungsberechnung nach den in A.2.5.1 AKB Rdn. 1 genannten Kriterien bestimmt.

12 Zum **Totalschaden** vgl. A.2.5.1.5 AKB unter A.2.5.1 AKB Rdn. 58 ff.; zum **Wiederbeschaffungswert** vgl. A.2.5.1.6 AKB unter A.2.5.1 AKB Rdn. 61 ff.

13 Zum **Restwert** vgl. A.2.5.1.7 AKB unter A.2.5.1 AKB Rdn. 75 ff. Der Restwert des total beschädigten oder zerstörten Fahrzeugwracks wird vom VR auf den Wiederbeschaffungswert angerechnet, ohne dass dies Auswirkungen auf die Eigentumslage an dem versicherten Fahrzeug hat. Es **verbleibt weiterhin im Eigentum des VN**, wie dies auch von A.2.5.7.2 AKB ausdrücklich klargestellt wird. **Im Falle des Verlustes** des versicherten Fahrzeuges kommt im Gegensatz zum Totalschaden und der Zerstörung der **Abzug eines** »vorhandenen« **Restwerts** entsprechend A.2.5.1.1 S. 1 AKB mangels Existenz des Fahrzeuges **nicht in Betracht**. Bei einem **Verlust durch Entwendung** ist der Abzug eines ggf. noch vorhandenen Restwerts erst dann möglich, wenn das Eigentum an dem Fahrzeug nach Maßgabe des A.2.5.5.3 AKB auf den VR übergegangen ist, d.h. das Fahrzeug nicht innerhalb eines Monats ab Eingang der schriftlichen Schadenanzeige wieder aufgefunden wurde oder der VN es innerhalb dieses Zeitraumes nicht mit zumutbaren Mitteln wieder in Besitz nehmen konnte.

14 Gegen die **Anrechnung des Restwerts**, die schon in den AKB a.F. vorgesehen war, bestehen keine Bedenken.[10] Der vorgesehene Restwertabzug stellt auch **keine unwirksame Klausel gemäß § 307 BGB** dar. Schon in älteren AKB-Fassungen vereinbarten die VR häufig einen solchen Abzug, der von der Rechtsprechung stets gebilligt wurde.[11]

15 Lässt der VN sein Kfz **trotz Totalschadens oder Zerstörung gleichwohl reparieren**, wird er nach dem Wortlaut in A.2.5.1.1 S. 2 AKB ausdrücklich auf die Entschädigungsregelungen zum Reparaturschaden in A.2.5.2.1 AKB verwiesen. Der ursprüngliche Anspruch des VN auf Ersatz des um den Restwert seines Kfz geminderten Wiederbeschaffungswertes erlischt mit tatsächlicher Vornahme der Reparatur.[12] Für den Fall einer durch Rechnungsnachweis belegten, vollständigen und fachgerechten Reparatur kann er seine entstandenen Aufwendungen bis maximal zur Höhe des Wiederbeschaffungswertes verlangen, ohne dass eine Anrechnung des Restwerts zum Tragen kommt.

16 **Von den Muster-AKB abweichende Klauseln**, nach der der VR bei Verlust des Fahrzeuges den Kaufpreis für Gebrauchtfahrzeuge zahlt, der durch Rechnung über den Fahrzeugkauf nachzuweisen und auf den von einem Kfz-Sachverständigen anhand der Schwacke-Liste rechnerisch zu ermittelnden Wiederbeschaffungswert im Zeitpunkt der erstmaligen Zulassung auf den VN begrenzt ist, sind hinreichend transparent im Sinne des § 307 Abs. 1 Satz 2 BGB.[13] Zur Frage, in welchem Umfange aus dem (Brutto-) Wiederbeschaffungswert **Mehrwertsteuer** herauszurechnen ist, um den maßgeblichen Netto-Wiederbeschaffungswert festzustellen, vgl. A.2.5.4 AKB Rdn. 12 ff.

---

9 Feyock/*Jacobsen*/Lemor A.2 AKB Rn. 99; Stiefel/Maier/*Meinecke* A.2 AKB Rn. 478.

10 Vgl. beispielhaft OLG Hamm Urt. v. 25.02.1999 – 6 U 190/98 – DAR 1999, 313.

11 OLG Hamm Urt. v. 19.05.1999 – 20 U 1/99 – VersR 2000, 629 = r+s 2000, 9; OLG Frankfurt Urt. v. 12.11.1998 – 15 U 269/97 – VersR 2000, 1010.

12 Vgl. LG Duisburg Urt. v. 03.06.2014 – 8 O 253/13 – BeckRS 2015, 00548.

13 OLG Dresden Urt. v. 28.11.2017 – 4 U 1002/17 – VersR 2018, 221 = zfs 2018, 335.

II. Neupreisentschädigung bei Totalschaden, Zerstörung oder Verlust (Variante 1) oder nach der prozentualen Neupreisklausel (Variante 2) – A.2.5.1.2 AKB

1. Überblick

Mit unterschiedlichen Regelungen erstatten die VR dem VN im Schadenfall unter bestimmten Voraussetzungen innerhalb der ersten 6 bis 36 Monate nach Erstzulassung des Fahrzeuges bei Pkw den Neupreis und damit die **Höchstentschädigung**, wie sie in **A.2.5.1.8 AKB**, auf den verwiesen wird, definiert ist. Die Muster-AKB 2015 sehen in A.2.5.1.2 AKB zwei unterschiedliche Varianten einer Neupreisentschädigung vor, von denen sich die zweite Variante überwiegend durchgesetzt hat. Während einige VR in ihren Bedingungen für die Gewährung der Neupreisentschädigung einen Totalschaden, eine Zerstörung oder den Verlust des Fahrzeuges voraussetzen (**Variante 1**), gewähren andere VR die Entschädigung zwar nicht im Falle eines Totalschadens, wohl aber im Beschädigungsfalle unter der Voraussetzung, dass die erforderlichen Kosten der Reparatur einen bestimmten Prozentsatz des Neupreises, (z.B. 80 %) erreichen oder übersteigen (**Variante 2**). 17

2. Gemeinsame Entschädigungsvoraussetzungen bei Varianten 1 und 2

Voraussetzung für eine Neupreisentschädigung nach beiden Varianten ist: Der **Schaden** muss **innerhalb einer bestimmten Frist nach Erstzulassung** eintreten, wobei sich das **Fahrzeug** im Schadenzeitpunkt noch **im Eigentum des Ersterwerbers** befinden muss, (A.2.5.1 AKB Rdn. 20 ff.). Ferner muss es sich bei dem versicherten Fahrzeug um einen **Pkw** handeln (A.2.5.1 AKB Rdn. 23), der **als Neufahrzeug von einem Kfz-Händler oder -Hersteller erworben** wurde, (A.2.5.1 AKB Rdn. 24 ff.). Schließlich muss der VN die Neupreisentschädigung **reinvestieren**, (A.2.5.1 AKB Rdn. 35 ff.). 18

In beiden Varianten für die Neupreisentschädigung wird klargestellt, dass der **Restwert** (A.2.5.1.7 AKB) des Altfahrzeuges vom Entschädigungsbetrag abgezogen wird. 19

a) Eigentum des Ersterwerbers bei Eintritt des Schadenereignisses

Die Gewährung einer Neupreisentschädigung setzt voraus, dass der **Ersterwerber** des Fahrzeuges im Schadenzeitpunkt noch dessen Eigentümer ist, d.h. sich das versicherte Kfz zu diesem Zeitpunkt noch im Eigentum desjenigen befindet, der es als Neufahrzeug erworben hat. Dabei wird eine Identität zwischen dem Ersterwerber und demjenigen, auf den das Fahrzeug zugelassen ist, nicht vorausgesetzt; der Ersterwerber muss nicht zwingend auch Halter oder VN sein.[14] Er muss aber bei Eintritt des Schadenereignisses personenidentisch mit dem Eigentümer sein. Erfüllt ist diese Voraussetzung auch dann, wenn der **VN in einen fremden Kaufvertrag eingetreten** ist und das in den Zulassungspapieren bereits auf den ursprünglichen Käufer eingetragene Fahrzeug auf den VN umgeschrieben wurde, vorausgesetzt, dass das Fahrzeug vom Vorbesitzer mit Ausnahme von Überführungs-, Probe- oder Rangierfahrten noch nicht benutzt wurde.[15] 20

Unschädlich ist es, wenn das **Fahrzeug bereits vor dem Schadenfall sicherungsübereignet** wurde.[16] Die Beschränkung der erhöhten Entschädigung auf den Ersterwerber soll grundsätzlich das subjektive Risiko des VR mindern. Dieses Risiko wäre gesteigert, wenn mehrere Personen das Fahrzeug führen oder durch die Eintragung mehrerer Eigentümer im Kfz-Brief eine Entwertung des Fahrzeuges hinsichtlich seines Wiederverkaufswertes einträte. Beide Risiken sind mit einer bloßen Sicherungsübereignung nicht verbunden. Viele neu erworbene Fahrzeuge werden von Kreditgebern finanziert, die sich zur Sicherung ihres Darlehens das Fahrzeug sicherungsübereignen lassen. 21

14 OLG Hamm Urt. v. 13.02.1991 – 20 U 184/90 – VersR 1991, 1239 = zfs 1991, 168.

15 Vgl. BGH Urt. v. 14.11.1979 – **IV ZR 41/78** – VersR 1980, 159 = MDR 1980, 295; LG Trier Urt. v. 21.10.1993 – 3 S 161/93 – VersR 1994, 1294.

16 BGH Urt. v. 31.10.1984 – **IVa ZR 33/83** – VersR 1985, 78 = NJW 1985, 917; OLG Dresden Beschl. v. 20.06.2022 – 4 U 87/22 – BeckRS 2022, 17299; OLG Köln Urt. v. 16.11.1989 – 5 U 203/88 – VersR 1990, 263 = r+s 1991, 11.

Darin liegt bei Berücksichtigung des wirtschaftlichen Zwecks der Neupreisklausel kein Wechsel des Eigentümers.[17] Ein Ersterwerb liegt auch dann vor, wenn das Kfz, um einen Werksangehörigenrabatt zu erlangen, zunächst auf einen Dritten zugelassen war, jedoch von Anfang an allein durch den VN benutzt und später auch auf ihn zugelassen wurde.[18] Entscheidend ist, dass auch bei dieser Konstellation das Risiko des VR auf denjenigen VN beschränkt bleibt, der das Fahrzeug von vornherein gefahren hat.[19] **Anderes gilt** aber dann, wenn der VN als Ersterwerber vor Eintritt des Versicherungsfalles das **Fahrzeug an einen Familienangehörigen verkauft**, selbst wenn er Sicherungseigentümer bleibt.[20]

22 Das **Eigentum des Ersterwerbers liegt im Schadenzeitpunkt** auch dann **nicht mehr vor**, wenn der Geschäftsführer einer liquidierten GmbH von dieser das Fahrzeug erworben hat.[21] Gleiches gilt, wenn der Gesellschafter einer BGB-Gesellschaft, auch wenn er das Fahrzeug immer schon ausschließlich selbst nutzte, es aus dem Gesellschaftsvermögen[22] oder der Gesellschafter einer GmbH es von dieser erworben hat.[23] Auch bei einem Leasingnehmer, der das Kfz vom Leasinggeber erwirbt, liegt kein Ersterwerb vor.[24] **Anderes gilt** aber dann, wenn der VN als Einzelkaufmann das zunächst in seinem steuerlichen Betriebsvermögen befindliche und überwiegend geschäftlich genutzte Fahrzeug in sein Privatvermögen überführt. Denn die steuerliche Ausgestaltung der Nutzung des Pkw ändert nichts am Ersterwerb des Fahrzeuges durch den VN.

b) Pkw zur Eigenverwendung als privilegierte Fahrzeugart

23 Die Neupreisklausel gilt nur für »**Pkw**«. Darunter fallen auch Kleinbusse und Transporter, da diese Fahrzeuge nicht wie Mietwagen, Taxen und Selbstfahrervermiet-Pkw ausdrücklich ausgenommen sind.[25] Entscheidend ist die **amtliche Zulassung** durch das Straßenverkehrsamt. Wird ein Pick-up-Geländewagen in den Zulassungspapieren als »Lkw, offener Kasten« angegeben, fällt er in der Kaskoversicherung auch dann nicht unter den Begriff des »Pkw«, wenn er vorrangig zum Transport von Personen und damit wie ein Pkw eingesetzt wird und nur gelegentlich zum Transport von Lasten bestimmt ist.[26] Der VN kann sich ebenso wenig auf die Neupreisklausel berufen, wenn er das Fahrzeug zwar als Pkw zur Eigenverwendung versichert, es aber unter Verstoß gegen die Verwendungsklausel des D.1.1.1 AKB als Mietwagen einsetzt.

c) Erwerb als Neufahrzeug vom Kfz-Händler oder -Hersteller

24 Das versicherte Kfz muss vom VN **als Neufahrzeug erworben** worden sein. Durch die Beschränkung auf den Ersterwerb will der VR sein subjektives Risiko begrenzen. Der VN soll die Kaskoentschädigung in Höhe des Neupreises nur dann erhalten, wenn das Fahrzeug von Anfang an nur von ihm selbst gefahren wurde.[27] Entscheidend hierfür ist grundsätzlich die amtliche Erstzulassung des Fahrzeuges als solches, nicht die Erstzulassung auf den VN.

---

17 BGH Urt. v. 14.11.1979 – **IV ZR 41/78** – VersR 1980, 159, 160 = MDR 1980, 295.
18 OLG Karlsruhe Urt. v. 30.06.1994 – 12 U 88/94 – VersR 1995, 777 = zfs 1995, 18; **a.A.** OLG Koblenz Urt. v. 14.02.1997 – 10 U 565/96 – VersR 1998, 801 = r+s 1997, 147.
19 OLG Hamm Urt. v. 13.02.1991 – 20 U 184/90 – VersR 1991, 1239 = zfs 1991, 168; OLG Köln Urt. v. 13.08.1996 – 9 U 12/96 – SP 1996, 420.
20 LG Frankfurt/M. Urt. v. 28.05.1985 – 5 O 150/85 – zfs 1986, 54.
21 OLG Köln Urt. v. 14.06.1984 – 5 U 255/83 – zfs 1985, 25.
22 OLG Koblenz Urt. v. 09.10.1992 – 10 U 1703/91 – r+s 1992, 402 = NZV 1993, 440.
23 OLG Schleswig Urt. v. 30.03.1995 – 16 U 76/94 – SP 1995, 248; OLG Hamm Urt. v. 23.06.1993 – 20 U 26/93 – VersR 1994, 593 = zfs 1993, 379.
24 OLG Frankfurt/M. Urt. v. 01.10.1997 – 7 U 102/96 – OLGR 1998, 42.
25 Vgl. BGH Urt. v. 02.10.1985 – **IVa ZR 184/83** – VersR 1986, 177 = NJW 1986, 431.
26 OLG Köln Urt. v. 17.12.1992 – 5 U 107/92 – r+s 1993, 208.
27 Vgl. BGH Urt. v. 14.11.1979 – **IV ZR 41/78** – VersR 1980, 159, 160 = MDR 1980, 295; OLG Köln Urt. v. 13.08.1996 – 9 U 12/96 – SP 1996, 420.

Ausnahmsweise schadet der **Erwerb eines bereits auf den Kfz-Händler zugelassenen Fahrzeuges** »als Neufahrzeug« allerdings dann nicht, wenn das Fahrzeug nur eine geringe Laufleistung von **unter 100 km** aufweist und auch die zeitliche Dauer der Zulassung nur wenige Tage beträgt.[28] Entscheidend ist, dass nach der Verkehrsanschauung das Fahrzeug zum Zeitpunkt seines Erwerbs durch den VN noch als Neuwagen angesehen werden kann.[29] Dies ist regelmäßig bei einer **Tageszulassung** der Fall, wenn das Fahrzeug nur im Rahmen der üblichen Überführungs- und Rangierfahrten benutzt wurde.[30] 25

Seine Eigenschaft als Neuwagen verliert das Fahrzeug aber dann, wenn es vom Kfz-Händler als **Vorführwagen** zugelassen und einer Vielzahl von Personen für Fahrten zur Verfügung gestellt wird,[31] bevor der Händler es anschließend an den VN verkauft. Gleiches gilt für **Jahreswagen** oder Pkw, die als **»Geschäftsfahrzeuge«** vermarktet werden. Der Kauf eines Fahrzeuges mit einer Laufleistung von 2500 km[32] oder 2000 km[33] stellt keinen Erwerb »als Neufahrzeug« i.S.d. AKB dar. Kein Neuwagen ist auch ein bereits anderweitig zugelassenes, nur einen Monat altes Fahrzeug mit einer Laufleistung von 1000 km.[34] Selbst der Einsatz des Fahrzeuges mit einer ungeklärten Laufleistung von über 200 km nimmt dem Fahrzeug den Neuwagencharakter[35] und hindert eine Neupreisentschädigung. Gleiches gilt für ein Fahrzeug, welches bei drei Voreigentümern erstmals mehr als 7 Monate nach Zulassung mit einem Tachometerstand von 120 km an den VN verkauft wird.[36] 26

Ein Fahrzeug ist **kein Neufahrzeug** mehr im Sinne der Klausel, wenn es bereits **im Herstellerwerk** einen nicht unerheblichen **Unfallschaden erlitten** hat, der zwar behoben wurde, bevor das Fahrzeug vom Kfz-Händler an den VN verkauft wurde, der aber jedenfalls nach kaufrechtlichen Bestimmungen offenbarungspflichtig gewesen wäre.[37] Kein Erwerb als Neufahrzeug liegt auch vor, wenn es dem VN wegen eines erheblichen Transportschadens mit einem Nachlass von fast 50 % auf den Netto-Neupreis verkauft worden ist.[38] Werden beim **Zusammenbau eines Fahrzeuges** durch eine Karosseriewerkstatt zum Teil gebrauchte Fahrzeugteile verwendet, so fehlt dem versicherten Pkw die Neuwageneigenschaft auch dann, wenn im Übrigen nur Neuteile verbaut wurden.[39] 27

Der VN muss das versicherte Kfz als Neufahrzeug entweder **vom Kfz-Händler oder** direkt vom **Kfz-Hersteller erworben** haben. Der Erwerb von einem **Werksangehörigen** ist grundsätzlich nicht ausreichend, wenn dieser das Fahrzeug selbst gefahren hat und es erst später an den VN verkauft. Anders jedoch dann, wenn der VN das Fahrzeug nach Erwerb durch einen Familienangehörigen unter Ausnutzung eines Werksangehörigenrabattes sofort übernommen, selbst versichert und ausschließlich selbst genutzt hat;[40] in diesem Fall ist selbst eine Umschreibung des Fahrzeuges auf den VN erst 9 Monate nach dem Erwerb unschädlich.[41] Wer einen **Bausatz** vom Kfz-Hersteller erwirbt 28

28 BGH Urt. v. 14.11.1979 – **IV ZR 41/78** – VersR 1980, 159 = MDR 1980, 295; LG Köln Urt. v. 25.11.1992 – 24 O 188/92 – zfs 1993, 268.
29 Stiefel/Maier/*Meinecke* A.2 AKB Rn. 511.
30 Vgl. OLG Köln Urt. v. 31.10.1995 – 9 U 89/95 – VersR 1996, 1231 = r+s 1996, 345.
31 OLG Stuttgart Urt. v. 23.11.1995 – 7 U 90/95 – NZV 1996, 152 (**Vorführfahrzeug mit 270 bis 370 km**); OLG Nürnberg Urt. v. 29.11.1990 – 8 U 1533/90 – NZV 1991, 474.
32 OLG Hamburg Urt. v. 10.01.1984 – 7 U 213/83 – VersR 1984, 884.
33 OLG Stuttgart Urt. v. 30.10.1984 – 10 U 9/84 – zfs 1985, 243.
34 LG Nürnberg-Fürth Urt. v. 27.03.1990 – 2 O 6855/89 – zfs 1990, 277.
35 Vgl. BGH Urt. v. 18.06.1980 – **VIII ZR 185/79** – NJW 1980, 2127, 2128; OLG Stuttgart Urt. v. 23.11.1995 – 7 U 90/95 – NZV 1996, 152.
36 OLG Köln Urt. v. 27.06.1991 – 5 U 191/90 – r+s 1992, 223.
37 OLG Hamm Urt. v. 15.03.1991 – 20 U 307/90 – r+s 1991, 331 = zfs 1991, 313.
38 OLG Koblenz Urt. v. 11.05.2012 – 10 U 923/11 – r+s 2013, 279.
39 OLG Frankfurt/M. Urt. v. 15.06.1994 – 19 U 85/93 – VersR 1996, 372 (**Karosserie gebraucht**); OLG München Urt. v. 05.06.1987 – 8 U 6392/86 – VersR 1988, 396 (**Hinterachse und Motor gebraucht**).
40 OLG Köln Urt. v. 31.10.1995 – 9 U 89/95 – VersR 1996, 1231 = r+s 1996, 345.
41 OLG Karlsruhe Urt. v. 30.06.1994 – 12 U 88/94 – VersR 1995, 777 = zfs 1995, 18.

und daraus ein Kfz zusammenbaut, ist einem VN gleichzusetzen, der das Fahrzeug gleich komplett vom Hersteller erwirbt.[42] Der Erwerb des Bausatzes ist insoweit dem Erwerb eines Neufahrzeuges gleichzusetzen.

29 Als weitere Voraussetzung ist stets erforderlich, dass der VN die Neupreisentschädigung **reinvestiert**, was in A.2.5.1.3 AKB gesondert geregelt wird, (vgl. A.2.5.1 AKB Rdn. 35 ff.).

3. Besondere Entschädigungsvoraussetzungen bei Variante 1

30 Der Entschädigungsanspruch des VN setzt entweder den Eintritt eines Totalschadens, einer Zerstörung oder den Verlust des versicherten Fahrzeuges voraus. Die Frage, ob ein Totalschaden eingetreten ist, richtet sich nach der Definition in A.2.5.1.5 AKB (vgl. A.2.5.1 AKB Rdn. 58 ff.). Danach müssen die erforderlichen Kosten der Reparatur den Wiederbeschaffungswert übersteigen. Der Wiederbeschaffungswert ist wiederum in A.2.5.1.6 AKB definiert (vgl. A.2.5.1 AKB Rdn. 61 ff.). Sind die erforderlichen Reparaturkosten daher niedriger als der Wiederbeschaffungswert des Fahrzeuges, besteht schon deshalb kein Anspruch auf eine Neuwertentschädigung.[43] Zu den Voraussetzungen einer Zerstörung vgl. A.2.1.1 AKB Rdn. 8; zu den Voraussetzungen eines Verlustes vgl. A.2.1.1 AKB Rdn. 9.

4. Besondere Entschädigungsvoraussetzungen bei Variante 2

a) Grundsätzliches

31 Kommt wegen des jungen Alters des versicherten Fahrzeuges eine Neupreisentschädigung in Betracht, ist es empfehlenswert, die Höhe der schadenbedingten Reparaturkosten durch den VR selbst dann feststellen zu lassen, wenn eine Wiederherstellung gar nicht beabsichtigt oder lohnenswert ist. Denn erst durch einen **Vergleich der Reparaturkosten mit dem Neupreis des Fahrzeuges** lässt sich ermitteln, ob ein Anspruch auf eine Neupreisentschädigung besteht. Um diese Feststellungen treffen zu können, muss der VN dem VR die **Besichtigung seines Fahrzeuges** ermöglichen. Dies betrifft auch die Nachbesichtigung nach erfolgter Reparaturdurchführung. Kann der VR aufgrund falscher Angaben des VN zum Verbleib des Fahrzeuges den Umfang der schadenbedingten Reparaturkosten sowie etwaiger Vorschäden nicht feststellen, liegt eine vertragliche Obliegenheitsverletzung vor mit der Folge möglicher Leistungsfreiheit des VR nach § 28 Abs. 2 VVG, E.1.1.3 AKB.[44]

b) Maßstab für die erforderlichen Kosten der Reparatur

32 **Bezugsgröße** für die erforderlichen Reparaturkosten sind bei einem Privatmann die Brutto- und bei einem vorsteuerabzugsberechtigten Unternehmer die Nettoaufwendungen, und zwar ungeachtet der Mehrwertsteuerregelung in A.2.5.4 S. 1 AKB. Denn es geht lediglich darum, durch einen **Vergleich zwischen** der Höhe der erforderlichen **Reparaturkosten und** dem **Neupreis** gemäß A.2.5.1.8 AKB festzustellen, ob die Reparaturkosten den vertraglich vereinbarten prozentualen Anteil des Neupreises erreichen oder übersteigen. Anders als in A.2.5.4 S. 1 AKB, wo eine Erstattung der Mehrwertsteuer nur insoweit versprochen wird, als sie tatsächlich auch beim VN anfällt, geht es bei dem hier anzustellenden Vergleich nicht um einen Anspruch des VN auf Auszahlung einer Entschädigung auf Reparaturkostenbasis, sondern lediglich darum, die konkrete Art des dem VN zustehenden Kompensationsanspruches und damit einen möglichen Anspruch auf die Neupreisentschädigung festzustellen.

33 Dabei wird der **nicht vorsteuerabzugsberechtigte durchschnittliche VN** unter den »erforderlichen Kosten der Reparatur« in diesem Zusammenhang ungeachtet der Klausel in A.2.5.4 S. 1 AKB allein die **Gesamtaufwendungen einschließlich Mehrwertsteuer** verstehen, die er bei tatsächlicher Reparaturausführung an die Werkstatt zahlen müsste. Denn A.2.5.4 S. 1 AKB enthält nur eine

42 OLG Hamm Urt. v. 13.02.1991 – 20 U 184/90 – VersR 1991, 1239 = zfs 1991, 168.
43 Vgl. OLG Hamm Beschl. v. 24.06.2021 – 20 U 96/21 – r+s 2022, 23 = zfs 2022, 85.
44 Vgl. OLG Hamm Urt. v. 28.11.1990 – 20 U 174/89 – VersR 1991, 1168.

Regelung, unter welchen Voraussetzungen dem VN zusätzlich zu den erforderlichen Netto-Reparaturkosten auch die Mehrwertsteuer ersetzt wird; indes kann ihr nicht die Aussage entnommen werden, dass mit den »erforderlichen Kosten der Reparatur« in anderen AKB-Bestimmungen stets die Nettokosten gemeint sein könnten. Umgekehrt besteht auch kein Anlass, diese Kosten an dem Nettokaufpreis eines Neufahrzeuges zu messen, zumal dem VN die Neupreisspitze, die in aller Regel einen höheren Betrag ausmachen dürfte als der im Neupreis enthaltene Mehrwertsteueranteil, ohnehin nur unter den Voraussetzungen in A.2.6.3 AKB endgültig zufließt. Somit sind **bei einem VN als Privatmann** die Brutto-Reparaturkosten mit dem Brutto-Neupreis und **bei einem VN als vorsteuerabzugsberechtigtem Unternehmer** die Netto-Reparaturkosten mit dem Netto-Neupreis zu vergleichen. Letzteres gilt auch bei **Leasingfahrzeugen**, da hier auf die steuerlichen Verhältnisse des in der Regel vorsteuerabzugsberechtigten Leasinggebers als versichertem Eigentümer des Fahrzeuges abzustellen ist,[45] (vgl. auch A.2.5.2 AKB Rdn. 112 ff.).

5. Sonstiges

Sehen die **konkreten AKB** eine Neupreisentschädigung für Pkw und Lkw über 3,5 t Gesamtmasse vor, so besteht für einen Van mit einer Gesamtmasse von bis zu 3,5 t kein Anspruch.[46] Zur **Höhe der Neupreisentschädigung** vgl. A.2.5.1 AKB Rdn. 94 ff.; speziell für **Leasingfahrzeuge** vgl. A.2.5.1 AKB Rdn. 107 ff.; für **Reimportfahrzeuge** vgl. A.2.5.1 AKB Rdn. 113 f. 34

III. Verwendungsauflage für die Neupreisspitze – A.2.5.1.3 AKB

1. Grundsätzliches

Nach dieser »**Reinvestionsklausel**« kann der VN die Neupreisspitze, d.h. die Differenz zwischen dem Wiederbeschaffungswert und dem Neupreis nur dann verlangen, wenn er **innerhalb von zwei Jahren** nach Feststellung der Entschädigungspflicht dem VR den **Nachweis** erbringt, dass er die Entschädigung tatsächlich für die Reparatur seines beschädigten Fahrzeuges oder die Neuanschaffung eines Ersatzfahrzeuges verwendet hat. Da dem VN nach A.2.5.1.2 AKB mehr ersetzt wird als der reine Sachwert des Fahrzeuges, soll er **zur Vermeidung einer Bereicherung** den Mehrbetrag nur dann beanspruchen dürfen, wenn er über dessen vertragsgemäße Verwendung Rechenschaft ablegen kann. Es handelt sich um eine Bestimmung zur Feststellung der Höhe der Entschädigung, nicht um eine Obliegenheit.[47] 35

Dabei muss nach dem Wortlaut der Klausel die Entschädigung nicht zwingend für ein Neufahrzeug verwendet werden. Dies wird auch in § 93 S. 1 VVG, dem A.2.5.1.3 AKB nachgebildet ist, nicht verlangt. Die Neupreisklausel bedeutet auch **keine Bindung des VN** an denselben Hersteller und Fahrzeugtyp.[48] Wesentlich ist lediglich, dass die Neupreisspanne vom VN vollständig für die Instandsetzung des bisherigen oder den Erwerb eines anderen Fahrzeuges verwendet wird. Durch diese Zweckbindung soll sichergestellt werden, dass dem VN zulasten der Versichertengemeinschaft keine Finanzmittel an die Hand gegeben werden, die er beliebig und frei verfügbar für andere private Zwecke einsetzt. Die Neuwertspitze erhält der VN also nur insoweit, als er einen über den Wiederbeschaffungswert hinausgehenden Betrag in die Ersatzbeschaffung oder Instandsetzung investiert.[49] 36

---

45 Vgl. BGH Urt. v. 14.07.1993 – **IV ZR 181/92** – VersR 1993, 1223 = r+s 1993, 329; OLG Köln Urt. v. 09.11.2004 – 9 U 1/04 – zfs 2005, 248.

46 LG Oldenburg Urt. v. 30.10.2020 – 2 O 131/20 – zfs 2021, 456.

47 Vgl. Stiefel/Maier/*Meinecke* A.2 AKB Rn. 519.

48 KG Beschl. v. 09.01.2015 – 6 U 100/14 – r+s 2015, 444 = zfs 2015, 448.

49 OLG Zweibrücken Urt. v. 26.01.2022 – 1 U 191/20 – zfs 2022, 267.

2. Sicherung der zweckgebundenen Verwendung der Neupreisspitze

37 Der Anspruch des VN auf die Neupreisspitze entsteht erst und auch nur in der Höhe, in der die **vertragsgemäße Verwendung der Entschädigung** sichergestellt ist. Dabei geht es nur um die vom VR auszuzahlende Entschädigung, die der VN wieder anlegen muss. Hingegen muss er die vom VR abgezogene Selbstbeteiligung und auch den Restwerterlös für sein altes Fahrzeug nicht zwingend auch zur Anschaffung eines neuen Fahrzeuges verwenden.[50]

38 Zum **Nachweis** der Sicherstellung der Verwendung der erhöhten Entschädigungsleistung reicht im Regelfall die Vorlage einer Reparaturkostenrechnung oder eines rechtsverbindlichen Kaufvertrages für ein Ersatzfahrzeug aus.[51] Veräußert der VN jedoch alsbald das neu angeschaffte Ersatzfahrzeug, um den Veräußerungserlös zur Tilgung bestehender Bankverbindlichkeiten einzusetzen, fehlt es an einer **zweckgebundenen Verwendung** der Entschädigungsleistung mit der Folge, dass der Anspruch auf die Neupreisspitze entfällt.[52] Gleiches gilt für eine GmbH, die wegen Vermögenslosigkeit im Handelsregister gelöscht wurde, nachdem die Eröffnung des Insolvenzverfahrens mangels Masse abgelehnt worden war, da es für sie objektiv unmöglich ist, den Wiederbeschaffungsvorbehalt zu erfüllen.[53]

a) Erwerb eines anderen Fahrzeuges

39 Dem VN obliegt der Nachweis für die zweckentsprechende Verwendung der erhöhten Entschädigungssumme. Für diesen Nachweis genügt eine hinreichend **sichere Prognose**, dass die Verwendung der Neupreisentschädigung für den **Erwerb eines Neufahrzeuges** sichergestellt ist. Bloße Absichtserklärungen des VN reichen nicht aus.[54] Notwendig ist die Vorlage eines rechtsverbindlichen Kaufvertrages oder jedenfalls einer vom Verkäufer bestätigten verbindlichen Bestellung hinsichtlich des Erwerbs eines neuen Fahrzeuges.[55] Nur diese Dokumente sind geeignet, den ernsthaften Willen des VN zu belegen, die Versicherungssumme zum Erwerb eines entsprechend teuren Ersatzfahrzeuges zu verwenden.[56]

40 Anderes kann jedoch gelten, wenn aufgrund feststehender Tatsachen der begründete Verdacht besteht, dass der **Kaufvertrag nur zum Schein** abgeschlossen worden ist. Ein solches Scheingeschäft ist aber noch nicht dann anzunehmen, wenn die verbindliche **Bestellung** des VN **unter der aufschiebenden Bedingung** erfolgt, dass der VR eine Auszahlung in Höhe der Neupreisentschädigung vornimmt.[57] Zwar stellt dies noch keine rechtsverbindliche Vereinbarung dar, da der Kaufvertrag erst mit Zahlungseingang der kompletten Neupreisentschädigung zustande kommen soll. Andererseits lässt eine solche Absprache keinen vernünftigen Zweifel zu, dass der VN die Neupreisspitze für die Anschaffung eines entsprechenden Ersatzfahrzeuges verwenden will. Denn die für den VN unter der aufschiebenden Bedingung abgegebene rechtsverbindliche **Bestellung** eines fabrikneuen Fahrzeuges **mündet**, wenn sie in dieser Form durch den Kfz-Händler bereits bestätigt wurde, **im Falle der Zahlung** der Neupreisentschädigung durch den VR **ohne weiteres Zutun der Vertragsbeteiligten in den Abschluss eines rechtswirksamen Kaufvertrages ein**, der aber als solcher – unbestritten – für den Nachweis einer bedingungsgemäßen Verwendung der Neupreisspitze ausreicht. Es ist ein nachvollziehbares Anliegen des VN, wenn er durch die aufschiebende Bedingung sicherstellen

---

50 Vgl. LG Heilbronn Urt. v. 13.06.1991 – 6 S 145/91 – NJW-RR 1991, 1180.

51 Vgl. BGH Urt. v. 28.05.1986 – **IVa ZR 197/84** – VersR 1986, 756 = r+s 1986, 224; OLG Hamm Urt. v. 25.11.2005 – 20 U 158/05 – VersR 2006, 355 = zfs 2006, 273.

52 LG Trier Urt. v. 28.03.1996 – 6 O 3/96 – r+s 1997, 360.

53 OLG Hamm Urt. v. 21.12.1995 – 6 U 54/95 – r+s 1996, 126.

54 OLG Köln Urt. v. 13.08.1996 – 9 U 12/96 – SP 1996, 420.

55 OLG Saarbrücken Urt. v. 23.08.2017 – 5 U 61/16 – zfs 2017, 641 = DAR 2018, 149.

56 Vgl. BGH Urt. v. 28.05. 1986 – **IVa ZR 197/84** – VersR 1986, 756 = r+s 1986, 224; OLG Hamm Urt. v. 15.06.1984 – 20 U 382/83 – VersR 1984, 1140; OLG Hamm Beschl. v. 29.12.1980 – 20 W 39/80 – VersR 1981, 273.

57 So aber OLG Hamm Urt. v. 25.11.2005 – 20 U 158/05 – VersR 2006, 355 = zfs 2006, 273.

will, dass er an seine Bestellung für den Fall nicht mehr gebunden ist, dass der VR wider Erwarten die Neupreisentschädigung doch nicht erbringt. Mit einem Scheingeschäft hat dies nichts zu tun. Auch der VR erleidet keinerlei Nachteile. Verweigert er die Neupreisspitze, wird zwar die Neuwagenbestellung des VN hinfällig; dies ändert aber nichts an der Verpflichtung des VR, dem VN eine Entschädigungszahlung jedenfalls in Höhe des um den Restwert verminderten Wiederbeschaffungswertes zur Verfügung zu stellen.

Bestehen begründete Anhaltspunkte dafür, dass **der VN den bereits abgeschlossenen Kaufvertrag** im Einvernehmen mit dem Verkäufer **aufzuheben oder abzuändern gedenkt**, so ist der VR berechtigt, die Erfüllung des Kaufvertrages abzuwarten, bevor er die erhöhte Entschädigung leistet.[58] Dies gilt auch, wenn dem VN offensichtlich die finanziellen Mittel fehlen, um den Kaufvertrag erfüllen zu können.[59] Versucht der VN durch Vorlage eines **gefälschten Kaufvertrages** über ein tatsächlich nicht angeschafftes Ersatzfahrzeug den VR zur Zahlung einer Neupreisentschädigung zu veranlassen, ist der VR insgesamt leistungsfrei.[60] 41

Gesichert ist die Verwendung der Neupreisspitze im Sinne der Klausel auch dann, wenn der VN das nach dem Versicherungsfall gelieferte **Ersatzfahrzeug schon zuvor bestellt** hatte.[61] Demgegenüber genügt die Anschaffung eines Neufahrzeuges schon vor dem Versicherungsfall nicht.[62] Auch der **Abschluss eines Leasingvertrages** über ein gleichwertiges Ersatzfahrzeug ist als »Erwerb eines anderen Fahrzeuges« im Sinne der Klausel anzusehen.[63] Der VR hat dann die Neupreisdifferenz bis zur – abgezinsten – Gesamthöhe der Leasingraten zu zahlen.[64] 42

Der VN ist nicht gehalten, einen anderen Pkw der gleichen Marke mit derselben Ausstattung zum gleichen Preis zu kaufen. Auch der **Ankauf eines beschädigten Fahrzeuges und dessen Instandsetzung** unter Verwendung der Neupreisentschädigung genügt den Anforderungen des A.2.5.1.3 AKB.[65] Der VN kann die Entschädigung auch für den **Kauf von zwei geringwertigeren Ersatzfahrzeugen** verwenden, wenn die Fahrzeuge **nebeneinander** und nicht nacheinander **angeschafft** werden.[66] Entscheidend ist allein, ob innerhalb der Zweijahresfrist nach Feststellung der Entschädigung der verbindliche Kaufvertrag auch für das zweite Fahrzeug abgeschlossen wird. Ausreichend für die Zuerkennung der Neupreisentschädigung ist es auch, wenn der mit dem VN nicht personenidentische **Eigentümer** des beim Versicherungsfall beschädigten Fahrzeuges die **Ersatzbeschaffung vornimmt.** 43

Es genügt auch, dass die **Ersatzbeschaffung vom bisherigen Halter** oder einem (anderen) **Familienmitglied des VN** vorgenommen wird, wenn dem VN jedenfalls die bisherige Nutzungsmöglichkeit erhalten bleibt.[67] Demgegenüber reicht es nicht, wenn eine GmbH das Neufahrzeug anstelle des VN anschafft, wenn der VN lediglich am Stammkapital der GmbH beteiligt ist.[68] 44

58 BGH Urt. v. 28.05. 1986 – **IVa ZR 197/84** – VersR 1986, 756 = r+s 1986, 224.
59 OLG Hamm Urt. v. 08.02.1995 – 20 U 244/94 – VersR 1996, 183 = zfs 1995, 221.
60 OLG Frankfurt/M. Urt. v. 03.07.1985 – 17 U 78/84 – VersR 1987, 176.
61 BGH Urt. v. 31.10.1984 – **IVa ZR 33/83** – VersR 1985, 78 = NJW 1985, 917.
62 LG Köln Urt. v. 14.07.1982 – 24 O 120/82 – VersR 1984, 1185.
63 OLG Hamburg Urt. v. 24.04.1998 – 14 U 217/95 – DAR 1999, 481 = MDR 1998, 964; OLG Frankfurt/M. Urt. v. 18.01.1996 – 12 U 71/95 – VersR 1996, 1532.
64 Vgl. Stiefel/Maier/*Meinecke* A.2 AKB Rn. 526.
65 Vgl. OLG Hamm Urt. v. 13.02.1991 – 20 U 184/90 – VersR 1991, 1239 = zfs 1991, 168; AG Augsburg Urt. v. 19.07.1989 – 7 C 2316/89 – VersR 1990, 485.
66 OLG Köln Urt. v. 13.08.1996 – 9 U 12/96 – SP 1996, 420; OLG Hamm Urt. v. 09.12.1987 – 20 U 114/87 – zfs 1988, 119; LG Ulm Urt. v. 31.10.1990 – 1 S 188/90 – DAR 1991, 182.
67 OLG Köln Urt. v. 16.11.1989 – 5 U 203/88 – VersR 1990, 263 = r+s 1991, 11; **a.A.** OLG Karlsruhe Urt. v. 30.06.1994 – 12 U 88/94 – VersR 1995, 777 = zfs 1995, 18, wonach das Familienmitglied entweder Eigentümer oder Halter des vom Versicherungsfall betroffenen Kfz gewesen sein muss, auch wenn es dem VN das Ersatzfahrzeug zur ausschließlichen Nutzung überlässt.
68 OLG Dresden Urt. v. 06.09.1994 – 3 U 142/94 – VersR 1995, 1045 = r+s 1994, 447.

45 Werden durch den Versicherungsfall einzelne, **mitversicherte Fahrzeug- oder Zubehörteile** beschädigt (z.B. Nebelscheinwerfer und Heckspoiler), so genügt der VN dem Wiederherstellungsvorbehalt der Klausel auch dann, wenn er zwar nicht diese Teile, aber andere Zubehörteile (z.B. eine Wegfahrsperre) beschafft und in sein Fahrzeug einbauen lässt.[69]

b) Reparatur des Fahrzeuges

46 Alternativ kann der VN sich für die Reparatur des Fahrzeuges entscheiden und einen verbindlichen Reparaturauftrag vorlegen. Den endgültigen Anspruch des VN auf die Neupreisspitze wird man bei dieser Alternative jedoch letztlich erst nach tatsächlich durchgeführter Reparatur in Verbindung mit der **Vorlage einer Reparaturkostenrechnung** anerkennen können, wobei der VR zu einer Nachbesichtigung des reparierten Fahrzeuges ebenso wie zu einer Rechnungsprüfung berechtigt ist, um festzustellen, ob die Voraussetzungen für die Zuerkennung der Neupreisspitze eingehalten wurden.

c) Folgen fehlender Sicherung der Verwendung der Neupreisentschädigung

47 Bei der Regelung in A.2.6.3 AKB handelt es sich nicht um eine vertragliche Obliegenheit für den VN, sondern lediglich um eine Bestimmung zur Feststellung der Entschädigungshöhe. Kann daher der VN nicht sicherstellen, dass er die Neupreisentschädigung für die Reparatur oder den Erwerb eines anderen Fahrzeuges verwendet, so verliert er nur seinen Anspruch auf die Neupreisspitze, nicht hingegen seinen generellen Entschädigungsanspruch, der dann allerdings maximal auf den Wiederbeschaffungswert seines Fahrzeuges beschränkt ist.

3. Verwendung innerhalb von zwei Jahren nach Feststellung der Entschädigung

48 Den Nachweis, dass die Neupreisspitze für die Reparatur des Fahrzeuges oder den Erwerb eines anderen Fahrzeuges verwendet wird, hat der VN innerhalb von zwei Jahren nach Feststellung der Entschädigung durch den VR zu erbringen. Der **Fristbeginn** knüpft an die Feststellung des Wiederbeschaffungswertes durch den VR (vgl. A.2.5.2.1 AKB) oder im Sachverständigenverfahren (vgl. A.2.5.1.1 AKB) an. Sofern der VR die Leistung aus anderen Gründen ablehnt, etwa weil er die Deckung wegen einer Obliegenheitsverletzung versagt oder Vorsatz einwendet, wird die Frist erst durch eine gerichtliche Entscheidung in Lauf gesetzt, in der die Entschädigungsverpflichtung des VR festgestellt wird.[70] Die Fristberechnung erfolgt nach **§ 187 Abs. 1 BGB**.[71]

49 Reparatur oder Ersatzbeschaffung müssen **nicht zwingend innerhalb der Zweijahresfrist erfolgt sein**. Es muss innerhalb der Frist **nur sichergestellt sein**, dass die über den Wiederbeschaffungswert hinausgehende Neupreisentschädigung auch zweckentsprechend verwendet wird. Damit wird insbesondere im Falle der Ersatzbeschaffung etwaigen überlangen Lieferfristen Rechnung getragen. Schafft sich der VN ein billigeres **Interimsfahrzeug** an, so verliert er seinen Anspruch auf die Neupreisentschädigung nicht, wenn er diese zwar später, aber jedenfalls noch innerhalb der Zweijahresfrist, reinvestiert.[72] Bei einem **Leasingfahrzeug** muss der VN eine Ersatzbeschaffung innerhalb der Reinvestitionsfrist dadurch vornehmen, dass der bisherige Leasinggeber ein neues Fahrzeug erwirbt und damit entweder das bisherige Leasingverhältnis mit dem VN fortsetzt oder ein neues Ersatz-Leasingverhältnis mit dem VN begründet.[73]

4. Anteilige Neupreisentschädigung

50 Nach dem Wortlaut der Klausel wird dem VN die Neupreisentschädigung *»nur in der Höhe«* gewährt, *»in der gesichert ist,«* dass die Entschädigung auch zweckentsprechend verwendet wird.

---

69 OLG Hamm Urt. v. 18.01.1995 – 20 U 222/94 – VersR 1995, 1303 = r+s 1995, 173.
70 Vgl. BGH Urt. v. 26.10.2016 – **IV ZR 193/15** – VersR 2017, 90 = r+s 2017, 133.
71 Vgl. hierzu LG Koblenz Urt. v. 29.11.1990 – 1 O 196/90 – zfs 1991, 98.
72 OLG Hamm Urt. v. 06.02.1987 – 20 U 305/86 – VersR 1988, 571 = zfs 1988, 256.
73 BGH Urt. v. 26.10.2016 – **IV ZR 193/15** – VersR 2017, 90 = r+s 2017, 133.

Daraus folgt, dass auch eine teilweise Entschädigungsleistung in Betracht kommt, soweit der VN für die **Anschaffung eines anderen Fahrzeuges** nicht den vollen Neupreis des versicherten Fahrzeuges – unter Berücksichtigung erzielbarer Nachlässe, A.2.5.1.8 AKB – investiert, sondern lediglich einen geringeren Betrag, der aber immer noch oberhalb des Wiederbeschaffungswertes liegt. Reinvestiert der VN die Entschädigung in die **Reparatur seines Fahrzeuges**, so stellen die konkret nachgewiesenen Reparaturkosten gemäß A.2.5.2.1a AKB, wenn sie oberhalb des Wiederbeschaffungswertes, aber unterhalb des Neupreises liegen, die Höchstentschädigung dar. In beiden Fällen ist die **Entschädigungsobergrenze** stets der Neupreis des Fahrzeuges, A.2.5.6 AKB.

5. Rückzahlungspflicht des VN

Zahlt der VR die Neupreisspitze und weist der VN nicht innerhalb der in A.2.5.1.3 AKB genannten Frist deren vertragsgerechte Verwendung nach, besteht gemäß **§ 93 S. 2 VVG** eine gesetzliche Rückzahlungspflicht des VN. Sie setzt voraus, dass der VN die Neupreisentschädigung schuldhaft nicht innerhalb der Zweijahresfrist für die Reparatur des Fahrzeuges oder die Anschaffung eines anderen Fahrzeuges verwendet hat. **Kein Verschulden des VN liegt vor** bei Kapitalmangel aufgrund unberechtigter Deckungsablehnung des VR. Auch bei einem Finanzbedarf des VN infolge unerwarteter Scheidung oder plötzlich aufkommender Verbindlichkeiten, die den VN schicksalhaft treffen, wird man ein Verschulden nicht annehmen können. 51

Die Rückzahlungspflicht trifft den VN jedoch dann, wenn der VR zwar zunächst rechtskräftig zur Zahlung der Neupreisentschädigung verurteilt wurde, weil das Gericht den Nachweis einer Ersatzanschaffung durch Vorlage des Kaufvertrages als bewiesen angesehen hatte, dieser **Kaufvertrag** dann aber **nachträglich aufgehoben** wird. Der **BGH**[74] hatte dies in einer älteren Entscheidung noch anders beurteilt und darauf abgestellt, dass es sich bei der Frage, ob die Verwendung der Neupreisspitze als »gesichert« anzusehen sei, um eine Prognose handele, für die auf den Zeitpunkt der letzten mündlichen Verhandlung abzustellen sei. Das nachträgliche Verhalten des VN und damit die Auflösung des Kaufvertrages könne den Bestand des einmal rechtskräftig festgestellten Anspruches auf die den Zeitwert übersteigende Neupreisspitze nicht mehr berühren. Allerdings existierte damals weder im VVG, noch in den AKB eine dem § 93 S. 2 VVG vergleichbare Rückzahlungsregelung. Nach neuem Recht wird man daher auch in dem vom BGH entschiedenen Fall künftig eine Verpflichtung des VN zur Rückzahlung der Neupreisspitze annehmen müssen. Wenn der Kaufvertrag für den Erwerb eines anderen Fahrzeuges nachträglich aufgelöst wird, kann der **Rückzahlungsanspruch vom VR auf Tatsachen gestützt** werden, die **nach dem Zeitpunkt der letzten mündlichen Verhandlung eingetreten** sind und unmittelbar das damals der Entscheidung zugrunde gelegte Tatbestandsmerkmal »Sicherung der Wiederherstellung oder Wiederbeschaffung« in § 93 S. 1 VVG betreffen.[75] 52

6. AGB-rechtliche Prüfung

Die Klausel kann auch unter AGB-rechtlichen Gesichtspunkten nicht als unangemessen oder überraschend angesehen werden, zumal der BGH inzwischen auch für die Kfz-Haftpflichtversicherung entschieden hat, dass ein Geschädigter, dessen neuer Pkw erheblich beschädigt worden ist, den ihm entstandenen Schaden nur dann auf Neuwagenbasis abrechnen kann, wenn er ein fabrikneues Ersatzfahrzeug angeschafft hat.[76] 53

IV. Abzug bei fehlender Wegfahrsperre im Falle eines Diebstahls – A.2.5.1.4 AKB

Die Prämien der VR sind so kalkuliert, dass sie eine selbstschärfende, elektronische Wegfahrsperre als standardmäßige Ausstattung des zu versichernden Fahrzeuges voraussetzen. »**Selbstschärfend**« bedeutet, dass sich die Wegfahrsperre automatisch einschaltet, sobald der Zündschlüssel abgezogen 54

74 Vgl. BGH Urt. v. 28.05.1986 – **IVa ZR 197/84** – VersR 1986, 756 = r+s 1986, 224.
75 Vgl. Schirmer DAR 2008, 319, 325.
76 BGH Urt. v. 09.06.2009 – **VI ZR 110/08** – VersR 2009, 1092 = DAR 2009, 452.

wird und die Sperrwirkung erst dann wieder entfällt, wenn der Schlüssel erneut ins Zündschloss gesteckt und hierdurch die Zündung aktiviert wird.[77] Trotzdem gibt es noch Fahrzeuge, die diesen Diebstahlschutz nicht aufweisen. Der VN eines solchen Fahrzeuges wird deshalb zwar nicht mit einem Risikozuschlag belastet, muss aber bei einem Versicherungsfall, der infolge Diebstahls seines Pkw oder Campingfahrzeuges eintritt, einen **Abzug von regelmäßig 10 %** der ansonsten vom VR zu leistenden Entschädigungssumme in Kauf nehmen. Dabei ist der **Abzug** nicht auf die Fälle des Verlustes des versicherten Fahrzeuges beschränkt, sondern **erstreckt sich auch auf diejenigen Fälle**, in denen das **Fahrzeug infolge des Diebstahls einen Totalschaden erleidet oder zerstört** wird, (z.B. bei einer Fahrt des Diebes mit anschließendem Unfall).

55 Umgekehrt ist der **Abzug nicht vorzunehmen**, wenn auch eine intakte Wegfahrsperre die Entwendung des Fahrzeuges nicht hätte verhindern können, so z.B. bei einem Raub oder einer Entwendung mit einem Schlüssel nach vorangegangenem Schlüsseldiebstahl.[78]

56 Nach der Systematik der Regelung gilt der vereinbarte prozentuale Abzug generell bei Totalschaden, Zerstörung oder Verlust des Fahrzeuges. Er entfällt nur dann, wenn das Fahrzeug zum Schadenzeitpunkt mit der geforderten Wegfahrsperre gesichert war. Daraus folgt, dass im Streitfall der **VN** in vollem Umfange (§ 286 ZPO) **zu beweisen hat, dass sein Fahrzeug** im Zeitpunkt des Diebstahls mit einer selbstschärfenden elektronischen Wegfahrsperre nicht nur ausgerüstet, sondern auch **gesichert war.** Kann der VN diesen Beweis nicht führen, ist der VR zu dem vereinbarten Abzug nach Maßgabe des A.2.5.1.4 S. 1 AKB berechtigt.

57 Ist eine **Selbstbeteiligung** (A.2.5.8 AKB) vereinbart, so ist diese von dem nach A.2.5.1.4 AKB prozentual verminderten Entschädigungsbetrag in Abzug zu bringen.

V. Was versteht man unter Totalschaden, Wiederbeschaffungswert, Restwert und Neupreis? – A.2.5.1.5 bis A.2.5.1.8 AKB

1. Totalschaden – A.2.5.1.5 AKB

58 Ein Totalschaden ist **nicht in jedem Fall** mit einer **Zerstörung** des Fahrzeuges (vgl. A.2.5.1 AKB Rdn. 10) gleichzusetzen. Auch setzt er nicht zwingend voraus, dass die Instandsetzung des Fahrzeuges technisch unmöglich ist. Vielmehr ist ausreichend auch ein Schaden, dessen Reparatur in technischer Hinsicht zwar ohne weiteres noch möglich ist, sich aber als unwirtschaftlich darstellt, weil die Reparaturkosten den Wiederbeschaffungswert übersteigen. Dies war unter der Geltung der alten AKB nicht so eindeutig. Da **§ 13 AKB a.F.** nur die Begriffe »Beschädigung« auf der einen Seite sowie »Zerstörung« und »Verlust« auf der anderen Seite kannte, versuchte die Rechtsprechung in der Vergangenheit, den Begriff des »Totalschadens« in das Gefüge des § 13 AKB a.F. systematisch einzuordnen. Dabei wurde betont, dass ein zerstörtes Fahrzeug zwar immer auch einen wirtschaftlichen Totalschaden erlitten hat, umgekehrt aber in einem wirtschaftlichen Totalschaden nicht zwingend immer auch eine Zerstörung des Fahrzeuges zu sehen ist.[79] Demnach wurde bei einem **wirtschaftlichen Totalschaden**, bei dem das Fahrzeug noch reparaturfähig war, eine »Zerstörung« i.S.v. § 13 AKB a.F. nicht angenommen.[80] Die Definition des Begriffs »Totalschaden« in A.2.5.1.5 AKB setzt nun nicht mehr voraus, dass die Instandsetzung des Fahrzeuges technisch unmöglich ist, sondern knüpft allein an den Wiederbeschaffungswert des Fahrzeuges zum Schadenzeitpunkt an, den die zur Instandsetzung erforderlichen Reparaturkosten übersteigen müssen.

77 Feyock/*Jacobsen*/Lemor A.2 AKB Rn. 119.

78 Zu letzterem **a.A.** AG Frankfurt/M. Urt. v. 25.03.1996 – 30 C 3137/95-20 – NJW-RR 1996, 1309.

79 BGH Urt. v. 03.06.1970 – **IV ZR 1046/68** – NJW 1970, 1604; OLG Koblenz Urt. v. 20.11.1998 – 10 U 1428/97 – VersR 1999, 1231; OLG Hamm Urt. v. 04.09.1997 – 6 U 84/97 – VersR 1998, 578; OLG Köln Urt. v. 19.12.1995 – 9 U 51/95 – VersR 1997, 102.

80 OLG Köln Urt. v. 17.08.2004 – 9 U 3/04 – r+s 2004, 453; OLG Nürnberg Urt. v. 20.03.1997 – 8 U 3879/96 – VersR 1997, 1350 = zfs 1997, 302.

Bewegen sich die kalkulierten Reparaturkosten **oberhalb des Wiederbeschaffungswertes**, liegt ein Totalschaden gemäß A.2.5.1.5 AKB vor mit der Folge einer Abrechnung nach A.2.5.1.1 AKB. Bleiben sie **unterhalb des Wiederbeschaffungswertes**, liegt kein Totalschaden vor, so dass die Entschädigungsabrechnung nach A.2.5.2.1 AKB erfolgt, (vgl. zur **Erforderlichkeit der Kosten** für die **konkrete Abrechnung** A.2.5.2 AKB Rdn. 6 ff. und für die **fiktive Abrechnung** A.2.5.2 AKB Rdn. 39 ff.). Dies gilt auch für den Fall des »wirtschaftlichen Totalschadens«, bei dem die kalkulierten Reparaturkosten den Wiederbeschaffungsaufwand (Wiederbeschaffungswert abzüglich Restwert) des Fahrzeuges übersteigen. Anders als in der Kfz-Haftpflichtversicherung sind für die Definition eines Totalschadens die Reparaturkosten nicht in Relation zu setzen zu dem Wiederbeschaffungsaufwand. Vielmehr kann der VN vom VR auch die den Wiederbeschaffungsaufwand übersteigenden **Reparaturkosten bis** maximal **zur Höhe des Wiederbeschaffungswertes** fordern, weil nach der Definition des Totalschadens in A.2.5.1.5 AKB die Totalschadenabrechnung entsprechend A.2.5.1.1 AKB erst dann greift, wenn die Reparaturkosten des Fahrzeuges den Wiederbeschaffungswert übersteigen. Zu beachten ist aber, dass auch für den Fall, dass kein Totalschaden vorliegt, der Anspruch des VN im Falle des fiktiv abgerechneten Reparaturschadens nach Maßgabe des A.2.5.2.1b AKB auf den Wiederbeschaffungsaufwand beschränkt sein kann. 59

Der VR ist auch dann berechtigt, den VN auf eine Totalschadenabrechnung nach A.2.5.1.1 AKB zu verweisen, wenn die zur Reparatur seines Fahrzeuges erforderlichen Instandsetzungskosten die Grenze von **130 % des Wiederbeschaffungswertes** nicht übersteigen, und zwar auch dann, wenn der VN sein Kfz vollständig und fachgerecht hat reparieren lassen. Die im Haftpflichtschadenrecht anerkannte Ausnahme, wonach der Geschädigte in einem solchen Fall gleichwohl Anspruch auf Ersatz der entstandenen Reparaturkosten hat,[81] lässt sich aufgrund des eindeutigen Wortlautes in A.2.5.1.5 AKB nicht auf die Kaskoversicherung übertragen.[82] 60

2. Wiederbeschaffungswert – A.2.5.1.6 AKB

a) Allgemeine Wertermittlung

Nach dem Wortlaut des A.2.5.1.6 AKB stellt der Wiederbeschaffungswert denjenigen Preis dar, den der VN am Tag des Schadenereignisses für den Erwerb eines gleichartigen und gleichwertigen gebrauchten Ersatzfahrzeuges aufwenden muss. Abzustellen ist auf den um die Händlergewinnspanne erhöhten **Händler-Verkaufspreis des seriösen regionalen Gebrauchtwagenmarktes**, wo ein Gebrauchtfahrzeug nach gründlicher technischer Überprüfung – ggf. mit »Werkstattgarantie« – erworben werden kann. Die Verkaufspreise für Gebrauchtwagen liegen aufgrund der Gewinnspanne der Händler etwa 10–20 % über dem Zeitwert der Fahrzeuge. Insofern ist dieser **Zeitwert** (»gemeine Wert«), den der **BGH**[83] unter Zugrundelegung der bis zum 31.12.1984 geltenden AKB noch als den Preis definierte, der für die Wiederbeschaffung eines Ersatzwagens gleicher Art und Güte im gleichen Abnutzungszustand vom VN aufzuwenden sei, mit dem nach A.2.5.1.6 maßgeblichen Wiederbeschaffungswert nicht identisch. Der Wiederbeschaffungswert wird in der Regel durch einen **Sachverständigen** auf der Grundlage statistischer Markterhebungen zu den Gebrauchtwagenpreisen des betreffenden Fahrzeugtyps auf dem **örtlichen Gebrauchtwagenmarkt** ermittelt. Er kann aber auch im Wege richterlicher Schätzung nach § 287 ZPO festgestellt werden.[84] 61

Der vom VN durch den Totalschaden erlittene **Verlust der »Ersthandeigenschaft«** bleibt bei der Wertermittlung unberücksichtigt.[85] Sofern ein Fahrzeugtyp wegen der engen Stückzahl oder der Seltenheit nicht regional angeboten wird, muss ausnahmsweise auf den überregionalen Markt 62

81 BGH Urt. v. 15.11.2011 – **VI ZR 30/11** – r+s 2012, 101 = NZV 2012, 219; BGH Urt. v. 15.02.2005 – **VI ZR 70/04** – r+s 2005, 172 = NJW 2005, 1108; BGH Urt. v. 15.02.2005 – **VI ZR 172/04** – r+s 2005, 174 = NJW 2005, 1110.

82 Ebenso Stiefel/Maier/*Meinecke* A.2 AKB Rn. 439.

83 Vgl. BGH Urt. v. 22.02.1984 – **IVa ZR 145/82** – VersR 1984, 480 = NJW 1984, 2165.

84 OLG Dresden Urt. v. 19.09.2017 – 4 U 448/17 – BeckRS 2017, 133744.

85 BGH Urt. v. 07.03.1978 – **VI ZR 237/76** – NJW 1978, 1373 = MDR 1978, 827.

ausgewichen werden. Für die Ermittlung des Wiederbeschaffungswertes ist maßgeblich, in welchem **Segment** (Privatverkauf oder Händlerverkauf, letzterer auch noch unterteilt in Markenhändler oder reine Gebrauchtwagenhändler) Fahrzeuge des geschädigten Typs und Alters vorrangig gehandelt werden.[86]

63 **Eurotax Schwacke** und **DAT** veröffentlichen laufend die Preisentwicklung aller gängigen Fahrzeugtypen. Die dort gefundenen ermittelten Werte sind jedoch zu überprüfen und mit den jeweiligen Angeboten des regionalen Kfz-Handels sowie den Angeboten in **Tageszeitungen**, **Fachzeitschriften** und **Internet-Verkaufsplattformen** zu vergleichen. Bei den rechnerisch ermittelten Werten nach DAT und Schwacke wird eine mittlere, dem Baujahr entsprechende Laufleistung, eine mindestens zwölfmonatige Plakettenlaufzeit sowie ein 50 %-iger Profilzustand der Bereifung zugrunde gelegt. Entsprechend den Fahrzeugarten sind diesbezüglich entsprechende Auf- oder Abschläge vorzunehmen. Zudem wird der Wiederbeschaffungswert beeinflusst von der regionalen Marktlage, von ausstehenden Reparaturen, Vor- bzw. Altschäden, Sonderausstattungen sowie der Anzahl der Vorbesitzer.

64 Der Sachverständige berücksichtigt das Fahrzeug in der **Ausstattung**, wie es vom Hersteller ausgeliefert wurde einschließlich aller **nachträglich eingebauten Fahrzeugteile und allen Zubehörs**, das als beitragsfrei gemäß A.2.1.2.1 AKB bzw. abhängig vom Gesamtneuwert nach A.2.1.2.2 AKB mitversichert ist. Wurden bei Abschluss des Versicherungsvertrages besonders hochwertige Zubehör- oder Fahrzeugteile nach Maßgabe des A.2.1.2.2 Abs. 2 AKB gegen Prämienzuschlag mitversichert, ist der Wiederbeschaffungswert auch dieser Teile – ggf. gesondert – zu berücksichtigen bzw. zu ermitteln.

65 Für nicht beschädigtes oder zerstörtes, aber mitversichertes Sonderzubehör in einem ansonsten total beschädigten Fahrzeug sind vom VR jedenfalls die **Umbaukosten** zu erstatten. Sofern ein Umbau technisch nicht möglich oder unwirtschaftlich ist und für die Sonderausstattung kein Gebrauchtmarkt vorhanden ist, hat der VR neben dem Wiederbeschaffungswert des Fahrzeuges grundsätzlich auch den **Neupreis für die Sonderausstattung** sowie deren Einbaukosten zu entschädigen.[87] Ausnahmsweise kann anderes gelten, wenn die Ersatzbeschaffungskosten für die Sonderausstattung maßgeblich durch extrem teure und nur zum Neuwert mögliche **Umrüstungskosten** bestimmt werden (z.B. bei einem mit einem sogenannten **Bodykit** – einem Stylingkit für das Tuning von Fahrzeugen – umgerüsteten Serienfahrzeug); insoweit bemisst sich der Anspruch des VN nach dem Wiederbeschaffungswert für ein Serienfahrzeug zuzüglich einer ggf. durch die Umrüstung herbeigeführten Werterhöhung.[88]

66 Wurde bei Vertragsschluss der **Versicherungswert für das Fahrzeug** durch einen bestimmten Betrag **als Taxe gemäß § 76 VVG vereinbart**, so gilt dieser Betrag – von den in § 76 VVG genannten Ausnahmen abgesehen – grundsätzlich als Entschädigungsbetrag. Allerdings reicht es für die Festsetzung einer Taxe nicht aus, dass der Neupreis im Versicherungsantrag aufgeführt ist. Gibt der VN selbst auf einem »Bewertungsbogen für Veteranen- und Liebhaberfahrzeuge« den Fahrzeugwert an, so liegt hierin eine taxmäßige Festsetzung des Versicherungswerts i.S.v. § 76 S. 1 VVG. Beanstandet der VR die Bewertung nicht, so kann er im Schadenfall nur einen etwaigen Wertverlust zwischen Versicherungsbeginn und Versicherungsfall einwenden (§ 76 S. 2 VVG), nicht jedoch einen geringeren Wiederbeschaffungswert bei Vertragsabschluss.[89]

67 Versichert der VN einen **Oldtimer**, sollte er darauf achten, dass der versicherte Wert regelmäßig dem gestiegenen Marktwert des Fahrzeugs angepasst wird, um im Schadenfall auch die Wertsteigerung erstattet zu bekommen.[90] Durch eine im Versicherungsvertrag erfolgte Bezugnahme auf den

86 Stiefel/Maier/*Meinecke* A.2 AKB Rn. 452.

87 Vgl. LG Düsseldorf Urt. v. 09.07.2004 – 11 O 526/00 – SP 2005, 138.

88 Vgl. OLG Düsseldorf Urt. v. 31.08.2021 – I-1 U 173/20 – DAR 2022, 27 (**die Kosten für das Body-Kit machten allein mehr als 70 % des Preises für das gebrauchte Serienfahrzeug aus**).

89 LG Mainz Urt. v. 30.05.1995 – 3 S 391/94 – VersR 1996, 226.

90 Vgl. LG Frankenthal Urt. v. 17.01.2024 – 3 O 230/23 – BeckRS 2024, 14576.

Wert des Kfz laut Gutachten als »**max. Entschädigung**« gilt nicht ein konkreter Entschädigungsbetrag, sondern nur eine Höchstentschädigung als vereinbart.[91] Ist die Höchstentschädigung auf den Kaufpreis des als Gebrauchtwagen erworbenen versicherten Fahrzeuges beschränkt, hält dies auch im Verhältnis zu einer gesondert benannten und gegebenenfalls individuell erhöhten absoluten Höchstentschädigungsgrenze einer Inhaltskontrolle nach den §§ 307 ff. BGB stand.[92]

Für die Ermittlung des Wiederbeschaffungswertes von **Fahrzeugteilen und Fahrzeugzubehör (A.2.1.2 AKB)** gilt entsprechendes. 68

b) Individuelle Verhältnisse des VN als wertbildende Faktoren

Der Wiederbeschaffungswert ermittelt sich nicht aus dem für jedermann zugänglichen objektiven oder 69 durchschnittlichen Kaufpreis für ein vergleichbares Fahrzeug. Er bemisst sich vielmehr nach den **subjektiven individuellen Verhältnissen des VN.**[93] A.2.5.1.6 AKB verwendet – ebenso wie andere AKB-Bestimmungen auch – eine personalisierte Anrede und spricht von dem *»Preis, den Sie … bezahlen müssen«*. Adressat der Klausel ist damit grundsätzlich der jeweilige VN. Bei der Versicherung für fremde Rechnung (z.B. bei Leasingfahrzeugen, vgl. A.2.3 AKB Rdn. 60 ff. und A.2.3 AKB Rdn. 69 ff.) ist auf die Verhältnisse des Versicherten als dem Eigentümer des Fahrzeuges abzustellen. Ist der VN selbst Kfz-Händler und wird ihm ein als Vorführwagen zum Verkauf stehendes Fahrzeug entwendet, so ist seine Möglichkeit, ein vergleichbares Fahrzeug zum **Händlereinkaufspreis** zu erwerben, bei der Berechnung der Entschädigung mit zu berücksichtigen.[94] Dies gilt auch für **Preisnachlässe**, wenn der VN bzw. Versicherte auf sie einen Rechtsanspruch hat. Dies können **Flottenrabatte** eines Großabnehmers sein, aber auch **Fahrlehrer- oder Werksangehörigenrabatte**, (vgl. zu letzterem A.2.5.1 AKB Rdn. 104).

Ist der geschädigte Eigentümer zum Vorsteuerabzug berechtigt, bleibt die Mehrwertsteuer bei der 70 Entschädigung außen vor. Außerdem ist ein eventueller Selbstbehalt nach A.2.5.8 AKB zu berücksichtigen und im Fall des Verlusts des Fahrzeugs ein möglicher Abzug nach A.2.5.1.4 AKB bei Fehlen einer elektronischen Wegfahrsperre.

c) Liebhaberfahrzeuge und Oldtimer

Für **Oldtimer**[95] und sonstige **Unikate** wird der örtliche Gebrauchtwagenmarkt im Regelfall keine 71 zuverlässige Basis zur Ermittlung des Wiederbeschaffungswertes darstellen, so dass überregionale Angebote mit einzubeziehen sind. Zudem existieren spezielle Märkte, sei es in Fachzeitschriften oder in Internetbörsen, bei denen sich die Preisbildung allein durch Angebot und Nachfrage interessierter Kreise unter Ausschluss des regulären Gebrauchtwagenhandels vollzieht. Der Wiederbeschaffungswert für Oldtimer orientiert sich daher regelmäßig an den Preisen, die auf derartigen **Spezialmärkten** erzielbar sind. Ein besonderer **Liebhaberwert** des VN bleibt bei der Wertermittlung unberücksichtigt, solange er sich nicht in den Preisen der entsprechenden Märkte widerspiegelt; das reine **Affektionsinteresse** ist über die AKB grundsätzlich nicht versichert.[96] Gleiches gilt für **Liebhaberfahrzeuge**, die nur in geringer Stückzahl produziert wurden und als Neufahrzeuge nicht mehr erhältlich sind. Auch bei einem **Unikat** ist die Entschädigung auf den Wiederbeschaffungswert begrenzt.[97] Bei einem **aus mehreren Altteilen zusammengesetzten Fahrzeug** kann sich der VR nicht auf eine angeblich fehlende Zulassungsfähigkeit berufen, wenn auf seine Initiative hin vor Annahme des Versicherungsantrages ein Sachverständigengutachten zur Ermittlung des Verkehrswertes erstellt wurde.[98]

---

91 BGH Beschl. v. 08.02.2023 – **IV ZR 9/22** – r+s 2023, 303 = zfs 2023, 330.

92 OLG Rostock Urt. v. 22.11.2022 – 4 U 40/22 – r+s 2023, 305.

93 So auch LG Berlin Urt. v. 03.02.2021 – 23 O 310/18 – VersR 2021, 1023 = r+s 2021, 501.

94 OLG Karlsruhe Urt. v. 05.02.2004 – 12 U 142/03 – VersR 2004, 857 = zfs 2004, 220.

95 Zum **Entschädigungsumfang bei Oldtimern** vgl. Wolf NJW-Spezial 2017, 649 ff.

96 BGH Urt. v. 23.02.1994 – **IV ZR 28/93** – VersR 1994, 554 = NJW 1994, 1290 (**für einen Oldtimer**).

97 Vgl. BGH Urt. v. 02.03.2010 – VI ZR 144/09 – r+s 2010, 258 = NJW 2010, 2121 zum Haftpflichtschaden.

98 OLG Koblenz Urt. v. 06.04.2001 – 10 U 684/00 – r+s 2001, 277 = zfs 2001, 505 (**für ein Motorrad Harley-Davidson, Erstzulassung 1954**).

d) Reimport- und Spezialfahrzeuge

72 Die generell niedrigeren Preise von Reimportfahrzeugen beeinflussen den Wiederbeschaffungswert eines solchen Fahrzeuges nur dann, wenn ein **eigener Markt** speziell für diese Fahrzeuggruppe existiert. Allerdings darf der Wiederbeschaffungswert nicht über dem Fahrzeugpreis liegen, den der VN unter Berücksichtigung des Reimportpreises einschließlich aller individuellen Rabattvorteile für ein vergleichbares Neufahrzeug aufwenden müsste, (vgl. A.2.5.1.8 AKB).

73 Für Spezialfahrzeuge oder Sonderanfertigungen, die nur in geringer Stückzahl produziert wurden, existiert **kein Gebrauchtwagenmarkt** und damit faktisch keine reale Wiederbeschaffungsmöglichkeit. Zur Bestimmung des Wiederbeschaffungswertes solcher Fahrzeuge können als Bewertungsfaktoren der **Anschaffungspreis**, der **Erhaltungszustand** und die **technische Lebensdauer** des Fahrzeuges unter Berücksichtigung der bis zum Schadenzeitpunkt tatsächlich erfolgten Nutzung herangezogen oder auch die Kosten für einen Nachbau (»**Replika**«) zugrunde gelegt werden.[99]

e) Der Preis am Tag des Schadenereignisses

74 Für die Ermittlung des *»am Tag des Schadenereignisses«* vom VN zu bezahlenden Preises kommt es auch bei einem **Schadenfall im Ausland** nicht auf den Gebrauchtwagenmarkt am ausländischen Schadenort an. Grundlage der Entschädigung ist allein der Wiederbeschaffungswert auf **Basis der deutschen Gebrauchtwagenpreise.** Anderes kann allenfalls dann gelten, wenn der VN seinen gewöhnlichen Aufenthaltsort und Hauptwohnsitz im Ausland hat und auch keine baldige Rückkehr nach Deutschland plant. Dann ist auf die dortigen Verhältnisse abzustellen, weil dem VN eine Ersatzbeschaffung in Deutschland nicht zuzumuten ist.[100] **Preisschwankungen** in der Zeit nach Eintritt des Versicherungsfalles haben auf die Höhe des Wiederbeschaffungswertes keinen Einfluss, weshalb spätere Preiserhöhungen ebenso unberücksichtigt bleiben wie Preisermäßigungen. Für die Berechnung des Wiederbeschaffungswerts ist allein auf die Marktverhältnisse am **Schadentag** abzustellen. Dies gilt auch hinsichtlich der **individuellen Verhältnisse** des VN. Daher ist auf den Schadentag auch abzustellen für die Erstattungsfähigkeit der **Mehrwertsteuer**, so dass der spätere Wegfall einer Vorsteuerabzugsberechtigung des VN ohne Belang ist.[101]

3. Restwert – A.2.5.1.7 AKB

a) Brutto- oder Nettorestwert?

75 Als Restwert wird der Betrag bezeichnet, der für das Fahrzeug nach Eintritt des Versicherungsfalles in beschädigtem oder zerstörtem Zustand noch auf dem allgemeinen Markt – auch unter Vermittlung des VR – bei einem Restwerteaufkäufer erzielbar ist. Ob es sich dabei um einen Restwert ohne Mehrwertsteuer (sog. **Nettorestwert**) oder mit Mehrwertsteuer (sog. **Bruttorestwert**) handelt, richtet sich danach, ob das versicherte Kfz steuerlich zum Betriebsvermögen des VN gehört, der VN also umsatzsteuerpflichtig und damit vorsteuerabzugsberechtigt ist oder nicht. Maßgeblich für die Höhe des anzusetzenden Restwerts ist immer der Betrag, der dem VN nach Veräußerung seines Unfallfahrzeuges verbleibt.

76 Ist der **VN** als Privatperson **nicht umsatzsteuerpflichtig**, erübrigt sich regelmäßig eine Unterscheidung zwischen Brutto- und Nettorestwert, weil die Veräußerung des Restwerts kein umsatzsteuerpflichtiger Vorgang ist. Anzurechnen ist allein der Betrag, den der VN als Kaufpreis tatsächlich erlösen kann.[102] Da der nicht umsatzsteuerpflichtige VN keine Mehrwertsteuer abzuführen hat, ist beim anzurechnenden Restwert in der Regel der Bruttobetrag anzusetzen. Ist allerdings ein Restwertangebot, welches einen Kaufpreis »incl. MwSt.« ausweist, so auszulegen, dass der volle Kaufpreis nur bei Ausweisung von Mehrwertsteuer gezahlt werden soll, braucht sich auch der nicht

99 LG Köln Urt. v. 05.12.1990 – 24 O 109/90 – r+s 1991, 119.
100 Stiefel/Maier/*Meinecke* A.2 AKB Rn. 460.
101 OLG Köln Urt. v. 03.06.1993 – 5 U 202/92 – r+s 1993, 447 = SP 1993, 357.
102 BGH Urt. v. 10.09.2014 – **IV ZR 379/13** – VersR 2014, 1249 = r+s 2014, 546.

umsatzsteuerpflichtige VN nur den geringeren Nettoerlös als Abzugsposten auf den Netto-Wiederbeschaffungswert anrechnen lassen.[103]

Insofern hängt die Höhe des anzurechnenden Betrages letztlich davon ab, wie das **Restwertangebot des Händlers auszulegen** ist. Daraus, dass dem VN aufgrund der Umsatzsteuerklausel in A.2.5.4 AKB (bisher: A.2.9 AKB 2008) nur ein Anspruch auf den Netto-Wiederbeschaffungswert zusteht, folgt jedenfalls nicht, dass – quasi spiegelbildlich – in jedem Fall auch der Restwert nur in Höhe des Nettoerlöses angerechnet werden darf; eine solche wechselseitige rechtliche Abhängigkeit beider Geschäfte besteht nicht; vielmehr sind die Wiederbeschaffung eines Ersatzfahrzeuges und die Veräußerung des beschädigten Fahrzeuges umsatzsteuerrechtlich voneinander zu trennende unabhängige Vorgänge.[104] 77

Ist der **VN** als vorsteuerabzugsberechtigter Unternehmer **umsatzsteuerpflichtig**, ist lediglich der **Nettorestwert** zu berücksichtigen. Da der Unfallwagen zum Betriebsvermögen des VN gehört, erzielt der VN bei der Veräußerung seines Fahrzeuges Umsatzsteuer gemäß § 1 Abs. 1 Nr. 1 UStG.[105] Daher stellt lediglich der dem VN nach Abführung der Umsatzsteuer an das Finanzamt verbleibende Kauferlös den anzurechnenden Restwert dar.[106] 78

b) Maßgeblicher Restwertmarkt

Anders als in der Kfz-Haftpflichtversicherung ist für die Restwertermittlung grundsätzlich nicht nur der regional für den VN zugängliche Markt maßgeblich, sondern auch der **überregionale Sondermarkt** spezieller Restwertaufkäufer in **Internetbörsen**, nicht aber der ausländische Markt außerhalb des deutschen Sprachraumes.[107] Im Gegensatz zur Stellung des Geschädigten in der Kfz-Haftpflichtversicherung ist der VN im Kaskobereich nicht Herr des Restitutionsgeschehens. Ihm obliegt vielmehr die Schadenminderungspflicht gemäß **E.1.1.4 Abs. 1 AKB.** 79

Der **lokale Markt** ist für die Ermittlung des Restwerts ausnahmsweise auch in solchen Fällen maßgeblich, in denen eine Vermittlung der Veräußerung durch den VR nicht möglich ist. Ist der VR bei einem **Unfall im Ausland** dem VN nicht beim Transport der Teile nach Deutschland behilflich, kann es für den VN unzumutbar sein, dies selbst zu organisieren, so dass er das Unfallfahrzeug vor Ort im Ausland veräußern darf; etwaige Zollspesen vermindern den Verkaufserlös,[108] nicht aber Verschrottungskosten, wenn der Wagen als nicht mehr reparables Fahrzeug vom VN im Ausland zur Verschrottung freigegeben wird.[109] 80

Auf den **regionalen Markt** am Wohnsitz des VN ist bei der fiktiven Bestimmung des Restwerts abzustellen, wenn sich der VN trotz eines wirtschaftlichen Totalschadens dazu entschließt, das beschädigte oder zerstörte Fahrzeug nicht zu veräußern, sondern in Eigenregie zu reparieren. Gleiches gilt, wenn das Fahrzeug gar nicht, nicht vollständig oder nicht fachgerecht repariert wurde oder der VN nicht die vollständige Reparatur durch eine Rechnung nachweisen kann.[110] Ein **Weisungsrecht** steht dem VR in diesem Fall nicht zu, da sich ein solches **nach E.1.3.2 AKB** auf einen Zeitpunkt 81

---

103 Vgl. BGH Urt. v. 10.09.2014 – **IV ZR 379/13** – VersR 2014, 1249 = r+s 2014, 546; **nicht ausreichend differenzierend** noch OLG Koblenz Urt. v. 01.12.2008 – 10 U 622/08 – VersR 2009, 1613 = r+s 2010, 235; LG Köln Urt. v. 21.08.2012 – 11 S 336/11 – SP 2012, 444.

104 BGH Urt. v. 10.09.2014 – **IV ZR 379/13** – VersR 2014, 1249 = r+s 2014, 546 **unter Aufhebung von** LG Dortmund Urt. v. 17.10.2013 – 2 S 14/13 – BeckRS 2014, 09528.

105 OLG Düsseldorf Urt. v. 06.05.2014 – I-1 U 34/13 – BeckRS 2014, 21935; OLG Jena Urt. v. 13.05.2009 – 7 U 711/08 – SP 2009, 368 = SVR 2010, 340; LG Wuppertal Urt. v. 07.03.2012 – 8 S 76/11 – r+s 2012, 535 = zfs 2012, 393.

106 BGH Urt. v. 10.09.2014 – **IV ZR 379/13** – VersR 2014, 1249 = r+s 2014, 546.

107 LG Stuttgart Urt. v. 14.08.2019 – 4 S 76/19 – DAR 2019, 627 = zfs 2020, 633 (**Restwertanbieter aus Litauen**).

108 Vgl. OLG Hamm Urt. v. 05.10.1977 – 20 U 66/77 – VersR 1980, 1064.

109 Stiefel/Maier/*Meinecke* A.2 AKB Rn. 469.

110 BGH Urt. v. 14.04.2021 – **IV ZR 105/20** – VersR 2021, 761 = r+s 2021, 389.

»vor Beginn der Verwertung« bezieht, den es aber in den Fällen, in denen der VN das Fahrzeug behält und gerade nicht verwerten will, nicht gibt.[111]

82 Da das beschädigte Fahrzeug stets im Eigentum des VN verbleibt, steht ihm auch der **Veräußerungserlös** des beschädigten oder zerstörten Fahrzeuges zu. Entsprechendes gilt für die versicherte Person. Der VN muss für eine baldige Veräußerung des Unfallfahrzeuges nach Vorlage des Restwertangebotes sorgen. Marktschwankungen im Zusammenhang mit der Realisierung des Restwerts gehen nicht zulasten des VR.

c) **Weisungsbefugnisse des VR**

83 Grundsätzlich muss sich der VN denjenigen Restwert als Abzugsposition anrechnen lassen, der sich aus dem vom VR unterbreiteten oder vermittelten Restwertangebot ergibt, und zwar auch dann, wenn er letztlich das Wrack an den benannten Restwertinteressenten nicht veräußert. Denn das **Restwertangebot des VR** ist für den VN **bindend.**[112] Der VN riskiert Nachteile, wenn er das Altfahrzeug ohne vorherige Abstimmung mit dem VR veräußert. Abgesehen von der ihm obliegenden Schadenminderungspflicht hat der VN im Schadenfall grundsätzlich **Weisungen des VR einzuholen** und zu befolgen, **E.1.1.4 Abs. 2 AKB.** Dies gilt vor allem **vor einer Verwertung des Fahrzeuges,** wie **E.1.3.2 AKB** dies auch ausdrücklich klarstellt. Daraus folgt, dass der VN in aller Regel vor der Veräußerung des Fahrzeugwracks die **Zustimmung des VR** einzuholen und auch die Verwertung des Restwerts mit dem VR abzustimmen hat, der infolgedessen auch Einfluss nehmen kann auf die Frage, **zu welchem Preis** der VN das beschädigte Fahrzeug veräußern darf. Der VN erfüllt die Obliegenheit, vor der Verwertung die Weisung des VR einzuholen, schon durch die **Schadenanzeige,** mit der gewöhnlich **konkludent eine Weisung erbeten** wird.[113]

84 Der **VR hat die Verpflichtung, Weisungen schnell und zügig zu erteilen**, da der VN ein Interesse an einer raschen Schadenabwicklung hat. Dies setzt voraus, dass der VR nach Eingang der Schadenmeldung dem VN unverzüglich zu verstehen gibt, dass er eine sachverständige Begutachtung und ein Restwertangebot einholen will, ferner, dass er **dem VN das Gutachten zugänglich** macht und sich verbindlich zum Umfang der zu erbringenden Entschädigungsleistung erklärt.[114]

85 Die Weisungsbefugnis des VR geht allerdings nicht so weit, dass er den VN zur Veräußerung seines Fahrzeuges überhaupt oder an einen bestimmten Restwerteaufkäufer verpflichten könnte.

d) **Zumutbarkeit der Weisungen für den VN**

86 Die Weisungen des VR müssen für den VN **zumutbar** sein. Der VN muss also in der Lage sein, den Weisungen in zumutbarer Weise nachkommen zu können. Das Verlangen des VR dar, das Unfallfahrzeug zur Verwertung einem anderen Anbieter zu überlassen als dem Vertragshändler des VN vor Ort, stellt noch keine unzumutbare Weisung dar, wenn sich dadurch ein höherer Restwerterlös erzielen lässt. Dem VN steht es zwar frei, sein Altfahrzeug an »seinen« Händler zu verkaufen; er muss sich in diesem Fall aber die anderweitig höher erzielbaren Restwerte anrechnen lassen. Allerdings muss der VN den Restwertangeboten des VR nicht uneingeschränkt Folge leisten bzw. diese gegen sich gelten lassen.

87 Die **Grenze der Zumutbarkeit** für den VN ist dort zu ziehen, wo die Angebote weit über dem regional erzielbaren Preis liegen und eindeutig aus einem **unseriösen Markt** stammen oder sich der **Verdacht der Illegalität**[115] aufdrängt, weil die Angebote offensichtlich ausschließlich auf die Erlangung des Fahrzeugbriefes abzielen, oder bei denen dem VN ein **Restwerteaufkäufer in erheblicher**

111 AG Bayreuth Urt. v. 09.03.2023 – 102 C 1057/22 – VK 2023, 92.
112 Vgl. LG Düsseldorf Urt. v. 27.09.1990 – 11 O 559/89 – zfs 1991, 99.
113 LG Wuppertal Urt. v. 07.03.2012 – 8 S 76/11 – r+s 2012, 535 = zfs 2012, 393; LG Lüneburg Urt. v. 09.11.2001 – 8 S 67/01 – ADAJUR Dok.Nr. 48985; Prölss/Martin/*Klimke* E.1.3 AKB Rn. 3.
114 LG Wuppertal Urt. v. 07.03.2012 – 8 S 76/11 – r+s 2012, 535 = zfs 2012, 393.
115 Vgl. OLG Frankfurt/M Urt. v. 19.01.2010 – 22 U 49/08 – SP 2010, 254 (**zum Haftpflichtschaden**).

Entfernung von seinem Wohnort genannt wird und unklar ist, ob der Anbieter überhaupt bereit ist, das Fahrzeug auf eigene Kosten beim VN abzuholen.[116] Der Restwertmarkt außerhalb des deutschen Sprachraumes ist für den VN ohnehin irrelevant.[117] Sofern der Aufkäufer nicht ortsansässig ist, setzt ein für den VN zumutbares Restwertangebot voraus, dass eine **kostenlose Abholung des Altfahrzeuges** erfolgt oder der VR zusichert, die **Transportkosten** zum Restwerteanbieter **zu übernehmen.** Der VN kann verlangen, dass der VR diese Fragen mit dem Anbieter im Voraus abklärt. Fallen Transportkosten zulasten des VN an, so sind diese vom Veräußerungserlös abzuziehen.[118] Der VN braucht bei der Verwertung keine höheren Risiken einzugehen als die, die seinem gewöhnlichen Geschäftsgebaren entsprechen. Ebenso wenig ist es ihm zuzumuten, sein Fahrzeug – regelmäßig gegen hohe Bargeldbeträge – ihm **unbekannten Händlern** zu überlassen.[119] Veräußert der VN in diesen Fällen sein Altfahrzeug an **einen regionalen Anbieter** zu einem geringeren Kaufpreis, so kann er sich darauf berufen, nur der **tatsächlich erzielte geringere Erlös** sei als »Restwert« im Rahmen der Totalschadenabrechnung anzurechnen. Dies gilt auch in den Fällen, in denen Weisungen des VR in Bezug auf die Verwertung des Unfallfahrzeuges vom VN einen **hohen Organisations- und Zeitaufwand** erfordern und sich damit für den VN als unzumutbar darstellen oder in Fällen, in denen der VN sich darauf beruft, er habe aus **persönlichen Gründen** (z.B. aufgrund eines Unfalles oder schwerer Krankheit) Weisungen des VR nicht einholen oder befolgen können.

Die **Beweislast** für die **Unzumutbarkeit der Weisungen** bzw. die Unmöglichkeit, Weisungen ein- 88
holen zu können, liegt beim VN.[120] Veräußert der VN sein Altfahrzeug auf dem regionalen Markt unter Missachtung von zumutbaren Weisungen des VR zu einem niedrigeren Preis als dem, den er bei einem vom VR benannten Restwerteaufkäufer in zumutbarer Weise hätte erzielen können, oder misslingt dem VN der Beweis für seine Behauptung, er habe aus Gründen, die in seiner persönlichen Sphäre liegen, keine Weisungen des VR einholen können, so liegt ein Verstoß gegen E.1.3.2 AKB vor mit der Folge, dass sich der VR auf **(teilweise) Leistungsfreiheit nach E.2.1 und E.2.2 AKB** i.V.m. § 28 Abs. 2 VVG berufen kann. Diese besteht in Höhe der Differenz zwischen dem vom VN tatsächlich erzielten und dem vom VR ermittelten und damit hypothetisch erzielbaren Restwert.[121] Die Verpflichtung des VN geht allerdings nicht so weit, dass er **vor jedem einzelnen Schritt** eine **gesonderte Weisung des VR** einholen muss. Übersendet der VR dem VN das von ihm in Auftrag gegebene Schadengutachten, in dem u.a. auch der Restwert des Unfallfahrzeuges ausgewiesen ist, darf der VN sein Fahrzeug zu diesem Restwert innerhalb der Annahmefrist des Aufkäufers verkaufen, ohne vorher nochmals mit dem VR Kontakt aufzunehmen.[122] Er muss nicht damit rechnen, dass der VR anschließend sein eigenes Gutachten infrage stellt und dem VN ein höheres Restwertangebot übersendet.

e) Annahmefähigkeit des Restwertangebotes

Restwertangebote müssen so konkret ausgestaltet sein, dass sie ohne sonderliche Anstrengungen für 89
den VN **sofort annahmefähig** sind. Der bloße Hinweis auf eine preisgünstigere Verwertung, um

116 OLG Karlsruhe Urt. v. 28.08.2009 – 12 U 90/09 – VersR 2010, 337 = zfs 2009, 639 (**bei einer Entfernung von über 400 km**); LG Wuppertal Urt. v. 07.03.2012 – 8 S 76/11 – r+s 2012, 535 = zfs 2012, 393 (**Restwertanbieter im Ausland mit erheblicher räumlicher Entfernung zum Wohnort des VN**).

117 LG Stuttgart Urt. v. 14.08.2019 – 4 S 76/19 – DAR 2019, 627 = zfs 2020, 633 (**Restwertanbieter aus Litauen**); AG Zossen Urt. v. 29.04.2019 – 5 C 175/18 – VersR 2019, 1035 (**Restwertanbieter aus Polen**); **a.A.** AG Bayreuth Urt. v. 09.03.2023 – 102 C 1057/22 – VK 2023, 92 (**Restwertanbieter aus Polen**).

118 AG Bad Homburg Urt. v. 27.11.1985 – 2 C 2371/84 – zfs 1986, 55.

119 OLG Karlsruhe Urt. v. 28.08.2009 – 12 U 90/09 – VersR 2010, 337 = zfs 2009, 639.

120 Ebenso Stiefel/Maier/*Meinecke* A.2 AKB Rn. 471.

121 AG Lichtenfels Urt. v. 22.07.2010 – 1 C 115/10 – zfs 2010, 577.

122 OLG München Urt. v. 06.06.2008 – 10 U 5796/07 – www.iww.de, Abruf-Nr. 081978; AG Amberg Urt. v. 01.06.2022 – 1 C 36/22 – iww.de – Abruf-Nr. 0229737; AG Hannover Urt. v. 14.01.2016 – 445 C 4792/15 – BeckRS 2016, 5588.

die sich der VN erst noch bemühen muss oder die bloße Mitteilung des Namens des Aufkäufers ohne Beifügung eines konkreten Angebotes stellt keine ordnungsgemäße Weisung des VR dar.[123]

90 **Ist das Angebot zeitlich befristet**, muss dem VN das Gutachten des VR mit dem Restwertangebot so rechtzeitig vorliegen, dass der VN es auch unter Berücksichtigung einer gewissen Bedenkzeit über eine mögliche anderweitige Verwendung seines Kfz noch annehmen kann.[124] Kann er das nicht und verwertet das Unfallfahrzeug zu einem geringeren Restwert als dem, den ein Sachverständiger des VR ermittelt hat, stellt dies keine Obliegenheitsverletzung des VN dar.[125]

91 Bestimmt ein vom VR beauftragter Sachverständiger den Restwert und **hält sich der VN bei der Verwertung** seines Kfz **an den vorgegebenen Rahmen**, trifft ihn kein Verschulden, wenn er nach der Verwertung ein höheres Restwertangebot vom VR erhält, welches er aufgrund der bereits vorgenommenen Veräußerung des Fahrzeugwracks nicht mehr annehmen kann. Nur wenn der VN noch nicht verkauft hat, muss er das höhere Restwertangebot annehmen, und zwar selbst dann, wenn es erheblich von der Restwertbewertung des Sachverständigen abweicht. Besteht eine **erhebliche Differenz zwischen dem gutachterlich ermittelten und dem vom VN erzielbaren Restwert**, muss der VN im Rahmen seiner Schadenminderungspflicht vor dem Verkauf beim VR rückfragen und dessen Einverständnis zur Veräußerung des Fahrzeuges zu dem niedrigeren Preis einholen.[126]

f) Beweislastverteilung und Sonstiges

92 Die Höhe des Restwerts, d.h. des vom Versicherungsnehmer erzielbaren Erlöses beim Verkauf des beschädigten oder zerstörten Fahrzeugs, hat der VR als eine ihm günstige Tatsache darzulegen und zu beweisen.[127] Zur Beweislast für die Behauptung des VN, die ihm erteilten Weisungen des VR seien wegen Unzumutbarkeit für ihn unverbindlich, vgl. A.2.5.1 AKB Rdn. 88.

93 Zum **Restwert** vgl. auch A.2.5.1 AKB Rdn. 13.

4. Neupreis – A.2.5.1.8 AKB

a) Unverbindliche Preisempfehlung des Herstellers

94 Unter dem Neupreis ist der Betrag zu verstehen, den der VN für den Kauf eines **neuen Fahrzeuges** in der Ausstattung des versicherten Fahrzeuges oder – wenn der Typ des versicherten Fahrzeuges nicht mehr hergestellt wird – eines **vergleichbaren Nachfolgemodells** in gleicher Ausführung am Tag des Schadenereignisses aufwenden müsste. Bemessungsgrundlage für die Höchstentschädigung, die auch bei einem Anspruch des VN auf Neupreisersatz gemäß A.2.5.1.2 AKB zugrunde zu legen ist, ist immer die **unverbindliche Preisempfehlung des Herstellers** für das Fahrzeug **am Tag des Schadeneintritts.** Demgegenüber kommt es nicht auf den Anschaffungspreis an, den der VN bezahlt hat und auch nicht auf den Preis, der am Tag der Entschädigungszahlung maßgeblich ist.[128] Im Übrigen fließen die vom VN bzw. Versicherten konkret erzielbaren orts- und markenüblichen **Nachlässe** in die Bemessung des zu erstattenden Neupreises ein.

95 Da A.2.5 AKB die Entschädigungsregelungen ausdrücklich auch auf mitversicherte Teile i.S.v.A.2.1.2 AKB erstreckt, erhöht sich in Fällen der Neupreisentschädigung nach Maßgabe von A.2.5.1.2 AKB die Entschädigungszahlung auf den Neupreis für all diejenigen **Fahrzeugteile**, die **nicht serienmäßig hergestellt, aber** beim Kauf des versicherten Fahrzeuges **mit ausgeliefert**

---

123 Vgl. BGH Urt. v. 30.11.1999 – **VI ZR 219/98** – r+s 2000, 107 = NJW 2000, 800; OLG Düsseldorf Urt. v. 15.10.2007 – 1 U 267/06 – r+s 2008, 169 = NZV 2008, 353 **jeweils zum Haftpflichtschaden;** OLG Köln Urt. v. 17.08.2004 – 9 U 3/04 – r+s 2004, 453.

124 Vgl. OLG Frankfurt/M Urt. v. 19.01.2010 – 22 U 49/08 – SP 2010, 254 (**zum Haftpflichtschaden**).

125 LG Wuppertal Urt. v. 07.03.2012 – 8 S 76/11 – r+s 2012, 535 = zfs 2012, 393.

126 OLG Hamm Urt. v. 18.02.2000 – 20 U 238/99 – r+s 2000, 230 = NZV 2001, 37.

127 BGH Urt. v. 10.09.2014 – **IV ZR 379/13** – VersR 2014, 1249 = r+s 2014, 546.

128 BGH Urt. v. 02.10.1985 – **IVa ZR 184/83** – VersR 1986, 177 = r+s 1985, 287.

wurden. Dies gilt gleichermaßen sowohl für die in A.2.1.2.1 und A.2.1.2.2 AKB automatisch mitversicherten, als auch für zusätzliche, auf Antrag vom VN gegen Beitragszuschlag gesondert versicherte Fahrzeug- und Zubehörteile.

Zulassungs- oder Überführungskosten sind auch im Rahmen der Neupreisentschädigung nicht erstattungsfähig, vgl. A.2.5.7.1 S. 2 AKB. 96

b) Nachfolgemodell

Falls der versicherte Fahrzeugtyp serienmäßig nicht mehr hergestellt wird, existiert keine unverbindliche Kaufpreisempfehlung des Herstellers mehr. Es tritt dann der **Neupreis**, der **für das vergleichbare Nachfolgemodell am Schadentag** gilt, an die Stelle des bisherigen Neupreises des versicherten Fahrzeuges. Maßgeblich ist, ob die Produktion des Fahrzeuges zum Schadenzeitpunkt bereits eingestellt war. War dies der Fall, ist bereits auf den Neupreis des Nachfolgemodells abzustellen, gleichgültig, ob der Pkw in der versicherten Ausführung am Schadentag noch lieferbar war.[129] Das mit dem versicherten Fahrzeug vergleichbare Nachfolgemodell wird in der Regel vom Hersteller bescheinigt. 97

Für serienmäßige **technische Verbesserungen** oder eine **erweiterte Ausstattung** im Rahmen der Modellpflege eines Kfz muss sich der VN keine Abzüge im Wege des Vorteilsausgleichs gefallen lassen.[130] Anderes kann aber gelten, wenn das neu erworbene Ersatzfahrzeug mit einem stärkeren Motor ausgerüstet ist,[131] oder wenn ein Pkw nur noch in völlig veränderter Ausführung (z.B. anstelle drei Türen ohne Servolenkung nur noch mit fünf Türen mit Servolenkung) gebaut wird.[132] An einem »vergleichbaren« Nachfolgefahrzeug fehlt es jedenfalls dann, wenn es sich hierbei nicht um eine Weiterentwicklung des Vorgängers handelt, sondern um eine Neukonstruktion mit völlig neuem Konzept.[133] In einem solchen Fall kann jedoch auf den **fiktiven Neupreis** des am Schadentag nicht mehr hergestellten Unfallfahrzeuges abgestellt werden.[134] 98

Entsprechend ist bei der **Insolvenz** eines Automobilherstellers der Neupreis zugrunde zu legen, der bei einer unterstellten weiteren Produktion des Fahrzeuges zum Schadenzeitpunkt gegolten hätte.[135] Zum Preisvergleich kann auch ein **anderes vergleichbares Fabrikat** herangezogen werden. Gibt es – wie z.B. bei einem **Oldtimer** – überhaupt kein vergleichbares Nachfolgemodell, ist die Neupreisregelung insgesamt unanwendbar.[136] 99

c) Nachlässe und Rabatte

aa) Grundsätzliches

Von der unverbindlichen Preisempfehlung des Herstellers sind alle **»orts- und marktüblichen Nachlässe«** abzuziehen. Hierbei kann es sich auch um »markenübliche« Rabatte handeln, die von speziellen Fahrzeugherstellern allen Kunden oder einer bestimmten Personengruppe gewährt werden. Ob der VN beim Erwerb eines Ersatzfahrzeugs tatsächlich einen Rabatt erhalten hat, ist unerheblich.[137] Die Regelung macht deutlich, dass der VN an dem Schadenfall nicht verdienen soll. 100

129 LG Karlsruhe Urt. v. 11.09.1990 – 9 S 223/90 – zfs 1990, 383; **a.A.** OLG Hamm Urt. v. 21.09.1990 – 20 U 109/90 – VersR 1991, 918 = r+s 1991, 43.

130 OLG Schleswig Urt. v. 29.12.1994 – 16 U 77/94 – VersR 1996, 93.

131 LG Aachen Urt. v. 28.03.1991 – 2 S 368/90 – VersR 1992, 231.

132 LG Koblenz Urt. v. 12.02.1991 – 3 S 197/90 – zfs 1991, 385.

133 OLG Hamm Urt. v. 21.09.1990 – 20 U 109/90 – VersR 1991, 918 = r+s 1991, 43.

134 OLG Koblenz Urt. v. 19.02.1988 – 10 U 303/86 – r+s 1988, 195.

135 LG Nürnberg-Fürth Urt. v. 25.05.1993 – 5 O 5377/92 – r+s 1994, 407.

136 BGH Urt. v. 23.02.1994 – **IV ZR 28/93** – VersR 1994, 554 = r+s 1994, 204 **unter Aufhebung von** OLG Köln Urt. v. 07.01.1993 – 5 U 11/91 – r+s 1993, 94 = SP 1993, 85.

137 OLG Dresden Beschl. v. 24.10.2022 – 4 U 1545/22 – VersR 2023, 245; OLG Saarbrücken Urt. v. 30.09.2020 – 5 U 91/19 – r+s 2022, 499.

Kann er Rabatte in Anspruch nehmen, kommen diese dem VR zugute, da sich der VN andernfalls bereichern würde. Für die Möglichkeit der Inanspruchnahme ist beim Neupreisersatz ebenso wie bei der Ermittlung des Wiederbeschaffungswertes auf die **individuellen, persönlichen Verhältnisse des VN** abzustellen,[138] (vgl. beim Wiederbeschaffungswert A.2.5.1 AKB Rdn. 69). Der VN muss alle ihm zugänglichen und möglichen handelsüblichen Rabatte, soweit zumutbar, ausschöpfen und in Anspruch nehmen, will er nicht Gefahr laufen, gegen seine Schadenminderungspflicht aus E.1.1.4 AKB zu verstoßen. Dabei sind allerdings nur solche Rabatte zu berücksichtigen, auf die der VN einen **Rechtsanspruch** hat **oder** die der **allgemeinen Marktlage** entsprechen.

101 Die **Rabatte** müssen am *»Tag des Schadenereignisses«*, wie dies A.2.5.1.8 AKB ausdrücklich klarstellt, für den VN **objektiv erzielbar** sein. Ändern sich die Rabattkonditionen nachträglich und kann der VN zum Zeitpunkt der späteren Ersatzbeschaffung den noch am Schadentag gültigen Nachlass nicht mehr realisieren, so ist dies irrelevant. Entscheidend ist allein, dass die Rabattmöglichkeit für den VN am Tag des Schadens vorhanden war.[139] Da ein objektiver Beurteilungsmaßstab anzulegen ist, kommt es auch nicht darauf an, ob der VN **von einer** tatsächlich vorhandenen, ihm ohne weiteres zugänglichen **Rabattmöglichkeit Kenntnis** hat.[140] Auch ist es unerheblich, dass der VN bislang keine Fahrzeuge mit Rabatt gekauft hat oder nur der örtliche **Vertrauenshändler** des VN keinen Rabatt gewährt, wenn ein solcher Rabatt jedenfalls bei anderen regionalen Kfz-Händlern ohne besonderes Verhandlungsgeschick durch den VN hätte erzielt werden können.[141] Auf ortsferne, überregionale Sondermärkte braucht sich der VN in diesem Zusammenhang allerdings nicht verweisen lassen, ebenso wenig auf Internet-Erwerbsmöglichkeiten oder gar den Kauf eines Re-Importfahrzeuges.[142]

102 **Nicht anrechnungsfähig** sind **Rabatte**, die der VN **durch überobligatorische Anstrengungen** effektiv erzielt und die daher über die normalerweise erzielbaren orts-, markt- und handelsüblichen Nachlässe hinausgehen. Hierunter fallen auch Rabatte, die dem VN aufgrund seiner persönlichen[143] oder verwandtschaftlichen Beziehungen zum Verkäufer (**Verwandtenrabatt**) eingeräumt werden.[144]

103 **Verzichtet der VN** auf einen ihm zustehenden oder zumutbar erzielbaren Nachlass oder macht er von einer ihm eingeräumten Vergünstigung keinen Gebrauch und zahlt stattdessen den Neupreis gemäß der unverbindlichen Empfehlung des Herstellers, so geht dies zu seinen Lasten. Der Entschädigungsanspruch besteht auch in diesem Fall nur in Höhe des rabattierten Neupreises.[145] Anderes gilt nur dann, wenn in den konkret vereinbarten AKB nur ein **Abzug »eventueller« Nachlässe** vereinbart ist; in diesem Fall kann der Rabatt nur berücksichtigt werden, wenn er tatsächlich gewährt oder trotz Angebotes nicht in Anspruch genommen wurde.[146]

bb) Rechtsanspruch auf Nachlässe

104 **Werksangehörige** können aufgrund ihrer vertraglichen Beziehungen zum Fahrzeughersteller in der Regel verlangen, dass ihnen **Rabatte** auf den Listen-Neupreis des Fahrzeuges eingeräumt werden.[147]

---

138 LG Karlsruhe Urt. v. 14.07. 1989 – 9 S 100/89 – VersR 1990, 86 = r+s 1990, 296.

139 Vgl. OLG Düsseldorf Urt. v. 21.05.1996 – 4 U 60/95 – VersR 1996, 1136 = r+s 1996, 428 (**Werksangehörigenrabatt**); Stiefel/Maier/*Meinecke* A.2 AKB Rn. 537; **a.A.** OLG Hamm Urt. v. 04.05.1983 – 20 U 395/82 – VersR 1984, 131.

140 LG Münster Urt. v. 01.03.1990 – 8 S 187/89 – NJW-RR 1990, 994.

141 Vgl. LG Münster Urt. v. 01.03.1990 – 8 S 187/89 – NJW-RR 1990, 994.

142 Vgl. Stiefel/Maier/*Meinecke* A.2 AKB Rn. 539.

143 LG Passau Urt. v. 16.04.1985 – 1 S 27/85 – zfs 1985, 279 (**Verkäufer ist Arbeitgeber des VN**).

144 OLG Hamm Urt. v. 23.02.1977 – 20 U 98/76 – VersR 1977, 735; Armbrüster VersR 2008, 1154.

145 LG Düsseldorf Urt. v. 22.03.2002 – 20 S 106/01 – SP 2002, 247; LG Karlsruhe Urt. v. 14.07.1989 – 9 S 100/89 – VersR 1990, 86 = r+s 1990, 296.

146 OLG Saarbrücken Urt. v. 27.03.2013 – 5 U 463/11-63 – r+s 2014, 548.

147 Vgl. BGH Urt. v. 18.10.2011 – **VI ZR 17/11** – r+s 2012, 44 = NZV 2012, 27 zum Haftpflichtschaden; BGH Urt. v. 11.12.1974 – **IV ZR 169/73** – VersR 1975, 127 = NJW 1975, 307; OLG Köln Urt. v. 30.08.1990 – 5 U 274/89 – VersR 1991, 804 = r+s 1990, 332; OLG Stuttgart Urt. v. 10.10.1989 – 12 U 121/89 – VersR 1990, 379; AG Düsseldorf Urt. v. 24.04.2001 – 48 C 397/01 – r+s 2002, 58.

Ist der VN Werksangehöriger, wird ihm der gewährte Rabatt als steuer- und sozialabgabenpflichtiges Einkommen zugerechnet. Daher muss sich der VN einen Rabatt auf den Neupreis eines Fahrzeuges nur insoweit auf die Entschädigungsleistung des VR anrechnen lassen, als dieser Rabatt dem VN ungeschmälert zufließt, also nur unter Abzug des Steuer- und Sozialabgabenanteils.[148] Denn in diesem Umfang wird der VN durch den Rabatt nicht begünstigt. Zu der auf dem Preisnachlass ruhenden Steuer- und Abgabenlast muss der VN substanziiert vortragen, will er nicht Gefahr laufen, dass der Preisnachlass in voller Höhe anspruchsmindernd berücksichtigt wird. Der Rabatt ist immer im Rahmen der Bestimmung der Neupreisentschädigung beachtlich, und zwar unabhängig davon, ob er vom VN tatsächlich in Anspruch genommen wurde.[149] Entscheidend ist allein, ob dem VN **am Schadentag** grundsätzlich ein **Anspruch auf Gewährung eines Preisnachlasses** zugestanden hätte.[150] Hat ein Werksangehöriger zum Schadenzeitpunkt keinen Anspruch auf einen Nachlass, sondern vertragsgemäß erst wieder in einigen Monaten, ist der unrabattierte Neupreis zugrunde zu legen.[151] Sofern er allerdings berechtigt ist, ein neues Fahrzeug desselben Typs mit – zu versteuerndem – Werksangehörigenrabatt zu beziehen, geht es zu seinen Lasten, wenn er sich für ein anderes Modell oder einen anderen Fahrzeugtyp entscheidet, bei dem ihm ein solcher Nachlass nicht gewährt wird.[152] Denn der Werksangehörigenrabatt käme dem VR zugute. Ist der VN **gewerblicher Kfz-Händler**, ist für den Neupreis auf den Händlereinkaufwert des Fahrzeuges abzustellen.

cc) Nachlässe entsprechend der Marktlage

Auch Preisnachlässe, die der Marktlage entsprechen oder die sich bei zumutbaren Verhandlungen **105**
ohne weiteres erzielen lassen, sind zu berücksichtigen. Darunter sind insbesondere Nachlässe zu verstehen, die **Menschen mit Behinderungen,**[153] **bestimmten Berufsgruppen**, z.B. als Fahrlehrerrabatt,[154] Personalrabatt,[155] **Großabnehmern** als Großkundenrabatt[156] oder **Leasingfirmen** als Flottenrabatt[157] gewährt werden. Ebenso gehören hierzu solche Nachlässe, die in Form einer **Absatzfinanzierung** des Autoherstellers[158] oder als **verkaufsfördernde Maßnahmen** einzelner Autohäuser angeboten werden wie z.B. ein Hauspreis[159] oder ein Barzahlungsrabatt. Gleiches gilt für eine Rabattgewährung in Form einer **besonderen Fahrzeugausstattung.**[160] Nicht zu berücksichtigen sind demgegenüber **schenkweise eingeräumte Rabatte**[161] und **Naturalrabatte** in Form von kostenlosem Zubehör oder der Übernahme von Inspektions-, Zulassungs- oder Überführungskosten.[162] Zur Anrechenbarkeit von Rabatten bei **Glasbruchschäden** vgl. A.2.2.1 AKB Rdn. 106 ff.

---

148 OLG Saarbrücken Urt. v. 23.08.2017 – 5 U 61/16 – zfs 2017, 641 = DAR 2018, 149; OLG Düsseldorf Urt. v. 21.05.1996 – 4 U 60/95 – VersR 1996, 1136 = r+s 1996, 428; LG Düsseldorf Urt. v. 22.03.2002 – 20 S 106/01 – SP 2002, 247.
149 LG Düsseldorf Urt. v. 22.03.2002 – 20 S 106/01 – SP 2002, 247.
150 OLG Stuttgart Urt. v. 10.10.1989 – 12 U 121/89 – VersR 1990, 379.
151 Vgl. OLG Celle Urt. v. 14.07.1994 – 8 U 117/93 – r+s 1995, 243; OLG Stuttgart Urt. v. 20.12.1984 – 13 U 146/84 – VersR 1986, 459.
152 OLG Düsseldorf Urt. v. 21.05.1996 – 4 U 60/95 – VersR 1996, 1136 = r+s 1996, 428.
153 BGH Urt. v. 14.07.2020 – **VI ZR 268/19** – VersR 2020, 1118 = DAR 2020, 619 **unter Bestätigung von** OLG Frankfurt/M. Urt. v. 03.06.2019 – 29 U 203/18 – BeckRS 2019, 15337 = VA 2019, 134.
154 Vgl. AG Köln Urt. v. 04.02.1985 – 265 C 633/84 – zfs 1985, 87.
155 LG Karlsruhe Urt. v. 14.07. 1989 – 9 S 100/89 – VersR 1990, 86 = r+s 1990, 296.
156 Vgl. BGH Urt. v. 29.10.2019 – **VI ZR 45/19** – VersR 2020, 174 = r+s 2020, 112 (**zum Haftpflichtschaden**).
157 OLG Karlsruhe Urt. v. 07.12.1989 – 12 U 253/89 – VersR 1990, 1222 = r+s 1991, 187.
158 OLG Hamm Urt. v. 18.01.1995 – 20 U 222/94 – VersR 1995, 1303 = r+s 1995, 173.
159 OLG Hamm Urt. v. 01.02.1989 – 20 U 247/88 – VersR 1989, 951 = r+s 1989, 248.
160 LG Münster Urt. v. 01.03.1990 – 8 S 187/89 – NJW-RR 1990, 994.
161 OLG Hamm Urt. v. 23.02.1977 – 20 U 98/76 – VersR 1977, 735 (**Verwandtenrabatt**).
162 OLG Köln Urt. v. 30.08.1990 – 5 U 274/89 – VersR 1991, 804 = r+s 1990, 332.

d) Der Preis am Tag des Schadenereignisses

106 Für die Berechnung der Höchstentschädigung kommt es nicht auf den Preis an, den der VN am Tag der Ersatzbeschaffung bezahlen muss, sondern auf den Neupreis am Schadentag unter Berücksichtigung objektiv erzielbarer Nachlässe, (vgl. A.2.5.1 AKB Rdn. 100 ff.). Der spätere Wegfall einer zum Schadenzeitpunkt objektiv bestehenden Rabattmöglichkeit ist unbeachtlich, (vgl. auch A.2.5.1 AKB Rdn. 74).

e) Neupreisermittlung bei Leasing- und Reimportfahrzeugen

aa) Leasingfahrzeuge

107 Bei Leasingfahrzeugen wird der Kaskoversicherungsvertrag in der Regel vom Leasingnehmer abgeschlossen, wodurch das Interesse des Leasinggebers an der Erhaltung des in seinem Eigentum stehenden Leasingfahrzeuges abgesichert wird, (vgl. hierzu auch A.2.3 AKB Rdn. 4 ff. und A.2.5.2 AKB Rdn. 112 ff.). Für die Berechnung der Neupreisentschädigung im Fall des Totalschadens eines Leasingfahrzeuges ist daher in aller Regel auf die **Verhältnisse des Leasinggebers** abzustellen.[163] Daher ist der maßgebende Neupreis nicht danach zu ermitteln, was der VN für ein neues Fahrzeug in der versicherten Ausführung zu entrichten hätte, sondern danach, was der Leasinggeber für ein solches ausgeben müsste.[164] Im Übrigen kommt es für die Ermittlung der Neupreisentschädigung darauf an, ob die Ersatzbeschaffung durch den VN als Leasingnehmer oder vom Leasinggeber vorgenommen wird, da hinsichtlich der Berücksichtigung von Rabatten ebenso wie für die Anrechnung der Mehrwertsteuer auf die individuellen Verhältnisse desjenigen abzustellen ist, der durch den Abschluss eines Kaufvertrages über das Neufahrzeug die Verwendung der Neupreisentschädigung sicherstellt, vgl. A.2.5.1.3 AKB. Nimmt daher der Leasinggeber die Wiederbeschaffung des Ersatzfahrzeuges vor, ist sowohl sein **Großabnehmerrabatt**[165] (vgl. A.2.5.1 AKB Rdn. 105), als auch seine **Vorsteuerabzugsberechtigung**[166] zu berücksichtigen.

108 Bei vorzeitiger Beendigung eines Leasingvertrages aufgrund Diebstahls oder Totalschadens des Fahrzeugs steht die den Wiederbeschaffungswert übersteigende Versicherungsleistung (**Übererlös aus der Neupreisentschädigung – Neuwertspitze**) dem VN als Leasingnehmer zu, wenn er gegenüber dem Leasinggeber nur verpflichtet war, eine Vollkaskoversicherung mit Absicherung des Wiederbeschaffungswertes für das Leasingfahrzeug abzuschließen, tatsächlich aber überobligationsmäßig auch den Neuwert des Kfz versichert hat, (vgl. hierzu A.2.5.2 AKB Rdn. 119).

109 Für die Neupreisentschädigung muss der VN substantiiert darlegen und beweisen, dass der Leasinggeber ein **Ersatzfahrzeug angeschafft** hat. Dies gilt auch für einen Erben als Gesamtrechtsnachfolger des bisherigen Leasingnehmers.[167] Dabei reicht es nicht aus, dass der Leasinggeber überhaupt ein anderes Fahrzeug angeschafft hat oder anschaffen würde; entscheidend ist allein, dass die Ersatzbeschaffung eines vergleichbaren neuen Fahrzeuges entweder zur Fortführung des bisherigen oder zum Abschluss eines neuen Leasingvertrages mit dem VN erfolgt,[168] (vgl. auch A.2.5.1 AKB Rdn. 49).

---

163 BGH Urt. v. 14.07.1993 – **IV ZR 181/92** – VersR 1993, 1223 = r+s 1993, 329; BGH Urt. v. 05.07.1989 – **IVa ZR 189/88** – VersR 1989, 950 = NJW 1989, 3021; BGH Urt. v. 06.07.1988 – **IVa ZR 241/87** – VersR 1988, 949 = NJW 1988, 2803; OLG Köln Urt. v. 09.11.2004 – 9 U 1/04 – zfs 2005, 248.

164 BGH Urt. v. 14.07.1993 – **IV ZR 181/92** – VersR 1993, 1223 = r+s 1993, 329; BGH Urt. v. 06.07.1988 – **IVa ZR 241/87** – VersR 1988, 949 = NJW 1988, 2803.

165 BGH Urt. v. 06.07.1988 – **IVa ZR 241/87** – VersR 1988, 949 = NJW 1988, 2803.

166 BGH Urt. v. 30.04.1991 – **IV ZR 243/90** – NJW-RR 1991, 1149 = r+s 1991, 223.

167 OLG Oldenburg Urt. v. 16.08.1995 – 2 U 109/95 – JurionRS 1995, 29192.

168 BGH Urt. v. 26.10.2016 – **IV ZR 193/15** – VersR 2017, 90 = r+s 2017, 133; OLG Karlsruhe Urt. v. 05.11.1997 – 13 U 214/95 – VersR 1998, 1229, 1230; OLG Köln Urt. v. 17.09.1996 – 9 U 27/96 – VersR 1997, 870 = SP 1996, 422; OLG Hamm Urt. v. 02.11.1994 – 20 U 165/94 – VersR 1995, 1348 = r+s 1995, 87; **a.A.** Lücke NVersZ 1998, 108.

Erwirbt der Leasinggeber nach einem Diebstahl des versicherten Fahrzeuges ein Neufahrzeug, wobei im Zusammenhang mit dem Ankauf neben einer Zahlung auf die Händlereinstandsrechnung auch eine – ausdrücklich als solche bezeichnete – **Provisionszahlung an den Kfz-Händler** erfolgt, kann es streitig sein, ob es sich dabei um eine Provision für die Vermittlung des Leasingvertrages oder um die Händlerverkaufsprovision handelt. Im letztgenannten Falle handelt es sich um Kosten für den Erwerb eines Neufahrzeuges, die zum Umfang der Neupreisentschädigung des VR gehören. Kein Händler wäre bereit, ein Fahrzeug an eine Leasinggesellschaft zum Einstandspreis zu veräußern und lediglich eine Provision für die Vermittlung des Leasingvertrages zu beanspruchen. Die Leistung des Händlers besteht nicht nur in der Vermittlung des Leasingvertrages, sondern vorrangig im Verkauf des Pkw. Hierfür steht ihm eine Händlerprovision zu. 110

Diese **Händlerprovision** ist auch **Teil des Fahrzeugneupreises** i.S.d.A.2.5.1.8 AKB. Denn es kann aus der Sicht des VR keinen Unterschied machen, ob diese Händlerverkaufsprovision als Teil des Fahrzeugpreises vom Kunden (VN) oder vom Leasinggeber gezahlt wird. Ebenso wenig kann es entscheidend sein, ob die Zahlung in einem Gesamtbetrag an den Kfz-Händler erfolgt oder in zwei Zahlungen vorgenommen wird, wobei eine als Provisionszahlung bezeichnet wird. In beiden Fällen entfällt ein Teil der Gesamtsumme auf die Händlerverkaufsprovision, die vom VR zu ersetzen ist.[169] 111

Die **Höhe dieses Anteils** wird oftmals nur schwer zu bestimmen sein. Geht man davon aus, dass der bei Leasinggesellschaften um einen Großabnehmerrabatt von 10 %[170] reduzierte Listenpreis in aller Regel den Preis darstellt, den ein Leasinggeber aufwenden muss, um einen Neuwagen zu erwerben, so gehören die diesen Anteil übersteigenden Provisionszahlungen jedenfalls dann zu der vom VR zu erstattenden Händlerverkaufsprovision und damit zum Neupreis des Fahrzeuges, wenn der Leasinggeber insgesamt eine den Listenpreis des Herstellers übersteigende Gesamtzahlung an den Kfz-Händler getätigt hat.[171] 112

bb) Reimportfahrzeuge

Bei einem Reimportfahrzeug, das der VN als EU-Neuwagen zu einem Preis erworben hat, der deutlich niedriger liegt als der Neupreis für ein vergleichbares, für den deutschen Markt produziertes Fahrzeug, bemisst sich die Höchstentschädigung nach der vom Hersteller unverbindlichen Preisempfehlung (**Bruttolisten-Verkaufspreis) für ein aus dem entsprechenden EU-Ausland reimportiertes Neufahrzeug**, nicht dagegen nach dem in Deutschland maßgeblichen Neupreis.[172] Dies setzt allerdings voraus, dass der Kauf eines neuen EU-Reimportfahrzeuges in der Ausstattung des versicherten Fahrzeuges bei einem Importeur oder einem Reimporthändler für den VN überhaupt noch möglich ist. 113

Wird das Fahrzeug für das EU-Ausland nicht mehr hergestellt oder nicht mehr nach Deutschland reimportiert, ist der Pkw als Neufahrzeug in der versicherten Ausführung als EU-Reimportfahrzeug auf dem Markt faktisch nicht mehr erhältlich. In diesem Fall ist auf den Neupreis für ein vergleichbares Nachfolgemodell abzustellen. Wird auch ein solches als EU-Reimport-Neufahrzeug nicht mehr angeboten, muss auf den für den deutschen Markt maßgeblichen Neupreis des versicherten Fahrzeuges oder, wenn auch dieses für Deutschland nicht mehr hergestellt wird, auf ein vergleichbares Nachfolgemodell abgestellt werden. Orts- und marktübliche Rabatte sind auch hier abzuziehen. 114

C. Weitere praktische Hinweise

I. Abrechnungsgrundsätze

Im Gegensatz zur Kfz-Haftpflichtversicherung, wo sich der Umfang der Entschädigung aus den gesetzlichen Bestimmungen des Haftpflichtrechts (§§ 823, 249 ff. BGB und §§ 7 ff. StVG) ergibt, 115

169 OLG Dresden Urt. v. 18.09.1996 – 8 U 1018/96 – VersR 1998, 231.
170 OLG Karlsruhe Urt. v. 07.12.1989 – 12 U 253/89 – VersR 1990, 1222 = r+s 1991, 187.
171 Vgl. OLG Dresden Urt. v. 18.09.1996 – 8 U 1018/96 – VersR 1998, 231.
172 OLG Hamm Urt. v. 25.11.2005 – 20 U 158/05 – VersR 2006, 355 = zfs 2006, 273.

erbringt der VR in der Kaskoversicherung die **Ersatzleistungen entsprechend der** mit dem VN getroffenen **vertraglichen Vereinbarung**, wie sie in den jeweiligen Versicherungsbedingungen **(AKB)** niedergelegt sind. Wenn auch die Regelungen der VR weitgehend einheitlich gestaltet sind, so können doch im Detail, gerade bei den Zusatzleistungen wie Neupreisentschädigung, Mietwagenkosten und Nutzungsausfall, Unterschiede bestehen. Daher muss ausschließlich auf der Grundlage der jeweils vereinbarten AKB der Umfang der Entschädigungspflicht des VR festgestellt werden. Fehlerhaft wäre es, in Ergänzung hierzu Rechtsgrundsätze aus dem gesetzlichen Schadenersatzrecht heranzuziehen, also für die Abwicklung eines Kaskoversicherungsschadenfalles das Ausmaß der Ersatzpflicht des VR an den §§ 249 ff. BGB auszurichten.[173] Die Grenzen der vertraglichen Vereinbarungen werden durch die Angemessenheits- und Transparenzkontrolle gezogen, vgl. A.2.1.1 AKB Rdn. 10 ff.

II. Glasbruchschäden

1. Vollkaskoversichertes Fahrzeug

116 Bei einem vollkaskoversicherten Fahrzeug, das einen wirtschaftlichen Totalschaden i.S.v.A.2.5.1.5 AKB erleidet oder zerstört wird, wird der Glasbruchschaden nicht gesondert entschädigt. Vielmehr erfolgt die **Entschädigungsberechnung für das gesamte Fahrzeug** nach Maßgabe des A.2.5.1.1 AKB.

2. Teilkaskoversichertes Fahrzeug

117 Erleidet ein teilkaskoversichertes Fahrzeug einen durch Unfall eingetretenen – und damit nur in der Vollkasko gedeckten – **Totalschaden**, so ist die Beschädigung oder Zerstörung der **Verglasung als isolierter Teileschaden** gemäß A.2.5.1.1 bzw. A.2.5.2.1b AKB abzurechnen. Ein Unterschied in der Höhe der Entschädigungsleistung besteht im Ergebnis nicht. Denn nicht nur im **Zerstörungsfall**, sondern auch für den Fall einer **Beschädigung** von Glasteilen ist eine Reparatur regelmäßig nur durch den **Komplettaustausch der betroffenen Glaselemente** möglich. In beiden Varianten ist für die Höhe der Entschädigung der Wiederbeschaffungswert als **Neupreis** für die gerissenen oder zerbrochenen Glasflächen **zuzüglich aller Nebenkosten** anzusetzen.[174] Auch Kosten für **Dichtungsgummis und Montageaufwand** sind zu entschädigen,[175] obwohl feststeht, dass eine Instandsetzung der Glasflächen in aller Regel nicht erfolgen wird und es daher nur um einen fiktiven Entschädigungsanspruch des VN geht. Von dem bei beiden Abrechnungsvarianten zu entschädigenden Neuwert für die betroffenen Glasteile ist ein Restwert mangels Existenz eines Gebrauchtmarktes für Pkw-Glasscheiben nicht abzuziehen.[176]

118 **Nach einer gegenteiligen Auffassung** sollen die **Einbaukosten** bei der Ermittlung der Entschädigungshöhe **nicht berücksichtigungsfähig** sein.[177] Dies wird im Wesentlichen damit begründet, dass der nur teilkaskoversicherte VN gegenüber einem vollkaskoversicherten VN bessergestellt wäre, wenn ihm die Einbaukosten zusätzlich zugesprochen würden. Gerade bei älteren, nur

---

173 Vgl. BGH Urt. v. 24.05.2006 – **IV ZR 263/03** – VersR 2006, 1066 = r+s 2006, 366.

174 OLG Karlsruhe Urt. v. 17.12.1992 – 12 U 116/92 – VersR 1993, 1144 = zfs 1994, 20; AG Saarbrücken Urt. v. 28.11.2005 – 42 C 305/05 – VersR 2006, 789; LG Frankfurt Urt. v. 14.01.1987 – 2/16 S 180/86 – r+s 1987, 126 (**nur reiner Materialneupreis**); AG Dresden Urt. v. 20.03.2001 – 114 C 9832/00 – DAR 2002, 172 (**nicht für den Fall einer vollständigen Zerstörung des Kfz**); **a.A.** AG Hamburg Urt. v. 09.12.1988 – 4 C 1810/88 – r+s 1989, 319; AG Bad Kreuznach Urt. v. 16.10.1986 – 2 C 1555/86 – r+s 1988, 128.

175 OLG München Urt. v. 25.06.1987 – 24 U 556/86 – NJW-RR 1988, 90 = zfs 1988, 86; LG Verden Urt. v. 27.04.1994 – 2 S 359/93 – VersR 1995, 166 = MDR 1994, 897.

176 OLG Karlsruhe Urt. v. 17.12.1992 – 12 U 116/92 – VersR 1993, 1144 = zfs 1994, 20; OLG München Urt. v. 25.06.1987 – 24 U 556/86 – NJW-RR 1988, 90 = zfs 1988, 86.

177 LG Frankfurt Urt. v. 14.01.1987 – 2/16 S 180/86 – r+s 1987, 126; AG Wetzlar Urt. v. 20.09.2001 – 35 C 1211/01 – VersR 2002, 752; AG Saarbrücken Urt. v. 28.11.2005 – 42 C 305/05 – VersR 2006, 789; AG München Urt. v. 21.02.1996 – 344 C 5361/95 – SP 1996, 394; Stiefel/Maier/*Meinecke* A.2 AKB Rn. 602.

teilkaskoversicherten Fahrzeugen könne die Entschädigungssumme aus Glasteilen und Montagekosten den Wiederbeschaffungswert des gesamten Fahrzeuges übersteigen. Während der teilkaskoversicherte VN in einem solchen Fall den Glasschaden trotzdem als Reparatur-Teileschaden abrechnen könne, müsse der vollkaskoversicherte VN, da das gesamte Fahrzeug einen Totalschaden erlitten habe, sich einen Abzug des Fahrzeugrestwerts gefallen lassen.

Diese Auffassung überzeugt nicht. War das genannte Argument unter der Geltung des § 13 AKB a.F. noch nachzuvollziehen, greift es angesichts der neuen Regelungen in A.2.5.1 und A.2.5.2 AKB, die gleichermaßen für die Abrechnung von Teilkasko- wie für Vollkaskoschäden gelten, nicht mehr durch. Die Entschädigungssumme für einen Glasbruchschaden lässt sich nicht nur isoliert mit Blick auf den Wiederbeschaffungswert und Restwert des beschädigten bzw. zerstörten Glasteiles feststellen. Sowohl A.2.5.1.1 AKB als auch A.2.5.2.1b AKB knüpfen als Höchstentschädigung stets auch an den **Wiederbeschaffungsaufwand für das gesamte Fahrzeug** an. Dies stellt eine »**Deckelung**« der Ansprüche des VN im Falle **fiktiver** Abrechnung dar. Sofern daher im Einzelfall die Material- und Einbaukosten für einen Glasbruchschaden den Wiederbeschaffungsaufwand für das komplette Fahrzeug übersteigen sollten, wäre die Regulierung des Glasschadens der Höhe nach auf diesen Betrag beschränkt, es sei denn, der VN würde – was im Falle eines Totalschadens des gesamten Fahrzeuges nicht unbedingt naheliegen wird – den Glasbruchschaden **konkret** nach A.2.5.1.1 S. 2 i.V.m. A.2.5.2.1a AKB abrechnen. In diesem Fall wäre ein Ausgleich des Schadens maximal bis zur Höhe des **Wiederbeschaffungswertes** des Fahrzeuges vorzunehmen. Insofern ist eine Besserstellung des teilkaskoversicherten VN gegenüber demjenigen, der eine Vollkaskoversicherung unterhält, nicht mehr erkennbar. Erst recht nicht kann dieses Argument noch dafür herhalten, die Entschädigungshöhe generell auf die Erstattung des reinen Materialwertes beim Glasbruch zu begrenzen. 119

Teilweise wird dem VN nur eine **anteilige Entschädigung nach dem Verhältnis des Verglasungswertes zum Wiederbeschaffungswert** des Fahrzeuges zuerkannt, wobei anschließend der Anteil der beschädigten Verglasung ins Verhältnis gesetzt wird zum Wert der Gesamtverglasung am Fahrzeug.[178] Auch wird vertreten, der Wert der zerbrochenen Scheiben sei im Verhältnis des Zeitwertes des Fahrzeuges zu seinem Neuwert zu ersetzen.[179] Auch diese Auffassungen überzeugen nicht. In der Teilkasko besteht für Glasbruchschaden unabhängig von der Schadenursache stets Versicherungsschutz. Es ist unerheblich, ob das Fahrzeug darüber hinaus noch weitere (in der Teilkasko nicht versicherte) Schäden erlitten hat, die zu einem Totalschaden des gesamten Fahrzeuges geführt haben.[180] Dementsprechend ist für die Entschädigungshöhe ausschließlich auf den Wiederbeschaffungswert der beschädigten oder zerstörten Scheibe abzustellen, der regelmäßig dem Neupreis entsprechen wird, (vgl. A.2.5.1 AKB Rdn. 117 ff.). **Zum Entschädigungsumfang** vgl. im Übrigen A.2.2.1 AKB Rdn. 101 ff. und A.2.5.2 AKB Rdn. 95 ff. 120

Soweit die konkreten AKB eines VR für den Fall eines wirtschaftlichen Totalschadens eines teilkaskoversicherten Kfz **die fiktive Abrechnung des Glasschadens ausschließen**, dürfte eine solche Klausel entgegen AG Diepholz[181] nach § 307 Abs. 1 BGB wegen unangemessener Benachteiligung des VN unwirksam sein, da hierdurch sein Versicherungsschutz in unzulässiger Weise verkürzt wird. 121

III. Leasingfahrzeuge

Zur Entschädigungsberechnung im **Allgemeinen** vgl. A.2.5.2 AKB Rdn. 112 ff.; zur **GAP-Versicherung** (Leasing-Restwert-Versicherung) vgl. A.2.5.2 AKB Rdn. 114 ff.; zur Verteilung eines 122

178 LG Ansbach Urt. v. 27.04.1984 – 1 S 21/84 – zfs 1987, 216; AG München Urt. v. 21.02.1996 – 344 C 5361/95 – SP 1996, 394 mit umfangreicher Rspr.-Übersicht.

179 LG Mainz Urt. v. 21.06.1988 – 3 S 48/88 – zfs 1988, 291; AG Dresden Urt. v. 20.03.2001 – 114 C 9832/00 – DAR 2002, 172; AG Worms Urt. v. 17.12.1987 – 1 C 1022/87 – r+s 1988, 34.

180 Ebenso Stiefel/Maier/*Meinecke* A.2 AKB Rn. 602.

181 AG Diepholz Urt. v. 26.05.2011 – 2 C 35/11 – ADAJUR Dok.Nr. 96239.

Übererlöses aus einer Neupreisentschädigung bei Leasingfahrzeugen vgl. A.2.5.2 AKB Rdn. 119; zur **Neupreisentschädigung im Allgemeinen** vgl. A.2.5.1 AKB Rdn. 107 ff.

IV. Versicherte und nicht versicherte Vorschäden

123 Nicht versicherte Vorschadenereignisse sind bei der Ermittlung der Entschädigungshöhe auch dann zu berücksichtigen, wenn sie sich in unmittelbarem zeitlichem Zusammenhang mit dem letztlich zu entschädigenden Versicherungsfall ereignet haben. Erleidet daher der versicherte Pkw bereits vor dem die Kaskoentschädigung auslösenden Schadenereignis (z.B. Brandschaden) einen – nicht versicherten – Schaden (z.B. Motorschaden aufgrund einer Betankung mit falschem Kraftstoff), so kommt es darauf an, welchen Wiederbeschaffungswert das Fahrzeug bei Ausbruch des Brandes hatte, und in welcher Höhe Schäden auf den Brand zurückzuführen sind. In diesen Fällen kann **nicht auf den Wert des unbeschädigten Fahrzeugs abgestellt** werden.[182]

124 Gleiches gilt, wenn ein teilkaskoversichertes Fahrzeug nach einem bedingungsgemäß nicht gedeckten und auch noch nicht reparierten Unfallschaden ausbrennt oder gestohlen wird. Bei der Ermittlung der Entschädigungshöhe ist auch hier auf den bereits im Zeitpunkt des versicherten Brandereignisses bzw. der Entwendung **geminderten Wiederbeschaffungswert** abzustellen, (vgl. A.2.2.1 AKB Rdn. 114 ff.).

125 Dabei trägt der VN das volle Beweislastrisiko, dass sich ein neu eingetretener versicherter Kaskoschaden, der **von Vorschäden überlagert** wird, in tauglicher Weise von diesen abgrenzen lässt.[183] Steht ein Vorschaden fest, behauptet der VN aber, von diesem Vorschaden keine Kenntnis gehabt und das Fahrzeug in unbeschädigtem Zustand erworben zu haben, kann er die von ihm nur vermutete fachgerechte Reparatur des Vorschadens behaupten und unter Zeugenbeweis stellen; bei Unaufklärbarkeit ist dem VN jedenfalls ein von einem Sachverständigen zu ermittelnder **Mindestwiederbeschaffungswert** zuzusprechen.[184] Lässt sich hingegen nicht feststellen, welche der geltend gemachten Schäden bei der behaupteten Kollision entstanden sind und welche Fahrzeugteile aufgrund eines früheren Schadenereignisses bereits vorgeschädigt waren, ist von vornherein kein Raum für einen Mindestwiederbeschaffungswert oder eine Schadenschätzung nach § 287 ZPO.[185]

126 Soweit die Auffassung vertreten wird, der VR schulde nach dem **Grundsatz der Gesamtkausalität** jedenfalls dann den ungeschmälerten Wiederbeschaffungswert, wenn nur jedes Schadenereignis für sich allein genommen bereits zu einem Totalschaden geführt habe,[186] kann dem nicht gefolgt werden. Eine Gesamtkausalität liegt nur dann vor, wenn **mehrere Ursachen**, von denen nur eine gedeckt ist, **gleichzeitig auf die versicherte Sache einwirken**. Diese Voraussetzungen sind bei zwei nacheinander eintretenden Schadenereignissen nicht erfüllt. **Zur Vorschadenproblematik** vgl. auch A.2.2.2 AKB Rdn. 119 ff.

127 Ist das Fahrzeug im vorangegangenen Beispiel vollkaskoversichert, erhält der VN auf der Grundlage von zwei gedeckten Schadenfällen zum einen für den Unfallschaden die fiktiven Reparaturkosten nach A.2.5.2.1b AKB und zum anderen für den Brandschaden zusätzlich den durch den Unfall verminderten Wiederbeschaffungswert nach Maßgabe des A.2.5.1.1 AKB ersetzt.

---

182 OLG Düsseldorf Urt. v. 28.10.2008 – I-4 U 12/08 – r+s 2009, 273 = NZV 2009, 291.

183 OLG Koblenz Urt. v. 26.03.2009 – 10 U 1163/08 – VersR 2010, 246 = r+s 2010, 234.

184 KG Beschl. v. 21.04.2020 – 6 U 175/18 – r+s 2021, 575.

185 OLG Düsseldorf Urt. v. 27.10.2009 – I-4 U 63/08 – r+s 2010, 107.

186 OLG Nürnberg Urt. v. 31.03.1994 – 8 U 3630/93 – r+s 1995, 9 = zfs 1994, 331.

V. Fahrzeugteile und Fahrzeugzubehör

Zur Entschädigungsberechnung allgemein vgl. A.2.1.2 AKB Rdn. 61 ff.; zur Entschädigungsberechnung bei fest eingebauten **Multimedia- und Navigationssystemen** vgl. A.2.1.2 AKB Rdn. 69 ff. 128

VI. Bergungs-, Abschlepp- und Standkosten

Eine Regelung für die Übernahme von Bergungs- oder Abschleppkosten wie im Falle der Beschädigung des Fahrzeuges nach A.2.5.2.2 AKB (vgl. A.2.5.2 AKB Rdn. 59 ff.) fehlt für den Fall der Zerstörung oder des Totalschadens. 129

Für **Abschleppkosten** wird jedoch ein Aufwendungsersatzanspruch des VN nach **§ 83 Abs. 1 S. 1 VVG** in Betracht kommen, wenn der VN am Unfallort von einem Reparaturschaden ausgehen und die mit dem Abschleppen des Fahrzeuges in die nächstgelegene Werkstatt verbundenen Kosten daher für erforderlich halten durfte.[187] Selbst im Falle eines offensichtlichen Totalschadens wird der VN die Kosten auslösenden Maßnahmen regelmäßig **zur Sicherung des Restwerts** (nicht der Ladung!) regelmäßig für geboten halten dürfen.[188] Anderes gilt nur dann, wenn es bei einem völlig zerstörten oder ausgebrannten Fahrzeug auch einem Laien hätte einleuchten müssen, dass das Fahrzeugwrack keinerlei relevanten Wert mehr verkörpert. Entscheidend ist daher, ob ein offensichtliches und erkennbares Missverhältnis zwischen den Abschleppkosten und dem voraussichtlich erzielbaren Restwert vorliegt, wobei auf die Erkenntnismöglichkeiten des Fahrers vor Ort abzustellen ist. Ist dies der Fall und ist das Abschleppen des Kfz unter dem Gesichtspunkt der Schadenminderung damit objektiv ungeeignet, ist der Anspruch des VN nur begründet, wenn er nachweist, dass er – bzw. der für ihn handelnde Fahrer – die Beauftragung eines Abschleppunternehmens ohne grobe Fahrlässigkeit für geboten halten durfte. Hierzu reicht es nicht aus, dass der Fahrer allein schon aufgrund gesetzlicher Bestimmungen zur Beseitigung des Fahrzeugwracks verpflichtet war.[189] 130

Für **Bergungskosten** ergibt sich aus dem gleichen Grund im Hinblick auf die **Rest- bzw. Altteilverwertung** (vgl. A.2.5.7.2 AKB) richtigerweise eine Erstattungspflicht.[190] 131

Standkosten für die vorübergehende Aufbewahrung des zerstörten Unfallfahrzeuges beim Kfz-Händler oder dem Abschleppunternehmen sind dem VN als **Aufwendungsersatz** zu erstatten, wenn das Fahrzeug objektiv noch einen Restwert verkörpert und der VN vor Veräußerung des Fahrzeugwracks zunächst die Besichtigung durch den vom VR beauftragten Sachverständigen zwecks Ermittlung des Restwerts abwarten musste.[191] Als **Verzugsschaden** können Standkosten zu ersetzen sein, wenn der VN die Verwertung seines Kfz berechtigterweise hinauszögern durfte, z.B. wenn aufgrund eines vom VR eingeholten Gutachtens die Entschädigungssumme zwar feststeht, der VR aber die Regulierung schuldhaft verzögert und auch seine Leistungspflicht trotz Mahnung des VN nicht anerkennt, so dass für den VN nicht klar ist, ob und welche Einwendungen der VR gegen seine Leistungspflicht erheben wird und ob das Fahrzeug nicht ggf. für eine erneute Begutachtung – auch im Rahmen eines gerichtlichen Verfahrens – zur Verfügung stehen muss.[192] 132

Voraussetzung für einen Ersatzanspruch ist immer, dass das Fahrzeug durch ein versichertes Ereignis beschädigt worden ist. Das reine Abkommen des Fahrzeuges von der Straße reicht nicht aus.[193] 133

---

187 Vgl. OLG Frankfurt/M. Urt. v. 12.12.2001 – 7 U 174/00 – zfs 2002, 389 = NVersZ 2002, 319.

188 OLG Karlsruhe Urt. v. 18.01.2013 – 12 U 117/12 – r+s 2013, 121 = zfs 2013, 214.

189 OLG Karlsruhe Urt. v. 17.12.2015 – 12 U 101/15 – r+s 2016, 121 = zfs 2016, 152.

190 Vgl. LG Oldenburg Urt. v. 10.11.1992 – 1 S 245/92 – DAR 1993, 355 = NJW-RR 1993, 352; **a.A.** OLG Koblenz Urt. v. 11.05.2012 – 10 U 923/11 – r+s 2013, 279.

191 Vgl. LG Oldenburg Urt. v. 22.02.2017 – 13 S 481/16 – r+s 2017, 413 = zfs 2017, 575; **a.A.** OLG Hamm Urt. v. 18.01.1995 – 20 U 222/94 – r+s 1995, 173; LG München Urt. v. 27.03.2003 – 25 O 6473/02 – r+s 2003, 499.

192 OLG Koblenz Urt. v. 11.05.2012 – 10 U 923/11 – r+s 2013, 279; vgl. LG Oldenburg Urt. v. 22.02.2017 – 13 S 481/16 – r+s 2017, 413 = zfs 2017, 575.

193 LG Berlin Urt. v. 16.02.2009 – 24 O 229/08 – SP 2009, 372.

VII. Sonstige Ansprüche

134 Siehe hierzu A.2.5.2 AKB Rdn. 108 ff.

VIII. Falschangaben des VN zum Wert des Kfz

135 Falschangaben des VN **zum Wert des Fahrzeuges** bei Antragstellung können eine Anfechtung des VR wegen arglistiger Täuschung nach sich ziehen. Außerdem kann der VR seine Rechte nach § 19 VVG geltend machen. In jedem Fall muss der VN damit rechnen, dass der VR die Entschädigungsleistung aufgrund der gegebenen Unterversicherung nach Maßgabe des § 56 VVG kürzt.

A.2.5.2 Was zahlen wir bei Beschädigung?

A.2.5.2.1 Reparatur

Wird das Fahrzeug beschädigt, zahlen wir die für die Reparatur erforderlichen Kosten bis zu folgenden Obergrenzen:

a Wenn das Fahrzeug vollständig und fachgerecht repariert wird, gilt:

- **Wir zahlen die hierfür erforderlichen Kosten bis zur Höhe des Wiederbeschaffungswerts nach A.2.5.1.6, wenn Sie uns dies durch eine Rechnung nachweisen. Fehlt dieser Nachweis, zahlen wir entsprechend A.2.5.2.1.b.**

b Wenn das Fahrzeug nicht, nicht vollständig oder nicht fachgerecht repariert wird, gilt:

- **Wir zahlen die erforderlichen Kosten einer vollständigen Reparatur bis zur Höhe des um den Restwert verminderten Wiederbeschaffungswerts (siehe A.2.5.1.6 und A.2.5.1.7).**

< xx Den folgenden Hinweis sollten Verwender der zweiten Variante von A.2.5.1.2 einfügen: >

[Hinweis: Beachten Sie auch die Regelung zur Neupreisentschädigung in A.2.5.1.2]

A.2.5.2.2 Abschleppen

Bei Beschädigung des Fahrzeugs ersetzen wir die Kosten für das Abschleppen vom Schadenort bis zur nächstgelegenen für die Reparatur geeigneten Werkstatt. Dabei darf einschließlich unserer Leistungen wegen der Beschädigung des Fahrzeugs nach A.2.5.2.1 die Obergrenze nach A.2.5.2.1a oder A.2.5.2.1b nicht überschritten werden.

Wir zahlen nicht, wenn ein Dritter Ihnen gegenüber verpflichtet ist, diese Kosten zu übernehmen.

A.2.5.2.3 Abzug neu für alt

Wir ziehen von den Kosten der Ersatzteile und der Lackierung einen dem Alter und der Abnutzung der alten Teile entsprechenden Betrag ab (neu für alt), wenn
- **bei der Reparatur alte Teile gegen Neuteile ausgetauscht werden oder**
- **das Fahrzeug ganz oder teilweise neu lackiert wird.**

Der Abzug neu für alt ist auf die Bereifung, Batterie und Lackierung beschränkt, wenn das Schadenereignis
- **bei Pkw, Krafträdern und Omnibussen in den ersten xx Jahren**
- **bei den übrigen Fahrzeugarten in den ersten xx Jahren**

nach der Erstzulassung eintritt.

Übersicht

A. Allgemeines

1 In Abgrenzung zu den nach A.2.5.1 AKB zu beurteilenden Fällen des Totalschadens, der Zerstörung oder des Verlustes des Fahrzeuges regelt A.2.5.2 AKB den **Leistungsumfang des VR bei Beschädigung** des versicherten Fahrzeuges in solchen Konstellationen, in denen die Reparaturkosten – anders als beim Totalschaden, der begrifflich auch eine »Beschädigung« des Fahrzeuges beinhaltet – den Wiederbeschaffungswert des Fahrzeuges nicht übersteigen. Vom Grundsatz her stehen dem VN **zwei Abrechnungsvarianten** zur Verfügung.

2 Rechnet er **konkret** auf Basis einer dem VR nachzuweisenden Reparaturkostenrechnung ab, so erhält er die tatsächlich aufgewendeten Instandsetzungskosten bis maximal zur Höhe des Wiederbeschaffungswertes ersetzt, wenn die Reparatur vollständig und fachgerecht ausgeführt wurde. **Leistungsobergrenze** ist insoweit stets der **Wiederbeschaffungswert, A.2.5.2.1a AKB.** Dies gilt gemäß A.2.5.1.1 S. 2 AKB auch bei einem Totalschaden oder einer Zerstörung des Fahrzeuges, wenn sich der VN zur Reparatur entschließt. In diesem Fall ist **kein Wechsel in der Abrechnungsvariante** möglich. Verlangt der VN vom VR eine Abrechnung auf Reparaturkostenbasis, erlischt damit sein möglicher Anspruch auf Ersatz des Wiederbeschaffungsaufwands; veräußert der VN später sein repariertes Kfz, kann er nicht die Abrechnung auf Totalschadenbasis nachschieben.[1]

3 Rechnet er **abstrakt (fiktiv)** auf der Basis eines vom VR eingeholten Sachverständigengutachtens ab, so erhält er die Reparaturkosten (netto ohne Mehrwertsteuer, vgl. A.2.5.4 AKB) bis maximal zur Höhe des um den Wiederbeschaffungswert geminderten Restwerts (Wiederbeschaffungsaufwands) seines Fahrzeuges. Dies gilt für alle Fälle, in denen der VN das Fahrzeug nicht vollständig, nicht fachgerecht oder überhaupt nicht repariert, also auch im Fall des unreparierten Weiterverkaufes. **Leistungsobergrenze** ist insoweit stets der **Wiederbeschaffungsaufwand, A.2.5.2.1b AKB.**

4 **Kein faktischer Unterschied zwischen konkreter und abstrakter Abrechnung** besteht nur in den Fällen, in denen die Reparaturkosten unterhalb des Wiederbeschaffungsaufwands liegen.

5 Im **Vergleich zu älteren AKB-Bedingungswerken** werden in A.2.5.2 AKB auch diejenigen Fälle geregelt, in denen der VN sein beschädigtes Fahrzeug nicht reparieren lässt, sondern unrepariert veräußert. Während eine Anrechnung des Restwerts des beschädigten Fahrzeuges durch den VR mangels entsprechender Regelung in älteren AKB noch nicht möglich war,[2] wurde schon in § 13 Abs. 5 AKB 2007 a.F. und später in A.2.7b AKB 2008 a.F. eine Regelung eingefügt, wonach der VR in Fällen, in denen das Fahrzeug nicht oder nicht vollständig repariert wurde, die geschätzten Kosten nur bis zur Höhe des Wiederbeschaffungsaufwands zu ersetzen hatte. Die Leistungsgrenze war in diesem Falle also der um den Restwert des Fahrzeuges verminderte Wiederbeschaffungswert. Diese Klausel wurde schon damals unter AGB-rechtlichen Gesichtspunkten als wirksam angesehen.[3] Die Weiterentwicklung dieser Klausel in A.2.5.2.1b AKB begegnet daher gleichfalls keinen rechtlichen Bedenken.

---

1 LG Duisburg Urt. v. 03.06.2014 – 8 O 253/13 – SP 2014, 383.

2 Vgl. BGH Urt. v. 08.11.1995 – **IV ZR 365/94** – VersR 1996, 91 = r+s 1996, 45.

3 OLG Karlsruhe Urt. v. 21.10.2010 – 9 U 41/10 – VersR 2011, 1137 = r+s 2011, 282; OLG Düsseldorf Urt. v. 29.04.2008 – I-4 U 145/07 – r+s 2009, 322 = zfs 2009, 156; OLG Frankfurt Urt. v. 12.11.1998 – 15 U 269/97 – VersR 2000, 1010; AG Hannover Urt. v. 13.03.2001 – 528 C 16715/00 – SP 2001, 391; AG Hamburg Urt. v. 12.01.1999 – 9 C 416/98 – zfs 2001, 71.

B. Regelungsgehalt – Was zahlen wir im Schadenfall? – A.2.5 AKB/Was zahlen wir bei Beschädigung? – A.2.5.1.2 AKB (§ 13 Abs. 5 AKB 2007 a.F.; A.2.7 AKB 2008 a.F.)

I. Vollständige und fachgerechte Reparatur mit Rechnungsnachweis – A.2.5.2.1a S. 1 AKB

1. Erforderliche Kosten bei konkreter Abrechnung

Welche Kosten als »erforderlich« im Sinne der Bedingungen angesehen werden können, ist nicht immer eindeutig. In der **Kfz-Haftpflichtversicherung** richtet sich der Schadenersatzanspruch des Geschädigten gemäß **§ 249 Abs. 2 S. 1 BGB** nach den erforderlichen Kosten der Wiederherstellung der beschädigten Sache. Sinn und Zweck der Vorschrift ist es, dem Geschädigten bei voller Haftung des Schädigers einen umfassenden Schadenausgleich zukommen zu lassen, wobei bei der Berechnung der Schadenhöhe eine subjektbezogene Schadenbetrachtung insofern anzustellen ist, als besondere Rücksicht auf die spezielle Situation des Geschädigten, seine Position und seine individuellen Schwierigkeiten zu nehmen ist. Demgegenüber geht es in der **Kaskoversicherung** um einen **Erfüllungsanspruch des VN aus dem Versicherungsvertrag**, in dem die Leistungen des VR konkret aufgeführt und konkretisiert sind. Diese Leistungen müssen sich nicht zwingend an § 249 BGB orientieren, da der VR grundsätzlich frei ist in der Ausgestaltung seines Leistungsversprechens. Auf der anderen Seite sind die Tatbestandsvoraussetzungen »*erforderliche Kosten*« der Wiederherstellung auslegungsbedürftig. Der vertragliche Erfüllungsanspruch des VN muss daher unter Berücksichtigung der Interessen beider Vertragsparteien ermittelt werden. 6

Allerdings wird der durchschnittliche VN, dessen Verständnismöglichkeiten für die Auslegung des Begriffs der »erforderlichen Kosten« maßgeblich sind, nach dem Wortlaut der Klausel davon ausgehen, dass ihm im Versicherungsfall diejenigen Aufwendungen ersetzt werden, die ein wirtschaftlich vernünftig handelnder Betroffener in seiner Situation tätigen würde, um sein beschädigtes Kfz fachgerecht instandsetzen zu lassen. Dabei wird er davon ausgehen, dass sein vertraglicher Entschädigungsanspruch gegen seinen VR generell nicht hinter dem Anspruch zurückbleibt, den er als Schadensersatz von seinem haftpflichtversicherten Unfallgegner verlangen kann.[4] Der VR schuldet auch die Mehrkosten, die ohne Verschulden des VN durch die von ihm beauftragte Werkstatt infolge unwirtschaftlicher oder unsachgemäßer Maßnahmen verursacht werden; das **Werkstattrisiko** trägt insoweit der VR,[5] (vgl. auch A.2.5.2 AKB Rdn. 76). Das Werkstattrisiko trägt der Kasko-VR auch im Hinblick auf von ihm behauptete fehlerhafte Rechnungen, wenn er einwendet, die Werkstatt habe in Wirklichkeit nicht angefallene Arbeiten abgerechnet, oder es seien niedrigere Verbringungskosten als abgerechnet angefallen.[6] 7

Im Kaskoversicherungsbereich werden vor allem neue oder jedenfalls neuwertige Fahrzeuge versichert, bei denen oftmals die **Herstellergarantie** noch nicht abgelaufen ist. Zudem ist ein Großteil der **Fahrzeuge fremdfinanziert** oder steht im Eigentum von Leasingfirmen. Hier besteht regelmäßig eine vertragliche Verpflichtung des VN, bei Reparaturschäden das Fahrzeug instandsetzen zu lassen. Bei solchen Fahrzeugen besteht das Interesse des VN im Reparaturschadenfall darin, den Fahrzeugwert zu erhalten. Um jegliche Gefahr eines Verlustes der Herstellergarantie oder einer merkantilen Wertminderung für den Fall des späteren Verkaufs bzw. der Rückgabe des Fahrzeuges an den Händler nach Beendigung der Finanzierung oder eines Leasingvertrages auszuschließen, wird man dem VN jedenfalls bei dieser Konstellation die **Reparatur in einer vom Fahrzeughersteller zugelassenen markengebundenen Vertragswerkstatt** zugestehen müssen. Dies gilt vor allem deshalb, weil der VN durch die Vorlage einer Reparaturrechnung ja gerade sein besonderes Interesse an einer solchen 8

---

4 BGH Urt. v. 11.11.2015 – **IV ZR 426/14** – VersR 2016, 45 = NJW 2016, 314; AG München Urt. v. 23.05.2023 – 331 C 14558/22 – VA 2023, 111; AG Heilbronn Urt. v. 08.02.2021 – 3 C 1754/20 – VK 2021, 57; AG Hagen Urt. v. 29.05.2020 – 11 C 141/19 – VK 2020, 145.

5 LG Nürnberg-Fürth Beschl. v. 24.01.2022 – 2 S 4702/21 – r+s 2022, 677, 678.

6 Vgl. AG Siegen Urt. v. 19.02.2024 – 14 C 1562/23; AG München Urt. v. 23.05.2023 – 331 C 14558/22; AG Heilbronn Urt. v. 08.02.2021 – 3 C 1754/20; AG Hagen Urt. v. 29.05.2020 – 11 C 141/19; AG Fürth Urt. v. 07.11.2027 – 310 C 1324/17 – alle Urteile, abrufbar bei VA 2024, 60, wenden die Grundsätze des Werkstattrisikos auch auf Kaskovorgänge an; ebenso AG Kassel Urt.v. 12.09.2023 – 423 C 41/23 – r+s 2024, 67.

Reparatur belegt. Insofern ist eine Parallele zu den im Haftpflichtrecht ergangenen Entscheidungen des **BGH**[7] zu ziehen. Hinzukommt, dass der **BGH**[8] auch für den Kaskoversicherungsbereich entschieden hat, dass **selbst bei fiktiver Abrechnung** die Aufwendungen, die bei Durchführung der Reparatur in einer markengebundenen Fachwerkstatt anfallen würden, unter bestimmten Voraussetzungen ersatzfähig sind und sich der VN von seinem VR nicht auf niedrigere Kosten einer »freien« Werkstatt verweisen lassen muss, (vgl. hierzu A.2.5.2 AKB Rdn. 39 ff.).

9 Wenn im Versicherungsvertrag **keine Preisobergrenzen** für die Reparaturkosten festgelegt sind, kann der **VR dem VN keine Weisungen erteilen**, die das vertragliche Leistungsversprechen auf Ersatz der *»für die Reparatur erforderlichen Kosten«* einschränken, indem er z.B. vorgibt, bis zu welcher Höhe er Stundenverrechnungssätze für Karosserie- und Lackierarbeiten oder für Teileaufschläge akzeptiert. Gerade wenn der VN keinen Kaskotarif mit Werkstattbindung abgeschlossen hat (vgl. A.2.5.2 AKB Rdn. 83 ff.), wird er erwarten, dass er sein Fahrzeug auch in der teureren markengebundenen Fachwerkstatt reparieren lassen kann, wenn er einen solchen Tarif gerade nicht gewählt und stattdessen eine höhere Versicherungsprämie bezahlt hat.[9] Es kommt hinzu, dass der VN bei **fremdfinanzierten Fahrzeugen** regelmäßig gegenüber dem Leasing- oder Kreditgeber vertraglich verpflichtet ist, Reparaturen ausschließlich in einer herstellergebundenen Markenwerkstatt vornehmen zu lassen. Weisungen des VR an den VN nach E.1.1.4 AKB, im Rahmen der Schadenminderungspflicht eine Reparatur nur in einer freien Werkstatt durchzuführen zu lassen, wären für den VN in solchen Fällen unzumutbar und somit nach E.1.1.4 Abs. 2 AKB unzulässig,[10] weil sie den berechtigten Interessen des VN eindeutig zuwiderlaufen würden.

10 Hinsichtlich des **Reparaturumfanges** sind all diejenigen Kosten als erforderlich anzusehen, die der VN bei objektiver Betrachtungsweise zur vollwertigen und fachgerechten Beseitigung des Schadens aufwenden muss. Für diese Auffassung spricht, dass der **VR bei Prüfung eines Kaskoversicherungsantrages** eine **Risikoeinstufung** des jeweiligen Fahrzeugtyps vornimmt, nach der er auch seine Prämie kalkuliert. Diese wird umso höher sein, je hochwertiger das zu versichernde Fahrzeug ist. Dabei wird auch das **Reparaturkostenrisiko** mit einfließen, denn der VR kennt die Höhe der herstellerseitigen Reparaturkosten. Vor diesem Hintergrund widerspräche es einem gerechten Risikoausgleich zwischen dem versicherten Risiko und der Versicherungsprämie, wenn der VN im Schadenfall auf eine herstellerfremde günstigere Reparaturmöglichkeit verwiesen werden könnte. Letztlich »erkauft« der VN seinen Anspruch im Schadenfall auf Erstattung von »erforderlichen« Reparaturkosten nach Maßgabe einer vom Hersteller empfohlenen Vertragswerkstatt durch höhere Prämien, die der VR für die unterschiedlichen Fahrzeugtypen selbst festlegt. Dadurch wird der Interessenlage des VR in ausreichendem Maße Rechnung getragen.

11 Zur Wahrung seiner eigenen Interessen hat der VR zudem ohne weiteres die Möglichkeit, bereits bei Abschluss des Kaskoversicherungsvertrages dem VN eine besonders attraktive Versicherungsprämie anzubieten, wenn dieser sich verpflichtet, sein Fahrzeug im Schadenfall in einer vom VR zu benennenden Werkstatt reparieren zu lassen oder einen Abzug von 15 bis 20 % von den herstellerseitig als erforderlich anzusehenden Kosten zu akzeptieren. Solche **Reparaturklauseln mit Werkstattbindung** werden inzwischen von fast allen VR angeboten. Ihre Existenz beweist letztlich, dass als Maßstab für die Erforderlichkeit der Reparaturkosten bei Fehlen einer ausdrücklich entgegenstehenden abweichenden Vereinbarung in den AKB grundsätzlich die in einer markengebundenen Vertragswerkstatt anfallenden Kosten zugrunde zu legen sind.[11] Näheres zu Tarifen mit Werkstattbindung unter A.2.5.2 AKB Rdn. 83 ff.

7 BGH Urt. v. 29.04.2003 – **VI ZR 398/02** – VersR 2003, 920 = NJW 2003, 2086; BGH Urt. v. 20.10.2009 – **VI ZR 53/09** – VersR 2010, 225 = NJW 2010, 606.
8 BGH Urt. v. 11.11.2015 – **IV ZR 426/14** – VersR 2016, 45 = NJW 2016, 314.
9 BGH Urt. v. 11.11.2015 – **IV ZR 426/14** – VersR 2016, 45 = NJW 2016, 314.
10 Vgl. LG Hamburg Beschl. v. 19.09.2013 – 302 S 21/13 – r+s 2014, 168.
11 So ausdrücklich jetzt auch BGH Urt. v. 11.11.2015 – **IV ZR 426/14** – VersR 2016, 45 = NJW 2016, 314.

Schließlich ist im Rahmen der Erforderlichkeit stets von Bedeutung, wie sich der VN ohne eine Kaskoversicherung im konkreten Schadenfall verhalten hätte. Er darf daher die Reparatur zulasten des VR nicht in einer Werkstatt durchführen lassen, die höhere Lohnkosten berechnet als diejenigen, die in einer dem Fahrzeugtyp entsprechenden herstellerseitigen Vertragswerkstatt anfielen. Andererseits braucht der VN **trotz des Weisungsrechtes** des VR in **E.1.3.2 AKB keine minderwertige Werkstatt oder Reparatur** akzeptieren. Er muss er sich auch nicht auf eine vom VR benannte, besonders billige Reparaturmöglichkeit verweisen lassen, es sei denn, eine solche Verpflichtung ergäbe sich ausnahmsweise aus den konkret zugrunde liegenden AKB. 12

Grundsätzlich kann sich der VN darauf berufen, dass die **in der Werkstattrechnung ausgewiesenen** Reparaturkosten die nach A.2.5.2.1a AKB vom VR zu erstattenden »**erforderlichen Kosten**« darstellen, sofern sie den Wiederbeschaffungswert des Fahrzeuges nicht übersteigen.[12] Auf die Kalkulation des Sachverständigen kann der VN in diesem Fall nicht verwiesen werden, da diese nur eine Schadenschätzung der voraussichtlichen Kosten darstellt, (zur Frage der **Mehrwertsteuer** vgl. A.2.5.2 AKB Rdn. 82). 13

Zu den »erforderlichen« Kosten gehören auch die während der Corona-Pandemie von einer Werkstatt erhobenen **Desinfektionskosten**,[13] ferner Kosten der zur Farbtonangleichung notwendigen **Beilackierung**, auch wenn diese nur benachbarte, nicht beschädigte Fahrzeugteile betrifft.[14] Gleiches gilt für die **Entsorgungskosten** von Altteilen. Dem steht auch § 3 Abs. 6 Altfahrzeug-Verordnung nicht entgegen. Denn anders als Abs. 1 der Verordnung, der die Rücknahme ganzer Fahrzeuge durch den Hersteller regelt, schreibt Abs. 6 nicht vor, dass die Rücknahme bei der Reparatur übrig gebliebener Altteile unentgeltlich zu erfolgen hat. Bei einem **Hagelschaden** sind die tatsächlich entstandenen Kosten einer markengebundenen Vertragswerkstatt auch dann zu erstatten, wenn offenbleibt, ob die Reparatur durch Mitarbeiter des Autohauses oder durch externe »Dellendrücker« durchgeführt wurde.[15] 14

Unterhält der VN eine **eigene Reparaturwerkstatt**, in der er auch fremde Fahrzeuge repariert, so bemisst sich sein Ersatzanspruch nach den Kosten, wie sie auch in einer Fremdwerkstatt anfallen würden; der VN muss bei einer Eigenreparatur seines kaskoversicherten Fahrzeuges weder auf seinen Unternehmergewinn, noch auf die Erstattung von Ersatzteilaufschlägen verzichten.[16] Anderes gilt jedoch für einen VN, der – wie z.B. ein Verkehrsbetrieb – seine Werkstatt ausschließlich für die Reparatur des eigenen Fuhrparks vorhält.[17] Stehen dem VN infolge seiner persönlichen Verhältnisse Möglichkeiten zur Verfügung, die Reparatur billiger durchführen zu lassen, so muss er hiervon Gebrauch machen, sofern ihm ein **Rechtsanspruch auf** diese **günstigere Reparaturmöglichkeit** eingeräumt ist (z.B. bei seinem Arbeitgeber aufgrund arbeitsvertraglicher Regelung). 15

2. 130 %-Grenze

Die für die Kfz-Haftpflichtversicherung entwickelte **130 %-Grenze**, wonach der Geschädigte bei vollständiger und fachgerechter Reparatur seines Kfz und mindestens 6-monatiger Weiternutzung die tatsächlich entstandenen Reparaturkosten bis zur Höhe von 130 % des Wiederbeschaffungswertes seines Kfz beanspruchen kann, gilt in der Kaskoversicherung nicht. Obergrenze für die Entschädigung ist immer der Wiederbeschaffungswert des Fahrzeuges.[18] Allerdings trägt der VR aufgrund seines Weisungsrechtes (vgl. E.1.3.2 AKB) das **Prognoserisiko**, dass die tatsächliche Reparatur teurer wird als ursprünglich kalkuliert, (vgl. A.2.5.2 AKB Rdn. 28). 16

12 Vgl. BGH Urt. v. 30.01.1985 – **IVa ZR 109/83** – VersR 1985, 354 = NJW 1985, 1222.
13 AG Kerpen Urt. v. 14.01.2021 – 102 C 177/20 – VK 2021, 93; AG Kelheim Urt. v. 12.01.2021 – 1 C 444/20 – VK 2021, 93; AG Aachen Urt. v. 16.11.2020 – 116 C 123/20 – VK 2021, 19.
14 AG Landshut Urt. v. 27.07.2010 – 1 C 760/10 – DV 2010, 104 = SpV 2010, 69.
15 AG Wipperfürth Urt. v. 08.01.2021 – 9 C 330/19, n.v.
16 Vgl. Armbrüster VersR 2008, 1154.
17 BGH Urt. v. 26.05.1970 – **VI ZR 168/68** – VersR 1970, 832 = NJW 1970, 1454; Stiefel/Maier/*Meinecke* A.2 AKB Rn. 574.
18 OLG Koblenz Urt. v. 26.11.1999 – 10 U 246/99 – VersR 2000, 1359 = r+s 2000, 97.

3. Kalkulationsgrundlage für die Reparatur

17 Bei Beschädigungen des Fahrzeuges erstattet der VR die für die Reparatur des Fahrzeuges (oder seiner Fahrzeugteile und des –zubehörs, vgl. A.2.1.2 AKB) erforderlichen Kosten bis zur Höhe des Wiederbeschaffungswertes. Damit können grundsätzlich **auch im Fall des wirtschaftlichen Totalschadens** (Reparaturkosten übersteigen den um den Restwert verminderten Wiederbeschaffungswert) die Instandsetzungskosten verlangt werden, wodurch dem Integritätsinteresse des VN an der Erhaltung und Weiternutzung seines vertrauten Fahrzeuges Rechnung getragen wird.

18 Die Wiederherstellungskosten werden entweder auf der Grundlage eines **Kostenvoranschlages** (bei einem Schadenumfang bis ca. 2.000,00 €) oder eines vom VR zu beauftragenden **Sachverständigengutachtens** (vgl. A.2.5.3 AKB) kalkuliert. Sie setzen sich zusammen aus den Lohnkosten (Anzahl der Arbeitswerte mal Stundenverrechnungssatz), den Materialkosten für die Ersatzteile sowie den Lackierungskosten und orientieren sich an den Preisen, die der VN für eine Reparatur in der Werkstatt seines Vertrauens zu bezahlen hätte. Dies wird regelmäßig eine markengebundene, vom Hersteller des jeweiligen Fabrikates zugelassene Vertragswerkstatt sein, muss es aber nicht, (vgl. A.2.5.2 AKB Rdn. 33 ff.).

19 Die dem VN tatsächlich entstehenden **Kosten für** einen **Kostenvoranschlag** hat der VR zu erstatten, wenn er vom VN die Beschaffung eines Kostenvoranschlages verlangt hat, der VN diesem Verlangen nachgekommen ist und die Werkstatt nach Auftragsvergabe durch den VN diese Kosten nicht mit den späteren Reparaturkosten verrechnet hat.[19]

20 Wird eine Kalkulation nicht erstellt, obliegt es dem VN, vor Beginn der Reparatur **Weisungen des VR einzuholen**, (E.1.3.2 AKB). Dies gilt auch für die Reparatur oder Neuanschaffung von mitversichertem Fahrzeugzubehör.[20]

4. Voraussetzungen für eine vollständige und fachgerechte Reparatur

21 Voraussetzung für eine Entschädigungszahlung, die über den Wiederbeschaffungsaufwand (Wiederbeschaffungswert minus Restwert) hinausgeht, ist die **vollständige und fachgerechte Instandsetzung** des Fahrzeuges in einem Umfange, wie sie vor Reparaturbeginn in einem eingeholten Kostenvoranschlag zugrunde gelegt bzw. von einem Sachverständigen in seinem Gutachten für notwendig erachtet worden ist. Außerdem muss der VN die entsprechende Reparatur seines Fahrzeuges durch Vorlage der Reparaturkostenrechnung nachweisen. Er erhält dann auch die Mehrwertsteuer ersetzt, A.2.5.4 AKB. Kann er dies nicht, ist sein Anspruch durch die Verweisung in A.2.5.2.1a S. 2 AKB automatisch auf den Wiederbeschaffungsaufwand beschränkt. **AGB-rechtlich** begegnet die Regelung keinen Bedenken.[21] Vergleichbare Klauseln in älteren AKB-Fassungen wurden bereits als wirksam erachtet.[22]

22 **Vollständig und fachgerecht bedeutet**, dass es sich weder um eine provisorische, nur notdürftige Instandsetzung, noch um eine Billigreparatur handeln darf. Sofern die Reparatur nach den Vorgaben des Herstellers erfolgt, kann eine fachgerechte Ausführung unterstellt werden. Allerdings kommt es nicht zwingend auf die Einhaltung der dem VN regelmäßig unbekannten **Herstellerrichtlinien** und damit auf den vom Kfz-Hersteller empfohlenen **Reparaturweg** an.[23] Ausreichend sind vielmehr auch solche Reparaturleistungen, die den einschlägigen DIN-Normen und den in einer Karosserie-Fachwerkstatt angewandten anerkannten Regeln des Kfz-Handwerks entsprechen.

---

19 Vgl. AG Stuttgart Urt. v. 10.06.2011 – 18 C 1575/11 – www.iww.de, Abruf-Nr. 112103; AG Essen Urt. v. 29.11.2006 – 29 C 466/06 – www.iww.de, Abruf-Nr. 070350.

20 Vgl. AG Mainz Urt. v. 05.04.2011 – 80 C 240/10 – r+s 2011, 283.

21 OLG Saarbrücken Urt. v. 22.04.2020 – 5 U 55/19 – r+s 2020, 394; LG Dortmund Urt. v. 20.04.2011 – 2 O 272/10 – r+s 2011, 465.

22 OLG Frankfurt Urt. v. 12.11.1998 – 15 U 269/97 – VersR 2000, 1010; OLG Hamm Urt. v. 19.05.1999 – 20 U 1/99 – VersR 2000, 629 = r+s 2000, 9; LG Dortmund Urt. v. 10.12.2008 – 22 O 109/07 – VersR 2009, 926.

23 LG Dortmund Urt. v. 30.06.2011 – 2 S 36/10 – r+s 2011, 425.

Von einer vollständig und fachgerechten Reparatur ist auszugehen, wenn das Fahrzeug wieder **fahrtüchtig und verkehrssicher hergestellt** ist, alle Arbeiten, die aus technischer Sicht zur Beseitigung der Schäden notwendig sind, durchgeführt wurden und – sofern der VR bereits Vorschüsse gezahlt hat – die tatsächlichen Reparaturkosten jedenfalls die bisher ausgezahlte Versicherungsleistung erreichen; eine **Mangelfreiheit der Reparatur wird nur in technischer Hinsicht** vorausgesetzt.[24] Erweist sich die Reparatur in einem Punkt als mangelhaft oder unvollständig, so steht dies gleichwohl einer »vollständig« ausgeführten Reparatur i.S.d. Klausel nicht entgegen, wenn eine weitere Reparatur aus technischer Sicht nicht notwendig ist und auch außer Verhältnis steht zu den durch die weitere Reparatur erzielbaren Vorteilen.[25] 23

5. Anforderungen an den Reparaturnachweis

Der erforderliche Nachweis über die vollständige und fachgerechte Reparatur kann **ausschließlich »durch eine Rechnung«** geführt werden. Der eindeutige Wortlaut in A.2.5.2.1a AKB lässt keine andere Auslegung zu.[26] **Nicht ausreichend** ist es, wenn der VN Rechnungen über den **Erwerb einzelner Ersatzteile** oder ein **Sachverständigengutachten** vorlegt, in welchem die ordnungsgemäße und vollständige Reparatur bescheinigt wird.[27] Ebenso wenig genügt es, wenn nur »**Reparaturkosten laut Gutachten zum Festpreis**« in Rechnung gestellt werden ohne jeglichen Bezug zu konkreten Reparaturmaßnahmen.[28] Im Falle einer Eigenreparatur durch einen Werkstattinhaber genügt jedoch auch eine »**Eigenrechnung**«.[29] Soweit der VR gemäß A.2.5.2.1b AKB bereits den Wiederbeschaffungsaufwand reguliert hat und für eine darüber hinausgehende Entschädigung nach Maßgabe des A.2.5.2.1a AKB vom VN einen Rechnungsnachweis fordert, ist dies nicht zu beanstanden. 24

Auch wenn die Werkstatt vom VN wegen des Umfanges der Reparatur Sicherheiten verlangt und der VN mit den Reparaturkosten finanziell nicht in Vorlage treten kann, ist der **VR** gleichwohl **zur Abgabe einer Reparaturkostendeckungszusage** oder **Kostenübernahmeerklärung** gegenüber der Werkstatt – auch unter Berücksichtigung seiner Vorschusspflicht in A.2.7.2 AKB – **nicht verpflichtet.**[30] Der VN kann sich in einem solchen Fall bei einer Bank gegen Abtretung seines Entschädigungsanspruches aus der Kaskoversicherung (nach Einholung der Genehmigung des VR nach A.2.7.4 AKB, ausgenommen in den Sonderfällen des § 354a HGB) refinanzieren. 25

Der **Reparaturnachweis ist nur dann erbracht**, wenn der **VN als Rechnungsadressat** aufgeführt ist. Ist die Rechnung auf einen Dritten ausgestellt, lässt dies den Schluss zu, dass der VN sein Fahrzeug unrepariert veräußert und der neue Erwerber die Reparatur beauftragt hat. Da der VN mit einer Veräußerung aber bereits das ihm nach A.2.7.1 AKB zustehende Wahlrecht ausgeübt hat, kann er mit seinem Anspruch in einem solchen Fall nur noch auf die Abrechnungsvariante b), nicht aber mehr auf die Abrechnungsvariante a) zurückgreifen.[31] 26

6. Tatsächliche Reparaturkosten sind geringer/höher als kalkuliert

Fällt die in jeder Hinsicht vollwertige **Reparatur preisgünstiger** aus **als ursprünglich** durch den Sachverständigen im Schadengutachten **kalkuliert**, beschränkt sich die Leistungspflicht des VR auf den konkret angefallenen geringeren Betrag, sofern die Reparatur vollständig und fachgerecht ausgeführt wurde.[32] Auf die Kalkulation des Sachverständigen kommt es dann nicht mehr an. 27

---

24 OLG Karlsruhe Urt. v. 21.10.2010 – 9 U 41/10 – VersR 2011, 1137 = r+s 2011, 282.

25 OLG Karlsruhe Urt. v. 21.10.2010 – 9 U 41/10 – VersR 2011, 1137 = r+s 2011, 282.

26 AG Düsseldorf Urt. v. 12.02.2014 – 22 C 14233/13 – r+s 2015, 190.

27 AG Wuppertal Urt. v. 24.02.2015 – 39 C 108/14 – SP 2015, 274; **a.A.** Feyock/*Jacobsen*/Lemor A.2 AKB Rn. 123.

28 OLG Hamm Beschl. v. 07.04.2021 – 20 U 28/21 – r+s 2021, 449 = zfs 2021, 574.

29 LG Nürnberg-Fürth Urt. v. 14.11.2013 – 8 O 6658/12 – r+s 2015, 188.

30 LG Dortmund Urt. v. 20.04.2011 – 2 O 272/10 – r+s 2011, 465; LG Köln Beschl. v. 30.03.2011 – 24 S 5/11 – r+s 2012, 433.

31 Stiefel/Maier/*Meinecke* A.2 AKB Rn. 581.

32 Stiefel/Maier/*Meinecke* A.2 AKB Rn. 572.

Maßgebend ist vielmehr der günstigere tatsächliche Reparaturpreis, da der VN zu diesem konkreten Preis in vollem Umfange das erhalten hat, was ihm nach dem Versicherungsvertrag zusteht, nämlich eine vollständige und vollwertige Beseitigung seines Kaskoschadens.[33] Auch ein dem VN von der Fachwerkstatt gegenüber den »üblichen« Reparaturkosten eingeräumter Preisvorteil steht dem VR zu. Dabei ist es unerheblich, ob der **Preisvorteil als Nachlass** oder als (teilweise) **Übernahme des Selbstbehaltes** bezeichnet wird,[34] (zu Nachlässen im Zusammenhang mit **Glasbruchschäden** vgl. A.2.2.1 AKB Rdn. 106).

28 Fällt die tatsächlich durchgeführte **Reparatur teurer** aus **als ursprünglich kalkuliert**, weil der Sachverständige bei den Lohnkosten lediglich vergleichsweise niedrige **durchschnittliche Stundenverrechnungssätze** freier Karosseriewerkstätten angesetzt hat, wohingegen der VN sein Fahrzeug aber in einer markengebundenen Vertragswerkstatt hat instandsetzen lassen, so sind die Mehrkosten zu erstatten,[35] sofern in den konkreten AKB des VR keine entgegenstehende Erstattungs-Höchstgrenze vereinbart wurde.

29 Gleiches gilt, wenn sich während der Reparatur eine **Ausweitung des Schadens** gegenüber der anfänglichen Einschätzung des Gutachters ergibt oder wenn sich im Rahmen der konkreten Reparaturdurchführung ein anderer, **kostenaufwendigerer Reparaturweg** als notwendig oder im Nachhinein einzig möglich herausstellt. Übersteigen die effektiv entstandenen und durch Rechnung belegten Reparaturkosten den Wiederbeschaffungswert des Fahrzeuges, wohingegen sich die ursprünglich kalkulierten Kosten noch unterhalb des Wiederbeschaffungswertes bewegten, so sind dem VN trotzdem die vollen, tatsächlich entstandenen Aufwendungen zu ersetzen.

30 Stuft der vom VR beauftragte Sachverständige den Schaden am Fahrzeug als Reparaturschaden ein, muss der VR die Gesamtkosten bei vollständig durchgeführter, fachgerechter und durch Rechnung belegter Reparatur nach A.2.5.2.1a AKB auch dann übernehmen, wenn sie unerwartet höher ausfallen und den Wiederbeschaffungswert übersteigen. Das **Risiko einer fehlerhaften Bewertung der** zur Schadenbeseitigung **erforderlichen Kosten** trägt regelmäßig der **VR**. Dies gilt jedenfalls dann, wenn er – wie üblich – den Sachverständigen beauftragt hat, (vgl. A.2.5.3 AKB). Denn einerseits kann der VR bei der Auswahl des Sachverständigen von vornherein sicherstellen, dass das Schadengutachten nur durch einen besonders erfahrenen und qualifizierten Gutachter erstellt wird. Andererseits hat er aber auch Möglichkeiten, durch Kalkulationsvorgaben inhaltlichen Einfluss auf das zu erstellende Gutachten zu nehmen. Angesichts dessen erscheint es sachgerecht, dem VR auch das alleinige Risiko einer Fehlkalkulation des von ihm beauftragten Sachverständigen zuzuweisen, (vgl. A.2.5.2 AKB Rdn. 13).

31 **Mehrkosten durch eine Nachreparatur** wegen anfänglicher mangelhafter Reparaturdurchführung sind dem VN zu ersetzen, wobei werkvertragliche Schadenersatzansprüche des VN gegen die Werkstatt nach § 86 VVG auf den VR übergehen.

7. Schäden im Ausland

32 Bei **Auslandsschäden** kann der VN lediglich Ersatz der Instandsetzungskosten beanspruchen, die bei einer Reparatur in einer dem Unfallort nahegelegenen Fachwerkstatt entstanden wären. Insoweit kommt es auf die konkreten, im Ausland vorhandenen Werkstattbedingungen an. Wenn er die Möglichkeit hat, am ausländischen Unfallort die Reparatur in einer zuverlässigen Fachwerkstatt preisgünstiger als in Deutschland durchführen zu lassen, so verstößt der VN gegen seine Obliegenheit zur Schadenminderung (E.1.1.4 AKB), wenn er auf Kosten des VR sein Fahrzeug nach Deutschland transportieren lässt, nur um es dort in der Werkstatt seines Vertrauens reparieren zu lassen.[36] Die damit verbundenen Mehrkosten muss der VR ebenso wenig übernehmen wie die Überführungskosten nach Deutschland. Gerade der Umstand, dass der VR nach A.2.5.2.2 AKB

---

33 Vgl. BGH Urt. v. 30.01.1985 – **IVa ZR 109/83** – VersR 1985, 354 = NJW 1985, 1222, 1223.

34 OLG Frankfurt/M. Urt. v. 11.05.2006 – 6 U 7/06 – VersR 2006, 1068 = VRR 2006, 389.

35 Vgl. LG Hamburg Beschl. v. 19.09.2013 – 302 S 21/13 – VA 2013, 203, **welches dem VN sogar bei fiktiver Abrechnung die Kosten einer Markenwerkstatt zugesteht.**

36 OLG Hamburg Urt. v. 04.02.2000 – 14 U 183/99 – JurionRS 2000, 20371.

Abschleppkosten nur bis zur nächstgelegenen für die Reparatur geeigneten Werkstatt ersetzen muss, verdeutlicht, dass diese Regelung in Zusammenhang steht mit der Frage, welche Kosten als erforderliche Wiederherstellungskosten anzusehen sind.

II. Vollständige und fachgerechte Reparatur ohne Rechnungsnachweis – A.2.5.2.1a S. 2 AKB

Kann der VN den Rechnungsnachweis einer vollständigen und fachgerechten Reparatur nicht erbringen, wird er nach A.2.5.2.1a S. 2 AKB so behandelt, als hätte er überhaupt keine Reparatur durchführen lassen. Er wird auf die fiktive Abrechnung in A.2.5.2.1b AKB verwiesen, die den Reparaturkostenersatzanspruch des VN auf den **Wiederbeschaffungsaufwand beschränkt.** Dies benachteiligt den VN immer dann, wenn sich die gutachterlich geschätzten Reparaturkosten zwischen dem Wiederbeschaffungsaufwand und dem Wiederbeschaffungswert bewegen. Insbesondere für den Fall der **Eigenreparatur** bedeutet diese Regelung für den VN eine oftmals erhebliche Verkürzung seiner Ansprüche. 33

Gleichwohl **begegnet dies keinen rechtlichen Bedenken.** In A.2.5.2.1b AKB ist zwar der fehlende Rechnungsnachweis nicht als eigenständige Variante aufgeführt, so dass sich der VN auf den Standpunkt stellen könnte, dass diese Variante für ihn nicht einschlägig ist, wenn er zwar in Eigenregie, aber trotzdem vollständig und fachgerecht repariert hat. Trotzdem dürfte die **Klausel** dem Transparenzgebot des **§ 307 Abs. 1 S. 2 BGB** genügen, denn sie ist **unter Berücksichtigung des Sinngehaltes der gesamten Regelung in A.2.5.2.1 AKB** auch für den durchschnittlichen VN ohne versicherungsrechtliche Spezialkenntnisse **eindeutig.**[37] 34

Die Klausel ist auch weder überraschend nach **§ 305c Abs. 1 BGB**, noch führt sie zu einer unangemessenen Benachteiligung des VN i.S.v. **§ 307 Abs. 1 S. 1 BGB.**[38] Der VN hat die vollständige und fachgerechte Reparatur seines Fahrzeuges gegen Rechnungsnachweis selbst in der Hand. Er kann aufgrund eigener Entscheidung die Voraussetzungen für die ungekürzte Höchstentschädigung schaffen. 35

Vom **Aufbau** her werden in A.2.5.2.1a AKB zunächst die Voraussetzungen zur Erlangung der Höchstentschädigung (Wiederbeschaffungswert ohne Restwert) beschrieben, die einen Rechnungsnachweis erfordern. In A.2.5.2.1a S. 2 AKB findet sich der ausdrückliche Hinweis, dass sich für den Fall, dass dieser Nachweis fehlt, die Entschädigungsleistung nach A.2.5.2.1b AKB bemisst. Dadurch werden keine Rechte des VN, die sich aus der Natur des Kaskoversicherungsvertrages ergeben, so eingeschränkt, dass eine Gefährdung des Vertragszwecks angenommen werden könnte. 36

Wäre der VR verpflichtet, die Reparaturkosten stets – also auch ohne Rechnungsnachweis – ohne Abzug des Restwerts an den VN auszuzahlen, hätte dies zur Konsequenz, dass dem VN im Einzelfall durch Vereinnahmung der Reparaturkosten und gleichzeitiger Veräußerung seines Unfallfahrzeuges eine höhere Summe zufließen würde als der Vermögenswert, den sein Fahrzeug vor dem Schadenfall objektiv noch verkörperte. Der VN würde dadurch an dem Schaden verdienen. Es bestehen keine Bedenken, einer solchen Bereicherung des VN durch die vorliegende Klausel zu begegnen. 37

Auch bei **rein wirtschaftlicher Betrachtung** ist die die Entschädigungsleistung des VR ausreichend. Der VN kann sich auf dem Gebrauchtwagenmarkt ein vergleichbares Fahrzeug zum Wiederbeschaffungswert anschaffen und sein beschädigtes Fahrzeug zum Restwert veräußern. Die finanzielle Lücke wird durch die Entschädigungszahlung des VR voll geschlossen. 38

---

37 Ebenso LG Berlin Urt. v. 13.09.2021 – 23 S 7/21 – VersR 2022, 578 = r+s 2022, 75.

38 OLG Düsseldorf Urt. v. 29.04.2008 – I-4 U 145/07 – r+s 2009, 322 = zfs 2009, 156 **für eine vergleichbare Klausel.**

III. Keine, nicht vollständige oder nicht fachgerechte Reparatur – A.2.5.2.1b AKB

1. Erforderliche Kosten bei fiktiver Abrechnung[39]

39 Lässt der VN nicht, nicht vollständig oder nicht fachgerecht reparieren oder kann er die vollständige und fachgerechte Reparaturdurchführung nicht durch eine Werkstattrechnung belegen, kann er seinen Kaskoentschädigungsanspruch auf der **Basis eines Kostenvoranschlages oder Sachverständigengutachtens** abrechnen. Sein Entschädigungsanspruch ist jedoch stets auf die Höhe des Wiederbeschaffungswertes abzüglich des anzurechnenden Restwerts[40] seines Fahrzeugs (**Wiederbeschaffungsaufwand**) begrenzt. Dies gilt auch dann, wenn die kalkulierten Reparaturkosten zwar oberhalb des Wiederbeschaffungsaufwands, aber unterhalb des Wiederbeschaffungswertes liegen. Der VN wird hierdurch nicht unangemessen benachteiligt.[41] Im Übrigen verweist die Klausel auf A.2.5.1.6 AKB (vgl. A.2.5.1 AKB Rdn. 61 ff.) und A.2.5.1.7 AKB (vgl. A.2.5.1 AKB Rdn. 75 ff.). Zur Frage der **Mehrwertsteuer** siehe A.2.5.4 AKB (vgl. A.2.5.4 AKB Rdn. 7 ff.; A.2.5.2 AKB Rdn. 82). Die Verwendung von Gebrauchtteilen führt nicht zwingend dazu, dass die Reparatur als nicht fachgerecht angesehen werden müsste, weshalb der VR in einem solchen Fall die vollen Reparaturkosten, sofern diese unterhalb des Wiederbeschaffungswerts liegen, erstatten muss.[42] Zur **schlüssigen Darlegung** seines Anspruchs auf Erstattung der Reparaturkosten muss der VN Angaben zum Wiederbeschaffungswert und Restwert seines Fahrzeuges machen.[43]

40 Der **VN** hat im Rahmen der fiktiven Abrechnung – anders als im Falle einer tatsächlich erfolgten und nachgewiesenen Reparatur – **grundsätzlich keinen uneingeschränkten Anspruch** auf die für seinen Fahrzeugtyp maßgeblichen **Instandsetzungskosten**, wie sie in einer vom Hersteller autorisierten, **markengebundenen Vertragswerkstatt** zu zahlen wären. Sofern im Versicherungsvertrag keine **Obergrenzen für Stundenverrechnungssätze** vereinbart sind, beinhaltet die Leistungsverpflichtung des VR nach A.2.5.2.1b AKB die Erstattung der *»erforderlichen Kosten«* einer vollständigen und fachgerechten Reparatur. Dies müssen aber nicht zwingend diejenigen einer markengebundenen Vertragswerkstatt sein. Generell gilt, dass als Maßstab für die zu ermittelnden Kosten weder der teuerste Aufwand, noch der Aufwand für eine Billigreparatur anzusetzen ist. Keinesfalls aber ist der Entschädigungsanspruch des VN stets nur auf den Ersatz von durchschnittlichen Stundenverrechnungssätzen beschränkt.[44]

41 Für den **Haftpflichtschadenbereich** hat der **BGH**[45] in mehreren Entscheidungen Grundsätze für die fiktive Schadenabrechnung aufgestellt. Dabei hat er bekräftigt, dass der Schadenberechnung grundsätzlich die in einer **markengebundenen Fachwerkstatt** anfallenden Reparaturkosten zugrunde gelegt werden können. Eine Verweisung des Geschädigten auf eine **günstigere Reparaturmöglichkeit** in einer »mühelos und ohne Weiteres zugänglichen freien Karosseriefachwerkstatt« sei jedenfalls für Fahrzeuge bis zum Alter von drei Jahren unzumutbar und hänge im Übrigen für ältere Fahrzeuge davon ab, dass der Schädiger nachweise, dass eine Reparatur in einer solchen Werkstatt vom Qualitätsstandard her der Reparatur in einer markengebundenen Fachwerkstatt entspreche. Selbst bei älteren Fahrzeugen könne aber eine alternative Reparaturmöglichkeit außerhalb einer markengebundenen Fachwerkstatt unzumutbar sein, wenn der Geschädigte sein Fahrzeug auch schon bisher dort habe warten und reparieren lassen.

---

39 Übersicht bei: Jaeger zfs 2022, 304 ff.

40 Zur **Definition des Restwerts** vgl. BGH Urt. v. 10.09.2014 – **IV ZR 379/13** – VersR 2014, 1249 = r+s 2014, 546.

41 Ebenso LG Essen Urt. v. 02.07.2012 – 18 O 125/12 – SP 2013, 82; AG Essen Urt. v. 05.03.2014 – 22 C 39/14 – SP 2014, 236.

42 LG Baden-Baden Urt. v. 27.06.2024 – 1 O 31/23 – VA 2024, 128.

43 OLG Köln Beschl. v. 31.07.2018 – 9 U 73/18 – BeckRS 2018, 36809.

44 So aber offenbar AG Berlin-Mitte Urt. v. 11.11.2009 – 110 C 3194/09 – NZV 2010, 251.

45 BGH Urt. v. 15.07.2014 – **VI ZR 313/13** – r+s 2014, 476 = NJW 2014, 3236; BGH Urt. v. 13.07.2010 – **VI ZR 259/09** – r+s 2010, 437 = NJW 2010, 2941 (**2. Mercedes-Urteil**); BGH Urt. v. 22.06.2010 – **VI ZR 302/08** – r+s 2010, 348 = NJW 2010, 2727 (**Audi-Quattro-Urteil**); BGH Urt. v. 22.06.2010 – **VI ZR 337/09** – r+s 2010, 346 = NJW 2010, 2725 (**1. Mercedes-Urteil**); BGH Urt. v. 23.02.2010 – **VI ZR 91/09** – r+s 2010, 302 = NJW 2010, 2118 (**BMW-Urteil**); BGH Urt. v. 20.10.2009 – **VI ZR**

Für den **Kaskoschadenbereich** hat der **BGH** stets betont, dass die für den Ersatz von Haftpflichtschäden entwickelte Rechtsprechung nicht ohne weiteres auf den Kaskoschadenbereich übertragbar ist. Denn hier geht es nicht um einen Schadenausgleich nach § 249 BGB, sondern um die Erfüllung eines vertraglichen Leistungsversprechens durch den VR. Anders als beim Haftpflichtschaden, wo die Dispositionsfreiheit des Geschädigten im Vordergrund steht, unterliegt beim Kaskoschaden der VN den **Weisungen** des VR – soweit diese für ihn zumutbar sind, (vgl. E.1.1.4 und E.1.3.2 AKB). 42

In einer Entscheidung zur Kaskoversicherung ohne Werkstattbindung (vgl. hierzu A.2.5.2 AKB Rdn. 83 ff.) hat der **BGH**[46] Fallgruppen gebildet, in denen **ausnahmsweise** auf die Preise einer markengebundenen Vertragswerkstatt abzustellen ist. Danach kann der VN – auch fiktive – Aufwendungen für die Reparatur in einer solchen Werkstatt verlangen, 43

- wenn aufgrund der Art der anfallenden Reparaturarbeiten eine vollständige und fachgerechte Wiederherstellung des Fahrzeuges nur in einer Markenwerkstatt durchgeführt werden kann, oder
- wenn es sich um ein »neueres Fahrzeug« handelt, insbesondere, wenn es noch der Herstellergarantie unterliegt, oder
- wenn der VN sein Fahrzeug bisher stets in einer markengebundenen Fachwerkstatt hat warten und reparieren lassen (scheckheftgepflegtes Fahrzeug).[47]

Um die Kosten einer markengebundenen Fachwerkstatt verlangen zu können, muss der **VN** also im Streitfall **darlegen und ggf. beweisen**, dass die Reparatur in einer Markenwerkstatt zur vollständigen und fachgerechten Instandsetzung des Fahrzeugs notwendig war, oder, sofern sich dies nicht nachweisen lässt, dass jedenfalls die Voraussetzungen für eine der beiden übrigen vorgenannten Alternativen erfüllt sind. Die **1. Alternative** dürfte Fahrzeuge betreffen, die so erheblich beschädigt wurden, dass ausschließlich durch eine Reparatur in einer markengebundenen Vertragswerkstatt mit entsprechender technischer und personeller Ausstattung sowie des vom Hersteller zur Verfügung gestellten Spezialwerkzeugs eine technisch einwandfreie, vollständige und fachgerechte Instandsetzung gewährleistet ist. Bei der **2. Alternative** für »neuere Fahrzeuge« dürften – wie schon in der BGH-Rechtsprechung zum Haftpflichtschadensrecht – solche Fahrzeuge gemeint sein, die zum Schadenzeitpunkt noch **nicht älter als drei Jahre** waren. Dies ist auch gerechtfertigt, da für neuere Fahrzeuge oftmals noch Gewährleistungs- und Garantieansprüche des VN bestehen, die bei einer Instandsetzung des Kfz in einer nicht markengebundenen, freien Karosseriewerkstatt gefährdet wären. Nach der **3. Alternative** ist auch dann auf die Preise einer markengebundenen Vertragswerkstatt abzustellen, wenn der VN sein Fahrzeug schon in der Vergangenheit stets beim Vertragshändler hat warten und reparieren lassen. Dies verstößt auch nicht gegen das Postulat, dass der VN an dem Versicherungsfall nicht verdienen, sich also **nicht bereichern**, sondern nur seinen tatsächlich erlittenen Schaden ersetzt erhalten soll.[48]

Sofern die vom BGH entwickelten Fallgruppen für die Abrechnung auf Basis markengebundener Werkstattpreise **nicht einschlägig sind** oder vom VN nicht bewiesen werden können, können die nach A.2.5.2.1 AKB für eine vollständige und fachgerechte Reparatur vom VR zu erstattenden Kosten diejenigen einer freien Karosseriewerkstatt sein. Dies setzt aber voraus, dass die Reparatur in einer solchen Werkstatt **technisch und qualitativ gleichwertig** wie in einer markengebundenen Vertragswerkstatt erfolgen kann, was der **VR im Streitfall zu beweisen** hat. Denn der VR ist es, der das Gutachten erstellen lässt (vgl. A.2.5.3 AKB) und den Sachverständigen auswählt. Er trägt damit auch das Risiko dafür, dass die Reparatur in der freien Werkstatt, auf deren Stundenverrechnungssätzen und Materialpreisen die Kalkulation des Sachverständigen basiert, vom **Qualitätsstandard** 44

53/09 – r+s 2010, 34 = NJW 2010, 606 (**VW-Urteil**); BGH Urt. v. 29.04.2003 – **VI ZR 398/02** – r+s 2003, 301 = NZV 2003, 372 (**Porsche-Urteil**).

46 BGH Urt. v. 11.11.2015 – **IV ZR 426/14** – VersR 2016, 45 = NJW 2016, 314; vgl. auch Schreier NJW 2016, 289 ff.

47 Vgl. auch LG Hamburg Beschl. v. 19.09.2013 – 302 S 21/13 – r+s 2014, 168; **a.A.** AG Erfurt Urt. v. 18.04.2012 – 11 C 3067/11 – NZV 2012, 552, **wonach dem VN eine Abrechnung auf der Basis durchschnittlicher Stundenverrechnungssätze zumutbar sei.**

48 Ebenso Stiefel/Maier/*Meinecke* A.2 AKB Rn. 581.

her unter Umständen nicht der Reparatur in einer markengebundenen Vertragswerkstatt entspricht. Diese Beweislastverteilung erscheint gerechtfertigt, zumal der **BGH**[49] für vergleichbare Konstellationen im Haftpflichtschadensrecht entschieden hat, dass den Schädiger die Darlegungs- und Beweislast dafür trifft, dass eine Reparatur in einer »freien Fachwerkstatt« vom Qualitätsstandard her der Reparatur in einer markengebundenen Werkstatt entspricht.

45 **Kriterien für die Gleichwertigkeit** können sein, ob es sich um eine Meisterwerkstatt handelt, in der ausschließlich Original-Ersatzteile des betreffenden Kfz-Herstellers Verwendung finden, ob die freie Werkstatt dieselben Garantieleistungen und -rechte gewährt wie die markengebundene Fachwerkstatt, ob es sich um einen zertifizierten Kfz-Meisterbetrieb für Lackier- und Karosseriearbeiten handelt und ob der Betrieb im Hinblick auf seine Qualitätsstandards einer regelmäßigen Überprüfung durch eine unabhängige Prüforganisation (TÜV/DEKRA) unterliegt.[50] Zudem wird man für die Gleichwertigkeit verlangen müssen, dass die Werkstatt, auf deren Preisen die Instandsetzungskosten kalkuliert werden, **für den VN mühelos erreichbar** ist und vom Wohnort des VN nicht weiter entfernt liegt als die nächstgelegene Vertragswerkstatt, es sei denn, die vom VR benannte Werkstatt bietet einen kostenlosen Ab- und Rückholservice an.[51]

46 Außerdem darf die Reparaturkostenkalkulation – insoweit **anders als bei** Vereinbarung eines Kaskotarifs mit **Werkstattbindung**, vgl. hierzu A.2.5.2 AKB Rdn. 83 ff. – **keine Sonderkonditionen** berücksichtigen, also nicht auf Stundenverrechnungssätzen einer Werkstatt beruhen, mit der der VR durch besonders günstige Reparaturkonditionen vertraglich verbunden ist. Im Streitfall muss der VR – ebenso wie der Schädiger im Haftpflichtschadenfall – beweisen, dass er seiner Kaskoschadenabrechnung die üblichen Preise der betreffenden Werkstatt, also keine Sonderkonditionen, zugrunde gelegt hat, wobei der VN sich darauf beschränken kann, eine entsprechende Behauptung des VR mit Nichtwissen zu bestreiten.[52] Dabei geht es – **anders als im Haftpflichtschadenbereich** – nicht darum, dass die kostengünstigere Abrechnung unter Berücksichtigung von Sonderkonditionen für den VN unzumutbar wäre. Der VN ist in der Kaskoversicherung – anders als der Geschädigte in der Haftpflichtversicherung – nicht Herr des Restitutionsgeschehens. Er hat aber einen vertraglichen Erfüllungsanspruch gegenüber dem VR, dass ihm auch im Falle der fiktiven Abrechnung die »erforderlichen Kosten« einer vollständigen und fachgerechten Reparatur erstattet werden. Dieser Anspruch lässt sich nicht erfüllen, wenn der VR »seiner Vertragswerkstatt« auf der einen Seite **Zugeständnisse bei der Preisgestaltung** der Karosserie- und Lackierarbeiten abverlangt, auf der anderen Seite aber diese Werkstatt über **die gleiche technisch und qualitativ hochwertige Reparaturausstattung** verfügen soll wie eine markengebundene Vertragswerkstatt und zudem auch noch in der Lage sein soll, den gleichen **Qualitätsstandard** wie eine Markenwerkstatt zu erfüllen.

47 **Will der VR** aus Kostenersparnisgesichtspunkten oder auch, um auf dem Markt preisgünstigere Kaskoversicherungsprämien anbieten zu können, im Schadenfall den **Entschädigungsanspruch des VN auf niedrigere**, durchschnittliche oder »mittlere« **Stundenverrechnungssätze einer eigenen Vertragswerkstatt begrenzen**, so muss er – abweichend von der Verbandsempfehlung des GDV – in seinen AKB entweder einen Tarif mit Werkstattbindung oder eine entsprechende eindeutige Regelung mit dem VN vereinbaren, die z.B. wie folgt aussehen könnte: *»Ohne konkreten Nachweis einer Reparatur gelten mittlere, ortsübliche Stundenverrechnungssätze als erforderlich.«* Diese Klausel begegnet auch AGB-rechtlich keinen Bedenken.[53] Für die Ersatzleistung ist in diesem Fall auf den ungewichteten, mathematischen Mittelwert der vom Sachverständigen zu erfragenden üblichen Stundenverrechnungssätze in nicht markengebundenen »Eurogarant-Fachwerkstätten« abzustellen.[54]

49 BGH Urt. v. 07.02.2017 – **VI ZR 182/16** – r+s 2017, 216 = DAR 2017, 265; BGH Urt. v. 28.04.2015 – **VI ZR 267/14** – r+s 2015, 420 = NJW 2015, 2110.

50 Vgl. BGH Urt. v. 23.02.2010 – **VI ZR 91/09** – r+s 2010, 302 = NJW 2010, 2118.

51 Vgl. AG Frankfurt/M. Urt. v. 27.08.2010 – 380 C 3652/09 (14) – zfs 2011, 26 (**zum Haftpflichtschaden**).

52 Vgl. BGH Urt. v. 22.06.2010 – **VI ZR 337/09** – r+s 2010, 346 = NJW 2010, 2725.

53 Vgl. OLG Düsseldorf Urt. v. 29.04.2008 – I-4 U 145/07 – r+s 2009, 322 = zfs 2009, 156.

54 AG Düsseldorf Urt. v. 18.11.2011 – 47 C 15761/09 – r+s 2012, 434 (**für einen Porsche 996 Carrera 4**).

Die Rechtsprechung des **BGH,**[55] wonach sich der Geschädigte in der Haftpflichtversicherung bei einer Beschädigung eines neuen bzw. neuwertigen Fahrzeuges grundsätzlich nicht auf Reparaturmöglichkeiten außerhalb der markengebundenen Fachwerkstatt verweisen lassen muss, gilt auch für den Kaskoschadenbereich. Die unter A.2.5.2 AKB Rdn. 44–48 aufgezeigten Erwägungen für die fiktive Abrechnung gelten **nicht für Fahrzeuge bis zum Alter von drei Jahren.** Die insoweit noch in der 1. Auflage vertretene Auffassung ist durch die Entscheidung des **BGH**[56] vom 11.11.2015 überholt. 48

Das **OLG Hamm**[57] hat im Falle einer **fiktiven Abrechnung** eines Motorschadens an einer **kaskoversicherten Motoryacht** dem VN nur die **Kosten einer Reparatur in einer qualitativ einwandfreien Fachwerkstatt zugebilligt**, nicht hingegen diejenigen, die in einem herstellerseitigen Reparaturbetrieb anfallen. Maßgeblich seien nur die Reparaturkosten, die nach Einschätzung eines Sachverständigen objektiv zur vollständigen und fachgerechten Schadenbeseitigung aufgewendet werden müssten. Der VR müsse wegen des Luxuscharakters der Yacht für eine teurere Instandsetzung in einer herstellerseitigen Werkstatt nicht eintreten, wenn eine solche zur unbedenklichen Instandsetzung nicht geboten sei. Die Entscheidung weist zwar Besonderheiten auf, weil der beschädigte Motor nicht mehr der Originalmotor war, sondern schon bei einem früheren Schadenfall durch eine herstellerfremde Reparaturfirma in die Yacht eingebaut worden war. Sie macht aber deutlich, dass der **fiktive Entschädigungsanspruch des VN** auch in der Kfz-Kaskoversicherung nicht immer und in jedem Fall die Reparaturkosten einer markengebundenen Fachwerkstatt erreichen muss, sondern auch darunter liegen kann. 49

2. UPE-Aufschläge und Verbringungskosten

UPE-Aufschläge sind **Ersatzteilpreisaufschläge**, die anfallen, wenn Werkstätten entsprechende Ersatzteile in eigenen Lagern vorhalten. Die durch die Vorfinanzierung entstehenden Kosten werden durch Aufschläge von ca. 10–20 % auf die unverbindliche Preisempfehlung (UPE) des Herstellers an die Kunden weitergegeben. Aber auch solche Werkstätten, die aus Kostengründen keine eigenen Ersatzteillager vorhalten und die Teile stattdessen nur bedarfsorientiert mit entsprechendem Zusatzkostenaufwand für Transport und Verpackung beziehen, erheben diese Zuschläge. Soweit **Transportkosten für die Ersatzteile** anfallen, sind nur die einfachen Frachtkosten, nicht aber Luftfracht- oder Portokosten für eine Expresszustellung zu übernehmen. Der **BGH** unterscheidet in Haftpflichtschadenfällen bei der Erstattungsfähigkeit von UPE-Aufschlägen nicht zwischen markengebundener und freier Werkstatt. Die Ersatzteilpreise werden von jeder Werkstatt nach betriebswirtschaftlichen Grundsätzen aufgestellt; sie können sich im Rahmen der unverbindlichen Preisempfehlung der Fahrzeughersteller bzw. Importeure bewegen, aber auch darüber oder darunter liegen.[58] Dies gilt auch für den Kaskobereich. Denn geht es um die Preisgestaltungsautonomie der Werkstatt, die vorhergehend nach Werkvertragsrecht zu beurteilen ist und damit identisch in Haftpflicht- wie in Kaskoschadenfällen. 50

Unter **Verbringungskosten** sind Kosten der Überführung und Rückholung des Fahrzeuges von der Werkstatt bzw. Lackiererei zu verstehen. Diese Kosten fallen in Karosseriebetrieben an, die über keine eigene Lackiererei verfügen. Vorbehaltlich einer abweichenden vertraglichen Abrede in den konkreten AKB gehören sie zu den erforderlichen Kosten der Wiederherstellung des Fahrzeugs. 51

Bei **konkreter Schadenabrechnung** nach durchgeführter Reparatur sind sowohl UPE-Aufschläge, als auch Verbringungskosten bei tatsächlichem Anfall gegen Rechnungsnachweis vom VR zu 52

55 BGH Urt. v. 22.06.2010 – **VI ZR 302/08** – r+s 2010, 348 = NJW 2010, 2727; BGH Urt. v. 20.10.2009 – **VI ZR 53/09** – r+s 2010, 34 = NJW 2010, 606.
56 BGH Urt. v. 11.11.2015 – **IV ZR 426/14** – VersR 2016, 45 = NJW 2016, 314.
57 OLG Hamm Urt. v. 25.11.2005 – 20 U 108/05 – zfs 2006, 155 = NZV 2006, 541.
58 BGH Urt. v. 25.09.2018 – **VI ZR 65/18**, Rz. 11 – NJW 2019, 852 = r+s 2019, 114.

übernehmen.[59] Dies gilt auch dann, wenn die Kosten im Einzelfall nicht marktüblich, sondern überhöht sein sollten.[60]

53 Bei **fiktiver Schadenabrechnung** nach Kostenvoranschlag oder Gutachten **ist zu differenzieren:** Wenn die UPE-Aufschläge und Verbringungskosten **regional branchenüblich** sind und in den örtlich ansässigen Fachwerkstätten in der Umgebung zum Wohnort des VN durchweg erhoben werden und anfallen, sind sie vom VR auch im Falle fiktiver Schadenabrechnung **zu ersetzen.** Gleiches gilt bei Werkstätten, mit denen der VR Reparatur-Sonderkonditionen ausgehandelt hat, wenn die Zuschläge in dieser Werkstatt auch im Falle einer konkret durchgeführten Reparatur erhoben werden. Fallen die Kosten **demgegenüber** in den regionalen Fachwerkstätten üblicherweise nicht an, so sind sie auch im Falle fiktiver Schadenabrechnung **nicht zu ersetzen.**[61] Die Nichterhebung dieser Kosten kann damit zusammenhängen, dass Ersatzteilzuschläge ausnahmsweise nicht erhoben werden oder dass die örtlichen Werkstätten außer den Karosserie- auch die Lackierarbeiten selbst durchführen, so dass Kosten für den Transport des Fahrzeuges zu einem externen Lackierbetrieb nicht anfallen. Insoweit sind diese Kosten dann aber für die Durchführung der Reparatur auch nicht »erforderlich« i.S.v.A.2.5.2.1 AKB, so dass sie im Rahmen einer fiktiven Abrechnung auch nicht zu berücksichtigen sind.[62]

54 Als **Maßstab für die Frage, ob die Kosten regional üblich sind** oder nicht, ist allerdings nicht ausschließlich auf die Kostenstruktur und Ausstattung der markengebundenen Vertragswerkstätten, sondern ganz allgemein derjenigen Karosseriefachbetriebe abzustellen, die unter Berücksichtigung ihres Ausbildungs- und Wissenstands sowie der technischen Ausstattung in der Lage sind, eine vom Qualitätsstandard her gleichwertige Reparaturleistung wie eine vom Kfz-Hersteller autorisierte Vertragswerkstatt zu bieten.

3. Rabatte

55 Als Großkunde regionaler Markenwerkstätten muss sich der VN auch bei fiktiver Abrechnung einen Abzug auf die kalkulierten Reparaturkosten gefallen lassen, wenn ihm in der Vergangenheit regelmäßig solche Rabatte auf Reparaturleistungen und Ersatzteile eingeräumt wurden.[63] Vgl. im Übrigen zu Rabatten auch A.2.5.1 AKB Rdn. 100 ff.

IV. Die Obergrenze der Entschädigung – A.2.5.2.1a und b AKB

56 Eine materiell-rechtliche Veränderung zu der vergleichbaren Klausel in den AKB 2007 ergibt sich daraus, dass die erforderlichen Reparaturkosten gemäß A.2.5.2.1a AKB **bis zur Grenze des Wiederbeschaffungswertes** (ohne Anrechnung des Restwerts) nur dann gezahlt werden, wenn der VN sein Fahrzeug tatsächlich vollständig und fachgerecht reparieren lässt und hierüber auch eine Rechnung vorlegen kann. Fehlen diese Voraussetzungen, erhält der VN die für eine vollständige Reparatur erforderlichen Kosten gemäß A.2.5.2.1b AKB nur maximal **bis zur Grenze des Wiederbeschaffungsaufwands** (Wiederbeschaffungswert abzüglich Restwert) ersetzt. **Zu Beispielabrechnungen** vgl. A.2.5.2 AKB Rdn. 77 ff.

---

59 Ebenso AG Coburg Urt. v. 15.11.2019 – 17 C 852/19 – VK 2020, 20; AG Zeven Urt. v. 25.09.2019 – 3 C 150/19 – VK 2020, 39.

60 Vgl. **zu Verbringungskosten** AG Fürth, Urt. v. 07.11.2017 – 310 C 1324/17 – VK 2018, 14 und Urt. v. 14.09.2017 – 340 C 1325/17 – www.iww.de, Abruf-Nr. 197651.

61 AG Aachen Urt. v. 17.08.2005 – 8 C 195/05 – SP 2006, 106.

62 Vgl. **zum Haftpflichtschaden:** KG Urt. v. 07.01.2010 – 12 U 20/09 – NZV 2011, 38; OLG Düsseldorf Urt. v. 16.06.2008 – I-1 U 246/07 – NZV 2009, 42 = DAR 2008, 523; LG Hanau Urt. v. 09.04.2010 – 2 S 281/09 – NZV 2010, 574; LG Aachen Urt. v. 07.04.2005 – 6 S 200/04 – NZV 2005, 649 = VA 2005, 97.

63 Vgl. BGH Urt. v. 29.10.2019 – **VI ZR 45/19** – VersR 2020, 174 = r+s 2020, 112; OLG Karlsruhe Urt. v. 22.06.2009 – 1 U 13/09 – BeckRS 2009, 45705; LG Karlsruhe Urt. v. 28.06.2017 – 19 S 33/16 – NJW 2017, 2924 (**jeweils zu Haftpflichtschäden**).

Bei vollständiger, fachgerechter und durch Rechnung nachgewiesener Reparatur muss der VR nach A.2.5.2.1a AKB die Reparaturkosten bis zur Grenze des Wiederbeschaffungswertes ersetzen, selbst wenn die **Totalschadenabrechnung** (Wiederbeschaffungswert abzüglich Restwert) für ihn günstiger wäre. Die Totalschadenabrechnung ist dem VR nach A.2.5.2.1b AKB nur dann eröffnet, wenn der VN nicht, nicht vollständig, nicht fachgerecht oder ohne Rechnung repariert. Wählt der VN diese Form der Abrechnung, hat er auch **keinen Anspruch auf** Erstattung der **Mehrwertsteuer** (vgl. A.2.5.4 S. 1 AKB), und zwar selbst dann nicht, wenn er als Privatmann nicht vorsteuerabzugsberechtigt ist. Dies bedeutet, dass er den Wiederbeschaffungsaufwand erhält, der sich zusammensetzt aus dem Netto-Wiederbeschaffungswert des Fahrzeuges abzüglich des steuerneutralen Restwerts. 57

Zur Frage, in welchem Umfange aus dem (Brutto-) Wiederbeschaffungswert Mehrwertsteuer herauszurechnen ist, um den maßgeblichen Netto-Wiederbeschaffungswert festzustellen, vgl. A.2.5.4 AKB Rdn. 12. 58

V. Abschleppen – A.2.5.2.2 AKB

1. Grundsätzliches

Nur im Reparaturschadenfall hat der VN die Kosten für das Abschleppen (**Verbringung**) des Fahrzeuges vom Schadenort bis zur **nächstgelegenen für die Reparatur geeigneten Werkstatt** zu übernehmen. Dies wird in der Regel eine dem Fahrzeugtyp entsprechende Fachwerkstatt sein. Muss das Fahrzeug geborgen werden, um es überhaupt in die Werkstatt verbringen zu können, sind auch die **Bergungskosten** zu übernehmen, (im Fall eines **Totalschadens** vgl. A.2.5.1 AKB Rdn. 129 ff.). 59

Die Abschleppkosten in eine andere, **weiter entfernt** und z.B. am Wohnort des VN **liegende Werkstatt** kann der VN nur im Rahmen einer Verkehrsservice- oder Schutzbriefversicherung ersetzt verlangen oder ggf. für den Fall, dass ein Dritter ihm gegenüber zur Übernahme dieser Kosten verpflichtet ist. Dies kann bei einem Verkehrsunfall z.B. der Kfz-Haftpflichtversicherer des unfallverursachenden Fahrzeuges sein. Vorbehaltlich der Subsidiaritätsklausel in A.2.5.2.2 Abs. 2 AKB (vgl. A.2.5.2 AKB Rdn. 63) entfällt der Ersatzanspruch des VN aber nicht gänzlich, wenn er sein Kfz weiter entfernt abschleppen lässt, als dies geboten war, sondern wird auf die fiktiv zu ermittelnden notwendigen Kosten gekürzt, die beim Verbringen in die nächstgelegene Fachwerkstatt angefallen wären. Zu Abschleppkosten **bei Auslandsschäden** vgl. A.2.5.2 AKB Rdn. 32 ff. 60

Reisekosten des VN zur Abholung des reparierten Fahrzeuges sind nicht zu erstatten.[64] Das gleiche gilt für **Standkosten** beim Abschleppunternehmer, die bis zur Besichtigung des beschädigten Fahrzeuges durch einen Sachverständigen oder bis zur Reparatur anfallen. Kosten durch eine **Sicherstellung des Fahrzeuges** bei der Polizei gehören ebenso nicht zu den notwendigen Wiederherstellungskosten. Kosten für die **Bergung der Ladung** eines Lkw sind nicht gedeckt, selbst wenn die Entladung Voraussetzung dafür ist, dass das Fahrzeug als solches geborgen werden kann. 61

Eine **Erstattung** von Abschleppkosten **im Falle des Totalschadens oder der Zerstörung** des Fahrzeuges gemäß A.2.5.1.1 AKB ist nach dem Wortlaut der Regelung nicht vorgesehen. Die Kosten sollen nur dann ersetzt werden, wenn die Verbringung des Fahrzeuges in eine Werkstatt Voraussetzung für dessen Wiederherstellung ist, sie also als Teil dieser Wiederherstellung bzw. Reparatur anzusehen ist.[65] Gleichwohl können auch im Totalschadenfall für den VN Ansprüche aus §§ 85 Abs. 1, 83 Abs. 1 S. 1 VVG auf Erstattung von Abschleppkosten in Betracht kommen, (vgl. A.2.5.1 AKB Rdn. 130). 62

Die **Ersatzpflicht** des VR besteht nach dem Wortlaut der Klausel in A.2.5.2.2 Abs. 2 AKB **nur subsidiär** für den Fall, dass kein Dritter zur Übernahme der vollen Kosten gegenüber dem VN verpflichtet ist. Handelt es sich bei dem Dritten um den Haftpflichtversicherer des Unfallgegners, entfällt die Entschädigungspflicht des Kasko-VR nur dann, wenn aufgrund voller Haftung des 63

64 Vgl. AG Karlsruhe Urt. v. 14.07.1987 – 1 C 275/87 – zfs 1988, 322.

65 Stiefel/Maier/*Meinecke* A.2 AKB Rn. 605.

Dritten eine Kostenerstattung beim VN gesichert ist. Als »Dritte« kommen z.B., Automobilclubs, Schutzbriefversicherer, aber auch Vereine, Organisationen oder Körperschaften in Frage. Ist auch der Dritte nur subsidiär eintrittspflichtig, heben sich beide Subsidiaritätsklauseln auf, so dass im Rahmen der dann bestehenden Mehrfachversicherung gemäß § 78 VVG die VR intern den Ausgleich durchzuführen haben.[66] Die Klausel stellt **keine unangemessene Benachteiligung** des VN dar, da eine Übernahme seiner Kosten in jedem Falle sichergestellt ist.[67] Dies gilt auch für den Bereich der Sachversicherung,[68] (und damit für die Kaskoversicherung).

2. Die Obergrenze des Erstattungsanspruches

64 Eine **Erstattungsfähigkeit** der Abschleppkosten ist nach A.2.5.2.2 Abs. 1 S. 2 AKB nur gegeben, **soweit** einschließlich der Zahlungen des VR wegen der Beschädigung des Fahrzeuges die in A.2.5.2.1a und b AKB festgelegten **Obergrenzen nicht überschritten werden**. Die **Abschleppkosten sind** demnach auf die jeweiligen Höchstentschädigungsbeträge **anzurechnen.**

65 Lässt der VN entsprechend den Voraussetzungen in **A.2.5.2.1a AKB** sein Fahrzeug in einer Werkstatt vollständig, fachgerecht und gegen Rechnungsnachweis instandsetzen, so erhält er die Bergungs- und Abschleppkosten ersetzt, soweit die Summe aus diesen Kosten und den tatsächlich angefallenen Reparaturkosten den **Wiederbeschaffungswert des Fahrzeuges** nicht übersteigt. Abzustellen ist – ausgenommen beim vorsteuerabzugsberechtigten VN – jeweils auf die Brutto-Beträge.

66 Bei einem VN, der die Reparatur entweder nicht durch Vorlage einer Rechnung nachweisen kann oder der sein Fahrzeug nicht, nur teilweise oder nicht fachgerecht reparieren lässt, **A.2.5.2.1b AKB**, ist der Anspruch auf Erstattung von Bergungs- bzw. Abschleppkosten begrenzt auf die Differenz zwischen Wiederbeschaffungswert und Restwert des Fahrzeuges. Da der VN – unabhängig von einer etwaigen Vorsteuerabzugsberechtigung – nach A.2.5.4 AKB bei den Reparaturkosten nur Anspruch auf den Netto-Schadenbetrag hat, darf in diesem Fall die Summe aus den (tatsächlich aufgewendeten) Brutto-Abschleppkosten und den (fiktiv abgerechneten) Netto-Reparaturkosten nicht höher sein als der **Wiederbeschaffungsaufwand des Fahrzeuges.** Übersteigt die Summe diesen Betrag, schuldet der VR maximal den Wiederbeschaffungsaufwand.

VI. Abzug neu für alt – A.2.5.2.3 AKB

67 Im Reparaturfall kann das Fahrzeug unter Umständen eine **Wertverbesserung dadurch** erfahren, **dass beschädigte, alte Fahrzeugteile gegen Neuteile ausgetauscht** werden. Der Wert des versicherten Fahrzeuges wird sich dabei umso mehr erhöhen, desto älter das Fahrzeug bereits ist. In Abhängigkeit von dieser Werterhöhung ist der VR zur Vermeidung einer Bereicherung des VN in diesen Fällen berechtigt, einen dem Alter und der Abnutzung der Fahrzeugteile bzw. der Lackierung entsprechenden Abzug »neu für alt« **zum Ausgleich dieser Wertverbesserung** vorzunehmen.

68 Die Abzugsmöglichkeit besteht für den VR ausschließlich in Reparaturschadenfällen. Der Abzug ist bei älteren, in der Regel über **vier Jahre** alten Pkw, Krafträdern und Omnibussen grundsätzlich generell zulässig, bei allen anderen Fahrzeugarten schon bei über **drei Jahre** alten Fahrzeugen. Die **Fristberechnung** richtet sich nicht nach dem Alter der auszutauschenden Teile, sondern nach dem effektiven (nicht nominellen) Baujahr des Fahrzeuges als solchem, weil in ein Gebrauchtfahrzeug eingebaute Neuteile einem höheren Verschleiß unterliegen als Teile eines in seiner Gesamtheit fabrikneuen Fahrzeuges.[69] Bei nachträglich eingebauten Teilen fällt lediglich die Höhe des Abzuges

---

66 Stiefel/Maier/*Meinecke* A.2 AKB Rn. 611.

67 Vgl. BGH Urt. v. 21.04.2004 – **IV ZR 113/03** – VersR 2004, 994 = r+s 2004, 422 **(für eine Subsidiaritätsklausel in der Reiseversicherung).**

68 Vgl. BGH Urt. v. 23.11.1988 – **IVa ZR 143/87** – VersR 1989, 250 = r+s 1989, 36; OLG Köln Urt. v. 21.10.2008 – 9 U 59/08 – VersR 2009, 539; **a.A.** OLG Dresden Urt. v. 15.10.2002 – 5 U 451/02 – VersR 2003, 497.

69 Stiefel/Maier/*Meinecke* A.2 AKB Rn. 623.

»neu für alt« geringer aus als bei Teilen, die schon bei Auslieferung des Fahrzeuges eingebaut waren und nun schadenbedingt ausgetauscht werden müssen.

Soweit es sich um neue **Reifen**, eine neue **Batterie** oder eine **Neulackierung** handelt, ist der VR unabhängig vom Alter des Fahrzeuges grundsätzlich zu einem Abzug »neu für alt« berechtigt. Den Abzug muss der VN auch dann hinnehmen, wenn es sich aus seiner Sicht um eine überflüssige Wertverbesserung handelt und er ohne den Schadenfall das erneuerte Fahrzeugteil gar nicht hätte austauschen lassen.[70] 69

Bei der Berechnung eines möglichen Abzuges ist **allein auf das Alter und die Abnutzung des Fahrzeugteiles bzw. der Lackierung abzustellen**, nicht auf das Alter des Fahrzeuges als Ganzem, was von Bedeutung sein kann, wenn das beschädigte Ersatzteil vom VN vor dem Schadenfall schon einmal verschleißbedingt erneuert worden ist. 70

Bei kurzlebigen Teilen, die ohnehin verschleißbedingt in regelmäßigen zeitlichen Abständen **erneuert werden müssen** (wie z.B. der Auspuff) ist stets Voraussetzung für einen Abzug »neu für alt«, dass das Fahrzeug durch die Neuteile tatsächlich eine Wertverbesserung erfährt oder der VN durch den Ersatz von Verschleißteilen bei einem mehr als vier Jahre alten Pkw zukünftige Aufwendungen erspart.[71] Dafür muss der konkrete Verschleiß des zu ersetzenden Fahrzeugteiles – in der Regel durch einen Sachverständigen – festgestellt werden. **Abschreibungstabellen**, die auf Erfahrungswerten des VR beruhen, sind hierzu nicht geeignet. Sie sind nicht verbindlich, da sie nicht Gegenstand des mit dem VN abgeschlossenen Versicherungsvertrages sind. **Fehlt es an einem Verschleiß** oder hat das auszutauschende Teil die gleiche Nutzungsdauer wie das Fahrzeug selbst, sind Abzüge »neu für alt« unzulässig.[72] Gleiches gilt, wenn sich durch den Austausch von Ersatzteilen der Wert des Fahrzeuges letztlich nicht erhöht. 71

Im Falle einer (teilweisen) schadenbedingten Neulackierung setzen Abzüge von der Entschädigungsleistung voraus, dass die Lackierung zum Schadenzeitpunkt bereits einer »Abnutzung« unterlegen hat. Demnach muss **durch die Neulackierung** eine **messbare Wertverbesserung** am Fahrzeug eintreten. Nur diese ist im Rahmen eines Abzuges »neu für alt« vom VN auszugleichen. Die bereits seit einigen Jahren und auch gegenwärtig hergestellten Fahrzeuge verfügen über qualitativ hochwertige, mehrschichtige Lackierungen, die gegen Witterungs- und Umwelteinflüsse besonders resistent sind. Dies gilt in besonderem Maße für Metallic-Lackierungen. Daher müssen bei solchen Lacken unter Berücksichtigung einer Lebensdauer eines Kfz von 10–12 Jahren und einer Laufleistung von 200.000 km normalerweise keine Neulackierungen vorgenommen werden.[73] Hält danach die Lackierung in der Regel ein »Autoleben« lang, sind auch bei schadenbedingten Neulackierungen **Abzüge** »neu für alt« allenfalls **bei vorgeschädigten, verkratzten, stumpfen oder verwitterten Lacken** gerechtfertigt.[74] Die Höhe des Abzuges unterliegt der richterlichen Schätzung nach § 287 ZPO. Dem **VR** obliegt die **Darlegungs- und Beweislast** für die der Schätzung zugrunde zu legenden Tatsachen. Hierfür reicht es nicht aus, dass der VR schlicht auf das Fahrzeugalter und die Laufleistung des Fahrzeuges verweist, weil sich hieraus keinerlei Rückschlüsse ziehen lassen auf den konkreten Zustand der Lackierung vor Eintritt des Schadenereignisses.[75] Vielmehr muss der VR zunächst aufzeigen, wie sich der Zustand von Fahrzeug und Lack vor dem Schadenfall darstellte. Sodann muss er konkret darlegen und unter Beweis stellen, inwieweit die Neulackierung dem VN einen messbaren Vermögensvorteil erbringt. 72

---

70 Vgl. BGH Urt. v. 30.04.1991 – **IV ZR 243/90** – r+s 1991, 223 = NJW-RR 1991, 1149.

71 Vgl. AG Saarbrücken Urt. v. 21.11.1995 – 5 C 352/95 – DAR 1996, 411.

72 Vgl. Feyock/*Jacobsen*/Lemor § 13 AKB Rn. 44.

73 Vgl. AG Solingen Urt. v. 01.08.2012 – 13 C 400/11 – zfs 2012, 698 (**für ein 46 Monate altes Kfz mit 71.853 km Laufleistung**).

74 Vgl. OLG Koblenz Urt. v. 26.11.1999 – 10 U 246/99 – VersR 2000, 1359 = r+s 2000, 97.

75 AG Solingen Urt. v. 01.08.2012 – 13 C 400/11 – zfs 2012, 698.

73 Bei **Glasbruchschäden** sind Abzüge »neu für alt« regelmäßig nicht vorzunehmen, (vgl. A.2.5.2 AKB Rdn. 96).

C. Weitere praktische Hinweise

I. Reparaturkosten bei Fahrzeugschäden

1. Was ist vor Erteilung des Werkstattauftrages zu beachten?

74 Bei kleineren Schäden bis voraussichtlich ca. 2.000,00 € kann die Erstellung eines Kostenvoranschlages genügen, der zusammen mit Lichtbildern des Schadens beim VR eingereicht werden muss. In jedem Falle empfiehlt es sich, vor Erteilung eines Reparaturauftrages die **geplante Vorgehensweise** bei der Reparatur **mit dem VR abzustimmen.** Dabei ist **dessen Weisungsrecht nach E.1.3.2 AKB zu beachten.** Wird der Kostenvoranschlag erst zusammen mit der Reparaturkostenrechnung beim VR zur Erstattung eingereicht, kann es zu Problemen kommen. Denn häufig werden bereits im Kostenvoranschlag aufgeführte Positionen bemängelt, die dann als Grund für eine Kürzung der Werkstattrechnung angeführt werden. Eine solche Kürzung wird trotzdem i.d.R. nicht vertragsgerecht sein, denn letztlich kommt es nicht auf die kalkulierte Schadenschätzung in einem Kostenvoranschlag an, sondern auf die tatsächlich angefallenen Reparaturkosten, die jedenfalls dann vollumfänglich zu ersetzen sind, wenn sie dem in den AKB niedergelegten Erforderlichkeitsgebot standhalten.

75 Ist aufgrund der Schadenhöhe die **Erstellung eines Schadengutachtens** durch einen Sachverständigen erforderlich, was letztlich der VR zu entscheiden hat, beauftragt auch dieser den Gutachter. Kosten des VN für einen eigenen Gutachter erstattet der VR nur in Ausnahmefällen (vgl. A.2.5.3 AKB). Stimmt die spätere Werkstattrechnung im Wesentlichen mit der Kalkulation des Sachverständigen überein, verläuft die Schadenabwicklung unproblematisch. Allerdings werden von den Gutachtern häufig im Vorfeld die Lohnkosten nicht korrekt berücksichtigt, sei es, dass andere Stundenverrechnungssätze kalkuliert oder sei es, dass UPE-Aufschläge oder Verbringungskosten nicht im Gutachten aufgeführt werden. Zur Vermeidung von Kürzungen sollte der VN daher bereits im Vorfeld der Reparatur den Inhalt des Gutachtens mit seiner Werkstatt besprechen und gegenüber dem VR auf einer Klärung der Differenzen bzw. einer Korrektur des Gutachtens bestehen. Wird bei der Reparatur ein vom Gutachter bislang nicht erkannter, aber gleichwohl auf dem Schadenereignis beruhender weiterer Schaden festgestellt, durch den der kalkulierte Reparaturaufwand nun oberhalb des Wiederbeschaffungswerts des Fahrzeuges liegt, muss der VR die bis zur Höhe des Wiederbeschaffungswerts nach A.2.5.1.6 AKB tatsächlich angefallenen und durch Rechnung belegten Reparaturkosten nach A.2.5.2.1a AKB und die oberhalb des Wiederbeschaffungswerts liegenden Kosten als Schadenersatz nach §§ 280 Abs. 1, 241 Abs. 2 BGB übernehmen. Der VN darf sich auf die korrekte Kalkulation des vom VR beauftragten Gutachters verlassen. Stellt dieser einen Reparaturschaden fest, der sich nach Erteilung des Reparaturauftrages durch den VN als Totalschaden entpuppt, weil sich bei Reparaturausführung zusätzliche Schäden offenbaren, die dem Gutachter verborgen geblieben waren, ist das Gutachten unvollständig. Diese Fehlkalkulation muss sich der VR nach § 278 BGB zurechnen lassen. Er trägt das **Prognoserisiko** dafür, dass sich die gutachterliche Schadenkalkulation, auf die der VN seine Reparaturentscheidung stützt, als falsch oder unvollständig erweist. Dies gilt jedenfalls dann, wenn der VR – wie zumeist – das Gutachten dem VN für seine Entscheidungsfindung überlässt.

76 **Im Falle einer mangelhaften Reparatur** muss der VR alle Kosten für eine Nachreparatur übernehmen, bis das Fahrzeug mängelfrei repariert ist. Er trägt damit auch das **Werkstattrisiko.**[76] Der Entschädigungsanspruch des VN nach A.2.5.2.1a AKB umfasst die Kosten einer vollständigen und fachgerechten Reparatur. Schadenersatz- und sonstige Regressansprüche des VN gegen den schlecht leistenden Reparaturbetrieb gehen mit Zahlung nach § 86 Abs. 1 S. 1 VVG auf den VR über. Sind

76 BGH Urt. v. 11.11.2015 – IV ZR 426/14 – VersR 2016, 45 = NJW 2016, 314; AG Hagen Urt. v. 29.05.2020 – 11 C 141/19 – VK 2020, 145.

die Reparaturmängel ursächlich für einen weiteren Unfall, so stellt dieser ein eigenständiges Schadenereignis dar, das unter den Voraussetzungen in A.2.2 und A.2.3 AKB einen neuen zu entschädigenden Versicherungsfall darstellt. Der VN darf sich ungeachtet eines vom VR eingeholten **Prüfberichts** auch darauf verlassen, dass der von ihm bei seiner Werkstatt eingeholte Kostenvoranschlag richtig ist und darf nach Maßgabe dieses Kostenvoranschlages die Reparatur seines Fahrzeuges in Auftrag geben.[77] Dies gilt erst recht dann, wenn die Kalkulation durch einen vom VR beauftragten Sachverständigen vorgenommen wurde. Hat allerdings der VN seine Entschädigungsansprüche gegen seinen Kasko-VR an die Werkstatt **abgetreten**, können diese Grundsätze zu einem unbilligen Ergebnis insofern führen, als dann die Werkstatt vom Kasko-VR unter Heranziehung des Arguments »Werkstattrisiko« eine Bezahlung für Reparaturleistungen erhielte, die sie vom VN als ihrem Auftraggeber nach werkvertraglichen Grundsätzen nicht hätte verlangen können.[78] Vgl. auch A.2.5.2 AKB Rdn. 7.

2. Entschädigungsberechnung

Die Höchstentschädigung im Reparaturfall stellt sich wie folgt dar: 77

Das Fahrzeug wird vollständig, fachgerecht und gegen Rechnungsnachweis repariert: Der VN 78 erhält die Reparaturkosten bis maximal zur Höhe des Wiederbeschaffungswerts des Fahrzeuges, A.2.5.2.1a AKB.

Das Fahrzeug wird nicht, nicht vollständig, nicht fachgerecht oder nicht gegen Rechnungsnach- 79 weis repariert: Der VN erhält die Reparaturkosten bis maximal zur Höhe des Wiederbeschaffungsaufwands des Fahrzeuges (Wiederbeschaffungswert abzüglich Restwert), A.2.5.2.1b AKB.

Absolute Obergrenze der Entschädigung ist in allen Fällen der Neupreis des Fahrzeuges, A.2.5.6 80 i.V.m.A.2.5.1.8 AKB.

Werden nach einem Vollkaskoschaden gemäß Gutachten beim Kfz des VN der Wiederbeschaf- 81 fungswert mit 10.000,00 €, der Restwert mit 3.000,00 € und die Reparaturkosten mit 8.000,00 € festgestellt, so ergeben sich für den VN folgende Alternativen:
- **Der VN lässt nicht reparieren und kauft ein neues Kfz:** Der VN erhält nach A.2.5.2.1b AKB nur 7.000,00 € (Wiederbeschaffungswert abzüglich Restwert).
- **Der VN repariert sein Fahrzeug vollständig und fachgerecht selbst:** Der VN erhält nach A.2.5.2.1b AKB ebenfalls nur 7.000,00 € (mangels Rechnungsnachweis).
- **Der VN lässt sein Kfz vollständig in einer Fachwerkstatt gegen Rechnung** für 8.500,00 € einschließlich Mehrwertsteuer **reparieren:** Der VN erhält nach A.2.5.2.1a AKB die vollen 8.500,00 €, weil er alle Voraussetzungen erfüllt für eine Entschädigung bis maximal zur Höhe des Wiederbeschaffungswertes (ohne Abzug des Restwerts).

Mit den »erforderlichen Kosten« sind – vorbehaltlich einer Vorsteuerabzugsberechtigung des VN – 82 **in A.2.5.2.1a AKB die Bruttokosten** und **in A.2.5.2.1b AKB die Nettokosten** gemeint. Dies ergibt sich aus der Mehrwertsteuerregelung in A.2.5.4 S. 1 AKB. Wird die Reparatur gemäß A.2.5.2.1a AKB durch eine Rechnung mit Mehrwertsteuerausweis nachgewiesen, so ist die angefallene Mehrwertsteuer auch zu erstatten. Andernfalls ist für den Fall der fiktiven Abrechnung gemäß A.2.5.2.1b AKB i.V.m.A.2.5.4 S. 1 AKB lediglich die Nettoentschädigung geschuldet.

3. Kaskoversicherung mit Werkstattbindung – Partnerwerkstattklausel (Kasko-Select)

Einige VR bieten ihren Kunden in der Kaskoversicherung günstigere Konditionen an, wenn sie 83 sich verpflichten, ihr Fahrzeug im Reparaturfall in einer zum Werkstattnetz des VR gehörenden Karosseriewerkstatt instand setzen zu lassen.[79] Diese **Partnerwerkstätten** arbeiten mit niedrigeren

77 Vgl. AG Heilbronn Urt. v. 08.02.2021 – 3 C 1754/20 – VK 2021, 57.
78 Vgl. hierzu BGH Urt. v. 26.04.2022 – **VI ZR 147/21** – BeckRS 2022, 16370.
79 **Zu Inhalt, Risikoverteilung und Wirksamkeit von Werkstattbindungstarifen** vgl. Schreier VersR 2016, 1347 ff.

Stundenverrechnungssätzen als die Vertragswerkstätten der Hersteller, was dem VN durch niedrigere Versicherungsprämien zugutekommt (Kasko-Select-Vertrag). Lässt der VN nicht reparieren, sondern rechnet fiktiv nach einem Sachverständigengutachten ab, erhält er eine geringere Entschädigung, weil sich die »erforderlichen Kosten« nach A.2.5.2.1 AKB entsprechend den Werkstattpreisen der vom VR ausgesuchten Partnerwerkstatt bemessen. Die Werkstatt kann in einem solchen Fall aus abgetretenem Recht des VN nicht den Differenzbetrag zwischen den auf Basis des«Select-Partner-Vertrages»in Rechnung gestellten Reparaturkosten und den ortsüblichen und angemessenen Reparaturkosten gegenüber dem Haftpflichtversicherer des Unfallgegners als (Rest-) Schadensbetrag geltend machen,[80] denn die vom VN gegenüber der Werkstatt geschuldeten Reparaturkosten beschränken sich auf den tatsächlichen Rechnungsbetrag, den die Werkstatt dem VN unter Beachtung des »Select Tarifs« in Rechnung gestellt hat. Dies allein ist der Schaden des VN. Wenn dieser vom Kasko-VR erstattet wird, verbleibt keine weitere (darüber hinausgehende) abtretungsfähige Forderung des VN, die die Werkstatt gegenüber dem Schädiger bzw. dessen Haftpflicht-VR durchsetzen könnte.

84 Lässt der VN sein Fahrzeug ungeachtet der von ihm akzeptierten **Werkstattbindungsklausel** sein Fahrzeug in einer markengebundenen Fachwerkstatt oder der Karosseriewerkstatt seines Vertrauens reparieren, so erhält er nur einen bestimmten vertraglich festgelegten Prozentsatz – in der Regel 85 % – der dort anfallenden Reparaturkosten. Gleiches gilt, wenn der VN fiktiv abrechnet und die Schadenkalkulation des Sachverständigen nicht auf dem – durch vertragliche Sondervereinbarung des VR ausgestalteten – Lohn- und Preisgefüge seiner Partnerwerkstatt beruht. Es handelt sich faktisch für den VN um einen **zusätzlichen Selbstbehalt**, der neben den Selbstbehalt nach A.2.5.8 AKB tritt. Gegen den Abzug kann der VN weder einwenden, ein zeitnaher Reparaturtermin sei in der vom VR genannten Vertragswerkstatt nicht zu erhalten gewesen, noch dass diese Werkstatt zu den gleichen Stundensätzen arbeitet wie die von ihm ausgewählte Werkstatt.[81]

85 Die **Klausel ist wirksam**. Sie verstößt nicht gegen **§ 305c Abs. 1 BGB**, wonach überraschende Regelungen nicht Vertragsbestandteil werden, da sie weder als ungewöhnlich angesehen werden kann, noch den VN überrumpelt.[82] Sie ist auch nicht nach **§ 307 BGB** unwirksam, da sie weder eine unangemessene Benachteiligung des VN darstellt, noch zu unbilligen Ergebnissen führt, weil der VN vor Beauftragung der Reparatur beim VR ohne weiteres den Standort der für ihn nächsterreichbaren Partnerwerkstatt des VR erfragen kann.[83] Zudem ermöglicht es die Klausel dem VN, sein Fahrzeug zu vergleichsweise niedrigeren Prämien als im Normaltarif zu versichern. Diesen Vorteilen steht im Schadenfall die Verpflichtung des VN gegenüber, für die Reparatur eine Vertragswerkstatt des VR zu akzeptieren. Es handelt sich um eine **ausgewogene Verteilung von Vorteilen und Pflichten**, die der VN bei Abschluss des Kaskoversicherungsvertrages durch die Auswahl des entsprechenden günstigeren Werkstattbindungstarifs akzeptiert hat. Trotzdem bleibt der VN auch bei diesem Tarif immer noch frei in seiner Entscheidung, wo er sein Fahrzeug im Schadenfall letztlich reparieren lässt. Entscheidet er sich jedoch gegen die Partnerwerkstatt des VR, muss er als Korrelat zu den günstigen Versicherungsprämien auch den vertraglich festgelegten zusätzlichen Abzug von der Entschädigungssumme in Kauf nehmen.

86 Der VN ist nach der Werkstattbindungsklausel regelmäßig verpflichtet, sich nach Eintritt des Schadenfalles mit dem VR »zwecks Benennung einer Partnerwerkstatt« in Verbindung zu setzen. Hierfür reicht die bloße Schadenanzeige durch den VN nicht aus. Vielmehr hat eine zur Vermittlung einer Partnerwerkstatt **zweckgerichtete Kontaktaufnahme mit dem VR** zu erfolgen; dabei

---

80 OLG Koblenz Beschl. v. 22.07.2022 – 12 U 454/22 – NJW-RR 2022, 1261.

81 AG München Urt. v. 26.09.2014 – 122 C 6798/14 – ADAJUR-Archiv.

82 LG Bonn Urt. v. 06.09.2012 – 8 S 135/12 – n.v.; AG Berlin-Mitte Urt. v. 21.07.2011 – 4 C 3045/11 – SP 2012, 23.

83 LG Köln Urt. v. 14.12.2011 – 20 O 113/11 – BeckRS 2012, 13560; LG Bonn Urt. v. 06.09.2012 – 8 S 135/12 – n.v.; AG Berlin-Mitte Urt. v. 21.07.2011 – 4 C 3045/11 – SP 2012, 23; AG Berlin-Mitte Urt. v. 02.06.2010 – 15 C 466/09 – SP 2010, 336.

handelt es sich um keine Obliegenheit des VN, sondern um eine **bedingungsgemäße Voraussetzung** für den Anspruch auf die volle Entschädigungsleistung.[84] Daher obliegt dem VN eine **Erkundigungspflicht nach einer Partnerwerkstatt**, wenn er einen Abzug von der Entschädigungsleistung vermeiden will. Nach E.1.3.2 AKB ist der VN im Schadenfall verpflichtet, Weisungen des VR einzuholen. Dies bedeutet, dass er selbst aktiv werden und beim VR auf die Benennung der Partnerwerkstatt hinwirken muss. Er kann sich nicht darauf berufen, die Ausgestaltung der AKB nicht gekannt und nicht gelesen zu haben. Spätestens nach Schadeneintritt ist es dem VN zuzumuten, sich über die ihn im Versicherungsfall treffenden Pflichten zu informieren.[85] Beschränkt sich der VN nur auf die reine Schadenmeldung und benennt ihm der VR keine Partnerwerkstatt, so muss er den vertraglich festgelegten prozentualen Abzug auf die Reparaturkosten gleichwohl hinnehmen, wenn er die Instandsetzung seines Fahrzeuges in einer anderen als einer Partnerwerkstatt des VR vornehmen lässt. Dabei ist es unerheblich, ob die Reparatur in einer Partnerwerkstatt des VR genauso viel gekostet hätte, da die Klausel den Abzug grundsätzlich immer dann vorsieht, wenn die Reparatur nicht in einer Partnerwerkstatt erfolgt.[86]

Gleiches gilt im Fall der **fiktiven Abrechnung**, wenn die Schadenkalkulation des Sachverständigen nicht auf den Werkstattpreisen der Partnerwerkstatt des VR, sondern auf denen der Wunschwerkstatt des VN basiert. Den **VR trifft keine Verpflichtung**, dem VN ungefragt von sich aus die nächstgelegene Vertragswerkstatt zu benennen. Es ist weder Aufgabe des VR, Einfluss zu nehmen auf die Entscheidungsfindung des VN, wo die Reparatur ausgeführt werden soll, noch den VN auf die Werkstattbindungsklausel und damit den Inhalt der vertraglichen Vereinbarungen hinzuweisen.[87] Dies gilt umso mehr, als der VN ungeachtet des Werkstattbindungstarifes stets frei bleibt in seiner Entscheidung, die Reparatur auch in einer Nicht-Partnerwerkstatt des VR ausführen zu lassen. **87**

Da Reparaturbetriebe im Auslastungsinteresse häufig bereit sind, dem VN Zuzahlungsbeträge und Selbstbeteiligung zu erlassen, dürfte es zulässig sein, dass der VR im Wege eines **Zurückbehaltungsrechts** seine Entschädigungszahlung an den VN davon abhängig macht, dass dieser ihm Zahlungsnachweise über die Überweisung des Kürzungsbetrages und der Selbstbeteiligung an die ausführende Werkstatt vorlegt. Denn der VR muss sich Klarheit darüber verschaffen dürfen, in welcher Höhe er zahlungspflichtig ist. Er darf den Werkstattbindungsabzug in Höhe von üblicherweise 15 % von dem tatsächlich vom VN zu zahlenden Rechnungsbetrag und nicht nur von dem scheinbar zu zahlenden Betrag abziehen. **Zu Nachlässen bei Glasbruchschäden** vgl. A.2.2.1 AKB Rdn. 105 ff. **88**

Sofern der VN die Partnerwerkstatt des VR nicht akzeptiert, muss er zwar die vertraglich vereinbarten Abzüge in Kauf nehmen; seinem Unfallgegner (bzw. dessen Haftpflicht-VR) gegenüber kann er diese Abzüge jedoch als **quotenbevorrechtigte Schadenpositionen** geltend machen, wenn diesen ein Mitverschulden an dem Unfall trifft, (vgl. A.2.5.8 AKB Rdn. 24). **89**

Beim Abschluss eines Kaskoversicherungsvertrages über ein **Leasing- oder anderweitig fremdfinanziertes Fahrzeug** wird man verlangen müssen, dass der VR bzw. Versicherungsvermittler (§ 59 Abs. 1 VVG) den VN darauf hinweist, dass er nach den Leasing- bzw. Finanzierungsbedingungen trotz Auswahl eines Tarifes mit Werkstattbindung im Schadenfall die Reparatur seines Fahrzeuges regelmäßig nicht in der vom VR benannten Partnerwerkstatt, sondern ausschließlich in einer vom Hersteller autorisierten Vertragswerkstatt in Auftrag geben kann. Leasingfahrzeuge werden üblicherweise als Neufahrzeuge versichert, verbunden mit einer mehrjährigen Herstellergarantie. Diese greift aber nur dann ein, wenn insbesondere Reparaturarbeiten ausschließlich in Vertragswerkstätten des Herstellers durchgeführt werden. Der VR, der schon im Versicherungsantrag regelmäßig danach fragt, ob es sich um ein geleastes oder anderweitig fremdfinanziertes Fahrzeug handelt, weiß zudem, dass auch die Vertragsbedingungen des Leasinggebers oder der finanzierenden Bank **90**

---

84 LG Bonn Urt. v. 06.09.2012 – 8 S 135/12 – BeckRS 2015, 7200.

85 OLG Frankfurt/M. Urt. v. 05.10.2006 – 7 U 215/04 – BeckRS 2011, 25419; Langheid/*Rixecker* § 28 VVG Rn. 71.

86 Vgl. Himmelreich/Halm/*Bartholomy* Teil 1 Abschnitt B Kap. 20 Rn. 173.

87 LG Bonn Urt. v. 06.09.2012 – 8 S 135/12 – BeckRS 2015, 7200.

Reparaturarbeiten in einer Drittwerkstatt nicht zulassen. Es ist für den VR daher – anders als für den VN – offensichtlich, dass der VN im Schadenfall nicht frei darüber entscheiden kann, wo er sein Kfz reparieren lässt. Der VR bzw. Versicherungsvermittler muss in einem solchen Fall zu einem Vollkaskotarif ohne Werkstattbindung raten und den VN entsprechend aufklären. Unterlässt er dies, macht er sich schadenersatzpflichtig. Der VN kann nach § 6 Abs. 5 VVG bzw. §§ 63i.V.m. 61 VVG verlangen, so gestellt zu werden wie er stünde, wenn er keinen vergünstigten Werkstattbindungstarif, sondern den Normaltarif abgeschlossen hätte. Dies beinhaltet, dem VN die – abgesehen von der vereinbarten Selbstbeteiligung – volle Entschädigungsleistung zukommen zu lassen abzüglich des Prämienmehraufwands, den der VN hätte aufbringen müssen, wenn er von vornherein sein Kfz zum »Normaltarif« kaskoversichert hätte. **Zum Beratungsverschulden** vgl. im Übrigen auch A.2.1.1 AKB Rdn. 55 ff.

91 Oftmals übernimmt der VR im Zusammenhang mit dieser Klausel in bestimmtem Umfange auch die **Transportkosten des Fahrzeuges** – ob fahrfähig und verkehrssicher oder nicht – vom Schadenort in die ausgewählte Werkstatt und zurück bis zum Wohnsitz des VN einschließlich einer **Garantie von bis zu 5 Jahren** auf die Fahrzeugreparatur.

4. Sonstige von den AKB abweichende Zusatzvereinbarungen

92 Versicherungsmakler handeln mit dem künftigen VN bei Vertragsabschluss häufig Sondervereinbarungen aus, die in Abweichung von den jeweiligen, vom VR angebotenen AKB nur eingeschränkte Entschädigungsleistungen im Versicherungsfall vorsehen, um auf diese Weise besonders günstige Versicherungskonditionen anbieten zu können. Eine Klausel zur Kaskoversicherung für **privat genutzte Wohnmobile**, wonach dem VN **im** Falle einer fiktiven Abrechnung der Reparaturkosten **nur 50 % des gutachterlich ermittelten Betrages erstattet** werden, ist jedenfalls dann wirksam vereinbart und nicht überraschend für den VN i.S.d. **§ 305c BGB**, wenn der Makler diese Klausel bei Vertragsabschluss mit dem VR abgestimmt hat, da sich der VN das Verhalten und die Kenntnis des Maklers nach § 166 Abs. 1 BGB zurechnen lassen muss.[88] Demgegenüber ist eine Klausel, die dem VN eine Entschädigung von »**bis zu 50 %**« des gutachterlich ermittelten Betrages verspricht, wegen Intransparenz und unangemessener Benachteiligung des VN gemäß **§ 307 Abs. 1 BGB** unwirksam, wenn für den VN nicht ansatzweise erkennbar ist, wonach sich die Höhe des zu ersetzenden Prozentsatzes richten soll.[89]

93 Eine Vertragsklausel in den AKB, nach der der VR eine für die Reparatur geeignete Werkstatt auswählt, beauftragt und deren Kosten übernimmt, enthält weder eine Ermächtigung der Werkstatt, die Versicherungsleistung in Empfang zu nehmen, noch eine Abtretung des VN-Anspruchs gegen den VR.[90] Leistet der VR eine Teilzahlung an die Werkstatt und rechnet der VN, nachdem er das Vertrauen in die Werkstatt verloren hat, fiktiv ab, Kann sich der VR nicht darauf berufen, schuldbefreiend an die Werkstatt geleistet zu haben.

5. Möglichkeit des Sachverständigenverfahrens

94 Ist der VN mit der Höhe der Entschädigungszahlung nicht einverstanden, kann er das Sachverständigenverfahren nach A.2.6 AKB durchführen lassen, (vgl. A.2.6 AKB Rdn. 1 ff.).

II. Reparaturkosten bei Glasbruchschäden

1. Umfang des Entschädigungsanspruches

95 Hat das Fahrzeug einen **Glasbruchschaden** erlitten, ohne dass gleichzeitig eine Zerstörung des gesamten Fahrzeuges oder ein wirtschaftlicher Totalschaden nach A.2.5.1.5 AKB vorliegt (vgl. A.2.5.1 AKB Rdn. 116 ff.), sind die **Materialkosten** einer Neuverglasung einschließlich aller **Dichtungen**

---

88 OLG Bremen Urt. v. 18.11.2008 – 3 U 14/08 – VersR 2009, 776.
89 LG Bremen Urt. v. 10.06.2010 – 6 O 1975/07 – r+s 2011, 111.
90 LG Frankfurt/M. Urt. v. 26.11.2021 – 2-08 S 11/21 – zfs 2022, 327.

und mitgelieferten Zubehörteile (z.B. Spiegelhalterung, Scheinwerferreflektor) zuzüglich der **Aus- und Einbaukosten** zu ersetzen.[91] Entschädigungsgrenze ist der Wiederbeschaffungswert des kompletten Fahrzeuges, wenn die Reparatur durchgeführt und durch eine Rechnung nachgewiesen wird (A.2.5.2.1a AKB), andernfalls der Wiederbeschaffungsaufwand (Wiederbeschaffungswert abzüglich Restwert, A.2.5.2.1b AKB).

Die beschädigten Glasteile sind regelmäßig **zum Neuwert zu ersetzen** ohne einen Abzug »neu für alt« gemäß A.2.5.2.3 AKB, da ein Gebrauchtmarkt für Pkw-Glasscheiben nicht existiert und Glasteile, da sie regelmäßig keiner gebrauchsbedingten Abnutzung unterliegen, die gleiche Lebensdauer haben wie der Pkw selbst.[92] **Etwas anderes** kann für Windschutzscheiben dann gelten, wenn sie **durch Steinschläge vorgeschädigt** oder durch Staub- oder Sandpartikel beim Betätigen der Scheibenwischer bereits **stark verkratzt** sind. Die vertraglich vereinbarte Selbstbeteiligung (vgl. A.2.5.8 AKB) wird von der Entschädigungssumme in Abzug gebracht. 96

Bei **punktförmigen Steinschlagschäden** an Windschutzscheiben kommt unter bestimmten Voraussetzungen statt eines Austausches der beschädigten Scheibe auch eine **Reparatur** in Betracht. Voraussetzung dafür ist, dass sich die Beschädigung nicht im direkten Sichtfeld des Fahrers und nur in der äußeren Glasschicht befindet. Die Reparatur wird durch speziell ausgerüstete Fachbetriebe innerhalb von zwei Stunden oftmals noch nicht einmal in der Werkstatt selbst, sondern beim VN vor Ort durchgeführt. Die Dichtheit der Originalscheibe bleibt dem VN erhalten. Da die Kosten einer Scheibenreparatur deutlich niedriger sind als die eines Scheibenaustausches, auf den der VN aber grundsätzlich einen Anspruch hätte, **verzichten** die meisten VR bei einer solchen kostensparenden Reparatur auf den Abzug des vertraglich vereinbarten Selbstbehaltes, (vgl. auch A.2.2.1 AKB Rdn. 105 f.). 97

Gewährt eine Fachwerkstatt dem VN im Zuge einer Autoglasreparatur einen **Preisvorteil** durch teilweise Übernahme der Selbstbeteiligung, führt dies zu einer Reduzierung des Werklohnes, was bei der Abrechnung gegenüber dem VR offenbart werden muss,[93] (vgl. auch A.2.2.1 AKB Rdn. 106). Zum **Entschädigungsumfang** im Übrigen vgl. A.2.2.1 AKB Rdn. 101 ff. und A.2.5.1 AKB Rdn. 116 ff. 98

2. Rechnungskürzungen und Einwendungen durch den VR

Auch bei relativ überschaubaren Rechnungsbeträgen kann es bei Glasschadenfällen zu Abzugsbeträgen durch den VR kommen, indem **eigene Prüffirmen** oder Sachverständige bemüht werden, die Abzüge mit der Begründung vornehmen, die Werkstatt habe nicht nach den Herstellervorgaben gearbeitet, sei es, dass sie die unverbindlichen Preisempfehlungen des Herstellers für Dichtbänder, Gummis, Kleber und sonstige Kleinstteile nicht eingehalten hat oder sei es, dass angeblich zu viel Reparaturmittel, z.B. Klebstoff verwendet worden ist. 99

Bei den **Herstellervorgaben** handelt es sich stets um **unverbindliche Empfehlungen für Arbeitszeiten und Arbeitsmittel.** Diese können, müssen aber nicht dem Aufwand entsprechen, der bei einer tatsächlichen Reparatur anfällt. Ob die vom Hersteller empfohlene Menge an Klebstoff ausreicht oder ob sich unvorhergesehene besondere Schwierigkeiten beim Ein- oder Ausbau der Scheibe mit entsprechend längeren Arbeitszeiten ergeben, lässt sich im Voraus nicht abschätzen. Trotzdem beauftragen viele VR nach Abschluss der Reparaturarbeiten spezielle Prüfgesellschaften oder 100

---

91 OLG Karlsruhe Urt. v. 06.09.2007 – 12 U 107/07 – VersR 2008, 344 = r+s 2008, 64.

92 OLG München Urt. v. 25.06.19987 – 24 U 556/86 – NJW-RR 1988, 90 = zfs 1988, 86; OLG Karlsruhe Urt. v. 17.12.1992 – 12 U 116/92 – VersR 1993, 1144 = zfs 1994, 20; AG Gießen Urt. v. 21.09.1995 – 46 C 1824/95 – zfs 1996, 20; AG Lingen Urt. v. 20.12.1990 – 12 C 371/90 – zfs 1991,136; **a.A.** AG Dresden Urt. v. 20.03.2001 – 114 C 9832/00 – DAR 2002, 172, **welches insbesondere im Fall der fiktiven Abrechnung den Anspruch des VN auf den Zeitwert beschränken will, der nach dem Verhältnis vom Neuwert zum Wiederbeschaffungswert zu ermitteln sei.**

93 OLG Frankfurt/M. Urt. v. 11.05.2006 – 6 U 7/06 – VersR 2006, 1068 = VRR 2006, 389.

hausinterne Sachverständige mit einer Rechnungsprüfung. Ohne das bereits reparierte Fahrzeug besichtigt zu haben, kalkulieren die Firmen allein auf der Grundlage der vorgelegten Rechnung einen Reparaturkostenaufwand, der oftmals erheblich niedriger ist als der dem VN tatsächlich in Rechnung gestellte Betrag.

101 Sofern der VR den **Rechnungsprüfbericht** einer externen Prüforganisation als Entschädigungsgrundlage heranzieht, sollte der VN dies nicht akzeptieren. Die Kalkulationen der Prüffirmen wird er regelmäßig schon deshalb nicht nachvollziehen können, weil ihm nicht bekannt ist, mit welchen Datensätzen die Prüffirmen bzw. Sachverständigenbüros arbeiten, so dass er auch nicht wird nachvollziehen können, woher die angeblichen Herstellerpreise, die Arbeitszeiten und Arbeitswerte stammen. Soweit sich die Kalkulationen an den unverbindlichen Reparaturempfehlungen des Herstellers orientieren, können sie besondere Schwierigkeiten bei der tatsächlichen Reparaturdurchführung nicht mitberücksichtigen. Maßgeblich für die Höhe der vom VR zu übernehmenden »erforderlichen Kosten« der Wiederherstellung i.S.v.A.2.5.2.1a AKB kann immer nur der tatsächliche Arbeitszeitanfall und die tatsächlich verbrauchte Menge an Reparaturmaterialien sein, wie sie in der Werkstattrechnung aufgeführt sind. Die **Erforderlichkeit** bemisst sich allein an dem tatsächlichen Reparaturvorgang, wie er **durch den Inhalt der Reparaturrechnung dokumentiert und nachgewiesen** ist. Der VN kann sich daher darauf berufen, dass alle Positionen in der Werkstattrechnung erforderliche Wiederherstellungskosten sind. Ist Voraussetzung für die Erstattung des Glasschadens die Vorlage der Reparaturrechnung, muss der VN nicht zusätzlich auch die Einkaufsrechnung der Werkstatt offenlegen.[94]

102 **Lohnkürzungen auf angeblich »übliche« Stundenverrechnungssätze** muss der VN jedenfalls dann nicht akzeptieren, wenn der spezielle Kaskovertrag keine Erstattungshöchstsätze enthält und der VN eine Reparaturrechnung vorlegt. Hat der VN mit der Werkstatt einen Preis für die Reparatur vereinbart und hat die Werkstatt ihre Preise nach den Regeln der PAngV ordnungsgemäß ausgehängt und in ihren Allgemeinen Reparaturbedingungen auf den Aushang verwiesen, ist der in Rechnung gestellte Kostenbetrag vom VR zu ersetzen, wenn der VN den Preis bei Auftragsvergabe nicht schon als offensichtlich überhöht erkennen musste. Hat der VN keinen Preis vereinbart hat, gilt der übliche Werklohn als vereinbart (§ 632 Abs. 2 BGB), den der VR zu ersetzen hat. Unerheblich ist, ob die berechneten Stundensätze oberhalb der »Prüfgrenze« des VR liegen.

103 **Maßstab für die Üblichkeit** sind nicht einseitige Vorstellungen des VR, interne Tabellenwerke oder Regulierungsvorgaben. Vielmehr wird die Üblichkeit von den Verhältnissen in der Region geprägt. Entscheidend ist also, welche Preise die Mitbewerber für die Reparatur berechnet hätten. Dass eine andere Firma die Reparatur zu einem niedrigeren Preis als die Werkstatt des VN vorgenommen hätte, reicht allerdings noch nicht aus, um die vom VN verlangten Reparaturkosten als nicht üblich und damit nicht erforderlich zu kürzen.[95] Nur »Ausreißerpreise« liegen außerhalb des üblichen Rahmens.[96] Entscheidend für die Erstattungsfähigkeit ist somit, ob die von der Werkstatt des VN berechneten Kosten innerhalb der Bandbreite liegen, die von den Preisen der regionalen Mitbewerber bestimmt wird. Dagegen definiert der Durchschnittswert gerade nicht die Entschädigungsobergrenze, denn der Durchschnitt setzt sich zwangsläufig aus höheren und niedrigeren Preisen zusammen.

104 Auch **Preisobergrenzen** für die Reparatur darf der VR dem VN nicht vorgeben, es sei denn, Inhalt des Kaskovertrages wäre ein Tarif mit Werkstattbindung. Ist dies nicht er Fall, darf der VN die Werkstatt selbst aussuchen. Alles andere würde auf eine **Aushöhlung des Leistungsversprechens des VR** hinauslaufen. Denn im Fall eines Kaskovertrags ohne Werkstattbindung wäre dann die Auswahl der Werkstatt durch den VN auf diejenigen Betriebe beschränkt, die mit ihren

94 AG Landshut Urt. v. 28.02.2018 – 4 C 49/18 – VK 2018, 135; AG Flensburg Urt. v. 16.08.2017 – 63 C 210/16 – juris.

95 Vgl. AG Köln Urt. v. 30.06.2009 – 263 C 480/08 – BeckRS 2009, 86724.

96 Vgl. BGH Urt. v. 04.04.2006 – **X ZR 122/05**, Rz. 10 – NJW 2006, 2472 = VersR 2006, 1131 (**zur Üblichkeit eines Sachverständigenhonorars**).

Stundenverrechnungssätzen innerhalb des vom VR einseitig und häufig willkürlich festgelegten Preisrahmens bleiben. Dies jedoch hat der **BGH**[97] schon 2015 für unzulässig erklärt.[98]

Kürzungen von Mehrkosten eines in der Windschutzscheibe eingebauten **Regensensors**, einer **Radioantenne** oder einer in der beheizbaren Heckscheibe integrierte **Heizspirale** muss der VN nicht akzeptieren. Das Fahrzeug ist mit dieser Ausstattung vom VR versichert worden. Entsprechend wurde auch die Versicherungsprämie vom VR festgesetzt. Bei einem Glasbruchschaden schuldet der VR daher nicht nur den reinen Materialwert der Verglasung, sondern auch die Mehrkosten dieser Zusatzausstattung. 105

Sofern der VR an den Kürzungen festhält, kann der VN gegenüber dem VR die **Durchführung des Sachverständigenverfahrens nach A.2.6 AKB** androhen unter gleichzeitiger Benennung eines eigenen Sachverständigen (A.2.6.2 AKB). 106

Nach Feststellung der Zahlungspflicht und Höhe der Entschädigung muss eine Zahlung innerhalb von zwei Wochen erfolgen, A.2.7.1 AKB. Nach Ablauf dieser Frist kommt der VR auch mit der Entschädigung, die er unberechtigterweise einbehalten hat, in Verzug. Infolgedessen sind in der Regel auch die Rechtsanwaltskosten des VN bei einem entsprechenden anwaltlichen Aufforderungsschreiben nach § 286 Abs. 1 S. 1, Abs. 2 Nr. 2 BGB i.V.m. § 280 Abs. 2 BGB zu erstatten. 107

III. Sonstige Ansprüche

1. Rechtsanwaltskosten

Der VN kann Kosten für die Hinzuziehung eines Rechtsbeistandes grundsätzlich nicht erstattet verlangen, da sie gemäß § 85 Abs. 2 VVG nicht vom Leistungsumfang der Kaskoversicherung umfasst sind.[99] Dies gilt auch für den Fall der anwaltlichen Vertretung des VN im Sachverständigenverfahren (vgl. A.2.6 AKB), selbst wenn eine Aufstockung der Entschädigung zugunsten des VN erreicht wird.[100] Allerdings ist der VN nicht gehindert, seinen Anspruch auf andere Rechtsgründe außerhalb des Kaskoversicherungsvertrages zu stützen. Er kann die Anwaltskosten als **Verzugsschaden** nach **§§ 286 Abs. 1 S. 1, 280 Abs. 1 und 2 BGB** ersetzt verlangen,[101] wenn sich der VR bei Beauftragung des Anwaltes in Verzug befunden hat. Hierzu bedarf es regelmäßig einer **Mahnung des VN**, die erst **nach Fälligkeit des Anspruches** (vgl. A.2.7.1 AKB) erfolgen darf. Anwaltskosten, die bereits durch ein **den Verzug erst begründendes anwaltliches Mahnschreiben** anfallen, sind grundsätzlich nicht erstattungsfähig. Sofern also der VN einen Rechtsanwalt vor Verzugseintritt beauftragt, hat der später eingetretene Verzug keinen Einfluss mehr auf die fehlende Erstattungsfähigkeit der bereits vorher entstandenen Anwaltskosten.[102] Allerdings führt die zu frühe Einschaltung des Rechtsanwalts nicht zwingend stets zu einem vollständigen Ausschluss des Anspruchs.[103] 108

Auch für den **Fall einer unberechtigten Ablehnung des vom VN geltend gemachten Anspruches** besteht eine Erstattungspflicht hinsichtlich der Anwaltskosten. Beauftragt der VN seinen Anwalt 109

97 BGH Urt. v. 11.11.2015 – **IV ZR 426/14** – VersR 2016, 45 = NJW 2016, 314.

98 Vgl. auch AG Köln Urt. v. 30.06.2009 – 263 C 480/08 – BeckRS 2009, 86724.

99 Vgl. AG Köln Urt. v. 18.05.1998 – 262 C 74/98 – r+s 1998, 408.

100 LG Bochum Urt. v. 30.04.2004 – 10 S 1/04 – VersR 2004, 1552 = NJW-RR 2004, 1135.

101 Vgl. OLG Koblenz Urt. v. 11.02.2011 – 10 U 742/10 – VersR 2012, 175 = r+s 2011, 423; OLG Hamm Urt. v. 18.06.1998 – 6 U 187/98 – r+s 1998, 454; OLG Hamm Urt. v. 01.02.1989 – 20 U 247/88 – VersR 1989, 951 = r+s 1989, 248; LG Kaiserslautern Urt. v. 22.02.1991 – 2 O 317/90 – DAR 1993, 196; AG Gießen Urt. v. 16.03.2017 – 41 C 506/16 – r+s 2017, 628; AG Karlsruhe Urt. v. 28.06.1996 – 8 C 178/96 – r+s 1997, 48; AG Mainz Urt. v. 22.09.1992 – 7 C 643/92 – SP 1993, 53; AG Ahaus Urt. v. 19.03.1991 – 4 C 82/91 – SP 1992, 291; AG Recklinghausen Urt. v. 19.06.1990 – 12 C 237/90 – r+s 1996, 471.

102 LG Oldenburg Urt. v. 24.09.2010 – 13 O 1964/10 – r+s 2010, 461; LG Traunstein Urt. v. 04.08.1992 – 6 O 1046/92 – SP 1992, 348; AG Bad Neuenahr-Ahrweiler Urt. v. 23.05.1996 – 12 C 159/95 – r+s 1997, 48; Himmelreich/Halm/Staab/*Papatheodorou* Kap. 23 D Rn. 926.

103 Vgl. BGH Urt. v. 11.07.2017 – **VI ZR 90/17** – r+s 2017, 494 = DAR 2017, 671.

nach einer Weigerung des VR, Leistungen aus dem Versicherungsvertrag zu erbringen, mit der Durchsetzung seines Anspruches und stellt sich die anfängliche Leistungsverweigerung im Nachhinein als unberechtigt heraus, weil der Rechtsanwalt nach außergerichtlichem Tätigwerden für den VN den zuvor vom VR abgelehnten Anspruch durchsetzt, hat der VR nach **§§ 241 Abs. 2, 280 Abs. 1 BGB** die dem VN entstandenen Anwaltskosten zu ersetzen. Die unberechtigte Ablehnung des Anspruches stellt eine vertragliche Pflichtverletzung gegenüber dem VN dar. Die den VR treffenden Pflichten aus dem Versicherungsvertragsverhältnis verlangen vom ihm, die Ansprüche des VN auf der Grundlage der vertraglichen Vereinbarungen (AKB) und gemäß den gesetzlichen Bestimmungen zu erfüllen. Verstößt der VR hiergegen, begeht er gegenüber dem VN eine Pflichtverletzung, die zur Grundlage eines Schadenersatzanspruches nach § 280 Abs. 1 BGB herangezogen werden kann.

110 Daneben kann der Anspruch auch aus **§§ 286 Abs. 1 S. 1, Abs. 2 Nr. 3, 280 Abs. 1 und 2 BGB** begründet sein, wenn die vor Beauftragung des Anwalts vom VR erklärte Leistungsablehnung sich als ernsthafte und endgültige Erfüllungsverweigerung gegenüber dem VN dargestellt hat. Dass § 85 Abs. 2 VVG ebenso wie der Kaskoversicherungsvertrag die Erstattung von Anwaltskosten grundsätzlich nicht vorsieht – worauf die VR in diesem Zusammenhang regelmäßig hinweisen, ist bei diesen Fallgestaltungen unbeachtlich.

2. Fahrzeugbezogene nicht zu erstattende Nebenkosten

111 Vgl. hierzu A.2.5.7 AKB Rdn. 3 ff.

IV. Leasingfahrzeuge

1. Abrechnung auf Wiederbeschaffungs- und Neupreisbasis nach steuerlichen Verhältnissen des Leasinggebers – GAP-Versicherung – Übererlös

a) Mehrwertsteuer – Maßgeblichkeit der steuerlichen Verhältnisse des Leasinggebers

112 Die Kaskoversicherung ist bei **Leasingfahrzeugen** in der Regel als Versicherung für fremde Rechnung nach den §§ 43 ff. VVG ausgestaltet, (vgl. hierzu ausführlich A.2.3 AKB Rdn. 4 ff. und A.2.3 AKB Rdn. 69 ff.). Der Eigentümer des Fahrzeuges und der VN sind nicht personengleich. Der Leasingnehmer ist VN, während der Leasinggeber Eigentümer ist. Dieser ist gleichzeitig Versicherter gemäß § 44 VVG, so dass ihm die Rechte aus dem Versicherungsvertrag zustehen. Vielfach wird es sich um eine Gesellschaft handeln, die zum Vorsteuerabzug berechtigt ist. Grundsätzlich ist bei Schäden an Leasingfahrzeugen auf die **Verhältnisse des** versicherten Eigentümers, mithin des **Leasinggebers** abzustellen ist, so dass der **Kaskoentschädigungsbetrag** in diesen Fällen grundsätzlich nur netto, also **ohne Mehrwertsteuer** ausgezahlt wird,[104] (vgl. A.2.5.4 S. 2 AKB). Dies gilt jedenfalls dann, wenn ein **Totalschaden** oder eine **Entwendung** abzurechnen ist und es daher nicht auf die Reparaturkosten (vgl. hierzu A.2.5.1 AKB Rdn. 123 sondern auf den Wiederbeschaffungswert ankommt.[105] Zahlt z.B. der VR die Brutto-Entschädigungssumme in Unkenntnis des Leasingvertrages aufgrund einer vom VN unterzeichneten Abtretung an die Reparaturwerkstatt, kann der VR von dieser die gezahlte Mehrwertsteuer nach § 812 Abs. 1 S. 1 Alt. 2 BGB zurückverlangen.[106]

113 Unbeachtlich ist, ob der nicht vorsteuerabzugsberechtigte Leasingnehmer im Zusammenhang mit der späteren Anschaffung eines Ersatzfahrzeuges Mehrwertsteuer verauslagt. Unerheblich ist auch,

---

104 BGH Urt. v. 14.07.1993 – **IV ZR 181/92** – VersR 1993, 1223 = NJW 1993, 2870; BGH Urt. v. 30.04.1991 – **IV ZR 243/90** – r+s 1991, 223 = NJW-RR 1991, 1149.

105 BGH Urt. v. 06.07.1988 – **IVa ZR 241/87** – VersR 1988, 949 = NJW 1988, 2803; OLG Dresden Urt. v. 26.05.2020 – 4 U 2522/19 – zfs 2021, 329; OLG Hamm Beschl. v. 01.02.2012 – 20 U 207/11 – VersR 2013, 178 = r+s 2012, 382; OLG Köln Urt. v. 18.02.2003 – 9 U 94/02 – VersR 2003, 1527 = zfs 2003, 294; OLG Hamm Urt. v. 02.11.1994 – 20 U 165/94 – VersR 1995, 1348 = r+s 1995, 87; Stiefel/Maier/*Meinecke* A.2 AKB Rn. 546.

106 OLG Dresden Urt. v. 26.05.2020 – 4 U 2522/19 – zfs 2021, 329.

ob der VN (= Leasingnehmer) leasingvertraglich mit der Übernahme des Fahrzeuges die **Sach- und Preisgefahr** übernommen hatte und ob er nach Eintritt des Schadenfalles von einem ihm eingeräumten Sonderkündigungsrecht gegenüber dem Leasinggeber Gebrauch gemacht hat.[107] Der **Netto-Wiederbeschaffungswert** errechnet sich regelmäßig unter Berücksichtigung des **Regelsteuersatzes**, (vgl. hierzu A.2.5.4 AKB Rdn. 14). Einen höheren Entschädigungsbetrag für die fiktive Wiederbeschaffung eines differenzbesteuerten Fahrzeuges schuldet der VR nicht, weil bei einem Leasingunternehmen mit entsprechender Marktmacht und günstigen Einkaufsmöglichkeiten davon auszugehen ist, dass es kein differenzbesteuertes, sondern ein regelbesteuertes Ersatzfahrzeug erwerben würde.[108] Ebenso bemisst sich der **Neupreis** für ein durch Totalschaden zerstörtes Leasingfahrzeug danach, was der Leasinggeber für ein Neufahrzeug in der versicherten Ausführung aufzuwenden hat, also abzüglich Großabnehmerrabatt sowie Mehrwertsteuer, (vgl. A.2.5.1 AKB Rdn. 107 ff.). Der nicht vorsteuerabzugsberechtigte VN wird durch die steuerlichen Abzüge nicht unzumutbar belastet, zumal ihm ein Ausgleich oftmals im Rahmen einer »GAP-Versicherung« (vgl. A.2.5.2 AKB Rdn. 114 ff.) zufließen wird.

b) Kaskoentschädigung niedriger als der Ablösewert beim Leasinggeber – Bedeutung der GAP-Versicherung

Dem VN als Leasingnehmer **drohen** regelmäßig noch **weitere finanzielle Nachteile.** Die meisten Leasingverträge räumen beiden Vertragspartnern für den Fall eines Totalschadens, der Zerstörung oder dem Verlust des Leasingfahrzeuges die Möglichkeit ein, den Vertrag zu kündigen. In diesem Fall muss der Leasingnehmer alle ausstehenden Leasingraten bis zum Ende der Restlaufzeit des Vertrages entrichten und den vereinbarten Restwert des Fahrzeuges zahlen. Diese Aufwendungen übersteigen in aller Regel die Kaskoentschädigungszahlung des VR. Ersparte Finanzierungskosten kommen dem Leasingnehmer lediglich insoweit zugute, als die Leasingraten ebenso wie die noch nicht verbrauchte Leasingsonderzahlung sowie der Restwert auf den Zeitpunkt der vorzeitigen Beendigung des Leasingvertrages in Höhe der Nettowerte (ohne Umsatzsteuer) abgezinst werden. 114

Dieses Ergebnis bedarf gleichwohl auch unter Billigkeitsgesichtspunkten keiner Korrektur zugunsten des Leasingnehmers, da inzwischen die meisten VR in ihren AKB speziell für geleaste Fahrzeuge eine sogenannte **GAP-Versicherung** – nach dem englischen Wort »gap« = »Lücke« – anbieten (auch **Differenz-Kaskoschutz** genannt), mit der die im Schadenfall entstehende **Finanzierungslücke** zwischen dem bedingungsgemäß vom VR zu erstattenden (Netto-) Wiederbeschaffungswert und dem höheren, vom VN an den Leasinggeber zu zahlenden Ablösewert geschlossen werden kann.[109] 115

Die **Differenz**, die sich aus der Abrechnung des Leasinggebers (**Ablösewert**) und der Entschädigungszahlung des Kasko-VR ergibt (**Netto-Wiederbeschaffungswert**), gleicht die GAP-Versicherung aus. Durch diesen zusätzlichen Schutz gelangt der VN eines Leasingfahrzeuges im Totalschadenfall, bei Zerstörung oder Verlust nicht nur in den Genuss der vollen Mehrwertsteuererstattung; vielmehr erhöht sich die Entschädigungssumme insgesamt auf den Ablösewert des Fahrzeuges, wie er sich aus der Abrechnung des Leasinggebers ergibt, womit regelmäßig ein Ausgleich des effektiven Schadens beim VN sichergestellt wird. 116

Ausgenommen sind nur die Fälle, in denen der erhöhte Ablösewert daraus resultiert, dass im Rahmen eines **Leasingvertrages mit Kilometerabrechnung** Mehrkilometer vom Leasingnehmer vergütet werden müssen. Dieser Schaden ist durch die GAP-Versicherung nicht gedeckt. 117

Ausnahmsweise besteht trotz freiwillig abgeschlossener GAP-Versicherung **kein Anspruch des VN** (= Leasingnehmer) gegen den Kasko-VR **auf Erstattung des Differenzschadens** (= Differenz zwischen Ablöse- und Wiederbeschaffungswert), wenn der VN vertraglich gegenüber dem Leasinggeber 118

107 LG Bochum Urt. v. 09.09.2011 – 4 O 29/11 – r+s 2012, 483.
108 LG Dortmund Urt. v. 14.07.2010 – 22 O 63/08 – VK 2010, 211 = ADAJUR Dok.Nr. 89638.
109 OLG Hamm Beschl. v. 01.02.2012 – 20 U 207/11 – VersR 2013, 178 = r+s 2012, 382; vgl. OLG Jena Beschl. v. 31.03.2011 und 20.04.2011 – 4 U 955/10 – r+s 2013, 222.

nicht zum Ausgleich dieses Differenzschadens verpflichtet ist, weil die **AGB des Leasinggebers** im Entwendungs- oder Totalschadenfall einen **Verzicht auf die Inanspruchnahme des VN** vorsehen.[110] Wird der VN daher vom Leasinggeber auf Erstattung des Differenzbetrages nicht in Anspruch genommen und kann er dem VR keine entsprechende Abrechnung des Leasinggebers vorlegen, entfällt sein Anspruch auf die GAP-Leistung.[111] Dies gilt auch, soweit der **Leasinggeber den Kaskoentschädigungsanspruch des VN** (= Leasingnehmer) **aus abgetretenem Recht geltend macht**, da die GAP-Versicherung nicht dem Eigentümerinteresse des Leasinggebers dient, sondern nur das Risiko einer möglichen Versicherungslücke beim VN abdeckt, die sich daraus ergeben kann, dass der VN bei Verlust, Zerstörung oder Totalschaden seines geleasten Kfz dem Leasinggeber die Ablösesumme schuldet, wohingegen der Kasko-VR nur den Sachverlust abdeckt und deshalb der Anspruch des VN gegen den Kasko-VR lediglich auf Ersatz des – regelmäßig – niedrigeren Wiederbeschaffungswertes des versicherten Kfz gerichtet ist.[112] Gleiches gilt, wenn der Leasinggeber seine unter den Schutz der GAP-Versicherung fallende Forderung wegen **Verjährung** nicht mehr durchsetzen kann bzw. bei entsprechender Einrede des VN nicht mehr durchsetzen könnte; der VN ist aufgrund § 82 Abs. 1 und 2 VVG im Verhältnis zum VR gehalten, die Verjährungseinrede zu erheben.[113]

c) Kaskoentschädigung höher als der Ablösewert beim Leasinggeber – Anspruch des VN auf den Übererlös?

119 Es ist zu differenzieren:

120 Wird ein **Leasingvertrag**, der eine **Restwertgarantie** des Leasingnehmers und ein **Andienungsrecht** des Leasinggebers, aber **keine Mehrerlösbeteiligung** des Leasingnehmers vorsieht, wegen Totalschadens, Verlustes oder Untergangs des Leasingfahrzeuges **vorzeitig beendet**, hat sich der Gesamtaufwand des Leasinggebers regelmäßig noch nicht vollständig amortisiert. Da die Kaskoversicherung nicht der Absicherung des Vollamortisationsinteresses des Leasinggebers dient, **steht dem Leasinggeber die Kaskoentschädigung in voller Höhe** auch insoweit **zu**, als sie seinen zum Zeitpunkt der vorzeitigen Beendigung des Leasingvertrages noch nicht amortisierten Gesamtaufwand einschließlich des kalkulierten Gewinns übersteigt, der Leasinggeber also einen über den – zur vollen Amortisation erforderlichen – Ablösebetrag hinausgehenden Erlös realisiert.[114] Dies gilt jedenfalls in den Fällen, in denen die Versicherungsleistung nicht über den Wiederbeschaffungswert hinausgeht oder zwar über den Wiederbeschaffungswert hinausgeht, aber von einem Dritten, z.B. dem Haftpflichtversicherer des Schädigers, gezahlt wird.[115] Eine ungerechtfertigte Bereicherung des Leasinggebers ergibt sich hieraus nicht. Der VN als Leasingnehmer hat in diesem Fall keinen Anspruch auf den Übererlös. Dies gilt ungeachtet der Tatsache, dass dem Leasinggeber bei regulärer Fortsetzung des Vertrages bis zum Beendigungszeitpunkt nur ein geringerer Betrag zugestanden hätte.

121 Wird hingegen ein Leasingvertrag schadenbedingt vorzeitig beendet, bei dem der VN als Leasingnehmer die **Vollkaskoversicherung** entsprechend seiner leasingvertraglichen Verpflichtung nicht nur zum Zeitwert, sondern **überobligatorisch zum Neuwert** abgeschlossen hat, **steht die** den Wiederbeschaffungs- und Ablösewert übersteigende **Neuwertspitze** der Versicherungsleistung allein **dem VN als Leasingnehmer zu.**[116] Soweit die Versicherungsleistung über den Wiederbeschaffungswert des geleasten Kfz hinausgeht, ist sie kein Surrogat für das zerstörte oder entwendete Fahrzeug

---

110 OLG Bamberg Urt. v. 13.12.2012 – 1 U 85/12 – VersR 2013,713 = DAR 2013, 206.

111 Vgl. Himmelreich/Halm/*Bartholomy* Teil 1 Abschnitt B Kap. 20 Rn. 225.

112 BGH Urt. v. 08.10.2014 – **IV ZR 16/13** – VersR 2014, 1367 = r+s 2014, 596 **unter Bestätigung von** OLG Bamberg Urt. v. 13.12.2012 – 1 U 85/12 – VersR 2013,713 = DAR 2013, 206.

113 OLG Dresden Urt. v. 25.08.2023 – 3 U 246/23 – r+s 2023, 948.

114 Vgl. BGH Urt. v. 21.09.2011 – **VIII ZR 184/10** – DAR 2011, 698 = NZV 2012, 36; BGH Urt. v. 31.10.2007 – **VIII ZR 278/05** – VersR 2008, 501 = NJW 2008, 989.

115 BGH Urt. v. 31.10.2007 – **VIII ZR 278/05** – VersR 2008, 501 = NJW 2008, 989.

116 BGH Urt. v. 09.09.2020 – **VIII ZR 71/19** – BeckRS 2020, 36328 **unter Aufhebung von** OLG Düsseldorf Urt. v. 26.02.2019 – 24 U 70/18 – DAR 2020, 31; BGH Urt. v. 09.09.2020 – **VIII ZR 389/18** – BeckRS 2020, 29265 **unter Aufhebung von** OLG München Urt. v. 29.11.2018 – 32 U 1497/18 – BeckRS 2018,

i.S.v. § 285 Abs. 1 BGB, sondern allein die Folge davon, dass der Versicherungsvertrag eine solche weitergehende Leistung vorsieht.[117] Unerheblich ist, ob der VN als Leasingnehmer für die Absicherung des Neuwertanteils eine zusätzliche Versicherungsprämie gezahlt hat oder der VR die Versicherung aus Wettbewerbsgründen ohne gesonderten Beitrag als Neuwertversicherung ausgestattet hat,[118] (vgl. auch A.2.5.1 AKB Rdn. 108 ff.).

d) Weitere Abzüge durch den VR

Im **Totalschadenfall** wird vom Wiederbeschaffungswert neben der Mehrwertsteuer auch der Restwert sowie die Selbstbeteiligung, bei der Neuwagenentschädigung zusätzlich ein Großabnehmer- oder Flottenrabatt abgezogen. Zur **Neupreisentschädigung** im Allgemeinen bei Leasingfahrzeugen vgl. auch A.2.5.1 AKB Rdn. 107 ff. 122

2. Abrechnung auf Reparaturkostenbasis nach steuerlichen Verhältnissen des Leasinggebers oder Leasingnehmers?

Im Reparaturschadenfällen ist die **Erstattungsfähigkeit der Mehrwertsteuer umstritten.** Bei einem Reparaturschaden ist der VN als Leasingnehmer nach dem Leasingvertrag regelmäßig verpflichtet, das Fahrzeug auf eigene Kosten reparieren zu lassen, weil er das Risiko des zufälligen Unterganges und der Verschlechterung der Leasingsache trägt. Ist er ebenfalls als Unternehmer vorsteuerabzugsberechtigt, kann er die gezahlte Mehrwertsteuer auf die Reparaturkosten mit seiner eigenen Umsatzsteuerschuld gegenüber dem Finanzamt verrechnen oder dort zurückfordern. Ist er dagegen Privatmann, hat er diese Möglichkeit nicht. In diesem Fall muss er die Mehrwertsteuer aus eigenen Mitteln zahlen, erhält sie jedoch weder vom VR, noch vom Finanzamt erstattet. Diese für den nicht vorsteuerabzugsberechtigten Leasingnehmer unbefriedigende Situation resultiert aus der gegebenen Rechtslage, wonach sich die Bemessung der Wiederherstellungskosten nach den Verhältnissen des Leasinggebers richtet. 123

Die **Gerichte** haben sich in der Vergangenheit sowohl in Kasko-, als auch in Haftpflichtfällen **teilweise gegen,**[119] **teilweise** aber auch **für die Erstattung der Mehrwertsteuer**[120] ausgesprochen. Soweit Gerichte in Kaskostreitigkeiten dem VN die Mehrwertsteuer zugesprochen haben, wurde argumentiert, dass neben dem Eigentümerinteresse des Leasinggebers auch das **Sacherhaltungsinteresse** des Leasingnehmers versichert sei. Das ist so nicht richtig, auch wenn der **BGH** in einer 1993 veröffentlichten Entscheidung[121] vom Sacherhaltungsinteresse des Leasingnehmers spricht. Gemeint ist hier ganz offensichtlich das **Sachersatzinteresse** des Leasingnehmers, im Falle des Unterganges, Verlustes oder der Beschädigung des Fahrzeuges an den Eigentümer des Fahrzeuges, also den Leasinggeber, keinen Schadenersatz leisten zu müssen. Dies wird auch in einer späteren Entscheidung klargestellt,[122] wobei die dort noch vertretene Auffassung, wonach das Sachersatzinteresse des nutzungsberechtigten Nichteigentümers im Rahmen einer Fremdversicherung nicht gedeckt sei, inzwischen überholt ist.[123] Demnach ist es letztlich konsequent, dem VN als Leasingnehmer 124

31007; BGH Urt. v. 09.09.2020 – **VIII ZR 255/19** – r+s 2021, 81 **unter Aufhebung von** OLG Köln Urt. v. 16.08.2019 – 6 U 42/19 – r+s 2020, 81; **a.A.** noch Nitsch NZV 2011, 14, 15.

117 BGH Urt. v. 09.09.2020 – **VIII ZR 389/18** – BeckRS 2020, 29265; Reinking/Eggert Rn. L 595.

118 BGH Urt. v. 09.09.2020 – **VIII ZR 389/18** – BeckRS 2020, 29265.

119 OLG Stuttgart Urt. v. 16.11.2004 – 10 U 186/04 – NZV 2005, 309; LG Hamburg Urt. v. 07.07.1994 – 323 S 61/93 – VersR 1995, 411; AG Bad Homburg Urt. v. 24.07.1997 – 2 C 600/97–10 – SP 1998, 121.

120 OLG Brandenburg Urt. v. 22.08.2019 – 12 U 11/19 – BeckRS 2019, 20974; OLG Hamm Urt. v. 14.09.2000 – 27 U 84/00 – MDR 2001, 213; LG München I Urt. v. 08.11.2001 – 19 S 9428/01 – NZV 2002, 191; LG Hamburg Urt. v. 16.05.1997 – 306 S 12/97 – VersR 1999, 90 = DAR 1997, 361; LG Hannover Urt. v. 24.04.1997 – 3 S 375/96 – NJW 1997, 2760; LG Bad Kreuznach Urt. v. 26.11.1996 – 1 S 137/96 – VersR 1997, 692 = DAR 1997, 113.

121 BGH Urt. v. 14.07.1993 – **IV ZR 181/92** – VersR 1993, 1223 = NJW 1993, 2870.

122 BGH Urt. v. 27.10.1993 – **IV ZR 33/93** – r+s 1994, 3 = NJW 1994, 585.

123 BGH Urt. v. 05.03.2008 – **IV ZR 89/07** – VersR 2008, 634 = NJW 2008, 1737.

nach durchgeführter Reparatur seines Fahrzeuges auch die Mehrwertsteuer zu erstatten, wenn er leasingvertraglich verpflichtet ist, im Falle einer Beschädigung seines Fahrzeuges die Reparatur auf eigene Kosten und im eigenen Namen durchführen zu lassen.[124]

3. Insolvenz des VN

125 Fällt der VN eines Leasingfahrzeuges in **Insolvenz**, so steht eine etwaige Kaskoentschädigung nicht dem Insolvenzverwalter, sondern dem Leasinggeber als dem versicherten Eigentümer des Fahrzeuges zu.[125]

V. Versicherte und nicht versicherte Vorschäden

126 Vgl. hierzu A.2.2.2 AKB Rdn. 119 ff. und A.2.5.1 AKB Rdn. 123 ff.

VI. Fahrzeugteile und Fahrzeugzubehör

127 Zur **Entschädigungsberechnung** siehe A.2.1.2 AKB Rdn. 61 ff.; zu **Kurzschlussschäden** an der Verkabelung **durch Marder** siehe A.2.2.1 AKB Rdn. 329 ff.

A.2.5.3 Sachverständigenkosten

Die Kosten eines Sachverständigen erstatten wir nur, wenn wir dessen Beauftragung veranlasst oder ihr zugestimmt haben.

Übersicht

A. Allgemeines

1 In Abgrenzung zur Regelung in der Kfz-Haftpflichtversicherung stellt A.2.5.3 AKB klar, dass der VN nicht wie der Geschädigte bei einer Schadenersatzforderung die Dispositionsfreiheit hat, nach Belieben einen Sachverständigen ohne vorherige Rücksprache mit dem VR auf dessen Kosten mit der Ermittlung der Schadenhöhe zu beauftragen. Damit kommt für den VN einmal mehr deutlich zum Ausdruck, dass in der Kaskoversicherung nicht er, sondern der VR Herr des Restitutionsgeschehens ist.

2 **Frühere AKB-Fassungen** enthielten eine solche Regelung nicht. Beauftragte der VN daher einen Sachverständigen mit der Feststellung des Schadens, weigerte sich der VR regelmäßig, die Gutachterkosten zu zahlen, wenn die Beauftragung mit ihm zuvor nicht abgestimmt war. Der **BGH**[1] stellte jedoch in einer Grundsatzentscheidung klar, dass bei der Beschädigung einer Sache die Aufwendungen für ein Sachverständigengutachten zum Zwecke der Ermittlung des Schadenumfanges zu den notwendigen Kosten der Wiederherstellung des Fahrzeuges nach § 13 Abs. 5 AKB 2007 a.F. gehören, sofern es sich nicht um einen Bagatellschaden handelt. Der VR habe nach dieser Regelung dem VN den Ersatz der erforderlichen Kosten der Wiederherstellung vertraglich versprochen und deren Umfang so bestimmt, dass die Sachverständigenkosten davon nicht ausgenommen werden könnten. Überlasse der VR dem VN die Beauftragung des Sachverständigen, so habe er auch dessen Kosten zu übernehmen.

---

124 Vgl. auch Stiefel/Maier/*Meinecke* A.2 AKB Rn. 551; a.A. Nugel zfs 2008, 4, 8.
125 OLG Frankfurt/M. Urt. v. 07.08.2001 – 7 U 30/01 – NZV 2002, 44 = NVersZ 2002, 180.
1 BGH Urt. v. 05.11.1997 – IV ZR 1/97 – VersR 1998, 179 = r+s 1998, 9.

Da es einen entscheidenden Unterschied ausmachen kann, ob die Schadenhöhe durch den **hauseigenen Sachverständigen des VR** oder den vom VN eingeschalteten Gutachter ermittelt wird, haben die VR auf dieses Urteil reagiert und ihre Bedingungen zum Teil schon vor 2008 auf die zunächst von A.2.8 AKB 2008 a.F. und jetzt auch von A.2.5.3 AKB übernommene Regelung abgeändert. 3

B. Regelungsgehalt – Was zahlen wir im Schadenfall? – A.2.5 AKB/Sachverständigenkosten – A.2.5.3 AKB (§ 13 Abs. 7 S. 2 AKB 2007 a.F.; A.2.5.3 AKB 2008 a.F.)

Der VR ersetzt die Kosten eines Sachverständigen nur dann, wenn er dessen **Beauftragung veranlasst** hat. Dazu muss der VR den Gutachter entweder selbst direkt beauftragen oder den VN auffordern, seinerseits einen Sachverständigen einzuschalten.[2] Eine Kostenerstattung erfolgt auch für den Fall, dass der VR die Beauftragung eines Sachverständigen mit dem VN vereinbart, d.h. ihr **zugestimmt** hat. Eine Vereinbarung wird in der Regel im Zusammenhang mit den Weisungen erfolgen, die der VN vor Reparaturbeginn oder Verwertung seines Fahrzeuges beim VR entsprechend **E.1.3.2 AKB** einzuholen hat. Sofern sich der VR mit dem VN auf einen **bestimmten Gutachter verständigt** hat, ist er bei absprachewidriger Beauftragung eines anderen Sachverständigen durch den VN zu einer Kostenerstattung nicht verpflichtet. Wurde der Sachverständige hingegen nicht namentlich benannt, ist der VN frei in der Gutachterauswahl. Für dessen Kosten hat der VR aufzukommen. **Darüber hinaus** werden dem VN **Kosten** für die Einholung **eines Privatgutachtens** in der Sachversicherung, zu der auch die Kaskoversicherung gehört, **grundsätzlich nicht ersetzt,**[3] (zu den Ausnahmen vgl. A.2.2.2 AKB Rdn. 138 ff.). 4

Der **VN ist verpflichtet, dem VR die Begutachtung seines Fahrzeuges zu ermöglichen.** Dies gilt insbesondere dann, wenn die konkreten AKB für bestimmte Folgeschäden (z.B. durch Tierbiss) die Bestätigung eines Sachverständigen als Anspruchsvoraussetzung für eine Entschädigungspflicht des VR vorsehen, wobei eine solche Klausel weder gegen das Transparenzverbot verstößt, noch für den VN überraschend ist.[4] 5

Der **VN ist berechtigt, auf eigene Kosten** selbst oder auch stellvertretend durch die Werkstatt einen **Gutachter zu beauftragen.** Die Klausel ist nicht in dem Sinne zu verstehen, dass nur der VR den Gutachter beauftragen darf. Es handelt sich um eine reine Kostenerstattungsklausel, nicht aber um eine Berechtigungsklausel. Insofern kann auch das vom VN selbst in Auftrag gegebene (und bezahlte) Schadengutachten eine geeignete Entschädigungsgrundlage für den VR darstellen. 6

C. Weitere praktische Hinweise

I. Erstattung der Sachverständigenkosten aus anderem Rechtsgrund

Eine über A.2.5.3 AKB hinausgehende Verpflichtung des VR zur **Übernahme von Sachverständigenkosten** lässt sich aus **§ 85 Abs. 1 VVG** für solche Fälle herleiten, in denen der VN mit dem vom VR eingeholten Gutachten nicht einverstanden ist und ein **Gegengutachten** einholt, dessen Ergebnis der VR zumindest teilweise übernimmt und daraufhin eine weitere Entschädigung zahlt.[5] Denn hierdurch verzichtet der VR – jedenfalls stillschweigend – auf die Durchführung des nach A.2.6 AKB obligatorischen Sachverständigenverfahren, in dessen Rahmen der VR bei Akzeptanz des VN-Gutachtens auch dessen Sachverständigenkosten übernehmen müsste. Der Anspruch scheitert nur dann, wenn das vom VN eingeholte Gutachten nicht als hinreichende Grundlage für eine sachgerechte Schadenabrechnung dienen kann[6] und der VN mangels Durchführung eines 7

---

2 Vgl. OLG Hamm Urt. v. 14.10.1992 – 20 U 115/92 – VersR 1993, 738 = r+s 1994, 94.
3 Vgl. auch AG Köln Urt. v. 18.05.1998 – 262 C 74/98 – r+s 1998, 408 = SP 1998, 365.
4 AG Pforzheim Urt. v. 02.09.2010 – 2 C 149/10 – SP 2011, 121.
5 LG Baden-Baden Urt. v. 31.01.1992 – 1 S 70/91 – VersR 1992, 440; AG Berlin-Mitte Urt. v. 03.03.2005 – 13 C 3317/04 – NJW-RR 2005, 758.
6 Vgl. OLG Hamm Urt. v. 25.02.1999 – 6 U 190/98 – DAR 1999, 313.

Sachverständigenverfahrens die ihm entstandenen Gutachterkosten auch nicht nach A.2.6.4 AKB ersetzt verlangen kann.[7] Außerhalb des Sachverständigenverfahrens steht dem VN auch unter dem Gesichtspunkt von Treu und Glauben (§ 242 BGB) ein Erstattungsanspruch nicht schon dann zu, wenn der VR seiner Entschädigungsberechnung ein unzutreffendes Gutachten zugrunde gelegt hat und der VN deshalb zur Hinzuziehung eines eigenen Sachverständigen veranlasst wurde.[8] Im Übrigen ist eine Erstattungspflicht gemäß **§ 85 Abs. 2 VVG** dann vorgesehen, in denen der VN zur Hinzuziehung eines Sachverständigen vertraglich verpflichtet ist oder vom VR aufgefordert wird, einen Sachverständigen hinzuzuziehen.

8 In Fällen, in denen der **VR die Erstellung eines Gutachtens** unter Hinweis auf seine fehlende Eintrittspflicht zu Unrecht **abgelehnt** hat[9] oder sich mit der Beauftragung des Sachverständigen **in Verzug** befindet,[10] kann eine Ersatzpflicht nach den **§§ 286, 280 Abs. 2 BGB** und **§ 85 Abs. 1 VVG** bestehen. Durch die Regelung in A.2.5.3 AKB gibt der VR zu erkennen, dass er auf einem entscheidenden Mitspracherecht bei der Auswahl des Sachverständigen besteht. Denn dessen Kosten will er nur dann ersetzen, wenn er den Sachverständigen entweder selbst beauftragt oder jedenfalls der Beauftragung durch den VN zugestimmt hat. Da es auf der Hand liegt, dass nach Eintritt eines Versicherungsfalles schon zu Beweissicherungszwecken der Umfang des eingetretenen Schadens festgestellt werden muss, **trifft den VR** nach Sinn und Zweck der Regelung in A.2.5.3 AKB **eine Pflicht, an der Feststellung der Schadenhöhe** durch die Einschaltung eines eigenen Sachverständigen **mitzuwirken**. Denn nur dadurch kann die Grundlage für die vertraglich geschuldete Entschädigungsleistung geschaffen werden. Bleibt der VR trotz Aufforderung und Mahnung tatenlos, hat der VN gar keine andere Wahl, als die Schadenhöhe durch einen eigenen Gutachter ermitteln zu lassen, zumal er auch für die Höhe seines Anspruches aus dem Versicherungsvertrag voll beweisbelastet ist. Es ist daher nur konsequent, ihm den Anspruch auf Erstattung der Sachverständigenkosten nicht nur als Verzugsschaden, sondern auch nach Maßgabe des § 85 Abs. 1 VVG zuzubilligen, da er – jedenfalls nach vergeblicher Aufforderung an den VR, einen Gutachter einzuschalten – die Gutachterkosten als gebotene Aufwendungen ansehen darf, um den Umfang und die Höhe des ihm entstandenen Kaskoschadens feststellen zu lassen. Dies gilt insbesondere vor dem Hintergrund, dass Gutachterkosten, die zur Ermittlung des Schadenumfanges aufgewendet werden, mit Ausnahme von Bagatellschäden zu den erforderlichen Kosten der Wiederherstellung des Fahrzeuges gehören.[11]

9 Lehnt es der VR ab, selbst einen Sachverständigen zu beauftragen, weil er sich zu Unrecht für leistungsfrei hält, stellt sich das Verhalten des VR als eine Verletzung wesentlicher Pflichten des Versicherungsvertrages dar mit der Folge, dass der VN eine **Kostenerstattung** aus Schadenersatzgesichtspunkten **nach §§ 241 Abs. 2, 280 Abs. 1 BGB** verlangen kann.

10 Hat der VN mit dem Sachverständigen keine Honorarvereinbarung getroffen, richtet sich die Höhe seines Schadenersatzanspruches nach **§ 632 Abs. 2 BGB.**[12]

11 Nicht selten **holt der VN** nach einem Unfall in der Erwartung einer vollen oder jedenfalls weit überwiegenden Haftung des anderen Unfallbeteiligten **selbst ein Sachverständigengutachten** über die Höhe des an seinem Fahrzeug entstandenen Schadens **ein**. Stellt sich später heraus, dass die Haftung des Unfallgegners in Wirklichkeit nicht besteht, kann es bei Vorlage des Gutachtens beim eigenen Kasko-VR zu Problemen mit der Erstattung der Gutachterkosten kommen, weil das Gutachten zum einen nicht nach Kasko-, sondern nach Haftpflichtgesichtspunkten erstellt wurde und

---

7 Vgl. Otting DAR 1996, 200.

8 Ebenso Stiefel/Maier/*Meinecke* A.2 AKB Rn. 638; **a.A.** OLG Hamburg Urt. v. 09.07.1993 – 12 U 27/93 – VersR 1994, 461 = NJW-RR 1994, 223.

9 OLG Hamm Urt. v. 30.11.1990 – 20 U 179/90 – VersR 1991, 1238 = NZV 1991, 314; LG Nürnberg-Fürth Urt. v. 16.07.2015 – 8 O 7943/13 – r+s 2015, 547 = zfs 2015, 634.

10 Vgl. OLG Köln Urt. v. 09.02.1989 – 5 U 136/88 – r+s 1989, 142, 143; LG Potsdam Urt. v. 21.05.2007 – 2 O 199/06 – r+s 2008, 102.

11 BGH Urt. v. 05.11.1997 – **IV ZR 1/97** – VersR 1998, 179 = r+s 1998, 9.

12 LG Nürnberg-Fürth Urt. v. 16.07.2015 – 8 O 7943/13 – r+s 2015, 547 = zfs 2015, 634.

zum anderen auch die nach A.2.5.3 AKB notwendigen Voraussetzungen für eine Kostenerstattung nicht vorliegen. Oftmals wird der VR trotzdem einen Großteil des Gutachtens für die Feststellung seiner eigenen Eintrittspflicht verwerten können. Sofern auf dem Verhandlungswege eine (anteilige) **Übernahme der Gutachterkosten** nicht zu erreichen ist, sollte der VN versuchen, seinen Anspruch nach den **§§ 683, 670 BGB** durchzusetzen.

Die Regelung in A.2.5.3 AKB eröffnet dem VR die Möglichkeit, auf die Höhe der zu leistenden Entschädigung durch die Auswahl eines ihm genehmen Sachverständigen entscheidend Einfluss zu nehmen. Insoweit steht eine Übernahme der Gutachterkosten durch den VR grundsätzlich nicht in Frage. Nichts anderes kann aber gelten, wenn der VR Sachverständigenkosten erspart, weil der VN selbst ein Gutachten in Auftrag gibt. Indem der VR dieses seiner Entschädigungsberechnung zugrunde legt, erklärt er sich mit der Schadenfeststellung durch den Gutachter einverstanden. Er gibt damit zu erkennen, dass **auch bei Beauftragung eines eigenen Gutachters kein anderes Regulierungsergebnis** zu erwarten gewesen wäre. Dann ist es aber nur konsequent, wenn der VR die angefallenen Gutachterkosten jedenfalls in der Höhe übernimmt, wie sie auch angefallen wären, wenn er selbst ein Kaskogutachten für das vom VN gemeldete Schadenereignis in Auftrag gegeben hätte.[13] **Hat der VR hingegen** das von dem VN alternativ eingeholte Gutachten nicht zur Grundlage seiner Regulierungsentscheidung gemacht und muss dies auch nicht, sind dem VN die Sachverständigenkosten auch nicht nach §§ 683, 670 BGB zu ersetzen.[14] 12

Ein Anspruch des VN auf (teilweise) Erstattung von Gutachterkosten besteht auch dann, wenn er **nach einem durchgeführten Sachverständigenverfahren (teilweise) obsiegt**, vgl. A.2.6.4 AKB. 13

II. Anspruch auf Einsichtnahme in Sachverständigengutachten

Sofern sich der VR weigert, dem VN das von ihm in Auftrag gegebene Sachverständigengutachten zur Verfügung zu stellen, kann der VN eine Einsichtnahme nach **§ 810 Alt. 1 BGB** erzwingen.[15] Dies gilt jedenfalls dann, wenn die Einstandspflicht des VR dem Grunde nach unstreitig ist und der VN die Angaben in dem Schadengutachten benötigt, um seinen Anspruch gegen den VR beziffern zu können. Darüber hinaus besteht auch aus Gründen der **Waffengleichheit** zwischen beiden Vertragspartnern aus dem Versicherungsvertrag i.V.m. dem Grundsatz von Treu und Glauben gemäß **§ 242 BGB** ein Anspruch des VN auf Einsichtnahme in das Gutachten, z.B. durch Überlassung einer Kopie.[16] Dies gilt nach zutreffender zum Teil vertretener Auffassung unabhängig davon, ob der Eintritt des Versicherungsfalles streitig ist, der VR sich grundsätzlich für eintrittspflichtig hält oder der VN zur Geltendmachung des ihm entstandenen Schadens auf das vom VR eingeholte Gutachten angewiesen ist.[17] Letzteres ist regelmäßig der Fall, wenn sich der VN – zulässigerweise – für eine fiktive Abrechnung seines Kaskoschadens entscheidet. Diesen Anspruch kann er nicht durchsetzen, wenn der VR ihm die Einsichtnahme in das Gutachten vorenthält. Freilich ist es Aufgabe 14

13 Vgl. Himmelreich/Halm/Staab/*Papatheodorou* Kap. 23 F Rn. 857a.

14 AG Köln Urt. v. 28.08.2012 – 267 C 242/11 – r+s 2013, 281 = SP 2013, 25.

15 Vgl. OLG Schleswig Urt. v. 13.07.2020 – 16 U 137/19 – zfs 2020, 695; LG Oldenburg Urt. v. 09.12.2011 – 13 O 1604/11 – r+s 2012, 343; LG Dortmund Urt. v. 21.05.2008 – 2 O 400/07 – NJW-RR 2008, 1483 = zfs 2009, 29; AG Singen Urt. v. 08.06.2012 – 3 C 15/12 – VersR 2013, 497 = r+s 2013, 237; AG Hannover Urt. v. 02.05.2012 – 461 C 9491/11 – zfs 2012, 627; **a.A.** LG Berlin Beschl. v. 13.03.2001 – 7 O 76/00 – VersR 2003, 94 = r+s 2002, 220; Armbrüster VersR 2013, 944, 947 ff.

16 Vgl. OLG Saarbrücken Urt. v. 22.04.2020 – 5 U 55/19 – r+s 2020, 394; OLG Karlsruhe Beschl. v. 26.04.2005 – 12 W 32/05 – r+s 2005, 385 = zfs 2005, 350; OLG Saarbrücken Urt. v. 14.10.1998 – 5 U 1011/97-80 – VersR 1999, 750; AG Gütersloh Urt. v. 07.07.2014 – 10 C 6/14 – zfs 2015, 40; Armbrüster VersR 2013, 944, 949 ff.; **a.A.** LG Oldenburg Urt. v. 22.02.2017 – 13 S 481/16 – r+s 2017, 413; LG Berlin Beschl. v. 13.03.2001 – 7 O 76/00 – VersR 2003, 94 = r+s 2002, 220.

17 OLG Frankfurt/M. Urt. v. 13.09.2023 – 7 U 40/22 – r+s 2024, 26 unter Bestätigung von LG Hanau Urt. v. 23.03.2022 – 4 O 1171/21 – DAR 2023, 704; AG Singen Urt. v. 08.06.2012 – 3 C 15/12 – r+s 2013, 237; AG Siegburg Urt. v. 10.11.2011 – 113 C 127/11 – n.v.; **a.A.** LG Hannover Beschl. v. 24.02.2011 – 6 O 246/10 – zitiert von AG Singen, a.a.O.

des VN, die Höhe seines geltend gemachten Schadens darzulegen und zu beweisen. Faktisch wird er aber davon absehen, einen eigenen Sachverständigen mit der Ermittlung der Schadenhöhe zu beauftragen, weil A.2.5.3 AKB für diesen Fall eine Erstattung der Gutachterkosten an den VN ausschließt. Wenn sich daher der VR durch A.2.5.3 AKB das Recht vorbehält, dem VN die Kosten eines Sachverständigen nur unter engen Voraussetzungen, die er selbst steuern kann, zu ersetzen, ist er auch verpflichtet, ein Gutachten, wenn er es denn einholt, dem VN zur Einsicht zu überlassen.[18] Diese aus Treu und Glauben folgende vertragliche Nebenpflicht findet ihre Grenzen aber dort, wo überwiegende schutzwürdige Interessen des VR berührt sind, z.B. bei durchgreifenden Zweifeln an der Redlichkeit des VN und der Berechtigung der von ihm geltend gemachten Forderung.[19] Eine versicherungsvertragliche Treuepflicht, dem VN das Gutachten unaufgefordert zu übersenden, besteht allerdings nicht.

15 Die **Treuepflicht des VR**, dem VN auf Anforderung das Schadensgutachten zur Verfügung zu stellen, **setzt nicht voraus**, dass der **VR** die vom VN geltend gemachten Entschädigungsansprüche **ganz oder teilweise abgelehnt hat**; sie endet auch nicht mit der Leistungsablehnung des VR.[20] Der Anspruch umfasst alle Gutachten, die der VR zwecks Prüfung seiner Leistungspflicht zum behaupteten Schadenhergang und zur Schadenhöhe eingeholt hat. Die Einsichtnahme in das Gutachten soll dem VN die Möglichkeit verschaffen, sich über die Erfolgsaussichten seines Anspruches klar zu werden; dabei ist es unerheblich, ob sich das Gutachten über den Grund oder die Höhe des Anspruches verhält,[21] und ob es Vorschäden behandelt,[22] für deren Abgrenzung zum Neuschaden grundsätzlich der VN beweisbelastet ist. Der VN kann nicht darauf verwiesen werden, selbst ein (weiteres) Gutachten einzuholen, weil ihm die Kosten hierfür gemäß § 85 Abs. 2 VVG grundsätzlich nicht zu erstatten wären. Der Herausgabepflicht wird durch die Gewährung von Einsicht in das Original und durch die Möglichkeit der Anfertigung von Kopien Genüge getan, **§ 259 BGB.**[23] **§ 259 BGB.**[24]

16 **Anspruchsberechtigt** sind außer dem VN auch all diejenigen Personen, die aufgrund der versicherungsvertraglichen Abreden einen Leistungsanspruch gegen den VR haben, z.B. Versicherte oder Erben.[25]

17 Im Fall der **arglistigen Täuschung des VN** entfällt der Anspruch des VN auf Herausgabe des vom VR eingeholten Schadengutachtens.[26]

A.2.5.4 Mehrwertsteuer

Mehrwertsteuer erstatten wir nur, wenn und soweit diese für Sie bei der von Ihnen gewählten Schadenbeseitigung tatsächlich angefallen ist. Die Mehrwertsteuer erstatten wir nicht, soweit Vorsteuerabzugsberechtigung besteht.

Übersicht

18 A.A. LG Oldenburg Urt. v. 22.02.2017 – 13 S 481/16 – r+s 2017, 413.
19 OLG Saarbrücken Urt. v. 22.04.2020 – 5 U 55/19 – r+s 2020, 394.
20 Vgl. OLG Schleswig Urt. v. 13.07.2020 – 16 U 137/19 – zfs 2020, 695; a.A. Armbrüster VersR 2013, 944, 951 f.
21 Vgl. LG Dortmund Urt. v. 21.05.2008 – 2 O 400/07 – NJW-RR 2008, 1483 = zfs 2009, 29.
22 AG Siegburg Urt. v. 10.11.2011 – 113 C 127/11 – n.v.
23 AG Singen Urt. v. 08.06.2012 – 3 C 15/12 – VersR 2013, 497 = r+s 2013, 237.
24 AG Singen Urt. v. 08.06.2012 – 3 C 15/12 – VersR 2013, 497 = r+s 2013, 237.
25 Armbrüster VersR 2013, 944, 951.
26 Vgl. LG Saarbrücken Urt. v. 08.04.2021 – 14 O 103/17 – VersR 2021, 888.

A. Allgemeines

Die Klausel erfasst sämtliche Versicherungsfälle, in denen der VR dem Grunde nach eine Kaskoentschädigung zu leisten hat, also auch den des Verlustes eines Pkw. Sie ist nicht auf die Fälle der Beschädigung und Zerstörung beschränkt.[1] Sie ist der gesetzlichen Regelung in **§ 249 Abs. 2 S. 2 BGB** nachgebildet, die ebenfalls festlegt, dass die Mehrwertsteuer nur beansprucht werden kann, *»wenn und soweit sie tatsächlich angefallen ist«*. 1

B. Regelungsgehalt – Was zahlen wir im Schadenfall? – A.2.5 AKB/Mehrwertsteuer – A.2.5.4 AKB (§ 13 Abs. 6 AKB 2007 a.F.; A.2.9 AKB 2008 a.F.)

I. Erstattung der Mehrwertsteuer nur bei tatsächlichem Anfall

Nach der Klausel ersetzt der VR die **Mehrwertsteuer** nur in den Fällen, in denen der VN nachweist, dass er sie auch **tatsächlich bezahlt** hat. Die Regelung gilt **nicht nur im Reparaturschadenfall**, sondern auch für die Fälle des **wirtschaftlichen Totalschadens, der Zerstörung oder des Verlustes** des Fahrzeuges. Es ist auch gleichgültig, ob der VN im Totalschadenfall sein Fahrzeug reparieren lässt, was ihm in A.2.5.1.1 S. 2 AKB ausdrücklich freigestellt ist, oder ob er bei einem reparaturwürdigen Fahrzeug auf die Instandsetzung verzichtet und stattdessen ein Ersatzfahrzeug erwirbt. A.2.5.4 AKB stellt für jede vom VN gewählte Form der Schadenbeseitigung ausdrücklich klar, dass die Mehrwertsteuer erst nach ihrer Begleichung erstattungsfähig ist. Dies hat der VN nachzuweisen. 2

Nicht ausreichend ist die Vorlage einer Auftragsbestätigung mit ausgewiesener Mehrwertsteuer[2] oder eines Kaufvertrages, der keine Mehrwertsteuer ausweist.[3] Ebenso wenig reicht es aus, wenn der VN bereits vor dem Schadenfall ein Zweitfahrzeug gekauft und bezahlt hat, welches erst nach dem 3

1 Vgl. OLG Celle Beschl. v. 28.03.2008 – 8 W 19/08 – VersR 2008, 1204 = r+s 2008, 326.
2 OLG Saarbrücken Urt. v. 23.08.2017 – 5 U 61/16 – VersR 2018, 811 = zfs 2017, 641.
3 AG Aachen Urt. v. 19.10.2012 – 108 C 31/12 – r+s 2013, 378.

Schadenfall zugelassen oder in Gebrauch genommen wird. Denn in diesem Fall ist die Mehrwertsteuer bereits vor Eintritt des Schadens angefallen. A.2.5.4 AKB aber verlangt, dass der Schaden durch ein Rechtsgeschäft, bei dem Mehrwertsteuer anfällt, beseitigt wird.[4] Gleiches gilt, wenn ein neu angeschafftes Fahrzeug schon vor dem Unfall bestellt war, aber erst nach dem Unfall ausgeliefert wird; die Mehrwertsteuer ist dann nicht gemäß der Klausel »bei der Schadenbeseitigung« angefallen.[5] Lässt der VN sein beschädigtes Fahrzeug nicht reparieren, erhält er nur den Nettobetrag der kalkulierten Wiederherstellungskosten ersetzt unabhängig davon, ob er vorsteuerabzugsberechtigt ist oder nicht.[6] Gleiches gilt grundsätzlich auch, wenn er im Rahmen einer Fahrzeug-Ersatzbeschaffung keine Mehrwertsteuer verauslagt (zu den Ausnahmen vgl. A.2.5.4 AKB Rdn. 17 ff.)

4 Die Erstattungspflicht des VR in Bezug auf die Mehrwertsteuer knüpft an die konkret vom VN gewählte Form der Schadenbeseitigung an. Wählt der VN eine als **fiktiv oder abstrakt** zu bezeichnende Schadenabrechnung, macht er keinen tatsächlichen, sondern nur einen **potenziellen Wiederherstellungsaufwand geltend**, zumeist auf der Grundlage eines Kostenvoranschlages oder Sachverständigengutachtens. Auf diese Weise kann der VN auch abrechnen, wenn er die Reparatur tatsächlich hat durchführen lassen, aber keine Rechnung vorlegen kann oder will oder aber sein Fahrzeug durch ein anderes ersetzt hat, diesen Nachweis aber ebenfalls nicht führt. Für alle diese Fälle besteht kein Anspruch auf Mehrwertsteuer. Demgegenüber ist die **konkrete Abrechnung** dadurch gekennzeichnet, dass der VN seinen Schadenbeseitigungsaufwand (Reparatur oder Ersatzbeschaffung) mit Hilfe einer Rechnung belegen kann. In diesen Fällen ist Mehrwertsteuer zu zahlen.

5 Durch die Erstattungsregelung »wenn und soweit diese … angefallen ist« wird klargestellt, dass dem VN auch Mehrwertsteuer für den Fall zusteht, dass er nur eine **teilweise mehrwertsteuerpflichtige Kompensation seines Schadens** vornimmt. Er ist daher nicht gehalten, den Anfall von Mehrwertsteuer auf seinen gesamten, bei Eintritt des Versicherungsfalles entstandenen Schaden nachzuweisen. Lässt er z.B. nur eine Teilreparatur durchführen, für die er auch Umsatzsteuer zahlt oder wendet er für die Anschaffung eines Ersatzfahrzeuges einen niedrigeren Kaufpreis als den Wiederbeschaffungswert auf, kann insoweit ein Anspruch des VN auf Erstattung der Mehrwertsteuer bestehen.

II. Höhe der zu erstattenden Mehrwertsteuer

6 Die Höhe der bei einer fiktiven Abrechnung in Abzug zu bringenden bzw. bei konkreter Abrechnung zu erstattenden Mehrwertsteuer richtet sich danach, ob der Schaden auf Reparaturkosten- oder Wiederbeschaffungsbasis abgerechnet wird, wobei im letztgenannten Fall zusätzlich das Alter des Fahrzeuges zum Schadenzeitpunkt eine entscheidende Rolle spielt.

1. Reparaturschaden

a) Reparaturkosten niedriger als Wiederbeschaffungsaufwand

7 Liegen die Brutto-Reparaturkosten unterhalb des Wiederbeschaffungsaufwands (Wiederbeschaffungswert abzüglich Restwert) für ein vergleichbares Ersatzfahrzeug oder erreichen sie diesen und hat der VN nach Maßgabe des A.2.7.1a AKB sein Fahrzeug **konkret** reparieren lassen, erhält er die in der Reparaturkostenrechnung ausgewiesene Mehrwertsteuer erstattet. Rechnet er **abstrakt** (fiktiv) ab, wird der Mehrwertsteuerbetrag gemäß A.2.5.2.1b AKB von den gemäß Kostenvoranschlag bzw. Sachverständigengutachten kalkulierten Kosten in Abzug gebracht. Der VN erhält nur den Nettobetrag.

b) Reparaturkosten höher als Wiederbeschaffungsaufwand

8 Liegen die Brutto-Reparaturkosten über dem Wiederbeschaffungsaufwand für ein vergleichbares Ersatzfahrzeug, so erhält der VN **bei konkret durchgeführter Reparatur** ebenfalls die Reparaturkosten einschließlich der in der Reparaturkostenrechnung ausgewiesenen Mehrwertsteuer bis maximal zur

4 AG Aachen Urt. v. 23.05.2013 – 104 C 7/13 – DAR 2013, 584.
5 AG Düsseldorf Urt. v. 24.11.2023 – 234 C 160/23 – zfs 2024, 328.
6 Vgl. BGH Urt. v. 20.04.2004 – **VI ZR 109/03** – r+s 2004, 303 = NZV 2004, 341 (**zum Haftpflichtschaden**).

Höhe des Brutto-Wiederbeschaffungswertes erstattet. **Bei fiktiver Abrechnung** ist die Höhe der Entschädigungszahlung auf den Wiederbeschaffungsaufwand beschränkt. Dieser berechnet sich in diesem Fall nach dem Netto-Wiederbeschaffungswert für ein vergleichbares Ersatzfahrzeug abzüglich des – in der Regel steuerneutralen (vgl. A.2.5.1 AKB Rdn. 75 ff.) – Restwerts für das Altfahrzeug. Denn auch im Wiederbeschaffungswert ist Mehrwertsteuer enthalten, die dem VN gemäß A.2.5.4 AKB aber nur dann zufließen soll, soweit sie tatsächlich anfällt. Da der VN im Reparaturschadenfall mit Begrenzung auf den Wiederbeschaffungsaufwand nicht besser stehen darf als ein VN, der im Totalschadenfall, bei Zerstörung oder Verlust seines Fahrzeuges gemäß A.2.5.1.1 AKB ebenso nur den Wiederbeschaffungsaufwand beanspruchen könnte, ist auch im Falle des A.2.5.2.1b AKB die Mehrwertsteuer aus dem Wiederbeschaffungswert herauszurechnen und hiervon der Restwert des Fahrzeuges abzuziehen (zur **Berechnung** siehe A.2.5.4 AKB Rdn. 13). Bei nicht nachgewiesenem Mehrwertsteuer-Anfall bildet der sich so ergebende Betrag die Entschädigungsobergrenze.

c) Ersatzfahrzeug trotz Reparaturschaden

Der VN hat auch dann Anspruch auf Mehrwertsteuer, wenn er zwar **auf die Reparatur** seines Fahrzeuges **verzichtet**, sich aber ein **Ersatzfahrzeug anschafft** und bei der Ersatzbeschaffung konkret Umsatzsteuer anfällt. Der Anspruch ist auf den Umsatzsteuerbetrag begrenzt, der bei Durchführung der notwendigen Reparatur angefallen wäre.[7] Für den Erstattungsanspruch auf Mehrwertsteuer wird der VN daher wie ein VN im Totalschadenfall, bei Zerstörung oder Verlust seines Fahrzeuges gemäß A.2.5.1.1 AKB behandelt. Dass der Erstattungsanspruch des VN auf Mehrwertsteuer von seiner freien Entscheidung, entweder reparieren zu lassen oder sich ein Ersatzfahrzeug zuzulegen, nicht berührt wird, ergibt sich aus dem eindeutigen Wortlaut in A.2.5.4 S. 1 AKB, wonach die Mehrwertsteuer zu zahlen ist, soweit sie bei der vom VN »gewählten Schadenbeseitigung tatsächlich angefallen ist«. 9

Kauft der VN ein Ersatzfahrzeug von einem Kfz-Händler, kommt es also darauf an, ob das neu angeschaffte Ersatzfahrzeug der Regel- oder der Differenzbesteuerung unterliegt (vgl. hierzu A.2.5.4 AKB Rdn. 14 ff.). Der tatsächlich aufgewendete Mehrwertsteueranteil wird dem VN **maximal bis zur Höhe des Mehrwertsteueranteiles auf die Netto-Reparaturkosten** ersetzt. Wählt der VN daher statt der wirtschaftlich gebotenen Fahrzeugreparatur die Anschaffung eines (höherwertigen) Ersatzfahrzeuges, kann er im Rahmen der (fiktiven) Schadenabrechnung gleichwohl die im Rahmen der Ersatzbeschaffung konkret angefallene Umsatzsteuer verlangen, jedoch begrenzt auf den durch die wirtschaftlich gebotene Fahrzeugreparatur anfallenden Umsatzsteueranteil.[8] 10

Kauft der VN ein Ersatzfahrzeug von Privat, ohne dass im Kaufvertrag Umsatzsteuer ausgewiesen ist oder der VN eine entsprechende Rechnung vorlegen kann, besteht hingegen selbst dann **kein Anspruch auf Mehrwertsteuer**, wenn der VN den kalkulierten Brutto-Reparaturkostenbetrag vollständig für den Kauf des Ersatzfahrzeuges verwendet hat.[9] 11

2. Totalschaden, Zerstörung oder Verlust

Bei der Frage, in welchem Umfang der VN einen Anspruch auf Mehrwertsteuer hat bzw. inwieweit bei unterbliebener Fahrzeug-Ersatzbeschaffung vom VR Mehrwertsteuer aus dem Entschädigungsbetrag herausgerechnet werden darf, wird man sich an den zur Kfz-Haftpflichtversicherung ergangenen gerichtlichen Entscheidungen orientieren können. Denn es handelt sich überwiegend um 12

7 Vgl. BGH Urt. v. 05.02.2013 – **VI ZR 363/11** – VersR 2013, 471 = r+s 2013, 203 (**zum Haftpflichtschaden**).

8 Vgl. BGH Urt. v. 05.02.2013 – **VI ZR 363/11** – VersR 2013, 471 = r+s 2013, 203; OLG Dresden Urt. v. 20.08.2010 – 7 U 682/10 – VRS 121, 9 = ADAJUR Dok.Nr. 94417 (**zum Haftpflichtschaden**).

9 Vgl. BGH Urt. v. 22.09.2009 – **VI ZR 312/08** – VersR 2009, 1554 = NJW 2009, 3713 (**zum Haftpflichtschaden**).

eine steuerrechtliche Betrachtungsweise, die sich für Haftpflichtfälle nicht anders darstellt als im Kaskobereich.[10]

a) **Fiktive Abrechnung**

aa) **Ermittlung des Netto-Wiederbeschaffungswertes**

13 Rechnet der VN seinen Schaden fiktiv auf der Grundlage eines Sachverständigengutachtens ab, ist von dem ausgewiesenen Brutto-Wiederbeschaffungswert die darin enthaltene Umsatzsteuer abzuziehen, da der VR nach A.2.5.1.1 i.V.m.A.2.5.4 AKB nur den Netto-Wiederbeschaffungswert abzüglich des Restwerts zu zahlen hat. Zur Feststellung des Netto-Wiederbeschaffungswertes ist zu klären, ob solche Fahrzeuge, die dem versicherten Fahrzeug entsprechen, auf dem Gebrauchtwagenmarkt überwiegend nach § 10 UStG **regelbesteuert**, nach § 25a UStG **differenzbesteuert** oder von Privat und damit **umsatzsteuerfrei** angeboten werden.[11] Dabei kann sich das Gericht im Rahmen der Schadenschätzung nach § 287 ZPO an der überwiegenden Wahrscheinlichkeit orientieren, mit der ein solches Fahrzeug auf dem Gebrauchtwagenmarkt angeboten wird.[12] Wesentlich ist, dass Mehrwertsteuer, die im Wiederbeschaffungswert nicht enthalten ist, auch nicht vom Wiederbeschaffungswert abgezogen werden kann.[13]

bb) **Regelbesteuerung**

14 Bei **Gebrauchtwagen im Alter bis zu 4 Jahren** wird grundsätzlich davon auszugehen sein, dass im Kaufpreis für ein solches Fahrzeug der Regelsteuersatz von – derzeit – 19 % enthalten ist. Ausnahmen können für kleinere Fahrzeuge der unteren Mittelklasse gelten. Der VN erhält also den um **19 % Mehrwertsteuer** ermäßigten Netto-Wiederbeschaffungswert abzüglich des Restwerts seines Altfahrzeuges.

cc) **Differenzbesteuerung**

15 **Gebrauchtwagen im Alter von 4 bis 10 Jahren** werden von Kfz-Händlern in der Regel nur differenzbesteuert angeboten. Es handelt sich überwiegend um Fahrzeuge, die der Händler von Privatpersonen ankauft. In diesem Fall muss er die gesetzliche Mehrwertsteuer nur von seinem Gewinn an das Finanzamt abführen. Somit fällt Mehrwertsteuer ausschließlich auf die Differenz zwischen dem Händlereinkaufs- und dem Händlerverkaufspreis an. Nur diese Gewinnspanne von 15 bis 25 % unterliegt dem Regelsteuersatz von 19 %. Bezogen auf den Verkaufspreis des Fahrzeuges beim Händler, der **Maßstab für die Bemessung des Wiederbeschaffungswertes** ist (vgl. A.2.5.1 AKB Rdn. 61 ff.), ergibt sich ein **Mehrwertsteueranteil von 2 bis 3 %**, der im Brutto-Wiederbeschaffungswert enthalten ist und den der VR entsprechend herausrechnen kann.

dd) **Keine Besteuerung**

16 Ist das versicherte **Fahrzeug zum Schadenzeitpunkt älter als 10 Jahre**, ist in dem Wiederbeschaffungswert überhaupt **keine Mehrwertsteuer mehr enthalten**. Vergleichbare Ersatzfahrzeuge werden auf dem Gebrauchtwagenmarkt in der Regel ausschließlich von privater Hand angeboten, so dass der Verkauf eines solchen Fahrzeuges auch keinen umsatzsteuerpflichtigen Vorgang auslösen kann. Dementsprechend entspricht bei fiktiver Schadenabrechnung der Brutto-Wiederbeschaffungswert in seiner Höhe auch dem Netto-Wiederbeschaffungswert.

10 Versicherungs-Ombudsmann Urt. v. 29.10.2003 – 8294/02-T – r+s 2004, 103 = zfs 2004, 20.

11 BGH Urt. v. 09.05.2006 – **VI ZR 225/05** – VersR 2006, 987 = NJW 2006, 2181; OLG Brandenburg Urt. v. 14.10.2020 – 11 U 135/19 – r+s 2021, 85.

12 Vgl. BGH Urt. v. 01.03.2005 – **VI ZR 91/04** – VersR 2005, 994 = NJW 2005, 2220; KG Urt. v. 04.12.2006 – 12 U 206/05 – NZV 2007, 409.

13 Vgl. LG Dortmund Beschl. v. 08.09.2016 – 2 S 7/16 – BeckRS 2016, 16537.

b) Konkrete Ersatzbeschaffung

aa) Kaufpreis von Ersatz-Kfz gleich oder höher als Brutto-Wiederbeschaffungswert

Der **BGH**[14] hat im Kfz-**Haftpflichtschadenbereich** entschieden, dass es in einem Fall, in dem ein Geschädigter ein Ersatzfahrzeug mindestens zu dem im Sachverständigengutachten ausgewiesenen Brutto-Wiederbeschaffungswert erwirbt, auf die Frage, ob und in welchem Umfange in diesem Wiederbeschaffungswert Umsatzsteuer (Mehrwertsteuer) enthalten ist, nicht ankommt. Die gleichen Erwägungen müssen auch für den **Kaskoschadenbereich** gelten. Da A.2.5.4 AKB sowohl in seinem Wortlaut, wie aber auch von seiner Zweckbestimmung her an § 249 Abs. 2 S. 2 BGB angelehnt ist, erscheint eine unterschiedliche Auslegung für diese Fallgestaltung nicht gerechtfertigt. 17

Der VN kann daher in einem solchen Falle den **vollen Brutto-Wiederbeschaffungswert** verlangen, selbst wenn er kein vergleichbares, sondern ein teureres Ersatzfahrzeug anschafft. Dies gilt auch dann, wenn er es nicht von einem Kfz-Händler, sondern **von Privat** erwirbt.[15] Denn mit der konkreten Ersatzbeschaffung eines gleichartigen Fahrzeugs mindestens zu dem vom Sachverständigen genannten Brutto-Wiederbeschaffungswert stellt der VN wirtschaftlich den Zustand wieder her, der vor dem Schadenereignis bestand. Es kann ihm nicht zum Nachteil gereichen, wenn er bei der konkreten Ersatzbeschaffung auf dem Gebrauchtwagenmarkt von den umsatzsteuerrechtlich möglichen verschiedenen Erwerbsmöglichkeiten nicht gerade diejenige realisiert, die der Sachverständige – für die fiktive Schadensabrechnung – als die statistisch wahrscheinlichste bezeichnet hat.[16] Im Übrigen kann davon ausgegangen werden, dass die unterschiedliche steuerliche Behandlung in aller Regel auf den Endverkaufspreis für den privaten Käufer auf dem Gebrauchtwagenmarkt keinen Einfluss hat. 18

bb) Kaufpreis von Ersatz-Kfz niedriger als Brutto-Wiederbeschaffungswert

Wendet der VN im Rahmen der Ersatzbeschaffung einen geringeren Betrag auf als den vom Sachverständigen festgelegten Brutto-Wiederbeschaffungswert, so ist entscheidend, in **welchem Umfang** der VN **konkret Mehrwertsteuer verauslagt** hat. Hierfür kommt es wiederum darauf an, ob der VN das neu erworbene Ersatzfahrzeug auf dem Gebrauchtwagenmarkt nach § 10 UStG regelbesteuert, nach § 25a UStG differenzbesteuert oder von Privat und damit umsatzsteuerfrei erworben hat. Kauft der VN ein **regel- oder differenzbesteuertes** Ersatzfahrzeug, so steht ihm die im Rahmen der Ersatzbeschaffung tatsächlich verauslagte Mehrwertsteuer zu.[17] Höchstentschädigungsgrenze ist stets der Brutto-Wiederbeschaffungswert, den der Sachverständige für das vollkaskoversicherte Unfallfahrzeug ermittelt hat. Demgegenüber steht dem VN bei einer Ersatzbeschaffung **von Privat** kein Anspruch auf Mehrwertsteuer zu, wenn der aufgewendete Kaufpreis unterhalb des vom Sachverständigen für das Unfallfahrzeug kalkulierten Brutto-Wiederbeschaffungswertes bleibt.[18] 19

(1) Kauf von differenzbesteuertem Kfz bei regelbesteuertem Brutto-Wiederbeschaffungswert

Unterliegt das versicherte Fahrzeug der Regelbesteuerung, erhält der VN beim Kauf eines Ersatzfahrzeuges mit rechnungsmäßig ausgewiesener Mehrwertsteuer diesen konkreten Mehrwertsteuerbetrag bis zur Höhe des Brutto-Wiederbeschaffungswertes ersetzt. Kauft er beim Kfz-Händler ein 20

---

14 BGH Urt. v. 01.03.2005 – **VI ZR 91/04** – VersR 2005, 994 = NJW 2005, 2220; BGH Urt. v. 09.05.2006 – **VI ZR 225/05** – VersR 2006, 987 = NJW 2006, 2181.

15 Ebenso OLG Celle Urt. v. 06.10.2016 – 8 U 111/16 – r+s 2016, 614 = zfs 2017, 93; vgl. OLG Saarbrücken – 5 U 278/08 – VersR 2009, 924 = zfs 2009, 336; **a.A.** Feyock/*Jacobsen*/Lemor A.2 AKB Rn. 137.

16 Vgl. BGH Urt. v. 01.03.2005 – **VI ZR 91/04** – VersR 2005, 994 = NJW 2005, 2220.

17 Ebenso LG Coburg Urt. v. 13.09.2013 – 33 S 14/13 – zfs 2014, 518.

18 Vgl. BGH Urt. v. 02.07.2013 – **VI ZR 351/12** – VersR 2013, 1277 = NJW 2013, 3719 in Abgrenzung zu BGH Urt. v. 01.03.2005 – **VI ZR 91/04** – VersR 2005, 994 = NJW 2005, 2220 (**zum Haftpflichtschaden**).

differenzbesteuertes Ersatzfahrzeug, beschränkt sich der Erstattungsanspruch auf 2–3 % vom Kaufpreis.[19]

(2) Kauf von regelbesteuertem Kfz bei differenzbesteuertem Brutto-Wiederbeschaffungswert

21 **Unterliegt das versicherte Fahrzeug der Differenzbesteuerung**, erhält der VN bei einer Ersatzbeschaffung die Mehrwertsteuer bis maximal 2–3 % vom Kaufpreis erstattet, selbst wenn er den vollen Mehrwertsteuersatz beim Kauf des Fahrzeuges tatsächlich bezahlt hat.[20] Andernfalls würde der VN eine Entschädigung in einer Höhe erhalten, die die Differenz zwischen dem Brutto-Wiederbeschaffungswert und dem Restwert überstiege. Kauft der VN ein Fahrzeug von Privat, ohne dass er Mehrwertsteuer bezahlt, erhält er die Differenz zwischen dem Netto- und dem Brutto-Wiederbeschaffungswert ausnahmsweise nur dann ersetzt, wenn der Kaufpreis mindestens die Höhe des vom Sachverständigen kalkulierten Brutto-Wiederbeschaffungswertes erreicht (vgl. A.2.5.4 AKB Rdn. 18). Erwirbt der VN ein **regelbesteuertes Neufahrzeug**, ist der Wiederbeschaffungswert mit voller Umsatzsteuer (und nicht nur differenzbesteuert) selbst dann zu erstatten, wenn das kaskoversicherte Fahrzeug des VN zum Schadenszeitpunkt auf dem Gebrauchtwagenmarkt nur differenzbesteuert angeboten wurde.[21] Es ist allein darauf abzustellen, ob durch den Erwerb eines Neufahrzeugs von einem Händler der Anfall der Regelbesteuerung – derzeit 19 % – vom VN durch Vorlage der Anschaffungsrechnung nachgewiesen wird.

(3) Kauf von regelbesteuertem oder differenzbesteuertem Kfz bei Brutto-Wiederbeschaffungswert ohne MwSt.

22 **Enthält der Brutto-Wiederbeschaffungswert des versicherten Fahrzeuges keine Mehrwertsteuer,** weil vergleichbare Fahrzeuge auf dem Gebrauchtwagenmarkt nur von Privat angeboten werden, so kommt es auch nicht darauf an, ob und inwieweit der VN im Rahmen einer Ersatzbeschaffung Mehrwertsteuer verauslagt. Denn er kann bereits bei fiktiver Abrechnung den vollen Entschädigungsbetrag (Differenz zwischen dem Brutto-Wiederbeschaffungswert und dem Restwert) beanspruchen.

III. Vorsteuerabzugsberechtigung

1. Grundsätzliches

23 Ist der **VN als Unternehmer** nach umsatzsteuerrechtlichen Bestimmungen befugt, die von ihm im Zusammenhang mit der Schadenbeseitigung verauslagte Mehrwertsteuer mit derjenigen Mehrwertsteuer zu verrechnen, die er im Rahmen seiner gewerblichen oder selbstständigen Tätigkeit von Dritten vereinnahmt, so besteht bei ihm gemäß **§ 15 Abs. 1 Nr. 1 UStG** die Berechtigung zum Vorsteuerabzug. Wendet er bei der von ihm gewählten Art der Schadenbeseitigung konkret Mehrwertsteuer auf, kann er diese gemäß A.2.5.4 S. 2 AKB vom VR gleichwohl nicht erstattet verlangen, weil sie bei ihm wirtschaftlich nicht zu einem Schaden führt.[22] **Soweit der VN mit der** für den Erwerb eines gleichwertigen Fahrzeuges oder der im Rahmen einer Reparatur **aufgewendeten Mehrwertsteuer nicht endgültig belastet bleibt**, weil er sie als Vorsteuer abziehen kann, ist die Mehrwertsteuer weder Bestandteil des vom VR zu ersetzenden Wiederbeschaffungswertes, noch des Anspruches des VN auf Reparaturkostenersatz. Insoweit gilt nichts anderes als in der Haftpflichtversicherung.[23] Die vom VN im Falle der Ersatzbeschaffung oder der Reparatur bezahlte

---

19 Vgl. BGH Urt. v. 18.05.2004 – **VI ZR 267/03** – VersR 2004, 927 = NJW 2004, 2086 (**zum Haftpflichtschaden**).

20 Vgl. BGH Urt. v. 15.11.2005 – **VI ZR 26/05** – VersR 2006, 238 = NJW 2006, 285 (**zum Haftpflichtschaden**).

21 LG Wuppertal, Urt. v. 14.11.2019 – 9 S 106/19 – r+s 2020, 149 = zfs 2020, 153.

22 Vgl. BGH Urt. v. 22.05.1989 – **X ZR 25/88** – NJW 1990, 387 = NJW-RR 1990, 32; BGH Urt. v. 06.06.1972 – **VI ZR 49/71** – VersR 1972, 973 = NJW 1972, 1460.

23 BGH Urt. v. 04.05.1982 – **VI ZR 166/80** – VersR 1982, 757 = NJW 1982, 1864.

Mehrwertsteuer muss der VR nicht erstatten. Dies gilt auch für die Fälle, in denen **der VN die Mehrwertsteuer endgültig tragen muss und daher letztlich mit ihr belastet bleibt**, weil ihm lediglich eine pauschalierte Summe, die sich nach seinem Umsatz richtet, als abziehbarer Vorsteuerbetrag zur Verfügung steht, (vgl. §§ 23, 15 UStG).

Für die Ersatzfähigkeit der Mehrwertsteuer kommt es auf die steuerlichen Verhältnisse des VN im Zeitpunkt des Versicherungsfalles an. Maßgeblich für die Vorsteuerabzugsberechtigung ist der **Status des VN am Schadentag**. Daher kann er auch dann nur den Nettoschaden verlangen, wenn er in der Zeit bis zur Auszahlung der Entschädigung die Berechtigung zum Vorsteuerabzug verliert.[24] 24

Die **Vorsteuerabzugsberechtigung** muss beim VN **in Bezug auf das versicherte Fahrzeug** bestehen. Dafür muss das Fahrzeug steuerlich zum Betriebsvermögen des VN gehören. Dies ist der Fall, wenn es nicht nur in geringfügigem Umfang (weniger als 10 %) unternehmerisch genutzt wird. Die Entschädigung wird in diesem Fall netto gezahlt unabhängig davon, ob das Fahrzeug bei einer privaten oder betrieblich veranlassten Fahrt beschädigt wurde. Insbesondere **bei gemischter Nutzung** – teils privat, teil geschäftlich – ist dem VN die Mehrwertsteuer deshalb nicht zu ersetzen, weil er als vorsteuerabzugsberechtigter Unternehmer alle Kosten im Zusammenhang mit der Nutzung seines zum betrieblichen Vermögen gehörenden Pkw steuerlich als Betriebsausgaben gegenüber dem Finanzamt geltend machen kann. Dass er seine **Privatfahrten** mit dem Fahrzeug – ggf. mit **0,25 bis 1 % des Bruttolistenpreises** des angeschafften Ersatzfahrzeuges – versteuern und darauf auch – nicht verrechenbare – Mehrwertsteuer zahlen muss, ist unbeachtlich.[25] Denn nach der Vertragsklausel kommt es nicht darauf an, ob der VN für die private Nutzung des Fahrzeuges Steuern bezahlen muss, sondern nur darauf, ob er im Rahmen der Reparatur oder Ersatzbeschaffung Mehrwertsteuer entrichtet hat. Sofern er diese vom Finanzamt im Wege des Vorsteuerabzuges erstattet bekommen hat, fehlt es jedoch an einem Schaden beim VN, so dass ein Erstattungsanspruch gegenüber dem VR ausscheidet. Auch wenn das Finanzamt daher die Fahrzeugkosten nur zum Teil betrieblich anerkennt, führt dies nicht zu einem Anspruch des VN auf eine teilweise Erstattung der Mehrwertsteuer (unter den Voraussetzungen des A.2.5.4 S. 1 AKB). 25

Auch wenn der **Restwert** eines total beschädigten Fahrzeuges in einem Sachverständigengutachten **in der Regel steuerneutral** ausgewiesen wird, so muss doch der **vorsteuerabzugsberechtigte VN**, der die Reste seines steuerlich im Betriebsvermögen stehenden, beim Schadenfall zerstörten Fahrzeuges veräußert, einen in dem erzielten Restwerterlös enthaltenen Mehrwertsteueranteil an das Finanzamt abführen. Dadurch reduziert sich letztlich der erzielbare Restwert mit der Folge, dass es insoweit zu einem Schaden beim VN kommt, den der VR bei der Abrechnung eines Totalschadens durch Erstattung des abgeführten Mehrwertsteueranteils auszugleichen hat.[26] Nennt demgegenüber der vom Kasko-VR genannte potenzielle Restwertkäufer **sowohl einen Brutto-, als auch einen Netto-Ankaufpreis**, ist im Fall einer **fiktiven Totalschadensabrechnung**, bei der der VN das Unfallfahrzeug nicht verkauft, sondern (teil-)repariert und behält, durch Auslegung zu ermitteln, welchen Betrag der Restwertanbieter einem nicht zum Vorsteuerabzug berechtigten VN zahlen möchte. Zielt das Angebot darauf ab, den Brutto-Ankaufpreis nur bei Ausweisung der Umsatzsteuer – unabhängig von einer möglichen Umsatzsteuerpflicht des VN – zu zahlen, ist nur der Netto-Ankaufpreis als Restwert in Ansatz zu bringen.[27] 26

Der vorsteuerabzugsberechtigte VN ist **nicht zur Anschaffung eines regelbesteuerten Ersatzfahrzeuges verpflichtet**. Kauft er ein differenzbesteuertes Fahrzeug, für welches er den enthaltenen Mehrwertsteueranteil von regelmäßig 2,5 % nicht als Vorsteuer von seiner an das Finanzamt 27

24 Vgl. OLG Köln Urt. v. 03.06.1993 – 5 U 202/92 – VersR 1994, 303 = r+s 1993, 447; Himmelreich/Halm/*Bartholomy* Teil 1 Abschnitt B Kap. 20 Rn. 178.

25 LG Dortmund Urt. v. 16.08.2012 – 2 S 18/12 – zfs 2012, 698.

26 Vgl. OLG Jena Urt. v. 13.05.2009 – 7 U 711/08 – SP 2009, 368 = SVR 2010, 340.

27 Vgl. BGH Urt. v. 14.04.2021 – **IV ZR 105/20** – VersR 2021, 761 = r+s 2021, 389; LG Wuppertal Urt. v. 07.03.2012 – 8 S 76/11 – r+s 2012, 535 = zfs 2012, 393.

abzuführenden Umsatzsteuerschuld abziehen kann, verstößt er nicht gegen seine Schadenminderungspflicht.[28] **Verunfallt der nicht vorsteuerabzugsberechtigte VN mit dem** ihm zur Nutzung überlassenen **Firmenfahrzeug**, so muss die Reparatur zur Vermeidung eines Verstoßes gegen die Schadenminderungspflicht durch den vorsteuerabzugsberechtigten Halter (Arbeitgeber des VN und Eigentümer des Firmenwagens) in Auftrag gegeben werden.[29]

28 Steht das versicherte Kfz bei Eintritt des Versicherungsfalles noch im **Vorbehaltseigentum des Kfz-Händlers**, weil der VN den Kaufpreis noch nicht (vollständig) entrichtet hat, steht dem VN im Falle der Ersatzbeschaffung keine Mehrwertsteuer auf den Wiederbeschaffungswert zu, da im Rahmen der insoweit vorliegenden Fremdversicherung allein auf die Verhältnisse des vorsteuerabzugsberechtigten Automobilhändlers abzustellen ist.[30]

29 **Unrichtige Angaben des VN zur Vorsteuerabzugsberechtigung** stellen eine vertragliche Obliegenheitsverletzung dar (E.1.1.3 AKB, § 28 Abs. 4 VVG) und können zur vollständigen Leistungsfreiheit des VR führen.

2. Leasingfahrzeuge

30 Vgl. A.2.5.2 AKB Rdn. 112 ff., A.2.5.2 AKB Rdn. 123 ff.

C. Weitere praktische Hinweise

I. Alte AKB ohne Mehrwertsteuerklausel

31 Enthalten die konkret zu beurteilenden AKB des jeweiligen VR keine spezielle Regelung hinsichtlich der Zahlung der Mehrwertsteuer, sind die steuerlichen Verhältnisse beim VN zum Zeitpunkt des Schadenfalles maßgebend. Ist der VN vorsteuerabzugsberechtigt, schuldet der VR nur die Netto-Entschädigungszahlung. Andernfalls hat der VR – selbst bei fiktiver Abrechnung nach Gutachten – die Mehrwertsteuer zu übernehmen.[31] Ist hingegen – wie in A.2.5.4 AKB – eine Regelung vereinbart, wonach die Mehrwertsteuer nur bei tatsächlichem Anfall vom VR übernommen wird, stellt sich die Frage nach der Wirksamkeit der Klausel.

II. Wirksamkeit der Klausel

32 **Vergleichbare Mehrwertsteuerregelungen** in § 13 Abs. 6 AKB a.F. waren in der Vergangenheit häufig Anlass für Rechtsstreitigkeiten, wobei einige Gerichte die **Wirksamkeit der Klausel bejahten**,[32] andere hingegen die **Klausel für unwirksam hielten.**[33] Der **BGH**[34] hat eine Mehrwertsteuerklausel mit dem Wortlaut: »Die Mehrwertsteuer ersetzt der VR nur, wenn der VN diese tatsächlich bezahlt hat«, wegen Verstoßes gegen das Transparenzgebot nach § 307 Abs. 1 S. 2 BGB für

28 Vgl. BGH Beschl. v. 25.11.2008 – **VI ZR 245/07** – r+s 2009, 83 = NZV 2009, 134 **(zum Haftpflichtschaden)**.

29 LG Hamburg Urt. v. 12.03.1986 – 17 S 295/85 – r+s 1987, 8.

30 OLG Köln Urt. v. 26.01.1999 – 9 U 16/98 – VersR 2000, 96 = SP 1999, 170.

31 Vgl. BGH Urt. v. 30.01.1985 – **IVa ZR 109/83** – VersR 1985, 354 = NJW 1985, 1222.

32 KG Urt. v. 01.06.2010 – 6 U 25/10 – VersR 2010, 1633 = SP 2010, 370; OLG Saarbrücken Urt. v. 28.01.2009 – 5 U 278/08 – VersR 2009, 924 = zfs 2009, 336; OLG Celle Beschl. v. 28.03.2008 – 8 W 19/08 – VersR 2008, 1204 = r+s 2008, 326; OLG Köln Urt. v. 08.11.2005 – 9 U 44/05 – r+s 2006, 102 = VK 2006, 65 m.w.N.; LG Dortmund Urt. v. 10.12.2008 – 22 O 109/07 – VersR 2009, 926; LG Erfurt Urt. v. 11.01.2002 – 2 S 245/01 – NVersZ 2002, 182; LG München I Urt. v. 14.06.2000 – 14 S 22159/99 – NJW-RR 2001, 169; AG Koblenz Urt. v. 21.03.2002 – 161 C 3903/01 – VersR 2002, 1231; Versicherungs-Ombudsmann Beschl. v. 07.08.2003 – 6283/03-L – r+s 2004, 188 = zfs 2004, 123.

33 LG Braunschweig Urt. v. 14.06.2001 – 10 S 30/01 – VersR 2001, 1279 = r+s 2001, 406; LG Deggendorf Urt. v. 05.03.2002 – 1 S 132/01 – = r+s 2002, 322 = zfs 2002, 245; AG Münster Urt. v. 03.12.2002 – 38 C 3766/02 – VersR 2003, 1249.

34 BGH Urt. v. 24.05.2006 – **IV ZR 263/03** – VersR 2006, 1066 = NJW 2006, 2545 **unter Bestätigung von** OLG Karlsruhe Urt. v. 10.10.2003 – 15 U 26/02 – VersR 2004, 1171.

unwirksam erklärt. Der VR legte diese Klausel einschränkend dahingehend aus, dass der VN nach einem Reparaturschaden zwar die tatsächlich angefallene Mehrwertsteuer für eine Reparatur erhalten hätte, nicht aber die bezahlte Steuer auf den Kaufpreis für ein Ersatzfahrzeug erhalten sollte. Die Klausel sei intransparent, weil der VN nicht klar erkennen könne, dass bei einer Ersatzbeschaffung die Erstattung der dafür gezahlten Mehrwertsteuer ausgeschlossen sein soll. Daraus lässt sich jedoch nicht der Rückschluss ziehen, dass auch die Vertragsklausel in A.2.5.4 AKB unwirksam sein könnte.

Es liegt **keine Unwirksamkeit nach § 307 Abs. 2 Nr. 1 BGB** wegen unangemessener Benachteiligung des VN vor. Die Einschränkung der Leistungspflicht durch enge Voraussetzungen für die Erstattung der Mehrwertsteuer stellt keine Bestimmung dar, die mit wesentlichen Grundgedanken einer gesetzlichen Regelung nicht zu vereinbaren wäre. Ein gesetzliches Leitbild, von dem die Klausel abweicht, existiert nicht. Der versicherungsrechtliche Schadenbegriff ist von dem Schadenbegriff des allgemeinen Schadenersatzrechts zu unterscheiden. Während sich dort die Schadenersatzpflicht nach den §§ 249 ff. BGB orientiert, bestimmt der Gesetzgeber in § 1 S. 1 VVG, dass der VR mit Abschluss des Versicherungsvertrages ein bestimmtes Risiko des VN oder eines Dritten durch eine Leistung abzusichern hat, die er bei Eintritt des vereinbarten Versicherungsfalles erbringen muss. Art und Umfang der zu ersetzenden Schäden ergeben sich somit ausschließlich aus den Vereinbarungen der Vertragsparteien, wie sie in den AKB niedergelegt sind. Da der VR frei ist in der Gestaltung seiner Versicherungsbedingungen, kann er den Umfang der im Versicherungsfall zu leistenden Entschädigung ebenso wie etwaige vom VN hinzunehmende Leistungskürzungen grundsätzlich in seinen Bedingungen regeln. Dazu gehört auch die Klarstellung, unter welchen Voraussetzungen der VN die Mehrwertsteuer beanspruchen kann. 33

Die **Klausel gefährdet auch nicht die Erreichung des Vertragszwecks**, so dass sich hieraus eine Unwirksamkeit nach **§ 307 Abs. 2 Nr. 2 BGB** ergeben könnte. Die Kaskoversicherung ist schon von ihrer Rechtsnatur nicht auf den Ausgleich des vollen Vermögensschadens wie die §§ 249 ff. BGB ausgerichtet. Ihr Zweck ist nicht die vollständige Schadenkompensation im Versicherungsfall, sondern der Ersatz des Vermögensschadens nach Maßgabe der Versicherungsvertrages, also ggf. mit gewissen Einschränkungen wie bei der Mehrwertsteuer. Sachfolgeschäden wie Nutzungsausfall und Fahrtkosten werden ohnehin regelmäßig nicht ersetzt. Außerdem wird die Selbstbeteiligung abgezogen. Ebenso sind Einschränkungen bei der merkantilen Wertminderung möglich. Die Rechte des VN werden auch nicht für den Fall beeinträchtigt, dass der VN sein Fahrzeug unrepariert weiterveräußert und eine Ersatzbeschaffung vornimmt. Dem VN bleibt es unbenommen, sein Fahrzeug in einer Fachwerkstatt reparieren zu lassen und gegen Rechnungsnachweis die Mehrwertsteuer zu verlangen. Lässt er das Fahrzeug »privat« oder gar nicht reparieren, erleidet er auch keine Vermögenseinbuße, da er die Mehrwertsteuer nicht zu bezahlen braucht.[35] 34

Eine **unangemessene Benachteiligung des VN nach § 307 Abs. 1 S. 1 BGB liegt ebenso wenig vor.** Für den Fall, dass der VN sein unzerstörtes reparaturwürdiges Fahrzeug nicht reparieren lässt, sondern eine Schadenbeseitigung durch Ersatzbeschaffung vornimmt, kann er zwar einen gewichtigen finanziellen Nachteil erleiden, wenn die Netto-Reparaturkosten geringer sind als die Differenz zwischen Wiederbeschaffungswert und Restwert. Dies reicht jedoch nach Ansicht des **BGH**[36] für eine unangemessene Benachteiligung nicht aus. 35

In der Mehrwertsteuerregelung wird man auch **keine überraschende Klausel nach § 305c Abs. 1 BGB** erblicken können. Dem VN wird in aller Regel die Bestimmung des § 249 Abs. 2 S. 2 BGB geläufig sein, wonach auch im allgemeinen Schadenersatzrecht dem Geschädigten die Mehrwertsteuer nur erstattet werden muss, wenn und soweit sie tatsächlich angefallen ist. Diese Formulierung wird in A.2.5.4 AKB sogar ausdrücklich übernommen. Wenn der VR die Wertung des 36

35 Vgl. OLG Frankfurt/M. Urt. v. 15.06.2004 – 14 U 200/03 – VersR 2004, 1551; LG Erfurt Urt. v. 11.01.2002 – 2 S 245/01 – NVersZ 2002, 182, 184.

36 BGH Urt. v. 24.05.2006 – **IV ZR 263/03** – VersR 2006, 1066 = NJW 2006, 2545.

Gesetzgebers im Haftpflichtschadensrecht für die Erstattungsregelung im Kaskoversicherungsvertrag übernimmt, kann dies aus Sicht des VN schwerlich als völlig ungewöhnlich und unerwartet bezeichnet werden.

37 Schließlich ist die **Klausel auch eindeutig, so dass § 305c Abs. 2 BGB** zugunsten des VN ebenfalls **keine Anwendung findet.** A.2.5.4 AKB macht die Frage der Mehrwertsteuererstattung erkennbar davon abhängig, ob bei der konkret vom VN gewählten Form der Schadenbeseitigung Umsatzsteuer angefallen ist oder nicht.

38 Die Mehrwertsteuerklausel muss allerdings auch dem **Transparenzgebot des § 307 Abs. 1 S. 2 BGB** standhalten. Daran scheiterte die Klausel in dem vom **BGH**[37] entschiedenen Fall. Die Auslegung führte zu keinem eindeutigen Ergebnis. Nach der im Vertrag getroffenen Regelung des § 13 AKB a.F. blieb unklar, ob dem VN im Falle der Veräußerung des unreparierten, aber noch reparaturwürdigen Unfallfahrzeuges und dem Erwerb eines Ersatzfahrzeuges Mehrwertsteuer zustehen sollte oder nicht. Der VR ist als Verwender der AKB gehalten, die Rechte und Pflichten seines Vertragspartners möglichst klar und durchschaubar darzustellen, wobei insbesondere alle Nachteile und Belastungen so weit erkennbar sein müssen, wie dies nach den Umständen gefordert werden kann. In dem entschiedenen Fall konnte der VN nicht hinreichend erkennen, dass er bei einer wirtschaftlich vernünftigen Ersatzbeschaffung, die bei ihm zu keiner Überkompensation in Form eines fiktiven Mehrwertsteuerbetrages und für den VR zu keinem Nachteil führt, eine deutliche Einbuße dadurch erleiden kann, dass die Entschädigungsleistung hinter der Differenz zwischen Wiederbeschaffungswert und Restwert zurückbleibt.[38]

39 Andererseits lässt sich der genannten BGH-Entscheidung entnehmen, dass eine Mehrwertsteuerklausel, die **hinreichend deutlich formuliert** ist und dem VN die ihn treffenden Nachteile bzw. ihm zustehenden Rechte klar und durchschaubar darstellt, der Wirksamkeitskontrolle standhalten wird.

40 Die neue Mehrwertsteuerklausel in **A.2.5.4 AKB wird allen Wirksamkeitsanforderungen gerecht** (ebenso die gleichlautende Klausel in A.2.9 AKB 2008).[39] Sie regelt die Frage der Mehrwertsteuererstattung im Totalschaden- und Reparaturschadenfall. Für den VN wird klar und verständlich herausgestellt, dass sich die Klausel auf sämtliche Varianten der Schadenkompensation im Versicherungsfall bezieht[40] und damit sowohl in den in A.2.5.1 wie auch A.2.5.2 AKB genannten Konstellationen einen Ersatzanspruch auf fiktive Mehrwertsteuer verneint. In den **AKB 2015** kommt dies verstärkt dadurch zum Ausdruck, dass die Klausel systematisch als Unterpunkt zu den Entschädigungsregelungen angeordnet ist, die sich alle im Abschnitt A.2.5 befinden, wie die Mehrwertsteuerklausel unter A.2.5.4 AKB auch. Im Übrigen ist sie auch vergleichbar mit der auch schon vor 2008 von vielen VR in § 13 Abs. 6 AKB a.F. verwendeten Klausel: »Die Umsatzsteuer ersetzt der Versicherer nur, wenn und soweit sie tatsächlich angefallen ist.« Diese Klausel hat der **BGH**[41] gebilligt, da sie eindeutig und für den um Verständnis bemühten VN ohne rechtliche Vorbildung unschwer zu erfassen sei.

41 **Zur Prüfung einer AKB-Klausel** vgl. auch A.2.1.1 AKB Rdn. 16 ff.

---

37 BGH Urt. v. 24.05.2006 – **IV ZR 263/03** – VersR 2006, 1066 = NJW 2006, 2545.

38 BGH Urt. v. 24.05.2006 – **IV ZR 263/03** – VersR 2006, 1066 = NJW 2006, 2545.

39 Ebenso LG Arnsberg Urt. v. 12.02.2013 – 3 S 139/12 – r+s 2015, 384; LG Köln Urt. v. 21.08.2012 – 11 S 336/11 – SP 2012, 444.

40 Vgl. hierzu KG Berlin Urt. v. 29.08.2011 – 42 S 28/11 – n.v. – zitiert bei www.bld.de.

41 BGH Beschl. v. 04.11.2009 – **IV ZR 35/09** – VersR 2010, 208 = r+s 2010, 12 **unter Bestätigung von** OLG Saarbrücken Urt. v. 28.01.2009 – 5 U 278/08 – VersR 2009, 924 = zfs 2009, 336; ebenso OLG Köln Urt. v. 15.01.2009 – 24 O 365/08 – r+s 2010, 14, 15.

A.2.5.5 Zusätzliche Regelungen bei Entwendung

A.2.5.5.1 Wiederauffinden des Fahrzeugs

Wird das Fahrzeug innerhalb eines Monats nach Eingang der in Textform abgegebenen Schadenanzeige wieder aufgefunden, sind Sie zur Rücknahme des Fahrzeugs verpflichtet. Voraussetzung ist, dass Sie das Fahrzeug innerhalb dieses Zeitraums mit objektiv zumutbaren Anstrengungen wieder in Besitz nehmen können.

A.2.5.5.2 Wir zahlen die Kosten für die Abholung des Fahrzeugs, wenn es in einer Entfernung von mehr als xx km (Luftlinie) aufgefunden wird. Ersetzt werden die Kosten in Höhe einer Bahnfahrkarte 2. Klasse für Hin- und Rückfahrt bis zu einer Höchstentfernung von xx km (Bahnkilometer). Maßgeblich ist jeweils die Entfernung vom regelmäßigen Standort des Fahrzeugs zum Fundort.

A.2.5.5.3 Haben wir die Versicherungsleistung wegen einer Pflichtverletzung (z.B. nach D.1.1, E.1.1 oder E.1.3 oder wegen grober Fahrlässigkeit nach A.2.9.1 Satz 2) gekürzt und wird das Fahrzeug wieder aufgefunden, gilt: Ihnen steht ein Anteil am erzielbaren Veräußerungserlös nach Abzug der erforderlichen Kosten zu, die im Zusammenhang mit der Rückholung und Verwertung entstanden sind. Der Anteil errechnet sich entsprechend der Quote, um die wir Ihre Entschädigung gekürzt haben.

A.2.5.5.4 Eigentumsübergang nach Entwendung

Müssen Sie das Fahrzeug nicht zurücknehmen, weil die Monatsfrist bereits abgelaufen ist, werden wir dessen Eigentümer.

Wir werden jedoch nicht Eigentümer, wenn
- Sie der Eigentümer des Fahrzeugs bleiben wollen oder
- ein Anderer der Eigentümer des Fahrzeugs ist (z.B. der Leasinggeber) und dieser das Eigentum nicht an uns übertragen möchte.

Sie müssen uns dies unverzüglich mitteilen, nachdem wir Sie über das Wiederauffinden informiert oder Sie in anderer Weise Kenntnis erlangt haben. Kosten für die Rückholung zahlen wir nicht.
Werden wir nicht Eigentümer, rechnen wir den erzielbaren Veräußerungserlös des wiederaufgefundenen Fahrzeugs auf unsere Entschädigung an. Wenn wir Sie bereits entschädigt haben, müssen Sie uns den erzielbaren Veräußerungserlös zurückzahlen.

Übersicht

A. Allgemeines

1 Die Regelung beinhaltet in Verbindung mit A.2.7.3 AKB eine **besondere Fälligkeitsvoraussetzung** für die Entschädigung des VN im Entwendungsfall. Außerdem besteht für den VN eine **Rücknahmeverpflichtung des entwendeten Fahrzeuges unter bestimmten Voraussetzungen.** Zum einen muss es innerhalb eines Monats nach Eingang der in Textform abgegebenen Schadenanzeige beim VR wieder aufgefunden werden. Zum anderen muss die Inbesitznahme für den VN auch objektiv zumutbar sein. Nach der früheren, vor 2008 geltenden AKB-Bestimmung genügte es, dass das Fahrzeug innerhalb der Frist »wieder zur Stelle« gebracht wurde. Diese Formulierung setzte nicht voraus, dass das Fahrzeug wieder zum Wohnsitz des VN zurückgebracht werden musste. Die Rechtsprechung forderte insoweit lediglich, dass es dem VN bei objektiv zumutbarer Anstrengung möglich sein müsse, den entwendeten Gegenstand innerhalb der Monatsfrist in seine Verfügungsgewalt zurückzuerlangen.[1] Diese Auslegung ist nun in A.2.5.5.1 AKB textlich übernommen worden.

B. Regelungsgehalt – Was zahlen wir im Schadenfall? – A.2.5 AKB/Zusätzliche Regelungen bei Entwendung – A.2.5.5 AKB (§ 13 Abs. 8 AKB 2007 a.F.; A.2.5.5 AKB 2008 a.F.)

I. Wiederauffinden des Fahrzeugs binnen Monatsfrist/Entschädigungsumfang – A.2.5.5.1 bis A.2.5.5.3 AKB

1. Voraussetzungen – A.2.5.5.1 AKB

2 Der VN kann eine Entschädigung erst dann beanspruchen, wenn das entwendete Fahrzeug nicht innerhalb eines Monats wiederaufgefunden wird und er es auch nicht mit objektiv zumutbaren Anstrengungen wieder in Besitz nehmen kann. Andenfalls ist der VN zur Rücknahme des Fahrzeuges verpflichtet. Dies gilt selbst dann, wenn das Fahrzeug so massive Beschädigungen aufweist, dass sie einem Totalschaden gleichkommen. In diesem Fall richtet sich die Entschädigungsleistung nach A.2.5.1.1 AKB. Liegen die entwendungsbedingten Beschädigungen unterhalb des Wiederbeschaffungswertes, erfolgt eine Abrechnung nach A.2.5.2.1 AKB.

3 Die Monatsfrist ist maßgeblich für die **Fälligkeit** der Kaskoentschädigung gemäß **A.2.7.3 AKB**, (vgl. A.2.7 AKB Rdn. 30 ff.) und für den **Eigentumsübergang** am entwendeten Fahrzeug gemäß **A.2.5.5.3 AKB**, (vgl. A.2.5.5 AKB Rdn. 23 ff.). Es handelt sich um eine **starre Fristregelung.** Die Überschreitung der Monatsfrist um auch nur einen Tag schließt eine Rücknahmepflicht des VN aus.

a) Wiederauffinden innerhalb eines Monats

4 Die Monatsfrist beginnt erst zu laufen mit Eingang der Schadenanzeige beim VR. Diese muss mindestens in »**Textform**« **i.S.v. § 126b BGB** abgegeben werden. Textform ist die einfachste Form einer schriftlichen Erklärung. Sie erfordert keine eigenhändige Unterschrift oder eine qualifizierte elektronische Signatur, weshalb der VN die Schadenmeldung dem VR formwirksam auch per Fax, Computerfax oder E-Mail übermitteln kann. Eine telefonische Schadenmeldung entspricht nicht den Anforderungen. Das Textformerfordernis begegnet keinen Bedenken. Schon die früher übliche

1 BGH Urt. v. 17.11.1981 – **IVa ZR 230/80** – VersR 1982, 135, 136 = NJW 1982, 444; OLG Köln Urt. v. 05.12.2000 – 9 U 56/00 – VersR 2001, 976 = r+s 2001, 143; OLG Hamm Urt. v. 10.07.1991 – 20 U 71/91 – VersR 1992, 566 = r+s 1991, 296; OLG Celle Urt. v. 01.06.1985 – 8 U 88/94 – VersR 1996, 1360 = r+s 1996, 92.

und viel strengere »**Schriftform**« **i.S.v. § 126 BGB** wurde als zulässig angesehen.[2] Selbst ohne eine ausdrückliche Vorgabe in A.2.5.5.1 AKB könnte der VN gemäß § 127 Abs. 1 BGB die Schadenanzeige sowohl schriftlich, als auch in elektronischer Form oder in Textform abgeben. Sofern alte AKB noch die Abgabe der Schadenanzeige in Schriftform erfordern, kann sich der VR bei einer Schadenmeldung des VN in Textform wegen § 309 Nr. 13b BGB nicht auf die Nichtbeachtung des Schriftformerfordernisses berufen. Sieht die konkrete Vertragsklausel kein Anzeigeerfordernis in Textform vor, genügt auch die **mündliche oder telefonische Anzeige** der Fahrzeugentwendung gegenüber dem VR oder dessen Versicherungsvertreter, um die Monatsfrist in Lauf zu setzen.[3] Stets erforderlich ist aber, dass der VN unter Bezugnahme auf einen konkreten Versicherungsvertrag Angaben zu Ort und Zeit der Entwendung macht und die wesentlichen, den Versicherungsfall begründenden Tatsachen mitteilt.[4]

Eine »**Schadenanzeige**« erfordert, dass der VN den VR umfassend informiert. Die bloße Mitteilung 5
über den Verlust des Fahrzeuges reicht nicht aus. Vielmehr muss die Anzeige so vollständig und detailliert alle Informationen zum Schadenfall und den Umständen der Entwendung enthalten, dass der VR in die Lage versetzt wird, Ermittlungen einzuleiten und gezielt nach dem Verbleib des Fahrzeuges zu fahnden.[5] **Sinn und Zweck** der Regelung ist es, **dem VR Fahndungsmaßnahmen zu ermöglichen**, um bei Wiederauffinden des Fahrzeuges eine Entschädigungsleistung zu vermeiden. Dazu muss der VR alle Einzelheiten des Fahrzeugverlustes kennen, die ihm nur eine detaillierte Schadenanzeige vermitteln kann.[6]

Um die Monatsfrist in Gang zu setzen, ist es erforderlich, dass die **Schadenanzeige bei derjenigen** 6
Stelle im Unternehmensbereich **des VR eingeht**, die für Maßnahmen zum Wiederauffinden des Fahrzeuges **zuständig** ist. Nicht ausreichend ist es, eine unzuständige Stelle beim VR zu informieren oder nur den Versicherungsvermittler mit der mündlichen Weitergabe der Details zum Verlust des Fahrzeuges zu beauftragen.[7] Ebenso wenig genügt eine Schadenmeldung gegenüber dem Versicherungsvertreter (Agenten). Zwar gilt dieser gemäß § 69 Abs. 1 Nr. 2 VVG als bevollmächtigt, während der Dauer des Versicherungsverhältnisses durch den VN zu erstattende Anzeigen entgegenzunehmen, wobei diese gesetzliche Vollmacht gemäß § 72 VVG zulasten des VN vertraglich auch nicht abbedungen werden kann. Die Bestimmung bezieht sich allerdings auf vertragliche Anzeige- und Aufklärungsobliegenheiten, die der VN zu erfüllen hat.[8] In A.2.5.5.1 AKB geht es aber nicht um die Erfüllung einer Obliegenheit. Vielmehr wird – i.V.m. A.2.7.3 AKB – nur definiert, unter welchen Voraussetzungen die Monatsfrist in Lauf gesetzt wird und die Fälligkeit des Anspruches frühestens eintreten soll.

Das entwendete **Fahrzeug gilt als wieder aufgefunden**, sobald der VN weiß, wo es sich befindet. 7
Unerheblich ist, ob er die Kenntnis vom Standort über den VR, die Polizei oder sonstige Dritte erlangt. Entscheidend ist, dass der Fundort so eindeutig bezeichnet werden kann, dass es dem VN objektiv möglich ist, sein Fahrzeug wieder in Besitz zu nehmen.

b) Wiederinbesitznahme mit objektiv zumutbaren Anstrengungen

Wird der entwendete Pkw innerhalb der Monatsfrist wieder aufgefunden, muss der VN ihn zurück- 8
nehmen, sofern ihm dies mit objektiv zumutbaren Anstrengungen möglich ist. Dafür reicht in der Regel die **Mitteilung des VR** aus, dass das **Fahrzeug an einem bestimmten Ort abgeholt** werden

---

2 Vgl. amtliche Begründung des Gesetzentwurfs zu § 72 VVG, BT-Drucksache 16/3945.
3 OLG Saarbrücken Urt. v. 30.09.2020 – 5 U 91/19 – VersR 2021, 23 = r+s 2022, 499.
4 Vgl. OLG Dresden Beschl. v. 07.12.20020 und 28.01.2021 – 4 U 1691/20 – r+s 2021, 149 = NJOZ 2021, 499.
5 Vgl. OLG Köln Urt. v. 17.09.1992 – 5 U 46/92 – VersR 1993, 603 = r+s 1992, 366.
6 Vgl. OLG Köln Urt. v. 05.12.2000 – 9 U 56/00 – VersR 2001, 976 = r+s 2001, 143; Himmelreich/Halm/Staab/*Papatheodorou* Kap. 23 F Rn. 864.
7 Vgl. OLG Köln Urt. v. 17.09.1992 – 5 U 46/92 – VersR 1993, 603 = r+s 1992, 366.
8 Rüffer/Halbach/Schimikowski/*Münkel* § 69 VVG Rn. 34.

kann.[9] Für eine Wiederinbesitznahme muss der VN in der Lage sein können, die alleinige Herrschafts- und Verfügungsgewalt über das Fahrzeug wieder ausüben zu können.[10] Wird ihm lediglich die Sicherstellung des Kfz als solche durch den VR bekanntgegeben und wird er gebeten, wegen der genauen Anschrift des Standortes nachzufragen, so ist er verpflichtet, sich bei den zuständigen Behörden nach dem genauen Abholungsort zu erkundigen.[11]

9 Ob dem VN eine **Wiederinbesitznahme oder Rückholung des Fahrzeuges zumutbar** ist, richtet sich allein nach objektiven Maßstäben. Auf die persönlichen Fähigkeiten und Kenntnisse des VN kommt es nicht an. Der VN kann nicht verlangen, dass sein Fahrzeug zu seinem Wohnort bzw. dem gewöhnlichen Standort des Fahrzeuges oder an den ursprünglichen Abstellort zurückgebracht wird. Den **VN** trifft vielmehr eine **Pflicht zur Rückholung** des Fahrzeuges. Scheidet eine Selbstabholung aus, muss er die Rückholung organisieren, indem er ein professionelles Abschlepp- oder Sammeltransportunternehmen beauftragt. Zumutbar ist dem VN die Rückholung **ungeachtet des aktuellen Fahrzeugzustands.** Es ist unerheblich, ob der Wagen beschädigt oder zerstört ist, ob er fahrbereit ist oder nicht.

10 Die **Entfernung zwischen Auffindungsort und Wohnort des VN** kann ein Streitpunkt bei der Frage sein, ob eine objektiv zumutbare Inbesitznahmemöglichkeit für den VN besteht. **Unproblematisch** ist dem VN eine Wiederinbesitznahme des Fahrzeuges zuzumuten, sofern es in einer **Entfernung von nicht mehr als 1.500 km** (Bahnkilometer) von seinem gewöhnlichen Standort entfernt aufgefunden wird. Denn insoweit besteht in der Regel auch ein Kostenerstattungsanspruch des VN nach Maßgabe des A.2.5.5.2 AKB.

11 Eine grundsätzliche Rückholungspflicht des VN wird man aber auch dann annehmen müssen, wenn das Fahrzeug in einer **Entfernung von über 1.500 km** wieder aufgefunden wurde. Da der VR Rückholungskosten vertraglich nur bis zu dieser Grenze ersetzen muss, ist dem VN die Rücknahme des Fahrzeuges nur dann zuzumuten, wenn sich der VR ihm gegenüber zuvor verpflichtet, auch solche Zusatzkosten zu erstatten, die über die in A.2.5.5.2 AKB versprochenen Zahlungen hinausgehen. Indem der VN solche Kosten verauslagt, entstehen beim ihm Aufwendungen, die jedenfalls zur Minderung des Schadens nach § 82 Abs. 1 VVG geboten sein dürften. Diese Aufwendungen sind dem VN nach **§ 83 Abs. 1 VVG** zu ersetzen.[12] Denn die Rückholung des Fahrzeuges – selbst wenn es sich in beschädigtem Zustand befinden sollte – bedeutet die (Wieder-) Herbeischaffung eines Vermögenswertes, um den sich die vom VR zu erbringende Entschädigungsleistung entsprechend verringert. Die in diesem Falle vom VR zu erstattenden Aufwendungen umfassen **anstelle der zusätzlichen Bahnkosten** alternativ auch **die Flugkosten** zum nächstgelegenen Flughafen. Denn eine Zumutbarkeit dürfte auch dann scheitern, wenn dem VN auferlegt wird, eine **über 1.500 km hinausgehende Strecke** ebenfalls mit der Eisenbahn zurücklegen zu müssen. Schließlich erscheint es auch nicht gerechtfertigt, den VN auf eine nachträgliche Durchsetzung seiner zusätzlichen Aufwendungsersatzansprüche zu verweisen. Der VN hätte das Risiko, mit diesen Kosten schlussendlich belastet zu bleiben. Dies gilt vor allem dann, wenn der VN vor Ort feststellen sollte, dass sein Fahrzeug nur noch Schrottwert hat, so dass der VR eine nachträgliche Erstattung der zusätzlichen Rückholungskosten mit der Begründung verweigern könnte, die Restwerte des Fahrzeuges hätten auch ohne den Reiseaufwand des VN zurückgeholt oder gar vor Ort veräußert werden können. Der VR hat weitergehende Erkenntnisquellen als der VN. Wenn er dem VN den Standort des wieder aufgefundenen Fahrzeuges benennen kann, so weiß er auch, in welchem Zustand sich das Fahrzeug befindet. Zumindest hat er alle Möglichkeiten, entsprechende Erkundigungen einzuholen, bevor er dem VN zumutet, das Fahrzeug aus einer Entfernung von über 1.500 km wieder zurückzuholen.

---

9 Vgl. OLG Köln Urt. v. 05.12.2000 – 9 U 56/00 – VersR 2001, 976 = r+s 2001, 143.

10 OLG Köln Urt. v. 19.09.1991 – 5 U 26/91 – VersR 1992, 569 = r+s 1992, 224.

11 OLG Köln Urt. v. 22.05.1986 – 5 U 224/84 – VersR 1987, 1106.

12 Vgl. auch OLG Frankfurt/M. Urt. v. 24.11.1977 – 1 U 50/77 – VersR 1978, 612 **(für einen in Syrien aufgefundenen Pkw)**; **a.A.** Feyock/*Jacobsen*/Lemor § 13 AKB Rn. 69; Stiefel/Maier/*Meinecke* A.2 AKB Rn. 683.

Stellt er dieses Ansinnen an den VN, so muss er auch für eine entsprechende Absicherung dieser Mehrkosten sorgen. Dies ist nur über die **vorherige Einforderung einer Verpflichtungserklärung des VR** möglich, auch **die über A.2.5.5.2 AKB hinausgehenden Aufwendungen** für die Rückholung des Fahrzeuges **zu übernehmen**. Dadurch hat es der VR letztlich auch in der Hand, für den VN eine möglichst preiswerte Rückholungsmöglichkeit zu organisieren und zu buchen. Ist der VR hierzu nicht bereit und verpflichtet er sich auch nicht zur Zahlung der Mehrkosten, ist die Rückholung für den VN unzumutbar. Er ist in diesem Fall nicht in der Lage, mit »objektiv zumutbaren Anstrengungen« das Fahrzeug zurückzuholen.

12 Erklärt sich der **VR** bereit, den **Rücktransport des Fahrzeuges auf eigene Kosten** zu organisieren, muss der VN hierzu seine Zustimmung erteilen, andernfalls er gegen seine Schadenminderungspflicht verstößt, E.1.1.4 AKB, § 82 VVG. Die Frage der objektiv zumutbaren Wiederinbesitznahme stellt sich daher in einem solchen Fall von vornherein nicht.

13 Ist absehbar, dass die **Abholung nur unter Überschreitung der Monatsfrist** erfolgen kann, entfällt die Pflicht zur Rücknahme des Fahrzeuges. Das gilt auch dann, wenn die Mitteilung über das Wiederauffinden den VN zwar vor dem Fristende erreicht, dieser aber das Fahrzeug im Rahmen objektiv zumutbarer Anstrengung erst nach Fristablauf in seine Verfügungsmacht bringen kann.[13] Reicht hingegen bei Zugang der Mitteilung des VR die verbleibende Zeit noch bis zum Fristende aus, muss der VN entsprechend tätig werden. Das Fahrzeug gilt also auch dann wieder in Besitz genommen, wenn zwar die Möglichkeit dazu innerhalb der Monatsfrist bestanden hat, der VN es aber effektiv erst später abholt; maßgeblich ist insoweit nicht der Vollzug der Inbesitznahme, sondern die zumutbare Möglichkeit.[14] Informiert der VR den VN **eine Woche vor Ablauf der Monatsfrist**, dass er sein Fahrzeug in einer anderen Stadt in Deutschland abholen kann, ist die Frist noch angemessen genug, um dem VN eine objektiv zumutbare Rückholung seines Fahrzeuges zu ermöglichen.[15] Ebenso ist es für den VN zumutbar, seinen Pkw **am letzten Tag der Frist** von Luxemburg oder Belgien nach Köln zurückzuholen.[16] Anders aber, wenn vom VN wenige Tage vor Fristablauf verlangt wird, das aufgefundene Fahrzeug im Nahen Osten abzuholen.[17]

14 **Erhält der VN zwei Tage vor Ablauf der Frist** vom VR **alle Fahrzeugpapiere und -schlüssel zurück** und informiert sich zeitgleich bei der ausländischen Polizeibehörde über den aktuellen Standort des wieder aufgefundenen Pkw, so ist es ihm auch möglich, ihn noch am letzten Tag der Frist durch ein Abschleppunternehmen abholen zu lassen und wieder in seine Verfügungsgewalt zu bringen.[18] Wird das Fahrzeug im Ausland wieder aufgefunden und erteilt der VN dem VR Vollmacht, zur Rückholung ein Transportunternehmen zu beauftragen, so kommt es für die Einhaltung der Monatsfrist nur darauf an, ob das Fahrzeug durch die ausländischen Behörden freigegeben worden und in den Besitz des Transportunternehmens bzw. dessen Mitarbeiters gelangt ist. Unschädlich ist es, wenn sich die Ankunft in Deutschland wegen eines Unfalles des Transporters so verzögert, dass zu diesem Zeitpunkt die Monatsfrist schon abgelaufen ist.[19]

15 Die **Möglichkeit einer Inbesitznahme durch den VN scheitert**, wenn dem VN zwar der Standort des aufgefundenen Fahrzeuges bekannt gegeben wird, die Polizei das **beschlagnahmte Fahrzeug** aber noch nicht freigibt, weil die Spurensicherung noch nicht abgeschlossen ist. Erst wenn die

---

13 BGH Urt. v. 17.11.1981 – **IVa ZR 230/80** – VersR 1982, 135, 136 = NJW 1982, 444.

14 Stiefel/Maier/*Meinecke* A.2 AKB Rn. 678.

15 Vgl. OLG Hamm Urt. v. 10.07.1991 – 20 U 71/91 – VersR 1992, 566 = r+s 1991, 296.

16 OLG Köln Urt. v. 19.09.1991 – 5 U 26/91 – VersR 1992, 569 = r+s 1992, 224; OLG Köln Urt. v. 22.05.1986 – 5 U 224/84 – VersR 1987, 1106.

17 Vgl. OLG Frankfurt/M. Urt. v. 24.11.1977 – 1 U 50/77 – VersR 1978, 612.

18 Vgl. OLG Köln Urt. v. 19.09.1991 – 5 U 26/91 – VersR 1992, 569 = r+s 1992, 224.

19 OLG Celle Urt. v. 01.06.1985 – 8 U 88/94 – VersR 1996, 1360 = r+s 1996, 92 (**für ein in Marokko wiederaufgefundenes Kfz**).

Ermittlungsbehörden die Freigabe des Fahrzeuges erklärt haben, ist der VN zur Rückholung des Fahrzeuges verpflichtet. So lange läuft die Monatsfrist des A.2.5.5.1 AKB weiter.[20]

c) **Grundsätzliche Pflicht des VN zur Rücknahme des Fahrzeuges**

16 Die **Rücknahmepflicht** des VN besteht **unabhängig vom Zustand des Fahrzeuges** und gilt auch für den Fall des Totalschadens. In diesem Fall muss sich der VN den Restwert seines Fahrzeugwracks nach A.2.5.1.1 AKB auf die Entschädigung anrechnen lassen. Bei Wiederauffinden des Fahrzeuges in beschädigtem Zustand erfolgt die Anrechnung gemäß A.2.5.2.1b AKB, wenn der VN keine vollständige, fachgerechte Reparatur mit Rechnung belegt. Dies gilt auch für den Fall, dass nur eine Teilkaskoversicherung besteht und die Beschädigungen durch die Entwendung entstanden sind. Hat der VR den VN binnen Monatsfrist bereits auf Totalschadensbasis entschädigt, hätte die Abrechnung aber lediglich nach Maßgabe eines Reparaturschadens erfolgen dürfen, besteht wegen der bereits vom VR geleisteten überschießenden Entschädigung ein Bereicherungsanspruch nach **§ 812 BGB**.

17 Der **zeitweilige Verlust des Fahrzeuges** wird dem VN nicht entschädigt. Insbesondere kann der VN **keinen Nutzungsausfall** verlangen, wie dies im Übrigen auch A.2.5.7.1 AKB ausdrücklich klarstellt.

18 **Wird das Fahrzeug nach Ablauf der Monatsfrist wieder aufgefunden**, ist eine Rücknahmeverpflichtung des VN ausgeschlossen. Umgekehrt hat auch der VN keinen Anspruch mehr auf Rückübertragung des Eigentums. Zur Frage, ob der VN seinen Entschädigungsanspruch verliert, wenn er nach Ablauf der Frist sein Fahrzeug freiwillig zurücknimmt, vgl. A.2.5.5 AKB Rdn. 32 ff.

2. **Rückholungskosten – A.2.5.5.2 AKB**

19 Nach dieser Klausel **ersetzt der VR Fahrtkosten** des VN im Zusammenhang mit der Rückholung seines binnen Monatsfrist aufgefundenen Fahrzeuges. Voraussetzung ist, dass das **Fahrzeug in einer bestimmten**, in der Klausel festgelegten und regelmäßig mit 50 km vereinbarten **Mindest-Distanz** (Luftlinie) von seinem regelmäßigen Standort **aufgefunden** wurde. Dies ist entweder der Wohnort des VN oder desjenigen Nutzers, der das Fahrzeug üblicherweise in Besitz hat. Wird das Fahrzeug auf einer Reise entwendet, kommt es für die Entfernungsberechnung also nicht auf den Entwendungsort an.

20 Die Kostenerstattung ist **pauschal** beschränkt auf die Kosten, die der VN für eine **Bahnfahrkarte 2. Klasse für Hin- und Rückfahrt** bis zu einer bestimmten, in der Klausel **vereinbarten Höchstentfernung** – regelmäßig maximal 1.500 Bahnkilometer – vom regelmäßigen Standort des Fahrzeuges entfernt bis zu seinem Fundort bezahlen müsste. Diese Pauschale erstattet der VR unabhängig von einem Nachweis der tatsächlich entstandenen Aufwendungen. Auch wenn der VN als Transportmittel statt der Bahn das Flugzeug wählt oder sich mit einem anderen Pkw zum Fundort bringen lässt, wird ihm immer nur der pauschalierte, ggf. fiktiv zu errechnende Betrag für die Bahnfahrt erstattet.

21 Sofern das **Fahrzeug weiter als 1.500 km entfernt aufgefunden** wird, sind dem VN auch die über die pauschalierten Erstattungsbeträge hinausgehenden, **zusätzlichen Kosten** nach Maßgabe des Verwendungsersatzanspruches nach **§§ 82, 83 Abs. 1 VVG** zu ersetzen, wenn er diese für erforderlich halten durfte, um das Fahrzeug zurückzuholen,[21] (vgl. A.2.5.5 AKB Rdn. 11).

22 Viele VR kümmern sich allerdings bereits vor Ablauf der Monatsfrist selbst um den Rücktransport. Hat der **VR selbst den Rückholauftrag erteilt**, muss er auch die damit zusammenhängenden

---

20 OLG Hamm Urt. v. 10.07.1991 – 20 U 71/91 – VersR 1992, 566 = r+s 1991, 296; Feyock/*Jacobsen*/Lemor § 13 AKB Rn. 66; Stiefel/Maier/*Meinecke* A.2 AKB Rn. 676.

21 A.A. Feyock/*Jacobsen*/Lemor § 13 AKB Rn. 69; Stiefel/Maier/Meinecke A.2 AKB Rn. 683.

Kosten übernehmen.[22] Die Summe aus Fahrzeugschaden und Rückholungskosten darf die **Höchstentschädigung** nach A.2.5.6 i.V.m.A.2.5.1.8 AKB nicht überschreiten.

3. Aufteilung des Veräußerungserlöses bei gekürzter Leistung – A.2.5.5.3 AKB

Anders als in den Fällen, in denen kein Eigentumsübergang stattfindet, weil der VR erst nach Auszahlung der Entschädigungsleistung und dem Ablauf der Monatsfrist seine vollständige Leistungsfreiheit feststellt,[23] wird der VR nach Fristablauf Eigentümer des entwendeten Fahrzeuges, wenn er zu einer ungekürzten Auszahlung der Entschädigungssumme verpflichtet ist, A.2.5.5.3 AKB. Gleiches gilt aber auch dann, wenn der VN den Versicherungsfall grob fahrlässig herbeigeführt hat und der VR berechtigt ist, seine Versicherungsleistung zu kürzen. **Zur Vermeidung einer Benachteiligung des VN**, der bei **vollständiger Leistungsfreiheit** des VR Eigentümer des Fahrzeuges bliebe und vom VR den **vollen Verkaufserlös** für das Fahrzeug – abzüglich entstandener Aufwendungen – herausverlangen könnte, demgegenüber aber bei **nur teilweiser Leistungsfreiheit keinerlei gesetzliche Ansprüche** gegen den VR hätte, räumt A.2.5.5.4 AKB dem VN speziell für diesen Fall einen **vertraglichen Anspruch auf eine quotale Beteiligung am Verwertungserlös** ein. 23

Hat der **VN** den Versicherungsfall **grob fahrlässig** herbeigeführt, bestimmt A.2.9.1 AKB i.V.m. § 81 Abs. 2 VVG, dass der **VR berechtigt** ist, seine **Leistung zu kürzen**. Ob er sich auf eine Kürzung beruft, steht in seinem Belieben. Er ist nicht zur Leistungskürzung verpflichtet, (vgl. A.2.9.1 AKB Rdn. 31). Gerade aber deshalb wird der VR nach A.2.5.5.3 AKB nicht nur dann alleiniger Eigentümer des Fahrzeuges, wenn er die volle Entschädigungsleistung zu erbringen hat, sondern auch dann, wenn er sie in einem der Schwere des Verschuldens des VN entsprechenden Verhältnis kürzen kann. Wenn der VN bei vollständiger Leistungsfreiheit kraft Gesetzes Eigentümer des entwendeten Fahrzeuges bleibt und Anspruch auf den vollen Verkaufserlös hat, ist es nur konsequent, wenn ihm A.2.5.5.4 AKB bei teilweiser Leistungsfreiheit einen quotalen Anspruch in dem Umfang zuspricht, in dem der VR wegen der Schwere des Verschuldens beim VN von einer Entschädigungszahlung befreit ist. Der **Anteil des VN am Veräußerungserlös entspricht also nicht der Auszahlungs-, sondern der Kürzungsquote**. Kann der VR die Entschädigungssumme daher z.B. um 75 % kürzen, erhält der VN die Versicherungsleistung zwar nur in Höhe von 25 %, ist aber am Verwertungserlös des Fahrzeuges mit 75 % beteiligt. 24

Nicht der effektiv erzielte, sondern der **erzielbare Veräußerungserlös** ist zwischen dem VR und VN aufzuteilen. Dieser kann, muss aber nicht zwingend mit dem tatsächlich erzielten Verkaufserlös identisch sein. Sinn und Zweck der Regelung ist es, dem VR zwar eine schnelle und wirtschaftlich vernünftige Verwertung des Fahrzeuges zu ermöglichen, den VN dabei aber nicht zu benachteiligen.[24] Wendet der VN ein, der VR habe einen höheren als den effektiv erzielten Verkaufserlös realisieren können, trägt er hierfür jedoch die Beweislast. Verteilt wird der erzielbare Veräußerungserlös erst **nach Abzug der dem VR entstandenen Kosten** im Zusammenhang mit der Rückholung und Verwertung des Fahrzeuges.[25] Diese stehen dem VR vorab zu (z.B. Transportkosten, Zollspesen, Verschrottungskosten, behördliche Gebühren u.ä.). 25

Sachverständigenkosten fallen schon nach dem ausdrücklichen Wortlaut der Klausel nicht hierunter. Der VR wendet sie schon im Vorfeld als – auch im Hinblick auf A.2.8 AKB – notwendige Kosten auf, um überhaupt den quotalen Entschädigungsbetrag errechnen zu können. 26

22 Vgl. Feyock/*Jacobsen*/Lemor § 13 AKB Rn. 70.

23 LG Düsseldorf Urt. v. 06.08.1998 – 11 O 411/96 – r+s 2000, 146.

24 Stiefel/Maier/*Meinecke* A.2 AKB Rn. 693.

25 Vgl. Himmelreich/Halm/*Bartholomy* Teil 1 Abschnitt B Kap. 20 Rn. 198.

II. Eigentumsübergang nach Entwendung – A.2.5.5.4 AKB

1. Eigentumserwerb des VR – A.2.5.5.4 Abs. 1 AKB

27 Die Bestimmung stellt klar, dass mit Ablauf der Monatsfrist das **Eigentum** an dem Fahrzeug (vgl. A.2.1.1 AKB) bzw. den entwendeten mitversicherten Gegenständen (vgl. A.2.1.2 AKB) ohne weiteres Zutun der Vertragsbeteiligten **automatisch auf den VR übergeht**, sofern der VN nicht schon vorher nach A.2.5.5.1 AKB zur Rücknahme verpflichtet gewesen sein sollte. Damit korrespondiert das Recht des VN, mit Ablauf des Monats die Entschädigungszahlung beanspruchen zu können. Der Eigentumsübergang erfolgt unabhängig davon, ob der VR den Kaskoschaden bereits reguliert hat.

28 Es handelt sich um eine bereits mit Abschluss des Kaskoversicherungsvertrages zustande kommende, vorweggenommene, im Falle der Entwendung und Nicht-Herbeischaffung des Pkw binnen Monatsfrist **aufschiebend bedingte Einigung zur Eigentumsübertragung des** im Rahmen der Teilkasko gegen Entwendung versicherten **Fahrzeuges** nach den §§ 929 S. 2, 158 Abs. 1 BGB, **verbunden mit einer Abtretung des Herausgabeanspruchs gegen den Dieb**, da eine Übergabe des gestohlenen Fahrzeuges nicht mehr möglich ist. Für den Fall der Entwendung und dem Nichtwiederauffinden innerhalb der in A.2.5.5.1 AKB festgelegten Monatsfrist tritt die aufschiebende Bedingung ein, unter der der VR Eigentümer des versicherten Fahrzeuges wird. Ein Anspruch des VN auf Rückübereignung scheidet nach Fristablauf aus. In der **Oldtimer**-Kaskoversicherung wurde die Klausel wegen unangemessener Benachteiligung des VN allerdings als unwirksam angesehen, da Oldtimer durch Zeitablauf typischerweise nicht an Wert verlieren, sondern im Gegenteil eher eine Wertsteigerung erfahren.[26]

29 Die Durchsetzung der Rechtsposition des VR nach erfolgtem Eigentumserwerb aufgrund von A.2.5.5.3 AKB kann problematisch sein, wenn ein in Deutschland gestohlenes **Kfz ins Ausland verbracht und dort an einen gutgläubigen Dritten veräußert** wurde.[27]

30 **Ausnahmsweise** wird der **VR nicht Eigentümer** des Fahrzeuges, wenn er nach Ablauf der Monatsfrist seine **Leistungsfreiheit** wegen einer **Verletzung der Aufklärungsobliegenheit durch den VN** feststellt; hat er zu diesem Zeitpunkt das Fahrzeug bereits veräußert, ist er gemäß §§ 681 S. 2, 667 BGB verpflichtet, den Erlös abzüglich der ihm entstandenen Sachverständigen- und Rückführungskosten an den VN als (Noch)-Eigentümer des Fahrzeuges auszukehren.[28] Ebenso wenig wird der VR Eigentümer des Fahrzeuges, wenn dieses in Wirklichkeit gar nicht entwendet, sondern vielmehr der Diebstahl vom VN fingiert wurde; hat der VR bereits eine Entschädigung an den VN gezahlt und nach Ablauf der Monatsfrist das Fahrzeug verkauft, so haftet er dem VN für den Verlust seines Eigentums nach den §§ 823 Abs. 1, 989, 990 Abs. 1 BGB.[29] Verlangt der VR die Versicherungsleistung zurück und macht lediglich einen Bereicherungsanspruch nach § 812 BGB geltend, obwohl er gegen den VN auch eine Forderung wegen vorsätzlicher unerlaubter Handlung erheben könnte, ist der VN ungeachtet des § 393 BGB nicht gehindert, mit seinen Schadenersatzansprüchen aufzurechnen.[30]

2. Optionaler Verbleib des Fahrzeugeigentums beim VN oder einem Dritten, z.B. Leasinggeber – A.2.5.5.4 Abs. 2 bis 4 AKB.

31 Die frühere, noch als A.2.5.5.3 AKB in den Musterbedingungen des GDV verwendete Klausel, wonach der VR in denjenigen Fällen, in denen der VN nicht zur Rücknahme des Fahrzeuges

26 OLG Karlsruhe Beschl. v. 15.11.2017 – 9 W 30/17 – zfs 2018, 162, 163; OLG Karlsruhe Urt. v. 01.09.2016 – 12 U 90/16 – r+s 2016, 504 = zfs 2016, 695.

27 Vgl. hierzu OLG Brandenburg Urt. v. 22.12.2000 – 11 U 14/00 – VersR 2001, 361 mit Anm. Looschelders/Bottek VersR 2001, 401.

28 LG Düsseldorf Urt. v. 06.08.1998 – 11 O 411/96 – r+s 2000, 146.

29 OLG Karlsruhe Urt. v. 18.05.1995 – 12 U 218/94 – r+s 1996, 297.

30 OLG Karlsruhe Urt. v. 18.05.1995 – 12 U 218/94 – r+s 1996, 297.

verpflichtet war, stets und immer automatisch Eigentümer des versicherten Fahrzeugs wurde, ist seit September 2022 durch neue Regelungen in A.2.5.5.4 Abs. 2 bis 4 AKB ersetzt worden. Denn die von der alten Klausel gewünschte Rechtsfolge lief immer dann ins Leere, wenn nicht der VN, sondern ein Dritter Eigentümer des Fahrzeugs war. So kann der VN z.B. bei einem **Leasingfahrzeug** die versicherte Sache, die nicht in seinem Eigentum steht, dem VR nicht übereignen und der Leasinggeber als Eigentümer ist nicht Vertragspartei. Das **OLG Karlsruhe**[31] entschied in einem solchen Fall, dass die (alte) Klausel für diesen Fall ergänzend dahin auszulegen sei, dass der Anspruch auf die Versicherungsleistung unangetastet bleibt, sofern der Leasinggeber dem VR das Fahrzeug übereignet; verweigere er hingegen die Übereignung oder verwerte er es nach Wiedererlangung selbst, sei der Verkehrswert des Fahrzeugs im Zustand nach seinem Wiederauffinden auf die Versicherungsleistung anzurechnen.

Die Regelungen in A.2.5.5.4 Abs. 2 bis 4 AKB greifen diese rechtliche Dogmatik auf und ermöglichen sowohl dem VN, als auch einem Dritten als bisherigem Eigentümer des versicherten Fahrzeugs, dieses zu behalten, wenn entweder der VN Eigentümer des Fahrzeugs bleiben möchte, oder der Dritte, der – z.B. als Leasing- oder Finanzierungsgeber – Sicherungseigentümer des Fahrzeugs ist, dieses nicht dem VR übertragen möchte. Voraussetzung ist für diesen Fall die unverzügliche (vgl. § 121 Abs. 1 BGB) Mitteilung an den VR, dass so verfahren werden soll. Die Frist läuft, sobald der VN über das Wiederauffinden seines Fahrzeugs vom VR informiert worden ist. Rückholungskosten werden vom VR bei Wahl dieser Alternative nicht erstattet. Der erzielbare Veräußerungserlös wird auf den Entschädigungsanspruch des VN angerechnet. Wurde der VN bereits entschädigt, hat er den erzielbaren Veräußerungserlös an den VR zurückzuerstatten. 32

Damit ist auch zukünftig auch eine Konstellation geregelt, die vom BGH bereits 1999 behandelt worden war. Da der VR schon nach der alten AKB-Regelung nach Ablauf der Monatsfrist Eigentümer des Fahrzeugs wurde, durfte der VN bislang eine bereits gezahlte Entschädigungsleistung grundsätzlich behalten. Probleme konnten aber dann entstehen, wenn der **VN nach Ablauf der Monatsfrist das** zwischenzeitlich wieder aufgefundene **Fahrzeug freiwillig zurücknahm oder** bei einem Leasingfahrzeug die **Rückgabe durch den VR an den Leasinggeber** erfolgte. Ob der VN in einem solchen Fall auf seinen Anspruch auf Ersatz des Wiederbeschaffungswertes bzw. bei Vorliegen der vertraglichen Voraussetzungen auf eine Neupreisentschädigung verzichtete, war eine Frage der Auslegung des Versicherungsvertrages. Bei Leasingfahrzeugen war und ist insoweit entscheidend auch darauf abzustellen, was die drei am Versicherungsvertrag Beteiligten oder in ihn Einbezogenen (VN und Leasinggeber einerseits, VR andererseits) als Rechtsfolge einer Rücknahme und Verwertung des Fahrzeuges durch den Leasinggeber vereinbart haben. 33

Der **BGH**[32] ist in einem solchen Fall nicht der Argumentation des VR gefolgt, nach Rückgabe des Fahrzeuges an den Leasinggeber sei der Anspruch auf den Wiederbeschaffungswert entfallen, weshalb der VN – wegen der Beschädigungen an dem wieder aufgefundenen Fahrzeug – nur noch die verbleibenden Reparaturkosten beanspruchen könne. Denn der VN hatte von Anfang an seinen Anspruch auf Regulierung des Wiederbeschaffungswertes in vollem Umfang aufrechterhalten und darauf hingewiesen, dass er an einer Rückübereignung des Fahrzeuges nicht interessiert sei. Da er weiterhin die Leasingraten zahlte, andererseits aber der VR die Entschädigungsleistung verweigerte, forderte er den VR auf, entweder das Fahrzeug oder einen etwaigen Verwertungserlös an den Leasinggeber herauszugeben. Dies stellt nach Ansicht des BGH jedoch keinen Verzicht auf den mit Ablauf der Monatsfrist bereits entstandenen Anspruch des VN auf Ersatz des Wiederbeschaffungswertes dar, zumal an die Feststellung des Verzichtswillens und die Annahme eines Erlassvertrages strenge Anforderungen zu stellen sind.[33] Nach den jetzigen Klauseln in A.2.5.5.4 Abs. 2 bis 4 AKB stünde dem VN für den Fall, dass er einen Anspruch auf Neuwagenentschädigung 34

31 OLG Karlsruhe Urt. v. 18.03.2021 – 12 U 155/20 – r+s 2021, 265.
32 BGH Urt. v. 16.06.1999 – **IV ZR 22/98** – VersR 1999, 1104 = DAR 1999, 449.
33 Vgl. BGH Urt. v. 15.07.1997 – **VI ZR 142/95** – VersR 1998, 122 = r+s 1997, 483.

hat, dieser Anspruch abzüglich eines erzielbaren Veräußerungserlöses gemäß A.2.5.5.4 Abs. 4 AKB gegen den VR zu.

C. Weitere praktische Hinweise

I. Sonstige Ansprüche des VN

35 Wird das entwendete Kfz vor oder nach Ablauf der Monatsfrist wieder aufgefunden, schuldet der VR dem VN im Rahmen eines Aufwendungsersatzanspruches nach § 83 Abs. 1 S. 1 VVG den **Finderlohn**, den dieser gemäß § 971 Abs. 1 BGB an den Finder des gestohlenen Kfz gezahlt hat; **Prozesskosten zur Abwehr** unberechtigt erscheinender Finderlohnansprüche sind dem VN nach den §§ 670, 683 BGB zu ersetzen.[34] **Belohnungen, Lösegelder**[35] oder **Auslobungsbeträge** hat der VR ebenso als »Rettungskosten« zu erstatten. Allerdings muss der VN diesbezüglich zunächst die Weisungen des VR, soweit zumutbar, einholen (§ 82 Abs. 2 S. 1 VVG). Sonst läuft er Gefahr, die Kosten selbst tragen zu müssen.

A.2.5.6 Bis zu welcher Höhe leisten wir (Höchstentschädigung)?

Unsere Höchstentschädigung ist beschränkt auf den Neupreis des Fahrzeugs nach A.2.5.1.8.

Übersicht

A. Allgemeines

1 Die Regelung dient der Festlegung einer **absoluten Leistungsobergrenze**. In keinem Fall soll der VR verpflichtet sein, einen höheren Betrag zahlen zu müssen als den Neupreis des Fahrzeuges, wie er als unverbindliche Preisempfehlung vom Hersteller festgelegt ist, jeweils unter Berücksichtigung orts- und markenüblicher Nachlässe. In Hochkonjunkturphasen mit Lieferengpässen für Neufahrzeuge kann der Wiederbeschaffungswert für das beschädigte versicherte Fahrzeug im Einzelfall über dem Neupreis liegen. Vor allem dann, wenn neuwertige Gebrauchtwagen auf dem Markt kurzfristig erhältlich sind, während bei der Bestellung entsprechender Neufahrzeuge extrem lange Lieferfristen in Kauf genommen werden müssen, kann die Nachfrage nach Gebrauchtwagen und damit auch deren Verkaufspreis überproportional ansteigen. Für diesen Fall ersetzt die Regelung in A.2.5.1.8 AKB den Wiederbeschaffungswert als Entschädigungsgrenze in A.2.5.1 und A.2.5.2 AKB.

B. Regelungsgehalt – Bis zu welcher Höhe leisten wir (Höchstentschädigung)? – A.2.5.6 AKB (§ 13 Abs. 2 AKB 2007 a.F.; A.2.11 AKB 2008 a.F.)

I. Beschränkung der Entschädigung

2 Für alle Formen der durch den VN wählbaren **Varianten der Schadenkompensation** (konkrete oder fiktive Abrechnung, Reparaturschaden oder Abrechnung auf Wiederbeschaffungsbasis) stellt A.2.5.6 AKB klar, dass der Entschädigungsanspruch des VN unter keinen denkbaren Umständen

34 LG Hannover Urt. v. 28.02.1996 – 1 S 188/95 – VersR 1996, 577 = r+s 1996, 478.

35 OLG Saarbrücken Urt. v. 05.11.1997 – 5 U 501/97-50 – VersR 1998, 1499 = r+s 1999, 98; LG Freiburg Urt. v. 18.01.2001 – 3 S 168/00 – zfs 2001, 174.

den Neupreis des Fahrzeuges übersteigen kann. Liegt der Wiederbeschaffungswert des Fahrzeuges am Tag des Schadeneintritts über der unverbindlichen Preisempfehlung des Herstellers für ein vergleichbares Neufahrzeug, so beschränkt sich die Entschädigungspflicht des VR auf diesen Preis – unter Abzug eines vorhandenen Restwerts des Altfahrzeuges. **Obergrenze** ist also stets **der am Schadentag geltende Neupreis.** Fahrzeugzubehörteile und Sonderausstattungen, welche bei Auslieferung des Fahrzeuges bereits verbaut waren[1] oder zwar nachträglich angeschafft, aber ausdrücklich mitversichert wurden,[2] sind bei der Ermittlung des Neupreises ebenso zu berücksichtigen wie alle orts- und marktüblichen und **Nachlässe** (vgl. A.2.5.1 AKB Rdn. 100 ff.). Sehen abweichend hiervon die konkreten AKB eine Beschränkung der Höchstentschädigung auf den **Kaufpreis** des erworbenen versicherten Fahrzeuges vor, so ist diese Vertragsklausel weder als überraschend anzusehen, noch benachteiligt sie den VN unangemessen.[3]

Bei Festlegung des Versicherungswertes als **Taxe i.S.v. § 76 VVG** ist grundsätzlich dieser vereinbarte Wert als Höchstentschädigungssumme zu zahlen, § 76 S. 2 VVG. Der VR darf hiervon nach unten nur dann abweichen, wenn er einen erheblichen Wertverlust zwischen Vertragsschluss und dem Schadeneintritt nachweist.[4] Vgl. hierzu sowie zu einer vereinbarten **maximalen Entschädigung** A.2.5.1 AKB Rdn. 66 f. 3

In die Höchstentschädigung fließen nur diejenigen Beträge **ein**, die der VR für die Erstattung des Fahrzeugschadens zu zahlen hat. Dazu zählen auch die **Abschleppkosten** (A.2.5.2.2 AKB) und im Falle einer Entwendung die **Kosten des Fahrzeugrücktransportes** (A.2.5.5.2 AKB). **Nicht dazu gehören die Sachverständigenkosten.**[5] Dem steht nicht entgegen, dass der **BGH**[6] in einer älteren Entscheidung die Aufwendungen für ein Sachverständigengutachten zur Ermittlung des Schadensumfanges grundsätzlich als notwendige Kosten der Wiederherstellung des Fahrzeuges nach § 13 Abs. 5 AKB a.F. angesehen hat. Denn § 85 Abs. 1 S. 2 VVG stellt nunmehr klar, dass Aufwendungen zur Ermittlung und Feststellung des vom VR zu ersetzenden Schadens auch insoweit zu erstatten sind, als sie zusammen mit der sonstigen Entschädigung die vertraglich vereinbarte Versicherungssumme (vgl. §§ 76, 88 VVG) übersteigen. Die Bestimmung ist zwar vertraglich abdingbar; ein vollständiger Ausschluss des Kostenerstattungsanspruches in den AKB wäre jedoch nach § 307 BGB unwirksam, weil dadurch der Versicherungsschutz ausgehöhlt würde.[7] Infolgedessen kann A.2.5.6 AKB wirksam nur dahingehend ausgelegt werden, dass die Höchstentschädigung auf den Neupreis des Fahrzeuges unter Außerachtlassung der aufgewendeten Kosten für die Ermittlung und Feststellung des Schadens durch einen Sachverständigen beschränkt ist. 4

II. Neupreis des Fahrzeuges

Während die vergleichbare Regelung in A.2.11 AKB 2008 noch die Definition des Neupreises beinhaltete, ist diese nun in A.2.5.1.8 AKB zu finden, (vgl. hierzu A.2.5.1 AKB Rdn. 94 ff.). 5

1 OLG Hamm Urt. v. 18.01.1995 – 20 U 222/94 – VersR 1995, 1303 = r+s 1995, 173.
2 Vgl. OLG Saarbrücken Urt. v. 03.02.1988 – 5 U 65/87 – VersR 1988, 1017.
3 OLG Rostock Urt. v. 22.11.2022 – 4 U 40/22 – BeckRS 2022, 33296.
4 Vgl. LG Mainz Urt. v. 30.05.1995 – 3 S 391/94 – VersR 1996, 226.
5 **A.A.** Stiefel/Maier/*Meinecke* A.2 AKB Rn. 703.
6 BGH Urt. v. 05.11.1997 – **IV ZR 1/97** – VersR 1998, 179 = r+s 1998, 9.
7 Vgl. amtliche Begründung des Gesetzentwurfs zu § 85 VVG, BT-Drucksache 16/3945.

A.2.5.7 Was wir nicht ersetzen und Rest- und Altteile

A.2.5.7.1 Was wir nicht ersetzen

Wir zahlen nicht für Veränderungen, Verbesserungen, Alterungs- und Verschleißschäden. Ebenfalls nicht ersetzt werden Folgeschäden wie Verlust von Treibstoff und Betriebsmittel (z.B. Öl, Kühlflüssigkeit), Wertminderung, Zulassungskosten, Überführungskosten, Verwaltungskosten, Nutzungsausfall oder Kosten eines Mietfahrzeugs.

A.2.5.7.2 Rest- und Altteile

Rest- und Altteile sowie das unreparierte Fahrzeug verbleiben bei Ihnen und werden zum Veräußerungswert auf die Entschädigung angerechnet.

Übersicht

A. Allgemeines

1 Nachdem der Leistungsumfang in der Kaskoversicherung durch die Regelungen in A.2.5.1 bis A.2.5.6 AKB bereits abschließend beschrieben ist, haben die **Ausschlüsse** in A.2.5.7.1 AKB nur noch **deklaratorische Bedeutung.** Die Aufzählung ist nur beispielhaft und nicht abschließend zu verstehen. Die Regelung soll dem VN verdeutlichen, dass ohne eine ausdrückliche anders lautende Regelung nur das in A.2.1.1 AKB aufgeführte versicherte Fahrzeug als solches und die in A.2.1.2.1 und A.2.1.2.2 AKB aufgeführten Fahrzeug- und Zubehörteile vom Kaskoversicherungsschutz umfasst sind.[1]

2 Die Klausel in A.2.5.7.2 AKB stellt zur Vermeidung einer Bereicherung des VN klar, dass **Altteile**, die noch einen gewissen Wert darstellen, auf die Entschädigungsleistung des VR angerechnet werden. Im Gegensatz zu den früheren AKB wird auch das **unreparierte Fahrzeug** ausdrücklich als beim VN verbleibende und auf die Entschädigung anzurechnende Position aufgeführt. Damit braucht in Zukunft nicht mehr darüber gestritten werden, ob auch das unreparierte Fahrzeug selbst als »Restteil« zu qualifizieren ist (so die Auffassung der VR), oder ob es sich insoweit um eine unklare und damit zugunsten des VN auszulegende Bestimmung handelt mit der Folge, dass die Anrechnung des Restwerts eines Fahrzeugwracks zu unterbleiben hat.

B. Regelungsgehalt – Was zahlen wir im Schadenfall? – A.2.5 AKB/Was wir nicht ersetzen und Rest- und Altteile – A.2.5.7 AKB (§ 13 Abs. 3 und 7 S. 1 AKB 2007 a.F.; A.2.13 AKB 2008 a.F.)

I. Was wir nicht ersetzen – A.2.5.7.1 AKB

3 Aufwendungen für Veränderungen, Verbesserungen, Alterungs- und Verschleißschäden sind vom Entschädigungsumfang ausgeschlossen. Dazu gehören alle Schäden, die auf **Materialermüdung**

1 Vgl. OLG Köln Urt. v. 25.10.1994 – 9 U 188/94 – VersR 1995, 1350 = zfs 1995, 424.

zurückzuführen sind, z.B. Schäden an Kunststoffscheiben in Cabriodächern durch wiederholtes Auf- und Zufallen, aber auch Aufwendungen für **Verschleißreparaturen**, die bisher in A.2.13 AKB 2008 ausdrücklich genannt waren. Eine schadenbedingte Wertminderung sowie der Verlust von Treibstoff und sonstigen Betriebsmitteln wie Öl oder Kühlflüssigkeit werden ebenso wenig ersetzt wie Zulassungs-, Überführungs- und Verwaltungskosten, Nutzungsausfall oder Mietwagenkosten.

1. Veränderungen und Verbesserungen

Als nicht erstattungsfähige »**Veränderungen**« stellen sich solche Maßnahmen dar, die auf den Wert des Fahrzeuges keinerlei Einfluss haben. Sie sind jedoch nicht im Sinne von »Verschlechterungen« zu verstehen, da diese gerade positiv vom Entschädigungsumfang erfasst werden. Versieht z.B. der Dieb das entwendete Fahrzeug des VN mit einer fachgerecht aufgebrachten neuen Lackierung, um es besser verkaufen zu können, kann der VN im Falle des Wiederauffindens seines Fahrzeuges vom VR nicht die Kosten für die Wiederherstellung des ursprünglichen Zustandes verlangen.[2] 4

»**Verbesserungen**« treten vor allem in solchen Fallkonstellationen ein, in denen **der VN anlässlich einer schadenbedingten Reparatur** seines Fahrzeuges **höherwertigere und teurere Ersatzteile** als diejenigen **einbauen lässt**, mit denen das Fahrzeug vor dem Schadenfall ausgestattet war. Die dadurch bedingte »Verbesserung« ist vom VR nicht auszugleichen. Selbst wenn die Teile den gleichen Wert verkörpern, aber nur mit höheren Montagekosten eingebaut werden können, fällt der Mehraufwand unter die nicht zu ersetzenden »Veränderungen«. Dass die Ersatzpflicht des VR insoweit entfällt, wird durch die Klausel lediglich klarstellend zum Ausdruck gebracht, ergibt sich dies doch letztlich schon daraus, dass derartige Aufwendungen nicht zu den für eine vollständige und fachgerechte Reparatur »erforderlichen« Kosten gemäß A.2.5.2.1a AKB gehören. Sofern der VN allerdings werterhöhende Verbesserungen an seinem Fahrzeug bereits **vor Eintritt des Schadenfalles** vorgenommen haben sollte, sind diese bei der Entschädigungsberechnung des VR mit zu berücksichtigen. 5

2. Verschleißreparaturen

Aufwendungen des VN zur Behebung der durch einen **bestimmungsgemäßen Gebrauch** des Kfz eingetretenen Verschleißschäden, z.B. infolge übermäßiger Beanspruchung der Bremsen durch den Dieb, hat der VR auch dann nicht zu erstatten, wenn es sich um einen sehr starken Verschleiß handelt. Anderes gilt nur dann, wenn die Grenze zur Beschädigung überschritten wird, z.B. bei einem Achsbruch durch eine Überladung des Fahrzeuges. 6

3. Verlust von Treibstoff und Betriebsmitteln

Der durch den Versicherungsfall bedingte Verlust von Treibstoff und Betriebsmitteln, wobei **Öl und Kühlflüssigkeit** nur beispielhaft aufgeführt sind, ist nicht versichert. Auch für Getriebeöl oder Bremsflüssigkeiten wird kein Ersatz geleistet. Woraus der Verlust resultiert, ob z.B. Benzin nach einem Unfall ausläuft, verbrennt, gestohlen oder vom Dieb verbraucht wird, ist unerheblich. Ausnahmsweise sind Betriebsmittel vom Leistungsumfang der Kaskoversicherung erfasst, wenn schadenbedingt Aggregate ausgetauscht werden müssen, deren ordnungsgemäße Funktion von Schmiermitteln abhängt (z.B. Motor oder Getriebe). 7

2 Stiefel/Maier/*Meinecke* A.2 AKB Rn. 709.

4. Wertminderung

8 Der Ausschluss jeglicher Wertminderung bezieht sich sowohl auf eine mögliche technische, als auch auf eine merkantile Wertminderung. In der Regel wird nach einer fachgerecht durchgeführten Reparatur keine **technische Wertminderung** mehr verbleiben, da sich die Schäden durch den Austausch neuer Karosserieteile und elektronischer Baugruppen spurenlos beseitigen lassen. Allenfalls bei schweren Unfallschäden, die Richt- und Schweißarbeiten erforderlich machen, wird unter Umständen eine vollkommen fachgerechte Wiederherstellung objektiv nicht mehr möglich sein. Verzichtet der VN in dieser Situation auf den Einbau neuer Ersatzteile, um einen Abzug »neu für alt« nach A.2.5.2.3 AKB zu vermeiden, verbleibt an seinem Fahrzeug zwar eine technische Wertminderung; diese ist vom VR jedoch nicht zu ersetzen. Für diesen Fall der **Billigreparatur** erhält der VN seinen Schaden nach A.2.5.2.1b AKB bis zur Höhe der von einem Sachverständigen kalkulierten Reparaturkosten, jedoch begrenzt auf den Wiederbeschaffungsaufwand, ersetzt, (vgl. A.2.5.2 AKB Rdn. 39 ff.).

9 Nicht erstattungsfähig ist auch eine **merkantile Wertminderung**, die trotz technisch einwandfreier Reparatur verbleiben kann und die denjenigen finanziellen Nachteil darstellt, der dem VN bei der späteren Weiterveräußerung seines Fahrzeuges durch den geringeren Verkaufserlös im Vergleich zu einem unfallfreien Fahrzeug entstehen wird.

10 Kosten der **Erneuerung einer Schließanlage** und Sperrung eines gestohlenen Schlüssels sind nicht als Wertminderung zu erstatten,[3] (vgl. auch A.2.2.1 AKB Rdn. 245).

5. Sonstige Folgeschäden

11 Bei den weiterhin aufgeführten Zulassungs-, Überführungs-, Verwaltungs- und Mietwagenkosten sowie dem Nutzungsausfall handelt es sich um **Vermögensschäden**, die erst als Folge der Beschädigung des Kfz eintreten. Sie können schon deshalb nicht Gegenstand der Kaskoversicherung sein, weil diese ihrem Wesen nach als reine Sachversicherung (§§ 88 ff. VVG) ausgestaltet ist und daher ausschließlich die unmittelbaren Folgen einer Beschädigung, Zerstörung oder eines Verlustes des versicherten Fahrzeuges abdeckt.[4]

12 Anders als in der Kfz-Haftpflichtversicherung, wo generell alle Sachfolgeschäden zum Umfang des gesetzlichen Schadenersatzanspruches gehören, sind diese vom vertraglichen Kaskoentschädigungsanspruch nicht umfasst. Dies gilt selbst für solche Sachfolgeschäden, die nicht ausdrücklich in der Klausel aufgeführt sind.

13 Daher steht dem VN auch ohne ausdrücklichen Ausschluss weder ein Ersatzanspruch auf **Verdienstausfall**, noch auf eine **allgemeine Unkostenpauschale**[5] für Fahrt-, Porto- und Telefonkosten wie im Haftpflichtschadensrecht zu. Gleiches gilt grundsätzlich für **Standkosten**,[6] (zu Ausnahmen vgl. A.2.5.1 AKB Rdn. 132), **Überführungs- und Zulassungskosten**,[7] Kosten für die **Abmeldung**

3 AG Hannover Urt. v. 03.12.1998 – 546 C 13772/98 – r+s 1999, 100.

4 Vgl. OLG Hamm Urt. v. 15.12.2010 – 20 U 108/10 – VersR 2011, 1259 = r+s 2011, 154 (**zum Nutzungsausfall**).

5 OLG Koblenz Urt. v. 17.05.2002 – 10 U 1825/01 – r+s 2002, 363; LG Köln Urt. v. 30.10.1991 – 24 O 264/91 – r+s 1992, 115.

6 OLG Hamm Urt. v. 18.01.1995 – 20 U 222/94 – VersR 1995, 1303 = r+s 1995, 173; LG München I Urt. v. 27.03.2003 – 25 O 6473/02 – r+s 2003, 499; AG Köln Urt. v. 13.03.2012 – 264 C 79/11 – SP 2012, 370.

7 OLG Hamm Urt. v. 01.02.1989 – 20 U 247/88 – VersR 1989, 951 = r+s 1989, 248.

des Unfallfahrzeuges[8] und neue **Kfz-Kennzeichen**, **Reinigungskosten** (z.B. im Fahrzeuginneren nach einem Glasbruch), Kosten für die Ausstellung einer **Wildunfallbescheinigung**[9] sowie **Zoll- und Entsorgungskosten.**

Zu den nicht erstattungsfähigen »**Verwaltungskosten**« zählen auch die Gebühren der Polizeibehörde im Zusammenhang mit der Sicherstellung eines aufgebrochenen Kfz nach vorangegangenem Diebstahlversuch. Der VN kann gegenüber dem Gebührenbescheid der Polizeibehörde nicht einwenden, die Sicherstellung sei nicht in seinem Interesse gewesen, da das Unterlassen dieser Maßnahme im Falle einer weiteren Entwendung mit Zerstörung des Kfz einen Staatshaftungsanspruch des VN auslösen kann.[10] 14

Rechtsanwaltskosten unterfallen schon nach § 85 Abs. 2 VVG nicht dem Schutz der Kaskoversicherung,[11] können aber aus anderen Rechtsgründen erstattungsfähig sein, (vgl. A.2.5.2 AKB Rdn. 108 ff.). 15

Bei **Verzug des VR** können **Standkosten** zu ersetzen sein.[12] Demgegenüber ist ein **Nutzungsausfall** des VN unter keinen Umständen erstattungsfähig, (vgl. A.2.7 AKB Rdn. 64). Anderes kann für **Leasingraten** gelten, die der VN nach Verzugseintritt bis zur vollständigen Wiederherstellung seines Leasingfahrzeuges unnütz aufwendet,[13] (vgl. A.2.7 AKB Rdn. 66). 16

Kosten eines **Mietwagens** oder **Interimsfahrzeuges** bis zur Fertigstellung der Reparatur oder Ersatzbeschaffung sind ebenso wenig zu ersetzen. 17

Sachverständigenkosten können außer nach A.2.5.3 AKB auch aus anderen Gründen erstattungsfähig sein, (vgl. A.2.5.3 AKB Rdn. 7 ff.). 18

Ansprüche des VN auf **Finderlohn**, **Lösegelder** oder sonstige ausgelobte Geldbeträge im Zusammenhang mit dem Wiederauffinden des entwendeten Fahrzeuges können als Aufwendungsersatz (»Rettungskosten«) zu erstatten sein, (vgl. A.2.5.5 AKB Rdn. 31). 19

II. Rest- und Altteile – A.2.5.7.2 AKB

Nach dem Wortlaut der vergleichbaren früheren Regelung in § 13 Abs. 3 AKB 2007 wurden nur die dem VN verbleibenden Rest- und Altteile zum Veräußerungswert auf die Ersatzleistung angerechnet. Dies führte oftmals zu der Streitfrage, ob auch das nach einem Totalschaden zurückbleibende **Fahrzeugwrack** unter den Begriff »Rest- und Altteile« falle. Die Rechtsprechung löste dies im Interesse des VN. Das beschädigte und reparaturwürdige Fahrzeug sei weder unrepariert ein zerstörtes Fahrzeug, noch werde es durch die Veräußerung zu einem solchen. Der durchschnittliche, versicherungstechnisch und juristisch nicht vorgebildete VN verstehe unter diesem Begriff nur solche Teile, die nach einer Reparatur bei ihm verblieben, nicht jedoch das unreparierte Fahrzeug selbst oder den im Fall der Weiterveräußerung erzielten Verkaufserlös. Diese Auslegung verstoße auch nicht gegen das Bereicherungsverbot nach § 55 VVG a.F.[14] In Ermangelung einer ausdrücklichen Regelung in den damaligen AKB kam daher eine Anrechnung des Restwerts nicht in Betracht. 20

8 AG Köln Urt. v. 13.03.2012 – 264 C 79/11 – SP 2012, 370.
9 AG Köln Urt. v. 13.03.2012 – 264 C 79/11 – SP 2012, 370.
10 Vgl. OLG Hamm Urt. v. 13.03.1998 – 11 U 186/97 – NZV 1998, 374.
11 Vgl. AG Köln Urt. v. 18.05.1998 – 262 C 74/98 – r+s 1998, 408.
12 LG Oldenburg Urt. v. 22.02.2017 – 13 S 481/16 – r+s 2017, 413.
13 Vgl. OLG Koblenz Urt. v. 11.02.2011 – 10 U 742/10 – VersR 2012, 175 = r+s 2011, 423.
14 BGH Urt. v. 08.11.1995 – **IV ZR 365/94** – VersR 1996, 21 = NJW 1996, 256; OLG Nürnberg Urt. v. 20.03.1997 – 8 U 3879/96 – zfs 1997, 302.

21 In den Folgejahren trugen die VR dieser für sie nachteiligen Auslegung dadurch Rechnung, dass sie in ihren AKB die Begrenzung der Entschädigung auf die Differenz zwischen Wiederbeschaffungswert und Restwert vereinbarten. Klarstellend bestimmt nun auch A.2.5.7.2 AKB (wie auch schon A.2.13.2 AKB 2008), dass neben den Rest- und Altteilen auch das **unreparierte Fahrzeug** beim VN verbleibt und zum Veräußerungswert (= Restwert, vgl. A.2.5.1.7 AKB) auf die Entschädigung angerechnet wird. Diese **Anrechnung** erfolgt unabhängig davon, ob das versicherte Fahrzeug bei Schadeneintritt zerstört wird oder einen Totalschaden erleidet (dann Anrechnung nach A.2.5.1.1 AKB bzw. im Fall der Neupreisentschädigung nach A.2.5.1.2 AKB) oder nach Eintritt des Schadenereignisses noch reparabel ist, der Reparaturschaden aber nicht behoben wird (dann Anrechnung nach A.2.5.2.1b AKB).

22 **Restteile** bleiben nach Eintritt eines **Totalschadens** am Fahrzeug übrig, während **Altteile** im **Reparaturschadenfall** anfallen können. Dabei handelt es sich um solche Aggregate, die selbst nach ihrem Austausch noch einen gewissen Wert verkörpern und nach einer Generalüberholung wieder Verwendung finden können, wie dies z.B. bei einem beschädigten Motor der Fall ist. Der VN kann die Rest- und Altteile nicht dem VR zur Verfügung stellen, sondern muss selbst für deren Verwertung Sorge tragen. Der Verwertungserlös wird von der Entschädigungsleistung des VR abgezogen.

23 Die **Anrechnung zum Veräußerungswert** muss der VN hinnehmen, gleichgültig, ob er die Rest- oder Altteile selbst behält oder veräußert. Der Wert bemisst sich nach dem Preis, der auf dem Kfz-Gebrauchtteilemarkt erzielbar ist. Hat der VN die Teile verkauft, stellt der tatsächlich erzielte Erlös den anzurechnenden Veräußerungswert dar. Andernfalls ist derjenige Preis zugrunde zu legen, den der VN mit Unterstützung des VR und unter Berücksichtigung seiner Weisungen (vgl. E.1.3.2 AKB) mühelos erzielen könnte. Der VN ist nicht verpflichtet, Restteile seines Fahrzeuges stückweise nach und nach zu veräußern, selbst wenn er dadurch einen höheren Kaufpreis erzielen könnte. Dies gilt erst recht, wenn dies nur durch eine längere Lagerung der Restteile möglich wäre, die dem VN ohnehin nicht zuzumuten ist.

24 Für die **Berechnung des Veräußerungswertes** sind die Marktgegebenheiten an dem Ort maßgebend, wo sich die Altteile befinden. Ist das **Fahrzeug im Ausland verunfallt** und lohnt sich wegen der besseren Veräußerungsmöglichkeiten der Altteile eine Verbringung des Fahrzeuges an einen anderen Ort, sind die **Transportkosten** von dem letztlich erzielten Veräußerungserlös in Abzug zu bringen.[15]

25 In gleicher Weise ist zu verfahren, wenn Kosten für den Abtransport des noch einen Restwert verkörpernden Fahrzeugwracks bzw. für die **Entsorgung umweltgefährdender Altteile** anfallen oder wenn bei Auslandsunfällen **Zollspesen** durch den Verkauf der Altteile im Ausland erhoben werden.[16] Dagegen fallen reine **Entsorgungskosten eines schrottreifen Fahrzeuges** als Abzugsposition nicht ins Gewicht, da ihnen kein Veräußerungswert des zerstörten Fahrzeuges, mithin der Restteile, gegenübersteht.

C. Weitere praktische Hinweise

26 In den vielfältig ausgestalteten AKB der jeweiligen VR können die verschiedensten Positionen im Leistungsumfang enthalten oder auch ausgeschlossen sein. Denkbar sind auch zusätzliche, über die in den AKB-Musterbedingungen geregelten Leistungen hinausgehende Ersatzansprüche des VN. Für den Entschädigungsanspruch maßgeblich sind stets **die zum Schadenzeitpunkt einschlägigen AKB** des jeweiligen VR (vgl. hierzu auch A.2.1.1 AKB Rdn. 12 f.).

---

15 AG Bad Homburg Urt. v. 27.11.1985 – 2 C 2371/84 – zfs 1986, 55.
16 OLG Hamm Urt. v. 05.10.1977 – 20 U 66/77 – VersR 1980, 1064.

A.2.5.8 Selbstbeteiligung

Ist eine Selbstbeteiligung vereinbart, wird diese bei jedem Schadenereignis von der Entschädigung abgezogen. Ihrem Versicherungsschein können Sie entnehmen, ob und in welcher Höhe Sie eine Selbstbeteiligung vereinbart haben.

Übersicht

A. Allgemeines

1 Dem VN ist in der Kaskoversicherung die Möglichkeit eröffnet, durch Vereinbarung einer Selbstbeteiligung im Schadenfall die Höhe seine Versicherungsprämie zu beeinflussen. Je höher der VN die Selbstbeteiligung wählt, desto niedriger ist seine Versicherungsprämie. Der Selbstbehalt kann sowohl für die Teil-, als auch für die Vollkaskoversicherung vereinbart werden. Er lautet immer auf einen bestimmten Betrag in Euro. In der Vollkasko können andere Selbstbeteiligungen vereinbart werden als in der Teilkasko. Für die Frage, welche der jeweils vereinbarten Selbstbeteiligung im Versicherungsfall in Abzug gebracht wird, ist maßgeblich, ob das Schadenereignis unter den Schutz der Teilkaskoversicherung nach A.2.2.1 AKB oder den der Vollkaskoversicherung nach A.2.2.2 AKB fällt. Der Abzug ist durch das Gericht von Amts wegen zu berücksichtigen.[1]

B. Regelungsgehalt – Was zahlen wir im Schadenfall? – A.2.5 AKB/Selbstbeteiligung – A.2.5.8 AKB (§ 13 Abs. 9 und 10 AKB 2007 a.F.; A.2.5.8 AKB 2008 a.F.)

2 Die vertraglich vereinbarte Selbstbeteiligung fällt in der Kaskoversicherung **für jedes Schadenereignis gesondert** an. Sie wird vom VR von der vertraglich zu erbringenden Entschädigungsleistung in Abzug gebracht. Wegen der konkret vereinbarten **Höhe der Selbstbeteiligung** verweist A.2.5.8 AKB den VN ausdrücklich auf den Inhalt des Versicherungsscheines. Sind – wie üblich – in der Teil- und Vollkasko unterschiedliche Selbstbeteiligungen vereinbart, kommt es im Schadenfall für die Höhe des Selbstbehaltes darauf an, ob der eingetretene Schaden adäquate Folge eines ausschließlich in der Teilkasko, oder eines ausschließlich in der Vollkasko versicherten Ereignisses ist.

3 Ist der Schaden auf ein in beiden Sparten versichertes Ereignis zurückzuführen, kommt nur der geringere, regelmäßig für die Teilkasko vereinbarte Selbstbehalt zum Tragen. Ist ein in der Teilkasko versicherter »Glasbruchschaden« anlässlich eines nur in der Vollkasko versicherten »Unfalles« eingetreten, so verbleibt es bei dem **für die Teilkasko** vereinbarten **niedrigeren Selbstbehalt**, wenn am Fahrzeug des VN über den Glasbruchschaden hinaus keine weiteren Karosserieschäden eingetreten sind. Ist dies jedoch der Fall, kommt der höhere Selbstbehalt aus der Vollkasko zum Tragen, da von der Vollkasko sowohl

1 LG Nürnberg-Fürth Urt. v. 16.07.2015 – 8 O 7943/13 – r+s 2015, 547 = zfs 2015, 634.

die Glasbruch-, als auch die Karosserieschäden abgedeckt werden und insoweit vom VR eine Gesamtentschädigung gezahlt wird. Eine kumulierte Anrechnung beider Selbstbeteiligungen findet nicht statt. A.2.5.8 AKB stellt zwar für den Abzug der Selbstbeteiligung auf das einzelne »Schadenereignis« ab; gemeint ist aber der »Eintritt des Versicherungsfalles«, so dass das **Zusammentreffen je eines Ereignisses aus der Teil- und Vollkaskoversicherung** nur als ein Schadenereignis anzusehen ist und demnach auch nur den **einmaligen Abzug der Selbstbeteiligung** erlaubt.[2] Gleiches gilt, wenn durch den Eintritt eines in der Vollkasko versicherten Ereignisses ein zweites in der Teilkasko versichertes Ereignis ausgelöst wird, (Unfall mit nachfolgendem Brand). In beiden Fällen wird jeweils der **höhere Selbstbehalt für Vollkaskoschäden** abgezogen.

4 **Anders** dagegen, soweit die Karosserieschäden zwar unfallbedingt sind, aber adäquat kausal auf ein in der Teilkasko versichertes Ereignis, z.B. »Entwendung«, zurückgeführt werden können, weil der Dieb mit dem Fahrzeug verunglückt ist, (Diebstahl mit nachfolgendem Unfall). Hier besteht bereits Deckung aus der Teilkasko, so dass auf den erweiterten Vollkaskoschutz gar nicht zurückgegriffen werden muss, (vgl. A.2.2.1 AKB Rdn. 214 f.). Insoweit ist von der Entschädigungsleistung nur der **geringere Selbstbehalt für Teilkaskoschäden** abzuziehen.

5 Bei **Kumulschäden** kann der vereinbarte Selbstbehalt von der vereinbarten Höchstentschädigungssumme in Abzug zu bringen sein.[3]4

6 **Sofern der VR berechtigt** ist, wegen Gefahrerhöhung, einer Obliegenheitsverletzung des VN oder grob fahrlässiger Herbeiführung des Versicherungsfalles **seine Leistung zu kürzen**, ist die Entschädigungssumme zunächst um die Kürzungsquote zu vermindern und von der so errechneten Versicherungsleistung der vereinbarte Selbstbeteiligungsbetrag abzuziehen.[4] Die **gegenteilige Auffassung**, wonach der Abzug von der ungeschmälerten Leistung vorzunehmen und erst anschließend in Anwendung der Kürzungsquote die zur Auszahlung kommende Versicherungsleistung zu ermitteln sei,[5] verkennt, dass der Abzug den Eigenanteil des VN an der vom VR bedingungsgemäß geschuldeten Schadenleistung darstellt. Diesen hat der VN vertraglich stets **in voller Höhe** beizusteuern. Würde der Selbstbehalt von der vollen Schadenhöhe abgezogen und danach erst die Quote gebildet werden, wäre der VN nur mit einem **reduzierten Anteil** seines Selbstbehaltes an der letztlich geschuldeten Versicherungsleistung beteiligt. Ein VN mit einem besonders hohen Verschuldensanteil hätte danach eine geringere Selbstbeteiligung zu tragen als ein VN mit nur geringem Verschulden.[6] Im Übrigen ergibt sich auch aus dem Wortlaut des A.2.5.8 AKB, der einen Abzug »von der Entschädigung« vorsieht, dass zunächst die Höhe der vom VR geschuldeten – und im Falle grober Fahrlässigkeit des VN ggf. zu kürzenden – »Entschädigung« festzustellen ist und erst anschließend in einem zweiten Schritt von der so ermittelten Entschädigungssumme die vertraglich vereinbarte Selbstbeteiligung abgezogen werden kann.

7 Bei **Glasbruchschäden** verzichten die VR in aller Regel auf den Abzug einer Selbstbeteiligung in der Teilkasko, wenn der VN z.B. bei Steinschlagschäden statt eines Austausches der Scheibe eine Reparatur vornehmen lässt, (vgl. A.2.5.2 AKB Rdn. 95 ff. und A.2.2.1 AKB Rdn. 104).

---

2 Ebenso Stiefel/Maier/*Meinecke* A.2 AKB Rn. 727; **a.A.** OLG Naumburg Urt. v. 03.12.2009 – 4 U 133/08 – r+s 2010, 319 = SP 2010, 227.

3 OLG München Urt. v. 15.10.2010 – 25 U 2639/10 – r+s 2012, 21 = zfs 2011, 392.

4 Ebenso AG Düsseldorf Urt. v. 29.06.2010 – 230 C 14977/09 – SP 2011, 227 = VK 2011, 141, **bestätigt durch** LG Düsseldorf Beschl. v. 25.10.2010 – 22 S 196/10 – juris; AG Duisburg, Urt. v. 24.02.2010 – 50 C 2567/09 – ADAJUR Dok.Nr. 88533; Stiefel/Maier/*Meinecke* A.2 AKB Rn. 733.

5 OLG Hamm Urt. v. 21.12.2021 – I-7 U 31/21 – r+s 2022, 75; OLG Naumburg Urt. v. 03.12.2009 – 4 U 133/08 – r+s 2010, 319 = SP 2010, 227; LG Aachen Urt. v. 14.07.2011 – 2 S 61/11 – SP 2011, 375 = VRR 2012, 28; Scheller VersR 2011, 856.

6 Stiefel/Maier/*Meinecke* A.2 AKB Rn. 733.

Steht dem VN statt eines vertraglichen Anspruchs nach den AKB ein gesetzlicher Aufwendungsersatzanspruch (»**Rettungskostenersatz**«) nach den §§ 90, 83 VVG zu, entfällt der Abzug des Selbstbehalts, (vgl. A.2.2.1 AKB Rdn. 288). 8

C. Weitere praktische Hinweise

I. Unterschiedliche Schadenspuren am Pkw = mehrere Versicherungsfälle?

Kommt es – vom VN unbemerkt – **zu mehreren Schäden an unterschiedlichen Stellen** des versicherten Fahrzeuges (z.B. wenn nachts der ordnungsgemäß geparkte Pkw des VN durch einen rangierenden Lkw mehrfach angestoßen wird), wird der VR – gestützt auf ein von ihm eingeholtes Sachverständigengutachten – nicht selten einwenden, dass die Kollisionsspuren nicht bei einem Unfallereignis entstanden sein könnten und infolgedessen von zwei selbstständig zu betrachtenden Versicherungsfällen auszugehen sei. Dies führt zu der Konsequenz, dass der VN nicht nur **zweimal** mit der vertraglich vereinbarten **Selbstbeteiligung** belastet wird, sondern auch eine **doppelte Rückstufung im Schadenfreiheitsrabatt** in Kauf nehmen muss, woraus erheblich höhere Versicherungsprämien für den nächsten Abrechnungszeitraum resultieren. 9

Der VN muss den Vollbeweis (§ 286 Abs. 1 ZPO) dafür erbringen, dass die **Beschädigungen in einem engen räumlichen und zeitlichen Zusammenhang** entstanden sind. Kann auch mittels Sachverständigengutachten nicht widerlegt werden, dass die verschiedenen Kontaktspuren in unterschiedlichen Anstoßwinkeln auch beim Rangieren nur eines einzigen Fahrzeuges verursacht worden sein können, wird ein Gericht ggf. die Überzeugung gewinnen, dass bei lebensnaher Betrachtungsweise der Schaden am PKW des VN nur im Rahmen eines **einheitlichen Fahrvorganges eines einzigen Fahrzeuges** entstanden sein kann. Entscheidungserheblich wird in diesem Zusammenhang sein, mit welchem Wahrscheinlichkeitsgrad von einer Beschädigung des VN-Fahrzeuges in ein und derselben Nacht durch zwei unterschiedliche Fremdfahrzeuge ausgegangen werden kann. Dabei wird in Betracht zu ziehen sein, wo genau und wie das versicherte Fahrzeug abgeparkt wurde, welcher Verkehr nachts regelmäßig an dieser Stelle herrscht und ob sich der Schaden in einer Großstadt oder auf dem Lande ereignete. Hatte der VN sein Fahrzeug über Nacht in einem kleinen verschlafenen Ort in Südfrankreich in einer markierten Parkbucht abgestellt und fand in der Nähe frühmorgens – durch Zeugenbeweis bestätigt – rangierender Lkw-Baustellenverkehr statt, kann damit der Beweis geführt sein, dass der Schaden nur durch ein einziges Fahrzeug beim Rangieren verursacht wurde, auch wenn theoretisch noch eine Schadenverursachung durch ein weiteres Fremdfahrzeug in Betracht käme. Denn wenn diese Möglichkeit einer weiteren Schadenverursachung statistisch wenig wahrscheinlich ist, kann sie bei der Überzeugungsbildung des Gerichts unberücksichtigt bleiben. Der VN hätte dann den ihm obliegenden Nachweis einer Schadenverursachung durch nur einen einzigen Versicherungsfall geführt. Entscheidend ist, dass sich der **Gesamtvorgang** bei natürlicher Betrachtungsweise als **einheitliches Schadenereignis** darstellt.[7] 10

Auch dann, wenn ein eingetretenes **versichertes Ereignis einen weiteren versicherten Schaden auslöst**, ist die Selbstbeteiligung nur einmal abzuziehen. 11

Ein einziges versicherungsrechtlich relevantes Schadenereignis liegt vor: 12

- bei mut- oder böswilligen Schäden durch auf dem Fahrzeug herumkletternde, mit Sand und Steinen **spielende Kinder**, wenn das Schadenbild den Rückschluss auf einen einheitlichen Lebenssachverhalt zulässt;[8]

7 Ebenso Stiefel/Maier/*Meinecke* A.2 AKB Rn. 729; Feyock/*Jacobsen*/Lemor A.2 AKB Rn. 156.
8 LG Düsseldorf Urt. v. 20.04.2000 – 21 S 110/99 – r+s 2002, 7.

- bei einem Unfallschaden durch **Steckenbleiben** des Fahrzeuges **in einem Flussbett** und der Entstehung **weiterer Schäden** im Rahmen der **Bergung** am Folgetag;[9]
- wenn nach einem **Schleudervorgang** der Pkw zunächst mehrere geparkte Kfz beschädigt und schließlich gegen einen Baum prallt;
- wenn es bei einem **einheitlichen Ausparkvorgang** — mag dieser auch in mehreren Zügen erfolgt sein – zu Beschädigungen am Kfz an zwei völlig unterschiedlichen Stellen kommt;[10]
- wenn das versicherte Kfz während eines **einheitlichen Transportvorganges** (Rücktransport im Rahmen einer Schutzbriefversicherung) an drei verschiedenen Stellen beschädigt wird;[11]
- wenn der VN bei einem **Wendemanöver** erst mit der vorderen Stoßstange und sodann ein zweites Mal beim Vorbeifahren mit der Fahrerseite gegen einen großen Stein stößt.

II. Quotenvorrecht des VN[12]

1. Grundsätzliches

13 Soweit das vollkaskoversicherte Fahrzeug des VN bei einem Unfall beschädigt wird, kommen für den VN neben den Ansprüchen gegen den VR aus dem Versicherungsvertrag auch Ansprüche gegen den Unfallgegner aus Delikts- und Gefährdungshaftung (§ 823 Abs. 1 BGB, §§ 7, 17 StVG) in Betracht. Nach Inanspruchnahme des Kasko-VR besteht bei einer **Mithaftung des Unfallgegners** (sogenannte »**Quotenfälle**«) oftmals die Möglichkeit, den in Höhe der Selbstbeteiligung nicht ersetzten Fahrzeugschaden nicht nur in Höhe der Quote, die dem Haftungsanteil des Unfallgegners entspricht, sondern in voller Höhe gegen den Haftpflicht-VR des Unfallgegners durchzusetzen. Grund hierfür ist das Quotenvorrecht, d.h. ein **Befriedigungsvorrecht des VN gemäß § 86 Abs. 1 S. 2 VVG**, wonach der VR den gemäß § 86 Abs. 1 S. 1 VVG auf ihn übergegangenen Anspruch nicht zum Nachteil seines VN geltend machen kann.

14 Die Vollkaskoversicherung stellt eine freiwillige Versicherung im Rahmen der Schadenvorsorge dar, die nicht abgeschlossen wird, um in einem Schadenfall den Schädiger zu entlasten. Daher steht dem VN in allen Fällen, in denen die Schadenersatzpflicht des Unfallgegners durch eine Mithaftungsquote begrenzt ist oder der Kasko-VR wegen der versicherungsrechtlichen Besonderheiten des Vertrages (z.B. Selbstbeteiligung, Ausschluss des merkantilen Minderwertes) weniger leistet, als es zum Ausgleich des unmittelbaren Sachschadens erforderlich ist, gegenüber dem gegnerischen Haftpflicht-VR ein Befriedigungsvorrecht vor seinem eigenen, grundsätzlich ebenso regressberechtigten Kasko-VR zu. Dessen Regressansprüche müssen so lange zurückstehen, bis alle vom Kasko-VR nicht gedeckten, aber den Sachschaden des versicherten Fahrzeuges betreffenden Ansprüche des VN ausgeglichen sind. Erst nach Befriedigung dieser offenen Differenz kommt der VR zum Zuge.[13] Das Quotenvorrecht bedeutet daher, dass eine gegen den Schädiger bzw. dessen Haftpflicht-VR bestehende Forderung des VN nur auf den Kasko-VR übergeht, soweit der VN den durch die Kaskoversicherung abgedeckten **kongruenten Schaden** ersetzt bekommen hat.[14] **Übergangsfähig** sind sowohl gesetzliche, als auch vertragliche Ansprüche, sei es aus Verschuldens- oder Gefährdungshaftung, sei es aus Delikt oder Bereicherung.[15]

15 **Nimmt der VN zuerst den Haftpflicht-VR des Unfallgegners und erst anschließend seinen Kasko-VR in Anspruch**, führt dies nicht dazu, dass die Leistungsgrenze des Kasko-VR bei dessen

---

9 OLG Hamm Urt. v. 13.06.2012 – 20 U 151/11 – VersR 2013, 491 = r+s 2012, 589.

10 AG Traunstein Urt. v. 27.11.2013 – 311 C 1104/13 – DAR 2014, 276; vgl. **zur Kfz-Haftpflichtversicherung** auch AG Heidelberg Urt. v. 27.04.2017 – 28 C 379/16 – r+s 2017, 343.

11 AG Bremen Urt. v. 30.04.2013 – 7 C 58/13 – r+s 2013, 377.

12 Vgl. auch Himmelreich/Halm/Staab/*Papatheodorou* Kap. 23 F Rn. 951 ff.; Benz DAR 2024, 318.

13 Vgl. OLG Jena Urt. v. 28.04.2004 – 3 U 221/03 – VersR 2005, 1574 = NZV 2004, 476.

14 AG Halle a.d. Saale Urt. v. 26.01.2011 – 101 C 3737/10 – r+s 2014, 495.

15 *Langheid*/Rixecker § 86 VVG Rn. 13.

nachträglicher Inanspruchnahme ohne den Abzug einer vertraglich vereinbarten Selbstbeteiligung zu bestimmen ist. Zwar wird von § 86 Abs. 1 VVG nur der um die Selbstbeteiligung verringerte Haftpflichtanspruch erfasst, so dass dem VN das Quotenvorrecht in Höhe seiner Selbstbeteiligung verbleibt. Dies hat aber lediglich zur Folge, dass der Kasko-VR bei vorrangiger Inanspruchnahme des gegnerischen Haftpflicht-VR nur die Differenz zu dessen Leistungen hinsichtlich der quotenbevorrechtigten Schadenspositionen, zu denen alle von der«versicherten Gefahr» der Kaskoversicherung erfassten unmittelbaren Sachschäden und damit insbesondere auch die Reparatur- und Wiederbeschaffungskosten in Höhe der Selbstbeteiligung gehören, bis zur eigenen vertraglichen Leistungsgrenze zu erstatten hat, nicht aber darüber hinaus; für den Kasko-VR gilt daher nichts anderes als für den Schädiger, für den das Quotenvorrecht des Geschädigten auch nicht dazu führt, dass er insgesamt mehr zu zahlen hat, als dies seinem Mitverursachungsanteil entspricht,[16] (vgl. auch A.2.5.8 AKB Rdn. 36 f.).

Gleicht der Kasko-VR die Reparaturkosten für einen Zweitschaden an einem Karosserieteil des versicherten Fahrzeuges aus, das schon bei einem **früheren Erstschaden** beschädigt wurde und führt die Reparatur des Zweitschadens zwangsläufig zur Beseitigung auch des Erstschadens, unterliegen die Schadenersatzzahlungen des Schädigers für den Erstschaden nicht der Legalzession des § 86 Abs. 1 S. 1 VVG, weil keine Leistungsidentität zwischen der Zahlung des Schädigers für den Erstschaden und der Zahlung des Kasko-VR für den Zweitschaden vorliegt und damit auch eine Tilgungswirkung der Kaskoleistung des VR in Bezug auf den Erstschaden ausscheidet.[17] 16

Vereinbart der **Mieter eines Kraftfahrzeuges** mit dem Vermieter gegen Entgelt eine Haftungsbefreiung mit Selbstbeteiligung, so findet die Rechtsprechung zum Quotenvorrecht entsprechende Anwendung,[18] (näheres **zur Haftung** des Kfz-Mieters vgl. A.2.1.1 AKB Rdn. 25 ff., A.2.3 AKB Rdn. 37 ff. und A.2.8 AKB Rdn. 53 ff.). 17

Bei einem **Verkehrsunfall in Italien** kann der VN nach Inanspruchnahme seiner Vollkaskoversicherung den Differenzschaden gegenüber dem italienischen Haftpflicht-VR vor einem deutschen Gericht nach den Grundsätzen des Quotenvorrechts abrechnen.[19] 18

2. Sach- und Sachfolgeschäden

Um die Systematik des Quotenvorrechts zu verstehen, muss man unterscheiden zwischen **kongruenten, unmittelbaren Sachschäden**, die die Substanz des versicherten Kfz berühren, dessen Wert mindern oder darin bestehen, dass Geldmittel zur Beseitigung einer Beschädigung aufgewendet werden müssen[20] und **nicht kongruenten Sachfolgeschäden.**[21] Sie können von vornherein nicht durch die Entschädigungsleistungen des Kasko-VR ausgeglichen werden, weil sie schon ihrer Art nach nicht unter den Schutz des Kaskoversicherungsvertrages fallen. Denn über diesen ist ausschließlich der Substanzerhalt des betreffenden Fahrzeuges versichert, nicht aber darüber hinausgehende, erst als Folge dieser Substanzverletzung entstehende weitere Vermögensschäden. 19

Der kongruente, quotenbevorrechtigte Schaden umfasst allerdings regelmäßig mehr Schadenpositionen als diejenigen, die der VR nach dem Kaskoversicherungsvertrag zu ersetzen hat (z.B. auch eine Wertminderung oder die Sachverständigenkosten). Für die **Abgrenzung** der kongruenten von den nicht kongruenten Schadenpositionen ist es unerheblich, ob sie nach den im konkreten Fall 20

16 BGH Beschl. v. 31.05.2023 – **IV ZR 299/22** – r+s 2023, 715 = zfs 2023, 683.
17 BGH Urt. v. 12.03.2009 – **VII ZR 88/08** – VersR 2009, 1130 = r+s 2009, 349.
18 BGH Urt. v. 25.11.2009 – **XII ZR 211/08** – VersR 2010, 671 = NJW 2010, 677.
19 AG Köln Urt. v. 29.04.2014 – 268 C 89/11 – DAR 2014, 470.
20 Vgl. BGH Urt. v. 08.12.1981 – **VI ZR 153/80** – VersR 1982, 283 = NJW 1982, 827; OLG München Urt. v. 26.04.2013 – 10 U 3879/12 – NJW 2013, 3728.
21 Zur Abgrenzung vgl. OLG Düsseldorf Urt. v. 18.02.2002 – 1 U 91/01 – SP 2002, 245.

einschlägigen AKB vom VR zu erstatten sind oder nicht. Die Legalzession auf den VR findet nur insoweit statt, als ein Zusammenhang zwischen der Versicherungsleistung und dem Schadenersatzanspruch in dem Sinn besteht, dass der ersetzte Schaden zu dem durch den Versicherungsvertrag abgedeckten Risiko gehört (**Kongruenz**).[22] Daher gehen die Schadenersatzansprüche des VN gegen den Schädiger nach § 86 Abs. 1 S. 1 VVG auf den VR nur in dem Umfange über, wie sie den gleichen Zwecken dienen wie die Versicherungsleistung. Nur insoweit besteht Deckungsgleichheit und damit eine sachliche Kongruenz. Nur bezüglich dieser kongruenten Schäden konkurrieren VN und VR um den Ersatzanspruch gegenüber dem Schädiger. Im Übrigen bleibt der VN weiterhin Anspruchsinhaber aller vom VR nicht regulierten kongruenten Sachschäden und nicht kongruenten Sachfolgeschäden.[23]

21 So fällt z.B. die **Wertminderung** unter die kongruenten Sachschäden und kann vom VN beim Haftpflicht-VR des Unfallgegners als quotenbevorrechtigte Schadenposition angemeldet werden ungeachtet der Tatsache, dass sie vom Kasko-VR nicht zu erstatten ist.[24] Umgekehrt gehören z.B. **Mietwagenkosten** stets zu den nicht kongruenten Sachfolgeschäden, so dass sie selbst dann nicht dem Quotenvorrecht unterfallen, wenn der Kasko-VR sie aufgrund einer Sonderregelung in seinen AKB zu ersetzen hat.

22 Entscheidend für den **Anspruchsübergang** ist immer der **Zeitpunkt der Leistung des VR**, anders als in der Sozialversicherung, wo der gesetzliche Forderungsübergang bereits im Zeitpunkt des Schadenfalles eintritt (§ 116 SGB X). Dabei geht der Anspruch auf den VR auch dann über, wenn die Leistung des VR nur kulanzweise erfolgte oder noch gar nicht fällig war.

a) Kongruente (quotenbevorrechtigte) Sachschäden

23 Ungeachtet des gesetzlichen Forderungsüberganges nach § 86 Abs. 1 S. 1 VVG kann der VN auch nach Auszahlung der Kaskoentschädigung durch den VR seine verbliebenen, nicht regulierten unmittelbaren Sachschäden (= kongruente Schäden) als quotenbevorrechtigte Schadenpositionen gegenüber dem Haftpflicht-VR des Schädigers bis zur Obergrenze seines gesamten kongruenten Fahrzeugschadens geltend machen, (vgl. auch A.2.8 AKB Rdn. 27 ff.). Damit erreicht er trotz eines eigenen Mitverschuldens häufig einen 100 %-igen Schadenausgleich bei den kongruenten Schadenpositionen, zumindest aber einen zusätzlichen Schadenbetrag, der regelmäßig weit über die Quote hinausgeht, die ihm lediglich zugeflossen wäre, wenn er nur den Haftpflicht-VR des Schädigers und nicht auch seinen Kasko-VR in Anspruch genommen hätte.

24 Zu den **quotenbevorrechtigten Schadenpositionen**[25] und damit den unmittelbaren Sachschäden, die durch die Kaskoversicherung abgedeckt sind, gehören insbesondere die **Reparatur- und Wiederbeschaffungskosten** für das versicherte Fahrzeug **in Höhe der Selbstbeteiligung.**[26] Die Selbstbeteiligung in der Kaskoversicherung ist keine selbstständige Schadenposition, sondern nur Teil der unter den Schutz der Kaskoversicherung fallenden Wiederherstellungskosten. Gleiches gilt für prozentuale oder in Form eines zusätzlichen Selbstbehaltes zulasten des VN vorgenommene **Abzüge des Kasko-VR**, die der VN bei Verstoß gegen eine »**Partnerwerkstattklausel**« (vgl. A.2.5.2 AKB Rdn. 83 ff.) hinnehmen muss, ferner für Abzüge »**neu für alt**«, die sich der VN nach A.2.5.2.3 AKB gefallen lassen muss oder für den nach A.2.5.2.1a AKB bis maximal zur Höhe des Wiederbeschaffungswertes **beschränkten Anspruch** des VN **auf Erstattung der Reparaturkosten.** Kann der VN im Rahmen seiner Haftpflichtansprüche von dem Schädiger (Unfallgegner bzw. dessen Haftpflicht-VR) die Reparaturkosten einer markengebundenen Fachwerkstatt verlangen, oder sind

22 OLG Dresden Urt. v. 23.10.2008 – 4 U 1135/08 – VersR 2009, 824, 825 = NJW-RR 2009, 683.
23 Vgl. BGH Urt. v. 08.12.1981 – **VI ZR 153/80** – VersR 1982, 283 = NJW 1982, 827.
24 Vgl. OLG Celle Urt. v. 08.08.2006 – 14 U 36/06 – VRR 2006, 402 = SP 2007, 146.
25 Einen guten Überblick bietet LG Saarbrücken Urt. v. 26.02.2016 – 13 S 193/15 – NJW-RR 2016, 1004.
26 BGH Urt. v. 04.04.1967 – **VI ZR 179/65** – VersR 1967, 674 = NJW 1967, 1419.

Abzüge »neu für alt« nicht gerechtfertigt, oder steht dem VN aus Haftpflichtgesichtspunkten ein Anspruch auf Reparaturkostenersatz einschließlich einer etwaigen merkantilen Wertminderung bis zur Höhe von maximal **130 %** des Wiederbeschaffungswertes für ein gleichwertiges Ersatzfahrzeug zu,[27] so werden dem VN im Rahmen der Kaskoschadenabrechnung über den Abzug der Selbstbeteiligung hinaus wesentliche Kosten, die er für die Wiederherstellung seines Fahrzeuges aufwenden muss, nicht erstattet. Diese Kosten sind allein der Fahrzeugsubstanz und seiner Erhaltung zuzurechnen und unterliegen daher wegen sachlicher Kongruenz dem Quotenvorrecht des VN.[28] Gegenüber dem Haftpflicht-VR des Schädigers kann der VN sie daher als quotenbevorrechtigte Forderungen geltend machen.

Die vom VN zur Schadenbeseitigung aufgewendete **Umsatz- bzw. Mehrwertsteuer** stellt im Falle einer **Eigenversicherung** eine quotenbevorrechtigte, kongruente Schadenposition dar. **Anders** verhält es sich bei einer **Fremdversicherung** (vgl. zur Definition A.2.3 AKB Rdn. 1 ff.), wenn zwar die versicherte Person (z.B. bei einem Leasingfahrzeug der Leasinggeber) zum Vorsteuerabzug berechtigt ist, nicht jedoch der VN (z.B. der Leasingnehmer). Da für den **Entschädigungsumfang** (vgl. hierzu A.2.5.2 AKB Rdn. 112 ff.) allein auf die Verhältnisse des Versicherten abzustellen ist, erstattet der VR im Falle eines wirtschaftlichen **Totalschadens** nur den Netto-Wiederbeschaffungswert. Der darüber hinaus nicht versicherte, beim VN aber im Falle einer Ersatzbeschaffung anfallende Umsatzsteueranteil stellt keinen auf den Kasko-VR übergangsfähigen und damit unter das Quotenvorrecht des VN fallenden kongruenten Fahrzeugschaden dar.[29] Die Problematik des Quotenvorrechts des Leasingnehmers als VN stellt sich deshalb nicht, weil **nicht der Anspruch des VN** gegen den Schädiger auf den VR übergeht, **sondern der Anspruch des Versicherten**, nämlich des Leasinggebers als Eigentümer des Fahrzeuges, (vgl. A.2.8 AKB Rdn. 1 ff.); die Umsatzsteuer kann der VN daher nur quotal entsprechend dem vom Schädiger zu verantwortenden Haftungsanteil ersetzt verlangen.[30] Im Falle eines **Reparaturschadens** gilt nichts anderes, wenngleich die Ansichten in der Rechtsprechung geteilt sind, ob der nicht vorsteuerabzugsberechtigte VN bei konkret durchgeführter und nachgewiesener Reparatur eines Leasingfahrzeuges Anspruch auf Erstattung der angefallenen **Mehrwertsteuer** hat oder nicht, (zum **Streitstand** vgl. A.2.5.2 AKB Rdn. 123 f.). Dass die meisten Kasko-VR in der Regulierungspraxis die Umsatzsteuer ersetzen, führt allerdings nicht dazu, dass der VN sie gegenüber dem Haftpflicht-VR des Schädigers als quotenbevorrechtigte Schadenposition beanspruchen könnte, da insoweit rechtlich die gleichen Grundsätze gelten wie im Fall eines wirtschaftlichen Totalschadens. 25

Sowohl die technische, als auch die merkantile **Wertminderung** stellen eine teilweise Unmöglichkeit der Naturalrestitution dar, die gemäß § 251 Abs. 1 BGB zu einem Erstattungsanspruch führt, der unmittelbar und zeitlich kongruent durch den Unfallschaden eintritt.[31] Auch wenn sie von der Kaskoversicherung nicht erstattet wird, ist sie doch aufgrund ihrer Nähe zum Fahrzeugschaden als **kongruente Schadenposition** anerkannt.[32] Durch die Beschädigung erleidet das Fahrzeug eine nicht mehr zu beseitigende negative Eigenschaft, die die Wertbemessung dauerhaft negativ beeinflusst und somit in Form einer merkantilen Wertminderung einen objektivierbaren Schaden darstellt, auch wenn dieser erst bei einer späteren Verwertung spürbar wird. 26

---

27 Vgl. BGH Urt. v. 15.02.2005 – **VI ZR 70/04** – r+s 2005, 172 = NJW 2005, 1108; BGH Urt. v. 29.04.2003 – **VI ZR 393/02** – r+s 2003, 303 = NJW 2003, 2085; BGH Urt. v. 17.03.1992 – **VI ZR 226/91** – r+s 1992, 198 = NJW 1992, 1618; BGH Urt. v. 15.10.1991 – **VI ZR 314/90** – r+s 1992, 16 = NJW 1992, 302 (**zur 130 %-Grenze beim Haftpflichtschaden**).

28 Fleischmann/Hillmann § 6 Rn. 23.

29 OLG München Urt. v. 26.04.2013 – 10 U 3879/12 – NJW 2013, 3728.

30 OLG München Urt. v. 26.04.2013 – 10 U 3879/12 – NJW 2013, 3728.

31 Vgl. BGH Urt. v. 08.12.1981 – **VI ZR 153/80** – VersR 1982, 283 = NJW 1982, 827; OLG Jena Urt. v. 28.04.2004 – 3 U 221/03 – VersR 2005, 1574 = NZV 2004, 476.

32 Vgl. OLG Celle Urt. v. 08.08.2006 – 14 U 36/06 – VRR 2006, 402 = SP 2007, 146; LG Saarbrücken Urt. v. 01.02.2013 – 13 S 176/12 – zfs 2013, 378.

27 **Sachverständigenkosten** werden nach den AKB vom Kasko-VR ebenfalls nicht übernommen, obwohl sie sich im Vorfeld einer Reparatur stets als notwendige Aufwendungen für die Anfertigung eines Schadengutachtens darstellen. Wegen ihres unmittelbaren Zusammenhanges zum Fahrzeugschaden, der sich ohne Gutachten in der Regel nicht beziffern lässt, gehören die Gutachterkosten ebenfalls zum kongruenten Sachschaden.[33]

28 Gleiches gilt für die **Abschleppkosten**, die nach A.2.5.2.2 AKB im Rahmen der Kaskoversicherung nur in eingeschränktem Umfange erstattungsfähig sind.[34]

29 **Rechtsanwaltsgebühren**, die dem **VN für die Geltendmachung der Unfallschäden gegenüber seinem Vollkasko-VR** entstehen, zählen grundsätzlich ebenfalls zu den vom Haftpflicht-VR zu erstattenden Aufwendungen, sofern der VN im Innenverhältnis zu seinem Rechtsanwalt zur Zahlung der in Rechnung gestellten Kosten verpflichtet ist und die konkrete anwaltliche Tätigkeit im Außenverhältnis zum Unfallgegner bzw. Haftpflicht-VR (Schädiger) aus der maßgeblichen Sicht des VN (Geschädigter) mit Rücksicht auf seine spezielle Situation zur Wahrnehmung seiner Rechte **erforderlich und zweckmäßig** war.[35] Diese Voraussetzungen sind regelmäßig zu bejahen, wenn der Haftpflicht-VR die Haftung dem Grunde nach bestreitet, einen Mitverschuldenseinwand erhebt oder es die Dringlichkeit der Finanzierung eines Ersatzfahrzeuges oder der Reparatur gebietet, den Vollkasko-VR in Anspruch zu nehmen. Lediglich **in einfachst gelagerten Fällen**, in denen der VN seine Ansprüche bereits ohne anwaltliche Hilfe vergeblich beim Haftpflicht-VR des Unfallgegners geltend hat und keine Anhaltspunkte dafür bestehen, dass auch der Kasko-VR seine Leistungspflicht gegenüber dem VN infrage stellen könnte, ist es dem VN zuzumuten, den Schadenfall auch gegenüber seinem Kasko-VR selbst zu melden und ihn zur Zahlung aufzufordern.[36] Dabei genügt allein die mögliche spätere Berücksichtigung eines **Quotenvorrechts** zugunsten des Geschädigten noch nicht, um die Erforderlichkeit der anwaltlichen Vertretung schon bei der ersten Kontaktaufnahme mit dem Kasko-VR zu begründen;[37] **anders aber**, wenn die Verrechnung eines vom Haftpflicht-VR gezahlten Vorschusses unter Berücksichtigung des Quotenvorrechts im Raume steht und der rechtsunkundige Geschädigte seinen Verursachungsbeitrag nicht beurteilen kann.[38] Gerät der **Kasko-VR** allerdings nach Anmeldung der Ansprüche durch den VN mit der Schadenregulierung **in Verzug** oder **verstößt er gegen** ihn treffende **Pflichten** aus dem Kaskoversicherungsvertrag, ist jedenfalls die daraufhin erfolgte Hinzuziehung eines Rechtsanwaltes als erforderlich anzusehen.[39] Ist dies nicht der Fall, führt die zu frühe Einschaltung des Rechtsanwalts – für sich genommen – dennoch nicht

33 BGH Beschl. v. 29.01.1985 – **VI ZR 59/84** – VersR 1985, 441 = MDR 1985, 483.

34 BGH Urt. v. 12.01.1982 – **VI ZR 265/80** – VersR 1982, 383 = NJW 1982, 829; OLG Frankfurt/M. Urt. v. 08.02.2011 – 22 U 162/08 – SP 2011, 291 = BeckRS 2011, 04241; AG Halle a.d. Saale Urt. v. 26.01.2011 – 101 C 3737/10 – r+s 2014, 495.

35 Vgl. BGH Urt. v. 11.07.2017 – **VI ZR 90/17** – r+s 2017, 494 = DAR 2017, 671; BGH Urt. v. 08.05.2012 – **VI ZR 196/11** – r+s 2012, 359 = NJW 2012, 2194; BGH Urt. v. 13.12.2011 – **VI ZR 274/10** – r+s 2012, 357 = NZV 2012, 169; BGH Urt. v. 10.01.2006 – **VI ZR 43/05** – NJW 2006, 1065 = NZV 2006, 244; BGH Urt. v. 18.01.2005 – **VI ZR 73/04** – r+s 2006, 243 = NJW 2005, 1112; OLG Karlsruhe Urt. v. 22.12.1989 – 14 U 168/88 – VersR 1991, 1297 = DAR 1997, 507; OLG Hamm Urt. v. 07.10.1982 – 27 U 161/82 – zfs 1983, 12; AG Ahlen Urt. v. 07.05.2013 – 30 C 103/12 – DAR 2015, 175; Böhm DAR 1988, 213.

36 LG Saarbrücken Urt. v. 26.02.2016 – 13 S 193/15 – NJW-RR 2016, 1004.

37 BGH Urt. v. 11.07.2017 – **VI ZR 90/17** – r+s 2017, 494 = DAR 2017, 671 (**Anmeldung der Ansprüche gegenüber dem Kasko-VR durch den Anwalt unter Übersendung des Anspruchsschreibens an den gegnerischen Haftpflicht-VR mit der Bitte um Gewährung von Versicherungsschutz nach Maßgabe des Quotenvorrechts**); OLG Schleswig Beschl. v. 26.07.2023 – 7 U 42/23 – r+s 2023, 818.

38 OLG Frankfurt/M. Urt. v. 02.12.2014 – 22 U 171/13 – DAR 2015, 236.

39 BGH Urt. v. 08.05.2012 – **VI ZR 196/11** – r+s 2012, 359 = NJW 2012, 2194; vgl. AG Meschede Urt. v. 05.05.2015 – 6 C 403/14 – BeckRS 2015, 09685.

notwendigerweise zu einem vollständigen Ausschluss des gemäß § 287 ZPO frei zu schätzenden Schadens wegen der Rechtsverfolgungskosten.[40]

Unter der **Voraussetzung**, dass die anwaltliche Tätigkeit gegenüber dem Vollkasko-VR **erforderlich und zweckmäßig** war (vgl. A.2.5.8 AKB Rdn. 29), sind die Anwaltsgebühren vom **Haftpflicht-VR** auch dann zu ersetzen sein, wenn dieser mit der Schadenregulierung **in Verzug** war,[41] §§ 286 Abs. 1 S. 1, 280 Abs. 2 BGB. Der Haftpflicht-VR verschuldet in diesem Fall also nicht nur die Anwaltskosten für die Durchsetzung der Schadenersatzansprüche des VN aus dem Unfallereignis, sondern auch für die Durchsetzung der Kaskoentschädigungsansprüche des VN gegenüber dem eigenen Vollkasko-VR, § 823 BGB, § 7 Abs. 1 VVG, § 115 Abs. 1 Nr. 1 VVG i.V.m. § 249 Abs. 2 S. 1 BGB. Der insoweit für die Anwaltsgebühren maßgebliche Gegenstandswert bemisst sich nach der Forderung, wie sie der Anwalt gegenüber dem Kasko-VR berechtigterweise geltend gemacht hat. Es handelt sich auch um **zwei unterschiedliche gebührenrechtliche Angelegenheiten** i.S.d. § 15 RVG.[42] 30

War es aus Sicht des VN nicht erforderlich, einen Rechtsanwalt auch für die Interessenswahrnehmung gegenüber dem Vollkasko-VR zu beauftragen, ist der Anwaltskosten-Erstattungsanspruch gegenüber dem Haftpflicht-VR des Schädigers **auf die Gebühren beschränkt**, die sich errechnen, wenn als Gegenstandswert die Schadensumme zugrunde gelegt wird, die der Haftpflicht-VR **entsprechend seiner Haftungsquote** an den VN geleistet hätte, wenn der Kasko-VR nicht in Anspruch genommen worden wäre.[43] Eine weitere Begrenzung auf die geringeren Gebühren aus dem tatsächlich regulierten Schaden nur des Haftpflicht-VR kommt nicht in Betracht.[44] Der VN ist nach § 254 BGB nicht verpflichtet, bei der anwaltlichen Beauftragung seinen Anspruch von vornherein zu splitten in Ansprüche gegenüber seinem Kasko- und dem Haftpflicht-VR des Schädigers. 31

Für die Frage, **in welchem Umfange** der **Haftpflicht-VR zusätzliche Anwaltskosten zu ersetzen** hat, die für die Geltendmachung der Forderungen gegenüber dem Kasko-VR entstehen, ist entscheidend, ob diese Anwaltskosten den quotenbevorrechtigten Schadenpositionen (dann voller Ersatz) oder den nicht quotenbevorrechtigten Schadenpositionen (dann nur quotaler Ersatz entsprechend der Haftungsquote des Haftpflicht-VR) zugeordnet werden. **Nach teilweiser Auffassung** zählen die Anwaltskosten zu den **nicht quotenbevorrechtigten Sachfolgeschäden**. Daher sind sie prozentual nur in Höhe der einstandspflichtigen Haftungsquote vom Haftpflicht-VR zu ersetzen.[45] **Nach anderer Auffassung** können die Kosten aber auch als **quotenbevorrechtigte**, auf die Restitution 32

---

40 Vgl. BGH Urt. v. 11.07.2017 – **VI ZR 90/17** – r+s 2017, 494 = DAR 2017, 671.

41 LG Mannheim Urt. v. 13.02.2009 – 1 S 116/08 – SP 2009, 330; LG Mainz Urt. v. 10.01.2008 – 3 O 78/07 – JurionRS 2008, 36400; LG Kaiserslautern Urt. v. 22.02.1991 – 2 O 317/90 – DAR 1993, 196 = zfs 1993, 279; AG Mainz Urt. v. 22.09.1992 – 7 C 643/92 – SP 1993, 53.

42 OLG Jena Urt. v. 26.10.2011 – 7 U 1088/10 – ADAJUR Dok.Nr. 95904; LG Wuppertal Urt. v. 07.04.2010 – 8 S 92/09 – DAR 2010, 388 = zfs 2010, 519; AG Herne Urt. v. 30.12.2008 – 5 C 167/08 – AGS 2009, 211 mit Anm. Schneider.

43 Vgl. BGH Urt. v. 11.07.2017 – **VI ZR 90/17** – r+s 2017, 494 = DAR 2017, 671; BGH Urt. v. 18.01.2005 – **VI ZR 73/04** – r+s 2006, 243 = NJW 2005, 1112; OLG Karlsruhe Urt. v. 27.06.1990 – 1 U 317/89 – r+s 1990, 303 = NZV 1990, 431; LG Wuppertal Urt. v. 07.04.2010 – 8 S 92/09 – DAR 2010, 388 = zfs 2010, 519; LG Kaiserslautern Urt. v. 22.02.1991 – 2 O 317/90 – DAR 1993, 196 = zfs 1993, 279; LG Karlsruhe Urt. v. 11.03.1983 – 9 S 444/82 – ADAJUR Dok.Nr. 22430; Böhm DAR 1988, 213.

44 So auch überzeugend LG Arnsberg Urt. v. 11.05.2016 – 3 S 117/15 – BeckRS 2016, 09312.

45 OLG Stuttgart Urt. v. 24.08.1983 – 13 U 75/83 – DAR 1989, 27; LG Wuppertal Urt. v. 07.04.2010 – 8 S 92/09 – DAR 2010, 388 = zfs 2010, 519; LG Karlsruhe Urt. v. 03.09.2009 – 2 O 18/09 – ADAJUR Dok. Nr. 85308.

des versicherten Fahrzeuges gerichtete **Aufwendungen** angesehen werden.[46] Ebenso wie die Sachverständigenkosten wendet der VN auch die Anwaltskosten auf, um seine Forderungen gegenüber dem Kasko-VR durchzusetzen und eine Entschädigung zu erhalten, die in die Wiederherstellung der Fahrzeugsubstanz fließt. Es ist daher konsequent, auch diese Kosten dem unmittelbaren – und damit quotenbevorrechtigten – Sachschaden zuzuweisen.[47]

b) Nicht kongruente (nicht quotenbevorrechtigte) Sachfolgeschäden

33 Alle Sachfolgeschäden (= inkongruente Schäden) sind nicht quotenbevorrechtigt, weshalb der Haftpflicht-VR des Unfallgegners sie nur entsprechend der auf ihn entfallenden Haftungsquote ausgleichen muss. Dazu gehören **Fahrtkosten, Unkostenpauschale**[48]**, Schmerzensgeld, Verdienstausfall, Heilbehandlungs- und Eigenbeteiligungskosten** sowie **Nutzungsausfall**[49] und **Mietwagenkosten.**[50]

34 Die **Verschrottungskosten** zählen ebenso zu den Sachfolgeschäden[51] wie die **Umbaukosten** für ein Autoradio, ferner die **An- und Abmeldekosten.**[52]

35 **Prämiennachteile**, die dem VN durch die Inanspruchnahme der Versicherungsleistungen aus seinem Kaskoversicherungsvertrag infolge der Belastung seines Schadenfreiheitsrabattes entstehen (**Rückstufungsschaden**), gehören ebenfalls zu den nicht kongruenten Sachfolgeschäden.[53] Der VN verstößt nicht gegen seine Schadenminderungspflicht, wenn er bei einem Eigenverschuldensanteil seine Vollkaskoversicherung in Anspruch nimmt. Der dadurch entstehende Rabattverlust ist eine adäquate Folge des Unfallschadens, mit der der Schädiger typischerweise rechnen muss.[54]

---

46 OLG Frankfurt/M. Urt. v. 08.02.2011 – 22 U 162/08 – SP 2011, 291 = BeckRS 2011, 04241; LG Köln Urt. v. 31.01.2012 – 30 O 241/10 – n.v.; LG Gera Urt. v. 14.12.2011 – 1 S 96/11 – DV 2012, 29 = BeckRS 2012, 09871; AG Syke Urt. v. 10.03.2008 – 24 C 1602/07 – n.v.; AG Kirchhain Urt. v. 29.01.2008 – 7 C 359/07 (2) – juris; AG Ansbach Urt. v. 28.12.2007 – 1 C 1266/07 – VA 2008, 41; AG Herford Urt. v. 08.03.2002 – 12 C 1609/01 – SP 2002, 247; Lachner zfs 1998, 161, 162; Fleischmann/Hillmann § 6 Rn. 20.

47 Unentschieden OLG Celle Urt. v. 03.02.2011 – 5 U 171/10 – NZV 2011, 505 = NJW-RR 2011, 830 (im Ergebnis scheiterte der Ersatzanspruch am schlüssigen Vortrag zur Erforderlichkeit einer Anwaltsbeauftragung zur Durchsetzung von Ansprüchen gegenüber dem Kasko-VR).

48 Vgl. BGH Urt. v. 08.12.1981 – **VI ZR 153/80** – VersR 1982, 283 = NJW 1982, 827; LG Karlsruhe Urt. v. 18.04.2008 – 3 O 335/07 – JurionRS 2008, 37713; LG Saarbrücken Urt. v. 26.02.2016 – 13 S 193/15 – NJW-RR 2016, 1004; AG Halle a.d. Saale Urt. v. 26.01.2011 – 101 C 3737/10 – r+s 2014, 495.

49 OLG Düsseldorf Urt. v. 18.02.2002 – 1 U 91/01 – SP 2002, 245; LG Saarbrücken Urt. v. 01.02.2013 – 13 S 176/12 – zfs 2013, 378; LG Karlsruhe Urt. v. 18.04.2008 – 3 O 335/07 – JurionRS 2008, 37713.

50 Vgl. BGH Urt. v. 08.12.1981 – **VI ZR 153/80** – VersR 1982, 283 = NJW 1982, 827; Stiefel/Maier/*Maier* A.2 AKB Rn. 901; **a.A.** Müller VersR 1989, 317, 320, **der in der Anmietung eines Mietfahrzeuges einen Ersatzbeschaffungsaufwand auf Zeit sieht, der hinsichtlich der Kongruenz des Schadens nicht anders beurteilt werden könne als der Kaufpreis für das Ersatzfahrzeug, der einen Ersatzbeschaffungsaufwand auf Dauer darstelle.**

51 OLG Hamm Urt. v. 10.01.2000 – 6 U 191/99 – VersR 2001, 779.

52 **A.A.** LG Aachen Urt. v. 10.04.1987 – 5 S 9/87 – VersR 1988, 1151.

53 OLG Celle Urt. v. 03.02.2011 – 5 U 171/10 – NZV 2011, 505 = NJW-RR 2011, 830; OLG Dresden Urt. v. 23.10.2008 – 4 U 1135/08 – VersR 2009, 824, 825 = NJW-RR 2009, 683; AG Halle a.d. Saale Urt. v. 26.01.2011 – 101 C 3737/10 – r+s 2014, 495.

54 Vgl. BGH Urt. v. 25.04.2006 – **VI ZR 36/05** – VersR 2006, 1139 = NJW 2006, 2397; BGH Urt. v. 26.09.2006 – **VI ZR 247/05** – VersR 2007, 81 = NJW 2007, 66. Vgl. OLG Hamm Urt. v. 16.10.1992 – 9 U 54/91 – VersR 1993, 1545; LG Wiesbaden Urt. v. 13.05.1998 – 1 S 414/97 – DAR 1998, 395.

3. Kappungsgrenze

Da der gegnerische Haftpflicht-VR nicht höher belastet werden darf, als es bei einer ausschließlichen Haftpflichtschadenabrechnung entsprechend der Haftungsquote der Fall gewesen wäre, muss ermittelt werden, in welcher Höhe der Haftpflicht-VR **die kongruenten Ansprüche** hätte ausgleichen müssen, wenn sie von vornherein in voller Höhe ihm gegenüber geltend gemacht worden wären. Die danach geschuldete Gesamtentschädigung fließt zunächst dem VN zu, bis seine kongruenten Ansprüche in voller Höhe – also auch über die eigentliche Haftungsquote hinaus – erfüllt sind. Nur die darüber hinausgehenden Schadenersatzzahlungen stehen dem Kasko-VR zu. Der Ersatzanspruch des VN geht also nach § 86 Abs. 1 S. 1 VVG grundsätzlich nur insoweit auf den VR über, als er zusammen mit der gezahlten Versicherungsentschädigung den Schaden des VN übersteigt. Der Kasko-VR kommt erst dann zum Zuge, wenn die kongruenten Forderungen des VN in vollem Umfange befriedigt sind, eine Folge des Quotenvorrechts des VN in § 86 Abs. 1 S. 2 VVG, wonach sich der Übergang der Schadenersatzforderungen auf den VR nach erfolgter Kaskoregulierung nicht zum Nachteil des VN auswirken darf. Zusätzlich kann der VN vom Haftpflicht-VR immer auch die **nicht kongruenten Sachfolgeschäden** entsprechend der auf seinen Unfallgegner entfallenden Haftungsquote verlangen. 36

Durch diese **Kombination** von gesetzlichen Schadenersatzansprüchen und vertraglichen Versicherungsansprüchen kann der VN selbst bei einem nicht unerheblichen Eigenverschulden seinen **Restschaden minimieren**. Der Haftpflicht-VR zahlt nie mehr als die Quote aus dem Gesamtschaden, der Kasko-VR zahlt nie mehr als vertraglich nach den AKB vereinbart und der VN erhält nie mehr als 100 % seines Schadens ersetzt, (vgl. auch A.2.5.8 AKB Rdn. 15). 37

4. Anwendung des Quotenvorrechts – Berechnungsbeispiele[55]

Der VN unterhält eine Vollkaskoversicherung, in der der Ersatz des Fahrzeugschadens unter Abzug einer Selbstbeteiligung von 1.000,00 € vereinbart ist. Bei einem Unfall, den der VN zu 75 % und der Unfallgegner zu 25 % verursacht hat, sind folgende Schäden beim VN angefallen: 38

Reparaturkosten:	15.000,00 €
Wertminderung (merkantil):	1.000,00 €
Mietwagenkosten:	1.200,00 €
Abschleppkosten:	250,00 €
Gutachterkosten:	550,00 €
Unkostenpauschale:	25,00 €
Gesamtschaden des VN:	18.025,00€

a) Vorrangige Inanspruchnahme des eigenen Kasko-VR

Nimmt der VN seinen Unfallgegner bzw. dessen Haftpflicht-VR in Anspruch, erhält er nur 25 % seines Schadens erstattet, entsprechend 4.506,25 €. Fordert er hingegen den versicherungsrechtlichen **Anspruch gegenüber seinem Kasko-VR** ein, kann er mit einer Zahlung in Höhe von 14.000,00 € rechnen (Reparaturkosten abzüglich der Selbstbeteiligung). Daneben kann er seinen **restlichen Schaden beim gegnerischen Haftpflicht-VR** wie folgt geltend machen: 39

Der von der Kaskoversicherung erfasste **kongruente, unmittelbare Sachschaden des VN** besteht aus den Reparaturkosten, der Wertminderung, den Abschlepp- sowie Gutachterkosten. Von der Summe dieser Positionen (= 16.800,00 €) hat der Haftpflicht-VR des Unfallgegners eine Quote 40

55 Weitere **Berechnungsbeispiele** bei Himmelreich/Halm/Staab/*Kuhn* Kap. 3 D, Rn. 295 ff. (Abrechnung im Fall der Reparatur) und Rn. 299 ff. (Abrechnung auf Totalschadenbasis).

von 25 %, entsprechend 4.200,00 € zu zahlen. Die dem VN zustehende Gesamtentschädigung darf jedoch unter Berücksichtigung der bereits erhaltenen Zahlung des Kasko-VR 100 % seines kongruenten Gesamtschadens nicht übersteigen. Zusammen mit der Kaskoentschädigung ergäbe sich eine Summe von 14.000,00 € + 4.200,00 € = 18.200,00 €. Da 100 % seines kongruenten Gesamtschadens aber nur 16.800,00 € ausmachen, stehen dem VN aufgrund seines Quotenvorrechts nur noch weitere 2.800,00 € zu, während der verbleibende Differenzanspruch in Höhe von 1.400,00 € nach § 86 Abs. 1 S. 1 VVG auf den Kasko-VR übergeht.

41 **Zu beachten ist** daher, dass trotz der Entschädigungsleistung des Kasko-VR an den VN in Höhe von 14.000,00 € der Anspruch des VN gleichwohl nicht in Höhe von 4.200,00 € auf den VR übergeht. Denn dann könnte der VN keine weiteren Ansprüche mehr gegenüber dem Haftpflicht-VR einfordern. Der Forderungsübergang würde sich zum Nachteil des VN auswirken, ein Ergebnis, was durch das Vorrecht des VN, bei der quotalen Zahlung des Schädigers vorrangig befriedigt zu werden, gerade ausgeschlossen sein soll, (§ 86 Abs. 1 S. 2 VVG).

42 **Darüber hinaus kann der VN** entsprechend der auf den Unfallgegner entfallenden Haftungsquote auch seinen **nicht kongruenten Sachfolgeschaden** verlangen, der aus den Mietwagenkosten und der Unkostenpauschale besteht. Von der Summe dieser Positionen (= 1.225,00 €) hat der Haftpflicht-VR des Unfallgegners eine Quote von 25 % zu zahlen, also 306,25 €.

43 **Ergebnis:** Während der VN bei einer Inanspruchnahme nur des Haftpflichtversicherers des Unfallgegners lediglich 4.506,25 € erhalten würde, kann er **bei einer Kombination aus Vollkasko- und Haftpflichtabrechnung** eine Gesamtentschädigung von **17.106,25 €** erzielen (Zahlung des **Kasko-VR = 14.000,00€:** 15.000,00€./. 1.000,00€ Selbstbeteiligung; Zahlung des gegnerischen **Haftpflicht-VR = 3.106,25€:** 2.800,00€ auf den quotenbevorrechtigten Sachschaden + weitere 306,25 € auf den nicht quotenbevorrechtigten Sachfolgeschaden). Daneben kann er beim Haftpflicht-VR seinen Rückstufungsschaden, den er durch die Inanspruchnahme seiner Kaskoversicherung erleidet, zu 25 % geltend machen und die ihm ggf. entstandenen Rechtsanwaltskosten nach dem Streitwert von 4.506,25 € ersetzt verlangen, obwohl er vom Haftpflicht-VR nur 3.106,25 € (2.800,00 € + 306,25 €) erhalten hat. Zur Vermeidung von Fehlern bei einer kombinierten Schadenabrechnung sollte der Haftpflichtanspruch nach Möglichkeit erst nach erfolgter Abrechnung mit dem Vollkasko-VR durchgesetzt werden.

44 Auf der Grundlage des vorstehenden Beispiels bietet sich folgendes anwaltliches **Muster-Abrechnungsschreiben** gegenüber dem Haftpflicht-VR des Unfallgegners an:

»Ich beziffere die Schadenersatzansprüche meines Mandanten wie folgt:

1. Von der Kaskoversicherung erfasster unmittelbarer Sachschaden:

Reparaturkosten	*15.000,00 €*
Wertminderung	*1.000,00 €*
Abschleppkosten	*250,00 €*
Gutachterkosten	*550,00 €*
Schaden insgesamt	*16.800,00 €*
Hierauf hat der Kaskoversicherer gezahlt	*– 14.000,00 €*
Bei meinem Mandanten verbleibender Restschaden somit	*2.800,00 €*
Der Anspruch meines Mandanten beträgt 25 % von 16.800,00 € = 4.200,00 €. Von diesem Teilbetrag aus dem Gesamtanspruch müssen meinem Mandanten aufgrund seines Quotenvorrechts verbleiben	*2.800,00 €.*

2. Von der Kaskoversicherung nicht umfasster Sachfolgeschaden

Mietwagenkosten	*1.200,00 €*

Unkostenpauschale	*25,00 €*
Schaden insgesamt	*1.225,00 €*
Hierauf haben Sie entsprechend der Haftungsquote 25 % zu zahlen, entsprechend	*306,25 €.*
Der Gesamtanspruch meines Mandanten setzt sich somit zusammen aus dem	
Unmittelbaren Sachschaden	*2.800,00 €*
Sachfolgeschaden	*306,25 €*
Zu erstattender Gesamtschaden	*3.106,25 €.*

Ich fordere Sie auf, diesen Betrag bis spätestens … zu zahlen.«

b) Vorrangige Inanspruchnahme des gegnerischen Haftpflicht-VR

Probleme können entstehen, wenn der von einem Kaskoversicherungsvertrag umfasste **kongruente Schaden** noch **vor der Leistung des Kasko-VR vom Schädiger ersetzt** wird. Allerdings kommt auch in diesem Fall das Quotenvorrecht des VN zur Anwendung.[56] In obigem Beispielsfall müsste der gegnerische Haftpflicht-VR den Schaden des VN unter Zugrundelegung einer Haftungsquote von 25 % nur in Höhe von 4.506,25€ ausgleichen. Bei der anschließenden Inanspruchnahme des Kasko-VR wäre dieser daran gehindert, neben der Selbstbeteiligung von 1.000,00€ auch den vom Haftpflicht-VR gezahlten Betrag von 4.506,25€ in voller Höhe von seiner Entschädigungsleistung absetzen. Vielmehr wäre zu berücksichtigen, dass **in der Regulierungssumme des Haftpflicht-VR ein 25 %-iger Anteil des unmittelbaren Sachschadens** (25 % von 16.800,00€ = **4.200,00€**) **enthalten** ist und **hiervon** nur 1.400,00€ zugunsten des Kasko-VR zur Anrechnung kommen, während **2.800,00€ beim VN verbleiben.** Denn diese 2.800,00€ stellen die Differenz dar zwischen der nach dem Kaskoversicherungsvertrag geschuldeten Entschädigungsleistung des Kasko-VR (15.000,00€ Reparaturkosten abzüglich 1.000,00€ Selbstbeteiligung = 14.000,00€) und der Summe der unmittelbaren Sachschäden (16.800,00€). Diese Differenz steht dem VN zu, da sie den quotalen Haftungsanteil des Haftpflicht-VR auf den unmittelbaren Sachschaden (im Beispielsfall 25 % von 16.800,00€ = 4.200,00€) nicht übersteigt. 45

Ergebnis: Auch bei vorrangiger Zahlung des gegnerischen Haftpflicht-VR und nachrangiger Inanspruchnahme des eigenen Kasko-VR erzielt der VN **bei einer Kombination aus Vollkasko- und Haftpflichtabrechnung** eine Gesamtentschädigung von **17.106,25 €** (Zahlung des gegnerischen **Haftpflicht-VR = 4.506,25€:** 4.200,00,00€ auf den quotenbevorrechtigten Sachschaden + weitere 306,25 € auf den nicht quotenbevorrechtigten Sachfolgeschaden; Zahlung des **Kasko-VR = 12.600,00€:** 15.000,00€./. 1.000,00€ Selbstbeteiligung./. 1.400,00€, um die der VN durch die Zahlung des Haftpflicht-VR auf den unmittelbaren Sachschaden bereichert ist). 46

Entschädigt der Kasko-VR seinen VN **in Unkenntnis** einer bereits zuvor erfolgten Teilzahlung des Haftpflicht-VR auf den unmittelbaren Sachschaden, kommt es zu einer **Überzahlung beim VN** bezüglich seiner kongruenten Schäden. Da die Zahlung des Haftpflicht-VR beim VN, soweit kongruente Schadenpositionen betroffen sind, zu einem Wegfall seines Entschädigungsanspruchs gegenüber seinem Kasko-VR führt, wird dieser insoweit leistungsfrei. Leistet er in Unkenntnis dieses Umstandes dennoch, steht ihm ein **Bereicherungsanspruch** gegen den VN zu. Diesem kann der VN nicht unter Berufung auf sein Quotenvorrecht mit der Begründung entgegentreten, auf seine inkongruenten Schäden habe der Schädiger bislang noch keine Zahlungen erbracht, weshalb er zu einer Verrechnung befugt sei. **Die** vom Haftpflicht-VR unstreitig **auf den kongruenten Sachschaden geleisteten Zahlungen kann der VN nicht** unter Berufung auf sein Quotenvorrecht **mit** anderen, nicht vom Umfang der Kaskoversicherung umfassten **inkongruenten Schadenpositionen** 47

56 LG Passau Urt. v. 11.08.2022 – 3 S 70/21 – BeckRS 2022, 49686.

verrechnen.[57] Eine andere Betrachtungsweise würde im Ergebnis dazu führen, dass die Leistungen des Kasko-VR nach Wahl des VN auch auf die inkongruenten Schäden bezogen werden könnten, obwohl diese vom Versicherungsschutz nicht umfasst sind.[58]

c) Kombinierte Abrechnung bei grob fahrlässiger Herbeiführung des Versicherungsfalles

48 Keine Änderungen ergeben sich, wenn der VN den **Unfall grob fahrlässig herbeigeführt** hat und der Kasko-VR berechtigt ist, die Entschädigungsleistung nach A.2.16.1 S. 2, § 81 Abs. 2 VVG zu kürzen. Wesentlich ist, dass die Selbstbeteiligung des VN erst zuletzt abgezogen werden darf, also nach der vorgenommenen Quotelung und nicht schon vorher,[59] (vgl. A.2.5.8 AKB Rdn. 6). Die offene Differenz, die der VN von seinem Kasko-VR nicht erhält, kann er aufgrund seines Quotenvorrechts beim Haftpflicht-VR des Schädigers geltend machen, vorausgesetzt, der Anspruch übersteigt nicht die Haftungsquote, die der Haftpflicht-VR aus Haftpflichtgesichtspunkten verschuldet. Dieser Betrag stellt immer die Obergrenze der möglichen Gesamtentschädigung des VN dar. Insofern ist der Anspruch des VN »gedeckelt«. Zu beachten ist, dass diese Verfahrensweise ausschließlich bei den kongruenten, unmittelbaren Sachschäden möglich ist. Die Sachfolgeschäden sind nicht quotenbevorrechtigt.

▶ **Beispiel:**

49 Der VN hat ein Stoppschild grob fahrlässig überfahren und ist mit einem vorfahrtsberechtigten Fahrzeug, welches die zulässige Geschwindigkeit erheblich überschritten hatte, zusammengestoßen. Die Unfallbeteiligten haben den Unfall je zu 50 % schuldhaft mitverursacht. Bei einem Fahrzeugschaden von 10.000,00€ ergibt sich unter Berücksichtigung einer Selbstbeteiligung von 1.000,00 € bei einem 50 %-igen Mitverschulden des VN beim Unfall und einer groben Fahrlässigkeit, die beim Kasko-VR eine Leistungskürzung von 30 % rechtfertigt, folgendes:

Zahlung des Kasko-VR: 10.000, – €./. 30 % Leistungskürzung nach A.2.16.1 S. 2 AKB, § 81 Abs. 2 VVG = 7.000,00 €./. SB = 6.000, – €. Nach Zahlung des VR geht der Schadenersatzanspruch des VN gegen den anderen Unfallbeteiligten grundsätzlich nach § 86 Abs. 1 S. 1 VVG auf den Kasko-VR über. Jedoch ist der Sachschaden des VN in Höhe von 4.000,00 € durch den Kasko-VR nicht ausgeglichen worden. Insoweit findet der Forderungsübergang auf den VR nicht statt. Der VN hat aufgrund seines Quotenvorrechts nach § 86 Abs. 1 S. 2 VVG die Möglichkeit, diesen Betrag beim Haftpflicht-VR einzufordern. Dieser muss aber nur insoweit zahlen, als er aus Haftpflichtgesichtspunkten hierzu verpflichtet wäre. Daraus ergibt sich folgendes:

Abrechnung über den Haftpflicht-VR: 10.000, – €./. 50 % Mithaftung = 5.000,00 € Anspruch des VN. Von diesen 5.000,00 € stehen dem VN nach dem Quotenvorrecht 4.000,00 € zu. Auf den VR gehen nach § 86 Abs. 1 S. 1 VVG nur noch die verbleibenden 1.000, – € über.

Ergebnis: Auch in diesem Fall lohnt es sich für den VN, zunächst seinen Kasko-VR und anschließend den Haftpflicht-VR des Unfallgegners in Anspruch zu nehmen. Trotz des nicht unerheblichen Mitverschuldens erhält der VN durch die kombinierte Abrechnungsmethode im Beispielsfall 100 % seines Fahrzeugschadens ersetzt.

c) Prozessuales

50 **Zahlt der Kasko-VR nach Klageeinreichung gegen den Schädiger** bzw. dessen Haftpflicht-VR, aber **vor Eintritt der Rechtshängigkeit**, so kann der Kläger (= Geschädigter = Kasko-VN) seine Klage unter Hinweis auf die nach § 269 Abs. 3 S. 3, Abs. 4 ZPO zu treffende Kostenentscheidung zurücknehmen; eine einseitige Erledigungserklärung des Klägers ist in eine Klagerücknahme

57 OLG Dresden Urt. v. 23.10.2008 – 4 U 1135/08 – VersR 2009, 824, 825 = NJW-RR 2009, 683; LG Düsseldorf Urt. v. 02.03.2007 – 20 S 198/06 – SP 2007, 401.

58 OLG Dresden Urt. v. 23.10.2008 – 4 U 1135/08 – VersR 2009, 824 = NJW-RR 2009, 683.

59 Ebenso Stiefel/Maier/*Meinecke* A.2 AKB Rn. 727; a.A. OLG Naumburg Urt. v. 03.12.2009 – 4 U 133/08 – r+s 2010, 319 = SP 2010, 227.

umzudeuten. Im Einzelfall kann es sachgerecht sein, den Schädiger trotz Verzugs nicht mit den vollen Kosten zu belasten, sondern eine hälftige Kostenteilung vorzunehmen.[60]

Zahlt der Kasko-VR nach Eintritt der Rechtshängigkeit, führt dies beim Kläger trotz des Anspruchsüberganges auf den Kasko-VR nach § 86 Abs. 1 VVG nicht zum Verlust seiner Aktivlegitimation. Nach § 265 Abs. 1, Abs. 2 S. 1 ZPO ist der Kläger zur Fortführung des Rechtsstreites in gesetzlicher Prozessstandschaft berechtigt und verpflichtet.[61] Der Zustimmung des Kasko-VR zur weiteren Prozessführung bedarf der Kläger hier anders als in den Fällen, in denen der Ersatzanspruch bereits vor Klageerhebung auf den VR übergegangen ist, nicht.[62] Der Kläger muss aber seinen Klageantrag auf Zahlung an den Kasko-VR umstellen. Erklärt er stattdessen den Rechtsstreit einseitig für erledigt, ist seine Klage auf Feststellung der Erledigung kostenpflichtig abzuweisen.[63] Denn die Zahlung des Kasko-VR während des Haftpflichtprozesses führt nicht zu einer Erledigung der Hauptsache, sondern ist gemäß § 265 Abs. 3 ZPO zu behandeln. Schließt sich allerdings der Haftpflicht-VR der Erledigungserklärung an, ist das Gericht hieran auch bei unterbliebener Umstellung des Klageantrages gebunden.[64] 51

Eine **Ausnahme** von dem Grundsatz, dass der VN nach § 265 Abs. 1, Abs. 2 S. 1 ZPO auch weiterhin prozessual befugt bleibt, diejenigen Ansprüche geltend zu machen, die infolge des gesetzlichen Forderungsübergangs nach § 86 Abs. 1 ZPO auf den Kasko-VR übergegangen sind, greift aber dann, **wenn der VN** die von ihm im eigenen Namen geltend gemachten **Ansprüche** von Anfang an ohne eine eigene Sachbefugnis, sondern allein **aufgrund einer gewillkürten Prozessstandschaft geltend** gemacht hatte; eine (faktische) Fortwirkung der ihm von dem ursprünglichen Rechtsinhaber erteilten gewillkürten Prozessstandschaft im Verhältnis zu dem nach einem Forderungsübergang neuen Rechteinhaber in entsprechender Anwendung von § 265 Abs. 1, Abs. 2 S. 1 ZPO kommt dann nicht in Betracht.[65]Sachverständigenverfahren bei Meinungsverschiedenheit über die SchadenhöheSachverständigenverfahren bei Meinungsverschiedenheit über die Schadenhöhe. 52

A.2.6 Sachverständigenverfahren bei Meinungsverschiedenheit über die Schadenhöhe

A.2.6.1 **Bei Meinungsverschiedenheiten zur Schadenhöhe einschließlich der Feststellung des Wiederbeschaffungswerts oder über den Umfang der erforderlichen Reparaturarbeiten kann auf Ihren Wunsch vor Klageerhebung ein Sachverständigenausschuss entscheiden.**

A.2.6.2 **Für den Ausschuss benennen Sie und wir je einen Kraftfahrzeugsachverständigen. Wenn Sie oder wir innerhalb von zwei Wochen nach Aufforderung keinen Sachverständigen benennen, wird dieser von dem jeweils anderen bestimmt.**

A.2.6.3 **Soweit sich der Ausschuss nicht einigt, entscheidet ein weiterer Kraftfahrzeugsachverständiger als Obmann. Er soll vor Beginn des Verfahrens von dem Ausschuss gewählt werden. Einigt sich der Ausschuss nicht über die Person des Obmanns, wird er über das zuständige Amtsgericht benannt. Die Entscheidung des Obmanns muss zwischen den jeweils von den beiden Sachverständigen geschätzten Beträgen liegen.**

60 OLG Karlsruhe Urt. v. 13.12.2013 – 1 U 51/13 – zfs 2014, 396.
61 Vgl. auch BGH Urt. v. 15.12.2022 – **I ZR 135/21** – NZI 2023, 259.
62 OLG Hamm Urt. v. 09.11.2022 – 11 U 38/22 – r+s 2023, 226.
63 OLG Jena Urt. v. 10.11.2016 – 4 U 211/16 – DAR 2018, 109; OLG Karlsruhe Urt. v. 13.12.2013 – 1 U 51/13 – zfs 2014, 396; OLG Brandenburg Urt. v. 01.07.2010 – 12 U 15/10 – BeckRS 2010, 19827.
64 OLG Frankfurt/M. Urt. v. 28.10.2014 – 22 U 150/13 – BeckRS 2015, 08039.
65 OLG Celle Urt. v. 05.10.2023 – 5 U 30/21 – r+s 2023, 1027.

A.2.6.4 Die Kosten des Sachverständigenverfahrens sind im Verhältnis des Obsiegens zum Unterliegen von uns bzw. von Ihnen zu tragen.

Hinweis: Außerdem haben Sie die Möglichkeit, den Rechtsweg zu beschreiten.

Übersicht

A. Allgemeines

I. Historische Entwicklung der Klausel

1 Nach dem noch **bis zum 05.07.2016** maßgeblichen Wortlaut der Muster-AKB des GDV (vgl. A.2.1.1 AKB Rdn. 2) war der VN gemäß A.2.6.1 AKB vertraglich verpflichtet, bei Meinungsverschiedenheiten ausschließlich zur Schadenhöhe vor Klageerhebung zwingend zunächst ein Sachverständigenverfahren vorzuschalten. Eine sofortige Klageerhebung war ihm verwehrt. Die Fälligkeit der Entschädigungsleistung des VR war bis zum Abschluss des Sachverständigenverfahrens hinausgeschoben. Erhob der VN vorzeitig Klage, ohne das vertraglich vereinbarte Sachverständigenverfahren durchzuführen oder ohne dass der VR auf die Durchführung des Sachverständigenverfahrens ausdrücklich verzichtet hatte, war der Klageanspruch als derzeit nicht fällig abzuweisen.[1] Das Verfahren wurde daher vor allem von Verbraucherschützern als umständlich, schwerfällig und teuer kritisiert. Viele Rechtsschutzversicherer deckten die Kosten, die nach dem Verhältnis des Obsiegens zum Unterliegen verteilt wurden, nicht ab, weil die Rechtsverfolgung mangels Fälligkeit des Versicherungsanspruchs (noch) keine Aussicht auf Erfolg hatte. Daher verzichteten die VN bei

1 Vgl. OLG Köln Urt. v. 04.12.2001 – 9 U 229/00 – r+s 2002, 188 = zfs 2002, 295; AG Gummersbach Urt. v. 15.11.2011 – 15 C 151/11 – SP 2012, 231 = VK 2012, 174.

Streitigkeiten zur Höhe der Entschädigung immer öfter auf das Sachverständigenverfahren und sahen davon ab, ihre Ansprüche weiterzuverfolgen. In den **seit dem 06.07.2016** veröffentlichten Muster-AKB des GDV ist nun abweichend von der bisherigen Regelung in A.2.6.1 AKB die Fälligkeit der Versicherungsleistung nicht mehr von der obligatorischen Durchführung eines Sachverständigenverfahrens abhängig. Vielmehr hat der VN die Wahl, ob er bei Meinungsverschiedenheiten zur Schadenhöhe entweder ein Sachverständigenverfahren einleitet, oder ob er sofort Klage erhebt. **Hintergrund für die Änderung in A.2.6.1 AKB** ist eine gesetzgeberische Erweiterung des Katalogs der »Klauselverbote ohne Wertungsmöglichkeit« in § 309 BGB. **Seit dem 26.02.2016** ist nach **§ 309 Nr. 14 BGB** in Allgemeinen Geschäftsbedingungen, zu denen auch die AKB gehören (vgl. A.2.1.1 AKB Rdn. 10), eine Regelung unwirksam, die dem Vertragspartner des AGB-Verwenders – sofern dieser Verbraucher ist – einen temporären Klageverzicht auferlegt, solange er nicht einen Versuch zur außergerichtlichen Streitbeilegung unternommen hat. Dies hat zur Folge, dass eine vertragliche Verpflichtung zum Sachverständigenverfahren fortan unzulässig und damit AGB-rechtlich unwirksam ist. Betroffen sind ausnahmslos alle Kraftfahrtversicherungsverträge von Verbrauchern, auch soweit sie noch die alte Regelung eines obligatorisch durchzuführenden Sachverständigenverfahrens enthalten. Die hierzu ergangene **Rechtsprechung**, die dem VN mangels Fälligkeit seiner Forderung das Recht absprach, sofort Klage erheben zu können, ist damit **im Verbraucherkontext** als **überholt** anzusehen.[2]

Die **Gegenmeinung**,[3] wonach sich § 309 Nr. 14 BGB ausschließlich auf Schlichtungs- und Mediationsverfahren beziehe, nicht aber auf ein Sachverständigenverfahren, wie es in den AKB geregelt sei, übersieht, dass § 309 Nr. 14 BGB nur von »Verfahren zur außergerichtlichen Streitbeilegung« spricht. Die Regelung wurde mit Inkrafttreten des Verbraucherstreitbeilegungsgesetzes (VSBG) ins BGB aufgenommen. Das VSBG ist zwar primär auf das außergerichtliche Streitbeilegungsverfahren der Schlichtung und Mediation ausgerichtet. Entsprechend der Gesetzesintention des § 309 Nr. 14 BGB sollen jedoch jegliche Verfahren erfasst werden, durch deren zwingende Vorschaltung dem Verbraucher der Gang zu Gericht erschwert oder temporär unmöglich gemacht wird. Dazu gehören nicht nur Schlichtungsverfahren vor einer Schlichtungsstelle und förmliche Mediationsverfahren, sondern auch Schiedsgutachterverfahren. Sachverständigenverfahren sind als Schiedsgutachterverfahren ausgestaltet (vgl. A.2.6 AKB Rdn. 6). Ein solches Verfahren dient dazu, strittige Fragen der Parteien verbindlich durch Sachverständige klären zu lassen. Ziel eines Schiedsgutachtens ist es immer, eine gerichtliche Auseinandersetzung zu vermeiden, in der auch der Richter letztlich auf das fachliche Urteil eines Sachverständigen angewiesen wäre. Das Schiedsgutachten ist keine Schlichtung im engeren Sinne, sondern eine Form der außergerichtlichen Streiterledigung. Ebenso wie im förmlichen Mediationsverfahren ist es nicht Aufgabe des Sachverständigen, auf eine gütliche Einigung der Parteien hinzuwirken. Er darf dies nur tun, wenn beide Parteien Einigungsbereitschaft signalisieren. Dennoch handelt es sich bei dem Sachverständigenverfahren nach Maßgabe des A.2.6.1 AKB a.F. letztlich um ein Verfahren, durch das es dem VN zunächst verwehrt ist, seine Ansprüche gerichtlich geltend zu machen. Denn er soll sich ja gerade nach Möglichkeit außergerichtlich mit dem VR einigen. Insofern handelt es sich unzweifelhaft um ein Verfahren, durch welches der Versuch einer außergerichtlichen Streitbeilegung i.S.v. § 309 Nr. 14 BGB unternommen werden soll. Ein solches Verfahren musste der VN bei Meinungsverschiedenheiten mit dem VR zur Schadenhöhe bis zum 05.07.2016 gemäß A.2.6.1 AKB a.F. zwingend vor Klageerhebung durchführen. Da eine in AGB niedergelegte Schiedsgutachtenabrede der Inhaltskontrolle der §§ 307 ff. BGB unterliegt und die Klausel in A.2.6.1 AKB als Schiedsgutachterabrede (und damit als Streitbeilegungsklausel) ausgestaltet ist, muss § 309 Nr. 14 BGB konsequenterweise auch A.2.6.1 AKB a.F. erfassen, der dem VN einen vorübergehenden Klageverzicht durch ein vorrangig einzuleitendes Sachverständigenverfahrens abverlangt. 2

2 Ebenso LG Kaiserslautern Urt. v. 19.03.2018 – 1 S 115/16 – BeckRS 2018, 40795 = VK 2019, 52; Staudinger/Halm/Wendt/*Schwab* A.2.6 AKB Rn. 132.

3 LG Dortmund Urt. v. 10.01.2019 – 2 O 160/18 – r+s 2019, 196; LG Düsseldorf Urt. v. 24.07.2018 – 9 O 372/17 – NZV 2019, 149.

3 Entscheidend ist, dass nach der **Gesetzesbegründung zu § 309 Nr. 14 BGB** dem Verbraucher ein unbeschränktes Wahlrecht offenstehen soll zwischen der Möglichkeit einer außergerichtlichen Streitschlichtung und der sofortigen Beschreitung des Rechtweges.[4] Einem etwaigen Missbrauch durch ein verfahrensverzögerndes Vorschalten eines erfolglosen Streitbeilegungsverfahrens soll vorgebeugt werden.[5] Dieser verbraucherschutzrechtliche gesetzgeberische Wille lässt sich nur dann effektiv erreichen, wenn auch das Sachverständigenverfahren in den AKB als von § 309 Nr. 14 BGB erfasst angesehen wird.

4 Dies führt auch nicht dazu, dass das in § 84 VVG vorgesehene Sachverständigenverfahren nicht mehr praktiziert werden könnte.[6] Wenn sich der VN – freiwillig – zur Durchführung des Sachverständigenverfahrens entschließt, unterwirft er sich auch den Bestimmungen der §§ 84 ff. VVG. Diese bleiben dann auch anwendbar. Der Rückgriff auf diese Vorschriften ist nur für den Fall ausgeschlossen, dass der VR in seinen Vertragsbedingungen dem VN die Durchführung eines Sachverständigenverfahrens verbindlich vorschreibt. Hat der VN allerdings das Sachverständigenverfahren nach Maßgabe der bisherigen Regelung in A.2.6.1 AKB a.F. eingeleitet in der Annahme, hierzu rechtlich verpflichtet zu sein, so kann er sich bei einem ihm nicht genehmen Ergebnis der Sachverständigen, welches i.S.d. § 84 Abs. 1 S. 1 VVG nicht »offenbar von der wirklichen Sachlage erheblich abweicht«, nicht darauf berufen, der Ausgang des Sachverständigenverfahrens sei schon deshalb rechtlich irrelevant, weil die verpflichtende Klausel in A.2.6.1 AKB a.F. gegen § 309 Nr. 14 BGB verstoße.[7]

5 Letztlich geht auch der GDV von einer Sperrwirkung des § 309 Nr. 14 BGB für die bisherige Klausel aus. In der Neufassung seiner Muster-AKB hat er A.2.6.1 AKB entsprechend angepasst. Die Formulierung seit dem 06.07.2018 lautet deshalb *»kann auf Ihren Wunsch … entscheiden«* statt des bisherigen *»muss … entscheiden«*. Allein schiedsrichterliche Verfahren i.S.d. §§ 1025 ff. ZPO, zu denen Sachverständigenverfahren i.S.v. A.2.6.1 AKB jedoch nicht gehören, werden von § 309 Nr. 14 BGB nicht erfasst. Die Zulässigkeit solcher Schiedsklauseln richtet sich nach § 1031 Abs. 5 ZPO.[8]

II. Rechtsnatur des Sachverständigenverfahrens

6 Bei dem nach A.2.6 AKB auf Wunsch des VN einzuleitenden Sachverständigenverfahren handelt es sich um ein **Schiedsgutachterverfahren** auf der Basis einer Schiedsvereinbarung, bei der sich die Vertragspartner des Versicherungsvertrages auf Wunsch des VN zulässigerweise darauf verständigen können, Streitigkeiten über die Höhe eines Schadens einschließlich der Feststellung des Wiederbeschaffungswertes oder des Umfanges der erforderlichen Reparaturarbeiten von einem Sachverständigenausschuss entscheiden zu lassen. Dieser nimmt allerdings **nicht die Funktion eines Schiedsgerichts** im Sinne der §§ 1025 ff. ZPO wahr, **sondern** wird als **Gremium von unabhängigen Schiedsgutachtern i.S.d. §§ 317 ff. BGB** tätig.[9] Die Entscheidung des Ausschusses ist daher auch nicht mit einem Schiedsspruch gleichzusetzen, aus dem vollstreckt werden und gegen den die unterlegene Partei entsprechend den Vorschriften zum schiedsrichterlichen Verfahren Rechtsbeschwerde gemäß

---

4 Vgl. Grüneberg/*Grüneberg* § 309 BGB Rn. 115 unter Hinweis auf BT-Drs. 18/6904, S. 74; Hau MDR 2017, 853.

5 BT-Drs. 18/6904, S. 74.

6 So aber fälschlich LG Düsseldorf Urt. v. 24.07.2018 – 9 O 372/17 – BeckRS 2018, 24124 = VA 2018, 165.

7 So im Ergebnis zutreffend LG Düsseldorf Urt. v. 24.07.2018 – 9 O 372/17 – BeckRS 2018, 24124 = VA 2018, 165.

8 Prütting/Wegen/Weinreich/*Berger* § 309 BGB Rn. 104.

9 Vgl. BGH Urt. v. 03.03.1982 – **VIII ZR 10/81** – NJW 1982, 1878 = MDR 1982, 928; BGH Urt. v. 04.06.1981 – **III ZR 4/80** – VersR 1981, 882 = MDR 1982, 36 (**zur Abgrenzung von Schiedsvertrag und Schiedsgutachtervertrag**); BGH Urt. v. 30.11.1977 – **IV ZR 42/75** – VersR 1978, 121 = MDR 1978, 561; BGH Urt. v. 11.06.1976 – **IV ZR 84/75** – VersR 1976, 821 = MDR 1976, 1008; OLG Hamburg Beschl. v. 13.01. u. 24.02.2009 – 14 U 176/08 – VersR 2009, 1485 = r+s 2010, 233; OLG Nürnberg Urt. v. 28.07.1994 – 8 U 3805/93 – VersR 1995, 412 = NJW-RR 1995, 544.

§ 1065 ZPO einlegen könnte. Vielmehr **entscheiden** die Ausschussmitglieder über alle wesentlichen Streitpunkte **durch ein Gutachten.** Es spiegelt dasjenige Ergebnis wider, auf das sich die Sachverständigen einvernehmlich verständigt haben. Sofern sie sich nicht einigen können, ist ein Obmann zur Entscheidung berufen, der von den Ausschussmitgliedern grundsätzlich bereits vor Beginn des Sachverständigenverfahrens zu wählen ist. Gegen ein vermeintlich unrichtiges Gutachten kann sich die unterlegene Vertragspartei trotzdem zur Wehr setzen.

Da A.2.6 AKB als vertragliche Vereinbarung der gesetzlichen Bestimmung des **§ 84 VVG** nachgebildet ist, sind der unterlegenen Partei Anfechtungsmöglichkeiten eröffnet, indem sie die Höhe der Kaskoentschädigung durch ein ordentliches Gericht bestimmen lässt. Voraussetzung hierfür ist, dass **die Feststellung** des Ausschusses (oder des Obmanns) **»offenbar von der wirklichen Sachlage erheblich abweicht«**. In diesem Fall gilt die getroffene Feststellung der Sachverständigen als nicht verbindlich, so dass sie durch eine gerichtliche Entscheidung ersetzt werden kann, § 84 Abs. 1 S. 2 VVG (vgl. A.2.6 AKB Rdn. 68 ff.). 7

Die Regelung in A.2.6 AKB begünstigt auch nicht in sittenwidriger Weise (**§ 138 BGB**) den VR 8 gegenüber dem VN, denn der VR muss die Kosten des Verfahrens tragen, wenn der Ausschuss zu dem Ergebnis kommt, dass die Forderung des VN berechtigt ist,[10] vgl. A.2.6.4 AKB.

III. Bedeutung des Sachverständigenverfahrens für die Parteien

Sofern zwischen VN und VR **Streit über die Höhe der Entschädigungsleistung** besteht, kann 9 der VN nach A.2.6.1 AKB grundsätzlich ein Sachverständigenverfahren als vertraglich optionales Schiedsverfahren vorschalten, ehe er Klage erheben kann. Das speziell für Kaskoschäden vorgesehene Verfahren soll helfen, Meinungsverschiedenheiten schnell und kostengünstig gerade in solchen Streitfällen zu bereinigen, in denen auch ein ordentliches Gericht zur Urteilsfindung weitestgehend auf die fremde Sachkunde eines Kfz-Sachverständigen zurückgreifen müsste.[11]

Die Durchführung des Sachverständigenverfahrens unterliegt der jederzeitigen **Disposition der** 10 **Vertragsparteien.** Diese können einvernehmlich (stillschweigend oder ausdrücklich) sowohl auf die Einberufung des Ausschusses verzichten, als ihn auch durch Benennung zusätzlicher Ausschussmitglieder erweitern. Entsprechend dem Willen der Parteien kann der Ausschuss auch zusätzliche Streitigkeiten, die nicht die Schadenhöhe betreffen, mitentscheiden. Auch ein ausdrücklich oder konkludent erklärter Verzicht des VR auf die Durchführung des Verfahrens ist möglich, so dass für den VN sofort die Möglichkeit einer Klage eröffnet ist.

B. Regelungsgehalt – Sachverständigenverfahren bei Meinungsverschiedenheit über die Schadenhöhe – A.2.6 AKB (§ 14 AKB 2007 a.F.; A.2.17 AKB 2008 a.F.)

I. Entscheidung durch Sachverständigenausschuss – A.2.6.1 AKB

Voraussetzung für die Einleitung des Sachverständigenverfahrens ist das Vorliegen einer **Meinungs-** 11 **verschiedenheit.** Dafür reicht es aus, dass Uneinigkeit über die vom VR ermittelten Reparaturkosten besteht und der VN einen höheren Kostenbetrag für die erforderliche Instandsetzung behauptet an den, den der VR ermittelt hat; nicht erforderlich ist hingegen, dass der regelmäßig nicht fachkundige VN seine Gründe für die Annahme höherer Reparaturkosten im Einzelnen darlegt oder gar zunächst ein eigenes, kostenpflichtiges Gutachten einholt, um hierauf gestützt überhaupt ein Sachverständigenverfahren einleiten zu können.[12]

10 OLG Hamburg Beschl. v. 13.01. u. 24.02.2009 – 14 U 176/08 – VersR 2009, 1485 = r+s 2010, 233 (zu § 14 AKB a.F.).

11 Vgl. BGH Urt. v. 08.02.1984 – **IVa ZR 49/82** – VersR 1984, 429 = NJW 1984, 2579.

12 LG Frankfurt/O. Urt. v. 15.10.2012 – 16 S 122/12 – r+s 2013, 376; Prölss/Martin/*Klimke* A.2.6 AKB Rn. 3.

12 Es muss sich um eine Meinungsverschiedenheit **über die Höhe des** dem VN entstandenen **Schadens** handeln. Dazu zählen Streitigkeiten über die Feststellung des **Wiederbeschaffungswerts,**[13] (vgl. A.2.5.1.6 AKB), des **Restwerts,**[14] (vgl. A.2.5.1.7 AKB), den Umfang der erforderlichen Reparaturarbeiten oder auch die Ermittlung der erforderlichen **Reparaturkosten** einschließlich der Höhe der **Stundenverrechnungssätze, Lackierkosten** und **UPE-Zuschläge**[15] sowie Kosten der **Ersatzteilbeschaffung** (vgl. A.2.5.2.1 AKB), der notwendigen **Abschleppkosten** (vgl. A.2.5.2.2 AKB) und der vorzunehmenden **Abzüge »neu für alt«**[16] (vgl. A.2.5.2.3 AKB).

13 Der Ausschuss hat auch darüber zu befinden, ob in die Reparaturkostenrechnung bzw. die Kalkulation des Sachverständigen solche Positionen eingeflossen sind, die **unfallfremde Vorschäden** betreffen.[17] Die Fragen, welche Schäden kausal auf das Unfallereignis zurückzuführen sind und in welcher Höhe sie Wiederherstellungskosten auslösen, gehören beide zu dem *»Umfang der erforderlichen Reparaturarbeiten«* i.S.d.A.2.6.1 AKB.[18]

14 Auch Meinungsverschiedenheiten über die **Höhe des Neupreises** eines fabrikneuen Fahrzeuges (vgl. A.2.5.1.8 AKB) fallen regelmäßig in die Zuständigkeit des Ausschusses,[19] weil es in solchen Fällen häufig nicht nur um die Feststellung der unverbindlichen Kaufpreisempfehlung des Herstellers geht, sondern vor allem um die Höhe des in Abzug zu bringenden **ortsüblichen Nachlasses,**[20] den der VR regelmäßig höher ansetzt als der VN. Gerade bei der Klärung dieser Fragen kommt es auf die Fachkenntnisse eines Kfz-Sachverständigen an.

15 **Ist hingegen streitig,** ob der VN einen **Rechtsanspruch auf die Anrechnung von Rabatten** hat,[21] oder ist er der Ansicht, das Fahrzeug auch beim Kfz-Händler seines Vertrauens, der Nachlässe nicht gewähre, unter Verzicht auf einen sonst marktüblichen 3 %-igen Rabatt kaufen zu dürfen,[22] handelt es sich um eine Rechtsfrage, über die das ordentliche Gericht zu entscheiden hat. Das gleiche gilt, wenn die Parteien nicht über eine rechtlich relevante Rechengröße zur Kalkulation des Entschädigungsanspruches streiten, sondern über die **rechtlichen Grundlagen der Berechnung,** z.B. darüber, ob der Entschädigungsanspruch des VN durch den – unstreitigen – Wiederbeschaffungswert oder die – fiktiven – Reparaturkosten begrenzt wird.[23]

16 Die Frage, ob dem VN nach dem **Diebstahl eines Navigationssystems** aufgrund besonderer Umstände auf dem Markt für Navigationsgeräte der **Neuwert oder** nur der **Wiederbeschaffungswert** eines vergleichbaren gebrauchten Ersatzgerätes zusteht, ist eine Rechtsfrage, die nicht im Rahmen eines Sachverständigenverfahrens zu entscheiden ist.[24] Die **gegenteilige Auffassung,** wonach es sich

---

13 Vgl. AG Herborn Urt. v. 08.12.2000 – 5 C 358/00 – SP 2001, 138.

14 Vgl. AG Hagen Urt. v. 26.06.1991 – 14 C 92/91 – zfs 1991, 314; **anders aber, wenn streitig ist, ob zur Ermittlung des Restwertes lediglich der regionale Markt am Sitz des VN oder auch der überregionale Markt, insbesondere der Onlinehandel, zu berücksichtigen ist,** vgl. BGH Urt. v. 14.04.2021 – **IV ZR 105/20** – BeckRS 2021, 9836.

15 LG Frankfurt/O. Urt. v. 15.10.2012 – 16 S 122/12 – r+s 2013, 376.

16 Vgl. LG Hagen Urt. v. 09.08.1988 – 11 S 193/88 – zfs 1988, 396; AG Dortmund Urt. v. 31.07.1990 – 125 C 5821/90 – zfs 1990, 314; Himmelreich/Halm/Staab/*Papatheodorou* Kap. 23 F Rn. 878 **a.A.** AG Nürnberg Urt. v. 27.05.1987 – 12 C 5914/86 – zfs 1988, 116, **das die strittige Frage eines Abzuges »neu für alt« als Rechtsfrage ansieht.**

17 Vgl. OLG Hamm Urt. v. 05.10.1988 – 20 U 344/87 – VersR 1989, 906; AG Köln Urt. v. 30.11.2011 – 265 C 47/11 – SP 2012, 188.

18 Vgl. OLG Hamburg Beschl. v. 09.05.2012 – 14 U 3/12 – r+s 2013, 221 mit kritischer Anm. Maier, r+s 2013, 221.

19 Vgl. OLG Saarbrücken Urt. v. 21.06.1995 – 5 U 982/94 – VersR 1996, 882 = r+s 1995, 329; **a.A.** LG Münster Urt. v. 01.03.1990 – 8 S 187/89 – NJW-RR 1990, 994.

20 Vgl. AG Essen Urt. v. 11.04.1994 – 12 C 33/94 – VersR 1995, 911.

21 Vgl. OLG Celle Urt. v. 14.07.1994 – 8 U 117/93 – r+s 1995, 243.

22 LG Münster Urt. v. 01.03.1990 – 8 S 187/89 – NJW-RR 1990, 994.

23 OLG Saarbrücken Urt. v. 06.08.2003 – 5 U 180/03 – zfs 2004, 23.

24 AG Köln Urt. v. 02.11.2010 – 264 C 311/09 – r+s 2011, 332 = NZV 2011, 496; AG Essen Urt. v. 31.08.2007 – 20 C 1/07 – r+s 2008, 13 = SP 2007, 403.

um eine den Markt betreffende Frage handele, die durch ein Sachverständigengutachten geklärt werden könne,[25] überzeugt nicht. Selbst wenn nach den Feststellungen des Sachverständigen für das konkret entwendete Gerät ein Gebrauchtgerätemarkt existieren sollte, kann die Verweisung auf diesen Markt für den VN aus Rechtsgründen gleichwohl unzumutbar sein, insbesondere, wenn die Seriösität des Gebrauchtgerätemarktes zweifelhaft ist, (vgl. A.2.1.2 AKB Rdn. 69 ff.). Das Sachverständigenverfahren ist daher nur dann durchzuführen, wenn der Anspruch des VN auf den Wiederbeschaffungswert unstreitig ist und lediglich die Höhe der Wiederbeschaffungskosten für ein vergleichbares Gerät zu klären ist.

Die **Unterscheidung zwischen Unfallschäden und Betriebs-, Brems- oder Bruchschäden** fällt nicht in die Zuständigkeit des Ausschusses, weil es sich um die Klärung von **Rechtsfragen** handelt, die zudem ausschließlich den Grund und nicht die Höhe des Anspruches betreffen. Dies gilt auch, soweit es um die **technische Beurteilung** der Schäden geht.[26] Um die nicht gedeckten Betriebs-, Brems- und Bruchschäden, die in A.2.2.2.2 Abs. 2 AKB beispielhaft beschrieben sind, von den gedeckten Unfallschäden abgrenzen zu können, muss eine Einordnung vorgenommen werden, für die neben technischen vor allem auch juristische Fragen zu beantworten sind. Es ist daher vorrangig festzustellen, **ob der** im Einzelfall vom VN reklamierte **Schaden überhaupt unter den Schutz der Vollkaskoversicherung fällt.** Nur soweit sich dies nach juristischer Überprüfung bestätigt und kein Risikoausschluss eingreift, ist die Entschädigungspflicht dem Grunde nach zu bejahen. Dies festzustellen ist allein Aufgabe der ordentlichen Gerichte. Demgegenüber muss sich die Zuständigkeit des Sachverständigenausschusses auf solche Streitigkeiten beschränken, bei denen es ausschließlich um die technische Zuordnung eines Schadenbildes in das Gefüge gesicherter juristischer Definitionen geht.[27] 17

Streitigkeiten um die **Deckungspflicht** dem Grunde nach,[28] die Feststellung der **Schadenursache,**[29] **Obliegenheitsverletzungen** des VN und die sich daraus ergebenden Rechtsfolgen können nie Gegenstand eines Sachverständigenverfahrens sein. Für diese Fragen ist das **ordentliche Gericht** zuständig. 18

Sind nach Maßgabe der vorstehenden Ausführungen »Meinungsverschiedenheiten zur Schadenhöhe« i.S.v. A.2.6.1 AKB zu bejahen, so kann anstelle eines ordentlichen Gerichts auf Wunsch des VN ein Sachverständigenausschuss über die Streitigkeit entscheiden. Die Einleitung eines Sachverständigenverfahrens vor Klageerhebung ist also für den VN – im Gegensatz zu der noch bis zum 25.02.2016 geltenden Rechtslage – nicht mehr verpflichtend; wohl aber hat der VN die Möglichkeit, sich **optional** für die **Durchführung eines Sachverständigenverfahrens** zu entscheiden. Wählt er diesen Weg, so kann er auch nach abgeschlossenem Sachverständigenverfahren unter den Voraussetzungen des § 84 Abs. 1 VVG noch den Rechtsweg beschreiten (vgl. A.2.6 AKB Rdn. 62 ff.). 19

II. Benennung von Sachverständigen – A.2.6.2 AKB

1. Einleitung des Verfahrens

Das Sachverständigenverfahren kann sowohl auf Veranlassung des VN, als auch des VR eingeleitet werden. Dies geschieht dadurch, dass eine der beiden Parteien die **Durchführung des Sachverständigenverfahrens verlangt** und ihren Sachverständigen als **Ausschussmitglied benennt.** Die Benennung als solche muss dem anderen Vertragspartner gegenüber erklärt werden,[30] wobei **Textform** 20

---

25 LG Erfurt Urt. v. 29.11.2012 – 1 S 197/12 – zfs 2013, 217; LG Düsseldorf Urt. v. 15.05.2009 – 20 S 188/08 – SP 2010, 84 = VK 2010, 67; AG Wiesbaden Urt. v. 21.03.2011 – 91 C 4010/10 (77) – ADAJUR Dok.Nr. 96446.

26 **A.A.** Stiefel/Maier/*Meinecke* A.2 AKB Rn. 755.

27 Pamer Rn. 592.

28 Vgl. OLG Frankfurt/M. Urt. v. 02.02.1990 – 2 U 199/89 – VersR 1990, 1384; OLG Hamm Urt. v. 26.04.1989 – 20 U 252/88 – VersR 1990, 82 = NZV 1990, 74; AG Düsseldorf Urt. v. 24.04.2001 – 48 C 397/01 – r+s 2002, 58.

29 Vgl. LG Verden Urt. v. 29.06.1990 – 8 O 609/88 – zfs 1990, 24 (**für einen Hagelschaden**).

30 Vgl. Stiefel/Maier/*Meinecke* A.2 AKB Rn. 795.

i.S. v. § 126b BGB ausreichend ist.[31] Die bloße Mitteilung durch den benannten Sachverständigen an die andere Vertragspartei, er sei ernannt worden, genügt nicht.[32] Erforderlich ist, dass entweder die Vertragspartei selbst oder der benannte Sachverständige namens und in Vollmacht seines Auftraggebers die Benennungserklärung abgibt und der anderen Partei zukommen lässt.

21 Mit der Benennung des eigenen Ausschussmitgliedes muss die **Aufforderung an die andere Partei** verbunden sein, **auch ihrerseits einen Kfz-Sachverständigen zu nominieren.** Es handelt sich um eine einseitig empfangsbedürftige Willenserklärung, so dass sich im Hinblick auf **§ 174 BGB** die Beifügung einer **Vollmachtsurkunde** empfiehlt, falls das Verlangen von einem Vertreter abgegeben wird, z.B. dem benannten Sachverständigen, dem eigenen ausgewählten Rechtsanwalt des VN oder dem Sachbearbeiter des VR in Vertretung für den seinerseits vertretungsberechtigten Vorstand des Versicherungsunternehmens. Zudem sollte die verfahrenseinleitende Partei ein Gutachten als Basis für die späteren Verhandlungen beifügen.

22 **Nach Zugang des Verlangens** hat die andere Partei **zwei Wochen** Zeit, um ebenfalls ihr Ausschussmitglied zu stellen. **Mit Ablauf der Frist** ist die säumige Vertragspartei mit der Benennung ihres eigenen Ausschussmitgliedes **endgültig ausgeschlossen**, so dass das Benennungsrecht für den zweiten Sachverständigen auf die Partei übergeht, die auch den ersten Sachverständigen benannt hat. Nominiert diese Partei den zweiten Sachverständigen dann ebenfalls nicht, ist das Sachverständigenverfahren insgesamt gescheitert, weil die Sachverständigen die notwendigen Feststellungen nicht treffen »können« mit der Folge, dass der Weg zu den ordentlichen Gerichten eröffnet ist, § 84 Abs. 1 S. 2 und 3 VVG.

23 **Beide Parteien sind verpflichtet, die Tätigkeit der Schiedsgutachter zu unterstützen und** bei Bedarf auch an der Aufklärung entscheidungserheblicher Punkte **mitzuwirken.** Wird die Arbeit der Sachverständigen durch eine Vertragspartei gestört, führt dies bei der anderen Partei zu Schadenersatzansprüchen wegen Nichterfüllung; lassen sich mangels Mitwirkung des VN bestimmte, für die Entscheidung der Gutachter wesentliche Punkte nicht mehr aufklären, geht dies zulasten des VN.[33] Können die Sachverständigen deswegen überhaupt keine abschließenden Feststellungen mehr treffen, muss das Gericht entscheiden, § 84 Abs. 1 S. 3 VVG.

24 Bei einem **Versicherungsvertrag für fremde Rechnung** nach den §§ 43 ff. VVG steht das Benennungsrecht dem Versicherten zu, sofern der VN nicht Anspruchsteller ist, sondern der Anspruch vom Versicherten erhoben wird.

2. Kraftfahrzeugsachverständige als Schiedsgutachter

a) Rechtliche Stellung zu den Parteien

25 Die Durchführung des Sachverständigenverfahrens unterliegt keinen besonderen Formvorschriften. Nach dem Wortlaut der Vertragsklausel soll der einzuberufende Ausschuss paritätisch aus je einem vom VN und einem vom VR benannten Sachverständigen besetzt werden. Es liegt auf der Hand, dass jede Partei in der Regel den Sachverständigen benennen wird, der für sie schon im Vorfeld des Verfahrens mit der Schätzung der Schadenhöhe betraut war. Dies ist nicht zu beanstanden.[34] Grundsätzlich kann von einem Sachverständigen nicht erwartet werden, dass er vollkommen neutral und unbefangen seine Ausschussarbeit aufnimmt. Vielmehr wird er versuchen, das andere Ausschussmitglied von der Richtigkeit der eigenen Berechnungen zu überzeugen und mit ihm eine Einigung herbeizuführen. Der **Sachverständige ist** in erster Linie **Interessenvertreter und Sachwalter der sie benennenden Partei.** Vertragliche Beziehungen kommen daher nur zwischen dem

31 Vgl. OLG Bamberg Beschl. v. 25.08.2017 – 1 W 19/16 – BeckRS 2017, 135285.
32 AG Frankfurt/O. Urt. v. 16.10.2002 – 2/5 C 422/02 – r+s 2004, 102.
33 BGH Urt. v. 11.06.1976 – **IV ZR 84/75** – VersR 1976, 821 = MDR 1976, 1008.
34 OLG Koblenz Beschl. v. 22.08.2011 – 10 U 242/11 – r+s 2012, 341.

beauftragten Schiedsgutachter und der ihn benennenden Partei zustande, zumal auch der Auftraggeber allein für die Kosten des eigenen Gutachters haftet.

Vertragliche Bindungen zum Schiedsgutachter der Gegenpartei werden nicht begründet. Beauftragt der VR im Rahmen einer Regulierung in der Kaskoversicherung einen Sachverständigen mit der Erstattung eines Schadengutachtens, das für den VN negativ ausfällt, so können dem VN in der Regel schon deshalb keine **Schadenersatzansprüche** gegen den Schiedsgutachter wegen einer Pflichtverletzung des Gutachtervertrages zustehen, weil der VN nicht in den Schutzbereich des Vertrages zwischen dem VR und dem Sachverständigen einbezogen ist.[35] Anderes kann ausnahmsweise – mit der Folge unmittelbarer (werk-)vertraglicher Schadenersatzansprüche gegen den Gutachter – dann gelten, wenn der Schiedsgutachtervertrag mit dem Sachverständigen nur von einer Partei der Schiedsgutachtenabrede allein abgeschlossen wurde und zugunsten der anderen Partei ein »Vertrag mit Schutzwirkung zugunsten Dritter« angenommen werden kann.[36] 26

Gegen den eigenen Schiedsgutachter kommen vertragliche Schadenersatzansprüche in nur sehr eingeschränktem Umfange allenfalls dann in Betracht, wenn das Gutachten als offenbar unrichtig angesehen werden muss, weil es i.S.v. § 84 Abs. 1 S. 1 VVG von der wirklichen Sachlage erheblich abweicht,[37] (vgl. A.2.6 AKB Rdn. 68 ff.). Denkbar ist im Einzelfall auch ein deliktischer Anspruch gegen den Sachverständigen aus **§ 826 BGB**.[38] 27

b) Befangenheit eines Sachverständigen[39]

Der Umstand, dass der von einer Partei benannte Schiedsgutachter für sie bereits in der Vergangenheit in anderen Fällen Gutachten erstattet hat und auch im Streitfall im Schadenregulierungsverfahren tätig war, stellt die grundsätzlich bindende Wirkung der Schadenfeststellung im Sachverständigenverfahren nicht infrage.[40] Auch wenn ein Gutachter regelmäßig einseitiger Interessenvertreter der ihn benennenden Vertragspartei ist, ist dieses Näheverhältnis jedenfalls so lange unschädlich, wie der Gutachter in dem Verfahren **nicht bestimmten Weisungen** seines Auftraggebers **unterworfen** ist oder zu ihm in einem **Abhängigkeits-** oder **Beschäftigungsverhältnis** steht. 28

Eine **Weisungsgebundenheit** steht einer unabhängigen Gutachtertätigkeit entgegen und bietet nicht die Gewähr dafür, dass der Sachverständige ein objektiv richtiges Gutachten erstattet.[41] Sie kann im Einzelfall dazu führen, dass bei dem betreffenden Ausschussmitglied oder gar dem Obmann aus Sicht der anderen Vertragspartei die Besorgnis der Befangenheit aufkommt. Diese lässt sich allerdings nicht schon damit begründen, dass der vom VR benannte Sachverständige in der Vergangenheit bereits als Privatgutachter für die Versicherungswirtschaft tätig war.[42] 29

Unabhängig von der Frage der Weisungsgebundenheit darf eine Vertragspartei einen **eigenen Mitarbeiter** jedenfalls nicht als Sachverständigen im Rahmen des Sachverständigenverfahrens benennen.[43] Allein sein Angestelltenstatus disqualifiziert ihn für eine Tätigkeit als Schiedsgutachter. Dies 30

35 OLG Nürnberg Urt. v. 19.06.2001 – 1 U 925/01 – VersR 2001, 1552 = DAR 2001, 511.

36 BGH Urt. v. 17.01.2013 – **III ZR 10/12** – NJW 2013, 1296 = MDR 2013, 336; BGH Urt. v. 06.06.1994 – **II ZR 100/92** – NJW-RR 1994, 1314 = MDR 1994, 885; vgl. BGH Urt. v. 02.11.1983 – **IVa ZR 20/82** – VersR 1984, 85 = NJW 1984, 355.

37 Vgl. BGH Urt. v. 22.04.1965 – **VII ZR 15/65** – VersR 1965, 619 = NJW 1965, 1523; OLG Schleswig Urt. v. 21.09.1988 – 4 U 141/87 – NJW 1989, 175.

38 Zu den Voraussetzungen vgl. BGH Urt. v. 17.01.2013 – **III ZR 10/12** – NJW 2013, 1296 = MDR 2013, 336.

39 Überblick bei Volze, VersR 2016, 1228.

40 BGH Urt. v. 31.01.1957 – **II ZR 216/55** – VersR 1957, 122 = BB 1957, 312; vgl. OLG Köln Beschl. v. 04.03.1992 – 27 W 12/92 – VersR 1992, 849; LG Frankfurt/M. Urt. v. 18.06.2003 – 2-16 S 48/03 – VersR 2004, 105.

41 Vgl. BGH Urt. v. 11.06.1976 – **IV ZR 84/75** – VersR 1976, 821 = MDR 1976, 1008.

42 OLG Celle Beschl. v. 18.01.2002 – 14 W 45/01 – NJW-RR 2003, 135.

43 BGH Urt. v. 10.12.2014 – **IV ZR 281/14** – VersR 2015, 182 = zfs 2015, 91.

gilt für den VR wie für den VN in gleicher Weise. In der Vergangenheit haben vor allem die VR im Hinblick auf die Anforderungen an die **Qualifikation** eines Schiedsgutachters (vgl. A.2.6 AKB Rdn. 35) von der Möglichkeit Gebrauch gemacht, eigene angestellte, hausinterne Sachverständige als Ausschussmitglieder zu benennen.[44] Nach Ansicht des **BGH**[45] ist es jedoch mit dem Sinn und Zweck des Sachverständigenverfahrens, die Schadenregulierung möglichst rasch unter Hinzuziehung eines sach- und fachkundigen Dritten zu erledigen, unvereinbar, dass eine Partei ihren eigenen Mitarbeiter als Ausschussmitglied benennt, so z.B. der VR den **Leiter** seiner **eigenen Sachverständigenabteilung.**

31 Ob eine Partei berechtigt ist, den jeweils von der anderen Seite benannten Sachverständigen wegen **Besorgnis der Befangenheit** abzulehnen, ist **umstritten.** Der **BGH**[46] hat diese Frage bislang offengelassen, in einer älteren Entscheidung aber betont, dass die Einwendung der Befangenheit analog § 406 Abs. 2 ZPO jedenfalls vor der – und sei es auch nur mündlich – erfolgten Mitteilung des Gutachtens an die Parteien geltend gemacht werden müsse. Im Übrigen **wird zum Teil vertreten,** keine Partei sei berechtigt, das jeweils von der anderen Seite benannte Ausschussmitglied abzulehnen, da ein – im Zweifel durch das Amtsgericht zu benennender – Obmann über divergierende Feststellungen der beiden Parteisachverständigen entscheide, wobei diese ihre jeweiligen Ergebnisse allein nach sachlichen Kriterien begründen müssten; hierdurch werde die inhaltliche Richtigkeit des Ergebnisses des Sachverständigenverfahrens gewährleistet, so dass eine mögliche oder tatsächliche Befangenheit eines der Ausschussmitglieder verfahrensrechtlich gänzlich irrelevant sei.[47] Die Abschlussentscheidung der Sachverständigen könne nur nach Maßgabe des § 84 Abs. 1 S. 1 VVG im Falle offensichtlicher Unrichtigkeit angefochten werden, wobei es gleichgültig sei, ob diese Unrichtigkeit auf der Entscheidung eines befangenen oder nicht befangenen **Ausschussmitgliedes** beruhe; anderes gelte nur im Fall des **Obmanns**, der – allerdings auch nur vor Beginn seiner Tätigkeit – bei Besorgnis der Befangenheit abgelehnt werden könne.[48] Die **Gegenmeinung**[49] verweist darauf, dass es der betroffenen Partei nicht zugemutet werden könne, sich mit einem Gutachten abzufinden in dem Bewusstsein, dass ein Sachverständiger an der Entscheidung mitgewirkt hat, der mutmaßlich befangen und voreingenommen war. Da es einer Partei in einem gerichtlichen Verfahren oftmals nicht gelinge, die offensichtliche Unrichtigkeit des Gutachtens nachzuweisen, sei bereits bei der Befangenheit eines Sachverständigen das Gutachten als nicht verbindlich anzusehen. Für die Unverbindlichkeit komme es daher nicht mehr darauf an, ob die Feststellungen i.S.v. § 84 Abs. 1 S. 1 VVG von der wirklichen Sachlage erheblich abweichen oder nicht. Die Befangenheit des Sachverständigen könne inzident im Rahmen des Rechtsstreites über die Höhe der Entschädigungssumme gemäß § 84 Abs. 1 S. 2 VVG überprüft werden.

32 **Der Gegenmeinung ist der Vorzug zu geben.** Unumstritten ist, dass eine Ablehnung des Sachverständigen dann nicht mehr erfolgen kann, wenn das Gutachten bereits erstattet ist. Ansonsten könnte eine Partei die Ablehnung vom Ergebnis des Gutachtens abhängig machen. Sobald jedoch eine Partei im Verlauf des Sachverständigenverfahrens von Gründen erfährt, die eine nicht mehr objektive Beurteilung des Sachverständigen befürchten lassen, muss die Befangenheitsablehnung sowohl eines Ausschussmitgliedes als auch eines Obmanns als zulässig erachtet werden.

33 Die **Ablehnung** muss **analog § 406 Abs. 2 ZPO** grundsätzlich vor Tätigkeitsbeginn des Sachverständigen innerhalb einer **Zweiwochenfrist** nach dessen Benennung **gegenüber der anderen Vertragspartei** erklärt werden, andernfalls die Partei ihr Anfechtungsrecht verliert, wenn sie nicht glaubhaft machen kann, dass sie ohne Verschulden verhindert war, den Ablehnungsgrund früher geltend zu machen, § 406 Abs. 2 S. 2 ZPO. Auf diese Weise ist gewährleistet, dass die Begründetheit des

44 Vgl. LG Frankfurt/M. Urt. v. 18.06.2003 – 2-16 S 48/03 – VersR 2004, 105.
45 BGH Urt. v. 10.12.2014 – **IV ZR 281/14** – VersR 2015, 182 = zfs 2015, 91.
46 BGH Urt. v. 10.12.2014 – **IV ZR 281/14** – VersR 2015, 182 = zfs 2015, 91.
47 LG Frankfurt/O. Urt. v. 17.12.2013 – 16 S 131/13 – r+s 2014, 120.
48 Stiefel/Maier/*Meinecke* A.2 AKB Rn. 792, 794.
49 Vgl. Prölss/Martin/*Voit* § 84 VVG Rn. 16; *Langheid*/Rixecker § 84 VVG Rn. 27.

Einwands einer Partei, ein Ausschussmitglied oder gar der Obmann sei voreingenommen, bereits vor Abschluss des Sachverständigenverfahrens geprüft wird. Demgegenüber erscheint es auch unter rechtsstaatlichen Gesichtspunkten **bedenklich**, die den Befangenheitseinwand erhebende Partei **auf das** erst nach Abschluss des Sachverständigenverfahrens mögliche **gerichtliche Anfechtungsverfahrens nach § 84 VVG zu verweisen.** Denn häufig werden sich offensichtliche Unrichtigkeiten im Gutachten nicht nachweisen lassen, so dass die Verbindlichkeit der sachverständigenseits getroffenen Feststellungen letztlich nicht mit Erfolg wird infrage gestellt werden können, obwohl im Ergebnis vielleicht trotzdem Unrichtigkeiten vorhanden sind und diese auch allein auf der nicht objektiven Betrachtungsweise des abgelehnten Sachverständigen beruhen. Diese Beweisschwierigkeiten bestehen umso mehr, als es sich um ein Schätzgutachten handelt und die Rechtsprechung für eine offensichtliche Unrichtigkeit eine erhebliche Abweichung von der wirklichen Sachlage von jedenfalls über 15 % fordert, (vgl. A.2.6 AKB Rdn. 75 ff.). Schon eine Abweichung von nur 10 % der an sich gerechtfertigten Entschädigungssumme nach unten kann jedoch für den VN einen erheblichen finanziellen Verlust darstellen, der unter Umständen aber nur daraus resultiert, dass ein Sachverständiger, den der VN für voreingenommen hielt, im laufenden Sachverständigenverfahren wegen der Besorgnis der Befangenheit nicht abgelehnt werden konnte. Diese Nachteile lassen sich nur dadurch vermeiden, dass man einer Partei das Recht zugesteht, die **Ablehnung schon frühzeitig im Schiedsgutachterverfahren** erklären zu dürfen.

c) Abberufung eines Sachverständigen

Ob eine **Vertragspartei ihr Ausschussmitglied** nach seiner Benennung **jederzeit abberufen** und den Auftrag an einen anderen Sachverständigen vergeben darf, zu dem sie größeres Vertrauen hat, ist **umstritten.** Entgegen der Auffassung des OLG Nürnberg[50] ist einer Partei ein solches **Recht nicht zuzubilligen,**[51] und zwar auch nicht für den Fall, dass der ursprünglich beauftragte Sachverständige sein Gutachten noch nicht erstattet hat. Denn in diesem Fall hätte es jede Partei nach Belieben in der Hand, bei einem sich nach Vorgesprächen abzeichnenden Negativgutachten den eigenen Sachverständigen abzuberufen und im Extremfall so oft immer wieder einen neuen Gutachter zu benennen, bis sich das gewünschte gutachterliche Ergebnis einstellt. Abgesehen davon, dass es einer Vertragspartei auf diese Weise möglich wäre, den Verfahrensgang zeitlich nicht unerheblich zu verzögern, wäre dies auch weder mit der Objektivität des Ausschusses, noch mit dem Sinn und Zweck der Schiedsgutachterklausel in Einklang zu bringen, nach der der Gutachterausschuss einen bestehenden Streit zur Schadenhöhe für die Vertragsparteien gerade verbindlich und grundsätzlich auch unanfechtbar regeln und entscheiden soll. Eine Abberufung ist daher **nur mit Zustimmung der anderen Vertragspartei** möglich.[52] 34

d) Qualifikation der Sachverständigen

Beide Ausschussmitglieder müssen **Kraftfahrzeugsachverständige** sein. Für die notwendige Qualifikation reicht eine entsprechende Ausbildung und berufliche Erfahrung auf dem Gebiet des Kfz-Wesens. Die Sachverständigen müssen nicht von der Handwerkskammer öffentlich bestellt und vereidigt sein. Es reicht aus, wenn das Ausschussmitglied entweder eine Vorbildung als Ingenieur der Fachrichtung Kraftfahrzeugbau bzw. Maschinenbauwesen oder als Kraftfahrzeugmeister besitzt und darüber hinaus eine mehrjährige Praxis auf dem Gebiet der Kfz-Herstellung, als Leiter eines Kfz-Reparaturbetriebes oder als freier Gutachter nachweisen kann.[53] 35

Der Sachverständige darf **kein Mitarbeiter** der ihn benennenden Vertragspartei sein. Er muss **unabhängig** und **weisungsungebunden** von seinem Auftraggeber sein, (vgl. A.2.6 AKB Rdn. 28 ff.). 36

50 OLG Nürnberg Urt. v. 28.07.1994 – 8 U 3805/93 – VersR 1995, 412 = NJW-RR 1995, 544.
51 Stiefel/Maier/*Meinecke* A.2 AKB Rn. 796; Prölss/Martin/*Voit* § 84 VVG Rn. 12.
52 OLG Hamm Beschl. v. 22.06.1993 – 20 U 55/93 – r+s 1994, 184.
53 Vgl. OLG München Urt. v. 20.10.1994 – 29 U 6380/93 – DAR 1995, 259.

e) **Verfahren vor dem Ausschuss**

37 Das Verfahren ist grundsätzlich formlos.[54] Die Gutachter können Zeugen anhören oder auch die Parteien zu einem mündlichen Erörterungstermin bitten. Kommen die Ausschussmitglieder nach Sichtung des Sach- und Streitstandes und ggf. Anhörung beider Parteien – die Anhörung nur einer Partei ist mit der neutralen Stellung der Schiedsgutachter nicht vereinbar – zu einem übereinstimmenden Ergebnis, so genügt es, dass sie ein gemeinsames Gutachten vorlegen und den Parteien zustellen. Erst **nach Zugang des schriftlichen Gutachtens** ist dieses **für die Parteien existent** und **verbindlich**, so dass auch **erst dann die Kaskoentschädigung fällig** wird. Auch die Sachverständigen sind erst ab diesem Zeitpunkt an das Gutachten gebunden.[55] Vorher können sie ihr Gutachten noch abändern, und zwar selbst dann, wenn sie sich zuvor bereits auf ein Ergebnis verständigt hatten.[56] Aber auch nach Zustellung des Abschlussgutachtens besteht für die Parteien noch die Möglichkeit, die Anfechtung wegen Irrtums oder Täuschung nach § 318 Abs. 2 BGB zu erklären.[57]

38 Eine **nur mündliche Bekanntgabe des Gutachtenergebnisses** durch die Sachverständigen ist demgegenüber **nicht ausreichend**, um eine Verbindlichkeit für die Parteien herbeizuführen. Vielmehr wäre dies gleichzusetzen mit einer Weigerung, das Gutachten zu erstellen und würde den Vertragsparteien den Rechtsweg eröffnen, § 84 Abs. 1 S. 2 und 3 VVG. **Verfahrensmängel** im Ausschuss berechtigen die Parteien nicht dazu, eine Wiederholung des Sachverständigenverfahrens zu verlangen. Vielmehr bestehen nur die Anfechtungsmöglichkeiten nach § 84 VVG,[58] (vgl. A.2.6 AKB Rdn. 65 ff.).

39 **Können sich die Sachverständigen nicht einigen**, erstellt jedes Ausschussmitglied sein eigenes Gutachten, das den Parteien schriftlich zuzustellen ist. **Beide Einzelgutachten** sind sodann **Grundlage für die Tätigkeit des Obmanns**, (vgl. A.2.6 AKB Rdn. 41 ff.). Legen die Gutachter eine gemeinsame Entscheidung weder den Parteien noch dem Obmann vor, ist nach § 84 Abs. 1 S. 2 und 3 VVG der Klageweg eröffnet, (vgl. A.2.6 AKB Rdn. 45 ff.). Das gleiche gilt, wenn eine Partei grobe Verfahrensmängel geltend macht. Diese wirken sich im Rahmen einer Anfechtungsklage nur dann aus, wenn sich die offenbare Unrichtigkeit des Gutachtens herausstellt.

40 **Stirbt ein Ausschussmitglied** vor Verfahrensabschluss, entsteht ein neues Benennungsrecht für diejenige Vertragspartei, die den durch Tod ausgeschiedenen Sachverständigen zuvor benannt hatte.[59]

III. Verfahren bei Nichteinigung – A.2.6.3 AKB

1. Wahl des Obmanns

41 **Vor Beginn des eigentlichen Verfahrens** sollen die **Ausschussmitglieder** einen weiteren Kfz-Sachverständigen als **Obmann wählen**. Von einer Wahl kann streng genommen nicht gesprochen werden, da bei zwei Stimmen de facto eine Einigung erforderlich ist. Dem Obmann obliegt die endgültige Entscheidung des Streitfalles, wenn sich die Ausschussmitglieder bei ihrer Begutachtung nicht auf ein gemeinsames Ergebnis verständigen können. Da es sich um eine **»Soll-Bestimmung«** handelt, kann der Sachverständigenausschuss seine Arbeit grundsätzlich auch dann aufnehmen, wenn der Obmann vorab nicht bestimmt wurde. Seine Wahl muss dann jedoch baldmöglichst nachgeholt werden.

42 **Können sich die Schiedsgutachter nicht auf einen Obmann verständigen**, wird dieser auf Antrag einer der Parteien durch das Amtsgericht desjenigen Bezirks bestimmt, in dem sich der Schaden ereignet hat, **§ 84 Abs. 2 S. 1 VVG**. Das Gericht entscheidet durch unanfechtbaren Beschluss, § 84

54 BGH Urt. v. 31.01.1957 – **II ZR 216/55** – VersR 1957, 122 = BB 1957, 312.

55 OLG Köln Urt. v. 25.07.1991 – 5 U 15/91 – VersR 1992, 693 = r+s 1991, 382.

56 Stiefel/Maier/*Meinecke* A.2 AKB Rn. 814.

57 Vgl. *Rüffer*/Halbach/Schimikowski § 84 VVG Rn. 15.

58 BGH Urt. v. 31.01.1957 – **II ZR 216/55** – VersR 1957, 122 = BB 1957, 312.

59 OLG Hamm Urt. v. 10.07.1981 – 20 U 209/77 – VersR 1982, 57.

Abs. 2 S. 3 VVG. Ist der Obmann nicht ordnungsgemäß gewählt oder durch das Amtsgericht bestimmt worden, kann später das Prozessgericht die Höhe der Entschädigung festsetzen.[60]

Die **Benennung des Obmanns** muss den Vertragsparteien zwar nicht mitgeteilt werden; allerdings ist den Parteien dann ohne Weiteres die Möglichkeit eröffnet, den Obmann durch das Gericht bestimmen zu lassen, weil sie davon ausgehen müssen, dass der Obmann durch den Ausschuss noch nicht gewählt wurde. Sobald der Antrag bei Gericht gestellt ist, ist die Wahl des Obmanns der Zuständigkeit des Ausschusses entzogen. 43

Bei einem **Auslandsschaden** kann der Obmann nicht durch das Amtsgericht ernannt werden; vielmehr ist den Parteien die sofortige Klagemöglichkeit nach § 84 Abs. 1 S. 2 VVG eröffnet, (vgl. A.2.6 AKB Rdn. 64). 44

2. Kraftfahrzeugsachverständiger als Obmann

a) Zuständigkeit des Obmanns

Der **Obmann**, der die gleiche berufliche Qualifikation wie die Ausschussmitglieder haben muss, ist nicht Vorsitzender des Gutachterausschusses. Vielmehr **wird** er **erst dann tätig, wenn die Ausschussmitglieder ihre Arbeit ohne Einigung beendet** haben. Dies muss den Parteien des Sachverständigenverfahrens oder dem Obmann im Rahmen einer **gemeinsamen Erklärung** mitgeteilt werden. Andernfalls ist davon auszugehen, dass die Sachverständigen eine abschließende Feststellung nicht treffen »wollen«, was den Parteien nach § 84 Abs. 1 S. 2 und 3 VVG den Rechtsweg eröffnet. Die Einzelgutachten der Ausschussmitglieder bilden die Grundlage für die Arbeit des Obmanns. Seine abschließende **Entscheidung, die er alleine trifft** ohne Mitwirkung der anderen Gutachter, muss gemäß A.2.6.3 S. 3 AKB **zwischen den** jeweils von beiden Sachverständigen **geschätzten Beträgen** liegen, andernfalls sein Spruch von vornherein unverbindlich und unwirksam ist, ohne dass es auf eine offenbar erhebliche Abweichung von der wirklichen Sachlage ankommt.[61] 45

b) Rechtliche Stellung zu den Parteien

Im Gegensatz zu den Sachverständigen im Ausschuss ist der **Obmann kein Interessenvertreter einer einzelnen Partei.** Damit scheidet ein beim VR angestellter Sachverständiger von vornherein für diese Position aus. Da der Obmann durch die Schiedsgutachter und daher **mittelbar von beiden Parteien gewählt** wird, hat er seine Entscheidung ebenso objektiv wie unabhängig und neutral zu fällen. Er nimmt eine **dem Schiedsrichter vergleichbare Stellung** ein, obwohl er kein Urteil im zivilprozessualen Sinne spricht. Seine Entscheidung ist auch nicht vollstreckbar. Eine Schadenersatzverpflichtung gegenüber den Vertragsparteien kommt nur im Falle einer vorsätzlichen Pflichtverletzung in Betracht.[62] 46

IV. Verfahrenskosten und Kostenverteilung – A.2.6.4 AKB

Jede Partei haftet nur für die Kosten des von ihr beauftragten Sachverständigen. Kosten, die dem VN für die Hinzuziehung eines Sachverständigen entstehen, kann er gemäß § 85 Abs. 2 VVG vom VR nur ausnahmsweise erstattet verlangen. Der VN ist zwar für den Fall, dass das Sachverständigenverfahren durchgeführt wird, i.S.v. § 85 Abs. 2 VVG »vertraglich verpflichtet«, einen Gutachter zu beauftragen, wobei entsprechendes gilt, wenn er in Vorbereitung eines solchen Verfahrens vom VR aufgefordert wird, einen Gutachter zu benennen und hinzuzuziehen; gleichwohl ist die dispositive (vgl. § 87 VVG) Bestimmung des **§ 85 Abs. 2 VVG** durch A.2.6.4 AKB **vertraglich** insofern **abbedungen**, als der VN nicht in jedem Fall seine Gutachterkosten voll erstattet verlangen kann. Vielmehr sind die **Kosten** des Sachverständigenverfahrens nach dem gegenseitigen Obsiegen und 47

60 BGH Urt. v. 21.06.1989 – **IVa ZR 335/89** – r+s 1989, 295 = NJW-RR 1989, 1188.
61 BGH Urt. v. 11.01.1988 – **II ZR 142/87** – VersR 1988, 372 = MDR 1988, 564; BGH Urt. v. 26.10.1967 – **II ZR 21/65** – NJW 1968, 593 = MDR 1968, 124.
62 Vgl. BGH Urt. v. 06.10.1954 – **II ZR 149/53** – NJW 1954, 1763 = BGHZ 15, 12.

Unterliegen **analog § 91 ZPO** auf den VR und VN **zu verteilen.**[63] Dementsprechend muss der VR dem VN die Kosten des von ihm eingeholten Gutachtens erstatten, wenn sich der VN mit seiner Forderung im SV-Verfahren durchsetzt; bleibt das Verfahren ausnahmsweise ergebnislos, so dass ein **Obmann** tätig werden muss, haben **für dessen Kosten beide Parteien je zur Hälfte** als Gesamtschuldner nach § 426 Abs. 1 BGB **einzustehen,**[64] da der Obmann für beide Vertragsparteien als unabhängige Instanz tätig wird.

48 Hat ein Sachverständiger schuldhaft die Erstellung des Schiedsgutachtens vereitelt, stehen ihm keine Honoraransprüche gegen die Vertragsparteien zu.[65] Soweit im Verfahren Vorschüsse zu leisten sind, haben die Parteien diese je zur Hälfte zu erbringen.

49 Die an einem Sachverständigenverfahren nach Maßgabe von A.2.6.2 Satz 2 AKB beteiligten Gutachter haben keinen direkten Vergütungsanspruch gegen den Kasko-VR, wenn dieser gegenüber seinem VN schon bei der Einleitung des Sachverständigenverfahrens unmissverständlich erklärt hat, dass er dieses Verfahren im konkreten Einzelfall für unzulässig halte und sich daran unter keinen Umständen beteiligen werde.[66]

50 **Zu den Kosten** des Sachverständigenverfahrens **gehören** nur die **beiderseitigen Gutachterkosten** sowie die **Kosten des Obmanns, nicht hingegen Rechtsanwaltskosten**[67] für die Vertretung des VN im Sachverständigenverfahren. Diese sind als »nicht erforderliche« Kosten nicht ausgleichspflichtig. Allerdings kann der VN im Gegensatz zur früheren Rechtslage, als die Fälligkeit seines Entschädigungsanspruchs bei Streitigkeiten zur Schadenshöhe noch davon abhängig war, dass ein obligatorisches Sachverständigenverfahren vorgeschaltet wurde, die ihm entstandenen vorgerichtlichen Rechtsanwaltskosten vom VR dann erstattet verlangen, wenn er den Rechtsanwalt nach Anspruchsablehnung oder Inverzugsetzung beauftragt hat und sich im anschließenden Sachverständigenverfahren herausstellt, dass die Zahlungsverweigerung des VR unberechtigt war (§§ 311, 241 Abs. 2, 280 Abs. 1 BGB bzw. §§ 286, 280 Abs. 2 BGB). Stellt der VR die Verbindlichkeit des Schiedsgutachtens infrage, so dass der VN Leistungsklage erheben muss (vgl. A.2.6 AKB Rdn. 66 ff.), ist der Erstattungsanspruch des VN vom Ergebnis des Klageverfahrens abhängig. **Kosten für ein** vom VN vor Einleitung des Sachverständigenverfahrens in Auftrag gegebenes **Privatgutachten** sind ausnahmsweise dann zu berücksichtigen, wenn dieses ein ansonsten im Sachverständigenverfahren einzuholendes Gutachten in vollem Umfange ersetzt.[68]

51 Die Klausel ist unter **AGB-rechtlichen Gesichtspunkten** nicht zu beanstanden.[69] Durch die vertraglich festgelegte Kostenverteilung wird kein vollstreckungsfähiger Kostentitel geschaffen, sondern nur ein **materiell-rechtlicher Kostenerstattungsanspruch** begründet.

C. Weitere praktische Hinweise

I. Folgen einer Klage des VN ohne vorheriges Sachverständigenverfahren

1. Fälligkeitsvoraussetzung?

52 Bei Meinungsverschiedenheiten zur Schadenhöhe war der VN nach der bis zum 25.02.2016 geltenden Rechtslage verpflichtet, vor Einleitung eines Klageverfahrens einen Sachverständigenausschuss über die Streitigkeit entscheiden zu lassen. Solange dies nicht geschehen war, galt die Höhe der vom VR geschuldeten Entschädigung i.S.d.A.2.7.1 AKB als noch nicht festgestellt mit der Folge,

63 Vgl. **zur Kostenverteilung** OLG Köln Urt. v. 09.06.1998 – 9 U 141/96 – r+s 1998, 405.

64 Vgl. LG Kassel Urt. v. 20.09.1996 – 10 S 151/96 – VersR 1997, 1268 = DAR 1996, 500; Himmelreich/Halm/*Bartholomy* Teil 1 Abschnitt B Kap. 20 Rn. 212.

65 OLG Hamburg Beschl. v. 14.04.1965 – 8 W 54/65 – MDR 1965, 755.

66 OLG Celle Urt. v. 19.10.2023 – 11 U 29/23 – r+s 2024, 63 = zfs 2024, 267.

67 LG Bochum Urt. v. 30.04.2004 – 10 S 1/04 – VersR 2004, 1552; LG Regensburg Urt. v. 19.05.1971 – S 133/70 – VersR 1972, 338; AG Bochum Urt. v. 26.04.1984 – 40 C 823/83 – zfs 1985, 46.

68 LG Frankfurt/O. Urt. v. 15.10.2012 – 16 S 122/12 – r+s 2013, 376.

69 Vgl. BGH Urt. v. 03.03.1982 – **IVa ZR 256/80** – VersR 1982, 482 = NJW 1982, 1391 (**zu § 14 AKB a.F.**).

dass der **Anspruch des VN noch nicht fällig** war.[70] Eine Leistungsklage, die der VN erhob, bevor ein Sachverständigenausschuss entschieden hatte, war als **zur Zeit unbegründet** abzuweisen, wenn sich der VR im Prozess auf die fehlende Fälligkeit des Anspruchs mangels durchgeführtem Sachverständigenverfahren berief.[71] **Seit dem 26.02.2016** ist diese Rechtsprechung als **überholt** anzusehen (vgl. A.2.6 AKB Rdn. 1 ff., A.2.6 AKB Rdn. 19). Der VR kann daher bei sofortiger Klageerhebung durch den VN im Prozess nicht mehr mit Erfolg die Einrede des nicht durchgeführten Sachverständigenverfahrens erheben und damit die Fälligkeit des Zahlungsanspruchs des VN bestreiten. Eine Klage des VN ohne vorheriges Sachverständigenverfahren bleibt damit fortan folgenlos. Dies gilt natürlich erst Recht in den Fällen, in denen die jeweils individuelle Vertragsklausel eines VR in A.2.6.1 AKB bereits dem Wortlaut der Muster-Vertragsklausel des GdV angepasst wurde.

2. Gegenmeinung

Sofern man der **unter** A.2.6 AKB Rdn. 2 **dargestellten Rechtsauffassung** folgt, die ungeachtet des 53
§ 309 Nr. 14 BGB von einer Wirksamkeit der – von Versicherern in älteren AKB noch verwendeten – Klausel in A.2.6.1 AKB ausgeht, die bei Streitigkeiten zur Schadenhöhe immer erst ein vom VN obligatorisch durchzuführendes Sachverständigenverfahren vorschreibt, **gilt folgendes:**

a) Grundsätzliches

Solange das Sachverständigenverfahren nicht durchgeführt ist, gilt die Höhe der vom VR geschuldeten 54
Entschädigung i.S.d.A.2.7.1 AKB als noch nicht festgestellt mit der Folge, dass der **Anspruch des VN noch nicht fällig** ist,[72] (vgl. A.2.7 AKB Rdn. 5 ff.). Eine Leistungsklage, die der VN erhebt, bevor ein Sachverständigenausschuss entschieden hat, ist als **zur Zeit unbegründet** abzuweisen, wenn sich der VR im Prozess auf die fehlende Fälligkeit des Anspruchs mangels durchgeführtem Sachverständigenverfahren beruft.[73] Es handelt sich um eine **Einrede**, die das Gericht nur beachten darf, wenn der VR sie ausdrücklich erhebt.

Eine **Prüfung von Amts wegen**, ob vorprozessual ein Sachverständigenverfahren hätte durchge- 55
führt werden müssen oder nicht, **obliegt dem Gericht nicht.**[74] Es liegt allein in der Entscheidung des VR, sich auf diese Weise gegen die Klage zu verteidigen. Der VR ist weder verpflichtet, einen anwaltlich vertretenen VN vorprozessual ungefragt auf die Notwendigkeit einer Durchführung des Sachverständigenverfahrens hinzuweisen,[75] noch ist es ihm verwehrt, die **Einrede erstmals im Prozess** wegen einer Mehrforderung des VN zu erheben, wenn er außergerichtlich selbst ein Gutachten

70 Vgl. OLG Hamburg Beschl. v. 09.05.2012 – 14 U 3/12 – r+s 2013, 221; OLG Hamburg Beschl. v. 13.01. u. 24.02.2009 – 14 U 176/08 – VersR 2009, 1485 = r+s 2010, 233; OLG Saarbrücken Urt. v. 21.06.1995 – 5 U 982/94 – VersR 1996, 882 = r+s 1995, 329; OLG Nürnberg Urt. v. 28.07.1994 – 8 U 3805/93 – VersR 1995, 412 = NJW-RR 1995, 544; LG Köln Urt. v. 08.05.2002 – 19 S 270/01 – SP 2003, 106; AG Wiesbaden Urt. v. 21.03.2011 – 91 C 4010/10 (77) – ADAJUR Dok.Nr. 96446.

71 Vgl. OLG Koblenz Urt. v. 14.08.1998 – 10 U 1332/97 – r+s 1998, 404 = zfs 1998, 425; LG Erfurt Urt. v. 29.11.2012 – 1 S 197/12 – zfs 2013, 217; LG Düsseldorf Urt. v. 15.05.2009 – 20 S 188/08 – VK 2010, 67; LG Frankfurt/M. Urt. v. 25.05.1987 – 2/21 O 546/86 – zfs 1988, 116.

72 Vgl. OLG Hamburg Beschl. v. 09.05.2012 – 14 U 3/12 – r+s 2013, 221; OLG Hamburg Beschl. v. 13.01. u. 24.02.2009 – 14 U 176/08 – VersR 2009, 1485 = r+s 2010, 233; OLG Saarbrücken Urt. v. 21.06.1995 – 5 U 982/94 – VersR 1996, 882 = r+s 1995, 329; OLG Nürnberg Urt. v. 28.07.1994 – 8 U 3805/93 – VersR 1995, 412 = NJW-RR 1995, 544; LG Köln Urt. v. 08.05.2002 – 19 S 270/01 – SP 2003, 106; AG Wiesbaden Urt. v. 21.03.2011 – 91 C 4010/10 (77) – ADAJUR Dok.Nr. 96446.

73 Vgl. OLG Koblenz Urt. v. 14.08.1998 – 10 U 1332/97 – r+s 1998, 404 = zfs 1998, 425; LG Erfurt Urt. v. 29.11.2012 – 1 S 197/12 – zfs 2013, 217; LG Düsseldorf Urt. v. 15.05.2009 – 20 S 188/08 – VK 2010, 67; LG Frankfurt/M. Urt. v. 25.05.1987 – 2/21 O 546/86 – zfs 1988, 116.

74 Vgl. OLG Koblenz Urt. v. 14.08.1998 – 10 U 1332/97 – r+s 1998, 404 = zfs 1998, 425; OLG Frankfurt/M. Urt. v. 12.05.1981 – 8 U 266/80 – VersR 1982, 759.

75 OLG Hamburg Beschl. v. 13.01. u. 24.02.2009 – 14 U 176/08 – VersR 2009, 1485, 1486 = r+s 2010, 233; AG Köln Urt. v. 09.04.2008 – 261 C 350/07 – SP 2008, 375.

eingeholt und den sich daraus ergebenden, seiner Ansicht nach zutreffenden Entschädigungsbetrag bereits an den VN gezahlt hat.[76] Er ist auch nicht daran gehindert, sich nach Anerkenntnis seiner Eintrittspflicht dem Grunde nach bei anschließenden Meinungsverschiedenheiten zur Höhe auf A.2.6 AKB zu berufen.[77] Vielmehr kann er die **Einrede grundsätzlich in jedem Stadium des Verfahrens** erheben, da sie nicht die Zulässigkeit der Klage berührt, sondern die materiell-rechtliche Fälligkeitsvoraussetzung für den Klageanspruch betrifft.[78] Es handelt sich daher nicht um eine prozesshindernde Einrede i.S.d. § 296 Abs. 3 ZPO.[79] **Prozessual** bewirkt die Erhebung der Einrede **keine Erledigung** des Rechtsstreites in der Hauptsache;[80] auch eine **Aussetzung** des Verfahrens bis zur Beibringung des Gutachtens der Sachverständigenkommission kommt nicht in Betracht.[81] Vielmehr führt sie zur sachlichen Unzuständigkeit des angerufenen Gerichts.[82]

b) **Unbeachtlichkeit der Einrede des fehlenden Sachverständigenverfahrens**

56 Grundsätzlich ist es dem **VR nicht verwehrt**, sich **erstmals im Prozess** auf die fehlende Entscheidung des Sachverständigenausschusses zu berufen und damit **die Fälligkeit des Zahlungsanspruches zu bestreiten.**[83] Das ist jedoch nicht unbeschränkt möglich. Die **Grenze bildet § 242 BGB**. Der VR kann nach den Grundsätzen von Treu und Glauben einer **Leistungsklage** des VN die Einrede jedenfalls dann nicht entgegensetzen, wenn er sich mit der Schadenhöhe gar nicht befasst, sondern seine **Eintrittspflicht bereits dem Grunde nach abgelehnt**[84] oder den **VN auf den Klageweg verwiesen** hat.[85] Der Anspruch des VN ist dann ohne weiteres fällig, so dass der VN eine Leistungsklage auch ohne vorgeschaltetes Sachverständigenverfahren erheben kann.[86] Die Erhebung einer Leistungsklage bedingt aber, dass der VN außergerichtlich dem VR auch zur Höhe seines Schadens alle Nachweise übermittelt hat. Sofern dies nicht geschehen ist, muss es dem VR möglich sein, die Einrede des Sachverständigenverfahrens erheben zu dürfen, wenn der VN ihn erstmals im Prozess mit Unterlagen zur Schadenhöhe konfrontiert.[87] Der VN kann in diesem Fall im Wege einer als sachdienlich anzusehenden **Klageänderung** von der Leistungsklage zur Feststellungsklage übergehen.[88]

57 Die **Einrede** des fehlenden Sachverständigenverfahrens durch den VR kann sich auch dann als treuwidrig und damit **unbeachtlich** darstellen, **wenn der VR** die Deckung zwar noch nicht endgültig abgelehnt hat, aber im Rechtsstreit seinen Klageabweisungsantrag nicht nur mit dem Einwand des fehlenden Sachverständigenverfahrens begründet, sondern **weitergehende Ausführungen zur Unbegründetheit des Deckungsanspruches** macht.[89] Anderes gilt nur für den Fall, dass zwar ein

---

76 OLG Köln Urt. v. 11.07.1995 – 9 U 390/94 – r+s 1996, 14; LG Hamburg Urt. v. 17.10.2008 – 331 O 188/08 – SVR 2009, 227; AG Düsseldorf Urt. v. 04.01.2010 – 231 C 11625/09 – zfs 2010, 269, 270.

77 Vgl. AG Düsseldorf Urt. v. 22.02.1996 – 50 C 17996/95 – r+s 1996, 448.

78 OLG Frankfurt/M. Urt. v. 02.02.1990 – 2 U 199/89 – VersR 1990, 1384.

79 Stiefel/Maier/*Meinecke* A.2 AKB Rn. 744.

80 OLG Hamm Urt. v. 29.04.2005 – 20 U 1/05 – VersR 2006, 210 = SP 2005, 424.

81 Stiefel/Maier/*Meinecke* A.2 AKB Rn. 741.

82 OLG Celle Urt. v. 25.02.1983 – 8 U 130/82 – VersR 1984, 227.

83 OLG Hamm Urt. v. 29.04.2005 – 20 U 1/05 – VersR 2006, 210 = SP 2005, 424; OLG Köln Urt. v. 04.12.2001 – 9 U 229/00 – r+s 2002, 188 = zfs 2002, 295; OLG Koblenz Urt. v. 14.08.1998 – 10 U 1332/97 – r+s 1998, 404 = zfs 1998, 425; OLG Köln Urt. v. 11.07.1995 – 9 U 390/94 – r+s 1996, 14; LG Düsseldorf Urt. v. 15.05.2009 – 20 S 188/08 – VK 2010, 67; AG Düsseldorf Urt. v. 04.01.2010 – 231 C 11625/09 – zfs 2010, 269; AG Berlin-Charlottenburg Urt. v. 16.03.2005 – 207 C 31/05 – SP 2006, 181.

84 OLG Köln Urt. v. 04.12.2001 – 9 U 229/00 – r+s 2002, 188 = zfs 2002, 295; OLG Frankfurt/M. Urt. v. 02.02.1990 – 2 U 199/89 – VersR 1990, 1384.

85 AG Düsseldorf Urt. v. 04.01.2010 – 231 C 11625/09 – zfs 2010, 269, 270.

86 Vgl. BGH Urt. v. 03.03.1982 – **VIII ZR 10/81** – NJW 1982, 1878 = MDR 1982, 928; OLG Hamm Urt. v. 26.04.1989 – 20 U 252/88 – VersR 1990, 82 = NZV 1990, 74; *Rüffer*/Halbach/Schimikowski § 84 VVG Rn. 20 f.

87 *Langheid*/Rixecker § 84 VVG Rn. 43.

88 Stiefel/Maier/*Meinecke* A.2 AKB Rn. 748.

89 OLG Köln Urt. v. 27.06.2000 – 9 U 170/99 – r+s 2000, 468.

Sachverständigenverfahren stattgefunden hat, dieses aber nicht ordnungsgemäß durchgeführt wurde und zwischenzeitlich auch der Grund des Anspruches streitig geworden ist.[90]

Der VR kann sich außerdem in solchen Fällen nicht mehr auf mangelnde Fälligkeit berufen, in denen er **den VN außergerichtlich auf den Klageweg verwiesen** oder durch konkludente oder gar ausdrückliche Erklärung **auf** die Durchführung eines **Sachverständigenverfahrens verzichtet hat.** Ein konkludenter Verzicht auf die Durchführung des Sachverständigenverfahrens ist dann anzunehmen, wenn das **vorprozessuale Verhalten** des VR beim VN das Vertrauen wecken durfte, der VR werde die Entschädigungszahlung jedenfalls nicht an der fehlenden Durchführung eines Sachverständigenverfahrens scheitern lassen. Allerdings stellt die **außergerichtliche Einholung eines Gutachtens**, um dem VN einen Entschädigungsvorschlag zu unterbreiten, nicht schon einen solchen konkludenten Verzicht dar.[91] Eine Verwirkung der Einrede auf Durchführung des Sachverständigenverfahrens wird nur dann angenommen werden können, wenn ihre Erhebung im Prozess in treuwidriger Weise die **gebotene Rücksichtnahme auf die Interessen des VN** auch mit Blick auf dessen Verhalten zur Aufklärung des Sachverhalts in Bezug auf die Schadenhöhe vermissen lässt.[92] Bestreitet der VR z.B. den Klageanspruch des VN unter Hinweis auf die nur subsidiäre Zulässigkeit der erhobenen Feststellungsklage und veranlasst den VN dadurch, seine Klage in eine Leistungsklage umzustellen, so ist es ihm verwehrt, anschließend die Einrede des nicht durchgeführten Sachverständigenverfahrens zu erheben.[93] Vermag der VN hingegen wesentliche, vom VR schon außergerichtlich als fehlend gerügte Voraussetzungen seines Entschädigungsanspruches (z.B. die Reinvestition der **Neupreisentschädigung**) erst im Verlauf eines Rechtsstreites darzulegen, kann es dem VR nicht als treuwidrig angelastet werden, wenn er sich auch erst jetzt mit der Höhe des Schadens auseinandersetzt und daraufhin die Einrede erhebt.[94] 58

Unerheblich ist die Einrede des VR auch dann, wenn es sich allein um eine **rechtliche Frage** handelt, die ein Sachverständigenverfahren nicht zu klären vermag, weil es insoweit schon an den in A.2.6.1 AKB genannten Voraussetzungen für die Einberufung des Ausschusses fehlt. Ist daher z.B. streitig, ob dem VN nach **Entwendung von mitversichertem Fahrzeugzubehör** eine Neuwertentschädigung oder lediglich der Wiederbeschaffungswert zusteht, ist dem VN sofort die Klagemöglichkeit eröffnet,[95] (vgl. A.2.6 AKB Rdn. 16). Bei **Verweigerung einer angemessenen Vorschusszahlung** trotz Vorliegen der Voraussetzungen in A.2.7.2 AKB kann der VN ebenfalls Leistungsklage auf Zahlung eines angemessenen Vorschusses erheben; die Festlegung der endgültigen Höhe der Entschädigung bleibt dann dem Sachverständigenausschuss vorbehalten.[96] 59

II. Prozessuale Alternativen zur sofortigen Leistungsklage durch den VN

Solange der VN die Durchführung des Sachverständigenverfahrens noch nicht verlangt hat, hat er auch die Möglichkeit, die strittigen Punkte im Rahmen eines **selbstständigen Beweisverfahrens** gemäß **§ 485 Abs. 2 ZPO** klären zu lassen.[97] 60

Der VN hat in den Fällen, in denen die Zahlungspflicht des VR auch dem Grunde nach streitig ist, die Möglichkeit, anstelle einer Leistungsklage zunächst die **versicherungsrechtliche Deckung** durch eine **Feststellungsklage** klären zu lassen und entweder erst im Anschluss an das gerichtliche Verfahren oder auch parallel dazu das Sachverständigenverfahren hinsichtlich der Höhe der 61

90 KG Urt. v. 30.10.1998 – 6 U 7827/96 – NVersZ 1999, 526.
91 OLG Köln Urt. v. 04.12.2001 – 9 U 229/00 – r+s 2002, 188 = zfs 2002, 295; AG Düsseldorf Urt. v. 04.01.2010 – 231 C 11625/09 – zfs 2010, 269.
92 OLG Saarbrücken Urt. v. 21.06.1995 – 5 U 982/94 – VersR 1996, 882 = r+s 1995, 329.
93 OLG Hamm Urt. v. 05.10.1977 – 20 U 66/77 – VersR 1980, 1064.
94 OLG Saarbrücken Urt. v. 21.06.1995 – 5 U 982/94 – VersR 1996, 882 = r+s 1995, 329.
95 Vgl. AG Essen Urt. v. 31.08.2007 – 20 C 1/07 – r+s 2008, 13 = SP 2007, 403.
96 Stiefel/Maier/*Meinecke* A.2 AKB Rn. 748.
97 Vgl. OLG Koblenz Beschl. v. 15.07.1998 – 5 W 464/98 – MDR 1999, 502; OLG Hamm Beschl. v. 15.10.1997 – 20 W 19/97 – r+s 1998, 102 = NJW 1998, 689.

Entschädigung zu betreiben.[98] Diese Verfahrensweise begegnet jedenfalls so lange keinen Zulässigkeitsbedenken i.S.v. **§ 256 Abs. 1 ZPO**, wie der VN entweder das Sachverständigenverfahren noch verlangen kann oder – sofern es bereits begonnen wurde – es noch nicht abgeschlossen ist.[99] Die Feststellungsklage ist selbst in dem Fall als zulässig zu erachten, in dem der VN seinen Schaden beziffern könnte, wenn jedenfalls zu erwarten ist, dass der VR nach einem rechtskräftigen Feststellungsurteil auch die Höhe des Schadens ohne einen weiteren Prozess akzeptieren wird.[100]

III. Klage gemäß § 84 VVG nach bereits eingeleitetem oder abgeschlossenem Sachverständigenverfahren

62 Obwohl der Normzweck des A.2.6 AKB daran ausgerichtet ist, Streitigkeiten über die Schadenhöhe nach Möglichkeit von den Gerichten fernzuhalten, sind den Vertragsparteien gemäß § 84 VVG trotzdem verschiedene Möglichkeiten eröffnet, auch nach bereits eingeleitetem oder abgeschlossenem Sachverständigenverfahren noch die ordentlichen Gerichte anzurufen und die Höhe des Kaskoschadens durch das Gericht feststellen zu lassen. A.2.6.4 AKB verweist die Parteien ausdrücklich auf die auch in **L.1.3 AKB** vertraglich vereinbarte Möglichkeit, nach durchgeführtem Sachverständigenverfahren den Rechtsweg zu beschreiten.

63 Stützt sich eine Vertragspartei mit seinem Klageanspruch auf die Richtigkeit des Abschlussgutachtens, so steht der **Klageabweisungsantrag** der anderen Partei wegen offenbarer Unrichtigkeit des Gutachtens einer Klage gemäß § 84 VVG gleich.[101]

1. Auslandsschäden

64 Sofern sich die Ausschussmitglieder nicht auf einen nach A.2.6.3 AKB zu wählenden Obmann einigen können, steht dem VN bei einem im Ausland entstandenen Schaden sofort der **Klageweg** nach § 84 Abs. 1 S. 2 VVG offen.[102] Das nach A.2.6.3 S. 2 AKB zuständige Amtsgericht, welches im Falle der Nichteinigung der Ausschussmitglieder den Obmann bestimmt, wird in § 84 Abs. 2 S. 1 VVG als dasjenige Amtsgericht bezeichnet, in dessen Bezirk der Schaden entstanden ist. Daraus folgt, dass für einen im Ausland gelegenen Schadenort ein zuständiges Amtsgericht, welches den Obmann ernennen könnte, nicht existiert. Ohne Obmann kann das Sachverständigenverfahren aber von vornherein nicht durchgeführt werden.

2. Anfechtung des Gutachtens

a) Verfahren

65 **Grundsätzlich** ist das in einem Sachverständigenverfahren in Auftrag gegebene **Gutachten für beide Parteien bindend.**[103] Sind die Parteien mit dem Gutachten der Ausschussmitglieder oder des Obmanns nicht einverstanden, steht ihnen daher grundsätzlich keine Anfechtungsmöglichkeit zur Verfügung. Es würde dem Sinn und Zweck des Sachverständigenverfahrens zuwiderlaufen, wenn Streitigkeiten zur Höhe des zu regulierenden Kaskoschadens stets nach Abschluss des Verfahrens von der »unterlegenen« Partei durch eine gerichtliche Überprüfung infrage gestellt werden könnte.

66 Von diesem Grundsatz gibt es allerdings **Ausnahmen**. Da spätestens mit Abschluss des Sachverständigenverfahrens die Versicherungsleistung nach A.2.7.1 AKB fällig wird, kann diejenige Partei, die die Verbindlichkeit des Gutachtens infrage stellt, **Leistungsklage** erheben. Die Klage hat nur dann

98 Vgl. OLG Hamm Urt. v. 17.07.1981 – 20 U 71/81 – VersR 1982, 641.

99 Vgl. OLG Köln Urt. v. 28.03.2000 – 9 U 78/88 – r+s 2000, 207.

100 Vgl. OLG Braunschweig Urt. v. 14.10.1993 – 1 U 16/93 – NJW-RR 1994, 1447.

101 Vgl. Stiefel/Maier/*Meinecke* A.2 AKB Rn. 782.

102 Vgl. AG Hannover Urt. v. 18.04.2008 – 515 C 9904/07 – SP 2008, 303; AG Köln Beschl. v. 19.03.2007 – 378 AR 24/07 – SP 2007, 221.

103 OLG Koblenz Beschl. v. 22.08.2011 – 10 U 242/11 – r+s 2012, 341; LG Aachen Urt. v. 16.04.2010 – 9 O 549/09 – r+s 2011, 110; AG Köln Urt. v. 30.11.2011 – 265 C 47/11 – SP 2012, 188.

Erfolg, wenn Feststellung der Sachverständigen oder die Entscheidung des Obmanns gemäß **§ 84 Abs. 1 S. 1 VVG »offenbar von der wirklichen Sachlage erheblich abweicht«**. Für diesen Fall ist die getroffene Feststellung der Sachverständigen bzw. des Obmanns für die Vertragsbeteiligten nicht verbindlich, so dass die Höhe der zu zahlenden Kaskoentschädigung gemäß § 84 Abs. 1 S. 2 VVG durch gerichtliche Entscheidung festgestellt wird.

Im Rahmen seiner Leistungsklage muss der Kläger einen **konkreten Zahlungsantrag** stellen. Er darf die Ermittlung der richtigen Schadenhöhe nicht in das Ermessen des Richters stellen. Für die Schlüssigkeit seiner Klage muss er im Einzelnen **darlegen und beweisen**, dass und warum das Gutachten wegen offenbarer Unrichtigkeit und auch in seinem **Gesamtergebnis** von der wirklichen Sachlage erheblich abweicht und damit als nicht verbindlich akzeptiert werden kann. Bei seiner Entscheidung ist das Gericht weder an die Feststellungen der Sachverständigen, noch an die Grenzen, die der Obmann zu beachten hat, gebunden.[104] 67

b) Offenbare Abweichung von der wirklichen Sachlage

Um die Verbindlichkeit eines Schiedsgutachtens erfolgreich anzugreifen, muss der Kläger nicht nur den Nachweis führen, dass das Gutachten Unrichtigkeiten enthält. Vielmehr **müssen die Fehlbeurteilungen** des Schiedsgutachters so gravierend sein, dass sie sich **einem sachkundigen und unbefangenen Beobachter** – und sei es auch erst nach eingehender, gewissenhafter Prüfung – **geradezu aufdrängen**, also klar und deutlich zu Tage treten.[105] 68

Eine offenbare Unrichtigkeit im Sinne einer offenbaren Abweichung von der wirklichen Sachlage kann insbesondere auch dann vorliegen, wenn die Sachverständigen von **falschen Berechnungs- oder Schätzungsgrundlagen** ausgegangen sind oder **unrichtige Bewertungsmaßstäbe** angewandt haben.[106] Gleiches gilt, wenn die Ausführungen eines Sachverständigen so **lückenhaft** sind, dass **selbst ein Fachmann** das Ergebnis aus dem Zusammenhang des Gutachtens nicht überprüfen kann.[107] Dies muss z.B. dann angenommen werden, wenn der Sachverständige seine Entscheidung mit pauschalen, allgemein gehaltenen Floskeln begründet, ohne konkret auf das Fahrzeug des VN und den daran entstandenen Schaden einzugehen,[108] oder wenn er die Extras des versicherten Kfz in seine Berechnungen mit unterschiedlichen und im Ergebnis auch unzutreffenden Werten eingestellt und die durch Vorschäden eingetretene Wertminderung mit 3.000,00 DM berücksichtigt hat, anstatt sie – wie der gerichtliche Sachverständige – nur mit 277,50 DM zu berücksichtigen.[109] 69

Unterlässt es der VN trotz Aufforderung, wesentliche **Unterlagen oder Nachweise** zur Klärung eines für die Entscheidung der Sachverständigen wichtigen Punktes **beizubringen** (vgl. A.2.6 AKB Rdn. 23), so ist das Gutachten nicht schon deshalb unrichtig, weil die Sachverständigen in diesem Punkt zum Nachteil des VN entschieden haben.[110] Gleiches gilt, wenn die Parteien den Gutachtern einen **unrichtigen Sachverhalt** unterbreitet haben.[111] Kann die wirkliche Sachlage im Hinblick auf einen bestimmten Punkt aus anderen Gründen nicht abschließend aufgeklärt werden, so stellt es keine offenbare Unrichtigkeit des Gutachtens dar, wenn unter Berücksichtigung der Beweislast 70

104 Prölss/Martin/*Voit* § 84 VVG Rn. 30.

105 BGH Urt. v. 17.01.2013 – **III ZR 10/12** – NJW 2013, 1296 = MDR 2013, 336; OLG Naumburg Urt. v. 16.01.2019 – 4 U 35/16 – BeckRS 2019, 14485; OLG Düsseldorf Urt. v. 17.03.2009 – I-4 U 181/08 – r+s 2010, 108 = zfs 2010, 451; LG Düsseldorf Urt. v. 28.03.2001 – 11 O 351/98 – r+s 2002, 58.

106 OLG Köln Urt. v. 26.04.2005 – 9 U 91/01 – r+s 2005, 251.

107 Vgl. BGH Urt. v. 16.11.1987 – **II ZR 111/87** – NJW-RR 1988, 506 = MDR 1988, 381; BGH Urt. v. 25.01.1979 – **X ZR 40/77** – VersR 1979, 121 = NJW 1979, 1885; BGH Urt. v. 02.02.1977 – **VIII ZR 155/75** – NJW 1977, 801 = WM 1977, 413; LG Landshut Urt. v. 03.11.1999 – 13 S 371/99 – DAR 2000, 70 = NVersZ 2000, 38.

108 LG Landshut Urt. v. 03.11.1999 – 13 S 371/99 – DAR 2000, 70 = NVersZ 2000, 38.

109 OLG Köln Urt. v. 09.06.1998 – 9 U 141/96 – r+s 1998, 405.

110 OLG Koblenz Urt. v. 20.09.1996 – 10 U 964/95 – VersR 1997, 963; *Rüffer*/Halbach/Schimikowski § 84 VVG Rn. 11.

111 Vgl. OLG Düsseldorf Urt. v. 27.02.1996 – 4 U 282/94 – r+s 1996, 477.

Schätzungen zum Nachteil der beweisbelasteten Vertragspartei vorgenommen werden; eine Entscheidung nach **Beweislastgrundsätzen** ist daher nicht angreifbar.[112] Offenbar unrichtig ist ein Schiedsgutachten auch nicht schon deshalb, weil den Parteien vor seiner Abfassung nicht in dem gebotenen Umfang **rechtliches Gehör** gewährt worden ist.[113]

71 Der Kläger muss substanziiert **Tatsachen behaupten und beweisen**, aus denen sich die **Lückenhaftigkeit** und die **Mängel des Gutachtens** ergeben, andernfalls eine Beweiserhebung nicht erfolgen kann.[114] So können **falsche Berechnungs- oder Schätzungsgrundlagen** das Gutachten ebenso unbrauchbar machen wie eine unterbliebene oder mangelhafte Verwertung von Beweisunterlagen, sofern diese bei Abgabe des Gutachtens vorlagen.[115] Allein die gegenteilige Meinung eines anderen Sachverständigen ist allerdings noch kein Beweis dafür, dass die Entscheidung der Gutachterkommission offenbar unrichtig ist.[116]

72 Die **Verbindlichkeit eines Obmanngutachtens** ist allerdings **nicht zu erschüttern**, wenn es sich in sachlich nachvollziehbarer Weise mit den streitigen Punkten beschäftigt, der Obmann keine anderen Erkenntnisquellen für seine Beurteilung hatte als die Vorgutachter und sich die Angriffe des Klägers gegen das Gutachten darauf beschränken, allein das Gutachten »seines« Vorgutachters sei zutreffend.[117] Die Unrichtigkeit eines Gutachtens drängt sich auch dann nicht auf, wenn der Obmann die von den Vorgutachtern getroffenen Feststellungen auf ihre Plausibilität im Hinblick auf den mitgeteilten Schadenhergang geprüft und sein Ergebnis sachlich nachvollziehbar und detailgenau begründet hat.[118] Die Anfechtbarkeit einer Obmannentscheidung muss auf die seltenen Fälle **offensichtlichen Unrechts** oder einer **offensichtlichen Fehlentscheidung** beschränkt bleiben.[119]

73 Ist die **Feststellung der Schadenhöhe dadurch beeinflusst** worden, dass die Sachverständigen zu Unrecht auch über Fragen entschieden haben, die den **Grund des Anspruches** betreffen, kann auch darin eine offenbare Unrichtigkeit im Sinne einer »offenbaren Abweichung von der wirklichen Sachlage« begründet sein.[120] Gleiches gilt, wenn die ursprüngliche Aufgabenstellung von den Schiedsgutachtern nicht richtig gelöst wird und stattdessen **rechtliche Aspekte erörtert** werden.[121]

74 Für die Beurteilung, **ob das Gutachten offenbar unrichtig** und damit unverbindlich ist, ist der Sach- und Streitstand zugrunde zu legen, der den Schiedsgutachtern unterbreitet wurde ist; abzustellen ist auf den **Zeitpunkt der Gutachtenerstattung** und nicht etwa auf erst nachträglich bekannt gewordene Umstände, die das Ergebnis hätten beeinflussen können.[122] Soweit erst im Prozess neue Tatsachen zur Ermittlung der Schadenhöhe vorgebracht werden, sind diese irrelevant, da das Gutachten im Rechtsstreit nur daraufhin zu überprüfen ist, ob den Schiedsgutachtern bei Zugrundelegung ihres damaligen Kenntnisstandes offensichtliche Fehler unterlaufen sind.

c) Erhebliche Abweichung von der wirklichen Sachlage

75 Für die Feststellung einer erheblichen Unrichtigkeit einer Schätzungsabweichung kommt es nicht auf die absolute Höhe der sich ergebenden Differenz an, sondern auf **prozentuale Größen**. Zwar darf die Erheblichkeit oder Unerheblichkeit einer Bewertungsabweichung nicht nur schematisch nach dem Prozentsatz der Abweichung beurteilt werden; vielmehr sind immer auch die besonderen

---

112 OLG Koblenz Urt. v. 10.01.1986 – 10 U 168/85 – VersR 1987, 807.
113 BGH Urt. v. 25.06.1952 – **II ZR 104/51** – NJW 1952, 1296 = BGHZ 6, 335.
114 BGH Urt. v. 21.09.1983 – **VIII ZR 233/82** – NJW 1984, 43 = MDR 1984, 224.
115 Vgl. Stiefel/Maier/*Meinecke* A.2 AKB Rn. 764.
116 OLG Celle Urt. v. 18.02.1957 – 1 U 149/56 – VersR 1957, 211.
117 LG Köln Urt. v. 15.09.2005 – 24 O 551/04 – r+s 2006, 279 = SP 2006, 180.
118 OLG Koblenz Beschl. v. 22.08.2011 – 10 U 242/11 – r+s 2012, 341.
119 OLG Frankfurt/M. Urt. v. 13.01.1995 – 25 U 162/94 – SP 1995, 306; vgl. LG Augsburg Urt. v. 13.03.1968 – 1 O 46/66 (**zum Begriff der offenbaren Unrichtigkeit**).
120 Stiefel/Maier/*Meinecke* A.2 AKB Rn. 771.
121 LG Essen Urt. v. 09.09.2010 – 10 S 159/10 – VersR 2011, 914 = SP 2011, 27.
122 Vgl. BGH Urt. v. 25.01.1979 – **X ZR 40/77** – VersR 1979, 121 = NJW 1979, 1885.

Umstände des Einzelfalles zu berücksichtigen. Dennoch darf sich der Tatrichter im Interesse einer weitgehenden Gleichbehandlung der Versicherungsnehmer bei der Klärung der Frage, ob eine **erhebliche Unrichtigkeit** des Schätzgutachtens festzustellen ist, vorrangig an **Prozentsätzen als »Richtschnur«** orientieren.[123]

Für die Feststellung einer »erheblichen Abweichung« i.S.v. § 84 Abs. 1 S. 1 VVG muss sich das Ergebnis des Gutachtens erheblich außerhalb des Toleranzbereiches sonstiger gutachterlicher Schätzungen bewegen, wobei es **auf eine Abweichung im Gesamtergebnis** und nicht in Einzelpositionen **ankommt**;[124] Fehler nur in einzelnen Punkten sind unerheblich, solange sie nicht das Gesamtergebnis verfälschen. Eine »erhebliche Abweichung« von der wirklichen Sachlage bei einzelnen Schadenpositionen kann daher durch Abweichungen bei anderen Positionen ausgeglichen werden, so dass das **Gesamtergebnis** auch **»zufällig richtig«** sein kann.[125] Erheblich ist eine Abweichung letztlich dann, wenn sie bei ihrer Akzeptanz zu offenbarem Unrecht führen würde.[126] Der **BGH**[127] hat die Auffassung, wonach eine Abweichung von **15 %** noch nicht ausreichend sei für die Annahme der Unverbindlichkeit des Schiedsgutachtens, nicht beanstandet. In der Rechtsprechung werden häufig selbst **Schwankungen von 15 bis 25 %** noch **nicht als ausreichend** erachtet, um eine erhebliche Abweichung von der wirklichen Sachlage i.S.v. § 84 Abs. 1 S. 1 VVG zu begründen.[128] Abweichungen von **über 25 %** sind allerdings generell **als erheblich**[129] und solche **unter 15 %** generell **als unerheblich**[130] eingestuft worden. 76

Macht der VN eine offenbar erhebliche Abweichung des Obmanngutachtens von der wirklichen Sachlage geltend, wird die prozentuale Abweichung nach folgender **Formel** ermittelt: Differenz zwischen gerichtlichem Gutachten und Obmanngutachten × 100, dividiert durch das Ergebnis des gerichtlichen Gutachtens = Abweichung in Prozent. 77

► **Beispiel:** 78

Ergebnis des Obmanngutachtens:	18.000,00 €
Ergebnis des gerichtlichen Gutachtens:	22.000,00 €
Differenz (Abweichung):	4.000,00 €

4.000,00 × 100, dividiert durch 22.000 = 18,18 % Abweichung von der wirklichen Sachlage.

---

123 BGH Urt. v. 01.04.1987 – **IVa ZR 139/85** – VersR 1987, 601 = NJW-RR 1987, 917.

124 Vgl. BGH Urt. v. 17.01.2013 – **III ZR 10/12** – NJW 2013, 1296 = MDR 2013, 336; BGH Urt. v. 01.04.1987 – **IVa ZR 139/85** – VersR 1987, 601 = NJW-RR 1987, 917; OLG Frankfurt/M. Urt. v. 13.01.1995 – 25 U 162/94 – SP 1995, 306; OLG Köln Beschl. v. 17.03.1969 – 2 W 193/68 – VersR 1969, 627; LG Aachen Urt. v. 16.04.2010 – 9 O 549/09 – r+s 2011, 110; LG Frankenthal Teilurt. v. 10.01.2008 – 2 HK O 64/03 – VersR 2009, 778; LG Köln Urt. v. 15.09.2005 – 24 O 551/04 – r+s 2006, 279 = SP 2006, 180.

125 *Rüffer*/Halbach/Schimikowski § 84 VVG Rn. 10 m.w.N.

126 OLG Düsseldorf Urt. v. 17.03.2009 – I-4 U 181/08 – r+s 2010, 108 = zfs 2010, 451.

127 BGH Urt. v. 01.04.1987 – **IVa ZR 139/85** – VersR 1987, 601 = NJW-RR 1987, 917.

128 OLG Celle Urt. v. 13.12.2012 – 8 U 128/12 – r+s 2014, 173 **bestätigt durch** BGH Beschl. v. 20.11.2013 – **IV ZR 12/13** – juris;; LG Düsseldorf Urt. v. 28.03.2001 – 11 O 351/98 – r+s 2002, 58 (**20 % bei Oldtimer**); vgl. *Langheid*/Rixecker § 84 VVG Rn. 24; Stiefel/Maier/*Meinecke* A.2 AKB Rn. 763 m.w.N.; vgl. aber OLG Köln Urt. v. 09.06.1998 – 9 U 141/96 – r+s 1998, 405 (**18,5 % als erheblich eingestuft**).

129 BGH Urt. v. 06.12.1978 – **IV ZR 129/77** – VersR 1979, 173 = MDR 1979, 384 (**30 %**); LG Frankenthal Teilurt. v. 10.01.2008 – 2 HK O 64/03 – VersR 2009, 778 (**über 20 %**); AG Hamburg-St. Georg Urt. v. 08.01.2008 – 919 C 48/07 – BeckRS 2008, 09127 (**20–25 %**).

130 AG Herborn Urt. v. 08.12.2000 – 5 C 358/00 – SP 2001, 138 (**unter 10 %**); LG Aachen Urt. v. 16.04.2010 – 9 O 549/09 – r+s 2011, 110 (**unter 15 %**); vgl. *Rüffer*/Halbach/Schimikowski § 84 VVG Rn. 13 m.w.N.

3. Sonstige Hinderungsgründe für die Erstellung des Gutachtens

79 Der VN kann die Entscheidung der Schiedsgutachter nach **§ 84 Abs. 1 S. 2 und 3 VVG** auch dann durch einen Richterspruch ersetzen lassen, wenn **die Sachverständigen nicht tätig werden wollen oder können oder** die **Fertigstellung des Gutachtens** in einer durch den üblichen Geschäftsablauf nicht mehr zu rechtfertigenden Weise **verzögern.** Übliche Verzögerungen wegen Überlastung, Krankheit und Urlaub sind bis zu einem gewissen Grade zu dulden. Die Klagemöglichkeit für den VN ist allerdings eröffnet, wenn sich das Sachverständigenverfahren unvertretbar in die Länge zieht. Die äußerste Vertretbarkeitsgrenze dafür, die Angelegenheit unbearbeitet liegen zu lassen, ist mit **einem Jahr** zu veranschlagen.[131] Danach kann der VN die Höhe der Entschädigung durch gerichtliches Urteil feststellen lassen. Dies gilt auch im Falle der **Amtsniederlegung** durch ein Ausschussmitglied, sei es, dass es seine Tätigkeit einstellt oder sich weigert, ein gemeinsames Gutachten zu unterzeichnen. **Anderes gilt nur dann**, wenn sich die Parteien trotz der eingetretenen Verzögerung darauf verständigen, das Sachverständigenverfahren fortzusetzen. In diesem Fall entfällt die Klagemöglichkeit; die Verjährungsfrist ist ebenfalls gehemmt.[132]

80 Eine gerichtliche Entscheidung kann gemäß § 84 Abs. 1 S. 2 und 3 VVG auch dann herbeigeführt werden, wenn die Sachverständigen keine abschließenden Feststellungen treffen »können«, weil die ihrer Bewertung zugrunde zu legenden Fakten unvollständig sind und die **fehlenden Informationen** von den Vertragsparteien pflichtwidrig **nicht beigebracht** werden,[133] (vgl. A.2.6 AKB Rdn. 23), oder wenn bei voneinander abweichenden Schiedsgutachten eine **Vertragspartei sich weigert**, die für diesen Fall vorgesehene **Obmannentscheidung einzuholen,**[134] oder wenn die Sachverständigen ihre Feststellungen nicht treffen »wollen«, weil sie im Falle fehlender Einigung ihre **Einzelgutachten** bzw. eine übereinstimmende gemeinsame Abschlussmitteilung **weder den Parteien, noch dem Obmann zur Verfügung stellen,** (vgl. A.2.6 AKB Rdn. 45). Auch wenn das Gutachten ohne nachvollziehbare Begründung bewusst **unvollständig erstattet** und eine **Ergänzung abgelehnt** wird, ist der Klageweg eröffnet.[135]

A.2.7 Fälligkeit unserer Zahlung

A.2.7.1 Sobald wir unsere Zahlungspflicht und die Höhe der Entschädigung festgestellt haben, zahlen wir diese spätestens innerhalb von zwei Wochen.

A.2.7.2 Sie können einen angemessenen Vorschuss auf die Entschädigung verlangen, wenn

- wir unsere Zahlungspflicht festgestellt haben und
- sich die Höhe der Entschädigung nicht innerhalb eines Monats nach Schadenanzeige feststellen lässt.

131 OLG Frankfurt/M. Urt. v. 12.02.1003 – 7 U 199/00 – VersR 2003, 1566 = zfs 2004, 124.
132 LG Berlin Urt. v. 24.02.1964 – 7 S 34/63 – VersR 1964, 649.
133 Vgl. LG Köln Urt. v. 25.01.1978 – 74 O 58/76 – VersR 1978, 705.
134 Vgl. BGH Urt. v. 17.03.1971 – **IV ZR 209/69** – VersR 1971, 536 = NJW 1971, 1455.
135 OLG Düsseldorf Urt. v. 13.02.1990 – 4 U 64/89 – r+s 1991, 173.

A.2.7.3 Ist das Fahrzeug entwendet worden, ist zunächst abzuwarten, ob es wieder aufgefunden wird. Deshalb zahlen wir die Entschädigung frühestens nach Ablauf eines Monats nach Eingang der in Textform abgegebenen Schadenanzeige.

A.2.7.4 Ihren Anspruch auf die Entschädigung können Sie vor der endgültigen Feststellung ohne unsere ausdrückliche Genehmigung weder abtreten noch verpfänden. ***(a. F. bis 27.05.2021. Diese Klausel ist in den Muster-AKB des GDV – Stand 17.04.2024 – nicht mehr enthalten.)***

Übersicht Rdn.

A. Allgemeines

Mit der Regelung wird definiert, wann die Versicherungsleistung fällig ist. Die Fälligkeit knüpft im Gegensatz zur früheren Regelung in § 15 Abs. 1 AKB 2007 a.F. nicht mehr nur an die **Höhe der Entschädigungssumme** an, sondern auch an die Deckungspflicht des VR und damit an die Feststellung der **Entschädigung dem Grunde nach.** 1

Für den **Entwendungsfall** wird die Fälligkeitsregelung modifiziert. Auch wenn die nötigen Feststellungen des VR schon vor Ablauf eines Monats nach Eingang der Schadenanzeige getroffen worden sein sollten, kann der VN die Entschädigungsleistung trotzdem erst nach Ablauf des Monats verlangen. Damit wird den Besonderheiten in der Abwicklung eines Versicherungsfalles bei Verlust des Fahrzeuges oder von mitversicherten Fahrzeug- und Zubehörteilen (vgl. A.2.5.5.1) Rechnung getragen. Für den Fall, dass sich die Ermittlungen länger als einen Monat hinziehen und die Entschädigung bis dahin nicht festgestellt werden kann, ermöglicht die Klausel dem VN wie bisher, einen angemessenen **Vorschuss** zu verlangen. 2

Schließlich bestimmt A.2.7.4 AKB zur Absicherung des VR ein **Abtretungs- und Verpfändungsverbot.** 3

Mit Eintritt der Fälligkeit kann der VN die Entschädigungsleistung verlangen und Leistungsklage erheben, aber auch nach Inverzugsetzung des VR einen etwaigen **Verzugsschaden** geltend machen. 4

B. Regelungsgehalt – Fälligkeit unserer Zahlung – A.2.7 AKB (§§ 3 Abs. 4, 15 Abs. 1 AKB 2007 a.F.; A.2.14 AKB 2008 a.F.)

I. Fälligkeit – A.2.7.1 AKB

5 Geldleistungen des VR werden nach **§ 14 Abs. 1 VVG** grundsätzlich bereits fällig mit der Beendigung der zur Feststellung des Versicherungsfalles und des Umfanges der Leistung des VR notwendigen Erhebungen. Gerade Schadenfälle in der Kaskoversicherung erfordern mitunter jedoch zeitaufwändige, technische Untersuchungen. Daher sieht die Klausel zulässigerweise (vgl. **§ 18 VVG**) eine abweichende Fälligkeitsregelung zugunsten des VR insofern vor, als **der VR nach Abschluss seiner Ermittlungen zum Grund** des Anspruches (Feststellung der Zahlungspflicht) **und zur Höhe** (Feststellung des Entschädigungsbetrages) noch **bis zu zwei Wochen Zeit hat**, die Regulierung vorzunehmen. Erst mit Ablauf dieser Frist wird der Zahlungsanspruch des VN fällig. Vorher kann der VR nicht in Verzug geraten.

6 Die **Entschädigung gilt als festgestellt**, wenn alle notwendigen Erhebungen, die ein durchschnittlich sorgfältiger VR sowohl zur Frage der Deckung, d.h. zur Prüfung des Versicherungsschutzes und der Eintrittspflicht, als auch zum Leistungsumfang anstellen muss, abgeschlossen sind.[1] Dazu gehören alle notwendigen Prüfungen und Ermittlungen sowohl zum Grund, als auch zur Höhe des vertraglichen Anspruchs des VN.

7 Zur **Feststellung der Zahlungspflicht** gehört die Klärung der vorläufigen Deckung, der rechtzeitigen Prämienzahlung, die Feststellung eines versicherten Ereignisses, die Prüfung von Ausschlüssen, möglicher Obliegenheitsverletzungen des VN einschließlich Gefahrerhöhungen und der vorsätzlichen oder grob fahrlässigen Herbeiführung des Versicherungsfalles.

8 Zur **Feststellung der Entschädigungshöhe** gehört die Einholung von Gutachten zur Ermittlung der erforderlichen Reparaturkosten, des Wiederbeschaffungs- oder Restwerts, möglicher Vorschäden, der Kompatibilität des Schadenbildes zum geschilderten Schadenhergang sowie die Anforderung von Anschaffungsbelegen, Fahrzeugpapieren und Rechnungen beim VN.

1. Feststellung der Zahlungspflicht

9 Der VR kann die Feststellung seiner Zahlungspflicht von der **Einsichtnahme in die amtliche Ermittlungsakte** abhängig machen,[2] und zwar selbst dann, wenn sich das Ermittlungsverfahren **nicht gegen den VN** richtet.[3] Für die Akteneinsicht darf der VR regelmäßig den **Abschluss des staatsanwaltschaftlichen Ermittlungsverfahrens** und damit das Ergebnis eines Strafverfahrens abwarten, sofern er erwarten kann, dass sich daraus wichtige Erkenntnisse für die Feststellung seiner Zahlungspflicht ergeben. Eine Akteneinsichtnahme ist dem VR insbesondere dann zuzugestehen, wenn Unklarheiten oder Auffälligkeiten zum Versicherungsfall vorhanden sind, die sich – zur Klärung der Deckung oder der Entschädigungshöhe – nur durch Kenntniserlangung des objektiven Akteninhaltes ausräumen lassen.[4] Dies gilt vor allem in Brand- und Entwendungsfällen[5] oder bei hohen Entschädigungsforderungen des VN.[6]

---

1 Vgl. OLGSaarbrücken Urt. v. 08.08.2001 – 5 U 670/01 – zfs 2002, 80; OLG Hamm Urt. v. 28.11.1990 – 20 U 158/90 – VersR 1991, 1369 = r+s 1991, 222.

2 OLG Karlsruhe Urt. v. 03.12.1992 – 12 U 115/92 – VersR 1993, 1547 = r+s 1993, 443; AG Coburg Urt. v. 30.04.2009 – 12 C 1226/08 – r+s 2010, 60.

3 OLG Köln Urt. v. 04.12.2001 – 9 U 229/00 – r+s 2002, 188; LG Köln Urt. v. 29.10.1998 – 24 O 44/98 – r+s 2000, 191 = SP 1999, 135.

4 Vgl. OLG Frankfurt/M. Urt. v. 16.05.2001 – 7 U 111/00 – VersR 2002, 566 = NVersZ 2002, 128; OLG Hamm Beschl. v. 17.11.1987 – 20 W 51/87 – VersR 1988, 1038; LG Wiesbaden Urt. v. 02.05.1994 – 1 S 186/93 – VersR 1995, 332; AG Frankfurt/M. Urt. v. 23.11.2004 – 31 C 1587/04 – VersR 2005, 1073 = zfs 2005, 196.

5 KG Urt. v. 20.10.1998 – 6 U 3638/97 – NVersZ 1999, 387; OLG Köln Urt. v. 12.05.1995 – 9 U 232/94 – r+s 1995, 265; OLG Hamm Urt. v. 28.11.1990 – 20 U 158/90 – VersR 1991, 1369 = r+s 1991, 222; AG Frankfurt/M. Urt. v. 23.11.2004 – 31 C 1587/04-78 – VersR 2005, 1073.

6 LG Wiesbaden Urt. v. 02.05.1994 – 1 S 186/93 – VersR 1995, 332.

Die **Akteneinsichtnahme** wird **nicht** schon **dadurch entbehrlich**, dass der VN dem VR eine Einstellungsmitteilung der Staatsanwaltschaft übermittelt. Für die Berechnung des Fälligkeitszeitpunktes ist darauf abzustellen, zu welchem Zeitpunkt der VR Gelegenheit hatte, durch Akteneinsicht das Ermittlungsergebnis für seine Regulierungsentscheidung nutzbar zu machen.[7] 10

Im Einzelfall kann es aus Sicht des VR geboten sein, nicht nur den Abschluss der behördlichen Ermittlungen abzuwarten, sondern auch weitere eigene Ermittlungen anzustellen, z.B. durch **Einholung technischer Gutachten.** Besonders in **Brand- und Entwendungsfällen** ist dem VR ausreichend Zeit für die Einschaltung eines Sachverständigen zuzubilligen, um die Brandursache ermitteln, ein Schlüsselgutachten anfertigen,[8] oder das nach Entwendung wiederaufgefundene Fahrzeug auf Aufbruchspuren untersuchen zu lassen. Aber auch bei **Hagel- und Wildschäden** wird die Hinzuziehung eines Sachverständigen durch den VR oftmals Voraussetzung sein, um die Kompatibilität des vorhandenen Schadenbildes mit dem vom VN geschilderten Schadenhergang überprüfen zu können. Bei **Unfällen** kann die Einholung eines verkehrsanalytischen Gutachtens notwendig sein, wenn der Verdacht einer vorsätzlichen oder grob fahrlässigen Herbeiführung des Versicherungsfalles im Raume steht. In Bezug auf die Fälligkeit der Versicherungsleistung trägt der VR jedoch das Risiko dafür, dass ein Gericht die vom VR getroffenen Feststellungen als nicht ausreichend erachtet, um bei dem VN ein vorsätzliches oder grob fahrlässiges Verhalten feststellen zu können.[9] 11

Nach erfolgter Einsichtnahme in die Ermittlungsakte und Einholung etwaiger erforderlicher Gutachten ist dem VR noch ein **Überlegungszeitraum** von – je nach Einzelfall – zwei bis drei Wochen einzuräumen, innerhalb dessen er seine Zahlungspflicht festzustellen hat, wenn im Übrigen die Höhe der Entschädigung unproblematisch ist; sodann hat der VR innerhalb der Zweiwochenfrist des A.2.7.1 AKB Zahlung zu leisten.[10] 12

Welche Unterlagen und Informationen sich der VR innerhalb welchen Zeitraumes beschaffen darf und muss, um die Entschädigung festzustellen, lässt sich nicht generell sagen. Letztlich ist immer auf den **konkreten Aufklärungsbedarf des VR** im Einzelfall und die **objektiven Möglichkeiten zur Informationsbeschaffung** abzustellen. Dem VR muss jedenfalls ein angemessener Zeitraum zur Überprüfung des Anspruches zugebilligt werden. In **einfach gelagerten Fällen** kann dies eine Bearbeitungszeit von **zwei bis drei Wochen** sein.[11] Bei **komplexeren Schadenfällen** und je nach Umfang des festzustellenden Schadens kann aber auch ein Zeitraum von **mehr als zwei Monaten** erforderlich werden.[12] Hat der VR konkrete Anhaltspunkte für eine vorvertragliche Anzeigepflichtverletzung des VN, so gehört zu den fälligkeitsbegründenden Feststellungen des VR auch die Prüfung, ob Gründe für einen Vertragsrücktritt oder eine Anfechtung vorliegen.[13] 13

2. Feststellung der Entschädigungshöhe

Als weitere Fälligkeitsvoraussetzung muss die Höhe der Entschädigung durch den VR festgestellt worden sein. Daran fehlt es nicht schon dann, wenn **Meinungsverschiedenheiten** zwischen VR und VN **über die Schadenhöhe** bestehen. Nach der bis zum 25.02.2016 geltenden Rechtslage war der VN nach A.2.6.1 AKB noch verpflichtet, in diesen Fällen ein **Sachverständigenverfahren** einzuleiten. Erst durch das Gutachten des Sachverständigenausschusses galt die Höhe der Entschädigung als festgestellt. Erhob der VN vorzeitig Klage, ohne das vertraglich vereinbarte Sachverständigenverfahren durchzuführen oder ohne dass der VR auf die Durchführung des Sachverständigenverfahren ausdrücklich verzichtet hatte, war der Klageanspruch grundsätzlich als derzeit nicht fällig 14

---

7 OLG Frankfurt/M. Urt. v. 16.05.2001 – 7 U 111/00 – VersR 2002, 566 = NVersZ 2002, 128.
8 OLG Karlsruhe Urt. v. 03.12.1992 – 12 U 115/92 – VersR 1993, 1547 = r+s 1993, 443.
9 Vgl. OLG Saarbrücken Urt. v. 08.08.2001 – 5 U 670/01 – zfs 2002, 80.
10 LG Köln Urt. v. 29.10.1998 – 24 O 44/98 – r+s 2000, 191 = SP 1999, 135.
11 Vgl. OLG Hamm Urt. v. 18.01.1995 – 20 U 222/94 – zfs 1995, 221; LG Düsseldorf Urt. v. 24.04.1980 – 3 O 460/79 – zfs 1981, 245; LG Ellwangen Urt. v. 08.03.1979 – III O 4/79 (14) – zfs 1981, 245.
12 Vgl. AG Mainz Urt. v. 22.09.1992 – 7 C 643/92 – SP 1993, 53.
13 OLG Hamm Urt. v. 23.02.2015 – 20 U 25/15 – VersR 2015, 1497 = r+s 2016, 40.

abzuweisen.[14] Lehnte der VR die Entschädigungszahlung allerdings dem Grunde nach zu Unrecht ab, wurde die Versicherungsleistung ohne Rücksicht auf den Ausgang eines Sachverständigenverfahrens bereits mit dem Zugang des Ablehnungsschreibens fällig.[15] Diese Rechtslage besteht **seit dem 26.02.2016 nicht mehr.** Aufgrund von **§ 309 Nr. 14 BGB** und der daraufhin vom GdV in seinen AKB-Musterbedingungen neu gefassten Klausel in A.2.6.1 AKB ist die Durchführung des Sachverständigenverfahrens für den VN keine verpflichtende Voraussetzung mehr, um die Fälligkeit seines Anspruchs herbeizuführen, (vgl. A.2.6 AKB Rdn. 1 ff., A.2.6 AKB Rdn. 19; A.2.6 AKB Rdn. 52).

15 Bereits vor dem 26.02.2016 und Einführung des neuen A.2.6.1 AKB sahen die individuellen AKB einiger Versicherer schon nicht mehr die Verpflichtung des VN vor, bei Meinungsverschiedenheiten zur Schadenhöhe einen Sachverständigenausschuss entscheiden zu lassen. Vielmehr beinhalteten sie nur noch das Recht des VN, fakultativ – als Alternative zur sofortigen Klageerhebung – eine Entscheidung auch im Rahmen eines Sachverständigenverfahrens herbeizuführen. Schon diese Klausel interpretierte das **OLG Hamm**[16] dahingehend, dass die Durchführung des Sachverständigenverfahrens keine Fälligkeitsvoraussetzung mehr für die Versicherungsleistung sei

16 Steht dem VN ein Anspruch auf eine **Neupreisentschädigung** zu, ergeben sich unterschiedliche Fälligkeiten in Bezug auf den Wiederbeschaffungswert nach A.2.5.1.1 AKB und den Anspruch des VN auf Auszahlung der Neupreisspitze nach A.2.5.1.3 AKB, (vgl. A.2.5.1 AKB Rdn. 35 ff.).

3. Fälligkeit aus sonstigen Gründen

17 **Fälligkeit** tritt ohne weiteres dann ein, **wenn der VR die Regulierung schuldhaft verzögert.**[17] Der VR kann dann auch in Verzug gesetzt werden, (vgl. A.2.7 AKB Rdn. 60 ff.). Ihm obliegt die Verpflichtung, den Versicherungsfall zügig und beschleunigt im Interesse des VN zu bearbeiten. Stellt er überhaupt keine oder jedenfalls wenig nützliche Erhebungen an oder zieht er die Ermittlungen ohne Grund in die Länge, so gilt der Anspruch des VN in dem Zeitpunkt als fällig, zu dem die Erhebungen bei korrektem Vorgehen des VR beendet gewesen wären.[18] Bei einer notwendigen Einsichtnahme des VR in die amtliche Ermittlungsakte reicht der bloße Antrag auf Akteneinsicht zur gebotenen Beschleunigung der Bearbeitung nicht aus, wenn erkennbar ist, dass die Ermittlungsakten jedenfalls in absehbarer Zeit nicht zur Verfügung stehen werden.[19] Wesentlich ist, dass der VR alle ihm zur Verfügung stehenden Möglichkeiten ausschöpfen muss, um den Versicherungsfall zügig aufzuklären und die notwendigen Ermittlungen im Interesse des VN beschleunigt durchzuführen. Dies wird ihm – unverschuldet – nur dann nicht möglich sein, wenn er den Leistungsanspruch aus eigenem Kenntnisstand heraus nicht abschließend prüfen kann, weil er auf Informationen des VN angewiesen ist, die ihm dieser aber nicht zur Verfügung stellt. Den **VN** treffen im Schadenfall **Mitwirkungs- und Informationspflichten.** Kommt der VN diesen schuldhaft nicht nach, fehlt es an einer vom VR verschuldeten Regulierungsverzögerung und damit auch an einer Fälligkeit des Zahlungsanspruches, weil der Eintritt der Fälligkeit gemäß **§ 14 Abs. 2 S. 2 VVG** gehemmt ist. Dementsprechend kann der VR in diesem Fall auch nicht in Verzug geraten.

18 Die **Verletzung von Mitwirkungspflichten** wirkt sich für den VN negativ auch im Hinblick auf die Verzinsung seiner Entschädigung aus, **§ 91 S. 2 VVG**, (vgl. A.2.7 AKB Rdn. 56).

19 **Fälligkeit** tritt ohne weiteres auch dann ein, **wenn der VR seine Eintrittspflicht** zu Unrecht **ablehnt**[20] oder **weitere Entschädigungszahlungen** unberechtigterweise **verweigert.** In diesen Fällen gibt der

14 OLG Köln Urt. v. 04.12.2001 – 9 U 229/00 – r+s 2002, 188 = zfs 2002, 295; AG Gummersbach Urt. v. 15.11.2011 – 15 C 151/11 – SP 2012, 231 = VK 2012, 174.

15 BGH Urt. v. 19.09.1984 – **IVa ZR 67/83** – VersR 1983, 1137 = r+s 1985, 22.

16 OLG Hamm Urt. v. 15.12.2010 – 20 U 108/10 – VersR 2011, 1259 = r+s 2011, 154.

17 Vgl. OLG Saarbrücken Urt. v. 08.08.2001 – 5 U 670/01 – zfs 2002, 80.

18 Vgl. OLG Saarbrücken Urt. v. 09.11.2005 – 5 U 286/05 – zfs 2006, 212.

19 Vgl. OLG Frankfurt/M. Beschl. v. 25.04.1986 – 5 W 4/86 – VersR 1986, 1009 = NJW-RR 1987, 666; OLG Hamm Urt. v. 06.12.1985 – 20 U 126/85 – VersR 1987, 603 = r+s 1986, 92.

20 Vgl. BGH Urt. v. 27.09.1989 – **IVa ZR 156/88** – VersR 1990, 153 = r+s 1990, 58; BGH Urt. v. 19.09.1984 – **IVa ZR 67/83** – VersR 1983, 1137 = r+s 1985, 22.

VR zu erkennen, dass seine Feststellungen zu Grund und Höhe der geforderten Entschädigung abgeschlossen sind, so dass demnach auch kein Anlass besteht, die Fälligkeit des Anspruches des VN nicht sofort eintreten zu lassen, wenn sich die Ablehnung des VR später im Prozess als vertragswidrig erweist.[21] In diesen Fällen gerät der VR auch ohne weiteres in **Verzug**, (vgl. A.2.7 AKB Rdn. 60 ff.).

Schließlich tritt die **Fälligkeit** der Entschädigung auch ein, **wenn der VR ein Anerkenntnis abgibt**, 20
wenn die Höhe der Entschädigung durch eine **vergleichsweise Regelung** (Einigung) zwischen VR und VN festgestellt[22] oder durch eine **rechtskräftige gerichtliche Entscheidung**[23] herbeigeführt wird.

II. Pflicht zur Vorschusszahlung – A.2.7.2 AKB

Steht fest, dass dem VN aus dem gemeldeten Versicherungsfall dem Grunde nach Versicherungs- 21
schutz zu gewähren ist, lässt sich aber die **Höhe der Entschädigungsleistung** innerhalb eines Monats nach Eingang der Schadenanzeige beim VR **noch nicht abschließend ermitteln**, muss der VR **auf Verlangen des VN** eine **angemessene Vorschusszahlung** auf die voraussichtliche Gesamtentschädigung zur Verfügung stellen.

Die früher in **§ 15 Abs. 1 S. 2 AKB 2007** enthaltene – zweideutige – Regelung führte häufig zu 22
Streitigkeiten zwischen VR und VN, weil es – nach Lesart der VN ungeachtet einer möglicherweise noch ungeklärten versicherungsrechtlichen Deckung dem Grunde nach – für den Anspruch auf Zahlung eines Vorschusses ausreichen sollte, dass jedenfalls die Höhe des Schadens bis zum Ablauf eines Monats noch nicht festgestellt war. Insoweit gingen Unklarheiten in der Formulierung zulasten des VR. In den **AKB 2015** ist die Vorschussregelung in einer gesonderten, sprachlich noch klarer als in A.2.14.2 AKB 2008 formulierten Bestimmung enthalten und ausdrücklich auf solche Fälle beschränkt, in denen der VR bei bereits festgestellter Zahlungspflicht dem Grunde nach lediglich die Höhe der geschuldeten Entschädigung binnen Monatsfrist nach Eingang der Schadenanzeige noch nicht feststellen kann.

Die Klausel ist **§ 14 Abs. 2 S. 1 VVG** nachgebildet, von dem gemäß § 18 VVG zulasten des VN 23
nicht abgewichen werden kann. Es ist unerheblich, aus welchem Grund die Höhe des Schadens innerhalb des Monats nicht festgestellt werden kann. Kann der VR wegen einer schuldhaft unterbliebenen Mitwirkung des VN an der Aufklärung des Versicherungsfalles die Entschädigungshöhe nicht abschließend ermitteln, hemmt dies gemäß § 14 Abs. 2 S. 2 VVG nur die Fälligkeit des Anspruches insgesamt, berührt aber nicht das Recht des VN, Vorschüsse einzufordern. Denn dieses Recht steht dem VN gerade unabhängig von der Frage der Fälligkeit der Versicherungsleistung zu.

Voraussetzung für eine berechtigte **Vorschussanforderung** durch den VN ist stets, dass die Zah- 24
lungspflicht (Einstandspflicht) des VR dem Grunde nach feststeht.[24] Solange der VR seine grundsätzliche Eintrittspflicht noch nicht feststellen kann, weil z.B. die Ermittlungen der Strafverfolgungsbehörden noch nicht abgeschlossen sind, hat der VN auch keinen Anspruch auf Zahlung eines angemessenen Vorschusses.

Weitere Voraussetzung ist, dass der VR die Höhe der Entschädigungszahlung nicht innerhalb eines 25
Monats nach Schadenanzeige (gemeint ist der Tag der Anzeige des Schadens beim VR) feststellen kann. Dies trägt dem Interesse des VN an einer zügigen Schadenabwicklung Rechnung. Der VN kann daher verlangen, dass der VR innerhalb der Monatsfrist des A.2.7.2 AKB geeignete Feststellungen trifft, um zumindest die Höhe eines angemessenen Vorschusses zu berechnen. Der VR kann dem VN die Vorschusszahlung nicht mit der Begründung vorenthalten, das Gutachten des von ihm beauftragten Sachverständigen liege noch nicht vor.[25]

---

21 Vgl. BGH Urt. v. 22.03.2000 – **IV ZR 233/99** – VersR 2000, 753 = r+s 2000, 348 (**zur Unfallversicherung**).
22 Vgl. LG Oldenburg Urt. v. 25.05.1983 – 4 O 666/82 – DAR 1983, 359.
23 Vgl. Stiefel/Maier/*Meinecke* A.2 AKB Rn. 827.
24 Vgl. OLG Hamm Urt. v. 28.11.1990 – 20 U 158/90 – VersR 1991, 1369 = r+s 1991, 222; OLG Köln Urt. v. 09.02.1989 – 5 U 136/88 – r+s 1989, 142.
25 Vgl. Stiefel/Maier/*Meinecke* A.2 AKB Rn. 833.

26 Das »**Verlangen**« eines Vorschusses kann in einer Zahlungsaufforderung oder Anmahnung der Entschädigungsleistung liegen, aber auch in der Übersendung eines Sachverständigengutachtens.[26]

27 **Angemessen** ist derjenige Vorschussbetrag, den der VR nach dem aktuellen Ermittlungsstand im Zeitpunkt der Anforderung durch den VN mindestens zu zahlen hat.[27]

28 Der VN hat keinen Anspruch auf eine Vorschussleistung des VR in Form einer **Reparaturkostendeckungszusage.**[28] Hat der der VR den Schaden des VN bereits fiktiv abgerechnet und den Wiederbeschaffungsaufwand entschädigt, ist kein Raum für weitere Vorschüsse des VR, wenn der VN sein Fahrzeug tatsächlich reparieren lassen will, jedoch aus finanziellen Gründen mit den Reparaturkosten nicht in Vorlage treten kann, (vgl. A.2.5.2 AKB Rdn. 24 ff.).

29 Die Vorschusspflicht des VR stellt **keine Verzugsfolge** dar, sondern ergibt sich aus der wirtschaftlichen Erwägung, dass der VN mit Eintritt des Versicherungsfalles einen Schaden erlitten hat, aufgrund dessen ihm an sich die hieraus erwachsene Entschädigungssumme bereits im Zeitpunkt des Schadenereignisses in voller Höhe zugestanden hätte.[29]

III. Fälligkeit der Entschädigung bei Entwendung – A.2.7.3 AKB

30 Für den Fall des Fahrzeugverlustes (oder der Entwendung versicherter Fahrzeugteile, vgl. A.2.1.2 AKB) stellt die Regelung klar, dass der VN die Entschädigung nicht sofort verlangen kann, sondern erst abgewartet muss, ob das entwendete Fahrzeug innerhalb eines Monats nach Eingang der »in Textform abgegebenen Schadenanzeige«[30] beim VR wieder aufgefunden wird. Dies bedeutet allerdings nicht, dass mit der Entwendung der Verlust des Fahrzeuges und damit der Versicherungsfall noch nicht eingetreten wäre. Bei einer bedingungsgemäß unter den Schutz der Kaskoversicherung fallenden Entwendung entsteht der Anspruch des VN auf Zahlung der Entschädigung ohne weiteres nach Maßgabe des A.2.5.1.1 AKB; lediglich die **Fälligkeit dieses Anspruchs ist** nach A.2.7.3 AKB bis zum Ablauf der Monatsfrist des A.2.5.5.1 AKB **hinausgeschoben**. Der Eintritt des Versicherungsfalles »Verlust« ist also nicht etwa durch das Wiederauffinden bis zum Ablauf der Frist auflösend bedingt.[31]

31 Durch das Wiederauffinden des entwendeten Fahrzeuges kann der Versicherungsfall aber »ausgeglichen« werden. Wenn der entwendete Gegenstand innerhalb eines Monats nach Eingang der Schadenanzeige wieder aufgefunden wird, hat ihn der VN – soweit mit zumutbaren Anstrengungen möglich – zurückzunehmen. Der VR braucht dann nur zu leisten, soweit gleichzeitig der Versicherungsfall »Totalschaden« oder »Beschädigung« eingetreten ist. **A.2.7.3 AKB korrespondiert** insofern **mit** der Rücknahmeverpflichtung des VN in **A.2.5.5.1 AKB**, (vgl. A.2.5.5 AKB Rdn. 2 ff.).

32 Der **VR soll davor geschützt werden**, bereits vor Ablauf der – mit Eingang der Schadenmeldung beim VR in Gang gesetzten – Monatsfrist eine Entschädigung erbringen zu müssen, obwohl zu diesem Zeitpunkt noch gar nicht feststeht, ob das Fahrzeug nicht möglicherweise innerhalb der Monatsfrist wieder aufgefunden wird. Da für diesen Fall ein Eigentumsübergang auf den VR gemäß A.2.5.5.3 AKB ausgeschlossen ist, bliebe der VN nicht nur Eigentümer des unter Umständen unbeschädigt wieder aufgefundenen Fahrzeuges, sondern wäre durch die zwischenzeitlich geleistete Entschädigungszahlung des VR auch ungerechtfertigt bereichert. Der VR müsste seine bereits erbrachten Leistungen an den VN – unter Umständen mit nicht unerheblichem Prozessaufwand – zurückfordern.

---

26 OLG Hamm Urt. v. 27.02.1997 – 6 U 188/96 – r+s 1997, 356 = zfs 1997, 341; Stiefel/Maier/*Meinecke* A.2 AKB Rn. 834.

27 Vgl. OLG Koblenz Urt. v. 14.08.1998 – 10 U 1332/97 – r+s 1998, 404 = zfs 1998, 467.

28 LG Dortmund Urt. v. 20.04.2011 – 2 O 272/10 – r+s 2011, 465; LG Köln Beschl. v. 30.03.2011 – 24 S 5/11 – r+s 2012, 433.

29 Vgl. Stiefel/Maier/*Meinecke* A.2 AKB Rn. 831.

30 Zur Textform vgl. A.2.5.5 AKB Rdn. 4.

31 Vgl. BGH Urt. v. 17.11.1981 – **IVa ZR 230/80** – NJW 1982, 444 = MDR 1982, 388.

Die **Fälligkeit der Kaskoentschädigungsleistung** tritt erst ein, wenn der VR alle notwendigen Feststellungen zu Grund und Höhe des Anspruches getroffen hat, jedoch nicht vor Ablauf der in A.2.7.3 AKB und A.2.5.5.1 AKB genannten **Monatsfrist.** Diese Frist bezeichnet den **frühestmöglichen Fälligkeitszeitpunkt.** Mit Ablauf der Frist wird der Anspruch des VN also nicht in jedem Fall automatisch bereits fällig. 33

Der VR muss mit den Feststellungen unverzüglich nach Eingang der Schadenanzeige des VN beginnen. Dazu gehört auch die **Einsichtnahme in die amtliche Ermittlungsakte,**[32] (vgl. A.2.7 AKB Rdn. 9 ff.). Sofern die Deckung zweifelhaft ist, darf der VR auch erst den Ausgang anhängiger Ermittlungs- und Strafverfahren abwarten.[33] Die gebotenen Feststellungen muss der VR ohne schuldhafte Verzögerung treffen. 34

Lehnt der VR die Kaskoentschädigung ab, wird der Anspruch sofort fällig, da der VR mit der Ablehnung zu erkennen gibt, dass er die aus seiner Sicht erforderlichen Ermittlungen getroffen hat,[34] (vgl. A.2.7 AKB Rdn. 19). 35

IV. Abtretungs- und Verpfändungsverbot – A.2.7.4 AKB (a.F. bis 27.05.2021)

Die wirksame Abtretung oder Verpfändung einer Entschädigungsforderung des VN gegen den VR setzte in den **bis zum 27.05.2021 geltenden Muster-AKB** des GDV voraus, dass die Zahlungspflicht vom VR nach Grund und Höhe endgültig festgestellt wurde (vgl. A.2.7.1 AKB). Fehlte es an dieser Feststellung, konnte der VN seine Forderungen nur mit ausdrücklicher Genehmigung des VR wirksam abtreten oder verpfänden. Allerdings war von der Abtretung die **Anweisung gemäß § 783 BGB** zu unterscheiden (z.B. im Falle einer **Reparaturkostenübernahmeerklärung**). Sie unterfiel generell nicht dem Abtretungsverbot.[35] Denn durch die Anweisung soll lediglich der Zahlungsmodus – Zahlung des VR an den Anweisungsempfänger als Zahlstelle – vereinfacht werden. 36

1. Abtretungsverbot

a) Grundsätzliches – Änderung der Rechtslage ab dem 01.10.2021

Das vertraglich vereinbarte Abtretungsverbot bezieht sich auf **alle dem VN zustehenden oder künftig noch erwachsenden Ansprüche** aus dem Versicherungsverhältnis. Gemäß **§ 399 BGB** führt es grundsätzlich zur Unwirksamkeit der Abtretung.[36] Eine verbotswidrige Abtretung ist nicht nur relativ, d.h. dem VN gegenüber, sondern auch jedem Dritten gegenüber unwirksam.[37] Die Abrede über die Beschränkung der Abtretung lässt die Forderung von vornherein als unveräußerliches Recht entstehen; der VR muss sich nicht ausdrücklich auf das Abtretungsverbot berufen.[38] Für die **bis zum 30.09.2021 abgeschlossenen Verträge** sah die Rechtsprechung hierin weder eine überraschende Klausel i.S.v. **§ 305c BGB,**[39] noch eine unangemessene Benachteiligung des VN i.S.v. **§ 307 BGB.**[40] Durch das **zum 01.10.2021** in Kraft getretene »Gesetz für faire Verbraucherverträge« 37

---

32 Vgl. OLG Hamm Urt. v. 27.02.1997 – 6 U 188/96 – r+s 1997, 356 = zfs 1997, 341; OLG Hamm Beschl. v. 17.11.1987 – 20 W 51/87 – VersR 1988, 1038; LG Wiesbaden Urt. v. 02.05.1994 – 1 S 186/93 – VersR 1995, 332; LG Nürnberg-Fürth Urt. v. 19.01.1983 – 2 S 8436/82 – VersR 1983, 1069; AG Frankfurt/M. Urt. v. 23.11.2004 – 31 C 1587/04 – SP 2005, 99.

33 OLG Hamm Urt. v. 28.11.1990 – 20 U 158/90 – VersR 1991, 1369 = r+s 1991, 222; AG Oldenburg Urt. v. 09.04.1990 – 19 C 102/90 – zfs 1990, 314.

34 BGH Urt. v. 27.09.1989 – **IVa ZR 156/88** – VersR 1990, 153 = r+s 1990, 58.

35 Nähere Einzelheiten hierzu bei Stiefel/Maier/*Meinecke* A.2 AKB Rn. 861.

36 Vgl. LG Köln Urt. v. 20.06.2013 – 24 O 8/13 – r+s 2014, 279.

37 BGH Urt. v. 26.03.1997 – **IV ZR 137/96** – VersR 1997, 1088 = r+s 1997, 325.

38 BGH Urt. v. 26.03.1997 – **IV ZR 137/96** – VersR 1997, 1088 = r+s 1997, 325.

39 OLG Frankfurt/M. Urt. v. 03.06.2004 – 3 U 141/03 – VersR 2004, 1451 = r+s 2004, 452.

40 Vgl. BGH Beschl. v. 12.10.2011 – **IV ZR 163/10** – VersR 2012, 230 = r+s 2012, 74 (**für den Bereich der Rechtsschutzversicherung**) mit weiteren Rspr.-Nachweisen; BGH Urt. v. 26.03.1997 – **IV ZR 137/96** – VersR 1997, 1088 = r+s 1997, 325; OLG Hamm Urt. v. 05.12.1997 – 20 U 230/96 – NJW-RR 1998, 1248; AG Cochem Urt. v. 15.05.2014 – 21 C 523/13 – SP 2014/277.

wurde § 308 BGB erweitert und verbietet nun in **§ 308 Nr. 9 a) BGB** Vertragsklauseln, durch die die Abtretbarkeit eines auf Geld gerichteten Anspruchs des Vertragspartners (des VN) gegen den Verwender (den VR) ausgeschlossen, d.h., untersagt wird. Durch diese Vorschrift soll künftig für alle Arten von auf Geld gerichteten Ansprüchen, die in den Anwendungsbereich des Klauselverbots fallen, ein Abtretungsausschluss durch AGB nicht mehr wirksam vereinbart werden können. Dadurch soll unter anderem auch gewährleistet werden, dass Verbraucher die auf Geld gerichteten Ansprüche, die sie gegen Unternehmer erworben haben, zum Zweck der Durchsetzung an Dritte abtreten können.[41] Von dem Klauselverbot werden nicht nur Vereinbarungen erfasst, durch die die Abtretung eines Anspruchs gänzlich ausgeschlossen wird, sondern auch Vereinbarungen, durch die die Abtretbarkeit beschränkt wird. So sollen auch Klauseln unter das neue Klauselverbot fallen, mit denen eine Abtretung des Anspruchs nur an bestimmte Personen zugelassen, beschränkt, an bestimmte Voraussetzungen gebunden oder von einer Zustimmung des Schuldners abhängig gemacht wird.[42]

38 Die Neuregelung hat **Auswirkungen auf alle Verträge**, die **ab dem 01.10.2021** neu abgeschlossen werden. Zwar beinhaltet A.2.7.4 AKB a.F. seinem Wortlaut nach kein Abtretungsverbot, sondern nur ein **Abtretungsgenehmigungserfordernis.** Ein solches ist aber von der Rechtsprechung immer schon wie ein Abtretungsverbot behandelt worden.[43] Konsequenterweise ist daher das Abtretungsgenehmigungserfordernis in den seit dem 28.05.2021 geltenden Muster-AKB des GDV nicht mehr enthalten. **In der Praxis** sollte daher bei allen Kaskofällen geprüft werden, ob in den konkret vereinbarten AKB noch ein Abtretungsgenehmigungserfordernis (»Abtretungsverbot«) enthalten ist oder nicht. Sofern es sich um einen nach dem 01.10.2021 neu abgeschlossenen Kaskovertrag handeln sollte, wäre ein solches Verbot unwirksam.

39 Soweit **VR** in der Vergangenheit von der Möglichkeit Gebrauch gemacht haben, ihre **Entschädigungszahlung** an den VN **von der Abtretung eines Rückforderungsanspruchs wegen angeblich überzahlten Werklohns abhängig zu machen**, war diesem Abtretungserfordernis regelmäßig mit der in den AGB der Werkstätten enthaltenen Vertragsklausel begegnet worden, wonach Übertragungen von Rechten und Pflichten des Auftraggebers aus dem Auftrag der schriftlichen Zustimmung des Auftragnehmers bedürfe, die dieser, also die Werkstatt, aber gerade nicht erteile. Für nach dem 01.10.2021 von einem Verbraucher abgeschlossene Reparaturverträge ist ein solches Abtretungsgenehmigungserfordernis ebenfalls unwirksam, so dass es dem entsprechenden Abtretungsverlangen des VR – von Fällen des Verstoßes gegen Treu und Glauben gemäß § 242 BGB abgesehen (vgl. A.2.7 AKB Rdn. 44) – nicht mehr entgegengehalten werden kann.

40 Hat der VN als Kaufmann den Versicherungsvertrag mit dem VR abgeschlossen hat, handelt es sich um ein beiderseitiges Handelsgeschäft nach § 343 HGB. Nach **§ 354a Abs. 1 HGB** kann unter Kaufleuten ohnehin kein Abtretungsverbot wirksam vereinbart werden. Daher ist für den VN, der Kaufmann ist, die Abtretung der Entschädigungsansprüche gegen den VR an Dritte immer erlaubt.[44] **Zu Abtretungen** im Zusammenhang mit **Leasingfahrzeugen** vgl. A.2.3 AKB Rdn. 15.

b) Abtretungsverbot für die bis zum 30.09.2021 abgeschlossenen Verträge

41 Das Abtretungsverbot findet **für die bis zum 30.09.2021 abgeschlossenen Verträge** – sofern in den AKB noch vereinbart – gemäß **§ 412 BGB** auch **im Falle** eines **gesetzlichen Forderungsüberganges** Anwendung, was z.B. beim Übergang von Ersatzansprüchen nach § 86 Abs. 1 S. 1 VVG zu beachten ist,[45] nicht jedoch bei einem Übergang der Versicherung im Falle der Veräußerung des

41 BT-Drucksache 19/26915 vom 24.02.2021, S. 30.

42 BT-Drucksache 19/26915 vom 24.02.2021, S. 30.

43 Vgl. OLG Köln Urt. v. 20.11.2001 – 9 U 39/00 – r+s 2002, 104; OLG Hamm Urt. v. 05.12.1997 – 20 U 230/96 – NJW-RR 1998, 1248.

44 Vgl. OLG Köln Urt. v. 20.11.2001 – 9 U 39/00 – r+s 2002, 104; OLG Hamm Urt. v. 05.12.1997 – 20 U 230/96 – NJW-RR 1998, 1248; AG Paderborn Urt. v. 16.08.2016 – 54 C 98/16 – VK 2017, 105.

45 Vgl. BGH Urt. v. 26.03.1997 – **IV ZR 137/96** – VersR 1997, 1088 = r+s 1997, 325.

versicherten Kfz nach § 95 ff. VVG.[46] Das Abtretungsverbot schließt es auch aus, dass ein Dritter kraft **gewillkürter Prozessstandschaft** anstelle des VN dessen Ansprüche gegen den VR durchsetzen kann.[47]

Das Abtretungsverbot **gilt** bei einer Versicherung für fremde Rechnung (vgl. § 43 ff. VVG) nach F.2 AKB **auch für den Versicherten,**[48] wenn dieser entgegen § 44 Abs. 1 VVG zur selbstständigen Geltendmachung seiner Rechte befugt ist, weil ihm durch Überlassung des Versicherungsscheines gemäß § 44 Abs. 2 VVG auch die Verfügungsberechtigung übertragen wurde.[49] Fehlt es an einer solchen Berechtigung, ist der Versicherte schon aus diesem Grunde nicht verfügungsbefugt.[50] Die **Einziehungsermächtigung** durch den VN steht der Abtretung gleich und ist daher ebenso unzulässig, weil sie wirtschaftlich gesehen dieselben Folgen wie die Abtretung hat.[51] Gleiches gilt für die **Abtretung der Klagebefugnis.**[52] 42

Ansprüche aus der Vollkaskoversicherung können durch den VN auch dann **nicht an den berechtigten Fahrer abgetreten** werden, wenn dieser im Innenverhältnis zum VN den Schaden allein zu tragen hat.[53] Gleiches gilt für die vom VN an eine Reparaturwerkstatt abgetretenen Ansprüche, die diese ihrerseits vor der endgültigen Schadensprüfung des VR an ein **Factoringunternehmen** weiter abgetreten hat.[54] 43

c) Rechtsmissbräuchliches Berufen des VR auf das Abtretungsverbot

Die **Berufung** des VR **auf das Abtretungsverbot** kann **gegen Treu und Glauben verstoßen oder rechtsmissbräuchlich** sein, wenn sie nicht durch ein vom Zweckbereich der Klausel umfasstes Interesse des VR gedeckt ist.[55] Das Abtretungsverbot soll verhindern, dass der VR den Versicherungsfall in der Prüfungsphase mit unbeteiligten und ihm unbekannten Personen abwickeln und sich mit diesen auseinandersetzen muss.[56] Auch soll ausgeschlossen werden, dass Dritte im Wege der Abtretung die Aktivlegitimation für einen Rechtsstreit gegen den VR erhalten, in welchem der VR dem prozessualen Nachteil ausgesetzt wäre, dass der eigene VN als Zeuge insbesondere für umstrittene Fragen der versicherungsrechtlichen Deckung benannt werden könnte.[57] Der VR kann sich in einem solchen Fall ohne Rechtsmissbrauch auf das Abtretungsverbot berufen. Dies galt selbst dann, wenn der Zedent den VN zwar nicht als Zeugen benannt hatte, aber eine persönliche Anhörung des VN nach § 141 ZPO geboten erscheint.[58] Unter dem Gesichtspunkt von Treu und Glauben ist es dem VR verwehrt, sich auf das Abtretungsverbot zu berufen, wenn die **Einrede erstmals im Prozess** erhoben wird,[59] wenn der **VN zwischenzeitlich verstorben** ist und als Zeuge im Prozess 44

46 Stiefel/Maier/*Meinecke* A.2 AKB Rn. 852.
47 Vgl. OLG Stuttgart Beschl. v. 10.11.2020 – 7 U 304/20 – VK 2021, 155 = BeckRS 2020, 52208.
48 BGH Urt. v. 11.02.1960 – **II ZR 233/59** – VersR 1960, 300; OLG Köln Urt. v. 18.01.2000 – 9 U 115/99 – NVersZ 2000, 577; OLG Stuttgart Urt. v. 07.02.1991 – 7 U 176/90 – r+s 1992, 331; LG Essen Urt. v. 12.01.1988 – 20 S 295/98 – VersR 1989, 351.
49 Prölss/Martin/*Klimke* A.2.7 AKB Rn. 13; Stiefel/Maier/*Meinecke* A.2 AKB Rn. 857.
50 Feyock/*Jacobsen*/Lemor A.2 AKB Rn. 172.
51 Vgl. BGH Urt. v. 11.02.1960 – **II ZR 233/59** – VersR 1960, 300.
52 Vgl. OLG Hamm Urt. v. 27.05.1977 – 20 U 27/77 – VersR 1977, 955.
53 OLG Hamm Urt. v. 28.06.1995 – 20 U 312/94 – NZV 1996, 74.
54 OLG Köln Beschl. v. 13.03.2014 – 9 U 149/13 – BeckRS 2014, 08108.
55 Vgl. BGH Urt. v. 13.07.1983 – **IVa ZR 226/81** – VersR 1983, 945 = MDR 1984, 129; OLG Karlsruhe Urt. v. 20.03.2003 – 12 U 233/02 – r+s 2003, 408; Prölss/Martin/*Klimke* A.2.7 AKB Rn. 12.
56 Vgl. BGH Urt. v. 26.03.1997 – **IV ZR 137/96** – VersR 1997, 1088 = r+s 1997, 325; OLG Köln Urt. v. 18.01.2000 – 9 U 115/99 – NVersZ 2000, 577; Vgl. LG Köln Urt. v. 20.06.2013 – 24 O 8/13 – r+s 2014, 279, 280.
57 Vgl. OLG Frankfurt/M. Urt. v. 03.06.2004 – 3 U 141/03 – VersR 2004, 1451 = r+s 2004, 452; OLG Düsseldorf Urt. v. 28.10.1982 – 10 U 49/82 – VersR 1983, 625; Prölss/Martin/*Klimke* A.2.7 AKB Rn. 7.
58 OLG Karlsruhe Urt. v. 02.09.1992 – 13 U 110/91 – VersR 1993, 1393 = NJW-RR 1993, 921.
59 BGH Urt. v. 11.02.1960 – **II ZR 233/59** – VersR 1960, 300; **a.A.** OLG Hamm Urt. v. 28.06.1995 – 20 U 312/94 – NZV 1996, 74.

nicht mehr in Betracht kommt,[60] oder wenn der Zessionar unabhängig von der Abtretung auch aufgrund einer **titulierten Forderung gegenüber dem VN** in den versicherungsrechtlichen Anspruch des VN gegen den VR vollstrecken könnte.[61] Gleiches galt, wenn sich der VR bereits außergerichtlich auf eine Abwicklung des Versicherungsfalls mit dem Zessionar eingelassen hat, ohne Bedenken gegen die Wirksamkeit der Abtretung zu äußern.[62] Allerdings ist die Berufung des VR auf das Abtretungsverbot nicht schon deshalb rechtsmissbräuchlich, weil der VR gegenüber dem VN wegen zwischenzeitlich eingetretener **Verjährung** oder verstrichener **Ausschlussfristen** ohnehin nicht mehr leistungspflichtig wäre.[63] Zu **rechtsmissbräuchlichem Verhalten des VR** vgl. auch A.2.3 AKB Rdn. 10 und A.2.3 AKB Rdn. 72.

2. Verpfändungsverbot

45 Nach A.2.7.4 AKB der Musterbedingungen des GDV a.F. kann der VN ohne ausdrückliche Genehmigung des VR seine Ansprüche nicht wirksam verpfänden. Gläubiger des VN sind allerdings nicht gehindert, dessen Ansprüche gegenüber dem VR gemäß **§ 851 Abs. 2 ZPO** durch Pfändung und Überweisung einzuziehen.[64] Denn für den Fall, dass die Pfändung ins Leere geht, weil die Forderung mangels Deckung nicht besteht, entsteht dem VR hieraus kein Nachteil. Macht der Gläubiger trotz eines dem VN gegenüber erwirkten rechtskräftigen Titels von diesen Vollstreckungsmöglichkeiten keinen Gebrauch, weil ihm der VN die Forderung bereits abgetreten hat, so handelt der VR treuwidrig, wenn er sich auf die Unwirksamkeit der Abtretung beruft, weil diese lediglich an die Stelle eines gerichtlichen Pfändungs- und Überweisungsbeschlusses getreten ist.[65]

3. Ausdrückliche Genehmigung

46 Die Genehmigung muss ausdrücklich erfolgen. Die »Ausdrücklichkeit« der Genehmigung bezieht sich nicht auf die Form, sondern auf den Inhalt der Erklärung; es genügt, dass den Erklärungen oder Handlungen des VR zu entnehmen ist, dass er die Abtretung als wirksam ansieht und sich mit der Rechtsfolge, also der Abwicklung des Versicherungsfalles gegenüber dem Zessionar, beschäftigt.[66] **Erforderlich ist** daher lediglich eine – nicht zwingend schriftlich abzugebende – **eindeutige Willensäußerung des VR**, die auch **konkludent** erfolgen kann, indem der VR z.B. mit dem Zessionar über die an ihn abgetretene Entschädigungsforderung verhandelt, ohne sich auf das Abtretungsverbot zu berufen, oder eine Zahlung in Aussicht stellt, falls noch fehlende restliche Unterlagen (z.B. Kfz-Brief) beigebracht werden.[67] Dies gilt erst recht **im Prozess**, wenn der VR zunächst aus taktischen oder sonstigen Gründen davon absieht, sich auf die fehlende Genehmigung zu berufen, obwohl der Anspruch ersichtlich auf abgetretenes Recht gestützt wird, später dann aber doch die Unzulässigkeit der Abtretung und damit die fehlende Klagebefugnis des Zessionars rügt.[68]

47 Leistet der VR **Teilzahlungen** an den Zessionar, indem er sich z.B. nach einer Abtretung von Entschädigungsansprüchen durch den VN an einen Werkunternehmer mit dessen Forderungen auseinandersetzt und sie teilweise begleicht, ohne auf das Abtretungs- bzw. Verpfändungsverbot

60 OLG Düsseldorf Urt. v. 28.10.1982 – 10 U 49/82 – VersR 1983, 625.
61 OLG Hamburg Urt. v. 21.12.1971 – 7 U 51/71 – VersR 1972, 631.
62 OLG Karlsruhe Urt. v. 01.06.2021 – 9 U 54/19 – VersR 2021, 1280 = zfs 2021, 631.
63 OLG Hamm Urt. v. 06.10.2004 – 20 U 53/04 – VersR 2005, 934 = r+s 2005, 406 (**zu § 12 Abs. 3 VVG a.F.**).
64 OLG Hamm Urt. v. 31.10.2018 – 20 U 19/18 – r+s 2019, 142 = VersR 2019, 479; LG Frankfurt/M. Urt. v. 21.03.1977 – 2/3 O 746/76 – VersR 1978, 1058.
65 Vgl. OLG Hamburg Urt. v. 21.12.1971 – 7 U 51/71 – VersR 1972, 631.
66 LG Freiburg Urt. v. 14.08.1986 – 6 O 111/86 – VersR 1987, 757 = zfs 1986, 342.
67 OLG Hamm Urt. v. 12.12.1984 – 20 U 181/84 – VersR 1985, 582.
68 Vgl. BGH Urt. v. 25.11.1953 – **II ZR 7/53** – VersR 1953, 494 = DB 1953, 1034; OLG Hamm Urt. v. 24.03.1976 – 20 U 117/75 – VersR 1977, 1096; LG Freiburg Urt. v. 14.08.1986 – 6 O 111/86 – VersR 1987, 757 = zfs 1986, 342.

hinzuweisen, ist darin eine **konkludente Genehmigung** der Abtretung bzw. Verpfändung zu sehen, die den unzweideutigen Willen des VR zur Zustimmung der Abtretung in sich trägt.[69]

Auch die **Erteilung eines Sicherungsscheines** durch den VR an ein finanzierendes Kreditinstitut 48
oder eine Leasinggesellschaft (vgl. A.2.3 AKB Rdn. 13 ff. und A.2.3 AKB Rdn. 69 ff.) stellt eine Genehmigung dar.

Keine Genehmigung liegt vor, wenn der VR seine Eintrittspflicht bestreitet und Zahlungen ab- 49
lehnt, ohne gleichzeitig auf das Abtretungsverbot hinzuweisen,[70] wenn der VR nach Schadenmeldung durch den Zessionar Ermittlungen zur Schadenhöhe anstellt,[71] wenn der VR nach Schadenmeldung durch den VN und anschließender Kenntnisnahme der Forderungsabtretung an einen Dritten mit dem VN Verhandlungen aufnimmt bzw. anschließend auch mit dem Dritten verhandelt,[72] oder wenn der VR sogar ausdrücklich auf das bestehende Abtretungs- bzw. Verpfändungsverbot hinweist.[73]

Eine fehlende Genehmigung lässt sich nicht durch die Zulassung einer **gewillkürten Prozessstand-** 50
schaft umgehen, da dies zu einer Verschiebung der Parteirollen führen würde, die durch das Abtretungsverbot gerade vermieden werden soll.[74]

Hat der VR die Abtretung genehmigt oder sind Ansprüche aus dem Versicherungsvertrag mit Wis- 51
sen des VR abgetreten worden, so müssen **Ablehnung und Fristsetzung des VR** gegenüber dem Zessionar erfolgen.[75]

Die **Genehmigung** des VR ist **nicht gleichzusetzen mit einer** nachträglichen **Zustimmung i.S.d.** 52
§§ 184, 185 BGB, weil der VR nicht der »Berechtigte« ist, sondern der VN. Einer Genehmigung kommt daher nur die Bedeutung eines Einverständnisses mit der Aufhebung des vertraglichen Abtretungs- und Verpfändungsverbotes oder eines Verzichts auf die Einrede des § 399 BGB für den konkreten Fall zu, weshalb sie auch nicht auf den Zeitpunkt der Abtretung oder Verpfändung zurückwirkt.[76]

4. Endgültige Feststellung

Abtretung und Verpfändung können wirksam erst dann erfolgen, wenn der **VR seine Zahlungs-** 53
pflicht zum Grunde und zur Höhe gegenüber dem VN oder dem Versicherten – sofern dieser im Besitz des Versicherungsscheines ist (vgl. § 44 Abs. 2 VVG) – **endgültig festgestellt** hat. Durch den VN vorzeitig vorgenommene Verfügungen sind nicht etwa nur schwebend unwirksam, sondern gänzlich nichtig.[77] Die endgültige Feststellung kann nur durch den VR selbst, nicht dagegen durch einen Versicherungsvertreter des VR (vgl. § 59 Abs. 2 VVG) erfolgen. Erklärungen des Versicherungsvertreters in diesem Zusammenhang binden den VR nicht.

---

69 Vgl. OLG Hamm Urt. v. 16.06.1955 – 7 U 51/55 – VersR 1956, 208; AG Düsseldorf Urt. v. 16.12.2015 – 53 C 233/15 – BeckRS 2015, 118273; AG Schleiden Urt. v. 22.05.2015 – 10 C 22/14 – zfs 2014, 579; AG Köln Urt. v. 30.06.2009 – 263 C 480/08 – BeckRS 2009, 86724; Prölss/Martin/*Klimke* A.2.7 AKB Rn. 9.

70 BGH Urt. v. 26.03.1997 – **IV ZR 137/96** – VersR 1997, 1088 = r+s 1997, 325.

71 OLG Karlsruhe Urt. v. 02.09.1992 – 13 U 110/91 – VersR 1993, 1393 = NJW-RR 1993, 921.

72 LG Wiesbaden Urt. v. 17.01.1985 – 2 O 336/84 – VersR 1986, 356; **a.A.** LG Kempten Urt. v. 18.03.2015 – 52 S 1550/14 – www.iww.de, Abruf-Nr. 144951.

73 LG Köln Urt. v. 20.06.2013 – 24 O 8/13 – r+s 2014, 279, 280.

74 LG Köln Urt. v. 20.06.2013 – 24 O 8/13 – r+s 2014, 279, 280.

75 BGH Urt. v. 01.10.1986 – **IVa ZR 108/85** – VersR 1987, 39 = NJW 1987, 255.

76 BGH Urt. v. 29.06.1989 – **VII ZR 211/88** – NJW 1990, 109 = MDR 1989, 1092; BGH Urt. v. 01.02.1978 – **VIII ZR 232/75** – NJW 1978, 813 = MDR 1978, 486; Stiefel/Maier/*Meinecke* A.2 AKB Rn. 855; **a.A.** Prölss/Martin/*Klimke* A.2.7 AKB Rn. 11.

77 Stiefel/Maier/*Meinecke* A.2 AKB Rn. 850.

54 Eine **endgültige Ablehnung** von Leistungsansprüchen ist nicht mit der endgültigen Feststellung i.S.v.A.2.7.4 AKB a.F. gleichzusetzen.[78]

55 Die **endgültige Feststellung ist solange nicht erfolgt**, wie die Verhandlungen zwischen den Parteien noch andauern oder die Ermittlungen des VR zu Fragen der Deckung noch nicht abgeschlossen sind, **anders aber dann**, wenn der VR vorbehaltlos Abschlagszahlungen erbringt, seine Eintrittspflicht anerkennt oder einen Prozess aufnimmt, ohne sich auf die fehlende Fälligkeit des Versicherungsanspruches zu berufen (vgl. im Übrigen A.2.7 AKB Rdn. 5 ff.).

C. Weitere praktische Hinweise

I. Verzinsung nach § 91 VVG

56 **§ 91 S. 1 VVG** gewährt dem VN **unabhängig von einem Verzug des VR** nach Ablauf eines Monats seit Eingang der Schadenanzeige beim VR einen Anspruch auf Verzinsung der zu zahlenden Entschädigung in Höhe von mindestens **4 Prozent jährlich.** Der Zinsanspruch besteht also nur für den Fall, dass der VR die Entschädigungssumme innerhalb eines Monats seit der Anzeige des Versicherungsfalles noch nicht festgestellt und ausgezahlt hat.

57 Scheitert die Feststellung innerhalb der Monatsfrist daran, dass der VN unter Verstoß gegen seine Auskunftsobliegenheit dem VR wichtige Informationen oder Belege zur Klärung seiner Eintrittspflicht nicht zur Verfügung gestellt hat, führt dies nach **§ 91 S. 2 VVG** zu einer **Hemmung des Fristenlaufs**, die so lange andauert, wie der Schadenfall vom VR wegen der **fehlenden Mitwirkung des VN** nicht weiter aufgeklärt werden kann. Dies kann unter Umständen dazu führen, dass der VN eine Verzinsung seit der Anzeige des Versicherungsfalles gemäß § 91 S. 1 VVG selbst dann nicht verlangen kann, wenn die Regulierung wegen seiner fehlenden Mitwirkung erst mehrere Monate später erfolgt.

58 Die **Verzinsungspflicht trifft den VR** auch bei einer Neupreisentschädigung **hinsichtlich der Neupreisspitze** (vgl. A.2.5.1 AKB Rdn. 35 ff.), wenn sich der VN nach A.2.5.1.3 AKB zulässigerweise bis zu zwei Jahre Zeit lässt, um die Entschädigung für die Reparatur seines beschädigten Fahrzeuges oder die Neuanschaffung eines Ersatzfahrzeuges zu verwenden; gleiches gilt auch in **Entwendungsfällen**, obwohl die Entschädigung nach A.2.7.3 AKB frühestens nach Ablauf eines Monats nach Eingang der Schadenanzeige beim VR überhaupt erst fällig wird.[79]

59 Da es sich bei dem Zinsanspruch um einen Mindestzins handelt, ist der VN **im Falle des Verzuges** nicht gehindert, höhere Zinsen gemäß **§ 288 BGB** zu verlangen, (vgl. A.2.7 AKB Rdn. 63). Verzugszinsen sind nicht zusätzlich, sondern anstelle der Mindestzinsen nach § 91 VVG geschuldet.[80]

II. Verzug und Verzugsfolgen

1. Voraussetzungen für den Verzug des VR

60 Erbringt der VR trotz Fälligkeit i.S.v. A.2.7.1 AKB die geschuldete Versicherungsleistung nicht, so kann er gemäß § 286 Abs. 1 S. 1 BGB in Verzug geraten mit der Folge, dass er dem VN einen weiteren **Verzögerungsschaden** nach § 280 Abs. 2 BGB ersetzen muss. Voraussetzung hierfür ist eine **Mahnung des VN** gemäß § 286 Abs. 1 S. 1 BGB und ein **Verschulden des VR**, wobei dieses vermutet wird und vom VR auszuräumen ist (§ 286 Abs. 4 BGB). Nimmt der VR aufgrund eines **Tatsachen- oder Rechtsirrtums** entschuldbar an, nicht zur Zahlung verpflichtet zu sein, entfällt das Verschulden. Bei einem Rechtsirrtum gilt dies allerdings nur dann, wenn es sich um eine besonders schwierige Rechtsfrage handelt, zu der sich noch keine einheitliche Rechtsprechung gebildet hat,[81]

78 OLG Karlsruhe Urt. v. 20.03.2003 – 12 U 233/02 – r+s 2003, 408.
79 Im Ergebnis ebenso Stiefel/Maier/*Meinecke* A.2 AKB Rn. 845.
80 OLG Hamburg Urt. v. 23.02.1989 – 6 U 234/88 – NJW-RR 1989, 680.
81 BGH Urt. v. 19.09.1984 – **IVa ZR 67/83** – VersR 1983, 1137 = r+s 1985, 22.

oder wenn der VR nach sorgsamer Prüfung der Sach- und Rechtslage nicht mit einem Unterliegen in einem Rechtsstreit rechnen muss.[82]

In gleicher Weise ist eine **Inverzugsetzung möglich, wenn der VR die Bearbeitung des Versicherungsfalles verschleppt** und nicht alles Erforderliche und in seiner Macht Stehende unternimmt, um auf eine rasche Aufklärung der anstehenden Fragen hinzuwirken.[83] Dies wird insbesondere dann anzunehmen sein, wenn der VR die bislang eingetretenen Verzögerungen des Verfahrens nicht plausibel zu erklären vermag und auch eine **weitere Fristsetzung** zur Zahlung der Entschädigung oder zumindest eines Vorschusses **ergebnislos** verläuft. 61

Auch **ohne Mahnung** gerät der VR in Verzug, wenn er dem berechtigten Verlangen des VN nach Zahlung eines angemessenen Vorschusses entsprechend A.2.7.2 AKB nicht nachkommt und eine vom VN im Zusammenhang mit der Anforderung des Vorschusses gesetzte angemessene Frist verstreichen lässt, § 286 Abs. 2 Nr. 2 BGB. Hat der VR einen Betrag als zu entschädigende Summe gegenüber dem VN bereits **anerkannt** und steht fest, dass der effektive Schaden des VN diesen Betrag übersteigt, so kommt der VR in Verzug, wenn er die anerkannte Summe zurückhält und die Auszahlung von der Vorlage weiterer Belege (z.B. Reparaturkostenrechnung) abhängig macht.[84] **Lehnt der VR** die Entschädigung zu Unrecht **ernsthaft und endgültig ab**, wird damit nicht nur die Leistung fällig; der VR gerät auch sofort in Verzug, § 286 Abs. 2 Nr. 3 BGB.[85] 62

2. Verzugsfolgen

a) Verzugszinsen

Liegt Verzug vor, hat der VR den Verzugsschaden zu ersetzen. Einen nachzuweisenden höheren Zinsanspruch als 4 Prozent jährlich (vgl. A.2.7 AKB Rdn. 56) kann der VN als **Zinsschaden** entweder **abstrakt** mit Jahreszinsen in Höhe von 5 bzw. 9 Prozentpunkten über dem Basiszinssatz der EZB gemäß § 288 Abs. 1 bzw. Abs. 2 BGB berechnen, oder aber auch **konkret** gemäß § 288 Abs. 4 BGB, wobei der Zinsschaden entweder in einem **Verlust von Anlagezinsen** oder in der **Aufwendung von Kreditzinsen** liegen kann.[86] 63

b) Nutzungsausfall, Mietwagenkosten, Leasingraten

Ein Anspruch auf **Nutzungsausfall steht dem VN** selbst dann **nicht zu**, wenn der VR mit der Auszahlung der Kaskoentschädigung in Verzug kommt.[87] Dies hängt weniger mit der Regelung in A.2.5.7.1 AKB zusammen, wonach der VR neben anderen ausgeschlossenen Leistungen einen Nutzungsausfall ausdrücklich nicht zu zahlen hat; entscheidend ist vielmehr, dass der Anspruch auf Nutzungsausfall einen **Eingriff in den Gegenstand des Gebrauchs**, also des versicherten Fahrzeuges, voraussetzt,[88] der jedoch nicht schon darin liegt, dass der VR die Versicherungsleistung erst nach Verzugseintritt auszahlt. Die bloße Nichtzahlung einer geschuldeten Versicherungsleistung stellt keine unmittelbare, objektbezogene Einwirkung auf das Fahrzeug selbst dar.[89] Der VN kann nicht damit gehört werden, er habe sich mangels Zahlung nicht schon früher um den Erwerb eines Ersatzfahrzeuges oder die Reparatur kümmern können, so dass er letztlich auf die Nutzung 64

82 BGH Urt. v. 20.11.1990 – **IV ZR 202/89** – r+s 1991, 37 = BeckRS 2008, 19328.

83 Vgl. BGH Urt. V. 15.12.1952 – **II ZR 56/52** – VersR 1953, 14; LG Essen Urt. v. 01.09.1972 – 13 O 230/71 – VersR 1973, 558 = NJW 1973, 711.

84 LG Nürnberg-Fürth Urt. v. 25.05.1993 – 5 O 5377/92 – r+s 1994, 407.

85 Vgl. BGH Urt. v. 27.09.1989 – **IVa ZR 156/88** – VersR 1990, 153 = r+s 1990, 58.

86 Prütting/Wegen/Weinreich/*Schmidt-Kessel* § 288 BGB Rn. 8.

87 OLG Koblenz Beschl. v. 07.10.2020 – 12 U 1161/20 – VersR 2021, 23; OLG Hamm Urt. v. 15.12.2010 – 20 U 108/10 – VersR 2011, 1259 = r+s 2011, 154; OLG Düsseldorf Beschl. v. 22.06.2005 – I-4 W 45/05 – r+s 2006, 63 = zfs 2006, 30; OLG Schleswig Urt. v. 01.02.1995 – 9 U 61/94 – VersR 1996, 448 = r+s 1995, 408; AG Köln Urt. v. 13.03.2012 – 264 C 79/11 – SP 2012, 370; AG Oldenburg Urt. v. 09.04.1990 – 19 C 102/90 – zfs 1990, 314.

88 Vgl. Grüneberg/*Grüneberg* § 249 Rn. 41.

89 OLG Hamm Urt. v. 15.12.2010 – 20 U 108/10 – VersR 2011, 1259 = r+s 2011, 154.

des Kfz habe verzichten müssen. Die **Entschädigungsleistung wird dem VN** – von der Neupreisentschädigung abgesehen – **ohne jegliche Zweckbindung zur freien Verfügung ausgezahlt.** Wollte man in der verspäteten Auszahlung einen sachbezogenen Eingriff in den Gebrauch des Fahrzeuges sehen, hätte dies zur Konsequenz, dass jeder Gläubiger einer Geldschuld bei Verzug des Schuldners Nutzungsausfall verlangen könnte, sofern er nur gewillt ist, ein Kfz zu kaufen oder reparieren zu lassen.[90] Dies aber würde zu einer unabsehbaren Ausuferung von Nutzungsausfallansprüchen bei Geldforderungen führen.

65 Ein Anspruch auf Nutzungsausfall ist auch dann nicht begründet, wenn der VR ankündigt, an einem vom VN verlangten Sachverständigenverfahren nicht mitwirken zu wollen und der VN sich deshalb gezwungen sieht, zur Beweissicherung ein zeitaufwendiges selbstständiges Beweisverfahren bei Gericht einleiten.[91] Auch **Mietwagenkosten** sind als Verzugsschaden nicht zu erstatten.[92]

66 Sofern es dem VN bei einem kaskoversicherten **Leasingfahrzeug** mangels Kostenübernahmeerklärung oder Vorschusszahlung des VR nicht zuzumuten ist, die zur Wiederherstellung der Fahrtüchtigkeit seines beschädigten Kfz erforderlichen Reparaturkosten selbst aufzuwenden, stellen die ab Verzugseintritt des VR vom VN **gezahlten Leasingraten** einen ersatzfähigen **Verzugsschaden** dar.[93]

b) Rechtsanwaltskosten

67 Ein Anspruch des VN gegen seinen Kasko-VR setzt voraus, dass er das anwaltliche Mandat erst nach Verzugseintritt des Kasko-VR erteilt hat. Zum Umfang der Erstattung von Anwaltskosten für die Geltendmachung der Ansprüche des VN gegenüber dem Vollkasko-VR vgl. A.2.5.2 AKB Rdn. 108 ff. (Erstattung durch den Vollkasko-VR) und A.2.5.8 AKB Rdn. 29 ff. (Erstattung durch den Haftpflicht-VR des Schädigers).

A.2.8 Können wir unsere Leistung vom Fahrer zurückfordern, wenn Sie nicht selbst gefahren sind?

Fährt eine andere Person berechtigterweise das Fahrzeug und kommt es zu einem Schadenereignis, fordern wir von dieser Person unsere Leistungen bei schuldloser oder einfach fahrlässiger Herbeiführung des Schadens nicht zurück.

Jedoch sind wir bei grob fahrlässiger Herbeiführung des Schadens berechtigt, unsere Leistung soweit zurückzufordern, wie dies der Schwere des Verschuldens entspricht. Lebt der Fahrer bei Eintritt des Schadens mit Ihnen in häuslicher Gemeinschaft, fordern wir unsere Ersatzleistung selbst bei grob fahrlässiger Herbeiführung des Schadens nicht zurück.

Bei vorsätzlicher Herbeiführung des Schadens sind wir berechtigt, unsere Leistungen in voller Höhe zurückzufordern.

Die Absätze 1 bis 3 gelten entsprechend, wenn eine in der Kfz-Haftpflichtversicherung gemäß A.1.2 mitversicherte Person sowie der Mieter oder der Entleiher einen Schaden herbeiführt.

Übersicht

90 OLG Düsseldorf Beschl. v. 22.06.2005 – I-4 W 45/05 – zfs 2006, 30; OLG Schleswig Urt. v. 01.02.1995 – 9 U 61/94 – VersR 1996, 448 = r+s 1995, 408.
91 OLG Hamm Urt. v. 15.12.2010 – 20 U 108/10 – VersR 2011, 1259 = r+s 2011, 154.
92 Ebenso Stiefel/Maier/*Meinecke* A.2 AKB Rn. 842.
93 OLG Koblenz Urt. v. 11.02.2011 – 10 U 742/10 – VersR 2012, 175 = r+s 2011, 423.

A. Allgemeines – Überblick

Anteilige oder vollständige Leistungsfreiheit im Falle grob fahrlässiger oder vorsätzlicher Herbeiführung des Versicherungsfalles kann der VR (regelmäßig) nur gegenüber dem VN, seinem Repräsentanten oder einem Mitversicherten einwenden.[1] Benutzt eine andere (dritte) Person das kaskoversicherte Fahrzeug und beschädigt dieses schuldhaft, besteht eine volle Leistungsverpflichtung des VR gegenüber dem VN. Dem Eigentümer (also regelmäßig dem VN) stehen für diesen Fall gegen den Fahrer Schadenersatzansprüche zu (z.B. nach § 823 Abs. 1 BGB wegen Eigentumsverletzung). Nimmt der VN wegen des eingetretenen Schadens seinen Vollkasko-VR in Anspruch, gehen seine **Schadenersatzansprüche gegen den Fahrer**, sofern dieser nicht gleichzeitig Mitversicherter ist (vgl. hierzu A.2.3 AKB Rdn. 7), **gemäß § 86 Abs. 1 S. 1 VVG auf den VR über**, soweit dieser dem VN den Schaden ersetzt. Der Anspruchsübergang erfolgt auch, soweit es sich nicht um Ansprüche des 1

1 Zu den Regressmöglichkeiten des VR vgl. Dickmann VersR 2012, 678 ff.
2 BGH Urt. v. 05.03.2008 – **IV ZR 89/07** – VersR 2008, 634 = NJW 2008, 1737.

VN, sondern einer mitversicherten Person gegen den Fahrer handelt.[2] Dem VN steht derjenige gleich, der die Stellung eines Versicherten oder Mitversicherten hat, (vgl. § 44 VVG, A.2.3 AKB). Dieser ist wie der VN in den Schutzbereich der Kaskoversicherung mit einbezogen. Im Falle einer **Fremdversicherung** tritt daher der Versicherte an die Stelle des VN, so dass z.B. bei einem kaskoversicherten **Leasingfahrzeug** der Ersatzanspruch des Leasinggebers als Eigentümer des Fahrzeuges im Umfang der Versicherungsleistung auf den VR übergeht.[3]

2 Als **Regressschuldner** kommt nur ein »**Dritter**« **i.S.d. § 86 Abs. 1 S. 1 VVG** infrage, (vgl. A.2.8 AKB Rdn. 19 ff.). Der VN oder ein (Mit-) Versicherter können nie »Dritter« sein, weshalb gegen sie ein Regress von vornherein nicht in Betracht kommt. Dies kommt auch in der neuen Überschrift der Bestimmung zu A.2.8 AKB zum Ausdruck, mit der verdeutlicht wird, dass es nur um die Rückforderung beim Fahrer geht, der nicht zugleich VN ist.

3 Der **berechtigte Fahrer** gilt grundsätzlich als »Dritter« i.S.d. § 86 Abs. 1 S. 1 VVG, da er **in der Kaskoversicherung nicht mitversichert** ist.[4] Gleiches gilt nach A.2.8 Abs. 4 AKB für die nach A.1.2 AKB in der Kfz-Haftpflichtversicherung mitversicherten Personen sowie für den Mieter und Entleiher des Fahrzeuges. Sie haften nur bei vom VR nachzuweisendem Vorsatz oder bei grober Fahrlässigkeit, wobei einige VR abweichend von den Musterbedingungen in ihren AKB auch dem Fahrer gegenüber auf den Einwand der groben Fahrlässigkeit verzichten. Dagegen ist der **unberechtigte Fahrer** für jeglichen, auch nur leicht fahrlässig verursachten Schaden während der Schwarzfahrt verantwortlich.[5]

4 **Nach erbrachter Versicherungsleistung kann der VR** den auf ihn übergegangenen Schadenersatzanspruch des VN gegen den Fahrer bei diesem **regressieren.** Dies wäre aufgrund des unbeschränkten gesetzlichen Forderungsüberganges gemäß § 86 Abs. 1 S. 1 VVG grundsätzlich auch bei nur leicht fahrlässigem Verhalten des Dritten möglich. Damit wäre der VR in solchen Fällen aber besser gestellt, als wenn der Schadenfall leicht fahrlässig durch den VN, seinen Repräsentanten oder einen Mitversicherten verursacht worden wäre. Denn dann müsste der VR die volle Versicherungsleistung erbringen, ohne dass ihm Rückgriffsmöglichkeiten eröffnet wären. Daher beschränkt **A.2.8 Abs. 1 und 2 AKB** die Regressmöglichkeiten des VR vertraglich auch gegenüber »Dritten« auf solche Fälle, in denen der Fahrer das Schadenereignis vorsätzlich oder grob fahrlässig herbeiführt.

5 Mit diesem **teilweisen Regressverzicht des VR** wird eine **Besserstellung des berechtigten Fahrers** gegenüber der gesetzlichen Regelung in § 86 Abs. 1 S. 1 VVG erreicht, weil der Fahrer nicht schlechter gestellt werden soll als der VN, dem gegenüber der VR sich im Falle nur einfacher Fahrlässigkeit auch nicht auf Leistungsfreiheit berufen könnte, (vgl. § 81 VVG).[6]

6 Dieser Grundgedanke kommt auch in **A.2.8 Abs. 2 AKB** zum Ausdruck. Im Gegensatz zur bisherigen Regelung in A.2.15 S. 2 AKB 2008, in der sich ein berechtigter Fahrer, der grob fahrlässig einen Schaden herbeiführte, noch einem unbeschränkten Regress des VR ausgesetzt sah, kann der Fahrer nach Maßgabe des A.2.8 Abs. 2 AKB nur noch auf Rückzahlung in einem Umfange in Anspruch genommen werden, der der Schwere seines Verschuldens entspricht. Damit wird der Anwendungsbereich des schon im VVG 2008 vorgesehenen abgestuften Versicherungsschutzes für Fälle grober Fahrlässigkeit auch auf den vertraglichen Rückforderungsanspruch des VR ausgedehnt.

7 Ausnahmsweise ist nach **A.2.8 Abs. 2 S. 2 AKB** kein Regress gegen diejenigen Fahrer möglich, die mit dem VN zum Schadenzeitpunkt in häuslicher Gemeinschaft leben, (vgl. A.2.8 AKB Rdn. 30 ff. und A.2.8 AKB Rdn. 78 f.). Seit den Änderungen des »**Familienprivilegs**« in § 86 Abs. 3 VVG, die auch schon in A.2.15 S. 3 AKB 2008 Eingang fanden, kommt der generelle Regressverzicht auch bei grob fahrlässiger Herbeiführung des Versicherungsfalles nicht mehr nur Familienangehörigen, sondern allen Personen zugute, die mit dem VN in häuslicher Gemeinschaft leben. Die

3 OLG München Urt. v. 26.04.2013 – 10 U 3879/12 – BeckRS 2013, 07720.
4 Vgl. auch OLG Dresden Beschl. v. 21.08.2023 – 4 U 476/23 – r+s 2024, 24.
5 Vgl. Himmelreich/Halm/*Bartholomy* Teil 1 Abschnitt B Kap. 20 Rn. 221.
6 Stiefel/Maier/*Maier* A.2 AKB Rn. 873.

früheren Streitfragen, ob eine **Verlobte** als Familienangehörige i.S.d. § 67 Abs. 2 VVG a.F. anzusehen ist[7] und der **Partner in einer nichtehelichen Lebensgemeinschaft** dem »Familienprivileg« unterfällt,[8] sind damit überholt. Die Argumente für die Gleichstellung von langjährigen, eheähnlichen Partnerschaften gelten ebenso für das Privileg des **§ 116 Abs. 6 SGB X**,[9] der dem § 67 Abs. 2 VVG a.F. nachgebildet wurde,[10] so dass die Rechtsprechung zu dieser Vorschrift auch für die Auslegung des § 86 Abs. 3 VVG zum Tragen kommt. Andererseits ergibt sich eine Einschränkung in zeitlicher Hinsicht. Die privilegierten Personen müssen bereits bei Eintritt des Schadens mit dem VN in häuslicher Gemeinschaft gelebt haben. Die früher bestehende Möglichkeit, die Regresssperre des § 67 Abs. 2 VVG a.F. durch eine Eheschließung bis zum Zeitpunkt der letzten mündlichen Verhandlung im Prozess noch aufleben zu lassen[11] und damit letztlich die Voraussetzungen für das »Familienprivileg« noch nach Eintritt des Schadens zu schaffen, ist entfallen.

Gemäß **§ 67 Abs. 2 VVG a.F.** war in allen Fällen, in denen das »Familienprivileg« eingriff, der **Anspruchsübergang auf den VR ausgeschlossen**, was für den VN die Möglichkeit von Doppelentschädigungen eröffnete.[12] So blieb er auch nach Inanspruchnahme des Kasko-VR weiterhin aktivlegitimiert und konnte dieselben Ansprüche auch gegenüber dem Schädiger oder dessen VR durchzusetzen. Mit der neuen Regelung in **§ 86 Abs. 1 VVG** verliert der VN dagegen den Ersatzanspruch gegen den Schädiger, wenn er die Versicherungsleistung in Anspruch nimmt. Trotzdem hat sich die Rechtslage für den Schädiger durch die Neuregelung nicht verschlechtert, weil der Anspruch gegen den Schädiger zwar auf den VR übergeht, dieser den **übergegangenen Anspruch** gegen einen – nicht vorsätzlich handelnden – Schädiger bei Vorliegen des »Familienprivilegs« aber **nicht durchsetzen** kann, **§ 86 Abs. 3 VVG**. Zu beachten ist, dass das Familienprivileg beim Regress des Haftpflicht-VR nicht – auch nicht analog – anwendbar ist.[13] 8

Durch den neu formulierten und textlich abgesetzten **A.2.8 Abs. 3 AKB** wird verdeutlicht, dass bei vorsätzlicher Schadenherbeiführung der Regress des VR stets in voller Höhe – auch gegenüber dem mit dem VN in häuslicher Gemeinschaft lebenden Fahrer – möglich ist. 9

B. Regelungsgehalt – Können wir unsere Leistung zurückfordern, wenn Sie nicht selbst gefahren sind? – A.2.8 AKB (§ 15 Abs. 2 AKB 2007 a.F. und § 67 Abs. 2 VVG; A.2.15 AKB 2008 a.F.)

I. Kein Regress gegen den berechtigten Fahrer bei schuldloser oder einfach fahrlässiger Schadenherbeiführung – A.2.8 Abs. 1 AKB

A.2.8 Abs. 1 AKB stellt klar, dass in allen Fällen der schuldlosen oder **einfach** bzw. leicht **fahrlässigen** Verursachung eines in der Kaskoversicherung gedeckten Schadens durch einen berechtigten Fahrer ein Rückgriff des VR nicht stattfindet. 10

---

7 **Verneinend:** BGH Urt. v. 09.05.1972 – **VI ZR 40/71** – VersR 1972, 764 = NJW 1972, 1372; OLG Köln Urt. v. 17.10.1990 – 24 U 43/90 – VersR 1991, 1237 = NZV 1991, 395.

8 **Bejahend:** BGH Urt. v. 05.02.2013 – **VI ZR 274/12** – r+s 2013, 258 = zfs 2013, 320 **unter Bestätigung von** OLG Köln Urt. v. 09.05.2012 – 16 U 48/11 – r+s 2012, 570 = SP 2012, 287; BGH Urt. v. 22.04.2009 – **IV ZR 160/07** – VersR 2009, 813 = NJW 2009, 2062; OLG Nürnberg Urt. v. 11.03.2009 – 4 U 1624/08 – SP 2009, 179; OLG Naumburg Urt. v. 19.05.2007 – 9 U 17/07 – VersR 2007, 1405 = r+s 2008, 144; OLG Brandenburg Urt. v. 06.03.2002 – 14 U 104/01 – r+s 2002, 275 = NJW 2002, 1581; **früher noch verneinend:** BGH Urt. v. 01.12.1987 – **VI ZR 50/87** – VersR 1988, 253 = r+s 1988, 76; OLG Koblenz Urt. v. 23.12.2002 – 12 U 1404/01 – VersR 2003, 1381.

9 Vgl. OLG Rostock Urt. v. 26.11.2007 – 3 U 80/07 – r+s 2008, 219, 563; Lang NZV 2009, 425.

10 BGH Urt. v. 28.06.2011 – **VI ZR 194/10** – NJW 2011, 3715 = r+s 2012, 516; BGH Urt. v. 01.12.1987 – **VI ZR 50/87** – VersR 1988, 253 = r+s 1988, 76.

11 Vgl. OLG Köln Urt. v. 17.10.1990 – 24 U 43/90 – VersR 1991, 1237 = NZV 1991, 395.

12 BGH Urt. v. 28.11.2000 – **VI ZR 352/99** – VersR 2001, 215 = DAR 2001, 118 (**zur vergleichbaren Regelung in § 116 Abs. 6 SGB X**).

13 OLG Koblenz Urt. v. 02.05.2011 – 10 U 1493/10 – VersR 2012, 1026.

11 Für die Frage der **Berechtigung des Fahrers** ist auf die vom Verfügungsberechtigten abgegebenen ausdrücklichen Erklärungen, in Ermangelung solcher auf den mutmaßlichen Willen des Verfügungsberechtigten abzustellen.[14] Die Berechtigung des Fahrers ist grundsätzlich gegeben, wenn er **mit Wissen und Wollen des VN** und **gültiger Fahrerlaubnis** das Fahrzeug steuert (vgl. D 1.1.2 und D.1.1.3 AKB), gleichgültig, ob er zu dem im Versicherungsschein beschriebenen Personenkreis gehört (z.B. nur Fahrer über 25 Jahre) oder namentlich als »**eingetragener Fahrer**« aufgeführt ist oder nicht. Überlässt der VN das Fahrzeug einem nicht beim VR angemeldeten Fahrer, so verletzt er keine Obliegenheit aus dem Versicherungsvertrag, die im Schadenfall zu einer (anteiligen) Leistungsfreiheit des VR führen könnte. Es liegt lediglich ein Verstoß gegen ein sogenanntes »**weiches Tarifmerkmal**« vor, wodurch nach den jeweiligen Tarifbestimmungen im Versicherungsfall – sofern wirksam vereinbart – eine **Vertragsstrafe**,[15] eine **rückwirkende Prämienerhöhung** oder auch eine **erhöhte Selbstbeteiligung**[16] fällig werden kann. Der nicht angemeldete Fahrer wird dadurch aber nicht zum »nicht berechtigten Fahrer«.

12 Auch eine **Leistungsfreiheit wegen Verletzung einer Obliegenheit kommt nicht in Betracht**, weil sie regelmäßig nicht vereinbart ist. Abgesehen davon wäre eine entsprechende vertragliche Bestimmung in den AKB auch unwirksam. Sie müsste gleichermaßen den Bereich der Kasko-, wie auch der Haftpflichtversicherung umfassen.

13 Auf **gesetzlicher Ebene** verstößt eine nationale Regelung in der Haftpflichtversicherung, die einen Ausschluss des Versicherungsschutzes bei Verursachung eines Unfalles durch einen nicht in der Versicherungspolice genannten Fahrer vorsieht, gegen **europäisches Recht**.[17] Es ist naheliegend, dieses Ergebnis auch auf **vertragliche Klauseln** zu übertragen, zumal selbst bei einer grob fahrlässigen Obliegenheitsverletzung eine Leistungskürzung auf Null nicht grundsätzlich ausgeschlossen ist. Eine andere Betrachtungsweise hätte bei einer Unfallverursachung durch einen nicht im Versicherungsschein eingetragenen Fahrer unter Umständen eine komplette Versagung des Versicherungsschutzes zur Folge und käme damit wirtschaftlich gesehen einem unzulässigen Ausschluss des Versicherungsschutzes gleich.

14 Sofern der Versicherungsfall durch einen **unberechtigten Fahrer** (z.B. einen Dieb) herbeigeführt wurde, ist ein Regress des VR in voller Höhe auch dann möglich, wenn der Fahrer den Schaden nur leicht fahrlässig verursacht hat.

II. Regress bei grob fahrlässiger Schadenherbeiführung – A.2.8 Abs. 2 Satz 1 AKB

1. Umfang des Regressanspruchs

15 A.2.8 Abs. 2 S. 1 AKB sieht als Ausnahme zu A.2.8 Abs. 1 AKB einen Regressanspruch des VR für diejenigen Fälle vor, in denen das Schadenereignis durch den berechtigten Fahrer **grob fahrlässig** herbeigeführt wurde, (vgl. A.2.9.1 AKB Rdn. 12 ff.). Eine Ausweitung des Regressanspruchs auch auf solche Fälle, in denen sich der berechtigte Fahrer unerlaubt vom Unfallort entfernt (**Unfallflucht**), oder in denen er gegen sonstige (nur den VN oder mitversicherte Personen betreffende) Obliegenheiten aus dem Kaskoversicherungsvertrag verstoßen hat, kommt ausschließlich dann in Betracht, wenn die konkreten Versicherungsbedingungen – abweichend von den hier kommentierten Muster-AKB – eine (wirksame!) Ausnahmeregelung beinhalten,[18] (vgl. A.2.3 AKB Rdn. 7).

---

14 BGH Urt. v. 01.12.1982 – **IVa ZR 145/81** – VersR 1983, 233 = MDR 1983, 473.

15 Vgl. OLG Stuttgart Urt. v. 25.07.2013 – 7 U 33/13 – VersR 2013, 1528 = r+s 2014, 61, **wonach eine Vertragsstrafenklausel im Einzelfall gemäß § 307 Abs. 1 BGB unwirksam sein kann.**

16 AG Zeitz Urt. v. 17.12.2019 – 4 C 195/19 – zfs 2020, 336 mit kritischer Anm. Rixecker zfs 2020, 337, **der eine erhöhte Selbstbeteiligung als Strafsanktion für fragwürdig hält.**

17 EuGH Urt. v. 01.12.2011 – C-442/10 – BeckRS 2011, 81768 = ADAJUR Dok.Nr. 96280.

18 Vgl. OLG Dresden Beschl. v. 21.08.2023 – 4 U 476/23 – r+s 2024, 24; OLG Hamm Urt. v. 16.08.2019 – 9 U 164/18 – r+s 2020, 201; OLG Braunschweig Beschl. v. 19.09.2017 – 11 U 10/17 – r+s 2018, 592 = zfs 2018, 29.

Nach **A.2.15 AKB 2008** war **bei grob fahrlässiger Schadenherbeiführung** eines »Dritten« der **Regress** des VR noch **in vollem Umfang** möglich. Eine Quotelung wie in § 81 Abs. 2 VVG und damit eine Begrenzung des Rückgriffsanspruches nur auf einen der Schwere des Verschuldens entsprechenden Teil der Forderung sah die Klausel ausdrücklich nicht vor. Dies wurde trotzdem als zulässig zu erachtet, da der Fahrer durch die vertraglich in A.2.15 S. 2 AKB 2008 auf Vorsatz und grobe Fahrlässigkeit beschränkten Rückgriffsmöglichkeiten immer noch besser gestellt war, als wenn er kraft Gesetzes nach § 86 Abs. 1 VVG i.V.m. § 823 Abs. 1 BGB auch bei nur einfacher Fahrlässigkeit unbeschränkt hätte in Anspruch genommen werden könnte.[19] Eine **Ausnahme** galt lediglich im Rahmen der gewerblichen Kfz-Vermietung für den Rückgriff gegen einen **Kfz-Mieter**, der an einem vollkaskoversicherten Pkw einen Schaden verursachte, (vgl. A.2.8 AKB Rdn. 53 ff.). 16

Unabhängig hiervon konnte unter der Geltung der AKB 2008 die grob fahrlässige Herbeiführung des Versicherungsfalles durch den Fahrer zu **unterschiedlichen Regressmöglichkeiten für den VR** führen. War der Fahrer z.B. **Repräsentant des VN** oder **(Mit-) Versicherter**, so schadete dem VN ein grob fahrlässiges Fahrerverhalten mit der Folge, dass der VN im Hinblick auf §§ 47 Abs. 1, 81 Abs. 2 VVG, A.2.16.1 S. 2 AKB 2008 ohnehin nur eine anteilige Entschädigung erhielt. Entsprechend gingen die Ansprüche des VN gegen den Fahrer auch nur in dieser Höhe auf den VR über. Der Regress war mithin von Anfang an auf einen anteiligen Betrag beschränkt. **Anderes galt** nur dann, wenn sich der VN das Verhalten des Fahrers nicht zurechnen lassen musste. Losgelöst von der Frage eines etwaigen grob fahrlässigen Verhaltens des Fahrers erhielt der VN in einem solchen Fall die volle Kaskoentschädigung, so dass der Schadenersatzanspruch des VN entsprechend auch in voller Höhe auf den VR überging und ungeachtet der Frage, wie schwer das Verschulden des Fahrers wog, von ihm in dieser Höhe nach A.2.15 AKB 2008 auch zurückgefordert werden konnte. 17

Nach **A.2.8 AKB 2015** ist **bei grob fahrlässiger Schadenherbeiführung** eines »Dritten« der **Regress** des VR **nur in eingeschränktem Umfang** möglich. Der VR ist nur berechtigt, seine Leistungen anteilig in einem der Schwere des bei dem Dritten festgestellten Verschuldens zurückzufordern. Damit gelten nun die gleichen Grundsätze einer Quotelung sowohl für den VN, als auch für den berechtigten Fahrer. Nur in dem Umfang, wie der VR bei grober Fahrlässigkeit gegenüber dem VN seine Leistung nach A.2.9.1 S. 2 AKB kürzen kann, kann er nun auch gegenüber dem berechtigten Fahrer nach A.2.8 Abs. 2 S. 1 AKB seine Regressforderung durchsetzen, (vgl. auch A.2.8 AKB Rdn. 4 ff.). Die in A.2.8 AKB Rdn. 17 genannten Fallkonstellationen führen unter der Geltung der AKB 2015 zu keinen unterschiedlichen Ergebnissen mehr. 18

2. »Dritter« i.S.d. § 86 Abs. 1 S. 1 VVG als Regressschuldner

Die Anwendbarkeit von A.2.8 Abs. 2 AKB setzt voraus, dass eine in A.2.8 Abs. 1 AKB genannte, vom VN personenverschiedene ***»andere Person«*** berechtigterweise mit dem versicherten Fahrzeug gefahren ist und dabei grob fahrlässig oder vorsätzlich einen Schaden am Fahrzeug verursacht hat. Außerdem muss der **VR Anspruchsinhaber** von Schadenersatz- oder Ausgleichsforderungen geworden sein, die ursprünglich dem VN gegen den Fahrer zugestanden haben. Diesen Rechtsübergang regelt § 86 Abs. 1 S. 1 VVG. Soweit der VR seinen VN wegen eines Kaskoschadens entschädigt, gehen die Regressansprüche des VN gegen den schadenverursachenden Fahrer auf den VR über. Dies gilt aber nur, sofern der Fahrer als »Dritter« i.S.v. § 86 Abs. 1 S. 1 VVG angesehen werden kann. 19

Als »Dritte« kommen **nur solche Personen** in Betracht, die keine unmittelbaren Rechte aus dem abgeschlossenen Kaskoversicherungsvertrag für sich herleiten können und deren Sachersatzinteresse auch nicht vom Schutzbereich des Vertrages mit umfasst ist. »Dritter« kann damit grundsätzlich jeder sein, der nicht VN oder (Mit-) Versicherter ist.[20] 20

---

19 Vgl. Maier/Stadler Rn. 226 und 229; Keysers/Nugel NJW Spezial 2008, 681.

20 BGH Urt. v. 05.02.1992 – **IV ZR 340/90** – VersR 1992, 485 = BGHZ 117, 151, 158; BGH Urt. v. 30.04.1959 – **II ZR 126/57** – VersR 1959, 500 = BGHZ 30, 40, 42.

21 Auch der **Gesellschafter einer Personengesellschaft**, der ein von der Gesellschaft kaskoversichertes Firmenfahrzeug nutzen darf, ist kein »Dritter«, sondern mit seinem Sachersatzinteresse in der Kaskoversicherung mitversichert,[21] (vgl. A.2.3 AKB Rdn. 21 ff.).

22 Der **VN** selbst gehört **nie** zu der Personengruppe, zumal sich schon aus der Überschrift zu A.2.8 AKB herleiten lässt, dass die Klausel nur Rückforderungsansprüche gegen einen Fahrer regelt, der nicht zugleich auch VN ist. Auch **Mit-VN** und **(Mit-) Versicherter** (vgl. § 44 VVG) gehören **in der Regel nicht** zu dieser Personengruppe, (vgl. A.2.3 AKB Rdn. 4 ff. und A.2.3 AKB Rdn. 21 ff.); in **Ausnahmefällen** können sie allerdings Regressschuldner des VR sein, (vgl. A.2.8 AKB Rdn. 45 ff.). Gleiches gilt für den **Repräsentanten des VN**; auch er kann im Einzelfall als »Dritter« regresspflichtig sein, (vgl. A.2.8 AKB Rdn. 52).

23 **Nicht jeder berechtigte Fahrer** ist gleichzeitig auch als **mitversicherte Person** in der Kaskoversicherung anzusehen. Im Gegenteil: Anders als in der Kfz-Haftpflichtversicherung (vgl. A.1.2 AKB) ist der vom VN personenverschiedene Fahrer in der Kaskoversicherung grundsätzlich nicht mitversichert. Er ist in der Regel »Dritter« i.S.v. § 86 Abs. 1 S. 1 VVG. Diese Rechtsfolge wird auch in A.2.8 Abs. 4 AKB ausdrücklich hervorgehoben, indem die Regressmöglichkeiten des VR gerade auch gegen die in der Kfz-Haftpflichtversicherung mitversicherten Personen für anwendbar erklärt werden.

24 **Ausnahmsweise** ist der **Fahrer** in der Kaskoversicherung dann **mitversichert** und infolgedessen kein »Dritter«, wenn er **Eigentümer** des versicherten Fahrzeuges ist. Denn in diesem Fall ist der Fahrer Versicherter in einer Versicherung für fremde Rechnung. Bei der Regulierung des Kaskoschadens ist bezüglich seiner Person § 47 Abs. 1 VVG anzuwenden.

25 Grundsätzlich braucht sich der VN **in allen Fällen, in denen der Fahrer »Dritter« ist**, dessen schuldhaftes Verhalten **nicht zurechnen** lassen. Der VR hat vielmehr den VN ohne Rücksicht auf den Verschuldensgrad des Dritten zu entschädigen. Mit Auszahlung der Kaskoentschädigung gehen die zivilrechtlichen Ansprüche des VN gegen den Fahrer (z.B. aus Eigentumsverletzung nach § 823 Abs. 1 BGB) auf den VR über. Diese so erworbenen Ansprüche eröffnen dem VR gegen den anderen berechtigten Fahrer aber nur dann Regressmöglichkeiten, wenn dieser grob fahrlässig oder vorsätzlich gehandelt hat. Bei nur leicht fahrlässiger Schadenverursachung ist der Rückgriff nach A.2.8 Abs. 1 AKB ausdrücklich ausgeschlossen.

26 Demgegenüber muss sich der VN **in all denjenigen Fällen, in denen der Fahrer kein »Dritter« ist**, dessen schuldhaftes Verhalten **zurechnen** lassen mit dem Ergebnis, dass der VR im Falle vorsätzlicher oder grob fahrlässiger Herbeiführung des Versicherungsfalles gemäß A.2.9.1 AKB, § 81 VVG gegenüber dem VN leistungsfrei sein kann. In diesen Fällen kommt es auf die Regressmöglichkeiten des VR nach A.2.8 AKB nicht an, weil mangels Entschädigungszahlung des VR keine Forderungen des VN gegen den verursachenden Schädiger nach § 86 Abs. 1 S. 1 VVG auf den VR übergehen können.

3. Übergehende kongruente Ersatzansprüche

27 Nach dem Wortlaut der Klausel soll der VR berechtigt sein, die an den VN erbrachten Leistungen von dem Fahrer zurückzufordern. Vom Forderungsübergang des § 86 Abs. 1 S. 1 VVG werden aber nur **kongruente Sachschäden** erfasst, also solche Ansprüche, die ihrer Art nach unter den Schutz des Kaskoversicherungsvertrages fallen und den Schaden ausgleichen können, für den der VR Zahlungen geleistet hat. Dies sind ausschließlich unmittelbare Sachschäden, während die **nicht kongruenten Sachfolgeschäden** auch dann nicht am Forderungsübergang teilnehmen, wenn sie zum vertraglichen Leistungsumfang des Kasko-VR gehören, (zur **Abgrenzung** vgl. A.2.5.8 AKB Rdn. 19 ff.).

---

21 BGH Urt. v. 05.03.2008 – **IV ZR 89/07** – VersR 2008, 634 = NJW 2008, 1737; Terno DAR 2008, 313, 315.

Da § 86 VVG vertraglich nicht zum Nachteil des VN abänderbar ist (vgl. § 87 VVG), lässt sich eine wirksame Ausweitung der regressfähigen Forderungen auf Sachfolgeschäden auch nach A.2.8 AKB nicht begründen. Entscheidend für den Forderungsübergang ist also, ob der Schaden seiner Natur nach zum **unmittelbaren Sachschaden** gehört.[22] Ersetzt der VR z.B. nach den einschlägigen AKB zwar zu erstattende, aber die Substanz des versicherten Fahrzeuges nicht berührende **Mietwagenkosten**, so geht die entsprechende Forderung des VN gegen den Schädiger im Augenblick ihrer Regulierung durch den VR nicht auf diesen über und kann demzufolge auch **nicht Gegenstand einer Regressforderung** gegen den schadenverursachenden Fahrer sein. Dies gilt auch für sonstige über den unmittelbaren Sachschaden hinausgehende Aufwendungen des VR wie z.B. **Kosten für Gutachten oder Prozessführung.**[23] Auch **Anwaltskosten**, die dem VR **für die Beschaffung eines Ermittlungsaktenauszuges** entstehen, werden nicht vom Forderungsübergang des § 86 Abs. 1 S. 1 VVG erfasst.[24] 28

Zu den gemäß § 86 Abs. 1 S. 1 VVG übergehenden Forderungen vgl. auch A.2.8 AKB Rdn. 80 ff. 29

III. Familienprivileg – A.2.8 Abs. 2 Satz 2 AKB

1. Grundsätzliches

Entsprechend § 86 Abs. 1 und 3 VVG geht zwar der Ersatzanspruch auch bei einer Schadenverursachung durch solche **Personen, die dem Haushalt des VN angehören**, auf den VR über; jedoch ist zugunsten dieses Personenkreises gemäß A.2.8 Abs. 2 S. 2 AKB eine besondere **Regressbeschränkung** insofern vorgesehen, als der Angehörige vom VR bei grob fahrlässiger Schadenverursachung nicht in Anspruch genommen werden kann. Diese Privilegierung des Familienangehörigen gilt nur für den Regress des VR in der Kasko-, nicht aber in der Haftpflichtversicherung.[25] 30

Nach dem **Sinn und Zweck der Regelung** soll die Regresssperre verhindern, dass der VR seinem Vertragspartner die zuvor erbrachten Entschädigungsleistungen wieder entziehen kann, indem er bei einem anderen Mitglied seiner Haushalts- und Wirtschaftsgemeinschaft Regress nimmt.[26] Denn mit dem Rückgriff würde der VR mittelbar auch den VN als Mitglied dieser Wirtschaftsgemeinschaft treffen. Er könnte ihm diejenigen Finanzmittel wieder nehmen, die er ihm erst zuvor als Kaskoentschädigung ausgezahlt hat. Der VN würde diese Inanspruchnahme als Belastung der gemeinsamen »Haushaltskasse« empfinden, wodurch die vom VR geschuldete Zahlung der Kaskoentschädigung an den VN praktisch unterlaufen würde.[27] Daneben soll die Regelung aber auch dem Schutz und der Erhaltung des **Familienfriedens** dienen. Der VR soll den schadenverursachenden Haushaltsangehörigen nicht mit Forderungen, womöglich im Klagewege, überziehen können, von deren Erhebung der VN selbst abgesehen hätte, um den häuslichen Frieden nicht zu stören.[28] 31

Das **Familienprivileg versagt** jedoch mit der Folge, dass der Regress möglich ist, wenn die betreffende Person den **Schaden vorsätzlich verursacht** hat, (vgl. A.2.8 AKB Rdn. 44). Dabei muss der **Vorsatz auch die Schadenfolge umfasst** haben, auf die der VR Leistungen erbracht hat.[29] Sofern der Familienangehörige das Fahrzeug zwar vorsätzlich gegen den Willen des Verfügungsberechtigten 32

22 Stiefel/Maier/*Maier* A.2 AKB Rn. 901.
23 **A.A.** *Langheid*/Rixecker § 86 VVG Rn. 43.
24 BGH Urt. v. 27.10.1993 – **IV ZR 33/93** – VersR 1994, 85 = NJW 1994, 585; vgl. Bertkau zfs 2015, 604 ff.
25 BGH Urt. v. 13.07.1988 – **IVa ZR 55/87** – r+s 1988, 284 = DAR 1989, 14; **a.A. noch** OLG Hamm Beschl. v. 16.09.1987 – 20 W 36/87 – NJW-RR 1988, 93.
26 Vgl. BGH Urt. v. 05.02.2013 – **VI ZR 274/12** – r+s 2013, 258 = zfs 2013, 320 **unter Bestätigung von** OLG Köln Urt. v. 09.05.2012 – 16 U 48/11 – r+s 2012, 570 = SP 2012, 287; BGH Urt. v. 28.06.2011 – **VI ZR 194/10** – NJW 2011, 3715 = r+s 2012, 516; BGH Urt. v. 22.04.2009 – **IV ZR 160/07** – NJW 2009, 2062 = VersR 2009, 813 (**zur vergleichbaren Regelung in § 116 Abs. 6 SGB X**).
27 Vgl. Schirmer DAR 2008, 319, 325.
28 Vgl. BGH Urt. v. 12.11.1985 – **VI ZR 223/84** – VersR 1986, 333 = NJW-RR 1986, 385.
29 BGH Urt. v. 08.10.1985 – **VI ZR 138/84** – VersR 1986, 233 = r+s 1985, 300.

in Gebrauch genommen, das Fahrzeug aber lediglich grob fahrlässig beschädigt hat, scheitert der Regress des VR.[30]

33 Das **Familienprivileg greift ebenfalls nicht**, sofern der VR seinen Regress auf eine vertragliche **Obliegenheitsverletzung in der Kfz-Haftpflichtversicherung** stützt. Da VR und VN im Außenverhältnis gegenüber dem geschädigten Dritten nach § 115 Abs. 1 S. 4 VVG als Gesamtschuldner haften, kann der VR bei (partieller) Leistungsfreiheit wegen der Verletzung einer vor oder nach dem Versicherungsfall zu erfüllenden Obliegenheit im Innenverhältnis nach § 426 Abs. 2 BGB i.V.m. § 116 Abs. 1 S. 2 VVG gegen den VN Rückgriff nehmen. Hat nicht der VN, sondern eine nach A.1.2 AKB mitversicherte Person die Obliegenheitsverletzung begangen, kann der VR den Regress – ungeachtet der Regelungen in § 86 Abs. 3 VVG und A.2.8 Abs. 2 S. 2 AKB – auch dann durchführen, wenn er sich gegen eine Person richtet, mit der der VN in häuslicher Gemeinschaft lebt.[31] **Begrenzt wird der Regress** nur durch die Haftungshöchstgrenzen in **§§ 5 Abs. 3, 6 Abs. 1 und 3 KfzPflVV.** Soweit der VR **bei einer grob fahrlässigen Obliegenheitsverletzung** im Innenverhältnis teilweise leistungsbefreit ist (§ 28 Abs. 2 S. 2 VVG), ist **zunächst die Quote zu bilden** und in einem zweiten Schritt der so ermittelte Regressbetrag ggf. auf die Höchstgrenzen der KfzPflVV zu begrenzen.[32] Ist der Anspruch des geschädigten Dritten durch rechtskräftiges Urteil, Anerkenntnis oder Vergleich festgestellt worden, muss dies der in Regress genommene Mitversicherte nach **§ 124 Abs. 2 VVG** grundsätzlich gegen sich gelten lassen. Zur **Beweislast** vgl. A.2.8 AKB Rdn. 78 f.

2. Häusliche Gemeinschaft mit dem VN

34 Der Ausschluss eines Regresses bei grob fahrlässiger Herbeiführung des Versicherungsfalles betrifft alle Personen, die dem Haushalt des VN angehören. Dazu gehören nicht nur die Familienangehörigen,[33] sondern alle Mitglieder, die **mit dem VN in häuslicher Gemeinschaft** leben. Dies kann der Ehepartner, der Verlobte, der nichteheliche Lebensgefährte oder auch der gleichgeschlechtliche Lebenspartner sein, unabhängig davon, ob es sich um eine nach dem Lebenspartnerschaftsgesetz eingetragene Verbindung handelt oder nicht (vgl. § 11 LPartG).

35 Die Verbindung der Beteiligten muss auf eine **dauerhafte Haushalts- und Wirtschaftsgemeinschaft** angelegt sein. Hiervon ist auszugehen, wenn die Geldmittel zum Bestreiten der Wirtschaftsführung gemeinsam aufgebracht und verwendet werden, d.h. jeder Partner Zugriff auf ein **gemeinsames Konto** hat, auf das auch die beiderseitigen Einnahmen verbucht werden.[34] Wechselt sich der VN mit dem Haushaltsangehörigen bei der Tätigung von Einkäufen, dem Zubereiten der Mahlzeiten und dem Besorgen der Wäsche ab, spricht dies für eine gewisse, auf Dauer angelegte wirtschaftliche Einheit, die als typisches Merkmal eines Haushaltsverbandes anzusehen ist.[35] **Dagegen** ist es **nicht ausreichend**, wenn Angehöriger und VN zwar einer Wohngemeinschaft aus mehreren Personen, jedoch mit jeweils **getrennten Haushaltskassen** angehören. Denn bei einer solchen Konstellation fehlt es an der mittelbaren Belastung des VN durch den Regress gegen ein Mitglied seiner Wirtschaftsgemeinschaft, die die Regresssperre verhindern will. Ebenso wenig ausreichend sind regelmäßige Aufenthalte und Übernachtungen im Haus des Partners einer nichtehelichen Beziehung überwiegend an Wochenenden und Ferientagen ohne Begründung eines gemeinsamen Hausstandes bei gleichzeitigem Fortbestehen eigener Wohnsitze.[36]

---

30 BGH Urt. v. 02.11.1961 – **II ZR 237/59** – VersR 1961, 1077 = NJW 1962, 41.
31 Vgl. BGH Urt. v. 18.01.1984 – **IVa ZR 73/82** – VersR 1984, 327 = NJW 1984, 1463.
32 LG Bochum Urt. v. 02.03.2012 – 5 S 102/11 – zfs 2012, 573.
33 Vgl. hierzu Burmann/Heß/*Jahnke*/Janker § 86 VVG Rn. 100.
34 BGH Urt. v. 05.02.2013 – **VI ZR 274/12** – r+s 2013, 258 = zfs 2013, 320 **unter Bestätigung von** OLG Köln Urt. v. 09.05.2012 – 16 U 48/11 – r+s 2012, 570 = SP 2012, 287.
35 Vgl. BGH Urt. v. 12.11.1985 – **VI ZR 223/84** – VersR 1986, 333 = NJW-RR 1986, 385.
36 OLG Nürnberg Urt. v. 13.05.2015 – 4 U 1839/14 – r+s 2016, 50.

Erforderlich ist zudem, dass die Verbindung auf eine **Verantwortungsgemeinschaft** angelegt ist, die sich durch Bindungen auszeichnet, die ein gegenseitiges Einstehen der Partner füreinander begründen.[37] 36

Der **Lebensmittelpunkt des Angehörigen** muss im Haushalt des VN liegen. Eine vorübergehende Abwesenheit aus beruflichen Gründen oder durch Wehrdienst steht dem nicht entgegen. Auch ein Studium eines Kindes an einem **auswärtigen Studienort** schadet nicht, da sich dadurch der Lebensmittelpunkt des Kindes noch nicht verlagert, was erst recht dann nicht anzunehmen sein wird, wenn es noch von seinen Eltern alimentiert wird. **Umgekehrt** hindert der Umstand, dass der VN in der Regel nicht bei seiner Familie, sondern in einem möblierten Zimmer schläft, nicht die Annahme, dass er mit seiner Familie in häuslicher Gemeinschaft lebt.[38] Anderes gilt nur dann, wenn ein volljähriges Kind aus der elterlichen Wohnung auszieht und eine eigene Wohnung allein oder mit Dritten bezieht.[39] 37

Die häusliche Gemeinschaft eines Kindes zu seinem von der Mutter **getrennt lebenden** Vater ist auch dann zu bejahen, wenn das Kind zwar aufgrund der Trennung der Eltern nicht ständig bei dem Vater lebt, jedoch durch regelmäßiges Verweilen und Übernachten in seiner Wohnung mit festem Schlafplatz und Einnehmen der Mahlzeiten noch häufigen Umgang mit ihm pflegt und von ihm auch wirtschaftlich unterstützt wird.[40] 38

Auch **Scheidungskinder** sind in der Regel in den Haushalten beider Elternteile integriert.[41] Dafür ist kein wechselseitiger, unter zeitlichem Aspekt gleich langer Aufenthalt bei beiden Elternteilen erforderlich.[42] Es kommt auch nicht darauf an, wo sich das Kind zeitlich überwiegend aufhält, wenn keine Anhaltspunkte für eine deutliche Lockerung der Familienbande feststellbar sind. 39

Eine häusliche Gemeinschaft wird aber noch nicht dadurch begründet, dass ein Familienangehöriger gelegentlich oder vorübergehend – wenn auch länger – beim VN zu Besuch ist. 40

Anhaltspunkte für eine häusliche Gemeinschaft können auch darin liegen, dass Lebenspartner bereits seit über einem Jahr oder auch als Eltern mit einem gemeinsamen Kind zusammenleben, ihnen die Versorgung von Kindern und Angehörigen im Haushalt obliegt oder sie die gegenseitige Befugnis haben, über Einkommen oder Vermögensgegenstände des jeweils anderen zur verfügen.[43] Allerdings handelt es sich dabei nur um Kriterien, die für eine sogenannte Verantwortungsgemeinschaft sprechen.[44] Sie beweisen für sich allein nicht zwingend auch das gleichzeitige Bestehen einer »häuslichen Gemeinschaft«, werden aber jedenfalls als starkes Indiz hierfür angesehen werden müssen. 41

3. Bei Eintritt des Schadens

Voraussetzung für den Regressverzicht ist das **Bestehen eines gemeinschaftlichen Haushaltes** des VN mit der den Schaden verursachenden Person **im Zeitpunkt des Schadeneintritts**. Dadurch soll der VR vor einer manipulierbaren Risikoverschiebung zu seinen Lasten und damit letztlich vor Missbräuchen geschützt werden. 42

Die Regressmöglichkeiten des VR sollen nicht mehr durch eine erst nachträgliche Schaffung einer häuslichen Gemeinschaft unterlaufen werden können. Nach der früheren Regelung in § 67 Abs. 2 43

37 BGH Urt. v. 05.02.2013 – **VI ZR 274/12** – r+s 2013, 258 = zfs 2013, 320 **unter Bestätigung von** OLG Köln Urt. v. 09.05.2012 – 16 U 48/11 – r+s 2012, 570 = SP 2012, 287.

38 BGH Urt. v. 02.11.1961 – **II ZR 237/59** – NJW 1962, 41 = MDR 1962, 33.

39 KG Beschl. v. 20.12.2011 – 6 U 64/11 – zfs 2014, 31.

40 BVerfG Beschl. v. 12.10.2010 – 1 BvL 14/09 – NJW 2011, 1793 = r+s 2011, 138 (**zur vergleichbaren Regelung in § 116 Abs. 6 SGB X**).

41 Ebenso Burmann/Heß/*Jahnke*/Janker § 86 VVG Rn. 116.

42 Lang jurisPR-VerkR 1/2010.

43 BGH Urt. v. 22.04.2009 – **IV ZR 160/07** – NJW 2009, 2062 = VersR 2009, 813; OLG Nürnberg Urt. v. 11.03.2009 – 4 U 1624/08 – SP 2009, 179.

44 Weitergehend wohl Schirmer DAR 2008, 319, 325.

VVG a.F. war dies noch ohne weiteres möglich. Mit Hinweis auf die vergleichbare Rechtslage in § 116 Abs. 6 S. 2 SGB X wurde es überwiegend als zulässig erachtet, die Voraussetzungen für das »Familienprivileg« durch Eheschließung zwischen Schädiger und VN und Begründung eines gemeinschaftlichen Haushaltes auch noch nach Eintritt des Schadenfalles zu schaffen.[45] Angesichts der eindeutigen Regelung in A.2.8 Abs. 2 S. 2 AKB (so auch schon A.2.15 S. 3 AKB 2008), die insoweit § 86 Abs. 3 VVG entspricht, lässt sich der Regress jetzt hierdurch nicht mehr verhindern. Umgekehrt ist es für die Anwendbarkeit des »Familienprivilegs« unerheblich, wenn der **Schädiger** kurz nach dem Unfall **verstirbt** oder der VN vor Empfang der Versicherungsleistung umzieht und die häusliche Gemeinschaft mit dem schadenersatzpflichtigen Familienangehörigen beendet.[46] Maßgeblich für die Frage des Regressverzichts sind ausschließlich die Verhältnisse, die zum Unfallzeitpunkt bestanden haben; auf deren weitere Entwicklung kommt es nicht an.

IV. Regress bei vorsätzlicher Schadenherbeiführung – A.2.8 Abs. 3 AKB

44 A.2.8 Abs. 3 AKB stellt klar, dass der VR berechtigt ist, bei vorsätzlicher Herbeiführung des Schadens seine Leistungen uneingeschränkt in voller Höhe zurückzufordern, (vgl. zum Vorsatzbegriff A.2.9.1 AKB Rdn. 6 ff.). Aufgrund der systematischen Anordnung der Regelung innerhalb der Gesamtklausel des A.2.8 AKB wird auch deutlich, dass das Familienprivileg und damit der Haftungsverzicht des VR gegenüber Personen, mit denen der VN in häuslicher Gemeinschaft lebt, bei Vorsatz nicht greift, sondern sich ausschließlich auf die in A.2.8 Abs. 2 AKB genannten Konstellationen und damit auf Fälle grober Fahrlässigkeit bezieht.

V. Nach A.1.2 AKB mitversicherte Personen, Mieter und Entleiher – A.2.8 Abs. 4 AKB.

1. Regressverzicht gegenüber den nach A.1.2 AKB mitversicherten Personen

45 Der Regress des VR nach § 86 Abs. 1 S. 1 VVG, durch A.2.8 AKB beschränkt auf die vorsätzliche oder grob fahrlässige Herbeiführung eines Schadens, kann auch die nach A.1.2 AKB mitversicherten Personen treffen. Die in A.2.8 Abs. 4 AKB vorgesehene Regelung hat lediglich **deklaratorischen Charakter** und dient der Ausräumung einer weit verbreiteten Fehlvorstellung, die in der Kfz-Haftpflichtversicherung genannten mitversicherten Personen seien ebenso wie diejenigen Fahrer, denen das Fahrzeug mit Wissen und Wollen des VN zur Verfügung gestellt wird, auch in der Kaskoversicherung mitversichert, weshalb auch Regressforderungen des VR nicht erhoben werden könnten.

46 »Andere Personen« i.S.v.A.2.8 Abs. 1 AKB, die berechtigterweise ein kaskoversichertes Fahrzeug fahren, sind der Mieter, der Entleiher sowie all diejenigen Personen, die in **A.1.2 AKB** für die Kfz-Haftpflichtversicherung ausdrücklich als mitversicherte Personen genannt sind. Dies sind vor allem **der vom VN personenverschiedene Halter und der Fahrer des Fahrzeuges.** Während sie in der Haftpflichtversicherung selbstständig Ansprüche aus dem Versicherungsvertrag gegen den VR erheben können, ist ihnen diese Möglichkeit in der Kaskoversicherung verschlossen. Hier gelten sie als »Dritte« i.S.d. § 86 Abs. 1 S. 1 VVG. Sie sind zwar berechtigt, das Fahrzeug zu nutzen. Sie gelten aber dennoch nicht als mitversicherte Personen, weil die Kaskoversicherung grundsätzlich nur das Interesse des VN schützt, die Substanz des kaskoversicherten Fahrzeuges zu erhalten (**Sacherhaltungsinteresse**), nicht aber das Interesse eines Fahrers, wegen eines von ihm selbst verschuldeten Schadens am kaskoversicherten Fahrzeug nicht vom VN (oder dem Versicherten) auf Schadenersatz in Anspruch genommen zu werden (**Sachersatzinteresse**), vgl. auch A.2.3 AKB Rdn. 1 ff. Der genannte Personenkreis ist bei grob fahrlässiger oder gar vorsätzlicher Herbeiführung des Versicherungsfalles den Regressansprüchen des VR ausgesetzt, soweit der VR dem VN (oder dem Versicherten) den Schaden am Fahrzeug ersetzt.

---

45 Vgl. OLG Köln Urt. v. 17.10.1990 – 24 U 43/90 – VersR 1991, 1237 = NZV 1991, 395.

46 BGH Urt. v. 30.06.1971 – **IV ZR 189/69** – NJW 1971, 1938; LG Berlin Urt. v. 23.06.2011 – 5 O 261/10 – BeckRS 2011, 20918.

Eine **Besonderheit gilt für den Eigentümer des Fahrzeuges**, der gemäß A.1.2 AKB in der Kfz-Haftpflichtversicherung ebenfalls mitversichert ist. Er gilt auch in der Kaskoversicherung als mitversicherte Person. Wenn der VN für ein nicht in seinem Eigentum stehendes Fahrzeug eine Kaskoversicherung abschließt, handelt es sich um eine Versicherung für fremde Rechnung gemäß den §§ 43 ff. VVG. Sie bezweckt die Absicherung des fremden Sacherhaltungsinteresses des Eigentümers. Verursacht der Eigentümer selbst grob fahrlässig oder vorsätzlich einen Schaden an dem Fahrzeug, muss sich der VN das schuldhafte Verhalten des Eigentümers nach § 47 Abs. 1 VVG zurechnen lassen. 47

Bei **vorsätzlicher Herbeiführung des Versicherungsfalles** ist der VR zu einer Entschädigungsleistung an den VN nicht verpflichtet, weil sich der VR nach A.2.9.1 AKB, § 81 Abs. 1 VVG auf vollständige Leistungsfreiheit berufen kann. In diesem Fall fehlt es von vornherein an einer Forderung, die nach § 86 Abs. 1 S. 1 VVG auf den VR übergehen könnte. 48

Bei **grob fahrlässiger Herbeiführung des Versicherungsfalles** bleibt der VR zwar unter Umständen nach A.2.9.1 AKB, § 81 Abs. 2 VVG teilweise zur Leistung verpflichtet. Die Zahlung der Entschädigungsleistung an den VN führt aber nicht zu einem Forderungsübergang auf den VR nach § 86 Abs. 1 S. 1 VVG, weil der Eigentümer nicht außerhalb des Schutzbereiches der Kaskoversicherung steht. Damit ist er grundsätzlich auch nicht als ausgleichspflichtiger »Dritter« im Sinne dieser Vorschrift anzusehen. 49

Eine **Ausnahme** besteht nur für den Fall, dass **VN und Fahrer jeweils anteilige Miteigentümer** des kaskoversicherten Fahrzeuges sind. In einem solchen Fall liegt bezüglich des Miteigentumsanteils des VN eine Eigenversicherung und bezüglich des Miteigentumsanteils des Fahrers eine Fremdversicherung vor. Meldet der VN nach einem Schadenfall, den der Fahrer verursacht hat, beim VR Kaskoansprüche in Bezug auf seinen Miteigentumsanteil an, ist der Fahrer – obwohl ebenfalls Miteigentümer – trotzdem »Dritter« i.S.v. § 86 Abs. 1 S. 1 VVG. In Bezug auf den Miteigentumsanteil des VN ist das Interesse des Fahrers – obwohl er Mitversicherter ist – vom Schutzbereich der Kaskoversicherung nicht erfasst. Somit erfolgt bei einer Entschädigungsleistung des VR, soweit diese auf den Miteigentumsanteil des VN entfällt, ein Anspruchsübergang der Forderungen des VN gegen den anderen Miteigentümer, so dass der VR gemäß der in A.2.8 Abs. 4 AKB enthaltenen Verweisung auf die Absätze 1 bis 3 seine getätigten Aufwendungen unter den dortigen Voraussetzungen (Vorsatz oder grobe Fahrlässigkeit ohne Eingreifen des Familienprivilegs) gegen den anderen Miteigentümer regressieren kann, (vgl. auch A.2.3 AKB Rdn. 1 ff. und A.2.3 AKB Rdn. 68). 50

Gleiches gilt in Fällen, in denen der Fahrer **Mit-VN** ist. Auch hier sind Konstellationen denkbar, bei denen der Mit-VN »Dritter« i.S.v. § 86 Abs. 1 S. 1 VVG ist, wenn nämlich eine (teilweise) Fremdversicherung besteht, durch die (teilweise) allein das Integrationsinteresse eines anderen, nicht aber des Mit-VN geschützt ist. 51

Auch der **Repräsentant des VN** (vgl. A.2.3 AKB Rdn. 25 ff.) kann ausnahmsweise »Dritter« sein, falls durch die Kaskoversicherung nicht zumindest auch sein Sachersatzinteresse mit geschützt sein sollte. Dass der VN für das Verhalten seines Repräsentanten einzustehen hat, berührt nicht die Frage eines möglichen Regresses durch den VR.[47] Daher kann sich der VR im Falle einer grob fahrlässigen Schadenverursachung durch den Repräsentanten gegenüber dem VN entsprechend § 81 Abs. 2 VVG, A.2.9.1 AKB zwar auf quotale Leistungsfreiheit berufen; soweit der VR jedoch Entschädigungszahlungen an den VN erbringen muss, können Schadenersatzansprüche des VN gegen seinen Repräsentanten auf den VR übergehen und damit Gegenstand einer Regressforderung nach § 86 Abs. 1 S. 1 VVG, A.2.8 AKB sein. 52

47 Prölss/Martin/*Armbrüster* § 86 VVG Rn. 23; **a.A.** Lorenz VersR 2000, 2, 6.

2. Regressverzicht gegenüber dem Mieter

a) Grundsätzliches

53 Außerhalb der gewerblichen Kfz-Vermietung ist der **Mieter eines Kfz** als nutzungsberechtigter Nichteigentümer grundsätzlich in der Kaskoversicherung keine mitversicherte Person,[48] so dass er einem Regress des VR nach § 86 Abs. 1 S. 1 VVG auch bei nur leicht fahrlässiger Schadenherbeiführung ausgesetzt sein könnte. Der **BGH**[49] hat jedoch schon in der Vergangenheit betont, dass in Fällen, in denen der Mieter bei Abschluss des Mietvertrages ein zusätzliches Entgelt für einen erweiterten Vollkaskoversicherungsschutz des Miet-Kfz entrichtet oder ihm erklärt wird, das Fahrzeug sei vollkaskoversichert, seine Haftung auf Vorsatz und grobe Fahrlässigkeit beschränkt sein kann.

54 Diese von der Rechtsprechung entwickelte **Haftungsprivilegierung des Mieters** wurde in die AKB übernommen. Gemäß **A.2.8 Abs. 4 AKB** kommt der Regressverzicht des VR für leichte Fahrlässigkeit nach A.2.8 Abs. 1 AKB ausdrücklich auch dem Mieter zugute. Er haftet ebenso wie die in A.1.2 AKB mitversicherten Personen und der Entleiher auch nur für Vorsatz und grobe Fahrlässigkeit.

b) Rechtslage nach AKB 2008 und AKB 2015 bei der Vermietung eines Kfz

55 Nach der früheren Regelung in **A.2.15 S. 1 und 2 AKB 2008** war – ausgehend vom Wortlaut – bei grober Fahrlässigkeit des Mieters ein **unbeschränkter Rückgriff des VR möglich.** Trotzdem dürfte auch unter Anwendung der **AKB 2008** beim Mieter eines vollkaskoversicherten Pkw eine **differenziertere Betrachtungsweise** geboten sein. Denn er finanziert bei Abschluss eines Kfz-Mietvertrages regelmäßig auch die Kaskoversicherung des Vermieters, sei es durch den Mietpreis, in den von vornherein ein kaskoversichertes Fahrzeug inkludiert ist oder durch Zahlung eines gesonderten Zuschlages. Die Rechtsprechung hat in der mietvertraglichen Verpflichtung eines Wohnungsmieters, die Kosten der Gebäudeversicherung des Wohnungseigentümers zu zahlen, eine stillschweigende Haftungsbeschränkung für die Verursachung von Brandschäden auf Vorsatz und grobe Fahrlässigkeit angenommen.[50] Der Mieter solle im Rahmen des Regresses gegenüber dem VR nicht strenger haften als der Vermieter haften würde, wenn er als VN den Schaden selbst verursacht hätte. Begründet wurde dies mit dem **Gleichlauf der Haftung** von Mieter und Vermieter. Denn im Fall der nur leicht fahrlässigen Beschädigung der Mietsache durch den Vermieter könne sich der VR nach § 61 VVG a.F. auch nicht auf Leistungsfreiheit berufen.[51] Insbesondere um diesen Gleichlauf der Haftung zu gewährleisten, kann der **Regress gegen den Mieter** eines kaskoversicherten Kfz im Falle grober Fahrlässigkeit auch bei Anwendung der AKB 2008 **nur** entsprechend der Schwere seines feststellbaren Verschuldens und damit **quotal zulässig** sein.[52]

56 Die neue Regelung in **A.2.8 Abs. 2 AKB 2015** trägt diesen Bedenken Rechnung. Im Falle grober Fahrlässigkeit des Mieters richtet sich der Umfang des Rückforderungsanspruches nach der Schwere des Verschuldens, mit der der Versicherungsfall grob fahrlässig herbeigeführt wurde.

c) Haftungsfreistellung des Mieters nach dem Leitbild einer Vollkaskoversicherung in der gewerblichen Kfz-Vermietung – Vermieter als »Quasiversicherer«[53]

57 **Haftungsfreistellungsklauseln** in gewerblichen Kfz-Mietverträgen sind im Zweifel dahingehend auszulegen, dass der Mieter hinsichtlich seiner Haftung so gestellt wird, als ob er selbst eine

48 Vgl. BGH Urt. v. 27.10.1993 – **IV ZR 33/93** – VersR 1994, 85 = NJW 1994, 585.

49 BGH Urt. v. 30.03.1965 – **VI ZR 248/63** – VersR 1965, 508 = NJW 1965, 1269; BGH Urt. v. 29.10.1956 – **II ZR 64/56** – VersR 1956, 725 = NJW 1956, 1915.

50 Vgl. BGH Urt. v. 18.06.2008 – **IV ZR 108/06** – VersR 2008, 1108 = r+s 2008, 379; BGH Urt. v. 13.09.2006 – **IV ZR 378/02** – VersR 2006, 1530 = r+s 2006, 458; BGH Urt. v. 08.11.2000 – **IV ZR 298/99** – VersR 2001, 94 = NJW 2001, 1353; BGH Urt. v. 13.12.1995 – **VIII ZR 41/95** – VersR 1996, 320 = NJW 1996, 715.

51 BGH Urt. v. 13.09.2006 – **IV ZR 378/02** – VersR 2006, 1530 = r+s 2006, 458.

52 Vgl. auch Staudinger/Kassing VersR 2007, 10 ff.

53 Vgl. Jaeger r+s 2021, 128 ff.

Kaskoversicherung für das Miet-Kfz abgeschlossen hätte.[54] Der Mieter hat die Stellung eines »Quasiversicherungsnehmers« inne, ist daher in diesem Fall kein »Dritter« i.S.d. A.2.8 AKB, sondern Versicherter. Er haftet sowohl bei vertraglichen Obliegenheitsverletzungen, als auch für die Herbeiführung des Versicherungsfalles nur bei Vorsatz und grober Fahrlässigkeit. Bei grober Fahrlässigkeit verliert er den Versicherungsschutz nur quotal entsprechend der Schwere seines Verschuldens, was auch sachgerecht ist. Denn der gewerbliche Vermieter von Kraftfahrzeugen, der dem Mieter gegen Zahlung eines Entgelts nach Art einer Versicherungsprämie eine Haftungsfreistellung bei Unfallschäden verspricht, ist nach ständiger Rechtsprechung des **BGH**[55] gehalten ist, diese **Haftungsbefreiung wie ein »Quasiversicherer«** nach dem **Leitbild einer Vollkaskoversicherung** auszugestalten, (vgl. hierzu auch A.2.1.1 AKB Rdn. 25 ff. und A.2.3 AKB Rdn. 37 ff.).

Diesen Versicherungsschutz verliert der Mieter selbst dann nicht, wenn ein **Dritter**, dem er das Fahrzeug überlassen hat, dieses schuldhaft beschädigt. Dies gilt erst recht, wenn dieser Dritte als berechtigter Fahrer im Mietvertrag eingetragen ist. Entgegenstehende AGB in gewerblichen Kfz-Mietverträgen sind wegen unangemessener Benachteiligung des Mieters gemäß § 307 Abs. 1 S. 1 BGB unwirksam.[56] Der Mieter muss sich ein grob fahrlässiges Verhalten des Dritten nur dann zurechnen lassen, wenn dieser versicherungsrechtlich als sein **Repräsentant** (vgl. A.2.3 AKB Rdn. 37 ff.) anzusehen ist.[57] Eine Zurechnung über **§ 278 BGB** scheidet aus,[58] da ein Kfz-Vermieter in seinen AGB die Haftung nicht weiter einschränken darf, als es für die Leistungspflicht eines VR in der Vollkasko nach den AKB vorgesehen ist.[59] 58

Wird die Haftungsbefreiung mit einer Selbstbeteiligung vereinbart, findet die Rechtsprechung zum **Quotenvorrecht** entsprechende Anwendung,[60] (vgl. A.2.5.8 AKB Rdn. 13 ff.). 59

Der Vermieter trägt die **Beweislast** für eine grob fahrlässige Schadenherbeiführung durch den Mieter und für den Umfang des geltend gemachten Leistungskürzungsrechts.[61] 60

Für die **Reichweite und den Umfang der Haftung des Mieters** ist es unerheblich, ob der Kfz-Vermieter selbst eine Kaskoversicherung abschließt oder als Eigenversicherer auftritt. In jedem Fall darf der Mieter darauf vertrauen, dass die Reichweite des mietvertraglich vereinbarten Schutzes im Wesentlichen dem Schutz entspricht, den er als Eigentümer des Fahrzeuges und als VN in der Vollkaskoversicherung genießen würde.[62] Er ist so zu stellen, als ob er selbst eine Kaskoversicherung 61

---

54 BGH Urt. v. 18.02.1976 – **VIII ZR 185/74** – VersR 1976, 688 = JurionRS 1976, 11483.

55 BGH Urt. v. 15.07.2014 – **VI ZR 452/13** – VersR 2014, 1135 = r+s 2014, 491; BGH Urt. v. 24.10.2012 – **XII ZR 40/11** – r+s 2013, 12 = zfs 2013, 147; BGH Urt. v. 14.03.2012 – **XII ZR 44/10** – VersR 2012, 1573 = NJW 2012, 2501; BGH Urt. v. 11.10.2011 – **VI ZR 46/10** – VersR 2011, 1524 = r+s 2012, 14; BGH Urt. v. 02.12.2009 – **XII ZR 117/08** – NJW-RR 2010, 480 = VuR 2010, 189; BGH Urt. v. 25.11.2009 – **XII ZR 211/08** – VersR 2010, 671 = NJW 2010, 677; BGH Urt. v. 10.06.2009 – **XII ZR 19/08** – VersR 2010, 260 = NJW 2009, 3229; BGH Urt. v. 20.05.2009 – **XII ZR 94/07** – VersR 2009, 1123 = NJW 2009, 2881; BGH Urt. v. 08.01.1986 – **VIII ZR 313/84** – NJW 1986, 1608; BGH Urt. v. 11.11.1981 – **VIII ZR 271/80** – NJW 1982, 167; BGH Urt. v. 17.12.1980 – **VIII ZR 316/79** – NJW 1981, 1211; BGH Urt. v. 08.02.1978 – **VIII ZR 240/76** – NJW 1978, 945; BGH Urt. v. 01.10.1975 – **VIII ZR 130/74** – NJW 1976, 44.

56 BGH Urt. v. 20.05.2009 – **XII ZR 94/07** – VersR 2009, 1123 = NJW 2009, 2881; OLG Hamm Urt. v. 16.08.2019 – 9 U 164/18 – r+s 2020, 201.

57 OLG Köln Urt. v. 02.12.2009 – 11 U 146/08 – BeckRS 2009, 89040; Stiefel/Maier/*Maier* A.2 AKB Rn. 895.

58 **A.A.** LG Konstanz Urt. v. 26.11.2009 – 3 O 119/09 – r+s 2010, 323 = zfs 2010, 214.

59 Maier r+s 2010, 497, 499.

60 BGH Urt. v. 25.11.2009 – **XII ZR 211/08** – VersR 2010, 671 = NJW 2010, 677.

61 OLG Naumburg Urt. v. 30.08.2012 – 1 U 26/12 – BeckRS 2013, 01879.

62 BGH Urt. v. 15.07.2014 – **VI ZR 452/13** – VersR 2014, 1135 = r+s 2014, 491; BGH Urt. v. 24.10.2012 – **XII ZR 40/11** – r+s 2013, 12 = zfs 2013, 147; BGH Urt. v. 11.10.2011 – **VI ZR 46/10** – VersR 2011, 1524 = r+s 2012, 14; OLG Rostock Urt. v. 24.11.2011 – 3 U 151/10 – r+s 2012, 533; OLG Köln Urt. v. 13.01.2010 – 11 U 159/09 – VersR 2010, 1193.

zu den gleichen Bedingungen wie der Vermieter abgeschlossen hätte.[63] Nur bei Einräumung dieses Schutzes genügt ein gewerblicher Kfz-Vermieter seiner aus dem Grundsatz von Treu und Glauben erwachsenen Verpflichtung, schon bei der Festlegung seiner Allgemeinen Geschäftsbedingungen die Interessen künftiger Vertragspartner angemessen zu berücksichtigen.[64]

62 Als »**Quasiversicherungsnehmer**« kommt dem Kfz-Mieter die gleiche Stellung zu wie dem VN im Rahmen eines Kaskoversicherungsvertrages. Der durch eine mietvertraglich vereinbarte Haftungsfreistellung gewährte Schutz kann im Einzelfall sogar weiter reichen als eine Vollkaskoversicherung. So muss der Kfz-Mieter für **Schäden durch unsachgemäße Behandlung** des Mietfahrzeuges, insbesondere durch einen **Schaltfehler**, selbst dann nicht aufkommen, wenn die Mietwagenbedingungen den – nach § 307 Abs. 1 S. 2 BGB unklaren – Hinweis enthalten, dass für die Haftungsfreistellung die »Grundsätze einer Vollkaskoversicherung« gelten.[65]

d) Haftungsfreistellung des gegenüber dem Vermieter berechtigten Fahrers, der nicht Mieter ist

63 Der Verzicht eines Kfz-Vermieters auf die Inanspruchnahme eines Dritten für die von diesem leicht fahrlässig verursachten Schäden greift auch dann ein, wenn der in Anspruch genommene Fahrer zwar selbst nicht Mieter ist, gegenüber dem Vermieter aber als **berechtigter Fahrer** gilt. Dies ist immer dann anzunehmen, wenn entweder der Dritte als berechtigter Fahrer **namentlich im Mietvertrag aufgeführt** ist oder der Kfz-Mieter nach dem Mietvertrag von einer Haftung für Schäden am Mietfahrzeug nach Art einer Vollkaskoversicherung **ausdrücklich auch bei Überlassung an einen Dritten befreit** ist.[66]

64 Nach der Rechtsprechung des **BGH**[67] ist eine Kfz-Mietvertragsklausel, die **bei grob fahrlässiger** Schadenverursachung eine **volle Haftung des Mieters** vorsieht, nach § 307 Abs. 1 S. 1, Abs. 2 Nr. 1 BGB wegen Verstoßes gegen § 81 Abs. 2 VVG **unwirksam**,[68] (zu den **Rechtsfolgen** vgl. A.2.1.1 AKB Rdn. 25 ff.). Dies gilt gleichermaßen auch für die **Haftung des** grob fahrlässig handelnden **berechtigten Fahrers**, der nicht Mieter ist, jedenfalls dann, wenn entweder dessen Haftungsfreistellung in den Allgemeinen Vermietungsbedingungen ausdrücklich vorgesehen ist[69] oder er namentlich als »Zusatzfahrer« im Mietvertrag vermerkt wurde. Verursacht daher entweder der Kfz-Mieter selbst oder ein nach dem Mietvertrag oder den AGB des Kfz-Vermieters ausdrücklich berechtigter Fahrer grob fahrlässig einen Schaden an dem kaskoversicherten Mietfahrzeug, so ist er dem **Regress** des VR bzw. Kfz-Vermieters **nur quotal** und nicht unbeschränkt ausgesetzt. (vgl. z.B. für Fälle der **Nichtbeachtung von Durchfahrtshöhen** A.2.9.1 AKB Rdn. 322 ff.).

65 In den Mietvertrag neben dem Mieter namentlich ausdrücklich aufgenommene Zusatzfahrer sind in den Schutzbereich des Mietvertrages einbezogen, so dass für etwaige Schadenersatzansprüche des Vermieters der Anwendungsbereich des **§ 548 Abs. 1 BGB** eröffnet ist, der eine nur sechsmonatige Verjährungsfrist vorsieht.[70]

---

63 BGH Urt. v. 18.02.1976 – **VIII ZR 185/74** – VersR 1976, 688.

64 BGH Urt. v. 15.07.2014 – **VI ZR 452/13** – VersR 2014, 1135 = r+s 2014, 491; BGH Urt. v. 20.05.2009 – **XII ZR 94/07** – VersR 2009, 1123 = NJW 2009, 2881.

65 BGH Urt. v. 19.01.2005 – **XII ZR 107/01** – NZV 2005, 247 = SVR 2005, 269.

66 Vgl. BGH Urt. v. 16.12.1981 – **VIII ZR 1/81** – VersR 1982, 359 = NJW 1982, 987.

67 BGH Urt. v. 15.07.2014 – **VI ZR 452/13** – VersR 2014, 1135 = r+s 2014, 491; BGH Urt. v. 11.10.2011 – **VI ZR 46/10** – VersR 2011, 1524 = r+s 2012, 14 m.w.N.

68 Ebenso OLG Koblenz Urt. v. 09.09.2013 – 12 U 1198/12 – r+s 2013, 545; OLG Rostock Urt. v. 24.11.2011 – 3 U 151/10 – r+s 2012, 533; KG Urt. v. 15.08.2011 – 22 U 57/11 – BeckRS 2011, 23647 **unter Bestätigung von** LG Berlin Urt. v. 26.01.2011 – 4 O 184/10 – DAR 2011, 264; LG Nürnberg-Fürth Urt. v. 27.01.2010 – 8 O 10700/08 – r+s 2010, 145; LG Göttingen Urt. v. 18.11.2009 – 5 O 118/09 – VersR 2010, 1490 = r+s 2010, 194; **a.A. noch** Günther/Spielmann r+s 2008, 133, 143; Hövelmann VersR 2008, 616; Funck VersR 2008, 168.

69 BGH Urt. v. 11.10.2011 – **VI ZR 46/10** – VersR 2011, 1524 = r+s 2012, 14.

70 Vgl. BGH Urt. v. 23.05.2006 – **VI ZR 259/04** – NJW 2006, 2399.

e) Haftungsfreistellung des gegenüber dem Vermieter unberechtigten, aber im Verhältnis zum Mieter berechtigten Fahrers

Auch der gegenüber dem Vermieter zwar unberechtigte, aber **im Verhältnis zum Mieter berechtigte Fahrer**, der das Fahrzeug mit Wissen und Wollen sowie mit Einverständnis des Mieters nutzt, genießt jedenfalls analog A.2.8 AKB die gleiche **Haftungsprivilegierung** wie der Mieter selbst. Dies gilt selbst dann, wenn für ihn eine Haftungsfreistellung mietvertraglich nicht vorgesehen ist und er nach dem Inhalt des abgeschlossenen Mietvertrages ausdrücklich nicht zum Kreis der – aus Vermietersicht – berechtigten Fahrer gehört, weil er als »Zusatzfahrer« nicht namentlich in den Mietvertrag aufgenommen wurde.[71] **66**

Die Zusage des Vollkaskoschutzes für das angemietete Kraftfahrzeug ist aus Sicht des Mieters, auf dessen Erklärungsempfängerhorizont insoweit maßgeblich abzustellen ist, jedenfalls auch als Verzicht auf die Inanspruchnahme eines **gegenüber dem Mieter berechtigten Fahrers** anzusehen, der den Schaden an dem Mietfahrzeug nur leicht fahrlässig herbeiführt.[72] Wäre nur der Mieter, nicht aber auch der von ihm eingesetzte Fahrer haftungsprivilegiert, würde das für die Haftungsbefreiung gezahlte Zusatzentgelt aus Sicht des Mieters oftmals für eine nutzlose Leistung erbracht werden.[73] Denn gerade Kleingewerbetreibende setzen zur Auftragserledigung häufig angemietete Fremdfahrzeuge ein, die von deren Arbeitnehmern gefahren werden.[74] Sie müssen sich darauf verlassen dürfen, dass die gegen Entgelt erkaufte Haftungsbefreiung ebenso weit reicht wie der Vollkaskoversicherungsschutz bei einem Versicherungsunternehmen. **67**

Dem im Verhältnis zum Kfz-Mieter berechtigten – wenngleich auch gegenüber dem Kfz-Vermieter »unberechtigten« – Fahrer kommt daher **in der Regel** entsprechend der Rechtsfigur des **Vertrages mit Schutzwirkung Dritter** die Beschränkung der Haftung auf Vorsatz und grobe Fahrlässigkeit in gleicher Weise zugute, weil auch er – und nicht nur der Mieter selbst – in die Schutzwirkung des Mietvertrages einbezogen ist.[75] Für den Vermieter ist die Drittbezogenheit der vertraglichen Leistung und die Gläubigernähe (das »Zur-Verfügung-stellen« des kaskoversicherten Mietfahrzeugs an Mitarbeiter bzw. Angestellte des Mieters) auch ohne weiteres **erkennbar**, was nach dem **BGH**[76] für eine Einbeziehung des Dritten in den Schutzbereich des Mietvertrages ausreicht. **68**

A.2.8 AKB 2015 ist insoweit entsprechend anzuwenden. **A.2.15 AKB 2008** ist demgegenüber mit der Maßgabe anzuwenden, dass mangels mietvertraglicher Gleichstellung des Dritten mit dem Mieter bei einer grob fahrlässigen Schadenherbeiführung ein unbeschränkter Regress stattfindet, (vgl. A.2.8 AKB Rdn. 16). **69**

Ausnahmsweise wird eine Einbeziehung des im Mietvertrag nicht aufgenommenen (Zusatz-)Fahrers in den Schutzbereich des Mietvertrages ausscheiden, wenn der Vermieter unter keinen Umständen damit rechnen musste, dass das vermietete Kfz außer vom Mieter selbst auch noch von einer anderen Person gefahren werden könnte, (z.B. vom Sohn der Mieterin, der nur den Führerschein auf Probe besitzt); ebenso scheidet in diesen Fällen eine Anwendung der kurzen Verjährungsfrist des § 548 Abs. 1 BGB auf den nach § 86 Abs. 1 VVG auf den VR übergegangenen Schadenersatzanspruch (§ 823 BGB) der Eigentümerin aus.[77] **70**

---

71 BGH Urt. v. 17.12.1980 – **VIII ZR 316/79** – NJW 1981, 1211.

72 Vgl. OLG Düsseldorf Beschl. v. 18.11.2008 – 24 U 131/08 – VersR 2009, 509 = r+s 2009, 323; Stiefel/Maier/*Maier* A.2 Rn. 894, 895.

73 LG Magdeburg Urt. v. 25.06.2010 – 10 O 2155/09 – BeckRS 2011, 06423.

74 Vgl. LG Magdeburg Urt. v. 25.06.2010 – 10 O 2155/09 – BeckRS 2011, 06423.

75 Vgl. BGH Urt. v. 19.09.1973 – **VIII ZR 175/72** – VersR 1974, 58 = NJW 1973, 2059; LG Köln Urt. v. 11.04.2012 – 26 O 174/10 – BeckRS 2012, 22056; LG Göttingen Urt. v. 18.11.2009 – 5 O 118/09 – VersR 2010, 1490 = r+s 2010, 194.

76 BGH Urt. v. 21.07.2010 – **XII ZR 189/08** – NJW 2010, 3152 = MDR 2010, 1103.

77 Vgl. OLG Saarbrücken Urt. v. 09.09.2022 – 5 U 2/22 – NJW-RR 2022, 1689 = zfs 2023, 20.

f) Haftungsprivilegierung in der gewerblichen Kfz-Vermietung – Zusammenfassung

71 **Im Ergebnis** kann weder der **Mieter**, der die Stellung eines »Quasiversicherungsnehmers« inne hat, noch der **Fahrer, der** entweder nach den Allgemeinen Vermietungsbedingungen ausdrücklich auch **zum Führen des Miet-Kfz berechtigt** ist oder jedenfalls **namentlich als »berechtigter Fahrer« im Mietvertrag aufgeführt** wird, bei einfacher Fahrlässigkeit auf der Grundlage der Vermietungsbedingungen (§§ 280 Abs. 1, 535 Abs. 1 BGB) oder nach § 823 Abs. 1 BGB in Anspruch genommen werden. Im Falle grober Fahrlässigkeit ist zu prüfen, inwieweit die vertraglich vereinbarte Haftungsbefreiung analog § 81 Abs. 2 VVG, A.2.9.1 AKB zu versagen oder zu kürzen ist. Ein unbeschränkter Regress kommt nach A.2.8 AKB 2015 ohnehin nicht mehr in Betracht. Gleiches gilt allerdings auch für Fälle, die noch unter den Anwendungsbereich von A.2.15 S. 1 und 2 AKB 2008 fallen, (vgl. A.2.8 AKB Rdn. 55).

72 **Leitet der Fahrer seine Berechtigung** zum Führen des Miet-Kfz **allein vom Mieter ab**, haftet er bei einfacher Fahrlässigkeit ebenfalls nicht, A.2.8 AKB 2015, A.2.15 S. 1 und 4 AKB 2008. Bei grober Fahrlässigkeit kann der Fahrer nach A.2.8 AKB 2015 nur quotal entsprechend dem Ausmaß seines Verschuldens, nach A.2.15 S. 1 und 2 AKB 2008 hingegen unbeschränkt in Anspruch genommen werden. Eine quotale Kürzung des Regress- bzw. Leistungsbetrages wie beim Mieter oder beim Fahrer, dem mietvertraglich das Führen des Miet-Kfz gestattet wurde, erfolgt unter dem Anwendungsbereich der AKB 2008 nicht.

73 **Für alle** vorgenannten **Fallkonstellationen** gilt: Hat der Fahrer den Schadenfall vorsätzlich herbeiführt, gilt nach A.2.8 Abs. 1 und 4 AKB 2015 ebenso wie nach A.2.15 S. 1 bis 3 AKB 2008 ein unbeschränkter Regress selbst für den Fall, dass es sich bei dem schadenverursachenden Fahrer um einen Familienangehörigen handeln sollte.

74 Zur Frage des **generellen Regressverzichts trotz grober Fahrlässigkeit**, es sei denn, dass eine Alkohol- oder Drogenfahrt im Raum steht oder das Mietfahrzeug entwendet wurde, vgl. A.2.8 AKB Rdn. 96 f.

g) Verjährungsfragen

75 Gemäß **§ 548 Abs. 1 BGB** verjähren die Ersatzansprüche des Kfz-Vermieters gegen den Mieter wegen Schäden am Mietfahrzeug **in sechs Monaten**, gerechnet ab dem Datum der Rückgabe des Fahrzeuges.[78] Der VR muss diese Fristen nach erfolgtem Forderungsübergang beachten, ansonsten er Gefahr läuft, dass der Schädiger ihm gegenüber mit Erfolg die Verjährungseinrede erhebt. Während der laufenden Frist muss zumindest eine Verjährungshemmung eingetreten sein, wenn die Ansprüche auch nach Ablauf dieser Frist noch durchsetzbar sein sollen. Sofern nach den AGB eines Kfz-Vermieters die Verjährungsfrist erst dann zu laufen beginnen soll, wenn der Vermieter die polizeiliche Ermittlungsakte einsehen konnte, hängt die Wirksamkeit einer solchen Regelung davon ab, dass die Kenntnisnahme des Mieters vom Beginn des Laufs der Verjährungsfrist gewährleistet ist.[79]

3. Regressverzicht gegenüber dem Entleiher

76 Ebenso wie der Kfz-Mieter ist auch der **Entleiher eines Fahrzeuges** gemäß A.2.8 Abs. 4 AKB haftungsprivilegiert. Leihe ist die unentgeltliche Gebrauchsüberlassung an einer Sache, § 598 BGB. Entleiher kann auch sein, wer mit Einverständnis des VN eine **Probefahrt** unternimmt.[80] Bei einem Schaden an dem kaskoversicherten Fahrzeug des VN gilt für die auf den VR übergegangenen Regressansprüche gegen den Entleiher wie im Falle der Miete eine **kurze Verjährungsfrist** von sechs Monaten, **§§ 606, 548 Abs. 1 BGB.**[81] Diese kurze Verjährungsfrist wird von der Rechtsprechung auch auf alle anderen Nutzungsüberlassungsverhältnisse analog angewendet.[82]

---

78 Vgl. OLG Düsseldorf Urt. v. 27.09.2005 – 24 U 9/05 – SP 2007, 20.

79 BGH Urt. v. 08.01.1986 – **VIII ZR 313/84** – NJW 1986, 1608; BGH Urt. v. 26.10.1983 – **VIII ZR 132/82** – NJW 1984, 289.

80 OLG Zweibrücken Urt. v. 27.04.1990 – 1 U 188/89 – NZV 1990, 466.

81 OLG Koblenz Beschl. v. 09.04.2011 – 10 U 1219/10 – VersR 2012, 610 = r+s 2012, 19.

82 OLG Frankfurt/M. Urt. v. 17.10.2000 – 14 U 61/00 – zfs 2001, 19; OLG München Urt. v. 14.01.2000 – 10 U 2990/99 – zfs 2000, 258.

C. Weitere praktische Hinweise

I. Beweislastfragen

1. Verschuldensgrad in A.2.8 Abs. 2 Satz 1, Abs. 3 AKB

A.2.8 Abs. 1 AKB sieht einen grundsätzlichen Regressverzicht des VR in allen Fällen einfacher Fahrlässigkeit vor. Die Möglichkeit einer Inanspruchnahme des Fahrers bei Vorsatz und grober Fahrlässigkeit gemäß A.2.8 Abs. 2 S. 1, Abs. 3 AKB stellt einen Ausnahmetatbestand dar. Beruft sich der **VR** darauf, dass der Verzicht nicht eingreift, weil der Fahrer den Versicherungsfall vorsätzlich oder grob fahrlässig herbeigeführt hat, trifft ihn – ebenso wie in § 81 VVG – die volle **Darlegungs- und Beweislast.**[83] Beweiserleichterungen in Form eines Anscheinsbeweises kommen ihm dabei ebenso wenig zugute wie im Verhältnis zum eigenen VN. 77

2. Familienprivileg in A.2.8 Abs. 2 Satz 2 AKB

Eine »Ausnahme von der Ausnahme« stellt der weitere Tatbestand dar, wonach der in Anspruch genommene Fahrer dann nicht haftet, wenn er **zum Zeitpunkt des Schadeneintritts mit dem VN in häuslicher Gemeinschaft** lebte. Diese Voraussetzungen sind **von dem** schadenverursachenden **Fahrer darzulegen und zu beweisen.** Da die Privilegierung unmittelbar zu einem Regressverbot des VR führt, handelt sich um eine anspruchsvernichtende Einwendung, die nach allgemeinen prozessualen Beweislastgrundsätzen von derjenigen Partei zu beweisen ist, die sie für ihre Verteidigung in Anspruch nehmen will. 78

Die Voraussetzungen können, müssen aber nicht zwingend durch Vorlage einer amtlichen **Meldebescheinigung** nachgewiesen werden. Da eine gesetzliche Meldepflicht nicht mehr besteht, können aus der Nichtvorlage einer solchen Bescheinigung zwar keine negativen Schlüsse gezogen werden; dennoch wird es für den in Anspruch genommenen Schädiger unter Umständen schwer sein, den Nachweis nur mittels Zeugen zu führen. Eine solche Beweisführung kann aber im Rahmen einer »pauschalen Gesamtschau« ohne weiteres gelingen.[84] 79

II. Gemäß § 86 Abs. 1 S. 1 VVG übergehende Forderungen

1. Art der Forderungen

Nur diejenigen Ansprüche des VN (oder des (Mit-) Versicherten), die den Schaden an seinem Fahrzeug ausgleichen können, für den der VR Regulierungszahlungen erbracht hat, können Gegenstand eines Forderungsüberganges nach § 86 Abs. 1 S. 1 VVG sein. In Betracht kommen nicht nur bürgerlich-rechtliche **Schadenersatzforderungen** des kaskoversicherten Geschädigten gegen den Schädiger nach § 823 Abs. 1 BGB, sondern auch nach § 823 Abs. 2 BGB i.V.m. einem Schutzgesetz (z.B. dem Verkehrsverbot des § 41 Abs. 2 Nr. 6, Zeichen 265 StVO)[85] und **Ausgleichsansprüche** aus §§ 426, 840 BGB, § 17 StVG. 80

Übergangsfähig sind auch **Gewährleistungsansprüche**, soweit sie auf Schadenersatz (z.B. wegen eines Mangelfolgeschadens) und nicht auf Minderung, Nachbesserung oder Rückabwicklung des Vertrages nach erklärtem Rücktritt gerichtet sind.[86] Vom Anspruchsübergang erfasst werden auch Herausgabeansprüche gegen den **Rechtsanwalt des VN.** Hat dieser vom Prozessgegner an ihn geleistete Zahlungen mangels Kenntnis vom Anspruchsübergang nach § 86 VVG an seinen Mandanten (VN) ausgekehrt, ist er nur unter der Voraussetzung des § 407 BGB vor einer erneuten Inanspruchnahme durch den Kasko-VR geschützt.[87] 81

---

83 Vgl. OLG Hamm Urt. v. 28.01.2005 – 30 U 107/04 – zfs 2005, 293.

84 Vgl. BGH Urt. v. 12.11.1985 – **VI ZR 223/84** – VersR 1986, 333 = NJW-RR 1986, 385.

85 BGH Urt. v. 14.06.2005 – **VI ZR 185/04** – NZV 2005, 457 = DAR 2005, 504.

86 Vgl. OLG Koblenz Beschl. v. 18.12.2008 und 10.02.2009 – 2 U 428/08 – VersR 2009, 1486 = r+s 2010, 59.

87 OLG Hamm Urt. v. 17.10.2019 – 28 U 184/18 – zfs 2020, 392.

82 Der **Forderungsübergang** vollzieht sich ohne Zutun der Beteiligten kraft Gesetzes im Augenblick der Schadenzahlung durch den VR, unabhängig von einer Kenntnis oder seines Anwalts.

2. Einwendungen gegen die Forderung

83 Durch § 86 Abs. 1 VVG wird kein eigener Anspruch des VR begründet, sondern es geht lediglich der in der Person des VN wegen der Beschädigung des Fahrzeuges entstehende Anspruch auf den VR in dem Zeitpunkt über, in dem der VR die Kaskoentschädigung auszahlt. Die Forderung muss im Zeitpunkt des Überganges (Zahlung des VR) in der Person des VN noch bestehen.[88]

a) Arbeitsrechtliche Ausschlussfristen

84 Der Fahrer kann dem VR gemäß **§§ 404, 412 BGB** alle Einwendungen entgegensetzen, die er auch gegenüber dem VN hätte geltend machen können. Hat daher z.B. der Arbeitnehmer des VN einen Schaden am kaskoversicherten Kfz seines Arbeitgebers grob fahrlässig verursacht, sind **arbeitsvertragliche Ausschlussfristen** für die Geltendmachung von Ansprüchen (oftmals nur zwei Monate) zu beachten, die in vielen Arbeitsverträgen oder Manteltarifverträgen vereinbart sind.

85 Beruft sich der Fahrer gegenüber dem VR auf diese Fristen, ist zu prüfen, ob der VN nicht seine **Obliegenheiten nach § 86 Abs. 2 VVG** gegenüber dem VR **verletzt hat.** Denn schließlich hätte er selbst ohne weiteres innerhalb der Ausschlussfrist für die rechtzeitige Anmeldung der Ansprüche bei seinem Arbeitnehmer sorgen können, (vgl. auch A.2.8 AKB Rdn. 94 f.).

b) Arbeitsrechtliche Haftungsprivilegien

86 Das **Maß der Erstattungspflicht** des Arbeitnehmers gegenüber dem Kasko-VR des Arbeitgebers richtet sich stets danach, in welchem Umfange der Arbeitnehmer im Falle einer direkten Inanspruchnahme durch seinen Arbeitgeber diesem gegenüber schadenersatzpflichtig gewesen wäre. Bei einem angestellten Kraftfahrer, der in Ausführung betrieblicher Interessen das ihm überlassene Firmenfahrzeug seines Arbeitgebers grob fahrlässig beschädigt, ist es denkbar, dass ihm arbeitsrechtliche **Haftungserleichterungen** zugutekommen, die er dem Schadenersatzanspruch des Arbeitgebers – und damit letztlich auch dem Kasko-VR nach erfolgtem Anspruchsübergang – entgegensetzen kann. Trifft einen beim VN angestellten Fahrer an der Schadensherbeiführung nur leichte Fahrlässigkeit, bestehen keine Ansprüche aus dem Arbeitsverhältnis, die der VR auf sich überleiten könnte; entfernt sich der Fahrer unerlaubt vom Unfallort, ist dies im Verhältnis zum VR unerheblich, da der berechtigte Fahrer in der Kaskoversicherung nicht zu den mitversicherten Personen gehört, für die jedoch allein die in den AKB vereinbarten vertraglichen Obliegenheiten gelten; Ansprüche des VR gegen den Fahrer ergeben sich auch nicht aus § 823 Abs. 2 BGB, da § 142 StGB kein Schutzgesetz für diese Vorschrift darstellt.[89]

87 Ob und in welchem Umfang eine Entlastung des Arbeitnehmers in Betracht kommt, ist durch eine **Abwägung aller** für den Tatrichter feststehenden (§ 286 ZPO) **Gesamtumstände** nach § 287 ZPO zu bestimmen, wobei insbesondere der Schadenanlass, die Schadenfolgen, die Schadenhöhe, Billigkeits- und Zumutbarkeitsgesichtspunkte, eine mögliche Gefahrgeneigtheit der Arbeit, ein vom Arbeitgeber einkalkuliertes Risiko, eine Risikodeckung durch eine Versicherung, die Stellung des Arbeitnehmers im Betrieb und die Höhe der Vergütung, die möglicherweise eine Risikoprämie enthält, von Bedeutung sind.

88 Ebenso können die persönlichen Verhältnisse des Arbeitnehmers und die Umstände seines Arbeitsverhältnisses wie z.B. das Lebensalter, die Familienverhältnisse, die Dauer der Betriebszugehörigkeit und sein bisher im Betrieb gezeigtes Verhalten zu berücksichtigen sein.[90]

89 Für das Ausmaß der Haftung eines Arbeitnehmers spielt es eine entscheidende Rolle, ob sein **Verdienst in einem deutlichen Missverhältnis zum verwirklichten Schadenrisiko seiner Tätigkeit** steht.[91] In diesen Fällen ist die **Haftung** des Arbeitnehmers gegenüber dem Arbeitgeber trotz grober

---

88 Vgl. OLG Düsseldorf Urt. v. 03.06.1993 – 18 U 331/92 – VersR 1995, 401.

89 OLG Dresden Beschl. v. 21.08.2023 – 4 U 476/23 – r+s 2024, 24.

90 BAG Urt. v. 15.11.2012 – **8 AZR 705/11** – NJOZ 2013, 709 = BeckRS 2013, 67124; BAG Urt. v. 28.10.2010 – **8 AZR 418/09** – NJW 2011, 1096 = NZA 2011, 345.

91 BAG Urt. v. 15.11.2012 – **8 AZR 705/11** – NJOZ 2013, 709 = BeckRS 2013, 67124; BAG Urt. v. 23.01.1997 – **8 AZR 893/95** – NZV 1997, 352 = NZA 1998, 140.

Fahrlässigkeit unter Heranziehung des Rechtsgedankens des § 254 BGB abweichend von §§ 249, 276 BGB **prozentual oder** auf einen bestimmten, dem Arbeitnehmer noch zumutbaren **Höchstbetrag zwischen drei und zwölf Bruttomonatsgehälter begrenzt.**[92] Eine volle Schadenersatzpflicht würde den Arbeitnehmer angesichts der Höhe des dem Betriebsrisiko des Arbeitgebers zuzurechnenden Schadenrisikos unzumutbar belasten.

Allerdings besteht **keine generelle, starre Haftungsbeschränkung auf drei Bruttomonatsverdienste** 90 des Arbeitnehmers im Sinne einer losgelöst vom Einzelfall stets geltenden Obergrenze.[93] Für die Festlegung des Haftungsumfanges des Arbeitnehmers sind dessen Verschulden und das Betriebsrisiko des Arbeitgebers unter Beachtung aller Umstände gegeneinander abzuwägen.[94] Übersteigt allerdings der zu ersetzende Schaden ein Bruttomonatseinkommen des Arbeitnehmers nicht oder jedenfalls nicht erheblich, besteht zu einer Haftungsbegrenzung keine Veranlassung.[95]

Für den VR bedeutet dies, dass sein Regressanspruch gegen den schadenverursachenden Fahrer – unge- 91 achtet des gesondert nach A.2.8 Abs. 2 AKB zu prüfenden graduellen Verschuldens des Fahrers – schon deshalb beschränkt sein kann, weil der Anspruch des VN (Arbeitgeber) gegen den schadenverursachenden Fahrer (Arbeitnehmer) nach § 86 Abs. 1 S. 1 VVG von vornherein nur in begrenztem Umfange auf den VR übergegangen ist, (vgl. hierzu das **Fallbeispiel** unter A.2.8 AKB Rd. 99)

Ein **Haftungsausschluss** zwischen VN und Fahrer kann dem VR entgegengehalten werden, wenn 92 er – auch konkludent – vor der Entschädigungszahlung des VR vereinbart wurde. Erfolgte die Vereinbarung erst nach Eintritt des Schadenereignisses, kann darin eine Obliegenheitsverletzung des VN mit der Folge völliger Leistungsfreiheit (bei Vorsatz) oder quotaler Leistungskürzung (bei grober Fahrlässigkeit) liegen, § 86 Abs. 2 VVG.

Nimmt der VR aus übergegangenem Recht des Leasinggebers einen Arbeitnehmer auf Schaden- 93 ersatz für die Beschädigung des vom Arbeitgeber geleasten Firmenfahrzeuges in Anspruch, ist der **Rechtsweg** zu den ordentlichen Gerichten und nicht zur Arbeitsgerichtsbarkeit eröffnet.[96]

III. Wahrungs- und Mitwirkungsgebot des VN nach § 86 Abs. 2 VVG

Das frühere, in § 67 Abs. 1 S. 3 VVG a.F. enthaltene und an den VN gerichtete Verbot, seinen An- 94 spruch gegenüber dem schadenverursachenden Dritten aufzugeben, ist in § 86 Abs. 2 VVG einem weitergehenden Gebot des VN gewichen, seinen Ersatzanspruch oder seine **Sicherungsrechte zu wahren** und im Bedarfsfall bei seiner Durchsetzung durch den VR aktiv **mitzuwirken.** Dazu gehört sowohl die Verpflichtung des VN, dem VR alle Auskünfte zu erteilen, die zur Begründung des Ersatzanspruches notwendig sind,[97] als auch die Verpflichtung, alle Ansprüche beim Schädiger fristgerecht anzumelden und damit vor allem arbeits- oder tarifvertragliche Ausschlussfristen zu beachten. Die Mitwirkungspflicht besteht allerdings nur insoweit, als der Ersatzanspruch überhaupt auf den VR übergehen kann. Dies ist dann nicht mehr möglich, wenn die Haftung des schädigenden Fahrers durch zulässige Vereinbarung mit dem VN von Anfang an ausgeschlossen wurde.

Verletzt der VN eine der von ihm gemäß § 86 Abs. 2 S. 1 VVG zu beachtenden **Obliegenheiten,** 95 so kann die Entschädigungspflicht des VR ganz oder teilweise entfallen. Die Leistungsfreiheit des VR ist der Höhe nach auf den gegen den Schädiger nicht durchsetzbaren Regressanspruch beschränkt. § 86 Abs. 2 S. 2 VVG sieht bei vorsätzlicher Obliegenheitsverletzung eine vollständige Leistungsfreiheit vor, sofern die Obliegenheitsverletzung des VN ursächlich dafür ist, dass der VR keinen Ersatz von dem schädigenden Dritten verlangen kann. Im Falle grober Fahrlässigkeit, deren

92 BAG Urt. v. 28.10.2010 – **8 AZR 418/09** – NJW 2011, 1096 = NZA 2011, 345 (**12 Monatsgehälter**); BAG Urt. v. 23.01.1997 – **8 AZR 893/95** – NZV 1997, 352 = NZA 1998, 140 (**knapp 6 Monatsgehälter**); BAG Urt. v. 18.01.2007 – **8 AZR 250/06** – NJW 2007, 3305 = NZA 2007, 1230 (**3,5 Monatsgehälter**); LAG Rheinland-Pfalz Urt. v. 08.01.2014 – 7 Sa 84/13 – BeckRS 2014, 68454 (**6 Monatsgehälter**); LG Potsdam Urt. v. 08.02.2008 – 6 O 170/07 – zfs 2010, 97 (**3 Monatsgehälter**).

93 BAG Urt. v. 15.11.2012 – **8 AZR 705/11** – NJOZ 2013, 709 = BeckRS 2013, 67124.

94 Vgl. LAG Nürnberg Urt. v. 18.04.1990 – 3 Sa 38/90 – MDR 1990, 953 = DB 1991, 606.

95 Vgl. BAG Urt. v. 12.11.1998 – **8 AZR 221/97** – DAR 1999, 182 = NJW 1999, 966.

96 BAG Beschl. v. 07.07.2009 – **5 AZB 8/09** – VersR 2009, 1528 = zfs 2010, 29.

97 Vgl. amtliche Begründung des Gesetzentwurfs zu § 86 VVG, BT-Drucksache 16/3945.

Nichtvorliegen vom VN zu beweisen ist, ist der VR berechtigt, die Kaskoentschädigung entsprechend der Schwere des Verschuldens des VN quotal zu kürzen.

IV. Genereller Regressverzicht trotz grober Fahrlässigkeit?

96 A.2.8 Abs. 1 AKB bestimmt, dass ein Rückgriff des VR gegen den berechtigten Fahrer im Falle einfacher Fahrlässigkeit unterbleibt. Soweit einzelne VR in ihren AKB zu § 81 Abs. 2 VVG (in den Musterbedingungen des GDV nicht vorgesehen) durch eine **Zusatzklausel** einen **beschränkten Verzicht** auf den **Einwand der grob fahrlässigen Herbeiführung des Versicherungsfalles** erklärt haben, gilt eine solche Privilegierung im Regressfalle auch zugunsten des berechtigten Fahrers. Da dieser nicht schlechter gestellt werden soll als der VN im Rahmen des § 81 Abs. 2 VVG, sehen die AKB in diesem Falle einen Regress nur dann vor, wenn der Fahrer den Versicherungsfall durch Alkohol oder Drogen herbeigeführt oder – bei Diebstahl des Fahrzeuges oder seiner Teile – grob fahrlässig ermöglicht hat.

97 **Für den Bereich der gewerblichen Kfz-Vermietung** ist zu beachten, dass es zwar inzwischen marktüblich ist, auch in den Mietwagenbedingungen bei Vereinbarung einer Haftungsfreistellung des Mieters nach dem Leitbild einer Vollkaskoversicherung auf den Einwand der groben Fahrlässigkeit mit Ausnahme von Alkoholfahrten und Diebstahl zu verzichten. Ein Kfz-Vermieters, dessen Bedingungen abweichend hiervon eine **generelle Einstandspflicht** des Mieters (und des berechtigten Fahrers) für grobe Fahrlässigkeit vorsehen, handelt nicht treuwidrig, wenn er es unterlässt, den Mieter bei Vertragsabschluss hierauf hinzuweisen oder auch darauf, dass andere Autovermieter auf den Einwand der groben Fahrlässigkeit – abgesehen von Alkohol- und Drogenfahrten oder Diebstahl – verzichten.[98]

V. Quotenvorrecht des VN

98 Vgl. hierzu A.2.5.8 AKB Rdn. 13 ff.

VI. Keine Verpflichtung des VN zur Inanspruchnahme der Kaskoversicherung bei Beschädigung des Kfz durch Dritten

99 Es besteht grundsätzlich **keine Verpflichtung des VN** nach § 254 Abs. 2 BGB, seine **Kaskoversicherung in Anspruch zu nehmen**, um dem Fahrer im Falle eines von diesem nur leicht fahrlässig herbeigeführten Schaden die Regressbeschränkung des A.2.8 Abs. 1 AKB zukommen zu lassen und ihn auf diese Weise von der Haftung freizustellen.[99] Der **BGH**[100] hat dies in einem Fall entschieden, in dem der Angestellte einer Kfz-Werkstatt auf einer Probefahrt mit dem kaskoversicherten Fahrzeug eines Kunden verunfallte.

100 **Ausnahmsweise** kann auf der Grundlage der Rechtsbeziehungen zwischen dem geschädigten Eigentümer und dem berechtigten Fahrer unter dem Gesichtspunkt der unzulässigen Rechtsausübung gemäß **§ 242 BGB** eine andere rechtliche Bewertung geboten sein, so z.B. bei einer **vertraglichen Zusicherung** des VN gegenüber dem Fahrer, für das Kfz eine Kaskoversicherung abzuschließen und zu unterhalten oder aus der **arbeitsvertraglichen Fürsorgepflicht** des VN als Arbeitgeber gegenüber seinem Arbeitnehmer, wenn sich der Schaden bei einer Fahrt des Arbeitnehmers ereignet; eine Pflicht des VN zur Inanspruchnahme der Kaskoversicherung kann sich auch dann ergeben, wenn die **Unfallfahrt auf Bitten und im Interesse des VN** durchgeführt wurde oder der Fahrer aufgrund entsprechender **Erklärungen des VN vor Fahrtantritt** davon ausgehen durfte, das Fahrzeug sei kaskoversichert.[101]

---

98 BGH Urt. v. 15.07.2014 – **VI ZR 452/13** – VersR 2014, 1135 = r+s 2014, 491; **a.A.** LG München Urt. v. 13.07.2012 – 12 O 21256/11 – DAR 2012, 583.

99 Stiefel/Maier/*Maier* A.2 AKB Rn. 876.

100 BGH Urt. v. 18.03.1986 – **VI ZR 213/84** – VersR 1986, 755 = NJW 1986, 1813.

101 Vgl. BGH Urt. v. 18.03.1986 – **VI ZR 213/84** – VersR 1986, 755 = NJW 1986, 1813; Stiefel/Maier/*Maier* A.2 AKB Rn. 876.

Ein **Haftungsverzicht** des Fahrers gegenüber dem VN vor Fahrtantritt ist möglich, sofern der Fahrer nicht auch von einer Haftung wegen eigener grober Fahrlässigkeit befreit wird,[102] (vgl. A.2.8 AKB Rdn. 92). 101

VII. Fallbeispiel

Der angestellte Fahrer, der vom VN den Auftrag erhält, einen 3,45 m hohen Lkw zu fahren, verursacht an dem kaskoversicherten Lkw einen Schaden bei dem Versuch, eine nur 2,70 m hohe Unterführung zu durchfahren. Normalerweise fährt der Fahrer mit einem wesentlich niedrigeren Kastenwagen. Den Lkw benutzte er erst zum vierten Mal. Obwohl auf die Brückenhöhe durch mehrere Schilder bis zu 100 m vor der Unterführung hingewiesen worden war, hatte der Fahrer kurzfristig vergessen, dass er – ausnahmsweise – einen großen Lkw fuhr.[103] 102

In diesem Fall ist von einer **grob fahrlässigen Herbeiführung des Versicherungsfalles durch den Arbeitnehmer des VN** auszugehen. Ein objektiv schwerer Verkehrsverstoß des Fahrers liegt vor, weil durch die aufgestellten Schilder deutlich auf die Durchfahrtshöhe hingewiesen wurde. Subjektiv ist dem Fahrer vorzuwerfen, dass er sich nicht von der Höhe seines Lkw überzeugt hat. Es liegt auch kein Augenblicksversagen vor, weil seine Unaufmerksamkeit schon 100 m vor der Durchfahrt beim Passieren des ersten Hinweisschildes einsetzte. 103

Gleichwohl schadet dem VN das grob fahrlässige Verhalten seines Fahrers nicht. Dieser ist weder Mitversicherter, noch Repräsentant des VN, weshalb er sich das Verhalten seines Arbeitnehmers nicht zurechnen lassen muss. Daher muss der VR die volle Kaskoentschädigung an den VN auszahlen. 104

Der Schadenersatzanspruch des VN gegen seinen Arbeitnehmer geht aber gemäß § 86 Abs. 1 S. 1 VVG nicht in diesem Umfang auf den VR über. Zunächst sind tarifliche Verfallklauseln zu beachten. Auch sie gelten gegenüber dem VR Greifen sie ein, fehlt es an einem übergangsfähigen Anspruch. 105

Zudem ereignete sich der Schaden im Rahmen einer sog. »schadengeneigten Arbeit« des Arbeitnehmers. Für solche Fälle hat die Rechtsprechung arbeitsrechtliche Haftungsprivilegien entwickelt, die den Anspruch des Arbeitgebers einschränken. 106

Bei einem Schaden, der außer Verhältnis steht zum Verdienst des angestellten Kraftfahrers, ist dessen Haftung prozentual oder auf einen anteiligen Höchstbetrag zwischen drei und zwölf Brutto-Monatseinkommen beschränkt. Nur in Höhe dieses eingeschränkten, auf den VR übergegangenen Schadenersatzanspruches kann der VR seine kongruenten Entschädigungszahlungen bei dem Fahrer regressieren, und zwar nach A.2.8 Abs. 2 S. 1 AKB in einem Umfang, der der Schwere seines Verschuldens entspricht. 107

Hat der VR in den AKB auf den Einwand der groben Fahrlässigkeit im Zusammenhang mit der Herbeiführung des Versicherungsfalles verzichtet, kann er gegenüber dem Fahrer überhaupt keinen Regress nehmen. Der VR wäre sonst besser gestellt, als wenn der Schaden in vergleichbarer Weise durch den VN verursacht worden wäre. Denn aufgrund seines Verzichts hätte der VR seinem VN die grob fahrlässige Verursachung des Unfallschadens nicht vorwerfen können, so dass er insoweit in vollem Umfange leistungspflichtig geblieben wäre und auch keine Rückforderungsansprüche hätte geltend machen können. 108

---

102 Vgl. BGH Urt. v. 29.09.1960 – **II ZR 25/59** – VersR 1960, 1133 = NJW 1961, 212; OLG Saarbrücken Urt. v. 17.04.2002 – 5 U 875/01-71 – zfs 2002, 296 (**zur arbeitsvertraglichen Begrenzung der Arbeitnehmerhaftung**).

103 Vgl. OLG Karlsruhe Urt. v. 29.07.2004 – 19 U 94/04 – r+s 2005, 55 = NZV 2004, 532.

A.2.9 Was ist nicht versichert?

A.2.9.1 Vorsatz und grobe Fahrlässigkeit

Kein Versicherungsschutz besteht für Schäden, die Sie vorsätzlich herbeiführen. Bei grob fahrlässiger Herbeiführung des Schadens sind wir berechtigt, unsere Leistung in einem der Schwere Ihres Verschuldens entsprechenden Verhältnis zu kürzen.

Übersicht Rdn.

A. Allgemeines

Mit der Klausel in A.2.9 AKB werden grundlegende **Risikoausschlüsse** zusammengefasst, die in den früheren AKB 2007 noch verstreut an unterschiedlichen Stellen zu finden waren oder sich lediglich dem VVG entnehmen ließen. Anders als in der Kfz-Haftpflichtversicherung, in der nach § 103 VVG auch die grob fahrlässige Herbeiführung des Versicherungsfalles stets mitversichert und lediglich Vorsatz ausgeschlossen ist, muss der VR in der Kaskoversicherung nicht für jegliche Folgen eines risikofreudigen oder sorglosen Verhaltens des VN einstehen. Er kann – wie in A.2.9 AKB vorgesehen – Leistungsausschlüsse vereinbaren, so dass bestimmte Sachverhalte von vornherein aus dem Schutzbereich der Kaskoversicherung herausfallen. 1

Eine wesentliche Neuerung ist die vom Gesetzgeber in § 81 VVG vorgegebene **Abkehr vom »Alles-oder-Nichts-Prinzip«**, die durch A.2.9.1 AKB für den Bereich der Kaskoversicherung eingeführt wird. Die grob fahrlässige Herbeiführung des Versicherungsfalles durch den VN führt danach nicht 2 mehr wie noch in **§ 61 VVG a.F.** zur vollständigen Leistungsfreiheit des VR, sondern nur noch zu einer anteiligen Kürzung der Versicherungsleistung entsprechend dem Verschuldensgrad des VN.

3 Die **bisherige Regelung** war zu Recht vor allem deshalb **kritisiert** worden, weil die Übergänge zwischen folgenlosem, leicht fahrlässigem Verhalten des VN auf der einen und zur vollständigen Leistungsfreiheit führendem **grob fahrlässigen Verhalten** des VN auf der anderen Seite häufig fließend und nur im Rahmen einer wertenden Betrachtungsweise festzustellen sind. Rechtsstreite avancierten für den VN in der Vergangenheit daher häufig zu einem Glücksspiel mit ungewissem Ausgang, der sich in keiner Weise prognostizieren ließ und allein davon abhängig war, ob sein Verhalten als »noch leicht fahrlässig« oder als »schon grob fahrlässig« einzustufen war. Je nach rechtlicher Einschätzung erhielt der VN die volle Entschädigungsleistung, also »Alles«, oder er erhielt »Nichts«. Damit wurde er im Falle grober Fahrlässigkeit einem Vorsatztäter gleichgesetzt, was besonders dann zu unbefriedigenden Ergebnissen führte, wenn die Grenze zwischen einfacher und grober Fahrlässigkeit gerade überschritten war. Da sich der **Grad des Verschuldens** nicht als fixer Parameter, sondern immer nur im Rahmen einer **wertenden Betrachtung** feststellen lässt, die jedoch nie frei ist von den subjektiven Anschauungen und Wertvorstellungen desjenigen, der die Bewertung vornimmt, führt das neue System der Quotenbildung entsprechend dem graduellen Verschulden des VN zu mehr **Einzelfallgerechtigkeit**, wenn es darum geht, die Schwere eines grob fahrlässigen Verhaltens des VN zu bewerten.

4 Die **vorsätzliche Herbeiführung des Versicherungsfalles** ist wie schon nach der alten Regelung in § 61 VVG a.F. durch eine vollständige Leistungsfreiheit des VR sanktioniert. Der VR wäre ansonsten schutzlos dem Versicherungsbetrüger ausgeliefert, der sich durch unlautere Machenschaften Versicherungsleistungen erschleichen und damit letztlich nicht nur den VR, sondern auch die Gemeinschaft aller Versicherten schädigen könnte. Das »Alles-oder-Nichts-Prinzip« ist insoweit sachgerecht und auch erforderlich, um keinen Anreiz für ein unredliches Verhalten zu schaffen.[1]

B. Regelungsgehalt – Was ist nicht versichert? – A.2.9 AKB/Vorsatz und grobe Fahrlässigkeit – A.2.9.1 AKB (§§ 61 VVG a.F., 12 Abs. 3 AKB 2007 a.F.; A.2.16.1 AKB 2008 a.F.)

I. Rechtliche Bedeutung der Klausel

5 Der VR ist leistungsfrei, wenn der Versicherungsfall durch den VN selbst, einen **(Mit-) Versicherten** (vgl. A.2.3 AKB Rdn. 4 ff.) oder einen sonstigen Dritten, dessen Verhalten sich der VN zurechnen lassen muss (**Repräsentant**, vgl. A.2.3 AKB Rdn. 25 ff.) vorsätzlich herbeigeführt worden ist. Im Falle einer grob fahrlässigen Herbeiführung des Schadenfalles führt die Pflichtverletzung zu einer anteiligen Quotelung der Entschädigungsleistung entsprechend der Schwere des Verschuldens des VN. Die Klausel ist § 81 VVG nachgebildet. Sie beschreibt keine Obliegenheit. Es geht nicht darum, einen grundsätzlich zugesagten Versicherungsschutz bei einem bestimmten Verhalten des VN nachträglich wieder entziehen zu können. Die Regelung sanktioniert auch nicht den Eintritt des Versicherungsfalles als solchen, weil es eine allgemeine Obliegenheit des VN zur Verhütung des Schadenfalles schlechthin nicht gibt. Vielmehr handelt es sich um einen subjektiven Risikoausschluss in der Teil- und Vollkaskoversicherung, der vorsätzlich herbeigeführte Schäden von Anfang an nicht unter Versicherungsschutz stellt und für grob fahrlässig verursachte Schäden ein Leistungskürzungsrecht des VR vorsieht. Damit wird deutlich gemacht, dass der VR für ein vorsätzliches Verhalten des VN von vornherein keinen bzw. im Fall der groben Fahrlässigkeit nur einen eingeschränkten Versicherungsschutz zur Verfügung stellen will.

II. Vorsatz

6 Vorsatz setzt kumulativ voraus, dass der VN oder sein Repräsentant oder eine versicherte Person
- **objektiv und subjektiv** vorsätzlich handelt, vgl. A.2.9.1 AKB Rdn. 9 ff., A.2.9.1 AKB Rdn. 369 ff., und

1 Vgl. amtliche Begründung des Gesetzentwurfs zu § 81 VVG, BT-Drucksache 16/3945, S. 79.

– den **Schadenfall** durch vorsätzliches Verhalten herbeiführt, d.h. **verursacht**, vgl. A.2.9.1 AKB Rdn. 88 ff., A.2.9.1 AKB Rdn. 397 ff.

Der **VR** hat die Voraussetzungen zu **beweisen**, vgl. A.2.9.1 AKB Rdn. 366 ff. 7

Zu allen **Fallgruppen für Vorsatz** vgl. A.2.9.1 AKB Rdn. 93 ff. 8

Unter direktem Vorsatz ist wie auch sonst im Zivilrecht das **Wissen und Wollen** des rechtswidrigen Erfolges zu verstehen.[2] Die Kenntnis und der Wille des VN müssen sich lediglich **auf die schädigende Handlung und** den **dadurch herbeigeführten Erfolg**, also den Schaden als solchen **beziehen**, nicht zwingend auch auf den konkreten Schadenumfang.[3] Es reicht, wenn sich der VN die Schadenfolgen in Grundzügen – nicht notwendig in allen Einzelheiten – vorstellt und sich sein Vorsatz auf die Herbeiführung dieser Schadenfolgen erstreckt.[4] Hält der VN den Schadeneintritt für möglich und nimmt ihn billigend in Kauf (dolus eventualis), so führt auch dies zum Leistungsausschluss des VR. Der vorsätzlich handelnde VN führt in Kenntnis der Gefährlichkeit seines Tuns das Schadenereignis absichtlich herbei oder nimmt es jedenfalls billigend in Kauf, wobei ihm entlastende Rechtfertigungsgründe nicht zur Seite stehen. Eine eigenhändige Begehung der Tat durch den VN ist nicht erforderlich. Es reicht **jede Art der Tatbeteiligung**, die auf die vorsätzliche Verwirklichung des kaskoversicherten Schadenereignisses abzielt. 9

Vorsätzlich herbeigeführte Kaskoschäden sind besonders häufig im Zusammenhang mit **Fallgestaltungen** anzutreffen, in denen es dem VN auf einen eigenen oder auch ungerechtfertigten finanziellen Vorteil in Form einer (überhöhten) Kaskoentschädigung ankommt, sei es durch 10

– einen **verabredeten**, absichtlich herbeigeführten (gestellten) **Unfall**, (vgl. A.2.2.2 AKB Rdn. 129 ff.),
– einen tatsächlich gar nicht eingetretenen, sondern **vorgetäuschten (fingierten) Versicherungsfall**, so insbesondere bei **Entwendungsfällen**, (vgl. A.2.2.1 AKB Rdn. 252 ff.), oder bei der absichtlichen **Inbrandsetzung** des Fahrzeuges, (vgl. A.2.2.1 AKB Rdn. 120 ff.),
– einen gestellten Unfall, um aus einem **ungünstigen Leasing- oder Finanzierungsvertrag** herauszukommen, oder um den **Versicherungsvertrag kündigen** zu können,[5]
– einen **provozierten**, die momentane Unaufmerksamkeit eines anderen Verkehrsteilnehmers ausnutzenden **Unfall**, (vgl. A.2.2.2 AKB Rdn. 129 ff.), oder
– einen **manipulierten bzw. vorgetäuschten**, nicht der tatsächlichen Höhe eines echten Versicherungsfalles entsprechenden **Schaden.**[6]

Auch bei Unfällen, die in **Suizidabsicht** oder dadurch herbeigeführt werden, dass das **Fahrzeug als Waffe** gegen andere Personen eingesetzt wird, liegt eine Vorsatztat des Fahrzeugführers vor.[7] Bei einem Unfall infolge eines **Driftmanövers** ist regelmäßig nicht von einer vorsätzlichen Begehungsweise auszugehen.[8] 11

III. Grobe Fahrlässigkeit

Grobe Fahrlässigkeit setzt kumulativ voraus, dass der VN oder sein Repräsentant oder eine versicherte Person 12

– **objektiv** grob fahrlässig handelt, vgl. A.2.9.1 AKB Rdn. 15 ff. und
– **subjektiv** grob fahrlässig handelt, vgl. A.2.9.1 AKB Rdn. 22 ff., A.2.9.1 AKB Rdn. 373 ff., wobei **keine Schuldunfähigkeit** vorliegen darf, vgl. A.2.9.1 AKB Rdn. 385 ff. und

2 Vgl. Grüneberg/*Grüneberg* § 276 Rn. 10.
3 Vgl. *Langheid*/Rixecker § 81 VVG Rn. 45.
4 Vgl. OLG Köln Urt. v. 17.09.1996 – 9 U 8/96 – r+s 1997, 95.
5 Himmelreich/Halm/*Bartholomy* Teil 1 Abschnitt B Kap. 20 Rn. 96.
6 Einzelheiten bei *Langheid*/Rixecker § 81 VVG Rn. 45.
7 Vgl. OLG Zweibrücken Urt. v. 24.02.1999 – 1 U 12/98 – VersR 2000, 223.
8 LG Coburg Urt. v. 26.01.2024 – 24 O 366/23 – r+s 2024, 662.

– den **Schadenfall** durch grob fahrlässiges Verhalten herbeiführt, d.h. **verursacht**, vgl. A.2.9.1 AKB Rdn. 88 ff., A.2.9.1 AKB Rdn. 397 ff.

13 Der **VR** hat die Voraussetzungen zu **beweisen**, vgl. A.2.9.1 AKB Rdn. 366 ff.

14 Zu allen **Fallgruppen für grobe Fahrlässigkeit** durch
- **Alkohol** vgl. A.2.9.1 AKB Rdn. 98 ff.
- **Medikamente** vgl. A.2.9.1 AKB Rdn. 156 ff.
- **Drogen** vgl. A.2.9.1 AKB Rdn. 164 ff.
- **Übermüdung/Einschlafen am Steuer** vgl. A.2.9.1 AKB Rdn. 181 ff.
- **Ermöglichung der Entwendung** vgl. A.2.9.1 AKB Rdn. 193 ff.
- **verkehrswidriges Verhalten** vgl. A.2.9.1 AKB Rdn. 273 ff.
- **betriebsfremde Handlungen des VN** vgl. A.2.9.1 AKB Rdn. 347 ff.
- **sonstige Verkehrs- und Pflichtenverstöße** vgl. A.2.9.1 AKB Rdn. 360 ff.
- **Kfz-Mieter in der gewerblichen Kfz-Vermietung** vgl. A.2.9.1 AKB Rdn. 363 ff.

1. Objektive Voraussetzungen

15 Der objektive Sorgfaltsmaßstab wird nicht nur durch die **geltenden Verkehrs-, Verhaltens- und Sicherheitsvorschriften** geprägt, sondern richtet sich auch nach **allgemein anerkannten Sorgfaltserfordernissen.** Daraus folgt, dass ein objektiver Verstoß gegen gesetzliche Normen oder versicherungsvertragliche Bestimmungen nicht zwingend vorliegen muss, um grobe Fahrlässigkeit zu begründen. Auch ein nach der StVO nicht verbotenes Verkehrsverhalten kann grob fahrlässig sein. Vorauszusetzen ist stets ein erhebliches Fehlverhalten des VN durch einen objektiv besonders schwerwiegenden, groben Verstoß gegen allgemein gültige Sorgfaltsanforderungen.

16 **Objektiv grob fahrlässig handelt**, wer die im Verkehr erforderliche **Sorgfalt** nach den gesamten Umständen **in besonders schwerem, ungewöhnlich hohem Maße außer Acht lässt** und wer schon einfachste, ganz nahe liegende Überlegungen nicht anstellt und unbeachtet lässt, was in der gegebenen Situation jedem hätte einleuchten müssen.[9] Dabei können als Bewertungshilfe Formeln wie: »Schlechthin unverständlich«, »Das darf einfach nicht passieren« oder »Wie kann man nur« hilfreich sein.[10] Das gewöhnliche Maß an Fahrlässigkeit muss in objektiver Hinsicht erheblich überschritten sein. Dies ist der Fall, wenn die **Wahrscheinlichkeit des Schadeneintrittes offenkundig so groß** war, dass es ohne weiteres nahelag und dem VN auch unter Berücksichtigung von Aufwand, Kosten und Bequemlichkeit zuzumuten gewesen wäre, durch ein anderes, der konkreten Situation angepasstes Verhalten den Schaden zu vermeiden.[11]

17 **Erforderlich ist**, dass der VN durch sein Verhalten das normale Alltagsrisiko eines Schadeneintrittes vergrößert oder den bei Vertragsabschluss bestehenden bzw. vorausgesetzten Sicherheitsstandard deutlich unterschreitet. Daran fehlt es, wenn der Umstand, der zum Eintritt des Versicherungsfalles geführt hat, bereits seit Vertragsschluss unverändert bestand und Grundlage einer Risikoprüfung des VR war oder hätte sein können.[12]

18 Das **Fehlverhalten** kann **nicht nur in einem aktiven Tun**, sondern **auch in einem Unterlassen** liegen. Wer infolge schweren Verschuldens selbst für den Eintritt des Versicherungsfalles verantwortlich ist, setzt sich in treuwidriger Weise zu seinem Verhalten in Widerspruch, wenn er gleichwohl

---

9 BGH Urt. v. 14.06.2005 – **VI ZR 185/04** – NZV 2005, 457 = DAR 2005, 504; BGH Urt. v. 29.01.2003 – **IV ZR 173/01** – VersR 2003, 364 m.w.N. = zfs 2003, 242.

10 Vgl. Veith VersR 2008, 1580, 1582.

11 Vgl. OLG Düsseldorf Urt. v. 23.12.2010 – I-4 U 101/10 – VersR 2011, 1388 = r+s 2011, 507; OLG Saarbrücken Urt. v. 25.05.1994 – 5 U 1053/93-70 – VersR 1996, 580 = r+s 1995, 108; OLG München Urt. v. 24.11.1993 – 30 U 458/93 – VersR 1994, 1060 = r+s 1995, 8; OLG Hamm Urt. v. 26.04.1991 – 20 U 284/90 – r+s 1991, 331 = NJW-RR 1992, 360; Prölss/Martin/*Armbrüster* § 81 VVG Rn. 30.

12 Rüffer/Halbach/Schimikowski/*Karczewski* § 81 VVG Rn. 5.

Versicherungsschutz begehrt.[13] Dazu bedarf es keines Verstoßes gegen vertragliche Obliegenheiten.[14] Voraussetzung ist, dass der VN die ihm zur Vermeidung des Versicherungsfalles zumutbaren, objektiv notwendigen und geeigneten **Sicherheitsvorkehrungen unterlässt.**[15] Beachtet er diese und hält den vertraglich vorausgesetzten Sicherheitsstandard ein, fehlt es bereits an der objektiven Herbeiführung des Versicherungsfalles.[16]

Dem VN obliegt zwar **keine allgemeine Schadenverhütungspflicht**; er führt den Versicherungsfall 19
aber **grob fahrlässig durch Unterlassen** herbei, wenn er das ursächliche Geschehen in der Weise beherrscht, dass er die drohende Verwirklichung der Gefahr zulässt, obwohl er die geeigneten Mittel zum Schutz des versicherten Interesses in der Hand hatte und bei zumutbarer Wahrnehmung seiner Belange davon ebenso Gebrauch machen konnte wie eine nicht versicherte Person.[17] Dabei muss der VN ausreichende Kenntnis von den Umständen haben, aus denen sich ergibt, dass der Eintritt des Versicherungsfalles in den Bereich der praktisch unmittelbar in Betracht zu ziehenden Möglichkeiten gerückt ist; nur dann ist er demjenigen gleichzusetzen, der den Versicherungsfall durch positives Tun herbeigeführt hat.[18]

Ermöglicht der VN als gewerblicher Kfz-Vermieter seinen Kunden eine Fahrzeugrückgabe nach 20
Geschäftsschluss, wobei die **Kfz-Schlüssel** vereinbarungsgemäß **in einen ungesicherten**, in ein Garagentor eingelassenen **Briefschlitz** eingeworfen werden können, so schafft er eine besondere Gefahrenlage, die Diebe geradezu anzieht; wird das vom Kfz-Mieter auf diese Weise zurückgebrachte Fahrzeug anschließend entwendet, trifft den VN der Vorwurf grober Fahrlässigkeit durch Unterlassen, da er im Vorfeld zumutbare bessere Sicherungsmöglichkeiten nicht ergriffen und z.B. den Kasten nicht mit einem Mechanismus versehen hat, der ein Herausangeln von Gegenständen unmöglich macht oder zumindest erheblich erschwert.[19]

Derjenige, der sein **Fahrzeug in üblicher Weise nutzt,** handelt in der Regel **nicht grob fahrlässig.** 21
Dem VN ist daher kein Vorwurf zu machen, wenn er seinen Pkw über Nacht nicht in einer Parkgarage oder auf einem bewachten Parkplatz abstellt, sondern verschlossen und mit eingeschalteter Alarmanlage in der belebten und beleuchteten Hauptstraße einer europäischen Großstadt parkt[20] oder wenn er sein auffälliges Luxusfahrzeug über Nacht 15 m vom Hoteleingang entfernt auf einem offenen Parkplatz abstellt.[21] **Anderes gilt** nur dann, wenn durch die Wahl eines abgelegenen, unbeleuchteten und einsamen Parkplatzes von vornherein eine erhöhte Diebstahlgefahr bestand (vgl. auch vgl. A.2.9.1 AKB Rdn. 196 ff.).

2. Subjektive Voraussetzungen

Subjektiv grob fahrlässig handelt, wem durch eine subjektiv unentschuldbare Pflichtwidrigkeit ein 22
gegenüber der leichten Fahrlässigkeit gemäß § 276 Abs. 2 BGB **erheblich gesteigertes, schlechthin unentschuldbares Fehlverhalten** vorzuwerfen ist, von dem der VN zumindest hätte wissen müssen, dass es geeignet war, den Schadeneintritt herbeizuführen.[22] Diese Annahme wird vor allem bei

13 Rüffer/Halbach/Schimikowski/*Karczewski* § 81 VVG Rn. 6.
14 Looschelders/Pohlmann/*Schmidt-Kessel* § 81 VVG Rn. 20.
15 Vgl. BGH Urt. v. 17.04.1997 – **I ZR 97/95** – VersR 1998, 126 = NZV 1997, 475.
16 Looschelders VersR 2008, 1, 3.
17 Vgl. BGH Urt. v. 23.06.2004 – **IV ZR 219/03** – VersR 2005, 218 = r+s 2004, 1476.
18 Vgl. BGH Urt. v. 23.06.2004 – **IV ZR 219/03** – VersR 2005, 218 = r+s 2004, 1476.
19 LG Düsseldorf Beschl. v. 25.10.2010 – 22 S 196/10 – juris, **unter Bestätigung von** AG Düsseldorf Urt. v. 29.06.2010 – 230 C 14977/09 – SP 2011, 227 = VK 2011, 141.
20 BGH Urt. v. 21.02.1996 – **IV ZR 321/94** – VersR 1996, 576 = NJW 1996, 1411.
21 BGH Urt. v. 15.10.1997 – **IV ZR 264/96** – VersR 1998, 44 = NJW-RR 1998, 166.
22 BGH Urt. v. 14.06.2005 – **VI ZR 185/04** – NZV 2005, 457 = DAR 2005, 504; BGH Urt. v. 29.01.2003 – **IV ZR 173/01** – VersR 2003, 364 = zfs 2003, 242, 243; vgl. OLG Hamm Urt. v. 26.04.1991 – 20 U 284/90 – r+s 1991, 331 = NJW-RR 1992, 360; OLG Oldenburg Urt. v. 20.12.1989 – 2 U 225/89 – r+s 1990, 406.

einem **leichtsinnigen oder rücksichtslosen Verhalten** des VN berechtigt sein. Ob der VN bewusst oder unbewusst gegen Sorgfaltsanforderungen verstoßen hat, ist gleichgültig. In beiden Fällen kann ein grob fahrlässiges Verhalten vorliegen, wenngleich dieses bei einem bewussten Verstoß eher zu bejahen sein wird als bei einem unbewussten.[23] Auch ein **reflexartiges, abruptes und unkontrolliertes Ausweichmanöver**, verbunden mit einer scharfen Abbremsung, aufgrund dessen der Fahrer die Herrschaft über sein Fahrzeug verliert, ist in der Regel als subjektiv grob fahrlässig begangener Fahrfehler einzustufen.[24]

23 **Unterlässt der VN zumutbare Sicherungsmaßnahmen**, genügt für ein subjektiv unentschuldbares Fehlverhalten seine Kenntnis oder grob fahrlässige Unkenntnis derjenigen Umstände, aus denen sich ergibt, dass der Eintritt des Versicherungsfalles praktisch unmittelbar in den Bereich der in Betracht zu ziehenden Möglichkeiten gerückt ist.[25]

24 Ein **Augenblicksversagen** (vgl. auch A.2.9.1 AKB Rdn. 77 f. und A.2.9.1 AKB Rdn. 380 ff.) wurde dem VN in der Vergangenheit im Falle einer unbewusst fahrlässigen Handlung attestiert, wenn der Schaden durch ein kurzzeitiges Außerachtlassen der im Verkehr erforderlichen Sorgfalt eingetreten war, die auch einem ansonsten noch so sorgfältigen und pflichtbewussten VN als »Ausrutscher« hätte unterlaufen können.[26]

25 Insbesondere **bei routinemäßigen Handlungsabläufen** wurde eine momentane Unaufmerksamkeit als Folge des typischerweise unzulänglichen menschlichen Verhaltens entschuldigt, weil es nie vollkommen auszuschließen sei, dass ein Fahrzeugführer auch einmal unbewusst einen Moment lang falsch reagiert oder sich ablenken lässt.[27] Ein solches einmaliges Fehlverhalten lässt jedoch für sich allein den Vorwurf der groben Fahrlässigkeit noch nicht entfallen.

26 Nach der Rechtsprechung des **BGH**[28] ist die alleinige Feststellung, dass der VN für einen Augenblick versagt hat, noch kein Grund, den Schuldvorwurf der groben Fahrlässigkeit herabzustufen, wenn die objektiven Merkmale eines grob fahrlässigen Verhaltens gegeben sind. Denn vom Ausmaß des objektiven Pflichtverstoßes kann grundsätzlich auf innere Vorgänge beim VN und deren gesteigerte Vorwerfbarkeit geschlossen werden.[29] Andererseits lässt die Feststellung eines objektiv grob fahrlässigen Sorgfaltsverstoßes weder als Indiz zwingend, noch »in der Regel« den Rückschluss auf ein stets subjektiv unentschuldbares Fehlverhalten des VN zu.[30] Es sind durchaus individuelle Umstände denkbar, die den Verstoß des VN ausnahmsweise in einem milderen, nicht grob fahrlässigen Licht erscheinen lassen können.

27 Generelle oder momentane **Konzentrationsschwächen**, gleichgültig ob psychischer oder körperlicher Natur, können den VN entlasten,[31] wenn sie auf Alter, Krankheit, oder nachvollziehbarer Ablenkung beruhen, wobei in diesem Zusammenhang sowohl der Grund, als auch der Gefährlichkeitsgrad der Ablenkung zu werten ist.[32]

---

23 Vgl. Burmann/Heß/Höke/Stahl Rn. 343.
24 BGH Urt. v. 11.07.2007 – **XII ZR 197/05** – VersR 2007, 1531 = DAR 2007, 641.
25 Rüffer/Halbach/Schimikowski/*Karczewski* § 81 VVG Rn. 6.
26 BGH Urt. v. 14.07.1986 – **IVa ZR 22/85** – VersR 1986, 962 = NJW 1986, 2838.
27 BGH Urt. v. 08.02.1989 – **IVa ZR 57/88** – VersR 1989, 582 = NJW 1989, 1354.
28 BGH Urt. v. 29.10.2003 – **IV ZR 16/03** – VersR 2003, 1561 = DAR 2004, 24; BGH Urt. v. 29.01.2003 – **IV ZR 173/01** – VersR 2003, 364 = zfs 2003, 242; BGH Urt. v. 08.07.1992 – **IV ZR 223/91** – VersR 1992, 1085 = NJW 1992, 2418.
29 Ebenso OLG Rostock Urt. v. 30.04.2003 – 6 U 249/01 – r+s 2004, 58 = zfs 2003, 356; OLG Nürnberg Urt. v. 30.01.2003 – 8 U 2761/02 – r+s 2005, 101; OLG Oldenburg Urt. v. 25.06.1997 – 2 U 109/97 – r+s 1997, 470; OLG Nürnberg Urt. v. 28.04.1994 – 8 U 3768/93 – VersR 1995, 331.
30 Vgl. BGH Urt. v. 29.01.2003 – **IV ZR 173/01** – VersR 2003, 364 = zfs 2003, 242, 243.
31 BGH Urt. v. 05.04.1989 – **IVa ZR 39/88** – VersR 1989, 840 = NJW-RR 1989, 1187; BGH Urt. v. 22.02.1989 – **IVa ZR 274/87** – VersR 1989, 469 = r+s 1989, 349.
32 Vgl. Himmelreich/Halm/Staab/*Papatheodorou* Kap. 23 E Rn. 400.

Daneben sind stets auch die individuellen **Kenntnisse, Fähigkeiten und Geschicklichkeiten des VN** zu berücksichtigen, die wiederum von Alter, Gesundheit, Lebenserfahrung, Bildungsgrad und der beruflichen Tätigkeit abhängen.[33] 28

Auch bei einer unter **Zeitdruck** oder **in Eile** getroffenen Fehlentscheidung kann das Verschulden geringer einzustufen sein als im Normalfall.[34] Umso komplexer die zu bewältigende Verkehrssituation und umso gefahrträchtiger das Risiko einer momentanen Unaufmerksamkeit ist, desto weniger können den VN individuelle Umstände entlasten,[35] (vgl. auch A.2.9.1 AKB Rdn. 24 ff.; A.2.9.1 AKB Rdn. 77 f. und A.2.9.1 AKB Rdn. 380 ff.). Der **VN kann sich** allerdings **nicht darauf berufen**, das menschliche Auge sei ohnehin kaum in der Lage, sämtliche Verkehrsvorgänge wahrzunehmen, weshalb sein streitgegenständliches Fehlverhalten nicht als grob fahrlässig einzustufen sei; in diesem Fall müsste an seiner generellen Kraftfahreignung gezweifelt werden.[36] 29

Ob die Fahrlässigkeit im Einzelfall als einfach oder grob zu bewerten ist, ist immer Sache der **tatrichterlichen Würdigung.** Sie erfordert eine Abwägung aller objektiven und subjektiven Tatumstände und entzieht sich deshalb weitgehend einer Anwendung fester Regeln. Die Entscheidung des Tatrichters kann revisionsrechtlich nur beschränkt darauf überprüft werden, ob er den Rechtsbegriff der groben Fahrlässigkeit verkannt, bei der Beurteilung des Verschuldensgrades wesentliche Umstände außer Acht gelassen oder gegen Denkgesetze, Erfahrungssätze oder Verfahrensvorschriften verstoßen hat.[37] Auch nach Abschaffung des »Alles-oder-Nichts-Prinzips« (vgl. A.2.9.1 AKB Rdn. 31 ff.) sollten Fallkonstellationen, in denen die Voraussetzungen eines Augenblicksversagens vorliegen, als einfache Fahrlässigkeit eingestuft werden. Es erscheint nicht sachgerecht, bei einem subjektiven Fehlverhalten eines VN, welches früher lediglich als leicht fahrlässig (Augenblicksversagen) qualifiziert wurde, nunmehr grobe Fahrlässigkeit anzunehmen und als Korrektiv ein Leistungskürzungsrecht des VR bis zu 25 % zuzulassen.[38] **Zur Beweislast** des VR vgl. A.2.9.1 AKB Rdn. 366 ff. und A.2.9.1 AKB Rdn. 373 ff.; zum **Anscheinsbeweis** vgl. A.2.9.1 AKB Rdn. 377 ff. 30

3. Quotales Leistungskürzungsrecht des VR

a) Grundsätzliches

Für den Fall eines grob fahrlässigen Fehlverhaltens räumt A.2.9.1 S. 2 AKB dem VR das **Recht** ein, die **Versicherungsleistung** in einem der Schwere des Verschuldens des VN entsprechenden Verhältnis **zu kürzen.** Die Leistungskürzung ist weder von Amts wegen zu berücksichtigen, noch tritt sie bei Vorliegen der entsprechenden Voraussetzungen kraft Gesetzes ohne weiteres Zutun der Beteiligten und damit ipso jure ein.[39] Vielmehr muss sich der **VR auf sein Leistungskürzungsrecht berufen** und die **Kürzung erklären**, andernfalls der VN trotz feststellbarer grober Fahrlässigkeit 100 % seines ersatzfähigen Schadens erstattet verlangen kann.[40] 31

Steht das Fahrzeug im Miteigentum des VN und eines Dritten, hinsichtlich dessen ein Tatbestand erfüllt ist, der zur Leistungskürzung führt, bleibt der VR in Höhe des Miteigentumsanteils des VN voll leistungspflichtig,[41] (vgl. A.2.3 AKB Rdn. 68). 32

Die Klausel ist **§ 81 Abs. 2 VVG nachgebildet.** Unter Aufgabe des bisherigen »Alles-oder-Nichts-Prinzips« geht der VN bei grober Fahrlässigkeit nicht mehr leer aus, sondern erhält eine quotale Entschädigung. Damit wird den Schutzinteressen des VN im Sinne einer größeren 33

33 Vgl. BGH Urt. v. 18.10.1988 – **VI ZR 15/88** – VersR 1989, 109 = NJW-RR 1989, 339, 340.
34 BGH Urt. v. 08.02.1989 – **IVa ZR 57/88** – VersR 1989, 582 = NJW 1989, 1354.
35 Vgl. OLG Hamm Urt. v. 18.02.2000 – 20 U 238/99 – r+s 2000, 230 = NZV 2001, 37.
36 AG Passau Urt. v. 30.09.1987 – 11 C 998/87 – zfs 1988, 146.
37 BGH Urt. v. 25.05.2011 – **IV ZR 151/09** – VersR 2011, 1390 = r+s 2012, 40 (m.w. Rspr.-Nachweisen).
38 So aber Himmelreich/Halm/*Bartholomy* Teil 1 Abschnitt B Kap. 20 Rn. 101.
39 **A.A.** Looschelders/Pohlmann/*Schmidt-Kessel* § 81 VVG Rn. 50.
40 OLG Düsseldorf Urt. v. 23.12.2010 – I-4 U 101/10 – VersR 2011, 1388 = r+s 2011, 507.
41 Himmelreich/Halm/*Bartholomy* Teil 1 Abschnitt B Kap. 20 Rn. 97.

Einzelfallgerechtigkeit Rechnung getragen.[42] Der zu beurteilende Sachverhalt muss in eine Schwereskala eingeordnet werden, begrenzt durch die einfache Fahrlässigkeit auf der einen und durch den bedingten Vorsatz auf der anderen Seite.[43] Dabei sind die Übergänge fließend, was auch für die Stufen innerhalb der groben Fahrlässigkeit gilt.

b) Einseitiges Leistungsbestimmungsrecht des VR nach § 315 Abs. 1 BGB?

34 Trotz ihres Wortlautes räumt die Klausel dem **VR nicht das Recht** ein, den **Umfang der Entschädigungsleistung** selbst nach **billigem Ermessen** gemäß § 315 Abs. 1 BGB festzulegen. Ein einseitiges Leistungsbestimmungsrecht kann zwar grundsätzlich durch Vertrag, mithin auch im Rahmen der AKB, ohne weiteres vereinbart werden; jedoch hätte ein solches Recht zur Konsequenz, dass dem VR ein Beurteilungsspielraum eröffnet wäre, der in jedem Einzelfall zu einer Bandbreite von verschiedenen »richtigen« Entschädigungsquoten führen würde. Solange der VR seinen Beurteilungsspielraum nicht überschreitet, wäre seine Entscheidung nicht unbillig und damit verbindlich.[44]

35 Die Quotenbildung ist zwar als Kürzungsbefugnis ähnlich einem Leistungsbestimmungsrecht ausgestaltet; Maßstab der Kürzung ist aber allein die **Schwere des Verschuldens** beim VN, die **objektiv feststellbar** ist und damit der gerichtlichen Überprüfung unterliegt.[45] **§ 315 BGB** ist indes **unanwendbar**, wenn der Umfang der Leistungspflicht durch einen **objektiven Beurteilungsmaßstab** festgelegt ist, der der Kontrolle der Gerichte unterliegt.[46] Dem steht nicht entgegen, dass bei der Ermittlung des Verschuldensgrades auch wertende Betrachtungen in die Entscheidung mit einfließen. Denn dies ist auch in anderen Rechtsgebieten der Fall, z.B. bei der Festlegung der üblichen Vergütung nach den §§ 612 Abs. 2, 632 Abs. 2, 653 Abs. 2 BGB.[47] Dennoch stellt auch die übliche Vergütung einen objektiven Maßstab dar,[48] die sich ebenso wenig wie die Kürzungsquote bei grober Fahrlässigkeit des VN durch die Leistungsbestimmung einer Partei einseitig nach billigem Ermessen festlegen lässt.

c) Umfang der Leistungskürzung

aa) Einstiegsquoten als Gradmesser der groben Fahrlässigkeit?

36 Der Umfang der Leistungskürzung steht nicht im Ermessen des VR. Er **unterliegt der vollen gerichtlichen Kontrolle** und kann durch das Gericht korrigiert werden. Er hat sich ausschließlich an dem Begriff der groben Fahrlässigkeit unter Berücksichtigung aller objektiven und subjektiven Elemente sowie an der Schwere des Verschuldens des VN zu orientieren.[49] Alle sonstigen sachfremden Erwägungen wie z.B. die Dauer des Versicherungsverhältnisses oder der Umfang der Geschäftsbeziehungen zwischen VN und VR stellen keinen zulässigen Gradmesser für ein Verschulden des VN dar.[50] Erst wenn alle Aspekte der grob fahrlässigen Verhaltensweise festgestellt sind, lässt sich im Rahmen einer sodann vorzunehmenden **Gesamtschau** ermitteln, ob das dem VN anzulastende Verschulden im konkreten Fall eher nahe am bedingten Vorsatz, im Grenzbereich zur einfachen Fahrlässigkeit oder aber im durchschnittlichen, mittleren Bereich der groben Fahrlässigkeit (50 %) festzumachen ist.[51] Innerhalb dieses Spielraumes ist eine Leistungskürzung vorzunehmen, die dem Grad des individuellen, dem VN in der konkreten Situation vorwerfbaren Verschuldens Rechnung trägt.

---

42 Vgl. amtliche Begründung des Gesetzentwurfs zu § 81 VVG, BT-Drucksache 16/3945, S. 80.
43 Looschelders VersR 2008, 1, 6.
44 Vgl. Münchener Kommentar/*Gottwald* § 315 BGB Rn. 44.
45 Vgl. Rixecker zfs 2007, 15, 16; zfs 2009, 5, 10.
46 Grüneberg/*Grüneberg* § 315 Rn. 6.
47 Burmann/Heß/Höke/Stahl Rn. 355.
48 Vgl. Münchener Kommentar/*Gottwald* § 315 BGB Rn. 15.
49 Veith VersR 2008, 1580, 1588.
50 Knappmann VRR 2009, 9, 10.
51 Vgl. amtliche Begründung des Gesetzentwurfs zu § 81 VVG, BT-Drucksache 16/3945, S. 80.

Vor diesem Hintergrund wäre es **verfehlt**, in Fällen grober Fahrlässigkeit **als Einstiegsbereich** stets eine **Kürzungsquote von 50 %** für eine (unterstellte) durchschnittliche, grobe Fahrlässigkeit mittlerer Art und Güte anzusetzen.[52] 37

Erst recht nicht folgt aus der Feststellung eines grob fahrlässigen Verhaltens des VN, dass von vornherein maximal nur eine Entschädigung von 50 % in Betracht käme.[53] Ein solches »**Mittelwertmodell**« widerspräche der vom Gesetzgeber vorgegebenen Beweislastverteilung. Denn für das Verschuldensmaß, nach dem sich im Falle grober Fahrlässigkeit der Umfang der Leistungspflicht bestimmt, ist allein der VR beweispflichtig.[54] Eine Einstiegsquote von 50 % würde zu einer Verschiebung der Beweislast führen und hätte zur Folge, dass es Aufgabe des VN wäre, die Leistungskürzungsbefugnis des VR unter eine Quote von 50 % zu drücken.[55] 38

Aber auch Lösungsansätze, die zumindest für bestimmte Fallgruppen **Einstiegsquoten** vorsehen[56] oder einzuhaltende **Quotenraster von 0, 25, 50, 75 oder 100 %** vorgeben wollen,[57] werden nicht der gesetzgeberischen Intention gerecht, wonach in jedem Einzelfall unter Berücksichtigung der dabei bestehenden Besonderheiten eine Leistungskürzungsquote zu bestimmen ist, die der Schwere der Schuld des VN angemessen ist.[58] 39

Ausgangspunkt für die Bemessung des Leistungsumfanges ist richtigerweise stets der **Gesamtschaden des VN** bzw. der nach den Versicherungsbedingungen vereinbarte volle Entschädigungsanspruch zu **100 %**, so dass nach A.2.9.1 S. 2 AKB auch im Falle grober Fahrlässigkeit zunächst von einer grundsätzlich umfassenden, 100 %-igen Leistungspflicht des VR auszugehen ist, die der VR lediglich entsprechend dem Verhältnis der von ihm nachzuweisenden Schwere des Verschuldens beim VN kürzen darf.[59] 40

Da sich der Umfang des dem VR zustehenden Kürzungsrechtes allein nach der graduellen Schwere des Verschuldens beim VN bemisst, sind durchaus Konstellationen denkbar, bei denen ein objektiv grob fahrlässiges Verhalten dennoch aufgrund besonderer subjektiver Komponenten beim VN in der Gesamtschau nur wie ein leicht fahrlässiger Vorwurf zu bewerten ist. In solchen Fällen **leichtester grober Fahrlässigkeit** kann eine **vollständige Leistungspflicht des VR** in Betracht kommen. Eine Kürzung der Versicherungsleistung ist dann ausnahmsweise nicht zulässig.[60] 41

---

52 Ebenso OLG Düsseldorf Urt. v. 23.12.2010 – I-4 U 101/10 – VersR 2011, 1388 = r+s 2011, 507; LG Hannover Urt. v. 17.09.2010 – 13 O 153/08 – VersR 2011, 112; LG Nürnberg-Fürth Urt. v. 04.08.2010 – 8 O 744/10 – r+s 2010, 412; LG Trier Urt. v. 03.04.2010 – 4 O 241/09 – r+s 2010, 509 = zfs 2010, 510; LG Dortmund Urt. v. 15.07.2010 – 2 O 8/10 – VersR 2010, 1594 = zfs 2010, 515 (**obiter dictum**); LG Münster Urt. v. 20.08.2009 – 15 O 141/09 – zfs 2009, 641 = DAR 2009, 705; Pohlmann VersR 2008, 437, 439; Looschelders/Pohlmann/*Schmidt-Kessel* § 81 VVG Rn. 54; Maier/Stadler Rn. 125; Veith VersR 2008, 1580, 1588; **a.A.** OLG Hamm Urt. v. 25.08.2010 – 20 U 74/10 – VersR 2011, 206 = r+s 2010, 506; LG Nürnberg-Fürth Urt. v. 04.08.2010 – 8 O 744/10 – r+s 2010, 412; Felsch r+s 2007, 485, 493; Langheid NJW 2007, 3665; Nugel MDR Sonderbeilage 2007, 23, 26; Knappmann, VRR 2009, 9, 11; Himmelreich/Halm/Staab/*Papatheodorou* Kap. 23 E Rn. 384a; Weidner/Schuster r+s 2007, 363, 364; Langheid NJW 2007, 3665, 3669; im Ergebnis auch Unberath NZV 2008, 537; Rüffer/Halbach/Schimikowski/*Karczewski* § 81 VVG Rn. 100.

53 So aber Baumann r+s 2005, 1, 9; **zu Recht a.A.** Rüffer/Halbach/Schimikowski/*Karczewski* § 81 VVG Rn. 100.

54 Vgl. amtliche Begründung des Gesetzentwurfs zu §§ 28, 81 VVG, BT-Drucksache 16/3945, S. 69, 80.

55 LG Dortmund Urt. v. 15.07.2010 – 2 O 8/10 – VersR 2010, 1594 = zfs 2010, 515.

56 Günther/Spielmann r+s 2008, 177.

57 Vgl. LG Münster Urt. v. 24.09.2009 – 15 O 275/09 – VersR 2011, 487 = DAR 2010, 473; LG Münster Urt. v. 20.08.2009 – 15 O 141/09 – zfs 2009, 641 = DAR 2009, 705.

58 OLG Düsseldorf Urt. v. 23.12.2010 – I-4 U 101/10 – VersR 2011, 1388 = r+s 2011, 507; LG Dortmund Urt. v. 15.07.2010 – 2 O 8/10 – VersR 2010, 1594 = zfs 2010, 515; Marlow/Spuhl Rn. 327.

59 Ebenso OLG Düsseldorf Urt. v. 23.12.2010 – I-4 U 101/10 – VersR 2011, 1388 = r+s 2011, 507; LG Dortmund Urt. v. 15.07.2010 – 2 O 8/10 – VersR 2010, 1594 = zfs 2010, 515; Rixecker zfs 2009, 5, 10.

60 Vgl. Rixecker zfs 2009, 5, 7; Veith VersR 2008, 1580, 1583; Günther/Spielmann r+s 2008, 133, 141; Felsch r+s 2007, 485, 492; Römer VersR 2006, 740, 741.

42 Will der VR seinem VN die Entschädigungszahlung ganz oder teilweise verweigern, muss er ausreichend Indizien vorbringen und im Bestreitensfall beweisen, die die Leistungskürzung, die er sich vertraglich vorbehalten hat und auf die er sich berufen muss, auch rechtfertigen. Gelingt ihm dies nicht, muss er damit rechnen, trotz einer grob fahrlässigen Verhaltensweise des VN, die dann ggf. nur als »leicht« oder »einfach« einzustufen sein wird, die volle Versicherungsleistung erbringen zu müssen.

43 Zur **Darlegungs- und Beweislast** vgl. auch A.2.9.1 AKB Rdn. 366 ff.; zu den **Quotelungsstufen** vgl. A.2.9.1 AKB Rdn. 84 ff.

bb) Anwendbarkeit von § 254 BGB?

44 **§ 254 BGB** findet zur Feststellung des Umfanges der Leistungskürzung **keine Anwendung.**[61] Soweit im Rahmen des Leistungskürzungsrechtes des VR von »Quotierung« gesprochen wird, ist zu beachten, dass es im Rahmen des A.2.9.1 S. 2 AKB bzw. § 81 Abs. 2 VVG **nicht** wie bei der Bewertung von Verkehrsunfällen in § 254 BGB, §§ 7, 9, 17 StVG um eine **Abwägung und Gewichtung von Verursachungsbeiträgen** geht.[62]

45 Während bei der Feststellung der Mitverschuldensquote eines Geschädigten nach § 254 BGB die Verursachungsanteile von Schädiger und Geschädigtem gegeneinander abzuwägen sind, kommt eine solche Abwägung zur Feststellung von Maß und Gewicht der groben Fahrlässigkeit beim VN nicht zum Tragen, weil es an der Mitverursachung des Versicherungsfalles durch den VR fehlt.[63] Auch neben § 81 VVG ist § 254 BGB nicht anwendbar.[64] Vielmehr bemisst sich die Kürzung ausschließlich danach, welcher Verschuldensgrad innerhalb der Spannbreite der groben Fahrlässigkeit beim VN festgestellt oder vom VR nachgewiesen werden kann.

cc) Leistungskürzung auf Null?

46 **Umstritten** ist, wie weit sich der Rahmen grober Fahrlässigkeit spannt und ob in Fällen schwerster grober Fahrlässigkeit eine **Leistungskürzung auf Null** möglich ist.

47 **Gegen eine »Nullquote«** lässt sich einwenden, dass diese sich mit dem **Wortlaut** der Vertragsklausel in A.2.9.1 AKB ebenso wenig vereinbaren lässt wie mit der gesetzlichen Regelung des § 81 VVG. Beide Bestimmungen trennen systematisch die Rechtsfolgen einer vorsätzlichen Herbeiführung des Versicherungsfalles von denen, die für grob fahrlässiges Verhalten gelten sollen. Im Gegensatz zu vorsätzlichem Verhalten soll der Versicherungsschutz bei grober Fahrlässigkeit gerade nicht ausgeschlossen sein, sondern nur einer Befugnis des VR unterliegen, ihn durch eine Leistungskürzung beschränken zu können. Eine Leistungsbeschränkung ist aber nicht gleichzusetzen mit einem Leistungsausschluss, weshalb es keinen so schweren Grad grober Fahrlässigkeit geben kann, der eine Leistungskürzung um 100 % und damit eine vollständige Versagung des Entschädigungsanspruches rechtfertigt.[65] Das Recht des VR, die Versicherungsleistung »zu kürzen«, bedeutet schon **begrifflich**, dass dem grob fahrlässig handelnden VN zumindest »etwas« an Leistung und damit ein **gewisser Restanspruch verbleiben muss.**[66] Andernfalls wäre der VN einem Vorsatztäter gleichgestellt, eine Rechtsfolge, die der systematischen Trennung von vorsätzlichem und grob fahrlässigem Verhalten des VN in A.2.9.1 AKB, § 81 VVG widerspräche. Ein Verhalten, das als grob fahrlässig zu qualifizieren ist, mag im Grenzbereich zum dolus eventualis liegen; wenn dieser jedoch letztlich

61 **A.A.** Burmann/Heß/Höke/Stahl Rn. 357.
62 Vgl. Knappmann VRR 2009, 9.
63 Rixecker zfs 2007, 15, 16.
64 Looschelders/Pohlmann/*Schmidt-Kessel* § 81 VVG Rn. 18.
65 Marlow/Spuhl S. 157 f.; Marlow VersR 2007, 43; Nugel MDR Sonderbeilage 2007, 23, 27; Schimikowski/Höra S. 148; Rokas VersR 2008, 1457, 1462; Kerst VW 2010, 501; einschränkend Knappmann VRR 2009, 9, 11.
66 Schäfers VersR 2011, 842; Marlow VersR 2007, 43, 44; Meschkat/Nauert/*Richter* S. 181.

nicht festzustellen ist, so bleibt das Verhalten des VN trotzdem immer noch grob fahrlässig und eben nicht vorsätzlich mit der Konsequenz, dass eine Mindestentschädigung auszuzahlen ist.

Demgegenüber **befürwortet die h.M.** in Rechtsprechung und Literatur die **Möglichkeit einer Anspruchskürzung auf Null** in Fällen schwerster grober Fahrlässigkeit,[67] vor allem bei einer Herbeiführung des Versicherungsfalles im **Zustand absoluter Fahruntüchtigkeit,**[68] aber auch bei Zusammentreffen mehrerer grob fahrlässig begangener Verstöße im Rahmen einer **Quotenaddition**[69] oder auch bei mehreren schwerwiegenden Obliegenheitsverletzungen im Rahmen des § 28 VVG.[70] Da in besonders gelagerten Ausnahmefällen trotz grober Fahrlässigkeit des VN eine Leistungskürzung vollständig entfallen kann,[71] dem VN also systemimmanent eine Möglichkeit eröffnet ist, trotz grober Fahrlässigkeit gleichwohl die volle Entschädigungsleistung verlangen zu können, ist es nur konsequent, umgekehrt auch dem VR die Möglichkeit einer Leistungskürzung auf Null zu eröffnen.[72] Zudem ergibt sich aus der **Entstehungsgeschichte** des VVG n.F., dass der Regierungsentwurf zu § 28 Abs. 2 S. 1 VVG eine Leistungsfreiheit des VR ursprünglich »nur« bei vorsätzlichem Verhalten des VN vorsah, das Wort »nur« auf Initiative des Rechtsausschusses des Deutschen Bundestages dann aber wieder gestrichen wurde mit der Begründung, dies entspreche auch der Fassung des 81 Abs. 1 VVG; aufgrund der inhaltlichen Parallelen beider Vorschriften solle die Formulierung in beiden Bestimmungen weitgehend identisch sein.[73] § 28 Abs. 2 VVG und § 81 Abs. 2 VVG enthalten die gleichen Rechtsfolgen. Dies erlaubt den Rückschluss, dass der Gesetzgeber die Möglichkeit einer vollständigen Leistungskürzung bei grober Fahrlässigkeit generell (und nicht etwa nur im Rahmen des § 28 VVG) nicht ausschließen wollte.[74] 48

Der **BGH**[75] hat sich der **h.M.** angeschlossen und dies vor allem mit der Entstehungsgeschichte von § 81 Abs. 2 VVG begründet. Zum einen gebe es keinen Beleg dafür, dass ein vollständiger Wegfall der Leistungspflicht des VR in besonders gelagerten Einzelfällen nicht in Betracht kommen könne; zum anderen sei schon die Gesetzgebungskommission den geäußerten Bedenken, die Abschaffung des »Alles-oder-Nichts-Prinzips« sei mit den Interessen der Versichertengemeinschaft nicht vereinbar, mit dem Hinweis entgegengetreten, dass dem berechtigten Interesse des VR, sein Risiko zu begrenzen, dadurch Rechnung getragen werden könne, dass eine Quotelung im Einzelfall auch zur vollständigen Leistungsfreiheit des VR führen könne.[76] Auch der Sinn und Zweck der Abschaffung des »Alles-oder-Nichts-Prinzips« in § 81 Abs. 2 VVG zwingt nach Auffassung des BGH nicht dazu, eine vollständige Leistungsfreiheit des VR in Einzelfällen für nicht zulässig zu erachten; dies 49

---

67 Nugel MDR 2010, 597; Rixecker zfs 2009, 5, 6 f.; 2007, 15, 16; Günther/Spielmann r+s 2008, 133, 141; Looschelders VersR 2008, 1, 6; Römer VersR 2006, 740, 741; Stiefel/Maier/*Halbach* A.2 AKB Rn. 948; Looschelders/Pohlmann/*Schmidt-Kessel* § 81 VVG Rn. 20; Meschkat/Nauert/*Richter* S. 170, 171.

68 Vgl. die **Rspr.-Übersicht** unter A.2.9.1 AKB Rdn. 154.

69 Vgl. OLG Köln Beschl. v. 06.06.2017 – 9 U 191/16 – r+s 2019, 80; **abgelehnt von** Rüffer/Halbach/Schimikowski/*Karczewski* § 81 VVG Rn. 110.

70 Münchener Kommentar VVG-Langheid/*Wandt*, § 28 VVG Rn. 240; Bruck/Möller/*Heise* § 28 VVG Rn. 195; Looschelders VersR 2008, 1, 6; Franz VersR 2008, 298, 304; Grote/Schneider BB 2007, 2689, 2695; Schwintowski/Brömmelmeyer/*Schwintowski* § 28 VVG Rn. 58.

71 Nugel Rn. 16; Looschelders VersR 2008, 1, 6; Bruck/Möller/*Baumann* § 81 VVG Rn. 128.

72 Grote/Schneider BB 2007, 2689, 2695.

73 Vgl. Beschlussempfehlung und Bericht des Rechtsausschusses zu § 28 Abs. 2 S. 1 VVG, BT-Drucksache 16/5862, S. 99.

74 Rixecker zfs 2009, 5, 7.

75 BGH Urt. v. 11.01.2012 – **IV ZR 251/10** – VersR 2012, 341 = r+s 2012, 166 (**für eine grob fahrlässige Obliegenheitsverletzung in der Haftpflichtversicherung**); BGH Urt. v. 22.06.2011 – **IV ZR 225/10** – VersR 2011, 1037 = r+s 2011, 376 (**für eine grob fahrlässige Herbeiführung des Versicherungsfalles in der Kaskoversicherung**).

76 BGH Urt. v. 22.06.2011 – **IV ZR 225/10** – VersR 2011, 1037 = r+s 2011, 376; Abschlussbericht der Kommission zur Reform des Versicherungsvertragsrechts v. 19.04.2004, S. 70.

insbesondere in den Fällen, in denen sich der Schweregrad der groben Fahrlässigkeit dem Vorsatz annähert.[77]

50 **Richtigerweise** ist eine **Leistungskürzung auf Null** bei einem VN, der den Versicherungsfall unter grob fahrlässiger Verletzung seiner Pflichten als Kraftfahrzeugführer herbeigeführt hat, **nicht schon aus dogmatischen Gründen ausgeschlossen.** An der noch in der 1. Auflage vertretenen gegenteiligen Auffassung wird nicht mehr festgehalten. Entscheidend dürfte sein, dass im Gesetzgebungsverfahren zu § 81 Abs. 2 VVG, dem die Vertragsklausel in A.2.9.1 AKB nachgebildet ist, der Wille des Gesetzgebers zum Ausdruck gekommen ist, dem VR die Möglichkeit einzuräumen, sich auch im Falle grober Fahrlässigkeit jedenfalls in besonderen Ausnahmefällen auf eine vollständige Leistungsfreiheit berufen zu können.[78]

51 Eine gänzliche Versagung der Kaskoentschädigung bedarf jedoch immer einer **Abwägung der konkreten Umstände des Einzelfalles.** Besonders in den praxisrelevanten Fällen **absoluter Fahruntüchtigkeit** (vgl. A.2.9.1 AKB Rdn. 98 ff.) ist es mit der Intention des Gesetzes, das Maß der Kürzung an die Schwere des Verschuldens zu knüpfen, nicht vereinbar, stets und in jedem Fall ab einer Blutalkoholkonzentration von 1,1 Promille pauschal die Versicherungsleistung vollständig zu kürzen.[79] Hat der VN entlastende Umstände vorgetragen, die den Vorwurf der groben Fahrlässigkeit jedenfalls im subjektiven Bereich in milderem Licht erscheinen lassen und kann der VR diese nicht ausräumen, so kommt vielmehr nur eine anteilige Kürzung und keine vollständige Leistungsfreiheit in Betracht.[80]

d) Einzelkriterien für die Kürzungsquote

52 Zur Ermittlung der Kürzungsquote sind alle Umstände, auf die vom VR bereits im Rahmen der Feststellung des grob fahrlässigen Verhaltens des VN abgehoben wurde, einer zusätzlichen gesonderten Gewichtung und Einzelbetrachtung zu unterziehen.[81] Eine solche Doppelverwertung von Tatsachen ist ohne weiteres zulässig, weil sich nur bei Berücksichtigung aller be- und entlastenden Umstände im Rahmen des Abwägungsprozesses zur Ermittlung des Verschuldensgrades ein sachgerechtes Ergebnis erzielen lässt.[82] Dazu gehören auch solche Tatsachen, die für die Festlegung des Verschuldensgrades als »grob fahrlässig« nicht (mehr) relevant waren.[83] **Alle** vom VR und VN vorgetragenen **Gesichtspunkte für das graduelle Mehr- oder Minderverschulden sind in die Gesamtabwägung einzustellen,** sofern sie in unmittelbarem Zusammenhang mit derjenigen Handlung des VN stehen, die letztendlich den Schadenfall herbeigeführt hat.

53 Es ist ausschließlich das **Verhalten des VN vor Eintritt des schädigenden Erfolges** zu beurteilen. Unbeachtlich ist dagegen das Verhalten des VN nach Eintritt des Versicherungsfalles. Auf eine Wiedergutmachung des angerichteten Schadens durch den VN kommt es ebenso wenig an[84] wie auf dessen Minderung der Schadenfolgen. Auch sachfremde Erwägungen (z.B. wirtschaftliche Konsequenzen einer Leistungskürzung für den VN[85] oder ein bislang schadenfreier Versicherungsverlauf[86]) haben außer Betracht zu bleiben. Das gleiche gilt für Billigkeits- oder Strafrechtserwägungen.[87]

---

77 BGH Urt. v. 11.01.2012 – **IV ZR 251/10** – VersR 2012, 341 = r+s 2012, 166; BGH Urt. v. 22.06.2011 – **IV ZR 225/10** – VersR 2011, 1037 = r+s 2011, 376.

78 Vgl. auch Goslarer Orientierungsrahmen zfs 2010, 12, 14 = DAR 2010, 111.

79 KG Beschl. v. 28.09.2010 – 6 U 87/10 – VersR 2011, 487 = r+s 2011, 331.

80 BGH Urt. v. 22.06.2011 – **IV ZR 225/10** – VersR 2011, 1037 = r+s 2011, 376.

81 Vgl. zu den Kürzungskriteren auch Heß r+s 2013, 1, 3.

82 Vgl. Looschelders/Pohlmann/*Schmidt-Kessel* § 81 VVG Rn. 59; ausführlich Meschkat/Nauert/Richter S. 174/175; **a.A.** wohl Felsch r+s 2007, 485, 493.

83 Veith VersR 2008, 1580, 1583.

84 **A.A.** Felsch r+s 2007, 485, 495 für den Fall der tätigen Reue.

85 Looschelders/Pohlmann/*Schmidt-Kessel* § 81 VVG Rn. 53.

86 Meschkat/Nauert/Richter S. 180; **a.A.** Felsch r+s 2007, 485, 496.

87 Vgl. die Empfehlung des AK II auf dem 47. Deutschen Verkehrsgerichtstag 2009.

aa) Objektive Schwere des Pflichtverstoßes

(1) Objektives Gewicht der Sorgfaltspflichtverletzung

Ähnlich wie im Strafrecht ist der Unrechtsgehalt der Handlung des VN vorab auf der objektiven Ebene zu würdigen. Um die Schwere des Pflichtenverstoßes beurteilen zu können, muss der **objektive Unrechtsgehalt des dem VN vorzuwerfenden Verhaltens vor Eintritt des schädigenden Erfolges** festgestellt werden. 54

Zum Teil wird vertreten, dass ein **Fehlverhalten, das auch Leib und Leben Dritter gefährdet** (z.B. Fahren in fahruntüchtigem Zustand, Überfahren einer roten Ampel), schwerer wiegt als ein solches, bei dem im Wesentlichen nur das kaskoversicherte Fahrzeug des VN und damit ein Vermögensgegenstand betroffen ist (z.B. bei unzureichender Sicherung des versicherten Kfz gegen Diebstahl).[88] Dabei wird verkannt, dass in allen Normen, die die Rechte von Dritten schützen (z.B. § 823 Abs. 1 BGB), nicht nur das **Leben, der Körper und die Gesundheit**, sondern auch die **Freiheit und das Eigentum** als absolut zu schützende Rechtsgüter **gleichrangig nebeneinander** stehen.[89] Es ist daher nicht zulässig, das objektive Gewicht der Sorgfaltspflichtverletzung daran zu messen, ob gegen eine Norm verstoßen wurde, die »nur« bestimmte Sachen oder Vermögensrechte schützt oder gegen eine Vorschrift, die den Schutz der körperlichen Integrität einer Person bezweckt. In beiden Fällen ist der Verschuldensgrad des VN gleich hoch, wenn ihm keine Entlastungs- oder Rechtfertigungsgründe zur Seite stehen. 55

Bei der Bewertung des objektiven Gewichts der verletzten Sorgfaltsnorm sind all diejenigen **Folgen auszuklammern**, die sich aus dem unmittelbaren Verhalten des VN ergeben, sofern sie für ihn **nicht objektiv erkennbar oder voraussehbar** waren und bei ordnungsgemäßem Verhalten hätten vermieden werden können. Der objektive Verschuldensgrad eines VN, der eine Rotlichtampel überfährt, ist nicht deshalb größer, weil er einen Fußgänger verletzt oder gar tötet, der für ihn vor Einfahrt in den ampelgeschützten Straßenbereich objektiv noch gar nicht erkennbar war.[90] Das dem VN vorzuwerfende Fehlverhalten liegt vorrangig darin, dass er gegen eine Norm verstoßen hat, die den Schutz bestimmter Rechtsgüter bezweckt. 56

Witterungsbedingte Umstände sind bei der Gewichtung des Pflichtverstoßes ebenso in die Bewertung einzustellen wie die **zeitlichen und örtlichen Verhältnisse**. Je nach den festgestellten Umständen kann in ein und derselben Sorgfaltspflichtverletzung mehr oder weniger Unrechtspotenzial liegen. 57

Maßgebliche Bedeutung haben in diesem Zusammenhang die **Fahrbahnverhältnisse** (nass, trocken, Schnee, Reifglätte), der **Fahrbahnverlauf** (kurvenreich oder übersichtlich geradeaus verlaufend), der **Ausbauzustand** der Straße (Baustellenbereich, Straßenschäden), die **Sichtverhältnisse** (starker Regen, Nebel, Sonnenschein), **Sichtbehinderungen** aufgrund der örtlichen Gegebenheiten (durch Gebäude, Bewuchs, andere Fahrzeuge), die **Tageszeit** (Dunkelheit oder Tageslicht) und das konkrete **Verkehrsaufkommen** vor Eintritt des Schadenfalles. Auch wenn diese Umstände bereits vorab bei der Frage zu prüfen sind, ob das Verhalten des VN überhaupt als grob fahrlässig (oder nur als leicht fahrlässig) einzustufen ist, sind sie bei der »Feinjustierung« innerhalb des Verschuldensrahmens der groben Fahrlässigkeit nochmals gesondert heranzuziehen, weil sie auch für die Leistungskürzungsquote des VR eine entscheidende Rolle spielen. 58

(2) Grad der Ursächlichkeit

Dem Grad der Ursächlichkeit zwischen Pflichtverletzung und Eintritt des Versicherungsfalles kommt zwar nicht die Bedeutung eines eigenständigen Bewertungsmaßstabs im Rahmen der Schwere des objektiven Pflichtverstoßes zu; er ist jedoch bei der objektiven Gewichtung der 59

88 Vgl. Knappmann VRR 2009, 9, 10; Felsch r+s 2007, 485, 492.
89 Vgl. Marlow/Spuhl S. 97; Veith VersR 2008, 1580, 1585.
90 Veith VersR 2008, 1580, 1585.

Sorgfaltspflichtverletzung mit zu berücksichtigen. Ist der Versicherungsfall ursächlich nicht allein auf das grob fahrlässige Verhalten des VN zurückzuführen, sondern **haben** auch **andere, dem VN nicht anzulastende Faktoren** oder sogar das Fehlverhalten eines Dritten **zur Entstehung des Schadenfalles mit beigetragen**, kann eine geringere Abzugsquote gerechtfertigt sein.

(3) Dauer der Pflichtverletzung und wiederholte Pflichtverstöße

60 Die zeitliche Komponente und damit die **Nachhaltigkeit eines Verstoßes** ist gleichermaßen bedeutsam für die Gewichtung des Verschuldens.[91] Je länger ein sorgfaltswidriges Tun andauert oder ein gefahrerhöhender Zustand vom VN hingenommen wird, umso mehr wird dieses Verhalten vorwerfbar sein.

61 Auch die **Wiederholung von Pflichtverstößen** beeinflusst die Kürzungsquote, (vgl. auch A.2.9.1 AKB Rdn. 81). Fährt der VN z.B. über einen längeren Zeitraum wissentlich mit defekten Bremsen oder abgefahrenen Reifen oder lässt er sein Fahrzeug über eine längere Zeit ohne ausreichende Sicherung zurück, setzt er sich zum wiederholten Male in alkoholbedingt fahruntüchtigem Zustand ans Steuer seines Fahrzeuges oder hat er bereits in der Vergangenheit einem Dritten, der keine Fahrerlaubnis besitzt, mehrfach ungeprüft sein Fahrzeug überlassen, so ist ihm ein größerer Verschuldensvorwurf zu machen als einem VN, der einen Schaden lediglich wegen eines kurzzeitigen einmaligen Fehlverhaltens (z.B. eines Rotlichtverstoßes) verursacht.

62 Dabei ist zu berücksichtigen, dass ein kurzfristiges Versagen des VN die grobe Fahrlässigkeit nicht ausschließt, wenn deren objektive Merkmale vorliegen. So ist z.B. gerade bei Annäherung an einen beampelten Kreuzungsbereich für einen relativ kurzen Zeitraum die Konzentration des Fahrers besonders gefordert. Daher kann der VN bei einer Missachtung des Rotlichts den grundsätzlichen Vorwurf des grob fahrlässigen Verhaltens nicht mit dem Argument ausräumen, nur ausnahmsweise für einen kurzen Augenblick unaufmerksam gewesen zu sein,[92] (zum **Augenblicksversagen** vgl. A.2.9.1 AKB Rdn. 24 ff.; A.2.9.1 AKB Rdn. 77 f. und A.2.9.1 AKB Rdn. 380 ff.). Ein vorübergehendes Außerachtlassen der gebotenen Sorgfalt oder eine **kurzzeitige Unaufmerksamkeit** oder Nachlässigkeit führt aber zu einer **Minderung des objektiven Verschuldensgrades** im Rahmen der groben Fahrlässigkeit, während umgekehrt **bei einer wiederholten oder dauerhaften Pflichtverletzung** die objektive **Schwere der Schuld** als **erhöht** anzusehen ist, weil die Wahrscheinlichkeit des Schadeneintrittes mit der Dauer und Intensität der Pflichtverletzung ansteigt.[93] Wer daher z.B. minutenlang damit beschäftigt ist, aus einer auf dem Beifahrersitz liegenden Box die passende Musik-CD auszusuchen, die er als nächstes hören will, muss sich eine höhere Abzugsquote gefallen lassen als derjenige, der sich nur kurz durch den Zuruf eines Mitfahrers ablenken lässt.

63 **Situationsbedingte Aufmerksamkeitsdefizite** können den VN entschuldigen. Der Grad der entlastenden Umstände kann jedoch immer nur im Einzelfall bestimmt werden. Lässt sich der VN durch ein schreiendes Kleinkind im Fahrzeug ablenken, hat dies ein anderes Gewicht, als wenn die Ablenkung darauf beruht, dass er sich während der Fahrt nach einem heruntergefallenen Gegenstand bückt oder unzulässigerweise sein Mobiltelefon benutzt.

(4) Bewertung des Pflichtverstoßes in anderen Rechtsgebieten

64 Für die Einstufung der Schwere des Verschuldens kann auch auf die Bewertung des Gesetzgebers in anderen Rechtsgebieten zurückgegriffen werden. Sofern das vom VN verwirklichte **Verhalten als Ordnungswidrigkeit** zu bewerten ist, wird ein geringerer Verschuldensgrad und damit auch eine geringere Abzugsquote anzusetzen sein als bei der **Verwirklichung eines Straftatbestandes**, der von vornherein ein wesentlich höheres Unrechtsbewusstsein erfordert. Dies gilt vor allem in solchen Fällen, in denen die Tathandlung des VN die §§ 315c, 316 StGB erfüllt.

91 Vgl. Felsch r+s 2007, 485, 493; **a.A.** Marlow/Spuhl S. 98.

92 Heß/Burmann NZV 2009, 7, 9.

93 Vgl. Maier/Stadler Rn. 127.

Bei Trunkenheitsdelikten kann an die jeweils festgestellten BAK angeknüpft werden. Bei Verstößen gegen Vorschriften der StVO ist zu beachten, dass bestimmte Fahrweisen vom Gesetzgeber aufgrund ihrer Gefahrträchtigkeit nur für zulässig erachtet werden, wenn eine »Gefährdung anderer Verkehrsteilnehmer ausgeschlossen ist« (**§§ 7 Abs. 5, 9 Abs. 5, 10 StVO**). 65

Das objektive Gewicht eines Pflichtenverstoßes lässt sich auch daran festmachen, ob und wenn ja in welcher Höhe ein ordnungswidriges Fahrverhalten mit **Punkten im Verkehrszentralregister** geahndet wird oder mit einem Bußgeld bzw. **Fahrverbot nach § 25 StVG** (ein bis drei Monate) belegt ist. Voraussetzung für die Verhängung eines Fahrverbotes ist unter anderem, dass dem Kraftfahrzeugführer eine grobe Pflichtverletzung vorzuwerfen ist, die objektiv als häufige Unfallursache abstrakt oder konkret besonders gefährlich ist und subjektiv als besonders verantwortungslos erscheint.[94] Daraus lässt sich ableiten, dass ein grob fahrlässiges Fahrverhalten des VN, das zum Eintritt des Versicherungsfalles geführt hat und für das § 4 Abs. 1 BKatV die Verhängung eines Regelfahrverbotes vorsieht, objektiv schwerer zu gewichten sein wird als ein einfacher Verkehrsverstoß (z.B. einer unerlaubten Benutzung des Mobiltelefons, § 23 Abs. 1a StVO, mit dadurch bedingter Ablenkung des VN, die zum Unfall führt). 66

(5) Gefährdung und Schädigung anderer Rechtsgüter

Ist das Schadenereignis auf ein **Verhalten des VN** zurückzuführen, mit dem immer auch eine **abstrakte Gefährdung einer Vielzahl anderer Personen** verbunden ist, muss dies bei der objektiven Gewichtung der Schuld erschwerend berücksichtigt werden. Durch sein Verhalten schafft der VN schon im Vorfeld des später tatsächlich konkret eingetretenen Schadens ein zusätzliches, abstraktes Gefährdungspotenzial für Leben und Gesundheit anderer Verkehrsteilnehmer, z.B. bei Fahrten unter Alkoholeinfluss mit einem verkehrsunsicheren Fahrzeug oder mit stark überhöhter Geschwindigkeit.[95] Dabei geht es um die **Sanktionierung eines besonders risikoreichen Fahrverhaltens**, dessen Auswirkungen der VN in letzter Konsequenz nicht beherrschen kann. Der VN lädt dadurch zusätzliche Schuld auf sich, zumal die Schadenfolgen oftmals vorhersehbar sein dürften. 67

Das Ausmaß und die Höhe des sorgfaltswidrig **angerichteten Schadens** eignet sich nur bedingt als taugliches Bemessungskriterium für den Grad der groben Fahrlässigkeit. Ob ein großer oder ein kleiner Schaden eintritt, ist oftmals nur eine zufällige und daher nicht vorhersehbare Folge des pflichtwidrigen Verhaltens des VN. **Grundsätzlich** ist daher die Bewertung des graduellen Verschuldens nicht nach den Schadenfolgen zu beurteilen. Vielmehr ist **ausschließlich auf das Verhalten des VN vor Eintritt des Schadenereignisses abzustellen.** Zu diesem Zeitpunkt steht weder das Ausmaß, noch die Höhe des erst später eintretenden Schadens fest. Es wäre daher verfehlt, das graduelle Verschulden des VN stets ausschließlich an der Höhe des Schadens zu messen und dem VN bei der Tötung oder Verletzung eines Menschen oder der Schädigung wertvoller Sachgüter generell einen höheren Verschuldensanteil zuzuweisen als bei nur geringen Sachschäden. Hat die Pflichtverletzung eher zufällig zu einem hohen Schaden geführt, der für den VN nicht vorhersehbar war, fehlt es an einer dem VN besonders vorzuwerfenden Verhaltensweise.[96] 68

Lässt sich hingegen feststellen, dass der VN durch sein pflichtwidriges Verhalten ein **Risiko** eingegangen ist, das – für ihn **von vornherein erkennbar** – ein **hohes Schadenpotenzial in sich barg** und hat sich dieses Risiko aufgrund der ihm zuzurechnenden Verhaltensweise realisiert, so ist auch die Höhe des Schadens als – unter Umständen sogar ausschlaggebender – Gesichtspunkt in die Verschuldensabwägung einzustellen.[97] Das aus dem objektiven Pflichtenverstoß resultierende Verschulden ist daher graduell als gesteigert anzusehen, wenn der VN die Folgen seines sorgfaltswidrigen Tuns bei gehöriger Aufmerksamkeit hätte voraussehen können, weil er z.B. bei einem 69

94 BGH Beschl. v. 11.09.1997 – **4 StR 638/96** – NJW 1997, 3252 = DAR 1997, 450.
95 Maier/Stadler Rn. 126.
96 Heß/Burmann NZV 2009, 7, 9.
97 Veith VersR 2008, 1580, 1585.

Rotlichtverstoß an einer Kreuzung mit einem Unfall und einer sich daraus ergebenden Verletzung anderer Personen hätte rechnen müssen.

70 Auch an dem **Wert des versicherten Fahrzeuges** lässt sich die Höhe eines drohenden und damit für den VN voraussehbaren Schadens festmachen. So ist bei einer Entwendung des Kfz das graduelle Verschulden eines VN, der seinen alten Kleinwagen unverschlossen in einer dunklen Seitenstraße über Nacht abstellt, geringer einzustufen als bei dem VN, der in gleicher Weise nachlässig mit seiner teuren Luxuslimousine umgeht.

bb) Subjektive Schwere des Pflichtverstoßes

(1) Subjektive Vorwerfbarkeit

71 Individuelle, in der Person des VN liegende Merkmale können zu einer Verschärfung des graduellen Schuldvorwurfs und damit zu einer höheren Leistungskürzung des VR führen. Andererseits können **persönliche Defizite** oder sonstige, den VN subjektiv entlastende Umstände den Schuldvorwurf in einem erheblich milderen Licht erscheinen lassen. Auch wenn diese Umstände nicht ausgereicht haben, um die grobe Fahrlässigkeit gänzlich auszuschließen, können sie immer noch deren Grad mindern, was dementsprechend auch nur eine geringere Kürzungsquote rechtfertigt. Auch den **Motiven** des VN und seinen sonstigen **subjektiven Beweggründen** kommt bei der Quotelung eine wesentliche Bedeutung zu.

72 **Schrecksituationen** und **Irritationen** beim VN, ausgelöst durch schwierige Verkehrsverhältnisse, Tiere auf der Straße oder andere Verkehrsteilnehmer, die den VN zu einer falschen Verhaltensweise veranlassen, sind geeignet, den Verschuldensgrad herabzustufen. Insoweit ist die **subjektive Leistungsfähigkeit des VN** zu berücksichtigen, die von **Alter**, **Bildungsgrad** und **Lebenserfahrung** ebenso abhängt wie von seiner **Fahrpraxis** und seinen **Ortskenntnissen**. So kann z.B. ein Rotlichtverstoß eines Fahranfängers weniger schwer wiegen als der eines Berufskraftfahrers. Einem ortsunkundigen VN, der in einer Großstadt an einer unübersichtlichen Kreuzung ein Rotlicht missachtet, weil er sich durch eine unübersichtliche Anordnung der Lichtzeichenanlage und der Fahrspuren hat irritieren lassen oder sich zu sehr auf die Hinweisschilder konzentriert hat, ist ein geringerer Vorwurf zu machen als einem Fahrer, der auf einer ihm bekannten Strecke eine Rotlichtampel überfährt. Auch ein Arzt, der unterwegs ist zu einem Notfallpatienten und infolge überhöhter Geschwindigkeit einen Unfall verursacht, wird diese besondere Situation als Entlastungsmoment vorbringen können.[98]

73 Kann der VN besondere Gründe für seine **Ablenkung** vorbringen (psychische Situation, Kind im Fahrzeug, private Probleme) oder beruhen die Aufmerksamkeitsdefizite auf **körperlichen Beeinträchtigungen** oder **Behinderungen**,[99] kann dies den Schweregrad des Verschuldens verringern.

74 Auch eine **wirtschaftliche Notlage**, durch die der Pflichtverstoß des VN mitursächlich veranlasst worden ist, kann zu einem geringeren Schuldvorwurf führen. So kann es den VN entlasten, wenn er aufgrund **finanziell beengter Verhältnisse** wichtige Inspektions- und Instandsetzungsarbeiten an seinem Fahrzeug zur Erhaltung oder Wiederherstellung der Verkehrssicherheit versäumt hat oder jedenfalls nicht rechtzeitig hat durchführen lassen.[100] Eine Reduzierung der Leistungskürzung kann jedoch nicht mit existenzbedrohenden wirtschaftlichen Folgen für den VN begründet werden. Es handelt sich um sachfremde Gesichtspunkte, die nicht an den Unrechtsgehalt des sorgfaltswidrigen Handelns des VN anknüpfen und folglich nicht in die Verschuldensbewertung mit einfließen können.[101] Im Übrigen wird den VN in der Kaskoversicherung die Entwendung oder Zerstörung seines Fahrzeuges regelmäßig nicht als existenziell bedrohenden Verlust treffen. Selbst wenn dies der Fall

98 Vgl. Burmann/Heß/Höke/Stahl Rn. 365.
99 Vgl. Goslarer Orientierungsrahmen zfs 2010, 12 = DAR 2010, 111.
100 Vgl. Felsch r+s 2007, 485, 496.
101 Vgl. Looschelders VersR 2008, 1, 6 f.; Marlow/Spuhl S. 275.

wäre, könnte solchen besonderen wirtschaftlichen Härtefällen im Einzelfall immer noch außerhalb der Quotelung durch das Korrektiv des § 242 BGB Rechnung getragen werden.[102]

(2) Psychische Situation

Grundsätzlich kann eine Ablenkung vom Verkehrsgeschehen durch berufliche oder private **Probleme**, persönliche **Schicksalsschläge**, **Sorge** um einen Familienangehörigen, **Trauer** oder hochgradige **Aufregung** ein Entlastungsmoment für den VN darstellen. **Stressfaktoren** oder **Zeitdruck** können den VN in der konkreten Situation so beanspruchen, dass darunter seine allgemeine Aufmerksamkeit leidet. Auch **wirtschaftliche Sorgen** können Abgespanntheit und Unaufmerksamkeit des VN in einem milderen Licht erscheinen lassen.[103] 75

Eine psychische Ausnahmesituation **entlastet** den VN aber **nicht schlechthin**. Es kommt stets auf eine Bewertung des Einzelfalles an. Je komplexer und unübersichtlicher die Verkehrssituation für den VN ist, desto weniger kann er sich damit entschuldigen, infolge seelischer Belastungen abgelenkt gewesen zu sein. Grundsätzlich gilt, dass der VN der Gefährlichkeit einer konkreten Verkehrssituation durch erhöhte Konzentration Rechnung tragen muss. Es wird daher immer vom Einzelfall abhängen, ob sich der VN durch den Hinweis auf eine psychische Komponente ein Stück weit entlasten kann. Auch eine **Konzentrationsschwäche** beim VN, bedingt durch Übermüdung, Überarbeitung, Alter, Krankheit (z.B. Gefäßsklerose) oder die Einnahme von **Medikamenten** können zugunsten des VN Berücksichtigung finden. 76

(3) Augenblicksversagen

Auch dem sonst noch so sorgfältigen und umsichtigen VN kann eine Unaufmerksamkeit im Sinne eines einmaligen Augenblicksversagens unterlaufen. Ob eine kurzzeitige Unaufmerksamkeit den Schuldvorwurf des VN mindern kann, spielt bei der Beurteilung des graduellen Verschuldens innerhalb des Rahmens der groben Fahrlässigkeit keine Rolle,[104] sondern ist ausschließlich bei der vorrangig zu klärenden Frage zu prüfen, ob überhaupt ein grob fahrlässiges Fehlverhalten des VN vorliegt, (vgl. auch A.2.9.1 AKB Rdn. 24 ff. und A.2.9.1 AKB Rdn. 380 ff.). 77

Ist das Verhalten des VN aufgrund des Augenblicksversagens ohnehin nur als leicht fahrlässig einzustufen (mit der Konsequenz voller Leistungspflicht des VR), stellt sich die Frage nach einer an dieser Stelle vorzunehmenden Abwägung gar nicht. Nur wenn die grobe Fahrlässigkeit – trotz des vom VN behaupteten Augenblicksversagens – zu bejahen ist, muss die Kürzungsquote ermittelt werden. Im Rahmen der dann vorzunehmenden Abwägung von be- und entlastenden Kriterien ist der einmalige »Ausrutscher«, die kurzzeitige Unaufmerksamkeit des VN als solche, nicht als Entlastungsmerkmal in die Abwägung einzustellen. Als **entlastende Umstände** kommen allein diejenigen in der Person des VN liegenden Gegebenheiten in Betracht, **die zu dem von ihm als Augenblicksversagen bezeichneten Fehlverhalten geführt haben.**[105] 78

(4) Verschuldensbelastende Merkmale

Das »Binnenmaß« der groben Fahrlässigkeit wird auch von Merkmalen bestimmt, die im Einzelfall einen gesteigerten Schuldvorwurf beim VN rechtfertigen können. Ein Verhalten, das von besonderer **Mutwilligkeit**, **Rücksichtslosigkeit** oder **Verantwortungslosigkeit** geprägt ist, wird wegen seiner Nähe zum Vorsatz besonders verschärfend zu berücksichtigen sein (z.B. bei einem absichtlichen Rotlichtverstoß oder einem rücksichtslosen Überholmanöver, vor allem, wenn es gleichzeitig auch die Straftatbestände der §§ 240, 315c StGB erfüllt oder wenn dem VN eine erhebliche 79

102 Vgl. Knappmann VRR 2009, 9, 11.
103 Vgl. Knappmann VRR 2009, 9, 11.
104 **A.A.** wohl Maier/Stadler Rn. 129.
105 Veith VersR 2008, 1580, 1586 m.w.N.

innerörtliche Geschwindigkeitsüberschreitung, insbesondere im Bereich einer 30 km/h-Zone oder einer Schule, vorzuwerfen ist).

80 Besondere **Gleichgültigkeit** in Bezug auf das kaskoversicherte Fahrzeug oder gegenüber den einzuhaltenden Sorgfaltspflichten und ein bewusstes **Eingehen eines hohen Schaden- und Verletzungsrisikos** sind gleichfalls relevante Parameter.

81 Sind dem VN die Konsequenzen und Risiken seines sorgfaltswidrigen Tuns bekannt, weil er sich schon in der Vergangenheit über Verhaltensregelungen im Straßenverkehr hinweggesetzt oder aus Nachlässigkeit und Vergesslichkeit wichtige Sicherungsmaßnahmen nach dem Abstellen seines Fahrzeuges unterlassen hat, so führt dies im **Wiederholungsfalle** zu einem besonders gesteigerten Schuldvorwurf, (vgl. auch A.2.9.1 AKB Rdn. 61 f.). Es ist dem VN in besonderem Maße anzulasten, wenn er sein Verhalten trotz der ihm bestens bekannten Konsequenzen seiner früheren Pflichtverstöße nicht nach den notwendigen Sorgfaltsanforderungen ausrichtet und zum wiederholten Male gegen sie verstößt. Dies gilt insbesondere dann, wenn das Verhalten straf- oder bußgeldbewehrt ist und der VN wegen solcher Verstöße in der Vergangenheit bereits einschlägige Verurteilungen hat hinnehmen müssen. In einem solchen Fall ist ihm schulderhöhend vorzuwerfen, dass er sich trotz der **Vorverurteilungen** (z.B. wegen Trunkenheit im Verkehr oder Geschwindigkeitsverstößen) und den damit verbundenen Eintragungen im Bundeszentral- oder Verkehrszentralregister nicht von seiner Handlungsweise hat abhalten lassen und sich damit über alle Warnungen, die von solchen Vorverurteilungen ausgehen, hinweggesetzt hat.[106]

82 Belastend für den VN wirkt sich eine **Offenkundigkeit des Pflichtverstoßes**[107] aus, wie es beim Fahren unter Alkohol- oder Drogeneinfluss der Fall ist. Dies gilt auch für die Einnahme von Medikamenten, die sich nachteilig auf die Reaktionsfähigkeit des Fahrzeugführers auswirken, weil sich dieser Umstand regelmäßig aus entsprechenden Warnhinweisen auf der Packungsbeilage ergeben wird. Macht der VN geltend, diese nicht gelesen zu haben, so begründet dieser Umstand ein ebenso gravierendes Schuldpotenzial, es sei denn, der behandelnde Arzt hat dem VN gegenüber das Führen eines Kfz trotz Einnahme der verschriebenen Arzneimittel ausdrücklich erlaubt oder jedenfalls für unbedenklich erklärt.

83 Auch **eigennützige Motive**, die zu dem entscheidenden Pflichtverstoß geführt haben, sind negativ zulasten des VN zu berücksichtigen. Dies gilt z.B. für ein **übersteigertes Gewinnstreben**, sofern das Fehlverhalten des VN aufgrund dessen nicht ohnehin schon als vorsätzlich zu bewerten sein sollte.

e) Quotelungsstufen

84 Praxistaugliche Quotelungsmodelle müssen daran gemessen werden, ob sie den Anforderungen an die Bewertung der verschiedenartigen Fallkonstellationen mit ihren facettenreichen Merkmalen im Bereich der objektiven und subjektiven groben Fahrlässigkeit gerecht werden können. Es erscheint **wenig hilfreich**, auf der einen Seite zwar auf die sorgfältige »Feinjustierung« bei der Bemessung des Verschuldensgrades innerhalb des Rahmens der groben Fahrlässigkeit zu achten, um eine besonders gerechte – und damit auf den konkreten Einzelfall bezogene – Kürzungsquote zu ermitteln, wenn auf der anderen Seite nach einem **Grobraster** für einfache, mittlere und schwere grobe Fahrlässigkeit nur mit **Abzugsquoten von 0, 25, 50, 75 und 100 %** gearbeitet wird.[108]

85 Gegen eine differenziertere Einteilung spricht sicher nicht, dass sich bei ein und demselben Sachverhalt je nach der Individualität des VN unterschiedliche, letztlich unüberschaubare Quoten ergeben können. Dies ist gerade Sinn und Zweck der gesetzlichen Neuregelung des § 81 Abs. 2 VVG, die in A.2.9.1 AKB übernommen wurde. Denn die Bestimmung der graduellen groben Fahrlässigkeit

106 Vgl. Burmann/Heß/Höke/Stahl Rn. 366.
107 Vgl. Burmann/Heß/Höke/Stahl Rn. 362.
108 So aber LG Münster Urt. v. 24.09.2009 – 15 O 275/09 – VersR 2011, 487 = DAR 2010, 473; LG Münster Urt. v. 20.08.2009 – 15 O 141/09 – zfs 2009, 641 = DAR 2009, 705; Burmann/Heß/*Stahl* Rn. 406; Richter SVR 2009, 13 ff.; Rixecker zfs 2007, 15, 16; Felsch r+s 2007, 485, 492.

erfordert zwingend die Auseinandersetzung mit der personalen Seite beim VN. Durch pauschale Quoten im Sinne einer Grobdifferenzierung lässt sich diese nicht hinreichend erfassen. Die Klausel in A.2.9.1 S. 2 AKB knüpft die Leistungskürzung an die Schwere des individuellen Verschuldens des VN im Einzelfall. Nicht die objektiven, sondern die subjektiven, von Fall zu Fall höchst unterschiedlichen Bemessungskriterien haben die Kürzungsquote maßgeblich zu bestimmen. Dabei wird zwar eine mathematisch exakte Bestimmung der Schwere des Verschuldens schon deshalb nicht zu erreichen sein, weil das Ausmaß und die Gewichtung von Verschulden immer und gerade auch von der subjektiven Bewertung desjenigen abhängt, der die be- und entlastenden Einzelkriterien untereinander abzuwägen hat.

Andererseits wird es aber auch nicht ausreichen, bei bestimmten Fallkonstellationen schlicht eine »**Normalfallquote**« zu bilden, die sich allenfalls an **pauschalierten Musterquoten** (vgl. A.2.9.1 AKB Rdn. 405 ff.) orientieren könnte. Den vielfältigen Besonderheiten eines jeden Einzelfalles kann nur dann Rechnung getragen werden, wenn die **grobe Ermittlung der Quote** zunächst **in Kürzungsschritten von höchstens 10 %** erfolgt.[109] 86

Besteht die Notwendigkeit, für die Ermittlung des Grades der groben Fahrlässigkeit einen »**Feinschliff**«[110] im Sinne einer Abwägung aller für und gegen den VN sprechenden Umstände vorzunehmen, muss aber auch die Möglichkeit verbleiben, eine adäquate Kürzungsquote zu finden, die sich innerhalb des Rahmens einer 10 %-igen Quotelungsstufe bewegt.[111] Diese Notwendigkeit wird umso eher gegeben sein, desto höher der versicherte Gesamtschaden ausfällt und desto eher es schon bei Abweichungen von nur wenigen Prozentpunkten zu für den VN nicht mehr hinnehmbaren Unterschieden in der Entschädigungshöhe kommen wird. Nur durch eine solche **Feinabstimmung in Einzelprozentschritten** ist gewährleistet, dass vor allem den subjektiven Komponenten bei der Feststellung des graduellen Verschuldens ausreichend Rechnung getragen wird. Denn die von der Vertragsklausel geforderte Einzelfallgerechtigkeit, die eine Bewertung entsprechend der Schwere des Verschuldens des VN erfordert, kann schon bei Prozentsprüngen im einstelligen Bereich grob verletzt sein. 87

IV. Herbeiführung des Schadens

Das dem VN vorgeworfene Verhalten muss sich auf den Eintritt des Versicherungsfalles zumindest **mitursächlich** ausgewirkt, den Schaden also i.S.v.A.2.9.1 AKB »herbeigeführt« haben. Um die Kausalität zwischen dem Verhalten des VN und dem eingetretenen Schadenereignis festzustellen, reicht es nicht aus, nur den Verschuldensgrad beim VN zu bestimmen. Wesentlich ist, dass **der Schadeneintritt gerade die Folge des Verhaltens sein muss**, das dem VN zum Vorwurf gemacht wird, (vgl. auch A.2.9.1 AKB Rdn. 397 ff.). 88

Wie im allgemeinen Zivilrecht wird auch im Versicherungsvertragsrecht die Äquivalenz von Schadenursachen mit den Mitteln der Adäquanz- und Schutzzwecklehre korrigiert; eine über das Kausalitätserfordernis hinausgehende Unmittelbarkeit der Schadenherbeiführung ist nicht erforderlich.[112] 89

---

109 OLG Hamm Urt. v. 25.08.2010 – 20 U 74/10 – VersR 2011, 206 = r+s 2010, 506; LG Hannover Urt. v. 17.09.2010 – 13 O 153/08 – VersR 2011, 112; LG Dortmund Urt. v. 15.07.2010 – 2 O 8/10 – VersR 2010, 1594 = zfs 2010, 515; LG Trier Urt. v. 03.04.2010 – 4 O 241/09 – r+s 2010, 509 = zfs 2010, 510, 511; ebenso Stiefel/Maier/*Halbach* A.2 AKB Rn. 950; Rüffer/Halbach/Schimikowski/*Karczewski* § 81 VVG Rn. 106; Meschkat/Nauert/*Richter* S. 181; vgl. Looschelders/Pohlmann/*Schmidt-Kessel* § 81 VVG Rn. 55; Schäfers VersR 2011, 842; Günther/Spielmann r+s 2008, 177, 178.

110 Veith VersR 2008, 1580, 1583.

111 Ebenso Knappmann VRR 2009, 9, 11.

112 Looschelders/Pohlmann/*Schmidt-Kessel* § 81 VVG Rn. 26 f.

C. Weitere praktische Hinweise

I. Prüfungsschema

90 Zunächst ist zu beachten, dass abweichend von den hier kommentierten Musterbedingungen des GDV viele VR in ihren AKB einen **Verzicht auf das Leistungskürzungsrecht** bei grob fahrlässiger Herbeiführung des Versicherungsfalles erklärt haben, es sei denn, es handelt sich um die Entwendung des Fahrzeuges bzw. seiner Teile oder um die Herbeiführung des Versicherungsfalles infolge des Genusses alkoholischer Getränke oder anderer berauschender Mittel. Sofern eine solche Sonderregelung in den AKB des jeweiligen VR vereinbart ist, besteht in allen nicht ausdrücklich aufgeführten Fällen grober Fahrlässigkeit von vornherein voller Versicherungsschutz, ohne dass das quotale Verschulden des VN festgestellt werden muss. Nimmt der VR von seinem Verzicht nur den **»Diebstahl des Fahrzeuges«** aus, bleibt der Verzicht für die übrigen in den Bedingungen geregelten Entwendungsfällen erhalten; es handelt sich um eine unklare Regelung, so dass nach § 305c Abs. 2 BGB die für den VN günstige Auslegung gilt.[113] Greift der Verzicht nicht ein, ist zu prüfen, ob das konkrete Verhalten des VN überhaupt als grob fahrlässig einzustufen ist. Beruft sich der VR auf vollständige Leistungsfreiheit nach den AKB a.F. mit der Begründung, der **Versicherungsfall** sei **vor dem 01.01.2009** eingetreten, so trägt er hierfür die Beweislast.[114]

91 Generell hängt der **Umfang der Entschädigungspflicht des VR** vom **Verschuldensgrad des VN** ab. Ist der VR nicht schon wegen eines vorsätzlichen Verhaltens leistungsfrei, kommt es auf die Frage, in welchem Umfang der VR seine Entschädigungsleistung kürzen kann, nur an, wenn das Verhalten des VN als grob fahrlässig einzustufen ist. Einfache, leicht fahrlässige Verstöße des VN bleiben stets folgenlos, so dass der VR hier immer die volle Versicherungsleistung erbringen muss. Umgekehrt ist der VR bei vorsätzlichem Verhalten des VN stets in voller Höhe leistungsbefreit:

Bei einfacher Fahrlässigkeit des VN	→ Volle Leistungspflicht des VR
Bei grober Fahrlässigkeit des VN	→ Anteilige Leistungspflicht des VR (Quotelung)
Bei Vorsatz des VN	→ Keine Leistungspflicht des VR.

92 Im Falle eines **grob fahrlässigen Verhaltens** des VN sind folgende **Voraussetzungen** zu prüfen:
- grobe Fahrlässigkeit in **objektiver** Hinsicht: In hohem Maße Verstoß gegen die verkehrserforderliche Sorgfalt;
- grobe Fahrlässigkeit in **subjektiver** Hinsicht: Subjektiv unentschuldbares Fehlverhalten;
- **Kausalität**: Das vorgeworfene Fehlverhalten muss mindestens mitursächlich für den Eintritt des Versicherungsfalles sein;
- **Kürzungsquote**: Das Maß und Gewicht der Schuld des VN ist im Rahmen einer Abwägung unter Berücksichtigung aller Gesamtumstände des Einzelfalles zu bestimmen. Die Abzugsquote ist zunächst unter Berücksichtigung des objektiven Gewichtes der Pflichtverletzung zu bestimmen, wobei eine Einstufung in **Kürzungsschritten von 10 %** erfolgen sollte, (vgl. A.2.9.1 AKB Rdn. 84 ff.). Sodann ist nach Würdigung der subjektiven Elemente zu entscheiden, ob eine Korrektur der Abzugsquote nach oben oder unten zu erfolgen hat, wobei ggf. auch eine Feinjustierung des Verschuldensgrades in Einzelprozentschritten erforderlich werden wird.

II. Fallgruppen für Vorsatz

93 Für die vorsätzliche Herbeiführung des Versicherungsfalles wird auf die diesbezüglichen jeweiligen Ausführungen zu den einzelnen Tatbeständen verwiesen, und zwar
- für den **Brand** auf A.2.2.1 AKB Rdn. 112 ff.; A.2.2.1 AKB Rdn. 252 ff.,
- für die **Entwendung** auf A.2.2.1 AKB Rdn. 173 ff.; A.2.2.1 AKB Rdn. 252 ff.,

113 LG Dortmund Urt. v. 24.02.2011 – 2 O 85/10 – zfs 2011, 272.
114 Vgl. OLG Oldenburg Urt. v. 29.03.2012 – 5 U 11/11 – VersR 2012, 1501.

– für den **Unfall** auf A.2.2.2 AKB Rdn. 127 ff.,
– für **mut- oder böswillige Handlungen** auf A.2.2.2 AKB Rdn. 147 ff.

Beim Führen eines Kraftfahrzeuges unter **Alkoholeinfluss** reicht es für die Annahme einer vorsätzlichen Begehungsweise aus, dass der VN bei Fahrtantritt seine alkoholbedingte Fahruntüchtigkeit zumindest billigend in Kauf genommen hat. Die Höhe der im Strafverfahren ermittelten BAK erlaubt allerdings selbst bei hohen Promillewerten ohne Hinzutreten weiterer Umstände noch keinen Rückschluss auf Vorsatz. Hierzu bedarf es vielmehr der Berücksichtigung aller Umstände des Einzelfalles, insbesondere der Konstitution und der Persönlichkeit des VN, seiner Trinkgewohnheiten, seiner Bewusstseinslage und des Trinkverlaufes – insbesondere in zeitlichem Zusammenhang mit dem Fahrtantritt – und seines Verhaltens während und nach der Trunkenheitsfahrt.[115] 94

Bei Fahrten unter dem Einfluss illegaler **Drogen** wird es regelmäßig an einem nachweisbaren vorsätzlichen Verhalten des VN fehlen. Verbindliche Drogengrenzwerte für eine absolute Fahruntüchtigkeit fehlen. Selbst eine relative Fahruntüchtigkeit setzt voraus, dass Verhaltensanomalien oder drogenspezifische Ausfallerscheinungen in der Fahrweise des VN festgestellt werden. Da diese dem VN aber bei Fahrtantritt nicht zwingend bewusst geworden sein müssen, werden sie – wenn überhaupt – allenfalls den Vorwurf grober Fahrlässigkeit rechtfertigen können. 95

Gleiches gilt für Fahrten, die der VN unter dem Einfluss von **Medikamenten** unternimmt, die das Reaktionsvermögen und damit die Fahrtüchtigkeit beeinträchtigen. Der in aller Regel nicht zu führende Nachweis eines vorsätzlichen Verhaltens würde voraussetzen, dass sich der VN in Kenntnis der die Fahrsicherheit beeinflussenden Nebenwirkungen des eingenommenen Medikamentes – ggf. nach Studium des Beipackzettels und Kenntnisnahme der entsprechenden Warnhinweise des Herstellers – ans Steuer seines Fahrzeuges gesetzt hätte. 96

III. Fallgruppen für grobe Fahrlässigkeit mit Kürzungsquoten

Für ein grob fahrlässiges Verhalten in der Kaskoversicherung haben sich folgende Fallgruppen herausgebildet: 97

1. Alkohol

a) Absolute Fahruntüchtigkeit

Das Führen eines Kraftfahrzeuges unter Alkoholeinfluss stellt einen der wohl schwerwiegendsten Pflichtverstöße eines Kraftfahrers in der Kaskoversicherung dar. Ebenso wie im Strafrecht gilt auch im Versicherungsvertragsrecht der Grundsatz, dass ein Kraftfahrer mit einer **BAK ab 1,1 Promille** absolut fahruntüchtig ist.[116] Weist er im Unfallzeitpunkt eine BAK mindestens in dieser Höhe auf, ist grundsätzlich **von grober Fahrlässigkeit auszugehen.**[117] Dies gilt auch für das gesteigerte subjektive Verschulden, das unwiderleglich vermutet wird. Die Möglichkeit eines Gegenbeweises ist dem VN nicht eröffnet. Das Bewusstsein für die negativen Auswirkungen von Alkohol auf das Reaktionsvermögen und die damit verbundenen Gefahren für andere Verkehrsteilnehmer, sich selbst und das eigene Fahrzeug sind in der Bevölkerung inzwischen als Allgemeingut so sehr verbreitet, dass davon ausgegangen werden kann, dass bei jedem Kraftfahrer die Hemmschwelle für ein Fahren trotz alkoholbedingter Fahruntüchtigkeit in der Regel stark heraufgesetzt 98

115 OLG Köln Urt. v. 04.09.2012 – III-1 RVs 154/12 – DAR 2012, 649; OLG Hamm Urt. v. 16.02.2012 – III-3 RVs 8/12 – SVR 2012, 351; OLG Düsseldorf Urt. v. 30.06.2010 – III-1 RVs 59/10 – BA 2010, 428.

116 BGH Urt. v. 22.06.2011 – **IV ZR 225/10** – VersR 2011, 1037 = r+s 2011, 376; BGH Urt. v. 09.10.1991 – **IV ZR 264/90** – VersR 1991, 1367 = NJW 1992, 119.

117 OLG Düsseldorf Urt. v. 28.11.2006 – I-4 U 193/05 – r+s 2008, 9 = SP 2007, 40.

ist.[118] Die Fähigkeit, die damit verbundenen Risiken zu erkennen und ungeachtet dieser Einsicht sich trotzdem ans Steuer zu setzen, ist regelmäßig selbst bei einem Kraftfahrer mit hohem Alkoholspiegel vorhanden.[119] Verstößt er gegen die elementare Verhaltensregel, nach erheblichem Alkoholgenuss nicht mehr zu fahren, ist sein Verhalten selbst dann unentschuldbar, wenn er sich erstmals in stark alkoholisiertem Zustand zur Fahrt entschließt.[120]

99 Bei einer BAK ab 1,1 Promille gilt nach dem **Beweis des ersten Anscheins** der **Kausalzusammenhang zwischen Fahruntüchtigkeit und Unfall** als bewiesen. Es wird vermutet, dass ein nüchterner Kraftfahrer bei gleicher Verkehrslage die konkrete Gefahrensituation ohne weiteres hätte beherrschen und den Unfall hätte vermeiden können. Diesen **Anscheinsbeweis kann der VN** dadurch **erschüttern**, dass er substanziiert Umstände darlegt und beweist, die die ernsthafte und nicht nur vollkommen theoretische Möglichkeit eines abweichenden Geschehensablaufes nahe legen, den auch ein nicht alkoholisierter Fahrer nicht bewältigt hätte.[121] Dafür muss er den Nachweis führen, dass es in derselben Weise auch ohne den Einfluss des Alkohols zu dem Unfallgeschehen gekommen wäre.

100 **Nicht ausreichend** ist, dass der VN lediglich auf die allgemeine Möglichkeit verweist, dass der konkrete, ihm zur Last gelegte und den Unfall auslösende Fahrfehler auch einem nüchternen Kraftfahrer hätte unterlaufen können.[122] Der VN muss vielmehr substanziiert darlegen und beweisen, dass der Unfall gerade nicht durch den Genuss des Alkohols, sondern durch eine Situation herbeigeführt worden ist, die auch von einem nüchternen Kraftfahrer in derselben Situation bei Aufwendung des üblichen Maßes an Sorgfalt und Aufmerksamkeit nicht besser und insbesondere nicht unfallvermeidend hätte gemeistert werden können.[123] Ein solcher Nachweis wird als erbracht angesehen werden können z.B. bei einem Unfall durch auf der Fahrbahn liegende Holzkeile[124] oder in einem Fall, in dem ein anderer Pkw auf das vor einer Rotlichtampel wartende Fahrzeug des alkoholisierten VN auffährt.

101 In Zukunft ist zu erwarten, dass die VR verstärkt versuchen werden, dem VN eine zumindest mit bedingtem Vorsatz begangene Trunkenheitsfahrt nachzuweisen, um auf diese Weise eine vollständige Leistungsfreiheit nach A.2.16.1 S. 1 AKB, § 81 Abs. 1 VVG für sich in Anspruch nehmen zu können. Während der **Vorsatznachweis** im Strafrecht weder an der Höhe der BAK, noch an der Menge des genossenen Alkoholkonsums festgemacht werden kann,[125] wenn der Täter ansonsten zu den Umständen der Trunkenheitsfahrt schweigt, werden die VR unter Umständen auf die **Angaben** ihres VN **in der Schadenanzeige** zurückgreifen und diese gegen ihren VN verwenden können, um eine vorsätzliche Herbeiführung des Versicherungsfalles zu beweisen. Dies gilt vor allem für Angaben zur Trinkmenge und der zeitlichen Dauer des Alkoholkonsums.[126]

102 Bei einem **alkoholgewohnten Kraftfahrer** kann es bei einem BAK-Wert jenseits von 1,1 Promille gerechtfertigt sein, hinsichtlich der Alkoholisierung von einem vorsätzlichen Handeln auszugehen.[127] Um Vorsatz nachzuweisen, ist es auch denkbar, dass **der VR Aussagen des VN zur**

118 BGH Urt. v. 22.02.1989 – IVa ZR 274/87 – VersR 1989, 469 = r+s 1989, 349; OLG Hamm Urt. v. 28.08.1997 – 6 U 178/96 – r+s 1998, 10; LG Coburg Urt. v. 07.04.2004 – 13 O 754/03 – SP 2005, 20.

119 Veith/Gräfe/*Halbach* § 5 Rn. 131.

120 OLG Hamm Urt. v. 28.08.1997 – 6 U 178/96 – r+s 1998, 10.

121 BGH Urt. v. 30.10.1985 – **IVa ZR 10/84** – VersR 1986, 141 = DAR 1986, 85.

122 Ebenso LG Saarbrücken Urt. v. 18.02.2015 – 14 O 108/14 – r+s 2016, 343.

123 OLG Düsseldorf Urt. v. 28.11.2006 – I-4 U 193/05 – r+s 2008, 9 = SP 2007, 40; OLG Naumburg Urt. v. 16.09.2004 – 4 U 38/04 – VersR 2005, 1233 = r+s 2005, 54 (**Überholmanöver mit 1,15 Promille**); OLG Düsseldorf Urt. v. 13.06.2000 – 4 U 140/99 – r+s 2000, 445 = NJW-RR 2001, 101 (**Überholmanöver auf Autobahn mit ca. 230 km/h und 1,55 Promille**).

124 Vgl. OLG Hamm Urt. v. 07.08.1985 – 20 U 264/84 – VersR 1986, 1185.

125 Vgl. OLG Brandenburg Beschl. v. 10.06.2009 – 2 Ss 17/09 – VA 2010, 9; OLG Hamm Beschl. v. 03.02.1998 – 4 Ss 87/98 – NZV 1998, 291.

126 Vgl. Burmann/Heß/Höke/Stahl Rn. 394.

127 Vgl. AG Nürtingen Urt. v. 10.10.2011 – 11 C 1053/11 – zfs 2012, 327 (**1,25 Promille**).

subjektiven Einschätzung seiner eigenen Fahrtüchtigkeit trotz des genossenen Alkohols kritisch **hinterfragt.** Der VN wird dann vor dem Dilemma stehen, für den Fall einer nicht wahrheitsgemäßen Beantwortung der Fragen eine vorsätzliche Obliegenheitsverletzung zu begehen mit der Konsequenz vollständiger Leistungsfreiheit des VR (falls der VN nicht den Kausalitätsgegenbeweis führen kann), oder dem VR Argumente für eine vorsätzliche – jedenfalls mit dolus eventualis begangene – Herbeiführung des Versicherungsfalles zu liefern.

b) **Relative Fahruntüchtigkeit**

103 Liegt die **BAK** bei einem Kraftfahrer **unter 1,1 Promille**, kann eine relative Fahruntüchtigkeit vorliegen. Dabei handelt es sich nicht um einen minderen Grad der Trunkenheit. Der Begriff »relativ« bezieht sich vielmehr auf die Beweisanforderungen, die für eine Fahruntüchtigkeit in diesem Bereich gelten. Anders als bei der absoluten Fahruntüchtigkeit kann der VR den Nachweis eines grob fahrlässigen Verhaltens bei einer BAK von unter 1,1 Promille nicht allein durch den Hinweis auf die im Strafverfahren ermittelte BAK führen. Über die getrunkene Alkoholmenge hinaus müssen vielmehr auch **äußere Anzeichen für eine alkoholbedingte Fahruntüchtigkeit** vorliegen.

104 Dies können **Ausfallerscheinungen im Verhalten** des Fahrers sein, die den Schluss zulassen, dass der Fahrer ernsthafte Anzeichen für seine Fahruntüchtigkeit missachtet hat. Solche Ausfallerscheinungen können sich aus dem Blutentnahmeprotokoll ergeben, (z.B. Fehleinschätzungen von räumlichen Entfernungen, unsicherer Gang, verbunden mit Torkeln, Stolpern oder Schwanken[128], undeutliche Sprache, Aggressivität,[129] verlangsamte Reaktionszeiten, getrübte Augen, Müdigkeit oder Gleichgewichtsstörungen).

105 Es können aber auch **grobe Fahrfehler** sein, wenn sie **typischerweise auf vorausgegangenen Alkoholgenuss zurückzuführen** sind,[130] (z.B. Schleudern vor der Kurve, zu spätes oder zu starkes Bremsen, Abkommen von einer trockenen, gerade verlaufenden Fahrbahn ohne Beeinflussung durch andere Verkehrsteilnehmer,[131] Abkommen von der Straße aufgrund überhöhter Geschwindigkeit, Geradeausfahren in Rechtskurve, Auffahren auf stehendes Kfz, Übersehen eines geparkten oder verkehrsbedingt anhaltenden Kfz, Fahren in Schlangenlinien oder generell vom VN nicht zu erklärende Auffahr- oder Streifunfälle). »Klassische« Ausfälle unter Alkoholeinfluss können sich durch ein auffallend übervorsichtiges Fahrverhalten ebenso zeigen wie durch eine besonders unbesonnene, sorglose, waghalsige, risikoträchtige, oder leichtsinnige Fahrweise.[132]

106 Es muss sich aber stets um **rauschbedingte Ausfallerscheinungen** handeln. Die Einhaltung einer Geschwindigkeit von 60 km/h über eine Fahrstrecke von 500 m lässt selbst dann keinen Rückschluss auf eine relative Fahruntüchtigkeit des VN zu, wenn dieser anschließend bei der Polizei durch gerötete Augen, zeitweiliges Lallen und einen schleppenden Gang auffällt,[133] oder polizeiliche Anweisungen nicht befolgt.[134]

107 Die **Beweislast** sowohl für den **Grad der Alkoholisierung**, als auch für alkoholbedingte **Ausfallerscheinungen** oder **Fahrfehler** trägt der **VR.**[135] An die Ausfallerscheinungen sind umso geringere

---

128 OLG Frankfurt/M. Urt. v. 22.10.2001 – 3 Ss 287/01 – BA 2002, 388; OLG Düsseldorf Beschl. v. 24.08.1998 – 5 Ss 267/98-59/98 I – DAR 1999, 81 = NZV 1999, 174.

129 OLG Frankfurt/M. Urt. v. 09.03.1995 – 1 U 68/94 – VersR 1996, 52.

130 Vgl. BGH Urt. v. 24.02.1988 – **IVa ZR 193/86** – VersR 1988, 733 = r+s 1988, 150; OLG Karlsruhe Urt. v. 21.02.2002 – 19 U 167/01 – VersR 2002, 969; OLG Hamm Urt. v. 18.02.1999 – 6 U 213/98 – r+s 1999, 268; OLG Köln Urt. v. 16.09.1993 – 5 U 246/92 – r+s 1993, 406, 407.

131 OLG Köln Urt. v. 06.05.2003 – 9 U 160/02 – r+s 2003, 315.

132 OLG Koblenz Urt. v. 25.02.2002 – 12 U 955/00 – r+s 2002, 498 = zfs 2002, 345 (**Überholmanöver trotz unübersichtlicher Verkehrssituation und Gegenverkehr**).

133 KG Urt. v. 15.09.2011 – (3) 1 Ss 192/11 (73/11) – ADAJUR Dok.Nr. 96147.

134 OLG Köln Beschl. v. 03.08.2010 – III-1 RVs 142/10 – BA 2010, 429.

135 Vgl. BGH Urt. v. 30.10.1985 – **IVa ZR 10/84** – VersR 1986, 141 = NJW-RR 1986, 323; BGH Urt. v. 23.01.1985 – **IVa ZR 128/83** – VersR 1985, 440 = DAR 1985, 222; OLG Saarbrücken Urt. v. 22.11.2000 – 5 U 563/00-46 – zfs 2001, 214.

Beweisanforderungen zu stellen, je höher die BAK ist und sich dem Grenzwert von 1,1 Promille nähert, während die Anforderungen umgekehrt umso höher sind, desto niedriger die BAK ist.[136] **Mitursächlichkeit** des Alkoholkonsums für den Eintritt des Versicherungsfalles reicht aus.[137]

108 **Für den Nachweis eines alkoholbedingten Fahrfehlers** ist die Feststellung **erforderlich**, dass sich der VN in nüchternem Zustand anders verhalten hätte.[138] Für diesen Nachweis kann nicht einfach auf das vergleichbare Verhalten irgendeines nüchternen Durchschnittsfahrers abgestellt werden.[139] Allerdings: Je seltener ein bestimmter Fahrfehler einem nüchternen Kraftfahrer unterläuft, desto eher ist der Rückschluss gerechtfertigt, dass auch dem VN im konkreten Fall der Fahrfehler jedenfalls dann nicht unterlaufen wäre, wenn er nicht unter Alkoholeinfluss gestanden hätte.[140]

109 Vor allem das **Versagen des VN in einfachen, übersichtlichen Verkehrssituationen** rechtfertigt regelmäßig die Schlussfolgerung, dass der Fahrfehler dem VN in nüchternem Zustand nicht unterlaufen wäre und ist damit letztlich ein **Beleg für seine alkoholbedingte Fahruntauglichkeit,**[141] so z.B.

- beim **Auffahren** auf ein am Fahrbahnrand geparktes[142] oder vor einer Ampel stehendes Fahrzeug und anschließender Fortsetzung der Fahrt, ohne eine Reaktion auf den Unfall zu zeigen;[143]
- beim Durchfahren einer **Kurve** ohne reduzierte Geschwindigkeit trotz erkennbarer **Glatteisbildung;**[144]
- beim **abrupten Abbiegen** in einen Feldweg und Kollision mit entgegenkommendem Pkw;[145]
- bei 0,83 Promille und Einfahren in eine **Kurve** mit 65 km/h trotz nasser oder **feuchter Fahrbahn;**[146]
- bei 0,85 Promille des VN und **Ansetzen zum Überholen** gemeinsam mit vorausfahrendem Pkw, der wegen Gegenverkehrs den Überholvorgang abbricht, während der VN weiter überholt und erst zeitverzögert stark abbremst, um wieder nach rechts einzuscheren, wobei er durch eine starke Lenkbewegung nach rechts ins Schleudern gerät und die Kontrolle über seinen Pkw verliert;[147]
- bei grundlosem **Abkommen auf die Gegenfahrbahn**[148] oder bei einer **Geradeausfahrt in einer Kurve** trotz guter Lichtverhältnisse und trockener Fahrbahn;[149]
- bei überhöhter Geschwindigkeit innerhalb einer geschlossenen Ortschaft und **Kontrollverlust** über das Fahrzeug ohne erkennbaren äußeren Anlass trotz langjähriger Fahrpraxis;[150]
- bei 0,7 Promille und **zügigem**, ohne vorheriges Abbremsen erfolgtem Einfahren in eine vorfahrtsberechtigte Straße trotz **eingeschränkter Einsichtsmöglichkeit** von nur 50 m und Kollision mit vorschriftsmäßig fahrendem Pkw.[151]

---

136 BGH Urt. v. 22.04.1982 – **4 StR 43/82** – NJW 1982, 2612 = MDR 1982, 683; KG Beschl. v. 15.09.2011 – (3) 1 Ss 192/11 (73/11) – ADAJUR Dok.Nr. 96147; OLG Saarbrücken Urt. v. 07.04.2004 – 5 U 688/03 – NJW-RR 2004, 1404; OLG Düsseldorf Urt. v. 23.12.1999 – 10 U 40/99 – r+s 2000, 363; LG Kaiserslautern Urt. v. 07.02.2014 – 3 O 323/13 – zfs 2014, 332.

137 Vgl. OLG Köln Beschl. v. 20.07.2017 – 9 U 20/17 – r+s 2018, 15 = zfs 2017, 692.

138 OLG Köln Beschl. v. 20.12.1994 – Ss 559/94 – NZV 1995, 454; BayObLG Urt. v. 07.03.1988 – RReg. 2 St 435/87 – NZV 1988, 110.

139 OLG Köln Urt. v. 09.01.2001 – Ss 477/00 – VRS 100, 123.

140 Vgl. Burmann/Heß/Höke/Stahl Rn. 382.

141 Vgl. OLG Saarbrücken Urt. v. 22.11.2000 – 5 U 563/00–46 – zfs 2001, 214.

142 OLG Köln Urt. v. 16.09.1993 – 5 U 246/92 – r+s 1993, 406; OLG Karlsruhe Urt. v. 21.02.1991 – 12 U 212/90 – r+s 1993, 330.

143 OLG Zweibrücken Urt. v. 12.11.1993 – 1 U 126/92 – VersR 1994, 974.

144 OLG Stuttgart Urt. v. 06.12.1988 – 12 U 108/88 – r+s 1993, 288.

145 OLG Karlsruhe Urt. v. 30.04.1992 – 12 U 33/92 – r+s 1993, 368.

146 LG Meiningen Urt. v. 25.01.2000 – 2 O 1855/99 – zfs 2000, 348.

147 OLG Koblenz Urt. v. 25.02.2002 – 12 U 955/00 – zfs 2002, 345.

148 OLG Koblenz Urt. v. 26.04.2002 – 10 U 1109/01 – PVR 2002, 372.

149 OLG Frankfurt/M. Urt. v. 12.09.2001 – 7 U 189/00 – VersR 2002, 603; OLG Karlsruhe Urt. v. 21.02.2002 – 19 U 167/01 – VersR 2002, 969; **zahlreiche weitere Beispielsfälle bei** Veith/Gräfe/Halbach § 5 Rn. 128.

150 BGH Urt. v. 25.09.2002 – **IV ZR 212/01** – VersR 2002, 1413 = DAR 2003, 31.

151 OLG Saarbrücken Urt. v. 28.01.2009 – 5 U 698/05 – VersR 2009, 1068 = zfs 2009, 510.

Demgegenüber kann **bei Fahrauffälligkeiten, die sich auch bei nicht alkoholisierten Fahrern bisweilen beobachten lassen**, ein solcher Rückschluss nicht oder jedenfalls nicht ohne weiteres gezogen werden. Dazu zählen z.B. 110

- eine den Witterungsverhältnissen, insbesondere bei Glätte, starkem Regen oder Nebel **nicht angepasste Geschwindigkeit**;
- nächtliches **Verschätzen der Entfernung** eines wendenden Kfz;
- **Überreaktion** bei einem Ausweichmanöver vor einem Kleintier;
- **Bremsen** in der **Kurve**;
- 30 Sekunden **Warten nach Umschalten** der Ampel **auf Grünlicht** bis zum Anfahren.
- Gleiches gilt, wenn bei einer BAK von 0,9 Promille zum Unfallzeitpunkt die **Ausfallerscheinungen**, die im Blutentnahmeprotokoll festgehalten wurden, eine **andere Ursache als den vorhergehenden Alkoholkonsum** gehabt haben können, z.B. körperliche Verletzungen wie eine Stirnplatzwunde und eine Schädelprellung.[152]

Im Zweifel wird der VR die alkoholbedingte und damit »relative« Fahruntüchtigkeit in solchen Fällen nicht beweisen können mit der Konsequenz, dass auch eine anteilige Leistungsfreiheit nach A.2.9.1 S. 2 AKB nicht in Betracht kommen wird. Zu beachten ist allerdings, dass nicht jede beliebige Erklärung des **VN**, wieso es – wenn nicht durch den Alkohol – zu dem Unfall gekommen sein soll, genügt, um einer Leistungsfreiheit des VR zu entgehen. 111

Im Rahmen seiner **sekundären Substantiierungslast** muss er einen Geschehensablauf plausibel machen, der die Annahme rechtfertigt, dass es auch alkoholunabhängig zu dem Unfall gekommen wäre. Die insoweit vom VN darzulegenden Anhaltspunkte für eine denkbar andere Unfallursache müssen umso gewichtiger sein, desto höher die ermittelte BAK ist und desto mehr sie sich dem Grenzwert von 1,1 Promille nähert.[153] Stellen sich die vom VN dargestellten Rechtfertigungsgründe als **unplausibel** dar (z.B. für den Fall des angeblichen Ausweichens vor einem Tier)[154] oder lassen sie sich wegen des Fehlens von Spuren auf der Straße (z.B. nach einem angeblich geplatzten Reifen)[155] **nicht mit dem konkreten Fahrverhalten** des VN, das zu dem Unfall geführt hat, **vereinbaren**, so ist ein solcher Vortrag beweisrechtlich nicht geeignet, die Annahme einer relativen Fahruntüchtigkeit auszuschließen. 112

Anderes gilt nur dann, wenn der VN einen zwar seltenen, aber nicht bloß vollkommen theoretisch erscheinenden **alkoholunabhängigen Geschehensablauf** plausibel als andere denkbare Ursache für sein Abkommen von der Fahrbahn benennt: 113

- **0,45** Promille und Ausweichen vor einer plötzlich die Straße überquerenden **Wildschweinrotte**;[156]
- **0,95** Promille und Abkommen von der Straße in einer Linkskurve aufgrund eines **geplatzten Reifens.**[157]

Denn dann handelt es sich bei der Schilderung des VN um eine **ernsthafte andere Möglichkeit für die Entstehung des Unfalles**, die der VR letztlich nicht entkräften kann. Die Behauptung des VR, ein nicht alkoholisierter Fahrer hätte selbst mit geplatztem Reifen die Gewalt über sein Fahrzeug behalten und wäre nicht verunfallt, lässt sich nicht verifizieren, solange weder die Geschwindigkeit des Fahrzeuges, noch seine genaue Position zum Zeitpunkt des vom VN behaupteten Reifenschadens feststeht. Dem VN ist auch keine Beweisvereitelung vorzuwerfen, wenn er das Fahrzeugwrack nach Begutachtung durch einen Sachverständigen des VR zwecks Realisierung des Restwerts veräußert, bevor er dem VR gegenüber den geplatzten Reifen als Unfallursache thematisiert.[158] 114

152 OLG Köln Urt. v. 09.06.1998 – 9 U 3/98 – r+s 1999, 269 = zfs 1999, 199.
153 OLG Saarbrücken Urt. v. 07.04.2004 – 5 U 688/03 – VersR 2004, 1262 = zfs 2004, 323.
154 OLG Saarbrücken Urt. v. 22.11.2000 – 5 U 563/00-46 – zfs 2001, 214.
155 OLG Saarbrücken Urt. v. 10.12.1997 – 5 U 631/97-60 – n.v., zitiert in zfs 2004, 323.
156 OLG Brandenburg Urt. v. 08.01.2020 – 11 U 197/18 – r+s 2020, 266 = zfs 2020, 152.
157 OLG Saarbrücken Urt. v. 07.04.2004 – 5 U 688/03-66 – VersR 2004, 1262 = zfs 2004, 323.
158 OLG Saarbrücken Urt. v. 07.04.2004 – 5 U 688/03-66 – VersR 2004, 1262 = zfs 2004, 323.

115 **Überhöhte Geschwindigkeit** wird häufig zu Unrecht als äußeres Anzeichen für eine auf Alkoholgenuss beruhende Enthemmung des Fahrers, verbunden mit der Bereitschaft zu einer risikoreicheren Fahrweise, angesehen. Abgesehen davon, dass sich die tatsächlich gefahrene Geschwindigkeit im konkreten Fall oft nicht nachträglich feststellen lassen wird, wird es auch häufig unerheblich sein, ob der VN die höchst zulässige Geschwindigkeit überschritten hat. Denn ein solches Fehlverhalten ist üblicherweise mitunter auch bei nicht alkoholisierten Kraftfahrern zu beobachten. Auch sie missachten manchmal Geschwindigkeitsbegrenzungen oder fahren – bezogen auf die örtlichen und witterungsbedingten Verhältnisse – mit unangepasster Geschwindigkeit.[159]

116 Auch das **Abkommen von der Fahrbahn aufgrund** einer **Überschreitung der** nach den Verkehrsverhältnissen angemessenen **Geschwindigkeit** stellt für sich allein noch kein Indiz für eine alkoholbedingte Fahruntüchtigkeit des Fahrers dar. Denn auch vollkommen nüchterne Fahrer passen sich mit ihrer Geschwindigkeit nicht immer den Straßen- und Witterungsverhältnissen an, woraus sich im Einzelfall auch bei nicht unter Alkoholeinfluss stehenden Kraftfahrern ein Abkommen ihres Fahrzeuges von der Straße erklärt.[160]

117 Ein **Rotlichtverstoß** mit anschließendem Unfall genügt ohne Hinzutreten weiterer Umstände noch nicht, um eine alkoholbedingte Ausfallerscheinung feststellen zu können, wenn die VN bei der Blutprobeentnahme alle »vier Grundübungen« (Gang, plötzliche Kehrtwendung, Finger-Finger-Probe, Finger-Nase-Probe) sicher absolviert und als Unfallursache angibt, aufgrund eines Gesprächs mit dem Beifahrer abgelenkt gewesen zu sein, so dass sie irrtümlich eine Linksabbiegerampel mit Grünpfeil als die für ihre Fahrtrichtung maßgebliche Lichtzeichenanlage angesehen habe.[161]

118 Auch **Glatteisunfälle** können nicht ohne weiteres auf alkoholbedingte Fahrfehler zurückgeführt werden.[162] Gerät der VN z.B. bei einer BAK von 0,55 Promille mit seinem Fahrzeug auf einer vereisten Fahrbahnstelle (»Eisplatte«) ins Schleudern und behauptet der VR einen alkoholbedingten Fahrfehler durch überhöhte Geschwindigkeit, so kommt es darauf an, inwieweit der VN bei Antritt seiner Fahrt die drohende Gefahr erkannt hat oder hätte erkennen können. Haben sich nach den Feststellungen der Polizei in der Unfallnacht mehrere Glatteisunfälle ereignet, ist dies gleichwohl unerheblich, wenn es dem VN nicht nachweislich bekannt war. Allerdings kann dieser Umstand ein den VN entlastendes Indiz dafür sein, dass er tatsächlich von der umschlagenden Witterung ohne ausreichend erkennbare Anzeichen überrascht worden ist und somit auch keine Veranlassung hatte, seine Geschwindigkeit diesen – ihm nicht bewussten – besonderen Wetterverhältnissen anzupassen.[163] Dass ein alkoholisierter VN überhaupt Fahrten bei widrigen Straßen- oder Witterungsverhältnissen unternimmt, kann ihm jedenfalls solange nicht angelastet werden, wie auch ein nüchterner Fahrer von einem Fahrtantritt nicht ohne weiteres abgesehen hätte.[164]

119 Der **0,5 Promille-Grenze nach § 24a StVG** kommt keine eigenständige Bedeutung für die Beurteilung der relativen Fahruntüchtigkeit zu. Selbst bei einer weitaus geringeren BAK lässt sich bei entsprechend ausgeprägten alkoholspezifischen Ausfallerscheinungen des Fahrers eine grob fahrlässige Herbeiführung des Versicherungsfalles begründen. Voraussetzung ist aber stets der Nachweis einer BAK von mindestens 0,3 Promille zum Unfallzeitpunkt, was auch dann gilt, wenn der Alkohol und andere Ursachen, z.B. Ermüdungserscheinungen, zusammenwirken.[165] Erst **unter 0,3 Promille** wird mangels Nachweisbarkeit alkoholbedingter Fahrfehler in der Regel eine **relative Fahruntüchtigkeit nicht mehr** in Betracht kommen.

159 Vgl. BGH Beschl. V. 12.04.1994 – **4 StR 688/93** – NZV 1995, 80 = ADAJUR Dok.Nr. 26547.
160 BGH Urt. v. 03.04.1985 – **IVa ZR 111/83** – r+s 1985, 188 = zfs 1985, 313 (**Fahrer mit 1,02 Promille**).
161 LG Bonn Urt. v. 05.09.2012 – 24 Qs-227 Js 824/12-64/12 – DAR 2013, 38.
162 Vgl. OLG Hamm Beschl. v. 02.08.1999 – 20 W 12/99 – NJW-RR 2000, 172.
163 BGH Urt. v. 20.04.2005 – **IV ZR 293/03** – r+s 2005, 282 = zfs 2005, 394 (**Fahrer mit 0,55 Promille**).
164 Vgl. BayObLG Urt. v. 24.05.1989 – 2 St 117/89 – DAR 1989, 427.
165 OLG Köln Urt. v. 02.06.1989 – Ss 227/89 – NZV 1989, 357.

Ein **Augenblicksversagen** wird nur in den seltensten Fällen den Vorwurf grob fahrlässigen Handelns beim VN entfallen lassen. Beruft sich der VN darauf, ihm könne subjektiv kein gesteigerter Fahrlässigkeitsvorwurf gemacht werden, weil er seine alkoholbedingte Fahruntüchtigkeit bei Fahrtantritt nicht wahrgenommen habe, so entlastet ihn dies bei einem anschließenden Unfall mit einer BAK von 0,91 Promille nicht, wenn er zuvor zwar Bier in nicht näher angegebenem Umfang getrunken hat, der VN es aber zu keinem Zeitpunkt für nötig befunden hat, vor Fahrtantritt seine Fahrtüchtigkeit zu hinterfragen.[166] 120

Es ist **nicht zulässig**, im Wege des **Anscheinsbeweises** auf die **Fahruntüchtigkeit des VN** zu schließen. Die Regeln des Anscheinsbeweises können erst im Rahmen der Kausalität herangezogen werden, wenn es also um die Feststellung geht, ob die Fahruntüchtigkeit kausal für den Unfall geworden ist.[167] Erst wenn **der VR** sowohl die **Höhe der BAK**, als auch die durch Alkohol ausgelösten Fahrfehler des VN bzw. **alkoholbedingte Ausfallerscheinungen nachgewiesen** hat, kann im Wege des Anscheinsbeweises der Rückschluss gezogen werden, dass die Fahruntüchtigkeit des VN ursächlich für das Unfallgeschehen war, der Versicherungsfall also im Sinne der Vertragsklausel »herbeigeführt« wurde. 121

c) Restalkohol

Eine grobe Fahrlässigkeit wird in der Regel nicht daran scheitern, dass sich der VN darauf beruft, nach dem Alkoholkonsum vom Vorabend die Gefahr von Restalkohol am nächsten Morgen nicht erkannt oder unterschätzt zu haben. Dies gilt jedenfalls in den Fällen, in denen die BAK zum Unfallzeitpunkt immer noch im Bereich der absoluten Fahruntüchtigkeit liegt und sich durch Rückrechnung auf eine BAK am Vorabend bei Trinkende von weit **über 2,0 Promille** schließen lässt. Ein so hoher Alkoholpegel hinterlässt auch am nächsten Morgen Begleiterscheinungen, zumindest in Form von Unwohlsein oder Kopfschmerzen, die bei dem Betroffenen zwangsläufig Zweifel an einer ausreichenden Fahrtauglichkeit wecken müssen,[168] (vgl. A.2.9.1 AKB Rdn. 138). Grobe Fahrlässigkeit kann in objektiver und subjektiver Hinsicht bereits dann zu bejahen sein, wenn der VN fünf Stunden nach Trinkende mit einer BAK von **0,65 Promille** mit seinem PKW von der Fahrbahn abkommt.[169] 122

d) Unzurechnungsfähigkeit

Für eine behauptete **Schuld- und Unzurechnungsfähigkeit** ist der VN analog § 827 S. 1 BGB in vollem Umfange beweispflichtig (vgl. A.2.9.1 AKB Rdn. 385 ff.). 123

e) BAK Bestimmung zum Unfallzeitpunkt – Rückrechnung

aa) Allgemeines

Das Ergebnis der Blutprobe spiegelt nur die Höhe der BAK entsprechend der im Blut befindlichen Alkoholmenge zum Zeitpunkt der Blutentnahme wider. Für die Frage, ob dem VN der Versicherungsschutz – ganz oder teilweise – versagt werden kann, kommt es jedoch auf die BAK zum Unfallzeitpunkt an. Diese kann sich je nach der verstrichenen Zeit zwischen Unfall und Blutentnahme verändert haben, sei es, dass die BAK durch fortschreitende Resorption des aufgenommenen Alkohols weiter angestiegen ist, sei es, dass sie durch den zwischenzeitlich erfolgten Abbau des Alkohols gesunken ist. 124

Für die Feststellung der Fahruntüchtigkeit ist daher eine **Rückrechnung – bezogen auf den Unfallzeitpunkt** – vorzunehmen.[170] Dies ist nicht nur in den Fällen erforderlich, in denen nach der 125

---

166 KG Urt. v. 11.06.2010 – 6 U 28/10 – VersR 2011, 742.
167 Vgl. BGH Urt. v. 24.02.1988 – **IVa ZR 193/86** – VersR 1988, 733 = r+s 1988, 150.
168 OLG Düsseldorf Urt. v. 13.06.2000 – 4 U 140/99 – r+s 2000, 445 = NJW-RR 2001, 101.
169 OLG Karlsruhe Urt. v. 21.02.2002 – 19 U 167/01 – zfs 2002, 535.
170 Vgl. Halm/Engelbrecht/Krahe/*Oberpriller* Kap. 15 Rn. 106.

Blutprobe ein Blutalkoholgehalt im Grenzbereich von 1,1 Promille festgestellt wurde, sondern auch in allen Fällen, in denen dem VN eine relative Fahruntüchtigkeit vorgeworfen wird und sich durch die Rückrechnung unter Umständen eine geringere BAK zum Unfallzeitpunkt feststellen lässt als diejenige, die aufgrund der Blutprobe ermittelt wurde. Denn je geringer die BAK ist, umso höhere Anforderungen sind an die Ausfallerscheinungen zu stellen, durch die eine Fahruntüchtigkeit unterhalb einer BAK von 1,1 Promille erst begründet werden kann.

126 Ist die Alkoholisierung des Kraftfahrers mit Hilfe nur einer Blutalkoholmessung nach dem **ADH-Verfahren** bestimmt worden, ist das Beweisergebnis trotzdem nicht unverwertbar; es müssen aber alkoholbedingte Ausfallerscheinungen festgestellt werden, um eine relative Fahruntüchtigkeit begründen zu können.[171]

bb) Rückrechnung bei Feststellung der Fahruntüchtigkeit

127 Die Rückrechnungsregeln sind im Versicherungsrecht nicht anders als im Strafrecht. Um die Rückrechnung vornehmen zu können, muss der Zeitpunkt des Trinkendes feststehen. An diesen schließt sich die Anflutungsphase an, in der die aufgenommene Alkoholmenge vom Körper in die Blutbahn gelangt, d.h. resorbiert wird. Diese Resorptionsphase kann durch einen gleichzeitig beginnenden Alkoholabbau überlagert sein. Da die Geschwindigkeit von Resorption und Abbau individuell höchst unterschiedlich ist, ist bei der Rückrechnung zugunsten des VN von einer **längstmöglichen Resorptionsdauer von zwei Stunden** und dem sich daran anschließenden **geringstmöglichen Abbauwert von 0,1 Promille pro Stunde** auszugehen.[172] Daraus folgt, dass bei normalem Trinkverlauf zugunsten des VN die ersten zwei Stunden nach Trinkende in die Rückrechnung nicht einbezogen werden dürfen, wenn es um die Feststellung der Mindest-BAK zum Unfallzeitpunkt geht. Daraus ergeben sich **drei verschiedene Varianten**, in denen die Rückrechnung geprüft werden muss, sofern der Zeitpunkt des Trinkendes feststeht:

128 – **Unfall und Blutentnahme innerhalb von zwei Stunden nach Trinkende:**

Wird dem VN nach einem Unfall eine Blutprobe innerhalb von zwei Stunden nach Trinkende entnommen, so ist die auf diese Weise ermittelte BAK auch maßgeblich für die dem VN vorwerfbare BAK zum Unfallzeitpunkt. Eine Rückrechnung auf eine höhere BAK zum Unfallzeitpunkt scheidet aus, weil die Resorptionsphase noch nicht abgeschlossen war. Eine niedrigere BAK ist gleichfalls ausgeschlossen, weil der VN zum Unfallzeitpunkt zumindest eine Alkoholmenge im Körper hatte, die einer der durch die Blutprobe ermittelten BAK entsprach.[173]

129 – **Unfall innerhalb von zwei Stunden, Blutentnahme außerhalb von zwei Stunden nach Trinkende:**

Auf die durch die Blutprobe ermittelte BAK ist ein Aufschlag von 0,1 Promille für jede Stunde vorzunehmen, die seit dem Trinkende bis zur Entnahme der Blutprobe vergangen ist, wobei 0,2 Promille für die ersten beiden anrechnungsfreien Stunden wieder abgezogen werden müssen.

130 – **Unfall und Blutentnahme außerhalb von zwei Stunden nach Trinkende:**

Auf die durch die Blutprobe ermittelte BAK ist ein Aufschlag von 0,1 Promille für jede Stunde vorzunehmen, die seit dem Unfall bis zur Entnahme der Blutprobe vergangen ist.

131 **Steht der Zeitpunkt des Trinkendes nicht fest**, ist zugunsten des VN davon auszugehen, dass die Resorptionsphase erst kurz vor dem Unfallzeitpunkt eingesetzt hat, der VN also bis zuletzt noch kurz vor Fahrtantritt Alkohol konsumiert und sich demnach nach dem Unfall noch knapp zwei Stunden lang in der Resorptionsphase befunden hat.[174] Daraus kann sich ergeben, dass im Wege

---

171 BGH Urt. v. 25.09.2002 – **IV ZR 212/01** – VersR 2002, 1413 = DAR 2003, 31.

172 BGH Urt. v. 26.09.1990 – **IV ZR 176/89** – r+s 1990, 430 = NJW-RR 1991, 93; BayObLG Urt. v. 02.07.2001 – 1 StRR 68/01 – zfs 2001, 517; OLG Köln Urt. v. 29.04.1997 – 9 U 186/96 – VersR 1997, 1222.

173 Vgl. OLG Köln Urt. v. 06.05.2003 – 9 U 160/02 – r+s 2003, 315.

174 BGH Urt. v. 20.04.2005 – **IV ZR 293/03** – r+s 2005, 282 = zfs 2005, 394 (**für eine BAK von 0,55 Promille**); **a.A.** AG Zossen Urt. v. 08.02.2008 – 4 C 242/07 – zfs 2008, 511.

der Rückrechnung – ausgehend von dem durch die spätere Blutprobe ermittelten BAK-Wert – lediglich eine erheblich kürzere Abbauzeit zugrunde gelegt werden darf mit der Folge, dass dann auch nur ein deutlich geringerer BAK-Wert für die Unfallzeit errechnet werden kann.[175]

Zu beachten ist, dass diese **Erwägungen nur im Bereich der relativen Fahruntüchtigkeit von Bedeutung** sind. Ergibt die Blutprobe bei dem VN einen BAK-Wert von mindestens 1,1 Promille oder mehr, stehen die absolute Fahruntüchtigkeit und damit auch die grob fahrlässige Herbeiführung des Versicherungsfalles ohne weiteres fest. 132

cc) Rückrechnung bei Feststellung der Unzurechnungsfähigkeit

Für die Feststellung der Unzurechnungsfähigkeit gelten andere Rückrechnungsregeln. Die **ersten zwei Stunden nach Trinkende** werden anders als bei der Feststellung der Fahruntüchtigkeit **von der Rückrechnung nicht ausgenommen.** Zudem wird **ab dem Zeitpunkt des Trinkendes ein Alkoholabbau von 0,2 Promille pro Stunde** zugrunde gelegt **zuzüglich** eines einmaligen Sicherheitszuschlages von **weiteren 0,2 Promille.**[176] Ergibt die Blutprobe z.B. eine BAK von 1,4 Promille und liegt das Trinkende drei Stunden zurück, so ist von einem nicht ausschließbaren BAK-Wert von 2,2 Promille auszugehen (3 × 0,2 = 0,6 + einmalig 0,2 Promille zuzüglich der ermittelten 1,4 Promille). 133

dd) Nachtrunk

Behauptet der VN, die festgestellte BAK sei auf einen Nachtrunk nach dem Unfallgeschehen zurückzuführen, muss er **substanziierte Angaben** zur Trinkmenge, zur Trinkzeit und den konkreten Umständen des Nachtrunks machen. Sofern der Sachvortrag des VN den Nachtrunk unter objektiven Kriterien als plausibel erscheinen lässt, muss der VR ihn widerlegen.[177] Gelingt ihm dies nicht, muss der VN trotzdem damit rechnen, dass der VR jedenfalls unter Berufung auf eine Verletzung der Aufklärungsobliegenheit nach E.2.1 AKB die Versicherungsleistung teilweise verweigern wird. 134

f) Überlassen des Kfz an alkoholisierten Fahrer

Eine grob fahrlässige Herbeiführung des Versicherungsfalles kann auch darin liegen, dass der **VN einem erkennbar alkoholisierten Dritten** durch Übergabe der Fahrzeugschlüssel **den Gebrauch seines Pkw ermöglicht**, mit dem dieser anschließend aufgrund alkoholbedingter Fahruntüchtigkeit verunfallt.[178] Dem steht nicht entgegen, dass der VN selbst nicht gefahren ist. Auch muss der Dritte kein Repräsentant des VN sein. 135

Dem **VR** obliegt der **Vollbeweis** dafür, dass die **Alkoholisierung des Dritten für den VN offensichtlich** sein musste. Dieser Beweis wird bei einer absoluten Fahruntüchtigkeit des Dritten wegen der mit dem Alkoholisierungsgrad zusammenhängenden Ausfallerscheinungen regelmäßig leichter zu führen sein als in den Fällen, in denen der Dritte nur relativ fahruntüchtig ist. Gelingt dem VR dieser Nachweis nicht, kann die Überlassung des Fahrzeuges durch den VN an den Dritten nicht als adäquat kausal für die Herbeiführung des Versicherungsfalles angesehen werden. Anderes kann **im Verhältnis von Ehegatten untereinander** gelten. Vereinbart ein Ehegatte mit dem anderen, dass dieser nach einer gemeinsam besuchten Feier das Führen des Pkw übernehmen werde, so handelt er in der Regel nicht grob fahrlässig, wenn er keine Feststellungen zum Alkoholkonsum und zur Fahrtüchtigkeit des anderen trifft.[179] 136

Beruft sich der **VN** darauf, dass er **zum Zeitpunkt der Schlüsselübergabe an den Dritten dessen Fahruntüchtigkeit** nur deshalb **nicht erkennen konnte**, weil er selbst unter Alkoholeinfluss stand, 137

---

175 Vgl. auch BGH Urt. v. 15.06.1988 – **IVa ZR 8/87** – VersR 1988, 950 = NJW-RR 1988, 1376.

176 Vgl. BGH Urt. v. 22.11.1990 – **4 StR** 117/90 – NJW 1991, 852 = BGHSt 37, 231, 237.

177 OLG Karlsruhe Urt. v. 05.06.2008 – 12 U 13/08 – VersR 2008, 1526 = zfs 2008, 514.

178 LG Bonn Urt. v. 31.07.2009 – 10 O 115/09 – r+s 2010, 319 = DAR 2010, 24; LG Ansbach Urt. v. 18.12.1989 – 2 O 1077/88 – zfs 1990, 133.

179 OLG Hamm Urt. v. 29.06.1988 – 20 U 9/88 – NZV 1989, 27.

entlastet dies den VN nicht. Der subjektive Schuldvorwurf des VN knüpft vielmehr daran an, dass er zu einem früheren Zeitpunkt, in dem er noch zurechnungsfähig war und auch in dem Zeitraum, in dem er sich durch den Konsum alkoholischer Getränke in den vorübergehenden Zustand der Alkoholisierung versetzt hat, keine Vorkehrungen getroffen hat, um zu vermeiden, selbst alkoholisiert zu fahren oder von einem alkoholisierten Dritten gefahren zu werden,[180] (vgl. auch A.2.9.1 AKB Rdn. 388 ff.).

g) Zusammenwirken von Alkohol und anderen Ursachen

138 Körperliche **Erschöpfungszustände** und **Krankheiten**, die durch regelmäßige Medikamenteneinnahme behandelt werden müssen, können schon bei einem geringfügigen Alkoholkonsum eine relative Fahruntüchtigkeit des VN bewirken. Bei einer Diabetes-Erkrankung besteht unter gleichzeitiger Alkoholaufnahme die Gefahr einer Unterzuckerung, die wiederum zu Konzentrationsschwächen bis hin zur plötzlichen Bewusstlosigkeit führen kann. Auch bei niedrigem Blutdruck kann es zu Einschränkungen der Fahrtüchtigkeit im Zusammenhang mit dem Genuss alkoholischer Getränke kommen.

139 **Medikamente** können die Wirkung des Alkohols verstärken, den Abbau verlangsamen oder sogar zu einer Unverträglichkeit führen, was ebenfalls eine relative Fahruntüchtigkeit zur Folge haben kann.[181] Für die Annahme grober Fahrlässigkeit kommt es entscheidend darauf an, ob die Kombination von Alkohol in Verbindung mit den individuellen physischen Schwächen beim VN einen gesteigerten Vorwurf deshalb rechtfertigt, weil der VN seine Fahruntüchtigkeit bei gleichzeitigem Genuss von Alkohol und der Einnahme von Tabletten hätte wissen oder jedenfalls voraussehen können. Wer nach der Einnahme von Tabletten nicht unerhebliche Mengen Alkohol zu sich nimmt, muss mit einer Rauschwirkung rechnen.[182]

140 In Grenzfällen muss der VR den Nachweis führen, dass dem VN die **Wechselwirkungen** des **Medikamentes mit Alkohol** aufgrund der Warnhinweise auf dem **Beipackzettel** bekannt sein mussten. In der Regel wird sich der VN auf eine Unkenntnis nicht berufen können.[183] Dies gilt vor allem dann, wenn er alkoholhaltige Arzneien oder Beruhigungsmittel (z.B. Melissengeist, Baldrian) in beachtlichen Mengen zu sich genommen hat.[184]

h) Kürzungsquoten mit Rechtsprechungsübersicht

aa) Kürzungsquoten bei BAK ab 1,1 Promille

141 Im Falle einer absoluten Fahruntüchtigkeit **ab** einer **BAK von 1,1 Promille** dürfte für den **Normalfall** eine **Leistungskürzung zwischen 70 und 100 %** gerechtfertigt sein.[185] Hierfür spricht, dass die Rechtsprechung noch unter der Geltung des § 61 VVG a.F. zum Teil erst ab einer BAK von 1,1 Promille überhaupt grobe Fahrlässigkeit angenommen hat und bei Werten darunter für den Bereich

---

180 OLG Düsseldorf Urt. v. 31.03.2008 – I-4 U 140/07 – NJOZ 2008, 4692 = BeckRS 2008, 268738; LG Bonn Urt. v. 31.07.2009 – 10 O 115/09 – r+s 2010, 319 = DAR 2010, 24.

181 Vgl. AG Frankfurt/M. Urt. v. 08.12.2010 – 31 C 1869/10-17 – ADAJUR Dok.Nr. 94669 (**Antidepressiva**).

182 BGH Urt. v. 23.01.1985 – **IVa ZR 128/83** – VersR 1985, 440 = DAR 1985, 222 (**für den Fall einer vorherigen Medikamenteneinnahme gegen Durchblutungsstörungen bei zusätzlich aufgetretenem starken Unwohlsein**).

183 BGH Urt. v. 23.01.1985 – **IVa ZR 128/83** – VersR 1985, 440 = DAR 1985, 222; LG Düsseldorf Urt. v. 18.03.2003 – 24 S 311/02 – SP 2004, 23.

184 Hentschel/König/Dauer § 316 StGB Rn. 25.

185 Vgl. Nugel MDR Sonderbeilage 2007, 23, 32 (**für eine Leistungskürzung von 70 bis 90 %**); Rüffer/Halbach/Schimikowski/*Karczewski* § 81 VVG Rn. 122 (**für eine Leistungskürzung von 70 bis 100 %**); Goslarer Orientierungsrahmen zfs 2010, 12, 14 = DAR 2010, 111 (**für eine Leistungskürzung von 100 %**).

der relativen Fahruntüchtigkeit auch Fälle entschieden wurden, in denen grobe Fahrlässigkeit trotz einer erheblichen BAK verneint wurde.[186]

142 Die Befugnis des VR zu einer **Leistungskürzung um 100 %** steht **nicht schon zwingend** fest, wenn der Grad der Alkoholisierung 1,1 **Promille** erreicht oder überschreitet.[187] Eine ausschließlich an der Höhe der BAK ausgerichtete Kürzung der Entschädigungsleistung auf Null verbietet sich schon deshalb, weil sie jegliche subjektiven Umstände beim VN völlig außer Acht lässt,[188] (vgl. A.2.9.1 AKB Rdn. 51). Daher ist auch eine »Einstiegsquote« von 100 %[189] abzulehnen. Gerade bei hohen BAK besteht die Möglichkeit, dass sich eine **Unzurechnungsfähigkeit** des VN zum Unfallzeitpunkt erweisen lässt, was den Vorwurf der groben Fahrlässigkeit und damit die Grundlage für eine Kürzungsmöglichkeit überhaupt entfallen lassen würde, (vgl. A.2.9.1 AKB Rdn. 384 ff.). Aber auch unterhalb der Schwelle völliger Unzurechnungsfähigkeit kann es im Einzelfall gerechtfertigt sein, den Vorwurf grober Fahrlässigkeit abzumildern oder in Ermangelung eines subjektiv unentschuldbaren Verhaltens sogar gänzlich entfallen zu lassen.[190] Zu beachten ist allerdings, dass in einer solchen Konstellation der **Anknüpfungspunkt für den Schuldvorwurf** an den VN **zeitlich vorverlagert** sein kann, (vgl. A.2.9.1 AKB Rdn. 394 ff.).

143 Für den **Grad des Verschuldens** beim VN ist zu berücksichtigen, dass bei einem unter Alkoholeinfluss verursachten Verkehrsunfall der Straftatbestand des **§ 315c Abs. 1 Nr. 1a StGB** erfüllt ist. Oftmals gefährdet der VN durch sein Verhalten in ganz erheblichem Umfang Gesundheit und Leben anderer Verkehrsteilnehmer. Versicherungsrechtlich ist dies allerdings irrelevant. Entscheidend ist allein, dass der VN durch die Alkoholfahrt das vollkaskoversicherte **Kfz**, das einen nicht unerheblichen Wert verkörpert, **einem erhöhten Schadenrisiko aussetzt**, das bei weitem über das normale Gebrauchsrisiko hinausgeht. Nur dieses will der VR aber versichern. Bei der Bestimmung der Kürzungsquote sind daher nur solche Parameter von Belang, die auf das versicherte Risiko, also das kaskoversicherte Fahrzeug, ausstrahlen. Dabei sind der **Anlass** und die **Begleitumstände der Fahrt** von Bedeutung. Verursacht der alkoholisierte VN mit überhöhter Geschwindigkeit innerorts einen Unfall, wird der Verschuldensgrad höher anzusetzen sein als bei einem VN, der sein Fahrzeug lediglich bei dem Versuch, es in die Garage zu fahren, beschädigt.[191] Ob der VN daneben auch Leib oder Leben anderer Verkehrsteilnehmer gefährdet hat, muss bei der Gewichtung unberücksichtigt bleiben,[192] (vgl. A.2.9.1 AKB Rdn. 54 ff.).

144 **Zulasten des VN** ist zu berücksichtigen, dass es sich bei einer Alkoholfahrt regelmäßig nicht nur um ein kurzzeitiges, momentanes Fehlverhalten handeln dürfte, sondern um einen **Pflichtverstoß**, der sich **über** einen **längeren Zeitraum** hinzieht.[193] Dies impliziert, dass eine Abwägung sämtlicher

186 OLG Köln Urt. v. 17.11.1988 – 5 U 71/88 – VersR 1989, 139 (**0,96 Promille**); OLG Hamm Urt. v. 21.06.1989 – 20 U 35/89 – VersR 1990, 43 (**0,79 Promille**); LG Köln Urt. v. 25.11.1992 – 24 O 188/92 – zfs 1993, 268 (**1,06 Promille**).

187 Ebenso Marlow VersR 2007, 43, 45; Stiefel/Maier/*Halbach* A.2 AKB Rn. 968; **a.A.** OLG Hamm Urt. v. 25.08.2010 – 20 U 74/10 – VersR 2011, 206 = r+s 2010, 506; Meschkat/Nauert/*Stehl* S. 100; Maier/Stadler Rn. 133; Römer VersR 2006, 740; Rixecker zfs 2007, 15, 16; vgl. Burmann/Heß/Höke/*Stahl* Rn. 254 und 392.

188 BGH Urt. v. 22.06.2011 – **IV ZR 225/10** – VersR 2011, 1037 = r+s 2011, 376; KG Beschl. v. 28.09.2010 – 6 U 87/10 – VersR 2011, 487 = r+s 2011, 331; Lehmann r+s 2012, 320, 326.

189 Befürwortet von Schimikowski DAR 2011, 703, 704.

190 BGH Urt. v. 22.06.2011 – **IV ZR 225/10** – VersR 2011, 1037 = r+s 2011, 376; BGH Urt. v. 29.10.2003 – **IV ZR 16/03** – VersR 2003, 1561 = DAR 2004, 24; BGH Urt. v. 22.02.1989 – **IVa ZR 274/87** – VersR 1989, 469 = r+s 1989, 349; BGH Urt. v. 23.01.1985 – **IVa ZR 128/83** – VersR 1985, 440 = DAR 1985, 222.

191 Maier r+s 2010, 497, 499.

192 Ebenso Münchener Kommentar VVG-Langheid/*Wandt*, § 28 VVG Rn. 243;/*Pohlmann* § 28 VVG Rn. 116 m.w.N.; Schimikowski DAR 2011, 703, 704.

193 Vgl. Maier/Stadler Rn. 133.

zugunsten wie auch zulasten des VN feststehender Umstände im Einzelfall auch zu einer höheren Kürzung führen kann, als sie allein unter Berücksichtigung nur der BAK anzusetzen wäre.[194]

145 **Gründe für eine geringere Kürzung** können entlastende Umstände sein, sei es, dass der VN in einer überraschenden **Notfallsituation** doch noch Auto gefahren ist, obwohl er dies bei Trinkbeginn eigentlich gar nicht mehr beabsichtigte oder sei es, dass er von dritter Seite aufgefordert wurde, sein Fahrzeug umzusetzen und beim **Rangieren** einen Unfall verursacht hat.

146 Auch die **Unterschätzung des Restalkohols** am nächsten Morgen kann den Verschuldensgrad mindern. Während einer Schlafphase klingen die groben Trunkenheitssymptome zwar deutlich ab.[195] Trotzdem kann der VN aufgrund von Restalkohol noch fahruntüchtig sein. Führt diese Fahruntüchtigkeit zu einem Unfall, ist bei der Feststellung des Verschuldensgrades im Rahmen der groben Fahrlässigkeit durch **Rückrechnung** (vgl. A.2.9.1 AKB Rdn. 124 ff.) auch zu ermitteln, wie hoch die BAK bei Trinkende war und welcher Zeitraum bis zum Fahrtantritt verstrichen ist. Denn jeder Kraftfahrer weiß, dass der Zeitraum, bis zu dem sich wieder Nüchternheit einstellt, in Abhängigkeit von der aufgenommenen Alkoholmenge unterschiedlich lang sein kann. Bei Restalkohol kann daher ein mittlerer Grad von grober Fahrlässigkeit angemessen sein.[196]

bb) Kürzungsquoten bei BAK ab 0,5 bis 1,09 Promille

147 Bei einer relativen Fahruntüchtigkeit im Rahmen einer **BAK zwischen 0,5 und 1,09 Promille** wird die **Leistungskürzung** je nach Einzelfall und Alkoholisierungsgrad im Bereich **zwischen 50 und 100 %** anzusetzen sein, je nachdem, in welchem Umfang sich der Alkohol auf den Unfall ausgewirkt hat.[197] Es dürfte nicht dem Sinn und Zweck der Vertragsklausel entsprechen, alle Trunkenheitsfahrten hinsichtlich der Schwere des Verschuldens, auf die A.2.9.1 S. 2 AKB abstellt, gleich zu behandeln. Es ist zwar zutreffend, dass eine relative Fahruntüchtigkeit grundsätzlich keinen minderen Grad der Fahruntüchtigkeit darstellt, sondern nur das Beweisrecht betrifft.[198] Ob ein Kraftfahrer mit einer BAK von 2,0 Promille oder nur mit einer solchen von 0,6 Promille alkoholbedingt einen Verkehrsunfall verursacht hat, macht im Rahmen einer strafrechtlichen Beurteilung in der Tat regelmäßig keinen Unterschied, weil der Fahrer in beiden Fällen fahruntüchtig ist. Dennoch erscheint es notwendig, im Versicherungsrecht zu differenzieren.

148 Die **abstrakte Gefahr**, die von einem alkoholisierten Kraftfahrer ausgeht, ist **bei einer hohen BAK** wesentlich höher anzusetzen als bei einer geringen Alkoholisierung. Im Strafverfahren mögen diese Unterschiede häufig deshalb keine oder nur eine geringe Rolle spielen, weil der VN oftmals zum Tathergang schweigt, um insbesondere bei einer besonders hohen BAK keine Vorsatzverurteilung zu riskieren. Im Versicherungsrecht muss der VN jedoch seine subjektive Situation darstellen, wenn er die Gefahr einer größtmöglichen Leistungskürzung abmildern will. Dabei wird gerade auch die Frage der **subjektiven Erkennbarkeit der eigenen Alkoholisierung** eine entscheidende Rolle spielen, wobei die Erkennbarkeit wiederum in direkter Abhängigkeit zum Grad der Alkoholisierung stehen wird. Sie wird bei einem VN, der mit 2,0 Promille am Steuer seines Fahrzeuges gesessen hat, regelmäßig anders zu beurteilen als bei einem VN mit einer BAK von nur 0,6 Promille.

149 Nimmt man den **Grad der Alkoholisierung als (einen) Maßstab für die Bestimmung der Schwere des grob fahrlässigen Verhaltens**, so besteht keineswegs die Gefahr, dass ein Trunkenheitstäter mit einer hohen BAK ab 2,0 Promille in seinem graduellen Verschulden schon deshalb geringer

194 OLG Düsseldorf Urt. v. 23.12.2010 – I-4 U 101/10 – VersR 2011, 1388 = r+s 2011, 507.

195 Tröndle/Fischer § 316 Rn. 33.

196 Vgl. auch Burmann/Heß/Höke/Stahl Rn. 395.

197 Himmelreich/Halm/Staab/*Papatheodorou* Kap. 23 E Rn. 421; Meschkat/Nauert/Stehl S. 100; ähnlich auch Rixecker zfs 2007, 15, 16; Goslarer Orientierungsrahmen zfs 2010, 12, 14 = DAR 2010, 111 (50 %); a.A. Nugel DAR 2010, 722, 725 (70–100 %); Burmann/Heß/Höke/Stahl Rn. 392 ff., **die meinen, dass generell keine Entschädigung gezahlt werden sollte.**

198 Tröndle/Fischer § 316 Rn. 12 ff.

eingestuft wird, weil wegen der größeren alkoholbedingten Enthemmung zu seinen Gunsten von einer verminderten Schuldfähigkeit oder gar von einer Schuldunfähigkeit auszugehen ist.[199] Denn dies berührt zum einen den Bereich der (partiellen) Unzurechnungsfähigkeit, für die der VN entsprechend der strengen Beweislastregel des § 827 S. 1 BGB ohnehin nachweispflichtig ist.[200] Im Übrigen wird in diesen Fällen der Schuldvorwurf ohnehin häufig an das Verhalten des VN im Vorfeld der Alkoholfahrt angeknüpft werden können, wenn nämlich der VN zu einem Zeitpunkt, zu dem er noch voll zurechnungsfähig war, keine Vorkehrungen traf, um die spätere Benutzung seines Kfz in alkoholisiertem Zustand hinreichend sicher auszuschließen, (vgl. A.2.9.1 AKB Rdn. 388 ff.).

Außerdem kommt es im Rahmen der Abwägung immer auch entscheidend darauf an, mit welchem **Gefährdungspotenzial** die konkreten alkoholbedingten Ausfallerscheinungen verbunden waren und inwieweit diese vom VN hätten erkannt werden können und müssen. Auch hier steht die Erkennbarkeit der eigenen Fahruntüchtigkeit in direkter Abhängigkeit zur Höhe der festgestellten BAK. 150

Je höher die festgestellte BAK ist, desto eher wird man dem VN vorwerfen können, sich trotz deutlich erkennbarer alkoholbedingter Ausfallerscheinungen ans Steuer gesetzt zu haben und **desto höher** wird dementsprechend **das Leistungsverweigerungsrecht des VR** innerhalb des regelmäßig anzusetzenden Rahmens zwischen 50 und 80 % reichen. Die Nichterkennbarkeit seiner Alkoholisierung wird bei einem VN bei einer BAK von 1,0 Promille daher regelmäßig eine schwerwiegendere Vorwerfbarkeit begründen als bei einem VN mit 0,5 Promille, auch wenn objektiv durch entsprechende Ausfallerscheinungen in beiden Fällen eine (relative) Fahruntüchtigkeit festgestellt wurde. 151

cc) Kürzungsquoten bei BAK unter 0,5 Promille

Unterhalb von 0,5 Promille wird die Leistungskürzung geringer ausfallen müssen, weil das Ausmaß der abstrakten Gefährdung entscheidend erst bei Überschreiten dieser Grenze zum Tragen kommt (vgl. § 24a StVG). Insofern erscheint in diesen Fällen eine **Leistungskürzung zwischen 25 und 50 %** angemessen.[201] Kommen bei Fallgestaltungen mit geringen BAK um 0,3 Promille bei dem VN weitere schuldmindernde Umstände wie Ermüdung, psychische Probleme oder Stressfaktoren hinzu, wird im Einzelfall auch eine vollständige Leistungspflicht des VR in Betracht kommen, sei es, dass trotz eines angenommenen grob fahrlässigen Verhaltens eine Kürzung zu unterbleiben hat oder sei es, dass von vornherein nur ein leicht fahrlässiges Verhalten des VN festgestellt wird. **Verfehlt** wäre es, bereits für den Einstiegsbereich der relativen Fahruntüchtigkeit **ab 0,3 Promille** bei Vorliegen einer Straftat von vornherein von einer **Kürzung um 50 %** auszugehen,[202] (vgl. A.2.9.1 AKB Rdn. 36 ff.). 152

dd) Kürzungsquoten bei Kombination von Alkohol und Medikamenten

Bei einer Fahruntüchtigkeit, die durch eine Kombination von Alkohol und Medikamenten ausgelöst wird, sind die Ausfallerscheinungen für den VN keineswegs weniger stark bemerkbar als bei einem Konsum ausschließlich alkoholischer Getränke. Das entstehende Gefahrenpotenzial ist durchaus vergleichbar mit einem Kraftfahrer, dem ausschließlich eine alkoholbedingte relative Fahruntüchtigkeit anzulasten ist. Eine **Kürzungsquote zwischen 50 und 100 %** im Einzelfall erscheint angemessen.[203] 153

199 Vgl. Burmann/Heß/Höke/Stahl Rn. 393.

200 Vgl. OLG Düsseldorf Urt. v. 17.06.2016 – 1 W 15/16 – zfs 2017, 34.

201 Ebenso Burmann/Heß/Höke/Stahl Rn. 255 und 395; Goslarer Orientierungsrahmen zfs 2010, 12, 14 = DAR 2010, 111 (**Keine generelle Quote, sondern Frage des Einzelfalles**).

202 So aber OLG Hamm Urt. v. 25.08.2010 – 20 U 74/10 – VersR 2011, 206 = r+s 2010, 506; Nugel DAR 2010, 722, 725.

203 Heß r+s 2013, 1 ff. (**befürwortet eine Kürzung zwischen 25 und 75 %**).

ee) **Rechtsprechungsübersicht**

154 Die **Rechtsprechung** hat bei Unfällen unter Alkoholeinwirkung folgende **prozentuale Leistungskürzungen** zugelassen:[204]

- **0,40** Promille und Abkommen von der Fahrbahn ohne ersichtlichen Grund, 50 %;[205]
- **0,54** Promille und waghalsigem Wendemanöver, 75 %;[206]
- **0,55** Promille bei zusätzlicher, dem VN bekannter Ermüdung; 25 %;[207]
- **0,59** Promille und Geradeausfahren in Linkskurve (ohne Berücksichtigung der im konkreten Fall vorliegenden subjektiven Entlastungsgründe, die zu einer Kürzung von lediglich 50 % führten), 60 %;[208]
- **0,67** Promille bei Ausparkmanöver und Kollision mit geparktem Pkw, 75 %;[209]
- **0,70** Promille bei Kollision mit Kfz in weithin sichtbar, durch polizeiliches Einsatzfahrzeug mit Blaulicht abgesicherter Unfallstelle, 75 %;[210]
- **0,80** Promille bei einem Kfz-Mieters, der in einer 90° Kurve geradeaus fährt und mit einem Absperrzaun kollidiert, 75 %;[211]
- **0,84** Promille und Unfall durch Abkommen von der Fahrbahn nach rechts, Überfahren eines Leitpfostens und Kollision mit einem Baum; Fahrer hatte erhebliche alkoholbedingte Ausfallerscheinungen und schlief während der Blutprobe, 100 %;[212]
- **0,85** Promille und Anprall gegen einen Baum durch Abkommen von der Fahrbahn in einer langgezogenen Linkskurve einer Autobahnüberleitung, 100 %;[213]
- **0,88** Promille und Abkommen von der Fahrbahn mit Aufprall auf ein Hindernis als typische Folge der Alkoholisierung, 100 %;[214]
- **0,90** Promille und Kollision mit entgegenkommendem Kfz auf Gegenfahrbahn trotz geradem Fahrbahnverlauf, 100 %;[215]
- **0,93** Promille und Beschädigung einer Ampelanlage nach Abkommen von der Fahrbahn, 75 %;[216]
- **0,95** Promille und Einnahme von Schmerztabletten durch Vorfahrtsverletzung beim Linksabbiegen, 66,6 %;[217]
- **1,05** Promille und Fehleinschätzung von Geschwindigkeit und Abstand, 80 %;[218]
- **1,07** Promille und Abkommen von der Fahrbahn nach Durchfahren einer Linkskurve, 70 %;[219]
- **1,09** Promille und Abkommen von der Fahrbahn im Bereich einer ausreichend ausgeschilderten, baustellenbedingten Fahrbahnverschwenkung und Ablenkung durch Vorgänge der Fahrzeugbedienung, 75 %;[220]
- **1,10** Promille und Vorfahrtsverletzung bei winterlichen Straßenverhältnissen, 100 %,[221]

---

204 Vgl. auch Jacob VersR 2018, 75; Heß/Look NJW-Spezial 2017, 713; Scheidler DAR 2016, 66 ff.
205 LG Flensburg Urt. v. 24.08.2011 – 4 O 9/11 – zfs 2011, 700 = VRR 2012, 30.
206 LG Aachen Urt. v. 14.07.2011 – 2 S 61/11 – SP 2011, 375 = VRR 2012, 28; AG Düren Urt. v. 15.08.2012 – 44 C 76/12 – zfs 2012, 631.
207 OLG Düsseldorf Urt. v. 23.12.2010 – I-4 U 101/10 – VersR 2011, 1388 = r+s 2011, 507.
208 OLG Hamm Urt. v. 25.08.2010 – 20 U 74/10 – VersR 2011, 206 = r+s 2010, 506.
209 AG Darmstadt Urt. v. 11.06.2015 – 317 C 137/14 – zfs 2015, 697 = r+s 2016, 504.
210 AG Siegen Urt. v. 30.11.2012 – 14 C 2166/12 – zfs 2013, 90.
211 LG Hamburg Urt. v. 13.01.2017 – 306 O 398/15 – BeckRS 2017, 146712.
212 LG Bielefeld Urt. v. 09.04.2021 – 8 O 428/19 – BeckRS 2021, 42719.
213 OLG Saarbrücken Urt. v. 12.10.2022 – 5 U 22/22, NJW-RR 2023, 42.
214 OLG Hamm Beschl. v. 19.07.2021 – 20 U 129/21 – r+s 2022, 21 mit kritischer Anm. Maier r+s 2022, 22.
215 LG Kaiserslautern Urt. v. 07.02.2014 – 3 O 323/13 – zfs 2014, 332.
216 OLG Saarbrücken Urt. v. 30.10.2014 – 4 U 165/13 – r+s 2015, 340.
217 LG Bochum Urt. v. 02.03.2012 – 5 S 102/11 – zfs 2012, 573 = SP 2012, 300.
218 KG Beschl. v. 28.09.2010 – 6 U 87/10 – VersR 2011, 487 = r+s 2011, 331.
219 AG Dippoldiswalde Urt. v. 18.09.2013 – 1 C 270/13 – r+s 2014, 122.
220 OLG Karlsruhe Urt. v. 15.04.2014 – 9 U 135/13 – VersR 2014, 1369 = DAR 2014, 461.
221 LG Saarbrücken Urt. v. 18.02.2015 – 14 O 108/14 – r+s 2016, 343.

- **1,13** Promille und Kollision mit am Straßenrand geparktem Kfz, 100 %;[222]
- **1,18** Promille und Kollision mit am Straßenrand geparktem Kfz, 100 %;[223]
- **1,28** Promille und Kollision mit anderem Kfz, 100 %;[224]
- **1,29** Promille nach Aufgabe des ursprünglichen Vorhabens, zu Fuß zu gehen und Auffahren auf ein geparktes Kfz in 4 m breiter Wohnstraße, 100 %;[225]
- **1,40** Promille und Kollision mit abgestelltem Pkw beim Ausparken, 100 %;[226]
- **1,40** Promille und Kollision mit abgestelltem Pkw durch Geradeausfahrt in einer Linkskurve, Regressprozess des VR;[227]
- **1,48** Promille und Abkommen von der Fahrbahn nach links ausgangs einer Rechtskurve, 100 %;[228]
- **1,50** Promille und Anprall gegen die Mittelleitplanke durch Abkommen von einer geradeaus verlaufenden Fahrbahn, 100 %;[229]
- **1,55** Promille bei Rangiermanöver, 100 %;[230]
- **1,57** Promille und Abkommen von der Straße infolge eines behaupteten Ausweichmanövers vor einem Fuchs, 100 %;[231]
- **1,67** Promille und Geradeausfahrt in langgezogener Linkskurve, 100 %;[232]
- **1,73** Promille und Überholmanöver, 100 %;[233]
- **1,89** Promille und Kollision mit entgegenkommendem Kfz, 100 %;[234]
- **1,98** Promille und Kollision mit Verkehrszeichen und Gebäude, 100 %;[235]
- **2,03** Promille und Kollision mit am Fahrbahnrand deutlich sichtbarem, freistehend abgeparktem Kfz infolge grundlosen Abkommens von der Fahrbahn;[236]
- **2,07** Promille und Abkommen von trockener und beleuchteter Straße, 100 %;[237]
- **2,10** Promille und Geradeausfahrt an T-Kreuzung mit Durchbrechen einer Grundstücksmauer, 100 %;[238]
- **2,13** Promille bei Dunkelheit, starkem Regen und Kollision mit zwei geparkten Kfz, 100 %;[239]
- **2,19** Promille bei schuldunfähigem VN, der im Vorfeld der Trunkenheitsfahrt keine Vorkehrungen traf, um zu verhindern, dass er zu einem späteren Zeitpunkt sein Kfz in alkoholisiertem Zustand führen wird, obwohl er im Vorfeld damit hätte rechnen müssen, dass er Alkohol zu sich nehmen und auch für die spätere Rückfahrt auf seinen PKW angewiesen sein würde, 100 %;[240]

---

222 AG Daun Urt. v. 31.05.2011 – 3a C 440/10 – SP 2011, 336.
223 AG Bitterfeld Wolfen Urt. v. 19.08.2010 – 7 C 1001/89 – BeckRS 2011, 15673.
224 AG Münster Urt. v. 26.05.2010 – 3 C 474/10 – ADAJUR Dok.Nr. 90327.
225 OLG Stuttgart Beschl. v. 18.08.2010 – 7 U 102/10 – r+s 2011, 280 = DAR 2011, 204 **unter Bestätigung von** LG Tübingen Urt. v. 26.04.2010 – 4 O 326/09 – zfs 2010, 394 = NJW-Spezial 2010, 683.
226 AG Strausberg Urt. v. 02.12.2010 – 9 C 199/10 – ADAJUR Dok.Nr. 90735.
227 AG Hamburg-St. Georg Urt. v. 19.02.2020 – 916 C 315/19 – r+s 2020, 559.
228 OLG Saarbrücken Urt. v. 09.09.2022 – 5 U 2/22 – NJW-RR 2022, 1689.
229 LG Oldenburg Urt. v. 24.09.2010 – 13 O 1964/10 – VK 2011, 105 = r+s 2010, 461 mit Anm. Knappmann.
230 AG Düren Urt. v. 29.06.2011 – 44 C 117/11 – VRR 2011, 427.
231 LG Saarbrücken Urt. v. 06.09.2018 – 14 O 162/17 – r+s 2019, 84 = zfs 2019, 157.
232 LG Münster Urt. v. 24.09.2009 – 15 O 275/09 – VersR 2011, 487 = DAR 2010, 473, **bestätigt durch** OLG Hamm Hinweisbeschl. v. 24.03.2010 – 20 U 207/09 – n.v. – und daraufhin erfolgter Berufungsrücknahme.
233 AG Rudolstadt Urt. v. 10.05.2011 – 1 C 593/10 – SP 2011, 408.
234 AG Bühl Urt. v. 14.05.2009 – 7 C 88/09 – SVR 2009, 424.
235 KG Beschl. v. 03.05.2022 – 6 U 39/21 – r+s 2022, 453.
236 OLG Dresden Beschl. v. 13.11.2017 – 4 U 1121/17 – zfs 2018, 276.
237 LG Dortmund Urt. v. 27.02.2014 – 2 O 370/13 – r+s 2014, 347 = zfs 2014, 399.
238 BGH Urt. v. 11.01.2012 – **IV ZR 251/10** – VersR 2012, 341 = r+s 2012, 166.
239 AG Berlin-Mitte Urt. v. 17.03.2010 – 114 C 3271/09 – zfs 2010, 576.
240 OLG Köln Beschl. v. 20.07.2017 – 9 U 20/17 – r+s 2018, 15 = zfs 2017, 692.

- **2,70** Promille und Kollision mit Laternenpfahl nach Abkommen von der Fahrbahn in leichter Linkskurve, 100 %;[241]
- **3,07** Promille und Kollision mit Hauswand nach Abkommen von der Straße ohne Fremdeinwirkung, 100 %.[242]

155 **Ermöglicht der** selbst unter Alkoholeinfluss stehende **VN** einem ebenfalls alkoholisierten, objektiv absolut fahruntüchtigen Dritten durch Übergabe der Fahrzeugschlüssel **eine Trunkenheitsfahrt mit seinem Pkw**, so kann der VR im Falle eines Unfalles berechtigt sein, die Entschädigungsleistung um 75 % zu kürzen.[243]

2. Medikamente

156 Einige Medikamente enthalten Substanzen, die als berauschende Mittel in den Anlagen I bis III zu § 1 Abs. 1 BtMG aufgeführt sind. Die Einnahme solcher Mittel kann auch ohne die verstärkende Wirkung alkoholischer Getränke zu einer Fahruntüchtigkeit des VN führen. Im Regelfall wird das Verhalten des VN zwar objektiv, jedoch nicht zwingend auch subjektiv als grob fahrlässig zu qualifizieren sein.[244] Anders als beim Alkohol sind bei Arzneimitteln die negativen Auswirkungen auf die Fahrtauglichkeit nicht jedem Kraftfahrer geläufig. Hinzu kommt, dass auch nur spezielle Medikamente mit bestimmten Inhaltsstoffen oder ab einer bestimmten Dosierung das Reaktionsvermögen nachteilig beeinflussen.

157 **Subjektiv unentschuldbar ist das Verhalten des VN jedenfalls dann**, wenn er Hinweise des behandelnden Arztes oder des Apothekers in Bezug auf verlängerte Reaktionszeiten nach Einnahme des Medikamentes nicht befolgt oder Warnungen auf Beipackzetteln in Bezug auf die Einschränkung der Kraftfahreignung nicht liest.[245] Es genügt, dass er die Warnungen auf dem Beipackzettel zumindest hätte zur Kenntnis nehmen können. Ob er sie tatsächlich gelesen hat, ist nicht entscheidend.

158 Eine ausschließlich auf Arzneimitteleinnahme zurückzuführende grob fahrlässig herbeigeführte Fahruntüchtigkeit kann auch bei einer durch **Selbstmedikation** verabreichten Kombination verschiedener, unter Umständen sogar auch noch alkoholhaltiger Präparate begründet sein. Das gleiche gilt bei einem **Medikamentenmissbrauch**, der häufig mit einer Medikamentenabhängigkeit einhergehen wird.

159 Es existiert **kein Erfahrungssatz**, dass bei einer **Fahruntauglichkeit aufgrund eingenommener Medikamente** ein **Unfall stets grob fahrlässig** herbeigeführt wurde. Hat der VN das Präparat schon über einen längeren Zeitraum unter ärztlicher Kontrolle und in der verordneten Dosierung eingenommen, ohne negative Begleiterscheinungen in Form von Müdigkeit oder verlängerten Reaktionszeiten zu verspüren, wird eine grobe Fahrlässigkeit nicht zu begründen sein.[246] Dies ist auch dann der Fall, wenn der Beipackzettel keinen Gefahrenhinweis auf eine Einschränkung der Fahrtüchtigkeit enthält.[247] Anderes kann aber dann gelten, wenn der VR durch ein medizinisches Gutachten den Nachweis führen kann, dass die Bewusstseinsstörung, die zu dem Unfall geführt hat, sich nur durch einen Missbrauch beim Medikamentenkonsum erklären lässt.

---

241 BGH Urt. v. 22.06.2011 – **IV ZR 225/10** – VersR 2011, 1037 = r+s 2011, 376 **unter Aufhebung von** OLG Dresden Urt. v. 15.09.2010 – 7 U 466/10 – VersR 2011, 205 = zfs 2010, 633 (**zurückverwiesen wegen fehlender Feststellungen des Berufungsgerichts zu einer möglichen Unzurechnungsfähigkeit des Klägers nach § 827 BGB zum Unfallzeitpunkt**).

242 OLG Saarbrücken Urt. v. 19.01.2023 – 4 U 140/21 – r+s 2023, 545 = zfs 2023, 567.

243 LG Bonn Urt. v. 31.07.2009 – 10 O 115/09 – r+s 2010, 319 = DAR 2010, 24.

244 OLG Düsseldorf Urt. v. 06.07.2004 – 4 U 222/03 – NZV 2004, 594.

245 Vgl. OLG Düsseldorf Urt. v. 19.09.2000 – 4 U 156/99 – r+s 2001, 54; OLG Karlsruhe Urt. v. 20.08.1992 – 12 U 88/92 – r+s 1995, 374 = zfs 1993, 127; LG Düsseldorf Urt. v. 17.07.2002 – 11 O 396/01 – SP 2003, 104; Hentschel/König/Dauer § 316 StGB Rn. 25.

246 Vgl. OLG Düsseldorf Urt. v. 19.09.2000 – 4 U 156/99 – VersR 2002, 477, 478 = r+s 2001, 54.

247 OLG Hamm Urt. v. 17.09.1986 – 20 U 52/86 – VersR 1988, 126.

Bei der Problematik gilt es zu berücksichtigen, dass viele Menschen regelmäßig Psychopharmaka einnehmen und vor allem **Antidepressiva,**[248] **Neuroleptika**[249] und **Benzodiazepine**[250] im Rahmen von Verkehrsunfällen verstärkt eine große Rolle spielen. Dabei handelt es sich um rezeptpflichtige Beruhigungsmittel (Tranquilizer), die nicht nur bei Schlafstörungen, sondern auch bei Angstzuständen, Panikattacken, Epilepsie und bei Muskelverspannungen eingesetzt werden. Sie sind oftmals gerade deshalb besonders gefährlich, weil sie eine sehr lange Wirkungsdauer haben und zum Teil erst nach mehreren Wochen zur Hälfte abgebaut sind.[251] Die Substanzen können zu Kopfschmerzen, Schwindel und Verwirrtheitszuständen führen. Gerade diese Eigenschaft kann für den VN zu einer tückischen Gefahr werden, wenn er sie nicht kennt, was der VR im Streitfall widerlegen müsste. Denn selbst bei der Einnahme solcher Präparate streng nach ärztlicher Verordnung würde sich ein kontinuierlicher Anstieg der Wirkstoffkonzentration jedenfalls in den Fällen nicht verhindern lassen, in denen der behandelnde Arzt dem VN eine tägliche Dosis verordnet hat. Kommt es aufgrund dieses stetigen Wirkstoffanstiegs zu einem Bewusstseinsverlust und infolgedessen zu einem Unfall, wird der VN versuchen, den Nachweis einer **Unzurechnungsfähigkeit analog § 827 S. 1 BGB** führen, (vgl. A.2.9.1 AKB Rdn. 394 ff.). Gelingt ihm dies nicht, wird ihm ein grob fahrlässiges Verhalten aber selbst dann nicht angelastet werden können, wenn ihm – unter Umständen sogar auch dem behandelnden Arzt – die langen Halbwertzeiten des verschriebenen Medikamentes nicht bekannt waren. 160

Dem **VR** obliegt die **Beweislast** für rauschmittelbedingte Ausfallerscheinungen des VN. Je nach Konzentration der festgestellten Wirkstoffe kann auch der nachgewiesene Blut-Wirkstoffbefund ausreichen, wenn nachweisbar ist, dass unter Berücksichtigung des Abbauprozesses kognitive Einschränkungen beim VN bei Fahrtantritt zwingend vorgelegen haben müssen. Selbst wenn aber **objektiv** eine **Überdosis** des eingenommenen Medikamentes festgestellt wird, bedeutet dies nicht, dass diese Überdosis einschließlich der damit zusammenhängenden Gefahren dem VN bei Fahrtantritt bewusst gewesen sein muss. Bei objektiv vorliegender medikamentenbedingter Fahruntüchtigkeit kann anders als im Falle alkoholbedingter Fahruntüchtigkeit ohne konkrete Anhaltpunkte nicht auch auf ein **subjektiv grob fahrlässiges Verhalten** – mit der Folge teilweiser Leistungsfreiheit des VR – geschlossen werden. Bei Kraftfahrern ist die Hemmschwelle für ein Fahren trotz alkoholbedingter Fahruntüchtigkeit zwar stark heraufgesetzt; dies lässt sich jedoch auf eine Fahruntüchtigkeit infolge der Einnahme von Medikamenten nicht ohne weiteres übertragen.[252] Vielmehr muss zur Annahme eines auch in subjektiver Hinsicht unentschuldbaren Sorgfaltsverstoßes konkret festgestellt werden, dass der VN das Auftreten der Ausfallerscheinungen registriert, richtig zugeordnet und trotz der Erkenntnis, sich möglicherweise in einem Zustand der Fahruntüchtigkeit zu befinden, seine Fahrt angetreten bzw. fortgesetzt hat.[253] 161

Steht ein grob fahrlässiges Verhalten fest, wird eine **Leistungskürzung von 25 bis 30 %** angezeigt sein, da die Wirkungen von Medikamenten auf die Fahrtüchtigkeit im Vergleich zu Alkohol eher unterschätzt und auch nicht bei jedem VN als allgemein bekannt vorausgesetzt werden können.[254] Anderes gilt nur bei **alkoholhaltigen Medikamenten** oder Hausmitteln (vgl. A.2.9.1 AKB Rdn. 138). 162

Eine **höhere Leistungskürzung** kann allerdings gerechtfertigt sein, wenn der VN die Fahrt unter Missachtung des Beipackzettels trotz spürbarer Ausfallerscheinungen antritt (Kürzung von 40–60 %), wenn dem VN die Wirkungen des Medikamentes bekannt sind und deutliche Ausfallerscheinungen zu verzeichnen sind (Kürzung von 60–80 %), oder wenn die Benutzung des Kfz 163

248 Z.B. Opipramol (Handelsname: Insidon).

249 Z.B. Promethazin (Handelsname: Atosil).

250 Z.B. Bromazepam (Handelsname: Lexotanil), Diazepam (Handelsname: Valium).

251 Vgl. https://www.active-a.de/wissenswertes/halbwertszeit-und-wirkdauer-von-medikamenten/.

252 Vgl. KG Urt. v. 12.05.2020 – 6 U 120/19 – zfs 2020, 629 (**für Diazepam, Oxazepam und weitere Wirkstoffe**); OLG Düsseldorf Urt. v. 06.07.2004 – I-4 U 222/03 – VersR 2005, 348 = zfs 2004, 567 (**für Diazepam-Tabletten**).

253 KG Urt. v. 12.05.2020 – 6 U 120/19 – zfs 2020, 629.

254 Burmann/Heß/Höke/Stahl Rn. 397.

sogar gegen den ausdrücklichen ärztlichen Rat erfolgt und erhebliche Ausfallerscheinungen festzustellen sind (Kürzung von 80–100 %).[255]

3. Drogen

164 Drogen sind »andere berauschende Mittel« i.S.v. §§ 316, 315c Abs. 1 Nr. 1a StGB, 24a Abs. 2 S. 1 StVG, die in ihren negativen Wirkungen denen des Alkohols gleichkommen. Dabei handelt es sich vor allem um Rauschgifte, wie sie in den **Anlagen I bis III zu § 1 Abs. 1 BtMG** bzw. der **Anlage zu § 24a Abs. 2 StVG** aufgelistet sind, z.B. Cannabis (Haschisch, Marihuana), Heroin, Opium, Morphin, Kokain, Amfetamine oder Designer-Amfetamine (mit den Substanzen Methylendioxyethylamfetamin (MDE), Methylendioxymethamfetamin (MDMA) oder dem pharmakologisch aktiven Wirkstoff Methylendioxyamfetamin (MDA), ein Metabolit des MDMA, das insbesondere den so genannten Ecstacy-Tabletten zugesetzt wird). Auch Metamfetamin als stark stimulierende Droge fällt unter die berauschenden Mittel. Es handelt sich um Substanzen, die zum Teil zu Selbstüberschätzung und Aggressivität führen und damit ein erhöhtes Unfallrisiko in sich bergen, zum Teil aber auch das zentrale Nervensystem lähmen und daher in besonderem Maße die intellektuellen und motorischen Fähigkeiten eines Kraftfahrers beeinflussen.

165 Der **bloße Nachweis von Drogenwirkstoffen** im Blut eines Fahrzeugführers rechtfertigt für sich allein noch nicht die Annahme der Fahruntüchtigkeit. Sie lässt sich **nicht wie beim Alkohol an einem absoluten Grenzwert festmachen**, da entsprechende gesicherte wissenschaftliche Erfahrungswerte fehlen.[256] Es gibt auch grundsätzlich keinen bestimmten Grad an körperlichen Entzugserscheinungen, wonach sich unwiderlegbar die absolute Fahruntüchtigkeit eines drogensüchtigen Kraftfahrers begründen ließe. Dies gilt auch für sogenannte **»harte« Drogen** wie Heroin und Kokain.[257] Die Werte der **»Grenzwertkommission«**[258] (vgl. A.2.9.1 AKB Rdn. 176) stellen nur analytische, nicht aber normative Grenzwerte dar.[259] Ist der analytische Grenzwert überschritten, steht lediglich fest, dass der VN während der Fahrt unter Drogeneinfluss stand; dies allein lässt allerdings noch keinen Rückschluss auf eine **»absolute« Fahruntüchtigkeit** zu.[260] Zu beachten ist jedoch, dass die strafgerichtliche Rechtsprechung bereits in der Vergangenheit strengere Maßstäbe für die Selbstprüfung eines Kraftfahrers, der von seinem Cannabiskonsum weiß, vor Fahrtantritt aufgestellt hat. Ein Verkehrsteilnehmer müsse sich darüber informieren, ob er möglicherweise noch unter der fortdauernden Wirkung von Cannabis stehe; für den Vorwurf eines fahrlässigen Verhaltens reiche es aus, dass der Fahrer bei Beachtung der gebotenen Sorgfalt erkennen könne, dass er unter der Wirkung der den analytischen Grenzwert im Blut erreichenden THC-Konzentration von – bis Mitte 2024 noch geltenden – mindestens 1,0 ng/ml stehe; insofern sei der Tatrichter nicht gehindert, beim Fehlen gegenläufiger Beweisanzeichen allein aus der Feststellung einer entsprechenden THC-Konzentration im Blut auf ein nach § 24a Abs. 2 und 3 StVG objektiv und subjektiv sorgfaltswidriges Verhalten zu schließen.[261] Diese Aussage war nach dem damaligen Stand der Wissenschaft schon nicht haltbar. Der bis Mitte 2024 noch geltende Grenzwert von 1,0 ng THC pro ml Blutserum lag so niedrig, dass er zwar den Nachweis des Cannabiskonsums ermöglichte, aber nicht zwingend einen

255 Nugel DAR 2010, 722, 727.

256 BGH Beschl. v. 02.08.2022 – **4 StR 231/22** – BeckRS 2022, 20794; BGH Beschl. v. 21.12.2011 – **4 StR 477/11** – NStZ 2012, 324 = VRR 2012, 145 (**bei 14,6 ng/ml Kokain und 387 ng/ml Benzoylecgonin**); OLG München Beschl. v. 30.01.2006 – 4 St RR 11/06 – NZV 2007, 377; OLG Düsseldorf Urt. v. 02.05.1994 – 5 Ss Owi 358/94-Owi 105/94 I – ADAJUR Dok.Nr. 29621; OLG Düsseldorf Beschl. v. 04.03.1993 – 5 Ss 18/93-5 Ss 8/93 I – NZV 1993, 276; Tröndle/Fischer § 316 Rn. 39 m.w.N.; a.A. AG Berlin-Tiergarten Urt. v. 10.02.2010 – 310 Cs 144/09 – ADAJUR Dok.Nr. 87889.

257 BGH Urt. v. 15.04.2008 – **4 StR 639/07** – DAR 2008, 390 = NZV 2008, 528.

258 Empfehlungen v. 20.11.2002 – BA 2005, 160 – und 22.05.2007 – BA 2007, 311.

259 LG Berlin Urt. v. 10.04.2012 – (524) 11 JU Js 1853/10 Ns (36/11) – NZV 2012, 397 (**bei 10 ng/ml Kokain**).

260 OLG Saarbrücken Beschl. v. 28.10.2010 – Ss 104/10 (141/10) – DAR 2011, 95; LG Berlin Urt. v. 10.04.2012 – (524) 11 JU Js 1853/10 Ns (36/11) – NZV 2012, 397 (**bei 10 ng/ml Kokain**).

261 BGH Beschl. v. 14.02.2017 – **4 StR 422/15** – juris.

Rückschluss auf eine verkehrssicherheitsrelevante Wirkung zuließ, weshalb bereits der 60. Deutsche Verkehrsgerichtstag 2022 den Gesetzgeber aufgerufen hatte, den bis dato angewandten Grenzwert angemessen heraufzusetzen.[262] Inzwischen hat der Gesetzgeber reagiert. Mit dem vom Bundestag am 06.06.2024 beschlossenen, vom Bundesrat am 05.07.2024 gebilligten und am 22.08.2024 in Kraft getretenen Gesetz u.a. zur Änderung des Straßenverkehrsgesetzes wurde in § 24a Abs. 1a StVG ein gesetzlicher THC-Grenzwert von 3,5 mg/ml Blutserum eingeführt. Dennoch sind selbst mit diesem höheren Grenzwert diese Grundsätze nicht ohne weiteres auf das Versicherungsrecht zu übertragen, da die Leistungsfreiheit des VR den Nachweis der – zumindest relativen – Fahruntüchtigkeit des VN zum Unfallzeitpunkt voraussetzt, die sich nicht zwingend allein an dem Erreichen einer THC-Konzentration von 3,5 ng/ml Blutserum festmachen lässt.

Auch eine **»relative« Fahruntüchtigkeit** lässt sich regelmäßig nur aufgrund konkreter, rauschmittel- **166**
bedingter Leistungseinschränkungen des VN nachweisen. Hierfür bedarf es neben einem positiven Wirkstoffbefund im Blut stets der **Feststellung weiterer aussagekräftiger Beweisanzeichen**, dass die Rauschmittelkonzentration im Blut des Kraftfahrers nicht nur generell-abstrakt, sondern individuell-konkret die Fahrtüchtigkeit aufgehoben hat.[263] Gemeint sind solche Tatsachen, die – über die allgemeine Drogenwirkung und die nach dem Unfall gemessene Wirkstoffkonzentration hinaus – den sicheren Schluss zulassen, dass der VN in der konkreten Verkehrssituation rauschmittelbedingt fahrunsicher gewesen ist.[264] Insoweit sind die gleichen Grundsätze heranzuziehen, die auch für die Beurteilung einer alkoholbedingten relativen Fahruntüchtigkeit gelten (vgl. A.2.9.1 AKB Rdn. 103 ff.). Generell sind die **Anforderungen an Art und Ausmaß der Auffälligkeiten** umso geringer, je höher die im Blut festgestellte Wirkstoffkonzentration ist.[265] Festgestellte Ausfallerscheinungen in Form eines **Fahrfehlers** müssen ihre Ursache in den körperlichen Entzugserscheinungen oder dem Drogenkonsum haben. Es muss aber nicht zwingend ein Fahrfehler vorliegen, den sich der VN nicht erklären kann. Ausreichend sind auch **Verhaltensauffälligkeiten**, die auf eine schwerwiegende drogenbedingte Beeinträchtigung des Reaktions- oder Wahrnehmungsvermögens schließen lassen,[266] (z.B. stark benommener, apathischer Eindruck des VN, lallende, verwaschene Aussprache, leicht unsicherer Gang),[267] oder **typische Entzugssymptome** (z.B. Händezittern, Übelkeit, Schweißausbrüche, gestörtes Temperaturempfinden und Konzentrationsschwierigkeiten). Ausfallerscheinungen im Verhalten des VN müssen aber nachweislich auf den Rauschmittelkonsum zurückzuführen sein, andernfalls sich eine relative Fahruntüchtigkeit nicht begründen lässt.

Keine zu verwertenden Verhaltensauffälligkeiten liegen vor, wenn sich lediglich ein verzögertes **167**
Aufnahmevermögen, Konzentrationsstörungen, Schläfrigkeit, Teilnahmslosigkeit, ein schleppender Gang, Schwanken im Stand, Mühe des VN bei der Beantwortung von Fragen, Nervosität, glänzende Augen oder starre, sich auch bei Lichteinfall nicht verändernde Pupillen bzw. eine Verlangsamung

---

262 Vgl. Empfehlung des Arbeitskreises II des 60. Deutschen Verkehrsgerichtages 2022 in Goslar, https://deutscher-verkehrsgerichtstag.de/media/Editoren/Empfehlungen/2022_empfehlungen_60_vtg.pdf.

263 BGH Beschl. v. 02.08.2022 – **4 StR 231/22** – BeckRS 2022, 20794; BGH Beschl. v. 21.12.2011 – **4 StR 477/11** – NStZ 2012, 324 = BeckRS 2012, 02532; BGH Beschl. v. 25.05.2000 – **4 StR 171/00** – VersR 2000, 1033 = NZV 2000, 419; BGH Beschl. v. 03.11.1998 – **4 StR 395/98** – VersR 1999, 72 = NJW 1999, 226; OLG Düsseldorf Beschl. v. 24.08.1998 – 5 Ss 267/98-59/98 I – DAR 1999, 81 = NZV 1999, 174; LG Waldshut-Tiengen Beschl. v. 04.06.2012 – 4 Qs 12/12 – VA 2012, 155 = BeckRS 2012, 24665.

264 OLG Saarbrücken Beschl. v. 28.10.2010 – Ss 104/10 (141/10) – DAR 2011, 95.

265 BVerfG Beschl. v. 20.06.2002 – **1 BvR 206/96** – DAR 2002, 405 = NJW 2002, 2278, 2279; OLG Zweibrücken Beschl. v. 10.05.2004 – 1 Ss 26/04 – NZV 2005, 164 = NStZ-RR 2004, 247.

266 OLG Frankfurt/M. Beschl. v. 22.10.2001 – 3 Ss 287/01 – NStZ-RR 2002, 17.

267 Vgl. BGH Urt. v. 03.11.1998 – **4 StR 395/98** – VersR 1999, 72 = NJW 1999, 226 unter Hinweis auf BGH Beschl. v. 18.01.1994 – **4 StR 650/93** – n.v.

268 Vgl. BGH Urt. v. 03.11.1998 – **4 StR 395/98** – VersR 1999, 72 = NJW 1999, 226; OLG Saarbrücken Beschl. v. 28.10.2010 – Ss 104/10 (141/10) – DAR 2011, 95; OLG Zweibrücken Urt. v. 14.02.2003 – 1 Ss 117/02 – DAR 2003, 431 = zfs 2003, 422; OLG Frankfurt/M. Urt. v. 22.10.2001 – 3 Ss 287/01 – NStZ-RR 2002, 17; OLG Düsseldorf Beschl. v. 24.08.1998 – 5 Ss 267/98-59/98 I – DAR 1999, 81 = NZV 1999, 174.

der Pupillenreaktion feststellen lassen.[268] Denn diese **Indizien** deuten nur auf eine **allgemeine Drogenenthemmung** hin, nicht aber zwingend auch auf Mängel, die eine sichere Beherrschung des Fahrzeuges im öffentlichen Verkehr ausschließen.[269] Für den abschließenden Nachweis einer Fahruntauglichkeit des VN ist es daher nicht nur erforderlich, dass die **Drogenabhängigkeit** selbst oder deren typische Entzugserscheinungen zu den konkret festgestellten **körperlichen Mängeln oder Verhaltensauffälligkeiten beim VN** geführt haben, sondern dass sich diese auch **auf seine Fahrtüchtigkeit** (Wahrnehmungs- und Reaktionsfähigkeit) **ausgewirkt** bzw. bei ihm zu einer **erhöhten Risikobereitschaft oder Selbstüberschätzung geführt** haben und er deshalb nicht mehr in der Lage war, sein Fahrzeug sicher zu führen.[270] Ausreichend ist, dass bei einer Gesamtschau aller Auffälligkeiten ein **hinreichend sicherer** Rückschluss auf das fahrerische Unvermögen des VN zum Unfallzeitpunkt gezogen werden kann. Ist hingegen nicht auszuschließen, dass der VN in besonderen – ihn belastenden – Ausnahmesituationen vergleichbare Verhaltensweisen zeigt, ist der Nachweis einer Rauschmittelfahrt nicht geführt. Letztlich ist entscheidend, ob die konkreten Ausfallerscheinungen beim VN dem Gefahrerfolg im Sinne eines Zurechnungszusammenhanges sein Gepräge gegeben haben.[271]

168 Bei kombiniertem **Alkohol- und Drogenkonsum** lässt sich auch bei einer BAK unterhalb von 1,1 Promille eine relative Fahruntüchtigkeit noch nicht aus der bloßen Addition des Alkohol- und Drogenwertes begründen.[272]

169 Der Nachweis einer rauschmittelbedingten Fahruntüchtigkeit setzt immer eine **aktuelle Rauschmitteleinwirkung** zum Zeitpunkt des Eintritts des Versicherungsfalles voraus.[273] Hierfür ist der Nachweis der Substanz eines berauschenden Mittels im Blut des Fahrzeugführers in einer Konzentration erforderlich, die den von der Grenzwertkommission für die betreffende konsumierte Droge festgelegten **analytischen Grenzwert** (vgl. A.2.9.1 AKB Rdn. 176) erreicht oder überschreitet.[274]

170 Für die praxisrelevanten Fälle eines Konsums von **Cannabis** bestand in der Vergangenheit in Wissenschaft und Rechtsprechung bis 2023 Einigkeit darin, dass **erst ab** einer nachweisbaren **THC** (Tetrahydrocannabinol) **-Konzentration von 1,0 ng/ml** im Blut eines Verkehrsteilnehmers überhaupt die Möglichkeit einer Beeinträchtigung der Leistungsfähigkeit und damit eine abstrakte Gefährdung des Straßenverkehrs in Betracht kommen konnte.[275] Dieser Wert ist durch den Gesetzgeber im Rahmen einer Teillegalisierung des Cannabiskonsums durch das Konsumcannabisgesetz (KCanG) auf 3,5 ng/ml Blutserum angehoben worden, so dass bei einem unterhalb dieses Grenzwertes im Blut eines Verkehrsteilnehmers festgestellten THC-Konzentration von vornherein eine relative Fahruntüchtigkeit ausscheidet. Denn auch dieser erhöhte Grenzwert liegt immer noch deutlich unterhalb der Schwelle von 7 ng/ml Blutserum, ab der von einem allgemeinen Unfallrisiko ausgegangen werden kann.[276] Eine Rückrechnung auf den Unfallzeitpunkt ist unzulässig. Es existiert keine wissenschaftlich zuverlässige Methode, die es erlaubt, den Konsumzeitpunkt oder eine bestimmte THC-Konzentration im Blutserum für einen bestimmten in der Vergangenheit liegenden Zeitpunkt zu bestimmen.[277] Aus einer nach dem Unfall beim VN festgestellten Wirkstoffkonzentration von mindestens 1,0 ng/ml THC im Blut lässt sich allerdings nicht der Rückschluss ziehen, dass bei einer nachgewiesenen Wirkstoffkonzentration in mindestens dieser Höhe

269 OLG Zweibrücken Beschl. v. 27.01.2004 – 1 Ss 242/03 – DAR 2004, 409 = NStZ-RR 2004, 149.

270 BGH Urt. v. 15.04.2008 – **4 StR 639/07** – DAR 2008, 390 = NZV 2008, 528.

271 OLG Saarbrücken Beschl. v. 28.10.2010 – Ss 104/10 (141/10) – DAR 2011, 95.

272 OLG Naumburg Urt. v. 14.07.2005 – 4 U 184/04 – VersR 2005, 1573 = r+s 2006, 252 = NJW 2005, 3505; OLG Düsseldorf Beschl. v. 24.08.1998 – 5 Ss 267/98-59/98 I.

273 Vgl. Tröndle/Fischer § 316 Rn. 39.

274 Vgl. OLG Jena Urt. v. 23.02.2012 – 1 Ss Bs 92/11 – ADAJUR Dok.Nr. 99281; **a.A.** LG München I Urt. v. 03.08.2005 – 23 Qs 35/05 – BA 2006, 43.

275 Vgl. BVerfG Beschl. v. 21.12.2004 – **1 BvR 2652/03** – DAR 2005, 70 = NJW 2005, 349; Hentschel NJW 2005, 641, 646.

276 Vgl. https://bmdv.bund.de/SharedDocs/DE/Anlage/K/cannabis-expertengruppe-langfassung.pdf?__blob=publicationFile.

277 KG Urt. v. 21.03.2012 – 3 Ws (B) 116/12-122 Ss 31/12 – SVR 2012, 235.

automatisch ein grob fahrlässiges Verhalten des Verkehrsteilnehmers begründet sein könnte. Eine solche Konzentration beweist lediglich, dass der VN bei seiner Teilnahme am Straßenverkehr unter der Wirkung des Rauschmittels gestanden hat. Für die Feststellung der Fahruntüchtigkeit müssen aber immer auch **verkehrserhebliche kognitive Beeinträchtigungen** vorgelegen haben.[278]

In **subjektiver Hinsicht** muss der VR beweisen, dass dem VN ein unentschuldbarer Sorgfaltsver- 171
stoß vorzuwerfen ist. Hierzu bedarf es der Feststellung, dass die Ausfallerscheinungen als solche vom VN registriert wurden und er trotz der Erkenntnis, er könne fahruntüchtig sein, seine Fahrt antritt oder fortsetzt. Allein die Konzentrationen der festgestellten Wirkstoffe lassen regelmäßig keinen Rückschluss darauf zu, ob bei Fahrtantritt konkrete Ausfallerscheinungen vorlagen.[279]

Für die Frage, inwieweit dieser Zustand für den VN subjektiv **erkennbar und vorhersehbar** war, ist 172
auch die Zeitspanne zwischen der Einnahme der Drogen und der Fahrt von Bedeutung.

Wenn der **VN** wissentlich Rauschmittel zu sich nimmt und gleichwohl einige Zeit später ein Fahr- 173
zeug führt, ist seine **Annahme, die Droge sei zwischenzeitlich abgebaut** und deshalb nicht mehr nachweisbar, als Fehlvorstellung über die Dauer der »Wirkung« **grundsätzlich unerheblich**. Denn der VN muss angesichts der unberechenbaren Wirkungen von Rauschdrogen jedenfalls auch einen Tag nach dem Konsum noch mit erheblichen Einschränkungen seiner Fahrtüchtigkeit und atypischen Rauschverläufen rechnen.[280] Mangelnde Erkennbarkeit der fortdauernden Wirkung eines konsumierten Rauschmittels wird daher nur in Ausnahmefällen in Betracht kommen.[281] Insbesondere bei einer **deutlichen Überschreitung des Grenzwertes** oder bei **Verhaltensauffälligkeiten** (starkes Lidflattern,[282] zittrige Hände, Rededrang) die Annahme nahe liegen, dass der VN entgegen seiner Behauptung entweder zeitnäher, oder in deutlich größerer Menge als angegeben Cannabis konsumiert hat.[283] Dies wiederum kann im Ergebnis die Feststellung rechtfertigen, dass der VN die noch fortdauernde, seine Fahrtauglichkeit beeinträchtigende Wirkung des Rauschmittels zum Unfallzeitpunkt grob fahrlässig nicht erkannt hat.

Anderes kann gelten, wenn seit der Einnahme des Rauschmittels und dem Antritt der Fahrt mehre- 174
re Tage vergangen sind. Vor allem dann, wenn der VN insofern unkontrolliert Drogen konsumiert hat, als ihm weder die Qualität, noch die Dosis bekannt war, wird der VR ihm jedenfalls **nach einer Zeitdauer von drei Tagen** seine subjektive Einschätzung, nicht mehr unter der Wirkung des Rauschmittels gestanden zu haben, nicht widerlegen können.[284] Insbesondere bei einer nur **geringen Überschreitung des Grenzwertes** wird man die **Erkennbarkeit der fortdauernden Wirkung** des Rauschmittels nicht schon daran festmachen können, dass bei dem Fahrer ein zittriger Eindruck oder auffällige Pupillen festgestellt wurden.[285]

Bei **länger zurückliegendem Drogenkonsum** muss der VR Umstände darlegen und beweisen, aus 175
denen sich für den VN hätte aufdrängen müssen, dass er bei Fahrtantritt noch unter der andauernden Wirkung des vor längerer Zeit konsumierten Rauschmittels steht.[286] Solche Umstände können

278 Vgl. OLG Hamm Beschl. v. 03.05.2005 – 4 Ss OWi 215/05 – NZV 2005, 428 = NJW 2005, 3298.

279 Vgl. KG Urt. v. 12.05.2020 – 6 U 120/19 – BeckRS 2020, 13917.

280 Vgl. OLG Zweibrücken Beschl. v. 03.05.2001 – 1 Ss 87/01 – DAR 2002, 135 = NZV 2001, 483; OLG Celle Beschl. v. 09.12.2008 – 322 Ss Bs 247/08 – zfs 2009, 288.

281 OLG Jena Urt. v. 21.01.2010 – 1 Ss 296/09 – VRS 118, 298.

282 Vgl. aber LG Waldshut-Tiengen Beschl. v. 04.06.2012 – 4 Qs 12/12 – VA 2012, 155 = BeckRS 2012, 24665.

283 Vgl. OLG Zweibrücken Beschl. v. 29.06.2006 – 1 Ss 88/06 – VRR 2006, 436.

284 Vgl. OLG Celle Urt. v. 09.12.2008 – 322 Ss Bs 247/08 – NZV 2009, 353; OLG Frankfurt/M. Urt. v. 25.04.2007 – 3 Ss 35/07 – NStZ-RR 2007, 249 (**jeweils etwa 23 Stunden zurückliegender Cannabiskonsum**); vgl. OLG Zweibrücken Beschl. v. 29.06.2006 – 1 Ss 88/06 – VRR 2006, 436; OLG Hamm Beschl. v. 03.05.2005 – 4 Ss OWi 215/05 – NZV 2005, 428 = NJW 2005, 3298.

285 Vgl. OLG Frankfurt/M. Urt. v. 20.08.2010 – 2 Ss 166/10 – NZV 2010, 533.

286 Vgl. OLG Braunschweig Urt. v. 27.01.2010 – Ss OWi 219/09 – BA 2010, 298; KG Urt. v. 04.01.2010 – 2 Ss 363/09-3 Ws (B) 667/09 – DAR 2010, 274.

in nachgewiesenem **Spezialwissen** des VN über die Wirkungsweise und –dauer der Droge zu sehen sein oder auch in **Ausfallerscheinungen**, die einen Zusammenhang mit vorherigem Drogenkonsum als nahe liegend erscheinen lassen.[287] Auch frühere **straf- oder bußgeldrechtliche Vorverurteilungen** des VN nach §§ 316 StGB, 24a StVG können als **Indiz** dafür sprechen, dass der VN die fortdauernde Wirkung des Rauschmittels bei kritischem Hinterfragen seiner eigenen Fahrtüchtigkeit vor Fahrtantritt hätte erkennen können und müssen.

176 Die von der **Grenzwertkommission** des Bundesministeriums für Verkehr **empfohlenen analytischen Grenzwerte,**[288] ab denen mit einer Einschränkung der Fahrtüchtigkeit zu rechnen ist, sind für die in der Anlage zu § 24a Abs. 2 StVG aufgeführten Rauschmittel mit ihren Substanzen wie folgt festgelegt worden (ng Wirkstoffgehalt pro ml Blutserum):

– Cannabis (Tetrahydrocannabinol – THC): 3,5 ng/ml;[289]
– Heroin (Morphin): 10 ng/ml;
– Morphin (Morphin) 10 ng/ml;
– Cocain (Cocain): 10 ng/ml;
– Cocain (Benzoylecgonin): 75 ng/ml;
– Amfetamin (Amfetamin): 25 ng/ml;[290]
– Designer-Amfetamin (Methylendioxyamfetamin – MDA): 25 ng/ml;
– Designer-Amfetamin (Methylendioxyethylamfetamin – MDE): 25 ng/ml;
– Designer-Amfetamin (Methylendioxymethamfetamin – MDMA): 25 ng/ml;
– Metamfetamin (Metamfetamin): 25 ng/ml.

177 **Unterschreitet die festgestellte Wirkstoffkonzentration** zum Zeitpunkt des Eintritts des Versicherungsfalles **den analytischen Nachweisgrenzwert** für die festgestellte Substanz, liegt **keine aktuelle Rauschmitteleinwirkung** vor. Dies gilt selbst bei einem (vermeintlichen) Hinzutreten rauschmitteltypischer (Ausfall)-erscheinungen.[291]

178 Bei einem VN, der **Cannabis** konsumiert hat und bei dem eine **THC**-Wirkstoffkonzentration **von weniger als 3,5 ng/ml** im Blutserum festgestellt wird, fehlt es daher bereits an den objektiven Voraussetzungen einer unter Einfluss von Cannabis begangenen Rauschmittelfahrt. Ebenso wie die Verurteilung zu einer Ordnungswidrigkeit nach § 24a Abs. 2 S. 1 StVG voraussetzt, dass die betreffende Substanz in einer Konzentration nachweisbar ist, die eine Beeinträchtigung der Fahrsicherheit zumindest als möglich erscheinen lässt, was erst bei einem THC-Wert ab 3,5 ng/ml Blutserum angenommen werden kann,[292] lässt sich auch für den Bereich der Kaskoversicherung eine relative Fahruntauglichkeit des VN und damit eine grob fahrlässige, auf Cannabiskonsum gestützte Herbeiführung des Versicherungsfalles nur beweisen, wenn das Fahrverhalten des VN zumindest durch eine diesen maßgeblichen Grenzwert erreichende oder ihn überschreitende THC-Konzentration im Blut beeinflusst war.[293] Entsprechendes gilt für andere Drogen unter Berücksichtigung der jeweils einschlägigen **Nachweisgrenzwerte**, (vgl. A.2.9.1 AKB Rdn. 176).

179 Gelingt dem VR der Nachweis, dass der Versicherungsfall auf eine drogenbedingte Fahruntüchtigkeit des VN zurückzuführen ist, wird wie im Falle alkoholbedingter relativer Fahruntüchtigkeit je nach Schwere des Verschuldens ein **Leistungskürzungsrecht** zwischen **40–50 %** (Normalfallquote[294])

287 Vgl. KG Urt. v. 04.01.2010 – 2 Ss 363/09-3 Ws (B) 667/09 – DAR 2010, 274.
288 Empfehlungen v. 20.11.2002 – BA 2005, 160 – und 22.05.2007 – BA 2007, 311.
289 Entsprechend dem seit dem 22.08.2024 in § 24a Abs. 1a StVG geltenden Grenzwert; bezüglich des früheren Grenzwerts von 1,0 ng/ml missverständlich die Empfehlungen in BA 2015, 322.
290 Vgl. OLG München Beschl. v. 13.03.2006 – 4 StRR 199/05 – DAR 2006, 287.
291 OLG Jena Urt. v. 23.02.2012 – 1 Ss Bs 92/11 – ADAJUR Dok.Nr. 99281; OLG Bamberg Urt. v. 08.08.2005 – 2 Ss OWi 551/05 – DAR 2006, 286.
292 OLG Hamm Urt. v. 06.01.2011 – III-5 RBs 182/10 – ADAJUR Dok.Nr. 94360; OLG Zweibrücken Beschl. v. 13.04.2005 – 1 Ss 50/05 – DAR 2005, 408 = NZV 2005, 430.
293 Vgl. OVG Saarlouis Urt. v. 08.01.2010 – 1 B 493/09 – zfs 2010, 172 (**für 0,5 ng/ml**).
294 Meschkat/Nauert/Stehl S. 102.

und 100 %[295] gerechtfertigt sein, vor allem bei stark drogenabhängigen Kraftfahrern und entsprechenden rauschbedingten Ausfallerscheinungen.

Die **empfohlenen Kürzungsquoten** und damit der Umfang des Leistungsverweigerungsrechtes des VR orientieren sich zum einen nach der **Dosis**, zum anderen aber gerade auch an den **Erfahrungen des VN** mit drogenbedingten Ausfallerscheinungen. Es ist ein Unterschied, ob sich der VN mit einer nur geringen Dosis und kaum spürbaren Ausfallerscheinungen (Kürzung von 40–60 %), nach Einnahme einer »Designerdroge« ohne hohen Bekanntheitsgrad und moderaten Ausfallerscheinungen (Kürzung von 50–80 %), bei deutlich erkennbaren und für diese Droge bekannten Ausfallerscheinungen (Kürzung von 80–100 %) oder bei massiven, aufgrund schwerer Drogenabhängigkeit und entsprechender einschlägiger Vorverurteilungen beim VN bestens bekannter Reaktionseinschränkungen (Kürzung von 100 %) ans Steuer eines Kraftfahrzeuges setzt.[296] 180

4. Übermüdung/Einschlafen am Steuer

Fahreignungsmängel durch Übermüdung (**Sekundenschlaf**),[297] die zu einem Unfall führen, werden nur in Ausnahmefällen den Vorwurf der grob fahrlässigen Herbeiführung des Versicherungsfalles begründen können. Die **Darlegungs- und Beweislast** für eine Verursachung des Unfalls durch Einschlafen am Steuer aufgrund vom VN erkennbarer Übermüdung bei gleichzeitigem Ausscheiden anderer Ursachen liegt beim **VR**. 181

Es gibt **keinen allgemeinen Erfahrungssatz** dafür, dass ein **Unfall**, für deren Ursache der VN **keine plausible Erklärung** hat, in jedem Fall nur **auf ein kurzzeitiges »Einnicken« zurückgeführt** werden könnte. Dies gilt erst recht, wenn auch andere Gründe infrage kommen. So kann die Fehlreaktion insbesondere auch auf mangelnder Konzentration, anderen plötzlichen Bewusstseinsstörungen (Ohnmacht) oder einem Vorgang beruhen, der die Aufmerksamkeit des Fahrers so sehr forderte, dass er nicht mehr in der Lage war, rechtzeitig zu reagieren und einen Unfall zu vermeiden.[298] Beweisschwierigkeiten bestehen schon deshalb, weil es sich um einen individuellen, bei jedem Fahrer höchst unterschiedlich ausgeprägten inneren Vorgang handelt, weshalb dieser Nachweis auch nicht mit den Regeln des Anscheinsbeweises geführt werden kann.[299] Ein **Anscheinsbeweis** greift allenfalls bei besonders hervorstechenden Sachverhalten.[300] Für einen Sekundenschlaf als Unfallursache spricht ein Anscheinsbeweis selbst dann nicht, wenn der VN bei Tag auf einer trockenen, gut ausgebauten Autobahn in einer leichten Linkskurve nach rechts von der Fahrbahn abkommt.[301] 182

Selbst **wenn feststeht, dass der VN kurzfristig eingeschlafen ist**, weil er dies z.B. bei der anschließenden Unfallaufnahme durch die Polizei als Unfallursache zu Protokoll gegeben hat,[302] bedeutet dies **nicht zwingend**, dass damit der **Vorwurf grober Fahrlässigkeit auch in subjektiver Hinsicht bewiesen** wäre. 183

Nach der Rechtsprechung des **BGH**[303] gehen einem Einnicken am Steuer für den Fahrer zwar regelmäßig unübersehbare Anzeichen voraus, deren Nichtbeachtung in der Regel grob fahrlässig ist. Die 184

---

295 Franz VersR 2008, 298, 304; Rüffer/Halbach/Schimikowski/*Karczewski* § 81 VVG Rn. 123 (**für eine Leistungskürzung von 50 bis 100 %**); ebenso Goslarer Orientierungsrahmen zfs 2010, 12, 14 = DAR 2010, 111.

296 Vgl. Nugel DAR 2010, 722, 726.

297 Vgl. Fromm SVR 2015, 126.

298 BGH Urt. v. 21.03.2007 – **I ZR 166/04** – VersR 2008, 515 = r+s 2008, 391.

299 BGH Urt. v. 21.03.2007 – **I ZR 166/04** – VersR 2008, 515 = r+s 2008, 391; BGH Urt. v. 05.02.1974 – **VI ZR 52/74** – VersR 1974, 593, 594 = NJW 1974, 948.

300 Vgl. hierzu OLG Hamm Urt. v. 05.11.1997 – 20 U 99/97 – VersR 1998, 1276 = zfs 1998, 182; OLG Hamm Urt. v. 05.06.1996 – 20 U 288/95 – VersR 1997, 961 = r+s 1998, 55; OLG Frankfurt/M. Urt. v. 26.05.1992 – 8 U 184/91 – r+s 1993, 290 = NZV 1993, 32.

301 OLG Saarbrücken Urt. v. 15.09.2009 – 4 U 375/08 – r+s 2010, 129.

302 Vgl. OLG Zweibrücken Urt. v. 23.07.1997 – 1 U 134/96 – NZV 1998, 289 (**zur Verwertbarkeit der Aussage des VN, wenn eine Belehrung über sein Aussageverweigerungsrecht vor Ort nicht erfolgt ist**).

303 BGH Urt. v. 01.03.1977 – **VI ZR 263/74** – VersR 1977, 619; BGH Urt. v. 05.02.1974 – **VI ZR 52/74** – VersR 1974, 593, 594 = NJW 1974, 948.

Tatsache, dass der Fahrer unmittelbar vor dem Unfall eingenickt ist, beweist aber nicht schon, dass er den Unfall grob fahrlässig herbeigeführt hat. Einschlafen am Steuer ist nur dann grob fahrlässig, wenn feststeht oder durch den VR bewiesen wird, dass **sich der Fahrer bewusst über** von ihm erkannte, **deutliche Anzeichen einer Übermüdung hinweggesetzt hat.**[304] Der VN muss demnach nachweislich erkannte unübersehbare Vorzeichen eines sich ankündigenden Sekundenschlafes bewusst ignoriert haben,[305] indem er keine Pause eingelegt, sondern seine Fahrt fortgesetzt hat. Zu verlangen ist ein solcher Übermüdungszustand, welcher für den VN die erkennbare Erwartung eines nahenden Sekundenschlafes mit sich bringt,[306] wobei diese Anforderungen selbst dann gelten, wenn der VN **Schlafapnoiker** ist.[307]

185 Der VN muss bewiesenermaßen um seine **Übermüdung gewusst** oder jedenfalls deutlich erkennbare **Müdigkeitserscheinungen missachtet und ignoriert** haben, wobei Anscheinsbeweisgrundsätze nicht greifen.[308] Nur dann ist sein Verhalten auch subjektiv als grob fahrlässig zu qualifizieren.

186 Der VN, der **nach einer Nachtschicht von 11 Stunden** tagsüber bei guter Sicht auf trockener Straße ohne nachweisbar vorausgehende Übermüdungsanzeichen infolge eines Sekundenschlafes auf die Gegenfahrbahn gerät, handelt daher nicht grob fahrlässig, wenn er bei Fahrtantritt noch keinerlei Müdigkeit verspürte und auch in der Vergangenheit von den Nachtschichten immer problemlos nach Hause gefahren ist.[309] Vergleichbares gilt für einen VN, der **nach einem Rückflug aus den USA** verunfallt.[310] Selbst bei einer **Fahrt von ca. 1000 km in 12 bis 13 Stunden** lässt sich nicht mit hinreichender Sicherheit schlussfolgern, dass ein Unfall durch Einschlafen am Steuer grob fahrlässig herbeigeführt wurde.[311]

187 **Entgegen teilweiser Auffassung** in der Rechtsprechung[312] existiert selbst im Falle eines objektiv feststehenden Sekundenschlafes **keine Anscheinsvermutung** und auch kein allgemeiner Erfahrungssatz dahingehend, **dass dem »Einnicken«** am Steuer immer auch (»stets«) **unübersehbare Anzeichen einer Übermüdung** (Juckreiz der Augen, Gähnen, Lidschwere, nachlassende Konzentration, Sehen von Doppelbildern) **vorausgehen**, deren Nichtbeachtung durch den VN als grob fahrlässig einzustufen sind.[313] Der VN muss auch bei Frühsymptomen einer drohenden Übermüdung nicht zwingend stets mit einem unmittelbar bevorstehenden Sekundenschlaf rechnen.[314]

188 Selbst wenn man mit der Gegenansicht in diesen Fällen eine **Anscheinsvermutung** für eine grobe Fahrlässigkeit des VN annimmt, so **kann** diese doch **im Einzelfall erschüttert sein.** Die Vermutung knüpft daran an, dass das Einschlafen regelmäßig nicht plötzlich und unvorhersehbar geschieht, sondern sich der Fahrer über vorher gegebene Warnzeichen bewusst hinwegsetzt.[315] Steht aber

---

304 BGH Urt. v. 21.03.2007 – **I ZR 166/04** – VersR 2008, 515 = r+s 2008, 391; vgl. OLG Celle Urt. v. 01.07.2020 – 14 U 8/20 – r+s 2020, 727.

305 Vgl. BGH Urt. v. 21.03.2007 – **I ZR 166/04** – VersR 2008, 515 = r+s 2008, 391; OLG Koblenz Urt. v. 11.01.2007 – 10 U 949/06 – VersR 2007, 365 = r+s 2007, 151; OLG Koblenz Beschl. v. 27.04.2006 und 08.06.2006 – 10 U 1161/05 – VersR 2007, 57; OLG Koblenz Urt. v. 12.12.1997 – 10 U 226/97 – VersR 1998, 1276 = r+s 1998, 187.

306 Vgl. AG Düsseldorf Beschl. v. 16.11.2020 – 150 Gs 2091/20 – DAR 2021, 112.

307 Vgl. LG Traunstein Urt. v. 08.07.2011 – 1 Qs 226/11 – NZV 2011, 514 = ADAJUR Dok.Nr. 93971 (**zu § 315c StGB**).

308 OLG Saarbrücken Urt. v. 15.09.2009 – 4 U 375/08 – r+s 2010, 129; KG Urt. v. 05.11.2008 – 12 U 26/08 – VRS 116, 172; LG Nürnberg-Fürth Urt. v. 27.01.2010 – 8 O 10700/08 – r+s 2010, 145.

309 OLG Celle Urt. v. 03.02.2005 – 8 U 82/04 – r+s 2005, 456.

310 OLG Koblenz Urt. v. 11.01.2007 – 10 U 949/06 – VersR 2007, 365 = r+s 2007, 151.

311 KG Urt. v. 05.11.2008 – 12 U 26/08 – VRS 116, 172.

312 OLG Oldenburg Urt. v. 16.09.1998 – 2 U 139/98 – VersR 1999, 1105 = NZV 1999, 212; OLG Hamm Urt. v. 05.11.1997 – 20 U 99/97 – VersR 1998, 1276 = zfs 1998, 182; OLG Karlsruhe Urt. v. 17.02.1995 – 15 U 262/94 – VersR 1996, 781; OLG Frankfurt/M. Urt. v. 26.05.1992 – 8 U 184/91 – r+s 1993, 290 = NZV 1993, 32; LG Stendal Urt. v. 04.12.2002 – 23 O 67/02 – zfs 2003, 133.

313 OLG Rostock Urt. v. 24.11.2011 – 3 U 151/10 – r+s 2012, 533; AG Düsseldorf Urt. v. 05.11.2010 – 44 C 10657/09 – SP 2011, 194.

314 OLG Schleswig Urt. v. 15.06.2000 – 7 U 143/99 – DAR 2001, 463.

315 OLG Rostock Urt. v. 24.11.2011 – 3 U 151/10 – r+s 2012, 533.

andererseits fest, dass der VN jedenfalls **vor Fahrtantritt ausreichend geschlafen** hatte,[316] oder hat sich der **Unfall nach wenigen hundert Metern Fahrstrecke**[317] bzw. **unmittelbar nach Abfahrt des VN** von zu Hause ereignet,[318] ohne dass sich ihm während der kurzen Fahrtstrecke vorher Anzeichen aufdrängten, die er bei sorgfältiger Würdigung als Übermüdung hätte deuten müssen, ist kein Raum für die Annahme grober Fahrlässigkeit.

Hatte der VN **vor dem Unfall** bereits mehrfach teils **längere Pausen** eingelegt, beweist dies nicht, dass es sich für ihn bei Fortsetzung seiner Fahrt hätte aufdrängen müssen, dass er einschlafen könnte.[319] Die Fehleinschätzung des VN, sich nach einer Pause für so weit erholt zu halten, um jedenfalls noch eine kurze restliche Fahrstrecke ohne weiteres bewältigen zu können, ist selbst nach Auffassung der gegenteiligen Ansicht in der Rechtsprechung (s.o.) gleichwohl nicht grob fahrlässig vorwerfbar.[320] Ein Abkommen auf die Gegenfahrbahn in den frühen Morgenstunden spricht nicht nachweislich für einen Sekundenschlaf, wenn der Fahrer solche Fahrten gewohnt ist und behauptet, ausgeschlafen gewesen zu sein.[321] 189

Demgegenüber ist **grobe Fahrlässigkeit** im Falle eines durch Sekundenschlaf verursachten Unfalles **zu bejahen** bei einer Krankenschwester, die nach 16-stündigem Dienst die Heimfahrt antritt,[322] bei einem VN, der an einem Tag von Süddeutschland nach Holland und in der gleichen Nacht wieder zurückfährt[323] oder einem VN, der vor dem Unfall bereits zwei Mal eingenickt war.[324] 190

Dem VN sind **Lenkzeitüberschreitungen** seines Fahrers nur dann zuzurechnen, wenn er nachweislich Fahrten angeordnet hat, von denen er wusste, dass sie unter Beachtung der vorgeschriebenen Lenk- und Ruhezeiten nicht zu absolvieren waren oder wenn er sich dieser Erkenntnis arglistig verschlossen hat.[325] 191

Sofern sich die Übermüdung des VN und ein darauf beruhender Unfall, bei dem auch Fremdschaden entstanden ist, beweisen lässt, hat der VN zugleich den Straftatbestand des § 315c Abs. 1 Nr. 1b, Abs. 3 StGB verwirklicht, bei dem das Gesetz als Regelfall die Entziehung der Fahrerlaubnis nach § 69 Abs. 2 Nr. 1 StGB vorsieht. Dies rechtfertigt es, eine schwere grobe Fahrlässigkeit mit einer **Leistungskürzungsquote um 75 %** anzunehmen.[326] 192

5. Ermöglichung der Entwendung

Die grob fahrlässige Herbeiführung des Versicherungsfalles durch die Ermöglichung einer Entwendung des Fahrzeuges oder seiner Teile wird in der Rechtsprechung in vier unterschiedlichen Fallgruppen behandelt. Voraussetzung ist stets, dass der **Tatentschluss des Diebes** durch die leichtsinnige oder sorglose Verhaltensweise des VN **geweckt** bzw. **bestärkt**, der Diebstahl des Fahrzeuges aber zumindest dadurch erleichtert oder begünstigt wurde.[327] 193

a) Mangelnde Sicherung des Fahrzeuges und seiner Zubehörteile gegen Diebstahl

Kraftfahrzeuge sind zwar gemäß **§ 14 Abs. 2 S. 2 StVO** grundsätzlich gegen unbefugte Benutzung zu sichern. Dazu gehört auch, dass der Fahrer ein vom Hersteller serienmäßig eingebautes **Lenkradschloss** 194

316 OLG München Urt. v. 28.01.1994 – 10 U 5785/93 – VersR 1995, 288 = DAR 1994, 201.
317 AG Düsseldorf Urt. v. 05.11.2010 – 44 C 10657/09 – SP 2011, 194.
318 OLG Rostock Urt. v. 24.11.2011 – 3 U 151/10 – r+s 2012, 533; LG Nürnberg-Fürth Urt. v. 27.01.2010 – 8 O 10700/08 – r+s 2010, 145.
319 OLG Düsseldorf Urt. v. 14.03.2002 – 10 U 13/01 – NZV 2002, 372 = DAR 2002, 310.
320 OLG Hamm Urt. v. 05.11.1997 – 20 U 99/97 – zfs 1998, 182.
321 Vgl. OLG Celle Urt. v. 01.07.2020 – 14 U 8/20 – BeckRS 2020, 15570.
322 OLG Nürnberg Urt. v. 21.05.1987 – 8 U 7/87 – zfs 1987, 277.
323 LG Köln Urt. v. 27.03.1985 – r+s 1986, 91.
324 OLG Zweibrücken Urt. v. 23.07.1997 – 1 U 134/96 – NZV 1998, 289.
325 OLG Köln Urt. v. 05.02.1997 – 9 U 45/96 – zfs 1997, 306.
326 Ebenso Burmann/Heß/Höke/Stahl Rn. 380; Meschkat/Nauert/Stehl S. 112 (**für eine Leistungskürzung zwischen 66 und 80 %**).
327 Vgl. z.B. OLG Jena Urt. v. 05.08.1998 – 4 U 135/98 – zfs 1999, 23.

bei längerem Abstellen des Fahrzeuges auf einer öffentlichen Straße verriegelt.[328] Allerdings führt nicht jede unterlassene Sicherung gleich zur Annahme grober Fahrlässigkeit.[329] Es müssen **weitere erschwerende Umstände** hinzukommen, z.B. das Steckenlassen des Zündschlüssels, das Abstellen mit laufendem Motor, die Wahl eines abgelegenen oder dem VN bekannten diebstahlgefährdeten Ortes oder ein sorgloser, besonders leichtsinniger Umgang bei der Aufbewahrung, Hinterlegung oder Beaufsichtigung der Fahrzeugschlüssel. Vernachlässigt der VN unter diesen konkreten Umständen seine Sicherungspflichten, kann dies ein grob fahrlässiges Verhalten begründen. Lässt sich bei einem **defekten Zündschloss** das Kfz nur noch mit einem Schraubenzieher starten, stellt sich die unterlassene Reparatur nicht als grob fahrlässige Herbeiführung der Entwendung dar, wenn jedenfalls unklar bleibt, ob sich der Defekt überhaupt ausgewirkt, d.h. den Diebstahl des Kfz erleichtert hat.[330]

195 Daneben wird der VR seine Leistungsfreiheit im Einzelfall auch mit einer **Gefahrerhöhung** (§§ 23 Abs. 1, 26 Abs. 1 VVG) begründen können, z.B. wenn der VN sein **Motorrad**, das ohne Zündschlüssel gestartet werden kann, regelmäßig **ungesichert ohne Einrasten des** bauseitig zur Diebstahlsicherung vorgesehenen **Lenkungsschlosses** in einer auch ohne Schlüssel zu öffnenden Garage abgestellt hatte, obwohl ihm bereits vor Jahren ein Motorrad aus derselben Garage entwendet worden war.[331] Hatte der VN Kenntnis von den die Gefahrerhöhung begründenden Umständen, wird seine grobe Fahrlässigkeit nach § 26 Abs. 1 VVG ebenso wie der Kausalzusammenhang zwischen Gefahrerhöhung und Eintritt des Versicherungsfalles nach § 26 Abs. 3 VVG vermutet. Für den Kausalitätsgegenbeweis muss der VN nachweisen, dass die unzureichende Sicherung seines Fahrzeuges den Diebstahl nicht erleichtert hat, wobei Zweifel zu seinen Lasten gehen. Liegt dem Versicherungsvertrag für die Berechnung der Prämie ein **weiches Tarifmerkmal** (z.B. »Nächtlicher Abstellplatz: **Garage**«) zugrunde und wird das nachts vor der Garage abgestellte Fahrzeug entwendet, rechtfertigt dies gleichwohl keine partielle Leistungsfreiheit des VR wegen Gefahrerhöhung.[332] Weiche Tarifmerkmale sind keine vertraglichen Obliegenheiten, sondern lediglich Rabattvereinbarungen, die den VN bei einem Verstoß zur Zahlung einer Vertragsstrafe verpflichten, nicht aber im Versicherungsfall zu einer (teilweisen) Leistungsfreiheit des VR führen können.[333]

aa) Abstellort

196 Eine deutliche Unterschreitung des vertraglich vereinbarten Sicherheitsstandards, der sich auch nach dem Verwendungszweck des versicherten Fahrzeuges richtet, ist in der Regel zu bejahen, wenn im Hinblick auf die **zeitliche Dauer**, die **Art des Abstellens** und **des gewählten Platzes** eine **dringende Diebstahlgefahr begründet** wird.[334] Dies ist der Fall, wenn einem Dieb die Entwendung im Vergleich zum sonstigen alltäglichen Parken erheblich erleichtert wird.[335] Extrem sichere Orte muss der VN trotzdem nicht auswählen. Strengere Maßstäbe sind für Motorräder oder Anhänger anzulegen, die weniger gut zu sichern und auch leichter abzutransportieren sind.

197 Die **Schwelle zur groben Fahrlässigkeit** wird weder allein aufgrund des Abstellzeitraumes, noch allein aufgrund der Gefährlichkeit des Abstellortes bei gleichzeitigem ordnungsgemäßen Verschließen des Fahrzeuges überschritten. Andererseits kann es auch selbst beim Offenlassen einer Fahrzeugtür und fehlender Sicherung durch ein eingerastetes Lenkradschloss an einer groben Fahrlässigkeit fehlen, wenn das Fahrzeug nur kurzzeitig in einer ländlichen Umgebung abgestellt wird und sich dem VN eine Diebstahlgefahr nicht aufdrängen musste.[336]

---

328 BGH Urt. v. 31.10.1973 – **IV ZR 125/72** – VersR 1974, 26, 27 = NJW 1974, 48.

329 Vgl. Prölss/Martin/*Klimke* A.2.9 AKB Rn. 67.

330 Vgl. OLG Hamburg Beschl. v. 10.04.2018 – 14 U 106/17 – zfs 2019, 335 = r+s 2019, 577.

331 Vgl. LG Hagen Beschl. v. 23.04.2012 – r+s 2013, 123 nach Hinweisbeschl. v. 16.02.2009 – 7 S 104/08 – SP 2009, 336.

332 So aber LG Magdeburg, Urt. v. 11.09.2018 – 11 O 217/18 – r+s 2020, 439 (**Kürzung der Versicherungsleistung um 30 %**).

333 Vgl. Holitzka r+s 2020, 440 ff. mit weiteren Literatur- u. Rspr.-Hinweisen.

334 BGH Urt. v. 15.10.1997 – **IV ZR 264/96** – VersR 1998, 44 = NJW-RR 1998, 166.

335 Römer NJW 1996, 2329, 2334 f. unter V 1.

336 Vgl. aber LG Itzehoe Urt. v. 26.08.2003 – 1 S 157/03 – VersR 2004, 192 = DAR 2004, 154.

Das **Zurücklassen** eines **hochwertigen, ordnungsgemäß verschlossenen** und durch das eingerastete Lenkradschloss gesicherten **Fahrzeuges über mehrere Tage** an einer beleuchteten und belebten Straße einer europäischen Großstadt stellt kein grob fahrlässiges Verhalten dar, erst recht dann nicht, wenn es zusätzlich auch noch durch eine Alarmanlage gesichert ist.[337] Fehlt eine solche Alarmanlage, so führt dies nicht zur Annahme grober Fahrlässigkeit, sondern nur zu einem gemäß A.2.5.1.4 AKB vertraglich vereinbarten prozentualen Abzug von der geschuldeten Entschädigungssumme. 198

Auch das **Abstellen** eines auffälligen Luxusfahrzeuges über Nacht **auf einem offenen Parkplatz** nur 15 m von einem Hoteleingang entfernt ist nicht grob fahrlässig, wenn der VN den Parkplatz für bewacht halten durfte und eine bessere Parkmöglichkeit nicht kannte.[338] Hat der VN seinen Kleinwagen ordnungsgemäß verschlossen, aber ohne eingerastetes Lenkradschloss **auf dem eigenen, frei zugänglichen Hausgrundstück** abgestellt, so ist dies nicht zu beanstanden. Grobe Fahrlässigkeit lässt sich in einem solchen Fall nur bei Hinzutreten weiterer erschwerender Umstände begründen.[339] 199

Umgekehrt stellt aber auch das **Nichtverschließen der Fahrzeugtüren** nicht in jedem Fall ein grob fahrlässiges Verhalten dar, insbesondere dann nicht, wenn der VN das Fahrzeug zwar kurzzeitig unverschlossen und ohne Einrasten des Lenkradschlosses abstellt, der **Abstellort** sich aber in einem ruhigen, dörflich geprägten Wohngebiet **unmittelbar vor dem Elternhaus des VN** befindet, von wo aus er die Situation seines Fahrzeuges durch Blicke aus Tür und Fenstern jederzeit kontrollieren kann.[340] 200

Auch beim **Abstellen eines Cabriolets mit geöffnetem Verdeck** hängt die Beurteilung der groben Fahrlässigkeit von weiteren Gesichtspunkten, insbesondere dem Abstellzeitraum, der Örtlichkeit und der Tageszeit ab.[341] Bleibt ein Cabriolet mit offenem Verdeck über eine Stunde auf einem mit dichten Büschen unterteilten Parkplatz[342] oder über Nacht auf öffentlich zugänglichen Gelände stehen,[343] ist die Grenze zur groben Fahrlässigkeit überschritten. 201

Zum kurzzeitigen Abstellen eines Fahrzeuges bei **Be- und Entladungsvorgängen** vgl. A.2.9.1 AKB Rdn. 214 ff. 202

Grobe Fahrlässigkeit wurde **bejaht** beim Abstellen 203
- eines **Wohnmobils** mit **geöffneter Schiebetür** während eines Einkaufs in einem polnischen Getränkemarkt, auch wenn noch Kinder unmittelbar vor der Entwendung auf dem Rücksitz des Fahrzeuges saßen;[344]
- eines **Wohnwagens ohne Diebstahlsicherung** über mehrere Tage an einer viel befahrenen Straße;[345]
- eines **Anhängers** ohne Diebstahlsicherung über mehrere Tage und Nächte auf einem von der Straße einsehbaren und frei zugänglichen Grundstück;[346]
- eines landwirtschaftlichen **Anhängers** ungesichert über Nacht auf einem frei zugänglichen und gut einsehbaren Feld,[347] oder eines im öffentlichen Bereich ungesichert abgestellten Anhängers;[348]

337 BGH Urt. v. 21.02.1996 – **IV ZR 321/94** – VersR 1996, 576 = NJW 1996, 1411 (**Parken eines Porsche 911 Turbo Coupé für 1,5 Tage in Mailand**).

338 BGH Urt. v. 15.10.1997 – IV ZR 264/96 – VersR 1998, 44 = NJW-RR 1998, 166 (**Abstellen eines DB Roadster 500 SL in Warschau**).

339 OLG Jena Urt. v. 23.08.1995 – 4 U 95/95 – NJW-RR 1996, 352 = zfs 1996, 264.

340 OLG Saarbrücken Urt. v. 24.10.2007 – 5 U 238/07 – zfs 2008, 96 (**keine grobe Fahrlässigkeit**).

341 AG Münster Urt. v. 23.01.1991 – 29 C 612/90 – DAR 1991, 341 = VersR 1991, 994.

342 LG Bonn Urt. v. 01.02.1990 – 6 S 422/89 – VersR 1991, 221.

343 LG Aachen Urt. v. 19.12.1991 – 2 O 261/91 – VersR 1992, 997.

344 OLG Hamburg Urt. v. 23.12.2004 – 14 U 163/04 – r+s 2005, 502 = zfs 2005, 247.

345 OLG Schleswig Urt. v. 26.11.2009 – 16 U 18/09 – NZV 2010, 576 = NJW-RR 2010, 845.

346 OLG Oldenburg Urt. v. 26.06.1996 – 2 U 106/96 – VersR 1997, 997 = r+s 1996, 431.

347 LG Lüneburg Urt. v. 15.09.2016 – 5 O 18/16 – r+s 2017, 347 = DAR 2017, 205.

348 OLG Bremen Beschl. v. 21.05.2019 – 3 U 21/18 – DAR 2020, 88.

- eines **Pkw** auf einem **unbewachten Parkplatz** nahe eines Flughafens für die Dauer von 17 Tagen in Kenntnis des hier herrschenden erheblichen Diebstahlrisikos;[349]
- eines **Pkw** auf einem **unbewachten Strandparkplatz** für mehrere Tage;[350]
- eines **bereits aufgebrochenen Pkw**, den der VN anschließend ungesichert weiter auf einem unbewachten Parkplatz stehen lässt;[351]
- eines **Motorrades mit wertvollem Gepäck** auf einem belebten Platz in der Innenstadt von Barcelona;[352]
- eines fast neuwertigen **Motorrades ohne** Betätigung des **Lenkradschlosses** nahe eines Messeparkplatzes;[353]
- eines beschädigten und nur mit einem Lenkradschloss gesicherten **Motorrades** für mindestens zwei Tage auf dem **Parkplatz** eines Sportlerheimes **in Ortsrandlage**;[354]
- eines nur mit dem Lenkradschloss gesicherten **Motorrades** für mindestens sechs Tage auf dem Parkplatz einer **Autobahnraststätte**;[355]
- eines neuen **Motorrades** mit Reifenpanne für mehrere Nächte neben der Straße **auf einem Feldweg**;[356]

204 Zu beachten ist, dass das **mehrtägige Abstellen** eines Fahrzeuges an einem uneinsehbaren, einsamen Ort oder auf einem ungesicherten öffentlichen Parkplatz nicht in jedem Fall zu einer (partiellen) Leistungsfreiheit des VR führt. Selbst wenn man dieses Verhalten für grob fahrlässig hält, muss der VR im Entwendungsfall gleichwohl immer noch beweisen, dass gerade hierauf der Diebstahl beruht. Diesen **Kausalitätsnachweis** wird er in aller Regel nicht erbringen können, wenn nicht ausgeschlossen werden kann, dass das Fahrzeug bereits in den ersten Stunden nach dem Abstellen entwendet wurde, als die Grenze zur groben Fahrlässigkeit noch nicht überschritten war.[357]

205 **Grobe Fahrlässigkeit** wurde **verneint** beim Abstellen
- eines BMW 535i über Nacht auf einem wenig frequentierten **Autobahnrastplatz** in Sachsen ca. 70 km von der polnischen Grenze entfernt;[358]
- eines BMW Z1 in einer öffentlichen, frei zugänglichen **Tiefgarage** durch einen VN, der beim Kauf des Kfz nicht alle Schlüssel erhalten hat;[359]
- eines Cabriolets auf einem **belebten Platz** für weniger als eine Stunde;[360]
- eines Cabriolets ohne stabiles Dach auf einem unverschlossenen **Firmenparkplatz** über Nacht;[361]
- eines Rolls-Royce in der Bahnhofstraße von Kattowitz (**Polen**) zwischen 22.00 Uhr und 24.00 Uhr;[362]
- eines Kfz auf einem unbewachten, aber leicht einsehbaren Parkplatz in **Polen**, wobei es als unerheblich angesehen wurde, dass in der Nähe ein anderer bewachter Parkplatz vorhanden war;[363]
- eines Pkw Audi auf dem Parkplatz eines **italienischen Flughafens**;[364]

349 AG Bremerhaven Urt. v. 21.12.1982 – 52 C 1614/82 – VersR 1984, 349.
350 OLG Bremen Urt. v. 03.01.1980 – 2 U 96/79 – VersR 1980, 861 = DAR 1980, 177.
351 Vgl. OLG Düsseldorf Urt. v. 16.07.2002 – 4 U 218/01 – SP 2003, 104; OLG Hamm Urt. v. 30.03.1995 – 6 U 150/94 – zfs 1995, 379.
352 LG Nürnberg-Fürth Urt. v. 27.04.1973 – 11 S 8/73 – VersR 1973, 1160.
353 LG Mannheim Urt. v. 27.11.1956 – 8 O 94/56 – VersR 1956, 760.
354 LG Gießen Urt. v. 20.03.1996 – 1 S 553/95 – DAR 1996, 407 = zfs 1996, 263.
355 OLG Köln Urt. v. 21.02.1991 – 5 U 96/90 – VersR 1991, 1240 = r+s 1991, 118.
356 LG Stuttgart Urt. v. 26.03.1982 – 20 O 644/81 – VersR 1983, 772.
357 OLG Karlsruhe Urt. v. 20.06.2002 – 12 U 15/02 – VersR 2002, 1550 = r+s 2002, 362 (**für ein Motorrad**); Rüffer/Halbach/Schimikowski/*Karczewski* § 81 VVG Rn. 17.
358 OLG Oldenburg Urt. v. 08.03.1995 – 2 U 3/95 – VersR 1996, 184 = r+s 1995, 210.
359 BGH Urt. v. 06.03.1996 – **IV ZR 383/94** – VersR 1996, 621 = r+s 1996, 168.
360 AG Münster Urt. v. 23.01.1991 – 29 C 612/90 – DAR 1991, 341 = VersR 1991, 994.
361 OLG Hamm Urt. v. 28.05.1999 – 20 U 235/98 – zfs 2000, 20.
362 OLG Hamm Urt. v. 26.02.1996 – 6 U 152/95 – r+s 1996, 430.
363 LG Siegen Urt. v. 01.07.2002 – 1 O 134/02 – SP 2003 176.
364 OLG Bamberg Urt. v. 15.12.1994 – 1 U 198/93 – zfs 1995, 422.

- eines hochwertigen Kfz für geplante 4 Tage auf einem **unbewachten öffentlichen Parkplatz**, weil die zerstochenen Reifen des Kfz von dem benachbarten Tankstellenbetrieb ausgetauscht werden sollen;[365]
- eines Sportwagens – von einem Unbekannten interessiert beobachtet – in einem mit Überwachungskameras ausgestatteten öffentlichen **Parkhaus in der Slowakei** und das einmalige Vergessen des Zweitschlüssels in der von außen nicht einsehbaren Mittelkonsole des PKW in einer beruflich angespannten Situation des VN;[366]
- eines Wohnwagens auf einem **Autobahnparkplatz** nach einem Reifenschaden;[367]
- eines Wohnwagens auf dem **Gelände einer stillgelegten Tankstelle** an einer Hauptdurchgangsstraße ohne eine Diebstahlsicherung der Anhängervorrichtung;[368]
- eines Kfz für längere Zeit auf dem öffentlichen Parkplatz eines Vorstadtbahnhofs in Holland.[369]

Behauptet der VR lediglich, der VN habe den vertragsgemäßen Sicherheitsstandard herabgesetzt, weil er das **Lenkradschloss** nicht habe einrasten lassen, während der VN erklärt, sich daran nicht erinnern zu können, hat der VR den Beweis eines grob fahrlässigen Verhaltens des VN nicht geführt.[370] **206**

bb) Steckenlassen des Schlüssels

Das Unterlassen jeglicher Sicherungen am Fahrzeug, insbesondere durch das **unverschlossene Abstellen mit steckendem Zündschlüssel stellt** auch bei beabsichtigtem kurzzeitigem Verlassen eine erhebliche Herabsetzung des vertraglich vorausgesetzten Sicherheitsstandards und damit **einen groben Pflichtenverstoß dar.**[371] Dies gilt insbesondere, wenn der Schlüssel bewusst und nicht nur aus Versehen steckengelassen wird. 207

Zu den ohne weiteres zu erwartenden Sicherheitsvorkehrungen gehört es, gemäß **§ 14 Abs. 2 S. 2 StVO** ein Fahrzeug nach dem Verlassen vor unbefugten Zugriffen Dritter zu sichern. Lässt der VN den Fahrzeugschlüssel im Zündschloss, an der Fahrzeugtüre oder der Kofferraumklappe stecken, so gibt er durch sein Verhalten den Pkw dem Zugriff von jedermann preis.[372] Daher führt er den Diebstahl grob fahrlässig herbei, wenn er durch andere Dinge so abgelenkt ist oder sich so weit von dem Fahrzeug entfernt hat, dass er es vielleicht noch im Blickfeld hat, indes aber eine direkte Zugriffsmöglichkeit, die allein entscheidend ist, nicht mehr besteht. Er begibt sich in diesem Falle jeglicher Einwirkungsmöglichkeiten auf das Diebstahlgeschehen. Dies gilt insbesondere dann, wenn das Fahrzeug so abgestellt ist, dass ein **sofortiges Wegfahren problemlos möglich** ist.[373] 208

Für die Qualifizierung eines Verhaltens als grob fahrlässig spielt auch die **konkrete Örtlichkeit** eine entscheidende Rolle. Je risikoträchtiger der Abstellort im Hinblick auf eine mögliche Diebstahlgefahr ist, desto weniger darf er sich bei gleichzeitigem Steckenlassen des Zündschlüssels vom Fahrzeug entfernen und es aus dem Blick verlieren. Dies gilt vor allem bei Tank- und anschließenden Bezahlvorgängen, aber auch beim Aussteigen aus dem Fahrzeug, um Passanten nach dem Weg zu fragen. Den VN trifft der Vorwurf grober Fahrlässigkeit auch dann, wenn zwar zunächst sein Beifahrer am Fahrzeug verbleibt, der VN aber durch eine fehlende vorherige Absprache nicht sichergestellt hat, dass er dort auch bis zu seiner Rückkehr verbleiben wird.[374] Bei **Fahrzeugen der oberen** **209**

365 OLG Hamm Urt. v. 09.06.1993 – 20 U 312/92 – r+s 1995, 173.
366 LG Ingolstadt Urt. v. 09.02.2010 – 43 O 1591/09 – zfs 2010, 331.
367 OLG Frankfurt/M. Urt. v. 24.11.1994 – 1 U 143/93 – VersR 1995, 1477 = r+s 1996, 93.
368 OLG Düsseldorf Urt. v. 06.02.1996 – 4 U 6/95 – zfs 1997, 179; **a.A.** OLG Frankfurt/M. Urt. v. 24.11.1994 – 1 U 143/93 – VersR 1995, 1477.
369 OLG Karlsruhe Urt. v. 31.07.2014 – 12 U 44/14 – r+s 2015, 226.
370 OLG Köln Urt. v. 28.11.1991 – 5 U 114/91 – r+s 1992, 263 = NJW 1993, 605.
371 Rüffer/Halbach/Schimikowski/*Karczewski* § 81 VVG Rn. 23; OLG Hamm NZV 1991, 195.
372 Rüffer/Halbach/Schimikowski/*Karczewski* § 81 VVG Rn. 23.
373 Vgl. OLG Koblenz Urt. v. 05.02.2007 – 10 U 903/06 – zfs 2007, 694 = VersR 2007, 1553.
374 LG Traunstein Urt. v. 19.12.1991 – 10 O 3568/91 – VersR 1993, 47.

Luxusklasse sind die entsprechenden Sorgfaltsanforderungen an den VN höher anzusetzen als bei Klein- oder Mittelklassewagen.

210 Lässt der VN beim **Tankvorgang** den Zündschlüssel stecken und entfernt sich zur Bezahlung der Rechnung von dem Fahrzeug, welches zu diesem Zeitpunkt zwischen anderen eingeparkt ist, während seine Beifahrerin in der Nähe des Fahrzeuges bleibt, trifft ihn im Falle der Entwendung des Fahrzeuges kein grob fahrlässiges Verschulden.[375] **Anderes gilt** für einen VN, der im Ausland in der gleichen Situation nach dem Betanken seines Audi A6 TDI sein Fahrzeug während des Zahlungsvorganges allein an der Zapfsäule zurücklässt.[376]

211 Verstößt ein **Lkw-Fahrer**, der **Transportgut von erheblichem Wert geladen hat**, gegen seine Verpflichtung, zur Sicherung der Ladung und des Lkw das Fahrzeug stets nur unter Abziehen und Mitführen des Fahrzeugschlüssels zu verlassen und wird ihm beim Versuch der Nacheile aus dem entwendeten Lkw ein Reizstoffspray ins Gesicht gesprüht, so entfällt der Vorwurf grober Fahrlässigkeit nicht schon deshalb, weil die Täter – hätte der Fahrer beim Verlassen des Lkw den Fahrzeugschlüssel abgezogen und mitgeführt – sich möglicherweise dieses Schlüssels unter Gewaltandrohung oder Gewaltanwendung bemächtigt hätten; auch in Fällen der Beschaffungskriminalität gibt es keinen dahingehenden Erfahrungssatz, dass – wenn die Entwendung eines Lkw durch Locken des Fahrers unter einem Vorwand aus dem Führerhaus unter Steckenlassen des Zündschlüssels misslingt – seitens der Täter zwangsläufig Maßnahmen einer höheren Eskalationsstufe ergriffen werden.[377]

212 **Grob fahrlässig** handelt der VN auch dann, wenn er einem als Kaufinteressenten auftretenden **unbekannten Dritten**, ohne zuvor dessen Identität festzustellen, für eine **Probefahrt** bei steckendem Zündschlüssel oder gar laufendem Motor das Steuer seines Fahrzeuges überlässt und dieser unvermittelt mit dem Fahrzeug losfährt.[378] Dies gilt auch für den Fall, dass der VN dem angeblichen Kaufinteressenten, der nicht mit einem eigenen Kfz angereist ist, sein Motorrad zu einer Probefahrt überlässt, ohne sich dessen Ausweis aushändigen, eine Anzahlung geben zu lassen oder wenigstens die Personalien zu notieren.[379] Der Sorgfaltspflichtverstoß des VN erscheint auch nicht etwa deshalb in einem milderen Licht, weil der Täter ohne Motorradkleidung erschienen ist und bei der angeblichen kurzen Probefahrt die Wohnstraße des VN nicht verlassen wollte.[380]

213 **Keine grobe Fahrlässigkeit aber**, wenn der VN sein Motorrad mit laufendem Motor neben einem scheinbaren Kaufinteressenten stehen lässt und sich zur Vorbereitung und in Erwartung einer gemeinsamen Probefahrt aus der Garage seinen Sturzhelm holt, woraufhin der angebliche Kaufinteressent plötzlich auf das Motorrad aufspringt und davonfährt,[381] (vgl. im Übrigen zur **Abgrenzung eines versicherten Trickdiebstahls** von einem **nicht versicherten Betrug** im Zusammenhang mit Probefahrten. A.2.2.1 AKB Rdn. 198 ff.).

214 **Im Rahmen von Be- oder Entladevorgängen**, bei denen nach nur kurzer Unterbrechung immer wieder Sichtkontakt zum Fahrzeug besteht, ist das kurzzeitige Abstellen eines unverschlossenen Kfz auch dann **nicht grob fahrlässig**, wenn der Zündschlüssel steckenbleibt[382] (außer das Fahrzeug wird mit laufendem Motor abgestellt) oder ein Ersatzschlüssel im Handschuhfach deponiert war.[383] Gleiches gilt, wenn ein Unbekannter in der Zwischenzeit mit einem **Zweitschlüssel**, den der VN **unbewusst** in einer auf dem Rücksitz liegenden **Jacke zurückgelassen** hat, das Fahrzeug

---

375 OLG Frankfurt/M. Urt. v. 11.09.2002 – 7 U 203/99 – zfs 2003, 81.

376 LG Darmstadt Urt. v. 22.04.2004 – 4 O 644/03 – SP 2005, 20.

377 OLG Nürnberg Urt. v. 08.01.2010 – 12 U 1596/09 – VersR 2011, 1032.

378 OLG Frankfurt/M. Urt. v. 20.02.2002 – 7 U 54/01 – zfs 2002, 240; OLG Düsseldorf Urt. v. 23.02.1999 – 4 U 77/98 – zfs 1999, 297.

379 LG Coburg Urt. v. 29.04.2009 – 13 O 717/08 – r+s 2009, 325.

380 OLG Düsseldorf Urt. v. 23.02.1999 – 4 U 77/98 – zfs 1999, 297.

381 OLG Frankfurt/M. Urt. v. 08.06.2001 – 24 U 175/99 – VersR 2002, 90 = zfs 2001, 551.

382 OLG Düsseldorf Urt. v. 25.02.2010 – I-4 U 102/09 – SP 2010, 331.

383 OLG Köln Urt. v. 06.02.2001 – 9 U 151/00 – r+s 2001, 278 = SP 2001, 243; OLG Karlsruhe Urt. v. 23.09.1975 – 12 U 105/74 – VersR 1976, 454.

entwendet.[384] Auch wenn der VN beim gleichzeitigen Entladen seines Pkw und eines anderen Pkw seiner Ehefrau in der Tiefgarage eines großen Mietshauses versehentlich den **Fahrzeugschlüssel auf dem Kofferraumschloss** seines Fahrzeuges stecken lässt, erweist sich das Fehlverhalten des VN in diesem Zusammenhang nicht als subjektiv grob fahrlässig.[385] Denn es ist ihm nicht als schlechthin unentschuldbares Fehlverhalten anzulasten, wenn er infolge Unkonzentriertheit das Abziehen des Schlüssels als einen von verschiedenen Handgriffen im Rahmen eines zur Routine gewordenen, völlig automatisierten Handlungsablaufes vergisst.[386] **Anderes gilt nur dann**, wenn der VN den Schlüssel auf einem stark frequentierten, öffentlichen Parkplatz im Schloss der Kofferraumklappe stecken lässt.[387]

Im Übrigen **ist eine doppelte Sicherung des Fahrzeuges nicht zu verlangen.** Steht das Fahrzeug in einer ansonsten ordnungsgemäß verschlossenen Ausstellungshalle oder Garage, so ist selbst die Entwendung eines unverschlossenen Fahrzeuges mit steckendem Zündschlüssel nicht grob fahrlässig.[388] 215

Grobe Fahrlässigkeit wurde bejaht: 216
- bei einem VN, der sein Kfz unverschlossen und **mit laufendem Motor** in einer europäischen Großstadt abstellt und unbeaufsichtigt **zurücklässt**, indem er sich ca. 100 m entfernt, dabei sogar um eine Ecke geht, ohne das Fahrzeug so im Blickfeld zu haben, dass er eine Einwirkung Dritter auf das Fahrzeug zumindest hätte wahrnehmen können, da ein solches Verhalten geradezu eine Einladung für potenzielle Diebe darstellt, das Fahrzeug zu entwenden;[389]
- bei kurzzeitigem **Verlassen eines Taxis mit laufendem Motor**, um in einer Kneipe den Fahrgast ausfindig zu machen;[390]
- bei einem VN, der **in Polen aus seinem Fahrzeug aussteigt**, um das Auto herum auf die Beifahrerseite geht und sich dort mit einem Passanten unterhält, während sich ein Unbekannter spontan ans Steuer setzt und mit dem Fahrzeug flüchtet;[391]
- wenn der VN mit seinem Pkw Mercedes **an einem Obstverkaufsstand in Polen anhält**, sich 3 Meter von seinem Fahrzeug entfernt und sich durch ein Gespräch mit der Verkäuferin ablenken lässt;[392]
- wenn der VN beim **Verlassen des Kfz auf offener Straße** innerhalb einer (kleineren) geschlossenen Ortschaft den Schlüssel im Zündschloss des unverschlossenen Fahrzeugs hat stecken lassen und sich hinter dem Fahrzeug aufhält;[393]
- wenn der VN bewusst sein **Fahrzeug** nachmittags **unverschlossen vor seinem Haus** im öffentlichen Straßenraum **abstellt** und Schlüssel sowie Kfz-Schein darin zurücklässt und das Fahrzeug über Nacht entwendet wird;[394]
- wenn der VN **während des Wechselns eines Reifens** den Zündschlüssel stecken lässt, obwohl zwischenzeitlich ein Unbekannter hinzugekommen ist;[395]
- bei einem VN, der einen ein Jahr alten **Pkw** der gehobenen Preisklasse **unverschlossen** mit steckendem Zündschlüssel **auf** einem frei zugänglichen **Firmengelände abstellt**;[396]

---

384 OLG Celle Urt. v. 18.06.2009 – 8 U 188/08 – r+s 2010, 149 = SP 2010, 19.
385 OLG Düsseldorf Urt. v. 27.10.1998 – 4 U 212/97 – zfs 1999, 156.
386 LAG Mainz Urt. v. 12.05.1999 – 10 (2) Sa 1223/98 – SP 2000, 427.
387 OLG Hamm Urt. v. 27.09.1999 – 6 U 52/99 – VersR 2000, 1233; OLG Braunschweig Urt. v. 12.05.1999 – 3 U 292/98 – VersR 2000, 449.
388 OLG Düsseldorf Urt. v. 05.12.1989 – 4 U 26/89 – r+s 1990, 405 (**bei einer mit zwei Vorhängeschlössern gesicherten Halle**); **a.A.** LG Stralsund Urt. v. 31.08.1994 – 7 S 11/94 – r+s 1995, 450 (**bei einem Kfz in verschlossener Garage**).
389 OLG Koblenz Urt. v. 12.03.2004 – 10 U 550/03 – VersR 2004, 1410 = r+s 2004, 279.
390 LG Köln Urt. v. 24.07.1991 – 24 O 489/90 – VersR 1993, 348.
391 OLG Rostock Urt. v. 07.11.2008 – 5 U 153/08 – NJW-Spezial 2009, 11 = VK 2009, 49.
392 OLG Köln Urt. v. 20.06.2000 – 9 U 5/00 – VersR 2002, 842 = r+s 2000, 404.
393 LG Mainz Urt. v. 01.06.2006 – 4 O 318/05 – r+s 2008, 10.
394 OLG Koblenz Urt. v. 26.03.2009 – 10 U 1243/08 – VersR 2009, 1527.
395 LG Koblenz Urt. v. 23.01.2002 – 3 O 164/01 – SP 2002, 427.
396 OLG Köln Urt. v. 09.05.2000 – 9 U 66/99 – zfs 2001, 21.

- wenn der VN entsprechend einem auf dem Lande ortsüblichen Verhalten sein **Fahrzeug** mit steckendem Schlüssel **auf einem Hof abstellt**;[397]
- wenn der VN sein mit steckendem Zündschlüssel **auf ungesichertem Gelände vor einem Gewerbebetrieb abgestelltes Fahrzeug** verlässt und sich – wenn auch nur vorübergehend – außer Sichtweite seines Fahrzeuges begibt.[398]

217 **Keine grobe Fahrlässigkeit** liegt vor:
- wenn der VN bei einer scheinbaren Autopanne eines anderen Fahrzeuges anhält, um Hilfe zu leisten und unter Steckenlassen des Zündschlüssels sein Fahrzeug verlässt, wenn sich ihm die Möglichkeit einer nur **vorgetäuschten Panne** nicht aufdrängen musste;[399]
- wenn der VN beim eiligen Entladen seines Fahrzeuges in strömendem Regen zwar den Kfz-Schlüssel stecken lässt, das Fahrzeug aber in einem **umzäunten Privatbereich** abgestellt ist, der nur **durch ein mittels Sicherheitsschloss versehenes Eisentor zugänglich** ist, der VN sich zum Zeitpunkt des Diebstahls auf dem Grundstück aufhält und der Täter von außen nicht erkennen kann, dass das Kfz unverschlossen im Hof steht.[400]

cc) Kürzungsquoten

218 Die Anforderungen an einen sicheren Abstellort und notwendige Sicherungsmaßnahmen nach dem Verlassen des Fahrzeuges sind umso höher anzusetzen, je wertvoller das Fahrzeug ist und je eher es potenziellen Tätern einen Diebstahlsanreiz bietet. Maßgeblich ist auch, ob das Fahrzeug auf einem unbeleuchteten, unbewachten Gelände oder auf einem umzäunten Parkplatz mit Wachpersonal und Überwachungskameras abgestellt wurde.[401] Eine **Leistungskürzung von 100 %** kommt nur ausnahmsweise in Betracht, wenn für einen Dritten – auch aufgrund des Abstellorts – nicht sofort zu erkennen ist, dass das Fahrzeug unverschlossen ist und der Fahrzeugschlüssel im Zündschloss steckt.[402]

219 Ein nachgewiesenes grob fahrlässiges Verhalten dürfte im **Normalfall** zu einer **Leistungskürzung zwischen 50 und 70 %** führen.[403] Je nach Einstufung des Abstellortes als sicher oder weniger sicher, der Abstelldauer und der Nachlässigkeit des VN in Bezug auf die Sicherung seines Fahrzeuges wird sich im Normalfall eine Quote in diesem Bereich finden lassen.

220 Eine Abzugsquote von **75–80 %** wird angemessen sein, wenn der VN das Fahrzeug einem unbekannten Dritten für eine **Probefahrt** ohne jegliche Sicherungsmaßnahmen aushändigt oder in der Stadt mit **steckendem Zündschlüssel** oder gar **laufendem Motor** abstellt, so dass sich ein Täter regelrecht eingeladen fühlen muss, das Fahrzeug zu entwenden.[404]

221 Sofern der VN den Zündschlüssel auf einem **öffentlich zugänglichen Grundstück** vergisst (Tankstelle, Gewerbebetrieb, Parkgarage etc.), erscheint der Ansatz einer mittleren Verschuldensquote von **50 %** gerechtfertigt. Beim Abstellen eines Pkw mit geschlossenen Türen und Fenstern in der Einfahrt eines Waschsalons und 10-minütiger Abwesenheit des Fahrers wurden **75 %** angesetzt.[405]

---

397 LG Itzehoe Urt. v. 26.08.2003 – 1 S 157/03 – VersR 2004, 192 = DAR 2004, 154.

398 OLG Koblenz Urt. v. 28.04.2000 – 10 U 1146/99 – zfs 2001, 122 = VersR 2001, 1278; LG Hannover Urt. v. 27.09.2005 – 8 O 132/05 – SP 2006, 289.

399 OLG Frankfurt/M. Urt. v. 28.11.2002 – 3 U 239/01 – MDR 2003, 632.

400 OLG Düsseldorf Urt. v. 25.02.2010 – I-4 U 102/09 – SP 2010, 331.

401 Nugel DAR 2012, 348, 350.

402 OLG Dresden Beschl. v. 21.11.2019 – 4 U 2082/19 – r+s 2020, 148.

403 Ebenso Burmann/Heß/Höke/Stahl Rn. 407; Meschkat/Nauert/*Stehl* S. 104, 105 (**für eine Normalfallquote von 50 %, im Einzelfall von 66 bis 80 %**); ähnlich Rüffer/Halbach/Schimikowski/*Karczewski* § 81 VVG Rn. 120 (**im Einzelfall bis zu 90 % Kürzung**).

404 Goslarer Orientierungsrahmen zfs 2010, 12, 14 = DAR 2010, 111 (**75 % bei Schlüssel im Zündschloss**); vgl. Nugel DAR 2012, 348, 350 (**50–80 %**).

405 OLG Dresden Beschl. v. 21.11.2019 – 4 U 2082/19 – r+s 2020, 148.

Verstößt der VN gegen die Verpflichtung, sein abgestelltes Fahrzeug ausreichend **gegen unbefugte Benutzung zu sichern**, wird sich die Abzugsquote je nach Fahrzeugart (Pkw, Zweirad, Anhänger), Abstellort und –zeitraum sowie Wert des versicherten Fahrzeuges auf **40–70 %** belaufen.[406] Beim Diebstahl eines unzureichend gesicherten Außenbordmotors von einem Boot über Nacht in einem umzäunten Hafenbereich wurde eine Kürzung von **50 %** für angemessen erachtet,[407] ebenso beim Diebstahl eines im öffentlichen Bereich ungesichert abgestellten Anhängers[408] oder eines nach Mäharbeiten auf einem abgelegenen Feld ungesichert abgestellten landwirtschaftlichen Anhängers.[409] 222

b) Pflichtwidrige Beaufsichtigung oder Verwahrung von Kfz-Schlüsseln

Der VN muss seine Fahrzeugschlüssel grundsätzlich so aufbewahren, dass sie vor unbefugten Zugriffen Dritter geschützt sind. Als **grob fahrlässig** ist sein Verhalten daher einzustufen, **wenn** in der konkreten Situation ein **erheblich erleichterter Zugriff auf die Schlüssel für unbefugte Dritte** bestand und **dies für den VN** auch **offenkundig war**, während ein Verschuldensvorwurf in den Fällen ausscheidet, in denen der VN nicht ohne weiteres mit einem Diebstahl der Schlüssel rechnen konnte.[410] 223

aa) im Fahrzeug

Das **Zurücklassen von Kofferraum- oder Fahrzeugschlüsseln** (auch Ersatzschlüsseln) im Inneren eines auf öffentlich zugänglichen Straßen oder Plätzen abgestellten Fahrzeuges (z.B. in **Kleidungsstücken**, in einer **Notebooktasche** unter dem Fahrersitz,[411] in der **Mittelkonsole**,[412] hinter der **Sonnenblende**,[413] im **Aschenbecher** über die Dauer von drei Wochen,[414] in der **Innenverkleidung** oder an sonstigen versteckten Stellen) ist grundsätzlich als **grob fahrlässig** anzusehen, weil dem Dieb dadurch die Entwendung des Fahrzeuges erheblich erleichtert wird. Dies gilt selbst dann, wenn das Lenkradschloss eingerastet und die Fahrzeugtüre verriegelt war.[415] Auch die Wahl eines in Täterkreisen einschlägig bekannten Verstecks bei bestimmten Fahrzeugtypen (z.B. bei Wohnmobilen eine Magnethalterung unter dem Fahrzeug) ist grob fahrlässig, anders nur dann, wenn die Schlüssel an einem ungewöhnlichen, schwer aufzufindenden Ort im Fahrzeug versteckt sind (z.B. im Küchenschrank eines Wohnmobils unter einer Abdeckung im Bereich des von außen nicht zugänglichen Radkastens) und zusätzlich der Abstellplatz des Kfz auch noch durch eine Schranke besonders gesichert ist.[416] Für die Berechtigung dieses Vorwurfs kommt es nicht darauf an, ob der VN den Kfz-Schlüssel bewusst oder unbewusst im Fahrzeug zurückgelassen hat[417] oder ob er sich der Gefahren, die aus diesem Umstand resultieren, bewusst gewesen ist. 224

Hat der Dieb den **Fahrzeugschlüssel von außen sehen** können, ist ohne weiteres bewiesen, dass die Entwendung zumindest mitursächlich auf die leichtsinnige Aufbewahrung des Schlüssels im Fahrzeug zurückzuführen ist.[418] War der Fahrzeugschlüssel **von außen nicht sofort zu erkennen**, wird sich der VR vielfach nicht auf grobe Fahrlässigkeit berufen können, wenn er mangels späterem Wiederauffinden des Fahrzeuges nicht den Beweis erbringen kann, dass der Dieb das Fahrzeug 225

---

406 Vgl. Nugel DAR 2012, 348, 350.
407 OLG Hamm Beschl. v. 21.04.2010 – 20 U 182/09 – NJW Spezial 2010, 297.
408 OLG Bremen Beschl. v. 21.05.2019 – 3 U 21/18 – DAR 2020, 88.
409 LG Lüneburg Urt. v. 15.09.2016 – 5 O 18/16 – r+s 2017, 347 = DAR 2017, 205.
410 Rüffer/Halbach/Schimikowski/*Karczewski* § 81 VVG Rn. 18.
411 Vgl. KG Urt. v. 11.02.2008 – 8 U 151/07 – NJW-RR 2008, 1245.
412 OLG Koblenz Urt. v. 29.11.1996 – 10 U 1581/95 – zfs 1997, 182, LG Köln Urt. v. 15.01.2009 – 24 O 365/08 – r+s 2010, 14.
413 OLG Hamm Urt. v. 13.06.1997 – 20 U 12/97 – VersR 1998, 489.
414 LG Augsburg Urt. v. 29.10.1993 – 9 O 1400/93 – VersR 1994, 855.
415 BGH Urt. v. 30.09.1980 – **VI ZR 38/79** – VersR 1981, 40 = NJW 1981, 113.
416 LG Koblenz Urt. v. 16.11.2017 – 16 O 112/17 – VK 2018, 122.
417 Vgl. auch A.2.9.1 AKB Rdn. 22 ff.; **a.A.** Himmelreich/Halm/Staab/*Papatheodorou* Kap. 23 E Rn. 519.
418 Vgl. BGH Urt. v. 14.07.1986 – **IVa ZR 22/85** – VersR 1986, 962 = NJW 1986, 2838.

unter Zuhilfenahme des aufgefundenen Schlüssels entwendet hat,[419] (vgl. auch A.2.9.1 AKB Rdn. 401 ff.).

226 Es kommt hinzu, dass das **von außen nicht sichtbare Belassen von Fahrzeugschlüsseln** im Fahrzeuginneren **für einen** in der Regel schon vor dem Aufbrechen des Fahrzeuges gefassten **Diebstahlsentschluss des Täters nicht ursächlich** ist.[420] Für eine hiervon abweichende Beurteilung muss der VR entsprechende Tatsachen vortragen und nachweisen, dass durch das Zurücklassen der Fahrzeugschlüssel die Entwendung erst möglich oder zumindest gefördert worden ist.[421] Sonst fehlt es an der »Herbeiführung« des Schadens i.S.v.A.2.9.1 AKB. Schließlich ist eine Entwendung des Fahrzeuges auch ohne das Auffinden oder die Benutzung des im Fahrzeuginneren zurückgelassenen Schlüssels möglich und denkbar. So kann das Fahrzeug beispielsweise auf einen Transporter aufgeladen oder mittels Abschleppwagen weggeschafft worden sein. Die bloße Behauptung des VR, das Zurücklassen des Schlüssels im Fahrzeug habe den Diebstahl gefördert, ist jedenfalls so lange rein spekulativ, wie sich nicht durch konkrete, nachvollziehbare Anhaltspunkte die Annahme begründen lässt, der Täter habe ursprünglich nur Gegenstände aus dem Fahrzeug entwenden wollen, sei dann aber beim Durchsuchen des Fahrzeuges auf den an versteckter Stelle verwahrten Zweitschlüssel gestoßen und habe daher die günstige Gelegenheit genutzt, mittels dieses aufgefundenen Schlüssels auch gleich das ganze Fahrzeug zu entwenden.[422]

227 Die **Aufbewahrung** von Kofferraum- oder Reserveschlüsseln **im unverschlossenen Handschuhfach** ist **grob fahrlässig**; der vertragsgemäß vorausgesetzte Sicherheitsstandard ist erheblich herabgesetzt, mögen auch das Lenkradschloss eingerastet und die Wagentüren verriegelt gewesen sein.[423] Allerdings wird der VR auch in diesen Fällen den Kausalitätsnachweis nicht führen können, wenn ungeklärt bleibt, ob der Täter vor seinem Diebstahlsentschluss gesehen hat, dass sich Fahrzeugschlüssel im Fahrzeug befinden. Dann fehlt es an der für eine Leistungskürzung erforderlichen Kausalität.

228 Zweifelhaft dürfte jedoch sein, ob grobe Fahrlässigkeit auch dann zu angenommen werden kann, wenn der VN seinen **Zweitschlüssel** im unverschlossenen Handschuhfach eines **anderen abgesperrten Fahrzeuges**, z.B. seines Zweitwagens, zurücklässt und somit einem potenziellen Täter gerade keinen Anreiz zur Entwendung seines versicherten Fahrzeuges bietet.[424] Tatsache ist allerdings, dass Diebe gerade im Handschuhfach Nachschau halten, weil sie mit der verbreiteten Unsitte vieler Autofahrer rechnen, dass dort neben Wertsachen auch Kfz-Papiere und –Zweitschlüssel aufbewahrt werden. Der VN führt daher den Versicherungsfall grob fahrlässig herbei, wenn der Täter nach dem Aufbrechen des Fahrzeuges und Auffinden eines Kofferraumschlüssels im ungesicherten Handschuhfach aus dem Kofferraum des Zweitwagens mitversichertes Fahrzeugzubehör entwendet; der VN kann nicht einwenden, die Täter hätten den Kofferraum auch ohne den Schlüssel geöffnet. Denn dies betrifft einen **hypothetischen Kausalitätsverlauf**, den nicht der VR ausräumen, sondern der VN beweisen muss, andernfalls er unerheblich ist.[425] **Dennoch** kann sich im Einzelfall selbst ein objektiv schwerwiegendes Fehlverhalten subjektiv als entschuldbares **Augenblicksversagen** darstellen, wenn der Schlüssel im Fahrzeuginneren aufgrund eines Versehens verbleibt, das auch einem

419 Vgl. LG Köln Urt. v. 15.01.2009 – 24 O 365/08 – r+s 2010, 14.
420 Vgl. BGH Urt. v. 06.03.1996 – **IV ZR 383/94** – VersR 1996, 621 = r+s 1996, 168.
421 LG Köln Urt. v. 15.01.2009 – 24 O 365/08 – r+s 2010, 14.
422 Vgl. LG Düsseldorf Urt. v. 17.04.2003 – 11 O 121/02 – ADAJUR Dok.Nr. 57915.
423 BGH Urt. v. 30.09.1980 – **VI ZR 38/79** – VersR 1981, 40 = NJW 1981, 113; BGH Urt. v. 14.07.1986 – **IVa ZR 22/85** – VersR 1986, 962 = NJW 1986, 2838; OLG Köln Urt. v. 07.11.1995 – 9 U 8/95 – VersR 1996, 1360; OLG Köln Urt. v. 13.12.1994 – 9 U 195/94 – r+s 1995, 42; LG Augsburg Urt. v. 30.10.1974 – 2 O 284/74 – VersR 1975, 1018.
424 **Grobe Fahrlässigkeit bejaht:** LG Hechingen Urt. v. 03.12.2012 – 1 O 124/12 – zfs 2013, 392 mit kritischer Anm. Rixecker zfs 2013, 394; AG Rheinbach Urt. v. 09.07.2013 – 10 C 114/13 – SP 2013, 408.
425 BGH Urt. v. 14.07.1986 – **IVa ZR 22/85** – VersR 1986, 962 = NJW 1986, 2838.

besonders sorgfältig handelnden VN unterlaufen kann.[426] Dies gilt vor allem im Zusammenhang von **Be- und Entladungsvorgängen** (vgl. A.2.9.1 AKB Rdn. 214 ff.).

Die **Aufbewahrung** von Fahrzeugschlüsseln **im verschlossenen Handschuhfach** ist entgegen früherer früherer Rechtsprechung[427] schon objektiv als **nicht grob fahrlässig** ist anzusehen, weil der Dieb durch das Aufbrechen des Faches nochmals besondere kriminelle Energie und Zeit aufwenden muss.[428] 229

Der **VR** muss den **Vollbeweis** führen, dass der im Wageninneren verbliebene **Schlüssel vom Täter gefunden und** auch tatsächlich **zur Entwendung des Fahrzeuges benutzt** worden ist. Auf einen Anscheinsbeweis kann sich der VR nicht berufen. Es gibt keinen Erfahrungssatz, dass ein ohnehin zur Entwendung des gesamten Fahrzeuges entschlossener Dieb zunächst den Innenraum nach einem möglicherweise darin verbliebenen Zweitschlüssel durchsucht.[429] Anderes kann gelten, wenn feststeht, dass sich der Schlüssel offen sichtbar im Fahrzeug befunden hat[430] oder an einer Stelle, wo nur ein gezielter Handgriff zu einem von dem Dieb zu erwartenden Versteck ausreichend war.[431] 230

Hat der VN einen **Reservefahrzeugschlüssel** über einen Zeitraum von eineinhalb Monaten **im Handschuhfach** seines Cabriolets deponiert, so hat er die Entwendung seines Fahrzeuges nachweislich grob fahrlässig herbeigeführt, wenn dieses wenige Tage nach dem Diebstahl anlässlich eines Verkehrsunfalls mit im Zündschloss steckendem Originalschlüssel wieder aufgefunden wird und mangels Aufbruchspuren, Schäden am Lenkradschloss oder kurzgeschlossenen Zündkabeln kein Zweifel daran besteht, dass der im Handschuhfach befindliche Originalschlüssel bei der Fahrzeugentwendung benutzt und vom Dieb nicht etwa erst viel später gefunden wurde.[432] **Bleibt hingegen unklar**, ob das Fahrzeug von einem versierten Täter nicht auch ohne weiteres kurz geschlossen werden konnte, fehlt es an der Kausalität des Fehlverhaltens für den eingetretenen Erfolg, d.h. die Entwendung. 231

Befinden sich die **Schlüssel im Kofferraum**, z.B. unter dem Reserverad[433] oder **in der Verkleidung unter dem Radkasten**,[434] fehlt es an der Kausalität, wenn auch die naheliegende Möglichkeit besteht, dass das Kfz abgeschleppt wurde oder nach Aussage eines Gutachters davon ausgegangen werden kann, dass das betreffende Fahrzeugmodell innerhalb kürzester Zeit auch ohne Schlüssel geöffnet werden kann.[435] 232

Das **Belassen eines Zweitschlüssels in Kleidungs- oder Gepäckstücken**, die sichtbar von außen im Fahrzeug zurückbleiben, ist nur ausnahmsweise dann **nicht grob fahrlässig**, wenn sich der **VN kurzzeitig von seinem Fahrzeug entfernt**, z.B. im Rahmen von Be- und Entladungsvorgängen; dies gilt auch im Falle eines nicht abgesperrten Fahrzeuges.[436] 233

Anderes gilt bei einem **nicht nur kurzzeitigen Abstellen** des Fahrzeuges, insbesondere an einem diebstahlgefährdeten Ort im Ausland, wenn der VN noch weitere, wertvolle Gegenstände im Fahrzeug 234

426 BGH Urt. v. 14.07.1986 – **IVa ZR 22/85** – VersR 1986, 962 = NJW 1986, 2838; BGH Urt. v. 31.10.1973 – **IV ZR 125/72** – VersR 1974, 26, 27 = NJW 1974, 48; vgl. OLG Hamm Beschl. v. 23.01.2023 – 6 U 107/21 – zfs 2023, 271.
427 OLG Hamm Urt. v. 14.09.1983 – 20 U 167/83 – VersR 1984, 151; OLG Celle Urt. v. 07.12.1979 – 8 U 71/79 – VersR 1980, 425.
428 BGH Urt. v. 14.07.1986 – **IVa ZR 22/85** – VersR 1986, 962 = NJW 1986, 2838; OLG Koblenz Urt. v. 15.04.2002 – 2 U 1513/01 – PVR 2002, 371.
429 OLG Celle Urt. v. 27.03.1997 – 8 U 35/96 – zfs 1997, 301.
430 OLG Karlsruhe Urt. v. 21.06.1995 – 13 U 256/93 – zfs 1996, 458 = NJW-RR 1997, 347.
431 OLG Frankfurt/M. Urt. v. 24.11.1994 – 3 U 196/93 – NJW-RR 1995, 1367 = r+s 1996, 15.
432 OLG Köln Urt. v. 07.11.1995 – 9 U 8/95 – VersR 1996, 1360.
433 OLG Jena Urt. v. 05.08.1998 – 4 U 135/98 – zfs 1999, 23.
434 LG Gießen Urt. v. 29.05.1992 – 2 O 607/91 – VersR 1994, 170.
435 OLG Hamm Urt. v. 11.03.2005 – 20 U 226/04 – r+s 2005, 373 = zfs 2005, 397.
436 Vgl. OLG Celle Urt. v. 18.06.2009 – 8 U 188/08 – r+s 2010, 149 = SP 2010, 19 (**Jacke auf dem Rücksitz, subjektiv grob fahrlässiges Verhalten des VN verneint**).

zurücklässt.[437] Im Regelfall ist es grob fahrlässig, eine Jacke mit den Fahrzeugschlüsseln auf der Rücksitzbank eines nicht abgesperrten, am Straßenrand abgestellten Fahrzeuges zu belassen.[438] Das Verschulden wird auch nicht dadurch gemildert, dass der VN die im Fahrgastraum zurückgelassenen Ersatzschlüssel in der Mittelkonsole abgelegt und durch einen von außen sichtbaren Bund mit anderen Fahrzeugschlüsseln (Busschlüssel) verdeckt hat.[439] Allerdings ist stets auch die **Kausalität** zu prüfen. Der VR trägt die Beweislast dafür, dass die im Kfz zurückgebliebenen Gegenstände den noch nicht feststehenden Entschluss zum Fahrzeugdiebstahl bei dem Dieb gefördert haben. Dieser Beweis wird leichter für ein **Kleidungsstück**, nicht aber stets auch für ein zurückgebliebenes **Gepäckstück** auf dem Rücksitz oder im einsehbaren Kofferraum eines Fahrzeuges[440] geführt werden können. Lässt der VN zwar versehentlich einen Fahrzeugschlüssel in einer hinter dem Fahrersitz auf dem Boden liegenden und mit einer schwarzen Decke zugedeckten Jacke zurück, kann ihm aber nicht nachgewiesen werden, dass das Zurücklassen des Ersatzschlüssels in der Jacke den **Entschluss** zum Diebstahl bei dem Täter **leichtfertig ausgelöst, bestärkt** oder einen entsprechender **Anreiz** zur Entwendung des Fahrzeuges geschaffen hat, fehlt es an der Kausalität.[441] Andenfalls hat der VN durch das Zurücklassen des Zweitschlüssels in einem Kleidungsstück – selbst im ordnungsgemäß verschlossenen Fahrzeug – die Entwendung grob fahrlässig herbeigeführt.[442] Dies gilt insbesondere dann, wenn sich in dem Kleidungsstück **außer dem Ersatzschlüssel** für das Auto **auch die Kfz-Papiere** befanden[443] oder beides zwar nicht in dem Kleidungsstück, wohl aber im Handschuhfach des Fahrzeuges aufbewahrt wurde.[444] Hat der VN in einer polnischen Stadt in seinem ordnungsgemäß verschlossenen Fahrzeug seine Jacke zurückgelassen, ist ein solches Verhalten selbst dann ursächlich für die spätere Entwendung des Fahrzeuges, wenn dieses nur für kurze Zeit abgestellt war und erst recht dann, wenn zuvor schon einmal versucht wurde, das Kfz zu entwenden, so dass der VN hätte gewarnt sein und auch mit einem Diebstahl hätte rechnen müssen.[445]

235 In dem dauerhaften – wenn auch versteckten – Aufbewahren eines Zweitschlüssels im Kfz-Innenraum liegt eine **Gefahrerhöhung**, die nach den §§ 23 Abs. 1, 26 Abs. 1 VVG zu einer (teilweisen) Leistungsfreiheit des VR führen kann.[446] Anderes gilt nur dann, wenn die Aufbewahrung nicht erwiesenermaßen dauerhaft erfolgte.[447]

bb) außerhalb des Fahrzeuges

236 Ein besonders leichtfertiges, als grob fahrlässig zu qualifizierendes Verhalten im Umgang mit den eigenen Fahrzeugschlüsseln kann auch darin liegen, dass der VN einem unbekannten Dritten **den ungehinderten Zugriff** auf seine Kfz-Schlüssel **ermöglicht** oder diese in sonstiger Weise so **nachlässig aufbewahrt**, dass sie von einem Dritten jederzeit unbemerkt an sich genommen und dem dazugehörigen Fahrzeug auch problemlos zugeordnet werden können. Dies gilt vor allem dann, wenn der Schlüssel mit einem elektronischen Türöffnungs-Mechanismus (**Keyless-Go-Karte**) ausgestattet ist.

---

437 Vgl. LG Traunstein Urt. v. 12.05.2011 – 1 O 3826/10 – juris = openJur 2012, 115701 (**unbewachter Parkplatz in Sarajevo**).

438 LG Hannover Urt. v. 15.08.2008 – 13 O 262/05 – SP 2009, 153.

439 OLG Koblenz Urt. v. 29.11.1996 – 10 U 1581/95 – zfs 1997, 182.

440 **Kausalität verneint:** OLG Düsseldorf Urt. v. 29.10.1996 – 4 U 175/95 – VersR 1997, 304 = r+s 1997, 6 (**Reisegepäck**); **Kausalität bejaht:** OLG Frankfurt/M. Urt. v. 24.11.1994 – 3 U 196/93 – NJW-RR 1993, 1367 = r+s 1996, 15 (**für eine Handtasche, die unter den Sitz geschoben wurde**); OLG Celle Urt. v. 25.01.1985 – 8 U 125/84 – VersR 1986, 1013 (**für das Zurücklassen des Schlüssels in einer Sporttasche auf dem Rücksitz**).

441 OLG Koblenz Urt. v. 13.03.2009 – 10 U 1038/08 – VersR 2009, 1526.

442 OLG Frankfurt/M. Urt. v. 11.03.1986 – 14 U 273/84 – zfs 1986, 374.

443 LG Koblenz Urt. v. 14.11.2005 – 16 O 190/05 – r+s 2007, 414.

444 LG Traunstein Urt. v. 12.05.2011 – 1 O 3826/10 – juris = openJur 2012, 115701.

445 LG Koblenz Urt. v. 14.11.2005 – 16 O 190/05 – r+s 2007, 414.

446 OLG Koblenz Urt. v. 25.04.1997 – 10 U 1437/96 – VersR 1998, 233.

447 OLG Karlsruhe Urt. v. 31.07.2014 – 12 U 44/14 – r+s 2015, 226.

Grobe Fahrlässigkeit liegt vor, wenn der VN in einer öffentlichen **Gaststätte**[448] die Kfz-Schlüssel zeitweise unbeaufsichtigt in einem Rucksack neben sich[449] oder in einer Jacke an einem Stuhl, von dem er sich kurzzeitig entfernt[450] oder an einer unbewachten Garderobe belässt,[451] oder wenn die Schlüssel in einer **Diskothek** aus einer von der VN während des Tanzens unbeaufsichtigt in der Nähe der Theke zurückgelassenen Handtasche entwendet werden, auch wenn die VN Freundinnen gebeten hatte, auf die Handtasche aufzupassen.[452] Der VN handelt auch grob fahrlässig, wenn er die Kfz-Schlüssel an einem für jedermann sichtbaren **Schlüsselbrett** in der nicht ständig besetzten Kundenannahme einer Werkstatt aufhängt,[453] (anders beim Aufbewahren in einem Schlüsselkasten in den Büroräumen[454]), oder wenn er die Schlüssel unbeaufsichtigt in einem Kleidungsstück in einem unverschlossenen und für jedermann frei zugänglichen **Umkleideraum** einer Turnhalle bzw. eines Sportlerheimes[455] oder in einem unverschlossenen **Aufenthalts- oder Nebenraum** einer Einrichtung (z.B. eines Seniorenheimes) belässt, die für eine Vielzahl von Personen unkontrolliert zugänglich ist, insbesondere dann, wenn vorhandene Sicherungsmaßnahmen (z.B. ein abschließbarer Spind) nicht zur Aufbewahrung der Schlüssel genutzt werden.[456] 237

Der VN führt die Entwendung seines Fahrzeuges auch dann **grob fahrlässig** herbei, wenn er den Wagen abends für eine Reparatur am nächsten Tag auf dem Gelände eines Autohauses abstellt und die Kfz-Schlüssel mit Fahrzeugpapieren in einen **ungesicherten Außenbriefkasten** der Werkstatt wirft, aus dem sie jedoch von einem Dritten problemlos wieder entnommen werden können.[457] Dabei entlastet es den VN nicht, dass er diese Verfahrensweise schon in der Vergangenheit ohne Probleme praktiziert hat und sie im Übrigen auch mit dem Werkstattinhaber abgesprochen gewesen ist.[458] Gleiches gilt für den Fall, dass der Schlüssel durch den in der Glastüranlage des Betriebes. angebrachten Briefkastenschlitz eingeworfen wird, so dass er zu Boden fällt.[459] Lässt es der **VN als gewerblicher Kfz-Vermieter** zu, dass seine Kunden bei Rückgabe der Fahrzeuge außerhalb der Geschäftszeit die Fahrzeugschlüssel in einen ungesicherten Briefkastenschlitz einwerfen können, ist ihm im Falle der Entwendung des Fahrzeuges **grobe Fahrlässigkeit durch Unterlassen** vorzuwerfen.[460] Dies gilt erst recht dann, wenn auf die Funktion des sich problemlos von außen zu öffnenden Briefkastens auch noch gesondert durch Schilder hingewiesen wird.[461] 238

Nicht grob fahrlässig handelt der VN, wenn er den Schlüssel bei der Reparaturwerkstatt in einem Briefumschlag unter dem verschlossenen Hallentor hindurchschiebt,[462] oder wenn er den Schlüssel 239

448 Vgl. die Übersicht bei Feyock/Jacobsen/Lemor § 12 AKB Rn. 156.
449 OLG Düsseldorf Urt. v. 27.05.2004 – 1 U 191/03 – NZV 2004, 411.
450 LG Offenburg Urt. v. 28.05.2003 – 2 O 75/03 – VersR 2005, 1683.
451 OLG Stuttgart Urt. v. 10.08.2004 – 7 U 127/04 – DAR 2005, 708; OLG Köln Urt. v. 17.06.1997 – 9 U 204/96 – zfs 1998, 142.
452 OLG Saarbrücken Urt. v. 31.03.2010 – 5 U 102/09-23 – zfs 2010, 506.
453 Vgl. Burmann/Heß/Höke/Stahl Rn. 410.
454 OLG Saarbrücken Urt. v. 12.07.2006 – 5 U 610/05 – VersR 2007, 238 = zfs 2006, 693.
455 OLG Koblenz Urt. v. 19.02.1999 – 10 U 129/98 – r+s 2003, 319 = zfs 2000, 112; OLG Hamburg Urt. v. 11.11.1994 – 14 U 129/94 – VersR 1995, 1347; OLG Stuttgart Urt. v. 24.09.1992 – 7 U 134/92 – VersR 1993, 604; LG Hannover Urt. v. 04.08.2006 – SP 2007, 334; AG Düsseldorf Urt. v. 31.08.2009 – 231 C 14645/08 – SP 2010, 193; AG Berlin-Charlottenburg Urt. v. 21.06.2007 – 223 C 244/06 – SP 2008, 157; **a.A.** LG Bremen Urt. v. 20.01.1994 – 2 O 1548/93 – r+s 1994, 89.
456 OLG Koblenz Beschl. v. 14.05.2012 – 10 U 1292/11 – r+s 2012, 430 = zfs 2012, 573.
457 LG Düsseldorf Urt. v. 17.06.2005 – 11 O 552/03 – SP 2006, 16.
458 OLG Köln Urt. v. 31.10.2000 – 9 U 65/00 – VersR 2002, 604 = r+s 2001, 189; OLG Celle Urt. v. 09.06.2005 – 8 U 182/04 – DAR 2006, 152, 153 = zfs 2005, 554.
459 OLG Düsseldorf Urt. v. 02.05.2000 – 4 U 68/99 – VersR 2001, 635 = NVersZ 2001, 82; **a.A.** OLG Hamm Beschl. v. 02.11.1999 – 20 W 17/99 – VersR 2000, 1274 = r+s 2000, 403.
460 LG Düsseldorf Beschl. v. 25.10.2010 – 22 S 196/10 – juris, **unter Bestätigung von** AG Düsseldorf Urt. v. 29.06.2010 – 230 C 14977/09 – SP 2011, 227 = VK 2011, 141.
461 OLG Hamm Beschl. v. 14.09.2005 – 20 U 117/05 – VersR 2006, 403 = zfs 2006, 213.
462 LG Aachen Urt. v. 07.07.1994 – 6 S 69/94 – r+s 1995, 90.

in den **Briefkasten eines Autohauses** einwirft, der zurückgesetzt hinter den Schaufenstern der Ausstellung im direkten Eingangsbereich des Autohauses liegt und den Eindruck erweckt, als sei er stabil und nicht leicht aufzubrechen und als würden die oben in den Schlitz eingeworfenen Gegenstände weit nach unten fallen, so dass sie von außen nicht zu erreichen sind.[463] Auch ist es nicht grob fahrlässig, wenn eine Speditionsfirma die Fahrzeugschlüssel zu ihren LKW auf ihrem umfriedeten Betriebsgelände im Bereich der Fahrer-Anmeldung hinter einer Glastür in einem den Fahrzeugen zugeordneten Briefkasten oder auf Haken auf den Briefkasten verwahrt und die Glastür nur durch einen Zahlencode, einen Transponder oder mit einem Schlüssel zu öffnen ist.[464]

240 **Grobe Fahrlässigkeit** ist zu bejahen:

- wenn der VN (Restaurantbesitzer) den Fahrzeugschlüssel für einen vor der Gaststätte abgestellten Pkw dauerhaft in einer **offenen Tonschale auf dem Tresen des Restaurants aufbewahrt**, ohne dass eine ständige Überwachung während der normalen Öffnungszeiten gewährleistet ist, aber auch dann, wenn der Schlüssel und damit der Pkw dadurch abhandenkommt, dass der Täter bei einem nächtlichen Einbruch in das Restaurant durch ein ebenerdiges Fenster auf der Rückseite des Gebäudes einsteigt, an dem der VN zuvor zum Zwecke einer besseren Luftzirkulation einen Teil des Oberlichtes vollständig ausgebaut hatte;[465]
- wenn der stadtbekannte VN die Kfz-Schlüssel zu seinem 3 km entfernt vor seiner Wohnung abgestellten Fahrzeug **offen auf die Theke** seiner Stammkneipe **legt und Alkohol** in erheblichen Mengen **konsumiert**, so dass er den Diebstahl des Schlüsselbundes nicht bemerkt;[466]
- wenn der VN seinen Fahrzeugschlüssel in einer Jacke verstaut und diese auf einem **Volksfest**[467] oder in einer **Diskothek**[468] teilweise unbeaufsichtigt lässt, weil wegen der Anonymität der Besucher und der fehlenden Übersichtlichkeit jederzeit mit dem Diebstahl einer herumliegenden Jacke gerechnet werden muss;
- wenn der VN seine Jacke mit dem Kfz-Schlüssel **in einem Lokal** (Tschechische Republik) über den Stuhl legt;[469]
- wenn der VN die Schlüssel in seiner Jacke belässt und diese an einer **frei zugänglichen Garderobe** eines Gemeindehauses[470] oder eines öffentlich zugänglichen Gebäudes zur Unterrichtszeit[471] unbeaufsichtigt aufbewahrt;
- wenn der VN die Fahrzeugschlüssel unbeaufsichtigt in einem für Unbefugte **frei zugänglichen Nebenraum** eines Bordells,[472] Fitnesscenters,[473] Seniorenheimes[474] oder Sattelraumes eines Reiterhofes[475] zurücklässt;
- wenn der VN die Schlüssel für den vor einer Turnhalle oder einem Sportlerheim abgestellten Pkw in einem Kleidungsstück belässt, das in einem unverschlossenen, unbeaufsichtigten und für jedermann frei zugänglichen **Umkleideraum** oder in einer **Umkleidekabine** verbleibt;[476]

---

463 LG Oldenburg Urt. V. 14.10.2020 – 13 O 688/20 – zfs 2021, 454 = VK 2021, 82.
464 OLG Dresden Beschl. v. 05.07.2021 – 4 U 428/21 – DAR 2022, 94 = zfs 2021, 690.
465 OLG Celle Urt. v. 14.07.2005 – 8 U 31/05 – r+s 2005, 413 = zfs 2005, 607.
466 OLG Hamm Urt. v. 26.04.1991 – 20 U 284/90 – r+s 1991, 331 = NJW-RR 1992, 360.
467 OLG München Urt. v. 24.11.1993 – 30 U 458/93 – VersR 1994, 1060 = r+s 1995, 8 (**Oktoberfest**).
468 OLG Rostock Beschl. v. 29.10.2004 – 6 U 212/03 – VersR 2006, 210 = r+s 2006, 104; OLG Oldenburg Urt. v. 28.02.1996 – 2 U 304/95 – zfs 1997, 141 = r+s 1996, 172 (**bei gleichzeitigem erheblichen Alkoholkonsum des VN**).
469 OLG Bremen Urt. v. 09.08.1994 – 3 U 32/94 – VersR 1995, 1230.
470 OLG Stuttgart Urt. v. 10.08.2004 – 7 U 127/04 – DAR 2005, 708.
471 AG Wetzlar Urt. v. 10.06.2003 – 39 C 622/03-39 – VersR 2005, 495.
472 OLG Hamm Urt. v. 27.05.1994 – 20 U 392/93 – VersR 1995, 205 = r+s 1994, 328.
473 OLG Hamburg Urt. v. 11.11.1994 – 14 U 129/94 – VersR 1995, 1347.
474 OLG Koblenz Beschl. v. 14.05.2012 – 10 U 1292/11 – r+s 2012, 430 = zfs 2012, 573.
475 OLG Köln Urt. v. 11.06.1996 – 9 U 252/95 – r+s 1996, 392 (**bei auch schon früher erfolgten Diebstählen**).
476 OLG Koblenz Urt. v. 19.02.1999 – 10 U 129/98 – r+s 2003, 319 = zfs 2000, 112; OLG Hamburg Urt. v. 11.11.1994 – 14 U 129/94 – VersR 1995, 1347; OLG Stuttgart Urt. v. 24.09.1992 – 7 U 134/92 – VersR 1993, 604; LG Berlin Urt. v. 09.01.2013 – 42 O 397/11 – DAR 2013, 209; LG

- wenn die Jacke des VN mit dem Kfz-Schlüssel während eines Grillfestes für mehrere Stunden in einem **Raum** verbleibt, **der für eine Vielzahl von Gästen unkontrolliert zugänglich** ist;[477]
- wenn der VN die Schlüssel in der Badetasche mit Kleidungsstücken auf der **Liegewiese eines Freibades** zurücklässt, um für 15 Minuten in dem außer Sichtweite befindlichen Schwimmbecken zu baden;[478]
- wenn der VN den **Notfallschlüssel** an einer Stelle **im Motorraum** belässt, wo er aufgrund der serienmäßigen Konstruktion des Fahrzeuges bekanntermaßen bei allen Fahrzeugen dieses Typs bereits bei der Herstellung werkseitig deponiert wird;[479]
- wenn die Kfz-Schlüssel in einer **am Fahrzeug angebrachten Schlüsselbox** aufbewahrt werden;[480]
- wenn der VN den Kfz-Schlüssel zur Nachtzeit auf einem unbewachten und nicht umzäunten Gelände in einem außen **am Fahrzeug angebrachten Schlüsseltresor** verwahrt,[481] anders aber dann, wenn der Pkw auf einem umzäunten und bewachten Grundstück steht;[482]
- wenn der schlafende VN die **Terrassentüre** zu seinem Haus **nachts offen stehen lässt** und die Kfz-Schlüssel aus seiner in der Garderobe abgelegten Hose entwendet werden, weil der VN in dieser Situation zum Schutz seiner Habe weder bereit, noch in der Lage ist.[483]

Keine grobe Fahrlässigkeit liegt vor: 241

- wenn ein Thekengast dem VN (Restaurantbesitzer), der seinen Schlüsselbund mit dem **Kfz-Schlüssel innerhalb seines Blickfeldes auf dem Tresen abgelegt** hat, die Schlüssel entwendet, der VN nach Feststellung des Verlustes sein Fahrzeug weiterhin an der geparkten Stelle vorfindet, den Thekengast vor dem Restaurant nach dem Verbleib der Schlüssel fragt und das Kfz anschließend entwendet wird, weil es der VN für etwa fünf Minuten aus den Augen gelassen hat, um sich durch ein Telefonat einen Zweitschlüssel zu besorgen;[484]
- wenn der Kfz-Schlüssel eines Kellners **im offenen Tresenfach** liegt, das dem unmittelbaren Zugriff der Gäste entzogen ist;[485]
- wenn der VN **während eines Strandaufenthaltes** den Schlüssel zu dem auf einem gebührenpflichtigen, aber unbewachten Parkplatz in Strandnähe abgestellten Pkw etwa 15 m vom Wasser entfernt in seiner Kleidung versteckt und für sehr kurze Zeit (ca. 2 Minuten) unbeaufsichtigt lässt;[486]
- wenn der VN den Kfz-Schlüssel an einem belebten Badestrand in dem durch einen Reißverschluss gesicherten **Innenfach seiner Badetasche** aufbewahrt, die er ständig unter Kontrolle zu haben glaubt,[487]
- wenn der VN auf einem Firmengelände den Schlüssel zu seinem Pkw für kurze Zeit **in einem nicht abgeschlossenen Lkw** so ablegt, dass er von außen nicht gesehen werden kann;[488]
- wenn der VN den Kfz-Schlüssel in seiner **auf dem Rücksitz liegen gebliebenen Jacke** unbewusst während eines kurzzeitigen Entladevorganges seines unverschlossen in zweiter Reihe abgestellten

Hannover Urt. v. 04.08.2006 – SP 2007, 334; AG Düsseldorf Urt. v. 31.08.2009 – 231 C 14645/08 – SP 2010, 193; AG Berlin-Charlottenburg Urt. v. 21.06.2007 – 223 C 244/06 – SP 2008, 157; **a.A.** LG Bremen Urt. v. 20.01.1994 – 2 O 1548/93 – r+s 1994, 89.

477 OLG Koblenz Urt. v. 02.05.1988 – 12 U 1385/87 – VersR 1991, 541.

478 OLG Karlsruhe Urt. v. 10.01.2002 – 19 U 130/01 – SP 2002, 394.

479 OLG Nürnberg Urt. v. 28.10.1993 – 8 U 1179/93 – VersR 1994, 1417 = r+s 1994, 87.

480 OLG Frankfurt Urt. v. 13.12.2001 – 3 U 141/99 – PVR 2002, 225.

481 LG München I Urt. v. 25.01.1993 – 27 O 20822/92 – zfs 1994, 96.

482 OLG Oldenburg Urt. v. 03.03.1993 – 2 U 213/92 – zfs 1994, 96.

483 OLG München Urt. v. 25.10.2005 – 7 U 4196/05 – NJW-RR 2006, 103 = NZV 2006, 158.

484 OLG Schleswig Urt. v. 01.07. 2004 – 16 U 92/03 – r+s 2005, 150.

485 OLG Hamm Urt. v. 09.02.1994 – 20 U 326/93 – VersR 1994, 1462.

486 OLG Naumburg Urt. v. 20.12.2001 – 4 U 141/01 – r+s 2003, 11 = NJ 2002, 267 (**Kfz-Diebstahl am Plattensee/Ungarn**).

487 OLG Stuttgart Urt. v. 18.01.1996 – 7 U 156/95 –zfs 1997, 140.

488 LG Limburg Urt. v. 08.10.1997 – 2 O 258/97 – zfs 1999, 201.

Fahrzeuges bei Dunkelheit zurückgelassen hat, weil er das Kfz an dem Tag mit dem Zweitschlüssel seiner Ehefrau benutzt hatte;[489]
- wenn der VN den Zweitschlüssel **in einem Querträger unter dem Kfz** angebracht hat;[490]
- wenn der VN den Zündschlüssel eines reparierten Kfz in einem **Schlüsselkasten in den Büroräumen** einer Werkstatthalle aufbewahrt;[491]
- wenn der VN bei helllichtem Tage seinen Kfz-Schlüssel bei **zum Lüften geöffneter Haustür** auf einem Tisch liegen lässt und das Hausgrundstück von einem 1,5 Meter hohen Metallzaun, dessen Tor geschlossen ist, umfriedet ist;[492]
- wenn der VN den Kfz-Schlüssel nachts **unter dem Kopfkissen** aufbewahrt, auch wenn der 18-jährige Sohn in der Vergangenheit das Fahrzeug bereits wiederholt unbefugt benutzt hat;[493]
- wenn der VN den Kfz-Schlüssel am **Schlüsselbrett im Flur** seiner Wohnung aufhängt, wo er von einem minderjährigen Besucher nach gemeinsamem Alkoholgenuss entwendet wird und für den VN keine Anhaltspunkte für ein derartiges Verhalten des Besuchers bestanden;[494]
- wenn ein Dritter, dem der VN das versicherte Fahrzeug zur privaten Veräußerung anvertraut hat, die Kfz-Schlüssel und -papiere bei sich **zu Hause auf den Esstisch** legt, wo sie von einem Mitbewohner des Hauses entwendet werden, der anschließend ohne Führerschein und in alkoholisiertem Zustand eine Fahrt unternimmt und mit dem Kfz verunfallt;[495]
- wenn der VN auf einer **Party** seine **Jacke** mit dem darin befindlichen Schlüssel eines auffälligen Fahrzeuges **dem Veranstalter der Party zur Aufbewahrung gibt** und dieser die Jacke in seiner abgesperrten Privatwohnung ablegt;[496]
- wenn der VN nicht kontrolliert, ob seine Ehefrau seiner Bitte, das versicherte **Wohnmobil** abzuschließen, nachgekommen ist; es obliegt vielmehr dem VR im Rahmen seiner Darlegungs- und Beweislast, Anhaltspunkte dafür vorzutragen, weshalb das unter Ehegatten als üblich anzusehende Vertrauen im konkreten Fall nicht angezeigt war.[497]

242 Selbst eine pflichtwidrige Aufbewahrung des Kfz-Schlüssels führt nur dann zu einer Kürzung der Entschädigungsleistung, wenn **der Diebstahl des Pkw** gerade **durch den Diebstahl des Schlüssels verursacht** wurde. Sofern das Fahrzeug wieder aufgefunden wird, lässt sich der erforderliche **Kausalitätsbeweis** anhand der Spuren am Fahrzeug führen. Andernfalls wird es darauf ankommen, ob sich der VR auf beweisbare Indizien stützen kann, die die kausale Verknüpfung belegen. Lassen sich die entwendeten Schlüssel problemlos einem bestimmten Pkw zuordnen, der in der Nähe des Ortes abgestellt ist, an dem die Schlüssel abhandengekommen sind und ist es zudem in unmittelbarem zeitlichen Zusammenhang mit dem Abhandenkommen der Schlüssel auch zur Entwendung des Fahrzeuges gekommen, so spricht alles dafür, dass der Diebstahl des Fahrzeuges unter Verwendung der Schlüssel vorgenommen wurde. Je größer der räumliche und zeitliche Abstand zwischen den gestohlenen Schlüsseln und dem Diebstahl ist, desto schwieriger wird der Beweis für den VR zu führen sein.[498]

---

489 OLG Celle Urt. v. 18.06.2009 – 8 U 188/08 – r+s 2010, 149 = SP 2010, 19; vgl. auch OLG Köln Urt. v. 06.02.2001 – 9 U 151/00 – r+s 2001, 278 = SP 2001, 243.

490 OLG Köln Urt. v. 28.11.1991 – 5 U 114/91 – r+s 1992, 263 = NJW 1993, 605.

491 OLG Saarbrücken Urt. v. 12.07.2006 – 5 U 610/05 – zfs 2006, 693.

492 OLG Karlsruhe Urt. v. 21.11.2006 – 12 U 150/06 – zfs 2007, 92 = VersR 2007, 984 (**Kfz-Diebstahl am Plattensee/Ungarn**).

493 OLG Celle Urt. v. 15.11.2007 – 8 U 75/07 – OLGR 2008, 7.

494 OLG München Urt. v. 29.01.1988 – 10 U 4609/87 – VersR 1988, 107.

495 AG Würzburg Urt. v. 19.3.2009 – 17 C 2390/08 – r+s 2009, 327 = zfs 2010, 216.

496 OLG Dresden Urt. v. 04.09.2018 – 4 U 427/18 – zfs 2018, 635.

497 OLG Hamm Beschl. v. 23.01.2023 – 6 U 107/21 – zfs 2023, 271.

498 Rüffer/Halbach/Schimikowski/*Karczewski* § 81 VVG Rn. 21.

cc) Kürzungsquoten mit Rechtsprechungsübersicht

Im Falle grober Fahrlässigkeit dürfte die **Kürzungsquote** für den **Normalfall** im unteren bis mittleren Bereich (**25 bis 50 %**) liegen.[499] Das Gefährdungspotenzial für andere Verkehrsteilnehmer ist gering. Auch ein sorgfältiger VN, der die Schlüssel oftmals den ganzen Tag mit sich führt, kann seine Fahrzeugschlüssel unbewusst vorübergehend außer Acht lassen. 243

Ein **mittlerer Verschuldensgrad** dürfte anzusetzen sein, wenn der VN den Schlüssel auch schon vor dem Diebstahl längere Zeit dem leichtfertigen Zugriff Dritter ausgesetzt hat oder in unüberlegter Art und Weise den Schlüssel in seinem Fahrzeug – von außen sichtbar – abgelegt hat. Bei allem Leichtsinn, den man dem VN vorwerfen kann, ist immer zu berücksichtigen, dass der Versicherungsfall letztlich allein durch die kriminelle Handlung eines Dritten eintritt.[500] Soweit zum Teil eine geringere Kürzungsquote als 50 % »bei relevantem Augenblicksversagen« angenommen wird,[501] wird übersehen, dass es unter diesen Voraussetzungen bereits an einem grob fahrlässigen Verhalten des VN fehlen dürfte, so dass sich die Frage nach einer prozentualen Leistungskürzungsquote dann von vornherein nicht stellt, vielmehr dem VN uneingeschränkter Versicherungsschutz zu gewähren ist. 244

Die **Rechtsprechung** hat bei grober Fahrlässigkeit folgende **prozentuale Leistungskürzungen** zugelassen:[502] 245

- **25 %** bei Belassen des Kfz-Schlüssels in einer Sporttasche in der **unverschlossenen Umkleidekabine** einer Sporthalle, deren Eingangstür jedenfalls zu Beginn des Sportkurses noch nicht verschlossen war;[503]
- **50 %** bei Einwurf der Kfz-Schlüssel in **ungesicherten**, in Garagentor eingelassenen **Briefschlitz** durch den Kfz-Mieter bei Rückgabe des Kfz und anschließende Entwendung des Kfz durch Dritten (grobe Fahrlässigkeit des Kfz-Vermieters durch Unterlassen);[504]
- **50 %** bei Abstellen des Kfz auf unbewachtem Restaurant-Parkplatz in Sarajevo (Bosnien-Herzegowina) und Aufbewahrung von **Kfz-Schein und Zweitschlüssel im Handschuhfach** bei gleichzeitigem Belassen von hochwertiger Kleidung und wertvollen Gegenständen im Fahrzeug-Innenraum;[505]
- **50 %** bei Aufbewahrung des Kfz-Schlüssels im **unverschlossenen Handschuhfach des** in der Nähe geparkten **Zweitwagens** des VN;[506]
- **50 %** beim Zurücklassen der Kfz-Schlüssel in einem Korb im nicht abgeschlossenen **Aufenthaltsraum eines Seniorenheimes** durch eine Pflegekraft, obwohl ein abschließbarer Spind zur Verfügung stand;[507]
- **90 %** beim Belassen des Kfz-Schlüssels nebst Funksensors in einer **Jacke**, die der VN in einer **belebten Gaststätte** neben der Ausgangstüre aufhängt, obwohl er sein über 100.000,– € teures Kfz in der Nähe abgestellt hat;[508]
- **100 %** bei vorübergehender **Aushändigung** der Kfz-Schlüssel durch Angestellten eines Autohauses **an vermeintlichen Kaufinteressenten** trotz vorheriger polizeilicher Warnung und Benachrichtigung des Firmeninhabers über vergleichbare Fälle.[509]

---

499 Vgl. auch Maier/Stadler Rn. 135; Nugel DAR 2012, 348, 351; Goslarer Orientierungsrahmen zfs 2010, 12, 14 = DAR 2010, 111; Meschkat/Nauert/*Stehl* S. 105, 110, 111 (**für eine Normalfallquote von 50 %, im Einzelfall auch von 66 bis 80 %**).

500 Burmann/Heß/Höke/Stahl Rn. 410.

501 Rüffer/Halbach/Schimikowski/*Karczewski* § 81 VVG Rn. 120.

502 Vgl. auch Heß/Look NJW-Spezial 2017, 713.

503 LG Berlin Urt. v. 09.01.2013 – 42 O 397/11 – DAR 2013, 209.

504 LG Düsseldorf Beschl. v. 25.10.2010 – 22 S 196/10 – juris, **unter Bestätigung von** AG Düsseldorf Urt. v. 29.06.2010 – 230 C 14977/09 – SP 2011, 227 = VK 2011, 141.

505 LG Traunstein Urt. v. 12.05.2011 – 1 O 3826/10 – juris = openJur 2012, 115701.

506 AG Rheinbach Urt. v. 09.07.2013 – 10 C 114/13 – SP 2013, 408.

507 OLG Koblenz Beschl. v. 14.05.2012 – 10 U 1292/11 – r+s 2012, 430 = zfs 2012, 573.

508 LG Köln Urt. v. 11.03.2010 – 24 O 283/09 – SP 2010, 410.

509 LG Neubrandenburg Urt. v. 22.06.2012 – 2 O 8/12 – DAR 2012, 527.

c) Untätigkeit des VN nach dem Verlust oder Diebstahl von Kfz-Schlüsseln

246 Das **Unterlassen eines Schlossaustauschs** am Fahrzeug oder anderer Sicherungsmaßnahmen nach dem Verlust des Kfz-Schlüssels oder einer Keyless-Go-Karte kann im Einzelfall grob fahrlässig sein, wenn sich dem VN für den Fall des Untätigbleibens die Gefahr einer Entwendung seines Fahrzeuges aufdrängen musste, (vgl. A.2.2.1 AKB Rdn. 244 ff. und A.2.9.1 AKB Rdn. 18). Liegt es nahe, dass der abhandengekommene oder gestohlene Schlüssel dem versicherten Fahrzeug zugeordnet werden kann, ist der als vertragsgemäß vorausgesetzte Sicherheitsstandard erheblich unterschritten. Durch das Abstellen eines Pkw auf einem Parkplatz entsteht in dieser Situation eine gegenüber dem alltäglichen Parken erheblich gesteigerte, für den VN auch offenkundige Diebstahlgefahr.[510] Dies muss den VN veranlassen, sein Fahrzeug an einem sicheren Ort (z.B. Werkstatt, Tankstelle, Parkgarage oder Polizeidienststelle) unterzustellen oder zumindest in größerer Entfernung von seiner Wohnung zu parken. Unterlässt der VN dies, verstößt er gegen – ihm ohne weiteres zumutbare – Sorgfaltspflichten. Das Unterlassen solcher Maßnahmen stellt sich daher im Entwendungsfall grundsätzlich als **grob fahrlässig**,[511] nach vereinzelter Auffassung zusätzlich auch als **subjektive Gefahrerhöhung** dar, die gemäß §§ 23 Abs. 1, 26 VVG zum Teil schon in der Weiternutzung des Fahrzeuges ohne besondere Sicherungsmaßnahmen,[512] zum Teil aber auch erst in dem Nichtaustausch der Schließanlage gesehen wird.[513] Nach wiederum anderer, zutreffender Auffassung handelt es sich um eine unabhängig vom Willen des VN eintretende **objektive Gefahrerhöhung**, die lediglich eine Anzeigepflicht des VN gemäß § 23 Abs. 3 VVG auslöst,[514] (vgl. A.2.2.1 AKB Rdn. 245 ff.). Ein vollständiger Austausch der Schließanlage ist jedoch nicht schon deshalb erforderlich, weil der VN das Fahrzeug mit nur einem Schlüssel erwirbt.[515]

247 Werden dem VN **aus seiner Jacke**, die er an der Garderobe einer Diskothek aufgehängt hat, die **Kfz-Schlüssel entwendet** und bemerkt er den Diebstahl, so trifft ihn der Vorwurf grober Fahrlässigkeit, wenn er sein unmittelbar vor dem Eingang der Diskothek geparktes Kfz gleichwohl stehen lässt und keine geeigneten Maßnahmen trifft, um den Diebstahl des Fahrzeuges mittels der entwendeten Schlüssel doch noch zu verhindern.[516]

248 **Verliert der VN** auf einem Jahrmarkt seine Geldbörse mit eigenen Visitenkarten und einzelnen Visitenkarten anderer Personen zusammen mit einem **Notschlüssel** zu seinem Fahrzeug, auf dem sich das **Logo des Herstellers** befindet, so muss ihm bewusst sein, dass dadurch eine ganz erheblich gesteigerte Diebstahlgefahr für sein Fahrzeug geschaffen worden ist. Zwar besteht nach dem bloßen Verlust eines Schlüssels für sich allein genommen noch keine Pflicht zur Auswechselung der Fahrzeugschlösser, wenn sich der Schlüssel auch nach einem Zufallsfund nicht dem dazugehörigen Kfz zuordnen lässt. Ergeben sich aber aus anderen Umständen, z.B. dem Inhalt der Geldbörse eindeutige Hinweise auf die Person des Fahrzeugbesitzers, lassen sich auch für einen potenziellen Täter Rückschlüsse auf den regelmäßigen Standort des Fahrzeuges ziehen. Damit ist der dem Kaskoversicherungsvertrag zugrunde gelegte Sicherheitsstandard deutlich unterschritten. Dem muss der VN Rechnung tragen. Dazu genügt es nicht, dass er sein Fahrzeug für die Dauer einer einwöchigen Urlaubsreise nur etwa 100 Meter von seinem Haus entfernt abstellt. Denn er muss damit rechnen, dass ein potenzieller Dieb das Fahrzeug jedenfalls innerhalb eines derartigen Umkreises suchen

510 BGH Urt. v. 05.10.1983 – **IVa ZR 19/82** – VersR 1984, 29 = r+s 1984, 24.

511 LG Mainz Urt. v. 09.06.1995 – 7 O 8/95 – VersR 1996, 705; LG Wiesbaden Urt. v. 21.10.1993 – 2 O 326/93 – VersR 1994, 855 = zfs 1994, 135; Prölss/Martin/*Klimke* A.2.9 AKB Rn. 64 m.w.N.; **a.A.** OLG Düsseldorf Urt. v. 27.03.1990 – 4 U 178/89 – r+s 1991, 78.

512 So noch OLG Nürnberg Urt. v. 24.11.1994 – 8 U 1532/94 – SP 1995, 279.

513 LG Hildesheim Urt. v. 06.03.1997 – 4 O 555/96 – SP 1997, 406.

514 Vgl. KG Urt. v. 15.07.2016 – 6 U 24/16 – zfs 2019, 213; OLG Celle Urt. v. 23.09.2004 – 8 U 128/03 – VersR 2005, 640 = zfs 2004, 564; OLG Nürnberg Urt. v. 28.03.2003 – 8 U 4326/01 – r+s 2003, 233, 234; AG Bad Segeberg Urt. v. 28.04.2011 – 17 C 99/09 – NJW 2011, 1538 = r+s 2013, 65.

515 LG Bielefeld Urt. v. 17.05.2021 – 18 O 144/20 – DAR 2021, 695 = zfs 2022, 212.

516 OLG Frankfurt/M. Urt. v. 13.11.1991 – 17 U 78/90 – VersR 1992, 817 = NJW-RR 1992, 537.

wird, wobei ihm die Suche noch dadurch erleichtert wird, dass der Schlüssel erkennbar zu einem Pkw eines bestimmten Herstellers gehört.[517]

Vergleichbares gilt ebenso für den **Verlust einer Keyless-Go-Karte**, wenn der VN nach dem Bemerken des Verlustes Sicherungsmaßnahmen für das versicherte Fahrzeug unterlässt.[518] Vermutet der VN, dass ihm der Schlüssel entwendet worden ist, indem er aus dem Schloss der Fahrertüre gezogen wurde, ist es nicht ausreichend, lediglich eine Neuprogrammierung der elektronischen Wegfahrsperre ohne Auswechselung der Schlösser vorzunehmen, wenn das Fahrzeug anschließend wieder an der gleichen Stelle abgestellt wird.[519] Bei einem bloßen Verlust muss **wenigstens eine Umcodierung der Schlüssel** erfolgen.[520] 249

Auch dann, wenn der VN den Verlust sowohl seines Kfz-, als auch seines **Garagenschlüssels** feststellt, muss er besondere Maßnahmen zur Sicherung seines in der Garage abgestellten Fahrzeuges (z.B. durch einen Austausch der Schlösser) treffen,[521] andernfalls er durch sein Untätigbleiben die Entwendung des Fahrzeuges grob fahrlässig herbeiführt. Gleiches gilt, wenn dem VN die Kfz-Schlüssel aus dem Spind im Umkleideraum der Arbeitsstätte entwendet werden,[522] oder der VN seinen Wagen an der üblichen Stelle vor seiner Wohnung stehen lässt, obwohl er weiß, dass eine Kassette mit dem Kfz-Schlüssel am Vorabend von einem Besucher aus seiner Wohnung entwendet wurde.[523] 250

Demgegenüber handelt der VN **nicht grob fahrlässig**, wenn er nach dem Verlust des Fahrzeugschlüssels untätig bleibt, weil sich für ihn **keine Anhaltspunkte dafür** ergeben, dass ein Finder den **Schlüssel seinem Fahrzeug zuordnen** könnte.[524] Auch ist er nicht gehalten, die Fahrzeugschlösser auszutauschen, wenn er konkrete Hinweise dafür hat, dass der ihm einige Tage zuvor gestohlene Schlüssel weggeworfen wurde,[525] oder auch dann, wenn er von der Polizei bei Rückgabe von sichergestelltem Diebesgut seinen entwendeten Kfz-Schlüssel nicht zurückerhalten hat, weil dies für ihn nicht zwingend die Annahme begründen musste, dass die Täter noch im Besitz des Schlüssels sein könnten.[526] Nach einem Zeitablauf von 18 Monaten muss der VN nicht mehr mit einem Diebstahl unter Verwendung des Schlüssels rechnen.[527] 251

Im Übrigen setzt eine Pflicht des VN, nach dem Verlust oder Diebstahl eines Kfz-Schlüssels Sicherungsmaßnahmen zu ergreifen, stets voraus, dass der VN den **Verlust oder Diebstahl bemerkt oder er ihm bekannt geworden** ist. Für diese Kenntnis ist der VR beweispflichtig.[528] Wird bei einem Einbruch in den Betrieb des VN der Ersatzschlüssel zu dem versicherten Kfz entwendet, kann dieser Umstand eine Pflicht des VN zur Auswechselung der Fahrzeugschlösser nur dann auslösen, wenn der Verlust vom VN auch bemerkt wurde. Eine Kenntnis von dem Schlüsselverlust muss der VN auch 8 bis 9 Monate nach dem Einbruch in seinen Betrieb nicht zwingend besessen haben.[529] 252

Dem VN kann regelmäßig auch **nicht vorgeworfen werden, sich diese Kenntnis grob fahrlässig nicht verschafft zu haben.** Wird in die Arztpraxis eines VN eingebrochen und werden die Täter gestört, wobei augenscheinlich nichts gestohlen worden ist, so muss der VN keine Veranlassung zu der Annahme haben, sein Pkw-Zweitschlüssel, den er in einem unverschlossenen Spind in einem 253

517 OLG Köln Urt. v. 19.01.1999 – 9 U 34/98 – DAR 2000, 407 = VersR 2000, 49 (**BMW**).
518 OLG München Urt. v. 11.12.2007 – 25 U 3770/07 – VersR 2008, 1105.
519 LG Magdeburg Urt. v. 05.03.2002 – 2 S 736/01 – r+s 2004, 498.
520 LG Coburg Urt. v. 24.07.2003 – 11 O 390/03 – SP 2004, 94.
521 LG Essen Urt. v. 29.11.2005 – 12 O 92/05 – SP 2006, 359.
522 LG Mainz Urt. v. 09.06.1995 – 7 O 8/95 – VersR 1996, 705.
523 OLG Düsseldorf Urt. v. 16.07.2002 – 4 U 218/01 – SP 2003, 104.
524 OLG Frankfurt Urt. v. 02.04.2003 – 7 U 123/01 – zfs 2003, 456.
525 OLG Hamm Urt. v. 06.10.1993 – 20 U 116/93 – VersR 1994, 1294 = zfs 1994, 135.
526 OLG Hamm Urt. v. 06.10.1993 – 20 U 116/93 – NZV 1994, 113.
527 OLG Köln Urt. v. 21.09.1989 – 5 U 69/89 – r+s 1990, 80.
528 OLG Stuttgart Urt. v. 18.11.1993 – 7 U 223/93 – r+s 1995, 90 = zfs 1995, 223.
529 OLG Stuttgart Urt. v. 18.11.1993 – 7 U 223/93 – r+s 1995, 90.

Privatraum seiner Arztpraxis aufbewahrt, könne bei dem Praxiseinbruch gleichwohl entwendet worden sein. Der Umstand, dass der VN eine gezielte Nachschau unterlässt, begründet in Bezug auf einen zwei Wochen später erfolgten Diebstahl seines Kfz kein grob fahrlässiges Unterlassen objektiv gebotener Sicherungsmaßnahmen.[530]

254 Hat der VN seinen **Kfz-Schlüssel in einem anderen Pkw zurückgelassen, der seinerseits entwendet wird**, rechtfertigt das Unterlassen, noch am selben Tag geeignete Schutzmaßnahmen zur Vermeidung auch eines Diebstahls des eigenen Pkw ergriffen zu haben, nicht den Vorwurf der groben Fahrlässigkeit.[531] Auch der Käufer eines Gebrauchtwagens, der nicht sämtliche Schlüssel des Originalschlüsselsatzes erhält, muss jedenfalls dann keine besondere Diebstahlgefahr befürchten, wenn er den Kauf über ein Autohaus abgewickelt hat.[532]

255 Da es technisch möglich ist, ein Kfz ohne äußerlich sichtbare Spuren zu öffnen und zu starten, **muss der VR die Verwendung des Originalschlüssels nachweisen**, wenn er sich auf (partielle) Leistungsfreiheit beruft. Demgegenüber fehlt es an der Kausalität und damit an einer grob fahrlässig herbeigeführten Entwendung, wenn der VN zwar die Auswechslung der Schlösser unterlassen hat, jedoch offen bleibt, ob der verloren gegangene oder gestohlene Originalschlüssel überhaupt zur Entwendung des Fahrzeuges benutzt wurde.[533]

256 Bei grober Fahrlässigkeit des VN erscheint für den **Normalfall** eine **Leistungskürzung** im Bereich **um 50 %** angemessen. Je eher es dem VN einleuchten musste, dass er nach dem bemerkten Verlust oder Diebstahl des Kfz-Schlüssels Sicherungsmaßnahmen hätte ergreifen müssen, die er aber unterlassen hat, desto höher wird der Abzug ausfallen müssen.

257 Ergreift der VN **untaugliche Sicherungsmaßnahmen**, wird sich die Kürzungsquote zwischen **40 und 60 %** bewegen; bei einem **Unterlassen jeglicher Sicherungsmaßnahmen** muss er mit einem Abzug zwischen **60 und 80 %** rechnen.[534]

258 Hat sich demgegenüber nur ein Risiko verwirklicht, welches für den VN zwar erkennbar war und dem er hätte Rechnung tragen müssen, dessen Eintritt aber aus seiner subjektiven Sicht nicht sehr wahrscheinlich war, wird unter Umständen auch nur ein erheblich geringeres Kürzungsrecht des VR weit **unterhalb von 50 %** in Betracht kommen.

259 Bei massiven Sorgfaltspflichtverletzungen wird der VN nur in besonderen Ausnahmefällen einen **vollständigen Anspruchsverlust** hinnehmen müssen,[535] da selbst bei noch krasserem Fehlverhalten wie z.B. dem Steckenlassen des Zündschlüssels bei einer Luxuslimousine über Nacht eine Leistungskürzung auf Null nicht befürwortet wird,[536] (vgl. A.2.9.1 AKB Rdn. 218 ff.).

260 Die **Rechtsprechung** hat bei grob fahrlässigem Verhalten **folgende prozentuale Leistungskürzungen** zugelassen:

– **50 %** bei einem VN, der es nach dem Diebstahl des Zweitschlüssels für seinen Pkw aus dem Handschuhfach eines anderen, in der Nähe abgestellten Kfz **unterlässt**, die **Schließanlage** seines Kfz **austauschen bzw. umprogrammieren zu lassen**, sondern lediglich seiner Ehefrau aufträgt, eine Lenkradkralle anzubringen, was allerdings unterbleibt und nur deshalb vom VN vor der späteren Entwendung seines Kfz nicht bemerkt wird, weil er es unterlässt, sich von der ordnungsgemäßen Anbringung der Lenkradkralle durch seine Ehefrau zu überzeugen;[537]

530 OLG Celle Urt. v. 23.09.2004 – 8 U 128/03 – VersR 2005, 640 = zfs 2004, 564.
531 OLG Koblenz Urt. v. 11.05.2001 – 10 U 1251/00 – VersR 2002, 91 = r+s 2001, 404.
532 BGH Urt. v. 06.03.1996 – **IV ZR 383/94** – VersR 1996, 621 = r+s 1996, 168.
533 OLG Köln Urt. v. 21.09.1989 – 5 U 69/89 – r+s 1990, 80.
534 Vgl. Nugel DAR 2012, 348, 351.
535 So LG Kleve Urt. v. 13.01.2011 – 6 S 79/10 – r+s 2011, 206 = SVR 2011, 427.
536 Ebenso kritisch Nugel DAR 2012, 348, 351.
537 LG Hechingen Urt. v. 03.12.2012 – 1 O 124/12 – zfs 2013, 392 mit kritischer Anm. Rixecker zfs 2013, 394.

– **100 %** bei einer VN, die **trotz bemerktem Kfz-Schlüsselverlust** in unmittelbarer Nähe zur eigenen Wohnung außer Nachfragen bei Polizei und Nachbarn **keinerlei Schutzmaßnahmen** ergreift, sondern ihr Kfz nach Benutzung mit einem Ersatzschlüssel auf ihrem Stellplatz vor der eigenen Wohnung abstellt, wo es vom Täter mit dem aufgefundenen Zündschlüssel über den **Funksensor** identifiziert und entwendet wird.[538]

d) Zurücklassen von Kfz-Papieren im Fahrzeug

Anders als beim Zurücklassen der Zulassungsbescheinigung Teil I (früher: Kfz-Schein)[539] ist die Aufbewahrung der **Zulassungsbescheinigung Teil II** (früher: Kfz-Brief) in von außen nicht sichtbarer Weise **im Fahrzeug** (z.B. im Handschuhfach) grundsätzlich als **grob fahrlässig** zu bewerten.[540] Der Original-Kfz-Brief garantiert dem Täter eine erheblich erleichterte Verwertbarkeit des gestohlenen Fahrzeuges. Dennoch scheitert der Vorwurf gegenüber dem VN, er habe die Entwendung grob fahrlässig herbeigeführt, regelmäßig daran, dass der VR die **Kausalität der Pflichtverletzung für die Entwendung des Fahrzeuges** nicht beweisen kann. Entscheidend ist allein, ob die im Fahrzeug zurückgebliebenen Papiere den Diebstahlentschluss hervorgerufen und damit den Versicherungsfall veranlasst haben. Daran fehlt es, wenn der Täter vor seinem Diebstahlentschluss nicht gesehen hat, dass sich die Papiere im Fahrzeug befinden. Dann hat dieser Umstand auch für den in der Regel schon vor dem Aufbrechen des Fahrzeuges gefassten Diebstahlentschluss des Täters keinen Einfluss,[541] (vgl. auch A.2.9.1 AKB Rdn. 401 ff.). 261

Sofern sich die Aufbewahrung der Papiere im Fahrzeug nicht nachweislich zumindest **mitursächlich auf den Diebstahlentschluss** des Täters **ausgewirkt** hat, verbietet es sich auch, diesen Umstand im Rahmen einer Gesamtschau gemeinsam mit anderen Umständen zur Begründung einer (anteiligen) Leistungsfreiheit des VR heranzuziehen.[542] 262

Für den Nachweis der **Kausalität** trägt der **VR** die **Beweislast.**[543] Die Tatsache, dass der VR im Falle des Nichtwiederauffindens des Fahrzeuges diesen Beweis regelmäßig nicht führen kann, rechtfertigt keine andere Beurteilung.[544] Stellt der VN sein Fahrzeug nachmittags auf einem bewachten Parkplatz in einer Stadt in Osteuropa ab und belässt die Kfz-Papiere im Handschuhfach, muss der VR im Entwendungsfall beweisen, dass der VN damit rechnen musste, dass er durch seine Verhaltensweise einem potenziellen Täter den Diebstahl erleichtern würde. Ferner muss er beweisen, dass der Diebstahl durch den Verbleib der Papiere im Fahrzeug tatsächlich erleichtert oder gefördert worden ist oder das Fahrzeug ohne die Papiere im Handschuhfach nicht gestohlen worden wäre.[545] Hierfür kann er nicht auf einen Erfahrungssatz zurückgreifen, dass ein potenzieller Dieb nach dem Aufbrechen des Fahrzeuges zunächst das Auto gezielt nach Fahrzeugpapieren durchsucht, um sich erst nach deren Auffinden (aber ohne passenden Schlüssel) zum Diebstahl zu entschließen.[546] 263

---

538 LG Kleve Urt. v. 13.01.2011 – 6 S 79/10 – r+s 2011, 206 = SVR 2011, 427.

539 OLG Bremen Urt. v. 20.09.2010 – 3 U 77/09 – SVR 2011, 259; OLG Bamberg Urt. v. 23.03.1995 – 1 U 152/94 – r+s 1995, 371; LG Dortmund Urt. v. 11.03.2010 – 2 O 245/09 – SP 2010, 332 = VK 2010, 115.

540 Himmelreich/Halm/Staab/*Papatheodorou* Kap. 23 E Rn. 551 ff.

541 BGH Urt. v. 06.03.1996 – **IV ZR 383/94** – VersR 1996, 621 = r+s 1996, 168; OLG Dresden Urt. v. 12.04.2019 – 4 U 557/18 – zfs 2019, 396; OLG Hamm Urt. v. 11.03.2005 – 20 U 226/04 – r+s 2005, 373 = zfs 2005, 397; OLG Köln Urt. v. 22.04.1997 – 9 U 131/96 – r+s 1997, 317, 318; OLG Karlsruhe Urt. v. 06.10.1994 – 12 U 315/93 – zfs 1995, 259; Burmann/Heß/Höke/Stahl Rn. 408.

542 BGH Urt. v. 06.03.1996 – **IV ZR 383/94** – VersR 1996, 621 = r+s 1996, 168.

543 OLG Hamm Urt. v. 03.07.2013 – 20 U 226/12 – r+s 2013, 373 = zfs 2013, 574; OLG Celle Urt. v. 09.08.2007 – 8 U 62/07 – VersR 2008, 204 = zfs 2007, 690.

544 OLG Jena Urt. v. 05.08.1998 – 4 U 135/98 – zfs 1999, 23.

545 OLG Bamberg Urt. v. 23.03.1995 – 1 U 152/94 – r+s 1995, 371.

546 OLG Köln Beschl. v. 12.09.2003 – 9 W 50/03 – r+s 2003, 497, 498 = VersR 2004, 999; Rüffer/Halbach/Schimikowski/*Karczewski* § 81 VVG Rn. 27.

264 Anderes kann gelten, wenn **außer dem Kfz-Schein auch der Ersatzschlüssel im Handschuhfach** deponiert wird und der Täter, angezogen von wertvollen Gegenständen und hochwertiger Kleidung im Fahrzeuginneren, den Wagen aufbricht und nach dem Auffinden von Kfz-Schein und Schlüssel das Fahrzeug entwendet.[547]

265 **Unerheblich ist, ob die** im Fahrzeug verbliebene und möglicherweise erst nach Vollendung des Diebstahls vom Täter aufgefundene **Zulassungsbescheinigung es dem Dieb erleichtert, das Fahrzeug** bei geringerem Entdeckungsrisiko **zu behalten oder** durch einen Verkauf an einen gutgläubigen Dritten **zu verwerten.**[548] Denn in diesem Zeitpunkt ist der Diebstahl bereits vollendet. Der Begriff der Entwendung des Fahrzeuges umfasst nicht auch dessen Verwertung.[549] **Nicht gefolgt werden kann** daher **der** teilweisen **Auffassung in Literatur und Rechtsprechung**, die in der Aufbewahrung der Fahrzeugpapiere eine erhebliche Erleichterung für den Dieb sieht, das Fahrzeug zu verwerten[550] mit der Folge, dass der »endgültige« Eintritt des Versicherungsfalles »durchaus kausal begünstigt und mithin herbeigeführt« werde.[551] Teilweise wurde sogar die fehlende Mitursächlichkeit für die Entwendung ausdrücklich festgestellt, die grob fahrlässige Herbeiführung des Versicherungsfalles aber trotzdem bejaht mit der wenig überzeugenden Begründung, dass dem Täter mit den Kfz-Papieren jedenfalls die **Grenzkontrolle erleichtert** und der Polizei das **Auffinden des gestohlenen Fahrzeuges erschwert** werde.[552]

266 **Richtigerweise** kann es dahinstehen, ob das Verbleiben von Kfz-Papieren im Fahrzeuginneren als grob fahrlässig einzustufen ist. Dies wird zwar regelmäßig zu bejahen sein, vor allem dann, wenn es sich um einen Pkw der Oberklasse handelt und der VN ohnehin mit einer erhöhten Diebstahlgefahr rechnen muss. Trotzdem beinhaltet das Tatbestandsmerkmal »herbeiführen« eine **kausale Verknüpfung zwischen der Pflichtverletzung** des VN **und dem tatbestandsmäßigen Erfolg** der Entwendung. Selbst eine Mitursächlichkeit fehlt daher, wenn der VR nicht beweisbar die Möglichkeit ausschließen kann, dass der Täter die Kfz-Papiere erst nach der Entwendung des Fahrzeuges entdeckt hat. **Andererseits** ist der erforderliche Kausalitätszusammenhang gegeben, wenn der VN seine **Fahrzeugpapiere offen sichtbar** im Fahrzeug liegen lässt und das Fahrzeug daraufhin entwendet wird.[553]

267 Hat der VN seine **Fahrzeugpapiere in** einem **Gepäckstück** verstaut, welches von außen sichtbar im Fahrzeug verblieben ist, so können die Papiere den Entschluss des Täters, das Fahrzeug zu entwenden, nicht beeinflusst haben. Somit ist allein auf die Frage abzuheben, ob der Diebstahlentschluss des Täters durch das Zurücklassen der Gepäckstücke gefördert worden ist. Dies ist regelmäßig zu verneinen. So fehlt es an der erforderlichen Kausalität, wenn der VN seine **Fahrzeugpapiere in** einem **verschlossenen Koffer** deponiert, den er von außen sichtbar auf der Rücksitzbank seines in Budapest ordnungsgemäß geparkten Pkw abstellt[554] oder **im Reisegepäck** unterbringt, das er auf einem Messeparkplatz im Gepäckabteil seines Kfz von außen sichtbar zurücklässt.[555]

268 Die **dauerhafte Aufbewahrung eines von außen nicht sichtbaren Kfz-Scheines** (Zulassungsbescheinigung Teil I) **im Fahrzeug** stellt auch **keine** vorwerfbare **Gefahrerhöhung** dar, die nach §§ 23 Abs. 1, 26 VVG eine teilweise Leistungsfreiheit des VR zur Folge haben könnte.[556] Weder das gelegentliche,[557] noch das dauerhafte Verbleiben des Kfz-Scheines **hinter der Sonnenblende** begründet

547 LG Traunstein Urt. v. 12.05.2011 – 1 O 3826/10 – juris = openJur 2012, 115701.
548 Ebenso Rüffer/Halbach/Schimikowski/*Karczewski* § 81 VVG Rn. 26.
549 OLG Köln Beschl. v. 12.09.2003 – 9 W 50/03 – r+s 2003, 497, 498 = VersR 2004, 999.
550 AG Cloppenburg Urt. v. 09.11.1999 – 18 C 137/99 – zfs 2000, 208 = VersR 2000, 1492.
551 *Langheid*/Rixecker § 81 VVG Rn. 72.
552 AG Hildesheim Urt. v. 26.01.1995 – 18 C 645/94 – zfs 1995, 260.
553 OLG München Urt. v. 09.02.1998 – 17 U 4971/97 – VersR 1999, 1360 = zfs 1998, 218.
554 OLG München Urt. v. 09.02.1998 – 17 U 4971/97 – VersR 1999, 1360 = zfs 1998, 218.
555 OLG Düsseldorf Urt. v. 29.10.1996 – 4 U 175/95 – VersR 1997, 304 = r+s 1997, 6.
556 OLG Karlsruhe Urt. v. 31.07.2014 – 12 U 44/14 – r+s 2015, 226; OLG Hamm Urt. v. 03.07.2013 – 20 U 226/12 – r+s 2013, 373 = zfs 2013, 574; vgl. Wussow WJ 2011, 94 ff.
557 OLG Koblenz Urt. v. 30.08.2002 – 10 U 1415/01 – VersR 2003, 589 = r+s 2002, 448.

eine erhebliche Gefahrerhöhung.[558] Gleiches gilt für die gelegentliche[559] oder dauerhafte Verwahrung im **Handschuhfach**[560] oder für das einmalige Vergessen des **Kfz-Scheines samt Geldbörse** im Fahrzeuginneren.[561] Nach der Lebenserfahrung ist typischerweise nicht anzunehmen, dass das Zurücklassen des – von außen nicht sichtbaren – Fahrzeugscheines im Pkw einen zur Totalentwendung nicht ohnehin schon entschlossenen Täter dazu motiviert, den Wagen zu stehlen; denn ein Täter, dem es von vornherein nur darauf ankommt, bestimmte Gegenstände aus dem Fahrzeuginneren zu entwenden, hat regelmäßig noch keine Vorsorge für das Wegschaffen und die Verwertung des Kfz getroffen, so dass die spontane Entwendung des gesamten Fahrzeuges für ihn ein erhebliches Risiko mit sich brächte, welches typischerweise nicht eingegangen wird.[562]

Demgegenüber sieht das **OLG Celle**[563] in einem dauerhaften Verbleib des Kfz-Scheines im Fahrzeug einen erheblichen Diebstahlanreiz. Wegen der Erleichterung des Grenzübertritts und des Vorteils für den Täter, »nur« noch den Kfz-Brief fälschen zu müssen, sei von einer nicht unerheblichen Gefahrerhöhung (§ 27 VVG) auszugehen. Diese komme ausnahmsweise nur dann nicht zum Tragen, wenn der VN den Kfz-Schein bereits bei Abschluss des Versicherungsvertrages (im Rahmen eines VR-Wechsels) im Fahrzeuginneren (also wie bisher) aufbewahrt habe; insoweit liege keine nachträgliche Erhöhung des schon bei Vertragsschluss bestehenden Gefahreintrittsrisikos vor.[564] 269

Richtigerweise liegt **keine Gefahrerhöhung** vor, da der Kfz-Schein dem Täter allenfalls das Wegschaffen des Fahrzeuges – auch ins Ausland – erleichtert; dieses erhöhte Risiko einer Schadenvertiefung ist jedoch in den Fällen einer geplanten Totalentwendung ohnehin durch einen entsprechenden Tatplan des Täters auch im Hinblick auf eine Grenzüberschreitung erhöht und daher ohne weiteres vom versicherten Risiko bereits umfasst.[565] Auch die Verringerung des Entdeckungsrisikos für den Täter durch die Möglichkeit, bei einer unvorhergesehenen Polizeikontrolle den Kfz-Schein vorlegen zu können, ist nicht mit einer Gefahrerhöhung gleichzusetzen; die Polizeikontrolle bietet dem VR nur die Aussicht einer Wiedererlangung der versicherten Sache, und zwar ganz unabhängig von dem bereits verwirklichten Entwendungsrisiko.[566] 270

In den seltenen Fällen, in denen der VR aufgrund von offen sichtbar im Fahrzeug zurückgelassenen Kfz-Papieren eine grob fahrlässige Herbeiführung des Diebstahls beweisen kann, wird im Normalfall ein mittlerer Verschuldensgrad und damit eine **Leistungskürzung von 50 %** anzusetzen sein. 271

e) Zurücklassen eines Quick-Out Radios im Fahrzeug

Umstritten ist, ob der VN, der sein mit einer Quick-Out-Halterung befestigtes Autoradio über Nacht in seinem geparkten Pkw belässt, den Versicherungsfall grob fahrlässig herbeigeführt hat, wenn sein Fahrzeug aufgebrochen und das Radio entwendet wird. Während dies zum Teil von der Rechtsprechung bejaht wird,[567] soll es nach der Gegenmeinung an der Kausalität fehlen, weil die Entschlussfassung des Täters nicht dadurch hervorgerufen oder verstärkt werde, dass in einem Pkw ein Quick-Out Radio eingebaut sei.[568] Letztlich dürfte die Streitfrage nicht generell, sondern nur unter Berücksichtigung aller Umstände des Einzelfalles zu entscheiden sein. 272

558 OLG Bremen Urt. v. 20.09.2012 – 3 U 77/09 – SVR 2011, 259.
559 OLG Karlsruhe Urt. v. 26.01.1995 – 12 U 249/94 – zfs 1995, 260.
560 OLG Dresden Urt. v. 12.04.2019 – 4 U 557/18 – zfs 2019, 396; OLG Oldenburg Urt. v. 23.06.2010 – 5 U 153/09 – VersR 2011, 256 = r+s 2010, 367.
561 LG Dortmund Urt. v. 11.03.2010 – 2 O 245/09 – SP 2010, 332 = VK 2010, 115.
562 OLG Hamm Urt. v. 03.07.2013 – 20 U 226/12 – r+s 2013, 373 = zfs 2013, 574.
563 OLG Celle Urt. v. 09.08.2007 – 8 U 62/07 – VersR 2008, 204 = zfs 2007, 690.
564 OLG Celle Urt. v. 21.12.2010 – 8 U 87/10 – VersR 2011, 663 = r+s 2011, 107.
565 OLG Hamm Urt. v. 03.07.2013 – 20 U 226/12 – r+s 2013, 373 = zfs 2013, 574.
566 OLG Hamm Urt. v. 03.07.2013 – 20 U 226/12 – r+s 2013, 373 = zfs 2013, 574.
567 LG Wiesbaden Urt. v. 12.11.1990 – 1 S 393/90 – NJW-RR 1991, 355; AG Rotenburg a.d. Fulda Urt. v. 25.05.1993 – C 418/92 – zfs 1994, 96 = SP 1993, 362.
568 AG Marl Urt. v. 14.06.1994 – 16 C 114/94 – VersR 1995, 413.

6. Verkehrswidriges Verhalten

a) Rotlichtverstoß

273 Die Missachtung des Rotlichts einer Lichtzeichenanlage stellt wegen der damit stets verbundenen erheblichen Gefährdung anderer Verkehrsteilnehmer immer einen objektiv besonders schwerwiegenden Pflichtverstoß dar, der, wenn er zu einem Unfall führt, regelmäßig den Vorwurf einer grob fahrlässigen Herbeiführung des Versicherungsfalles rechtfertigt. Dabei ist danach zu differenzieren, ob das Rotlicht zunächst beachtet, dann aber trotzdem wieder angefahren wurde, obwohl die Ampel weiter Rotlicht zeigte, oder ob die Kreuzung – ohne überhaupt auf die rote Ampel zu achten – durchfahren wurde; dabei ist davon auszugehen, dass der Fahrer, der zunächst angehalten hat, sich rechtstreu verhalten wollte.[569] Daher ist das Überfahren eines Rotlichts **nicht in jedem Fall immer auch subjektiv unentschuldbar.**[570] Insbesondere gibt es keinen Grundsatz, wonach das Nichtbeachten des Rotlichts stets als grob fahrlässige Herbeiführung des Versicherungsfalles anzusehen ist.[571] Allerdings obliegt es dem VN, entlastende Umstände vorzutragen, die seinen Verkehrsverstoß in einem milderen – nur leicht fahrlässigen – Licht erscheinen lassen.

274 Bei der Annäherung an eine Lichtzeichenanlage ist **nicht schon jede denkbare Irritation** des VN **geeignet, einen Rotlichtverstoß zu entschuldigen.**[572] Behauptet der VN bei einer mit mehreren Ampelleuchtkörpern ausgestatteten Kreuzung, die für ihn maßgebliche Ampel habe **kein eindeutiges Signallicht** angezeigt, darf er diese Unklarheit nicht ignorieren, sondern muss sich anhand der verbleibenden Ampellichter Klarheit verschaffen und notfalls vor der Kreuzung anhalten.[573]

275 Ein VN, der beim Heranfahren an einen Kreuzungsbereich eine schon **länger auf Rot stehende Ampel übersieht**, kann sich nicht schlicht auf eine Konzentrationsschwäche im Sinne einer »**kurzfristigen Geistesabwesenheit**« berufen.[574] Sie ist in diesem Zusammenhang nicht geeignet, ein augenblickliches Versagen des VN zu entschuldigen. Von einem durchschnittlich sorgfältigen Kraftfahrer kann und muss verlangt werden, dass er an die Kreuzung jedenfalls mit einem Mindestmaß an Konzentration heranfährt, das es ihm ermöglicht, die Verkehrssignalanlage wahrzunehmen und zu beachten. Er darf sich nicht von weniger wichtigen Vorgängen und Eindrücken ablenken lassen. Ein ortsunkundiger Kraftfahrer kann sich in der Regel nicht damit entlasten, das Rotlicht aufgrund der schwer zu überschauenden Kreuzung nicht gesehen zu haben. Gerade ein solcher Fahrer hat regelmäßig Veranlassung, sich besonders aufmerksam einer Lichtzeichenanlage zu nähern.[575]

276 **Ebenso wenig ausreichend** ist es, wenn der VN das Übersehen des Rotlichtsignals schlicht mit einem **Augenblicksversagen** zu erklären versucht. Dies ist allein noch kein Grund, den Schuldvorwurf der groben Fahrlässigkeit herabzustufen, wenn sich der Rotlichtverstoß jedenfalls objektiv als grob fahrlässig darstellt.[576] Denn eine **unmotivierte Unaufmerksamkeit** in einer Situation, die wegen ihrer besonderen Gefährlichkeit hohe Konzentration und Aufmerksamkeit erfordert, kann den VN regelmäßig nicht entschuldigen.[577] Da die momentane Unaufmerksamkeit des VN viele

---

569 OLG Jena Urt. v. 30.10.1996 – 4 U 819/95 (91) – VersR 1997, 691.

570 BGH Urt. v. 29.01.2003 – **IV ZR 173/01** – VersR 2003, 364 = zfs 2003, 242.

571 BGH Urt. v. 08.07.1992 – **IV ZR 223/91** – VersR 1992, 1085 = NJW 1992, 2418; KG Urt. v. 21.02.2006 – 6 U 78/05 – VRR 2006, 224 = VK 2006, 122.

572 Vgl. OLG Hamm Urt. v. 28.10.1998 – 20 U 118/98 – r+s 1999, 145 (**Leuchtreklame**); OLG Hamm Urt. v. 17.06.1994 – 20 U 390/93 – VersR 1995, 92 (**Grünlicht zeigende Fußgängerampel**).

573 OLG Hamm Urt. v. 04.05.2001 – 20 U 214/00 – zfs 2002, 82; OLG Dresden Urt. v. 30.05.1995 – 3 U 154/95 – VersR 1996, 577 = r+s 1996, 342.

574 BGH Urt. v. 08.07.1992 – **IV ZR 223/91** – VersR 1992, 1085 = NJW 1992, 2418.

575 OLG Koblenz Urt. v. 23.03.2001 – 10 U 819/00 – zfs 2001, 415.

576 BGH Urt. v. 08.07.1992 – **IV ZR 223/91** – VersR 1992, 1085 = NJW 1992, 2418; OLG Nürnberg Urt. v. 30.01.2003 – 8 U 2761/02 – r+s 2005, 101.

577 Vgl. OLG Hamm Urt. v. 17.01.2001 – 20 U 28/00 – zfs 2001, 416; OLG Jena Urt. v. 30.10.1996 – 4 U 819/95 (91) – VersR 1997, 691; LG Hannover Urt. v. 01.04.2005 – 8 O 257/04 – SP 2006, 289; AG Wetzlar Urt. v. 14.07.2005 – 39 C 1213/04 (39) – VersR 2006, 787.

Ursachen haben kann, liegt es an ihm, plausibel und schlüssig vorzutragen, warum es ausnahmsweise zu dem entscheidenden, den Verkehrsunfall auslösenden Fehlverhalten gekommen ist.

Ein unübersichtlicher Kreuzungsbereich, eine verwirrende Ampelanordnung, die **Fehldeutung eines** im Blickfeld des Fahrers liegenden **optischen Signals**[578] oder die Fehlreaktion aufgrund eines **akustischen Signals** (Hupen), das der Fahrer auf sich bezieht,[579] ggf. noch bei gleichzeitigem dichten Auffahren eines anderen Autos, eine **völlige Ortsunkenntnis** des Fahrers, **komplexe** und schwierige, insbesondere unerwartet auftretende **Verkehrssituationen** können im Einzelfall geeignete Umstände sein, das Fehlverhalten des VN nachvollziehbar zu erklären. Ist der Rotlichtverstoß nach dem Vorbringen des VN nur als leicht fahrlässig einzustufen, ist es Sache des – für ein grob fahrlässiges Verhalten des VN beweisbelasteten – VR, solches Vorbringen zu widerlegen, um das Leistungskürzungsrecht des A.2.9.1 S. 2 AKB für sich in Anspruch nehmen zu können.[580] Denn die **Beweislast** für ein grob fahrlässiges Verhalten des VN und damit eine dem VN subjektiv vorwerfbare Fehlreaktion bei Nichtbeachtung des Rotlichts liegt allein beim **VR** (bzw. in Fällen der gewerblichen Kfz-Vermietung beim Vermieter).[581] 277

Grobe Fahrlässigkeit scheidet nicht von vornherein in den Fällen aus, in denen der **VN zunächst vorschriftsmäßig bei Rot angehalten hat**, dann aber aus ungeklärter Ursache in der irrigen Annahme, die Ampel habe auf Grün gewechselt, **trotz fortdauerndem Rotlicht wieder losfährt** und diesen Vorgang schlicht mit einem Augenblicksversagen erklärt. 278

Behauptet der VN, die Lichtzeichenanlage bei Gelblicht passiert zu haben, ist die Plausibilität dieses Vorbringens unter Berücksichtigung einer Zeit-Weg-Analyse bis zur Kollision zu hinterfragen. Dabei ist zu berücksichtigen, dass die Gelbphase analog den jeweils unterschiedlichen zulässigen Höchstgeschwindigkeiten unterschiedlich lang ist. So beträgt sie bei 50 km/h in der Regel drei Sekunden, bei 60 km/h vier Sekunden und bei 70 km/h fünf Sekunden. Stellt sich durch Einholung eines Sachverständigengutachtens heraus, dass der VN die Lichtzeichenanlage bei »dunkelgelb« überfahren haben muss, wird sich im Hinblick auf § 37 Abs. 2 Nr. 1 StVO (Gelb ordnet an: »Vor der Kreuzung auf das nächste Zeichen warten«) unter Umständen die Frage stellen, ob der VN den Versicherungsfall nicht mit **dolus eventualis** herbeigeführt hat. Da gerade an Kreuzungen und Einmündungen eine besonders hohe Unfallgefahr besteht, darf kein Kraftfahrer darauf vertrauen, dass bei gelbem Licht »schon nichts passieren« werde.[582] 279

Letztlich **riskiert der VN** mit einem solchen Verteidigungsvorbringen, dass sich das von ihm als leicht fahrlässig dargestellte Verhalten im Ergebnis als bedingt vorsätzlich herausstellt mit der Konsequenz, dass der VR nach A.2.9.1 S. 1 AKB vollständig von seiner Leistungspflicht befreit ist. Zu beachten ist für diesen Fall aber, dass außer der Feststellung eines vorsätzlichen pflichtwidrigen Handelns beim VN der VR auch der Nachweis führen muss, dass der VN den schädigenden Erfolg (Unfall) zumindest billigend in Kauf genommen hat. 280

Grobe Fahrlässigkeit ist zu bejahen: 281

- wenn der VN vor einer mehrspurigen Kreuzung mit unterschiedlichen Lichtzeichenanlagen zwar **zunächst anhält**, dann aber trotz andauernden Rotlichts in die Kreuzung einfährt, weil ein rechts neben ihm haltender Lkw, der die Lichtzeichenanlage verdeckt, anfährt,[583] oder weil

578 Vgl. BGH Urt. v. 29.01.2003 – **IV ZR 173/01** – VersR 2003, 364 = zfs 2003, 242; OLG Koblenz Urt. v. 23.09.2010 – 2 U 1021/09 – r+s 2012, 431 = NZV 2011, 256.

579 OLG Koblenz Urt. v. 17.10.2003 – 10 U 275/03 – VersR 2004, 728 = zfs 2004, 124.

580 Vgl. BGH Urt. v. 29.01.2003 – **IV ZR 173/01** – VersR 2003, 364 = zfs 2003, 242, 243; OLG Köln Urt. v. 02.11.2004 – 9 U 36/04 – SP 2005, 350; OLG Hamm Urt. v. 26.01.2000 – 20 U 166/99 – r+s 2000, 232 = zfs 2000, 346.

581 OLG Koblenz Urt. v. 23.09.2010 – 2 U 1021/09 – r+s 2012, 431 = NZV 2011, 256.

582 OLG Brandenburg Urt. v. 18.02.2009 – 3 U 56/08 – SP 2009, 297.

583 OLG Köln Urt. v. 12.03.2002 – 9 U 143/01 – zfs 2002, 293; **a.A.** OLG Schleswig Urt. v. 04.03.1992 – 9 U 194/90 – r+s 1992, 294 (**bei zweifelhafter Annahme eines Augenblicksversagens des VN**).

sich der VN vom **Grünlichtpfeil** der für die Rechtsabbiegerspur bestimmten zusätzlichen Lichtzeichenanlage **irritieren** lässt;[584]

- wenn der VN den Grünlichtpfeil der **Rechtsabbiegerampel**[585] oder das Grünlicht der **Fußgängerampel**[586] mit dem für ihn maßgeblichen Rotlichtsignal **verwechselt**, auch wenn der von rechts kommende Querverkehr bereits angehalten hat;[587]
- bei einem VN, der ohne erkennbaren Anlass trotz Rotlichts in die Kreuzung einfährt, weil er sich in **großer seelischer Anspannung** befindet,[588] oder weil er kurzzeitig durch Mitfahrer und aufgrund persönlicher **Sorge um einen Angehörigen** abgelenkt ist;[589]
- wenn der **zunächst anhaltende VN** irrig glaubt, die Ampel zeige Grünlicht und er sich sein Anfahren trotz Rotlichts nicht erklären kann;[590]
- wenn der VN das Rotlicht übersieht, weil er sich durch einen von hinten mit höherer Geschwindigkeit herannahenden, dicht auffahrenden und schließlich rechts an ihm vorbeifahrenden Pkw-Fahrer **erschreckt**, wobei der Verkehr auf dieser Fahrspur nicht wie auf der Fahrspur des VN durch eine Lichtzeichenanlage geregelt wird;[591]
- wenn der VN ohne anzuhalten bei Rotlicht in den Kreuzungsbereich einfährt und sich trotz baulicher Trennung der Geradeausspur von der gleichfalls vorhandenen Abbiegespur darauf beruft, aufgrund eines »Mitzieheffektes« irrtümlich das Grünlicht für die für ihn nicht maßgebliche Fahrspur beachtet zu haben; denn ein die Pflichtwidrigkeit ausschließender »**Mitzieheffekt**« setzt voraus, dass der Kraftfahrer die Ampel bei Annäherung an die Kreuzung wenigstens zunächst wahrnimmt und beachtet, indem er bei Rotlicht anhält;[592]
- wenn der VN das Rotlicht nicht erkennt, weil er plötzlich **durch** grelles **Sonnenlicht geblendet** wird, aber gleichwohl ungebremst in den Kreuzungsbereich einfährt, ohne sich zu vergewissern, ob die Lichtzeichenanlage für ihn Rotlicht zeigt,[593] weil ein Kraftfahrer die Blendung durch besondere Aufmerksamkeit ausgleichen muss, andernfalls diese Fahrweise gerade belegt, dass der Fahrer angesichts der konkreten Sichtverhältnisse zu schnell gefahren ist (§ 3 StVO);[594]
- wenn der ortskundige VN wegen **Sonneneinstrahlung** die Ampelschaltung nicht erkennt und sich von einer den Fußgänger- und Radfahrverkehr regelnden Ampel irritieren lässt;[595]
- wenn der VN sich damit entschuldigt, dass die Rotlicht zeigende **Ampel** vor einer großen Kreuzung, an der sich eine Baustelle befand, **durch ein anderes Kfz verdeckt** worden sein müsse, weil ein VN angesichts solcher Verhältnisse mit der Existenz einer Lichtzeichenanlage rechnen muss;[596]
- wenn das Übersehen des Rotlichts darauf beruhte, dass der VN schon die **übernächste Ampel ins Blickfeld genommen** hatte;[597]

---

584 OLG Oldenburg Urt. v. 27.11.1996 – 2 U 197/96 – VersR 1997, 1224; OLG Hamm Urt. v. 23.06.1995 – 20 U 45/95 – r+s 1996, 13.

585 OLG Hamburg Urt. v. 17.11.2004 – 14 U 80/04 – DAR 2005, 86; vgl. auch OLG Köln Urt. v. 02.11.2004 – 9 U 36/04 – SP 2005, 350.

586 OLG Köln Urt. v. 02.11.2004 – 9 U 36/04 – SP 2005, 350; OLG Hamm Urt. v. 17.06.1994 – 20 U 390/93 – VersR 1995, 92.

587 OLG Köln Urt. v. 24.04.2001 – 9 U 207/00 – r+s 2001, 318 = zfs 2001, 550.

588 OLG Hamm Urt. v. 08.09.2004 – 20 U 44/04 – r+s 2005, 99 = zfs 2005, 195.

589 OLG Jena Urt. v. 03.12.2003 – 4 U 760/03 – VersR 2004, 463.

590 OLG Karlsruhe Urt. v. 20.11.2003 – 12 U 89/03 – zfs 2004, 269.

591 LG Düsseldorf Urt. v. 09.02.2007 – 11 O 198/06 – SP 2008, 61.

592 LG Essen Urt. v. 18.09.2006 – 8 O 28/06 – SP 2007, 402.

593 Vgl. OLG Köln Urt. v. 02.09.2003 – 9 U 19/03 – zfs 2004, 523; OLG Frankfurt/M. Urt. v. 17.11.1999 – 7 U 204/98 – VersR 2000, 1272; LG Essen Urt. v. 30.06.2005 – 3 O 195/95 – r+s 2006, 492.

594 OLG Hamm Beschl. v. 11.03.1999 – 1 Ss Owi 203/99 – NZV 1999, 302; OLG Dresden Urt. v. 30.05.1995 – 3 U 154/95 – VersR 1996, 577 = r+s 1996, 342; LG Münster Urt. v. 20.08.2009 – 15 O 141/09 – zfs 2009, 641 = DAR 2009, 705; AG München Urt. v. 22.07.2005 – 345 C 12275/05 – SP 2006, 145.

595 OLG Celle Urt. v. 27.10.1994 – 8 U 14/94 – NZV 1995, 363.

596 LG Arnsberg Urt. v. 25.01.2005 – 5 S 141/04 – zfs 2005, 505.

597 OLG Köln Urt. v. 04.12.2001 – 9 U 38/01 – NVersZ 2002, 225.

- wenn sich der VN bei gleichzeitigen Orientierungsschwierigkeiten trotz Navigationssystems damit entschuldigt, durch ein auf der Fahrbahn liegendes Nummernschild **abgelenkt** worden sein;[598]
- wenn der nicht ortskundige VN die bereits **seit mehreren Sekunden auf Rotlicht** geschaltete Ampel überfährt, weil er wegen der Suche nach einem Hinweisschild[599] oder einer bestimmten Adresse[600] abgelenkt ist;
- wenn der VN trotz **9 Sekunden** lang andauerndem **Rotlicht** in die Kreuzung einfährt;[601]
- wenn der VN seinen **Tempomat** nicht rechtzeitig vor Erreichen der Ampelanlage ausgestellt hat;[602]
- wenn die Ablenkung des VN auf **lärmenden Kindern** im Fahrzeug beruht;[603]
- wenn der VN das Rotlicht aufgrund von Brandgeruch und einer **Rauchentwicklung im Fahrzeug** nicht wahrnimmt;[604]
- wenn ein **ortsunkundiger VN** beim Ausfall der Ampel am rechten Fahrbahnrand trotz zwei funktionierender Bogenampeln über der Fahrbahn und der Ampel am linken Fahrbahnrand bei Rotlicht in eine **übersichtliche Kreuzung** einfährt, auch wenn ein anderes Fahrzeug in der von rechts einmündenden Straße hält;[605]
- wenn sich der ortskundige VN an einer übersichtlichen Kreuzung durch grüne **Leuchtreklame**, die sich in einem gegenüberliegenden Schaufenster spiegelt, ablenken lässt;[606]
- auch wenn es sich nicht um eine Kreuzung mit Querverkehr, sondern nur um eine mittels Signalanlage geschützte Zufahrt zu einem Busparkplatz handelt und der VN das **Rotlicht schlicht übersieht;**[607]
- auch wenn die Ampelanlage **hinter einer Tunnelunterführung** angebracht ist und der ortsunkundige VN sich durch einen mit überhöhter Geschwindigkeit überholenden Pkw hat ablenken lassen;[608]
- auch wenn der ortsfremde VN **Orientierungsschwierigkeiten** hat,[609] durch mangelnde Fahrpraxis im Großstadtverkehr **überfordert**[610] oder in seiner **Konzentrationsfähigkeit** durch Schmerzmittel **beeinträchtigt** ist und sich durch ein **Navigationssystem** hat **ablenken** lassen;[611]
- auch wenn der VN vorträgt, er sei in die Kreuzung eingefahren, nachdem die Rotphase geendet und nur noch das **Gelblicht** aufgeleuchtet habe, wenn gleichzeitig feststeht, dass eine Fehlfunktion der Ampelanlage zum Unfallzeitpunkt nicht vorlag;[612]
- auch wenn **Äste** von Straßenbäumen die Lichtzeichenanlage gelegentlich verbergen[613] oder die Ampelleuchte unklar angebracht ist;[614]
- wenn eine **Sichtbehinderung durch Bäume und Sträucher** nicht nachgewiesen ist und der VN aufgrund einer Fahrbahnmarkierung mit einer einmündenden Straße rechnen musste.[615]

---

598 LG Stuttgart Urt. v. 27.11.2003 – 22 O 237/03 – zfs 2004, 415.
599 OLG Hamm Urt. v. 27.02.2000 – 20 U 162/01 – SP 2002, 314.
600 OLG Frankfurt/M. Urt. v. 26.06.2002 – 7 U 194/01 – OLGR 2003, 22.
601 OLG Hamm Urt. v. 04.05.2001 – 20 U 214/00 – zfs 2002, 82.
602 OLG München Urt. v. 28.07.2002 – 10 U 1512/02 – NZV 2002, 562.
603 OLG Köln Urt. v. 20.02.2001 – 9 U 173/00 – r+s 2001, 235 = zfs 2001, 318.
604 OLG Düsseldorf Urt. v. 18.11.2008 – I-24 U 131/08 – VersR 2009, 509 = r+s 2009, 323.
605 OLG Köln Urt. v. 25.10.1990 – 5 U 52/90 – r+s 1990, 405.
606 OLG Hamm Urt. v. 28.10.1998 – 20 U 118/98 – r+s 1999, 145.
607 OLG Köln Urt. v. 19.02.2002 – 9 U 155/01 – NVersZ 2002, 363.
608 OLG Koblenz Urt. v. 23.03.2001 – 10 U 819/00 – zfs 2001, 415.
609 OLG Düsseldorf Urt. v. 28.10.2008 – I-4 U 254/07 – SP 2009, 260; OLG Nürnberg Urt. v. 17.02.1994 – 8 U 3496/93 – zfs 1994, 216.
610 OLG Rostock Urt. v. 30.04.2003 – 6 U 249/01 – r+s 2004, 58 = zfs 2003, 356.
611 LG Hannover Urt. v. 10.05.2006 – 6 O 422/05 – SP 2007, 76.
612 OLG Brandenburg Urt. v. 18.02.2009 – 3 U 56/08 – SP 2009, 297.
613 OLG Köln Urt. v. 25.06.2002 – 9 U 1/02 – r+s 2002, 407 = zfs 2002, 586.
614 OLG Hamm Urt. v. 04.05.2001 – 20 U 214/00 – r+s 2002, 5 = NVersZ 2002, 23.
615 OLG Köln Urt. v. 02.07.2002 – 9 U 137/01 – r+s 2002, 406.

282 **Keine grobe Fahrlässigkeit** liegt vor:

- wenn sich der VN – mit seinem Pkw vor einer Rotlichtampel wartend – durch einen auf der Linksabbiegerspur in seinem Fahrzeug auf Grünlicht wartenden Arbeitskollegen ablenken lässt und losfährt, weil er »Grün« sieht und meint, das Umschalten der Ampel während des Hinüberschauens zu seinem Arbeitskollegen[616] oder während des Beobachtens des Verkehrsgeschehens um ihn herum und im Rückspiegel[617] verpasst zu haben (»**Mitzieheffekt**«);
- wenn der VN sich durch **mehrere** in seinem Blickfeld befindliche **Ampeln**[618] oder durch eine das Rotlicht überlagernde **Leuchtreklame bei Nacht** irritieren lässt;[619]
- wenn der VN durch **plötzlich einfallendes Sonnenlicht** geblendet wird[620] oder er aufgrund der **tief stehenden Sonne in seinem Rücken**, die in die Ampel scheint, einer optischen Täuschung unterliegt, weil er irrtümlich meint, die Ampel zeige Grünlicht,[621] (wobei allerdings das OLG Hamm, gestützt auf eingeholte Sachverständigengutachten, in der Vergangenheit mehrfach zu dem Ergebnis kam, es sei aus technischer Sicht auszuschließen, dass eine Rotlicht zeigende Ampel infolge Sonneneinstrahlung das Grünlicht deutlich heller erscheinen lasse und damit Grünlicht vortäusche. Möglich sei allenfalls, dass keine der Phasen deutlich angezeigt werde und dadurch der Eindruck einer abgeschalteten Ampelanlage entstehe[622]);
- bei **verfrühtem Anfahren** an einer Rotlichtampel, weil der VN durch die tief stehende **Sonne geblendet** wird und wegen eines Lichtzeichensignals eines anderen Kfz davon ausgeht, das Umschalten auf Grünlicht übersehen zu haben;[623]
- wenn der VN in einer nicht einfachen Verkehrssituation durch das **Fahrverhalten eines Gelenkbusses**, das für ihn gefahrträchtig ist, abgelenkt wird;[624]
- wenn die **Ampelanlage** objektiv nur schwer zu erkennen, **verdeckt oder unübersichtlich angeordnet** ist und der VN mit einer äußerst schwierigen oder überraschend eintretenden Verkehrssituation konfrontiert ist;[625]
- wenn der ortsunkundige VN bei einem mit Schrittgeschwindigkeit durchgeführten **Rangiermanöver** die atypisch an einem Laternenmast seitlich angebrachte Ampel nicht bemerkt und mit seinem Pkw leicht in den Fahrbahnbereich der Straßenbahn gerät, mit der er kollidiert, weil seine Sicht auf die Straßenbahngleise zusätzlich durch eine Eislaufbahn mit Verkaufsständen behindert ist;[626]
- wenn sich der VN – abgelenkt durch seine Kinder auf der Rücksitzbank – auf Grund des **Hupzeichens**[627] oder bei blendender, tiefstehender Sonne aufgrund des **Lichtzeichens**[628] eines **anderen Fahrzeuges** mit einer **scheinbaren Eilsituation** konfrontiert sieht, weil er glaubt, das Umspringen der Ampel von Rot auf Grün übersehen zu haben;

---

616 Vgl. BGH Urt. v. 29.01.2003 – **IV ZR 173/01** – VersR 2003, 364 = zfs 2003, 242.

617 OLG Hamm Beschl. v. 29.04.2005 – 20 U 25/05 – SP 2006, 323; OLG Hamm Urt. v. 26.01.2000 – 20 U 166/99 – r+s 2000, 232 = zfs 2000, 346; OLG Jena Urt. v. 30.10.1996 – 4 U 819/95 (91) – VersR 1997, 691; OLG München Urt. v. 28.07.1995 – 10 U 2249/95 – NJW-RR 1996, 407.

618 KG Urt. v. 21.02.2006 – 6 U 78/05 – VRR 2006, 224 = VK 2006, 122.

619 OLG Köln Urt. v. 19.08.1997 – 9 U 25/96 – SP 1998, 20.

620 OLG Köln Urt. v. 04.08.1998 – 9 U 10/98 – r+s 1998, 493; LG Hamburg Urt. v. 02.04.2004 – 331 O 349/03 – SP 2005, 98.

621 OLG Köln Urt. v. 04.08.1998 – 4 U 10/98 – NVersZ 1999, 331.

622 OLG Hamm Urt. v. 22.01.1999 – 20 U 156/98 – zfs 1999, 200 = VersR 1999, 1011; OLG Hamm Urt. v. 17.04.1998 – 20 U 116/97 – zfs 1999, 107 = DAR 1998, 392 (**einfallendes Sonnenlicht und »grüne Welle« entlasten den VN nicht**).

623 OLG Koblenz Urt. v. 28.10.2010 – 2 U 1021/09 – zfs 2012, 383.

624 OLG Hamm Urt. v. 25.10.2000 – 20 U 66/00 – zfs 2001, 215.

625 LG Itzehoe Urt. v. 28.10.2005 – 9 S 51/05 – SP 2006, 359; LG Bonn Urt. v. 18.03.2004 – 6 S 322/03 – SP 2005, 21; LG Rostock Urt. v. 11.03.2004 – 3 O 98/03 – SP 2005, 22.

626 OLG Köln Urt. v. 27.02.2007 – 9 U 1/06 – VersR 2007, 1268 = r+s 2007, 149.

627 OLG Koblenz Urt. v. 17.10.2003 – 10 U 275/03 – VersR 2004, 728 = zfs 2004, 124.

628 OLG Koblenz Urt. v. 23.09.2010 – 2 U 1021/09 – r+s 2012, 431 = NZV 2011, 256.

– wenn der VN aufgrund von **Glätte** nicht mehr rechtzeitig anhalten kann[629] oder bei winterlichen Straßenverhältnissen vor der Rotlichtampel zwar seine Geschwindigkeit reduziert, ihm aber die Tatsache, dass das ABS in diesem Fall zu einer Verlängerung des Bremsweges führt, nicht bekannt war;[630]
– wenn ein körperlich behinderter (querschnittsgelähmter) VN einen geistig behinderten **Beifahrer** mitnimmt und dieser ihm plötzlich und völlig unvorhersehbar **ins Lenkrad greift**, weshalb es zu einer Missachtung des Rotlichts mit anschließendem Unfall im Kreuzungsbereich kommt;[631]
– wenn der VN wegen des für seine Fahrspur geltenden Rotlichts zunächst abbremst, dann aber irrtümlich nach Aufleuchten des **Grünlichts der für ihn nicht maßgeblichen Linksabbiegerspur** wieder beschleunigt;[632]
– wenn der VN **bei Grünlicht zu langsam in die Kreuzung** einfährt und es deswegen nach einem Umschlagen auf Rotlicht zu einem Unfall kommt.[633]

Einzelne der vorgenannten Kriterien mögen für sich alleine nicht ausreichen, um den Vorwurf der grob fahrlässigen Herbeiführung des Versicherungsfalles zu entkräften; jedoch ist immer zu bedenken, dass sie in einer **Gesamtschau** mit anderen entlastenden Merkmalen trotzdem das subjektive Fehlverhalten des VN im konkreten Einzelfall als nur leicht fahrlässig entschuldigen können. **283**

Bei »**normalen**« **Rotlichtverstößen** wird in der Regel eine **Leistungskürzung von 50 %** gerechtfertigt sein.[634] Ein mittlerer Verschuldensmaßstab kommt insbesondere in Betracht, wenn der VN ortsfremd oder durch äußere Umstände abgelenkt war, bei einer Blendung durch die Sonne, mangelnder Fahrpraxis, bei Verstößen zur Nachtzeit, einer irritierenden oder den VN verwirrenden Ampelanordnung, beim Verwechseln von Ampeln, oder wenn der VN nach dem Anhalten aus ungeklärten Gründen bei Rotlicht wieder anfährt.[635] **284**

Abweichungen nach oben bis zu 80 % werden bei solchen Verstößen begründbar sein, in denen Rücksichtslosigkeit oder überhöhte Geschwindigkeit festgestellt wird, die Rotphase bereits länger als eine Sekunde andauerte (qualifizierter Rotlichtverstoß), die Ampel gut einsehbar war oder der VN – weil unter Zeitdruck – das Rotlicht absichtlich missachtet hat, während ein **geringerer Verschuldensgrad von 20–30 %** bei komplexen, schwierigen Verkehrssituationen oder besonderen subjektiven Entlastungstatbeständen – gleichgültig ob physischer oder psychischer Natur – anzusetzen sein dürfte. Ein solches leichteres Verschulden dürfte in Betracht kommen bei besonders schwierigen oder unübersichtlichen, insbesondere für den VN überraschend eintretenden Verkehrssituationen, bei einem Anfahren trotz Rotlicht, wenn der VN seine Fehlreaktion plausibel erklären kann, bei einer unerwartet kurzen Gelbphase, einer vorübergehend verdeckten Ampel, einem Hupsignal des Hintermannes sowie bei gesundheitlichen Schwächen des VN, die zu dem Verstoß geführt haben.[636] **285**

Zu beachten ist, dass alle subjektiven Komponenten, die der VN (vergeblich) vorgebracht hat, um sein Verhalten nur in einem leicht fahrlässigen Licht erscheinen zu lassen, bei der Frage, wie das grob fahrlässige Verhalten des VN in seiner Schwere graduell zu beurteilen ist, erneut herangezogen werden müssen und gegen andere, vom VR nachgewiesenen Belastungsmomente abzuwägen sind. **286**

629 Vgl. OLG Dresden Urt. v. 27.02.1998 – 2 Ss Owi 84/98 – DAR 1998, 280.
630 Vgl. OLG Dresden Urt. v. 15.02.2001 – Ss Owi 523/00 – DAR 2001, 318.
631 LG Oldenburg Urt. v. 23.05.2003 – 13 S 1054/02 – zfs 2003, 504.
632 OLG Hamm Urt. v. 30.04.1993 – 20 U 362/92 – NZV 1993, 438.
633 OLG Köln Urt. v. 10.09.2002 – 9 U 106/01 – r+s 2002, 496.
634 LG Münster Urt. v. 20.08.2009 – 15 O 141/09 – zfs 2009, 641 = DAR 2009, 705; Burmann/Heß/Höke/Stahl Rn. 374; Rixecker zfs 2007, 15, 16; Maier/Stadler Rn. 134; Meschkat/Nauert/Stehl S. 93; Rüffer/Halbach/Schimikowski/*Karczewski* § 81 VVG Rn. 121; Goslarer Orientierungsrahmen zfs 2010, 12, 14 = DAR 2010, 111.
635 Meschkat/Nauert/*Stehl* S. 93/94.
636 Vgl. Maier/Stadler Rn. 134; Meschkat/Nauert/*Stehl* S. 94/95.

287 Die **Rechtsprechung** hat bei grob fahrlässigem Verhalten **folgende prozentuale Leistungskürzungen** zugelassen:
- **50 %** beim **Verwechseln des Rotlichts mit Grünlicht** aufgrund blendender Sonne;[637]
- **50 %** beim Einfahren in eine Kreuzung mit 50 km/h trotz **Sonneneinblendung** und Unfall mit von rechts kommendem Kfz;[638]
- **50 %** bei einem VN, der trotz übersichtlich gestalteter Ampelanlage das **Grünlicht mit Rechtspfeil** für Rechtsabbieger und separater Fahrspur auf seine Geradeausfahrspur bezieht und bei Rotlicht in Kreuzungsbereich einfährt.[639]

b) Missachtung des Andreaskreuzes

288 Ebenso wie dem Rotlicht einer Lichtzeichenanlage kommt auch dem Andreaskreuz in Kombination mit einem roten Blinklicht vor einem Bahnübergang eine wichtige **Warnfunktion** zu. Übersieht der VN – möglicherweise auch wegen einstrahlenden Sonnenlichtes – diese Warnung, so handelt er grob fahrlässig.[640] Anderes gilt, wenn der VN aufgrund schlechter Sichtverhältnisse, einer ungünstigen Sichtposition im Führerhaus seines Lkw sowie eines ihm bis zum Unfall unbekannten Sehfehlers das rote Blinklicht übersieht.[641] Steht ein grob fahrlässiges Fehlverhalten fest und kommt es beim Überqueren der Gleise zu einem Unfall, so dürfte es gerechtfertigt sein, die Entschädigungsleistung an den VN ähnlich wie auch bei einem Rotlichtverstoß **um 50 %** herabzusetzen.[642]

c) Nichtbeachten eines Stoppschildes

289 Beim Überfahren eines deutlich erkennbaren Stoppschildes trifft den VN wegen der damit verbundenen erheblichen Gefahren nach überwiegender Auffassung in der Rechtsprechung regelmäßig der Vorwurf der groben Fahrlässigkeit.[643] Die Missachtung des unbedingten Haltegebotes stellt einen Verstoß gegen eine der wichtigsten Grundregeln des Straßenverkehrs dar[644] und rechtfertigt daher normalerweise den Schluss auf ein **besonders gesteigertes Verschulden** des VN. Dies soll selbst für den Fall gelten, dass der VN das Stoppschild überfahren hat, weil die Straße verschmutzt war, der VN diese Verschmutzung aber nicht rechtzeitig erkannte, so dass er beim Bremsen ins Schleudern geriet.[645]

290 **Nach einschränkender Meinung** liegt demgegenüber **nicht in jedem Fall** ein **schlechthin unentschuldbares Fehlverhalten** vor, da das Stoppschild trotz seiner roten Farbe und seiner auffallenden Form nicht mit dem optischen Signaleffekt einer Rotlichtampel vergleichbar ist.[646] **Voraussetzung** für ein grob fahrlässiges Verhalten ist danach, dass der **VN außer dem Stoppschild auch andere**

637 LG Münster Urt. v. 20.08.2009 – 15 O 141/09 – r+s 2009, 501 = zfs 2009, 641.
638 AG Duisburg Urt. v. 24.02.2010 – 50 C 2567/09 – SP 2011, 28 = SVR 2010, 307.
639 LG Essen Urt. v. 05.02.2010 – 10 S 32/10 – zfs 2010, 393 = SVR 2010, 306 **unter Bestätigung von** AG Essen Urt. v. 18.12.2009 – 135 C 209/09 – r+s 2010, 320.
640 OLG Oldenburg Urt. v. 20.12.1989 – 2 U 225/89 – r+s 1990, 406 = zfs 1990, 135; OLG Hamm Urt. v. 20.06.1996 – 6 U 11/96 – r+s 1996, 391; OLG Frankfurt Urt. v. 17.11.1999 – 7 U 204/98 – VersR 2000, 1272.
641 BGH Urt. v. 05.12.1966 – II ZR 174/65 – VersR 1967, 127.
642 **A.A.** Meschkat/Nauert/Stehl S. 97, **die für eine Kürzungsquote von 20–33 % plädieren.**
643 Vgl. OLG Köln Urt. v. 18.01.2005 – 9 U 91/04 – r+s 2005, 149 = zfs 2005, 445 (**Stoppschild mit Wegweis- und Richtungstafel an einer T-Kreuzung**); OLG Köln Urt. v. 19.02.2002 – 9 U 132/01 – r+s 2003, 277 = zfs 2002, 388 (**Haltelinie und zwei Stoppschilder**); OLG Hamm Urt. v. 18.01.1999 – 6 U 151/98 – VersR 2001, 187; OLG Hamm Urt. v. 16.02.1998 – 6 U 167/97 – zfs 1998, 262; OLG Zweibrücken Urt. v. 12.07.1991 – 1 U 30/91 – VersR 1993, 218 = r+s 1993, 248; LG Zweibrücken Urt. v. 10.12.1990 – 1 O 324/90 – VersR 1991, 804.
644 Himmelreich/Halm/Staab/*Papatheodorou* Kap. 23 E Rn. 511.
645 OLG Oldenburg Urt. v. 13.11.1996 – 2 U 157/96 – r+s 1997, 324.
646 KG Urt. v. 12.12.2000 – 6 U 2803/99 – VersR 2002, 477 = zfs 2001, 216; Burmann/Heß/Höke/Stahl Rn. 377.

Warnhinweise nicht beachtet, wie z.B. zusätzliche Hinweis- und Gebotszeichen (Geschwindigkeitsbegrenzung, Darstellung der vorfahrtsberechtigten kreuzenden Straße auf einem Vorwegweiserschild, eine bei Annäherung deutlich optisch sichtbare Vorfahrtsberechtigung der kreuzenden Straße) oder wenn sich auch am linken Straßenrand ein Stoppschild befindet, so dass die Situation der bevorrechtigten Straße wenigstens unmittelbar vor dieser deutlich aufgezeigt wird.[647]

Der letztgenannten Auffassung ist zuzustimmen. Da das Überfahren des Stoppschildes auch von seiner Sanktion her in der BKatV als Ordnungswidrigkeit nicht mit einem Rotlichtverstoß vergleichbar ist, müssen besondere Umstände vorliegen, die das Verhalten des VN als objektiv grob fahrlässig erscheinen lassen. Solche Umstände sind jedenfalls dann gegeben, wenn es sich um eine gut ausgebaute Kreuzung handelt, das Stoppschild von weitem erkennbar und nicht in irgendeiner Weise verdeckt ist, eine Haltelinie vorhanden und das Wort »STOP« in Großbuchstaben auf der Straße eingezeichnet ist sowie zusätzlich bereits 100 m vor der Kreuzung durch ein Warnschild »STOP – 100 m« auf das unbedingte Anhaltegebot hingewiesen wird.[648] 291

Grobe Fahrlässigkeit liegt regelmäßig vor, 292
- wenn das Stoppschild an gefährlichen, unübersichtlichen Einmündungen aufgestellt ist und die Kraftfahrer durch ein zusätzliches **Vorwarnschild** auf das kommende Stoppschild aufmerksam gemacht werden;[649]
- wenn neben dem Stoppschild an einer außer Betrieb befindlichen Lichtzeichenanlage zusätzlich ein **gelbes Blinklicht** aufleuchtet;[650]
- wenn das Stoppschild **beidseitig aufgestellt** und bei Annäherung frühzeitig und gut sichtbar ist;[651]
- wenn der VN das Stoppschild aufgrund einer unmittelbar davor stehenden Hinweistafel **zu spät wahrnimmt** und der daraufhin eingeleitete Bremsversuch erfolglos verläuft;[652]
- wenn der VN aufgrund **überhöhter Geschwindigkeit** vor dem ihm bekannten Stoppschild nicht nur nicht zum Stehen kommt, sondern auch den anschließenden Abbiegevorgang nicht bewältigt und die Gewalt über sein Fahrzeug verliert.[653]

Keine grobe Fahrlässigkeit liegt vor, wenn sich der VN erfolgreich entlasten kann, 293
- weil das Stoppschild **verdeckt** oder zumindest objektiv schlecht sichtbar ist und eine **vorangegangene Beschilderung fehlt** oder irreführend ist;[654]
- weil außer dem Stoppschild **keine sonstigen Warnhinweise** – auch nicht in Form von Fahrbahnmarkierungen – vorhanden sind.[655]

Bei der Festlegung einer **Leistungskürzungsquote** im Rahmen der groben Fahrlässigkeit ist zu berücksichtigen, dass die Missachtung eines Stoppschildes nach der BKatV erheblich geringer sanktioniert ist als ein Rotlichtverstoß. Für Normalfälle, in denen auf das Stoppschild zuvor hingewiesen wird, es gut sichtbar oder beidseitig aufgestellt ist, erscheint eine grundsätzliche Kürzung **um 25 %** angemessen, sofern sich nicht ein besonders gravierender Verstoß feststellen lässt.[656] Ein solcher ist 294

647 OLG Bremen Urt. v. 23.04.2002 – 3 U 72/01 – VersR 2002, 1502 = DAR 2002, 308 mit Anm. Halm PVR 2002, 369.
648 OLG Köln Beschl. v. 03.09.2009 – 9 U 63/09 – VersR 2010, 623 = r+s 2010, 14.
649 OLG Köln Urt. v. 18.01.2005 – 9 U 91/04 – r+s 2005, 149 = zfs 2005, 445; OLG Nürnberg Urt. v. 04.05.1995 – 8 U 307/95 – NJW-RR 1996, 988.
650 OLG Köln Urt. v. 22.05.2001 – 9 U 172/00 – NZV 2002, 374 = zfs 2001, 417.
651 OLG Karlsruhe Urt. v. 24.05.2002 – 10 U 6/02 – NZV 2003, 420; OLG Hamm Urt. v. 18.01.1999 – 6 U 151/98 – DAR 1999, 217.
652 Vgl. OLG Oldenburg Urt. 23.11.1994 – 2 U 166/94 – r+s 1995, 42; OLG Zweibrücken Urt. v. 12.07.1991 – 1 U 30/91 – VersR 1993, 218 = r+s 1993, 248.
653 OLG Koblenz Urt. v. 30.08.2007 – 10 U 747/07 – VersR 2008, 1346.
654 OLG Nürnberg Urt. v. 21.12.1995 – 8 U 2423/95 – NJW-RR 1996, 988.
655 LG Koblenz Urt. v. 20.09.2004 – 5 O 418/03 – SVR 2005, 150.
656 Burmann/Heß/Höke/Stahl Rn. 378; Meschkat/Nauert/*Stehl* S. 96/97; Goslarer Orientierungsrahmen zfs 2010, 12, 14 = DAR 2010, 111.

anzunehmen, wenn der VN ortskundig ist und mit überhöhter Geschwindigkeit in eine belebte Straßenkreuzung einfährt,[657] das Stoppschild absichtlich überfährt[658] oder noch nicht einmal versucht, seiner Wartepflicht zu genügen.[659]

d) Falsches Überholen

295 Ein Überholmanöver, das zu einem Unfall führt, ist als grob fahrlässig anzusehen, wenn der VN aufgrund eines **kurvenreichen und unübersichtlichen Straßenverlaufes** – ggf. zusätzlich unter Missachtung einer **durchgezogenen Mittellinie**[660] – realistischerweise nicht abschätzen konnte, ob er den Überholvorgang gefahrlos würde vollenden können.[661] Dies gilt auch dann, wenn der VN unmittelbar nach einem bereits durchgeführten[662] oder aufgrund von Gegenverkehr abgebrochenen Überholvorgang[663] die Gewalt über sein Fahrzeug verliert oder er sich bei **widrigen Sicht- und Witterungsverhältnissen** trotz erkennbarer **Glatteisgefahr** und sichtbarem **Gegenverkehr** zum Überholen entschließt.[664] Auch ein Überholvorgang nachts trotz Gegenverkehrs,[665] ein riskantes Überholen kurz vor einer Ortseinfahrt,[666] in einer Kurve trotz Sichtbehinderung durch ein vorausfahrendes größeres Fahrzeug[667] oder beim schlichten Übersehen des Gegenverkehrs[668] ist grob fahrlässig.

296 Ein **Überholen im Baustellenbereich** bei erkennbar verengten Fahrspuren kann grob fahrlässig sein, wenn erwiesen ist, dass der VN vor Beginn der Engstelle schon nicht in der Lage war, sein Fahrzeug sicher in der Spur zu halten.[669] Ein grob fahrlässiges, besonders leichtsinniges Verhalten ist auch bei einem **Überholmanöver** des VN mit 100 km/h auf einem geraden Teilstück **zwischen zwei Bergkuppen** anzunehmen, wenn der zu überholende Pkw mit Anhänger lediglich 70 km/h fährt und die Überholstrecke nur auf ca. 160 m überschaubar ist.[670]

297 **Hat sich der VN demgegenüber** bei der Dauer des voraussichtlichen Überholvorganges eines langsamen vorausfahrenden Kfz bei übersichtlichem Streckenverlauf **verschätzt**, so lässt sich lediglich ein leicht fahrlässiges Verhalten begründen, und zwar auch für den Fall, dass der VN beim Überholen zwar sein Handy benutzt hat, dies aber nicht zu einer – vom VR nachzuweisenden – Reaktionsverzögerung beim VN geführt hat.[671]

298 Um bei einem **objektiv** grob fahrlässigen Überholmanöver einer (quotalen) Leistungsfreiheit des VR zu entgehen, muss der VN nachvollziehbare entlastende Umstände vorbringen (aber nicht zwingend beweisen), die gegen die Annahme eines auch **subjektiv** grob fahrlässigen Verhaltens sprechen. Andenfalls kann vom äußeren Geschehensablauf und vom Ausmaß des objektiven Pflichtverstoßes auf ein auch in subjektiver Hinsicht unentschuldbares Fehlverhalten des VN geschlossen

657 Vgl. BGH Urt. v. 24.06.1969 – **VI ZR 36/68** – VersR 1969, 848.
658 OLG Nürnberg Urt. v. 26.06.1997 – 8 U 79/97 – r+s 1997, 409.
659 Vgl. OLG Zweibrücken Urt. v. 12.07.1991 – 1 U 30/91 – VersR 1993, 218.
660 OLG Köln Urt. v. 30.05.2000 – 9 U 1/99 – MDR 2001, 87 = NVersZ 2001, 169.
661 OLG Karlsruhe Urt. v. 04.03.2004 – 12 U 151/03 – zfs 2004, 321; OLG Frankfurt Urt. v. 23.05.1995 – 1 U 75/94 – NZV 1995, 363.
662 OLG Hamm Urt. v. 24.04.1998 – 20 U 4/98 – DAR 1998, 393 = zfs 1999, 428; OLG Karlsruhe Urt. v. 19.03.1992 – 12 U 206/91 – r+s 1992, 154.
663 OLG Düsseldorf Urt. v. 28.09.2000 – 4 U 198/99 – VersR 2001, 1020 = zfs 2001, 265; vgl. auch OLG Koblenz Urt. v. 25.02.2002 – 12 U 955/00 – zfs 2002, 345.
664 OLG Düsseldorf Urt. v. 15.12.1998 – 4 U 235/97 – NVersZ 2000, 32.
665 OLG Karlsruhe Urt. v. 02.11.1994 – 13 U 264/93 – VersR 1995, 1182.
666 KG Urt. v. 20.04.2004 – 6 U 57/04 – SP 2005, 21.
667 BGH Urt. v. 30.06.1982 – **IVa ZR 18/81** – VersR 1982, 892 = MDR 1983, 37.
668 OLG Karlsruhe Urt. v. 04.03.2004 – 12 U 151/03 – VersR 2004, 776 = zfs 2004, 321.
669 OLG Naumburg Urt. v. 29.07.1999 – 2 U 200/98 – DAR 1999, 548 = zfs 1999, 424.
670 OLG Hamm Urt. v. 14.09.1990 – 20 U 92/90 – r+s 1991, 154.
671 LG Passau Urt. v. 25.11.1998 – 3 O 28/98 – zfs 2000, 160.

werden.[672] Lässt sich daher der Zusammenstoß mit einem entgegenkommenden Kfz bei einem Überholvorgang nur dadurch erklären, dass bei dessen Beginn das entgegenkommende Kfz durch andere Fahrzeuge verdeckt war oder der VN ohne Beachtung des Gegenverkehrs zum Überholen angesetzt hat und kann der VN keine entlastenden Umstände für seine Fahrweise aufzeigen, so hat er den Unfall sowohl in objektiver, als auch in subjektiver Hinsicht grob fahrlässig herbeigeführt.[673]

Kann grobe Fahrlässigkeit festgestellt werden, dürfte bei gleichzeitiger Verwirklichung eines **Bußgeldtatbestandes** gemäß §§ 1 Abs. 2, 5 Abs. 2 Satz 1, Abs. 3 Nr. 2, 49 Abs. 1 Nr. 1, 5 StVO i.V.m. Ziffer 19.1.2 BKatV, verbunden mit der Verhängung eines einmonatigen Fahrverbotes eine durchschnittliche **Leistungskürzung von 50 %** – auch unter Berücksichtigung des hohen Gefährdungspotenzials für andere Verkehrsteilnehmer – angemessen sein.[674] **299**

Erfüllt die Verhaltensweise des VN den **Straftatbestand** des § 315c Abs. 1 Nr. 2b StGB, so ist das Überholmanöver des VN auch als rücksichtslos zu qualifizieren, was eine gesteigerte subjektive Vorwerfbarkeit rechtfertigt. Rücksichtslosigkeit erfordert regelmäßig ein Verhalten, bei dem sich der VN aus Leichtsinn, Eigennutz oder Gleichgültigkeit gegenüber anderen Verkehrsteilnehmern im Interesse seines eigenen ungehinderten Fortkommens über seine Sorgfaltspflichten als Kraftfahrer hinwegsetzt und unbekümmert um die Folgen seiner Fahrweise darauf losfährt. Ein Überholmanöver, das unter dieser Prämisse durchgeführt wurde, dürfte eine **Kürzungsquote von 75 %** rechtfertigen.[675] **300**

e) Überhöhte Geschwindigkeit

Ob ein durch nicht angepasste Geschwindigkeit oder unter Verstoß gegen eine Geschwindigkeitsbegrenzung verursachter Unfall grob fahrlässig herbeigeführt wurde, ist immer eine Frage des Einzelfalles und somit unter Berücksichtigung der **Witterungsverhältnisse**, der **Verkehrsdichte**, dem **Ausbauzustand** der Straße und der **Übersichtlichkeit** des Straßenverlaufes zu entscheiden.[676] **301**

Fährt der VN an Kreuzungen, Einmündungen oder Bahnübergängen zu schnell, wird grobe Fahrlässigkeit eher anzunehmen sein als auf einer Landstraße, weil in § 315c Abs. 1 Nr. 2d StGB ein entsprechendes Verhalten, sofern es auch noch dem Verdikt der Rücksichtslosigkeit unterfällt, sogar als strafbar eingestuft wird. Die **Geschwindigkeitsübertretung muss** zwar in jedem Fall **erheblich sein**; trotzdem lässt sich nicht jede festgestellte, einen bestimmten Prozentsatz übersteigende Geschwindigkeitsüberschreitung von vornherein als grob fahrlässig qualifizieren.[677] **302**

Eine Rolle spielen auch **Fahrzeugtyp** und **Straßenlage des Pkw** sowie die **Fahrpraxis** und damit die Frage einer subjektiven Überforderung **des VN** durch die von ihm gewählte Geschwindigkeit. Vor diesem Hintergrund ist es nicht zulässig, im Wege des Anscheinsbeweises ein Verhalten als grob fahrlässig einzustufen, bei dem der VN nach einem Überholvorgang von der Straße abgekommen ist und lediglich feststeht, dass er die zulässige Höchstgeschwindigkeit um mindestens 25 km/h überschritten hat.[678] Insbesondere ist ein Fahrfehler nicht schon dann grob fahrlässig, wenn der VN die Straßenverhältnisse unzutreffend einschätzt und sich seine Geschwindigkeit daher aus einer »ex post«-Betrachtung heraus als überhöht erweist.[679] Vielmehr müssen weitere Umstände hinzutreten. Dabei kommt es auch auf Besonderheiten der **Straßenführung und Beschilderung** an. Auch die **303**

---

672 BGH Urt. v. 08.07.1992 – **IV ZR 223/91** – VersR 1992, 1085 = NJW 1992, 2418; BGH Urt. v. 08.02.1989 – **IVa ZR 57/88** – VersR 1989, 582 = NJW 1989, 1354.
673 OLG Hamm Urt. v. 22.06.1994 – 20 U 108/93 – r+s 1995, 8.
674 Meschkat/Nauert/*Stehl* S. 114.
675 Im Ergebnis auch Burmann/Heß/Höke/Stahl Rn. 399; Meschkat/Nauert/*Stehl* S. 115 (**für eine Leistungskürzung zwischen 66 und 80 %**).
676 Burmann/Heß/Höke/Stahl Rn. 401.
677 OLG Frankfurt/M. Urt. v. 31.10.2001 – 7 U 83/01 – VersR 2002, 703 = zfs 2002, 242.
678 So aber OLG Saarbrücken Urt. v. 19.11.2008 – 5 U 78/08 – zfs 2009, 157 und 273 = VK 2009, 150.
679 OLG Jena Urt. v. 07.03.2001 – 4 U 893/00 – VersR 2001, 855 = zfs 2001, 319.

Überschreitung der Richtgeschwindigkeit von 130 km/h auf Autobahnen[680] oder eine Geschwindigkeit von 110 km/h bei starkem Regen[681] ist nicht per se grob fahrlässig.

304 Für die Beurteilung, ob eine **Fahrgeschwindigkeit von 90 km/h auf der Autobahn bei Schneetreiben** als grob fahrlässiges Verhalten einzustufen ist, kommt es nicht nur auf den Straßenzustand, die Straßenneigung und die Streckenführung an, sondern auch auf die Verkehrslage, die Fahrereignung sowie die Profiltiefe und die Art der Reifen. Bleiben diese Faktoren im Prozessvortrag des VR weitestgehend unberücksichtigt, kann es offen bleiben, ob die Behauptungen des VN, es habe nur fein stäubend und leicht geschneit, weshalb die Fahrbahn weder schneebedeckt noch erkennbar schneeglatt gewesen sei, zutreffen; sie sind jedenfalls durch den VR nicht widerlegt worden, weshalb eine grobe Fahrlässigkeit nicht erwiesen ist.[682]

305 **Grobe Fahrlässigkeit** ist von der Rechtsprechung **bejaht** worden:
- bei einem Unfall durch Fahren auf einer **Landstraße mit 150 km/h** (statt 100 km/h) bei nicht optimalen Straßenverhältnissen (schmale Linkskurve, Gefälle, feuchter Fahrbahnbelag);[683]
- beim Abkommen von der Fahrbahn bei **85–90 km/h** auf einer Bundesstraße **bei Schnee und Hagel**;[684]
- beim Befahren des mit **Schnee und Matsch** bedeckten linken Fahrstreifens einer Autobahn mit deutlich **über 100 km/h**;[685]
- bei einer Geschwindigkeit von **80 km/h trotz Nebel** mit einer Sichtweite von nur 20 bis 30 m;[686]
- bei **Überschreitung** der zulässigen **Höchstgeschwindigkeit um mehr als 70 %**,[687] oder sogar **um 100 %** (120 km/h statt 60 km/h) in einer lang gezogenen Linkskurve, in der der VN ins Schleudern geriet, wobei feststeht, dass die erhöhte Geschwindigkeit für sich allein als Unfallursache ausscheidet;[688]
- bei einem **Aufschließen** auf ein auf der Autobahn mit 180 km/h vorausfahrendes Fahrzeug **mit mehr als 200 km/h** im Vertrauen darauf, dieses Fahrzeug werde die Überholspur räumen sowie anschließendem, zur Vermeidung eines Auffahrunfalls durchgeführtem scharfem Abbremsmanöver mit Schleudern und nachfolgendem Unfall;[689]
- bei einem **Unfall auf der Autobahn** mit 170 km/h bei Dunkelheit **durch Auffahren** auf ein auf 120 km/h verkehrsbedingt herunterbremsendes Fahrzeug;[690]
- bei einem Unfall nach **Annäherung** auf einer gut ausgebauten Landstraße **mit 100 km/h an eine** scharfe, fast rechtwinklige **Kurve** trotz Warnschilder, Geschwindigkeitstrichter und -begrenzung auf 40 km/h;[691]
- bei Veranstaltung eines **Wettrennens auf der Autobahn** mit 150 km/h;[692]
- bei einem **Alleinunfall mit 90 km/h** (statt erlaubter 50 km/h) auf kurvenreicher Strecke, ohne vom Gegenverkehr behindert worden zu sein;[693]

680 Himmelreich/Halm/Staab/*Papatheodorou* Kap. 23 E Rn. 479.
681 OLG Nürnberg Urt. v. 17.02.1977 – 8 U 83/76 – VersR 1977, 659.
682 Vgl. OLG Hamm Urt. v. 17.11.1989 – 20 U 214/89 – r+s 1993, 131.
683 OLG Koblenz Urt. v. 05.03.1999 – 10 U 155/98 – VersR 2000, 720.
684 LG Hannover Urt. v. 08.10.2003 – 11 O 141/03 – zfs 2004, 171.
685 LG Duisburg Urt. v. 19.02.2016 – 10 O 304/13 – BeckRS 2016, 10324.
686 OLG Nürnberg Urt. v. 27.10.1988 – 8 U 1649/87 – DAR 1989, 349.
687 OLG Nürnberg Urt. v. 27.01.2000 – 8 U 3128/99 – VersR 2001, 365 = r+s 2000, 364 (**Fahren mit über 100 km/h innerorts**); OLG Köln Urt. v. 28.01.1993 – 5 U 66/91 – r+s 1993, 129; OLG Nürnberg Urt. v. 29.10.1992 – 8 U 1484/92 – r+s 1993, 129; OLG München Urt. v. 30.12.1982 – 24 U 527/82 – zfs 1983, 150 = DAR 1983, 78.
688 OLG Nürnberg Urt. v. 29.10.1992 – 8 U 1484/92 – r+s 1993, 129 = VersR 1993, 432.
689 OLG Hamm Urt. v. 05.06.1991 – 30 U 199/90 – DAR 1991, 455.
690 OLG Düsseldorf Urt. v. 10.10.2002 – 10 U 184/01 – NZV 2003, 289 = MDR 2003, 330.
691 OLG Köln Urt. v. 03.06.1996 – 12 U 29/96 – VersR 1997, 57.
692 OLG Köln Urt. v. 16.05.2000 – 9 U 121/99 – VersR 2001, 454 = zfs 2000, 450.
693 OLG Köln Urt. v. 11.03.2003 – 9 U 45/02 – zfs 2003, 553 = r+s 2004, 11.

- bei einem Unfall durch zu schnelles Einfahren in einen **Kreisverkehr** mit Überfahren der Verkehrsinsel;[694]
- bei einem **ungebremsten Einfahren in** eine weithin sichtbare, ordnungsgemäß abgesicherte **Unfallstelle**;[695]
- bei einem mit 170 bis 180 km/h statt erlaubter 100 km/h auf der Autobahn vollführten **Brems- und Ausweichmanöver wegen** eines im Scheinwerferlicht auftauchenden **Wildschweins**, wobei durch Verkehrsschilder vor Wildwechsel gewarnt wurde;[696]
- bei einem Unfall mit Qualmwolke durch Reifenabrieb und Schleudern um die eigene Achse nach »**Rennfahrerstart**« an einer Lichtzeichenanlage.[697]

Grobe Fahrlässigkeit ist von der Rechtsprechung **verneint** worden: 306

- beim **Ausbrechen eines Fahrzeuges mit 200 km/h** auf einem weiträumig überblickbaren, gerade verlaufenden, dreispurig ausgebauten Streckenabschnitt einer Autobahn aufgrund der Fahrbahnbeschaffenheit beim Fahrspurwechsel, wenn sich die Behauptung des VR, es habe stark geregnet, so dass der VN mit mangelnder Reifenhaftung und Aquaplaning habe rechnen müssen, nicht nachweisen lässt;[698]
- bei einem Fahrer, der nachts auf der Autobahn **bei regennasser Fahrbahn** in einer mit Wasser gefüllten Senke **ins Schleudern** gerät, ohne dass ihm eine erhebliche Überschreitung der vorgeschriebenen Höchstgeschwindigkeit (hier: 60 km/h) nachgewiesen werden kann;[699]
- bei einer Geschwindigkeit des VN von 110 km/h auf einer Autobahn und **Ausbrechen des Kfz infolge Aquaplanings**, wenn der VR zwar ein Aquaplaningrisiko zum Unfallzeitpunkt behauptet, welches höchstens eine Geschwindigkeit von 80 km/h zugelassen habe, jedoch die unfallursächliche, auf der Fahrbahn befindliche Wasserlache für den VN nicht rechtzeitig erkennbar war, keine Warnschilder aufgestellt waren und sich dem VN auch keine konkrete Aquaplaninggefahr wegen der widrigen Witterungsverhältnisse zum Unfallzeitpunkt aufdrängen musste;[700]
- bei einem VN, der auf einer gut ausgebauten Bundesstraße **mit 120 km/h auf** einen vor ihm fahrenden, **abbiegenden Pkw auffährt**;[701]
- bei Fahren mit 85 km/h statt erlaubter 50 km/h im Kurvenbereich und **Ablenkung durch** ein plötzlich auftauchendes **Verkehrshindernis**;[702]
- bei einem VN, der unter **Verstoß gegen das Sichtfahrgebot** eine lang gezogene Rechtskurve mit 165 km/h bei trockener Fahrbahn und guter Sicht durchfährt;[703]
- bei einer Geschwindigkeit von 45 km/h statt erlaubter 30 km/h und **Verletzung der Vorfahrtsregelung »rechts vor links«**;[704]
- bei **Überschreitung** der zulässigen **Höchstgeschwindigkeit** um mindestens **20 km/h** bei einem Überholvorgang;[705]
- bei einer **Geschwindigkeitsüberschreitung von 90 %** (95 statt 50 km/h), wenn die Straße bis zur Unfallstelle autobahnähnlich ausgebaut ist und die zulässige Höchstgeschwindigkeit von 50 km/h erst 93 Meter vor der Unfallstelle angeordnet war.[706]

---

694 OLG Oldenburg Urt. v. 27.11.1996 – 2 U 172/96 – VersR 1997, 871.
695 OLG München Urt. v. 05.11.1993 – 10 U 3610/93 – NZV 1994, 113.
696 OLG Köln Urt. v. 28.01.1993 – 5 U 66/91 – r+s 1993, 129.
697 OLG Hamm Urt. v. 10.08.2007 – 20 U 218/06 – VersR 2008, 112 = zfs 2007, 692.
698 OLG Köln Urt. v. 09.05.2006 – 9 U 64/05 – r+s 2006, 415 = SP 2007, 152.
699 OLG Braunschweig Urt. v. 10.07.1996 – 3 U 225/95 – VersR 1997, 182.
700 OLG Hamm Urt. v. 05.04.2000 – 20 U 229/99 – r+s 2001, 403 = zfs 2000, 496.
701 OLG Karlsruhe Urt. v. 01.08.1991 – 12 U 104/90 – r+s 1993, 130.
702 OLG Hamm Urt. v. 20.01.1993 – 20 U 255/92 – VersR 1994, 42.
703 OLG Hamm Urt. v. 11.06.1986 – 20 U 363/85 – VersR 1987, 1206.
704 OLG Düsseldorf Urt. v. 05.07.1996 – 4 U 119/95 – VersR 1997, 56.
705 Vgl. VG Koblenz Urt. v. 04.06.2013 – 1 K 1009/12.KO – BeckRS 2013, 51826.
706 OLG Frankfurt/M. Urt. v. 31.10.2001 – 7 U 83/01 – VersR 2002, 703 = zfs 2002, 242.

307 Überhöhte und unangepasste Geschwindigkeit gehören zu den häufigsten Unfallursachen. Dem muss auch bei der Bemessung der anteiligen Leistungsbefreiung des VR in A.2.9.1 S. 2 AKB Rechnung getragen werden. Dabei ist zu beachten, dass nach der BKatV bei innerörtlichen Geschwindigkeitsverstößen ab 31 km/h bzw. 61 km/h und bei solchen, die außerorts ab 41 km/h bzw. 71 km/h begangen werden, gegen den Betroffenen ein Regelfahrverbot von einem bzw. drei Monaten verhängt wird. Infolgedessen dürfte es angemessen sein, von einer **Leistungskürzung zwischen 50 und 70 %** auszugehen.[707]

308 Hat sich der VN bewusst über die Geschwindigkeitsbeschränkung hinweggesetzt oder zugleich auch gemäß § 315c Abs. 1 Nr. 2d StGB strafbar gemacht,[708] dürfte ein **Kürzungsgrad von 75 %** gerechtfertigt sein.[709] Da schon die Frage, ob sich der VN überhaupt grob fahrlässig verhalten hat, nicht an einer bestimmten prozentualen Mindestgrenze festgemacht werden kann, verbietet es sich erst recht, im Falle festgestellter grober Fahrlässigkeit das Maß der prozentualen Leistungskürzung an der prozentualen Höhe der Geschwindigkeitsüberschreitung auszurichten.[710]

f) Auffahrunfall infolge grober Unaufmerksamkeit

309 Wer durch grobe Unaufmerksamkeit ordnungsgemäß in Betrieb befindliche Warn- und Sicherungseinrichtungen einer Autobahnbaustelle nicht beachtet und ungebremst auf ein beleuchtetes Hindernis,[711] ein gut sichtbares Baustellenfahrzeug[712] oder einen zur Sicherung einer Baustelle befindlichen Absperranhänger auffährt, auf den er über eine Strecke von 800 Metern durch mehrere Verkehrszeichen hingewiesen worden ist,[713] verursacht den Unfall grob fahrlässig. In diesen Fällen wird von mittlerer grober Fahrlässigkeit entsprechend einer **Leistungskürzungsquote von 50 %** im Rahmen des A.2.9.1 S. 2 AKB auszugehen sein.[714]

g) Grundloses Abkommen von der Fahrbahn

310 Ein vom VN nicht plausibel zu erklärendes Abkommen von der Fahrbahn begründet nicht in jedem Fall den Vorwurf grober Fahrlässigkeit. Handelt es sich um eine **gut ausgebaute, breite und mit Randstreifen versehene Fahrbahn**, wird man eine grob fahrlässige Unaufmerksamkeit eher bejahen müssen als bei einer **schmalen, kurvenreichen Straße ohne befestigten Seitenstreifen**. Zwar wird man von einem Kraftfahrer gerade auf einer solchen Strecke eine durchgehende konzentrierte Beobachtung des Verkehrsgeschehens und des Straßenverlaufs erwarten müssen. Andererseits ist auch die Gefahr, wegen einer lediglich kurzzeitigen momentanen – und damit ggf. nur leicht fahrlässig einzustufenden – Unaufmerksamkeit von der Fahrbahn abzukommen, entsprechend größer. Ein Abkommen von der Fahrbahn – aus welchen Gründen auch immer – ist nicht unwahrscheinlich. Kann der VN bei dieser Konstellation sein Abkommen von einer schmalen Straße nicht plausibel erklären, führt dies nicht zu einer Umkehr der Beweislast.[715] Entlastende Umstände hat der VN zwar vorzutragen, aber nicht zu beweisen. Die **Beweislast** für eine grob fahrlässige Herbeiführung des Unfalles **bleibt beim VR**. Reine Spekulationen, warum der VN grob fahrlässig von der Fahrbahn abgekommen sein könnte, reichen nicht aus. **Auf einen Erfahrungssatz**, wonach ein Abkommen von der Fahrbahn stets grob fahrlässig ist, **kann sich der VR nicht stützen**.[716] Bei einer verzögerten Bremsleistung infolge schwieriger Straßenverhältnisse ist die **Annahme eines Augenblicksversagens**

---

707 Vgl. Meschkat/Nauert/*Stehl* S. 116, **die für eine Norm-Kürzungsquote von 50 % plädieren.**

708 Zu den Voraussetzungen vgl. BGH Urt. v. 21.11.2006 – **4 StR 459/06** – NStZ 2007, 222.

709 Ebenso Burmann/Heß/Höke/Stahl Rn. 402; Meschkat/Nauert/*Stehl* S. 118 (**für eine Leistungskürzung zwischen 66 und 80 %**).

710 **A.A.** Maier/Stadler Rn. 138.

711 LG Tübingen Urt. v. 25.05.1965 – 3 O 196/64 – VersR 1966, 726.

712 OLG Köln Urt. v. 29.01.2002 – 9 U 59/01 – zfs 2002, 295 = r+s 2002, 147.

713 OLG Düsseldorf Urt. v. 09.12.1999 – 10 U 47/99 – NZV 2001, 81 = MDR 2000, 268.

714 So auch Meschkat/Nauert/*Stehl* S. 119.

715 OLG Hamm Urt. v. 07.02.2007 – 20 U 134/06 – VersR 2007, 1553 = r+s 2007, 187.

716 OLG Frankfurt/M. Urt. v. 24.02.1987 – 5 U 78/86 – VersR 1987, 927.

beim VN nicht von vornherein abwegig.[717] Lässt sich die Unfallursache nicht sicher klären, bleibt der VR beweisfällig. Auf den Risikoausschluss des A.2.9.1 S. 2 AKB, § 81 Abs. 2 VVG kann er sich dann nicht berufen.

Grobe Fahrlässigkeit ist zu bejahen: 311

- bei einem **allmählichen, kontinuierlichen Abkommen** des VN auf die Gegenfahrbahn auf einer breit ausgebauten Straße;[718]
- wenn der **VN** wegen eines Niesanfalls ein **Taschentuch auf dem Beifahrersitz sucht** und dadurch von der Fahrbahn abkommt;[719]
- wenn der VN seinen Pkw aus ungeklärter Ursache **über die Mittellinie in den Gegenverkehr** lenkt,[720] auch dann, wenn er in Gedanken bei einem schwer kranken Familienangehörigen war;[721]
- wenn der VN auf einer übersichtlichen, 5 m breiten Landstraße **sekundenlang den Blick von der Fahrbahn abwendet**, um ein nicht verkehrswesentliches Geschehen zu beobachten;[722]
- wenn sich der Fahrer während der Fahrt **Notizen macht**, wenn er sich während eines Spurwechsels **zu seinem Beifahrer hinwendet**,[723] oder wenn er sich bei einer nächtlichen Fahrt während des Durchfahrens einer Kurve plötzlich **nach hinten umdreht**;[724]
- bei einem vollständigen **Umdrehen** während der Fahrt mit einem Pkw auf der Autobahn **im stockenden Verkehr** zu einem auf dem Rücksitz befindlichen achtjährigen **Kind**;[725]
- bei einem **Umdrehen bei 100 km/h** und schlechten Straßenverhältnissen nach hinten, um einem auf dem Rücksitz weinenden **Kleinkind** eine Teeflasche oder den Schnuller zu reichen; **anders** jedoch, wenn das Umdrehen durch ein Würgegeräusch und die daraus resultierende **Sorge** veranlasst ist, das Kind könne etwas im Mund haben, sich übergeben oder ersticken;[726]
- bei einem **Verstellen des Fahrersitzes** während der Fahrt;[727]
- wenn der Fahrer **zu lange in den Rückspiegel schaut** und deshalb auf einer gerade verlaufenden Straße auf einen geparkten Pkw auffährt;[728]
- bei starkem, unmotiviertem **Abbremsen** auf regennasser Fahrbahn.[729]

Keine grobe Fahrlässigkeit liegt vor: 312

- bei einem VN, der mit 90 km/h in einer Linkskurve auf schmaler Landstraße ohne befestigten Randstreifen geradeaus fährt, weil er kurz einen **Blick auf seine Geldbörse** auf dem Beifahrersitz wirft;[730]
- wenn der VN während einer Autobahnfahrt einen kurzen **Seitenblick auf eine Straßenkarte** wirft;[731]
- beim Abkommen von einer schmalen Fahrbahn auf einen Grünstreifen;[732]

---

717 OLG Düsseldorf Beschl. v. 06.02.1998 – 4 W 50/97 – ADAJUR Dok.Nr. 31021.

718 OVG Bautzen Beschl. v. 16.12.2010 – 2 A 416/09 – ADAJUR Dok.Nr. 92266; LG Stuttgart Urt. v. 17.02.2005 – 22 O 565/04 – SP 2006, 18.

719 OLG Naumburg Urt. v. 08.10.1996 – 7 U 108/96 – VersR 1997, 870 = DAR 1997, 112.

720 OLG Hamm Urt. v. 05.06.1996 – 20 U 288/95 – VersR 1997, 961.

721 OLG Stuttgart Urt. v. 28.07.2005 – 7 U 51/05 – SP 2006, 324.

722 OLG München Urt. v. 27.01.1994 – 24 U 706/93 –VersR 1995, 165.

723 OLG Düsseldorf Urt. v. 27.05.1997 – 4 U 64/96 – SP 1998, 121.

724 OLG Saarbrücken Urt. v. 14.01.2004 – 5 U 396/03 – MDR 2004, 874.

725 OLG Frankfurt/M. Urt. v. 12.02.2020 – 2 U 43/19 – zfs 2020, 271 (**50 % Leistungskürzung**).

726 OLG Brandenburg Urt. v. 28.01.1997 – 2 U 94/96 – VersR 1998, 838 = zfs 1998, 220; LG Coburg Urt. v. 25.6.1993 – 3 S 40/93 – VersR 1994, 976; vgl. auch OLG Saarbrücken Beschl. v. 13.02.2004 – 5 W 24/04 – zfs 2004, 223.

727 OLG Hamburg Urt. v. 05.10.2005 – 14 U 104/05 – SP 2006, 394.

728 OLG Nürnberg Urt. v. 14.01.1988 – 8 U 2735/87 – zfs 1988, 146.

729 LG Bielefeld Urt. v. 23.06.1972 – 5 O 293/71 – VersR 1973, 612.

730 OLG Hamm Urt. v. 07.02.2007 – 20 U 134/06 – VersR 2007, 1553 = r+s 2007, 187.

731 LG Aschaffenburg Urt. v. 01.12.2004 – 3 O 266/04 – zfs 2005, 140.

732 OLG Hamm Urt. v. 07.02.2007 – 20 U 134/06 – VersR 2007, 1553 = r+s 2007, 187.

- wenn der VN **sich** bei nächtlicher Fahrt **reflexartig umdreht**, weil eines seiner kleinen, vorher ruhigen **Kinder auf dem Rücksitz** im Zusammenhang mit einem lauten Knall plötzlich aufschreit;[733]
- beim **Verscheuchen eines Insekts** aus dem Gesicht während der Fahrt durch eine reflexartige Handbewegung[734] oder durch eine Akte vom Beifahrersitz,[735] weil insoweit von einem Augenblicksversagen auszugehen ist;
- beim Anlegen des Sicherheitsgurtes während der Fahrt.[736]

313 Im Regelfall wird der **Verschuldensgrad** eines grob fahrlässigen Verhaltens im Bereich zwischen **25 % bis 50 %** anzusetzen sein.[737] Zu beachten ist, dass die graduelle Vorwerfbarkeit nicht dadurch schon erhöht ist, dass der VN das Abkommen von der Fahrbahn nicht plausibel erklären kann.[738] Denn dies ist lediglich der Grund dafür, dass das Verhalten des VN nicht mehr als leicht, sondern schon als grob fahrlässig angesehen werden muss.

h) Ausweichen vor einem Tier

314 Inwieweit ein Kraftfahrer durch das Ausweichen vor einem Tier einen Unfall grob fahrlässig herbeiführt, wird kontrovers beurteilt (vgl. auch A.2.2.1 AKB Rdn. 301 ff. und A.2.2.1 AKB Rdn. 305 ff.). Auf A.2.9.1 S. 2 AKB i.V.m. § 81 Abs. 2 VVG kann sich der VR regelmäßig dann berufen,

- wenn der Fahrzeugführer **beim Auftauchen eines Haarwilds** im Rahmen eines Brems- oder Lenkmanövers **überreagiert**, dadurch ins Schleudern gerät und mit dem Wild zusammenstößt, **oder** wenn er **nach der Wildberührung infolge einer Fehlreaktion** (z.B. Verreißen des Lenkrades) verunfallt und dadurch in beiden Fallalternativen den **in der *Teilkasko* gedeckten Versicherungsfall »Wildschaden«** herbeiführt;
- wenn er **wegen eines kleinen Tieres** unvermittelt abbremst und/oder ausweicht oder ohne vorherigen Wildkontakt **von der Fahrbahn abkommt** und dadurch den **in der *Vollkasko* gedeckten Versicherungsfall** »**Unfall**« herbeiführt.

315 Zur Beurteilung des Verschuldensgrades sind dieselben Kriterien heranzuziehen, die auch in der **Teilkasko** beim Aufwendungsersatzanspruch des VN nach § 83 Abs. 1 S. 1 VVG (»**Rettungskostenersatz**«) abzuwägen sind bei der Frage, ob das Ausweichmanöver objektiv geboten war oder der VN (bzw. der berechtigte Fahrer seines Kfz) wenigstens subjektiv das Ausweichmanöver unter Berücksichtigung aller Umstände des Einzelfalles für geboten halten durfte,[739] (vgl. A.2.2.1 AKB Rdn. 286 ff.). **Grobe Fahrlässigkeit liegt vor**, wenn das Fahrmanöver zur Vermeidung eines folgenträchtigen Zusammenstoßes mit dem Haarwild und damit zur Vermeidung eines Schadens an dem versicherten Kfz objektiv nicht erforderlich war, oder wenn der VN bei der subjektiven Einschätzung der konkreten Situation einem grob fahrlässigen Irrtum über die Gebotenheit seines (Rettungs-)Fahrmanövers unterlag, (vgl. hierzu A.2.2.1 AKB Rdn. 305 ff.).

316 Danach stellt sich das **Ausweichen vor einem Kaninchen**,[740] **Fuchs**[741] oder **Hasen**[742] angesichts der geringen Gefahren, die mit einer Kollision verbunden sind, regelmäßig als **grob fahrlässig** dar.

733 OLG Saarbrücken Beschl. v. 13.02.2004 – 5 W 24/04 – zfs 2004, 223.
734 OLG Bamberg Urt. v. 20.09.1990 – 1 U 36/90 – r+s 1991, 473 = NZV 1991, 473.
735 LG Mönchengladbach Urt. v. 08.11.1990 – 10 O 76/90 – VersR 1991, 994.
736 OLG Saarbrücken Urt. v. 11.05.1984 – 3 U 42/83 – VersR 1984, 1185.
737 Vgl. Meschkat/Nauert/*Stehl* S. 119 (**Abzugsquote von 50 %**).
738 Burmann/Heß/Höke/Stahl Rn. 403.
739 OLG Koblenz Urt. v. 31.10.2003 – 10 U 1442/02 – VersR 2004, 464 = r+s 2004, 11.
740 OLG Hamm Urt. v. 16.12.1992 – 20 U 171/92 – VersR 1994, 43 = zfs 1993, 308.
741 OLG Koblenz Urt. v. 31.10.2003 – 10 U 1442/02 – VersR 2004, 464 = r+s 2004, 11; LG Saarbrücken Urt. v. 06.09.2018 – 14 O 162/17 – r+s 2019, 84 = zfs 2019, 157.
742 BGH Urt. v. 18.12.1996 – **IV ZR 321/95** – VersR 1997, 351 = DAR 1997, 158.

In anderen Fällen wurde das Ausweichen vor einem **Raubvogel,**[743] einem **Biber,**[744] einem **Fuchs**[745] oder einem **Hasen,**[746] als **nicht grob fahrlässig** angesehen. Dies gilt erst recht für Fälle, in denen der VN einem noch größeren Tier (z.B. einem **Reh**[747] oder **Wildschwein**) ausweicht und dadurch verunfallt. 317

Ein **Motorradfahrer**, der einem **Fuchs** ausweicht, während er eine Kurve in Schräglage durchfährt, handelt bei seinem Versuch, eine Kollision mit dem Tier zu vermeiden, nicht grob fahrlässig.[748] 318

Entscheidend für den Vorwurf der groben Fahrlässigkeit ist trotzdem **nicht allein die Größe des Tieres**. Anders als beim Aufwendungsersatzanspruch nach den §§ 90, 83 Abs. 1 VVG geht es nicht nur darum, dass der VN die Gefahr eines hohen Schadens an seinem kaskoversicherten Pkw infolge einer Kollision oder einem Überfahren des Tieres in angemessener Weise gegen das Risiko eines Ausweichmanövers und dem dadurch möglichen Kontrollverlust über das eigene Fahrzeug abzuwägen hat. Vielmehr ist bedeutsam, ob der VN angesichts der **konkreten örtlichen Verhältnisse** (z.B. Tiere am Straßenrand, Verkehrszeichen 144 zu § 40 Abs. 6 StVO »Wildwechsel«) gewarnt sein und mit dem jederzeitigen Auftauchen von Tieren auf der Straße rechnen musste, so dass es ihm zuzumuten war, entsprechend langsam und mit erhöhter Aufmerksamkeit zu fahren. 319

Eine **Warnung vor Wildwechsel** allgemein bedeutet nicht, dass der VN auch auf das jederzeitige Erscheinen von kleineren Tieren vorbereitet sein muss. Gerade diese werden für ihn häufig überraschend und unerwartet auftauchen, so dass ein Brems- oder Ausweichmanöver oftmals instinktiv durch eine reflexartige Schreckreaktion veranlasst sein wird, die nicht zwingend als grob fahrlässig angesehen werden kann.[749] Steht zudem auch nicht fest, dass der VN mit unangepasster Geschwindigkeit gefahren ist, wird sich eine grob fahrlässige Schadenverursachung in den wenigsten Fällen begründen lassen. 320

Sofern ein grob fahrlässiges Verhalten angenommen wird, sollte die **Kürzungsquote** in einem Bereich **zwischen 20 und 60 %** liegen. Für die Feinjustierung des Verschuldensgrades sollte die Faustformel gelten »**je kleiner das Tier, desto größer die Kürzungsquote**«.[750] 321

i) Nichtbeachten der Durchfahrtshöhe

Hat sich der VN nur ungenügend über die Höhe seines Kfz informiert oder missachtet er die Durchfahrtshöhen von **Parkhauseinfahrten,**[751] **Brückenunterführungen,**[752] **Überdachungen** von Parkflächen an Einkaufsmärkten[753] oder von Tank- und Mautstellen, so handelt er im Regelfall **grob fahrlässig.**[754] Dies gilt insbesondere in Fällen, in denen der VN versucht, mit einem Klein-Lkw oder Hochdach-Sprinter in Parkhäuser einzufahren, die grundsätzlich nur geringe Ein- und Durchfahrtshöhen aufweisen und üblicherweise zum Unterstellen solcher Fahrzeuge nicht geeignet 322

743 LG Aachen Urt. v. 15.06.2000 – 10 O 43/00 – DAR 2001, 367 (Ls.).

744 AG Nördlingen Urt. v. 30.11.2005 – 5 C 29/05 – zfs 2006, 396 = NZV 2006, 427.

745 OLG Zweibrücken Urt. v. 25.08.1999 – 1 U 218/98 – VersR 2000, 884 = NZV 2000, 87; LG Nürnberg-Fürth Urt. v. 02.06.2014 – 8 O 9666/13 – r+s 2014, 493 (**jeweils bei Inanspruchnahme der Vollkasko**).

746 OLG Brandenburg Urt. v. 20.02.2002 – 14 U 56/01 – zfs 2003, 191; LG Regensburg Urt. v. 05.07.2001 – 6 O 312/01 – juris.

747 OLG Hamm Beschl. v. 07.10.2020 – 20 U 128/20 – r+s 2021, 448.

748 OLG Hamm Urt. v. 03.05.2001 – 6 U 209/00 – zfs 2001, 461.

749 OLG Zweibrücken Urt. v. 25.08.1999 – 1 U 218/98 – VersR 2000, 884 (**Fuchs**); OLG Nürnberg Urt. v. 29.07.1999 – 8 U 1477/99 – DAR 2001, 224 (**Fuchs**); OLG Jena Urt. v. 04.02.1998 – 4 U 1152/97 – VersR 1998, 623 **mit ausführlicher Darstellung unterschiedlicher Fallgruppen.**

750 Meschkat/Nauert/*Stehl* S. 121, **die im Übrigen für eine Leistungskürzung von 20 bis 33 % plädieren.**

751 OLG Oldenburg Urt. v. 25.01.1995 – 2 U 209/94 – VersR 1996, 182 = r+s 1995, 129.

752 OLG Karlsruhe Urt. v. 11.03.2004 – 3 U 38/03 – NZV 2004, 533; OLG Düsseldorf Urt. v. 22.06.1995 – 10 U 133/94 – VersR 1997, 77 = MDR 1995, 1122; LG Koblenz Urt. v. 28.10.1986 – 6 S 132/86 – juris.

753 LG Dessau-Roßlau Urt. v. 15.07.2016 – 2 O 103/16 – BeckRS 2016, 113952.

754 Vgl. Kärger DAR 2007, 169 f. **zu Schäden an Miet-Lkw durch Hängenbleiben wegen zu geringer Durchfahrtshöhe.**

sind. Bei jedem höheren Fahrzeug hat der VN stets Ausschau zu halten auf die Beschilderung zur Höhenangabe von Ein- und Durchfahrten (Verkehrszeichen 265 zu § 41 Abs. 1 StVO) und sein Verhalten danach einzurichten.[755]

323 In **objektiver Hinsicht** ist wesentlich, ob die beschränkte Durchfahrthöhe deutlich gekennzeichnet und für den VN gut sichtbar und erkennbar ist.[756] Erschwerend kann daher zu berücksichtigen sein, wenn der VN beleuchtete Höhenangaben, optische oder akustische **Warnsignale** oder **rot-weiß gestreifte**, deutlich wahrnehmbare **Markierungen**[757] an Einfahrten oder Unterführungen ignoriert. Zu seinen Lasten geht es auch, wenn er die **erhöhte Sitzposition** in einem Klein-Lkw, die konkreten – für ihn ggf. ungewohnten – Abmessungen und eine auffällige Bauweise in keiner Weise berücksichtigt.[758]

324 In **subjektiver Hinsicht** ist es dem VN vorzuwerfen, wenn er sich vor Fahrtantritt **nicht mit den Ausmaßen** seines Fahrzeuges **vertraut macht** oder **nicht auf Gefahrenhinweise achtet**, z.B. durch Aufkleber im Inneren des Fahrzeuges.[759] Nur auf sein Augenmaß darf er sich beim Einfahren in eine Unterführung nicht verlassen.[760] Ferner kann es erheblich sein, ob der Fahrer im Schadenzeitpunkt bereits Erfahrungen gesammelt hatte im Umgang mit dem konkreten Fahrzeug, so dass ihm die Ausmaße hätten geläufig sein müssen, oder ob er zum ersten Mal mit dem Fahrzeug unterwegs war.[761] Ein das subjektive Verschulden **entlastender Umstand** kann es sein, wenn der Fahrer **ortsunkundig** war oder wenn sich im Inneren des Fahrzeuges **kein Hinweis auf dessen Höhe** befand.[762] Ebenso kann es bedeutsam sein, wenn er als Mieter eines Klein-Lkw vom Vermieter nicht über die genauen Ausmaße des Fahrzeuges informiert wurde, oder wenn er unerfahren war im Umgang mit einem Klein-Lkw und die Unterführung bei Dunkelheit bei gleichzeitigem schwierigen Straßenverlauf zu durchfahren hatte. Gleiches gilt, wenn dem Fahrer in Bezug auf die Abstellmöglichkeit des Fahrzeuges (z.B. in einer Parkgarage) konkrete Anweisungen erteilt wurden.

325 **Zum Umfang der Haftung eines Mieters** in der gewerblichen Kfz-Vermietung bei Vereinbarung einer Haftungsbefreiung nach dem Leitbild einer Vollkaskoversicherung vgl. auch A.2.1.1 AKB Rdn. 25 ff., A.2.3 AKB Rdn. 37 ff. und A.2.8 AKB Rdn. 53 ff.

326 **Grobe Fahrlässigkeit** ist zu bejahen:
- wenn der Fahrer eines 3,08 m hohen Wohnmobils unter **Missachtung mehrerer Warnschilder**, durch die ein Durchfahrtverbot für Fahrzeuge mit einer Höhe über 2,50 m ausgesprochen wird, in eine Brückenunterführung einfährt und dadurch sein Fahrzeug beschädigt;[763]
- wenn der VN die Höhenangaben an der **Einfahrt einer Parkgarage** nicht beachtet;[764]
- wenn der Fahrer eines 3,45 m hohen Lkw Warnschilder und eine **rot-weiße Markierung an der Unterseite einer Brücke** mit Hinweis auf eine lichte Durchfahrtshöhe von nur 2,70 m nicht beachtet,[765] erst recht dann, wenn er zusätzlich auch noch durch einen **Aufkleber im Wageninneren** auf die Höhe seines Fahrzeuges hingewiesen wird;[766]

755 LG Köln Urt. v. 11.04.2012 – 26 O 174/10 – VersR 2013, 851.
756 Vgl. Nugel DAR 2013, 484 ff.
757 LG Göttingen Urt. v. 18.11.2009 – 5 O 118/09 – VersR 2010, 1490 = r+s 2010, 194.
758 OLG Düsseldorf Beschl. v. 17.09.2012 – 24 U 54/12 – r+s 2012, 586.
759 LG Hagen Beschl. v. 01.08.2012 – 7 S 31/12 und AG Meinerzhagen Urt. v. 27.02.2012 – 4 C 299/11 – r+s 2012, 538.
760 OLG Bremen Urt. v. 21.02.2006 – 3 U 51/05 – JurionRS 2006, 34632.
761 OLG Düsseldorf Beschl. v. 17.09.2012 – 24 U 54/12 – r+s 2012, 586; LG Köln Urt. v. 11.04.2012 – 26 O 174/10 – VersR 2013, 851; vgl. OLG München Urt. v. 16.06.1999 – 15 U 5773/98 – VersR 2001, 773 (**keine grobe Fahrlässigkeit**).
762 OLG Düsseldorf Beschl. v. 17.09.2012 – 24 U 54/12 – r+s 2012, 586.
763 OLG Oldenburg Urt. v. 27.01.2006 – 3 U 107/05 – VersR 2006, 920 = DAR 2006, 213.
764 OLG Oldenburg Urt. v. 25.01.1995 – 2 U 209/94 – VersR 1996, 182 = r+s 1995, 129.
765 OLG Karlsruhe Urt. v. 29.07.2004 – 19 U 94/04 – VersR 2004, 1305 = DAR 2004, 585.
766 OLG Düsseldorf Urt. v. 22.06.1995 – 10 U 133/94 – VersR 1997, 77 = MDR 1995, 1122.

- wenn der Fahrer eines gemieteten Lkw mit einer Aufbauhöhe von 3,60 m im Vertrauen auf sein **Augenmaß** den Versuch unternimmt, eine Unterführung mit einer Durchfahrtshöhe von nur 3,10 m zu passieren;[767]
- wenn der VN mit **hochgestellter Kippermulde** seines Lkw gegen die Unterkante einer Brücke fährt, weil er glaubt, er habe die Mulde heruntergelassen, obwohl er wegen eines vorangegangenen Defektes der Warnleuchte Anlass hätte haben müssen, der Zuverlässigkeit dieser Kontrollleuchte zu misstrauen und vor Fahrtantritt noch einmal visuell zu kontrollieren, ob die Mulde tatsächlich abgesenkt war.[768]

Keine grobe Fahrlässigkeit liegt vor: 327
- wenn ein Lkw-Fahrer übersieht, dass er den Ladekran auf seinem Lkw nicht in Ruhestellung abgesenkt hat, weshalb er mit **aufgerichtetem Kran** losfährt und an eine Rohrbrücke stößt mit einer Durchfahrtshöhe von nur 5,50 m;[769]
- wenn der VN **auf** einem **Dachgepäckträger Fahrräder** transportiert, an die er mangels Erfahrung mit Dachlasten beim Durchfahren einer Unterführung mit einer Durchfahrtshöhe von 2,10 m oder beim Einfahren in eine Parkgarage versehentlich nicht mehr denkt;[770]
- wenn ein Fahrer aufgrund einer fehlerhaften Augenblicksentscheidung bei einem **Fahrspurwechsel** nicht beachtet, dass **für die neue Spur** eine **geringere Durchfahrtshöhe** gilt;[771]
- wenn ein unerfahrener, nicht ortskundiger Fahrer mit seinem 3,50 m hohen, **gemieteten Klein-LKW** beim Durchfahren eines um **1 m zu niedrigen steinernen Torbogens** steckenbleibt, nachdem er zuvor ungewollt einen Fahrspurwechsel hatte vornehmen müssen, wodurch er erst auf die falsche, zu dem Steintor führende Fahrspur geriet und ihm auch der Blick auf Höhenbegrenzungsschilder des Tores durch ein vorausfahrendes Transportfahrzeug versperrt war;[772]
- wenn ein im Führen eines Miet-Lkw unerfahrener Fahrer sich erst entschließt, in eine nur bis 3 m Höhe zugelassene und entsprechend beschilderte Unterführung einzufahren, nachdem **zuvor bereits ein** schwereres und vermeintlich **größeres Fahrzeug die Unterführung durchquert** hat, auch wenn durch einen an der Windschutzscheibe innen befestigten **Warnaufkleber** auf eine Mindestdurchfahrtshöhe von 4 m hingewiesen wird;[773]
- wenn ein Lkw-Fahrer bei mehreren Fahrten die durch Verkehrszeichen 265 zu § 41 Abs. 1 StVO angezeigte Durchfahrtshöhe eines Baugerüstes an einer Autobahnbrücke zwar vorsätzlich missachtet, es aber **nachts** beim Passieren der **nicht beleuchteten Baustelle** allein deshalb zu einer Beschädigung des Lkw kommt, weil zwischenzeitlich die **lichte Höhe der Durchfahrt verringert** wurde, was dem VN nicht bekannt war;[774]
- wenn ein **unerfahrener Fahrer** bei **Dunkelheit** gleichzeitig auch eine **komplizierte Straßenführung** zu bewältigen hatte;[775]
- wenn der VN eine auf einem Privatgelände befindliche **Brücke** vor dem Unfall bereits zweimal problemlos passiert hat, indem er den Bereich der Fahrbahn benutzte, innerhalb dessen die lichte Höhe am größten war, dieser Bereich aber zur Unfallzeit wegen eines dort parkenden

767 OLG Bremen Urt. v. 21.02.2006 – 3 U 51/05 – JurionRS 2006, 34632.
768 OLG Düsseldorf Urt. v. 28.09.2000 – 4 U 206/99 – VersR 2001, 976 = zfs 2001, 217.
769 BGH Urt. v. 08.02.1989 – **IVa ZR 57/88** – VersR 1989, 582 = NJW 1989, 1354.
770 OLG München Urt. v. 09.11.1995 – 24 U 442/95 – VersR 1997, 735 = NJW-RR 1996, 1177; AG Würzburg Urt. v. 23.04.1993 – 14 C 731/93 – VersR 1994, 555 = DAR 1993, 473; **a.A.** LG Hagen Urt. v. 22.08.2013 – 7 S 21/13 – BeckRS 2014, 08959 **unter Bestätigung von** AG Lüdenscheid Urt. v. 26.04.2013 – 93 C 133/12 – SP 2013, 409.
771 OLG Düsseldorf Urt. v. 11.02.1990 – 20 U 87/90 – n.v.
772 OLG Rostock Urt. v. 02.06.2003 – 3 U 166/02 – MDR 2004, 91.
773 OLG Hamm Urt. v. 23.05.1995 – 7 U 3/95 – r+s 1996, 22.
774 BGH Urt. v. 14.06.2005 – **VI ZR 185/04** – NZV 2005, 457 = DAR 2005, 504.
775 OLG Karlsruhe Urt. v. 04.03.1998 – 13 U 15/97 – juris; vgl. auch LG München I Urt. v. 20.07.2001 – 3 O 8253/01 – ADAJUR Dok.-Nr. 4564.

Fahrzeuges nicht zur Verfügung steht und die **Durchfahrtshöhe** auch **nicht mittels Beschilderung gekennzeichnet** ist.[776]

328 Bei Annahme grober Fahrlässigkeit ist regelmäßig eine **Leistungskürzung** des VR bzw. im Falle der gewerblichen Kfz-Vermietung ein Verschuldensgrad des verantwortlichen Fahrers in einem Bereich **zwischen 20 und 70 %** gerechtfertigt.[777] Je besser die eingeschränkte Durchfahrthöhe ausgeschildert ist und je deutlicher vor ihr gewarnt wird, desto schwerer wiegt das Verschulden des Fahrers.[778] Ausschlaggebend für den Grad der Kürzung sind auch mögliche Warnaufkleber im Inneren des Fahrzeuges, Kenntnisse des Fahrers von den besonderen Höhenausmaßen des Kfz und Routine durch frühere Fahrten.

329 Hat sich die Höhe des Fahrzeuges aufgrund besonderer **Dachlasten** (z.B. Fahrräder auf dem Dach) ausnahmsweise geändert, kann dies den VN entlasten. Gleiches gilt in Fällen, bei denen bereits andere große Fahrzeuge vor dem VN die Unterführung bzw. höhenmäßig beschränkte Zufahrt problemlos passiert hatten. Bei **Verursachung eines Schadens trotz deutlicher Warnhinweise** dürfte die Kürzungsquote bei Benutzung des eigenen, vertrauten Kfz bei 50–70 % liegen, bei Benutzung eines fremden Kfz bei 30–50 %; waren die **Warnhinweise eher verhalten oder fehlten sie ganz**, dürfte von einer Leistungskürzung bei Benutzung des eigenen Kfz von 30–50 % und bei Benutzung eines fremden Kfz von 20–30 % auszugehen sein.[779]

330 Die **Rechtsprechung** hat bei grob fahrlässigem Verhalten **folgende prozentuale Leistungskürzungen** zugelassen bzw. die Schwere des Verschuldens eines Kfz-Mieters wie folgt bewertet:

- **30 %** bei Einfahrt in eine Tiefgarage unter Missachtung der ausgeschilderten Höhenbeschränkung mit Pkw, auf dessen Fahrzeugdach ein **Dachgepäckträger mit zwei Fahrrädern** montiert ist;[780]
- **33,3 %** bei dem Versuch eines **Kfz-Mieters**, eine mit einer rot-weiß gestreiften Markierung versehene **Autobahnunterführung** mit einer maximalen Durchfahrtshöhe von 2,70 m, auf die durch mehrere Verkehrsschilder hingewiesen wurde, auf einer geraden, weithin einsehbar auf die Unterführung zulaufenden Straße **zu durchqueren;**[781]
- **40 %** bei **Einfahrt in** eine offene, durch Zeichen 265 zu § 41 StVO ausgeschilderten und auf 2,60 m Höhe begrenzten **Parkgarage mit** 3,50 m hohem **gemietetem Klein-Lkw** durch unerfahrenen, ortsunkundigen Fahrer, wenn kein Hinweis auf die Höhe des Lkw im Fahrzeuginneren angebracht ist;[782]
- **50 %** beim **Einfahren in** ein **Parkhaus** mit **gemietetem Klein-Lkw** bei einer mit 2,40 m ersichtlich zu niedrigen Durchfahrtshöhe trotz Warnung durch **orangefarbene Ballons** an der Einfahrt und Zeichen 265 zu § 41 StVO;[783]
- **50 %** bei Beschädigung eines 3,50 m hohen Miet-Lkw durch Missachtung einer auf 3,10 m beschränkten **Tunneldurchfahrtshöhe**, auch wenn die Unterführung zusätzlich auch von einer Straßenbahn mit Oberleitung durchfahren wird;[784]
- **50 %** bei Beschädigung eines 3,20 m hohen Transporters durch Einfahren in die Überdachung eines Fußgängerüberweges mit einer lichten Höhe von nur 2,50 m;[785]

776 OLG Düsseldorf Urt. v. 06.12.2001 – 10 U 123/00 – NZV 2002, 128 = r+s 2002, 455; vgl. auch OLG München Urt. v. 16.06.1999 – 15 U 5773/98 – VersR 2001, 773.

777 Vgl. Meschkat/Nauert/*Stehl* S. 118 (**für eine Leistungskürzung zwischen 20 und 33 %**); Nugel DAR 2013, 484, 486 (**für eine Leistungskürzung zwischen 30 und 50 %**).

778 Nugel DAR 2013, 484, 486.

779 Nugel DAR 2013, 484, 486.

780 LG Hagen Urt. v. 22.08.2013 – 7 S 21/13 – BeckRS 2014, 08959 **unter Bestätigung von** AG Lüdenscheid Urt. v. 26.04.2013 – 93 C 133/12 – SP 2013, 409.

781 LG Göttingen Urt. v. 18.11.2009 – 5 O 118/09 – VersR 2010, 1490 = r+s 2010, 194.

782 OLG Düsseldorf Beschl. v. 17.09.2012 – 24 U 54/12 – r+s 2012, 586.

783 LG Konstanz Urt. v. 26.11.2009 – 3 O 119/09 – r+s 2010, 323 = zfs 2010, 214.

784 LG Hagen Beschl. v. 01.08.2012 – 7 S 31/12 **unter Bestätigung von** AG Meinerzhagen Urt. v. 27.02.2012 – 4 C 299/11 – r+s 2012, 538.

785 OLG Hamm Urt. v. 21.12.2021 – I-7 U 31/21 – r+s 2022, 144 = zfs 2022, 207.

- **66,6 %** bei **Einfahrt mit** 2,73 m hohem, angemietetem **Kleintransporter in ein Parkhaus** trotz deutlich ausgeschilderter Einfahrtshöhe von nur 1,80 m.[786]

j) Unterlassene Sicherung bei Gefälle

Setzt sich der Pkw des VN auf abschüssigem Gelände in Bewegung, weil die **Handbremse** nicht oder nur unzureichend angezogen und der **erste Gang** nicht eingelegt wurde, ist dem VN eine mangelnde Sicherung seines Fahrzeuges gegen ein Wegrollen anzulasten, was grundsätzlich den Vorwurf der groben Fahrlässigkeit rechtfertigt.[787] 331

Entscheidend ist der **Grad des Gefälles** sowie die **Masse des** zu sichernden **Fahrzeuges.**[788] Bei einer stark abschüssigen Abfahrtsrampe[789] oder einem Gefälle von ca. 10 %[790] ist von grober Fahrlässigkeit auszugehen, wenn das Fahrzeug weder durch die Handbremse gesichert wurde, noch der erste Gang oder der Rückwärtsgang eingelegt war. Befindet sich der Abstellort nur wenige Meter vor einem Fluss, ist selbst das alleinige Anziehen der Handbremse zu drei Viertel für die notwendige Sicherung des Kfz unzureichend.[791] Der VN handelt auch dann grob fahrlässig, wenn er sein Fahrzeug mit laufendem Motor am Straßenrand abstellt, ohne die Handbremse zu betätigen oder den Wahlhebel des Automatikgetriebes aus der Stellung »D« in die für das Parken vorgesehene Stellung »P« zu bringen.[792] 332

Für ein grob fahrlässiges Verhalten muss der **VR beweisen, dass der VN weder die Handbremse** (überhaupt nicht) **angezogen, noch den ersten Gang eingelegt** hatte. Der Beweis des ersten Anscheins spricht für eine nicht ordnungsgemäße Sicherung des Fahrzeuges, wenn der VN selbst angibt, die Handbremse nicht angezogen zu haben, das Fahrzeug nach dem Wegrollen am Unfallort ohne eingelegten ersten Gang aufgefunden wird und mangels entsprechender Beschädigungsspuren am Pkw auch auszuschließen ist, dass der Wagen beim Einparken durch ein anderes Fahrzeug angestoßen und damit erst – bei gleichzeitigem Herausspringen des ersten Ganges – in Bewegung gesetzt worden sein könnte.[793] 333

Keine grobe Fahrlässigkeit liegt demgegenüber vor, wenn der VN auf einer leicht abschüssigen Straße mit nur 2 bis 3 % Gefälle zwar keinen Gang einlegt, aber die Handbremse – wenn auch nur unzureichend – anzieht, so dass sich der abgestellte Pkw zehn Minuten später in Bewegung setzt und gegen eine Hauswand prallt und gleichzeitig feststeht, dass sich der Wagen ohne jegliche Sicherung bereits unmittelbar nach seinem Abstellen in Bewegung gesetzt hätte.[794] Gleiches gilt, wenn das Kfz trotz Einsatz der Fußfeststellbremse auf leicht abschüssigem Gelände nach hinten wegrollt.[795] 334

---

786 LG Köln Urt. v. 11.04.2012 – 26 O 174/10 – VersR 2013, 851.

787 LG Hildesheim Beschl. v. 13.06.2018 – 1 S 17/18 – juris; VGH München Beschl. v. 29.01.2014 – 6 ZB 12/1817 – BeckRS 2014, 47176; OVG Lüneburg Beschl. v. 02.04.2013 – 5 LA 50/12 – BeckRS 2013, 48906; VG Ansbach Urt. v. 07.05.2014 – AN 11 K 13.01851 – BeckRS 2014, 51182.

788 OLG Hamburg Urt. v. 16.08.2004 – 14 U 112/04 – r+s 2005, 57.

789 OLG Düsseldorf Urt. v. 18.12.2001 – 4 U 119/01 – VersR 2002, 1503 = r+s 2002, 230.

790 Vgl. OLG Karlsruhe Urt. v. 08.03.2007 – 19 U 127/06 – VersR 2007, 1405 = DAR 2007, 646; LG Konstanz Urt. v. 12.01.1996 – 6 S 122/95 – r+s 1996, 258.

791 OLG Hamburg Urt. v. 16.08.2004 – 14 U 112/04 – r+s 2005, 57.

792 OLG Hamm Urt. v. 08.03.1995 – 20 U 290/94 – VersR 1996, 225.

793 OLG Köln Urt. v. 12.04.1994 – 9 U 24/94 – VersR 1994, 1414.

794 OLG Düsseldorf Urt. v. 11.07.2000 – 4 U 80/99 – zfs 2001, 173 = DAR 2001, 504 mit Anm. Halm PVR 2001, 183; LG Karlsruhe Urt. v. 12.01.2007 – 3 O 93/06 – NZV 2008, 33 = NJW-RR 2008, 117; **ebenso bei einem Gefälle zwischen 8 und 11 %:** OLG Hamm Urt. v. 25.10.1995 – 20 U 103/95 – SP 1996, 60; OLG Stuttgart Urt. v. 13.12.1990 – 7 U 243/90 – VersR 1991, 1049.

795 VG Koblenz Urt. v. 27.10.2010 – 2 K 147/10.KP – ADAJUR Dok.Nr. 91741.

335 Im Falle grober Fahrlässigkeit dürfte von einem geringen **Verschuldensgrad zwischen 10 und 25 %** auszugehen sein.[796] Eine höhere Kürzung kann bei einem objektiv hohen Gefährdungspotenzial durch das nicht gesicherte Fahrzeug gerechtfertigt sein.

k) Mangelhafte oder ungenügende Bereifung

336 Das **Unterlassen** einer regelmäßigen **Reifenkontrolle** rechtfertigt für sich allein genommen noch nicht den Vorwurf grober Fahrlässigkeit.[797] Dies gilt insbesondere beim Fahren von in einer Werkstatt montierten Reifen mit zu geringer Profiltiefe, da der VN in einem solchen Fall auf die Verkehrssicherheit der Reifen vertrauen darf.[798] Wenn nicht besondere – vom VR nachzuweisende – Umstände vorlagen, aus denen sich für den VN ein Anlass zur Überprüfung seiner Reifen ergeben musste, wird sich ein entsprechendes qualifiziertes Verschulden nicht beweisen lassen. Vor allem an den Hinterreifen ist eine zu geringe Profiltiefe in der Regel nicht besonders auffällig und erkennbar. Ein VN muss bei einer geringen Laufleistung von nur 7000 km noch nicht damit rechnen, dass die Hinterreifen seines Fahrzeuges abgefahren sein könnten.[799]

337 Mangelhafte Reifen oder ein ungenügendes **Reifenprofil unterhalb von 1,6 mm** (§ 36 Abs. 2 S. 4 StVZO) führen selbst bei feststehender grober Fahrlässigkeit des VN nur dann zu einer Leistungskürzung, wenn der VR zumindest eine Mitursächlichkeit für den Unfall nachweisen kann. Diesen Nachweis wird er für einen Unfall bei trockenen Fahrbahnverhältnissen nur dann führen können, wenn die Reifen völlig abgefahren waren und damit ihre Griffigkeit gänzlich verloren hatten.

338 Die Benutzung eines Fahrzeuges im Winter ohne **Ganzjahres- oder Winterreifen** kann auch wegen eines Verstoßes gegen **§ 2 Abs. 3a S. 1 StVO** grob fahrlässig sein. Wenn der VN vor Fahrtantritt oder während der Fahrt erkannt hat oder hätte erkennen müssen, dass Sommerreifen unter Berücksichtigung der konkreten Straßenverhältnisse ungeeignet sind, handelt er objektiv grob pflichtwidrig. § 2 Abs. 3a S. 1 StVO schreibt zwar keine generelle umfassende Winterreifenpflicht vor; er normiert aber eine Pflicht, bei Glatteis, Schneeglätte, Schneematsch,[800] Eis- oder Reifglätte nur mit den in § 36 Abs. 4 StVZO genannten Reifen zu fahren. Die Pflicht knüpft an die Erfordernisse des konkreten Tages der Nutzung des Pkw an und orientiert sich an den in der konkreten Verkehrssituation herrschenden Witterungs- und Straßenverhältnissen.[801]

339 Eine **Legaldefinition** des Begriffs »Winterreifen« enthält **§ 36 Abs. 4 StVZO.**[802] Ein Reifen gilt nur dann als »Winterreifen«, wenn er sowohl die materielle Komponente in Nr. 1, als auch die formelle Komponente in Nr. 2 der Vorschrift erfüllt. Bis zum **30.09.2024** dürfen auch »M+S-Reifen« der in § 2 Abs. 3a StVO a.F. genannten Art, die bis zum 31.12.2017 hergestellt wurden, verwendet werden (§ 52 Abs. 2 StVO, § 36 Abs. 4a StVZO). Die in § 36 Abs. 3 S. 4 StVZO vorgeschriebene Profiltiefe von mindestens 1,6 mm gilt zwar auch für Reifen mit Alpine-Symbol und »M+S-Reifen«. Dennoch büßen Winterreifen mit weniger als 4 mm Profil einen Großteil ihrer Wintertauglichkeit ein, weshalb in anderen Ländern (z.B. Österreich) entsprechend höhere Mindestprofiltiefen vorgeschrieben sind, was der VN beachten muss. Grob fahrlässiges Handeln setzt stets voraus, dass sich auf der vom VN konkret benutzten Straße Glatteis, Schneeglätte, Schneematsch, Eis- oder Reifglätte gebildet hat. Die allgemeinen Wetterverhältnisse unabhängig von der benutzten Straße sind hingegen nicht von Bedeutung. Liegen bei geräumten Straßen die in § 2 Abs. 3a S. 1 StVO genannten Voraussetzungen nicht mehr vor, kann dort auch ohne Winterreifen gefahren werden.

796 Vgl. Meschkat/Nauert/*Stehl* S. 118 (**für eine Leistungskürzung zwischen 20 und 33 %**).
797 OLG Koblenz Urt. v. 12.07.1996 – 10 U 1518/95 – VersR 1997, 303.
798 OLG Köln Urt. v. 25.04.2006 – 9 U 175/05 – VersR 2007, 204 = r+s 2006, 369.
799 OLG Hamburg Urt. v. 14.02.1995 – 7 U 123/94 – VersR 1996, 1095 = DAR 1995, 328.
800 Vgl. dazu BayObLG Urt. v. 24.07.1989 – 2 Ob Owi 158/89 – NZV 1989, 443.
801 AG Mannheim Urt. v. 22.05.2015 – 3 C 308/14 – r+s 2015, 494.
802 Vgl. Schubert DAR 2006, 112, 116 zu § 2 Abs. 3a StVO a.F.

Grobe Fahrlässigkeit liegt vor, wenn der VN bei Schneeglätte in einem **Wintersportort** mit Sommerreifen fährt und mit seinem Pkw ins Rutschen gerät, weil auf den Hinterreifen für diese Reifenart nicht zugelassene Schneeketten montiert sind.[803] 340

Anderes kann aber gelten, wenn der Unfallort nicht in einer Region liegt, in der typischerweise mit starker Schnee- und Eisglätte zu rechnen ist. Gerät der VN beim Abbiegen in eine ihm vertraute **Wohnstraße in Hamburg** auf schneebedeckter Fahrbahn mit seinem Kfz über den Bordstein hinaus auf den Gehweg und kollidiert mit einer Grundstücksmauer, so kann die Verwendung von Sommerreifen trotzdem als nur leicht fahrlässig einzustufen sein, wenn die Witterungsverhältnisse wechselhaft waren und winterliche Fahrbahnverhältnisse zwar an der konkreten Unfallstelle, nicht aber durchgehend in der gesamten Region geherrscht haben.[804] Zu berücksichtigen ist, dass das Urteil noch unter der Geltung des § 2 Abs. 3a StVO a.F. erging, der im Gegensatz zu der Neufassung noch keine Winterreifenpflicht vorsah, sondern nur verlangte, dass die Ausrüstung des Kfz an die Wetterverhältnisse anzupassen war. 341

Keine grobe Fahrlässigkeit wird regelmäßig auch dann vorliegen, wenn es **gerade erst angefangen hatte zu schneien**, der Schnee aber noch nicht liegen geblieben war, oder wenn der VN von – für die befahrene Region ungewöhnlichen – winterlichen Straßenverhältnissen überrascht wurde. Im einen Fall besteht (noch) keine Winterreifenpflicht i.S.v. § 2 Abs. 3a S. 1 StVO; im anderen Fall fehlt es beim VN am subjektiv gesteigerten Schuldvorwurf. Gleiches gilt, wenn der VN gegenüber dem VR zwar die Vermutung geäußert hat, wegen Glatteises von der Fahrbahn abgekommen zu sein, tatsächlich aber bei Fahrtantritt weder Kenntnis davon hatte, dass Glatteis auf der Straße herrscht, noch mit Glatteis rechnen musste.[805] 342

Trotz des vom VR zu erbringenden **Kausalitätsnachweises** muss der VN darauf achten, dass sein Einwand, der Unfall hätte sich auch mit Winterreifen ereignet, nicht mangels nachvollziehbarer, nicht überprüfbarer Angaben vom Gericht für unbeachtlich gehalten wird.[806] Nur wenn sich bei entsprechendem Vortrag des VN nicht eindeutig feststellen lässt, dass es mit Winter- oder Ganzjahresreifen nicht zu dem Unfall gekommen wäre, fehlt es an der Kausalität. 343

Die neben § 81 VVG anwendbare Vorschrift des **§ 23 Abs. 1 VVG** (Gefahrerhöhung) führt in Verbindung mit § 26 Abs. 1 VVG ebenfalls regelmäßig nicht zu einer Leistungsfreiheit des VR. Zwar kann in der Benutzung eines durch abgefahrene Reifen verkehrsunsicheren Kfz die Vornahme eine Gefahrerhöhung gesehen werden; der **VN muss** aber **positive Kenntnis** von diesem gefahrerhöhenden Umstand **gehabt haben** oder **bewusst von einer Überprüfung der Reifen Abstand genommen haben.** Es ist unerheblich, ob der VN den vorschriftswidrigen Zustand der Reifen ohne weiteres hätte erkennen können oder müssen. Kennen müssen bedeutet lediglich Fahrlässigkeit. Selbst schwerste grobe Fahrlässigkeit reicht für § 23 Abs. 1 VVG nicht aus.[807] **Andererseits** genügt die Kenntnis des VN bei Fahrtantritt, dass die Reifen abgefahren sind. Es muss ihm nicht zusätzlich auch noch bewusst sein, dass durch ein wiederholtes Fahren mit verschlissenen Reifen eine Gefahrerhöhung eintritt bzw. eingetreten ist. Bei Eis und Schnee liegt eine **Gefahrerhöhung** durch den Betrieb eines nur mit Sommerreifen ausgerüsteten Pkw vor, wenn der Pkw bei durchgehend herrschenden winterlichen Straßenverhältnissen für längere Zeit oder längere Fahrten benutzt wird.[808] 344

Einer positiven Kenntnis des VN steht es gleich, **wenn sich der VN dieser Kenntnis arglistig entzieht.**[809] Voraussetzung hierfür ist, dass der VN die Möglichkeit abgenutzter Reifen in Betracht 345

---

803 OLG Frankfurt/M. Urt. v. 10.07.2003 – 3 U 186/02 – VersR 2004, 1260 = SP 2003, 427.

804 Vgl. LG Hamburg Urt. v. 02.07.2010 – 331 S 137/09 – DAR 2010, 473 **unter Aufhebung von** AG Hamburg-St. Georg Urt. v. 28.10.2009 – 916 C 359/09 – DAR 2010, 34, **welches noch grobe Fahrlässigkeit des VN und ein Leistungskürzungsrecht des VR von 50 % angenommen hatte.**

805 AG Papenburg Urt. v. 10.03.2016 – 20 C 322/15 – r+s 2017, 69 = zfs 2016, 332.

806 Vgl. OLG Frankfurt/M. Urt. v. 10.07.2003 – 3 U 186/02 – VersR 2004, 1260 = SP 2003, 427.

807 OLG Hamm Urt. v. 24.06.1988 – 20 U 200/87 – r+s 1989, 2.

808 AG Mannheim Urt. v. 22.05.2015 – 3 C 308/14 – r+s 2015, 494.

809 Vgl. OLG Frankfurt/M. Urt. v. 27.10.2004 – 7 U 50/04 – zfs 2005, 246.

zieht, damit rechnet, dass es für die Frage des Fortbestehens seines Versicherungsschutzes auf seine Kenntnis hiervon ankommt, er aber gleichwohl von einer Überprüfung seiner Reifen Abstand nimmt, um sich nicht »bösgläubig« zu machen und dadurch seinen Versicherungsschutz zu gefährden.[810]

346 Im Falle einer berechtigten **Leistungskürzung** dürfte für den **Normalfall** von einem Verschuldensgrad **zwischen 25 und 50 %** auszugehen sein.[811] Fährt der VN mit einer **Reifenprofiltiefe von nur 0,4 mm** und kommt bei regnerischen Witterungsverhältnissen mit seinem Kfz von der Fahrbahn ab, kann der VR die Kaskoentschädigung um **50 %** kürzen.[812]

7. Betriebsfremde Handlungen des VN

a) Ablenkung durch Greifen oder Bücken nach Gegenständen

347 Beschäftigt sich der VN während der Fahrt mit **betriebsfremden Vorgängen**, indem er nach einem Gegenstand im Fußraum, Handschuhfach oder auf dem Rücksitz greift, liegt regelmäßig ein grob fahrlässiges Verhalten vor.[813] Dies gilt nicht nur für Gegenstände, zu denen sich der VN hinunterbückt, um sie wieder aufzuheben, sondern auch für solche, die umzufallen oder herabzufallen drohen, wenn der VN dies mit einem Griff zur Seite zu verhindern versucht und auf diese Weise die Kontrolle über sein Fahrzeug verliert. Ein milderes Verschulden wird nur dann vorliegen, wenn der VN sich ablenken lässt, indem er nach solchen Gegenständen greift, die auf dem Armaturenbrett liegen[814] oder wenn er beim Bücken nach Gegenständen nicht den Blick von der Fahrbahn abwendet.

348 **Grobe Fahrlässigkeit** ist zu bejahen:
- beim **Griff ins Handschuhfach**, um Papiere[815] oder eine Musik-Cassette[816] herauszuholen;
- beim **Einklemmen einer** vom Armaturenbrett heruntergerutschten **Straßenkarte mit den Beinen** und Greifen mit der Hand nach dieser bei 100 km/h auf der Autobahn;[817]
- wenn der VN instinktiv nach einem heruntergefallenen **Mobiltelefon/Handy** greift, nachdem er es zuvor im Fahrzeuginneren ungesichert abgelegt hatte,[818] oder bei Dunkelheit oder starkem Regen vor einer Kurve im Fußraum nach diesem sucht,[819] oder wenn der VN in vergleichbarer Situation versucht, ein heruntergefallenes **Badetuch**,[820] ein **Schriftstück**,[821] ein **Portemonnaie**,[822] ein **Feuerzeug**,[823] ein **Bonbon**, das im rechten Pedalbereich liegt,[824] oder eine **brennende**

810 BGH Urt. v. 26.05.1982 – **IVa ZR 76/80** – VersR 1982, 793 = NJW 1983, 121; OLG Köln Urt. v. 25.04.2006 – 9 U 175/05 – VersR 2007, 204 = zfs 2007, 40; OLG Düsseldorf Urt. v. 20.04.2004 – I-4 U 183/03 – VersR 2004, 1408 = zfs 2004, 566; OLG Hamburg Urt. v. 14.02.1995 – 7 U 123/94 – VersR 1996, 1095 = DAR 1995, 328; OLG Köln Urt. v. 29.03.1990 – 5 U 161/89 – VersR 1990, 1226 = r+s 1990, 192.
811 Goslarer Orientierungsrahmen zfs 2010, 12, 14 = DAR 2010, 111 **(generell 25 %)**.
812 LG Darmstadt Urt. v. 19.05.2011 – 1 O 9/11 – VRR 2011, 464.
813 Vgl. OLG Jena Urt. v. 17.12.1997 – 4 U 805/97 – VersR 1998, 838 mit umfangreicher Rspr.-Übersicht.
814 Vgl. dazu LG Arnsberg Urt. v. 21.04.1989 – 1 O 25/89 – NJW-RR 1989, 1304.
815 OLG Hamm Urt. v. 27.03.2000 – 13 U 192/99 – DAR 2001, 128; OLG Stuttgart Urt. v. 22.10.1998 – 7 U 118/98 – VersR 1999, 1359 = zfs 1999, 270.
816 OLG Nürnberg Urt. v. 27.02.1997 – 8 U 3995/96 – ADAJUR Dok.Nr. 29992; **a.A.** OLG Bamberg Urt. v. 30.07.1983 – 6 U 31/83 – DAR 1984, 22.
817 OLG Rostock Urt. v. 13.09.2004 – 6 U 175/03 – DAR 2004, 707.
818 OLG Düsseldorf Urt. v. 05.12.1996 – 10 U 213/95 – VersR 1997, 836 = zfs 1997, 176.
819 OLG Frankfurt/M. Urt. v. 21.02.2001 – 7 U 214/99 – NVersZ 2001, 322.
820 OLG Jena Urt. v. 31.01.1996 – 4 U 939/95 – zfs 1996, 340.
821 VG Stade Urt. v. 25.06.2013 – 3 A 1791/12 – BeckRS 2013, 53553.
822 OLG Hamm Urt. v. 30.05.2016 – 18 U 155/15 – NJW-RR 2016, 1428.
823 OLG Düsseldorf Urt. v. 27.02.2007 – I-24 U 93/06 – VersR 2007, 982.
824 OLG Hamm Urt. v. 26.11.1986 – 20 U 122/86 – VersR 1987, 353.

Zigarette[825] aufzuheben – auch soweit sie nur auf die Mittelkonsole oder den Fahrersitz gefallen ist,[826] oder wenn er während der Fahrt nach einer heruntergefallenen **Musik-Cassette** sucht, um sie aufzuheben und dabei die Fahrbahn aus den Augen lässt;[827]
- wenn sich der VN längere Zeit mit **Gegenständen auf dem Beifahrersitz** beschäftigt,[828] oder wenn er dort wegen eines Niesanfalls ein Taschentuch sucht;[829]
- wenn der VN in einer Reflexbewegung nach einer bei Fahrtantritt ungesichert **auf dem Beifahrersitz abgestellten Einkaufstasche** greift, um zu verhindern, dass die darin befindlichen Flaschen beim Herunterfallen in den Fußraum zerbrechen;[830]
- wenn der VN in einer schwierigen Verkehrssituation nach einer **Pflanze** fasst, **die umzufallen droht**;[831]
- beim Griff nach einer **Kaffeekanne**, die hinter dem Bremspedal eingeklemmt ist;[832]
- beim Greifen nach einer **Flasche** und dem **Trinkvorgang**, wenn der VN dabei von der Straße abkommt;[833]
- bei Ablenkung durch die ungesicherte **Mitnahme eines Hundes** im Fußraum vor dem Beifahrersitz.[834]

Keine grobe Fahrlässigkeit liegt vor: 349
- bei einem Fahrer, der innerorts mit einer Hand eine Musik-Cassette auf dem Boden seines Fahrzeuges sucht, **ohne** dabei **die Fahrbahn aus den Augen zu lassen**, aber dennoch ein geparktes Fahrzeug streift;[835]
- beim **Verscheuchen eines Insekts** aus dem Gesicht während der Fahrt durch eine reflexartige Handbewegung[836] oder durch eine zuvor auf dem Beifahrersitz abgelegte Akte;[837]
- beim reflexartigen Versuch, eine mit Saugnäpfen angebrachte und sich während der Fahrt lösende **Handyhalterung** aufzufangen und einer dadurch verursachten Kollision mit einer Leitplanke;[838]
- beim **Griff nach** dem vom Armaturenbrett fallenden **Führerschein**,[839] dem **Zigarettenanzünder**,[840] einem **Bonbon im Handschuhfach**[841] oder einem in einer besonderen Haltevorrichtung abgestellten **Heißgetränk**.[842]

Bei der Bewertung des Verschuldensgrades ist zu berücksichtigen, dass der Griff in den Fußraum zwecks **Suche nach heruntergefallenen Gegenständen insbesondere auf der Beifahrerseite** stets mit einer Verlagerung der Körperposition verbunden ist, die für den Fahrer mit einer erheblichen Sichteinschränkung auf die Fahrbahn und das Verkehrsgeschehen einhergeht. Zudem birgt ein solches Verhalten typischerweise 350

825 OLG Hamm Urt. v. 26.01.2000 – 20 U 155/99 – r+s 2000, 229 = zfs 2000, 347; OLG Zweibrücken Urt. v. 10.03.1999 – 1 U 65/98 – r+s 2000, 406; OLG Köln Urt. v. 10.03.1998 – 9 U 184/97 – r+s 1998, 273 = MDR 1998, 1411; LG Lüneburg Urt. v. 08.05.2002 – 8 O 57/02 – zfs 2002, 439; LG Ansbach Urt. v. 28.11.1979 – 3 O 655/79 – VersR 1981, 73; AG Hanau Urt. v. 06.08.2010 – 39 C 121/10 – SVR 2010, 429; **a.A.** OLG Dresden Urt. v. 15.06.2001 – 3 U 468/01 – r+s 2003, 7 = DAR 2001, 498, **(weil es sich um eine reflexartige Bewegung handele, die Ausdruck der menschlichen Schwäche sei)**.

826 OLG Karlsruhe Urt. v. 30.04.1992 – 12 U 16/92 – r+s 1993, 248 = zfs 1994, 95.

827 OLG Hamm Beschl. v. 24.11.1989 – 20 W 59/89 – r+s 1990, 228 = zfs 1990, 166; LG Gießen Urt. v. 20.09.1995 – 1 S 257/95 – VersR 1996, 1232 **(weil für ein Aufheben während der Fahrt – anders als bei einer brennenden Zigarette – keine Notwendigkeit bestehe)**; LG Ansbach Urt. v. 25.06.1990 – 2 O 250/90 – zfs 1990, 422.

828 OLG Celle Urt. v. 13.05.1993 – 8 U 66/92 – VersR 1994, 1221 = zfs 1994, 20.

829 OLG Naumburg Urt. v. 08.10.1996 – 7 U 108/96 – VersR 1997, 870 = DAR 1997, 112.

830 Vgl. OLG Jena Urt. v. 17.12.1997 – 4 U 805/97 – VersR 1998, 838.

831 OLG Koblenz Urt. v. 27.07.2001 – 10 U 1088/00 – PVR 2002, 105.

832 OLG Köln Urt. v. 10.05.2000 – 26 U 49/99 – VersR 2001, 1531 = DAR 2000, 571.

833 OLG Hamm Beschl. v. 28.11.2001 – 13 W 32/01 – r+s 2002, 145.

834 OLG Nürnberg Urt. v. 14.10.1993 – 8 U 1482/93 – VersR 1994, 1291.

835 OLG Hamm Urt. v. 31.08.1990 – 20 U 57/90 – r+s 1991, 234.

836 OLG Bamberg Urt. v. 20.09.1990 – 1 U 36/90 – r+s 1991, 473 = NZV 1991, 473.

837 LG Mönchengladbach Urt. v. 08.11.1990 – 10 O 76/90 – VersR 1991, 994.

838 OLG Hamm Urt. v. 04.05.2022 – 30 U 200/21 – r+s 2023, 54 = zfs 2022, 688.

839 OLG München Urt. v. 06.03.1981 – 10 U 3420/80 – VersR 1981, 952.

840 LG Hamburg Urt. v. 17.05.1991 – 331 O 367/90 – zfs 1992, 54.

841 LG Ansbach Urt. v. 21.04.1989 – 1 O 25/89 – r+s 1990, 295 = zfs 1990, 28.

842 AG Bonn Urt. v. 26.01.2018 – 118 C 158/17 – NJW-RR 2018, 537.

das Risiko in sich, dass der Fahrer das Steuer verreißt und die Kontrolle über seinen Wagen verliert. Dies gilt auch für einen Griff in das Handschuhfach. Andererseits wird die Entscheidung, sich nach einem Gegenstand zu bücken oder nach ihm zu suchen, oftmals spontan getroffen werden und nur kurzfristig andauern. Es erscheint daher gerechtfertigt, bei diesen Verhaltensweisen im **Normalfall** eine **Abzugsquote von 50 %** zu berücksichtigen.[843] Ein höherer Verschuldensgrad wird anzusetzen sein, je länger die Ablenkung dauert und umso komplexer die gleichzeitig zu bewältigende Verkehrssituation ist, während Schuldminderungsgründe bei einer Fahrt auf gerader Strecke oder bei nur geringer Geschwindigkeit in die Abwägung einzustellen sein werden.[844]

b) Ablenkung durch Rauchen, Autoradio, Navigationsgerät, Handy

351 Grundsätzlich ist davon auszugehen, dass jegliche Verhaltensweisen eines Kraftfahrers, die ihn ohne zwingende Notwendigkeit derart ablenken, dass er den Anforderungen an das aktuelle Verkehrsgeschehens nicht mehr gerecht wird, so dass er – und sei es auch nur reflexartig – Fehlreaktionen vornimmt oder infolge der Ablenkung die Herrschaft über sein Fahrzeug verliert, den Versicherungsfall grob fahrlässig herbeiführen.[845] **Rauchen am Steuer** stellt jedoch unter normalen Verkehrsbedingungen selbst für einen Führerscheinneuling[846] **regelmäßig kein grob fahrlässiges Verhalten** dar, solange keine besonders gefahrenträchtige Verkehrssituation zu bewältigen ist.[847] Dies ist z.B. der Fall bei dem Führer eines mit Gefahrgutflüssigkeit beladenen Sattelzuges, wenn er – abgelenkt durch das Anzünden einer Zigarette – das Lenkrad nicht mit beiden Händen festhält und deshalb bei frostigen Außentemperaturen und rutschiger Fahrbahn, die für ihn aufgrund der Displayanzeige »durchdrehende Räder« auch hätte erkennbar sein müssen, verunfallt.[848] Allerdings stellt das Rauchen erhöhte Sorgfaltsanforderungen an den Fahrer insofern, als er Vorkehrungen treffen muss, dass weder die Zigarette, noch Glut oder Asche herunterfallen können. Tut er das nicht, handelt er grob fahrlässig.[849] Entsprechendes gilt, wenn sich der Fahrer **nach einer** heruntergefallenen **Zigarette bückt** (vgl. A.2.9.1 AKB Rdn. 348).

352 **Ablenkungen** durch die Bedienung des Autoradios und das Wechseln einer CD oder Musik-Cassette werden von der Rechtsprechung zum Teil **als grob fahrlässig** beurteilt, so z.B. bei einer Ablenkung durch **überlange Bedienung** des Autoradios,[850] bei Betätigung des **Sendersuchlaufes** bei Kurvenfahrt und hoher Geschwindigkeit,[851] beim **Wechseln einer Musik-Cassette** ohne Beachtung der Fahrbahn auf gerader Strecke bei 70 km/h,[852] bei Dunkelheit und überhöhter Geschwindigkeit[853] oder bei kurvenreichem Straßenverlauf,[854] **nicht dagegen** beim **Einstellen des Autoradios** während der Fahrt,[855] bei einem **Cassettenwechsel mit 50 km/h** (bei zulässigen 100 km/h) und gleichzeitiger Beobachtung des Fahrbahnverlaufes in einer lang gezogenen Kurve.[856] Eine grobe Fahrlässigkeit ist auch zu verneinen, wenn die **Ablenkung kurzzeitig** ist und in Bezug auf die konkrete Verkehrssituation weder eine gesteigerte Gefahrenlage, noch weitere Anhaltspunkte für ein sonstiges Fehlverhalten des VN festzustellen sind.[857]

---

843 So auch Meschkat/Nauert/Stehl S. 113.
844 Vgl. auch Maier/Stadler Rn. 137.
845 OLG Frankfurt/M. Urt. v. 08.02.1995 – 23 U 108/94 – VersR 1996, 446 = NJW-RR 1995, 1368; **a.A., aber abzulehnen** LG München I Urt. v. 10.08.1988 – 15 S 1386/88 – NJW-RR 1989, 95.
846 OLG Stuttgart Urt. v. 20.06.1986 – 2 U 10/86 – VersR 1986, 1119 = zfs 1987, 23.
847 OLG Dresden Urt. v. 15.06.2001 – 3 U 468/01 – r+s 2003, 7 = DAR 2001, 498; OLG Karlsruhe Urt. v. 30.04.1992 – 12 U 16/92 – r+s 1993, 248 = zfs 1994, 95.
848 OLG Naumburg Urt. v. 03.12.2009 – 4 U 133/08 – r+s 2010, 319 = SP 2010, 227 (**Leistungskürzung von 75 % in der Vollkasko**).
849 OLG Karlsruhe Urt. v. 30.04.1992 – 12 U 16/92 – r+s 1993, 248 = zfs 1994, 95.
850 OLG Düsseldorf Urt. v. 27.09.2005 – I-24 U 9/05 – SP 2007, 20; AG Köln Urt. v. 08.02.1999 – 262 C 523/98 – SP 1999, 282.
851 OGH Wien Urt. v. 27.10.1993 – 7 Ob 30/93 – zfs 1994, 92.
852 OLG Nürnberg Urt. v. 25.10.1990 – 8 U 1458/90 – NZV 1992, 193 = NJW-RR 1992, 360.
853 OGH Wien Urt. v. 21.04.1993 – 7 Ob 10/93 – VersR 1994, 379.
854 OLG Celle Urt. v. 06.04.1984 – 8 U 175/83 – zfs 1984, 184.
855 OLG Düsseldorf Beschl. v. 06.02.1998 – 4 W 50/97 – ADAJUR Dok.Nr. 31021.
856 OLG München Urt. v. 24.01.1992 – 10 U 4963/91 – r+s 1993, 49 = NJW-RR 1992, 538.
857 OLG Nürnberg Urt. v. 25.04.2005 – 8 U 4033/04 – VersR 2006, 356 = DAR 2005, 569 = zfs 2005, 397 (**für ein Autoradio**); OLG Hamm Urt. v. 18.10.2000 – 13 U 118/00 – VersR 2001, 893 = DAR 2001, 128 (**für einen CD-Wechsler**).

Das **Telefonieren** mit einem Handy **ohne Freisprecheinrichtung** ist grundsätzlich grob fahrlässig, wenn über das reine ordnungswidrige Verhalten nach **§ 23 Abs. 1a StVO** hinaus noch weitere Umstände hinzukommen, die den Gebrauch eines Mobilfunktelefones in der konkreten Situation als objektiv gefährlich und subjektiv unentschuldbar erscheinen lassen[858] wie z.B. nasse Fahrbahn und schlechte Sichtverhältnisse wegen Nebel,[859] Vollbremsung auf der Autobahn bei mindestens 170 km/h wegen eines vermeintlich auf die Überholspur wechselnden anderen Pkw[860] oder das Befahren einer kurvenreichen Strecke. Auch der VN, der sein Kfz mit überhöhter Geschwindigkeit und nur einer Hand am Steuer durch eine Doppelkurve lenkt, während er mit der anderen Hand telefoniert, handelt grob fahrlässig, wenn das Kfz dadurch von der Fahrbahn abkommt.[861] 353

Im Einzelfall kann selbst das **Telefonieren mittels Freisprecheinrichtung** grob fahrlässig sein, wenn der VN dadurch eine kritische Fahrtsituation nicht bewältigen konnte.[862] Der VR muss stets den Nachweis führen, dass das Telefonieren den Fahrfehler oder die Reaktionsverzögerung jedenfalls begünstigt hat.[863] Dieser Nachweis wird umso eher zu führen sein, je länger der VN das Handy bedient hat (Eintippen einer SMS oder Aufruf einer Kurzwahlnummer) und je schwieriger die parallel vom VN zu bewältigende Verkehrssituation war (Großstadtverkehr mit vielen Ampelanlagen oder Fahren auf gut ausgebauter Landstraße). 354

Die **Bedienung eines Navigationsgerätes** kann auch bei einem Fahrzeug mit sog. Spurhalteassistent grob fahrlässig sein, wenn der Fahrer Daten bei hoher Geschwindigkeit (200 km/h) eingibt,[864] oder wenn er gleichzeitig einen Überholvorgang mit anschließendem Einscheren vor dem überholten Fahrzeug durchführt.[865] 355

Grob fahrlässige Verstöße des VN werden von ihrem Schweregrad eher im unterdurchschnittlichen Bereich mit der Folge eines **Leistungskürzungsrechtes** des VR **zwischen 25 und 50 %** einzuordnen sein. Die Gefährdung anderer Verkehrsteilnehmer ist regelmäßig nur kurzzeitig und auch von ihrer Schwere nicht mit einer gravierenden Verletzung von Verkehrsvorschriften vergleichbar. Komplexe Verkehrssituationen, hohe Geschwindigkeit, längere Ablenkung können einen höheren, kurz andauernde Vorgänge, insbesondere das kurze Bedienen des Sendersuchlaufes oder das Einstellen der Lautstärke am Autoradio ebenso wie die kurze Entgegennahme eines Anrufes einen niedrigeren Verschuldensgrad rechtfertigen.[866] Zündet sich der **Fahrer eines Gefahrguttransporters** eine **Zigarette** an und kommt unmittelbar danach von der frostbedingt rutschigen Fahrbahn ab, so kann der VR seine Kaskoentschädigungsleistung um **75 %** kürzen.[867] 356

c) Inbrandsetzung des Fahrzeuges

Grobe Fahrlässigkeit ist zu bejahen: 357
- bei einer Inbrandsetzung des Unterbodenschutzes durch **Schweißarbeiten** im oder am Fahrzeug ohne ausreichende Brandschutzvorkehrungen[868] oder in der Nähe der Benzinleitung, ohne dass zuvor der Tank geleert wurde;[869]

858 AG München Urt. v. 19.05.2000 – 343 C 7070/00 – SP 2001, 138.
859 OLG Köln Urt. v. 19.09.2000 – 9 U 43/00 – r+s 2000, 494 = zfs 2000, 545.
860 OLG Koblenz Urt. v. 14.05.1998 – 5 U 1639/97 – VersR 1999, 503 = MDR 1999, 481.
861 AG Berlin-Mitte Urt. v. 04.11.2004 – 105 C 3123/03 – r+s 2005, 242.
862 LG Frankfurt Urt. v. 21.05.2001 – 2/23 O 506/00 – VersR 2002, 309 = NZV 2001, 480.
863 Vgl. LG Passau Urt. v. 25.11.1998 – 3 O 28/98 – zfs 2000, 160.
864 OLG Nürnberg Urt. v. 02.05.2019 – 13 U 1296/17 – zfs 2019, 453.
865 LG Potsdam Urt. v. 26.06.2009 – 6 O 32/09 – ADAJUR Dok.Nr. 86495.
866 Maier/Stadler Rn. 136.
867 OLG Naumburg Urt. v. 03.12.2009 – 4 U 133/08 – r+s 2010, 319 = SP 2010, 227.
868 OLG München Urt. v. 19.02.1986 – 20 U 3955/85 – zfs 1986, 214.
869 OLG Hamm Urt. v. 28.09.1984 – 20 U 112/84 – VersR 1985, 383; LG Göttingen Urt. v. 08.04.1983 – 4 O 581/82 – VersR 1984, 130.

- bei einer Brandentstehung durch unbeaufsichtigtes Betreiben eines **Heizlüfters im Kfz** über 15 Minuten[870] oder durch ausgelaufenes Benzin durch Lagern eines nicht ordnungsgemäß verschlossenen **Benzinkanisters vor dem Beifahrersitz**;[871]
- wenn ein Traktor nach dem Starten des Motors Feuer fängt, weil die Motorhaube mit solchen Materialien (hier: einer Matratze) abgedeckt ist, die einen **Hitzestau** begünstigen;[872]
- bei einem Brand durch einen kurzzeitig unbeobachteten **Gaskocher** in einem Wohnwagen, auch wenn die Flamme auf kleinster Stufe stand.[873]

358 **Keine grobe Fahrlässigkeit** liegt vor:
- bei einer Brandentstehung durch ordnungsgemäß aufgestellte **Kerzen** zu nächtlicher Stunde **in einem Wohnmobil**, weil der VN beim Anhören von Musik unerwartet eingeschlafen ist;[874]
- bei einem im Führerhaus eines Lkw ausgebrochenen Brandes, wenn der müde und angetrunkene VN abends vor dem Einschlafen noch eine letzte **Zigarette geraucht** hat, sich dafür aber nicht in seine Schlafkoje begeben hat, sondern noch auf dem Beifahrersitz verblieben ist, um gerade nicht einzuschlafen;[875]
- beim **Abstellen des Kfz** auf dem eigenen Grundstück mit **geöffneten Fenstern**, wo es von einem Unbekannten in Brand gesetzt wird;[876]
- wenn der VN nach Bemerken von **Brandgeruch** sein Fahrzeug nicht sofort anhält, sondern bis zu einem Parkplatz weiterfährt und nicht feststeht, dass der Versicherungsfall »Brand« nicht schon eingetreten war, bevor der VN den Brandgeruch bemerkt hatte;[877]
- bei einem nicht bewussten, sondern nur **versehentlichen Liegenlassen einer Spraydose** in unmittelbarer Nähe der mit einer beschädigten Pluspolabdeckung versehenen Fahrzeugbatterie, wodurch ein **Kurzschluss** mit anschließendem Brand entsteht.[878]

359 Für die Fälle grober Fahrlässigkeit bietet sich für den **Normalfall** eine **Kürzungsquote zwischen 30 und 40 %** an. Zu berücksichtigen ist, dass in der Regel keine objektive Gefahr für andere Verkehrsteilnehmer besteht. Andererseits ist der Vermögenswert des versicherten Fahrzeuges als wichtiges Kriterium in die Abwägung einzustellen.

8. Sonstige Verkehrs- oder Pflichtenverstöße

360 **Grobe Fahrlässigkeit** ist bejaht worden:
- Befahren einer **Einbahnstraße** entgegen der Fahrtrichtung;[879]
- **Wenden** auf einer Autobahnauf- bzw. -ausfahrt,[880] oder 200 m nach einer längeren Kurve auf einer Landstraße, auf der 100 km/h erlaubt sind, wenn das Fahrmanöver nicht in einem Zuge durchgeführt werden kann;[881]
- Zusammenstoß mit Gegenverkehr durch verbotswidriges **Abbiegen nach links** auf einer durch einen Mittelstreifen geteilten Straße[882] oder an der Kreuzung einer sechsspurigen Straße, zwischen deren Richtungsfahrbahnen sich der Gleiskörper der Straßenbahn befindet;[883]

---

870 Vgl. OLG Hamm Urt. v. 12.02.1997 – 20 U 216/96 – VersR 1997, 1480 = NZV 1997, 313; **a.A.** LG Bremen Urt. v. 29.10.1992 – 2 O 1298/92 – r+s 1992, 404, **das grobe Fahrlässigkeit nicht bei einem normalen, sondern nur bei einem Heizlüfter mit einer Heizspirale annimmt.**

871 OLG Hamm Urt. v. 01.02.2001 – 6 U 89/00 – r+s 2001, 185.

872 LG Gießen Urt. v. 07.01.1998 – 1 S 249/97 – r+s 1998, 91 = zfs 1998, 262.

873 LG Osnabrück Urt. v. 03.12.1985 – 3 O 162/85 – VersR 1986, 1016.

874 BGH Urt. v. 02.04.1986 – **IVa ZR 187/84** – VersR 1986, 671 = r+s 1986, 171.

875 OLG Stuttgart Urt. v. 19.10.2000 – 7 U 108/00 – NVersZ 2001, 170 = MDR 2001, 329.

876 LG Fulda Urt. v. 10.05.1996 – 1 S 19/96 – VersR 1997, 229 = DAR 1996, 406.

877 OLG Hamm Urt. v. 01.07.1987 – 20 U 319/86 – VersR 1988, 708 = r+s 1987, 333.

878 OLG Karlsruhe Urt. v. 17.09.2013 – 12 U 43/13 – r+s 2013, 542 = DAR 2013, 643.

879 OLG Hamm Urt. v. 04.12.1998 – 20 U 127/98 – r+s 1999, 188 = SP 1999, 136.

880 OLG Hamm Urt. v. 29.11.1991 – 20 U 105/91 – r+s 1992, 42 = VersR 1992, 866.

881 OVG Magdeburg Beschl. v. 05.05.2010 – 1 L 55/10 – ADAJUR Dok.Nr. 88706.

882 OLG Köln Urt. v. 16.09.1993 – 5 U 246/92 – r+s 1993, 406.

883 OLG Brandenburg Urt. v. 02.04.2008 – 4 U 151/07 – VK 2009, 14 = VRR 2008, 346.

- Einfahren in einen erkennbar **weitläufig überfluteten Straßenbereich** oder in eine Unterführung, wodurch es zu einem Motorschaden (»**Wasserschlag**«) kommt;[884] (vgl. A.2.2.1 AKB Rdn. 73 ff.);
- **Überschwemmungsschaden** am Pkw durch Abstellen des Kfz durch einen ortskundigen VN auf einem hochwassergefährdeten Parkplatz bei stürmischem Wetter zur Zeit des höchsten Wasserstandes,[885] oder durch nicht rechtzeitiges Entfernen des Fahrzeuges aus der Gefahrenzone;[886]
- **Verschalten** in den Rückwärtsgang;[887]
- Befahren einer unbefestigten **Steilböschung**;[888]
- **Liegenbleiben** auf der Autobahn wegen **Benzinmangel** ohne Absicherung des Kfz;[889]
- Umfahren von **geschlossenen Halbschranken** an einem Bahnübergang;[890]
- Kontrollverlust über das Fahrzeug infolge **Wettrennens** auf der Autobahn;[891]
- Verrutschen und Herabstürzen einer 18 t schweren Hydraulikpresse von einem Sattelschlepper aufgrund **unzureichender Gurtsicherung**;[892]
- **Missachtung** eines **Vorfahrtsschildes** durch einen ortsunkundigen Fahrer, der wegen Vereisung das Schild nicht lesen konnte,[893] oder des **Linksfahrgebotes** in Großbritannien;[894]
- **Überlassen der Kfz-Schlüssel an einen Dritten**, der über keine Fahrerlaubnis und Erfahrung im Umgang mit Kraftfahrzeugen verfügt zum Zwecke des Radiohörens, wenn der Dritte den Zündschlüssel zu weit herumdreht, so dass das Kfz sich hierdurch in Bewegung setzt und beschädigt wird;[895]
- **Falsche Verladung** eines zu transportierenden Pkw entgegen der Fahrtrichtung auf einem Mietanhänger und dadurch ausgelöster Schleudervorgang mit nachfolgendem Unfall.[896]

Keine grobe Fahrlässigkeit wurde angenommen: 361

- bei einer Vollbremsung des VN auf der Autobahn und dadurch verursachtem Auffahren eines anderen Pkw, wenn der bis dahin nur an ein Schaltgetriebe gewöhnte VN bei der Überführungsfahrt seines neuen Pkw bei dem Versuch, in einen höheren Gang zu schalten, **versehentlich auf das Bremspedal** (anstelle des Kupplungspedals) **tritt** und diese Darstellung zugunsten des VN nicht ausgeschlossen werden kann;[897]
- bei der Verwendung eines Geländefahrzeuges mit **untauglichen Rädern**;[898]
- bei Beschädigung eines Kfz durch **Rückwärtsfahren ohne Einweiser**[899] oder beim rückwärtigen Anstoß gegen eine **Straßenlaterne**;[900]
- bei einem Unfall eines Ortsunkundigen mit einer **Straßenbahn**;[901]
- bei Weiterfahrt bis zu einem Parkplatz nach nächtlichem Zusammenstoß mit einem Fuchs auf der BAB, wenn dadurch ein **Motorschaden** entsteht.[902]

---

884 OLG Frankfurt/M. Urt. v. 18.04.2001 – 7 U 97/00 – JurionRS 2001, 22101; OLG Frankfurt/M. Urt. v. 15.03.2000 – 7 U 53/99 – VersR 2001, 187; OLG Stuttgart Urt. v. 18.10.1973 – 10 U 83/73 – VersR 1974, 234; LG Mühlhausen Urt. v. 23.09.2002 – 4 O 750/02 – zfs 2002, 590.
885 OLG Oldenburg Urt. v. 16.02.1994 – 2 U 229/93 – r+s 1994, 246.
886 OLG Köln Urt. v. 19.08.1997 – 9 U 88/96 – zfs 1998, 140.
887 OLG Frankfurt/M. Urt. v. 21.03.1997 – 25 U 146/96 – SP 1997, 440.
888 OLG Karlsruhe Urt. v. 30.06.1994 – 12 U 77/94 – r+s 1997, 102.
889 OLG Hamm Urt. v. 17.06.1993 – 27 U 55/93 – VersR 1994, 590.
890 OLG Hamm Urt. v. 20.06.1996 – 6 U 11/96 – r+s 1996, 391.
891 OLG Köln Urt. v. 16.05.2000 – 9 U 121/99 – MDR 2001, 29 = zfs 2000, 450.
892 OLG Saarbrücken Urt. v. 22.12.2004 – 5 U 393/04 – zfs 2006, 101.
893 AG Groß-Gerau Urt. v. 13.03.2000 – 61 C 225/99 – zfs 2000, 497.
894 LG Mainz Urt. v. 17.08.1998 – 7 O 391/97 – VersR 1999, 438 = NJW-RR 2000, 31.
895 AG Bremen Urt. v. 09.03.2001 – 16 C 0429/00 – VersR 2001, 1509.
896 OLG Saarbrücken Urt. v. 01.12.2010 – 5 U 395/09 – zfs 2011, 151.
897 OLG Düsseldorf Urt. v. 02.09.2003 – 4 U 15/03 – zfs 2004, 414.
898 OLG Hamburg Urt. v. 09.03.1990 – 14 U 190/89 – r+s 1990, 293.
899 LAG Mainz Urt. v. 14.01.2010 – 10 Sa 394/09 – BeckRS 2010, 67043.
900 OVG Münster Beschl. v. 10.07.2003 – 6 A 2399/02 – BeckRS 2003, 18610; VG Arnsberg Urt. v. 27.03.2013 – 2 K 2054/11 – BeckRS 2013, 50278.
901 LG Düsseldorf Urt. v. 19.10.2018 – 21 O 324/16 – r+s 2020, 498.
902 OLG Saarbrücken Urt. v. 08.02.2012 – 5 U 313/11 – zfs 2012, 273.

362 Bei **massiven Pflichtverstößen** (Wenden auf der Autobahn oder einer Kraftfahrstraße, Fahren entgegen der vorgeschriebenen Fahrtrichtung, »Geisterfahrer« auf Autobahnen) dürfte eine **Leistungskürzung** von **80–100 %**, in allen **übrigen Fällen** von **25–50 %** angemessen sein.[903] Bei einem Verstoß des VN gegen § 22 StVO wegen **unzureichender Ladungssicherung** (falsche Verladung eines Pkw) mit dadurch ausgelöstem Schleudervorgang des Transporters und nachfolgendem Unfall ist eine Leistungskürzung von **25 %** gerechtfertigt.[904]

9. Haftung des Mieters in der gewerblichen Kfz-Vermietung

363 Zu Fragen der (Repräsentanten-) **Haftung eines Kfz-Mieters** für selbst oder von einem Dritten verursachte Schäden am Fahrzeug eines gewerblichen Kfz-Vermieters vgl. A.2.1.1 AKB Rdn. 25 ff., A.2.3 AKB Rdn. 37 ff. und A.2.8 AKB Rdn. 53 ff. Zum **Verzicht auf den Einwand der grob fahrlässigen Herbeiführung des Versicherungsfalles** mit Ausnahme von Alkohol- und Drogenfahrten sowie der Ermöglichung der Kfz-Entwendung vgl. A.2.8 AKB Rdn. 96 f.

IV. Musterquoten für die wichtigsten Pflichtverletzungen

364

Fehlverhalten	Kürzung
Fahruntüchtigkeit durch	
– Alkohol – 0,3 bis 0,5 Promille – A.2.9.1 AKB Rdn. 152; A.2.9.1 AKB Rdn. 154	25–50 %
– Alkohol – 0,5 bis 1,09 Promille – A.2.9.1 AKB Rdn. 147; A.2.9.1 AKB Rdn. 154	50–80 %
– Alkohol – ab 1,1 Promille – A.2.9.1 AKB Rdn. 141; A.2.9.1 AKB Rdn. 154	80–100 %
– Alkohol + Medikamente – A.2.9.1 AKB Rdn. 153	50–100 %
– Medikamente – A.2.9.1 AKB Rdn. 162 f.	25–30 %
– Drogen – A.2.9.1 AKB Rdn. 179 f.	40–100 %
– Übermüdung – A.2.9.1 AKB Rdn. 192	75 %
Ermöglichung der Entwendung	
– Mangelnde Sicherung des Fahrzeuges gegen Diebstahl – A.2.9.1 AKB Rdn. 218 ff.	40–80 %
– Pflichtwidrige Beaufsichtigung oder Verwahrung von Kfz-Schlüsseln – A.2.9.1 AKB Rdn. 243 ff.	25–50 %
– Untätigkeit des VN nach dem Verlust oder Diebstahl von Kfz-Schlüsseln – A.2.9.1 AKB Rdn. 256 ff.	40–80 %
– Zurücklassen von Kfz-Papieren im Fahrzeug – A.2.9.1 AKB Rdn. 271	50 %
Rotlichtverstoß – A.2.9.1 AKB Rdn. 284 ff.	50 %
Missachtung des Andreaskreuzes – A.2.9.1 AKB Rdn. 288	50 %
Nichtbeachten des Stoppschildes – A.2.9.1 AKB Rdn. 294	25 %
Falsches Überholen – A.2.9.1 AKB Rdn. 299 f.	
– Bußgeldtatbestand	50 %
– Straftatbestand (§ 315c Abs. 1 Nr. 2b StGB)	75 %
Überhöhte Geschwindigkeit – A.2.9.1 AKB Rdn. 307 f.	
– Bußgeldtatbestand	50 %
– Straftatbestand (§ 315c Abs. 1 Nr. 2d StGB)	50–75 %
Auffahrunfall infolge grober Unaufmerksamkeit – A.2.9.1 AKB Rdn. 309	50 %
Grundloses Abkommen von der Fahrbahn – A.2.9.1 AKB Rdn. 313	25–50 %
Ausweichen vor einem Tier – A.2.9.1 AKB Rdn. 321	20–60 %
Nichtbeachten der Durchfahrtshöhe – A.2.9.1 AKB Rdn. 328 ff.	20–70 %
Unterlassene Sicherung bei Gefälle – A.2.9.1 AKB Rdn. 335	10–25 %
Mangelhafte Bereifung – A.2.9.1 AKB Rdn. 336	25–50 %
Ablenkung	
– durch Greifen oder Bücken nach Gegenständen – A.2.9.1 AKB Rdn. 350	50 %
– durch Rauchen, Autoradio, Navigationsgerät, Handy – A.2.9.1 AKB Rdn. 356.	25–75 %
Inbrandsetzung des Fahrzeuges – A.2.9.1 AKB Rdn. 359	30–40 %
Sonstige Verkehrs- und Pflichtenverstöße – A.2.9.1 AKB Rdn. 362	25–100 %

903 Vgl. auch Meschkat/Nauert/*Stehl* S. 119, 120.

904 OLG Saarbrücken Urt. v. 01.12.2010 – 5 U 395/09 – zfs 2011, 151.

Zur Einordnung der richtigen Kürzungsquote in ein Grobraster wird im Übrigen auf den **Goslarer Orientierungsrahmen**[905] sowie die hierzu veröffentlichten weiteren **Übersichten** in der Literatur[906] verwiesen. 365

V. Darlegungs- und Beweislast

1. Allgemeines

Während der VN alle Voraussetzungen für den Eintritt des Versicherungsfalles beweisen muss, trifft den **VR** die **Beweislast** für das **pflichtwidrige Verhalten** des VN (bzw. seines Repräsentanten – vgl. A.2.3 AKB Rdn. 25 ff. – oder des (Mit-) Versicherten – vgl. A.2.3 AKB Rdn. 4 ff.), das **qualifizierte Verschulden** und die **Kausalität.** Im Rahmen des A.2.9.1 S. 2 AKB trägt der VR auch die Beweislast für die Schwere der Schuld des VN und damit den **Umfang der Leistungskürzung.**[907] 366

Dem VR obliegt insoweit der Vollbeweis (§ 286 Abs. 1 ZPO). Ihm kommen **keine Beweiserleichterungen** zugute.[908] Die dem VR in der Diebstahlversicherung gewährten Beweiserleichterungen (vgl. A.2.2.1 AKB Rdn. 173 ff.) beziehen sich nur auf eine erleichterte Beweisführung hinsichtlich einer erheblichen Vortäuschungswahrscheinlichkeit des behaupteten Versicherungsfalles. Mit dieser erleichterten Beweisführung kann der VR aber nur den vom VN zu erbringenden Beweis des »äußeren Bildes« eines Kfz-Diebstahls zu Fall bringen – was in der Regel ausreicht, um den Anspruch des VN mit Erfolg ablehnen zu können, nicht aber den Nachweis für einen fingierten Versicherungsfall führen. Davon abgesehen lassen sich diese Beweiserleichterungen auch nicht auf andere Versicherungsfälle übertragen.[909] 367

Allerdings ist es zulässig, **vom äußeren Geschehensablauf** bzw. dem Ausmaß des objektiven Pflichtenverstoßes **auf innere Vorgänge beim VN** und deren gesteigerte Vorwerfbarkeit **zu schließen.**[910] Der VN wird daher bestrebt sein, vor allem die zu seinen Gunsten sprechenden Umstände plausibel, nachvollziehbar und widerspruchsfrei darzulegen. Insoweit trifft ihn eine **sekundäre Darlegungslast.** Für die den VN subjektiv entlastenden Umstände reicht ein schlüssiger Vortrag. Der VN muss seinen Vortrag nicht beweisen. Bestreitet der VR den Sachvortrag des VN, so muss er die den VN entlastenden Umstände widerlegen und die ihn belastenden beweisen. Im Rahmen der Quotelung nach A.2.9.1 S. 2 AKB trägt der VR die Beweislast für die von ihm geltend gemachte (höhere) Kürzungsquote und die sich daraus ergebende geringere Leistungspflicht, (vgl. A.2.9.1 AKB Rdn. 373 ff.). 368

2. Vorsatz

Für ein vorsätzliches Verhalten muss der VR nachweisen, dass der VN (oder dessen Repräsentant bzw. der Versicherte) den Versicherungsfall mit Wissen und Wollen herbeigeführt hat.[911] Ein Anscheinsbeweis kommt dem VR nicht zugute. Es gibt **keinen Anscheinsbeweis** für individuelle Verhaltensweisen von Menschen in bestimmten Lebenslagen; menschliches Verhalten ist unwägbar.[912] 369

---

905 Goslarer Orientierungsrahmen zfs 2010, 12, 14 = DAR 2010, 111.

906 Z.B. Notthoff VRR 2012, 204; Nugel DAR 2010, 722 ff.; Nugel DAR 2012, 348 ff.

907 Rixecker zfs 2007, 15, 16; zfs 2009, 5, 10.

908 Vgl. BGH Urt. v. 04.12.1985 – **IVa ZR 130/84** – VersR 1986, 254 = NJW-RR 1986, 705; Prölss/Martin/*Armbrüster* § 81 VVG Rn. 71.

909 Vgl. BGH Urt. V. 25.04.1990 – **IV ZR 49/89** – VersR 1990, 894 = r+s 1990, 244.

910 Vgl. BGH Urt. v. 29.10.2003 – **IV ZR 16/03** – VersR 2003, 1561 = DAR 2004, 24; BGH Urt. v. 29.01.2003 – **IV ZR 173/01** – VersR 2003, 364 = zfs 2003, 242; BGH Urt. v. 08.07.1992 – **IV ZR 223/91** – VersR 1992, 1085 = NJW 1992, 2418; OLG Rostock Urt. v. 30.04.2003 – 6 U 249/01 – r+s 2004, 58; OLG Oldenburg Urt. v. 25.06.1997 – 2 U 109/97 – r+s 1997, 470; OLG Nürnberg Urt. v. 28.04.1994 – 8 U 3768/93 – VersR 1995, 331.

911 Vgl. OLG Köln Urt. v. 03.07.2001 – 9 U 210/00 – r+s 2001, 451, 452; OLG Düsseldorf Urt. v. 28.09.2000 – 4 U 183/99 – r+s 2001, 142.

912 BGH Urt. v. 04.05.1988 – **IVa ZR 278/86** – VersR 1988, 683 = NJW 1988, 2024; BGH Urt. v. 18.03.1987 – **IVa ZR 205/85** – VersR 1987, 503 = NJW 1987, 1944; BGH Urt. v. 26.01.1983 – **IVb**

370 Der VR kann den Vorsatznachweis allerdings nach den **Regeln des Indizienbeweises** führen. Dazu reicht es aus, dass er im Wege des Vollbeweises einzelne (Hilfs-) Tatsachen (Indizien) darlegt und beweist, die zwar nicht für sich allein, aber durchaus in ihrer Gesamtheit in Verbindung mit dem übrigen Prozessstoff geeignet sein können, Rückschlüsse auf die Bewusstseinslage und Willensbildung des VN im konkreten Fall zuzulassen.[913] Letztlich können diese Indizien damit eine tragfähige Grundlage für die Überzeugungsbildung des Gerichts und damit die aufgestellte Behauptung des VR sein, der VN habe den Versicherungsfall vorsätzlich herbeigeführt.[914]

371 Geht es um den **Einwand der vorsätzlichen Herbeiführung eines Unfallschadens**, muss nicht etwa der VN beweisen, dass es sich bei dem Unfall um ein unfreiwilliges Ereignis gehandelt hat. In der Kaskoversicherung gehört das Merkmal der Unfreiwilligkeit nicht zum Unfallbegriff. Bestreitet der VR daher die Unfreiwilligkeit, behauptet er in Wirklichkeit eine vorsätzliche Herbeiführung eines Unfallschadens, wofür er die Beweislast trägt,[915] (vgl. auch A.2.2.2 AKB Rdn. 127 ff.). Gleiches gilt, wenn der VR argwöhnt, der Unfall sei vorsätzlich in **Suizidabsicht** herbeigeführt worden.[916]

372 **Wird das Fahrzeug** des VN **nach einem behaupteten Diebstahl ausgebrannt wieder aufgefunden** und kann der VR den Nachweis dafür führen, dass der VN den Diebstahl mit erheblicher Wahrscheinlichkeit nur vorgetäuscht hat, bedeutet dies nicht automatisch, dass damit auch die vorsätzliche Eigeninbrandsetzung des Fahrzeuges durch den VN bewiesen wäre. Auch resultiert hieraus keine Umkehr der Beweislast. Allerdings kommt diesem Umstand regelmäßig eine nicht unerhebliche indizielle Bedeutung für den Nachweis einer Brandstiftung durch den VN zu.[917] Gleiches gilt, wenn der VN bei einem Unfall- oder Vandalismusschaden eine vorausgegangene Entwendung behauptet und dem VR der Nachweis gelingt, dass diese Entwendung mit erheblicher Wahrscheinlichkeit nur vorgetäuscht war,[918] (vgl. auch A.2.2.1 AKB Rdn. 251 ff.).

3. Grobe Fahrlässigkeit

373 Der **VR** ist sowohl für die objektive, als auch für die subjektive Seite eines behaupteten grob fahrlässigen Verhaltens des VN in vollem Umfange **darlegungs- und beweisbelastet**. Dies gilt **auch** hinsichtlich des graduellen Verschuldens des VN, also **für die Kürzungsquote**. Anders als bei der Verletzung vertraglicher Obliegenheiten in § 28 VVG wird die grobe Fahrlässigkeit des VN im Rahmen des A.2.9.1 S. 2 AKB, § 81 Abs. 2 VVG gerade nicht vermutet. Es ist daher auch nicht sachgerecht, bei einem festgestellten grob fahrlässigen Verhalten von einem mittleren Verschuldensgrad auszugehen und dem VR die Beweislast nur für solche Umstände zuzuweisen, die eine Kürzung der Entschädigung um mehr als 50 % begründen könnten, während der VN, der eine Entschädigung von mehr als 50 % verlange, verpflichtet bleibe, die diese Mehrforderung begründenden Umstände zu beweisen. Der VR kann sich hinsichtlich des Verschuldensgrades zwar auf Indizien stützen, nicht aber auf einen Beweis des ersten Anscheins.[919]

374 Das Argument, jede Partei müsse die für sich günstigen Tatsachen beweisen, übersieht, dass der VN sich nicht wie bei einer Obliegenheitsverletzung entlasten und die grobe Fahrlässigkeit widerlegen muss, sondern der VR im Falle einer von ihm zu beweisenden groben Fahrlässigkeit des VN

ZR 344/81 – NJW 1983, 1548, 1551 = MDR 1983, 830; BGH Urt. v. 07.10.1980 – **VI ZR 177/79** – VersR 1981, 1153.

913 Vgl. OLG Karlsruhe Urt. v. 28.03.1996 – 12 U 246/95 – r+s 1996, 301; OLG Karlsruhe Urt. V. 16.06.1994 – 12 U 60/94 – r+s 1995, 408.

914 Vgl. BGH Urt. v. 24.01.1996 – **IV ZR 270/94** – r+s 1996, 146 = NJW-RR 1996, 665; BGH Urt. v. 15.06.1994 – **IV ZR 125/93** – VersR 1994, 1054 = r+s 1994, 394.

915 Vgl. BGH Urt. v. 05.02.1981 – **IVa ZR 58/80** – VersR 1981, 450 = NJW 1981, 1315.

916 OLG Dresden Urt. v. 10.11.2020 – 4 U 1106/20 – r+s 2021, 150.

917 Vgl. BGH Urt. v. 08.11.1995 – **IV ZR 221/94** – VersR 1996, 186 = r+s 1996, 410; OLG Köln Urt. v. 13.08.1996 – 9 U 6/96 – VersR 1997, 444.

918 Vgl. BGH Urt. v. 25.06.1997 – **IV ZR 245/96** – VersR 1997, 1095 = r+s 1997, 446.

919 Vgl. Stiefel/Maier/*Halbach* A.2 AKB Rn. 953, 956.

lediglich berechtigt ist, die Versicherungsleistung zu kürzen. Dies bedeutet, dass im Falle grober Fahrlässigkeit – **ausgehend von** einer Leistungsverpflichtung des VR zu **100 %** – **der VR** entsprechend dem Ausmaß und der Schwere des Verschuldens des VN **seine Leistung »herunterkürzen« kann.** Dieses Recht zur Kürzung der Leistung stellt eine für den VR günstige Tatsache dar, die er sowohl dem Grunde, wie auch der Höhe nach darlegen und beweisen muss. Je mehr Umstände er vorbringen und belegen kann, die ein grob fahrlässiges Verhalten des VN begründen und die Schwere des Verschuldens untermauern, desto größer wird die Leistungskürzung sein, die er dem Anspruch des VN entgegenhalten kann. Maßgeblicher Ausgangspunkt für die Kürzung ist aber immer der volle Entschädigungsanspruch des VN. Will der VR weniger leisten, muss er entsprechend der von ihm angestrebten Kürzungsquote das Maß der Schuld des VN und damit die Umstände beweisen, die einen geringeren Anspruch des VN rechtfertigen.[920]

Gelingt es dem VR lediglich, ein grob fahrlässiges Verhalten des VN, nicht aber ein besonderes Gewicht der Schuld beim VN zu beweisen, ist allenfalls von einfacher grober Fahrlässigkeit auszugehen mit der Folge, dass der VR maximal eine Leistungskürzung von 25 % vornehmen kann.[921] 375

Die **unterschiedliche Beweislastverteilung hinsichtlich der Kürzungskriterien**, je nachdem, ob es sich um eine grob fahrlässige Obliegenheitsverletzung oder um eine grob fahrlässige Herbeiführung des Versicherungsfalles handelt, hat der Gesetzgeber ausdrücklich gebilligt. Dabei hat er die grobe Fahrlässigkeit des VN, die trotz Eintritts des Versicherungsfalles zur teilweisen Leistungsfreiheit führt, ausdrücklich als vom VR zu beweisenden Ausnahmetatbestand aufgeführt.[922] 376

Der **VR** kann den **Nachweis** einer schweren **objektiven Pflichtverletzung** nach den **Regeln des Anscheinsbeweises** führen. Voraussetzung ist, dass im Einzelfall ein typischer Geschehensablauf vorliegt, der nach der Lebenserfahrung auf eine bestimmte Ursache hinweist und so sehr das Gepräge des Gewöhnlichen und Üblichen trägt, dass die besonderen individuellen Umstände in ihrer Bedeutung zurücktreten.[923] Der **Anscheinsbeweis greift nicht ein**, wenn der Schadenhergang Umstände aufweist, die es ernsthaft als möglich erscheinen lassen, dass das Geschehen anders abgelaufen ist als nach dem »Muster« der der Anscheinsregel zugrunde liegenden Erfahrungstypik.[924] Hierfür genügt allerdings eine bloße, häufig nicht auszuschließende hypothetische Alternativursache nicht; es müssen vielmehr feststehende oder zur Überzeugung des Tatrichters nachgewiesene Umstände hinzukommen, die wegen dieser Abweichungen des konkreten Sachverhaltes von den typischen Sachverhalten einen anderen Geschehensablauf als ebenfalls ernsthaft in Betracht kommende Möglichkeit »nahe legen«; andererseits ist es nicht erforderlich, dass denkbare Alternativursachen für die Herbeiführung des Versicherungsfalles »besonders wahrscheinlich« sein müssen, um den Anscheinsbeweis für ein objektiv grob fahrlässiges Verhalten des VN zu entkräften.[925] 377

Für die **subjektive Seite des Verschuldens** kommen dem VR allerdings die **Grundsätze des Anscheinsbeweises nicht** zu Gute.[926] Es fehlt an einer durch die Lebenserfahrung gesicherten Typizität menschlichen Verhaltens und seiner Begleitumstände, wenn es darum geht, aus einem bestimmten Verhalten des VN auf den Grad seines subjektiven Fehlverhaltens zu schließen. Allerdings entfalten der festgestellte objektive Geschehensablauf und die objektive Pflichtverletzung des VN 378

---

920 Ebenso Rixecker zfs 2009, 5, 10; zfs 2007, 15, 16; Pohlmann VersR 2008, 437, 443; Knappmann VRR 2009, 9, 12.

921 Vgl. auch Burmann/Heß/Höke/Stahl Rn. 413.

922 Vgl. amtliche Begründung des Gesetzentwurfs zu § 81 VVG, BT-Drucksache 16/3945, S. 80.

923 BGH Urt. v. 25.05.2011 – **IV ZR 151/09** – VersR 2011, 1390 = r+s 2012, 40; BGH Urt. v. 04.05.1988 – **IVa ZR 278/86** – VersR 1988, 683 = r+s 1988, 239; BGH Urt. v. 18.03.1987 – **IVa ZR 205/85** – VersR 1987, 503 = NJW 1987, 1944.

924 BGH Urt. v. 25.05.2011 – **IV ZR 151/09** – VersR 2011, 1390 = r+s 2012, 40.

925 BGH Urt. v. 25.05.2011 – **IV ZR 151/09** – VersR 2011, 1390 = r+s 2012, 40; BGH Urt. v. 03.07.1990 – **VI ZR 239/89** – VersR 1991, 195 = r+s 1990, 416.

926 BGH Urt. v. 26.04.1989 – **IVa ZR 43/88** – VersR 1989, 729 = r+s 1993, 36; BGH Urt. v. 29.01.2003 – **IV ZR 173/01** – VersR 2003, 364 = zfs 2003, 242, 243.

Indizwirkung für die subjektive Seite der groben Fahrlässigkeit. Der Tatrichter ist daher nicht gehindert, im Rahmen der Gesamtwürdigung aller Umstände **vom Ausmaß des objektiven Pflichtenverstoßes Rückschlüsse auf die innere Tatseite beim VN** zu ziehen.[927]

379 Unabhängig von der grundsätzlichen Beweislast, die den VR trifft, ist es Aufgabe des **VN**, im Rahmen seiner **sekundären Darlegungslast entlastende Umstände** zur Untermauerung seines geringeren Verschuldens **vorzubringen**, die der VR dann wiederum ausräumen muss.[928] Dies entspricht dem allgemeinen prozessualen Grundsatz, wonach auch die nicht beweisbelastete Prozesspartei ausnahmsweise eine Substantiierungslast treffen kann.[929] Ein solcher Fall liegt immer dann vor, wenn der beweisbelastete Prozessgegner außerhalb des von ihm darzulegenden Geschehensablaufes steht und die maßgebenden Tatsachen nicht kennt, während sie der anderen Partei bekannt sind und ihr insoweit ergänzender Sachvortrag auch zuzumuten ist.[930] Der VN muss daher schlüssig und substanziiert alle Tatsachen vortragen, die geeignet sind, sein Verhalten subjektiv zu entschuldigen (sekundäre Darlegungslast). Die Gründe dürfen aber nicht zu weit hergeholt sein. Bei einer Trunkenheitsfahrt genügt die Behauptung einer **Alkoholintoleranz** zur Entlastung nicht, wenn die objektiven Tatsachen gegen eine solche Erkrankung sprechen.[931]

4. Augenblicksversagen

380 Zur Verhinderung einer Leistungskürzung kann sich der VN bei subjektiven Besonderheiten im Einzelfall vom Vorwurf der groben Fahrlässigkeit befreien, wenn er sich auf ein Augenblicksversagen berufen kann und weitere, in der Person des Handelnden liegende besondere individuelle Umstände hinzukommen, die den Grund des momentanen Versagens erkennen und in einem milderen Licht erscheinen lassen,[932] (vgl. auch A.2.9.1 AKB Rdn. 24 ff. und A.2.9.1 AKB Rdn. 77 f.). Das bloße und alleinige Berufen auf ein Augenblicksversagen reicht allerdings nicht aus.

381 Ein Augenblicksversagen setzt ein Fehlverhalten des VN in Form einer **momentanen Unaufmerksamkeit** voraus, die dadurch gekennzeichnet ist, dass sie auch einem üblicherweise mit seinem versicherten Fahrzeug sorgfältig umgehenden VN unterlaufen kann, weil in einem zur Routine gewordenen Handlungsablauf einer von mehreren Handgriffen schlicht vergessen wird.[933] Diese Feststellung reicht aber für sich allein noch nicht aus, den Schuldvorwurf der groben Fahrlässigkeit herabzustufen, wenn ansonsten die objektiven Merkmale der groben Fahrlässigkeit gegeben sind. Insbesondere genügt eine kurze Geistesabwesenheit nicht.[934] Da eine momentane Unaufmerksamkeit unterschiedliche Ursachen haben kann, muss der VN den Grund seines kurzfristigen Fehlverhaltens erläutern und zu den sonstigen Umständen seines momentanen Versagens vortragen. Nur wenn sein vorausgehendes Verhalten, das schließlich zu der Unaufmerksamkeit geführt hat, **durch psychische oder physische Umstände entschuldigt** werden kann (z.B. Konzentrations- oder Hirnleistungsschwäche[935] bzw. Krankheiten oder Alterserscheinungen), ist ein objektiv grob fahrlässiges Verhalten (z.B. die Missachtung einer Rotlichtampel) nicht gleichzeitig auch subjektiv als unentschuldbares Fehlverhalten zu werten.[936]

927 BGH Urt. v. 29.10.2003 – **IV ZR 16/03** – VersR 2003, 1561 = DAR 2004, 24; OLG Rostock Urt. v. 30.04.2003 – 6 U 249/01 – r+s 2004, 58 = zfs 2003, 356; OLG Oldenburg Urt. v. 25.06.1997 – 2 U 109/97 – r+s 1997, 470; OLG Nürnberg Urt. v. 28.04.1994 – 8 U 3768/93 – VersR 1995, 331.

928 OLG Rostock Urt. v. 02.06.2003 – 3 U 166/02 – MDR 2004, 91; OLG Hamm Urt. v. 25.10.2000 – 20 U 66/00 – zfs 2001, 215; OLG Hamm Urt. v. 26.01.2000 – 20 U 166/99 – r+s 2000, 232 = zfs 2000, 346.

929 BGH Urt. v. 29.01.2003 – **IV ZR 173/01** – VersR 2003, 364 = zfs 2003, 242.

930 Veith/Gräfe/*Halbach* § 5 Rn. 106.

931 AG Strausberg Urt. v. 02.12.2010 – 9 C 199/10 – ADAJUR Dok.Nr. 90735.

932 BGH Urt. v. 08.07.1992 – **IV ZR 223/91** – VersR 1992, 1085 = NJW 1992, 2418.

933 BGH Urt. v. 08.02.1989 – **IVa ZR 57/88** – VersR 1989, 582 = NJW 1989, 1354.

934 BGH Urt. v. 08.07.1992 – **IV ZR 223/91** – VersR 1992, 1085 = NJW 1992, 2418.

935 BGH Urt. v. 08.07.1992 – **IV ZR 223/91** – VersR 1992, 1085 = NJW 1992, 2418.

936 BGH Urt. v. 29.01.2003 – **IV ZR 173/01** – VersR 2003, 364 = zfs 2003, 242, 243; Riedmeyer zfs 2001, 345.

Behauptet der VN, abgelenkt gewesen zu sein, so muss er hierfür einen plausiblen Grund darlegen. Dieser ist zu der Gefährlichkeit seines Tuns in Bezug zu setzen.[937] Je risikoreicher und gefahrträchtiger sein Verhalten ist, desto weniger kann es ihn entlasten, dass er sich hat ablenken lassen[938] und desto eher wird trotz einer momentanen Unaufmerksamkeit eine grobe Fahrlässigkeit anzunehmen sein. Eine kurzfristige Ablenkung durch eine Unterhaltung mit dem Beifahrer stellt kein entschuldigendes Augenblicksversagen dar.[939] 382

Das **Nichtbeachten des Rotlichts einer Lichtzeichenanlage** ist nicht grundsätzlich und in jedem Fall als grob fahrlässig anzusehen, (vgl. A.2.9.1 AKB Rdn. 273 ff.). Der VN muss aber zur Untermauerung des von ihm als »Augenblicksversagen« bezeichneten Verstoßes im Einzelnen darlegen, was der Fehlreaktion vorausgegangen ist und wie es nach seiner Erinnerung dazu gekommen ist oder gekommen sein muss. War das Rotlicht für ihn in der konkreten Situation schwer zu erkennen,[940] tauchte es unerwartet auf oder hielt der VN zunächst an der Rotlichtampel an, fuhr dann aber aufgrund einer Fehldeutung irgendeines in seinem Blickfeld liegenden optischen Signals in der irrigen Annahme, die für ihn maßgebliche Lichtzeichenanlage habe auf Grünlicht umgeschaltet, wieder an,[941] kann dies für ein die grobe Fahrlässigkeit ausschließendes **Augenblicksversagen** sprechen. Zusätzliche Voraussetzung ist jedoch, dass das dem entscheidenden Moment der Unaufmerksamkeit vorangegangene Verhalten des VN von diesem nicht in subjektiv unentschuldbarer Weise herbeigeführt worden ist, sondern sich durch individuelle physische oder psychische Umstände entschuldigen lässt.[942] 383

Die vom VN im Rahmen seiner sekundären Darlegungslast vorzutragenden **Tatsachen, die ein Augenblicksversagen begründen sollen, müssen nicht vom VN bewiesen, sondern vom VR widerlegt werden.** Gleichwohl wird man die Substantiierungslast des VN im Hinblick auf die von ihm vorzubringenden subjektiven Entlastungsgründe nur dann als erfüllt ansehen können, wenn der VN für körperliche oder psychische Beeinträchtigungen, die er als Grund für sein Augenblicksversagen anführt, zumindest **Arztatteste** vorlegt, wenn nicht die Beeinträchtigung aus sonstigen anderen Gründen offensichtlich ist. Keinesfalls aber muss der VN den Beweis dafür erbringen, dass sich die von ihm behaupteten Defizite ursächlich auch auf die momentane Unaufmerksamkeit, die dann zum Eintritt des Versicherungsfalles geführt hat, ausgewirkt haben. 384

5. Schuldunfähigkeit

a) Grundsätzliches

Die Annahme eines vorsätzlichen oder grob fahrlässigen Verhaltens bedingt, dass der VN zum Zeitpunkt der schadenstiftenden Handlung schuldfähig war. Nur dann kann er für sein Handeln verantwortlich gemacht werden. Eine **bloß eingeschränkte Einsichts- und Hemmungsfähigkeit** (z.B. infolge starker Alkoholisierung) führt zwar noch nicht zur Schuldunfähigkeit, muss aber als entlastendes Moment bei der Feststellung des Verschuldensgrades berücksichtigt werden.[943] Da der **VR auch für die subjektiven Voraussetzungen grober Fahrlässigkeit** im Rahmen des A.2.9.1 AKB **beweisbelastet** ist,[944] reicht es aus, wenn der VN substanziiert Tatsachen vorbringt, aus denen sich Zweifel an seiner vollen Verantwortlichkeit rechtfertigen. Diese muss der VR sodann ausräumen, 385

---

937 Vgl. Burmann/Heß/Höke/Stahl Rn. 346.

938 Römer VersR 1992, 1187, 1189.

939 OLG Köln Beschl. v. 03.09.2009 – 9 U 63/09 – VersR 2010, 623 = r+s 2010, 14.

940 Vgl. BGH Urt. v. 15.07.2014 – **VI ZR 452/13** – VersR 2014, 1135 = r+s 2014, 491.

941 Vgl. BGH Urt. v. 29.01.2003 – **IV ZR 173/01** – VersR 2003, 364 = zfs 2003, 242.

942 OLG Köln Urt. v. 19.11.2002 – 9 U 54/02 – NZV 2003, 138; Riedmeyer zfs 2001, 345.

943 Vgl. BGH Urt. v. 22.06.2011 – **IV ZR 225/10** – VersR 2011, 1037 = r+s 2011, 376; BGH Urt. v. 17.06.1998 – **IV ZR 163/97** – VersR 1998, 1011 = NVersZ 1998, 45.

944 BGH Urt. v. 22.06.2011 – **IV ZR 225/10** – VersR 2011, 1037 = r+s 2011, 376; BGH Urt. v. 29.10.2003 – **IV ZR 16/03** – VersR 2003, 1561 = DAR 2004, 24; BGH Urt. v. 23.01.1985 – **IVa ZR 128/83** – VersR 1985, 440 = DAR 1985, 222.

wenn sich ein grob fahrlässiges Verhalten des VN nur ohne die geltend gemachten Zweifel begründen lässt.

386 Die **Beweislast kehrt sich in dem Moment um**, in dem sich der VN auf Unzurechnungsfähigkeit beruft – gleichgültig, ob sie dauerhafter oder nur vorübergehender Natur ist. Dieser Einwand wird nahe liegen z.B. bei kurzzeitiger Bewusstlosigkeit zum Unfallzeitpunkt oder im Zusammenhang mit einem durch Trunkenheit herbeigeführten Unfallschaden. Den **VN** trifft die volle **Darlegungs- und Beweislast für eine behauptete Unzurechnungsfähigkeit** im Zeitpunkt der Herbeiführung des Versicherungsfalles.[945]

b) Anwendbarkeit von § 827 S. 1 BGB

387 Nach h.M. ist die allgemeine Beweislastregel des **§ 827 S. 1 BGB** im **Rahmen des § 81 VVG** (§ 61 VVG a.F.) **entsprechend anwendbar,**[946] da von der grundsätzlichen Verantwortlichkeit von Personen auszugehen ist und die Schuldunfähigkeit somit einen Ausnahmetatbestand in der Rechtsordnung darstellt, den derjenige zu beweisen hat, der sich auf ihn beruft. Zur Feststellung seiner Schuldunfähigkeit kann sich der VN nicht auf ein Sachverständigengutachten im Strafverfahren stützen, da Gutachten zur Berechnung eingeschränkter oder vollständiger Schuldunfähigkeit nach §§ 20, 21 StGB im Strafverfahren auf anderer Bewertungsgrundlage als im Zivilverfahren erstellt werden.[947] Eine Verurteilung des VN im Strafverfahren wegen Vollrauschs nach § 323a StGB ist daher kein Beweis für seine Schuldunfähigkeit nach § 827 S. 1 BGB. Es existiert **kein Anscheinsbeweis** dafür, dass **ab einer bestimmten BAK** grundsätzlich von einer **Schuldunfähigkeit** ausgegangen werden kann.[948] Ebenso wenig gibt es einen allgemeinen Wert für eine Schuldunfähigkeit infolge Alkoholkonsums.[949] Eine BAK ab 3,0 Promille stellt lediglich ein Indiz für eine Schuldunfähigkeit dar.[950] Zur Feststellung der Schuldunfähigkeit bedarf es daher stets der **Einbeziehung aller Umstände des Einzelfalles** (z.B. Angaben und Verhalten des Fahrers gegenüber der Polizei und dem Arzt anlässlich der Blutentnahme, Alkoholgewöhnung, physische und psychische Konstitution des Fahrers, Uhrzeit, Menge und Art der Nahrungsaufnahme sowie Fahrweise unmittelbar vor dem Unfall).[951]

c) Bewusstseinsverlust – Vorverlagerung des Schuldvorwurfs

388 Da die Leistungsfreiheit des VR nach A.2.9.1 S. 2 AKB, § 81 Abs. 2 VVG lediglich an einen bestimmten Erfolg anknüpft, nämlich die Herbeiführung des Versicherungsfalles, nicht dagegen an ein bestimmtes Verhalten, etwa das Führen des Kraftfahrzeuges in alkoholisiertem Zustand, kann für den Schuldvorwurf auch auf ein zeitlich früheres Verhalten des VN abgestellt werden, durch

945 Vgl. OLG Düsseldorf Urt. v. 17.06.2016 – 1 W 15/16 – zfs 2017, 34.

946 Vgl. BGH Urt. v. 22.06.2011 – **IV ZR 225/10** – VersR 2011, 1037 = r+s 2011, 376; BGH Urt. v. 29.10.2003 – **IV ZR 16/03** – VersR 2003, 1561 = DAR 2004, 24; BGH Urt. v. 22.02.1989 – **IVa ZR 274/87** – VersR 1989, 469 = r+s 1989, 349; BGH Urt. v. 23.01.1985 – **IVa ZR 128/83** – VersR 1985, 440 = DAR 1985, 222; OLG Hamm Urt. v. 31.05.2000 – 20 U 231/99 – r+s 2001, 55 = zfs 2001, 119; OLG Köln Urt. v. 22.03.1994 – 9 U 6/94 – r+s 1994, 329 = SP 1994, 292; Münchener Kommentar VVG- § 81 VVG Rn. 90;/Pohlmann/*Schmidt-Kessel* § 81 Rn. 39; Bruck/Möller/*Baumann* § 81 VVG Rn. 53; Schwintowski/Brömmelmeyer/*Kloth/Neuhaus* § 81 VVG Rn. 89 f.; Prölss/Martin/*Klimke* A.2.9 AKB Rn. 60.

947 BGH Urt. v. 22.06.2011 – **IV ZR 225/10** – VersR 2011, 1037 = r+s 2011, 376.

948 BGH Urt. v. 22.06.2011 – **IV ZR 225/10** – VersR 2011, 1037 = r+s 2011, 376 **(2,70–3,18 Promille)**; OLG Köln Urt. v. 13.01.2010 – 11 U 159/09 – VersR 2010, 1193 (**2,96 Promille**); OLG Hamm Urt. v. 31.05.2000 – 20 U 231/99 – r+s 2001, 55 = zfs 2001, 119 (**2,68 Promille**); OLG Frankfurt/M. Urt. v. 14.04.1999 – 7 U 87/98 – VersR 2000, 883 = r+s 2000, 364; (**3,0–3,3 Promille**); OLG Hamm Urt. v. 22.11.1991 – 20 U 141/91 – VersR 1992, 818 = NJW 1992, 1635 (**3,0 Promille**).

949 BGH Urt. v. 17.11.1966 – **II ZR 156/64** – VersR 1967, 125 (**2,5 Promille und weniger**).

950 OLG Frankfurt Urt. v. 14.04.1999 – 7 U 87/98 – VersR 2000, 883; OLG Köln Urt. v. 07.06.1994 – 9 U 70/94 – VersR 1995, 205 = r+s 1994, 370.

951 BGH Urt. v. 22.06.2011 – **IV ZR 225/10** – VersR 2011, 1037 = r+s 2011, 376.

das der Versicherungsfall grob fahrlässig herbeigeführt wurde.[952] Steht also fest, dass der VN zum Unfallzeitpunkt (z.B. aufgrund Alkoholgenusses) vorübergehend das Bewusstsein verloren hatte, kann der **Schuldvorwurf** unter Umständen **auf einen Zeitpunkt vorverlagert** werden, **zu dem der VN noch nicht schuldunfähig** war.

In Betracht kommt dies in Fällen, in denen der VN vor Trinkbeginn oder zu einem Zeitpunkt, als er jedenfalls noch schuldfähig war, erkannt oder jedenfalls grob fahrlässig nicht erkannt hat, dass er im Zustand der Unzurechnungsfähigkeit möglicherweise einen Versicherungsfall herbeiführen werde. Hat sich der VN zwar durch Trunkenheit in einen unzurechnungsfähigen Zustand versetzt, wusste er aber oder **rechnete er** zumindest vor oder während des Alkoholkonsums **damit**, zu einem späteren Zeitpunkt noch mit einem Kraftfahrzeug **fahren zu müssen und traf** er trotzdem **keine geeigneten Vorkehrungen, um dies zu verhindern**, so begründet auch dieses Verhalten eine grob fahrlässige Herbeiführung des Versicherungsfalles.[953] **389**

Hierzu bedarf es weder eines Rückgriffs auf die Grundsätze der **actio libera in causa**,[954] noch einer analogen Anwendung des **§ 827 S. 2 BGB**.[955] Entscheidend ist allein, ob auf ein zeitlich vorangegangenes Verhalten des VN abgestellt werden kann, durch das der Versicherungsfall grob fahrlässig herbeigeführt wurde.[956] Hierfür ist zu klären, ob und welche Vorkehrungen der VN, der mit einem PKW unterwegs war und beabsichtigte, Alkohol zu trinken, getroffen hat, um zu verhindern, dass er eine Fahrt in alkoholisiertem Zustand antritt oder fortsetzt, in dessen Verlauf es später zum Eintritt des Versicherungsfalles kam.[957] **390**

Um den **Entlastungsbeweis** zu führen, muss der **VN** den auf den Zeitpunkt der Alkoholaufnahme **vorverlagerten Schuldvorwurf entkräften.** Dafür genügt es nicht, dass er vorträgt, den Alkoholgehalt oder die Zusammensetzung eines bestimmten Getränkes nicht gekannt oder unterschätzt zu haben. Er muss darlegen und beweisen, dass er sich weder vorsätzlich, noch grob fahrlässig in einen vorübergehenden, seine Schuld ausschließenden Zustand versetzt hat und dass er vor Beginn seines Bewusstseinsverlusts sein Fehlverhalten auch nicht vorausgesehen hat, weil er nicht mehr damit rechnete, noch fahren zu müssen und deshalb auch keine Vorkehrungen gegen sein späteres schadenursächliches Verhalten treffen konnte.[958] Alternativ muss er beweisen, dass er in nüchternem Zustand geeignete Vorkehrungen getroffen hat, um eine spätere Trunkenheitsfahrt zu verhindern.[959] **391**

---

952 Vgl. OLG Hamm Beschl. v. 12.11.1986 – 20 W 58/86 – VersR 1988, 369.

953 BGH Urt. v. 22.06.2011 – **IV ZR 225/10** – VersR 2011, 1037 = r+s 2011, 376; BGH Urt. v. 23.01.1985 – **IVa ZR 128/83** – VersR 1985, 440 = DAR 1985, 222; OLG Köln Beschl. v. 20.07.2017 – 9 U 20/17 – r+s 2018, 15 = zfs 2017, 692; OLG Hamm Urt. v. 31.05.2000 – 20 U 231/99 – r+s 2001, 55 = NZV 2001, 172; OLG Frankfurt Urt. v. 14.04.1999 – 7 U 87/98 – VersR 2000, 883; OLG Köln Urt. v. 07.06.1994 – 9 U 70/94 – VersR 1995, 205 = r+s 1994, 370; Stiefel/Maier/*Halbach* A.2 AKB Rn. 971; Prölss/Martin/*Klimke* A.2.9 AKB Rn. 61.

954 So aber noch BGH Urt. v. 22.02.1989 – **IVa ZR 274/87** – VersR 1989, 469 = r+s 1989, 349; OLG Hamm Urt. v. 31.05.2000 – 20 U 231/99 – r+s 2001, 55 = NZV 2001, 172; Prölss/Martin/*Klimke* A.2.9 AKB Rn. 60; Münchener Kommentar VVG-*Looschelders* § 81 VVG Rn. 90–92.

955 So aber noch BGH Urt. v. 06.07.1967 – **II ZR 16/65** – VersR 1967, 944; OLG Köln Urt. v. 07.06.1994 – 9 U 70/94 – VersR 1995, 205 = r+s 1994, 370; Looschelders/Pohlmann/*Schmidt-Kessel* § 81 Rn. 39; Veith VersR 2008, 1580, 1582.

956 Unter Aufgabe der bisherigen Rspr.: BGH Urt. v. 22.06.2011 – **IV ZR 225/10** – VersR 2011, 1037 = r+s 2011, 376.

957 OLG Düsseldorf Urt. v. 31.03.2008 – I-4 U 140/07 – NJOZ 2008, 4692 = BeckRS 2008, 268738.

958 Vgl. BGH Urt. v. 22.02.1989 – **IVa ZR 274/87** – VersR 1989, 469 = r+s 1989, 349; OLG Oldenburg Urt. v. 16.08.1995 – 2 U 103/95 – VersR 1996, 1270.

959 OLG Hamm Urt. v. 22.11.1991 – 20 U 141/91 – VersR 1992, 818 = r+s 1992, 42 (**geeignete Vorkehrungen bejaht**); OLG Hamm Urt. v. 31.05.2000 – 20 U 231/99 – r+s 2001, 55 = NZV 2001, 172 (**geeignete Vorkehrungen verneint**).

392 Gleiches gilt für den VN, der sich darauf beruft, er sei durch den Konsum alkoholischer Getränke in einen solch berauschenden Zustand geraten, dass er zum Zeitpunkt der **Fahrzeugschlüsselübergabe an einen Dritten dessen absolute Fahruntüchtigkeit** nicht mehr habe erkennen können. Denn darauf kommt es letztlich nicht an. Entscheidend für die Annahme des subjektiven Verschuldens des VN ist allein, dass er zum Zeitpunkt des eigenen Alkoholgenusses noch zurechnungsfähig war und in dem Zeitraum, in dem er sich durch den Konsum alkoholischer Getränke in den vorübergehenden Zustand der Alkoholisierung versetzt hat, keine Vorkehrungen getroffen hat, um zu vermeiden, selbst alkoholisiert zu fahren oder von einem alkoholisierten Dritten gefahren zu werden.[960] Dafür ist es nicht erforderlich, dass der VN vor Trinkbeginn die Fahrzeugschlüssel abgibt. Es reicht aus, dass der VN Vorkehrungen dadurch trifft, dass er mit einem Dritten, z.B. mit seiner Ehefrau einen Abholzeitpunkt verabredet und später auch telefonisch seine Bitte um Abholung äußert. Haben sich diese **Abholmodalitäten** in der Vergangenheit über längere Zeit bewährt, so ist dem VN kein grob fahrlässiges Verhalten vorzuwerfen, wenn er im Zustand der Schuldunfähigkeit einen Unfall verursacht.

393 Im Falle einer **Unzurechnungsfähigkeit durch Medikamentenmissbrauch** kann der zeitlich vorverlagerte Schuldvorwurf auch daran anknüpfen, dass sich der VN noch vor Antritt seiner Fahrt Gedanken darüber gemacht hat, ob er das Schlafmittel einnehmen soll oder nicht, damit also auch die Möglichkeit bestanden hat, sich gegen eine Einnahme zu entscheiden.[961]

d) Bewusstseinsstörung

394 Eine Bewusstseinsstörung liegt vor, wenn der VN nach Erbrechen und dadurch bedingtem Wegfall der Wirkung zuvor eingenommener Medikamente aufgrund einer **paranoiden Psychose**,[962] oder auch aufgrund kurzzeitiger Bewusstlosigkeit infolge eines durch **Schlafapnoe** verursachten »Sekundenschlafes«,[963] einer **retrograden Amnesie**,[964] eines **»Black-Out«** infolge Übermüdung,[965] durch Medikamentenkonsum nach Einnahme von 20 Tabletten eines **Schlafmittels**[966] oder aufgrund einer krankhaften Störung der Geistestätigkeit infolge einer schweren **depressiven Episode**[967] einen Unfall verursacht.

395 Für die Behauptung einer Unzurechnungsfähigkeit trägt der **VN** entsprechend § 827 S. 1 BGB ebenfalls die **Beweislast**. Scheitert dieser Beweis, so ist weiter zu prüfen, ob die Gründe, auf die der VN seine – nicht bewiesene – Behauptung einer völligen Unzurechnungsfähigkeit stützt, zumindest ausreichen, um eine erhebliche Bewusstseinsstörung (unterhalb der Schwelle völliger Unzurechnungsfähigkeit) begründen zu können.[968] Eine solche **Bewusstseinsstörung** wird jedenfalls dann nicht auszuschließen sein, wenn der VN unter einer **Krankheit** leidet, die das **Gedächtnis- und Konzentrationsvermögen** im Allgemeinen beeinträchtigen kann. Wenn auch diese Krankheit keinen Beweis für eine Unzurechnungsfähigkeit des VN zum Schadenzeitpunkt darstellt, so besteht dennoch die Möglichkeit, dass den VN nur eine eingeschränkte Verantwortlichkeit traf, die der

---

960 OLG Düsseldorf Urt. v. 31.03.2008 – I-4 U 140/07 – NJOZ 2008, 4692 = BeckRS 2008, 268738; LG Bonn Urt. v. 31.07.2009 – 10 O 115/09 – r+s 2010, 319 = DAR 2010, 24.

961 LG Nürnberg-Fürth Urt. v. 19.10.2010 – 8 O 2146/09 – zfs 2011, 274.

962 LG Düsseldorf Urt. v. 01.06.2011 – 9 O 26/08 – SP 2012, 24 = VK 2012, 194.

963 BGH Urt. v. 29.10.2003 – **IV ZR 16/03** – VersR 2003, 1561 = DAR 2004, 24; OLG Saarbrücken Urt. v. 11.12.2002 – 5 U 17/00 – VersR 2003, 1518 = zfs 2003, 129; vgl. LG Hannover Urt. v. 31.01.1997 – 10 S 78/96 – r+s 1997, 481.

964 Vgl. BGH Urt. v. 13.12.2006 – **IV ZR 252/05** – VersR 2007, 389 = DAR 2007, 332.

965 Vgl. OLG Köln Urt. v. 27.09.2002 – 9 U 143/00 – r+s 2003, 56 = zfs 2003, 132.

966 LG Nürnberg-Fürth Urt. v. 19.10.2010 – 8 O 2146/09 – zfs 2011, 274.

967 OLG Düsseldorf Urt. v. 23.08.2005 – I-4 U 172/04 – VersR 2006, 402 = zfs 2006, 100.

968 Vgl. BGH Urt. v. 22.06.2011 – **IV ZR 225/10** – VersR 2011, 1037 = r+s 2011, 376; vgl. KG Beschl. v. 03.05.2022 – 6 U 39/21 – r+s 2022, 453.

Annahme eines grob fahrlässigen Verhaltens im Ergebnis aber ebenso entgegenstehen kann wie eine Unzurechnungsfähigkeit des VN.[969]

Im Gegensatz zur Unzurechnungsfähigkeit muss der **VN** eine eingeschränkte Verantwortlichkeit aufgrund einer **Bewusstseinstrübung nicht beweisen.** Er muss lediglich substanziiert vortragen, dass ernste Zweifel an seiner (bzw. des betreffenden Fahrers) vollen Verantwortlichkeit zum Zeitpunkt des Schadeneintrittsbestanden haben. Den VR trifft sodann die volle Beweislast dafür, dass der Versicherungsfall dennoch grob fahrlässig herbeigeführt worden ist, also die vom VN vorgebrachten Zweifel an den seine volle Verantwortlichkeit begründenden Umständen nicht vorliegen.[970] **396**

6. Kausalität

Der VR ist beweispflichtig dafür, dass das vorsätzliche oder grob fahrlässige Verhalten des VN, seines Repräsentanten oder des Versicherten **zumindest** eine **Mitursache** für den Eintritt des Versicherungsfalles gesetzt hat.[971] Dafür muss er zwar nicht die konkrete Begehungsweise im Einzelnen nachweisen; auf bloße Spekulationen, die den Beweisanforderungen nicht genügen, darf er sich aber auch nicht beschränken.[972] Es muss feststehen oder zur Überzeugung des Tatrichters nachgewiesen sein, dass der Versicherungsfall jedenfalls auch durch das mindestens als grob fahrlässig zu bewertende Fehlverhalten des VN eingetreten ist.[973] Kommt außer dem vorsätzlich oder grob fahrlässig herbeigeführten Geschehensablauf auch ein solcher in Betracht, bei dem der VN schuldlos oder nur leicht fahrlässig gehandelt hat, so greift der Risikoausschluss nicht ein.[974] **397**

Steht das Fehlverhalten des VN **als Mitursache** für den Eintritt des Schadenfalles **fest**, kann sich der **VN nur entlasten**, indem er den **Nachweis eines hypothetischen Kausalverlaufes** führt, wonach der Versicherungsfall auch ohne sein pflichtwidriges Verhalten eingetreten wäre.[975] Ist als Unfallursache zwar ein grob fahrlässiges Verhalten des VN in Betracht zu ziehen, kann aber letztlich nicht ausgeschlossen werden, dass sich der Unfall auch ohne das pflichtwidrige Verhalten des VN in gleicher Weise ereignet hätte, fehlt es an der Kausalität.[976] **398**

Der Kausalitätsnachweis ist erbracht, wenn **mehrere jeweils als grob fahrlässig einzustufende Verhaltensweisen des VN** als zumindest mitursächliche Auslöser des Versicherungsfalles in Betracht kommen. Es muss dann nicht mehr geklärt werden, welcher konkrete Geschehensablauf tatsächlich für den Schadeneintritt (mit-) ursächlich geworden ist.[977] Räumt der VN zunächst Umstände ein, aus denen sich sein grob fahrlässiges Verhalten ergibt, stellt dann aber den Sachverhalt anders dar zu einem späteren Zeitpunkt, zu dem der VR Aufklärungsmaßnahmen nicht mehr durchführen kann, ist an eine Beweislastumkehr zulasten des VN unter dem Gesichtspunkt der **Beweisvereitelung** zu denken.[978] **399**

---

969 BGH Urt. v. 05.04.1989 – **IVa ZR 39/88** – VersR 1989, 840 = NJW-RR 1989, 1187; BGH Urt. v. 29.10.2003 – **IV ZR 16/03** – VersR 2003, 1561 = DAR 2004, 24.

970 Vgl. BGH Urt. v. 23.01.1985 – **IVa ZR 128/83** – VersR 1985, 440 = DAR 1985, 222; BGH Urt. v. 22.02.1989 – **IVa ZR 274/87** – VersR 1989, 469 = r+s 1989, 349; BGH Urt. v. 29.10.2003 – **IV ZR 16/03** – VersR 2003, 1561 = DAR 2004, 24.

971 Vgl. OLG Düsseldorf Urt. v. 23.12.2010 – I-4 U 101/10 – VersR 2011, 1388 = r+s 2011, 507; OLG Jena Urt. v. 05.08.1998 – 4 U 135/98 – NVersZ 1998, 87; OLG Köln Urt. v. 19.08.1997 – 9 U 30/97 – VersR 1998, 1233; OLG Celle Urt. v. 27.03.1997 – 8 U 35/96 – VersR 1998, 314.

972 LG Dortmund Urt. v. 24.02.2011 – 2 O 85/10 – zfs 2011, 272.

973 BGH Urt. v. 09.04.1997 – **IV ZR 73/96** – r+s 1997, 294 = NJW-RR 1997, 1112.

974 Rüffer/Halbach/Schimikowski/*Karczewski* § 81 VVG Rn. 89.

975 BGH Urt. v. 14.07.1986 – **IVa ZR 22/85** – VersR 1986, 962 = NJW 1986, 2838.

976 **A.A.** wohl OLG Naumburg Urt. v. 03.12.2009 – 4 U 133/08 – r+s 2010, 319 = SP 2010, 227.

977 OLG Nürnberg Urt. v. 14.07.1986 – 17 U 21/85 – NJW-RR 1986, 1154.

978 LG Münster Urt. v. 29.08.1991 – 8 S 144/91 – VersR 1992, 695; Rüffer/Halbach/Schimikowski/*Karczewski* § 81 VVG Rn. 91.

400 **Im Bereich des Kfz-Diebstahls** kann sich der VR dann nicht auf – teilweise – Leistungsfreiheit berufen, wenn nicht ausgeschlossen werden kann, dass die Entwendung erst zu einem Zeitpunkt stattgefunden hat, zu dem das Verhalten des VN noch nicht grob fahrlässig war.[979] Wird dem VN vorgeworfen, seinen entwendeten Pkw zu lange und über Nacht auf einem Autobahnrastplatz abgestellt zu haben, so muss der Fahrzeugdiebstahl gerade die Folge dieses Umstandes sein. Der VR hat daher den erforderlichen Kausalitätsnachweis nicht erbracht, wenn der Zeitpunkt der Entwendung nicht feststeht. Dann kann nämlich nicht ausgeschlossen werden, dass das Fahrzeug bereits kurze Zeit nach seinem Abstellen gestohlen worden ist und damit zu einem Zeitpunkt, zu dem das unbeaufsichtigte Abstellen des Pkw noch nicht als grob fahrlässig anzusehen war.[980]

401 Das **Zurücklassen von Fahrzeugschlüsseln oder –papieren im Fahrzeug** (vgl. A.2.9.1 AKB Rdn. 225 und A.2.9.1 AKB Rdn. 261 ff.) mag grob fahrlässig sein. Trotzdem kann sich der VR mit Erfolg nur dann auf – quotale – Leistungsfreiheit berufen, wenn das Belassen der Papiere bzw. Schlüssel den Diebstahlentschluss des Täters hervorgerufen oder zumindest verstärkt hat, was vom VR zu beweisen ist.

402 Die **Kausalität lässt sich** auch **nicht mit einer leichteren Verwertbarkeit des Fahrzeuges begründen**, weil der Begriff der Entwendung in A.2.2.2.1 AKB nicht gleichzeitig auch dessen Verwertung umfasst,[981] (vgl. auch A.2.9.1 AKB Rdn. 265 ff.). Der Nachweis, dass der Versicherungsfall durch die im Fahrzeug zurückgebliebenen Papiere oder Schlüssel mitursächlich veranlasst wurde, fehlt jedenfalls, wenn der Täter die Papiere oder Schlüssel vor dem Aufbrechen des Fahrzeuges gar nicht sehen konnte, weil sie an versteckter Stelle, z.B. im **Handschuhfach** aufbewahrt wurden,[982] oder wenn überhaupt nicht feststeht, wie der Pkw entwendet wurde.[983] Der VR wird in einem solchen Fall argumentieren, dass der Täter den Diebstahlentschluss erst nach dem Öffnen des Fahrzeuges und der Entdeckung der Fahrzeugpapiere oder Schlüssel gefasst hat und er zunächst z.B. nur das Autoradio stehlen wollte. Einen solchen theoretisch denkbaren Ablauf wird der VR aber nicht beweisen können, es sei denn, er hätte den Täter und dessen glaubhaftes Geständnis. Erst recht nicht lässt sich der Kausalitätsnachweis als geführt ansehen, wenn noch nicht einmal feststeht, ob der Täter die Papiere oder Schlüssel überhaupt gefunden hat. Anderes kann aber dann gelten, wenn beim Wiederauffinden des Fahrzeuges der vom VN im Fahrzeug zurückgelassene Schlüssel im Zündschloss steckt.

403 Im Einzelfall kann die erforderliche Kausalität auch bei feststehender **alkoholbedingter absoluter Fahruntüchtigkeit** des VN fehlen. Verunfallt der VN mit einer BAK von 1,25 Promille, weil er unwiderlegt vorträgt, er habe plötzlich Qualm vor sich gesehen, der unter der Motorhaube hervorgequollen sei und ihm die Sicht versperrt habe, woraufhin er von der Fahrbahn abgekommen und in den Straßengraben gefahren sei, und brennt sein Fahrzeug anschließend aus, so ist der Beweis, dass die Zerstörung des Fahrzeuges durch Brand infolge eines alkoholbedingten Fahrfehlers herbeigeführt worden ist, nicht erbracht. Insbesondere lässt sich der erforderliche Ursachenzusammenhang nicht mit der rein spekulativen Annahme begründen, dass ein nicht alkoholisierter Kraftfahrer reaktionsschneller ist, weil er den Qualm sofort erkennt, das Fahrzeug zum Stehen bringt und sofort Maßnahmen einleiten kann, die die weitere Ausbreitung des Brandes verhindern.[984]

---

979 OLG Karlsruhe Urt. v. 20.06.2002 – 12 U 15/02 – VersR 2002, 1550 = r+s 2002, 362.

980 OLG Oldenburg Urt. v. 08.03.1995 – 2 U 3/95 – VersR 1996, 184 = r+s 1995, 210.

981 OLG Köln Urt. v. 12.09.2003 – 9 W 50/03 – r+s 2003, 497.

982 Vgl. BGH Urt. v. 06.03.1996 – **IV ZR 383/94** – VersR 1996, 621 = r+s 1996, 168, 169; BGH Urt. v. 17.05.1995 – **IV ZR 279/94** – VersR 1995, 909, 910 = r+s 1995, 288, 289; OLG Hamm Beschl. v. 23.01.2023 – 6 U 107/21 – zfs 2023, 271, 1614; OLG Dresden Urt. v. 12.04.2019 – 4 U 557/18 – zfs 2019, 396; OLG Karlsruhe Urt. v. 31.07.2014 – 12 U 44/14 – r+s 2015, 226; OLG Hamm Urt. v. 24.06.1998 – 20 U 32/98 – r+s 1998, 491, 492; OLG Düsseldorf Urt. v. 29.10.1996 – 4 U 175/95 – VersR 1997, 304 = r+s 1997, 6; OLG Celle Urt. v. 27.03.1997 – 8 U 35/96 – VersR 1998, 314; OLG Hamm Urt. v. 31.05.1996 – 20 U 281/95 – r+s 1996, 296.

983 OLG Hamm Urt. v. 03.07.2013 – 20 U 226/12 – r+s 2013, 373 = zfs 2013, 574; vgl. auch OLG Naumburg Urt. v. 14.03.2013 – 4 U 47/12 – r+s 2013, 598 = zfs 2014, 93.

984 OLG Saarbrücken Urt. v. 03.03.2004 – 5 U 663/03 – zfs 2005, 349, 350.

7. Umfang der Kürzung

Der VR, der wegen eines behaupteten grob fahrlässigen Verhaltens des VN seine Leistung kürzen will, hat nicht nur das relevante Verschulden des VN, sondern auch die zur Bemessung der Kürzungsquote berechtigende Schwere der groben Fahrlässigkeit darzulegen und zu beweisen,[985] (vgl. im Übrigen A.2.9.1 AKB Rdn. 373 ff.). 404

VI. Sonderfragen zur Quotierung

1. Pauschalierte Musterquoten in AKB?

Grundsätzlich erscheint es denkbar, analog dem Gliedertaxen-System in den Unfallversicherungsbedingungen auch in den AKB den Umfang des Leistungskürzungsrechtes des VR für bestimmte Fallgestaltungen durch **pauschalierte Quotenregelungen** vertraglich zu vereinbaren, um Auseinandersetzungen um eine sachgerechte Kürzungsquote zu vermeiden.[986] Gemäß § 87 VVG ist § 81 Abs. 2 VVG keine halbzwingende Vorschrift, so dass im Rahmen des A.2.9.1 AKB Abweichungen auch zum Nachteil des VN vorgenommen werden könnten. Insoweit könnte aber § 32 VVG entgegenstehen.[987] 405

Abgesehen davon wäre ein solches Quotensystem für den VR auch keineswegs risikolos. Es unterläge in vollem Umfange der Inhaltskontrolle nach § 307 Abs. 1 und 2 Nr. 1 BGB.[988] Die Gefahr, dass ein Gericht in einzelnen, quotenmäßig festgelegten Fallgestaltungen eine unangemessene Benachteiligung des VN annehmen würde, wäre in der Vielzahl der denkbaren Fallvarianten sehr wahrscheinlich. Durch die Schaffung von Fallgruppen könnte allenfalls dem objektiven Unrechtsgehalt bestimmter Handlungsabläufe, nie aber den im Einzelfall bei jedem VN individuell völlig unterschiedlichen subjektiven Verschuldenselementen Rechnung getragen werden. Eine solche Detailbewertung wird jedoch von § 81 Abs. 2 VVG bei der Abwägung der Schwere des Verschuldens des VN gefordert. Durch ein vorgegebenes Quotensystem wäre diese Individualbewertung von vornherein ausgeschlossen, was gemäß § 307 Abs. 2 S. 1 BGB bereits zur **Unwirksamkeit der Klausel** führen würde. 406

Ein zum Teil in der Literatur[989] propagiertes **Quotensystem** wird sich daher letztlich nicht als hilfreiches, sondern als ein starres, unflexibles, nicht auf den individuellen Einzelfall bezogenes Instrumentarium erweisen, was die erstrebte praktische Handhabung von Quotenfällen damit letztlich in Frage stellen dürfte.[990] 407

Auch die Vereinbarung einer **Quotenregelung** entsprechend der graduellen Schwere des Verschuldens **in 25 %-Schritten**[991] dürfte für die Praxis wenig tauglich sein. 408

Soweit die Möglichkeit diskutiert wird, eine **feste Kürzungsquote von 50 % in den AKB** für alle Fälle grober Fahrlässigkeit **zu vereinbaren**,[992] dürfte auch eine solche Regelung wegen unangemessener Benachteiligung des VN nach § 307 Abs. 1 S. 1, Abs. 2 Nr. 1 BGB **unwirksam** sein. Zum einen könnte durch eine solche Klausel den individuellen Umständen des Einzelfalles und damit der Bewertung des graduellen Verschuldens der vom VN begangenen Pflichtverletzung nicht annähernd Rechnung getragen werden, zumal sich der die Leistungskürzung rechtfertigende Verschuldensgrad immer erst durch eine Gesamtabwägung aller in Betracht kommenden objektiven und subjektiven Elemente feststellen lässt; zum anderen würde dem VN in unzulässiger Weise entgegen dem 409

---

985 Vgl. Goslarer Orientierungsrahmen zfs 2010, 12, 14 = DAR 2010, 111.

986 Vgl. amtliche Begründung des Gesetzentwurfs zu § 81 VVG, BT-Drucksache 16/3945, S. 80.

987 Ebenso Marlow VersR 2007, 43, 45; Felsch r+s 2007, 487, 491.

988 Vgl. Prölss/Martin/*Armbrüster* § 81 VVG Rn. 65 f.

989 Römer VersR 2006, 740.

990 Im Ergebnis auch Rüffer/Halbach/Schimikowski/*Karczewski* § 81 VVG Rn. 100 ff.; Veith VersR 2008, 1580; Rixecker zfs 2009, 5, 6.

991 Befürwortet von Günther/Spielmann r+s 2008, 133, 143.

992 Vgl. Günther/Spielmann r+s 2008, 133, 143.

gesetzlichen Leitbild in § 81 Abs. 2 VVG, der als vom VR zu beweisender subjektiver Risikoausschluss ausgestaltet ist, die Beweislast für solche Umstände auferlegt, die eine geringere Abzugsquote als 50 % rechtfertigen.[993]

410 Die Einführung eines Quotensystems begegnet auch deshalb Bedenken, weil das **an verschiedenen Stellen im VVG vorgesehene Leistungskürzungsrecht** des VR bei einem grob fahrlässigen Verhalten des VN **nach den gleichen Grundsätzen** und Bemessungskriterien **erfolgen muss** wie im Rahmen des § 81 Abs. 2 VVG. Für die Bereiche z.B. der gefahrvorbeugenden oder vertraglichen Obliegenheitsverletzungen würde eine Festschreibung von Quoten gemäß § 32 S. 1 VVG eine unzulässige Abweichung von der gesetzlichen Quotierungsregelung zum Nachteil des VN darstellen. Die Ermittlung der Kürzungsquote könnte daher bei der Bewertung ein und derselben groben Fahrlässigkeit des VN unterschiedlich hoch ausfallen, je nachdem, ob die Schwere der groben Fahrlässigkeit unter Anwendung der vertraglich festgelegten, fallbezogenen Pauschalquote oder z.B. im Rahmen einer Obliegenheitsverletzung nach § 28 VVG zu bestimmen ist. Damit wären unterschiedliche Kürzungsquoten für ein und denselben Lebenssachverhalt vorprogrammiert, was dem VN – abgesehen von Wirksamkeitsbedenken nach § 307 BGB – wohl kaum zu vermitteln sein dürfte.

411 Eine ganz andere Frage ist es, ob **Musterquoten außerhalb der AKB** ein geeignetes Instrument sein könnten, um das Leistungskürzungsrecht des VR größenordnungsmäßig einzugrenzen. Diese Frage kann bejaht werden, sofern das objektive Gewicht der verletzten Sorgfaltspflicht als Maßstab für die Bildung der Musterquoten im Vordergrund steht. Die konkrete Kürzungsquote könnte sodann entsprechend den Besonderheiten des Einzelfalles unter Berücksichtigung aller objektiven Umstände bestimmt werden. Zusätzlich wären in subjektiver Hinsicht auf Seiten des VN alle be- und entlastenden Elemente in die Abwägung einzustellen.[994]

2. Beibehaltung des »Alles-oder-Nichts-Prinzips« durch AKB?

412 Wie sich aus § 87 VVG ergibt, ist § 81 Abs. 2 VVG als vertraglich abdingbare Norm konzipiert. Eine durch Versicherungsbedingungen vereinbarte Abweichung von dieser Regelung zulasten des VN wäre daher grundsätzlich denkbar.[995] Dennoch dürfte die Wiedereinführung des gesetzlich abgeschafften »Alles-oder-Nichts-Prinzips« über den Umweg einer vertraglichen Vereinbarung in den AKB kaum möglich sein. Denn eine solche Klausel stünde in eklatantem Widerspruch zum Grundgedanken des Gesetzgebers, mit der zum 01.01.2008 in Kraft getretenen VVG-Reform das bisherige »Alles-oder-Nichts-Prinzip« für den Bereich der groben Fahrlässigkeit abzuschaffen und durch ein sich ausschließlich an der Schwere des Verschuldens des VN orientierendes Leistungskürzungsrecht des VR zu ersetzen. Sie würde daher an der Hürde des § 307 Abs. 2 Nr. 1 BGB scheitern, zudem aber auch eine unangemessene Benachteiligung des VN gemäß § 307 Abs. 1 S. 1 BGB darstellen und damit **unwirksam** sein.[996]

3. Quotelung bei gleichzeitiger Verletzung mehrerer Pflichten

413 Probleme bei der Bestimmung der Leistungskürzungsquote können entstehen, wenn dem VN nicht nur die grob fahrlässige Herbeiführung des Versicherungsfalles, sondern zusätzlich auch eine oder gar mehrere grob fahrlässig begangene Obliegenheitsverletzungen vorzuwerfen sind. In der Literatur werden hierzu unterschiedliche Lösungsansätze diskutiert.[997] Eine schlichte Addition der Kürzungsquoten (**Quotenadditions-Modell**)[998] erscheint nicht sachgerecht und würde häufig zum

993 Im Ergebnis ebenso Rüffer/Halbach/Schimikowski/*Karczewski* § 81 VVG Rn. 100 m.w.N.
994 Empfehlung des AK II auf dem 47. Deutschen Verkehrsgerichtstag 2009.
995 Vgl. Günther/Spielmann r+s 2008, 133, 142 f.
996 Vgl. Felsch r+s 2007, 485, 491; Rixecker zfs 2007, 15; Looschelders VersR 2008, 1, 7.
997 Zum Streitstand vgl. *Looschelders*/Pohlmann § 28 VVG Rn. 122 ff.; Nugel Rn. 42.
998 Befürwortet von OLG Köln Beschl. v. 06.06.2017 – 9 U 191/16 – r+s 2019, 80; LG Kassel Urt. v. 27.05.2010 – 5 O 2653/09 – zfs 2011, 33; Maier/Stadler Rn. 147.

völligen Anspruchsverlust des VN führen, was mit dem Sinn und Zweck der Vertragsklausel nicht in Einklang zu bringen wäre, da hierdurch das »Alles-oder-Nichts-Prinzip« wiederaufleben würde.[999] Hinzu kommt, dass selbst die Befürworter das Modell jedenfalls dann nicht anwenden wollen, wenn mehrere Pflichtverletzungen zusammentreffen, die auf derselben Handlung des VN beruhen, z.B. bei Obliegenheitsverletzungen nach Eintritt des Versicherungsfalles durch einen Verstoß gegen die Aufklärungs- und Schadenminderungspflicht.[1000] Eine solche Differenzierung erscheint willkürlich und führt auch nicht zu der notwendigen Einzelfallgerechtigkeit bei der Abwägung der Schwere des Verschuldens des VN. Denn der VN, der sich durch **mehrere unterschiedliche Handlungen** jeweils dem Vorwurf grob fahrlässigen Handelns ausgesetzt sieht, wäre erheblich schlechter gestellt als der VN, der sich aufgrund **nur einer einzigen Handlung** ebenso mehrere schwerwiegende, grob fahrlässig begangene Pflichtverletzungen zuschulden kommen lässt.

Ein Ausweg hieraus besteht auch nicht darin, bei mehrfachen Kürzungsgründen allein auf eine wertende Gesamtbetrachtung entsprechend der Schwere des Verschuldens abzustellen, (**Quoten-Gesamtbetrachtungs-Modell**).[1001] Es ist schon schwierig genug, unter Berücksichtigung aller objektiven und subjektiven Kriterien überhaupt erst einmal den individuellen Grad der groben Fahrlässigkeit beim VN festzustellen. Würde man bei mehreren grob fahrlässigen Verstößen zusätzlich noch eine weitere Abwägung aller insgesamt durch den VN begangenen Pflichtverletzungen fordern,[1002] wären Kürzungsquoten vorprogrammiert, die rational nicht mehr begründbar wären und sich – wegen ihrer höchst unterschiedlichen Bewertung durch den jeweiligen Tatrichter – auch weitestgehend jeglicher Kontrolle durch ein Berufungs- oder Revisionsgericht entziehen würden. 414

Eine andere Möglichkeit, den Entschädigungsanspruch bei mehreren zu berücksichtigenden Verstößen auf die höchste, dem VN zur Last zu legende Kürzungsquote zu beschränken (**Quotenkonsumtions- oder –kompensations-Modell**),[1003] würde den besonders nachlässigen und rücksichtslosen VN als »Mehrfachtäter« privilegieren.[1004] Für den Umfang der für ihn hinzunehmenden Anspruchsminderung wäre allein der verschuldensmäßig schwerwiegendere Verstoß maßgebend, während die übrigen Pflichtverletzungen, die nach den AKB ebenfalls einen Abzug rechtfertigen, de facto vollkommen sanktionslos blieben. Soweit das Modell der Quotenkonsumtion damit verteidigt wird, dass grob fahrlässige Sorgfaltspflichtverletzungen auch neben vorsätzlichen Verstößen des VN auch außer Betracht blieben,[1005] wird verkannt, dass der VR bei einem nachgewiesenen vorsätzlichen Verstoß bereits sein Ziel vollständiger Leistungsfreiheit erreicht hat. Auf zusätzliche, grob fahrlässige Verhaltensweisen des VN kommt es dann nicht mehr an. Die Vorsatztat konsumiert in diesem Fall die grob fahrlässigen Verstöße des VN nur deshalb, weil sie allein bereits zu einem vollständigen Anspruchsausfall beim VN führt. Weniger als nichts kann er nicht mehr erhalten. Bei mehreren grob fahrlässig begangenen Pflichtverletzungen ist dies schon deshalb anders, weil ein grob fahrlässiger Verstoß allenfalls in besonders gelagerten Ausnahmefällen zu einer Kürzung von 100 % führen kann. 415

Einzig sachgerecht erscheint ein Modell, bei dem die Leistungskürzungen stufenweise nach der zeitlichen Reihenfolge der verwirklichten Tatbestände vorgenommen werden, (**Stufen- oder Quotenmultiplikations-Modell**).[1006] Dies dürfte auch den **Vorstellungen des Gesetzgebers** entsprechen, der ebenfalls eine mehrfache Quotelung für sachgerecht erachtet.[1007] Danach wäre für jeden 416

999 Ebenso Felsch r+s 2007, 485, 496; Knappmann VRR 2009, 9, 13; Rüffer/Halbach/Schimikowski/*Karczewski* § 81 VVG Rn. 110.

1000 Vgl. Maier/Stadler Rn. 145.

1001 LG Dortmund Urt. v. 15.07.2010 – 2 O 8/10 – VersR 2010, 1594 = zfs 2010, 515 (**obiter dictum**); vgl. die Empfehlung des AK II auf dem 47. Deutschen Verkehrsgerichtstag 2009.

1002 So Rixecker zfs 2009, 5, 8.

1003 Ebenso Felsch r+s 2007, 485, 497; Veith VersR 2008, 1580, 1589.

1004 Ebenso Knappmann VRR 2009, 9, 13.

1005 Veith VersR 2008, 1580, 1589.

1006 LG Hechingen Urt. v. 03.12.2012 – 1 O 124/12 – zfs 2013, 392; ebenso Marlow/Spuhl Rn. 347.

1007 Vgl. amtliche Begründung des Gesetzentwurfs zu § 81 VVG, BT-Drucksache 16/3945, S. 80.

Verstoß zunächst eine eigene Kürzungsquote zu ermitteln. Der erste Verstoß würde zu einer Reduzierung der Versicherungsleistung führen, wobei auf die sich so ergebende Restentschädigung die Kürzungsquote für den zweiten Verstoß, auf die sich sodann ergebende Entschädigung die Quote für den dritten Verstoß usw. anzuwenden wäre. Führt der VN z.B. den Versicherungsfall grob fahrlässig dadurch herbei, dass er das Rotlicht einer Lichtzeichenanlage missachtet und begründet dieser Verstoß eine Leistungskürzung von 50 %, so führt ein anschließender Obliegenheitsverstoß wegen Falschangaben in der Schadenanzeige, der in seiner Schwere auch mit einem Abzug von 50 % bewertet werden mag, nicht zu einer Leistungsfreiheit des VR von 100 %. Vielmehr ist die wegen des ersten Verstoßes um 50 % gekürzte Entschädigungssumme wegen des zweiten Verstoßes noch einmal um weitere 50 % zu reduzieren, so dass dem VN letztlich eine restliche Versicherungsleistung in Höhe von 25 % der Gesamtentschädigung verbleibt.

417 **Dem Argument**, diese **Methode führe zu mathematischen Scheingenauigkeiten** und im Einzelfall zu Quoten, die nicht mehr einleuchteten,[1008] **ist entgegenzuhalten**, dass es nicht darum geht, bestimmte zahlenmäßig »runde« Kürzungsquoten als Ergebnis des im Rahmen von A.2.9.1 S. 2 AKB, § 81 Abs. 2 VVG vorzunehmenden Abwägungsvorganges zu erhalten, sondern den individuellen, dem Schweregrad einer jeden Pflichtverletzung gerecht werdenden Leistungskürzungsanteil zu ermitteln. Bei mehreren Pflichtverletzungen kann dieser Anteil naturgemäß unterschiedlich groß sein. Wieso eine »wertende Gesamtbetrachtung«, die von den Kritikern statt des Stufenmodells gefordert wird, bei mehreren Pflichtverletzungen zu einer höheren Einzelfallgerechtigkeit führen sollte, ist wenig nachvollziehbar, vor allem auch vor dem Hintergrund, dass eine solche Gesamtschau bereits für die Ermittlung des graduellen Verschuldens jeden Einzelverstoßes vorzunehmen ist. Eine statt des Stufenmodells vorzunehmende nochmalige anschließende »Gesamtbetrachtung« kann daher allenfalls eine »über den Daumen gepeilte« Schätzung des Gesamtverschuldensanteiles darstellen, die sich aber eher an willkürlichen, weil vom gewünschten Ergebnis her beeinflussten Kriterien orientieren wird als an berechenbaren und damit auch letztlich rechtlich überprüfbaren Parametern.

418 **Ausnahmsweise** kann es notwendig sein, eine Leistungskürzung zu bestimmen, die auf einer wertenden Gesamtbetrachtung aller Umstände beruht, (**Quoten-Gesamtbetrachtungs-Modell**). Sind dem VN mehrere Pflichtverletzungen mit unterschiedlich hohem Verschuldensgrad vorzuwerfen, die auch unterschiedlich hohe Leistungskürzungsquoten rechtfertigen, versagt das Stufen- oder Quotenmultiplikations-Modell jedenfalls dann, wenn nicht alle Kürzungsquoten auf den gesamten Schaden durchschlagen, sondern von der Kürzungsbefugnis unterschiedlich hohe Anteile am Gesamtschaden des VN betroffen sind.[1009]

VII. Repräsentant

419 Der VN muss sich ein grob fahrlässiges Verhalten seines Repräsentanten (vgl. A.2.3 AKB Rdn. 25 ff.) anspruchsmindernd oder bei vorsätzlichem Verhalten mit der Konsequenz vollständigen Anspruchsverlustes zurechnen lassen.[1010] Dies gilt allerdings nur in der Kaskoversicherung. In der Kfz-Haftpflichtversicherung bleibt der Versicherungsschutz des VN unberührt mit der Folge, dass der VR aus der Halterhaftung des VN gegenüber einem Geschädigten trotz § 103 VVG auch dann eintrittspflichtig ist und dem VN Versicherungsschutz zu gewähren hat, wenn ein vom VN personenverschiedener Dritter einen Unfall vorsätzlich herbeigeführt oder vorgetäuscht hat. Dies gilt selbst dann, wenn der Fahrer als Repräsentant des VN anzusehen ist.[1011]

1008 So Rixecker zfs 2009, 5, 8; vgl. auch Heß r+s 2013, 1, 5; Felsch r+s 2007, 485, 497.

1009 Vgl. LG Dortmund Urt. v. 15.07.2010 – 2 O 8/10 – VersR 2010, 1594 = zfs 2010, 515.

1010 Prölss/Martin/*Armbrüster* § 81 VVG Rn. 6.

1011 OLG Nürnberg Urt. v. 14.09.2000 – 8 U 1855/00 – VersR 2001, 634 = r+s 2001, 100; OLG Köln Urt. v. 30.05.2000 – 9 U 130/99 – VersR 2000, 1140 = r+s 2000, 316.

A.2.9.2 Motorsportveranstaltungen oder -aktivitäten

Kein Versicherungsschutz besteht für Schäden aus dem Gebrauch des Fahrzeugs bei einer behördlich genehmigten Motorsportveranstaltung oder Motorsportaktivität, bei der es auf die Erzielung einer Höchstgeschwindigkeit ankommt, einschließlich Rennen, Wettbewerben, Trainings, Tests und Demonstrationen.

Hinweis: Beachten Sie auch Ihre Pflichten nach D.1.1.4.

Übersicht

A. Allgemeines

1 Die Klausel zählt zu den in Abschnitt 2.9 AKB aufgeführten, grundlegenden **Risikoausschlüssen**, die Fallkonstellationen beschreiben, für die der VR von vornherein nicht einzustehen hat, (vgl. A.2.9.1 AKB Rdn. 1). In den AKB 2015 ist sie im Wortlaut noch weiter gefasst als die Ausschlussklausel in der Kfz-Haftpflichtversicherung.[1]

B. Regelungsgehalt – Was ist nicht versichert? – A.2.9 AKB/Motorsportveranstaltung oder Motorsportaktivität – A.2.9.2 AKB (§ 2b Abs. 3 AKB 2007 a.F.; A.2.16.2 AKB 2008 a.F.)

I. Behördlich genehmigte Motorsportveranstaltung oder Motorsportaktivität zur Erzielung einer Höchstgeschwindigkeit – A.2.9.2 S. 1 AKB

1. Grundsätzliches

2 Die Regelung stellt einen generellen **Risikoausschluss** für alle Arten von gemäß **§§ 29 Abs. 2, 46 StVO genehmigten Motorsportveranstaltungen und -aktivitäten, insbesondere Rennen,** dar, bei denen es auf die Erzielung einer Höchstgeschwindigkeit ankommt einschließlich aller in diesem Zusammenhang durchgeführten Trainings- und Übungsfahrten.[2] **Rennen** sind Wettbewerbe oder Teile eines Wettbewerbs (z.B. Sonderprüfungen mit Renncharakter) sowie Veranstaltungen (z.B. Rekordversuche) zur Erzielung von Höchst- und Spitzengeschwindigkeiten mit Kraftfahrzeugen,[3] bei denen zwischen mindestens zwei Teilnehmern ein Sieger ermittelt wird. Zweck der Klausel ist es, den bei dieser Verwendung besonders unfallträchtigen Einsatz eines Kfz vom Versicherungsschutz auszuschließen.

---

1 Vgl. *Kreuter* A.1.5.2 AKB Rdn. 1 ff.

2 Vgl. BGH Urt. v. 04.12.1990 – **VI ZR 300/89** – VersR 1991, 1033 = DAR 1991, 172 (**Autobergrennen**).

3 OLG Karlsruhe Urt. v. 15.04.2014 – 12 U 149/13 – r+s 2014, 275 = zfs 2014, 453 (**Nürburgring-Nordschleife**).

2. Veranstaltungen zur Erzielung einer Höchstgeschwindigkeit

a) Definition

3 Der Begriff der »**Motorsportveranstaltung oder Motorsportaktivität**« umfasst nicht nur Rennen im Rahmen von Sportveranstaltungen, sondern jegliche Form von Aktivitäten, bei denen das möglichst schnelle und geschickte Steuern motorgetriebener Fahrzeuge im Vordergrund steht. Dazu zählen auch Veranstaltungen, die mit dem Ziel eines **Vergleichswettbewerbs** durchgeführt werden. Ebenso gehören dazu Geschwindigkeits-Testfahrten von Automobilherstellern und Touren- oder Sternfahrten, sofern diese auf die Erzielung von Höchstgeschwindigkeiten ausgerichtet sind. Dies gilt selbst dann, wenn die gefahrenen Geschwindigkeiten – z.B. wegen kurvenreicher Streckenführung – unterhalb der üblicherweise bei typischen Autorennen gefahrenen Geschwindigkeiten bleiben.[4] Unerheblich dabei ist, ob die Fahrten auf besonderen Rennstrecken, auf sonstigen besonders gesicherten oder abgesperrten Straßen oder im öffentlichen Straßenraum stattfinden, solange nur die **höchste Geschwindigkeit für den Sieg entscheidend** ist.[5]

4 Unter die Klausel fallen auch Wettbewerbe, bei denen auf einer **geschlossenen Rennstrecke** die **höchste Durchschnittsgeschwindigkeit** bei Zurücklegung der Strecke zwischen Start und Ziel ermittelt wird.[6] Der Charakter einer Rennveranstaltung wird mithin davon geprägt, dass es auf eine **möglichst hohe Geschwindigkeit** ankommt und danach eine **Platzierung der Teilnehmer** erfolgt. Auch wenn unklar bleibt, ob es den Fahrern um die Ermittlung eines Siegers ging, kann ein Rennen, erst recht eine Motorsportveranstaltung oder -aktivität im Sinne der Klausel, bejaht werden.[7] Für den Sieg in dem durchgeführten Wettbewerb muss die Höchstgeschwindigkeit entscheidend oder zumindest mitbestimmend sein.

5 Das **Geschwindigkeitskriterium** ist **nicht erfüllt**, wenn es sich um eine polizeilich genehmigte, überwachte und unter Beachtung aller Verkehrsvorschriften und Sicherheitserfordernissen im öffentlichen Straßenverkehr durchgeführte Veranstaltung handelt, die lediglich deshalb auf die Erzielung einer hohen Durchschnittsgeschwindigkeit ausgerichtet ist, weil der Veranstalter für die einzelnen Fahrtetappen eine recht hohe ideale Fahrzeit, deren Erreichung großes Fahrkönnen voraussetzt, als für die Bewertung maßgebend angesetzt hat.[8]

6 **An einer »Veranstaltung**« i.S.d A.2.9.2 AKB **fehlt es**, wenn zwei Fahrer sich gegenseitig zu überholen versuchen oder auf einer Landstraße bei einem »privaten Kräftemessen« Verkehrsvorschriften verletzen, ebenso, wenn sich mehrere Fahrer **spontan treffen**, um die Höchstgeschwindigkeit ihrer Fahrzeuge zu testen,[9] (vgl. auch A.2.9.2 AKB Rdn. 23). Der Ausschluss greift auch dann nicht, wenn Fahrzeugführer unter Überschreitung der zulässigen Höchstgeschwindigkeit in einer Kurve stark beschleunigen, um einerseits zu überholen bzw. andererseits den Überholvorgang zu verhindern und sich von dem bedrängenden Fahrzeug abzusetzen.[10] Allerdings wird im Schadenfall regelmäßig der Risikoausschluss des A.2.9.1 AKB, § 81 Abs. 2 VVG zu prüfen und eine grob fahrlässige Herbeiführung des Versicherungsfalles anzunehmen sein.[11] Ebenso wenig ist ein **Driftmanöver** in einem Verkehrskreisel eine Fahrveranstaltung, bei der es auf die Erzielung einer Höchstgeschwindigkeit ankommt.[12]

---

4 Vgl. OLG Braunschweig Urt. v. 15.04.1975 – 5 U 181/74 – VersR 1976, 81.

5 BGH Urt. v. 26.11.1975 – **IV ZR 122/74** – VersR 1976, 381, 382 = DAR 1976, 106 (**Rallye Monte Carlo**); vgl. Richter DAR 2012, 243, 246.

6 BGH Urt. v. 01.04.2003 – **VI ZR 321/02** – DAR 2003, 410 = zfs 2003, 394 (**Rennen auf dem Hockenheimring**).

7 Vgl. OLG Hamm Urt. v. 05.03.2013 – 1 RBs 24/13 – NZV 2013, 403.

8 BGH Urt. v. 26.11.1975 – **IV ZR 122/74** – VersR 1976, 381, 383 = DAR 1976, 106 (**Rallye Monte Carlo**).

9 Vgl. Himmelreich/Halm/Staab/*Papatheodorou* Kap. 23 D Rn. 368.

10 OLG München Urt. v. 24.05.2019 – 10 U 500/16 – r+s 2019, 513.

11 Vgl. OLG Köln Urt. v. 16.05.2000 – 9 U 121/99 – MDR 2001, 29 = zfs 2000, 450.

12 LG Coburg Urt. v. 26.01.2024 – 24 O 366/23 – r+s 2024, 662.

Der noch in A.2.16.2 AKB 2008 verwendete **Begriff der »Fahrtveranstaltung«** wurde in A.2.9.2 AKB 2015 an den auch schon zuvor in der Kfz-Haftpflichtversicherung in A.1.5.2 AKB 2008 verwendeten Begriff der »Motorsportveranstaltung oder Motorsportaktivität« angeglichen. 7

b) Touristenfahrten

Eine sogenannte »**Touristenfahrt**« liegt vor, wenn ein Fahrer die Rennstrecke für eine Vergnügungsfahrt bucht. Eine solche Fahrt auf einer Rennstrecke fällt nicht unter den Ausschluss.[13] Mangels Wertung, Platzierung und Zeitmessung handelt es sich nicht um eine Rennveranstaltung im Sinne der Ausschlussklausel. Dass die Veranstaltung auf einer nicht für den öffentlichen Verkehr freigegebenen Rundstrecke abgehalten wird, steht dem nicht entgegen. **Anderes gilt** nur dann, wenn abweichend von den Muster-AKB der **Versicherungsschutz durch** eine **individuelle Zusatzklausel** ausdrücklich **ausgeschlossen** ist, z.B. für »jegliche Fahrten auf **Motor-Rennstrecken** mit Ausnahme von Fahrsicherheitstrainings«,[14] oder für »Touristenfahrten bzw. Privatfahrten auf offiziellen Rennstrecken«.[15] Eine solche Klausel ist weder überraschend i.S.v. § 305c Abs. 1 BGB, noch intransparent i.S.v. § 307 Abs. 1 S. 2 BGB, noch stellt sie eine unangemessene Benachteiligung des VN i.S.v. § 307 Abs. 1 S. 1, Abs. 2 BGB dar. Eine »Motor-Rennstrecke« liegt auch dann vor, wenn dort keine Rennen im Sinne eines Wettbewerbs um die Platzierung stattfinden.[16] 8

c) Fahrsicherheitstrainings

Fahrsicherheitstrainings oder sonstige **Fahrkurse** zur Perfektionierung der eigenen Fahrtechniken zielen auf die Verbesserung des fahrerischen Könnens und die Beherrschung des eigenen Fahrzeugs im Alltagsverkehr oder in extremen Gefahrensituationen ab, z.B. bei Aquaplaning oder plötzlich auftauchenden Hindernissen. Erforderlich ist, dass zumindest eine Person anwesend ist, die das Training leitet, das Fahrverhalten der Teilnehmer analysiert und Hinweise gibt, um festgestellte Fahrfehler zukünftig zu vermeiden und das Fahrverhalten zu optimieren.[17] Fahrsicherheitstrainings stellen keine Veranstaltungen mit Renncharakter dar.[18] Dies gilt selbst dann, wenn der VN mit einem hochmotorisierten Fahrzeug an einer solchen Veranstaltung teilnimmt[19] oder sein Fahrzeug mit rennsporttypischen Zusätzen (Slicks) ausgestattet ist und mittels eines Transponders eine Zeitmessung erfolgt.[20] Auf die Erzielung einer möglichst hohen Geschwindigkeit kommt es schon deshalb nicht an, weil sich auch eine etwaige Platzierung der Teilnehmer nicht danach richtet. Bei Sicherheitstrainings sind auch regelmäßig **Fahrzeuge unterschiedlicher Klassen beteiligt**, was ebenfalls gegen den Charakter einer auf die Erzielung von Höchstgeschwindigkeiten ausgerichteten kraftfahrt-sportlichen Veranstaltung spricht. 9

Unerheblich ist, ob das Fahrtraining auf einer Formel 1-Grand Prix Strecke durchgeführt wird. Wenn die Veranstaltung auf die **Optimierung von Fahrkönnen und Fahrtechnik** ausgerichtet ist und mit dem Ziel der **Verbesserung der Fahrzeugbeherrschung und Fahrsicherheit** durchgeführt wird, die Teilnehmer nicht gegeneinander antreten, es keine Zeitmessung gibt und die Strecke 10

13 OLG Karlsruhe Urt. v. 06.09.2007 – 12 U 107/07 – VersR 2008, 344 = r+s 2008, 64 (**Hockenheimring**).

14 Vgl. hierzu OLG Düsseldorf Beschl. v. 07.10.2016 – I-4 U 100/16 – NZV 2017, 234; OLG Karlsruhe Urt. v. 15.04.2014 – 12 U 149/13 – r+s 2014, 275 = zfs 2014, 453 (**Nürburgring**).

15 OLG München Beschl. v. 21.11.2017 – 25 U 2615/17 – BeckRS 2017, 137591; OLG Hamm Urt. v. 08.03.2017 – 20 U 213/16 – r+s 2017, 346 = zfs 2017, 575 (**Nürburgring**);

16 OLG Hamm Beschl. v. 20.06.2022 – 20 U 139/22 – r+s 2023, 155.

17 OLG Hamm Urt. v. 08.03.2017 – 20 U 213/16 – r+s 2017, 346 = zfs 2017, 575; OLG Karlsruhe Urt. v. 15.04.2014 – 12 U 149/13 – r+s 2014, 275 = zfs 2014, 453.

18 Vgl. OLG Stuttgart Beschl. v. 21.07.2008 – 5 U 44/08 – NZV 2009, 233; OLG Köln Urt. v. 21.11.06 – 9 U 76/06 – VersR 2007, 683 = r+s 2007, 12.

19 LG Stuttgart Urt. v. 09.07.2014 – 18 O 112/13 – BeckRS 2015, 04247 (**Nürburgring-Nordschleife**).

20 LG Hamburg Urt. v. 26.08.2009 – 331 O 59/08 – NZV 2011, 506.

ausschließlich unter Sicherheitsaspekten ausgewählt worden ist, fehlt es an einer Rennveranstaltung.[21] Bei abweichend von den Muster-AKB durch eine individuelle Klausel generell vom Versicherungsschutz ausgeschlossenen **Motorsport-Rennstrecken** (vgl. A.2.9.2 AKB Rdn. 8) wird häufig der Versicherungsschutz für Fahrsicherheitstrainings wieder eingeschlossen. Der VN genießt in diesen Fällen nur dann Versicherungsschutz, wenn er nachweist, dass er ausschließlich an einem Fahrsicherheitstraining teilgenommen hat.[22]

d) Gleichmäßigkeitswettbewerbe oder -prüfungen

11 Die Teilnahme an **Gleichmäßigkeitswettbewerben** oder **Gleichmäßigkeitsprüfungen**, die auf einer Rennstrecke veranstaltet werden, fällt nur dann unter den Ausschluss, wenn die Veranstaltung nach der Ausschreibung und den Teilnahmebedingungen des Veranstalters zumindest auch darauf angelegt ist, die Fahrer zur Erreichung einer für sie höchstmöglichen Geschwindigkeit zu veranlassen. Wettbewerbe, die **nicht vom Ausschluss erfasst** werden, sind dadurch geprägt, dass die Fahrer ihre in einer Basisrunde selbst gefahrene Zeit in weiteren Runden möglichst gleichmäßig wieder erreichen sollen, wobei Abweichungen nach oben und unten addiert werden. Gewinner ist nicht der Fahrer, der die schnellste Rundenzeit erzielt, sondern der Fahrer, der gegenüber seiner selbst gefahrenen Basiszeit in den nachfolgenden Runden die größte Annäherung an seine Basiszeit erreicht, gleichgültig, ob von oben oder unten. Der **durchschnittliche VN** versteht unter einer kraftfahrtsportlichen Veranstaltung, bei der es auf die Erzielung einer Höchstgeschwindigkeit ankommt, einen Wettkampf, bei dem der Sieg davon abhängt, dass einer der Teilnehmer am Schnellsten fährt; dies ist nicht der Fall bei einer Gleichmäßigkeitsprüfung, bei der es nach dem Reglement des Veranstalters für einen Sieg weder primär, noch sekundär auf die Erzielung einer Höchstgeschwindigkeit ankommt, sondern nur darauf, möglichst **gleichmäßige Rundenzeiten** zu fahren.[23] Werden die Teilnehmer nicht dazu angehalten, schneller als ihre Konkurrenten zu fahren und kann auch der langsamste Fahrer Sieger werden, fehlt es an einer Rennveranstaltung im Sinne der Klausel.[24] Selbst wenn einzelne Teilnehmer möglichst schnelle Runden am eigenen Limit fahren, lässt sich hieraus trotzdem kein Renncharakter der Veranstaltung ableiten, wenn die Wettbewerbsregeln des Veranstalters den Sieg nicht von der Erzielung einer Höchstgeschwindigkeit abhängig machen. Auf das individuelle Verhalten der Fahrer kommt es nicht an. Da die Rennklausel einen durch Höchstgeschwindigkeit bedingten Wettbewerb voraussetzt, ist es auch unerheblich, ob der Veranstalter eines Gleichmäßigkeitswettbewerbs den Teilnehmern das Befahren der Rennstrecke mit Höchstgeschwindigkeit ermöglichen will; denn auch dann kommt es nicht auf deren Erzielung an.[25]

12 In einem vom **OLG Nürnberg**[26] entschiedenen Fall mussten unabhängig von der Geschwindigkeit zwei von zehn Runden in nahezu gleicher Zeit zurückgelegt werden. Sieger wurde nach Ermittlung der Differenz zwischen der höchsten und der niedrigsten Rundenzeit der Fahrer mit der niedrigsten Differenzzeit. Dabei mussten zwar auch gewisse Mindestgeschwindigkeiten eingehalten werden, zumal nach dem **Reglement** den Teilnehmern bei mehr als zwei Runden Rückstand pro weiterer Runde eine Strafe von zehn Sekunden zur Differenzzeit auferlegt wurde; die Fahrzeuge erreichten dabei jedoch keine Spitzengeschwindigkeiten. Die Veranstaltung war auch nicht darauf ausgerichtet, die

---

21 OLG Köln Urt. v. 21.11.06 – 9 U 76/06 – VersR 2007, 683 = r+s 2007, 12; OLG Karlsruhe Urt. v. 01.07.2004 – 12 U 85/04 – VersR 2005, 78 = zfs 2004, 415; OLG Hamm Urt. v. 20.09.1989 – 20 U 194/88 – zfs 1990, 23 = r+s 1990, 43 (**Rundstrecke in Zandvoort**).

22 OLG Hamm Beschl. v. 20.06.2022 – 20 U 139/22 – r+s 2023, 155; OLG Düsseldorf Beschl. v. 07.10.2016 – I-4 U 100/16 – NZV 2017, 234.

23 OLG Frankfurt/M. Urt. v. 15.10.2014 – 7 U 202/13 – r+s 2016, 30 = zfs 2015, 94; OLG Celle Urt. v. 09.10.2003 – 8 U 256/02 – r+s 2004, 164.

24 LG München II Urt. v. 02.11.2011 – 10 O 1955/11 – r+s 2012, 384 = zfs 2012, 28 (**PZ-Trophy auf dem Hockenheimring**).

25 OLG Frankfurt/M. Urt. v. 15.10.2014 – 7 U 202/13 – r+s 2016, 30 = zfs 2015, 94; **a.A.** LG Stuttgart Beschl. v. 02.05. und 30.05.2015 – 7 U 32/05 – zit. nach OLG Frankfurt/M. r+s 2016, 30, 31.

26 OLG Nürnberg Urt. v. 29.06.2007 – 8 U 158/07 – VersR 2008, 207 = r+s 2007, 370 (**Veranstaltung eines Porsche-Clubs**).

Teilnehmer an den Grenzbereich ihres Fahrzeuges heran zu führen. Bei einem VN, dessen Porsche 911 GT 3 bei einer solchen Veranstaltung beschädigt wurde, konnte das Gericht angesichts der in der schnellsten Runde gefahrenen 158 km/h keine Geschwindigkeit im Grenzbereich des Fahrzeuges feststellen. Zudem kam es auch nicht mit entscheidend auf die gefahrene Höchstgeschwindigkeit an, denn Sieger des Wettbewerbs konnte auch der Fahrer werden, der nur 8 von 10 Runden fuhr und damit ca. 20 % langsamer war als der schnellste Teilnehmer. Die Veranstaltung erfüllte damit nicht den für die Ausschlussklausel erforderlichen Renncharakter.

Gleichmäßigkeitswettbewerbe oder **Gleichmäßigkeitsprüfungen**, die auf einer Rennstrecke veranstaltet werden, **fallen unter den Ausschluss**, wenn es nach der Ausschreibung und den Teilnahmebedingungen des Veranstalters für einen Sieg zwar nicht ausschließlich, wohl aber – im Sinne eines zusätzlichen Wertungskriteriums – auch auf die Erzielung einer höchstmöglichen Geschwindigkeit ankommt und nach dem Gesamtbild der Veranstaltung die Fahrzeuge den für ein Rennen typischen Gefahren ausgesetzt sind.[27] Solche Gefahren werden bei Rennstrecken regelmäßig zu bejahen sein. Anders als auf normalen, öffentlichen Straßen fühlen sich Fahrer hochmotorisierter Fahrzeuge gerade auf Rennstrecken zu rasanten und waghalsigen Fahrmanövern herausgefordert, was mit einem nicht unerheblichen Risiko vor allem dann verbunden ist, wenn der Wertungserfolg zumindest auch von der gefahrenen Höchstgeschwindigkeit abhängt.[28] 13

In einem vom **BGH**[29] entschiedenen Fall bestand der Wettbewerb nach dem Reglement darin, innerhalb von 20 Minuten zwei beliebige Runden in der absolut gleichen Zeit zu fahren. Bei der Wertung wurde pro 1/100 Sekunde Abweichung ein Punkt abgezogen; bei Punktgleichheit entschied die höhere Anzahl der Runden und dann die höhere Durchschnittsgeschwindigkeit. Im Rahmen eines Überholmanövers kollidierte der VN mit dem Fahrzeug eines anderen Teilnehmers. Der BGH sah darin eine **rennbezogene Veranstaltung**, da der Erfolg des einzelnen Teilnehmers jedenfalls auch davon abhing, Höchstgeschwindigkeiten zu erzielen und im Übrigen auch die gesamte Veranstaltung wie ein Autorennen mit nicht unerheblichem Gefahrenpotenzial ausgestaltet war. **Demgegenüber** wertete der **BGH**[30] eine von der Polizei genehmigte und in den öffentlichen Straßenverkehr einbezogene Fahrtveranstaltung mangels rennspezifischer Gefahren nicht als Rennen im Sinne der Klausel, obwohl die Veranstaltung auf die Erzielung einer hohen Durchschnittsgeschwindigkeit angelegt war. 14

3. Behördlich genehmigt

Die Beschränkung des Versicherungsschutzes für Rennen war in den verschiedenen Sparten der Kfz-Versicherung bislang uneinheitlich geregelt. Noch in **A.2.16.2 AKB 2008** zur Kfz-Kaskoversicherung war es für den Ausschluss gleichgültig, ob es sich um genehmigte oder ungenehmigte Rennen handelte. Demgegenüber waren in der korrespondierenden Vorschrift des **A.1.5.2 AKB 2008** zur Kfz-Haftpflichtversicherung nur behördlich genehmigte Rennen vom Versicherungsschutz ausgeschlossen. Die Teilnahme an ungenehmigten Rennen stellte eine Obliegenheitsverletzung dar. Diese auf den ersten Blick überraschende **Differenzierung** beruhte auf dem Bestreben, das unschuldige Unfallopfer in der Kfz-Haftpflichtversicherung zu schützen. Da behördlich genehmigte Rennen ohnehin den Nachweis einer Kfz-Haftpflichtversicherung durch den Veranstalter erfordern, erschien es sinnvoll, den Risikoausschluss in der Kfz-Haftpflichtversicherung auf »genehmigte Rennen« zu beschränken. 15

In **A.2.9.2 S. 1 AKB 2015** wird diese Differenzierung aufgegeben. Ebenso wie in **A.1.5.2 AKB 2015** in der Kfz-Haftpflichtversicherung ist nun auch in der Kfz-Kaskoversicherung die Teilnahme 16

27 Vgl. OLG Frankfurt/M. Urt. v. 15.10.2014 – 7 U 202/13 – r+s 2016, 30 = zfs 2015, 94.

28 BGH Urt. v. 01.04.2003 – **VI ZR 321/02** – r+s 2004, 518 = zfs 2003, 394.

29 BGH Urt. v. 01.04.2003 – **VI ZR 321/02** – r+s 2004, 518 = zfs 2003, 394 (**Rennen auf dem Hockenheimring**).

30 BGH Urt. v. 26.11.1975 – **IV ZR 122/74** – VersR 1976, 381, 383 = DAR 1976, 106 (**Rallye Monte Carlo**).

an genehmigten Rennen als Leistungsausschluss und die Teilnahme an nicht genehmigten Rennen als Obliegenheitsverletzung nach D.1.1.4 AKB ausgestaltet, worauf in Satz 2 der Klausel klarstellend zusätzlich hingewiesen wird.

17 Die **Systematik** knüpft an die Vorgaben der KfzPflVV an, von der in der Kfz-Haftpflichtversicherung nicht abgewichen werden darf. Wäre nämlich die Teilnahme an ungenehmigten Rennen dort als Ausschluss geregelt, könnte ein geschädigter Dritter keinerlei Ansprüche gegen den Haftpflicht-VR des Schädigers stellen. Demgegenüber behält der Dritte entsprechend § 117 Abs. 1 VVG seine Ansprüche, wenn – wie in A.1.5.2 AKB – die Teilnahme an ungenehmigten Rennen lediglich als Verletzung einer vertraglichen Obliegenheit sanktioniert ist.

18 Die Übernahme dieser Regelung auch für die Kfz-Kaskoversicherung dient einer **Vereinheitlichung beider Bestimmungen** im Sinne einer transparenteren und auch verbraucherfreundlicheren Regelung. Denn gerade in Grenzfällen führt nun die Möglichkeit einer Quotelung der Entschädigungsleistung für Schäden, die bei nicht genehmigten Rennen entstehen, zu interessengerechteren Ergebnissen als das bisher in A.2.16.2 AKB 2008 enthaltene »Alles-oder-Nichts«-Prinzip eines Leistungsausschlusses.

II. Trainings- und Übungsfahrten, Tests und Demonstrationen – A.2.9.2 S. 2 AKB

19 Unter einer Motorsportaktivität i.S.v. A.2.9.2 S. 2 AKB ist auch eine Trainings- oder Übungsfahrt zu verstehen, die sich unmittelbar auf eine konkrete Rennveranstaltung bezieht[31] oder zu deren Vorbereitung dient. Gleiches gilt für Fahrten, bei denen die Motoren auf höchstmöglich erreichbare Geschwindigkeiten getestet werden sowie für Fahrten, durch die schaulustigen Dritten die PS-Stärke der beteiligten Fahrzeuge durch möglichst hohe gefahrene Geschwindigkeiten demonstriert wird.

III. Teilnahme an nicht genehmigten Rennen – A.2.9.2 S. 2 AKB

20 Während Schäden, die durch die Teilnahme an genehmigten Rennen am versicherten Fahrzeug eintreten, unter den Leistungsausschluss in A.2.9.2 S. 1 AKB fallen, sind Schäden, die durch die Teilnahme an nicht genehmigten Rennen am versicherten Fahrzeug eintreten, grundsätzlich gedeckt.

21 Allerdings stellt die Teilnahme an diesen Veranstaltungen eine Obliegenheitsverletzung nach D.1.1.4 AKB dar, die den VR berechtigt, die Entschädigungsleistung nach Maßgabe von D.2.1 S. 2 und 3 AKB bei **grob fahrlässiger Pflichtverletzung** des VN entsprechend der Schwere seines Verschuldens zu kürzen. Bei **vorsätzlicher Pflichtverletzung** des VN ist der VR nach D.2.1 S. 1 AKB von seiner Leistungspflicht befreit. Der VN hat dann keinen Versicherungsschutz.

22 Der Wortlaut der Klausel weist den VN ausdrücklich darauf hin, dass die Teilnahme an nicht genehmigten Rennen keineswegs sanktionslos ist, sondern eine Obliegenheitsverletzung nach D.1.1.4 AKB in der Kfz-Haftpflichtversicherung darstellt.

23 Unter einem nicht genehmigten Rennen ist allerdings nicht schon jedes verabredete, nicht organisierte (»wilde«) **Spontanrennen** zu verstehen,[32] weil solchen Rennen der Charakter einer »Fahrveranstaltung« fehlt, der nach D.1.1.4 AKB ausdrücklich erforderlich ist. Die Teilnahme an diesen Rennen ist aber nach §§ 29 Abs. 1, 49 Abs. 2 Nr. 5 StVO bußgeldbewehrt.[33]

IV. Grund für die Neufassung der aktuellen Klausel

24 Durch die Umsetzung der EU-Richtlinie über die Kraftfahrzeug-Haftpflichtversicherung (EU) 2021/2118 und die dadurch erfolgte Neufassung insbesondere der KfzPflVV, die den zu gewährenden

---

31 OLG Köln Urt. v. 21.11.2006 – 9 U 76/06 – VersR 2007, 683 = r+s 2007, 12; OLG Karlsruhe Urt. v. 01.07.2004 – 12 U 85/04 – VersR 2005, 78 = zfs 2004, 415.

32 OLG Hamm Urt. v. 28.02.2011 – II-5 RBs 267/10 – ADAJUR Dok.Nr. 93909.

33 Vgl. OLG Bamberg Beschl. v. 29.11.2010 – 3 Ss Owi 1756/10 – NStZ-RR 2011, 256.

Mindestversicherungsschutz in der Haftpflichtversicherung festlegt, wurde eine Überarbeitung der Rennklausel in den AKB auf die jetzige Fassung erforderlich. Die Neufassung in den Muster-AKB des GdV ab dem 17.04.2024 übernimmt auch für den Kaskobereich weitestgehend den Wortlaut in § 4 Nr. 4 KfzPflVV. Wie bisher findet der Ausschluss aber nur Anwendung bei einer Teilnahme an behördlich genehmigten Motorsportveranstaltungen oder Motorsportaktivitäten, bei denen es auf die Erzielung einer Höchstgeschwindigkeit ankommt. Unerheblich ist, ob die in der Kfz-Haftpflicht gem. § 5d PflVG n.F. vorgeschriebene Motorsporthaftpflichtversicherung besteht.

Die aktuelle Klausel ist insofern generalisierender und weiter gefasst als die bisherige Regelung, 25 als sie jegliche motorsportlichen Aktivitäten erfasst und zudem explizit nicht nur klassische Rennen, sondern auch jegliche Art von Wettbewerben, Trainings, Tests und Demonstrationen miteinschließt, bei denen es auf die Erzielung von Höchstgeschwindigkeiten ankommt.

Auch in der Neufassung ab dem 17.04.2024 erfolgt ein Hinweis auf D.1.1.4 AKB. Der VN wird 26 dadurch darauf aufmerksam gemacht, dass die Teilnahme an Fahrveranstaltungen einschließlich dazugehöriger Übungsfahrten, die – anders als in A.2.9.2 AKB zur Kaskoversicherung – **nicht** behördlich genehmigt sind, eine Obliegenheitspflichtverletzung darstellt, sofern die Veranstaltungen auf die Erreichung einer Höchstgeschwindigkeit abzielen.

C. Weitere praktische Hinweise

I. Beweislast

Beruft sich der VR auf Leistungsfreiheit wegen Verletzung der Rennklausel, muss er die Voraus- 27 setzungen dieses Risikoausschlusses beweisen.[34] Dies gilt auch für die Behauptung des VR, unter dem Deckmantel eines Fahrsicherheitstrainings habe in Wirklichkeit eine Rennveranstaltung stattgefunden. Zu beachten ist allerdings, dass viele VR abweichend von den hier kommentierten Muster AKB die Rennsportklausel in ihren Bedingungen deutlich verschärft haben. Danach können u.U. jegliche Fahrten auf Motorsport-Rennstrecken – ohne Rücksicht auf den Charakter der unternommenen Fahrt – vom Versicherungsschutz ausgenommen sein. Der Ausschluss gilt dann z.B. auch für Gleichmäßigkeits- oder Touristenfahrten. Der VR muss lediglich dartun und ggf. beweisen, dass sich der Unfall auf einer Rennstrecke ereignet hat. Sieht die Klausel abweichend hiervon vor, dass für Fahrsicherheitstrainings Versicherungsschutz besteht, handelt es sich um eine echte Rückausnahme zum regulären, vom VR zu beweisenden Risikoausschluss »Fahrt auf Motorsport-Rennstrecken«, für die dann wiederum der VN beweisbelastet ist, (tertiäre Risikoabgrenzung).[35]

II. Beratungsverschulden des VR/Maklers bei zeitlich befristetem Abschluss einer Vollkasko

Oftmals wird ein VN, der für sein Fahrzeug keine Vollkaskoversicherung abgeschlossen hat, daran 28 interessiert sein, **für** speziell**e Fahrsicherheitstrainings** eine **zeitlich befristete Vollkaskoversicherung** abzuschließen. **Dem Versicherungsmakler des VN obliegt** insoweit eine umfassende Betreuung der Versicherungsinteressen seines Kunden und eine dementsprechende **Beratung.** Erkundigt sich der VN bei seinem Makler nach einer möglichen Absicherung und erteilt dieser daraufhin die objektiv falsche Auskunft, der Vollkaskoversicherungsschutz erstrecke sich nicht auf solche Fahrten, so dass der VN vom Abschluss einer Vollkaskoversicherung absieht, so hat der Makler dem VN, wenn dieser während des Fahrsicherheitstrainings mit seinem Fahrzeug verunglückt, nach § 63 VVG Schadenersatz zu leisten.[36] (Für den Versicherungsvertreter gilt eine entsprechende Verpflichtung nach § 6 Abs. 5 VVG). Durch die pflichtwidrige Auskunft ist dem VN auch ein Schaden entstanden. Es ist davon auszugehen, dass sich der VN bei pflichtgemäßer, vollständiger Beratung beratungskonform verhalten hätte, d.h. seinen Versicherungsmakler mit der Vermittlung eines

34 LG Hamburg Urt. v. 26.08.2009 – 331 O 59/08 – NZV 2011, 506.
35 Vgl. OLG Düsseldorf Beschl. v. 07.10.2016 – I-4 U 100/16 – NZV 2017, 234.
36 OLG Karlsruhe Urt. v. 01.07.2004 – 12 U 85/04 – VersR 2005, 78 = zfs 2004, 415.

Vollkasko-Versicherungsvertrages (zumindest) für die Dauer des Fahrsicherheitstrainings beauftragt oder wenigstens beim Veranstalter des Sicherheitstrainings nach einem solchen Schutz speziell für die Trainingszeiten selbst nachgesucht hätte.

29 Den Makler trifft die **Beweislast** dafür, dass der VN einen solchen Vertrag nicht abgeschlossen hätte.[37]

A.2.9.3 Reifenschäden

Kein Versicherungsschutz besteht für beschädigte oder zerstörte Reifen. Versicherungsschutz für Reifenschäden besteht jedoch, wenn durch dasselbe Ereignis gleichzeitig andere unter den Schutz der Kaskoversicherung fallende Schäden am Fahrzeug verursacht wurden.

Übersicht

A. Allgemeines

1 Die Klausel zählt zu den in Abschnitt 2.9 AKB aufgeführten, grundlegenden **Risikoausschlüssen**, die Fallkonstellationen beschreiben, für die der VR von vornherein nicht einzustehen hat, (vgl. A.2.9.1 AKB Rdn. 1).

B. Regelungsgehalt – Was ist nicht versichert? – A.2.9 AKB/Reifenschäden – A.2.9.3 AKB (§ 12 Abs. 6 AKB 2007 a.F.; A.2.16.3 AKB 2008 a.F.)

I. Reifenschäden – A.2.9.3 AKB

2 Reifenschäden aller Art, auch wenn sie zur vollständigen Zerstörung der Reifen führen, sind vom Schutz der Teil- und Vollkasko ausgeschlossen, **sofern sie isoliert eintreten**, also nicht in Zusammenhang stehen mit einem anderen unter den Schutz der Kaskoversicherung fallenden Ereignis. Hintergrund des Ausschlusses ist das hohe Schadenrisiko, das der VR nicht tragen will. Schäden durch **Witterungseinflüsse**, chemische und thermische **Zersetzungsprozesse** sind ebenso wenig versichert wie das **Eindringen von Fremdkörpern**, z.B. einem Nagel, durch den Luft entweicht, so dass beim Weiterfahren die Reifendecke aufgrund des fehlenden Luftdrucks zerstört wird. Dies gilt auch im Falle der **Selbstentzündung** des Reifens durch starke Hitzeentwicklung, selbst wenn das übrige Fahrzeug dadurch in Brand gerät. Zwar liegt in diesem Fall ein entschädigungspflichtiger Brandschaden in Bezug auf das beschädigte bzw. zerstörte Fahrzeug vor; der Schaden am Reifen ist aber nicht »gleichzeitig« i.S.v.A.2.9.3 AKB eingetreten. Vielmehr war der Reifen schon vorher durch die Selbstentzündung zerstört und ist demnach nicht zu ersetzen.

3 Eine Ersatzpflicht trifft den VR aber dann, wenn **durch** einen an anderen Fahrzeugteilen ausgebrochenen **Brand (auch) die Reifen zerstört** werden, es sei denn, dass dieser Brand auf einen nicht gedeckten Betriebsschaden in der Vollkasko (z.B. Heißlaufen der Bremsen, vgl. A.2.2.2.2 Abs. 2 AKB) zurückzuführen ist.

4 Auch die **mut- oder böswillige Beschädigung** oder Zerstörung **von Reifen** ist nur zu ersetzen, wenn auch andere Teile des Fahrzeuges von offensichtlichen Vandalismusschäden betroffen sind. Für diesen Fall ist die Beschädigung der Fahrzeugteile unter Einschluss der zerstochenen Reifen insgesamt als einheitliche Handlung des Täters und damit als versicherter Reifenschaden anzusehen.

37 Vgl. BGH Urt. v. 22.05.1985 – IVa ZR 190/83 – r+s 1987, 29 = NJW 1985, 2595.

Beschädigungen durch **Reifenabrieb** infolge scharfen Bremsens oder Zerstörungen durch plötzliches **Platzen eines Reifens** infolge von Schlaglöchern oder des Eindringens von Fremdkörpern sind ebenfalls grundsätzlich nicht gedeckt. Diese Schäden erfüllen in aller Regel nicht die Voraussetzungen eines versicherten Unfallereignisses i.S.v.A.2.2.2.2 Abs. 1 AKB, (vgl. A.2.2.2 AKB Rdn. 21; A.2.2.2 AKB Rdn. 64). Nur in Ausnahmefällen, wie z.B. bei **Schlaglochschäden**, wird eine über den normalen Rahmen des Betriebes hinausgehende Einwirkung von außen auf das Fahrzeug durch die Beschaffenheit der Straßendecke und damit ein »Unfall« anzunehmen sein. 5

Reifenschäden, die auf der **gewöhnlichen Nutzung des Fahrzeuges** beruhen, sind nicht versichert. Dies gilt auch für den Fall, dass sie ein versichertes Unfallereignis i.S.v.A.2.2.2.2 Abs. 1 AKB herbeiführen, z.B. weil das Fahrzeug aufgrund eines Reifenplatzers ins Schleudern gerät und gegen einen Baum prallt. Denn in diesem Fall ist der **Reifenschaden zeitlich** bereits **vor dem Unfallschaden** eingetreten. Gleiches gilt, wenn ein Reifen durch eine Vollbremsung beschädigt wird und dies zeitlich einem Unfall vorausgeht.[1] 6

Nach **A.2.9.3 S. 2 AKB** besteht **ausnahmsweise Versicherungsschutz** für den Reifenschaden, wenn aufgrund eines versicherten Ereignisses (A.2.2 AKB) der **Reifenschaden gleichzeitig** zusammen **mit anderen Schäden** am Fahrzeug eintritt, für die die Kaskoversicherung eintrittspflichtig ist. die durch den Unfall eintritt. Unabhängig davon ergibt sich auch aus A.2.5.7.1 AKB, dass Alterungs- und Verschleißschäden nicht ersetzt werden. 7

II. Beweislast

Behauptet der **VN**, dass der offensichtliche Reifenschaden durch ein versichertes Schadenereignis verursacht worden ist, trifft ihn hierfür die **Beweislast.** Gleiches gilt, wenn streitig ist, ob der Reifenschaden zeitgleich mit anderen, dem Kaskoversicherungsschutz unterliegenden Schäden eingetreten ist. 8

A.2.9.4 Unruhen, Maßnahmen der Staatsgewalt

Kein Versicherungsschutz besteht für Schäden, die durch Erdbeben, Kriegsereignisse, innere Unruhen oder Maßnahmen der Staatsgewalt unmittelbar oder mittelbar verursacht werden.

Übersicht

A. Allgemeines

Die Klausel zählt zu den in Abschnitt 2.9 AKB aufgeführten, grundlegenden **Risikoausschlüssen,** die Fallkonstellationen beschreiben, für die der VR von vornherein nicht einzustehen hat, (vgl. A.2.9.1 AKB Rdn. 1). Die vom Wortlaut her identische Klausel befindet sich auch in den Regelungen zur Fahrerschutzversicherung in A.5.6.6 AKB.[1] 1

1 Himmelreich/Halm/Staab/*Papatheodorou* Kap. 23 D Rn. 371b.

1 Vgl. *Heinrichs* A.5.6.6 AKB Rdn. 1 ff.

B. Regelungsgehalt – Was ist nicht versichert? – A.2.9 AKB/Erdbeben, Kriegsereignisse, innere Unruhen, Maßnahmen der Staatsgewalt – A.2.9.4 AKB (§ 2b Abs. 3 AKB 2007 a.F.; A.2.16.4 AKB 2008 a.F.)

I. Grundsätzliches

2 Die Bestimmung umfasst Tatbestände, die unter den Oberbegriff der **»höheren Gewalt«** fallen. Der Versicherungsschutz ist deshalb ausgeschlossen, weil bei den genannten Umständen dem Eintritt des Versicherungsfalles mit den normalen Mitteln des menschlichen Eingreifens nicht mehr begegnet werden kann.[2] Schäden am versicherten Fahrzeug durch höhere Gewalt müssen unmittelbar oder auch mittelbar verursacht worden sein.

II. Erdbeben

3 Während Elementarereignisse wie Sturm, Hagel und Überschwemmung im Rahmen der Teilkasko gedeckt sind, sind Schäden durch Erdbeben ausdrücklich vom Versicherungsschutz ausgeschlossen. Darunter ist das naturwissenschaftliche Ereignis einer Erschütterung des Erdbodens zu verstehen, bei dem Spannungen innerhalb der Erdkruste ausgeglichen werden.[3]

III. Kriegsereignisse

4 Vom Kaskoversicherungsschutz ausgeschlossen sind alle Schäden am versicherten Fahrzeug, die unmittelbar oder mittelbar adäquat (mit-) ursächlich auf eine **durch Krieg entstandene besondere Gefahrenlage** zurückzuführen sind.[4] Der Kriegsbegriff ist dabei nicht nur im völkerrechtlichen Sinne zu verstehen, wonach der Krieg mit einer Kriegserklärung beginnt und mit einer Kapitulation oder einem Friedensschluss endet. Entscheidend ist vielmehr der tatsächliche Zustand eines kriegerischen Geschehens im Hinblick auf die dadurch entstehende besondere Gefährdungslage. Auch ein Schaden am versicherten Fahrzeug, das außerhalb des Hoheitsgebietes der kriegsführenden Staaten aufgrund eines Ereignisses eintritt, welches adäquat kausal auf die von dem Krieg ausgehende besondere Gefahrenlage zurückzuführen ist, beruht letztlich auf einem »Kriegsereignis« und ist damit nicht gedeckt.[5]

5 Entscheidend für den Risikoausschluss ist daher, ob sich der konkret eingetretene Versicherungsfall mit hoher Wahrscheinlichkeit auch ohne den Krieg, also in Friedenszeiten, ereignet haben würde. Nur wenn diese Frage zu verneinen ist, besteht aufgrund des Ausschlusses keine Deckung.[6]

6 **Terroranschläge** können im Einzelfall als »Kriegsereignisse« angesehen werden.[7]

IV. Innere Unruhen

7 Der Risikoausschluss ist erfüllt, wenn eine **zusammengerottete Menschenmenge** die öffentliche Sicherheit und Ordnung verletzt, indem sie Gewalttätigkeiten und Plünderungen verübt. Dabei muss es sich nicht zwingend um einen Aufruhr handeln und damit um einen mit Gewalt verbundenen Kampf gegen die Staatsgewalt. Der Begriff der »inneren Unruhen« geht weiter als der des »Aufruhrs«, so dass die neuen AKB im Gegensatz zu der früheren Regelung in § 2b Abs. 3a) AKB 2007 auf die gesonderte Aufzählung auch des Tatbestands »Aufruhr« verzichten.

8 Für eine **mittelbare Kausalität** genügt es, dass der Entschluss des Täters oder die Tatdurchführung durch die aufgrund der inneren Unruhen geschaffenen Zustände begünstigt worden sind. Kein

---

2 Stiefel/Maier/*Halbach* A.2 AKB Rn. 1031.

3 Himmelreich/Halm/Staab/*Papatheodorou* Kap. 23 D Rn. 373.

4 Vgl. BGH Urt. v. 28.11.1951 – **II ZR 7/51** – VersR 1952, 52; BGH Urt. v. 02.05.1951 – **II ZR 110/50** – NJW 1951, 884; **zum Kriegsbegriff** vgl. Fortmann r+s 2023, 2 ff.

5 Vgl. Krahe VersR 1991, 634.

6 Vgl. Einzelfälle aus der früheren Rspr. bei Stiefel/Maier/*Halbach* A.2 AKB Rn. 1034.

7 Vgl. hierzu Ehlers r+s 2002, 133.

Versicherungsschutz besteht daher, wenn eine Menschenmenge das Straßenpflaster aufreißt, Glasscheiben zertrümmert und Scherben auf die Straße wirft, wodurch ein Fahrzeug beschädigt wird, oder wenn sich infolge der Beschädigung bei späterer Fortsetzung der Fahrt ein Rad löst oder die Steuerung versagt.[8]

Ausreichend sind jegliche mit vereinten Kräften begangene Gewalttätigkeiten gegen Personen oder 9
Sachen, die den Straftatbestand des Landfriedensbruchs gemäß **§ 125 StGB** erfüllen.[9] Gewalttätige **Ausschreitungen einzelner Demonstranten** anlässlich politisch motivierter Demonstrationen oder **Serienbrandstiftungen einer kleineren Tätergruppe** stellen noch keine »inneren Unruhen« i.S.d. Klausel dar; hierzu bedarf es vielmehr über einen längeren Zeitraum hinweg regelmäßiger oder andauernder Krawalle einer größeren Menschenmenge, die sich zusammengerottet hat, um planmäßig und gezielt Gewalttaten zu verüben; diese müssen sich von ihrem Ausmaß her bürgerkriegsähnlichen Zuständen zumindest annähern.[10] Ob die Voraussetzungen vorliegen, ist stets vom Standpunkt eines **neutralen, objektiven Beobachters** zu entscheiden.[11]

V. Maßnahmen der Staatsgewalt

Hierunter fallen alle rechtmäßig oder auch zu Unrecht ergangenen **hoheitlichen Maßnahmen** einer 10
in- oder ausländischen Staatsmacht, die gegenüber den üblichen Regularien zur Gewährleistung der allgemeinen Ordnung in einem staatlichen Gemeinwesen **Ausnahmecharakter** haben und daher entweder hinsichtlich ihres Erlasses oder ihres Inhaltes ungewöhnlich sind. Anordnungen militärischer Befehlshaber in Friedenszeiten oder bei Manövern zählen dazu ebenso wie das **Abschleppen** oder die **Beschlagnahme** des versicherten Fahrzeuges im Rahmen hoheitlicher Maßnahmen.[12]

Die **Sicherstellung eines gestohlenen Pkw** fällt nicht hierunter. Erfolgt allerdings die Beschlagnah- 11
me des Pkw durch Polizei- oder Militärkräfte als Sicherheit für einen vom VN mit dem Fahrzeug verursachten Haftpflichtschaden, so kann sich der VR gegenüber dem VN in Bezug auf den Kaskoschaden am versicherten Fahrzeug nicht auf die Ausschlussklausel berufen. Denn der vom VR aus der Haftpflichtversicherung zu übernehmende Fremdschaden ist durch die Beschlagnahme des Pkw des VN und damit aus dessen Vermögen befriedigt worden, so dass der VR ohne Rücksicht auf den an sich bestehenden Ausschluss Ersatz zu leisten hat.[13]

VI. Beweislast

Bei allen in A.2.9.4 AKB aufgeführten Tatbeständen handelt es sich um **Risikoausschlüsse**, deren 12
Voraussetzungen vom VR zu beweisen sind.

A.2.9.5 Schäden durch Kernenergie

Kein Versicherungsschutz besteht für Schäden durch Kernenergie.

8 Stiefel/Maier/*Halbach* A.2 AKB Rn. 1036.
9 Vgl. BGH Urt. v. 13.11.1974 – **IV ZR 178/73** – VersR 1975, 175 = NJW 1975, 308.
10 Vgl. Günther r+s 2018, 175 ff.; Richter DAR 2012, 243, 247.
11 BGH Urt. v. 13.11.1974 – **IV ZR 178/73** – VersR 1975, 175 = NJW 1975, 308.
12 LG Göttingen Urt. v. 16.02.1993 – 2 O 439/92 – VersR 1994, 1180.
13 Vgl. auch BGH Urt. v. 20.02.1956 – **II ZR 53/55** – VersR 1956, 186 = NJW 1956, 826.

A. Allgemeines

1 Die Klausel zählt zu den in Abschnitt 2.9 AKB aufgeführten, grundlegenden **Risikoausschlüssen**, die Fallkonstellationen beschreiben, für die der VR von vornherein nicht einzustehen hat, (vgl. A.2.9.1 AKB Rdn. 1). Die vom Wortlaut her identische Klausel befindet auch weiteren Abschnitten der AKB, u.a. in den Regelungen zur Kfz-Haftpflichtversicherung in A.1.5.9 AKB.

B. Regelungsgehalt – Was ist nicht versichert? – A.2.9 AKB/Schäden durch Kernenergie – A.2.9.5 AKB (§ 2b Abs. 3 AKB 2007 a.F.; A.2.16.5 AKB 2008 a.F.)

2 Vom Versicherungsschutz ausgeschlossen sind jegliche Schäden durch Kernenergie. Dem VN stehen bei Nuklearschäden ausschließlich Schadenersatzansprüche nach den **§§ 25 ff. Atomgesetz** zu. Eine Risikoabsicherung im Rahmen der Kaskoversicherung wäre für den VR praktisch nicht kalkulierbar.

A.3 Autoschutzbrief – Hilfe für unterwegs als Service oder Kostenerstattung

Vorbemerkung

1 Die Hilfe für unterwegs bieten seit 1978[1] nicht nur die Auto-Versicherer[2], sondern auch die Automobilclubs. Allen voran hat der ADAC 2016[3] mit seinen insgesamt 19,6 Mio. Mitgliedern 13,0 Mio. ADACPlus-Mitglieder, die zusätzlich Schutzbriefleistungen eingeschlossen haben.

2 Die Besitzer von Neufahrzeugen sind häufig über Mobilitätsgarantien[4] der Fahrzeughersteller abgesichert.

3 Die am häufigsten waren 2016 jedoch mit 26,7 Mio. Verträgen die Schutzbriefe der Versicherer verbreitet.[5] Sie bieten ihre spezifische Leistung für relativ wenig Geld an.

4 Die Autoschutzbriefversicherung ist eine **Schadensversicherung**[6] nach den §§ 74 ff. VVG. Allerdings trägt sie durch festgelegte Tagessätze wie z.B. beim Mietwagen Bestandteile einer Summenversicherung in sich. So ist es durchaus gängige Meinung und Regulierungspraxis bei einigen Schutzbriefversicherern, dass beim Bestehen mehrerer Schutzbriefverträge keine Doppelversicherung vorliegt, sondern sich die versicherten Beträge summieren. Dies kommt dann zum Tragen, wenn Abschlepp- oder Mietwagenkosten über den versicherten Summen des Einzelvertrages liegen.

5 Sie ersetzt als Passivenversicherung[7] bedingungsgemäß die Aufwendungen des Versicherungsnehmers oder sie leistet Unterstützung, wenn es auf einer Reise zu einem Schadensfall kommt. Es handelt sich um einen rechtlich selbstständigen[8] Vertrag. Er ist ausgerichtet auf ein versichertes Fahrzeug.

---

1 *Tretsch/Zersch*, Die Verkehrsserviceversicherung – Schutzbriefversicherung, r+s 1980, 11.
2 Erstmals HUK-Verband, Allgemeine Bedingungen für die Verkehrs-Service-Versicherung, 2. Umschlagseiten r+s 1978, Hefte 9, 10 u. 11.
3 https://www.adac.de/der-adac/verein/daten-fakten/ueberblick/.
4 Beckmann/Matusche-Beckmann/*Höke/Heß*, Versicherungsrechts-Handbuch, § 30 Rn. 326.
5 https://www.gdv.de/de/zahlen-und-fakten/versicherungsbereiche/ueberblick-24074.
6 *Tretsch/Zersch*, Die Verkehrsserviceversicherung – Schutzbriefversicherung, r+s 1980, 11.
7 Stiefel/Maier/*Stadler* Kraftfahrtversicherung, Vorbem. zu A.3 AKB, Rn. 2.
8 Stiefel/Maier/*Stadler* Kraftfahrtversicherung, Vorbem. zu A.3 AKB, Rn. 3; *Knappmann* Der Autoschutzbrief, VRR 2011, 444; MüKoStVR/*Therstappen/Tomson* A.3 AKB, Rn. 1.

Die Autoschutzbriefversicherung gilt im Inland und insbesondere im europäischen Ausland. Es handelt sich um eine wichtige Ergänzung des Versicherungsschutzes rund um das Fahrzeug. Insbesondere für Auslandsreisen nach Polen empfiehlt das Auswärtige Amt[9] den Abschluss eines Auslandsschutzbriefes für Kraftfahrzeuge. 6

Die Muster-Bedingungen des GDV sprechen zwar grundsätzlich alle Fahrzeugarten an. Inhaltlich sind sie vorrangig auf die Bedürfnisse von Privatpersonen und Geschäftsreisende zugeschnitten. Der Autoschutzbrief wird in individuellen Bedingungswerken teilweise speziell als PKW-, Motorrad- oder Wohnmobil-Schutzbrief bezeichnet, ohne dass es tatsächlich zu erheblichen Abweichungen von den Musterbedingungen kommt. 7

Am Markt sind zudem LKW-Schutzbriefe[10] erhältlich. Die Bedingungen orientieren sich ebenfalls an den Musterbedingungen nach A.3 AKB. Die LKW-Schutzbriefleistungen sind dem spezifischen Bedarf bei Nutzfahrzeugen angepasst. 8

Am Markt existieren neben dem Autoschutzbrief mit ähnlichem Leistungsspektrum weitere Schutzbriefversicherungen, insbesondere heute der AVAR[11] sowie mit schwindender Bedeutung der AB-Schutzbrief[12]. Solche Versicherungen sind personenbezogen und unabhängig von einem versicherten Fahrzeug. Zu weiteren Einzelheiten bezüglich der AVAR darf auf die Kommentierung von *Schwab*[13] verwiesen werden. 9

Die Personenbezogenheit gilt im Übrigen auch für Leistungen an Mitglieder von Automobilclubs, wobei es sich rechtlich bei reinen Mitgliedsleistungen nicht um Leistungen einer Schutzbriefversicherung handelt. Bieten Automobilclubs dagegen Schutzbriefe[14] an, handelt es sich nicht um eine Mitgliedsleistung, sondern um eine Schutzbriefversicherung. 10

Schließlich ist wegen der historischen Entwicklung noch auf die Verkehrs-Service-Versicherungen[15] hinzuweisen. Die fahrzeugunabhängige Versicherung wurde als Konkurrenzprodukt zu den Leistungen der Automobilclubs entwickelt[16] und ist Vorläufer der heutigen Auto-Schutzbriefversicherung. Die zu diesem Bereich ergangene Rechtsprechung ist daher auch für die Auto-Schutzbriefversicherung von Bedeutung. 11

Nach B.2.1 AKB ist der **Beginn des Versicherungsschutzes** für die Autoschutzbriefversicherung bereits auf die Ausgabe der Versicherungsbestätigung vorverlegt. Dies liegt daran, dass in der Kfz-Haftpflichtversicherung nach A.1 AKB häufig[17] der Autoschutzbrief eingeschlossen wird. 12

Die individuellen AKB der Unternehmen weichen jedoch gerade in diesem Punkt häufig von den unverbindlichen Muster-AKB ab, so dass auch hier eine genaue Prüfung der einschlägigen Bedingungen notwendig[18] ist. 13

9 http://www.auswaertiges-amt.de/.

10 NK-VersR/*Schwab*/*Kreuter* Fachanwaltskommentar Versicherungsrecht, A.3 AKB 2015, Rn. 167.

11 Allgemeine Bedingungen für den Auto- und Reise-Schutzbrief, unverbindliche Musterbedingungen des GDV, Stand 01.12.2015.

12 Prölss/Martin/*Knappmann*, AB-Schutzbrief., Rn. 1.

13 Siehe *Heinrichs* AVAR Rdn. 1 ff.

14 Insbesondere zur ADAC-Schutzbriefversicherung siehe, Himmelreich/Halm/*Völter*, Kap. 21.

15 Ludovisy/Eggert/Burhoff/*Notthoff*, Praxis des Straßenverkehrsrechts, Teil 3, Rn. 259 ff.

16 Feyock/*Jacobsen*/Lemor, KfzVers, A.3 AKB, Rn. 1.

17 Siehe hierzu *Kreuter* B.2.1 AKB Rdn. 1 ff.

18 *Kärger* Kfz-Versicherung nach dem neuen VVG, Rn. 8; *Heinrichs* Synopse für das Versicherungsrecht im Verkehrsrecht bedeutsamsten Auswirkungen der VVG Reform, zfs 2009, 187.

A.3.1 Was ist versichert?

Wir erbringen nach Eintritt der in A.3.5 bis A.3.8 genannten Schadenereignisse die dazu im Einzelnen aufgeführten Leistungen als Service oder erstatten die von Ihnen aufgewendeten Kosten im Rahmen dieser Bedingungen.

1 Die Leistungen des Autoschutzbriefes können entweder als Service direkt im Schadenfall abgerufen werden oder die tatsächlich aufgewendeten[1] Kosten werden bedingungsgemäß erstattet. Fiktive Kosten werden somit nicht erstattet, da sie dem Schutzzweck des Vertrages entgegenstehen.

2 Bei der Direkthilfe im Schadenfall ist es Ziel der Hilfeleistung, den Versicherungsnehmer entweder mobil zu halten oder ihm aus einer Notsituation zu helfen. Dabei kann die besondere, individuelle Situation des Einzelfalles dazu führen, dass in Abstimmung mit dem Versicherungsnehmer eine für alle Seiten akzeptable Lösung[2] gefunden wird, die mit dem Wortlaut der Bedingungen nicht übereinstimmen muss. Es ist zum Beispiel gängige Praxis, versicherte, aber nicht in Anspruch genommene Leistungen auf andere Leistungsbausteine anzurechnen, sofern deren Deckungssummen nicht ausreichen. Die Lösung des Problems steht im Vordergrund.

3 Entscheidet sich der Versicherte, direkt im Schadenfall die Hilfe des Versicherers anzunehmen, wird ihm nicht nur die Organisation der einzuleitenden Maßnahmen abgenommen, sondern er muss auch nicht für die entstehenden Kosten in Vorkasse treten.

4 Diese werden direkt mit dem Versicherer oder einem zwischengeschalteten Assisteur abgerechnet.

5 **Serviceleistung** für den Versicherungsnehmer bedeutet, dass er aufgrund seiner fachlichen Kompetenz ein Geschäft des Versicherten in der Weise führt, dass er die notwendige Hilfe durch Dritte organisiert. Bei Eintritt des Versicherungsfalles ist auf Verlangen des Versicherten die Leistung sofort[3] fällig, da es sich nicht um eine reine Geldleistung[4] handelt, für die § 14 VVG ausschließlich anwendbar ist. Zu mehr ist der Autoschutzbriefversicherer erkennbar[5] nicht verpflichtet. Nach den AKB-Bestimmungen schuldet der Versicherer keinen[6] Erfolg in der Sache, sondern nur ein Bemühen um die Sache und ggfs. Kostenersatz. Folglich hat er auch nicht für Fehler der für den Versicherungsnehmer[7] beauftragten Unternehmer einzutreten. Diese sind keine Erfüllungsgehilfen des Autoschutzbriefversicherers.[8]

6 Nicht vergleichbar mit der Serviceleistung nach der Autoschutzbriefversicherung sind davon abweichend besondere Schutzbriefe, die ausdrücklich eine frachtrechtliche Obhutshaftung nach den §§ 425, 427 HGB bestimmen.[9]

---

1 *AG Bad Homburg* Urt. v. 25.09.1992 – 2 C 379/92, ADAJUR Dok.Nr. 17280 = zfs 1993, 275; Stiefel/Maier/*Stadler* Kraftfahrtversicherung, Vorbem. zu A.3 AKB, Rn. 6.

2 Beckmann/Matusche-Beckmann/*Höke/Heß*, Versicherungsrechts-Handbuch, § 30 Rn. 285.

3 *OLG Brandenburg* Beschl. v. 11.02.2014 – 11 U 92/13, JurionRS 2014, 10744 = zfs 2014, 519; Looschelders/Pohlmann/*C.Schneider* VVG-Kommentar § 14 VVG, Rn. 64.

4 *BGH* Urt. v. 25.01.2006 – IV ZR 207/04, JurionRS 2006, 10479 = NJW 2006, 1281 = SVR 2006, 182 bespr. v. *Hering* = VersR 2006, 404; NK-VersR/Wendt, § 14 VVG, Rn. 7.

5 *OLG Hamm* Beschl. v. 11.10.2013 – I-20 U 152/13, ADAJUR Dok.Nr. 104249 = SP 2014, 63.

6 Prölss/Martin/*Klimke* VVG-Kommentar, A.3 AKB, Rn. 2.

7 *AG München* Urt. v. 24.08.2009 – 242 C 9706/09, JurionRS 2009, 37743 = ADAJUR Dok.Nr. 88634 = SP 2010, 249.

8 *OLG Saarbrücken* Urt. v. 02.03.2005 – 5 U 530/04, JurionRS 2005, 16769 = OLGR 2005, 658 = VersR 2005, 1724 = NJW-RR 2005, 1194 = zfs 2005, 399 = r+s 2005, 374; MüKoStVR/*Therstappen/Tomson* A.3 AKB, Rn. 3; Stiefel/Maier/*Stadler* Kraftfahrtversicherung, A.3 AKB, Rn. 9.; a.A. Feyock/*Jacobsen*/Lemor Kraftfahrtversicherung, A.3 AKB, Rn. 9.

9 *OLG Koblenz* Urt. v. 11.11.2014 – 3 U 706/14, JurionRS 2014, 25692 = ADAJUR Dok.Nr. 106299 = MDR 2015, 93 = NJW-RR 2015, 23 = NZV 2015, 249 = TranspR 2015, 236 = VersR 2015, 573 =zfs 2015, 137.

A.3.2 Wer ist versichert?

Versicherungsschutz besteht für Sie, den berechtigten Fahrer und die berechtigten Insassen, soweit nachfolgend nichts anderes geregelt ist.

Der Umfang des versicherten Personenkreises wird durch die Nutzung des versicherten Fahrzeuges definiert. Er bezieht sich neben dem Versicherungsnehmer im Rahmen einer Eigenversicherung auf den berechtigten Fahrer und die berechtigten Insassen als Versicherung für fremde Rechnung nach den §§ 43 ff. VVG für Schadenfälle, die bei der Verwendung des Fahrzeuges entstehen. Die jeweiligen Leistungen müssen nicht zwingend einheitlich sein[1], können aber nur vom Versicherungsnehmer beansprucht werden. 1

Berechtigter Fahrer ist nach D.1.1.2 Satz 1 AKB diejenige, der mit Wissen und Wollen des Verfügungsberechtigten[2] das Fahrzeug gebraucht. 2

Fahrer ist immer nur eine menschliche Person, aber kein Fahrsystem im Sinne des autonomen Fahrens.[3] 3

Übergibt der Fahrer eines Fahrzeugs mit hoch- oder vollautomatisierten Fahrfunktionen nach § 1a Abs. 1 StVG dem Fahrsystem, wird er nicht zum reinen Insassen. Er bleibt zugleich Fahrer, da ihn Überwachungspflichten bezüglich des Fahrsystems treffen, § 1b Abs. 2 StVG. Der Versicherungsnehmer darf zudem erwarten, dass derjenige, der als Fahrer die Aufgaben an ein Fahrsystem abgibt, weiterhin Versicherungsschutz als Fahrer und nicht als Insasse erhält. In diesem Zusammenhang ist darauf hinzuweisen, dass die Leistungen für den Fahrer in A.3.7 AKB umfangreicher, im Falle des A.3.8.3 AKB geringer sind. 4

Für die berechtigten Insassen gilt dies entsprechend. Eine Parallele besteht insoweit zur Kfz-Unfallversicherung[4] in A.4 AKB. Die Leibesfrucht ist kein Insasse. Dagegen stehen Wortlaut, fehlende Rechtspersönlichkeit und praktische Gründe der Schadensabwicklung.[5] 5

A.3.3 Versicherte Fahrzeuge

Versichert ist das im Versicherungsschein bezeichnete Fahrzeug sowie ein mitgeführter Wohnwagen-, Gepäck- oder Bootsanhänger.

Versicherungsschutz besteht für das im Versicherungsschein benannte Fahrzeug. Welcher Art dieses Fahrzeug ist, ist dabei unerheblich.[1] Einschränkungen wie es der Einzelschutzbrief vorsieht (z.B. nur PKW, keine als LKW zugelassenen Fahrzeuge) kommen nicht zum Tragen. 1

Anhänger 2

Darüber hinaus erstreckt sich der Versicherungsschutz auf mitgeführte Wohnwagen-, Gepäck- und Bootsanhänger. Diese Aufzählung ist – abweichend von der Kfz-Haftpflichtversicherung in A.1.1.5 AKB[2] – abschließend. Es handelt sich hierbei um Arten, die üblicherweise auf Fahrten oder Reisen mitgeführt werden. Bedauerlich ist die Risikobegrenzung, da reine Transportanhänger für Fahrräder und E-Bikes ausgenommen sind, zumal Gepäckanhänger mit aufgebauten Fahrradträgern mitversichert sind. Sonstige Anhänger wie z.B. Pferdetransport- und Hundeanhänger,[3] aber auch

1 Stiefel/Maier/*Stadler* Kraftfahrtversicherung, A.3 AKB, Rn. 14.
2 *BGH* Urt. v. 17.02.1955 – II ZR 241/53, BGHZ 16, 292 = JurionRS 1955, 13117 = DB 1955, 287 = VersR 1955, 180 = NJW 1955, 669; *Kreuter* D.1.1.2 AKB Rdn. 1; NK-VersR/*Schwab*/*Kreuter* A.3.2 AKB Rn. 166.
3 Siehe *Balke* § 1 PflVG, Rdn. 62 u. 81a.
4 *Heinrichs* A.4.2.4 AKB Rdn. 10–14.
5 *OLG Hamm* Urt. v. 16.03.1973 – 20 U 260/72, VersR 1973, 810 (zur Unfallversicherung).
1 Stiefel/Maier/*Stadler* Kraftfahrtversicherung, A.3 AKB, Rn. 16, unklar Beckmann/Matusche-Beckmann/*Höke*/*Heß*, Versicherungshandbuch, § 30 Rn. 303.
2 Bruck/Möller/*R. Koch*, A.3.3 AKB, Rn. 16.
3 MüKoStVR/*Therstappen*/*Tomson* A.3 AKB, Rn. 9.

Motorrad- und PKW-Anhänger hinter Wohnmobilen sind somit nicht mitversichert; ebenso wenig geschleppte und abgeschleppte Fahrzeuge.[4]

3 Der Zeitraum des Versicherungsschutzes für diese Anhänger definiert sich aus der Dauer der Fahrt oder Reise. Der Anhänger muss mitgeführt sein, das heißt nicht, dass er mit dem versicherten Fahrzeug verbunden sein muss. Es besteht für den Anhänger ebenfalls Versicherungsschutz, wenn er während der Fahrt oder Reise abgestellt[5] ist.

4 Fällt das versicherte Fahrzeug aus, besteht für den Anhänger während der versicherten Fahrt bzw. Reise weiterhin Versicherungsschutz. Im Organisationsfall ist es in diesen Fällen ratsam, einen Mietwagen mit Anhängerkupplung bereit zu stellen.

5 Die Kosten für diesen Mietwagen müssen nicht innerhalb der vorgesehenen Deckungssumme liegen. Selbst wenn diese überschritten wird, erspart man durch die Anhängerkupplung Kosten für einen gesonderten Rücktransport des Anhängers, da er mit dem Mietwagen mitgeführt werden kann.

A.3.4 In welchen Ländern besteht Versicherungsschutz?

Sie haben mit dem Schutzbrief Versicherungsschutz in den geographischen Grenzen Europas sowie den außereuropäischen Gebieten, die zum Geltungsbereich der Europäischen Union gehören, soweit nachfolgend nicht etwas anderes geregelt ist.

1 Versicherungsschutz besteht, soweit Einzelbestimmungen nichts anderes vorsehen, in den geographischen Grenzen Europas sowie in den außereuropäischen Gebieten, die zum Geltungsbereich der Europäischen Union gehören. Der Versicherte hat nachzuweisen, dass sich das Schadensereignis innerhalb dieser Grenzen ereignet hat.[1]

2 *Europa (geographisch/politisch)*

Zwischen Europa[2] und Asien gibt es keine eigentliche geographische, geologische oder plattentektonische Grenze. Deshalb ist eine tatsächliche geo-physikalische Grenze zwischen Europa und Asien eine Frage der Interpretation. Tatsächlich gibt es keine allgemein anerkannte und unumstrittene Definition dieser Grenze.

3 Viel mehr folgte die Grenzfestlegung, die keine völkerrechtliche oder praktische Bedeutung hat, wechselnden historischen und weltanschaulichen Kriterien und war daher im Lauf der Zeit immer wieder Änderungen unterworfen. Zurzeit wird als »Grenze« das Uralgebirge, der Uralfluss, das Kaspische Meer, das Schwarze Meer, der Bosporus, das Marmarameer und die Dardanellen angesehen.

4 Abgesehen von ihren Überseegebieten werden folgende Staaten im Allgemeinen ganz zu Europa gerechnet:
- Albanien (Hauptstadt Tirana)
- Andorra (Hauptstadt Andorra la Vella)
- Belgien (Hauptstadt Brüssel)
- Bosnien und Herzegowina (Hauptstadt Sarajevo)
- Bulgarien (Hauptstadt Sofia)
- Dänemark (Hauptstadt Kopenhagen)
- Deutschland (Hauptstadt Berlin)
- Estland (Hauptstadt Tallinn)
- Finnland (Hauptstadt Helsinki)

---

4 Stiefel/Maier/*Stadler* Kraftfahrtversicherung, A.3 AKB, Rn. 17.

5 Prölss/Martin/*Klimke* VVG-Kommentar, A.3 AKB, Rn. 2; NK-VersR/*Schwab/Kreuter*, A.3.3 AKB, Rn. 167; Stiefel/Maier/*Stadler* Kraftfahrtversicherung, A.3 AKB, Rn. 17.

1 Stiefel/Maier/*Stadler* Kraftfahrtversicherung, A.3 AKB, Rn. 20.

2 Vgl. insoweit auch *Kreuter* A.1.4.1 AKB Rdn. 1–3 mit weiteren Nachweisen zur Rechtsprechung hinsichtlich des vereinbarten Geltungsbereiches.

- Frankreich (Hauptstadt Paris)
- Griechenland (Hauptstadt Athen)
- Großbritannien und Nordirland (Hauptstadt London)
- Irland (Hauptstadt Dublin)
- Island (Hauptstadt Reykjavík)
- Italien (Hauptstadt Rom)
- Kroatien (Hauptstadt Zagreb)
- Lettland (Hauptstadt Riga)
- Liechtenstein (Hauptstadt Vaduz)
- Litauen (Hauptstadt Vilnius)
- Luxemburg (Hauptstadt Luxemburg)
- Malta (Hauptstadt Valletta)
- Mazedonien (Hauptstadt Skopje)
- Moldawien (Hauptstadt Chisinău)
- Monaco (Hauptstadt Monaco)
- Niederlande (Hauptstadt Amsterdam)
- Norwegen (Hauptstadt Oslo)
- Österreich (Hauptstadt Wien)
- Polen (Hauptstadt Warschau)
- Portugal (Hauptstadt Lissabon)
- Rumänien (Hauptstadt Bukarest)
- San Marino (Hauptstadt San Marino)
- Schweden (Hauptstadt Stockholm)
- Schweiz (Hauptstadt Bern)
- Serbien und Montenegro (Hauptstadt Belgrad)
- Slowakei (Hauptstadt Bratislava)
- Slowenien (Hauptstadt Ljubljana)
- Spanien (Hauptstadt Madrid)
- Tschechien (Hauptstadt Prag)
- Ukraine (Hauptstadt Kiew)
- Ungarn (Hauptstadt Budapest)
- Vatikanstadt (Hauptstadt Vatikanstadt)
- Weißrussland (Hauptstadt Minsk)
- Zypern (Hauptstadt Nikosia)

sowie die Gebiete:

zu Dänemark gehörend:
- Färöer (Hauptstadt Tórshavn)

zu Finnland gehörend:
- Åland (Hauptstadt Mariehamn)

zu Griechenland gehörend:
- Athos (Hauptstadt Karyes)

zu Großbritannien und Nordirland bzw. zur englischen Krone gehörend:
- Gibraltar (Hauptstadt Gibraltar (Stadt))
- Guernsey (Hauptstadt St. Peter Port)
- Isle of Man (Hauptstadt Douglas)
- Jersey (Hauptstadt Saint Helier)

zu Norwegen gehörend:
- Jan Mayen (Hauptstadt –)
- Svalbard (Hauptstadt Longyearbyen)

zu Portugal gehörend:
– Madeira (Hauptstadt Funchal)
– Azoren (Hauptstadt Ponta Delgada)

5 Nicht eindeutig ist diese Aussage im Falle der folgenden Staaten:

6 **Russland** liegt nur mit einem Viertel seiner Landmasse in Europa, dies ist jedoch das historische Kernland mit 75 % seiner Bevölkerung. Politisch wird es deshalb als europäischer Staat betrachtet, geographisch jedoch die Mehrheit seines Territoriums zu Asien gerechnet, wobei die genaue Abgrenzung des europäischen vom asiatischen Teil umstritten ist.

7 Die **Türkei** liegt nach der traditionellen geographischen Abgrenzung an Bosporus und Dardanellen nur mit 3 % ihrer Fläche in Europa, der Rest in Asien. Zum europäischen Teil gehört jedoch die größte Stadt und historische Hauptstadt. Die politischen und kulturellen Grenzen folgten in dieser Region kaum jemals der traditionellen geographischen Abgrenzung der Kontinente. Die Türkei unterscheidet sich vor allem durch ihre muslimische Religion vom Großteil des restlichen Europas. Politisch gehört die Türkei als Mitglied des Europarats zu Europa. Sie hat zudem eine Zollunion mit der EU und wird bei internationalen Sport- und Kulturveranstaltungen meist Europa zugeordnet. Auf politischem Gebiet ist die Frage der Zugehörigkeit der Türkei zu Europa derzeit vor allem im Kontext der Verhandlungen über ihren Beitritt zur EU heftig umstritten.

8 **Zypern** liegt im östlichen Mittelmeer nahe der Küste Asiens, zu dem es deshalb geographisch meist gezählt wird. Geschichtlich und kulturell ist es jedoch eng mit Europa verbunden und politisch Mitglied europäischer Organisationen, seit Mai 2004 auch Mitglied der Europäischen Union.

9 Die transkaukasischen Staaten **Armenien, Aserbaidschan** und **Georgien** werden geographisch meist zu Asien gerechnet, wobei jedoch die genaue Abgrenzung der Kontinente in dieser Region umstritten ist. Geschichtlich und kulturell sind jedoch die beiden mehrheitlich christlichen Staaten Armenien und Georgien mit Europa verbunden. Alle drei Staaten sind Mitglieder des Europarates und werden bei internationalen Sport- und Kulturveranstaltungen meist Europa zugeordnet.

10 **Kasachstan** liegt nach der am weitesten verbreiteten geographischen Abgrenzung am Uralfluss mit einem kleinen Teil seiner Landfläche in Europa, der Rest in Asien. Abgesehen von der Mitgliedschaft in der OSZE, die es jedoch mit vier weiteren zentralasiatischen Staaten teilt, wird es politisch und kulturell gewöhnlich zu Asien gezählt.

11 **Israel** liegt geographisch unbestritten in Asien, auch wenn es bei internationalen Sport- und Kulturveranstaltungen oft Europa zugeordnet wird.

12 **Grönland** gehört politisch zu Dänemark, von der Tektonik aber zum näher gelegenen Amerika und ist auch nicht Teil der Europäischen Union.

13 Zu Spanien gehören die vor Afrika gelegenen **Kanarischen Inseln** und die an der Küste Marokkos gelegenen Plaza de Soberanía. Geografisch sind sie zwar Teil Afrikas, gehören allerdings als außereuropäische Gebiete eines der Europäischen Union angehörigen Landes zum versicherten Geltungsbereich.

A.3.5 Hilfe bei Panne oder Unfall

Kann das Fahrzeug nach einer Panne oder einem Unfall die Fahrt aus eigener Kraft nicht fortsetzen, erbringen wir folgende Leistungen:

1 Der Begriff der Panne ist definiert unter A.3.5.4 Satz 1 AKB; der Unfall in A.3.5.4 Satz 2 AKB

A.3.5.1 Wiederherstellung der Fahrbereitschaft

Wir sorgen für die Wiederherstellung der Fahrbereitschaft an der Schadenstelle durch ein Pannenhilfsfahrzeug und übernehmen die hierdurch entstehenden Kosten. Der

Höchstbetrag für diese Leistung beläuft sich einschließlich der vom Pannenhilfsfahrzeug mitgeführten und verwendeten Kleinteile auf xx Euro.

Die Schutzbriefversicherung ist keine Reparaturkostenversicherung.[1] Entsprechend kann eine provisorische,[2] statt einer abschließenden Reparatur ausreichend sein. Im Rahmen der Pannenhilfe werden die Kosten der Wiederherstellung der Fahrbereitschaft inklusive der dafür notwendigen Kleinteile, die üblicherweise von einem Pannenhilfsfahrzeug mitgeführt werden, bis zu dem vereinbarten Betrag gezahlt. Der Versicherer schuldet nur die Organisation der Hilfe, aber nicht die tatsächliche Umsetzung.[3] Sofern der Versicherungsnehmer die Organisation der Pannenhilfe dem Versicherer überträgt, entfällt häufig die Deckelung des versicherten Betrages. 1

Pannenhilfsfahrzeuge[4] sind durch die Zulassungsbehörde als solche anerkannte Fahrzeuge, die aufgrund Bauart oder Einrichtung zur Pannenhilfe geeignet sind, § 52 Abs. 4 Nr. 2 StVZO. Dies wird im Fahrzeugschein entsprechend vermerkt. Es handelt sich um eine eigene Fahrzeugart.[5] Es gelten zudem entsprechende Vorgaben der Berufsgenossenschaft[6] an den Sicherheitsstandard. 2

Dagegen wollen *Therstappen/Tomson*[7] jedes Fahrzeug mit Pannenwerkzeug und Kleinteilen ausgerüstetes Fahrzeug genügen lassen. *Stadler*[8] will sogar private PKW von Werkstattbesitzern und sogar private Helfer mit einbeziehen. Wegen Letzteren soll zudem wegen § 83 VVG bei erfolgreicher Hilfe das Gezahlte vom Versicherer als Kosten erstattet werden, was der Versicherte an den Privatmann bezahlt. 3

Zwar mag es sein, dass der Versicherer hierdurch sparen könnte, jedoch handelt es sich nicht um eine vom Bedingungstext vorgesehene professionelle Hilfe unter berufsgenossenschaftlich abgesicherten Bedingungen. Zudem greifen für den Helfer weder § 2 Abs. 1 Nr. 13a SGB VII und womöglich im Einzelfall nicht einmal § 2 Abs. 2 SGB VII. 4

Derartige Erweiterungen finden im Muster-Bedingungstext keine Stütze. Wollte man einen Rettungskostenersatzanspruch daraus herleiten, besteht sogar die Gefahr, dass über fingierte Pannen der Versicherer betrogen wird. Wesentlich ist, dass der Leistungsanspruch gegenüber dem Versicherer nur dann ausgelöst wird, dass man ihm die Möglichkeit einräumt, sich um die Hilfe für den Versicherten selbst zu sorgen. Folglich besteht weder ein bedingungsgemäßer Rechtsanspruch nach A.3.5.1 noch nach § 83 VVG. Der Versicherer mag dennoch unter plausiblen Voraussetzungen aus Kulanz regulieren. 5

Eine Panne auf einer befahrenen Straße zu haben, ist für den Versicherungsnehmer nicht nur unbequem und ärgerlich, sondern häufig auch sehr gefährlich. Durch die vertragliche Vorgabe »Pannenhilfsfahrzeug« wird zugleich gewährleistet, dass auch in Absicherungsfragen ausgebildetes und ausgerüstetes Personal herbeigerufen wird. Das Personal von Pannenhilfsfahrzeugen hat zudem besondere Befugnisse zur Eigensicherung und zur Absicherung havarierter Fahrzeuge, § 45 Abs. 7a StVO.[9] 6

1 Stiefel/Maier/*Stadler* Kraftfahrtversicherung, A.3 AKB, Rn. 39 u. 42.

2 MüKoStVR/*Therstappen/Tomson* A.3 AKB, Rn. 17.

3 Stiefel/Maier/*Stadler* Kraftfahrtversicherung, A.3 AKB, Rn. 41.

4 *Zunner* Praxiswissen Fahrzeug-Zulassung, Kap. 5, Rn 1.

5 *EuGH* Urt. v. 21.05.1987 – 79/86, JurionRS 1987, 19300; *BVerwG* Urt. v. 30.05.2013 – 3 C 9.12, BVerwGE 146, 357 = JurionRS 2013, 40538 = NJW 2014, 328; *LG Münster* Urt. v. 14.06.2005 – 16 Cs 81 Js 583/04 – 67/05, JurionRS 2005, 34709; *LG Hamburg* Beschl. v. 17.07.1992 – 603 Qs 524/92, ADAJUR Dok.Nr. 11423 = DAR 1992, 438 = MDR 1992, 1070 = NZV 1992, 422 = VRS 83, 428.

6 BG-Informationen, BGI 800, Sicherungsmaßnahmenbei Pannen-/Unfallhilfe, Bergungs- und Abschlepparbeiten.

7 MüKoStVR/*Therstappen/Tomson* A.3 AKB, Rn. 17.

8 Stiefel/Maier/*Stadler* Kraftfahrtversicherung, A.3 AKB, Rn. 45 u. 46.

9 Hentschel/*König*/Dauer § 45 StVO, Rn. 49a; Ferner/Bachmeier/*Müller* Fachanwaltskommentar Verkehrsrecht, § 45 StVO, Rn. 130 ff.; *Albrecht* Neue Verkehrs- und Bußgeldvorschriften 2006, SVR 2006, 41 ff.

7 Der Umfang der vom Versicherer bedingungsgemäß zu ersetzenden Kleinteile ergibt sich aus der Ersatzmaterialliste zur Mindestausstattung eines Pannenhilfsfahrzeugs.

8 Die Mindestausstattung[10] eines Pannenhilfsfahrzeugs besteht aus folgenden Gegenständen:

a.) Ausrüstung zur Absicherung der Unfall- oder Arbeitsstelle:
- 2 Unterlegkeile
- 1 Warnflagge weiß-rot gestreift
- 3 Warndreiecke u. 2 Warnleuchten, jeweils in amtlich genehmigter Bauart
- 5 Leitkegel (Lübecker Hüte) 75 cm hoch
- Faltkegel[11]

b.) Ausrüstung zur Behebung von Pannen:

Werkzeuge
- Je 1 Dorn, Körner u. Meißel
- Je 1 Kontakt- Flach- und Halbrund- u. Rundfeile
- 1 Satz Gabelschlüssel (Schlüsselweiten 6–32)
- 1 Satz Ringschlüssel (Schlüsselweiten 6–32) gerade u. gekröpft
- 1 Satz Steckschlüssel (Schlüsselweiten 6–22)
- 2 Satz Innensechskantschlüssel (Schlüsselweiten 4–12)
- 1 Radkreuzschlüssel
- 2 Zündkerzenschlüssel (Schlüsselweiten 21 und 26)
- 1 Magnet an biegsamer Verlängerung
- 1 Satz Schraubenzieher
- je 1 Kombi-Zange, Seitenschneider u. Wasserpumpenzange
- 1 Zündkerzenbürste
- 2 Hämmer (300 g u. 800 g)
- 1 Gummi- oder Plastikhammer
- 2 Montierhebel

Geräte
- 1 Wagenheber
- 1 Unterstellblock oder –klotz
- 1 Luftpumpe oder 1 Druckluftflasche
- 1 Spaten
- 1 Prüflampe
- 1 Arbeitslampe
- 1 Öleinspritzkanne
- 1 Abschleppseil
- Startbatterieausrüstung (12 Volt) mit Starthilfekabel, ausgelegt für Dieselmotoren

Ersatzmaterial
- Je eine Batterie vom Typ 50 100, 50 200, 50 300, 50 400 und 50 500
- Isolierband
- Ventileinsätze
- Zündkerzen – unterschiedlich (Gewinde, Wärmewert etc.)
- Ersatz-Kabel für die Kfz-Elektrik in gängigen Querschnitten
- Kabelbinder verschiedene Längen, Benzinschlauch mit passenden Schlauchschellen
- Ersatz-Wasserschläuche mit passenden Schlauchschellen
- Bindedraht

10 VKBl. 1997, 472 = ADAJUR Dok.Nr. 29759.
11 Berlin-Report DAR 2013, 675.

- Ersatz-Glühlampen für die vorgeschriebene Fahrbahn- u. Kfz-Beleuchtung/Sicherungen gängiger Art für unterschiedliche Stromstärken

Kraft- u. Schmierstoffe, Wasser
- 10 Liter Superbenzin, unverbleit
- 5 Liter Dieselkraftstoff
- 10 Liter Wasser
- 2 Liter synthetisches Motoröl

Diagnosegeräte

Batterien, Reifen, Benzin 9

Fahrzeugbatterien oder Fahrzeugreifen sind keine Kleinteile und sind ebenso wie Kraftstoff nicht erstattungspflichtig.[12]

Bedingungsgemäß muss die Pannenhilfe am Schadensort[13] stattfinden. Eine erfolgreiche Pannenhilfe ist nicht nur im Sinne des Versicherungsnehmers, sondern erspart dem Versicherer auch Folgekosten (z.B. Mietwagen). 10

Erweiterte Pannenhilfe 11

In der Praxis hat sich deshalb die so genannte »erweiterte Pannenhilfe« bewährt, die nicht nur die Wiederherstellung der Fahrbereitschaft am Schadensort, sondern auch in einer Werkstatt innerhalb einer vereinbarten Zeit nach Schadenereignis mit einschließt.

Zusätzliche Kosten für das Abschleppen in die Werkstatt entstehen bei dieser Variante nicht. 12

Der Mehraufwand des Pannenhilfsdienstes wird in der Regel durch eine erfolgsabhängige Bezahlung (Bonus für erfolgreiche Pannenhilfe) abgegolten. 13

A.3.5.2 Abschleppen des Fahrzeuges

Kann das Fahrzeug an der Schadenstelle nicht wieder fahrbereit gemacht werden, sorgen wir für das Abschleppen des Fahrzeugs. Dies schließt das Gepäck und die nicht gewerblich beförderte Ladung mit ein.

Wir übernehmen die hierdurch entstehenden Kosten. Der Höchstbetrag für diese Leistung beläuft sich auf xx Euro; hierauf werden durch den Einsatz eines Pannenhilfsfahrzeugs entstandene Kosten angerechnet.

Im Verhältnis zu den AKB 2008 hat die Klausel eine sprachliche, aber keine inhaltliche Änderung erfahren. 1

Kann die Fahrbereitschaft des versicherten Fahrzeuges nach Panne oder Unfall nicht mehr hergestellt werden, werden die Kosten für das Abschleppen des Fahrzeuges[1] vom Schadensort bis zur nächsten zuverlässigen Werkstatt bis zu dem im Vertrag vereinbarten Betrag erstattet. Beruht das Schadensereignis auf einem Unfall kann zugleich im Rahmen der Kaskoversicherung nach A.2.5.2.2 AKB 2015 ein Fall der Mehrfachversicherung[2] nach den § 78 ff. VVG vorliegen. Das Abschleppen ist dienstleistungsorientiert und nicht verkehrstechnisch zu verstehen. Abschleppen kann dabei auf drei verschiedene Arten erfolgen: 2

12 Stiefel/Maier/*Stadler* Kraftfahrtversicherung, A.3 AKB, Rn. 43.

13 Stiefel/Maier/*Stadler* Kraftfahrtversicherung, A.3 AKB, Rn. 44.

1 Dabei beinhaltet die Zusicherung, das Fahrzeug samt Gepäck zurückzuholen, nicht die Pflicht des Versicherers, diese Leistung selbst zu erbringen, *OLG Saarbrücken* Urt. v. 07.9.2004 –5 U 530/04, JurionRS 2005, 16769 = ADAJUR Dok.Nr. 64937 = NJW-RR 2005, 1194 = VersR 2005, 1724 = OLGR 2005, 658 = zfs 2005, 399 = r+s 2005, 374 = SP 2005, 386.

2 Stiefel/Maier/*Stadler* Kraftfahrtversicherung, A.3 AKB, Rn. 55.

- Abschleppen durch das Pannenhilfsfahrzeug mittels Abschleppstange oder Abschleppseil (= vierachsiger Zug)
- Einsatz eines Abschleppwagens, der die Vorderachse des Pannenfahrzeugs hoch nimmt, so dass es weiterhin auf der Hinterachse rollt und nachgezogen wird (= dreiachsiger Zug)
- Vollständige Aufnahme des Pannenfahrzeugs auf einen Plattformwagen, so dass nur die Achsen des Abschleppfahrzeugs den Boden berühren.

3 Zwar enthält die Regelung nach dem Wortlaut keine Einschränkung auf »nächste zuverlässige Werkstatt«; dies versteht sich aber aus dem Sinn und Zweck der Hilfe. Entgegen *Stadler*[3] und *Therstappen/Tomson*[4] kann jedoch die strafgerichtliche Rechtsprechung[5] zu dem Sonderfall, dass ein nicht zugelassener und nicht versicherter PKW von einem anderen PKW durch einen Fahrzeugführer ohne erforderliche Fahrerlaubnis für Gespanne mit vier Achsen und ohne Ausnahmegenehmigung abgeschleppt wurde, nicht herangezogen werden. Besondere Gründe zum Schutz der Verkehrssicherheit lassen sich insoweit nicht übertragen, da Abschleppwagen und deren Fahrzeugführer über entsprechende Ausrüstungen, Fahrerlaubnisse und Ausnahmegenehmigungen verfügen. Im Vordergrund beim Abschleppen steht jedoch die reine Notbehelfsmaßnahme im Sinne des § 15a StVO, aber kein (auf 100 km begrenztes[6]) Schleppen nach § 33 Abs. 1 StVZO zu einer günstigeren Werkstatt oder aus wirtschaftlichen Gründen an den Heimatort. Einigkeit besteht jedoch, dass es keine 50 km-Grenze[7] für die Leistung gibt.

4 Es liegt im Interesse des Versicherers, dass die Dienstleistungen »Pannenhilfe« und »Abschleppen« von ihm als Serviceleistung organisiert und in das bestehende Netz von Partnerunternehmen gesteuert werden. Neben einheitlichen, kundenorientierten Servicestandards gewährleistet die eigene Organisation ebenso standardisierte Kosten, die die Schadenabwicklung vereinfachen.

5 Der Autoschutzbriefversicherer ist Organisator der Hilfe. Er ist aber nicht selbst[8] zur Ausführung der Hilfe verpflichtet. Folglich ist er auch selbst kein Frachtführer zur Durchführung von Abschleppmaßnahmen, es sei denn, er hat sich abweichend[9] zu den Musterbedingungen ausnahmsweise selbst verpflichtet. Er verpflichtet sich auch nicht, wie ein solcher zur eingeschränkten Haftung, wie dies in Verträgen von Automobilclubs[10] denkbar ist.

6 Für Schäden durch das Abschleppschleppen sind daher im Autoschutzbriefvertrag immer nur der Abschleppunternehmer und dessen Fahrer in Anspruch zu nehmen, nicht der Autoschutzbriefversicherer. Der Abschleppunternehmer ist kein[11] Erfüllungsgehilfe des Versicherers.

7 Um dem Versicherungsnehmer einen Anreiz für die Inanspruchnahme der Serviceleistung bieten zu können, empfiehlt es sich im Falle der Organisation durch den Versicherer auf eine Deckelung der Versicherungssumme zu verzichten. Nachteile entstehen dadurch weder dem Versicherungsnehmer noch dem Versicherer.

8 Häufig ist es Wunsch des Versicherungsnehmers, sein Fahrzeug in die Werkstatt seines Vertrauens[12] zu verbringen. Dies führt in der Regel zu keinem Problem, wenn die dadurch entstehenden Kosten innerhalb der vereinbarten Leistungsgrenze liegen.

---

3 Stiefel/Maier/*Stadler* Kraftfahrtversicherung, A.3 AKB, Rn. 51.

4 MüKoStVR/*Therstappen/Tomson* A.3 AKB, Rn. 18.

5 *OLG Celle*, Urt. v. 08.02.1994 – 1 Ss 260/93, NZV 1994, 242.

6 *VG Aachen*, Urt. v. 09.08.2011 – 2 K 604/08, JurionRS 2011, 26782.

7 Stiefel/Maier/*Stadler* Kraftfahrtversicherung, A.3 AKB, Rn. 53.

8 *OLG Hamm*, Beschl. v. 11.10.2013 – I-20 U 152/13, ADAJUR Dok.Nr. 104249 = SP 2014, 63; Himmelreich/Halm/*Müller*, Handbuch des Fachanwalts Verkehrsrecht, Kap. 6, Rn. 12c.

9 Sonderfall des *OLG Koblenz*, Urt. v. 11.11.2014 – 3 U 706/14, JurionRS 2014, 25692 = MDR 2015, 93 = NJW-RR 2015, 230 = NZV 2015, 249 = TranspR 2015, 236 = VersR 2015, 573 = zfs 2015, 137 m. Anm. *Diehl.*

10 *LG Köln* Urt. v. 16.01.2003 – 24 S 26/02, ADAJUR Dok.-Nr. 54 407 zur Haftung für Beschädigung eines Motorrades beim Abschleppen; *AG Köln* Urt. v. 29.01.2002 –111 C 356/01, ADAJUR Dok.-Nr. 54 406.

11 NK-VersR/*Schwab/Kreuter*, A.3., Rn. 170.

12 So auch Feyock/*Jacobsen*/Lemor KfzVers, A.3.5.2 AKB, Rn. 29.

Übersteigen die Kosten dieses Limit, bleibt wiederum die Möglichkeit, versicherte, aber nicht in Anspruch genommene Leistungen (z.B. Mietwagen) hinzuzurechnen. 9

Anhänger/Gepäck 10

Der Anspruch auf Abschleppen bezieht sich nicht nur auf das versicherte Fahrzeug, sondern auch auf versicherte Anhänger, das Gepäck und nicht gewerblich beförderter Ladung.

Straßenreinigung 11

Kosten für Straßenreinigung und dafür verwendete Materialien (z.B. Ölbindemittel) können über den Schutzbrief nicht abgerechnet werden. Zuständig ist die Kfz-Haftpflichtversicherung.[13]

Anrechnung erfolgloser Pannenhilfe 12

Ist zunächst versucht worden, die Fahrbereitschaft des Fahrzeuges wieder herzustellen, werden die Kosten dieser erfolglosen Pannenhilfe auf die Abschleppkosten angerechnet. Dies ist möglich, da der Versicherer selbst keinen Erfolg schuldet. Nicht anrechenbar sind dagegen vorangegangene Bergungskosten.[14]

Falschparken 13

Wird das Fahrzeug aufgrund einer behördlichen oder polizeilichen Anordnung (Falschparken, Sicherheitsrisiko, etc.) abgeschleppt, liegt kein versicherter Schutzbriefschaden vor.

A.3.5.3 Bergen des Fahrzeuges

Ist das Fahrzeug von der Straße abgekommen, organisieren wir für Sie die Bergung des Fahrzeugs. Dies schließt das Gepäck und nicht gewerblich beförderte Ladung mit ein.

Wir übernehmen die hierdurch entstehenden Kosten.

Bei der Überarbeitung der AKB wurde die Klausel sprachlich etwas verändert. Der Inhalt blieb gleich. 1

Definition Bergung 2

Ist das Fahrzeug von der Straße abgekommen, wird dieses inklusive Gepäck und nicht gewerblich beförderter Ladung geborgen.

Da es keine Höchstgrenze für Bergungskosten gibt, ist klar definiert, wann die Merkmale des Abschleppens überschritten werden. Der Versicherer schuldet nur die Organisation für das Bergen und übernimmt die dafür erforderlichen Kosten. Der Versicherer hat entgegen *Therstappen/Tomson*[1] nicht die Kosten für eine selbst organisierte oder gescheitere Bergung zu tragen. Zudem handelt es sich bei der Bergung um einen speziellen Werkvertrag – einen Frachtvertrag – für den der Unternehmer einen Erfolg schuldet und nur dann Anspruch auf den Werklohn/Frachtlohn hat, §§ 631 Abs. 2 BGB bzw. 407 Abs. 2 HGB. 3

Bergung ist gegenüber einem Abschleppvorgang eine zusätzliche Leistung, um ein von einer Straße (Weg) abgekommenes Fahrzeug wieder auf die Straße zu verbringen, um es transportfähig zu machen. Die Kaskoversicherung kennt dagegen grundsätzlich keine Bergungskosten. 4

Das auf der Straße befindliche verunfallte Fahrzeug, wenn es auf dem Dach oder der Seite liegt, gehört schon nach dem Wortlaut der Klausel nicht hierzu, auch wenn in der Praxis häufig diese Kosten von der Autoschutzbriefversicherung bezahlt werden. Da der Straßeneigentümer nicht zu 5

13 *Schwab* Ölspurbeseitigung – die rechtliche und wirtschaftliche Seite bei der Schadensabwicklung, DAR 2010, 347 ff.

14 Stiefel/Maier/*Stadler* Kraftfahrtversicherung, A.3 AKB, Rn. 54.

1 MüKoStVR/*Therstappen/Tomson* A.3 AKB, Rn. 20.

dulden hat, dass die Fahrbahnnutzung durch ein solches Fahrzeug behindert wird, hat sich der Kfz-Haftpflichtversicherer mit diesen Kosten genauso zu befassen, wie mit der Ladung[2] auf der Fahrbahn.

6 *Bergungskosten bei wirtschaftlichem Totalschaden*

Im Einzelfall können Bergungskosten sehr hoch ausfallen (z.B. Bergung eines wieder aufgefundenen Fahrzeuges aus einem Gewässer). Auch wenn es keine Begrenzung der Entschädigung gibt, muss die Verhältnismäßigkeit zwischen entstandenem Schaden und den Bergungskosten gewahrt bleiben.

7 Diese Verhältnismäßigkeit wird dann fraglich, wenn die Bergungskosten den Wiederbeschaffungswert des Fahrzeuges übersteigen.

8 Da mittlerweile eine Bergung des Fahrzeuges allerdings in der Regel unter Naturschutzaspekten oder sonstiger gesetzlichen Bestimmungen nicht umgangen werden kann, ist es bedenklich, die Kosten dem Versicherungsnehmer nicht zu erstatten. Relevanz hat dies insbesondere bei in der Kfz-Haftpflichtversicherung nicht versicherten **Eigenschäden**, wenn z.B. das Fahrzeug aus einem Grundstück des Versicherungsnehmers geborgen werden muss.

9 In diesen Fällen ist davon auszugehen, dass die Bergung des Fahrzeuges als zusätzliche Schadenposition neben dem eigentlichen Fahrzeugschaden zu bewerten ist und die Kosten übernommen werden müssen. Der Autoschutzbriefversicherer kann sich dann nicht darauf berufen, dass die Bergungskosten den Wert des Fahrzeugs übersteigt, da es kein gesetzliches Bereicherungsverbot mehr[3] gibt. Der Versicherer muss sein Versprechen[4] erfüllen. Bergungskosten sind Vermögensfolgekosten, die nicht am Wert der Sache gemessen werden.

10 Zulässig ist es dagegen, abweichend von den Musterbedingungen des GDV, in individuelle Klauseln Höchstgrenzen für die Bergungskosten vorzusehen, da ein Versicherer sein Leistungsversprechen in transparenter Form begrenzen[5] darf.

11 Ist allerdings ein Dritter in seinen Rechten betroffen, z.B. dadurch dass das Fahrzeug auf ihrem Grundstück liegt oder in einem Fluss versunken ist, liegt – unabhängig von einem wirtschaftlichen Totalschaden – zumindest eine **Besitzstörung** vor. Nach der neueren Rechtsprechung des *BGH*[6] erhalten Besitzstörungen immer stärker Schadensersatzcharakter. Folglich ist regelmäßig zu prüfen, ob der Kfz-Haftpflichtversicherer vorrangig vor dem Autoschutzbriefversicherer leistungspflichtig ist.

12 Der große Unterschied zum Abschleppen besteht bei der Bergung darin, dass das Abschleppen immer nur im Interesse des Versicherten erfolgt. Bei der Bergung ist dies anders. Es werden drei Interessen verfolgt:
- Bergung, damit der Versicherte wieder über sein Fahrzeug verfügen kann (Autoschutzbrief)
- Bergung, damit der geschädigte Dritte seine Straße oder sein Grundstück wieder ungehindert nutzen kann (Kfz-Haftpflichtversicherung)

---

2 *BGH* Urt. v. 06.11.2007 – VI ZR 220/06, JurionRS 2007, 42636 = VersR 2008, 230 = NJW 2008, 406 = MDR 2008, 140 = NZV 2008, 83 = r+s 2008, 36 = DAR 2008, 82 m. krit. Anm. *Schwab*.

3 Stiefel/Maier/*Stadler* Kraftfahrtversicherung, A.3.5.3 AKB, Rn. 58.

4 *BGH* Urt. v. 04.04.2001 – IV ZR 138/00, BGHZ 147, 212 = JurionRS 2001, 19990 = NJW 2001, 3539 = VersR 2001, 749 = MDR 2001, 989 = zfs 2001, 410; *OLG Karlsruhe* Urt. v. 20.10.2005 – 10 U 197/05, zfs 2006, 218.

5 *BGH* Urt. v. 30.09.2009 – IV ZR 47/09, JurionRS 2009, 24433 = NJW 2010, 294 = MDR 2010, 28 = VersR 2009, 1622 = VRR 2010, 20 bespr. v. *Knappmann* = zfs 2010, 34 (Neuwertversicherung).

6 *BGH* Urt. v. 05.06.2009 – V ZR 144/08, BGHZ 181, 233 = JurionRS 2009, 17376 = DAR 2009, 515 = VersR 2009, 1121 = NJW 2009, 2530 = WM 2009, 1664 = MDR 2009, 1166 = NZM 2009, 595 = NJW-Spezial 2009, 538; *BGH* Urt. v. 02.12.2011 – V ZR 30/11, JurionRS 2011, 31970 = DAR 2012, 78 = NZV 2012, 127 = MDR 2012, 145 = NJW 2012, 528 = VVR 2012, 103 bespr. v. *v. Gayl*.

– und gleichzeitig Bergung, damit der Fahrzeugeigentümer von seiner Pflicht gegenüber dem Dritten befreit wird, das störende Fahrzeug fortschaffen zu müssen (Kfz-Haftpflichtversicherung)

Straßenreinigung 13

Die Bergung **gewerblicher beförderter Ladung** ist in der Autoschutzbriefversicherung ausgeschlossen. Bergungskosten für die gewerbliche Ladung sind über die Verkehrshaftungsversicherung[7] als Pflicht-Haftpflichtversicherung für den gewerblichen Straßengüterverkehr nach § 7a GüKG oder die Warentransportversicherung[8] für den Werkverkehr zu versichern.

Straßenreinigung 14

Kosten für Straßenreinigung und die hierfür eingesetzten Materialien (z.B. Ölbindemittel) sind kein Bestandteil der Fahrzeugbergung und werden deshalb nicht ersetzt. In diesen Fällen sind immer Rechte Dritter betroffen, so dass die Kfz-Haftpflichtversicherung[9] sich mit der Schadensposition zu befassen hat.

A.3.5.4 Was versteht man unter Panne und Unfall?

Unter Panne ist jeder Betriebs-, Bruch- oder Bremsschaden zu verstehen. Unfall ist ein unmittelbar von außen plötzlich mit mechanischer Gewalt auf das Fahrzeug einwirkendes Ereignis.

Die bisherigen Einzelschutzbriefe sehen zum Teil unterschiedliche Leistungen bei Panne oder Unfall vor. Ist der Schaden auf einen Unfall zurückzuführen, findet die 50 km Grenze bei einigen Leistungen (z.B. Mietwagen) keine Anwendung. 1

Bei dem in die Kraftfahrtversicherung inkludierten Schutzbrief ist es unerheblich, ob der Schadenfall durch Panne oder Unfall eingetreten ist. Die zu beanspruchenden Leistungen sind identisch. Es erübrigt sich somit, in jedem Fall eine klare Unterscheidung vorzunehmen. 2

Panne 3

Der Begriff der Panne wird in der Schutzbriefversicherung wie in der Kraftfahrtversicherung durch einen Brems-, Betriebs- oder Bruchschaden des versicherten Fahrzeuges definiert. Dabei ist unerheblich, ob die Panne auf einem technischen Defekt (z.B. Bruch der Kraftstoffleitung oder einem Bedienungsfehler[1] (z.B. Getriebeverspannung durch Schaltfehler; falsche Kraftstoffsorte[2] getankt) beruht. Da in der Schutzbriefversicherung die Erhaltung der Mobilität der versicherten Personen im Vordergrund steht, kann man grundsätzlich davon ausgehen, dass eine Panne immer vorliegt, wenn ein eigentlich betriebsbereites Fahrzeug nicht mehr fahrbereit ist.

Beim Tanken von falschem Kraftstoff kann grobe Fahrlässigkeit vorliegen, was zur Anspruchskürzung[3] führen kann. Die Regulierung erfolgt in der Regel auf Kulanzbasis. 4

Fahrbereites Fahrzeug trotz Panne 5

Tritt infolge einer Panne oder eines Unfalls zwar eine Betriebsstörung ein, das Fahrzeug ist aber weiterhin fahrbereit (Glasbruch, Ausfall der Beleuchtung, Blechschaden, etc.), liegt kein versicherter Schutzbriefschaden vor. In der Praxis sollte man bei Grenzfällen prüfen, ob es für den Versicherungsnehmer

7 4.5 DTV-VHV 2003/2011, Stand Nov. 2017.

8 2.3.1.2.1 DTV-Güter 2000/2011.

9 *Schwab* Ölspurbeseitigung – die rechtliche und wirtschaftliche Seite bei der Schadensabwicklung, DAR 2010, 347 ff.

1 Stiefel/Maier/*Stadler* Kraftfahrtversicherung, A.3.5.4 Satz 1 AKB, Rn. 28.

2 *Becker* Verdammt, vertankt, ADAC-Motorwelt 11/2011, 116; *Helmig* Rechtsfragen zum Betanken eines Kfz mit falschem Kraftstoff, DAR 2009, 508 ff.; Prölss/Martin/*Klimke* VVG-Kommentar, A.3 AKB Rn. 6; NK-VersR/*Schwab/Kreuter*, A.3.5 AKB, Rn. 172.

3 MüKoStVR/*Therstappen/Tomson* A.3 AKB, Rn. 13.

zumutbar und erlaubt ist, bis in die nächste zuverlässige Werkstatt zu fahren. Ist dies nicht der Fall, liegt unter dem Gesichtspunkt der Aufrechterhaltung der Mobilität ein versicherter Schadenfall vor.

6 Beim Ausfall des **Bremskraftverstärkers** oder der **Servolenkung** bleibt das Fahrzeug funktionsfähig. Der erforderliche Kraftaufwand ist jedoch ungleich größer und daher auch gefährlicher. Ein Weiterfahren kann unter Umständen den Tatbestand einer Gefahrerhöhung[4] verwirklichen, zumal der Mangel offenkundig zu Tage tritt und vom Versicherten erkannt[5] wird. Entsprechend kann dem Versicherten nicht zugemutet werden, tatsächliche und rechtliche Risiken einzugehen.

7 Beim Ausfall des Antiblockiersystems (**ABS**) oder des Elektronischen Stabilitätsprogramms (**ESP**) bleibt das Fahrzeug ebenfalls funktionsfähig. Die Fahrstabilität und die Bremseigenschaften im Grenzbereich sind jedoch eingeschränkt. Aus dem Bordbuch des Herstellers ergibt sich, ob eine Weiterfahrt (ohne riskante Fahrmanöver) möglich ist. Wird dies bejaht, liegt keine Panne vor.

8 Beim Ausfall der **Lichtmaschine** wird die Batterie nicht mehr geladen. Ein Weiterfahren mit Batteriestrom ist insbesondere für Fahrzeuge, die Vergaserkraft benötigen, nur bedingt möglich. Die Reichweite ist begrenzt und hängt vom Ladezustand der Batterie und dem Stromverbrauch (z.B. Einspritzanlage, Gebläse, Licht, heizbare Heckscheibe, Scheibenwischer) ab. Kann der Versicherte eine nahe gelegene Werkstatt erreichen, liegt noch keine Panne[6] vor. Besteht die Gefahr unterwegs liegenzubleiben ist dem Versicherten nicht zuzumuten soweit zu fahren, bis die Batterie erschöpft ist, da dann auch die Warnblinkanlage nicht mehr funktionsfähig ist.

9 Ein Fahrzeug bleibt betriebsfähig, wenn es nur wegen **Treibstoffmangel**[7] liegenbleibt. Eine Panne liegt nicht vor, da kein Schaden entstanden ist.

10 Hat der Versicherungsnehmer Treibstoff aus einem Reservekanister nachgefüllt und springt der Motor trotzdem nicht wieder an, da die Einspritzpumpe zu entlüften ist, liegt eine Panne vor. Dies gilt ebenso, wenn falscher Kraftstoff (Diesel statt Benzin und umgekehrt) eingefüllt wurde.

11 *Mobile Reparaturangebote*

Eine weitere Alternative zum Verbringen in eine Werkstatt sind mobile Reparaturangebote (insbesondere bei Glasschäden), die vom Versicherungsnehmer genutzt werden können.

12 Ist das Fahrzeug vor Beginn der Fahrt bereits reparaturwürdig und wird die Fahrt trotzdem angetreten, kann je nach Tatbestand eine Gefahrerhöhung oder grobe Fahrlässigkeit[8] vorliegen.

13 *Definition Fahrt*

Der Begriff der Fahrt bedeutet nicht, dass diese bereits erfolgreich angetreten sein muss.

14 Der Versicherer ist ebenfalls leistungspflichtig,[9] wenn die Panne vor dem eigentlichen Beginn der Fahrt eintritt, weil das Fahrzeug z.B. nicht anspringt.

15 Weder Panne noch Unfall liegen vor, wenn die Fahrt nicht angetreten werden kann, weil sich der Zündschlüssel im verschlossenen Fahrzeug befindet. Abweichend von den Musterbedingungen des GDV wird dies mitunter in individuellen Autoschutzbriefbedingungen angeboten.

---

4 *OLG Hamm* Urt. v. 08.02.1989 – 20 U 154/88, JurionRS 1989, 13912 = r+s 1989, 207.

5 *BGH* Urt. v. 25.09.1968 – IV ZR 514/68, BGHZ 50, 385 = JurionRS 1968, 11428 = DAR 1969, 46 = MDR 1969, 124 = NJW 1969, 42 = VersR 1969, 1153; *BGH* Urt. v. 11.06.1969 – IV ZR 1158/68, JurionRS 1969, 11487; *BGH* Urt. v. 22.01.1969 – IV ZR 552/68, JurionRS 1969, 11665.

6 Stiefel/Maier/*Stadler* Kraftfahrtversicherung, A.3.5.4. AKB Rn. 27.

7 Feyock/*Jacobsen*/Lemor, KfzVers, A.3.5.4 AKB, Rn. 33; Stiefel/Maier/*Stadler* Kraftfahrtversicherung, A.3.5.4. AKB Rn. 31, Prölss/Martin/*Klimke* VVG-Kommentar, A.3 AKB Rn. 6; MüKoStVR/*Therstappen*/*Tomson* A.3 AKB, Rn. 13.

8 Stiefel/Maier/*Stadler* Kraftfahrtversicherung, A.3.5.4. Satz 2 AKB Rn. 40; Beckmann/Matusche-Beckmann/*Höke*/*Heß*, Versicherungsrechts-Handbuch, § 30 Rn. 312.

9 Beckmann/Matusche-Beckmann/*Höke*/*Heß*, Versicherungsrechts-Handbuch § 30 Rn. 294.

Unfall 16

Ein Unfall ist ein unmittelbar von außen plötzlich mit mechanischer Gewalt auf das Fahrzeug einwirkendes Ereignis[10].

Mut- und böswillige Beschädigung/Tiere 17

Eine mut- und böswillige Beschädigung[11] durch betriebsfremde Personen, die zur Betriebsunfähigkeit des Fahrzeuges führt, ist ebenfalls als Unfall zu bewerten.

Gleiches gilt für den Zusammenstoß mit Tieren[12]. Anders als in der Teilkaskoversicherung ist es in der Schutzbriefversicherung unerheblich, um welches Tier es sich gehandelt hat. Der Wildtatbestand muss nicht erfüllt sein, so dass auch die Kollision mit Haustieren als versicherter Unfall anzusehen ist. Auch ein Marderbiss ist ein Eingriff von außen, selbst wenn sich das Tier zunächst in den Motorraum hineinbewegen musste. 18

Entwendung, Raub, Unterschlagung 19

Bei Entwendung, Raub, Unterschlagung oder unbefugtem Gebrauch des Fahrzeuges sind eintretende Pannen oder Unfälle versichert. Der Täter ist allerdings kein berechtigter Fahrer, so dass er keinen Versicherungsschutz genießt.

Ist die Mobilität des Versicherungsnehmers nicht mehr gegeben, weil das versicherte Fahrzeug entwendet worden ist oder wird ein entwendetes Fahrzeug betriebsbereit wieder aufgefunden, besteht kein Versicherungsschutz, sofern der Schadensort nicht mindestens 50 km vom ständigen Wohnsitz[13] entfernt liegt (siehe auch zusätzliche Hilfe bei Diebstahl unter A.3.6) 20

Brand, Explosion, Unwetter 21

Betriebsschäden infolge Brand/Explosion[14] und unwetterbedingten Schadenereignissen (Sturm, Hagel, Blitzschlag, Überschwemmung[15], Lawinen, Mure) sind ebenfalls versichert[16].

Ist das Fahrzeug von einem Unwetter nicht direkt betroffen, die Fahrt kann aber trotzdem nicht fortgesetzt werden, weil dies z.B. durch umgestürzte Bäume oder Lawinenabgänge unmöglich gemacht wird, liegt kein Tatbestand des inkludierten Schutzbriefes der Kraftfahrtversicherung vor. 22

A.3.6 Zusätzliche Hilfe bei Panne, Unfall oder Diebstahl ab xx km Entfernung

Bei Panne, Unfall oder Diebstahl des Fahrzeugs erbringen wir nachfolgende Leistungen unter den Voraussetzungen, dass

- die Hilfeleistung an einem Ort erfolgt, der mindestens xx km Luftlinie von Ihrem ständigen Wohnsitz in Deutschland entfernt ist und
- das Fahrzeug weder am Schadentag noch am darauf folgenden Tag wieder fahrbereit gemacht werden kann oder es gestohlen worden ist.

Die Klausel wurde sprachlich überarbeitet, ohne den Inhalt zu ändern. 1

Bei Panne, Unfall oder Diebstahl des Fahrzeuges an einem Ort, der mindestens xx km Luftlinie vom ständigen Wohnsitz[1] des Versicherungsnehmers entfernt ist, werden die zusätzlichen Leistungen 2

10 Zum Unfallbegriff vgl. auch *Stomper* A.2.2.2.2 AKB Rdn. 8 ff.
11 Vgl. auch *Stomper* A.2.2.2.3 AKB Rdn. 101 ff.
12 Vgl. auch *Stomper* A.2.2.1.4 AKB Rdn. 78 ff. (Haarwild).
13 *OLG München* Urt. v. 03.06.2003 – 25 U 5174/02, JurionRS 2003, 45263 = ADAJUR Dok.Nr. 54397 = DAR 2003, 378 zum Wohnsitz im Rahmen der ADAC-Mitgliedschaft.
14 Vgl. auch A.2.2.1.1 AKB.
15 Vgl. auch A.2.2.1.3 AKB.
16 Vgl. hierzu auch A.2.2.1 ff. AKB zu den Teilkasko-Risiken.
1 *OLG München* Urt. v. 03.06.2003 – 25 U 5174/02, JurionRS 2003, 45263 = ADAJUR Dok.Nr. 54397 = DAR 2003, 378 zum Wohnsitz im Rahmen der ADAC-Mitgliedschaft.

»Weiter- oder Rückfahrt«, »Übernachtung«, »Mietwagen« und »Fahrzeugunterstellung« erbracht, wenn das Fahrzeug weder am Schadentag noch am darauf folgenden Tag wieder fahrbereit gemacht werden kann oder es gestohlen worden ist. Die in der vorherigen Version eingebrachte Grenze von 50 km vom Wohnort wurde in das Belieben der Assekuranz gestellt. Die Entfernung kann daher – je nach Bedingungen kürzer oder länger ausfallen.

3 In der Regel ist die im Versicherungsschein dokumentierte Adresse der ständige Wohnsitz des Versicherungsnehmers. Ist dies nicht der Fall oder hat der Versicherungsnehmer mehr als einen Wohnsitz, ist der Ort als ständiger Wohnsitz anzunehmen, an dem sich der Lebensmittelpunkt der betroffenen Person befindet.

4 Für mitversicherte Insassen ist der Wohnsitz des Versicherungsnehmers[2] maßgebend.

5 *xx km Grenze*

Die vormalige Grenze von 50 km wurde in den aktuellen Musterbedingungen vom Sept. 2022 aufgegeben. Bei der Mindestentfernung sind die dem jeweiligen Vertrag zugrundeliegenden Bedingungen zu prüfen. Es wird eindeutig auf die Luftlinie zwischen ständigem Wohnsitz und Schadensort abgestellt. Die zusätzlichen Leistungen können deshalb nicht schon dann beansprucht werden, wenn die auf öffentlichen Straßen zurückzulegende Distanz zwischen Wohnsitz und Schadensort mindestens xx km beträgt.

6 *Wiederherstellungsklausel*

Die zeitliche Eingrenzung auf Schadenfälle, bei denen das Fahrzeug nicht am Schadentag oder dem darauffolgenden Tag wieder fahrbereit gemacht werden kann, macht dann Sinn, wenn die versicherten Personen auf ihr Fahrzeug angewiesen und die Unterbrechung der Fahrt akzeptabel und mit den ursprünglichen Planungen in Einklang zu bringen sind.

7 Anders sieht das in der Praxis dann aus, wenn eine Termineinhaltung für die Versicherten im Vordergrund steht, wie dies häufig bei Dienstreisen der Fall ist. Aber auch bei Urlaubsreisen kann dies entscheidend sein, wenn zum Beispiel gebuchte Fähren zeitgerecht erreicht werden müssen.

8 Im Organisationsfall steht wiederum eine für alle Seiten akzeptable Lösung im Vordergrund, die ebenfalls den wirtschaftlichen Interessen der Beteiligten gerecht wird.

9 *Diebstahl*

Der Begriff des Diebstahls[3] ist als Oberbegriff für die in der Teilkaskoversicherung versicherten Entwendungstatbestände zu sehen. Raub und Unterschlagung sind versicherte Schadenursachen, die zu den zusätzlichen Leistungen des Abschnittes A.3.6 führen können.

10 Bei den folgenden Optionen besteht nur die Möglichkeit eine Variante zu wählen. Das bedeutet, dass nicht jede versicherte Person ein für sich eigenes Wahlrecht hat.

A.3.6.1 Weiter- oder Rückfahrt

Folgende Fahrtkosten werden erstattet:

a Eine Rückfahrt vom Schadenort zu Ihrem ständigen Wohnsitz in Deutschland oder

b eine Weiterfahrt vom Schadenort zum Zielort, jedoch höchstens innerhalb des Geltungsbereichs nach A.3.4 und

c eine Rückfahrt vom Zielort zu ihrem ständigen Wohnsitz in Deutschland,

2 Feyock/*Jacobsen*/Lemor KfzVers, A.3 AKB, Rn. 69; NK-VersR/*Schwab*/*Kreuter*, A.3.5 AKB, Rn. 176; MüKoStVR/*Therstappen*/*Tomson* A.3 AKB, Rn. 22.; a.A. Stiefel/Maier/*Stadler* Kraftfahrtversicherung, A.3.6 AKB, Rn. 66.

3 Weitergehende Informationen zum Thema Diebstahl bei *Stomper* unter A.2.2.1.2 Rdn. 21 ff. m.w.H. auch zur Rechtsprechung für die Kasko-Versicherung.

d eine Fahrt einer Person von ihrem ständigen Wohnsitz oder vom Zielort zum Schadenort, wenn das Fahrzeug dort fahrbereit gemacht worden ist.

Die Kostenerstattung erfolgt bei einer einfachen Entfernung unter 1.200 Bahnkilometern bis zur Höhe der Bahnkosten 2. Klasse. Bei größerer Entfernung werden diese bis zur Höhe der Bahnkosten 1. Klasse oder der Liegewagenkosten jeweils einschließlich Zuschlägen übernommen. Zusätzlich erstatten wir die Kosten für nachgewiesene Taxifahrten bis zu xx Euro.

Die Klausel wurde sprachlich ohne inhaltliche Änderungen zu A.3.6.1 AKB 2008 verändert. 1

Maximal 3 versicherte Fahrten 2

Sofern sich die Versicherten für die Variante »Weiter – oder Rückfahrt« entscheiden, können sie zunächst wählen, ob sie vom Schadensort zum Zielort oder zu dem in Deutschland befindlichen ständigen Wohnsitz[1] fahren wollen.

Die Fahrt zum Zielort ist auf den Geltungsbereich (A.3.4) beschränkt. Liegt der Zielort außerhalb 3
des versicherten Geltungsbereiches werden die Kosten bis zur Grenze des Geltungsbereichs erstattet.

Neben der Fahrt zum Zielort oder Wohnsitz besteht Anspruch auf zwei weitere Fahrten, die der 4
Versicherungsnehmer im Bedarfsfall abrufen kann:
- die Rückfahrt vom Zielort zum ständigen Wohnsitz
- die Fahrt einer Person vom Wohnsitz oder Zielort zum Schadensort, sofern das Fahrzeug dort wieder fahrbereit gemacht worden ist

Der Versicherer zahlt somit insgesamt bis zu drei Fahrten. 5

Für die Abholfahrt des wieder instand gesetzten Fahrzeuges gibt es keine zeitliche Begrenzung. Der 6
Zeitpunkt ist abhängig von der Dauer der Reparatur.

Wieder aufgefundenes Fahrzeug 7

Wird ein entwendetes Fahrzeug wieder aufgefunden ist der Schadensort fast nie mit dem Fundort identisch. Es ist in den Bedingungen nicht geregelt, ob auch die Abholfahrt zum Fundort versichert ist. Da sich die Zusatzleistungen des Abschnittes A.3.6 allerdings ausdrücklich auch auf den Tatbestand des Diebstahls beziehen, wäre es unbillig, diese Abholfahrt nicht zu erstatten[2].

Bahnfahrten 8

Bei einer einfachen Entfernung unter 1.200 Bahnkilometern werden die Bahnkosten der 2. Klasse erstattet, bei größeren Entfernungen die Bahnkosten bis zur Höhe 1. Klasse oder der Liegewagenkosten jeweils einschließlich Zuschlägen sowie für nachgewiesene Taxikosten bis zu dem im Vertrag vereinbarten Betrag.

Flugreisen 9

Auch wenn dies in den Bedingungen nicht erwähnt ist sollte bei größeren Distanzen die Möglichkeit der Flugreise in Erwägung gezogen werden. Diese sind nicht nur für die Betroffenen bequemer und damit kundenfreundlich, sondern häufig auch kostengünstiger als eine Bahnfahrt.

Taxifahrten **10**

Die Taxifahrten müssen in unmittelbarem Zusammenhang mit der Zugreise stehen (Fahrt zum Bahnhof). Taxifahrten am Schadensort in der Zeit zwischen Schadenzeitpunkt und Rück- bzw. Weiterreise sind nicht versichert.

---

1 *OLG München* Urt. v. 03.06.2003 – 25 U 5174/02, JurionRS 2003, 45263 = ADAJUR Dok.Nr. 54397 = DAR 2003, 378 zum Wohnsitz im Rahmen der ADAC-Mitgliedschaft.

2 Es kann Doppelversicherung bestehen mit den Leistungen aus der Kasko, die im Falle eines Diebstahls auch die Reise 2. Klasse zum Fundort erstattet, A.2.5.5.2 AKB; siehe auch *Stomper* A.2.5.5.2 AKB Rdn. 19–22.

A.3.6.2 Übernachtung

Wir helfen Ihnen auf Wunsch bei der Beschaffung einer Übernachtungsmöglichkeit und übernehmen die Kosten für höchstens drei Übernachtungen. Wenn Sie die Leistung Weiter- oder Rückfahrt nach A.3.6.1 in Anspruch nehmen, zahlen wir nur eine Übernachtung. Sobald das Fahrzeug Ihnen wieder fahrbereit zur Verfügung steht, besteht kein Anspruch auf weitere Übernachtungskosten. Wir übernehmen die Kosten bis höchstens xx Euro je Übernachtung und Person.

1 Auf Wunsch der Versicherten hilft der Versicherer bei der Beschaffung einer Übernachtungsmöglichkeit und erstattet die Kosten für höchstens 3 Übernachtungen pro versicherter Person bis zum vereinbarten Betrag pro Tag. Wird die Leistung »Weiter- oder Rückfahrt« nach A.3.6.1 ebenfalls in Anspruch genommen, wird nur eine Übernachtung pro Person gezahlt. Sobald das Fahrzeug wieder fahrbereit ist, besteht kein Anspruch auf weitere Übernachtungen.

2 *Frühstückskosten/Minibar/Pay-TV/Telefon*

Die Erstattung beschränkt sich auf die reinen[1] Übernachtungskosten. Oftmals ist die Buchung einer Übernachtung ohne Frühstück nicht möglich. Aufwendungen für Verpflegung sind allerdings von den Versicherten selbst zu tragen oder können in Abzug gebracht werden, (siehe auch A.3.10).

3 Sind die Frühstückskosten nicht ausgewiesen, ist ein Abzug in Höhe von 10–15 % der gesamten Übernachtungskosten angemessen.

4 Nach § 6 Abs. 2 Satz 1 BRKG i.V.m. § 4 Abs. 5 Nr. 5 Satz 2a EStG entfallen 20 % des Tagessatzes für Arbeitnehmer, Beamte und Richter auf das Frühstück. Für Inlandsreisen sind dies bei einem Tagessatz von € 24,–, € 4,80 pro Frühstück; für Auslandsreisen gelten länderspezifisch[2] höhere Tagessätze.)

5 Die Kosten für den Verzehr aus der Minibar sind ebenso wenig Übernachtungskosten, wie Kosten für das Pay-TV oder Telefon, selbst wenn diese Zusatzleistungen auf der Rechnung vermerkt sind.

A.3.6.3 Mietwagen

Wir helfen Ihnen, ein gleichwertiges Fahrzeug anzumieten. Wir übernehmen die Kosten des Mietwagens, bis Ihnen das Fahrzeug wieder fahrbereit zur Verfügung steht. Voraussetzung ist, dass Sie weder die Leistung Weiter- oder Rückfahrt nach A.3.6.1 noch Übernachtung nach A.3.6.2 in Anspruch genommen haben.

Wir zahlen höchstens für sieben Tage und maximal xx Euro je Tag.

1 Die Klausel wurde sprachlich angepasst, ohne dass eine inhaltliche Veränderung vorgenommen wurde.

2 Entscheidet sich der Versicherungsnehmer für die Anmietung eines Ersatzfahrzeuges, hat er keinen zusätzlich Anspruch auf »Weiter- oder Rückfahrt« und/oder Übernachtung. Auch wenn mehrere Mitfahrer mitversichert sind, beschränkt sich der Anspruch immer nur auf einen[1] Mietwagen für die gesamte Reisegemeinschaft.

3 Der Versicherer ist bei der Anmietung eines gleichwertigen Fahrzeuges behilflich und erstattet die Kosten bis das versicherte Fahrzeug wieder fahrbereit ist, jedoch höchstens für 7 Tage und höchstens bis zur vertraglich vereinbarten Tagespauschale.

---

1 So auch Stiefel/Maier/*Stadler* Kraftfahrtversicherung, A.3.6.2 AKB, Rn. 75.
2 http://www.bundesfinanzministerium.de/Content/DE/Downloads/BMF_Schreiben/Steuerarten/Lohnsteuer/026_a.pdf?__blob=publicationFile&v=2.
1 *Tretsch/Zersch*, Die Verkehrsserviceversicherung – Schutzbriefversicherung, r+s 1980, 11 (13).

Ist der Versicherungsnehmer von der Reise zurückgekehrt und nutzt er das Mietfahrzeug weiter, hat er die Kosten selbst zu tragen, da der Zweck der Mietwagenbeschaffung bereits erfüllt ist. Die Autoschutzbriefversicherung beinhaltet keinen generellen Nutzungsersatz[2] für das beschädigte Fahrzeug. 4

Gleichwertiges Fahrzeug 5

Da die Tagespauschale maximal die Kosten eines üblichen Mittelklassewagens abdeckt, wünscht der Versicherte in der Regel kein höherwertiges Fahrzeug als das eigene, da er ansonsten einen Teil der Kosten selbst übernehmen müsste.

Die Gleichwertigkeit des Fahrzeugs betrifft nur die Fahrzeugklasse. Der Versicherte hat Anspruch auf ein klassengleiches Fahrzeug gemäß Einteilung nach dem internationalen ACRISS-Code[3]. Auf das Alter seines Fahrzeugs kommt es nicht an. Reglementierungen wie sie im Schadensersatzrecht[4] üblich sind, haben daher für den vertraglichen Anspruch aus der Autoschutzbriefversicherung keine Bedeutung. Die Klausel stellt insoweit durch die Formulierung »gleichwertig« eine Sonderregelung gegenüber A.3.10.1 AKB dar. 6

Der Versicherte wird wegen der fehlenden Abnutzung seines Fahrzeugs (Ölverbrauch, Wartung, Kilometerstand) Vorteile erzielen. Diese bewegen sich nach h.M.[5] bei etwa 10 %. Es gibt jedoch in der Praxis keinen Abzug bei den Mietwagenkosten für ersparte Eigenaufwendungen. 7

Begriff der Mietwagenkosten, Kaution 8

Es kann im Organisationsfall im Interesse des Versicherers liegen, höhere Mietwagenkosten als die versicherten aufzuwenden, um sich Zusatzkosten für die Beförderung von Gepäck, nicht gewerblicher Ladung und versicherter Anhänger zu ersparen (siehe auch A.3.5.2).

Es gibt keine einheitliche Meinung oder Rechtsprechung über die Erstattungsfähigkeit von Zusatzkosten wie z.B. Gebühren für das Zustellen des Mietwagens, Aufpreise für Winterreifen, Navigationsgerät oder Kindersitze. Man kann die Mietwagenkosten als rein fahrzeugbezogen definieren. Aber auch die Bewertung, dass unter Mietwagenkosten die Summe aller notwendigen Aufwendungen, die nötig sind, um ein gleichwertiges Fahrzeug erhalten zu können, zu verstehen ist, ist zulässig. 9

Die zusätzlichen Kosten für eine Haftungsfreistellung (**Vollkaskoversicherung**) sind nicht versichert. Sie haben mit der Gleichwertigkeit des Fahrzeugs nichts zu tun. 10

Im Schadensersatzrecht besteht nur dann ein Anspruch auf die vollen zusätzlichen Kosten, wenn das Unfallfahrzeug selbst vollkaskoversichert ist. Wegen dem erhöhten Risiko einer Fremdwagennutzung, werden jedoch auch im Schadensersatzrecht anteilig – im Regelfall 50 % – der Zusatzkosten[6] erstattet. 11

Der Autoschutzbriefversicherer kann die zusätzlichen Kosten der Haftungsbefreiung aus Kulanz erstatten. 12

Eine gegebenenfalls zu entrichtende Kaution ist hingegen keinesfalls Bestandteil der Mietwagenkosten. Kosten für Benzin sind nicht Bestandteil der Kosten für die Mietwagennahme und deshalb von vornherein ausgeschlossen. 13

Schließlich sind auch zusätzliche Bearbeitungsgebühren des Mietwagenunternehmers wegen »Knöllchen« des Mietwagennehmers sind keine mitversicherten Kosten. 14

---

2 *AG Charlottenburg* Urt. v. 25.11.2005 – 234 C 210/05, ADAJUR Dok.Nr. 69266 = SP 2006, 173; MüKoStVR/*Therstappen*/*Tomson* A.3 AKB, Rn. 31.

3 www.acriss.org.

4 Himmelreich/Halm/*Reinicke* Handbuch des Fachanwalts Verkehrsrecht, Kap. 5.

5 *BGH* Urt. v. 02.02.2010 – VI ZR 7/09, JurionRS 2010, 11986 = DAR 2010, 464 = MDR 2010, 622 = VRR 2010, 218 bespr. v. *Zorn* = VersR 2010, 683 = r+s 2010, 211 = VRS 119, 73 = zfs 2010, 561.

6 Himmelreich/Halm/*Reinicke* Handbuch des Fachanwalts Verkehrsrecht, Kap. 5, Rn. 33 f.

15 *Beschränkungen bei der Mietwagennahme*

Die Organisation eines Mietwagens kann scheitern, wenn die Geschäftsbedingungen der Mietwagenunternehmer eine Mietwagennahme nicht möglich machen. Häufig muss der Mieter mindestens ein Jahr im Besitz einer gültigen Fahrerlaubnis sein und darf ein Mindestalter (21 oder 25 Jahre) nicht unterschreiten. Ebenso ist denkbar, dass die Nutzung des Mietwagens in Teilen des versicherten Geltungsbereiches nicht gestattet wird.

16 Sofern es zu solchen Hindernissen kommt und eine Mietwagennahme nicht möglich ist, kann das dem Versicherer nicht angelastet werden, da er zum Einen keinen Einfluss auf die Entscheidung des Mietwagenunternehmers hat und zum Anderen keine erfolgreiche Organisations- bzw. Serviceleistung vertraglich festgelegt ist. Natürlich wird es im Interesse des Versicherers sein, sich diesem Vorwurf nicht aussetzen zu müssen. Deshalb ist es wie in allen vergleichbaren Fällen wieder sinnvoll, nach einer für alle Seiten akzeptablen Lösung zu suchen (z.B. Übernahme von Taxikosten anstelle eines Mietwagens).

A.3.6.4 Fahrzeugunterstellung

Muss das Fahrzeug nach einer Panne oder einem Unfall bis zur Wiederherstellung der Fahrbereitschaft oder bis zur Durchführung des Transports in einer Werkstatt untergestellt werden, sind wir Ihnen hierbei behilflich. Wir übernehmen die hierdurch entstehenden Kosten, jedoch höchstens für zwei Wochen.

1 Die Klausel hat lediglich eine geringfügige sprachliche Änderung erfahren.

2 Sofern das Fahrzeug nach einer Panne oder einem Unfall bis zur Wiederherstellung der Fahrbereitschaft oder bis zur Durchführung eines Transportes in einer Werkstatt untergestellt werden muss, werden die daraus entstehenden Kosten erstattet. Die Höhe der Entschädigung ist nicht beschränkt, die Kosten werden jedoch höchstens für einen Zeitraum von 14 Tagen getragen.

3 *Wann muss das Fahrzeug untergestellt werden?*

Gründe für das Unterstellen des Fahrzeuges können darin liegen, dass eine beauftragte Reparatur nicht sofort durchgeführt werden kann, weil die Werkstatt über keine sofortigen Kapazitäten verfügt, Ersatzteile nicht verfügbar sind und bestellt werden müssen oder ein sofortiger Transport nicht möglich ist. Es ist ebenfalls denkbar, dass der Versicherungsnehmer Zeit benötigt, um über die weitere Vorgehensweise nach einem Schadenfall entscheiden zu können. Eine entsprechend angemessene Zeit muss dem Versicherungsnehmer insbesondere bei einem fremd verschuldeten Unfall oder bei der Abklärung der Wirtschaftlichkeit einer Reparatur zugestanden werden.

4 *Unterstellgelände*

Da Unterstellkosten auch im Falle eines nicht sofort möglichen Transportes erstattet werden, muss es sich bei der Örtlichkeit nicht zwangsweise um eine Werkstatt handeln. Das Firmengelände eines Abschleppunternehmers oder ähnlich geeignete Plätze, die ein gesichertes Abstellen des Fahrzeuges garantieren, sind genauso denkbar.

5 *Unterstellkosten nach Diebstahl*

Die Erstattung der Standgebühren wird ausdrücklich auf die Schadenursachen Panne und Unfall beschränkt. Unterstellkosten, die nach Diebstahl eines Fahrzeuges nach dessen Wiederauffinden entstehen können, finden nur bei Auslandsreisen (siehe unter A.3.8.2) Erwähnung. Bei Inlandsschäden besteht nach dem Wortlaut der Bedingungen kein Versicherungsschutz. Ob diese Leistungsbegrenzung tatsächlich so gewollt ist, ist zweifelhaft.

6 Wird ein entwendetes Fahrzeug im Inland wieder aufgefunden und kann nicht sofort transportiert werden oder eine notwendige Reparatur ist nur mit Zeitverzögerung möglich, stellt sich für den Versicherungsnehmer derselbe Tatbestand wie nach Panne oder Unfall dar. Eine unterschiedliche

versicherungsrechtliche Bewertung ist für den Versicherungsnehmer nicht nachvollziehbar, zumal bei den unter A.3.6. aufgeführten zusätzlichen Leistungen ausdrücklich auch auf Diebstahlschäden abgestellt wird. Es besteht deshalb auch[1] in diesen Fällen Leistungspflicht seitens des Versicherers.

A.3.7 Hilfe bei Krankheit, Verletzung oder Tod auf einer Reise

Wir erbringen die nachfolgenden Leistungen unter den Voraussetzungen, dass auf einer Reise mit dem versicherten Fahrzeug
- **Sie oder eine mitversicherte Person unvorhersehbar erkranken oder der Fahrer stirbt und**
- **dies an einem Ort geschieht, der mindestens xx km Luftlinie von Ihrem ständigen Wohnsitz in Deutschland entfernt ist.**

Als unvorhersehbar gilt eine Erkrankung, wenn diese nicht bereits innerhalb der letzten sechs Wochen vor Beginn der Reise (erstmalig oder zum wiederholten Male) aufgetreten ist.

Mit der Überarbeitung der AKB wurde die Vorschrift grundlegend neu strukturiert und sprachlich angepasst. Eine inhaltliche Änderung ist damit allerdings nicht verbunden. 1

Die nachfolgend beschriebenen Leistungen nach unvorhersehbarer Krankheit, Verletzung oder Tod einer mitversicherten Person können nur beansprucht werden, wenn die drei folgenden Merkmale erfüllt sind: 2
- der Schadenfall ist anlässlich einer Reise eingetreten
- die Reise wurde mit dem versicherten Fahrzeug angetreten
- der Schadensort ist mindestens xx km Luftlinie vom ständigen Wohnsitz[1] in Deutschland (die vormalige Grenze wurde in den Musterbedingungen aufgegeben)

entfernt

Reise 3

Es reicht somit nicht aus, dass sich der Schadenfall während einer versicherten Fahrt ereignet hat, sondern die Kriterien einer Reise müssen erfüllt sein. Welche dies sind, ist unter A.3.7.4 erklärt. Ist die Reise mit dem versicherten Fahrzeug angetreten worden, besteht während der gesamten Dauer der Reise Versicherungsschutz. Dies gilt nicht nur für den Aufenthalt am Zielort, sondern auch für alle sonstigen Aktivitäten während der Reise, wie z.B. Ausflüge, selbst wenn diese mit anderen Verkehrsmitteln als dem versicherten Fahrzeug durchgeführt werden.

Krankheit, Verletzung, Tod 4

Krankheit bezeichnet einen anomalen geistigen oder körperlichen Zustand, der – bedingt durch eine Störung oder einen Ausfall körperlicher oder geistiger Funktionen – eine nicht ganz unerhebliche, das Maß des nach den allgemeinen Lebensverhältnissen Zumutbaren überschreitende Beeinträchtigung des Betroffenen zur Folge[2] hat.

Eine Verletzung führt zu den gleichen Beeinträchtigungen wie eine Erkrankung und muss deshalb nicht unterschieden[3] werden. Außer in der Überschrift, taucht der Begriff der Verletzung daher nicht mehr gesondert auf. 5

Leistungen aufgrund des Todes des Fahrers sind an keine ausdrücklichen Ausschlüsse gebunden. Insbesondere ist es unbeachtlich, wenn der verstorbene Fahrer zuvor krank war und an dieser Krankheit auf der Reise gestorben ist. Für den Tod des Fahrers bleiben folglich die Vorerkrankung und der damit verbundene vorhersehbare Tod grundsätzlich bedeutungslos. 6

1 Im Ergebnis so auch Feyock/*Jacobsen*/Lemor KfzVers A.3.6.4 AKB, Rn. 50.
1 *OLG München* Urt. v. 03.06.2003 – 25 U 5174/02, JurionRS 2003, 45263 = ADAJUR Dok.Nr. 54397 = DAR 2003, 378 zum Wohnsitz im Rahmen der ADAC-Mitgliedschaft.
2 *Hofmann* Schutzbriefversicherung, Seite 163.
3 So auch Feyock/*Jacobsen*/Lemor KfzVers, A.3.7, Rn. 52.

7 Ausnahmsweise hat die Vorerkrankung jedoch dann eine Bedeutung, wenn in der Durchführung der Reise als Fahrer eine Gefahrerhöhung nach den §§ 23, 26 Abs. 1 VVG zu sehen ist. Dies hängt damit zusammen, dass an die Fahrtauglichkeit gesetzliche Mindestanforderungen gestellt werden. Diese haben nicht nur Auswirkungen auf den Versicherungsschutz. Verstöße werden als Straftaten nach § 315c Abs. 1 Nr. b) StGB verfolgt, wenn jemand infolge geistiger oder körperlicher Mängel nicht dazu in der Lage ist, ein Fahrzeug sicher zu führen. Entgegen *Stadler*[4] ist daher das zur Auslandsreisekrankenversicherung ergangene Urteil vom *AG München*[5], bei dem es nicht auf die Besonderheiten als Fahrer ankam, nicht uneingeschränkt übertragbar. Insoweit ist der todgeweihte Fahrer ein gesetzlich nicht berechtigter Fahrer.

8 *Vorerkrankung*

Die Krankheit muss unvorhersehbar eintreten. Als unvorhersehbar wird jede Erkrankung definiert, die nicht bereits innerhalb der letzten sechs Wochen vor Beginn der Reise erstmalig oder zum wiederholten Male aufgetreten ist.

9 Dieses **objektive Kriterium**[6] ist klar und kann leicht nachgeprüft werden. Im Zweifel kann sogar das Vorerkrankungsverzeichnis der Krankenkasse vorgelegt werden. Die Regelung ist gegenüber subjektiven Kriterien, wie z.B. bei der Auslandsreisekrankenversicherung[7] vorzugswürdig, da Rechtsstreitigkeiten über objektive Kriterien eher selten sind.

10 Eine Einschränkung für Erkrankungen infolge einer Schwangerschaft, wie sie die Bedingungen einiger Einzelschutzbriefe vorsehen, gibt es beim inkludierten Schutzbrief der Kraftfahrtversicherung nicht. Eine solche Klausel verstößt heute gegen §§ 19 Abs. 1 Nr. 2; 20 Abs. 2 Satz 1 AGG.[8] Chronische Erkrankungen, die in den letzten sechs Wochen vor Reisebeginn nicht aufgetreten sind, gelten ebenfalls als versichert, selbst wenn die Wahrscheinlichkeit der Erkrankung der Betroffenen deutlich höher als die bei gesunden Personen ist.

11 *Inlandsschäden*

Die Hilfe bei Krankheit, Verletzung oder Tod auf Reisen umfasst auch Inlandsschäden, sofern die Voraussetzungen der 50 km Grenze gegeben sind.

A.3.7.1 Krankenrücktransport

Müssen Sie oder eine mitversicherte Person infolge Erkrankung an Ihren ständigen Wohnsitz zurücktransportiert werden, sorgen wir für die Durchführung des Rücktransports. Wir übernehmen dessen Kosten. Art und Zeitpunkt des Rücktransports müssen medizinisch notwendig sein. Unsere Leistung erstreckt sich auch auf die Begleitung des Erkrankten durch einen Arzt oder Sanitäter, wenn diese behördlich

4 Stiefel/Maier/*Stadler* Kraftfahrtversicherung, A.3.7 AKB, Rn 81.

5 *AG München* Urt. v. 16.11.2006 – 223 C 14791/06, JurionRS 2006, 45161 = ADAJUR Dok.Nr. 83369 = r+s 2007, 292 (Auslandsreisekrankenversicherung).

6 Stiefel/Maier/*Stadler* Kraftfahrtversicherung, A.3.7 AKB, Rn 82; MüKoStVR/*Therstappen/Tomson* A.3 AKB, Rn. 36; dagegen sieht Prölss/Martin/*Klimke* A.3.7 AKB, Rn. 13 auch eine subjektive Komponente.

7 *BGH* Urt. v. 21.09.2011 – IV ZR 227/09, JurionRS 2011, 26565 = ADAJUR Dok.Nr. 97471 = VersR 2012, 89 = NJW-RR 2012, 362 = r+s 2012, 135 = zfs 2012, 33; *BGH* Urt. v. 02.03.1994 – IV ZR 109/93, JurionRS 1994, 15033 = ADAJUR Dok.Nr. 21639 = DAR 1994, 241 = MDR 1994, 449 = NJW 1994, 1534 = VersR 1994, 549; = WI 1994, 92 = zfs 1994, 221; *OLG Köln* Urt. v. 25.02.1998 – 5 U 123/97, JurionRS 1998, 32548 = ADAJUR Dok.Nr. 33709 = r+s 1999, 79 = VersR 1999, 222; *OLG Köln* Urt. v. 04.11.1998 – 5 U 87/97, JurionRS 1998, 31764 = ADAJUR Dok.Nr. 34341 = NJW-RR 1999, 824 = NVersZ 1999, 131; *OLG Hamm* Urt. v. 08.11.2000 – 20 U 44/00, JurionRS 2000, 20434 = ADAJUR Dok.Nr. 46216 = NJW-RR 2001, 527 = NVersZ 2001, 223 = OLGR 2001, 365 = VersR 2001, 1229 = zfs 2001, 511; *LG Köln* Urt. v. 07.11.2013 – 24 S 15/13, JurionRS 2013, 57335 = r+s 2014, 563.

8 Beckmann/Matusche-Beckmann/*Höke/Heß*, Versicherungsrechts-Handbuch, § 30 Rn. 309.

vorgeschrieben ist. Außerdem übernehmen wir die bis zum Rücktransport entstehenden Übernachtungskosten. Diese müssen jedoch durch die Erkrankung bedingt sein und sind begrenzt auf höchstens drei Übernachtungen bis zu je xx Euro pro Person.

Die Klausel wurde sprachlich leicht geändert. Damit ist keine inhaltliche Veränderung verbunden. 1

Sofern der Versicherungsnehmer oder mitversicherte Personen infolge Erkrankung an ihren ständigen 2 Wohnsitz[1] zurücktransportiert werden müssen, sorgt der Versicherer für die Durchführung des Rücktransportes und trägt dessen Kosten. Anders als bei den bisherigen Serviceleistungen wird nicht nur auf eine mögliche Hilfe für die Versicherten abgestellt, sondern es besteht ein Anspruch auf die Organisation des Rücktransportes[2].

Aus der Klausel ergibt sich im Umkehrschluss, dass ein selbst organisierter und selbst beschaffter Rück- 3 transport nicht unter den Versicherungsschutz fällt. Wendet sich der Versicherte folglich erst mit der Rechnung an den Autoschutzbriefversicherer, ist dieser nicht leistungspflichtig. Bei der Klausel handelt es sich nicht um eine verhüllte Obliegenheit, sondern um einen zulässigen Leistungsausschluss.[3]

Medizinische Notwendigkeit 4

Art und Zeitpunkt des Rücktransports muss medizinisch notwendig sein. Eine ärztliche Anordnung wird nicht[4] verlangt. Der behandelnde Arzt vor Ort muss allerdings die medizinische Notwendigkeit zumindest[5] bejahen. Maßgeblich ist der Zeitpunkt[6] der Entscheidung.

Medizinische Notwendigkeit liegt bei fehlender, nicht ausreichender Heilbehandlung oder hygie- 5 nischer Bedingungen[7] am Aufenthaltsort vor. Eine nicht ausreichende Heilbehandlung kann auch dann vorliegen, wenn der Heilungsprozess in einer spezialisierten Klinik oder bei anderen Begleitumständen positiv beeinflusst werden kann. Insoweit kann im Einzelfall nicht ausschließlich auf die medizinische Indikation abgestellt werden, sondern auch die soziale Indikation ist von Bedeutung.

Die medizinische Notwendigkeit muss nicht allein auf einer physischen Erkrankung beruhen. Nach 6 allgemeiner Auffassung können psychische[8] Beeinträchtigungen im Einzelfall auschlaggebend sein, die Notwendigkeit zu begründen.

Stirbt ein Insasse, sind die Anspruchsvoraussetzungen nicht erfüllt. Treten infolge dessen jedoch 7 schwere psychische Folgen mit Krankheitscharakter[9] bei anderen Insassen oder dem Fahrer auf, kann die medizinische Notwendigkeit aus diesem Gesichtspunkt zu prüfen sein.

---

1 *OLG München* Urt. v. 03.06.2003 – 25 U 5174/02, JurionRS 2003, 45263 = ADAJUR Dok.Nr. 54397 = DAR 2003, 378 zum Wohnsitz im Rahmen der ADAC-Mitgliedschaft.

2 *LG Bremen* Urt. v. 15.05.1997 –2 O 2324/96b, ADAJUR Dok.Nr. 32251 = r+s 1998, 350 zur Frage des Umfangs der Serviceleistung (der Rücktransport mit Ärzten ist nur ein Service, nicht aber vertraglich geschuldet).

3 *OLG Düsseldorf* Urt. v. 14.10.2003 – I-4 U 55/03, JurionRS 2003, 26491 = ADAJUR Dok.Nr. 61793 = VersR 2005, 108 (Flugrückholkostenversicherung).

4 *OLG Stuttgart* Urt. v. 07.11.2013 – 7 U 3/13, JurionRS 2013, 48937 = MDR 2014, 15 = r+s 2014, 81 = VersR 2014, 490 = zfs 2014, 521; Stiefel/Maier/*Stadler* Kraftfahrtversicherung, A.3.7.1 AKB, Rn. 90.

5 *LG Bremen* Urt. v. 15.05.1997 –2 O 2324/96b, ADAJUR Dok.Nr. 32251 = r+s 1998, 350 (Euro-Schutzbrief).

6 *OLG Düsseldorf* Urt. v. 25.09.2001 – 4 U 51/01, JurionRS 2001, 21926 = ADAJUR Dok.Nr. 49197 = zfs 2002, 191 = r+s 2002, 297 = OLGR 2002, 203 (Flugrückholkostenversicherung).

7 *OLG Nürnberg* Urt. v. 29.09.1988 – 8 U 118/88, JurionRS 1988, 14164 = DAR 1989, 229 = VersR 1989, 351 (Ls.) (Krankenzimmer mit toten Mäusen in Togo).

8 *OLG Saarbrücken* Urt. v. 27.02.2002- 5 U 724/01–55, ADAJUR Dok.Nr. 50789 = VersR 2002, 837 = NVersZ 2002, 263; *LG Bonn* Urt. v. 28.07.1995 – 4 S 40/95, JurionRS 1995, 15846 = ADAJUR Dok. Nr. 9885 = VersR 1996, 624 m. Anm. *Linden/Schlenz*; Himmelreich/Halm/*Völter* Handbuch des Fachanwalts Verkehrsrecht, Kap. 21, Rn. 80ff; Stiefel/Maier/*Stadler* Kraftfahrtversicherung, A.3.7.1 AKB, Rn. 89; NK-VersR/*Schwab/Kreuter*, A.3.7 AKB, Rn. 179.

9 NK-VersR/*Schwab/Kreuter*, A.3.7 AKB, Rn. 178.

8 Die medizinische Notwendigkeit muss vom behandelnden Arzt an objektiven Kriterien festgemacht werden. Dieser Grundsatz gilt bereits im Recht der privaten Krankenversicherung[10] und ist auf die Anforderungen des Autoschutzbriefes[11] zur übertragen.

9 Die Beweislast für die objektive Notwendigkeit trägt der Versicherte.[12]

10 Bestreitet der Versicherer die Notwendigkeit zu Unrecht, kann er sich schadensersatzpflichtig machen. Es ist allerdings zweifelhaft, ob eine Vertragsverletzung im extremen Einzelfall sogar einen Anspruch auf Zahlung von Schmerzensgeld[13] begründen kann.

11 *Kinder*

Bei der Beurteilung der Frage nach der medizinischen Notwendigkeit kommt diese z.B. in Betracht, wenn insbesondere Kinder[14] sich in einem ihnen nicht vertrauten Umfeld aufhalten müssen oder ein längerer Krankenhausaufenthalt notwendig ist. Die Bedingungen sehen zwar den ansonsten üblichen Rücktransport bei einem Krankenhausaufenthalt von mehr als 14 Tagen nicht ausdrücklich vor, er sollte allerdings zumindest unter Servicegesichtspunkten in Erwägung gezogen werden.

12 *Arzt zu Arzt Gespräch*

Die medizinische Notwendigkeit eines Rücktransportes muss in einem Arzt zu Arzt Gespräch geklärt werden. In der Regel wird dies zwischen dem vor Ort behandelnden Arzt und einem Vertrauensarzt des Versicherers/Assisteurs[15] geführt. Das Gespräch muss nicht nur die medizinische Notwendigkeit des Rücktransportes klären, sondern auch die konkreten Modalitäten eines eventuellen Rücktransportes (Zeitpunkt, medizinische Betreuung während des Transportes, Transportmittel).

13 *Datenschutz*
Einwilligung und Schweigepflichtentbindung

Gesundheitsdaten des Betroffenen können erhoben, verarbeitet oder genutzt werden, wenn dieser eine wirksame Einwilligungs- und Schweigepflichtentbindungserklärung abgegeben hat.

14 Die in den Verhaltensregeln der deutschen Versicherungswirtschaft vorgesehene Erklärung sieht eine allgemeine schriftliche Einwilligung des Versicherungsnehmers in die Verarbeitung von Gesundheitsdaten und die Entbindung von der (durch § 203 Strafgesetzbuch geschützten) Schweigepflicht vor. Diese Einwilligung umfasst auch die Übermittlung und Erhebung dieser Daten an und durch sonstige Beauftragte und Dienstleister des Versicherers.

15 Dieser Erklärung kann der Versicherungsnehmer im Vorhinein zustimmen (Pauschaleinwilligung). Er hat auch das Recht, sich diese Einwilligung für jeden einzelnen Leistungsfall vorzubehalten (Einzelfalleinwilligung).

16 Der Versicherer hat einen von ihm beauftragten Assisteur über das Vorliegen solcher Einwilligungen zu informieren; der Assisteur sollte sich diesbezüglich beim Versicherer hiernach erkundigen.

17 Bei der Pauschaleinwilligung wie bei der Einzelfalleinwilligung kann der Betroffene im konkreten Leistungsfall Widerspruch gegen die konkrete Weitergabe von Gesundheitsdaten erheben (wie dies

10 *BGH* Urt. v. 10.07.1996 – IV ZR 133/95, BGHZ 133, 208 = JurionRS 1996, 14264 = VersR 1996, 1224 = NJW 1996, 3074 = MDR 1996, 1125 = zfs 1996, 425; *OLG Zweibrücken* Urt. v. 16.08.2007 – 1 U 77/07, JurionRS 2007, 43049 = VersR 2007, 1505 (Krankheitskostenzusatzversicherung); *LG Dortmund* Urt. v. 12.04.2011 – 2 S 14/11, JurionRS 2011, 26653 = VersR 2011, 1305; zu weiteren Rechtsprechungsdetails siehe Halm/Engelbrecht/Krahe/*Ahlburg* Handbuch des Fachanwalts Versicherungsrecht, Kap. 19, Rn. 59 ff.

11 *Linden*, Rechtliche Aspekte weltweiter Krankenrücktransporte (Repatriierung), Diss. 1998, S. 37; Stiefel/Maier/*Stadler* Kraftfahrtversicherung, A.3.7.1 AKB, Rn. 87.

12 Stiefel/Maier/*Stadler* Kraftfahrtversicherung, A.3.7.1 AKB, Rn. 88.

13 So jedenfalls *LG München* I Urt. v. 09.11.2007 – 6 S 20960/06, ADAJUR Dok.Nr. 78497 = RRa 2008, 148, zustimmend *Jaeger* RRa 2008, 247.

14 Feyock/*Jacobsen*/Lemor KfzVers, A.3.7.1 AKB, Rn. 53.

15 So auch Feyock/*Jacobsen*/Lemor KfzVers, A.3.7.1 AKB, Rn. 54; *Hübner/Linden*, International-privatrechtliche Probleme ärztlicher Tätigkeit bei versicherten Krankenrücktransporten, VersR 1998, 793.

auch § 213 Abs. 3 VVG voraussetzt). Der Widerspruch setzt eine bereits vorliegende Einwilligung insoweit außer Kraft. Versicherer und Assisteur haben das Recht, auf mögliche Verzögerungen bei der Prüfung der Leistungspflicht hinzuweisen. Sie sollten dies in jedem Fall auch tun.

Es wird empfohlen, die geschilderte Einwilligungs- und Schweigepflichtregelung bei Bestandsverträgen nachzuholen, sobald sich in der Betreuung des Vertragsverhältnisses hierzu Gelegenheit ergibt. 18

Die Einwilligung kann, soweit sie nicht nach den oben genannten Bedingungen vorliegt, auch auf der Grundlage von § 4a BDSG anlässlich des einzelnen Leistungsfalls eingeholt werden. Da wegen eines ärztlichen Eingriffs in einem Notfall in der Regel Eilbedürftigkeit vorliegt, kann der Betroffene diese Einwilligung gem. § 4a Abs. 1 Satz 3 BDSG auch mündlich oder stillschweigend erteilen, die Schriftform ist hier nicht einzuhalten. 19

Für die Einhaltung ihrer Schweigepflicht tragen die behandelnden Ärzte und Mitarbeiter von Kliniken und Gesundheitseinrichtungen eine eigene Verantwortung gegenüber dem Betroffenen. Der Assisteur sollte sich in dieses zweiseitige strafrechtlich durch § 203 StGB geschützte Vertrauensverhältnis grundsätzlich nicht einmischen. Er soll aber die Schweigepflichtigen ggf. über ihm vorliegende Entbindungserklärungen informieren. 20

Schutz lebenswichtiger Interessen des Betroffenen 21

Gesundheitsdaten des Betroffenen können ohne eine wirksame Einwilligungserklärung auch dann vom Versicherer bzw. Assisteur im Rahmen des Vertragsverhältnisses zwischen Versicherer und Betroffenem erhoben, verarbeitet oder genutzt werden, wenn dies zum Schutz lebenswichtiger Interessen des Betroffenen erforderlich ist. Der Schutz lebenswichtiger Interessen liegt dann vor, wenn die Weitergabe der Gesundheitsdaten zur Durchführung einer medizinischen Behandlung erforderlich ist.

Weitere zwingende Voraussetzung ist, dass der Betroffene aus physischen oder rechtlichen Gründen außerstande ist, seine Einwilligung zu geben. Die Erkrankung und die daraus resultierende Beanspruchung durch den Behandlungsvorgang können ein solches Hindernis für die Einholung einer Einwilligung sein. Es kommt insoweit auf die Umstände des Einzelfalls an. Ist z.B. der Betroffene telefonisch oder anderweitig in seinem Krankenzimmer oder an seinem sonstigen Aufenthaltsort erreichbar und ansprechbar, kann eine Rückfrage bei ihm zur Einholung einer Einwilligung rechtlich erforderlich und geboten sein. 22

Der Versicherer sollte in diesem Zusammenhang den Versicherungsnehmer über die Einschaltung des Assisteurs zur Umsetzung seiner Leistungspflicht informiert haben. Ist dies nicht bereits beim Abschluss des Versicherungsvertrags geschehen, sollte dies bei der nächsten Gelegenheit im Rahmen der Bestandsbetreuung nachgeholt werden. 23

Funktionsübertragung Versicherer/Assisteur 24

Zwischen Versicherer und Assisteur sollte eine Vereinbarung zur Übertragung von Funktionen und zur Auftragsdatenverarbeitung bei der Erfüllung vertraglich vereinbarter Leistungen geschlossen werden, die insbesondere die datenschutzrechtlichen Aspekte klären sollte. Einen entsprechenden Mustervertrag hat der GdV mit seinem Rundschreiben 2158/2009 veröffentlicht.

Begleitpersonen 25

Die Leistung des Versicherers erstreckt sich auch auf die Begleitung des Erkrankten durch einen Arzt oder Sanitäter. Die Bedingungen sehen dies zwar nur für den Fall vor, wenn diese Begleitung behördlich vorgeschrieben ist, gleiches gilt aber auch bei medizinisch notwendiger Betreuung während des Rücktransports. Der Rücktransport umfasst die gesamte Strecke zwischen dem behandelnden Krankenhaus im Ausland zur Zielklinik, also auch den Hin- und Weitertransport zu bzw. von Flughäfen. Es ist darauf zu achten, dass zusätzlich der Bodentransport organisiert wird.

Unklar bleibt, ob der Versicherer auch die weiteren Kosten der Begleitpersonen für deren Rückreise zu tragen hat. Da es sich dabei um Folgekosten der notwendigen Begleitung handelt, sein diese versichert. 26

Übernachtungskosten 27

Entstehen durch die Erkrankung zusätzliche Übernachtungskosten für die versicherten Personen, werden diese bis zum Rücktransport bis zu dem vereinbarten Betrag für längstens drei

Übernachtungen gezahlt. Da die betroffenen Personen zusammen mit dem versicherten Fahrzeug auf Reisen sind, wird diese Leistung für alle Versicherten anfallen. Wird die Rückreise mit dem versicherten Fahrzeug wie geplant angetreten, werden zusätzliche Kosten für die Rückfahrt der zurückgebliebenen Personen nicht erstattet. Es bleibt die Entscheidung des Versicherers, ob er die ersparten Hotelkosten trotzdem zu Gunsten von Rückreisekosten anrechnet.

A.3.7.2 Rückholung von Kindern

Wir organisieren für Sie die Abholung und Rückfahrt mitreisender minderjähriger Kinder mit

einer Begleitperson zu ihrem Wohnsitz, wenn

- **der Fahrer erkrankt ist oder stirbt und**
- **die Kinder weder von Ihnen noch von einem anderen Insassen betreut werden können.**

Wir übernehmen die hierdurch entstehenden Kosten. Wir erstatten dabei die Bahnkosten 2. Klasse einschließlich Zuschlägen sowie die Kosten für nachgewiesene Taxifahrten bis zu xx Euro.

1 Die Klausel wurde sprachlich vereinfacht und übersichtlicher gestaltet, ohne den Inhalt zu ändern.

2 Können mitreisende Kinder unter 16 Jahren infolge einer Erkrankung oder des Todes des Fahrers des versicherten Fahrzeuges weder von ihm noch von anderen berechtigten Insassen betreut werden, sorgt der Versicherer für deren Abholung und Rückfahrt mit einer Begleitperson zu ihrem Wohnsitz[1]. Die Leistung wird erst gewährt, wenn sämtliche mitreisenden Fahrer ausfallen. Mitreisende Kinder müssen weder verwandt noch die eigenen Kinder des Versicherten[2] sein. Auch bei der Kinderrückholung besteht ein Anspruch auf die Organisationsleistung. Wohnsitz ist nach dem Wortlaut der Wohnsitz der Kinder und nicht der des Versicherungsnehmers. Ansonsten hätte der Versicherungsnehmer direkt angesprochen werden müssen.[3]

3 *Bahnfahrt*

Es werden die Bahnkosten 2. Klasse einschließlich Zuschlägen sowie die Kosten für nachgewiesene Taxifahrten bis zum vereinbarten Betrag erstattet (siehe auch A.3.6.1). Eine Erstattung von Bahnkosten 1. Klasse ab einer Fahrtstrecke über 1.200 Bahnkilometern ist nicht vorgesehen.

4 Da die Organisationsleistung geschuldet wird, werden die anfallenden zusätzlichen Kosten für die Begleitperson (Anreise, Übernachtung) ebenfalls getragen.

5 *Flugreisen*

Auch wenn dies in den Bedingungen nicht erwähnt ist, sollte bei größeren Distanzen die Möglichkeit der Flugreise in Erwägung gezogen werden. Diese ist nicht nur für die Betroffenen bequemer und damit kundenfreundlich, sondern häufig auch kostengünstiger als eine Bahnfahrt.

6 *Schwere der Krankheit*

Es gibt keinen Hinweis auf die »notwendige« Schwere oder Dauer der Erkrankung des Fahrers. Dies trägt der Tatsache Rechnung, dass je nach Alter und Selbständigkeit der Kinder sofortiger Handlungsbedarf bestehen kann.

7 *Selbstorganisation durch VN*

Anders als bei der Fahrzeugabholung ist die Selbstorganisation der Leistung durch den Versicherungsnehmer nicht ausdrücklich erwähnt. Es ist allerdings gerade bei der Kinderrückholung häufiger Wunsch, dass diese von Familienangehörigen oder vertrauten Personen durchgeführt wird. Die Kostenerstattung für diese Personen ist identisch wie für Begleitpersonen, die der Versicherer zur Verfügung stellt.

---

1 *OLG München* Urt. v. 03.06.2003 – 25 U 5174/02, JurionRS 2003, 45263 = ADAJUR Dok.Nr. 54397 = DAR 2003, 378 zum Wohnsitz im Rahmen der ADAC-Mitgliedschaft.

2 Feyock/*Jacobsen*/Lemor KfzVers, A.3.7.2 AKB, Rn. 60; Stiefel/Maier/*Stadler* Kraftfahrtversicherung, A.3.7.2 AKB, Rn. 99.

3 »Ihren« statt »ihren«.

A.3.7.3 Fahrzeugabholung

Wir organisieren für Sie die Verbringung des Fahrzeugs zu Ihrem ständigen Wohnsitz, wenn

- **der Fahrer länger als drei Tage erkrankt oder stirbt und**
- **das Fahrzeug weder von ihm noch von einem Insassen zurückgefahren werden kann.**

Wir übernehmen die hierdurch entstehenden Kosten.

Veranlassen Sie die Verbringung selbst, erhalten Sie als Kostenersatz bis xx Euro je Kilometer zwischen Ihrem Wohnsitz und dem Schadenort. Außerdem erstatten wir in jedem Fall die bis zur Abholung der berechtigten Insassen entstehenden und durch den Fahrerausfall bedingten Übernachtungskosten. Die Leistung ist begrenzt auf drei Übernachtungen bis zu je xx Euro pro Person.

Im Zuge der Überarbeitung der AKB blieb die Vorschrift inhaltlich unverändert, wurde jedoch sprachlich verbessert. 1

Kann das versicherte Fahrzeug infolge Erkrankung oder Tod des Fahrers weder von diesem oder einem anderen Insassen zurückgefahren werden, sorgt der Versicherer für die Verbringung des Fahrzeuges zu dem ständigen Wohnsitz[1] des Versicherungsnehmers und trägt die Kosten. Die Krankheit muss länger als 3 Tage andauern und anlässlich einer Reise eingetreten sein. Der Ort der Erkrankung muss wiederum mindestens 50 km Luftlinie vom ständigen Wohnsitz in Deutschland entfernt liegen. 2

Begriff der Fahrzeugverbringung 3

Der Begriff der der Fahrzeugverbringung unterscheidet sich von dem des Fahrzeugtransportes (siehe auch A.3.8.1). Bei der Verbringung lässt der Versicherer einen Ersatzfahrer zur Verfügung stellen, der das fahrbereite Fahrzeug zurück an den Wohnsitz fährt. Das Zurückfahren wird folglich nicht durch eigene Leute des Versicherers, sondern nur durch den für den Versicherten beauftragte Fahrer durchgeführt.

Kommt es bei der Fahrzeugverbringung durch den Ersatzfahrer zu einem Unfall, haften nur der Ersatzfahrer und dessen Unternehmen, nicht aber der Autoschutzbriefversicherer. Es zeigen sich hierin die Parallelen zur Pannenhilfe und zum Abschleppen[2] des Fahrzeugs. Der Ersatzfahrer ist als Notfallfahrer berechtigter Fahrer in der Kfz-Haftpflicht- und Fahrzeugversicherung auch dann, wenn ein zusätzlicher Fahrer nicht eingetragen ist. Der etwaige Höherstufungsschaden des Versicherungsnehmers kann allenfalls beim Ersatzfahrer geltend gemacht werden. 4

Ein Unfall oder eine Panne während der Fahrzeugverbringung kann einen zweiten Autoschutzbriefschaden mit entsprechendem Leistungsanspruch auslösen. 5

Erkrankt jedoch der Ersatzfahrer entsteht kein erneuter Anspruch gegen den Schutzbriefversicherer, da kein neuer Schadensfall eingetreten ist. Das beauftragte Unternehmen hat für einen Austausch des Ersatzfahrers zu sorgen. 6

Fortsetzung der Reise 7

Tritt die Erkrankung auf dem Weg zum Zielort ein, ist eine Verbringung dorthin nicht vorgesehen, da man davon ausgehen kann, dass eine mehr als dreitägige Erkrankung den Abbruch der Reise zur Folge hat. Wollen nicht erkrankte, berechtige Insassen die Reise fortsetzen, sind keine Leistungen hierfür vorgesehen. Ist das Fahrzeug bereits ohne Ersatzfahrer voll besetzt, sind ebenfalls

1 *OLG München* Urt. v. 03.06.2003 – 25 U 5174/02, JurionRS 2003, 45263 = ADAJUR Dok.Nr. 54397 = DAR 2003, 378 zum Wohnsitz im Rahmen der ADAC-Mitgliedschaft.

2 *OLG Saarbrücken* Urt. v. 07.09.2004 –5 U 530/04, JurionRS 2005, 16769 = NJW-RR 2005, 1194 = OLGR 2005, 658 = VersR 2005, 1724 = zfs 2005, 399 = r+s 2005, 374; *AG München* Urt. v. 11.01.2016 – 251 C 18763–15, Pressemitteilung JURION 2016, 346525.

keine Leistungen für die Weiter-/Rückfahrt für die Person vorgesehen, die nicht weiter mit dem versicherten Fahrzeug reisen kann.

8 *Gültige Fahrerlaubnis*

Die Leistung der Fahrzeugabholung ist nicht bereits dann hinfällig, wenn ein weiterer Insasse im Besitz einer gültigen Fahrerlaubnis ist und damit berechtigt wäre, dass Fahrzeug zu führen. Er muss sich in der Lage sehen und es muss zumutbar sein, dass er die Fahrt als Fahrer weiterführt. Dies kann nicht der Fall sein, wenn er seit längerer Zeit nicht mehr selbst gefahren ist, sich eine lange, ungewohnte Fahrt nicht zutraut oder die Erkrankung des ursprünglichen Fahrers ihn psychisch stark belastet. In der Regel kann man davon ausgehen, dass entsprechende Einwände glaubhaft sind, da unter normalen Umständen die Betroffenen das Fahrzeug selbst verbringen wollen.

9 *Fahrzeugbezogene Leistungen bei Erkrankung*

Ist die Erkrankung Folge eines Unfalls, der darüber hinaus dazu geführt hat, dass das Fahrzeug nicht mehr fahrbereit ist, kommen im Inland nur die fahrzeugbezogenen Leistungen, die unter A.3.5 und A.3.6 beschrieben sind, in Betracht.

10 *Selbstorganisation und Kilometerpauschale*

Organisiert der Versicherungsnehmer die Verbringung selbst, erhält er die vertraglich vereinbarte Kilometerpauschale für die Distanz zwischen Schadensort und Wohnsitz.

11 In beiden Fällen – Organisation durch den Versicherer oder Selbstorganisation – werden die bis zur Abholung der berechtigten Insassen entstehenden und durch den Fahrerausfall bedingten Übernachtungskosten bis zu dem vereinbarten Betrag pro Person, jedoch für längstens drei Übernachtungen erstattet.

A.3.7.4 Was versteht man unter einer Reise?

Reise ist jede Abwesenheit von Ihrem ständigen Wohnsitz bis zu einer Höchstdauer von fortlaufend xx Wochen. Als Ihr ständiger Wohnsitz gilt der Ort in Deutschland, an dem Sie behördlich gemeldet sind und sich überwiegend aufhalten.

1 *Definition*

Als Reise wird jede Abwesenheit vom ständigen Wohnsitz[1] bis zu einer Höchstdauer von fortlaufend xx Wochen definiert, die vormalige Regelung von 6 Wochen wurde aufgegeben. Als ständiger Wohnsitz gilt der Ort in Deutschland, an dem der Versicherungsnehmer behördlich gemeldet ist und sich überwiegend aufhält.

2 Für Mitversicherte gilt der Wohnsitz des Versicherten[2]. Dies ergibt sich aus der Formulierung »Ihr Wohnsitz« und »Sie gemeldet« in direkter Ansprache des Versicherten. Ansonsten hätte die Formulierung auf die Mitversicherten ausgeweitet werden müssen, wie bei der Sonderregelung bei der Rückholung von Kindern an deren[3] Wohnsitz in A.3.7.2 AKB. Der Wohnsitz des Versicherten ist zudem maßgebend, um die Entfernungs-Grenze bestimmen zu können.

3 Die Reise muss keine Mindestdauer erfüllen. Es ist ausreichend, wenn die räumliche Entfernung zum Wohnsitz erfüllt wird.

1 *OLG München* Urt. v. 03.06.2003 – 25 U 5174/02, JurionRS 2003, 45263 = ADAJUR Dok.Nr. 54397 = DAR 2003, 378 zum Wohnsitz im Rahmen der ADAC-Mitgliedschaft.

2 Feyock/*Jacobsen*/Lemor KfzVers, A.3.7.4 AKB, Rn. 69; NK-VersR/*Schwab*/*Kreuter*, A.3.6 AKB, Rn. 175; a.A. Stiefel/Maier/*Stadler* Kraftfahrtversicherung, A.3.6 AKB, Rn. 66.

3 »Ihren«, nicht »Ihren« Wohnsitz.

Wohnsitz 4

Hat der Versicherungsnehmer mehrere Wohnsitze im Inland, kommt es neben der behördlichen Meldung darauf an, an welchem sein Lebensmittelpunkt zu sehen ist. Damit wird ausgeschlossen, dass »wahlweise« ein Wohnsitz angegeben werden kann, um die Leistungsvoraussetzung der Reise zu erfüllen. Liegt der Lebensmittelpunkt an einem ausländischen Wohnsitz ist dies für die Beurteilung des Versicherungsschutzes irrelevant.

Die Differenzierung nach dem »überwiegenden Aufenthalts« entscheidet nur bei mehr als einem Wohnsitz im Inland. 5

Wohnsitz im Ausland 6

Hält sich der Versicherungsnehmer an einem Wohnsitz im Ausland auf, ist dieser Aufenthalt als Reise anzusehen und wird nur mit der erwähnten sechs Wochen Frist beschränkt. Diese Frist wird unterbrochen und beginnt wieder neu zu laufen, wenn der Versicherte an den bedingungsgemäß festgelegten inländischen Wohnsitz zurückkehrt. Dabei ist unerheblich, wie lange er sich an diesem aufhält.

A.3.8 Zusätzliche Leistungen bei einer Auslandsreise

Ereignet sich der Schaden an einem Ort im Ausland (Geltungsbereich nach A.3.4 ohne Deutschland), der mindestens xx km Luftlinie von Ihrem ständigen Wohnsitz in Deutschland entfernt ist, erbringen wir zusätzlich folgende Leistungen:

1 Ereignet sich ein Schadenfall an einem Ort im Ausland, der mindestens xx km Luftlinie vom ständigen Wohnsitz[1] in Deutschland entfernt liegt, erbringt der Versicherer die nachfolgend beschriebenen, zusätzlichen Leistungen. Die Beschränkung auf 50 km wurde aufgegeben.

2 Als Ausland gilt der Geltungsbereich des Abschnittes A.3.4 ohne Deutschland.

3 Es wird bei den fahrzeugbezogenen Leistungen nicht ausdrücklich erwähnt, das sie während einer Fahrt oder Reise mit dem versicherten Fahrzeug eingetreten sein müssen, die Zusatzleistungen können allerdings auch nicht Folge eines anderen Schadenereignisses sein.

4 Wohnt der Versicherungsnehmer in Grenznähe, kann auch bei einem Auslandsschaden kein Versicherungsschutz bestehen, sofern die Voraussetzungen der 50 km Grenze nicht erfüllt sind.

A.3.8.1 Bei Panne oder Unfall

Ersatzteilversand

a Können Ersatzteile zur Wiederherstellung der Fahrbereitschaft des Fahrzeugs an einem ausländischen Schadenort oder in dessen Nähe nicht beschafft werden, organisieren wir für Sie, dass Sie diese auf schnellstmöglichem Wege erhalten. Wir übernehmen alle entstehenden Versandkosten.

1 Kann ein Ersatzteil, das für die Reparatur eines infolge einer Panne oder eines Unfalls nicht mehr fahrbereiten Fahrzeuges notwendig ist, am Schadensort oder dessen Nähe nicht beschafft werden, sorgt der Versicherer dafür, dass der Versicherungsnehmer dieses auf dem schnellsten Wege – notfalls per Luftfracht[1] – erhält und trägt die Versandkosten. Ist die Bereitstellung nicht in einer Zeit möglich, die eine Reparatur innerhalb von 3 Tagen seit Schadeneintritt möglich macht, hat der Versicherungsnehmer Anspruch auf einen Fahrzeugtransport (siehe auch A.3.8b).

---

1 *OLG München* Urt. v. 03.06.2003 – 25 U 5174/02, JurionRS 2003, 45263 = ADAJUR Dok.Nr. 54397 = DAR 2003, 378 zum Wohnsitz im Rahmen der ADAC-Mitgliedschaft.

1 Feyock/*Jacobsen*/Lemor KfzVers, A.3.8.1a, Rn. 72.; Stiefel/Maier/*Stadler* Kraftfahrtversicherung, A.3.8.1a AKB, Rn. 109.

2 *Kosten des Ersatzteiles*

Die Kosten für das Ersatzteil und dessen Verzollung werden nicht ersetzt.

3 In der Regel ist die Organisation dieser Leistung nur möglich, wenn der Versicherer auch für die nicht versicherten Kosten in Vorleistung tritt. Es sollte mit dem Versicherten deshalb abgeklärt werden, dass er nach seiner Rückkehr diese zurück erstattet. Erstattet der Versicherte die Ersatzteilkostenrechnung an den Autoschutzbriefversicherer nicht, kann dieser seine Auslagen gerichtlich[2] durchsetzen. Sind die Ersatzteile unvollständig, weil der Verkäufer die Einzelteile nicht vollständig zusammenstellte, geht dies nicht zu Lasten des Schutzbriefversicherers. Wie bei der Pannenhilfe und dem Abschleppen[3] schuldet der Versicherer auch beim Ersatzteilversand[4] nur die Organisation[5] der Leistung durch Dritte.

4 *Umfang der Reparaturkosten*

Es gibt keine Beschränkung im Hinblick auf die Größe und Art der zu beschaffenden Ersatzteile. Auch wenn es nicht ausdrücklich erwähnt ist, muss die Reparatur wirtschaftlich sein, d.h., dass die Reparaturkosten den Wiederbeschaffungswert des Fahrzeuges nicht übersteigen. Eine entsprechende Reparatur kann auch nicht im Sinne des Versicherungsnehmers sein, da er die Kosten hierfür selbst tragen muss. Müssen schwere oder geräumige Teile wie z.B. ein Getriebe transportiert werden, kann es wirtschaftlicher sein, das Fahrzeug in eine Werkstatt transportieren zu lassen, in der das Ersatzteil vorrätig ist. Gleiches kann gelten, wenn die Zollbestimmungen eines Landes so komplex sind, dass ein Versand in angemessener Zeit nicht möglich ist. Diese Lösung setzt natürlich voraus, dass der Versicherungsnehmer auf sein Fahrzeug für die Weiterfahrt nicht angewiesen ist und diesem Verfahren zustimmt.

Fahrzeugtransport

b Wir organisieren für Sie den Transport des Fahrzeugs zu einer Werkstatt und übernehmen die hierdurch entstehenden Kosten bis zur Höhe der Rücktransportkosten an Ihren Wohnsitz, wenn

- **das Fahrzeug an einem ausländischen Schadenort oder in dessen Nähe nicht innerhalb von drei Werktagen fahrbereit gemacht werden kann und**
- **die voraussichtlichen Reparaturkosten nicht höher sind als der Kaufpreis für ein gleichwertiges gebrauchtes Fahrzeug.**

1 Die Vorschrift wurde – optisch gering – durch »Bullitpoints« als Aufzählungszeichen an die nun übliche Form angepasst. Die sprachliche Veränderung hat keinen Einfluss auf den Inhalt.

2 Der Versicherer sorgt nach einer Panne oder einem Unfall für den Transport des Fahrzeuges zu einer Werkstatt und trägt die Kosten bis zur Höhe eines Rücktransportes an den Wohnsitz[1], wenn das Fahrzeug nicht innerhalb von 3 Tagen am ausländischen Schadensort oder dessen Nähe fahrbereit gemacht werden kann und die voraussichtlichen Reparaturkosten den Wiederbeschaffungswert des Fahrzeuges nicht übersteigen.

3 *Qualität der Reparatur*

Bei der Reparaturfähigkeit innerhalb von 3 Tagen müssen die länderspezifischen Besonderheiten berücksichtigt werden, die mit den Maßstäben und Servicestandards inländischer Werkstätten nicht immer Stand halten können. Der Versicherungsnehmer hat Anspruch auf eine ordnungsgemäße Reparatur, die die vorhandenen Mängel beseitigt und den Zustand des Fahrzeuges wiederherstellt,

---

2 *LG Hanau* Urt. v. 09.06.1981 – 2 S 57/81, zfs 1982, 54.

3 *OLG Saarbrücken* Urt. v. 02.03.2005 –5 U 530/04, JurionRS 2005, 16769 = ADAJUR Dok.Nr. 64937 = NJW-RR 2005, 1194 = VersR 2005, 1724 = OLGR 2005,658 = zfs 2005, 399 = r+s 2005, 374.

4 *LG Hanau* Urt. v. 09.06.1981 – 2 S 57/81, zfs 1982, 54.

5 *OLG Hamm* Beschl. v. 11.10.2013 – I-20 U 152/13, ADAJUR Dok.Nr. 104249 = SP 2014, 63.

1 *OLG München* Urt. v. 03.06.2003 – 25 U 5174/02, JurionRS 2003, 45263 = ADAJUR Dok.Nr. 54397 = DAR 2003, 378 zum Wohnsitz im Rahmen der ADAC-Mitgliedschaft.

der ohne den eingetretenen Schadenfall vorgelegen hat. Es kann sinnvoll sein, einen Korrespondenten vor Ort einzusetzen, der die örtlichen Gegebenheiten kennt und die Reparatur koordiniert.

Wirtschaftlichkeit der Reparatur 4

Die Frage der Wirtschaftlichkeit der Reparatur ist im Zweifel nur durch einen Sachverständigen vor Ort zu klären. Dieser muss prüfen, ob die Reparaturkosten den Kaufpreis für ein gleichwertiges gebrauchtes Fahrzeug nicht übersteigen. Entsprechende Marktkenntnisse sind im Ausland selten anzutreffen. Außerdem entstehen zusätzliche Kosten, die häufig in keinem Verhältnis zu dem zu ersparenden Entschädigungsbetrag stehen, der sich bei einer Verschrottung/Verzollung gegenüber einem Fahrzeugtransport ergeben.

Auf den Restwert des kaputten Fahrzeugs kommt es bei der Wirtschaftlichkeitsbetrachtung nach 5
dem Wortlaut der Klausel nicht an. Allerdings unterliegt der Versicherte der Schadenminderungspflicht[2] nach E.1.1.4 AKB. Der Versicherte hat unter Wirtschaftlichkeitsgesichtspunkten keinen vertraglichen Anspruch auf einen Integritätszuschlag[3] von 30 %, wie er nach heute überholter Auffassung[4] im Schadensersatzrecht noch zugesprochen wird.

Angemessener Zeitraum für den Rücktransport 6

Der Fahrzeugtransport ist in einer angemessenen und dem Versicherungsnehmer zuzumutenden Zeit durchzuführen. Sammeltransporte sind zumutbar, wenn sie zeitnah, im Normalfall innerhalb von höchstens 7–10 Tagen erfolgen.

Mietwagen

c Wir helfen Ihnen, ein gleichwertiges Fahrzeug anzumieten. Mieten Sie ein Fahrzeug nach A.3.6.3 an, übernehmen wir die Kosten hierfür bis Ihr Fahrzeug wieder fahrbereit zur Verfügung steht. Wir leisten bis zu einem Betrag von xx Euro.

Die frühere Klausel nach den AKB 2008 wiederholte die Bezugnahme auf A.3.6.1 und A.3.6.2 1
AKB, die in A.3.6.3 AKB enthalten ist. Mit der neu gefassten Regelung kommt dies sprachlich klarer zum Ausdruck, ohne der inhaltliche Seite zu verändern.

Für die Zeit der Reparatur hilft der Versicherer bei der Anmietung eines gleichwertigen Mietwagens 2
und erstattet die Kosten bis zu dem im Vertrag vereinbarten Betrag. Die Zusatzleistung bei Auslandsschäden gegenüber der Regelung des Abschnittes A.3.6.3 besteht darin, dass die Erstattung der Mietwagenkosten nicht auf sieben Tage beschränkt wird, sondern auf die Dauer der Reparatur abstellt. Außerdem ist die Mietwagenleistung im Ausland keine Variante, die die sonstigen Leistungen unter A.3.6.3 wie Übernachtungskosten ausschließen.

Gerade für Urlauber, die am Urlaubsort über sieben Tage hinaus einen Mietwagen benötigen, ist 3
die Regelung von Vorteil. Am Urlaubsort ist meist kein Gepäcktransport erforderlich, so dass ein kleineres Fahrzeug zu günstigeren Konditionen ausreichend ist. Die vertraglich vereinbarte Höchstbetragssumme reicht somit vielfach, um über sieben Tage hinaus mobil zu bleiben.[1]

Fahrzeugverzollung und -verschrottung

d Muss das Fahrzeug nach einem Unfall im Ausland verzollt werden, helfen wir bei der Verzollung. Wir übernehmen die hierbei anfallenden Verfahrensgebühren mit

2 Feyock/*Jacobsen*/Lemor KfzVers, A.3.8.1b AKB, Rn. 75; *Knappmann* Der Autoschutzbrief, VRR 2011, 447.

3 *BGH*, Urt. v. 22.04.2008 – VI ZR 237/07, DAR 2008, 517 = MDR 2008, 857 = NJW 2008, 2183 = NZV 2008, 447 = r+s 2008, 307 = VersR 2008, 937 = VRR 2008, 304 = zfs 2008, 504; *KG Berlin*, Urt. v. 14.12.2017 – 22 U 177/15, DAR 2018, 142.

4 Zutreffende Kritik durch *Eggert* In Österreich 110 bis 115, in Deutschland 130 % – ist der Integritätszuschlag noch zeitgemäß? Plädoyer für einen Kurswechsel in FS für Danzl 2017, S. 27 ff.

1 Feyock/*Jacobsen*/Lemor KfzVers, A.3.8.1c AKB, Rn. 77.

Ausnahme des Zollbetrags und sonstiger Steuern. Lassen Sie Ihr Fahrzeug verschrotten, um die Verzollung zu vermeiden, übernehmen wir die Verschrottungskosten.

1 Die Neufassung wurde sprachlich überarbeitet, indem aus einem langen Satz zwei kurze Schätze gemacht wurden. Die Änderung dient allein dem besseren sprachlichen Verständnis.

2 Diese Zusatzleistung im Ausland beschränkt sich auf unfallbedingte Schäden. Bei Pannen, die eine Fahrzeugverzollung oder -verschrottung nach sich ziehen könnten, besteht kein Versicherungsschutz.

3 *Verzollung*

Der Versicherer hilft bei der Verzollung und übernimmt die hierfür entstehenden Verfahrensgebühren. Der Zollbetrag und sonstige Steuern werden nicht ersetzt.

4 *Verschrottung*

Ist ein gewinnbringender Restwert nicht zu erzielen und entscheidet sich der Versicherungsnehmer für eine Verschrottung, um die Verzollung zu vermeiden, werden die Verschrottungskosten ersetzt. Um Unstimmigkeiten bei der möglichen Abrechnung des Fahrzeugschadens über die Vollkaskoversicherung zu vermeiden, empfiehlt sich eine vorherige Abstimmung. Bei der Verschrottung ist dem Versicherungsnehmer anzuraten, die entwerteten Kennzeichen wieder mit zurückzunehmen, um das Fahrzeug problemlos bei den hiesigen Behörden austragen lassen zu können.

5 *Verkauf/Schenkung*

Verschenkt der Versicherungsnehmer sein Fahrzeug an einen Bastler oder hat es noch einen Restwert und er verkauft das Fahrzeug wegen des Unfallschadens im Ausland, können ebenfalls Verzollungskosten anfallen. Da nicht der Unfall, sondern die Veräußerung den letzten Ausschlag für die Verzollung gab, soll nach *Jacobsen*[1] ein Hilfeleistungsanspruch aus dem Autoschutzbriefvertrag entfallen.

6 Dem ist zu widersprechen. Ursache für die Veräußerung bleibt der Unfall. Die Verzollung fällt nur an, weil der Versicherungsnehmer sich in einer anderen Art und Weise des Fahrzeugs entledigen will, als durch Verschrottung. Die Veräußerung stellt somit keine echte Zäsur dar, die den Kausalverlauf unterbrechen könnte. Der Wortlaut der Klausel enthält keine Einschränkungen für Veräußerungsgeschäfte.

7 Nach ständiger Rechtsprechung des *BGH*[2] sind allgemeine Versicherungsbedingungen so auszulegen, wie ein durchschnittlicher Versicherungsnehmer sie bei aufmerksamer Durchsicht und Berücksichtigung des erkennbaren Sinnzusammenhangs verstehen muss; dabei kommt es auf die Verständnismöglichkeiten eines Versicherungsnehmers ohne versicherungsrechtliche Spezialkenntnisse und damit auch auf seine Interessen an.

8 Ein verständiger Versicherungsnehmer kann darauf vertrauen, dass er daher auch in den Fällen des Verkaufs oder der Schenkung Versicherungsschutz genießt.

A.3.8.2 Bei Fahrzeugdiebstahl

Fahrzeugunterstellung

a Wir übernehmen die Kosten für eine Fahrzeugunterstellung, wenn das gestohlene Fahrzeug

---

1 Feyock/*Jacobsen*/Lemor KfzVers, A.3.8.1c AKB, Rn. 81.

2 *BGH* Urt. v. 16.06.1982 – IVa ZR 270/80, BGHZ 84, 268 = JurionRS 1982, 12476 = MDR 1982, 916 = NJW 1982, 2776 = VersR 1982, 841; *BGH* Urt. v. 23.06.1993 – IV ZR 135/92, BGHZ 123, 83 = JurionRS 1993, 15275 = MDR 1993, 841 = VersR 1993, 957 = NJW 1993, 528; *BGH* Urt. v. 18.02.2009 – IV ZR 11/07, JurionRS 2009, 11740 = VersR 2009, 623 = MDR 2009, 684 = NJW-RR 2009, 813 = r+s 2009, 246 = zfs 2009, 340.

- **nach dem Diebstahl im Ausland wieder aufgefunden wird und**
- **bis zur Durchführung des Rücktransports oder der Verzollung bzw. Verschrottung untergestellt werden muss.**

Wir übernehmen die Kosten höchstens für xx Wochen.

Die Regelung wurde im Rahmen der Überarbeitung der AKB 2008 klarer gefasst. Die Befristung auf zwei Wochen wurde aufgegeben, es steht der Assekuranz frei, welchen Zeitraum sie einsetzen möchte. 1

Sofern das Fahrzeug nach einem Diebstahl im Ausland wieder aufgefunden wird, werden die Kosten für die Fahrzeugunterstellung, die bis zu einem Rücktransport oder einer Verzollung oder Verschrottung entstehen, für die Dauer von 2 Wochen übernommen. 2

Nähere Angaben zum Auffindungsort enthalten die Bedingungen nicht. Dies ist sicherlich unproblematisch, wenn sich dieser im Inland oder im versicherten ausländischen Geltungsbereich befindet. Zu einem Auffindungsort außerhalb des versicherten Geltungsbereiches gibt es in den Bedingungen keine Hinweise. Da das zu bewertende Schadenereignis nicht das Auffinden, sondern der Diebstahl des Fahrzeuges ist, müssen die angesprochenen Leistungen auch außerhalb des Geltungsbereiches erbracht werden, wenn der Diebstahl versichert gewesen ist. 3

Der Bedingungstext erwähnt seit den AKB 2008 auch einen Rücktransport des Fahrzeuges nach einem Diebstahl. Dieser kann nur versichert sein, wenn die Voraussetzungen unter A.3.8.1 zusätzlich erfüllt sind. Der Rücktransport eines fahrbereiten Fahrzeuges nach Diebstahl ist nicht versichert. 4

Wird das Fahrzeug von den Behörden wegen noch notwendiger Ermittlungen nicht frei gegeben und es fallen dadurch Standgebühren an, werden diese nicht erstattet. 5

Mietwagen

b Wir helfen Ihnen, ein gleichwertiges Fahrzeug anzumieten. Mieten Sie ein Fahrzeug nach A.3.6.3 an, übernehmen wir die Kosten hierfür, bis Ihr Fahrzeug wieder fahrbereit zur Verfügung steht. Wir zahlen höchstens xx Euro.

Die Klausel wurde im Rahmen der Überarbeitung der AKB 2008 gestrafft, ohne eine inhaltliche Änderung herbeizuführen. 1

Auch die Leistung »Mietwagen« kann nur beansprucht werden, wenn das wieder aufgefundene Fahrzeug nicht fahrbereit ist und wieder instand gesetzt werden muss. Der Versicherer ist bei der Anmietung behilflich und trägt die Kosten bis zum vertraglich festgelegten Höchstbetrag, sofern das Fahrzeug den Bestimmungen nach A.3.6.3[1] entspricht. 2

Die Kosten werden bis zur Wiederherstellung der Fahrbereitschaft des Fahrzeuges übernommen. Eine weitere zeitliche Begrenzung wie in A.3.6.3 (... für höchstens 7 Tage) gibt es nicht. 3

Fahrzeugverzollung und -verschrottung

c Muss das Fahrzeug nach dem Diebstahl im Ausland verzollt werden, helfen wir bei der Verzollung. Wir übernehmen die hierbei anfallenden Verfahrensgebühren mit Ausnahme des Zollbetrags und sonstiger Steuern. Lassen Sie Ihr Fahrzeug verschrotten, um die Verzollung zu vermeiden, übernehmen wir die Verschrottungskosten.

Die Klausel wurde im Zuge der Novellierung der AKB sprachlich leicht überarbeitet. Eine inhaltliche Veränderung ist damit nicht verbunden. 1

---

1 Siehe oben A.3.6.3 AKB Rdn. 2–16.

2 Es handelt sich um einen anderen Tatbestand, aber um dieselben Rechtsfolgen wie unter A.3.8.1d AKB. Auf die dortigen Ausführungen[1] darf verwiesen werden.

A.3.8.3 Im Todesfall

Im Fall Ihres Todes auf einer Reise mit dem versicherten Fahrzeug im Ausland sorgen wir nach Abstimmung mit den Angehörigen
- **für die Bestattung im Ausland oder**
- **für die Überführung nach Deutschland.**

Wir übernehmen hierfür die Kosten.

Diese Leistung gilt nicht bei Tod einer mitversicherten Person.

1 Die Vertragsbestimmung wurde im Rahmen der Überarbeitung sprachlich neu gefasst. Dies dient der Übersichtlichkeit und Verständlichkeit.

2 Die personenbezogene Leistung im Todesfall im Ausland zielt anders als bei den fahrzeugbezogenen Leistungen ausdrücklich wieder auf das Vorliegen einer Reise mit dem versicherten Fahrzeug ab, da der Schadenfall nicht bei dem Gebrauch des versicherten Fahrzeuges eintreten muss.[1]

3 Im Todesfall des Versicherungsnehmers haben die Angehörigen das Recht zwischen einer Bestattung vor Ort oder einer Überführung des Leichnams nach Deutschland zu wählen. Der Versicherer organisiert die gewählte Leistung und trägt die Kosten. Zu den Überführungskosten[2] zählen, der Transport, die Kosten für den Transportsarg, die Einbalsamierung und der Leichenpass. Die Kosten der Leichenbergung sind dagegen keine Überführungskosten. Da der Oberbegriff »Überführung« nicht nur den Leichentransport, sondern den Urnentransport einschließt, ist auch die Überführung der Urne versichert.

4 Kein Anspruch[3] auf die vertragliche Leistung besteht beim Tod des berechtigten Fahrers oder berechtigten Insassen. Diese sind bezüglich dieser personenbezogenen Leistung nicht mitversichert.

5 *Bestattung vor Ort*

Bestattung ist der Oberbegriff von Beisetzung (Urne) und Begräbnis (Beerdigung).

6 Bei einer Bestattung vor Ort hat sich die Gestaltung der Beisetzung an den Lebensverhältnissen des Verstorbenen[4] zu orientieren. Die Kostenerstattung bezieht sich nur auf die reinen Bestattungskosten. Aufwendungen für Trauerkleidung der Angehörigen und begleitende Veranstaltungen werden nicht ersetzt. Zu den reinen Bestattungskosten gehören insbesondere nicht: ein verlängertes Nutzungsrecht (Kaufgrab), ein Grabstein, eine Grablaterne und die Grabpflegekosten[5]. Dies sind Aufwendungen zur dauerhaften Einrichtung einer Ruhestätte und gehen über die eigentliche Bestattung hinaus. Bei Dienstreiseunfällen ist das Sterbegeld in der gesetzlichen Unfallversicherung nach § 64 Abs. 1 SGB VII zu beachten. Es entspricht einem Siebtel der Bezugsgröße nach § 18 Abs. 1 SGB IV und somit den durchschnittlichen gesamten Bestattungskosten.[6] Zudem sind Beihilfevorschriften zu beachten.

---

1 Siehe oben A.3.8.1 AKB Rdn. 14 ff.

1 Feyock/*Jacobsen*/Lemor KfzVers, A.3.8.3 AKB, Rn. 87.

2 Eichenhofer/Wenner/*Merten*, Kommentar zum Sozialgesetzbuch VII, § 64 SGB VII, Rn. 10.

3 Prölss/Martin/*Klimke* VVG-Kommentar, A.3 Rn. 23; *Knappmann* Der Autoschutzbrief, VRR 2011, 444; Feyock/*Jacobsen*/Lemor KfzVers, A.3.8.3 AKB, Rn. 87.

4 *OLG Düsseldorf* Urt. v. 23.03.1994 – 15 U 282/92, JurionRS 1994, 15922 = ADAJUR Dok.Nr. 22312 = VersR 1995, 1195 = SP 1994, 210 = zfs 1995, 453.

5 *BGH* Urt. v. 20.09.1973 – III ZR 148/71, BGHZ 61, 238 = JurionRS 1973, 11216 = NJW 1973, 2103 = DB 1973, 2186 = JZ 1973, 786 = MDR 1974, 29 = VersR 1974, 140.

6 BT-Drs. 13/2204 S. 91.

Auf die zum Schadensersatzrecht ergangen Rechtsprechung zu den Beerdigungskosten[7] kann nicht verwiesen werden, da der Schädiger sämtliche Kosten zu tragen hat, die ansonsten nach § 1968 BGB der Erbe zu tragen hätte. Der Begriff der Bestattungskosten ist in der Autoschutzbriefversicherung erkennbar eng auszulegen, da diese alternativ zu den Kosten des Leichenrücktransportes gezahlt werden, nicht aber die komplette Beerdigungskosten ersetzen sollen. 7

Leichenrücktransport 8

Bei einem Leichenrücktransport werden alle Verfahrensgebühren, Kosten für ärztliche Bescheinigungen, den für den Transport vorgeschriebenen Sarg und die eigentlichen Transportkosten übernommen.

A.3.9 Was ist nicht versichert?

Die Ausschlussklauseln gelten für den Versicherungsnehmer und die mitversicherten[1] Personen. 1

A.3.9.1 Vorsatz und grobe Fahrlässigkeit

Kein Versicherungsschutz besteht für Schäden, die Sie vorsätzlich herbeiführen. Bei grob fahrlässiger Herbeiführung des Schadens sind wir berechtigt, unsere Leistung in einem der Schwere Ihres Verschuldens entsprechenden Verhältnis zu kürzen.

Wird der Schaden vorsätzlich verursacht, ist der Versicherer von der Verpflichtung zur Leistung frei. Da es sich um eine Schadensversicherung handelt, wiederholt die Klausel nur die Rechtsfolge des § 81 Abs. 1 VVG. Bei grob fahrlässiger Herbeiführung des Schadens ist der Versicherer berechtigt, seine Leistung in einem der Schwere des Verschuldens entsprechenden Verhältnis zu kürzen. Damit wird in der Klausel auch die Bestimmung des § 81 Abs. 2 VVG wiederholt. 1

Telefonische Meldung 2

Mittlerweile wird der überwiegende Teil der Schutzbriefschäden telefonisch gemeldet, weil der Versicherungsnehmer die Service-/und Organisationsleistungen abrufen möchte. In dieser Situation steht eine schnelle Problemlösung im Vordergrund. Die schnelle Hilfe und eigene Organisation der Leistungen hilft nicht nur Kosten zu sparen und die Kundenzufriedenheit zu erhöhen, sondern kann den Einstieg in Schadenmanagementmaßnahmen für einen eventuellen Kasko- oder Kraftfahrthaftpflichtschaden ermöglichen. Es werden deshalb selten Begleitumstände abgefragt, die für die einzuleitenden Sofortmaßnahmen nicht unbedingt benötigt werden, aus denen sich aber die vorsätzliche oder grob fahrlässige Herbeiführung des Schadenfalles herleiten lassen könnten. Häufig wird auf eine zusätzliche, schriftliche Schadenmeldung verzichtet. Dies erschwert die Prüfung der Schadenfälle auf grobe Fahrlässigkeit oder Vorsatz.

Die telefonische Erreichbarkeit des Versicherers sollte[1] im Schadensfall genutzt werden, auch um Weisungen[2] einzuholen, E.1.4.1 AKB. 3

Grobe Fahrlässigkeit 4

Häufige Beispiele für grobe Fahrlässigkeit in der Schutzbriefversicherung sind:
- Nutzung eines noch fahrbereiten Fahrzeuges bei dem der Schadeneintritt (Panne) vorhersehbar und billigend in Kauf genommen wird (z.B. Beschädigung der Ölwanne mit Getriebeschaden als Folge).[3]

---

7 Überblick bei Himmelreich/Halm/*Jaeger* Handbuch des Fachanwalts Verkehrsrecht, Kap. 13, Rn. 124 ff.; Himmelreich/Halm/Staab/*Kreuter* Handbuch der Kfz-Schadensregulierung, Kap. 17, Rn. 132 ff.

1 Feyock/*Jacobsen*/Lemor KfzVers, A.3.9 AKB, Rn. 91; MüKoStVR/*Therstappen*/*Tomson* A.3 AKB, Rn. 59.

1 *Knappmann* Der Autoschutzbrief, VRR 2011, 444; NK-VersR/*Schwab*/*Kreuter*, A.3 AKB, Rn. 180;

2 *Kreuter* E.1.4.1 AKB Rdn. 1.

3 Beckmann/Matusche-Beckmann/*Höke*/*Heß* Versicherungsrechts-Handbuch, § 30 Rn. 312.

– Fahren unter Alkoholeinfluss und Drogen
– grobe Verkehrsverstöße
– das Ermöglichen eines Fahrzeugdiebstahls

5 Derzeit gibt es in der Schutzbriefversicherung noch keine Erfahrungswerte, wie sich der Wegfall des »Alles oder Nichts Prinzips« bei grober Fahrlässigkeit auswirkt. Die Höhe der Quotelung der Entschädigungsleistung je nach Schwere des Verstoßes dürfte sich an den Vorgaben der Kaskoversicherung orientieren. In diesem Bereich hat sich mittlerweile eine beachtliche Rechtsprechung und Literatur[4] entwickelt, so dass entsprechend zu verweisen ist.

6 Der Ausschluss von grober Fahrlässigkeit in der Autoschutzbriefversicherung ist zulässig[5].

7 *Knappmann*[6] weist zu Recht darauf hin, dass die Kürzung des Anspruchs sich nur auf die Kostenerstattung, aber nicht auf die Serviceleistung auswirken könne, da Service keine teilbare Leistung ist.

8 *Vorsatz*

Vorsätzliche Handlungen, die nicht mit einem Betrugsversuch einhergehen, wie z.B. die Selbsttötung während einer Reise, sind eher selten.

A.3.9.2 Motorsportveranstaltungen oder -aktivitäten

Kein Versicherungsschutz besteht für Schäden, die bei Beteiligung an behördlich genehmigten kraftfahrt-sportlichen Veranstaltungen, bei denen es auf Erzielung einer Höchstgeschwindigkeit ankommt, entstehen. Dies gilt auch für dazugehörige Übungsfahrten.

Hinweis: Die Teilnahme an nicht genehmigten Rennen stellt eine Verletzung Ihrer Pflichten nach D.1.1.4 dar.

AKB 4/2024 Motorsportveranstaltungen oder -Aktivitäten

Kein Versicherungsschutz besteht für Schäden aus dem Gebrauch des Fahrzeugs bei einer behördlich genehmigten Motorsportveranstaltung

1 Es handelt sich um die einzige Bestimmung in A.3. die im Zuge der Revision der AKB von 2008 auf 2015 nicht nur sprachlich, sondern auch inhaltlich verändert wurde. Die Änderung wird bereits in der Überschrift und dem Hinweis deutlich.

2 Früher fielen sämtliche Rennen unabhängig davon unter die Klausel, ob es sich um behördlich genehmigte oder private Rennen handelte.[1]

3 Heute beschränkt sich der Ausschlusstatbestand auf entsprechende Veranstaltungen mit behördlicher Genehmigung[2].

4 Für die Kfz-Haftpflichtversicherung ist es nur zulässig, für behördlich genehmigte kraftfahrt-sportliche Veranstaltungen einen Ausschluss zu vereinbaren, § 4 Nr. 4 KfzPflVV; für private Rennen im Umkehrschluss nicht. Dieses Konzept wurde nunmehr für die Autoschutzbriefversicherung nachgebildet.

5 Die Klausel enthält den vorsorglichen Hinweis auf D.1.1.4 AKB 2015, dass neben dem hier geregelten Ausschlusstatbestand, dort eine Pflichtverletzung für private Rennen geregelt ist. Die

---

4 *Stomper* A.2.9.1 AKB Rdn. 90 ff.; Looschelders/Pohlmann/*Schmidt-Kessel*, VVG Kommentar, § 81 VVG, Rn. 81 ff.

5 Prölss/Martin/*Klimke* VVG-Kommentar, A.3 AKB, Rn. 24.

6 *Knappmann* Der Autoschutzbrief, VRR 2011, 444.

1 Siehe Erstauflage *Merta/Westkämper* A.3 AKB, Rn. 1488.

2 Zur Definition vgl. A.1.5.2 und D.1.1.4 AKB.

Pflichtverletzung bedeutet eine Obliegenheitsverletzung, die nach dem Grade des Verschuldens zu einer entsprechend geminderten Leistungspflicht des Versicherers führt.

Die geänderte Regelung entspricht der gebotenen Vorsicht bei der Abfassung von Musterbedingungen, möglichst keine rechtlich angriffsfähige Regelung zu bieten. Sie verfolgt die gleichmäßige Behandlung zu den anderen Autoversicherungen. Mit Blick auf den deutlich geringeren wirtschaftlichen Bedeutungsgehalt der Autoschutzbriefversicherung für den Versicherungsnehmer und die mitversicherten Personen sowie des gänzlich fehlenden Interesses potentiell geschädigter Verkehrsunfallopfern, dürfte auch die Vorgängerregelung (Ausschluss statt Obliegenheitsverletzung) einer rechtlichen Überprüfung standhalten. 6

Auswirkung der Änderung des PflVG und der KfzPflVV: 7

neu nach BT-Drucksache 20/8094 § 4 Ziffer 4 KfzPflVV

4. für Ersatzansprüche aus Gebrauch des Fahrzeugs bei einer Motorsportveranstaltung oder Motorsportaktivität, einschließlich Rennen, Wettbewerben, Trainings, Test und Demonstrationen, wenn
   a) das Fahrzeug in einem hierfür abgegrenzten Gebiet mit Zugangsbeschränkungen gebraucht wird und
   b) für diesen Gebrauch des Fahrzeugs Versicherungsschutz nach Maßgabe des § 5d Pflichtversicherungsgesetzes besteht.

Auch diese Klausel ist angepasst worden, der Ausschluss bezieht sich dann auf Motorsportveranstaltungen analog der Formulierung der KfzPflVV. Ein Ausschluss ist insoweit uneingeschränkt zulässig, da die Regelung der KfzPflVV und des PflVG nur für die Kraftfahrzeug-Haftpflicht-Versicherung gelten!

A.3.9.3 Erdbeben, Kriegsereignisse, innere Unruhen, Staatsgewalt

Kein Versicherungsschutz besteht für Schäden, die durch Erdbeben, Kriegsereignisse, innere Unruhen oder Maßnahmen der Staatsgewalt unmittelbar oder mittelbar entstehen,

Erdbeben 1

Ein Erdbeben[1] ist eine naturbedingte Erschütterung des Erdbodens, die durch geophysikalische Vorgänge im Erdinneren ausgelöst wird.

Krieg 2

Krieg ist ein mit Waffengewalt ausgetragener Konflikt zwischen zwei oder mehreren Staaten zur Durchsetzung politischer, wirtschaftlicher, ideologischer und/oder militärischer Interessen.

Innere Unruhen 3

Innere Unruhen liegen vor, wenn zahlenmäßig nicht unerhebliche Teile der Bevölkerung in einer die öffentliche Ordnung und Ruhe störenden Weise in Bewegung geraten und unmittelbar Gewalt gegen Personen oder Sachen verüben.

Maßnahmen der Staatsgewalt 4

Bei Maßnahmen der Staatsgewalt handelt es sich um Verfügungen, die gegenüber der allgemeinen staatlichen Ordnung einen Ausnahmecharakter tragen und hinsichtlich der Art ihres Erlassens oder ihres Inhalts ungewöhnlich sind.

Ursächlichkeit des Schadenfalls 5

Das Schadenereignis muss mittelbar oder unmittelbar auf das Elementarereignis oder die aufgezählten politischen Risiken zurückzuführen sein. Die Ausschlusstatbestände greifen nicht, wenn

1 Zur Definition vgl. auch A.2.9.4 AKB.

sich die Versicherten zwar in einem Land mit politischen Unruhen aufhalten, der Aufenthaltsort/Urlaubsort von diesen aber nicht betroffen ist. Ist allerdings z.B. ein Ersatzteilversand in eine dieser unbeteiligten Regionen nicht möglich, da die Unruhen zu veränderten Einfuhrregelungen des Landes geführt haben, greifen die Ausschlusstatbestände.

6 Das Abschleppen eines Fahrzeuges infolge einer polizeilichen Anordnung (Falschparken, Sicherheitsrisiko, etc.) ist nicht Folge einer Maßnahme der Staatsgewalt, da der Sachverhalt der allgemeinen staatlichen Ordnung zugeordnet werden kann. Da in diesen Fällen das Fahrzeug in der Regel grundsätzlich fahrbereit ist und weder eine Panne oder ein Unfall vorliegt, kommen die Leistungen des Abschnittes A.3.5 dennoch nicht zum Tragen.

A.3.9.4 Schäden durch Kernenergie

Kein Versicherungsschutz besteht für Schäden durch Kernenergie.

1 Unter Kernenergie versteht man die Energie, die man nach dem Prinzip der Kernspaltung in kerntechnischen Anlagen (Atomkraftwerk) mittels Kernbrennstoffen erzeugt.

A.3.10 Anrechnung ersparter Aufwendungen, Abtretung

A.3.10.1 Haben Sie aufgrund unserer Leistungen Kosten erspart, die Sie ohne das Schadenereignis hätten aufwenden müssen, können wir diese von unserer Zahlung abziehen.

1 Hat der versicherte Personenkreis aufgrund der Leistungen Kosten erspart, die er ohne das Schadenereignis hätte aufwenden müssen, können diese vom Versicherer abgezogen werden. In der Schadensversicherung soll der Geschädigte nicht bereichert werden. Die Klausel entspricht daher dem Grundsatz der Vorteilsausgleichung, wie er auch im Schadensersatzrecht zur Anwendung kommt. Das Rechtsinstitut der Vorteilsausgleichung[1] ist gesetzlich nicht geregelt und somit ungeschriebenes Recht. Es entspricht der Billigkeit und wurde durch Richterrecht entwickelt. Die Übernahme dieses Rechtsgedankens in die Vertragsklausel ist daher zulässig.

2 Regelmäßig kann dies bei folgenden Konstellationen der Fall sein:

3 *Weiter- und Rückfahrt*

Wird die Fahrt mit der Bahn fortgesetzt, werden Benzinkosten erspart, die bei der Fahrt mit dem versicherten Fahrzeug entstanden wären.

4 *Übernachtungskosten*

Beinhalten die Übernachtungskosten auch Aufwendungen für Verpflegung, können diese in Abzug gebracht werden. Waren auch ohne den Schadenfall bei der ursprünglich geplanten Fahrt Übernachtungen vorgesehen und entfallen diese durch die Übernachtung am Schadensort, besteht ebenfalls eine Verrechnungsmöglichkeit.

5 *Mietwagen*

Bei Mietwagennahme muss das Fahrzeug mit wieder aufgefüllten Tank abgegeben werden. Ist dies nicht möglich und die Mietwagenrechnung beinhaltet Benzinkosten, können diese ebenfalls angerechnet werden, sofern die Mietwagenrechnung nicht ohnehin entsprechend gekürzt wird.

6 Das Abtretungsverbot des A.3.10.2 AKB wurde in der Version AKB 2015/2022 aufgeben und daher in dieser Auflage gestrichen.

---

1 *BGH* Urt. v. 14.09.2004 – VI ZR 97/04, JurionRS 2004, 19127 = NJW 2004, 3557 = MDR 2005, 145 = VersR 2004, 1468 = NZV 2005, 39 = DAR 2005, 19 = r+s 2005, 125 = VRS 108,7, 401 = zfs 2005, 124.

A.3.11 Verpflichtung Dritter

A.3.11.1 Soweit im Schadenfall ein Dritter Ihnen gegenüber aufgrund eines Vertrags oder einer Mitgliedschaft in einem Verband oder Verein zur Leistung oder zur Hilfe verpflichtet ist, gehen diese Ansprüche unseren Leistungsverpflichtungen vor.

Soweit dem Versicherungsnehmer im Schadenfall ein Dritter gegenüber aufgrund eines Vertrages oder einer Mitgliedschaft in einem Verband oder Verein zur Leistung oder zur Hilfe verpflichtet ist, gehen diese Leistungsverpflichtungen vor. Es handelt sich um eine zulässige[1] einfache[2] Subsidiaritätsklausel. Sie verhindert, dass es zu einer echten Mehrfachversicherung[3] kommt. 1

Als Leistungserbringer können insbesondere in Frage kommen: Automobilclubs, Automobil- und Reifenhersteller im Rahmen ihrer Garantieleistungen, Versicherer, bei denen ein gesonderter Schutzbrief besteht, Kreditkartengeber, gesetzliche und private Krankenversicherer und sonstige gemeinnützige Vereine, die Schutzbriefleistungen für ihre Mitglieder vorsehen. 2

Darüber hinaus kommt der Hersteller eines Fahrzeugs mit hoch- oder vollautomatisierten Fahrfunktionen in Betracht, wenn eine Fehlfunktion des Fahrsystems den Schaden verursacht hat, § 1a StVG. 3

Hat ein sonstiger Dritter den Schaden verursacht und ist dem Versicherungsnehmer zum Schadenersatz verpflichtet, bleibt es dem Versicherungsnehmer unbenommen, zunächst die vertraglichen Leistungen seines Schutzbriefes abzurufen. Die vermeintlichen Ansprüche des Versicherungsnehmers gehen bei Leistung auf den Schutzbriefversicherer nach § 86 Abs. 1 Satz 1 VVG auf diesen über und können beim Schadenverursacher regressiert werden. 4

Dies gilt ebenso, wenn der Hersteller von Fahrzeugen mit hoch- oder vollautomatisierten Fahrfunktionen Ersatz zu leisten hat. Dabei kommt es entgegen *Koch*[4] nicht darauf an, dass in der Autoschutzbriefversicherung keine vergleichbare Regelung wie in der Fahrzeugversicherung zu A.2.8 Satz 5 AKB vorhanden ist. Maßgeblich ist, dass die Schutzbriefversicherung – anders als die Fahrzeugversicherung – nur subsidiär ausgestaltet ist. 5

Organisiert und zahlt der Schutzbriefversicherer selbst die an ihn gerichtete Rechnung des Leistungserbringers entstehen ihm die Kosten letztlich immer Brutto, da er als Schadenversicherer nicht vorsteuerabzugsberechtigt ist. Ist der Versicherte jedoch vorsteuerabzugsberechtigt, besteht der Schadensersatzanspruch nur netto. Folglich kann der Schutzbriefversicherer auch nur netto beim Schädiger regressieren. 6

Zu beachten ist allerdings, dass der Autoschutzbriefversicherer nicht nur Kosten für Hilfen trägt und Aufwendungen ersetzt, sondern erhebliche Organisationsleistungen erbringt. Diese Leistungen sind nur schwer in Geldbeträgen auszudrücken. In Regress nehmen kann der Schutzbriefversicherer den Schädiger für diesen Aufwand nicht. Müsste der Versicherte – ohne Schutzbriefversicherer im Hintergrund – alles selbst organisieren, kann er auch nur die Unkostenpauschale oder nachgewiesene Kosten beim Schädiger geltend machen. Seinen Zeitaufwand[5] erhält er auch im Schadensersatzrecht nicht ersetzt. 7

---

1 *BGH* Urt. v. 21.04.2004 – IV ZR 113/03, JurionRS 2004, 14409 = MDR 2004, 1118 = NJW-RR 2004, 1100 = TranspR 2005, 80 = VersR 2004, 994.

2 Stiefel/Maier/*Stadler* Kraftfahrtversicherung, A.3.11 AKB, Rn. 131; MüKoStVR/*Therstappen/Tomson* A.3 AKB, Rn. 59.

3 *BGH* Urt. v. 18.11.2009 – IV ZR 58/06, JurionRS 2009, 28273 = r+s 2010, 69 = NJW-RR 2010, 383 = VersR 2010, 247.

4 *Koch* Verteilung der Haftpflichtversicherungs-/Regressrisikos bei Kfz-Unfällen während der Fahrzeugführung im Autopilot-Modus gem. § 1a Abs. 2 StVG, VersR 2018, 901 ff.

5 *BGH* Urt. v. 09.03.1976 – VI ZR 98/75, BGHZ 66, 112 = JurionRS 1976, 11413 = DB 1976, 1284 = JR 1976, 378 = MDR 1976, 831 = NJW 1976, 1256 = VersR 1977, 615.

A.3.11.2 Wenden Sie sich nach einem Schadenereignis allerdings zuerst an uns, sind wir Ihnen gegenüber abweichend von A.3.11.1 zur Leistung verpflichtet.

1 *Subsidiarität*

Da häufig auch der Versicherungsschutz der oben aufgezählten Anbieter eine Subsidiaritätsregelung vorsieht, ist in Abweichung von A.3.11.1 bestimmt, dass der Versicherer zur Leistung verpflichtet ist, wenn sich der Versicherungsnehmer zuerst an ihn wendet. Damit soll vermieden werden, dass der Versicherungsnehmer bei mehr als einem Anspruch auf Schutzbriefleistungen von den Leistungserbringern jeweils an einen anderen verwiesen wird. Dem Versicherer ist es zudem untersagt, an einen Automobilclub[1] als Leistungserbringer zu verweisen.

2 Liegen keine haftungsrechtlichen Möglichkeiten vor, kann ein Regress nur dann durchgeführt werden, wenn die Voraussetzungen des § 78 VVG vorliegen.

3 Ist der Anspruch auf Schutzbriefleistungen nicht Bestandteil eines Versicherungsvertrages, sondern z.B. Folge einer Mitgliedschaft in einem Automobilclub, fehlt es an den Anspruchsvoraussetzungen des § 78 VVG. *Stadler*[2] stützt sich mit seiner gegenteiligen Ansicht zu Unrecht auf die von ihm zitierte Rechtsprechung[3]. Diese bezieht sich lediglich auf das Verhältnis versicherungsvertraglicher Leistungen von Primär- und Subsidiärversicherern, nicht aber auf Mitgliedsleistungen. Letztlich will er dann aber doch allein wegen des Verwaltungsaufwandes[4] des Regress scheitern lassen. Ein Regress ist daher nicht möglich, weder aktiv noch passiv.

4 Folgen für den Regress des Autoschutzbriefversicherers

5 Der Versicherungsnehmer kann wegen ein und derselben Schadensposition oftmals nicht nur eine, sondern mehrere Personen aus verschiedenen Rechtsgründen in Anspruch nehmen. Aufgrund der obigen Klausel ist es dem Versicherten gleich, wen er in Anspruch nimmt.

6 Für den (vor-)leistenden Schutzbriefversicherer, der die einfache Subsidiaritätsklausel verwendet, ergeben sich beispielhaft[5] folgende Regressmöglichkeiten:

Schuldner des Versicherten aufgrund	Anspruchsgrundlage des Versicherten	Regressgrundlage des Auto-Schutzbriefversicherers	Quote
Wegen Unfall gegen Unfallgegner und Pflichthaftpflichtversicherer	§§ 7 StVG, 823 BGB; 115 VVG	§ 86 Abs. 1 VVG i.V.m. Schadensersatzanspruch	Bis[6] 100 %
Wegen Werkstattfehler gegen Werkstatt	§§ 280, 632 ff. BGB	§ 86 Abs. 1 VVG i.V.m. Schadensersatzanspruch	100 %
Kaskoversicherer (Abschleppkosten)	A.2.5.2.2 AKB	§ 86 Abs. 1 VVG gegen Primärversicherer	100 %
Mobilitätsgarantie auf Neu- und Gebrauchtwagen	§§ 433 BGB	§ 86 Abs. 1 VVG gegen Primärversicherer	100 %
Privater Krankenversicherer	MB/KK	§ 86 Abs. 1 VVG gegen Primärversicherer[7]	100 %

1 *Bauer* Die Kraftfahrtversicherung, Rn. 1404.
2 Stiefel/Maier/*Stadler* Kraftfahrtversicherung, A.3.11 AKB, Rn. 137.
3 *BGH* Urt. v. 23.11.1988 – IVa ZR 143/87, JurionRS 1988, 13553 = VersR 1989, 250 = MDR 1989, 525 = r+s 1989, 36 = NJW-RR 1989, 922 (KVO subsidiär/KH primär); *OLG Düsseldorf* Urt. v. 25.09.2001 – 4 U 51/01, JurionRS 2001, 21926 = ADAJUR Dok.Nr. 49197 = zfs 2002, 191 = r+s 2002, 297 = OLGR 2002, 203.
4 Stiefel/Maier/*Stadler* Kraftfahrtversicherung, A.3.11 AKB, Rn. 138.
5 Keine abschließende Aufzählung möglich.
6 Entsprechend der Haftungsquote des Versicherten.

Schuldner des Versicherten aufgrund	Anspruchsgrundlage des Versicherten	Regressgrundlage des Auto-Schutzbriefversicherers	Quote
Sonstiger Schutzbriefversicherer	z.B. AVAR[8]	§ 78 Abs. 2 VVG aus Gesamtschuldnerausgleich mit Subsidiärversicherer	gemäß Leistungsanteil
Master-Card-Gold, American-Express-Card-Gold, etc.	AGB	§ 78 Abs. 2 VVG aus Gesamtschuldnerausgleich mit Subsidiärversicherer	gemäß Leistungsanteil
Reisekrankenversicherer	AGB	§ 78 Abs. 2 VVG aus Gesamtschuldnerausgleich	gemäß Leistungsanteil
Mitgliedschaft im Automobilclub	Mitgliedsleistung	Da keine Gesamtschuld unter Versicherern auch kein Regress[9].	0 %
Fahrerschutzversicherer	Fahrerschutz-Vertrag	Nein, wenn subsidiärer Restschadensversicherer Ja, bei Klausel nach A.5.4.2 AKB 2015[10]	0 % gemäß Leistungsanteil

Der Autoschutzbriefversicherer schuldet als Subsidiärversicherer mit anderen nur einfach subsidiär leistungspflichtigen Versicherern nach zutreffender h.M.[11] gesamtschuldnerisch, da sich Wirkung der Klauseln gegenseitig aufheben. Für den Versicherungsnehmer ist es im akuten Schadensfall unzumutbar festzustellen, welche Klausel zuerst oder zuletzt[12] vereinbart wurde oder anteilig[13] die Leistungen von unterschiedlichen Versicherern abzufordern. 7

Verweisung des Haftpflichtversicherers wegen Mietwagenkosten 8

Das *LG Dresden*[14] hielt es unter Verweis auf die Schadenminderungspflicht des Geschädigten für zulässig, den Geschädigten an die Autoschutzbriefversicherung bzw. an den Automobilclub zu verweisen, da er dort zu günstigeren Konditionen einen Mietwagen bekommen könne. 9

Dies ist abzulehnen.[15] Dem Versicherungsnehmer darf keine zusätzliche Organisationslast auferlegt werden. Beim Schutzbriefversicherer entstehen ansonsten unnötige und uneinbringliche Verwaltungskosten im Regressverfahren. Das könnte ihn dazu zwingen, die Prämien deutlich zu erhöhen. 10

7 *BGH* Urt. v. 21.04.2004 – IV ZR 113/03, JurionRS 2004, 14409 = MDR 2004, 1118 = NJW-RR 2004, 1100 = VersR 2004, 994 = TranspR 2005, 80 (Reisekrankenversicherer gegen privaten Krankenvollversicherer).

8 Allgemeine Versicherungsbedingungen für den Auto- und Reise-Schutzbrief (AVAR), unverbindliche Musterbedingungen des GDV, Stand 01.12.2015.

9 So auch NK-VersR/*Schwab/Kreuter*, A.3 AKB, Rn. 1805; MüKoStVR/*Therstappen/Tomson* A.3 AKB, Rn. 67; anders Stiefel/Maier/*Stadler* Kraftfahrtversicherung, A.3.11 AKB, Rn. 137, der § 78 Abs. 2 VVG analog anwenden will; unklar *Knappmann* Der Autoschutzbrief, VRR 2011, 444.

10 *Heinrichs* A.5.4.2 AKB Rdn. 8.

11 *BGH* Urt. v. 19.02.2014 – IV ZR 389/12, JurionRS 2014, 11349 = ADAJUR Dok.Nr. 104701 = MDR 2014, 779 = JZ 2014, 279 = VersR 2014, 450 = WM 2014, 1052 = zfs 2014, 278; *LG Hamburg* Urt. v. 11.01.1978 – 2 S 142/77, VersR 1978, 933; *Winter* Subsidiaritätsklauseln und AGBG, VersR 1991, 527; Prölss/Martin/*Armbrüster* § 78 VVG, Rn. 36; *Halbach* in MüKo zum VVG, § 78 VVG, Rn. 22; Feyock/*Jacobsen*/Lemor KfzVers, A.3.11 AKB, Rn. 101; Stiefel/Maier/*Stadler* Kraftfahrtversicherung, A.3.11 AKB, Rn. 138; *Knappmann* Der Autoschutzbrief, VRR 2011, 444; Rüffer/Halbach/Schimikowski/*Brambach*, § 77 VVG, Rn. 27.

12 *Martin* Zusammentreffen zweier Subsidiaritätsabreden, VersR 1973, 691 ff.

13 *Blanck* Doppelversicherung bei Zusammentreffen mehrerer Versicherungen mit Subsidiaritätsklausel, VersR 1973, 705.

14 *LG Dresden* Urt. v. 15.01.2010 – 7 S 189/09, ADAJUR Dok.Nr. 88092 = VersR 2010, 1331 = DAR 2010, 649; zustimmend *Kääb* FD-StrVR 2010, 299733.

15 Ebenso NK-VersR/*Kreuter*, A.3 AKB, Rn. 184f; *Teumer*, DAR 2010, 649 f.

A.4 Kfz-Unfallversicherung – wenn Insassen verletzt oder getötet werden

Übersicht

A. Einleitung

1 Die Kraftfahrtunfallversicherung, häufig auch früher als Insassen-Unfallversicherung bezeichnet, stellt von ihrer rechtlichen Einordnung her einen grundsätzlich selbständigen Versicherungsvertrag dar. In der Praxis wird jedoch eine reine Kraftfahrt- oder Insassenunfallversicherung nicht als isoliertes Produkt auf dem Markt angeboten. Die Kfz-Versicherer bieten die Kfz-Unfallversicherung nur gemeinsam mit der Kraftfahrzeughaftpflichtversicherung als Hauptprodukt an, daher ist in der Praxis nur die Kombination des Abschlusses einer Kfz-Haftpflichtversicherung als »Hauptversicherungsvertrag« mit einem Einschluss der Kraftfahrtunfallversicherung als Zusatzvertrag ggf. auch in Kombination mit einer Teil- oder Vollkaskoversicherung (Fahrzeugversicherung) als weiterem rechtlich selbständigen Versicherungsvertrag anzutreffen. Eine Kraftfahrtunfallversicherung besteht somit nicht grundsätzlich im Rahmen jeder abgeschlossenen Kraftfahrzeugversicherung, sondern nur dann wenn sie ausdrücklich als Versicherungsart vereinbart und im Versicherungsschein als Bestandteil des Versicherungsverhältnisses aufgeführt ist[1]. Sie ist dann im Rahmen des bestehenden Versicherungsverhältnisses, also quasi in dem »Gesamtvertrag« als eigenständiger Versicherungsvertrag enthalten.

2 In neuerer Zeit hat die Kfz-Unfallversicherung Konkurrenz durch die Fahrerschutzversicherung (FSV)[2] erhalten, die eine ähnliche Zielrichtung, die Absicherung bei Personenschaden, hat. Die FSV gilt dabei jedoch nur für den Fahrer und nicht für weitere Fahrzeuginsassen und greift auch nur beim Lenken des Fahrzeugs[3] und nicht weitergehend beim sonstigen Gebrauch, wie die Kfz-Unfallversicherung. Bei manchen Versicherern hat die FSV sogar die Kfz-Unfallversicherung abgelöst und wird nur noch statt der Kfz-Unfallversicherung angeboten, die seit Aufnahme der FSV bei einigen Versicherern aus dem Angebot gestrichen wurde. Dadurch kann dann keine vollständige Absicherung für weitere Fahrzeuginsassen mehr im Rahmen einer Personenversicherung mehr erlangt werden, so dass dieses Deckungskonzept lückenhaft bleibt. Die übrigen Fahrzeuginsassen sind dann auf die konkret schadenbedingten Haftpflichtansprüche gegenüber dem eintrittspflichtigen Kfz-Haftpflichtversicherer beschränkt.

B. Rechtliche Grundlagen

3 Als rechtliche Grundlage gilt für die Kraftfahrtunfallversicherung neben den AKB (aktuell 2015) das Versicherungsvertragsgesetz (VVG 2008) sowie ergänzend das BGB soweit sich im VVG keine vorgreiflichen, spezialgesetzlichen Regelungen finden (z.B. allgemeine Verjährung nach § 195 BGB). Im VVG finden sich die speziellen Regelungen zur Unfallversicherung in den §§ 178 bis 191. Zur Klarstellung sei an dieser Stelle angemerkt, dass dieses 7. Kapitel des VVG nicht etwa nur für isolierte, reine Unfallversicherungen, sondern auch für die Kraftfahrtunfallversicherung als besondere Form der Unfallversicherung gilt. Besonders hervorzuheben sind daraus neben den nachfolgend unter C dargestellten Regelungen des § 179 (Versicherte Personen) folgende Regelungen:

---

1 Hierauf wird auch ausdrücklich in der Einleitung der AKB hingewiesen.
2 Vgl. nachfolgend in A.5.
3 Vgl. nachfolgend unter A.5.1.

- Die Modifizierung der allgemeinen Regelungen zur Gefahrerhöhung (§§ 23–27) für die Unfallversicherung durch den zwingenden § 181, wonach nur solche Änderungen der Umstände als Gefahrerhöhung zählen, deren Geltung als Gefahrerhöhung ausdrücklich in Textform vereinbart ist, soweit nicht Arglist des VN gegeben ist (§ 181 Abs. 2 S. 2).
- Die eigenständige Regelung zum Risikoausschluss im Fall der Herbeiführung des Versicherungsfalls in § 183, die in der Unfallversicherung nur für den Fall der Fremdversicherung von Bedeutung ist (in Bezug auf den VN fehlt es bei einer Herbeiführung schon am Merkmal der Unfreiwilligkeit beim Unfall).
- Die Sperrwirkung des § 184 wonach die Vorschriften der §§ 82, 83 zur Abwehr und Minderung des Schadens in der Unfallversicherung nicht anwendbar sind und gerade in diesem Zusammenhang wiederum § 191, der regelt, welche Vorschriften abdingbar sind. Dies gilt u.a. für § 184 und ist in den AKB 2008 durch die Klauseln E.1.4 und E.5.2 a-c geschehen.
- Die den VN vor Anspruchsverlusten schützende, zwingende Bestimmung des § 186. Danach muss der Versicherer den VN nach der Anzeige eines Versicherungsfalls auf vertragliche Anspruchs- und Fälligkeitsvoraussetzungen sowie einzuhaltende Fristen in Textform hinweisen und kann sich auf ein Fristversäumnis bei unterbliebenem Hinweis nicht berufen.

Neben den gesetzlichen Rahmenwerken bilden die allgemeinen Versicherungsbedingungen, hier in Form der dargestellten AKB 2015 die wichtigste Rechtsquelle für das bestehende Versicherungsverhältnis. Für eine leichtere Orientierung in den neuen AKB 2015 im Hinblick auf die früheren AKB 2008 sei an dieser Stelle auf eine für die tägliche Bearbeitungspraxis zusammengestellte Synopse und Kurzdarstellung der Änderungen in den AKB verwiesen.[4] Eine **Synopse** und Kurzdarstellung zur Kfz-Unfallversicherung zu A.4. ist im Anhang hinter A.4.12 dieser Darstellung abgedruckt. 4

Aufgrund des Wegfalls des Genehmigungserfordernisses für allgemeine Versicherungsbedingungen durch das Aufsichtsamt im Jahr 1994 ist grundsätzlich immer mit Änderungen bzw. Abweichungen von den Muster-AKB des GdV, die hier erläutert werden, zu rechnen. Es ist daher an dieser Stelle nochmals eindringlich auf die zwingende Grundregel hinzuweisen, immer die konkret vertragsgegenständlichen AKB des jeweiligen Versicherers zugrunde zu legen und nicht etwa gerade bekannte AKB eines anderen Versicherers oder ungeprüft die Muster-AKB. Hier besteht die große Gefahr, aufgrund von Abweichungen der tatsächlich einschlägigen AKB zu falschen Ergebnissen zu gelangen! Die konkret vertragsgegenständlichen AKB werden in der Praxis unproblematisch auf entsprechende Anforderung, regelmäßig ohne Kostenberechnung, von den Versicherern übersandt. Der VN hat hierauf in analoger Anwendung des § 3 Abs. 3 VVG einen Anspruch. 5

C. Ausgestaltung der Kfz-Unfallversicherung

Die Kfz-Unfallversicherung ist regelmäßig Summenversicherung, bei der als Versicherungssumme eine nach dem Vertragsinhalt zu bestimmende, vereinbarte Versicherungsleistung zu erbringen ist. Sie kann als Eigen- oder Fremdversicherung für andere Personen als den VN geschlossen werden (§ 179 VVG). Nach § 179 Abs. 1 S. 2 VVG ist bei einer Versicherung für Unfälle einer anderen Person als dem VN im Zweifel von einer Versicherung für Rechnung des anderen auszugehen. Soll die Versicherung jedoch für Unfälle einer anderen Person aber für Rechnung des VN genommen werden, so erfordert § 179 Abs. 2 S. 1 VVG deren schriftliches Einverständnis als Wirksamkeitsvoraussetzung. Der VN kann die versicherte Person dabei nicht vertreten (§ 179 Abs. 2. S. 2 VVG). Hierdurch wird den spezifischen Gegebenheiten einer Versicherung auf das Risiko einer Person und der Gefahr potenziellen Missbrauchs im Hinblick auf die körperliche Unversehrtheit der versicherten Person Rechnung getragen. Für Fragen bzw. Umstände bei denen die Kenntnis oder das Verhalten des VN rechtlich von Bedeutung ist, stellt § 179 Abs. 3 VVG klar, dass bei einer Versicherung für einen anderen auch deren Kenntnis und Verhalten zu berücksichtigen ist. Die Regelung modifiziert insoweit die allgemeinen Regelungen aus §§ 43 ff. VVG über die Versicherung für fremde Rechnung. 6

4 Heinrichs in DAR 2015, 195 ff. und DAR 2015, 256 ff.

D. Anmerkung zu Besonderheiten in Zusammenhang mit möglichem Prämienverzug

7 Wegen der besonderen wirtschaftlichen Bedeutung für einen verletzten VN sei an dieser Stelle auf in der Praxis leider häufig übersehene Besonderheiten hingewiesen: Die oben unter Ziff. 1 dargestellte Eigenständigkeit der Kfz-Unfallversicherung als eigener Versicherungsvertrag hat u.a. zur Folge, dass die Prämie in der (Gesamt-) Beitragsrechnung gesondert auszuweisen ist[5]. Zu beachten ist in diesem Zusammenhang jeweils, dass es sich bei den einzelnen Arten der Kfz-Versicherung um rechtlich selbständige Verträge handelt, die ein isoliertes Schicksal nehmen können, bspw. bei nur teilweiser Prämienzahlung für nur einzelne Versicherungsarten als jeweiligem Versicherungsvertrag und daraus resultierender **Leistungsfreiheit** nur für die Versicherungsverträge aus dem Gesamtvertragsverhältnis für die ein Prämienrückstand besteht. Eine Leistungsfreiheit wegen Prämienverzug mit einer Folgeprämie nach § 38 VVG kann nur isoliert durch jeweilige qualifizierte Mahnung für den konkreten Versicherungszweig herbeigeführt werden, nicht jedoch einheitlich in einer Mahnung für verschiedene Versicherungsarten gemeinsam (bspw. für Kfz-Haftpflicht-, Kasko- und Unfallversicherung).[6] Zahlt bspw. der VN nur die Prämie für die Kfz-Haftpflicht- und Fahrzeugversicherung, nicht jedoch den Prämienanteil der Kraftfahrtunfallversicherung, so kann Leistungsfreiheit in der letzteren für den Versicherer gegeben sein, obwohl er in der Haftpflicht- und/oder Fahrzeugversicherung leistungspflichtig ist. Auf welchen Versicherungsvertrag bei nur teilweiser Zahlung auf die Gesamtbeitragsrechnung durch den VN die geleistete Prämie anzurechnen ist, richtet sich dabei nach einer ggf. vom VN getroffenen Tilgungsbestimmung, die jedoch selten anzutreffen ist. Regelmäßig wird die Verrechnung durch Auslegung zu ermitteln sein und ergibt sich häufig bereits aus dem Zahlungsbetrag, aus dem sich bspw. entnehmen lässt mit welcher Teilprämie dieser deckungsgleich ist. Im Übrigen ist davon auszugehen, dass sich der VN regelmäßig vorrangig bei unbestimmter Teilleistung jedenfalls den Schutz in der Kfz-Haftpflichtversicherung aufrechterhalten will, da es sich um eine Pflichtversicherung handelt, er also somit ohne diesen Versicherungsschutz überhaupt nicht mit seinem Kfz am Straßenverkehr teilnehmen darf und die Aufrechterhaltung lediglich anderer Versicherungsarten aus dem Kfz-Versicherungsverhältnis für ihn keinen Sinn macht.

E. Erstattungsfähigkeit von Anwaltskosten?

8 Der VN hat grundsätzlich keinen Anspruch auf Erstattung der Anwaltskosten, die anfallen, wenn er einen Rechtsanwalt mit der Geltendmachung der Ansprüche aus der Kfz-Unfallversicherung im Rahmen der Schadenabwicklung beauftragt. Ein Erstattungsanspruch gegenüber dem eigenen Unfallversicherer besteht nur, wenn dieser durch nicht rechtzeitige Abgabe seiner Erklärung zur Leistungspflicht oder durch eine zu Unrecht erfolgte Ablehnung der Leistungspflicht in Verzug geraten ist.[7] Ein Erstattungsanspruch kann dem Geschädigten jedoch unter dem Gesichtspunkt erforderlicher Rechtsverfolgungskosten im Rahmen der vom Schädiger nach § 249 BGB zu ersetzenden, adäquat durch das Unfallereignis verursachten Schäden zustehen. Voraussetzung ist, dass der VN als Geschädigter aus seiner Sicht die Kosten als erforderlich und zweckmäßig zur Wahrnehmung seiner Rechte ansehen durfte.[8] Dies ist bei der Abwicklung von Ansprüchen aus Personenschäden nach einem Verkehrsunfall gegenüber dem eigenen Unfallversicherer des VN jedenfalls dann der Fall, wenn der VN aus mangelnder geschäftlicher Gewandtheit

---

5 BGH Urt. v. 09.07.1986 – IVa ZR 5/85, VersR 1986, 986 = r+s 1986, 248; OLG Hamm Urt. v. 06.07.1994 – 2 U 71/94, VersR 1995, 1085 = r+s 1994, 446 = zfs, 1995, 100; OLG Hamm Beschl. v. 25.11.1997 – 20 W 24/97, r+s 1998, 99 = zfs 1998, 127 = NZV 1998, 211; OLG Frankfurt Urt. v. 26.03.1997 – 7/U 321/95, VersR 1998, 356.

6 OLG Frankfurt Urt. v. 26.03.1997 – 7/U 321/95, VersR 1998, 356; van Bühren, Handbuch Versicherungsrecht 4. Aufl. 2009, § 2 Rn. 50.

7 Vgl. hierzu unten AKB A.4.10 Rdn. 3.

8 BGH Urt. v. 10.01.2006 – VI ZR 43/05, VersR 2006, 521 = r+s 2006, 305 = zfs 2006, 448 = DAR 2006, 386 = NJW 2006, 1065.

in versicherungsrechtlichen Fragestellungen oder bei erheblichen Verletzungen aufgrund seines Gesundheitszustands nach dem Unfall (bspw. stationärer Behandlung) nicht in der Lage ist, die notwendigen Schritte selbst vorzunehmen oder in die Wege zu leiten.[9] Hieran sind jedoch hohe Anforderungen zu stellen. Regelmäßig wird der VN in der Lage sein, selbst die Schadenmeldung an den Versicherer zu geben. Insbesondere reicht es nicht aus, dass der Rechtsanwalt die Abwicklung lediglich deshalb übernimmt, weil er ohnehin in die Abwicklung des Unfallschadens eingebunden ist und der VN noch im Krankenhaus ist.[10] Bei der (Kfz-)Unfallversicherung ist jedenfalls eine Erstattungsfähigkeit gegeben, wenn der Versicherte getötet ist und unverzüglich zu wahrende Fristen zu beachten und Schadenmeldungen zu veranlassen sind, mit deren Abwicklung der VN überfordert ist.

A.4.1 Was ist versichert?

A.4.1.1 Unfälle bei Gebrauch des Fahrzeugs

Wir bieten den vereinbarten Versicherungsschutz bei Unfällen der versicherten Person, die in unmittelbarem Zusammenhang mit dem Gebrauch Ihres Fahrzeugs oder eines damit verbundenen Anhängers stehen (z.B. Fahren, Ein- und Aussteigen, Be- und Entladen).

Übersicht

A. Allgemeines

Die Regelung unter A.4.1.1 stellt in Umsetzung der Vorgaben des § 178 Abs. 1 VVG die grund- 1 sätzliche Verpflichtung des Versicherers dar, der versicherten Person die für den Versicherungsfall des Unfalls vertraglich vereinbarte Versicherungsleistung zu erbringen. Dabei schränkt dieser erste Teil der Klausel als Abgrenzung zur allgemeinen privaten Unfallversicherung, die für Unfälle bei grundsätzlich beliebigen Ereignissen bzw. Entstehungsumständen gilt, den Versicherungsschutz dem Sinn und Zweck der Reichweite der Kfz-Unfallversicherung entsprechend auf solche Unfälle ein, die sich aus den typischen Gefahrensituationen im unmittelbaren Zusammenhang mit dem Gebrauch des Fahrzeugs heraus ereignen. Durch den ausdrücklichen Einschluss des Gebrauchs eines mit dem Fahrzeug verbundenen Anhängers wird die Reichweite des Versicherungsschutzes klargestellt.

Der Kreis der versicherten Personen wird durch die nachfolgende Regelung in A.4.2 »Wer ist ver- 2 sichert?« geregelt. Auf die nachfolgenden Ausführungen wird daher verwiesen.

B. Gebrauch des Fahrzeugs

Der Unfall (nachfolgend in A.4.1.2 definiert) muss sich in unmittelbarem Zusammenhang mit 3 dem **Gebrauch** eines Fahrzeugs oder damit verbundenen Anhängers ereignet haben. Der Begriff des Gebrauchs des Fahrzeugs ist gleichbedeutend mit demjenigen in A.1.1.1, so dass an dieser Stelle auf die dortigen Ausführungen verwiesen werden kann.[1] Zur besseren Verständlichkeit zählt die Klausel 3 typische aber nicht enumerative Formen des Gebrauchs beispielhaft auf: das Fahren, Ein- und Aussteigen, Be- und Entladen. Auch hier ist zu den weiteren Einzelheiten auf die obige Darstellung unter A.1.1.1 zu verweisen.

9 Wie vor.
10 LG Osnabrück Urt. v. 08.12.2006 – 2 S 678/04, SP 2007, 300.
1 Vgl. unter AKB A.1.1.1 Rdn. 79 ff.

C. Unmittelbarer Zusammenhang zum Fahrzeuggebrauch

4 Es muss ein **unmittelbarer Zusammenhang** zwischen dem Unfall und dem Gebrauch des Fahrzeugs bestehen. Damit ist kein Ursachenzusammenhang zwischen dem Gebrauch und dem Unfalleintritt im Sinne einer adäquaten Kausalkette gemeint. Vielmehr muss ein zeitlicher und/oder räumlicher Zusammenhang gegeben sein. Dies ist bspw. auch gegeben, wenn der Versicherte während des Beladens eines Fahrzeugs von einem vorbeilaufenden Hund gebissen wird.[2] Jacobsen[3] zählt die nachfolgenden weiteren Beispiele auf, wie den Unfall des Fahrers auf dem Fußweg von seinem liegengebliebenen Fahrzeug auf dem Weg zur nächsten Tankstelle, um Benzin zu kaufen. Hier ist noch ein zeitlicher unmittelbarer Zusammenhang gegeben, wenngleich sich der Versicherte räumlich entfernt hat. Nach dem Abschließen des Fahrzeugs wird der Versicherte von einem anderen Fahrzeug erfasst und verletzt – hier liegt ein räumlicher unmittelbarer Zusammenhang vor, auch wenn der Gebrauch des Fahrzeugs mit dem Abschließen nach dem Aussteigen eigentlich beendet war. Ein sowohl zeitlicher als auch räumlicher unmittelbarer Zusammenhang ist gegeben, wenn der Fahrer verletzt wird, weil er während einer Fahrtunterbrechung im angehängten, also mit dem Fahrzeug verbundenen, Wohnanhänger übernachtet, um am nächsten Tag die Fahrt fortzusetzen und nachts beim Sturm ein Baum auf den Wohnwagen stürzt. **Kein unmittelbarer** (räumlicher) **Zusammenhang** ist hingegen mehr gegeben, wenn der Versicherte Ladegut zur Straße bringt, um es dort für die Beladung des Fahrzeugs abzustellen oder wenn er ein Pferd aus dem angehängten Pferdetransportanhänger führt und dieses dann auf dem weiteren Weg zum Stall steigt und den Versicherten verletzt. Letzterer Fall leuchtet ohne weiteres ein. Bei dem Transportieren von Ladegut für die Beladung des Fahrzeugs ist dies nicht eindeutig. Hier wird zu differenzieren sein, ob das Fahrzeug schon zur Beladung geöffnet bereit steht und das Ladegut bspw. lediglich zuvor neben dem Fahrzeug abgestellt wird, um bspw. noch den Rücksitz umzuklappen oder es abgestellt wird, weil sich zeigt, dass zunächst noch ein anderes Ladegut zuerst eingeladen werden muss – dann ist ein unmittelbarer räumlicher und zeitlicher Zusammenhang mit dem Beladen anzunehmen – oder ob tatsächlich das Ladegut nur für eine – spätere – Beladung des Fahrzeugs zur Straße verbracht wird. Von letzterem Sachverhalt geht offensichtlich Jacobsen in seinem Beispiel aus. Es wird jedenfalls eine entsprechende Zäsur zu dem körperlichen Verbringen des Ladegutes in oder auf das Fahrzeug zu fordern sein.

A.4.1.2 Unfallbegriff

Ein Unfall liegt vor, wenn die versicherte Person durch
- **ein plötzlich von außen auf ihren Körper wirkendes Ereignis (Unfallereignis)**
- **unfreiwillig eine Gesundheitsschädigung**

erleidet.

Übersicht

A. Unfallbegriff

1 Der Begriff des Unfalls ist seit der Reform des VVG erstmals in § 178 Abs. 2 S. 1 VVG für die Unfallversicherung im Gesetz definiert, wobei die Regelung der AUB 94/99 übernommen wurde. Die Regelung der AKB in A.4.1.2 entspricht wortgleich der gesetzlichen Definition. Es kann daher für die Kfz-Unfallversicherung zur Erläuterung des Unfallbegriffs auch auf die weiterführende Literatur und

2 Feyock/Jacobsen/Lemor – Jacobsen, Kraftfahrtversicherung 3. Aufl. AKB 2008 A.4 Rn. 12.
3 Feyock/Jacobsen/Lemor – Jacobsen, Kraftfahrtversicherung 3. Aufl. AKB 2008 A.4 Rn. 12.

die einschlägigen Kommentierungen zum neuen VVG verwiesen werden.[1] Der Unfallbegriff setzt sich aus 3 Tatbestandsmerkmalen zusammen, danach muss es sich um ein plötzliches Ereignis handeln, das von außen auf den Körper einwirkt und zu einer unfreiwilligen Gesundheitsschädigung führt. Im Gegensatz zur allgemeinen Unfallversicherung bereiten die einzelnen Merkmale bei der Kfz-Unfallversicherung regelmäßig keine besonderen Schwierigkeiten, da sich gerade die schwer voneinander abzugrenzenden Situationen und Fragestellungen typischerweise nicht im Straßenverkehr ereignen. Für eine umfassende Darstellung im Übrigen sei daher wie oben auf die weiterführende Literatur verwiesen.[2]

B. Plötzlich von außen wirkendes Ereignis

a) Das Merkmal »**plötzlich**« dient als zeitliches Element der Abgrenzung von solchen Einwirkungen, die über einen längeren Zeitraum allmählich zu einer Gesundheitsschädigung führen[3], wie bspw. langfristige, kontinuierlich wirkende körperliche Überbelastungen bei Arbeit oder Sport im Gegensatz zu bspw. einem Sturz infolge eines Stolperns über Gegenstände oder dem Umknicken beim Sport wegen einer Bodenunebenheit.[4] Plötzlich ist ein Ereignis für den Versicherten wenn es ihn **unerwartet, überraschend** und daher ohne Chance dem Eintritt zu entrinnen oder ihn zu verhindern trifft. Das Ereignis darf nur von kurzer Dauer sein und nur kurze Zeit wirken.[5] Dabei reicht es allerdings aus, wenn sich das Geschehen in kurzem Zeitraum verwirklicht hat.[6] Neben diesem zeitlichen Moment, dessen Erfüllung allein schon zu einem plötzlichen Ereignis im Sinne des Unfallbegriffs führt, muss das Ereignis nicht zusätzlich noch nach der Vorstellung des Versicherten unerwartet oder nicht erkennbar gewesen sein, da es bei objektiv plötzlichen Geschehnissen nicht mehr auf die subjektive Vorstellung des Versicherten ankommt.[7] Die übrigen Abgrenzungskriterien eines unerwarteten, überraschenden und unentrinnbaren Ereignisse sind nach objektiven Maßstäben zu beurteilen, so dass es nicht darauf ankommt, ob der Betroffene subjektiv bei Anwendung der erforderlichen Sorgfalt das Ereignis hätte voraussehen können.[8] 2

Nur das Unfallereignis muss »plötzlich« eintreten, nicht jedoch die daraus resultierende Gesundheitsbeschädigung. Das Tatbestandsmerkmal ist daher gleichwohl erfüllt, wenn sich die Gesundheitsschädigung erst am nächsten Tag oder später einstellt.[9] So bspw. wenn der VN mit seinem Fahrzeug auf einsamer Strecke in menschenleerer Gegend von der Straße abkommt, an einen Baum prallt und im Fahrzeug eingeklemmt wird, aus dem er sich nicht aus eigener Kraft befreien kann, so dass er verhungert. Auch wenn erst allmählich oder mittelbar die Gesundheitsschädigung eingetreten ist, liegt ein plötzlich eingetretenes Unfallereignis vor. 3

b) Das Ereignis muss **von außen** auf den Körper einwirken und kausal für die resultierende Gesundheitsschädigung sein. Unerheblich ist dabei, ob es sich um eine **mechanische Einwirkung** mit Krafteinwirkung, eine **chemische** oder **thermische** oder **psychisch vermittelte Einwirkung** wie ein Erschrecken oder Schock bspw. nach dem Zerspringen der Windschutzscheibe handelt.[10] Das 4

1 Vgl. Schwintowski/Brömmelmeyer, § 178 Rn. 3 ff.; Rüffer/Halbach/Schimikowski, § 178 Rn. 3 ff.; Looschelders/Pohlmann, § 178 Rn 11 ff.

2 Vgl. gerade im Detail auch Grimm, AUB 1 Rn. 18 ff.

3 BGH Urt. v. 12.12.1984 – IVa ZR 88/83, VersR 1985, 177 = r+s 1985, 53 = NJW 1985, 1398.

4 OLG Hamm Urt. v. 15.08.2007 – 20 U 5/07, VersR 2008, 249 = r+s 2007, 518 = zfs 2008, 43; OLG Celle Urt. v. 5.3.2009 – 8 U 193/08, r+s 2011, 346.

5 BGH Urt. v. 12.12.1984 – IVa ZR 88/83, VersR 1985, 177 = r+s 1985, 53 = NJW 1985, 1398; Grimm, AUB 1 Rn. 20 m.zahlr.w.N.

6 BGH Urt. v. 12.12.1984 – IVa ZR 88/83, VersR 1985, 177 = r+s 1985, 53 = NJW 1985, 1398.

7 BGH Urt. v. 12.12.1984 – IVa ZR 88/83, VersR 1985, 177 = r+s 1985, 53 = NJW 1985, 1398.

8 BGH Urt. v. 12.12.1984 – IVa ZR 88/83, VersR 1985, 177 = r+s 1985, 53 = NJW 1985, 1398; Urt. v. 13.07.1988 – IVa ZR 204/87, VersR 1988, 951 = zfs 1988, 367; Grimm, AUB 1 Rn. 27 m.w.N.; Naumann/Brinkmann, § 3m.w.N. und Beispielen.

9 Schwintowski/Brömmelmeyer, § 178 Rn. 11 m.w.N.

10 BGH Urt. v. 19.04.1972 – IV ZR 50/71, VersR 1972, 582 = NJW 1972, 1233; Grimm, AUB 1 Rn. 27; Rüffer/Halbach/Schimikowski/Rüffer, § 178 Rn. 4.

Merkmal dient der Abgrenzung zu den aus dem Versicherungsschutz ausgenommenen inneren und rein organischen Körpervorgängen. Es darf sich auch nicht um ein vollständig willensgesteuertes und beherrschtes **eigenes Verhalten** handeln.[11] So liegt bspw. keine äußere Einwirkung mehr vor, wenn der Fahrer durch einen plötzlichen Sonneneinfall geblendet wird und deshalb den Kopf abrupt zur Seite dreht und dadurch eine Verletzung (hier konkret eine Dissektion der aorta carotis interna) erleidet.[12] Vielmehr liegt eine willensgesteuerte Eigenbewegung des Kopfes vor, die den Wirkungszusammenhang zum äußeren Ereignis der Blendung durch Sonnenstrahlen unterbrochen hat.[13] Es liegt kein Unfall als von außen wirkendes Ereignis vor, wenn der VN ohne äußere, besondere Einflüsse wie **Bodenunebenheiten** etc. beim Aussteigen aus dem Auto umknickt und eine Verletzung erleidet. Der willensgesteuerten **Eigenbewegung** ist in diesem Fall nicht von außen her ein anderer als der gewollte Bewegungsablauf gegeben worden.[14] Das Umknicken kann gerade auch auf einer inneren Ursache bspw. einer Bänderschwäche beruhen. Ist jedoch eine **Bordsteinkante**[15] oder Unebenheit auf dem Boden bspw. bei einem unbefestigten Parkplatz oder eine höherstehende Gehwegplatte als äußerer Umstand gegeben, ist von einem Unfall auszugehen.[16] Das äußere Ereignis muss aber nicht zwingend auf den Körper als Zusammenstoß von außen bspw. mit einer anderen Person oder einem Gegenstand einwirken. Für die Frage, ob die Einwirkung »von außen« erfolgt, ist nur auf das Ereignis abzustellen, das die Gesundheitsschädigung unmittelbar herbeiführt.[17] Dieser Entscheidung lag ein Sturz eines Skifahrers infolge eines Ausweichmanövers zugrunde. Das OLG hatte einen Unfall fehlerhaft verneint, da es auf die Ursache des Ausweichens als willensgesteuerter Eigenbewegung abgestellt hatte. Der BGH hat hierzu klargestellt, dass die Ursache, auf dem ein schädigendes Ereignis beruht, nicht entscheidend ist, wenn die Verletzung Folge des Aufpralls auf einen anderen Gegenstand ist, da darin dann bereits ein hinreichend schadenursächlicher Kontakt zur Außenwelt als von außen wirkendes Ereignis iSd. der Definition des Unfallbegriffs gegeben ist.[18] Nur wenn die Verletzung bereits als reine Folge der Eigenbewegung eintritt (so vgl. oben beim Wegdrehen des Kopfes wegen Sonneneinstrahlung), fehlt es an der kausalen Einwirkung von außen.[19]

5 Kein von außen wirkendes Unfallereignis ist bspw. eine willentliche Anspannung der Muskulatur beim Anheben eines schweren Gegenstandes[20] (z.B. auch Autoreifen oder Ladung). Ein Unfall als von außen einwirkendes Ereignis liegt hingegen immer dann vor, wenn ein willensgesteuerter eigener Bewegungsablauf außer Kontrolle gerät und nicht mehr beherrschbar ist.[21] So bspw. wenn der VN als Fußgänger bei willensgesteuerter Bewegung ins Stolpern gerät und stürzt oder wenn er ein Motorrad schiebt und dabei einen **Bandscheibenvorfall** erleidet, als er versucht dem Umfallen des Motorrads entgegenzuwirken und sich dagegen stemmt, wobei hier jedoch i.E. zwar ein Unfall aber kein versicherter Schadenfall vorliegt, da der Ausschluss aus A.4.12.6 greift

11 Grimm, AUB 1 Rn. 32.

12 OLG Saarbrücken Urt. v. 13.3.2013 – 5 U 343/12, zfs 2014, 396 = VersR 2014, 1202 = NJW-RR 2014, 101 = r+s 2015, 35.

13 Wie vor.

14 OLG Düsseldorf Urt. v. 27.11.1997 – 4 U 164/96, r+s 1999, 296 = zfs 1999, 343; OLG Hamm Urt. v. 15.08.2007 – 20 U 5/07, VersR 2008, 249 = r+s 2007, 518 = zfs 2008, 43; LG Dortmund Urt. v. 14.02.2008 – 2 O 362/07, r+s 2009, 206 mit Anm. Hoenicke.

15 OLG Hamm Urt. v. 11.06.1975 – 20 U 358/74, VersR 1976, 336.

16 OLG Hamm Urt. v. 15.08.2007 – 20 U 5/07, VersR 2008, 249 = r+s 2007, 518 = zfs 2008, 43; OLG Celle Urt. v. 5.3.2009 – 8 U 193/08, r+s 2011, 346.

17 BGH Urt. v. 6.7.2011 – IV ZR 29/09, VersR 2011, 1135 = zfs 2011, 579 = r+s 2011, 400, NJW-RR 2011, 1328.

18 BGH wie vor; auch Kessal-Wulf, r+s 2011, 498.

19 BGH wie vor; Knappmann VersR 2009, 1652.

20 LG Aurich Urt. v. 07.06.1996 – 2 O 510/95, r+s 1996, 465.

21 BGH Urt. v. 12.12.1984 – IVa ZR 88/83, VersR 1985, 177 = r+s 1985, 53 = NJW 1985, 1398; Urt. v. 28.01.2009 – IV ZR 6/08, VersR 2009, 492 = r+s 2009, 161 = zfs 2009, 402 = NJW-RR 2009, 679; auch Brockmöller, r+s 2012, 313 (314).

(Bandscheibenvorfall nur gelegentlich der Kraftanstrengung aber überwiegend vorschaden- oder anlagebedingt).[22] Gleiches gilt für von außen aufgezwungene, nicht vollständig willensgesteuerte Eigenbewegungen, also typischerweise **Ausweichbewegungen**, die nicht von vornherein vom VN beabsichtigt waren, sondern gerade nicht regulär nach dem Willen des VN erfolgen sollte. So z.B. wenn der VN vom Fahrrad abspringt, um Kontakt mit einem rückwärts ausparkenden Auto zu vermeiden.[23]

Weitere Beispiele für von außen wirkendes Ereignis: Der Beifahrer isst während der Fahrt und **verschluckt** sich als der Fahrer plötzlich heftig bremsen muss und erstickt daran. Fahrer oder Insasse erleiden bei einem Autounfall ein Knalltrauma mit daraus resultierender Einschränkung des Hörvermögens. Von einem solchen ist aber nicht auszugehen, wenn nach einem fachärztlichen HNO-Gutachten das Ergebnis der Hörkurven nicht dem erwarteten Ergebnis nach einem Knalltrauma entspricht, sondern dem Ergebnis nach eine Normalhörigkeit beider Ohren ergibt.[24] Anschieben eines Fahrzeuges auf rutschigem Untergrund und dadurch bedingter Sturz.[25] Beim Entladen eines Fahrzeugs rutscht ein schwerer Gegenstand aus einem Fach und führt zu einer Verletzung der versicherten Person, die ihn auffangen will und der wegen des Gewichts der Arm heftig nach unten gerissen wird (i.E. aber Ausschluss aus A.4.12 – Bandscheibe).[26] VN verletzt sich bei Reparaturarbeiten am Auto infolge eines **Abrutschens oder Brechens eines Schraubenschlüssels.**[27] Auch (Raub-) Überfälle mit Verletzungsfolge auf Autofahrer stellen demnach Unfälle iSd. der AKB dar.[28] 6

Beispiele für nicht von außen wirkendes Ereignis: VN hebt Autoreifen an und erleidet infolge dieser Eigenbewegung und Kraftanstrengung einen Bandscheibenvorfall.[29] VN hilft dabei ein liegengebliebenes Auto anzuschieben und erleidet dabei einen Herzanfall. Fahrer wird durch Sonneneinfall geblendet und führt Eigenbewegung aus, indem er den Kopf wegdreht, bei der es zur Verletzung kommt.[30] 7

C. Unfreiwillige Gesundheitsschädigung

a) Das Merkmal »**unfreiwillig**« dient der Abgrenzung zu bewusst herbeigeführten Schädigungen und erfüllt damit im Wesentlichen die gleiche Funktion wie der subjektive Risikoausschluss der vorsätzlichen Herbeiführung in der KH-Versicherung oder der Kasko-Versicherung. Wie schon aus der systematischen Stellung innerhalb der Definition des Unfallbegriffs folgt, muss allerdings nur die Gesundheitsschädigung unfreiwillig sein, nicht das Unfallereignis selbst. Der BGH hat dies wiederholt ausdrücklich klargestellt.[31] Es kommt also nicht darauf an, ob der VN das zur Gesundheitsschädigung führende Unfallereignis bewusst herbeigeführt hat. Solange er darauf vertraut hat, dass es nicht zu einer Gesundheitsschädigung kommt, ist diese unfreiwillig und damit das Merkmal der Unfreiwilligkeit des Unfallbegriffs insgesamt erfüllt.[32] Eine **bewusste Fahrlässigkeit** genügt nicht für die Freiwilligkeit. Nimmt hingegen die versicherte Person den Eintritt einer 8

---

22 OLG Nürnberg Urt. v. 03.08.2000 – 8 U 465/00, r+s 2001, 217 = zfs 2000, 549.

23 OLG Hamm Urt. v. 17.08.1994 – 20 U 213/92, VersR 1995, 1181 = r+s 1995, 117 = zfs 1995, 462.

24 AG Leer Urt. v. 28.10.2009 – 072 C 522/09 (VII) n.v.

25 Aus Feyock/Jacobsen/Lemor – Jacobsen, Kraftfahrtversicherung 3. Aufl. AKB 2008 A.4 Rn. 16, 17.

26 OLG Hamm Urt. v. 24.01.2003 – 20 U 173/02, r+s 2003, 255 = zfs 2003, 248.

27 LG Nürnberg-Fürth Urt. v. 13.06.1988 – 14 O 9362/87, r+s 1988, 243.

28 Feyock/Jacobsen/Lemor – Jacobsen, Kraftfahrtversicherung 3. Aufl. AKB 2008 A.4 Rn. 21.

29 OLG Karlsruhe Urt. 19.05.1994 – 12 U 33/94, r+s 1995, 159 = zfs 1995, 383; vgl. auch LG Aurich Urt. v. 07.06.1996 – 2 O 510/95, r+s 1996, 465 (zum Anheben schwerer Lasten).

30 Siehe Rn. 12.

31 BGH Urt. v. 12.12.1984 – IVa ZR 88/83, VersR 1985, 177 = r+s 1985, 53 = NJW 1985, 1398; Urt. v. 29.04.1998 – IV ZR 118/97, VersR 1998, 1231 = r+s 1999, 41 = zfs 1998, 390 = NJW-RR 1998, 1172.

32 BGH Urt. v. 12.12.1984 – IVa ZR 88/83, VersR 1985, 177 = r+s 1985, 53 = NJW 1985, 1398; Prölss-Martin – Knappmann, VVG 29. Aufl. § 178 Rn. 20; Rüffer/Halbach/Schimikowski –Rüffer, Versicherungsvertragsgesetz § 178 Rn. 13.

Gesundheitsschädigung billigend in Kauf (**bedingter Vorsatz**) oder will dies sogar, so ist sie freiwillig. Dazu genügt es, wenn sich der Versicherte bei einer von ihm beherrschbaren Situation einem ohne oder auch gegen seinen Willen eintretenden Ereignis aussetzt, anstatt diesem auszuweichen[33], also bspw. sich einem auf ihn zufahrenden Pkw in den Weg stellt. Zutreffend weist Knappmann[34] daraufhin, dass die Anforderungen für die Annahme einer vom Versicherten erkannten Gefahr und daraus zu folgernden möglichen Inkaufnahme einer Gesundheitsschädigung umso niedriger sind je höher die objektive Unfallgefahr ist. Insbesondere verschiedene und sich widersprechende Schilderungen des VN zum Unfallhergang, die nachweislich nicht zutreffen können, da sie mit Feststellungen eines Sachverständigen zum Unfallhergang bzw. objektiven ärztlichen Befunden über das Verletzungsbild nicht in Einklang zu bringen sind, können zu einem Beweis der Freiwilligkeit führen.[35]

9 Eine besondere Bedeutung gerade auch in der Kfz-Unfallversicherung haben Fälle des Suizids. Gerade in dieser Fallgruppe gelingt dem Versicherer bei entsprechenden, eindeutigen Anhaltspunkten für eine **Selbsttötung** relativ leicht der Beweis der Freiwilligkeit der Gesundheitsschädigung. Findet sich bspw. ein Abschiedsbrief oder hat der Versicherte kurz vor dem Ereignis ernsthaft Suizidabsichten angekündigt und gerät er sodann aus ansonsten völlig unerklärlicher Ursache (insbesondere kein Alkohol im Blut) auf trockener und gerade verlaufender Fahrbahn von der Straße ab und prallt gegen einen Baum oder Brückenpfeiler oder in eine Stützmauer, so sprechen diese Indizien eindeutig für eine freiwillige Inkaufnahme der Gesundheitsschädigung bzw. des Todes.[36] Folgende Indizien genügten bspw. für die Annahme einer Selbsttötung: Pkw prallt gegen einen Brückenpfeiler bei nahezu geradem Verlauf einer Autobahn in nur leichter, langgezogener Kurve, einmaliger Lenkradeinschlag bei nicht überhöhter Geschwindigkeit von ca. 130–140 km/h im Bereich kurz vor dem Brückenpfeiler anhand der Driftspur des Fahrzeugs nachweisbar und ohne erkennbaren Grund sowie ohne Gegenlenkmanöver und 30 Minuten vorher Beginn einer Hausdurchsuchung, bei der die Ehefrau Kenntnis vom Verdacht der Verbreitung kinderpornografischer Schriften sowie einer früheren Verurteilung wegen sexuellen Missbrauchs von Kindern erfuhr.[37] Jedoch reicht es nicht aus, wenn nach der Indizienlage zwar ein Suizid in Betracht kommt, aber es durchaus auch anders gewesen sein kann. So hat es das OLG Köln nicht als Indizienbeweis ausreichen lassen, dass der unheilbar an Krebs erkrankte VN, der früher einmal Selbstmordabsichten geäußert hatte, nicht angeschnallt und ohne zu blinken plötzlich auf die Gegenfahrbahn geraten und dort mit einem Lkw kollidiert ist.[38] Diese Entscheidung erscheint zweifelhaft, da wohl überspannte Anforderungen an die Indizienkette gestellt werden. Da die inneren Entschlüsse und Gedankengänge des VN nicht ergründbar und beweisbar sind, dürfen keine unerfüllbaren Anforderungen an den nur durch Indizien zu führenden Beweis, den der Versicherer zu erbringen hat, gestellt werden. Der Beweismaßstab (§ 286 ZPO) erfordert gerade keine unumstößliche Gewissheit, nach der alle anderen Ursachen ausgeschlossen sind, sondern einen brauchbaren Grad an Gewissheit, der vernünftigen Zweifeln Schweigen gebietet.[39] Dies erscheint nach der Summe der Indizien, die für einen Selbstmord sprechen und der Anzahl der merkwürdigen Zufälle, die gehäuft zusammentreffen müssten, wenn es anders gewesen soll, gegeben.[40] Ebenso verneinend OLG Köln bei einem **Frontalzusammenstoß** eines VN, der hoch verschuldet war und mehrere Unfallversicherungen abgeschlossen hatte, mit Fahrzeug

33 Prölss/Martin – Knappmann, VVG 29. Aufl. § 178 Rn. 20.

34 Prölss/Martin – Knappmann, VVG 29. Aufl. § 178 Rn. 20.

35 Vgl. hierzu OLG Hamm Urt. v. 2.12.2011 – I-20 U 83/11, VersR 2012, 1549.

36 OLG Hamm Urt. v. 07.12.1988 – 20 U 82/88, VersR 1989, 695 = zfs 1989, 211; OLG Köln Urt. v. 02.05.1991 – 5 U 148/90, VersR 1992, 562 = r+s 1992, 33.

37 LG Hannover Urt. v. 4.9.2009 – 2 O 118/08, r+s 2011, 130.

38 OLG Köln Urt. v. 02.03.1989 – 5 U 193/88, r+s 1989, 235.

39 BGH in st.Rspr. vgl. Urt. v. 18.03.1987 – IVa ZR 205/85, VersR 1987, 503 = r+s 1987, 173 = zfs 1987, 219 = NJW 1987, 1944; Urt. v. 09.05.1989 – VI ZR 268/88, VersR 1989, 758 = NJW 1989, 2948; OLG Hamm Urt. v. 21.02.1990 – 20 U 249/89, VersR 1990, 1345 = r+s 1990, 395 = zfs 1990, 318; Rüffer/Halbach/Schimikowski – Rüffer, Versicherungsvertragsgesetz § 178 Rn. 15.

40 Vgl. in diesem Sinne auch OLG Koblenz Beschl. v. 31.08.2006 – 10 U 1763/05, VersR 2008, 67 = r+s 2009, 290 = zfs 2008, 282.

auf der Gegenfahrbahn, wobei jedoch nach den Anhaltspunkten gerade auch ein Fahrfehler nicht ausgeschlossen werden konnte (hier allerdings wegen der Anhaltspunkte für Fahrfehler nachvollziehbar und zutreffend).[41] Indizien können insbesondere kurzfristige Äußerungen einer Selbstmordabsicht der versicherten Person, wirtschaftliche oder familiäre aussichtslose Situationen, unheilbare Krankheiten oder bspw. der kurzfristig vor dem Ereignis erfolgte Abschluss einer Versicherung sein.

Schlägt der Versuch der Selbsttötung fehl, so fehlt es für die verbleibende Gesundheitsschädigung in Form der schwerwiegenden Verletzungsfolgen ebenso am Merkmal der Unfreiwilligkeit, da diese zwingendes Durchgangsstadium auf dem Weg zum angestrebten Ziel der Selbsttötung sind und es für die Annahme der Freiwilligkeit ausreicht, dass sich diese auf eine Gesundheitsbeschädigung bezieht. Das Erreichen der weiteren Folge des Todeseintritts ist nicht Voraussetzung, um eine Freiwilligkeit der Gesundheitsschädigung anzunehmen.[42] 10

b) **Gesundheitsschädigung** ist jede objektiv (ärztlich festgestellte) Beeinträchtigung der körperlichen Unversehrtheit. Dabei reichen psychische Störungen grundsätzlich für die Erfüllung des Unfallbegriffs aus, solange diese naturwissenschaftlich und rechtlich in einem adäquaten Ursachenzusammenhang mit dem Unfallereignis stehen.[43] Dabei reicht die mittelbare Verursachung aus. Auf den Grad der Gesundheitsschädigung kommt es im Rahmen der reinen Frage des Vorliegens eines Unfalls nicht an. Dies spielt erst bei der Frage eine Rolle, ob hierdurch ein Anspruch auf die vertragliche Leistung ausgelöst wird (vgl. A.4.5 bis A.4.8). 11

D. Kausalität

Adäquate Kausalität muss gegeben sein. Die Mitursächlichkeit reicht aus.[44] Eine solche ist anzunehmen, wenn die versicherte Person vor dem Unfallereignis vollkommen beschwerdefrei war.[45] Keine Kausalität ist gegeben, wenn die Gesundheitsschädigung nur bei der Gelegenheit des Unfallereignisses eintritt, also der Unfall nur Gelegenheitsursache für ein ohnehin zu einer anderen Zeit eintretendes Ereignis ist. Naumann/Brinkmann führen zutreffend das Beispiel einer Schwangeren an, bei der anlässlich eines Unfalls die Wehen und die Geburt einsetzen. Die Geburt löst wegen des damit verbundenen Krankenhausaufenthaltes und der anschließenden Zeit zu Hause keine Ansprüche auf Krankenhaustagegeld und Genesungsgeld aus, da sie nur gelegentlich des Unfalls in Gang gekommen ist, aber auch ohne das Unfallereignis stattgefunden hätte. Anders jedoch, wenn es wegen des Unfalls nur zu Wehen kommt, die eine vorsorgliche Aufnahme der Schwangeren ins Krankenhaus zur Kontrolle erforderlich machen. Dieser Aufenthalt ist dann unfallbedingt und löst Ansprüche auf entsprechende Versicherungsleistungen aus.[46] 12

E. Beweislast

Der VN (oder bei Tod der Rechtsnachfolger)[47] trägt die Beweislast für das Unfallereignis und die Gesundheitsschädigung als dessen Folge[48] sowie für die Kausalität.[49] Dabei hat der VN den 13

41 OLG Köln Urt. v. 03.05.1990 – 5 U 199/89, VersR 1990, 1346 = zfs 1991, 64.
42 Prölss/Martin – Knappmann, VVG 29. Aufl. § 178 Rn. 21 m.w.N.
43 Prölss/Martin – Knappmann, VVG 29. Aufl. § 178 Rn. 17; Rüffer/Halbach/Schimikowski – Rüffer, Versicherungsvertragsgesetz § 178 Rn. 11.
44 OLG Saarbrücken Urt. v. 15.12.2004 – 5 U 752/03, VersR 2005, 1276 = r+s 2005, 344 = NJW-RR 2005, 1271; Prölss/Martin – Knappmann, VVG 29. Aufl. § 178 Rn. 18; Rüffer/Halbach/Schimikowski – Rüffer, Versicherungsvertragsgesetz § 178 Rn. 18.
45 Grimm, AUB 1 Rn. 49 u. 51; Rüffer/Halbach/Schimikowski – Rüffer, Versicherungsvertragsgesetz § 178 Rn. 18 m.w.N.
46 Naumann/Brinkmann, Die private Unfallversicherung in der anwaltlichen Praxis § 3 Rn. 48.
47 Rüffer/Halbach/Schimikowski – Rüffer, Versicherungsvertragsgesetz § 178 Rn. 19.
48 BGH Urt. v. 09.12.1990 – IV ZR 255/1989, r+s 1991, 143 = NJW-RR 1991, 539.
49 BGH Urt. v. 18.02.1987 – IVa ZR 196/85, VersR 1987, 1007 = zfs 1987, 377; OLG Hamm Urt. v. 15.08.2007 – 20 U 5/07, VersR 2008, 249 = r+s 2007, 518 = zfs 2008, 43; Grimm, AUB 1 Rn. 47;

Vollbeweis nach § 286 ZPO zu führen.[50] Ist nicht mehr aufklärbar, ob es durch einen zuvor erlittenen Herzinfarkt zu einem Verkehrsunfall gekommen ist oder durch den Verkehrsunfall infolge der dadurch eingetretenen Stresssituation zu einem Herzinfarkt, so hat der beweispflichtige VN das Vorliegen eines Unfalls nicht bewiesen.[51]

14 Für das Merkmal »unfreiwillig« steht dem VN jedoch eine **Beweiserleichterung** zur Seite. § 178 Abs. 2 S. 2 VVG bestimmt, dass die Unfreiwilligkeit bis zum Beweis des Gegenteils vermutet wird. Die Vorschrift ist halbzwingend, nach § 191 VVG darf von ihr nicht zum Nachteil des VN abgewichen werden. Der Versicherer muss also den Vollbeweis (§ 286 ZPO) erbringen, dass keine Unfreiwilligkeit vorliegt.[52] Ein **Anscheinsbeweis** für die Freiwilligkeit einer Gesundheitsschädigung scheidet aus, da es keinen allgemeinen Erfahrungssatz im Sinne eines typischen Geschehensablaufs gibt, dass Menschen sich in bestimmten Situation freiwillig an ihrer Gesundheit beschädigen.[53] Der Versicherer muss den Indizienbeweis führen.[54]

15 **Indizien** für eine Freiwilligkeit sind Auffälligkeiten im Hinblick auf Zeitpunkt oder Versicherungsleistung der abgeschlossenen Versicherung, Unterlassen von Rettungsversuchen, Ausweichmanövern, besonders schwierige persönliche oder finanzielle Verhältnisse der versicherten Person oder auch widersprüchliche und wechselnde Schilderungen zum Unfallhergang.[55] Im Rahmen einer solchen Beweisführung kommt auch der Erklärungspflicht des VN über eventuell bestehende weitere Unfallversicherungen besondere Bedeutung zu. Schon aufgrund des allgemeinen Aufklärungsinteresses des Versicherers muss der VN weitere Unfallversicherungen angeben, da er anderenfalls eine Obliegenheitsverletzung begeht.[56] In den Formularen zur Schadenanzeige findet sich daher regelmäßig eine darauf gerichtete Nachfrage. Hat bspw. der VN **mehrere Unfallversicherungen** mit einer zusammen ungewöhnlich hohen Versicherungsleistung abgeschlossen, woraus ein monatliches, wirtschaftlich unsinniges Prämienaufkommen im Verhältnis zu der persönlichen Lebens- und Einkommenssituation resultiert, liegt ein ganz erhebliches Indiz für eine Freiwilligkeit vor.[57]

A.4.1.3 Erweiterter Unfallbegriff

Als Unfall gilt auch, wenn sich die versicherte Person durch eine erhöhte Kraftanstrengung

- **ein Gelenk an Gliedmaßen oder der Wirbelsäule verrenkt,**
- **Muskeln, Sehnen, Bänder oder Kapseln an Gliedmaßen oder der Wirbelsäule zerrt oder zerreißt.**

Meniskus und Bandscheiben sind weder Muskeln, Sehnen, Bänder noch Kapseln. Deshalb werden sie von dieser Regelung nicht erfasst.

Eine erhöhte Kraftanstrengung ist eine Bewegung, deren Muskeleinsatz über die normalen Handlungen des täglichen Lebens hinausgeht. Maßgeblich für die Beurteilung des Muskeleinsatzes sind die individuellen körperlichen Verhältnisse der versicherten Person.

Rüffer/Halbach/Schimikowski – Rüffer, Versicherungsvertragsgesetz § 178 Rn. 19; Schwintowski/Brömmelmeyer, Praxiskommentar zum Versicherungsvertragsrecht, § 178 Rn. 29.

50 LG Dortmund Urt. v. 22.01.2009 – 2 O 255/06, (nach Juris).

51 LG Aachen Urt. v. 30.06.2006 – 9 O 134/06, r+s 2006, 429.

52 OLG Hamm Urt. v. 2.12.2011 – I-20 U 83/11, VersR 2012, 1549.

53 Schwintowski/Brömmelmeyer, § 178 Rn. 31.

54 BGH Urt. v. 15.06.1994 – IV ZR 126/93, VersR 1994, 1054 = r+s 1994, 394 = zfs 1994, 373.

55 OLG Hamburg Urt. v. 01.08.1989 – 12 U 90/88, VersR 1991, 763 = r+s 1991, 250; Schwintowski/Brömmelmeyer, Praxiskommentar zum Versicherungsvertragsrecht, § 178 Rn. 36 m.w.N.

56 BGH Urt. v. 24.06.1981 – IVa ZR 133/80, VersR 1982, 182 = zfs 1982, 122 (zum Verschweigen bei Vertragsschluss); OLG Oldenburg Urt. v. 02.11.1997 – 2 U 195/97, VersR 1998, 1148 = r+s 1998, 435; OLG Koblenz Urt. v. 14.01.2005 – 10 U 410/04, VersR 2005, 1524; OLG Saarbrücken Urt. v. 22.11.2006 – 5 U 269/06, VersR 2007, 977 = r+s 2007, 336.

57 OLG Hamburg Urt. v. 01.08.1989 – 12 U 90/88, VersR 1991, 763 = r+s 1991, 250.

1 Im Wege einer Fiktion wird in A.4.1.3 der Versicherungsschutz auf bestimmte Ereignisse ausgedehnt, die im eigentlichen Sinn keinen Unfall darstellen. Versicherungsschutz besteht danach, wenn es durch eine erhöhte Kraftanstrengung an den enumerativ aufgezählten Körperteilen zu Gesundheitsschädigungen kommt, indem sich die versicherte Person an den Gliedmaßen oder der Wirbelsäule ein Gelenk verrenkt oder Muskeln, Sehnen, Bänder oder Kapseln zerrt oder zerreißt. Die Klausel ist nicht intransparent, sondern für den durchschnittlichen, um Verständnis bemühten VN hinreichend verständlich.[1] In Angleichung an die neugefassten AUB 2014 findet sich nunmehr auch in den AKB 2015 eine zusätzliche Klarstellung gegenüber früheren Bedingungswerken, in dem ausdrücklich im Bedingungstext darauf hingewiesen wird, dass Meniskus und Bandscheiben nicht zu den enumerativ aufgezählten Körperteilen gehören und daher (logischer Weise) auch nicht von der Regelung erfasst werden. Zumindest die letztere, zum besseren Verständnis des Verbrauchers aufgenommene Klarstellung, ist überflüssig und hält den VN als Adressaten des Bedingungswerks für begriffsstutziger als er in Wirklichkeit ist. Eine inhaltliche Änderung ist damit nicht verbunden, da schon bisher nichts anderes galt.[2]

2 Eine **erhöhte Kraftanstrengung** liegt nur vor, wenn sie über die übliche Belastung und Kraftaufwendung eines Menschen im Rahmen normaler Bewegungsabläufe deutlich hinausgeht, was bspw. beim Reinigen der Windschutzscheibe eines Pkws nicht der Fall ist.[3] Es ist eine jeweilige Abgrenzung im Einzelfall vorzunehmen, bei der für die Beurteilung der Kraftanstrengung auf die individuelle körperliche Konstitution der versicherten Person abzustellen ist[4] und nicht auf objektive Maßstäbe[5] (was für Lieschen Müller eine erhöhte Kraftanstrengung ist, muss noch lange keine solche für einen Gewichtheber sein). Eine solche erhöhte Kraftanstrengung kann für die Kfz-Unfallversicherung bei Verletzungen im Zusammenhang mit dem Be- oder Entladen von Fahrzeugen oder bei Reparaturen von Bedeutung sein. Hinzuweisen ist in diesem Zusammenhang auf eine ältere Entscheidung des LG Berlin, nach der es keine erhöhte Kraftanstrengung darstellen soll, wenn die versicherte Person 10 bis 20 Kg schwere Gegenstände in den Kofferraum eines Fahrzeugs einlädt.[6] Die Entscheidung ist zu Recht auf Kritik gestoßen und wird in der Literatur angezweifelt. Dies ist leicht nachvollziehbar, wenn man sich ggf. durch Nachstellen die Unterschiede der Kraftanstrengung beim Einladen einer normalen Einkaufsklappbox in einen Kofferraum mit niedriger Ladekante im Verhältnis zum Einladen von bspw. Zementsäcken oder schweren Getränkekisten mit Glasflaschen über eine möglicherweise auch noch hohe Ladekante oder über bereits im Kofferraum liegende Gegenstände hinweg verdeutlicht. Es kommt gerade auf die individuelle Konstitution und die Einzelfallumstände an, die genau ermittelt bzw. vom VN vorgetragen werden müssen, um eine dem Einzelfall gerecht werdende Abgrenzung vornehmen zu können. Schematische Betrachtungen oder die Anwendung von Gewichtsgrenzen verbieten sich. Die Rechtsprechung ist jedoch eher restriktiv mit der Annahme einer erhöhten Kraftanstrengung. Das OLG Hamm hat diese z.B. bei einem Sehnenriss verneint, als ein Taxifahrer einen ca. 20 kg schweren Koffer, der sich beim Herausheben verkantet hatte mit Kraft aus dem Kofferraum herausziehen wollte.[7] Erforderlich ist für die Annahme einer erhöhten Kraftanstrengung in jedem Fall einer erhöhte Krafteinwirkung auf das Gelenk oder die Gewebestruktur im Sinne einer punktuellen Spitzenbelastung.[8] Nach diesem Maßstab erscheint auch die o.g. Entscheidung des OLG Hamm als zweifelhaft, da es durchaus zu einer punktuellen Spitzenbelastung der gerissenen Sehne des Taxifahrers gekommen sein dürfte, die über

1 BGH Urt. v. 20.11.2019 – IV ZR 159/18, r+s 2020, 45.
2 Vgl. nur OLG Koblenz, Urt. v. 12.12.2002 – 10 U 612/02, r+s 2003, 429 = NJW-RR 2003, 322.
3 OLG Hamm Urt. v. 07.08.2002 – 20 U 87/02, VersR 2003, 496 = r+s 2003, 429.
4 BGH Urt. v. 20.11.2019 – IV ZR 159/18, r+s 2020, 45; OLG Koblenz Urt. 30.5.2018 – 10 U 327/17, r+s 2020, 470; OLG Hamm Urt. v. 11.02.2011 – 20 U 151/10, VersR 2011, 1136 = r+s 2011, 530 = zfs 2011, 522; so auch Naumann/Brinkmann, zfs 2012, 69 (71).
5 Prölss/Martin – Knappmann, VVG 29. Aufl. 1 AUB 2010 Rn. 8.
6 LG Berlin Urt. v. 06.04.1989 – 7 S 65/88, VersR 1990, 374.
7 OLG Hamm Urt. v. 11.02.2011 – 20 U 151/10, VersR 2011, 1136 = r+s 2011, 530 = zfs 2011, 522.
8 So auch Naumann/Brinkmann, zfs 2012, 69 (72).

das normale Maß einer entsprechenden Tätigkeit zum Be- und Entladen hinausging. Nach vernünftiger Auslegung am Maßstab des Verständnisses eines durchschnittlichen VN wird man solche Vorgänge als »erhöhte Kraftanstrengung« annehmen müssen. Keine erhöhte Kraftanstrengung liegt vor, wenn der VN vom Fahrersitz mit dem Arm nach hinten greift, um einen auf der Rückbank liegenden Gegenstand anzuheben.[9]

3 Die erhöhte Kraftanstrengung muss weiter kausal für die Folge einer **Verrenkung** eines Gelenkes oder der **Zerreißung** oder **Zerrung** eines Muskels, einer Sehne, eines Bandes oder einer Kapsel sein. Es handelt sich um eine abschließende Aufzählung betroffener Körperteile bzw. Gewebsstrukturen, die keiner ausdehnenden Auslegung zugänglich ist.[10] Somit scheiden schon ohne weiteres Gesundheitsschäden an Bandscheiben oder Meniskusverletzungen aus, die eben nur über ein bedingungsgemäßes Unfallereignis nach A.4.1.2 erfasst sein können, wobei in diesen Fällen der Risikoausschluss nach A.4.12.6 zu beachten ist.[11] Das war schon zu früheren Bedingungswerken einhellige Meinung, ist nun aber ausdrücklich durch Satz 2 klargestellt, der die mitunter diskutierten Fälle von Verletzungen des Meniskus oder von Bandscheiben ausschließt.

4 Für die Beweislast gelten keine Besonderheiten. Der VN muss den Vollbeweis für das Vorliegen der Tatbestandsvoraussetzungen der Unfallfiktion beweisen.

A.4.2 Wer ist versichert?

A.4.2.1 Pauschalsystem

Mit der Kfz-Unfallversicherung nach dem Pauschalsystem sind die jeweiligen berechtigten Insassen des Fahrzeuges versichert. Ausgenommen sind bei Ihnen angestellte Berufsfahrer und Beifahrer, wenn sie als solche das Fahrzeug gebrauchen.

Bei zwei und mehr berechtigten Insassen erhöht sich die Versicherungssumme um xx Prozent und teilt sich durch die Gesamtzahl der Insassen, unabhängig davon, ob diese zu Schaden kommen.

A.4.2.2 Kfz-Unfall-Plus-Versicherung

Mit der Kfz-Unfall-Plus-Versicherung sind die jeweiligen berechtigten Insassen des Fahrzeugs mit der für Invalidität und Tod vereinbarten Versicherungssumme versichert. Wird der jeweilige Fahrer verletzt und verbleibt eine unfallbedingte Invalidität von xx Prozent, erhöht sich die für Invalidität vereinbarte Versicherungssumme für ihn um xx Prozent.

A.4.2.3 Platzsystem

Mit der Kfz-Unfallversicherung nach dem Platzsystem sind die im Versicherungsschein bezeichneten Plätze oder eine bestimmte Anzahl von berechtigten Insassen des Fahrzeuges versichert. Ausgenommen sind bei Ihnen angestellte Berufsfahrer und Beifahrer, wenn sie als solche das Fahrzeug gebrauchen. Befinden sich in dem Fahrzeug mehr berechtigte Insassen als Plätze oder Personen im Versicherungsschein angegeben, verringert sich die Versicherungssumme für den einzelnen Insassen entsprechend.

9 OLG München Urt. v. 29.11.2019 – 25 U 543/19, BeckRS 2019, 42925.
10 Prölss/Martin – Knappmann, VVG 29. Aufl. § 1 AUB 2010 Rn. 9.
11 Vgl. unten A.4.12.6 Rdn. 79 ff.

A.4.2.4 Was versteht man unter berechtigten Insassen?

Berechtigte Insassen sind Personen (Fahrer und alle weiteren Insassen), die sich mit Wissen und Willen des Verfügungsberechtigten in oder auf dem versicherten Fahrzeug befinden oder in ursächlichem Zusammenhang mit ihrer Beförderung beim Gebrauch des Fahrzeuges tätig werden.

A.4.2.5 Berufsfahrerversicherung

Mit der Berufsfahrerversicherung sind versichert

a **die Berufsfahrer und Beifahrer des im Versicherungsschein bezeichneten Fahrzeuges,**

b **die im Versicherungsschein namentlich bezeichneten Berufsfahrer und Beifahrer unabhängig von einem bestimmten Fahrzeug oder**

c **alle bei ihnen angestellten Berufsfahrer und Beifahrer unabhängig von einem bestimmten Fahrzeug.**

A.4.2.6 Namentliche Versicherung

Mit der namentlichen Versicherung ist die im Versicherungsschein bezeichnete Person unabhängig von einem bestimmten Fahrzeug versichert. Diese Person kann ihre Ansprüche selbstständig gegen uns geltend machen.

Übersicht

A. Allgemeines

1 Die Regelung in A.4.2 hat inhaltlich im Grundsatz unverändert die frühere Regelung aus § 17 AKB a.F. übernommen und keine Änderungen im Vergleich zu den AKB 2008 erfahren. Neugestaltet ist zum einen die klare Gliederung, die nun erkennbar in 5 einzelnen Bausteinen für unterschiedliche Interessenlagen zwischen einem Pauschal- und dem Platzsystem sowie der Berufsfahrerversicherung und namentlichen Versicherung unterscheidet. Zum anderen finden sich weitere Ausgestaltungen in Form der Kraftfahrtunfall-Plus-Versicherung (A.4.2.2) sowie klar normierte Regelungen zur Erhöhung der **Versicherungssumme** in Relation zur Anzahl der berechtigten Insassen bzw. zur »Mangelverteilung« bei Überschreitung der Insassenzahl beim Platzsystem.

B. Pauschalsystem A.4.2.1

2 Nach dem in der Praxis gängigen und gerade für die private Pkw-Versicherung früher nahezu ausschließlich gebräuchlichen Pauschalsystem besteht Versicherungsschutz für alle berechtigten Insassen des im Vertrag bezeichneten Fahrzeugs, solange diese nicht in ihrer Eigenschaft als angestellte Berufsfahrer und Beifahrer des VN das Fahrzeug gebrauchen. Wer berechtigter Insasse ist, findet sich als eigenständige Definition in A.4.2.4 (vgl. unten Rdn. 10 ff.).

3 Charakteristisch ist, dass jeder berechtigte Insasse der bei einem Unfall mit dem Fahrzeug zu Schaden kommt Versicherungsschutz genießt, und zwar unabhängig von seiner Beziehung zu dem versicherten Fahrzeug und unabhängig davon, ob er an dem Versicherungsvertrag als VN beteiligt ist. Für jeden Insassen gilt dabei als Versicherungssumme derjenige Betrag, der sich aus der im Versicherungsvertrag vereinbarten jeweiligen Versicherungssumme für die einzelnen Leistungsarten geteilt durch die Anzahl

der beim Unfall im Fahrzeug befindlichen Insassen ergibt. A.4.2.1 S. 3 stellt dazu klar, dass es nicht darauf ankommt, wie viele Insassen zu Schaden kommen. Werden von 4 Insassen nur 2 verletzt, so steht ihnen jeweils 1/4 der vertraglichen Versicherungssumme zur Verfügung. Ihnen fällt nicht etwa der Anteil der nicht geschädigten Personen zu. Allerdings erhöht sich nach A.4.2.1 S. 3 die vertragliche **Versicherungssumme** um einen individuell im Vertrag vereinbarten Prozentsatz bei zwei oder mehr Insassen. Soweit derzeit überschaubar liegt die **Erhöhung** bei den meisten Versicherern bei 50 % der vertraglichen Versicherungssumme. Es ist allerdings in der Praxis unerlässlich hier jeweils die zur Verfügung stehende Versicherungssumme anhand der konkret vertragsgegenständlichen AKB zu ermitteln. Durch dieses Erhöhungssystem wird erreicht, dass auch derjenige, der sein Fahrzeug überwiegend alleine nutzt noch über ausreichenden Versicherungsschutz für die Insassen verfügt, wenn er weitere Personen in seinem Fahrzeug befördert, ohne dass er insgesamt eine übermäßig hoch bemessene Versicherungssumme vereinbaren muss.

4 **Quotierung**

Da angestellte Berufsfahrer und Beifahrer nach A.4.2.1. S. 2 beim Pauschalsystem aus dem Versicherungsschutz ausgenommen sind, finden sie auch keine Berücksichtigung bei der Bildung der auf den jeweiligen Insassen entfallenden Quote aus der Versicherungssumme.[1] Im Übrigen zählen alle berechtigten Insassen bei der Quotierung mit, auch wenn sie selbst infolge eines Risikoausschlusses nach A.4.10 oder aus anderen Gründen keinen Leistungsanspruch haben.

5 Ist unklar wie viele Insassen sich zum Unfallzeitpunkt im Fahrzeug befunden haben, so trägt der VN die **Beweislast** für die Anzahl berechtigter Insassen, da es sich um eine Anspruchsvoraussetzung für den in der konkreten Höhe geltend gemachten Leistungsanspruch handelt.[2]

C. Kraftfahrtunfall-Plus-Versicherung A.4.2.2

6 Diese Variante bietet umfassenden und weitreichenden Versicherungsschutz, so dass sie am häufigsten in der Praxis anzutreffen ist. Wie beim Pauschalsystem sind zunächst alle berechtigten Fahrzeuginsassen versichert. Im Unterschied zum Pauschal- und Platzsystem nach A.4.2.1 und A.4.2.3 ist allerdings der Versicherungsschutz hier auch für Berufsfahrer und Beifahrer eingeschlossen. Der jeweilige Ausschluss ist in A.4.2.2 nicht enthalten.

7 Versicherungsschutz besteht für alle Insassen im Rahmen der für Invalidität und Tod vereinbarten Versicherungssumme. Im Unterschied zum Pauschalsystem findet hier keine Quotierung je nach Anzahl der Insassen statt. Zudem bietet die Plus-Versicherung eine je nach Vertrag/Versicherer variable, prozentuale Erhöhung der vereinbarten Versicherungssumme für den Fahrer (und nur für ihn), wenn dieser verletzt wird und eine im Vertrag nach einem bestimmten Prozentsatz festgelegte Invalidität verbleibt. Die Erhöhung kann je nach Invaliditätsgrad bis zur Verdoppelung der Versicherungssumme reichen. Sie ist im Einzelfall anhand der vertragsgegenständlichen AKB zu ermitteln. Durch diese Regelung sollen der Fahrer und seine Angehörigen besser abgesichert sein, da er im Verhältnis zu den übrigen Insassen bei einem von ihm selbst verschuldeten Unfall mangels Haftpflichtansprüchen gegenüber einem Unfallverursacher schlechter gestellt ist.[3] Die **Beweislast** für das Vorliegen eines entsprechenden Invaliditätsgrades trägt der VN.

D. Platzsystem A.4.2.3

8 Bei dieser Variante besteht Versicherungsschutz für eine im Vertrag festgelegte Zahl von berechtigten Insassen oder Plätzen in einem Fahrzeug mit einer jeweils festgelegten Versicherungssumme je Insasse oder Platz. Diese Ausgestaltung trägt den besonderen Bedürfnissen der Personenbeförderung in Großraumtaxen und Bussen Rechnung. Wie beim Pauschalsystem sind angestellte Berufs- und Beifahrer aus dem

1 Feyock/Jacobsen/Lemor-Jacobsen, Kraftfahrtversicherung 3. Aufl. AKB 2008 A.4. Rn. 26.

2 OLG Köln Urt. v. 07.12.1989 – 5 U 98/99, VersR 1990, 970 = r+s 1990, 69; Bauer, Die Kraftfahrtversicherung 6. Aufl. Rn. 1309.

3 Feyock/Jacobsen/Lemor – Jacobsen, Kraftfahrtversicherung 3. Aufl. AKB 2008 A.4. Rn. 30.

Versicherungsschutz ausgenommen. Ist das Fahrzeug überbelegt, also befinden sich mehr Insassen darin, als solche nach Platz oder Insassenanzahl im Versicherungsschein bezeichnet sind, so wird die vereinbarte Versicherungssumme entsprechend nach Kopfteilen gekürzt. Die vereinbarten Versicherungssummen für Invalidität und Tod werden nach der jeweils vereinbarten Zahl der Insassen oder Plätze addiert und das Ergebnis durch die tatsächliche Insassenzahl geteilt. Die aus dem Versicherungsschutz ohnehin ausgenommenen Berufs- und Beifahrer werden hierbei – wie beim Pauschalsystem – nicht mit eingerechnet.

Die Beweislast für die Zahl der Insassen trägt als Voraussetzung für die im Einzelfall geltend gemachte volle Versicherungsleistung der VN.[4] 9

E. Berechtigte Insassen A.4.2.4

Bereits die AKB 2008 haben in der Definition des berechtigten Insassen in A.4.2.4 die frühere Regelung aus § 17 Abs. 1 S. 2 AKB a.F. inhaltlich unverändert übernommen. Danach sind alle Personen berechtigte Insassen, die sich mit Wissen und Willen des Verfügungsberechtigten im oder auf dem versicherten Fahrzeug aufhalten oder in ursächlichem Zusammenhang mit ihrer Beförderung beim Gebrauch des Fahrzeugs tätig sind. 10

Berechtigte Personen können alle natürlichen Personen sein, gleich ob als Fahrer oder sonstiger Insasse. Nicht darunter zählt jedoch das ungeborene Kind im Mutterleib.[5] 11

Die Person muss sich mit **Wissen und Willen** des Verfügungsberechtigten im oder auf dem Fahrzeug befinden oder in bedingungsgemäßem Kontakt stehen. Für die Begriffe Wissen und Willen kann weitergehend auf die Darstellung unten unter AKB D.1.12 Rdn. 1 ff. verwiesen werden. Es muss sich um einen einvernehmlichen Aufenthalt im oder auf dem Fahrzeug handeln. Berechtigt ist nicht der Schwarzfahrer oder derjenige, der sich heimlich in einem Fahrzeug versteckt oder unbemerkt auf dem Trittbrett mitfährt. 12

Das Einvernehmen muss mit dem über das versicherte Fahrzeug **Verfügungsberechtigten** bestehen. Der Verfügungsberechtigte muss nicht zwingend der Halter sein, wenngleich dieser regelmäßig verfügungsberechtigt ist. Neben dem eigentlichen Halter kann auch ein davon abweichender wirtschaftlicher Eigentümer verfügungsberechtigt sein oder sonst jede Person, die vom Halter ermächtigt worden ist, über das Fahrzeug zu verfügen und die über den Gebrauch bestimmen kann. Eine zeitweilige Verfügungsbefugnis ist ausreichend. 13

Die Person muss **Insasse** sein, d.h. sich **im oder auf dem versicherten Fahrzeug** befinden, also mit ihm befördert werden. Es muss keine vertragliche Beziehung für die Beförderung bestehen, jede Art der Beförderung auch aus reiner Gefälligkeit reicht aus. Nach der Definition in A.4.2.4 steht derjenige dem Insassen gleich, der in **ursächlichem Zusammenhang** mit seiner Beförderung **beim Gebrauch des Fahrzeugs tätig** wird. Hierdurch wird der Versicherungsschutz über den Bereich des versicherten Fahrzeugs nach außen hin erweitert, solange noch ein Tätigwerden in ursächlichem Zusammenhang mit dem Gebrauch zur Beförderung besteht. In diesen Grenzen besteht somit Versicherungsschutz innerhalb und außerhalb des Fahrzeugs. Also ist über den Begriff des Gebrauchs selbstverständlich auch das **Ein- und Aussteigen** erfasst sowie das **Be- und Entladen**, soweit hier noch ein hinreichender zeitlicher Zusammenhang besteht. Nicht etwa, beim Beladen mehrere Tage vor Fahrantritt.[6] Ein- und Aussteigen umfasst dabei nicht nur den Bewegungsablauf, um in das Fahrzeug hinein oder aus ihm heraus zu gelangen, sondern jedenfalls auch bereits das Auf- bzw. Abschließen der Tür und deren Öffnen bzw. Schließen. Darüber hinaus muss auch jeder weitere Vorgang und Bewegungsablauf der sich nach natürlicher Betrachtungsweise als noch unmittelbar zum Ein- und Aussteigen zählend darstellt noch darunter fallen. Also bspw. das Herumgehen um das Fahrzeug, um vom Bürgersteig zur Einstiegstür zu gelangen und umgekehrt. Wendet sich hingegen 14

4 OLG Köln Urt. v. 07.12.1989 – 5 U 98/99, VersR 1990, 970 = r+s 1990, 69; Bauer, Die Kraftfahrtversicherung 5. Aufl. Rn. 1240.

5 OLG Hamm Urt. v. 16.03.1973 – 20 U 260/72, VersR 1973, 810.

6 Feyock/Jacobsen/Lemor – Jacobsen, Kraftfahrtversicherung 3. Aufl. AKB 2008 A.4. Rn. 36.

die Person vom Fahrzeug erkennbar ab, um bspw. die Straße zu überqueren und erleidet somit nach dem eigentlichen Aussteigen einen Unfall so steht dieses Ereignis nicht mehr in hinreichend ursächlichem Zusammenhang mit einem Tätigwerden beim Gebrauch des Fahrzeugs im Rahmen der Beförderung. Das Aussteigen ist bereits beendet und die Person wird in einer gleichartigen Situation vom Unfallereignis betroffen, als ob sie unabhängig vom vorherigen Fahrzeuggebrauch als Fußgänger die Straße überquert hätte.[7]

F. Berufsfahrerversicherung A.4.2.5

15 Die **Berufsfahrerversicherung** kann in drei Ausgestaltungen abgeschlossen werden:

a) Für Berufsfahrer und Beifahrer eines bestimmten im Versicherungsschein bezeichneten Fahrzeugs (A.4.2.5a). Hier ist jeder Berufs- oder Beifahrer des konkret im Versicherungsschein bezeichneten Fahrzeuges versichert. Die Eingrenzung des geschützten Personenkreises erfolgt hier nur über die Beziehung zum bestimmten Fahrzeug.
b) Für namentlich im Versicherungsschein genannte Berufsfahrer ohne Bindung an ein bestimmtes Fahrzeug (A.4.2.5b). Hier erfolgt die Eingrenzung über die namentliche Bezeichnung bestimmter Berufs- und Beifahrer, die dann unabhängig von einem bestimmten Fahrzeug versichert sind, also bspw. auch, wenn sie mit einem Fahrzeug fahren, das nicht dem VN gehört oder auf ihn zugelassen ist. Voraussetzung ist jedoch, dass sie gerade in ihrer Eigenschaft als Berufsfahrer von einem Unfallereignis betroffen sind und nicht etwa in der Freizeit als Fahrgast in einem Linienbus.
c) Für alle beim VN angestellten Berufsfahrer und Beifahrer ebenfalls ohne Bindung an ein bestimmtes Fahrzeug (A.4.2.5c). Hier bestimmt sich anhand der Anstellung als Berufsfahrer oder Beifahrer, ob die betreffende Person dem Versicherungsschutz unterfällt. Sie muss nur zu diesem Zweck angestellt sein, was sich nach dem Arbeitsvertrag richtet. Eine Zuordnung zu einem bestimmten Fahrzeug besteht nicht.

16 Versicherte können nach h.M. nur **Berufsfahrer** und **Beifahrer** sein, die beim VN angestellt sind.[8] Im Fall einer Fremdversicherung genügt es, wenn der Berufsfahrer bei dem durch die Fremdversicherung begünstigten Versicherten angestellt ist.[9] Das Erfordernis einer Anstellung als Berufsfahrer beim VN gilt nach der heutigen Fassung der AKB unverändert, wie zu § 17 AKB a.F. Wie schon die frühere Regelung in § 17 Abs. 2a) und b) AKB a.F. enthalten zwar heute A.4.2.5a und b nicht unmittelbar den Begriff des angestellten Berufsfahrers, sondern wird dieser wie schon in § 17 Abs. 2c) AKB a.F. nur bei der namentlichen Berufsfahrerversicherung in A.4.2.5c verwandt. Es handelt sich nur um einen redaktionellen Unterschied, um jeweils alle bei dem VN angestellten Berufsfahrer im Gegensatz zu den bei a) und b) nur nach einem bestimmten Fahrzeug oder namentlich im Versicherungsschein aufgeführten in allgemeiner Form zu erfassen. Daraus ist kein inhaltlicher Unterschied im Hinblick auf das Erfordernis der Anstellung beim VN herzuleiten. Dies will jedoch in der Literatur offenbar Jacobsen anders auslegen, der – leider ohne Begründung – ausdrücklich anführt, dass die Kfz-Unfallversicherung als Berufsfahrerversicherung auf Berufs- und Beifahrer beschränkt werden könne, ohne dass diese beim VN angestellt sein müssen.[10] Dem ist nicht zuzustimmen.

17 Die versicherte Person muss dabei nicht zwingend gelernter Berufskraftfahrer iSd. Ausbildungsberufs sein. Sie muss aber in ihrer Eigenschaft als Kraftfahrer beruflich tätig sein und nicht nur anlässlich ihrer beruflichen Tätigkeit auch mit einem Fahrzeug des VN oder für diesen unterwegs

7 OLG Bamberg Urt. v. 07.03.1996 – 1 U 115/95, VersR 1997, 611 = r+s 1997, 213 = zfs 1996, 464 = NZV 1996, 412.

8 Stiefel/Maier, Kraftfahrtversicherung AKB Kommentar 18. Aufl. A.4.2 Rn. 9; Prölss/Martin – Knappmann, VVG 29. Aufl. AKB A.4.2 Rn. 12.

9 Stiefel/Maier, Kraftfahrtversicherung AKB Kommentar 18. Aufl. A.4.2 Rn. 9; Prölss/Martin – Knappmann, VVG 29. Aufl. AKB A.4.2 Rn. 12.

10 Feyock/Jacobsen/Lemor – Jacobsen, Kraftfahrtversicherung 3. Aufl. AKB 2008 A.4. Rn. 37.

sein.[11] Voraussetzung ist gerade die als Beruf ausgeübte Tätigkeit als Kraftfahrer oder Beifahrer.[12] Nicht unter den Versicherungsschutz fällt danach derjenige, der nur aushilfsweise für einen anderen Arbeitnehmer einspringt und eine Fahrt durchführt. Der Beifahrer muss nicht zur Ablösung des Fahrers gedacht sein oder überhaupt einen Führerschein besitzen. Es reicht aus, wenn er für andere Aufgaben bspw. zum Be- und Entladen regelmäßig mitfährt oder bspw. als Techniker für die Durchführung bestimmter Arbeiten auf dem Fahrzeug beruflich mitfährt. Dies kann z.B. derjenige sein, der als dauerhaftes Bedienpersonal auf einem Spezialfahrzeug oder Saugwagen oder ähnlichem als Beifahrer mitfährt. Einen Beifahrer i.S.d. Berufsfahrerversicherung gibt es nicht im Zusammenhang mit Pkws.[13]

G. Namentliche Versicherung A.4.2.6

Hier gilt der Versicherungsschutz nur für die im Versicherungsschein bezeichnete Person. Für diese 18
Person ist der Versicherungsschutz umfassend, unabhängig davon, welches Fahrzeug sie benutzt bzw. welcher Art das Kraftfahrzeug ist. Sowohl Unfälle als Fahrer, Mitfahrer/Insasse gleich in welcher Eigenschaft sind versichert.

Besonderheit der namentlichen Versicherung ist, dass der Versicherte seine Ansprüche aus dem Ver- 19
trag selbst gegenüber dem Versicherer geltend machen kann (A.4.2.6 S. 2). Ihm steht somit auch eine eigene Klagebefugnis zu.

H. Geltendmachung des Anspruchs

Berechtigt zur **Geltendmachung** des Anspruchs gegenüber dem Versicherer ist mit Ausnahme der 20
namentlichen Versicherung nach A.4.2.6 bei allen anderen Varianten nur der VN. Dieser kann über die Ansprüche nach den allgemeinen Regeln verfügen (§ 45 Abs. 1 VVG). Bei einer vertraglich vereinbarten Auszahlung der Versicherungsleistung an den VN ist jedoch § 179 VVG zu berücksichtigen. Der VN muss nach dem Eintritt des Versicherungsfalls daher auch die Obliegenheiten nach E.1 (vgl. dort) erfüllen, wobei den Versicherten über F.1 eigene Pflichten und Obliegenheiten nach Kapitel D und E treffen. Die materiellrechtliche Anspruchsberechtigung liegt jedoch beim Versicherten, so dass im Falle seines Todes die Versicherungsleistung in den Nachlass fällt.[14] Dem Versicherten steht allerdings kein eigener Klageanspruch gegenüber dem Versicherer zu, und zwar selbst dann nicht, wenn entgegen der Bestimmungen der Versicherer die Leistung an den VN ohne Zustimmung des Versicherten auszahlt.[15] In einer hierzu ergangenen Entscheidung deutet der BGH jedoch an, dass es möglicherweise rechtsmissbräuchlich sein könnte, wenn sich der Versicherer auf die fehlende Klagebefugnis des Versicherten beruft, obgleich dies nicht von einem beachtlichen, im Zweckbereich der Regelungen über die alleinige Verfügungsbefugnis des VN liegenden Interesses gedeckt ist. Dies ist jedenfalls der Fall, wenn der VN nicht bereit ist, den Anspruch gegenüber dem Versicherer geltend zu machen.[16] Unter dieser engen Voraussetzung kommt somit sogar eine eigene Klagebefugnis des Versicherten in Betracht.[17]

Im Innenverhältnis zwischen VN und dem Versicherten besteht ein Treueverhältnis.[18] Danach muss 21
der VN den Versicherten auf das Bestehen der Versicherung aufmerksam machen, den Schadenfall

11 BGH Urt. v. 18.12.1968 – IV ZR 525/68, NJW 1969, 660 = DAR 1969, 104; so auch Oberster Gerichtshof Wien Urt. v. 28.04.1971 – 7 Ob 71/71, VersR 1971, 1052.

12 Feyock/Jacobsen/Lemor – Jacobsen, Kraftfahrtversicherung 3. Aufl. AKB 2008 A.4. Rn. 37; Stiefel/Maier, Kraftfahrtversicherung AKB Kommentar 18. Aufl. A.4.2Rn. 9.

13 Prölss/Martin – Knappmann, VVG 29. Aufl. AKB A.4.2 Rn. 13.

14 BGH Urt. v. 08.02.1960 – II ZR 136/58, VersR 1960, 339; BFH Urt. v. 28.09.1993 – II R 39/92, r+s 1995, 317 = zfs 1995, 383 = NJW-RR 1994, 918; Bauer, Die Kraftfahrtversicherung, Rn. 1287; Feyock/Jacobsen/Lemor – Jacobsen, Kraftfahrtversicherung, A.4. Rn. 45.

15 BGH Urt. v. 14.12.1994 – IV ZB 14/94, VersR 1995, 360 = r+s 1995, 117 = zfs 1995, 142.

16 BGH Urt. v. 14.12.1994 – IV ZB 14/94, VersR 1995, 360 = r+s 1995, 117 = zfs 1995, 142.

17 So auch OLG Schleswig Urt. v. 22.12.1993 – 9 U 71/93, VersR 1994, 1098 = r+s 1994, 438 = zfs 1995, 26.

18 BGH Urt. v. 07.05.1975, VersR 1975, 703; Bauer, Die Kraftfahrtversicherung, Rn. 1291.

melden und die Rechte für den Versicherten wahren und ggf. nach erfolgtem Einzug der Leistung diese an die versicherte Person auskehren. Ohnehin darf der VN nach A.4.11.2 die Auszahlung der auf eine mitversicherte Person entfallende Versicherungssumme an sich nur mit deren Zustimmung verlangen. Der VN ist jedoch verfügungsbefugt, er kann sich bei unterlassener Geltendmachung des Anspruchs oder unsachgemäßem Verzicht auf diesen oder bei unsinnigem Vergleich über den Anspruch im Innenverhältnis gegenüber dem Versicherten wegen rechtsmissbräuchlichen Verhaltens schadensersatzpflichtig machen. Im Einzelfall kann sich auch eine Einziehungspflicht für den VN bspw. aus einer arbeitsrechtlichen Fürsorgepflicht aus dem Arbeitsvertrag ergeben.[19]

A.4.3 In welchen Ländern besteht Versicherungsschutz?

Sie haben in der Kfz-Unfallversicherung Versicherungsschutz in den geographischen Grenzen Europas sowie den außereuropäischen Gebieten, die zum Geltungsbereich der Europäischen Union gehören.

Übersicht

A. Grundsätzliches

1 Der räumliche Geltungsbereich der Kfz-Unfallversicherung nach den Musterbedingungen, die von den meisten Versicherern gleichlautend übernommen worden sind, ist deckungsgleich mit demjenigen der Kfz-Haftpflichtversicherung und der Kaskoversicherung, so dass im Grundsatz auf die Ausführungen unter A.1.4.1 Rdn. 1 ff. und unter A.2.4 Rdn. 1, A.2.5 zu der wort- und inhaltsgleichen Regelung verwiesen wird.[1]

B. Abweichende Formulierung einzelner AKB

2 Zu beachten ist jedoch, dass einzelne Versicherer auch in der Formulierung abweichende Klauseln verwenden, die auf einen enger umgrenzten **Geltungsbereich** abstellen, wie bspw. die Formulierung »Sie haben Versicherungsschutz in Europa«. Es zeigt sich hier erneut die dringende Notwendigkeit die jeweils konkret vertragsgegenständlichen AKB zur Prüfung heranzuziehen. Nach der wörtlichen Auslegung ist der Anwendungsbereich dieser Klausel enger gefasst als die Musterklausel, die nur im ersten Teil auf die geographischen Grenzen Europas abstellt und sodann ausdrücklich (geographisch) außereuropäische Gebiete einbezieht, soweit diese zum Geltungsbereich der EU gehören. Die oben erwähnte engere Klausel reicht daher eindeutig in ihrem Geltungsbereich weniger weit, was offensichtlich beabsichtigt ist, wie ein Vergleich mit der Klausel des selben Bedingungswerkes zum räumlichen Geltungsbereich zum Autoschutzbrief zeigt, in der wiederum auf die geographischen Grenzen Europas sowie die außereuropäischen Gebiete, die zum Geltungsbereich der EU gehören, abgestellt wird.

I. Zulässigkeit von Einschränkungen

3 Eine Einschränkung des Versicherungsschutzes anhand des räumlichen Geltungsbereiches ist grundsätzlich zulässig.[2] Für die früheren AKB war dies seinerzeit schon aus § 2a Abs. 2 AKB a.F. herauszulesen. Heute ist der VN anhand zahlreicher Unterschiede in AVB verschiedener Versicherer in gewisser Weise zumindest als durchschnittlich verständiger VN, auf den bei der **Auslegung** von AVB abzustellen ist[3], an Unterschiede und abweichende Regelungen im Detail gewöhnt.

19 Bauer, Die Kraftfahrtversicherung, Rn. 1292.
1 Vgl. hierzu oben AKB A.1.4.1 Rdn. 1 ff. bzw. A.2.4 Rdn. 14 ff.

II. Wirksamkeit der abweichenden Klausel

In der Praxis ist darauf zu achten, Klauseln die in den Bedingungswerken verwendet werden nicht 4
unkritisch hinzunehmen, sondern eigenständig auf die Wirksamkeit hin zu überprüfen, wenn sie auf den ersten Blick nach ihrer Fassung einen Anspruch ausschließen.

1. Überraschende Klausel?

Die abweichende, oben dargestellte Klausel kann daher nicht ohne weiteres als überraschende Klau- 5
sel iSd. § 305c BGB und somit als unwirksam angesehen werden, nur weil sie von den Musterbedingungen abweicht. Überraschend ist eine Klausel nach § 305c BGB vielmehr lediglich, wenn sie nach den Umständen derartig ungewöhnlich ist, dass für den VN nach allen zu berücksichtigenden Umständen des Versicherungsvertrages zwischen seinen Erwartungen und dem Inhalt der Klausel eine so deutliche Diskrepanz besteht, dass er mit dieser nicht zu rechnen braucht.[4] Abzustellen ist bei der vorzunehmenden Auslegung einer Klausel darauf, wie ein **durchschnittlicher VN** sie bei aufmerksamer Durchsicht und Berücksichtigung des erkennbaren Sinnzusammenhangs verstehen muss, wobei es auf die Verständnismöglichkeiten eines VN ohne versicherungsrechtliche Spezialkenntnisse ankommt.[5] Bei der Auslegung und Prüfung allgemeiner Versicherungsbedingungen ist insbesondere darauf zu achten, dass auf einen durchschnittlichen VN der konkret betroffenen Versicherungssparte abzustellen ist.[6] Diesem dürfte schon wegen der heute verbreiteten Vielzahl von Klauseln in der Kaskoversicherung bspw. zur »Wildschadenklausel« hinreichend bekannt sein, dass es in der Reichweite des Versicherungsschutzes Unterschiede zwischen einzelnen Versicherern gibt. Danach kann eine Klausel nicht schon allein deshalb überraschend sein, weil sie von den Musterbedingungen der AKB abweicht. In der Abweichung von den Musterbedingungen liegt auch kein **Überrumpelungseffekt**, wie er überraschenden Klauseln typischerweise innewohnt.

Anders kann sich dies allerdings je nach dem Inhalt der Vertragsverhandlungen darstellen: Eine 6
Klausel, die für sich betrachtet nicht überraschend ist, kann sich jedoch im konkreten Fall als überraschend für den VN darstellen, wenn sie von demjenigen abweicht, was die Vertragsparteien in den Verhandlungen im Rahmen des Vertragsschlusses vereinbart oder besprochen haben.[7] Hat bspw. der VN ausdrücklich danach gefragt, ob der Versicherungsschutz der Haftpflicht- und Kaskoversicherung auch für einen bestimmten geographisch außerhalb Europas liegenden Bereich gilt, der aber zum EU-Raum zählt und ist vom Vermittler eine solche Reichweite des Versicherungsschutzes ohne weiter erklärende Einschränkungen ausdrücklich bestätigt worden, ist die konkrete Klausel nach der Versicherungsschutz in der Kfz-Unfallversicherung (nur) in Europa bestehen soll vor dem Hintergrund dieser vertragsbegleitenden Absprache eine überraschende Einschränkung.

Erhebliche Zweifel an der Wirksamkeit bestehen bzgl. der vorgestellten abweichenden Klausel 7
zudem bspw. wenn sich in einem Bedingungswerk zu den übrigen einzelnen Versicherungsarten unterschiedliche Detailregelungen finden, bei denen jeweils im Grundsatz auf die geographischen Grenzen Europas abgestellt wird und teilweise leistungsartabhängig zusätzliche Erweiterungen oder Einschränkungen bestehen, die sich aus möglichen Zusatzvereinbarungen über

2 BGH Urt. v. 28.10.1992 – IV ZR 326/91, VersR1993, 88 = r+s 1993, 42 = zfs 1993, 55 = NJW 1993, 1007.

3 St. Rspr. vgl. BGH Urt. v. 05.07.1989 – IVa ZR 24/89, VersR 1989, 908; Urt. v. 26.09.2001 – IV ZR 220/00, VersR 2001, 1502 = r+s 2002, 80; Urt. v. 26.09.2007 – IV ZR 252/06, VersR 2007, 1690 = r+s 2008, 25; Urt. v. 18.02.2009 – IV ZR 11/07, VersR 2009, 623 = r+s 2009, 246 = zfs 2009, 340; OLG Köln Urt. v. 19.01.1995 – 5 U 242/94, VersR 1995, 1081 = r+s 1995, 436; OLG Köln Urt. v. 02.09.2008 – 9 U 151/07, VersR 2008, 1673 = r+s 2008, 468; LG München I Urt. v. 11.10.2005 – 23 O 16 706/04, VersR 2006, 1246.

4 LG Dortmund Urt. v. 22.07.2009 – 2 O 322/08.

5 BGH Urt. v. 18.02.2009 – IV ZR 11/07, VersR 2009, 623 = r+s 2009, 246 = zfs 2009, 340.

6 LG München I Urt. v. 11.10.2005 – 23 O 16 706/04, VersR 2006, 1246; Kloth, Die Private Unfallversicherung, S. 17 Rn. 33.

7 OLG Köln Urt. v. 20.04.2000 – 1 U 101/99, MDR 2000, 1365 = OLGR Köln 2000, 365; Kloth, Die Private Unfallversicherung, S. 19, Rn. 41.

Markierungen/Länderkürzel der Grünen Karte ergeben können, wie dies bei der Autoschutzbrief und der Haftpflichtversicherung der Fall ist. In den letztgenannten Versicherungsarten bestehen wegen der unterschiedlichen Mindestdeckungssummen in einzelnen Ländern in der KH-Versicherung und wegen besonderer Gegebenheiten bei Hilfsleistungen, die über die Schutzbriefversicherung im jeweiligen Land zu erbringen sind, berechtigte Interessen des Versicherers ggf. den räumlichen Geltungsbereich einzuschränken, womit zumindest der durchschnittlich verständige VN rechnen kann und muss. Eine Einschränkung auf den engen Geltungsbereich »Europa« isoliert für die Kraftfahrtunfallversicherung im Gegensatz zu weiterreichenden Geltungsbereichen anderer Versicherungsarten wie der Kasko- und Schutzbriefversicherung innerhalb einheitlicher AKB, die zu einem (Gesamt-)Vertrag überreicht werden dürfte jedoch durchaus überraschend und somit nach § 305c BGB unwirksam sein. Der durchschnittliche VN in der Kraftfahrtversicherung wird nicht damit rechnen, dass in der Kfz-Unfallversicherung ein engerer räumlicher Geltungsbereich gelten soll als in der Kasko- und Schutzbriefversicherung, zumal in der isolierten Unfallversicherung nach den gängigen AUB jeweils der Versicherungsschutz weltweit gilt.[8] Soll die Klausel somit dahingehend zu verstehen sein, dass sie den Versicherungsschutz im Gegensatz zur Kasko- und Schutzbriefversicherung räumlich einschränkt so ist dies eine Diskrepanz zwischen der berechtigten Erwartungshaltung des VN anhand der ihm sonst ersichtlichen Reichweite seines Versicherungsschutzes bzgl. anderer Versicherungsarten und der Auslegung der Klausel, dass er mit dieser Einschränkung nicht zu rechnen braucht. Dabei ist zu berücksichtigen, dass nach st.Rspr. auf den für einen durchschnittlichen VN ohne besondere Versicherungskenntnisse erkennbaren Sinnzusammenhang abzustellen ist und dabei gerade auch auf die Interessen des VN abzustellen ist.[9]

2. Verstoß gegen das Transparenzgebot?

8 Die nur auf *»Europa«* als Geltungsbereich abstellende Klausel einzelner Versicherer dürfte zudem gegen das Transparenzgebot verstoßen: Nach § 307 Abs. 1 S. 2 BGB ist eine Klausel unwirksam, die nicht klar und verständlich ist, da dies eine unangemessene Benachteiligung des VN darstellt. Dieses Transparenzgebot verlangt vom Verwender Allgemeiner Versicherungsbedingungen nach den Grundsätzen von Treu und Glauben, dass er die Rechte und Pflichten seines Vertragspartners möglichst klar und durchschaubar darzustellen hat, insbesondere müssen Nachteile und Belastungen so weit erkennbar werden, wie dies nach den Umständen gefordert werden kann.[10] Danach verstößt eine Klausel jedenfalls immer dann gegen das Transparenzgebot, wenn nach ihrer Auslegung nach allen in Betracht kommenden Methoden ein nicht auszuräumender Zweifel bzgl. ihres Inhalts verbleibt und mindestens zwei verschiedene Interpretationen rechtlich vertretbar sind.[11] Nach diesen Maßstäben ist eine Klausel für die einzelne Versicherungssparte der Kfz-Unfallversicherung innerhalb eines Gesamtbedingungswerkes für AKB, welches in einzelnen Versicherungssparten verschiedene Inhalte mit dem Begriff »Europa« verbindet, intransparent und somit unwirksam, wenn sie im Gegensatz zu anderen Klauseln anderer Versicherungsarten nur auf die Geltung in »Europa« abstellt. Für den Begriff *»Europa«* hat der BGH bereits zu den früheren AKB mehrfach klargestellt, dass ausschließlich der geographische Begriff für die Bestimmung der versicherungsrechtlichen Zuordnung für Erdteile gelten kann.[12] Stellen die AKB jedoch in unterschiedlichen Klauseln eines einheitlichen Bedingungswerkes mehrfach auf den Schutz »in den geographischen Grenzen Europas« und in einer einzelnen anderen Klausel auf »Europa« ab, so erschließt sich dem verständigen VN lediglich, dass offensichtlich eine unterschiedliche räumliche Reichweite des Versicherungsschutzes

8 Vgl. Grimm, Unfallversicherung AUB-Kommentar 5.Aufl. AUB 2010 1 Rn. 16.

9 BGH Urt. v. 16.06.1982 – IVa ZR 270/80, VersR 1982, 841 = r+s 1982, 191 = zfs 1982, 336; seitdem st.Rspr. des Senats vgl. zuletzt Urt. v. 18.02.2009 – IV ZR 11/07, VersR 2009, 623 = r+s 2009, 246 = zfs 2009, 340.

10 BGH Urt. v. 24.05.2006 – IV ZR 263/03, VersR 2006, 1066 = r+s 2006, 366 = zfs, 2006, 575.

11 BGH Urt. v. 26.09.2007 – IV 252/06 VersR 2007, 1690 = r+s 2008, 25.

12 BGH Urt. v. 04.07.1989 – VI ZR 217/88, VersR 89, 948.

damit gemeint sein soll. Es ist für den durchschnittlichen VN jedoch nicht mehr erkennbar, auf welchen Europabegriff im Unterschied zu den geographischen Grenzen in dieser Klausel abgestellt werden soll. Dies zeigt auch eine systematische Betrachtung und Auslegung der AKB, in denen teilweise über die rein geographischen Grenzen hinaus erweiternd auf die außereuropäischen Gebiete, die zum Geltungsbereich der EU gehören, abgestellt wird. Soweit damit auf eine Erweiterung auf den EU-Raum im politischen Sinne abgestellt wird, bleibt um so unklarer welcher anders definierte Geltungsbereich neben diesen beiden vorbeschriebenen Geltungsbereichen noch durch den isolierten Begriff »Europa« erfasst sein soll. Offensichtlich soll doch etwas anderes als der rein geographische Bereich gemeint sein, da andernfalls kein Grund für die abweichende Formulierung erkennbar ist. Jedenfalls kann sowohl der politische als auch der rein geographische Bereich »Europa« gemeint sein, so dass nach der Auslegung verschiedene Interpretationsmöglichkeiten und somit Unklarheiten bzgl. des Inhalts der Klausel verbleiben.

III. Beweislast

Die Beweislast für den Eintritt des Unfallereignisses innerhalb des Geltungsbereiches des Versicherungsschutzes trägt der VN schon nach allgemeinen Grundsätzen, da er als VN den seinen Anspruch aus dem Versicherungsvertrag ergebenden Sachverhalt darlegen und das Vorliegen der Anspruchsvoraussetzungen beweisen muß.[13] 9

A.4.4 Welche Leistungen umfasst die Kfz-Unfallversicherung?

Ihrem Versicherungsschein können Sie entnehmen, welche der nachstehenden Leistungen mit welchen Versicherungssummen vereinbart sind.

Die Regelung enthält keinen eigenständigen Inhalt, sondern weist den VN nur darauf hin, dass sich aus dem Versicherungsschein ergibt, welche einzelnen Leistungsarten aus den nach A.4.5 bis A.4.8 möglichen er versichert hat und mit welchen jeweiligen Versicherungssummen. Mögliche Leistungsarten sind Invaliditätsleistung (A.4.5), Tagegeld (A.4.6), Krankentagegeld (A.4.7) oder Todesfallleistung (A.4.8). Typischerweise umfasst der Versicherungsschutz Invalidität und Tod. In der Praxis ist es jedoch wichtig vorsorglich darüber hinaus zu prüfen, ob ggf. auch Tagegeld oder Krankenhaustagegeld vereinbart sind, um nicht Leistungsansprüche zu übersehen und außer Acht zu lassen, weil erkennbar keine Invalidität vorliegt. 1

A.4.5 Leistung bei Invalidität

A.4.5.1 Voraussetzungen für die Leistung

A.4.5.1.1 Invalidität

Die versicherte Person hat eine Invalidität erlitten.

Eine Invalidität liegt vor, wenn unfallbedingt
- **die körperliche oder geistige Leistungsfähigkeit**
- **dauerhaft**

beeinträchtigt ist.

Dauerhaft ist eine Beeinträchtigung, wenn
- **sie voraussichtlich länger als drei Jahre bestehen wird und**
- **eine Änderung dieses Zustands nicht zu erwarten ist.**

13 BGH Urt. v. 17.10.2001 – IV ZR 205/00, VersR 2001, 1547 = r+s 2002, 83 = zfs 2002, 85; OLG Celle Urt. v. 20.08.2009 – 8 U 10/09.

A.4.5.1.2 Eintritt und ärztliche Feststellung der Invalidität

Die Invalidität ist innerhalb von 15 Monaten nach dem Unfall
- **eingetreten und**
- **von einem Arzt schriftlich festgestellt worden.**

Ist eine dieser Voraussetzungen nicht erfüllt, besteht kein Anspruch auf Invaliditätsleistung.

A.4.5.1.3 Geltendmachung der Invalidität

Sie müssen die Invalidität innerhalb von 15 Monaten nach dem Unfall bei uns geltend machen. Geltend machen heißt: Sie teilen uns mit, dass Sie von einer Invalidität ausgehen.

1 Versäumen Sie diese Frist, ist der Anspruch auf Invaliditätsleistung ausgeschlossen.

2 Nur in besonderen Ausnahmefällen lässt es sich entschuldigen, wenn Sie die Frist versäumt haben.

A.4.5.1.4 Keine Invaliditätsleistung bei Unfalltod im ersten Jahr

Stirbt die versicherte Person unfallbedingt innerhalb eines Jahres nach dem Unfall, besteht kein Anspruch auf Invaliditätsleistung.

In diesem Fall zahlen wir eine Todesfallleistung (A.4.8), sofern diese vereinbart ist.

A.4.5.2 Art und Höhe der Leistung

A.4.5.2.1 Berechnung der Invaliditätsleistung

Die Invaliditätsleistung erhalten Sie als Einmalzahlung.

Grundlagen für die Berechnung der Leistung sind
- **die vereinbarte Versicherungssumme und**
- **der unfallbedingte Invaliditätsgrad.**

A.4.5.2.2 Bemessung des Invaliditätsgrads, Zeitraum für die Bemessung

Der Invaliditätsgrad richtet sich
- **nach der Gliedertaxe (A.4.5.2.3, sofern die betroffenen**

Körperteile oder Sinnesorgane dort genannt sind,
- **ansonsten danach, in welchem Umfang die normale körperliche oder geistige Leistungsfähigkeit dauerhaft beeinträchtigt ist (A.4.5.2.4)**

Maßgeblich ist der unfallbedingte Gesundheitszustand, der spätestens am Ende des dritten Jahres nach dem Unfall erkennbar ist. Dies gilt sowohl für die erste als auch für spätere Bemessungen der Invalidität (A.4.10.4).

A.4.5.2.3 Gliedertaxe

Bei Verlust oder vollständiger Funktionsunfähigkeit eines der folgenden Körperteile und Sinnesorgane gelten ausschließlich die hier genannten Invaliditätsgrade:[1]

---

1 Die aufgeführten Prozentwerte sind typische Standardwerte, diese können in den jeweiligen AKB bzw. AUB abweichend geregelt sein. In den Musterbedingungen sind in der aktuellen Fassung nur noch xx-Werte angegeben.

	Arm	70 %
	Arm bis oberhalb des Ellenbogengelenks	65 %
	Arm unterhalb des Ellenbogengelenks	60 %
	Hand	55 %
	Daumen	20 %
	Zeigefinger	10 %
	andere Finger	5 %
	Bein über der Mitte des Oberschenkels	70 %
	Bein bis zur Mitte des Oberschenkels	60 %
	Bein bis unterhalb des Knies	50 %
	Bein bis zur Mitte des Unterschenkels	45 %
	Fuß	40 %
	große Zehe	5 %
	andere Zehe	2 %
	Auge	50 %
	Gehör auf einem Ohr	30 %
	Geruchssinn	10 %
	Geschmackssinn	5 %
	Bei Teilverlust oder teilweiser Funktionsbeeinträchtigung gilt der entsprechende Teil der genannten Invaliditätsgrade.	

A.4.5.2.4 Bemessung außerhalb der Gliedertaxe

Für andere Körperteile oder Sinnesorgane richtet sich der Invaliditätsgrad danach, in welchem Umfang die normale körperliche oder geistige Leistungsfähigkeit insgesamt dauerhaft beeinträchtigt ist. Maßstab ist eine durchschnittliche Person gleichen Alters und Geschlechts.

Die Bemessung erfolgt ausschließlich nach medizinischen Gesichtspunkten.

A.4.5.2.5 Minderung bei Vorinvalidität

Eine Vorinvalidität besteht, wenn betroffene Körperteile oder Sinnesorgane schon vor dem Unfall dauerhaft beeinträchtigt waren. Sie wird nach A.4.5.2.3 und A.4.5.2.4 bemessen.

Der Invaliditätsgrad mindert sich um diese Vorinvalidität.

A.4.5.2.6 Invaliditätsgrad bei Beeinträchtigung mehrerer Körperteile oder Sinnesorgane

Durch einen Unfall können mehrere Körperteile oder Sinnesorgane beeinträchtigt sein. Dann werden die Invaliditätsgrade, die nach den vorstehenden Bestimmungen ermittelt wurden, zusammengerechnet.

Mehr als 100 % werden jedoch nicht berücksichtigt.

A.4.5.2.7 Invaliditätsleistung bei Tod der versicherten Person

Stirbt die versicherte Person vor der Bemessung der Invalidität, zahlen wir eine Invaliditätsleistung unter folgenden Voraussetzungen:

- **die versicherte Person ist nicht unfallbedingt innerhalb des ersten Jahres nach dem Unfall verstorben und**
- **die sonstigen Voraussetzungen für die Invaliditätsleistung nach A.4.5.1 sind erfüllt.**

Wir leisten nach dem Invaliditätsgrad, mit dem aufgrund der ärztlichen Befunde zu rechnen gewesen wäre.

Übersicht

A. Allgemeines

1 Die Regelungen über die Voraussetzungen der Invalidität und die Berechnung der Invaliditätsleistung unterscheiden sich nicht von der allgemeinen Unfallversicherung und sind in den AKB 2015 an den aktuellen Stand der AUB 2014 angepasst, so dass grundsätzlich auf die schon zu den früheren AUB Fassungen ergangene umfangreiche Rechtsprechung und Literatur[1] zurückgegriffen werden kann. Wichtigste Neuerung ist in den AKB 2015 zur Kfz-Unfallversicherung, dass die Zeitspanne innerhalb derer eine Invalidität eingetreten sein muss nunmehr von 12 auf 15 Monate ausgedehnt worden ist (A.4.5.1.2). Zudem wird das Krankenhaustagegeld in A.4.7.1 auf ambulante Operationen ausgedehnt, wenn diese eine Beeinträchtigung der Berufsausübung über mehrere Tage nach sich zieht.

B. Voraussetzungen für die Leistung, A.4.5.1

2 Die Regelung in A.4.5.1 ist in der Absicht eine leichtere Verständlichkeit zu erreichen in den AKB 2015 in 4 Untergliederungspunkte (A.4.5.1.1 bis A.4.5.1.4) aufgeteilt worden, ohne dass damit jedoch grundlegende inhaltliche Änderungen einhergehen. Die einzige inhaltliche Änderung ist die Ausweitung des Zeitraums, in dem die Invalidität eingetreten sein muss in A.4.5.1.2 von 12 auf nunmehr 15 Monate.

Invalidität, A.4.5.1.1

3 Voraussetzung für den Leistungsanspruch ist eine unfallbedingt eingetretene **Invalidität.** Diese ist in § 180 VVG **gesetzlich definiert:** Danach schuldet der Versicherer die für den Fall der Invalidität versprochenen Leistungen im vereinbarten Umfang, wenn die **körperliche oder geistige Leistungsfähigkeit** der versicherten Person unfallbedingt dauerhaft beeinträchtigt ist. Dauerhaft ist die Beeinträchtigung nach der Legaldefinition, wenn sie voraussichtlich länger als drei Jahre bestehen wird und eine Änderung dieses Zustandes nicht erwartet werden kann (§ 180 S. 2 VVG).

1 Vgl. Grimm, Unfallversicherung AUB Kommentar; Kloth, Private Unfallversicherung; Naumann/Brinkmann, Die private Unfallversicherung in der anwaltlichen Praxis; van Bühren – Naumann, Handbuch Versicherungsrecht 6. Aufl. § 16 Rn. 169 ff.; Beckmann/Matusche-Beckmann – Mangen, Versicherungsrechtshandbuch 2. Aufl. § 47 Rn. 154 ff.; Terbille – Hormuth, Versicherungsrecht 3. Aufl. § 24 Rn. 40 ff.

I. Beeinträchtigung der körperlichen oder geistigen Leistungsfähigkeit:

Damit ist die durchschnittliche jeweilige Leistungsfähigkeit eines normalen Menschen ohne gesundheitliche Beeinträchtigungen und Einschränkungen, also ein durchschnittlicher VN als Vergleichsmaßstab gemeint.[2] Allerdings sollen im Einzelfall zur Vermeidung von Unbilligkeiten auch individuelle Begabungen und Fähigkeiten Berücksichtigung finden können, um zu verhindern, dass ggf. besonders überdurchschnittlich Befähigte benachteiligt und Minderbegabte bevorzugt werden.[3] Soweit dies, wie Grimm darstellt, als Ausgleichsfaktor in der Ermessensausübung eines Sachverständigen geschieht, erscheint es sachgerecht und unbedenklich, nicht zwingend auf einen Durchschnittsmenschen alleine abzustellen, sondern in die Feststellung den nachweisbaren Normalzustand des Versicherten einfließen zu lassen. 4

II. Dauerhaft muss die Beeinträchtigung sein.

Der Gesetzgeber hat hierzu in § 180 S. 2 VVG die von der Rechtsprechung gefestigte Wertung übernommen, dass eine voraussichtlich länger als drei Jahre andauernde Beeinträchtigung ausreicht wenn eine Änderung dieses Zustands nicht zu erwarten ist. Es ist nunmehr auch im Gesetz klargestellt, dass keine lebenslängliche Beeinträchtigung zu fordern ist, wie teilweise in der Literatur[4] vertreten wurde. § 180 VVG ist keine zwingende Regelung (vgl. § 191 VVG), so dass von ihr theoretisch abgewichen werden kann. Es ist jedoch nicht ersichtlich, dass in einzelnen Bedingungswerken der Kfz-Unfallversicherung eine abweichende Regelung enthalten wäre. Eine solche würde zudem kaum mit der herrschenden Rechtsprechung[5] zu vereinbaren sein. Zudem bestünden erhebliche Wirksamkeitsbedenken, da abweichende Regelungen gerade vom gesetzlichen Leitbild abweichen würden und somit wohl als überraschende Klauseln unwirksam wären (§ 305c BGB). 5

An der Dauerhaftigkeit der Beeinträchtigung ändert sich nichts wenn bspw. der Verlust eines Körperteils durch eine Prothese ausgeglichen werden kann. Es bleibt bei der Invalidität, die durch den Verlust eingetreten ist.[6] Bei Beeinträchtigungen der Sehkraft hingegen ist zu ermitteln, ob durch eine Sehhilfe die volle Sehkraft, d.h. ein voll korrigierter Visus wieder erreicht werden kann. Ist dies der Fall, besteht nur eine Beeinträchtigung durch die Unannehmlichkeiten die das Tragen einer Brille mit sich bringt.[7] 6

III. Fristen nach A.4.5.1.2 und A.4.5.1.3

Nach A.4.5.1.2 und A.4.5.1.3 sind als rein formelle Anspruchsvoraussetzungen folgende Fristen zwingend zu einzuhalten: 7
- die Invalidität muss nun innerhalb von 15 Monaten nach dem Unfall eingetreten sein (bislang in früheren AKB/AUB 12 Monate!)
- die Invalidität muss innerhalb von 15 Monaten nach dem Unfall schriftlich ärztlich festgestellt sein und
- innerhalb von 15 Monaten nach dem Unfall beim Versicherer geltend gemacht werden.

1. Wirksamkeit der Fristenregelung:

Die Regelung soll unaufklärbaren Streit über die Ursächlichkeit eines Unfalls für Spätfolgen vermeiden und eine Eingrenzung auf nachprüfbare Unfallfolgen bewirken. Sie begegnet 8

2 OLG Hamm Urt. v. 06.11.2002 – 20 U 35/02, VersR 2003, 586 = r+s 2003, 211 = zfs 2003, 306.
3 Grimm, AUB 99 2 Rn. 37.
4 Grimm, AUB 2010 2 Rn. 6.
5 OLG Hamm Urt. v. 09.06.1999 – 20 U 185/98, VersR 2000, 43 = r+s 1999, 434 = zfs 1999, 433 = NJW-RR 1999, 1330; OLG Karlsruhe Urt. v. 15.12.2005 – 12 U 191/05, VersR 2006, 1396 = r+s 2007, 71 = zfs 2006, 402.
6 Prölss/Martin – Knappmann VVG 29. Aufl., AUB 2010 2 Rn. 36.
7 BGH Urt. v. 27.04.1983 – IVa ZR 193/81, VersR 1983, 581 = NJW 1983, 2091; Beckmann/Matusche-Beckmann – Mangen, Versicherungsrechtshandbuch 2. Aufl. § 47 Rn. 191.

keinen durchgreifenden Wirksamkeitsbedenken im Hinblick auf eine Benachteiligung oder Intransparenz.[8]

9 Gegen die Fristenregelungen der AKB können insbesondere die gegen die AUB 2000/2008 vorgebrachten Wirksamkeitsbedenken nicht erhoben werden. Bedenken wurden wegen der inhaltlichen Gliederung und möglicher Irreführungen durch Überschriften im Inhaltsverzeichnis der früheren AUB geäußert, da für den VN die Klausel nicht mehr hinreichend transparent sei und ihm nach den Inhaltsangaben und Gliederungen verborgen bleiben könne, dass noch besondere Formerfordernisse der Fristwahrung in der Klausel enthalten sind.[9] Im Ergebnis greifen diese Bedenken bei den AKB – wie auch in den aktuellen AUB – nicht, da schon in E.1.5.4 (vgl. dort) der ausdrückliche Hinweis enthalten ist, dass die 15-Monatsfrist für die Feststellung und Geltendmachung nach A.4.5.1.3 zu beachten ist. Zudem wäre mit dem OLG Karlsruhe[10] und der zutreffenden Anmerkung von Knappmann hierzu[11] i.E. ohnehin nicht von einer Unwirksamkeit auszugehen, selbst wenn dieser Hinweis in E.1.5.4 in einzelnen Bedingungswerken fehlen sollte, da nach § 186 VVG der Versicherer sich nur auf ein Fristversäumnis berufen darf, wenn er den VN auf die Fristwahrung hingewiesen hat (vgl. hierzu unten Rn. 21). Somit könnte sich selbst eine unterstellte Intransparenz nicht mehr zu Lasten des VN auswirken.

2. Eintritt und ärztliche Feststellung der Invalidität, A.4.5.1.2

10 Die Invalidität muss nach A.4.5.1.2 innerhalb von 15 Monaten nach dem Unfall eingetreten und von einem Arzt schriftlich festgestellt worden sein.

a) Eintritt der Invalidität

11 Invalidität muss nunmehr als Neuerung innerhalb von **15 Monaten nach dem Unfall eingetreten** sein, d.h. nach Ablauf von 15 Monaten vom Unfalltag an gerechnet muss die Gesundheitsbeeinträchtigung dauerhaften Charakter gehabt haben.[12] Die Frist für den Invaliditätseintritt ist in Angleichung an die gleiche Änderung in den AUB 2014 auch in den AKB 2015 verlängert worden. Dies ist sachgerecht, da es berechtigte Kritik an dem früheren Auseinanderfallen der Frist für den Invaliditätseintritt (1 Jahr) und der ärztlichen Feststellung (15 Monate) gab. Dies war für den VN mitunter verwirrend. Zudem setzte die Feststellung eines Arztes, dass innerhalb von 12 Monaten eine Invalidität eingetreten sei ohnehin voraus, dass der Arzt innerhalb dieser 12 Monate bereits entsprechende Feststellungen als Beurteilungsgrundlage getroffen hatte. Es verblieb dem VN lediglich noch ein weiteres Zeitfenster, innerhalb dessen der Arzt diese Feststellung noch niederlegen musste. Mit der Ausweitung der Eintrittsfrist für die Invalidität ist der VN somit besser gestellt und nicht etwa negativ tangiert, weil kein zusätzliches Zeitfenster für eine nachfolgende Feststellung durch den Arzt mehr verbleibt. Die Regelung ist zudem einfacher verständlich und birgt weniger Risiken einer Fristversäumnis da nur noch eine einheitliche Frist zu beachten ist.

---

8 BGH Urt. v. 19.11.1997 – IV ZR 348/96, VersR 1998, 175 = r+s 1998, 79 = zfs 1998, 144 = NJW 1998, 1069; Urt. v. 16.02.2005 – IV ZR 18/04, VersR 2005, 629 = r+s 2005, 188 = zfs 2005, 344 = NJW-RR 2005, 619; OLG Köln Beschl. v. 12.05.2009 – 20 U 31/09, VersR 2009, 1484; zuletzt zu den AUB 2002 BGH Urt. v. 20.06.2012 – IV ZR 39/11, VersR 2012, 1113 = r+s 2012, 454 = zfs 2012, 581 = NJW 2012, 3184.

9 Vgl. hierzu Kloth, Private Unfallversicherung G Rn. 8–13 mit umfassendem Rechtsprechungsüberblick.

10 OLG Karlsruhe Urt. v. 15.01.2009 – 12 U 167/08, VersR 2009, 538; so auch OLG Celle Urt. v. 05.03.2009 – 8 U 193/08, OLGR Celle 2009, 498; OLG Düsseldorf Urt. v. 27.01.2009 – 4 U 63/08, r+s 2009, 424 (keine Beiordnung eines Anwaltes im PKH-Verfahren vor dem BGH, da beabsichtigte Rechtsverfolgung des Klägers aussichtslos); Beschl. v. 13.07.2009 – 4 U 60/09, r+s 2009, 424; a.A. OLG Hamm Urt. v. 19.10.2007 20 U 215/06, VersR 2008, 811 = r+s 2008, 124 = zfs 2008, 462.

11 Knappmann in r+s 2009, 775.

12 OLG Düsseldorf Urt. v. 13.03.1990 – 4 U 146/90, r+s 1992, 322 = zfs 1990, 209.

Nicht ausreichend ist es wenn in einer rückschauenden Betrachtung nach einem Ablauf von drei Jahren festgestellt wird, dass der Gesundheitszustand der gleiche ist, wie derjenige am Ende des ersten Jahres nach dem Unfalleintritt.[13] Zutreffend weißt Marlow[14] darauf hin, dass es nicht auf einen Rückblick nach 3 Jahren, sondern auf eine zum Zeitpunkt des Endes des Fristzeitraums – also nun nach 15 Monaten – anzustellende Prognose ankommt. Zu diesem Zeitpunkt muss sich ein Zustand darstellen, der aus ärztlicher Sicht entweder sicher auf eine lebenslange Beeinträchtigung schließen lässt oder bei unsicherer Dauer der feststehenden Beeinträchtigung, muss diese für einen Zeitraum von mindestens 3 Jahren als sicher fortbestehend anzusehen sein. 12

Eine Erklärung des Versicherers nach der er auch nach Ablauf der Frist für die Geltendmachung der Leistung gleichwohl die Voraussetzungen der Invaliditätsleistung prüfen will, bedeutet kein Anerkenntnis des rechtzeitigen Eintritts der Invalidität und keinen Verzicht auf die Einhaltung der Frist.[15] Eine solche Erklärung kann vielmehr auch lediglich im Rahmen der Prüfung einer Kulanzentscheidung erfolgen. 13

b) Ärztliche Feststellung

Die Invalidität muss **innerhalb von 15 Monaten ärztlich festgestellt** sein, und zwar **schriftlich**, wie nunmehr auch in den AKB selbst ausdrücklich aufgenommen ist. Die ärztliche Feststellung muss zum einen ergeben, dass eine dauerhafte Gesundheitsbeeinträchtigung eingetreten ist und zum anderen, dass diese auf einem bestimmten Unfallereignis beruht.[16] Die Anforderungen an die ärztliche Feststellung hat der BGH in einer Entscheidung vom 1.4.2015 unter Fortsetzung seiner früheren Rechtsprechung weiter konkretisiert: Aus der Feststellung muss sich der Bereich ergeben, auf den sich die Schädigung auswirkt. Zudem müssen die Ursachen, auf denen der Dauerschaden beruht, so deutlich umrissen sein, dass der VR bei seiner Leistungsprüfung vor der späteren Geltendmachung völlig anderer Gebrechen oder Invaliditätsursachen geschützt wird und den medizinischen Bereich hinreichend erkennen kann, auf den sich die Prüfung seiner Leistungspflicht erstrecken muss.[17] Eine exakte oder möglichst präzise Diagnose des Umfangs und der Ursachen ist hingegen nicht erforderlich[18], insoweit verbleibt es dabei, dass die Diagnose nicht endgültig oder richtig sein muss. Der Versicherer soll nur in die Lage versetzt werden, seinen Prüfungsumfang hinreichend erkennen zu können, so dass es genügt, wenn der Bereich der Schädigung und die Ursachen entsprechend in der ärztlichen Feststellung umrissen sind. Allerdings muss sich eine Invalidität als Dauerfolge aus der ärztlichen Feststellung ergeben. Die lediglich erfolgte Angabe einer Chronifizierung eines Schmerzbildes[19] oder die Mitteilung, dass die Minderung der Erwerbsfähigkeit über einen bestimmten Zeitraum hinausreiche ohne Angabe der Verletzung als solcher erfüllt diese Anforderungen nicht.[20] Nicht ausreichend ist zudem ein reiner Ausdruck einer elektronischen Patientenakte, insbesondere wenn die Eintragung darin nicht von einem Arzt selber, sondern von einer Mitarbeiterin selbstständig vorgenommen wird.[21] Ist die ärztliche Feststellung unzureichend, kann dies nicht durch eine Auslegung des ärztlichen Attestes oder dessen spätere Zeugenaussage ersetzt werden, da dann erst mit dieser eine Feststellung außerhalb der maßgeblichen Frist erfolgen würde.[22] 14

13 So aber OLG Karlsruhe Urt. v. 15.12.2005 – 12 U 191/05, VersR 2006, 1396 = r+s 2007, 71.
14 Marlow, Die private Unfallversicherung r+s 2007, 353 (359).
15 OLG Koblenz Urt. v. 28.12.2001 – 10 U 529/01, r+s 2002, 524.
16 BGH Urt. v. 07.03.2007 – IV ZR 137/06, VersR 2007, 1114 = r+s 2007, 255 = zfs 2007, 400; Beschl. v. 19.06.2008 – IX ZR 30/06, (Juris) sonst n.v.
17 BGH Urt. v. 1.4.2015 – IV ZR 104/13, VersR 2015, 617 = r+s 2015, 250.
18 Anm. Dörrenbächer zu BGH IV ZR 104/13, VersR 2015, 620.
19 OLG Saarbrücken Urt. 27.4.2016 – 5 U 36/15, zfs 2018, 575.
20 OLG Düsseldorf Beschl. v. 13.2.2017 – I-4 U 1/17, r+s 2018, 87.
21 OLG Düsseldorf Urt. v. 23.3.2018 – I-4 U 1/17, VersR 2019, 215.
22 OLG Jena, Urt. v. 30.7.2021 – 4 U 1149/20, zfs 2022, 39.

15 Die ärztliche Feststellung muss nur innerhalb der Frist erfolgt sein, nicht auch dem Versicherer zugehen.[23] Aus ihr müssen sich die ärztlicherseits angenommene Ursache[24] und Art der Auswirkungen ergeben, da sie dem Versicherer die Gelegenheit geben soll, die Leistungspflicht für den geltend gemachten Versicherungsfall zu prüfen.[25] Im Übrigen sind keine allzu hohen Anforderungen zu stellen.[26] Insbesondere muss die ärztliche Feststellung nicht inhaltlich richtig sein und sich noch nicht zu einem bestimmten Grad der Invalidität äußern.[27] Nicht ausreichend ist jedoch eine ärztliche Feststellung nach Ablauf von 15 Monaten auch wenn darin angegeben ist, dass die Invalidität schon vorher feststellbar war. Dies gilt auch wenn die Untersuchung, die Grundlage des Berichts ist, schon innerhalb der Frist erfolgt war.[28] Es ist daher zwingend erforderlich, dass innerhalb der Frist die Feststellung durch den Arzt fixiert ist. Insbesondere muss diese durch einen Arzt erfolgen, ein Attest eines Neuropsychologen ist keine ärztliche Feststellung.[29]

16 Die Reichweite der ärztlichen Invaliditätsfeststellung ist begrenzt: sie erfasst nur den ausdrücklich zum Inhalt gemachten Bereich eines Dauerschadens, nicht jedoch andere Beeinträchtigungen, die in der Feststellung nicht berücksichtigt sind. Ist also bspw. nur eine Hüftgelenksfraktur festgestellt, genügt diese Invaliditätsfeststellung nicht für eine psychische Erkrankung (Depression).[30]

17 Streitig war früher, ob die ärztliche Feststellung **schriftlich** erfolgen muss. Die früheren Klauseln vor den AKB 2015 bzw. AUB 2014 enthielten kein Schriftformerfordernis, so dass dazu in der Literatur die Ansicht vertreten wird, dass kein Schriftformerfordernis angenommen werden könne, weil zum einen auch aufgrund mündlicher Feststellungen einer ärztlichen Überzeugung der Versicherer in die Prüfung eintreten könne und bei den Ärzten nachfragen könne. Zum anderen weil Unklarheiten einer Klausel stets zu Lasten des Versicherers gehen (§ 305c Abs. 2 BGB).[31] Dies mag zweifelsfrei richtig sein, brachte jedoch schon in der Praxis unüberwindbare **Beweisschwierigkeiten** für den VN mit sich, da er beweisbelastet für die rechtzeitige ärztliche Feststellung ist. Dies kann ihm regelmäßig nur über eine schriftliche Feststellung gelingen. Zum anderen wird auch in der Literatur die Ansicht vertreten, es sei nach dem Sinn und Zweck der Regelung eine schriftliche Fixierung der Feststellung erforderlich.[32] Die Rechtsprechung erfordert ganz überwiegend eine Schriftform.[33] Die elektronische Form (§ 126a BGB) reicht dazu aus. Der mehrheitlichen Meinung der Literatur und Rechtsprechung ist unverändert zu den früheren Bedingungswerken zuzustimmen. Sinn und Zweck der Regelung einer klaren Nachprüfbarkeit erfordern eindeutig eine schriftliche Fixierung. Andernfalls bestehen nicht nur Beweisschwierigkeiten für den VN, sondern ist gerade auch nicht

23 BGH Urt. v. 07.03.2007 – IV ZR 137/06, VersR 2007, 1114 = r+s 2007, 255 = zfs 2007, 400.

24 Vgl. hierzu OLG München Urt. v. 17.01.2012 – 25 U 620/11, VersR 2012, 1116 = r+s 2013, 302: (Mit-) Ursächlichkeit des Unfallereignisses für den Dauerschaden muss sich aus der ärztlichen Feststellung ergeben.

25 BGH Urt. v. 07.03.2007 – IV ZR 137/06, VersR 2007, 1114 = r+s 2007, 255 = zfs 2007, 400.

26 BGH Urt. v. 19.11.1997 – IV ZR 348/96, VersR 1998, 175 = r+s 1998, 79 = zfs 1998, 144 = NJW 1998, 1069.

27 BGH Urt. v. 07.03.2007 – IV ZR 137/06, VersR 2007, 1114 = r+s 2007, 255 = zfs 2007, 400.

28 Grimm, AUB 2010 2 Rn. 11.

29 OLG Koblenz Urt. v. 18.11.2011 – 10 U 230/11, VersR 2012, 1381 = r+s 2013, 246.

30 BGH Urt. v. 07.03.2007 – IV ZR 137/06, VersR 2007, 1114 = r+s 2007, 255 = zfs 2007, 400.

31 Beckmann/Matusche-Beckmann – Mangen, Versicherungsrechshandbuch 2. Aufl. § 47 Rn. 168; Marlow/Tschersich in r+s 2009, 441 (450); als »problematisch« gesehen aber i.E. offen gelassen Stiefel/Maier, Kraftfahrtversicherung AKB, 18. Aufl. A.4.5 Rn. 6.

32 Kloth, Private Unfallversicherung G Rn. 20.

33 OLG Oldenburg Urt. v. 10.05.1995 – 2 U 57/95, r+s 1997, 263 = NJW-RR 1996, 1434; OLG Koblenz Urt. v. 19.02.1999 – 10 U 1912/97, VersR 1999, 1227 = r+s 2002, 127; OLG Düsseldorf Urt. v. 23.05.2006 – 4 U 128/05, VersR 2006, 1487 = r+s 2007, 256; OLG Hamm Urt. v. 16.02.2007 – 20 U 219/06, VersR 2007, 1361 = r+s 2008, 123; OLG Celle Urt. v. 22.11.2007 – 8 U 161/07, VersR 2008, 670 = r+s 2009, 122; OLG Saarbrücken Urt. v. 20.06.2007 – 5 U 70/07, VersR 2008, 199 = r+s 2010, 387; NJW-RR 2008, 837; Grimm, AUB 2010 2 Rn. 15 m.w.N.; a.A. OLG Karlsruhe Urt. v. 07.02.2005 – 12 U 304/04, VersR 2005, 1230 = zfs 2005, 254.

gewährleistet, dass die Feststellung tatsächlich rechtzeitig getroffen ist und sich nicht etwa bei einer erst späteren Nachfrage des Versicherers neuere ärztliche Erkenntnisse mit früheren vermischen und ggf. aktuelle Befunde ggf. auch unbewusst zu einer ärztlichen Meinungsbildung und Berichterstattung führen, die sich zum Zeitpunkt des maßgeblichen Beurteilungszeitpunktes möglicherweise gar nicht so treffen ließ. Die neuen AKB 2015 beenden diesen Streit nun, in dem sie die bisherige Rechtslage im Bedingungswerk klarstellen.

Die Feststellung muss durch einen Arzt erfolgt sein, d.h. die Feststellung oder Anerkennung durch eine andere Stelle wie bspw. im Bescheid der Rentenversicherung oder des Versorgungsamtes reicht nicht aus.[34] Ist die Feststellung jedoch durch einen Arzt getroffen reicht dies auch aus, wenn sie sich in einem Entlassungsbericht an den weiterbehandelnden Arzt findet, ohne direkt für die Vorlage beim Versicherer erstellt worden zu sein. Bei eindeutigen Dauerschäden, die schon für den Laien als Invalidität zwingend zu erkennen sind, reicht auch die reine Befunderhebung in einem Kurzattest oder ähnlichem aus, wie bspw. bei Verlust von Gliedmaßen, Querschnittslähmung oder ähnlichem.[35] Zu einzelnen Formulierungen, die als ausreichend oder nicht ausreichend als Feststellung beurteilt worden sind hat Hormuth (in Terbille Versicherungsrecht) eine Zusammenstellung aufgeführt.[36] 18

3. Geltendmachung der Invalidität, A.4.5.1.3

Der VN muss die Invalidität innerhalb von 15 Monaten beim Versicherer geltend machen. Dies muss unabhängig von der reinen Schadenanzeige erfolgen[37]; diese reicht nur ausnahmsweise unter engen Voraussetzungen als Geltendmachung aus, wenn sich bereits aus ihr anhand der mitgeteilten Verletzungen zwingend für den Versicherer ergibt, dass eine Invalidität eingetreten ist (vgl. oben vorherige Rdn). So z.B. bei der Mitteilung von Ganzkörperverbrennungen dritten Grades in der Unfallanzeige.[38] Inhaltlich muss die Geltendmachung ergeben, dass der VN einen Leistungsanspruch aus der Versicherung für sich einfordert. Es genügt, wenn der VN den Eintritt der Invalidität behauptet.[39] Nicht erforderlich ist, dass ein bestimmter Grad der Invalidität geltend gemacht oder bereits eine bestimmte Leistung gefordert wird. 19

4. Folgen der Fristversäumnis:

a) Tritt die Invalidität nicht innerhalb von 15 Monaten ein oder wird sie nicht innerhalb von 15 Monaten ärztlich festgestellt, so hat dies das Nichtbestehen des Anspruchs zur Folge, da es an einem objektiven Tatbestandsmerkmal der zwingenden Anspruchsvoraussetzung fehlt. Auf weiteres kommt es grundsätzlich nicht an. Es besteht keine Entlastungs- oder Entschuldigungsmöglichkeit.[40] Die AKB 2015 stellen dies nunmehr in A.4.5.1.2 auch für den VN eindeutig klar. 20

Allerdings soll sich der Versicherer dann nicht auf ein Fristversäumnis zur Verneinung seiner Leistungspflicht berufen können, wenn aufgrund seines Verhaltens der VN darauf vertrauen durfte, dass der Versicherer durch Einholung eines ärztlichen Zeugnisses für die rechtzeitige ärztliche Feststellung sorgen werde. Dies hat das OLG Karlsruhe für den Fall angenommen, dass der Sachbearbeiter des Versicherers dies so ankündigt, es dann aber beim Versicherer zu Verzögerungen gekommen ist, so dass nur deshalb die ärztliche Feststellung erst nach Ablauf von 15 Monaten 21

34 OLG Düsseldorf Urt. v. 23.05.2006 – 4 U 128/05, VersR 2006, 1487 = r+s 2007, 256.
35 OLG Hamm Urt. v. 16.02.2007 – 20 U 219/06, VersR 2007, 1361 = r+s 2008, 123.
36 Terbille-Hormuth, Versicherungsrecht, 3. Aufl. § 24 Rn. 57 m.w.N.
37 OLG Frankfurt Urt. v. 20.11.2013 – 7 U 176/11, VerR 2014, 1495; Terbille-Hormuth, Versicherungsrecht 3. Aufl. § 24 Rn. 65 m.w.N.
38 OLG Stuttgart Urt. v. 14.05.2009 – 7 U 174/08, VersR 2009, 1065.
39 BGH Urt. v. 25.04.1990 – IV ZR 28/89, VersR 1990, 732 = r+s 1990, 286 = zfs 1990, 319.
40 BGH Urt. v. 28.06.1978 – IV ZR 7/77, VersR 1978, 1036; OLG Koblenz Urt. v. 28.12.2001 – 10 U 529/01, r+s 2002, 524; OLG Frankfurt Urt. v. 16.3.2022 – 7 U 244/20, VersR 2022, 691; Terbille-Hormuth, Versicherungsrecht 3. Aufl. § 24 Rn. 48 m.w.N.

erfolgt ist.[41] Dies kann zutreffend nicht zu Lasten des VN gehen, der auf die Ankündigung des VR vertraut hat.

22 b) Die Frist zur Geltendmachung ist hingegen eine **Ausschlussfrist** und keine Anspruchsvoraussetzung. Versäumt der VN diese Frist, so kann er ggf. den Beweis erbringen, dass ihn kein Verschulden trifft.[42] Auch hier enthalten die AKB 2015 nunmehr in A.4.5.1.3 einen entsprechenden ausdrücklichen Hinweis, dass eine solche Entschuldigung nur in besonderen Ausnahmefällen möglich ist. Hierzu kann eine Unkenntnis der Fristen nicht als Entschuldigungsgrund angeführt werden, da der Versicherer regelmäßig den VN auf die Fristen hingewiesen haben wird, andernfalls ist der VN schon über § 186 VVG geschützt (vgl. unten Rdn. 21). Denkbar ist, dass der Versicherte zu spät von einer bestehenden Versicherung erfährt oder diese berechtigt für gekündigt halten durfte.[43] Auch schwere Krankheit, die den VN an der Fristwahrung hindert genügt.[44] Ebenso der Nachweis rechtzeitiger Absendung.[45] Entfällt der Entschuldigungsgrund ist die Geltendmachung ohne schuldhaftes Zögern nachzuholen[46], die Frist beginnt also nicht neu.

23 Teilweise vertritt die neuere Literatur (allerdings erstmalig zu den AUB 2010, die hierzu nicht anders formuliert sind als frühere Fassungen) die zweifelhafte Auffassung, dass aufgrund der Nähe zu einer Obliegenheit des VN nur noch grobe Fahrlässigkeit des VN bei einem Fristversäumnis schaden solle, wie sich aus der Grundentscheidung des Gesetzgebers aus den Regelungen zu Obliegenheitsverletzungen ergeben soll.[47] Diese Ansicht ist falsch. Es handelt sich nicht um eine Obliegenheit, wie etwa bei der reinen Pflicht zur Schadenanzeige in E.1.1.1., sondern um eine eindeutig als Ausschlussfrist formulierte Regelung mit Exkulpationsmöglichkeit des VN.[48] Das Erfordernis der hinreichenden Entschuldigung war stets unstreitig und insbesondere auf besondere Ausnahmefälle beschränkt, in denen das Versäumnis als unverschuldet gelten konnte.[49] In den neuen AUB 2014 und nun in den AKB 2015 ist zudem schon im Bedingungstext klargestellt, dass bei einem Fristversäumnis der Anspruch ausgeschlossen ist und dass sich der VN nur in besonderen Ausnahmefällen entschuldigen kann. Danach ist für jeden VN klar, dass die Versäumung der Frist schuldlos erfolgt sein muss. Auch einfache Fahrlässigkeit ist jedoch ein Verschulden, so dass für eine andere Auslegung, dass nur grobe Fahrlässigkeit schade kein Raum ist. Es besteht aufgrund des besonderen Schutzes des VN durch die in § 186 VVG normierte Hinweispflicht des VR in Bezug auf die Folgen einer Fristversäumung zudem gar kein Anlass hier eine besondere Schutzwürdigkeit des VN wie bei der gesetzgeberischen Grundentscheidung zu den Rechtsfolgen bei einer Obliegenheitsverletzung anzunehmen.

24 **Hinweispflicht gem. § 186 VVG**

c) Zu beachten ist jedoch jeweils, dass der Versicherer nach § 186 VVG den VN auf die Fristen in Textform hinweisen muss und sich bei **unterlassenem Hinweis** nicht auf ein Fristversäumnis berufen darf. An den Hinweis des VR nach § 186 VVG sind die gleichen Anforderungen wie an

---

41 OLG Karlsruhe Urt. v. 24.10.2014 – 9 U 3/13, VersR 2015, 443.

42 BGH Urt. v. 24.03.1982 – IVa ZR 226/80, VersR 1982, 567 = r+s 1982, 117 = NJW 1982, 2779; Urt. v. 02.11.1994 – IV ZR 324/93, VersR 1995, 82 = r+s 1995, 75 = zfs 1996, 142 = NJW 1995, 598.

43 BGH Urt. v. 05.07.1995 – IV ZR 43/94, VersR 1995, 1179 = r+s 1995, 397 = zfs 1995, 463 = NJW 1995, 2854.

44 Prölss/Martin-Knappmann VVG, AUB 2010 2 Rn. 20.

45 OLG Hamm Urt. v. 16.09.1992 – 20 U 138/92, VersR 1993, 300 = r+s 1993, 118.

46 BGH Urt. v. 05.07.1995 – IV ZR 43/94, VersR 1995, 1179 = r+s 1995, 397 = zfs 1995, 463 = NJW 1995, 2854.

47 Knappmann in Prölss/Martin, 29. Aufl. AUB 2010 2 Rn. 20 unter Hinweis auf Klimke, VersR 2010, 293.

48 Vgl. BGH Urt. v. 24.03.1982 – IVa ZR 226/80, VersR 1982, 567 sowie Urt. v. 2.11.1994 – IV ZR 324/93, VersR 1995, 82; van Bühren – Naumann, Handbuch Versicherungsrecht, § 16 Rn. 177; Grimm AUB 2010 2 Rn. 19 (ausdrücklich eben auch zu den AUB 2010).

49 Schubach/Jannsen- Schubach, Private Unfallversicherung, 2.1 Rn. 35; Terbille-Hormuth, Versicherungsrecht 3. Aufl. § 24 Rn. 70.

die Hinweispflichten bei § 19 Abs. 5 oder § 28 Abs. 4 VVG zu stellen: er muss sich durch seine Platzierung und drucktechnische Gestaltung deutlich vom übrigen Inhalt des Textes abheben und quasi »ins Auge springen«, so dass er nicht zu übersehen ist.[50] Marlow/Tschersich fordern sogar, dass sich der Hinweis nach § 186 VVG auf die inhaltlichen Anforderungen an die ärztliche Bescheinigung erstrecken müsse.[51] Dies ist jedoch abzulehnen, da sich die Hinweispflicht schon nach der Intention des Gesetzgebers und ihrem Sinn und Zweck nach auf die spartenspezifischen Fristen als Anspruchsvoraussetzungen oder eben Ausschlussfristen beschränkt.[52] So ist z.B. anerkannt, dass sich das Hinweiserfordernis auch nicht auf zu beachtende Verjährungsfristen erstreckt.[53] Eine Ausdehnung auf inhaltliche Anforderungen an die ärztliche Feststellung stellt eine Überspannung der Hinweispflicht dar, die sich aus der gesetzgeberischen Intention nicht ableiten lässt und daher abzulehnen ist. Die Hinweispflicht besteht lediglich in Bezug auf die einzuhaltende Frist und muss sich nicht dazu verhalten, welche inhaltlichen Anforderungen an die ärztliche Feststellung zu stellen sind.[54]

Adressat des Hinweises ist nur der VN selbst. Es besteht bei einer Versicherung für fremde Rechnung keine Verpflichtung des Versicherers neben dem VN etwa auch die versicherte Person neben oder an Stelle des VN nach § 186 S. 1 zu informieren.[55] Bei einer unterbliebenen oder fehlerhaften Belehrung wird jedoch nicht die fehlende Anspruchsvoraussetzung ersetzt, sondern muss der VN spätestens im Prozess eine ausreichende ärztliche Feststellung nachreichen und die versäumte Frist heilen.[56] 25

Gibt der Versicherer eindeutige Erklärungen ab, dass er bei Nachreichung bestimmter Unterlagen in die Regulierung eintreten wird oder veranlasst er »noch für die abschließende Bewertung erforderliche« unangenehme und aufwendige Untersuchungen, so kann ein späteres Berufen auf eine Fristversäumnis treuwidrig sein. Nicht jedoch die bloße Ankündigung nochmals in eine Prüfung eintreten zu wollen (kann auf Kulanz hindeuten).[57] 26

d) **Haftung Dritter:** Für den in die Regulierung eingeschalteten Rechtsanwalt verbirgt sich in der Wahrung der zu beachtenden Fristen ein hohes Haftungspotenzial im Fall einer Fristversäumnis. Der VN darf nach einer Beauftragung eines Anwalts darauf vertrauen, dass dieser die zu wahrenden Fristen kennt und deren Beachtung sicherstellt. Die gleichen Pflichten und Haftungsrisiken treffen den Makler, der in die Regulierung eines Unfalls eingeschaltet ist. Dieser muss ebenfalls den VN auf die Wahrung der zu beachtenden Fristen hinweisen, wenn für ihn erkennbar ist, dass Ansprüche wegen Invalidität gegen den Unfallversicherer ernsthaft in Betracht kommen.[58] 27

---

50 Vgl. hierzu BGH Urt. v. 09.01.2013 – IV ZR 197/11, VersR 2013, 297 = r+s 2013, 114 = zfs 2013, 153 = NJW 2013, 873; Marlow/Tschersich, r+s 3013, 365 (367).

51 Marlow/Tschersich, r+s 2013, 365 (367).

52 So wohl auch zu verstehen Prölss/Martin-Knappmann, VVG, § 186 Rn. 1.

53 Wie vor.

54 OLG Dresden Beschl. v. 3.1.2019 – 4 U 1097/18, zfs 2019, 518 zuvor schon Hinweisbeschl. v. 12.10.2018, VersR 2019, 1280; OLG Köln Urt. v. 25.04.2012 – 5 U 28/06, VersR 2013, 349 = r+s 2014, 250 = zfs 2013, 165 (BGH hat die Nichtzulassungsbeschwerde der VN zurückgewiesen: BGH Beschl. v. 28.5.2013 – IV ZR 149/12, juris sonst n.v. und darin u.a. ausgeführt: »Die Anhörungsrüge hätte auch in der Sache keinen Erfolg. Der Senat hat das Vorbringen der Klägerin umfassend geprüft und für nicht durchgreifend erachtet.«); so auch Jacob, Unfallversicherung AUB 2010 Ziff. 2.1 Rn. 114 a.E.

55 BGH Urt. v. 22.5.2019 – IV ZR 73/18, VersR 2019, 931 = zfs 2019, 461; (Vorinstanz schon OLG Karlsruhe Urt. v. 23.2.2018 – 12 U 111/17); OLG Saarbrücken Urt. v. 13.1.2016 – 5 U 13/15 BeckRS 2016, 16580.

56 OLG Jena Urt. v. 30.7.2021 – 4 U 1149/20, zfs 2022, 39; LG Erfurt Urt. v. 9.12.2021 – 8 O 53/21, BeckRS 2021, 44152.

57 Vgl. im Einzelnen Grimm, AUB 2010 2 Rn. 17.

58 BGH Urt. v. 16.07.2009 – III ZR 21/09, VersR 2009, 1495.

28 e) **Hinweis:**

Zu unterscheiden sind die vorgenannten Fristen als Anspruchsvoraussetzungen von weiteren Fristen, die der VN als **Obliegenheiten** nach E.1.5 im Schadenfall zu beachten hat (vgl. AKB E.1.5). Die Folgen deren Nichtbeachtung sind dann nach § 28 VVG als Obliegenheitsverletzung zu gewichten, führen jedoch nicht zwingend zu einem Anspruchsverlust, wie das Versäumen der formellen Fristen aus A.4.5.1.2 und A.4.5.1.3 als Anspruchsvoraussetzung.

IV. Beweislast

1. Zu I. und II.

29 Ob eine **Beeinträchtigung** vorliegt und diese dauerhaft ist kann regelmäßig nur durch Einholung eines Sachverständigengutachtens geklärt werden. Beweispflichtig ist der VN. Dabei gilt jedenfalls für die Beeinträchtigung als solche und die Frage der **Dauerhaftigkeit** der Beweismaßstab des § 286 ZPO, so dass der VN den Vollbeweis erbringen muss.[59] Nur bei der Frage, ob die dauerhafte Beeinträchtigung unfallbedingt ist, kann das Gericht in gewissem Umfang eine Schätzung nach § 287 ZPO vornehmen, soweit es dabei nicht die Grenzen der Sachkunde verlässt.[60] Dies gilt insbesondere bei der von einem Sachverständigengutachten abweichenden Beurteilung.[61] Abweichend davon gilt allerdings auch im Bereich der Kausalität des Unfallereignisses für die unfallbedingte Invalidität das Beweismaß des § 286 ZPO für den VN, wenn als erster unfallbedingter Körperschaden kein eigenständiger Strukturschaden, sondern eine Aktivierung einer vorbestehenden Erkrankung (z.B. Arthrose) in Rede steht.[62]

30 Der BGH hat in seiner letzten Entscheidung dazu die Beweismaßstäbe nochmals klargestellt: Für den Eintritt einer ersten unfallbedingten Gesundheitsschädigung und den Eintritt einer Invalidität gilt § 286 ZPO (Vollbeweis). Für die Kausalität der ersten unfallbedingten Schädigung für die eingetretene Invalidität gilt der Beweismaßstab des § 287 ZPO. Hierauf hat das Gericht den Sachverständigen hinzuweisen, da andernfalls das Gutachten fehlerhaft sein kann.[63] Das Gericht muss umfassende Aufklärung vornehmen und ggf. Widersprüche zwischen verschiedenen Gutachten vollständig aufklären und kann nicht ohne Ausschöpfung aller weiteren Aufklärungsmöglichkeiten seine Entscheidung auf eines der beiden Gutachten stützen, das es seiner Überzeugung nach für vollständig, widerspruchsfrei und überzeugend hält. Das Gericht muss ggf. in der mündlichen Verhandlung die Gutachten mit beiden Gutachtern erörtern und falls dies keine Klarheit schafft ggf. ein **Obergutachten** einholen.[64]

2. Zu III.

31 Die Beweislast für den **fristgerechten** Eintritt der Invalidität, deren rechtzeitige ärztliche Feststellung und Geltendmachung bzw. unverschuldete Versäumnis der Frist zur Geltendmachung trägt der VN.[65] Es gilt der Beweismaßstab des § 286 ZPO.

C. A.4.5.2 Art und Höhe der Leistung

32 ***Berechnung der Invaliditätsleistung, A.4.5.2.1***

1. Die Klausel enthält in A.4.5.2.1 nur die Klarstellung, dass der Versicherer einen Kapitalbetrag zahlt und keine laufende Invaliditätsrente zu zahlen ist. Zudem verweist die Regelung rein

59 BGH Urt. v. 17.10.2001 – IV ZR 205/00, VersR 2001, 1547 = r+s 2002, 83 = zfs 2002, 85 = NJW-RR 2002, 166; OLG Dresden Beschl. v. 6.9.2023 – 4 U 563/23, BeckRS 2023, 31333.

60 BGH Urt. v. 17.10.2001 – IV ZR 205/00, VersR 2001, 1547 = r+s 2002, 83 = zfs 2002, 85 = NJW-RR 2002, 166; OLG Düsseldorf Urt. v. 17.12.2002 – 4 U 79/02, VersR 2004 461 = r+s 2005, 209 = zfs 2003, 605; OLG Dresden Beschl. v. 6.9.2023 – 4 U 563/23, BeckRS 2023, 31333.

61 BGH Urt. v. 14.02.1995 – VI ZR 106/94, VersR 1995, 681 = r+s 1995, 181 = zfs 1995, 412 = NJW 1995, 1619.

62 OLG Saarbrücken Urt. v. 5.8.2022 – 5 U 97/20, VersR 2022, 1362.

63 BGH Urt. v. 13.05.2009 – IV ZR 211/05, VersR 2009, 1213.

64 BGH Urt. v. 03.12.2008 – IV ZR 20/06, VersR 2009, 518; NJW-RR 2009, 387.

65 Van Bühren – Naumann, Handbuch Versicherungsrecht, § 16 Rn. 177.

deklaratorisch darauf, dass die vereinbarte Versicherungsleistung und der unfallbedingte Grad der Invalidität Grundlage für die Berechnung der Leistung ist.

Bemessung des Invaliditätsgrads, Zeitraum für die Bemessung, A.4.5.2.2 und Gliedertaxe, A.4.5.2.3

2. Grundlage ist die Versicherungssumme und der Grad der Invalidität, der sich regelmäßig nach 33
der **Gliedertaxe** aus **A.4.5.2.3** bemisst. Die Prozentangaben des jeweiligen Invaliditätssatzes gelten danach für den Verlust oder die völlige Funktionsuntüchtigkeit der genannten Körperteile oder Sinnesorgane.[66] Zu früheren Formulierungen der Gliedertaxe, die in verschiedener Weise ausgelegt werden konnten, hat die Rechtsprechung klargestellt, dass stets die für den VN günstigere Auslegung zu gelten hat.[67] Bestehen also Zweifel, ob die Beeinträchtigung nach dem einen oder anderen, übergeordneten Körperteil nach der Gliedertaxe zu bewerten ist, also bspw. Fußwert oder Beinwert, so ist stets die für den VN günstigere Bewertungsart für die Bemessung des Invaliditätsgrades heranzuziehen.[68] Findet sich ein betroffenes Körperteil oder Gelenk zwischen zwei Körperteilen nicht in der Gliedertaxe, so ist der Invaliditätsgrad nicht nach der Gliedertaxe, sondern nach den Regeln zur Invaliditätsbestimmung für andere Körperteile nach A.4.5.2.4 (vgl. Rn. 30) zu bemessen.[69]

Die Gliedertaxe ist als vertraglich vereinbarte Regelung verbindlich, so dass der VN nicht im Einzel- 34
fall einen höheren Grad der tatsächlich gegebenen Invalidität geltend machen kann. Auf individuelle Auswirkungen der konkreten Beeinträchtigung für die jeweilige Person im Verhältnis zu anderen Vergleichsfällen kommt es nicht an.[70] Liegt kein Totalverlust bzw keine völlige Funktionsunfähigkeit, sondern ein **Teilverlust/teilweise Funktionsunfähigkeit** vor, so gilt der jeweilige Anteil des festgelegten Prozentsatzes in Zehntel-Schritten. Liegt also bspw. nach ärztlicher Feststellung eine Beeinträchtigung von 4/10 Fußwert vor, so bemisst sich die Höhe der Invaliditätsleistung nach der Gliedertaxe auf 4/10 von 40 % also auf 16 % der Versicherungssumme.

3. Es findet **keine Addition** mehrerer Einzelgliedwerte bei Verlust oder Funktionsunfähigkeit eines 35
übergeordneten Körperteils statt.[71] Vielmehr beinhaltet die vollständige oder teilweise Funktionsunfähigkeit eines rumpfnäheren Gliedes diejenige des rumpfferneren Gliedes.[72] Der Verlust des Armes bemisst sich nach dem Armwert und nicht aus der Summe der Einzelwerte für Abschnitte des Arms und der Hand.[73] Ein Verlust eines Fingers bemisst sich abschließend nach dessen Tabellenwert ohne Addition einer sich als Folge daraus ergebenden Funktionsbeeinträchtigung der Hand als solcher.[74] Abzustellen ist stets nur auf den Sitz der unfallbedingten Schädigung. Eine Ausnahme gilt jedoch, wenn die Funktionsunfähigkeit des rumpfferneren Körperteils allein schon zu einem höheren Invaliditätsgrad führt, als die Funktionsunfähigkeit des rumpfnäheren Körperteils. Dann bildet die Invaliditätsleistung für den Verlust des rumpfferneren Körperteils jedenfalls die Untergrenze der geschuldeten Versicherungsleistung.[75] Dies kann insbesondere bei einer teilweisen Funktionsunfähigkeit der jeweiligen Körperteile in Betracht kommen.[76] Hier konkret bei folgenden Invaliditätswerten: Arm im Schultergelenk zu 4/10, also 28 % der Versicherungsleistung (Armwert

66 Vgl. im Einzelnen hierzu: Grimm, AUB2010 2 Rn. 23 ff.; Kloth, Private Unfallversicherung G Rn. 77 ff.
67 BGH Urt. v. 24.05.2006 – IV ZR 203/03, VersR 2006, 1117 = r+s 2006, 387 = NJW-RR 2006, 1323.
68 BGH Beschl. v. 18.05.2009 – IV ZR 57/08, VersR 2009, 975.
69 BGH Urt. v. 1.4.2015 – IV ZR 104/13 VersR 2015, 617 = r+s 2015, 250.
70 Terbille-Hormuth, § 24 Rn. 73.
71 BGH Urt. v. 14.12.2011 – IV ZR 34/11, VersR 2012, 351 = r+s 2012, 143 = zfs 2012, 336 = NJW-RR 2012, 486.
72 Wie vor.
73 OLG Hamm Urt. 12.1.2011 – 20 U 122/10, VersR 2011, 1433 = r+s 2011, 440 = zfs 2011, 280.
74 BGH Urt. v. 23.01.1991 – IV ZR 60/90, VersR 1991, 413; r+s 1991, 355 = zfs 1991, 211 = NJW-RR 1991, 604; Terbille-Hormuth, § 24 Rn. 79 m.w.N.
75 BGH Urt. v. 14.12.2011 – IV ZR 34/11, VersR 2012, 351 = r+s 2012, 143 = zfs 2012, 336 = NJW-RR 2012, 486; OLG Hamm Urt. 12.1.2011 – 20 U 122/10, VersR 2011, 1433 = r+s 2011, 440 = zfs 2011, 280.
76 BGH wie vor.

70 %, davon 4/10 = 28 %) aber Funktionsbeeinträchtigung der Hand von 8/10, also 44 % der Versicherungsleistung (Handwert 55 %, davon 8/10 = 44 %).

Bemessung außerhalb der Gliedertaxe, A.4.5.2.4

36 4. **A.4.5.2.4** regelt die Bemessung des Invaliditätsgrads **außerhalb der Gliedertaxe** für darin nicht aufgeführte Körperteile oder Sinnesorgane. Dies gilt, wie der BGH inzwischen zur »Gelenkrechtsprechung« konkretisiert hat, auch für eine Gebrauchsminderung des Schultergelenks selbst, wenn dieses in der Gliedertaxe nicht aufgeführt ist.[77] Insoweit ist konkret auf die Stelle des Körpers abzustellen, an der die Schädigung eingetreten ist. Maßgeblich ist danach das Ausmaß der insgesamt gegebenen Beeinträchtigung der normalen körperlichen oder geistigen Leistungsfähigkeit, wobei ausschließlich medizinische Gesichtspunkte zu berücksichtigen sind. Abzustellen ist hierbei wiederum nicht auf besondere individuelle Fähigkeiten oder Besonderheiten des VN, sondern auf einen gleich alten, durchschnittlichen gesunden Vergleichsmenschen.[78] Da die Klausel auf die insgesamt eingetretene Beeinträchtigung abstellt, verbietet sich eine Addition von Einzelwerten, sondern ist vielmehr bei mehreren betroffenen Körperteilen/Organen auf die sich als Gesamtbild ergebende Beeinträchtigung abzustellen.[79] Der Sachverständige darf zur Bewertung nur rein **objektive medizinische Gesichtspunkte** heranziehen. Danach verbietet sich jede individualisierende Einbeziehung des konkret ausgeübten Berufs des VN, seiner sonstigen Tätigkeiten oder Arbeitsmarktsituationen.[80] Bei der Bewertung ist vergleichend auf die Bewertung in der Gliedertaxe für Beeinträchtigungen vergleichbaren Ausmaßes abzustellen.[81]

Minderung bei Vorinvalidität, A.4.5.2.5

37 5. **Vorschädigungen** sind nach **A.4.5.2.5** anspruchsmindernd zu berücksichtigen, soweit sie die selben Körperteile, Sinnesorgane oder Körperfunktionen betreffen, wie diejenigen, die bei dem zu regulierenden Unfall betroffen sind. Dabei sind nur solche Vorschäden zu berücksichtigen, die ebenfalls zu einer dauerhaften Beeinträchtigung geführt hatten. Liegt beim VN bereits als Dauerschaden ein Verlust des Daumens vor und wird nun die Hand insgesamt durch eine dauerhafte Schädigung funktionsunfähig, so ist die nach der Gliedertaxe A.4.5.2.3 vorbestehende Beeinträchtigung von 20 % für den Verlust des Daumens von dem Wert der Gliedertaxe für die Funktionsfähigkeit der Hand von 55 % in Abzug zu bringen. Es besteht dann eine noch entschädigungspflichtige Invalidität von 35 % aus dem zu regulierenden weiteren Unfallereignis. Besteht hingegen als Vorschaden ein versteiftes Fußgelenk und erleidet der VN nun einen Verlust des Geruchsinns, so steht ihm die ungekürzte Invaliditätsleistung zu, da verschiedene Körperteile/Sinnesorgane betroffen sind. Liegt ein Vorschaden vor, der nicht ein Körperteil betrifft, das in der Gliedertaxe aufgeführt ist, so ist die Vorinvalidität entsprechend A.4.5.2.4 zu bemessen.

38 **Brillenträger** können vorgeschädigt sein: Rein alterstypische gesundheitliche Beeinträchtigungen ohne besondere Folgen sind nicht zu berücksichtigen. So besteht keine anspruchsmindernde Vorinvalidität im Rahmen eines unfallbedingten Verlustes der Sehkraft auf einem Auge, wenn der VN zuvor durch altersbedingte Weitsichtigkeit in der Sehfähigkeit beim Lesen kleiner Schriftgrößen beeinträchtigt war.[82] Bei starker Kurzsichtigkeit (konkret – 4,0 sph) soll hingegen eine Vorinvalidität anzunehmen sein, da diese zu einer Einschränkung der Gebrauchstauglichkeit des Auges führe. Der VN könne dann schon als Vorschädigung seine Umwelt zumindest zeitweilig, so etwa beim Schlafen, Baden oder Reinigen der Brille nicht erkennen, weil er in diesen Situationen die Brille

77 BGH Urt. v. 1.4.2015 – IV ZR 104/13 VersR 2015, 617 = r+s 2015, 250.
78 OLG Hamm Urt. v. 09.05.2007 – 20 U 228/06, VersR 2008, 389 = r+s 2007, 468 = zfs 2007, 643; vgl. auch Grimm, AUB 2010 2 Rn. 42 ff. m.w.N.
79 Grimm, AUB2010 2 Rn. 44 m.w.N.
80 Einschränkend Grimm, AUB 2010 2 Rn. 43 m.w.N.
81 OLG Hamm Urt. v. 09.05.2007 – 20 U 228/06, VersR 2008, 389 = r+s 2007, 468 = zfs 2007, 643; vgl. auch Grimm, AUB 2010 2 Rn. 42 ff. m.w.N.
82 OLG München Urt. v. 21.03.2006 – 25 U 3483/04, VersR 2006, 1397 = r+s 2007, 32 = zfs 206, 337.

absetzen müsse. Die Notwendigkeit eine Brille zu tragen soll daher nach Ansicht des BGH bereits eine dauerhafte Minderung der Gebrauchsfähigkeit des Auges sein. Dem VN stehe die volle Sehkraft nicht 24 Stunden täglich zur Verfügung.[83] Daher soll Vorinvalidität zu berücksichtigen sein, wobei ausdrücklich nicht auf den ohne Sehhilfe eingeschränkten Visus, also Wert der Sehkraft abzustellen ist, sondern auf die Beeinträchtigung durch das Brillenerfordernis als Teilinvalidität wegen eingeschränkter Gebrauchsfähigkeit. Die Entscheidung erscheint von der Begründung her teilweise fragwürdig. Während des Schlafens mag der kurzsichtige die Brille nicht tragen, er schaut sich dann jedoch auch die Umwelt nicht an, so dass sich eine Beeinträchtigung der Sehkraft ohne Brille nicht wirklich auswirkt. Tatsächlich beeinträchtigt ihn dies wohl mindestens ebenso wenig, wie ein altersbedingt Weitsichtiger beeinträchtigt ist, der nur in manchen Situationen zum Lesen eine Brille benötigt. Beim Reinigen der Brille stört dies ebenfalls nicht sonderlich mehr als die Beeinträchtigung des Altersweitsichtigen, zumal der Kurzsichtige gerade in diesem Bereich ohne die Brille regelmäßig noch gut sehen kann. Die Entscheidung des BGH berücksichtigt zudem nicht, dass der Kurzsichtige zum Baden, beim Sport oder in anderen Situationen bspw. auch Kontaktlinsen tragen kann, also nicht durch die Notwendigkeit des Tragens einer Brille und damit beim Sport noch einhergehender Verletzungsgefahr beeinträchtigt ist.[84] Die Entscheidung erscheint insbesondere auch deshalb zweifelhaft, weil der Kurzsichtige in vielen Fällen durch eine Operation (Lasik oder dauerhafte Kontaktlinsen) die Sehkraft wieder vollkommen herstellen könnte, es sich also nicht um eine zwingend dauerhafte Beeinträchtigung handelt. Dies will jedoch das OLG Düsseldorf zumindest dann nicht als Argument für einen Entfall des Brillenabschlags ausreichen lassen, wenn der Versicherte über 3 Jahre von dieser Möglichkeit keinen Gebrauch gemacht hat, da dann von einer bedingungsgemäßen Funktionsminderung auszugehen sei.[85] Ebenso sieht es trotz der Verbesserungen im Bereich heutiger Kontaktlinsen dies nicht als Grund an, von der Leitentscheidung des BGH abzusehen. Es verblieben Beeinträchtigungen durch erforderliche Reinigung und Infektionsrisiken bei Kontaktlinsen und das Risiko einer Beeinträchtigung durch Verlust oder Beschädigung. Überzeugend ist dies nicht. Erleidet der Versicherte allerdings durch einen Unfall den vollständigen oder teilweise nicht mehr behebbaren Verlust der Sehkraft auf einem Auge, so wird er dadurch in gleicher Weise und nicht minder in seinem täglichen Leben beeinträchtigt, wie ein normalsichtiger VN. Liegen also nicht besonders schwerwiegende Sehbehinderungen vor, die nicht vollständig zu kompensieren sind, so ist die bloße Notwendigkeit, eine Fehlsichtigkeit durch Hilfsmittel auszugleichen nicht zwingend als Vorinvalidität anzusehen. Nur dort, wo tatsächlich trotz Sehhilfen eine nicht behebbare Beeinträchtigung verbleibt, kann ernsthaft eine Vorinvalidität angenommen werden. Auch dem BGH folgend wird man jedoch die Bemessung einer solchen Vorinvalidität, wenn man sie denn annehmen will, im ganz deutlich unteren Bereich ansiedeln müssen. In der obergerichtlichen Rechtsprechung sind Abzüge von 3 % vorgenommen worden.[86] Den in der Praxis hierzu angewandten pauschalierenden Tabellenwerken ist durchaus kritisch zu begegnen. Sie haben nicht den Charakter von allgemeinen Versicherungsbedingungen, sind also nicht bindend, jedoch zulässiger Bewertungsmaßstab.[87] Es sollte hier auf eine individuelle Bewertung im Einzelfall abgestellt werden, um bspw. zu erfassen, ob trotz voll korrigierter Sehkraft bspw. eine erhöhte Blendempfindlichkeit oder andere Beeinträchtigungen verbleiben. Der konkreten Ermittlung durch einen Sachverständigen ist jedenfalls der Vorzug vor pauschalierenden Tabellenwerken zu geben.[88]

83 BGH Urt. v. 27.04.1983 – IVa ZR 193/81, VersR 1983, 581 = NJW 1983, 2091, bestätigt durch Beschl. v. 30.09.2009 – IV ZR 301/06.

84 Kritisch aber i.E. zustimmend hierzu auch OLG Brandenburg Urt. v. 08.11.2006 – 4 U 33/06, VersR 2007, 347 = r+s 2007, 429.

85 OLG Düsseldorf Urt. v. 30.01.2009 – I-4 U 43/08, VersR 2009, 774.

86 OLG Brandenburg Urt. v. 08.11.2006 – 4 U 33/06, VersR 2007, 347 = r+s 2007, 429; OLG Düsseldorf Urt. v. 30.01.2009 – I-4 U 43/08, VersR 2009, 774.

87 BGH Urt. v. 27.04.1983 – IVa ZR 193/81, VersR 1983, 581 = NJW 1983, 2091.

88 Vgl. weiterführend Gramberg-Danielsen/Kern, Die Brillenbewertung nach den AUB 88 VersR 1989, 20; Gramberg-Danielsen/Thomann, Die Bewertung von Augenschäden in der privaten Unfallversicherung nach den AUB 88 VersR 1988, 789.

39 6. **Beweislast:**

Die Beweislast für das Bestehen einer Vorschädigung und für deren Umfang trägt schon nach allgemeinen Regeln der Versicherer, da es sich um die Voraussetzungen für einen die Leistung mindernden Einwand handelt.[89] Seit der VVG Reform 2008 ist dies zudem in § 182 VVG klargestellt.

Invaliditätsgrad bei Beeinträchtigung mehrerer Körperteile und Sinnesorgane, A.4.5.2.6

40 7. **Mehrere Beeinträchtigungen** sind nach A.4.5.2.6 mit ihren jeweiligen nach a bis c ermittelten Einzelwerten zusammenzuzählen und können in Summe maximal 100 % als Deckelungsgrenze erreichen.

Invaliditätsleistung bei Tod der versicherten Person, A.4.5.2.7

41 8. **Tod der Versicherten Person nach dem Unfall und Invaliditätsleistung:** A.4.5.2.7 erfasst die Fälle, in denen der Versicherte entweder innerhalb eines Jahres nach dem Unfall aus unfallunabhängigem Grund stirbt oder gleich aus welchem Grund später als 1 Jahr nach dem Unfall stirbt, wenn zu diesem Zeitpunkt bereits ein Anspruch auf Invaliditätsleistung entstanden war. In diesen Fällen legt der Versicherer seiner Invaliditätsleistung den Invaliditätsgrad zugrunde, mit dem nach den ärztlichen Befunden zu rechnen gewesen wäre. Es ist also eine Prognose in die weitergedachte zukünftige Entwicklung des Gesundheitszustandes anzustellen, welcher Invaliditätsgrad sich nach den zuletzt erhobenen Befunden beim Verstorbenen eingestellt hätte. Nicht maßgeblich ist, welcher konkrete Invaliditätsgrad bereits vor dem Tod erreicht war.[90]

42 Alle Voraussetzungen, also auch einzuhaltende Fristen müssen hierbei entweder erfüllt sein oder noch erfüllbar sein.[91]

43 Stirbt der Versicherte hingegen innerhalb eines Jahres unfallbedingt, so scheidet die Invaliditätsleistung aus. Es greift dann die Todesfallleistung nach A.4.8 (s.u.).

A.4.6 Tagegeld

Voraussetzung für die Leistung

A.4.6.1 Die versicherte Person ist unfallbedingt

- in ihrer Arbeitsfähigkeit beeinträchtigt und
- in ärztlicher Behandlung.

Höhe und Dauer der Leistung

A.4.6.2 Grundlagen für die Berechnung der Leistung sind

- **die vereinbarte Versicherungssumme und**
- **der unfallbedingte Grad der Beeinträchtigung der Arbeitsfähigkeit.**

Der Grad der Beeinträchtigung bemisst sich

- **nach der Fähigkeit der versicherten Person, ihrem bis zu dem Unfall ausgeübten Beruf weiter nachzugehen.**

---

89 OLG Düsseldorf Urt. 30.03.2004 4 U 37/03, VersR 2005, 109 = r+s 2006, 163 = zfs 2005, 31.

90 Grimm, AUB 2010 2 Rn. 48.

91 Grimm, AUB 2010 2 Rn. 48; Beckmann/Matusche-Beckmann – Mangen, Versicherungsrechshandbuch 2. Aufl. § 47 Rn. 199.

- **nach der allgemeinen Fähigkeit der versicherten Person, Arbeit zu leisten, wenn sie zum Zeitpunkt des Unfalls nicht berufstätig war.**

Das Tagegeld wird nach dem Grad der Beeinträchtigung abgestuft.

Wir zahlen das Tagegeld für die Dauer der ärztlichen Behandlung, längstens für ein Jahr ab dem Tag des Unfalls.

Übersicht

A. Allgemeines

1 Die Leistungsart Tagegeld ist aus der allgemeinen Unfallversicherung bereits in die alten AKB übernommen worden. Sie gehört nicht automatisch zum Umfang der Kfz-Unfallversicherung, wie die Invaliditäts- und Todesfallleistung, sondern muss gesondert als weitere Leistungsart vereinbart werden. Das Tagegeld dient der eigenständigen, privatversicherungsrechtlich erworbenen wirtschaftlichen Absicherung des VN bzw. der versicherten Person unabhängig von einem tatsächlichen Verdienstausfall oder sonstigem Einkommens- oder Vermögensschaden (Summenversicherung und nicht etwa Schadenversicherung) und unabhängig von einer Ersatzpflicht eines Dritten. Es ist daher unerheblich, ob die versicherte Person zusätzlich ggf. Ansprüche auf Lohnfortzahlung hat.[1] Die Regelungen entspricht von der Entstehung und dem Sinn sowie von der Ausgestaltung im wesentlichen den Regelungen aus der privaten Krankenversicherung. Der Anspruch auf diese Leistungen kann neben demjenigen auf Invaliditätsleistung bestehen und besteht unabhängig von eventuellen gleichartigen Ansprüchen aus einer privaten Krankenversicherung. Im letzteren Fall ist jedoch ggf. darauf zu achten, dass allgemeine Versicherungsbedingungen der privaten Krankenversicherung für die Krankheitskosten- und Krankenhaustagegeldversicherung (MB/KK) bzw. Krankentagegeldversicherung (MB/KT) in § 9 Abs. 6 MB/KK 2008 bzw. in § 9 Abs. 6 MB/KT 2008 Einwilligungsvorbehalte als Obliegenheiten enthalten. Danach darf der VN einer privaten Krankenversicherung, soweit diese die Leistungsart Krankenhaustagegeld umfasst, weitere Kranken(haus)tagegeldversicherungen bspw. im Rahmen einer Unfallversicherung nur mit Einwilligung des Krankenversicherers abschließen.[2]

B. Tagegeld nach A.4.6

I. Voraussetzungen des Tagegeldes nach A.4.6.1

2 1. Soweit im Versicherungsvertrag als Leistungsart vereinbart, hat der Versicherte unter der Voraussetzung, dass er unfallbedingt in der Arbeitsfähigkeit beeinträchtigt und in ärztlicher Behandlung ist einen Anspruch auf Auszahlung eines Tagegeldes. Beide Voraussetzungen müssen kumulativ vorliegen. Mangels anderweitiger Regelung besteht der Anspruch auf das Tagegeld neben demjenigen auf Krankenhaustagegeld (oder bei früheren Bedingungswerken ggf. Genesungsgeld (anders macht auch die Anknüpfung der zeitlichen Beschränkung auf 1 Jahr beginnend ab dem Unfalltag in A.4.6.2 a.E. (vgl. unten) und nicht etwa nach Auslaufen des Genesungsgeldes keinen Sinn). Die **Beeinträchtigung der Arbeitsfähigkeit** und **ärztliche Behandlung** sind kumulative Anspruchsvoraussetzungen, deren Vorliegen der VN beweisen muss. Voraussetzung ist jedoch nur eine Beeinträchtigung der Arbeitsfähigkeit, keine Arbeitsunfähigkeit. Folglich muss kein konkreter Einkommensverlust oder Verdienstausfall bestehen, da es sich um eine privatrechtliche Absicherung aufgrund privatrechtlichen Versicherungsschutzes

1 Van Bühren – Naumann, Handbuch Versicherungsrecht, § 16 Rn. 208.

2 OLG Hamm Urt. v. 03.04.1981 – 20 U 6/81, VersR 1982, 35 = zfs 1982, 83; vgl. auch Bach/Moser, Private Krankenversicherung MB/KK- und MB/KT-Kommentar 4. Aufl. MB/KK §§ 9, 10 Rn. 38.

gegen Prämie handelt. Ein ggf. sogar überobligatorischer Einsatz des eben nur in der Arbeitsfähigkeit beeinträchtigten aber nicht arbeitsunfähigen VN lässt den Anspruch nicht entfallen.

3 Ob eine Beeinträchtigung der Arbeitsfähigkeit vorliegt ist an der konkret ausgeübten Berufstätigkeit der versicherten Person zu beurteilen. Bei nicht arbeitstätigen Personen war die Frage, ob eine Beeinträchtigung der Arbeitsfähigkeit vorliegt bislang nach den AKB 2008 oder früheren nach der zuletzt ausgeübten beruflichen Tätigkeit zu beurteilen. Die AKB 2015 stellen nun in A.4.6.2, 2. Alt. ausdrücklich auf die allgemeine Fähigkeit der versicherten Person ab, Arbeit zu leisten. Damit könnte auf den ersten Blick eine Änderung des Anknüpfungsmaßstabes verbunden sein. Dies wird jedoch dem berechtigten und schutzwürdigen Interesse des VN nicht gerecht, so dass nicht auf irgendeine beliebige Arbeit abgestellt werden kann, sondern auf seine konkrete Berufstätigkeit bzw. die für die versicherte Person prägende Tätigkeit.[3]

4 2. Die Beeinträchtigung muss ärztlich festgestellt werden und die versicherte Person muss sich deshalb in ärztlicher Behandlung befinden. Behandlung durch Heilpraktiker ist nicht ausreichend.[4] Für das Vorliegen der Beeinträchtigung als Anspruchsvoraussetzung trägt der VN die Beweislast.

II. Höhe und Dauer der Leistung nach A.4.6.2

5 1. Die **Höhe** des Tagesgeldes richtet sich nach der vereinbarten Versicherungssumme und dem ärztlich festzustellenden Grad der Beeinträchtigung der Arbeitsfähigkeit oder Beschäftigung. In der ersten Alt. bemisst sich der Grad nach dem bis zum Unfall ausgeübten Beruf. In der nunmehr in die AKB aufgenommenen 2. Alt. ist für die Bemessung des Beeinträchtigungsgrades auf die allgemeine Arbeitsfähigkeit abzustellen, falls die versicherte Person nicht berufstätig war.

6 2. Während des Leistungszeitraums kann sich die Höhe aufgrund einer eintretenden Besserung des Gesundheitszustandes des Versicherten infolge der Behandlung ändern und neu zu bemessen sein. Insoweit unterliegt das Tagegeld einer graduellen Abstufung nach dem Ausmaß der Beeinträchtigung.

7 3. Die **Beweislast** für das Vorliegen eines bestimmten Grades der Beeinträchtigung trägt der VN. Es handelt sich um eine Anspruchsvoraussetzung, die der VN nach allgemeinen Grundsätzen darzulegen und im Streitfall zu beweisen hat. Will sich hingegen der Versicherer im weiteren Verlauf auf eine zu seinen Gunsten **eingetretene Änderung** des Grades der Beeinträchtigung aufgrund einer fortgeschrittenen Heilung berufen, so trägt er hierfür die Beweislast, da es sich um eine für ihn günstige anspruchsmindernde Veränderung handelt.

8 4. Die **Bezugsdauer** für das Tagegeld ist an die Dauer der ärztlichen Behandlung gekoppelt, deren Fortdauer der VN durch Vorlage einer ärztlichen Bescheinigung nachweisen muss. Die ärztliche Behandlung endet in dem Zeitpunkt, zu dem ärztliche Anordnungen, wie Medikamenteneinnahme oder Verhaltensregeln enden.[5] Dementsprechend ist ihr Ende nicht am letzten Besuch beim Arzt festzumachen.[6] Die Zahlung von Tagegeld endet zudem mit dem Beginn einer Invaliditätsleistung, da aufgrund des Dauerzustandes der Beeinträchtigung als Voraussetzung für die Invaliditätsleistung auch in diesem Fall von einem Ende der ärztlichen Behandlung mit Heilungsbestreben auszugehen ist. Zudem ist sie auf maximal 1 Jahr ab dem Unfalltag begrenzt.

3 Jacob, Unfallversicherung AUB 2010, Ziff. 2.3 Rn. 1.

4 Prölss/Martin – Knappmann VVG, 29. Aufl., AUB 2010 Ziff. 2 Rn. 48.

5 BGH Urt. v. 4.11.2020 – IV ZR 19/19, VersR 2021, 21; AG Köln Urt. v. 26.04.1995 – 130 C 591/94, VersR 1995, 950.

6 BGH Urt. v. 4.11.2020 – IV ZR 19/19, VersR 2021, 21; Prölss/Martin – Knappmann VVG, 29. Aufl., AUB 2010 Ziff. 2 Rn. 48.

A.4.7 Krankenhaustagegeld

A.4.7.1 Voraussetzungen für die Leistung

Die versicherte Person
- **ist unfallbedingt in medizinisch notwendiger vollstationärer Heilbehandlung oder**
- **unterzieht sich unfallbedingt einer ambulanten chirurgischen Operation und ist deswegen für mindestens XX Tage ununterbrochen und vollständig in der Ausübung ihres Berufs beeinträchtigt. War die versicherte Person zum Zeitpunkt des Unfalls nicht berufstätig, kommt es auf die allgemeine Fähigkeit an, Arbeit zu leisten.**

Kuren oder Aufenthalte in Sanatorien und Erholungsheimen gelten nicht als medizinisch notwendige Heilbehandlung.

A.4.7.2 Höhe und Dauer der Leistung

Wir zahlen das vereinbarte Krankenhaustagegeld
- **für jeden Kalendertag der vollstationären Behandlung, längstens jedoch für XX Jahre ab dem Tag des Unfalls.**
- **für XX Tage bei ambulanten chirurgischen Operationen.**

Übersicht

A. Allgemeines

1 Die Leistungsart Krankenhaustagegeld ist wie das Tagegeld und das frühere Genesungsgeld aus der allgemeinen Unfallversicherung bereits seit langem in die früheren AKB übernommen worden. Diese Leistung gehört nicht automatisch zum Umfang der Kfz-Unfallversicherung, wie die Invaliditäts- und Todesfallleistung, sondern muss gesondert als weitere Leistungsart vereinbart werden. Das Krankenhaustagegeld dient der eigenständigen, privatversicherungsrechtlich erworbenen wirtschaftlichen Absicherung des VN bzw. der versicherten Person unabhängig von einem tatsächlichen Verdienstausfall oder sonstigem Einkommens- oder Vermögensschaden (Summenversicherung und nicht etwa Schadenversicherung) und unabhängig von einer Ersatzpflicht eines Dritten. Die Regelungen entsprechen von der Entstehung und dem Sinn sowie von der Ausgestaltung im wesentlichen den Regelungen aus der privaten Krankenversicherung. Der Anspruch auf diese Leistungen kann neben demjenigen auf Invaliditätsleistung bestehen und besteht unabhängig von eventuellen gleichartigen Ansprüchen aus einer privaten Krankenversicherung.[1] Im letzteren Fall ist jedoch ggf. darauf zu achten, dass allgemeine Versicherungsbedingungen der privaten Krankenversicherung für die Krankheitskosten- und Krankenhaustagegeldversicherung (MB/KK) bzw. Krankentagegeldversicherung (MB/KT) in § 9 Abs. 6 MB/KK 2008 bzw. in § 9 Abs. 6 MB/KT 2008 Einwilligungsvorbehalte als Obliegenheiten enthalten. Danach darf der VN einer privaten Krankenversicherung, soweit diese die Leistungsart Krankenhaustagegeld umfasst, weitere Kranken(haus)tagegeldversicherungen bspw. im Rahmen einer Unfallversicherung nur mit Einwilligung des Krankenversicherers abschließen.[2]

---

1 Grimm, AUB 2010 2 Rn. 65.

2 OLG Hamm Urt. v. 03.04.1981 – 20 U 6/81, VersR 1982, 35 = zfs 1982, 83; vgl. auch Bach/Moser, Private Krankenversicherung MB/KK- und MB/KT-Kommentar 4. Aufl. MB/KK §§ 9, 10 Rn. 38.

2 Zu beachten ist, dass sich teilweise in den Bedingungswerken Einschränkungen finden, nach denen bspw. nur für den Fahrer eine Krankenhaustagegeldversicherung eingeschlossen ist und bspw. nur diese Leistungsart enthalten ist. Es muss daher stets eine Prüfung anhand des konkreten Bedingungswerkes erfolgen.

3 Neu in den AKB 2015 ist, dass nunmehr ein Krankenhaustagegeld auch bei einer nur ambulanten Operation gezahlt wird, wenn diese eine mehrtägige und vollständige Beeinträchtigung in der Berufsausübung nach sich zieht.

B. Krankenhaustagegeld

I. Voraussetzung des Krankenhaustagegeldes nach A.4.7.1

4 **1. Stationärer Krankenhausaufenthalt, A.4.7.1 Alt. 1**

a) Der Versicherte muss sich **wegen des Unfalls** in medizinisch notwendiger vollstationärer Heilbehandlung befinden. Für die Kausalität reicht es aus, wenn der Unfall adäquat kausale Ursache der Behandlung ist. Auch ein sich anschließender ärztlicher Behandlungsfehler, der möglicherweise infolge des nicht rechtzeitigen Erkennens einer Unfallverletzung aufgrund dadurch eintretender Komplikationen eine stationäre Behandlung erforderlich macht, genügt, solange nicht der Kausalverlauf bezogen auf den Unfall wegen überholender Kausalität unterbrochen ist. Regelmäßig besteht bei Behandlungsfehlern anlässlich der Behandlung von Unfallverletzungen nach wie vor eine Kausalität des Unfallereignisses für die weiter notwendige Behandlung auch wegen des Behandlungsfehlers.[3]

5 b) **Medizinisch notwendig** ist die vollstationäre Heilbehandlung, wenn es nach den objektiven medizinischen Befunden und wissenschaftlichen Erkenntnissen im Zeitpunkt der Vornahme der ärztlichen Behandlung vertretbar war, diese als medizinisch notwendig anzusehen[4] und der angestrebte Erfolg nicht ambulant erreicht werden kann.[5] Hierzu ist eine Beurteilung anhand einer Gegenüberstellung zur ambulanten Behandlung vorzunehmen. Der Begriff der medizinischen Notwendigkeit ist insoweit deckungsgleich mit demjenigen aus der privaten Krankenversicherung[6], so dass die dazu entwickelte Rechtsprechung uneingeschränkt herangezogen werden kann.[7] Es kommt danach gerade nicht darauf an, ob die Behandlung erfolgreich war. Jede Krankenhausbehandlung mit dem Ziel einer Heilung, Besserung oder Linderung einer Gesundheitsschädigung durch geeignet erscheinende medizinische Maßnahmen ist danach bedingungsgemäß ausreichend, soweit sie als medizinisch notwendig anzusehen ist. Dabei ist die medizinische Notwendigkeit einer Heilbehandlung vertretbar, wenn diese sowohl in begründeter und nachvollziehbarer wie fundierter Vorgehensweise das zugrunde liegende Leiden diagnostisch hinreichend erfasst und eine ihm adäquate, geeignete Therapie anwendet.[8]

6 Krankenhausaufenthalte zu ausschließlichen Diagnosezwecken erfüllen nicht das Kriterium der medizinisch notwendigen Heilbehandlung.[9]

7 c) Die Behandlung muss **vollstationär** sein, d.h. die versicherte Person muss sich den ganzen Tag über 24 Stunden im Krankenhaus oder einer gleichwertigen Einrichtung (vgl. unten Rdn. 8) aufhalten, wobei jedoch der Aufnahme- und Entlassungstag auch verkürzt als vollstationärer

3 Vgl. hierzu bspw. OLG Koblenz Urt. v. 24.04.2008 – 5 U 1236/07, VersR 2008, 1071 = NJW 2008, 3006; OLG München Urt. v. 26.03.2009 – 1 U 4878/07.
4 Bach/Moser, Private Krankenversicherung MB/KK- und MB/KT-Kommentar 4. Aufl. MB/KK § 1 Rn. 29.
5 Bach/Moser, Private Krankenversicherung MB/KK- und MB/KT-Kommentar 4. Aufl. MB/KK § 1 Rn. 31.
6 Grimm, AUB 2010 2 Rn. 67.
7 Vgl. statt vieler z.B. BGH Urt. v. 12.03.2003 – IV ZR 278/01, VersR 2003, 581 = NJW 2003, 1596; OLG Köln Urt. v. 13.07.1995 – 5 U 94/93, VersR 1995, 1177 = r+s 1995, 431 = zfs 1996, 30.
8 Bach/Moser, Private Krankenversicherung MB/KK- und MB/KT-Kommentar 4. Aufl. MB/KK § 1 Rn. 29.
9 OLG Hamm Urt. v. 08.11.1985 – 20 U 115/85, VersR 1987, 555 = NJW 1986, 1554.

Behandlungstag mitzählen.[10] Lediglich teilstationäre Behandlungen im Rahmen ambulanter Operationen bei denen der Patient nach der Narkoseüberwachung noch am selben Tag das Krankenhaus verlässt reichen nicht aus[11], es sei denn sie fallen (ab den AKB 2015) unter die 2. Leistungsvariante für ambulante Operationen (vgl. unten). Gleiches gilt für den Aufenthalt zur Behandlung in einer »Tagesklinik«.[12] Unterschiedlich beurteilt wird die Frage der **Beurlaubung** durch den Arzt, wenn sich also der Patient während eines grundsätzlich stationären Aufenthaltes zwischenzeitlich genehmigt außerhalb des Krankenhauses aufhält. Für Tage, an denen er sich gar nicht im Krankenhaus aufhält besteht unstreitig kein Anspruch.[13] Hält sich der Versicherte an einem Tag teilweise nicht im Krankenhaus auf, ist dies streitig. Nach der zutreffenden Meinung steht dem Versicherten dann kein Anspruch auf Krankenhaustagegeld zu.[14] Dies gilt jedoch nicht für den Aufnahme- und Entlassungstag, da sich der versicherte gleichwohl dem vollstationären Therapiekonzept unterzieht, so dass der Anspruch auch für diese Tage besteht,[15] nicht jedoch für sonstige teilstationäre Aufenthalte (vgl. jedoch unten zur Regelung bei ambulanten Operationen). Zutreffend hat zwar der BGH in der vorzitierten Entscheidung darauf hingewiesen, dass es Anspruchsvoraussetzung sei, dass gerade an dem Tag, für den Krankenhaustagegeld beansprucht wird, eine stationäre Behandlung des VN stattgefunden hat, sich der VN also zumindest zeitweilig im Krankenhaus aufgehalten haben muss.[16] Ob diese Entscheidung des BGH auf die heutige Fassung der AKB (und aktuellen AUB) übertragen werden kann, ist zweifelhaft und i.E. wohl zu verneinen. Der Entscheidung des BGH lagen die AUB 61 zugrunde, in denen von »... stationärer Krankenhausbehandlung ...« die Rede ist. Die heutigen AUB sowie die AKB sprechen von »**vollstationärer**« Behandlung. Nach der Auslegung ist somit gerade auch für den durchschnittlichen VN erkennbar, dass er »rund um die Uhr«, also den vollen Tag, einschließlich der Nacht über 24 Stunden stationär in Heilbehandlung sein muss und ein nur zeitweiliger Aufenthalt nicht ausreichen soll[17], wobei gerade nur die Besonderheiten des Aufnahme- und Entlassungstages für diese eine andere Bewertung rechtfertigen sollen.[18] Erforderlich ist jedenfalls die physische und organisatorische Eingliederung des Versicherten in das spezifische Versorgungssystem des Krankenhauses.[19]

d) Nicht zwingend ist, dass die Heilbehandlung in einem **Krankenhaus** im klassischen Wortsinn 8
erfolgt. Ausreichend ist jede Heilbehandlung in einem Krankenhaus im weiteren Sinne bzw. einer diesem gleichzusetzenden Einrichtung, also bspw. auch einer **gemischten Anstalt**, soweit dort eine medizinisch notwendige Heilbehandlung erfolgt.[20] Zu unterscheiden ist bei **Soldaten** und ihrer Behandlung in bundeswehreigenen Einrichtungen: Die Heilbehandlung in einem **Bundeswehrlazarett** erfüllt unzweifelhaft die Anspruchsvoraussetzungen, da es sich um eine dem Krankenhaus gleichwertige Einrichtung (Feldkrankenhaus/mobiles Krankenhaus) handelt. Der bloße Aufenthalt im **Sanitätsbereich** der Bundeswehr genügt nicht.[21] Die Unterscheidung ist zutreffend, da nach wie vor zwar Sanitätsbereiche in Kasernen und sonstigen Einrichtungen der Bundeswehr krankenhausähnlich organisiert und eingerichtet sein können, jedoch vom Behandlungskonzept nicht

10 Grimm, AUB 2010 2 Rn. 66; Beckmann/Matusche-Beckmann – Mangen, Versicherungsrechtshandbuch 2. Aufl. § 47 Rn. 207.

11 AG Koblenz Urt. v. 29.07.1996 – 29 C 1131/06, r+s 1998, 436.

12 Stiefel/Maier, Kraftfahrtversicherung AKB-Kommentar 18. Aufl. A.4.7 Rn. 1; Prölss/Martin – Knappmann VVG, AUB 2010 Ziff. 2 Rn. 50.

13 BGH Urt. v. 11.04.1984 – IVa ZR 38/83, VersR 1984, 677 = r+s 1984, 150 = NJW 1984, 1818; Prölss/Martin – Knappmann VVG, AUB 2010 Ziff. 2 Rn. 50.

14 Grimm, AUB 2010 2 Rn. 6.

15 Prölss/Martin – Knappmann VVG, AUB 2010 Ziff. 2 Rn. 50.

16 BGH Urt. v. 11.04.1984 – IVa ZR 38/83, VersR 1984, 677 = r+s 1984, 150 = NJW 1984, 1818.

17 Bach/Moser, Private Krankenversicherung MB/KK- und MB/KT-Kommentar 4. Aufl. MB/KK § 1 Rn. 10.

18 Naumann/Brinkmann, Die private Unfallversicherung in der anwaltlichen Praxis § 5 Rn. 162.

19 Bach/Moser, Private Krankenversicherung MB/KK- und MB/KT-Kommentar 4. Aufl. MB/KK § 1 Rn. 9.

20 Grimm, AUB 2010 2 Rn. 66; Prölss/Martin – Knappmann VVG, AUB 2010 Ziff. 2 Rn. 50.

21 LG Köln Urt. v. 21.04.1976 – 74 O 140/75, VersR 1978, 129.

auf krankenhaustypische Behandlungsformen im Sinne einer medizinischen Notwendigkeit des stationären Behandlungsablaufs ausgerichtet sind. In den Sanitätsbereich werden gerade auch Soldaten aufgenommen, die keine medizinisch notwendige Heilbehandlung mit stationärem Bedarf benötigen, sondern lediglich nicht diensttauglich krank sind, aber wegen Ruhebedürftigkeit und zur Vermeidung von Ansteckungen anderer Soldaten nicht »Krank auf Stube« geschrieben werden.

9 e) Rehabilitationsmaßnahmen, insbesondere Kuren und Aufenthalte in Sanatorien und Erholungsheimen gelten bedingungsgemäß nicht als medizinisch notwendige Heilbehandlungen. Somit kommt es auf den konkreten Behandlungshintergrund und auf die Frage, ob tatsächlich eine Heilung dort eingetreten ist nicht an[22], sondern lediglich auf die Ausgestaltung der Einrichtung als solcher. Hintergrund ist es dem Versicherer die im Einzelfall später kaum mögliche Aufklärung zu ersparen, ob in einer nicht als Krankenhaus einzustufenden Einrichtung medizinisch notwendige Maßnahmen zur Heilbehandlung durchgeführt worden sind oder nicht. Daher ist die vorzitierte Entscheidung des OLG Düsseldorf wegen der gleichartigen, berechtigten Interessenlage ohne weiteres übertragbar.[23] Für gemischte Anstalten vgl. oben Rdn. 8. Das OLG Köln stellt in einer neueren Entscheidung für die Abgrenzung darauf ab, ob die Behandlung in ihrer Ausgestaltung und dem äußeren Rahmen, in dem sie stattfindet, einer Krankenhausbehandlung oder einer Kur- oder Sanatoriumsbehandlung entspricht. Eine Krankenhausbehandlung ist danach in der Regel durch einen behandlungsbedingten besonders intensiven Einsatz medizinischen Personals und ggf. medizinisch-technischer Geräte gekennzeichnet, während sich eine Kur- oder Sanatoriumsbehandlung darin unterscheidet, dass Patienten mit einer leichteren chronischen Erkrankung behandelt werden oder solche, die nach einem Krankenhausaufenthalt selbst oder einer anderen Heilbehandlung zwar einer weiteren Krankenhausbehandlung nicht mehr bedürfen, jedoch noch nicht wieder völlig hergestellt sind.[24]

10 f) **Beweislast**: Die Beweislast für das Vorliegen einer medizinisch notwendigen Heilbehandlung und für die Gleichartigkeit der Einrichtung mit einem Krankenhaus trägt in vollem Umfang als anspruchsbegründende Voraussetzung der VN.[25] Umgekehrt trägt jedoch der Versicherer die Beweislast dafür, dass eine Behandlung über das medizinisch notwendige Maß hinaus ausgedehnt wird.[26]

11 **2. Bei ambulanten Operationen, A.4.7.1 Alt. 2:**

a) Die Regelung ist aus der allgemeinen Unfallversicherung, in der sie bereits seit den AUB 2010 enthalten ist, nunmehr in die AKB übernommen worden. Die versicherte Person muss sich **wegen des Unfalls** einer ambulanten Operation unterziehen und in deren Folge für mindestens XX Tage sowohl ununterbrochen als auch vollständig daran gehindert sein, ihren (konkret ausgeübten) Beruf auszuüben. Die Bedingungen sind widersprüchlich formuliert, da zum einen von einer Beeinträchtigung in der Berufsausübung die Rede ist, diese jedoch nach dem Wortlaut »vollständig« sein muss. Es wäre daher klarer und besser als Arbeitsunfähigkeit oder vorübergehende Unfähigkeit der Berufsausübung formuliert worden. Gemeint ist jedenfalls die vollständige Arbeitsunfähigkeit.[27] Eine reine Beeinträchtigung mit verbleibender, eben nur eingeschränkter, Restarbeitsfähigkeit genügt nicht. Bei nicht Berufstätigen, die nicht am Erwerbsleben teilnehmen, muss eine die vollständige Unfähigkeit gegeben sein, früheren Tätigkeiten nachzugehen bzw. frühere Aufgaben zu erfüllen.[28] Dies kann bspw. der Schulbesuch oder die Haushaltstätigkeit sein bzw. sonstige Aufgaben oder Betätigungen, die für das tägliche Leben der versicherten Person prägend waren.[29]

---

22 OLG Düsseldorf Urt. v. 07.04.1992 – 4 U 112/91, VersR 1993, 41 = r+s 1992, 388.

23 Vgl. auch Grimm, AUB 2010 2 Rn. 70.

24 OGL Köln Urt. v. 11.01.2013 – 20 U 164/12, r+s 2015, 84 = NJW-RR 2013, 1048.

25 OLG Köln Urt. v. 13.02.1986 – 5 U 125/85, r+s 1986, 163; Grimm, AUB 2010 2 Rn. 68.

26 Grimm, AUB 2010 2 Rn. 68.

27 Prölss/Martin – Knappmann, VVG, 29. Aufl. AUB 2010 ZIff. 2 Rn. 52; Grimm AUB 2010 2 Rn. 69; Jacob, Unfallversicherung AUB 2010 Ziff. 2.4 Rn. 7.

28 Jacob, Unfallversicherung AUB 2010 Ziff. 2.4 Rn. 7 Jacob, Unfallversicherung AUB 2010 Ziff. 2.4 Rn. 7; Grimm AUB 2010 2 Rn. 69.

29 Jacob, Unfallversicherung AUB 2010 Ziff. 2.4 Rn. 7.

b) Der Begriff der chirurgischen Operation definiert sich nach allgemeinem medizinischen Verständnis des durchschnittlichen VN als ein ärztlicher Eingriff von gewisser Schwere mit Heilungsintention, den der medizinische Laie als Operation werten würde. So z.B. bereits die Entfernung von Muttermalen oder das Nähen einer Wunde[30], nicht jedoch das bloße Fädenziehen nach einer OP oder ein Verbandwechsel. 12

c) Die Beweislast für die Operation und daraus resultierende Arbeitsunfähigkeit trägt der VN. Er genügt dieser durch Vorlage des OP Berichts und der ärztlichen Krankschreibung[31] bzw. einer diese Inhalte vereinigenden ärztlichen Bescheinigung. Dies kann auch der Arztbrief des Facharztes zur Information an den behandelnden Hausarzt sein, soweit sich daraus gerade auch die Krankschreibung ergibt. 13

II. Höhe und Dauer Krankenhaustagegeldes, A.4.7.2

Nach A.4.7.2 zahlt der Versicherer die im Vertrag vereinbarte Summe entweder in der 1. Alt. nach A.4.7.1 für jeden Kalendertag der vollstationären Behandlung oder in der 2. Alt. nach A.4.7.1 nach einer ambulanten OP für eine in den jeweiligen Bedingungen festgeschriebene Anzahl von Tagen. Diese kann ggf. von VR zu VR abweichen. Zu beachten ist, dass sich auch hier die in A.4.2.1 für das Pauschalsystem vereinbarte Erhöhung der vertraglichen Versicherungssumme auswirkt, wenn sich zwei oder mehr Insassen im Fahrzeug befinden.[32] 14

Die Zahlung erfolgt jedoch auch in der 1. Alt. von A.4.7.1 bei vollstationärem Aufenthalt nicht unbegrenzt, sondern längstens für eine im Vertrag vereinbarte Anzahl von Jahren, regelmäßig 2 Jahre nach den bislang bekannten Versicherungsbedingungen. Der Zeitraum beginnt mit dem Tag des Unfalls unabhängig davon, wann die Notwendigkeit der stationären Behandlung eingetreten oder entdeckt worden ist.[33] 15

Nach A.4.7 Anmerkung zum Entfall des Genesungsgeldes nach den AKB 2008:

C. Genesungsgeld nach A.4.7.3 der früheren AKB 2008

Die AKB 2015 enthalten kein Genesungsgeld mehr. Dieses ist – wie bei den neuen AUB 2014 – entfallen, da man ihm keine eigenständige Bedeutung mehr zumisst, sondern es als Fortführung des Krankenhaustagegeldes ansieht. Eine eigenständige Regelung erschien daher nicht mehr erforderlich, da individuell jeder VR auch im Rahmen des Krankenhaustagegeldes ggf. Leistungsausweitungen anbieten könnte. 16

Wegen der nach wie vor erheblichen Verbreitung der AKB 2008 ist jedoch an dieser Stelle die Kommentierung zum Genesungsgeld nach den AKB 2008 weiter abgedruckt:

Genesungsgeld nach AKB 2008

A.4.7.3 AKB 2008

Genesungsgeld

Voraussetzung für die Zahlung des Genesungsgeldes ist, dass die versicherte Person aus der vollstationären Behandlung entlassen worden ist und Anspruch auf Krankenhaustagegeld nach A.4.7.1 hatte.

A.4.7.4 AKB 2008

Höhe des Genesungsgeldes

Wir zahlen des Genesungsgeld in Höhe der vereinbarten Versicherungssumme für die selbe Anzahl von Kalendertagen, für die wir Krankenhaustagegeld gezahlt haben, längstens jedoch für xx Tage.

30 Grimm AUB 2010 2 Rn. 69.
31 Van Bühren – Naumann, Handbuch Versicherungsrecht, § 16 Rn. 215.
32 Feyock/Jacobsen/Lemor – Jacobsen, Kraftfahrtversicherung 3. Aufl. AKB 2008 A.4 Rn. 74.
33 OLG Karlsruhe Urt. v. 17.03.1994 – 12 U 131/93, r+s 1995, 157; Grimm, AUB 2010 2 Rn. 71.

17 *1. Genesungsgeld wird nur gemeinsam mit dem Krankenhaustagegeld versichert. Hinweis: Es ist sorgfältig zu prüfen, ob der jeweilige Versicherungsvertrag überhaupt ein Genesungsgeld als weitere Leistungsart vorsieht. Viele Bedingungswerke marktstarker und gängiger Versicherer sehen diese Leistungsart nicht vor.*

18 *Ist es als Leistungsart eingeschlossen, wird es ausgezahlt, wenn der VN vollstationär behandelt worden ist und Anspruch auf Krankenhaustagegeld nach A.4.7.1 hatte. Das Genesungsgeld ist also akzessorisch an das Krankenhaustagegeld gekoppelt. Demnach müssen alle Vorraussetzungen nach A.4.7.1 erfüllt sein. Weitere Voraussetzungen enthält A.4.7.3 nicht, es muss also über den vollstationären Krankenhausaufenthalt hinaus keine fortdauernde Beeinträchtigung der Arbeitsfähigkeit oder gesundheitliche Einschränkung vorliegen. Der Anspruch entsteht erst mit der Entlassung aus dem Krankenhaus als selbständiger Anspruch.[34] Stirbt der Versicherte vor Ablauf des Bezugszeitraums des Genesungsgeldes vernichtet dies den Anspruch nicht, so dass die Rechtsnachfolger Anspruch auf das volle Genesungsgeld bis zum Erreichen der vertraglichen Begrenzung haben.[35] Kommt es zu mehreren vollstationären Krankenhausaufenthalten (innerhalb des versicherten (2-Jahres)Zeitraums nach A.4.7.2), so ist auch erneut Genesungsgeld nach der Entlassung zu zahlen, soweit die in A.4.7.4 festgelegte Tageshöchstzahl noch nicht insgesamt erreicht ist. Mehrere Krankenhausaufenthalte wegen des gleichen Unfallereignisses zählen insoweit als ein einheitlicher Krankenhausaufenthalt, so dass bereits nach dem ersten Aufenthalt ausbezahltes Genesungsgeld nach der entsprechenden Tagesanzahl von der Tageshöchstzahl nach A.4.7.4 abzuziehen ist.[36]*

19 *2. A.4.7.4: Die* ***Höhe*** *richtet sich nach der im Versicherungsschein bezeichneten Versicherungssumme je Tag und der Anzahl der Kalendertage, für die der Versicherer zuvor Krankenhaustagegeld gezahlt hat. Die Bedingungen sehen eine Begrenzung für eine bestimmte Zahl von Kalendertagen vor, die regelmäßig marktüblich bei 100 Tagen liegt.*

A.4.8 Todesfallleistung

A.4.8.1 Voraussetzungen für die Leistung

Die versicherte Person stirbt unfallbedingt innerhalb eines Jahres nach dem Unfall.

Beachten Sie dann die Verhaltensregeln nach E.1.5.1.

A.4.8.2 Art und Höhe der Leistung

Wir zahlen die Todesfallleistung in Höhe der vereinbarten Versicherungssumme.

1 Die Todesfallleistung wird nur fällig und an den VN bzw. einen anderen Begünstigten ausgezahlt, wenn der Tod innerhalb eines Jahres nach dem Unfallereignis eintritt und ursächlich auf den Unfall zurückzuführen ist. Anderenfalls, also wenn der Tod unfallunabhängig innerhalb von einem Jahr oder nach Ablauf eines Jahres ab dem Unfallereignis eintritt, greift nach A.4.5.2.7 ggf. der Anspruch auf Invaliditätsleistung, wenn die entsprechenden Voraussetzungen vorliegen.

2 Der Tod muss Unfallfolge sein, d.h. der Unfall muss alleinige Ursache des Todeseintritts sein. Der VN bzw. die begünstigten Rechtsnachfolger tragen die **Beweislast** im Hinblick auf die Unfallursächlichkeit für den Tod. Dabei gilt der Beweismaßstab des § 287 ZPO.[1] Der VN/Rechtsnachfolger muss danach Tatsachen beweisen, die eine andere Todesursache ausschließen. Keine Leistungspflicht des Versicherers besteht bei einem von diesem zu beweisenden Suizid, da mangels Freiwilligkeit schon begrifflich kein bedingungsgemäßer Unfall vorliegt (vgl. oben A.4.1.2 Rn. 7).

34 Grimm, AUB 99 2 Rn. 66 jetzt AUB 2010 2 Rn. 74.
35 Grimm, AUB 99 2 Rn. 67 jetzt AUB 2010 2 Rn. 75.
36 Feyock/Jacobsen/Lemor – Jacobsen, Kraftfahrtversicherung 3. Auflage AKB 2008 A.4 Rn. 78.
1 BGH Urt. v. 23.09.1992 – IV ZR 157/91, VersR 1992, 1503 = r+s 1992, 430 = zfs 1992, 416 = NJW 1993, 201; OLG Hamm Urt. v. 05.06.2002 – 20 U 217/01, r+s 2003, 31.

Die Frist von einem Jahr berechnet sich nach § 188 BGB, also mit dem Beginn am Tag nach dem Unfallereignis. Ereignet sich der Unfall am 01.08.2015 so endet die Frist am 02.08.2016 um 24 Uhr. Bei Todeseintritt am 03.08.2016 greift A.4.5.2.7 statt A.4.8.. Maßgeblich ist der klinische Tod.[2] Der Sinn der Regelung liegt darin, die Schwierigkeiten der Kausalitätsfrage nach allzu langem Zeitablauf zu vermeiden. Es handelt sich um eine Ausschlussfrist bei der es nicht darauf ankommt, ob zum Zeitpunkt des Ablaufs bereits aus medizinischer Sicht der Todeseintritt als baldiges Ereignis feststand. Selbst in diesem Fall ist es nicht treuwidrig, wenn sich der Versicherer auf klare Fristen beruft, die im Vertrag festgelegt sind.[3] 3

Der VN bzw. sein Rechtsnachfolger muss zudem die besondere Obliegenheit nach E.1.5.1 beachten, also den Tod innerhalb von 48 Stunden beim Versicherer melden und im weiteren die Obduktion ermöglichen. Diese Obliegenheit besteht auch, wenn der Unfall als solches bereits dem Versicherer gemeldet ist. Diese Frist hat jedoch nicht wie die Jahresfrist aus A.4.8.1 Ausschlusscharakter, sondern unterliegt in der Rechtsfolgenbewertung als Obliegenheit den Regelungen des § 28 VVG (vgl. unten zu E.1.5.1 Rdn. 1 ff.). 4

Zur Auszahlung kommt die im Versicherungsschein bezeichnete und somit vertraglich vereinbarte **Versicherungssumme** für den Todesfall. Diese wird an den VN bzw. wenn dieser versicherte Person war, an die Hinterbliebenen gezahlt. Dabei sind ggf. vom Versicherer **Anzeigepflichten** nach dem Erbschaftssteuergesetz (§ 33) zu beachten bzw. sind bei Begünstigten mit Wohnsitz im Ausland Unbedenklichkeitsbescheinigungen des für den Wohnsitz des Verstorbenen zuständigen Finanzamtes beim Versicherer als Voraussetzung für die Auszahlung vorzulegen.[4] 5

Ist zum Zeitpunkt des Todes bereits im Vorschusswege oder als vollständige Leistungsabrechnung eine Invaliditätsleistung erfolgt, so ist diese aufgrund der Vorrangigkeit der Todesfallleistung mit dieser zu **verrechnen** und ggf. bei einem Überschuss der Invaliditätsleistung über die Versicherungssumme auf den Todesfall hinaus nach § 812 BGB der zuviel gezahlte Betrag an den Versicherer zurückzuzahlen.[5] Eine kumulative Auszahlung der Invaliditäts- und Todesfallleistung findet nicht statt.[6] 6

A.4.9 Was passiert, wenn Unfallfolgen mit Krankheiten und Gebrechen zusammentreffen?

A.4.9.1 Krankheiten und Gebrechen

Wir leisten ausschließlich für Unfallfolgen. Dies sind Gesundheitsschädigungen und ihre Folgen, die durch das Unfallereignis verursacht werden.

Wir leisten nicht für Krankheiten oder Gebrechen.

A.4.9.2 Mitwirkung

Treffen Unfallfolgen mit Krankheiten oder Gebrechen zusammen, gilt Folgendes:

A.4.9.2.1 Entsprechend dem Umfang, in dem Krankheiten oder Gebrechen an der Gesundheitsschädigung oder ihren Folgen mitgewirkt haben (Mitwirkungsanteil), mindert sich

2 Feyock/Jacobsen/Lemor – Jacobsen, Kraftfahrtversicherung 3. Aufl. AKB 2008 A.4 Rn. 65.
3 Grimm, AUB 2010 2 Rn. 76.
4 Feyock/Jacobsen/Lemor – Jacobsen, Kraftfahrtversicherung 3. Aufl. AKB 2008 A.4 Rn. 72.
5 Prölss/Martin – Knappmann VVG, AUB 2010 Ziff. 3 Rn. 56; Grimm AUB 2010 2 Rn. 77.
6 Grimm, AUB 2010 2 Rn. 77.

- **bei der Invaliditätsleistung der Prozentsatz des Invaliditätsgrads.**
- **bei der Todesfallleistung und, soweit nicht etwas anderes bestimmt ist, bei den anderen Leistungsarten die Leistung selbst.**

A.4.9.2.2 Beträgt der Mitwirkungsanteil weniger als 25 %, nehmen wir keine Minderung vor.

A. Allgemeines

1 A.4.9.1 stellt klar, dass der Versicherer nur für die Folgen des Unfalls als versichertem Schadenereignis eintritt, nicht jedoch für solche Gesundheitsschäden, die unfallunabhängig schon bestanden haben. Zweck der Vorschrift ist demnach die Abgrenzung des Versicherungsschutzes von unfallfremden Ursachen. Die Regelung hat eine wesentliche Änderung zu den AKB 2008 erfahren. Die früheren AKB 2008 knüpften an vor dem Unfall bestehende **Krankheiten oder Gebrechen** an, die an einer unfallbedingten Gesundheitsschädigung oder deren Folgen mitwirken. Nur bei solchen vorbestehenden Krankheiten oder Gebrechen ist daher der Versicherer nach den bisherigen AKB 2008 berechtigt, seine Leistung entsprechend zu kürzen. Entgegen der von Jacobsen vertretenen Ansicht[1] kommt eine Kürzung der Leistung des Versicherers unter der Geltung der AKB 2008 gerade nur bei vor dem Unfall bereits bestehenden Krankheiten oder Gebrechen in Betracht, wie sich aus der eindeutigen Überschrift zur früheren Regelung in A.4.8 der AKB 2008 ergibt: *»Welche Auswirkungen haben vor dem Unfall bestehende Krankheiten oder Gebrechen?«*. Die gegenteilige Ansicht unter Hinweis auf die Rechtsprechung und die zutreffenden Ausführungen bei Grimm[2] verkennt, dass in den dort behandelten AUB zur allgemeinen Unfallversicherung die Klausel anders gefasst ist: dort hieß die Überschrift in den AUB 99 und 2010 z.B. »Welche Auswirkungen haben Krankheiten oder Gebrechen?« und lautet nun in den AUB 2014 genau wie nun hier in den AKB 2015. Die zeitliche Anknüpfung an solche Gesundheitsbeeinträchtigungen, die vor dem Unfall bestehen fehlt darin gerade. Eine Auslegung entgegen dem klaren Wortlaut der Überschrift der früheren Klausel zu A.4.8 AKB 2008 wäre jedoch für den VN überraschend und nach dem Grundsatz, dass AVB nach dem Verständnis des durchschnittlichen VN auszulegen sind, ohnehin nicht vertretbar. Bei der Neufassung der AKB 2015 hingegen ist die Interpretations- und Verständnislage aufgrund der neuen Formulierung und geänderten Überschrift anders. Der VN konnte die frühere Klausel der AKB 2008 nach ihrer klar gefassten Überschrift nur so verstehen, dass gerade nur vor dem Unfall schon bestehende Krankheiten oder Gebrechen relevant sind. Diese Anknüpfung fehlt nun, so dass sich dem durchschnittlichen VN kein Anhaltspunkt für eine zeitliche Anknüpfung an vor dem Unfallereignis bestehende Gesundheitsbeeinträchtigungen bietet. Somit ist die Klausel nunmehr wie auch in den AUB zur allgemeinen Unfallversicherung auszulegen. Danach ist es unerheblich, ob die Beeinträchtigung durch Krankheit oder Gebrechen schon vor dem Unfall bestanden hat oder unfallunabhängig nach diesem erst eingetreten ist.[3] Weiter ist unbedeutend, ob sie schon vor dem Vertragsschluss bestanden hat, solange ein Verschweigen den VN hierzu im Zusammenhang mit vom VR beim Vertragsschluss gestellten Fragen nicht als Verletzung einer Anzeigepflichtverletzung Rechtsfolgen nach § 19 VVG auslöst.

---

1 Feyock/Jacobsen/Lemor – Jacobsen, Kraftfahrtversicherung A.4 Rn. 85.
2 Grimm, AUB 2010 3 Rn. 3.
3 Wie vor.

B. Krankheiten oder Gebrechen

Nur **Krankheiten oder Gebrechen** werden berücksichtigt. 2

1. **Krankheiten** sind alle regelwidrigen Körperzustände, die eine ärztliche Behandlung erfordern.[4] Es gilt ein objektiver Krankheitsbegriff, so dass es nicht darauf ankommt, ob sich der Versicherte krank fühlt oder Kenntnis von seinem krankhaften Zustand hat.[5] So ist auch eine bis dato unerkannte Arthrose als Vorerkrankung zu berücksichtigen, wenn diese bis zum Unfall klinisch unauffällig geblieben und nicht entdeckt worden ist.[6]

2. **Gebrechen** sind dauernde abnorme Gesundheitszustände, die eine einwandfreie Ausübung der normalen Körperfunktion nicht mehr zulassen.[7] Leidet der Versicherte an einer Disposition zu allergischen Reaktionen bei Insektenstichen[8] oder sonstigen Empfänglichkeiten für Krankheiten als Vordisposition im Sinne einer körperlichen Schwachstelle, ist dies nicht als Gebrechen anzusehen.[9] Anderes soll nach OLG Braunschweig bei einer außergewöhnlichen, individuell geprägten Mitverursachung verschuldensunabhängig angenommen werden können, und zwar entgegen OLG Nürnberg auch bei Insektengiftallergie.[10] Jedenfalls solange die Zustände noch im Rahmen der medizinischen Norm liegen, sind sie selbst dann keine Gebrechen, wenn sie eine gewisse Disposition für Gesundheitsstörungen bedeuten, wie der BGH klargestellt hat.[11] 3

3. Rein **degenerative Veränderungen** ohne Beschwerden, die keiner ärztlichen Behandlung bedürfen haben keinen Krankheitswert.[12] Altersbedingt normale **Verschleiß- und Schwächezustände** sind weder Krankheit noch Gebrechen[13], ebenso wenig wie Zustände, die noch innerhalb der medizinischen Norm liegen.[14] So zuletzt das OLG Celle für einen alterstypischen Verschleißzustand bei einem 72-jährigen bei 80 %iger Mitwirkung degenerativer Vorschäden für die Unfallfolgen einer Rotatorenmanschettenruptur.[15] Dies gilt auch, wenn sie das normale alterstypische Maß übersteigen.[16] 4

4. Unerheblich ist, ob (vorbestehende) Krankheiten oder Gebrechen selbst auf **früheren Unfällen** beruhen, selbst dann, wenn diese während der Laufzeit des Versicherungsvertrages eingetreten sind und auch dann, wenn der Versicherer für diesen früheren Unfall keine Invaliditätsentschädigung gezahlt hat.[17] 5

---

4 OLG Schleswig Urt. v. 12.01.1995 – 16 U 96/93, VersR 1995, 825 = r+s 1995, 119 = zfs 1995, 186; OLG Düsseldorf Urt. v. 03.06.2003 – 4 U 220/02, r+s 2005, 300.

5 OLG Schleswig Urt. v. 12.01.1995 – 16 U 96/93, VersR 1995, 825 = r+s 1995, 119 = zfs 1995, 186; Grimm, AUB 2010 3 Rn. 2.

6 OLG Saarbrücken, Urt. v. 9.2.2022 – 5 U 53/21, r+s 2023, 611 = BeckRS 2022, 6390.

7 BGH Beschl. v. 08.07.2009 – IV ZR 216/07, VersR 2009, 1525 = r+s 2009, 423; OLG Schleswig Urt. v. 12.01.1995 – 16 U 96/93, VersR 1995, 825 = r+s 1995, 119 = zfs 1995, 186; OLG Düsseldorf Urt. v. 03.06.2003 – 4 U 220/02, r+s 2005, 300; Grimm, AUB 2010 3 Rn. 2.

8 Vgl. hierzu OLG Nürnberg Urt. v. 02.02.1995 – 8 U 3537/94, VersR 1995, 825 = r+s 1995, 200 = zfs 1995, 225; wohl a.A. bei außergewöhnlicher individuell geprägter Mitverursachung OLG Braunschweig Urt. v. 15.03.1995 – 5 U 40/94, VersR 1995, 823 = r+s 1996, 77 = zfs 1995, 224.

9 Grimm, AUB 2010 3 Rn. 2.

10 OLG Braunschweig Urt. v. 15.03.1995 – 5 U 40/94, VersR 1995, 823 = r+s 1996, 77 = zfs 1995, 224.

11 BGH Beschl. v. 08.07.2009 – IV ZR 216/07, r+s 2009, 423; Prölss/Martin – Knappmann VVG, AUB 2010 3 Rn. 5.

12 Grimm, AUB 2010 3 Rn. 3.

13 OLG Hamm Urt. v. 06.07.2001 – 20 U 200/99, VersR 2002, 180 = r+s 2002, 84 = zfs 2002, 188.

14 OLG Schleswig Urt. v. 12.01.1995 – 16 U 96/93, VersR 1995, 825 = r+s 1995, 119 = zfs 1995, 186.

15 OLG Celle Urt. v. 20.08.2009 – 8 U 10/09, VersR 2010, 205 = r+s 2010, 29 = zfs 2010, 457 = NJW-RR 2009, 1693.

16 OLG Düsseldorf Urt. v. 03.06.2003 – 4 U 220/02, r+s 2005, 300.

17 BGH Beschl. v. 08.07.2009 – IV ZR 216/07, r+s 2009, 423 (vorangehend LG Flensburg Urt. v. 10.07.2007 – 1 S 1/07 r+s 2008, 346).

6 5. **Hinweis:**

Besondere Bedeutung können vorbestehende Krankheiten oder Gebrechen erlangen, wenn sich herausstellt, dass diese bereits bei Vertragsschluss bestanden und für den VN erkennbar oder bekannt waren, da in diesem Fall eine falsche Beantwortung von Gesundheitsfragen im Rahmen des Vertragsschlusses vorliegen wird. Dies kann als **vorvertragliche Anzeigepflichtverletzung** im Rahmen der §§ 19–22 VVG zur Leistungsfreiheit oder zur Einschränkung der Leistung des Versicherers führen.

C. Mitwirkung im Hinblick auf die Beeinträchtigung, A.4.9.2

7 **Mitwirken** von Krankheit oder Gebrechen setzt voraus, dass sie mit dem Unfallereignis gemeinsam eine Gesundheitsschädigung ausgelöst oder deren Folgen herbeigeführt haben, also das Unfallereignis nicht alleinige Ursache ist.[18] Da nach dem Sinn und Zweck der Regelung nur der auf dem Unfall beruhende Anteil der Gesundheitsschädigung für die Leistungsbemessung entscheidend ist, müssen die einzelnen Mitwirkungsanteile so weit wie möglich voneinander abgegrenzt werden, worin in der Praxis die Schwierigkeit liegt.[19] Mitwirkung ist bejaht worden bei einem vorbestehenden Meniskusschaden und anschließendem Sturz auf das Knie mit anschließender Entstehung eines »Reizknies« als Folge (50 %).[20] Ebenfalls 50 % Mitwirkung hat das OLG Düsseldorf bei einer Mitursächlichkeit vorbestehender degenerativer HWS-Schädigungen bei einem Verkehrsunfall angenommen.[21] So auch der BGH bei einem vorbestehenden Kreuzbandriß, der auch ohne zwischenzeitliche Beschwerden zur Verstärkung der gesundheitlichen Folgen des späteren Unfalls beiträgt.[22]. Insoweit ist es unerheblich, ob eine unfallunabhängige Vorschädigung bis zum Unfallereignis klinisch stumm verlaufen ist und den Versicherten nicht spürbar beeinträchtigt hat.[23]

8 Aufgrund der Schwierigkeiten in der Praxis überhaupt eine Mitwirkung von Krankheiten oder Gebrechen von den unfallbedingten Gesundheitsstörungen abzugrenzen enthält A.4.8.2 zum Schutz des Versicherten die Regelung, dass nur bei einem Mitwirkungsanteil von mindestens 25 % überhaupt erst eine Minderung erfolgt.

D. Minderung nach A.4.9.2.1

9 Die **Bemessung der Minderung** ist anhand ärztlicher Feststellung oder eines ärztlichen Sachverständigengutachtens zur Höhe der Mitwirkung vorzunehmen. Diese soll sich nach medizinisch fachlicher Empfehlung in groben Schritten von 25 %–30 % (geringgradig), 50 % (mittelgradig), 75 %–90 % (hochgradig) und 95 %–99 % (höchstgradig) bewegen. Andernfalls würde bei der nur grob vornehmbaren Einschätzung eine wissenschaftlich nicht begründbare Genauigkeit im Einzelfall vorgetäuscht.[24] Kriterien der Bemessung und Abwägung sind die Schwere des Unfallereignisses und die Schwere der Vorschädigung.[25] Hält der Sachverständige beide Verursachungsanteile »für vergleichbar« können diese mit jeweils 50 % angenommen werden.[26]

10 Bei Invalidität ist nach A.4.9.2.1 die bestehende Gesamtinvalidität zu ermitteln und der Prozentsatz des Mitwirkungsanteils, der ebenfalls entsprechend zu ermitteln ist, in Abzug zu bringen. Bei den übrigen Leistungsarten Todesfall, Krankenhaustagegeld und Tagegeld wird die jeweils auszuzahlende Geldleistung gemindert.

---

18 OLG Schleswig Urt. v. 12.01.1995 – 16 U 96/93, VersR 1995, 825 = r+s 1995, 119 = zfs 1995, 186.

19 Grimm, AUB 2010 3 Rn. 4.

20 OLG Zweibrücken Urt. v. 18.06.1999 – 1 U 159/08, OLGR Zweibrücken 2000, 158.

21 OLG Düsseldorf Urt. v. 17.12.2002 – 4 U 79/02, VersR 2004, 461 = r+s 2004, 209 = zfs 2003, 605.

22 BGH Beschl. v. 08.07.2009 – IV ZR 216/07, r+s 2009, 423 (vorangehend LG Flensburg Urt. v. 10.07.2007 – 1 S 1/07 r+s 2008, 346).

23 OLG Saarbrücken, Urt. v. 9.2.2022 – 5 U 53/21, r+s 2023, 611 = BeckRS 2022, 6390; LG Dortmund Urt. v. 28.01.2010 – 2 0 235/09, zfs 2010, 339 = r+s 2014, 39.

24 Grimm, AUB 2010 3 Rn. 4.

25 OLG Düsseldorf Urt. v. 18.01.1994 – 4 U 248/92, VersR 1994, 1218 = r+s 1994, 157 = zfs 1994, 221; Grimm, AUB 2010 3 Rn. 4.

26 OLG Hamm Urt. v. 25.01.2006 – 20 U 89/05, VersR 2006, 1394 = r+s 2006, 428 = zfs 2006, 335.

E. Beweislast

Die **Beweislast** ist in § 182 VVG gesetzlich geregelt. Danach muss der Versicherer sämtliche Voraussetzungen des Wegfalls oder der Minderung des Anspruchs beweisen. Dies ist inhaltlich nichts Neues, da die Vorschrift des § 182 VVG lediglich die schon zum VVG a.F. ergangene Rechtsprechung zur Klarstellung als **Beweislastregel** in das Gesetz übernommen hat.[27] Der Versicherer muss dabei den Vollbeweis i.S.v. § 286 ZPO erbringen.[28] Als Beweismaßstab ist nicht der völlige Ausschluss letzter Zweifel zu fordern, sondern nur ein für das praktische Leben brauchbarer Grad an Gewissheit, der den Zweifeln Schweigen gebietet, ohne sie vollends auszuschließen.[29] Das OLG München hatte einen Fall zu entscheiden, in dem ein 70 jähriger schwer vorerkrankter nach einem Sturz mit Oberschenkelhalsbruch eine unkompliziert verlaufene OP gut überstanden hatte und trotz stabilen Kreislaufs und Beschwerdefreiheit nach der OP noch am Abend des Operationstages infolge eines plötzlichen Kreislaufversagens gestorben ist. Der Sachverständige stellte eine 50 %ige Mitwirkung als Kausalitätsanteil der vorbestehenden Erkrankungen an dem Kreislaufversagen und Todeseintritt fest. 11

F. Mindestanteil der Mitwirkung, A.4.9.2.2

Der Versicherer muss beweisen, dass der Mitwirkungsanteil der vorbestehenden Krankheiten oder Gebrechen mindestens 25 % beträgt.[30] Diesen Beweis hat er nicht geführt, wenn der Sachverständige oder Arzt nur eine Mitwirkung zweifelsfrei feststellen kann, jedoch den Umfang der Mitwirkung nicht bestimmen kann.[31] 12

A.4.10 Fälligkeit

Wir erbringen unsere Leistungen, nachdem wir die Erhebungen abgeschlossen haben, die zur Feststellung des Versicherungsfalls und des Umfangs unserer Leistungspflicht notwendig sind. Dazu gilt Folgendes:

A.4.10.1 Erklärung über die Leistungspflicht

Wir sind verpflichtet, innerhalb eines Monats in Textform zu erklären, ob und in welchem Umfang wir unsere Leistungspflicht anerkennen. Bei Invaliditätsleistung beträgt die Frist drei Monate.

Die Fristen beginnen, sobald uns folgende Unterlagen zugehen:
- **Nachweis des Unfallhergangs und der Unfallfolgen.**
- **Bei Invaliditätsleistung zusätzlich der Nachweis über den Abschluss des Heilverfahrens, soweit dies für die Bemessung des Invaliditätsgrades notwendig ist.**

Beachten Sie dabei auch die Verhaltensregeln nach E.1.5.

Die ärztlichen Gebühren, die Ihnen zur Begründung des Leistungsanspruchs entstehen, übernehmen wir
- **bei Invaliditätsleistung bis zu XX% der versicherten Summe.**
- **bei Tagegeld und Krankenhaustagegeld jeweils bis zu XX Tagessätze.**

Sonstige Kosten übernehmen wir nicht.

---

27 Vgl. OLG Koblenz Urt. v. 20.10.2000 – 10 U 1521/99, r+s 2001, 348 = zfs 2001, 178; OLG Düsseldorf Urt. v. 03.06.2003 – 4 U 220/02, r+s 2005, 300; Grimm AUB 2010 3 Rn. 7 m.w.N.

28 Noch zum alten VVG BGH Urt. v. 23.11.2011 – IV ZR 70/11, VersR 2012, 92 = r+s 2012, 89 = zfs 2012, 278 = NJW 2012, 392.

29 OLG München Urt. 15.05.1996 – 15 U 6207/95, r+s 1996, 465 (Leitsatz).

30 Grimm, AUB 2010 3 Rn. 7.

31 OLG Düsseldorf Urt. v. 21.08.2001 – 4 U 54/01, r+s 2002, 261; Grimm, AUB 2010 3 Rn. 7.

A.4.10.2 Leistung innerhalb von zwei Wochen

Erkennen wir den Anspruch an oder haben wir uns mit Ihnen über Grund und Höhe geeinigt, zahlen wir innerhalb von zwei Wochen.

A.4.10.3 Vorschüsse

Steht die Leistungspflicht zunächst nur dem Grunde nach fest, zahlen wir – auf Ihren Wunsch – angemessene Vorschüsse.

Vor Abschluss des Heilverfahrens kann eine Invaliditätsleistung innerhalb eines Jahres nach dem Unfall nur bis zur Höhe einer vereinbarten Todesfallsumme beansprucht werden.

A.4.10.4 Neubemessung des Invaliditätsgrads

Nach der Bemessung des Invaliditätsgrads können sich Veränderungen des Gesundheitszustands ergeben.

Sie und wir sind berechtigt, den Grad der Invalidität jährlich erneut ärztlich bemessen zu lassen.

Dieses Recht steht Ihnen und uns längstens bis zu drei Jahren nach dem Unfall zu. Bei Kindern bis zur Vollendung des xx. Lebensjahres verlängert sich diese Frist von drei auf xx Jahre.

- **Wenn wir eine Neubemessung wünschen, teilen wir Ihnen dies zusammen mit der Erklärung über unsere Leistungspflicht mit.**
- **Wenn Sie eine Neubemessung wünschen, müssen Sie uns dies vor Ablauf der Frist mitteilen.**

Ergibt die endgültige Bemessung eine höhere Invaliditätsleistung, als wir bereits gezahlt haben, ist der Mehrbetrag mit xx% jährlich zu verzinsen.

Übersicht

A. Prüfung des Anspruchs und Erklärung über die Leistungspflicht

1 I. Die Regelung des A.4.10.1 hat überwiegend deklaratorische Wirkung und gibt die in § 187 Abs. 1 VVG normierte **Erklärungspflicht** des Versicherers wieder, sich innerhalb eines Monats bzw. bei Invalidität innerhalb von 3 Monaten zum Anerkenntnis der grundsätzlichen Leistungspflicht und deren Umfang gegenüber dem VN zu erklären. Soweit § 187 Abs. 1 VVG als Fristbeginn auf die Vorlage der zur Beurteilung erforderlichen Unterlagen in Textform beim Versicherer abstellt, konkretisiert A.4.10.1 dies für die Kfz-Unfallversicherung klarstellend. Der VN muss zunächst einen Nachweis des Unfallhergangs und der Unfallfolgen an den Versicherer übersenden. Dabei müssen dem Versicherer alle Informationen gerade auch zu den für die Leistungsbemessung erforderlichen Mitteilungen über die Insassenanzahl, über das unfallbeteiligte Fahrzeug etc. zugehen. Der Versicherer kann nicht die Vorlage von polizeilichen oder strafrechtlichen **Ermittlungsakten** verlangen. Diese muss er erforderlichenfalls selbst über einen RA einsehen.[1] Weiteres regeln E.1.1 und E.1.5 im Hinblick auf die Obliegenheiten, die der VN im Schadenfall zu beachten hat (vgl.

1 Grimm AUB 2010 9 Rn. 9.

dort). Zusätzlich muss beim Invaliditätsanspruch der Nachweis über den Abschluss des Heilverfahrens dem Versicherer zugehen, soweit er für die Bemessung der Invalidität notwendig ist. Daraus folgt, dass über die Feststellung der dauernden Unfallfolgen hinaus das Heilverfahren fortdauern kann.[2] Liegen dem Versicherer Unterlagen und Informationen nur soweit vor, dass er sich zum Grund des Anspruchs erklären kann, nicht jedoch zur Höhe, so ist der Anspruch noch nicht fällig, sondern kann der VN nur einen angemessenen Vorschuss verlangen.[3]

Die gegenüber dem VN abzugebende Erklärung muss diesen in die Lage versetzen, sich mit Einwendungen auseinanderzusetzen. Sie muss daher auch die Berechnung einer konkret mitgeteilten Leistungssumme erläutern bzw. die Gründe der Ablehnung darlegen. Lehnt der Versicherer in der Erklärung die Leistung zu Unrecht endgültig ab, so wird der Anspruch mit Zugang der Ablehnung beim VN fällig.[4] 2

Lässt der Versicherer die Frist ohne Erklärung verstreichen, so steht dies der Ablehnung der Leistung gleich, so dass die **Fälligkeitsvoraussetzungen** gegeben sind.[5] Somit besteht ab diesem Zeitpunkt eine Kostentragungspflicht für **Rechtsverfolgungskosten** des VN in Form der anfallenden Gebühren eines Rechtsanwaltes, den der VN zur klageweisen Anspruchsdurchsetzung einschaltet, da der Versicherer Anlass zur Klageerhebung gegeben hat.[6] 3

II. **Kosten der Leistungsprüfung**: Im Rahmen der Leistungsprüfung anfallende Kosten trägt nach A.4.10.1 der Versicherer. Die Regelung beinhaltet die Ausgestaltung der aus § 189 i.V.m. § 85 VVG resultierenden Pflicht des Versicherers zur Kostentragung der Schadenermittlungskosten. Zu erstatten sind die gebotenen bzw. alle auf Veranlassung des Versicherers ausgelösten Kosten. Da sowohl § 189 VVG grundsätzlich abdingbar ist (vgl. § 191 VVG) und dies nach § 87 ebenso für § 85 VVG gilt, begegnet es keinen Bedenken, dass in A.4.10.1 die Höhe der Übernahme ärztlicher Gebühren je nach Leistungsart begrenzt ist.[7] Bedenken wurden in der Literatur aus einer BGH-Entscheidung[8] zur Sachversicherung hergeleitet, in der es um eine in den AVB vereinbarte Abwälzung von Kosten eines Sachverständigen auf den VN auch für den Fall ging, dass der Versicherer ein Sachverständigenverfahren verlangt hatte. Die Entscheidung des BGH ist jedoch nicht auf die hier bestehende Interessen- und Sachlage übertragbar, worauf Grimm zutreffend hinweist.[9] Praktische Bedeutung hat die Regelung eher weniger, da typischerweise der Versicherer ohnehin die Ermittlungen führt und Berichte anfordert. Zudem erfasst die Begrenzung für ärztliche Gebühren nicht solche Kosten, die für vom Versicherer gesondert beauftragte Begutachtungen etc. anfallen.[10] 4

Die Begrenzung der Kostenübernahme liegt bei der Prüfung einer Invalidität marktüblich soweit bekannt bei 1 ‰ der versicherten Summe und beim Tagegeld sowie Krankenhaustagegeld mit Genesungsgeld jeweils bei einem Tagessatz. 5

B. Fälligkeit der Leistung nach A.4.10.2

I. Die Regelung setzt die gesetzliche Vorgabe aus § 187 Abs. 2 S. 1 VVG um, nach dem die Leistung des Versicherers innerhalb von zwei Wochen fällig ist, wenn der Versicherer den Anspruch 6

---

2 Vgl. im Einzelnen Grimm AUB 2010 9 Rn. 8 m.w.N.
3 Grimm AUB 2010 9 Rn. 18.
4 BGH Urt. v. 27.09.1989 – IVa ZR 156/88, VersR 1990, 153 = r+s 1990, 58 = zfs 1990, 127; OLG Köln Urt. v. 26.10.1989 – 5 U 55/89 VersR 1990, 373 = r+s 1990, 324.
5 OLG Hamm Urt. v. 06.02.1998 – 20 U 218/97, r+s 1998, 302.
6 OLG Hamm Urt. v. 06.02.1998 – 20 U 218/97, r+s 1998, 302; Grimm AUB 2010 9 Rn. 18.
7 Zutreffend Grimm AUB 2010 9 Rn. 10; nunmehr auch Prölss/Martin – Knappmann VVG, AUB 2010 Ziff. 9 Rn. 2, allerdings skeptisch im Hinblick auf den Ausschluss sonstiger Kosten.
8 BGH Urt. v. 03.03.1982 – IVa ZR 256/80, VersR 1982, 482 = r+s 1982, 105 = zfs 1982, 218 = NJW 1982, 1391.
9 Grimm AUB 2010 9 Rn. 10.
10 Grimm AUB 2010 9 Rn. 11; Prölss/Martin – Knappmann VVG, AUB 2010 Ziff. 9 Rn. 2.

anerkannt oder sich mit dem VN über Grund und Höhe des Anspruchs geeinigt hat. Einen weiteren Regelungsinhalt hat die Klausel nicht, aber indirekt weitere Bedeutung für den Verjährungsbeginn. Erklärt der VR, dass er die Leistungspflicht anerkenne, so wird die Versicherungsleistung damit bereits gem. A.4.10.2 (bzw. der jeweils einschlägigen Regelung in anderen AUB) fällig, auch wenn der VR in dem selben Schreiben noch ein weiteres ärztliches Attest verlangt, ohne dass er diesbezüglich ausdrücklich einen Vorbehalt bzgl. der Fälligkeit aufnimmt.[11]

7 II. Mit Eintritt der Fälligkeit **beginnt die Verjährung.** Das VVG enthält keine eigenständigen Verjährungsregeln, so dass sich die Verjährung nach den allgemeinen Regelungen des BGB richtet. Nach § 195 BGB beträgt die regelmäßige Verjährungsfrist 3 Jahre. Sie beginnt nach § 199 BGB mit dem Schluss des Jahres, in dem der Anspruch entstanden und fällig geworden ist. Mit dem Schluss des Jahres, in dem also die Fälligkeit des Leistungsanspruchs entstanden ist läuft die Verjährungsfrist, solange zu diesem Zeitpunkt auch die Anspruchsvoraussetzungen gegeben sind, also bei der Invaliditätsleistung die Invalidität innerhalb von 15 Monaten eingetreten und innerhalb von 15 Monaten ab dem Unfalltag geltend gemacht worden ist, da die Verjährung nicht beginnen kann, bevor der VN seine erforderlichen **Mitwirkungshandlungen** erbracht hat.[12] Die Verjährung von Ansprüchen auf Krankenhaustagegeld und Tagegeld kann daher also früher eintreten als diejenige für die Invaliditätsleistung.[13]

8 Streitig ist in der Literatur die Frage behandelt worden, ob der VN durch das Unterlassen seiner Mitwirkungshandlungen defakto den Verjährungsbeginn beliebig herausschieben kann.[14] Prölss votiert mit einer großen Anzahl von instanzgerichtlichen Entscheidungen dafür auf den Zeitpunkt für den Verjährungsbeginn abzustellen, in dem der VN ohne schuldhaftes Unterlassen die Mitwirkungshandlungen hätte erbringen müssen.[15] Der BGH hat dem widersprochen und zutreffend darauf hingewiesen, dass nicht auf ein Verschulden als Merkmal abgestellt werden könne, das dem Gesetz in diesem Zusammenhang fremd und zudem nicht verlässlich genug für eine Feststellung sei.[16] In dieser Entscheidung aus dem Jahr 2002 hat der BGH seine frühere Rechtsprechung fortgeführt und darüber hinaus klargestellt, dass eine Vorverlegung des Verjährungsbeginns nur in den vom Versicherer zu beweisenden Fällen in Betracht kommt, in denen der VN durch das Unterlassen seiner Mitwirkungshandlungen treuwidrig handelt.[17] Eine weitere Vorverlegung oder Konstruktion eines Zeitpunktes für den Verjährungsbeginn ist auch nicht zum Schutz des VR geboten, da dieser letztlich den eindeutigen Beginn der Verjährungsfrist jedenfalls dadurch herbeiführen kann, dass er seinerseits die Leistungspflicht endgültig verneint. Daran ist er nicht gehindert und dies kann ihm jedenfalls dann nicht als treuwidrig ausgelegt werden, wenn der VN seine erforderlichen Mitwirkungshandlungen trotz entsprechender Aufforderung nicht erbringt, obgleich er hinreichend Zeit dazu hatte.

9 Zu beachten ist, dass eine Leistungsklage auf die Versicherungsleistung nur im **Umfang** der bezifferten Anspruchsgeltendmachung **verjährungshemmende Wirkung** hat. Der früher im Rahmen des § 12 Abs. 3 VVG a.F. geltende Grundsatz, dass eine zur Fristwahrung erhobene Teilklage die Frist zur Geltendmachung für den ganzen Anspruch wahrt, gilt für die Verjährungshemmung nach § 204 BGB nicht, wie der BGH explizit für die Unfallversicherung klargestellt hat.[18]

---

11 OLG Karlsruhe Beschl. v. 16.1.2012 – 9 W 64/11, VersR 2012, 1295 = r+s 2013, 302 (zu AUB 88, jedoch allgemein übertragbar).
12 BGH Urt. v. 13.03.2002 – IV ZR 40/01, VersR 2002, 698 = r+s 2002, 217 = zfs 2002, 285.
13 BGH Urt. v. 13.03.2002 – IV ZR 40/01, VersR 2002, 698 = r+s 2002, 217 = zfs 2002, 285.
14 Nicht ganz eindeutig und i.E. offen, aber umfassend zum Meinungsstand hierzu Grimm AUB 2010 15 Rn. 5.
15 Prölss/Martin – Prölss VVG (noch 27. Aufl.), § 12 Rn. 11 m.w.N.
16 BGH Urt. v. 13.03.2002 – IV ZR 40/01, VersR 2002, 698 = r+s 2002, 217 = zfs 2002, 285.
17 So auch Schubach/Jannsen – Schubach, Private Unfallversicherung AUB 2008 Ziff. 9. Rn. 9.
18 BGH Urt. v. 11.03.2009 – IV ZR 224/07, r+s 2009, 292 = zfs 2009, 459.

C. Vorschüsse, A.4.10.3

I.A.4.10.3 setzt die gesetzliche Vorgabe aus § 187 Abs. 2 S. 2 VVG um, der bestimmt, dass der Versicherer auf Verlangen des VN einen **angemessenen Vorschuss** zu leisten hat, wenn die Leistungspflicht nur dem Grunde nach feststeht (sei es durch Anerkenntniserklärung des Versicherers oder durch Urteil[19]). Die Bevorschussung ist gängige Praxis, da es häufig vorkommt, dass zwar der Eintritt eines bleibenden Dauerschadens feststeht, also die Invalidität, aber noch offen ist, ob und wieweit noch eine geringfügige Besserung eintritt und wie sich das Ausmaß der Invalidität nach Ausschöpfung weiterer Behandlungs- oder Rehabilitationsmaßnahmen darstellen wird. Der Versicherer leistet dann bereits häufig von sich aus einen Vorschuss ggf. nach erster, vorläufiger Bemessung der Invalidität und kündigt an, die Bemessung innerhalb des 3-Jahreszeitraums für die Neubemessung der Invalidität endgültig vorzunehmen (vgl. unten Rdn. 13 ff. zu A.4.10.4). Ein solches Vorgehen kann durchaus sinnvoll sein. Klarzustellen ist, dass die Vorschusszahlung nicht im Belieben des Versicherers steht, sondern dass der VN aus § 187 Abs. 2 S. 2 VVG einen ggf. auch gerichtlich durchsetzbaren, klagbaren Anspruch auf Vorschusszahlung hat. 10

II. **Angemessen** ist ein Vorschuss, wenn er die zum Zeitpunkt der Zahlung voraussehbare Mindestleistung des Versicherers erreicht.[20] Da die Vorschusspflicht erst besteht, wenn die Leistungspflicht dem Grunde nach feststeht, steht eine vorbehaltlose Vorschusszahlung einem Anerkenntnis gleich.[21] Aus der Natur einer Vorschusszahlung heraus ergibt sich jedoch jedenfalls bei einem Vorbehalt das Recht des Versicherers, ggf. als Vorschuss geleistete Zahlungen zurückzuverlangen, wenn sich bei der späteren Bemessung herausstellt, dass dieser zu hoch war oder keine Leistungspflicht besteht.[22] Eine Rückforderung nach § 812 BGB kann jedoch als Verstoß gegen Treu und Glauben scheitern, wenn der VR nach früherer Vorschussleistung vorbehaltlos eine Zahlung von Tagegeld im Rahmen einer Zwischennachricht vornimmt.[23] 11

III. Die Regelung in A.4.10.3 S. 2 begrenzt die Invaliditätsleistung vor **Abschluss des Heilverfahrens** innerhalb des ersten Jahres nach dem Unfall der Höhe nach auf die im Versicherungsvertrag vereinbarte Todesfallsumme. Sie stellt somit sicher, dass der Versicherer durch die Vorschussleistung nicht mehr an den VN zu leisten hat, als er beim Tod der versicherten Person zu leisten hätte, da in diesem Fall nach A.4.5.1.4 kein Anspruch auf die Invaliditätsleistung besteht. Der Versicherer soll allerdings die Vorschussleistung auf die Invaliditätsleistung nicht verweigern dürfen, wenn nach den Umständen ein unfallbedingter Todeseintritt auszuschließen ist, wie bspw. beim Verlust eines Fingerendgliedes.[24] Es wäre **treuwidrig**, wenn sich der Versicherer bei mit an Sicherheit grenzender Wahrscheinlichkeit auszuschließender Gefahr des Ablebens auf die Begrenzung einer Invaliditätsleistung auf die Todesfallsumme berufen würde, wenn zu diesem Zeitpunkt eine Mindestinvalidität vor Ablauf eines Jahres und vor Abschluss des Heilverfahrens feststeht. Die Klausel ist dahingehend auszulegen, dass nach ihrem Sinn und Zweck der Versicherer vor einer Überzahlung geschützt sein soll. Besteht dieser Schutzzweck nach den als gesichert anzusehenden medizinischen Erkenntnissen nach dem bisherigen Heilverlauf nicht mehr, kommt der Klausel kein eigenständiger Regelungszweck mehr zu und ist der Versicherer nicht mehr schutzwürdig. Der schon in der bisherigen Literatur vorherrschenden Ansicht[25] ist mit dem OLG Düsseldorf[26] und 12

---

19 Grimm, AUB 2010 9 Rn. 16 ff.

20 Grimm, AUB 2010 9 Rn. 18; Prölss/Martin – Knappmann VVG, AUB 2010 ZIff. 9 Rn. 10.

21 Prölss/Martin – Knappmann VVG, AUB 2010 Ziff. 9 Rn. 10; Beckmann/Matusche-Beckmann, Versicherungsrechtshandbuch 2. Aufl. § 47 Rn. 226; Rüffer/Halbach/Schimikowski – Rüffer, Versicherungsvertragsgesetz Handkommentar § 187 Rn. 3.

22 Terbille – Hormuth, Versicherungsrecht 3. Aufl. § 24 Rn. 121.

23 OLG Hamm Beschl. v. 8.1.2020 – 20 U 189/19, r+s 2020,654.

24 Grimm AUB 2010 9 Rn. 19.

25 Vgl. Grimm AUB 2010 9 Rn. 19; zögerlich auch Prölss/Martin-Knappmann VVG, AUB 2010 Ziff. 9 Rn. 10.

26 OLG Düsseldorf Urt. v. 21.06.1994 – 4 U 206/93, VersR 1994, 1460 = r+s 1994, 395 = zfs 1995, 142.

zuletzt OLG Karlsruhe[27] uneingeschränkt zuzustimmen. Beide Entscheidungen stellen darauf ab, dass es treuwidrig sei, wenn sich der Versicherer auf den Wortlaut der Klausel berufen würde, wenn der Versicherer nach den ärztlichen Gutachten die Invalidität in einer gewissen Schwankungsbreite bemessen kann.

D. Neubemessung der Invalidität A.4.10.4

I. Zweck der Klausel

13 Die Regelung setzt die Vorgabe des § 188 VVG um. Voraussetzung einer Neubemessung ist zwingend, dass zuvor bereits eine Erst-Feststellung der Invalidität durch Anerkenntniserklärung des Versicherers nach A.4.10.1 oder durch gerichtliches Urteil ergangen ist, da andernfalls eine Neufestsetzung ausgeschlossen ist.[28]

14 1. Beide Seiten können jährlich, jedoch maximal bis zum Abschluss des dritten Jahres nach dem Unfall den Grad der Invalidität ärztlich neu bemessen lassen. Nach der Gesetzesbegründung zu § 188 VVG berücksichtigt die Bestimmung, dass in der Unfallversicherung zum einen ein Interesse des VN daran besteht, alsbald eine Invaliditätsleistung zu erhalten und auf der anderen Seite die Einschätzung des Grades einer gesundheitlichen Beeinträchtigung einer versicherten Person jedenfalls innerhalb eines bestimmten Zeitraums nach einem Unfallereignis schwanken kann.[29] Voraussetzung einer Neubemessung ist jedoch in jedem Fall eine Veränderung im Gesundheitszustand, so dass nur Umstände berücksichtigt werden dürfen, die nicht bereits in die Erstbemessung eingeflossen sind.[30]

15 2. Für **Kinder** bis zu einer vom Versicherer festzulegenden Altersgrenze kann die Frist für die **Neubemessung** auf eine ebenfalls vom Versicherer festzusetzende Anzahl von Jahren verlängert werden (vgl. § 188 Abs. 1 S. 2 VVG). Die Versicherer haben, soweit derzeit überschaubar, zwar überwiegend davon Gebrauch gemacht, jedoch nicht durchgängig. Es ist an dieser Stelle nur nochmals eindringlich darauf hinzuweisen, dass für die Prüfung eines Anspruchs zwingend die konkreten AKB des betroffenen Versicherers in der jeweils vertragsgegenständlichen Fassung für die Prüfung heranzuziehen sind. Übersieht bspw. der in die Abwicklung eingeschaltete Rechtsanwalt des VN, dass im konkreten Fall für ein minderjähriges Kind keine Verlängerung der Neubemessungsfrist vertraglich vereinbart ist und können daher eingetretene Verschlechterungen nicht mehr beim Versicherer geltend gemacht werden, ist unzweifelhaft ein Haftungsanspruch gegen den Rechtsanwalt aus Schlechterfüllung des anwaltlichen Dienstleistungsvertrags gegeben.

16 Soweit die Verlängerung in die Klausel aufgenommen ist, gilt sie – soweit überschaubar – regelmäßig aber nicht zwingend für Kinder bis zur Vollendung des 14. Lebensjahres und dehnt die Neubemessungsmöglichkeit auf 5 Jahre aus.

II. Ausübung

17 1. Durch den Versicherer: Der **Versicherer** muss sein Recht zur Neubemessung bereits zusammen mit seiner nach A.4.10.1 abzugebenden Erklärung über die Anerkennung seiner Eintrittspflicht innerhalb der für diese geltenden Frist ausüben. Er kann dazu die nach A.4.10.1 geschuldete Erklärung mit dem **Vorbehalt** versehen, den Grad der Invalidität nach A.4.10.4 jährlich, längstens bis zu drei Jahren nach Eintritt des Unfalls oder überhaupt nach 3 Jahren erneut ärztlich bemessen zu lassen. Es handelt sich dann bei der endgültigen Invaliditätsbemessung zum Ende des dritten Jahres nach dem Unfall nicht um die Erstfeststellung, sondern um eine Nachprüfung der bereits zuvor getroffenen Entscheidung.

---

27 OLG Karlsruhe Urt. v. 19.08.2004 – 12 U 228/04, VersR 2005, 68 = r+s 2005, 212 = NJW-RR 2004, 1615.

28 BGH Urt. v. 16.01.2008 – IV ZR 271/06, VersR 2008, 527 = r+s 2008, 211 = NJW-RR 2008, 833.

29 BT-Drucks. 16/3945 Begr. 278.

30 OLG Hamm Urt. v. 15.2.2013 – 20 U 140/12, r+s 2014, 38.

2. Durch den VN: Der **Versicherungsnehmer** muss die Neubemessung vor Ablauf der Frist verlangen. Frühere Rechtsprechung zur Beachtung einer in AUB gesetzten Frist von 3 Monaten vor Ablauf ist im Rahmen der AKB 2008 (ebenso für die AUB ab 2008) nicht mehr heranzuziehen, da die AKB 2008 wie die AUB 2008/2010 und 2014 diese Regelung nicht mehr enthalten. Sie würde gegen den klaren Wortlaut und Regelungsinhalt des § 188 Abs. 1 VVG 2008 verstoßen und als Einschränkung über die gesetzliche Regelung hinaus den VN unangemessen benachteiligen und von einem gesetzlichen Leitbild abweichen, so dass eine entsprechende Klausel unwirksam wäre.[31] Behält sich nur der VN eine Neubemessung vor, weigert sich dann jedoch die vom Versicherer benannten Ärzte aufzusuchen, so stellt dies keine Obliegenheitsverletzung dar, nach der der Versicherer Leistungsfreiheit geltend machen könnte. Eine solche Weigerung stellt vielmehr nur einen zulässigen, nachträglichen Verzicht des VN auf sein Recht zur Neubemessung dar.[32] 18

3. **Rechtzeitigkeit:** Für beide Seiten gilt, dass ein Recht auf Neubemessung so rechtzeitig vor Fristablauf durch den VN ausgeübt und durch den Versicherer die Begutachtung nach dem bereits in der Erklärung nach A.4.10.1 ausgeübten Neubemessungsverlangen veranlasst werden muss, dass zumindest die ärztliche Begutachtung noch innerhalb der Frist zur Neubemessung durchgeführt werden kann.[33] Es reicht aus, wenn die Neubemessung durch den VN 6 Wochen vor Ablauf der Frist geltend gemacht wird, da es nicht darauf ankommt, ob die konkret vom Versicherer ausgewählten Gutachter in dieser Zeit die Begutachtung durchführen können, sondern nur darauf ankommen kann, ob eine entsprechende ärztliche Begutachtung objektiv noch bis zum Fristablauf möglich ist. Dies ist nach OLG Hamm bei 6 Wochen noch der Fall.[34] Nach Ablauf der Frist muss sich der VN keiner Untersuchung durch Ärzte mehr stellen.[35] Unschädlich ist es wenn die Stellungnahme des Arztes erst nach dem Fristablauf ausgearbeitet wird, solange die erforderlichen Feststellungen zur Neubemessung innerhalb der Frist getroffen wurden. 19

4. **Vorprozess:** Ein vom VN geführter Prozess über die Festlegung des Invaliditätsgrades nach der Erstbemessung hindert nicht die Ausübung des Neubemessungsrechts des VN. Unterschiedlich hat die obergerichtliche Rechtsprechung die Frage beurteilt, ob ein rechtskräftiges Leistungsurteil auf eine konkrete Invaliditätsleistung eine spätere Neubemessung ausschließt, soweit sich der VN dieses Recht nicht vorbehalten hat. Nach einer älteren Entscheidung des OLG Köln soll in diesem Fall das rechtskräftige Leistungsurteil eine spätere Neubemessung ausschließen.[36] Danach sollen die Parteien angeblich davon ausgehen, dass ohne einen geäußerten Vorbehalt beide davon ausgehen, dass alle Fragen abschließend im Prozess geklärt werden sollen. Das OLG Hamm hingegen verneint einen Ausschluss der Neubemessung in dieser Situation.[37] Es führt hierzu zutreffend aus, dass bei einem deutlich vor Ablauf der Neubemessungsfrist ergehenden rechtskräftigen Urteil über einen konkret bezifferten Leistungsanspruch eine Neubemessung innerhalb der vertraglichen Frist nicht ausgeschlossen ist. Der Begründung des OLG Hamm ist zuzustimmen, da gerade das zuvor ergangene Urteil nur diejenigen Tatsachen berücksichtigen kann, die zum Zeitpunkt der Entscheidung als feststehend zugrunde zu legen sind. Mit dem Sinn und Zweck der Neubemessung ist es nicht vereinbar, dem VN danach noch bis zum Ablauf der Neubemessungsfrist eintretende Veränderungen abzuschneiden. Dies kann auch nicht damit begründet werden, dass der VN sich eine spätere Neubemessung im vorherigen Rechtsstreit nicht vorbehalten hat. Schon die AKB (und die 20

31 Marlow/Spuhl, Das Neue VVG kompakt 4. Aufl. Rn. 1277; Schwintowski/Brömmelmeyer – Brömmelmeyer, Praxiskommentar zum Versicherungsvertragsrecht § 188 Rn. 3.

32 BGH Urt. v. 02.12.2009 – IV ZR 181/07, zfs 2010, 161.

33 BGH Urt. v. 04.05.1994 – IV ZR 192/93, VersR 1994, 971 = r+s 1994, 356 = zfs 1994, 334; Urt. v. 16.07.2003 – IV ZR 310/02, VersR 2003, 1165 = r+s 2003, 378 = zfs 2003, 558.

34 OLG Hamm Urt. v. 14.07.1995 – 20 U 48/95, VersR 1996, 1402 = r+s 1995, 478 = zfs 1996, 25.

35 BGH Urt. v. 04.05.1994 – IV ZR 192/93, VersR 1994, 971 = r+s 1994, 356 = zfs 1994, 334; Urt. v. 16.07.2003 – IV ZR 310/02, VersR 2003, 1165 = r+s 2003, 378 = zfs 2003, 558.

36 OLG Köln Urt. v. 19.01.1989 – 5 U 196/99, r+s 1989, 134.

37 OLG Hamm Urt. v. 14.07.1995 – 20 U 48/95, VersR 1996, 1402 = r+s 1995, 478 = zfs 1996, 25, Urt. v. 24.10.2007 – 20 U 146/07, VersR 2008, 913 = r+s 2008, 163.

AUB) sehen gerade das Erfordernis eines frühzeitigen Vorbehaltes oder die frühzeitige Ausübung des Rechts auf Neubemessung nur für den Versicherer vor und billigen dem VN gerade zu, dieses Recht bis zum Fristablauf auszuüben. Dies bestätigt auch das jüngste Urteil des BGH zu dieser Frage, nachdem der VN nicht verpflichtet ist, in einem Rechtsstreit über die Erstfeststellung seiner Invalidität bereits alle bis zum Abschluss der mündlichen Verhandlung eingetretenen Veränderungen seines Gesundheitszustandes geltend zu machen. Kann der VN beweisen, dass bestimmte Veränderungen noch nicht in die gerichtliche Entscheidung eingeflossen sind, so sind diese Veränderungen im Rahmen der Neubemessung zu berücksichtigen.[38]

21 Umstritten ist bei einer gerichtlichen Überprüfung der Erstbemessung einer Invalidität im Prozess, auf welchen maßgeblichen Zeitpunkt dann abzustellen ist. Immerhin kann sich ein solcher Prozess über mehrere Jahre hinziehen und sogar den Zeitraum von 3 Jahren ab dem zu Grunde liegenden Unfallereignis überschreiten, in dem längstens eine Neubemessung möglich wäre. Das OLG Düsseldorf hat mit Urteil vom 6.8.2013 entschieden, dass es weder auf den Zeitpunkt ankomme, zu dem der Versicherer die im Streit stehende Erstbemessung vorgenommen habe, noch auf den Zeitpunkt des Ablaufs der 3 Jahresfrist für die Neubemessung, sondern dass der Zeitpunkt der letzten mündlichen Tatsachenverhandlung maßgeblich sei, der eine bestimmte sachverständige Untersuchung mit darauf beruhender ärztlicher Feststellung zugrunde liege.[39] Das Urteil ist in der Literatur sowohl auf Befürworter gestoßen[40] als auch auf Ablehnung.[41] Die herrschende Meinung und wohl überwiegende Rechtsprechung sieht das Ende der Dreijahresfrist als letztmöglichen Zeitpunkt an, auf den für die Berücksichtigung des Gesundheitszustands abgestellt werden kann.[42] Dies ist zutreffend, da eine andere Bewertung mit der Systematik und dem Regelungszweck der AKB/AUB zur Neubemessung nicht in Einklang zu bringen wäre und es durch einen sich in die Länge ziehenden Rechtsstreit zur Berücksichtigung von später eintretenden gesundheitlichen Veränderungen kommen könnte, die gerade nach dem Bedingungswerk ausgeschlossen sein soll. Gleichwohl hat der BGH anlässlich einer Entscheidung zur Unfallversicherung vom 1.4.2015 in einem obiter dictum zur Beachtung für das OLG im Rahmen der neuen Verhandlung ausgeführt, dass der VR in einem Rechtsstreit um die Erstbemessung der Invalidität im Grundsatz alle bis zur letzten mündlichen Verhandlung eingetretenen Umstände heranziehen könne. Eine zeitliche Begrenzung könne sich nicht aus der 3-Jahresfrist für die Neubemessung ergeben, da diese Frist nur für die Neubemessung gelte und der Anwendungsbereich mangels Erstbemessung noch gar nicht eröffnet sei.[43] Somit hat der BGH quasi die Entscheidung des OLG Düsseldorf[44] bestätigt.

III. Belehrungspflicht

22 Im Gegensatz zu früheren AUB zur allgemeinen Unfallversicherung (bis AUB 99) muss der Versicherer den VN nun bereits mit seiner Erklärung über die Leistungspflicht nach A.4.10.1 über dessen Recht auf Neubemessung unterrichten (vgl. § 188 Abs. 2 S. 1 VVG). Insoweit ist die frühere Rechtsprechung zur alten Rechtslage[45] auf die neue Rechtslage seit der VVG-Reform nicht mehr übertragbar, die eine Belehrungspflicht des Versicherers abgelehnt hatte. § 188 Abs. 2 S. 2 VVG bestimmt insoweit, dass sich der Versicherer bei einer unterbliebenen Unterrichtung nicht auf eine Verspätung des Verlangens des VN auf Neubemessung des Invaliditätsgrades berufen kann. Von dieser halbzwingenden Regelung darf nicht zum Nachteil des VN abgewichen werden (vgl. § 191 VVG). Der maßgebliche Zeitpunkt bleibt jedoch in jedem Fall der Zustand nach 3 Jahren ab dem

38 BGH Beschl. v. 22.04.2009 – IV ZR 328/07, VersR 2009, 920 = r+s 2009, 293 = zfs 2009, 461 (dort fehlerhaft als Urt. bez.) = NZV 2009, 445 = NJW-RR 2009, 1112.

39 OLG Düsseldorf Urt. v. 6.8.2013 – 4 U 221/11, VersR 2013, 1573 = zfs 2013, 701.

40 So Naumann/Brinkmann, Anmerkung zum Urteil in VersR 2013, 1575.

41 Jacob, VersR 2014, 291 (294).

42 So zuletzt auch OLG Oldenburg Urt. v. 21.01.2015 – 5 U 103/14, juris (bislang n.v.), Revision zugelassen.

43 BGH Urt. v. 1.4.2015 – IV ZR 104/13, VersR 2015, 617 = r+s 2015, 250.

44 Vgl. Fn. 38.

45 Vgl. Nachweise bei Grimm, AUB 2010 9 Rn. 20.

Unfall, auch wenn der VN mangels Belehrung zu einem späteren Zeitpunkt sein Neubemessungsverlangen geltend macht.[46]

23 Streitig ist in der Literatur zu dieser neuen Regelung, ob für die Belehrung das Textformerfordernis aus § 187 Abs. 1 S. 1 VVG gilt.[47] Nach Marlow/Spuhl[48] soll auch eine mündliche Belehrung ausreichen. Dies erscheint bedenklich. Der Versicherer wird sich wegen der Folgen einer unterbliebenen Belehrung nicht auf das Beweisrisiko einlassen können. In diesem Fall könnte der Versicherte zeitlich unbegrenzt eine Neufeststellung verlangen, ohne dass der Versicherer sich auf eine Verspätung des Feststellungsbegehrens berufen könnte. Gleichwohl wäre bei einer späteren Feststellung außerhalb des 3 Jahreszeitraums natürlich auf den Zustand zum Ablauf des dritten Jahres nach dem Unfall abzustellen. Zum anderen stellt jedoch schon § 188 Abs. 2 S. 1 VVG unmittelbar auf die Erklärung des Versicherers über die Leistungspflicht nach § 187 Abs. 1 S. 1 ab, in dem er dem Versicherer die Belehrung mit dieser Erklärung auferlegt. Soweit der Gesetzgeber aber dem Versicherer auferlegt im Rahmen der Leistungserklärung die Belehrung über die Neufestsetzungsfrist vorzunehmen, müssen die Formerfordernisse für die Leistungserklärung genauso für die Belehrung nach § 188 Abs. 2 S. 1 gelten. Es ist daher eine Belehrung in Textform erforderlich.

Die Belehrung muss sich nicht ausdrücklich auch darauf erstrecken, dass sich für den VN eine Verschlechterung aus der Neubemessung ergeben und der VR eine zu viel gezahlte Invaliditätsleistung (teilweise) zurückfordern kann. Diese Streitfrage hat der BGH mit Urteil vom 2.11.2022 entsprechend entschieden.[49]

IV. Verzinsung

24 Nach A.4.10.4 S. 6 ist ein Mehrbetrag zu verzinsen, falls sich bei der Neubemessung eine höhere Invalidität herausstellt. Hier ist erneut höchste Vorsicht für den VN bzw. den diesen vertretenden Rechtsanwalt geboten. Für letzteren verbirgt sich hier eine **Regressfalle.** Nur die sorgfältige Prüfung anhand der konkret vertragsgegenständlichen AKB des jeweiligen Versicherers kann hier einen möglichen Anspruchsverlust des VN verhindern! Der Zinssatz ist in den Musterbedingungen nicht vorgegeben, sondern den Versicherern überlassen. Er beträgt üblicherweise 5 %.

V. Rückforderungsrecht des Versicherers

25 Stellt sich bei der Neubemessung heraus, dass der Versicherer aufgrund der Erstfeststellung eine zu hohe Versicherungsleistung geleistet hat, ist der VN zu Unrecht bereichert. Der Versicherer kann daher nach § 812 BGB das zu viel Geleistete zurückfordern. § 814 BGB steht dem grade nicht entgegen weil zum Zeitpunkt der Leistungserbringung der Versicherer keine Kenntnis von der Nichtschuld hatte. Dabei hat jedoch der Versicherer den Vollbeweis nach § 286 ZPO zu erbringen, dass ein geringerer Invaliditätsgrad besteht, als zunächst bei der Erstfeststellung angenommen.[50] Dabei muss sich jedoch als weitere Voraussetzung gerade auch auf den Zeitpunkt von 3 Jahren nach dem Unfall bezogen die frühere Einschätzung als zu hoch erweisen.[51] Der Versicherer kann eine zu hoch erbrachte Invaliditätsleistung dabei auch dann zurückfordern, wenn er sich selbst zwar das Recht zur Neubemessung nicht vorbehalten hat, sondern anlässlich einer vom VN betriebenen Neubemessung die entsprechende Feststellung erfolgt.[52] Allerdings kann im Einzelfall die Rückforderung

46 Kloth Private Unfallversicherung, G Rn. 121 unter Hinweis auf BGH Urt. v. 20.04.2005 – IV ZR 237/03, VersR 2005, 927 = r+s 2005, 299 = zfs 205, 452.

47 So Schwintowski/Brömmelmeyer – Brömmelmeyer, Praxiskommentar zum Versicherungsvertragsrecht § 188 Rn. 8.

48 Marlow/Spuhl, Das Neue VVG kompakt 4. Aufl. S. 1278.

49 BGH, Urt. v. 2.11.2022 – IV ZR 257/21, r+s 2023, 112 = VersR 2022, 1580.

50 OLG Hamm Urt. v. 01.03.2006 – 20 U 182/05, VersR 2006, 1674 = r+s 2007, 33 = zfs 2007, 99.

51 OLG Hamm Urt. v. 11.04.2008 – 20 U 185/05, VersR 2009, 495 = r+s 2009, 164 = zfs 2009, 166.

52 BGH Urt. v. 11.9.2019 – IV ZR 20/18, VersR 2019, 1412 = zfs 2019, 640; OLG Saarbrücken, Urt. v. 9.2.2022 – 5 U 53/21, r+s 2023, 611; LG Bonn Beschl. v. 04.09.2013 – 5 S 52/13, VersR 2014,

eine unzulässige Rechtsausübung darstellen, wenn eine frühere Erklärung des VR den Eindruck erweckt, dieser wolle damit die Höhe der geschuldeten Leistung endgültig klären.[53] Der VR hatte sich in seinem Abrechnungsschreiben ausdrücklich auf die Feststellungen aus einem Abschlussgutachten berufen und mitgeteilt, die vertragliche Leistung nun abschließend abzurechnen.

A.4.11 Zahlung für eine mitversicherte Person

Sie können die Auszahlung der auf eine mitversicherte Person entfallenden Versicherungsleistung an Sie selbst nur mit der Zustimmung der mitversicherten Person verlangen.

Hinweis: Bis zu den AKB 2015 – Stand 12.10.2017 lautete die Fassung:

A.4.11 Abtretung und Zahlung für eine mitversicherte Person

A.4.11.1 Abtretung

Ihren Anspruch auf die Leistung können Sie vor der endgültigen Feststellung ohne unsere ausdrückliche Genehmigung weder abtreten noch verpfänden.

A.4.11.2 Zahlung für eine mitversicherte Person

Sie können die Auszahlung der auf eine mitversicherte Person entfallenden Versicherungsleistung an Sie selbst nur mit der Zustimmung der mitversicherten Person verlangen.

A. Früheres Abtretungsverbot, A.4.11.1

1 Das Abtretungsverbot war bis zu den Muster AKB 2015 Stand 12.10.2017 noch enthalten. Es ist daher sorgfältig anhand der konkret vertragsgegenständlichen AKB zu prüfen, ob noch die Fassung vor der Streichung des Abtretungsverbotes gilt oder ob dieses noch in den für den Vertrag geltenden AKB enthalten ist. Da erst mit der aktuellen Fassung der AKB 2015 – Stand 28.09.2022 das Abtretungsverbot aus dem Muster-AKB gestrichen worden ist, sind in der Praxis überwiegend noch frühere Fassungen mit Abtretungsverbot maßgeblich. Daher ist die Kommentierung zur früheren Regelung A.4.11.1. hier noch abgedruckt.

2 Die Regelung schützte die berechtigten Interessen des Versicherers, es in der Schadenregulierung nur mit dem VN zu tun zu haben.

B. Fremdversicherung, A.4.11.2

I. Zustimmungserfordernis zur Auszahlung

3 Soweit die Versicherung als **Fremdversicherung** für eine mitversicherte Person, also für fremde Rechnung abgeschlossen ist, ist ein Vertrag zugunsten Dritter gegeben. Der Versicherte ist materiellrechtlicher Inhaber der Ansprüche aus dem Versicherungsvertrag.[1] Für diesen Fall stellt A.4.11.2

---

323 = r+s 2014, 622; Marlow/Tschersich, r+s 2011, 453 (458); Prölss/Martin-Knappmann, VVG, 29. Aufl., AUB 2010 Ziff. 9 Rn. 11; a.A. OLG Düsseldorf Beschl. v. 12.10.2018 – I-4 U 67/18, VersR 2019, 87; a.A. auch OLG Oldenburg Urt. v. 21.12.2016 – 5 U 96/16, BeckRS 2016, 112562.

53 BGH Urt. v. 11.9.2019 – IV ZR 20/18, VersR 2019, 1412 = zfs 2019, 640.

1 BGH Urt. v. 16.7.2014 – IV ZR 88/13, VersR 2014, 1118 = r+s 2014, 454 = DAR 2014, 698 = NJW 2014, 3030.

die gesetzliche Folge für die Fremdversicherung klar, die sich aus § 45 Abs. 3 VVG ergibt: Zur Auszahlung an den VN ist die Zustimmung des Versicherten erforderlich. Es handelt sich um eine Fälligkeitsvoraussetzung.[2] Diese muss im Streitfall der VN **beweisen.**[3] Die Zustimmung kann auch bereits vor dem Eintritt eines Versicherungsfalls erklärt werden.[4] Sie soll sogar konkludent erteilt werden können.[5] Gerade im Hinblick auf die Besonderheiten der Kfz-Unfallversicherung als Personenversicherung sind hier jedoch hohe Anforderungen und besondere Sorgfalt bei der Feststellung geboten.

II. Besonderheiten bei Insolvenz des VN

Besonderheiten ergeben sich bei einer Insolvenz des VN, da hier fraglich ist, ob der Insolvenzverwalter berechtigt ist, die Versicherungsleistung geltend zu machen. Dies ist dem Insolvenzverwalter möglich[6], ja er ist sogar im Hinblick auf die ordnungsgemäße Vermögensverwaltung des VN dazu verpflichtet (vgl. § 22 Abs. 1 Nr. InsO), entsprechende Ansprüche zu wahren, auch wenn die Versicherungsleistung bei einer Fremdversicherung zugunsten eines anderen Versicherten nicht zur Insolvenzmasse des VN gehört, sondern materiell-rechtlich dem Versicherten zusteht.[7] Der Insolvenzverwalter muss die Versicherungsleistung daher aufgrund des insolvenzrechtlichen Aussonderungsrechts des Versicherten aus § 47 InsO (vorbehaltlich anderer sonstiger Ansprüche gegen den Versicherten), an diesen weiterleiten. Dies führt jedoch nicht dazu, dass etwa der Versicherer die Auszahlung an den Insolvenzverwalter verweigern dürfte, da dieser in seiner Eigenschaft als Insolvenzverwalter über das Vermögen des VN wie dieser gem. § 45 VVG die Verfügungsbefugnis über den Anspruch aus dem Versicherungsvertrag hat. Insoweit hat eine direkte Leistung des Versicherers an den Versicherten keine befreiende Wirkung, solange dieser nicht im Besitz des Versicherungsscheins ist (§ 44 Abs. 2 VVG). 4

A.4.12 Was ist nicht versichert?

Straftat

A.4.12.1 Risikoausschluss Straftat

Kein Versicherungsschutz besteht bei Unfällen, die der versicherten Person dadurch zustoßen, dass sie vorsätzlich eine Straftat begeht oder versucht.

A.4.12.2 Geistes- oder Bewusstseinsstörung/Trunkenheit

Kein Versicherungsschutz besteht bei Unfällen des Fahrers durch Geistes- oder Bewusstseinstörungen, auch soweit diese auf Trunkenheit beruhen, sowie durch Schlaganfälle, epileptische Anfälle oder andere Krampfanfälle, die den ganzen Körper des Fahrers ergreifen.

Versicherungsschutz besteht jedoch, wenn diese Störungen oder Anfälle durch ein Unfallereignis verursacht sind, das unter diesen Vertrag oder unter eine für das Vorfahrzeug bei uns abgeschlossene Kfz-Unfallversicherung fällt.

2 Schwintowski/Brömmelmeyer – Hübsch, Praxiskommentar zum Versicherungsvertragsrecht § 45 Rn. 16.
3 Rüffer/Halbach/Schimikowski – Muschner, Versicherungsvertragsgesetz Handkommentar § 45 Rn. 8.
4 Wie vor.
5 Schwintowski/Brömmelmeyer – Hübsch, Praxiskommentar zum Versicherungsvertragsrecht § 45 Rn. 16.
6 Vgl. OLG Köln Urt. v. 05.12.2014 – 20 U 100/14, juris (sonst n.v.).
7 BGH Urt. v. 16.7.2014 – IV ZR 88/13, VersR 2014, 1118 = r+s 2014, 454 = DAR 2014, 698 = NJW 2014, 3030.

A.4.12.3 **Motorsportveranstaltungen oder -aktivitäten**

Kein Versicherungsschutz besteht für Schäden aus dem Gebrauch des Fahrzeuges bei einer behördlich genehmigten Motorsportveranstaltung oder Motorsportaktivität, bei der es auf die Erzielung einer Höchstgeschwindigkeit ankommt, einschließlich Rennen, Wettbewerben, Trainings, Tests und Demonstrationen.

Hinweis: Beachten Sie auch Ihre Pflichten nach D 1.1.4.

A.4.12.4 **Erdbeben, Kriegsereignisse, innere Unruhen, Maßnahmen der Staatsgewalt**

Kein Versicherungsschutz besteht bei Unfällen, die durch Erdbeben, Kriegsereignisse, innere Unruhen oder Maßnahmen der Staatsgewalt unmittelbar oder mittelbar verursacht werden.

A.4.12.5 **Kernenergie**

Kein Versicherungsschutz besteht bei Schäden durch Kernenergie.

A.4.12.6 **Bandscheiben, innere Blutungen**

Kein Versicherungsschutz besteht bei Schäden an Bandscheiben sowie bei Blutungen aus inneren Organen und Gehirnblutungen. Versicherungsschutz besteht jedoch, wenn überwiegende Ursache ein unter diesen Vertrag fallendes Unfallereignis nach A.4.1.2 ist.

A.4.12.7 **Infektionen**

Kein Versicherungsschutz besteht bei Infektionen. Bei Wundstarrkrampf und Tollwut besteht jedoch Versicherungsschutz, wenn die Krankheitserreger durch ein versichertes Unfallereignis sofort oder später in den Körper gelangen. Bei anderen Infektionen besteht Versicherungsschutz, wenn die Krankheitserreger durch ein versichertes Unfallereignis, das nicht nur geringfügige Haut- oder Schleimhautverletzungen verursacht, sofort oder später in den Körper gelangen. Bei Infektionen, die durch Heilungsmaßnahmen verursacht sind, besteht Versicherungsschutz, wenn die Heilmaßnahmen durch ein unter diesen Vertrag fallendes Unfallereignis veranlasst waren.

A.4.12.8 **Psychische Reaktionen**

Kein Versicherungsschutz besteht bei krankhaften Störungen infolge psychischer Reaktionen, auch wenn diese durch einen Unfall verursacht wurden.

A.4.12.9 **Bauch- und Unterleibsbrüche**

Kein Versicherungsschutz besteht bei Bauch- oder Unterleibsbrüchen. Versicherungsschutz besteht jedoch, wenn sie durch eine unter diesen Vertrag fallende gewaltsame, von außen kommende Einwirkung entstanden sind.

Übersicht

A. Objektive Risikoausschlüsse

I. Systematik der objektiven Risikoausschlüsse

Die Regelung der AKB enthält zulässige, objektive Risikoausschlüsse, die sich auf die Art des die Verletzung auslösenden Unfalls selbst (A.4.12.1. – A.4.12.5) oder auf die Folgen eines Unfalls beziehen (A.4.12.6 – A.4.12.9). Bei Unklarheiten in der Auslegung und der Reichweite eines solchen objektiven Risikoausschlusses ist nach den allgemeinen Grundsätzen eine enge Auslegung vorzunehmen.[1] Die Auslegung muss berücksichtigen, dass der VN nicht mit einer **Verkürzung des Versicherungsschutzes** zu rechnen braucht, die ihm nicht hinreichend deutlich gemacht wird[2], so 1

1 BGH in ständiger Rspr. so z.B. Urt. v. 17.12.2008 – IV ZR 8/08, VersR 2009, 341.

2 BGH Urt. v. 13.12.2006 – IV ZR 120/05, VersR 2007, 388 = r+s 2007, 102 = zfs 2007, 221 = DAR 2007, 207.

dass sie dergestalt zu erfolgen hat, dass keine dem VN nicht erkennbaren Lücken im Versicherungsschutz entstehen.[3]

2 Da es sich bereits um objektive **Risikobegrenzungen** handelt, der Versicherer also für diese Umstände schon grundsätzlich keinen Versicherungsschutz gewähren will, sind sie gerade von Obliegenheitsverletzungen abzugrenzen mit der Folge, dass die Regelung des § 28 VVG keine Anwendung findet. Die Ausschlussklauseln geben dem VN keine bestimmte Verhaltensweise auf und stellen somit **keine Obliegenheit** dar.[4] Auf die objektiven Risikoausschlüsse sind auch die Regelungen der §§ 25–27 VVG über die **Gefahrerhöhung** nicht anwendbar.[5]

II. Beweislast

3 Die Beweislast für das Eingreifen eines objektiven Risikoausschlusses trägt nach einhelliger Auffassung in Rspr. und Lit. in vollem Umfang der Versicherer mit dem Beweismaß des § 286 ZPO.[6] Dabei kommen den unmittelbar nach dem Versicherungsfall vom VN getätigten Angaben mitunter besondere Bedeutung zu, wie das OLG Jena zutreffend ausgeführt hat.[7] Diese seien regelmäßig am ehesten frei von taktischen oder rechtlichen Erwägungen. Auch könne Arztberichten dabei der Anschein der inhaltlichen Richtigkeit und Vollständigkeit sowie eine besondere Glaubwürdigkeit zukommen, da diese aufgrund eines im Regelfall durch Neutralität, Unabhängigkeit und berufliche Distanz zu den Beteiligten gekennzeichneten Arzt-Patienten-Verhältnisses erstellt werden.[8]

4 Allerdings trifft den VN ggf. nach den Grundsätzen von Treu und Glauben eine sekundäre Darlegungslast, dem Versicherer diejenigen Informationen zu liefern, die ausschließlich aus der Sphäre des VN stammen und dem Versicherer nicht ohne weiteres zugänglich sind.[9] Soweit die einzelnen Ausschlüsse auch Wiedereinschlüsse beinhalten, die dazu führen, dass unter bestimmten Gegebenheiten der Ausschluss nicht eingreift, stellt dies einen dem VN günstigen Umstand dar, für den somit der VN beweispflichtig ist. Hierbei hat der VN den **Vollbeweis** nach dem Maßstab des § 286 ZPO zu erbringen.[10] Die Risikoausschlüsse sind vom Gericht von Amts wegen zu berücksichtigen.[11]

B. Subjektive Risikoausschlüsse

I. Grobe Fahrlässigkeit/Vorsatz

5 Obgleich die subjektiven Risikoausschlüsse nicht Regelungsgegenstand der AKB selbst sind, sollen diese nachfolgend wegen des Sachzusammenhangs und ihrer erheblichen Bedeutung kurz dargestellt

3 BGH Urt. v. 25.06.2008 – IV ZR 313/06, VersR 2008, 1202 = r+s 2008, 372 = zfs 2008, 629 = DAR 2008, 518.

4 Naumann/Brinkmann, Die private Unfallversicherung in der anwaltlichen Praxis, § 4 Rn. 9; Grimm aaO. AUB 2010 5 Rn. 3.

5 Naumann/Brinkmann, Die private Unfallversicherung in der anwaltlichen Praxis, § 4 Rn. 9; Grimm aaO. AUB 2010 5 Rn. 3.

6 Vgl. nur aktuell BGH Urt. v. 13.05.2009 – IV ZR 211/05, VersR 2009, 1213 (st.Rspr.); OLG Köln Urt. v. 01.04.2008 – 9 U 87/07 r+s 2008, 290; OLG Jena Urt. v. 26.6.2020 – 4 U 279/19 BeckRS 2020, 19070.

7 OLG Jena Urt. v. 26.6.2020 – 4 U 279/19 BeckRS 2020, 19070.

8 OLG Jena Urt. v. 26.6.2020 – 4 U 279/19 BeckRS 2020, 19070.

9 OLG Hamburg Beschl. v. 25.04.2007 – 9 U 23/07, r+s 2007, 386; OLG Hamm Urt. v. 14.05.2008 – 20 U 148/07, VersR 2009, 349 = r+s 2009, 30 = zfs 2009, 165.

10 OLG Hamm Urt. v. 24.01.2003 – 20 U 173/02, r+s 2003, 255; Urt. v. 03.03.2006 – 20 U 227/05 r+s 2007, 164; OLG Karlsruhe Urt. v. 17.03.2005 – 12 U 329/04, VersR 2005, 969; OLG Düsseldorf Urt. v. 26.02.2008 – 4 U 111/07, r+s 2008, 525; OLG Koblenz Urt. v. 03.03.2005 – 10 U 586/04, VersR 2005, 1425 = r+s 2006, 297 = zfs 2005, 454; OLG Köln Urt. v. 22.05.2002 – 5 U 185/01, VersR 2003, 1120; OLG Nürnberg Urt. v. 03.08.2000 – 8 U 465/00, NVersZ 2000, 570.

11 BGH Urt. v. 19.5.2010 – IV ZR 130/08, juris; Karcewski, r+s 2010, 495.

werden. Die bekannten, in der Schadenversicherung geltenden **subjektiven Risikoausschlüsse** im Versicherungsrecht gelten in der Kfz-Unfallversicherung nur eingeschränkt. Zu beachten ist, dass die Regelungen zur grob fahrlässigen oder vorsätzlichen **Herbeiführung** des Versicherungsfalls aus § 81 VVG nicht zur Anwendung gelangen können. Diese stehen im allgemeinen Teil der Vorschriften des 2. Kapitels des VVG für die Schadenversicherung. Für die im 7. Kapitel geregelte Unfallversicherung gilt § 81 VVG somit nicht.[12]

Es gilt vielmehr die Regelung des § 183 VVG, der die Herbeiführung des Versicherungsfalls in der Unfallversicherung regelt. Danach ist der Versicherer (nur) leistungsfrei, wenn der VN vorsätzlich und widerrechtlich den Versicherungsfall in Form eines Unfalls betreffend eine andere Person für die er gem. § 179 Abs. 2 VVG die Versicherung genommen hat, herbeiführt. Für den Fall, dass ein Dritter als Bezugsberechtigter der wirtschaftlich Begünstigte einer Unfallversicherung ist, greift der subjektive Risikoausschluss des § 183 Abs. 2 VVG, wenn der Dritte vorsätzlich durch eine widerrechtliche Handlung den Versicherungsfall herbeiführt. Das Bezugsrecht gilt dann als nicht erfolgt. 6

Die vorsätzliche Herbeiführung des Versicherungsfalls durch den VN in Bezug auf sich selbst führt unabhängig von einem Risikoausschluss dazu, dass die Voraussetzungen eines Unfalls als solches gar nicht vorliegen, da es am Tatbestandsmerkmal der Unfreiwilligkeit aus § 178 Abs. 2 VVG fehlt.[13] 7

II. Beweislast

Die **Beweislastverteilung** ergibt sich schon aus dem Gesetz: Nach § 178 Abs. 2 S. 2 VVG wird die Unfreiwilligkeit der Gesundheitsbeschädigung bis zum Beweis des Gegenteils vermutet. Für eine vorsätzliche und widerrechtliche Herbeiführung ist danach der Versicherer beweisbelastet[14], und zwar nach den allgemeinen Grundsätzen des Strengbeweises ohne die Beweiserleichterung eines Anscheinsbeweises.[15] 8

Risikoausschlüsse sind vom Gericht von Amts wegen zu berücksichtigen.[16] 9

C. Die einzelnen objektiven Risikoausschlüsse der AKB 2015:

Vorbemerkung

Die Regelungen der Risikoausschlüsse sind in den AKB 2015 nahezu ausnahmslos unverändert aus den AKB 2008 übernommen worden. Änderungen haben sich lediglich in A.4.12.2 gegenüber A.4.10.2 AKB 2008 ergeben, da – wie schon in den letzten Fassungen der AKB 2008 der Musterbedingungen und bei einigen VR – für den Ausschluss der Geistes- oder Bewusstseinsstörung oder Trunkenheit nicht mehr der Versicherungsschutz für die jeweilige versicherte Personen ausgeschlossen ist, sondern nur noch auf Unfälle des Fahrers abgestellt wird. Die Ursprungsfassung der AKB 2008 stellte hierbei allgemein auf Unfälle der versicherten Person ab und erfasste damit auch sonstige Fahrzeuginsassen für die dieser Risikoausschluss Bedeutung haben konnte. Weitere Änderung ist die Anpassung des Ausschlusses für Rennen in A.12.3, der nun der allgemeinen Systematik der AKB 2015 folgend nur noch für genehmigte Rennen gilt, da ungenehmigte Rennen nun in allen Sparten der Kfz-Versicherung – was bislang nur für die Kfz-Haftpflichtversicherung galt – als Obliegenheitsverletzung nach D.1.1.4 geregelt sind. 10

12 BGH Urt. v. 05.12.1990 – IV ZR 13/90, VersR 1991, 289; Urt. v. 29.04.1998 – IV ZR 118/97, VersR 1998, 1231 = r+s 1999, 41 = zfs 1998, 390 = NJW-RR 1998, 1172.

13 Vgl. hierzu unter A.4.1.2 Rn. 7 ff.

14 BGH Urt. v. 29.04.1998 – IV ZR 118/97, VersR 1998, 1231; OLG Frankfurt/M. Urt. v. 14.02.2008 – 3 U 50/07, OLGR Frankfurt 2008, 718.

15 BGH Urt. v. 17.03.1987 – IVa ZR 205/85, VersR 1987, 503 (explizit für Suizid); BGH Urt. v. 13.04.2005 – IV ZR 62/04, VersR 2005, 1387 = r+s 2005, 1051 = NJW-RR 2005, 1051; OLG Oldenburg Urt. v. 14.07.1999 – 2 U 121/99, r+s 2000, 304 (explizit für Suizid); Grimm, Unfallversicherung AUB-Kommentar AUB 2010 1 Rn. 43.

16 BGH Urt. v. 19.5.2010 – IV ZR 130/08, juris; Karcewski, r+s 2010, 495.

I. A.4.12.1 Straftat

1. Zielrichtung des Ausschlusses

11 Die Gemeinschaft der Versicherten soll nicht durch Leistungen an einen VN belastet werden, der einen Unfall im Rahmen der Begehung von Straftaten erleidet. Wer sich durch die Begehung einer **vorsätzlichen** Straftat, nur solche sind Gegenstand der Ausschlussklausel, außerhalb der Rechtsordnung stellt, soll keine Leistungen aus einer Versicherung erhalten. Den in nahezu allen Versicherungsarten anzutreffenden diesbezüglichen Risikoausschluss eines Versicherungsfalls im Zusammenhang mit der vorsätzlichen Begehung einer Straftat hat der BGH wiederholt ausdrücklich als rechtlich unbedenklich bestätigt.[17] Die Klausel ist insbesondere weder überraschend i.S.v. § 305c BGB noch ist sie intransparent i.S.v. § 307 Abs. 1 S. 2 BGB, sondern für jeden durchschnittlichen VN ohne Weiteres verständlich.[18] Es verwundert sogar, dass sich diese Selbstverständlichkeit wiederholt in Entscheidungsgründen wiederfindet, da sich ein anderes Ergebnis mit der Rechtsordnung und dem Rechtsverständnis aller gerecht Denkenden nicht vereinbaren ließe.

2. Straftat im Rechtssinn

12 Durch das Abstellen auf eine begangene Straftat werden die einzelnen Straftatbestände zum Tatbestandsmerkmal der Ausschlussklausel, die im Einzelfall erfüllt sein müssen.[19] Als entsprechender Straftatbestand kommen jedenfalls alle Straftaten im Sinne des deutschen Strafrechts in Betracht.[20] Bei Taten im Ausland muss eine Strafbarkeit am Tatort entweder nach deutschem oder dem geltenden ausländischen Recht gegeben sein.[21] Die zivilrechtliche Bewertung der Tat hat dabei unter strafrechtlichen Maßstäben zu erfolgen.[22] Es gilt auch die Beweislast aus dem Strafrecht.[23] Bei einer Nichterweislichkeit ist ebenso wie im Strafrecht im Zweifel zugunsten des VN zu entscheiden.[24]

3. Auswirkungen eines Strafverfahrens

13 Für das Eingreifen des versicherungsrechtlichen Risikoausschlusses und die daraus resultierende Leistungsfreiheit des Versicherers ist der Ausgang eines Strafverfahrens unerheblich. Es besteht weder für die Annahme noch für die Ablehnung des Risikoausschlusses eine **Bindungswirkung** des Strafverfahrens.[25] Nach Sinn und Zweck des Ausschlusstatbestandes zum Schutz der berechtigten Interessen der Versichertengemeinschaft kann es nicht darauf ankommen, ob wegen der begangenen Tat ein Ermittlungsverfahren gegen den VN eingeleitet wird, ein erforderlicher Strafantrag gestellt wird oder es zu einer Verfahrenseinstellung oder Verurteilung kommt oder bspw. aus strafprozessualen Besonderheiten keine Verurteilung aus dem Verfahren resultiert.[26]

17 BGH Urt. v. 05.12.1990 – IV ZR 13/90, VersR 1991, 289; BGH Urt. v. 23.09.1998 – IV ZR 1/98, VersR 1998, 1410 = r+s 1999, 41 = zfs 1999, 69 = NJW-RR 1999, 98.

18 BGH Beschl. v. 5.5.2022 – 25 U 875/22, VersR 2023, 102 = r+s 2023,324 = zfs 2023, 217.

19 BGH Urt. v. 29.06.2005 – IV ZR 33/04, VersR 2005, 1226 = r+s 2005, 473 = zfs 2005, 562 = DAR 2005, 566.

20 OLG München Urt. v. 11.07.1997 – 14 U 953/96, VersR 1999, 881; OLG Hamm Urt. v. 22.06.2005 – 20 U 104/05, VersR 2006, 399 = zfs 2005, 612.

21 Grimm, AUB 2010 5 Rn. 28.

22 BGH Urt. v. 29.06.2005 – IV ZR 33/04, VersR 2005, 1226 = r+s 2005, 473 = zfs 2005, 562 = DAR 2005, 566.

23 BGH Urt. v. 29.06.2005 – IV ZR 33/04, VersR 2005, 1226 = r+s 2005, 473 = zfs 2005, 562 = DAR 2005, 566; Grimm, AUB 2010 5 Rn. 27.

24 BGH Urt. v. 23.09.1998 – IV ZR 1/98, VersR 1998, 1410 = r+s 1999, 41 = zfs 1999, 69 = NJW-RR 1999, 98.

25 OLG Hamm Urt. v. 20.03.2007 – 20 U 258/07, VersR 2008, 65 =zfs 2007, 401 =r+s 2007, 297 =NZV 2007, 526.

26 Grimm, AUB 2010 5 Rn. 28.

4. Rechtswidrigkeit und Schuld

Es muss jedoch eine nicht nur vorsätzlich unter Verwirklichung aller strafrechtlichen Tatbestandsmerkmale begangene oder versuchte Straftat vorliegen, sondern es dürfen darüber hinaus keine Rechtfertigungs- oder Schuldausschließungsgründe vorliegen.[27] Handelt der VN somit bspw. im Rahmen eines rechtfertigenden Notstandes zur Hilfe anderer oder aus Notwehr bei der Begehung der Straftat so greift der versicherungsrechtliche Ausschluss der AKB nicht. Das gleiche gilt bei fehlender **Steuerungs-/Zurechnungsfähigkeit** i.S.d. des § 20 StGB. Liegt noch keine Unzurechnungsfähigkeit nach § 20 StGB, sondern nur eine eingeschränkte Schuldfähigkeit i.S.d. § 21 StGB vor, so kommt es für die zu treffende Einzelfallentscheidung darauf an, ob die Schuldfähigkeit so weitgehend eingeschränkt war, dass schon nicht mehr von einer selbst verschuldeten Risikoerhöhung im Hinblick auf das versicherte Risiko auszugehen ist oder ob die Steuerungsfähigkeit noch so weit gegeben war, dass die durch die Straftatbegehung herbeigeführte Risikosteigerung eines Unfalls als selbst verschuldet angesehen kann.[28] 14

5. Jugendlicher als Täter

War die versicherte Person zum Zeitpunkt des Eintritts des Versicherungsfalls Jugendlicher i.S.d. § 1 Abs. 2 JGG, so ist für die Leistungsfreiheit auch erforderlich, dass der Jugendliche hinreichend verantwortlich i.S.d. § 3 JGG war.[29] Er muss nach seiner sittlichen und geistigen Entwicklung reif genug gewesen sein, das Unrecht der Tat zu erkennen und nach dieser Einsicht zu handeln. Dies setzt nicht voraus, dass eine Überprüfung der Strafmündigkeit wie im Jugendstrafverfahren durch das Gericht einzuholen wäre. Der Tatrichter muss jedoch ggf. auf sachdienlichen Parteivortrag zu dieser Frage hinweisen (§ 139 ZPO) und muss bei der Entscheidung berücksichtigen, dass die Ausschlussklausel zu Lasten des Jugendlichen nur greifen kann, wenn das Gericht die Überzeugung gewonnen hat, dass die Voraussetzungen des § 3 JGG vorliegen.[30] 15

6. Erforderliche subjektive Kenntnis des VN/Irrtum

Für die Kenntnis des VN ist es ausreichend, wenn er alle diejenigen Umstände kennt, die zum Tatbestand der jeweils verwirklichten Strafnorm gehören und er diese im Sinne des zu fordernden **Vorsatzes** verwirklichen will. Eine weitergehende Subsumtion des VN dahingehend, dass ihm bewusst sein müsste, gegen ein Strafgesetz zu verstoßen ist nicht erforderlich.[31] Der Ausschluss greift daher, wenn der Täter in einem vermeidbaren Verbotsirrtum handelt.[32] Dies gilt bspw. wenn der Täter in der irrigen Annahme der Fahrberechtigung ein Kfz führt, obgleich ihm die erforderliche Fahrerlaubnis fehlt. Irrt der VN über die **Reichweite der Fahrerlaubnis** und nimmt an er dürfe mit einem 1981 gemachten Führerschein einen Roller mit 125 ccm fahren, so hat er die erforderliche Kenntnis über den Zeitpunkt der Erlangung der Fahrerlaubnis und die erforderliche Kenntnis über den Hubraum des geführten Fahrzeugs, so dass er lediglich einem vermeidbaren Verbotsirrtum unterliegt, wenn er den Besitzer, von dem er das Fahrzeug ausleiht fragt, ob er den Roller mit der Klasse 3 fahren dürfe und dieser ihm eine falsche Auskunft gibt. Die Erkundigung ob der VN mit seiner Fahrerlaubnis das Fahrzeug fahren dürfe bei demjenigen der das Fahrzeug zum Gebrauch verleiht oder auch einem Fahrzeughändler ist nicht ausreichend. Beide sind keine hinreichend 16

---

27 BGH Urt. v. 29.06.2005 – IV ZR 33/04, VersR 2005, 1226 = r+s 2005, 473 = zfs 2005, 562 = DAR 2005, 566.

28 Grimm, AUB 2010, 5, Rn. 28.

29 BGH Urt. v. 29.06.2005 – IV ZR 33/04, VersR 2005, 1226 = r+s 2005, 473 = zfs 2005, 562 = DAR 2005, 566.

30 BGH Urt. v. 29.06.2005 – IV ZR 33/04, VersR 2005, 1226 = r+s 2005, 473 = zfs 2005, 562 = DAR 2005, 566.

31 OLG Hamm Beschl. v. 22.06.2005 – 20 U 104/05, VersR 2006, 399 = zfs 2005, 612.

32 OLG Hamm Beschl. v. 22.06.2005 – 20 U 104/05, VersR 2006, 399 = zfs 2005, 612; so auch OLG Saarbrücken Urt. v. 25.6.2014 – 5 U 83/13, zfs 2015, 161.

zuverlässigen Auskunftspersonen für diese Frage.[33] Ein durch solch unzureichende Erkundigung bedingter Irrtum ist vermeidbar. Der VN muss ggf. eine Auskunft bei der Führerscheinstelle einholen oder eine rechtskundige Person wie bspw. einen Fahrlehrer befragen. Hätte er von diesem bspw. eine fehlerhafte Auskunft erhalten, so wäre zu seinen Gunsten von einem wohl in der konkreten Situation unvermeidbaren Verbotsirrtum auszugehen gewesen.

7. Zeitliche Reichweite des Stadiums der Straftat

17 Die zeitliche Reichweite des Ausschlusses reicht vom Stadium des Versuchs der Straftat bis zu deren Vollendung und ggf. bei nachwirkender Kausalität darüber hinaus.

a) Versuch

18 Liegt nur ein Versuch der Straftat vor, so greift der Ausschluss gleichwohl ein. Nach h.M. kommt es nicht auf die Strafbarkeit des Versuchs im strafrechtlichen Sinn an.[34] Das gesteigerte und selbstverschuldete Risiko eines Unfalls bei der versuchten Begehung einer Straftat besteht unabhängig von der Strafbarkeit dieses Tatversuchs, so dass nach dem Sinn und Zweck des Ausschlusstatbestandes im Interesse der Versichertengemeinschaft die Risikosteigerung durch die versuchte Straftat ausreicht.[35] Der Ausschluss greift jedoch nicht ein, wenn sich der Unfall bei reinen und noch straflosen Vorbereitungshandlungen ereignet.[36] Es fehlt in diesem Stadium an dem erforderlichen adäquaten Kausalzusammenhang der Straftatbegehung für den Unfall.

b) Vollendung der Straftat

19 So wie vor dem Zeitpunkt der Tatvollendung bereits das Versuchsstadium für die Leistungsfreiheit nach der Ausschlussklausel ausreichend ist, reicht die vom Risikoausschluss umfasste Zeitspanne über die reine Tatbegehung bis zur Vollendung der eigentlichen Straftat hinaus und darüber bis zur tatsächlichen Beendigung. Erleidet der VN auf der Flucht oder auf dem geordneten Rückzug vom Tatort einen Unfall, unterfällt dies ebenfalls noch dem Ausschlusstatbestand, soweit noch ein adäquater und gefahrtypsicher **Kausalzusammenhang** zwischen Straftat und Unfall gegeben ist und der Unfall noch in unmittelbarem zeitlichen und räumlichen Zusammenhang mit der Straftat steht.[37]

c) Auswirkungen eines strafrechtlichen Rücktritts

20 Da es nur auf die durch die besondere Situation einer Straftatbegehung erhöhte Gefahrenlage für den Risikoeintritt ankommt kann ein Rücktritt von der Straftatbegehung, selbst wenn er strafrechtlich gesehen strafbefreiend sein mag, nicht zu einem Wiederaufleben des durch die begonnene Straftat und des deshalb eingreifenden Risikoausschlusses verlorenen Versicherungsschutzes führen.[38] An der versicherungsrechtlich eingetretenen Erhöhung der Gefahrensituation ändert ein strafbefreiend wirkender Rücktritt von der begonnenen Straftat nichts mehr im Hinblick auf die erhöhte Risikolage.

8. Form der Täterschaft

21 In welcher Form der VN strafrechtlich in die Tatbegehung involviert ist, hat keine Auswirkungen. Für die Interessenlage der Versichertengemeinschaft im Hinblick auf das Eingreifen des

33 OLG Hamm Beschl. v. 22.06.2005 – 20 U 104/05, VersR 2006, 399 = zfs 2005, 612.

34 Grimm, AUB 2010 5 Rn. 29.

35 Grimm, AUB 2010 5 Rn. 29; Prüss/Martin-Kappmann, AUB 2010 Rn. 31.

36 Naumann/Brinkmann, Die private Unfallversicherung in der anwaltlichen Praxis § 4 Rn. 64.

37 St.Rspr. BGH Urt. v. 23.09.1998 – IV ZR 1/98, VersR 1998, 1410; OLG Hamm Urt. v. 20.03.2007 – 20 U 258/07, VersR 2008, 65 = zfs 2007, 401 = r+s 2007, 297 = NZV 2007, 526; Grimm, AUB 2010 5 Rn. 29 m.w.N.; Naumann/Brinkmann § 4 Rn. 65.

38 OLG Hamm Beschl. v. 17.08.2005 – 20 W 31/05, VersR 2006, 399 = r+s 2006, 31 = zfs 2005, 560; Grimm, AUB 2010 5 Rn. 29; Prüss/Martin – Knappmann, AUB 2010 Rn. 31.

Ausschlusstatbestandes kann es nicht darauf ankommen, ob der VN als Täter, Mittäter, Anstifter oder nur im Wege der Beihilfe an der Tat beteiligt ist. Dies entspricht trotz teilweise kontroverser Diskussion in der Literatur im Hinblick auf eine lediglich Anstiftung oder Beihilfe durch Ratschläge der ganz h.M.[39] So ist es nach Ansicht des OLG Düsseldorf bspw. unerheblich wer gerade das Fahrzeug führt wenn zwei Jugendliche beide ohne Fahrerlaubnis abwechselnd einen Pkw fahren. Auch der jeweils nicht im Moment des Unfalls fahrende Mittäter hat durch die gemeinschaftliche Tatbegehung die Risikolage negativ verändert.[40] Dieser Entscheidung ist zuzustimmen. Gleiches muss auch dann gelten, wenn der eine lediglich durch Verschaffung des Fahrzeugschlüssels eine Beihilfe begangen oder den Täter angestiftet hat.

9. Kausalzusammenhang

Es ist ein adäquater Kausalzusammenhang zwischen der Straftat und dem Unfallereignis zu fordern: Die Klausel stellt im Wortlaut darauf ab, dass der versicherten Person dadurch ein Unfall zustößt, dass sie vorsätzlich eine Straftat begeht oder versucht. Es ist jedoch jede Erhöhung der Gefahrenlage mit genereller Eignung zur Herbeiführung eines Unfalls der eingetretenen Art ausreichend.[41] Insbesondere soll durch den Ausschluss gerade das selbstverschuldet gesteigerte Risiko für den Unfalleintritt ausgeschlossen werden, das mit der Ausführung der Tat gerade auch im Hinblick auf die zusätzliche Gefährdung durch die Erregung und Furcht vor Entdeckung verbunden ist.[42]Ein rein zufälliges Unfallereignis im Zusammenhang mit einer Straftatbegehung reicht hingegen nicht aus.[43] So z.B. wenn der Täter auf dem Rückweg vom Tatort zum Beuteversteck in einen unverschuldeten Unfall verwickelt wird, also der Unfall nur auf dem straftatunabhängigen Verhalten eines Dritten beruht, das nur zufällig zeitlich mit der Fortdauer der Straftatbegehung zusammentrifft. 22

So liegt bspw. noch ein hinreichender **Kausalzusammenhang** vor, wenn der VN nach einer entdeckten Trunkenheitsfahrt zunächst vor der Polizei flüchtet, sich dann zwar freiwillig stellen will, sich aber bei der Festnahme versehentlich ein Schuss löst. Es wirkt hier noch die von der versicherten Person selbst schuldhaft geschaffene erhöhte Gefahrenlage des Risikoeintritts fort.[44] Ein solcher adäquater und gefahrtypischer Kausalzusammenhang fehlt jedoch, wenn die versicherte Person bspw. bei einem verkehrsbedingten Halt an einer Ampel aussteigt, zu dem hinter ihm haltenden Verkehrsteilnehmer geht, diesen wegen eines angeblich verkehrswidrigen Fehlverhaltens beschimpft und ihn dabei beleidigt und sodann bei der Rückkehr zu seinem Fahrzeug von einem anderen, in den Gegenverkehr geratenen Pkw erfasst und verletzt wird.[45] Hier wirkt sich keine der Straftatbegehung innewohnende, gefahrtypische Risikosteigerung aus. Der Unfall hätte sich in gleicher Weise ereignet, wenn der Versicherte ausgestiegen wäre, um seinen Hintermann nach dem Weg oder der Uhrzeit zu fragen. Es kann jedoch in Betracht kommen, dass sich der Versicherte im Rahmen der Beschimpfung des Dritten derartig in Rage bringt und unaufmerksam wird, dass er sich aufgrund des erhitzten Gemüts oder bspw. weil er sich auf dem Weg zu seinem Fahrzeug nochmals umdreht, um noch einige Beleidigungen nachzuschieben, selbst in Gefahr bringt, indem er bspw. in den Fahrbahnbereich des Gegenverkehrs läuft oder durch sonstige Unaufmerksamkeit selbst den erlittenen Unfall verschuldet oder erheblich mitverschuldet. Bei einer solchen Situation wäre im 23

39 Grimm, AUB 2010 5 Rn. 29.
40 OLG Düsseldorf Urt. v. 23.05.2000 – 4 U 160/99, VersR 2001, 361 = r+s 2001, 438 = zfs 2000, 500.
41 BGH Urt. v. 23.09.1998 – IV ZR 1/98, VersR 1998, 1410 = r+s 1999, 41 = zfs 1999, 69 = NJW-RR 1999, 98.
42 OLG Hamm Beschl. v. 18.04.2008 – 20 U 219/07, VersR 2009, 388.
43 BGH Urt. v. 23.09.1998 – IV ZR 1/98, VersR 1998, 1410 = r+s 1999, 41 = zfs 1999, 69 = NJW-RR 1999, 98; OLG Hamm Beschl. v. 18.04.2008 – 20 U 219/07, VersR 2009, 388.
44 OLG Hamm Urt. v. 02.03.2007 – 20 U 258/06, VersR 2008, 65 =zfs 2007, 401 =r+s 2007, 297 =NZV 2007, 526.
45 OLG Hamm Beschl. v. 18.04.2008 – 20 U 219/07, VersR 2009, 388; LG Dortmund Urt. v. 30.08.2007 – 2 O 178/07, zfs 2008, 521.

Gegensatz zu der vom LG Dortmund entschiedenen[46] zu differenzieren, da hier doch gerade die psychische Situation des Täters im Zusammenhang mit der als Straftat verübten Beleidigung und seine innere Erregung zumindest mitursächlich für seine Unaufmerksamkeit ist, die sich unfallursächlich ausgewirkt hat.

10. Die typischen Straftaten im Straßenverkehr als Ausschlusstatbestand

24 Ein Kausalzusammenhang ist regelmäßig gerade bei den verkehrstypischen Straftatbeständen zu bejahen.[47] Das Führen eines Kraftfahrzeugs ist nach st.Rspr. des BGH grundsätzlich eine adäquate Ursache eines Unfalls, da es generell geeignet ist, zu Unfällen zu führen, wie sich aus den Unfallstatistiken ergibt. Deshalb tragen gerade die Regelungen der §§ 7 und 18 StVG bzgl. der Haftung des Halters und Fahrers auch für die Betriebsgefahr diesem Umstand besondere Rechnung.[48]Die äußeren Umstände des konkreten Unfallereignisses sind dabei irrelevant, solange nicht die Alleinschuld eines Dritten nachweislich alleinige Ursache des Unfalls ist.[49]

a) Fahren ohne Fahrerlaubnis, § 21 StVG

aa) Inländische Fahrerlaubnis

25 Typischer Ausschlussgrund ist das Fahren ohne Fahrerlaubnis nach § 21 StVG[50]. Einschränkend sieht die Literatur dies teilweise, da bei einem Fahren ohne die erforderliche Fahrerlaubnis häufig zweifelhaft sei, ob der Unfall durch die Straftat verursacht ist, was insbesondere dann zweifelhaft sein soll, wenn der Unfall überwiegend von einem Fahrer eines anderen Kraftfahrzeugs verschuldet sei.[51] Diese Meinung stößt auf den Widerstand des BGH und der wohl h.M. nach der gerade nur die Alleinverursachung des Unfalls durch einen Dritten den adäquaten Kausalzusammenhang entfallen lässt.[52] Der Rspr. und h.M. der Literatur ist dabei schon deshalb zuzustimmen, weil bei der Frage des Eingreifens eines objektiven Risikoausschlusses gerade nur auf das Erfordernis eines noch bestehenden adäquaten, gefahrtypischen Zusammenhangs abzustellen ist.[53] Es genügt, dass die Ausführung der Straftat eine objektiv erhöhte Gefahrenlage für den Unfall geschaffen hat, die generell geeignet ist, einen Unfall der eingetretenen Art herbeizuführen.[54] Eine weitergehende konkrete Kausalität ist gerade nicht erforderlich[55], insbesondere sind gerade die Regelungen des VVG über die Gefahrerhöhung oder die Obliegenheitsverletzung nicht anwendbar in deren Rahmen dem VN ein Kausalitätsgegenbeweis eröffnet wäre. In diese Richtung zielen jedoch von der Intention die i.E. fehlerhaften Erwägungen der in der Literatur tw. vertretenen Mindermeinung, die in diesem Punkt das Wesen des Risikoausschlusses verkennt, das gerade nur die Adäquanz als nicht hinwegzudenkende Erfolgsbedingung zwischen Straftatbegehung und Unfall anhand der generellen Eignung zur Gefahrsteigerung erfordert.[56]

46 LG Dortmund Urt. v. 30.08.2007 – 2 O 178/07, zfs 2008, 521.

47 BGH Urt. v. 10.02.1982 – IVa ZR 243/80, VersR 1982, 465 = r+s 1982, 93.

48 BGH Urt. v. 10.02.1982 – IVa ZR 243/80, VersR 1982, 465 = r+s 1982, 93.

49 BGH Urt. v. 10.02.1982 – IVa ZR 243/80, VersR 1982, 465 = r+s 1982, 93.

50 BGH Urt. v. 10.02.1982 – IVa ZR 243/80, VersR 1982, 465 = r+s 1982, 93; OLG Düsseldorf Urt. v. 30.07.1998 – 4 U 191/97, r+s 2000, 436 = zfs 2000, 21; OLG Saarbrücken Urt. v. 22.03.1989 – 5 U 103/87, VersR 1989, 1184.

51 So Stiefel/Maier, Kraftfahrtversicherung AKB Kommentar 18. Aufl. A.4.10 Rn. 9; zustimmend wohl auch Grimm AUB 2010 5 Rn. 31.

52 BGH Urt. v. 10.02.1982 – IVa ZR 243/80, VersR 1982, 465 = r+s 1982, 93.

53 Kloth, K Rn. 39.

54 BGH Urt. v. 10.02.1982 – IVa ZR 243/80, VersR 1982, 465 = r+s 1982, 93; Urt. v. 23.09.1998 – IV ZR 1/98, VersR 1998, 1410 = r+s 1999, 41 = zfs 1999, 69 = NJW-RR 1999, 98.

55 BGH Urt. v. 26.09.1990 – IV ZR 176/89, VersR 1990, 1268.

56 BGH in st.Rspr. vgl. Urt. v. 10.02.1982 – IVa ZR 243/80, VersR 1982, 465 = r+s 1982, 93; Urt. v. 26.09.1990 – IV ZR 176/89, VersR 1990, 1268; Urt. v. 23.09.1998 – IV ZR 1/98, VersR 1998, 1410 = r+s 1999, 41 = zfs 1999, 69 = NJW-RR 1999, 98.

Ein Irrtum über die **Reichweite der Fahrerlaubnis** hindert das Eingreifen des Ausschlusses nicht, solange nicht ein unvermeidbarer Verbotsirrtum vorliegt.[57] Siehe auch hierzu die obigen Ausführungen zum Verbotsirrtum unter Rdn. 14 26

bb) Ausländische Fahrerlaubnis

Der Ausschluss greift auch beim Fahren ohne gültige Fahrerlaubnis bei Ungültigkeit einer ausländischen Fahrerlaubnis nach § 28 Abs. 4 FeV.[58] Gleiches gilt auch wenn die Tat im Ausland begangen wird und nach dortigem Recht strafbar ist, so z.B. wenn der VN in Griechenland ein Motorrad mit 200ccm fährt, obwohl er nur über die Fahrerlaubnisklasse 3 nach altem Recht verfügt.[59] 27

cc) Fahrenlassen

Der Ausschluss ist in gleicher Weise erfüllt wenn kein aktives Fahren ohne Fahrerlaubnis, sondern ein Fahrenlassen ohne Fahrerlaubnis nach § 21 Abs. 1 Nr. 2 StVG vorliegt. 28

dd) Fahrverbot

Da strafrechtlich auch das Fahren trotz eines verhängten, wirksamen Fahrverbotes dem Fahren ohne Fahrerlaubnis über § 21 Abs. 2 StVG gleichgestellt ist, erfüllt somit auch eine Fahrt trotz Fahrverbotes den Risikoausschluss. Dies ist allerdings zweifelhaft, wenn die Fahrt im Ausland begangen wird, da die Reichweite des nach deutschem Recht verhängten Fahrverbotes nach der h.M. zum Ordnungswidrigkeitenrecht auf das Hoheitsgebiet der Bundesrepublik beschränkt ist.[60] Somit stellt das Fahren trotz Fahrverbotes im **Ausland** häufig bzw. regelmäßig keine Straftat nach dem jeweils ausländischen Recht dar, so dass es an der erforderlichen Strafbarkeit fehlt. Soweit wegen eines nicht mitgeführten Führerscheins ein Rechtsverstoß im Ausland vorliegt ist zu unterscheiden, ob es sich bei der Sanktion im Ausland tatsächlich um eine Kriminalstrafe handelt oder nur um eine als Geldstrafe bezeichnete Sanktion, die einem Bußgeld als Sanktion einer Ordnungswidrigkeit entspricht. Im Einzelfall ist eine genaue Prüfung der Rechtslage im jeweiligen Ausland vorzunehmen, da teilweise nach internationalen Übereinkommen in manchen Ländern eine ausländische Fahrberechtigung nicht anerkannt wird, solange im Heimatland des Fahrerlaubnisinhabers ein Fahrverbot wirksam ist.[61] Es kann daher im Einzelfall nach ausländischem Recht eine Straftat in Form des Fahrens ohne Fahrerlaubnis gegeben sein. Diesbezüglich eingeleitete Verfahren sind insbesondere aus Österreich bekannt, so dass hier besondere Vorsicht in einer vorherigen anwaltlichen Beratung über die Reichweite des Fahrverbotes geboten bzw. eine besondere Prüfung im Schadenfall vorzunehmen ist. 29

ee) Beweislast

Diese trägt der Versicherer, so dass der Ausschluss nicht eingreift, wenn der Versicherer nicht den Nachweis erbringen kann, dass der VN die relevanten Umstände kannte, die zum Fahren ohne Fahrerlaubnis gehören. Hat bspw. der VN eine Probefahrt mit einem Motorrad unternommen, das 54 KW Leistung hat, obwohl er mit seiner Fahrerlaubnis nur Krafträder mit bis zu 20 KW Leistung fahren darf, muss der Versicherer beweisen, dass dem VN die tatsächliche Leistung des gefahrenen Motorrades bekannt war. Diesen Nachweis hat bspw. das OLG Düsseldorf nicht als geführt angesehen, wenn es sich um ein Motorrad handelt, das äußerlich baugleich in der Normalversion mit 54 KW aber auch in einer gedrosselten Version mit nur 20 KW erhältlich ist.[62] 30

57 OLG Hamm Beschl. v. 22.06.2005 – 20 U 104/05, VersR 2006, 399 = zfs 2005, 612.
58 OLG Stuttgart Urt. v. 05.06.2003 – 7 U 20/03, VersR 2004, 188 = r+s 2003, 518 = NJW-RR 2004, 185.
59 OLG Saarbrücken Urt. v. 22.03.1989 – 5 U 103/87, VersR 1989, 1184.
60 Bouska, Fahrverbot und internationaler Kraftfahrzeugverkehr DAR 1995, 93; Beck/Berr, Owi-Sachen im Straßenverkehrsrecht 4. Aufl. Rn. 566.
61 Beck/Berr, Owi-Sachen im Straßenverkehrsrecht 4. Aufl. Rn. 566; Schäpe, Auslandsfahrten trotz Fahrverbot? DAR 2001, 565.
62 OLG Düsseldorf Urt. v. 30.07.1998 – 4 U 191/97, r+s 2000, 436 = zfs 2000, 21.

b) **Fahren mit einem nicht versicherten Fahrzeug, § 30 PflVG (§ 6 PflVG a.F.)**[63]

31 Hinweis: Bei Erstellung des Manuskriptes war die Beschlussfassung im Bundesrat erfolgt und veröffentlicht, die Verkündung des Gesetzes stand jedoch noch aus.

32 Nach den grundsätzlichen Erwägungen der adäquaten Ursache einer im Straßenverkehr begangenen Straftat erfüllt auch das Fahren mit einem nicht haftpflichtversicherten Fahrzeug den Risikoausschluss.[64] Die Beweislast dafür, dass das geführte Kraftfahrzeug zum Unfallzeitpunkt ohne Versicherungsschutz war, liegt beim Versicherer.

c) **unbefugter Gebrauchs eines Kraftfahrzeugs, § 248b StGB**

33 Stellt ebenso regelmäßig eine hinreichend geeignete Steigerung einer Gefahrenlage iSd. zu fordernden Adäquanz für einen Unfall dar. Gerade die Gefahr bei dem unbefugten Gebrauch eines Fahrzeugs entdeckt oder erwischt zu werden versetzt regelmäßig den Täter und/oder seinen Mittäter in eine besondere psychische Stresssituation, die eine erhöhte Anfälligkeit für mangelnde Konzentration und Umsicht im Straßenverkehr mit sich bringt. Zudem geht die Straftatbegehung eines unbefugten Gebrauchs eines Kfz in der Praxis häufig mit einem Fahren ohne Fahrerlaubnis einher, bspw. als typische Verkehrsstraftat jugendlicher Täter, die sich eines Fahrzeugs bemächtigen. Das OLG Düsseldorf hat zutreffend in einer Entscheidung darauf hingewiesen, dass hier gerade auch die Mittäterschaft und gemeinsame, wechselseitige Bestärkung untereinander zur Tatbegehung zur Verwirklichung des Ausschlusstatbestandes führt, und zwar selbst dann, wenn das Tatgeschehen sich verselbständigt und der Fahrer über einen zunächst gemeinsam gefassten Tatplan hinausgeht, der nicht vom Willen des verunfallten Mittäters umfasst ist.[65]

34 Die Straftat des § 248b StGB ist Antragsdelikt, wird also strafrechtlich nur auf ausdrücklichen Strafantrag hin verfolgt. Ob ein solcher gestellt wird, ist jedoch für die versicherungsrechtliche Beurteilung im Hinblick auf den Risikoausschluss unerheblich. Es ist nicht erforderlich, dass ein Strafantrag gestellt und ein Ermittlungsverfahren eingeleitet wird.[66]

35 Den Versicherer trifft die volle **Beweislast** für den unbefugten Gebrauch des Kraftfahrzeugs. Eine eventuelle Genehmigung des Verfügungsberechtigten, die zum Entfall der strafrechtlichen Tatbestandsvoraussetzungen führen würde, muss jedoch nach den Grundsätzen der sekundären Darlegungslast jedenfalls der VN vortragen, der ggf. auch den entsprechenden Nachweis führen muss, wenn sich aus den übrigen Umständen hinreichende Indizien für einen unbefugten Gebrauch ergeben.

d) **Trunkenheitsfahrt, § 316 StGB**

36 Die Eignung einer Trunkenheitsfahrt zu der den Risikoausschluss rechtfertigenden adäquaten Risikosteigerung für den Unfalleintritt ist unstrittig.

aa) Beweislast

37 Die Probleme liegen jedoch häufig in der Beweisführung. Die Beweislast für das Vorliegen einer entsprechenden Alkoholisierung des VN, die zur Straftatverwirklichung iSd. § 316 StGB führt, liegt beim Versicherer. Grundsätzlich genügt dieser seiner Beweislast, wenn er sich auf eine im strafrechtlichen Ermittlungsverfahren festgestellte BAK beruft.[67] Ist jedoch bspw. der Versicherte

63 Gesetz zur Änderung des PflVG zur Umsetzung der Richtlinie (EU)2021/2118 im Hinblick auf die Kraftfahrzeug-Haftpflichtversicherung und die Kontrolle der entsprechenden Versicherungspflicht, vgl. BR-Drucks. 6/24 vom 12.01.2024.

64 OLG Köln Urt. v. 26.01.1995 – 5 U 137/94, VersR 1996, 178 = r+s 1995, 355; Feyock/Jacobsen/Lemor-Jacobsen, Kraftfahrtversicherung 3. Aufl., AKB 2008 Rn. 119.

65 OLG Düsseldorf Urt. v. 23.05.2000 – 4 U 160/99, VersR 2001, 361 = r+s 2001, 438 = zfs 2000, 500.

66 OLG Düsseldorf Urt. v. 23.05.2000 – 4 U 160/99, VersR 2001, 361 = r+s 2001, 438 = zfs 2000, 500; vgl. auch oben AKB Rdn. 11.

67 BGH Urt. v. 24.02.1988 – IVa ZR 193/86, VersR 1988, 733.

tödlich verunfallt und erfolgt die Bestimmung der BAK über eine Leichenblutentnahme aus dem Herzen, so muss ggf. einem Beweisantritt des VN auf Einholung eines gegenbeweislichen Sachverständigengutachtens nachgegangen werden, mit dem der Nachweis geführt werden soll, dass die anhand des Leichenblutes festgestellte BAK fehlerhaft ist, weil bspw. eine Vermischung mit Trinkalkoholgehalt aus Magen und Darm infolge einer Diffusion oder einer eingetretenen inneren Verletzung vorgelegen habe. Der Tatrichter darf einen solchen Beweisantritt nicht übergehen und auf eine offensichtlich zweifelsfrei festgestellte BAK anhand des Leichenblutes abstellen.[68]

Behauptet der VN bei feststehender BAK einen **Nachtrunk**, so ist er in vollem Umfang dafür darlegungs- und beweisbelastet[69] und muss hinreichend konkrete Tatsachen vortragen, die einer Nachprüfung zugänglich sind.[70] 38

bb) Besonderheiten bei Teilnahme an Trunkenheitsfahrt

Befinden sich bspw. in oder bei einem verunfallten Fahrzeug mehrere Personen, so muss der Versicherer, wenn er sich auf den Ausschlusstatbestand berufen will, neben der für die Strafbarkeit erforderlichen BAK beweisen, dass der VN das Fahrzeug geführt hat und nicht nur alkoholisierter Beifahrer gewesen ist.[71] Soweit dann bei einem ebenfalls alkoholbedingt absolut fahruntüchtigen weiteren Fahrzeuginsassen als möglichem Fahrer für den VN eine Straftat nach §§ 315 Abs. 1 Nr. 1 lit. a, 27 StGB in Betracht kommt muss der Versicherer eine vorsätzliche Straßenverkehrsgefährdung nicht nur in Form des Inkaufnehmens einer Gefährdung sondern im Hinblick auf eine vorsätzliche **konkrete Gefährdung** durch den weiteren Insassen beweisen sowie die vorsätzliche Hilfeleistung des VN zu dieser Haupttat.[72] 39

Will sich der Versicherer auf einen Ausschluss wegen einer Straftat des VN nach §§ 316, 27 StGB berufen, so ist er hierbei beweispflichtig, dass der Dritte als Fahrer nicht nur alkoholbedingt fahruntüchtig war, sondern auch dafür, dass der VN hinreichende Wahrnehmungen bzgl. des Alkoholkonsums des Dritten gemacht hat oder sonst die Alkoholisierung des Dritten kannte. Von Bedeutung ist hierbei ggf. auch, ob der VN selbst aufgrund eigener Alkoholisierung in seiner Wahrnehmungsfähigkeit ggf. soweit eingeschränkt war, dass er entsprechende Feststellungen bzgl. der Alkoholisierung des Dritten gar nicht mehr treffen konnte.[73] 40

e) Straßenverkehrsgefährdung, § 315c StGB

Hervorzuheben ist, dass es sich um ein konkretes Gefährdungsdelikt handelt, also sich der vom Versicherer zu beweisende Vorsatz des Täters auch auf die zu fordernde konkrete Gefährdung der von § 315c StGB geschützten Rechtsgüter beziehen muss. Die Rechtsprechung verlangt für die Annahme einer solch konkreten Gefährdung, dass bei Würdigung aller Umstände aufgrund einer objektiven nachträglichen ex-ante Beurteilung ein Schadeneintritt in so bedrohliche Nähe gerückt sein muss, dass sein Nichteintritt sich nur noch als reiner Zufall darstellt, der nicht mehr von einem der beteiligten Verkehrsteilnehmer gesteuert werden kann.[74] Auf die somit vom Zufall abhängende Verletzung des Mitfahrers durch einen Unfall muss sich der Vorsatz des Täters beziehen oder er 41

68 BGH Urt. v. 03.07.2002 – IV ZR 205/01, VersR 2002, 1135 = r+s 2002, 523 = zfs 2002, 488 = NJW 2002, 3112.

69 OLG Nürnberg Urt. v. 01.07.1982 – 8 U 118/82, VersR 1984, 436.

70 OLG Oldenburg Beschl. v. 17.03.1983 – 2 W 32/83, VersR 1984, 482; KG Urt. Beschl. v. 16.01.1998 – 6 W 8026/97, r+s 1998, 525 (mit Anm. Knappmann in r+s 1999, 128) = zfs 1998, 343.

71 OLG Saarbrücken Urt. v. 21.11.2005 – 12 O 198/04, zfs 2006, 279.

72 OLG Saarbrücken Urt. v. 21.11.2005 – 12 O 198/04, zfs 2006, 279.

73 OLG Saarbrücken Urt. v. 21.11.2005 – 12 O 198/04, zfs 2006, 279.

74 BGH Urt. v. 25.10.1984 – 4 StR 567/84, NJW 1985, 1036; Urt. v. 30.03.1995 – 4 StR 725/94, NJW 1995, 3131; OLG Hamm Beschl. v. 11.10.1990 – 1 Ss 1077/90, NZV 1991, 158; OLG Düsseldorf Beschl. v. 14.09.1993 – 2 Ss 257/93, NJW 1993, 3212; OLG Koblenz Beschl. v. 10.02.2000 – 2 Ss 12/00, DAR 2000, 371.

muss diese fahrlässig verursachen (§ 315c Abs. 3 Nr. 1 StGB). Die Beweislast trägt der Versicherer in vollem Umfang.

42 In der Praxis bedeutsam können dabei Fälle massiver Geschwindigkeitsüberschreitung sein, wobei eine solche allein nicht für einen Leistungsausschluss ausreichend ist. Vielmehr muss eine Geschwindigkeitsüberschreitung nicht nur den Straftatbestand des § 315c StGB erfüllen, sondern insbesondere auch zurechenbar den Versicherungsfall herbeigeführt haben. Fährt ein Motorradfahrer auf gerade Strecke einer Bundesstraße 40 bis 60 km/h zu schnell und kollidiert mit einem an einer Einmündung unvermittelt auf die Fahrbahn tretenden Fußgänger, so verliert er seinen Anspruch auf die Versicherungsleistung nicht wegen einer Straftatbegehung, wenn nach dem eingeholten Sachverständigengutachten der Unfall auch bei Einhaltung einer Geschwindigkeit von nur 60 km/h nicht vermeidbar gewesen wäre.[75] Das Fahren mit einer leicht überhöhten Geschwindigkeit auf einer geraden Strecke wäre jedoch weder grob verkehrswidrig noch rücksichtslos, so dass ein Fahrer bei einer solchen Fahrweise nicht davon ausgehen muss, Leib oder Leben eines anderen zu gefährden. Versicherungsrechtlich kann nur auf dieses pflichtgemäße Alternativverhalten abgestellt werden, weil auch dieses zu dem Unfall geführt hätte.

f) unerlaubtes Entfernen vom Unfallort, § 142 StGB

43 Stellt ebenso schon aufgrund der besonderen Stresssituation für den Täter eine typische Steigerung des Risikos eines Unfalleintritts dar, wie bspw. der unbefugte Gebrauch des Kfz, so dass der Ausschluss unbedenklich eingreift. Insbesondere führt auch hier die gerade gesteigerte Erregung und Furcht vor der Entdeckung zu einer selbst verschuldet herbeigeführten gesteigerten Risikolage.[76] So besteht bspw. kein Versicherungsschutz, wenn der VN sich unerlaubt vom Unfallort entfernt und dabei tödlich verunglückt.[77]

44 Gelingt dem Versicherer der Nachweis eines strafbaren unerlaubten Entfernens vom Unfallort nicht, so bleibt jedoch sorgfältig zu prüfen, ob die Leistungsfreiheit des Versicherers wegen einer Obliegenheitsverletzung ausgeschlossen sein kann. Das unerlaubte Entfernen vom Unfallort verletzt regelmäßig berechtigte Interessen des Versicherers und wirkt sich auch als Obliegenheitsverletzung aus.[78]

11. Beweislast

45 Will sich der Versicherer auf den Ausschluss wegen einer Straftatbegehung berufen, so muss er alle Voraussetzungen des Ausschlusses beweisen, also sowohl die vorsätzliche Begehung der Straftat als auch den gefahrtypischen Ursachenzusammenhang zwischen Straftat und Unfall i.S.d. zu fordernden Adäquanz.[79]

46 Der Versicherer muss ggf. auch substantiierte Behauptungen einer Notwehrsituation widerlegen.[80] Nach dem strafrechtlichen Grundsatz »in dubio pro reo« wirken sich auch bei der versicherungsrechtlichen Beurteilung verbleibende Zweifel an der Schuldfähigkeit des Täters zu Lasten des Versicherers aus, da im Zweifel zugunsten des Täters von der Schuldunfähigkeit auszugehen ist.[81] Im Übrigen sei auf die zuvor zu den jeweiligen Einzelpunkten erfolgten Ausführungen zur Beweislast für spezielle Umstände verwiesen.

---

75 LG Hamburg, Urt. v. 26.03.2008 – 331 O 228/07, zfs 2009, 36 mit Anm. Rixecker.

76 OLG Hamm Beschl. v. 18.04.2008 – 20 U 219/07, VersR 2009, 388.

77 LG Hannover Urt. v. 09.10.1985 – 6 O 271/85, VersR 1986, 335 = r+s 1986, 297 = zfs 1986, 187.

78 Vgl. Halm, Versicherungsrechtliche Konsequenz der Unfallflucht DAR 2007, 617 (620).

79 BGH Urt. v. 29.06.2005 – IV ZR 33/04, VersR 2005, 1226 = r+s 2005, 473 = zfs 2005, 562 = DAR 2005, 566; Grimm, AUB 2010 5 Rn. 33.

80 Kloth, K Rn. 42.

81 BGH Urt. v. 23.09.1998 – IV ZR 1/98, VersR 1998, 1410 = r+s 1999, 41 = zfs 1999, 69 = NJW-RR 1999, 98.

II. A.4.12.2 Geistes- oder Bewusstseinsstörung/Trunkenheit

1. Allgemeines

Über den Ausschluss werden die Situationen erfasst, in denen es durch den geistes- oder bewusstseinsbedingten Zustand des VN oder infolge von Schlaganfällen, epileptischen Anfällen oder anderen Krampfanfällen, die den ganzen Körper der versicherten Person ergreifen zu einem gesteigerten Unfallrisiko kommt, weil der VN nicht mehr in der Lage ist, Gefahrensituationen rechtzeitig und richtig zu erkennen und unfallverhütend auf diese zu reagieren.[82] Es handelt sich gerade im Hinblick auf die alkoholbedingte Bewusstseinsstörung um den in der Praxis mit bedeutsamsten Risikoausschluss. 47

Die Klausel wird **nicht einheitlich** verwendet, sondern weit verbreitet in der oben dargestellten Form, teilweise jedoch auch ohne den Wiedereinschluss aus dem zweiten Absatz. In der Fallbearbeitung ist daher stets anhand der konkret vertragsgegenständlichen AKB zu prüfen, in welcher Fassung die Klausel vereinbart ist. 48

Der Ausschluss enthält im ersten Teil den eigentlichen Risikoausschluss für die erhöhte Gefahrenlage infolge einer Geistes- oder Bewusstseinsstörung und im zweiten Teil – so er denn in das konkrete Bedingungswerk aufgenommen ist – einen Wiedereinschluss für den Fall, das gerade ein versichertes Unfallereignis zu der Störung geführt hat. Hervorzuheben ist dabei, dass eine Person, die an einer entsprechenden Erkrankung leidet zwar grundsätzlich Versicherungsschutz genießt, wenn sie infolge anderer Umstände bspw. bei einem auf anderen Ursachen beruhenden Verkehrsunfall eine Gesundheitsbeschädigung erleidet. Wirkt sich jedoch gerade eine der in der Klausel aufgeführten Geistes- oder Gesundheitsstörungen ursächlich auf den Unfalleintritt aus, ist der Versicherungsschutz ausgeschlossen. 49

Praxisrelevant ist der Ausschluss nach den AKB 2015 nur noch für den Fahrer, da auf Unfälle des Fahrers abgestellt ist. Nach den früheren Fassungen der AKB 2008 war er in erster Linie für den Fahrer selbst von Bedeutung, der bspw. infolge von Trunkenheit verunfallt. Denkbar ist jedoch für die Bedingungen, in denen noch auf einen Unfall der versicherten Person abgestellt wird, auch, dass ein Mitinsasse z.B. als Beifahrer einen epileptischen Anfall erleidet und infolge dessen um sich schlägt und dabei den Fahrer behindert, so dass es zum Unfall kommt. Für den Mitfahrer ist dann sein eigener epileptischer Anfall als Bewusstseinsstörung ursächlich für den erlittenen Unfall, so dass kein Versicherungsschutz besteht. Beruht hingegen der Unfall auf einer Bewusstseinsstörung des Fahrers ist dies für den Versicherungsschutz weiterer Mitinsassen nicht relevant.[83] 50

2. Geistesstörung

Es gibt keine klare Definition des Begriffs und auch keine trennscharfe Abgrenzung zum Begriff der Bewusstseinsstörung. Eine strikte Trennung ist vom Sinn und Zweck des Ausschlussgrundes her gesehen auch nicht nötig und wird in der Praxis nicht vorgenommen.[84] 51

Ein Rückgriff auf § 827 BGB oder § 104 Nr. 2 BGB scheidet aufgrund der unterschiedlichen Sinngehalte der Regelungen aus[85], insbesondere da es bei dem versicherungsrechtlichen Ausschlusstatbestand nicht um eine Beschreibung des Zustands einer Person, sondern um eine konkrete Steigerung eines Unfallrisikos infolge der Störung der Wahrnehmung und Reaktionsfähgigkeit geht.[86] Die Rechtsprechung hat bspw. den Sturz eines VN vom Balkon infolge von Wahnvorstellungen als Geistesstörung angenommen, da mit den Wahnvorstellungen ein Verlust der Realitätskontrolle und 52

82 BGH Urt. v. 27.02.1985 – IVa ZR 96/83, VersR 1985, 583; Grimm, AUB 2010 5 Rn. 9 m.w.N.

83 Vgl. Feyock/Jacobsen/Lemor – Jacobsen, Kraftfahrtversicherung 3. Aufl. A.4 Rn. 123.

84 Kloth, Private Unfallversicherung K Rn. 9.

85 Naumann/Brinkmann, Die private Unfallversicherung in der anwaltlichen Praxis § 4 Rn. 14; Kloth, Private Unfallversicherung K Rn. 8.

86 Kloth, Private Unfallversicherung K Rn. 8.

Reaktionssteuerung verbunden sei.[87] In der Praxis wird nur ein medizinisches Sachverständigengutachten klären können, ob eine Geistesstörung vorgelegen hat.

3. Bewusstseinsstörung

a) Reichweite

53 Der Begriff erfasst alle nachhaltigen und erheblichen Störungen der Funktion von Sinnesorganen sowie alle sonstigen ernstlichen Störungen der Aufnahme- und Reaktionsfähigkeit wie bpsw. die vollständige Bewusstlosigkeit (Ohnmacht)[88], epileptische Anfälle oder sonstige Krampfanfälle, Schlaganfälle[89], erhebliche Depression in akutem Stadium[90], Sekundenschlaf wegen krankhafter Schlafapnoe[91] (nicht jedoch kurzzeitiges Einnicken wegen Übermüdung[92]) oder Stürze ohne jedwede Abwehrreaktion und ohne äußeren Anlass[93]. Die Bewusstseinsstörung kann dabei auf Krankheit, Alkohol oder Drogen und/oder sonstigen Rauschmitteln oder auch Medikamentenwirkung beruhen. Insbesondere Drogen und Rauschmittel können zu einer erheblichen Beeinträchtigung der Wahrnehmungs- und Reaktionsfähigkeit führen, die nicht nur im akuten Rauschzustand bestehen kann, sondern selbst nach dem Ende des eigentlichen Rausches nachwirken oder sich sogar nach einigen Tagen als »Flash-Back« wieder einstellen kann.[94] In der Praxis ist daher sorgfältig zu prüfen, ob ggf. noch solche Nachwirkungen bestehen können. Insbesondere sind erhöhte Anforderungen an die Beweiswürdigung zu stellen.

b) Grad der Beeinträchtigung

54 Zu fordern ist ein erhebliches **Ausmaß** der Störung, das zur Unbeherrschbarkeit der Gefahrenlage führt, weil der Versicherte die Risiken nicht mehr wahrnehmen und/oder nicht mehr sachgerecht darauf reagieren kann, um dem Risikoeintritt entgegen zu wirken.[95] Die Rechtsprechung fordert ein Ausmaß, bei dem die dem Menschen bei normaler Verfassung innewohnende Fähigkeit, Sinneseindrücke schnell und genau zu erfassen, sie geistig zu verarbeiten und auf sie sofort richtig zu reagieren, ernstlich gefährdet ist.[96] Anzeichen die für eine erhebliche Bewusstseinsstörung sprechen sind der Wegfall normaler Hemmschwellen, Störung oder Verlust des Gleichgewichtssinnes oder der Tiefenwahrnehmung, verlängerte Reaktionszeiten, Minderung oder Aufhebung der Koordinationsfähigkeit.[97]

55 Demnach muss keine vollständige Bewusstlosigkeit vorliegen, wenngleich diese jedenfalls eine hinreichend erhebliche Bewusstseinsstörung darstellt. Es reichen aber gerade nicht nur Störungen geringen Grades aus, wie bspw. nur vorübergehende Einschränkungen der Funktion von Sinnesorganen wie eine vorübergehend erhöhte Blendempfindlichkeit der Augen[98] oder nur ein vorübergehender Schwindel- oder Schwächeanfall infolge dessen dem Versicherten »schwarz vor Augen« wird, soweit kein Krankheitswert als Ursache hinzutritt.[99] Ebenso wenig genügt eine nur kurzzeitige

87 OLG Hamm Urt. v. 15.01.2003 – 20 U 118/02, r+s 2003, 341.
88 OLG Hamm Urt. 14.08.1985 – 20 U 72/85, NJW-RR 1986, 330.
89 Vgl. Naumann/Brinkmann, Die private Unfallversicherung in der anwaltichen Praxis § 4 Rn. 48 ff. m.w.N.
90 LG München Urt. v. 22.06.1993 – 23 O 25 487/92, VersR 1994, 589 = r+s 1993, 479 = zfs 1994, 24.
91 LG Hannover Urt. v. 31.01.1997 – 10 S 78/96, r+s 1997, 481 = zfs 1997, 183; OLG Zweibrücken Urt. v. 25.6.2014 – 1 U 107/12, r+s 2015, 149.
92 OLG Düsseldorf Urt. v. 17.12.2002 – 4 U 114/02, VersR 2004, 1041 = r+s 2004, 166 = zfs 2003, 561.
93 OLG Hamburg Beschl. v. 25.04.2007 – 9 U 23/07, r+s 2007, 386.
94 Grimm, Unfallversicherung AUB 2010 5 Rn. 9.
95 BGH Urt. v. 10.10.1990 – IV ZR 231/89, VersR 1990, 1343 = r+s 1991, 35 = zfs 1991, 64 = NJW-RR 1991, 147 (st.Rspr. d. BGH).
96 BGH Urt. 24.10.1955 – II ZR 345/53, NJW 1956, 21; Grimm, Unfallversicherung AUB 2010 5 Rn. 9.
97 BGH Urt. 24.10.1955 – II ZR 345/53, NJW 1956, 21; Grimm, Unfallversicherung AUB 2010 5 Rn. 9.
98 BGH Urt. v. 30.10.1985 – IV a ZR 10/84, VersR 1986, 141.
99 OLG Oldenburg Urt. v. 08.08.1990 – 2 U 95/90, VersR 1991, 803 = r+s 1991, 215.

Beeinträchtigung durch einen Schmerzzustand ohne weiteren Krankheitswert[100], da die Gefährdung der Wahrnehmungs- und Reaktionsfähigkeit gerade krankhaft bedingt sein muss.[101]

c) Einzelfallbetrachtung

Eine Beurteilung kann immer nur anhand einer konkret fallbezogenen Einzelbetrachtung und nicht schematisierend erfolgen. Die Wechselwirkung zwischen der konkreten Gefahrensituation und den daraus resultierenden Anforderungen an die Wahrnehmungs- und Reaktionsfähigkeit des Versicherten muss beachtet werden. Es ist anhand der jeweiligen Lebenssituation und ihrer Besonderheiten festzustellen, welche konkreten Anforderungen an die Aufnahme und Reaktionsfähigkeit bestehen.[102] In diesem Zusammenhang ist jeweils auch der konkrete Unfallhergang zu berücksichtigen.[103] Kann dieser nicht aufgeklärt werden so ist keine genaue Feststellung möglich, welche Anforderungen die Situation an den Versicherten stellte und ob er diesen noch gerecht werden konnte.[104] Eine solche Unklarheit geht dann zu Lasten des Versicherers, da dieser die Voraussetzungen für das Eingreifen des Risikoausschlusses zu beweisen hat.[105] 56

4. Fallgruppen der Bewusstseinsstörungen

a) alkoholbedingte Bewusstseinsstörungen

Gerade diese Fallgruppe hat erhebliche Relevanz für die Kfz-Unfallversicherung im Zusammenhang mit der Teilnahme am Straßenverkehr. Auch soweit die Bewusstseinsstörung auf Trunkenheit beruht, greift der Ausschluss.[106] 57

Für den **Kraftfahrer** setzt die Rechtsprechung die alkoholbedingte Bewusstseinsstörung mit der Fahruntüchtigkeit gleich. Dabei ist ab einer BAK von 1,1 Promille, also einer **absoluten Fahruntüchtigkeit** von einer alkoholbedingten Bewusstseinsstörung auszugehen. Es handelt sich um eine Vermutung die regelmäßig nicht dadurch auszuräumen ist, dass sich der Unfall möglicherweise auch ohne die Alkoholisierung hätte ereignen können.[107] Die Rechtsprechung erkennt überwiegend keinen Gegenbeweis an, dass trotz absoluter Fahruntüchtigkeit keine alkoholbedingte Bewusstseinsstörung vorgelegen habe.[108] Die Kausalität der alkoholbedingten Bewusstseinsstörung für den Unfalleintritt wird im Wege des Anscheinsbeweises angenommen.[109] 58

Die Literatur steht der Gleichsetzung von Fahruntüchtigkeit mit Bewusstseinsstörung teilweise mit guten Gründen kritisch gegenüber, da der durchschnittliche Versicherungsnehmer nach seinem Verständnis der Klausel den Begriff der alkoholbedingten Fahruntüchtigkeit nicht mit demjenigen der Fahruntüchtigkeit gleichsetze und dies auch nicht nachvollziehen könne.[110] Trotz der im 59

---

100 BGH Urt. v. 07.06.1989 – IVa ZR 137/88, r+s 1989, 303.
101 Grimm, Unfallversicherung AUB 2010 5 Rn. 9 m.zahlr.w.N.
102 BGH Urt. v. 17.05.2000 – IV ZR 113/99, VersR 2000, 1090.
103 OLG Hamburg Beschl. v. 25.04.2007 – 9 U 23/07, r+s 2007, 386.
104 Kloth, Private Unfallversicherung K Rn. 6.
105 Vgl. nur aktuell BGH Urt. v. 13.05.2009 – IV ZR 211/05, VersR 2009, 1213 (st.Rspr.); OLG Köln Urt. v. 01.04.2008 – 9 U 87/07, r+s 2008, 290.
106 Zur Alkoholklausel in der privaten Unfallversicherung auch Naumann, zfs 2023, 64 ff.
107 Kloth, Private Unfallversicherung K Rn. 16; Prölss/Martin-Knappmann, VVG, AUB 2010 Ziff. 5 Rn. 13; Grimm AUB 2010 5 Rn. 10.
108 OLG Koblenz Urt. v. 22.06.2001 – 10 U 1274/00, VersR 2002, 43 = r+s 2002, 218; OLG Saarbrücken Urt. v. 12.09.2001 – 5 U 19/01, zfs 2002, 32.
109 Prölss/Martin-Knappmann, VVG, AUB 2010 Ziff. 5 Rn. 21; Grimm AUB 2010 5 Rn. 15; van Bühren – Naumann, Handbuch Versicherungsrecht, § 16 Rn. 81, Himmelreich/Halm – Heinrichs, Handbuch FA Verkehrsrecht, Kap. 22 Rn. 89.
110 Knappmann, VersR 2000, 11 (15); Prölss/Martin – Knappmann, VVG, AUB 2010 Ziff. 5 Rn. 19; Terbille-Hormuth, § 24, 154, Schubach/Jannsen-Schubach, Private Unfallversicherung AUB 2008, 5.1.1 Rn. 12.

Grundsatz berechtigten Kritik wird in der Praxis regelmäßig von den in der Rechtsprechung entwickelten Grundsätzen auszugehen sein.

60 Hierbei ist zu berücksichtigen, dass die Rechtsprechung – soweit bekannt – nicht kategorisch einen Gegenbeweis als unzulässig ausschließt, sondern gerade nach den jeweiligen Einzelfallprüfungen die Gerichte den theoretisch möglichen Gegenbeweis, der den bestehenden ersten Anschein[111] erschüttern könnte, nicht als geführt angesehen haben. Zu bedenken ist weiter, dass eine Mitursächlichkeit der Bewusstseinsstörung bereits für den Ausschluss des Versicherungsschutzes ausreicht, so dass es gerade nicht genügt, wenn der VN die Möglichkeit aufzeigt, dass er den Unfall auch ohne Alkoholisierung erlitten haben könnte. Der VN müsste Tatsachen beweisen, aus denen sich die ernsthafte und nicht nur theoretische Möglichkeit erweist, dass der VN die Risikolage auch nüchtern nicht hätte beherrschen können.[112]

61 Im Bereich der **relativen Fahruntüchtigkeit** unter 1,1 Promille muss danach eine typisch alkoholbedingte Ausfallerscheinung hinzukommen. Für diesen Bereich der relativen Fahruntüchtigkeit wird in der Literatur auf unterschiedliche Mindest-BAK-Werte abgestellt, ab deren Vorliegen eine Relevanz gegeben sein soll, die tw. mit 0,5 Promille[113] und tw. mit 0,8 Promille[114] angegeben werden. Für eine Untergrenze hat sich – allerdings noch zur alten Rechtslage unter Geltung der 0,8 Promille Grenze – der BGH ausgesprochen.[115] Richtigerweise ist jedenfalls nicht auf starre Grenzen nach unten hin abzustellen, sondern auf den konkret feststellbaren Grad der alkoholbedingten Beeinträchtigung in Relation zur konkreten Anforderung der Gefahrensituation an den Versicherten.[116] Somit ist der Versicherungsschutz nicht bereits immer dann ausgeschlossen, wenn ein nüchterner Fahrer den Unfall noch hätte vermeiden können.[117] Umgekehrt sind die Anforderungen an die zusätzlichen Ausfallerscheinungen geringer anzusetzen, je näher die BAK an der Grenze zur absoluten Fahruntüchtigkeit liegt.

62 Die **Feststellung** einer entsprechenden BAK kann dabei zum einen aus einem strafrechtlichen Ermittlungsverfahren resultieren. Sie steht dann rechtlich bindend fest, wenn sie den standardisierten Regeln zur Feststellung einer BAK entspricht. Dies ist der Fall, wenn das Messergebnis dem arithmetischen Mittelwert aus einer Mindestzahl unabhängiger Einzelmesswerte entstammt. Es ist dann ausreichend, wenn sich der VR zum Beweis auf ein solches Ergebnis beruft.[118] Häufig erfolgen solche Feststellungen jedoch bei Verletzten anlässlich eines Verkehrsunfalls nicht, weil kein entsprechendes Ermittlungsverfahren im Hinblick auf ein mögliches Trunkenheitsdelikt des Verletzten eingeleitet wird. Nicht selten ergeben sich aber dennoch Feststellungen zu einer BAK bzw. zum Ethanolgehalt im Serum (g/l) aus Blutproben im Rahmen der medizinischen Behandlung. Diese entsprechen zwar nicht dem standardisierten Regelwerk, sind jedoch gleichwohl verwertbar, wenn der Tatrichter anhand der Gesamtwürdigung aller Umstände und Indizien im Rahmen der freien Beweiswürdigung die erforderliche Überzeugung von der Alkoholisierung und der daraus resultierenden Ausfallerscheinung gewinnt.[119]

63 **Fallbeispiele** aus der Rechtsprechung für angenommene alkoholbedingte Bewusstseinsstörung[120]:

VN biegt als Mofa-Fahrer mit 0,94 Promille ohne jede Ankündigung auf gerader Straße unmittelbar vor schon sehr dicht herannahendem Gegenverkehr links ab[121]; Fahrer fährt nachts um 2 Uhr

111 Thüringer OLG Beschl. v. 19.05.2004 – 4 U 299/04, Blutalkohol 2006, 70.

112 Grimm, Unfallversicherung AUB 2010 5 Rn. 15 m.w.N.

113 Feyock/Jacobsen/Lemor – Jacobsen, Kraftfahrtversicherung 3. Aufl. AKB 2008 A.4 Rn. 125.

114 Kloth, Private Unfallversicherung K Rn. 17.

115 BGH Urt. v. 15.06.1988 – IVa ZR 8/87, VersR 1988, 950 = r+s 1988, 311 = zfs 1988, 367.

116 BGH Urt. v. 10.10.1990 – IV ZR 231/89, VersR 1990, 1343 = r+s 1991, 35.

117 BGH Urt. v. 10.10.1990 – IV ZR 231/89, VersR 1990, 1343 = r+s 1991, 35.

118 Vgl. Piontek, Private Unfallversicherung – Aktuelles aus Rspr. und Praxis Teil 1, r+s 2024, 1 ff (13).

119 OLG Saarbrücken, Urt. v. 6.7.2022 – 5 U 92/21, r+s 2022, 707 = zfs 2023, 281; LG Tübingen, Urt. v. 15.10.2021 – 4 O 437/20, BeckRS 2021, 43644; Piontek wie vor.

120 Vgl. hierzu insb. Grimm, Unfallversicherung AUB 2010 5 Rn. 13 ff. mit vielfältigen Beispielen.

121 OLG Koblenz Urt. v. 22.06.2001 – 10 U 1274/00, VersR 2002, 43 = r+s 2002, 218 = zfs 2001, 555.

mit BAK von 0,95 Promille mit über 80 km/h bei erlaubten 60 km/h in einer Kurve ungebremst und ohne Ausweichreaktion geradeaus (Anscheinsbeweis für Kausalität).[122] Dagegen verneint z.B. für reine Geschwindigkeitsüberschreitungen und dadurch verursachtem Abkommen von der Fahrbahn, da dies auch völlig unabhängig von einer Alkoholisierung vielfach geschehe.[123] In diese Richtung argumentiert auch das OLG Frankfurt und nimmt an, dass Ausfälle, die sich als typische und alltägliche Fahrfehler auch bei nicht alkoholisierten Fahrern zeigen, gerade keinen Anscheinsbeweis für eine alkoholbedingte Bewusstseinsstörung ergeben.[124] Kommt ein Fahrer mit einer BAK von 0,85 Promille ohne erkennbaren Grund bei guten Witterungsbedingungen auf einem geraden Autobahnabschnitt von der Fahrbahn ab und prallt danach gegen einen Baum, ist kein Anscheinsbeweis für eine alkoholbedingte Bewusstseinsstörung gegeben, wenn es sich um einen alkoholgewöhnten Fahrer handelt, der erheblich übermüdet war.[125]

In den AKB 2015 wird nur noch auf Unfälle des Fahrers abgestellt, so dass sich danach die Bewusst- 64
seinsstörung oder Trunkenheit eines anderen Fahrzeuginsassen, die zu einem Unfall führen mag, nicht mehr auf den Versicherungsschutz auswirkt. Dies war in den AKB 2008 in ihrer Ursprungsfassung anders geregelt, da darin – wie in der allgemeinen Unfallversicherung – nur allgemein auf Unfälle der versicherten Person abgestellt war. Ab den Musterbedingungsfassungen zu den AKB 2008 ab Stand 2010 fand sich jedoch bereits die in den früher vor 2008 verwendete Formulierung, die auf Unfälle des Fahrers abstellt.[126]

Soweit der Unfall nicht durch den Fahrer verursacht wird, sondern durch einen **Beifahrer** oder 65
sonstigen **Insassen** ist daher für die früheren AKB 2008 ggf. zu unterscheiden:

Für fahrertypische Handlungen wie bspw. das Greifen ins Lenkrad des Fahrers ist auf die gleichen Grenzwerte wie für einen Fahrer abzustellen. Erleidet jedoch der Insasse bspw. beim Aussteigen oder beim Be- oder Entladen des Fahrzeugs einen Unfall, so ist auf die nachfolgend dargestellten Grenzwerte für Fußgänger abzustellen.[127]

Für **Mitfahrer** ist – soweit frühere Fassungen der AKB 2008 gelten – noch eine weitere besondere 66
Fallkonstellation des möglichen Ausschlusses zu beachten:

die Mitfahrt bei einem **fahruntüchtigen Fahrer**. In dieser Situation verliert der Mitfahrer seinen Versicherungsschutz nur wegen einer ihm anzulastenden Risikosteigerung durch alkoholbedingte Bewusstseinsstörung, wenn er trotz seiner eigenen Alkoholisierung die ihm selbst drohende Gefahr des Mitfahrens bei einem fahruntauglichen Fahrer vor Fahrtantritt erkennen und danach handeln konnte. Nach der Rechtsprechung ist dies bei einer BAK ab 2,0 Promille regelmäßig nicht mehr der Fall.[128]

Bei **Radfahrern** geht die Rechtsprechung ab 1,6 Promille unwiderleglich von einer alkoholbeding- 67
ten Bewusstseinsstörung aus.[129] Hierzu ist jedoch die bereits oben unter Rdn. 51 dargestellte Kritik der Literatur zu beachten. Darunter müssen typisch alkoholbedingte Ausfallerscheinungen zusätzlich feststellbar sein.

Für die Teilnahme am Straßenverkehr als **Fußgänger** gilt ein Grenzwert von 2,0 Promille ab dem 68
die Rechtsprechung eine alkoholbedingte Bewusstseinsstörung annimmt, wobei sie regelmäßig auch von einem Anscheinsbeweis für die Kausalität ausgeht. Es ist jedoch stets eine Einzelfallprüfung nach den jeweiligen Anforderungen an die Situation zur Risikobeherrschung geboten.

122 OLG Oldenburg Beschl. v. 04.03.1996 – 2 W 28/96, r+s 1997, 393.
123 BGH Urt. v. 03.04.1985 – IVa ZR 111/83, VersR 1985, 779.
124 OLG Frankfurt Urt. v. 28.03.1984 – 21 U 71/83, VersR 1985, 941.
125 OLG Düsseldorf Urt. v. 17.12.2002 – 4 U 114/02, VersR 2004, 1041 = r+s 2004, 166.
126 Vgl. Himmelreich/Halm – Heinrichs, Handbuch des FA VerkR, Kap. 22 Rn. 85.
127 Feyock/Jacobsen/Lemor – Jacobsen, Kraftfahrtversicherung 3. Aufl. AKB 2008 A.4 Rn. 126.
128 BGH Urt. v. 27.02.1985 – IVa ZR 96/93, VersR 1985, 583 = r+s 1985, 165 = DAR 1985, 251; OLG Hamm Urt. v. 03.07.1996 – 20 U 52/96, VersR 1997, 1344 = r+s 1997, 42 = zfs 1997, 25.
129 OLG Hamm Urt. 15.10.1997, 20 U 89/97, r+s 1998, 216.

Angenommen haben bspw. das OLG Köln das Eingreifen des Risikoausschlusses bei 2,67 Promille, das ausdrücklich von einem Anscheinsbeweis ausgeht.[130] Eindeutig und unwiderleglich das LG Leipzig bei 3,47 Promille bei einem Fußgänger der an einer Drückampel zunächst Grünlicht anfordert, dann jedoch plötzlich ohne auf Grünlicht zu warten auf die Straße vor ein herannahendes Auto tritt.[131] Auch das OLG Hamm nimmt an, dass ein Beweis des ersten Anscheins für die Unfallursächlichkeit einer alkoholbedingten Bewusstseinsstörung besteht, wenn ein relativ verkehrsuntüchtiger Fußgänger (hier Leichenblutentnahme mit BAK von 1,8 Promille) bei Dunkelheit eine Straße überquert und dabei in ein herannahendes Fahrzeug läuft.[132]

69 Abgelehnt hat die Rechtsprechung einen solchen Anscheinsbeweis jedoch bspw. wenn bei einer BAK von 1,9 Promille besondere Umstände hinzutreten, wie eine erhebliche Geschwindigkeitsüberschreitung des herannahenden Pkw, die auch ein nüchterner Fußgänger durchaus falsch hätte einschätzen können und der Fußgänger nur noch 1,5 m vom gegenüberliegenden Bordstein entfernt war.[133]

70 Die **Beweislast** für den Ausschlusstatbestand liegt beim Versicherer, wobei dieser den Vollbeweis nach § 286 ZPO zu erbringen hat. Gerade im Hinblick auf die näheren Umstände zum konkreten Unfallhergang trifft jedoch den VN eine sekundäre Darlegungslast für die aus seiner Sphäre stammenden Informationen. Es gilt zunächst das bereits unter A.II oben ausgeführte.

71 Zu beachten sind ggf. auch hier die Besonderheiten an die Anforderung der Feststellung einer BAK im Zusammenhang mit einer Leichenblutentnahme (vgl. oben Rdn. 34).[134] Der Versicherer kann den Nachweis einer alkoholbedingten Bewusstseinsstörung aber auch unabhängig von einer konkret festgestellten Blutalkoholkonzentration erbringen, wenn sich aus dem konkreten Verhalten des VN hinreichend sichere Indizien ergeben. Dies nimmt die Rechtsprechung bspw. an, wenn ein Alkoholgenuß in größerer Menge aufgrund der Tatumstände oder sonstiger Feststellungen erwiesen ist und bspw. der VN beim Öffnen eines Hotelzimmerfensters aus diesem stürzt.[135]

72 Umstritten ist die Frage der Beweislast, wenn der VN einen **Nachtrunk** behauptet. Nach wohl überwiegender Rechtsprechung ist in diesem Fall der VN für seinen behaupteten Nachtrunk beweispflichtig.[136] Die Rechtsprechung stellt darauf ab, dass die Beweislast in diesem Fall nach allgemeinen Grundsätzen beim VN liege, da derjenige, der trotz objektiv festgestellter absoluter Fahruntüchtigkeit das Vorliegen des Leistungsausschlusses bestreitet, dies auch zu beweisen habe.[137] Er müsse hierzu konkrete und nachprüfbare Tatsachen darlegen und beweisen. Dies wird in der Literatur berechtigt, insbesondere von Knappmann kritisiert[138], der die Ansicht vertritt dass der für den Leistungsausschluss beweispflichtige Versicherer auch einen behaupteten Nachtrunk widerlegen oder aber beweisen muss, dass trotz eines Nachtrunks bereits zum Unfallzeitpunkt eine

130 OLG Köln Beschl. v. 20.09.2005 – 5 W 111/05, VersR 2006, 255 = r+s 2006, 252.

131 LG Leipzig Urt. v. 06.04.2000 – 6 O 347/00, r+s 2001, 218.

132 OLG Hamm Urt. 02.10.2002 – 20 U 140/01, r+s 2003, 167 = zfs 2003, 195 = NZV 2003, 92.

133 OLG Köln Urt. v. 30.06.1990 – 5 U 208/88, r+s 1991, 106 = zfs 1991, 174.

134 BGH Urt. v. 03.07.2002 – IV ZR 205/01, VersR 2002, 1135 = r+s 2002, 523 = zfs 2002, 488 = NJW 2002, 3112.

135 KG Beschl. v. 04.02.2003 – 6 W 12/03, r+s 2003, 428 = NJW-RR 2003, 976; OLG Celle Urt. v. 12.03.2009 – 8 U 177/08, VersR 2009, 1215.

136 KG Beschl. v. 16.01.1998 – 6 W 8026/97, r+s 1998, 525 = zfs 1998, 343 mit dazu ablehnender Anmerkung von Knappmann in r+s 1999, 128; wie das KG aber auch: OLG Köln Urt. v. 28.9.2012 – 20 U 107/12, VersR 2013, 1166 = zfs 2013, 283 = NJW-RR 2013, 1043; OGL Nürnberg Urt. v. 1.7.1982 – 8 U 118/82, VersR 1984, 436; Halm/Engelbrecht/Krahe/Schießl, Kap. 22 Rn. 24; van Bühren – Naumann, Handbuch Versicherungsrecht, § 16 Rn. 91.

137 OLG Köln wie vor; insbesondere zur sekundären Darlegungslast auch OLG Oldenburg, Beschl. v. 17.3.1983 – 2 W 2/83, VersR 1984, 482; für die sekundäre Darlegungslast des VN auch Himmelreich/Halm – Heinrichs, Kap. 22 Rn. 93.

138 Knappmann, r+s 1999, 128 (Anmerkung zu KG Urt. v. 16.01.1998 – 6 W 8026/97 r+s 1998, 525).

alkoholbedingte Bewusstseinsstörung vorgelegen hat.[139] Letzteres scheint sachgerecht, da sich andernfalls ein nicht zu rechtfertigender Wertungswiderspruch zu der strafrechtlichen Wertung ergeben würde und da den berechtigten Interessen des Versicherers über die sekundäre Darlegungslast des VN zu den Umständen des Nachtrunkes Rechnung getragen wird. In diesem Zusammenhang entbindet auch die Tatsache, dass es sich um eine Straftat handeln wird, den VN nicht unter dem Gesichtspunkt fehlender Zumutbarkeit von seiner sekundären Darlegungslast, die aus § 138 Abs. 2 ZPO gerade für alle solche Umstände folgt, die der VR mangels Kenntnis im Rahmen seiner primären Darlegungslast nicht vortragen kann, die dem VN aber bekannt sind.[140]

Die gleichen Grundsätze gelten so auch für einen vom VN behaupteten Sturztunk, der eine ent- 73
sprechende Alkoholisierung zum relevanten Unfallzeitpunkt ausschließen kann.

b) Krankheitsbedingte Bewusstseinsstörungen

Im Bereich der Fälle des **Einschlafens** ist zu unterscheiden zwischen der reinen Übermüdung und 74
dem krankhaften Sekundenschlaf in Form einer Schlafapnoe (vgl. auch Nachweise oben unter 3. dort Rdn. 48).[141] Der Versicherer trägt hierbei die Beweislast für den Ausschluss, also das Vorliegen einer krankhaften, unnatürlichen Ursache des Einschlafens in Form einer Schlafapnoe. Kann er tatsächliche Anhaltspunkte für eine solche krankhafte Schlafapnoe nicht beweisen, sondern kommt auch eine natürliche Übermüdung als Unfallursache in Betracht, hat der VR den ihm obliegenden Beweis nicht erbracht.[142]

Für **Schwindelanfälle**, das **»Schwarz vor Augen werden«** und **schmerzbedingte Beeinträchtigun-** 75
gen[143] ist für die Annahme einer Bewusstseinsstörung stets ein zugrundeliegender Krankheitswert zwingende Voraussetzung für das Eingreifen des Risikoausschlusses.[144] Ein reiner Schwindelanfall infolge Lageveränderung, schlechter Luft und vorübergehender Überanstrengung reichen nicht aus. Selbst schwere Schwindelattacken können nur eine Bewusstseinsstörung darstellen, wenn sie eine krankheitsbedingte Ursache haben.[145]

Ohnmachten oder **Synkopen** (eine plötzlich einsetzende, kurz andauernde Bewusstlosigkeit, um- 76
gangssprachlich Kreislaufkollaps) stellen krankhafte Bewusstseinsstörungen dar.[146] Stets muss jedoch geprüft werden, ob die Beeinträchtigung der Wahrnehmungs- und Reaktionsfähigkeit soweit reichte, dass der VN die sich ihm konkret darstellende Gefahrenlage nicht mehr beherrschen konnte.[147]

c) Drogenbedingte oder medikamentenbedingte Bewusstseinsstörungen

Für Drogen gibt es keine festen Grenzwerte bei deren Erreichen eine Bewusstseinsstörung angenom- 77
men werden kann. Unumstritten können Drogen, insbesondere Halluzinogene wie Haschisch jedoch zu einer tatbestandsmäßigen Bewusstseinsstörung infolge der Beeinträchtigung der Aufnahme- und Reaktionsfähigkeit führen. Im Einzelfall ist neben der Feststellung einer Konzentration der Substanz im Blut auch ein dafür typisches fehlerhaftes Fahrverhalten bzw. sonstiges Fehlverhalten zu fordern.[148]

---

139 Prölss/Martin, AUB 2010 Ziff. 5 Rn. 8; so auch Jacob, Unfallversicherung AUB 2010, Ziff. 5.1.1 Rn. 26; auch, aber ohne weitere Begründung Kloth, Private Unfallversicherung K 29 a.E sowie Schubach/Jannsen-Schubach, Private Unfallversicherung 5.1.1 Rn. 20.

140 Vgl. hierzu BGH Urt. v. 10.2.2015 – VI ZR 343/13 (nach juris, noch unveröffentlicht).

141 OLG Zweibrücken Urt. v. 25.6.2014 – 1 U 107/12, r+s 2015, 149.

142 Wie vor.

143 Vgl. hierzu Fundstellen unt48.

144 OLG Düsseldorf Urt. v. 13.09.2006 – 23 S 137/05, VersR 2007, 488; Grimm, AUB 2010 5 Rn. 9; Kloth, Private Unfallversicherung K 14 m.w.N.

145 Kloth, Private Unfallversicherung K 14.

146 Naumann/Brinkmann, Die private Unfallversicherung in der anwaltlichen Praxis § 4 Rn. 23.

147 BGH Urt. v. 17.05.2000 – IV ZR 113/99, VersR 2000, 1090.

148 Vgl. hierzu Grimm, AUB 2010 5 Rn. 9; Naumann/Brinkmann, Die private Unfallversicherung in der anwaltlichen Praxis § 4 Rn. 47.

5. Schlaganfälle, epileptische Anfälle und andere Krampfanfälle

78 Der Risikoausschluss erfasst diese Situationen als besondere, krankhafte Zustände der versicherten Person, in denen diese nicht wahrnehmungs- und reaktionsfähig ist, um auf Gefahrenlagen unfallvermeidend zu reagieren.

a) Schlaganfall

79 Nur der Gehirnschlag (med. Apoplexie) bei dem es infolge des Zerreißens oder Verschlusses von Blutgefäßen zum Aussetzen von Teilen des Gehirns kommt, erfüllt das Tatbestandsmerkmal **Schlaganfall** aus der Ausschlussklausel.[149] Nicht unter den Ausschlusstatbestand fallen hingegen der Herzinfarkt, plötzlicher Herztod oder eine plötzliche Lungenembolie.[150]

80 Praxisrelevant ist die Schwierigkeit des Nachweises, ob im Einzelfall wirklich ein Unfall als auslösendes Ereignis der eingetretenen Gesundheitsschädigung vorliegt oder ein solches Unfallereignis lediglich behauptet wird, tatsächlich aber ein Schlaganfall gerade der eigentliche Auslöser war.[151] Die **Beweislast** für das Vorliegen eines Unfalls liegt hier beim Anspruchsteller, wobei keine überhöhten Anforderungen an den Beweismaßstab zu stellen sind, wenn bspw. keine Zeugen zur Verfügung stehen. So trägt der Anspruchsteller nicht die negative Beweislast dafür, dass keine Ausschlusstatbestände vorliegen.[152] Will sich entgegen einem nachvollziehbar dargelegten Unfallereignis der Versicherer auf den Ausschlusstatbestand berufen, so hat er den Strengbeweis zu erbringen, den er bspw. über Indizien führen kann, wenn sich entsprechende Verletzungsbilder wie Gehirnblutungen zeigen, dafür aber äußere Verletzungsanzeichen wie Prellmarken als Auslöser infolge eines bspw. behaupteten Sturzereignisses nicht zu finden sind.[153]

b) Epileptische Anfälle

81 Sind sie Ursache des Unfalls besteht kein Versicherungsschutz. Vorsorglich ist darauf hinzuweisen, das aufgrund der heute weitgehend gegebenen Beherrschbarkeit der Erkrankung gleichwohl eine grundsätzliche Versicherbarkeit von an Epilepsie erkrankten Personen gegeben ist.[154] Unabhängig davon besteht aufgrund des Krankheitsbildes jedoch eine gesteigerte Gefahr für den Eintritt von Anfällen, die dann jeweils dazu führen, dass der Versicherte nicht mehr in der Lage ist Gefahrensituationen wahrzunehmen und darauf rechtzeitig und sachgerecht zu reagieren.

c) Andere Krampfanfälle

82 Nach dem Wortlaut der Ausschlussklausel greift diese nur ein, wenn andere **Krampfanfälle** den ganzen Körper der versicherten Person ergreifen. Damit ist ausdrücklich klargestellt, dass es sich um ein die Wahrnehmungs- und Reaktionsfähigkeit oder zumindest die Reaktionsfähigkeit infolge der Verkrampfung ausschließendes massives Ereignis handeln muss, das nicht nur einzelne Körperregionen betrifft. So werden bspw. **Wadenkrämpfe** oder ähnliche Teilkrämpfe nicht aus dem Versicherungsschutz ausgenommen, da sie gerade nicht in dem zu fordernden Umfang die Wahrnehmungs- und/oder Reaktionsfähigkeit beeinträchtigen.[155] So kann bspw. bei einem Motorradfahrer nach längerer Fahrt in gleicher Haltung nach einem Wechsel der Beinhaltung bspw. im Rahmen eines Schaltvorgangs ein Krampf im Oberschenkel ausgelöst werden, der möglicherweise zu einer Unkonzentriertheit und einem Fahrfehler oder Verreißen des Motorrades führen kann, ohne dass dieses Ereignis

---

149 Feyock/Jacobsen/Lemor – Jacobsen, Kraftfahrtversicherung 3. Aufl. AKB 2008 A.4 Rn. 127; Grimm, AUB 2010 5 Rn. 23 m.w.N.

150 Prölss/Martin –Knappmann, AUB 2010 Ziff. 5 Rn. 24 m.w.N.

151 Vgl. hierzu Grimm, AUB 2010 5 Rn. 23.

152 Vgl. hierzu i.E. Grimm, AUB 2010 5 Rn. 23; Naumann/Brinkmann, Die private Unfallversicherung in der anwaltlichen Praxis § 4 Rn. 50.

153 Naumann/Brinkmann, Die private Unfallversicherung in der anwaltlichen Praxis § 4 Rn. 50.

154 Vgl. hierzu Grimm, Unfallversicherung AUB 2010 5 Rn. 24.

155 Hierzu auch Prölss/Martin – Knappmann, AUB 2010 ZIff. 5 Rn. 26.

zum Ausschluss des Versicherungsschutzes führen würde. Ersichtlich ist ein solches Ereignis, auch wenn konkret unfallauslösend, nicht mit der im Interesse der Versichertengemeinschaft durch entsprechende Risikoausschlüsse ausgenommenen erhöhten Gefahrträchtigkeit gleichzusetzen, wie ein Schlaganfallereignis oder ein epileptischer Anfall oder sonstiger den ganzen Körper ergreifender Krampfanfall, bei dem der Unfalleintritt zu einem nahezu sicher eintretenden Risikoereignis wird.

6. Wiedereinschluss

Der optionale zweite Teil der Klausel, der – wie oben bereits angemerkt –, nicht in allen am Markt **83** anzutreffenden Bedingungswerken enthalten ist, enthält einen Wiedereinschluss für den Fall, dass die Störung oder der Anfall durch ein früheres Unfallereignis verursacht sind, das unter den Vertrag oder unter eine für ein Vorfahrzeug bei dem Versicherer abgeschlossene Kfz-Unfallversicherung fällt. Es handelt sich vom Regelungsgehalt gesehen um eine zeitlich unbegrenzte Ausweitung des Versicherungsschutzes für einen möglichen Zweitunfall als adäquat kausale Folge eines ersten Unfallereignisses, wobei nach Knappmann bereits eine Mitursächlichkeit des Vorunfalls ausreicht.[156] Für den Leistungsumfang des Versicherers nach dem Zweitunfall ist auf den zu diesem Unfallzeitpunkt geltenden Vertragsinhalt abzustellen.[157]

Voraussetzung ist ein ununterbrochen fortbestehendes Versicherungsverhältnis. Dabei zählen alle **84** Änderungen durch Nachträge oder Vertragsänderungen, wie bspw. Erhöhungen von Versicherungssummen, Änderungen der Leistungsarten, Einbeziehung neuer AKB oder Tarifumstellungen noch zu dem Versicherungsverhältnis, solange es sich um einen lückenlos fortgesetzten Versicherungsvertrag handelt.[158] Bei einem Vorfahrzeug darf der Versicherungsvertrag nicht durch Außerbetriebsetzung unterbrochen gewesen sein[159], da es sich dann bei dem nachfolgenden Versicherungsverhältnis um einen Neuvertrag und nicht um die Fortsetzung des ursprünglichen Vertrages in einer lückenlosen Kette handelt. Es muss sich nicht um das unmittelbar vor dem jetzt versicherten Fahrzeug gefahrene Vorfahrzeug handeln, sondern um ein Vorfahrzeug, solange die Vertragskette nicht unterbrochen ist, es also nicht zu einem dazwischen liegenden Neuabschluss eines Versicherungsvertrags gekommen ist. Eine Eingrenzung auf das unmittelbar vorausgehende Vorfahrzeug wäre sinnwidrig, da für die zeitliche Reichweite des Wiedereinschlusses nur auf das ununterbrochen fortbestehende Versicherungsverhältnis abzustellen ist. Dabei kann es keinen Unterschied machen, ob der VN ein Vorfahrzeug mit dem er den Erstunfall erleidet 10 Jahre fährt bis er ein Nachfolgefahrzeug im gleichen Versicherungsverhältnis versichert und damit einen Zweitunfall erleidet oder ob er während dieses Zeitraums mehrere Nachfolgefahrzeuge beim gleichen Versicherer in ununterbrochener Vertragskette versichert hatte.

Die **Beweislast** für alle Voraussetzungen des Wiedereinschluss nach Satz 2 der Klausel trägt **85** der VN.[160]

III. A.4.12.3 Genehmigte Rennen

Die Klausel ist seit den AKB 2015 – wie nun in allen Sparten der AKB – inhaltsgleich mit der Regelung in der Kfz-Haftpflichtversicherung ausgestaltet. Erstmalig ab den AKB 2015 erfasst der Ausschluss somit nicht mehr alle Rennen, sondern nur die genehmigten Rennen, während nun auch in der Kfz-Unfallversicherung die Teilnahme an ungenehmigten Rennen eine Obliegenheitsverletzung nach D.1.1.4 (vgl. dort) darstellt. Die Regelung entspricht dem unter A.2.9.2 formulierten Risikoausschluss in der Fahrzeugversicherung. Es gilt grundsätzlich das dort ausgeführte.[161]

156 Prölss/Martin – Knappmann, AUB 2010 ZIff. 5 Rn. 27.
157 Grimm, Unfallversicherung AUB 2010 5 25.
158 Grimm, Unfallversicherung AUB 2010 5 25; Prölss/Martin – Knappmann, AUB 2010 Ziff. 5 Rn. 27.
159 So auch Feyock/Jacobsen/Lemor – Jacobsen, Kraftfahrtversicherung 3. Aufl. AKB 2008 A.4 Rn. 130.
160 Prölss/Martin – Knappmann, AUB 2010 Ziff. 5 Rn. 28.
161 Vgl. oben zu A.2.9.2.

Praxistipp:

86 Achtung! In manchen neueren Bedingungswerken schon zu den AKB 2008 ist die Klausel deutlich weitreichender formuliert und enthält – gerade auch für den Bereich der Kaskoversicherung – den Zusatz: *»Darüber hinaus besteht kein Versicherungsschutz für jegliche Fahrten auf Motorsport-Rennstrecken, auch wenn es nicht auf Erzielung einer Höchstgeschwindigkeit ankommt (z.B. bei Gleichmäßigkeitsfahrten, Touristenfahrten). Versicherungsschutz besteht jedoch für Fahrsicherheitstrainings.«*[162]

Es ist daher – wie generell – auch hier unbedingt stets anhand der konkret in den Vertrag einbezogenen Bedingungen zu prüfen, wie weitgehend der Risikoausschluss ausgestaltet ist. Andernfalls droht ggf. für den Rechtsanwalt eine Haftung aus Fehlberatung bspw. auch gegenüber einem eintretenden Rechtsschutzversicherer aus abgetretenem Recht.

87 Allerdings bedarf es einer weiteren Klarstellung zu einer Besonderheit in der Kfz-Unfallversicherung: Das Risiko der Verletzung bei einem Unfall der aus der Teilnahme an einer Rennveranstaltung resultiert, soll wegen der besonderen Gefährlichkeit verständlicherweise generell nicht der Versichertengemeinschaft aufgebürdet werden. Ein Ausblick auf die AVB zur isolierten Unfallversicherung anhand gängiger AUB zeigt, dass dort die Klausel sinngemäß inhaltsgleich gilt, jedoch eine entsprechende Modifikation erfahren hat: statt der engen Formulierung Kraftfahrzeug wird auf Motorfahrzeuge abgestellt, um so auch ebenso gefährliche Rennsportveranstaltungen auf dem Wasser zu erfassen. Da es sich um einen eng umgrenzten Personenkreis der besonders Gefährdeten handelt, deren Risiko ausgeschlossen sein soll, sind diese explizit in der Ausschlussklausel aufgeführt. Danach gilt der Ausschluss nur für Fahrer, Beifahrer und Insassen. Danach sollen Zuschauer, Streckenposten sowie bspw. Angehörige des Fahrerlagers nicht aus dem Versicherungsschutz ausgenommen werden.[163] Dies erscheint in der allgemeinen Unfallversicherung eindeutig, da der Ausschluss gerade eng gefasst ist und eindeutig nur die benannten Fahrer, Beifahrer und Insassen nennt.

88 In der Kfz-Unfallversicherung kann die Reichweite des Ausschlusses je nach konkreter Konstellation weiter gehen. Nach A.4.1.1 stellen die AKB darauf ab, ob dem VN oder einer anderen versicherten Person ein Unfall in unmittelbarem Zusammenhang mit dem Gebrauch des Fahrzeugs zustößt. Dabei gehören alle Handlungen wie Fahren, Be- und Entladen etc. zum unmittelbaren Gebrauch. Zum unmittelbaren Gebrauch zählt daher bspw. auch das Betanken oder eine sonstige Tätigkeit, die bspw. der VN als Halter des Fahrzeugs bei einer Rennveranstaltung selbst ausübt. Ist er dabei nicht selbst Fahrer, Beifahrer oder Insasse des Fahrzeugs, sondern nur Angehöriger des Fahrerlagers, so hätte er in der allgemeinen Unfallversicherung nach den dort geltenden AUB Versicherungsschutz. In der Kfz-Unfallversicherung würde er aber vom Ausschluss A.4.12.3 erfasst, da sich eine Eingrenzung auf Fahrer oder sonstige Kfz-Insassen nicht findet. Er wäre als VN beim unmittelbaren Gebrauch seines Fahrzeugs von einem Unfall betroffen, wenn es bspw. beim Betanken zu einer Verpuffung oder einem Brand kommt oder er bspw. beim Einfahren des Fahrzeugs in die Box angefahren wird.

Für die Detailerläuterung der Begriffe Rennveranstaltung, Erzielung einer Höchstgeschwindigkeit und die Frage was dazugehörige Übungsfahrten sind, ist auf die Ausführungen oben unter A.2.9.2 zur Kaskoversicherung zu verweisen. Speziell zur Unfallversicherung hat bspw. das OLG Bamberg entschieden, dass keine Fahrveranstaltung i.S.d. Risikoausschlusses vorliegt, wenn sich zwei Motorradfahrer sich zufällig an einer roten Ampel treffen und nach dem Umspringen auf grün ein Beschleunigungsduell liefern und dabei der VN mit ganz erheblich überhöhter Geschwindigkeit einen

162 Klausel ist wirksam: OLG Karlsruhe Urt. v. 15.4.2014 – 12 U 149/13 r+s 2014, 275 = DAR 2014, 464 = zfs 2014, 453 = VersR 2015, 62; OLG Hamm Beschl. v. 22.06.2022 – 20 U 139/22, r+s 2023, 155 = VersR 2023, 771.

163 Grimm, AUB 2010 5 Rn. 60.

Unfall erleidet. Zutreffend hat das OLG Bamberg darauf abgestellt, dass es am einem erforderlichen Minimum an Organisation unter Teilnehmern eines Rennens fehle.[164]

▶ **Praxistipp:**

Hat der Versicherungsvermittler Kenntnis davon oder muss aus den Umständen des Beratungsgespräch erkennen, dass der VN im Rennsport aktiv ist und an entsprechenden Rennveranstaltungen teilnimmt, so ist er verpflichtet, den VN auf den bestehenden Risikoausschluss in einer (Kfz-)Unfallversicherung hinzuweisen. Der Vermittler kann dann nach § 63 VVG verpflichtet sein, den VN so zu stellen als habe dieser Versicherungsschutz.[165] 89

IV. A.4.12.4 Erdbeben, Kriegsereignisse, innere Unruhen, Maßnahmen der Staatsgewalt

Die Klausel ist inhaltsgleich mit dem unter A.2.9.4 formulierten Risikoausschluss in der Fahrzeugversicherung. Es gilt das dort ausgeführte.[166] 90

V. A.4.12.5 Kernenergie

Die Klausel ist inhaltsgleich mit dem unter A.2.9.5 formulierten Risikoausschluss in der Fahrzeugversicherung. Es gilt das dort ausgeführte.[167] 91

VI. A.4.12.6 Bandscheiben, innere Blutungen

1. Allgemeines

Der Ausschluss greift den in der allgemeinen Unfallversicherung bestehenden Ausschluss entsprechender Schädigungen unverändert auf.[168] Die Regelung enthält im ersten Teil den eigentlichen Risikoausschluss und im zweiten Satz einen Wiedereinschluss für den Fall, dass gerade ein unter den Schutz des Versicherungsvertrags fallendes Unfallereignis die überwiegende Ursache für die Schädigung ist. Für einen Bandscheibenschaden besteht daher bspw. kein Versicherungsschutz, wenn dieser auf einer erhöhten Kraftanstrengung beruht. 92

2. Bandscheiben

Bandscheibenschäden werden relativ selten durch einen Unfall ausgelöst. Zumeist handelt es sich um über einen längeren Zeitraum eintretende, degenerative Veränderungen und Vorschädigungen der Bandscheiben, die anlässlich eines beliebigen Bewegungsereignisses zu Tage treten.[169] Sind keine erheblichen äußeren Verletzungsanzeichen wie Wirbelbrüche oder erhebliche, medizinisch schwerwiegende Traumaverletzungen bspw. mit zeitnahen Knochenmarködemen feststellbar, ist regelmäßig mit großer Wahrscheinlichkeit nicht von einer Ursächlichkeit des Unfallereignisses auszugehen.[170] Auch der zeitliche Zusammenhang des Auftretens entsprechender erheblicher Schmerzzustände mit Bewegungseinschränkungen im Zusammenhang mit einem Unfallereignis spielt für die Kausalitätsbewertung eine erhebliche Rolle. 93

Zu beachten ist, dass ein Unfallereignis überwiegende Ursache sein muss, also sein Anteil an dem Eintritt des Bandscheibenschadens mindestens 50 % betragen muss.[171] Zur Beurteilung ist es 94

164 OLG Bamberg Beschl. v. 23.2.2010 – 1 U 161/09, VersR 2010, 1029.
165 OLG Frankfurt Urt. v. 13.5.2022 – 7 U 168/16, r+s 2023, 142.
166 Vgl. oben zu A.2.9.4.
167 Vgl. oben zu A.2.9.5.
168 Vgl. daher im weiteren bspw. Grimm, Unfallversicherung AUB 2010 5 Rn. 66 ff.
169 Vgl. für einen Detailüberblick Grimm, Unfallversicherung AUB 2010 5 Rn. 66 ff. m.w.N.; van Bühren – Naumann, Handbuch Versicherungsrecht, § 16 Rn. 126.
170 OLG Frankfurt/M Urt. v. 18.02.2003 – 25 U 225/00, r+s 2004, 431; OLG Koblenz Beschl. v. 05.06.2003 – 10 U 1131/02, VersR 2004, 462 = r+s 2003, 517.
171 Van Bühren – Naumann, Handbuch Versicherungsrecht 6. Aufl. § 16 Rn. 125.

unverzichtbar, ein medizinisches und ggf. biomechanisches Sachverständigengutachten einzuholen. Selbst wenn der VN vor einem Unfallereignis niemals Beschwerden verspürt hat, ist dies noch kein sicheres Indiz für die Unfallursächlichkeit eines Bandscheibenschadens. Gerade Bandscheibenschäden verlaufen zumeist über einen langen Zeitraum klinisch unauffällig in ihrem Vorstadium, bis sie sich manifestieren, so dass in dem Ausbleiben der Beschwerden bis zum Unfallereignis kein Nachweis der Kausalität zu sehen ist.[172]

3. Innere Blutungen

95 **Blutungen aus innere Organen, Gehirnblutungen** entstehen medizinisch gesehen entweder durch krankhafte Veränderungen der Blutgefäße von Organen oder dem Gehirn oder durch Folgen äußerer Krafteinwirkung bei Verletzungen. Im Einzelfall ist es schwierig abzugrenzen, ob bei einem stattgehabten Unfallereignis eine solche Blutung auch ohne krankhafte Veränderung überhaupt aufgetreten wäre. Wie bei den Bandscheibenschäden muss das Unfallereignis überwiegende Ursache sein, was durch Sachverständigengutachten zu klären ist. Die Überschrift des Ausschlusstatbestandes »... innere Blutungen« ist unklar formuliert und darf nicht dazu verleiten, den in der Klausel enthaltenen Begriff der Blutung aus inneren Organen mit demjenigen der inneren Blutung gleichzusetzen. Im Gegensatz zu reinen inneren Blutungen können Blutungen aus inneren Organen auch äußerlich zu Tage treten.[173] **Gehirnblutungen** sind zumeist Folge eines Gehirnschlags. Kommt es nach einem Verkehrsunfall ohne nachweisbare äußere Verletzungen des Kopfes beim VN zu einer Zerreißung eines Aneurysmas (medizinisch: spindel- oder sackförmige Erweiterung des Blutgefäßquerschnitts bei angeborener oder erworbener Veränderung der Gefäßwand) im Gehirn, so greift der Ausschlusstatbestand ein und besteht kein Versicherungsschutz. Selbst wenn von einem Zusammenwirken des vorbestehenden Aneurysmas und des Unfallereignisses auszugehen ist, kann nicht der Schluss gezogen werden, der Unfall sei die überwiegende Ursache der Gehirnblutung gewesen.[174]

4. Beweislast

96 Da die Klausel heute nach einhelliger Meinung als Risikoausschluss mit Wiedereinschluss eingestuft wird[175] und nicht mehr wie teilweise früher in der Rechtsprechung vertreten als sekundärer Risikoausschluss mit der Folge, dass der Versicherer auch das Nichtüberwiegen des Unfallereignisses beweisen müsse[176], ist die **Beweislast** geteilt: Der Versicherer muss den Vollbeweis nach § 286 ZPO führen, dass ein Bandscheibenschaden, Blutung aus inneren Organen oder Gehirnblutung gegeben ist. Der VN hingegen muss die Voraussetzungen des Wiedereinschlusses beweisen, also das Überwiegen des Unfallereignisses als Ursache.[177]

VII. A.4.12.7 Infektionen

97 Eine Infektion ist das Eindringen von Bakterien, Parasiten, Pilzen oder Viren oder sonstigen Mikroorganismen in den Körper und ihr sich anschließendes Vermehren im Körper. Die Folge sind

172 OLG Hamm Urt. v. 01.02.2006 – 20 U 135/05, r+s 2006, 467 = zfs 2006, 581.

173 Grimm AUB 2010 5 Rn. 67; van Bühren – Naumann, Handbuch Versicherungsrecht 6. Aufl. § 16 Rn. 123.

174 OLG Hamm Urt. v. 19.12.2001 – 20 U 102/01, VersR 2002, 883 = r+s 2002, 438.

175 Van Bühren-Naumann, Handbuch Versicherungsrecht 6. Aufl. § 16 Rn. 121.

176 Früher OLG Koblenz Urt. v. 09.11.2001 – 10 U 201/01, r+s 2002, 481 aber ausdrücklich aufgegeben in OLG Koblenz Urt. v. 03.03.2005 – 10 U 586/04, VersR 2005, 1425 = r+s 2006, 297 = zfs 2005, 454.

177 BGH Urt. v. 28.01.2009 – IV ZR 6/08, VersR 2009, 492 = r+s 2009, 161 = zfs 2009, 402 = NJW-RR 2009, 679; OLG Hamm Beschl. v. 13.02.2001 – 20 W 2/01, r+s 2001, 439 = zfs 2001, 468; OLG Köln Urt. v. 22.05.2002 – 5 U 185/01, VersR 2003, 1120 = r+s 2004, 165 = zfs 2004, 375; OLG Koblenz Urt. v. 03.03.2005 – 10 U 586/04, VersR 2005, 1425 = r+s 2006, 297 = zfs 2005, 454; OLG Frankfurt Urt. v. 20.07.2005 – 7 U 193/04, VersR 2006, 1118 = r+s 2006, 165 = zfs 2006, 699; van Bühren-Naumann, Handbuch Versicherungsrecht 6. Aufl. § 16 Rn. 130.

hervorgerufene Krankheiten die regelmäßig nicht dem versicherten Unfallrisiko zuzuordnen sind und daher über den Ausschluss aus dem Versicherungsschutz ausgenommen werden.

Im Versicherungsschutz enthalten sind jedoch Infektionen durch **Wundstarrkrampf** und **Tollwut** 98
soweit die Erreger durch ein versichertes Unfallereignis (sowohl sofort oder auch später als reine Unfallfolge) in den Körper gelangen.[178]

Bei **anderen Infektionen** besteht der Versicherungsschutz, wenn kumulativ das kausale Unfallereignis 99
zu einer nicht nur **geringfügigen Haut- oder Schleimhautverletzung** geführt hat, infolge derer es zur Infektion kommt. Als geringfügig gilt eine Haut- oder Schleimhautverletzung, wenn sie nach objektiven medizinischen Maßstäben – nicht nach dem subjektiven Empfinden des Verletzten – keinen eigenen krankheitswert hat und keine Behandlungsnotwendigkeit besteht.[179] Als Beispiele gelten Insektenstiche, Nadelstiche, Kratzer und leichte Hautverletzungen die nur eines Pflasters bedürfen.[180]

Versicherungsschutz besteht im Wege eines weiteren Wiedereinschlusses, wenn die Infektion durch 100
eine **Heilmaßnahme** wegen eines versicherten Unfallereignisses entsteht. Als Heilmaßnahme ist jede Maßnahme und Handlung anzusehen, die der Versicherte oder ein Dritter zu therapeutischen Zwecken durchführt.[181] Soweit auch Handlungen des VN eingeschlossen sind erfahren diese jedoch eine notwendige Einschränkung dahingehend, dass alle Handlungen und Maßnahmen aus der medizinischen Laienvorstellung heraus, die nicht ärztlich angeordnet oder zumindest medizinisch begründet sind, dem Begriff der Heilmaßnahme nicht mehr unterfallen.[182]

Das **Kausalitätserfordernis**, dass die Krankheitserreger durch den Unfall sofort oder später in den 101
Körper gelangen ist sowohl im Hinblick auf Wundstarrkrampf und Tollwut also auch auf andere Infektionen oder Heilmaßnahmen dahingehend zu verstehen, dass eine konkrete, unmittelbare Ursächlichkeit des Unfallereignisses für das Eindringen der Erreger gegeben sein muss (»... durch ein versichertes Unfallereignis ...«). Eine irgendwie noch adäquat-kausal auf ein Unfallereignis rückführbare Infektion bspw. infolge einer Schwächung des Immunsystems im Rahmen der Heilung und Erholung von schweren Unfallverletzungen reicht hingegen nicht aus.[183] Leisten sich jedoch bspw. zwei blutende Personen nach einem Unfall gegenseitig erste Hilfe und infiziert dabei eine HIV-infizierte Person den verletzten VN indem ihr Blut in die offene Wunde des VN gelangt, so unterfällt die HIV-Infektion des VN dem Versicherungsschutz.[184]

Beweislast 102

Der Versicherer hat nach den bereits bei den obigen Ausschlusstatbeständen dargestellten Grundsätzen, auf die verwiesen werden kann, das Vorliegen der Infektion als solcher zu beweisen. Dem VN obliegt die Beweislast für die Voraussetzungen eines der möglichen Wiedereinschlüsse, also für die Kausalität der Unfallverletzung für die Infektion sowie ggf. dafür, dass es sich nicht nur um eine geringfügige Haut- oder Schleimhautverletzung gehandelt hat.[185] Dies hat zuletzt das OLG Köln[186] ausdrücklich bestätigt und hierbei zutreffend auf die insoweit im Hinblick auf das Vorliegen eines Wiedereinschlusses ohne weiteres von der Systematik her übertragbare Entscheidung des BGH[187] zum Wiedereinschluss bei Bandscheibenschäden verwiesen.

178 Vgl. weiter Grimm, Unfallversicherung AUB 2010 5 Rn. 93.
179 OLG Düsseldorf Urt. v. 29.02.2000 – 4 U 37/99, VersR 2001, 449 = r+s 2001, 390.
180 OLG Düsseldorf Urt. v. 29.02.2000 – 4 U 37/99, VersR 2001, 449 = r+s 2001, 390.
181 Grimm, Unfallversicherung AUB 2010 5 Rn. 82.
182 Grimm, Unfallversicherung AUB 2010 5 Rn. 82.
183 Grimm, Unfallversicherung AUB 2010 5 Rn. 93.
184 Beispiel nach Grimm, Unfallversicherung AUB 2010 5 Rn. 93.
185 OLG Hamm Beschl. v. 03.03.2006 – 20 U 227/05, r+s 2007, 164; Prölss/Martin – Knappmann, AUB 2010 5 Rn. 64; Terbille-Hormuth, Versicherungsrecht 3. Aufl. § 24 Rn. 188.
186 OLG Köln Urt. v. 21.09.2012 – 20 U 116/12, VersR 2013, 992 = r+s 2013, 399 = zfs 2013, 342.
187 BGH Urt. v. 28.01.2009 – IV ZR 6/08, VersR 2009, 492 = r+s 2009, 161 = zfs 2009, 402 = NJW-RR 2009, 679.

VIII. A.4.12.8 Psychische Reaktionen

103 Die Klausel schließt alle psychisch bedingten, krankhaften Störungen aus dem Versicherungsschutz aus, und zwar im Gegensatz zur zivilrechtlichen Haftung eines Unfallverursachers auch für psychische Reaktionen oder gerade Fehlverarbeitungen infolge eines Unfallereignisses.[188] Die Wirksamkeit der Klausel war früher heftig umstritten, ist jedoch seit zwei grundlegenden Entscheidungen des BGH nunmehr eindeutig dahingehend geklärt, dass die Klausel wirksam[189] aber ihr Inhalt sehr restriktiv auszulegen ist.[190]

104 Danach greift der Ausschluss nicht ein, wenn die Störung eine organische Ursache hat, auch wenn im Einzelfall das Ausmaß, in dem sich die organische Ursache auswirkt, von der psychischen Verarbeitung durch den VN abhängt, wie bspw. bei einem durch ein Knalltrauma ausgelösten **Tinnitus.**[191] Diese Rechtsprechung, die eine organische Ursache in Form eines körperlichen Traumas für eine krankhafte Störung erfordert, hat der BGH in einem späteren Beschluss vom 15.7.2009 ausdrücklich fortgeführt und konkretisierend klargestellt, dass der Risikoausschluss greift, wenn es entweder schon an einem körperlichen Trauma fehlt oder die krankhafte Störung des Körpers nur mit ihrer psychogenen Natur erklärt werden kann.[192]

105 Fehlt es jedoch bei einem festgestellten Tinnitus an einer feststellbaren organischen Entsprechung in Form einer Hörschädigung, sondern stellt vielmehr der Sachverständige ein sogenanntes »Normalgehör« fest, so greift der Ausschluss zugunsten des Versicherers.[193] So hat das LG Nürnberg-Fürth entschieden, dass ein **Auffahrunfall** nicht geeignet ist, ein Knalltrauma zu verursachen, das als organische Entsprechung für einen Tinnitus anerkannt werden könne.[194] Auch eine posttraumatische Belastungsstörung (PTBS) wird von der Ausschlussklausel erfasst, da sie gerade eine Folge des belastenden Ereignisses selbst ist und nicht etwa Folge einer sich aus dem Unfall ergebenden organischen Erkrankung.[195] Dies entspricht ihrer medizinischen Definition als verzögerte oder protrahierte Reaktion auf ein belastendes Ereignis oder eine Situation kürzerer oder längerer Dauer, die mit außergewöhnlicher Bedrohung oder katastrophalem Ausmaß einhergeht und bei fast jedem eine tiefe Verzweiflung hervorrufen würde (so F43.1 ICD-10 WHO 2006).[196] Die PTBS ist somit Folge des Erlebens eines ganz erheblichen Unfallgeschehens oder sonstigen traumatischen Geschehnisses, nicht jedoch eine Folge der unfallbedingten organischen Verletzung.[197] Insgesamt wird in der Praxis allzu leichtfertig und ohne hinreichende Beachtung der medizinischen Definition eine PTBS bescheinigt oder diagnostiziert, obwohl überhaupt kein hinreichend schwerwiegendes Unfallereignis oder sonstiges Traumageschehen mit hinreichendem Ausmaß im Sinne einer lebensbedrohenden Situation vorgelegen hat.[198] Typischerweise liegt daher bei der häufig anzutreffenden Behauptung

188 OLG Oldenburg Urt. v. 21.08.2002 – 2 U 103/02, zfs 2003, 559 = r+s 2004, 34.

189 BGH Urt. v. 23.06.2004 – IV ZR 130/03, VersR 2004, 1039 = r+s 2004, 385 = zfs 2004, 422 = NJW 2004, 2589 = NZV 2004, 567.

190 BGH Urt. v. 29.09.2004 – IV ZR 233/03, VersR 2004, 1449 = r+s 2004, 516 = zfs 2005, 142 = NJW-RR 2005, 32 = NZV 2005, 88; van Bühren, Handbuch Versicherungsrecht (Naumann) 6. Aufl. § 16 Rn. 156.

191 BGH Urt. v. 29.09.2004 – IV ZR 233/03, VersR 2004, 1449 = r+s 2004, 516 = zfs 2005, 142 = NJW-RR 2005, 32 = NZV 2005, 88.

192 BGH Beschl. v. 15.07.2009 – IV ZR 229/06, VersR 2010, 60 = r+s 2010, 164.

193 LG Nürnberg-Fürth Urt. v. 23.10.2008 – 8 O 2323/07, VersR 2009, 922 (rechtskräftig d. OLG Nürnberg Beschl. v. 10.03.2009 – 8 U 2461/08 n.v.).

194 LG Nürnberg-Fürth Urt. v. 23.10.2008 – 8 O 2323/07, VersR 2009, 922.

195 OLG Brandenburg Urt. v. 27.10.2005 – 12 U 87/05, VersR 2006, 1251; so auch OLG Düsseldorf Urt. v. 19.12.2008 – 4 U 30/08, r+s 2010, 165 (bestätigt durch Zurückweisung der Nichtzulassungsbeschwerde durch BGH Beschl. v. 15.07.2009 – IV ZR 13/09, juris); LG Dortmund Urt. v. 26.3.2009 – 2 O 130/08, r+s 2010, 478 = NJW-RR 2010, 42.

196 So Burmann/Heß, r+s 2010, 403 (404).

197 Wie vor (insgesamt lesenswert zur Problematik psychischer Erkrankungen in der Unfallversicherung); so auch Knappmann, VersR 2011, 324.

198 So auch Burmann/Heß wie vor.

einer PTBS nach eher harmlosen Auffahrunfällen mit stattgehabten HWS-Verletzungen eine solche PTBS gerade nicht vor. Auch sonstige psychische Fehlverarbeitungen anlässlich einer unfallbedingt erlittenen HWS-Verletzung (z.B. Anpassungsstörung ICD-10 F.43.2) oder somatoforme (Schmerz-)Störungen (ICD-10 F.45/F.45.4) unterfallen in der Unfallversicherung zumeist dem Risikoausschluss, da die HWS-Verletzung als solche regelmäßig nach kurzer Zeit abgeklungen ist und daher keine organische Ursache der psychischen Beeinträchtigung/Störung mehr gegeben ist.[199] Gleiches gilt, wenn der VN nach einer unfallbedingten HWS-Verletzung ohne orthopädisch oder neurologisch nachweisbare organische dauerhafte Schädigung später Beschwerden wie Bewegungsstörungen, Schwindel, Kopfschmerzen und Gefühlsstörungen in den Armen entwickelt. Mangels organischer Entsprechung als Unfallfolge ist von hochgradig verfestigten rein funktionellen psychisch bedingten Somatisierungsstörungen auszugehen.[200]

Erleidet der VN eine schwere Handverletzung und entwickelt infolge einer psychischen Fehlverarbeitung des Unfalls eine Persönlichkeitsstörung, die zu einer psychogenen Lähmung der Hand mit vollständiger Aufhebung der Gebrauchsfähigkeit führt, so besteht kein Versicherungsschutz, wenn weder nach neurologischem noch nach psychiatrischem Sachverständigengutachten eine organische Schädigung der Hand nachweisbar ist.[201] 106

Insgesamt ist die Klausel in ihrer konkreten Reichweite im Hinblick auf die Frage, ob sich der Versicherer nur dann nicht auf den Ausschlusstatbestand berufen kann, wenn der VN durch den Unfall hirnorganisch beeinträchtigt ist, so dass es zwingend zu krankhaften Veränderungen kommt, noch heftig umstritten und ist die Instanzrechtsprechung in weiten Bereichen sehr uneinheitlich. Das OLG Karlsruhe hat bspw. zu dieser Frage in einer jüngeren Entscheidung die Ansicht vertreten, dass eine solche hirnorganische Schädigung nicht als Voraussetzung dafür zu fordern ist, dass sich der Versicherer nicht auf den Ausschluss berufen kann. Auch wenn bspw. eine Depression aufgrund einer organischen Verletzungen zu psychischen Reaktionen mit Beschwerdesymptomatik führe, ohne dass Anhaltspunkte für eine psychische Fehlverarbeitung feststellbar seien, soll es danach dem Versicherer verwehrt sein, sich auf den Ausschlusstatbestand zu berufen.[202] Das Urteil ist vom BGH im Revisionsverfahren aufgehoben worden, allerdings aus anderen Gründen, ohne dass der BGH diese Streitfrage zu entscheiden brauchte. Eine weitergehende Klärung, welche psychischen Folgen versichert und welche aus dem Versicherungsschutz ausgenommen sind, ist daher im Hinblick auf das Erfordernis einer hirnorganischen Schädigung durch den BGH noch nicht erfolgt.[203] Zu verweisen ist für weitere Einzelheiten auf die aktuelle Literatur, wie bspw. die Darstellung offener Streitfragen zu der Problematik organischer Schädigungen, die jedoch nicht als Nerven- oder Hirnschäden direkte Auslöser einer psychischen Reaktion sind.[204] 107

Beweislast 108

Der Versicherer trägt die Beweislast für das Eingreifen des Ausschlusses und somit dafür, dass psychische Reaktionen vorliegen.[205] Er genügt seiner Beweislast, wenn er den Nachweis führt, dass organische/physische Ursachen für die Beschwerden vernünftiger Weise auszuschließen sind.[206]

199 Vgl. OLG Frankfurt Urt. v. 16.7.2006 – 7 U 222/05, r+s 2010, 164 (bestätigt durch Zurückweisung der Nichtzulassungsbeschwerde durch BGH Beschl. v. 15.07.2009 – IV ZR 229/06, VersR 2010, 60 = r+s 2010, 164).

200 OLG Köln Urt. v. 24.08.2005 – 5 U 126/02, VersR 2007, 976 = r+s 2008, 31.

201 LG Köln Urt. v. 12.12.2007 – 23 O 61/03, VersR 2008, 812.

202 OLG Karlsruhe Urt. v. 02.05.2006 – 12 U 192/04 n.v.

203 Kessal-Wulf, Aus der neueren Rechtsprechung des Bundesgerichtshofes zur privaten Unfallversicherung r+s 2008, 313 ff.

204 Vgl. Naumann/Brinkmann, Die private Unfallversicherung in der anwaltlichen Praxis § 4 Rn. 200 ff. m.w.N; Grimm, Unfallversicherung AUB 2010 5 Rn. 109 ff. m.w.N.; Kloth, Private Unfallversicherung K 100 ff. m.w.N.

205 So auch Knappmann, VersR 2011, 324 (325).

206 OLG Rostock Beschl. v. 24.08.2004 – 6 U 138/03, VersR 2006, 105 = r+s 2006, 124 = zfs 2005, 613.

Hierzu ist nicht ausreichend, dass solche lediglich nicht positiv festzustellen sind.[207] Es muss eine überwiegende Wahrscheinlichkeit gerade ergeben, dass vernünftiger Weise organische/physische Ursachen nicht bestehen. Der VN hat hierbei jedoch erhebliche Mitwirkungspflichten bei der Aufklärung, nicht nur was die sekundäre Darlegungslast für Umstände aus seiner alleinigen Kenntnissphäre angeht, sondern auch in Form der Teilnahme an ärztlichen Untersuchungen und Begutachtungen. Verweigert er diese, so stellt dies eine Beweisvereitelung dar, die zu seinen Lasten geht.[208] Der VR trägt die Beweislast dafür, dass die Funktionsbeeinträchtigung nicht auf einem körperlichen Gesundheitsschaden beruht. Denn dies ist objektive Tatbestandsvoraussetzung des Risikoausschlusses. Der VR muss mithin beweisen, dass keine organische Primärschädigung vorliegt.[209] In der Rspr. wird dies bislang anders gesehen. Danach soll die schlüssige Darlegung eines hirnorganischen Primärschadens seitens des VN nicht ausreichen, sondern müsse dieser zusätzlich nach dem Beweismaß des § 287 ZPO beweisen, dass der Primärschaden zu einer Invalidität infolge einer psychischen Reaktion geführt hat. Erst dann müsse der VR die Voraussetzungen für den Risikoausschluss beweisen.[210]

IX. A.4.12.9 Bauch- und Unterleibsbrüche

109 Der Sinn der Klausel liegt darin, die regelmäßig als Folge einer zumeist angeborenen Bindegewebsschwäche auftretenden Eingeweidebrüche (med. Hernien), bei dem sich Eingeweide durch eine Bruchpforte aus der Bauchhöhle ausstülpen, aus dem Versicherungsschutz auszunehmen. Ursache ist eine Zerreißung von Bindegewebe oder Muskelgewebe, die typischer Weise infolge einer entsprechenden Veranlagung beim Heben schwerer Gegenstände oder Pressen bei hoher Kraftanstrengung mit Anspannung der Gewebsstrukturen (bpsw. bei Dauerhusten) entsteht (sog. »Pressbruch«).[211] Um derartige allgemeine Lebensrisiken von den der Versicherung unterfallenden Unfallereignissen abzugrenzen ist der Ausschluss berechtigt.

110 Der Versicherungsschutz kann durch den Wiedereinschluss des 2. Satzes der Klausel wieder aufleben, wenn gerade ein in der Kfz-Unfallversicherung versichertes Unfallereignis mit gewaltsamer, von außen kommender Einwirkung zu der Verletzung führt. Dies kann in Ausnahmefällen aufgrund direkter oder indirekter Gewalteinwirkung von außen geschehen, bspw. bei Verkehrsunfällen mit schwerwiegenden Schnittverletzungen oder massiver Gewalteinwirkung wenn bspw. ein Motorradfahrer gegen eine Leitplanke geschleudert wird. Derartige von außen kommende Gewalteinwirkungen können jedoch regelmäßig nur im Zusammenhang mit weiteren typischen Verletzungsbildern wie plötzlich auftretenden Schmerzen, Schockzustand, Pulsveränderung als klinischen Anzeichen und/oder objektiven Lokalbefunden wie Blutungen, Zerreißungen, Hämatomen etc. angenommen werden.[212] Als ein solches gewaltsames, von außen kommendes Ereignis hat das LG Berlin das Auftreten von Hernien bei reflexartigen und ungewöhnlichen Kraftanstrengungen im Zusammenhang mit dem Abfangen plötzlich verrutschender oder herabstürzender schwerer Gegenstände angesehen. Das LG Berlin hat hierzu entschieden, dass es sich bei einem solchen »Preßbruch« beim Abfangen eines herabfallenden Fahrzeugmotors zur Abwehr der Gewalteinwirkung um eine von außen kommende Gewalteinwirkung handelt.[213]

111 **Beweislast**

Der Versicherer muss bei durch den VN zunächst nachzuweisendem Unfallereignis den Beweis erbringen, dass ein Bauch- oder Unterleibsbruch vorliegt. Damit genügt der Versicherer seiner

207 Knappmann, wie vor.

208 OLG Düsseldorf Urt.v. 04.12.2001 – 4 U 87/98, VersR 2003, 1294 = r+s 2003, 339.

209 Jakob, r+s 2022, 340; Kloth/Piontek, r+s 2024, 1 ff. (21 f.).

210 So OGL Dresden, Bschl. v. 4.1.2019 – 4 U 1657/18 u. Beschl. v. 14.2.2019, VersR 2019, 1355 = zfs 2019, 642.

211 Vgl. im einzelnen Grimm, Unfallversicherung AUB 2010 5 Rn. 112.

212 Grimm Unfallversicherung AUB 2010 5 Rn. 112 m.w.N.

213 LG Berlin Urt. v. 14.02.1989 – 7 S 53/88, VersR 1989, 1186 = r+s 1990, 103 = zfs 1990, 31.

Beweislast. Es obliegt dann wiederum dem VN, den Vollbeweis zu erbringen, dass der Bruch auf einer gewaltsamen, von außen kommenden Einwirkung beruht.[214] Diesen Beweis hat der VN nicht geführt, wenn sich keine objektiven Hinweise auf eine traumatische Einwirkung finden wie bpsw. Ödeme, Blutungen, Zerreißungen oder deren typische Folgen wie Schockzustand, starke Schmerzen ersichtlich sind.[215] In einem ähnlichen Fall, bei dem keine typischen objektivierbaren medizinischen Befunde zu erheben waren, hat das AG Wuppertal entschieden, dass bei einem Verhebetrauma infolge des Abfangens eines plötzlich verrutschenden ca. 150 kg schweren Hochdruckreinigers nicht vom Nachweis einer gewaltsamen, von außen kommenden Einwirkung auszugehen ist, wenn sich bei der wenige Tage später durchgeführten Operation keine frischen Verletzungen mit Anzeichen einer Zerreißung oder frische Blutungen oder Blutergußbildungen zeigen.[216]

Synopse zu A.4 Kfz-Unfallversicherung

Aufgrund der Änderungen von den AKB 2008 zu den AKB 2015 sind diese zur besseren Orientierung in der Neugliederung hier in einer Synopse zusammengefasst:

AKB 2008	Regelungsinhalt	AKB 2015
A.4.1	Was ist versichert?	A.4.1
A.4.1.1	Anwendungsbereich	A.4.1.1
A.4.1.2	Unfallbegriff	A.4.1.2
A.4.1.3	Erweiterter Unfallbegriff	A.4.1.3
A.4.2	Wer ist versichert?	A.4.2
A.4.3	Örtlicher Geltungsbereich	A.4.3
A.4.4	Leistungsinhalt ⊠ V'Schein	A.4.4
A.4.5	Leistung bei Invalidität	A.4.5
A.4.5.1	Voraussetzungen	A.4.5.1
A.4.5.1	Invalidität	A.4.5.1.1
A.4.5.1	Eintritt u. ärztl. Feststellung	A.4.5.1.2
A.4.5.1	Geltendmachung beim VR	A.4.5.1.3
A.4.5.1	Tod innerhalb von 1 Jahr	A.4.5.1.4
A.4.5.2	Art (und Höhe) der Leistung	A.4.5.2
A.4.5.2	Einmalzahlung	A.4.5.2.1
A.4.5.3	Invaliditätsgrad/Bemessung	A.4.5.2.2
A.4.5.3 lit. a	Gliedertaxe	A.4.5.2.3
A.4.5.3 lit. b	Bemessung außerhalb der Gliedertaxe	A.4.5.2.4
A.4.5.3 lit. c	Minderung bei Vorinvalidität	A.4.5.2.5
A.4.5.3 lit. d	Beeinträchtigung mehrerer Körperteile o. Sinnesorgane	A.4.5.2.6
A.4.5.3 lit. e	Leistung bei Tod der versicherten Person	A.4.5.2.7

214 OLG Hamburg Urt. v. 15.09.1988 – 10 U 44/88, r+s 1990, 102; OLG Hamm Urt. v. 30.11.2005 – 20 U 96/05, r+s 2006, 340; Prölss/Martin – Knappmann, AUB 2010 Ziff. 5 Rn. 72; Grimm AUB 2010 5 Rn. 112.

215 OLG Hamm Urt. v. 30.11.2005 – 20 U 96/05, r+s 2006, 340.

216 AG Wuppertal Urt. 23.01.1997 – 31 C 196/95, r+s 1998, 436.

AKB 2008	Regelungsinhalt	AKB 2015
A.4.6	Leistung bei Tod	A.4.8
A.4.6.1	Voraussetzung	A.4.8.1
A.4.6.2	Höhe der Leistung	A.4.8.2
A.4.7	Krankenhaustagegeld, Genesungsgeld, Tagegeld	A.4.6 bzw. A.4.7
A.4.7.1	Krankenhaustagegeld Voraussetzungen	A.4.7.1
A.4.7.2	Krankenhaustagegeld Höhe	A.4.7.2
A.4.7.3	Genesungsgeld Voraussetzungen	Nicht mehr vorgesehen
A.4.7.4	Genesungsgeld Höhe	Nicht mehr vorgesehen
A.4.7.5	Tagegeld Voraussetzungen	A.4.6.1
A.4.7.6	Tagegeld Höhe	A.4.6.2
A.4.7.7	Tagegeld max. für 1 Jahr	A.4.6.2
A.4.8	Vorbestehende Krankheiten und Gebrechen	A.4.9
A.4.8.1	Begrenzung auf Unfallfolgen	A.4.9.1
A.4.8.1	Mitwirkung	A.4.9.2
A.4.8.1	Minderungsberechnung	A.4.9.2.1
A.4.8.2	Beachtlichkeitsgrenze 25 %	A.4.9.2.2
A.4.9	Fälligkeit und Abtretung	A.4.10
A.4.9.1	Prüfung Ihres Anspruchs	A.4.10.1
A.4.9.2	Ärztliche Gebühren	A.4.10.1
A.4.9.3	Fälligkeit der Leistung	A.4.10.2
A.4.9.4	Vorschüsse	A.4.10.3
A.4.9.5	Begrenzung für erstes Jahr	A.4.10.3
A.4.9.6	Neubemessung	A.4.10.4
A.4.9.7	Leistung für mitversicherte Person	A.4.11.2
A.4.9.8	Abtretung	A.4.11.1
A.4.10	Was ist nicht versichert?	A.4.12
A.4.10.1	Straftat	A.4.12.1
A.4.10.2	Geistes- oder Bewusstseinsstörung/Trunkenheit	A.4.12.2
A.4.10.3	Rennen	A.4.12.3
A.4.10.4	Erdbeben/Kriegsereignisse	A.4.12.4
A.4.10.5	Kernenergie	A.4.12.5
A.4.10.6	Bandscheiben, innere Blutungen	A.4.12.6
A.4.10.7	Infektionen	A.4.12.7
A.4.10.8	Psychische Reaktionen	A.4.12.8
A.4.10.9	Bauch- und Unterleibsbrüche	A.4.12.9

A.5 Fahrerschutzversicherung – wenn der Fahrer verletzt oder getötet wird

Die Fahrerschutzversicherung ist eine Kfz-Unfallversicherung, deren Leistungen sich nach dem tatsächlich entstandenen Personenschaden richten.

Übersicht

A. Allgemeines

1 Schon zum Zeitpunkt der Erstauflage dieses Kommentars[1] – war die Fahrerschutzversicherung in Deutschland kein Novum mehr. Damals hatten bereits viele namhafte Versicherer unter unterschiedlichen Namen das neue Produkt in ihrem Angebot; üblicherweise damals noch mit Paragrafen nach der alten AKB-Struktur bis 2007. Dabei gab und gibt es eine hohe Bandbreite unterschiedlichster[2] Bedingungen.

2 Spezielle Fahrerschutz-Musterbedingungen des GDV fehlten allerdings selbst in den AKB 2008 noch völlig, so dass eine grundsätzliche Orientierung sowohl für Versicherungsunternehmen, Rechtsanwälte und Gerichte weiterhin schwierig blieb.

3 Eine Kommentierung individueller Produkte einzelner Anbieter war weder damals noch heute angebracht. Es obliegt allein der Rechtsprechung, individuelle Fahrerschutz-Bedingungen und einzelne Klauseln auf ihre Vereinbarkeit mit den gesetzlichen Anforderungen zu prüfen.

4 Der späte Entschluss des Verbandes zur Abfassung eigener Empfehlungen mag der Schwierigkeit geschuldet sein, dass sich anfangs nicht erkennen ließ, ob sich das Produkt am Markt durchsetzen wird. Zudem war die unterschiedliche Ausrichtung individueller Bedingungstexte bereits so weit fortgeschritten, dass die Findung eines Konsenses für eine bestimmte Empfehlung nicht leicht gefallen ist.

5 Mit den überarbeiteten AKB 2015 sind nach verschiedentlichen Rufen[3] endlich Musterbedingungen für die Fahrerschutzversicherung in die AKB aufgenommen worden.

6 Es handelt sich bei den vorliegenden Bedingungen, um **fahrzeugbezogene Klauseln.** Der Versicherungsschutz wird – wie auch in den anderen Autoversicherungen – an ein versichertes Fahrzeug geknüpft. Ähnlich der Autoschutzbriefversicherung in A.3 AKB zur AVAR[4] und der Kfz-Unfallversicherung in A.4 AKB zur AUB 2014, ist auch die Ausgestaltung als personenbezogene Fahrerschutzversicherung – allerdings wiederum nur außerhalb der AKB – möglich.

B. Regelungsgehalt

I. Überschrift

7 Die Überschrift enthält zugleich einen Einordnungs- und Erklärungsversuch, wie wir ihn bereits aus allen anderen Autoversicherungen her kennen. Sie beschreibt positiv, dass es einzig um die Person des Fahrers für den Fall seiner Verletzung oder Tötung geht.

1 Siehe dort *Schwab* Kap. Fahrerschutzversicherung (FSV).
2 *Heinrichs*, Die Fahrerschutzversicherung DAR 2011, 565 ff. (566).
3 Himmelreich/Halm/*Wilms*, Handbuch des Fachanwalts Verkehrsrecht, Kap. 23, Rn. 12; *Hering*, AnwZert VerkR 10/2013 Anm. 2; *Becker*, Die Fahrerschutzversicherung in der anwaltlichen Unfallschadenregulierung, zfs 2015, 10 (14).
4 Allgemeine Versicherungsbedingungen für den Auto- und Reise-Schutzbrief (AVAR).

8 Damit beschreibt sie zugleich negativ, dass es sich bei A.5 AKB 2015 weder um eine Fahrer-Rechtsschutz-[5], Fahrer-Sachschaden-, noch Fahrer(haft)pflichtversicherung[6] handelt. Mittelbare Folge daraus ist, dass die Deckungssummen in der Kfz-Haftpflichtversicherung nicht dazu dienen können, vertragliche Versicherungsleistungen des eigenen Fahrers mit abzudecken. Diese müssen aus einem **eigenen Prämientopf** finanziert werden.

II. Vorgestellte Klausel

9 In Abweichung zu allen anderen Autoversicherungen beschreibt sodann erstmals an dieser Stelle eine vorgestellte Klausel, dass es sich bei der Fahrerschutzversicherung um eine spezielle Kfz-Unfallversicherung handele. Damit erfolgt zunächst textlich eine grundsätzliche Einordnung der Versicherungsart als Unfallversicherung im Sinne der §§ 178 ff. VVG.

10 Zugleich wird jedoch in der Klausel der wesentliche Unterschied zur bislang bekannten Kfz-Unfallversicherung in A.4 herausgestellt. Die Leistung wird nicht mehr abstrakt an der versicherten Summe, sondern konkret am tatsächlich entstandenen Personenschaden des Fahrers festgemacht. Es handelt sich also gerade nicht um eine Summenversicherung, wie sie das Wesen der Unfallversicherung ausmacht, sondern um eine an der konkreten Schadenhöhe ausgerichtete Schadenversicherung.[7]

11 Allein die Bezeichnung als Kfz-Unfallversicherung in der vorgestellten Klausel macht aus den nachfolgenden Vorschriften gerade noch keine Versicherung, die als reine Unfallversicherung nur nach den §§ 178 ff. VVG zu messen wäre. Voraussetzung ist, dass die Inhalte dem Leitbild des Gesetzgebers für die private Unfallversicherung noch gerecht werden.

12 Insoweit sind bereits an dieser Stelle Zweifel geboten, da sich nicht nur einzelne Klauseln durchaus auch anderen Versicherungsarten zwanglos zuordnen lassen. Mit wachsendem Leistungsversprechen werden schnell die eher engen Grenzen der Unfallversicherung überschritten. Dies zeigt sich dann insbesondere in A.5.4.1 AKB im Rahmen der offenen Formulierung oder der Variante der selektiven Leistungsbegrenzung. Je näher sich der Leistungsumfang am konkreten Schaden des Fahrers orientiert, desto weiter entfernt sich die Fahrerschutzversicherung inhaltlich von der »textlich nahegelegten rechtlichen Hülle« der §§ 178 ff. VVG. Schließlich gelten in der klassischen Unfallversicherung die Vorschriften der Schadensversicherung nach den §§ 79 bis 99 VVG grundsätzlich nicht.[8] Gerade die Anwendbarkeit der Vorschriften der Schadenversicherung hat jedoch die Rechtsprechung in ersten Entscheidungen zur Fahrerschutzversicherung explizit für § 86 VVG bestätigt.[9]

13 Die Festlegung der Fahrerschutzversicherung als Unfallversicherung ist zudem nur eine – doch eher seltene – Variante der rechtlichen Einordnung. Der Name »Fahrer-Unfallversicherung« wurde schon als eher irreführend[10] bezeichnet. Die bislang am **Markt** verwendeten Bedingungen gehen daher weit überwiegend davon aus, dass es sich um eine **subsidiäre Restschadensversicherung** handeln soll.

14 Es liegt daher näher, von einem **spartenübergreifenden Versicherungsprodukt**[11] zu sprechen. Das sollte auch für die Musterbedingungen noch gelten, obwohl sie begrifflich das Vokabular der Unfallversicherung verwenden.

---

5 § 22 ARB 2010 bzw. Fahrer-Rechtsschutz (D) ARB 2012, Stand Juni 2013.

6 *Keilbar*, Ruf nach der »Fahrerversicherung«, NZV 1988, 213 f. *Martin*, Nochmals: Ruf nach der »Fahrerversicherung«, NZV 1989, 180 f.

7 So auch *Heinrichs*, Die Fahrerschutzversicherung DAR 2011, 565 ff. (566).

8 Schwintowski/*Brömmelmeyer*, PK-VersR, vor § 178 VVG, Rn. 2; Looschelders/Pohlmann/Götz, VVG-Kommentar, § 178 VVG, Rn. 3.

9 OLG Koblenz, Urt. v. 12.8.2013 – 12 U 1095/12, NJW Spezial 2013, 587 = BeckRS 2013, 14414 = VersR 2014, 1365 mit Anmerkung von Kreuter-Lange.

10 Himmelreich/Halm/*Wilms*, Handbuch des Fachanwalts Verkehrsrecht, Kap. 23, Rn. 11; Beckmann/Matusche-Beckmann/Heß/Höke, Versicherungsrechts-Handbuch, § 30, Rn. 374.

11 *Schwab*, Fahrerschutzversicherung, Rn. 30.

C. Weitere praktische Hinweise

Die unter A.5 AKB aufgeführten Bedingungen sind nicht abschließend. Sie sind – wie generell erforderlich – in Verbindung mit den anderen Teilen der AKB zu sehen. An verschiedenen Stellen war die Aufnahme von Spezialvorschriften und Anpassungen notwendig. Sie finden sich in 15
- B.2.2 AKB für den Beginn des Versicherungsschutzes
- D.1.1.4 AKB Rennklausel
- D.1.3 1 AKB Alkohol und andere berauschende Mittel
- D.1.3.2 AKB Gurtpflicht
- E.1.6.1 AKB medizinische Versorgung
- E.1.6.2 AKB medizinische Aufklärung
- E.1.6.3 AKB Aufklärung möglicher Ansprüche gegen Dritte
- E.1.6.4 AKB Wahrung von Ansprüchen gegen Dritte
- G.4.1 AKB Kündigung
- G.7.1 AKB kein Übergang bei Fahrzeugveräußerung

A.5.1 Was ist versichert?

Versichert sind Personenschäden des berechtigten Fahrers, die dadurch entstehen, dass er durch einen Unfall beim Lenken des versicherten Fahrzeugs verletzt oder getötet wird.

Ein Unfall liegt vor, wenn der Fahrer durch ein plötzlich von außen auf seinen Körper wirkendes Ereignis (Unfallereignis) unfreiwillig eine Gesundheitsschädigung erleidet.

Zum Lenken des Fahrzeugs gehört z.B. nicht das Ein- und Aussteigen oder das Be- und Entladen.

Übersicht

A. Überschrift

Die Überschrift passt sich der Systematik der anderen Versicherungen innerhalb der AKB an. Das erleichtert das Auffinden an der Stelle, wo man die Beschreibung des Schadensereignisses seit Einführung der neuen Struktur in 2008 erwartet. 1

B. Absatz 1

Der Absatz 1 der Klausel stellt klar, dass es um Personenschäden des Fahrers geht. Der Begriff »Personenschaden« wird an dieser Stelle nicht definiert. An späterer Stelle, in A.5.4.1 AKB[1] findet sich in der ersten Variante lediglich eine symbolhafte Aufzählung von Folgen, die aus einem Personenschaden resultieren können. 2

I. Personenschaden

Der Begriff des »Personenschadens« ist der Unfallversicherung nach den §§ 178 ff. VVG fremd. Entsprechend taucht er weder in A.4 AKB, der Kfz-Unfallversicherung noch in den Regelungen der 3

1 *Kreuter* A.5.4.1 AKB Rdn. 1 ff.

allgemeinen Unfallversicherung nach den AUB 2014 auf. Die Unfallversicherung ist darauf ausgerichtet, bei Eintritt einer Bedingung (Körperschaden/Invalidität) eine zuvor vertraglich vereinbarte Leistung zu erbringen. Die klassische Summenversicherung nach dem Prinzip der abstrakten Bedarfsdeckung[2] setzt demnach nicht voraus, dass infolge eines Körperschadens ein wirtschaftlicher Folgeschaden (Verdienstausfall, Heilbehandlungskosten, etc.) entstanden ist.

4 Tatsächlich handelt es sich beim »*Personenschaden*« um einen Begriff aus dem Schadensersatz- und Haftpflichtversicherungsrecht. Im einschlägigen Versicherungsrecht wird er erwähnt in den §§ 1 PflVG; 2 Abs. 1 KfzPflVV und somit entsprechend folgerichtig auch in A.1.1.1 AKB. Hierzu zählen Körper- und Gesundheitsverletzungen von Personen bis hin zum Tod; aber auch die Verletzung weiterer personenbezogener Rechtsgüter wie die Freiheit[3] und die Ehre[4].

II. Einschränkungen

5 Der methodisch eigentlich verfehlte Ansatzpunkt, die Fahrerschutzversicherung als Unfallversicherung zu definieren, führt zwangsläufig zu der Problematik, den Personenschaden nicht ohne weiteres dort einordnen zu können. Der Anwendungsbereich muss durch die Aufzählung weiterer Anforderungen präzisiert werden.

1. Fahrer

6 Versichert ist nur der berechtigte[5] **Fahrer**. Ausgeschlossen werden somit Insassen, aber auch der Beifahrer, Begleiter beim begleiteten Fahren nach § 48a FeV und Fahrertrainer. Der Begriff des Fahrers wird weder in der Fahrerschutzversicherung noch an einer anderen Stelle der AKB[6] definiert. Selbst § 1 PflVG definiert den Fahrer nicht.

7 Fahrer ist jedenfalls der Kraftfahrzeugführer im Sinne des § 2 StVG. Allerdings ist auch der Fahrlehrer nach der gesetzlichen Fiktion[7] Fahrzeugführer, § 2 Abs. 15 Satz 2 StVG. Zudem beschränken sich die Pflichten des Fahrers nicht nur auf das reine Führen des Fahrzeugs.

2. beim Lenken

8 Durch die weitere Einschränkung dank des Merkmals »***beim Lenken***« gelingt es, sonstige Tätigkeiten des Fahrers vom Versicherungsschutz auszunehmen. Trotz positiver Formulierung bezüglich des Lenkens handelt es sich inhaltlich um einen **Quasi-Ausschluss** sonstiger Fahrertätigkeiten, die nicht unmittelbar mit dem Lenken im Zusammenhang stehen.

9 In der Fahrerschutzversicherung soll nicht jede fahrertypische Handlung, die ansonsten zum Gebrauch des Fahrzeugs gerechnet werden kann, versichert sein. Ausgeschlossen sind somit insbesondere Tätigkeiten, die jedermann am Fahrzeug ausführen kann wie kleine Wartungsarbeiten, Betanken und Waschen, aber auch die Verletzung, die sich der Fahrer beim Radwechsel nach einem platten Reifen zuzieht.

10 Beabsichtigt ist durch die Quasi-Ausschlussklausel eine Reduzierung des Versicherungsumfangs auf eine reine »**Fahrzeug-Führer-Schutzversicherung**«.[8] Im Gegensatz zur in Österreich üblichen Lenkerschutz-Versicherung und dem dort, der Schweiz und Teilen Süddeutschlands gebräuchlichen

---

2 Looschelders/Pohlmann/*Götz*, VVG-Kommentar, § 178 VVG, Rn. 3; Staudinger/Halm/Wendt FAKomm-Vers/*Hugemann*, § 178 VVG, Rn. 5.

3 *Kreuter* A.1 AKB Rdn. 37 f.

4 *Kreuter* A.1 AKB Rdn. 39.

5 Zum berechtigten Fahrer siehe A.5.2 AKB Rdn. 1 ff.

6 *Kreuter* A.1.2 AKB Rdn. 39.

7 Diese gelte im Strafrecht nicht, wenn ein fortgeschrittener Fahrschüler begleitet werde, so *BGH* Urt. v. 23.09.2014 – 4 StR 92/14, JurionRS 2014, 28571 = DAR 2015, 97 = NJW 2015, 1124 = NZV 2015, 145 = zfs 2015, 111.

8 *Schwab* Fahrerschutzversicherung, Rn. 110.

Wort »Lenker« als Synonym für den Fahrzeugführer, fällt eine Eingrenzung auf bestimmte Tätigkeiten des »Fahrers« in Deutschland sichtlich schwerer.

Somit fallen selbst nach den §§ 24; 49 StVO bußgeldbewährte Pflichten des Fahrzeugführers außerhalb des Fahrzeugs, wie beispielsweise 11

- das Entrichten der Parkgebühr am Parkscheinautomat nach § 13 StVO
- das sorgfältige Ein- oder Aussteigen nach § 14 StVO
- das Absichern liegengebliebener Fahrzeuge mittels Warndreieck nach § 15 Satz 2 StVO
- das Absichern einer Unfallstelle nach § 34 Nr. 2 StVO

nicht unter den Deckungsschutz. Entsprechend besteht auch kein Versicherungsschutz, wenn der Fahrer die vereisten Scheiben freikratzt und dabei selbst auf der schneebedeckten Fahrbahn ausrutscht.

In der Konsequenz entfällt nach dem Wortlaut der Klausel der Versicherungsschutz gerade dann, wenn der Fahrer Maßnahmen zur allgemeinen Gefahrenreduzierung außerhalb des Fahrzeugs betreibt und sich zu deren Umsetzung durch das Verlassen des Fahrzeugs an gefährlichen Stellen (Autobahnseitenstreifen, Fahrbahn) begeben muss. Gerade hier wäre der Fahrer jedoch auf Versicherungsschutz angewiesen. 12

Es bleibt abzuwarten, wie weit die Rechtsprechung »beim Lenken« letztlich auslegen wird. Aufgrund der besonderen Pflichten zur Sicherung des Fahrzeugs bei einer Panne oder einem Unfall nach den §§ 15 Satz 2; 34 Nr. 2 StVO ist nicht auszuschließen, dass ein unmittelbar vorangegangenes Lenken, das die Absicherungspflichten zu Gunsten des Verkehrsteilnehmer auslöst als ausreichend erachtet wird. 13

Fahrzeuge ohne Lenker gibt es bereits für Behinderte, die ihr Fahrzeug mit Joystick selbst steuern. Selbstgelenkte Fahrzeuge[9] befinden sich in der Entwicklungs- und Erprobungsphase. Die technischen[10] und rechtlichen[11] Voraussetzungen für ein **autonomes Fahren** bzw. automatisiertes Fahren[12] nehmen immer mehr Gestalt an. Auch wenn immer mehr technische Einrichtungen das Fahrzeugführen erleichtern werden, die rechtliche Verantwortung bleibt beim Fahrzeugführer. Personen mit Handicap, aber auch künftige Fahrzeugführer mit selbstgelenkten Fahrzeugen werden ebenfalls Interesse an einer Fahrerschutzversicherung haben. Unter Berücksichtigung der heute schon absehbaren technischen Möglichkeiten erscheint es sinnvoller, eine zukunftsweisendere Formulierung zu finden, z.B.: »Kein Versicherungsschutz besteht für Schäden, die nicht im unmittelbaren Zusammenhang mit dem verantwortlichen Führen des Fahrzeugs (vom Fahrersitz aus) stehen.« Ein solcher Ausschluss wäre allerdings in einer eigenständigen Nummer unter A.5.6 AKB aufzunehmen. 14

3. Einzelfälle beim Lenken

Steigt der unverletzte Fahrer nach einem Auffahrunfall aus, um Personalien für die **Unfallaufnahme** auszutauschen, so kann nach dem *BGH*[13] ein dabei auf Glatteis erfolgter Sturz des Fahrers haftungsrechtlich dem Schädiger zugerechnet werden, da die Gefahrenlage durch den Auffahrunfall geschaffen wurde. 15

---

9 http://www.spiegel.de/auto/fahrkultur/autonomes-fahren-reaktion-auf-die-schwindende-lust-am-autofahren-a-943300.html, recherchiert am 23.11.2014.

10 *Keldenich* Wiesbadener Kurier, Motor.Journal v. 13.12.2014, S. 51; Die 5 Herausforderungen für autonomes Fahren, Auto Motor Sport 26/2014, S. 96 ff.

11 *Lutz/Hilgendorf* Die bevorstehende Änderung des Wiener Übereinkommens über den Straßenverkehr: Eine Hürde auf dem Weg zu (teil-) autonomen Fahrzeugen ist genommen!, DAR 2014, 446 ff.

12 »Automatisiertes Fahren« war Titel des Arbeitskreises II des 53. DVGT 2015.

13 *BGH* Urt. v. 26.02.2013 – VI ZR 116/12, JurionRS 2013, 32914 = DAR 2013, 261 = ADAJUR Dok. Nr. 110000 = JZ 2013, 292 = MDR 2013, 416 = NJW 2013, 1679 = NJW-Spezial 2013, 233 = NZV 2013, 279 = r+s 2013, 247 = VersR 2013, 599 = VRR 2013, 219 bespr. v. *Knappmann* = zfs 2013, 315.

16 Zurechnungsgesichtspunkte des Haftungsrechts sind auf versicherungsvertragliche Leistungsbeschreibungen jedoch nicht übertragbar: So kam es beim Lenken zwar zum Auffahrunfall, aber noch nicht zur Verletzung des Fahrers. Denn er ist erst nach dem Lenken ausgestiegen und danach gestürzt, so dass er in der Fahrerschutzversicherung keinen Versicherungsschutz genießt. Die Verursachung der Verletzung erfolgte nicht unmittelbar, da diese nicht während des Lenkens (beim Lenken) eintrat.

17 Ebenso besteht kein Versicherungsschutz, wenn der ausgestiegene oder der noch im Fahrzeug sitzende Fahrer durch das offene Fenster **vom Unfallgegner geschlagen** wird.

4. Erst- und Folgeverletzung

18 Der unmittelbare Zusammenhang ist aber noch dann gegeben, wenn der Fahrer durch einen Unfall beim Lenken eine **Primärverletzung** erleidet, infolge dessen er dann außerhalb des Fahrzeugs eine zweite Körperverletzung erfährt.

▶ **Beispiel:**

19 Der versicherte Fahrer prallt mit dem Kopf nach einem Seitanstoß gegen die B-Säule und erleidet eine Kopfplatzwunde. Er steigt benommen aus und stürzt auf die Fahrbahn, wobei er sich an der Schulter verletzt.

▶ **Gegenbeispiel (kein Versicherungsschutz):**

20 Der versicherte Fahrer prallt mit dem Kopf nach einem Seitanstoß gegen die B-Säule und erleidet eine Kopfplatzwunde. Er steigt aus, um seiner verletzten Beifahrerin zu helfen. Beim Öffnen der kaputten Beifahrertür verletzt er sich an den Händen.

21 Im Gegenbeispiel ist die zweite Verletzung zwar eine Folge des Verkehrsunfalles, aber keine unmittelbare Folge aus der Kopfplatzwunde. Insoweit liegt eine **Zäsur** vor, da die zur Verletzung führenden Handlung auf dem Entschluss zur Hilfeleistung[14] beruht.

22 Soweit im Beispiel die Sekundärverletzung eine Folge des Unfalles mit Primärverletzung beim Lenken ist, stellt sich die Frage, ob durch die Formulierung »*... Personenschäden ... entstehen ... beim Lenken ...*«, nur die unmittelbare Erstverletzung gedeckt sein soll. Der Wortlaut lässt diese Sichtweise jedenfalls zu. Andererseits heißt es aber auch nicht »*... unmittelbar beim Lenken entstandene Personenschäden ...*«, sondern nur »Personenschäden«.

23 Anders als bei einem reinen Blechschaden am Fahrzeug, bei dem in Bruchteilen einer Sekunde ein Schaden eintritt, muss beim Personenschaden das Ereignis mit dem bloßen Körperkontakt noch nicht abgeschlossen sein. Der die Verletzung bewirkende Anstoß ist der Auslöser einer Entwicklung, der zumindest durch wenigstens vorübergehend zu einem (zumindest begrenzten) Kontrollverlust führt. Wer als versicherter Fahrzeuglenker bei einem Unfall aus dem Fahrzeug herausgeschleudert wird, wird daher berechtigterweise erwarten können, dass er nicht nur für die Schäden, die er im Fahrzeug erlitten hat, sondern auch für die nachfolgenden Verletzungen Versicherungsschutz genießt.

24 Etwaige Zweifel gehen zu Lasten des Versicherers.

5. Folgeunfälle

25 In der privaten[15] Unfall-[16] und Kfz-Unfallversicherung[17] ist anerkannt, dass Zweitunfälle innerhalb der Frist von drei Jahren zur Invaliditätsfeststellung, dem Erstunfall anzurechnen sind. Als Beispiel

14 Je nach Sachlage kann Unfallversicherungsschutz über die gesetzliche Unfallversicherung bestehen, § 2 Abs. 1 Nr. 12 SGB VII.

15 Ebenso mittelbare Folgen in der in der gesetzlichen Unfallversicherung nach § 11 SGB VII.

16 *BGH* Urt. v. 03.12.1997 – IV ZR 43/97, BGHZ 137, 247 = JurionRS 1997, 20721 = ADAJUR Dok. Nr. 30079 = MDR 1998, 411 = NJW 1998, 905 = NJW-RR 1998, 534 = VersR 1998, 308 = zfs 1998, 145.

17 *OLG Köln* Urt. v. 20.01.1997 – 5 U 132/96, JurionRS 1997, 24953.

ist insbesondere der Sturz beim Gehen an Krücken zu nennen. Die Einordnung der Fahrerschutzversicherung als besondere Unfallversicherung verstärkt daher den Eindruck, dass ebenso Folgeunfälle mitversichert sein sollen. An versteckter Stelle – in A.5.4.3 Satz 2 AKB – findet sich zudem in einem anderen Zusammenhang der Hinweis, dass mehrere zeitlich zusammenhängende Schäden, die dieselbe Schadenursache haben, als ein Schadenereignis gelten.

Eine Besonderheit der Fahrerschutzversicherung besteht darin, dass die Leistung so bemessen wird, als ob ein Dritter nach deutschen Schadensersatzbestimmungen zur Leistung verpflichtet wäre, A.5.4.1 AKB. Im Personenschadensersatzrecht ist anerkannt, dass der Schädiger für die unmittelbaren Schäden und die daraus resultierenden Folgeschäden ersatzpflichtig ist. Dazu gehören insbesondere Thrombosen, Arthrosen sowie Refrakturen bei normaler Belastung; nicht jedoch Folgen durch einen neuen Autounfall. Für die Folgen eines Zweitunfalles besteht nach dem *BGH*[18] allerdings eine Mitverantwortung des Erstschädigers, wenn der Erstunfall die Voraussetzungen für die körperliche Schadensanfälligkeit geschaffen oder erhöht hat. **26**

Im Schadensersatzrecht werden allerdings Zweitunfälle, die nur mittelbar mit dem Erstunfall im Zusammenhang stehen, nicht mehr dem Erstschädiger zugerechnet, auch wenn sie mit der Heilbehandlung der Erstunfallfolgen im Zusammenhang stehen, wie bei einem Unfall auf dem Weg zur Unfallnachsorgeuntersuchung[19] beim Hausarzt. Nur unmittelbare Zweitunfälle, die noch in einem ausreichend nahen und örtlichen Zusammenhang stehen, wie z.B. der Unfall des Rettungswagens[20] beim Transport des beim Erstunfall Verletzten, werden noch dem Erstschädiger zugerechnet. Dann ist auch in der Fahrerschutzversicherung noch von einem Schadenereignis nach A.5.4.3 Satz 2 AKB auszugehen. **27**

6. Position des Fahrers beim Lenken

Die weitere Präzisierung durch die Worte »*beim Lenken*« wird nochmals durch den Absatz 3 in A.5.1 AKB verstärkt. Gemeint ist offenbar, dass der Fahrer in einem PKW auf dem Fahrersitz nach § 35a StVZO sitzend, das Fahrzeug in Betrieb nimmt und lenkt. **28**

Der Wortlaut der Bestimmung enthält allerdings keine (ausreichend) präzise Einschränkung. Ein Fahrer, der sein Fahrzeug **schiebt**, muss zwangsläufig neben diesem herlaufen und durch das geöffnete Seitenfenster das Lenkrad bedienen. Stürzt er bei dem gefahrenträchtigen Vorgang und verletzt sich, erfüllt auch er die wörtlichen Voraussetzungen der Fahrerschutzversicherung. Der versicherte Fahrer kann zudem erwarten, dass das Schieben/Lenken mitversichert ist, da er das Fahrzeug bewegt und nicht lediglich ein-/oder aussteigt. Für die Erwartungshaltung spricht zudem, dass in der privaten[21] Unfallversicherung solche Schadensursachen[22] versichert sind. **29**

7. Beim Nachlenken eines (ab-)/geschleppten Fahrzeugs

Wird ein versichertes **Fahrzeug gezogen**, weil es in zulässiger Weise[23] betriebsunfähig abgeschleppt[24] oder betriebsfähig geschleppt werden muss, hat auch die Person im versicherten Fahrzeug (nach-) zu lenken. Auch der **Nachlenker** ist Fahrer, da er das Fahrzeug mittels Bremsen, Zeichen geben und **30**

---

18 *BGH* Urt. v. 20.11.2001 – VI ZR 77/00, JurionRS 2001, 20730 = DAR 2002, 115 = ADAJUR Dok. Nr. 47609 = MDR 2002, 215 = NJW 2002, 504 = NZV 2002, 113 = PVR 2002, 223 bespr. v. *Balke* = VersR 2002, 200 = VRS 102, 1 = zfs 2002, 121.

19 Mittelbare Folgen sind nur in der gesetzlichen Unfallversicherung mitversichert, § 11 SGB VII.

20 *BGH* Urt. v. 15.12.1970 – VI ZR 51/70, BGHZ 55, 86 = JurionRS 1970, 11054 = DB 1971, 331 = JZ 1971, 382 = MDR 1971, 287 = NJW 1971, 506 = VersR 1971, 32.

21 Zur gesetzlichen Unfallversicherung siehe *OLG Celle* Urt. v. 23.12.2009 – 14 U 99/09, JurionRS 2009, 29966.

22 *OLG Düsseldorf* Urt. v. 28.12.2006 – I-4 U 39/06, JurionRS 2006, 29988 = r+s 2008, 80; *LG Siegen* Urt. v. 07.09.2012 – 1 O 230/07, JurionRS 2012, 35312 = r+s 2013, 36 (Kausalitätsbeweis nicht geführt).

23 Hentschel/König/*Dauer* § 33 StVZO, Rn. 6.

24 § 18 Abs. 1 StVZO a.F.

Lenken nachführt. Nur der Nachlenker eines betriebsfähigen Fahrzeugs bedarf nach § 33 Abs. 2 Nr. 1 Satz 1 StVZO vom Grundsatz[25] her einer Fahrerlaubnis, so dass bei abgeschleppten Fahrzeugen die Führerscheinklausel nach D.1.3 AKB nicht zur Anwendung kommt.

31 Anders als in A.1.5 AKB in der Haftpflichtversicherung bezieht sich der Versicherungsschutz für den Fahrer des ziehenden Fahrzeugs nicht auch auf den Nachlenker des gezogenen Fahrzeugs. Der Nachlenker im gezogenen Fahrzeug kann daher nur über die Fahrerschutzversicherung des von ihm gelenkten Fahrzeugs Versicherungsschutz erhalten. Dies wird nochmals dadurch deutlich, dass nur der Fahrer Versicherungsschutz genießt, der das versicherte Fahrzeug lenkt.

32 In A.5.6 AKB wird das sowohl für den Fahrer als auch Nachlenker gefahrenträchtige Schleppen von Fahrzeugen nicht ausgeschlossen.

C. Absatz 2

33 Der zweite Absatz enthält die Definition des Unfallbegriffs für den versicherten Fahrer, wie er in der privaten[26] Unfallversicherung nach § 178 Abs. 2 Satz 1 VVG für die versicherte Person definiert ist. Beabsichtigt war, die Nähe zur Unfallversicherung bzw. Kfz-Unfallversicherung in A.4.1.2 AKB zu unterstreichen.[27]

34 Allerdings wird die Definition in fast ähnlicher Form auch in der Kaskoversicherung in A.2.2.2 AKB verwendet. Die Kaskoversicherung ist zweifellos eine reine Schadensversicherung. Mit Blick auf das Haftpflichtrecht passt die Bestimmung sogar noch eher zur Haftungsnorm des § 7 Abs. 1 StVG aus dem Straßenverkehrsrecht, da § 7 Abs. 2 StVG den Unfall[28] als Tatbestandsmerkmal begrifflich voraussetzt; danach ist insbesondere der unfallbedingte Personenschaden zu ersetzen.

D. Absatz 3

35 Die Klausel steht im Zusammenhang mit dem weiten Begriff des Gebrauchs[29] des Fahrzeugs. Üblicherweise fallen gerade das Ein- und Aussteigen sowie das Be- und Entladen unter den typischen Versicherungsschutz der Kfz-Haftpflichtversicherung.

36 Absatz 3 engt für die Fahrerschutzversicherung genau diesen Anwendungsbereich nicht nur ein; er schließt ihn sogar aus. Er grenzt sogar unterschiedslos jegliche Sonderfälle aus, also nicht nur ob beabsichtigt ist, lediglich einzusteigen, um später fortzufahren, sondern auch um ein wegrollendes Fahrzeug[30] zu sichern. Zudem werden durch beim *»Be- und Entladen«* jegliche Unfälle ausgenommen, wie z.B. Unfälle beim Hantieren mit einem Reisekoffer.[31]

37 Im Ergebnis bezweckt die Präzisierung in Absatz 3 Unfälle, die das allgemeine Lebensrisiko betreffen, vom Versicherungsschutz auszunehmen. Er reduziert somit den Schutz in zulässiger Weise auf den eigentlichen Kernbereich des verantwortlichen Führers eines Kraftfahrzeugs, das reine Lenken des Fahrzeugs.

38 Durch die Formulierung ***»z.B. nicht«*** wird deutlich, dass die folgenden Beispiele *»Ein- und Aussteigen«* sowie *»Be- und Entladen«* nicht abschließend gemeint sind. Für den Versicherten könnte dabei ggf. im Einzelfall **unklar** bleiben, was ansonsten *»nicht zum Lenken«* gehören mag und in welchem näheren oder weiteren Zusammenhang dies mit einem Lenkvorgang zu sehen ist.

---

25 Ausnahme in § 33 Abs. 2 Nr. 1 Satz 2 StVZO. Die Verwendung einer Abschleppstange ersetzt das Nachlenken nicht.

26 Die Definition ist fast identisch zur gesetzlichen Unfallversicherung in § 8 Abs. 1 Satz 2 SGB VII.

27 Vgl. Kommentierung dort zu A.4.1.2.

28 Himmelreich/Halm/*Luckey*, Handbuch des Fachanwalts Verkehrsrecht, Kap. 1, Rn. 13.

29 *Kreuter* A.1.1.1 AKB Rdn. 90 ff.

30 Beispiel *OLG Hamm* Beschl. v. 18.11.1988 – 20 W 50/88, NZV 1989, 193 (AUB).

31 Beispiel *OLG Hamm* Beschl. v. 11.02.2011 – I-20 U 151/10, JurionRS 2011, 14003 = ADAJUR Dok. Nr. 93772 = MDR 2011, 661 = VersR 2011, 1136 = VRR 2011, 224 bespr. v. Nugel = zfs 2011, 522.

Daraus lassen sich weitere Beispiele ableiten in denen offen bleibt, ob sie noch versichert sein sollen: 39

- Nach dem Auffahren auf eine Autofähre oder einen Autozug wird das Fahrzeug zum Transportgut. Der Fahrzeugführer, auch wenn er weiterhin hinter dem Lenkrad sitzt, lenkt es tatsächlich nicht mehr.

Hier ist auch für den durchschnittlichen VN hinreichend klar, dass kein Lenken im Sinne eines versicherten Fahrvorgangs mehr gegeben ist.

- Es kommt zum Auffahrunfall als der Fahrzeugführer an einer roten Ampel das Lenkrad los lässt und telefoniert, während die Start-Stopp-Automatik[32] den Motor anhält.

Hier ist nur eine Fahrtunterbrechung gegeben und besteht ein hinreichender Zusammenhang mit dem Lenken.

- Anders ist dies wiederrum für Lenkpausen – selbst unfreiwillige, wenn der Fahrer beispielsweise wegen eines Unwetters auf einem Rastplatz die Fahrt unterbricht, wobei ein Ast eines Baumes abreist und in die Windschutz-scheibe schlägt und den Fahrer verletzt. Hier lenkt der Fahrer das Fahrzeug nicht mehr, sondern wartet nur in diesem.
- Dagegen ist ein Fahrzeugführer, der am Fahrbahnrand wegen eines Motorschadens anhält, weiterhin Fahrzeugführer, auch wenn sich das Fahrzeug gar nicht mehr lenken oder fahren lässt. Dennoch hat er weitere Einrichtungen im Fahrzeug zu bedienen (Warnblinkanlage). Kommt es dabei zu einem Auffahrunfall, trifft ihn häufig eine Mithaftung zumindest aus der Betriebsgefahr des Fahrzeugs. Solange der Fahrer nicht ausgestiegen ist, wird er erwarten, weiterhin versichert zu sein, da noch ein hinreichender Zusammenhang mit dem vorherigen Lenken des Fahrzeugs besteht.

Beispielhafte Aufzählungen eignen sich letztlich nur für Positivbeschreibungen. Als Negativbeschreibungen, die einem versteckten Ausschluss nahekommen, eignen sie sich nicht. Vorzugswürdig wäre es, im Bedingungstext den Anwendungsbereich auf *»unmittelbare Lenkvorgänge während einer Fahrbewegung oder beim verkehrsbedingten Halten«* zu begrenzen. 40

A.5.2 Wer ist versichert?

Versichert ist der berechtigte Fahrer des Fahrzeugs. Berechtigter Fahrer ist eine Person, die mit Wissen und Willen des Verfügungsberechtigten das Fahrzeug lenkt.

Im Todesfall des Fahrers sind seine Hinterbliebenen bezüglich ihrer gesetzlichen Unterhaltsansprüche mitversichert.

Übersicht

A. Absatz 1

I. berechtigter Lenker

Die Klausel schränkt in zulässiger Weise den Versicherungsschutz auf den berechtigten Fahrer ein. 1
Der Wortlaut der Definition des berechtigten Fahrers in Satz 2 ist D.1.1.2 AKB und somit der

32 *OLG Hamm* Beschl. v. 09.09.2014 – III-1 RBs 1/14, NJW 2015, 183 = VRR 2014, 474 bespr. v. *Herrmann.*

Definition des *BGH*[1] nachgebildet. Auf die Ausführungen in D.1.1.2 AKB[2] kann insoweit grundsätzlich verwiesen werden.

2 Allerdings ist die Definition etwas enger formuliert. Dies ist schlüssig und zur Klarstellung auch erforderlich, da nicht jeglicher Gebrauch des Fahrzeugs durch den Fahrer, sondern nur der Teil, der das Lenken betrifft, versichert sein soll. Man hätte auch statt *»berechtigter Fahrer«*, *»berechtigter Lenker«* schreiben können, um die Unterschiede deutlicher zu machen.

3 Der Begriff des Lenkers steht laut Duden[3] in Deutschland allerdings eher für das Lenkrad oder die Lenkstange am Fahrrad. Anders dagegen in Österreich, der Schweiz und Teilen Süddeutschlands, wo man unter Lenker eher den Fahrzeugführer versteht. Als Pendant zur Fahrerschutzversicherung in Deutschland findet man entsprechend in Österreich als wohl zutreffendere Bezeichnung die **Lenkerschutzversicherung.**[4]

II. Altersgrenzen

4 Die Klausel enthält keinen gesonderten Hinweis auf Altersgrenzen. In der Praxis werden jedoch häufig der jüngste und der älteste Fahrer in das Vertragswerk aufgenommen. Es handelt sich dabei um eines der wichtigsten Tarifmerkmale, um eine bedarfsgerechte Prämie kalkulieren zu können.

5 Findet sich im Vertrag eine Altersgrenze – wie häufig gerade in der Fahrerschutzversicherung[5] – und wird diese nicht eingehalten, so verliert der Fahrer in der Haftpflicht- und Kaskoversicherung nicht den Versicherungsschutz. Dem Versicherungsnehmer droht allenfalls eine Prämiennacherhebung, da er gegen die vertragliche Vereinbarung verstoßen hat.

6 In der Fahrerschutzversicherung handelt es sich aber um einen Ausschluss jüngerer Fahrer, wenn z.B. erst Fahrer ab 23 Jahren in den Schutzbereich einbezogen werden. Für eine Differenzierung[6] sprechen triftige Gründe, die den jüngeren Fahrer nicht unangemessen benachteiligen, § 20 Abs. 2 Satz 2 AAG.

7 Die Art der Prämienbemessung[7] kann zu unterschiedlichen rechtlichen Konsequenzen führen. Wird eine Einheitsprämie für die Fahrerschutzversicherung erhoben, lässt sich die Wirksamkeit des Ausschlusses eher rechtfertigen, als wenn auf die Haftpflichtprämie ein prozentualer Aufschlag erhoben wird. Im letzteren Fall wird schließlich bei höherem Risiko in der Haftpflichtsparte eine entsprechend höhere Fahrerschutzprämie erhoben. Insoweit kann dem Versicherer eher zuzumuten sein, den Beitrag rückwirkend anzupassen.

8 Allerdings ist die Unfallhäufigkeit nur ein Kriterium, für den Ausschluss jüngerer Fahrer. Wesentlicher scheint doch die Gefahr zu sein, dass der auszugleichende Restschaden umso größer ist, je jünger der Fahrer[8] ist.

B. Mitversicherte im Todesfall

I. Ausgangspunkt

9 Wer gegenüber einer Person gesetzlich unterhaltsberechtigt ist, verliert mit dem Tode der leistungspflichtigen Person den Unterhaltsanspruch. Für den Unterhaltsberechtigten, dem so der Anspruch

---

1 *BGH* Urt. v. 17.02.1955 – II ZR 241/53, BGHZ 16, 292 = JurionRS 1955, 13117 = NJW 1955, 669 = VersR 1955, 180.
2 *Kreuter* D.1.1.2 AKB Rdn. 1 ff.
3 http://www.duden.de/rechtschreibung/Lenker.
4 *Schwab* Fahrerschutzversicherung, Rn. 110.
5 *Heinrichs* Die Fahrerschutzversicherung, DAR 2011, 565 ff.
6 *Schwab* Fahrerschutzversicherung, Rn. 92 ff.
7 Himmelreich/Halm/*Wilms*, Handbuch des Fachanwalts Verkehrsrecht, Kap. 23, Rn. 19.
8 *Schwab* Fahrerschutzversicherung, Rn. 96 ff.

auf Unterhalt entzogen wurde, handelt es sich um einen mittelbaren Schaden. Ausnahmsweise gewährt das Haftpflichtrecht daher in den §§ 10 Abs. 2 StVG; 844 Abs. 2 BGB einen Anspruch gegen den Schädiger wegen des entzogenen Unterhalts. Es handelt sich dabei nicht um einen Personenfolgeschaden des Verletzten, sondern um einen eigenen Vermögensschaden[9] eines Vierten, dem Ansprüche gegen einen Dritten entzogen wurden.

Ziel der Bedingung ist es, die gesetzliche Schutzfunktion gegenüber Unterhaltsberechtigten, in der Fahrerschutzversicherung nachzubilden. Wegen der Zielsetzung – Hinterbliebenenschutz – sind die Vorschriften zur Anrechnung des Mitverschuldens des Getöteten nach den §§ 254; 846 BGB; 9; 10 StVG nicht anzuwenden. 10

Der Versicherungsschutz ist wörtlich auf **gesetzliche Unterhaltsansprüche** begrenzt. Damit besteht kein Anspruch auf die Weiterzahlung freiwilliger Unterhaltszahlungen an nicht gesetzlich Unterhaltsberechtigte oder auf zusätzliche Zahlungen, die den gesetzlichen Anspruch übersteigen. 11

II. Deckungserweiterung

Die Klausel enthält eine bedingte, schadensbezogene Deckungserweiterung auf Mitversicherte. Ebenso wenig, wie mehrere gesetzlich Unterhaltsberechtigte keine[10] Gesamtgläubiger einer Leistung sind, sind mehrere Mitversicherte auch **keine Gesamtgläubiger** einer Versicherungsleistung. 12

1. Todesfall

Die Klausel spricht vom Todesfall. Es handelt sich im Hinblick auf A.5.1 AKB um einen Tod durch den Unfall beim Lenken des versicherten Fahrzeugs. Nicht versichert ist daher z.B. der Herztod beim Lenken[11] mit anschließendem Verkehrsunfall. Dagegen ist noch versichert der reine Schwächeanfall, der zum Verkehrsunfall mit Todesfolge führt. 13

Weder in den Bedingungen noch im Gesetz ist der Todesfall definiert. Wie in der Kfz-Unfallversicherung ist der klinische Tod[12] maßgeblich; folglich das medizinisch-biologische Ableben. Das ist der Hirntod,[13] so dass bei medizinisch-mechanischer Aufrechterhaltung der Körperfunktionen für eine Organtransplantation es nicht darauf ankommt, wann die Geräte abgeschaltet werden. 14

Da es auf einen unfallbedingten Tod ankommt, ist die Leistungsverpflichtung des Versicherers[14] nicht sicher. Es handelt sich somit beim Todesfallrisiko um ein Element der Risikolebensversicherung. 15

Anders als in der Kfz-Unfallversicherung ist nicht beschrieben, wann der Tod als Bedingung einzutreten hat. Eine Jahresfrist wie in A.4.6.1 AKB kennt die Fahrerschutzversicherung nicht. 16

Als sicher gilt nur, dass bei sofortigem Unfalltod, die Voraussetzung für etwaige Leistungsansprüche Mitversicherter vorliegt. 17

Unklar sind die Fälle, in denen der Fahrer schwer verletzt überlebt, dann aber aufgrund weiterer Komplikationen an den Unfallfolgen verstirbt. Unklarheit besteht deswegen, weil in A.5.1 AKB nur die Varianten »*verletzt*« oder »*getötet*« aufgeführt werden. Würde die Klausel dagegen lauten »*verletzt und/oder getötet*« würde deutlich werden, dass insgesamt drei Varianten versichert sind: 18

– der versicherte Fahrer wird verletzt und überlebt

9 PWW/*Luckey* § 844 BGB, Rn. 1.

10 *BGH* Urt. v. 21.11.2006 – VI ZR 115/05, JurionRS 2006, 28993 = DAR 2007, 201 = MDR 2007, 399 = NJW 2007, 506 = NZV 2007, 190 = r+s 2007, 76 = VRR 2007, 183 bespr. v. *Luckey* = VRS 112, 162 = VersR 2007, 263.

11 *Eisenmenger/Beier*, Medizinische Rekonstruktion von Straßenverkehrsunfällen, DAR 2004, 633 ff. (2 % der Obduzierten waren schon vor dem Unfall verstorben).

12 *Heinrichs* A.4.8.2 AKB Rdn. 3; Feyock/*Jacobsen*/Lemor, KfzVers A.4 AKB, Rn. 65.

13 PWW/*Prütting* § 1 BGB, Rn. 15.

14 Gegenbeispiel: Sterbegeldversicherung.

– der versicherte Fahrer wird getötet
– der versicherte Fahrer wird verletzt und stirb später an den Unfallfolgen

19 Da die Fahrerschutzversicherung keine Jahresfrist wie die Kfz-Unfallversicherung kennt, könnte gemutmaßt werden, der Tod müsse sofort eintreten, um leistungsberechtigt zu werden. Andererseits kann der Versicherte erwarten, dass der Versicherungsschutz, der schließlich auf die elementare Absicherung der Hinterbliebenen abzielt, nicht davon abhängig sein kann, dass der Fahrer unmittelbar infolge des Unfalles verstirbt. Zudem lässt sich aus A.5.4.3 Satz 2 AKB ableiten, dass Verletzungs- und damit in ursächlicher Verbindung stehende Todesfallschäden als ein Schadensereignis anzusehen ist.

20 Da die leistungsberechtigten Hinterbliebenen durch die Formulierung von der Geltendmachung von Versicherungsleistungen abgehalten werden könnten, sollte die Klausel zur Klarstellung geändert werden.

2. Hinterbliebene

21 Die Klausel definiert den Begriff »*Hinterbliebene*« nicht. Weder das sonstige Privatversicherungsrecht[15] noch das Schadensersatzrecht kennen den Begriff.[16] Lediglich das Sozialversicherungsrecht kennt »*Hinterbliebene*«, ohne allerdings eine Definition zu fassen.

In der gesetzlichen Rentenversicherung zählen hierzu nach § 46 SGB VI
– Witwen und Witwer des verstorbenen Ehegatten
– eingetragene Lebenspartner

sowie nach § 48 VI SGB VI
– Waisen (Kinder und Stiefkinder)
– und Enkel im Haushalt

22 Die gesetzliche Rentenversicherung richtet sich somit durch den Begriff »*Hinterbliebene*« an den Teil der gesetzlich Unterhaltsberechtigten, die entweder direkte Nachkommen oder bestimmte Nachkommen der nächsten Generation sowie der Ehepartner/eingetragene Lebenspartner des Verstorbenen sind.

23 Keine »*Hinterbliebenen*« im Sinne der gesetzlichen Rentenversicherung sind
– die Eltern und Großeltern
– weitere Abkömmlinge
– Verwandte der aufsteigenden Linie[17] (Urgroßeltern)
– geschiedene Ehegatten unter dem Schutz besonders langer Ehedauer

des Verstorbenen. Allerdings sind auch diese Personen nach § 1609 BGB in einem abgestuften Rangverhältnis gesetzlich Unterhaltsberechtigte.

24 Die eher unpräzise Festlegung im Bedingungstext darauf, wer tatsächlich zu den Hinterbliebenen im Sinne der Fahrerschutzversicherung zu zählen ist, lässt die Interpretation zu, dass der Kreis der Mitversicherten weit zu ziehen ist. Verstärkt wird der Eindruck dadurch, wenn die Varianten 1 in A.5.4.1 AKB gewählt wird. Sollen Hinterbliebenenrenten deutschem Schadensersatzrecht nachgebildet werden, ist auf die §§ 1609; 844 Abs. 2 BGB; 10 Abs. 2 StVG zurückzugreifen.

25 Das hat zur Folge, dass der geschiedene, aber langjährige Ehepartner mitversichert ist, der aktuelle langjährige Lebenspartner oder die/der Verlobte/r dagegen nicht. Das Ergebnis mag etwas überraschend anmuten, da der Versicherungsnehmer (verstorbene Fahrer) wahrscheinlich eher

15 *OLG Frankfurt* Urt. v. 12.10.1984 – 23 U 38/94, JurionRS 1994, 15972 = r+s 1996, 326 = VersR 1996, 358.
16 *Schwab* Fahrerschutzversicherung, Rn. 267 ff.
17 Sie erhalten in der gesetzlichen Unfallversicherung allenfalls eine Teilrente, § 69 SGB VII.

den »*aktuellen*« Lebenspartner abgesichert wissen will, hieran aber über die Vertragsklausel gehindert ist.

Tatsächlich handelt es sich hier um einen gewissen Wertungswiderspruch zum Familienprivileg. Im Privatversicherungsrecht – konkret in der Schadensversicherung – ist nach § 86 Abs. 3 VVG anerkannt, dass beim Bestehen einer häuslichen Gemeinschaft, die z.B. weder eine Ehe noch eine Lebenspartnerschaft voraussetzt, der Regress des Versicherers nur gegen eine vorsätzlich handelnde Person durchgeführt werden kann. 26

Das Familienprivileg gilt auch[18] im Sozialversicherungsrecht nach § 116 Abs. 6 Satz 1 SGB X. Geschiedene[19] fallen nicht unter den Schutz. Die umstrittene Frage, ob das Familienprivileg auf die nichteheliche Lebensgemeinschaft analog anzuwenden sei, wurde vom *BGH*[20] nunmehr positiv[21] beurteilt. Es greift sogar dann, wenn nur zeitweise, aber regelmäßig ein längerer Umgang[22] (Vater/Kind) vorliegt. 27

Trotz des gewissen Wertungswiderspruchs der Klausel zum Familienprivileg, ist diese nicht überraschend. Zwar werden Gefährten in einer nichtehelichen Lebensgemeinschaft nicht zu Mitversicherten, obwohl dem Fahrer an einer Absicherung gelegen sein könnte; allerdings haben die Partner sich bewusst dagegen entschieden, ihre Beziehung unter den besonderen Schutz gesetzlicher Unterhaltsregeln zu stellen. Der Fahrerschutzversicherer wäre ansonsten zudem der Gefahr ausgesetzt, einer kaum übersehbaren Zahl Mitversicherter gegenüber zu stehen, ohne deren tatsächliche Stellung zum Verstorbenen hinterfragen zu können. Schließlich bedarf es der Rechtssicherheit und Rechtsklarheit auch im Verhältnis zu anderen Mitversicherten, die entsprechend dem Unterhaltsrecht, nicht in einem gleichen Rangverhältnis zu einander stehen müssen, § 1609 BGB. 28

3. gesetzlich Unterhaltsberechtigte

Als gesetzliche Unterhaltsberechtigte kommen nach **deutschem Recht** in Betracht: 29
- Ehegatten, die in intakter Ehe leben, § 1360 BGB
- Ehegatten, die getrennt leben, § 1360a BGB
- Geschiedene (mit Einschränkungen), §§ 1569 Satz 2 BGB; 1570 ff. BGB
- Lebenspartner einer eingetragenen Lebenspartnerschaft, §§ 5; 12 LPartG
- ehemalige Lebenspartner nach Aufhebung der Lebenspartnerschaft, § 16 LPartG
- Verwandte in gerader Linie, §§ 1601 ff. BGB
- nichteheliche Kinder gegen Mutter und Erzeuger, § 1615a BGB
- ehelich erklärte Kinder
- Adoptivkinder, §§ 1754 Abs. 1; 1751 Abs. 4; 1770 Abs. 3 BGB
- Mutter während Mutterschutz, Krankheit und Kinderbetreuung eines gemeinsamen Kindes, § 1615l BGB
- werdende Mutter eines Erben nach § 1963 BGB (Der Anspruch richtet sich gegen den Nachlass. Soll der Fahrerschutzversicherer die Höhe des Erbes sichern? – wohl kaum.)

---

18 *BGH* Urt. v. 28.06.2011 – ZR 194/10, BGHZ 190, 131 = JurionRS 2011, 21227 = DAR 2011, 634 = FamRZ 2011, 1583 = MDR 2011, 1036 = NJW 2011, 3715 = r+s 2012, 516 = VersR 2011, 1204 = VRS 2011, 291 = zfs 2011, 678 (Opferentschädigungsgesetz).

19 Himmelreich/Halm/*Engelbrecht*, Handbuch des Fachanwalts Verkehrsrecht, Kap. 31, Rn. 53; *Engelbrecht*, Der Regress des Sozialleistungsträgers nach einem Unfall; DAR 2013, 767 ff.

20 *BGH* Urt. v. 05.02.2013 – VI ZR 274/12, BGHZ 196, 122 = JurionRS 2013, 32341 = ADAJUR Dok. Nr. 101125 = DAR 2013, 303 = JZ 2013, 320 = MDR 2013, 517 = NJW-Spezial 2013, 234 = NZV 2013, 334 = r+s 2013, 258 = SP 2013, 181 = VersR 2013, 520 = zfs 2013, 320.

21 Anders noch *BGH* Urt. v. 01.12.1987 – VI ZR 50/87, BGHZ 102, 257 = JurionRS 1987, 13028 =DB 1988, 960 = FamRZ 1988, 392 = MDR 1988, 399 = NJW 1988, 1091 = NJW-RR 1988, 538 = VersR 1988, 253 = zfs 1988, 136.

22 *BVerfG* Urt. v. 12.10.2010 – 1 BvL 14/09, BVerfGE 127, 263 = JurionRS 2010, 26340 = DÖV 2011, 79 = FamRZ 2010, 2050 = MDR 2010, 1452 = NJW 2011, 1793 = NZV 2011, 385 = r+s 2011, 138.

30 Nach **ausländischem Recht**[23] kann der Kreis der gesetzlich Unterhaltsberechtigten erheblich erweitert sein. Bis zum 18.06.2011 richtete sich das anzuwendende Recht[24] nach Art. 18 EGBGB; danach nach EU-Verordnung Nr. 4/2009 vom 18.12.08. Diese verweist in Art. 15 auf das Haager Protokoll vom 23. November 2007 über das auf Unterhaltspflichten anzuwendende Recht. Die Feststellung welches Recht jeweils zur Anwendung kommt bleibt schwierig und ist umstritten.[25]

31 Die Fahrerschutzbedingungen enthalten keinen Hinweis darauf, nach welchem Recht sich der gesetzliche Unterhaltsanspruch richten soll. A.5.4.1 Satz 2 AKB bestimmt lediglich den deutschen Rechtskreis für das Schadensersatz-, nicht aber für das gesetzliche Unterhaltsrecht. Somit richtet sich der vertragliche Anspruch gegen den Fahrerschutzversicherer nach dem anzuwendenden ausländischen Recht. Dies hat Auswirkungen sowohl auf den Kreis der Mitversicherten, als auch auf die Höhe des vertraglichen Anspruchs, der sich am gesetzlichen Unterhaltsanspruch im Ausland zu orientieren hat. Gerade in Fällen mit einem ausländischen Fahrer ergeben sich somit erhebliche Probleme, den Mitversicherten und dessen vertragliche Ansprüche – zudem meist im Verhältnis zu anderen Mitversicherten – festzustellen. Die Gefahr der Versicherungsleistung an einen Nichtberechtigten ist erhöht.

4. Rechtsfolgen des Todesfalls – bedingte Mitversicherung

32 Die Mitversicherung von gesetzlich Unterhaltsberechtigten ist abhängig vom Tod des versicherten Fahrers.

33 Etwaige künftige Ansprüche des versicherten Fahrers – z.B. wegen des Verdienst- und Haushaltsführungsschadens – sind bis zu seinem Ableben nicht fällig geworden und gehen mit dem Tod unter.

34 Bereits entstandene, aber noch nicht regulierte Leistungsansprüche des verstorbenen Fahrers gegen den Fahrerschutzversicherer gehen auf die Erben[26] im Rahmen der Gesamtrechtsnachfolge nach § 1922 Abs. 1 BGB über.

35 Demgegenüber ist die Klausel so gestaltet, dass die Mitversicherten als gesetzlich Unterhaltsberechtigte **keine Rechtsnachfolger** des versicherten Fahrers sind. Weder die Ansprüche des verstorbenen Fahrers gehen auf sie über, noch treten sie in dessen Rechtsstellung gegenüber dem Fahrerschutzversicherer ein. Mit Eintritt der Bedingung entsteht erst ein eigenständiger Anspruch auf die Versicherungsleistung. Die Vertragsleistung ist das Pendant zu Schadensersatzansprüchen des mittelbar Geschädigten in den §§ 10 Abs. 2 StVG; 844 Abs. 2 BGB, die erst durch den Tod des Unterhaltsverpflichteten entstehen.

36 Es handelt sich um eine **Versicherung für fremde Rechnung** nach den §§ 43 ff. VVG. Dem Mitversicherten wird somit ein eigenes Bezugsrecht gewährt. Die Art der Leistung ähnelt somit einem Leibrentenversprechen.

37 Das eigene Bezugsrecht führt dazu, dass die Leistung des Fahrerschutzversicherers in der hier gewählten Form nach der **Rechtsprechung des *BSG***[27] nicht zum beitragsfrei ererbten Vermögen gehört. Die regelmäßigen Leistungen sind daher der Kranken- und Pflegeversicherungspflicht nach § 229 Abs. 1 Satz 3 SGB V ausgesetzt.

38 Somit stellt sich die Frage, ob der Fahrerschutzversicherer zusätzlich zum betragsmäßigen Ausgleich des Unterhaltsschadens auch die darauf erhobenen **Sozialversicherungsbeiträge** zu ersetzen

---

23 *Küppersbusch/Höher* Ersatzansprüche bei Personenschaden, Rn. 469 ff., 11.Aufl. 2013; *Luckey* Personenschaden, Rn. 1515 ff.; Himmelreich/Halm/Staab/*Kreuter-Lange* Handbuch der Kfz-Schadensregulierung, Kap. 17, Rn. 162 f.

24 PWW/*Martiny* Art. 18 EGBGB (weggefallen), Rn. 1.

25 Beispiel *BGH* Urt. v. 26.06.2013 – XII ZR 133/11, JurionRS 2013, 40717 = MDR 2013, 1227 = NJW-Spezial 2013, 613.

26 Ebenso Urlaubsabgeltungsansprüche gegen den Arbeitgeber, *EuGH* Urt. v. 12.06.2014 – C-118/13, FamRZ 2014, 1435 = NJW 2014, 2415 = NZA 2014, 651.

27 *BSG* Urt. v. 05.03.2014 – B 12 KR 22/12 R, JurionRS 2014, 18743.

hat. Das ist zu verneinen, da Inhalt des vertraglichen Anspruchs nur die entgangenen gesetzlichen Unterhaltsansprüche, nicht aber die daraus erwachsenden (begleitenden) Nachteile sind. Der Fahrerschutzversicherer schuldet somit nicht jeglichen Nachteilsausgleich.

Gleiches muss für **Steuern** gelten, sollten sie auf Leistungen der Fahrerschutzversicherung erhoben werden, auch wenn die Schadensersatzrente als solche nach den §§ 10 Abs. 2; 844 Abs. 2 BGB für den Unterhaltsschaden[28] ist steuerfrei. Insbesondere ist nicht auszuschließen, dass bei Unfällen mit entsprechend versicherten Firmenfahrzeugen Versicherungsleistungen[29] als Teil des steuerpflichtigen Einkommens aus nichtselbstständiger Arbeit angesehen werden. Zu beachten ist, dass schon nicht sämtliche Unterhaltsleistungen steuerfrei sind, § 22 EStG. Entsprechend kann der Mitversicherte nicht erwarten, dass er von Steuerzahlungspflichten durch den Fahrerschutzversicherer befreit wird. 39

5. schadensbezogene Deckungserweiterung

Sinn und Zweck der Deckungserweiterung ist es, zunächst den Barunterhalt, der sonst aus dem Erwerbseinkommen des Fahrers geleistet worden wäre, auszugleichen. 40

Für die meisten Unterhaltsverpflichtungen wird es zutreffen, dass der Unterhalt tatsächlich aus dem Erwerbseinkommen, sei es Gehalt, Lohn, Rente, Pensionen finanziert wird. 41

Es gibt aber auch Fälle, in denen jemand durch Grundbesitz- und Zinseinnahmen sowie Börsengewinne, also aufgrund der Erträgnisse seines Vermögens gar nicht arbeiten muss. 42

Ohne einschränkende Formulierung auf die Art der Einkünfte, aus denen der Fahrer seinen Unterhaltsverpflichtungen nachkommt, bedeutet dies, dass der Fahrerschutzversicherer nur deshalb leistungspflichtig ist, weil z.B. der frühere Unterhaltsberechtigte nicht Erbe des Vermögens geworden ist, aus dem der Unterhalt geleistet wurde. 43

Neben dem Barunterhalt gibt es allerdings noch den Naturalunterhalt (Hausarbeitstätigkeit) und den Betreuungsunterhalt (Kinder). So kann Unterhalt z.B. in der fremdnützigen Haushaltsführungsarbeit[30] geleistet worden sein, die der verstorbene Fahrer als Unterhaltsbeitrag für den Familienunterhalt erbrachte. 44

Die Klausel erwähnt nicht, wie mit Einwendungen umzugehen ist. Als Einwendungen im Schadensersatzrecht kommen z.B. in Betracht: 45
- wenn die Leistungspflicht des Verstorbenen vom zeitlichen Umfang und der Höhe her begrenzt war
- auf Veranlassung des gesetzlich Unterhaltsberechtigten werden lebenserhaltende Maßnahmen abgestellt, so dass der Tod gegenüber der sonst möglichen Lebenserwartung früher eintritt (z.B. Fahrer als Wachkomapatient) und gesetzliche Unterhaltsansprüche vorzeitig untergehen
- ein Vorteilsausgleich durch Erträge der Erbschaft[31]
- Wegfall der eigenen Unterhaltsverpflichtung gegenüber dem Verstorbenen
- Wiederverheiratung[32]

---

28 *BFH* Urt. v. 26.11.2008 – X R 31/07, BFHE 223, 471 = JurionRS 2008, 28444 = DB 2009, 485 = FamRZ 2009, 424 = NJW 2009, 1229 = NJW-Spezial 2009, 171 = SVR 2009, 234.

29 *FG Köln* Urt. v. 15.11.2006 – 11 K 5028/04, JurionRS 2006, 29430 = DStZ 2007, 124 = NZA 2008, 30 (Todesfallleistung in Gruppenunfallversicherung); a.A. *FG Kassel* Urt. v. 21.09.2004 – 10 K 3682/03, JurionRS 2004, 32488 = DB 2006, 476 (Invaliditätsleistung in Gruppenunfallversicherung).

30 Umfassend Wussow/*Zoll*, Unfallhaftpflichtrecht, Kap. 47, Rn. 1 ff.

31 *BGH* Urt. v. 15.01.1953 – VI ZR 46/52, BGHZ 8, 325 = JurionRS 1953, 10433 = MDR 1953, 284 = NJW 1953, 618; *BGH* Urt. v. 18.03.1969 – VI ZR 22/68, JurionRS 1969, 11856; *Kötz/Wagner* Deliktsrecht, Rn. 732.

32 *BGH* Urt. v. 17.10.1978 – VI ZR 213/77, JurionRS 1978, 11519 = MDR 1979, 218 = NJW 1979, 268 = r+s 1979, 60 = VersR 1979, 55.

- bei nichtehelicher Lebensgemeinschaft das fiktive Einkommen für die unentgeltliche Haushaltsführung[33]
- keine Erstattungspflicht für rückständigen Unterhalt[34]
- keine Ersatzpflicht für künftigen Unterhalt (Verlobung)[35]

46 Wie schon bei der Risikolebensversicherung[36] sind nach Schadensersatzrecht dagegen z.B. Erträgnisse aus einer Lebensversicherung auf den Erlebens-und Todesfall[37] nicht mehr[38] einzuwenden.

47 M.E. sollte es möglich sein, auch ohne nähere Präzisierung in der Vertragsklausel Einwendungen heranzuziehen, die auch im Schadensersatzrecht zulässig sind. Was dort nach gefestigter Schadensersatzrechtsprechung zulässig ist, sollte für einen vertraglichen Anspruch nicht überraschend wirken.

48 Dagegen wird man ohne entsprechende Präzisierung der Vertragsklausel nicht einwenden können, dass Erträgnisse aus einer Lebens- oder Unfallversicherung anzurechnen seien. Entsprechende Einwendungen lassen sich wohl schwerlich durch die Subsidiaritätsklausel in A.5.4.2 AKB begründen, da es nicht um den Ersatz eines kongruenten Schadens durch andere geht. Dies gilt selbst dann, wenn dadurch im Grunde der Zweck der Fahrerschutzversicherung – hier als subsidiärer Hinterbliebenenschutz – nicht erreicht wird, weil die gesetzlich unterhaltsberechtigten Hinterbliebenen gar nicht bedürftig sind.

49 Ähnlich verhält es sich, wenn durch den Wegfall des Fahrers als Unterhaltsverpflichteten, ein anderer potentiell **Verpflichteter im Rang nachrückt** und an dessen Stelle tritt, § 1606 BGB. Der nachfolgende Verpflichtete wird durch die Leistungen der Fahrerschutzversicherung faktisch entlastet, wenn der Unterhaltsbedarf des Berechtigten hierdurch bereits gedeckt wird.

50 Die Regelung im Schadensersatzrecht bezweckt, den Schädiger nicht unbillig zu entlasten; für den Fahrerschutzversicherer hieße es, eine dem Sinn und Zweck der Versicherung widersprechende unnötige Zusatzbelastung tragen zu müssen. Es lässt sich daher begründen, diesen Fall dem Ausschlusstatbestand des A.5.4.2 AKB zu unterwerfen.[39]

51 Es liegt in der Hand des Anbieters einer Fahrerschutzversicherung, in wieweit Dritte und Vierte über die Mitversicherung tatsächlich geschützt werden sollen.

6. Tod nach Abfindung des Fahrers

52 Aufgrund der Entscheidung, Hinterbliebene hinsichtlich gesetzlicher Unterhaltsansprüche zu Mitversicherten zu machen, entsteht ein **massives Problem**, wenn der Fahrer zwar vom Versicherer abgefunden wurde, dann aber unfallbedingt verstirbt.

---

33 *BGH* Urt. v. 19.06.1984 – VI ZR 301/82, BGHZ 91, 357 = JurionRS 1984, 14192 = FamRZ 1984, 976 = JZ 1985, 86 = MDR 1984, 1016 = NJW 1984, 2520 = r+s 1984, 263 = VersR 1984, 936 = zfs 1984, 362.

34 *BGH* Urt. v. 09.03.1973 – VI ZR 119/71, JurionRS 1973, 11106 = ADAJUR Dok.Nr. 9921 = FamRZ 1973, 297 = MDR 1973, 662 = NJW 1973, 1076 = VersR 1973,62.

35 *OLG München* Urt. v. 09.04.1965 – 10 U 1559/64, NJW 1965, 1439 = VersR 1965, 1085 = VRS 29 (zu § 845 BGB), 10; *KG Berlin* Beschl. v. 06.02.1967 – 12 W 174/67, NJW 1967, 1089; *OLG Köln* Beschl. v. 11.03.1982 – 3 W 18/82, zfs 1984, 132; *OLG Frankfurt* Urt. v. 29.06.1983 – 7 U 267/82, VersR 1984, 449 = zfs 1984, 200.

36 *BGH* Urt. v. 13.07.1971 – VI ZR 260/69, JurionRS 1971, 11078 = DAR 1971, 327 = DB 1971, 1813 = FamRZ 1971, 571 = MDR 1971, 921 = NJW 1971, 2069 = VersR 1971, 1045 (Unfallzusatzkostenversicherung mit Todesfallleistung).

37 *BGH* Urt. v. 19.12.1978 – VI ZR 218/76, BGHZ 73, 109 = DAR 1979, 97 = MDR 1979, 484 = NJW 1979, 760 = VersR 1979, 323 = VRS 56, 218 (Prämienzahlungen dürfen nicht der wirtschaftlichen Entlastung des Schädigers dienen).

38 *BGH* Urt. v. 19.04.1963 – VI ZR 154/62, BGHZ 39, 249 = DB 1963, 864 = MDR 1963, 581 = NJW 1963, 1604 = VersR 1963, 545 (Erträgnisse des verfrüht zufallenden Kapitals als schadensmindernder Faktor).

39 Siehe unten A.5.4.2 AKB Rdn. 20–26.

Die Abfindungssumme, die oftmals den Verdienstausfallschaden mit umfasst, aus dem der Fahrer nicht nur seinen Unterhalt, sondern auch den seiner Unterhaltsberechtigten bestritt, ist dann schon ausbezahlt. Ist die Abfindungssumme noch nicht aufgebraucht, fällt das Vermögen an die Erben. 53

Sind die Erben zugleich frühere Unterhaltsberechtigte des Fahrers, sind sie durch den Erbfall nicht mehr bedürftig, sofern die Erbschaft nach Abzug etwaiger Steuern ausreicht, den weiteren Unterhalt zu bestreiten. 54

Erben müssen allerdings nicht zugleich die früheren Unterhaltsberechtigten des verstorbenen Fahrers sein. 55

Durch die Abfindung des versicherten Fahrers erlischt sein versicherungsvertraglicher Anspruch. Der Tod des Fahrers lässt allerdings erst eigene Ansprüche der Mitversicherten nach A.5.2 Satz 1 AKB entstehen. Dies geschieht unabhängig davon, ob der Fahrer bereits abgefunden wurde oder nicht. 56

Ob dies so gewollt ist, muss bezweifelt werden. Schließlich kann sich hieraus eine Verpflichtung des Fahrerschutzversicherers ergeben, auf die abgefundene Schadensposition »*Verdienstausfall*« zusätzlich noch »*Unterhalt für den Ausfall des leistungsfähigen Verdieners*« zahlen zu müssen. 57

Der Fahrerschutzversicherer kann sich auch nicht darauf berufen, dass er ja bereits im Rahmen der Abfindung des Fahrers viel mehr aufgewendet hat, wobei ein Teil der Unterhaltsleistung darin schon enthalten gewesen sei. Anders als in der Kfz-Unfallversicherung nach A.4.8 AKB[40] und in der allgemeinen Unfallversicherung[41] bei der im Todesfalle sogar Vorschüsse auf die Invaliditätsleistung zurückgefordert werden können, sofern sie die Todesfallleistung übersteigen, geht dies in der Fahrerschutzversicherung nicht. Es handelt sich um eine eigenständige Mitversicherung bezüglich einer besonderen Schadensposition, so dass Bereicherungsrecht nach § 812 BGB keine Anwendung findet. Anders als in der Unfallversicherung, bei der sich Invaliditäts- und Todesfallleistung einander ausschließen,[42] sind in der Fahrerschutzversicherung beide Leistungsarten in zeitlicher Folge möglich. 58

Der Fahrerschutzversicherer muss, will er sich vor einer »Quasi-Doppelzahlung« schützen, den Eintritt der Bedingung für die Mitversicherung davon abhängig machen, dass noch keine Abfindung erfolgte. Die Formulierung könnte hierfür ergänzt werden; etwa »*... mitversichert, sofern die Ansprüche des Fahrers nicht schon vor seinem Tode abgefunden wurden.*« 59

Im Gegensatz zu einem Haftpflichtversicherer, der schon von Gesetzes wegen dem Risiko durch die §§ 10 Abs. 2 StVG; 844 Abs. 2; 843 Abs. 3 BGB ausgesetzt ist und den Hinterbliebenen nicht die Abfindung[43] entgegen halten kann, ist das für den Fahrerschutzversicherer durch entsprechende Gestaltung der Bedingungen möglich. Für ihn ist dies zudem wirtschaftlich sinnvoll, da er nur einen Bruchteil des Prämienaufkommens zur Verfügung hat, wie ein Kfz-Haftpflichtversicherer. 60

7. Keine entgangenen Dienste nach § 845 BGB

Entgangene Dienste nach § 845 BGB sind lediglich im Rahmen der Verschuldenshaftung[44] ersatzpflichtig. Der Anwendungsbereich ist begrenzt auf Hilfeleistungen des Kindes nach § 1619 BGB 61

40 Himmelreich/Halm/*Heinrichs*, Handbuch des Fachanwalts Verkehrsrecht, Kap. 22, Rn. 130; Feyock/*Jacobsen*/Lemor, KfzVers, A.4 AKB, Rn. 66.

41 Staudinger/Halm/Wendt FAKomm-Vers/*Hugemann*, 2 AUB 2010, Rn. 42; *Grimm*, Unfallversicherung, Ziff. 2 AUB 2010, Rn. 47. Prölss/Martin/*Knappmann*, VVG, AUB 2008, Rn. 4 u. 56.

42 Halm/Engelbrecht/Krahe/*Schießl*, Handbuch des Fachanwalts Versicherungsrecht, Kap. 22, Rn. 64; *Grimm*, Unfallversicherung, Ziff. 2 AUB 2010, Rn. 77; Staudinger/Halm/Wendt FAKomm-Vers/*Hugemann*, 2 AUB 2010, Rn. 42 u. 65; Terbille/Höra/*Hormuth*, Münchner Anwaltshandbuch Versicherungsrecht, § 24, Rn. 135.

43 *BGH* Urt. v. 13.02.1996 – VI ZR 318/94, BGHZ 132, 39 = JurionRS 1996, 14336 = ADAJUR Dok. Nr. 4648 = DAR 1996, 357 = JR 1996, 505 = MDR 1996, 799 = NJW 1996, 1674 = NZV 1996, 229 = SP 1996, 168 = VersR 1996, 649 = VRS 91, 267.

44 Wussow/*Zoll*, Unfallhaftpflichtrecht, Kap. 50, Rn. 1.

sowie im Einzelfall auf Unterstützungsleistungen der Eltern.[45] Entgangene Dienste stellen rechtlich etwas anderes dar als der gesetzliche Unterhaltsanspruch. Sie werden von der Mitversicherung folglich nicht umfasst, ohne dass es einer dazu einer Klarstellung bedarf.

8. Beerdigungskosten und Grabpflege

62 Die Beerdigungskosten sind Nachlasserbenschulden,[46] die grundsätzlich der Erbe zu tragen hat, § 1968 BGB. Ob sie der Staat als Zwangserbe nach § 1964 BGB zu tragen hat, ist umstritten.[47] Beim Tod des Unterhaltsberechtigten hat in zweiter Linie der Unterhaltsverpflichtete für diese Kosten aufzukommen, § 1615 Abs. 2 BGB. Die Regelung gilt aber nicht umgekehrt, so dass gesetzlich Unterhaltsberechtigte **zivilrechtlich nicht verpflichtet** sind, die Beerdigungskosten zu tragen.

63 Den gesetzlich Unterhaltsberechtigten kann jedoch mit Ausnahme von Extremfällen[48] die **öffentlich-rechtliche Bestattungspflicht**[49] – Totenfürsorgepflicht – treffen, so dass ersatzweise mitunter sogar letztlich die Sozialhilfe[50] nach § 74 SGB XII die Beerdigungskosten zu tragen hat. Der Bestattungsunternehmer hat allerdings keinen unmittelbaren Anspruch[51] gegen den Sozialhilfeträger.

64 Schadensersatzrechtlich handelt es sich bei den Beerdigungskosten um einen mittelbaren Schaden, einen Vermögensschaden, den ein Dritter erleidet. Diese Kosten sind vom Schädiger zu ersetzen, §§ 10 Abs. 1 Satz 2 StVG; 844 Abs. 1 BGB.

65 Da der Wortlaut der Vertragsbedingung die Ansprüche der mitversicherten Hinterbliebenen auf Unterhaltsansprüche beschränkt, besteht für sie kein Anspruch aus der Fahrerschutzversicherung auf Erstattung der Beerdigungskosten.[52]

66 Im Schadensersatzrecht hat der Haftpflichtige die Kosten der Erstanlage[53] des Grabes zu tragen. Sie sind Teil der Beerdigungskosten. Die weitere Grabpflege wird von ihm nicht geschuldet. In der Fahrerschutzversicherung können Mitversicherte keine Ansprüche auf diese Schadensposition herleiten, es sei denn sie werden explizit in 5.4.1 AKB[54] als Leistung beschrieben.

9. Form der Leistungserbringung

67 Die Vertragsklausel beschreibt nicht, wie die versicherte Leistung zu erbringen ist. Sie legt lediglich dar, dass es um gesetzliche Unterhaltsansprüche geht. Gesetzlicher Unterhalt kann Bar-, Natural- und

---

45 *OLG Bamberg* Urt. v. 03.01.1984 – 5 U 126/83, JurionRS 1984, 16169 = ADAJUR Dok.Nr. 9986 = NJW 1985, 2724; *BGH* Nichtannahmebeschl. v. 20.11.1984 – VI ZR 48/84, JurionRS 1984, 12937 = ADAJUR Dok.Nr. 14178 = FamRZ 1985, 310 = VersR 1985, 290 = VRS 68, 326 = zfs 1985, 142; Wussow/*Zoll*, Unfallhaftpflichtrecht, Kap. 50, Rn. 11; *Luckey*, Personenschaden, Rn. 1401.

46 PWW/*Zimmer*, § 1968 BGB, Rn. 1.

47 *BSG* Urt. v. 29.09.2009 – B 8 SO 23/08 R, BSGE 104, 219 =JurionRS 2009, 28211 = FamRZ 2010, 292 = NVwZ-RR 2010, 527; PWW/*Zimmer*, § 1968 BGB, Rn. 1.

48 *VGH Bayern* Beschl. v. 12.09.2013 – 4 ZB 12.2526; *VGH Bayern* Beschl. v. 17.09.2013 – 4 C 13.1727; *VGH* Hessen Urt. v. 26.10.2011 – 5 A 1245/11, JurionRS 2011, 29912 = DÖV 2012, 207 = DVBl 2012, 123 = LKRZ 2012, 56 = NVwZ-RR 2012, 212; *OVG Niedersachsen* Beschl. v. 09.07.2013 – 8 ME 86/13, JurionRS 2013, 40352 =NJW 2013, 2983; *OVG Schleswig-Holstein*, Beschl. v. 26.05.2014 – 2 O 31/13, JurionRS 2014, 17649 = NJW 2014, 3118.

49 *BGH* Urt. v. 17.11.2011 – III ZR 53/11; BGHZ 191, 325 = JurionRS 2011, 30341 = FamRZ 2012, 220 =MDR 2012, 90 = NJ 2012, 464 = NJW 2012, 1648 = VersR 2012, 499 = WM 2012, 1041; *BGH* Beschl. v. 14.12.2011 – IV ZR 132/11, JurionRS 2011, 34562 = FamRZ 2012, 632 = MDR 2012, 352 = NJW 2012, 1651 = WM 2012, 201.

50 *BSG* Urt. v. 29.09.2009 – B 8 SO 23/08 R, BSGE 104, 219 =JurionRS 2009, 28211 = FamRZ 2010, 292 = NVwZ-RR 2010, 527.

51 *SG Berlin* Urt. v. 14.11.2013 – S 88 SO 1612/10, JurionRS 2013, 54888 = Gemeindehaushalt 2014, 95.

52 Siehe hierzu A.5.4.1 AKB Rdn. 41.

53 Wussow/*Zoll* Unfallhaftpflicht, Kap. 44, Rn. 4.

54 Siehe A.5.4.1 AKB Rdn. 41.1 Siehe hierzu A.5.4.1 AKB Rdn. 9.

Betreuungsunterhalt sein. Die Vorschrift enthält keinen Hinweis, wie etwa in A.1.1.2 AKB, dass die Schadensersatzleistung in Geld erbracht wird. Theoretisch denkbar ist insoweit auch eine Organisations- und Serviceleistung, wie sie im A.3, der Autoschutzbriefversicherung vorgesehen ist.

Ein Versicherter kann jedoch nicht erwarten, dass der Fahrerschutzversicherer in höchstpersönliche Bereiche des gesetzlich Unterhaltsberechtigten hinein agiert, sondern ausschließlich in Geld leistet. Entsprechend ist beispielsweise – wie schon beim Direktanspruch gegen den Kfz-Haftpflichtversicherer nach § 115 Abs. 1 Satz 3 VVG – nur der finanzielle Aufwand für Betreuungsleistungen zu ersetzen, statt selbst die Leistung zu veranlassen. Dies entspricht dem Leitbild des Gesetzgebers, der als Rechtsfolge in § 844 Abs. 2 Satz 1 BGB lediglich die Zahlung einer Geldrente vorsieht, gleich welcher Art die gesetzlichen Unterhaltsansprüche sind. **68**

A.5.3 In welchen Ländern besteht Versicherungsschutz?

In der Fahrerschutzversicherung besteht Versicherungsschutz in den geographischen Grenzen Europas sowie den außereuropäischen Gebieten, die zum Geltungsbereich der Europäischen Union gehören.

<Redaktioneller Hinweis: Alternativ könnte z.B. der Geltungsbereich KH inklusive Grüne Karte Geltungsbereich vereinbart werden.>

Die Klausel entspricht wortgetreu der Formulierung in A.1.4.1 Satz 1 AKB, A.2.4 AKB, A.4.3 AKB und mit Einschränkungen A.3.4 AKB. 1

Der redaktionelle Hinweis bezieht sich auf die Formulierung in A.1.4.2 Satz 1 AKB. 2

Die Regelung legt allein die Voraussetzungen fest, in welchen Ländern Versicherungsschutz in Fahrerschutzversicherung gewährt wird. Das führt nicht dazu, dass zugleich ausländisches Vertragsrecht oder gar ausländische Bestimmungen zum Umfang der Schadensersatz-/Versicherungsleistung nach der Rom II-VO zur Anwendung[1] kämen. 3

A.5.4 Was leisten wir in der Fahrerschutzversicherung?

<Achtung! Es folgen zwei Varianten von A.5.4.1>

Die Musterbedingungen, die den Versicherern an die Hand gegeben werden, bieten zwei (genauer drei) Varianten für die Beschreibung des Leistungsumfangs. Dabei werden unterschiedliche Wege beschritten, den Leistungsumfang zu beschreiben. Es handelt sich dabei um einen 1

- **vollen Leistungsumfang (Variante 1.1)**
- **vollen Leistungsumfang mit Negativaufzählung (Variante 1.2)**
- **begrenzten Leistungsumfang durch Positivaufzählung (Variante 2)**

A.5.4.1 Was wir ersetzen

Wir ersetzen den unfallbedingten Personenschaden (z.B. Verdienstausfall, Hinterbliebenenrente, [Schmerzensgeld]) so, als ob ein Dritter schadensersatzpflichtig wäre. Dabei leisten wir nach den deutschen gesetzlichen Schadenersatzbestimmungen des Privatrechts.

<Redaktioneller Hinweis: Sollen bestimmte Leistungspositionen (z.B. Schmerzensgeld, Rechtsanwaltsgebühren) nicht ersetzt werden, sind diese hier aufzuführen.

[Wir zahlen nicht für … …]>

Die Wortwahl »als ob ein Dritter ***schadensersatzpflichtig*** wäre« passt nicht vollständig in den Zusammenhang, da die Schadensersatzpflicht regelmäßig an weitere Bedingungen geknüpft ist und nur das Verhältnis zum Schädiger und seinem gesamtschuldnerisch mitschuldenden Haftpflichtversicherer 1 betrifft. Zudem kann die Ersatzpflicht durch Höchsthaftungslimits begrenzt oder wegen Haftungsausschlüssen nach den §§ 104 ff. SGB VII gänzlich entfallen.

2 Gemeint ist wohl »*leistungspflichtig*«. Das ergibt sich aus der beispielhaften Aufzählung in A.5.4.2 AKB. Leistungspflichtig sind danach insbesondere der Schädiger, Sozialversicherungsträger, Privatversicherer und weitere Personen. Erfasst werden sollen neben Schadensersatzleistungen, Versicherungs- und sonstige Drittleistungen.

3 **Schadensersatzbestimmungen** sind nicht die Anspruchsnormen, die einen Schadensersatzanspruch[1] vom Grundsatz her gewähren. Gemeint sind diejenigen Normen, die den **Umfang** des gesetzlichen Anspruchs nach **deutschem Recht** betreffen.

4 In Betracht zu ziehen sind im Personenschaden die generellen Vorschriften nach §§ 249 ff. BGB, insbesondere
- § 249 BGB wegen der Heilbehandlungskosten nebst Besuchskosten nächster Angehöriger
- § 252 BGB wegen des entgangenen Gewinns der Verdienstschaden des Arbeitnehmers, aber auch die Einkommenseinbuße des Selbstständigen und sogar der Entgang von Arbeitslosengeld oder Dienstbezügen des Beamten. Zudem finden sich hierin die Norm zur Begründung des fremdnützigen Hausarbeitsschadens sowie der verhinderte Gewinn aus Kapitalvermögen.
- § 253 Abs. 2 BGB wegen des immateriellen Schadens – Schmerzensgeld

5 Zudem sind die Spezialvorschriften im Deliktsrecht heranzuziehen, so
- der eigentlich überflüssige § 842 BGB, der im Grunde § 252 BGB im Wesentlichen wiederholt[2]
- § 843 BGB wegen einer Geldrente und (eingeschränkter) Kapitalabfindung
- § 844 BGB wegen Beerdigungskosten und des Entzugs des gesetzlichen Unterhaltsanspruchs
- § 845 BGB wegen entgangener Dienste.

6 Aus der Gefährdungshaftung nach dem StVG sind heranzuziehen,
- § 10 Abs. 1 Satz 1 StVG wegen versuchter Heilbehandlungskosten, Erwerbsschaden und vermehrter Bedürfnisse
- § 10 Abs. 1 Satz 2 StVG wegen der Beerdigungskosten
- § 10 Abs. 2 StVG wegen des Entzugs des gesetzlichen Unterhaltsanspruchs
- § 11 Satz 1 StVG wegen Heilbehandlungskosten, Erwerbsschaden nebst Hausarbeitsschaden und vermehrter Bedürfnisse
- § 11 Satz 2 StVG wegen des immateriellen Schadens – Schmerzensgeld.

7 Bei einem Vergleich der Vorschriften zeigt sich bereits, dass der Leistungsumfang bei der Verschuldenshaftung etwas umfangreicher ist als bei der reinen Gefährdungshaftung. Die speziellen Schadensersatzbestimmungen aus der Gefährdungshaftung sind etwas enger gefasst. So ist der entgangene Gewinn mehr als nur der Erwerbsschaden; entgangene Dienste kennt die Gefährdungshaftung nicht.

8 Der generelle Verweis in der Klausel auf *deutsche gesetzliche Schadensersatzbestimmungen* ist vom Verständnis des Versicherungsnehmers her gesehen, eher weiter als enger auszulegen.

9 Es kommt hinzu, dass selbst bei Unfällen im Ausland mit einem **im Ausland lebenden Fahrer** die Höhe des Schadensersatzes nach deutschen Schadensersatzbestimmungen festzulegen ist. Das bedeutet, dass weder das Haftungsrecht im Unfallland nach Art. 4 Rom II-VO noch die Schadensbemessung nach dem Heimatland entsprechend der Erwägung Nr. 33 zur Rom II-VO auf die Fahrerschutzversicherung Anwendung finden.

10 Die Folge ist, dass der geschädigte ausländische Fahrer wegen des häufig höheren deutschen Standards eine Besserstellung gegenüber etwaigen Schadensersatzansprüchen im Heimatland erwarten kann. Zudem sind Fälle denkbar, in denen selbst bei vollständiger Regulierung von

1 Siehe hierzu *Kreuter* A.1.1.1 AKB Rdn. 4 ff.
2 PWW/*Luckey* § 842 BGB, Rn. 1.

Haftpflichtansprüchen gemäß den ausländischen Bestimmungen, der Fahrerschutzversicherer noch nachzubessern hat, weil der Umfang des Schadensersatzes nicht das deutsche Niveau erreicht. Bedeutsam ist dies insbesondere bei der Höhe und der Methode zur Bemessung des Schmerzensgelds, da in den Ländern Europas erhebliche Unterschiede[3] bestehen.

Eine offenkundige Überkompensation des Schadens kann nur im Haftpflichtrecht begrenzt werden, wie z.B. beim Leistungskatalog der gesetzlichen Unfallversicherung nach § 26 ff. SGB VII und der zusätzlichen – aber schadensersatzrechtlich meist nicht mehr erforderlichen – Leistungen der privaten Krankenversicherung nach § 5 Abs. 3 MB/KK. So wenig wie der private Krankenversicherer die Kostenerstattung für seine vertraglich definierte daneben[4] noch notwendige Heilbehandlung seinem Versicherten verweigern kann, kann dies der Fahrerschutzversicherer im Falle von ausländischen Versicherten. Durch Vertragsauslegung kann daher die Leistung nicht eingeschränkt werden. 11

Ein Versicherer, der eine entsprechende Einschränkung des Leistungsumfangs in individuellen Fahrerschutzbedingungen für im Ausland lebende Fahrer aufnimmt, verstößt nicht gegen die §§ 19 ff. AGG. Schließlich haben sich bei Auslandunfällen mitunter deutsche Gerichte[5] am Umfang des Schadensersatzanspruchs am ausländischen Recht zu orientieren. 12

Keine Überkompensation besteht, wenn ein in Deutschland lebender Fahrer im Ausland einen unverschuldeten Unfall erleidet, sich das Haftungs- und das Recht zum Schadensumfang aber nach ausländischem Recht[6] richtet. Selbst bei voller Schadensersatzleistung des Haftpflichtversicherers kann z.B. die Höhe des Schmerzensgeldes nach deutschen Maßstäben völlig unzureichend sein. 13

In der Gefährdungshaftung gelten zudem Haftungslimits im Personenschaden nach den §§ 12 Abs. 1 Nr. 1 und 12a Abs. 1 Nr. 1 StVG auf € 5 bzw. € 10 Mio. 14

Die gesetzlichen Haftungslimitierungen begrenzen die versicherungsvertragliche Leistung aus der Fahrerschutzversicherung allerdings nicht. Maßstab ist die für die Fahrerschutzversicherung vereinbarte Versicherungssumme, die sich aus der Police ergibt. 15

Die Variante 1 beschreibt nicht die einzelnen Schadenspositionen, die beim Personenschaden zum Tragen kommen könnten, sondern lässt diese bewusst offen. 16

Sie enthält in ihrer Ausgestaltung **keine Begrenzung auf einen Restschaden.**[7] Folglich darf der Versicherte annehmen, der Fahrerschutzversicherer leiste wie ein Vollversicherer, soweit die Subsidiaritätsklausel in A.5.4.2 AKB nicht zur Anwendung kommt. 17

Die kurze Aufzählung ist nur beispielhaft und nicht abschließend. Im Schadensersatzrecht lassen sich leicht über ein Dutzend Einzelpositionen finden, die im Einzelfall einmal mehr oder weniger relevant sind. Eine komplette Aufzählung birgt einerseits die Gefahr von Lücken und würde andererseits den Umfang des Bedingungswerks überfrachten, so dass eine knappe Aufzählung den Zweck ausreichend erfüllt, die Richtung zu deuten, um welche Positionen es sich handeln könnte. 18

Natürlich verhindert – aus wirtschaftlicher Betrachtung für den Versicherer – eine nicht allzu umfassende Aufzählung auch das Entstehen von Begehrlichkeiten. Wie schon im Personengroßschaden der Kfz-Haftpflichtversicherung wird der versicherte Fahrer auf anwaltliche Hilfe angewiesen sein, um möglichst jede Schadensposition tatsächlich zu erkennen und zu erfassen. Im Gegensatz zum standardisierten Leistungsumfang in der Kfz-Unfallversicherung kann der Versicherte in der 19

3 Überblick bei Himmelreich/Halm/*Lemor* Handbuch des Fachanwalts Verkehrsrecht, Kap. 3, Rn. 100.

4 Vermeidung einer Doppelentschädigung, Staudinger/Halm/Wendt FAKomm-Vers/*Baumhackel* § 5 MB/KK, Rn. 19.

5 *AG Köln* Urt. v. 29.04.2014 – 268 C 89/11, JurionRS 2014, 20430 = DAR 2014, 470.

6 *OLG Stuttgart* Urt. v. 10.02.2014 – 5 U 111/13, JurionRS 2014, 13945 (Österreichischer Kfz-Haftpflichtversicherer leistet in Deutschland lebendem Fahrer 100 % Schadensersatz nach serbischem Recht).

7 Zur Doppelfunktion einer subsidiären Restschadensversicherung siehe *Schwab*, Fahrerschutzversicherung, Rn. 38 ff.

Fahrerschutzversicherung keine detaillierte Leistungsbeschreibung erwarten. Schließlich gewährt der Gesetzgeber sebst im Schadensersatzrecht bei der Beschreibung des Schadensumfangs nach den §§ 249 ff; 842 ff. BGB, 10; 11 StVG nur eine Orientierungshilfe.

20 Der **Personenschaden** wird auch in A.5.4.1 AKB nicht definiert.

21 Im Schadensersatzrecht[8] wird darunter jede Vermögensbeeinträchtigung verstanden, wenn sie durch die Verletzung oder Tötung eines Menschen verursacht wird. Darunter fällt nicht nur der immaterielle Schaden (Schmerzensgeld), sondern auch jeder mittelbare materielle Vermögensschaden als Folge der Körperverletzung. Wie *Luckey*[9] richtig darstellt, entsteht durch die Körperverletzung zunächst ein immaterieller Schaden, dem sich ein materieller Schaden anschließt.

22 Der Bedingungstext enthält in der Aufzählung den »Verdienstausfall«. Dieser ist ein materieller Folgeschaden aus der Körperverletzung. Daraus wird deutlich, dass entsprechend dem Schadensersatzrecht die Fahrerschutzversicherung den Personenschaden weit verstanden wissen will und auf den Personenfolgeschaden ausdehnt.

23 Bestätigt wird dies durch das Wort »Hinterbliebenenrente«. Dadurch wird erkennbar, dass mehr gemeint ist als der eigentliche Schaden der verletzten Person. So ist nach der Klausel der Vermögensschaden des mittelbar geschädigten Dritten – der Unterhaltsschaden – als Teil des Personenschadens zu verstehen.

24 Der **Sachschaden** wird in der Klausel nicht erwähnt. Sachschäden sind keine Personenschäden. Folglich fallen selbst am Körper getragene persönliche Gegenstände wie die Kleidung, ein Smartphone, Ehering, Ausweispapiere etc. nicht zu den Sachen, die vom Versicherungsschutz umfasst werden.

25 Hiervon wird man jedoch Ausnahmen machen müssen:
- Körperersatzstücke, wie z.B. Zahnprothesen und ggf. Perücken
- Hilfsmittel, wie Brillen und Kontaktlinsen

26 Wird die **Kleidung** des Fahrers vom Arzt zerschnitten, um die Verletzungen behandeln zu können, ist dieser Sachschaden ein Teil der Rettung. Der Aufwand – Vermögensopfer[10] – dient dazu, einen drohenden noch schwereren Personenschaden zu verhindern, §§ 82 Abs. 1; 83 Abs. 1 VVG.

27 Genauso könnte man es aber auch verstehen, wenn die Feuerwehr mit der **Rettungsschere** das Dach des PKW abschneidet oder die Tür aufbricht, um den verletzten Fahrer aus seinem Fahrzeug bergen zu können.

28 Der Feuerwehreinsatz ist vielerorts auch bei der Personenrettung kostenpflichtig und wird dem Fahrzeughalter auferlegt. Dient die Rettung nur dem Fahrer des haftpflichtversicherten Fahrzeugs, besteht über die Kfz-Haftpflichtversicherung kein Versicherungsschutz, da kein Dritter geschädigt ist. In den meisten Fällen wird bei genauer Betrachtung kein öffentlich-rechtlicher Kostenerstattungsanspruch bestehen. Der Feuerwehreinsatz ist zur Fahrerbergung ist in Zweifelsfällen über die Fahrerschutzversicherung gedeckt.

29 Vor der Fahrerbergung hatte das Fahrzeug meistens noch einen **Restwert**. Durch die bergungsbedingte zusätzliche Beschädigung wird der ehemalige Restwert zum **Fahrzeugwrack**.

30 Besteht keine Vollkaskoversicherung für das Fahrzeug, stellt sich die Frage, ob die Differenz zwischen Restwert und Wrack vom Fahrerschutzversicherer zu tragen ist. Als Teil der Rettungsmaßnahme zum Wohle des verletzten Fahrers wird man dies bejahen müssen, da der bergungsbedingte Kollateralschaden am Fahrzeug ein gedeckter Personenfolgeschaden[11] in der Fahrerschutzversicherung ist.

---

8 *BGH* Urt. v. 08.03.2012 – III ZR 191/11, JurionRS 2012, 11921 = DAR 2012, 513 = MDR 2012, 462 = NZS 2012, 546 = VersR 2012, 714 = zfs 2012, 506.

9 *Luckey* Personenschaden Rn. 1 bis 3.

10 Prölss/Martin/*Voit* VVG-Kommentar, § 83 VVG, Rn. 12.

11 *Schwab* Fahrerschutzversicherung, Rn. 313.

Andernfalls müssten in den Bedingungen die Bergungskosten des verletzten, noch lebenden Fahrers explizit ausgenommen werden. Die Wirksamkeit eines solchen Ausschlusses in der Schadensversicherung dürfte jedoch an § 87 VVG scheitern, wonach Rettungskosten nicht zum Nachteil[12] des Versicherungsnehmers ausgeschlossen werden können. In diesem Zusammenhang sei darauf hingewiesen, dass die Unfallversicherungsbedingungen standardmäßig keine Bergungskosten als versicherte Leistung enthalten, allerdings durch Zusatzbedingungen[13] verbreitet[14] mitversichert werden können. 31

Der Verlust von **Wertsachen** (z.B. Schmuck, Bargeld) ist kein Personen-, sondern ein Sachschaden. 32
Im Schadensersatzrecht sind derartige Verluste vom Schädiger auszugleichen, wenn der Verletzte durch einen Körperschaden gehindert ist, wie gewöhnlich auf seine Sachen aufzupassen. Nach dem *LG Mainz*[15] läge es nicht außerhalb jeder Lebenserfahrung, dass einem bei einem Verkehrsunfall Verletzten, der auf ärztliche Hilfe angewiesen ist, auf dem Weg ins Krankenhaus persönliche Gegenstände entwendet werden. Der Anscheinsbeweis[16] kann jedoch erschüttert werden. Dem Schädiger, der das Entwendungsrisiko durch einen Verkehrsunfall gesetzt hat, muss bei entsprechendem Nachweis demnach auch für diesen Folgeschaden aufkommen. Zurechnungsgesichtspunkte aus dem Schadensersatzrecht haben für vertragliche Ansprüche aus der Fahrerschutzversicherung keine Bedeutung. Der Verlust von Wertsachen ist nur eine mittelbare Folge des Personenschadens, weil der Verletzte es nicht verhindern konnte, dass sich eine andere Person an seinen Sachen »*bedient*«.

Im Personenschadensersatzrecht werden **Auslagenpauschalen** zuerkannt. Sie stehen im Zusammenhang mit der Rechtsverfolgung und dem Nachweis des Schadens. Da die Nebenkosten aber nicht den eigentlichen Personenschaden ausmachen, sind sie nicht Inhalt der vertraglichen Leistung des Fahrerschutzversicherers und sind ebenso wenig zu ersetzen, wie in der Kaskoversicherung.[17] 33

Kein Personenfolgeschaden sind **Rechtsanwaltskosten** zur Verfolgung von Ansprüchen gegen den Fahrerschutzversicherer. Im Schadensersatzrecht sind dagegen Rechtsverfolgungskosten[18] grundsätzlich immer Teil des Schadens und somit vom Haftpflichtigen zu ersetzen. Daher wird tw. angenommen,[19] auch die Rechtsanwaltskosten seien zu ersetzen, wenn der Fahrerschutzversicherer zu leisten verspricht, als ob Haftpflichtversicherer leistungspflichtig wäre. 34

Von diesem Grundgedanken ist wohl bei der Auslegung der Klausel auszugehen. Daher findet sich der redaktionelle Hinweis, dass der VR dies ausdrücklich anders regeln müsse, wenn er keine Rechtsanwaltskosten zahlen will. In einzelnen Bedingungswerken findet sich daher ausdrücklich eine entsprechende Regelung. 35

12 Staudinger/Halm/Wendt FAKomm-Vers/*K. Schneider*, § 87 VVG, Rn. 4.

13 Besondere Bedingungen für die Mitversicherung von Bergungskosten in der Allgemeinen Unfallversicherung (BB Bergungskosten 91), VerBAV 1991 S. 351 = ADAJUR Dok.Nr. 207; *OLG Koblenz* Urt. v. 01.12.2000 – 10 U 936/99, JurionRS 2000, 33483 = NVersZ 2001, 554 = VersR 2002, 181 = zfs 2002, 31; *LG Dortmund* Urt. v. 19.10.2006 – 2 O 117/06, JurionRS 2006, 35334; *LG Dortmund* Urt. v. 29.05.2008 – 2 O 208/07, JurionRS 2008, 18435; *LG Hamburg* Urt. v. 30.07.2008 – 302 O 436/07, BeckRS 2009, 08828 = VersR 2009, 389. *LG Bochum* Urt. v. 19.05.2010 – I-4 O 166/09, JurionRS 2010, 42296 = NZV 2013, 42 = r+s 2012, 562.

14 Staudinger/Halm/Wendt FAKomm-Vers/*Hugemann*, Nr. 2 AUB 2010, Rn. 67.

15 *LG Mainz* Urt. v. 22.01.1998 – 1 O 547/968, ADAJUR Dok.Nr. 35468 = VersR 1999, 836 = WI 2000, 85.

16 *OLG Köln* Urt. v. 25.02.2005 – 6 U 139/04, JurionRS 2005, 14425 = DAR 2005, 404 = MDR 2005, 1346 = NZV 2005, 523 = SVR 2006, 31 bespr. v. *Schwab* = VersR 2006, 1258 = VRR 2005, 231 bespr. v. *Jaeger*.

17 Schon keine kongruente Position, siehe *Lucas*, Das Quotenvorrecht – wer es nicht kennt, verschenkt Geld!, VRR 2010, 127.

18 *BGH* Urt. v. 08.11.1994 – VI ZR 3/94, BGHZ 127, 348 = JurionRS 1994, 15152 = DAR 1995, 97 = MDR 1995, 150 = NJW 1995, 446 = NZV 1995, 103 = VersR 1995, 183 = zfs 1995, 48 m.Anm. *Höfle*.

19 Himmelreich/Halm/*Wilms* Handbuch des Fachanwalts Verkehrsrecht, Kap. 23, Rn. 32.

36 Es ist zuzugeben, dass die Erwartungshaltung des Versicherten dafür spricht. Allerdings reguliert der Fahrerschutzversicherer nur wie, aber nicht als Haftpflichtversicherer.[20] Bei genauer Betrachtung kann daher der um verständige Würdigung der AKB bemühte Versicherte durchaus erkennen, dass sein Fahrerschutzversicherer eben nicht aufgrund eines Haftpflichtschadensfalles leistet, sondern allein aufgrund vertraglicher Verpflichtungen. Dies spricht recht klar dafür, dass Fahrerschutzleistungen folglich nicht anders zu behandeln sind als Leistungen aus der Kasko-, Autoschutzbrief- oder Kfz-Unfallversicherung.

37 Rechtsanwaltsgebühren wären dann nur vom Fahrerschutzversicherer zu erstatten, wenn sie in individuellen Bedingungen explizit in die Aufzählung aufgenommen wurden. Dies ist, soweit ersichtlich, in keinen AKB der Fall.

Andererseits kommt es für das Verständnis des durchschnittlichen Versicherungsnehmers, das für die Auslegung der Klausel maßgeblich ist, nicht darauf an, ob der Fahrerschutzversicherer als Haftpflichtversicherer oder eben aufgrund der vertraglich vereinbarten Ausgestaltung des Versicherungsschutzes wie ein Haftpflichtversicherer leistet. Maßgeblich ist für das Verständnis des durchschnittlichen VN möglicherweise die Formulierung, dass sein Versicherer wie ein Haftpflichtversicherer leistet, so dass der Versicherte nach seinem Verständnis davon ausgehen könnte, dass er aus dem Versicherungsvertrag dasjenige erhält was ihm der Haftpflichtversicherer des Schädigers nach Haftpflichtrecht zu zahlen hätte. Dies würde die Anwaltskosten als notwendige Kosten der Rechtsverfolgung umfassen. Allerdings wäre auch nach diesem Verständnis der Ersatz von Rechtsanwaltskosten in jedem Fall auf die nach RVG geschuldeten gesetzlichen Gebühren als notwendige Kosten der Rechtsverfolgung begrenzt. Nicht zu erstatten sind darüber hinausgehende Kosten etwa aufgrund einer Honorarvereinbarung.

Nach logischem Verständnis und Einordnung der Fahrerschutzversicherung in die Reihe zusätzlicher Bausteine zur Eigenabsicherung im Rahmen der Kfz-Versicherung ist zwar klar davon auszugehen, dass keine andere Behandlung im Hinblick auf Rechtsanwaltskosten erfolgen soll als in der Kasko, Schutzbrief oder Kfz-Unfallversicherung. Gleichwohl bietet die Klausel Unklarheiten und bedarf der Auslegung. Soweit diese letztlich aus Sicht des durchschnittlichen VN unklar bleibt, gehen Unklarheiten zu Lasten des Versicherers als Verwenders und sind daher wohl auch die Anwaltskosten zu tragen. Versicherer sind daher gut beraten, die entsprechende Klarstellung in ihre AKB aufzunehmen.

38 Befindet sich der Fahrerschutzversicherer allerdings mit seiner vertraglichen Leistung in **Verzug**, hat er wie in allen anderen Sparten auch[21] die Anwaltskosten zu tragen. Dies richtet sich nach allgemeinen Regeln.

39 Ersetzt wird nur der **unfallbedingte** Personenschaden. Erforderlich ist ein adäquat kausaler Zusammenhang. Die Unfallbedingtheit ist vom Versicherten zu beweisen. Analog der privaten Unfallversicherung[22] (und dem Schadensersatzrecht[23]) gilt zunächst der Strengbeweis[24] nach § 286 ZPO. Der

---

20 *Heinrichs* Die Fahrerschutzversicherung, DAR 2011, 565 ff.; so auch Beckmann/Matusche-Beckmann/*Höke/Heß* Versicherungsrechts-Handbuch § 30, Rn. 383.

21 *OLG Düsseldorf* Urt. v. 06.08.2013 – I-4 U 221/11, JurionRS 2013, 44479 = zfs 2013, 701 (Unfallversicherung); *OLG Saarbrücken* Urt. v. 13.03.2013 – 5 U 343/12, JurionRS 2013, 41392 = NJW-RR 2014, 101 = VRR 2013, 462 bespr. v. *Nugel* = zfs 2013, 396 (Unfallversicherung); *OLG Karlsruhe* Urt. v. 28.08.2009 – 12 U 90/09, JurionRS 2009, 28462 = MDR 2009, 1388 = NJW-RR 2009, 1689 = NZV 2010, 88 = OLGR 2009, 693 = r+s 2009, 408 = VersR 2010, 337–339 = zfs 2009, 639 (Kaskoversicherung).

22 *BGH* Urt. v. 17.10.2001 – IV ZR 205/00, JurionRS 2001, 20560 = MDR 2002, 151 = NJW-RR 2002, 166 = NVersZ 2002, 65 = PVR 2002, 142 bespr. v. *Schröder* = VersR 2001, 1547 = zfs 2002, 85; Schwintowski/*Brömmelmeyer*, PK-VersR, § 180 VVG, Rn. 25 ff.

23 Siehe auch *Nugel*, Gemeinsamkeiten und Unterschiede bei der Anspruchsbegründung im Bereich der Unfallversicherung und des Schadensersatzrechts, DAR 2010, 445 ff.

24 *BGH* Urt. v. 28.01.2003 – VI ZR 139/02, JurionRS 2003, 16006 = DAR 2003, 218 = MDR 2003, 566 = NJW 2003, 1116 = NZV 2003, 167 = PVR 2003, 229 bespr. v. *Thiele* = VersR 2003, 474 m.Anm. *Staab* VersR 2003, 1216 = VRS 104, 426 = zfs 2003, 287.

Versicherte hat den Unfall zu beweisen. Ferner, dass dieser zu einem Personenschaden in Form einer Körperverletzung geführt hat. Für die weiteren Folgen hinsichtlich des Umfangs des hieraus resultierenden Schadens kommen dem Versicherten die Beweiserleichterungen nach § 287 ZPO[25] zu Gute.

Weder der **Unterhaltsschaden** noch die Beerdigungskosten sind Personenschäden des nach A.5.2 40
Satz 1 AKB versicherten Fahrers. Allerdings sind Hinterbliebene hinsichtlich ihrer gesetzlichen Unterhaltsansprüche nach A.5.2 Satz 3 AKB[26] mitversichert.

Beerdigungskosten sind ein Vermögensschaden des Erben, aber kein Personenschaden des ver- 41
sicherten – verstorbenen – Fahrers. Selbst in der Variante 1 ohne Ausnahmeregelung sind bereits begrifflich Beerdigungskosten ausgenommen. Leistungen können bei Auslandsreisen ggf. nach A.3.8.3 AKB[27] aus der Autoschutzbriefversicherung beansprucht werden.

Erleiden dem Verletzten nahestehende Personen einen **Schockschaden**, kann ihnen schadensersatz- 42
rechtlich ein Schmerzensgeldanspruch zustehen. Dabei geht man davon aus, dass ihnen durch die psychische Vermittlung eines Schadens ein eigener Anspruch[28] gegen den Schädiger zusteht. Nahe Angehörige sind jedoch nicht mitversicherte Personen der Fahrerschutzversicherung hinsichtlich erlittener Schockschäden, da sie in A.5.2 AKB nicht zum Kreis der Mitversicherten zählen.

Versicherer, die grundsätzlich den vollen Leistungsumfang mit Negativaufzählung (Variante 1.2) 43
bieten, nehmen nur in einzelnen Positionen Einschränkungen vor. Die Aufzählung von Leistungseinschränkungen an dieser Stelle bietet sich an, da sie als Aufzählung unter A.5.6 AKB zu weit entfernt zum direkten Leistungsversprechen stehen würden.

<Redaktioneller Hinweis: Versicherer, die nicht den vollständigen Leistungsumfang analog Schadenersatzrecht nach KH abdecken wollen, können alternativ die versicherten Leistungspositionen abschließend aufzählen und ggf. limitieren.>

[*Was wir ersetzen*

A.5.4.1 **Wir ersetzen den unfallbedingten Personenschaden so, als ob ein Dritter schadenersatzpflichtig wäre. Dabei leisten wir nach den deutschen gesetzlichen Schadenersatzbestimmungen des Privatrechts in folgendem Umfang:**

- **Verdienstausfall [bis xxxxx Euro]**
- [… …..]]

Für die **zweite Variante** (begrenzter Leistungsumfang durch Positivaufzählung) kann zunächst auf 44
die vorstehenden Ausführungen verwiesen werden.

Die Klausel enthält den Vorschlag für eine abschließende Aufzählung einzelner Schadenspositio- 45
nen. Der Leistungsumfang ist gegenüber der ersten Variante entsprechend enger, dafür aber präziser gefasst. Die engere Fassung höhlt den Vertragszweck der Fahrerschutzversicherung dadurch nicht aus, sondern begrenzt nur den Leistungsanspruch auf wesentliche Schadenspositionen. Diese werden allerdings lediglich aufgezählt, aber nicht definiert.

Beispielhaft wird der Verdienstausfall aufgeführt, wobei vorgeschlagen wird, diesen betragsmäßig zu 46
begrenzen. Ungeklärt bleiben die einzelnen Bestandteile und die Berechnungsbasis des Verdienstausfalles. Des Weiteren wird eine zeitliche Begrenzung – beispielsweise wegen etwaiger Lebensarbeitszeit, Altersteilzeit, Elternzeit – nicht aufgeführt. Schließlich enthält die Klausel auch keine

25 *BGH* Urt. v. 12.11.1997 – IV ZR 191/96, JurionRS 1997, 15013 = r+s 1998, 80 = zfs 1998, 187; Staudinger/Halm/Wendt FAKomm-Vers/*Hugemann*, § 180 VVG, Rn. 6; Looschelders/Pohlmann/*Götz* VVG-Kommentar § 180 VVG, Rn. 6.

26 Siehe A.5.2. AKB Rdn. 9–68.

27 *Merta/Westkämper/aktualisiert von Schwab* A.3.8.3 AKB Rdn. 1 ff.

28 *BGH* Urt. v. 10.02.2015 – VI ZR 8/14, JurionRS 2015, 12297 = NJW-Spezial 2015, 202 = VersR 2015, 590; *BGH* Urt. v. 27.01.2015 – VI ZR 548/12, JurionRS 2015, 10795 = DAR 2015, 200 = JZ 2015, 187 = MDR 2015, 391 = NJW-Spezial 2015, 169 = r+s 2015, 151.

Angaben zum Fortkommensschaden (beruflicher Aufstieg), Überstunden oder zur Anrechnung von erspartem berufsbedingten Aufwand.

47 **Beerdigungskosten** werden von A.5.4.1 AKB nicht umfasst. Versicherer, die Beerdigungskosten in die Aufzählung positiv aufnehmen, erweitern nicht nur den Leistungsumfang, sie **erweitern** auch den **Kreis der Mitversicherten.** Entsprechend müssten sie in A.5.2 AKB zur Klarstellung den Leistungsanspruch auf mitversicherte Erben erweitern. Zu beachten bleibt in diesen Fällen auf der Leistungsseite, dass bei Arbeits-/Wegeunfällen der gesetzliche Unfallversicherer ein Sterbegeld zahlt. Dieser zahlt nicht unbedingt an Hinterbliebene, sondern an den, der die Aufwendungen für die Beerdigung getragen hat.[29]

A.5.4.2 Vorrangige Leistungspflicht Dritter

Wir erbringen keine Leistungen, soweit Sie gegenüber Dritten (z.B. Schädiger, Haftpflichtversicherer, Krankenkasse, Rentenversicherungsträger, Berufsgenossenschaft, Arbeitgeber) Anspruch auf Ersatz ihres Schadens oder Anspruch auf deckungsgleiche (kongruente) Leistungen haben.

Ausnahme: Soweit Sie einen solchen Anspruch nicht erfolgversprechend durchsetzen können, leisten wir dennoch, wenn nachfolgende Voraussetzungen vorliegen:
- **Sie haben den Anspruch in Textform geltend gemacht.**
- **Sie haben weitere zur Durchsetzung Ihres Anspruchs erforderliche Anstrengungen unternommen, die Ihnen billigerweise zumutbar waren.**
- **Sie haben Ihren Anspruch wirksam an uns abgetreten.**

Hinweis: Ansprüche gegen Dritte sind nicht immer wirksam abtretbar. Unter anderem können Ansprüche gegen Sozialversicherungsträger (z.B. Krankenkasse, Rentenversicherungsträger) häufig nicht oder nur mit deren Zustimmung abgetreten werden. In diesen Fällen können wir nicht im Voraus Leistungen erbringen, sondern erst dann, wenn abschließend geklärt ist, dass keine Ansprüche gegenüber Dritten bestehen.

Vereinbarungen, die Sie mit Dritten über diese Ansprüche treffen (z.B. ein Abfindungsvergleich), binden uns nur, wenn wir vorher zugestimmt haben.

Übersicht

A. Subsidiaritätsklausel – Überblick

1 Die Musterbedingung enthält eine **einfache Subsidiaritätsklausel.** Zum besseren Verständnis wurde auf den Begriff verzichtet und durch die Worte *»soweit Sie gegenüber Dritten«* ersetzt. Da nicht nur der sonst am Markt übliche Restschaden, sondern vom grundsätzlichen Aufbau her der Vollschaden des Fahrers versichert ist, sind die Wirkungen der einfachen Subsidiaritätsklausel allerdings beschränkt. Die am Markt üblichen Subsidiaritätsklauseln sind häufig sehr unterschiedlich[1] formuliert.

2 Nach den Musterbedingungen ist der Fahrerschutzversicherer ein einfach subsidiärer Schadenversicherer. Damit gehen seine Leistungen denen des Entschädigungsfonds für Schäden aus

29 *OLG Saarbrücken* Urt. v. 20.03.2014 – 4 U 64/13, JurionRS 2014, 12876 = FamRZ 2014, 1412 = NJW-RR 2014, 810.

1 *Knappmann* Die Fahrerschutzversicherung VRR 2014, 447 ff.

Kraftfahrzeugunfällen vor,[2] § 12 Abs. 1 Satz 2 PflVG. Der Fahrer kann somit nicht an die **Verkehrsopferhilfe (VOH)**[3] verwiesen werden, da die Besonderheit als Restschadensversicherer[4] nicht – wie bei vielen individuellen Bedingungen am Markt – zum Ausdruck gebracht wurde. Das führt auch dazu, dass ein **leistungsfreier Kfz-Haftpflichtversicherer** an den Fahrerschutzversicherer nach § 117 Abs. 3 Satz 2 VVG verweisen kann, der nicht vorrangig als Restschadensversicherer[5] auftritt.

Liegen die Voraussetzungen für Leistungen nach dem **Opferentschädigungsgesetz** vor, gehen diese Leistungen vor. Der Regress des öffentlichen Trägers nach § 5 OEG ist auf gesetzliche Schadensersatzansprüche gegen Dritte begrenzt. Wie der private Krankenversicherer[6] kann auch der vorleistende Fahrerschutzversicherer[7] seinerseits Regress nehmen. 3

Da die Leistungen der Fahrerschutzversicherung einen Vermögensbestandteil darstellen, bleibt diese gegenüber der **Sozialhilfe**[8] vorrangig. 4

Soweit andere Schadensversicherer keine Subsidiaritätsklauseln verwenden wie z.B. die MB/KK mit Ausnahme von § 5 Abs. 3 MB/KK zur gesetzlichen Unfallversicherung, ist die Fahrerschutzversicherung nachrangig. 5

Soweit andere Schadensversicherer ebenfalls Subsidiaritätsklauseln verwenden, ist zu prüfen, ob diese einfach oder qualifiziert ausgestaltet sind. 6

Gegenüber qualifizierten Subsidiaritätsklauseln, ist die obige Klausel nachrangig, da es sich nicht um eine reine Restschadensversicherung[9] handelt. 7

Zu einfachen oder eingeschränkten[10] Subsidiaritätsklauseln anderer Schadensversicherer besteht kein Vorrangprinzip. Sie heben sich gegenseitig auf, so dass eine **Mehrfachversicherung** nach § 78 VVG vorliegt. Möglich ist sogar eine Doppelversicherung mit der Krankentransportleistung für den verunfallten Fahrers nach A.3.7.1 AKB[11] i.V.m.A.3.11.1 AKB in der Autounfallversicherung. 8

Eine Doppelversicherung mit einer von der gebündelten Police entkoppelten[12] Fahrerschutzversicherung ist möglich. Es bestehen entsprechend Parallelen der Autoschutzbriefversicherung in A.3 AKB zur AVAR. 9

B. Anforderungen der Subsidiaritätsklausel

Die Klausel korrespondiert mit der Obliegenheit in E.1.6.4 AKB[13], Rechte gegenüber Dritten zu wahren. Sie macht zur Bedingung, dass Ansprüche auf Schadensersatz-, Ersatz- und/oder Versicherungsleistungen nicht bestehen oder deren Durchsetzung erschwert ist. Erhält der geschädigte Fahrer dagegen aus Fürsorge[14] oder Mitleid von einem Dritten ein Geschenk (Schenkungsvertrag) zur Kompensation seines Personenschadens, bestehen vertragliche Ansprüche gegen den Fahrerschutzversicherer fort. 10

---

2 Burmann/Heß/*Jahnke*/Janker Straßenverkehrsrecht, Vor § 249 BGB, Rn. 211; so wohl auch *Becker* Die Fahrerschutzversicherung in der anwaltlichen Unfallschadenregulierung, zfs 2015, 10 ff.

3 Zur VOH siehe *Hückel* § 12 PflVG Rdn. 1.

4 *Schwab* Fahrerschutzversicherung, Rn. 66 ff.

5 *Schwab* Fahrerschutzversicherung, Rn. 61 ff.; Siehe auch A.5.6.4 AKB Rdn. 3.

6 Looschelders/Pohlmann/*Reinhard* VVG-Kommentar, § 194 VVG, Rn. 10.

7 *Schwab* Fahrerschutzversicherung, Rn. 78.

8 *Schwab* Fahrerschutzversicherung, Rn. 80 ff.; Beckmann/Matusche-Beckmann/*Höke/Heß* Versicherungsrechts-Handbuch, § 30 Rn. 388.

9 *Schwab* Fahrerschutzversicherung, Rn. 56 ff.; *van Bühren* Die Fahrerschutzversicherung, VersR 2015, 685 ff.

10 *BGH* Urt. v. 19.02.2014 – IV ZR 389/12, JurionRS 2014, 11349 = ADAJUR Dok.Nr. 104701 = JZ 2014, 279 = MDR 2014, 779 = VersR 2014, 450 = WM 2014, 1052 = zfs 2014, 278.

11 *Merta/Westkämper/aktualisiert von Schwab* A.3.7.1 AKB Rdn. 1 ff.

12 *Schwab* Fahrerschutzversicherung, Rn. 11.

13 *Kreuter* E.1.6.4 AKB Rdn. 1 ff.

14 *BGH* Beschl. v. 10.12.1951 – GSZ 3/51, BGHZ 4, 157 = JurionRS 1951, 10204 = DAR 1952, 105 = DB 1952, 310 = JZ 1952, 225 = NJW 1952, 337.

I. Anspruch auf Schadensersatzleistungen

11 Der Vorrang von Schadensersatzansprüchen ist keine Besonderheit von Subsidiaritätsklauseln, sondern ein allgemeiner Rechtssatz, der in der gesamten Schadensversicherung zur Anwendung kommt.[15]

12 Gemeint sind in der Fahrerschutzversicherung Ansprüche auf Ersatz des Personenschadens gleich auf welcher rechtlichen Grundlage. Anspruchsgrundlagen sind daher nicht nur die im Straßenverkehrsrecht üblicherweise zur Anwendung kommenden §§ 7 Abs. 1 StVG und 823 Abs. 1 BGB, sondern auch weitere Normen des Delikts-, Gefährdungshaftungs- und Vertragsrechts. Beispielhaft seien hier erwähnt für

das Deliktsrecht
- § 831 BGB Geschäftsherrenhaftung
- §§ 836 ff. BGB Grundstücksbesitzer

▶ **Beispiel:**

13 Bauteile lösen sich von einer Brücke[16], einem Dach[17] oder einem Carport[18] und treffen das Fahrzeug

- § 839 BGB, Art. 34 GG Amtspflichtverletzung

▶ **Beispiele:**

Schuldhaft verspätetes Eintreffen von Rettungssanitätern beim Notfallpatienten[19] oder Falschbehandlung durch Notarzt[20], Verstoß gegen Verkehrsregelungspflichten[21], Verstoß gegen Verkehrssicherungspflichten (Bankett[22], Straßenbäume[23], Streupflichten[24]), Verstoß gegen Überwachungspflichten (TÜV)

---

15 *OLG Karlsruhe* Urt. v. 05.06.2014 – 9 U 99/13, BeckRS 2014, 13897.

16 16*BGH* Urt. v. 21.01.1988 – III ZR 66/86, JurionRS 1988, 13473 = MDR 1988, 758 = NJW-RR 1988, 853 = VersR 1988, 629; *BGH* Urt. v. 05.04.1990 – III ZR 4/89, JurionRS 1990, 13793 = MDR 1991, 228 = NJW-RR 1990, 1500 = VersR 1991, 72.

17 17*AG Wesel* Urt. v. 08.12.2009 – 4 C 6/09, JurionRS 2009, 36095 = r+s 2010, 282.

18 18*OLG Hamm* Urt. v. 22.03.1995 – 13 U 167/94, JuS 1996, 172 = NJW-RR 1995, 1230 = NZV 1996, 199.

19 19PWW/*Kramarz* § 839 BGB, Rn. 122.

20 20*BGH* Urt. v. 16.09.2004 – III ZR 346/03, BGHZ 160, 216 = JurionRS 2004, 19029 = DAR 2005, 83 = DÖV 2005, 259 = NJW 2005, 429 = MDR 2005, 213 = NZS 2005, 202 = NZV 2005, 84 = VersR 2005, 688 = VRS 108, 1.

21 21*BGH* Urt. v. 11.12.1980 – III ZR 34/79, JurionRS 1980, 11784 = DAR 1981, 86 = MDR 1981, 566 = VersR 1981, 336 (Gefahrenstelle); *BGH* Urt. v. 15.03.1990 – III ZR 149/89, JurionRS 1990, 14070 = DAR 1990, 224 = DÖV 1990, 1062 = MDR 1990, 904 = NVwZ 1990, 898 = NZV 1991, 147 = VersR 1990, 739 (Ampelschaltung); *BGH* Urt. v. 15.06.2000 – III ZR 302/99, JurionRS 2000, 19043 = DAR 2000, 475 = DÖV 2000, 921 = MDR 2000, 1073 = NJ 2000, 652 = NJW 2000, 3783 = NVwZ 2000, 1209 = NZV 2000, 412 = VersR 2001, 589 = VRS 99, 172 = zfs 2000, 481 (Beschilderung).

22 22*BGH* Urt. v. 27.01.2005 – III ZR 176/04, JurionRS 2005, 10414 = DAR 2005, 210 = MDR 2005, 809 = NJW-Spezial 2005, 256 = NVwZ-RR 2005, 362 = NZV 2005, 255 = VersR 2005, 660 = VRS 108, 345.

23 23*BGH* Urt. v. 04.03.2004 – III ZR 225/03, JurionRS 2004, 11498 = DAR 2004, 263 = MDR 2004, 806 = NJW 2004, 1381 = NJW-Spezial 2004, 50 = NZV 2004, 248 = SVR 2004, 423 bespr. v. *Schröder* = VersR 2004, 877 = zfs 2004, 305.

24 24*BGH* Urt. v. 19.05.1958 – III ZR 211/56, BGHZ 27, 278 = JurionRS 1958, 13938 = DÖV 1958, 636 = MDR 1958, 586 = NJW 1958, 1234; *BGH* Urt. v. 09.10.2014 – III ZR 68/14, JurionRS 2014, 24386 = MDR 2014, 1387 = NJW 2014, 3580.

die Gefährdungshaftung 14
- § 1 HaftPflG (Eisen- und Straßenbahnunternehmer)
- § 2 HaftPflG (Kanaldeckel, überspülte Straße)[25]
- § 1 ProdHaftG (Fehler in der Fahrzeugtechnik)[26]

die Verletzung vertraglicher Pflichten nach § 280 BGB[27] 15

Der **Direktanspruch** gegen einen Kfz-Haftpflichtversicherer ist kein selbstständiger Schadensersatzanspruch. Der Versicherer schuldet nur neben einem Haftpflichtigen mit. 16

II. Sonstige deckungsgleiche Leistungen

Neben Schadensersatzleistungen sollen auch sonstige deckungsgleiche Leistungen anderer den Leistungen des Fahrerschutzversicherers vorgehen. Die Klausel definiert das Wort »deckungsgleich« durch den in Klammern gesetzten Begriff »kongruent«. Zurückgegriffen wird dabei auf die beim Übergang von Ersatzansprüchen nach § 86 VVG verwendete Terminologie. Im Privatversicherungsrecht[28] bedeutet kongruent sachliche und zeitliche Übereinstimmung (hier) mit der Leistung des Fahrerschutzversicherers. 17

Deckungsgleich sind auch Leistungen, die denen der in A.5.4.1 AKB aufgeführten Versicherungsleistung entsprechen und nicht schon aufgrund schadensersatzrechtlicher Haftung, sondern aufgrund sonstiger Anspruchsgrundlagen bestehen. Ausgenommen sind somit freigiebige[29] Leistungen Dritter, die auf keiner Anspruchsgrundlage beruhen. Für sie gilt bereits, dass der Schädiger dadurch nicht entlastet[30] werden soll. 18

Im Personenschadensfalle des Fahrers können gegen eine Vielzahl anderer Personen Ansprüche begründet sein. Eine abschließende Aufzählung ist kaum möglich. Zu nennen sind insbesondere aus 19
- dem Sozialversicherungsrecht
- Grundsicherung für Arbeitsuchende nach dem SGB II; Arbeitsförderung nach dem SGB III; gesetzliche Krankenversicherung nach den §§ 11 ff. SGB V; gesetzliche Rentenversicherung nach den §§ 9 ff. SGB VI; gesetzliche Unfallversicherung nach den §§ 26 ff. SGB VII; Rehabilitation und Teilhabe behinderter Menschen nach dem SGB IV; Soziale Pflegeversicherung nach dem SGB XI
- dem Sozialrecht
- Sozialhilfe nach dem SGB XII; Opferentschädigungsrecht nach dem OEG
- dem Privatversicherungsrecht
- private Voll- oder Zusatzkrankenversicherung; Unfallversicherungen; Kfz-Unfallversicherung; Arbeitslosigkeitsversicherung[31]; Berufsunfähigkeitsversicherung; Lebensversicherung;

---

25 *OLG Köln* Urt. v. 12.12.1991 – 7 U 141/91, JurionRS 1991, 15076 = DAR 1992, 462 = ADAJUR Dok.Nr. 10885 = VersR 1992, 1268 = VRS 83, 135; *OLG Celle* Urt. v. 11.07.1990 – 9 U 197/89, JurionRS 1990, 14477 (Ls.) = DAR 1991, 299 = NVwZ-RR 1991, 394 = VersR 1992, 189; *LG Meiningen* Urt. v. 04.09.2007 – 2 O 263/07.

26 *BGH* Urt. v. 16.06.2009 – VI ZR 107/08, BGHZ 181, 253 = DAR 2009, 584 = DB 2009, 1812 = MDR 2009, 1106 = NJ 2010, 71 = NJW 2009, 2952 =NJW-Spezial 2009, 666 = NZV 2009, 543 = r+s 2009, 428 = VersR 2009, 1125 = VRR 2009, 344 bespr. v. *Notthoff* = zfs 2009, 553 (Airbag-Fehlauslösung); *OLG Schleswig* Urt. v. 24.04.2012 – 11 U 123/11, JurionRS 2012, 17958 (Fahrzeugbrand).

27 *AG München* Urt. v. 02.09.2010 – 271 C 11329/10, JurionRS 2010, 44970 = ADAJUR Dok.Nr. 89944 (Fahrgast im Taxi).

28 *BGH* Urt. v. 30.09.1957 – III ZR 76/56, BGHZ 25, 340 = JurionRS 1957, 14223 = DAR 1958, 52 = NJW 1958, 180; *BGH* Urt. v. 26.03.1968 – VI ZR 188/66, JurionRS 1968, 12589 = VersR 1968, 786.

29 Palandt/*Grüneberg* Vorb. § 249 BGB, Rn. 82.

30 *BGH* Urt. v. 22.06.1956 – VI ZR 140/55, BGHZ 21, 112 = JurionRS 1956, 12983 = DB 1956, 712 = JZ 1956, 534 = MDR 1956, 666 = NJW 1956, 1473.

31 *OLG Hamm* Beschl. v. 05.07.2013 – I-20 U 79/13, JurionRS 2013, 48949 = zfs 2014, 463.

Rentenversicherung; Reiseversicherungen; Schutzbriefversicherungen; Leistungspakete im Zusammenhang mit Kreditkarten etc.
- dem Arbeitsrecht (Entgeltfortzahlung)
- Beihilferecht; Beamtenversorgungsgesetz (Beamte, Richter, Pensionäre etc.)
- Zusatzversorgungen (ZVK; VBL; Pensionskassen)
- Zu erwägen sind zudem ggf. Regressansprüche gegen Versicherungsmakler wegen Falschberatung[32] beim Abschluss von Personenversicherungen

III. Problemkreis: Subsidiaritätsklausel bei Unterhaltsansprüchen

20 Die Subsidiaritätsklausel gilt entsprechen der Systematik für Leistungen an sämtliche Versicherten, somit auch für die mitversicherten Hinterbliebenen wegen ihrer gesetzlichen Unterhaltsansprüche nach A.5.2 Satz 2 AKB.

21 Stirbt der unterhaltsverpflichtete Fahrer, tritt regelmäßig an seine Stelle ein anderer Unterhaltsverpflichteter. Es handelt sich dabei um leistungsfähige Verwandte in gerader Linie nach den §§ 1601; 1606 BGB. Bei fehlender Leistungsfähigkeit besteht eine Ersatzhaftung nach § 1607 BGB. Ist kein leistungsfähiger Unterhaltsverpflichteter vorhanden, leistet die Sozialhilfe nachrangig.

22 Es fragt sich daher, ob der unterhaltsberechtigte Mitversicherte an einen anderen Unterhaltsverpflichteten verwiesen werden kann, der dem verstorbenen Fahrer in der Leistungspflicht nachgerückt ist.

23 Die Klausel enthält nach dem Wortlaut keine Einschränkungen in Bezug auf Dritte. Die beispielhafte Aufzählung ist nicht abschließend. Der Fahrerschutzversicherer kann allerdings durch entsprechende Gestaltung seiner Bedingungen eine andere Regelung treffen. Wegen der Höhe laufender Unterhaltsansprüche dürfte sich – ohne Bestehen eines vertraglichen Anspruchs – eine Entscheidung von Fall zu Fall auf Kulanzbasis anbieten.

24 Der nachgerückte Unterhaltsverpflichtete kann nicht erwarten, dass der Fahrerschutzversicherer statt seiner leistet. Mitversichert sind nur Unterhaltsberechtigte; nicht aber nachrückende Unterhaltsverpflichtete.

25 Die Rechtfertigung im Schadensersatzrecht für die Regelungen der §§ 10 Abs. 2 StVG, 843 Abs. 2 BGB, wonach der Schädiger nicht unbillig entlastet werden darf, gelten für die Fahrerschutzversicherung nicht. Die günstige Zusatzversicherung soll lediglich Lücken schließen, sollte der Bedarf der Hinterbliebenen anderweitig nicht so gedeckt werden können, wie es dem verstorbenen Fahrer möglich war. Der mitversicherte Unterhaltsberechtigte kann daher nicht erwarten, dass zu Lasten des Fahrerschutzversicherers ein nachrückender Unterhaltsverpflichteter freigestellt wird.

26 Demgegenüber greift der Einwand, der Versicherungsnehmer wolle nicht, dass seine Hinterbliebenen von anderen (ggf. unliebsamen) Verwandten abhängig werden könnten, nicht durch. Ihm ist für diesen Fall zuzumuten anderweitig durch eine Risikolebensversicherung oder Berufsunfähigkeitsversicherung Vorsorge zu treffen.

IV. Summenversicherer

27 Keine deckungsgleichen Leistungen sind Ansprüche gegen Summenversicherer, selbst wenn sie dem Zweck der Fahrerschutzversicherung als subsidiärer Restschadensversicherung entgegenstehen. Zu den Summenversicherern gehören insbesondere private Unfallversicherer wegen ihrer Invaliditäts- und Todesfallleistung, die Lebens- und private Rentenversicherung. Die Krankenhaustagegeldversicherung nach § 192 Abs. 4 VVG ist eine Summenversicherung.[33]

---

32 *BGH* Urt. v. 23.10.2014 – III ZR 82/13, JurionRS 2014, 25026 = WM 2014, 2212 = DB 2014, 2888 = JZ 2015, 10 = MDR 2015, 91 = NJW-RR 2015, 158 = VersR 2015, 187.

33 Staudinger/Halm/Wendt FAKomm-Vers/*Staab* § 192 VVG, Rn. 43.

Im Einzelfall wird z.B. zu prüfen sein, ob ein an das Einkommen gebundenes **Krankentagegeld** nach § 192 Abs. 5 VVG[34] anzurechnen ist. Dafür spricht, dass es das Krankengeld nach § 44 SGB V ersetzt. Nach h.M.[35] soll es sich dennoch um eine Summenversicherung handeln. In gleicher Weise problematisch ist ein **Unfall-Schmerzensgeld**[36] im Rahmen von Zusatzbedingungen zur AUB. 28

C. Ausnahme

Das strikte Subsidiaritätsprinzip wird durch eine Ausnahme durchbrochen. Es wird versprochen, an den Versicherten zu leisten, wenn weitere Voraussetzungen hierzu vorliegen. Die Ausnahme bedeutet bei näherer Betrachtung jedoch nicht, dass der Versicherer beabsichtigt, endgültig mit dem Schadenaufwand belastet zu bleiben. Die Klausel führt lediglich zu einer **Vorleistung** zu Gunsten des Versicherten mit einem nachfolgenden Regress bei leistungspflichtigen Dritten. 29

Die Bestimmung bewirkt somit eine **Übernahme des Leistungs- bzw. Regressrisikos** durch den vorleistenden Fahrerschutzversicherer. Subsidiaritätsklauseln sind an sich schon grundsätzlich[37] zulässig, auch wenn sie keine Vorleistungsabrede enthalten. Die rechtliche zulässige Grundkonstruktion mit Vorleistungsversprechen[38] entspricht zudem dem bekannten Muster in der Autoschutzbriefversicherung in A.3.11.2 AKB. Die dem Versicherten zu Gute kommende Ausnahme stärkt seine Position und verhindert ein Aushöhlen des eigentlichen Leistungsversprechens. 30

Besonderheiten ergeben sich allerdings dadurch, dass es durch die Bestimmung nicht – wie in A.3.11.2 AKB – einfach ausreicht, wenn sich der Versicherte an seinen Fahrerschutzversicherer mit der Aufforderung zur (Vor-)Leistung wendet, sondern die Vorleistung an weitere Voraussetzungen geknüpft wird. 31

Nach der Bestimmung greift die Ausnahme zunächst nur dann, wenn der Versicherte einen solchen Anspruch **nicht erfolgversprechend** durchsetzen kann. Objektive Kriterien für die Beurteilung, wann eine Anspruchsdurchsetzung nicht erfolgversprechend ist, werden zwar in der Klausel genannt. Eine tiefere Beschreibung erscheint zudem schwierig, da diese einerseits in der Persönlichkeit des verletzten Fahrers, von der Vertretung durch einen Rechtsanwalt, der Art des Anspruchs, der Leistungsfähig- und Leistungswilligkeit der Anspruchsgegner sowie andererseits von der wirtschaftlichen Situation des (rechtsschutzversicherten?) Fahrers abhängen. 32

Es folgen aber in der Klausel drei nachfolgende Voraussetzungen, die **kumulativ** vorliegen müssen, wodurch die Klausel hinreichend transparent ist[39] im Gegensatz zu der ursprünglichen Erstfassung der Subsidiaritätsklausel in früheren Bedingungswerken. Diese enthielt nur die Formulierung, dass wenn ein Dritter dem berechtigten Fahrer gegenüber aufgrund gesetzlicher oder vertraglicher Bestimmungen zur Leistung verpflichtet ist, diese Ansprüche den Leistungsverpflichtungen des Fahrerschutzversicherers vorgehen *»wenn und soweit diese für den VN durchsetzbar sind.«* Die Fassung der Klausel ist intransparent und unwirksam, weil sie offen lässt, was genau der VN für den Erhalt des Versicherungsschutzes an Maßnahmen ergreifen muss.[40] 33

Die neugefasste Klausel enthält daher weitere Voraussetzung zur hinreichenden Konkretisierung. Die ersten beiden präziseren das Mindestmaß dessen, was erforderlich ist, um Ansprüche gegen Dritte zu verfolgen.

---

34 *BGH* Urt. v. 04.07.2001 – IV ZR 307/00, JurionRS 2001, 20003 = MDR 2001, 1352 = NJW-RR 2001, 1467 = NVersZ 2001, 457 = VersR 2001, 1100 (regelmäßig Summenversicherung).

35 Staudinger/Halm/Wendt FAKomm-Vers/*Staab* § 192 VVG, Rn. 49.

36 VerBAV 1991, 187.

37 *BGH* Urt. v. 19.02.2014 – IV ZR 389/12, JurionRS 2014, 11349 = ADAJUR Dok.Nr. 104701 = JZ 2014, 279 = MDR 2014, 779 = VersR 2014, 450 = WM 2014, 1052 = zfs 2014, 278.

38 *BGH* Urt. v. 21.04.2004 – IV ZR 113/03, MDR 2004, 1118 = NJW-RR 2004, 1100 = TranspR 2005, 80 = VersR 2004, 994.

39 So angedeutet in OLG Frankfurt a.M., Urt. v. 23.01.2019 – 7 U 58/17, zfs 2019, 692; BeckRS 2019, 32577.

40 Dazu OLG Frankfurt a.M., Urt. v. 23.01.2019 – 7 U 58/17, wie vor.

I. Geltendmachung in Textform

34 Die Bestimmung fordert entgegen früherer Fassungen nur noch die Textform (§ 126b BGB) und nicht mehr die schriftliche Geltendmachung des Anspruchs beim Dritten. Sie dient der Klarheit und Präzision des geltend gemachten Anspruchs.

35 Es gelten daher keine höheren Anforderungen mehr als bei der Geltendmachung gegenüber Dritten im Rechtsverkehr erforderlich ist. Auch die frühere Fassung, die noch eine schriftliche Geltendmachung erforderte ist wirksam und benachteiligt den VN nicht etwa unangemessen. Für die noch überwiegend am Markt verbreiteten Fassungen mit Schriftformerfordernis ist daher auf diese Anforderung abzustellen. Im Einzelfall ist stets sorgfältig zu prüfen, welche Fassung der AKB dem konkreten Versicherungsvertrag zu Grunde liegt.

36 In der Privatversicherung wird nach dem gesetzlichen Leitbild in § 30 Abs. 1 VVG keine besondere Form[41] für die Anzeige des Versicherungsfalles gefordert. Die Vereinbarung einer Schriftform ist jedoch nach § 32 VVG immer zulässig.[42] Bei einschlägigen Privatversicherungen sind Formerfordernisse hingegen üblich, wie etwa in § 16 MB/KK; § 1 Abs. 3 Satz 2 BUV 2012; § 1 Abs. 3 Satz 2 BUZ 2012; nicht aber nach 7.1 AUB 2014 und auch nicht nach E.1.1.1 AKB für die Fahrerschutzversicherung.

37 Der Versicherungsnehmer wird durch das Schriftformerfordernis in der Fahrerschutzversicherung auch dann nicht über Gebühr belastet, wenn gegenüber Sozialversicherungsträgern und dem Unfallgegner z.B. schon die telefonische Anspruchserhebung ausreicht. Erhält der versicherte Fahrer eine schriftliche Entscheidung des Kfz-Haftpflichtversicherers, obwohl er nur per Textform Ansprüche erhoben hat, ist es allerdings unsinnig, die Anspruchserhebung schriftlich nachzufordern. Schließlich kann sich der Fahrerschutzversicherer aufgrund des ihm vorgelegten Antwortschreibens über die Anspruchserhebung ausreichend informieren.

II. Zumutbare Anstrengungen

38 Der Versicherte hat nach der Klausel daneben weitere erforderliche Anstrengungen zu unternehmen, um seinen Anspruch durchzusetzen. Hierzu gehört es, Schadensersatzansprüche beim Unfallgegner bzw. dessen Haftpflichtversicherer zu **beziffern und zu belegen**. Die Belegpflicht gegenüber dem Dritten kann der Fahrerschutzversicherer verlangen, da ihm gegenüber nach § 31 Abs. 1 Satz 2 BGB bereits eine solche Pflicht grundsätzlich besteht. Wurde bereits die Haftung zum Grunde vollumfänglich abgelehnt, ist es allerdings unzumutbar noch Belege zum Schadensumfang nachreichen zu müssen.

39 Zum Nachweis von Verletzungen und daraus resultierenden Dauerschäden hat der Geschädigte im Schadensersatzrecht medizinische Berichte vorzulegen. Der geschädigte Fahrer ist allerdings nicht verpflichtet, seine Ärzte von der **Schweigepflicht** zu entbinden, damit der Schädiger bzw. der gegnerischen Haftpflichtversicherer medizinische Berichte über ihn anfordern können.

40 Der Fahrerschutzversicherer selbst kann im Rahmen des § 213 VVG personenbezogene Gesundheitsdaten nach E.1.6.2 AKB[43] erheben, wie es insbesondere in der Kfz-Unfallversicherung nach E.1.5.3 AKB[44] zulässig ist. Dies berechtigt den Versicherer jedoch nicht zu verlangen, dass entsprechende Auskünfte gegenüber Dritten zu erteilen sind.

41 Der Fahrerschutzversicherer kann verlangen, dass der Versicherte seinen gesetzlichen **Mitwirkungspflichten aus dem Sozialrecht** nach den §§ 60 ff. SGB I nachkommt. Diese sind in den Grenzen des § 65 SGB I sehr umfassend und reichen von der Angabe von Tatsachen über das persönliche Erscheinen, ärztlichen Untersuchungen bis hin zur Durchführung von Heilmaßnahmen.

41 *Looschelders*/Pohlmann VVG-Kommentar, § 30 VVG, Rn. 14.
42 Staudinger/Halm/Wendt FAKomm-Vers/*Nugel* § 32 VVG, Rn. 4.
43 *Kreuter* E.1.6.2 AKB Rdn. 1.
44 *Kreuter* E.1.5.3 AKB Rdn. 1 ff.

III. Abtretung von Ansprüchen gegen Dritte

Als weiteres Erfordernis für eine (Vor-)Leistung wird eine wirksame Abtretung von Ansprüchen gegen Dritte[45] verlangt. Die Abtretung ist ein Vertrag zwischen Altgläubiger/Zedent (Fahrer) und Neugläubiger/Zessionar (Fahrerschutzversicherer), der durch Angebot und Annahme zustande kommt, § 398 Satz 1 BGB. Abgetreten werden kann nur eine Forderung gegen einen bestimmten Schuldner. 42

Da der Fahrer eine Vielzahl von Leistungsansprüchen gegen unterschiedliche Verpflichtete haben kann – seien sie schadensersatzrechtlicher, versicherungsvertraglicher, sozialversicherungsrechtlicher oder sozialrechtlicher Art – sind sie durch jeweils einzelne Verträge abzutreten. 43

Eine Globalabtretung[46] aller Ansprüche ist grundsätzlich zulässig. Erforderlich ist es jedoch, dass die Einzelforderung bestimmt oder bestimmbar[47] bleibt. Anders als im noch überschaubaren Sachschaden[48] besteht beim Personenschaden nicht nur eine Forderungsmehrheit, sondern auch eine **Mehrzahl von Schuldnern**, die aufgrund unterschiedlichster Grundlage leistungsverpflichtet sein können. Mit Blick darauf, dass bei bestehender zumindest anteiliger Leistungspflicht eines Schädigers z.B. wegen des Verdienstschadens, die Entgeltfortzahlung des Arbeitgebers nach § 3 Abs. 1 EntgFG sowie die Barleistungen in Form von Kranken- oder Verletztengeld zu berücksichtigen sind, ist eine Bestimmbarkeit kaum erreichbar. 44

Aber auch die Abtretung einzelner Forderungen in Einzelverträgen bereitet Schwierigkeiten. Wird somit – wenn auch gestückelt – über das **Vermögen im Ganzen** verfügt, kann mitunter die Einwilligung es Ehegatten erforderlich sein, § 1365 Abs. 1 Satz 1 BGB. 45

Die Abtretung von Schadensersatzforderungen gegen den Schädiger ist möglich. 46

Leistungsansprüche gegen **private Versicherer** können mit Ausnahme des § 17 VVG grundsätzlich[49] abgetreten werden. Allerdings stehen der Wirksamkeit der Abtretung oft weitere **Abtretungsverbote** entgegen. Abtretungsverbote fanden sich bereits in früheren Fassungen der AKB, so in A.2.7.4 AKB; A.3.10.2 AKB; A.4.11.1 AKB; A.5.5.2 AKB jeweils a.F., zudem beispielsweise in 12.3 AUB 2014 und § 6 Abs. 6 MB/KK, da ein schutzwürdiges Interesse[50] des Versicherers besteht, sich nicht mit mehreren Gläubigern auseinandersetzen zu müssen. Die Abtretungsverbote sind rechtlich zulässig.[51] In den aktuellen AKB finden sich die jeweiligen Abtretungsverbote jedoch nicht mehr. In der Praxis spielen sie jedoch aufgrund der bisher überwiegenden Verbreitung noch eine Rolle, so dass sorgsam anhand der konkret vereinbarten Bedingungswerke zu prüfen ist, ob ein Abtretungsverbot besteht. 47

Trotz vertraglich wirksamer Abtretungsverbote kann jedoch ein Berufen auf das Abtretungsverbot treuwidrig[52] sein. Dadurch, dass der Fahrerschutzversicherer gerade die Leistung erbringen möchte, die der private Versicherer bislang nicht erbracht hat, liegt es im besonderen – oft existentiellen 48

45 Im Gegensatz dazu steht die Abtretung von Ansprüchen an Dritte nach A.5.5.2 AKB Rdn. 269–271.

46 PWW/*Müller* § 398 BGB, Rn. 9.

47 *BGH* Urt. v. 25.10.1952 – I ZR 48/52, BGHZ 7, 365 = JurionRS 1952, 10490 = DB 1952, 1008 = JZ 1953, 112 bespr. v. *Caemmerer* = MDR 1953, 90 = NJW 1953, 21.

48 *BGH* Urt. v. 07.06.2011 – VI ZR 260/10, DAR 2011, 463 = DS 2011, 398 = JurBüro 2011, 611 = MDR 2011, 845 = NJW 2011, 2713 = NJW-Spezial 2011, 425 = NZV 2011, 485 = r+s 2011, 357 = SVR 2012, 55 = VersR 2011, 1008 = VRR 2011, 381 bespr. v. *v. Gayl* = zfs 2011, 561 (Sachverständigengebühren).

49 Schwintowski/Brömmelmeyer/*Ebers*, PK-VersR, § 17 VVG, Rn. 1.

50 Staudinger/Halm/Wendt FAKomm-Vers/*Baumhackel*, § 6 MB/KK, Rn. 8.

51 *BGH* Urt. v. 21.04.2004 – IV ZR 113/03, JurionRS 2004, 14409 = MDR 2004, 1118 = NJW-RR 2004, 1100 = TranspR 2005, 80 = VersR 2004, 994; *BGH* Urt. v. 26.03.1997 – IV ZR 137/96, JurionRS 1997, 1814 = NJW-RR 1997, 919 = VersR 1997, 1088; *OLG Köln* Urt. v. 13.03.2014 – 9 U 149/13, JurionRS 2014, 13882 = VK 2014, 127 (Kaskoversicherung).

52 *BGH* Urt. v. 21.04.2004 – IV ZR 113/03, JurionRS 2004, 14409 = MDR 2004, 1118 = NJW-RR 2004, 1100 = TranspR 2005, 80 = VersR 2004, 994 (zu § 6 Abs. 6 MB/KK).

-Interesse des Versicherten, dass er die vertragliche Leistung wenigstens vom Fahrerschutzversicherer (vor-)geleistet bekommt.

49 Des Weiteren sind **nicht pfändbare Forderungen** nicht abtretbar, § 400 BGB. Eine Abtretung ist nichtig, § 134 BGB.

50 So unterliegen private Renten aus Versicherungsverträgen nebst privaten Berufsunfähigkeitsrenten dem Pfändungsschutz des § 850 Abs. 3b ZPO soweit sie als Teil des Arbeitseinkommens anzusehen sind.[53] Entsprechendes gilt für Altersvorsorgeverträge (Riester- und Rürup-Renten[54]) nach § 851d ZPO.

51 **Bedingt pfändbar** sind Renten, die wegen einer Verletzung des Körpers oder der Gesundheit zu entrichten sind, § 850b Nr. 1 ZPO. Hierzu zählen neben Haftpflichtrenten auch private Unfall- und Invaliditätsrenten[55] sowie die Renten aus einer privaten Berufsunfähigkeitsversicherung.[56]

52 Einem ähnlichen Pfändungsschutz unterliegen originäre Rentenversicherungsverträge[57] gemäß § 150 ff. VVG zur Alterssicherung, § 851c ZPO.

53 Reine Todesfallversicherungen bis zu einem Betrag in Höhe € 3.579,–, selbst wenn die Versicherungssumme höher[58] ist; Leistungen der privaten Krankenvoll-[59] und Krankenzusatzversicherung;[60] der Krankentagegeldversicherung[61] und der privaten Pflegegeldversicherung unterliegen dem **eingeschränkten Pfändungsschutz** des § 850b Abs. 1 Nr. 4 ZPO.

54 Sozialrechtliche Ansprüche unterliegen ebenfalls dem Pfändungsschutz nach den besonderen Vorschriften der §§ 54, 55 SGB I. Allerdings sind auch Geldforderungen gegen Sozialversicherungsträger abtretbar, § 53 SGB I.

55 Das *BSG*[62] hat die Rechte der gesetzlich Unfallversicherten und des an ihre Stelle leistenden privaten Krankenversicherers deutlich gestärkt. Das *BSG* verneint zwar einen Kostenerstattungsanspruch unter Hinweis auf § 13 Abs. 3 SGB V, da der private Krankenversicherer nicht prozessual befugt sei, sozialversicherungsrechtliche Ansprüche wie ein gesetzlicher Krankenversicherer durchzusetzen. Zudem ließ der Senat die Abtretung daran scheitern, dass nicht zugleich die Befugnis zur prozessualen Geltendmachung übertragen werden könne, da der private Krankenversicherer nicht in das gesamte Sozialversicherungsverhältnis eintrete. Mit ähnlicher Begründung versagte es einen Rechtsübergang nach den §§ 86 Abs. 1 Satz 1; 194 Abs. 1 Satz 1 VVG.

56 Des Weiteren verneinte es einen Anspruch aus Geschäftsführung ohne Auftrag, da kein Fremdgeschäftsführungswille[63] vorläge.

---

53 PG/*Ahrens* § 850 ZPO, Rn. 30.

54 PG/*Ahrens* § 851d ZPO, Rn. 2.

55 *BGH* Urt. v. 25.01.1978 – VIII ZR 137/76, BGHZ 70, 206 = JurionRS 1978, 11604 = DB 1978, 788 = MDR 1978, 839 = NJW 1978, 950.

56 *BGH* Urt. v. 18.11.2009 – IV ZR 39/08, JurionRS 2009, 28600 = MDR 2010, 267 = NJW 2010, 374 = r+s 2010, 71 = VersR 2010, 237 = WM 2010, 163 = zfs 2010, 162–165; *OLG Oldenburg* Urt. v. 23.06.1993 – 2 U 84/93, MDR 1994, 257 = NJW-RR 1994, 479 = VersR 1994, 846 = zfs 1994, 420.

57 PG/*Ahrens* § 851c ZPO, Rn. 8.

58 *BGH* Urt. v. 12.12.2007 – VII ZB 47/07, JurionRS 2007, 44850 = DB 2008, 1040 = FamRZ 2008, 605 = MDR 2008, 337 = NJW-RR 2008, 412 = NJW-Spezial 2008, 231 = r+s 2008, 120 = Rpfleger 2008, 267 = VersR 2008, 1376 = WM 2008, 450.

59 *BGH* Beschl. v. 04.07.2007 – VII ZB 68/06, JurionRS 2007, 34776 = MDR 2007, 1219 = NJW-RR 2007, 1510 = VersR 2007, 1435 = WM 2007, 2017; *LG Köln* Urt. v. 24.03.2004 – 23 O 167/03, JurionRS 2004, 39254.

60 *LG Hannover* Beschl. v. 19.04.1995 – 11 T 36/95, Rpfleger 1995, 511.

61 Zur Schutzfunktion *BGH* Urt. v. 22.01.1992 – IV ZR 59/91, BGHZ 117, 92 = JurionRS 1992, 14738 = BB1992, 571 = MDR 1992, 454 = NJW 1992, 1164 = VersR 1992, 477.

62 *BSG* Urt. v. 03.04.2014 – B 2 U 21/12 R, JurionRS 2014, 19098.

63 *BGH* Urt. v. 03.03.2009 – XI ZR 41/08, JuS 2009, 760 = MDR 2009, 642 = NJW 2009, 1879 = WM 2009, 790.

Schließlich räumte aber das *BSG* dem privaten Krankenversicherer einen auf dem Grundsatz der Gesetzmäßigkeit der Verwaltung beruhenden, gewohnheitsrechtlich anerkannten[64] **öffentlich-rechtlichen Erstattungsanspruch** gegen den gesetzlichen Unfallversicherungsträger ein. Der Senat musste allerdings in der Sache zurückverweisen, da zur Höhe des Anspruchs noch durch die Tatsacheninstanz aufzuklären war. 57

Die zur gesetzlichen Unfallversicherung ergangene **Entscheidung** lässt sich auf andere gesetzliche Träger übertragen. **Übertragbar** ist sie zudem auch auf andere private Versicherer, die ähnliche Leistungen wie der private Krankenversicherer erbringen. 58

Für die Fahrerschutzversicherung ist sie somit ebenfalls übertragbar. Allerdings gibt es noch einen Unterschied: Durch die in der Klausel formulierte Abtretung und der damit gemeinten (Vor-) Leistungspflicht wird deutlich, dass grundsätzlich der Fremdgeschäftsführungswille überwiegt und nur gezwungener Maßen (Vor-) Leistungen aus der Fahrerschutzversicherung erbracht werden. Die Rechtsposition der Fahrerschutzversicherung ist somit sogar stärker als die eines privaten Krankenversicherers. 59

Die Klausel enthält bereits den Hinweis, dass Ansprüche gegen Dritte nicht immer wirksam abtretbar sind. Damit greift sie die vorstehende Problematik auf. Hinsichtlich der Ansprüche gegenüber Sozialversicherungsträgern wird zu Recht darauf abgehoben, dass ggf. ein Zustimmungserfordernis vorliegt. 60

Die Problematik für den Fahrerschutzversicherer ist dieselbe, wie im Schadensersatzrecht. Es gibt Fälle, in denen oft – z.B. wegen einem sozialgerichtlichen Verfahren – jahrelang unklar ist, ob ein Rentenversicherungsträger eine Erwerbsminderungsrente zahlen muss, die beim zu ersetzenden Verdienstausfallschaden anzurechnen ist. Zahlt der Haftpflichtversicherer den Verdienstschaden an den Geschädigten voll, muss er bei späterer Rentengewährung den vollen Regress des Rentenversicherers fürchten. Der leistende Versicherer muss sich somit vor einer Doppelzahlung schützen. 61

Die Abtretung von künftigen Sozialleistungsansprüchen und zukünftigen Rentenansprüchen ist grundsätzlich im Rahmen der Pfändungsfreigrenzen[65] zulässig.[66] Die unbillige frühere[67] Regelung, nach der Sozialleistungen, wie z.B. auch Alters- und Erwerbsunfähigkeitsrenten nicht abgetreten werden durften wurde durch die Einführung des § 53 SGB I beseitigt. Fällig wird die Leistung des Sozialversicherungsträgers mit der Feststellung durch Bescheid. Bis zur Feststellung kann ein Sozialversicherter einen Antrag zurücknehmen. 62

Nach § 54 Abs. 3 Nr. 3 SGB I bleibt es jedoch dabei, dass Geldansprüche wegen eines Körper- oder Gesundheitsschaden bedingten Mehraufwandes nicht pfändbar und somit nicht abtretbar sind. Hierzu gehören auch die Geldleistungen der gesetzlichen Pflegeversicherung nach § 37 SGB XI und die Kraftfahrzeughilfe nach § 40 SGB VII.[68] 63

Ansprüche auf Sozialhilfe sind nach § 17 Abs. 1 Satz 2 SGB XII unpfändbar und nicht übertragbar. 64

Die rechtliche Gesamtsituation ist nicht nur für den Fahrerschutzversicherer kaum überschaubar. Es ist daher verständlich, wenn in der Vertragsklausel die Wirksamkeit der Abtretung vorausgesetzt wird. 65

Die **Abtretung** einer Forderung ist ein **Verfügungsgeschäft.** Der Verfügende hat die Forderung frei von Rechtsmängeln zu übertragen. Die Wirksamkeit der Abtretung setzt voraus, dass der Zedent 66

---

64 *BSG* Urt. v. 30.01.1962 – 2 RU 219/59, BSGE 16, 151 = JurionRS 1962, 10715 = DÖV 1962, 463.

65 *BGH* Beschl. v. 10.10.2003 – IXa ZB 180/03, JurionRS 2003, 23348 = FamRZ 2004, 102 = MDR 2004, 293 = NJW 2003, 3774 = NZV 2004, 26 = Rpfleger 2004, 111 = VersR 2005, 426 = WM 2003, 2347 = zfs 2004, 71.

66 *LSG Berlin-Brandenburg* Urt. v. 21.01.2010 – L 22 R 1557/06, JurionRS 2010, 12170.

67 Eichenhofer/Wenner/*Bigge* Kommentar zum Sozialgesetzbuch I, IV, X, § 53 SGB I, Rn. 3.

68 Eichenhofer/Wenner/*Bigge* Kommentar zum Sozialgesetzbuch I, IV, X, § 54 SGB I, Rn. 42.

Rechtsinhaber der Forderung nach § 194 Abs. 1 BGB ist und kein Abtretungshindernis[69] besteht. Da nach der Abtretung der Zessionar beweisbelastet[70] ist, dass die Abtretung wirksam war, ist es vor der Abtretung der Zedent. Der versicherte Fahrer muss daher beweisen, dass eine Abtretungsvereinbarung wirksam geschlossen werden könnte.

67 Bedeutsam ist jedoch, dass der Fahrerschutzversicherer durch seine vertragliche Leistung den versicherten Fahrer **wirtschaftlich in eine gleichwertige Situation versetzt**, deren Schutz § 400 BGB bezweckt. Die Schutzvorschrift des § 400 BGB ist nach der Rechtsprechung nicht streng nach ihrem Wortlaut, sondern nach ihrem Sinn und Zweck[71] auszulegen.

68 Die Folge ist, dass in den weit überwiegenden Fällen davon auszugehen sein wird, dass eine Abtretung wirksam vereinbart werden kann.

69 Auch ohne Abtretungsvereinbarung kann der Fahrerschutzversicherer Forderungsinhaber aufgrund des **gesetzlichen Forderungsübergangs** nach § 86 Abs. 1 Satz 1 VVG werden. Nach bislang unbestrittener Meinung in der Literatur[72] geht ein Anspruch gegen Dritte auf einen leistenden Fahrerschutzversicherer über, da dieser kein Summen-, sondern Schadensversicherer ist. Diese Auffassung wurde vom *LG Koblenz*[73] und *OLG Koblenz*[74] entsprechend bestätigt. Nachdem die Revision zum *BGH*[75] zurückgenommen wurde besteht darüber hinaus heute eine gewisse Rechtssicherheit.

70 Aus der Gesamtschau ergibt sich, dass die Risiken für den Fahrerschutzversicherer in Vorleistung zu treten eher gering sind, so dass man auch überlegen könnte, auf eine wirksame **Abtretungsvereinbarung verzichten** zu können. Es fragt sich sogar, ob in Ansehung der Rechtslage die besondere Anforderung in der Klausel eine zu große Hürde darstellt. Man könnte versucht sein, die Anforderungen für unangemessen zu halten, da die Leistungsgewährung hinausgeschoben wird und somit der eigentliche Zweck der Versicherung verfehlt werde. Schließlich ist der versicherte Fahrer schon während der Phase der Rechtsfindung oft auf Leistungen angewiesen.[76]

71 Zu beachten ist allerdings, dass der Fahrerschutzversicherer vom Grundverständnis her weder als Rechtsschutzversicherer agiert noch ein zinsloses Darlehen bis zur Durchsetzung schadensersatz-, vertraglicher oder sozialversicherungsrechtlicher Ansprüche gewährt. Es ist auch nicht seine Aufgabe, dem Versicherten das Regressrisiko abzunehmen. Dies käme einer Direktregulierung[77] nach dem Vorbild im europäischen Ausland sehr nahe, dem der Arbeitskreis VI des 41. DVGT 2003 eine Absage[78] erteilt hat.

72 Die Anforderung in der **Klausel** hat daher durchaus vom **Grundsatz her eine Berechtigung**. Allerdings schießt diese über das Ziel hinaus, wenn erst *»abschließend geklärt sein«* muss, *»dass keine*

69 PWW/*Müller* § 398 BGB, Rn. 10, 11.

70 *BGH* Urt. v. 13.01.1983 – III ZR 88/81, JurionRS 1983, 12344 = MDR 1983, 824 = NJW 1983, 2018; *BGH* Urt. v. 10.04.1986 – IX ZR 159/85, JurionRS 1986, 13264 = JZ 1986, 649 = MDR 1986, 929 = NJW 1986, 1925.

71 PWW/*Müller* § 400 BGB, Rn. 6, 7.

72 Himmelreich/Halm/*Wilms* Handbuch des Fachanwalts Verkehrsrecht, Kap. 23, Rn. 43; *Heinrichs* Die Fahrerschutzversicherung, DAR 2011, 565 ff.; *Schwab* Fahrerschutzversicherung, Rn. 24; *Maier*, Die Fahrerschutzversicherung – Neue Wege beim Versicherungsschutz für den Fahrer (zugleich Anmerkung zu OLG Koblenz r+s 2014, 233), r+s 2014, 219 ff.; Stiefel/*Maier* Kraftfahrtversicherung, A.4 AKB, Rn. 2; Burmann/Heß/*Jahnke*/Janker Straßenverkehrsrecht, Vor § 249 BGB, Rn. 214 und § 86 VVG, Rn. 10; Beckmann/Matusche-Beckmann/*Höke*/*Heß* Versicherungsrechts-Handbuch, § 30 Rn. 388.

73 *LG Koblenz* Urt. v. 24.08.2012 – 5 O 98/10, DAR 2012, 709 und bei *Halm*/*Fitz* Versicherungsverkehrsrecht 2012/2013, DAR 2013, 447 (452).

74 *OLG Koblenz* Urt. v. 12.08.2013 – 12 U 1095/12, JurionRS 2013, 43828 = DAR 2013, 578 m.Anm. *Schwab* = ADAJUR Dok.Nr. 102670 = NJW-Spezial 2013, 587 = r+s 2013, 516 = VRR 2013, 402 = VersR 2014, 1365 m.Anm. *Kreuter-Lange*.

75 *BGH* VI ZR 393/13.

76 *Schwab* Fahrerschutzversicherung, Rn. 52.

77 *Schirmer* Unfallregulierung durch den eigenen Haftpflichtversicherer? – Vom Direktanspruch zur Direktregulierung?, 41.DVGT 2003, 269 ff. sowie VersR 2003, 401 ff.

78 *Schwab* Fahrerschutzversicherung Rn. 27 ff.

Ansprüche gegen Dritte bestehen«. Eine zu strenge Anwendung in der Praxis wird zeigen, ob die Klausel in ihrer Absolutheit einer gerichtlichen Überprüfung Stand hält.

In diesem Zusammenhang sei darauf hingewiesen, dass auch ein Fahrerschutzversicherer nicht ver- 73
pflichtet ist, Vorschussleistungen in Höhe des Mindestschadens nach § 14 Abs. 2 Satz 1 VVG zu erbringen, solange der Grund der Zahlungspflicht[79] nicht feststeht. Der Versicherer kann jedoch Vorschüsse unter Rückforderungsvorbehalt[80] leisten, wobei ihm lediglich das Regressrisiko gegenüber dem versicherten Fahrer obliegt. Die Beweislast für das »*Behaltendürfen*«, das Bestehen der Leistungspflicht verbleibt grundsätzlich[81] beim Fahrer.

IV. Vereinbarung mit einem Dritten

Die Klausel wiederholt eine Selbstverständlichkeit. Unsere Rechtsordnung kennt einen Vertrag zu 74
Lasten Dritter[82] nicht. Dem Versicherten wird durch die Klausel zur Klarstellung vor Augen geführt, dass insbesondere eine Abfindungsvereinbarung mit einem Dritten keine Wirkungen auf den Umfang der Zahlungspflicht des Fahrerschutzversicherers haben kann. Dies ist notwendig, da ein Vergleich nach § 779 BGB ein gegenseitiges Nachgeben voraussetzt, der einen teilweisen Verzicht auf eine vollständige Entschädigung oder angemessene Haftungsquote beinhalten kann. Die Motive[83] für den Abschluss eines abschließenden Vergleichs mögen beim Haftpflichtversicherer völlig anders gewesen sein als beim geschädigten Fahrer. Ergebnisse lassen sich daher nicht eins zu eins auf die Leistungspflicht des Fahrerschutzversicherers übertragen.

A.5.4.3 Bis zu welcher Höhe leisten wir (Versicherungssumme)?

Unsere Leistung für ein Schadenereignis ist beschränkt auf die Höhe der vereinbarten Versicherungssumme. Mehrere zeitlich zusammenhängende Schäden, die dieselbe Ursache haben, gelten als ein einziges Schadenereignis. Die Höhe Ihrer Versicherungssumme können Sie dem Versicherungsschein entnehmen.

<Redaktioneller Hinweis: Wenn unter A.5.4.1 die Leistungspositionen der Höhe nach limitiert sind, kann die Aufführung der Versicherungssumme entbehrlich sein. Sind nur einzelne Leistungspositionen limitiert, sollte nachfolgender Hinweis erfolgen:>

[Hinweis: Beachten Sie zu den Summenbegrenzungen für einzelne Leistungen A.5.4.1.]

Übersicht

A. Allgemeines

Die Klausel ist aus dem Kfz-Haftpflichtteil A.1.3.1 AKB[1] entlehnt. Die dortige Bedeutung, ins- 1
besondere bei Auffahrunfällen mit mehreren beteiligten Fahrzeugen und Verletzten, hat sie in der

79 *RG* Urt. v. 26.01.1917 – Rep. VII. 348/16, RGZ 89, 351 = JurionRS 1917, 10222; *RG* Urt. v. 10.04.1923 – VII 105/22.RGZ 108, 201 = JurionRS 1923, 10178; *BGH* Urt. v. 02.10.1985 – IVa ZR 18/84, BGHZ 96, 88 = MDR 1986, 211 = NJW 1986, 1100- = NJW-RR 1986, 515 = r+s 1985, 302 = VersR 1986, 77 = zfs 1986, 91; *OLG Hamm* Urt. v. 28.11.1990 – 20 U 158/90, JurionRS 1990, 21082 = VersR 1991, 1369.

80 *Prölss*/Martin VVG, § 14 VVG, Rn. 15; Staudinger/Halm/Wendt FAKomm-Vers/*Wendt* § 14 VVG, Rn. 30.

81 *Prölss*/Martin VVG, § 14 VVG, Rn. 15.

82 PWW/*Stürner*/*Medicus* § 328 BGB, Rn. 11.

83 *Schwab* Fahrerschutzversicherung, Rn. 167 ff.

1 *Kreuter* A.1.3.1 AKB Rdn. 1 ff.

Fahrerschutzversicherung nicht. Wird der Fahrer durch ein zweizeitiges Ereignis in unmittelbarer Folge mehrfach verletzt, kann er nur einmal einen Verdienstausfallschaden davontragen.

2 Die Klausel gewinnt allenfalls für die Bemessung des Schmerzensgeldes an Bedeutung. Erleidet der Fahrer bei der Erstkollision einen Handgelenksbruch rechts und bei der Zweitkollision einen Unterarmbruch rechts, ist das Schmerzensgeld einheitlich festzulegen. Da regelmäßig die Einzelschmerzensgelder nicht addiert werden, ist oftmals – wie im Schadensersatzrecht – ein Abschlag hinzunehmen.

3 Dieses Vorgehen muss sich aber nicht immer zum Nachteil auswirken. Erleidet beispielsweise der Fahrer bei der Erstkollision ein Arm- und bei der Zweitkollision einen Beinbruch, kann dies für die einheitliche Bemessung des Schmerzensgeldes von Vorteil sein, da man sich schlecht an Gehhilfen fortbewegen kann, wenn ein Arm im Gips ist.

B. Schadenereignis

4 Eingangs unter A.5.4.1 AKB war vom **Unfallereignis** die Rede. Schadenereignis und Unfallereignis sind keine identischen Begriffe. Bei genauer Betrachtung geht es um den – auch nicht im VVG definierten – **Versicherungsfall**[2] in der Fahrerschutzversicherung, der Leistungsansprüche auslösen kann. Das Schadensereignis führt zur Anzeigepflicht[3] nach E.1.1.1 AKB.

5 Dabei helfen die Begriffe »Schadensereignis« aus der Kfz-Haftpflichtversicherung in A.1 AKB ebenso wenig wie das Unfallereignis in der Kasko- oder Kfz-Unfallversicherung in A.2 bzw. A.4 AKB. Das Unfallereignis schafft nur die Voraussetzungen dafür, dass Körperschäden beim Fahrer entstehen die geeignet sind, materielle Folgeschäden auszulösen. Wenn die Folgeschäden nicht vollständig durch Leistungen Dritter entschädigt werden oder zu werden drohen, kommt die Stunde des subsidiär leistenden Fahrerschutzversicherers. Erst nach einer – je nach Einzelfall mehr oder weniger langen – Zäsur verwirklicht sich das versicherte Risiko,[4] das die vertraglichen Leistungspflichten auslöst (Versicherungsfall).

6 Für die Fahrerschutzversicherung bietet es sich daher eher an, an andere Tatsachen anzuknüpfen als allein schon an das Unfallereignis. Schon im allgemeinen Haftpflichtrecht[5] finden sich unterschiedliche Anknüpfungspunkte für die Festlegung eines Versicherungsfalls. Die Parallelen zum »claims-made-Prinzip« in der D&O-Versicherung oder zur Manifestation des Schadens nach dem Umwelthaftpflichtmodell scheinen mir näher zu liegen als das Schadensereignis in der Kfz-Haftpflichtversicherung.

C. Vereinbarte Versicherungssumme

7 Die vereinbarte Versicherungssumme ergibt sich aus der Police, worauf Satz 3 verweist. Die Versicherungssumme kann nicht aus dem »Topf« der Kfz-Haftpflichtversicherung gespeist werden, sondern ist für jedes Risiko getrennt bereit zu stellen.

D. Sonderfall: Sublimits

8 Die Musterbedingung enthält den Hinweis an die Unternehmen, bei der Verwendung von Limits zu einzelnen Schadenspositionen Anpassungen vorzunehmen. Sind alle Einzelpositionen limitiert, kann Satz 1 der Klausel entfallen. Wird ohne Sublimits gearbeitet, entfallen Anpassungen und nur die drei Sätze der Klausel sind zu verwenden. Bei der Mischform mit einzelnen Einschränkungen zur Leistungshöhe ist zur Klarstellung der Nachsatz erforderlich.

---

2 *Schwab* Fahrerschutzversicherung Rn. 374 ff.

3 *Kreuter* E.1.1.1 AKB Rdn. 1.

4 *Lorenz* Der subjektive Risikoausschluss durch § 61 VVG und die Sonderregelung in § 152 VVG, VersR 2000, 2 ff. (3).

5 Staudinger/Halm/Wendt FAKomm-Vers/*Heinrichs* § 100 VVG, Rn. 3.

A.5.5 Fälligkeit, Abtretung, Zahlung für eine mitversicherte Person

A.5.5.1 Fälligkeit der Leistung und Vorschusszahlung

Wir sind verpflichtet, innerhalb eines Monats in Textform zu erklären, ob und in welchem Umfang wir unsere Leistungspflicht anerkennen. Die Frist beginnt, wenn uns Ihr Leistungsantrag und die zu dessen Beurteilung erforderlichen Unterlagen vorliegen.

Erkennen wir den Anspruch an oder haben wir uns mit Ihnen über Grund und Höhe geeinigt, leisten wir innerhalb von zwei Wochen.

Steht die Leistungspflicht zunächst nur dem Grunde nach fest, zahlen wir – auf Ihren Wunsch – angemessene Vorschüsse.

Übersicht

A. Allgemeines

1 Die Klausel ist – wegen dem unter A.5 AKB postulierten Grundverständnis als Unfallversicherung – § 187 VVG nachgebildet. Die offensichtlich für die Fahrerschutzversicherung unpassende, noch umfangreichere Klausel, die in der Kfz-Unfallversicherung in A.4.10 AKB zum Tragen kommt, wurde dagegen nicht mit allen Einzelheiten übernommen.

2 Die Übernahme von § 187 VVG in die Bedingungen für die Fahrerschutzversicherung stellt sich als sehr problematisch dar. Die Spezialvorschrift für die Unfallversicherung, die ja regelmäßig eine Summenversicherung ist, passt nicht auf die Bedürfnisse einer subsidiär leistenden Schadensversicherung, wie sich nachfolgend zeigt.

B. Anerkenntnis der Leistungspflicht

3 Satz 1 verpflichtet den Versicherer, sich zum Grunde und zur Höhe seiner Leistungspflicht zu erklären. Die Frist beträgt einen Monat. Sie beginnt erst, wenn dem Versicherer alle zur Prüfung erforderlichen Unterlagen vorliegen.

4 In der Unfallversicherung ist der Versicherer in der Lage, seine Leistungspflicht **dem Grunde nach** festzustellen, wenn die anspruchsbegründenden Tatsachen vorliegen. Diese beschränken sich auf die Prämienzahlung, das Unfallereignis, die Anzahl der Insassen, die unfallbedingte Verletzung des Insassen, das Fehlen von Ausschlusstatbeständen und die Prüfung von Obliegenheiten.

5 Im Gegensatz zur Unfallversicherung hat der Fahrerschutzversicherer zusätzlich zu prüfen, ob konkret ein immaterieller und materieller Schaden entstanden ist und ob dieser nicht durch kongruente Leistungen Dritter (Schädiger, Haftpflichtversicherer, Arbeitgeber, Dienstherr, Privatversicherer, Sozialversicherungsträger etc.) ersetzt oder ausgeglichen werden kann. Das erfordert einen ungleich umfangreicheren Prüfungsaufwand, der bei genauer Betrachtung im Ergebnis sogar über das hinausgeht, was ein Kfz-Haftpflichtversicherer im Personenschaden zu berücksichtigen hat.

6 Die **Höhe** der einzelnen Leistungsarten der Unfallversicherung (Invaliditäts- und Todesfallleistung, Krankenhaustagegeld, Genesungsgeld und Tagegeld) sind vertraglich vorgegeben und bestimmt. Die Höhe ist summenmäßig bei Vertragsschluss festgelegt.

7 Im Gegensatz dazu hat sich der Fahrerschutzversicherer mit einer Fülle von Einzelpositionen unter Berücksichtigung ersparter Aufwendungen und den Leistungen Dritter zu befassen. Die

Feststellung der Höhe des Restschadens kann nicht einfach im Vertrag nachgelesen, sondern muss umfangreich ermittelt werden.

8 Der Prüfungsumfang in der Fahrerschutzversicherung ist nicht nur ein völlig anderer, er führt auch zu anderen Rechtsfolgen. Beispielsweise erhält der Versicherte in der Versicherung von Tagegeld in der Unfallversicherung auch dann die vertragliche Leistung, wenn er zugleich Entgeltfortzahlung durch seinen Arbeitgeber bekommt. In der Fahrerschutzversicherung ist dann kein Anspruch auf einen Verdienstausfallschaden gegeben, da ein solcher beim verletzten Fahrer durch Drittleistung erst gar nicht entstanden ist. Dafür ist es aber möglich, dass einzelne andere Schadenspositionen wie z.B. Fahrtkosten zur Heilbehandlung[1] dem Fahrer nach Haftungsquote zu ersetzen sind; die private Unfallversicherung als Summenversicherer hat sich mit derartigen Leistungsansprüchen nicht auseinander zu setzen.

9 Die Musterklausel zwingt den Fahrerschutzversicherer, zu sämtlichen Schadenspositionen sowohl zum Grunde als auch zur Höhe nicht nur eine, sondern eine Vielzahl von Erklärungen mit häufig völlig unterschiedlichem Erklärungsinhalt abzugeben. Es kommt hinzu, dass je nach Schadensposition und deren Beurteilungsreife nicht zeitgleich über jede Position entschieden werden kann.

10 Auch wenn es – wie schon vom Gesetzgeber – gut gemeint sein sollte, die Abwicklungsgeschwindigkeit erhöhen zu wollen, scheint die Anwendung der Vorschrift des § 187 VVG auf die Fahrerschutzversicherung sich ins Gegenteil zu verkehren. Die Leistungsgewährung wird durch unnötige Zusatzarbeiten in der Schadenabteilung ausgebremst und der Versicherte wird mit einer Vielzahl von Erklärungen überflutet. Diese führen womöglich wiederum zu Rückfragen und erneutem Erläuterungsbedarf.

11 Sinnvoller wäre es, wie für fast alle anderen Schadensbereiche auch, auf § 14 VVG allein abzustellen. Schließlich orientiert sich die Musterbedingung beim Umfang der Leistungspflicht nach A.5.4.1 AKB und dem Haftpflichtrecht, so dass es möglich sein sollte, die Bestimmungen zur Fälligkeit der Geldleistung ebenfalls darauf anzuwenden. In diesem Zusammenhang sei erwähnt, dass gestützt auf den Wortlaut nach wohl herrschender Meinung[2] § 14 VVG auch auf den Direktanspruch anzuwenden sei. Diese Einschätzung liegt nahe, da der Pflicht-Haftpflichtversicherer nach § 115 Abs. 1 Satz 3 VVG den Schadensersatz in Geld zu leisten hat.

C. Textform

12 In Textform bedeutet nach § 126b BGB, dass die Erklärung dauerhaft und unveränderbar gesichert wird. Das Lesen oder Vorlesen von einem Text am Laptop allein reicht nicht aus, wenn die Dokumentationsfunktion[3] nicht gewährleistet ist.

D. Fälligkeitsregelung

13 Nach § 271 Abs. 1 Satz 1 BGB ist ohne besondere Bestimmung eine Leistung sofort fällig. Dies gilt entsprechend für die Leistung des Versicherers[4] nach § 1 Satz 1 VVG. Fälligkeit beschreibt den

1 Ausnahme Fahrkosten in der gesetzlichen Unfallversicherung nach § 43 Abs. 2 Nr. 1 SGB VII.

2 *KG Berlin* Urt. v. 30.03.2009 – 22 W 12/09, JurionRS 2009, 41526 = VersR 2009, 1262; Looschelders/Pohlmann/*C. Schneider* VVG-Kommentar, § 14 VVG, Rn. 8; Staudinger/Halm/Wendt FAKomm-Vers/*Wendt* § 14 VVG, Rn. 6. MüKoVVG/*Fausten*, § 14 VVG, Rn. 12; *Hasse* Gesetz zur Beschleunigung des Zahlungsverkehrs – Auswirkungen auf den Versicherungsvertrag, NVersZ 2000, 497 ff. (500); Römer/Langheid/*Rixecker*, § 14 VVG, Rn. 4; **a.A.** noch *Römer*/Langheid (2. Auflage 2003) § 11 VVG, Rn. 2; *Huber* Die Fälligkeit der Ersatzleistung beim Kfz-Sachschaden, DAR 2009, 252 ff. **offen** *BGH* Beschl. v. 18.11.2008 – VI ZB 22/08, BGHZ 178, 338 = JurionRS 2008, 26824 = DAR 2009, 79 = MDR 2009, 198 = NJ 2009, 165 = NJW 2009, 910 = NJW-Spezial 2009, 43 = NZV 2009, 73 = r+s 2009, 81 = SVR 2009, 99 bespr. v. *Richter* = VersR 2009, 128 = VRR 2009, 61 bespr. v. *v. Gayl* = zfs 2009, 79 m.Anm. *Schneider* zfs 2009, 70; *Prölss*/Martin VVG, § 14 VVG, Rn. 3; so wohl auch Schwintowski/Brömmelmeyer/*Ebers* PK/VersR, § 14 VVG, Rn. 7.

3 *KG Berlin* Beschl. v. 23.05.2014 – 6 U 210/13, JurionRS 2014, 19101 = MDR 2014, 1147 = VersR 2014, 1357.

4 MüKoVVG/*Fausten*, § 14 VVG, Rn. 10.

Zustand, zu dem der Gläubiger die Leistung verlangen kann, der Schuldner säumig zu werden beginnt.[5]

Abweichend davon werden auf eine Geldleistung gerichtete Versicherungsleistungen erst mit Abschluss der Anspruchsprüfung fällig, § 14 Abs. 1 VVG. Diese Regel gilt grundsätzlich auch für das Recht der privaten Personenversicherungen, so beispielsweise für 14

- die Todesfallleistung aus der Lebensversicherung[6]
- die Lebensversicherung nebst Erstattung des Rückkaufwertes[7]
- die Berufsunfähigkeitsversicherungen (BUV und BUZ)[8]
- die Krankheitskostenversicherung[9] nach § 192 Abs. 1 VVG, die auch Unfallfolgen deckt. Die Versicherungsleistung wird erst fällig, wenn die Arztrechnung fällig[10] geworden ist. § 6 Abs. 2 MB/KK verweist[11] zudem auf § 14 VVG.
- die Auslandsreisekrankenversicherung[12]
- die Pflegekostenversicherung als Schadensversicherung nach § 192 Abs. 6 Satz 1, 1. HS VVG
- die Pflegetagegeldversicherung als Summenversicherung nach § 192 Abs. 6 Satz 1, 2. HS VVG
- sowie für die Unfallversicherung im Falle der Leistungsablehnung.[13]

Satz 2 der Vertragsklausel enthält eine davon abweichende Sonderbestimmung. Die Fälligkeitsregelung wurde aus § 187 Abs. 2 Satz 1 VVG übernommen. Die Fälligkeit wird selbst bei feststehender Leistungspflicht um zwei Wochen nach hinten verlagert. Entsprechende Klauseln zugunsten des Versicherers finden sich in der Kraftfahrtversicherung neben der Kfz-Unfallversicherung in A.4.10.2 AKB auch in der Kaskoversicherung in A.2.7.1 AKB. Die Zulässigkeit in der Kaskoversicherung wird schlicht mit § 18 VVG begründet,[14] der bezüglich der Fälligkeit Abweichung zum Nachteil Versicherungsnehmers zulässt. 15

Das breite Leistungsspektrum das die Fahrerschutzversicherung als Schadensversicherung abzudecken versucht, geht bei weitem über das hinaus, was die private Unfallversicherung als Summenversicherung deckt. Die anderen **Personenversicherungen** die konkrete Schäden – teils ebenfalls subsidiär, wie die Auslandsreisekrankenversicherung – ersetzen, haben das oft dringende Bedürfnis einer zügigen Leistungsgewährung zu erfüllen. Der Versicherte ist häufig hilfsbedürftig und dringend auf Versicherungsleistungen angewiesen, da er seine Vertragspartner nicht darauf verweisen kann, sein Versicherer würde nur schleppend[15] zahlen. Entsprechend sind den Musterbedingungen der sonstigen Personenversicherungen Fälligkeitsaufschübe zu Gunsten der Versicherer soweit ersichtlich nicht enthalten, sondern bilden wie beispielsweise die 16

---

5 *BGH* Urt. v. 22.03.2000 – IV ZR 233/99, JurionRS 2000, 22583 = MDR 2000, 766 = NJW 2000, 2021 = NVersZ 2000, 332 = VersR 2000, 752 = zfs 2000, 355.

6 *OLG Karlsruhe* Beschl. v. 03.09.2014 – 12 W 37/14, JurionRS 2014, 23830 = MDR 2014, 1319.

7 *BGH* Urt. v. 22.03.2000 – IV ZR 23/99, JurionRS 2000, 22584 = MDR 2000, 831 = NJW 2000, 2103 = NVersZ 2001, 259 = VersR 2000, 709 = zfs 2000, 303.

8 *OLG Stuttgart* Urt. v. 03.04.2014 – 7 U 228/13, JurionRS 2014, 16330 = VersR 2014, 1115 = zfs 2014, 513; *KG Berlin* Urt. v. 08.07.2014 – 6 U 134/13, mit Anm. *Egger* VersR 2014, 1304 ff.; *LG Bremen* Urt. v. 15.03.2012 – 6 O 1038/10, JurionRS 2012, 17749; Looschelders/Pohlmann/*Klenk* VVG-Kommentar, § 173 VVG, Rn. 7; *Schwintowski*/Brömmelmeyer PK/VersR, § 173 VVG, Rn. 1.

9 *OLG Oldenburg* Urt. v. 26.05.2009 – 5 U 23/09, JurionRS 2009, 47263 = OLGR 2009, 944 = VersR 2010, 471; *LG Dortmund* Urt. v. 01.04.2010 – 2 S 56/09, JurionRS 2010, 15598 = VK 2010, 142.

10 *OLG Hamm* Urt. V. 23.11.1994 – 20 U 141/94, ADAJUR Dok.Nr. 27022 = NJW-RR 1995, 666 = r+s 1995, 193 = VersR 1995, 652 = zfs 1995, 466.

11 Prölss/Martin/*Voit* Versicherungsvertragsgesetz, § 6 MB/KK 2009, Rn. 1.

12 *LG Detmold* Urt. v. 26.02.2014 – 10 S 229/11, JurionRS 2014, 20399.

13 *BGH* Urt. v. 10.02.1971 – IV ZR 159/69, JurionRS 1971, 11051 = VersR 1971, 433. *BGH* Urt. v. 27.09.1989 – IVa ZR 155/88, NJW-RR 1990, 160 = VersR 1990, 153; *BGH* Urt. v. 22.03.2000 – IV ZR 233/99, JurionRS 2000, 22583 = MDR 2000, 766 = NJW 2000, 2021 = NVersZ 2000, 332 = VersR 2000, 752 = zfs 2000, 355.

14 *OLG Saarbrücken* Urt. v. 08.08.2001 – 5 U 670/01 -6-, zfs 2002, 80.

15 *OLG Düsseldorf* Urt. v. 15.12.2009 – I-24 U 80/09, JurionRS 2009, 34612 (private Pflegeversicherung).

- Kapital-Lebensversicherung in § 7 Abs. 4 Satz. 1 KLV[16]
- Rentenversicherung mit sofort beginnender Rentenzahlung in § 4 Abs. 5 Satz 1 RV[17]
- Risikolebensversicherung in § 7 Abs. 4 Satz 1 RLV[18]
- Restkreditlebensversicherung (Todesfallrisiko) § 9 Abs. 3 Satz 1 RestkreditLV[19]
- Berufsunfähigkeitszusatzversicherung in § 4 Abs. 4 Satz 1 BUZ[20]
- Berufsunfähigkeitsversicherung in § 7 Abs. 4 Satz 1 BUV[21]
- Krankheitskostenversicherung in § 6 Abs. 2 MB/KK 2009[22]
- Krankentagegeldversicherung in § 6 Abs. 2 MB/KT 2009[23]
- Pflegeversicherung in § 6 Abs. 2 MB/PV 2009[24]

die gesetzliche Regelung des § 14 Abs. 1 VVG nach.

17 Es ist daher nicht einzusehen, dass in der Fahrerschutzversicherung die Leistung erst mit einer zweiwöchigen Verzögerung analog der Unfallversicherung fällig werden soll. Ein formularmäßiger Zahlungsaufschub zugunsten des Versicherers widerspricht der Intention der Fahrerschutzversicherung, finanzielle Notlagen des versicherten Fahrers abzuwenden. In diesem Zusammenhang ist zudem auf die Gesetzesbegründung[25] zu § 187 VVG zu verweisen. Sie hält – wie die Kommentarliteratur – keine tragende Erklärung bereit, warum eine Fälligkeitsverzögerung notwendig sei. Der bloße Hinweis auf die bisherige Praxis in Unfallversicherungsbedingungen ersetzt eine Begründung nicht. Die früher vom *BGH*[26] geäußerte Ansicht, dass mangels zwingendem § 11 VVG a.F. (heute § 14 VVG) eine abweichende Regelung möglich sei, überzeugt inhaltlich ebenfalls nicht.

18 Schließlich bleibt festzuhalten, dass in A.5.4.1 Satz 2 AKB postuliert wird, nach den deutschen gesetzlichen Schadensersatzbestimmungen des Privatrechts leisten zu wollen. Eine Schadensersatzleistung ist allerdings regelmäßig sofort[27] fällig.

19 Aufgrund des Widerspruchs zur Fälligkeit bei existentiellen Personenversicherungen als auch zur Fälligkeit nach Schadensersatzrecht kann der Versicherte erwarten, rechtzeitig die Leistungen aus der Fahrerschutzversicherung zu erhalten. Der in der Klausel vorgesehene – völlig unpassende – Aufschub ist lediglich Folge der eher unzutreffenden Einordnung der Fahrerschutzversicherung als besondere »Unfallversicherung«.

E. Vorschussleistung

I. Problemstellung

20 Die Regelung entspricht § 187 Abs. 2 Satz 2 VVG. Danach kann der Versicherte angemessene Vorschüsse verlangen, wenn der Anspruch dem Grunde nach feststeht.

---

16 Musterbedingung GDV, Stand 8/2014.
17 Musterbedingung GDV, Stand 8/2014.
18 Musterbedingung GDV, Stand 8/2014.
19 Musterbedingung GDV, Stand 10/2014.
20 Musterbedingung GDV, Stand 10/2013.
21 Musterbedingung GDV, Stand 8/2014.
22 Musterbedingung GDV, Stand 7/2013.
23 Musterbedingung GDV, Stand 7/2013.
24 Musterbedingung GDV, Stand 7/2013.
25 BT-Drucksache 16/3945 S. 109.
26 *BGH* Urt. v. 04.11.1987 – IVa ZR 141/86, JurionRS 1987, 13095 = NJW-RR 1988, 212 = VersR 1987, 1235; *BGH* Urt. v. 22.03.2000 – IV ZR 233/99, JurionRS 2000, 22583 = MDR 2000, 766 = NJW 2000, 2021 = NVersZ 2000, 332 = VersR 2000, 752–753 = zfs 2000, 355; *BGH* Urt. v. 13.03.2002 – IV ZR 40/01, JurionRS 2002, 19054 = MDR 2002, 877 = NJW-RR 2002, 892 = NVersZ 2002, 309 = VersR 2002, 698 = zfs 2002, 285.
27 *BGH* Beschl. v. 18.11.2008 – VI ZB 22/08, BGHZ 178, 338 = JurionRS 2008, 26824 = DAR 2009, 79 = MDR 2009, 198 = NJ 2009, 165 = NJW 2009, 910 = NJW-Spezial 2009, 43 = NZV 2009, 73 =

Nach der Gesetzesbegründung[28] bemisst sich die Höhe des Vorschusses nach demjenigen Betrag, den der Versicherer nach der zu diesem Zeitpunkt erkennbaren Sach- und Rechtslage mit Sicherheit zu leisten hat. Zulässig ist es daher in der Unfallversicherung bei nicht abgeschlossenem Heilverfahren die Invaliditätsleistung im ersten Jahr zunächst auf die Höhe der Todesfallleistung[29] zu begrenzen. Derart schematische Lösungen sind in der deutlich komplizierteren Fahrerschutzversicherung nicht gangbar. 21

Erstaunlich ist im Zusammenhang mit Vorschussleistungen, dass der Gesetzgeber weder von Abschlagszahlungen wie in § 14 Abs. 2 Satz 1 VVG spricht, noch auf die dortigen Ausführungen Bezug nimmt. Offenbar war dem VVG-Gesetzgeber nicht an einer inhaltsgleichen, sondern an einer davon abweichenden Sonderregelung für die Unfallversicherung gelegen. Die Übertragung der Regelung auf die Fahrerschutzversicherung bereitet jedoch Probleme. 22

Vielfach werden zwar die Begriffe **Vorschuss und Abschlagszahlung** synonym verwendet – so z.B. in A.2.7.2 AKB; **rechtlich** besteht jedoch ein **Unterschied.** 23

II. Vorschuss

Vorschuss ist eine – unter bestimmten Voraussetzungen sogar einklagbare[30] – Teilzahlung auf einen zu erwartenden, noch **nicht fälligen Gesamtbetrag,**[31] der zwangsläufig mehr als Null € betragen muss. Auch ein in der Unfallversicherung vorbehaltslos gezahlter Vorschuss[32] kann zurückgefordert werden, wobei dem Versicherer dann die Beweislast für das Nichtvorliegen der Anspruchsvoraussetzungen obliegt. Wie bei der Vorschussleistung im Sozialrecht[33] nach § 42 SGB I besteht nach wohl h.M. auch in der Unfallversicherung[34] **kein Vertrauensschutz**, die Leistung tatsächlich behalten zu dürfen. Mangels Feststellung des Anspruchs entfällt nach *OLG Koblenz*[35] die Verzinsungspflicht für die Vorschussleistung. 24

III. Abschlag

Der Schuldner ist grundsätzlich nicht zu Teilleistungen berechtigt, § 266 BGB. Der Gläubiger kann dagegen eine **bereits fällige Teilleistung** notfalls klageweise[36] beim Schuldner einfordern. **Abschlag**[37] ist daher eine Teilerfüllung auf den Leistungsanspruch, der (hier) den bereits feststehenden Mindestschaden ausmacht. 25

---

r+s 2009, 81 = SVR 2009, 99 bespr. v. *Richter* = VersR 2009, 128 = VRR 2009, 61 bespr. v. *v. Gayl* = zfs 2009, 79 m.Anm. *Schneider* zfs 2009, 70.

28 BT-Drucks. 16/3945, S. 109.

29 MüKoVVG/*Dörner* § 187 VVG, Rn. 13.

30 *Heinrichs* A.4.10.3 AKB Rdn. 10; Prölss/Martin/*Voit* Versicherungsvertragsgesetz, § 83 VVG, Rn. 24.

31 Looschelders/Pohlmann/*Schmidt-Kessel* VVG-Kommentar, § 83 VVG, Rn. 14 und § 90 VVG, Rn. 6 (Vorschusspflicht beim Aufwendungsersatz); *BAG* Urt. v. 11.02.1987 – 4 AZR 144/86, JurionRS 1987, 10077 = BAGE 55, 44 = BB 1987, 1743 = DB 1987, 1306 = MDR 1987, 611 (Definition Lohnvorschuss); so z.B. entsprechend nach § 60 Abs. 1 BHO im Haushaltsrecht, nach § 9 RVG für die Rechtsanwaltskosten.

32 *BGH* Urt. v. 24.03.1976 – IV ZR 222/74, BGHZ 66, 250 = JurionRS 1976, 11544 = MDR 1976, 827 = NJW 1976, 1259 = VersR 1977, 471; *OLG Hamm* Urt. v. 01.03.2006 – 20 U 182/05, JurionRS 2006, 23726 = NJW-RR 2006, 974 = r+s 2007, 33 = VersR 2006, 1674 = zfs 2007, 99.

33 Eichenhofer/Wenner/*Bigge* Kommentar zum Sozialgesetzbuch I, IV, X, § 42 SGB I, Rn. 12.

34 *Jacob* Rückforderung von Versicherungsleistungen in der privaten Unfallversicherung, VersR 2010, 39 ff.

35 *OLG Koblenz* Urt. v. 04.09.2009 – 10 U 1350/08, JurionRS 2009, 30624 = NJW-RR 2010, 456 = r+s 2010, 252 = VersR 2010, 659.

36 PWW/*Zöchling-Jud* § 266 BGB, Rn. 9.

37 *BAG* Urt. v. 11.02.1987 – 4 AZR 144/86, JurionRS 1987, 10077 = BAGE 55, 44 = BB 1987, 1743 = DB 1987, 1306 = MDR 1987, 611 (Definition Abschlagszahlung).

26 Eine Abschlagszahlung kann nach § 14 Abs. 2 Satz 1 VVG frühestens einen Monat nach der Schadensanzeige verlangt werden. Das Verlangen kann bereits vor[38] Ablauf der Frist konkludent[39] geäußert werden. Die Höhe des klagbaren Abschlagbetrages orientiert sich am Mindestbetrag der voraussichtlich zu leistenden Summe und ist abhängig vom Bestehen der Eintrittspflicht[40] und der Aufforderung des Versicherten zur Zahlung. Der unbedingte[41] Versicherungsanspruch auf den Mindestbetrag ist sofort fällig. Die Abschlagszahlung kann nicht[42] davon abhängig gemacht werden, dass Aufwendungen in entsprechender Höhe zur Schadensbehebung bereits entstanden sind. Damit entspricht die Regelung in § 14 VVG der Bedeutung in § 632a BGB und § 16 VOB/B im Werkvertragsrecht. Der Versicherer kann mit der Abschlagszahlung ohne Mahnung in Verzug[43] kommen.

IV. Konsequenz für Fahrerschutzversicherung

Der Fahrerschutzversicherte wird folglich durch die spezielle Vorschussklausel entsprechend § 187 Abs. 2 Satz 2 VVG etwas schlechter gestellt, als nach den zwingenden Vorschriften der § 14 Abs. 2 Satz 1, Abs. 3 VVG. Die Auswirkungen zeigen sich bei der Verzinsung[44] der vorenthaltenen Abschlags- bzw. Vorschusszahlung und bei der Rückforderung möglicher Überzahlungen. Da der Versicherer bereits durch § 86 Abs. 1 VVG sowie durch sein Abtretungsverlangen nach A.5.4.2 AKB hinreichend vor Doppelzahlungen geschützt ist, besteht kein sachlicher Grund, dem Versicherer ein Sonderrecht einzuräumen.

▶ **Hinweis:**

27 *Das Abtretungsverbot ist in den aktuellen AKB 2015 Stand 28.09.2022 entfallen. Die nachstehende Kommentierung ist jedoch noch für Fälle früherer Fassungen wegen deren noch überwiegender Verwendung weiter abgedruckt.*

Frühere Fassung vor den AKB 2015 Stand 28.09.2022:

Früher A.5.5.2 Abtretung Ihrer Ansprüche an Dritte

Ihren Anspruch auf die Leistung können Sie vor der endgültigen Feststellung ohne unsere ausdrückliche Zustimmung weder abtreten noch verpfänden.

1 *Die Klausel entspricht den bereits aus der Kaskoversicherung in A.2.7.4 AKB, der Autoschutzbrief-Versicherung in A.3.10.2 AKB und der Kfz-Unfallversicherung in A.4.11.1 AKB bekannten Regelungen. Das Verbot beruht auf einer Vereinbarung nach § 399 2. Alt. BGB und ist grundsätzlich wirksam.*[1]

---

38 *LG Essen* Urt. v. 01.09.1972 – 13 O 230/71, VersR 1973, 558; Schwintowski/Brömmelmeyer/*Ebers*, PK-VersR, § 14 VVG, Rn. 23; Looschelders/Pohlmann/*C. Schneider* VVG-Kommentar, § 14 VVG, Rn. 39; Staudinger/Halm/Wendt FAKomm-Vers/*Wendt*, § 14 VVG, Rn. 27.

39 *OGH* Beschl. v. 08.06.1994 – 7 Ob 24/94, VersR 1995, 606; Schwintowski/Brömmelmeyer/*Ebers*, PK-VersR, § 14 VVG, Rn. 23; Looschelders/Pohlmann/*C. Schneider* VVG-Kommentar, § 14 VVG, Rn. 39; Staudinger/Halm/Wendt FAKomm-Vers/*Wendt*, § 14 VVG, Rn. 27.

40 *RG* Urt. v. 26.01.1917 – Rep. VII. 348/16^ RGZ 89, 351 = JurionRS 1917, 10222; *BGH* Urt. v. 02.10.1985 – IVa ZR 18/84, BGHZ 96, 88 = MDR 1986, 211 = NJW 1986, 1100 = NJW-RR 1986, 515 = VersR 1986, 77; *OLG Hamm* Urt. v. 28.11.1990 – 20 U 158/90, NZV 1991, 312 = r+s 1991, 222 = VersR 1991, 1369; *OLG Hamm* Urt. v. 27.02.1997 – 6 U 188/96, JurionRS 1997, 25148 = zfs 1997, 341.

41 *RG* Urt. v. 10.04.1923 – VII 105/22, RGZ 108, 201 = JurionRS 1923, 10178.

42 *BGH* Urt. v. 19.06.2013 – IV ZR 228/12, JurionRS 2013, 40312 = JZ 2013, 580 = MDR 2013, 1036 = NJW-RR 2013, 1252 = r+s 2013, 385 = VersR 2013, 1039 = zfs 2013, 639 (Feuerversicherung).

43 *Prölss*/Martin Versicherungsvertragsgesetz, § 14 VVG, Rn. 13; Himmelreich/Halm/*Bartholomy* Handbuch des Fachanwalts Verkehrsrecht, Kap. 20, Rn. 216 (Kasko).

44 MüKoVVG/*Fausten*, § 14 VVG, Rn. 63.

1 *BGH* Urt. v. 26.03.1997 – IV ZR 137/96, JurionRS 1997, 18141 = NJW 1997, 909 = NJW-RR 1997, 919 = r+s 1997, 325 = VersR 1997, 1088; *BGH* Beschl. v. 10.03.2010 – IV ZR 336/07, JurionRS 2010,

Besonderheiten können sich im Einzelfall ergeben, wenn es sich beispielsweise um ein Firmenfahrzeug[2] *handelt und dem Versicherungsvertrag ein beiderseitiges Handelsgeschäft*[3] *zugrunde liegt, § 354a HGB. Die Abtretung ist in diesem Sonderfall wirksam, wobei der Versicherer jedoch mit befreiender Wirkung an den bisherigen Gläubiger leisten kann, § 354a Abs. 1 Satz 2 HGB.* 2

Ein Verbot gilt auch gegenüber dem berechtigten Fahrer.[4] *Es schützt den Versicherer davor, sich nicht mit weiteren Personen als seinem Vertragspartner auseinandersetzen zu müssen.*[5] 3

A.5.5.2 Zahlung für eine mitversicherte Person

Sie als Versicherungsnehmer können unsere Zahlung für eine mitversicherte Person an Sie selbst nur mit Zustimmung der mitversicherten Person verlangen.

Die Klausel wiederholt die gesetzliche Regelung in § 45 Abs. 3 VVG. Sie entspricht A.4.11.2 AKB in der Kfz-Unfallversicherung. Mitversicherte Personen sind nicht nur die in A.5.2 Satz 2 AKB genannten Hinterbliebenen, sondern auch der von der Person des Versicherungsnehmers abweichende Fahrer. 1

A.5.6 Was ist nicht versichert?

Die anschließend aufgeführten Unterpunkte stellen **Ausschlüsse** vom Versicherungsschutz dar. 1

Davon zu unterscheiden sind die **Obliegenheiten** – Pflichten beim Gebrauch des Fahrzeugs und im Schadensfall. Obliegenheiten sind allgemein für alle Versicherungsverträge geltend in D.1.1 sowie E.1.1 AKB »vor eine Klammer gezogen« worden und gelten daher auch für die Fahrerschutzversicherung. Zusätzlich sind zudem weitere Obliegenheiten nach D.1.3 AKB sowie E.1.6 AKB speziell für die Fahrerschutzversicherung zu beachten. 2

A.5.6.1 Straftat

Kein Versicherungsschutz besteht bei Unfällen, die dem Fahrer dadurch zustoßen, dass er vorsätzlich eine Straftat begeht oder versucht.

Die zulässige[1] Ausschlussklausel wurde fast wortgetreu aus der Kfz-Unfallversicherung in A.4.12.1 AKB übernommen. Auf die entsprechenden Ausführungen kann daher an dieser Stelle verwiesen[2] werden. 1

12489; *BGH* Beschl. v. 12.10.2011 – IV ZR 163/10, JurionRS 2011, 30731 = r+s 2012, 74 = VersR 2012, 230 (ARB); *OLG Köln* Beschl. v. 13.03.2014 – 9 U 149/13, JurionRS 2014, 13882 (Kasko); *AG Schleiden/Eifel* Urt. v. 22.05.2014 – 10 C 22/14, JurionRS 2014, 23411 (Kasko).

2 Die Regelung gilt nicht für Behördenfahrzeuge, da juristische Person des öffentlich-rechtlichen Rechts Gläubiger, aber kein Schuldner im Sinne des § 354a Abs. 1 Satz 1 HGB ist.

3 *BGH* Beschl. v. 12.10.2011 – IV ZR 163/10, JurionRS 2011, 30731 = r+s 2012, 74 = VersR 2012, 230.

4 *OLG Hamm* Urt. v. 28.06.1995 – 20 U 312/94, NJW-RR 1996, 672 = NZV 1996, 74 = zfs 1997, 180; *OLG Karlsruhe* Urt. v. 20.3.2003 – 12 U 233/02, JurionRS 2003, 17506 = OLGR 2003, 177; Himmelreich/Halm/*Bartholomy* Handbuch des Fachanwalts Verkehrsrecht, Kap. 20, Rn. 214 (Kasko).

5 *BGH* Urt. v. 04.05.1964 – II ZR 153/61, BGHZ 41, 327 = DB 1964, 987 = MDR 1964, 654 = NJW 1964, 1899 = VersR 1964, 709 (BHV); *BGH* Urt. v. 13.07.1983 – IVa ZR 226/81, JurionRS 1983, 12354 = MDR 1984, 128 = VersR 1983, 945 (BHV).

1 *BGH* Urt. v. 05.12.1990 – IV ZR 13/90, JurionRS 1990, 13816 = MDR 1991, 655 = NJW 1991, 1357 = VersR 1991, 289 = zfs 1993, 94 (BUZ); *BGH* Urt. v. 23.09.1998 – IV ZR 1/98, JurionRS 1998, 15691 = NJW-RR 1999, 98 = NVersZ 1999, 27 = r+s 1999, 41 = VersR 1998, 1410 = zfs 1999, 69; *BGH* Urt. v. 29.06.2005 – IV ZR 33/04, JurionRS 2005, 18109 = DAR 2005, 566 = MDR 2005, 1407 = NJ 2005, 502 = NJW-RR 2005, 1342 = r+s 2005, 473 = VersR 2005, 1226 = zfs 2005, 562; *OLG Hamm* Urt. v. 02.03.2007 – 20 U 258/06, JurionRS 2007, 12800 = NZV 2007, 526 = OLGR 2007, 407 = r+s 2007, 297 = VersR 2008, 65 = VK 2007, 97 = zfs 2007, 401 (AUB – Bauchschuss bei Festnahme des Fahrers); *OLG Hamm* Beschl. v. 18.04.2008 – 20 U 219/07, JurionRS 2008, 37904 = r+s 2010, 429 = VersR 2009, 388 = zfs 2009, 102.

2 *Heinrichs* A.4.12 AKB Rdn. 9 ff.

A.5.6.2 Psychische Reaktionen

Kein Versicherungsschutz besteht bei krankhaften Störungen infolge psychischer Reaktionen, auch wenn diese durch einen Unfall verursacht wurden.

1 Die Klausel ist A.4.12.8 AKB nachgebildet. Auf die dortigen[1] Ausführungen kann verwiesen werden.

A.5.6.3 Schäden an der Bandscheibe

Kein Versicherungsschutz besteht bei Schäden an Bandscheiben. Versicherungsschutz besteht jedoch, wenn ein unter diesen Vertrag fallendes Unfallereignis diese Gesundheitsschäden überwiegend (das heißt: zu mehr als 50 %) verursacht.

1 Der Ausschluss beschränkt sich auf den Teilbereich »*Bandscheibenschäden*« des Ausschlusses in A.4.12.6 AKB. Zu den Bandscheibenschäden zählen die *Vorwölbung/Protrusion* ohne Bandzerreißung sowie der *Vorfall/Prolaps* bei dem das Band zerreißt und auf das Rückenmark drückt. Die menschliche Wirbelsäule hat 23 Bandscheiben zwischen den Wirbelkörpern. Bandscheibenschäden sind bei den meisten Menschen bereits in jungen Jahren[1] mehr oder weniger starker Ausprägung anzutreffen. Die Schäden müssen nicht zwangsläufig auf Unfällen beruhen; im Gegenteil: Häufiger sind Ursachen durch Haltungsschäden, Übergewicht sowie eine zu schwache Rückenmuskulatur. Entsprechend ist das Interesse des Versicherers, sich mit diesen meist unfallfremden Problemen erst gar nicht befassen zu müssen.

2 Bevor es zu einer direkten Bandscheibenverletzung kommt, müssen erfahrungsgemäß zugleich eine unmittelbare Gewalteinwirkung mit äußeren Verletzungen[2] oder Wirbelkörperverletzungen[3] vorliegen. Daher sind traumatische Bandscheibenvorfälle selten.

3 Die Beweislast[4] für den Leistungsausschluss trägt der Versicherer. Aufgrund der vorstehenden Umstände ist dieser relativ einfach[5] zu führen. Versicherungsschutz besteht jedoch dann, wenn der Schaden überwiegend auf dem Unfallereignis beruht. Der Versicherte hat den Nachweis für den Wiedereinschluss[6] zu führen.

4 Anders als in der Kfz-Unfallversicherung präzisiert die Klausel der Fahrerschutzversicherung, was unter »*überwiegend*« zu verstehen ist. Ausdrücklich gemeint ist die **absolut** überwiegende Ursache von mehr als **50 %**. Diese Formulierung ist glücklich gewählt, um ein eindeutiges Ergebnis zu erzielen. Schließlich kann ein Bandscheibenschaden auf mehr als zwei Ursachen beruhen, so dass ein Versicherter darunter verstehen könnte, dass bei drei mitwirkenden Ursachen das Unfallereignis mit 40 % Verursachungsanteil gegenüber anderen mit je 30 % Verursachungsanteil die relative Hauptursache darstellen könnte. Liegt der Verursachungsanteil des Unfalls wie der einer zweiten Ursache ebenfalls bei 50 %, überwiegt der Unfall als Ursache nicht, so dass der Ausschluss greift.

---

1 *Heinrichs* A.4.12 AKB, Rdn. 88 ff.

1 *Steinmetz/Röser* Bandscheibenschäden in der privaten Unfallversicherung: Leitfaden für die Bewertung, VersR 2014, 38 ff.

2 *OLG Frankfurt* Urt. v. 18.02.2003 – 25 U 225/00, JurionRS 2003, 17336 = r+s 2004, 431.

3 Himmelreich/Halm/*Thomann* Handbuch des Fachanwalts Verkehrsrecht, Kap. 39a, Rn. 39 ff.

4 *BGH* Urt. v. 27.09.1995 – IV ZR 283/94, JurionRS 1995, 15726 = BGHZ 131, 15 = MDR 1996, 50 = NJW 1995, 3256 = VersR 1995, 1433 = zfs 1996, 24; *BGH* Urt. v. 28.01.2009 – IV ZR 6/08, JurionRS 2009, 10459 = MDR 2009, 505 = NJW-RR 2009, 679 = r+s 2009, 161 = VersR 2009, 492 = zfs 2009, 402; Staudinger/Halm/Wendt FAKomm-Vers/*Hugemann*, Nr. 5.2.1 AUB 2010, Rn. 45.

5 *Steinmetz/Röser* Bandscheibenschäden in der privaten Unfallversicherung: Leitfaden für die Bewertung, VersR 2014, 38 ff. (39).

6 *BGH* Beschl. v. 24.09.2008 – IV ZR 219/07, JurionRS 2008, 23086 = NJW 2008, 3644 = r+s 2008, 521 =VersR 2008, 1683 = zfs 2010, 159; *OLG Saarbrücken* Urt. v. 25.02.2013 – 5 U 224/11–34, JurionRS 2013, 51990 = NJW-RR 2014, 37 = r+s 2014, 191 = VersR 2014, 456 = VK 2014, 96; *LG Siegen* Urt. v. 07.09.2012 – 1 O 230/07, JurionRS 2012, 35312 = ADAJUR Dok.Nr. 100487 = r+s 2013, 36 (zweifelhafter Bandscheibenvorfall beim Wegschieben eines PKW nach Unfall).

Mittelbare Schäden an Bandscheiben spielen in der Kfz-Unfallversicherung keine Rolle, zumal Dauerschäden frühzeitig und die endgültige Invaliditätsfeststellung binnen drei Jahren abgeschlossen ist. In der Fahrerschutzversicherung sind sie dagegen problematisch, da sie erst nach vielen Jahren, vielleicht sogar erst nach Jahrzehnten auftreten können. Aus der Großschadensregulierung von Kfz-Haftpflichtschäden[7] ist bekannt, dass Brüche mit erheblichen Beinverkürzungen zu einem Beckenschiefstand führen können. Wird dieser nicht durch entsprechend angepasstes Schuhwerk ausgeglichen, hat die Wirbelsäule den Schiefstand auszugleichen. Dieser Ausgleich wird allerdings nur durch eine dauerhafte Fehlhaltung der Wirbelsäule an sich erreicht (funktionelle Skoliose). Dauerhafte Fehlhaltungen und einseitige Überbelastungen führen dann mitunter als Spätfolgen des Unfalls zu Bandscheibenschäden. 5

Diese **mittelbaren Bandscheibenschäden** sind ebenfalls vom Versicherungsschutz der Fahrerschutzversicherung ausgenommen, da der Wortlaut der Klausel nicht zwischen unmittelbaren und mittelbaren Schäden unterscheidet. 6

Problematisch bleiben allerdings die **weiteren Folgen von mittelbaren Bandscheibenschäden.** Aufgrund von Bandscheibenschäden kann es zu Schäden an den Wirbelkörpern und zu Auswirkungen auf das Rückenmark kommen, wenn Teile der Bandscheibe schmerzhaft auf die Nervenbahnen drücken. Dies kann zu Lähmungserscheinungen[8] führen. Es handelt sich dabei dann nicht mehr nur um Schäden an Bandscheiben, sondern um **Folgeschäden durch geschädigte Bandscheiben.** Da diese Spätschäden letztlich ihre Ursache in knöchernen Verletzungen haben können, die nicht durch Klauseln ausgeschlossen sind, wird der Versicherte berechtigterweise erwarten dürfen, dass zumindest diese Folgen mitversichert sind. Der Ausschluss »*an Bandscheiben*« kann allein keine Zäsur bewirken. 7

Zum wirksamen Ausschluss derartiger Spätschäden müsste der Ausschluss erweitert werden und etwa wie folgt lauten: »*Kein Versicherungsschutz besteht bei Schäden und Folgeschäden an Bandscheiben sowie hieraus entstehenden Folgeschäden*«. 8

A.5.6.4 Ansprüche Dritter

Ansprüche, die von anderen Versicherern, Arbeitgebern, Dienstherrn und Sozialversicherungsträgern gegen uns geltend gemacht werden, sind ausgeschlossen.

Übersicht

A. Andere Versicherer

Im Verständnis der Fahrerschutzversicherung als subsidiäre Restschadensversicherung ist es folgerichtig, dass Ansprüche Dritter ausgeschlossen werden müssen. Die Klausel dient der Klarstellung im direkten Verhältnis zu Dritten. 1

Andere Versicherer sind nicht nur Summen-, sondern alle **Schadensversicherer.** Auf letztere wird ein Übergang nach § 86 Abs. 1 VVG ausgeschlossen. 2

Ausgeschlossen ist weiterhin ein Ausgleichsanspruch von leistungspflichtigen **Haftpflichtversicherern** nach § 426 BGB. Dagegen verhindert die Klausel allerdings nicht, dass ein leistungsfreier 3

---

7 *LG Duisburg* Urt. v. 13.01.2012 – 10 O 161/09, JurionRS 2012, 36132, (*OLG Düsseldorf* – AZ: 1 U 64/12 n.r.); *OLG Oldenburg* Urt. v. 28.02.2003 – 6 U 231/01, JurionRS 2003, 30295 = VersR 2004, 64 = zfs 2003, 590; *OLG Hamm* Urt. v. 15.03.2001 – 27 U 185/00, JurionRS 2001, 31068.

8 *OLG Düsseldorf* Urt. v. 26.02.2008 – I-4 U 111/07, JurionRS 2008, 32789 = r+s 2008, 525.

Kfz-Haftpflichtversicherer nicht nach § 117 Abs. 3 Satz 2 VVG an den Fahrerschutzversicherer als Schadensversicherer verweisen[1] könnte. Dies wäre nur dann möglich, wenn tatsächlich etwas deutlicher zum Ausdruck käme, dass die Fahrerschutzversicherung nicht lediglich ein subsidiärer Schadens-, sondern ein spezieller Restschadensversicherer[2] ist.

B. Arbeitgeber

4 Nach § 3 Abs. 1 Satz 1 EntgFG hat der Arbeitnehmer bei unverschuldeter Krankheit einen Entgeltfortzahlungsanspruch gegen seinen **Arbeitgeber** für die Dauer von bis zu sechs Wochen. Auf den leistenden Arbeitgeber geht ein gesetzlicher Schadensersatzanspruch nach § 6 Abs. 1 EntgFG über. Somit ist schon nach der gesetzlichen Regelung ein Übergang allein von vertraglichen Ansprüchen des versicherten Fahrers auf den Arbeitgeber – unabhängig vom Abtretungsverbot in A.5.5.2 AKB[3] – ausgeschlossen. Die Aufnahme der Klausel dient daher der Klarstellung insbesondere für die Fälle, in denen ein Versicherungsnehmer zugleich Arbeitgeber des versicherten Fahrers ist.

C. Dienstherr

5 Entsprechend ist die Klausel im Verhältnis zum **Dienstherrn** zu verstehen, auf den nur Schadensersatzansprüche auf gesetzlicher Grundlage nach § 76 BBG übergehen können, aber keine vertraglichen Entschädigungsansprüche.

D. Sozialversicherungsträger

6 **Sozialversicherungsträger** sind die gesetzliche Kranken-, Pflege-, Unfall- und Rentenversicherung. Die Bundesanstalt für Arbeit als Arbeitslosenversicherung[4] und der Träger der Grundsicherung gelten ebenso als Versicherungsträger, §§ 1 Abs. 4 SGB I; 116 Abs. 10 SGB X. Schadensersatzansprüche gegen Dritte können nach § 116 Abs. 1 SGB X übergehen; nicht aber vertragliche Entschädigungsansprüche. Die Aufnahme dient somit wiederum der Klarstellung.

7 Gleiches gilt für den **Beitragsschaden**, den der gesetzliche Rentenversicherungsträger aufgrund von gesetzlichen Schadensersatzansprüchen bei einem Dritten regressieren und dem Rentenversicherten auf dessen Rentenkonto zur Auffüllung seiner Anwartschaften gutschreibt, § 119 SGB X. Der versicherte Fahrer kann zudem nicht verlangen, dass sein Fahrerschutzversicherer mit extremem finanziellen Aufwand, das Konto für die Anwartschaften aufstockt, um daraus ggf. eine bescheiden höhere Altersrente zu generieren.[5] Dies gilt auch für Beitragsausfälle der Sozialversicherungsträger nach § 116 Abs. 1 Satz 2 SGB X.

E. Träger der Sozialhilfe

8 Nicht in der Klausel aufgeführt wurden die **Träger der Sozialhilfe**. Dies wäre auch überflüssig. Auf sie kann mangels gesetzlichen Schadensersatzanspruchs (zunächst)[6] nichts nach § 116 Abs. 1 SBG X übergehen. Zudem ist die Sozialhilfe immer subsidiär. Die Fahrerschutzversicherung gehört entsprechend § 90 Abs. 1 SGB XII vorrangig zum verwertbaren Vermögen[7] des versicherten Fahrers. Er kann erwarten, aufgrund seiner privatrechtlichen Absicherung nicht der Allgemeinheit zur Last fallen zu müssen.

1 Siehe oben A.5.4.2 AKB Rdn. 2.
2 *Schwab* Fahrerschutzversicherung, Rn. 61 ff.
3 Siehe A.5.5.2 AKB Rdn. 1–3.
4 *Eichenhofer*/Wenner Kommentar zum Sozialgesetzbuch I, IV, X, § 116 SGB X, Rn. 10.
5 *Schwab* Fahrerschutzversicherung, Rn. 244 ff.
6 Siehe A.5.6.4 AKB Rdn. 10.
7 *Schwab* Fahrerschutzversicherung, Rn. 80 ff.

Ein Träger der Sozialhilfe, der Leistungen erbracht hat, kann seinen Aufwendungsersatzanspruch nach § 93 Abs. 1 SGB XII durch Hoheitsakt[8] auf sich **überleiten.** Dies gilt für jegliche Ansprüche, folglich auch für vertragliche Leistungsansprüche. Dazu zählen beispielsweise Ansprüche auf Versicherungsleistungen des privaten Unfall-[9], Lebens- und Rentenversicherers. Somit kann der Träger der Sozialhilfe Ansprüche des Fahrers und seiner mitversicherten Hinterbliebenen aus der Fahrerschutzversicherung auf sich überleiten. Durch eine Vertragsklausel ließe sich der Anspruchsübergang nicht wirksam ausschließen, §§ 93 Abs. 1 Satz 4 SGB XII; 134 BGB. 9

F. Verkehrsopferhilfe

Die **Verkehrsopferhilfe**, der Entschädigungsfonds für Schäden aus Kraftfahrzeugunfällen nach § 12 Abs. 1 Satz 1 PflVG[10] ist kein Versicherer, sondern ein von Versicherern gebildeter Entschädigungsfonds. Er leistet subsidiär, § 12 Abs. 1 Satz 2 PflVG. Die Vertragsklausel führt die Verkehrsopferhilfe in ihrer abschließenden Aufzählung nicht auf. Entsprechend verzichtet ein Anwender der Musterbedingung auf den zulässigen Ausschluss eines Regresses. Ein Versicherer, der die Verkehrsopferhilfe in den Ausschluss aufnehmen will, hat gleichzeitig die Subsidiaritätsklausel in A.5.4.2 AKB anzupassen.[11] 10

G. Sonstige Dritte

Weiterhin nicht in der Klausel erwähnt sind **sonstige Dritte.** Helfen in der Not des verletzten Fahrers Verwandte oder Freunde finanziell aus, indem sie für den Fahrerschutzversicherer an den Versicherten leisten, kommen die §§ 362 Abs. 1; 267 Abs. 1 BGB zur Anwendung. Ein gesetzlicher Forderungsübergang nach § 268 Abs. 3 BGB findet allerdings nicht statt. Der Dritte erwirbt durch die Leistung keine Rechte[12] nach § 267 Abs. 1 BGB, so dass sich eine Aufnahme in die Ausschlussklausel erübrigt. 11

8 *Reimer* Zur Rechtsnachfolge im öffentlichen Recht, DVBl. 2011, 201 ff.
9 *Schellhorn*/Schellhorn/Hohm Kommentar zum SGB XII, § 93 SGB XII, Rn. 20.
10 *Hückel* § 12 PflVG Rdn. 47 ff.
11 Siehe A.5.4.2 AKB Rdn. 2.
12 PWW/*Zöchling-Jud* BGB-Kommentar, § 267 BGB, Rn. 9.

A.5.6.5 Motorsportveranstaltungen oder -aktivitäten

Kein Versicherungsschutz besteht für Schäden aus dem Gebrauch des Fahrzeuges bei einer behördlich genehmigten Motorsportveranstaltung oder Motorsportaktivität, bei der es auf die Erzielung einer Höchstgeschwindigkeit ankommt, einschließlich Rennen, Wettbewerben, Trainings, Tests und Demonstrationen.

Hinweis: Beachten Sie auch Ihre Pflichten nach D 1.1.4.

1 Behördlich **genehmigte Rennen** fallen unter die Ausschlussklausel. Dagegen handelt es sich bei ungenehmigten Rennen lediglich um eine Obliegenheitsverletzung nach D.1.1.4 AKB. Die Differenzierung von genehmigten und **ungenehmigten Rennen**[1] leuchtet nicht ein. Ungenehmigte Rennen sind offenkundig gefahrenträchtiger als genehmigte. Es kommt hinzu, dass der Veranstalter, der eine Genehmigung einholt, ausreichenden Versicherungsschutz nach den Nrn. 20 ff. der Verwaltungsvorschrift zu § 29 StVO nachzuweisen hat.

Künftig wird auch hier der für die Kfz-Haftpflichtversicherung erfolgten Neuregelung zur Motorsporthaftpflichtversicherung im neugefassten § 5d PflichtVG besondere Bedeutung zukommen. Danach besteht nach dem neugefassten § 4 Nr. 1 KfzPflVV kein Versicherungsschutz in der Kfz-Haftpflichtversicherung für den Gebrauch eines Fahrzeugs bei einer Motorsportveranstaltung oder Motorsportaktivität (dazu gehören Rennen, Wettbewerbe, Trainings, Tests und Demontrationsfahrten) in einem abgegrenzten Gebiet mit Zugangsbeschränkung, wenn für durch diesen Gebrauch des Fahrzeugs verursachte Schäden ein Versicherungsschutz nach § 5d PflichtVG besteht. Andernfalls besteht Versicherungsschutz. Weiter ist in § 6 Abs. 3 PflichtVG geregelt, dass ein Fahrzeug bei Rennen nur gebraucht werden darf, wenn eine entsprechende Motorsporthaftpflichtversicherung i.S.d. § 5d PflichtVG besteht. Es obliegt dem Ausrichter auf die entsprechende Ausgestaltung bzw. den Nachweis entsprechender Versicherungen bei der Anmeldung und Zulassung von Fahrzeugen zu Motorsportveranstaltung zu achten und dies zu kontrollieren. Für den VN stellt der entsprechende Abschluss einer Motorsporthaftpflichtversicherung bei beabsichtigter Teilnahme an entsprechenden Motorsportaktivitäten eine neue Obliegenheit nach § 5 Abs. 1 Nr. 2a KfzPflVV dar.

Soweit bei einem Leistungsversprechen des Fahrerschutzversicherers, wie ein Haftpflichtversicherer des Schädigers zu leisten, die Neuregelung greift, so dürfte diese Einschränkung auf die Leistungspflicht des Fahrerschutzversicherers zu übertragen sein. Besondere Bedeutung kommt dabei der Einordnung zu, ob es sich tatsächlich um einen objektiven Risikoausschluss handelt oder nicht vielmehr (nur) um eine verhüllte Obliegenheit. Letztlich wird entgegen dem Wortlaut der Formulierung dem VN die Obliegenheit auferlegt, das Fahrzeug zu Motorsportaktivitäten nur zu gebrauchen oder gebrauchen zu lassen, wenn eine Motorsporthaftpflichtversicherung nach § 5d PflVG besteht. Zutreffend weisen schon Burmann und Kemperdiek in einer ersten Stellungnahme zur Umsetzung der entsprechenden RL (EU) 2021/2118 zum neuen PflVG darauf hin, dass diese Neuregelung für den Bereich der Kfz-Haftpflichtversicherung eine verhüllte Obliegenheit darstellt und keinen objektiven Risikoausschluss.[2]

2 Für die Fahrerschutzversicherung gilt nach den fortgeltenden Fassungen der Rennklauseln für Teilnehmer an nicht genehmigten Rennen weiter der stillschweigende Haftungsausschluss[3] untereinander entsprechend.

---

1 Abgrenzung zur Wettfahrt, *OLG Bamberg* Beschl. v. 23.02.2010 – 1 U 161/09, JurionRS 2010, 16409 = r+s 2010, 527 = SVR 2010, 300 bespr. v. *Hering* = VersR 2010, 1029 = VRR 2010, 282.

2 Burmann/Kemperdiek, Die Umsetzung der RL (EU) 2021/2118 in nationales Recht – das neue PflVG, DAR 2024, 61 ff.

3 *BGH* Urt. v. 01.04.2003 – VI ZR 321/02, BGHZ 154, 316 = JurionRS 2003, 23125 = DAR 2003, 410 = JuS 2003, 1026 = JZ 2004, 92 = MDR 2003, 869 = NJW 2003, 2018 = NZV 2003, 321 = PVR 2003, 259 bespr. v. *Schröder* = VersR 2003, 775 = VRS 105, 253 = zfs 2003, 394.

Ein völliger Ausschluss von jeglichen kraftfahrt-sportlichen Veranstaltungen vom Versicherungsschutz in der Fahrerschutzversicherung erscheint daher vor dem Hintergrund der unterschiedlichen Ausgestaltung zwischen Kfz-Haftpflichtversicherung und den übrigen Bausteinen der Kfz-Versicherung wie Kasko, Kfz-Unfallversicherung und eben Fahrerschutzversicherung umso mehr geboten. Eine Klarstellung in den AKB erscheint hier dringend erforderlich. Ein vollständiger Risikoausschluss in der Fahrerschutzversicherung wäre weder überraschend[4] noch unzulässig, da die engeren Anforderungen nach § 4 Nr. 4 KfzPflVV hier nicht gelten. Dies würde auch im Hinblick auf die Neuregelung zur Motorsporthaftpflichtversicherung keinen Bedenken begegnen, da gerade auch in dieser ausdrücklich der Ausschluss von Personenschäden des teilnehmenden Fahrers selbst zulässig ist (§ 5d Abs. 4 PflVG).

A.5.6.6 Erdbeben, Kriegsereignisse, innere Unruhen, Maßnahmen der Staatsgewalt

Kein Versicherungsschutz besteht für Schäden, die durch Erdbeben, Kriegsereignisse, innere Unruhen oder Maßnahmen der Staatsgewalt unmittelbar oder mittelbar verursacht werden.

Die Fahrerschutzversicherung übernimmt den bereits aus A.2.9.4 AKB; A.3.9.3 AKB; A.4.12.4 AKB bekannten Risikoausschluss wörtlich, so dass auf die dortigen Ausführungen[1] verwiesen werden kann. 1

Der Abwurf einer Bombe in Kriegszeiten führt nicht immer zu einer Detonation. Eine erhebliche Zahl von **Blindgängern** – nach Schätzungen[2] 10 bis 30 % – steckt immer noch im Boden. Kommt es durch eine unkontrollierte oder kontrollierte Detonation zu einem Personenschaden des Fahrers, ist dies objektiv auch dann noch Folge eines Krieges, wenn dieser bereits viele Jahrzehnte zurückliegt. Explosionen von Blindgängern sind Folgen kriegerischer Handlungen, die lediglich mit einer starken zeitlichen Verzögerung eintreten.[3] Stehen sie in einem adäquaten Zusammenhang mit Kriegsereignissen, greift nach zutreffender Ansicht[4] der Risikoausschluss. In früheren Jahren[5] und teils heute[6] hat man versucht, eine zeitliche Beschränkung des Ausschlusses einzuziehen. 2

In der jüngsten Zeit sind allerdings vermehrt spektakuläre Bombenfunde aus dem zweiten Weltkrieg gemacht worden. Dies gelang offenbar durch die Auswertung nun freigegebener Luftbilder der Alliierten. Das führte dazu, dass sogar eine Bombe unter der Fahrbahn der BAB A3 kontrolliert gesprengt[7] werden musste. Dabei zählen Verkehrsknotenpunkte[8] zu den hauptsächlichen Bombenabwurforten. Mit dem Alter der Blindgänger steigt die Gefahr einer Durchrostung der Zünder. Auch wenn es sich um Einzelereignisse handeln mag, in der Gesamtschau der Vielzahl von Einzelereignissen ist eher von einem Risikoanstieg durch Kriegsfolgen auszugehen. 3

Kriegsähnliche Auswirkungen haben schwere Gasexplosionen[9] bei Bauarbeiten oder massive Gewaltakte (Sprengungen). Sie sind zum Glück nur örtlich begrenzt. Die Aufzählung der Ausschlüsse 4

---

4 *OLG Karlsruhe* Urt. v. 15.04.2014 – 12 U 149/13, JurionRS 2014, 14473 = DAR 2014, 464 = MDR 2014, 722 = NJW-RR 2014, 1311 = NZV 2014, 4 =r+s 2014, 275 = zfs 2014, 453 (Kasko).

1 *Stomper* A.2.9.4 AKB Rdn. 2–12.

2 *Perske* unter Berufung auf das Regierungspräsidium Darmstadt, Wiesbadener Kurier v. 03.01.2015, S. 5.

3 So auch Staudinger/Halm/Wendt FAKomm-Vers/*Hugemann*, Nr. 5 AUB 2010, Rn. 30.

4 *Krahe* Der Begriff »Kriegsereignis« in der Sachversicherung, VersR 1991, 634 ff.; wohl auch *Fricke* Rechtliche Probleme des Ausschlusses von Kriegsereignissen in AVB, VersR 1991, 1098 ff.

5 *Ehlers* Krieg, Kriegsereignisse, terroristische und politische Gewalthandlungen, Beschlagnahme, Eingriffe von hoher Hand, r+s 2002, 133 ff. (135); *Schubach* Politische Risiken und Krieg in der Personenversicherung, r+s 2002, 177 ff. (179).

6 MüKo/*Dörner* VVG, § 178 VVG, Rn. 145; *Grimm* Unfallversicherung Ziff. 5.1.3 AUB 2010, Rn. 36.

7 http://www.faz.net/aktuell/rhein-main/a3-bei-offenbach-weltkriegsbombe-reisst-krater-in-autobahn-13106245/gesprengter-asphalt-am-tag-13107618.html; *Perske*, Wiesbadener Kurier v. 03.01.2015, S. 5.

8 *Perske*, Wiesbadener Kurier v. 03.01.2015, S. 5.

9 http://www.tagesschau.de/multimedia/video/video-34553.html.

ist abschließend, so dass sie ebenso wenig darunter fallen, wie z.B. Erdrutsche, Lawinenabgänge, Bergrutsche und Bergsenkungen.

A.5.6.7 Schäden durch Kernenergie

Kein Versicherungsschutz besteht für Schäden durch Kernenergie.

1 Die Regelung entspricht den wortgleichen Ausschlussklauseln in A.1.5.9 AKB; A.2.9.5 AKB; A.3.9.4 AKB; A.4.12.5 AKB. Der Ausschluss ist zulässig, zumal er sogar für die Haftpflichtversicherung in § 4 Nr. 5 KfzPflVV ausdrücklich zugelassen wurde. In Verbindung mit der Subsidiaritätsklausel kommt ihr im Hauptanwendungsfall – Unfall in einem Kernkraftwerk – der Ausschlussklausel wenig Bedeutung zu.

2 Hervorzuheben sind jedoch medizinische **Probentransporte** oder Transporte zu wissenschaftlichen Zwecken. Fahrer, die bei einem Verkehrsunfall mit einem radioaktiven Stoff in Berührung kommen, genießen keinen Versicherungsschutz in der Fahrerschutzversicherung.

B Beginn des Vertrags und vorläufiger Versicherungsschutz

Der Versicherungsvertrag kommt dadurch zustande, dass wir Ihren Antrag annehmen. Regelmäßig geschieht dies durch Zugang des Versicherungsscheins bei Ihnen.

Übersicht

1 Als Beginn des Vertrages ist nunmehr die Annahme des Antrags formuliert. Als Annahme gelten die Übersendung des Versicherungsscheins und dessen Zugang. Klarstellend wird auf den Zugang bei dem Versicherungsnehmer als Vertragspartner hingewiesen »bei Ihnen«.

2 Erforderlich für den Versicherungsvertrag sind Antrag des Versicherungsnehmers und gleichlautende Annahme durch den Versicherer. Ergeben sich Abweichungen bei dem Vertrag, muss der Versicherer darauf augenscheinlich hinweisen, damit der Versicherungsnehmer diese auch zur Kenntnis nehmen kann. Erfolgt eine augenfällige Kenntlichmachung nicht, kann dies zur Folge haben, dass die Abweichungen nicht wirksam vereinbart wurden.[1]

3 Grundsätzlich beginnt auch der Versicherungsschutz für ein Kraftfahrzeug mit Betriebserlaubnis[2] mit dem Vertragsschluss, gem. § 9 KfzPflVV i.V.m. §§ 49–52 VVG kann der Zeitpunkt der Gewährung von Versicherungsschutz in der Kraftfahrzeughaftpflichtversicherung jedoch vorverlegt werden auf den Zeitpunkt der Aushändigung der sog. Deckungskarte, der inzwischen gewährten elektronischen Versicherungsbestätigung. Der Versicherungsschutz wird jedoch nur ab diesem

1 Der Versicherer muss bei Ablehnung auf die Differenzen zum Antrag hinweisen, es reicht jedoch aus, wenn er schon vor Antragstellung den Abschluss einer Kasko-Versicherung abgelehnt hat, OLG Saarbrücken 5 U 481/08-58, VersR 2010, 63 f. zu VVG a.F.

2 OLG Naumburg v. 23.10.2014 – 4 U 69/13: bei fehlender Betriebserlaubnis ist der Kraftfahrtversicherungsvertrag nichtig.

Zeitpunkt gewährt, wenn der Versicherungsnehmer sich auch sonst an die vertragliche Pflicht zur rechtzeitigen Prämienzahlung hält[3]. Eine Blanko-eVB verpflichtet zur Gewährung von vorläufiger Deckung, auch wenn der Hauptvertrag wegen falscher Angaben zum Fahrzeug nicht zustande kommt.[4]

Es ist daher zu unterscheiden zwischen dem formellen Versicherungsbeginn (d.h. Zeitpunkt des 4
Vertragsschlusses), dem technischen Versicherungsbeginn[5] (d.h. dem im Versicherungsschein genannten Datum) und dem materiellen Versicherungsbeginn, also dem Zeitpunkt, ab dem der Versicherer Versicherungsschutz gewährt[6]. Diesem Zeitpunkt kommt aufgrund der Einlöseklausel des § 37 Abs. 2 VVG entscheidende Bedeutung zu.

A. Zustandekommen des Vertrages

Der Versicherungsvertrag kommt durch Angebot (Antrag des Kunden) und Annahme (Ausstel- 5
lung des beantragten Versicherungsscheins) zustande. Die Besonderheiten, die sich bei der Versicherung eines KFZ ergeben, werden unten einzeln dargestellt. Dabei ergeben sich Pflichten für beide Seiten. Der Kunde ist gehalten, das vertragliche Risiko (Auto) in seinem tatsächlichen Zustand und Verwendungszweck zu versichern und die erforderlichen Auskünfte dazu zu geben. Es ist zu unterscheiden zwischen dem formellen Vertragsbeginn und dem materieller Vertragsbeginn. Als formeller Vertragsbeginn ist der von den beiden Parteien bezeichnete Beginn der vertraglichen Bindung zu bezeichnen, während der materielle Vertragsbeginn den Beginn des Deckungsschutzes bezeichnet, also in der Schaden-Versicherung den Beginn der Haftungszeit[7]. In der Kraftfahrzeug-Haftpflicht-Versicherung fallen der Versicherungsbeginn und der Beginn der Haftungszeit durch die vorläufige Deckung regelmäßig auseinander. Durch die erweiterte Einlöseklausel besteht materieller Deckungsschutz (im Innenverhältnis) erst zum Zeitpunkt der Zahlung der ersten Prämie. Wird ein Vertrag mit einem Minderjährigen geschlossen, bedarf dieser der Genehmigung durch die Erziehungsberechtigten. Wird diese Genehmigung verweigert, ist der Vertrag nicht zustande gekommen[8].

I. Beratungs-, Informations- und Dokumentationspflichten

Der Versicherer muss den Kunden ausführlich beraten[9], welcher Vertrag für ihn der richtige ist. 6
Durch die VVG-Reform ist der Versicherer gehalten, die Beratung auch zu dokumentieren, § 6 Abs. 1 VVG. Diese Beratung muss dem Versicherungsnehmer in Textform klar und verständlich übermittelt werden, § 6 Abs. 2 VVG. Hiervon sind Ausnahmen zugelassen: die Erläuterung kann mündlich erfolgen und der Versicherungsnehmer kann auf die schriftliche Übermittlung im Einzelfall verzichten. Sie ist auch bei Verträgen, in denen eine vorläufige Deckung gewährt wird, nicht erforderlich. Fehler in der Dokumentation können zu Beweiserleichterungen[10] bis hin zur Beweislastumkehr führen[11]. Dann sind die Angaben aber mit dem Versicherungsschein zu übermitteln.

---

3 Vgl. hierzu unten AKB C.1.2 Rdn. 4 f.

4 Dabei kommt es nicht darauf an, welches Fzg zugelassen wird, wenn eine blanko eVB ausgehändigt wurde, KG v. 29.05.2020 – 6 U 109/19.; Halm/Fitz Versicherungsrecht 2020/2021, DAR 2021,422, 427.

5 OLG Hamm v. 25.09.1974 – 20 U 40/74, VersR 1975, 754, der technische Versicherungsbeginn ist nur für die Prämienberechnung maßgebend.

6 Stiefel/Maier Kraftfahrtversicherung AKB B Rn. 2–3.

7 Meixner/Steinbeck, aaO. § 1 Rn. 110 ff.

8 BGH v. 02.10.2002 – IV ZR 309/01 zur schwebenden Unwirksamkeit eines Versicherungsvertrages eines Minderjährigen.

9 Franz, »Das Versicherungsrecht im neuen Gewand«, VersR 2008, 298 ff.

10 Brand, »Beweiserleichterungen im Versicherungsrecht«, VersR 2015, 10, 15 f.

11 Dokumentationspflicht des Versicherungsvermittlers nach §§ 42b ff VVG a.F., jetzt §§ 61f VVG n.F. BGH v. 13.11.2014 – III 440/13 (Jurion); OLG Saarbrücken v. 27.01.2010 – 5 U 337/09, Juris (Krankenversicherung); Henning, »Vermutung beratungsgerechten Verhaltens –mehr als eine Erleichterung des Kausalitätsgegenbeweises«, VersR 2014, 922 ff.

7 Im Bereich der Kraftfahrtversicherung dürfte sich die Beratung des Versicherers bzw. seiner Außendienstmitarbeiter[12] auf folgende Punkte beschränken:
- Versicherungssumme, Mindestversicherungssumme oder unbegrenzte Deckung,
- Räumlicher Deckungsumfang (Europaklausel etc.)[13]
- Fahrzeugvoll- oder Teilversicherung (Vollkasko[14], Teilkasko),
- Insassenunfallversicherung,
- Fahrerschutzversicherung,
- Schutzbrief,
- evtl. Verkehrsrechtsschutz,

8 Aber auch in diesem eng eingegrenzten Bereich ist der Versicherer gehalten, entsprechend den Bedürfnissen zu beraten. Bei Beratungsfehlern kann im Schadenfall eine Quasideckung aus dem Beratungsverschulden des Maklers oder Versicherungsagenten folgen[15]. Durch die Unterschrift auf dem Antrag dokumentiert der Versicherungsnehmer den Umfang der Vereinbarungen.

9 Außerdem muss der Versicherer dem Kunden vor dem Vertragsschluss die AKB zur Kenntnisnahme geben, § 7 Abs. 1 VVG. Auf die Übermittlung der AKB kann nur mit ausdrücklicher Zustimmung des Versicherungsnehmers verzichtet werden. Im Rahmen der Gewährung von vorläufiger Deckung kann die Übermittlung der AKB auch mit dem Versicherungsschein erfolgen, § 7 Abs. 1 VVG. Der Versicherungsnehmer kann aber gem. § 7 Abs. 3 VVG jederzeit die Überlassung der AKB verlangen. Hat der Versicherungsnehmer eine Bestätigung über den Empfang der Vertragsunterlagen unterzeichnet, kann er sich auch dann nicht mehr auf den Nichterhalt berufen, wenn die Empfangsbestätigung nicht drucktechnisch hervorgehoben wurde.[16]Diese Regel kann nur umgangen werden, wenn im Vertrag eine sog. vorläufige Deckung nach B.2 vereinbart wurde. Dann reicht es aus, wenn die Bedingungen mit der Übersendung des Versicherungsscheins ausgehändigt werden. Entsteht in der Zwischenzeit Streit über Inhalt und Umfang der dem Vertrag zugrunde liegenden AKB, gelten die regelmäßig verwendeten Bedingungen als vereinbart.

10 Auch eine Veränderungsanzeige ist ein neuer Antrag (so z.B. die Umpolicierung einer PKW-Eigenverwendung auf Kraftdroschke (Taxi) oder Selbstfahrer-Vermietfahrzeug), der von dem Versicherer angenommen werden muss.

II. Hinweispflichten

11 Der Versicherer muss mit der Übermittlung der AKB, sofern diese im Policenmodell[17] mit der Versicherungspolice zur Kenntnis gebracht werden, den Versicherungsnehmer darauf hinweisen, dass ihm ein Widerrufsrecht nach § 8 VVG[18] zusteht und die Pflicht zur Zahlung der Erstprämie erst nach Ablauf dieses Widerrufsrechts zu laufen beginnt. Außerdem muss er im Falle der veränderten Annahme des Antrages den Versicherungsnehmer darüber aufklären, dass er dieser Veränderung

12 Vgl. auch OLG Frankfurt a. M., Urt. v. 7.12.2022 – 3 U 205/22 (Wohngebäudeversicherung); OLG Celle v. 167.04.2009 – 11 U 220/08, r+s 2009, 396 zu den Aufklärungspflichten des Maklers bei Vertragsschluss (hier Aufnahme offenkundig unrichtiger Angaben zur Gebäudenutzung).

13 Wegen der Details vgl. unter A.1.4 räumlicher Geltungsbereich.

14 Dabei ist der Versicherungsmakler auch gehalten, auf die möglichen Obliegenheitsverletzungen oder Risikoausschlüsse richtig hinzuweisen, vgl. OLG Karlsruhe v. 01.07.2004 – 12 U 85/04,zfs 2004, 415 für die fälschliche Auskunft, ein Sicherheitstraining auf dem Hockenheimring sei vom Versicherungsschutz wegen der Rennklausel ausgeschlossen.

15 BGH v. 26.03.2014 – VI ZR 422/13, zfs 2014,335 (Betriebshaftpflicht); BGH v. 23.10.2014 – III ZR 82/13, VersR 2015, 187 (Lebensversicherung); OLG Saarbrücken v. 27.01.2010 – 5 U 337/09, Juris (Krankenversicherung).

16 OLG München v. 23.10.2014 – 14 U 857/14.

17 Vgl. u.a. Rixecker, »VVG- 2008 – Eine Einführung IX. Vertragsschluss«, zfs 2007, 495; Schimikowski »Die vorvertragliche Anzeigepflicht« in r+s 2009, 353 ff.

18 Vgl. dazu unten Rdn. 13 ff.

widersprechen kann, § 5 VVG[19]. Darüber hinaus muss in der Prämienrechnung deutlich darauf hingewiesen werden, dass der Versicherungsschutz bei nicht rechtzeitiger Zahlung der Erstprämie rückwirkend entfällt und ggf. auch die gewährte vorläufige Deckung gefährdet ist[20]. Auch wenn der Vertrag nur modifiziert wird und damit ein neues Angebot durch den Versicherer abgegeben wird, ist der Versicherungsnehmer entsprechend zu belehren und auf sein Widerspruchsrecht nach § 5 VVG hinzuweisen[21]. Auf die Formulierung von mehreren Widerspruchsbelehrungen ist zu achten. Nur bei Unterschieden in der Formulierung in Antrag, Anschreiben zum Versicherungsschein und Versicherungsschein kann es an der richtigen Belehrung mangeln[22]. Folgerichtig dürfte auch in diesem Fall die Pflicht zur Zahlung der Erstprämie erst nach Ablauf der Widerspruchsfrist zu laufen beginnen.

Bedient sich der Versicherer eines Abschluss-Agenten (§ 43 VVG) oder Außendienstmitarbeiters 12
zur Vertragsvermittlung, so muss er sich nach gefestigter Rechtsprechung dessen Verhalten zurechnen lassen[23]. Für Fehler des Vermittlers hat der Versicherer dann auch ggf. einzustehen nach den Regeln der cic[24].

Für einen Makler[25] hingegen haftet der Versicherer nicht, da dieser mehrere Versicherer vertritt und 13
nicht vertraglich an einen Versicherer ausschließlich gebunden ist[26].

III. Kontrahierungszwang

Der Versicherer kann sich im Bereich der Kfz-Versicherung nur eingeschränkt weigern, mit dem 14
Kunden einen Vertrag abzuschließen. § 5 PflVG zwingt den KH-Versicherer dazu, jedem, der mit ihm einen Vertrag schließen will, einen Vertrag mindestens zu den Mindestversicherungssummen anzubieten[27]. Allerdings besteht der Kontrahierungszwang nur in Bezug auf Fahrzeuge, die für das Führen auf öffentlichem Verkehrsgrund zugelassen sind.[28]

Der Kontrahierungszwang bezieht sich dabei ausdrücklich nach dem Gesetz auf Zweiräder, PKW 15
und Kombikraftwagen bis 1 t Nutzlast[29], § 5 Abs. 3 S. 1 PflVG. Damit ist kein Versicherer verpflichtet, einen LKW über 1 t Nutzlast zu versichern. Diesen Vertrag kann er ablehnen. Gleichwohl kann er aber über die Deckungskarte[30] und die dadurch gewährte vorläufige Deckung verpflichtet sein, vorläufigen Versicherungsschutz zu gewähren.

B. Annahmefiktion

Eine **Antragsannahme** wird fingiert, wenn der Versicherer nicht innerhalb einer Frist von zwei 16
Wochen den Antrag ablehnt. Ablehnen kann der Versicherer zulässigerweise nur eine Versicherung

---

19 Vgl. hierzu Kreuter, VVG § 6 Rdn. 5 m.w.H.; OLG Karlsruhe, 27.01.2021, 12 U 221/20; OLG Stuttgart, 21.01.2021, 2 U 565/19.

20 Wegen der Details vgl. Kommentierung unter AKB C.1.1 Rdn. 12 f.

21 Ludovisy/Eggert/Burhoff/*Notthoff* aaO. R. 4, der leider noch das alte Recht kommentiert.

22 OLG Köln v. 06.12.2013 – 20 U 50/13 (vgl. u.a. auch OLG Bamberg v. 21.11.22 – 1 U 224/22 für die Lebensversicherung).

23 So schon BGH v. 20.06.1963 – II ZR 199/61, BGHZ 40, 22 ff. = NJW 1963, 1978 ff., BGH v. 28.10.1963 – II ZR 193/62, NJW 1964, 244, zuletzt BGH v. 29.04.2009 – IV ZR 201/06, NJW-RR 2009, 1038 = VersR 2009, 980.

24 Vgl. ausführlich hierzu Stiefel/Hofmann, Kraftfahrtversicherung zu § 1 AKB a.F. Rn. 45 ff.

25 Zu den Hinweispflichten eines Maklers vgl. u.a. BGH v. 16.07.2009 – III ZR 21/09, r+s 2009, 395 f; OLG Celle v. 16.04.2009 – 11 U 220/08, r+s 2009, 396; Schimikowski »Die vorvertragliche Anzeigepflicht«, r+s 2009, 353 ff.

26 OLG Oldenburg v. 07.09.1994 – 2 U 25/94, r+s 1995, 107.

27 Der Kontrahierungszwang wurde vom EUGH für die Kraftfahrzeug-Haftpflicht-Versicherung bestätigt, EUGH v. 28.04.2009 – C-518/06.

28 Halm/Fitz Versicherungsrecht 2020/2021, DAR 2021,422, 427. m.w.N.

29 Römer in Römer-Langheid VVG PflVG § 5 Rn. 2.

30 Feyock in Feyock/Jacobsen/Lemor § 5 PflVG, Rn. 21 ff.

zu höheren Summen als den Mindestversicherungssummen sowie die Vereinbarung von Zusatzversicherungen (Kasko, Unfall, Schutzbrief etc.). Ein Zwang, die Zusatzversicherungen, die neben dem KH-Vertrag angeboten werden können, abzuschließen, besteht nicht[31].

I. Annahme des Antrages

17 Der Kontrahierungszwang bezieht sich ausschließlich auf die Kraftfahrzeug-Haftpflichtversicherung[32], und kann sich aufgrund der Systematik des PflVG auch nur in den Grenzen der dort vorgeschriebenen Mindestversicherungssummen bewegen.

II. Möglichkeiten der Ablehnung des Antrages

18 Außerhalb dieser Regelung darf der Versicherer den Abschluss des Vertrages dann ablehnen, wenn

- sachliche oder örtliche Beschränkungen im Geschäftsplan entgegenstehen, § 5 Abs. 4 S. 1 PflVG;
- der Versicherungsnehmer schon vorher bei dem Versicherer versichert war und der Versicherungsvertrag wegen Drohung oder arglistiger Täuschung angefochten wurde;
- der Versicherungsnehmer schon vorher bei dem Versicherer versichert war und der Versicherer wegen Verletzung der vorvertraglichen Anzeigepflicht oder Nichtzahlung der ersten Prämie zurückgetreten war; oder
- der Versicherungsnehmer schon vorher bei dem Versicherer versichert war und dieser den Versicherungsvertrag wegen Nichtzahlung der Prämie oder im Schadenfall gekündigt hat.

19 Fehlt es an der Antragsannahme und ist der Antrag wegen der fehlenden Annahme innerhalb der Bindungsfrist erloschen, kann in dem Einzug der Erstprämie – ohne dass der Zugang eines Versicherungsscheins erfolgt – ein neues Angebot des Versicherers auf Abschluss des Vertrages zu den Konditionen im Antrag gesehen werden[33].

III. Rechtsfolge der Ablehnung

20 Der Versicherungsvertrag kommt bei berechtigter Ablehnung nicht zustande, wird der Antrag wegen des Kontrahierungszwangs aus sonstigen Gründen modifiziert angenommen, erhält der Versicherungsnehmer ein Widerspruchsrecht[34]. Eine unberechtigte Ablehnung ist als Verletzung einer vertraglichen Pflicht (culpa in contrahendo) zu bewerten, eine Möglichkeit, den Anspruch auf Vertragsschluss durchzusetzen hat der Versicherungsnehmer nicht, da der Vertrag durch die gesetzliche Annahmefiktion zustande gekommen ist[35]. Die Feststellungsklage als einzige Möglichkeit, dies zu klären, ist damit wegen fehlenden Feststellungsinteresses unzulässig. Es bleibt daher im Schadenfall die Leistungsklage auf Gewährung von Versicherungsschutz, alternativ die Klärung dieser Frage als prozessuale Vorfrage, wenn Ansprüche aus dem Vertrag geltend gemacht werden.

C. Irrtum, Anfechtung, Drohung

21 Auch im Versicherungsvertragsrecht gelten die allgemeinen Regeln hinsichtlich des Vertragsschlusses. So kann eine Anfechtung[36] wegen Irrtums[37] nach § 119 BGB in Betracht kommen, wenn der Vertrag in Kenntnis der entscheidungserheblichen Punkte nicht oder nicht so geschlossen worden wäre. Allerdings ist der Versicherer dann gehalten, bei Unklarheiten die entsprechenden Fragen zur Klärung offenkundiger Falschangaben zu stellen, wenn ggf. eine Anfechtung wegen falscher

---

31 § 5 Abs. 3 S. 1, vgl. auch Schirmer, »Neues VVG und die Kraftfahrzeughaftpflicht- und Kasko-Versicherung Teil 1«, DAR 2008, 181 f.

32 BGH v. 30.09.1981 – IVa ZR 187/80, VRS 1982, Bd. 62, 6.

33 BGH v. 22.05.1991 – IV ZR 107/90, VersR 1991, 910.

34 Hierzu vgl. unten Rdn. 20.

35 Feyock in Feyock/Jacobsen/Lemor PflVG § 5 Rn. 54.

36 Zur Anfechtung eines Vertrags für fremde Rechnung vgl. LG Hannover v. 22.04.2009 – 23 O 98/07.

37 OLG Düsseldorf v. 23.08.2005 – 1- 4 U 140/04, VersR 2006, 421.

Angabe in Betracht kommt. Unterbleibt diese Frage, kann der Versicherer nicht mehr wegen dieser falschen Angaben den Vertragsschluss anfechten[38]. Auch offener oder versteckter Dissens (§§ 154, 155 BGB) sind möglich, wenn die Erklärungen der beiden Vertragsparteien wissentlich oder unwissentlich voneinander abweichen[39]. Angesichts des formalistischen Vertragsgerüstes in der Kraftfahrzeug-Haftpflicht-Versicherung sind diese Möglichkeiten eher theoretischer Natur. Auch die Nichtigkeit des Vertrages wegen Sittenwidrigkeit könnte gegeben sein, wenn z.B. der Versicherungsvertrag wegen eines bereits eingetretenen Schadens zurückdatiert wird.[40]

D. Widerrufsrecht des Versicherungsnehmers und die Folgen

Das VVG sieht ein Widerrufsrecht des Versicherungsnehmers vor, auf das der Versicherer ausdrücklich und drucktechnisch[41] augenfällig hinweisen muss. 22

I. Form und Frist des Widerrufs

Der Versicherungsnehmer kann gem. § 8 VVG innerhalb einer Frist von zwei Wochen den geschlossenen Vertrag schriftlich widerrufen[42]. Die Frist beginnt zu laufen, wenn er den Versicherungsvertrag nebst Bedingungen und Abreden und weiteren ggf. erforderlichen Informationen gem. § 8 Abs. 2 Ziffer 1 erhalten hat. Dabei muss diesen Unterlagen auch eine deutliche Belehrung über das Widerrufsrecht beigefügt sein[43], die auch über die Folgen des Widerrufs und den Adressaten, an den der Widerruf gerichtet sein muss, Auskunft gibt, § 8 Abs. 2 Ziffer 2 VVG. Ein zusätzliches Recht, den Vertrag wegen »unterjähriger Zahlungsweise« zu widerrufen, entfällt, da kein entgeltlicher Zahlungsaufschub vorliegt[44]. Das Widerrufsrecht erlischt bei ordnungsgemäßer Belehrung nach Firstablauf bzw. der vollständigen Vertragsbeendigung[45]. 23

II. Ausschluss des Widerrufs

Der Widerruf ist gem. § 8 Abs. 3 VVG nur ausgeschlossen, wenn es sich 24
- um einen kurzfristigen Vertrag bis 1 Monat handelt,
- vorläufige Deckung gewährt wird (ausgenommen Verträge, die als Fernabsatzvertrag i.S.v. § 302 BGB gewertet werden müssen) oder
- bei Versicherungen über ein Großrisiko.
- Darüber hinaus ist nach erfolgter Kündigung des Vertrages ein Widerruf der Vertragserklärung unzulässig, da mit der Kündigung bereits ein Gestaltungsrecht ausgeübt wurde. Der Versicherungsnehmer hat mit der Erklärung der Kündigung gerade zum Ausdruck gebracht, dass der Vertrag für die Vergangenheit Bestand haben soll. Danach ist für eine Widerrufserklärung, die den Vertrag ex tunc aufhebt, kein Raum mehr[46].

---

38 OLG Frankfurt v. 23.06.2009 – 3 U 286/07 zur Krankenversicherung Anfechtung wegen Täuschens ist jedenfalls beim Verschweigen einer Asthma-Erkrankung dann nicht möglich, wenn die Versicherung wegen sich aufdrängender Nachfragepflichten diese Nachfrage unterlassen hat.

39 Vgl. hierzu ausführlich Stiefel/Hofmann Kraftfahrtversicherung (Vorauflage 17. A) § 1 AKB a.F. Rn. 33–36.

40 BGH v. 13.11.1985 – IVa ZR 24/84, VersR 1986, 131; beweisbelastet ist der Versicherer BGH v. 04.07.1974 – III ZR 66/72, NJW 1974, 1821.

41 OLG München v. 27.06.2014 – 25 U 1044/14, Jurion.

42 Vgl. Auch Wandt/Ganster »Die Rechtsfolgen des Widerrufs eines Versicherungsvertrags gem. § 9 VVG 2008«, VersR 2008, 425 ff. zu den allgemein auftauchenden Problemen.

43 LG Dessau v. 30.01.2014 – 1 S 162/13, Jurion.

44 OLG München v. 10.07.2012 – 25 U 1169/12, Jurion. Vgl. auch grundlegend zur unterjährigen Zahlungsweise von Versicherungsprämien BGH v. 06.02.2013 – IV ZR 230/12, Jurion = r+s 2013, 119 = VersR 2013, 341:.

45 OLG Braunschweig Beschl. v. 23.10.2019 – 11 U 84/19 zu 5 a VVG a.F.; OLG Celle v. 02.02.2012 – 8 U 125/11; Beachte: die Entscheidung BGH v. 16.10.2013 – IV ZR 52/12, befasst sich noch mit der alten Rechtslage!

46 LG Köln, v. 04.12.201 – 26 O 301/12, Jurion.

III. Fehlende Belehrung über das Widerrufsrecht

25 Erfolgt die Belehrung nicht, kann der Versicherungsnehmer den Vertrag unbegrenzt widerrufen[47]. Das Widerrufsrecht ist erst dann ausgeschlossen, wenn beide Vertragsparteien den Vertrag auf den ausdrücklichen Wunsch des Versicherungsnehmers vollständig erfüllt haben, bevor der Widerruf ausgeübt wurde. Dies bedeutet, der Widerruf entfällt im Schadenfall, soweit dieser vom Versicherer vollständig (im Rahmen der Haftung) reguliert wurde und der Versicherungsnehmer die Prämie gezahlt hat. Über die Rechtsfolgen einer falschen Belehrung muss der Versicherer allerdings nicht aufklären[48].

IV. Rechtsfolgen des Widerrufs

26 Die Rechtsfolgen des Widerrufs werden im VVG nur hinsichtlich der Prämien geregelt, wenn bereits Prämien geflossen sind, § 9 VVG. Dabei setzt § 9 VVG voraus, dass der Versicherungsschutz erst nach Ablauf der Widerrufsfrist beginnt. Die Prämien, die schon gezahlt wurden, müssen für den Zeitraum nach dem Zugang des Widerrufs zurückerstattet werden[49], wenn schon Versicherungsschutz gewährt wurde. Die auf den Zeitraum vor dem Widerruf erhaltenen Prämien darf der Versicherer behalten. Für den Fall, dass keine oder keine ausreichende Belehrung über das Widerrufsrecht erfolgte, hat der Versicherer die gezahlte Prämie für das erste Jahr des Versicherungsschutzes vollständig zu erstatten, wenn noch keine Leistungen aus dem Versicherungsvertrag in Anspruch genommen wurden. Dabei stellt sich die Frage, ob nicht auch die Gewährung von Versicherungsschutz durch den Versicherer eine Leistung ist, die die Rückzahlungspflicht aushebeln würde[50]. Die Entscheidungen über missbräuchlichen Widerruf eines Vertrages stammen in aller Regel aus dem Bereich der Personenversicherungen[51].

27 Diese Regelung ist im Bereich der Kraftfahrtversicherung eher unglücklich, da der Versicherer mit der elektronischen Ausgabe der Deckungskarte via Internet bereits im Risiko steht und dieser Vertrag aufgrund der Gestaltung der Regelung des § 312b Abs. 1 und 2 BGB entsprechen dürfte. Die Regelung des § 312b Abs. 3 Ziffer 3 BGB wird angesichts der Neuregelung der Ausgabe von Deckungskarten via Internet zu prüfen sein.

28 Zu beachten ist auch, dass der Versichererwechsel zum Jahresbeginn den einen Vertrag durch Kündigung des Versicherungsnehmers enden lässt und der neue Vertrag bei einem anderen Versicherer, der rechtzeitig zum 1.1. des Folgejahres policiert und der Versicherungsschein nebst Anlagen übersendet wurde, dazu führen kann, dass durch den Widerruf das KFZ im Innenverhältnis unmittelbar ab Widerrufsausübung keinen Versicherungsschutz hat. Auch die Verknüpfung des Widerrufsrechts mit dem Fernabsatzgeschäft[52] kann dazu führen, dass infolge des Widerrufs nach einem elektronisch angebahnten Geschäft mit vorläufiger Deckung infolge des Widerrufs ein Fahrzeug ohne Versicherungsschutz im öffentlichen Verkehrsraum gebraucht wird.

---

47 BGH v. 05.11.2014 – IV ZR 331/14 (zu 5a VVG a.F.). BGH v. 14.05.2014 – IV ZA 5/14, VersR 2014, 824 f. zu den Anforderungen an die Belehrung über das Widerrufsrecht bei Rentenversicherungen; allein die Abrufbarkeit der Widerrufsbelehrung im Internet ohne entsprechende Bestätigung durch den Abrufenden erfüllt die Anforderungen an eine ordnungsgemäße Belehrung nicht, BGH v. 15.05.2014 – III ZR 368/13, VersR 2014, 838 f. BGH v. 07.05.2014 – IV ZR 76/11 zur Rechtmäßigkeit eines Widerrufs bei ordnungsgemäßer Belehrung nach erfolgter Vertragskündigung und Abrechnung unter Anwendung europäischen Rechts zu § 5a VVG a.F. (Lebensversicherung). OLG Hamm v. 09.10.2013 – I-20 U 81/13, VersR 2014, 485 f. Armbrüster »Ewige« Widerrufsrechte und ihre Folgen«, VersR 2012, 513 ff.

48 BGH v. 27.03.2019 – IV ZR 132/18.

49 LG Heidelberg v. 25.09.2014 – 1 S 15/13 (zu § 5a VVG a.F.), Jurion.

50 So jedenfalls Wandt/Ganster, »Die Rechtsfolgen des Widerrufs eines Versicherungsvertrages gem. § 9 VVG 2008«, VersR 2008, 425 ff.

51 OLG Dresden, 21.12.2020, 4 U 1947/20.

52 Vgl. zum Thema Fernabsatzgeschäft im Bereich Versicherungsrecht Ganster, »Die Prämienzahlung im Versicherungsrecht«, S. 285 ff.

Der Widerruf hat immer zur Folge, dass der Vertrag, auf den sich der Widerruf bezieht, mit dem Zugang beim Versicherer unmittelbar beendet wird[53]. Im Innenverhältnis besteht damit kein Versicherungsschutz mehr. Empfangene Leistungen – etwa im Rahmen der vorläufigen Deckung können jedoch insoweit behalten werden, als die Prämie für diesen Zeitraum innerhalb der gesetzten Fristen beglichen werden[54]. Dabei ist zu beachten, dass auch die vorläufige Deckung gem. B.2.6 AKB zeitgleich mit dem Eingang der Widerrufserklärung bei dem Versicherer endet. Diese Regelung betrifft das Innenverhältnis zwischen Versicherungsnehmer und Versicherer, im Außenverhältnis wird sich der Versicherer nicht auf das Ende bzw. Nichtbestehen des Versicherungsvertrages berufen können, solange die Frist des § 117 Abs. 2 VVG (Nachhaftung) nicht abgelaufen ist. Allerdings ist der Versicherungsnehmer gehalten, die innerhalb der Nachhaftungsfrist erbrachten Leistungen an den Versicherer zurückzugewähren! 29

E. Widerspruchsrecht und die Folgen

Neben dem Widerrufsrecht steht dem Versicherungsnehmer auch ein Widerspruchsrecht nach § 5 VVG zu, wenn der Versicherungsschein vom gestellten Antrag abweicht. Als Abweichung gilt dabei jede Regelung, die vom ursprünglichen Antrag abweicht. Diese können sein: 30
- Begrenzung der Haftung auf die Mindestversicherungssumme statt der beantragten unbegrenzten Deckung;
- Ausschluss bestimmter Länder, die beantragt waren (Türkei; Russland);
- Ablehnung der Vollkasko-Versicherung[55], oder einer bestimmten Selbstbeteiligung (statt 300 € eine SB von 1.000 €)
- Ablehnung der Teilkasko-Versicherung
- Ablehnung der Insassen-Unfallversicherung etc.

Gem. § 5 Abs. 2 muss der Versicherer den Versicherungsnehmer auf die Abweichungen hinweisen, dann hat der Versicherungsnehmer einen Monat Zeit, um schriftlich (in Textform) zu widersprechen. Lässt der Versicherungsnehmer diese Frist ungenutzt verstreichen, gilt die Änderung, die einen neuen Antrag auf Abschluss eines Versicherungsvertrages darstellt, als genehmigt, auch wenn die Änderung für ihn ungünstig ist[56], Exculpationsmöglichkeiten des Versicherers bestehen nicht, er haftet insoweit auch für seinen Agenten[57]. Die Widerspruchsbelehrung muss dabei räumlich getrennt und deutlich hervorgehoben werden[58]. Durch Zahlung der Versicherungsprämien kann konkludent die Genehmigung des Vertrages erklärt werden[59]. 31

Unterbleibt diese Belehrung oder erfolgt sie nicht ordnungsgemäß, beseht das Widerspruchsrecht auch über die Jahresfrist hinaus[60]. Ein Anspruch auf Prämienzahlung besteht dann ggf. 32

53 Schirmer, »Neues VVG und die Kraftfahrzeughaftpflicht- und Kasko-Versicherung Teil 1« DAR 2008, 181, 182.

54 A.A. Ganster, »Die Prämienzahlung im Versicherungsrecht«, S. 285 ff., wobei im Falle von erbrachten Leistungen durch den Versicherer diese vom Versicherungsnehmer im Rahmen von § 7 II FernabsatzG zurückzugewähren seien, S. 289 FN. 1288.

55 OLG Saarbrücken v. 27.05.2009 – 5 U 481/08–58, r+s 2009, 319: Eine Hinweispflicht des Versicherers war nach § 5 VVG a.F. nur bei einem besonderen Schutzbedürfnis erforderlich, während die Reform in § 5 VVG n.F. die Hinweispflicht des Versicherers normiert wird.

56 Hier war die Änderung für den Versicherungsnehmer günstig, OLG Nürnberg v. 22.09.1988 – 8 U 531/86, VersR 1989, 1078.

57 BGH v. 15.04.1987 – IVa ZR 224/85, VersR 1987, 663, 664.

58 OLG Dresden Beschl. v, 14.08.2019 – 4 U 1486/19; OLG Stuttgart v. 23.10.2014 – 7 U 256/13 (Jurion), ders. v. 13.03.2014 – 7 U 216/13, VersR 2014, 1441 f; OLG München v. 27.06.2014 – 25 U 1044/14, Jurion; LG Heidelberg v. 25.09.29014 – 1 S 8/14 (Jurion).

59 AG Solingen v. 18.04.2013 – 13 C 134/12, Jurion (Genehmigung des vom Makler geschlossenen Vertrages; allerdings war der Vertrag dort mangels entsprechender Hinweise zum Widerspruchsrecht entsprechend dem Antrag zustande gekommen).

60 BGH v. 03.09.2014 – IV ZR 145/12; v. 30.07.2014 – IV ZR 85/12.

nicht[61]. Unterlässt der Versicherer die entsprechenden Kennzeichnungen der Änderungen und den Hinweis auf das Widerspruchsrecht, so wird der Versicherungsnehmer so gestellt, als sei der Vertrag entsprechend seinem Antrag angenommen[62]. Allerdings ist es rechtsmissbräuchlich, wenn sich ein Versicherungsvertreter nach Jahren darauf beruft, nicht ordnungsgemäß über sein Widerspruchsrecht belehrt worden zu sein[63].

33 Bei Widerspruch ist der Vertrag nicht zustande gekommen. Der Versicherungsnehmer muss sich um anderweitigen Versicherungsschutz bemühen. Soweit vorläufige Deckung in Anspruch genommen wurde, ist diese vom Versicherer gesondert zu kündigen, ansonsten gewährt er aufgrund der vorläufigen Deckungszusage unbegrenzten Versicherungsschutz.

F. Beginn des Vertrages

34 War nach den alten AKB der Beginn des Vertrages mit dem Einlösen des Versicherungsscheins untrennbar verbunden, § 1 AKB a.F., so gilt jetzt der Vertragsbeginn mit der Annahme des Antrages[64], regelmäßig mit dem Zugang des Versicherungsscheins als zustande gekommen. Diese Regelung birgt eine nicht zu unterschätzende Falle für den Versicherungsnehmer, der den Zugang des Versicherungsscheins bestreitet, um den Erstprämienverzug zu umgehen[65]. Der Versicherungsvertrag ist damit nicht zustande gekommen! Soweit für den Vertrag die vorläufige Deckung vereinbart war und entsprechende Bestätigungen bei der Zulassungsstelle vorliegen, läuft der Vertrag über die vorläufige Deckung weiter[66], liegen allerdings noch keine Versicherungsbestätigungen bei der Zulassungsstelle vor, hat der Versicherungsnehmer keinen Anspruch auf Gewährung von Versicherungsschutz.

G. Beweislast

35 Für den Zugang des Versicherungsscheins[67], die Hinweise auf Änderungen sowie die entsprechenden Belehrungen ist der Versicherer beweisbelastet[68]. Beruft sich der Versicherer auf die vermutete Genehmigung, so hat er auch dies zu beweisen[69]. Der Versicherungsnehmer hingegen ist beweisbelastet[70] hinsichtlich eines Widerrufs oder Widerspruchs.

H. Verjährung

36 Soweit die Regelungen des VVG a.F.[71] verschiedene Verjährungsfristen vorsahen, abhängig davon, ob ein Regress geltend gemacht wurde, oder aber Ansprüche aus dem Vertrag, die sich in der Kraftfahrzeug-Haftpflicht-Versicherung nach § 3 Nr. 11 PflVG a.F. richteten, war die Frage der Verjährung nicht immer einfach zu klären. Die VVG-Reform hatte zur Folge, dass alle Vorschriften über die Verjährung gestrichen wurden und jetzt die allgemeinen Verjährungsregeln des BGB zur Anwendung kommen[72].

---

61 BGH v. 03.09.2014 – IV ZR 145/12.
62 BGH v. 15.04.1987 – IVa ZR 270/80, BGHZ 84, 268 = VersR 1982, 841 = NJW 1982, 2776.
63 OLG Stuttgart v. 11.06.2014 – 7 U 147/10 (Jurion).
64 So für allgemeine Verträge schon BGH v. 27.05.1952 – II ZR 132/56 – VersR 1957, 442 = BGHZ 24, 308; OLG Hamm v. 19.03.1978 – 20 U 232/77, VersR 1978, 1039.
65 Armbrüster »Ewige« Widerrufsrechte und ihre Folgen«, VersR 2012, 513 ff.
66 Vgl. insoweit B.2 AKB.
67 BGH v. 22.05.1991 – IV ZR 107/90, VersR 1991, 910.
68 Armbrüster »Ewige« Widerrufsrechte und ihre Folgen«, VersR 2012, 513, 516 f. formuliert einige Ideen, wie der Zugang auch ohne förmlichen Beleg nachgewiesen werden kann.
69 OGH 7 Ob 39/86 in VersR 1988, 199.
70 Ausführlich hierzu im Bereich BUZ OLG Brandenburg v. 17.10.2007 – 13 U 111/06, r+s 2008, 220.
71 Vgl. hierzu Meixner/Steinbeck aaO. § 1 Rn. 344 ff.
72 Marlow/Spuhl aaO. Kap. I 6. (S. 5).

B.1 Wann beginnt der Versicherungsschutz?

Der Versicherungsschutz beginnt erst, wenn Sie den in Ihrem Versicherungsschein genannten fälligen Beitrag gezahlt haben, jedoch nicht vor dem vereinbarten Zeitpunkt. Zahlen Sie den ersten oder einmaligen Beitrag nicht rechtzeitig, richten sich die Folgen nach C.1.2 und C.1.3.

Übersicht

A. Versicherungsschutz

1 Als Versicherungsschutz wird allgemein die vertraglich versprochene Leistung des Versicherers bezeichnet, A.1.1 AKB[1], nämlich die Befriedigung begründeter Schadenersatzansprüche und die Abwehr unbegründeter Schadenersatzansprüche. Voraussetzung ist hierfür zum einen der Vertragsschluss (Übersendung des Versicherungsscheins als Zeichen der Antragsannahme) und die Zahlung der ersten Prämie. Als Beginn kann bei einer Versicherung ein bestimmtes Datum, welches nicht mit der Annahmeerklärung des Versicherers übereinstimmen muss, vereinbart sein. Dabei fallen in der Kraftfahrzeug-Versicherung regelmäßig der Zeitpunkt des Beginns des Versicherungsschutzes mit dem Datum der Prämienzahlung auseinander[2]. Es handelt sich bei der Kraftfahrzeug-Versicherung um eine sog. Rückwärtsversicherung.

B. Beginn mit Beitragszahlung

2 Die Gewährung von Versicherungsschutz, eine vertragliche Hauptpflicht des Versicherers, ist natürlich an die Hauptpflicht des Versicherungsnehmers zur Prämienzahlung[3] geknüpft. Nur in der Kraftfahrzeug-Haftpflichtversicherung kann es dabei zu einer Vorleistungspflicht des Versicherers im Außenverhältnis (Regulierung eines KH-Schadens) kommen, obwohl die fälligen Prämien (noch) nicht gezahlt wurden.

3 Die Prämienzahlungspflicht ist in § 1 S. 2 VVG geregelt. Sie besteht aus der Netto-Prämie, der Versicherungssteuer und einer Gebühr, die sich aus den Tarifen der Versicherer ergibt. Es ist zwischen der ersten, der einmaligen und der laufenden Prämie zu unterscheiden. Erstprämie i.S.d. § 37 VVG ist diejenige, die als zeitlich erste fällig wird bei Vertragsbeginn Als Folgeprämien werden alle die Prämien genannt, die zeitlich der Erstprämie nachfolgen. Eine Einmalprämie kann beispielsweise bei einem kurzfristigen Vertrag entstehen, die Prämie dafür darf allerdings nicht höher sein, als die Jahresprämie.

4 Grundsätzlich wird erst Versicherungsschutz im Innenverhältnis zwischen Versicherungsnehmer und Versicherer gewährt, wenn die Prämie gezahlt ist. Dabei können die Deckungszusage und der Zahlungszeitpunkt auseinander fallen. In aller Regel löst die rechtzeitige Zahlung die Gewährung von Versicherungsschutz aus[4]. Ein etwa vom Versicherungsnehmer abweichender Fahrzeughalter, der die Zulassung auf sich vorgenommen hat, ist nicht Vertragspartner und Prämienschuldner[5].

5 In dieser Formulierung wird von dem im Versicherungsschein genannten fälligen Beitrag gesprochen. Damit soll der Beitrag mit Übersendung des Versicherungsscheins fällig gestellt werden. Voraussetzung für die Fälligkeit einer Prämienforderung ist nach einhelliger Rechtsprechung die korrekte Prämienanforderung[6]. Eine falsch berechnete Prämie löst die Folgen nicht aus, jedoch kann der Versicherungsnehmer in einem solchen Fall nicht untätig bleiben.

1 Wegen der Details vgl. dort.
2 LG Dortmund v. 20.06.2012 – 2 O 457/09, Jurion.
3 Ganster, »Die Prämienzahlung im Versicherungsrecht«, S. 11 f.
4 Zur Rechtzeitigkeit vgl. unten Kommentierung zu AKB C.1.1 Rdn. 4.
5 LG Heidelberg v. 27.07.2012, 5 S 62/11, Jurion.
6 Vgl. hierzu unter AKB C.1.1 Rdn. 9.

B.2 Vorläufiger Versicherungsschutz

Bevor der Beitrag gezahlt ist, haben Sie nach folgenden Bestimmungen vorläufigen Versicherungsschutz:

Vorbemerkung

1 Bei der Gewährung von vorläufigem Versicherungsschutz handelt es sich gem. § 49 VVG um einen eigenständigen Vertrag, der selbständig gekündigt werden kann (von beiden Seiten). Bei Vereinbarung einer vorläufigen Deckung, was in der Kraftfahrzeug-Haftpflicht häufig vorkommt, sind die Bedingungen nicht beim Vertragsschluss über die vorläufige Deckung zu überlassen, § 45 Abs. 1 VVG, es kann hier anderes vereinbart werden. D.h. es muss ausdrücklich vereinbart werden, dass die Bedingungen nicht überreicht werden. Ein formularmäßiger Ausschluss kommt nicht in Betracht. Soweit Streit über die Bedingungen besteht, werden diejenigen Bedingungen als vereinbart angesehen, die vom Versicherer üblicherweise verwendet werden und bei verschiedenen AKB diejenigen, die den Versicherungsnehmer günstiger stellen. Eine weitere Auswirkung des Verbraucherschutzes.

2 Es ist – wie beim späteren Hauptvertrag – zwischen den einzelnen Sparten zu differenzieren, da unterschiedliche Auswirkungen gegeben sein können. In der Kraftfahrzeug-Haftpflicht ist häufig ein Schutzbrief eingeschlossen, ohne dass hierfür gesondert Beiträge zu erstatten wären. Daher wird der Schutzbrief auch mit der Kraftfahrzeug-Haftpflicht-Versicherung zusammen erwähnt.

Kfz-Haftpflichtversicherung und Autoschutzbrief

B.2.1 (Ausgabe der Versicherungsbestätigung[1])

Händigen wir Ihnen die Versicherungsbestätigung aus oder nennen wir Ihnen bei elektronischer Versicherungsbestätigung die Versicherungsbestätigungs-Nummer, haben Sie in der Kfz-Haftpflichtversicherung und beim Autoschutzbrief vorläufigen Versicherungsschutz zu dem vereinbarten Zeitpunkt, spätestens ab dem Tag, an dem das Fahrzeug unter Verwendung der Versicherungsbestätigung zugelassen wird. Ist das Fahrzeug bereits auf Sie zugelassen, beginnt der vorläufige Versicherungsschutz ab dem vereinbarten Zeitpunkt.

A. Allgemeines

1 Diese Regelung modifiziert die Regelung des § 9 KfzPflVV, wonach mit Aushändigung der Versicherungsbestätigung Versicherungsschutz gewährt werden muss[2].

---

1 Überschrift des Verfassers!

2 KG v. 29.05.2020 – 6 U 102/19, dies gilt auch, wenn letztlich im Versicherungsvertrag ein anderes Kfz aufgenommen wurde als in dem Antrag benannt; OLG Frankfurt v. 09.08.2000 – 7 U 50/00, r+s 2001, 103; vgl. auch BGH v. 14.07.1999 – IV ZR 112/98, NJW 1999, 3560 = r+s 2000, 491.

B. Versicherungsbestätigung/Elektronische Versicherungsbestätigung

Der Versicherer kann dem Versicherungsnehmer entweder eine Versicherungsbestätigung in Papierform aushändigen, oder ihm die Möglichkeit geben, sich eine elektronische Versicherungsbestätigung via Internet zu beschaffen. In beiden Fällen ist der Versicherer gehalten, schlimmstenfalls ab der Aushändigung der Versicherungsbestätigung Versicherungsschutz zu gewähren, wenn nicht auf der Versicherungsbestätigung anderes vermerkt ist, § 9 KfzPflVV. Dabei kommt es dann auch nicht darauf an, ob die Versicherungsbestätigung jemals der Zulassungsstelle vorgelegt wird[3]. Schwierig kann es nur werden, den ausstellenden Versicherer zu ermitteln. 2

C. Vereinbarter Zeitpunkt

Der vereinbarte Zeitpunkt des Versicherungsbeginns kann vom Datum der Aushändigung der Versicherungsbestätigung abweichen. So kann entweder vereinbart werden »ab Tag der Zulassung« oder aber ein bestimmtes Datum. 3

I. Tag der Zulassung

Versicherungsschutz besteht damit entweder im Rahmen der gesetzlichen Mindestversicherungssummen oder mit unbegrenzter Deckung (hier ist auf die einzelnen Anbieter und die Hinweise auf der Versicherungsbestätigung zu achten) ab dem Tag der Zulassung. Von diesem Versicherungsschutz ist dann auch schon die Fahrt zur Zulassungsstelle umfasst. Dabei beginnt der Versicherungsschutz am Tag der Zulassung um 0.00 Uhr und reicht damit weiter als der reine Wortlaut des § 9 KfzPflVV[4], der den Beginn des Versicherungsschutzes ab der Einreichung der Versicherungsbestätigung bei der Zulassungsstelle verlangt. Sofern der Versicherungsnehmer mit ungestempelten Kennzeichen, aber mit einer Versicherungsbestätigung für vorläufige Deckung andere Fahrten als die nach H.3.1 AKB versicherten Fahrten durchführt, macht er sich nicht strafbar wegen Fahrens ohne Versicherungsschutz gem. § 6 PflVG[5], da er im Rahmen des Vertrages über die vorläufige Deckung lediglich eine Obliegenheitsverletzung begeht. Der Haftpflichtversicherungsvertrag besteht dann ggf. – abhängig von der Formulierung – schon ab Ausstellung der elektronischen Versicherungsbestätigung, eine Strafbarkeit gem. § 6 PflVG entfällt, wenn nicht zweifelsfrei geklärt werden kann, ob auch eine Fahrt um 22.45 nicht als Vorbereitungsfahrt im Sinne des H.3.1 AKB zu werten ist[6]. 4

II. Vereinbarter Zeitpunkt

Soweit das zu versichernde KFZ bereits angemeldet ist und der bestehende Vertrag gekündigt wurde (z.B. wegen Tariferhöhung, im Schadenfall oder zum Jahresende) kann auch ein bestimmter Termin zum Vertragsbeginn vereinbart werden, um Überlappungen zu vermeiden. 5

III. Mehrere Versicherungsbestätigungen

Liegen mehrere Versicherungsbestätigungen vor, ist der Versicherer im Risiko, der die Versicherungsbestätigung zuletzt ausgestellt hat, § 52 Abs. 1 S. 1 VVG. Soweit die Versicherungsbestätigungen in Papier ausgegeben wurden, ist dies häufig nicht mehr nachvollziehbar. Durch die Ausgabe elektronischer Versicherungsbestätigungen, die automatisch an die Zulassungsstelle überspielt werden, dürfte sich diese Frage nunmehr leichter klären lassen. Werden mehrere Bestätigungen ausgegeben und es wird bei einem der Versicherer ein Antrag ausgefüllt, gilt dieser unterzeichnete Antrag und hat Vorrang vor den sonstigen Versicherungsbestätigungen[7], § 52 Abs. 3 VVG. 6

---

3 OLG Hamm v. 10.11.1982 – 20 U 87/82, VersR 1983, 1123.
4 Langheid in Römer/Langheid Versicherungsvertragsgesetz § 9 Rn. 2.
5 OLG Celle, Beschl. v. 08.08.2013 – 31 Ss 20/13, BeckRS 2013, 15474.
6 OLG Celle vom 08.08.2013 – 31 Ss 20/13 Juris.
7 BGH v. 25.01.1995 – IV ZR 328/93, VersR 1995, 409.

D. Umfang der Vorläufigen Deckung

7 Zwar ist in den AKB vermerkt, dass die vorläufige Deckung über die Kraftfahrzeug-Haftpflicht nur hinausgeht, wenn dies ausdrücklich vereinbart wurde (B.2.2), aber wenn der Versicherungsnehmer dieses wünschte und die Versicherungsbestätigung nicht ausdrücklich auf die Kraftfahrzeug-Haftpflicht beschränkt wurde, gilt auch der weitergehende Wunsch auf Gewährung von vorläufiger Deckung z.B. in der Vollkasko-Versicherung als gewährt[8]. Wird aber entgegen dem Wunsch des Versicherungsnehmers nur vorläufige Deckung in der Kraftfahrzeug-Haftpflicht-Versicherung gewährt, muss darauf augenfällig hingewiesen werden[9].

8 Vertragspartner des Versicherers ist derjenige, der den Antrag auf Versicherungsschutz gestellt hat, ein vertraglicher Anspruch gegen den personenverschiedenen Halter besteht nicht[10]. Grundsätzlich ist auch der Vertrag über die vorläufige Deckung ein Vertrag mit Schutzwirkung zugunsten Dritter, so dass auch der hier die Mitversicherten Personen entsprechend der jeweiligen AKB vom Versicherungsschutz umfasst sind[11].

Kasko-, Kfz-Unfallversicherung und Fahrerschutzversicherung

B.2.2 (Versicherungsschutz in Kasko- und Unfallversicherung[1])

In der Kasko-, der Kfz-Unfallversicherung und der Fahrerschutzversicherung haben Sie vorläufigen Versicherungsschutz nur, wenn wir dies ausdrücklich zugesagt haben. Der Versicherungsschutz beginnt zum vereinbarten Zeitpunkt.

1 Da der Kontrahierungszwang nur in der Kraftfahrzeug-Haftpflicht gilt, kann der Versicherer die vorläufige Deckung für die Voll- und Teilkasko-Versicherung und die Insassenunfall und sonstige Versicherungen, die noch als Sonderbedingungen von einzelnen Versicherern angeboten werden, ablehnen. Einen Automatismus wie in der Kraftfahrzeug-Haftpflicht gibt es hier nicht[2]. Allerdings wird von der Rechtsprechung auch die vorläufige Deckung in der Kasko-Versicherung dann bejaht, wenn dies üblicherweise zu erwarten war. Hat der Versicherungsnehmer telefonisch bei Anforderung der Deckungskarte Vollkaskoversicherungsschutz erbeten und die Deckungskarte weist keinen ausdrücklichen Hinweis[3] auf die Beschränkung nur auf Haftpflicht-Versicherungsschutz auf, erhält er Versicherungsschutz auch in der Vollkasko-Versicherung[4]. Auch wenn der Versicherungsnehmer zunächst im Rahmen der vorläufigen Deckung Versicherungsschutz in der Fahrzeugversicherung erhalten hatte und dann im Vertrag den Vollkasko-Schutz erst ab einem späteren Zeitpunkt vereinbart, bedeutet dies bei Nichtzahlung der Erstprämie, dass der vorläufige Deckungsschutz auch in der Fahrzeugversicherung entfällt[5]. Der nachträglich (nach Aushändigung der Versicherungsbestätigung für die Kraftfahrzeug-Haftpflicht-Versicherung) geäußerte Wunsch, auch eine

---

8 So schon u.a. OLG Hamburg v. 15.08.1995 – 7 U 226/94, VersR 1996, 1137; OLG Köln v. 24.10.2000 – 9 U 34/00, NVersZ 2001, 274 für Teilkasko nach Aushändigung der Doppelkarte ohne Einschränkungen durch Versicherungsmakler; OLG Karlsruhe v. 20.07.2006 – 12 U 86/06, SP 2007, 18 = r+s 2006, 414 = NJW-RR 2006,1540 zur Vollkasko.

9 BGH v. 14.07.1999 – IV ZR 112/98, NZV 1999, 465 = r+s 2000, 491.

10 LG Heidelberg v. 27.07.2002 – 5 S 62/11, NZV 2013, 143 f.

11 Im Fall des AG Bremen v. 10.6.2014 – 18 C 0187/13, r+s 2014, 406, das den Halter aus der vorläufigen Deckung ausnimmt, war jedenfalls nicht der Beklagte derjenige, der mit dem Versicherer den Vertrag geschlossen hatte.

1 Überschrift des Verfassers!

2 OLG Köln v. 24.10.2000 – 9 U 34/00, NVersZ 2001, 274 für Teilkasko; OLG Karlsruhe v. 20.07.2006 – 12 U 86/06 in SP 2007, 18 =r+s 2006, 414 = NJW-RR 2006,1540.

3 BGH v. 14.07.1999 – IV ZR 112/98, NZV 1999, 465 = r+s 2000, 491; OLG Saarbrücken. 20.04.2006 – 5 U 575/05, zfs 2006, 514.

4 OLG Karlsruhe v. 20.07.2006 – 12 U 86/06 SP 2007, 18 =r+s 2006, 414 = NJW-RR 2006,1540.

5 OLG Hamm v. 29.04.1992 – 20 U 334/91, r+s 1993, 365.

Teilkasko-Versicherung zu vereinbaren, reicht nicht aus, um im Rahmen der vorläufigen Deckung Versicherungsschutz zu erhalten[6]. Wird der Vertragsschluss in der Kasko-Versicherung vom Versicherer abgelehnt und der Geschäftsstellenleiter sichert zu, er werde sich um den Kasko-Versicherungsschutz kümmern, gibt dies keinen Anspruch auf Ersatz des entstandenen Kfz Schaden gegen den Geschäftsstellenleiter, wenn der Versicherer erneut den Kasko-Versicherungsschutz ablehnt und dem Kunden keine entsprechende Deckungszusage erteilt[7].

Hinsichtlich der Kfz-Unfallversicherung und der Fahrerschutzversicherung gelten solche Sonderregelungen (wie in der Fahrzeugversicherung) nach der Rechtsprechung nicht. Versicherungsschutz besteht hier nur, wenn die vorläufige Deckung ausdrücklich vereinbart wurde **und** die Prämie innerhalb der gesetzten Fristen nach korrekter Prämienanforderung gezahlt wurde. 2

Übergang des vorläufigen in den endgültigen Versicherungsschutz

B.2.3 (Beitragszahlung[1])

Sobald Sie den ersten oder einmaligen Beitrag nach C.1.1 gezahlt haben, geht der vorläufige in den endgültigen Versicherungsschutz über.

Die vorläufige Deckung geht in den endgültigen Versicherungsschutz über, wenn die Prämie gem. C.1.1 gezahlt wurde. Hiermit ist nicht die Prämienzahlung »irgendwann« gemeint, sondern die rechtzeitige Prämienzahlung. Auch im Rahmen der vorläufigen Deckung ist auf die Rechtsfolgen der verspäteten Prämienzahlung hinzuweisen[2]. Derjenige, der das Kfz auf sich zugelassen hat und der nicht gleichzeitig Versicherungsnehmer ist, ist auch nicht unter dem Gesichtspunkt der ungerechtfertigten Bereicherung zur Prämienzahlung verpflichtet[3]. 1

Rückwirkender Wegfall des vorläufigen Versicherungsschutzes

B.2.4 (Folgen fehlender Beitragszahlung)

Der vorläufige Versicherungsschutz entfällt rückwirkend, wenn

- wir Ihren Antrag unverändert angenommen haben und
- Sie den im Versicherungsschein genannten ersten oder einmaligen Beitrag nicht unverzüglich (d.h. spätestens innerhalb von 14 Tagen) nach Ablauf von zwei Wochen nach Zugang des Versicherungsscheins bezahlt haben.

Sie haben dann von Anfang an keinen Versicherungsschutz; dies gilt nur, wenn Sie die nicht rechtzeitige Zahlung zu vertreten haben.

Übersicht

6 AG Pirmasens 3 C 98/07 in zfs 2008, 33 m.Anm. Rixecker.
7 OLG Koblenz Hinweisbeschluss v. 23.07.2009 – 5 U 692/09, NJOZ 2009, 3976 = zfs 2009, 576.
1 Überschrift des Verfassers!
2 OLG Köln v. 17.06.2003 – 9 U 187/01 r+s 2003, 495; OLG Hamm v. 29.04.1992 – 20 U 334/91 r+s 1993, 365.
3 LG Heidelberg v. 27.07.2012, 5 S 62/11, Jurion.

A. Allgemeines

1 Der vorläufige Versicherungsschutz entfällt rückwirkend, wenn der Antrag des Versicherungsnehmers unverändert angenommen wurde und der Beitrag nicht unverzüglich gezahlt wurde[1].

B. Annahme des Angebots

2 Der Versicherer muss das Angebot des Versicherungsnehmers so angenommen haben, wie es beantragt wurde, d.h. ggf. mit Vollkasko etc., um die Frist ohne weiteres nach dem Erhalt des Versicherungsscheins starten zu lassen. Nicht geregelt ist der Fall, dass der Antrag modifiziert wurde und ein neues Angebot vom Versicherer abgegeben wurde. In diesem Fall läuft die vorläufige Deckung weiter, bis der Kunde das neue Angebot akzeptiert oder diesem widersprochen hat.

C. Versicherungsschein

3 Der Versicherungsschein muss dem Versicherungsnehmer mit der Prämienanforderung zugegangen sein.

4 Im Versicherungsschein muss ausdrücklich auf die Folgen verspäteter Zahlung hingewiesen sein, um die Leistungsfreiheit des Versicherers dafür nach sich zu ziehen. An diese Belehrung werden strenge Anforderungen gestellt[2]. Fehlt eine solche Belehrung ganz, kann der Versicherer sich nicht auf die Leistungsfreiheit berufen[3]. Allerdings soll die Belehrung auch für den Versicherungsnehmer verständlich sein, sonst wird der Zweck der Belehrung nicht erfüllt[4]. Auch eine unrichtige Belehrung erfüllt ihren Zweck nicht und berechtigt nicht zur Leistungsverweigerung[5].

D. Beitrag im Versicherungsschein

5 Der Versicherungsnehmer ist verpflichtet, den im Versicherungsschein genannten Beitrag zu zahlen. In aller Regel wird dies die Erstprämienanforderung sein, die mit dem Vertrag übersandt wird. Die Abrechnung des Vertragsverhältnisses während der vorläufigen Deckung kommt nur ausnahmsweise (bei Untergang des Kfz) in Betracht. Es wird – ohne ausdrückliche Nennung – vorauszusetzen sein, dass es sich um eine korrekte Prämienanforderung handelt. Weist die Prämienanforderung wegen falscher Tarifklasse, falschem SFR oder falscher Regionalklasse Fehler auf, ist diese nicht geeignet, die Fristen in Lauf zu setzen[6]. Schon eine geringe Mehrforderung kann dabei die Frist stoppen[7], die Prämien sind bei mehreren Sparten einzeln aufzuschlüsseln. Auch die Anforderung von Erst- und Folgeprämie in einer Rechnung kann nur dann Folgen nach sich ziehen, wenn klar zwischen den beiden Prämien getrennt wird und der Versicherungsnehmer ausdrücklich über die Folgen nicht rechtzeitiger Zahlung der Erstprämie belehrt wurde. Dabei muss auch der Hinweis enthalten sein, dass die Zahlung der Erstprämie allein zunächst ausreicht, um Versicherungsschutz zu erlangen[8]. Wenn mehrere Sparten vereinbart wurden, ist außerdem der Hinweis erforderlich, dass es ausreicht, den drängendsten Beitrag (i.d.R. den Kraftfahrzeug-Haftpflicht-Beitrag) zu zahlen, um Versicherungsschutz zu erhalten[9].

---

1 LG Düsseldorf, 08.06.2009 – 11 O 485/08 (zur alten Rechtslage).

2 OLG Hamm v. 22.09.1998 – 20 W 21/98, zfs 1999. 304 = VersR 1999, 957 = r+s 1998, 489.

3 So schon BGH v. 23.02.1978 – II ZR 228/67, BGHZ 47, 352, 360 = VersR 1967, 569, 571; BGH v. 04.074.1973 – IV ZR 28/72, VersR 1973, 811, v. 05.06.1985 – IV A ZR 113/83, VersR 1985, 981, 983 für den Sicherungsscheininhaber.

4 OLG Düsseldorf v. 03.11.1992 – 4 U 285/91, VersR 1993, 737; vgl. auch Maier, Die vorläufige Deckung nach dem Regierungsentwurf der VVG-Reform, r+s 2006, 485 ff.

5 LG Dortmund v. 04.08.2011 – 2 O 130/11, ADAJUR Dok-Nr. 95964.

6 BGH v. 09.07.1986 – IV a ZR 5/85 VersR 1986, 986 f. zur zutreffenden Bezifferung und richtigen Kennzeichnung des Zahlbetrages.

7 BGH v. 09.03.1988 – IVa ZR 225/86, VersR 1988, 484.

8 OLG Hamm v. 10.02.1988 – 20 U 154/87, VersR 1988, 709.

9 OLG Hamm v. 24.01.1990 – 20 U 160/89 in VersR 1991, 220.

E. Unverzügliche Zahlung

Die Zahlung der Prämie, die eigentlich vor Beginn des Vertrages zu zahlen wäre, ist gestundet bis zum Vertragsabschluss. Der Versicherungsnehmer hat die Prämie unverzüglich zu zahlen nach Ablauf einer Frist von zwei Wochen ab Zugang des Versicherungsscheins (einschließlich AKB), die Widerrufsfrist. Ist die Widerrufsfrist ungenutzt verstrichen, beginnt die 14-tägige Prämienzahlungsfrist zu laufen[10]. Aufgrund der Formulierung der AKB und des § 37 VVG ist eine Mahnung dieser Prämie nicht erforderlich. Ist die Frist verstrichen, ohne dass die Zahlung erfolgte, verliert der Versicherungsnehmer auch für den zurückliegenden Zeitraum der vorläufigen Deckung den Versicherungsschutz. Schäden, die sich innerhalb dieser Frist ereignen, sind im Innenverhältnis dann allein vom Versicherungsnehmer zu tragen. § 37 Abs. 2 VVG ist in diesem Zusammenhang nicht anzuwenden, da dies dem Wesen der Kraftfahrzeug-Haftpflichtversicherung zuwider laufen würde[11]. Erfolgt die Zahlung vom Versicherungsnehmer nicht, kann auch nicht von demjenigen, der die Zulassung des Kfz auf seinen Namen vorgenommen hat, die Prämienzahlung gefordert werden, da mit ihm ein Vertrag (als Basis für die Prämienforderung) nicht zustande kam[12]. 6

F. Vertretenmüssen der verspäteten Zahlung

Eine verspätete Zahlung[13] hat nur dann Folgen für den Versicherungsnehmer, wenn er die Verspätung zu vertreten hat. Diese Regelung war schon in den AKB a.F. enthalten in § 1, nicht aber im VVG. Dort war allein als Voraussetzung das Vorliegen der objektiven Kriterien ausreichend, also die nicht rechtzeitige Zahlung. Eine Entschuldigungsmöglichkeit des Versicherungsnehmers war nicht vorgesehen. Nach der derzeit geltenden Rechtslage ist das »Vertretenmüssen[14]« auch in den Text sowohl des § 37 VVG (Erstprämienzahlung), wie auch über § 51 VVG (»der Versicherungsschutz kann von der Prämienzahlung abhängig gemacht werden«) aufgenommen. 7

Als Exkulpationsgrund wurde die fehlende Belehrung durch den Versicherer oder seinen Agenten über die Zahlungsfristen[15] anerkannt. Erforderlich ist auch der Hinweis, dass bei fehlendem Verschulden der Versicherungsschutz auch rückwirkend durch Zahlung erhalten werden kann[16]. Die Tatsache, dass der Versicherungsnehmer den Versicherungsschein und Prämienrechnung erhalten, aber von ihr keine Kenntnis genommen hat, reicht als Exkulpationsgrund nicht aus[17]. 8

G. Belehrungs- und Hinweispflicht

Folgerichtig muss auch in § 51 VVG für den Fall der vorläufigen Deckung auf den möglichen Wegfall der vorläufigen Deckung augenfällig hingewiesen werden. Dabei musste der Versicherungsnehmer schon nach der alten Rechtslage über dieses Risiko aufgeklärt worden sein[18]. Fehlt es an dieser augenfälligen, d.h. sofort erkennbaren Belehrung, kann sich der Versicherer nicht auf den Wegfall der vorläufigen Deckung infolge nicht rechtzeitiger Zahlung der Erstprämie berufen. Ein Hinweis auf mögliche Belehrungen auf der Rückseite entspricht daher nicht den Anforderungen, die an 9

---

10 LG Köln v. 10.11.2004 – 20 O 124/04, r+s 2005, 98.

11 BGH v. 25.06.1956 – II ZR 101/55, BGHZ 21, 122, 133 = NJW 1956, 1634, 1637; OLG Hamm v. 19.02.1982 – 20 U 318/81, VersR 1982, 1042; OLG Hamm v. 26.03.1983 – 20 U 80/83, VersR 1984, 377.

12 LG Heidelberg v. 27.07.2012 – 5 S 62/11, Jurion.

13 Wegen der Details vgl. AKB C.1.2 Rdn. 9 ff.

14 NK-VersR/Ruks, § 37 Rn. 15, vgl. auch zur Beweislast ders. Rn. 26 ff.

15 BGH v. 11.12.1990 – VI ZR 47/90, NJW-RR 1991, 446 = DAR 1991, 140.

16 OLG Hamm v. 29.01.1999 – 20 U 159/98, NJW-RR 1999, 1331.

17 OLG Celle v. 09.04.1974 – 11 U 156/73, NJW 1974, 1386.

18 BGH v. 05.06.1985 – IVa ZR 113/83 VersR 1985, 981 m.w.N; OLG Hamm v. 24.01.1990 – 20 U 160/89 VersR 1991, 220 = r+s 1990, 41; OLG Köln v. 04.09.1996 – 11 U 33/96, VersR 1997, 350 m.w.N; OLG Hamm Beschl. v. 22.05.1995 – 20 W 9/95, r+s 1995, 403; OLG Düsseldorf v. 03.11.1992 – 4 U 285/91, VersR 1993, 737; OLG Schleswig v. 18.12.1991 – 9 U 100/90, VersR 1992, 731; OLG Köln v. 04.09.1996 – 11 U 33/96, r+s 1996, 388 u.v.m.

einen augenfälligen Hinweis zu stellen sind. Dieser muss dem Betrachter regelrecht »ins Auge springen«[19] und so gestaltet sein, dass er sich mindestens in der gewählten Schriftart und Form deutlich vom Text des Versicherungsscheins abhebt und dem Kunden auf den ersten Blick Kenntnis von den für ihn wichtigen Informationen verschafft. Dies bedeutet aber auch, dass der Hinweis nicht missverständlich formuliert sein darf, da sonst die Hinweispflicht ins Leere liefe[20]. Auch wenn der eigentliche Vertrag wegen nicht rechtzeitiger Zahlung der Erstprämie und Rücktrittserklärung des Versicherers nicht besteht, kann dennoch die Leistungspflicht aus der vorläufigen Deckung dann bestehen bleiben, wenn die Belehrungen der Versicherung nicht ausreichend auf das Risiko auch des Wegfalls der vorläufigen Deckung hinweisen[21]. Insbesondere muss darauf hingewiesen sein, dass bei unverschuldeter Fristversäumnis der Versicherungsschutz bestehen bleibt[22].

H. Neues Angebot

10 Gibt der Versicherer anstelle der Ausfertigung des beantragten Versicherungsscheins ein neues Angebot ab, so stellt sich die Frage, was mit dem vorläufigen Versicherungsschutz geschieht. Dieser Fall ist in den AKB nicht geregelt, ergibt sich aber aus dem VVG. Grundsätzlich hat der Versicherungsnehmer die Möglichkeit, das geänderte Angebot anzunehmen und die entsprechende Prämie zu zahlen. Dann geht der Zeitraum des vorläufigen Versicherungsschutzes automatisch in den Hauptvertrag über. Wird hingegen vom Versicherungsnehmer Gebrauch von dem ihm zustehenden Widerrufs- (des Vertragsschlusses als solchem) oder Widerspruchsrecht (gegen das neue Angebot) gemacht, kommt gem. § 52 Abs. 3 VVG iVm. B.2.5 AKB der Hauptvertrag nicht zustande und die vorläufige Deckung endet unmittelbar mit dem Zugang der Erklärung beim Versicherer.

Kündigung des vorläufigen Versicherungsschutzes

B.2.5 (Kündigung der vorläufigen Deckung[1])

Sie und wir sind berechtigt, den vorläufigen Versicherungsschutz jederzeit zu kündigen. Unsere Kündigung wird erst nach Ablauf von zwei Wochen ab Zugang der Kündigung bei Ihnen wirksam.

Übersicht

A. Allgemeines

1 Die Kündigung des vorläufigen Versicherungsschutzes wird folgerichtig zu den in § 5 PflVG genannten Ausnahmen des Kontrahierungszwanges dem Versicherer ebenfalls zugestanden. Dabei hat der Versicherer, wenn er sein Kündigungsrecht gem. § 52 Abs. 4 VVG ausübt, für einen weiteren Zeitraum von 14 Tagen ab Zugang der Kündigung Versicherungsschutz zu gewähren.

2 Um den Zugang sicherzustellen, empfiehlt es sich dringend, die Kündigung per Einschreiben o.ä. zu versenden, um den Zugang zu belegen. Zu beachten ist aber, dass sich die Kündigung des Vertrages über die vorläufige Deckung je nach Sparte unterschiedlich auswirkt:

19 LG Dortmund v. 19.01.2011 – 2 O 192/10, ADAJUR ›93898.

20 So schon OLG Düsseldorf v. 03.11.1992 – 4 U 285/91, VersR 1993, 737.

21 BGH v. 26.04.2006 – IV ZR 248/04, DAR 2006, 504; OLG Frankfurt v. 29.11.2000 – 7 U 195/99, BeckRS. 2000 30 146 506.

22 OLG Hamm v. 24.01.1990 – 20 U 160/89 VersR 1991, 220.

1 Überschrift des Verfassers!

B. Kraftfahrzeug-Haftpflicht

Der Versicherungsnehmer hat im Innenverhältnis noch für weitere zwei Wochen Versicherungsschutz. Im Außenverhältnis haftet der Versicherer jedoch solange, bis eine neue Versicherungsbestätigung eines anderen Versicherers bei der Zulassungsstelle eingegangen ist. Alternativ kann er durch eine entsprechende Mitteilung an die Zulassungsstelle, dass der Versicherungsvertrag beendet wurde, die Nachhaftungsfrist des § 117 Abs. 2 VVG in Lauf zu setzen. Dann endet auch die Eintrittspflicht des Kraftfahrzeug-Haftpflicht-Versicherers mit dem Ablauf eines Monats nach Eingang der Anzeige bei der Zulassungsstelle. 3

C. sonstige angebotenen Versicherungssparten

Die sonstigen möglichen Versicherungen wie Kasko, Insassenunfall, Fahrerschutzversicherung, GAP-Zusatzversicherung u.v.m, die nicht an das PflVG gebunden sind, sondern freiwillige Angebote des Versicherers sind, enden unmittelbar mit dem Ende des Vertrages. Eine Leistungspflicht über das Enddatum des Vertrages hinaus besteht nicht. 4

Da für diese Sparten auch kein Vertrauensschutz fingiert wird, können auch mitversicherte Personen nach Vertragsablauf keine Ansprüche mehr geltend machen. 5

D. Schadenfall während der vorläufigen Deckung

Erleidet das versicherte Fahrzeug während des Zeitraums der vorläufigen Deckung einen Totalschaden, kann ein Hauptvertrag nicht mehr zustande kommen. In diesem Fall stellt sich nur die Frage, ob die Stilllegung des KFZ als Kündigung des Vertrages über die vorläufige Deckung zu werten ist. Soweit eine Verschrottung des KFZ erfolgt, es also endgültig abgemeldet und der Fahrzeugbrief vernichtet wird, wird man sicher davon ausgehen können. Problematisch sind die Fälle, in denen das Kfz nur vorübergehend stillgelegt und als Totalschaden veräußert wird. In diesem Fall wird eine Kündigung der vorläufigen Deckung erforderlich, da diese ansonsten unbegrenzt weiterläuft, wenn das Fahrzeug ohne neue Deckungskarte (zwar dann widerrechtlich) weiterbenutzt werden könnte. 6

E. Automatische Beendigung der vorläufigen Deckung

Nicht in die AKB aufgenommen wurde der Fall, dass der Versicherungsnehmer zwar die Versicherungsbestätigung des Versicherers vorlegt, aber der Vertrag nicht zustande kommt, weil der Versicherungsnehmer den Vertrag bei einem anderen Versicherer abschließt. Nach der bisherigen Rechtslage endete die Versicherung automatisch mit dem Vertragsschluss bei dem anderen Versicherer[2], da das Nebeneinander von vorläufiger Deckung durch den einen Versicherer und die vertragliche Deckung durch den anderen nicht erforderlich ist. Die vorläufige Deckung sollte nur den zeitlichen Zwischenraum (Lücke) zwischen Anmeldung und Vertragsschluss schließen. Im Hinblick auf die Neuregelung der vorläufigen Deckung im VVG wurden unter § 52 VVG die möglichen Beendigungsgründe aufgenommen. Nur einer dieser Beendigungsgründe ist die ausdrückliche Kündigung der vorläufigen Deckung durch Versicherungsnehmer oder Versicherer. In § 52 Abs. 1 und Abs. 3 VVG wurden außerdem »automatische« Beendigungen des Vertrages über die vorläufige Deckung aufgenommen. So endet nach dem Willen des Gesetzgebers der Vertrag auch dann automatisch, wenn ein gleichartiger Vertrag über vorläufige Deckung bei einem anderen Versicherer geschlossen wurde, oder der Versicherungsnehmer einen gleichartigen Hauptvertrag bei einem anderen Versicherer geschlossen hat[3]. Ein Kündigungserfordernis wurde in diesem Zusammenhang ausdrücklich nicht aufgenommen. Dieses Modell findet aber in den AKB keine Korrespondenzvorschrift, so dass hier eine Regelungslücke besteht. Nach der vertraglichen Diktion wäre der Versicherungsnehmer verpflichtet, die vorläufige Deckung zu kündigen. Bedingungen, die ihm 7

2 BGH v. 25.01.1995 – IV ZR 328/93, NZV 1995, 187 = r+s 1995, 124.
3 AG Bremen v. 11.01.2011 – 4 C 332/10, ADAJUR.

diese Pflicht vor Augen führen könnten, hat er zu diesem Zeitpunkt aber noch nicht erhalten. Zu Gunsten des Versicherungsnehmers muss daher von der gesetzlichen Regelung ausgegangen werden und – auch ohne entsprechende Aufnahme in die AKB – eine sog. automatische Beendigung des Vertrages angenommen werden.

Beendigung des vorläufigen Versicherungsschutzes durch Widerruf

B.2.6 (Rechtsfolgen des Widerrufs[1])

Widerrufen Sie den Versicherungsvertrag nach § 8 Versicherungsvertragsgesetz, endet der vorläufige Versicherungsschutz mit dem Zugang Ihrer Widerrufserklärung bei uns.

1 Die in der Vergangenheit durch die Rechtsprechung entwickelte Regel, dass die vorläufige Deckung endet, wenn der Hauptvertrag nicht zustande kommt[2], ist nun für den Fall des Widerrufs in die AKB aufgenommen.

2 Da der Widerruf durch den Versicherungsnehmer willentlich erfolgt, soll – auch nach § 52 Abs. 3 VVG – der Vertrag über die vorläufige Deckung unmittelbar mit dem Eingang des Widerrufs beim Versicherer enden. Dies hat für den Versicherungsnehmer die Folge, dass er ab diesem Zeitpunkt keinen Versicherungsschutz im Innenverhältnis[3] mehr genießt und sich sicherheitshalber vor dem Widerruf des Vertrages eine Versicherungsbestätigung eines anderen Versicherers besorgen und bei der Zulassungsstelle hinterlegen sollte, um keine Lücke im Versicherungsschutz zu haben. Auch für diesen Fall gilt, dass die Haftung des Versicherers im Außenverhältnis erst nach Meldung des Vertragsendes gem. § 25 FZV an die Zulassungsstelle zeitlich auf den Nachhaftungszeitraum des § 117 Abs. 2 VVG begrenzt wird. Eine separate Kündigung der vorläufigen Deckung ist nicht erforderlich[4].

Beitrag für vorläufigen Versicherungsschutz

B.2.7 (Beitrag entsprechend Laufzeit[1])

Für den Zeitraum des vorläufigen Versicherungsschutzes haben wir Anspruch auf einen der Laufzeit entsprechenden Teil des Beitrags.

Übersicht **Rdn.**

1 Für den Fall der Beendigung des Vertrages über die vorläufige Deckung hat der Versicherer Anspruch auf den Beitrag für den Zeitraum, für den er Versicherungsschutz gewährt hat[2]. Wird dieser Beitrag nach Berechnung beglichen, bleibt der Versicherungsschutz im Rahmen der vorläufigen Deckung (als kurzfristigem Vertrag) bestehen. Wird allerdings auch diese (Einmal-) Prämie nicht fristgerecht beglichen, verliert der Versicherungsnehmer den Versicherungsschutz für diesen Zeitraum. Auch hier ist § 37 VVG anzuwenden. Der Prämienanspruch richtet sich dabei immer gegen den Versicherungsnehmer als Vertragspartner[3].

---

1 Überschrift des Verfassers!
2 BGH v. 21.12.1981 – II ZR 76/81, VersR 1982, 381 = NJW 1982, 824.
3 NK-VersR/Halbach, § 52 Rn. 16 ff.
4 Stadler aaO. Rn. 83.
1 Überschrift des Verfassers!
2 LG Düsseldorf v. 13.07.2017 – 9 S 5/16, der Beitrag ermittelt sich aus den dem Versicherer übergebenen Antragsformular zu entnehmenden Risiken.
3 LG Heidelberg v. 27.7.2012 – 5 S 62/11, NZV 2013, 143 (es besteht kein Anspruch gegen den personenverschiedenen Halter).

C Beitragszahlung

Im Bereich der Beitragszahlung ist gem. § 33 VVG zu unterscheiden zwischen den Erstprämien, den Einmalprämien und den Folgeprämien. Üblicherweise werden diese Prämien unmittelbar an den Versicherer entrichtet, jedoch kann in Einzelfällen auch – insbesondere im Maklergeschäft – eine Vereinbarung vorliegen, dass die Prämien jeweils an den Makler zu zahlen sind, der diese dann weiterleitet. Die rechtzeitige Zahlung ist dann mit der Überweisung/Zahlung an den Makler erfolgt. Eventuelle Zahlungsverzüge[4] des Maklers sind dann der Sphäre des Versicherers zuzurechnen. Die Einmalprämie wird während der Dauer des Vertrags nur einmal erhoben, dabei handelt es sich in aller Regel um sog. Kurzzeitverträge. Die Erstprämie ist die erste Prämie, die bei Vertragsschluss zu entrichten ist, die Folgeprämien sind die zeitlich der Erstprämie nachfolgenden Prämien. Vertragszeitraum ist üblicherweise ein Kalenderjahr. Dabei ist die Prämie nicht an dem üblichen Standort des Kfz, sondern für den gesamten räumlichen Versicherungsbereich (Europa) zu berechnen.[5] 2

C.1 Zahlung des ersten oder einmaligen Beitrags

Rechtzeitige Zahlung

C.1.1 (Erstbeitrag[1])

Der im Versicherungsschein genannte erste oder einmalige Beitrag wird in 14 Tagen nach Zugang des Versicherungsscheins fällig. Sie haben diesen Beitrag dann unverzüglich (d.h. spätestens innerhalb von 14 Tagen) zu zahlen.

Übersicht

A. Versicherungsschein

Der Versicherungsschein gibt den Betrag an, mit dem der Versicherungsnehmer sich den Versicherungsschutz verschaffen kann. Dieser dort genannte Betrag ist 14 Tage nach Erhalt des Vertrages fällig gestellt und dann innerhalb einer weiteren Frist von max. 14 Tagen zu begleichen. Die Formulierung wurde in der nun aktuellen Fassung von zwei Wochen auf 14 Tage geändert. Dabei sind von der Rechtsprechung schon zu § 38 VVG a.F. einige Kriterien entwickelt worden, die vorliegen müssen, um die Rechtsfolgen der verspäteten Prämienzahlung nach sich zu ziehen. 1

B. Erstbeitrag

Die Zahlung des Erstbeitrages wird auch häufig als »Einlösung des Versicherungsscheins« bezeichnet[2]. Der Versicherungsnehmer erhält den Versicherungsschein mit der Prämienrechnung. Auch wenn der Vertrag eine sog. erweiterte Einlöseklausel enthält, kann ein Vertrag über die vorläufige Deckung zusätzlich geschlossen werden[3]. 2

4 BGH Beschl. vom 03.12.2013 – 1 StR 526/13 zur Frage der Untreue wegen fehlender Weiterleitung von Versicherungsprämien an den Versicherer.

5 EuGH v. 26.03.2015 – C-556/13 (Litauen).

1 Überschrift des Verfassers!

2 Stadler, Rn. 75.

3 BGH v. 20.04.2006 – IV ZR 248/04 zur Wohngebäudeversicherung.

C. Zugang des Versicherungsscheins

3 Der Versicherungsschein muss dem Versicherungsnehmer zugegangen sein, zum Nachweis des Zugangs ist der Versicherer verpflichtet[4]. Allein die Absendung und der Zugang früherer Schreiben beweisen den Zugang eines weiteren Schreibens nicht[5]. Es besteht auch kein Beweis des ersten Anscheins, dass eine abgeschickte Sendung auch den Empfänger erreicht hat[6], allerdings darf man, wenn ein Einschreiben nachgewiesenermaßen den Empfänger erreicht hat, davon ausgehen, dass es den Versicherungsschein mit Prämienanforderung enthielt[7]. Um aber missbräuchliches Bestreiten des Zugangs zu verhindern, lässt Armbrüster gewisse Beweiserleichterungen gelten, wenn der Versicherungsnehmer z.B. Informationen, die er nur aus dem Versicherungsschein haben kann, verwendet[8]. Der Versicherer kann sich insbesondere nicht auf Beweiserleichterungen wie z.B. Postlaufzeiten berufen[9]. Wird ein Schreiben erst am 31.12. nachmittags in Briefkasten eingeworfen, ist aber branchenüblich der Betrieb zu diesem Zeitpunkt geschlossen, geht das Schreiben erst am nächsten Werktag zu[10]. Der Zugangsnachweis für ein Telefaxschreiben im Sendebericht durch »OK« ist jedenfalls im kaufmännischen Geschäftsverkehr anzunehmen[11], wenn er währen der Geschäftszeiten erfolgt[12]. Im Ausnahmefall kann der Versicherungsnehmer zum Nachweis des Zugangs des Versicherungsscheins verpflichtet sein. Will der Versicherungsnehmer durch einen späteren Zugang (im Jahr 2008) die für ihn günstigere gesetzliche Regelung über die Aufklärungs- und Hinweispflichten für ein Widerrufsrecht in Anspruch nehmen, muss er den Zugang des Versicherungsscheins nachweisen, wenn er im Jahr 2012 den geschlossenen Vertrag wegen Verletzung der Hinweispflicht widerrufen will.[13]

D. Zahlungsfrist

4 Adressat der Rechnung ist der Versicherungsnehmer, sind mehrere Personen gemeinschaftlich als Versicherungsnehmer aufgenommen, haften sie gemeinsam für die Prämienzahlung, die Anteile der jeweiligen Personen bemessen sich dabei nicht nach ihrem Interesse, sie haften gemeinsam als Gesamtschuldner auf die gesamte Prämie, die Aufteilung im Innenverhältnis hat dann gem. § 426 BGB zu erfolgen[14]. Diese Rechnung hat er unverzüglich nach der Fälligstellung zu begleichen. Dabei wird in den Musterbedingungen, wie auch in § 33 Abs. 1 VVG die Frist für den Widerruf oder Widerspruch nicht separat genannt. Allein aus der Formulierung »der Beitrag wird 14 Tagen nach Erhalt des Versicherungsscheins fällig, sie haben dann den Beitrag unverzüglich – innerhalb von 14 Tagen – zu zahlen« ergibt sich, dass die Zahlungsfrist erst nach dem ungenutzten Verstreichen der Widerrufsfrist zu laufen beginnt[15]. Wird innerhalb dieser Frist das Widerrufsrecht ausgeübt,

---

4 OLG Hamm v. 18.12.1991 – 20 U 187/91, VersR 1992, 1205 = r+s 1992 258.

5 OLG Frankfurt v. 03.02.1995 – 25 U 155/94, VersR 1996, 90 für die qualifizierte Mahnung nach § 39 VVG a.F.; OGH v. 23.11.1994 – 7 PB 38/94, VersR 1995, 859; OLG Hamm v. 11.05.2007 – 20 U 272/06, SP 2008, 65 ff.

6 So schon BGH v. 27.05.1957 – II ZR 132/56, BGHZ 24, 308, der den Empfang auch dann unterstellt, wenn der Empfänger bei rechtzeitiger Kenntnis von der Einschreibesendung diese nicht abgeholt hat.; LG Dortmund v. 13.01.2011 – 2 O 139/10.

7 BGH v. 27.05.1957 – II ZR 132/56, BGHZ 24, 308; OLG Hamm v. 24.04.1984 – 20 W 16/84, VersR 1985, 491 (für die qualifizierte Mahnung).

8 Armbrüster, »Ewige« Widerrufsrechte und ihre Folgen«, VersR 2012, 513 ff.

9 OLG Hamm v. 11.05.2007 – 20 U 272/06, SP 2008, 65 f.

10 BGH v. 05.12.2007 XII ZR 148/05, NZV 2008, 167 = NJW 2008, 843 f.

11 OLG Karlsruhe v. 30.09.2008 – 12 U 65/08 ADAJUR Dok.-Nr. 82 705.

12 AG Bad Homburg v. 23.07.1998 – 2 C 1804/98 15, ADAJUR Dok.-Nr. 34 145 zum Fax nach Geschäftsschluss.

13 OLG Hamm vom 09.10.2013 – 20 U 81/13, Jurion.

14 OLG Hamm v. 01.03.2013 –I-20 U 40/12, VersR 2014, 361.

15 So auch LG Köln v. 10.11.2004 – 20 O 124/04, r+s 2005, 98; LG Dortmund v. 04.08.2011 – 2 O 152//11 (Jurion).

ist eine neue Prämienrechnung für den »kurzzeitigen Vertrag« zu erstellen. Diese darf aber nicht höher sein als die Jahresprämie für den normalen Vertrag, § 39 VVG. Auch wenn das versicherte Fahrzeug innerhalb dieser Frist einen Totalschaden erleidet und deswegen abgemeldet wird, führt dies nicht zum Verlust des Versicherungsschutzes, wenn die Erstprämie zu diesem Zeitpunkt noch nicht gezahlt war[16].

E. Widerspruchsrecht

Der Versicherungsnehmer hat ein Widerspruchsrecht nach § 5 VVG. Dieses kommt nur dann zum Tragen, wenn der Versicherer einen vom Antrag abweichenden Versicherungsschein übersendet. Der Widerspruch kann innerhalb von einem Monat nach Erhalt des Versicherungsscheins ausgesprochen werden. Voraussetzung hierfür ist, dass der Versicherer den Versicherungsnehmer augenfällig auf die Änderungen hingewiesen hat und auch über das Widerspruchsrecht aufgeklärt hat. Erfolgt eine ordnungsgemäße Belehrung nicht, gilt der Vertrag zu den Wünschen des Versicherungsnehmers als geschlossen, § 5 Abs. 3 VVG. Auf ein Verschulden des Versicherers bei der unterlassenen oder nicht vollständigen Belehrung kommt es dabei nicht an[17]. Allerdings ist der Antrag auch dann unverändert angenommen, wenn der Versicherer lediglich eine unrichtige Tarifeinstufung des Antrags im Versicherungsvertrag berichtigt und sich daraus eine Prämienerhöhung ergibt[18]. Entgegen dieser Rechtsprechung ist allerdings nach Auffassung des AG Solingen eine solche vorläufige Einstufung in eine SFR-Klasse dann verbindlich, wenn der Versicherer nicht augenfällig auf diese Vorläufigkeit in dem Versicherungsschein hingewiesen hat. Der Vertrag soll nach Auffassung des erkennenden Richters wegen Verstoßes gegen § 5 Abs. 3 VVG entsprechend dem Antrag zustande gekommen sein.[19] 5

F. Widerrufsrecht

Das Widerrufsrecht des § 8 VVG n.F. ergibt sich aus dem § 8 Abs. 4 VVG a.F., in dem das Widerrufsrecht nur für langfristige Verträge vorgesehen war und wird jetzt auch auf die Verträge mit kürzerer Laufzeit ausgeweitet. Der Widerruf ist nur ausgeschlossen für die Verträge mit vorläufiger Deckung, § 8 Abs. 3 Nr. 2 VVG (wenn es sich nicht um einen Vertrag handelt, der im Fernabsatzgeschäft zustande kam) und für Verträge mit weniger als 1 Monat Laufzeit, § 8 Abs. 3 Nr. 1 VVG. Das Widerrufsrecht ist auch ausgeschlossen, wenn der Vertrag von beiden Seiten auf Wunsch des Versicherungsnehmers vor Ausübung des Widerrufsrechts vollständig erfüllt wurde (d.h. im Falle der Erbringung von Schadenersatzleistungen durch den Versicherer). Ein entsprechendes Musterformular über die Anforderungen an die Belehrungsinhalte ist vom BMJ zur Verfügung gestellt.

▶ **Muster für Widerrufsbelehrung nach Vorlage des BMJ**

Widerrufsrecht 6

Sie können Ihre Vertragserklärung innerhalb von [zwei Wochen] ohne Angabe von Gründen in Textform (z.B. Brief, Fax, E-Mail) widerrufen. Die Frist beginnt nach Erhalt dieser Belehrung in Textform. Zur Wahrung der Widerrufsfrist genügt die rechtzeitige Absendung des Widerrufs. Der Widerruf ist zu richten an:

Widerrufsfolgen

Im Falle eines wirksamen Widerrufs sind die beiderseits empfangenen Leistungen zurückzugewähren und ggf. gezogene Nutzungen (z.B. Zinsen) herauszugeben. Können Sie uns die empfangene Leistung ganz oder teilweise nicht oder nur in verschlechtertem Zustand zurückgewähren, müssen Sie uns insoweit ggf.

---

16 OLG Hamm v. 12.03.1986 – 20 U 242/85, VersR 1987, 926.

17 BGH v. 25.03.1987 – IVa ZR 224/85, NJW 1988, 60 =VersR 1987, 663, 664; BGH v. 26.10.1988 – IVa ZR 140/87, r+s 1989, 69 zu geändertem Vertragsbeginn, der auch dann unbeachtlich ist, wenn VN dem nicht widersprochen hat, weil entsprechender Hinweis fehlte.

18 OLG Hamm v. 10.02.1988 – 20 U 154/87, VersR 1988, 709 (L.).

19 AG Solingen v. 18.04.2013 – 130 C 134/12, zfs 2013, 512.

Wertersatz leisten. Verpflichtungen zur Erstattung von Zahlungen müssen innerhalb von 30 Tagen erfüllt werden. Die Frist beginnt für Sie mit der Absendung Ihrer Widerrufserklärung für uns mit deren Empfang.

(Ort), (Datum), (Unterschrift des Verbrauchers) AK

7 Nach neuerer Rechtsprechung muss sich die Belehrung über das Widerrufsrecht an der Rechtsprechung zu den AGB messen lassen. Eine Formulierung, die die Wendung »Zur Fristwahrung genügt die rechtzeitige Absendung des Widerrufs (Datum des Poststempels)« enthält, ist unklar und aus diesem Grund unwirksam. Diese Klausel erweckt den Anschein, dass der Einwurf des Briefes in den Briefkasten nicht ausreiche und auch andere Übermittlungswege wie Telefax oder persönliche Übergabe nicht zulässig seien.[20]

8 Auch wenn ein Widerrufsrecht für die Zeit der vorläufigen Deckung ausgeschlossen ist, soweit der Vertrag nicht nach dem Fernabsatzgeschäft geschlossen wurde, kann doch ein Widerrufsrecht nach dem Vertragsschluss des Hauptvertrages ausgeübt werden. Im Hinblick auf die Rechtsfolgen, sollte ein Widerruf nur insoweit ausgeübt werden, als noch keine Leistungen durch den Versicherer im Zeitraum der vorläufigen Deckung erbracht wurden. Diese müssten dann erstattet werden! Der Ausschluss des Widerrufs kommt für diesen Fall nicht in Betracht, da üblicherweise nur die Leistungen des Versicherers, nicht aber die Leistung des Versicherungsnehmers (Prämienzahlung) erbracht worden ist. Bereits erbrachte Prämienleistungen des Versicherungsnehmers führen im Zusammenwirken mit dem Abfordern der Schadenersatzleistungen für einen Schadenfall zum Verfall des Widerrufsrechts, § 8 Abs. 3 letzter S. VVG. Der Versicherungsnehmer kann – wenn er die Kündigung bereits ausgesprochen hat, nicht mehr seine Vertragserklärung widerrufen[21].

G. Auswirkungen von Widerruf und Widerspruch auf die Prämienanforderung

9 Nach dem Willen des Gesetzgebers, der ausdrücklich nur von einer »Frist von zwei Wochen« nach »Zugang des Versicherungsscheins« zur Zahlung der Erstprämie spricht, sind die Widerrufsfrist und die Zwei-Wochenfrist des § 37 VVG nicht zu addieren, sondern laufen gleichzeitig nebeneinander[22]. Der Versicherungsnehmer muss, will er den Vertragsschluss widerrufen, dieses innerhalb von 2 Wochen ab Erhalt des Versicherungsscheins tun. Hinsichtlich des Widerspruchs birgt die Formulierung des Gesetzes Probleme, da nach diesseits vertretener Auffassung der Versicherungsnehmer die Möglichkeit haben muss, die veränderten Bedingungen ggf. auch am Markt zu prüfen, ohne dass er hierzu wegen Prämienverzugs in Regressgefahr kommt. Die Widerspruchsfrist (früher Billigungsklausel, § 5 VVG a.F.) ist daher der Frist zur Prämienzahlung voranzusetzen, so dass der Versicherungsnehmer insgesamt 1 Monat Zeit zum Widerspruch hat und erst danach ggf. die Frist zur Prämienzahlung beginnt. Würden die Fristen parallel laufen, begäbe sich der Versicherungsnehmer seines Widerspruchsrechts schon durch die Prämienzahlung!

H. Ordnungsgemäße Zahlungsanforderung

10 Die Verzugsfolgen treten nur dann ein, wenn eine korrekte Prämienanforderung vorliegt, die den nachfolgenden Anforderungen genügt.

I. richtiger Beitrag

11 Basis einer jeden Prämienforderung[23] ist der korrekte Beitrag, der sich aus dem Versicherungsbeitrag, der darauf zu entrichtenden Steuer und evtl. vereinbarten Ratenzuschlägen ergibt. Der

---

20 OLG München v. 31.03.2011 – 29 U 3822/10, VUR 2011 Heft 7 VI.

21 LG Köln vom 04.03.2014 – 26 O 301/12, Jurion.

22 Rixecker, »VVG 2008 – Eine Einführung in zfs 2997, 556«; a.A. LG Köln v. 10.11.2004 – 20 O 124/04, r+s 2005, 98f, wonach die Fristen nacheinander zu laufen begannen, allerdings war im § 38 VVG a.F. keine weitere Frist genannt, so dass hier Auslegungsbedarf bestand.

23 BGH v. 17.04.1967 – II ZR 228/64, BGHZ 47, 352, 356 (der Versicherer muss die Prämie anfordern vor Fälligkeit).

Beitrag errechnet sich von einem Basissatz von 100 %. Je nach SFR-Einstufung wird auf diesen Basissatz ein Zu- oder Abschlag errechnet. Erforderlich ist daher für die korrekte[24] Rechnung auch, dass eine Aufschlüsselung der Beträge für die einzelnen Sparten[25] und die SFR-Einstufung richtig vorgenommen wurde. Die Einstufung erfolgt bei einem Neukunden in aller Regel auf Basis der Angabe des Vorversicherers oder – wenn der Kunde dies vorlegt – auf der Grundlage der letzten Rechnung des Vorversicherers, die aber einen evtl. erlittenen Schadenfall nicht beinhaltet. Der Versicherungsnehmer muss zutreffende Angaben machen[26]. Diese Basisdaten sind bei Übersendung der Prämienrechnung vom Versicherungsnehmer zu prüfen und ggf. zur Berichtigung an den Versicherer zu melden. Auch muss für den Versicherungsnehmer zweifelsfrei erkennbar sein, welchen Beitrag[27] er zahlen muss, um den Versicherungsschutz zu erlangen[28]. Teilweise wird in der Rechtsprechung davon ausgegangen, dass eine Beitragsberichtigungsklausel, die die Folgen unrichtiger Angaben dahingehend korrigiert, dass der korrekte Beitrag ab Vertragsschluss zu zahlen ist, gegen § 19 VVG wegen Verletzung der Beratungspflichten verstößt. Diese Entscheidung verkennt aber, dass der VN ggf. arglistig gehandelt hat und aus diesem Grund nicht schutzwürdig ist[29].

II. Hinweispflicht des Versicherers

Darüber hinaus ist der Beitrag gesondert zu kennzeichnen, den der Versicherungsnehmer entrichten muss, um der Erstprämienanforderung zu genügen. In der Praxis kommt es häufig vor, dass Erstprämie und Folgeprämie (bei Ratenzahlung oder auch beim Jahreswechsel zwischen Anmeldung des KFZ und Erstellung des Versicherungsscheins) zusammengefasst werden. Dann muss gesondert und augenfällig darauf hingewiesen werden, mit welcher Prämie der Kunde den Versicherungsschutz erhält[30]. In der Zahlung der Prämie kann auch eine konkludente Genehmigung des Vertrages, auch wenn dieser vom Antrag abweicht, gesehen werden[31]. 12

III. Belehrung über Rechtsfolgen

Weiterhin muss die Prämienanforderung den Versicherungsnehmer über die Folgen der nicht rechtzeitigen Zahlung aufklären[32]. Dieser Hinweis muss auf der ersten Seite des Versicherungsscheins abgedruckt werden[33]. Die Belehrung muss auch den Hinweis enthalten, dass die vorläufige Deckung rückwirkend entfällt, wenn die Erste oder einmalige Prämie nicht innerhalb der gesetzten Fristen gezahlt wird[34]. Eine unverständliche Belehrung erfüllt ihren Zweck nicht und der Versicherer kann sich dann nicht auf die Folgen berufen[35]. Dabei muss die Belehrung dem Versicherungsnehmer mit der Erstprämienrechnung zugegangen sein, eine Belehrung über die Rechtsfolgen verspäteter Zahlung, die dem Versicherungsnehmer erst nach dem vergeblichen Versuch, die Prämie einzuziehen, 13

24 BGH v. 09.03.1988 – IVa ZR 225/86, VersR 1988, 484.

25 LG Nürnberg-Fürth v. 11.07.1990 – 8 S 2432/90, VersR 1991, 51 (L.).

26 LG Dortmund v. 10.07.2014 – 2 C 261/13, SP 2014, 391.

27 OLG Hamm v. 06.07.1994 – 20 U 71/94, r+s 1994, 446: »der Erstbeitrag 148,80; 109,80« der Versicherungsnehmer konnte dieser Aufforderung nicht entnehmen, welchen Betrag er zur Erhaltung seines Versicherungsschutzes hätte zahlen müssen. So auch AG Mannheim, 1 C 295/06, zfs 2007, 253 f.

28 BGH v. 09.07.1986 – IVa ZR 5/85, VersR 1986, 986 f.

29 LG Dortmund v. 10.07.2014 – 2 O 261/13; vgl. hierzu auch K.4.3 AKB.

30 BGH v. 09.07.1986 – VI a ZR 5/85, r+s 1986, 248 = VersR 1986, 986, 987, OLG Hamm v. 10.02.1988 – 20 U 154/87, VersR 1988, 709 (L.).

31 AG Solingen v. 18.04.2013 – 13 C 134/12, Jurion.

32 BGH v. 26.04.2006 – IV ZR 248/04, r+s 2006, 272 f.

33 OLG Naumburg v. 26.06.2011 – 4 U 94/10, VersR 2012, 973 f.; eine Belehrung auf der Rückseite reicht nicht aus LG Dortmund v. 19.01.2011 – 2 O 192/10, ADAJUR.

34 LG Dortmund v. 19.01.2011 – 2 O 192/10, Jurion; LG Köln v. 10.11.2004 – 20 O 124/04, r+s 2005, 98.

35 OLG Düsseldorf v. 03.11.1992 – 4 U 285/91, VersR 1993, 737; OLG Oldenburg v. 02.12.1998 – 2 U 197/98, NZV 1999, 382; LG Dortmund v. 04.08.2011 – 2 O 130/11 (Jurion).

zugeht, erfüllt diesen Anspruch nicht[36]. Auch die Belehrung »wenn Sie nicht … geht der Versicherungsschutz verloren« reicht nicht aus, die Fristen in Lauf zu setzen, wenn über die sonstigen Rechte des Versicherungsnehmer kein Hinweis enthalten ist[37]. Ein Hinweis auf der Rückseite der Prämienanforderung reicht dazu nicht aus[38]. Auch muss der Versicherungsnehmer auf die Möglichkeit, sich den Versicherungsschutz bei unverschuldeter Versäumnis zu erhalten, hingewiesen werden[39]. Der pauschale Hinweis »der Versicherungsschutz geht verloren« reicht nicht aus, um die strengen Anforderungen zu erfüllen[40].

14 Hat der Versicherungsnehmer zusätzlich zum Kraftfahrzeug-Haftpflicht-Vertrag noch andere Sparten mit vereinbart, muss der Versicherer ebenfalls darauf hinweisen, dass es zur Erlangung des Versicherungsschutzes in einer Sparte ausreicht, den dort geforderten Betrag zu zahlen (Kraftfahrzeug-Haftpflicht-Versicherung)[41]. Auch muss die Belehrung den Hinweis enthalten, dass ein unverschuldeter Zahlungsverzug den Versicherungsschutz bestehen lässt[42]. Hat aber der Versicherer zunächst zwar belehrt, aber eine falsche Prämienrechnung erstellt und nicht darauf hingewiesen, dass eine unverschuldete Säumnis keine Folgen hat, danach eine korrekte Prämienanforderung erstellt, die dann innerhalb der Fristen beglichen wird, hat die Säumnis hinsichtlich der ersten (falschen) Prämienanforderung keine Folgen[43].

Nicht rechtzeitige Zahlung

C.1.2 (Erstprämienverzug[1])

Zahlen Sie den ersten oder einmaligen Beitrag nicht rechtzeitig, haben Sie von Anfang an keinen Versicherungsschutz, es sei denn, Sie haben die Nichtzahlung oder verspätete Zahlung nicht zu vertreten. Haben Sie die nicht rechtzeitige Zahlung jedoch zu vertreten, beginnt der Versicherungsschutz erst ab der Zahlung des Beitrags.

Übersicht

36 OLG Saarbrücken 5 U 457/03, r+s 2004, 317 = VersR 2005, 215.

37 OLG Hamm Beschl. v. 25.11.1997 – 20 W 24/97, NZV 1998, 211 (zum PKH-Antrag des VN); LG Köln v. 16.12.1992 – 24 O 92/97 in r+s 1993, 244.

38 OLG Hamm Beschl. v. 25.11.1997 – 20 W 24/97, NZV 1998, 211; OLG Naumburg v. 23.06.2011 – 4 U 94/10 (Jurion), der Hinweis hat auf der Vorderseite des Versicherungsscheins zu erfolgen.

39 OLG Hamm v. 29.01.1999 – 20 U 159/98, r+s 1999, 357.

40 OLG Oldenburg v. 02.12.1998 – 2 U 197/98, r+s 1999, 187 f.

41 OLG Hamm v. 24.01.1990 – 20 U 160/89, VersR 1991, 220.

42 BGH v. 05.06.1985 – IVa ZR 113/83 VersR 1985, 981 m.w.N; OLG Köln v. 04.09.1996 – 11 U 33/96, VersR 1997, 350 m.w.N; OLG Hamm v. 22.05.1995 – 20 W 9/95, r+s 1995, 403; OLG Düsseldorf 4 U 285/91 VersR 1993, 737; OLG Hamm v. 24.01.1990 –20 U 160/89 VersR 1991, 220 = r+s 1990, 41; OLG Schleswig v. 18.12.1991 – 9 U 100/90 VersR 1992, 731; u.v.m.

43 OLG Schleswig v. 18.12.1991 – 9 U 100/90 VersR 1992, 731 = r+s 1992, 112.

1 Überschrift des Verfassers!

Während in § 38 VVG a.F. keine Exkulpation des Versicherungsnehmers vorgesehen war, dort kam es ausschließlich auf den objektiven Tatbestand »nicht gezahlt« an, wurde schon in den AKB vor 2008 auf das Vertretenmüssen abgestellt[2]. Inzwischen ist das Gesetz »angepasst« worden. 1

A. Zeitpunkt der Zahlung

Rechtzeitig ist die Zahlung erfolgt, wenn sie innerhalb von insgesamt maximal vier Wochen ab Zugang des Versicherungsscheins und der korrekten Erstprämienanforderung mit ausreichender Belehrung über die Folgen der nicht rechtzeitigen Zahlung erfolgte. Dabei können unterschiedliche Zahlungsformen vereinbart werden: 2

I. Barzahlung

Die Zahlungspflicht ist durch Übergabe der Summe erfüllt. Übergabe muss entweder an die Versicherung oder an einen von dort zur Entgegennahme der Versicherungsprämie berechtigten Mitarbeiter erfolgen. Diese Art der Zahlung dürfte aber die Ausnahme sein. 3

II. Überweisung

Nach dem Wortlaut des § 37 Abs. 2 VVG hat der Versicherungsnehmer die Prämie auf seine Kosten an den Versicherer zu übermitteln. Damit ist klargestellt, dass in diesem Falle die Regeln der Schickschuld gelten und das rechtzeitige Absenden der Prämie ausreicht. 4

Der Versicherungsnehmer ist also gehalten, den Überweisungsauftrag rechtzeitig bei der Bank vorlegen[3] und muss nicht für Verspätungen, die nicht mehr in seiner Sphäre liegen, eintreten. Wohl aber hat er – wie auch beim Lastschriftverfahren – die Verantwortung dafür, dass sein Konto ausreichende Deckung[4] aufweist, so dass die Zahlung auch durch die Bank alsbald erfolgen wird. Dieser Regelung steht die Entscheidung des EuGH entgegen, der die Zahlung nur dann als rechtzeitig ansieht, wenn der Gläubiger und Leistungsempfänger am Fälligkeitstag darüber verfügen kann, also als Bringschuld behandelt ist[5]. 5

III. Lastschrift

Voraussetzung auch bei Vereinbarung von Lastschrifteinzug ist vor allem die Aushändigung des Versicherungsscheins und die Fälligkeit der Prämie[6]. Wird der Lastschrifteinzug durch die Versicherung vereinbart, hat diese für die Rechtzeitigkeit der Anforderung der Prämie Sorge zu tragen, der Versicherungsnehmer aber muss für die ausreichende Kontendeckung sorgen[7]. Dabei ist die Pflicht des Versicherungsnehmers auf den Betrag der Erstprämie beschränkt, bucht der Versicherer sowohl die fällige Erstprämie als auch die Folgeprämie bei vereinbarter vierteljährlicher Zahlung ab und wird wegen fehlender Deckung die Lastschrift nicht ausgeführt, weil das Konto keine Deckung für beide Prämien aufweist, besteht gleichwohl Versicherungsschutz[8]. Dabei verliert in der »Urlaubs-Kasko« der Versicherungsnehmer, der für diese Erst- und Einmalprämie nicht für ausreichende Deckung seines Kontos sorgt, seinen Versicherungsschutz, wenn er nur im Antragsformular über die Folgen der Prämiennichtzahlung belehrt wurde. Dies gilt auch dann, wenn der Einzug der Prämie nicht mehr gesondert angekündigt wurde und ohne zusätzliche Mahnung[9], da die Prämie 6

---

2 § 1 Abs. 4 AKB a.F.

3 OLG Düsseldorf v. 11.11.1996 – 1 U 16/96, DAR 1997, 112.

4 BGH v. 19.10.1977 – IV ZR 149/76, VersR 1977, 1153.

5 EuGH v. 03.04.2008 – C 306/06, NJW 2008, 1935, Isabell Knöpper, »Rechtzeitigkeit der Leistung bei Geldschulden?- Prämienzahlung«, NJW Spezial 2009, 105–106.

6 BGH v. 13.12.1995 – IV ZR 30/95, NZV 1996, 143.

7 BGH v. 19.10.1977 – IV ZR 149/76, VersR 1977, 1153.

8 OLG Hamm v. 26.10.1983 – 20 U 80/83, VersR 1984, 377.

9 OLG Köln v. 22.11.1994 – 9 U 179/94, r+s 1995, 201.

dem Versicherungsnehmer schon mit Antragstellung bekannt war, der Urlaub nur 3 Tage nach dem Antrag angetreten werden und Kasko-Versicherungsschutz bestehen sollte. Auch eine Verrechnung der Prämienforderung mit der auszuzahlenden Kasko-Entschädigung wurde in dieser Entscheidung eine Absage erteilt, da der Versicherer dann gehalten gewesen wäre, schon im Vorhinein zahlungsunwillige Versicherungsnehmer sanktionslos zu entschädigen.

IV. Teilzahlung

7 Teilzahlungen der Prämie sind grundsätzlich nur insoweit zulässig, als tatsächlich von Seiten des Versicherers Ratenzahlung gewährt wurde. Zu beachten ist, dass eine unterjährige Zahlungsweise der Versicherungsprämie nicht den Vorschriften des Verbraucherkreditgesetzes unterliegt[10]. Eine Teilzahlung auf eine zulässigerweise angeforderte Prämienrechnung war in der Vergangenheit nur in Ausnahmefällen zulässig. So wurde bei nur geringfügigen Differenzen von 2,70 DM bei Prämienanforderung von 47,20 DM dieses Minus als unschädlich angesehen[11], so auch 2,70 DM bei Anforderung von 162 DM[12], aber ein Rückstand von 1/4 der Prämie ist nicht mehr als geringfügig zu bezeichnen[13]. Allerdings wird für die Zukunft nicht davon auszugehen sein, dass der BGH an dieser Rechtsprechung festhält. Er hat bereits 1988 geäußert, dass es dem Versicherungsnehmer nicht zukomme, eigenmächtig die Prämienanforderung zu kürzen, wenn er Versicherungsschutz erhalten wolle[14].

B. Besonderheiten

I. Schadenfall am Tag der Überweisung

8 Hier ist zu differenzieren:

9 War die Zahlungshandlung innerhalb der gesetzten Zahlungsfristen, also innerhalb des Zeitraums von 4 Wochen ab Zugang des Versicherungsscheins, hat der Versicherungsnehmer Versicherungsschutz im vereinbarten Umfang, also auch ggf. in der Vollkasko-Versicherung

10 Ereignete sich der Schadenfall aber, als der Versicherungsnehmer bereits im Verzug mit der Prämienzahlung war und die erforderlichen Belehrungen waren erteilt, kommt es entscheidend auf den Zeitpunkt der Abgabe der Überweisung/Einzahlung bei der Post an.

11 Kann der Beweis geführt werden, dass die Überweisung vor dem Schadenfall zur Bank gelangte, das Konto ausreichende Deckung[15] aufwies und der Überweisungsauftrag auch alsbald ausgeführt worden wäre[16], hat der Versicherungsnehmer ab diesem Moment Versicherungsschutz. Auf den Zeitpunkt der Gutschrift kommt es nicht mehr an, da der Versicherungsnehmer alles von seiner Seite Erforderliche getan hat[17]. Es besteht daher Leistungspflicht des Versicherers. Ereignete sich der Schaden aber vor Abgabe der Überweisung, hat der Versicherungsnehmer keinen Versicherungsschutz.

II. Schadenfall vor Beitragszahlung

12 Ereignete sich der Schadenfall innerhalb der Zahlungsfristen und wird der Beitrag innerhalb der Frist gezahlt, hat der Versicherungsnehmer Versicherungsschutz. Ereignete sich der Schadenfall aber nach Ablauf der Fristen, verliert der Versicherungsnehmer seinen Versicherungsschutz. Dabei sind

10 OLG Hamburg v. 18.11.2011 – 9 U 108/11, Jurion.
11 BGH v. 25.06.1956 – II ZR 101/55, BGHZ 21, 122, 136.
12 OLG Düsseldorf v. 28.10.1975 – 4 U 26/75, VersR 1976, 429.
13 OLG Hamm 30.09.1960 – 7 U 94/60, NJW 1961, 141 m.w.H. auf RG-Rechtsprechung.
14 BGH v. 09.03.1988 – IVa ZR 225/86, VersR 1988, 484.
15 BGH v. 19.10.1977 – IV ZR 149/76, VersR 1977, 1153.
16 OLG Koblenz v. 13.10.1992 – 3 U 637/92, NJW-RR 1993, 583; OLG Nürnberg v. 25.03.1999 – 8 U 4317/98, NJW-RR 2000, 800; Umkehrschluss aus OLG Köln v. 16.07.2002 – 9 U 48/01 r+s 2002, 357.
17 BGH v. 05.12.1963 – II ZR 219/62, NJW 1964, 499; OLG Karlsruhe v. 02.10.1997 – 12 U 64/97, NJW-RR 1998, 1483; OLG Düsseldorf v. 11.11.1996 – 1 U 16/96, DAR 1997, 112.

an die Prämienrechnung gerade, wenn sie angefordert wird, nachdem sich schon ein Schaden ereignet hat, besonders hohe Anforderungen zu stellen[18].

C. Vertretenmüssen der verspäteten Zahlung

Darüber hinaus muss der Versicherungsnehmer die Verspätung der Zahlung zu vertreten haben. Es muss ihn also ein Verschulden treffen. Diese Regelung war auch in den AKB a.F. enthalten und von der Rechtsprechung bereits so gebilligt. Hier können zunächst die vorgenannten Voraussetzungen, so sie nicht erfüllt sind, ein Verschulden des Versicherungsnehmers entfallen lassen. Auch die Anwendung der Regeln, die für die Wiedereinsetzung in den vorigen Stand bei Fristversäumnissen gelten, könnte hier in Betracht kommen. Festzuhalten bleibt aber, dass es sich bei der Exculpationsmöglichkeit des Versicherungsnehmers um eine Ausnahmeregelung handelt, so dass nicht jede vorgebrachte Entschuldigung auch das Verschulden entfallen lässt. Ist der Versicherungsnehmer z.B. über einen längeren Zeitraum in Urlaub[19] oder krankheitsbedingt abwesend (Krankenhaus oder Kur), so ist er gehalten, entsprechende Vorsorge zu treffen, dass sich jemand um den Posteingang kümmert und ggf. erforderliche Maßnahmen einleitet. Dies kann daher nur in Ausnahmefällen zur Entschuldigung führen. Kein Entschuldigungsgrund liegt in kalendarischen Besonderheiten, so etwa, wenn der Versicherungsnehmer am Tag vor dem Schadenereignis die Überweisung bei seiner Bank einwirft, dort die Überweisung aber wegen Feiertags und darauf folgendem Wochenende mehrere Tage später erst am Montag ausgeführt werden kann[20]. 13

Ein Verschulden ist z.B. dann nicht gegeben, wenn: 14

- die verspätete Zahlung wegen Differenzen in der SFR-Einstufung erfolgte, die zunächst geklärt werden mussten,
- wenn die Regionaleinstufung nicht stimmte;
- ein Beamtentarif nicht korrekt berücksichtigt wurde;
- vereinbarte Sondertarife nicht enthalten waren;
- die abgesprochenen Zusatzversicherungen nicht enthalten waren, ohne dass innerhalb der gesetzlichen Frist ein entsprechendes neues Angebot der Versicherung eingegangen wäre;
- der Zugang des Versicherungsscheins und der Prämienrechnung nicht erfolgte[21];
- die erforderliche Belehrung nicht oder nicht ausreichend erfolgte[22].

D. Verrechnung Schadenersatzleistung/Prämienanforderung

Sofern der Versicherungsnehmer in dem Zeitraum zwischen Prämienanforderung und Zahlungsziel einen Schadenfall erleidet, aus dem er seinerseits Ansprüche aus dem Versicherungsvertrag geltend machen kann (im Zeitraum der vorläufigen Deckung) kann der Versicherer eine offenstehende Prämie mit der Schadenersatzforderung des Versicherungsnehmers aufrechnen und so die Schadenersatzleistung zunächst auf die fällige Prämie verrechnen[23]. Das Interesse des Versicherers an dem

18 OLG München v. 05.12.2008 – 10 U 3615/08, Jurion.

19 So schon BGH v. 19.10.1983 – VIII ZB 30/83, VersR 1984, 81 zur Fristversäumung wegen Urlaubs in einer Zwangsvollstreckung.

20 OLG Köln v. 16.07.2002 – 9 U 48/01, r+s 2002, 357.

21 Um den Versicherer vor einer missbräuchlichen Verwendung des Bestreitens des Zuganges von Prämienrechnung etc. zu bewahren, können Rückschlüsse aus dem Verhalten des Versicherungsnehmers und der üblichen Versendepraxis des Versicherers gezogen werden, Armbrüster »Ewige« Widerrufsrechte und ihre Folgen«, VersR 2012, 513 ff.

22 BGH v. 09.03.1988 – IVa ZR 225/86 NZV 1988, 178; BGH v. 06.10.1999 – IV ZR 118/98 zur Folgeprämie zfs 2000, 109 = r+s 2000, 52 OLG Hamm v. 29.04.1992 – 20 U 334/91, r+s 1993, 365; OLG Köln v. 17.06.2003 – 9 U 187/01, r+s 2003, 495.

23 BGH v. 07.11.1984 – IVb ZB 108/84, VersR 1985, 87; OLG Naumburg v. 26.06.2011 – 4 U 94/10, ADAJUR; OLG Koblenz v. 12.11.1993 – 10 U 297/93, VersR 1995, 527; OLG Hamm v. 22.11.1995 – 20 U 186/95, r+s 1996, 164.

Erhalt der vereinbarten Prämie ist damit hinreichend gesichert. Diese Möglichkeit ist in § 35 VVG ausdrücklich aufgenommen und durch § 121 VVG für den Bereich der Kraftfahrzeug-Haftpflicht-Pflichtversicherung ausgeschlossen. Eine Aufrechnung der Prämienforderung mit möglichen Schadenersatzansprüchen Dritter ist daher nicht zulässig.

▶ **Beispiel:**

15 Fahrzeugversicherung: Totalschaden, Wert des KFZ 15.000 €;

Haftpflichtschaden: Sachschaden insgesamt von 10.000 €;

Prämienforderung des Versicherers für alle Sparten 1.000 €.

Die Zahlungsfrist ist noch nicht abgelaufen.

Hier kann vom Versicherer für die offene Prämie mit der zu leistenden Entschädigung an den Versicherungsnehmer aus der Fahrzeugversicherung die Aufrechnung zulässigerweise erklärt werden. Keinesfalls kann der Versicherungsnehmer jetzt wegen des Totalschadens seines KFZ sich auf den Standpunkt stellen, es sei eine Neuberechnung der Prämie (die nach der Stilllegung des KFZ erfolgen wird) schon jetzt vorzunehmen und nur noch dieser Betrag zu zahlen!

16 Dies ist selbstverständlich nur solange möglich, als der Versicherungsnehmer die Prämie nicht seinerseits bereits bezahlt hat. Sind die Zahlungsfristen allerdings verstrichen und ist der Versicherungsnehmer seines Versicherungsschutzes verlustig gegangen, kann eine Verrechnung von Prämien nicht mehr mit möglichen Schadenersatzleistungen erfolgen, da ein Anspruch auf Zahlung aus den Zusatzversicherungen an den Versicherungsnehmer nur insoweit besteht, als er seiner Prämienzahlungspflicht nachgekommen ist.

E. Rechtsfolgen der verspäteten Zahlung

17 Sind die vorstehenden Bedingungen eingehalten, hat der Versicherer also den Zugang der korrekten Prämienforderung und des Versicherungsscheins nachgewiesen, sind die Fristen zu Widerruf und Widerspruch ungenutzt verstrichen und hat sich der Schadenfall nach dem Fristablauf ereignet, kommt es zu den in § 37 VVG beschriebenen Folgen: Diese Folgen der verspäteten Zahlung, die der Versicherungsnehmer zu vertreten hat, sind erheblich:

I. Vollständige Leistungsfreiheit des Versicherers

18 Der Versicherer ist von der Verpflichtung zur Leistung frei für alle Schadenfälle, die sich vor dem Tag der Zahlung ereigneten[24]. Diese Aussage führt in allen anderen Sparten dazu, dass der Versicherer keinerlei Zahlungen zu erbringen hat, in der Kraftfahrzeug-Haftpflicht-Pflichtversicherung ist jedoch zwischen Innen- und Außenverhältnis zu differenzieren.

1. Innenverhältnis

19 In der Kraftfahrzeug-Haftpflicht-Versicherung ist die Besonderheit gegeben, dass der Versicherer sich wegen § 117 Abs. 3 VVG nur im Verhältnis zum Versicherungsnehmer auf die Leistungsfreiheit berufen kann (Innenverhältnis), wenn sich der Schaden im öffentlichen Verkehrsraum ereignete. Nur dort gilt die Pflichtversicherung, da der Gesetzgeber nur für die Nutzung eines Kraftfahrzeuges im öffentlichen Verkehrsraum eine Versicherungspflicht normierte, § 1 StVG, § 1 PflVG. Dies bedeutet aber auch, dass nur im Fall der Schädigung eines Dritten im Öffentlichen Verkehrsraum die Leistungsfreiheit des Versicherers auf das Innenverhältnis zwischen Versicherer und Versicherungsnehmer beschränkt ist[25]. Ereignete sich der Schadenfall aber im nicht-öffentlichen Verkehrsraum (z.B. Grundstück oder Acker, Firmengelände etc.) kann der Direktanspruch

24 Vgl. oben Rn. 2 f. Zeitpunkt der Zahlung.

25 Vgl. hierzu auch ausführlich Schwab/Heinrichs in Himmelreich/Halm FA Verkehrsrecht, Kapitel 2.

des Geschädigten gegen den Kraftfahrzeug-Haftpflicht-Versicherer entfallen. Der Geschädigte kann seine Ansprüche dann nur gegen den Versicherungsnehmer bzw. Fahrer richten, der dann seinerseits gegen den Versicherer Ansprüche auf Gewährung von Versicherungsschutz geltend machen kann. Diese Differenzierung ist bei gesundem Versicherungsverhältnis ohne Belang, so dass der Versicherer sich auch in diesen Fällen direkt mit dem Geschädigten auseinandersetzen wird, ohne auf den Umweg über den Schädiger zu verweisen. Bewegt sich der Versicherungsnehmer mit dem zu den Mindestversicherungen versicherten Kfz im europäischen Ausland, gelten auch dort für ihn die Mindestversicherungssummen als versichert, unabhängig davon, ob diese höher oder niedriger sind als die in Deutschland vereinbarten Beträge. Allerdings hat der Versicherungsnehmer dann im Innenverhältnis den Anspruch, auch bis zur Grenze der in Deutschland geltenden Mindestversicherungssummen bei ansonsten korrektem Verhalten, von der Haftung freigestellt zu werden.

Allerdings hat diese Differenzierung dann Auswirkungen, wenn das Versicherungsverhältnis gestört 20
ist. Der Versicherer ist in diesen Fällen auch im Außenverhältnis von der Verpflichtung zur Leistung frei und der Geschädigte ist mit seinen Schadenersatzansprüchen auf die Leistungsfähigkeit des Schädigers beschränkt[26]. Es bleiben nur noch die Ansprüche gegen die Verkehrsopferhilfe gem. § 12 PflVG, die nur eingeschränkt regulieren.

2. Außenverhältnis

Im Außenverhältnis zum geschädigten Dritten ist der Versicherer gehalten, die berechtigten Scha- 21
denersatzansprüche zu befriedigen. Das Gesetz[27] und die der Kommentierung zugrunde liegenden AKB geben dabei dem Versicherer die Möglichkeit, seine Leistungspflicht auf die gesetzlichen Mindestversicherungssummen zu beschränken. Zu beachten ist dabei, dass die Mindestversicherungssummen sich bei Grenzübertritt an den im jeweiligen europäischen Land geltenden Mindestversicherungssummen orientieren müssen. Ist die Mindestversicherungssumme des Gastlandes niedriger als die in Deutschland geltende Mindestversicherungssumme, ist die Obergrenze der zu erbringenden Leistungen des Versicherers die in Deutschland geltende Mindestversicherungssumme. Ist im Gastland die Mindestversicherungssumme allerdings höher als in Deutschland, gilt diese höhere Mindestversicherungssumme als vereinbart, wenn sich dort ein Schaden ereignet. Eine eventuelle Beschränkung der Haftung auf die Mindestversicherungssummen ist bereits im Verfahren zum Haftungsgrund zu entscheiden[28]. Wird von diesem Recht in den ABK nicht Gebrauch gemacht, so kann sich der Versicherer im Nachhinein nicht auf die gesetzliche Regelung berufen mit dem Hinweis, dass er wegen der Vertragsverletzung des Versicherungsnehmers nun auch nicht mehr an seine Zusagen halten müsse[29]. Eine Beschränkung auf die Mindestversicherungssumme ist immer dann zulässig, wenn das Versicherungsvertragsverhältnis materiell Not leidend ist[30]. Dies bedeutete in der Vergangenheit, dass zwar eine Versicherungsschutzversagung wegen Versäumung der Klagefrist des § 12 Abs. 3 VVG a.F. gegenüber dem Versicherungsnehmer bzw. der mitversicherten Person wirksam wurde, dies aber dem Geschädigten bzw. seinen Rechtsnachfolgern nicht entgegengehalten werden konnte[31]. Ob diese Rechtsprechung in der Zukunft noch Bestand haben kann, wenn die gesetzlichen Verjährungsfristen[32] auch im Rahmen des VVG zur Anwendung kommen, bleibt abzuwarten.

26 Vgl. hierzu § 117 VVG.
27 § 117 Abs. 3 VVG.
28 BGH v. 23.01.1979 – VI ZR 199/77, NJW 1979, 1046.
29 BGH v. 15.03.1983 – VI ZR 187/81, NJW 1983, 2197 für den Fall der Aufklärungsobliegenheit des vom Versicherungsnehmer personenverschiedenen Fahrers, diese Entscheidung lässt aber unberücksichtigt, dass der Versicherungsnehmer als Halter ohnehin nur im Rahmen der Mindestversicherungssummen eintrittspflichtig ist für die Betriebsgefahr. Insoweit richtig OLG Stuttgart v. 15.11.2000 – 3 U 23/00, r+s 2001, 312, das die Halterhaftung bei unberechtigtem Fahrer auf die Mindestversicherungssummen unabhängig vom Verschulden des Halters am unbefugten Gebrauch beschränkt.
30 BGH v. 04.12.1974 – IV ZR 208/72 NJW 1975, 87, dies ist ggf. vom angerufenen Gericht zu prüfen.
31 BGH v. 04.12.1974 – V ZR 208/72 NJW 1975, 87.
32 So auch Marlow/Spuhl aaO. S. 5 unter Ziffer I.6 Rn 2273 f.

II. Rückwirkender Wegfall der vorläufigen Deckung

22 Eine weitere Folge der nicht rechtzeitigen Zahlung der Prämie ist, dass die in der Kraftfahrzeug-Haftpflicht-Versicherung regelmäßig gewährte »Vorläufige Deckung« nach den §§ 49 ff. VVG ebenfalls rückwirkend entfällt. Es werden daher sämtliche durch den Versicherer geleisteten Schadenersatzforderungen an Dritte aus Kraftfahrzeug-Haftpflicht-Schäden in diesem Zeitraum vom Versicherungsnehmer zurückgefordert werden. Erforderlich ist allerdings, dass der Versicherer bei Prämienanforderung bereits darauf hingewiesen hat[33].

III. Folgen für mitversicherte Personen

23 Für mitversicherte Personen, die nicht Repräsentanten des Versicherungsnehmers sind, hat der Prämienverzug dann keine Folgen, wenn sie von dem Prämienverzug keine Kenntnis hatten. § 117 Abs. 3 VVG schützt insoweit auch die mitversicherten Personen. Allerdings reicht der Gutglaubensschutz der mitversicherten Personen nur so weit, als die gesetzlichen Mindestversicherungssummen[34] reichen. Einen darüber hinaus gehenden Anspruch kann die mitversicherte Person nicht geltend machen[35]. Dem Repräsentanten des Versicherungsnehmers kommt dieser Schutz nicht zugute. Repräsentant ist, wer vom Versicherungsnehmer die eigenverantwortliche Wahrnehmung von Rechten und Pflichten des Versicherungsnehmers übertragen erhalten hat[36]. Allerdings begründen die gemeinsame Kostentragung für ein Kfz und die Nutzung zu 60 % noch keine Repräsentantenstellung eines Ehepartners[37].

F. Beweislast

24 Der Versicherungsnehmer ist beweisbelastet hinsichtlich der Rechtzeitigkeit seiner Zahlung[38], der Versicherer hingegen muss den Zugang des Versicherungsscheins, die korrekte Prämienanforderung und die nicht rechtzeitige Zahlung des Versicherungsnehmers nachweisen. Dabei kann von der Absendung allein nicht auf den Zugang beim Versicherungsnehmer geschlossen werden[39]. Auch wird teilweise in der Rechtsprechung der Zugangsnachweis durch Indizien als geführt angesehen[40], wenn z.B. die Überweisung genau den angemahnten Betrag enthält oder ein Telefonat des Versicherungsnehmers mit der Versicherung über den Inhalt der Prämienrechnung geführt wurde.

C.1.3 (Rücktritt)[1]

Außerdem können wir vom Vertrag zurücktreten, solange der Beitrag nicht gezahlt ist. Der Rücktritt ist ausgeschlossen, wenn Sie die Nichtzahlung nicht zu vertreten haben. Nach dem Rücktritt können wir von Ihnen eine Geschäftsgebühr verlangen. Diese beträgt xx % des Jahresbeitrags für jeden angefangenen Monat ab dem beantragten Beginn des Versicherungsschutzes bis zu unserem Rücktritt, jedoch höchstens xx % des Jahresbeitrags.

Übersicht

33 LG Dortmund v. 19.01.2011, 2 O 192/10, Jurion.
34 Vgl. auch C.1.2 AKB Rn. 15 und 17; § 117 VVG Rn. 27.
35 So schon OLG Schleswig v- 22.06.1971 – 1 U 103/70, VersR 1973, 557 für den unberechtigten Fahrer; BGH IVa ZR 56/80 in VersR 1981, 323.
36 BGH v. 14.03.2007 – IV ZR 102/03, zfs 2007, 335 ff. zur Definition vgl. oben AKB. A2.3 Rdn. 25 ff.
37 LG Paderborn v. 09.05.2007 – 4 O 651/06, zfs 2007, 636 f.
38 LG Duisburg v. 27.07.2012, 6 O 15/12, Jurion.
39 OLG Köln v. 07.12.1989 – 5 U 232/88, VersR 1990, 1261 (für die qualifizierte Mahnung nach § 39 VVG a.F., aber auf den Zugang der Erstprämienanforderung übertragbar).
40 LG Köln und AG Köln v. 31.01.2001 – 115 C 386/98, r+s 2001, 228 ff., LG Düsseldorf v. 13.03.2003 – 21 S 427/01, r+s 2003, 445 f. für das automatisierte Mahnverfahren der Folgeprämie.
1 Überschrift des Verfassers!

A. Voraussetzungen des Rücktritts

Eine Rücktrittserklärung ist im VVG vorgesehen und wird auch in die AKB übernommen. 1

Die genannten Voraussetzungen für den Rücktritt des Versicherers vom Vertrag sind: 2
- die korrekt gesetzte Zahlungsfrist wurde vom Versicherungsnehmer versäumt;
- dieses Versäumnis hat der Versicherungsnehmer auch zu vertreten, er kann sich insoweit nicht entlasten;
- der Beitrag darf bis zum Zeitpunkt der Rücktrittserklärung nicht gezahlt worden sein, überschneidet sich die Beitragszahlung mit der Rücktrittserklärung, ist der Rücktritt unzulässig und dem Versicherungsnehmer ist ab Zahlung des Beitrages Versicherungsschutz in die Zukunft zu gewähren.

B. Folgen des Rücktritts

Der Versicherungsvertrag endet mit dem erklärten Rücktritt, allerdings endet damit nach Auffassung der Rechtsprechung die vorläufige Deckung nur dann, wenn die rechtlichen Voraussetzungen für den Erstprämienverzug vorgelegen haben. Liegen diese nicht vor, und sei es auch nur wegen der fehlenden ausführlichen Belehrung, fällt die vorläufige Deckung nicht weg[2]. 3

I. Innenverhältnis

Es wird eine Geschäftsgebühr für den Zeitraum des beantragten Versicherungsschutzes fällig. Diese darf den Jahresbeitrag nicht übersteigen und ist anteilig für die Monate des im Außenverhältnis gewährten Versicherungsschutzes zu zahlen. 4

Der Versicherer wird den Rücktritt vom Vertrag an die Zulassungsstelle melden, um die Nachhaftungsfrist des § 117 Abs. 3 VVG in Lauf zu setzen. 5

II. Außenverhältnis

Der Versicherer haftet im Außenverhältnis so lange, bis die Frist der Nachhaftung des § 117 Abs. 3 VVG abgelaufen ist, für Schäden Dritter aus der Kraftfahrzeug-Haftpflicht-Versicherung. Da die sonstigen Sparten des Vertrages immer nur das Innenverhältnis betreffen, kann der Versicherer dort von seinem Leistungsverweigerungsrecht Gebrauch machen. 6

C.2 Zahlung des Folgebeitrags

Für die Zahlung des Folgebeitrags gelten zunächst auch die Grundsätze, die für die Zahlung des Erstbeitrags aufgestellt wurden, sie werden aber tw. modifiziert. 1

So kann insbesondere der Folgebeitrag, der üblicherweise eine Jahresprämie darstellt, in Teilen gezahlt werden. Üblich sind neben halb- und vierteljährlicher auch monatliche Zahlungsweise. Für eine unterjährige Zahlungsweise werden sog. Teilzahlungszuschläge erhoben. Diese Vorgehensweise unterfällt nicht den Regeln des Verbraucherkreditgesetzes, da keine Kreditgewährung vorliegt[1]. 2

Rechtzeitige Zahlung

C.2.1 (Fälligkeit)[1]

Ein Folgebeitrag ist zu dem im Versicherungsschein oder in der Beitragsrechnung angegebenen Zeitpunkt fällig und zu zahlen.

---

2 OLG Köln v. 17.06.2003 – 9 U 187/01, r+s 2003, 12; OLG Hamm v. 29.04.1992 – 20 U 334/91, r+s 1993, 365.

1 BGH v 06.02.2013 – VI ZR 230/12.

1 Überschrift des Verfassers!

A. Tatbestandsvoraussetzungen

1 Es muss sich um einen nicht nur kurzfristigen Vertrag, in dem nur eine einmalige Prämie geschuldet ist, handeln. Diese Vorschrift ist daher auf Fahrzeuge mit Versicherungskennzeichen nicht anwendbar. Dort wird direkt die Jahresprämie erhoben und nach Ablauf des Versicherungsjahres (1. März bis 28./29 Februar des Folgejahres) endet der Vertrag automatisch, ohne dass es einer Kündigung bedarf.

B. Folgebeitrag

2 Der Folgebeitrag ist jede der Erstprämie zeitlich nachfolgende Prämienanforderung, es kommt nicht auf den zeitlichen Abstand zur Erstprämienanforderung an. Dabei kann die Prämienzahlung in Raten (monatlich, quartalsweise) oder jährlich erfolgen. Auch bei monatlicher Zahlung der Versicherungsprämie handelt es sich zwar um eine Stundung der Prämien, nicht aber um einen Ratenkreditvertrag, der dem Verbraucherkreditrecht unterfiele[2].

C. Beitragsrechnung

3 Auch hier ist erforderlich, dass die Prämie korrekt den Vereinbarungen entsprechend berechnet wurde. So ist bei falscher Eingruppierung des SFR wie auch einer falschen Regionalklasse oder auch einer falsch gewählten Teilzahlung (monatlich statt quartalsweise) davon auszugehen, dass diese Prämienrechnung falsch ist. Üblicherweise wird die Folgerechnung aber auf der Basis der Erstprämienrechnung erfolgen, so dass von einer korrekten Berechnung auszugehen ist. Ein gesondertes Widerspruchsrecht für die Folgeprämienanforderung sieht das VVG nicht vor. Bloßes Nichtstun des Versicherungsnehmers ist allerdings schädlich. Er muss sich aktiv um eine Korrektur kümmern.

D. Fälligkeit

4 Der Folgebeitrag ist zu den vereinbarten Daten, i.d.R. zum Monatsanfang, Quartalsanfang oder Jahresanfang fällig. Es gilt das Einzahlungsdatum[3].

Nicht rechtzeitige Zahlung

C.2.2 (Folgen verspäteter Zahlung)[1]

Zahlen Sie einen Folgebeitrag nicht rechtzeitig, fordern wir Sie auf, den rückständigen Beitrag zuzüglich des Verzugsschadens (Kosten und Zinsen) innerhalb von zwei Wochen ab Zugang unserer Aufforderung zu zahlen.

1 Die Formulierung in C.2.2 ist als Hinweis auf die qualifizierte Mahnung des § 38 VVG gedacht. Die Zahlungsaufforderung muss dabei gewissen formellen Ansprüchen genügen.

---

2 BGH v. 06.02.2013 – VI ZR 230/12; OLG Oldenburg Hinweisbeschl. v. 04.04.2012 – 5 U 32/12, Beck-online RS 2012, 13100.

3 Vgl. insoweit oben Kommentierung zu AKB C.1.2 m.w.N.

1 Überschrift des Verfassers!

A. Nicht rechtzeitige Zahlung

Zunächst ist erforderlich, dass die (fällige und korrekt bezifferte) Forderung nicht beglichen wurde. 2

B. Zahlungsaufforderung mit Fristsetzung

Es muss nach Ablauf der ersten Zahlungsfrist eine Zahlungsaufforderung mit Fristsetzung dem Versicherungsnehmer zugestellt werden. An diese Zahlungsaufforderung werden besondere Anforderungen gestellt. Es muss für den Versicherungsnehmer aus der Prämienanforderung klar erkennbar sein, mit Zahlung welchen Betrages er wieder Versicherungsschutz erlangen kann[2]. Der Betrag muss aufgeschlüsselt sein in Versicherungsprämie, Versicherungssteuer, ggf. Verzugszinsen und Kosten. Soweit mehrere Sparten in einem Vertrag zusammengefasst sind, müssen die einzelnen Sparten gesondert ausgewiesen werden. Sind mehrere gemeinsam Versicherungsnehmer, muss die qualifizierte Mahnung jedem der Versicherungsnehmer zugestellt werden, um Wirksamkeit zu entfalten. Wegen der besonderen Rechtsfolgen der qualifizierten Mahnungen sind seit jeher höhere Anforderungen zu stellen.[3] 3

C. Verzugsschaden

Neben der Prämienforderung kann der Versicherer auch den ihm entstandenen Verzugsschaden bestehend aus Zinsen und Kosten für die Mahnung geltend machen. Hierbei kommen die allgemeinen Regeln des BGB, insbesondere § 286 BGB, hinsichtlich der Verzugszinsen zur Anwendung. 4

D. Zugang der Zahlungsaufforderung

Diese Regelung beinhaltet, ohne dass es ausdrücklicher Erwähnung für wert gehalten wurde, die Voraussetzung, dass natürlich schon auch die Prämienrechnung dem Versicherungsnehmer zugegangen sein muss. Hinsichtlich der Anforderungen an den Zugang gelten die gleichen Regelungen wie bei dem Zugang des Versicherungsscheins. Der Versicherer muss sowohl den Zugang der Prämienrechnung wie auch der qualifizierten Mahnung beweisen[4]. Dies kann er ggf. durch Versendung per Einschreiben/Rückschein nachweisen. Der Zugang eines Einschreibens erfolgt grundsätzlich nicht mit dem Zugang des Benachrichtigungszettels sondern erst mit dem Zugang des Einschreibens selbst[5]. Ob die Versendung per Einwurfeinschreiben den Anforderungen an den Zugang genügt, erscheint zweifelhaft[6]. 5

E. Belehrung

Auch bei der qualifizierten Mahnung der Folgeprämienrechnung muss der Versicherungsnehmer auf die Folgen der nicht rechtzeitigen Zahlung ausdrücklich und verständlich hingewiesen werden[7]. Die Belehrung muss umfassend sein und sich auf sämtliche Rechtsfolgen erstrecken[8]. Die 6

---

2 BGH v. 09.10.1985 – IVa ZR 291/84, VersR 1986, 54 zur Aufschlüsselung auch zwischen Kraftfahrzeug-Haftpflicht und Kasko-Prämie, damit der Versicherungsnehmer entscheiden kann, welchen Versicherungsschutz er aufrechterhalten möchte; BGH v. 30.01.1985 – IVa ZR 91/83, VersR 1985, 447; so auch OLG Hamm v. 07.11.1980 – 20 U 216/80, VersR 1981, 269.

3 BGH v. 08.01.2014 – VI ZR 206/13, MDR 2014, 222 (zu § 39 VVG a.F,).

4 OLG Hamm v. 18.12.1991 – 20 U 187/91, VersR 1992, 1205; OLG Nürnberg v. 11.07.1991 – 8 U 1036/91, VersR 1992, 602; OLG Hamm v. 11.05.2007 – 20 U 272/06, zfs 2007, 512 f.

5 BGH v. 17.04.1996 – IV ZR 202/95, VersR 1996, 742.

6 OLG Koblenz v. 28.01.2005 – 11 WF 1013/04 lässt ein Einwurfeinschreiben nicht ausreichen, um den Zugang nachzuweisen. Nach LAG Köln v. 30.10.2008 – 7 Sa 844/08 reicht der Zugangsnachweis Einwurfeinschreiben in Verbindung mit der Zustellbestätigung und der Aussage der Ehegattin als Nachweis des Zugangs aus. Im Verfahren BAG v. 30.10.2008 – 2 AZR 666/05, NJW 2008, 540 war der Zugang der Kündigung nicht im Streit.

7 BGH v. 07.10.1992 – IV ZR 247/91, VersR 1992, 1501; v. 09.03.1988 – IVa ZR 225/86, VersR 1988, 484.

8 BGH v. 09.03.1988 – IVa ZR 225/86, VersR 1988, 484; OLG Köln v. 07.12.1989 – 5 U 232/88, VersR 1990, 126.

Belehrung muss insbesondere darauf hinweisen, dass auch durch Zahlung eines Teils der angeforderten Prämienrechnung bei Verträgen in denen mehrere Sparten zusammengefasst sind, die Zahlung auch nur der Kraftfahrzeug-Haftpflicht-Prämie ausreicht, um in der Kraftfahrzeug-Haftpflicht-Versicherung Versicherungsschutz zu erhalten[9]. Außerdem muss innerhalb dieser Belehrung darauf hingewiesen werden, welche Folgen diese Fristversäumung nach § 38 Abs. 2 und 3 VVG hat. Insbesondere muss also darauf hingewiesen werden, dass der Versicherungsnehmer den Versicherungsschutz für alle Schäden nach dem Fristablauf verliert. Der Hinweis in C.2.3 AKB reicht als Belehrung insoweit nicht aus. Außerdem muss darauf hingewiesen werden, dass der Versicherer zur Kündigung des Vertrages berechtigt ist, wenn die Zahlung nicht rechtzeitig erfolgt, ihm aber gleichwohl die fälligen Prämien zustehen und dass der Versicherungsnehmer die Kündigung alleine durch die Zahlung der offenstehenden Forderung innerhalb einer Frist von einem Monat nach Erhalt der Kündigungserklärung des Versicherers unwirksam werden lassen kann. Weiterhin ist auch der Hinweis auf die Entlastungsmöglichkeit aufzunehmen, dass die Verzugsfolgen nicht eintreten, wenn der Versicherungsnehmer den Verzug nicht zu vertreten hat.

C.2.3 (Schaden nach Fristablauf)[1]

Tritt ein Schadenereignis nach Ablauf der zweiwöchigen Zahlungsfrist ein und sind zu diesem Zeitpunkt diese Beträge noch nicht bezahlt, haben Sie keinen Versicherungsschutz. Wir bleiben jedoch zur Leistung verpflichtet, wenn Sie die verspätete Zahlung nicht zu vertreten haben.

Übersicht

A. Voraussetzungen der Leistungsfreiheit

1 Ereignet sich ein Schaden, nachdem die Zahlungsfristen ungenutzt verstrichen sind, entfällt der Versicherungsschutz. Eine Ausnahme ist nur für den Fall vorgesehen, dass der Versicherungsnehmer die verspätete Zahlung nicht verschuldet hat.

I. Schaden

2 Erforderlich ist ein durch den Versicherungsnehmer oder eine mitversicherte Person verursachter Schadenfall, der die Leistungspflicht des Versicherers im Außenverhältnis nach sich zieht. Werden aber gegen den Versicherer Ansprüche aus Teilungsabkommen gerichtet, weil der Versicherer nur gegenüber dem Versicherungsnehmer leistungsfrei ist, nicht aber gegenüber dem gutgläubigen Fahrer und trifft diesen kein Verschulden an dem dem Regress zugrunde liegenden Unfallereignis, können diese Aufwendungen, die nur nach Teilungsabkommen zu erbringen sind, nicht gegenüber dem Versicherungsnehmer geltend gemacht werden, da die Leistung nur aufgrund einer vertraglichen Vereinbarung erfolgt. Der Versicherer könnte sich (unabhängig vom Teilungsabkommen) gegenüber dem Sozialversicherungsträger auf Leistungsfreiheit berufen, wenn der Versicherungsnehmer selbst gefahren wäre und der Versicherungsnehmer hätte für diesen Schaden mangels Verschuldens auch nicht einzustehen.

II. Fristablauf

3 Die 14-Tages-Frist nach Erhalt der qualifizierten Mahnung muss abgelaufen sein. Auch hier ist damit zwingend die Frage des Zugangs zu klären.

---

9 BGH v. 09.10.1985 – IVa ZR 91/84, VersR 1986, 54.

1 Überschrift des Verfassers!

III. Keine Zahlung

Wenn innerhalb dieser Frist die Zahlung nicht erfolgte, ist der Versicherer im Innenverhältnis zum Versicherungsnehmer von der Verpflichtung zur Leistung frei. Hinsichtlich der Rechtzeitigkeit der Zahlung ist der Versicherungsnehmer beweisbelastet[2]. 4

B. Vertretenmüssen

Der Versicherungsnehmer kann sich entlasten, wenn er nachweisen kann, dass er die verspätete Zahlung nicht zu vertreten hat. Es gelten die gleichen Regeln wie bei dem Verzug mit der Erstprämienzahlung. Dabei wird man von fehlendem Verschulden ausgehen müssen, wenn der Versicherungsnehmer nicht auf die Rechtsfolgen der verspäteten Zahlung ausdrücklich hingewiesen wurde[3]. 5

C.2.4 (Kündigungsmöglichkeit bei Verzug)[1]

Sind Sie mit der Zahlung dieser Beträge nach Ablauf der zweiwöchigen Zahlungsfrist noch in Verzug, können wir den Vertrag mit sofortiger Wirkung kündigen. Unsere Kündigung wird unwirksam, wenn Sie diese Beträge innerhalb eines Monats ab Zugang der Kündigung zahlen. Haben wir die Kündigung zusammen mit der Mahnung ausgesprochen, wird die Kündigung unwirksam, wenn Sie innerhalb eines Monats nach Ablauf der in der Mahnung genannten Zahlungsfrist zahlen.

Für Schadenereignisse, die in der Zeit nach Ablauf der zweiwöchigen Zahlungsfrist bis zu Ihrer Zahlung eintreten, haben Sie keinen Versicherungsschutz. Versicherungsschutz besteht erst wieder für Schadenereignisse nach Ihrer Zahlung.

Der Versicherer ist berechtigt, den Vertrag zu kündigen, wenn der Versicherungsnehmer sich mit der Zahlung in Verzug befindet. Voraussetzung hierfür ist: 1
- Zugang der Prämienrechnung
- korrekt berechnete Prämie
- Zugang der qualifizierten Mahnung mit Aufschlüsselung der Prämienanforderung nach Prämie, Kosten und ggf. Zinsen
- nicht fristgerechte Zahlung der geforderten Prämie
- Zugang der Kündigung[2].

Die Kündigung ist fristlos möglich, wird sie mit der qualifizierten Mahnung verbunden, ist eine Frist von einem Monat zu gewähren. Der Versicherungsnehmer allein hat die Möglichkeit, diese Kündigung zu vernichten, indem er die angeforderten Beträge innerhalb eines Monats ab Erhalt der Kündigung bzw. innerhalb von einem Monat nach Ablauf der Zahlungsfrist (wenn die Kündigung mit der qualifizierten Mahnung verbunden wurde) an den Versicherer zahlt. Hinsichtlich des Zugangs sowohl der qualifizierten Mahnung wie auch der Kündigung gelten die allgemeinen Regeln. Probleme treten regelmäßig dann auf, wenn nach der Kündigung des Vertrages eine Anzeige der Vertragsbeendigung an die Zulassungsstelle erfolgte, der Versicherer aber den Zugang der Kündigung nicht nachweisen kann. Dann könnte man durchaus die Auffassung vertreten, dass eine wirksame Kündigung des Vertrages gerade nicht erfolgte[3]. 2

---

2 Vgl. insoweit unter AKB C.1.1 Rdn. 2 ff. die Rechtzeitigkeit der Erstprämienzahlung.

3 So schon zu § 1 AKB a.F. Stiefel/Hofmann § 1 AKB Rn. 80; BGH, 26.04.2006 – IV ZR 248/04; OLG Celle, 10.01.1986 – 8 U 79/85, NJW-RR 1986, 359 f.

1 Überschrift des Verfassers!

2 OLG Köln v. 14.10.1998 – 13 U98/98, r+s 1999, 228 lässt auch einen Nachweis aus dem EDV-Programmablauf gelten.

3 OLG Köln v. 14.10.1998 – 13 U98/98, r+s 1999, 228.

3 Durch die Zahlung innerhalb der Monatsfrist ab Kündigung kann der Versicherungsnehmer zwar den Vertrag »wiederherstellen«, er hat jedoch nach Ablauf der Frist der qualifizierten Mahnung nach § 38 Abs. 2 VVG keinen Versicherungsschutz bis zur Zahlung. Für Schäden, die sich in dieser Zwischenzeit ereignen, besteht im Innenverhältnis Leistungsfreiheit des Versicherers. Diese Formulierung basiert auf der Änderung des § 38 VVG n.F. zu § 39 Abs. 3 VVG a.F., der die Kündigung des Vertrages für den Fall bestehen ließ, dass sich in der Zwischenzeit ein Schaden ereignete. Die Leistungsfreiheit ist nach der Neuregelung damit nicht mehr von der Kündigung abhängig.

4 Versicherungsschutz besteht wieder mit der Zahlung[4], es reicht die Abgabe der Überweisung bei der Bank aus, wenn mit alsbaldiger Ausführung der Überweisung zu rechnen ist[5]. Allerdings fällt die Wirkung der Kündigung bei zwangsweiser Einziehung der Prämie nicht fort, da darin gerade keine Abwendung der Kündigung zu sehen ist[6].

C.3 Nicht rechtzeitige Zahlung bei Fahrzeugwechsel

Versichern Sie anstelle Ihres bisher bei uns versicherten Fahrzeugs ein anderes Fahrzeug bei uns (Fahrzeugwechsel), wenden wir für den neuen Vertrag bei nicht rechtzeitiger Zahlung des ersten oder einmaligen Beitrags die für Sie günstigeren Regelungen zum Folgebeitrag nach C.2.2 bis C.2.4 an. Außerdem berufen wir uns nicht auf den rückwirkenden Wegfall des vorläufigen Versicherungsschutzes nach B.2.4. Dafür müssen folgende Voraussetzungen gegeben sein:

- Zwischen dem Ende der Versicherung des bisherigen Fahrzeugs und dem Beginn der Versicherung des anderen Fahrzeugs sind nicht mehr als sechs Monate vergangen,
- Fahrzeugart und Verwendungszweck der Fahrzeuge sind gleich.

Kündigen wir das Versicherungsverhältnis wegen Nichtzahlung, können wir von Ihnen eine Geschäftsgebühr entsprechend C.1.3 verlangen.

Übersicht Rdn.

A. Allgemeines

1 Bei jedem Fahrzeugwechsel wird ein neuer Vertrag abgeschlossen. Folgerichtig handelt es sich bei der für das neue Fahrzeug anzufordernden Prämie wieder um eine Erstprämie i.S.v.C.1.1. Um den Kunden zu halten, wird ihm unter bestimmten Voraussetzungen ein Fristaufschub gewährt, indem diese erste Prämie nach den Grundsätzen von C.2 als Folgeprämie behandelt wird. Dies bedeutet, dass für die oben dargestellten Rechtsfolgen des Verzuges sowohl der Versicherungsschein als auch die Erstprämienanforderung zugegangen sein müssen. Dieser Versicherungsschein muss darüber hinaus die korrekte Belehrung über die Folgen der nicht rechtzeitigen Zahlung enthalten, die aber auf die Besonderheit abgestellt sein müssen, dass es sich hierbei um einen Folgevertrag handelt.

B. Gleicher Fahrzeugtyp und Verwendungszweck

2 Erforderlich ist nur, dass es sich um den gleichen Fahrzeugtyp (PKW, KRAD etc.) und den gleichen Verwendungszweck (PKW Eigenverwendung, Selbstfahrervermietfahrzeug etc.) handelt und dass dieser neue Vertrag innerhalb einer Frist von sechs Monaten nach Beendigung des Vorvertrages

4 Spätestens der Zeitpunkt der Abbuchung vom Konto des Versicherungsnehmers BGH v. 20.11.1970 – IV ZR 58/69, VersR 1971, 216.
5 OLG Köln v. 16.07.2002 – 9 U 48/01, r+s 2002, 357.
6 AG Alsfeld v. 01.02.1991 – C 533/90, NJW-RR 1991, 1312.

geschlossen wird. Nach Ablauf dieses Zeitraums gilt auch ein nach den gleichen Bedingungen geschlossener Vertrag als Neuvertrag mit der Folge, dass die Erstprämienanforderung sich wieder nach den Regeln des § 37 VVG richtet.

Als angenehmen Nebeneffekt bietet diese Ausgestaltung auch den Versicherungsschutz für den Zeitraum der vorläufigen Deckung. Wird also die fällige und korrekt berechnete Prämie für das Folgefahrzeug trotz qualifizierter Mahnung nach § 38 VVG innerhalb der gesetzten Frist nicht gezahlt, verliert der Versicherungsnehmer gleichwohl erst den Versicherungsschutz für die Zeit nach Ablauf der Frist in der qualifizierten Mahnung. Ein rückwirkender Wegfall des Versicherungsschutzes ist in dieser Form der Neuanmeldung eines Ersatzfahrzeuges nicht vorgesehen. 3

C. Praxishinweis

In der Praxis wird der Vertrag über das neue Fahrzeug in aller Regel unter der gleichen Vertragsnummer fortgeführt. Dies hat zur Folge, dass – obwohl ein neues Fahrzeug zugelassen wurde und ggf. auch andere Vertragsinhalte vereinbart wurden[1] – u.U. die alten dem Vorvertrag zugrunde liegenden AKB zur Anwendung kommen. Jedenfalls ist dies dann anzunehmen, wenn der Versicherer es versäumt hat, den Versicherungsnehmer auf die geänderten Vertragsbedingungen nach § 5 Abs. 2 VVG hinzuweisen und den neuen Vertrag als Veränderungsantrag gekennzeichnet hat[2]. 4

Ob sich diese Regelung nur auf die Verträge mit vorläufiger Deckung erstrecken soll, wie es nach § 6 Abs. 5 AKB a.F i.V.m. § 1 Abs. 1 AKB a.F. von Jacobsen dargestellt wurde[3], erscheint fraglich, da in den AKB n.F. diese Trennung zwischen Vertragsschluss und vorläufiger Deckung nicht fortgeführt wurde. Unter B.2.1 wird ausdrücklich auch auf die bereits auf den Versicherungsnehmer zugelassenen Fahrzeuge Bezug genommen und auch diesen vorläufiger Versicherungsschutz ab dem Zeitpunkt des vereinbarten Datums gewährt, so dass diese Sonderregelung jetzt jedem Kunden, der ein Folgefahrzeug bei seinem Versicherer versichert, gewährt werden soll. 5

C.4 Zahlungsperiode

Beiträge für Ihre Versicherung müssen Sie entsprechend der vereinbarten Zahlungsperiode bezahlen. Die Zahlungsperiode ist die Versicherungsperiode nach § 12 Versicherungsvertragsgesetz. Welche Zahlungsperiode Sie mit uns vereinbart haben, können Sie ihrem Versicherungsschein entnehmen.

Die Laufzeit des Vertrags, die sich von der Zahlungsperiode unterscheiden kann, ist in Abschnitt G geregelt.

Übersicht

A. Allgemeines

C.4 wurde neu aufgenommen und ersetzt M[1]. Hier werden Zahlungsperiode, Versicherungsperiode und Laufzeit des Vertrages miteinander verquickt. Er stellt klar, dass die Laufzeit des Vertrages von der Zahlungsperiode abweichen kann, die Zahlungsperiode entspricht dabei maximal der Vertragslaufzeit (Einmalprämie, Jahresprämie). Der Zeitraum der Versicherungsperiode entspricht dabei 1

1 OLG Hamm v. 23.03.1979 – 20 U 188/78, VersR 1979, 614.

2 OLG Hamm v. 03.12.1999 – 20 U 101/99 – VersR 2000, 719; OLG Frankfurt v. 07.05.1998 – 3 U 250/97, VersR 1998, 1540.

3 Jacobsen in Feyock/Jacobsen/Lemor § 6 AKB a.F. Rn. 28.

1 Für die Verträge, die nach der Vorlage der AKB 2008 geschlossen wurden, ist M auch in der zweiten Auflage noch enthalten.

der Zahlungsperiode, die ein Zeitabschnitt aus der Vertragsdauer (Haftungsdauer) sein kann[2]. Im Kraftfahrzeugversicherungsrecht kommt dieser Regelung wenig Bedeutung zu, da die Verträge üblicherweise ein Jahr nicht überschreiten und die Vertragsdauer im Vertrag festgelegt wird.

B. Voraussetzung

2 Es muss eine bestimmte Zahlungsperiode vereinbart sein, dies kann sowohl die jährliche Zahlungsweise sein, aber auch unterjährige Zahlungsziele (halbjährlich, vierteljährlich oder monatlich) sind möglich. Eine solche Zahlungsweise hat keinen Einfluss auf die Versicherungsperiode. Es kommt auf die mit dem Versicherungsnehmer vereinbarten Versicherungsperioden an[3].

3 Üblicherweise werden dabei geringe Zuschläge erhoben, auf die hingewiesen werden muss.

4 Unterjährige Zahlungsvereinbarungen unterfallen nicht dem VerbraucherkreditG[4], sie stellen gerade keine Kreditgewährung dar[5]. Der Versicherungsnehmer wird auch nicht unangemessen benachteiligt. Zinsen in Form des effektiven Jahreszinses müssen insoweit nicht ausgewiesen werden[6]. Ein Widerrufsrecht im Sinne des VerbraucherkreditG ist daher nicht zu gewähren[7].

C.5 Beitragspflicht bei Nachhaftung in der Kfz-Haftpflichtversicherung

Bleiben wir in der Kfz-Haftpflichtversicherung aufgrund § 117 Abs. 2 Versicherungsvertragsgesetz gegenüber einem Dritten trotz Beendigung des Versicherungsvertrages zur Leistung verpflichtet, haben wir Anspruch auf den Beitrag für die Zeit dieser Verpflichtung. Unsere Rechte nach § 116 Abs. 1 Versicherungsvertragsgesetz bleiben unberührt.

Übersicht

A. Allgemeines

1 Die Regelung der Nachhaftung dient allein dem Schutz der Verkehrsteilnehmer und soll sicherstellen, dass im öffentlichen Verkehrsraum kein Fahrzeug ohne entsprechenden Versicherungsschutz fährt. Der Zulassungsstelle soll genügend Zeit gegeben werden, das unversicherte Fahrzeug stillzulegen, bis eine anderweitige Versicherungsbestätigung vorliegt. Das Interesse des Gesetzgebers bezieht sich aber nicht auf die sonstigen Sparten der Kraftfahrt-Versicherung, so dass diese Regel ausschließlich für die Kraftfahrzeug-Haftpflicht-Versicherung gilt.

2 Soweit der Vertrag beendet wurde, sei es durch Kündigung durch den Versicherungsnehmer oder den Versicherer oder sonstige Beendigungsgründe (wie Rücktritt etc.) und es kommt nach dem Ende des Vertrages zu einem Schadenfall, für den der Versicherer noch aufgrund der (jetzt) in § 117 Abs. 2 VVG normierten Nachhaftung[1] einzutreten hat, haftet dieser nur im Außenverhältnis im Rahmen der Mindestversicherungssummen[2]. Nach § 116 Abs. 1 haften Versicherer und Versicherungsnehmer als Gesamtschuldner für den eingetretenen Schaden, so dass bei Beendigung

2 Looschelders/Pohlmann/Schneider, § 12 VVG Rn. 1.
3 Looschelders/Pohlmann/Schneider, § 12 VVG Rn. 5.
4 OLG Düsseldorf v. 13.12.2012 – I-6 U 273/11; OLG Schleswig v. 11.09.2012 – 16 U 88/12.
5 OLG Oldenburg v. 04.04.2012 – 5 U 32/12; OLG Celle, 09.02.2012 – 8 U 191/11.
6 OLG Düsseldorf v. 13.12.2012 – I-6 U 273/11.
7 LG Kiel v. 28.06.2012 – 8 O 24/12.
1 Wegen der Details s.dort.
2 Vgl. oben AKB C.1.2 Rdn. 15, 17; § 117 VVG Rdn. 27.

des Vertrags und einer Haftung allein aufgrund gesetzlicher Vorschriften im Innenverhältnis allein der Versicherungsnehmer haftet und der Versicherer insoweit einen vollen gesamtschuldnerischen Ausgleichsanspruch hat, der Rückgriff richtet sich damit nach § 426 BGB[3].

Im Gegensatz zu den AKB a.F[4]. wird jetzt auch der Anspruch auf Prämie für die Zeit der Nachhaftung ausdrücklich in den AKB aufgenommen. 3

B. Voraussetzung

Der Vertrag wurde beendet durch Kündigung oder Rücktritt oder Widerruf. Auch wenn der Vertrag vom Versicherungsnehmer widerrufen wurde, dieser den Rücktritt erklärte oder den Vertrag gekündigt hat, ist der Versicherer bis zum Ablauf eines Monates nach Eingang der Mitteilung, dass der Vertrag beendet wurde, bei der Zulassungsstelle einem Dritten, der durch den Gebrauch des KFZ geschädigt wurde, zur Leistung verpflichtet, § 117 Abs. 2 VVG. Gleiches gilt, wenn die Vertragsbeendigung vom Versicherer ausging. Die Mitteilung des Vertragsendes an die Zulassungsstelle erfolgt immer erst zum Vertragsende. 4

Hat der Versicherungsnehmer in der Zwischenzeit für den unmittelbar anschließenden Zeitraum bereits eine Bestätigung eines anderen Versicherers vorgelegt, wird die Nachhaftung gar nicht ausgelöst. Sie wird unmittelbar unterbrochen mit der Vorlage der Versicherungsbestätigung eines anderen Versicherers. 5

Erst wenn der Versicherungsnehmer nichts unternimmt, und die Versicherung während der Nachhaftung in Anspruch genommen wird wegen eines Drittschadens, besteht auch die Zahlungspflicht des Versicherungsnehmers für diesen Zeitraum. 6

C. Rechtsfolgen der Nachhaftung

Obwohl der Versicherer berechtigt ist, für den Zeitraum der Nachhaftung eine Prämie zu fordern, bleibt sein Recht nach § 116 Abs. 1 VVG unbeschnitten. Er haftet im Verhältnis zum Versicherungsnehmer nicht und kann daher vollen Ersatz seiner Aufwendungen aus einem Schadenfall verlangen. Der Versicherer ist verpflichtet, die Meldung an die Zulassungsstelle so schnell als möglich zu fertigen, um auch die Prämienzahlungspflicht des Versicherungsnehmers zu begrenzen[5]. Verletzt der Versicherer diese Pflicht schuldhaft, gebührt ihm für diesen Zeitraum keine Prämie[6]. 7

Das Prämienforderungsrecht begrenzt sich dabei auf den Betrag, der für die Kraftfahrzeug-Haftpflicht-Versicherung mit begrenzter Versicherungssumme zu erstatten wäre, da nur in diesem Rahmen gehaftet und geleistet wird. Die Anforderung der Prämie ist auch nicht als stillschweigendes Angebot zur Vertragsverlängerung zu sehen, da der klare Regelungsgehalt des C.5 diesem entgegensteht (anders als bei der Annahme der Prämie nach ausgesprochener Kündigung)[7]. 8

D Ihre Pflichten bei Gebrauch des Fahrzeugs und Folgen einer Pflichtverletzung

Bei den Pflichten nach D.ff. handelt es sich um die vertraglichen Nebenpflichten des Versicherungsnehmers. Sie werden auch als Obliegenheiten bezeichnet. Bei den Obliegenheiten wird differenziert zwischen den Obliegenheiten vor dem Schadenfall, d.h. solche Pflichten, die der 1

---

3 BGH v. 28.11.2006 – VI ZR 136/05 für den Dieb, aber übertragbar auf sonstige Regressfälle, zfs 2997, 195 ff. = SP 2007, 224 ff.

4 Dort § 4a Abs. 4 AKB a.F. »für den Fall, dass trotz Beendigung des Vertrages die Leistungspflicht des Versicherers gegenüber dem Dritten bestehen bleibt«.

5 Stiefel/Hofmann, Kraftfahrtversicherung, § 4a AKB a.F. Rn. 29, aber verkennend, dass der ehemalige Versicherungsnehmer seinerseits verpflichtet ist, das Fahrzeug unverzüglich bei einem anderen Versicherer zu versichern, wenn er es im öffentlichen Verkehrsraum nutzen will.

6 Stiefel/Maier/Maier, C.4 AKB Rn. 1.

7 Stiefel/Maier/Maier, C.4 AKB 2008 Rn. 2.

Versicherungsnehmer immer zu beachten hat und solchen, die der Versicherungsnehmer im Schadenfall[1] (nach E. AKB) zu beachten hat. Vorliegend handelt es sich um die vertraglichen Obliegenheiten vor dem Schadenfall. Unter D.3 werden die Folgen der Nichtbeachtung einer solchen Obliegenheit ausgeführt. Diese Pflichten sollen dazu dienen, das Risiko des Versicherers zum einen kenntlich zu machen (Verwendungszweck) und zum anderen auch das Risiko des Versicherers nicht unnötig zu erhöhen, wie es durch die Nichtbeachtung der Obliegenheiten möglich ist.

2 Durch die Spartentrennung in der Kraftfahrzeug-Versicherung haben die Obliegenheiten unterschiedliche Auswirkungen, so ist in der Kraftfahrzeug-Haftpflicht-Versicherung die Leistungsfreiheit schon durch die KfzPflVV der Höhe nach beschränkt, während in den anderen Sparten eine Verletzung einer vorvertraglichen Pflicht als Risiko-Ausschluss formuliert wird. Aufgrund der weitreichenden Folgen stehen diese Bedingungen auf dem Prüfstand. Als Risiko-Ausschluss kann nur ein bestimmtes Wagnis bezeichnet werden, das der Versicherer nicht versichern möchte. Werden aber konkrete Verhaltensweisen von dem Versicherungsnehmer erwartet, handelt es sich um sog. Verhüllte Obliegenheiten, die dann bestenfalls zu einer Leistungskürzung berechtigen, wenn der Versicherungsnehmer diese zu vertreten hat[2].

3 Zunächst werden die Verpflichtungen aufgeführt, die für alle Sparten gelten, sich also auch auf die Vollkasko, Teilkasko, Insassen-Unfall etc. beziehen.

4 Die Pflichten sind in den Rechtsfolgen an § 28 VVG angepasst. Wird eine Anpassung der Bedingungen von einzelnen Versicherern nicht vorgenommen, können sie sich auf die Obliegenheiten nicht berufen. Etwas anderes kann nur gelten, wenn der Versicherungsnehmer, die versicherte Person sich arglistig verhalten hat[3]. Im Rahmen der Neufassung der AKB wurde die Rennklausel dergestalt formuliert und platziert, dass sie für alle Versicherungssparten gilt. Lediglich die Alkoholklausel verbleibt danach als zusätzliche besondere Obliegenheit vor Eintritt des Versicherungsfalls unter D.1.2. AKB für die Kraftfahrzeug-Haftpflicht-Versicherung. Nur für die Fahrerschutzversicherung werden unter D.1.3 weitere Obliegenheiten formuliert.

D.1.1 Bei allen Versicherungsarten

Nutzung nur zum vereinbarten Verwendungszweck

D.1.1.1 (Verwendungsklausel)[1]

Das Fahrzeug darf nur zu dem im Versicherungsvertrag angegebenen Zweck verwendet werden.

< xx *Alternativformulierung für die Versicherer, die den Anhang verwenden:* >

[xx siehe Tabelle zur Begriffsbestimmung für Art und Verwendung des Fahrzeugs]

Übersicht

1 Vgl. unten E.x AKB.

2 Schwintowski/Brömmelmeyer/Schwintowski, § 28 VVG, Rn. 29 m.w.N.

3 OLG Frankfurt v. 02.12.2013 – 7 U 229/11, Jurion = r+s 2013, 554–556 = VersR 2013, 1127–1129 = VK 2014, 17–18 = VuR 2014, 74.

1 Überschrift des Verfassers!

A. Allgemeines

1 Es handelt sich um eine ausschließlich vertragliche Vereinbarung über die Verwendung des versicherten Fahrzeuges. Das Fahrzeug darf nur zu dem im Vertrag vereinbarten Verwendungszweck gebraucht werden. Dabei wird u.a. zwischen verschiedenen, nachfolgend benannten Verwendungsarten differenziert[2]:

2 Die Verwendungsklausel soll dem Inhalt nach den Versicherer vor einem unbekannten und höheren Risiko schützen und gilt insoweit als Spezialvorschrift gegenüber der Gefahrerhöhung nach § 23 ff. VVG[3]. So kann ein Taxi ohne weiteres als Privatfahrzeug genutzt werden, ohne dass ein Verstoß gegen die Verwendungsklausel im versicherungsrechtlichen Sinne vorläge. Die Verwendung eines als PKW versicherten Fahrzeugs hingegen als Taxi wäre, da sich hier ein deutlich höheres Risiko darstellt, als Verstoß zu werten. Auch wenn die geänderte Verwendung eine höhere Gefahr darstellt, geht die Regelung zur Verwendungsklausel in den AKB der Gefahrerhöhung nach §§ 23 ff. VVG als speziellere Regelung vor[4].

I. Arten der Verwendung

3 Die regelmäßigen möglichen Verwendungsarten ergeben sich aus Anlage 6 zu diesen Bedingungen. Es sind im Einzelnen folgende Verwendungen vorgesehen:
- Fahrzeuge mit Versicherungskennzeichen,
- Fahrräder mit Hilfsmotor
- Kleinkrafträder (zwei-, dreirädrig)
- vierrädrige Leichtkraftfahrzeuge
- motorisierte Krankenfahrstühle
- Leichtkrafträder
- Krafträder
- Pkw
- Mietwagen
- Taxen
- Selbstfahrervermietfahrzeuge[5]
- Leasingfahrzeuge
- Kraftomnibusse
- Linienverkehr
- Gelegenheitsverkehr
- sonstige Busse, insbesondere
- Hotelomnibusse,
- Werkomnibusse,
- Schulomnibusse,
- Lehr- und
- Krankenomnibusse.
- Campingfahrzeuge
- Werkverkehr
- Gewerblicher Güterverkehr
- Umzugsverkehr
- Wechselaufbauten
- Landwirtschaftliche Zugmaschinen

---

2 Vgl. insoweit auch unter AKB Rdn. 61 ff. Gebrauch des KFZ.

3 Stiefel/Hofmann Kraftfahrtversicherung § 2b AKB a.F. Rn. 25; BGH v. 14.05.1986 – IVa ZR 191/84, VersR 1986, 693, in den neueren Entscheidungen ist diese Frage nicht mehr erörtert.

4 BGH 22.01.1997 – IV ZR 320/95, r+s 1997, 184f = NZV 1997, 266 f.

5 Diese Fahrzeuge werden regelmäßig an »selbstfahrende« Kunden gewerbsmäßig vermietet, ohne dass ein Fahrer vom Vermieter gestellt würde, vgl. insoweit OLG Koblenz v. 04.12.1998 – 10 U 5/98, r+s 1999, 271.

- Melkwagen und Milchsammel-Tankwagen
- Sonstige landwirtschaftliche Sonderfahrzeuge
- Milchtankwagen
- Selbstfahrende Arbeitsmaschinen
- Lieferwagen
- Lkw
- Zugmaschinen
- Sonderkennzeichen für Prüf-, Probe- und Überführungsfahrten (Rote Kennzeichen)
- Oldtimer

4 Die Definitionen zu den einzelnen Fahrzeugarten sind in Anhang 6 zu den AKB abgedruckt. Der Versicherungsnehmer ist grundsätzlich gehalten, jede Änderung der Verwendung unverzüglich anzuzeigen, um dem Versicherer die Möglichkeit zu geben, auf die veränderten Bedingungen zu reagieren[6]. Eine Obliegenheitsverletzung ist jedoch in aller Regel nur dann zu bejahen, wenn mit dem Verstoß gegen die Verwendungsklausel auch gleichzeitig eine »Gefahrerhöhung« = Risikoerhöhung einhergeht[7]. Birgt die abweichende Verwendung allerdings kein höheres Risiko in sich, so führt dies nicht zur Leistungsfreiheit des Versicherers[8]. Eine andere als die vereinbarte Verwendung schadet dann nicht, wenn die Tarife der jeweiligen Verwendungen gleichwertig sind[9]. Der Versicherungsnehmer selbst weiß über die geplante Verwendung am besten Bescheid und ist daher gehalten, in Zweifelsfällen gesondert bei dem Versicherer ob der geplanten Verwendung nachzufragen[10]. Besonderheiten können bei LKW-Versicherungen auftreten. Ist bei einer Flottenversicherung beispielsweise nur eine bestimmte Anzahl von Fahrzeugen im Fernverkehr versichert und eine weitere begrenzte Anzahl der Fahrzeuge nur im Werknah- oder Werkfernverkehr, dürfte es schwerfallen, den Verstoß gegen die Verwendungsklausel nachzuweisen. Etwas anderes gilt allerdings, wenn einem konkreten Fahrzeug die Versicherung »Werknahverkehr« zugeordnet ist.

5 Problematisch sind die derzeit auf den Markt drängenden Chauffeur-Dienste per App für Smartphones, wie z.B. Uber[11] u.a., die sich privater Kfz bedienen und in ihrer Preisgestaltung deutlich unter den Taxitarifen rangieren. Da es sich dabei häufig um Fahrzeuge handelt, die nicht entsprechend versichert sind, laufen die Fahrer dieser Fahrzeuge Gefahr, im Falle eines Unfalles wegen Verstoßes gegen die Verwendungsklausel in Regress genommen zu werden. Dabei ist noch nicht über das Erfordernis eines sog. Personenbeförderungsscheines gesprochen worden. Der Fahrer riskiert im Rahmen der gewerblichen Personenbeförderung zudem mindestens ein Ordnungsgeld wegen Verstoßes gegen das PBefG, außerdem verstößt er gegen die Führerscheinklausel nach D.1.1.3 AKB[12].

6 Auch die Fahrzeuge, die im Rahmen von Carsharing-Projekten geteilt werden, sind gesondert zu bezeichnen. Bei privatem Carsharing wird ein Fahrzeug von einem kleinen Kreis von Benutzern genutzt. Derzeit werden diese Fahrzeuge über verschieden Anbieter vermittelt (in der Regel mit Hilfe einer Internetplattform).

---

6 VerBAV 1990, 177.

7 OLG Karlsruhe v. 07.07.1994 – 12 U 12/94, VersR 1995, 568f; OLG Koblenz v. 04.12.1998 – 10 U 5/98, r+s 1991, 271 m.w.H.

8 Stiefel/Maier Kraftfahrtversicherung AKB D.1.1 AKB Rn. 5.

9 OLG Hamm v. 14.06.1991 – 20 U 196/90, r+s 1992, 152.

10 OLG Karlsruhe v. 30.04.1986 – 4 U 9/85, NJW-RR 1987, 212, 213 m.w.H.

11 Das OVG Hamburg Beschl. v. 24.09.2014 – 3 Bs 175/14, NZV 2014, 600 (Anm. Nebel/Kramer zu dieser Entscheidung NVwZ 2014, 1532), hat die Vermittlung privater Fahrten von UperPop untersagt; ebenso LG Frankfurt v. 18.03.2015 – 3–08 O 136/14 (n. rskr. VG Berlin v. 26.09.2014 – VG 11 L 353/14). Vgl. dazu auch Ingold, »Gelegenheitsverkehr oder neue Verkehrsgelegenheiten?«, NJW 2014, 3334; Bauer/Friesen, »UberPop – rechtlich top oder eher ein Flop?«, DAR 2015, 61, 65 f; Rebler, »Mi(e)tfahrgelegenheit modern – WunderCar und UberPop rechtliche Grauzone oder Illegalität?«, DAR 2014, 550 f.

12 Vgl. AKB D.1.1.3 Rdn. 5.

II. Rote Kennzeichen/Kurzzeitkennzeichen

Die Ausgabe von Kurzzeitkennzeichen erfolgt an jedermann, zur Durchführung von Prüf-, Probe- oder Überführungsfahrten. Für die Beantragung eines Kurzzeitkennzeichens muss üblicherweise die Fahrzeugidentifikations-Nummer des KFZ, für das das Kennzeichen verwendet werden soll, angegeben werden sowie der Fahrzeugschein des Fahrzeuges vorgelegt werden. Damit ist ein an Privatpersonen herausgegebenes Kurzzeitkennzeichen einem konkreten Fahrzeug zugeordnet. Dabei gilt der Versicherungsschutz nur für das Fahrzeug, für das das Kurzzeitkennzeichen ausgegeben wurde. Wird das Kennzeichen an ein anderes Fahrzeug angebracht, führt dies nicht dazu, dass für dieses zweite Fahrzeug Versicherungsschutz besteht[13]. Anderer Auffassung ist allerdings das OLG Hamm[14], das Versicherungsschutz und Leistungspflicht des KH-Versicherers auch für das zweite Fahrzeug bejaht. 7

Soweit andere Fahrten als Prüf-, Probe- oder Überführungsfahrten mit den Kurzzeitkennzeichen gemacht werden, liegt ein Verstoß gegen die Verwendungsklausel vor[15]. So ist eine Fahrt zum Kinobesuch mit einem mit Kurzzeitkennzeichen versehenen Kfz nicht zulässig[16]. 8

Die Ausgabe der Roten Kennzeichen erfolgt u.a. an Kfz-Betriebe, Kfz-Hersteller; -Teilehersteller und Kfz-Werkstätten. Das Kennzeichen wird für einen Zeitraum von fünf Tagen nur noch zur betrieblichen Nutzung[17] für Prüf-, Probe- und Überführungsfahrten ausgegeben, wenn für diesen Zeitraum eine Versicherungsbestätigung eines Kraftfahrzeug-Haftpflicht-Versicherers vorgelegt wird[18]. Soweit das Fahrzeug im öffentlichen Verkehrsraum genutzt wird, muss es sich um eine Fahrt mit Prüfcharakter, eine Probefahrt oder eine Überführungsfahrt handeln. Dies ist vom Führer des KFZ bzw. dem Versicherungsnehmer zu beweisen[19]. Dabei kann die Prüffahrt grds. von jedermann vorgenommen werden, es muss nicht der Inhaber oder ein Angestellter eines Kfz-Betriebes sein, auch der Kunde, Kaufinteressent oder Verkäufer können eine Probe- oder Prüffahrt durchführen[20]. Auch die nach den Sonderbedingungen für Kfz-Handel und Handwerk erteilten Roten Kennzeichen unterliegen den allgemeinen Bestimmungen der AKB, so dass die missbräuchliche Verwendung dieser Kennzeichen auch gleichzeitig einen Verstoß gegen die Verwendungsklausel darstellt. Dabei ist zu beachten, dass sich der Versicherungsschutz der Roten Kennzeichen immer nur auf das Kfz bezieht, für das es ausgegeben wurde[21]. Die missbräuchliche Nutzung eines Roten Kennzeichens an einem anderen, nicht zugelassenen, Fahrzeug führt nicht zur Eintrittspflicht des Handel-Handwerkversicherers[22]. Die Fahrt unter abredewidriger Verwendung des Roten Kennzeichens als Einkaufsfahrt führt nicht zur Strafbarkeit i.S.d. §§ 1, 6 PflVG[23]. Das Kennzeichen muss fest mit dem Kfz verbunden sein, das bloße Ablegen auf der Ablage reicht hierfür nicht aus[24]. 9

---

13 OLG Stuttgart vom 22.10.2014 – 3 U 36/14 (Revision wurde zugelassen, ob diese eingelegt wurde, ist derzeit nicht bekannt).

14 OLG Hamm vom 07.12.2012 – I-9 U 117/12.

15 Blum »Der Missbrauch von Kurzzeitkennzeichen« in SVR 2009, 126 f. auch mit Hinweisen zur strafrechtlichen Relevanz.

16 OLG Düsseldorf Beschl. v. 16.09.2011 – III -3RBs 143/11 (Jurion) diese Verwendung stellt eine Ordnungswidrigkeit dar.

17 VG Berlin v. 11.01.2008 – VG 11 A 877.07, NZV 2008, 421 f.

18 Grabolle »Gebrauch roter Kennzeichen bei Probefahrten« DAR 2008, 173 ff.; Huppertz »Rechtsfolgen bei Probefahrten im Lichte der neuen FZV« in DAR 2008, 606 ff.

19 LG Köln v. 12.01.2005 – 20 O 335/03, r+s 2005, 325, bei einer Fahrt mit einem für Rennen getunten KFZ konnte der Probecharakter nicht bewiesen werden.

20 OLG Köln v. 02.02.2010 – 9 U 133/09, VersR 2010, 1309.

21 BGH v. 11.11.2015 – IV ZR 429/14; OLG Stuttgart vom 22.10.2014 – 3 U 36/14; a.A. OLG Hamm v. 07.12.2012 – I 9 U 177/12.

22 BGH IV ZR 316/04 m.w.H. in VersR 2006, 1352 = NJW-RR 2006, 1462; OLG Stuttgart 7 U 123/00 r+s 2001, 104.

23 OLG Hamm 2 Ss 533/06 in zfs 2007, 352 f = NZV 2007, 375.

24 OLG Koblenz vom 04.04.2011 – 10 U 1258/10.

10 Zum 01.04.2015 wird die Kurzzeitkennzeichenvergabe neu geregelt, § 42 FZV, so sollen dann die Kennzeichen nur noch gegen Vorlage der entsprechenden Fahrzeugpapiere ausgegeben werden. Dies verhindert allerdings den Missbrauch nicht. Außerdem sollen für Fahrzeuge ohne Hauptuntersuchung nur noch Fahrten zur nächsten Untersuchungsstelle zulässig sein.

11 Auch hier ist eine Nachhaftung des Versicherers gegeben[25], ein Rechtsschein für die begrenzte Dauer wegen des aufgedruckten Gültigkeitszeitraums soll nicht gelten.

III. Oldtimerkennzeichen

12 Die Oldtimerkennzeichen hingegen sind nur für bestimmte Fahrten im Rahmen von Oldtimerveranstaltungen und zu Prüf-, Probe- und Überführungsfahrten zu verwenden, ein Verstoß gegen diese Regelungen stellt auch einen Verstoß gegen die Verwendungsklausel dar[26]. Ein Anspruch auf Erteilung einer Ausnahmegenehmigung, um ein Oldtimerkennzeichen ohne Euro-Feld zu verwenden, besteht nicht.[27]

B. Objektiver Tatbestand

13 Schon die einmalige andere Verwendung reicht aus, um den Tatbestand des Verstoßes gegen die Verwendungsklausel zu verwirklichen und die Leistungsfreiheit des Versicherers in den Grenzen der KfzPflVV zu verwirklichen[28]. Beweisbelastet ist der Versicherer für den Verstoß gegen die Verwendungsklausel[29]. Er haftet auch für die möglicherweise durch seinen Vermittler verursachten Falschangaben und kann sich nicht auf einen Verstoß gegen die Verwendungsklausel berufen, wenn dieser den Antrag schuldhaft falsch ausgefüllt hat[30].

I. Einzelfälle

14 Die Herausgabe eines Geschäftsfahrzeuges der Werkstatt an einen Kunden kann dann einen Verstoß gegen die Verwendungsklausel darstellen, wenn dieses Fahrzeug entgeltlich überlassen wird[31], gleiches gilt für ein vermietetes Motorrad[32]. Die unentgeltliche Überlassung selbst eines Mietfahrzeuges ist zwar unschädlich[33], aber auch die Zahlung eines teilweisen Ausgleichs für die Nutzung eines Kfz kann einen Verstoß gegen die Verwendungsklausel darstellen[34]. Allerdings ist die unentgeltliche Weitergabe eines KFZ an den Mieter, um diesen zum Kauf zu bewegen, als Verstoß angesehen worden, wenn das Kfz nicht als Vermietfahrzeug versichert war[35]. Auch das Umrüsten eines LKW,

25 OLG Frankfurt/M. v. 26.09.2018 – 13 U 43/17.

26 Vgl. Hierzu auch Halm/Fitz, »Versicherungsschutz bei entgeltlichen Probefahrten«, DAR 2006, 433 f.

27 VG Minden v. 06.06.2013 – 2 K 2931/12, ADAJUR ›104225.

28 BGH v. 21.03.1963 – VersR 1963, 527; OLG Hamm v. 11.09.1997 – 6 U 72/97, VersR 1998, 1498 (einmalige Vermietung eines KFZ).

29 BGH v. 19.03.1986 – IVa ZR 182/84 r+s 1986, 144 f. = VersR 1986, 541 auch zur Beweislastverteilung.

30 BGH v. 01.03.1972 – IV ZR 107/70, NJW 1972, 822 für die Versicherung Werknahverkehr statt Werkfernverkehr; LG Berlin, Urteil vom 24.03.2009 – 7 O 211/08, BeckRS.

31 OLG Köln v. 14.01.1969 – 9 U 12/67, VersR 1970, 513; OLG Koblenz v. 04.12.1998 – 10 U 5/98, r+s 1999, 271; OLG Düsseldorf v. 22.06.1993 – 4 U 72/92, r+s 1994, 205 ff. für die Leihe von Luxuswagen in Italien gegen Kaution und anschließender Erstattung von Nutzungsentschädigung, wenn ein Kauf nicht zustande kommt; OLG Hamm v. 11.09.1997 – 6 U 72/97, r+s 1998, 181 ff., für die beabsichtigte Änderung des Verwendungszwecks auf Vermietfahrzeug, ohne dass der Antrag vom Versicherer angenommen worden ist.

32 BGH v. 23.05.1960 – II ZR 132/58, NJW 1960, 1572.

33 BGH v. 14.05.1981 – IV ZR 233/79, NJW 1981, 1842; OLG Nürnberg, v. 24.06.1968 – 5 U 138/67, VersR 1969, 31.

34 BGH v. 22.01.1997 – IV ZR 320/95, r+s 1997, 184 = NZV 1997, 266f; BGH v. 14.05.1986 – IVa ZR 191/84, r+s 1986,197 (§ 2 AKB a.F. geht den Regeln der §§ 23 VVG vor); BGH v. 01.03.1972 – IV ZR 107/70 NJW 1972, 82 für die Haftung des Versicherers für seine Angestellten.

35 AG Nürnberg v. 31.07.1984 – 24 C 1844/84 ADAJUR-Dok. 63 071.

der nur im Werknahverkehr verwendet werden durfte, in ein Wohnmobil[36], oder das Verwenden einer landwirtschaftlichen Zugmaschine bei einem Fastnachtsumzug[37] stellt einen Verstoß dar. Der Einsatz eines »LKW-Werknahverkehr« im Güterfernverkehr stellt einen Verstoß gegen die Verwendungsklausel dar[38]. Wird ein Wohnmobil zu Werbe- und Ausstellungszwecken zur Verfügung gestellt, liegt ein Verstoß gegen die Verwendungsklausel vor, wenn der Eigentümer als Gegenleistung dafür Einbauteile (im Wert von ca. 8.500 €) erhalten hat[39]. Ob regelmäßiges Überladen des versicherten Kfz als Verstoß gegen die Verwendungsklausel gesehen werden kann, ist mehr als fraglich, hier dürfte sich eher die Frage der Gefahrerhöhung stellen[40]. Auch wenn ein Kfz in abgemeldetem Zustand im öffentlichen Verkehrsraum als Lagerstätte für Sachen eines Messies verwendet wird, stellt sich zumindest die Frage eines Verstoßes gegen die Verwendungsklausel, wenn eine Ruheversicherung besteht, oder die Nachhaftungsfrist des Versicherers noch nicht abgelaufen ist[41]. Wenn der Versicherungsnehmer die Ummeldung des Kfz von PKW-Eigenverwendung in Selbstfahrervermietfahrzeug beabsichtigt und einen entsprechenden Antrag bei der Versicherung eingeworfen hat, führt dies nicht zu dem Ausschluss einer Obliegenheitsverletzung, wenn der Versicherer die geplante Änderung noch nicht angenommen hat und der Versicherungsnehmer das Fahrzeug schon vermietet[42].

Demgegenüber wird eine **Risikoerhöhung nicht** gesehen, wenn die Teilnehmer einer Fahrgemein- 15
schaft sich an den Kosten beteiligen, ohne dass dabei ein Gewinn erzielt würde[43]; auch der Einsatz eines Fahrzeuges zum Transport von Volleyballspielerinnen zum Spiel unter Erhalt einer km-Pauschale führt nicht zum Verstoß gegen die Verwendungsklausel[44]. Auch vorübergehende Fahrgemeinschaften gegen Aufwendungsersatz im Rahmen sog. Mitfahrzentralen sind diesem Bereich zuzurechnen, da üblicherweise dem Fahrer ein Aufwendungsersatz gezahlt wird und nicht – wie bei einem Taxi eine kostendeckende Pauschale. Werden solche Gelegenheiten gewerbsmäßig angeboten, ist die Frage der Verwendungsklausel durchaus zu prüfen. Beim Car-Sharing hingegen müsste eine entsprechende vertragliche Regelung getroffen werden, um einen Verstoß gegen die Verwendungsklausel zu vermeiden. Auch der Einsatz einer landwirtschaftlichen Zugmaschine im Rahmen eines Feuerwehreinsatzes ist versichert[45]. Ein Verstoß gegen die Vorschriften der Personenbeförderung, also die Beförderung von mehr Personen als beantragt, stellt keinen Verstoß gegen die Verwendungsklausel dar[46], allerdings sehr wohl die Beförderung von Personen auf dafür nicht zugelassenen Anhängern. Auch kann sich die erhöhte Personenzahl im Bereich der Gefahrerhöhung auswirken und so den Versicherungsschutz gefährden[47], in jedem Fall wäre dann auch die Frage der Führerscheinklausel hinsichtlich der gesonderten Erteilung eines Personenbeförderungsscheins zu prüfen.

---

36 LG Mönchengladbach v. 20.02.1985 – 3 O 44/84, zfs 1985, 179, für das von einem als LKW versicherten PKW, der zum Wohnmobil umgebaut wurde; umgebaute Wohnmobil zur Eigenverwendung, welches dann vermietet wird OLG Hamm v. 11.03.1988 – 20 U 199/87 ADAJUR-Dok. 10 672.

37 OLG Karlsruhe v. 30.04.1986 – 4 U 9/85 VersR 1986, 1180. Wegen weiterer Details vgl. Jahnke, Karneval, Volksfeste und ihr rechtliches Umfeld, NZV 2019, 57 ff.

38 BGH v. 01.03.1972 – IV ZR 107/70, VersR 1972, 530; v. 19.03.1986 – IVa ZR 182/84, r+s 1986, 144 f. = VersR 1986, 541 auch zur Beweislastverteilung; OLG Celle v. 17.11.2016 – 8 U 114/16;.OLG Hamm v. 01.12.1997 – 6 U 177/96, r+s 1998, 140 f.; LG Berlin v. 24.03.2009 – 7 O 211/08, BeckRS.

39 OLG Hamburg v. 09.05.1990 – 5 U 146/89, VersR 1991, 655, dann liegt eine Eigenverwendung nicht mehr vor, sondern eine gewerbliche Verwendung des Wohnmobils. Gegenstand der Entscheidung war allerdings die Frage der Kasko-Entschädigung nach dem Diebstahl des Wohnmobils.

40 Diese Frage offenlassend OLG Hamm v. 11.03.1996 – 6 U 124/95, NZV 1996, 498 zur Versäumung der Klagefrist des § 12 Abs. 3 VVG a.F.

41 LG Hamburg v. 04.03.2009 – 318 S 93/08 BeckRS. 2009 10 285.

42 OLG Hamm v. 11.09.1997 – 6 U 72/97, r+s 1998, 81.

43 BGH v. 14.07.1960 – II ZR 228/58, VersR 1960, 726.

44 BGH v. 14.05.1981 – VI ZR 233/79, DAR 1981, 354 = BGHZ 80 303 ff, der die Fahrgemeinschaften in Zeiten der Ölknappheit ausdrücklich begrüßte und davon ausging, dass dies bei der Formulierung des Begriffes »entgeltliche Personenbeförderung« nicht bedacht und sicher auch nicht beabsichtigt worden sei.

45 GB BAV 1966, 63.

46 BGH v. 14.02.1951 -II ZR 39/50, BGHZ 1, 153, 156 = NJW 1951, 403 f.

47 BGH VersR 1967, 493; OLG Saarbrücken v. 17.03.1989 – 3 U 164/84, VersR 1990, 779.

II. Rote Kennzeichen

16 Neben diesen Verstößen sind die häufigsten aber die missbräuchliche Verwendung der Roten Kennzeichen[48] i.S.d. § 41 FZV. Bei der Verwendung zur Probefahrt ist zwar ein zeitlicher Rahmen nicht gesetzt, aber die mehrfache Verwendung des KFZ mit Roten Kennzeichen lässt den Prüf- und Probecharakter fraglich werden[49]. Dies gilt auch, wenn der Händler das ihm zugeteilte Rote Kennzeichen an fremden Fahrzeugen befestigt[50]. Wird ein Fahrzeug mit roten Kennzeichen vermietet, die Frage des Verwendungszwecks, die mit einer entsprechenden Belehrung versehen war, nicht beantwortet und in das Feld der Fahrzeugidentifikations-Nr. lediglich »Rotes Kennzeichen zur Probefahrt« eingefügt, stellt dies noch keinen Verstoß gegen die Verwendungsklausel dar, wenn das Risiko der wenige Tage dauernden Vermietung nicht höher einzustufen ist als die Überlassung zu Probefahrten[51]. Allerdings wird grundsätzlich der Verstoß gegen die Verwendungsklausel bei missbräuchlicher Verwendung der Roten Kennzeichen angenommen[52]. Eine Wochenendausflugsfahrt[53], die Fahrt zur Diskothek[54] und sonstige Vergnügungsfahrten[55] gelten nicht mehr als Probefahrt. Die Fahrt unter abredewidriger Verwendung des Roten Kennzeichens als Einkaufsfahrt führt nicht zur Strafbarkeit i.S.d. §§ 1, 6 PflVG[56].

17 Der Versicherungsnehmer ist gehalten, die Probefahrt zu beweisen, um den bestimmungsgemäßen Verwendungszweck darzustellen[57]. Ggf. muss er dazu ein Fahrtenbuch führen[58].

18 Rote Kennzeichen, die gem. § 42 Abs. 2, 5 FZV an Fahrzeughändler herausgegeben werden, unterliegen besonderen Einschränkungen: Sie dürfen nur für Probefahrten[59], Prüffahrten und Überführungsfahrten[60] verwendet werden und unterliegen zusätzlich den Sonderbedingungen für Kraftfahrzeug-Handel und Handwerk[61]. Die dortigen Regeln zur Verwendung von roten Kennzeichen gehen den allgemeinen Regeln des D1.1 AKB vor[62].

III. Oldtimer-Kennzeichen

19 Als Oldtimerveranstaltungen gelten solche, die der Darstellung von Oldtimerfahrzeugen und der Pflege des kraftfahrzeugtechnischen Kulturgutes dienen. Dazu gehören auch die An- und Abfahrten sowie ggf. erforderlich werdende Wartungsarbeiten. Nicht eingeschlossen sind allerdings isolierte

48 Vgl. hierzu ausführlich BGH v. 08.05.1961 – II ZR 7/60, NJW 1961, 1399 zu Gültigkeit und Verwendung von Händler-Kennzeichen.

49 OLG Köln v. 20.02.1986 – 5 U 172/85, VersR 1987, 1004; BGH v. 29.05.1974 – IV ZR 56/73, VersR 1974, 793 (das Kennzeichen muss am Fahrzeug angebracht sein).

50 BGH v. 13.12.1972 – IV ZR 156/71, NJW 1973, 285.

51 OLG Karlsruhe v. 07.07.1994 – 12 U 12/94, VersR 1995, 568, dann bestünde bei Verwendung eines Händler-Kennzeichens ein Verstoß gegen die Verwendungsklausel durch den Händler, vorliegend allerdings hatte der Fahrer das KFZ selbst versichert!

52 LG Kassel v. 16.11.1990 – 2 S 423/90, ADAJUR-Dok 1244.

53 OLG Köln v. 28.03.2000 – 9 U 113/99, r+s 2000, 189.

54 OLG Köln v. 02.02.2010 – 9 U 133/09, VersR 2010, 1309.

55 BGH v. 15.01.1997 – IV ZR 335/95 NZV 1997, 226, Reise nach Italien.

56 OLG Hamm v. 18.12.2006 – 2 Ss 533/06 in zfs 2007, 352 f.

57 BGH v. 25.11.1998 – IV ZR 257/97 NZV 1999, 124 f = VersR 1999, 321, r+s 1999, 141, der allerdings die Leistungspflicht des Versicherers bejaht wegen fehlender Kündigung des Vertrages nach § 6 Abs. 1 VVG a.F.

58 LG Köln v. 12.01.2005 – 20 O 335/03 r+s 2005, 325.

59 Der Wochenendausflug gilt nicht als versicherte Fahrt i.S.d. Handel-Handwerkversicherung OLG Köln v. 28.03.2000 – 9 U 113/99, r+s 2000, 189.

60 OLG Düsseldorf v. 06.08.2004 – 22 U 20/04, NJOZ 2004, 3532 zur Verwendung roter Kennzeichen, die dem Käufer die Heimfahrt ermöglichen sollen.

61 VerBAV 1990, 177; vgl. hierzu in diesem Buch Sonderbedingungen Kfz-Handel und -Handwerk.

62 LG Köln v. 24.04.1991 – 24 O 380/90, ADAJUR Dok.-Nr. 14 724 = SP 1992, 381 (zu § 2 II AKB a.F.).

Fahrten zum Betanken des Oldtimers[63]. Dabei ist jetzt auch an das Wechselkennzeichen zu denken, das häufig von Oldtimer-Besitzern verwendet wird[64].

C. Subjektiver Tatbestand

20 Der Verstoß gegen die Verwendungsklausel kann vom Versicherungsnehmer nur vorsätzlich begangen werden, da er weiß, wie er das Fahrzeug versichert hat. Der mitversicherte Fahrer hingegen hat nur in Ausnahmefällen Kenntnis von der Art der Versicherung des von ihm geführten KFZ, wie z.B. bei der Verwendung von Roten Kennzeichen oder Oldtimerkennzeichen. Allerdings kann auch ihm ein Blick in den Fahrzeugschein zumindest bei Mietwagen zu weitergehender Erkenntnis hinsichtlich der Art der Verwendung verhelfen. Ist der Fahrer hingegen Repräsentant des Versicherungsnehmers, wird ihm das Handeln des Versicherungsnehmers zugerechnet und führt zur Leistungsfreiheit des Versicherers[65]. Repräsentant ist, wer vom Versicherungsnehmer die eigenverantwortliche Wahrnehmung von Rechten und Pflichten des Versicherungsnehmers übertragen erhalten hat[66]. Allerdings begründen die gemeinsame Kostentragung für ein Kfz und die Nutzung zu 60 % noch keine Repräsentantenstellung eines Ehepartners[67].

21 Eine Entlastung ist daher nur möglich, wenn die Art der Verwendung ein geringeres Risiko in sich trägt als die versicherte Verwendung[68] oder wenn die veränderte Verwendung keinen Einfluss auf den Schadenseintritt hatte. Der Versicherungsnehmer ist gehalten, den Nachweis der fehlenden Kausalität[69] zu führen. Ein unabwendbares Ereignis reicht als Nachweis der fehlenden Kausalität aus[70].

Nutzung nur durch den berechtigten Fahrer

D.1.1.2 (Berechtigter Fahrer)

Das Fahrzeug darf nur von einem berechtigten Fahrer gebraucht werden. Berechtigter Fahrer ist, wer das Fahrzeug mit Wissen und Willen des Verfügungsberechtigten gebraucht. Außerdem dürfen Sie, der Halter oder der Eigentümer des Fahrzeugs es nicht wissentlich ermöglichen, dass das Fahrzeug von einem unberechtigten Fahrer gebraucht wird.

Übersicht

A. Objektiver Tatbestand

1 Als berechtigter Fahrer ist nur derjenige zu bezeichnen, der das Fahrzeug mit Wissen und Wollen des wahren Berechtigten (Eigentümers, Halters) benutzt. Als wahrer Berechtigter wird derjenige

63 OLG Dresden v. 01.06.2005 – SS. OWI 213/05, DAR 2005, 522.
64 Vgl. hierzu Ausführungen zu D.1.1.5 AKB.
65 OLG Oldenburg v. 13.01.1999 – 2 U 241/98, ADAJUR-Dok. 35 771 SP 1999, 207.
66 BGH v. 14.03.2007 – IV ZR 102/03, zfs 2007, 335 ff. AKB A.2.3 Rdn. 25 ff.
67 LG Paderborn v. 09.05.2007 – 4 O 651/06, zfs 2007, 636 f.
68 OLG Karlsruhe v. 07.07.1994 – 12 U 12/94, VersR 1995, 568.
69 BGH v. 17.04.2002 – IV ZR 91/01, NJW-RR 2002, 1101.
70 BGH v. 01.03.1972 – IV ZR 107/70, VersR 1972, 530.

bezeichnet, der selbständig über die Benutzung des versicherten KFZ verfügen kann[1]. Der Benutzer eines Kfz ist (nur) »derjenige, der sich das Kfz unter Verwendung der motorischen Kraft als Fortbewegungsmittel dienstbar macht und dadurch die Verfügungsgewalt über das Fahrzeug ausübt, wie sie sonst dem Halter zusteht«[2]. Es kommt für die Bewertung nach D.1.1.2 AKB nicht darauf an, ob dieser Fahrer in dem Versicherungsvertrag namentlich benannt war[3].

2 Der mutmaßliche Wille des wahren Berechtigten ist ggf. zu ermitteln. Es kommt nicht darauf an, was im Vertrag vereinbart wurde. Wurde z.B. ein vom Versicherer angebotener Sonderrabatt (Fahrer über 25, nur Eheleute, nur Frau, nur Versicherungsnehmer fährt o.ä.) vereinbart, bedeutet der Verstoß gegen diese Vereinbarung nicht, dass der 18-jährige Fahrer, der das KFZ mit Willen des Versicherungsnehmers und dessen Zustimmung nutzt, zum Schwarzfahrer im Sinne dieser Vorschrift wird. Vielmehr liegt hier ein Verstoß gegen die vertraglichen Vereinbarungen vor, der über die Tarifbestimmungen mit einer Nachtarifierung und ggf. mit einer Vertragsstrafe geahndet wird[4].

3 Weiterhin ist natürlich ein Schadenfall erforderlich, um überhaupt die versicherungsrechtlichen Konsequenzen herbeizuführen. Bleibt die Fahrt in dieser Hinsicht folgenlos, hat auch die Schwarzfahrt über mögliche arbeitsrechtliche, straf- oder ordnungswidrigkeitsrechtliche Folgen hinaus keine Auswirkungen im Bereich des Versicherungsrechts. Führt jemand das Kfz mit dem Original-Schlüssel, spricht der Beweis des ersten Anscheins dafür, dass die Benutzung des Kfz vom Halter gestattet, oder aber unter Verletzung der Verkehrssicherungspflichten ermöglicht wurde[5].

B. subjektiver Tatbestand

4 Der Fahrer muss das Fahrzeug nutzen in Kenntnis des entgegenstehenden Willens des wahren Berechtigten. Zu differenzieren ist dabei zwischen demjenigen Fahrer, der das KFZ durch eine strafbare Handlung erlangt hat (Diebstahl gem. § 242 StGB; Unterschlagung gem. § 246 StGB und unbefugter Gebrauch eines Kraftfahrzeuges gem. § 248b StGB), demjenigen Fahrer, der eigentlich berechtigt ist, das Fahrzeug zu führen, aber den gestatteten Umfang des Gebrauches überschritten hat (Gebrauchsüberschreitung), dem minderjährigen Familienangehörigen, der sich den Schlüssel für eine »Spritztour« aneignet und dem Fall des Ermöglichens der Schwarzfahrt.

5 Wenn der Fahrer denjenigen, der ihm den Schlüssel übergibt, irrtümlich für den wahren Berechtigten hält, wird er dennoch nicht zum berechtigten Fahrer im Sinne der AKB[6]. Auch wenn der für eine bestimmte Fahrt berechtigte Fahrer den Fahrzeugschlüssel zu einem späteren Zeitpunkt wieder an sich bringt und erneut zu einer Fahrt aufbricht, für die er nicht berechtigt war und dies ihm auch erkennbar war, begeht eine Straftat gem. § 248b StGB, die die vollständige Leistungsfreiheit nach sich zieht, auch wenn im Strafverfahren diese Problematik keine Rolle gespielt und das Diebstahlsdelikt mangels Zueignungsabsicht nicht Gegenstand des Urteils war[7]. Kein unbefugter Gebrauch im Sinne von § 248b StGB liegt vor, wenn der PKW an den wahren Berechtigten zurückgeführt werden soll[8].

I. Diebstahl

6 Dieb ist derjenige, der das Fahrzeug gegen den Willen des wahren Berechtigten in Zueignungsabsicht an sich bringt. Der Diebstahl muss in der Absicht erfolgen, das Fahrzeug zu behalten bzw.

---

1 So schon BGH v. 17.02.1955 – II ZR 241/53, NJW 1955, 669.
2 BGH v. 04.12.1956 – VI ZR 161/55, NJW 1957, 77 grundlegend zu der Frage, wer unberechtigter Führer ist im Hinblick auf wechselnde Fahrertätigkeiten und mehrere Halter.
3 EUGH vom 1.12.2011, RS C-442/10, ADAJUR.
4 Vgl. hierzu unten AKB K.2.1.
5 OLG Oldenburg v. 24.07.1978 – 5 U 14/78, Juris.
6 BGH v. 03.12.1964 – II ZR 172/62, VersR 1965, 130 m.w.H. zu der Frage der Berechtigung der Weitergabe eines Mietwagens an einen nicht eingetragenen Fahrer!.
7 OLG Koblenz v. 09.01.2006 – 12 U 622/04, NJOZ 2006, 1140.
8 BGH Beschl. v. 24.06.2014 – 2 StR 73/14, NZV 2015, 95 f.

nach eigenem Gutdünken mit dem Fahrzeug zu verfahren. Die Zueignungsabsicht ist dabei der wesentliche Faktor in der Unterscheidung der Rechtsfolgen der Schwarzfahrt zur bloßen Gebrauchsüberschreitung durch einen an sich berechtigten Fahrer. Zu beachten ist, dass die KfzPflVV und die AKB bezüglich der mitversicherten Personen keine Unterscheidung treffen zwischen dem berechtigten und dem unberechtigten Fahrer, so dass es im Außenverhältnis für den Geschädigten nicht darauf ankommt, was der Fahrer durfte oder nicht. Auch der durch den Dieb verursachte Schaden ist im Rahmen der Mindestversicherungssummen[9] gedeckt. Es entfällt lediglich die Halterhaftung gem. § 7Abs. 3 StVG. Beweisbelastet für den Diebstahl ist der Versicherungsnehmer, ihm fällt eine Unredlichkeitsvermutung zur Last, wenn er falsche Angaben macht und schon ein früherer Diebstahl verschwiegen wurde[10]. Eine Gefahrerhöhung wird angenommen, wenn der Versicherungsnehmer den Verlust eines Funkschlüssels bei Diebstahl des Kfz nicht angezeigt wird (und die Schlösser nicht ausgetauscht wurden)[11]. Macht der Versicherungsnehmer gar seine Mitwirkungspflicht vom Zahlen der Entschädigungsleistung abhängig, handelt er arglistig. OLG Dresden v. 01.07.2024 – 4 U 226/24.

Exkurs Haftungsrecht:

Soweit der Dieb in einen Unfall verwickelt wird, der für ihn unabwendbar ist, entfällt jegliche Haftung auch des Halters, da dieser nur nach § 7 StVG eintrittspflichtig wäre, gem. § 7 Abs. 3 StVG dann, wenn er den unbefugten Gebrauch nicht schuldhaft ermöglicht hat[12]. Den Fahrer trifft kein Verschulden, § 7 Abs. 2 StVG kommt nicht zur Anwendung, so dass eine Regulierung durch den Kraftfahrzeug-Haftpflicht-Versicherer vollständig entfiele. Dem Opfer bliebe dann nur der Weg zur VOH. Trotz der Regelung des § 7 Abs. 3 StVG wird der Dieb jedoch nicht unmittelbar Halter des versicherten (gestohlenen) Fahrzeugs[13]. Wegen der Details in der Regulierung des Diebstahlschadens sei auf A.2.2.1.2 verwiesen.

II. Gebrauchsüberschreitung

Besonders problematisch sind die Fälle der sog. Gebrauchsüberschreitung. Dies sind die Fälle, in 7
denen ein eigentlich Berechtigter das Fahrzeug zu einer Fahrt nutzt, die von der Gebrauchsüberlassung nicht umfasst war. Unkritisch sind die Fälle, in denen ganz klare Vorgaben hinsichtlich der gestatteten Nutzung bestehen und diese auch dem Fahrer bekannt waren. So kann die Beschränkung der Nutzung des Firmenwagens[14] neben den dienstlich erforderlichen Fahrten auch auf die Fahrten von und zur Arbeit ausgeweitet werden. Allerdings ist mit dieser klaren Abgrenzung jede andere Fahrt (z.B. am Wochenende zum Einkaufen oder ähnliches) nicht gestattet[15]. Der Regress des Arbeitgebers gegen den Fahrer ist aus Gründen der Fürsorgepflicht des Arbeitgebers beschränkt. Üblicherweise wird eine Beschränkung der Rückforderungsmöglichkeit auf 3–4 Monatsgehälter vorgenommen[16].

In diesen Fällen ist eine objektive Beschränkung der Nutzung des dem eigentlich berechtigten Fahrer 8
überlassenen Fahrzeugs erforderlich. Auf subjektiver Seite muss der Fahrer von dieser Einschränkung Kenntnis gehabt haben und sich bewusst darüber hinweggesetzt haben. Soweit der Fahrzeugschlüssel

9 OLG Stuttgart v. 15.11.2000 – 3 U 23/00 r+s 2001, 312; für das europäische Ausland vgl. AKB C.1.2 Rdn. 15 ff.

10 OLG Celle v. 30.05.2013, 8 U 275/12, NZV 2013 440 = SP 2013 299 (LS); wegen weiterer Details vor allem in der Kasko-Versicherung vgl. Stomper Rn 541 ff. in diesem Buch.

11 KG v. 15.07.2016 – 6 U 24/16.

12 BGH v. 20.04.1961 – II ZR 258/58, VersR 1961, 529; OLG Nürnberg 5v. 19.12.2003 – U 2100/03, r+s 2004, 366 f.

13 KG v. 09.03.1989 – 12 U 2502/88, NZV 1989, 273.

14 Vgl. auch Löhr-Müller »Der Dienstwagenüberlassungsvertrag« in DAR 2007, 133 ff., zwar werden die möglichen Probleme der Dienstwagenüberlassung dargestellt, der versicherungsrechtliche Bezug bei einzelnen Fallgestaltungen unterblieb leider.

15 OLG Karlsruhe v. 29.12.1981 – 12 U 173/80 VersR 1983, 236 (Einkaufsfahrt).

16 LAG Kiel v. 14.09.2011 – 3 SA 241/11, SP 2011, 406.

mit exakten Hinweisen über Art und Umfang der Nutzung übergeben wurde, kann der Fahrer mit einem vermuteten Einverständnis so lange rechnen, als er sich an die Anweisungen hält, wobei der bloße Verstoß gegen den Willen in der Art der Benutzung keine Schwarzfahrt vorliegen lässt,[17]. Auch wenn ein angestellter Fahrer aus Sachzwängen von der vorher genehmigten Route abweicht[18], ist nicht von einer Schwarzfahrt auszugehen, wenn das konkludente Einverständnis des Fahrzeughalters bei Kenntnis von den Umständen zu erwarten gewesen wäre. Eine Schwarzfahrt liegt auch dann nicht vor, wenn genehmigte Zwecke mit »nicht genehmigten« Zwecken verbunden werden, also z.B. bei einer genehmigten technischen Probefahrt auch geschäftliche oder persönliche Angelegenheiten mit erledigt werden, die allerdings nicht Hauptzweck der Fahrt sein durften[19].

9 Nicht von einem Einverständnis kann der Fahrer dann ausgehen, wenn er aus rein privaten Gründen von der vorgegebenen Route in größerem Umfang abweicht[20]. Geringfügige Abweichungen dürften unschädlich sein[21], auch wenn die in jüngster Zeit ausgesprochenen fristlosen Kündigungen wegen Diebstahls geringfügiger Werte (Brotaufstrich etc.) teilweise von den Arbeitsgerichten bestätigt wurden. Ob diese Rechtsprechung höchstrichterlicher Prüfung standhält, ist fraglich. Wenn diese auch für geringfügige Abweichungen von der vorgeschriebenen Fahrtstrecke ausgesprochen werden und Bestand haben, ist auch in diesen Fällen von einer nicht genehmigten Schwarzfahrt auszugehen. Allerdings kann die Kündigung des Arbeitsverhältnisses nicht als Voraussetzung für eine nicht genehmigte Fahrt gefordert werden.

III. minderjährige Familienangehörige des Versicherungsnehmers

10 Ergreift ein minderjähriges Familienmitglied den Fahrzeugschlüssel, um mit dem versicherten Kfz eine Spritztour zu unternehmen, handelt es sich auch hier um einen unbefugten Gebrauch eines Kfz i.S.d. § 248b StGB[22]. Voraussetzungen hierfür sind zum einen die Ingebrauchnahme[23] des Kfz und zum anderen, dass dies gegen den Willen des Berechtigten geschieht. Der der Benutzung des Kfz entgegenstehende Wille des wahren Berechtigten muss nicht ausdrücklich erklärt worden sein, es reicht aus, wenn sich das fehlende Einverständnis aus der allgemeinen Lebensanschauung ergibt[24]. Auch wenn das minderjährige Kind des Versicherungsnehmers das Kfz zu einer Spritztour nutzt, wird man zugunsten des Versicherungsnehmers davon ausgehen müssen, dass er damit nicht einverstanden war. Ansonsten würde man ihn der Ermöglichung der Schwarzfahrt bezichtigen[25]. Dies kann nicht im Sinne des Gesetzgebers sein.

11 Hier gelten die gleichen Grundsätze wie bei dem Dieb oder dem sonstigen Schwarzfahrer. In den Rechtsfolgen ist dies problematisch[26].

17 BGH v. 13.06.1984 – IVa ZR 139/82, VersR 1984, 834 (weil der Fahrer nach dem Tanken noch mal zum Betriebsgelände zurückgekehrt war und erst dann mit dem Fahrzeug nach Hause fuhr, um von dort am nächsten Morgen eine Betriebsfahrt zu starten).

18 Vgl. hierzu ausführlich zum Regress gegen den Arbeitnehmer wegen unberechtigter Nutzung des KFZ und den evtl. bestehenden arbeitsrechtlichen Freistellungsansprüchen Halm/Steinmeister »Arbeitsrecht und Straßenverkehr« in DAR 2005, 481 ff.; LAG Hamm v. 16.12.2010 – 8 SA 1071/10, ASR 2011, Heft 10 5.

19 LG Passau v. 15.11.1977 – 2 S 129/77, VersR 1978, 813.

20 OLG Koblenz v. 24.06.1976 – 4 U 56/76 VersR 1977, 30 bei zeitlich befristeter Fahrt an deren Anschluss eine Zechtour unternommen wurde.

21 Jedenfalls dann, wenn der Arbeitgeber keine allgemeinen oder konkreten Hinweise zum Gebrauch des Firmenfahrzeuges ausgesprochen hat: LG Köln v. 29.09.1999 -19 S 50/99, r+s 2000, 186 f.

22 Text: § 248b StGB (1) Wer ein Kfz … gegen den Willen des Berechtigten in Gebrauch nimmt, wird mit … bestraft. (2) Der Versuch ist strafbar. (3) Die Tat wird nur auf Antrag verfolgt.

23 Vgl. hierzu BGH v. 27.11.1957 – 2 Str. 426/57, BGHSt 11, 44, das Benutzen des Kfz zur Fortbewegung, eine nennenswerte Fortbewegung ist erforderlich (zumindest sollte sie beabsichtigt sein).

24 Hentschel, Straßenverkehrsrecht, § 248b StGB Rn. 8.

25 Vgl. hierzu auch AG Koblenz v. 28.01.1999 – 13 C 2407/98, r+s 1999, 310 = SP 1999, 140, wobei auf die Frage des § 248b StVG nicht eingegangen wurde und der durch den 14 jährigen Sohn verursachte Schaden auch unter 5.000 DM lag.

26 Vgl. insoweit unten AKB D.3.2 Rdn. 5 f., AKB D.3.4.

IV. Ermöglichen der Schwarzfahrt

Diese Obliegenheit richtet sich auch an den Versicherungsnehmer, der seinerseits alles zu tun hat, um unberechtigte Fahrten zu vermeiden. Der Versicherungsnehmer darf es nicht wissentlich ermöglichen, dass das Kfz durch einen unberechtigten Fahrer genutzt wird[27]. 12

Die Formulierung ist missverständlich, da per definitionem »wissentlich« eine Kenntnis des Versicherungsnehmers voraussetzt. Nimmt man nun die Definitionen aus dem Strafrecht zur Hilfe, so kommt man in den Bereich der Vorsatztat, da hier der Begriff »wissentlich« im Zusammenhang mit dem direkten Vorsatz gem. § 15 StGB verwendet wird. Wissentlich handelt derjenige, der um die Tatbestandsverwirklichung weiß, oder diese mindestens billigend in Kauf nimmt[28]. Dies würde bedeuten, dass ein Ermöglichen der Schwarzfahrt in Abkehr von der bisherigen Rechtsprechung nur dann gegeben ist, wenn der Versicherungsnehmer diese als möglich erkennt. In den alten AKB lautete die Formulierung »schuldhaft[29] ermöglicht hat«. Diese hat nach Auffassung des Verfassers eine andere Grundlage als die Formulierung »wissentlich ermöglicht«. Ob dies den Autoren der AKB so klar war, sei dahingestellt. Man wird aber – entgegen der bisherigen Rechtsprechung – nur in Ausnahmefällen von dem Ermöglichen einer Schwarzfahrt ausgehen können. 13

So kann das Ermöglichen[30] der Schwarzfahrt durch allzu sorgloses Umgehen mit dem Fahrzeugschlüssel[31] im Schadenfall auch dazu führen, dass der Versicherungsnehmer wegen der zu erbringenden Leistungen in Regress genommen werden kann. Es gelten dabei die gleichen Grundsätze wie bei dem Ermöglichen eines Fahrzeugdiebstahls[32]. Hat der Versicherungsnehmer seinen Schlüssel in der Jackentasche in der Garderobe oder im Umkleideraum[33] aufbewahrt oder die Jacke mit Schlüssel an den Stuhl gehängt[34], ist dies in jedem Fall grob fahrlässig. Auch das Aufbewahren des Schlüssels in der Jackentasche auf dem Rücksitz des unverschlossenen Kfz ist grob fahrlässig[35], ebenso das unverschlossene Abstellen des Kfz unter Zurücklassen des Schlüssels und des Fahrzeugscheins im Kfz (im öffentlichen Straßenraum)[36]. Als nicht grob fahrlässig soll gelten, wenn der Schlüssel im Kfz verbleibt, während dieses sich auf einem umzäunten Privatgrundstück befindet, welches nur durch ein Eisentor betreten und verlassen werden konnte[37]. Auch wenn der Angestellte einer Handelsfirma den Fahrzeugschlüssel an einen Kaufinteressenten übergibt und diesen nicht überwacht, so dass dieser zu einem späteren Zeitpunkt den Diebstahlt des Kfz ermöglichen kann, kann die Leistung auf null gekürzt werden[38]. Es gilt nicht als grob fahrlässig, wenn der Versicherungsnehmer und Besitzer eines Wohnmobils darauf vertraut, dass seine Frau das Wohnmobil nach seiner Aufforderung abgeschlossen hat, ohne es nochmals zu kontrollieren[39]. Auch die 14

27 Jagow/Burmann/Heß/*Burmann* Straßenverkehrsrecht § 7 Rn. 24.

28 BGH IV ZR 90/13 zur Wissentlichkeit einer Pflichtverletzung. Zur Trunkenheitsfahrt in strafrechtlicher Hinsicht m.H. auf die Verschuldensformen vgl. Ferner/Schmidtke in Ferner/Bachmeier/Müller aaO. § 315c, 316 StGB.

29 Jagow/Burmann/Heß/*Burmann* Straßenverkehrsrecht § 7 Rn. 28.

30 AG Krefeld v. 23.03.1999 – 73 C 337/98, r+s 2000, 275; OLG Nürnberg v. 9.12.2003 – 5 U 2100/03, r+s 2004, 366 ff.

31 OLG Koblenz v. 05.02.2007 – 10 U 903/06 zfs 2007, 694; OLG Saarbrücken v. 31.03.2010 – 5 U 102/09, (Fahrzeugschlüssel in unbeaufsichtigter Handtasche in einer Diskothek); OLG Koblenz v. 09.07.2012, 10 U 1292/11 Jurion.

32 Diederichsen, »BGH-Haftpflichtrecht«, DAR 2007, 301, 302, kein Regress gegen den Gehilfen beim Diebstahl des KFZ: BGH v. vom 28.11.2006 – VI ZR 136/05, DAR 2007, 330 f. = r+s 2007, 78 f.

33 LG Hannover v. 4.08.2006 – 8 O 326/05, SP 2007, 334 f. für die Teilkasko.

34 LG Düsseldorf v. 22.01.2009 – 11 O 373/08, SP 2009, 337 f.

35 LG Hannover v. 15.08.2008 – 13 O 262/05, SP 2009, 153 f.

36 OLG Koblenz v. 26.03.2009 – 10 U 1243/08.

37 OLG Düsseldorf v. 25.02.2010 – I-4 U 102/09, SP 2010, 331.

38 LG Neubrandenburg v. 22.06.2012 – 2 O 8/12, DAR 2012 527.

39 OLG Hamm Beschl. v. 23.1.2023 – 6 U 107/21, (ein Regress gegen die ggf. grob fahrlässig handelnde Ehefrau unterbleibt wegen § 86 Abs. 3 VVG.

Aufbewahrung von Fahrzeugschlüsseln in einem Fuhrpark, die in konkreten Fahrern zugeordneten Briefkästen aufbewahrt werden, ist nicht grob fahrlässig.[40]

15 Besondere Anforderungen sind zu stellen, wenn ein Familienmitglied das Fahrzeug unberechtigt gebraucht. Dies ist nur dann anzunehmen, wenn einfachste und naheliegendste Überlegungen für das Fehlverhalten nicht angestellt wurden[41]. Verrät der Versicherungsnehmer den Aufbewahrungsort seines Wohnungsschlüssels und wird in der Folge sein Kfz gestohlen, berechtigt dies nur dann zur Leistungskürzung, wenn nachgewiesen werden kann, dass der Diebstahl mit Hilfe des Ersatztürschlüssels ermöglicht wurde[42]. Auch in seiner häuslichen Umgebung muss der Fahrzeughalter den Schlüssel nicht grundsätzlich verstecken, um den unbefugten Gebrauch durch einen jugendlichen Besucher zu verhindern, wenn nicht konkrete Anhaltspunkte bestehen[43]. Aber den Vater, der sein Fahrzeug auf dem Schulhof abstellt, ohne den Schlüssel abzuziehen und seinen Sohn bittet, im Auto auf ihn zu warten, trifft kein Verschulden, wenn dieser dann die Gelegenheit zu einer kleinen Ausfahrt nutzt[44]. Allerdings reicht auch bei bekannter Neigung des Kindes zu unbefugten Fahrten das nächtlich Verstecken unter dem Kopfkissen aus[45]. Das Steckenlassen des Schlüssels im Fahrzeug an der Tankstelle bleibt dann folgenlos, wenn ein eigentlich zuverlässiger Freund des Versicherungsnehmers im Fahrzeug verbleibt und dann –ohne vorher erkennbare Anzeichen- mit dem versicherten Fahrzeug davonfährt und in Selbsttötungsabsicht auch die Eltern und die Freundin schwer verletzt[46]. Auch wenn der Versicherungsnehmer durch Gewalt vom Ehemann zur Schlüsselherausgabe gezwungen wurde und dies vorher nicht (oder wie hier schon ein Jahr lang nicht) vorgekommen war, ist bei Herausgabe des Schlüssels nicht von einem Ermöglichen der Schwarzfahrt auszugehen[47]. Erhält der führerscheinlose Fahrer des Kfz die Schlüssel, um das versicherte Kfz in die Garage zu fahren und nutzt die Gelegenheit für eine andere Fahrt, so liegt eine Schwarzfahrt vor, ein Verschulden des (ebenfalls führerscheinlosen) Versicherungsnehmers an der Schwarzfahrt wurde wegen der klaren Weisungen, die er vor Fahrtantritt erteilt hatte, abgelehnt[48]. Liegt der Kfz –Schlüssel auf dem Tisch und die Haustür ist zum Lüften geöffnet, während die Versicherungsnehmerin im Haus diverse Arbeiten erledig, liegt keine grobe Fahrlässigkeit[49] vor, also auch kein Ermöglichen der Schwarzfahrt im Sinne der Kraftfahrzeug-Haftpflicht-Versicherung. Dabei erfüllt das Unterlassen des Einrastens des Lenkradschlosses mit nachfolgendem Diebstahl des Kfz in ländlich geprägter Umgebung nicht den Tatbestand der groben Fahrlässigkeit[50].

16 Der Versicherungsnehmer und Halter, der eine Schwarzfahrt behauptet, ist nachweispflichtig[51] hinsichtlich der Einhaltung der ihm obliegenden Sorgfalt im Umgang mit dem Kfz, um einen unbefugten Gebrauch zu verhindern. Die Tatsache, dass es zu einer Schwarzfahrt gekommen ist, spricht für ein »Ermöglichen« durch den Versicherungsnehmer[52].

---

40 OLG Dresden, Beschl. v. 5.7.2021 – 4 U 428/21.
41 OLG Jena v. 21.12.1994 – 4 U 700/94, SP 1995, 282.
42 OLG Naumburg, 14.03.2013, 4 U 47/12, Jurion.
43 AG Hagen, 24.04.2013, 140 C 206/12, Jurion.
44 Vgl. hierzu auch AG Koblenz v. 28.01.1999 – 13 C 2407/98, r+s 1999, 310 = SP 1999, 140, wobei auf die Frage des § 248b StVG nicht eingegangen wurde und der durch den 14 jährigen Sohn verursachte Schaden auch unter 5.000 DM lag.
45 OLG Celle v. 15.11.2007 – 8 U 75/07, SP 2009, 192 ff. (unter dem Kopfkissen) mit weiteren Hinweisen zur Sorgfaltsanforderung an die Schlüsselverwahrung.
46 OLG Düsseldorf v. 5.03.2004 – I-1 U 44/03, BeckRS 2004, 30 340 516.
47 OGH Wien v. 25.01.2006 – 7 OB 3/06A ZVR 2006, 449.
48 BGH v. 14.05.1986 – IVa ZR 191/84, VersR 1986, 693.
49 OLG Karlsruhe v. 21.11.2006 – 12 U 150/06, zfs 2007, 92.
50 OLG Saarbrücken v. 24.10.2007 – 5 U 238/07, zfs 2008, 96 ff, bei ansonsten ordnungsgemäß verschlossenem PKW.
51 BGH v. 17.11.1987 – IV a ZR 68/86, VersR 1988, 50.
52 LG Essen v. 30.10.2006 – 13 S 104/06, ADAJUR Dok.-Nr. 73 686.

V. Nachträgliche Genehmigung der Schwarzfahrt

Der wahre Berechtigte kann zwar die Schwarzfahrt nachträglich genehmigen, allerdings wird der Fahrer dadurch im Zeitpunkt der Schwarzfahrt nicht zum berechtigten Fahrer[53]. Von Bedeutung ist dies vor allen Dingen bei Selbstfahrer-Vermietfahrzeugen und Firmenwagen, wenn dort nur bestimmte namentlich benannte Fahrer das KFZ benutzen dürfen[54]. 17

Eine nachträgliche Genehmigung ist jedenfalls dann unwirksam, wenn sie im Zustand der Volltrunkenheit abgegeben wird[55]. Voraussetzung ist jedoch ein erheblicher Alkoholgenuss[56]. Dann bleibt der Versicherungsschutz für den Versicherungsnehmer oder Halter bestehen[57]. Auch jeder andere Zustand der Geschäftsunfähigkeit macht eine nachträgliche Genehmigung unwirksam. Wird das Kfz verkauft, kann sich der Versicherer, auch wenn er keine Verkaufsmitteilung erhalten hat, nicht gegenüber dem Fahrer auf Leistungsfreiheit wegen Schwarzfahrt berufen, wenn der Erwerber das Fahrzeug führt[58]. 18

VI. Exkurs Haftungsrecht

Die haftungsrechtlichen Folgen im Rahmen der Schwarzfahrt sind folgende: Der Versicherer reguliert die Ansprüche der Verletzten bis zur Mindestversicherungssumme[59]. Im Falle des Ermöglichens der Schwarzfahrt besteht die Eintrittspflicht des Halters aus StVG-Haftung innerhalb der dort geltenden Grenzen[60], so dass bei feststehender Haftung in den Grenzen der Mindestversicherungssummen es nicht mehr auf die Frage der Halterhaftung ankommt[61]! 19

D.1.1.3 Fahren nur mit Fahrerlaubnis

Der Fahrer des Fahrzeugs darf das Fahrzeug auf öffentlichen Wegen oder Plätzen nur mit der erforderlichen Fahrerlaubnis benutzen. Außerdem dürfen Sie, der Halter oder der Eigentümer das Fahrzeug nicht von einem Fahrer benutzen lassen, der nicht die erforderliche Fahrerlaubnis hat.

Übersicht

53 BGH v. 23.04.1982 – 20 U 130/81, VersR 1983, 233, wobei hier die Schwarzfahrt verneint wurde, wegen eher unerheblichem Abweichen von der Genehmigung des Arbeitgebers.

54 LG Köln v. 29.09.1999 – 19 S 50/99, r+s 2000, 186.

55 OLG Nürnberg v. 10.02.1977 – 8 U 75/76, VersR 1978, 339 (3,4 Promille).

56 OLG Köln v. 07.06.1994 – 9 U 70/94, VersR 1995, 205 Unzurechnungsfähigkeit bei 3–3,3 Promille noch nicht alleine zu bestätigen, weitere Indizien sind erforderlich.

57 OLG Hamm v. 04.08.1978 – 20 W 21/78, VersR 1978, 1107 (2,9 Promille).

58 OGH 7 Ob 19/79, VersR 1981, 767.

59 Vgl. oben AKB C.1.2 Rdn. 14 ff., § 117 VVG Rdn. 27.

60 Wegen der Details im Haftungsrecht sei verwiesen auf Geigel, Haftpflichtprozess, Rn. 220 ff.

61 OLG Stuttgart v. 15.11.2000 – 3 U 23/00, r+s 2001, 312 für den Fall des Verstoßes gegen Führerscheinklausel, Alkoholklausel und Schwarzfahrt ist die Haftung auf die Mindestversicherungssumme beschränkt, unabhängig von der Frage des Ermöglichens der Schwarzfahrt durch den Halter, da die Haftungshöchstgrenzen des StVG für diesen anzuwenden wären und unter der Mindestversicherungssumme lagen.

A. Objektive Kriterien

1 Zunächst sind die objektiven Kriterien einzuhalten. Diese Klausel verpflichtet, das Fahrzeug im öffentlichen Verkehrsraum nur mit der entsprechenden Fahrerlaubnis[1] zu verwenden. Dazu gehören nicht nur Straßen, sondern auch sonstige Wege[2] und Plätze, die einer Vielzahl von Nutzern zugänglich sind. Dabei werden insbesondere bei ausländischen Mitbürgern erhebliche Anforderungen an den Versicherungsnehmer gestellt, der ggf. bei Vorlage eines ausländischen Führerscheins nicht ohne weiteres prüfen kann, ob es sich dabei um eine »erforderliche Fahrerlaubnis« im Sinne des Gesetzes handelt.

I. Gebrauch des Kraftfahrzeugs

2 Als Gebrauch des KFZ wird jede bestimmungsgemäße Verwendung des KFZ bezeichnet. Dazu gehören insbesondere Fahren, Parken, Ein- und Aussteigen, Be- und Entladen[3]. Das Führen eines KFZ im öffentlichen Verkehrsraum setzt voraus, dass die Fortbewegung des geführten KFZ unter Ausnutzung von dessen Motorleistung erfolgt, diese Voraussetzung ist nicht erfüllt, wenn das Fahrzeug abgeschleppt wird und damit durch »fremde« Motorkraft fortbewegt wird. Eine Fahrerlaubnis ist in diesem Fall nicht erforderlich[4].

II. Öffentliche Plätze und Wege

3 Die Führerscheinpflicht besteht nur für die Benutzung des KFZ auf öffentlichen Plätzen oder Wegen, §§ 2 Abs. 1 S. 1 StVG, 4 Abs. 1 S. 1 FeV. D.h. im öffentlichen Straßenverkehr darf das Fahrzeug nicht ohne die entsprechende Fahrerlaubnis geführt werden. Diese Pflicht richtet sich im Wesentlichen an den Fahrer des versicherten Fahrzeuges, der aber nicht identisch sein muss mit dem Halter. Unstreitig sind die dem Straßenverkehr gewidmeten Straßen als öffentliche Straßen zu bezeichnen. Als öffentliche Plätze werden diejenigen Plätze bezeichnet, die einer unbestimmten Vielzahl von Personen zugänglich sind. Auch auf Privatplätzen, die einer unbestimmten Anzahl von Personen zugänglich sind, wie z.B. die Parkplätze von Einkaufsmärkten, Parkhäuser etc., ist die Fahrerlaubnis vorgeschrieben[5]. Gleiches gilt auch auf den Parkflächen, die mit dem Zusatz gekennzeichnet sind »es gilt die StVO«!

III. Erforderliche Fahrerlaubnis

4 Darüber hinaus reicht es natürlich nicht aus, dass der Fahrer über irgendeine Fahrerlaubnis verfügt, vielmehr muss er über die für das geführte Fahrzeug erforderliche Fahrerlaubnis verfügen. Dies kommt vor allem bei Krafträdern vor, die durch Entdrosselung eine höhere Laufleistung erhalten[6]. Problematisch sind insoweit insbesondere die Mofas, die als einsitzige Fahrzeuge ohne Fahrerlaubnis lediglich mit einer Prüfbescheinigung geführt werden dürfen, wird ein Sozius mitgenommen, ist auch eine Fahrerlaubnis erforderlich[7]. Auch bei ausländischen Führerscheinen stellt sich ggf. die Frage, ob dieser der Anforderung »erforderlich« genügt, dies kann der Versicherungsnehmer aber über Nachfrage bei der zuständigen Verwaltungsbehörde klären lassen.

IV. Mögliche Verstöße

5 Der Fahrer, dessen Fahrerlaubnis von der zuständigen Verwaltungsbehörde noch nicht ausgehändigt wurde, fährt ohne Fahrerlaubnis, selbst wenn die Sperrfrist zur Wiedererteilung abgelaufen und

---

1 Zur erforderlichen Fahrerlaubnis vgl. auch Kirchner in Ferner/Bachmeier/Müller aaO. § 4 FEV m.w.H.
2 BGH v. 23.05.1960 – II ZR 132/58 NJW 1960, 1572 zu Waldwegen.
3 Wegen der Details zum Gebrauch vgl. die Kommentierung zu AKB A.1.1.1 Rdn. 79 f.
4 OLG Frankfurt v. 08.10.1979 – 3 SS 408/79, ADAJUR Dok.-Nr. 8654. Blum, »Führen eines (Kraft-)Fahrzeugs«, SVR 2015, 130 m.w.H. zur Rechtsprechung.
5 Jacobsen in Feyock/Jacobsen/Lemor § 2 AKB 2007 Rn. 32.
6 OLG Nürnberg v. 25.07.2002 – 8 U 3687/01, r+s 2003, 7 Entdrosselung eines Krades.
7 Greiner, »Gesetzeslücke beim Fahren ohne Fahrerlaubnis eines Mofas«, NZV 2014, 72 ff. mit weiteren Hinweisen zur Bewertung der Einsitzigkeit; Schäler, »Gesetzeslücke bei Einsitzigkeit von Mofas aufgehoben«, NZV 2014, 438 ff.

der Antrag auf Wiedererteilung schon gestellt wurde[8]. Die Beschlagnahme ist dem Entzug insoweit gleichgestellt[9]. Auch derjenige, der eine Personenbeförderungserlaubnis benötigt, verstößt gegen die Führerscheinklausel[10]. Dazu zählen auch die neuerdings auf den Markt drängenden privaten Chauffeur-per-App-Dienste, die sich häufig privater Fahrer ohne entsprechenden Versicherungsschutz und Personenbeförderungserlaubnis bedienen. Auch der Verstoß gegen eine eingetragene Beschränkung, wie sie sich in §§ 12 und 17 a FeV finden (Sehhilfe, Beschränkung auf Automatikfahrzeuge) stellt einen Verstoß gegen die Führerscheinklausel dar[11].

Die Missachtung eines bloßen Fahrverbotes hingegen stellt keinen Verstoß gegen die Führerscheinklausel dar, da diese nach §§ 44 StGB und 25 StVG angeordnet werden können und die Ungeeignetheit zum Führen von Kfz gerade nicht feststellen[12]. Soweit von einzelnen Instanzgerichten das Fahrverbot als eine befristete Führerscheinentziehung angesehen[13] wird und die Leistungsfreiheit des Versicherers bejaht wird, ist dies eher fragwürdig. Bei einem befristeten Fahrverbot bleibt die Fahrerlaubnis gerade bestehen[14]. Auch die Nichtbeachtung von Auflagen (hinsichtlich der Höchstgeschwindigkeit beschränkte Fahrerlaubnis) ist kein Verstoß[15]. Auch derjenige, der als Sozius auf dem E-Scooter nach dem Lenker greift, kann (führerscheinloser) Fahrer sein[16]. 6

B. Prüfpflicht des Versicherungsnehmers, Halters, Eigentümers

Der Halter, Eigentümer oder Versicherungsnehmer muss vor Übergabe seines KFZ an einen anderen prüfen, ob dieser die vorgeschriebene Fahrerlaubnis hat[17]. Eine Ausnahme kann nur gelten, wenn er positiv weiß, dass derjenige, dem er sein Fahrzeug übergibt, über die entsprechende Fahrerlaubnis verfügt[18]. Insbesondere gewerbliche Versicherungsnehmer wie Fuhrparkunternehmer, Taxi- und Mietwagenunternehmer sind stärker an diese Pflicht gebunden. Sie trifft eine regelmäßige Kontrollpflicht. Auch die Mitarbeiter, denen Firmenfahrzeuge zur Verfügung gestellt werden, sind regelmäßig zu kontrollieren[19]. 7

In aller Regel ist bei dem berechtigten Fahrer, der das Fahrzeug ohne die entsprechende Fahrerlaubnis nutzt, davon auszugehen, dass der Versicherungsnehmer seiner Prüfpflicht nicht nachgekommen ist. Welche Fahrerlaubnis im Einzelnen erforderlich ist, regeln §§ 4 ff. FeV. 8

C. Subjektive Kriterien

Der Versicherungsnehmer kann sich entlasten, wenn er schuldlos annehmen durfte, dass eine entsprechende Fahrerlaubnis vorlag. Auch wenn bei Entzug der Fahrerlaubnis der sofortige Vollzug 9

---

8 LG Köln v. 02.03.1977 – 74 O 535/75, VersR 1977, 951, die Fahrerlaubnis muss wieder ausgehändigt sein.

9 BGH v. 28.10.1981 – IVa ZR 202/80, VersR 1982, 84; LG Oldenburg v. 09.02.2007 – 13 O 2095/06, zfs 2007, 392 f.

10 BGH v. 13.12.1972 – IV ZR 156/71, NJW 1973, 285.

11 BGH v. 09.04.1969 – IV ZR 612/68 VersR 1969, 603 (Schutzbrille beim Führen von KFZ mit offenem Führersitz).

12 BGH v. 11.02.1987 – IVa ZR 144/85, r+s 1987, 153; LG Hannover v. 19.11.2014 – 6 S 52/14, DAR 2015, 34; a.A. LG Göttingen v. 09.05.1980 – 4 O 4/80, das ein Fahrverbot einer befristeten Entziehung der Fahrerlaubnis gleichsetzt; ebenso LG Nürnberg v. 24.10.1984 – 2 S 3786/84, Juris.

13 LG Göttingen v. 09.05.1980 – 4 O 4/80, VersR 1981, 27; LG Nürnberg-Fürth v. 24.10.1984 – 2 S 3786/84, zfs 1984, 372 f.

14 BGH v. 11.02.1987 – IVa ZR 144/85, r+s 1987, 153. Köln v, 25.04.1985 – 5 U 171/84, r+s 85, 235; zw. Stiefel/Hofmann § 2b AKB a.F. Rn. 119; Bruck/Möller/Johannsen G 37.

15 BGH v. 09.04.1969 – IV ZR 612/68 VersR 1969, 603.

16 LG Oldenburg, Beschluss vom 7.11.2022 – 4 Qs 368/22.

17 BGH v. 06.07.1988 – IVa ZR 90/87 VersR 1988, 1017.

18 LG Oldenburg v. 03.07.2015 – 13 S 506/14 (wenn aus den Umständen auf das Vorliegen der Fahrerlaubnis geschlossen werden kann).

19 Vgl. Mielchen/Meyer »Anforderungen an die Führerscheinkontrolle durch den Arbeitgeber bei Überlassung von Firmenfahrzeugen an den Arbeitnehmer«, DAR 2008, 5 ff.

angeordnet wurde, muss der Fahrer davon Kenntnis haben, um einen Verstoß gegen die Führerscheinklausel zu begehen. Eine Prüfpflicht entfällt zwingend beim unberechtigten Fahrer, der das Kfz durch eine Straftat erlangt hat. Dabei sind die Formulierungen in den verwendeten AKB durchaus unterschiedlich. So kann es auch heißen »Sie dürfen nur einem Fahrer mit entsprechender Fahrerlaubnis ... gestatten«. Diese Formulierung nimmt den Versicherungsnehmer, Halter oder Eigentümer stärker in die Pflicht als es der Formulierungsvorschlag des GdV macht. Fährt der Versicherungsnehmer selbst ohne Fahrerlaubnis, ist in aller Regel von einer Vorsatztat auszugehen[20].

D. Exkulpationsmöglichkeit

10 Der Versicherungsnehmer, Halter oder Eigentümer kann sich nur eingeschränkt entlasten. Wenn er aufgrund der Gesamtumstände darauf vertrauen durfte, dass die entsprechende Fahrerlaubnis vorlag, kann dies zur Entlastung führen[21]. Eine Prüfpflicht entfällt auch beim unberechtigten Fahrer.

E. Sonderfälle

I. Begleitetes Fahren ab 17

11 Die Reform des Fahrerlaubnisrechts hat zur Verringerung der Unfälle von Fahranfängern das begleitete Fahren ab 17 zugelassen. Dabei ist erforderlich, dass der Jugendliche eine Fahrerlaubnisprüfung ablegt und gleichzeitig verpflichtet wird, ein Kfz nur im Beisein eines namentlich bei den Ordnungsbehörden zu benennenden Erwachsenen zu führen. Dieser Erwachsene seinerseits muss mindestens 30 Jahre alt sein und darf nicht mehr als 3 Strafpunkte im Verkehrszentralregister angesammelt haben[22]. Sind diese Kriterien erfüllt, hat auch der 17-jährige Fahrer Versicherungsschutz. Fährt er allerdings mit einem nicht als Begleitperson zugelassenen Beifahrer, verliert er nicht seinen Versicherungsschutz, da er ja gleichwohl eine Fahrerlaubnis erhalten hat. Er gefährdet allerdings im Sinne des OwiG seine Fahrerlaubnis, da ihm diese ggf. bei mehrfachen Verstößen entzogen werden kann[23].

II. Fahrschüler

12 Im Fahrschulwagen verstößt der Fahrschüler naturgemäß gegen die Führerscheinklausel, daher gilt in diesen – speziell ausgerüsteten – Fahrzeugen der Fahrlehrer als Fahrer[24], der immer gegebene Verstoß des Fahrschülers ist damit folgenlos. Zu beachten ist, dass den Fahrlehrer damit auch alle Verhaltensregeln des Fahrers treffen (Handyverbot).[25]

III. Personenbeförderung

13 Für die Personenbeförderung sind zusätzliche Prüfungen erforderlich. Soll der Fahrer also im Bereich Personenbeförderung eingesetzt werden, ist auch das Vorliegen der entsprechenden Berechtigung zu prüfen[26]. Eine solche Fahrerlaubnis ist nur für die gewerbliche Personenbeförderung, also Taxifahrer, Busfahrer etc. erforderlich. Werden im Rahmen von Fahrgemeinschaften Personen mitgenommen, ist eine solche zusätzliche Fahrerlaubnis nicht erforderlich, da es dort gerade nicht um die gewerbsmäßige Beförderung sondern um Kostenteilung geht.

20 OLG Karlsruhe v. 28.11.2006 – 2 Ss 78/06, DAR 2007, 219 f.

21 Vgl. hierzu unten ausführlich unter AKB D.2.2 Rdn. 6 ff.

22 Albrecht, »Begleitetes Fahren ab 17 und neue Straftatbestände im StVG«, SVR 2005, 283.

23 § 6e Abs. 3 S. 1 StVG, Janker in Jagow/Heß/Burmann § 6e StVG Rn. 4.

24 OLG Stuttgart Beschl. v. 02.02.2015 – 4 Ss 721/13; Blum/Weber, »Wer ist Führer des Fahrschulwagens« NZV 2007, 228 f.

25 BGH v. 23.09.2014, 4 STR 92/14; OLG Karlsruhe v. 20.02.2014 – 3 SsRs 607/13, welches einen Verstoß annimmt; a.A. OLG Düsseldorf v. 04.07.2013 – 1 RBs 80/13, DAR 2014, 40; OLG Bamberg v. 24.03.2009 – 2 Ss OWi 127/2009, DAR 2009, 402.

26 §§ 6 Abs. 1; 10; 11 FeV.

IV. Dienstführerschein

14 Soweit eine Fahrerlaubnis bei der Bundeswehr oder der Polizei erworben wurde, kann dieser Dienstführerschein, der nur für die Dauer des Dienstverhältnisses gilt, auf Antrag umgeschrieben werden.

V. Ausländischer Führerschein

15 Grundsätzlich gilt eine ausländische Fahrerlaubnis in Deutschland nur befristet. Zunächst ist zu differenzieren zwischen denjenigen, die sich nur vorübergehend in Deutschland aufhalten und denjenigen, die ihren ständigen Aufenthaltsort in Deutschland begründen wollen. Für einen vorübergehenden Aufenthalt gilt die im Heimatland erworbene Fahrerlaubnis bis zu einem Zeitraum von einem Jahr, längstens jedoch bis zum Ende der Gültigkeit der ausländischen Fahrerlaubnis. Soweit der ständige Aufenthalt in Deutschland begründet wird, gilt die ausländische Fahrerlaubnis ebenfalls längstens für 1 Jahr[27]. Besonderheiten ergeben sich bei Angehörigen von EU-Mitgliedsstaaten oder den Angehörigen von Staaten des europäischen Wirtschaftsraums in Abgrenzung zu den Angehörigen der sonstigen Staaten.

1. EU-Mitglieder

16 Gem. § 28 FeV können ausländische Staatsangehörige der Staaten, die entweder der EU oder dem europäischen Wirtschaftsraum angehören, ihre in diesen Ländern erworbenen Führerscheine auch in Deutschland unbegrenzt nutzen[28]. Diese gelten, solange sie auch im Heimatland Gültigkeit besäßen. Sind also in den Führerscheinen Befristungen des Heimatlandes vermerkt, muss der ausländische Staatsangehörige auch in Deutschland nach Ablauf der Befristung eine neue Fahrerlaubnis erwerben.

17 Soweit die Geltungsdauer einzelner Fahrerlaubnisse nach deutschem Recht beschränkt sind[29], gelten diese zeitlichen Beschränkungen auch für die ausländischen Fahrerlaubnisse[30].

18 Allerdings sind durch § 28 Abs. 4 FeV Einschränkungen gegeben. So wird diese unbeschränkte Übertragungsklausel eingeschränkt hinsichtlich möglicherweise erteilter »Lernführerscheine« oder sonstiger vorläufig ausgestellter Führerscheine[31]. Außerdem sind auch für diejenigen, die ihren ständigen Wohnsitz zum Zeitpunkt des Erwerbs des Führerscheins innerhalb Deutschlands hatten, und im Ausland die Fahrerlaubnis (evtl. mit anderem Mindestalter) erworben haben[32], keine Möglichkeiten zur Umgehung des deutschen Fahrerlaubnisrechts gegeben. Insbesondere wird denjenigen die Berechtigung abgesprochen, unter Verwendung einer ausländischen Fahrerlaubnis in Deutschland ein KFZ zu führen, denen im Inland die Fahrerlaubnis -und sei es auch nur vorläufig- entzogen worden ist[33]. Auch für diejenigen, denen eine Fahrerlaubnis nur wegen des vorangegangenen Verzichts[34] auf die Fahrerlaubnis nicht entzogen wurde, gilt diese Beschränkung. Wenn eine Fahrerlaubnis aufgrund einer rechtskräftigen gerichtlichen Entscheidung nicht erteilt werden darf[35], ist ebenso wie bei einer entsprechenden Beschränkung, die im Heimatstaat ausgesprochen wurde[36], die Benutzung dieser Fahrerlaubnis in Deutschland untersagt[37]. Konsequenz dieser Regelung

27 BGH 25.02.1970 –. 25.02.1970 – IV ZR 643/68, VersR 1970, 464; §§ 28 FeV, 4 Abs. 1 S. 3 IntKfzVO; OLG Nürnberg v. 24.01.2002 – 8 U 3262/01, SP 2002, 207; OLG Naumburg v. 05.02.2004 – U 158/03 zfs 2005, 22 für indische FE und Unkenntnis des deutschen Verkehrsrechts.

28 Riedmeyer »Entwicklungen beim Europäischen Fahrerlaubnisrecht« in zfs 2009, 422 ff. m.w.H.

29 Vgl. insoweit § 23 Abs. 1 FeV.

30 § 28 Abs. 3 FeV.

31 § 28 Abs. 4 Ziffer 1 FeV.

32 § 28 Abs. 4 Ziffer 1 FeV.

33 § 28 Abs. 4 Ziffer 3 FeV.

34 § 28 Abs. 4 Ziffer 3 letzte Alt.

35 § 28 Abs. 4 Ziffer 4 FeV.

36 § 28 Abs. 4 Ziffer 5 FeV.

37 BVerwG v. 25.08.2011 – BVerwG 3 C 28/10 ADAJUR Dok-Nr. 96224.

ist, dass im EU-Ausland erworbene Führerscheine nicht anerkannt werden müssen, insbesondere dann nicht, wenn der im Ausland durch Tausch erworbene Führerschein zu einem Zeitpunkt erlangt wurde, als der deutsche Führerschein keine Gültigkeit mehr hatte[38]. Auch ein Führerschein, der zwar im Ausland erworben wurde, aber in dem dortigen Dokument die deutsche Anschrift des Führerscheininhabers eingetragen ist, muss nicht anerkannt werden[39]. Die Wohnsitzklausel ist zu beachten[40]. Allerdings muss für die Frage des Führerscheinverstoßes auch der Wohnsitzverstoß nachgewiesen werden[41].

19 Gem. § 30 FeV kann auch ein Angehöriger aus EU-Mitgliedsstaaten eine deutsche Fahrerlaubnis beantragen, wobei Beschränkungen und Auflagen, die im ausländischen Führerschein vermerkt waren, auch in die deutsche Fahrerlaubnis übernommen werden. Dabei sind die §§ 11 Abs. 9 (ärztliche Untersuchung), 12 Abs. 6 (Untersuchung des Sehvermögens) nicht anzuwenden, es sei denn, nach §§ 23 und 24 FeV ist eine entsprechende Untersuchung (für alle Führerscheinklassen der Gruppen C und D) erforderlich. Auch sind weder der Sehtest gem. § 12 Abs. 2 FeV noch die Befähigungsnachweise gem. § 15 FeV (theoretische und praktische Fahrprüfung) zu führen. Auch der Nachweis gem. § 19 FeV (Nachweis eines Erste-Hilfe-Lehrgangs) entfällt.

20 Soweit der ausländische Führerschein befristet war und zum Zeitpunkt des Ablaufs der Inhaber noch nicht zwei Jahre seinen ständigen Aufenthalt in Deutschland hat, kann er nach den erleichterten Vorschriften des § 30 Abs. 1 FeV eine deutsche Fahrerlaubnis beantragen. Ist dieser Zeitraum überschritten, sind sämtliche vorgeschriebenen Anforderungen (ausgenommen des Nachweises gem. § 30 Abs. 1 Ziffer 5) zu erfüllen und die entsprechenden Gesundheitstests und Prüfungen abzulegen.

2. Angehörige anderer Staaten

21 § 4 Abs. 3 und 4 IntKfzVO regeln die Berechtigung ausländischer Fahrer zum Führen von Kfz im Inland.

22 Für die Angehörigen von Nicht-EU-Staaten gelten die Regeln des § 31 FeV in Verbindung mit der Anlage 11, in der für die verschiedenen Länder gesonderte Anforderungen vermerkt sind, ob und inwieweit eine Umschreibung möglich ist[42]. Grundsätzlich sind – wie auch für die Angehörigen der EU-Staaten – die Fahrprüfungen entbehrlich, wenn innerhalb einer Frist von drei Jahren ab Begründung des ständigen Aufenthaltes eine Umschreibung der Fahrerlaubnis beantragt wird. In diesen Fällen sind sowohl die Sehprüfung, wie auch medizinische Untersuchungen, theoretische und praktische Fahrprüfung entbehrlich. Ausnahmen können sich aus Anlage 11 ergeben, auf die auch durch § 31 FeV hingewiesen wird. So müssen beispielsweise taiwanesische Staatsangehörige eine praktische Fahrprüfung ablegen[43], während in allen anderen dort aufgeführten Ländern eine gesonderte praktische Fahrprüfung nicht gefordert wird.

23 Erfolgt der Antrag allerdings erst nach Ablauf der Drei-Jahres-Frist, sind die normalen Anforderungen zu erfüllen und die entsprechenden Nachweise zu erbringen. Bei Ausstellung des Führerscheins ist die Grundlage (der ausländische Führerschein) abzugeben und dieser einzuziehen.

24 Dies gilt auch für einen ursprünglich türkischen Staatsangehörigen, der eingebürgert wurde, da die vorgelegte türkische Fahrerlaubnis in dem Prüfungsverfahren nicht der Intensität und Dauer des

38 EuGH v. 29.4.2021 – C-47/20; EuGH v. 28.10.2020 – C-112/19; EuGH v. 21.05.2015 – C 339/14; OVG Lüneburg Beschl. v. 08.05.2009 – 12 ME 47/09, NZV 2009, 469.

39 BVerwG v. 26.05.2009 – BVerwG 3 B 29.09; Jurion.

40 EuGH v. 26.04.2012 – C-419/10, SVR 2012, 273f zur Anerkennung eines Führerscheins unter Einhaltung der Wohnsitzklausel und nach Ablauf der Sperrfrist.

41 OLG Hamm v. 10.09.2013 – 2 RVs 47/13, JurionRS 2013, 46837.

42 Für USA: Nissen »Anerkennung und Umschreibung von US-Führerscheinen in Deutschland« DAR 2008, 563 ff.

43 Da Deutschland keine diplomatischen Beziehungen zu Taiwan unterhält.

deutschen Prüfungsverfahrens vergleichbar ist. Daher ist die Türkei als Nicht-EU-Land auch nicht in den Ausnahmeregelungen der Anlage 11 des § 31 FEV aufgenommen.[44]

3. Ausländischer Führerschein nach Entzug des Inlandsführerscheins

Die EU-Führerscheinregelung hat in der Vergangenheit zu der verlockenden Möglichkeit geführt, 25
kostengünstig vor allem in den Grenzgebieten im EU-Ausland eine Fahrerlaubnis zu erwerben, wenn die deutsche Fahrerlaubnis entzogen worden war. Bisher war grundsätzlich die ausländische Fahrerlaubnis auch im Inland anzuerkennen[45]. Dieser Regelung wird durch § 29 Abs. 4 Ziffer 4 und 4 FeV ein Riegel vorgeschoben, solange die Strafe im Inland noch nicht abgebüßt ist. Danach kann eine Umschreibung beantragt werden. Allerdings macht sich der Fahrer in diesem Fall nicht strafbar[46], darf die Fahrerlaubnis aber nicht verwenden[47]. In der Rechtsprechung war umstritten, ob diese Regelung der Umschreibung auch auf die während der Sperrfrist im Ausland erworbene Fahrerlaubnis anzuwenden ist[48]. Dabei ist zwischenzeitlich entschieden worden, dass nunmehr nur die ausländische Fahrerlaubnis umgeschrieben werden kann, die nach dem Ablauf der Sperrfrist (etc.) erworben wurde[49]. Allerdings kann ein »Führerscheintourist« nur dann seine ausländische Fahrerlaubnis auch im Inland verwenden, wenn er zum Zeitpunkt des Erwerbs dieser Fahrerlaubnis seinen ständigen Aufenthaltsort in dem die Fahrerlaubnis ausstellenden Land hatte[50] und seine fehlende Fahreignung nicht mehr besteht[51]. Bei Verstoß gegen das Wohnsitzerfordernis[52] ist der so erlangte Führerschein nicht anzuerkennen[53].

44 VG Köln v. 20.12.2011, 11 K 4026/10, Jurion.

45 EuGH v. 29.04.2004 – C-476/01, NJW 2004, 1725; VG Chemnitz v. 17.07.2006 – 2 K 1380/05, DAR 2006, 637; VG Sigmaringen v. 27.06.2006 – 4 K 1058/05, DAR 2006, 640; vgl. auch Zwerger »Aktuelle Rechtsprechung des EuGH zur Anerkennung von Fahrerlaubnissen aus anderen EU-Staaten: Ausnahmen von der Anerkennungspflicht«, zfs 2008, 609 ff.; Buchard/Möller, »Europas Bemühungen bei der Bekämpfung des Führerscheintourismus«, SVR 2015, 1 ff.

46 OLG München 4 St RR 222/06 in zfs 2007, 170 unter Hinweis auf die Entscheidung des EUGH C 476–01 (vgl. oben).

47 Hamburgisches OVG v. 22.11.2006 – 3 Bs 257/06, zfs 2007, 174 ff.; Schleswig-Holsteinisches OVG v. 19.10.2006 – 4 MB 80/06, zfs 2007, 179.

48 OLG Stuttgart v. 19.11.2007 – 2 Ss 597/07 NJW 2008, 243 m.w.N. Verwendung wird als Verbotsirrtum gewertet.

49 EuGH v. 6.06.2008 – C 329 und C-343/06 NJW 2008, 2403 = zfs 2008, 473 ff.; Zwerger, »Europäischer Führerscheintourismus – Rechtsprechung des EuGH und nationale Grundlagen«, zfs 2015, 184 ff.; Buchardt/Möller, »Europas Bemühungen bei der Bekämpfung des Führerscheintourismus« SVR 2015, 1 ff.; Koehl, »Europäischer Führerscheintourismus – eine aktuelle Bestandsaufnahme«, NZV 2015, 8 ff.; Plate/Hillmann III »Schluss mit dem Führerscheintourismus – Ein Lösungsvorschlag«, DAR 2014, 7 ff. Dauer, »Wenig Bewegung in Sachen Führerscheintourismus«, NJW 2008, 2381; Schünemann, »Die deutsche Bekämpfung des Führerscheintourismus scheitert am europäischen Recht der gegenseitigen Anerkennung«, DAR 2007, 382f; Grabolle »Das Ende des Führerscheintourismus?« in zfs 2008, 663 ff.; sowie Morgenstern »Der Abgesang des Führerscheintourismus«, NZV 2008, 425 ff.

50 BVERWG vom 26.05.2009, BVERWG 3 B 29/09, Jurion; BVerwG v. 11.12.2008 – 3 C 38/07, zfs 2009, 233 ff.; vgl. auch BVerwG v. 11.12.2008 – 3 C 26/07; zum Scheinwohnsitz vgl. OVG Saarland v. 23.01.2009 – 1 B 438/08, zfs 2009, 236 f.

51 BVerwG v. 22.10.2014 – 3 B 21/14, wenn der Wohnsitz für mindestens 185 Kalendertage im Jahr besteht und der Betroffen dort wohnt; BVerwG v. 30.05.2013 – BVerwG 3 C 18.12, Jurion. BVerwG v. 11.12.2008 – 3 C 38/07 zfs 2009, 233 ff. vorliegend hatte der Kläger sich einer gutachterlichen Untersuchung entzogen und verweigert; OVG Nordrhein-Westfalen v. 09.12.2014 – 16 A 265/11, Jurion.

52 VG Münster, Beschl. v. 09.12.2013 – 16 B 994/13, NZV 2014, 598 f.; Blum, »Europäisches Fahrerlaubnisrecht«, NZV 2014, 557,558 m.w.H. Koehl, »Neuere Rechtsprechung zum Verkehrsverwaltungsrecht«, zfs 2014, 4 ff. VG Münster, Beschl. v. 09.12.2013 – 16 B 994/13, NZV 2014, 598 f.

53 Eine solche Fahrerlaubnis kann entzogen werden, BVerwG v. 23.05.2013 – 3 B 60/12; EuGH Urt. v. 01.03.2012 – Rs. C-467/10: ein unter Verstoß gegen das Wohnsitzerfordernis erworbener Führerschein muss nicht anerkannt werden.

26 Hat der Fahrer seine Fahrerlaubnis im Ausland erworben, ohne dass die Sperrfrist[54] abgelaufen war, wurde er aufgefordert, ein medizinisch-psychologisches Gutachten vorzulegen, aus dem sich die Eignung zum Führen von Kfz ergibt und war dieses negativ, kann das Recht zum Führen von Kfz im Inland mit einer ausländischen Fahrerlaubnis aberkannt werden[55]. Auch wenn eine ausländische (hier tschechische) Fahrerlaubnis, die nach Ablauf der Wiedererteilungssperre erworben wurde, vorgelegt werden kann, darf ein Fahrzeug im Inland nicht geführt werden, wenn der Inhaber die erforderliche Fahrereignung nicht durch Vorlage eines MPU-Gutachtens nachweisen kann.[56] Hat der Fahrer gar die ausländische Fahrerlaubnis erlangt, indem er eine gefälschte Fahrerlaubnis eines anderen Staates vorgelegt hat, berechtigt diese nicht zum Führen von Kfz im Inland[57].

27 Der ausländische Führerschein berechtigt auch dann nicht zum Führen von Kfz in Deutschland, wenn der deutsche Führerschein danach entzogen wurde[58]. Allerdings kann aufgrund der unterschiedlichen OLG-Rechtsprechung ein Verbotsirrtum bei dem Führer des Kfz vorliegen, der ihn entschuldigt[59]. Hat der Versicherungsnehmer seinen deutschen Führerschein led. »umgetauscht«, muss der so erlangte ausländische Führerschein nicht anerkannt werden, wenn im Zeitpunkt des Umtauschs die deutsche Fahrerlaubnis nicht mehr bestand[60]. Auch bei Umtausch des Führerscheins auf diese Art muss das Wohnsitzerfordernis erfüllt sein[61]. Allerdings macht sich derjenige wegen Fahrens ohne Fahrerlaubnis strafbar, der nach Entzug seiner deutschen Fahrerlaubnis eine EU-Fahrerlaubnis erwirbt und von dieser Gebrauch macht, nachdem ihm diese durch eine deutsche Verwaltungsbehörde entzogen wurde[62]. Gibt der Betroffene in Deutschland seine Fahrerlaubnis zurück, kann eine EU-Fahrerlaubnis nicht anerkannt werden, wenn mit der Rückgabe ein Entzug verhindert wurde[63].

Nicht genehmigte Rennen

D.1.1.4 (behördlich nicht genehmigte Rennen)[1]

Das Fahrzeug darf nicht zu behördlich nicht genehmigten Fahrveranstaltungen verwendet werden, bei denen es auf Erzielung einer Höchstgeschwindigkeit ankommt (Rennen). Dies gilt auch für die dazugehörigen Übungsfahrten.

Hinweis: Behördlich genehmigte Rennen sind in der Kfz-Haftpflicht-, Kasko-, Autoschutzbrief Kfz-Unfall– und Fahrerschutzversicherung gemäß A.1.5.2, A.2.9.2, A.3.9.2, A.4.12.3, A.5.6.6 vom Versicherungsschutz ausgeschlossen.

Übersicht

54 EUGH v. 19.02.2009 – C-321/07 zfs 2009, 293 ff.; BVerwG v. 29.01.2009 – 3 C 31/07, zfs 2009, 298 f.

55 VG Augsburg v. 17.07.2007 – 3 K 06.1018, zfs 2008, 54 ff., m. ausf. Begründung, Berufung Bay VGH v. 28.01.2008 – 11 ZB 07.2239; rechtskräftig entschieden bei VG Saarland v. 09.10.2007 – 10 L 1115/07, zfs 2008, 58 ff.

56 BVerwG v. 13.02.2014 – 3 C 1/13, SVR 2015, 155 f.; KG v. 25.08.2014 – 121 Ss 71/14 (84/14), zfs 2015, 169 f.; OVG Nordrhein-Westfalen v. 22.02.2012 – 16 A 1529/09, Jurion; anderer Auffassung bei vergleichbarem Sachverhalt allerdings OVG Sachsen v. 14.03.2012 – 3 L 56/09, Jurion.

57 OLG MÜNCHEN vom 4.07.2012, 4 STRR 095/12, ADAJUR 2012/98427; ebenso OLG Stuttgart Beschl. v. 06.02.2012 – 6 Ss 605/11.

58 OLG Stuttgart v. 29.11.2006 – 2 Ss 520/06, DAR 2007, 100 ff.

59 OLG Stuttgart v. 9.11.2007 – 2 Ss 597/2007, DAR 2008, 158 f.

60 OLG Oldenburg v. 19.09.2011 1 Ss 116/11– umgeschriebene britische Fahrerlaubnis; Nds. OVG v. 08.05.2009 – 12 ME 47/09, zfs 2009, 414 f.

61 OVG Münster, Beschl. v. 25.11.2020 – 16 A 2303/19; VGH Mannheim Beschl. v. 11.09.2014 – 10 S 817/14, NZV 2014, 596 f.

62 OLG Jena v. 03.04.2009 – 1 Ss 182/08, DAR 2009, 406 f.

63 OLG Hamburg Beschl. v. 29.09.2011 – 3–44/11 (Rev).

1 Überschrift des Verfassers!

A. Allgemeines

In D.1.1.4 finden sich die »behördlich nicht genehmigten Rennen«, Im Hinblick auf BT-Drucksache 20/8094 muss hier auch eine neue Formulierung in den AKB gefunden werden, um in der Diktion des PflVG zu bleiben. Dies könnte z.B. »Motorsportveranstaltungen ohne entsprechende Genehmigung im öffentlichen und nicht öffentlichen Verkehrsraum ohne entsprechenden Haftpflichtversicherungsschutz« lauten. Damit wären zumindest die in den vergangenen Jahren die Rechtsprechung beschäftigenden Fälle reduziert. 1

Im Hinweis ausdrücklich nochmal auf die entsprechenden Regelungen der jeweiligen Sparten hingewiesen, die den Ausschluss bezogen auf die behördlich genehmigten Rennen (Motorsportveranstaltungen[2]), der für die KH-Versicherung in A.5.1.2 aufgenommen ist, dort formulieren. 2

D.1.1.4 befasst sich mit den nicht genehmigten Rennen. Für die behördlich genehmigten Rennen ist ein Risikoausschluss aufgenommen, weil die Genehmigung nur bei Abschluss entsprechender Sonderversicherungen erteilt wird. Zur Abgrenzung zwischen Rennen im Sinne von D.1.1.4 zu dem Risikoausschluss Rennen nach A.1.5.2 wird auch darauf abzustellen sein, ob sich die Teilnehmer auf verbindliche Regeln zumindest konkludent verständigt haben[3]. 3

Auch in der Fahrzeug- und der Fahrerschutzversicherung ist das Rennen als Obliegenheitsverletzung ausgestaltet, die eine Leistungsfreiheit nur noch nach entsprechender Abwägung vorsieht. Dies, obwohl in diesen beiden Sparten der Fahrer sich des Risikos bewusst ist, welches er bei einem Rennen eingeht und eine Schädigung mindestens billigend in Kauf nimmt. 4

Zu beachten ist, dass bei behördlich nicht genehmigten Rennen grundsätzlich der Geschädigte einen Direktanspruch gegen den Versicherer des Verursacherfahrzeugs hat, wenn sich der Schadenfall im öffentlichen Verkehrsraum ereignet. Ein solcher entfällt bei Rennen außerhalb des öffentlichen Verkehrsraums bei Teilnahme an Rennen im Rahmen von Renn-Veranstaltungen. Dort kann ein überdies allgemeiner konkludent vereinbarter Haftungsausschluss anzunehmen sein[4]. 5

B. Regelungsgehalt

Diese Regelung ist nur für die Kraftfahrzeug-Haftpflicht-Versicherung aufgenommen, da in den anderen Sparten für Schadenfälle bei einem behördlich nicht genehmigten Rennen der Versicherungsschutz ausgeschlossen ist. Es kommt dabei nicht darauf an, ob es sich um eine Vorsatztat handelt oder im eine grob fahrlässig begangene. Durch den Ausschluss dieses Risikos aus dem Vertrag hat der Versicherungsnehmer keinen Anspruch auf Leistung, wenn er sich bei der Teilnahme an einer Rennveranstaltung schädigt. Er kann sich dort nur den Versicherungsschutz sichern, soweit er nachweist, dass es sich nicht um ein Rennen handelte. Austragungsort solcher Rennen ist häufig der öffentliche Straßenverkehr, sei es in Form von verabredeten Rennen oder in Form von Sprints an der Ampel oder Jagden auf der Autobahn. Dann genügt auch ein Blickkontakt[5]. Eine bloße vorsätzliche Geschwindigkeitsüberschreitung rechtfertigt die Annahme eines Rennes jedoch nicht[6]. Auch eine Fahrt auf einer Rennstrecke, die als Probefahrt deklariert wird, kann der Rennklausel 6

2 Vgl. hierzu Kreuter § 5d PflVG n.F.
3 OLG Karlsruhe v. 23.02.2012 – 9 U 97/11, NZV 2012, 4.
4 LG Magdeburg v. 31.03.2015- 11 O 35/15 (Racing-Academy).
5 OLG HAMM v. 28.02.2011 –III-5 RBS 267/10, ADAJUR.
6 OLG München v. 24.05.2019 – 10 U 500/16 nicht jedes Rennen führt zu einem Haftungsausschluss wegen Vorsatzes; KG v. 20.12.2019 – 161 Ss 134/19 sportliches Fahren mit mäßiger Geschwindigkeitsüberschreitung ist kein Rennen.

unterfallen, wenn Spaßfahrtcharakter und Austesten der Grenzbereiche des Kfz gleichberechtigt nebeneinander stehen[7]. Diese Fälle müssten nach der Neufassung des § 5d PflVG n.F. ggf. über eine Haftpflichtversicherung absicherbar sein und dann zulässigerweise ausgeschlossen werden können. In neuerer Zeit kommt es häufig zu Schäden, die zumindest strafrechtlich als Alleinrennen qualifiziert werden[8].

C. Überblick über die Rechtsprechung

7 In der Praxis bereiten aber gerade die behördlich nicht genehmigten Rennen Probleme, die sich auf der Autobahn aber auch auf Landstraßen[9] und im Stadtverkehr ereignen können. Rennen i.S.d. § 29 StVO sind alle die Fahrveranstaltungen sowie die dazugehörigen Übungsfahrten[10], bei denen es auf die Erzielung einer Höchstgeschwindigkeit[11] ankommt. Bei Gleichmäßigkeitsfahrten gehen die Meinungen in der Rechtsprechung auseinander. OLG Nürnberg verneint den Renncharakter einer Gleichmäßigkeitsfahrt, weil auch derjenige, der langsamer fährt, aber gleiche Rundenzeiten erreicht, gewinnen kann, ohne die Höchstgeschwindigkeit zu erzielen[12], während das LG Stuttgart mit der gleichen Begründung ein Rennen bejaht, weil bei Gleichstand gerade doch die höhere Rundengeschwindigkeit in die Wertung einfließt, es also doch (wenn auch erst in zweiter Linie) darauf ankommt[13]. Die möglichst hohe Geschwindigkeit muss das Haupt- und Endziel sein. Bloße Zuverlässigkeitsfahrten stellen keine Rennen dar[14]. Auch Touristenfahrten auf einer Rennstrecke verstoßen nicht gegen die Rennklausel[15], auch dann nicht, wenn es sich um einen Mietwagen handelt und in dem Mietvertrag ein Ausschluss von Rennveranstaltungen vereinbart wurde[16]. Eine Geschicklichkeitsfahrt fällt ebenfalls nicht unter die Rennklausel[17]. Die Teilnahme an Fahrsicherheitstrainings führt nicht zur Leistungsfreiheit wegen der Rennklausel[18].

8 Soweit es sich um Kombinationen zwischen Rennen und Zuverlässigkeitsfahrten handelt, soll nur der Teil, in dem es auf die Erzielung von Höchstgeschwindigkeiten ankommt, vom Versicherungsschutz ausgenommen sein. Auch Sprints an der Ampel können unter diese Obliegenheit fallen[19]. Es kommt nicht darauf an, wie viele Fahrzeuge teilnehmen und ob sich die Fahrer entsprechend verabredet haben. Ausreichend ist, dass ein Sieger aus der Fahrt hervorgehen soll.[20]

---

7 OLG Dresden v. 20.08.2019 – 4 U 1385/18.

8 BGH, Urteil vom 18.8.2022 – 4 StR 377/21, auch zur Frage der Vorsatztat, der (bedingte) Vorsatz zur Gefährdung anderer konnte nicht festgestellt werden. BGH Beschl. v. 17.2.2021 – 4 StR 225/20 – Polizeiflucht kann ein Rennen sein.

9 OLG Karlsruhe v. 23.02.2012, 9 U 97/11, DAR 2012, 519 ff.

10 Hentschel Straßenverkehrsrecht § 29 StVO Rn. 2.

11 OLG Köln v. 21.11.2006 – 9 U 76/06, NZV 2007, 75 f.

12 OLG Nürnberg v. 29.06.2007 – 8 U 158/07, zfs 2008, 31f = NZV 2008, 300f = SP 2008, 56 f.; OLG Frankfurt/M.v. 15.10.2014 – 7 U 202/13, Jurion.

13 LG Stuttgart v. 26.01.2005 – 18 O 536/04, SP 2005, 312.

14 Hentschel Straßenverkehrsrecht § 29 StVO Rn. 2.

15 OLG Karlsruhe v. 06.09.2007 – 12 U 107/07 in zfs 2007, 635f (Hockenheimring) = r+s 2007, 502f = SP 2008, 156 f.

16 LG Kaiserslautern v. 28.07.2009 – 2 O 234/08, Jurion.

17 OLG Saarbrücken v. 21.06.2006 – 5 U 51/06, zfs 2007, 645 f.

18 OLG Brandenburg v. 17.10.2013 – 12 U 55/13, SP 2014, 186 f.

19 Vgl. dazu auch OLG Koblenz v. 29.06.1992 – 12 U 561/91, VersR 1993, 1164, der Ausschluss von Schäden, die durch leicht fahrlässiges Verhalten anderer Teilnehmer verursacht werden, können ausgeschlossen werden, Rev. vom BGH nicht angenommen (VI ZR 182/92); LG Duisburg v. 22.10.2004 – 7 S 129/04, NZV 2005, 262 (insbesondere zu den Schadenersatzansprüchen des bei dem Rennen Verletzten), OLG Hamm v. 10.08.2007 – 20 U 218/06 zfs 2007, 692 ff. = r+s 2007, 453; OLG Hamm v. 28.02.2011 – III-5 RBS 267/10, BA 2011, 189.

20 OLG Hamm vom 05.03.2013 – 1 RDS 24/13, NZV 2013, 403.

Insbesondere bei Rennen mit tödlichem Ausgang für einen unbeteiligten Verkehrsteilnehmer geht die Rechtsprechung inzwischen vermehrt von Vorsatzdelikten aus[21], die dann nicht mehr den Regelungen der Obliegenheitsverletzungen unterfallen, sondern vielmehr im Lichte von § 103 VVG, A.1.5.1 AKB zu sehen sind. Eine vollständige Leistungsfreiheit des Versicherers ist die Folge. 9

D. Schadenersatzansprüche

Die mögliche Schadenersatzpflicht beschränkt sich darüber hinaus auf Schäden aus grob regelwidrigem oder unsportlichem Verhalten[22]. Dabei ist nach Auffassung des VG auch ein Oldtimer-Rennen ein Rennen i.S.d. StVO[23]. Die Vereinbarung eines Haftungsausschlusses ist grundsätzlich auch für deliktische Schadenersatzansprüche zulässig[24] und sollte daher geprüft werden. Wurde ein Haftungsverzicht unterschrieben, verstößt die Geltendmachung von Schadenersatzansprüchen, wie bei allen Sportveranstaltungen, bei denen man ggf. auch selbst Schadenersatzansprüchen ausgesetzt sein kann, gegen Treu und Glauben[25]. 10

Auch strafrechtlich kann ein solches Rennen Folgen haben, wenn der »nicht beteiligte« Beifahrer in einem der Kfz verletzt wird[26]. 11

E. Die einzelnen Sparten

Zu beachten ist, dass in den Sparten Fahrzeug-, Schutzbrief-, Unfall- und Fahrerschutzversicherung der Versicherungsschutz vollständig entfallen kann. Aus diesem Grund sind nachfolgend spartenspezifische Entscheidungen, soweit vorhanden, aufgeführt. 12

I. Fahrzeugversicherung

Für die Fahrzeugversicherung war es ohne Belang, ob es sich um eine behördlich genehmigte Rennveranstaltung oder um ein nicht genehmigtes Rennen handelt. In beiden Fällen führte eine Teilnahme an einer Veranstaltung, bei der es auf die Erzielung einer Höchstgeschwindigkeit ankam, zur vollständigen Leistungsfreiheit des Versicherers. Die sog. Rennklausel ist auch für die Fahrzeugversicherung hinreichend transparent[27]. 13

II. Schutzbriefversicherung

Auch in der Schutzbriefversicherung galt die Teilnahme an Rennen (behördlich genehmigt und behördlich nicht genehmigt) zu den Ausschlüssen, es bestand vollständige Leistungsfreiheit. 14

---

21 BGH Beschl. v. 08.12.2021 – 4 StR 224/20; BGH v. 11.11.2021 – 4 StR 511/20 (Nebentäterschaft der Beteiligten); BGH v. 18.06.2020 – 4 StR 482/19 (Berlin). BGH v. 16.01.2019 – 4 StR 345/18 (Hamburg); BGH v. 01.03.2018 – 4 StR 399/17 (Berlin); Steinert, Der Begriff des Kraftfahrzeugrennens in der Rechtsprechung des BGH, SVR 2022, 201 ff; Fromm, Verbotene Kraftfahrzeugrennen mit tödlichem Ausgang, DAR 2021, 13 ff m.w.H zu der Rechtsprechung.

22 Nochmals LG *Duisburg* v. 22.10.2004 – 7 S 129/04 NZV 2005, 262 f., vgl. insoweit auch BGH v. 29.01.2008 – VI ZR 98/07, R+S 2008, 256 f. = DAR 2008, 265 f. = VersR 2008, 540 = NZV 2008, 288 f. für den Umfang der Haftung bei kraftsportlichen Veranstaltungen (hier war Haftung für den Fall ausgeschlossen, dass eine KH-Versicherung nicht eintrittspflichtig sei).

23 VG Anspach v. 07.12.2007 – AN 10 K 06.03 594, Jurion 3K164 695.

24 BGH v. 12.03.1985 – VI ZR 182/83, VersR 1985, 595.

25 So schon BGH v. 05.11.1974 – VI ZR 100/73, VersR 1975, 137 (Fußballspiel); OLG Celle v. 02.04.1980 – 3 U 186/79, VersR 1980, 874, wobei auch dort auf das Vorhandensein einer Haftpflichtversicherung abgestellt wurde.

26 OLG Celle v. 25.04.2012 – 31 Ss 7/12, NZV 2012, 345 ff.

27 OLG Karlsruhe v. 15.04.2014 – 12 U 149/13,Jurion.

III. Unfallversicherung

15 Auch hier gilt grds. vollständige Leistungsfreiheit, allerdings kann nach den Bedingungen u.U. auch ein Einschluss bis zu einer bestimmten Geschwindigkeit vorliegen[28].

IV. Fahrerschutzversicherung

16 Für die Fahrerschutzversicherung existieren noch keine Entscheidungen, es bestand nach diesseitiger Auffassung keine Notwendigkeit, die behördlich nicht genehmigten Rennen in die Obliegenheiten einzuordnen, da sich der Fahrer bei Teilnahme an einem Rennen bewusst einem erheblichen Risiko aussetzt und sich vorsätzlich selbst gefährdet.

F. Eigene Meinung

17 Wird allerdings der Schadenersatzanspruch zwischen zwei Teilnehmern einer kraftsportlichen Veranstaltung darauf gestützt, dass der »Verursacher« der Schäden Versicherungsschutz genießt, scheint dies mehr als fragwürdig[29]. Aufgrund der Regelung, dass der Kraftfahrzeug-Haftpflicht-Versicherer nur für den Schädiger einzutreten hat und ihn ggf. von Haftung freistellen soll, ist es nach diesseits vertretener Auffassung verfehlt, darauf abzustellen, ob der Schädiger durch eine Haftpflichtversicherung geschützt ist. Grundsätzlich muss zunächst die schädigende Handlung Gegenstand der Prüfung und der Bewertung, ob ein Schadenersatzanspruch nach § 823 BGB überhaupt geltend gemacht werden kann, sein. Erst wenn dies in der Beziehung Geschädigter – Schädiger geklärt wurde, kann ein Anspruch auf Haftungsfreistellung gegen den Versicherer gerichtet werden. Es kann aber nicht sein, dass zuerst die Frage geklärt wird, ob eine Versicherung eintrittspflichtig ist und dann der Anspruch bejaht oder verneint wird, je nach dem, wie das Ergebnis dieser Prüfung lautet. Es müsste gerade in den Fällen, in denen im Innenverhältnis die Leistungsfreiheit des Versicherers gegeben ist, die Prüfung erst recht zugunsten des Schädigers auch lauten: erst der Anspruch gegen den Schädiger[30] – erst wenn dieser dem Grunde nach besteht, ist die Haftpflichtversicherung eintrittspflichtig!

D.1.1.5 Fahrzeuge mit Wechselkennzeichen

Der Fahrer darf ein mit einem Wechselkennzeichen zugelassenes Fahrzeug auf öffentlichen Plätzen oder Wegen nur benutzen, wenn das Wechselkennzeichen vollständig angebracht ist. Außerdem dürfen Sie, der Halter oder der Eigentümer das Fahrzeug nur von einem Fahrer benutzen lassen, wenn das Wechselkennzeichen vollständig angebracht ist.

28 OLG Düsseldorf v. 22.10.1996 – 4 U 144/95, VersR 1998, 224: Gehen VN und Versicherungsagent bei der Änderung eines Unfallversicherungsvertrags davon aus, dass damit die Teilnahme bei Moto-Cross-Rennen mit einer durch die Streckenführung auf 50 km/h begrenzten Durchschnittsgeschwindigkeit entsprechend dem Wunsch des VN vom Versicherungsschutz umfasst ist, so kann sich dieser auf die durch schlüssiges Verhalten des Agenten erteilte Auskunft verlassen mit der Folge, dass der Versicherungsvertrag mit entsprechendem Inhalt zustande kommt.

29 So OLG Karlsruhe v. 21.10.2008 – 10 U 36/08, SP 2009, 281f, dort war sogar ein Haftungsverzicht erklärt worden; BGH v. 29.01.2008 – VI ZR 98/07, r+s 2008, 256 f. = DAR 2008, 265 f. = VersR 2008, 540 = NZV 2008, 288 f., die diese Auffassung bestätigen, aber dann nicht von dem Vorliegen eines Rennens ausgehen, so dass Versicherungsschutz bestünde, ebenso nachfolgend OLG Karlsruhe v. 23.02.2012 – 9 U 97/11, NZV 2012, 4.

30 Vgl. hierzu auch Armbrüster »Auswirkungen von Versicherungsschutz auf die Haftung« in NJW 2009, 187, 189.

A. Objektive Kriterien

Hierbei handelt es sich um eine neue Regelung, die § 5 Abs. 1 Nr. 6 KfzPflVV Rechnung trägt. Zunächst sind die objektiven Kriterien einzuhalten. Diese Klausel verpflichtet, das Fahrzeug im öffentlichen Verkehrsraum nur mit dem vollständigen Wechselkennzeichen[1] zu verwenden. Dazu gehören nicht nur Straßen, sondern auch sonstige Wege[2] und Plätze, die einer Vielzahl von Nutzern zugänglich sind. 1

I. Gebrauch des Kraftfahrzeugs

Entgegen der in § 5 Abs. 1 Nr. 6 KfzPflVV gewählten Formulierung »gebraucht« wird nun von »benutzen« gesprochen. Dieser Wechsel in der Formulierung ist wohl eher unabsichtlich erfolgt, besser wäre es gewesen, den schon seit Jahren verwendeten Begriff »gebrauchen« beizubehalten, um Missverständnissen vorzubeugen. 2

II. Öffentliche Plätze und Wege

Die Kennzeichenpflicht besteht nur für die Benutzung des KFZ auf öffentlichen Plätzen oder Wegen, §§ 2 Abs. 1 S. 1 StVG, 4 Abs. 1 S. 1 FeV. Diese Pflicht richtet sich im Wesentlichen an den Fahrer des versicherten Fahrzeuges, der aber nicht identisch sein muss mit dem Halter. Unstreitig sind die dem Straßenverkehr gewidmeten Straßen als öffentliche Straßen zu bezeichnen. Als öffentliche Plätze werden diejenigen Plätze bezeichnet, die einer unbestimmten Vielzahl von Personen zugänglich sind. Auch auf Privatplätzen, die einer unbestimmten Anzahl von Personen zugänglich sind, wie z.B. die Parkplätze von Einkaufsmärkten, Parkhäuser etc., ist die Fahrerlaubnis vorgeschrieben[3]. Gleiches gilt auch auf den Parkflächen, die mit dem Zusatz gekennzeichnet sind »es gilt die StVO«! Dies bedeutet, dass immer nur eines der Fahrzeuge der »Wechselkennzeichenflotte« im öffentlichen Verkehrsraum bewegt oder geparkt werden kann. 3

III. Vollständiges Wechselkennzeichen

Das Wechselkennzeichen besteht gem. § 12 Abs. 5 S. 2 FZV aus zwei Komponenten und wird nur für gleiche Fahrzeuge erteilt[4], d.h. eine Erteilung für ein Motorrad und ein Kfz kommt nicht in Betracht. Auch ist diese Regelung nach dem Willen des Gesetzgebers nur für private Fahrzeuge möglich. Da nur ein Teil des Kennzeichens fest am KFZ verbleibt und der andere im Wechsel verwendet wird, ist das Fahrzeug, welches nur über einen Teil des Kennzeichens verfügt, als »Passivfahrzeug« bezeichnet und darf bei gleichzeitiger anderweiter Verwendung des vollständigen Wechselkennzeichens im öffentlichen Verkehrsraum nur mit einem Kurzzeitkenneichen verwendet werden. In aller Regel wird dieses Kennzeichen bei Oldtimer-Fahrzeugen verwendet[5]. 4

B. Pflicht des Versicherungsnehmers, Halters, Eigentümers

Der Halter, Eigentümer oder Versicherungsnehmer muss vor Übergabe seines KFZ an einen anderen prüfen, ob das Fahrzeug mit dem vollständigen Kennzeichen versehen ist. 5

C. Subjektive Kriterien

Der Versicherungsnehmer kann sich entlasten, wenn das Fahrzeug unberechtigt von einem Dritten in Gebrauch genommen wurde und er dies nicht zu vertreten hatte. 6

---

1 Liebermann, Wechselkennzeichen können ab 01.07.2012 zugeteilt werden, DAR 2012, 425 f.

2 BGH v. 23.05.1950 – II ZR 132/58, NJW 1960, 1572 zu Waldwegen.

3 Jacobsen in Feyock/Jacobsen/Lemor § 2 AKB 2007 Rn. 32.

4 Rebler, »Die Kennzeichen nach der Fahrzeugzulassungsverordnung«, SVR 2014, 216, 218.

5 Remsperger, »Die Oldtimerzulassung unter Berücksichtigung des neuen Anforderungskatalogs für die Begutachtung eines Fahrzeuges zur Einstufung als Oldtimer gemäß § 23 StVZO«, DAR 2012, 72 f.

D. Exkulpationsmöglichkeit

7 Eine Entlastung des Fahrers eines »Passivfahrzeuges« ist kaum denkbar, da er sich vor Fahrtantritt vom ordnungsgemäßen Zustand des Kfz (d.h. auch der ordnungsgemäßen Kennzeichnung) vergewissern muss. Der Versicherungsnehmer, Eigentümer oder Halter hingegen kann sich dann entlasten, wenn der Fahrer ohne oder gegen den Willen des Versicherungsnehmer, Halters oder Eigentümers das Passivfahrzeug nutzt und ein Ermöglichenstatbestand nicht vorliegt.

Zusätzlich in der Kfz-Haftpflichtversicherung

1 *Neben den unter D.1 aufgeführten Obliegenheiten, die in allen Sparten gelten, ist zusätzlich und ausschließlich in der Kraftfahrzeug-Haftpflicht-Versicherung die nachfolgende weitere Obliegenheit zu beachten. In der Kraftfahrzeugfahrzeugversicherung fallen die Alkoholunfälle unter den Ausschluss der grob fahrlässigen Herbeiführung des Versicherungsfalles. In den anderen Sparten ist die alkoholbedingte Schadenherbeiführung tw. mit der vollständigen Leistungsfreiheit belegt, auch der Hinweis unter D.1.2. belegt.*

Alkohol und andere berauschende Mittel

D.1.2.1 (Fahruntüchtigkeit wg. Alkohol oder sonstiger berauschender Mittel)[1]

Das Fahrzeug darf nicht gefahren werden, wenn der Fahrer durch alkoholische Getränke oder andere berauschende Mittel nicht in der Lage ist, das Fahrzeug sicher zu führen.

Außerdem dürfen Sie, der Halter oder der Eigentümer des Fahrzeugs dieses nicht von einem Fahrer fahren lassen, der durch alkoholische Getränke oder andere berauschende Mittel nicht in der Lage ist, das Fahrzeug sicher zu führen.

Hinweis: Auch in der Kasko-, Autoschutzbrief-, Kfz-Unfall- und der Fahrerschutz-Versicherung besteht für solche Fahrten nach A.2.9.1, A.3.9.1, A.4.12.2; D.1.3.1 kein oder eingeschränkter Versicherungsschutz.

Übersicht

A. Allgemeines

1 Entgegen der Regelung der sonstigen Obliegenheiten führt jedwedes Fahren eines Kraftfahrzeuges unter Alkohol- oder Drogeneinfluss – unabhängig davon, ob sich die Fahrt im öffentlichen Verkehrsraum oder im außeröffentlichen Verkehrsraum ereignete, zur Tatbestandsverwirklichung[2]. Grundsätzlich kommt es für die Verwirklichung des Tatbestandes nach der Formulierung nicht darauf an, ob sich aus diesem Fehlverhalten ein Schadenfall ergibt oder nicht. Allerdings wird man in der Kraftfahrzeug-Haftpflicht-Versicherung ohne Schadenfall kaum Kenntnis von einer Alkoholfahrt erlangen. Die (abgesehen vom Führerscheinentzug und dem Strafverfahren) schadenersatzrechtlich folgenlos gebliebene Trunkenheitsfahrt hat versicherungsrechtlich keine Folgen (weil der Versicherer davon keine Kenntnis erhält).

2 Dabei muss der Fahrer vor Antritt der Fahrt seine Fahrtüchtigkeit prüfen[3] und bei dem geringsten Zweifel von der Fahrt Abstand nehmen[4].

1 Überschrift des Verfassers!
2 NK-VersR/Kreuter AKB D.1.2 Rn 349.
3 BGH DAR 1952, 43; OLG Hamm v. 03.08.2009 – 3Ss 352/74, NJW 1974, 2058 u.v.m.
4 Bay ObLG v. 16.02.1984 – RReg 1 St 327/83, VRS 66, 280.

Üblicherweise erhält der Versicherer von der Alkoholisierung seines Versicherungsnehmer Kenntnis durch die Ermittlungsakte, hat aber der Versicherungsnehmer schon vorher, bei Abgabe der Schadenanzeige, mitgeteilt, dass er unter Alkoholeinfluss gefahren ist, kann der Versicherer nicht einfach abwarten, sondern muss aktiv sich um die genauen Werte der BAK bemühen[5]. Als Führen eines Kfz wird dabei jede Handlung bezeichnet, die für den Verkehrsvorgang von entscheidender Bedeutung ist[6]. Diese Regelung gilt grundsätzlich auch für Elektro- und Hybridfahrzeuge, ob sie auch auf E-Bikes anzuwenden ist, ist noch ungeklärt[7]. 3

B. Fahruntüchtigkeit

Der Fahrer ist aufgrund von Alkoholgenuss oder dem Genuss sonstiger berauschender Mittel nicht in der Lage, das Fahrzeug sicher zu führen. Die Definition im Versicherungsrecht entspricht insoweit der des Strafrechtes, da ohne die Einleitung eines Strafverfahrens der Versicherer keine Möglichkeit hat, die alkoholbedingte oder durch sonstige berauschende Mittel hervorgerufene Fahruntüchtigkeit festzustellen. Für die Frage der Leistungsfreiheit in der Kraftfahrzeug-Haftpflicht-Versicherung kommt es erst in zweiter Linie auf die Regelungen des Ordnungswidrigkeitenrechts an. So führt der Verstoß des Fahranfängers gegen das gewollte Alkoholverbot zwar i.d.R. zur Verwirklichung eines OWI-Tatbestandes[8], aber im Schadenfall ist gleichwohl auch der Einfluss des Alkoholkonsums auf den Schadenfall zu prüfen. 4

Auch eine im Rahmen der medizinischen Behandlung vorgenommene BAK-Bestimmung, die in das Ermittlungsverfahren Eingang findet, darf verwendet werden, es kann aber zugunsten des Betroffenen von Messungenauigkeiten ausgegangen werden[9]. 5

I. Alkoholgenuss

Nach ständiger Rechtsprechung ist die absolute (alkoholbedingte) Fahruntüchtigkeit immer gegeben, wenn bei dem Fahrer eine BAK von über 1,1 ‰ ermittelt wurde[10], wobei es ausreicht, wenn diese Grenze nach der Anflutungsphase erreicht wurde[11]. Allerdings sind die strafrechtlichen Rückrechnungsregeln im Zivilrecht nur eingeschränkt anwendbar[12]. Danach soll auch dann eine Verurteilung wegen alkoholbedingter Fahruntüchtigkeit möglich sein, wenn eine nicht verwertbare Blutprobe keine verlässlichen Erkenntnisse bringt, erforderlich sind lediglich Feststellungen zu den Ausfallerscheinungen[13]. Dann spricht schon der Anscheinsbeweis dafür, dass der Unfall auf der Alkoholbeeinflussung beruht[14]. 6

---

5 LG Köln v. 07.10.2004 – 24 O 503/03, r+s 2005, 98 f.

6 Zur erforderlichen Fahrerlaubnis vgl. Auch Kirchner in Ferner/Bachmeier/Müller § 4 FEV Rn. 22 m.w.H. Blum, »Führen eines (Kraft-)Fahrzeugs«, SVR 2015, 130 m.w.H. zur Rechtsprechung.

7 OLG Hamm v. 28.02.2013 – 4 RBs 47/13, Jurion = DAR 2013, 712 = NJW 2013, 10 = STRR 2014, 116 = VRR 2014, 78–79.

8 Vgl. auch Bode »Absolutes Alkoholverbot für Fahranfänger und Fahranfängerinnen?« in zfs 2007, 488 ff.; Ternig »0,0 ‰ BAK-Grenze für Fahranfänger und Grenzwerte bei § 24a StVG in NZV 2008, 271 ff. und Janker »Das neue Alkoholverbot für Fahranfänger und Fahranfängerinnen« in DAR 2007, 497 ff.

9 OLG Naumburg v. 30.01.2014 – 1 U 81/13, NZV 2014, 576 f.

10 BGH v. 28.06.1990 – 4 StR 297/90, VersR 1990, 1177 = NJW 1990, 2393; dies gilt auch für E-Scooter: OLG Frankfurt v. 08.05.2023 – 1 Ss 276/22, die Fahrerlaubnis ist auch bei einer Trunkenheitsfahrt mit dem E-Scooter zu entziehen; KG, Beschluss vom 31.5.2022 ((3) 121 Ss 40/22 (13/22)); LG Osnabrückv.16.10.2020 – 10 Qs 54/20; LG Köln v. 09.10.2020 – 117 Qs 105/20; Krumm, alkoholbedingte Fahruntüchtigkeit und Fahrerlaubnisentziehung bei E-Scootern, Fahrrädern und Co., SVR 2023, S. 18 ff m.w.H zur aktuellen Rechtslage.

11 BGH v. 15.11.1973 – III ZR 113/71, NJW 1974, 276; Hentschel Straßenverkehrsrecht § 316 StGB, Rn. 12 Rechtsprechungsüberblick zur absoluten Fahruntüchtigkeit.

12 AG Zossen v. 08.02.2008 – 4 C 242/07, zfs 2008, 511 ff. m.w.H.

13 BayObLG v. 13.2.2023 – 203 StRR 455/22.

14 OLG Düsseldorf v. 28.11.2006 – I-4 U 193/05, SP 2007, 402; v. 31.03.2008 – I-4 U 140/07.

7 Die sog. relative Fahruntüchtigkeit beginnt bei 0,5 ‰[15], wobei aber der Wert von 1,1 ‰ zu keinem Zeitpunkt überschritten werden darf,[16]. Dort ist die BAK nur eines von mehreren Indizien, die zur Ermittlung der Fahruntüchtigkeit herangezogen werden[17]. Der Fahrer muss durch den Alkoholgenuss so in seiner Fahrtüchtigkeit beeinträchtigt sein, dass er über längere Strecken schwierige Verkehrslagen nicht mehr meistern kann[18].

8 In dem Bereich der relativen Fahruntüchtigkeit muss für die Tatbestandsverwirklichung nach ständiger Rechtsprechung ein alkoholtypischer Fahrfehler vorliegen[19], beweisbelastet ist der Versicherer[20]. Wird die BAK-Grenze von 1,1 ‰ überschritten, wird die Kausalität des Alkoholgenusses für den Schadenfall vermutet[21]. Auch in dem Bereich der absoluten Fahruntüchtigkeit geht die Rechtsprechung von Grober Fahrlässigkeit aus.[22] Je niedriger dabei die BAK ist, umso mehr Indizien müssen hinzutreten, um die alkoholbedingte Fahruntüchtigkeit festzustellen[23]. Je höher die BAK ist, umso weniger zusätzliche Indizien sind erforderlich. Die Grenze von 0,3 ‰ ist gewählt, da schon dort die ersten Wirkungen des Alkohols (Enthemmung, Beeinträchtigung des räumlichen Sehvermögens und längere Reaktionszeiten) auftreten[24].

9 Besondere Aufmerksamkeit wird von Fahrern von Gefahrguttransportern erwartet, diese sind verpflichtet, von der Fahrt Abstand zu nehmen, wenn sie Alkohol genossen haben und die BAK mehr als 0,49 ‰ beträgt und dürfen während der Fahrt keine alkoholischen Getränke zu sich nehmen[25]. Ein Verstoß führt jedoch nicht zusätzlich zu einer Gefahrerhöhung im Sinne des § 23 ff. VVG.

II. Alkoholbedingter Fahrfehler

10 Ein alkoholbedingter Fahrfehler ist dann gegeben, wenn sich der Alkoholgenuss aufgrund der Gesamtumstände des Schadenfalls ausgewirkt hat. Nach der Auffassung des BGH äußert sich dieser in sorgloser, offenbar leichtsinniger Fahrweise[26]. Dies kann in der Überschätzung der gefahrenen Geschwindigkeiten[27], des eigenen Fahrvermögens, ungewöhnlichen Fahrfehlern[28] oder leichtsinnigem Überholen liegen. Auch Übermüdung in Verbindung mit Alkoholgenuss[29], Abkommen von der Fahrbahn[30], Geradeausfahrt in einer Kurve[31], Vorfahrtsverletzungen[32] und Abbiegen trotz Gegenverkehrs können für alkoholbedingte Fahruntüchtigkeit sprechen. Je niedriger die festgestellte BAK ist, umso höher sind die Anforderungen an den Fahrfehler, um hier eine alkoholbedingte

---

15 OLG Köln v. 06.05.2003 – 9 U 160/02, r+s 2003, 315.

16 BGH v. 08.10.1959 – VII ZR 87/58, BGHZ 31, 44; BGH v. 22.04.1982 – 4 StR 43/82, NJW 1982, 2612; OLG Düsseldorf v. 28.11.2006 – I-4 U 193/05, SP 2007, 402.

17 OLG Köln v. 09.01.2001 – Ss 477/00, VRS 100, 123. Danner, Alkoholbedingte relative Fahruntüchtigkeit, DAR 2023, 175 bietet einen Überblick über die Problematik mit Blick auf § 316 StGB.

18 Hentschel Straßenverkehrsrecht, § 316 Rn. 15 m.w.H.

19 BGH v. 08.10.1959 – VII ZR 87/58, BGHZ 31, 44; LG Frankfurt v. 20.11.2002 – 2/1 S 168/02, r+s 2003, 143.

20 OLG Brandenburg v. 08.01.2020 – 11 U 197/18.

21 BGH v. 22.04.1982 – 4 StR 43/82, NJW 1982, 2612.

22 U.a. OLG Köln Beschl. v. 20.07.2017 – 9 U 20/17.

23 Bayerisches Oberstes Landesgericht RReg. v. 07.03.1988 – 2 St. 435/87, NZV 1988, 110.

24 BGH DAR 1976, 89.

25 § 28 Ziff. 13 GGVSEB.

26 BGH v. 19.05.1967 – 4 StR 36/67, VRS 33, 119; BGH 4 StR 43/82 BGHSt 31, 42 = NJW 1982, 2612.

27 OLG Hamm v. 29.05.1985 – 20 U 390/84, VersR 1987, 89.

28 AG Düren v. 12.04.2006 – 47 C 390/05, SP 2007, 222.

29 OLG Hamm VRS 30, 119.

30 OLG Hamm v. 29.01.2003 – 20 U 179/02 r+s 2003, 188; OLG Saarbrücken v. 28.01.2009 – 5 U 698/05, NJW-RR 2009, 685; OLG München v. 27.06.2008 – 10 U 5654/07 in BeckRS 2008 15 417.

31 OLG Saarbrücken v. 12.10.2022 – 5 U 22/22 – bejaht bei 0,85 Promille den alkoholbedingten Fahrfehler, es ist eine Leistungskürzung auf null bei Abkommen von der Fahrbahn gerechtfertigt; ebenso OLG Hamm, Beschl. vom 19.07.2021 – 20 U 129/21.

32 OLG Köln v. 23.01.1992 – 5 U 83/91, r+s 1992, 114 bei 0,8 ‰.

Fahruntüchtigkeit festzustellen[33]. Auch wenn inzwischen die Promille-Grenze im Ordnungswidrigkeitenrecht auf 0,5 ‰ abgesenkt wurde, ist für eine alkoholbedingte Fahruntüchtigkeit auch bei einer BAK von 0,65 ‰ das Hinzutreten eines Fahrfehlers erforderlich[34].

Soweit die Grenze der absoluten Fahruntüchtigkeit erreicht wurde, kommt es auf einen alkoholbedingten Fahrfehler nicht mehr an[35]. Allerdings ist nach der jüngsten Entscheidung des BGH gleichwohl eine Abwägung erforderlich[36]. 11

III. Andere berauschende Mittel

Neben dem Genuss von Alkohol können auch andere Mittel die Reaktionsfähigkeit und Motorik so reduzieren, dass die Fahrfähigkeit beeinträchtigt ist. So wirken sich auch Medikamente[37], die Alkohol enthalten oder rauschartige Nebenwirkungen[38] haben, auf die Fahrfähigkeit aus und können diese erheblich beeinträchtigen[39]. Auf die Nebenwirkungen von Narkosen und Betäubungen bei ambulanten ärztlichen und zahnärztlichen Behandlungen wird der Patient im Aufklärungsgespräch vom Narkosearzt bzw. dem behandelnden Arzt hingewiesen[40]. Dort wird auch darauf hingewiesen, wie lange ein Fahrzeug wegen der Nachwirkungen der Medikamente nicht geführt werden darf. Daneben gibt es aber eine Vielzahl von Medikamenten, die die Wahrnehmungsfähigkeit und Reaktionsfähigkeit erheblich herabsetzen können. Warnhinweise auf den Beipackzetteln sind ernst zu nehmen. Soweit sich ein Unfall infolge einer medikamentenbedingten Fahruntüchtigkeit ereignet, ist die Frage des Verschuldens genau zu prüfen[41]. Zu diesen Mitteln gehören u.a. Mandrax, Dolviran, Hustenmittel mit Alkohol, Valium, Phanodorm, Captagon, promazepamhaltige Mittel, aber auch sog. »Hausmittel« wie Melissengeist[42] u.ä., die sich im Wesentlichen durch einen hohen Alkoholanteil auszeichnen. Aber auch sonstige Medikamente können die Fahrfähigkeit einschränken, wenn zum Beispiel eine Überdosis Diazepam-Tabletten ggf. für den Unfall mitursächlich sein können, so kann dies zumindest in der Kraftfahrzeug-Haftpflicht-Versicherung zu einer Obliegenheitsverletzung im Sinne von D.1.2 AKB führen. Eine subjektive grobe Fahrlässigkeit mit der Folge der Leistungsfreiheit in der Fahrzeugversicherung lässt sich daraus aber nicht schließen[43]. Auch die Frage der Geeignetheit zum Führen von Kfz ist zu prüfen, wobei übermäßiger Gebrauch festgestellt werden muss,[44]. Für den Gebrauch von Amphetaminen gibt es keine gesicherten medizinisch-wissenschaftlichen Erkenntnisse hinsichtlich möglicher Grenzen der absoluten Fahruntüchtigkeit[45]. 12

Die klassischen Rauschmittel, die Drogen im Sinne des § 1 BtMG, führen ebenfalls zu Einschränkungen in der Wahrnehmungsfähigkeit und des Reaktionsvermögens[46]. Dabei sind zum jetzigen 13

---

33 Bayerisches Oberstes Landesgericht v. 07.03.1988 – RReg. 2 St. 435/87, NZV 1988, 110.

34 OLG Schleswig vom 17.01.2014 – 1 Ss 152/13 = Jurion, danach ist ein alkoholbedingter Unfall nicht gegeben, wenn sowohl den Polizisten an der Unfallstelle wie auch dem Blut abnehmenden Mediziner der Angeklagte nicht merklich alkoholisiert erschien.

35 LG Coburg v. 25.04.2008 – 23 O 146/07 vom, der Kläger behauptete Ortsunkenntnis als Ursache.

36 BGH v. 11.01.2012 – IV ZR 251/10 (2,10 ‰).

37 Vgl. auch Crumm, Drogenkonsum und Fahreignung, zfs 2015, 369 ff, ders: Der Begriff der »anderen berauschenden Mittel« im Verkehrsstrafrecht, SVR 2014, 376 f; Crumm »Drogenbedingte Fahruntüchtigkeit – 10 Fragen und 10 Antworten« in NZV 2009, 215 f.

38 Hentschel Straßenverkehrsrecht, § 316 Rn. 3 m.w.N.; LG Freiburg v. 02.08.2006 – 7 Ns 550 Js 179/05 – AK 38/06, NZV 2007, 378 f. für Appetitzügler.

39 OLG Düsseldorf v. 19.09.2000 – 4 U 156/99, r+s 2001, 54; Krumm, »Die zur Fahruntüchtigkeit führenden »anderen« Rauschmittel«, NZV 2014, 441 ff, mit einer Aufstellung über die Wirkungen der einzelnen Mittel.

40 LG Konstanz v. 14.04.1972 – 5 O 74/72 NJW 1972, 2223.

41 Vgl. dazu unten D.2.1 AKB.

42 OLG Hamm v. 11.05.1979 – 1 Ss OWI 1089/79, BA 1979, 501.

43 OLG Düsseldorf v. 06.07.2004 – I-4 U 222/03, NJW-RR 2004, 1552 = VersR 2005, 348 = OLG Report Düsseldorf 2005, 35.

44 Sächsisches OVG v. 06.05.2009 – 3 B 1/09, SVR 2009, 352.

45 AG Hermeskeil v. 13.12.2007 – 8002 Js 22 713/07 CS, DAR 2008, 222 f.

46 OLG Düsseldorf v. 04.03.1993 – 5 Ss 18/93, NZV 1993, 276.

Zeitpunkt Grenzwerte, die eine sichere Einstufung ermöglichen, nicht festgelegt[47]. Die Anlage zu § 24a Abs. II StVG beinhaltet lediglich die Feststellung, dass diese Stoffe im Blut gefunden werden. Damit ist bei Vorfinden einer der in der Anlage zu § 24a StVG aufgeführten Substanzen das Vorliegen des Tatbestandes einer Ordnungswidrigkeit gegeben[48]. Nicht geklärt ist dadurch, mit welchem Wert die Fahruntüchtigkeit ganz oder teilweise gegeben ist. Hierfür müssen noch weitere aussagekräftiger Beweisanzeichen[49] hinzutreten. Allerdings berechtigt eine Blutkonzentration von 1 ng/ml THC zum Entzug der Fahrerlaubnis wegen drogenbedingter Ungeeignetheit zum Führen eines Kfz[50]. Problematisch ist dieteilweise Legalisierung von Cannabis durch die Neufassung des § 24 Abs. 1a StVG, der jetzt eine THC-Konzentrationvon bis zu 3,5 ng/ml im Blut als zulässig ansieht. Ob dies auch der Verkehrssicherheit und der Fahrtüchtigkeit,insbesondere im Hinblick auf die Reaktionsfähigkeit im Straßenverkehr dienlich ist, darf zu Recht bezweifeltwerden[51]. Entscheidungen aus der obergerichtlichen Rechtsprechung zu der Neuregelung lagen – abgesehen von dem Beschluss des BVerwG v. 14.06.2024 – BVerwG 3 B 11/23 nicht vor, das sich aber mit einem Verstoß nach der alten Rechtslage zu befassen hatte.

14 Bei Drogen und berauschenden Mitteln muss die Wirkweise ähnlich wie Alkohol die intellektuellen und motorischen Fähigkeiten beeinflussen und das Hemmungsvermögen beeinträchtigen[52]. Haschisch[53], EXTACY[54] und Opiate führen zu einer Beeinträchtigung von Urteils- und Kritikvermögen.

15 Hilfreich sind zur Bewertung die Entscheidungen über die Entziehung der Fahrerlaubnis wegen Drogenkonsums, die in jedem Fall die Fahruntüchtigkeit infolge Drogengenusses feststellen[55]. Dabei ist darauf zu achten, dass die Verwaltungsbehörde auch die Möglichkeit hat, die Fahrerlaubnis

47 Schon Stamm »Die neue Trunkenheitsklausel in der Kfz-Haftpflichtversicherung – Rechtsgrundlagen und Auswirkungen auf die Praxis« VersR 1995, 261, 266, vgl. aber Gehrmann »Grenzwerte für Drogeninhaltsstoffe im Blut und die Beurteilung der Eignung im Fahrerlaubnisrecht« NZV 2008, 377 ff. zu den Grenzwerten für Drogeninhaltsstoffe; Wehner »Die quantifizierende Feststellung der Überschreitung des im Rahmen des § 24a II StVG eingeführten Ahndungsgrenzwertes für THC« NZV 2007, 498 ff.; Jung »Drogengrenzwerte für absolute Fahruntüchtigkeit – eine Utopie?« DAR 2008, 608 ff.

48 Wehner »Die quantifizierende Feststellung der Überschreitung des im Rahmen des § 24a II StVG eingeführten Ahndungsgrenzwertes für THC« NZV 2007, 498 ff.; Haase/Sachs »Drogenfahrt mit Blutspiegeln unterhalb der Grenzwerte der Grenzwertkommission – Straftat (§ 316 StGB), Ordnungswidrigkeit (§ 24a StVG) oder Einstellung (§ 47 OwiG)?« NZV 2008, 221 ff.; Gehrmann »Grenzwerte für Drogeninhaltsstoffe im Blut und die Beurteilung der Eignung im Fahrerlaubnisrecht« NZV 2008, 265 ff.; Mußhoff/Madea »Chemisch-toxikologische Analysen auf berauschende Mittel im Rahmen der Fahreignungsdiagnostik« NZV 2008, 485 ff.

49 BGH v. 03.11.1998 – 4 StR 395/98 NJW 1999, 226 ff.; OLG Frankfurt v. 22.10.2001 – 3 Ss 287/01 NStZ-RR 2002, 17 f.; BGH v. 25.05.2000 – 4 StR 171/00 NStZ-RR 173 f.; vgl. auch König »Zur fahrlässigen Drogenfahrt nach »länger« zurückliegendem Drogenkonsum« NStZ 2009, 425 ff.

50 OVG Münster v. 23.07.2014 – 16 B 823/14; OVG Nordrhein-Westfalen v. 23.07.2014 – 16 B 823/14; OVG Berlin-Brandenburg v. 16.09.2009 – 1 S 17/09, BA 2009, 356; BVerwG v. 26.02.2009 – 3 C 1.08, zfs 2009, 354 ff; Halm/Fitz Versicherungsrecht 2020/2021, DAR 2021,422, 427.

51 VRR 2024, 24 Anm. zu AG Dortmund, Urt. v. 11.4.2024 – 729 OWi-251 Js 287/24-27/24; Koehl, Freigabe von Cannabis und Fahrerlaubnis, SVR 2024, 161 ff; zur verkehrsordnungsrechtlichen Bewertung; Krumm, Alkohol- und Cannabisverbot für Fahranfänger, NZV 2024, 414 ff; Ternig, Die neuen Cannabisgesetze aus verkehrsrechtlicher Sicht, NZV 2024, 257 ff.

52 Bay. ObLG v. 24.04.1990 – RReg 1 St 371/89, NZV 1990, 317.

53 BGH v. 25.05.2000 – 4 StR 171/00, NZV 2000, 419; v. 30.09.1976 – 4 STR 198/76, DAR 1977, 155; BayObLG v. 14.04.1994 – 1 St RR 49/94, NZV 1994, 285; v. 15.11.1996 – 1 ST RR 147/96, DAR 1997, 76; Hentschel Straßenverkehrsrecht § 316 StGB Rn. 4.

54 Harbort NZV 1998, 14.

55 Staub, DAR 2019, 593 f, Anm. zu OLG Düsseldorf v. 27.112018 – III- 2 RVs 107/18; eine ausführliche Übersicht bietet Haase »Verfassungskonforme Anwendung der Fahrerlaubnisverordnung im Falle von Konsum oder Besitz von Cannabis mit oder ohne Bezug zum Straßenverkehr«, zfs 2007, 3 ff. m.w.H. zur Rechtsprechung; vgl. auch KG v. 14.10.2014 – 3 WS B 375/14 – 162 SS93/14 zu den Abbauzeiten.

zu entziehen, ohne dass ein Bezug zum Straßenverkehr besteht[56]. Solche Entscheidungen können nicht Grundlage für eine Versicherungsschutzversagung wegen Fahrens unter Drogeneinfluss sein. Vielmehr muss konkret im Schadenereignis der Drogeneinfluss gegeben sein. Eine einmalige THC-Konzentration von unter 1 ng/ml reicht allein nicht aus, um die drogenbedingte Ungeeignetheit zum Führen von Kfz zu bejahen, es sei weder mit einer Gefährdung des Straßenverkehrs zu rechnen noch davon auszugehen, dass der Drogenkonsument nicht zwischen Konsum und Kfz-Fahrt trennen könne[57]. Ausreichend ist eine THC-Konzentration von 2,4 ng/ml[58]; auch eine Konzentration von 1–2 ng/ml ist bei täglicher Einnahme von Cannaboiden ausreichend, um die Fahrfähigkeit infrage zu stellen[59]. Auch bei kontrollierter Einnahme von Cannabis nach medizinischer Verordnung ist eine Aberkennung der Fahreignung nicht ohne weiteres zulässig[60].

Motorsportveranstaltungen oder -aktivitäten

D.1.2.2 Das Fahrzeug darf nur dann bei einer Motorsportveranstaltung oder Motorsportaktivität, einschließlich Rennen, Wettbewerben, Trainings, Tests und Demonstrationen, gebraucht werden, wenn das Fahrzeug in einem hierfür abgegrenzten Gebiet mit Zugangsbeschränkungen gebraucht wird und für diesen Gebrauch des Fahrzeugs eine Motorsporthaftpflichtversicherung nach Maßgabe § 5d des Pflichtversicherungsgesetzes besteht. Außerdem dürfen Sie, der Halter oder der Eigentümer das Fahrzeug nur unter den genannten Voraussetzungen für diese Fahrten gebrauchen lassen.

Hinweis: Beachten Sie auch Ihre Pflichten nach D.1.1.4 und die Ausschlüsse nach A.1.5.2, A.2.9.2, A.3.9.2, A.4.12.3 und A.5.6.5.

Diese Vorschrift ist neu gefasst worden und verpflichtet den VN oder Fahrer, das Fahrzeug nur dann bei sog. Motorsportveranstaltungen oder Motorsportaktivität, einschließlich Rennen, Wettbewerben, Trainings, Tests und Demonstrationen zu gebrauchen, wenn diese räumlich auf einem abgeschlossenen Gelände stattfinden, das einer Zugangsbeschränkung unterliegt. Außerdem muss in diesen Fällen eine entsprechende Versicherung nach § 5d PflVG abgeschlossen werden, die sich ausschließlich auf diese Veranstaltungen bezieht[1]. Soweit in der Literatur auch Touristenfahrten als nicht von dieser Rennklausel umfasst angesehen werden, muss diesem widersprochen werden. Zum einen gibt es auch den Begriff des »Alleinrennens«, zum anderen finden auch Touristenfahrten auf Rennstrecken statt, die räumlich abgeschlossen und nur gegen Eintritt zugänglich sind. Zudem ist weithin bekannt, dass Soweit auf für Rennen angemietete Flächen im Rahmen von Firmenevents eingegangen wird, ist davon auszugehen, dass dann ein Ausschluss der Ansprüche auf Schadenersatz nach den Regeln des SGB VII vorliegt. Dann sind zumindest die Personenschäden von der Haftung ausgeschlossen. Hinsichtlich der Sachschäden käme es auf die Ausgestaltung an, allerdings kann nur jedem Veranstalter dringend empfohlen werden, entsprechende Versicherungen abzuschließen und in die Teilnahmekosten einzupreisen, da ansonsten auch die Frage eines möglichen Regresses wegen Nichtversicherung geprüft werden muss.[1a]

---

56 So u.a. OVG Münster Beschl. v. 03.02.2023 – 16 B 1590/21 (allerdings sind die Bedenken gegen eine Fahreignung durch eine MPU zu belegen; Bay. VGH v. 27.03.2006 – 11 CS. 05.1559; einen Überblick bietet Köhler-Rott »OLG-Rechtsprechung zur Drogenproblematik im Verwaltungsrecht« in DAR 2007, 682 ff. m.w.H.

57 Bay. VGH v. 25.01.2006 – 11 CS. 05.1711, BA 2006, 417 ff.

58 OLG Bamberg v. 04.05.2006 – 1 U 234/05, zfs 2007, 37, wobei die dort zentrale Verjährungsvorschrift des § 3 Nr. 11 PflVG a.F. seit der VVG-Reform keine Bedeutung mehr hat; vgl. Schirmer »Neues VVG und Kraftfahrzeughaftpflicht – und Kaskoversicherung – Teil II« in DAR 2008, 319 ff.; AG Wesel v. 08.01.2008 – 30 C 158/06, SP 2008, 377.

59 VGH Baden-Württemberg v. 13.12.2007 – 10 S 1272/07, zfs 2008, 172 ff.

60 Verwaltungsgerichtshof Baden-Württemberg, Beschl. v. 16.01.2023 – 13 S 330/22; OVG Saarland, 08.11.2021, 1 B 180/21.

1 Vgl. hierzu Kreuter zu § 5d PflVG.

1a Kemperdiek, Die neuen AKB-Rennklauseln in der Praxis, DAR 2025, S. 311, 314.

D.1.3 Zusätzlich in der Fahrerschutzversicherung

1 Die Fahrerschutzversicherung wurde in die AKB 2015 neu aufgenommen. Einige Versicherer bieten dieses Produkt schon seit Jahren an, dort wird die Alkoholklausel als Risiko-Ausschlussklausel verwendet mit der Folge der vollständigen Leistungsfreiheit. Obwohl in der Fahrzeugversicherung und in der Kfz-Unfallversicherung die Regelung als Risikoausschluss beibehalten wird, wird hier – ohne logische Begründung wegen der Vermeidung von sachlichen Härten – eine Anknüpfung an die Obliegenheitsregelung in der KH-Versicherung vorgenommen.

2 Offenbar möchte man bei dieser Art der Ausgestaltung den Klagen der häufig schwerst verletzten Fahrer, die sowohl wegen Verstoß gegen die Alkoholklausel wie auch u.U. gegen die Gurtanlegepflicht keine Leistungen aus dieser Versicherung erhalten würden, entgehen. Im Rahmen einer Klage würde eine Prüfung erfolgen, ob es sich richtigerweise um einen Ausschluss eines Risikos handelt, oder ob lediglich besondere Verhaltensweisen von der versicherten Person erwartet werden. Sicher würden diese Regelungen als verhüllte Obliegenheiten[1] im Sinne des Verbraucherschutzes gewertet werden und ohnehin die Leistungsverweigerung im Lichte des § 28 VVG zu sehen sein.

3 Schade nur, dass die Gelegenheit verpasst wurde, beispielsweise auch die über die Regelung der Groben Fahrlässigkeit auch in der Fahrzeugversicherung anerkannte »Alkohol-Klausel« in die Obliegenheiten nach D.1.1 mit aufzunehmen. Auch im Rahmen der Groben Fahrlässigkeit ist auf die Frage des Verschuldens Bezug zu nehmen, so dass eine Einordnung auch der Alkoholklausel unter D.1 AKB für alle Beteiligten für Klarheit gesorgt hätte.

4 Zu beachten ist, dass noch zusätzliche Pflichten des Versicherungsnehmers in A.5 aufgenommen sein können, es sind die jew. AKB zu prüfen.

D.1.3.1 (Alkohol und andere berauschende Mittel)

Das Fahrzeug darf nicht gefahren werden, wenn der Fahrer durch alkoholische Getränke oder andere berauschende Mittel nicht in der Lage ist, das Fahrzeug sicher zu führen.

Hinweis: Auch in der Kfz-Haftpflicht-, Kasko-, Autoschutzbrief- und Kfz-Unfallversicherung besteht für solche Fahrten nach D.1.2, A.2.9.1, A.3.9.1, A.4.12.2 kein oder eingeschränkter Versicherungsschutz

Übersicht

A. Allgemeines

1 Auch wenn die Fahrerschutzversicherung, die leider unzutreffenderweise als Unfallversicherung in die Neufassung der AKB aufgenommen wurde, werden doch richtigerweise die an die Fahrzeugführer formulierten Erwartungen als Obliegenheiten vor Eintritt des Schadenfalls mit in den Abschnitt D.1 AKB aufgenommen.

2 Die Folgen der Obliegenheitsverletzung richten sich daher auch nach D.2 AKB mit der Folge der Prüfung der Vorwerfbarkeit des Fehlverhaltens[1].

B. Objektive Kriterien

3 Als Führen eines Kfz wird dabei jede Handlung bezeichnet, die für den Verkehrsvorgang von entscheidender Bedeutung ist[2]. Diese Regelung gilt grundsätzlich auch für Elektro- und Hybridfahrzeuge, ob sie

1 Koch, »Abschied von der Rechtsfigur der verhüllten Obliegenheit«, VersR 2014, 283 ff.; Heinrichs, »Die Fahrerschutzversicherung«, DAR 2011, 565, 569; Beckmann/Matusche-Beckmann/Marlow, § 13 Rn. 12 ff.

1 Heinrichs, Die Fahrerschutzversicherung, DAR 2011, 565, ff.

2 Zur erforderlichen Fahrerlaubnis vgl. auch Kirchner in Ferner/Bachmeier/Müller § 4 FEV Rn. 22 m.w.H.

auch auf E-Bikes anzuwenden ist, ist noch ungeklärt[3]. Auch wenn das Strafrecht ein Führen im öffentlichen Verkehrsraum voraussetzt, gilt dies in den AKB nicht, hier ist eine Beschränkung nicht vorgesehen.

Der Fahrer muss vor Antritt der Fahrt seine Fahrtüchtigkeit prüfen[4] und bei dem geringsten Zweifel von der Fahrt Abstand nehmen[5]. 4

C. Fahruntüchtigkeit

Der Fahrer ist aufgrund von Alkoholgenuss oder dem Genuss sonstiger berauschender Mittel nicht in der Lage, das Fahrzeug sicher zu führen. Die Definition im Versicherungsrecht entspricht insoweit der des Strafrechtes, da ohne die Einleitung eines Strafverfahrens der Versicherer keine Möglichkeit hat, die alkoholbedingte oder durch sonstige berauschende Mittel hervorgerufene Fahruntüchtigkeit festzustellen. Für die Frage der Leistungsfreiheit in der Fahrerschutzversicherung kommt es erst in zweiter Linie auf die Regelungen des Ordnungswidrigkeitenrechts an. So führt der Verstoß des Fahranfängers gegen das gewollte Alkoholverbot zwar i.d.R. zur Verwirklichung eines OWI-Tatbestandes[6], aber im Schadenfall ist gleichwohl auch der Einfluss des Alkoholkonsums auf den Schadenfall zu prüfen. 5

Da die Kriterien für die Frage der Fahruntüchtigkeit die gleichen sein müssen, wie sie auch für die Bewertung der Obliegenheitsverletzung nach D.1.2 (Alkoholklausel in der KH-Versicherung) anzulegen sind, sei hier – um unnötige Wiederholungen zu vermeide, auf die dortigen Ausführungen verwiesen. Auch wenn die Fahrerschutzversicherung in den vorliegenden AKB als Unfallversicherung ausgestaltet ist, gelten die dortigen[7] Regeln zu Bewusstseinsstörungen[8] im Rahmen der Kraftfahrzeugversicherung nicht. 6

Hilfreich wäre hier die Einführung einer konkreten Promillegrenze gewesen, damit wäre auch für den Versicherungsnehmer klar, wann er Leistungen aus der Fahrerschutzversicherung zu erwarten hat. Eine solche Klausel wäre auch transparent. 7

Gurtpflicht

D.1.3.2 (Gurtpflicht)

Der Fahrer muss während der Fahrt einen vorgeschriebenen Sicherheitsgurt angelegt haben, es sei denn, das Nichtanlegen ist gesetzlich erlaubt.

Übersicht **Rdn.**

A. Allgemeines

Richtigerweise werden die in einzelnen AKB als Risikoausschlüsse formulierten Erwartungen an die versicherten Personen als Obliegenheiten vor Eintritt des Schadenfalls mit in den Abschnitt D.1 AKB aufgenommen. 1

---

3 Blum, »Führen eines (Kraft-)Fahrzeugs«, SVR 2015, 130 m.w.H. zur Rechtsprechung; OLG Hamm v. 28.02.2013 – 4 RBs 47/13, Jurion = DAR 2013, 712 = NJW 2013, 10 = STRR 2014, 116 = VRR 2014, 78–79.

4 BGH v.v. 03.02.1954 – VI ZR 153/52, DAR 1952, 40, 43; OLG Hamm v. 03.08.2009 – 3Ss 352/74 NJW 1974, 2058 u.v.m.

5 Bay ObLG v. 13.01.1984 – RR 1 St. 346/83 VRS 66, 280.

6 Vgl. auch Bode »Absolutes Alkoholverbot für Fahranfänger und Fahranfängerinnen?«, zfs 2007, 488 ff.; Ternig »0,0 ‰ BAK-Grenze für Fahranfänger und Grenzwerte bei § 24a StVG in NZV 2008, 271 ff. und Janker »Das neue Alkoholverbot für Fahranfänger und Fahranfängerinnen« in DAR 2007, 497 ff.

7 OLG Stuttgart v. 30.07.2014 – 5 U 1/14.

8 OLG Saarbrücken v. 6.7.2022 – 5 U 92/21 auch zu den Auswirkungen von Falschangaben in der Schadenanzeige.

2 Die Folgen der Obliegenheitsverletzung richten sich daher auch nach D.2 AKB mit der Folge der Prüfung der Vorwerfbarkeit des Fehlverhaltens.

3 In A.5.1 wird lediglich vom versicherten Kfz gesprochen, nicht von irgendwelchen Einschränkungen. Die bisher in der Assekuranz verwendeten Bedingungen bieten dieses Produkt nur in der Verwendungsklasse »PKW – Eigenverwendung«, ggf. mit Einschluss von Campingfahrzeugen, an. Nach der gewählten Formulierung des GdV ist der Versicherer grundsätzlich frei in seiner Entscheidung, für welche Verwendungsklasse er dieses Produkt anbieten will.

4 Da sich unter der allgemeinen Bezeichnung Fahrzeug oder Kraftfahrzeug auch Zweiräder verbergen, könnte man aus der Aufnahme nur der Gurtpflicht den Rückschluss ziehen, dass nur Fahrer von PKW und solchen Fahrzeugen, die einen Sicherheitsgurt aufweisen, als versicherte Personen in der Fahrerschutzversicherung in Betracht kommen.

5 Die Versicherer, die diese Musterbedingungen verwenden, müssten hier entweder eine klarstellende Einschränkung formulieren für PKW, oder aber – folgerichtig zur allgemeinen Bezeichnung – auch die Helmpflicht für Zweiradfahrer aufnehmen, so diese auch in den versicherbaren Personenkreis aufgenommen werden sollen.

B. Objektive Kriterien

6 Der Fahrer des versicherten Kfz muss den vorgeschriebenen Sicherheitsgurt angelegt haben, will er Ansprüche aus der Fahrerschutzversicherung geltend machen. In diversen Verträgen, die vor dem Vorschlag des GdV zur Fahrerschutzversicherung bereits geschlossen wurden, ist tw. die Gurtanlegepflicht überhaupt nicht normiert, tw. ist sie als Risikoausschluss mit der Folge der vollständigen Leistungsfreiheit aufgenommen. Anders als in der Kraftfahrzeug-Haftpflicht-Schadensregulierung ist hier nicht von einer Mithaftung des Versicherten auszugehen, sondern von einer Obliegenheitsverletzung, die entsprechend dem Verschulden gekürzt wird.

7 Die Gurtanlegepflicht ergibt sich aus § 21a StVO.

8 Grundsätzlich wäre es besser gewesen, die Gurtanlegepflicht als vertragliche Obliegenheit ohne Ausnahmeregel zu normieren, da es nur ganz wenige Unfälle gibt, in denen der Gurt mehr schadet als nützt. Damit hätte das unkalkulierbare Risiko der Unfälle ohne Gurt angesichts der niedrigen Prämien in der Fahrerschutzversicherung, eingegrenzt worden.

C. Ausnahmen von der Gurtanlegepflicht

9 Eine Ausnahme von dieser Obliegenheit soll nach den Vorstellungen des GdV nur dann gelten, wenn das Nichtanlegen des Gurtes gesetzlich erlaubt ist, die Ausnahmen sind in § 21a StVO enumerativ aufgeführt:
- Taxi- und Mietwagenfahrer bei der Fahrgastbeförderung
- Personen im Haus-zu-Haus-Verkehr (Lieferdienste)
- Fahrten mit Schrittgeschwindigkeit wie Rückwärtsfahren und Fahrten auf Parkplätzen
- Fahrten in KOM, bei denen die Beförderung stehender Fahrgäste zugelassen ist;
- Betriebs- und Begleitpersonal von KOM
- Fahrgäste in KOM
- Fahrten in Oldtimern ohne eingebauten Gurt.

D.2 Welche Folgen hat eine Verletzung dieser Pflichten?

1 Die Nichtbeachtung der Obliegenheiten hat dann Folgen, wenn sich ein Schadenfall ereignet und der Versicherer von der Obliegenheitsverletzung Kenntnis erlangt. Dabei haben die Obliegenheitsverletzungen in den einzelnen Versicherungssparten durchaus unterschiedliche Folgen[1], welche

1 Z.B. in der Kraftfahrzeug-Haftpflicht-Versicherung: Notthoff, »Der Regress des Kraftfahrzeug-Haftpflicht-Versicherers Teil 1«, VRR 2013, 84 ff. und Teil 2, VRR 2013, 124 ff.

nachfolgend im Einzelnen dargestellt werden. Zu beachten ist auch, dass evtl. im Direktschaden festgestellte Verhaltensweisen des Versicherungsnehmers auch auf den Deckungsprozess gegen den Versicherungsnehmer wegen Obliegenheitsverletzung Auswirkungen haben können[2]. Dabei treten die Rechtsfolgen einer Obliegenheitsverletzung nicht automatisch ein, der Versicherer muss sich auf die Obliegenheitsverletzung berufen und das Vorliegen derselben auch beweisen[3]. Aber nicht nur versicherungsrechtliche Folgen sind zu befürchten, auch die Eignung zur Führung von Kraftfahrzeugen kann dann überprüft werden[4]. Auch die sonstige strafrechtliche Relevanz ist nicht zu unterschätzen[5]. Die Folgen der Obliegenheitsverletzungen treten nicht per se ein, der Versicherer muss sich auf die Leistungsfreiheit berufen[6].

Leistungsfreiheit bzw. Leistungskürzung

D.2.1 Folgen der Obliegenheitsverletzung nach D.[1]

Verletzen Sie vorsätzlich eine Ihrer in D.1 geregelten Pflichten, haben Sie keinen Versicherungsschutz. Verletzen Sie Ihre Pflichten grob fahrlässig, sind wir berechtigt, unsere Leistung in einem der Schwere Ihres Verschuldens entsprechenden Verhältnis zu kürzen. Weisen Sie nach, dass Sie die Pflicht nicht grob fahrlässig verletzt haben, bleibt der Versicherungsschutz bestehen.

Bei einer Verletzung der Pflicht in der Kfz-Versicherung aus D.1.2 Satz 2 sind wir Ihnen, dem Halter oder Eigentümer gegenüber nicht von der Leistungspflicht befreit, soweit Sie, der Halter oder Eigentümer als Fahrzeuginsasse, der das Fahrzeug nicht geführt hat, einen Personenschaden erlitten haben.

Übersicht Rdn.

2 BGH v. 08.04.2009 – IV ZR 113/06.
3 Böhme/Biela Die Kraftfahrthaftpflichtversicherung, Kap. 16 Rn. 120 f.
4 VG Gelsenkirchen 7 L 373/09 (n.v.).
5 BGH v. 20.11.2008 – 4 StR 328/08 m.Anm. Kühl, NJW 2009, 1155.
6 BGH v. 26.01.2005 – IV ZR 239/03, VersR 2005, 493 = SP 2005, 134.
1 Überschrift des Verfassers!.

A. Obliegenheitsverletzung, objektiver Tatbestand

1 Zunächst ist die objektive Verletzung der Obliegenheit zu prüfen, der objektive Tatbestand. Die Details hierzu sind bei den jeweiligen Obliegenheiten erläutert, da diese durchaus voneinander abweichen. Die Obliegenheiten sind dabei je Sparte getrennt zu prüfen[2].

B. Maßstab des Verschuldens

2 D.2.1 setzt den Regelungsgehalt des § 28 VVG, der sich dem Wortlaut nach ausschließlich auf die vertraglichen Obliegenheiten bezieht, um. Erforderlich ist das Verschulden[3] des Versicherungsnehmers.

3 Aufgrund der Formulierung des § 28 Abs. 1 VVG ist von folgenden Möglichkeiten der Obliegenheitsverletzung durch den Versicherungsnehmer auszugehen:
- Vorsätzliche Obliegenheitsverletzung
- Grob fahrlässige Obliegenheitsverletzung
- Fahrlässige Obliegenheitsverletzung

I. Vorsatz

4 Vorsätzlich handelt, wer im Wissen um die Tatbestandsverwirklichung, gleichwohl die Obliegenheit verletzt. Einen konkreten Schadeneintritt muss der Vorsatz dabei allerdings nicht umfassen. Eine vorsätzliche Obliegenheitsverletzung ist gegeben, wenn der Versicherungsnehmer im Bewusstsein der Verhaltensnorm die Obliegenheitsverletzung will[4], er muss dabei Kenntnis von dem Versicherungsfall haben, welcher die Obliegenheit auslöst,[5], wobei bedingter Vorsatz ausreicht[6] und verminderte Zurechnungsfähigkeit diesen nicht ausschließt[7]. Es ist nicht erforderlich, dass der Vorsatz einen Schaden des Versicherers mit umfasst[8].

5 Insbesondere bei Gefahrguttransportern wird man aufgrund der in § 28 Ziff. 13 normierten Pflicht, während des Transportes keinen Alkohol zu sich zu nehmen, dann von einer Vorsatztat ausgehen können, wenn der Fahrer in Kenntnis seiner besonderen Verpflichtungen als Führer eines Gefahrguttransportes den Alkohol während der Fahrt zu sich genommen hat. Auch bei einer Taxifahrerin, die während ihrer Bereitschaft Alkohol zu sich nahm, wurde von einer vorsätzlichen Trunkenheitsfahrt ausgegangen[9].

II. Grobe Fahrlässigkeit

6 Als Maßstab für die Bewertung des Grades des Verschuldens sind allerdings nicht die strafrechtlichen Kriterien heranzuziehen[10], sondern die zivilrechtlichen Grundsätze, die sich aus der

---

2 OLG Karlsruhe v. 18.01.2013, 12 U 117/12, VersR 2013, 1123 f.
3 Notthoff, »Der Regress des Kraftfahrzeug-Haftpflicht-Versicherers Teil 2«, VRR 2013,124.
4 BGH v. 02.06.1993 – IV ZR 72/92, r+s 1993, 323 (LS) = VersR 1993, 960; OLG Köln, Urt. v. 15.07.2914 (9 U 204/13) in SP 2014, 344 f.
5 BGH v. 29.05.1970 – IV ZR 148/69 VersR 1970, 732.
6 BGH v. 12.07.1972 – IV ZR 23/71, VersR 1972, 1039.
7 BGH v. 24.06.1970 – IV ZR 140/69, VersR 1970, 801.
8 OLG Saarbrücken v. 19.11.1974 – 7 U 4/74 VersR 1976, 157.
9 OLG Celle Beschluss v. 25.10.2013 – 2 Ss 169/13, Jurion.
10 Vgl. insoweit auch die Empfehlungen des 47. VGT, AK II.

Rechtsprechung zu § 276 BGB entwickelt haben. Zu differenzieren ist zunächst zwischen Vorsatz und Fahrlässigkeit. Innerhalb der Fahrlässigkeit wiederum ist zwischen der folgenlos bleibenden leichten bzw. einfachen Fahrlässigkeit und der mit Folgen behafteten groben Fahrlässigkeit zu differenzieren. Nach einhelliger Rechtsprechung handelt vorsätzlich, wer eine Verhaltensnorm im Bewusstsein ihrer Existenz verletzt,[11]; fahrlässig handelt, wer die im Verkehr erforderliche Sorgfalt außer Acht lässt. Grob fahrlässig handelt hingegen derjenige, dessen Verhalten schlechterdings unentschuldbar ist und der die im Verkehr erforderliche Sorgfalt auf das gröbste außer Acht lässt und missachtet, was jedem in der konkreten Situation einleuchten muss,[12].

C. Beweislastverteilung

D.2.1 AKB geht grundsätzlich von einer grob fahrlässigen Obliegenheitsverletzung aus, dies ergibt 7
sich schon aus der Formulierung »weisen Sie nach, dass Sie nicht grob fahrlässig gehandelt haben …«. Daraus ergibt sich auch die Beweislastverteilung. Will sich der Versicherer auf vollständige Leistungsfreiheit wegen vorsätzlicher Obliegenheitsverletzung berufen, muss er dies nachweisen. Der Versicherungsnehmer hingegen ist beweisbelastet sowohl mit dem Vortrag, er habe die Obliegenheit lediglich leicht fahrlässig begangen (mit der Folge der vollständigen Leistungspflicht des Versicherers), als auch mit dem eventuell geringeren Grad der Schwere des Verschuldens[13].

Der Fahrer bzw. der Versicherungsnehmer können sich entlasten durch den Nachweis des fehlenden 8
Verschuldens[14], das Führen des Kausalitätsgegenbeweises[15] sowie durch den Nachweis der Unzurechnungsfähigkeit[16]. Soweit der Fahrer oder Versicherungsnehmer die Unzurechnungsfähigkeit für sich in Anspruch nimmt, kommt dies dann nicht zur Anwendung, wenn er sich absichtlich in den Zustand der Unzurechnungsfähigkeit versetzt hat, um straflos auszugehen[17]. Für den Regelfall der grob fahrlässigen Obliegenheitsverletzung spricht die Formulierung des § 28 Abs. 2 VVG. Danach trägt der Versicherungsnehmer die Beweislast, will er den Vorwurf der Groben Fahrlässigkeit entkräften[18]. Allerdings ist der Versicherer hinsichtlich des Verschuldensgrades (im Rahmen der groben Fahrlässigkeit) beweisbelastet[19].

D. Umfang der Leistungsfreiheit bei vorsätzlicher Obliegenheitsverletzung

Die Neuregelung des § 28 VVG lässt eine vollständige Leistungsfreiheit des Versicherers nur im Fal- 9
le der vorsätzlichen Obliegenheitsverletzung zu. Dabei ist zu beachten, dass sich die Formulierung der »vorsätzlichen Obliegenheitsverletzung« gerade nicht mit der »vorsätzlichen Herbeiführung des Schadenfalles« deckt. Für den Fall der vorsätzlichen Obliegenheitsverletzung ist der Versicherer leistungsfrei, § 28 Abs. 2 S. 1 VVG. Die Leistungsfreiheit ist zu quotieren, wenn der Versicherungsnehmer oder die mitversicherte Person die Obliegenheitsverletzung grob fahrlässig begangen haben.

11 BGH v. 02.06.1993 – IV ZR 72/92 VersR 1993, 960; BGH v. 21.04.1993 – IV ZR 33/92, NJW-RR 1993, 1049.

12 BGH v. 08.07.1992 – IV ZR 223/91,VersR 1992, 1085; BGH v. 22.02.1989 – IVa ZR 274/87, VersR 1989, 469; BGH v. 18.12.1996 – IV ZR 321/95 in VersR 1997, 351.

13 Zur Beweislastverteilung vgl. auch Pohlmann »Beweislast für das Verschulden des Versicherungsnehmers bei Obliegenheitsverletzungen« in VersR 2008, 437 ff.

14 BGH v. 24.11.1966 – II ZR 182/64, VersR 1967, 50 (für die Verwendungsklausel).

15 BGH v. 04.05.1964 – II ZR 153/61, VersR 1964, 709 = NJW 1964, 1899, jetzt unter D.3.2 AKB separat aufgeführt.

16 BGH v. 09.02.1972 – IV ZR 122/71, VersR 1972, 342.

17 LG Saarbrücken v. 9.01.1982 –14 O 290/81, VersR 1982, 892; BGH v. 2.08.1996 – 4 Str 217/96, VersR 1997, 491.

18 So auch schon BGH v. 21.04.1993 – IV ZR 34/92, VersR 1993, 828; v. 02.06.1993 – IV ZR 72/92, VersR 1993, 960.

19 Begr. RegE BT-Drs. 16/39 445 S. 69; Pohlmann »Beweislast für das Verschulden des Versicherungsnehmers bei Obliegenheitsverletzungen«, VersR 2008, 437 ff.

I. Kraftfahrzeug-Haftpflicht-Schadenfall

10 Dabei ist zu differenzieren zwischen der Verletzung einer Obliegenheit in der Kraftfahrzeug-Haftpflicht-Versicherung und einer Obliegenheitsverletzung im Bereich der Fahrzeugversicherung oder sonstigen Zusatzangeboten. Für die Kraftfahrzeug-Haftpflicht-Versicherung wird die Leistungsfreiheit durch die KfzPflVV der Höhe nach auf maximal 5.000 € begrenzt für Fälle der Obliegenheitsverletzung vor dem Schadenfall. Im Falle der vorsätzlichen Obliegenheitsverletzung im Kraftfahrzeug-Haftpflicht-Schadenfall kann der Regress daher maximal 5.000 € betragen. Der Begriff Leistungsfreiheit gilt in der Kraftfahrzeug-Haftpflicht-Versicherung jedoch nur im Innenverhältnis. Die Ansprüche des Geschädigten werden in voller Höhe erfüllt und im Anschluss daran der Versicherungsnehmer bzw. der Fahrer in Regress genommen. Der Regress gegen den Fahrer ist auch dann nicht ausgeschlossen ist, wenn er mit dem Versicherungsnehmer in häuslicher Gemeinschaft lebt. Der Regress des Kraftfahrzeug-Haftpflicht-Versicherers richtet sich – anders als in der Kasko-Versicherung – nicht nach § 86 VVG, da der Versicherer nicht einen Anspruch des Versicherungsnehmers gegen sich befriedigt sondern einen direkten Anspruch des Geschädigten gegen den Versicherer (also eine eigene Leistungspflicht) erfüllt[20]. Auch eine analoge Anwendung verbietet sich[21].

II. Sonstige Sparten

11 In allen anderen Sparten gilt die Regel der vollständigen Leistungsfreiheit bei vorsätzlicher Obliegenheitsverletzung. D.h. der Versicherer hat das Recht, dem Versicherungsnehmer die Leistung vollständig zu verweigern. Eine Beschränkung des Regresses ergibt sich nur noch aus arbeitsrechtlichen Vorschriften[22]. Üblicherweise liegt der zulässige Regressbetrag bei 3–4 Netto-Monatsgehältern.

12 Die Differenzierung zwischen der Kraftfahrzeug-Haftpflicht-Versicherung und den anderen Sparten liegt in dem Charakter der Pflichtversicherung begründet, die insbesondere den Schutz des Dritten bezweckt. In den sonstigen Sparten wie Unfallversicherung, Fahrzeugversicherung und Fahrerschutzversicherung werden freiwillige Leistungen angeboten, die aber keiner Abschlussverpflichtung unterliegen und nur dem Versicherungsnehmer (Fahrerschutzversicherung, Fahrzeugversicherung) zugutekommen. Wenn er sich nicht vertragsgemäß verhält, kann er nicht erwarten, dass er gleichwohl die Leistungen aus dem von seiner Seite nicht erfüllten Vertrag erhält.

III. Sonderfall Kasko-Versicherung

13 In der Kasko-Versicherung gilt, wie auch in der Kraftfahrzeug-Haftpflicht-Versicherung, dass der Versicherungsnehmer dann Anspruch auf Versicherungsschutz hat, wenn der personenverschiedene Fahrer die Obliegenheit verletzt hat. Das Fehlverhalten des Fahrers ist dem Versicherungsnehmer nur dann anzurechnen, wenn er Repräsentant[23] des Versicherungsnehmers ist. Der Repräsentant des Versicherungsnehmers wird wie der Versicherungsnehmer selbst behandelt. Repräsentant ist, wer vom Versicherungsnehmer die eigenverantwortliche Wahrnehmung von Rechten und Pflichten des Versicherungsnehmers übertragen erhalten hat[24]. Allerdings begründen die gemeinsame Kostentragung für ein Kfz und die Nutzung zu 60 % noch keine Repräsentantenstellung eines Ehepartners[25]. Dann wird die Leistungskürzung unmittelbar beim Versicherungsnehmer durchgeführt. Ist der berechtigte Fahrer nicht Repräsentant des

---

20 So schon BGH v. 13.07.1988 – IVa ZR 55/87, VersR 1988, 1062; LG Bielefeld v. 18.03.1998 – 22(2) S 506/97, VersR 1999, 1274.

21 BGH v. 18.01.1984 – IVa ZR 73/82, VersR 1984, 327 = NJW 84, 1463; v. 13.07.1988 – IVa ZR 55/87, VersR 1988, 1062.

22 LAG KIEL vom 14.09.2011, 3 SA 241/11, ADAJUR; BAG v. 12.10.1989, Az.: 8 AZR 276/88 stellt auf die gefahrgeneigte Tätigkeit und die Höhe des Schadenrisikos ab.

23 Vgl. auch Präve »Das neue VVG und das AGB-Recht«, VersW 2009, 98, 100.

24 BGH v. 14.03.2007 – IV ZR 102/03, zfs 2007, 335 ff.

25 LG Paderborn 09.05.2007 – 4 O 651/06 in zfs 2007, 636 f.

Versicherungsnehmers, werden die berechtigten Ansprüche des Versicherungsnehmers befriedigt und der Fahrer in Regress genommen. Dabei ist dann die Quotierung entsprechend der Vorwerfbarkeit vorzunehmen.

In der Fahrzeugversicherung ist, wie auch ggf. in der Insassenunfallversicherung ein Regress des Versicherers dann ausgeschlossen, wenn der Schädiger und Geschädigter in häuslicher Gemeinschaft gem. § 86 VVG leben[26]. 14

Die Leistungsfreiheit jenseits der 1,1 Promille-Grenze ist nach einhelliger Rechtsprechung in der Fahrzeugversicherung voll gegeben[27]. 15

E. Leistungskürzung bei grob fahrlässiger Obliegenheitsverletzung

Hat der Versicherungsnehmer die Obliegenheit grob fahrlässig[28] verletzt, ist die Leistung entsprechend dem Verschulden des Versicherungsnehmers zu kürzen. Fehlt eine solche Kürzungsklausel in den AGB, ist die Klausel ungültig.[29] Dies stellt die gesamte Assekuranz, aber auch Rechtsprechung und Anwaltschaft vor das Problem, wie nun diese Frage des Verschuldens im Rahmen der grob fahrlässigen Herbeiführung des Versicherungsfalles zu bewerten ist. Unter dem Stichwort der groben Fahrlässigkeit finden sich im Versicherungsrecht eine Vielzahl von Entscheidungen, die sich mit der Herbeiführung eines Schadenfalls sowohl in der Kasko-Versicherung wie auch in der Unfallversicherung und den sonstigen Sachversicherungen[30] befassen. Dabei war aber immer nur darüber zu befinden, ob es sich um ein grob fahrlässiges Verhalten handelte, oder ob dieses Verhalten noch entschuldbar war. Ähnlich dieser Abgrenzung wird jetzt eine Differenzierung der als grob fahrlässig erachteten Handlungen in solche, denen eine geringere Vorwerfbarkeit und in solche, denen größere Vorwerfbarkeit innewohnt, vorzunehmen sein. 16

I. Mögliche Quoten

Nach den Empfehlungen des 47. VGT sollen die Quotierungen dabei von 0–100 % gehen und möglichst in 5er Schritten gestaffelt sein. Eine mögliche Quotentabelle, wie sie der VGT wünscht, ist derzeit nicht erstellt[31]. Die Empfehlungen des GdV reichen hierzu nicht aus. 17

Eine möglichst einfache Quotierung geht von 5 Stufen[32] aus: 18
- Leichte Fahrlässigkeit, keine Leistungskürzung
- Grobe Fahrlässigkeit, leichtes Verschulden 25 % Leistungskürzung
- Grobe Fahrlässigkeit, mittleres Verschulden 50 % Leistungskürzung
- Grobe Fahrlässigkeit schweres Verschulden 75 % Leistungskürzung
- Vorsätzliche Obliegenheitsverletzung 100 % Leistungsfreiheit.

II. Kraftfahrzeug-Haftpflicht-Versicherung

Auch bei der grob fahrlässigen Obliegenheitsverletzung ist zwischen der Kraftfahrzeug-Haftpflicht-Versicherung und den sonstigen Sparten zu differenzieren. § 5 KfzPflVV gilt auch hier mit der 19

26 Vgl. hierzu Jahnke, »Angehörigenprivileg im Wandel«, NZV 2008, 57 ff. m.w.H. so auch Schirmer »Neues VVG und Kraftfahrzeughaftpflicht – und Kaskoversicherung – Teil II« in DAR 2008, 319, 325.

27 KG v. 03.05.2022 – 6 U 39/21 (soweit eine krankhafte Störung behauptet wird, obliegt dem Versicherungsnehmer die Nachweispflicht, eine pauschale Behauptung reicht nicht aus).

28 Vgl. auch § 28 VVG Rdn. 12 ff.

29 OLG Dresden v. 24.03.2015 – 4 U 1292/14.

30 Günter/Spielmann »Vollständige und teilweise Leistungsfreiheit nach dem VVG 2008 am Beispiel der Sachversicherung«, r+s 2008 133 ff. und 177 ff.

31 Empfehlung des 47. VGT Arbeitskreis II, S. 6.

32 So z.B. LG Münster v. 24.9.2009 – 15 O 275/09, r+s 2010, 322f, die ausgehend von der Abstufung dann Zu- oder Abschläge vornehmen für besondere Umstände.

Maßgabe, dass als maximaler Regressbetrag 5.000 € zu regressieren sind. Dabei war in der Einführung die Diskussion, ob der Betrag der Leistungsfreiheit entsprechend zu quotieren sei[33]. Diese Frage ist zwischenzeitlich auch in der Literatur geklärt. Es wird wie folgt vorgegangen: zunächst ist der Grad der Vorwerfbarkeit zu ermitteln. Entsprechend dieses Grades wird – ausgehend von der Schadenhöhe – der Regressbetrag ermittelt. Liegt dieser Betrag aufgrund der geringen Schadenhöhe unter dem Maximalbetrag von 5.000 €, wird nur dieser Betrag regressiert. Liegt der Betrag aber über 5.000 € wird der Regress durch die Kappungsgrenze des § 5 KfzPflVV beschränkt.

▶ **Beispiel:**

20 Der Versicherungsnehmer verletzt eine Obliegenheit fahrlässig, der Beweis der leichten Fahrlässigkeit gelingt nicht. Es wird ihm ein mittleres Verschulden vorgeworfen, Regressquote 50 %. Der Fremdschaden beträgt 5.000 €. Die Leistungsfreiheit bei 50 % beträgt daher 2.500 €. Beträgt der Fremdschaden hingegen 15.000 € und damit der Leistungsfreibetrag 7.500 €, kommt es zur Kappung und der Regress ist auf 5.000 € beschränkt.

III. Sonstige Sparten

21 In allen anderen Sparten folgt aus der Quote der Vorwerfbarkeit auch die Quote, um die die Schäden gekürzt werden. In dem obigen Beispiel ergäbe sich damit aus der Fahrzeugversicherung ein Anspruch auf Ersatz von 50 % des Fahrzeugschadens.

▶ **Beispiel:**

22 Der Fahrzeugschaden beträgt 15.000 €, es wird dem Versicherungsnehmer grobe Fahrlässigkeit mit mittlerem Verschulden vorgeworfen. Die Regressquote beträgt 50 %. Der Versicherungsnehmer hat eine Vollkasko mit 300 € SB vereinbart. Wegen der Obliegenheitsverletzung ist der Versicherer zu 50 % leistungsfrei. Der Versicherungsnehmer kann daher entweder 7.500 € abzgl. des vereinbarten Selbstbehaltes (also 7.200 €) oder aber 7.350 € (15.000 € – SB 300 € × 50 %) ersetzt verlangen.

Die Berechnung Fahrzeugschaden – SB – Quote oder Fahrzeugschaden – Quote – SB ergibt sich aber aus den AKB, die der Formulierung nach durchaus unterschiedlich sein können. Lautet die Formulierung »die Selbstbeteiligung ist vom **Schaden** abzuziehen. « (wie in den AKB a.F.), wird der Selbstbehalt vom Fahrzeugschaden abgezogen. Ist aber die Selbstbeteiligung von der zu erwartenden **Entschädigungsleistung** in Abzug zu bringen, so wird nach Feststellung des Fahrzeugschadens die Quote gebildet und danach die Selbstbeteiligung in Abzug gebracht (wie in den vorliegenden AKB des GdV!).

23 Problematisch wird dies bei der Abrechnung nach Quotenvorrecht[34]. Der Versicherungsnehmer muss sich in der Regulierung des Kasko-Schadens möglicherweise ein Verhalten anrechnen lassen, welches in der Schadenregulierung des gegnerischen Kraftfahrzeug-Haftpflicht-Versicherers sich nicht oder nur in Form einer geringen Mithaftung auswirkt. Es steht dem Versicherungsnehmer frei, welchen Versicherer er zuerst in Anspruch nimmt, er muss nicht die Entscheidung des Kraftfahrzeug-Haftpflicht-Versicherers abwarten[35].

▶ **Beispiel:**

24 Es ereignet sich ein Unfall, der durch die Vorfahrtverletzung des Unfallgegners verursacht wurde. Da der Versicherungsnehmer aber zu schnell gefahren ist, trifft ihn eine Mithaftung in Höhe von 40 %.

---

33 Für die Quotierung vor der Kappung durch die KfzPflVV sprechen sich aus: Nugel »Alles, nichts oder 5.000 €? Der Regress des Kraftfahrzeug-Haftpflichtversicherers gegenüber dem Versicherungsnehmer auf Grund einer Obliegenheit nach der VVG-Reform« NZV 2008, 11.

34 Statt aller vgl. LG Düsseldorf v. 02.03.2007 – 20 S 198/06,n SP 2007, 401.

35 BGH v. 26.09.2006 – VI ZR 247/05, DAR 2007, 21 f.

Dieses Verhalten hat in der Kasko-Versicherung bei der Abrechnung nach Quotenvorrecht[36] keine Auswirkungen. Etwas anderes gilt aber, wenn beispielsweise dem Versicherungsnehmer hier ein Verstoß gegen die Verwendungsklausel vorgeworfen werden kann oder die Alkoholisierung des Versicherungsnehmers, die in der Schadenregulierung mit dem Unfallgegner schon in der Haftungsquote ihren Niederschlag gefunden hat (bezogen auf den Alkoholgenuss). Dieses Verhalten wird in der Kasko-Versicherung nochmals geprüft. Dabei wäre dann zunächst die Formulierung der AKB zu prüfen, ob hier ein Abzug der Selbstbeteiligung vor oder nach der Quotierung[37] erfolgen muss. Wird vereinbart, dass die Selbstbeteiligung vom Schaden in Abzug gebracht werden muss, ist der Schaden festzustellen, die Selbstbeteiligung in Abzug zu bringen und dann die Quotierung vorzunehmen[38], wird allerdings vereinbart, dass die Selbstbeteiligung von der Entschädigung abzuziehen ist, wird zunächst der Schaden ermittelt, die Quote des Verschuldens in Abzug gebracht und dann die Selbstbeteiligung:

<table>
<tr><td colspan="2">Fahrzeugschaden 10.000 €</td><td colspan="2">Fahrzeugschaden 10.000 €</td></tr>
<tr><td colspan="2">SB 1.000 €</td><td colspan="2">SB 1.000 €</td></tr>
<tr><td colspan="2">Grobe Fahrlässigkeit, 50 % Schwere d.V.</td><td colspan="2">Grobe Fahrlässigkeit 50 % Schwere d.V.</td></tr>
<tr><td colspan="2">Abrechnung:</td><td colspan="2">Abrechnung:</td></tr>
<tr><td>10.000 €</td><td>Fahrzeugschaden</td><td>10.000 €</td><td>Fahrzeugschaden</td></tr>
<tr><td>– 1.000 €</td><td>SB</td><td>– 5.000 €</td><td>Quote grobe Fahrlässigkeit</td></tr>
<tr><td>9.000 €</td><td>Entschädigung</td><td>5.000 €</td><td>Entschädigung</td></tr>
<tr><td>– 4.500 €</td><td>Quote grobe Fahrlässigkeit</td><td>– 1.000 €</td><td>SB</td></tr>
<tr><td>4.500 €</td><td>Regulierung an VN</td><td>4.000 €</td><td>Regulierung an VN</td></tr>
<tr><td colspan="4">Diese Abrechnung erfolgt, wenn sich der Versicherungsnehmer unmittelbar an seinen Fahrzeugversicherer wendet und dort die Abrechnung verlangt. Hat der Versicherungsnehmer allerdings seine Ansprüche zunächst bei dem Unfallgegner angemeldet und von dort die Ansprüche nach Haftungsquote erhalten sieht die Abrechnung wie folgt aus:</td></tr>
<tr><td colspan="2">Abrechnung nach Quotenvorrecht:</td><td colspan="2">Abrechnung nach Quotenvorrecht</td></tr>
<tr><td colspan="4">Haftungsquote war 60 %; Versicherungsnehmer hat von Gegner 6.000 € erhalten.</td></tr>
<tr><td colspan="4">Haftungsquote war 60 %, sein restlicher Schaden sind 4.000 €.</td></tr>
<tr><td>4.000 €</td><td>Restschaden</td><td>4.000 €</td><td>Restschaden</td></tr>
<tr><td>– 1000 €</td><td>Selbstbeteiligung</td><td>– 2.000 €</td><td>Quote Grobe Fahrlässigkeit</td></tr>
<tr><td>3.000 €</td><td>Entschädigung</td><td>2.000 €</td><td>Entschädigung</td></tr>
<tr><td>– 1.500 €</td><td>Quote grobe Fahrlässigkeit</td><td>– 1.000 €</td><td>Selbstbeteiligung</td></tr>
<tr><td colspan="2">VN erhält aus der Kasko 1.500 €</td><td colspan="2">VN erhält aus der Kasko 1.000 €</td></tr>
</table>

Unter Berücksichtigung dieser Rechnung kommt es jetzt zu dem für den Versicherungsnehmer 25
angenehmen Nebeneffekt, dass er zuerst seine Fahrzeugversicherung in Anspruch nimmt und dann bei der Kraftfahrzeug-Haftpflicht-Versicherung nach Quotenvorrecht abrechnet.

36 OLG Celle v. 03.02.2011 – 5 U 171/10 zu den kongruenten Positionen.

37 Richter »Überlegungen zur quotierten Leistungsfreiheit in der Fahrzeugversicherung« SVR 2009, 13 ff.

38 Vgl. insoweit auch LG Aachen v. 14.07.2011 – 2 S 61/11, SVR 2012, 234 m. Anmerkung Hering, welches den Abzug der SB vom Schaden bejaht, aber die Differenzierung nach den Regeln der AKB leider nicht beschreibt, worauf Hering zutreffend hinweist.

IV. Häusliche Gemeinschaft in der Fahrzeugversicherung

26 Im Gegensatz zur Kraftfahrzeug-Haftpflicht-Versicherung geht der Anspruch des Versicherungsnehmers auf Schadenersatz wegen der Beschädigung seines Fahrzeuges auf den Versicherer nach Leistung gem. § 86 VVG über. Will der Versicherer also den Fahrer, der nicht identisch mit dem Versicherungsnehmer ist, in Regress nehmen, weil dieser eine Obliegenheit verletzt hat, ist er auch an § 86 Abs. 3 VVG gebunden. Er kann seinen Regressanspruch nicht gegen eine Person, mit der der Versicherungsnehmer in häuslicher Gemeinschaft lebt, geltend machen. Damit ist der jahrelange Streit um die Einbeziehung der Nichtehelichen Lebensgemeinschaft[39] in das Familienprivileg abgeschlossen[40]. Erforderlich ist nach der Neuregelung nicht mehr, dass es sich um einen Familienangehörigen handelt. Es reicht aus, dass Versicherungsnehmer und Fahrer in einer Wohnung zusammenleben und wirtschaften. Die wirtschaftliche Gemeinschaft ist das nunmehr entscheidende Kriterium. Es soll nicht über den Regress der Vorteil, den der Versicherungsnehmer aus der Fahrzeugversicherung gezogen hat, wieder ihm rückbelastet werden.

F. Kündigungspflicht/Kündigungsmöglichkeit

27 Die in § 6 VVG a.F. vorgesehene Kündigungspflicht in den Fällen der Obliegenheitsverletzungen vor dem Schadenfall zur Erlangung der Leistungsfreiheit ist weggefallen. Geblieben ist in § 28 VVG die Möglichkeit, den Vertrag wegen einer Obliegenheit zu kündigen. Diese findet sich in G.3.5, stellt aber keine Grundlage für die Leistungsfreiheit dar, wie es bisher gefordert war[41].

G. Bindungswirkung für mitversicherte Personen

28 Alle Regelungen des Abschnittes D. richten sich an den Versicherungsnehmer, Eigentümer oder Halter. Einzelne Obliegenheiten richten sich aber schon dem Inhalt nach nahezu ausschließlich an den Fahrer, der durchaus vom Versicherungsnehmer personenverschieden sein kann und bei der Schwarzfahrt z.B. in 99 % der Fälle sein wird. Für diesen werden die Regelungen sowohl aus D. als auch aus E. erst durch die Regelungen unter F. verbindlich. Der Repräsentant[42] des Versicherungsnehmers wird wie der Versicherungsnehmer selbst behandelt. Repräsentant ist, wer vom Versicherungsnehmer die eigenverantwortliche Wahrnehmung von Rechten und Pflichten des Versicherungsnehmers übertragen erhalten hat[43]. Allerdings begründen die gemeinsame Kostentragung für ein Kfz und die Nutzung zu 60 % noch keine Repräsentantenstellung eines Ehepartners[44].

H. Einzelfälle

I. Verstoß gegen die Verwendungsklausel

29 Der Verstoß kann vom Versicherungsnehmer nur vorsätzlich begangen werden, da dieser um die Art der Versicherung weiß. Dem mitversicherten Fahrer ist nur ein Vorwurf zu machen, wenn er die falsche Verwendung erkennen musste, wie dies z.B. bei Sonderkennzeichen (roten Kennzeichen, Oldtimerkennzeichen, aber auch entdrosseltem Krad mit Versicherungskennzeichen) ohne weiteres möglich ist[45]. Dem Fahrer könnte damit grobe Fahrlässigkeit dann vorgeworfen werden, wenn er die falsche Verwendung hätte erkennen müssen, z.B. wenn ihm ein Geschäftsfahrzeug als

39 BGH v. 22.04.2009 – IV ZR 160/07, zfs 2009, 393 f. = r+s 2009, 230 f; vgl. auch Terno in »Aus der Rechtsprechung des BGH zum Kraftfahrtversicherungsrecht« zfs 2009, 362, 370 zu BGH v. 22.04.2009 – IV ZR 160/07, der eine analoge Anwendung des § 67 VVG a.F. bejahte; OLG Nürnberg v. 11.03.2009 – 4 U 1624/08 SP 2009, 179 f.

40 Schirmer »Nichteheliche Lebensgemeinschaft im Versicherungs- und Verkehrsrecht« DAR 2007, 2, 4.

41 Wegen der Details zur Kündigungspflicht vgl. Himmelreich/Halm Kfz-Schadensregulierung, Kap. 22, Rn. 280.

42 Vgl. auch Präve »Das neue VVG und das AGB-Recht« in VersW 2009, 98, 100.

43 AKB A.2.3 Rdn. 25 ff.; BGH v. 14.03.2007 – IV ZR 102/03, zfs 2007, 335 ff.

44 LG Paderborn v. 09.05.2007 – 4 O 651/06, zfs 2007, 636 f.

45 Vgl. Hierzu Maier/Stadler »AKB 2008 und VVG-Reform« Rn. 170, 171.

Werkstattmietwagen überlassen wird und aus den übergebenen Fahrzeugpapieren die Art der Versicherung erkennbar wird. Ob dem Fahrer insoweit eine Prüfpflicht vorgehalten werden kann – ähnlich wie bei der Frage einer Fahrerlaubnis – erscheint zweifelhaft. Nach der Rechtsprechung kann der Entlastungsbeweis nur bei einem unabwendbaren Ereignis geführt werden[46]. Der Versicherer ist beweisbelastet hinsichtlich des vom Versicherungsnehmer begangenen Verstoßes gegen die Verwendungsklause bzw. hinsichtlich der Gestattung der Verletzung der Verwendungsklausel durch einen Dritten[47]. Wird das Fahrzeug zu einem Zweck, der ein geringeres Risiko darstellt, verwendet, schadet dies nicht.

Wurde allerdings der Verstoß gegen die Verwendungsklausel mit »roten Kennzeichen« begangen, 30
kann auch der mitversicherten Person eine Vorsatztat vorgeworfen werden, wenn der Prüf-, Probe- oder Überführungscharakter ausgeschlossen werden kann, da der eingeschränkte Verwendungszweck gemeinhin bekannt ist.

II. Schwarzfahrt

1. Ermöglichen durch den Versicherungsnehmer

Die Schwarzfahrt kann vom Versicherungsnehmer (Halter) nur in der Form des Ermöglichens der 31
Schwarzfahrt begangen werden. Dabei sind alle Fälle der Fahrlässigkeit denkbar.

2. Vorsätzliches Ermöglichen

Ein vorsätzliches Ermöglichen der Schwarzfahrt durch den Versicherungsnehmer scheidet nach 32
Auffassung des Verfassers aus, da das Übergeben des Schlüssels an den Fahrer gleichzeitig auch eine Genehmigung der Fahrt durch konkludentes Verhalten darstellen kann. Allerdings beinhaltet das Aushändigen des Schlüssels an eine bekannt fahrunkundige Begleitperson zum Aufschließen des Kfz kein Überlassen des Kfz[48]. Als Kriterien könnten die Art und Weise der Erlangung der Verfügungsgewalt über das Fahrzeug herangezogen werden. Hat beispielsweise ein Mitarbeiter den Firmenwagen auch für die Fahrten nach Hause erhalten und er weicht nur geringfügig von der Strecke aus privaten Gründen ab, die nicht von Sachzwängen getragen sind, ist sicher nicht von einem besonders schwerwiegenden Fehlverhalten auszugehen. Anders allerdings bei dem Fahrer, der mit dem Firmenwagen ohne die entsprechende Genehmigung eine Urlaubsfahrt antritt. Dieser weiß mit Sicherheit, dass die Urlaubsfahrt nicht vom Willen des wahren Berechtigten getragen ist und wird daher die Schwarzfahrt im Zweifel sogar vorsätzlich begehen.

3. Wissentliches Ermöglichen

Hat der Versicherungsnehmer die Schwarzfahrt wissentlich ermöglicht, ist es fraglich, ob auch 33
hier noch die Frage des Verschuldens zu prüfen ist. Entgegen der bisherigen Rechtsprechung, die von dem schuldhaften Ermöglichen ausging, muss jetzt die Frage der Wissentlichkeit[49] geprüft werden. Dies bedeutet nach den im Strafrecht verwendeten Definitionen, dass der Versicherungsnehmer schon mindestens billigend die Schwarzfahrt in Kauf genommen haben muss, um hier die Obliegenheitsverletzung begangen zu haben. Die Anforderungen, die § 7 Abs. 3 StVG an den Halter stellt, um eine Schwarzfahrt zu verhindern, sind insoweit anwendbar, da es um den gleichen Sachverhalt geht.

46 OLG Hamm v. 11.09.1997 – 6 U 72/97, r+s 1998, 181 f.

47 BGH v. 24.11.1966 – II ZR 182/64, VersR 1967, 50.

48 BGH v. 11.11.1969 – VI ZR 74/68 NJW 1970, 280, die unbefugte Inbetriebnahme durch diese Person gereicht dem VN nicht zum Nachteil.

49 BGH IV ZR 90/13 zur Wissentlichkeit einer Pflichtverletzung.

4. Einzelfälle

34 In diesem Zusammenhang ist eine Vielzahl von Entscheidungen ergangen, die sich im Wesentlichen mit der Frage beschäftigen, wie der Fahrzeugschlüssel zu verwahren ist. So haftet der Halter, wenn er den Fahrzeugschlüssel im Auto aufbewahrt[50]; bei Überlassung des Garagenschlüssels an jugendliche Hausgehilfin[51]; bei Zurücklassen des Schlüssels im an der Garderobe abgegebenen Mantel[52], verstecken des Schlüssels auf dem Tresen eines Bordells[53] und ähnlich sorglosen Verhaltensweisen.

35 Abgelehnt wurde die Halterhaftung bei:

- Benutzung des in einem verschlossenen Betriebsgelände mit steckendem Schlüssel abgestellten Fahrzeugs, das von einem Firmenangehörigen genutzt wurde[54];
- bei Weitergabe des Schlüssels an eine zuverlässige Person zur Übergabe des Schlüssels an einen Dritten, wenn sich diese Person eines weiteren Boten bedient, der die Schwarzfahrt ausführt[55],
- das Abstellen des Kfz in einem abgeschlossenen Gelände oder einer Garage ohne Zündschlüssel stellt kein schuldhaftes Ermöglichen dar[56].
- Allerdings soll das Abstellen des Kfz vor der Garage statt in der Garage bei Diebstahl zu einer Leistungskürzung um 30 % führen[57].
- Auch der Verlust des Kfz-Schlüssels im Fahrzeug ist nicht per se grob fahrlässig, wenn er nicht eine Fernbedienung beinhaltet und auch sonst keinen Hinweis auf das Kfz enthält[58].
- Herausgabe des Fahrzeugschlüssels an einen unbeaufsichtigten Kaufinteressenten, der den Schlüssel kopiert, um das Kfz später zu entwenden, kann eine Leistungskürzung auf null nach sich ziehen, wenn schon mehrfach von der örtlichen Polizei Warnhinweise herausgegeben worden waren[59].
- Der Erwerb eines Gebrauchtwagens mit nur einem Schlüssel soll nicht

36 Fragwürdig ist in diesem Zusammenhang die Entscheidung des OLG Saarbrücken, dass ein Abstellen des Kfz mit steckendem Schlüssel dann keine grobe Fahrlässigkeit darstellt, wenn das Kfz in einem ruhigen, dörflich geprägten, Wohngebiet nur kurz abgestellt wurde[60]. Ebenso LG Bielefeld, das bei dem Erwerb eines Porsche Panamera zum Preis von 43.000 EUR (Barzahlung) mit nur einem Schlüssel, der anschließend gestohlen wurde, die Grobe Fahrlässigkeit verneinte[61].

37 Gegenüber Familienangehörigen sind die Anforderungen an das Verwahren der Fahrzeugschlüssel geringer. Grundsätzlich muss nicht mit dem unbefugten Gebrauch des Kfz gerechnet werden[62];

---

50 OLG Nürnberg v. 23.02.1983 – 4 U 2274/82, VRS 66, 188 (Verstecken des Schlüssels hinter der Sonnenblende stellt schuldhaftes Ermöglichen dar).

51 BGH v. 14.05.1986 – IVa ZR 191/84.

52 OLG Düsseldorf v. 31.10.1988 – 1 U 7/88 VersR 1989, 638; OLG Saarbrücken v. 09.07.1993 – 3 U 135/93 zfs 1993, 294.

53 OGH Wien v. 08.03.2006 – 7 OB 39/06W, ADAJUR.

54 OLG Frankfurt v. 4.01.1982 – 1 U 30/81 VersR 1983, 497.

55 OLG Celle v. 05.01.1961 – 5 U 122/60, VersR 1961, 739.

56 OLG Nürnberg v. 23.02.1983 – 4 U 2274/82, VRS 66, 188 Ausreichend ist das Abziehen des Zündschlüssels in einer verschlossenen Garage, das Kfz muss nicht verschlossen sein.

57 Halm/Fitz Versicherungsrecht 2021/2022, DAR 2022, 310, 318.

58 OLG Hamm v. 03.07.2013 – 20 U 226/12. OLG Karlsruhe v. 31.07.2014 – 12 U 44/14 (Kfz-Brief und Zweitschlüssel im Kfz, wenn nicht feststeht, wann genau nach Abstellen des Kfz der Diebstahl ausgeführt wurde und der Dieb Schlüssel und Papiere nicht vorher erkennen konnte).

59 LG Neubrandenburg v. 22.06.2012 – 2 O 8/12, DAR 2012, 527.

60 OLG Saarbrücken v. 24.10.2007 – 5 U 238/07 m.w.H. BeckRS. 2008 03 770; ebenso OLG Dresden Beschl. v. 21.11.2019 – 4 U 2082/19, wenn der steckende Schlüssel nicht ohne weiteres erkennbar ist, ist eine Kürzung um 75 % nicht angemessen.

61 LG Bielefeld, Urteil vom 17.5.2021 – 18 O 144/20.

62 OLG Frankfurt v. 18.12.1985 – 17 U 271/84 BeckRS. 2008 15 989, allerdings müsse man auch den Alkoholkonsum eines 17 Jährigen mitberücksichtigen, da dieser dann ggf. unbefugt das Kfz nutzen würde.

etwas anderes gilt nur beim Hinzutreten weiterer Umstände, die die Gefahr der unbefugten Nutzung wahrscheinlich machen[63]. Ein »Verstecken« des Schlüssels ist nicht erforderlich[64].

5. Mögliche Quotierung

Dabei dürfte es zur Bewertung der Vorwerfbarkeit darauf ankommen, wo der Schlüssel sich befand und wie der Schwarzfahrer Zugriff nehmen konnte. Anders als bei der bisherigen Rechtsprechung ist jetzt die Bewertung der Vorwerfbarkeit zur Ermittlung des Leistungsfreibetrages erforderlich. So darf der Versicherungsnehmer sicher im häuslichen Umfeld darauf vertrauen, dass die Familienmitglieder nicht unberechtigt das Fahrzeug gebrauchen werden, eine Leistungsfreiheit dürfte dann nicht oder nur in geringem Umfang (ca. 25 %) gegeben sein. Allerdings können auch die Gesamtumstände, ggf. Besuch von fremden Jugendlichen, es erforderlich machen, den Schlüssel zu verwahren und eine unbefugte Nutzung könnte dann zu einer anteiligen oder gar höheren Leistungsfreiheit führen. Führte hingegen der sorglose Umgang mit dem Schlüssel gar zum Diebstahl des Kfz, ist mindestens eine 50 %ige Leistungsfreiheit anzusetzen.[65] **38**

III. Führerscheinklausel

1. Verstoß durch den Versicherungsnehmer

Wird das Fahrzeug von dem Versicherungsnehmer ohne die entsprechende Fahrerlaubnis gesteuert, ist von einer Vorsatztat auszugehen[66]. Exkulpationsmöglichkeiten sind dabei nicht erkennbar. Eine grobe Fahrlässigkeit in diesem Zusammenhang dürfte nur dann möglich sein, wenn der Versicherungsnehmer ein »frisiertes Krad« erwirbt und dadurch evtl. gegen die Führerscheinklausel verstößt. Aber auch dabei müsste – sofern es im Schadenfall nicht gerade die erste Fahrt war – die höhere Fahrleistung auffallen und misstrauisch machen. Dann käme der Fall des sich der Kenntnis arglistig Entziehens in Betracht. Dieses Verhalten wäre dann dem vorsätzlichen Begehen der Obliegenheitsverletzung gleichzustellen. Allerdings kann aufgrund der unterschiedlichen OLG-Rechtsprechung ein Verbotsirrtum bei dem Führer des Kfz vorliegen, der ihn entschuldet[67]. **39**

2. Quotierung gegenüber Versicherungsnehmer bei personenverschiedenem Fahrer

Daneben kann der Versicherungsnehmer die Obliegenheit durch das Ermöglichen der Fahrt ohne Fahrerlaubnis begehen. Grundsätzlich muss sich der Versicherungsnehmer vergewissern, dass der Fahrer, dem er sein Kfz überlässt, die erforderliche Fahrerlaubnis hat. Er darf sich nicht auf die Aussagen des Fahrers verlassen[68], sondern muss sich den Führerschein zeigen lassen, um sicher zu gehen. Hiervon darf er nur Abstand nehmen, wenn er aufgrund der Gesamtumstände auf das Vorliegen der Fahrerlaubnis vertrauen durfte[69] und zumindest in der Vergangenheit einmal die Fahrerlaubnis geprüft hatte. Ausreichend ist auch, wenn der Fahrer ein Fahrzeug wie das des **40**

---

63 OLG Düsseldorf v. 3.02.1984 – 1 U 83/83 VersR 1984, 985; OLG Oldenburg v. 29.04.1998 – 2 U 264/97 NZV 1999, 294.

64 BGH v. 18.01.1984 – IVa ZR 73/82, VersR 1984, 327; OLG Düsseldorf v. 13.02.1984 – 1 U 83/83, VersR 1984, 895.

65 OLG Koblenz v. 05.02.2007 – 10 U 903/06 zfs 2007, 694; OLG Saarbrücken 5 U 102/09, (Fahrzeugschlüssel in unbeaufsichtigter Handtasche in einer Diskothek); OLG Koblenz v. 09.07.2012, 10 U 1292/11 (JurionRS 2012, 21558).

66 OLG Karlsruhe v. 28.11.2006 – 2 Ss 78/06, DAR 2007, 219 f.; so auch Schirmer »Neues VVG und Kraftfahrzeughaftpflicht – und Kaskoversicherung – Teil II« in DAR 2008, 319 ff.

67 OLG Stuttgart v. 19.11.2007 – 2 Ss 597/2007, DAR 2008, 158 f.

68 BGH v. 06.07.1988 – IVa ZR 90/87 VersR 1988, 1017; AG Minden, v. 06.02.2009 – 26 C 64/08, Juris zur Weitergabe eines Kfz an einen Minderjährigen. OLG Köln v. 28.02.1991 – 5 U 99/90, VersR 1993, 45 erst recht, wenn diesem schon einmal wegen Alkoholfahrt der Führerschein entzogen worden war.

69 OLG Karlsruhe v. 02.04.1987 – 12 U 224/86, NJW-RR 1988, 347.

Versicherungsnehmers seit längerer Zeit benutzt hat[70]. Der Versicherungsnehmer darf auch auf einem öffentlichen Parkplatz nicht darauf vertrauen, dass der Parkplatzwächter über die erforderliche Fahrerlaubnis verfügt[71]. Dabei dürfte aber die Frage der Öffentlichkeit des Parkplatzes zu prüfen sein.

41 Insbesondere im Bereich der gewerblichen Fahrzeugüberlassung bzw. in Fuhrunternehmen sind die Halter besonders gefordert. Sie müssen im Fuhrgewerbe regelmäßige Kontrollen durchführen. Unterbleiben diese, ist zumindest von grob fahrlässiger Obliegenheitsverletzung auszugehen. Dabei dürfte der Grad der Vorwerfbarkeit abhängig sein von der Frequenz der Prüfungen. Wurden überhaupt keine Prüfungen vorgenommen, dürfte es sich um ein besonders vorwerfbares Verhalten handeln mit der Folge der Leistungsfreiheit von 75 %.

42 Kein Verschulden des Versicherungsnehmers ist hinsichtlich der Führerscheinklausel gegeben, wenn es sich bei dem Fahrer um einen unberechtigten Fahrer handelt. Auch wenn der Versicherungsnehmer die Schwarzfahrt schuldhaft ermöglicht hat, führt dies nicht zu einer Verletzung der Führerscheinklausel[72]. Auch eine Spritztour des Freundes des Sohnes führt zum Regress gegen diesen, eine Verantwortlichkeit des Versicherungsnehmers ist auch dann nicht gegeben, wenn die Spritztour mit dem Einverständnis des Sohnes und in dessen Beisein erfolgte.[73]. Auch der Versicherungsnehmer handelt nicht grob fahrlässig, der dem Freund des Sohnes das Fahrzeug zur Verfügung stellt (der über eine gültige Fahrerlaubnis verfügt), wenn dann der führerscheinlose Sohn absprachewidrig das Fahrzeug fährt[74]. Durfte der Versicherungsnehmer allerdings aufgrund der äußeren Umstände auf das Vorliegen einer Fahrerlaubnis vertrauen, kann er sich exculpieren, wenn er die Fahrerlaubnis nicht kontrolliert hat[75].

3. Verstoß durch den Fahrer

43 Für den vom Versicherungsnehmer personenverschiedenen Fahrer ist in aller Regel von einer vorsätzlichen Begehung der Obliegenheitsverletzung auszugehen, da er über die fehlende Fahrerlaubnis (ähnlich wie der führerscheinlose Versicherungsnehmer) informiert ist. Ein Irrtum über das Vorliegen der Fahrerlaubnis dürfte nur in engen Ausnahmefällen möglich sein. Auch für den führerscheinlosen Schwarzfahrer gilt hinsichtlich des Regresses in der Kraftfahrzeug-Haftpflicht-Versicherung die Obergrenze von 5.000 € wegen des Verstoßes gegen die Führerscheinklausel. Dies begrenzt jedoch den Regress hinsichtlich der Schwarzfahrt nicht! Dort bleibt es bei der vollständigen Leistungsfreiheit.

4. Verstoß durch den Mieter

44 Grundsätzlich ist der Mieter eines Kfz an die Führerscheinklausel gebunden. Allerdings wird er nicht automatisch Halter des gemieteten Kfz mit der Folge, dass ein Regress gegen den Mieter eines Kfz wegen Weitergabe dieses Fahrzeuges an einen führerscheinlosen Fahrer nicht in Betracht kommt[76]. Selbstverständlich bleibt es bei den ggf. zivilrechtlich vereinbarten Schadenersatzansprüchen des Eigentümers gegen den Mieter aus dem Mietvertrag. Diese berühren jedoch das Verhältnis zum Kraftfahrzeug-Haftpflicht-Versicherer nicht.

70 BGH v. 16.05.1966 – II ZR 79/64 NJW 1966, 1359.

71 BGH v. 22.11.1968 – IV ZR 516/68 VersR 1969, 124.

72 BGH v. 17.11.1987 – IVa ZR 68/86 NJW-RR 1986, 341.

73 AG Hagen v. 24.04.2013, 140 C 206/12 (Jurion).

74 OLG Oldenburg v. 22.03.2017 – 5 U 124/16.

75 LG Oldenburg v. 03.07.2015 – 13 S 506/14 (wenn aus den Umständen auf das Vorliegen der Fahrerlaubnis geschlossen werden kann); Bayerisches Oberstes Landesgericht Beschl. v. 07.11.2022, Az.: 203 StRR 420/22 (für ausl. FE eines Mitarbeiters.

76 So schon BGH v. 23.05.1960 – II ZR 132/58, NJW 1960, 1572.

5. Beweislastverteilung

Der Versicherer muss das Fahren ohne Fahrerlaubnis sowie ggf. die vorsätzliche Begehung der Obliegenheitsverletzung nachweisen. Da die Polizei bei Unfallaufnahme die Fahrerlaubnis prüft, kann der Beweis des Fahrens ohne Fahrerlaubnis leicht geführt werden, auch die vorsätzliche Begehung der Obliegenheit dürfte hinsichtlich des Fahrers keine Schwierigkeiten bereiten. Gegenüber dem Versicherungsnehmer muss der Versicherer das Ermöglichen des Fahrens ohne Fahrerlaubnis nachweisen. 45

Fahrer und Versicherungsnehmer müssen ggf. ihr geringeres Verschulden oder leichte Fahrlässigkeit nachweisen. Die Exkulpation richtet sich nach D.2.2 AKB.

IV. Alkoholklausel, Rauschmittel

Auch bei der sog. Alkoholklausel ist zu differenzieren zwischen vorsätzlicher und fahrlässiger Begehungsweise der Obliegenheitsverletzung. Dabei scheinen die Kriterien, die von der Rechtsprechung zu § 316 StGB[77] entwickelt wurden, geeignet zu sein, um auch hier die Abgrenzung zwischen Vorsatz[78] und Fahrlässigkeit vorzunehmen. 46

1. Trunkenheits- oder Drogenfahrt durch den Versicherungsnehmer

Begeht der Versicherungsnehmer die Trunkenheitsfahrt, so bemisst sich allein nach dem Grad der Alkoholisierung die Schwere der Schuld im Bereich der groben Fahrlässigkeit[79]. Im Falle einer Fahrt unter Medikamenten- oder Drogeneinfluss ist die Bewertung nicht ohne weiteres durch eine Blutuntersuchung vorzunehmen, da Grenzwerte nicht fixiert sind. Hier kommt es ausschließlich auf die Umstände des Einzelfalls an[80]. 47

Vorsätzlich handelt, wer in Kenntnis seiner alkohol- oder drogenbedingten Fahruntüchtigkeit gleichwohl ein Fahrzeug führt[81]. Es reicht auch, wenn der Fahrer mit der alkoholbedingten Fahruntüchtigkeit rechnet[82]. Dabei ist die Höhe der BAK ein Indiz für die Vorsatztat[83]! Es gibt allerdings nach Auffassung des BGH keinen bestimmten Wert, ab dem zwingend von dem Erkennen der Fahruntüchtigkeit ausgegangen werden kann[84]. Wenn sich der Fahrer über die Warnung, noch zu fahren, hinwegsetzt, kann dies für eine vorsätzliche Begehung des § 316 StGB sprechen[85]. Dabei ist bei der Bewertung der Rechtsprechung zum § 316 StGB unbedingt darauf zu achten, dass es dort nicht zu einem Schaden gekommen sein muss, so dass das Verschulden des Fahrers nicht zu schwer bewertet wird. 48

---

77 Text: **§ 316 Trunkenheit im Verkehr.**– 72 (1) Wer im Verkehr (§§ 315 bis 315d) ein Fahrzeug führt, obwohl er infolge des Genusses alkoholischer Getränke oder anderer berauschender Mittel nicht in der Lage ist, das Fahrzeug sicher zu führen, wird mit Freiheitsstrafe bis zu einem Jahr oder mit Geldstrafe bestraft, wenn die Tat nicht in § 315a oder § 315c mit Strafe bedroht ist. (2) Nach Absatz 1 wird auch bestraft, wer die Tat fahrlässig begeht.

78 BGH v. 09.04.2015 – 4 StR 410/14 zur Frage der Bewertung der vorsätzlichen Trunkenheitsfahrt.

79 Notthoff, Der Regress des Kraftfahrzeug-Haftpflicht-Versicherers Teil 1«, VRR 2013,84, 87; So auch Schirmer »Neues VVG und Kraftfahrzeughaftpflicht – und Kaskoversicherung – Teil II« in DAR 2008, 319 ff.

80 Krumm, »Die zur Fahruntüchtigkeit führenden »anderen« Rauschmittel«, NZV 2014, 441 ff, mit einer Aufstellung über die Wirkungen der einzelnen Mittel.

81 OLG Koblenz v. 19.04.2001 – 1 Ss 295/00, NZV 2001, 357, OLG Hamm 06.10.1998 – 4 Ss 1174/98, NZV 1999, 92; OLG Köln v. 02.09.1997 – SS. 498/97 DAR 1997, 499 u.v.m.

82 Bay. ObLG v. 19.02.1993 – 1 St RR 30/93, zfs 1993, 174; OLG Koblenz v. 19.04.2001 – 1 Ss 295/00, NZV 2001, 357.

83 Bay ObLG v. 19.02.1993 – 1 St. RR 30/93, zfs 1993, 174.

84 BGH v. 25.08.1983 – 4 4 StR 331/83, VRS 65, 359; OLG Stuttgart v. 04.05.2010 – 5 SS 198/10, VRR 2010, 269 m.Anm. Kabus.

85 OLG Zweibrücken v. 23.02.2001 – 1 Ss 14/01 zfs 2001, 334.

49 Fahrlässig handelt, wer sich beim Trinken und dem nachfolgenden Fahrentschluss entgegen jener allgemeinen Erfahrung[86] trotz des Genusses von Alkohol ans Steuer setzt. Auch die Einnahme von unbekannten Medikamenten und nachfolgendem Alkoholgenuss sind fahrlässig[87]. Allerdings nicht ohne konkrete Anhaltpunkte auf subjektiv grob fahrlässiges Verhalten – mit der Folge der Leistungsfreiheit des Kaskoversicherers – geschlossen werden, weil zwar bei Kraftfahrern die Hemmschwelle für ein Fahren trotz alkoholbedingter Fahruntüchtigkeit stark heraufgesetzt ist, dies jedoch auf die Fahruntüchtigkeit infolge der Einnahme von Medikamenten nicht ohne weiteres übertragbar ist[88].

50 Auch derjenige, der nach durchzechter Nacht den Restalkohol und die Nachwirkungen des abklingenden Alkohols nicht bedacht hat, handelt fahrlässig[89]. Auch mit 0,7 Promille wird bei Vorfahrtsverletzung und einem daraus resultierenden Unfall die grobe Fahrlässigkeit angenommen[90]. Gleiches wird für den unter Drogeneinfluss Fahrenden angenommen werden müssen, wenn der Drogenkonsum länger zurücklag[91]. Rückt das Verhalten des Fahrers in die Nähe der Vorsatztat, kann eine Leistungskürzung auf 0 gerechtfertigt sein[92].

2. Trunkenheitsfahrt Fahrer, Kenntnis Versicherungsnehmer

51 Bei dem Fahrer, der nicht gleichzeitig Versicherungsnehmer ist, kommen die gleichen Regeln wie bei dem Versicherungsnehmer zur Anwendung, der unter Alkoholeinfluss ein Fahrzeug führt.

52 Daneben handelt der Versicherungsnehmer schuldhaft, wenn er in Kenntnis der Alkoholisierung dem Fahrer sein Kfz überlässt[93]. Kein Verschulden liegt vor, wenn der Versicherungsnehmer ohne Verschulden annehmen durfte, der Fahrer habe keine alkoholischen Getränke zu sich genommen[94].

3. Beweislastverteilung

53 Der Versicherer muss die Alkoholfahrt und ggf. die vorsätzliche Begehung der Obliegenheitsverletzung nachweisen. Der Fahrer muss die einfache Fahrlässigkeit oder ggf. eine geringere Schwere der Schuld nachweisen. Der vom Fahrer personenverschiedene Versicherungsnehmer muss nachweisen, dass er von der alkoholbedingten Fahruntüchtigkeit des Fahrers nichts wusste, diese nicht erkennbar war[95] und er sich dieser Kenntnis auch nicht arglistig verschlossen hat. Grundsätzlich handelt der Versicherungsnehmer schon dann schuldhaft, wenn er weiß, dass der Fahrer Alkohol zu sich genommen hat. Zu beachten ist, dass eine Unfallflucht alleine nicht genügt, um eine alkoholbedingte Fahruntüchtigkeit anzunehmen[96].

4. Mögliche Quotierung

54 Zumindest bei der Trunkenheitsfahrt lassen sich durch die BAK-Werte Kriterien entwickeln, unter welchen Voraussetzungen welcher Grad der Vorwerfbarkeit zu Grunde gelegt werden kann. Auch wenn in vielen Ländern schon die 0 Promille-Grenze gilt, ist nach ständiger Rechtsprechung erst ab

---

86 Prüfung der Fahrsicherheit vgl. oben zu D.2.1 AKB Anm. 1.
87 OLG Celle v. 06.06.1963 – 1 Ss 104/63, Beck Online.
88 OLG Düsseldorf, Urteil vom 06.07.2004 – Aktenzeichen I-4 U 222/03.
89 OLG Saarbrücken v. 30.04.2014 – 4 U 165/13; Hentschel Straßenverkehrsrecht § 316 Rn. 8 m.w.N.
90 OLG Saarbrücken v. 28.01.2009 – 5 U 698/09, NJW-RR 2009, 685 zur alten Rechtslage.
91 OLG Celle v. 09.12.2008 – 322 SsBs 247/08 in zfs 2009, 288 ff. bei einer Zeitspanne von 23 Stunden.
92 BGH v. 11.01.2012 – IV ZR 251/10, SVR 2012, 263, der aber immer noch von grob fahrlässiger Begehung ausgeht; OLG Stuttgart 18.08.2010 – 7 U 102/10, DAR 2011, 204; OLG Dresden 15.09.2010 – 7 U 0466/10, ADAJUR Dok-Nr. 93409.
93 Münstermann zu LG Karlsruhe v. 9 S 120/99, r+s 2000, 361 ff.; OLG Saarbrücken v. 14.11.2001 – 5 U 267/01–20, r+s 2002, 184.
94 Böhme/Biela, Kraftverkehrshaftpflichtschäden Kap. 16 Rn. 118 f.
95 LG Köln v. 06.06.1984 – 24 O 519/83, r+s 1986, 119.
96 LG Stuttgart v. 16.02.2022 – 4 S 276/20.

einer BAK von 0,3 Promille die Alkoholisierung des Fahrers in Verbindung mit einem alkoholbedingten Fahrfehler, der zum Unfallereignis führte, auch in versicherungsrechtlicher Hinsicht relevant.

00,29 ‰	Leichte Fahrlässigkeit	0 %, kein Regress
03–0,49 ‰	Grobe Fahrlässigkeit, leichtes Verschulden	25 % in allen Sparten, max. 5000 € in der Kraftfahrzeug-Haftpflicht-Versicherung
0,5–0,79 ‰[97]	Grobe Fahrlässigkeit, mittleres Verschulden	50 % in allen Sparten, max. 5000 € in der Kraftfahrzeug-Haftpflicht-Versicherung
0,8–1,09 ‰	Grobe Fahrlässigkeit, Schweres Verschulden	75 % in allen Sparten, max. 5000 € in der Kraftfahrzeug-Haftpflicht-Versicherung
Ab 1,1 ‰	Vorsatz im Sinne des Strafrechts, aber nach Auffassung des BGH für Obliegenheiten weiter grob fahrlässig[98]	100 % in allen Sparten, max. 5000 € in der Kraftfahrzeug-Haftpflicht-Versicherung

Liegt der Promillegrad unterhalb der absoluten Fahruntüchtigkeit, sind Ausführungen erforderlich, ob Fahruntüchtigkeit vorlag oder nicht[99]. Ab dem Erreichen der Grenze der absoluten Fahruntüchtigkeit, die für sich allein schon zur Tatbestandsverwirklichung auch des § 316 StGB ausreicht[100], ist nach tw. Auffassung von einer vorsätzlichen Begehung der Obliegenheitsverletzung auszugehen[101]. Allerdings hat das KG ausgeführt, dass allein die BAK nicht zur Annahme einer vorsätzlichen Trunkenheitsfahrt ausreicht[102]. Der Hinweis auf das Schweizer Modell geht fehl, da dort jedwede Alkoholfahrt zunächst ausgeschlossen ist und der Versicherungsnehmer sich nur über eine höhere Prämie auch gegen alkoholbedingte Unfälle schützen kann. Daraus resultierend gilt dort die Grenze zur Vorsatztat von 1,5 Promille! 55

Für den Genuss von Drogen und sonstigen berauschenden Mitteln wird man die weitere Entwicklung abwarten müssen und die Quotierung anhand der Ausfallerscheinungen des Fahrers vornehmen müssen. So werden leichtere Ausfallerscheinungen (leicht verzögerte Reaktionen) zu einer geringeren Quote führen müssen als beispielsweise Gang- und Standunsicherheiten, verwaschene Sprache oder gar Lallen. Üblicherweise ist – wenn nicht besondere Anzeichen hinzutreten – von einer 50 % igen Leistungsfreiheit auszugehen, die sich durch das Hinzutreten von Gang- und Standsicherheit, verwaschene Sprache oder gar Lallen nur noch in der Leistungsfreiheit in Richtung 75 % bis hin zur vollständigen Leistungsfreiheit bewegen können. 56

Auch bei Medikamenteneinnahme, die für den Unfall ggf. ursächlich gewesen ist, handelt der Fahrer fahrlässig[103], wenn er sich nicht über die Wirkungsweise der Medikamente informiert. 57

97 *OLG Hamm* v. 25.8.2010 – 20 U 74/10, r+s 2010, 506 bejaht eine Leistungskürzung um 50 % bei 0,59 Promille. AG Düren v 15.08.2012 – 44 C 76/12, geht von Leistungskürzung um 75 % bei BAK von 0,54 ‰ aus.

98 BGH v. 22.06.2010 – VI ZR 225/10 geht auch bei einer BAK von 2,7 Promille von grober Fahrlässigkeit aus, bejaht allerdings die Leistungskürzung auf 0! Ebenso BGH v. 11.01.2012 – IV ZR 251/10.

99 KG Beschl. v. 15.09.2011 – (3) 1 Ss 192/11 (Jurion) für die strafrechtliche Bewertung.

100 BVerfG v. 27.06.1994 – 2 BvR 1269/94, NJW 1995, 125; BayObLG RReg. v. 01.03.1976 -1 St 366/75, NJW 1976, 1802.

101 So auch Heß, »Die VVG-Reform: Alles oder nichts – das ist (nicht mehr) die Frage«, NJW Spezial 2007, S. 159f; Rixecker, »Neufassung des Versicherungsvertragsgesetzes- Verursachung eines Versicherungsfalles – Teil 1«, zfs 2007, 15 und Römer »Änderung des Versicherungsvertragsrechts Teil 1«, VersR 2006, 740 f.; AG Bühl v. 14.05.2009 – 7 C 88/09 in SVR 2009, 424.

102 KG v. 3.03.2014 – 3 161 SS 41/14 29/14, ACE-VJ, 3/14 26 (LS).

103 OLG Frankfurt DAR 1970, 162.

58 Darüber hinaus kann sich der Fahrer entlasten, indem er nachweist, dass er zum Fahrtantritt unzurechnungsfähig war[104]. Der Gegenbeweis, der Fahrer sei trotz einer BAK von 1,1 Promille nicht fahruntüchtig gewesen, ist nicht möglich[105].

5. Übersicht über die Entscheidungen

BAK	Grad der Kürzung	Fundstelle
0,4 Promille + Anscheinsbeweis der Fahruntüchtigkeit	50 %	LG Flensburg v. 24.08.2011 – 4 O 9/11
0,59 Promille	60 %	OLG Hamm v. 25.08.2010 – I-20 U 74/09.
0,7 Promille	75 % Kraftfahrzeug-Haftpflicht-Versicherung	AG Siegen v. 30.11.2012 – 14 C 2166/12, NZV 2013, 604 f.
0,93 Promille	75 %	OLG Saarbrücken v. 30.04.2014 – 4 U 165/13
Ermöglichen der Alkoholfahrt (erheblich alkoholisierter Fahrer)	75 %	LG Bonn v. 12.02.2010 – 10 O 115/09
1,29 Promille des Repräsentanten	100 %	LG Tübingen v. 26.04.2010 – 4 O 326/09, zfs 2010, 394.
1,89 Promille	100 % Vollkasko-Versicherung	AG Brühl v. 14.05.2009 – 7 C 88/09
1,94 Promille	100 % Unfallversicherung	OLG Köln v. 28.09.2012 – 20 U 107/12; NZV 2013, 602 (auch zum Thema Nachtrunk und Rückrechnung)
2,1 Promille	100 %	BGH v. 11.01.2012 – I V ZR 251/10, SVR 2012, 263 f
2,45 Promille	100 % (Kraftfahrzeug-Haftpflicht-Versicherung)	OLG Saarbrücken v. 04.04.2013 – 4 U 31/12, NZV 2013, 598
Ab 2,5 Promille	Prüfung der Schuldfähigkeit erforderlich	OLG Köln v. 22.01.2010 – 1 RVS 5/10, NSTZ-RR 2010, 281.
Vollrausch-Verurteilung	Umstände des Einzelfalles beachten, die BAK alleine reicht nicht aus	OLG Köln v. 05.02.2010 – 1 RVS 25/10
Alkohol und Medikamente		
Relative Fahruntüchtigkeit + Einnahme von Antidepressiva	100 % Vollkasko-Versicherung	AG Frankfurt v. 08.12.2010 – 31 C 1869/10–17

104 OLG Nürnberg v. 12.07.2013 – 5 U 562/13, beweisbelastet ist der Versicherungsnehmer; LG Köln 17.11.2004 – 20 O 331/04 r+s 2006, 62 f m.w.N.; BGH VI ZR 146/04 r+s 2006, 232 f.; AG Düsseldorf 26.02.2007 – 58 C 8469/06, SP 2008, 125 bei 3,67 Promille. Der Entschluss zur Fahrt muss aber im Zustand der Schuldunfähigkeit getroffen worden sein, dies wurde in dem vorliegenden Verfahren nicht bewiesen. OLG Schleswig v. 10.08.2021 – 7 U 22/21 auch eine Alkoholerkrankung führt nur dann zur Schuldunfähigkeit, wenn die Sucht bereits zu einer Geisteskrankheit oder -störung geführt hat.

105 BGH v. 09.10.1991 – IV ZR 264/90 in VersR 1991, 1367 für die Fahrzeugversicherung.

BAK	Grad der Kürzung	Fundstelle
Alkohol und Drogen		
0,95 Promille + 3,8 ng/ml Kokain + 429 ng/ml Benzolecgonin + 65 ng/ml Ecgoninmethylester	kein Nachweis alkoholbedingter Fahruntüchtigkeit, wenn led. eine Aufhebung der Geschwindigkeitsbegrenzung übersehen wird	KG Beschl. v. 15.09.2011 – (3) 1 Ss 192/11 (73/11) – Jurion
Drogen		
1,0 ng/ml	grobe Fahrlässigkeit	KG v. 14.10.2014 – 3 WS B 375/14 – 162 SS93/14 zu den Abbauzeiten

V. behördlich nicht genehmigte Rennveranstaltung/motorsportliche Veranstaltungen

Hier gelten die allgemeinen Regeln. Eine vorsätzlich begangene Obliegenheitsverletzung ist sicher anzunehmen, wenn das Rennen verabredet wurde und man sich geplant trifft. Handelt es sich dagegen um die häufiger vorkommenden »plötzlichen« (nicht verabredeten[106]) Jagden auf der Autobahn oder der Anfahrsprint an der Ampel, so dürfte von grob fahrlässiger Begehung der Obliegenheitsverletzung auszugehen sein[107]. Ein Ansatz für die Quotierung könnten der entstandene Schaden sein, so dürfte bei Entstehung von Sachschaden von einer mittleren Vorwerfbarkeit auszugehen sein. Wurde hingegen auch Personenschaden verursacht, ist in jedem Fall von schwererem Verschulden auszugehen und eine Leistungsfreiheit von 75 % anzunehmen. Eine Quotierung anhand der gefahrenen Geschwindigkeiten scheint nicht sachgerecht, da dort nur auf die Geschwindigkeiten, nicht aber auf die Umgebung (Autobahn, Stadtverkehr) geachtet wird. Auch die prozentuale Bewertung durch Überschreitung der zulässigen Höchstgeschwindigkeit deckt dieses Risiko nicht ab. So kann beispielsweise im Stadtverkehr bei einem Ampelsprint[108] mehr Schaden angerichtet werden, wenn auch die Höchstgeschwindigkeit nur um 20 % überschritten wurde, als bei gleicher Überschreitung auf der Autobahn! Auch eine Fahrtveranstaltung, bei der die Durchschnittsgeschwindigkeit gemessen werden soll, es aber zu Höchstgeschwindigkeiten kommen kann, stellt eine nicht zulässige Rennveranstaltung dar[109]. Die Entscheidung des OLG Bamberg ist insoweit widersprüchlich, danach soll eine »Fahrtveranstaltung« dann nicht vorliegen, wenn sich das Ereignis auf öffentlichen Straßen abspielt und nur den Zweck haben soll, eine höhere Durchschnittsgeschwindigkeit zu erreichen, wenn das Motorrad noch lange nicht an seiner Leistungsgrenze angekommen war.[110] Das Verschulden ist an den Einzelumständen zu messen, etwa, welche Kriterien für die Gleichmäßigkeitsfahrt angesetzt werden (bezüglich möglicherweise erforderlich werdender Stichentscheide) und welches Schadenrisiko bestand. Eine Teilnahme an motorsportlichen Veranstaltungen ohne entsprechende Versicherung des Veranstalters führt zur Leistungsfreiheit. Entscheidungen liegen derzeit nicht vor. 59

VI. Gefahrerhöhung

Die gesetzliche Obliegenheit ist nur in D.2.3 erwähnt. Hat der Versicherungsnehmer oder der Fahrer eine Gefahrerhöhung begangen, besteht ebenfalls Leistungsfreiheit. Diese ist für die Kraftfahrzeug-Haftpflicht-Versicherung begrenzt, für die anderen Sparten besteht bei vorsätzlich begangener Gefahrerhöhung Leistungsfreiheit in voller Höhe, bei grobfahrlässiger Obliegenheitsverletzung hingegen ist entsprechend dem Grad der Vorwerfbarkeit eine Quotierung vorzunehmen. Verursacht der berechtigte Fahrer eine Gefahrerhöhung, ist ggf. die Leistung entsprechend des Grades des Verschuldens 60

106 OLG Hamm 07.04.1997 – 2 Ss OWI 260/97, NZV 1997, 367; v. 2.05.1997 – 13 U 198/96 NZV 1997, 515.
107 OLG Jena v. 06.09.2004 – 1 Ss 139/04 auf den Startort kommt es bei einem Rennen nicht an.
108 OLG Hamm v. 28.02.2011 – III-5 RBS 267/10.
109 LG Stuttgart v. 26.01.2005 – 18 O 536/04.
110 OLG Bamberg v. 23.03.2010 – 1 U 161/09 (LS), r+s 2010, 527 für die AUB.

zu kürzen[111]. Eine vorsätzliche Gefahrerhöhung ist nur dann anzunehmen, wenn der Versicherungsnehmer in dem Bewusstsein der gefahrerhöhenden Eigenschaft seiner Handlung gehandelt hatte[112].

VII. Besonderheit Insassen

61 Für die **Unfallversicherung** gilt zunächst folgendes:

62 Diejenigen Fahrzeuginsassen, die sich ohne Willen oder gar gegen den Willen des Versicherungsnehmers im Fahrzeug befinden und geschädigt werden, sind in der Unfallversicherung nicht versichert[113]. Die Obliegenheitsverletzung des Fahrers kann dem VN als Insasse im eigenen Fahrzeug bei der Regulierung des Personenschadens nicht entgegengehalten werden, wenn er davon keine Kenntnis hatte. Die Ausnahme von D.2.1 Satz 3 gilt nur bei dem alkoholisierten Fahrer. Eine Beschränkung des Mithaftungseinwandes ist darin allerdings nicht zu sehen. Der Versicherer verzichtet lediglich auf den Einwand der Obliegenheitsverletzung und der daraus resultierenden Leistungsfreiheit.

D.2.2 (Exkulpationsmöglichkeit)[1]

Abweichend von D.2.1 sind wir zur Leistung verpflichtet, soweit die Pflichtverletzung weder für den Eintritt des Versicherungsfalls noch für den Umfang unserer Leistungspflicht ursächlich ist. Dies gilt nicht, wenn Sie die Pflicht arglistig verletzen.

Übersicht

A. Kausalzusammenhang Obliegenheit und Leistungspflicht

1 Nach dem Wortlaut der Vorschrift, die mit § 28 Abs. 3 VVG korrespondiert, ist ein Zusammenhang zwischen der Obliegenheitsverletzung und dem Schadenfall bzw. der Schadenhöhe erforderlich. Voraussetzung für die Leistungsfreiheit ist damit, dass die Obliegenheitsverletzung auch für den Eintritt des Schadenfalls ursächlich gewesen ist[2]. Ausreichend ist dabei die Mitverursachung des Schadens durch die Obliegenheitsverletzung[3]. Allerdings entfällt die Leistungspflicht des Versicherers, wenn der Versicherungsnehmer die Pflicht arglistig verletzt hat. Als arglistig wird ein Verhalten des Versicherungsnehmers bezeichnet, das in seiner inneren Willensrichtung noch über das vorsätzliche Handeln hinausgeht. Der Handelnde verstößt nicht nur wissentlich und willentlich gegen die Regeln, sondern ist sich auch bewusst, dass er die Willensentscheidung seines Gegenübers unlauter beeinflusst[4].

---

111 Vgl. hierzu auch Kloth aaO. Kap. N. Rn. 13 m.w.H.

112 BGH v. 10.09.2014 – IV ZR 322/13, SP 2014, 426 f.

113 So schon OLG Düsseldorf v. 28.10.1969 – 4 U 57/69 zur Anwendbarkeit der Grundsätze der Gefahrerhöhung auch auf die Unfallversicherung.

1 Überschrift des Verfassers!

2 Vgl. auch Kreuter in FA Versicherungsrecht Kap. 25 Rn. 44 ff. zu den einzelnen Obliegenheiten.

3 BGH v. 06.07.1967 – II ZR 16/65 VersR 1967, 944; LG Köln v. 12.08.2009 – 4 O 365/08, SP 2009, 261 ff. (Fahrzeugschlüssel im Wageninneren ist zwar grob fahrlässig, aber im entschiedenen Fall nicht ursächlich gewesen, da nicht festgestellt werden konnte, dass gerade dieser Schlüssel dann zum Diebstahl verwendet wurde.

4 So Felsch in Rüffer/Halbach/Schimikowski, VVG § 28 Rn. 76.

B. Kausalitätsgegenbeweis

Der Versicherungsnehmer kann den Kausalitätsgegenbeweis[5] führen und nachweisen, dass der Schadenfall auch so (grundsätzlich oder in dem eingetretenen Umfang) eingetreten wäre, wenn er die Obliegenheit beachtet hätte[6]. Damit steht dem Versicherungsnehmer noch eine weitere Entlastungsmöglichkeit zur Verfügung, wenn er den Nachweis der nur leichten Fahrlässigkeit nicht führen konnte, die auch in § 6 Abs. 2 VVG a.F. vorgesehen war. 2

C. Arglistige Obliegenheitsverletzung

Diese Entlastungsmöglichkeit ist dem Versicherungsnehmer bzw. Fahrer allerdings abgeschnitten, wenn er die Pflichtverletzung arglistig begangen hat. Arglistig handelt derjenige, der eine mögliche Schädigung des Anderen billigend in Kauf nimmt[7]. Ihm ist dann der Kausalitätsgegenbeweis, nämlich, dass die Obliegenheitsverletzung keine Auswirkungen auf Grund oder Umfang der Eintrittspflicht hatte, abgeschnitten. Ob die für das Vorliegen von Arglist von der Rechtsprechung zu anderen Fallkonstellationen als dem Versicherungsrecht entwickelten Grundsätze ohne weiteres auf die Obliegenheitsverletzungen vor dem Schadenfall übertragen werden können, erscheint fraglich. Allerdings sollte dem Versicherungsnehmer der Entlastungsbeweis in jedem Fall abgeschnitten sein, wenn sich der Schaden schon deswegen nicht ereignet hätte, wenn das versicherte Fahrzeug den Schadenfall in irgendeiner Form mit verursacht hat. In aller Regel dürfte die Obliegenheitsverletzung sich nur dann nicht auf den Schadenseintritt ausgewirkt haben, wenn der Unfall als solcher für den Fahrer/Versicherungsnehmer unabwendbar war[8]. 3

D. Einzelfälle

I. Verstoß gegen die Verwendungsklausel

Eine Möglichkeit der Entlastung ist der Nachweis, dass die tatsächliche Verwendung gegenüber der versicherten Verwendung eine Risikoverringerung darstellte[9]. Liegt aber eine Risikoerhöhung gegenüber dem versicherten Risiko vor, wird eine Entlastung mehr als schwierig sein. Da der Versicherungsnehmer Kenntnis hat von der versicherten Verwendung, handelt er in aller Regel vorsätzlich. Auch der Fahrer hat ggf. Kenntnis von der »falschen« Verwendung. Insbesondere bei der missbräuchlichen Verwendung von roten Kennzeichen dürfte davon auszugehen sein, da die eingeschränkte Verwendungsmöglichkeit dieser Kennzeichen gemeinhin bekannt ist[10]. Ob der vorsätzliche Verstoß gegen die Verwendungsklausel auch gleichzeitig als arglistig zu bezeichnen ist, wird der Wertung der Rechtsprechung überlassen bleiben. Sicher ist jedoch in jedem Verstoß gegen die Verwendungsklausel ein Ansatz, den Versicherer um die ihm zustehende Prämie zu bringen, zu sehen. 4

II. Schwarzfahrt

Der Fahrer kann sich exkulpieren, wenn er aufgrund vorangegangener Fahrten von dem Einverständnis des Berechtigten ausgehen durfte[11]. Er ist beweisbelastet mit dem Nachweis des fehlenden 5

---

5 BGH IV ZR 90/13 zur Wissentlichkeit einer Pflichtverletzung; BGH v. 04.05.1964 – II ZR 153/61, VersR 1964, 709.

6 LG Berlin v. 07.02.1985 – 7 O 309/84, VersR 1985, 1136;.

7 BGH v. 12.03.2014 – IV ZR 306/13, VersR 2014 565 ff; BGH v. 12.11.1986 – IVa ZR 186/85 VersR 1987, 91; v. 20.11.1990 – IV ZR 113/89 NJW-RR 1991, 411; Stoeber/Nugel, »Rechtsprechungsübersicht zur arglistigen Obliegenheitsverletzung«, SP 2014, 347 f.

8 OLG Hamm v. 01.12.1997 – 6 U 177/96, r+s 1998, 140 und v. 11.09.1997 – 6 U 72/97, r+s 1998, 181 f.

9 OLG Karlsruhe v. 07.07.1994 – 12 U 12/94, VersR 1995, 568f; OLG Koblenz v. 04.12.1998 –10 U 5/98, r+s 1991, 271 m.w.H.

10 So OLG Köln v. 28.03.2000 – 9 U 113/99, r+s 2000, 189 f.

11 LG Köln v. 29.09.1999 – 19 S 50/99 r+s 2000, 186, bei geringfügiger Abweichung von dem genehmigten Rahmen.

Verschuldens[12] oder der fehlenden Zurechnungsfähigkeit, welche ein Verschulden ausschlösse[13]. Auch derjenige, der glaubte, er habe die Genehmigung zur Fahrt von einem Berechtigten erhalten, kann sich entlasten[14]. Bei demjenigen, der das Kfz durch eine strafbare Handlung erlangt hat, ist von einer Vorsatztat auszugehen, eine Begrenzung der Leistungsfreiheit ist in diesem Fall nicht gegeben.

6 Keine grobe Fahrlässigkeit wurde auch angenommen, wenn der Fahrzeugschlüssel in den Briefkasten eines Autohauses eingeworfen wurde und dieser dort entwendet wurde[15].

III. Führerscheinklausel

7 Bei den Entlastungsmöglichkeiten ist zu differenzieren zwischen dem Versicherungsnehmer und dem mitversicherten – führerscheinlosen – Fahrer.

8 Der Fahrer (bzw. der Versicherungsnehmer, der gleichzeitig Fahrer ist,) kann sich entlasten, wenn er nachweist, dass seine fehlende Fahrerlaubnis nicht ursächlich für den Schadenfall war[16]. Dies dürfte in Ausnahmefällen möglich sein. Insbesondere dann, wenn sich der Unfall für den Versicherungsnehmer als unabwendbares Ereignis darstellt[17]. Auch das Versagen technischer Einrichtungen als Schadensursache stellt eine Exkulpationsmöglichkeit dar. Auch wenn lediglich die Erlaubnis zur Personenbeförderung fehlt und bei dem Auffahrunfall lediglich Sachschaden zur Folge hatte, wurde der Entlastungsbeweis als geführt erachtet[18], da diese Erlaubnis nur der Sicherheit der Fahrgäste dient. Kommt es allerdings in einem solchen Fall zum Personenschaden, ist eine Entlastung nur noch bei Unabwendbarkeit des Schadenfalls möglich. Soweit der Fahrer eine ausländische Fahrerlaubnis hat, aber nicht über die erforderliche deutsche Fahrerlaubnis verfügt, ist der Versicherer mit dem Beweis belastet, dass sich der Schadenfall wegen der Unkenntnis der deutschen Straßenverkehrsvorschriften ereignete[19]. Soweit der ausländische Fahrer ausschließlich aufgrund formeller Gründe seine Fahrerlaubnis verloren hat und die Ungeeignetheit zum Führen von Kfz nicht feststeht, ist der Kausalitätsgegenbeweis geführt[20]. Fehlt die an sich erforderliche Erlaubnis zur Personenbeförderung, kann sich der Fahrer insoweit entlasten, als eine Person gerade nicht zu Schaden gekommen ist[21].

9 Wird dem Versicherungsnehmer vorgeworfen, die Fahrerlaubnis nicht geprüft zu haben und die Obliegenheitsverletzung dadurch ermöglicht zu haben, kann dieser sich nur entlasten, indem er Umstände nachweist, die ihn berechtigt an das Vorhandensein der erforderlichen Fahrerlaubnis glauben zu dürfen. Auch wenn es sich um eine Schwarzfahrt gehandelt hat[22], kann dem Versicherungsnehmer die fehlende Fahrerlaubnis des Fahrers nicht vorgehalten werden, selbst wenn er die Schwarzfahrt ermöglicht haben sollte.

IV. Trunkenheitsklausel/Rauschmittel (nur in Kraftfahrzeug-Haftpflicht)

10 Eine Exkulpation des berauschten Fahrers (sei es durch Alkohol oder sonstige Rauschmittel) wird nur dann möglich sein, wenn er den Nachweis der Unabwendbarkeit des Schadenfalles führen kann. Nur in diesem Fall ist der Beweis sicher geführt, dass der Rauschzustand weder für den

12 BGH v. 24.11.1966 – II ZR 182/64, VersR 1967, 50.
13 BGH v. 09.02.1972 – IV ZR 122/71, VersR 1972, 342.
14 BGH v. 13.07.1993 – VI ZR 278/92, r+s 1993, 363 = NJW 1993, 3067.
15 LG Oldenburg v. 14.10.2020 – 13 O 688/20, es wurde allerdings die Frage der Werkstattobhut in diesem Fall nicht erörtert.
16 BGH v. 21.11.2006 – VI ZR 115/05 in VersR 2007, 263 = zfs 2007, 263 ff.
17 BGH v. 01.03.1972 – IV ZR 107/70, VersR 1972, 530 (zur Gefahrerhöhung).
18 BGH v. 13.12.1972 – IV ZR 156/71 VersR 1973, 172 ff.
19 OLG Naumburg v. 05.02.2004 – 4 U 158/03 NJOZ 2004, 3526 = zfs 2007, 7.
20 OLG Nürnberg 8 U 3262/01, SP 2007, 207.
21 BGH v. 24.01.2002 – IV ZR 67/77 in VersR 1978, 1029 f.
22 BGH NJW-RR 1986, 1022.

Schadeneintritt noch für den Umfang des Schadens ursächlich war. Ab einer BAK von 1,1 Promille dürfte der Nachweis, dass eine Fahrunsicherheit gerade nicht vorgelegen habe, nicht mehr gelingen[23].

V. Behördlich nicht genehmigte Rennen (nur in Kraftfahrzeug-Haftpflicht)

Eine Exkulpation ist nur möglich, wenn der Versicherungsnehmer/Fahrer nachweist, dass sich der Schadenfall auch bei Einhaltung der zulässigen Höchstgeschwindigkeit so ereignet hätte. Auch kann die Entlastung möglich sein, wenn zwar eine Teilnahme an einem Rennen vorlag, im Unfallzeitpunkt aber die an der Unfallstelle zulässige Höchstgeschwindigkeit nicht überschritten wurde und damit die Kausalität der Obliegenheitsverletzung für den Schadenfall nicht gegeben ist[24]. 11

Beschränkung der Leistungsfreiheit in der Kfz-Haftpflichtversicherung

D.2.3 (Grenzen der Leistungsfreiheit)[1]

In der Kfz-Haftpflichtversicherung ist die sich aus D.2.1 ergebende Leistungsfreiheit bzw. Leistungskürzung Ihnen und den mitversicherten Personen gegenüber auf den Betrag von höchstens je xx Euro beschränkt[1]. ([1]Gem. § 5 Abs. 3 KfzPflVV darf die Leistungsfreiheit höchstens auf 5.000 Euro beschränkt werden.)

Dies gilt entsprechend, wenn wir wegen einer von Ihnen vorgenommenen Gefahrerhöhung (§§ 23, 26 Versicherungsvertragsgesetz) vollständig oder teilweise von der Leistungspflicht befreit sind.

Übersicht

A. Beschränkung der Leistungsfreiheit

1 Auch wenn das Gesetz bei vorsätzlicher Obliegenheitsverletzung für die Sachversicherungen und sonstige Personenversicherungen von vollständiger Leistungsfreiheit ausgehen, ist die Leistungsfreiheit in der Kraftfahrzeug-Haftpflichtversicherung der Höhe nach begrenzt durch den Rahmen des § 5 KfzPflVV. Danach ist die Leistungsfreiheit auf einen Betrag von 5.000 € begrenzt. Übersteigt der Schaden diesen Betrag, ist der übersteigende Betrag allein vom Versicherer zu tragen.

Die Leistungsfreiheit des Versicherers wird daher in jedem Fall – unabhängig von der Schwere des Verschuldens und dem Grad der Vorwerfbarkeit der Obliegenheitsverletzung – durch § 5 KfzPflVV begrenzt. Dabei ist zunächst, ausgehend von dem entstandenen Schaden, die Quote zu ermitteln. Nach Bildung der Quote ist anhand dieser Quote der Betrag der Leistungsfreiheit zu ermitteln. Liegt der Betrag der Leistungsfreiheit über der Grenze des § 5 KfzPflVV gilt diese Grenze, liegt der Betrag unter dieser Grenze, ist dieser Betrag anzusetzen[2].

23 BGH v. 26.06.1985 – IVa ZR 111/83, VersR 1985, 779.

24 Für die Ursächlichkeit einer Obliegenheitsverletzung z.B. OLG Köln v. 12.05.1998 – 9 U 191/97, zfs 1999, 63 (Führerscheinklausel).

1 Überschrift des Verfassers!

2 Schirmer, »Neues VVG und die Kfz-Haftpflicht- und Kasko-Versicherung«, DAR 2008, 181 f.

▶ **Beispiel:**

2 Schaden 5.000 €, grobe Fahrlässigkeit mit mittlerer Vorwerfbarkeit führt zu einer Leistungskürzung von 50 %, mithin besteht Leistungsfreiheit in Höhe von 2.500 €.

Schaden 15.000 €, grobe Fahrlässigkeit mit mittlerer Vorwerfbarkeit führt zu einer Leistungskürzung von 50 %, es bestünde Leistungsfreiheit in Höhe von 7.500 €, jetzt kommt die Begrenzung des § 5 KfzPflVV zum Tragen. Der Regress ist auf maximal 5.000 € begrenzt[3].

B. Ausweitung auch auf die Gefahrerhöhung

3 Bei der Gefahrerhöhung handelt es sich um eine gesetzliche Obliegenheit vor Eintritt des Schadenfalles. Die Aufnahme der Gefahrerhöhung in die AKB macht deutlich, dass der Versicherer auch für diesen Fall von seinem Recht der Leistungskürzung Gebrauch machen will.

C. Beschränkung der vereinbarten Versicherungssumme

4 In den AKB 2015 bis 2022 war eine Beschränkung der vertraglich vereinbarten Versicherungssumme auf die Mindestversicherungssumme im Falle einer Obliegenheitsverletzung vorgesehen. Dies wurde in der jetzt vorliegenden Fassung aufgegeben. Im VVG ist diese Beschränkung vorgesehen. Dabei ist nicht allein die Regelung des § 117 Abs. 1 und 3 VVG maßgebend[4]. Erforderlich ist auch die Aufnahme dieser Regelung in die vertraglichen Vereinbarungen, also die AKB des Versicherers. Da das VVG und die KfzPflVV nur die Basis des Möglichen regeln, steht es jedem Versicherer frei, höhere Leistungen zu versprechen und den Regress niedriger zu halten, sowie auf die Kürzung der Versicherungssummen zu verzichten[5]. Diese Regelung ist auch nicht als Überraschungsklausel unwirksam[6], da der Gesetzgeber den Versicherungsnehmer durch die Mindestversicherungssummen auch dann als hinreichend geschützt ansieht, wenn er im Einzelfall einen höheren Schaden verursacht, ohne dass ihm eine Obliegenheitsverletzung vorzuwerfen ist. Erst recht ist dann eine Begrenzung der Leistungspflicht bei Obliegenheitsverletzungen zulässig. Zu beachten ist allerdings, dass bei Unfällen im Ausland als Minimalgrenze die in Deutschland geltenden Mindestversicherungssummen als vereinbart gelten. Solange sich das versicherte Kfz in Richtung Osten oder Süden bewegt, ist die Beschränkung der Eintrittspflicht auf die in Deutschland geltenden Mindestversicherungssummen kein Problem. Bewegt sich das Kfz allerdings nach Westen oder Norden müssen vom Versicherer die dort geltenden Mindestversicherungssummen garantiert werden. Eine Beschränkung der Leistungspflicht des Versicherers auf die in Deutschland geltenden Mindestversicherungssummen verstößt insoweit gegen die 6. KH-Richtlinie[7].

---

3 Maier, »Die Leistungsfreiheit bei Obliegenheitsverletzungen nach dem Regierungsentwurf zur VVG-Reform«, r+s 2007, 89, 90.

4 BGH v. 15.03.1983 – VI ZR 187/81, VersR 1983, 688, der einer Obliegenheitsverletzung im Schadenfall die Beschränkung auf die Mindestversicherungssumme verneinte, weil der Leistungsfreibetrag von DM 1.000 nicht dazu führte, dass die Restleistung aus dem Vertrag betragsmäßig unter die Mindestversicherungssumme fiel, die vertraglichen Vereinbarungen sollten dem Gesetz (§ 158c Abs. 4 VVG a.F) vorgehen. Offenbar war dort in den AKB eine entsprechende Regelung zu den Mindestversicherungssummen nicht vereinbart.

5 OLG Köln v. 14.01.1982 – 14 U 69/80, VersR 1983, 721, Haftungsbegrenzung auf die Mindestversicherungssumme auch zulässig, wenn eine Anzeige nach § 29c StVZO a.F. an die Zulassungsstelle nicht erfolgte; OLG Stuttgart 15.11.2000 –.3 U 23/00, r+s 2001, 312 für den Fall des Verstoßes gegen Führerscheinklausel, Alkoholklausel und Schwarzfahrt ist die Haftung auf die Mindestversicherungssumme beschränkt, unabhängig von der Frage des Ermöglichens der Schwarzfahrt durch den Halter, da die Haftungshöchstgrenzen des StVG für diesen anzuwenden wären und unter der Mindestversicherungssumme lagen.

6 A.A. Knappmann »Die Bedingungen der neuen Kfz-Versicherung – Abweichungen von den Vorbedingungen«, VRR 2009, 126 ff.

7 Vgl. oben AKB C.1.2 Rdn. 14 ff.; § 117 VVG Rdn. 27.

D. Keine Beschränkung der Leistungsfreiheit in den anderen Sparten

Die Beschränkung der Leistungsfreiheit gem. D.2.3 resultiert aus der Regelung des § 5 KfzPflVV und gilt ausschließlich für die Kraftfahrzeug-Haftpflicht Versicherung. Dies hat aber auch zur Konsequenz, dass in allen anderen Sparten die Leistungsfreiheit – auch wenn sie nur in einer Quote besteht – den Versicherungsnehmer, der dort auch Anspruchsinhaber ist, empfindlich treffen kann. 5

▶ **Beispiel:**

Der Versicherungsnehmer fährt unter Alkoholeinfluss und verursacht einen Fremdschaden in Höhe von 15.000 €, sein eigener Schaden beträgt ebenfalls 15.000 €. Zusätzlich könnte er Leistungen aus der Unfallversicherung beanspruchen. Da bei der Blutprobe eine BAK von 0,6 Promille ermittelt wurde und der Kausalitätsgegenbeweis dem Versicherungsnehmer nicht gelungen ist, ist von einer Leistungsfreiheit von 50 % auszugehen. Für die Kraftfahrzeug-Haftpflicht-Versicherung bedeutet dies: 6

Schaden 15.000 € – Quote 50 % = 7.500 €, die Regressbeschränkung greift ein, der Kraftfahrzeug-Haftpflicht-Versicherer verlangt 5.000 €. In der Fahrzeugvollversicherung hingegen erhält er nach Abzug der SB nur 50 % seines Schadens ersetzt, ebenso bei der Unfallversicherung und sonstigen Zusatzversicherungen. Dort greift die Beschränkung der KfzPflVV gerade nicht ein.

D.2.4 (Dieb, strafbare Handlung)[1]

Gegenüber einem Fahrer, der das Fahrzeug durch eine vorsätzlich begangene Straftat (z.B. durch Diebstahl) erlangt, sind wir vollständig von der Verpflichtung zur Leistung frei.

Die Leistungsfreiheit gem. D.2.4 gilt gegenüber jedermann, der das Fahrzeug durch eine strafbare Handlung erlangt hat. Dazu gehören neben dem allseits bekannten Fahrzeugdiebstahl (Wegnahme in Zueignungsabsicht gem. § 242 StGB) auch der Haus- und Familiendiebstahl, § 248a StGB sowie die Unterschlagung, Raub, Betrug und nicht zuletzt der unbefugte Gebrauch eines Kfz, § 248b StGB. 1

Hat der Fahrer mit dem solcherart erhaltenen Fahrzeug einen Schaden verursacht, besteht zwar gleichwohl die Haftung aus der Betriebsgefahr, § 7 Abs. 3 StVG, da der Halter für sich Versicherungsschutz verlangen kann, aber im Innenverhältnis ist der Versicherer von der Pflicht zur Leistung frei. Auch in der Gesamtschuldnerschaft zwischen Fahrer und Halter ist der Fahrer allein verpflichtet[2]. Dabei ist zu beachten, dass auch gegenüber dem Dieb nur eine Eintrittspflicht im Rahmen der Mindestversicherungssummen[3] besteht. Gegenüber dem Halter können Ansprüche nur bis zu den Grenzen des § 12 StVG geltend gemacht werden. 2

Problematisch ist diese Regelung bei den häufig vorkommenden Schwarzfahrten der minderjährigen Familienangehörigen. Dabei wurde früher durch eine geschäftsplanmäßige Erklärung[4] der Regress gegen Sohn oder Tochter des Versicherungsnehmers auf einen Betrag von 5.000 DM beschränkt, um die Familie des Versicherungsnehmers nicht über Gebühr zu belasten. Mit der Einführung der 3

1 Überschrift des Verfassers!

2 OLG Koblenz v. 09.01.2006 – 12 U 622/04, NJOZ 2006, 1140 lässt für denjenigen, der ohne Zueignungsabsicht und ohne dass Strafbarkeit nach § 248b StVG im Strafverfahren geprüft worden wäre, vollen Regress zu; BGH VI ZR 136/05 für den Dieb, aber übertragbar auf sonstige Regressfälle, in zfs 2997, 195 ff. = SP 2007, 224 ff.

3 Vgl. oben AKB C.1.2 Rdn. 14 ff.; § 117 VVG Rdn. 27.

4 BGH v. 13.07.1988 – IVa ZR 55/87 in VersR 1988, 1062 f. der sich mit der Frage der Strafbarkeit des Verhaltens nach § 248b StGB nicht auseinandersetzen musste, weil die geschäftsplanmäßige Erklärung der Versicherer den eigenen Regress des Versicherers auf 5.000 DM beschränkte. Eine Verweisung an andere Schadenversicherer oder Sozialversicherungsträger war und ist auch heute nicht möglich, so dass es bei dem Betrag von 5.000 DM blieb.

KfzPflVV sind die geschäftsplanmäßigen Erklärungen der Versicherer zum Teil dort aufgenommen worden, soweit ihnen vom Gesetzgeber Bedeutung zugemessen wurde[5]. Damit ist auch diese »Begünstigung« von Familienangehörigen des Versicherungsnehmers weggefallen. Die Entscheidung des BGH[6], bei den Kindern des Versicherungsnehmers die Strafbarkeit der Handlung zu verneinen, obwohl alle Voraussetzungen für eine Straftat vorliegen, ist daher heute noch mal zu überdenken. Der Strafantrag gem. §§ 77 ff. StGB ist zur Bewertung der Strafbarkeit nicht erforderlich. Er ist lediglich prozessuale Voraussetzung für die Strafverfolgung[7].

4 Die hierzu in großer Anzahl ergangenen Entscheidungen betreffen die Kasko-Versicherung und gingen im Wesentlichen um die Frage der Ermöglichung der Schwarzfahrt. In aller Regel war Gegenstand nur der Schaden am versicherten Fahrzeug, weil der jugendliche Fahrer von der Straße abkam. Die ggf. in der Kraftfahrzeug-Haftpflicht-Versicherung zu ersetzenden Schäden sind dabei gering gewesen und wurden ggf. nicht der Versicherung gemeldet. Die Kasko-Versicherung aber musste, wenn sich das Ermöglichen der Schwarzfahrt nicht bestätigte, die Leistungen an den Versicherungsnehmer erbringen, konnte aber wegen des Familienprivilegs nach § 67 VVG a.F. bzw. jetzt § 86 VVG keinen Regress gegen den Fahrer nehmen. Die Ausnahme, dass der Schaden von dem Familienangehörigen vorsätzlich verursacht wurde, kommt in diesen Fällen wohl nicht vor. Ein Regress gegen den Gehilfen des Diebes ist nicht möglich[8], da insoweit ein Gesamtschuldverhältnis nicht besteht, wenn der Versicherer allein aufgrund seiner Verpflichtung nach § 3 PflVG a.F. reguliert hat.

5 Edgar Hofmann, »Die neue Kfz-Versicherung Haftpflicht-Kasko«, Kapitel 1 I.2.2.
6 BGH v. 13.07.1988 – IVa ZR 55/87, VersR 1988, 1062.
7 RG v. 07.06.1941- 1 D 398/40, RGSt 75, 306, 311.
8 BGH v. 28.11.2006 – VI ZR 136/05, zfs 2007, 195 ff. = SP 2007, 224 ff. mit noch mal deutlichem Hinweis auf den Gesamtschuldnerausgleich bei dem Regress gegen eine mitversicherte Person.

Versicherungsschutz-versagung wegen	Regresshöhe KH	Leistungsfreiheit sonst. Sparten	Verweisung	Kündigung	Beweislast VN/ mitversicherte Person	Beweislast VR
Erstprämienverzug § 37 VVG, C.1. AKB	In Höhe der Aufwendungen	voll	In Höhe der Leistungen des Dritt-Versicherers	Rücktritt	Kein Verschulden bei Prämienzahlungsverzug (VN) Rechtzeitige Einzahlung (VN)	Zugang des Versicherungsscheins
Folgeprämienverzug §§ 38 VVG, C.2 AKB	In Höhe der Aufwendungen	voll	In Höhe der Leistungen des Dritt-Versicherers	Wenn VN = FA Kündigung möglich	Kein Verschulden bei Prämienzahlungsverzug (VN) Rechtzeitige Einzahlung (VN)	Zugang der qualifizierten Mahnung
Verwendungsklausel D.1.1.1 AKB	abh. vom Grad der Vorwerfbarkeit bis € 5.000	Bei Vorsatz voll, ansonsten entspr. Grad des Verschuldens	Bis 5.000 €	Wenn VN = FA Kündigung möglich	Kein Verschulden so wohl bei Fahrer und VN, oder led. leichte Fahrlässigkeit, ggf. auch Nachweis geringerer Vorwerfbarkeit	Falsche Verwendung und höherer Prämienanspruch
Personenbezogene Gefahrerhöhung §§ 23 ff. VVG, D.2.3 AKB	abh. vom Grad der Vorwerfbarkeit bis € 5.000	Bei Vorsatz voll, ansonsten entspr. Grad des Verschuldens	Bis 5.000 €	Wenn VN = FA Kündigung möglich	Kein dauerhafter Verstoß, lediglich einmaliges Ereignis, kein Verschulden; Versicherungsnehmer: keine Kenntnis, kein Verschulden oder led. leichte Fahrlässigkeit, ggf. auch Nachweis geringerer Vorwerfbarkeit	Ggü. Fahrer: wiederholter Verstoß Ggü. Versicherungsnehmer: Verschulden, Wissen von G.
Objektive Gefahrerhöhung §§ 23 ff. VVG, D.2.3 AKB abgefahrene Reifen/ Bremsen,	abh. vom Grad der Vorwerfbarkeit bis € 5.000	Bei Vorsatz voll, ansonsten entspr. Grad des Verschuldens	Bis 5.000 €	Wenn VN = FA Kündigung möglich	Keine Kenntnis von Gefahrerhöhung, kein Verschulden oder led. leichte Fahrlässigkeit, ggf. auch Nachweis geringerer Vorwerfbarkeit	Zustandsveränderung, Gefahrerhöhung, Verschulden, Kenntnis des Versicherungsnehmers oder Fahrers

Versicherungsschutz-versagung wegen	Regresshöhe KH	Leistungsfreiheit sonst. Sparten	Verweisung	Kündigung	Beweislast VN/ mitversicherte Person	Beweislast VR
Führerscheinmangel D.1.1.3 AKB	abh. vom Grad der Vorwerfbarkeit bis € 5.000	Bei Vorsatz voll, ansonsten entspr. Grad des Verschuldens	Bis 5.000 €	Wenn VN = FA Kündigung möglich	Fahrer: kein Verschulden, Kausalitätsgegenbeweis; VN: Schwarzfahrt oder kein Verschulden bei Übergabe oder led. leichte Fahrlässigkeit, ggf. auch Nachweis geringerer Vorwerfbarkeit	Fahrer ohne Fahrerlaubnis; Verschulden des Versicherungsnehmers
Schwarzfahrt D.1.1.2 AKB	Dieb: In Höhe der Aufwendungen! Sonst abh. vom Grad der Vorwerfbarkeit bis €5.000	Bei Vorsatz voll, ansonsten entspr. Grad des Verschuldens	Keine Verweisung möglich	Wenn VN = FA Kündigung möglich	Fahrer: fehlendes Verschulden, Zurechnungsunfähigkeit, Kausalitätsgegenbeweis; Versicherungsnehmer: Entlastung oder led. leichte Fahrlässigkeit, ggf. auch Nachweis geringerer Vorwerfbarkeit	Schwarzfahrt (ggü. Fahrer) Ermöglichen der Schwarzfahrt (ggü. Versicherungsnehmer)
Rennveranstaltung D.1.1.4 AKB	abh. vom Grad der Vorwerfbarkeit bis € 5.000	Bei Vorsatz voll, ansonsten entspr. Grad des Verschuldens	Bis € 5.000	Wenn VN = FA Kündigung möglich	Kein Rennen, kein Verschulden, kein Verabreden oder led. leichte Fahrlässigkeit, ggf. auch Nachweis geringerer Vorwerfbarkeit	Fahrtveranstaltung zur Erzielung von Höchstgeschwindigkeiten
D.1.1.5 Fahrzeuge mit Wechselkennzeichen	Abhängig von der Vorwerfbarkeit bis 5.000€	Bei Vorsatz voll, ansonsten entspr. Grad des Verschuldens	Bis € 5.000	wenn VN = FA Kündigung möglich	Vorhandensein des Kennzeichens, fehlendes Verschulden (unber. Fahrer o.ä.)	Fehlendes Kennzeichen und Verschulden
Alkohol/Drogen D.1.2.1 AKB	abh. vom Grad der Vorwerfbarkeit bis €5.000	In Kasko Grob fahrlässig, in anderen Sparten Risikoausschluss	bis € 5.000	Wenn VN = FA Kündigung möglich	Kausalitätsgegenbeweis, kein Verschulden (Fa), kein Verschulden (VN), leichte Fahrlässigkeit, Nachweis geringerer Vorwerfbarkeit	Alkoholgehalt und ggf. weitere Indizien für Trunkenheitsfahrt

Versicherungsschutz-versagung wegen	Regresshöhe KH	Leistungsfreiheit sonst. Sparten	Verweisung	Kündigung	Beweislast VN/ mitversicherte Person	Beweislast VR
Motorsportveranstaltungen D.1.2.2 AKB	abh. vom Grad der Vorwerfbarkeit bis € 5.000	Bei Vorsatz voll, ansonsten entspr. Grad des Verschuldens	Bis € 5.000	Wenn VN = FA Kündigung möglich	Kein Rennen, kein Verschulden, kein Verabreden oder led. leichte Fahrlässigkeit, ggf. auch Nachweis geringerer Vorwerfbarkeit	Fahrtveranstaltung zur Erzielung von Höchstgeschwindigkeiten
D.1.3.1 Alkoholklausel in der Fahrerschutzversicherung		Bei Vorsatz voll, ansonsten entspr. Grad des Verschuldens		möglich, wenn Fa = VN	Kausalitätsgegenbeweis, kein Verschulden (Fa), kein Verschulden (VN), leichte Fahrlässigkeit, Nachweis geringerer Vorwerfbarkeit	Vorsatz/Arglist
D.1.3.2 Gurtanlegepflicht in der Fahrerschutzversicherung		Bei Vorsatz voll, ansonsten entspr. Grad des Verschuldens		möglich, wenn Fa = VN	Kausalitätsgegenbeweis, kein Verschulden (Fa), kein Verschulden (VN), leichte Fahrlässigkeit, Nachweis geringerer Vorwerfbarkeit	Vorsatz/Arglist
Obliegenheitsverletzung nach Versicherungsfall E.x AKB	€ 2.500 bzw. € 5.000		Bis € 2.500 bzw. € 5.000	Kündigung möglich	Fehlendes Verschulden, rechtzeitige Anzeige, keine Unfallflucht oder Aufklärungspflichtverletzung	Verschulden, Verletzung der Aufklärungs- oder sonstigen Pflichten
Nachhaftung des Versicherers § 117 Abs. 2 VVG	In Höhe der Aufwendungen	Keine Eintrittspflicht	In Höhe der Leistungen des Dritt-Versicherers	Kündigung möglich	Weiterbestehen des Vertrages (VN)	Beendigung des Vertrages, Zugang bei der Zulassungsstelle
Nichtanzeige der Veräußerung 97 VVG, G.7.4 AKB	In Höhe der Aufwendungen	Bei Vorsatz voll, ansonsten entspr. Grad des Verschuldens	In Höhe der Leistungen des Dritt-Versicherers	Kündigung möglich	Anzeige war entbehrlich, Kenntnis des Versicherers	Fehlende Anzeige
Vorübergehende Stilllegung H.1.5 AKB, ggf. in Verbindung mit D.2. AKB	Abh. vom Grad der Vorwerfbarkeit bis € 5.000 (wenn in D.3. aufgenommen)	Bei Vorsatz voll, ansonsten entspr. Grad des Verschuldens	In Höhe Leistung Dritt-Versicherer bzw. bis € 5.000	Wenn VN = FA Kündigung möglich	Kein Verwenden des KFZ außerhalb des Verkehrsraums, Wiederzulassung oder Schwarzfahrt, fehlendes Verschulden	Verwendung außerhalb des umfriedeten Stellplatzes; keine vorbereitende Fahrt zur Wiederzulassung

E Ihre Pflichten im Schadenfall und die Folgen einer Pflichtverletzung

E.1 Welche Pflichten haben Sie im Schadenfall?

1 Im Schadenfall treffen die versicherten Personen verschiedene Pflichten, die dem Grunde nach in § 6 KfzPflVV aufgeführt sind. Dabei sind die allgemeinen Pflichten (Obliegenheiten) aufgeführt, die der Versicherungsnehmer in jedem Fall zu erfüllen hat. Auch hier ist zu beachten, dass evtl. im Direktschaden festgestellte Verhaltensweisen des Versicherungsnehmers auch auf den Deckungsprozess gegen den Versicherungsnehmer wegen Obliegenheitsverletzung Auswirkungen haben können[1]. Die Pflichten sind in den Rechtsfolgen an § 28 VVG angepasst. Wird eine Anpassung der Bedingungen von einzelnen Versicherern nicht vorgenommen, können sie sich auf die Obliegenheiten nicht berufen. Etwas anderes kann nur gelten, wenn der Versicherungsnehmer, die versicherte Person sich arglistig verhalten hat[2].

2 Allen Obliegenheiten gemein ist, dass der Versicherer bei den Obliegenheiten im Schadenfall den Versicherungsnehmer bzw. die mitversicherte Person, an die er Fragen oder Weisungen richtet, diesen über die Folgen der Verletzung von Obliegenheiten im Schadensfall belehren muss, ggf. muss dies auch mehrfach erfolgen[3]. Diese Belehrungen müssen auffällig und verständlich sein, sonst erfüllen sie ihren Zweck nicht[4].

Anzeigepflicht

E.1.1.1 (Schadenmeldepflicht[1])

Sie sind verpflichtet, uns jedes Schadenereignis, das zu einer Leistung durch uns führen kann, innerhalb einer Woche anzuzeigen.

A. Regelungsgehalt

1 Der Versicherungsnehmer ist verpflichtet, den Versicherer vom Schadenfall (Versicherungsfall = jedes Ereignis, welches geeignet ist, die Leistungspflicht des Versicherers nach sich zu ziehen) in Kenntnis zu setzen. Die Meldung hat unverzüglich zu erfolgen, eine Anzeige drei Monate nach dem Schadenfall genügt diesen Anforderungen nicht mehr[2]. Bei der Anzeigepflicht ist zu differenzieren zwischen den Pflichten, die den Versicherungsnehmer in der Kraftfahrzeug-Haftpflicht-Versicherung treffen und denen, die ihm aus den anderen Sparten, die seine eigenen Ansprüche betreffen, auferlegt werden. Diese Formulierung ist etwas unglücklich. Idealerweise sollte die Formulierung auch schon die Pflicht zur wahrheitsgemäßen Schilderung des Schadenfalles beinhalten. Nach der obigen Formulierung reicht es aus, wenn der Versicherungsnehmer schreibt: »Ich

---

1 BGH v. 08.04.2009 – IV ZR 113/06; BGH v. 30.04.2008 – IV ZR 227/06, zfs 2008, 453 ff. zu den Abgrenzungskriterien zwischen positiver Kenntnis und dem Kennenmüssen.

2 OLG Frankfurt v. 02.12.2013 – 7 U 229/11, Jurion = r+s 2013, 554–556 = VersR 2013, 1127–1129 = VK 2014, 17–18 = VuR 2014, 74.

3 Tschersich, »Rechtsfragen der vorvertraglichen Obliegenheiten –Schwerpunkt: Die Hinweispflichten des Versicherers«, r+s 2012, 53, 60.

4 OLG Saarbrücken v. 07.05.2014 – 5 U 45/13, VersR 2015, 91f, vgl. ebenso § 6 VVG m.w.H. zur Beratungs- und Belehrungspflicht des Versicherers.

1 Überschrift des Verfassers!

2 OLG Hamm v. 03.12.2010 – 20 U 16/10, DAR 2011, 332.

hatte einen Unfall. «. Selbstverständlich kommt über die Pflicht nach E.1.1.3 AKB, die Fragen des Versicherers zu beantworten, auch die Frage nach dem Unfallhergang zu Tage, allerdings wird in den Fällen, in denen der Versicherungsnehmer einen falschen Hergang meldet, ggf. ein weiterer Hinweis zur wahrheitsgemäßen Beantwortung von Fragen des Versicherers nicht mehr gegeben! Diese Regelung soll den Versicherer in die Lage versetzen, den Schaden zeitnah und möglichst kostengünstig zu regulieren, um verantwortlich mit den Prämien der Versicherten umzugehen[3]. Besonderheiten sind bei der gewerblichen Kfz-Vermietung zu beachten, der Fahrer ist hier nicht per se mitversicherte Person, so dass ihm keine Verletzung seiner Pflichten nach E.1.1.1 AKB vorgeworfen werden kann[4].

B. Kraftfahrzeug-Haftpflicht-Versicherung

Es ist nicht erforderlich, dass auch Ansprüche gegen den Versicherer gerichtet werden. Damit sind 2
auch solche Schadenfälle dem Versicherer anzuzeigen, in denen den Versicherungsnehmer kein Verschulden trifft. Allerdings wird der Versicherer aus einer Verletzung der Meldepflicht bei unverschuldeten Verkehrsunfällen keine versicherungsrechtlichen Konsequenzen ziehen. Voraussetzung ist, dass der Versicherungsnehmer Kenntnis vom Schadenfall hat, bloßes Kennenmüssen reicht nicht aus, positive Kenntnis ist erforderlich[5]. Die Schadenmeldepflicht wird schon dann obsolet, wenn der Versicherer – insbesondere in der Kraftfahrzeug-Haftpflicht-Versicherung – auf andere Weise Kenntnis vom Schadenfall erhält[6]. Eine Anzeige ist auch (zunächst) entbehrlich, wenn der Versicherungsnehmer den entstandenen Schaden nach Maßgabe von E.1.2.2 AKB selbst regulieren wollte. Allein die Tatsache, dass der Versicherungsnehmer dem Geschädigten bei der Unfallaufnahme die Informationen über seine Kraftfahrzeug-Haftpflicht-Versicherung überlässt, beinhaltet noch nicht die Geltendmachung des Deckungsanspruchs gegen den Versicherer[7]. Gibt der Fahrer, der wegen Verletzung der Schadenmeldepflicht in Regress genommen wird, einen anderen Schadenverlauf in dem Regressverfahren an, der eine Mithaftung des anderen Unfallbeteiligten ergäbe, kann er wegen Verspätung damit nicht mehr gehört werden[8]. Allerdings wird auch die Auffassung vertreten, dass die Interessen des Versicherers in jedem Fall bei verspäteter Schadenmeldung tangiert sind, da eine zeitnahe und sachgerechte Aufklärung erschwert wird[9].

C. Andere Sparten

Grundsätzlich ist der Versicherungsnehmer verpflichtet, den Schadenfall unverzüglich anzuzeigen, 3
wenn er Ansprüche aus dem Vertrag herleiten will. Eine Anzeige kann nur dann unterbleiben, wenn er keine Ansprüche aus den anderen Sparten herleiten will (weil z.B. der Schadenfall von einem Dritten verursacht wurde, er selbst nicht verletzt ist o.ä.).

Will er Leistungen aus den einzelnen Sparten erhalten, ist es in seinem eigenen Interesse, sich mög- 4
lichst schnell mit der Versicherung in Verbindung zu setzen, damit von dort alles Weitere veranlasst werden kann. Eine Verletzung der Anzeigepflicht hat u.U. die Leistungsfreiheit des Versicherers in den anderen Sparten zur Folge[10]. Eine Leistungsfreiheit wird insbesondere dann anzunehmen sein, wenn die beschädigten Gegenstände bereits entsorgt wurden oder sonst Beweise zur Schadenhöhe nicht mehr erhoben werden können[11].

3 So schon BK/Hübsch § 158d, Rn. 3.
4 LG Nürnberg-Fürth v. 27.01.2010 – 8 O 10700/08, r+s 2010, 145.
5 BGH v. 10.06.1970 – IV ZR 1086/68, VersR 1970, 1045.
6 LG Saarbrücken v. 12.05.1972 – 4 O 232/71,VersR 1973, 513.
7 OLG Koblenz v. 27.02.1975 – 4 U 695/74, VersR 1975, 442.
8 OLG Frankfurt v. 20.06.2006 – 3 U 202/05.
9 AG Eschweiler v. 22.08.2008 – 21 C 257/07, SP 2009, 121 f.
10 OLG Düsseldorf v. 29.04.2003 – I 4 U 70/02, VersR 2004, 769 zur alten Rechtslage für die BHV.
11 LG München I v. 29.09.2006 – 12 O 8214/06, zfs 2007, 159f bei Wasserschaden und Entsorgung der beschädigten Gegenstände.

I. Fahrzeugversicherung

5 Es gelten zunächst die Ausführungen zur Kraftfahrzeug-Haftpflicht-Versicherung. Die Anzeigepflicht ist jedenfalls dann grob fahrlässig verletzt, wenn die Anzeige eines – isolierten – Kaskoschadens erst 6 Monate nach dem Schadentag angezeigt wird. Bei über 15 Monate nach dem Versicherungsfall erfolgter Anzeige ist von einer vorsätzlichen Obliegenheitsverletzung auszugehen[12]. Das bloße Behaupten der Unwissenheit reicht nicht aus, wenn der Versicherungsnehmer beweisfällig geblieben ist[13]. Problematisch ist auch, wenn der Versicherungsnehmer in der Annahme, dass der Schaden von dem Unfallgegner reguliert wird, seine Vollkasko-Versicherung nicht über den Schadensfall informiert. Dies kann zur Leistungsfreiheit führen, weil er vorsätzlich seine Anzeigepflicht verletzt.[14] Der Versicherungsnehmer ist zum Nachweis des »Unfalls« verpflichtet, u.U. schaden jedoch fehlerhafte Angaben nicht[15].

II. Kfz-Unfallversicherung

6 Auch hier muss der Versicherungsnehmer aktiv werden, wenn er Ansprüche anmelden will. Zu beachten ist, dass der Versicherungsnehmer, wenn er die Anzeigepflicht in der Kfz-Unfallversicherung verletzt, ggf. nach E.1.5 keine Ansprüche auf Ersatzleistungen hat. Es gelten auch für ihn die Pflichten nach E.1.1.1 AKB. Wenn der Versicherungsnehmer diese Pflicht, einen Schadenfall, aus dem er Ansprüche aus der Unfallversicherung herleiten will, zu melden, nicht beachtet, kann er seiner Ansprüche verlustig gehen. Es reicht im Rahmen der Kfz-Unfallversicherung als Schadenanzeige aus, dass die Verletzung eines Fahrzeuginsassen im Rahmen der allgemeinen Kraftfahrzeug-Haftpflicht-Schadenanzeige mitgeteilt wurde[16]. Die Anzeige des Schadenfalles lässt sich aber auch im Rahmen der Kfz-Unfallversicherung nicht als Anmeldung von Ansprüchen werten (es sei denn, es wären ärztliche Zeugnisse, die den Nachweis einer unter die Leistungsbedingungen der Kfz-Unfallversicherung fallenden Verletzungen erbringen, mit überreicht worden[17]). Der Versicherer kann sich jedenfalls dann nicht auf eine verspätete Anzeige berufen, wenn er nochmals selbst eine solche anfordert und diese unverzüglich bei ihm eingeht[18].

III. Schutzbrief

7 Die Ansprüche bei der Schutzbriefversicherung werden in aller Regel unmittelbar nach dem Unfallereignis geltend gemacht, wenn der Service des Schutzbriefes (Abschleppen oder ähnliches) angefordert wird. In diesem Zusammenhang wird der Schaden schon aufgenommen und idealerweise auch den anderen Sparten soweit sie betroffen sind, zur Kenntnis gebracht. Soweit zusätzliche Fragen auftauchen, die vom Versicherungsnehmer nicht beantwortet werden, handelt es sich nicht mehr um die Verletzung der Anzeigepflicht, sondern um die Verletzung der Aufklärungspflicht. Auch stellt sich die Frage, ob diese Informationen nicht hausintern weiter gegeben werden müssen. Jedenfalls dürfte dem Versicherungsnehmer eine Anzeigepflichtverletzung dann nicht mehr vorgeworfen werden können, wenn der Versicherer nur aufgrund hausinterner Versäumnisse von der Meldung des Schadenfalls keine Kenntnis genommen hat, obwohl in einer Sparte des Kfz-Vertrages eine entsprechende Meldung erfolgt war.

---

12 OLG Celle v. 30.11.2017 – 8 U 27/17; OLG Hamm v. 21.06.2017 – 20 U 42/17 (6 Monate nach Schadenfall).

13 OLG Koblenz v. 04.09.2008 – 10 U 318/08, VersR 2009, 673; LG Düsseldorf v. 17.07.2007 – 23 S 85/07, SP 2008, 190 f.

14 OLG Braunschweig, Beschl. v. 16.01.2020 – 11 U 131/19.

15 OLG Karlsruhe, Urt. vom 06.04.2021 – 12 U 333/20 (Irrtum über Frage nach Zeugen, Beifahrer nicht benannt).

16 BGH v. 24.03.1982 – IVa ZR 226/80, VersR 1982, 567; BGH v. 05.11.1986 – IVa ZR 59/85, VersR 1987, 90, dies gilt heute im Zuge der elektronischen Aktenbearbeitung in der Assekuranz umso mehr.

17 BGH v. 05.11.1986 – IVa ZR 59/85, VersR 1987, 90.

18 OLG Frankfurt v. 20.02.1992 – 22 U 136/90, VersR 1993, 1458.

E.1.1.2 (amtliche Ermittlungen[1])

Ermittelt die Polizei, die Staatsanwaltschaft oder eine andere Behörde im Zusammenhang mit dem Schadenereignis, sind Sie verpflichtet, uns dies unverzüglich mitzuteilen. Dies gilt auch, wenn Sie uns das Schadenereignis bereits gemeldet haben.

Der Versicherungsnehmer ist verpflichtet, jedwede amtliche Ermittlung gegen ihn dem Versicherer anzuzeigen und den Versicherer über das Verfahren unterrichtet zu halten[2]. Von Bedeutung ist dies aus unterschiedlichen Gesichtspunkten. 1

In der Kraftfahrzeug-Haftpflicht-Versicherung kann dies von Interesse sein wegen der Frage einer Trunkenheitsfahrt, Unfallflucht oder schlicht auch, um die Frage der Beteiligung am Unfallereignis zur Klärung von Art und Umfang der Eintrittspflicht objektivieren zu können. 2

Hier kommt es bei der Beantwortung dieser Frage vor allem darauf an, die möglichen Risikoausschlüsse zu erkennen. Entgegen der Regelung des § 7 AKB a.F. ist die Verpflichtung zur Mitteilung eingeleiteter Verfahren jetzt auf alle Sparten ausgedehnt[3]. Die in den AKB 2008 neu aufgenommene Regelung, den Versicherer über den Fortgang des Verfahrens auf dem Laufenden zu halten, wurde wieder gestrichen. Der Versicherer kann sich nach der Anzeige der Einleitung der Ermittlungen selbst über den Fortgang informieren[4]. 3

Aufklärungspflicht

E.1.1.3 (Aufklärungspflicht, Mitwirkungspflichten, Weisungsbefugnis)[1]

Sie müssen alles tun, was zur Aufklärung des Versicherungsfalls und des Umfangs unserer Leistungspflicht erforderlich ist. Sie müssen dabei insbesondere folgende Pflichten beachten:

Sie dürfen den Unfallort nicht verlassen, ohne die gesetzlich erforderlichen Feststellungen zu ermöglichen oder die dabei erforderliche Wartezeit zu beachten. Ist die erforderliche Wartezeit abgelaufen oder haben Sie sich berechtigt oder entschuldigt vom Unfallort entfernt, müssen Sie die Feststellungen unverzüglich nachträglich ermöglichen (Unfallflucht nach § 142 StGB).

Sie müssen unsere Fragen zu den Umständen des Schadenereignisses, zum Umfang des Schadens und zu unserer Leistungspflicht wahrheitsgemäß und vollständig beantworten. Wir können verlangen, dass Sie uns in Textform antworten.

Sie müssen uns angeforderte Nachweise vorlegen, soweit es Ihnen billigerweise zugemutet werden kann, diese zu beschaffen.

Sie müssen unsere für die Aufklärung des Schadens erforderlichen Weisungen befolgen, soweit dies für Sie zumutbar ist.

Sie müssen uns Untersuchungen zu den Umständen des Schadenereignisses und zu unserer Leistungspflicht ermöglichen, soweit es Ihnen zumutbar ist.

---

1 Überschrift des Verfassers!

2 LG Stade, Urt. vom 08.06.2021 – 3 O 260/18 spricht von einer spontanen Obliegenheit (Wohngebäudeversicherung).

3 BGH v. 07.12.1983 – IVa ZR 231/81, VersR 1984, 228, 229: es gilt nur § 7 Abs. 1 AKB a.F. für alle Sparten, die sonstigen dort genannten Obliegenheiten gelten nur für die jeweils dort genannte K-Sparte. Damit war die Anzeige von Ermittlungsverfahren nur für die Kraftfahrzeug-Haftpflicht-Versicherung erforderlich, obwohl sie auch in der Kasko-Versicherung von erheblicher Bedeutung sein konnte. Für diese Sparten wurde das dann über die Aufklärungspflichtverletzung gelöst.

4 So auch Knappmann »Anmerkungen zu den neuen Allgemeinen Bedingungen für die Kfz-Versicherung (AKB 2008)«, VersR 2009, 186 ff.

1 Überschrift des Verfassers!

Übersicht

A. Regelungsgehalt

1 Hat der Versicherer durch den Versicherungsnehmer, eine mitversicherte Person oder durch den Geschädigten Information über einen Schaden erhalten, ist der Versicherungsnehmer dem Versicherer gegenüber zur weiteren Mitwirkung und Aufklärung des Schadenfalles verpflichtet. Diese Pflicht ist nicht neu und war schon in den AKB a.F. normiert. Die AKB 2015 haben die Pflichten der versicherten Personen nochmals konkretisiert und in Unterpunkten die Hauptpflichten ausdrücklich bezeichnet (Verbleiben an der Unfallstelle, wahrheitsgemäßes Beantworten von Fragen, Vorlage von Nachweisen, Mitwirkung bei der Aufklärung und Befolgen von Weisungen und Zustimmung zu Untersuchungen[2]). Die Neufassung formuliert die Erwartungen an den Versicherungsnehmer deutlich und macht den Pflichtcharakter der Aufzählung klar.

2 Die Pflichten zur Mitwirkung treffen den Versicherungsnehmer nur so lange, als der Versicherer grundsätzlich zur Leistung bereit ist. Verweigert der Versicherer die Leistung, ist der Versicherungsnehmer nicht länger zur Mitwirkung verpflichtet[3].

3 Sofern die Klausel über die Aufklärungspflicht nicht mehr wirksam ist, weil die Versicherungsbedingungen der VVG-Reform nicht angepasst wurden, kann sich der arglistige Versicherungsnehmer nicht darauf berufen[4]. Ziel soll sein, dass der Versicherer in die Lage versetzt wird, sachgemäße Entscheidungen zur Abwicklung des Versicherungsfalles zu treffen. Diese Pflicht trifft den Versicherungsnehmer in jeder Sparte, so dass auf die Unterscheidung insoweit verzichtet wird. Dazu gehören die folgenden Hauptgruppen:

B. Verhalten an der Unfallstelle/Unfallflucht

4 Als Unterfall der Aufklärungspflichtverletzung kommt der Unfallflucht[5] die größte Bedeutung neben dem Beantworten von Fragen des Versicherers zu. Folgerichtig wurde in den AKB 2015 jetzt dieser Punkt explizit und als erstes aufgeführt.[6] Soweit über die Entkriminalisierung der Unfallflucht und Herabstufung der Tat als Ordnungswidrigkeit diskutiert wurde, verkennt man, dass schon heute vielfach Unfallflucht gerade bei kleineren Schäden begangen wird und die Geschädigten keinen Schadenersatz erhalten. Damit würde die Schadenverursachung zum Kavaliersdelikt.[7]

5 Gem. § 142 StGB verwirklicht derjenige den Tatbestand der Unfallflucht, der sich nach einem Unfall im Straßenverkehr von der Unfallstelle entfernt, ohne den Beteiligten die Feststellung von Art und Umfang seiner Beteiligung am Unfallereignis zu ermöglichen, oder nicht ausreichende Zeit gewartet hat, wenn niemand bereit war, die erforderlichen Feststellungen zu treffen. In den AKB a.F. war die Verkehrsunfallflucht nicht ausdrücklich erwähnt, sie wurde als Unterfall der

---

2 OLG Köln Beschl. V. 08.07.2020 – 9 U 111/20, die Verweigerung des Auslesens von Fahrzeugdaten nach einem Unfall stellt eine arglistige Aufklärungspflichtverletzung dar!

3 BGH v. 13.03.2013 – IV ZR 110/11.

4 OLG Frankfurt vom 20.02.2013 – 7 U 229/11, Jurion.

5 Vgl. auch Mitsch »Die verfassungskonforme Anwendung des § 142 II Nr. 2 StGB«, NZV 2008, 217 ff.

6 Heinrichs, »Die neuen AKB 2015 – Teil II«, DAR 2015, 256, 258 f.

7 Henseler, Wartepflicht, Meldepflicht und tätige Reue im Rahmen des § 142 StGB, NZV 2024, 323 ff.

Aufklärungspflichtverletzung in die Obliegenheiten im Schadenfall aufgenommen. Die Rechtsprechung sprach in diesen Fällen dann nicht von einer Unfallflucht, wenn kein oder nur geringer Schaden entstanden war[8].

Die jetzt gewählte Formulierung verlangt in jedem Fall ein Verweilen an der Unfallstelle, um die erforderlichen Feststellungen zu treffen, begrenzt aber die Wartezeiten mit der Formulierung auf »erforderliche Wartezeiten«. Es kommt auch hierbei entscheidend auf die dem Vertrag zugrunde liegenden AKB und die darin enthaltene Formulierung an. 6

Die in der vorhergehenden Version der AKB 2015 enthaltene Beschränkung auf die »gesetzliche erforderliche Wartezeit«[9] ist hier wieder gestrichen worden, der nachfolgende Hinweis gilt für die Vorversion: Das Gesetz formuliert gerade keine besonderen Wartezeiten, sondern spricht von einem »angemessenen Zeitraum«. Die Wartezeiten wurden sämtlich von der Rechtsprechung entwickelt. Insoweit ist eine unklare Verschärfung der bisherigen Regelung der AKB a.F. erfolgt[10]. Allerdings muss sich auch diese Verschärfung an dem subjektiven Verschulden messen lassen und wird im Zweifel über den Schaden und das geringe Verschulden entschärft[11]. Außerdem wurde durch die explizite Aufnahme der gesetzlichen Anforderungen an das Verbleiben an der Unfallstelle auch die Rechtsprechung über den »bedeutenden Schaden«, der u.U. das Verschulden i.S.v. § 142 StGB entfallen lässt, eingeführt. Ob dieser Rückschritt tatsächlich beabsichtigt war, oder eine Folge der neuen Sprache, ist nicht klar. Die Entscheidung des OLG Stuttgart[12] ist nach den neuen Bedingungen wohl auch nicht mehr richtig. 7

Der Versicherungsnehmer verhindert durch das unerlaubte Entfernen von der Unfallstelle die Feststellungen insbesondere der Frage des Alkoholkonsums oder der Fahrereigenschaft (Fahrerlaubnis), also das Sichern weiterer Beweise[13]. Die Unfallflucht stellt einen besonders schwerwiegenden Verstoß gegen die Aufklärungspflicht dar, weil dadurch insbesondere Feststellungen zum Unfallhergang, zur Fahrereigenschaft und zum Grad der Alkoholisierung des Fahrers erschwert bzw. unmöglich gemacht werden. 8

Voraussetzung für die Versicherungsschutzversagung wegen Verkehrsunfallflucht ist, dass sich der Fahrer nach einem Unfall im Straßenverkehr unerlaubt von der Unfallstelle entfernt, § 142 StGB, und deswegen auch verurteilt[14] wurde. Eine Einstellung nach § 153a StPO kann ebenso zur Leistungsfreiheit des Versicherers führen[15]. Aber auch eine Einstellung des Verfahrens nach 9

8 Vgl. hierzu unten Rdn. 10 m.w.H. zur Rechtsprechung.

9 Unklare Formulierung – so LG Kassel v. 24.08.2021 – 5 O 37/21.

10 So auch Heinrichs, »Synopse der für das Versicherungsrecht im Verkehrsrecht bedeutsamsten Auswirkungen der VVG-Reform«, zfs 2009, 187, 189; Knappmann, »Anmerkungen zu den neuen Allgemeinen Bedingungen für die Kfz-Versicherung (AKB 2008)«, VersR 2009, 186.

11 Vgl. insoweit auch Ausführungen zu E.2.1, E.2.2, E.2.3 und E.2.4 AKB.

12 OLG Stuttgart v. 16.10.2014 – 7 U 121/14, da es nach den AKB gerade nicht auf die strafrechtliche Relevanz des Verhaltens ankäme, sei eine Aufklärungspflichtverletzung auch ohne Tatbestandsverwirklichung des § 142 StGB möglich.

13 OLG Karlsruhe v. 20.01.2022 – 12 U 267/21 Wartezeit bei Gartenzaun 15–30 min, vollst. Leistungsfreiheit in Kasko wegen nicht mehr feststellbarer Alkoholisierung; OLG Karlsruhe v. 05.06.2008 – 12 U 13/08, SP 2008, 403 = zfs 2008, 514 f.

14 Halm »Versicherungsrechtliche Konsequenzen der Unfallflucht«, DAR 2007, 617 ff. m.w.H.

15 AG Gelnhausen v. 05.05.2006 – 52 C 139/05, NZV 2007, 366, die Einstellung des Strafverfahrens hindert nicht eine zivilrechtlich andere Bewertung, wenn zur Überzeugung des Gerichtes feststeht, dass der Fahrer den Zusammenstoß bemerkt haben muss; AG Potsdam v. 04.05.2007 – 33 C 228/06, SP 2008, 161; Vgl. auch BVerfG v. 19.03.2007 – 2 BvR 2273/06, NZV 2007, 368 ff. =SP 2008, 64 f; »Keine Strafbarkeit bei unvorsätzlichem Entfernen von der Unfallstelle, § 142 I, II Nr. 2 StGB«; mit Anm. Laschewski, NZV 2007, 444 ff.; Fromm/Schmidtke »Risiken der Einstellung des Strafverfahrens bei Verkehrsstraftaten – Pyrrhus-Sieg oder besonderer Verdienst des Strafverteidigers«, NZV

§ 153b StPO schützt vor Regress nicht, da auch in diesem Fall eine Verurteilung nach anderen Vorschriften, so z.B. § 34 StVO, möglich bleibt.[16] Nach Auffassung des LG Saarbrücken wird sogar dann der Versicherungsschutz gefährdet, wenn keine strafrechtliche Ahndung der Unfallflucht erfolgte[17].

10 Kein Verstoß liegt bei einer bloßen zeitlichen Verzögerung der Unfallaufnahme vor, wenn der Versicherungsnehmer nach dem Unfall zunächst einkaufen geht, dann aber zur Feststellung seiner Personalien an die Unfallstelle zurückkehrt[18] oder die notwendigen Feststellungen ermöglicht, ohne dass es zu einer Beweisvereitelung oder -erschwerung kommt[19]. Eine Entschuldigung ist auch dann anzunehmen, wenn der Beteiligte die Unfallstelle zur Versorgung einer eigenen Verletzung verlässt[20].

11 Begeht der Versicherungsnehmer mehrfach Unfallflucht, so ist der Versicherer hinsichtlich eines jeden Verstoßes bis zur Höchstgrenze leistungsfrei[21].

12 Eine Unfallflucht ist nur im öffentlichen Verkehrsraum möglich[22], so dass die Tatbegehung im nicht-öffentlichen Verkehrsraum (Privatparkplatz) jedenfalls strafrechtlich ohne Folgen bleibt[23]. Ob dann auch noch ein Regress wegen Aufklärungspflichtverletzung in der Form der Verkehrsunfallflucht möglich ist, erscheint fraglich[24]. Hat der Versicherungsnehmer seine sonstigen Pflichten erfüllt und alle Fragen vollständig und wahrheitsgemäß beantwortet, bleibt die Verkehrsunfallflucht folgenlos. Die Aufklärung einer Alkoholfahrt ist dann nur noch in Ausnahmefällen möglich. Allerdings muss der Versicherer konkret darlegen und beweisen, welche Feststellungsnachteile er hatte[25]. Hat der Versicherungsnehmer eine angemessene Zeit gewartet, ist auch das Unterlassen einer unverzüglichen Nachmeldung dann folgenlos, wenn in den AKB eine Frist von einer Woche als ausreichend bestimmt wird[26].

13 Die Kriterien für die Unfallflucht sind vielfältig[27].

2007, 552 ff.; Vgl. ebenso Geppert »Anmerkung zum Beschluss des BVerfG vom 19.03.2007«, DAR 2007, 380 ff.

16 Vgl. hierzu ausführlich Krumm/Himmelreich/Staub, »Die »OWI-Unfallflucht« – eine wenig bekannte Vorschrift«, DAR 2011, S. 6 ff.

17 OLG Stuttgart v. 16.10.2014 – 7 U 121/14, da es nach den AKB gerade nicht auf die strafrechtliche Relevanz des Verhaltens ankäme, diese Entscheidung erging aber noch zu den AKB 2008, so dass mit der neuen Fassung u.U. auch die Obliegenheitsverletzung entfällt. LG Saarbrücken v. 01.10.2010 – 13 O 75/10, Jurion. a.A. allerdings OLG Naumburg v. 14.01.2011 – 10 U 21/10, Jurion, das die Aufklärungspflichtverletzung entfallen lässt, wenn eine Unfallflucht strafrechtlich gerade nicht festgestellt wurde.

18 AG Leverkusen v. 14.06.2013 – 25 C 749/12, SP 2013, 375.

19 OLG München v. 25.04.2014 – 10 U 3357/13, NZV 2014, 525 zu den Voraussetzungen eines Entlastungsbeweises. LG Düsseldorf v. 13.07.2017 – 9 S 37/16 zu den Feststellungsnachteilen bei unerlaubtem Entfernen von der Unfallstelle.

20 BGH v. 27.08.2014 – 4 StR 259/14, NZV 2014, 534 f.; ebenso OLG Karlsruhe Beschl. v. 06.08.2020 – 12 U 53/20 bei geringem Fremdschaden, blutender Kopfplatzwunde und nachträgliche Meldung bei der Polizei am nächsten Tag.

21 BGH v. 09.11.2005 – IV ZR 146/04, r+s 2006, 99.

22 OLG Hamm v. 04.03.2008 – 2 Ss 33/08, NZV 2008, 257 f.

23 OLG Hamm 04.03.2008 – 2 Ss 33/08, NJW Spezial 2008, 309; BGH v 04.03.2004 – 4 StR 377/03, NJW 2004, 1965 = DAR 2004, 399 nur wenn der Parkplatz im Hof des Anwesens von einer Vielzahl von Leuten genutzt werden kann, handelt es sich um öffentlichen Verkehrsraum.

24 BGH v. 15.04.1987 – IVa ZR 28/86, r+s 1987, 214 = NJW 1987, 2374 die Tatbestandsverwirklichung der Verkehrsunfallflucht als Verstoß gegen die Aufklärungsobliegenheit.

25 LG Stuttgart Urteil vom 16.2.2022 – 4 S 276/20.

26 OLG Dresden 27.11.2018 – 4 U 447/18.

27 Fitz, »Die Verkehrsunfallflucht im Versicherungsrecht: ein Update«, DAR 2008, 668 f.

- Entfernt sich allerdings der Versicherungsnehmer von der Unfallstelle, nachdem er eine Visitenkarte an das verletzte Unfallopfer übergeben hat und lässt sich auch von einem weiteren Zeugen daran nicht hindern, liegt ein besonders schwerer Fall der Unfallflucht vor[28].
- Auch derjenige, der beim Beladen seines Kfz auf einem öffentlichen Parkplatz ein anderes Kfz mit einem Einkaufswagen schädigt und sich sodann unerkannt entfernt, begeht eine Unfallflucht[29]!
- Das Wegfahren von der Tankstelle nach Beschädigung der Zapfsäule ist ebenfalls vorsätzliche Unfallflucht[30].
- Ebenso liegt eine Unfallflucht vor, wenn im öffentlichen Straßenverkehr ein LKW beladen wird und dabei durch das Ladegut ein weiteres Kfz beschädigt wird und sich der Fahrer dann unerkannt entfernt[31].
- Entfernt sich der Mitgesellschafter einer GmbH nachdem er von der Fahrbahn abgekommen war, von der Unfallstelle, ohne die Polizei zu verständigen, um ggf. Feststellungen zu seiner Alkoholisierung zu treffen, liegt jedenfalls dann keine Unfallflucht im Sinne von § 142 StGB vor, wenn ein Drittschaden nicht entstanden ist, weil nur das versicherte Kfz beschädigt wurde[32].
- Auch das Warten von nur 10–15 min nach einem Leitplankenschaden infolge Eisglätte und das nachträgliche Melden des Schadens bei der Polizei am nächsten Morgen kann das Aufklärungsinteresse des Versicherers verletzen und zur Leistungsfreiheit führen[33].
- Die Wartepflichten rangieren in der Rechtsprechung von 15–30 min[34], wenn keine wesentlichen Schäden verursacht wurden[35]. Übersteigt der Schaden einen Betrag von 100 DM, ist jedenfalls kein Bagatellschaden mehr gegeben.
- Die Betrachtung, ob wesentliche Schäden verursacht wurden, ist ex ante durchzuführen, im Zweifel ist daher von einer Wartepflicht auszugehen, wenn nicht auszuschließen ist, dass größere Schäden entstehen könnten[36];
- Eine Wartezeit von zwei Stunden bis zur telefonischen Meldung des Schadens bei erheblichem Personenschaden ist zu lange[37].
- Auch die Meldung nach mehr als sechs Stunden bei Leitplankenschaden ist zu lange[38].

---

28 OLG Schleswig v. 30.11.2002 – 9 U 150/01, VersR 2003, 637.

29 OLG Düsseldorf v. 07.11.2011 – III-1 RVS 62/11, Jurion.

30 LG Offenburg 1 S 3/11, ADAJUR Dok-Nr. 96246, arglistiges Verhalten soll erst dann vorliegen, wenn der Versicherungsnehmer weiß, dass dieses Verhalten die Regulierung des Schadens dadurch nachteilig beeinflusst wird.

31 OLG Köln v. 19.07.2011 – III-1RVS 138/11 (Jurion).

32 LG Kassel v. 24.05.2007 – 8 O 49/06, Jurion.

33 OLG Frankfurt v. 02.042015 – 14 U 208/14; OLG Frankfurt v. 31.05.2006 – 3 U 27/06, NZV 2007, 365 f = zfs 2006, eine Verurteilung wegen VUF unterblieb, da die Polizei das Kennzeichen als solches in einem größeren Unfallgeschehen aufgenommen hatte, m.Anm. Biehler. Vorliegend war das Aufklärungsinteresse des Versicherers als nicht sonderlich hoch bewertet worden; vgl. auch Blum »Das unvorsätzliche Sich-Entfernen vom Unfallort (§ 142 StGB)«, NZV 2008, 495 ff.; Krumm »Arbeitshilfe: Vorwurf der Unfallflucht nach unerlaubtem Entfernen – § 142 II StGB«, NZV 2008, 497 f., a. A. OLG Celle v. 25.032019 – 8 U 210/18 (Leitplankenschaden auf der Autobahn – Halteverbot dort kann Wartezeit entgegenstehen).

34 OLG Frankfurt v. 24.02.1987 – 5 U 78/86, VersR 1987, 927: 15 min. bei Leitplankenschaden; OLG Zweibrücken v. 29.04.1991 – 1 Ss 83/91, NZV 1991, 479: 20 min. bei Zurücklassen des Kfz mit Papieren an der Unfallstelle und telegraphische Meldung bei Polizei.

35 Vgl. auch Mitsch »§ 142 Abs. 2 StGB und Wartezeitirrtum«, NZV 2005, 347 ff.; LG Dortmund v. 26.11.2008 – 22 O 35/08, SP 2009, 338 (100 € sind keine Bagatelle); LG Köln v. 18.09.2008 – 24 O 92/08, SP 2009, 194 und LG Koblenz v. 26.09.2008 – 5 O 482/07, SP 2009, 194 (300 €).

36 OLG Brandenburg v. 24.05.2007 – 2 U 205/06, SP 2008, 118 f.

37 BGH v. 18.02.1970 – IV ZR 1089/68, VersR 1970, 410.

38 OLG Karlsruhe v. 17.10.1991 – 12 U 152/91, r+s 1993, 5.

- Das Entfernen von der Unfallstelle, weil eine Beschädigung an der Leitplanke nicht erkannt war, ist jedenfalls dann eine Obliegenheitsverletzung, wenn aufgrund der Schäden am eigenen Fahrzeug nicht von einem Bagatellschaden ausgegangen werden kann[39],
- Die Weitergabe einer Visitenkarte des Taxiunternehmens mit dem Hinweis, sich dort zu melden, reicht nicht aus[40];
- Eine Verletzung der Aufklärungsobliegenheit in der Form der Unfallflucht kommt auch in der Fahrzeugversicherung nur in Betracht, wenn ein Verstoß gegen § 142 StGB vorliegt[41].
- Ereignete sich ein »Alleinunfall«, der nicht mehr als 20 € Fremdschaden verursachte, liegt eine Unfallflucht im Sinne der Aufklärungspflichtverletzung des § 7 IV AKB a.F. für die Fahrzeugversicherung nicht vor[42].
- Eine Beihilfe zur Unfallflucht durch Unterlassen stellt auch dann keine Verletzung der Aufklärungspflicht dar, wenn dies der Repräsentant[43] des Versicherungsnehmers als Beifahrer tat[44].
- Das Entfernen von der Unfallstelle ist schon dann nicht folgenlos, wenn sich die Alkoholisierung danach nicht mehr feststellen lässt[45];
- Straflos bleibt derjenige, der erst nachdem er sich von der Unfallstelle entfernt hat, von seiner Unfallbeteiligung Kenntnis erlangt und sich dann weiter entfernt[46], da es an der Vorsatztat fehlt.
- Eine Aufklärungspflichtverletzung liegt auch dann nicht vor, wenn sich der Versicherungsnehmer zwar von der Unfallstelle entfernt, dann aber unverzüglich (zu einem Zeitpunkt) den Versicherer über den Schaden informiert, als er auch durch Meldung an den Geschädigten die Unfallflucht nach § 142 StGB hätte entfallen lassen können[47].
- Für die Tatbestandsverwirklichung bei der Unfallflucht genügt bereits eine Entfernung von ca. 400 – 500 m[48]. Auch wenn sich der Versicherungsnehmer nicht strafbar macht iSd. § 142 StGB, wenn er erst von seiner Beteiligung an einem Unfall Kenntnis erlangt, nachdem er ca. 1,5 km[49] von der Unfallstelle entfernt ist und sich dann weiter entfernt, so ist doch die Frage der Obliegenheitsverletzung zu stellen, da er unmittelbar nach Kenntnisnahme von dem Geschehen die Feststellungen zu seiner Person und Beteiligung hätte ermöglichen müssen.
- Allerdings hat der Versicherer nachzuweisen, dass ein Fremdschaden vorliegt, der eine Wartepflicht auslösen kann.[50]
- Handelt es sich um einen berührungslosen Unfall, sind an die Verschuldensbewertung besondere Anforderungen zu stellen[51].

---

39 OLG Koblenz v. 11.12.2020 – 12 U 235/20, vollständige Leistungsverweigerung.

40 OLG Nürnberg v. 24.01.2007 – 2StOLG Ss 300/06, DAR 2007, 532 ff.

41 Halm »Versicherungsrechtliche Konsequenzen der Unfallflucht«, DAR 2007, 617, 619.

42 OLG Brandenburg v. 14.09.2006 – 12 U 21/06, DAR 2007, 643 ff. = SP 2007, 264 ff.

43 Zur Repräsentanteneigenschaft vgl. BGH v. 10.7.1996 – IV ZR 287/95, VersR 1996, 1229 f.; § 28 VVG Rdn. 8; § 123 VVG Rdn. 5; AKB A.1.5.1. Rdn. 11f; A.2.3 Rdn. 25 ff. u.v.m.

44 OLG Bremen v. 02.10.2007 – 3 U 27/07, DAR 2008, 87 ff. (für die Fahrzeugversicherung).

45 OLG Saarbrücken v. 08.11.2005 – 4 U 424/08, zfs 2009, 396 f., wenn Zeugen den Fahrer erkannt haben und dieser Kfz und Papiere zurücklässt.

46 OLG Hamburg v. 27.03.2009 – 3–13/09, DAR 2009, 404f; OLG Düsseldorf 2 SS 142/07, DAR 2010, 704.

47 BGH vom 21.11.2012 – IV ZR 97/11, NJW 2013, 936 = NZV 2013, 179.

48 LG Arnsberg v. 11.09.2014 – 6 QS 81/14.

49 BGH v. 15.11.2010 – 4 StR 413/10. OLG Hamburg v. 27.03.2009 – 3–13/09 REV, DAR 2009, 404, da es dann an dem für das Strafrecht erforderlichen Vorsatz zum Zeitpunkt der Tat fehlt., ebenso OLG Düsseldorf v. 01.10.2010 – 2 SS 142/07, FS 12/10 (LS) – 69/07.

50 Halm/Fitz Versicherungsrecht 2021/2022, DAR 2022, 310, 318.

51 LG KREFELD vom 16.09.2019 – 21 QS 113/19.

C. Wahrheitsgemäße Schadenschilderung und Beantwortung von Fragen des Versicherers

1. Wahrheitsgemäße Schadenschilderung

Der Versicherungsnehmer ist gehalten, für die Aufklärung des Schadenfalles zunächst eine wahrheitsgemäße Schilderung[52] des Schadenherganges abzugeben. Die wahrheitsgemäße Schilderung des Schadenherganges ist nicht ausdrücklich aufgenommen, ergibt sich aber aus der Formulierung »Sie müssen unsere Fragen zu dem Schadenereignis .... wahrheitsgemäß ...«. Darunter sind auch die Fragen in einem Unfallfragebogen oder die Fragen bei der telefonischen Schadenmeldung nach dem Hergang zu subsumieren. 14

So kann es von Bedeutung für die Regulierung sein, ob der Versicherungsnehmer mit anderen Sachen als dem Führen des Kfz während der Fahrt beschäftigt war. Insbesondere Umstände, die die Frage der grobfahrlässigen Herbeiführung des Versicherungsfalls nahelegen würden, können für den Versicherer von Interesse sein[53]. Der Versicherungsnehmer kann sich auch nicht darauf berufen, dass der Versicherer ja den wahren Sachverhalt erfahren hätte[54]. Hat der Versicherungsnehmer die Schadenmeldung mit dem Vertreter des Versicherers ausgefüllt, und dieser die Fragen trotz wahrheitsgemäßer Schilderung des Versicherungsnehmers falsch beantwortet, liegt keine Aufklärungspflichtverletzung des Versicherungsnehmers vor[55]. Auch die falsche Schilderung bei der Polizei hat bei korrekter Schilderung gegenüber der Versicherung keine Auswirkungen[56]. Wurden ursprünglich falsche Angaben gemacht, genügt die Übersendung von Unterlagen, aus denen sich die Unrichtigkeit der früheren Angaben ergäbe, nicht zur Berichtigung der falschen Angaben[57]. Allerdings können falsche Angaben im Antragsformular, das vom Agenten des Versicherers ausgefüllt wurde, nicht zum Nachweis der falschen Angaben des Versicherungsnehmers herangezogen werden. Es kommt alleine auf die mündlichen Angaben des Versicherungsnehmers an[58]. 15

Auch der Anwalt des Versicherungsnehmers kann sich bei unterbliebener Aufklärung über die Anzeigepflichten des Mandanten gegenüber der Versicherung einer Pflichtverletzung schuldig machen[59]. Sofern der Versicherungsnehmer angibt, aufgrund unzureichender Deutschkenntnisse objektiv falsche Angaben gemacht zu haben, ist weitere Sachaufklärung geboten, um die Frage der Glaubwürdigkeit zu klären[60]. Der Versicherungsnehmer ist beweisbelastet, ob und wann er die Fragen des Versicherers beantwortet hat[61]. Auch ein posttraumatischer Unfallschock kann nur helfen, wenn ausreichend Nachweise für diese Ausnahmesituation geführt werden[62]. 16

52 OLG Koblenz v. 05.05.2003 – 10 U 1032/02 r+s 2003, 496 = NJOZ 2003, 1296 m.w.H. zur Diebstahlsrechtsprechung.

53 OLG Saarbrücken v. 15.10.2003 – 5 U 300/03, VersR 2004, 1308 = r+s 2004, 231f, zum Verstellen des Fahrersitzes während der Fahrt.

54 BGH v. 11.03.1965 – II ZR 25/63, VersR 1965, 451 (Alkoholkonsum).

55 OLG Hamm v. 31.05.1996 – 20 U 34/96, VersR 1999, 729; OLG Hamm v. 06.07.2001 – 20 U 200/00, r+s 2002, 316 zum Erkennen der falschen Aufzeichnung durch Außendienstmitarbeiter und zur Auge-und-Ohr-Rechtsprechung.

56 BGH v. 12.03.1976 – IV ZR 79/73, VersR 1976, 383.

57 LG Berlin 17 O 131/06, SP 2008, 119 f.

58 BGH Beschl. v. 05.07.2017 – IV ZR 508/14 (fehlerhaft ausgefülltes Formular ist kein Nachweis falscher Angaben des Versicherungsnehmers).

59 LG Düsseldorf v. 20.01.2015 – 6 O 541/13.

60 OLG Naumburg v. 10.10.2013 – 4 U 11/13, Jurion.

61 Ebenso AG Bremen v. 4.11.2022 – 3 C 184/20, r+s 2022, 537 m. Anm. Maier, Quote 60 % Leistungsfreiheit wegen grob fahrlässiger Obliegenheitsverletzung. – m.E. falsch, da der VN mehrere Schreiben erhalten hatte und keines beantwortete bzw. darlegen konnte, wann er welches dieser Schreiben beantwortet hatte.

62 OLG Saarbrücken v. 31.07.2024 – 5 U 102/23

2. Die Beantwortung von Fragen des Versicherers

17 Der Versicherer ist zur Klärung seiner Eintrittspflicht auf die wahrheitsgemäße Beantwortung seiner Fragen[63] angewiesen. Dazu gehört auch schon das wahrheitsgemäße und vollständige Ausfüllen des Fragebogens des Versicherers[64]. Wenn dies unterbleibt, handelt es sich nicht um eine Anzeigepflichtverletzung, sondern um eine Aufklärungspflichtverletzung. Der Versicherer hat schon Kenntnis vom Schaden gehabt (ggf. durch einen Dritten), ansonsten hätte er dem Versicherungsnehmer den Fragebogen nicht übermittelt! Dabei muss der Versicherungsnehmer alle Fragen vollständig und wahrheitsgemäß beantworten[65]. Er kann sich auch nicht darauf berufen, dass der Versicherer durch Andere Kenntnis von den relevanten Daten erhalten habe[66]. In der Fahrzeugversicherung kann der VR die Leistung verweigern, wenn der Versicherungsnehmer die Auskunft über den Unfallgegner verweigert[67]. Ggf. muss der Versicherer darauf mehrfach hinweisen[68]. Die Belehrung muss in Textform erfolgen, ein bloßes Vorlesen durch den Versicherungsvermittler reicht nicht aus[69]. Handelt der Versicherungsnehmer arglistig, kann auch eine unzureichende Belehrung ihn nicht vor dem Regress schützen[70]. Der Versicherer entscheidet, welche Angaben er für erforderlich erachtet[71].

18 Doch die Aufklärungspflichten des Versicherungsnehmers bzw. auch des mitversicherten Fahrers gehen noch deutlich weiter:

19 Der Versicherungsnehmer hat alles zur Aufklärung des Sachverhalts Erforderliche und Dienliche zu unternehmen[72], er hat alle Umstände, von denen er Kenntnis hat, mitzuteilen[73], auch solche, mit denen er sich u.U. strafrechtlicher Verfolgung aussetzt[74]. Falsche Angaben können auch dann Folgen zeitigen, wenn der Haftpflichtversicherer keine Leistungen erbringen muss, wenn die Obliegenheitsverletzung als solche geeignet war, die berechtigten Interessen des Haftpflichtversicherers zu gefährden[75]. Falsche Angaben im Strafverfahren haben auf den Versicherungsschutz keine Auswirkungen, solange der Versicherungsnehmer gegenüber der Versicherung seiner Wahrheitspflicht nachkommt[76]. Ein Parteiverrat kommt nicht in Betracht, solange der Rechtsanwalt des Versicherungsnehmers dem Versicherer gegenüber wahrheitsgemäße Angaben macht, diese werden auch nicht an die Strafverfolgungsbehörden weitergegeben[77]. Wird allerdings der Mitarbeiter

63 BGH v. 22.10.2014 – IV ZR 242/13, VersR 2015, 55f (welche Angaben erforderlich sind, entscheidet allein der Sachbearbeiter des Versicherers); OLG Dresden v. 13.10.2020 – 4 U 2750/19.

64 BGH v. 10.12.2008 – IV ZR 107/08 zfs 2009, 207 ff. zu den Indizien bei Vortäuschung eines Versicherungsfalls und der Beweislastverteilung m.Anm. Rixecker.

65 OLG Karlsruhe v. 16.03.2006 – 12 U 292/05, SP 2006, 427 = zfs 2006, 30 = VersR 2006, 919 = DAR 2006, 57 zur Eintrittspflicht zur Eintrittspflicht trotz falscher Unfallschilderung im Kasko-Schaden und zur Beweislast.

66 So schon BGH v. 24.06.1981 – IVa ZR 133/80, VersR 1982,182 ff. m.w.H. BGH v. 16.07.2008 – IV ZR 252/07, VersR 2007, 389; Terno »BGH-Kraftfahrtversicherungsrecht«, DAR 2007, 316, 321.

67 LG Offenburg v. 30.04.2014 – 6 O 125/13, SP 2014, 312 (mit weiteren Ausführungen auch zur Belehrung).

68 BGH v. 28.07.2008 – IV ZR 152/05, DAR 2007, 332 = SP 2007, 219 f = zfs 2007, 337 = NZV 2007, 459 f.

69 KG v. 23.05.2014 – 6 U 210/13, VersR 2014, 1357 f.

70 OLG Köln v. 03.05.2013 – 20 U 224/12, SP 2013, 344.

71 BGH, 22.10.2014, IV ZR 242/13 und 243/13, Jurion (zur Vermögensschaden-Haftpflicht).

72 Halm in Festschrift für Klaus Himmelreich »Versicherungsrechtliche Konsequenzen der Unfallflucht«, S. 295 ff.

73 BGH v. 13.12.2006 – IV ZR 252/05, DAR 2007, 332 f.

74 OLG Köln v. 20.11.1964 – 9 U 151/64, VersR 1965, 1045.

75 OLG Karlsruhe v. 6. Juni 2013 – 12 U 204/12, MDR 2013, 1165.

76 BGH v. 15.12.1982 – IVa ZR 33/81, VersR 1983, 258, da sich der Versicherungsnehmer nicht gegenüber staatlichen Stellen belasten muss. Es schadet auch nicht, wenn die Versicherung Kenntnis von den falschen Angaben bei der Strafverfolgungsbehörde erlangt.

77 BVerfG zfs 1982, 213.

der Versicherung als Zeuge geladen, ist dieser zu wahrheitsgemäßer Aussage verpflichtet. Erfolgt dies nicht, obwohl die Kenntnis des Versicherungsnehmers vorlag, wird gar vorsätzliches Handeln vermutet. Außerdem muss der Versicherungsnehmer auch für ihn negative beweissichernde Maßnahmen dulden und sich auch im Hinblick auf die Aufklärungspflicht einer Blutprobe unterziehen[78].

Eine Verletzung der Aufklärungspflicht (in Kasko) wurde schon angenommen, wenn der Versicherungsnehmer den Schriftverkehr mit der Leasinggeberin nicht vorlegte, aus dem sich Anhaltspunkte für eine eventuelle Brandstiftung ergeben können[79]. Auch die Frage des Versicherers, »ob ihm das Kfz habe entzogen werden sollen« wurde in diesem Fall nicht beantwortet. Die falsche Angabe zur Laufleistung eines PKW führt als vorsätzliche Obliegenheitsverletzung im Schadenfall zur vollständigen Leistungsfreiheit[80]. Insbesondere bei Vorschäden ist der Versicherungsnehmer gehalten, entsprechend vorzutragen und zu belegen, sonst läuft er Gefahr, dass wegen arglistiger Aufklärungspflichtverletzung die Leistung verweigert wird[81]. Die Tatsache, dass der Versicherer Informationen über die Uniwagnis-Datei erhalten kann, entbindet den Versicherungsnehmer nicht von der Aufklärungsobliegenheit (Angabe zu Vorschäden)[82]. 20

Allerdings kann sich der Versicherer nicht auf die Leistungsfreiheit berufen, wenn er, obwohl die Angaben des Versicherungsnehmers unklar waren, nicht nochmals unter Hinweis auf die Mitwirkungspflichten den Versicherungsnehmer zu den unklaren Positionen befragt hat[83]. 21

Darüber hinaus muss der Versicherer, will er ggf. wegen falscher Angaben den Versicherungsnehmer in Regress nehmen, ausdrücklich auf die Folgen falscher Angaben hinweisen, §§ 31, 104 VVG[84]. Dabei sollte aber nicht der Hinweis erfolgen, der Versicherer sei erst bei weiterer (in der Zukunft liegender) Verletzung seiner Aufklärungspflicht von der Verpflichtung zur Leistung frei[85]. Der Versicherer ist beweisbelastet hinsichtlich der Kenntnis des Versicherungsnehmers von den aufzuklärenden Umständen[86]. Eine arglistige Verletzung der Aufklärungspflicht ist gegeben, wenn der VN seine weiteren Angaben von der Zahlung der Entschädigung abhängig macht[87]. 22

3. Einzelfallbeispiele der Verletzung der Aufklärungspflicht

Den Versicherungsnehmer trifft auch die Pflicht Angaben zu Fragen zu machen, die die Klärung der grob fahrlässigen Herbeiführung des Versicherungsfalls ermöglichen[88]. Hat der Versicherungsnehmer 23

78 Halm, Festschrift für Klaus Himmelreich, S. 295, 296.
79 OLG Köln v. 25.10.2005 – 9 U 177/04, zfs 2006, 276 f = r+s 2006, 13.
80 OLG Frankfurt v. 14.11.2008 – 3 U 92/08, VersR 2009, 672 (Falschangaben zur Laufleistung) zu § 6 Abs. 3 VVG a.F. Allerdings unbeachtlich, wenn in der Kasko-Versicherung Neupreisanspruch besteht – OLG Dresden, Beschl. v. 20.06.2022 4 U 87/22.
81 OLG Koblenz Beschl. v. 28.07.2021 – 15 U 353/21; LG Essen v. 27.03.2018 – 19 O 199/17 (es hilft nicht, dass man die Fragen nur als Nachfrage wegen unreparierter Vorschäden versteht). Auch ein Verschweigen bzw. Falschbeantworten der Frage nach Finanzierung oder Leasing des Fahrzeugs ist arglistig, LG Wuppertal v. 17.11.2017 – 4 O 110/16.
82 BGH v. 17.01.2007 – IV ZR 106/06, zfs 2007, 213 f = DAR 2007, 391f = SP 2007, 148 = VersR 2007, 481; OLG Naumburg v. 16.02.2012 – 4 U 32/11, Jurion = DAR 2012, 639 ff = r+s 2013, 16 f; AG Hannover 543 C 2350/07, SP 2008, 159.
83 Schon OLG Frankfurt v. 09.11.1983 – 9 U 140/82, VersR 1985, 774 zur Meldung »Diebstahl/unbefugte Benutzung«; OLG Hamm v. 06.10.2004 – 20 U 61/04, NZV 2005, 153 = VersR 2005, 1234; OLG Stuttgart v. 01.07.2004 – 7 U 18/04, VersR 2005, 819; OLG Brandenburg v. 27.06.2007 – 4 U 171/06, SP 2008, 229.
84 BGH v. 28.02.2007 – IV ZR 152/05, zfs 2007, 337 = NZV 2007, 459 f = SP 2007, 219f, ggf. muss er diese Belehrung sogar wiederholen; vgl. auch OLG Köln v. 05.06.2007 – 9 U 37/06, SP 2008, 58 f., vgl. auch Rogler, »Anpassung von Vertragsgrundlagen an das VVG 2008 zwei übersehene Problemfelder«, r+s 2010, 1 f.
85 OLG Saarbrücken v- 31.05.2006 – 5 U 165/05, zfs 2007, 222 ff.
86 BGH v. 03.05.2006 – IV ZR 252/04, zfs 2007, 215 f.
87 OLG Dresden v. 01.07.2024 – 4 U 226/24.
88 OLG München v. 18.012.1970 – 8 U 2304/70, VersR 1971, 244.

sich bei der Beantwortung der Fragen des Versicherers eines Außendienstmitarbeiters des Versicherers bedient, kann ihm ein Fehlverhalten dieses Außendienstmitarbeiters nicht zur Last gelegt werden, wenn der Versicherer nicht noch mal ausdrücklich auf die Folgen falscher Beantwortung hingewiesen hat[89].

24 Von besonderem Interesse sind die Fragen nach:
- dem Fahrer[90];
- falsche Angaben zum Unfallhergang[91];
- Verschleierung des wahren Unfallortes[92];
- Verschweigen wesentlicher Umstände zum Unfallgeschehen[93];
- falsche Angaben zum Unfallzeitpunkt[94];
- falsche Angaben zu Unfallgegner[95];
- falsche Angaben zu Geschwindigkeit und Unfallhergang[96];
- Nennung von Unfallzeugen ohne Bekanntgabe der Adresse[97];
- falsche Angaben zu Zeugen[98];
- auch die Nichtbenennung einer Zeugin kann eine Obliegenheitsverletzung darstellen[99], wenn diese den Abstellort bestätigen könnte und der Versicherer danach gefragt hatte[100];
- die Nachbenennung eines Zeugen im Verfahren bedeutet nicht, dass schon im Zeitpunkt der Schadenanzeige die Zeugin und deren Aussagen bekannt waren[101];
- falsche Angaben gegenüber den Strafverfolgungsbehörden, wenn dadurch das Aufklärungsinteresse des Versicherers tangiert wird[102];
- Verschweigen der Verkaufsabsicht des entwendeten Fahrzeuges kann Arglist begründen[103].
- wiederholtes Nichtbeantworten von Fragen des Versicherers[104];
- Alkoholkonsum[105] vor dem Unfallereignis;

---

89 OLG München 24 U 982/74, VersR 1976, 674, insofern trägt die Reform von VVG und AKB nur der schon lange bestehenden Rechtsprechung Rechnung; bei arglistigem Verhalten kann eine Belehrung des Versicherers entbehrlich sein; OLG Köln v. 03.05.2013 – 20 U 224/12.

90 BGH v. 12.03.1976 – IV ZR 79/73, VersR 1976, 383; v. 15.12.1982 -IVa ZR 33/81, VersR 1983, 258; v. 19.01.1983 – IVa ZR 225/81, VersR 83, 333; OLG Hamm 20 U 14/94, VersR 1995, 165; LG Nürnberg –Fürth 2 O 4520/87, r+s 1988,326; BGH IV ZR 71/99, r+s 2000, 94; KG r+s 2010, 460.

91 OLG Köln 9 W 1/03, r+s 2003, 406, um Wendemanöver zu vertuschen; OLG Hamm 20 U 96/84, VersR 1985, 957 (LS); LG Frankfurt v. 08.11.2013 – 2–08 S 2/13, SP 2014, 133.

92 OLG München v. 06.05.2011 – 10 U 2362/10, ADAJUR Dok-Nr. 93132; OLG Brandenburg v. 26.05.2009 – 12 U 215/08 zur Darlegungslast hinsichtlich des Unfallortes; LG Berlin 17 O 71/06, SP 2007, 441 f.

93 OLG Köln v. 17.01.2014 – 20 U 208/12, Jurion; LG Köln 24 O 298/04, SP 2007, 24 f.; zum Verschweigen von Fremdschäden bei Wildunfall sowie das Verschweigen der eigenen Verletzung OLG München v. 25.04.2014 – 10 U 3357/13, zfs 2015, 213 f.

94 OLG Frankfurt v. 20.12.19673 – 16 U 54/73, VersR 1974, 738; LG Koblenz, zfs 1990, 385.

95 LG Offenburg v. 30.04.2014 – 6 O 125/13.

96 OLG Köln v. 26.04.2005 – 9 O 300/03, VersR 2005, 1528 = NJW-RR 1549, Ehefrau des Versicherungsnehmers gilt dann als Wissensvertreterin.

97 OLG Hamm v. 08.01.1986 – 20 U 213/85, VersR 1986, 882.

98 LG Dortmund v. 23.04.2010 – 22 O 171/08; LG Düsseldorf v. 15.12.2008 – 9 O 257/08, SP 2009, 263 zur Nachbenennung von Mutter und Schwiegermutter im Prozess, Vgl. aber BGH v. 10.12.2007 – IV ZR 40/06, SP 2008, 189, das Nachbenennen eines Zeugen ist nicht zwingend eine Obliegenheitsverletzung.

99 OLG Saarbrücken v. 04.12.2013 – 5 U 372/12, ADAJUR, dies stellt allerdings keinen arglistigen Verstoß dar.

100 OLG Köln v. 17.01.2006 – 9 U 60/05, SP 2007, 77 für einen Handel-Handwerkbetrieb.

101 BGH v. 10.12.2007 – IV ZR 40/06, zfs 2008, 211f = SP 2008, 189 f.

102 BGH v. 24.09.1995 – IV ZR 167/94, VersR 1995, 1043; v. 01.12.1999 – IV ZR 71/99, NJW-RR 2000, 553.

103 LG Aachen v. 03.08.2017 – 9 O 34/17.

104 OLG Düsseldorf v. 26.01.1993 – 4 U 12/92, VersR 1994, 41, der Versicherungsnehmer darf nicht warten, bis sein Rechtsanwalt die Ermittlungsakte eingesehen hat.

105 OLG Nürnberg v. 20.12.1984 – 8 U 4268/83, zfs 1985, 118.

- Vorsätzliche Verletzung der Pflicht, eine nachträgliche Feststellung der Fahrtüchtigkeit zu ermöglichen, Fahrer gibt sich nachträglich nicht zu erkennen und entzieht sich der Feststellung der BAK[106]
- Verschweigen des Alkoholkonsums des Wissensvertreters (Sohn des Versicherungsnehmers)[107] oder des Repräsentanten trotz positiver Kenntnis[108]
- das Ergebnis der Blutentnahme und die BAK[109];
- Nachtrunk[110] nur dann, wenn er geeignet ist, den vor dem Unfall genossenen Alkohol zu verschleiern[111];
- Verschweigen von Medikamenteneinnahme und Gesundheitszustand[112].
- Verschweigen der Verurteilung wegen Verkehrsunfallflucht[113];
- falsche Angaben zu Vorschäden[114]; jedoch nur dann, wenn der Versicherer diesen Vorschaden nicht selbst reguliert hat[115];
- nachträgliche Berichtigung der Angaben zu Vorschäden führt nicht zur Leistungspflicht[116], allerdings entfällt die Leistungsfreiheit, wenn der Versicherer anhand von Datenbanken standardisiert abfragt, ob das Kfz schon dort wegen Vorschäden verzeichnet ist[117];
- Verschweigen der vorherigen Entwendung von Kfz[118]

---

106 OLG Saarbrücken, v. 01.02.2017 – 5 U 26/16;.

107 OLG Köln v. 15.07.2014 – 9 U 204/13, ADAJUR ›106350, bewertet das Verschweigen der Alkoholisierung des Sohnes als arglistiges Handeln des Versicherungsnehmers.

108 LG Paderborn v. 25.08.2010 – 4 O 96/10.

109 OLG Köln v. 15.07.2014 – 9 U 204/13, VersR 2014, 1452; OLG Köln v. 20.02.1986 – 5 U 216/85, zfs 1986, 214; OLG München v. 15.11.1966 – 4 U 5/66, VersR 1967, 342.

110 BGH v. 22.05.1970 – IV ZR 1084/68, VersR 1970, 826; OLG Köln v. 15.07.2014 – 9 U 204/13, VersR 2014, 1454f (Teilkasko); Brandenburg. OLG v. 01.10.2007 – 12 U 72/06, SP 2007, 261 in der Erwartung des bevorstehenden polizeilichen Eingreifens.

111 BGH v. 12.05.1971 – IV ZR 35/70, VersR 1971, 659, wenn die Alkoholmenge nicht im kritischen Bereich zwischen bedingter und absoluter Fahruntüchtigkeit liegt, ebenso LG Kassel 8 O 49/06, zfs 2007, 517 f.; (wenn durch den Nachtrunk die Feststellung eines eindeutigen Alkoholgehaltes nicht mehr möglich ist; OLG Karlsruhe v. 05.06.2008 – 12 U 13/08, zfs 2008, 514 f. = SP 2008, 403. A.A. OLG Braunschweig, Beschl. v. 28.2.2022 – 11 U 176/20, ebenso OLG Karlsruhe Beschl. v. 17.4.2020 – 12 U 120/19, es ist nicht erforderlich, dass der Alkoholkonsum verschleiert werden sollte.

112 OLG Köln v. 17.01.2014 – 20 U 208/12, Jurion; vgl. aber BGH v. 24.11.2010 – IV ZR 525/08, der Versicherungsnehmer handelt nicht arglistig, wenn er nach mündlicher zutreffender Unterrichtung des Versicherungsagenten den aufgrund falsch ausgefülltem Antrag übersandte Police hinsichtlich der Gesundheitsangaben nicht noch einmal prüft und ggf. richtigstellt (fehlerhaftes Ausfüllen des Agenten!).

113 LG Köln v. 11.01.1957 – 6 S 180/56, VersR 1958, 293.

114 OLG Bremen Beschl. v. 26.06.2023 – 3 U 41/22; OLG Naumburg v. 16.02.2012 – 4 U 32/11, Jurion = DAR 2012, 639 ff = r+s 2013, 16 f; OLG Celle v. 03.11.2000 – 8 U 169/99 zum Verschweigen mitentscheidender Vorschäden, LG Hamburg v. 17.02.2017 – 331 O 151/16; LG Bonn v. 12.11.2013 -10 O 151/13. SP 2014, 131; LG Nürnberg-Fürth v. 04.08.2010 – 8 O 744/10 (Kürzung um 20 % in Kasko). OLG Celle v. 03.11.2000 – 8 U 169/99 zum Verschweigen mitentscheidender Vorschäden; ebenso OLG Karlsruhe v. 08.03.2007 – 19 U 54/06, zfs 2007, 515 ff.; OLG Hamm v. 23.01.2008 – 20 U 109/07, zfs 2008, 334 f = SP 2008, 263; OLG Stuttgart v. 24.11.2005 – 7 U 124/05, SP 2007, 23 f.; OLG Stuttgart v. 15.06.2005 – 7 U 114/05, SP 2007, 26 f.

115 BGH v. 11.07.2007 – IV ZR 332/05, NZV 2007, 519 ff. = SP 2007, 330 auch Terno »BGH-Kraftfahrtversicherungsrecht«, DAR 2008, 313 ff. m.w.H. zur Aufklärungspflichtverletzung in der Fahrzeugversicherung; LG Berlin 17 S 104/07, SP 2008, 406.

116 OLG Saarbrücken v. 30.04.2008 – 5 U 614/07, zfs 2008, 631 f.

117 Hier hatte der VN beim gleichen Versicherer einen vorherigen Schaden reguliert erhalten, OLG Brandenburg v. 15.06.2006 – 12 U 188/05, DAR 2007, 86 f = SP 2007, 220f, vgl. aber auch BGH v. 17.01.2007 – IV ZR 106/06, zfs 2007, 213 f = SP 2007, 148 = VersR 2007, 481 = DAR 2007, 391 ff. und DAR 2007 322 (Anmerkung Terno).

118 KG v. 20.09.2013 – 6 U 194/12; LG Dortmund v. 10.10.2007 – 22 O 209/06, zfs 2008, 457 f.; vgl. aber OLG Naumburg v. 10.10.2013 – 4 U 11/13 keine Erschütterung der Redlichkeitsvermutung, wenn

- im Diebstahlsfalle Verschweigen der Abgabe einer eidesstattlichen Versicherung;[119]
- falsche Angaben zur Laufleistung[120] nur, wenn dem Versicherer diese nicht schon vorher bekannt waren[121]; und zur Anfertigung von Nachschlüsseln[122];
- falsche Angaben zur wirtschaftlichen Situation[123]
- Angaben, die der Wertermittlung dienen[124];
- falsche Angaben zu Kaufpreis[125] und Schlüsselverhältnissen[126];
- Verschweigen anderer Versicherer, die mit Ersatz befasst sind (Diebstahl) und verschweigen der Vorsteuerabzugsberechtigung[127];
- falsche oder unvollständige Beantwortung der Frage nach Vorerkrankungen kann zur Leistungsfreiheit führen[128].
- Nichtangabe einer ADAC-Schutzbrief-Versicherung für sich allein rechtfertigt noch nicht die Leistungsfreiheit des Unfallversicherers wegen arglistigen Verschweigens einer weiteren Versicherung[129].
- Verschweigen einer weiteren Unfallversicherung ist u.U. folgenlos[130];
- der Versicherungsnehmer verletzt seine Obliegenheiten auch dann durch Verlassen der Unfallstelle, wenn er nur Beifahrer im versicherten Fahrzeug war[131].

Das Wissen des Vermittlers ist dem Versicherer zuzurechnen[132].

D. Vorlage von Nachweisen

25 Häufig ist es so, dass Nachweise sich in der Sphäre der versicherten Person befinden und nur von ihm beschafft werden können bzw. ihm ohnehin vorliegen. Als Beispiele kommen insbesondere in Betracht:
- Medizinische Entlassungsberichte von Sozialversicherungsträgern, die z.B. im Falle eines Fahrerschutzschadens nicht vom Versicherer angefordert werden können;
- Unterlagen über die Polizeimeldung;
- Belege über die Fahrzeugveräußerung im Totalschadenfall u.v.m.

---

ungenügende Deutschkenntnisse und daraus resultierende Missverständnisse zur falschen Angabe führten.

119 OLG Celle v. 26.04.2007 – 8 U 233/06, SP 2008, 25 ff.

120 KG v. 20.09.2013 – 6 U 194/12; OLG Celle v. 12.06.2008 – 8 U 44/07, zfs 2008, 574 ff. = r+s 2009, 7; LG Hannover 6 O 279/06 km statt Meilen; vgl. aber OLG Naumburg v. 10.10.2013 – 4 U 11/13 keine Erschütterung der Redlichkeitsvermutung, wenn ungenügende Deutschkenntnisse und daraus resultierende Missverständnisse zur falschen Angabe führten.

121 OLG Dresden v. 11.06.2019 – 4 U 1399/18, zfs 2019, 569, ungefähre Angabe mit einer Tilde vor der Fahrleistung verdeutlicht die Schätzung, Abweichungen bis 10 % lassen keinen Rückschluss auf Täuschungsabsicht zu.

122 OLG Frankfurt v. 17.08.2000 – 3 U 72/99, OLG Report-Frankfurt 2000, 334; OLG Saarbrücken v. 09.01.2008 – 5 U 281/97, zfs 2008, 277 f. bei Abweichung um mehr als 10 % und einer Laufleistung von mehr als 100.000 km.

123 LG Düsseldorf v. 11.03.2014 – 11 O 152/13; KG v. 17.10.2012 – 6 U 82/12.

124 OLG Frankfurt v. 16.02.2007 – 7 U 104/06; LG Dortmund 2 O 333/05, SP 2007, 335.

125 OLG Düsseldorf v. 22.07.2014 – I-4 U 102/13, SP 2014, 420, geht dabei sogar von arglistigem Verhalten aus.

126 OLG Köln v. 16.02.2006 – 9 U 190/05, SP 2007, 155 f.

127 OLG Saarbrücken v. 04.04.2007 – 5 U 450/06, zfs 2007, 456 f.

128 Ausführlich zu den Kriterien und den Folgen OLG Hamm v. 24.06.2008 – 20 U 77/07, zfs 2008, 404 f.

129 BGH v. 28.02.2007 – IV ZR 331/05, NZV 2007, 458 f.

130 BGH v. 10.10.2007 – IV ZR 95/07, NZV 2008, 195f, allerdings wurde mangels Entscheidungsreife aufgehoben und zurückverwiesen.

131 AG Schleswig v. 25.04.2008 – 2 C 137/07, SP 2008, 337.

132 BGH v. 12.03.2008 – IV ZR 330/06, zfs 2008, 391 f.; v. 27.02.2008 – IV ZR 270/06, zfs 2008, 392 ff.; OLG Dresden v. 19.11.2010 – 7 U 1358/09 (Jurion).

E. Befolgen von Weisungen des Versicherers

Der Versicherungsnehmer ist auch gehalten, die Weisungen des Versicherers zu befolgen. Die Weisungen ergeben sich in den einzelnen Sparten gesondert. Diese sind in E.1.1.3 AKB eher kursorisch aufgeführt und werden in den Punkten E.1.2 für die KH-Versicherung, in E.1.3 für die Kasko-Versicherung, in E.1.4 für den Autoschutzbrief, in E.1.5 für die Unfallversicherung sowie in E.1.6 für die Fahrerschutzversicherung konkretisiert. 26

Kraftfahrzeug-Haftpflicht-Versicherung: 27

Der Versicherer entscheidet, einen Prozess zu führen, der Versicherungsnehmer kann die Ansprüche dann nicht selbst zu Lasten des Versicherers befriedigen.[133]

Fahrzeugversicherung: 28

Sowohl in der Vollkasko wie auch in der Teilkasko-Versicherung ist der Versicherungsnehmer gehalten, den Weisungen des Versicherers bezogen auf die Einschaltung des Sachverständigen, die Reparaturdurchführung, Abrechnung auf Totalschadenbasis oder ähnlichem Folge zu leisten.

Schutzbriefversicherung: 29

Der Versicherungsnehmer muss die Weisungen des Versicherers hinsichtlich der Wahl des Abschleppunternehmens befolgen, er kann ohne die Zustimmung des Versicherers keinen Abschlepper seiner Wahl beauftragen.

Kfz-Unfallversicherung/Fahrerschutzversicherung: 30

Der Versicherungsnehmer/Fahrer bzw. die versicherten Insassen müssen sich insoweit den Weisungen des Versicherers unterwerfen, als sie eine Gutachtenerstellung zur Feststellung der erlittenen Verletzungen und ggf. Dauerfolgen dulden müssen. Näheres wird für die Kfz-Unfallversicherung unter E.5 ausgeführt.

F. Ermöglichen von Untersuchungen

Als weiteren Unterfall der Aufklärungspflicht wird die Verpflichtung, erforderliche Untersuchungen zu gestatten, aufgenommen. Die Verpflichtung gilt, wenn diese dem Versicherten zumutbar sind. Dabei ist die Frage der Zumutbarkeit von Untersuchungen nach allgemeinen Regeln zu bewerten. Zumutbar sind sicher Untersuchungen, die nicht mit Operationen oder sonstigen Eingriffen in die körperliche Integrität verbunden sind. Es stellt sich aber die Frage, ob der Versicherte zusätzliche Röntgenaufnahmen dulden muss und ob diese zumutbar sind. 31

Auch die räumliche Entfernung zur untersuchenden/begutachtenden Stelle dürfte eine Rolle spielen. 32

Hier wirkt auch die Nachweispflicht fort: So kann der Versicherte verpflichtet sein, ggf. bereits vorliegende Röntgenbilder und sonstige bildgebende Dokumente oder Dateien vorzulegen, um die abschließenden Begutachtungen durch den Versicherer zu ermöglichen. Zu den Duldungs- und Mitwirkungspflichten vgl. auch unter A.3.8.3, A.4.5.1; E.1.4, E.1.5 und E.1.6 AKB. 33

---

133 LG Coburg v. 05.06.2009 – 32 S 15/09 zum Umfang des Regulierungsermessens auch bei erteiltem Regulierungsverbot.

Schadenminderungspflicht

E.1.1.4 (Schadenminderung, Weisungsbefugnis[1])

Sie sind verpflichtet, bei Eintritt des Schadenereignisses nach Möglichkeit für die Abwendung und Minderung des Schadens zu sorgen.

Sie haben hierbei unsere Weisungen, soweit für Sie zumutbar, zu befolgen.

Übersicht

A. Allgemeines

1 Da der Versicherer bei gesundem Versicherungsverhältnis für den Schaden einzutreten hat, hat er ein Interesse an der Geringhaltung des Schadens, welches nicht zuletzt aus der Verpflichtung resultiert, berechtigte Ansprüche zu befriedigen und unberechtigte Ansprüche abzulehnen. Da durch die Regulierung des Schadens der Zustand hergestellt werden soll, wie er vor dem schädigenden Ereignis bestand, ist der Versicherungsnehmer auch zur Schadenminderung verpflichtet. Allerdings muss die Klausel für den Versicherungsnehmer klar und verständlich sein[2].

B. In der Kraftfahrzeug-Haftpflicht-Versicherung

2 Der Versicherungsnehmer kann in der Kraftfahrzeug-Haftpflicht-Versicherung zur Schadenminderung nur eingeschränkt beitragen. Einzig die unverzügliche Meldung des Schadens sowie aller Umstände, die der Versicherer zur Bewertung seiner Eintrittspflicht wissen muss, sind die geeigneten Mittel, die ihm zur Verfügung stehen[3].

C. In den anderen Sparten

3 In der Fahrzeugvoll- und Teilversicherung, Autoschutzbrief, Unfallversicherung und Fahrerschutzversicherung hingegen kommt der Schadenminderungspflicht des Versicherungsnehmers eine erheblich größere Bedeutung zu. Er ist gehalten, die Weisungen des Versicherers hinsichtlich des versicherten Gegenstandes zu beachten und zu befolgen. Diese Pflichten werden in den einzelnen Sparten weiter konkretisiert.

I. Befolgen von Weisungen

4 Grundsätzlich ist der Versicherungsnehmer gehalten, die Weisungen des Versicherers hinsichtlich des versicherten Gegenstandes zu befolgen. Diese müssen nach billigem Ermessen, § 315 Abs. 1 BGB, erfolgen. Grenzen dieser Obliegenheit sind sowohl die vertraglichen Vereinbarungen in den einzelnen Sparten wie auch die Rechtmäßigkeit der Weisung[4]. Ggf. sind die einzelnen Weisungen in den AKB im Rahmen der AGB-Rechtsprechung prüfbar. Auch Restwertangebote des Kasko-Versicherers gehören grds. dazu, hier gelten aber Einschränkungen hinsichtlich der Zumutbarkeit[5].

---

1 Überschrift des Verfassers!
2 OLG Frankfurt v. 01.03.2012 – 3 U 119/11, Jurion (für die Rechtschutzversicherung).
3 Stiefel/Maier/Maier, AKB E Rn. 185.
4 Lohschelders/Pohlmann/Schmidt-Kessel, § 82 VVG, Rn. 21.
5 OLG Karlsruhe v. 28.08.2009 – 12 U 90/09, Juris.

II. Zumutbarkeit

5 Es muss dem Versicherungsnehmer zumutbar sein, die Weisungen zu befolgen. Diese Anforderung resultiert aus § 82 Abs. 2 Satz 1 VVG. Die Obliegenheit muss sich dem vernünftig denkenden Versicherungsnehmer erschließen und ohne größere Risiken von ihm auszuführen sein. Mögliche Handlungen zur Schadengeringhaltung müssen dem Versicherungsnehmer tatsächlich möglich sein. Auch müssen die Maßnahmen im Verhältnis zum drohenden Schaden stehen[6].

D. Geltungsbereich

6 Schon die Platzierung dieser Obliegenheit in dem Bereich der Sachversicherungen macht deutlich, dass sie sich auch nur auf diese beziehen können. In der Personenversicherung selbst findet sich eine solche Formulierung nicht, allerdings werden dort Mitwirkungspflichten formuliert. Im Rahmen der Kraftfahrzeug-Haftpflicht-Versicherung kann der Versicherungsnehmer nur insoweit der Schadenausweitung entgegenwirken, als er unverzüglich den Versicherer über den eingetretenen Schaden informiert. Eine Pflicht, der Geltendmachung von Schadenersatzansprüchen entgegenzuwirken, gibt es nicht.

E.1.2 Zusätzlich in der Kfz-Haftpflichtversicherung

1 Zusätzlich zur Anzeige des Schadenfalles ist der Versicherungsnehmer in der Kraftfahrzeug-Haftpflicht-Versicherung verpflichtet, auch die Geltendmachung von Ansprüchen gegen ihn anzuzeigen. In aller Regel werden beide Meldungen zusammentreffen oder der Geschädigte wendet sich unmittelbar an den Versicherer. Der Versicherer ist berechtigt und verpflichtet, die gegen den Versicherungsnehmer gerichteten Ansprüche eigenverantwortlich zu regulieren[1] oder abzuweisen[2]. Aufgrund dieser Vollmacht ist der Versicherungsnehmer verpflichtet, den Versicherer unverzüglich zu unterrichten. Die Pflicht des Kraftfahrzeug-Haftpflicht-Versicherers, berechtigte Ansprüche zu regulieren und unberechtigte Ansprüche abzuwehren, führt dazu, dass auch der Versicherungsnehmer keinen Freistellungsanspruch gegen den Versicherer hat, wenn dieser die Entschädigungsleistung als unberechtigt abgelehnt hat. Er muss dann ggf. das Klageverfahren abwarten, bevor er auf Befreiung von dieser Schuld (Leistung durch den Versicherer) klagen kann[3].

Bei außergerichtlich geltend gemachten Ansprüchen

E.1.2.1 (Meldepflicht[1])

Werden gegen Sie Ansprüche geltend gemacht, sind Sie verpflichtet, uns dies innerhalb einer Woche nach der Erhebung des Anspruchs mitzuteilen.

1 Diese Regelung für die Kraftfahrzeug-Haftpflicht-Versicherung ist ein Unterfall der ohnehin bestehenden Anzeigepflicht. In der Kraftfahrzeug-Haftpflicht-Versicherung ist die umgehende Meldung von Ansprüchen, die gegen den Versicherungsnehmer gerichtet werden, zwingend erforderlich, damit dieser unverzüglich in die Schadenregulierung eintreten kann. Der Versicherungsnehmer ist gehalten, den Versicherer darüber zu informieren, dass er von einem Geschädigten in Anspruch genommen wird. Es kommt bei dieser Pflicht nicht auf die Frage an, ob die Ansprüche zu Recht oder Unrecht geltend gemacht werden. Der Versicherungsnehmer muss jede Art von Ansprüchen, die gegen ihn gerichtet werden, melden und ggf. erhaltene Korrespondenz weitergeben. Hat der Versicherungsnehmer aber den eigentlichen Schadenfall unter Bekanntgabe des Geschädigten und

6 Römer/Langheid/Römer, § 62 VVG a.F., Rn 6; Lohschelders/Pohlmann/Schmidt-Kessel, § 82 VVG, Rn. 13.

1 Zur Regulierungsbefugnis des Versicherers vgl. Schwab/Kreuter AKB A.1.1.4.

2 Dabei gelten die Erklärungen des Versicherers auch über die vereinbarte Versicherungssumme hinaus, wenn nicht ausdrücklich die Erklärungen und Verpflichtungen auf die vertraglich vereinbarte oder sonst geltende Versicherungssumme beschränkt werden, BGH v. 11.10.2006 – IV ZR 329/05, DAR 2007, 141 (L.).

3 LG Wiesbaden v. 02.02.2007 – 9 O 190/06 in DAR 2007, 272 (L).

1 Überschrift des Verfassers!

dessen Postanschrift schon gemeldet, reicht dies im Normalfall aus. Aufgrund des bestehenden Direktanspruchs wird sich der Versicherer unmittelbar mit dem Geschädigten in Verbindung setzen. Dieser Regelung kommt daher untergeordnete Bedeutung zu.

E.1.2.2 ***Anzeige von Kleinschäden***
(Selbstregulierung[1])

Wenn Sie einen Sachschaden, der voraussichtlich nicht mehr als xx Euro beträgt, selbst regulieren oder regulieren wollen, müssen Sie uns den Schadenfall erst anzeigen, wenn Ihnen die Selbstregulierung nicht gelingt.

1 Will der Versicherungsnehmer von seinem Recht zur Selbstregulierung Gebrauch machen, darf ihm das nicht zum Nachteil gereichen. Er ist erst dann zur Meldung verpflichtet, wenn für ihn erkennbar ist, dass der Schaden den obigen Betrag, der i.d.R. bei ca. 500 € liegen dürfte, übersteigt oder der Geschädigte sich mit der Selbstregulierung nicht einverstanden erklärt und sich direkt selbst an die Versicherung wendet. Der Versuch, den Schaden unmittelbar zu regulieren, hat für den Versicherungsnehmer keinen Nachteil. Er kann den Schadenfall jederzeit nachmelden, wenn sich herausstellt, dass der Schaden teurer wird als ursprünglich gedacht. Allerdings ist der Versicherungsnehmer nicht gehalten, Kleinstschäden selbst zu regulieren, um seinen SFR zu behalten. Er kann genauso gut nach Regulierung durch den Kraftfahrzeug-Haftpflicht-Versicherer den Aufwand an diesen erstatten und erhält die SFR-Entlastung. Der Arbeitsaufwand des Versicherers ist als Dienstleistung durch die Prämienzahlung beglichen.

E.1.2.3 ***Bei gerichtlich geltend gemachten Ansprüchen***
(Klage, Mahnbescheid[1])

Wird ein Anspruch gegen Sie gerichtlich geltend gemacht (z.B. Klage, Mahnbescheid), haben Sie uns dies unverzüglich anzuzeigen.

1 Der Versicherungsnehmer ist verpflichtet, den Versicherer über ein gegen ihn gerichtetes Schadenersatzverfahren zu unterrichten. Als gerichtliche Verfahren kommen alle vor Gericht möglichen Verfahrensgänge in Betracht. Dies beginnt schon bei der Einleitung eines selbständigen Beweissicherungsverfahrens[2] und reicht über den Mahnbescheid und Antrag auf Prozesskostenhilfe bis hin zur Klage des Geschädigten gegen den Versicherungsnehmer bzw. die mitversicherten Personen.

2 So hat der Versicherungsnehmer den Versicherer über einen Mahnbescheid, der gegen ihn erlassen wird, über die Klage oder den Antrag auf Gewährung von PKH, der sich gegen ihn richtet, umgehend zu informieren und sodann den Weisungen des Versicherers Folge zu leisten. Dabei sei auf die nachfolgenden Vorschriften der AKB verwiesen, die die Pflichten des Versicherungsnehmers weiter konkretisieren. Auch wenn der Versicherungsnehmer eine Streitverkündungsschrift in einem Haftpflichtprozess zugestellt wird, ist dies als ernsthafte Geltendmachung von Ansprüchen anzusehen[3].

---

1 Überschrift des Verfassers!

1 Überschrift des Verfassers!

2 OLG Stuttgart v. 22.05.2003 – 7 U 18/03, VersR 2004, 511 = NJW-RR 2004, 328 = OLG Report-Stuttgart 2004, 102 in Abgrenzung zu OLG Stuttgart v. 11.12.1997 – 7 U 5/97, NJW 1999, 799.

3 BGH v. 21.05.2003 – IV ZR 209/02, VersR 2003, 900 = NZV 2003, 468 m.w.H., die Versäumung der Mitteilung an den AH-Versicherer hatte zur Folge, dass der Deckungsanspruch gegen die AH-Versicherung verjährt war, als die Eintrittspflicht des Versicherungsnehmers festgestellt wurde, gleiches ist auch in der Kfz-Versicherung möglich, da die Ansprüche auch dort innerhalb von 3 Jahren verjähren!

E.1.2.4 (Prozessführungsbefugnis[1])

Sie müssen uns die Führung des Rechtsstreits zu überlassen. Wir sind berechtigt, auch in Ihrem Namen einen Rechtsanwalt zu beauftragen. Diesem müssen Sie Vollmacht sowie alle erforderlichen Auskünfte erteilen und angeforderte Unterlagen zur Verfügung stellen.

Übersicht

A. Allgemeines

1 Die Prozessführungsbefugnis obliegt dem Versicherer, er allein kann entscheiden, ob er den Prozess aufnimmt, die Klageforderung außergerichtlich befriedigt oder einen Teilvergleich schließt. Diese Regelung ist Ausfluss der Regulierungsbefugnis[2] aus A.1.1.4 AKB in der Kraftfahrzeug-Haftpflicht-Versicherung als zwingende Folge des Direktanspruchs des Geschädigten gegen den Versicherer. Ggf. kann hierbei auch ein Auskunftsanspruch des Versicherungsnehmers entstehen, wenn eine Höherstufung wegen des Schadenfalles erfolgt[3]. Zwar wird in der VVG-Reform das Anerkenntnisverbot abgeschafft[4], § 105 VVG, so dass der Versicherungsnehmer jedweden Anspruch anerkennen kann, ohne deswegen deckungsrechtlichen Sanktionen befürchten zu müssen, aber er kommt dann in Not, wenn der Versicherer die Leistung gleichwohl ablehnt – weil nur der Schadenersatz aufgrund gesetzlicher Haftpflichtbestimmungen geschuldet ist – und der Versicherungsnehmer sich dann im Prozess eigenständig einmischt. Dieses Verhalten ist nicht mehr geduldet, sondert führt nach der vorliegenden Bedingung zur Leistungsfreiheit schlimmstenfalls in Höhe der Mehrkosten, die ggf. auch den Leistungsfreibetrag nach § 6 KfzPflVV überschreiten können[5].

2 Der Versicherungsnehmer ist auch während des Verfahrens dem von der Versicherung beauftragten Rechtsanwalt zur Auskunft verpflichtet. Er muss alle angeforderten Unterlagen (soweit sie noch nicht bei der Versicherung sind) vorlegen und ggf. auch für weitere Rücksprachen zur Verfügung stehen. Beauftragt der Versicherungsnehmer einen eigenen Rechtsanwalt, der dann entgegen den Erklärungen des Versicherers handelt, führt dies zur Verletzung obiger Obliegenheit und löst einen Regress aus[6].

3 Problematisch ist der Fall, in dem sowohl der Versicherungsnehmer als auch der Versicherer in dem Verfahren in Form von Klage und Widerklage verbunden sind. Dann sollte zumindest auch den Interessen des Versicherungsnehmers Rechnung getragen werden, wenn dessen Rechtsauffassung nicht völlig aus der Luft gegriffen ist[7].

---

1 Überschrift des Verfassers!

2 Vgl. zum Regulierungsermessen des Kraftfahrzeug-Haftpflicht-Versicherers u.a. LG Düsseldorf v. 07.04.2006 – 22 S 422/05 in SP 2007, 191 f; ebenso Kröger, »Regulierungsermessen und Belastung des Schadenfreiheitsrabatts-Der Versicherer zwischen den Fronten«, VersR 2013, 139 f.

3 Vgl. hierzu für pKV OLG Celle v. 15.12.2022 – 8 U 165/22.

4 Vgl. Lange »Das Zusammenwirken von Anerkenntnis und Abtretung in der Haftpflichtversicherung nach der VVG-Reform« in r+s 2007, 401, 402 zur Wirkung eines Anerkenntnisses des Versicherungsnehmers für die Prozessführung, allerdings mit der falschen Schlussfolgerung für die Leistungspflicht des Versicherers. Zur Frage von Auswirkungen einer Erklärung am Unfallort hatte sich das OLG Hamm mit Beschl. v. 2.2.2023 – I-7 U 121/22 geäußert, ebenso OLG Hamm, Hinweisbeschluss vom 22.2.2021 – I-7 U 16/20.

5 Vgl. insoweit auch § 7 KfzPflVV, Lange, »Das Zusammenspiel von Anerkenntnis und Abtretung in der Haftpflichtversicherung nach der VVG-Reform«, r+s 2007, 401, 402.

6 LG Dortmund v. 29.01.2009 – 2 S 33/08, NJW-RR 2009, 969 = zfs 2009, 453 f.

7 BGH v. 18.07.2001 – IV ZR 24/00, VersR 2001, 1150 = NZV 2002, 29 f. Dort hatte die BHV zunächst einen Vergleich widerrufen und dann die Deckung wegen grobfahrlässiger Herbeiführung des Versicherungsfalles abgelehnt.

B. Eigener Rechtsanwalt

4 Selbstverständlich kann diese Regelung dem Versicherungsnehmer nicht das Recht nehmen, einen Anwalt mit der Wahrung der eigenen Interessen zu beauftragen. Allerdings ist der Versicherer nicht verpflichtet, die Kosten dieses Anwaltes zu tragen[8]. Auch eine möglicherweise abgeschlossene Rechtsschutzversicherung wird diese Kosten nicht übernehmen, da der KH-Versicherer als Quasi-Rechtschutzversicherer verpflichtet ist, die unberechtigten Ansprüche gegen den Versicherungsnehmer auf eigene Rechnung abzuwehren. Die Entscheidung des EUGH ist hier nicht anzuwenden, da der Kraftfahrzeug-Haftpflicht-Versicherer gerade kein Rechtschutzversicherer ist[9].

C. Beauftragung zweier Rechtsanwälte

5 In Ausnahmefällen kann auch die Beauftragung von zwei Rechtsanwälten erforderlich sein, wenn der Rechtsanwalt der Versicherung dem Versicherungsnehmer Betrug oder ähnliches vorwirft, was zu einer Interessenkollision führen kann[10]. Die Kosten zweier Rechtsanwälte sind daher nur erstattungsfähig, wenn ein besonderer sachlicher Grund für die Einschaltung des eigenen Rechtsanwaltes bestand[11]. Es kommt dabei nicht darauf an, welcher Anwalt zeitlich zuerst mandatiert wurde[12]. Der Versicherungsnehmer ist ggf. gehalten, vorher telefonisch Rücksprache mit der Versicherung zu halten, um zu klären, ob ein Rechtsanwalt beauftragt wurde.

D. Zivilverfahren

6 Grundsätzlich richtet sich die Regulierungs- und Weisungsbefugnis des Versicherers nur auf den Zivilrechtsweg, da sich nach A.1.1.1 AKB die Verpflichtung des Versicherers auf die Abwehr von Schadenersatzansprüchen, die aufgrund von Haftpflichtbestimmungen des Bürgerlichen Gesetzbuches, des Straßenverkehrsrechts oder aufgrund anderer gesetzlicher Haftpflichtbestimmungen des Privatrechts geltend gemacht werden. Wird der Versicherer nicht in das Verfahren gegen den Versicherungsnehmer/Fahrer eingebunden und ergeht ein Versäumnisurteil gegen diesen, muss in einem weiteren Verfahren (Deckungsprozess) die Freistellung von gegen Versicherungsnehmer/Fahrer gerichteten Ersatzansprüchen begehrt werden. Dabei ist eine Bindungswirkung dieses Versäumnisurteils dann nicht gegeben, wenn der Versicherer keine Möglichkeit hatte, in diesem Verfahren seine Rechte wahrzunehmen.[13]

E. Strafverfahren

7 Die Prozessführungs- und Weisungsbefugnis der Versicherung beschränkt sich auf die Zivilgerichtsbarkeit und ggf. auf die Verwaltungsgerichtsbarkeit (soweit dies in den AKB aufgenommen wurde). Eine Weisungsbefugnis oder gar Prozessführungsbefugnis im Strafverfahren gegen den Versicherungsnehmer oder den Fahrer hingegen gibt es nicht. Ebenso ist der Kraftfahrzeug-Haftpflicht-Versicherer auch nicht der richtige Ansprechpartner, wenn es um die Kostentragung aus dem Strafverfahren geht. Hier ist die Rechtschutzversicherung ausschließlich zuständig. Allein im Interesse der Regulierung des Kraftfahrzeug-Haftpflicht-Schadens kann es in absoluten Ausnahmefällen für den Versicherer von Interesse sein, das gegen den Versicherungsnehmer oder mitversicherten Fahrer

---

8 OLG Hamburg v. 7.03.2009 – 14 U 40/09 in SP 2009, 40.

9 EuGH v. 0.09.2009 – RS C-199/08, BeckRS. 2009, 70 970, vgl. auch Kommentierung zu AKB A1.3.

10 BGH v. 06.07.2010 – VI ZB 31/08, r+s 2010, 411 (Anspruch des Versicherungsnehmers auf PKH) und BGH v 15.09.2010 – IV ZR 107/09, r+s 2010, 504 ff; OLG München v. 14.03.2014 – 10 U 447/13. Lemcke, »Probleme des Haftpflichtprozesses bei behaupteter Unfallmanipulation (Teil B)«, r+s 1993, 161 f. mit Hinweis auf BGH v 15.09.2010 – IV ZR 107/09, NZV1991, 350 = VersR 1991, 236.

11 BGH v. 15.09.2010 – IV ZR 107/09, r+s 2010, 504 ff; KG v. 30.05.2008 – 1 W 89/08, SP 2008, 447 f.; OLG Hamburg v. 27.03.2009 – 14 U 40/09, SP 2009, 341 f.

12 KG v. 30.05.2008 – 1 W 89/08, SP 2008, 447 f.

13 OLG Frankfurt v. 22.10.2009, 3 U 103/08,.

gerichtete Strafverfahren zu begleiten, um beispielsweise durch Einholung eines unfallanalytischen Gutachtens den Unfallhergang zu rekonstruieren. Aber nicht jeder Schadenfall, in dem der Versicherungsnehmer sein Verschulden am Unfall bestreitet, ist geeignet für eine Eintrittspflicht des Kraftfahrzeug-Haftpflicht-Versicherers!

F. Verwaltungsverfahren

Eine Weisungsbefugnis und Prozessführungsvollmacht des Versicherers für den Verwaltungsrechtsweg ist in der Kraftfahrzeug-Haftpflicht-Versicherung nicht vorgesehen, wird aber teilweise von der Assekuranz angeboten. Auch wenn der Versicherungsnehmer bei einem verschuldeten Unfall, der auch Dritte schädigt und ihn zum Ausgleichspflichtigen von Rettungskosten macht, einen Anspruch auf Ersatz der Feuerwehrkosten aus der Kraftfahrzeug-Haftpflicht-Versicherung hat, ist der Versicherer nach den vorliegenden AKB nicht berechtigt, gegen diesen Bescheid Widerspruch einzulegen. 8

Gegen öffentlich-rechtlichen Kostenbescheide, die oft sehr unterschiedlich ausfallen und ggf. auch übersetzt sein können[14], kann der Versicherer nur mit Einverständnis des Versicherungsnehmers vorgehen und mit dessen Vollmacht Widerspruch einlegen, wenn in den AKB der Versicherung keine entsprechende Regelung getroffen wurde. 9

Bei drohendem Fristablauf

E.1.2.5 (Verfahren bei Fristablauf[1])

Wenn Ihnen bis spätestens zwei Tage vor Fristablauf keine Weisung von uns vorliegt, müssen Sie gegen einen Mahnbescheid oder einen Bescheid einer Behörde fristgerecht den erforderlichen Rechtsbehelf (z.B. Widerspruch) einlegen.

Diese Regelung verpflichtet den Versicherungsnehmer, auch wenn er den Versicherer rechtzeitig über das laufende Verfahren informiert hat, die Fristen selbst zu überwachen, um ggf. noch selbst fristwahrend Widerspruch zu erheben oder die Anzeige der Verteidigungsbereitschaft vor Gericht abzugeben. Diese Regelung ist in der Kraftfahrzeug-Haftpflicht-Versicherung hinlänglich bezogen auf die Zivilverfahren bekannt. Der Versicherungsnehmer informiert den Versicherer über den Mahnbescheid oder die Klage und dieser wird sich ggf. für alle am Unfall beteiligten Mitversicherten bestellen. 1

Problematisch wird diese Regelung immer dann, wenn öffentlich rechtliche Bescheide erstellt wurden und der Versicherungsnehmer hier der Kostenschuldner ist. 2

B. öffentlich-rechtliche Verfahren

In den AKB a.F. hatte der Kraftfahrzeug-Haftpflicht-Versicherer nur für zivilrechtliche Erstattungsansprüche einzustehen[2]. Der mit diesen Kosten belastete Fahrzeughalter hatte auch nicht durch Zahlung einen Anspruch gegen seinen Kraftfahrzeug-Haftpflicht-Versicherer auf Erstattung solcher Kosten. Diese Formulierung wurde allerdings im Zuge der Reform der AKB aufgegeben, so dass grundsätzlich auch öffentlich-rechtliche Verfahren in den Katalog der möglichen Schadenersatzpositionen aufgenommen werden müssen. Der Versicherungsnehmer ist verpflichtet, den 3

---

14 Zur Angemessenheit von Feuerwehrkosten vgl. insbesondere Schwab/Heinrichs in Halm/Engelbrecht/Krahe FA Verkehrsrecht, Kap. 7 Rn. 294 ff.

1 Überschrift des Verfassers!

2 Vgl. insoweit statt aller VG Regensburg v. 16.01.2001 – RO 11 K 99/2286 in NJW 2002, 531 = VersR 2001, 1274 m.Anm. Troidl.

Versicherer auch über solche Bescheide, die ihm infolge eines Schadenfalles zugehen, zu informieren. Soweit dem Versicherungsnehmer ein Kostenbescheid mit Widerspruchsbelehrung zugeht, ist er verpflichtet, entsprechende Rechtsmittel einzulegen, um einer Verfristung zu begegnen. Der häufigste und bekannteste Fall ist der Einsatz der Feuerwehr an der Unfallstelle, sei es zur Bergung von Verletzten oder aber zur Beseitigung einer Ölspur, zur Absicherung der Unfallstelle o.ä.

4 Der Bescheid für einen Feuerwehreinsatz nach Verkehrsunfall ist ein öffentlich-rechtlicher Leistungsbescheid, für den ein Ersatzanspruch gegen den Kraftfahrzeug-Haftpflicht-Versicherer dann nicht besteht[3], wenn die Tätigkeit zur Beseitigung eines klassischen Unglücksfalls erfolgt.

5 Die Erstattung der Kosten kann der Versicherer ohne entsprechende Regelung in den AKB für die öffentlich-rechtlichen Verfahren dem Versicherungsnehmer nur ausnahmsweise verweigern, wenn ihm eine Verletzung der Schadenminderungspflicht vorzuwerfen ist.

E.1.3 Zusätzlich in der Kaskoversicherung

1 Da in der Fahrzeugversicherung der Versicherungsnehmer der Vertragspartner und gleichzeitig der Anspruchsberechtigte ist, sind hier zusätzliche Anforderungen bei Sonderfällen vorgesehen. Diese zusätzlich genannten Pflichten sollen es ermöglichen, durch zeitnahe Meldung des Schadenfalles auch die möglichen Beweise zu sichern. Diese zusätzlichen Obliegenheiten sind aber immer mit Blick auf E.2.2 AKB[1] zu sehen und bleiben immer folgenlos, wenn sie auf den Schadeneintritt und den Leistungsumfang keine Auswirkungen haben[2].

Anzeige des Versicherungsfalls bei Entwendung des Fahrzeugs

E.1.3.1 (Diebstahl des KFZ oder Teile des KFZ[1])

Bei Entwendung des Fahrzeugs oder mitversicherter Teile sind Sie abweichend von E.1.1.1 verpflichtet, uns dies unverzüglich in Textform anzuzeigen.

1 Soweit das versicherte Fahrzeug oder Teile davon entwendet werden, ist der Versicherungsnehmer verpflichtet, der Versicherung unverzüglich schriftlich[2] eine Schadenmeldung abzugeben. Das Schriftformerfordernis wurde in den AKB 2015/2022 aufgegeben. Es reicht Textform. Es gilt dann gerade nicht die sonstige Wochenfrist von E.1.1.1 AKB. Dieses Erfordernis soll den Versicherungsbetrug durch angebliche Diebstähle minimieren. Es gelten zusätzlich die im allgemeinen Teil genannten Pflichten.

2 Die Aufgabe des Schriftformerfordernisses und insbesondere der Verzicht auf die Anforderung der eigenhändigen Unterschrift begegnen diesseits Bedenken. Mit der Unterschrift hat der Versicherungsnehmer auch die Kenntnisnahme der Belehrung über die Wahrheitspflicht bestätigt. Wie dies in Zukunft sichergestellt werden kann, ist abzuwarten. Einfach darzustellen ist dies, wenn ein Online-Formular des Versicherers zur Schadenmeldung verwendet wird, dort kann durch Setzen eines Bestätigungsfeldes die Kenntnisnahme-Bestätigung abgefordert werden.

---

3 AG Euskirchen v. 06.08.2009 – 4 C 401/08, BeckRS. 2009 23 493 mit ausführlicher Darstellung der öffentlich-rechtlichen Ausgangslage. BGH v. 06.11.2007 – VI ZR 220/06, VersR 2008, 230 f. zu Entsorgungskosten von Ladung als Maßnahme der Schadenbeseitigung bzw. V. 19.07.2007 – III ZR 20/07, Sanierung eines Baches infolge Verunreinigung ist nicht erstattungsfähig.

1 Wegen der Details vgl. dort.

2 Vgl. insoweit auch Stomper AKB A.2.2 m.w.H.

1 Überschrift des Verfassers!

2 Vgl. auch Präve »Das neue VVG und das AGB-Recht« in VersW 2009, 98, 100 f. zur Vereinbarkeit der pauschalen Schriftformanforderung mit dem AGB-Recht. Eine isolierte schriftliche Anforderung dürfte allerdings keinen durchgreifenden Bedenken begegnen.

Zu beachten ist allerdings, dass die Assekuranz in der Gestaltung ihrer Obliegenheiten in der Fahrzeugversicherung frei ist, so dass u.U. das Schriftformerfordernis auch beibehalten werden kann. 3

Einholen unserer Weisung

E.1.3.2 (Weisungsbefugnis bei Reparatur[1])

Vor Beginn der Verwertung oder der Reparatur des Fahrzeugs bzw. mitversicherter Teile müssen Sie unsere Weisungen einholen, soweit die Umstände dies gestatten. Sie müssen unsere Weisungen befolgen, soweit Ihnen dies zumutbar ist.

In der Fahrzeugversicherung ist der Versicherungsnehmer gehalten, den Versicherer vor Durchführung der Reparatur zu informieren und ggf. dessen Weisungen zu beachten. So kann vertraglich eine bestimmte Werkstattbindung vereinbart sein, die zu beauftragen der Versicherungsnehmer verpflichtet ist. Insoweit sind die jeweiligen Bedingungen zu prüfen. Wenn der Versicherungsnehmer um den Preis eines günstigeren Beitrags in der Fahrzeugversicherung eine sog. Werkstattbindung vereinbart hat, kann er nicht ohne seine vertraglichen Pflichten zu verletzen, hiervon abweichen. Die Verletzung dieser Obliegenheit hat dann Folgen auf den Umfang des zu leistenden Schadenersatzes. Anspruch auf Erstattung des Vollkasko-Schadens besteht infolge der Verletzung der Obliegenheit ggf. nur in Höhe der Kosten, die in der vom Versicherer gewählten Werkstatt angefallen wären[2]. 1

Anzeige bei der Polizei

E.1.3.3 (Polizeimeldung[1])

Übersteigt ein Entwendungs-, Brand- oder Wildschaden den Betrag von xx Euro, sind Sie verpflichtet, das Schadenereignis der Polizei unverzüglich anzuzeigen.

Grundsätzlich ist der Versicherungsnehmer bei den Teilkasko-Risiken Brand[2], Diebstahl[3] oder Wildschaden[4] verpflichtet, den Schaden der Polizei anzuzeigen, wenn der Schaden den in den Bedingungen angegebenen Betrag von (i.d.R.) 500 € übersteigt. Kommt er dieser Pflicht nicht nach, riskiert er seinen Versicherungsschutz[5]. Um die Aufklärung des Sachverhaltes zu ermöglichen, ist der Versicherungsnehmer gehalten, in diesen Sonderfällen den Schadenfall bei der Polizei unverzüglich anzuzeigen. Gerade in Diebstahlsfällen und bei Fahrzeugbränden liegt der Betrugsverdacht nahe, so dass eine zeitnahe Prüfung der Angelegenheit unerlässlich ist. Dabei ist nunmehr nicht mehr von voller Leistungsfreiheit auszugehen, sondern in den Grenzen der Regelungen nach E.6 ggf. eine Leistungskürzung entsprechend dem Grad der Groben Fahrlässigkeit vorzunehmen. 1

Allerdings ist eine Polizeiklausel, die in einem Mietvertrag eines Kfz-Vermieters verwendet wird, nochmals zu prüfen. Eine Klausel, die den Mieter verpflichtet, bei Diebstahl, Verlust oder Unfall unverzüglich sowohl die Polizei wie auch den Vermieter zu informieren, benachteiligt den Mieter unangemessen im Sinne des § 307 BGB[6]. 2

---

1 Überschrift des Verfassers!
2 Vgl. hierzu auch Stomper zu AKB A.2.5.2 Rdn. 78.
1 Überschrift des Verfassers!.
2 Vgl. hierzu Stomper AKB A.2.2.1 Rdn. 5 f. m.w.H.
3 Vgl. hierzu Stomper, AKB A.2.2.1 Rdn. 21 ff.
4 Vgl. hierzu Stomper, AKB A.2.2.1 Rdn. 75 ff.
5 OLG Hamm v. 09.03.1984 – 20 U 288/83, VersR 1985, 467.
6 LG Frankfurt v. 04.09.02021 – 2 – 13 O 333/20.

E.1.4 Zusätzlich beim Autoschutzbrief

1 Da der Autoschutzbrief wie auch die Kasko-Versicherung nicht dem PflVG unterliegt, können hier ebenfalls zusätzliche Obliegenheiten vereinbart werden. So hat der Versicherungsnehmer neben den unter E.1.1.1 genannten Obliegenheiten im Schadenfall noch weitere Obliegenheiten zu befolgen. Aber im Gegensatz zur alten Regelung führen die Obliegenheitsverletzungen nicht mehr zu vollständigen Leistungsfreiheit, wenn die Obliegenheit grob fahrlässig verletzt wurde. Es ist eine Quotierung vorzunehmen. Eine auch nur teilweise Leistungsfreiheit ist dabei unter E.2.2 AKB[1] zu würdigen, es ist erforderlich, dass die Obliegenheitsverletzung auch Auswirkungen auf den Schaden bzw. den Leistungsumfang hat.

Einholen unserer Weisung

E.1.4.1 (Vollständige Weisungsbefugnis[1])

Vor Inanspruchnahme einer unserer Leistungen müssen Sie unsere Weisungen einholen, soweit die Umstände dies gestatten, und befolgen, soweit Ihnen dies zumutbar ist.

1 Der Versicherungsnehmer ist auch im Rahmen der Schutzbriefversicherung gehalten, die Weisungen des Versicherers einzuholen, will er dessen Leistungen in Anspruch nehmen. Dieser Regelung fußt auf § 82 Abs. 2 VVG und ist ein Unterfall der Verpflichtung des Versicherungsnehmers, den Schaden gering zu halten. Der Versicherungsnehmer muss, unabhängig von der Art der Leistung, die er in Anspruch nehmen will, zunächst mit dem Versicherer Kontakt aufnehmen. Etwas fragwürdig ist nach diesseitiger Auffassung die Ansicht, der Versicherungsnehmer müsse, auch wenn er die Inanspruchnahme des Versicherers gar nicht beabsichtigt, dessen Weisungen einzuholen[2]. Dies wird den Gesamtumständen nicht gerecht. Warum sollte der Versicherungsnehmer, der die Versicherung gar nicht in Anspruch nehmen will, dort Weisungen einholen? Dies erscheint wenig praktikabel. Zumindest an der Zumutbarkeit dürften dann Zweifel bestehen. Der Versicherungsnehmer kann selbst entscheiden, wann ihm die Einholung der Weisung nicht zumutbar war. Die Zumutbarkeit endet nach der Rechtsprechung dort, wo die Interessen des Versicherungsnehmers in unangemessener Weise beeinträchtigt werden oder diesen eigenen berechtigten Interessen sogar grob widersprechen[3].

2 Der wohl bekannteste Fall ist die Pannenhilfe. Der Versicherungsnehmer meldet sich beim Versicherer und dieser fordert für seinen Versicherungsnehmer einen Abschlepper seiner Wahl an[4]. Wird diese Weisung nicht befolgt, hat der Versicherungsnehmer keinen Anspruch auf die Leistungen, vgl. insoweit E.6 auch für diese Obliegenheiten.

---

1 Wegen der Details vgl. dort.

1 Überschrift des Verfassers!

2 Jacobsen aaO. E AKB 2008 Rn. 72.

3 OLG Hamm v. 05.10.1977 – 20 U 66/77, VersR 1980, 1064, der Versicherungsnehmer verkaufte im damals noch sozialistischen Ausland seinen verunfallten PKW, weil nicht klar war, ob die Versicherung sich darum überhaupt kümmern würde.

4 Vgl. insoweit auch AKB A.3.5.3.

Untersuchung, Belege, ärztliche Schweigepflicht

E.1.4.2 (Informationspflichten[1])

Sie müssen uns jede zumutbare Untersuchung über die Ursache und Höhe des Schadens und über den Umfang unserer Leistungspflicht gestatten, Originalbelege zum Nachweis der Schadenhöhe vorlegen und die behandelnden Ärzte im Rahmen von § 213 Versicherungsvertragsgesetz von der Schweigepflicht entbinden.

Erkrankt der Versicherungsnehmer oder eine mitversicherte Person während einer Reise[2] und es werden Leistungen der Schutzbriefversicherung erforderlich, hat der Versicherer Anspruch auf die Unterstützung durch den Versicherungsnehmer. Er muss sowohl die Untersuchung zur Feststellung der Ursache der Erkrankung (Schadens) zulassen, wie auch alle ihm vorliegenden Originalbelege zur Verfügung stellen. Liegen diese dem Versicherungsnehmer (noch) nicht vor, hat er an der Beschaffung der Belege aktiv mitzuwirken. Dabei handelt es sich nicht nur um die Belege zur Schadenhöhe, sondern ggf. auch um eine Durchschrift der gemeinsam mit dem Unfallgegner gefertigten internationalen Unfallschadenanzeige[3]. 1

Zur Einholung von Auskünften der behandelnden Ärzte ist der Versicherungsnehmer auch gehalten, diese zu Gunsten des Schutzbriefversicherers von der Schweigepflicht zu entbinden. Seit der Einführung von § 213 VVG darf der Versicherer nur noch in den Fällen, in denen die Einholung von ärztlichen Unterlagen zur Bewertung des Risikos erforderlich ist, eine Schweigepflichtentbindungserklärung anfordern. Die Pflicht nach E.1.4.2 AKB ist schon dann verletzt, wenn der Versicherungsnehmer dem Versicherer keine Auskünfte gibt, Belege vorenthält, die ihm vorliegen, oder die Erteilung der Schweigepflichtentbindung verweigert. 2

Ob diese obige Regelung, die zunächst eine pauschale Entbindung von der Schweigepflicht vom Versicherten fordert, im Lichte der Entscheidung des BVerfG[4] so formuliert Bestand haben kann, ist zweifelhaft[5]. Eine pauschale Entbindung von der Schweigepflicht ist nach Auffassung des BVerfG unzulässig. Die Schweigepflichtentbindung ist im unmittelbaren Bezug zum Unfallereignis zu erteilen. Allein der Hinweis auf § 213 VVG dürfte dem rechtsunkundigen Versicherungsnehmer nicht genügen. Idealerweise sollte der Hinweis »wegen der unfallbedingten Verletzungen« in der Anforderung aufgenommen sein. 3

Der Versicherer ist gehalten, zur Frage des Umfanges seiner Eintrittspflicht auch Ermittlungen zu möglichen Vorerkrankungen und der Frage der Verletzung der vorvertraglichen Anzeigepflicht anzustellen. Solange eine Schweigepflichtentbindungserklärung nicht vorgelegt wird, kann der Versicherer diese Fragen nicht prüfen und ist dementsprechend nicht zur Leistung verpflichtet[6]. Ob diese Haltung, die für die Berufsunfähigkeitsversicherung durchaus Sinn macht, auch auf die Schutzbrief-, Fahrerschutz- und die Unfallversicherung im Kfz-Bereich übertragen werden kann, ist nach diesseitiger Auffassung eher fraglich. Es müsste dann schon ein konkreter Anhaltspunkt für eine Aufklärungspflichtverletzung nach Eintritt des Schadenereignisses vorliegen, um eine Verpflichtung des Versicherten zu bejahen. In der Kfz-Versicherung kommt es gerade nicht auf die Bekanntgabe von Erkrankungen vor dem Vertragsschluss an, da in aller Regel nur der Versicherungsnehmer sicher diese Fragen beantworten könnte, der Kreis der mitversicherten Fahrer, Insassen oder sonstigen Anspruchsberechtigten eher unbestimmt ist. 4

---

1 Überschrift des Verfassers!

2 AKB A.3.7.

3 Jacobsen aaO. E AKB 2008, Rn. 75.

4 BVerfG v. 23.10.2006 – 1BvR 2027/02, zfs 2007, 34 ff.

5 Vgl. hierzu auch Notthoff »Die Zukunft genereller Schweigepflichtentbindungserklärungen in der Berufsunfähigkeitszusatzversicherung« zfs 2008, 243 ff.

6 KG v. 08.07.2014 – 6 U 134/13, zfs 2014, 631 f.

5 Warum in der Neufassung der AKB die Regeln E.4.1.2 AKB, E.1.5.3 und E.1.6.2 AKB nicht synchronisiert wurden, ist nicht nachvollziehbar. Auch im Rahmen der Ansprüche aus der Schutzbrief-Versicherung hätte es dem Versicherungsnehmer bzw. den versicherten Personen überlassen werden können, die erforderlichen Belege selbst zu beschaffen. Eine Angleichung ist hier dringend geboten, da der Versicherungsnehmer die unterschiedliche Handhabung sicher nicht nachvollziehen kann.

6 Zusätzlich zu den in E.1.1.1 AKB festgehaltenen Pflichten (Schadenmeldung, Aufklärung, Schadenminderung) muss der Versicherte auch weitere spezifische Obliegenheiten erfüllen. Entgegen der bisherigen Regelungen, die bei Versäumen der Obliegenheiten auch in der Kfz-Unfallversicherung vollständige Leistungsfreiheit vorsahen, sind die neuen Regelungen im Lichte der Vorschriften nach E.2 AKB[1] zu betrachten. So ist eine Leistungsfreiheit entsprechend dem Verschulden ggf. zu quotieren. Die Leistungsfreiheit entfällt völlig, wenn die Obliegenheitsverletzung keine Auswirkungen auf den Schadeneintritt oder den Umfang der Leistungspflicht des Versicherers hat.

Anzeige des Todesfalls innerhalb 48 Stunden

E.1.5.1 (Tod einer versicherten Person[1])

Hat der Unfall den Tod einer versicherten Person zur Folge, müssen die aus dem Versicherungsvertrag Begünstigten uns dies innerhalb von 48 Stunden melden. Dies gilt auch, wenn der Unfall schon angezeigt ist. Uns ist das Recht zu verschaffen, eine Obduktion durch einen von uns beauftragten Arzt vornehmen zu lassen.

Übersicht **Rdn.** **Rdn.**

A. Anzeige des Todesfalls

1 Im Falle des Todes der versicherten Person ist der Versicherer innerhalb von 48 Stunden zu informieren. Wird der Versicherte bei dem Unfall getötet, dürfte der Unfallzusammenhang unschwer zu ermitteln sein, so dass eine Versäumung der Anzeigepflicht wohl keine großen Auswirkungen auf Art und Umfang der Leistungspflicht des Versicherers haben dürfte. Dabei sind allerdings auch die Ursachen des Unfallereignisses zu prüfen. War gar die Alkoholisierung des Getöteten ursächlich für den Unfalltod, stellt sich die Frage der Eintrittspflicht des Versicherers[2]. Problematisch wird es allerdings, wenn der Versicherte irgendwann zeitlich nach dem Unfall stirbt und dann noch mal wegen des Todes Leistungen aus der Unfallversicherung begehrt werden. Dann ist es unerlässlich, die Frage des Unfallzusammenhanges zu prüfen. Es wird auch dann sicherlich Fälle geben, in denen der Unfallzusammenhang offenkundig ist und weitere Aktivitäten des Versicherers nicht erforderlich sind. Art und Umfang der Eintrittspflicht verändern sich insoweit nur dann, wenn ein Unfallzusammenhang bei pflichtgemäßem Verhalten der Hinterbliebenen erfolgreich hätte bestritten werden können. Zur Bewertung dieser Frage sind die Umstände des Einzelfalles (Art der Verletzung, Art der Dauerfolgen, wie starb der Verletzte) zu würdigen. Entsprechend dieser Würdigung ergibt sich dann die Quotierung der Leistungsfreiheit. Je kürzer die Leidensdauer des Versicherten war, umso größer dürfte die Wahrscheinlichkeit des Kausalzusammenhangs zwischen Unfall und Tod sein, und demzufolge umso niedriger der Grad des Verschuldens der Hinterbliebenen. Umgekehrt wird ein größerer Grad der Vorwerfbarkeit anzunehmen sein, wenn zwischen Unfall und Versterben größere Zeiträume liegen. Abzustellen ist hier nicht auf die Ausweitung des Schadens, da die

1 Wegen der Details vgl. dort.

1 Überschrift des Verfassers!

2 BGH v. 25.03.1992 – IV ZR 153/91, VersR 1992, 730 zur Leistungsfreiheit des Unfallversicherers wegen Verweigerung der Entnahme von Leichenblut, um die BAK zu ermitteln.

Unfallversicherung als Summenversicherung pauschalierte Leistungen erbringt. Einziges Kriterium kann daher das Bedürfnis der Klärung der grundsätzlichen Frage der Eintrittspflicht sein.

B. Ermöglichen der Obduktion

Der Versicherer muss berechtigt werden, eine Obduktion durchführen zu lassen, um ggf. Zweifel an dem Zusammenhang zwischen Unfall und Todesfall zu klären. Wird nach einer unklaren Todesursache eine Obduktion zur Klärung der Ursache verweigert, steht den Hinterbliebenen nur dann die Leistung aus der Unfallversicherung dennoch zu, wenn die Klärung auf eine andere Art herbeigeführt werden kann. Gelingt dieser Beweis allerdings nicht, entfällt die Leistungspflicht des Unfallversicherers wegen der verweigerten Obduktion[3]. U.U. sind die Hinterbliebenen auch gehalten, einer Exhumierung zuzustimmen, wenn der Versicherer vor der Bestattung von dem Todesfall keine Kenntnis hatte und eine Obduktion bei rechtzeitiger Anzeige veranlasst hätte[4]. Eine Verweigerung der Exhumierung und Obduktion kann dem Begünstigten einer Unfallversicherung allerdings nur dann nachteilig entgegengehalten werden, wenn er auch zur Totensorge verpflichtet war[5]. 2

Handelt es sich bei dem Getöteten um den Versicherungsnehmer, so treffen diese Pflichten seinen Rechtsnachfolger. Wenn es sich bei dem Getöteten aber nicht um den Versicherungsnehmer, sondern einen Insassen handelt, bei dem der Versicherungsnehmer zur Totensorge verpflichtet ist, treffen ihn die Obliegenheiten nach E.1.5.1 AKB unmittelbar. War allerdings ein Insasse Opfer des Verkehrsunfalls und der Versicherungsnehmer ist weder für die Totensorge verantwortlich noch Begünstigter in der Kfz-Unfallversicherung, wird auf den Rechtsnachfolger des Verstorbenen abzustellen sein. 3

Ärztliche Untersuchung, Gutachten, Entbindung von der Schweigepflicht

E.1.5.2 (Medizinische Versorgung)

Nach einem Unfall, der zu einer Leistung durch uns führen kann, müssen Sie unverzüglich einen Arzt hinzuzuziehen, seine Anordnungen befolgen und uns unterrichten.

Übersicht

A. Allgemeines

E. 1.5.2 ist die Konkretisierung von E.1.1.1 und E.1.1.3 AKB. Der Versicherte muss, wenn er Leistungen aus der Unfallversicherung erhalten will, an der Aufklärung der Angelegenheit mitwirken. Im Falle der Unfallversicherung wird die Pflicht nach E.1.1.3 AKB zur Aufklärung des Schadenfalles weiter ausgedehnt. Der Versicherte der Unfallversicherung muss nach dem Unfall unverzüglich einen Arzt aufsuchen, der die Unfallverletzungen diagnostiziert. Darüber hinaus wird von ihm erwartet, dass er den ärztlichen Anordnungen nachkommt und damit, soweit es ihm möglich ist, die Unfallfolgen zu mindern. Aber auch über die ärztlichen Anordnungen hinaus ist der Versicherte gehalten, den Schaden zu mindern, damit ein Dauerschaden nicht eintritt[1]. 1

---

3 So BGH v. 09.10.1991 – IV ZR 212/90, VersR 1991, 1365 zur Frage, ob der tödliche Genickbruch infolge eines Herzinfarktes oder Hirnschlages eingetreten war, wenn die äußeren Befunde an der Leiche nicht klären konnten, ob der Genickbruch Todesursache war, oder post mortem eingetreten war.

4 BGH v. 10.04.1991 – IV ZR 105/90, VersR 1991, 870 m.w.H.

5 OLG Hamm v. 11.02.1983 – 20 U 273/82, VersR 1983, 1131.

1 Wegen der Details vgl. hierzu Kommentierung unter AKB A.4.5 Rdn. 1 ff.

B. Mitwirkungspflichten

2 Die Versicherten einer Unfallversicherung treffen vielschichtige Pflichten:

I. unverzüglicher Arztbesuch

3 Der Versicherte muss unverzüglich einen Arzt aufsuchen, damit der Zusammenhang zwischen schädigendem Ereignis und den eingetretenen Verletzungen zweifelsfrei festgestellt werden kann[2]. Erfolgt nach einem Unfallereignis kein Arztbesuch, weil man beispielsweise nur von einer Prellung ausging, nicht aber von einer nachhaltigen Schädigung (eines Gelenkes o.ä.) ist das Merkmal unverzüglich nicht gegeben. Nach dem bisher geltenden Recht war damit von einer Obliegenheitsverletzung im Schadenfall auszugehen, es bestand Leistungsfreiheit in vollem Umfang. Durch die VVG-Reform wird sich im Rahmen der Prüfung, ob die Obliegenheit grob fahrlässig verletzt wurde, ein eher leichterer Grad der Vorwerfbarkeit ergeben mit einer überwiegenden Leistungspflicht des Unfallversicherers. Schwierig wird es dann, wenn durch das Versäumnis eine Schadenausweitung entstanden ist. Ob dies allerdings medizinisch immer so deutlich beantwortet werden kann, erscheint fraglich[3].

II. Befolgen ärztlicher Anordnung

4 Der Versicherte ist verpflichtet, die ärztlichen Anordnungen zu befolgen, die der untersuchende und behandelnde Arzt nach gewissenhaftem Ermessen trifft, um die Heilung zu fördern oder die Beeinträchtigungen zu mindern[4]. Dabei stellt sich allerdings die Frage, wie weit seine Pflicht – allein um den Interessen des Versicherers gerecht zu werden – geht. Sicher wird man dem Versicherungsnehmer nicht riskante oder gar lebensgefährliche Behandlungen abverlangen können. Es sind die widerstreitenden Interessen angemessen zu berücksichtigen. Wenn eine Behandlung nicht Erfolg versprechend ist, darf der Versicherungsnehmer diese auch verweigern. Dies dürfte auch für risikoreiche Operationen[5] gelten, die Verpflichtung besteht nur bei risikolosen Eingriffen, die geeignet sich, eine beträchtliche Besserung zu bieten[6]. Auch eine 50 % ige Chance, den Gesundheitszustand zu verbessern, verpflichtet u.U., eine entsprechende Behandlung durchzuführen[7].

III. Unfallfolgen mindern

5 Die Verpflichtung des Versicherungsnehmers, die Unfallfolgen zu mindern, entfällt in den AKB 2015, so dass hier auf die allgemeine Pflicht zur Schadenminderung in E.1.1.4 AKB zu verweisen ist. Der Versicherungsnehmer ist verpflichtet, die Unfallfolgen zu mindern. Diese Pflicht kann in der Duldung entsprechender Heilbehandlungen münden[8]. Allerdings ist der Versicherungsnehmer nicht verpflichtet, sich einer Psychotherapie zu unterziehen, wenn dies nicht entsprechend vertraglich vereinbart wurde[9].

---

2 BGH v. 24.03.1982 – IVa ZR 226/80, VersR 1982, 567, es soll dem Versicherer die Abgrenzung von unfallfremden zu unfallbedingten Erkrankungen ermöglicht werden, die bei verspäteter Prüfung ggf. nicht mehr zu trennen sind.

3 Vgl. insoweit auch Kloth, aaO. Kap. N. Rn. 13.

4 So OLG Hamm v. 23.11.1994 – 20 U 242/94, VersR 1995, 1039.

5 BGH v. 15.3.1994 – VI ZR 44/93, r+s 1994, 217.

6 BGH 20 U 242/94 in VersR 1989, 635.

7 So OLG Hamm v. 23.11.1994 – 20 U 242/94, VersR 1995, 1039 zur Duldung einer Bypass-Operation, um die Berufsunfähigkeit abzuwenden.

8 Himmelreich/Halm/Staab/Kreuter, Kap. 17 Rn. 203 m.w.H.

9 OLG Saarbrücken v. 17.01.2006 – 5 W 258/06 mit Hinweisen auch auf die Anforderungen einer solchen Regelung i.S.d. § 183 VVG a.F.

Ärztliche Untersuchung, Gutachten, Entbindung von der Schweigepflicht

E.1.5.3 (Medizinische Aufklärung)

Für die Prüfung unserer Leistungspflicht benötigen wir möglicherweise Auskünfte von

- Ärzten, die Sie vor oder nach dem Unfall behandelt oder untersucht haben.
- anderen Versicherern, Versicherungsträgern und Behörden.

Sie müssen es uns ermöglichen, die erforderlichen Auskünfte zu erhalten. Dazu können Sie den Ärzten und den genannten Stellen erlauben, uns die Auskünfte direkt zu erteilen. Ansonsten müssen Sie die Auskünfte selbst einholen und uns zur Verfügung stellen.

Wir beauftragen Ärzte, falls dies für die Prüfung unserer Leistungspflicht erforderlich ist. Von diesen Ärzten müssen Sie sich untersuchen lassen. Wir tragen die notwendigen Kosten und den Verdienstausfall, der durch die Untersuchung entsteht.

Sie haben erforderlichenfalls darauf hinzuwirken, dass angeforderte Berichte alsbald erstellt werden.

Übersicht

A. Allgemeines

1 E. 1.5.3 wurde neu gestaltet und deutlich umformuliert, um den AUB 2014 Rechnung zu tragen. Er enthält jetzt die entsprechenden Hinweise für das Erfordernis der Anforderung medizinischer Unterlagen und formuliert die Mitwirkungspflichten des Versicherten neu. Leider wird nicht auf die Schweigepflichtentbindungserklärung hingewiesen. Es reicht nach derzeitigem Erkenntnisstand nicht aus, dass der Versicherungsnehmer bzw. die mitversicherte Person einer anderen Stelle »erlaubt« Arztberichte einzuholen. Es ist eine formelle Entbindung von der Schweigepflicht erforderlich, die den Ansprüchen des § 213 VVG genügen muss.

B. Mitwirkungspflichten

2 Die Versicherten einer Unfallversicherung treffen vielschichtige Pflichten:

I. Gutachtenerstellung unterstützen

3 Der Versicherungsnehmer ist über die Pflichten nach E.1.5.2 hinaus gehalten, die ihn behandelnden Ärzte entweder von der Schweigepflicht zu entbinden und zu einer beschleunigten Abfassung der vom Unfallversicherer angeforderten Gutachten zu veranlassen. Er muss also ggf. bei dem behandelnden Arzt nachfragen, ob das Gutachten schon erstellt sei (E.1.5.3 S. 7).

4 Ist der Versicherte dazu nicht bereit, muss er selbst die erforderlichen Befundberichte vorlegen und dem Versicherer zur Verfügung stellen.

II. Schweigepflichtentbindung

5 Denknotwendig muss der Versicherungsnehmer dem Versicherer eine Entbindung von der ärztlichen Schweigepflicht für die behandelnden Ärzte erteilen, damit von dort überhaupt Auskünfte eingeholt werden können. Fehlt diese, kann der Versicherer keine Arztberichte anfordern und folgerichtig auch keine Bewertung der unfallbedingten Verletzungen vornehmen. Verweigert der Versicherungsnehmer also die Erteilung der Schweigepflichtentbindung, besteht Leistungsfreiheit des

Versicherers[1]. Ob diese obige Regelung, die zunächst eine pauschale Entbindung von der Schweigepflicht vom Versicherten fordert, im Lichte der Entscheidung des BVerfG[2] so formuliert Bestand haben kann ist zweifelhaft[3]. Eine pauschale Entbindung von der Schweigepflicht ist nach Auffassung des BVerfG unzulässig[4]. Die Schweigepflichtentbindung ist im unmittelbaren Bezug zum Unfallereignis zu erteilen. Allerdings ist der Versicherungsnehmer in der Unfallversicherung gehalten, auf Weisung des Versicherers sich von Ärzten untersuchen zu lassen, so dass eine Erteilung der Schweigepflichtentbindung nicht zwingend erforderlich wäre, um den Umfang der Verletzungen festzustellen. Daher wäre ein Verstoß insoweit zwar wegen vorsätzlicher Begehung geeignet, die Leistungsfreiheit des Versicherers herbeizuführen. Kann aber der Umfang der Verletzungen durch die Untersuchung, die vom Versicherer veranlasst wird, ebenfalls festgestellt werden, fehlt es ggf. an dem Schaden, der durch diese Weigerung entsteht. Bestenfalls könnte man in den Kosten für das Gutachten einen Schaden sehen, der bei Einholung eines Arztbriefes nicht eingetreten wäre.

6 Der Versicherer ist gehalten, zur Frage des Umfanges seiner Eintrittspflicht auch Ermittlungen zu möglichen Vorerkrankungen und der Frage der Verletzung der vorvertraglichen Anzeigepflicht anzustellen. Solange eine Schweigepflichtentbindungserklärung nicht vorgelegt wird, kann der Versicherer diese Fragen nicht prüfen und ist dementsprechend nicht zur Leistung verpflichtet[5]. Ob sich diese Haltung, die für die Berufsunfähigkeitsversicherung durchaus Sinn macht, auch auf die Schutzbrief-, Fahrerschutz- und die Unfallversicherung im Kfz-Bereich übertragen werden kann, ist nach diesseitiger Auffassung eher fraglich. Es müsste dann schon ein konkreter Anhaltspunkt für eine Aufklärungspflichtverletzung nach Eintritt des Schadenereignisses vorliegen, um eine Verpflichtung des Versicherten zu bejahen. In der Kfz-Versicherung kommt es gerade nicht auf die Bekanntgabe von Erkrankungen vor dem Vertragsschluss an, da in aller Regel nur der Versicherungsnehmer sicher diese Fragen beantworten könnte, der Kreis der mitversicherten Fahrer, Insassen oder sonstigen Anspruchsberechtigten eher unbestimmt ist.

III. Untersuchungspflicht

7 Will der Versicherungsnehmer Ansprüche aus der Unfallversicherung geltend machen, muss er sich von einem Gutachter, den die Versicherung benennt, untersuchen lassen. Eine Verweigerung der Untersuchung dürfte nur dann zulässig sein, wenn die Feststellungen hinsichtlich der unfallbedingt erlittenen Schädigungen auf andere Weise (etwa Gutachten, die im Rahmen der Schadenregulierung durch den gegnerischen Kraftfahrzeug-Haftpflicht-Versicherer erstellt wurden) möglich sind. Problematisch ist in diesem Zusammenhang aber oft die Einverständniserklärung der Gutachter, die häufig einer weiteren Verwendung dieser Gutachten widersprechen.

Frist zur Feststellung und Geltendmachung der Invalidität

E.1.5.4 (Fristen[1])

Beachten Sie auch die 15-Monatsfrist für die Feststellung und Geltendmachung der Invalidität nach A.4.5.1.3.

---

1 LG Saarbrücken v. 27.07.2005 – 14 O 31/05, zfs 2007, 580 f.

2 BVerfG v. 23.10.2006 – BvR 2027/02, zfs 2007, 34 ff.

3 Nach Marlow/Tschersich »Die private Unfallversicherung – aktuelles aus der Rechtsprechung, Praxis und VVG-Reform« r+s 2009, 441, 453 soll die Regelung wegen § 307 Abs. 1 S. 1, Abs. 2 Nr. 1 BGB unwirksam sein. (m.w.H.).

4 Vgl. hierzu auch Notthoff »Die Zukunft genereller Schweigepflichtentbindungserklärungen in der Berufsunfähigkeitszusatzversicherung« zfs 2008, 243 ff.

5 KG v. 08.07.2014 – 6 U 134/13, zfs 2014, 631 f.

1 Überschrift des Verfassers!

Der Versicherungsnehmer ist gehalten, innerhalb von 15 Monaten nach dem Unfall die Invalidität ärztlich bestätigen zu lassen[2]. Ohne ärztliche Feststellung besteht kein Anspruch auf eine Invaliditätsleistung[3]. Hierbei handelt es sich um eine Ausschlussfrist[4], die schon vor der VVG-Reform von der Rechtsprechung im Einzelfall als Verstoß gegen § 242 BGB gewertet und im Einzelfall als treuwidrig versagt wurde[5]. Nach der Rechtsprechung durfte sich der Versicherer dann nicht auf die Leistungsfreiheit berufen, wenn er selbst umfangreiche Untersuchungen angestellt und zugelassen hatte, ohne sich auf die Fristversäumung zu berufen[6]. Auch konnte sich der Versicherer schon nach altem Recht dann nicht auf die Fristversäumung berufen, wenn er sich im Rahmen der Verhandlungen auf eine »Ursachen«-Diskussion mit dem Versicherungsnehmer einließ[7]. Der Versicherer ist verpflichtet, den Versicherungsnehmer auf die Fristen hinzuweisen, auch muss der Hinweis auf diese Ausschlussfrist in den Bedingungen im Inhaltsverzeichnis zu finden sein[8]. Der Versicherungsnehmer darf darauf vertrauen, dass der Versicherer von sich aus ein entsprechendes Attest anfordern wird, wenn der Sachbearbeiter des Versicherers dies mitteilte[9]. Dabei geht die aktuelle Rechtsprechung[10] – allerdings zu AUB 2000 – davon aus, dass diese Regelung nicht intransparent oder unklar ist, befasst sich aber (noch) nicht mit der Frage der Bewertung eines Versäumnisses im Rahmen der geänderten Rechtslage. 1

Problematisch ist daher die nunmehrige Aufnahme des Hinweises[11] auf die Ausschlussfrist in E.1.5.4 AKB. Damit soll offenbar die Frage, ob es sich bei der Ausschlussklausel um einen Risikoausschluss oder eine verhüllte Obliegenheit[12] handelt, umgangen werden. Die Obliegenheiten im Schadenfall müssen sich sämtlich an E.2.2 messen lassen, in dem sowohl auf die Frage des Verschuldens wie auch auf die Frage des Einflusses der Versäumnis einer Obliegenheit im Schadenfall auf den Regulierungsumfang des Versicherers eingegangen wird. Allerdings ist in dieser Regelung ein Verschulden gerade nicht formuliert. Anders als in den sonstigen Obliegenheiten nach E.1. AKB ist hier lediglich ein Hinweis aufgenommen. Nach diesseitiger Auffassung dürfte die Versäumung der Frist keine Auswirkungen auf die Ansprüche des Verletzten haben, wenn die Tatsache der Invalidität sich auch schon aus den bis dahin vorgelegten medizinischen Unterlagen ergibt[13]. Der Verweis auf die Versäumung der Frist ist dann nicht treuwidrig, wenn der Versicherer vorher eine sachliche Prüfung durchgeführt hat[14]. § 186 VVG verpflichtet den Versicherer nur pauschal, auf die Ausschlussfristen hinzuweisen. Unterbleibt der Hinweis ganz, kann sich der Versicherer nicht auf die Leistungsfreiheit berufen. 2

Außerdem stellt sich die Frage, welche Anforderungen konkret an die Hinweis- und Aufklärungspflichten des Versicherers zu stellen sind. So könnte der Versicherer im Rahmen seiner Hinweis- und 3

2 Vgl. hierzu Heinrichs unter A.4.5.1.3.

3 LG Köln v. 10.09.2012 – 26 O 385/11, Jurion.

4 Meixner/Steinbeck aaO. § 9 Rn. 23; OLG Karlsruhe v. 03.03.2005 – 12 U 371/04, zfs 2007, 402; OLG Hamm v. 06.09.2006 – 20 U 81/06, zfs 2007, 224 ff; BGH v. 30.11.2005 – IV ZR 154/04, SVR 2006, 220 = NZV 2006, 243; Schulz, »Die primäre und sekundäre Darlegungs- und Beweislast bei vertraglichen Ausschlussklauseln im Versicherungsrecht«, VersR 2014, 930 f.

5 Meixner/Steinbeck aaO. § 9 Rn. 23.

6 BGH v. 28.06.1978 – IV ZR 7/77, VersR 1978, 1036 ff, weil sich der Versicherer erst ca. 2 Jahre nachdem auch noch ein Gerichtsgutachten eingeholt worden war, auf die Fristversäumung berief.

7 BGH v. 21.12.1973 – IV ZR 70/70 in VersR 1974, 234.

8 OLG Naumburg v. 19.07.2013 – 4 W 6/13, Jurion; OLG Hamm v. 19.10.2007 – 20 U 215/06, zfs 2008, 462 ff, wobei dort offenbar der Hinweis des Versicherers bei Anmeldung unterblieben war.

9 OLG Karlsruhe v. 24.10.2014 – 9 U 3/13, Jurion; OLG Naumburg v. 19.07.2013 – 4 W 6/13, Jurion.

10 OLG Düsseldorf v. 27.10.2008 – I-4 U 63/08, r+s 2009, 424; v. 13.07.2009 – I-4 U 60/09, r+s 2009, 424 f; OLG Karlsruhe v. 15.01.2009 – 12 U 167/08, r+s 2009, 425 f.

11 Zum Pflichtenkreis des Maklers, insbesondere zur Hinweispflicht auf die Ausschlussfristen vgl. BGH v. 16.07.2009 – III ZR 21/09, r+s 2009, 395 ff.

12 Wandt, »Zur dogmatisch gebotenen Enthüllung von »verhüllten« Obliegenheiten«, VersR 2015, 265 f.; Koch, »Abschied von der Rechtsfigur der verhüllten Obliegenheit«, VersR 2014, 283 f.

13 Vgl. auch OLG Frankfurt v. 21.02.1995 – 14 U 57/94, VersR 1996,618 zu Hinweispflichten des Versicherers.

14 OLG Frankfurt v. 21.02.1995 – 14 U 57/94, VersR 1996,618, da nach den bereits vorliegenden Gutachten außer kosmetischen Beeinträchtigungen aber keine dauerhaften Beeinträchtigungen der Arbeitsfähigkeit zu erwarten waren.

Aufklärungspflichten gehalten sein, den Versicherungsnehmer auf diese Fristen ausdrücklich, ggf. auch mehrfach, aufmerksam zu machen, wenn er sich darauf berufen will. Auch könnte man annehmen, dass der Versicherer gar (der Service-Gedanke) von selbst entsprechende medizinische Unterlagen zur Feststellung des Dauerschadens anfordert und die Begutachtung im Hinblick auf aktive Schadenregulierung automatisch veranlasst. Maßgeblich für die Einhaltung der 15-Monatsfrist ist nicht das Datum der Befunderhebung durch den Arzt sondern vielmehr das Datum seiner schriftlichen Stellungnahme[15]. Wenn der Versicherer die ärztliche Untersuchung veranlasst hat, deren Stellungnahme verspätet eintrifft, ist ihm die Berufung auf das Fristversäumnis verwehrt[16].

4 Auch wenn der Versicherer im Rahmen der Unfallschadenregulierung des Unfalls eines Quadfahrers ausschließlich auf die Frage des Wegfalls des Versicherungsschutzes abstellt, ohne die Frage der möglichen Fristversäumnis zu erörtern, ist dem Versicherer das Berufen auf das Fristversäumnis verwehrt. Will er sich auf diese Frist berufen, muss er auf den drohenden Fristablauf hinweisen[17].

5 Allein die Einreichung einer Unfallschadenanzeige reicht zur Geltendmachung einer unfallbedingten Invalidität nicht aus, wenn der Verletzte vom Versicherer auf die Fristen hingewiesen wurde[18].

E.1.6 Zusätzlich in der Fahrerschutzversicherung

1 In den AKB 2015 werden erstmalig Musterbedingungen für die Fahrerschutzversicherung aufgenommen. Zusätzlich zu den in E.1.1.1 AKB festgehaltenen Pflichten (Schadenmeldung, Aufklärung, Schadenminderung) muss der Versicherte auch weitere spezifische Obliegenheiten erfüllen. Entgegen der bisherigen Regelungen, die bei Versäumen der Obliegenheiten auch in der Kfz-Unfallversicherung vollständige Leistungsfreiheit vorsahen, sind die neuen Regelungen im Lichte der Vorschriften nach E.2 AKB[1] zu betrachten. So ist eine Leistungsfreiheit entsprechend dem Verschulden ggf. zu quotieren. Die Leistungsfreiheit entfällt völlig, wenn die Obliegenheitsverletzung keine Auswirkungen auf den Schadeneintritt oder den Umfang der Leistungspflicht des Versicherers hat.

Medizinische Versorgung

E.1.6.1 (Arztbehandlung[1])

Nach einem Unfall, der zu einer Leistung durch uns führen kann, müssen Sie unverzüglich einen Arzt hinzuziehen, seine Anordnungen befolgen und uns unterrichten

A. Allgemeines

1 In den AKB 2015 werden erstmalig Musterbedingungen für die Fahrerschutzversicherung aufgenommen. Zusätzlich zu den in E.1.1.1 AKB festgehaltenen Pflichten (Schadenmeldung, Aufklärung, Schadenminderung) muss der Versicherte auch weitere spezifische Obliegenheiten erfüllen. Gleichlautend zu den Regelungen in der Kfz-Unfallversicherung muss der Versicherte, der

15 OLG München v. 17.01.1994 – 26 U 3886/93, VersR 1995, 565 die Geschädigte hatte die Feststellung der Invalidität verzögert, indem Befunde der Berufsgenossenschaft nicht herausgegeben wurden, obwohl dies wegen des Urheberrechts oft nicht möglich ist, ebenso OLG Celle v. 22.11.2007 – 8 U 161/07, die schriftliche Feststellung war 19 Monate nach dem Unfall schriftlich attestiert worden.

16 OLG München v. 17.01.1994 – 26 U 3886/93, VersR 1995, 565.

17 OLG Naumburg v. 19.07.2013 – 4 W 6/13, Jurion = NJW-RR 2014, 104 f. = NZV 2014, 4.

18 OLG Frankfurt v. 20.11.2013 – 7 U 176/11, VersR 2014, 1495.

1 Wegen der Details vgl. dort.

1 Überschrift des Verfassers.

Ansprüche gegen den Fahrerschutzversicherer richten will, sich nach dem schädigenden Ereignis einer ärztlichen Behandlung unterziehen und dessen Anordnungen Folge leisten. Es gelten die gleichen Pflichten wie in E.1.5.3 AKB.

B. Mitwirkungspflichten

Der Versicherungsnehmer bzw. der mitversicherte Fahrer müssen folgende Pflichten erfüllen: 2

I. unverzüglicher Arztbesuch

Der Versicherte muss unverzüglich einen Arzt aufsuchen, damit der Zusammenhang zwischen schä- 3
digendem Ereignis und den eingetretenen Verletzungen zweifelsfrei festgestellt werden kann[2]. Erfolgt nach einem Unfallereignis kein Arztbesuch, weil man beispielsweise nur von einer Prellung ausging, nicht aber von einer nachhaltigen Schädigung (eines Gelenkes o.ä.) ist das Merkmal unverzüglich nicht gegeben. Nach dem bisher geltenden Recht war damit von einer Obliegenheitsverletzung im Schadenfall auszugehen, es bestand Leistungsfreiheit in vollem Umfang. Durch die VVG-Reform wird sich im Rahmen der Prüfung, ob die Obliegenheit grob fahrlässig verletzt wurde, ein eher leichterer Grad der Vorwerfbarkeit ergeben mit einer überwiegenden Leistungspflicht des Unfallversicherers. Schwierig wird es dann, wenn durch das Versäumnis eine Schadenausweitung entstanden ist. Ob dies allerdings medizinisch immer so deutlich beantwortet werden kann, erscheint fraglich[3].

II. Befolgen ärztlicher Anordnung

Der Versicherte ist verpflichtet, die ärztlichen Anordnungen zu befolgen, die der untersuchende 4
und behandelnde Arzt nach gewissenhaftem Ermessen trifft, um die Heilung zu fördern oder die Beeinträchtigungen zu mindern[4]. Dabei stellt sich allerdings die Frage, wie weit seine Pflicht – allein um den Interessen des Versicherers gerecht zu werden – geht. Sicher wird man dem Versicherungsnehmer nicht riskante oder gar lebensgefährliche Behandlungen abverlangen können. Es sind die widerstreitenden Interessen angemessen zu berücksichtigen. Wenn eine Behandlung nicht Erfolg versprechend ist, darf der Versicherungsnehmer diese auch verweigern. Dies dürfte auch für risikoreiche Operationen[5] gelten, die Verpflichtung besteht nur bei risikolosen Eingriffen, die geeignet sind, eine beträchtliche Besserung zu bieten[6]. Auch eine 50 %ige Chance, den Gesundheitszustand zu verbessern verpflichtet u.U., eine entsprechende Behandlung durchzuführen[7].

Es stellt sich die Frage, wie mit der Verweigerung der Mitwirkung des Versicherten an medizinisch 5
indizierten und notwendigen Heilbehandlungen[8] aus Glaubensgründen umzugehen ist. Können die Obliegenheiten einen Versicherten dazu zwingen, gegen seinen Glauben zu handeln und etwa eine Bluttransfusion[9] hinzunehmen? Soweit eine Operation ohne besonderes Gefahrenpotenzial (das übliche Risiko bei operativen Eingriffen muss deutlich überschritten sein) möglich ist, ist der Verletzte aus Schadenminderungsgründen[10] verpflichtet, diese durchführen zu lassen.

---

2 BGH v. 24.03.1982 – Va ZR 226/80, VersR 1982, 567, es soll dem Versicherer die Abgrenzung von unfallfremden zu unfallbedingten Erkrankungen ermöglicht werden, die bei verspäteter Prüfung ggf. nicht mehr zu trennen sind.

3 Vgl. insoweit auch Kloth, aaO. Kap. N. Rn. 13.

4 So OLG Hamm v. 25.01.1995 – 20 U 242/94, VersR 1995, 1039.

5 BGH v. 15.3.1994, VI ZR 44/93, r+s 1994, 217.

6 BGH v. 14.03.1989 – VI ZR 136/88, VersR 1989, 635.

7 So OLG Hamm v. 25.01.1995 – 20 U 242/94, VersR 1995, 1039 zur Duldung einer Bypass-Operation, um die Berufsunfähigkeit abzuwenden.

8 BGH v. 10.02.2015 – VI ZR 8/14 äußert sich auch zur Frage von Mitwirkungspflichten des Verletzten (hier im KH-Schaden).

9 BSG v. 04.12.2014 – B 2 U 18/13 R, Jurion zum Unfalltod eines Zeugen Jehovas wegen Verweigerung der Bluttransfusion.

10 *OLG* Hamm v. 26.06.1991 – 20 U 51/91, VersR 1992, 1120 f.

III. Unfallfolgen mindern

6 Die Verpflichtung des Versicherungsnehmers, die Unfallfolgen zu mindern, entfällt auch in der Unfallversicherung in den AKB 2015, so dass hier auf die allgemeine Pflicht zur Schadenminderung in E.1.1.4 AKB zu verweisen ist. Der Versicherungsnehmer ist verpflichtet, die Unfallfolgen zu mindern. Diese Pflicht kann in der Duldung entsprechender Heilbehandlungen münden[11]. Allerdings ist der Versicherungsnehmer nicht verpflichtet, sich einer Psychotherapie zu unterziehen, wenn dies nicht entsprechend vertraglich vereinbart wurde[12].

Medizinische Aufklärung

E.1.6.2 (Gutachtenerstellung und Nachweispflicht[1])

Für die Prüfung unserer Leistungspflicht benötigen wir möglicherweise Auskünfte von

- Ärzten, die Sie vor oder nach dem Unfall behandelt oder untersucht haben.
- anderen Versicherern, Versicherungsträgern und Behörden.

Sie müssen es uns ermöglichen, die erforderlichen Auskünfte zu erhalten. Dazu können Sie den Ärzten und den genannten Stellen erlauben, uns die Auskünfte direkt zu erteilen. Ansonsten müssen Sie die Auskünfte selbst einholen und uns zur Verfügung stellen.

Wir beauftragen Ärzte, falls dies für die Prüfung unserer Leistungspflicht erforderlich ist. Von diesen Ärzten müssen Sie sich untersuchen lassen. Wir tragen die notwendigen Kosten und den Verdienstausfall, der durch die Untersuchung entsteht.

Sie haben erforderlichenfalls darauf hinzuwirken, dass angeforderte Berichte alsbald erstellt werden.

1 Die Mitwirkungspflicht des Versicherten bei der Feststellung der unfallbedingten Schädigung wird nochmals konkretisiert und geht über die Anforderungen nach E.1.1.1 AKB hinaus. Sie entspricht in der Formulierung der Regelung unter E.1.5.3 (Unfallversicherung). In den AKB 2015/2022 wird die Formulierung leicht geändert, eine inhaltliche Änderung erfolgt dadurch nicht.

2 Der Versicherte muss entweder die ihn behandelnden Ärzte von der Schweigepflicht entbinden und dem Versicherer erlauben, dort Behandlungsbericht, Atteste und Gutachten anzufordern, oder aber die entsprechenden Unterlagen selbst beibringen.

3 Entschließt sich der Versicherte, eine Schweigepflichtentbindungserklärung zu unterzeichnen, hat dies den angenehmen Nebeneffekt, dass der Versicherer für ihn die Arbeit erledigt und die Kosten unmittelbar trägt. Der Versicherte muss dann nur noch darauf hinwirken, dass die angeforderten medizinischen Unterlagen baldmöglichst an den Versicherer gesendet werden.

4 Hat der Versicherte sich für die Variante entschieden, die Unterlagen selbst zu beschaffen, muss er sich zunächst sowohl um die Vorlage der Befundberichte wie auch die Kosten dieser Berichte kümmern. Das Risiko unbrauchbarer Gutachten trägt in diesem Falle er selbst.

5 Der Versicherer ist gehalten, zur Frage des Umfanges seiner Eintrittspflicht auch Ermittlungen zu möglichen Vorerkrankungen und der Frage der Verletzung der vorvertraglichen Anzeigepflicht anzustellen. Solange eine Schweigepflichtentbindungserklärung nicht vorgelegt wird, kann der Versicherer diese Fragen nicht prüfen und ist dementsprechend nicht zur Leistung verpflichtet[2]. Ob

11 Himmelreich/Halm/Staab/Kreuter, Kap. 17 Rn. 203 m.w.H.

12 OLG Saarbrücken v. 17.10.2006 – 5 W 258/06 mit Hinweisen auch auf die Anforderungen einer solchen Regelung i.S.d. § 183 VVG a.F.

1 Überschrift des Verfassers.

2 KG v. 08.07.2014 – 6 U 134/13, zfs 2014, 631 f.

sich diese Haltung, die für die Berufsunfähigkeitsversicherung durchaus Sinn macht, auch auf die Schutzbrief-, Fahrerschutz- und die Unfallversicherung im Kfz-Bereich übertragen werden kann, ist nach diesseitiger Auffassung eher fraglich. Es müsste dann schon ein konkreter Anhaltspunkt für eine Aufklärungspflichtverletzung nach Eintritt des Schadenereignisses vorliegen, um eine Verpflichtung des Versicherten zu bejahen. In der Kfz-Versicherung kommt es gerade nicht auf die Bekanntgabe von Erkrankungen vor dem Vertragsschluss an, da in aller Regel nur der Versicherungsnehmer sicher diese Fragen beantworten könnte, der Kreis der mitversicherten Fahrer, Insassen oder sonstigen Anspruchsberechtigten eher unbestimmt ist.

Aufklärung Ihrer Ansprüche gegen Dritte

E.1.6.3 (Ansprüche gegen Dritte und SVT[1])

Sie müssen alles tun, was der Aufklärung möglicher Ansprüche gegen Dritte dienen kann. Insbesondere müssen Sie unsere Fragen zu möglichen Ansprüchen gegen Dritte, die sich auf den Umfang unserer Leistungspflicht auswirken können, wahrheitsgemäß und vollständig beantworten. Entsprechende Nachweise müssen Sie uns vorlegen.

Übersicht

A. Allgemeines

1 Die Fahrerschutzversicherung ist als sog. Restschadensversicherung nur für den Teil eintrittspflichtig, den der Versicherte nicht vom Schädiger oder einem Sozialversicherungsträger oder sonstigen Versicherer erhält[2].

2 Da – anders als im Kfz-Haftpflichtschaden – der Versicherer von Sozialversicherungsträgern und privater Krankenkasse nicht in Regress genommen wird, muss der Versicherte um vollständige Belegung seiner Ansprüche dort besorgt sein. Eine geringfügige sprachliche Veränderung wurde vorgenommen, der Inhalt bleibt jedoch gleich.

B. Dritter im Sinne dieser Regelung sind daher:

I. Der unfallbeteiligte Dritte als Schädiger

3 Hat der Versicherte den Unfall nicht selbst verursacht stehen ihm Ansprüche nach § 823 BGB, § 7 StVG gegen den Unfallschädiger zu. Diese gehen seinem Anspruch aus der Fahrerschutzversicherung vor.

II. Der unfallbeteiligte Dritte als Mitschädiger

4 Trifft den Versicherten der Fahrerschutzversicherung eine Mitverantwortlichkeit an dem Schädigenden Ereignis, sei es Haftung aus Verschulden oder der Betriebsgefahr, hat er nur hinsichtlich des nicht gedeckten Schadens Ansprüche aus der Fahrerschutzversicherung. Um diese Ansprüche regulieren zu können, ist der Fahrerschutzversicherer darauf angewiesen, dass zum einen die

1 Überschrift des Verfassers.
2 Wegen der Details vgl. unter Leistungsumfang AKB A.5.4.

Ansprüche gegen den Schädiger/Mitschädiger beziffert werden und diese Bezifferung ihm vorgelegt wird. Ebenso benötigt er die Abrechnungen des Mitschädigers, um den Restanspruch bewerten zu können.

III. Ansprüche gegen den Sozialversicherungsträger

5 Der gesetzlich versicherte Geschädigte der Fahrerschutzversicherung erhält sowohl Leistungen der Krankenkasse oder Berufsgenossenschaft wie auch der Deutschen Rentenversicherung. Auch diese Leistungen sind offenzulegen, da sie möglichen Ansprüchen aus der Fahrerschutzversicherung kongruent sind.

IV. Ansprüche auch gegen sonstige Schadensversicherer

6 Auch die vom Versicherungsnehmer vereinbarten sonstigen Schadensversicherungen wie z.B. die private Krankenversicherung sind vorrangig in Anspruch zu nehmen, deren Abrechnungen sind daher ebenfalls vorzulegen, wenn ein Restschaden bei dem Versicherten verbleibt.

Wahrung Ihrer Ansprüche gegen Dritte

E.1.6.4 (Wahrung von Ansprüchen gegen Dritte und SVT[1])

Sie haben Ihren Anspruch gegen den Dritten unter Beachtung der Form- und Fristvorschriften zu wahren, soweit Ihnen dies zumutbar ist.

1 Da die Fahrerschutzversicherung nur zweitrangig und subsidiär eintritt, muss der Versicherte seine möglichen Ansprüche gegen sonstige Schädiger oder Schadensversicherer zuerst geltend machen und ist gehalten, alles ihm zumutbare zu veranlassen, um dieses Ansprüche zu wahren[2].

2 Dazu kann auch die Erhebung einer Klage gehören, wenn der Anspruch sonst nicht durchsetzbar ist.

E.2 Welche Folgen hat eine Verletzung dieser Pflichten?

1 Die Folgen der Leistungsfreiheit differieren auch hier in den Sparten, so ist die Leistungsfreiheit in der Kraftfahrzeug-Haftpflicht-Versicherung[1] unabhängig von der Quote zusätzlich durch die KfzPflVV der Höhe nach begrenzt, während in den anderen Sparten die Quote ermittelt und anschließend entsprechend dieser Quote der Schaden in voller Höhe gekürzt wird. Zu beachten ist, dass die Folgen der Obliegenheitsverletzungen nicht per se eintreten, sondern der Versicherer sich auf die Leistungsfreiheit berufen muss[2].

Leistungsfreiheit bzw. Leistungskürzung

E.2.1 (Leistungsbeschränkung wegen Pflichtverletzung)[1]

Verletzen Sie vorsätzlich eine Ihrer in E.1.1 bis E.1.6 geregelten Pflichten, haben Sie keinen Versicherungsschutz. Verletzen Sie Ihre Pflichten grob fahrlässig, sind wir berechtigt, unsere Leistung in einem der Schwere Ihres Verschuldens entsprechenden Verhältnis zu kürzen. Weisen Sie nach, dass Sie die Pflicht nicht grob fahrlässig verletzt haben, bleibt der Versicherungsschutz bestehen.

1 Überschrift des Verfassers.
2 Schwab, Die Fahrerschutzversicherung, Rn. 6 f.

1 Notthoff, »Der Regress des Kraftfahrzeug-Haftpflicht-Versicherers Teil 1«, VRR 2013, 84 ff. und Teil 2, VRR 2013, 124 ff.
2 BGH v. 26.01.2005 – IV ZR 239/03, VersR 2005, 493 = SP 2005, 134.

1 Überschrift des Verfassers!

Für die vollständige oder teilweise Leistungsfreiheit bei Verletzung einer Auskunfts- oder Aufklärungspflicht im Schadenfall gilt folgende weitere Voraussetzung: Wir haben Sie durch gesonderte Mitteilung in Textform auf diese Rechtsfolge hingewiesen.

Übersicht

A. Allgemeines zur Leistungsfreiheit nach E.

Eine Leistungsfreiheit des Versicherers wird es nur in den Fällen geben, in denen zum einen eine ernsthafte Gefährdung der Interessen der Versicherung und zum anderen ein schweres Verschulden auf Seiten des Versicherungsnehmers besteht[2]. Der Begriff Leistungsfreiheit gilt in der Kraftfahrzeug-Haftpflicht-Versicherung nur im Innenverhältnis. Die Ansprüche des Geschädigten werden in voller Höhe erfüllt und im Anschluss daran der Versicherungsnehmer bzw. der Fahrer in Regress genommen. Dabei ist zu beachten, dass der Regress gegen den Fahrer auch dann nicht ausgeschlossen ist, wenn er mit dem Versicherungsnehmer in häuslicher Gemeinschaft lebt. Der Regress des Kraftfahrzeug-Haftpflicht-Versicherers richtet sich – anders als in der Kasko-Versicherung – nicht nach § 86 VVG, da der Versicherer nicht einen Anspruch des Versicherungsnehmers gegen sich befriedigt, sondern einen direkten Anspruch des Geschädigten gegen den Versicherer (also eine eigene Leistungspflicht) erfüllt[3]. Auch eine analoge Anwendung verbietet sich[4]. 1

In den anderen Sparten hingegen kann der Versicherer gegenüber dem anspruchsberechtigten Versicherungsnehmer direkt die Leistung entsprechend des Grades der Vorwerfbarkeit kürzen[5]. 2

Neu aufgenommen wurde der Satz 3 mit dem Hinweis auf das Belehrungserfordernis[6]. 3

2 So auch Schirmer »Neues VVG und Kraftfahrzeughaftpflicht – und Kaskoversicherung – Teil II« in DAR 2008, 319, 320.

3 So schon BGH v. 13.07.1988 – IVa ZR 55/87, VersR 1988, 1062; LG Bielefeld v. 18.03.1998 – 22(2) S 506/97, VersR 1999, 1274.

4 BGH v. 18.01.1984 – IVa ZR 73/82, VersR 1984, 327 = NJW 84, 1463; v. 13.07.1988 – IVa ZR 55/87, VersR 1988, 1062.

5 Fehlt eine solche Kürzungsklausel in den AGB, ist die Klausel ungültig, OLG Dresden v. 24.03.2015 – 4 U 1292/14; Musterfälle für die Kasko-Versicherung bietet Nugel »Die Leistungsfreiheit des Kraftfahrtversicherers nach dem neuen VVG wegen einer Obliegenheitsverletzung nach Eintritt des Versicherungsfalls – erste Erfahrungen und Musterfälle« in zfs 2009, 307 ff.

6 Vgl. dazu unten FN 5.

B. Vorsätzliche Obliegenheitsverletzung

4 Eine vorsätzliche Obliegenheitsverletzung ist gegeben, wenn der Versicherungsnehmer im Bewusstsein der Verhaltensnorm die Obliegenheitsverletzung will[7], er muss dabei Kenntnis von dem Versicherungsfall haben, welcher die Obliegenheit auslöst[8], wobei bedingter Vorsatz ausreicht[9] und verminderte Zurechnungsfähigkeit diesen nicht ausschließt[10]. Es ist nicht erforderlich, dass der Vorsatz einen Schaden des Versicherers mit umfasst[11]. Hat der Versicherungsnehmer z.B. die Kenntnis von Vorschäden und verschweigt diese in der Schadenmeldung, ist von einer vorsätzlichen Obliegenheitsverletzung auszugehen. Auch falsche Angaben zu Laufleistung, Fahrer etc. sind als vorsätzliche Obliegenheitsverletzungen zu werten. Die Bewertung der Fälle, in denen der Versicherungsnehmer seine fehlerhaften oder falschen Angaben nachträglich korrigiert, als grob fahrlässig bleibt der Rechtsprechung vorbehalten. Allerdings kann nicht ohne weitere Prüfung eine vorsätzliche Obliegenheitsverletzung angenommen werden, wenn weitere Nachforschungen u.U. ein anderes Bild ergäben[12]. Eine besondere Belehrung und Hinweis auf § 28 Abs. 4 VVG ist entbehrlich[13].

C. Grob fahrlässige Obliegenheitsverletzung/Quotierung

5 Fahrlässig handelt der Versicherungsnehmer oder Fahrer, wenn er die im Verkehr erforderliche Sorgfalt außer Acht lässt. Der Fahrlässigkeitsbegriff entspricht dem des § 276 BGB. Grob fahrlässig handelt derjenige, der die im Verkehr erforderliche Sorgfalt im hohen Maße außer Acht lässt, gar gröblich missachtet; wer nicht beachtet, was unter den gegebenen Umständen jedermann einleuchten musste, schlechthin unentschuldbare Pflichtverletzung muss vorgelegen haben. Als Maßstab wird das Verhalten des besonnenen und umsichtigen Autofahrers angelegt. Dieser wird jedoch unter Berücksichtigung auf die Verschiedenheit im Hinblick auf Bildung, Lebensstellung und Lebenstätigkeit, Alter und ähnliche Umstände dem jeweiligen Menschen angepasst werden müssen[14]. Ob eine grob fahrlässige Obliegenheitsverletzung vorliegt, ist keine reine Tatsachenfrage und unterliegt auch insoweit der revisionsrechtlichen Prüfung, als das Berufungsgericht entweder den Rechtsbegriff verkannt oder nicht alle festgestellten Umstände des Geschehens in seine Wertung einbezogen hat[15]. Es gibt keinen Anscheinsbeweis für das Vorliegen der groben Fahrlässigkeit[16].

6 Die Quote der grob fahrlässigen Obliegenheitsverletzung sollte in aller Regel bei 50 % liegen, war das Verhalten des Versicherungsnehmers weniger oder besonders vorwerfbar, so kann nach unten oder nach oben abgewichen werden. Die Quote selbst kann im Lichte der Schadenausweitung betrachtet werden, wobei in der Fahrzeugversicherung die Schadenausweitung als solche nicht erstattet werden könnte, sondern nur der Betrag, der auch bei Beachtung der Pflichten zu erstatten gewesen wäre.[17]

D. Entlastungsmöglichkeit des Versicherungsnehmers

7 Der Versicherungsnehmer hat die Möglichkeit, sich zu entlasten, indem er nachweist, dass sein Verhalten lediglich einfach fahrlässig bzw. sogar entschuldigt[18] war. Eine Entlastung entfällt bei arglistigem Verhalten.[19]

---

7 BGH v. 02.06.1993 – IV ZR 72/93, r+s 1993, 323 (LS)=NJW 1993, 2112.
8 BGH v. 29.05.1970 – IV ZR 148/69, VersR 1970, 732.
9 BGH v. 12.07.1972 – IV ZR 23/71, VersR 1972, 1039.
10 BGH v. 24.06.1970 – IV ZR 140/69, VersR 1970, 801.
11 OLG *Saarbrücken* v. 19.11.1974 – 7 U 4/74, VersR 1976, 157.
12 OLG Brandenburg v. 14.10.2009 – 3 U 32/09 für die Teilkasko.
13 OLG Dresden v. 17.04.2018 – 4 U 1480/17.
14 BGH v. 30.04.1981 – IVa ZR 129/80, VersR 1981, 948.
15 BGH v. 10.02.1999 – IV ZR 60/98 in NJW-RR 2000, 397 = VersR 1999, 1004 m.Anm. Lorenz.
16 BGH v. 05.02.1974 – VI ZR 52/72 in VersR 1974, 593.
17 Halm/Fitz Versicherungsrecht 2021/2022, DAR 2022,310 317.
18 BGH v. 27.08.2014 – 4 StR 259/14 (massiv blutende Wunde).
19 Golücke Kausalitätsgegenbeweis und Arglist bei Obliegenheitsverletzungen, NJW-Spezial 2024, 137ff.

E. Belehrungs- und Hinweispflichten des Versicherers

Auch hier ist der Versicherer verpflichtet, den Versicherungsnehmer augenfällig und verständlich auf die Folgen einer eventuellen Obliegenheitsverletzung hinzuweisen[20]. Diese Pflicht wurde jetzt in der vorliegenden Fassung in den Text mit aufgenommen. Wenn sich die Frage stellt, ob der Versicherungsnehmer die Belehrung verstanden hat – weil beispielsweise Differenzen in den Antworten auftauchen – ist er nochmals über die Folgen falscher Angaben oder Verhaltensweisen aufzuklären. Werden diese Pflichten von Seiten des Versicherers nicht oder zu spät beachtet, kann sich der Versicherer nicht auf Leistungsfreiheit berufen, die auf Angaben fußt, die zu einem vorherigen Zeitpunkt, als eine Belehrung noch nicht erfolgt war, abgegeben wurden[21]. Eine Belehrung kann nur dann entbehrlich sein, wenn der Versicherungsnehmer arglistig handelt[22]. 8

Auf die Platzierung der Belehrung des Versicherungsnehmers kommt es ebenfalls an, so ist eine Belehrung über die Rechtsfolgen grundsätzlich in der Nähe der Unterschrift[23] und nicht auf der letzten Seite mehrere Seiten nach der Unterschrift anzubringen[24]. 9

E. Einzelfälle

I. Anzeigepflichtverletzung

1. in der Kraftfahrzeug-Haftpflicht-Versicherung

Die Anzeigepflicht des Versicherungsnehmers kann nur dann **vorsätzlich** verletzt werden, wenn er in Kenntnis eines Schadenfalles den Versicherer davon nicht unterrichtet, um einer Höherstufung zu entgehen oder nicht als Täter in Betracht zu kommen[25]. Ohne die Kenntnis des Versicherungsnehmers vom Schadenfall kann es zu einer Anzeigepflichtverletzung nicht kommen. Hat der Fahrer einen Schaden verursacht, so kann auch er wegen der Anzeigepflichtverletzung in Regress genommen werden. Dann wäre dem Versicherungsnehmer ggf. eine grob fahrlässige Anzeigepflichtverletzung vorzuwerfen, wenn er bei gehöriger Aufmerksamkeit von dem Schaden hätte Kenntnis nehmen können. Diese Erwägungen sind allerdings eher theoretischer Natur. 10

Hat der Versicherer aber innerhalb der Frist des E.1.1 von dem Schadenfall auf andere Weise Kenntnis erhalten, beispielsweise durch den Anspruchsteller in der Kraftfahrzeug-Haftpflicht-Versicherung, kann zumindest in der Kraftfahrzeug-Haftpflicht-Versicherung nicht mehr von einer vorsätzlichen Verletzung der Anzeigepflicht gesprochen werden[26]. Daher hat diese Pflichtverletzung in der Praxis der Kraftfahrzeug-Haftpflicht-Versicherung kaum Bedeutung. Hat der Versicherer aber in der Kraftfahrzeug-Haftpflicht-Versicherer Kenntnis von dem eingetretenen Schaden und weiß, dass sein Versicherungsnehmer noch Zusatzvereinbarungen getroffen hat wie Kasko oder Unfallversicherung, kann er sich nach Auffassung des Autors nicht mehr auf eine Anzeigepflichtverletzung berufen, wenn er dem Versicherungsnehmer nicht die ihn in diesen Bereichen interessierenden Fragen stellt. 11

2. in sonstigen Sparten

In den **anderen Sparten** kann der Versicherer allerdings ohne den Hinweis des Versicherungsnehmers nicht tätig werden, so dass der Verletzung der Anzeigepflicht dort erhebliche Bedeutung zukommt[27]. 12

---

20 Schimikowski »Die vorvertragliche Anzeigepflicht« in r+s 2009, 353, 356 f.
21 OLG Köln v. 10.06.2008 – 9 U 226/07; Jurion.
22 BGH v. 12.03.2014 – IV ZR 36/13, vgl. i.Ü. die Ausführungen zu den Belehrungspflichten in §§ 6, 28 VVG sowie unter AKB B.
23 Vgl. insoweit auch die Ausführungen zu § 6 und § 28 VVG.
24 OLG Stuttgart v. 26.09.2013 – 7 U 101/13, Jurion.
25 Stiefel/Hofmann § 7 AKB a.F. Rn. 20 m.w.H.
26 BGH v. 20.12.1974 – IV ZR 171/73, VersR 1975, 366, § 30 Abs. 1 VVG.
27 Zu den Feststellungsnachteilen bei verspäteter Meldung vgl. OLG Koblenz, Beschl. v. 28.12.2020 – 12 U 235/20.

Dabei ist aber zu beachten, dass dem Versicherungsnehmer die Möglichkeit der Widerlegung der Vorsatzvermutung bleibt, wenn er sein Fehlverhalten korrigiert oder die falschen Angaben berichtigt, die auf einem Irrtum basierten[28]. Auch wurde eine vorsätzliche Obliegenheitsverletzung dann verneint, wenn der Versicherungsnehmer entgegen den Versicherungsbedingungen dem Rat eines Rechtsanwaltes vertraute, dass der Vorfall nicht anzeigepflichtig sei[29]. Nach der VVG-Reform wird aber die Frage der Vorwerfbarkeit hier anders zu prüfen sein. Es dürfte auf den Horizont des Versicherungsnehmers abzustellen sein, ob sich ihm die Pflicht zur Anzeige eines Schadenfalles oder Umstandes geradezu aufdrängen musste – trotz der entgegenstehenden Beratung seines Rechtsanwaltes.

3. Besonderheit Kasko-Versicherung

13 Hier ist zu differenzieren:

Hat sich ein Schaden mit Drittbeteiligung ereignet, hat der Versicherer u.U. schon Kenntnis durch die Meldung des Dritten, der Anzeigepflicht ist damit allerdings nicht auch für die Kasko-Versicherung Genüge getan[30]. Ob man sich dieser Auffassung, die aus einer über vierzig Jahre alten Entscheidung resultiert, auch heute im Zeitalter der EDV noch anschließen kann, ist fraglich. Gerade der Service-Gedanke gebietet heute, den Versicherungsnehmer auf die Möglichkeit der Inanspruchnahme der Kasko-Versicherung hinzuweisen, wenn der Versicherer Kenntnis vom Schaden erlangt hat. Erhält der Versicherungsnehmer also einen Fragebogen zum Haftpflichtschaden, der auch die Frage enthält, »wollen Sie Ihre Kasko-Versicherung in Anspruch nehmen?« darf davon ausgegangen werden, dass damit auch der Anzeigepflicht in der Kasko-Versicherung nachgekommen ist, wenn er diese Frage mit ja beantwortet.

14 Hat der Versicherungsnehmer den Schaden, der nicht mit einem Kraftfahrzeug-Haftpflicht-Schaden zusammenhängt, nicht angezeigt, kann dies auch bedeuten, dass er keine Ansprüche aus der Kasko-Versicherung herleiten möchte. In diesem Fall ist die Anzeigepflichtverletzung ohne Bedeutung. Will er aber Ansprüche geltend machen, gereicht ihm die verzögerte Schadenmeldung ggf. zum Nachteil, wenn dann der Schaden nicht mehr dem schädigenden Ereignis zugeordnet werden kann[31].

15 Hat der Versicherungsnehmer seinen Schaden in der Kasko-Versicherung gemeldet und geht davon aus, dass die Weiterleitung an die Kraftfahrzeug-Haftpflicht-Versicherung hausintern erfolgt, kann von einer vorsätzlichen Obliegenheitsverletzung nicht mehr gesprochen werden, vielmehr ist dann die Frage der Fahrlässigkeit zu prüfen. Dabei dürfte in diesem Fall nicht mehr von grober Fahrlässigkeit ausgegangen werden können.

16 Das Verschulden des Versicherungsnehmers dürfte bei der Anzeigepflichtverletzung nicht besonders schwer wiegen, so dass bei verspäteter Meldung des Schadens eine Quotierung im Bereich um 20–50 % angemessen sein dürfte, je nach Schadenumfang und Auswirkungen der Obliegenheitsverletzung im Einzelfall.

17 Problematisch sind die Fälle, in denen die isolierte Kasko-Schadenmeldung verspätet eingeht, da dann ggf. der Schadenumfang nicht mehr zweifelsfrei feststellbar ist[32].

---

28 BGH v. 05.12.2001 – IV ZR 225/00, NJW 2008, 518; die Frage der vorsätzlichen oder grob fahrlässigen Anzeigepflichtverletzung ist eine tatrichterliche Frage BGH v. 04.12.1980 – IVa ZR 32/80, VersR 1981, 173.

29 BGH v. 08.01.1981 – IVa ZR 60/80, VersR 1981, 321.

30 OLG Celle v. 24.05.1967 – 1 U 12/67, VersR 1967, 994.

31 AG Köln v. 05.04.1978 – 112 C 1458/77, VersR 1979, 1023 (5 Monate nach Schadenfall), LG Lübeck v. 25.05.1984 – 1 S 40/84, VersR 1984, 1164 (20 Tage nach Schadenfall und Reparatur, so dass die Schäden nicht mehr dem Brand zugeordnet werden konnten).

32 LG Düsseldorf v. 17.07.2007 – 23 S 85/07, SP 2008, 190 f.

II. Aufklärungspflicht

18 Hatte der Versicherungsnehmer Kenntnis von den erheblichen Umständen und unterlässt es, diese dem Versicherer mitzuteilen, wird von vorsätzlichem Handeln ausgegangen. Der Versicherungsnehmer ist beweisbelastet, wenn er eine retrograde Amnesie behauptet, die ihn die Kenntnis habe verlieren lassen[33]. Auch die Frage nach dem Vorsteuerabzug gilt es zu beantworten[34]. Die Aufklärungspflicht erfasst eine Vielzahl von Fragen, deren Auswirkungen durchaus voneinander abweichen können. So sind beispielsweise in der Kraftfahrzeug-Haftpflicht-Versicherung Aufklärungspflichtverletzungen (falsche oder unvollständige Beantwortung von Fragen) nur dann von großer Bedeutung, wenn keine anderen Aufklärungsmittel zur Verfügung stehen. Falsche Angaben sind schädlich, ggf. kann Arglist[35] unterstellt werden, eine Korrektur ist nur eingeschränkt möglich[36]. Werden beispielsweise falsche Angaben zum Alkoholgenuss[37] gemacht und ist der Unfall nicht polizeilich aufgenommen, gibt es keine Möglichkeiten, diese Frage aufzuklären. In diesem Fall hätte eine falsche Angabe erhebliche Bedeutung. Beweisbelastet ist hierfür der Versicherer. Die Anforderungen in den einzelnen Sparten sind über die allgemeine Aufklärungspflicht hinaus konkretisiert.

19 Auch die Verkehrsunfallflucht als Unterfall der Aufklärungspflicht schadet dem Versicherungsnehmer, der sie begangen hat, um etwa seinen Alkoholkonsum zu verschleiern. Er kann bei personenverschiedenem Fahrer zwar auch dann nicht wegen Aufklärungspflichtverletzung in Regress genommen werden, wenn er die Unfallflucht des Fahrers nicht verhindert hat[38], aber er kann auch gehalten sein, dessen Namen bekannt zu geben, will er seinen Versicherungsschutz erhalten[39]. Es kann auch dann eine Aufklärungspflichtverletzung vorliegen, wenn eine Unfallflucht nicht gegeben war, sofern die Pflicht, an der Unfallstelle zu verbleiben, in den AKB separat formuliert war[40].

20 Im Rahmen der Aufklärungspflicht kann bei Verkehrsunfallflucht auch die vollständige Leistungsfreiheit des Versicherers gegeben sein, auch die Möglichkeit des Kausalitätsgegenbeweises nach § 28 Abs. 3 S. 1 VVG entfällt u.U.[41]. Allerdings kann ein unerlaubtes Entfernen vom Unfallort zur Versorgung der eigenen beim Unfall erlittenen Verletzungen gerechtfertigt sein[42]. Ein Verschulden entfällt jedoch dann, wenn dem Versicherungsnehmer schon der Zusammenhang mit dem Straßenverkehr nicht bekannt/bewusst war, weil er beim Beladen ein benachbartes Kfz beschädigt hatte und sich entfernte[43].

21 Besondere Bedeutung kommt der Aufklärungspflicht in Diebstahlsfällen zu, wenn es um die Frage nach der Anzahl der Fahrzeugschlüssel geht, allerdings darf auch bei einer – zunächst – falschen Angabe der Anzahl nicht ohne weitere Nachforschungen von einer vorsätzlichen Obliegenheitsverletzung ausgegangen werden, wenn diese geboten erschienen[44]. Auch die wahrheitsgemäße

---

33 BGH v. 13.12.2006 – IV ZR 252/05, DAR 2007, 332 f = NZV 2007, 186 f.

34 OLG Karlsruhe 12 U 9/07, BeckRS 2007, 16 974 (Versicherungsnehmer habe die Frage nach der Vorsteuerabzugsberechtigung nicht verstanden, wurde im Termin widerlegt).

35 Golücke, Kausalitätsgegenbeweis und Arglist bei Obliegenheitsverletzugne, NJW-Spezial 2024, 137 ff m.w.H.; OLG Dresden v. 01.07.2024 – 4 U 226/24.

36 Eine nachträgliche Korrektur kann nur dann helfen, wenn diese vollständig ist. OLG Stuttgart v. 01.12.2016 – 7 U 114/16.

37 OLG Saarbrücken v. 6.7.2022 – 5 U 92/21.

38 Halm in Festschrift für Klaus Himmelreich zum 70. Geburtstag »Versicherungsrechtliche Konsequenzen der Unfallflucht, S. 295, 299.

39 KG v. 07.05.2010 – 6 U 1417/09, r+s 2010, 460.

40 OLG Stuttgart v. 16.10.2014 – 7 U 121/14, NJW 2015, 8 = r+s 2015, 14 ff.

41 OLG Naumburg v. 21.06.2012 – 4 U 85/11 – (volle Leistungsfreiheit); LG Düsseldorf v. 13.07.2017 – 9 S 37/16 nimmt den Feststellungsnachteil an; a.A. LG Stuttgart v. 16.2.2022 – 4 S 276/20 zu den Anforderungen an den Vortrag des Versicherers hinsichtlich Feststellungsnachteilen, Es besteht jedenfalls keine Pflicht des Fahrers, sich eines Alkoholtests zu unterziehen, OLG Karlsruhe v. 20.01.2022 – 12 U 267/21.

42 BGH v. 27.08.2014 – 4 StR 259/14 (massiv blutende Wunde).

43 LG Aachen v. 09.12.2011 – 71 NS-607 JS 784/08-146/11, NZV 2013, 305.

44 OLG Brandenburg v. 14.10.2009 – 3 U 32/09.

Beantwortung der Frage nach dem Kilometerstand ist zur Belegung der Redlichkeit des Versicherungsnehmers geeignet[45]. Ebenso sind Fragen nach den Vermögensverhältnissen wahrheitsgemäß zu beantworten[46]. Nachfragen eines vom Versicherer beauftragten Arztes müssen ebenso wahrheitsgemäß und vollständig beantwortet werden. Sie stehen den Fragen des Versicherers gleich[47].

III. Schadenminderungspflicht

22 Verstößt der Versicherungsnehmer gegen die Pflicht, den Schaden gering zu halten, ist zu differenzieren: In der Kraftfahrzeug-Haftpflicht-Versicherung besteht Leistungsfreiheit in den Grenzen von E.6.3 AKB, während in den anderen Sparten bei vorsätzlicher Obliegenheitsverletzung vollständige Leistungsfreiheit besteht.

IV. Anzeige außergerichtlicher Geltendmachung von Ansprüchen

23 Versäumt der Versicherungsnehmer, die außergerichtliche Geltendmachung von Ansprüchen gegen ihn anzuzeigen, kann dies nur in der Kraftfahrzeug-Haftpflicht-Versicherung von Bedeutung sein. Verschweigt er die Geltendmachung vorsätzlich, richtet sich die Leistungsfreiheit nach E.6.3 AKB, verletzt er die Obliegenheit grobfahrlässig, ist die Leistungsfreiheit entsprechend der Schwere des Verschuldens zu kürzen. Dieser Regelung kommt wegen dem in der Kraftfahrzeug-Haftpflicht-Versicherung bestehenden Direktanspruch eher untergeordnete Bedeutung zu. Werden allerdings gegen den Versicherungsnehmer direkt Ansprüche angemeldet und er befasst sich nicht damit, so dass Mahnkosten entstehen oder ggf. Verzugsschäden zu erstatten sind, die bei rechtzeitiger Meldung nicht entstanden wären, besteht ggf. Leistungsfreiheit hinsichtlich dieser Mehrkosten.

V. Anzeige von Kleinschäden

24 Wenn der Versicherungsnehmer von seinem Recht auf Regulierung von Kleinschäden Gebrauch macht, entfällt eine Obliegenheitsverletzung, wenn er nach Kenntnis vom Schadenumfang die Angelegenheit doch seinem Versicherer meldet.

VI. Anzeige gerichtlicher Geltendmachung von Ansprüchen

25 Verletzt der Versicherungsnehmer seine Pflicht, die gerichtliche Geltendmachung von Ansprüchen rechtzeitig anzuzeigen und dem Versicherer die Möglichkeit der Prozessführung zu geben, indem er gar einen eigenen Rechtsanwalt beauftragt, kann nur von einer vorsätzlichen Obliegenheitsverletzung ausgegangen werden. Der Versicherer ist damit insoweit von der Verpflichtung zur Leistung frei, als Mehrkosten durch den Versicherungsnehmer verursacht wurden. Hätte der Versicherer also die Ansprüche – weil berechtigt – in Kenntnis der Geltendmachung unmittelbar befriedigt, erhält der Versicherungsnehmer keinen Ersatz der Gerichtskosten, vgl. insoweit E.6.6 AKB.

VII. Verhalten im Fristablauf

26 Der Versicherungsnehmer ist gehalten, alles zu unternehmen, damit keine Fristen für Widerspruch, Klageerwiderung etc. verstreichen. Die Folgen richten sich ebenfalls nach E.6.6 AKB.

VIII. Kasko: Anzeige des Diebstahls des KFZ

27 Soweit nur Teile gestohlen wurden, kann ein Irrtum des Versicherungsnehmers über den entstandenen Schaden dazu führen, dass er sich entlasten kann. Gleiches dürfte gelten, wenn er den Diebstahl

45 OLG Naumburg v. 07.03.2013 – 4 U 51/12, durch falsche Angaben wird die Redlichkeitsvermutung erschüttert. Eine nachträgliche Korrektur kann nur dann helfen, wenn diese vollständig ist. OLG Stuttgart v. 01.12.2016 – 7 U 114/16.

46 BGH v. 13.04.2016 V ZR 152/14. OLG Dresden v. 18.04.2024 – 4 U 64/24.

47 BGH Beschl. v. 10.05.2017 – IV ZR 30/16, falsche Antworten sind jedoch nicht zwingend arglistig.

des Kfz erst zu einem späteren Zeitpunkt bemerkt. Die Beweissituation des Versicherungsnehmers verschlechtert sich dabei allerdings u.U. erheblich[48]. So hat der Versicherer zum einen ein erhebliches Interesse an der Wiederauffindung des gestohlenen Kfz, zum anderen auch an der Aufklärung vorgetäuschter Schadenfälle in Betrugsabsicht. Dies kann allerdings nur dann erfolgen, wenn die Anzeige zeitnah erfolgt. Eine Obliegenheitsverletzung dürfte dann entfallen, wenn dem Versicherungsnehmer der Nachweis des Diebstahls gelingt und Zweifel an dem Diebstahl ausgeräumt werden konnten. Gerade in diesen Fällen dürfte es der Rechtsprechung schwer fallen, von einer grob fahrlässigen Obliegenheitsverletzung auszugehen und den Grad des Verschuldens für die Leistungsfreiheit festzulegen.

IX. Kasko: Weisungseinholung

Das Weisungsrecht des Versicherers dient in erster Linie der Aufklärung des Schadenfalles und bei 28
Reparatur oder Verwertung des beschädigten Kfz auch der Schadengeringhaltung. Der Versicherungsnehmer ist dabei verpflichtet, sich aktiv um die Weisungen seines Versicherers zu bemühen und diese einzuholen[49]. Unterbleibt die Einholung der Weisung aufgrund eines Irrtums des Versicherungsnehmers, stellt sich die Frage der groben Fahrlässigkeit. Unterlässt der Versicherungsnehmer in Kenntnis der Weisungsbefugnis des Versicherers die Einholung von Weisungen vorsätzlich, besteht Leistungsfreiheit des Versicherers in vollem Umfang. Es bleibt dann nur die Möglichkeit des Versicherungsnehmers, nachzuweisen, dass der Umfang der Eintrittspflicht durch die Obliegenheitsverletzung nicht ausgeweitet wurde.

X. Kasko: Polizeianzeige

Der Versicherungsnehmer gefährdet seinen Versicherungsschutz, wenn er die Anzeige des Brand- 29
schadens, Wildschadens oder Diebstahls bei der Polizei vorsätzlich unterlässt, wenn ein Schaden über € 500 eingetreten ist. Beweisbelastet ist er hinsichtlich des Verschuldensmaßstabes, während der Versicherer den Vorsatz zu beweisen hat. Es gelten die allgemeinen Beweislastregeln. Der Versicherer ist dann von der Verpflichtung zur Leistung in der Kasko-Versicherung nach Maßgabe des § 28 VVG frei. Eine vorsätzliche Obliegenheitsverletzung ist jedenfalls dann nicht gegeben, wenn der Versicherungsnehmer bei einem Mitarbeiter (Außendienst oder Makler) anfragt, wie er sich zu verhalten habe und von dort nicht den Hinweis auf die Polizeianzeige erhält[50]. Auch wenn der Schaden nur geringfügig über der Meldegrenze liegt, dürfte eher von leichtem Verschulden auszugehen sein. Von grober Fahrlässigkeit dürfte dann ausgegangen werden, wenn der Versicherungsnehmer nach Feststellung des Diebstahls, Wildschadens oder Brandes die Unfallstelle verlässt und erst nach mehreren Tagen die Anzeige bei der Polizei tätigt. In diesen Fällen stellt sich aber auch die Frage der vorsätzlichen Obliegenheitsverletzung.

XI. Schutzbrief: Weisungseinholung

Auch im Bereich des Schutzbriefes ist grundsätzlich die Frage des Verschuldens zu stellen, wenn 30
Weisungen nicht eingeholt werden. Dabei dürfte darauf abzustellen sein, ob und inwieweit der Versicherer hinweispflichtig war (oder aufgrund der Meldung des Schadens überhaupt in die Lage versetzt wurde, diese Hinweise zu geben).

XII. Schutzbrief: Unterlagen, Belege, Schweigepflicht

Unterlässt der Versicherungsnehmer trotz Anforderung des Versicherers die Übersendung der er- 31
forderlichen Belege, ist in aller Regel von einer vorsätzlichen Begehung der Obliegenheitsverletzung

48 Zu den Details bei Diebstahlsnachweis vgl. oben AKB A.2.2 Rdn. 125 ff., auch in Himmelreich/Halm/Bartholomy FA Verkehrsrecht Kap. 20 Rn. 43 ff.
49 Himmelreich/Halm/Bartholomy FA Verkehrsrecht Kap. 20 Rn. 169 f.
50 OLG Hamm v. 09.03.1984 – 20 U 288/83, VersR 1985, 457.

auszugehen, wenn der Versicherungsnehmer vom Versicherer ausreichend über die Folgen der Obliegenheitsverletzung (vollständige Leistungsfreiheit) aufgeklärt wurde.

XIII. Unfallversicherung: Anzeige des Todesfalls

32 Bei der Anzeige des Todesfalls in der Unfallversicherung ist zu differenzieren: Ereignete sich der Todesfall unmittelbar bei dem Unfallereignis und steht der Zusammenhang zwischen Unfallereignis und Tod außer Frage, ist wohl von grober Fahrlässigkeit der Hinterbliebenen auszugehen, wenn der Todesfall nicht umgehend angezeigt wird. Erfolgt allerdings die Anzeige des Todesfalls erst nach der Beerdigung oder gar der Verbrennung des Versicherten, so dürfte es dem Begünstigten (dem Versicherungsnehmer, seinen Hinterbliebenen oder den Hinterbliebenen eines sonstigen Insassen) schwer fallen, den Entlastungsbeweis im Sinne des § 28 VVG zu erbringen. Insbesondere, wenn auch Anhaltspunkte für unfallfremde Todesursachen bestehen, ist von vorsätzlicher Verletzung der Anzeigepflicht mit vollständiger Leistungsfreiheit auszugehen, weil dem Versicherer die Führung des Beweises zumindest im Falle der Verbrennung vollständig unmöglich gemacht wird[51].

XIV. Unfallversicherung: ärztliche Untersuchung, Entbindung von der Schweigepflicht

33 Die Verweigerung einer ärztlichen Untersuchung bzw. der Erteilung einer Schweigepflichtentbindungserklärung stellt eine vorsätzliche Verletzung der Mitwirkungspflichten dar, wenn der Versicherer den Versicherungsnehmer hinreichend über die Folgen fehlender Mitwirkung aufgeklärt hat.

XV. Unfallversicherung: Frist zur Geltendmachung der Invalidität

34 Bei der Frist zur Geltendmachung der Invalidität nach E.5.3 AKB handelt es sich um eine Ausschlussfrist. Wird diese Frist versäumt, können keine Ansprüche mehr gegen die Unfallversicherung wegen der Invalidität gestellt werden[52]. Steht der Grad der dauerhaften Beeinträchtigung noch nicht fest, kann der Zeitraum zur Feststellung erweitert werden.

E.2.2 (Exkulpationsmöglichkeiten[1])

Abweichend von E.2.1 sind wir zur Leistung verpflichtet, soweit Sie nachweisen, dass die Pflichtverletzung weder für die Feststellung des Versicherungsfalls noch für die Feststellung oder den Umfang unserer Leistungspflicht ursächlich war. Dies gilt nicht, wenn Sie die Pflicht arglistig verletzen.

Übersicht

A. Allgemeines

1 Der Versicherungsnehmer behält den Versicherungsschutz, wenn ihm der Nachweis gelingt, dass die Verletzung einer Pflicht nach E.x AKB weder für die Feststellung des Versicherungsfalles noch für den Umfang der Eintrittspflicht des Versicherers ursächlich war[2]. Hier kommt es entscheidend auf den Umfang der Leistungspflicht an. Die Pflichten nach E.x AKB setzen alle voraus, dass der Schaden bereits eingetreten ist. Der Entlastungsbeweis nach E.6.2 ist für den Fall der grob

51 Vgl. insoweit auch unter AKB E.5.1.
52 Vgl. hierzu Heinrichs AKB A.4.5.2.
1 Überschrift des Verfassers!
2 KG Beschl. V. 09.11.2010 – 6 U 103/10.

fahrlässigen Obliegenheitsverletzung möglich[3]. Diese Entlastungsmöglichkeit wird unter Hinweis auf die Relevanzrechtsprechung auch auf die vorsätzliche Obliegenheitsverletzung im Schadenfall ausgedehnt, die auf den Leistungsumfang keinen Einfluss hat[4].

B. Feststellung der Leistungspflicht

Da sich der Schadenfall bereits ereignet hat, ist die Feststellung der Leistungspflicht in der Kraftfahrzeug-Haftpflicht-Versicherung eher von untergeordneter Bedeutung. In den anderen Sparten hingegen kann sich die Verletzung der Aufklärungspflicht auch hinsichtlich der Feststellungen auswirken. Es reicht nicht aus, dass ein irgendwie gearteter Einfluss der Obliegenheitsverletzung auf den Gang der Ermittlungen oder Feststellungen gegeben ist[5]. Auch entfällt die Leistungsfreiheit, wegen Unfallflucht dann, wenn der Versicherungsnehmer zwar sich von der Unfallstelle entfernt hat, aber den Schadenfall seiner Versicherung zu einem Zeitpunkt gemeldet hat, als er die Strafbarkeit im Sinne des § 142 StGB noch hätte verhindern können[6]. 2

C. Auswirkungen auf den Umfang der Leistungspflicht

Auswirkungen auf die Feststellungen des Schadens sind dann für den Versicherer von Bedeutung, wenn sich beispielsweise in der Zeit bis zur Meldung des Schadens ein weiterer Schaden ereignet hat, für den der Versicherer evtl. nicht oder nur teilweise eintrittspflichtig wäre und ihm durch die Verzögerungen bzw. Nichtbeachtung der Obliegenheiten nach E. die Abgrenzung zwischen den beiden Schadenereignissen erschwert oder gar unmöglich gemacht wird. 3

D. Exculpationsmöglichkeiten

Der Versicherungsnehmer kann sich mit dem Hinweis exkulpieren, dass die Obliegenheitsverletzung keinen Einfluss auf den Umfang der Leistungspflicht des Versicherers hatte. In der Kraftfahrzeug-Haftpflicht-Versicherung wird das häufig gelingen, da der Schaden sich ereignet hat und der Geschädigte den Umfang des Schadens nachweisen muss, der Versicherungsnehmer hat hierauf nur wenig Einfluss. Folgerichtig kann sich der Versicherungsnehmer auch im Falle der Unfallflucht entlasten, wenn der Schaden durch die Unfallflucht nicht ausgeweitet wurde[7]. In der Kasko-Versicherung hat die verspätete Anzeige des Schadenfalles zwar keinen Einfluss auf den Eintritt des Schadenfalles als solchen, aber ggf. wirkt sich die Verspätung auf die Feststellung des Schadenzeitpunktes und der Schadenhöhe aus[8]. 4

Der Versicherungsnehmer kann sich auch entlasten, wenn er von der Versicherung nicht auf die Folgen der Aufklärungspflichtverletzung hingewiesen wurde. Dieser Hinweis hat notfalls mehrmals und auch nach längerer Dauer zu erfolgen, um dem Versicherungsnehmer die Tragweite der Aufklärungspflichtverletzung vor Augen zu führen[9]. Wenn der Versicherungsnehmer nachweist, dass 5

3 So schon OLG Schleswig v. 20.03.1969 – 3 U 132/67, VersR 1970, 413.

4 So schon OLG Frankfurt v. 31.05.2006 – 3 U 27/06, zfs 2006, 577 für die Unfallflucht in der Kasko-Versicherung, bei der aber schon eine Polizeiaufnahme des Kennzeichens erfolgt war und keine Anhaltspunkte für Trunkenheit vorlagen.

5 So schon BGH v. 04.05.1964 – II ZR 153/61, NJW 1964, 1899 ff.

6 BGH v. 21.11.2012 – VI ZR 97/11, NJW 2013, 936 = NZV 2013, 179.

7 Staub: Nochmals zur »Unfallflucht« und zum Kausalitätsgegenbeweis nach § 28 VVG DAR 2023,355 zu AG Oldenburg (DAR 2023, 334), Staub: »Unfallflucht« und der Kausalitätsgegenbeweis nach § 28 VVG – Urteil des AG Dinslaken (DAR 2022, 210), DAR 2022, 230; LG Stuttgart v. 16.02.2022 – 4 S 276/20 (auch die Argumente hinsichtlich einer möglichen Alkoholisierung verfingen zur Unfallzeit 14.30 Uhr vor Gericht nicht); LG Bonn vom 29.10.2013 – 8 S 118/13 (Unfallflucht), SP 2013, 94 ff = Jurion.

8 LG Düsseldorf 23 S 85/07, SP 2008, 190, da der Vertrag dort zwischenzeitlich beendet worden war.

9 BGH v. 18.07.2007 – IV ZR 152/05 (für die Kasko-Versicherung) in DAR 2007, 332 = SP 2007, 219f = zfs 2007, 337 = NZV 2007, 459 f.

den Versicherer wegen unklarer Angaben in der Schadenmeldung eine Nachfragepflicht trifft, die er unterlassen hat, kann ebenfalls der Entlastungsbeweis gelingen[10]. Im Rahmen der Unfallflucht kann sich der Versicherungsnehmer nur dann exkulpieren, wenn eine Verurteilung wegen Unfallflucht nicht erfolgte, weil ihn daran kein Verschulden traf[11], den Kausalitätsgegenbeweis iSd. § 28 Abs. 3 S. 1 VVG hingegen kann er nicht mehr führen[12]. Teilweise wird auch bei Unfallflucht Arglist angenommen, dabei komme es nicht mehr darauf an, dass der Schädiger nach Entdeckung aktiv an der Aufklärung des Unfallherganges mitwirken wollte[13].

E. Arglist

6 Eine Exculpation des Versicherungsnehmers ist ausgeschlossen, wenn er die Obliegenheitsverletzung arglistig begangen hat[14]. Die Grenzziehung zwischen der vorsätzlichen Obliegenheitsverletzung im Schadensfall und der arglistigen Obliegenheitsverletzung ist fließend. Dabei gilt zu beachten, dass nicht jede falsche Angabe in der Schadenmeldung und nicht jede Verkehrsunfallflucht[15] als arglistige Obliegenheitsverletzung zu qualifizieren ist[16].

7 Arglistig handelt der Versicherungsnehmer, wenn er unter Bereicherungsabsicht falsche Angaben macht[17]. Aber auch schon die Gewissheit, dass seine Angaben die Schadenregulierung möglicherweise beeinflussen kann, kann arglistig sein[18]. Dies ist insbesondere dann der Fall, wenn die näheren Umstände verschwiegen werden, die den Versicherer zu einer näheren Prüfung seiner Leistungspflicht veranlassen könnten[19]. Auch zweimaliges falsches Darstellen des Schadenherganges ist arglistig[20]. So wird das Verschweigen von Vorschäden als arglistig erachtet. Auch wenn ein Versicherungsnehmer nach der Unfallflucht mit Hilfe von Zeugen innerhalb einer Stunde ermittelt werden kann, steht dies der Annahme der Arglist nicht entgegen und führt zur Leistungsfreiheit des Versicherers. Begeht der Versicherungsnehmer die Obliegenheitsverletzung in der Absicht, die Beweislage zu Lasten des Versicherers nachteilig zu manipulieren, ist ihm der Kausalitätsgegenbeweis abgeschnitten[21].

8 Allein das Wegfahren von der Tankstelle nach Beschädigung der Zapfsäule reicht zur Annahme von Arglist des Fahrers nicht aus[22].

9 Allerdings handelt derjenige arglistig, der gefälschte Befundberichte an seine Berufsunfähigkeitsversicherung übermittelt[23].

---

10 So OLG Hamm v. 06.10.2004 – 20 U 61/04, NZV 2005, 153, wenn der Versicherer nicht weiter nachfragt, obwohl Nachfragen wegen unklarer Angaben geboten waren.

11 Zu den möglichen Entlastungsgründen im Strafverfahren vgl. Himmelreich »Irrtümer bei der Verkehrsunfallflucht (§ 142 StGB) in DAR 2007, 44 ff. m.w.H.

12 OLG Naumburg v. 21.06.2012 – 4 U 85/11 – (volle Leistungsfreiheit) JurionRS 2012, 23487 = zfs 2012, 696 = SVR 2013, 100 ff.

13 LG Düsseldorf v. 18.06.2010 – 20 S 7/10. Allerdings ist nicht jede Unfallflucht arglistig begangen OLG Hamm Beschl. v. 28.02.2018 – 20 U 188/17.

14 Vgl. hierzu AKB D.2.2 Rdn. 3; BGH v. 12.03.2014 – IV ZR 306/13, VersR 2014 565 ff; Stoeber/Nugel Rechtsprechungsübersicht zur arglistigen Obliegenheitsverletzung, SP 2014, 347 f.

15 LG Duisburg v. 15.03.2013 – 7 S 104/12, zfs 2013, 391; LG Bonn v. 15.11.2012, 6 S 63/12, SP 2013, 261.; AG Dinslaken v. 22.04.2021 32 C 299/20.

16 LG Bonn v. 15.11.2015 6 S 63/12, Jurion.

17 OLG München v. 25.04.2014 – 10 U 3357/13, NZV 2014, 525 zu den Voraussetzungen eines Entlastungsbeweises.

18 LG Osnabrück v. 26.03.2020 – 9 S 1966/19 m.w.H; LG Offenburg v. 23.08.2011 – 1 S 3/11, SP 2011, 406.

19 OLG Köln v. 17.01.2014 – 20 U 208/12, Jurion (Medikamenteneinnahme, Gesundheitszustand und Polizeiermittlungen).

20 OLG Oldenburg v. 23.07.2014 – 5 U 79/14, Jurion; OLG Karlsruhe v. 26.06.2013 – 12 U 204/12.

21 OGH v. 02.10.2013 – 7 Ob 150/13d, VersR 2014, 1230 f.

22 LG Offenburg v. 23.08.2011 – 1 S 3/11, SP 2011, 406.

23 OLG Celle v. 26.04.2012 – 8 U 3/12, SP 2014, 341 f.

F. Beweislast

Der Versicherungsnehmer ist für seine Angaben beweisbelastet, ggf. auch für die fehlenden Auswirkungen. Beruft er sich auf eine Amnesie, die zur Aufklärungspflichtverletzung geführt habe, ist er beweisbelastet[24]. Eine Exkulpation ist jedenfalls dann nicht möglich, wenn der Versicherungsnehmer sich auf Unwissenheit beruft und insoweit beweisfällig bleibt[25].Für die negativen Auswirkungen der Verletzung der Aufklärungsobliegenheiten ist der Versicherer beweisbelastet[26]. Er muss auch die Wissentlichkeit der Pflichtverletzung nachweisen[27]. 10

Bei **arglistiger** Obliegenheitsverletzung entfällt die Exkulpationsmöglichkeit. Dem Versicherungsnehmer kommen dabei Beweiserleichterungen zu Gute, er kann zunächst die sich aus dem Sachverhalt ergebenden Punkte entkräften und sodann abwarten, welche Argumente der Versicherer noch vorträgt[28]. 11

Hinsichtlich der Arglist ist der Versicherer beweisbelastet. 12

Beschränkung der Leistungsfreiheit in der Kfz-Haftpflichtversicherung

E.2.3 (Grenzen der Leistungsfreiheit[1])

In der Kfz-Haftpflichtversicherung ist die sich aus E. 2.1 ergebende Leistungsfreiheit bzw. Leistungskürzung Ihnen und den mitversicherten Personen gegenüber auf den Betrag von höchstens je xx Euro beschränkt.

Gem. § 6 Abs. 1 KfzPflVV darf die Leistungsfreiheit höchstens auf 2.500 Euro beschränkt werden.

Die Leistungsfreiheit des Kraftfahrzeug-**Haftpflicht**-Versicherers ist auch in E. beschränkt. Die Leistungsgrenze für einen »normalen« Fall der Verletzung der Obliegenheiten im Schadenfall beträgt € 2.500. Sie ergibt sich aus § 6 KfzPflVV. Dabei können sowohl der Versicherungsnehmer wie auch der Fahrer wegen Verletzung von Aufklärungs- und Mitwirkungspflichten in Regress genommen werden[2]. 1

Dabei ist zu beachten, dass zunächst die Bewertung des Verschuldens zu erfolgen hat und dann ggf. die Kürzung der Regressforderung auf den Maximalbetrag nach E.2.3 AKB vorzunehmen ist. 2

E.2.4 (Folgen vorsätzlicher Pflichtverletzungen[1])

Die Leistungspflicht erweitert sich auf einen Betrag von höchsten je xx Euro, wenn Sie die Aufklärungs- oder Schadenminderungspflicht nach E.1.1.3 und E.1.1.4

- vorsätzlich und
- in besonders schwerwiegender Weise

verletzt haben. Dies ist z.B. bei unerlaubtem Entfernen vom Unfallort trotz eines Personen- oder schweren Sachschadens der Fall.

24 BGH v. 13.12.2006 – IV ZR 252/05 in DAR 2007, 332 f.
25 OLG Koblenz v. 04.09.2008 – 10 U 318/08 zur Anzeigepflichtverletzung in Kasko, Meldung erfolgte erst 6 Monate nach Schadentag.
26 BGH v. 10.10.2007 – IV ZR 95/07, NJW-RR 2008, 273 = VersR 2008, 241 = r+s 2008, 163 zur Nichtangabe einer weiteren Unfallversicherung.
27 BGH v. 17.12.2014 – IV ZR 90/13, VersR 2015, 181 f.
28 KG Beschl. v. 06.07.2010 – 6 W 6/10.
1 Überschrift des Verfassers!
2 LG Braunschweig v. 19.12.1979 – 1 O 51/79 in VersR 1980, 837; LG Frankenthal zfs 1981, 18.
1 Überschrift des Verfassers!

Gem. § 6 Abs. 3 KfzPflVV darf die Leistungsfreiheit höchstens auf 5.000 Euro beschränkt werden.

1 Bei den Obliegenheiten im Schadenfall wird in der Leistungsfreiheit unterschieden zwischen den »einfachen« Obliegenheitsverletzungen und den besonders schwerwiegenden Pflichtverstößen. Die neue Formulierung in AKB 2015 macht deutlich, dass minderschwere Fälle der Verletzung dieser Obliegenheit nicht zu einer erweiterten Leistungsfreiheit führen. Allein die vorsätzliche Begehung der Obliegenheitsverletzung reicht in der Kraftfahrzeug-Haftpflicht-Versicherung nicht aus, um den erhöhten Betrag von max. € 5.000 zu fordern. Es müssen weitere Umstände hinzutreten, die das Verhalten des Versicherungsnehmers oder Fahrers als besonders vorwerfbar darstellen[2]. Es ist jetzt klargestellt, dass bei einem erheblichen Personenschaden von einem besonders schwerwiegenden Vergehen auszugehen ist[3]. Auch das Verschweigen von Alkoholgenuss vor dem Unfall wird als besonders schwerwiegende Obliegenheitsverletzung angesehen[4]. Behauptet der Versicherungsnehmer den Diebstahl des versicherten Kfz, das er nach einem Unfall versteckt hält, erfüllt dies ebenfalls den Tatbestand[5]. Beweisbelastet ist der Versicherer.

2 Die Formulierung »schwerer Sachschaden« in den Erläuterungen ist als unbestimmter Rechtsbegriff der weiteren Auslegung zugänglich[6]. Der Verfasser dieser Anmerkung geht davon aus, dass nicht beabsichtigt ist, hier die gleichen Grenzen wie bei der Bewertung der Strafbarkeit der Unfallflucht anzulegen. Dort gilt als erheblicher Sachschaden schon ein Schaden von mehr als 100€[7]. Sicher wird man von einem schweren Sachschaden bei einer fünfstelligen Schadenssumme ausgehen dürfen.

3 Auch die fehlende Angabe einer Schutzbriefversicherung in arglistiger Absicht führt zur Leistungsfreiheit auch der Kfz-Unfallversicherung[8]. Dies jedenfalls dann, wenn der Versicherungsnehmer erkennt, dass der Versicherer seinen Antrag auf Unfallversicherung jedenfalls in Kenntnis der Schutzbriefversicherung nicht abgeschlossen hätte. Diese Grundregel dürfte bei der Kombination von Schutzbrief und Kfz-Unfallversicherung nicht eingewendet werden, da der Versicherer bewusst diese beiden Versicherungen in einem Vertrag anbietet. Die Berufung auf obige Entscheidung wäre treuwidrig. Zu beachten ist, dass diese Regressbeschränkung ebenfalls nur in der Kraftfahrzeug-Haftpflicht-Versicherung gilt.

Vollständige Leistungsfreiheit in der Kfz-Haftpflichtversicherung

E.2.5 (Leistungsfreiheit bei Betrugsabsicht[1])

Verletzen Sie Ihre Pflichten in der Absicht, sich oder einem Anderen dadurch einen rechtswidrigen Vermögensvorteil zu verschaffen, sind wir von unserer Leistungspflicht hinsichtlich des erlangten Vermögensvorteils vollständig frei.

2 LG Heidelberg v. 23.01.2014 – 3 S 26/13, Jurion = NJW-RR 2014, 722.

3 OLG Schleswig v. 30.11.2002 – 9 U 150/01, VersR 2003, 140 schwere Verletzung einer 70 jährigen Fußgängerin und Entfernens von der Unfallstelle, um Alkoholkonsum zu verschleiern.

4 OLG Frankfurt v. 05.05.1976 – 7 U 119/75, VersR 1977, 513 m.w.H.

5 BGH v. 19.01.1983 – IVa ZR 225/81, VersR 1983, 333.

6 Der BGH geht in einer Entscheidung v. 09.09.2014 – 4 StR 251/14 schon bei 750,00€ von einem »bedeutenden« Wert einer Sache aus, das OLG Hamm geht bei Entziehung der Fahrerlaubnis bei 1.300€ von einem »bedeutenden Schaden« aus, OLG Hamm v. 06.11.2014 – 5 RVs 98/14, Jurion.

7 Z.B. OLG Brandenburg v. 15.01.2004 – 12 U 107/03.

8 BGH v. 28.02.2007 -IV ZR 331/05, zfs 2007, 343 f.

1 Überschrift des Verfassers!.

A. Allgemeines

Hat der Versicherungsnehmer seine Obliegenheiten nach E. AKB in betrügerischer Absicht verletzt, um sich selbst oder einem anderen (z.B. durch einen verabredeten Unfall) einen Vermögensvorteil zu verschaffen, ist der Versicherer leistungsfrei. Die Leistungsfreiheit ist beschränkt auf den erreichten Vermögensvorteil. Eine geringfügige sprachliche Änderung hat keine Auswirkungen auf den Inhalt. 1

B. Tatbestand

Die Leistungsfreiheit bei Betrugsabsicht in der Kraftfahrzeug-Haftpflicht-Versicherung kann nur dann gegeben sein, wenn der Versicherungsnehmer unter Verletzung seiner Obliegenheiten im Schadenfall den Versicherer dazu bringt, Schäden eines Dritten zu ersetzen, die er in Kenntnis der wahren Umstände nicht oder nicht in diesem Umfang erstattet hätte. 2

C. Leistungsfreiheit

Diese ergänzende Vorschrift ist wegen der Beschränkung der Leistungsfreiheit nach E.23 i.V.m. § 6 KfzPflVV erforderlich geworden. Der Vermögensvorteil wird gerade in den Betrugsfällen den Leistungsfreibetrag in aller Regel übersteigen. Soweit diese Regelung in den Grenzen von E.2.4 AKB gesehen wird und der Regress hinsichtlich des betrügerisch erlangten Vermögensvorteils auf € 5.000 beschränkt wird[2], ist dies nicht zutreffend. Lediglich für den Fall, in dem es bei dem versuchten Betrug bleibt, ist der Versicherer nur begrenzt leistungsfrei[3]. Allerdings besteht vollständige Leistungsfreiheit bei vollendetem Betrug[4]. Dieser Regelung kommt nur insoweit Bedeutung zu, als der Nachweis der Vorsatztat[5] nicht gelungen ist. 3

Besonderheiten in der Kfz-Haftpflichtversicherung bei Rechtsstreitigkeiten

E.2.6 (Leistungsfreiheit hinsichtlich der Mehrkosten[1])

E.2.6 Verletzen Sie Ihre Pflichten nach
- E.1.2.1 (Anzeige außergerichtlich geltend gemachter Ansprüche),
- E.1.2.3 (Anzeige gerichtlich geltend gemachter Ansprüche) oder
- E.1.2.4 (Prozessführung durch uns)

und führt dies zu einer rechtskräftigen Entscheidung, die über den Umfang der nach Sach- und Rechtslage geschuldeten Entschädigung erheblich hinausgeht, gilt:
- Bei vorsätzlicher Verletzung sind wir hinsichtlich des von uns zu zahlenden Mehrbetrags vollständig von unserer Leistungspflicht frei.
- Bei grob fahrlässiger Verletzung sind wir berechtigt, unsere Leistung hinsichtlich dieses Mehrbetrags in einem der Schwere Ihres Verschuldens entsprechenden Verhältnis zu kürzen.

Übersicht

2 So Jacobsen aaO. F AKB 2008 Rn. 134.
3 OLG Nürnberg v. 30.06.1988 – 8 U 2824/87 in VersR 1989, 34 mit ablehnender Anmerkung Schlegelmilch in VersR 1989, 357.
4 OLG Nürnberg v. 30.06.1988 – 8 U 2824/87 in VersR 1989, 34.
5 Vgl. hierzu Kommentierung zu AKB A.1.5.1 Rdn. 5 f.
1 Überschrift des Verfassers!

A. Allgemeines

1 Die Leistungsfreiheit hinsichtlich der Mehrkosten ist beschränkt auf die Fälle des E.1.2.1 (Anzeige außergerichtlicher Ansprüche), E.1.2.3 (Anzeige gerichtlicher Geltendmachung) und E.1.2.4 (Prozessführungsbefugnis). Verursacht der Versicherungsnehmer durch seine Obliegenheitsverletzung Mehrkosten, sind diese nicht erstattungsfähig. Diese Regelung bezieht sich nur auf die Kraftfahrzeug-Haftpflicht-Versicherung. Der Begriff der erheblichen Mehrkosten ist nicht näher ausgeführt, dürfte aber auch hier davon auszugehen sein, dass es in jedem Fall Kosten über 500 EUR sein dürften. Hätte beispielsweise der Versicherer den Prozess gar nicht geführt, besteht kein Anspruch auf die Übernahme der Kosten des Verfahrens!

B. vorsätzliche Obliegenheitsverletzung

2 Verschweigt der Versicherungsnehmer vorsätzlich, dass gegen ihn Ansprüche angemeldet wurden und es entstehen Mahnkosten, so ist der Versicherer hinsichtlich dieser Mahnkosten, die bei rechtzeitiger Anzeige nicht entstanden wären, leistungsfrei. Gleiches gilt hinsichtlich der Verfahrenskosten, wenn der Versicherungsnehmer bei gerichtlicher Geltendmachung der Ansprüche es zu einem Versäumnisurteil kommen lässt. Kann der Versicherer den Nachweis erbringen, dass er die Ansprüche abgewehrt hätte, besteht ggf. vollständige Leistungsfreiheit auch hinsichtlich der Ansprüche des Unfallgegners. Hat der Versicherungsnehmer die Forderung bereits ausgeglichen, wird eine Erstattung durch den Versicherer nur insoweit erfolgen, als er bei rechtzeitiger Meldung zur Leistung verpflichtet gewesen wäre.

3 Da im Rahmen des Verfahrens Geschädigter gegen Versicherungsnehmer/Fahrer nur in diesem Verhältnis eine Verpflichtung zu Schadenersatz ausgesprochen werden kann, muss der Versicherungsnehmer/Fahrer in einem zweiten Schritt die Freistellung von den Ansprüchen des Geschädigten vom Versicherer fordern. Dabei soll nach Auffassung des OLG Frankfurt zumindest einem in diesem Verhältnis ergangenen Versäumnisurteil keine den Haftpflichtversicherer bindende Wirkung zukommen.[2]

4 Dieser Regelung kommt gerade im Falle der betrügerischen Unfallschäden eine große Bedeutung zu, da der an der Manipulation beteiligte Versicherungsnehmer kein Interesse an der Abweisung der gegen ihn gerichteten Ansprüche hat[3].

Mindestversicherungssummen

E.2.7 (Beschränkung der Versicherungssummen)

Verletzen Sie in der Kfz-Haftpflichtversicherung Ihre Pflichten nach E.1.1 und E.1.2 gelten anstelle der vereinbarten Versicherungssummen die in Deutschland geltenden Mindestversicherungssummen.

Übersicht

2 OLG Frankfurt/M.v. 22.10.2009 – 3 U 103/08.

3 Vgl. hierzu auch A.1.5.1 AKB.

A. Allgemeines

In den Muster-AKB 2015/2022 wurde dieser Abschnitt nicht mehr aufgenommen. Da diese Beschränkung aber nach wie vor in § 117 Abs. 3 VVG die Beschränkung zugelassen ist, soll die Kommentierung beibehalten werden. 1

E.2.7 AKB bezieht sich ausschließlich auf die Kraftfahrzeug-Haftpflicht-Versicherung. In den anderen Sparten besteht ggf. Leistungsfreiheit gegenüber dem Versicherungsnehmer, es kann sofort gekürzt werden. Da in der Kraftfahrzeug-Haftpflicht-Versicherung der Direktanspruch des Geschädigten gegeben ist und diesem nur wenig entgegengehalten werden kann, kann der Versicherer zulässigerweise den Umfang seiner Eintrittspflicht beschränken. 2

B. Beschränkung der Eintrittspflicht

Auch bei den Verletzungen von Obliegenheiten im Schadenfall kann die Leistungspflicht auf die in Deutschland gesetzlich vorgesehenen Mindestversicherungssummen beschränkt werden. Diese Regelung verstößt gegen die 6. KH-Richtlinie, da der Mindestschutz bei Grenzübertritt sich nicht an den deutschen Vorschriften, sondern an den Mindestversicherungssummen des Gastlandes orientiert. Daher muss der Versicherungsschutz – unabhängig von den in Deutschland geltenden Grenzen – mindestens der Mindestversicherungssumme des Gastlandes entsprechen. Ist die Mindestversicherungssumme im Gastland geringer als die in Deutschland geltenden Beträge, hat der Versicherungsnehmer aufgrund der vertraglichen Zusicherung Anspruch mindestens auf Freistellung von Ansprüchen bis zur Obergrenze der in Deutschland geltenden Mindestversicherungssumme[1]. Leider wurde auch bei der Novellierung der AKB 2008/2015 die Gelegenheit nicht genutzt, einen Zusatz in die Musterbedingungen aufzunehmen, der klarstellt, dass die Mindestversicherungssummen des jeweiligen europäischen Staates, in dem sich das versicherte Kfz befindet, garantiert werden. 3

Dabei ist nicht allein die Regelung des § 117 Abs. 1 und 3 VVG maßgebend[2]. Erforderlich ist auch die Aufnahme dieser Regelung in die vertraglichen Vereinbarungen, also die AKB des Versicherers. Da das VVG und die KfzPflVV nur die Basis des Möglichen regeln, steht es jedem Versicherer frei, höhere Leistungen zu versprechen und den Regress niedriger zu halten, sowie auf die Kürzung der Versicherungssummen zu verzichten[3]. 4

C. Beschränkung der Leistungsfreiheit

Es wird die Anforderung des § 6 KfzPflVV umgesetzt. Danach darf die Leistungsfreiheit wegen einer Obliegenheit im Schadenfall im Regelfall 2.500 € maximal betragen. Nur in besonders schweren Fällen, d.h. wenn die Verletzung der Obliegenheiten besonders vorwerfbar ist, darf der Regress auf € 5.000 ausgeweitet werden. Verletzt der Versicherungsnehmer in verschiedenen Unfällen jeweils die Aufklärungspflicht, so ist die Leistungsfreiheit des Versicherers in jedem Schadenfall auf die Höchstsumme begrenzt[4]. 5

1 Vgl. insoweit auch AKB D.3.3 Rdn. 4; AKB C.1.2 Rdn. 15 ff. § 117 VVG Rn. 27.

2 BGH v. 15.03.1983 – VI ZR 187/81, VersR 1983, 688, der einer Obliegenheitsverletzung im Schadenfall die Beschränkung auf die Mindestversicherungssumme verneinte, weil der Leistungsfreibetrag von DM 1.000 nicht dazu führte, dass die Restleistung aus dem Vertrag betragsmäßig unter die Mindestversicherungssumme fiel, die vertraglichen Vereinbarungen sollten dem Gesetz (§ 158c Abs. 4 VVG a.F) vorgehen. Offenbar war dort in den AKB eine entsprechende Regelung zu den Mindestversicherungssummen nicht vereinbart.

3 OLG Köln v. 14.01.1982 – 14 U 69/80, VersR 1983, 721, Haftungsbegrenzung auf die Mindestversicherungssumme auch zulässig, wenn eine Anzeige nach § 29c StVZO a.F. an die Zulassungsstelle nicht erfolgte.

4 BGH v. 09.11.2005 – IV ZR 146/04, DAR 2008, 80 = VersR 2006, 108.

Versicherungsschutzversagung wegen	Regresshöhe KH	Leistungsfreiheit sonst. Sparten	Verweisung	Kündigung	Beweislast VN/ mitversicherte Person	Beweislast VR
Schadenmeldepflicht, E.1.1.1 AKB	€ 2.500 € bei Vorsatz, max. € 5.000 in besonders schwerem Fall, ansonsten Quote entsprechend Verschulden max. 5.000 €	Bei Vorsatz voll, ansonsten entspr. Grad des Verschuldens	in Höhe der Leistungsfreiheit	Nein	Kenntnis des Versicherers, kein Verschulden (VN); Exkulpation bzw. fehlende Auswirkung auf Leistungsumfang	Verzögerte Meldung, Auswirkung auf Schaden, ggf. Vorsatz
Anzeige polizeilicher Ermittlungen gg. VN und Information über Verfahren, E.1.1.2 AKB	€ 2.500 € bei Vorsatz, max. € 5.000 in besonders schwerem Fall, ansonsten Quote entsprechend Verschulden max. 5.000 €	Bei Vorsatz voll, ansonsten entspr. Grad des Verschuldens	in Höhe der Leistungsfreiheit	nein	kein Verschulden, Exkulpation bzw. fehlende Auswirkung auf Leistungsumfang	Auswirkung auf den Schadenumfang, ggf. Vorsatz
Aufklärungspflichtverletzung/Unfallflucht E.1.1.3 AKB	€ 2.500 € bei Vorsatz, max. € 5.000 in besonders schwerem Fall, ansonsten Quote entsprechend Verschulden max. 5.000 €	Bei Vorsatz voll, ansonsten entspr. Grad des Verschuldens	in Höhe der Leistungsfreiheit	Nein	Kein Verschulden, Exkulpation bzw. fehlende Auswirkung auf Leistungsumfang	Auswirkung auf den Schadenumfang, ggf. Vorsatz
Schadenminderungspflicht, E.1.1.4 AKB	€ 2.500 € bei Vorsatz, max. € 5.000 in besonders schwerem Fall, ansonsten Quote entsprechend Verschulden max. 5.000 €	Bei Vorsatz voll, ansonsten entspr. Grad des Verschuldens	in Höhe der Leistungsfreiheit	Nein	Kein Verschulden, Exkulpation bzw. fehlende Auswirkung auf Leistungsumfang	Auswirkung auf den Schadenumfang, ggf. Vorsatz
Anzeige der Geltendmachung von Ansprüchen E.1.2.1 AKB	€ 2.500 € bei Vorsatz, max. € 5.000 in besonders schwerem Fall, ansonsten Quote entsprechend Verschulden max. 5.000 €	Bei Vorsatz voll, ansonsten entspr. Grad des Verschuldens	in Höhe der Leistungsfreiheit	nein	Kein Verschulden, Exkulpation bzw. fehlende Auswirkung auf Leistungsumfang	Auswirkung auf den Schadenumfang, ggf. Vorsatz
Selbstregulierung von Kleinstschäden, Anzeigepflicht, wenn Regulierung nicht gelingt E.1.2.2	€ 2.500 € bei Vorsatz, max. € 5.000 in besonders schwerem Fall, ansonsten Quote entsprechend Verschulden max. 5.000 € in schwerem Fall	Bei Vorsatz voll, ansonsten entspr. Grad des Verschuldens	in Höhe der Leistungsfreiheit	Nein	Kein Verschulden, Exkulpation bzw. fehlende Auswirkung auf Leistungsumfang	Auswirkung auf den Schadenumfang, ggf. Vorsatz
Anzeige gerichtlicher Geltendmachung von Ansprüchen, E.1.2.3 AKB	Leistungsfrei hinsichtlich Mehrkosten	Nur Kraftfahrzeug-Haftpflicht	in Höhe der Leistungsfreiheit	nein	Kein Verschulden bzw. fehlende Auswirkung auf Leistungsumfang	Auswirkung auf den Schadenumfang, ggf. Vorsatz)

Versicherungsschutzversagung wegen	Regresshöhe KH	Leistungsfreiheit sonst. Sparten	Verweisung	Kündigung	Beweislast VN/ mitversicherte Person	Beweislast VR
Missachtung der Prozessführungsbefugnis, E.1.2.4 AKB	Leistungsfrei hinsichtlich Mehrkosten	Nur Kraftfahrzeug-Haftpflicht	in Höhe der Leistungsfreiheit	nein	Kein Verschulden bzw. fehlende Auswirkung auf Leistungsumfang	Auswirkung auf den Schadenumfang, ggf. Vorsatz
Verhalten bei Fristablauf E.1.2.5 AKB	Leistungsfrei hinsichtlich der Mehrkosten	Nur Kraftfahrzeug-Haftpflicht	in Höhe der Leistungsfreiheit	nein	Kein Verschulden bzw. fehlende Auswirkung auf Leistungsumfang	Auswirkung auf den Schadenumfang, ggf. Vorsatz
Schriftliche Schadenanzeige bei Diebstahl des Kfz (nur Kasko) E.1.3.1 AKB		Abhängig vom Grad des Verschuldens	nein	nein	Kein Verschulden bzw. fehlende Auswirkung auf Leistungsumfang	Auswirkung auf den Schadenumfang, ggf. Vorsatz
Einholung von Weisungen des Versicherers, (nur Kasko und Schutzbrief), E.1.3.2 AKB, E.1.4.1 AKB		Abhängig vom Grad des Verschuldens	nein	nein	Kein Verschulden bzw. fehlende Auswirkung auf Leistungsumfang	Auswirkung auf den Schadenumfang, ggf. Vorsatz
Polizeianzeige bei Wildschaden, Diebstahl oder Brand, (nur Kasko) E.1.3.3 AKB		Abhängig vom Grad des Verschuldens	nein	nein	Kein Verschulden bzw. fehlende Auswirkung auf Leistungsumfang	Auswirkung auf den Schadenumfang, ggf. Vorsatz
Pflicht zur Untersuchung, Erteilung der Schweigepflicht etc (Schutzbrief E.1.4.2 AKB und Kfz-Unfall, E.1.5.2 AKB)		Abhängig vom Grad des Verschuldens	Nein	nein	Kein Verschulden, bzw. fehlende Auswirkung auf Leistungsumfang	Auswirkung auf den Schadenumfang, ggf. Vorsatz
Nichtanzeige des Todesfalls, E.1.5.1 AKB		Abhängig vom Grad des Verschuldens	Nein	Nein	Kein Verschulden bzw. fehlende Auswirkung auf Leistungsumfang	Auswirkung auf den Schadenumfang, ggf. Vorsatz

Versicherungsschutzversagung wegen	Regresshöhe KH	Leistungsfreiheit sonst. Sparten	Verweisung	Kündigung	Beweislast VN/ mitversicherte Person	Beweislast VR
Hinzuziehung eines Arztes, (nur in Kfz-Unfall E.1.5.2 AKB und Fahrerschutzversicherung E.1.6.1 AKB)		Abhängig vom Grad des Verschuldens				
Medizinische Aufklärung (nur in Kfz-Unfall E.1.5.3 AKB und Fahrerschutzversicherung E.1.6.2 AKB)		Abhängig vom Grad des Verschuldens				
Versäumung der Frist zur Geltendmachung der Invalidität, E.1.5.4 AKB		Abhängig vom Grad des Verschuldens	nein	nein	Kein Verschulden, Exkulpation bzw. fehlende Auswirkung auf Leistungsumfang	Auswirkung auf den Schadenumfang, ggf. Vorsatz
Aufklärung von Ansprüchen gegen Dritte, E.1.6.3 AKB		Abhängig vom Grad des Verschuldens	nein	nein		
Wahrung von Ansprüchen gegen Dritte, E.1.6.4 AKB		Abhängig vom Grad des Verschuldens	nein	nein		

F Rechte und Pflichten der mitversicherten Personen

Pflichten mitversicherter Personen

F.1 (Geltung für mitversicherte Personen[1])

Für mitversicherte Personen finden die Regelungen zu Ihren Pflichten sinngemäße Anwendung. Dies gilt für die Technische Aufsicht nur insoweit, wie es nach der Kraftfahrzeug-Pflichtversicherungsverordnung zulässig ist.

Während der Geltungszeit der AKB a.F. tauchte immer wieder die Frage auf, wie die mitversicherten Personen verpflichtet sein sollen, die Obliegenheiten, die der Formulierung nach nur mit dem Versicherungsnehmer vereinbart werden konnten, ebenfalls einzuhalten. Die Lösung über § 10 AKB a.F., dass mitversicherte Personen Ansprüche aus dem Versicherungsvertrag selbständig geltend machen können, und damit auch verpflichtet sind, die Regeln einzuhalten, erfährt nun eine eigene Stellung in den AKB. Eine Bekanntgabe der Verpflichtungen der Mitversicherten war nicht erforderlich, da es sich um allgemeine Obliegenheiten, die sich aus den §§ 5 und 6 KfzPflVV ergeben, handelt. Durch die Formulierung von F.1 ist jetzt klargestellt, dass die mitversicherte Person die gleichen Pflichten trifft wie den Versicherungsnehmer. 1

Neu aufgenommen wurden die Personen der technischen Aufsicht, dies ergibt sich aus dem PflVG, die Aufnahme der automatisierten und teilautomatisierten Fahrzeuge machte dies erforderlich. 2

Ausübung der Rechte

F.2 (Ansprüche der mitversicherten Personen[1])

Die Ausübung der Rechte der mitversicherten Personen aus dem Versicherungsvertrag steht nur Ihnen als Versicherungsnehmer zu, soweit nichts anderes geregelt ist. Andere Regelungen sind:

- Geltendmachen von Ansprüchen in der Kfz-Haftpflichtversicherung nach A.1.2,
- Geltendmachen von Ansprüchen durch namentlich Versicherte in der Kfz-Unfallversicherung nach A.4.2.6.

Übersicht

A. Allgemeines

Auch wenn es sich in diesem Kapitel um die Rechte und Pflichten der mitversicherten Personen handelt, ist doch klargestellt, dass die mitversicherten Personen ihre Rechte nur durch den Versicherungsnehmer gegenüber dem Versicherer geltend machen können. Dies bedeutet auch, dass alle Einwendungen, die innerhalb der Ansprüche der mitversicherten Personen dem Versicherungsnehmer entgegengehalten werden können, auch auf die Ansprüche der mitversicherten Personen durchgreifen und ggf. als Leistungsverweigerungsrechte gelten. 1

1 Überschrift des Verfassers!

1 Überschrift des Verfassers!

2 In der Praxis bedeutet dies, dass der geschädigte Fahrzeuginsasse, der Ansprüche aus der Unfallversicherung geltend machen will, dies nur über den Versicherungsnehmer kann. Der Versicherungsnehmer muss – für den Insassen – den Schaden melden und die Ansprüche dem Grunde nach anmelden. Der Insasse kann bestenfalls sich vom Versicherungsnehmer den Anspruch übertragen lassen, damit er mit der Versicherung selbstständig Kontakt zur Anspruchsanmeldung aufnehmen kann.

B. Ausnahme

3 Ausnahmen hiervon sind nur in zwei Fällen vorgesehen:

I. Geltendmachung von Ansprüchen in der Kraftfahrzeug-Haftpflicht-Versicherung

4 Die mitversicherten Personen sind gem. A.1.2 berechtigt, ihre Ansprüche auf Gewährung von Versicherungsschutz und Haftungsfreistellung von Ansprüchen Dritter selbstständig geltend zu machen. Dieses Recht und diese Pflicht kann ihnen auch der Versicherungsnehmer nicht nehmen.

II. Namentlich Versicherte in der Kfz-Unfallversicherung

5 Als weitere Ausnahme sind diejenigen Fahrzeuginsassen, die in der Kfz-Unfallversicherung namentlich benannt sind, berechtigt, ihre Ansprüche auf Ersatz ihres Personenschadens selbsttätig geltend zu machen.

III. Fahrerschutzversicherung

6 In A.5.2. Satz 2 werden im Falle der Tötung des Fahrers die unterhaltsberechtigten Angehörigen zu mitversicherten Personen dieses Vertrages. Folgerichtig hätten sie auch in F.2 AKB Berücksichtigung finden müssen. Dies wurde offenbar vergessen.

Auswirkungen einer Pflichtverletzung auf mitversicherte Personen

F.3 (Folgen der Pflichtverletzung für mitversicherte Personen[1])

Sind wir Ihnen gegenüber von der Verpflichtung zur Leistung frei, so gilt dies auch gegenüber allen mitversicherten Personen.

Eine Ausnahme hiervon gilt in der Kfz-Haftpflichtversicherung: Gegenüber mitversicherten Personen können wir uns auf die Leistungsfreiheit nur berufen, wenn
- die der Leistungsfreiheit zugrunde liegenden Umstände in der Person des Mitversicherten vorliegen oder
- wenn diese Umstände der mitversicherten Person bekannt oder infolge grober Fahrlässigkeit nicht bekannt waren.

Übersicht

A. Allgemeines

1 Auch hier ist klargestellt, dass die mitversicherten Personen ihre Rechte nur durch den Versicherungsnehmer gegenüber dem Versicherer geltend machen können. Dies bedeutet auch, dass alle Einwendungen, die innerhalb der Ansprüche der mitversicherten Personen dem Versicherungsnehmer entgegengehalten werden können, auch auf die Ansprüche der mitversicherten Personen durchgreifen und ggf. als Leistungsverweigerungsrechte gelten.

1 Überschrift des Verfassers!

B. Ausnahme

Ausnahmen hiervon sind nur für die Kraftfahrzeug-Haftpflicht-Versicherung vorgesehen: 2

Die mitversicherten Personen sind gem. A.1.2 berechtigt, ihre Ansprüche auf Gewährung von Versicherungsschutz und Haftungsfreistellung von Ansprüchen Dritter selbstständig geltend zu machen. Dieses Recht und diese Pflicht kann ihnen auch der Versicherungsnehmer nicht nehmen. 3

Ein Berufen auf die Leistungsfreiheit ist nur dann möglich, wenn der mitversicherten Person die Umstände, die zu dem Leistungsverweigerungsrecht führten, bekannt waren oder hätten bekannt sein müssen[2]. 4

Hinsichtlich der Anforderungen bezüglich der einzelnen Obliegenheiten in der Kraftfahrzeug-Haftpflicht-Versicherung sei auf D.x und E.x verwiesen. Dort wird auch auf die Anforderungen an den Fahrer eingegangen. Die Verpflichtung des Fahrers zur Erstattung der Aufwendungen des Versicherers ist begrenzt durch die KfzPflVV und kann bei Zusammentreffen von Obliegenheiten vor und im Schadenfall bis zu 10.000 € betragen (unabhängig von dem Grad der Vorwerfbarkeit stellt dies die Obergrenze dar). Behauptet beispielsweise der stark alkoholisierte Versicherungsnehmer einen Nachtrunk, kann dadurch neben der Alkoholklausel auch die Aufklärungspflicht verletzt werden und es zu einer Kumulation des Regresses führen.[3] 5

Auch hier wurde die Beschränkung der Eintrittspflicht auf die Mindestversicherungssummen aufgegeben, allerdings ist diese Beschränkung wegen § 117 Abs. 3 VVG nach wie vor zulässig. Es sind daher insoweit die dem Vertrag zugrunde liegenden Bedingungen zu prüfen. 6

Für die Leistungsfreiheit im Kaskofall sind Besonderheiten zu beachten: Der Kasko-Versicherer ist gegenüber seinem Versicherungsnehmer leistungspflichtig, weil diesem keine Obliegenheitsverletzung zur Last gelegt wird. Der Kasko-Versicherer erbringt daher die vertraglich vereinbarten Leistungen an den Versicherungsnehmer. Gegenüber dem Fahrer, der nicht Repräsentant[4] des Versicherungsnehmers ist, wird bei Vorliegen der Voraussetzungen der Versicherungsschutz versagt und je nach Form der Begehungsweise Regress genommen. 7

Hat der Fahrer den Versicherungsfall grob fahrlässig verursacht (durch Alkoholkonsum) oder wird ihm die grob fahrlässige Begehung einer Obliegenheit vorgeworfen, ist das Maß der Vorwerfbarkeit zu ermitteln und die Leistungsfreiheit entsprechend zu quotieren[5]. Der »normale« Fahrer, der in keinem Anstellungsverhältnis zum Versicherungsnehmer steht und auch nicht in häuslicher Gemeinschaft mit dem Versicherungsnehmer lebt, hat den Regressbetrag zu erstatten, wenn ihm nicht die Exkulpation aus sonstigen Gründen gelingt. 8

Anderes gilt bei dem angestellten Fahrer[6]: Grundsätzlich ist die Vorgehensweise die Gleiche, allerdings kann der Versicherer den Anspruch vom Versicherungsnehmer, der gleichzeitig auch Arbeitgeber des Fahrers ist nur insoweit gem. § 86 VVG auf sich überleiten, als der Anspruch auf Schadenersatz in der Person des Arbeitgebers besteht. Der Schadenersatzanspruch des Arbeitgebers ist der Höhe nach begrenzt auf 3 Brutto-Monatsgehälter. Hat der Arbeitgeber mit dem Versicherer einen Selbstbehalt vereinbart, kann er diesen im Schadenfall nicht vom Arbeitnehmer fordern[7]. Diese Grenze wirkt sich auch nach den Regeln der gestörten Gesamtschuld auf den Leasinggeber aus[8]. 9

2 Vgl. hierzu auch § 123 VVG sowie die einzelnen Obliegenheiten.
3 OLG Frankfurt/Main v. 24.07.2014 – 3 U 66/13.
4 Das Verhalten des Repräsentanten würde auch dem Versicherungsnehmer zur Last gelegt.
5 Wegen der Details vgl. AKB A.2.5.8 Rdn. 42.
6 AG Wesel v. 11.04.2013 – 5 C 372/12.
7 BAG v. 13.12.2012 – 8 AZR 432/11, NJW-Spezial 2013, 266.
8 LG Potsdam v. 08.02.2008 – 6 O 179/07, SP 2009, 3.

G Laufzeit und Kündigung des Vertrags, Veräußerung des Fahrzeugs, Wagniswegfall

G.1 Wie lange läuft der Versicherungsvertrag?

Vertragsdauer

G.1.1 (Laufzeit[1])

Die Laufzeit Ihres Vertrags ergibt sich aus Ihrem Versicherungsschein.

1 Dieses Kapitel befasst sich mit der Laufzeit des Vertrages, den Beendigungsmöglichkeiten und den Folgen des Fahrzeugverkaufs.

2 Der Versicherungsvertrag hängt in seinem Beginn von dem Vertragsschluss ab, dieses Datum kann entweder unterjährig (bei Zulassung) oder aber zu Jahresbeginn (bei einem Versichererwechsel) liegen. Der Vertrag wird üblicherweise durch die jährliche Verlängerungsklausel automatisch um ein Kalenderjahr verlängert. Soll der Vertrag beendet werden, muss wegen dieser Verlängerungsklausel gekündigt werden.

3 Üblicherweise laufen die Versicherungsverträge über ein Kraftfahrzeug ohne zeitliche Begrenzung. In Betracht können aber auch andere Zeiträume kommen. Es kann auch ein kurzzeitiger Vertrag für die Sommer- bzw. Wintersaison vereinbart werden, der dann kalendarisch begrenzt ist. Allerdings kommen bei kurzfristigen Verträgen und unterjähriger Zulassung bzw. Versichererwechsel verschiedene Anfangsdaten in Betracht, so dass ein Verweis auf den Versicherungsschein erforderlich wird.

Automatische Verlängerung

G.1.2 (Kündigung, automatische Verlängerung[1])

Ist der Vertrag mit einer Laufzeit von einem Jahr abgeschlossen, verlängert er sich zum Ablauf um jeweils ein weiteres Jahr, wenn nicht Sie oder wir den Vertrag kündigen. Dies gilt auch, wenn für die erste Laufzeit nach Abschluss des Vertrags deshalb weniger als ein Jahr vereinbart ist, um die folgenden Versicherungsjahre zu einem bestimmten Kalendertag beginnen zu lassen.

Übersicht

A. Allgemeines

1 Der Versicherungsvertrag ist mit einer automatischen Verlängerungsoption verbunden, d.h. der Vertrag verlängert sich automatisch jeweils um ein Kalenderjahr, wenn er nicht vorher gekündigt wurde und endet erst mit dem sog. Wagniswegfall, d.h. das Fahrzeug als Gegenstand der Versicherung geht endgültig unter. Diese Regelung fußt auf § 5 Abs. 5 PflVG und befindet sich im Einklang mit § 11 VVG[2].

2 Wird als Vertragslaufzeit das Kalenderjahr festgelegt und erfolgt der Vertragsschluss unterjährig, läuft der erste Versicherungszeitraum nur bis zum Jahresende. Gleichwohl verlängert sich der Vertrag um ein Kalenderjahr, wenn er nicht vorher gekündigt wird.

1 Überschrift des Verfassers!
1 Überschrift des Verfassers!
2 Johannsen in Bruck/Möller VVG 9. Auflage 2008, § 11 Rn. 8.

B. Kündigung

3 Die Kündigung des Vertrages kann grundsätzlich sowohl vom Versicherungsnehmer als auch vom Versicherer aus den verschiedensten Gründen erfolgen.

4 Der Versicherungsnehmer muss sich entscheiden, ob er kündigen oder von seinem Widerspruchs- bzw. Widerrufsrecht Gebrauch machen möchte.[3]. Zwar ist der Versicherungsnehmer grundsätzlich als Vertragspartner der einzig Kündigungsberechtigte für den Vertrag, jedoch können auch Teile des Vertrages ggf. zulässigerweise durch den Ehegatten gekündigt werden[4].

5 Den Nachweis des Zugangs der Kündigung muss im Streitfalle der Versicherer führen[5]. Unterbleibt die Kündigung, verlängert sich der Vertrag automatisch um ein weiteres Kalenderjahr. Es sind zwar Bestrebungen im Gange, die jährliche Versicherung mit dem Zulassungsdatum beginnen zu lassen, jedoch bleibt zu hoffen, dass dieses Vorhaben aufgegeben wird, da dann die Übersichtlichkeit der einzelnen Verträge nicht mehr gegeben ist. Diese Regelung erscheint wenig verbraucherfreundlich.

Verträge mit einer Laufzeit unter einem Jahr

G.1.3[1] (Kurzfristige befristete Verträge[2])

Ist die Laufzeit ausdrücklich mit weniger als einem Jahr vereinbart, endet der Vertrag zu dem vereinbarten Zeitpunkt, ohne dass es einer Kündigung bedarf.

1 Soweit die Vertragslaufzeit aus sonstigen Gründen auf einen kürzeren Zeitraum befristet wurde, ist eine Kündigung von beiden Seiten nicht erforderlich § 5 Abs. 5 S. 4 PflVG. Der Vertrag endet dann automatisch. Da bei Kurzzeitkennzeichen und Roten Kennzeichen auf der Versicherungsbestätigung Anfangs- und Enddatum aufgenommen sind, ist in diesen Fällen eine weitere Meldung gem. § 25 FZV entbehrlich[3], diese gilt gem. § 117 Abs. 2 VVG als Meldung an die Zulassungsstelle auch des Vertragsendes, so dass die Nachhaftungsfrist unmittelbar nach Ende des Vertrages zu laufen beginnt[4]. Dies gilt auch bei sog. Kurzzeitkennzeichen[5].

G.2 Wann und aus welchem Anlass können Sie den Versicherungsvertrag kündigen?

1 Dieses Kapitel behandelt die einzelnen Kündigungsmöglichkeiten, zunächst die des Versicherungsnehmers, dann die des Versicherers. An die Kündigung eines Vertrages sind bestimmte Anforderungen zu stellen. Die Kündigung bedarf der Schriftform, eine Faksimile-Unterschrift von vertretungsberechtigten Prokuristen reicht aus[1]. insbesondere muss ggf. der Zugang des Kündigungsschreibens nachgewiesen werden können. Dies ist sowohl für den Versicherungsnehmer wie auch für den Versicherer von Bedeutung[2].

G.2.1 Kündigung zum Ablauf des Versicherungsjahres[1]

Sie können den Vertrag zum Ablauf des Versicherungsjahres kündigen. Die Kündigung ist nur wirksam, wenn sie uns spätestens einen Monat vor Ablauf zugeht.

---

3 LG Köln v. 04.03.2013 – 26 O 301/12.
4 BGH v. 28.02.2018 – XII ZR 94/17 (Kündigung der Vollkasko-Versicherung).
5 OLG Köln v. 14.10.1998 – 13 U 98/98, r+s 1999, 228.
1 G.1.3 der AKB 2015 entfällt, da gesondert Bedingungen für Fahrzeuge mit Versicherungskennzeichen geschaffen wurden.
2 Überschrift des Verfassers!
3 Vgl. auch Jacobsen in Feyock/Jacobsen/Lemor aaO. AKB 2008 G. Rn. 4.
4 Wegen der Details zur Nachhaftung vgl. die Kommentierung zu § 117 Abs. 2 VVG in diesem Buch.
5 OLG Frankfurt/M. v. 26.09.2018 – 13 U 43/17.
1 LG Halle v. 16,12,2008 – 2 S 178/08, Jurion.
2 Vgl. insoweit auch Ebnet »Die Kündigung von Versicherungsverträgen« in NJW 2006, 1697 ff.
1 Überschrift des Verfassers!

1 Die regelmäßige Kündigungsfrist ist die Kündigung zum Jahresende des Versicherungsjahres, welches in aller Regel dem Kalenderjahr gleichsteht. Eine Kündigung unterjährig ist nur in Ausnahmefällen möglich. Die Kündigung muss dem Versicherer spätestens zum 30.11. des jeweiligen Jahres vorliegen, damit sie wirksam wird. Eine Kündigungsbestätigung des Versicherers ist nicht erforderlich[2]. Der Vertrag endet dann mit Ablauf des Kalenderjahres, der Versicherer wird das Vertragsende an die Zulassungsstelle weitergeben. Den Zugang muss der Versicherungsnehmer beweisen[3].

2 Kündigungen, die einen anderen Endzeitpunkt als den des Versicherungsjahres vorsehen, sind unwirksam, wenn nicht eine der nachfolgenden Sonderkündigungsrechte gegeben sind. Der Versicherer ist dann gehalten, die unwirksame Kündigung zurückzuweisen, um den Vertragsfortbestand zu sichern[4]. Die in der Literatur zum Thema Kündigung kontrovers geführte Diskussion[5] hat in der Kraftfahrtversicherung wenige Auswirkungen, da die Verträge ohnehin nur kurze Laufzeiten haben und die Kündigung jeweils zum Jahresende möglich sind. Auch die Reform des § 8 VVG a.F. in § 11 VVG n.F. ist nicht wegen der K-Versicherungssparte erfolgt[6]. Zur Kündigung berechtigt ist nur der Versicherungsnehmer, der alleiniger Vertragspartner des Versicherers ist[7]. Eine Kündigung kann nur einvernehmlich aufgehoben werden. Dies kann z.B. dadurch geschehen, dass der Versicherungsnehmer den Vertrag zwar kündigt, der Versicherer aber nach der Kündigung eine Folgeprämienrechnung übersendet und den Beitrag einzieht und der Versicherungsnehmer der Einziehung nicht widerspricht[8].

3 Hat der Versicherungsnehmer in seinem Schreiben erklärt, er kündige form- und fristgerecht den Vertrag, kann diese Erklärung nicht mehr in einen Widerruf der Vertragserklärung umgedeutet werden. Diese Formulierung lässt den Rückschluss zu, dass der Vertrag nicht ex tunc, sondern nur ex nunc beendet werden sollte[9].

G.2.2 Kündigung des vorläufigen Versicherungsschutzes[1]

Sie sind berechtigt, einen vorläufigen Versicherungsschutz zu kündigen. Die Kündigung wird sofort mit ihrem Zugang bei uns wirksam.

1 Der Vertrag über die vorläufige Deckung ist ein eigenständiger Vertrag[2], der auch separat gekündigt werden kann, wenn ein Versicherungsvertrag mit dem Versicherer, dessen Versicherungsbestätigung bei der Zulassung vorgelegt wurde, nicht geschlossen werden soll. Die Regelung entspricht inhaltlich § 52 Abs. 4 VVG. Zu beachten ist vor allem für den Versicherungsnehmer,

2 OLG Braunschweig Beschl. v. 02.09.2019 – 11 U 103/18.

3 LG Bremen v. 01.12.1999 – 4 S 278/99 B, VersR 2000, 305 mit Hinweisen zu den Anforderungen an das Verhalten des Versicherers bei unwirksamer Kündigung.

4 LG Halle v. 16,12,2008 – 2 S 178/08, Jurion, dies kann auch von Seiten des Versicherungsnehmers geschehen.

5 Ausführlich dargestellt von Jonczak Anm. zu LG Bremen v. 01.12.1999 – 4 S 278/99, VersR 2000, 305 ff, wobei hier sämtliche Überlegungen zu längerfristigen Verträgen aus dem Lebens- und Unfallversicherungsbereich angestellt wurden.

6 Wegen der Auswirkungen der Reform auf die sonstigen Sparten vgl. Johannsen in Bruck/Möller VVG § 11 RN 5 ff.

7 Vgl. insoweit auch Ebnet »Die Kündigung von Versicherungsverträgen« in NJW 2006, 1697 ff.

8 OLG Brandenburg v. 19.02.1997 – 1 U 17/96, NJW-RR 1997, 1050, OLG Köln v. 30.09.1998 – 5 U 44/98, VersR 2000, 619 = ADAJUR Dok.-Nr. 45 500; aber eine Abbuchung allein reicht nicht zur einvernehmlichen Fortführung des Vertrages – so OLG Köln v. 22.04.1982 – 5 U 156/81, VersR 1983, 527 (für die Krankenversicherung).

9 BGH v. 23.07.2014 – IV ZR 330/13, VersR 2014, 1189 f.

1 Überschrift des Verfassers!

2 Vgl. insoweit unter AKB B Rdn. 2.

dass der Vertrag unmittelbar mit Zugang seiner Kündigung beim Versicherer beendet ist. Diese kurze Frist ist – aus Sicht des Versicherungsnehmers, der ein günstigeres Angebot eines anderen Versicherers angenommen hat, günstig und verhindert so die Doppelversicherung. Allerdings ist diese Regelung auch gefährlich, wenn eine Kündigung ausgesprochen wird und von dem anderen Versicherer noch keine Versicherungsbestätigung bei der Zulassungsstelle vorliegt. Dann befinden sich der Versicherungsnehmer und damit auch die mitversicherten Personen in dem Bereich der Nachhaftung, die schon durch die Begrenzung der Höhe der Eintrittspflicht auf die Mindestversicherungssummen für den Fahrer ein Risiko in sich birgt. Der Versicherungsnehmer hingegen ist damit für alle Schäden, die sich innerhalb dieser Zeit ereignen im Innenverhältnis zum Versicherer allein verpflichtet.

Kündigung nach einem Schadenereignis

G.2.3 (Kündigung im Schadenfall[1])

Nach dem Eintritt eines Schadenereignisses können Sie den Vertrag kündigen. Die Kündigung muss uns innerhalb eines Monats nach Beendigung der Verhandlungen über die Entschädigung zugehen oder innerhalb eines Monats zugehen, nachdem wir in der Kfz-Haftpflichtversicherung unsere Leistungspflicht anerkannt oder zu Unrecht abgelehnt haben. Das gleiche gilt, wenn wir Ihnen in der Kfz-Haftpflichtversicherung die Weisung erteilen, es über den Anspruch des Dritten zu einem Rechtsstreit kommen zu lassen. Außerdem können Sie in der Kfz-Haftpflichtversicherung den Vertrag bis zum Ablauf eines Monats seit der Rechtskraft des im Rechtsstreit mit dem Dritten ergangenen Urteils kündigen.

G.2.4 (sofortige Kündigung oder Ablaufkündigung[1])

Sie können bestimmen, ob die Kündigung sofort oder zu einem späteren Zeitpunkt, spätestens jedoch zum Ablauf des Vertrags, wirksam werden soll.

G.2.5 und G.2.6 Kündigung bei Veräußerung oder Zwangsversteigerung des Fahrzeugs

G.2.5 (Veräußerung oder Zwangsversteigerung des Fahrzeuges)

Veräußern Sie das Fahrzeug oder wird es zwangsversteigert, geht der Vertrag nach G.7.1 oder G.7.6 auf den Erwerber über. Der Erwerber ist berechtigt, den Vertrag innerhalb eines Monats nach dem Erwerb zu kündigen. Bei fehlender Kenntnis vom Bestehen der Versicherung beginnt die Kündigungsfrist des Erwerbers erst ab Kenntnis.

Der Erwerber kann bestimmen, ob der Vertrag mit sofortiger Wirkung oder spätestens zum Ablauf des Vertrags endet.

G.2.6 (Veräußerung oder Zwangsversteigerung des Fahrzeuges)

Schließt der Erwerber für das Fahrzeug eine neue Versicherung ab und legt er bei der Zulassungsbehörde eine Versicherungsbestätigung vor, gilt dies automatisch als Kündigung des übergegangenen Vertrages. Die Kündigung wird zum Beginn der neuen Versicherung wirksam.

---

1 Überschrift des Verfassers!
1 Überschrift des Verfassers!

Übersicht

A. Allgemeines

1 Der Versicherungsnehmer hat ein Sonderkündigungsrecht im Schadenfall. Als Schadenfall ist jedes Ereignis gemeint, welches geeignet ist, die Leistungspflicht des Versicherers auszulösen. Der Schadenfall muss natürlich unter die versicherten Leistungen fallen[1].

2 Die versicherten Leistungen sind je nach Sparte unterschiedlich. So ist in der Kraftfahrzeug-Haftpflicht-Versicherung dem Versicherungsnehmer Deckungsschutz gegen die Ansprüche Dritter aus einem Schadenereignis zu gewähren, während in den sonstigen Sparten der Versicherungsnehmer eigene Ansprüche aus dem Vertragsverhältnis geltend machen kann. Grundlage für das Kündigungsrecht ist die Verweigerung einer fälligen Leistung. Ist die Leistung noch nicht fällig, besteht auch noch kein Kündigungsrecht.

B. Erbringen von Leistungen oder Leistungsverweigerung

3 Dementsprechend unterschiedlich sind auch die Anforderungen dieser Regelung zu bewerten. In der Kraftfahrzeug-Haftpflicht-Versicherung wird durchaus die Auffassung vertreten, die Deckungsablehnung bzw. Verweigerung des Versicherungsschutzes sei keine Leistungsverweigerung im Sinne dieser Regelung[2]. Dieser Auffassung ist aber nicht zu folgen, da in der Kraftfahrzeug-Haftpflicht-Versicherung das einzige Interesse des Versicherungsnehmers die Gewährung von Versicherungsschutz auch im Innenverhältnis sein kann. Auch die Erfüllung des Vertrages – nämlich die auch nur teilweise[3] Befriedigung der aus dem Schadenfall entstehenden Ansprüche – löst das Kündigungsrecht aus. Dabei kommt es nicht darauf an, ob der Versicherungsnehmer mit der Regulierung einverstanden war, oder nicht, auch ist nicht erforderlich, dass die Entschädigungsleistung schon erbracht wurde. Eine Kulanzzahlung löst allerdings kein Sonderkündigungsrecht aus[4].

4 Die Verweigerung der Leistung gegenüber dem Versicherungsnehmer in der Kasko-Versicherung und den sonstigen Sparten setzt zunächst voraus, dass die Leistungen fällig sind, also die jeweiligen Voraussetzungen erfüllt wurden, solange noch Verhandlungen über Art und Umfang der zu erbringenden Leistungen schweben, ist eine Verweigerung nicht gegeben[5].

C. Kündigungsfrist

5 Die Kündigung muss innerhalb der Frist eines Monates, nachdem der Versicherer seine Eintrittspflicht abgelehnt hat oder anerkannt hat, erfolgen. Sie beginnt mit der Entscheidung des Versicherers gegenüber dem Versicherungsnehmer zu laufen, in der Kraftfahrzeug-Haftpflicht-Versicherung ist der Beginn der Frist nicht so einfach zu definieren, da der Kraftfahrzeug-Haftpflicht-Versicherer in aller Regel den Versicherungsnehmer nicht über die Regulierung der Ansprüche informiert, wenn er anerkennt. Im Falle einer Ablehnung der Ansprüche wird er den Versicherungsnehmer darüber informieren, allerdings bedeutet die Ablehnung bzw. Zurückweisung von Schadenersatzansprüchen des Geschädigten noch nicht, dass dem Versicherungsnehmer gegenüber die Leistung (Gewährung von Versicherungsschutz) ebenfalls verweigert würde. Diese Form der Ablehnung kann ein Sonderkündigungsrecht daher nicht hervorrufen. Etwas anderes kann nur gelten, wenn der Versicherer

1 Stiefel/Hofmann AKB § 4b a.F. Rn. 2 m.w.H; jetzt Stiefel/Maier AKB G. Rn. 43–48.
2 So u.a. Prölss/Martin VVG § 158 VVG a.F. Rn. 3; a.A. Stiefel/Maier AKB G Rn. 43–48.
3 LG München I v. 06.07.1977 – 14 S 12518/76, VersR 1981, 249.
4 LG Hagen v. 28.10.1982 – 16 O 280/82, VersR 1983, 1147.
5 Stiefel/Maier AKB G Rn. 43–48.

dem Versicherungsnehmer die Anweisung gibt, den Rechtstreit mit dem Dritten zu führen. Dann allerdings hat der Versicherungsnehmer Zeit bis zum Ablauf eines Monats nach rechtskräftigem Abschluss des Rechtsstreits. Ob der Versicherungsnehmer von dem Versicherer von einem Rechtsstreit erfährt und Weisungen erhält, hängt eher vom Zufall ab, da in der Kraftfahrzeug-Haftpflicht-Versicherung die Verhandlungen zwischen dem Versicherer und dem Geschädigten unmittelbar geführt werden. Wegen fehlender Weisung durch den Versicherer würde dann dieses Sonderkündigungsrecht nicht entstehen. In der Praxis dürfte dieses Kündigungsrecht daher eher untergeordnete Bedeutung haben.

Für den Fall der Kündigung nach dem Schadenfall kann der Versicherungsnehmer bestimmen, 6
wann diese Kündigung wirksam werden soll. Die Kündigung mit sofortiger Wirkung beendet das Versicherungsverhältnis unmittelbar mit dem Zugang bei dem Versicherer. Als spätester Termin ist der Ablauftermin möglich, d.h. zum Ende des Versicherungsjahres.

D. Veräußerung des Kfz

Es geht um die endgültige Übertragung der Eigentumsrechte an dem versicherten Kfz, sei es 7
durch Veräußerung nach den §§ 433 ff. BGB oder durch Zwangsversteigerung. Die Veräußerung des Kfz bzw. dessen Versteigerung beendet den Versicherungsvertrag nicht. Folgerichtig geht der Vertrag mit dem Verkauf auf den Erwerber über, diesem steht dann ein Sonderkündigungsrecht zu. Dabei kann der Erwerber bestimmen, zu welchem Zeitpunkt die Kündigung wirken soll. Dieser Fall dürfte im Hinblick auf die Praxis und G.2.6 AKB eher die Ausnahme darstellen. Ein Kündigungsrecht des Versicherungsnehmers besteht nach Verkauf oder Versteigerung des Kfz nicht mehr.

Einen Sonderfall hatte das VG Gießen zu entscheiden. Das Kfz wurde in das europäische Ausland 8
veräußert und dies wurde der Zulassungsstelle mitgeteilt. Gleichwohl wurde dort ein Halterwechsel nicht registriert und der ehemalige Halter weiter in die Pflicht (Steuer) genommen[6].

E. Sonderkündigungsrecht des Erwerbers

Der Erwerber hat das Recht, den für das gekaufte Kfz bestehenden Vertrag mit sofortiger Wirkung 9
oder zum Ablauf zu kündigen, den Zeitraum kann er selbst bestimmen. Als Kündigungsfrist ist die Monatsfrist angesetzt. Innerhalb eines Monats ab Kenntnis der Veräußerung kann er den Vertrag kündigen. Hat der Erwerber keine Kenntnis von der anderweitigen Versicherung, läuft diese Frist erst, nachdem er Kenntnis erlangt hat. Da der Erwerber eines Kfz regelmäßig diese Information nicht hat, wurde ihm zusätzlich ein Sonderkündigungsrecht zugestanden. Dieses Sonderkündigungsrecht übt er mit der Vorlage einer Versicherungsbestätigung einer anderen Versicherung bei der Zulassungsstelle konkludent aus. Einer ausdrücklichen Kündigung des bestehenden Vertrages bei dem vorherigen Versicherer bedarf es nicht. Die Klausel, dass die Kündigung mit dem Beginn der neuen Versicherung wirksam wird, soll ebenfalls die Doppelversicherung verhindern, aber gleichzeitig auch ausschließen, dass ein nicht versichertes Fahrzeug im öffentlichen Verkehrsraum genutzt wird.

F. Kein Kündigungsrecht des Veräußerers

Der Verkäufer des Kfz kann den Versicherungsvertrag nach Veräußerung nicht mehr wirksam kün- 10
digen, da er nicht mehr Vertragspartei ist, auch wenn er gemeinsam mit dem Erwerber als Prämienschuldner haftet. Hat der Verkäufer den Verkauf dem Versicherer noch nicht angezeigt und erleidet mit dem verkauften Kfz durch das Verschulden des Erwerbers einen Sachschaden, ist er nicht Dritter im Sinne der AKB und hat damit keinen Anspruch auf Schadenersatz[7].

---

6 VG Gießen v. 30.11.2015 – 6 K4630/15, VersR 2016, 269.

7 LG Erfurt v. 08.02.2007 – 2 S 343/05 in zfs 2007, 393.

G. Wirksamwerden der Kündigung

11 Die Kündigung wird zu dem Beginn der neuen Versicherung wirksam. Dabei besteht für 24 Std. eine Doppelversicherung, da der übergegangene Vertrag durch die Kündigung erst um 24.00 Uhr des Zulassungstages endet, aber der neue Vertrag des Erwerbers durchaus – wenn nichts anderes vermerkt ist, um 0.00 Uhr des Zulassungstages beginnt[8]. Damit hat er das Kündigungsrecht bezogen auf den alten Vertrag ausgeübt und dieser Vertrag wird in seiner Gesamtheit gekündigt. Unabhängig davon, ob der Erwerber für seinen neuen Vertrag auch Vollkasko- oder Teilkasko vereinbart hat, gilt der alte Vertrag nicht – auch nicht in Teilen – fort[9], die Unfallversicherung geht nicht auf den Erwerber über, G.7.1 Satz 2, sie muss daher auch nicht gekündigt werden.

Kündigung bei Beitragserhöhung

G.2.7 (Sonderkündigungsrecht[1])

Erhöhen wir aufgrund unseres Beitragsanpassungsrechts nach J.1 bis J.3 den Beitrag, können Sie den Vertrag innerhalb eines Monats nach Zugang unserer Mitteilung der Beitragserhöhung kündigen. Die Kündigung ist sofort wirksam, frühestens jedoch zu dem Zeitpunkt, zu dem die Beitragserhöhung wirksam geworden wäre. Wir teilen ihnen die Beitragserhöhung spätestens einen Monat vor dem Wirksamwerden mit und weisen Sie auf Ihr Kündigungsrecht hin.

1 G.2.7. basiert auf den Änderungen der Beiträge nach J.1–3. und dem in J.4 aufgenommenen Sonderkündigungsrecht[2], welches folgerichtig ebenfalls auch unter G. aufgenommen werden muss. Diese Regelung entspricht inhaltlich den §§ 9a und 9b AKB a.F. Erforderlich ist die Erhöhung der Beiträge[3], eine Beitragssenkung führt nicht zu einem Sonderkündigungsrecht. Damit sind nicht nur die unterjährigen Beitragserhöhungen gemeint, auch wenn eine Beitragserhöhung zum neuen Versicherungsjahr erfolgt. Diese soll verhindern, dass der Versicherungsnehmer, der im Glauben an die gleichbleibenden Beiträge die Kündigungsfristen versäumt hat, jetzt aber durch die höheren Beiträge den Vertrag kündigen möchte, benachteiligt wird. Treffen mehrere Beitragsänderungen zusammen, wie z.B. die SF-Höherstufung nach schadenfreiem Verlauf mit einer Änderung der Regionalklassen und daraus resultierender Erhöhung, entsteht das Sonderkündigungsrecht gem. J.4 erst, wenn im Saldo beider Veränderungen eine Erhöhung des Beitrags gegeben ist. Ggf. kann hierbei auch ein Auskunftsanspruch des Versicherungsnehmers entstehen[4].

2 Grundsätzlich hat der Versicherer die Pflicht, den Versicherungsnehmer auf dieses Sonderkündigungsrecht ausdrücklich hinzuweisen. Versäumt der Versicherer diese Hinweispflicht, beginnt die Frist nicht zu laufen. Das Recht erlischt, wenn der Versicherungsnehmer die neue/geänderte Prämie gezahlt hat, ob allerdings eine Einziehung des Beitrages durch den Versicherer vom Konto des Versicherten als Zustimmung ausreicht, scheint zweifelhaft[5].

---

8 Jacobsen in Feyock/Jacobsen/Lemor a.a.O. AKB 2008 G Rn. 32.

9 A.A. Jacobsen in Feyock/Jacobsen/Lemor a.a.O. AKB 2008 G Rn. 32, er will für den Fall, dass in der vorläufigen Deckung eine Kasko-Versicherung gewährt wurde, aber im alten übergegangenen Vertrag eine solche bestand, diese weitergelten lassen, bis der Erstbeitrag gezahlt ist. Dies würde aber zu völlig undurchsichtigen Vertragsverhältnissen führen. Wäre die Annahme korrekt, müsste der Erwerber Prämien an zwei Versicherer zahlen, dies hat er sicher nicht beabsichtigt.

1 Überschrift des Verfassers!

2 Vgl. auch LSG Rheinland-Pfalz v. 26.08.2004 – L 5 ER 49/04, NZS. 2005, 425 ff. und LSG Hamburg v. 21.09.2005 – L 1 KR 38/05 in BeckRS. 2009, 55 367 (n.rskr.) für die Beitragserhöhung einer Krankenkasse.

3 Vgl. insoweit auch Ebnet »Die Kündigung von Versicherungsverträgen« in NJW 2006, 1697 ff.

4 Vgl. hierzu für pKV OLG Celle v. 15.12.2022 – 8 U 165/22.

5 Eine Einverständniserklärung bei automatisiertem Verfahren dürfte nicht gegeben sein, vgl. insoweit die Rechtsprechung zur Kündigung und nachfolgend versehentlichem Beitragseinzug.

Das Recht zur Sonderkündigung darf dabei nicht auf den durch die Prämienerhöhung betroffenen Vertragsteil beschränkt werden (z.B. lediglich die Kasko-Versicherung oder die Insassenunfallversicherung werden erhöht, der Versicherungsnehmer möchte aber den ganzen Vertrag kündigen).[6] 3

In den AKB 2008 war noch zusätzlich die Pflicht zur Darstellung der Prämiendifferenz enthalten. Da diese Pflicht in § 40 VVG nicht formuliert wird, wurde sie aus den AKB gestrichen. Erforderlich ist allerdings für wirksame Beitragsanpassungsklauseln, dass diese für den Versicherungsnehmer transparent sind.[7] Es ist auf die einzelnen AKB zu achten. 4

Kündigung bei geänderter Verwendung des Fahrzeugs

G.2.8 (Sonderkündigung bei geänderter Verwendung[1])

Ändert sich die Art und Verwendung des Fahrzeugs nach K.5 und erhöht sich der Beitrag dadurch um mehr als 10 %, können Sie den Vertrag innerhalb eines Monats nach Zugang unserer Mitteilung ohne Einhaltung einer Frist kündigen.

Übersicht

A. Allgemeines

Bei Abschluss des Versicherungsvertrages muss der Versicherungsnehmer angeben, zu welchem Zweck er das versicherte Fahrzeug verwenden will. Die einzelnen Verwendungsarten finden sich unter Anhang 6 und reichen von der üblichen Eigenverwendung über Selbstfahrervermietfahrzeuge bis hin zum LKW-Europaverkehr. Aufgrund der Angaben zur Verwendung wird die Versicherungsprämie ermittelt, die für alle Fahrzeuge dieser Verwendungsart festgelegt wurde. Weicht der Versicherungsnehmer hiervon ab, ist er gehalten, diese Veränderung anzuzeigen, will er nicht nach D.1.1 seinen Versicherungsschutz gefährden[2]. 1

B. Art der Verwendung

Die Art der Verwendung richtet sich nach Anhang 6 zu den AKB. Will der Versicherungsnehmer das Fahrzeug zu einem anderen Zweck verwenden, als im Versicherungsantrag angegeben, muss er dies dem Versicherer mitteilen. Auch wenn er nur eine kurzfristige andere Verwendung beabsichtigt, ist eine Änderungsanzeige erforderlich. Die Formulierung »Änderung der Verwendung« differenziert dabei nicht zwischen einer risikoärmeren oder risikohöheren Verwendung. 2

C. Änderung der Verwendung

Ändert sich die Verwendung des versicherten Fahrzeuges, wird die Prämie neu ermittelt, dies kann auch unterjährig geschehen. Da auch eine kurzfristige und zeitlich begrenzte Änderung der Verwendung anzuzeigen ist, kann daraus auch eine zeitlich begrenzte Prämienerhöhung folgen. 3

6 OLG Bremen vom 06.02.2014 -3 U 35/13, Jurion.

7 EUGH v. 23.04.2015 – C 96/14.

1 Überschrift des Verfassers!

2 Wegen der Details vgl. unter AKB D.1.1.1 hinsichtlich der verschiedenen Verwendungen aber auch Anlage 6 zu den AKB.

D. Sonderkündigungsrecht

4 Dem Versicherungsnehmer wird dann ein Sonderkündigungsrecht eingeräumt, wenn sich der Beitrag um mehr als 10 % gegenüber dem vorherigen Beitrag bei anderer Verwendung erhöht. Eine Prämiensteigerung ist nur bei einer Verwendung zu erwarten, die ein höheres Risiko darstellt. Nur in diesem Fall kann der Versicherungsnehmer den Vertrag ohne Einhaltung der Kündigungsfrist kündigen. Die Kündigung muss innerhalb eines Monates nach Erhalt der geänderten Beitragsrechnung erfolgen. Das Sonderkündigungsrecht erlischt mit Zahlung des geänderten Beitrags[3]. Hier ist – anders als bei J.4 AKB – keine Saldierung zwischen mehreren Veränderungen im Beitrag aufgrund unterschiedlicher Ursachen erforderlich. Es kommt nur auf die Relation zwischen den Beiträgen der unterschiedlichen Verwendungen an.

G.2.9 Änderung der Bedingungen

G.2.9[1] Kündigung bei Bedingungsänderung

Machen wir von unserem Recht zur Bedingungsanpassung nach N Gebrauch, können Sie den Vertrag innerhalb von sechs Wochen nach Zugang unserer Mitteilung über die Bedingungsanpassung kündigen. Die Kündigung ist sofort wirksam, frühestens jedoch zum Zeitpunkt des Wirksamwerdens der Bedingungsänderung. Wir teilen Ihnen die Änderung spätestens sechs Wochen vor dem Wirksamwerden mit und weisen Sie auf Ihr Kündigungsrecht hin.]

[xx Kündigung bei Bedingungsänderung

<Achtung! Nur, wenn Bedingungsänderung gem. N vereinbart>

1 Weitaus häufiger kommt ein Sonderkündigungsrecht des Versicherungsnehmers in Betracht wegen der Veränderung der dem Vertrag zu Grunde liegenden Bedingungen. Gem. § 9d AKB a.F. kam eine Bedingungsänderung in Betracht, wenn die höchstrichterliche Rechtsprechung eine Veränderung erforderlich machte, Bedingungen unwirksam waren, weil sie gegen das AGB-G verstießen oder den Regeln der § 305 ff. BGB nicht entsprachen und den Versicherungsnehmer unangemessen benachteiligten. Inzwischen werden die Bedingungen nahezu halbjährlich bis jährlich modifiziert, in aller Regel in den frei zu vereinbarenden Sparten Kasko, Fahrerschutz, Unfall oder Schutzbrief. In der Kraftfahrzeug-Haftpflicht-Versicherung sind Bedingungsänderungen nur eingeschränkt möglich, da die KfzPflVV den Rahmen vorgibt.

---

3 So auch BSG v. 02.12.2004 – B12 KR 23/04 NJW 2005, 923.

1 der vormalige Abschnitt G.2.9 – Änderung der Tarifstruktur/SFR-Struktur – entfällt.

G.3 Wann und aus welchem Anlass können wir den Versicherungsvertrag kündigen?

Das Kapitel G.3 befasst sich ausschließlich mit der Kündigung durch den Versicherer. Diese Spaltung der Kündigungsmöglichkeiten macht die Vertragsbeendigungsmöglichkeiten für den Versicherungsnehmer transparenter. 1

Kündigung zum Ablauf

G.3.1 (Ablaufskündigung[1])

Wir können den Vertrag zum Ablauf des Versicherungsjahres kündigen. Die Kündigung ist nur wirksam, wenn sie Ihnen spätestens einen Monat vor Ablauf zugeht.

A. Allgemeines

Soll dieser einjährige Vertrag mit Verlängerungsklausel[2] beendet werden, so muss die Kündigung ausgesprochen werden. Die Kündigung des Versicherungsvertrags zum Ablauf des Versicherungsjahres ist (auch) durch den Versicherer möglich. 1

B. Zulässigkeit der Kündigung

Zu beachten ist allerdings, dass der Versicherer nur dann den Vertrag kündigen kann, wenn er nach § 5 PflVG nicht verpflichtet wäre, einen neuen Antrag des Versicherungsnehmers anzunehmen[3]. 2

I. Kontrahierungszwang gem. § 5 PflVG

Nach § 5 PflVG ist der Versicherer verpflichtet, den in § 1 PflVG genannten Personen, die der Versicherungspflicht unterliegen, eine Kraftfahrzeug-Haftpflicht-Versicherung mindestens zu den gesetzlichen Bedingungen anzubieten, § 5 Abs. 2 PflVG. Dieser Pflicht darf sich der Versicherer nur in ganz engen Ausnahmen entziehen. Der in § 5 PflVG normierte Kontrahierungszwang besteht nur für PKW und Kombifahrzeuge bis 1 t Nutzlast und für Zweiräder. Nur für diese Fahrzeuge wird eine Annahmefiktion in § 5 Abs. 3 PflVG festgelegt, wenn die Versicherung dem Antrag des Versicherungsnehmers nicht entsprochen hat und innerhalb einer Frist von 14 Tagen ein neues Angebot unterbereitet hat. Ist die Frist versäumt, gilt der Antrag des Versicherungsnehmers als angenommen. Eine Verpflichtung nach § 5 Abs. 3 S. 1 PflVG wird aber gem. S. 3 nicht für Taxen, Personenmietwagen und Selbstfahrervermietfahrzeuge bestimmt, diese fallen also, obwohl Kfz im Sinne der Regelung, aus der Regelung heraus. D.h. nur die Kfz, die nicht als Taxen, Personenmietwagen und Selbstfahrervermietfahrzeuge genutzt werden, kann der Versicherer nicht zum Ablauf kündigen, wenn nicht einer der Gründe des § 5 Abs. 4 PflVG vorliegt. 3

1 Überschrift des Verfassers!

2 So Stiefel/Hofmann Kraftfahrtversicherung § 4a AKB a.F. Rn. 1.

3 BGH v. 30.09.1981 – IVa ZR 187/80 VersR 1982, 259 lässt die Kündigung dann wegen Verstoßes gegen § 242 BGB unwirksam sein.

4 Der Kontrahierungszwang des § 5 PflVG entfällt, wenn der Versicherer einen früheren Vertrag mit dem Versicherungsnehmer wegen Drohung oder arglistiger Täuschung angefochten hat, von diesem früheren Vertrag wegen Verletzung der vorvertraglichen Anzeigepflicht oder Nichtzahlung der Erstprämie zurückgetreten ist oder den früheren Vertrag wegen Prämienverzuges oder im Schadenfall gekündigt hatte.

5 Entfallen alle diese Ausnahmegründe, ist der Versicherer nicht berechtigt, dem Versicherungsnehmer einen neuen Vertrag zu verweigern. Damit soll nach Auffassung des BGH auch die Kündigung des Versicherungsvertrages für ein Kfz oder Zweirad wegen Verstoßes gegen Treu und Glauben unwirksam sein[4], da der Kündigende gerade durch Beendigung des Vertrages das zu umgehen versucht, wonach er zum gleichen Zeitpunkt aber nach § 5 PflVG wieder verpflichtet wäre. Dieses Verhalten ist mit der Verkehrssitte und Treu und Glauben nicht vereinbar[5]. Dies kann allerdings nur insoweit gelten, als der Versicherer tatsächlich verpflichtet wäre, den gleichen Vertrag wieder anzubieten. Wenn aber der Versicherungsnehmer des gekündigten Vertrages über die Kraftfahrzeug-Haftpflicht-Versicherer, nur dafür gilt der Kontrahierungszwang, noch andere Sparten versichert wissen will, ist der Versicherer berechtigt, den Vertrag zum Ablauf zu kündigen, da er den Vertrag nicht zu den gleichen Bedingungen auf Antrag wieder annehmen müsste. So bleibt auch das Kündigungsrecht dann bestehen, wenn der Versicherungsnehmer einen Vertrag mit einer über die gesetzlich vorgeschriebene Mindestversicherungssumme hinausgehende Versicherungssumme begehrt, da der Kontrahierungszwang nur den Abschluss zu den gesetzlichen Mindestbedingungen fordert[6].

6 Auch die VVG-Reform und die damit verbundene Anpassung der AKB haben an dieser Rechtsprechung nichts geändert. Handelt es sich um andere Kfz, LKW oder Busse etc. besteht kein Kontrahierungszwang und der Versicherer kann den Vertrag zum Ablauf kündigen.

II. Kündigung des Vertrages insgesamt

7 Die Formulierung in G.3.1 geht, wie auch die Formulierung schon in § 4a AKB a.F., davon aus, dass der Versicherungsvertrag nur einheitlich gekündigt werden kann und sich die Kündigung des Vertrages dann auf alle Sparten erstreckt. Folgerichtig wird unter G.4 die Kündigung einzelner Sparten angesprochen, die den Gesamtvertrag nicht berühren sollen. Es kann allerdings die Kraftfahrzeug-Haftpflicht-Versicherung nicht gekündigt werden, ohne dass auch die anderen mit dem Kraftfahrzeug-Haftpflicht-Vertrag verbundenen Sparten mit der Kündigung beendet werden.

III. Wirkung der Kündigung

8 Die Kündigung beendet den Vertrag zum Ablaufdatum 24.00 Uhr. Für die Kraftfahrzeug-Haftpflicht-Versicherung besteht jedoch die Besonderheit, dass gem. § 117 Abs. 2 eine Nachhaftung des Versicherers von mindestens 1 Monat nach Eingang der Beendigungsmitteilung bei der Zulassungsstelle besteht. Die Regulierung eines Schadenfalles, der sich innerhalb dieser Zeitspanne ereignete und für den kein anderer Kraftfahrzeug-Haftpflicht-Versicherer eintrittspflichtig ist, ändert allerdings an der Wirksamkeit der Kündigung nichts. Die sonstigen Sparten (Voll- oder Teilkasko, Insassenunfall, Verkehrsrechtsschutz, Schutzbrief, Fahrerschutz etc.) hingegen enden unmittelbar mit Ende des Vertrages, ohne dass es weiterer Aktivitäten des Versicherer bedarf.

C. Kündigungsfristen

9 Auch der Versicherer ist gehalten, die Fristen einzuhalten. Diese gelten für beide Parteien gleichermaßen. So muss der Versicherer auch die Kündigung zum Ablauf dem Versicherungsnehmer bis spätestens einen Monat vor dem Ablauf zugestellt haben. Da die Verträge derzeit immer bis zum Ende eines Kalenderjahres laufen, muss die Kündigung dem Versicherungsnehmer bis spätestens 30.11.

4 Vgl. BGH v. 30.09.1981 – IVa ZR 187/80 VersR 1982, 259.
5 BGH v. 30.09.1981 – IVa ZR 187/80 VersR 1982, 259 unter II.
6 So schon BGH v. 23.02.1973 – IV ZR 129/71 VersR 1973, 409 zur Reichweite des Kontrahierungszwangs.

des Kalenderjahres zugegangen sein. Auch für den Zugang der Kündigung gelten die allgemeinen Beweisregeln. Der Versicherer ist für den rechtzeitigen Zugang der Kündigung beweisbelastet[7]. Ist die Kündigung verspätet zugegangen oder kann der Versicherer den Zugang der Kündigung nicht nachweisen, gilt der Vertrag als ungekündigt und verlängert sich um ein weiteres Kalenderjahr, wenn nicht der Versicherungsnehmer seinerseits kündigt, oder ein anderer der nachfolgenden Kündigungsgründe zum Tragen kommt. Dieser Kündigungsgrund müsste aber als nachgeschobener Kündigungsgrund schon im Zeitpunkt der verfristeten Kündigung bestanden haben, um Wirksamkeit zu entfalten[8]. Ob der Kündigungsgrund zum Zeitpunkt der Kündigung schon bekannt war, ist unerheblich[9].

Kündigung des vorläufigen Versicherungsschutzes

G.3.2 **Wir sind berechtigt, einen vorläufigen Versicherungsschutz zu kündigen. Die Kündigung wird nach Ablauf von zwei Wochen nach ihrem Zugang bei Ihnen wirksam.**

Der vorläufige Versicherungsschutz, der gem. §§ 49 ff. VVG, B.2 AKB gewährt werden kann, kann gem. § 52 Abs. 4 innerhalb einer Frist von 14 Tagen gekündigt werden, wenn der Vertrag über die vorläufige Deckung für einen unbestimmten Zeitraum eingegangen wurde. 1

Bezogen auf das Kündigungsrecht des Versicherers, die Gewährung von vorläufigem Versicherungsschutz ohne Angabe von Gründen zu kündigen, ist zu differenzieren. 2

Handelt es sich um ein Fahrzeug, welches dem Kontrahierungszwang des § 5 PflVG unterliegt[1], hat der Versicherer nur dann das Recht, den Vertrag zu kündigen, wenn er berechtigt ist, den Antrag des Versicherungsnehmers gem. § 5 Abs. 4 PflVG wegen vorangegangener Kündigung des Vertrages mit dem gleichen Versicherungsnehmer abzulehnen. 3

Handelt es sich aber um ein Fahrzeug, das nicht unter den Kontrahierungszwang des § 5 PflVG fällt, ist der Versicherer jederzeit berechtigt, den vorläufigen Versicherungsschutz durch Kündigung zu beenden. Die Kündigung muss dem Versicherungsnehmer zugegangen sein, beweisbelastet ist auch hier der Kündigende[2]. 4

Dieses Recht zur Kündigung der vorläufigen Deckung war in § 1 Abs. 5 AKB a.F. enthalten. 5

Die Kündigung der vorläufigen Deckung durch den Versicherer ist im Gegensatz zur Kündigung durch den Versicherungsnehmer mit einer Frist von zwei Wochen ab Zugang wirksam. 6

Kündigung nach einem Schadenereignis

G.3.3 **(Sonderkündigungsrecht im Schadenfall[1])**

Nach dem Eintritt eines Schadenereignisses können wir den Vertrag kündigen. Die Kündigung muss Ihnen innerhalb eines Monats nach Beendigung der Verhandlungen über die Entschädigung oder innerhalb eines Monats zugehen, nachdem wir in der Kfz-Haftpflichtversicherung unsere Leistungspflicht anerkannt oder zu Unrecht abgelehnt haben. Das gleiche gilt, wenn wir Ihnen in der Kfz-Haftpflichtversicherung

7 Stiefel/Hofmann Kraftfahrtversicherung § 4a AKB a.F. Rn. 11.
8 BGH NJW 1961, 307.
9 U.a. BGH v. 01.02.1979 – I ZR 141/74 NJW 1976, 518 = VersR 1975, 807.
1 Wegen der Details vgl. G.3.1 AKB.
2 Stiefel/Maier, AKB G.3 Rn 4.
1 Überschrift des Verfassers!

die Weisung erteilen, es über den Anspruch des Dritten zu einem Rechtsstreit kommen zu lassen. Außerdem können wir in der Kfz-Haftpflichtversicherung den Vertrag bis zum Ablauf eines Monats seit der Rechtskraft des im Rechtsstreit mit dem Dritten ergangenen Urteils kündigen.

Unsere Kündigung wird einen Monat nach ihrem Zugang bei Ihnen wirksam.

Übersicht

A. Allgemeines

1 Der Versicherer ist berechtigt, den Vertrag nach einem Schadenfall zu kündigen. Die Kündigungsfrist ist eingehalten, wenn der Versicherer binnen eines Monates, nachdem er die Verhandlungen über die Entschädigungsleistungen beendet hat, kündigt.

B. Ende der Verhandlung über Entschädigungsleistung

2 Die Kündigungsfrist läuft bis zum Ende der Verhandlungen oder Ablehnung der Entschädigungsleistung an den Geschädigten. Spätestens ein Monat nach Beendigung der Verhandlungen muss der Versicherer kündigen, will er den Vertrag wegen des Schadenfalls beenden. Das Kündigungsrecht besteht für den Fall des Anerkenntnisses der Schadenersatzpflicht des Versicherers wie auch für den Fall, dass der Versicherer den Schadenersatz zu Unrecht verweigert hat. Aus dieser Formulierung ergibt sich, dass ein Kündigungsrecht des Versicherers nicht besteht, wenn er keine Leistungen aus diesem Schadenfall zu erbringen hat.

C. Weisung, einen Rechtsstreit zu führen

3 Die Weisung des Versicherers, einen Rechtsstreit im Schadenfall zu führen, hat ebenfalls zur Folge, dass der Versicherungsnehmer den Vertrag kündigen kann, ohne das Jahresende abzuwarten. Erforderlich soll dabei die Anhängigkeit des Rechtstreites sein. Ob dies allerdings dem Zweck dient, dem Versicherer die Entscheidung über die Befriedigung oder die Ablehnung der Schadenersatzansprüche zu überlassen, ist fraglich. Man denke hier nur an die Betrugsfälle, deren gerichtliche Prüfung beispielsweise durch eine Vorabbefriedigung durch den Versicherungsnehmer nur noch eingeschränkt möglich wird. Durch die VVG-Reform muss er dann auch nur anteilig den Beitrag für den Zeitraum der Gewährung von Versicherungsschutz zahlen.

D. Kündigung nach Rechtskraft des Urteils

4 Auch das Recht, nach einem rechtskräftigen Urteil im Schadenfall zu kündigen, ist in dem Lichte der unter 2 angesprochenen Leistungspflicht zu sehen. Hat der Versicherer im Verfahren obsiegt und eine Leistungspflicht besteht nicht, kann auch ein Kündigungsrecht nicht gegeben sein.

E. Wirksamwerden der Kündigung

5 Die Kündigung wirkt nach einem Monat ab Zugang bei dem Versicherungsnehmer. D.h. ein Monat nach Erhalt der Kündigung im Schadenfall – unabhängig vom kalendarischen Monatsende – endet der Versicherungsvertrag. Auch hier gilt noch die Nachhaftungsfrist bis zur Mitteilung des Vertragsendes an die Zulassungsstelle.

Kündigung bei Nichtzahlung des Folgebeitrags

G.3.4 (Sonderkündigung wegen Prämienverzugs[1])

Haben Sie einen ausstehenden Folgebeitrag zuzüglich Kosten und Zinsen trotz unserer Zahlungsaufforderung nach C.2.2 nicht innerhalb der zweiwöchigen Frist gezahlt, können wir den Vertrag mit sofortiger Wirkung kündigen. Unsere Kündigung wird unwirksam, wenn Sie diese Beträge innerhalb eines Monats ab Zugang der Kündigung zahlen (siehe auch C.2.4).

Übersicht

A. Allgemeines

Dem Versicherer steht ein Sonderkündigungsrecht zu, wenn der Versicherungsnehmer mit der Zahlung der Folgeprämie nach § 38 VVG in Verzug ist. Hinsichtlich der Voraussetzungen wie Zugang der korrekten Prämienrechnung und der qualifizierten Mahnung sei auf die Ausführungen zu C.2.2 und C.2.4 AKB verwiesen. 1

B. Voraussetzungen für die Kündigung

Voraussetzung für die Kündigung sind korrekte Prämienanforderung, qualifizierte Mahnung und augenfällige Belehrung durch den Versicherer hinsichtlich der Rechtsfolgen des Verzuges[2]. Außerdem ist der Zugang der qualifizierten Mahnung nachzuweisen. 2

Liegen diese Voraussetzungen für die Kündigung vor, kann der Versicherer kündigen. Er hat nach § 38 VVG insoweit das Wahlrecht, ob er kündigt. Die Kündigung ist nicht erforderlich, um nach Ablauf der Zahlungsfrist der qualifizierten Mahnung leistungsfrei zu sein, § 38 Abs. 2 VVG. In der Kündigung muss der Versicherer den Versicherungsnehmer darauf hinweisen, dass er die Möglichkeit hat, den Fortbestand des Vertrages allein durch Zahlung der offenstehenden Beträge innerhalb einer Frist von einem Monat ab Erhalt der Kündigung zu sichern. 3

C. Zahlung der Beiträge nach Kündigung

Die Kündigung wird damit obsolet. Allerdings hat diese Maßnahme keine Auswirkungen auf den Versicherungsschutz im Innenverhältnis für Schäden in dem Zeitraum nach Verstreichen der Zahlungsfrist aus der qualifizierten Mahnung, § 38 Abs. 2 VVG. Versicherungsschutz kann sich der Versicherungsnehmer durch die Zahlung nur noch für die Zukunft, d.h. ab Zahlung der Folgeprämie, sichern. Auch wenn sich ein Schaden innerhalb der Monatsfrist ereignet, bleibt dem Versicherungsnehmer die Möglichkeit, sich durch Zahlung des offenen Beitrags wieder Versicherungsschutz für die Zukunft zu verschaffen[3]. Die Leistungsfreiheit des Versicherers wegen des in der Zwischenzeit erfolgten Schadenfalles bleibt gleichwohl bestehen. Ein Beitragseinzug durch die Versicherung führt alleine noch nicht dazu, dass die Kündigung unwirksam wird, dazu ist eine entsprechende Willenserklärung des Versicherungsnehmers erforderlich[4]. 4

1 Überschrift des Verfassers!
1 Überschrift des Verfassers!
2 Vgl. hierzu die Ausführungen zu AKB. C1.1 Rdn. 3.
3 So noch § 39 Abs. 3 S. 3 letzter Hs. VVG a.F.
4 AG Alsfeld v. 01.02.1991 – C 533/90, NJW-RR 1991, 1312.

Kündigung bei Verletzung Ihrer Pflichten bei Gebrauch des Fahrzeugs

G.3.5 (Kündigung gem. § 28 Abs. 1 VVG[1])

Haben Sie eine Ihrer Pflichten bei Gebrauch des Fahrzeugs nach D verletzt, können wir innerhalb eines Monats, nachdem wir von der Pflichtverletzung Kenntnis erlangt haben, den Vertrag mit sofortiger Wirkung kündigen. Dies gilt nicht, wenn Sie nachweisen, dass Sie die Pflicht weder vorsätzlich noch grob fahrlässig verletzt haben

Übersicht

A. Allgemeines

1 Im Falle der vorsätzlichen Obliegenheitsverletzung nach § 28 Abs. 1 VVG durch den Versicherungsnehmer kann der Versicherer den Vertrag innerhalb eines Monats ab Kenntnisnahme fristlos kündigen. Die Kündigungspflicht nach § 6 Abs. 1 VVG a.F. entfällt ersatzlos.

B. Voraussetzung der Kündigung wegen Obliegenheitsverletzung

2 War im VVG a.F. die Kündigung des Vertrages zwingend erforderlich, um wegen einer Obliegenheitsverletzung des Versicherungsnehmers leistungsfrei zu sein, so steht es dem Versicherer jetzt frei, ob er das Vertragsverhältnis trotz Obliegenheitsverletzung weiter führen oder beenden möchte.

I. Pflichtverletzung nach D

3 Eine bzw. die Pflichten beim Gebrauch des KFZ nach D (Verwendungsklausel, Schwarzfahrt, Führerscheinbestimmungen, Alkoholklausel, Rennen, Gefahrerhöhung, Ruheversicherung) wurden verletzt, dies bestimmt sich nach dem oben unter D ausgeführten Grundsätzen. Die Kündigung ist zulässig, § 28 Abs. 1 VVG.

II. Kündigungsfrist

4 Die Frist beträgt einen Monat ab Kenntnisnahme von der Obliegenheitsverletzung, bezogen auf die Kenntnisnahme kommt es auf das Wissen eines mit der Tatsachenfeststellung vom Versicherer Beauftragten an[2], die Kenntnis eines Agenten von der Obliegenheitsverletzung reicht nicht aus. In dem zu entscheidenden Fall ging es um eine Alkoholfahrt, dabei muss der Versicherer alles unternehmen, um möglichst frühzeitig von der Alkoholisierung Kenntnis zu erlangen[3]. Der Versicherer ist nicht mehr verpflichtet, die Kündigung des Vertrages auszusprechen, um Leistungsfreiheit zu erlangen[4]. Kündigt der Versicherer später als einen Monat ab Kenntnisnahme von der Obliegenheitsverletzung, ist diese Kündigung nicht mehr zulässig. Der Versicherungsnehmer kann die Fortsetzung des Vertrages verlangen. Ein Kündigungsrecht entfällt, wenn eine mitversicherte Person[5] die Obliegenheit verletzt hat, ohne Repräsentant[6] zu sein. Insoweit gilt die Rechtsprechung zu § 6

1 Überschrift des Verfassers!

2 OLG Köln v. 18.01.2000 – 9 U 111/9, r+s 2000, 227 (positive Kenntnis des Versicherers ist erforderlich).

3 OLG Hamm Hinweisbeschl. v. 19.07.2006 – 20 U 69/96, r+s 2007, 50f; OLG Köln v. 3.08.2005 – 9 U 203/04, r+s 2005, 408.

4 Zur alten Regelung mit Kündigungspflicht vgl. BGH v. 25.11.1998 – IV ZR 257/97, NZV 1999, 124 = VersR 1999, 321, r+s 1999, 141, die Kündigungspflicht besteht auch, wenn der Versicherer erst durch den Schadenfall Kenntnis erhält, um für diesen Schadenfall leistungsfrei zu sein. Diese Regelung entfällt ersatzlos!

5 BGH v. 29.01.2003 – IV ZR 41/02, NJW-RR 2003, 600; BGH v. 14.09.2005 – IV ZR 216/04 mit Anm. Münstermann, r+s 2006, 102.

6 Repräsentanteneigenschaft bei Ehegatten LG Paderborn v. 09.05.2007 – 4 O 651/06, zfs 2007, 636.

VVG a.F. fort. Bei wissentlicher[7] Überlassung des Fahrzeuges an einen alkoholisierten Fahrer ist die Kündigung ebenfalls[8] zulässig. Verletzt der Repräsentant des Versicherungsnehmers die Obliegenheit, so ist die Kündigung zulässig. Repräsentant ist, wer vom Versicherungsnehmer die eigenverantwortliche Wahrnehmung von Rechten und Pflichten des Versicherungsnehmers übertragen erhalten hat[9]. Allerdings begründen die gemeinsame Kostentragung für ein Kfz und die Nutzung zu 60 % noch keine Repräsentantenstellung eines Ehepartners[10].

Entlastungsbeweise des Versicherungsnehmers sind nicht möglich. 5

Kündigung bei geänderter Verwendung des Fahrzeugs

G.3.6 (Sonderkündigung bei neuer Verwendung[1])

Ändert sich die Art und Verwendung des Fahrzeugs nach K.5, können wir den Vertrag mit sofortiger Wirkung kündigen. Können Sie nachweisen, dass die Änderung weder auf Vorsatz noch auf grober Fahrlässigkeit beruht, wird die Kündigung nach Ablauf von einem Monat nach ihrem Zugang bei Ihnen wirksam.

Nach G.3.6 hat der Versicherer ein Sonderkündigungsrecht bei einer Veränderung der Verwendung 1 des versicherten Fahrzeuges. Dieses Kündigungsrecht wird er vor allem dann ausüben, wenn es sich um Risiken handelt, die nicht zu seinem Portfolio[2] gehören und für die ein Kontrahierungszwang nach § 5 PflVG nicht besteht.

Dieses Kündigungsrecht ist nicht mit dem Kündigungsrecht gem. § 28 VVG wegen Obliegenheits- 2 verletzung vor dem Schadenfall nach D.1.1 AKB gleichzusetzen, es steht neben diesem und berechtigt den Versicherer, auch bei angezeigter Veränderung der Verwendung, den Vertrag unmittelbar ohne Einhaltung von Fristen zu kündigen. Der Verstoß gegen die Verwendungsklausel stellt einen Sonderfall der Gefahrerhöhung nach §§ 23 ff. VVG dar. Aus K.5 ergibt sich, dass auf eine veränderte versicherte Gefahr abgestellt wird. Folgerichtig ist das vorliegende Kündigungsrecht Ausfluss aus § 23 VVG, der ein Kündigungsrecht für den Fall der Gefahrerhöhung nach Abschluss des Versicherungsvertrages in § 24 VVG vorsieht. Der Eintritt eines Schadenfalles ist nicht erforderlich. Auch entfällt das Recht des Versicherers, den Vertrag wegen einer Gefahrerhöhung fristlos oder mit Frist zu kündigen nicht, wenn der Versicherungsnehmer nachweisen kann, dass die Gefahrerhöhung unverschuldet war. Eine unverschuldete Gefahrerhöhung führt nur zur Leistungspflicht des Versicherers im Schadenfall, § 26 Abs. 3 VVG.

Eine Einschränkung des Kündigungsrechtes ist in den AKB nicht vorgesehen, allerdings muss dieses 3 Recht, einen Vertrag wegen geänderter Verwendung zu kündigen, auch im Lichte des § 5 PflVG gesehen werden. Zudem ist die Kündigung dann unzulässig, wenn es sich um eine unerhebliche Gefahrerhöhung handelt, da dann gem. § 27 VVG die §§ 23 ff. VVG nicht anwendbar sein sollen.

Das Sonderkündigungsrecht des Versicherers kann auf zweierlei Art erfolgen: einmal fristlos, für 4 den Fall, dass die Änderung der vorher vereinbarten Verwendung vorsätzlich oder grob fahrlässig erfolgte. Zum anderen ist die Kündigung mit Monatsfrist vorzunehmen, wenn der Versicherungsnehmer nachweist, dass die geänderte Verwendung nicht vorsätzlich oder grob fahrlässig erfolgte.

---

7 BGH IV ZR 90/13 zur Wissentlichkeit einer Pflichtverletzung.

8 Münstermann zu LG Karlsruhe v. 27.08.1999 – 9 S 120/99, r+s 2000, 361 ff, OLG Saarbrücken v. 14.11.2001 – 5 U 267/01, r+s 2002, 184.

9 BGH v. 14.03.2007 – IV ZR 102/03, zfs 2007, 335 ff.

10 LG Paderborn v. 09.05.2007 – 4 O 651/06, zfs 2007, 636 f.

1 Überschrift des Verfassers!

2 Vgl. insoweit § 5 Abs. 4 PflVG.

Kündigung bei Veräußerung oder Zwangsversteigerung des Fahrzeugs

G.3.7 (Sonderkündigungsrecht gegenüber Erwerber[1])

Bei Veräußerung oder Zwangsversteigerung des Fahrzeugs nach G.7 können wir dem Erwerber gegenüber kündigen. Wir haben die Kündigung innerhalb eines Monats ab dem Zeitpunkt auszusprechen, zu dem wir von der Veräußerung oder Zwangsversteigerung Kenntnis erlangt haben. Unsere Kündigung wird einen Monat nach ihrem Zugang beim Erwerber wirksam.

1 Kommt der Versicherungsnehmer im Falle der Veräußerung seines Kfz seiner Anzeigepflicht nach, kann der Versicherer mit dem Erwerber Kontakt aufnehmen und einen Vertragsabschluss anbieten oder aber den Vertrag kündigen nach G.3.7. Das Sonderkündigungsrecht des Versicherers ist innerhalb eines Monats ab Kenntnis von der Veräußerung durch den Versicherer auszuüben. Die Kündigung erfolgt mit Monatsfrist.

2 Zu bedenken ist aber auch in diesem Fall der Kündigungsmöglichkeit durch den Versicherer die bereits unter G.3.1 dargestellte Verpflichtung aus § 5 PflVG, die dazu führen kann, dass der Versicherer gehalten ist, dem Erwerber einen Kraftfahrzeug-Haftpflicht-Vertrag anzubieten[2].

G.4 Kündigung einzelner Versicherungsarten

1 G.4 behandelt die Kündigungsmöglichkeit einzelner Versicherungsarten bei Fortbestehen des Restvertrages.

G.4.1 (Selbständigkeit der Sparten[1])

Die Kfz-Haftpflicht-, Kasko-, Autoschutzbrief-, Kfz-Unfall- und Fahrerschutzversicherung sind jeweils rechtlich selbstständige Verträge. Die Kündigung eines dieser Verträge berührt das Fortbestehen anderer nicht.

1 Grundsätzlich sind alle möglichen Versicherungsarten im Rahmen der Kraftfahrtversicherung rechtlich selbständige Verträge mit eigenständiger Prämienkalkulation. Folgerichtig kann einer dieser Verträge gekündigt werden, ohne dass es die Wirksamkeit der anderen Verträge berührt. Bekannt und üblich ist dies bei der Vollkasko-Versicherung, die ab einem gewissen Fahrzeugalter unrentabel ist. Zwar ist der Versicherungsnehmer grundsätzlich als Vertragspartner der einzig Kündigungsberechtigte für den Vertrag, jedoch können auch Teile des Vertrages ggf. zulässigerweise durch den Ehegatten gekündigt werden[2].

2 Üblicherweise ist der Kraftfahrzeug-Haftpflicht-Vertrag der führende, alle anderen Versicherungsarten, sei es Insassenunfall-, Fahrerschutz-, Schutzbrief- oder Fahrzeugvoll- bzw. Teilversicherung können zusätzlich vereinbart werden. Diese Zusatzverträge sind rechtlich von dem Kraftfahrzeug-Haftpflicht-Vertrag aber nach Auffassung des Verfassers insoweit abhängig, als es für keinen Versicherer interessant sein dürfte, die Vollkasko-Versicherung abzuschließen, ohne dass auch der Kraftfahrzeug-Haftpflicht-Vertrag mit vereinbart wurde. Dann kann der Versicherer wie auch der Versicherungsnehmer von seinem Kündigungsrecht nach G.4.2 AKB Gebrauch machen und alle Sparten kündigen. Soweit der Versicherungsnehmer den Vertrag beim Versicherer ohne nähere Spezifikation kündigt, ist davon auszugehen, dass der gesamte Vertrag beendet werden soll.

---

1 Überschrift des Verfassers!
2 BGH v. 28.02.2018 – XII ZR 94/17 (Kündigung der Vollkasko-Versicherung).
1 Überschrift des Verfassers!
2 Wegen der Details vgl. dort.

G.4.2 (Kündigungsrecht für alle Sparten[1])

Sie und wir sind berechtigt, bei Vorliegen eines Kündigungsanlasses zu einem dieser Verträge die gesamte Kfz-Versicherung für das Fahrzeug zu kündigen.

Liegt ein Kündigungsgrund nur für einen Teil des Vertrages vor, können sowohl Versicherungsnehmer wie auch Versicherer den Vertrag insgesamt kündigen. Dabei kommt es nicht darauf an, ob ein vertraglicher Grund Ursache für die Kündigung war, oder ob die Kündigung aufgrund einer Gesetzesvorschrift erfolgte[2]. Es muss für die weiteren Vertragssparten kein separater Kündigungsgrund vorliegen. 1

Dieses Gestaltungsrecht kann dann aber nicht aufgespaltet werden in die weitere Kündigung nur eines Vertragsteils. Es ist dann nur die Kündigung des Vertrages insgesamt möglich. 2

G.4.3 (Kündigungserweiterung durch Versicherungsnehmer[1])

Kündigen wir von mehreren für das Fahrzeug abgeschlossenen Verträgen nur einen, können Sie die Kündigung auf die gesamte Kfz-Versicherung ausdehnen. Hierzu müssen Sie uns innerhalb von zwei Wochen nach Zugang unserer Kündigung mitteilen, dass Sie mit einer Fortsetzung der anderen Verträge nicht einverstanden sind. Entsprechend haben wir das Recht die gesamte Kfz-Versicherung zu kündigen, wenn Sie von mehreren nur einen Vertrag kündigen.

G.4.3 lässt eine Kündigungserweiterung durch den Versicherungsnehmer zu, wenn von Seiten des Versicherers nur einer von mehreren Versicherungsverträgen für das versicherte Fahrzeug gekündigt wird. Wird also wegen grob fahrlässiger Herbeiführung des Versicherungsfalls die Kasko-Versicherung gekündigt, kann der Versicherungsnehmer innerhalb von zwei Wochen ab Erhalt der Kündigung diese Kündigung durch formlose Mitteilung auf den ganzen Kfz-Versicherungsvertrag ausdehnen. 1

Für den Zugang gelten die allgemeinen Beweisregeln. 2

G.4.4 (Sonderregelung Schutzbrief[1])

Kündigen Sie oder wir nur den Autoschutzbrief, gelten G.4.2 und G.4.3 nicht.

Der Autoschutzbrief ist der einzige Zusatzvertrag, der gekündigt werden kann, ohne dass die Kündigung ein Sonderkündigungsrecht nach G.4.2 bzw. G.4.3 auslöst. Die Kündigung des Schutzbriefes soll wegen des geringen Beitragsaufkommens nicht zur Kündigung der gesamten Verbindung führen. 1

G.4.5 (Regelung für mehrere KFZ in einem Vertrag)

G.5 Zugang der Kündigung

Eine Kündigung ist nur wirksam, wenn sie innerhalb der jeweiligen Frist zugeht.

Nach den **AKB 2008** bedurfte die Kündigung des Vertrages der Schriftform und musste unterzeichnet sein. Dieser Hinweis hat lediglich klarstellenden Charakter. Das Schriftformerfordernis fußte auf §§ 126, 127 BGB. Die Kündigung muss dabei vom Vertragspartner oder einem Bevollmächtigten 1

1 Überschrift des Verfassers!
2 Jacobsen in Feyock/Jacobsen/Lemor G AKB 2008 Rn. 85.
1 Überschrift des Verfassers!
1 Überschrift des Verfassers!

unterzeichnet sein. Für den Versicherer ist die elektronische Form oder eine Faksimile-Unterschrift[1] der Bevollmächtigten von der Rechtsprechung schon seit langem zugelassen, der Versicherungsnehmer hingegen muss die Kündigung unterschreiben. Es ist insoweit auf die jeweiligen AKB zu achten.

2 Auf das Schriftformerfordernis wurde nunmehr verzichtet, auch in vielen anderen Sparten ist dies bereits erfolgt. Die Kündigung kann daher nunmehr in jeder möglichen Form erfolgen.

3 Problematisch wird der Nachweis einer Kündigung, wenn der Zugang nachgewiesen werden muss.

G.6 Beitragsabrechnung nach Kündigung

Bei einer Kündigung vor Ablauf des Versicherungsjahres steht uns der auf die Zeit des Versicherungsschutzes entfallende Beitrag anteilig zu.

1 Im Zuge der VVG-Reform wurde der Grundsatz der Unteilbarkeit der Prämie aufgegeben, d.h. auch bei unterjähriger Kündigung ist der Versicherungsnehmer nur noch für den Zeitraum mit den Versicherungsbeiträgen belastet, in dem er auch den Versicherungsschutz beansprucht, ggf. einschließlich der Nachhaftung[1].

G.7 Was ist bei Veräußerung des Fahrzeugs zu beachten?

1 G.7 weist auf die Pflichten des Versicherungsnehmers im Falle der Übertragung des Eigentums auf einen Dritten hin.

Übergang der Versicherung auf den Erwerber

G.7.1 (Beschränkter Übergang der Versicherung[1])

Veräußern Sie Ihr Fahrzeug, geht die Versicherung auf den Erwerber über. Dies gilt nicht für die Kfz-Unfall- und die Fahrerschutzversicherung.

Übersicht

A. Veräußerung

1 Voraussetzung ist die Übertragung des Eigentums an dem versicherten Kfz auf einen Dritten. Dies erfolgt nach den allgemeinen Regeln des BGB, §§ 433 ff. BGB. Dabei kommt es allein auf den Wechsel in der Person des Eigentümers an. Als Veräußerung des versicherten Kfz wird dabei auch die Eingliederung einer GmbH in ein einzelkaufmännisches Unternehmen, so dass die GmbH nur noch als Teil dieses Unternehmens erscheint[2], die Sicherungsübereignung aber auch der Eigentümerwechsel durch Schenkung oder Tausch angesehen.

---

1 BGH v. 09.12.1974 – III ZR 145/72, VersR 1975, 442 (zur faksimilierten Unterschrift des Rechtsanwaltes auf dem Anspruchsschreiben) m.Anm. Späth »Die »schriftliche« Anmeldung des Antragstellers erfordert nicht die eigenhändige Unterschrift des Antragsstellers«, VersR 1975, 643; OLG Karlsruhe v. 16.10.1980 – 12 U 149/79, VersR 1981, 1021.

1 Vgl. insoweit unter § 117 VVG Rdn. 14 ff.

1 Überschrift des Verfassers!

2 LG Köln v. 11.07.1988 – 85 O 227/87, VersR 1989, 1045.

B. Keine Veräußerung

Der Wechsel in der Person des Halters ist nicht als Veräußerung anzusehen[3]. Auch die Übernahme einer Firma führt nicht dazu, dass der Übernehmende Vertragspartner in dem Versicherungsvertrag über die Kraftfahrzeug-Haftpflicht-Versicherung wird, er ist bestenfalls mitversicherte Person[4]. Ob eine Sicherungsübereignung bereits eine Veräußerung der versicherten Sache darstellt, ist streitig[5]. 2

C. Übergang der Versicherung

Sinn und Zweck des Übergangs der bestehenden Kraftfahrzeug-Haftpflicht-Versicherung auf den Erwerber ist, dass kein unversichertes Fahrzeug im öffentlichen Verkehrsraum gebraucht werden soll. Mit dem Übergang wird der Zwischenzeitraum zwischen Übergabe des Kfz mit entsprechenden Papieren bis zur Ummeldung auf den Erwerber überbrückt. Um Unklarheiten hinsichtlich des Übergangs zu vermeiden, war schon in § 6 AKB a.F. der vollständige Übergang des Vertrages vereinbart, so wie ihn der Veräußerer abgeschlossen hatte. Damit gehen neben der Kraftfahrzeug-Haftpflicht-Versicherung auch die Voll- und Teilkasko-Versicherung[6] wie auch die Schutzbriefversicherung auf den Erwerber über. Der Übergang der Versicherung folgt dem Übergang des Eigentumsrechts, d.h. erst bei Erstarken eines Anwartschaftsrechtes zum Vollrecht geht auch die Versicherung auf den Erwerber über[7]. 3

D. beschränkter Übergang

Der Übergang der für das veräußerte Kfz abgeschlossenen Kfz-Unfallversicherung ist ausgeschlossen, da die §§ 95 ff. VVG sich ausschließlich auf die Sachversicherung beziehen, nicht aber auf die Personenversicherungen. Für die Unfallversicherung gelten §§ 178 ff. VVG, die eine Sonderregelung für die Kfz-Unfallversicherung im Rahmen einer Kfz-Versicherung gerade nicht vorsehen. Auch für die Fahrerschutzversicherung ist ein Übergang ausgeschlossen. 4

G.7.2 (Neue Beitragsberechnung für Erwerber[1])

Wir sind berechtigt und verpflichtet, den Beitrag entsprechend den Angaben des Erwerbers, wie wir sie bei einem Neuabschluss des Vertrags verlangen würden, anzupassen. Das gilt auch für die SF-Klasse des Erwerbers, die entsprechend seines bisherigen Schadenverlaufs ermittelt wird. Der neue Beitrag gilt ab dem Tag, der auf den Übergang der Versicherung folgt.

Übernimmt der Erwerber den Versicherungsvertrag vom Veräußerer, muss dieser gleichwohl auf die persönlichen Verhältnisse des Erwerbers angepasst werden. Der Übergang wird dann wie ein Neuabschluss zu behandeln sein. Sowohl die Regional- wie auch die SF-Klasse sind ggf. nach den abweichenden Daten des Erwerbers anzupassen. In diesem Fall gilt als Vertragsbeginn nicht die Zulassung auf den Erwerber, sondern der Tag, an dem die Versicherung auf ihn überging, also der Tag der Veräußerung. Nur wenn der Erwerber seinerseits einen Vertrag bei dem gleichen Versicherer wie der Veräußerer hatte, wird der Vertrag auch für ihn als Folgevertrag behandelt werden. 1

G.7.3 (Gesamtschuld für Prämien[1])

Den Beitrag für das laufende Versicherungsjahr können wir entweder von Ihnen oder vom Erwerber verlangen.

---

3 BGH v. IVa ZR 18/82 – IVa ZR 18/82, VersR 1984, 455 m.w.H.

4 BGH v. 16.10.1974 – IV ZR 3/73, VersR 1974, 1191 (für den Testamentsvollstrecker als Treuhänder).

5 Verneinend OLG Düsseldorf v. 10.02.1982 – 4 U 131/80, VersR 1982, 644 m.H. auf a.A. BGH v. 28.10.1953 – II ZR 240/52, BGHZ 10, 376 = BGH VersR 53, 448.

6 So schon u.a. OLG Hamm v. 29.11.1985 – 20 U 67/85, VersR 1987, 605.

7 LG Mühlhausen v. 02.02.2010 – 3 O 373/07, zfs 2010, 452 m.Anm. Rixecker.

1 Überschrift des Verfassers!

1 Überschrift des Verfassers!

1 Veräußerer und Erwerber haften gemeinsam auf die laufende Prämie. Zwar wird hier von der Prämie für das gesamte Versicherungsjahr gesprochen, aber diese Regelung ist im Lichte des G.6 AKB zu betrachten. Der Vertrag ist daher entsprechend der Laufzeit abzurechnen.

2 Ist die Jahresprämie vor Verkauf schon vom Veräußerer erbracht worden, hat dieser nur noch einen Rückerstattungsanspruch gegen den Versicherer. Der Versicherer ist berechtigt, die Prämie bis zur Ummeldung des Kfz auf den Erwerber unter Vorlage einer neuen Versicherungsbestätigung eines anderen Versicherers einzubehalten, da er so lange auch das Risiko trägt. Ist noch ein Beitrag zu erbringen und die Ummeldung noch nicht erfolgt, kann der Versicherer auswählen, von wem er die Erstattung des Beitrages verlangt.

Anzeige der Veräußerung

G.7.4 (Verkaufsmitteilung[1])

Sie und der Erwerber sind verpflichtet, uns die Veräußerung des Fahrzeugs unverzüglich anzuzeigen. Unterbleibt die Mitteilung, droht unter den Voraussetzungen des § 97 Versicherungsvertragsgesetz der Verlust des Versicherungsschutzes.

Übersicht

A. Allgemeines

1 Bei der Verpflichtung zur Verkaufsmitteilung handelt es sich nicht um eine vertragliche Obliegenheit, sondern um eine gesetzliche, die nur der Vollständigkeit halber auch in die AKB aufgenommen wurde. Zwischen den Zeilen ergibt sich, dass nur der Verkäufer eines versicherten[2] Kfz zur Anzeige der Veräußerung verpflichtet sein kann. Besteht ein Versicherungsvertrag für das Kfz nicht mehr, ist es für den Versicherer auch nicht von Interesse, ob es verkauft wurde oder nicht. Er steht – jedenfalls nach Ablauf der Nachhaftungsfrist – auch nicht mehr im Haftungsrisiko. Auch der Verkäufer eines nicht versicherten Kfz ist nicht mehr im Haftungsrisiko[3].

B. Verkaufsmitteilung

2 Zur Mitteilung des Verkaufs ist der Versicherungsnehmer als Vertragspartner ohnehin verpflichtet, aber auch der Erwerber muss den Verkauf bei dem Versicherer, der für das Risiko des Kfz einzustehen hat, anzeigen. Allerdings reicht es aus, wenn nur einer von ihnen den Verkauf bei der Versicherung meldet. Eine Form ist für diese Anzeige nicht erforderlich. Ein bestimmter Inhalt ist in den AKB nicht vorgeschrieben, allerdings dürfte die bloße Namensnennung nicht ausreichen[4], um dem Versicherer die Kontaktaufnahme mit dem Erwerber zu ermöglichen. Die Verkaufsmitteilung ist dem Versicherer unverzüglich anzuzeigen. Unverzüglich bedeutet in diesem Zusammenhang ohne schuldhaftes Zögern.

---

1 Überschrift des Verfassers!
2 Stiefel/Maier AKB G.7 Rn 13.
3 BGH v. 05.02.1980 – VI ZR 169/79, NJW 1980, 1792.
4 OLG Hamm v. 11.07.1984 – 20 U 29/84, VersR 1985, 826 bezogen auf die Entgegennahme einer unzureichenden Anzeige, die der Versicherungsmakler unbeanstandet annimmt. Eine Leistungsfreiheit entfällt zumindest wegen nicht erbrachter Verkaufsmitteilung!

C. Kündigung

Es ist für die Leistungsfreiheit nach § 97 Abs. 1 VVG auch erforderlich, dass der Versicherer den Vertrag mit dem Erwerber nicht geschlossen hätte. Für die Leistungsfreiheit kommt es nicht darauf an, ob der Vertrag schon gekündigt war[5]. 3

Ist der Versicherer nach § 5 PflVG verpflichtet, auch mit dem Erwerber mindestens zu den Mindestversicherungssummen einen Vertrag zu schließen (Kontrahierungszwang[6]), kann sich der Versicherer nicht auf die Leistungsfreiheit berufen[7]. 4

D. Verlust des Versicherungsschutzes nach § 97 VVG

Der Versicherungsnehmer gefährdet seinen Versicherungsschutz, wenn er den Verkauf nicht unverzüglich anzeigt. Der Versicherer ist von der Verpflichtung zur Leistung frei, wenn sich der Schadenfall mindestens einen Monat, nachdem die Verkaufsmitteilung dem Versicherer hätte zugehen müssen, ereignet[8]. 5

I. Höhe der Leistungsfreiheit

Der Versicherer ist dann leistungsfrei. Diese Leistungsfreiheit bezieht sich nur auf das Innenverhältnis zwischen Versicherer und Versicherungsnehmer. Die Leistungsfreiheit ist auch nicht der Höhe nach begrenzt. Eine Aufnahme der Verpflichtung zur Verkaufsmitteilung ist weder in der KfzPflVV noch in den AKB unter D. als Obliegenheit vor dem Versicherungsfall erfolgt. Dabei soll nach Auffassung des BGH der Versicherer aber nur dann leistungsfrei sein, wenn dies nicht außer Verhältnis zum Verstoß steht. Dabei ist auch abzuwägen, ob die Interessen des Versicherers in ernster Weise verletzt sind und ob den Versicherungsnehmer bei der Verletzung seiner Pflicht ein Verschulden trifft[9]. 6

II. Leistungspflicht des Versicherers

§ 97 Abs. 2 VVG verpflichtet den Versicherer allerdings weiter in der Leistung, wenn ihm der Eigentumsübergang bereits zu dem Zeitpunkt bekannt war, als die Anzeige ihm hätte zugehen müssen. Auch bleibt die Leistungspflicht bestehen, wenn der Versicherer in Kenntnis des Verkaufes die Kündigung nicht innerhalb der Frist von einem Monat ab Kenntnis vom Verkauf nach G.3.7 AKB ausgesprochen hat. Wenn der Versicherer die Kündigung nicht innerhalb der Frist ausgesprochen hat, spricht viel dafür, dass sein Interesse an einer Vertragsbeendigung nicht sonderlich groß war[10]. Im Übrigen richtet sich sein Recht, den Vertrag zu kündigen ebenfalls nach § 5 PflVG[11]. 7

III. Schadenersatzpflicht des Veräußerers

Daneben ist der ehemalige Versicherungsnehmer dem Versicherer zum Ersatz des aus der fehlenden Mitteilung resultierenden Schadens[12] verpflichtet. Nennt der Verkäufer den Erwerber doch noch, 8

5 BGH v. 20.05.1987 – IVa ZR 227/85, VersR 1987, 705 = r+s 1987, 234; AG Limburg VersR 1953, 73.
6 Vgl. hierzu unter A.3, B.1 und G.3.2.
7 So schon BGH v. 09.07.1986 – IVa ZR 5/85 zum Umfang der Leistungspflicht des Versicherers. BGH v. 30.09.1981 – IVa ZR 187/80, VersR 1982, 259 zur Kündigung wegen Verstoßes gegen den Kontrahierungszwang.
8 OLG Hamm v. 13.11.1981 – 20 U 214/81, VersR 1982, 765, aber BGH v. 07.03.1984 – IVa ZR 18/82, VersR 1984, 455 (Revisionsentscheidung zu OLG Hamm), der die Leistungsfreiheit bestätigte, der Erwerber tritt in die Rechte und Pflichten des Vertrages so ein, wie sie im Zeitpunkt des Übergangs bestehen.
9 BGH v. 20.05.1987 – IV a ZR 227/85, VersR 1987, 705.
10 BGH v. 11.02.1987 – IVa ZR 194/85 BGHZ 100, 60; OLG Hamm v. 25.08.1989 – 20 U 69/89, r+s 1990, 8.
11 Jacobsen in Feyock/Jacobsen/Lemor a.a.O. G. AKB 2008 Rn. 106.
12 BGH v. 21.02.1974 – VI ZR 234/72 in VersR 1972/754.

so beschränkt sich der Anspruch des Versicherers auf die noch offenen Beiträge. Diese Pflicht ist in den neuen AKB nicht mehr so deutlich hinterlegt. Es wird nur formuliert, dass der Versicherungsnehmer dem Versicherer für die offenen Beiträge haftet, wenn der Erwerber den Vertrag durch Ummeldung unter Verwendung einer Versicherungsbestätigung eines anderen Versicherers kündigt. Der Schaden des Versicherers kann nur in den offenen Versicherungsbeiträgen bestehen, die bis dorthin entstanden sind.

E. Verschulden

9 Auf ein Verschulden kommt es nach der Formulierung sowohl in G.7.4 AKB wie auch in § 97 VVG nicht an. § 28 VVG n.F. ist nicht anzuwenden, da es sich um gesetzliche Pflichten vor dem Versicherungsfall handelt. Allerdings will der BGH die Relevanzrechtsprechung auch auf die Verkaufsmitteilung dann anwenden, wenn keine Veränderung des Risikos gegeben ist[13]. Ob diese Grundsätze auch auf die Kraftfahrzeug-Haftpflicht-Versicherung anzuwenden sind, ist mehr als fraglich, da die Versicherung nicht zu den gleichen Konditionen und Beiträgen auf den Erwerber übertragen werden kann, sondern vielmehr entsprechend seines persönlichen SFR und seiner Regionalklasse angepasst wird.

F. Sonderfälle/Mitversicherte Personen

10 Für diejenigen Kraftfahrzeuge (Mofas, Fahrräder mit Hilfsmotor etc.), die § 26 FZV unterfallen, haben die Versicherer auf die Anzeige der Veräußerung verzichtet, da die Versicherungsverträge für diese Fahrzeuge ohnehin auf ein Jahr beschränkt sind.

11 Die unterbliebene Verkaufsmitteilung hat keine Auswirkungen auf einen gutgläubigen Fahrer. Die Leistungsfreiheit kann ihm nicht entgegengehalten werden, da der Vertrag auf den Erwerber des Kfz übergegangen war und fortdauert.

Kündigung des Vertrags

G.7.5 (Folgen der Kündigung durch Versicherer und Erwerber[1])

Im Falle der Veräußerung können der Erwerber nach G.2.5 und G.2.6 oder wir nach G.3.7 den Vertrag kündigen. Dann können wir den Beitrag nur von Ihnen verlangen.

1 G.6.5 stellt klar, dass auch in diesem Fall der Vertragsbeendigung innerhalb des Versicherungsjahres nur der Teil der Prämie verlangt werden kann, der auf den Versicherungszeitraum entfällt. Dabei haftet der Veräußerer bis zum Zeitpunkt der Ummeldung, ggf. auch bis zum Ende der Nachhaftung, wenn der Versicherer den Vertrag mit dem Erwerber nicht führen will und diesen gekündigt hat. Einem solchen Risiko kann er nur entgehen, wenn er das Fahrzeug »abgemeldet« verkauft.

Zwangsversteigerung

G.7.6 (Zwangsversteigerung des KFZ[1])

Die Regelungen G.7.1 bis G.7.5 sind entsprechend anzuwenden, wenn Ihr Fahrzeug zwangsversteigert wird.

1 Alle unter G.7.1-G.7.5 aufgeführten Pflichten und Rechtsfolgen gelten auch, wenn das versicherte Fahrzeug versteigert wird. Der Vertrag geht mit dem Eigentumsübergang an dem versicherten Kfz

---

13 BGH v. 20.05.1987 – IV a ZR 227/85, VersR 1987, 705 (für die Feuerversicherung an einem Gebäude).
1 Überschrift des Verfassers!
1 Überschrift des Verfassers!

auf den Ersteigerer über, von diesem Übergang sind nur die Unfallversicherung und die Fahrerschutzversicherung ausgenommen. Soweit für das Fahrzeug eine Vollkasko- oder Teilkasko-Versicherung abgeschlossen war, geht auch diese auf den neuen Eigentümer über.

Der Versicherer kann nach G.7.2 den Beitrag nach den Verhältnissen des Ersteigerers anpassen und insbesondere eine andere SFR-Einstufung vornehmen. 2

Der Ersteigerer und der bisherige Versicherungsnehmer haften gem. G.7.3 gemeinsam für den fälligen Beitrag. Der Versicherer kann sich aussuchen, wen er in Anspruch nimmt. Der Eigentumsübergang ist auch für die Zwangsversteigerung sowohl vom Ersteigerer als auch vom bisherigen Versicherungsnehmer unverzüglich anzuzeigen, unterbleibt diese Anzeige, entfällt der Versicherungsschutz nach den Voraussetzungen von G.7.4 AKB. Auch im Falle der Zwangsversteigerung steht dem Ersteigerer und der Versicherung ein Kündigungsrecht zu. Im Falle der Kündigung kann der Beitrag nur noch vom bisherigen Versicherungsnehmer gefordert werden, G.7.5 AKB. 3

Wagniswegfall

G.8 Wagniswegfall (z.B. durch Fahrzeugverschrottung)

Fällt das versicherte Wagnis endgültig weg, steht uns der Beitrag bis zu dem Zeitpunkt zu, zu dem wir vom Wagniswegfall Kenntnis erlangen.

Eine weitere Möglichkeit, den Vertrag enden zu lassen, stellt der Wagniswegfall dar. Dies bezeichnet den Fortfall des versicherten Risikos, d.h. das Fahrzeug wird verschrottet oder geht sonst unter. Der Beitrag steht dem Versicherer nach G.8 AKB so lange zu, bis er von dem Wagniswegfall Kenntnis erlangt. Diese Kenntnis kann er auf zweierlei Arten erlangen: zum einen wird von der Zulassungsstelle die endgültige Stilllegung des versicherten Fahrzeuges auf elektronischem Weg an den Versicherer mitgeteilt, zum anderen kann der Versicherungsnehmer dem Versicherer den Wagniswegfall ebenfalls mitteilen, um die Abrechnung des gezahlten Beitrags zu beschleunigen. Der Beitrag steht dem Versicherer nur solange zu, solange er das Wagnis des Kfz zu tragen hat. 1

H Außerbetriebsetzung, Saisonkennzeichen, Fahrten mit ungestempelten Kennzeichen

H.1 Was ist bei Außerbetriebsetzung zu beachten?

Als Außerbetriebssetzung ist jede Form des »Aus dem Verkehr ziehen« eines Kfz gemeint. Die frühere Differenzierung zwischen vorübergehender und endgültiger Stilllegung wurde mit Inkrafttreten der FZV aufgegeben. War jedoch zum Zeitpunkt des Vertragsschlusses die alte Regelung nach den §§ 27–29a StVZO das Leitbild für die Fassung der AKB, sind diese auch auf einen Schadenfall anzuwenden, wenn die Außerbetriebsetzung in 2008 erfolgte[1]. 1

Ruheversicherung

H.1.1 (Vertragslauf[1])

Wird das versicherte Fahrzeug außer Betrieb gesetzt und soll es zu einem späteren Zeitpunkt wieder zugelassen werden, wird dadurch der Vertrag nicht beendet.

1 OLG Jena v. 13.3.2012 – 4 U 151/11, r+s 2012, 331 f.
1 Überschrift des Verfassers!

1 Wird das Fahrzeug nur vorübergehend außer Betrieb[2] gesetzt, wird dadurch der Vertrag nicht beendet, da das versicherte Interesse nicht automatisch weggefallen ist[3]. Diese vorübergehende Außerbetriebsetzung[4] des Kfz beinhaltet zum einen das Entfernen des amtlichen Kennzeichens vom Fahrzeug und zum anderen die Entfernung des amtlichen Siegels der Zulassungsstelle. Dabei erhält der Versicherungsnehmer den Fahrzeugbrief und die entsiegelten Kennzeichen zurück. Er kann damit das Fahrzeug jederzeit – längstens bis zum Ablauf von 18 Monaten – wieder anmelden, ohne dass eine Vollbegutachtung durch den TÜV erforderlich würde. Durch diese vorübergehende Stilllegung wird der Versicherungsvertrag nicht berührt. Auch die formelle Abmeldung bei der Zulassungsstelle ändert daran nichts[5]. Soll der Versicherungsvertrag beendet werden, weil etwa das Fahrzeug nach der Stilllegung veräußert wurde, muss dies dem Versicherer separat mitgeteilt werden.

H.1.2 (Beitragsfreie Ruheversicherung[1])

Der Vertrag geht in eine beitragsfreie Ruheversicherung über, wenn die Zulassungsbehörde uns die Außerbetriebsetzung mitteilt. Dies gilt nicht, wenn die Außerbetriebsetzung weniger als zwei Wochen beträgt oder Sie die uneingeschränkte Fortführung des bisherigen Versicherungsschutzes verlangen.

1 Die vorübergehende Außerbetriebsetzung hat auf den Vertrag nicht die vom Versicherungsnehmer vermutete Wirkung. Der Vertrag als solcher wird dadurch nicht beendet, er wird lediglich für die Dauer der vorübergehenden Außerbetriebssetzung unterbrochen und beitragsfrei gestellt.

2 Die Ruheversicherung beginnt, wenn sie vom Versicherungsnehmer gewünscht wird, mit der Mitteilung durch die Zulassungsstelle, nicht aber mit der vorübergehenden Abmeldung bei der Zulassungsstelle, wenn die Stilllegung nicht länger als zwei Wochen dauern soll. Damit wird dem automatischen Verfahren Rechnung getragen. Die Information der vorübergehenden Stilllegung wird automatisch von der Zulassungsstelle an den Versicherer weitergegeben. Die Unterbrechung der Versicherung erfolgt dann unmittelbar, ohne dass es eines weiteren Antrages bedürfte. Wird zwar die Abmeldebescheinigung nicht vorgelegt, vom Versicherungsnehmer aber die Prämienrechnung zur Gutschrift zurückgegeben, will der Versicherungsnehmer die Fortführung des bestehenden Vertrages gerade nicht[2]. Will aber der Versicherungsnehmer die Alternative, nämlich die uneingeschränkte Fortführung des vereinbarten Versicherungsumfanges, muss er tätig werden und diese ausdrücklich beantragen[3]. Dann behält er – obwohl er das Fahrzeug im öffentlichen Verkehrsraum ohne amtliche Zulassung nicht nutzen darf – den vollständigen Versicherungsschutz (also auch den Vollkasko-Versicherungsschutz, wenn dieser vereinbart war). Allerdings ist er dann auch zur weiteren Zahlung der Beiträge verpflichtet. Hat der Versicherungsnehmer aber den Vertrag schon vor der vorübergehenden Stilllegung gekündigt, ist eine Unterbrechung des Vertrages i.S.d. Ruheversicherung nicht mehr möglich.

3 Während der Zeit der vorübergehenden Stilllegung wird das Kfz beitragsfrei mit eingeschränktem Versicherungsschutz weiterversichert. Diese Regelung ist vor allem für die Fahrzeuge mit Saisonkennzeichen interessant, die nur einen Teil des Jahres genutzt werden, aber weiter im Eigentum des Versicherungsnehmers verbleiben. Auswirkungen auf den Schadenfreiheitsrabatt hat der Zeitraum der Ruheversicherung allerdings keine, während dieser Zeit verändert sich die SFR-Einstufung nicht, da der Vertrag gem. I.3.2 AKB für das Kalenderjahr ununterbrochen bestanden haben muss.

---

2 In den AKB a.F. wurde dies als vorübergehende Stilllegung bezeichnet.

3 BGH v. 27.05.1981 – IVa ZR 52/80, VersR 1981, 921; OLG Köln v. 07.05.2004, Az.: 9 U 139/03, Jurion; LG Nürnberg-Fürth, v. 29.03.2012 – 8 O 2729/11, ADAJUR ›101396.

4 OLG Jena v. 13.03.2012 – 4 U 151/11, Jurion.

5 BGH v. 27.05.1981 – IVa ZR 5/80 in VersR 1981, 921 = DAR 1981, 262 zu § 5 AKB a.F.

1 Überschrift des Verfassers!

2 OLG München v. 13.12.1985 – 8 U 3802/85, r+s 1986, 57 f.

3 Für die davor geltenden Regeln vgl. Jacobsen in Feyock/Jacobsen/Lemor aaO. AKB 2007 § 5 Rn. 3, 4.

Ausnahmen können aber gem. I.6.3 gelten, wenn die Unterbrechung höchstens sechs Monate beträgt (I.6.3.1.a AKB), dann wird der Verlauf so geführt, als habe es eine Unterbrechung nicht gegeben. Diese Regelung ist vor allem für Saisonkennzeichen von Interesse, die ansonsten immer in der gleichen SFR-Stufe blieben. Der vorherige Versicherungsverlauf wird gem. I.6.3.1.b AKB dann übernommen, wenn die Unterbrechung zwar mehr als sechs aber weniger als zwölf Monate beträgt. Bei längerer Unterbrechung wird vom Versicherungsverlauf ein schadenfreies Jahr abgezogen (I.6.3.1.c AKB).

Die Ruheversicherung kann auf unterschiedliche Arten beendet werden: das Fahrzeug wird wieder zu- 4
gelassen, die Ruheversicherung läuft nach 18 Monaten automatisch aus, ohne dass das Fahrzeug wieder zum öffentlichen Straßenverkehr zugelassen wird, da dann die vorübergehende Außerbetriebsetzung automatisch endet und zur endgültigen umgewandelt wird.

Die Wiederinbetriebnahme richtet sich nach § 16 FZV. Es muss ggf. eine Volluntersuchung vom TÜV 5
erfolgen, jedenfalls dann, wenn die Außerbetriebsetzung länger als 18 Monate dauerte. Die ggf. erforderlichen Abgassonderuntersuchungen nach § 47a StVZO bzw. die Prüfuntersuchung nach § 29 StVZO sind auch bei vorübergehender Außerbetriebsetzung vor der Wiederanmeldung durchzuführen, wenn diese in der Zwischenzeit erforderlich wurden.

H.1.3 (Einschränkung der Ruheversicherung[1])

Die Regelungen nach H.1.1 und H.1.2 gelten nicht für Wohnwagenanhänger sowie bei Verträgen mit ausdrücklich kürzerer Vertragsdauer als ein Jahr.

Nicht von der Ruheversicherung umfasst sind Wohnwagenanhänger, die per se nur einen Teil des Jahres 1
genutzt werden sowie alle Fahrzeuge mit Verträgen unter einem Jahr Laufzeit. In diesen Fällen kann der Versicherungsnehmer eine beitragsfreie Unterbrechung des Versicherungsvertrags nicht verlangen. Diese Verträge können nur zum Jahresende oder bei Wagniswegfall (Untergang des Fahrzeugs – nicht Verkauf) gekündigt werden. Die Fahrzeuge mit Versicherungskennzeichen werden nicht mehr erwähnt, da für sie eigene Musterbedingungen vorliegen.

Umfang der Ruheversicherung

H.1.4 (Leistungsumfang in der Ruheversicherung)

Mit der beitragsfreien Ruheversicherung gewähren wir Ihnen während der Dauer der Außerbetriebsetzung eingeschränkten Versicherungsschutz.

Der Ruheversicherungsschutz umfasst
- **die Kfz-Haftpflichtversicherung,**
- **die Teilkaskoversicherung, wenn für das Fahrzeug im Zeitpunkt der Außerbetriebsetzung eine Voll- oder eine Teilkaskoversicherung bestand.**

Übersicht

A. Allgemeines

Der Umfang der Leistung ist in der Ruheversicherung ist eingeschränkt auf die Kraftfahrzeug-Haft- 1
pflicht-Versicherung[1] und, soweit während der Laufzeit des Versicherungsvertrages eine Teil- oder

1 Überschrift des Verfassers!
1 BGH v. 20.12.1965 – II ZR 202/63, Jurion.

Vollkasko-Versicherung bestand, auch der Versicherungsschutz aus der Teilkasko[2]. Dabei ist zu beachten, dass den Versicherungsnehmer die Pflichten aus der Ruheversicherung nur treffen, wenn er seinerseits aktiv eine Unterbrechung des Versicherungsschutzes in Form der Ruheversicherung verlangt, aus der bloßen Abmeldung kann dies nicht geschlossen werden[3].

B. Versicherte Ereignisse

2 Vereinbart gilt die Kraftfahrzeug-Haftpflicht-Versicherung, dies bedeutet, dass die Schäden, die Dritten durch das Fahrzeug während der Ruheversicherung entstehen, von der Kraftfahrzeug-Haftpflicht-Versicherung erstattet werden[4].

3 War eine Teil- oder Vollkasko-Versicherung vorher abgeschlossen ist das Fahrzeug auch gegen den zufälligen Untergang durch Feuer[5] oder Unwetter,[6] gegen Diebstahl[7] und auch gegen Glasbruch[8] während der Zeit der Ruheversicherung geschützt. Der Umfang des Kraftfahrzeug-Haftpflicht-Versicherung beschränkt sich auf den Gebrauch des ruheversicherten Kfz im nicht-öffentlichen Verkehrsraum, wobei die Vorgabe »auf einem umfriedeten Abstellplatz« in H.1.5 davon ausgeht, dass auch ein Gebrauch des Kfz nur in Ausnahmefällen stattfindet. Außerhalb dieses Bereichs ist der Gebrauch zwar im Außenverhältnis versichert, aber im Innenverhältnis besteht Leistungsfreiheit nach D.2. Eine Strafbarkeit nach § 6 PflVG entfällt, da das Kfz im Außenverhältnis Versicherungsschutz genießt[9].

4 Kein Anspruch hingegen besteht auf Erstattung solcher Schäden, die nur durch die Vollkasko-Versicherung gedeckt sind[10]. Auch die Vorbereitungsfahrten zur Zulassung sind gem. H.3 AKB versichert. Dazu gehören die Fahrten zur Tankstelle, Werkstatt, TÜV etc.[11]. Wird allerdings im Rahmen dieser Vorbereitungsfahrten ein Umweg über eine Gaststätte gemacht, besteht kein Zusammenhang mehr mit dem versicherten Zweck[12].

C. versicherte Personen

5 Anspruchsberechtigt ist nach der obigen Formulierung der Versicherungsnehmer. Eine Erweiterung des Versicherungsschutzes auf die sonstigen Personen, die in der Kraftfahrzeug-Haftpflicht-Versicherung nach A.1.2 mitversichert sind, ist zumindest fragwürdig. Allerdings wurde die Ausweitung der Versicherung auch auf den Halter angenommen, wenn jemand ein Kfz repariert, um dieses hiernach von dem vorherigen Besitzer zu erwerben[13]. Diese Entscheidung erging allerdings nicht bei Ansprüchen gegen den Kraftfahrzeug-Haftpflicht-Versicherer, sondern im Streit zwischen dem

---

2 Halm/Fitz, »Versicherungsverkehrsrecht 2012/2013«,– DAR 2013, 447, 453; A.2.2.1 AKB.

3 OLG Karlsruhe v. 04.12.1991 – 13 U 222/91, VersR 1993, 93 (für die Teilkasko eines bei einem Autohändler abgestellten, abgemeldeten Kfz, welches ausbrannte).

4 OLG Dresden, Beschl. v. 19.07.2021, Az.: 4 W 475/21 (explodierende Batterie eines stillgelegten Kfz bei Versuch, das Kfz mit Hilfe von Starthilfekabeln anzulassen) ist auch bei Veräußerung des Kfz über die Ruheversicherung gedeckt.

5 OLG Jena v.v. 13.03.2012, Az.: 4 U 151/11, Jurion; A.2.2 Rdn. 5 ff.

6 AKB A.2.2 Rdn. 55 ff.

7 OLG Köln v. 13.12.2002, Az.: 9 U 131/02, VersR 2003, 1298; A.2.2 Rdn. 21 ff.

8 A.2.2 Rdn. 90 ff.

9 Vgl. hierzu Kommentierung § 6 PflVG; BayObLG v. 21.05.1993 – 1 St RR 19/93, NZV 1993, 449; Stiefel/Maier/Stadler, AKB H. Rn. 15.

10 Wegen der Details vgl. Kommentierung zu A.2.1 AKB.

11 BGH v. 21.01.1976 – IV ZR 83/74, VersR 1976, 331 für eine Fahrt vom Abstellplatz nach Hause, um entsprechende Reparaturarbeiten selbst durchzuführen; der BGH ließ auch den Versicherungsschutz für ein anschließendes Trinkgelage bestehen!

12 OLG Hamburg v. 25.06.1971 – 7 W 10/71, VersR 1971, 925, die vorhandene Deckungskarte sollte nach übereinstimmender Erklärung zur Zulassung verwendet werden, ein Vertragsschluss vorher war nicht vorgetragen worden.

13 OLG Schleswig v. 19.11.1992 – 16 U 118/91 r+s 1994, 90.

leistenden Feuerversicherer und der Privaten Haftpflichtversicherung des zukünftigen Erwerbers. Dabei wurde die Frage, ob die Kraftfahrzeug-Haftpflicht-Versicherung als Ruheversicherung für den Brandschaden an der Unterstellmöglichkeit einzustehen hatte, nicht entschieden. Zwar ist grundsätzlich die Reparatur des Kfz durch eine der mitversicherten Personen in der Kraftfahrzeug-Haftpflicht-Versicherung vom Gebrauch gedeckt[14], aber die Reparatur durch eine sonstige Person, die diesem Kreis nicht zuzuordnen ist, ist gerade nicht gewollt[15]. In der vorliegenden Entscheidung war zwar beabsichtigt, dass das Fahrzeug – falls die Reparatur gelänge – für 500 DM an den Reparateur veräußert werden sollte, aber ob dies ausreicht, um eine Verfügungsgewalt im Sinne einer Haltereigenschaft anzunehmen ist mehr als zweifelhaft. In der vorliegenden Entscheidung wurde nur Bezug genommen auf die mögliche Abgrenzung zwischen der Kraftfahrzeug-Haftpflicht und der Privathaftpflicht und den Geltungsbereich der kleinen Benzinklausel. Diese soll nur so weit reichen, wie das Risiko anderweitig versicherbar ist, also maximal bis zum Ende der vorübergehenden Stilllegung, wenn das Fahrzeug nicht mehr angemeldet wird[16]. Dabei kommt es nicht darauf an, dass aus dieser anderweitigen Versicherung auch Versicherungsschutz gewährt wird, sondern nur auf die Frage der Versicherbarkeit des fraglichen Risikos[17]. Allerdings steht diese Entscheidung in eklatantem Widerspruch zu den Entscheidungen der Paritätischen Kommission zur Frage des Gebrauchs in Form der Reparatur eines Kfz[18]. Dort wird der Gebrauch des Kfz nur durch die versicherten Personen als versicherbar angesehen und außerdem auch die Verursachung eines Schadens durch vom Kfz entfernte Teile nicht mehr dem Gebrauch des Kfz zugerechnet[19]. Zwar stellen die Entscheidungen der PK keine rechtsverbindlichen sondern nur verbandsinterne Entscheidungen dar, gleichwohl sind die Kriterien auch auf andere Fälle übertragbar.

Ihre Pflichten bei der Ruheversicherung

H.1.5 (Obliegenheiten bei Ruheversicherung[1])

Während der Dauer der Ruheversicherung sind Sie verpflichtet, das Fahrzeug
- **in einem Einstellraum (z.B. einer Einzel- oder Sammelgarage) oder**
- **auf einem umfriedeten Abstellplatz (z.B. durch Zaun, Hecke, Mauer umschlossen)**

nicht nur vorübergehend abzustellen. Sie dürfen das Fahrzeug außerhalb dieser Räumlichkeiten auch nicht gebrauchen. Verletzen Sie diese Pflicht, sind wir unter den Voraussetzungen nach D.2 leistungsfrei.

Übersicht

14 BGH v. 26.10.1988 – IVa ZR 73/87, VersR 1988, 1283; OLG Düsseldorf v. 12.04.1997 – 4 U 75/93, VersR 1994, 1172; Entscheidung der PK Nr. 16, zitiert v. Hock, aaO.

15 PK Nr. 104, Hock aaO.

16 BGH v. 21.02.1990 – IV ZR 271/88, VersR 1990, 482; BGH v. 14.12.1988 – IVa ZR 161/87, r+s 1989, 44 f. = NJW-RR 1989, 412, 413 Schweißarbeiten durch den Versicherungsnehmer am seit über 1 Jahr stillgelegten Fahrzeug.

17 BGH v. 16.10.1991 – IV ZR 257/90 in NJW 1992, 315, 314 = r+s 1992, 46; Hoegen »Ausgewählte Probleme des Versicherungsvertragsrechts unter Berücksichtigung der Rechtsprechung des BGH«, VersR 1987, 221, 226.

18 Vgl. Himmelreich/Halm/Staab/Kreuter, Kap. 22 Rn. 463 ff.

19 PK Nr. 104, Hock aaO.

1 Überschrift des Verfassers!

A. Allgemeines

1 Gesondert wird hier für die Ruheversicherung der Gebrauch deutlich eingeschränkt. Das Fahrzeug darf nur in einem Einstellraum oder einem umfriedeten Abstellplatz[2] abgestellt werden. Bezogen auf den Abstellplatz muss sichergestellt sein, dass er nicht jedermann zugänglich ist. Diese Pflicht kommt aber nur dann zum Tragen, wenn der Versicherungsnehmer aktiv verlangt, dass der Versicherungsschutz, den er vertraglich vereinbart hatte, unterbrochen und in eine Ruheversicherung umgewandelt wird[3].

B. Einzelfälle der Umfriedung

2 So reicht eine Einzäunung eines Grundstückes nur dann, wenn diese vollständig ist, ist eine Stelle dauerhaft offen, erfüllt das Grundstück den Begriff »umfriedet« nicht[4]. Dabei muss der Bereich durch Schutzeinrichtungen (Mauern, Gräben, Zäune oder Hecken) abgegrenzt sein[5]. Dieses durch die Rechtsprechung konkretisierte Erfordernis des umfriedeten Abstellplatzes wird in den AKB 2015 durch Beispiele deutlicher. Wird das Fahrzeug aus nicht oder nicht vollständig umfriedeten Abstellplätzen gestohlen oder geht aus sonstigen Gründen unter, ist der Versicherer von der Verpflichtung zur Leistung vollständig frei[6]. Hier sollte das Fahrzeug der Versicherungsnehmerin, die für längere Zeit ins Ausland reisen wollte, von einem Tankstellenpächter veräußert werden. Zu diesem Zweck wurde das Kfz auf dem Tankstellengelände abgestellt und nach einiger Zeit entwendet. Die Leistungsfreiheit ist in diesem Fall vollständig gegeben, da nach der jetzt geltenden Regelung von einer vorsätzlichen Obliegenheitsverletzung auszugehen ist, das fehlende Verschulden kann nicht angenommen werden. Gleiches gilt auch, wenn die Umfriedung eines vorübergehend außer Betrieb gesetzten Motorrades durch einen PKW, der vor diesem Motorrad abgestellt wird[7], oder durch einen Pflanztisch[8] erreicht werden soll. Allerdings kann ein Carport dann den Ansprüchen an eine Umfriedung genügen, wenn er nicht von der öffentlichen Straße frei zugänglich ist, sondern durch Mauern, Hecken und Zäune oder massive Ketten zwischen den Holzbalken abgegrenzt ist[9].

3 Ein Gebrauch des Kfz ist auch nur dort zulässig. Allerdings ist durch die Formulierung »nicht nur vorübergehend« auch das vorübergehende Abstellen im öffentlichen Verkehrsraum – zu Rangierzwecken – zugelassen[10].

C. Folgen des Verstoßes

4 Diese Obliegenheit gilt erst mit der Beantragung der Ruheversicherung[11], nicht schon mit der Abmeldung bei der Zulassungsstelle.

5 Der Verstoß gegen die Ruheversicherung und der Gebrauch des Kfz außerhalb des umfriedeten Abstellplatzes haben zur Folge, dass der Versicherungsschutz gefährdet ist und ein Regress nach D.3 AKB bis zu € 5.000 im Falle eines Schadens gefordert werden kann.

6 Diese Regressbegrenzung auf 5.000 € war in den AKB a.F. nicht enthalten, § 5 Abs. 2 AKB a.F. ging von einer vollständigen Leistungsfreiheit des Versicherers aus, wenn die Obliegenheiten aus der

---

2 OLG Karlsruhe v. 01.03.2012 – 12 U 196/11, zfs 2012, 334 f.

3 OLG Karlsruhe v. 04.12.1991 – 13 U 222/91, VersR 1993, 93 zur Teilkasko bei Ausbrennen eines vorübergehend stillgelegten Kfz auf dem Grundstück des Kfz-Händlers.

4 LG Hamburg v. 18.06.2003 – 331 O 243/02, SP 2006, 197.

5 OLG Köln v. 13.12.2002 – 9 U 131/02, r+s 2003, 232 = NJOZ 2003, 1790 f.

6 So OLG Köln v. 13.12.2002 – 9 U 131/02 r+s 2003, 232 = NJOZ 2003, 1790 f. 0u § 5 Nr. 2 AKB a.F.

7 OLG Celle v. 04.10.1989 – 8 U 10/90, r+s 1990, 262.

8 OLG Hamburg v. 23.12.2016 – 14 U 143/16.

9 OLG Köln v. 14.06.2005 – 9 U 174/04, r+s 2005, 458 = NJOZ 2006, 1669 f., Schleswig-Holst. OLG v. 05.07.2009 – 16 U 143/08, SP 2010, 20 f.

10 BGH v. 24.04.1985 – IVa ZR 166/83, VersR 1985, 775 = r+s 1985, 199 f.

11 OLG Karlsruhe v. 04.12.1991 – 13 U 222/91, VersR 1993, 93.

Ruheversicherung verletzt wurden. Da sich eine Einschränkung des Regresses nicht aus den Vorschriften der KfzPflVV ergibt, ist der Versicherer auch nicht verpflichtet, seine Leistungsfreiheit auf die Grenzen des § 5 KfzPflVV zu beschränken. Die dem Vertrag zugrunde liegenden AKB sind daher zu prüfen. Die Ruheversicherung gehört nicht zu dem vom PflVG geschützten Bereich[12]. Auch in der KfzPflVV ist der Verstoß gegen die Ruheversicherung nicht aufgenommen.

Derjenige, der gegen die Pflichten während der Ruheversicherung verstößt, macht sich nicht gem. § 6 PflVG strafbar[13]. 7

D. Umfang der Leistungsfreiheit

Durch die Aufnahme des Verstoßes gegen die Ruheversicherung unter D.2 AKB ist auch die Frage der Vorwerfbarkeit des Verhaltens des Versicherungsnehmers zu prüfen. Da der Versicherungsnehmer in aller Regel Kenntnis von der Stilllegung und der Vereinbarung der Ruheversicherung hat, ist unzweifelhaft von einer vorsätzlichen Begehung der Obliegenheitsverletzung auszugehen. Auch für den Fahrer gilt dies, da die ungestempelten Kennzeichen bei den dem Fahrer vor Fahrtantritt obliegenden Prüfungspflichten auffallen müssten und die Bedeutung ungestempelter Kennzeichen bekannt ist[14]. 8

Wiederanmeldung

H.1.6 (Aufleben des Versicherungsschutzes[1])

Wird das Fahrzeug wieder zum Verkehr zugelassen (Ende der Außerbetriebsetzung), lebt der ursprüngliche Versicherungsschutz wieder auf. Das Ende der Außerbetriebsetzung haben Sie uns unverzüglich mitzuteilen.

Der Versicherungsvertrag besteht noch und wurde durch die vorübergehende Außerbetriebsetzung nur unterbrochen. Folgerichtig kann der Versicherungsschutz in der Ruheversicherung wieder aufleben, ohne dass hier weitere Anträge beim Versicherer erforderlich wären, allerdings muss das Ende der Außerbetriebssetzung dem Versicherer mitgeteilt werden. 1

Ein Versäumnis dieser Pflicht hat allerdings wegen der elektronischen Informationen von der Zulassungsstelle an den Versicherer ohne Sanktionen[2]. 2

Für die erneute Zulassung des Fahrzeuges wird aber gleichwohl eine Versicherungsbestätigung benötigt. Erforderlich ist zur Beendigung der Ruheversicherung in diesem Fall die Anmeldung des Fahrzeuges, die alleinige Anzeige der Inbetriebnahme und die Inbetriebnahme des Kfz – ohne die Zulassung – lässt die Ruheversicherung nicht enden[3]. 3

Ende des Vertrags und der Ruheversicherung

H.1.7 (Außerbetriebsetzung des KFZ[1])

Der Vertrag und damit auch die Ruheversicherung enden xx Monate nach der Außerbetriebsetzung des Fahrzeugs, ohne dass es einer Kündigung bedarf.

12 Prölss/Martin VVG § 5 AKB Rn. 18 und BAV in GB-BAV 1998, 56; Stiefel/Hofmann § 5 AKB Rn. 14; Stiefel/Maier/Stadler AKB H Rn. 25–27 verweist nur noch auf die Regelung des Regresses nach D.2 AKB.

13 BayObLG 1 St RR 19/93 in VersR 1994, 85 = NZV 1993, 449.

14 Himmelreich/Halm/Kreuter, Hb. Kfz-Schadenregulierung, Kap. 22. Rn. 471.

1 Überschrift des Verfassers!

2 In Zeiten der Datenfernübertragung ist davon auszugehen, dass die Information des Versicherers zeitnah erfolgt.

3 Stiefel/Maier/Stadler, AKB H. Rn. 28.

1 Überschrift des Verfassers!

1 Da der Vertrag über die Kraftfahrzeug-Haftpflicht-Versicherung zu keinem Zeitpunkt gegenüber dem Versicherer gekündigt worden ist, besteht er fort. Eine Kündigung ist dann entbehrlich, wenn die Außerbetriebsetzung einen bestimmten Zeitraum, in aller Regel zwischen 12 und 18 Monaten, überschreitet. Der Zeitraum für die beitragsfreie Ruheversicherung kann frei bestimmt werden. Eine Verpflichtung zur Gewährung der Ruheversicherung besteht nicht. Der Versicherer kann in seinen Bedingungen auch die Ruheversicherung gänzlich streichen, eine Verpflichtung, diese Versicherung anzubieten, ist im VVG nicht vorgesehen. Auch das PflVG birgt keine Regelung hierfür.

2 Der geänderte Vertrag endet nach Ablauf der Frist automatisch. Will der Versicherer für Schäden, die ggf. nach Ablauf dieser Zeit eintreten, leistungsfrei sein, ist er gehalten, das Ende der Ruheversicherung (durch Zeitablauf) an die Zulassungsstelle zu melden, um die Nachhaftung in Gang zu setzen[2].

H.1.8 (Kein Vertragsende durch neue Versicherungsbestätigung[1])

Melden Sie das Fahrzeug während des Bestehens der Ruheversicherung mit einer Versicherungsbestätigung eines anderen Versicherers wieder an, haben wir das Recht, den Vertrag fortzusetzen und den anderen Versicherer zur Aufhebung des Vertrags aufzufordern.

1 Da der Versicherungsvertrag bei Vereinbarung der Ruheversicherung bei vorübergehender Stilllegung nicht beendet wurde, kann folgerichtig auch kein Vertrag bei einem anderen Versicherer abgeschlossen werden, wenn das Fahrzeug durch den gleichen Besitzer wieder zugelassen werden soll. Der Versicherungsnehmer muss den Vertrag aktiv kündigen, will er sich bei einem anderen Versicherer versichern[2]. Erfolgt eine solche Meldung an die Zulassungsstelle über das Vertragsende nicht, besteht die Nachhaftung des die Ruheversicherung gewährenden Versicherers so lange, bis entweder eine Versicherungsbestätigung eines anderen Versicherers vorgelegt wird oder bis zum Untergang des Kfz.

H.2 Welche Besonderheiten gelten bei Saisonkennzeichen?

1 Saisonkennzeichen wurden zum 01.02.1997 zugelassen und ermöglichen, ein Fahrzeug nur für einen bestimmten Zeitraum im Kalenderjahr (Saison) zuzulassen. Dabei muss die Zulassung volle Monate umfassen. Die Befristung der Zulassung auf einen bestimmten Zeitraum, der mindestens 2 Monate dauern muss und den Zeitraum von 11 Monaten eines Kalenderjahres nicht überschreiten darf, § 10 Abs. 3 S. 3 FZV, ist auf den Kennzeichen rechts zu vermerken. (3/10 bedeutet Betriebszeitraum 01.03. bis 31.10. eines Kalenderjahres). Der Versicherungsnehmer kann die Dauer alleine bestimmen, es muss sich nur um volle Kalendermonate handeln. Nur während des benannten Zeitraums dürfen diese Fahrzeuge im öffentlichen Verkehrsraum genutzt werden, § 10 Abs. 3 S. 5 FZV. Durch die Saisonkennzeichen wird das An- und Abmelden nur zeitweilig (in der Saison) genutzter Fahrzeuge erspart. Diese können in dem vereinbarten Zeitraum des Folgejahres ohne neuerliche Anmeldung einfach wieder in Betrieb gesetzt werden. Dies gilt nicht nur für Motorräder und Wohnmobile im Sommer, sondern auch für alle anderen zulassungspflichtigen Kraftfahrzeuge und Anhänger[1], auch für evtl. nur in der Erntezeit genutzte LKW[2], die nicht unter die Regelung

---

2 Stiefel/Maier/Stadler AKB H. Rn. 35 f.

1 Überschrift des Verfassers!

2 Jacobsen in Feyock/Jacobsen/Lemor aaO. AKB 2007 § 5 Rn. 5 bzw. AKB 2008 zu. H.1.8.

1 Jacobsen in Feyock/Jacobsen/Lemor aaO. AKB 2007, § 5a Rn. 4.

2 Z.B. sog. Rübenlaster, die immer nur zur Zeit der Zuckerrübenernte für den Transport zur Zuckerfabrik in Betrieb genommen werden.

der Versicherungskennzeichen fallen. Dabei kann die Saison auch geändert werden, der Halter kann veränderte Saisonkennzeichen unter Beibehaltung der bisherigen Nummer beantragen[3]. Dabei gelten für Kfz mit Saisonkennzeichen einige Besonderheiten: es muss die Hauptuntersuchung nicht im Monat der Fälligkeit erfolgen, wenn dieser außerhalb der Saison liegt, dann ist die Hauptuntersuchung im ersten Monat der Saison durchzuführen[4]. Der Halter eines Kfz mit Saisonkennzeichen ist verpflichtet, auch außerhalb des Betriebszeitraums für das Bestehen einer Kraftfahrzeug-Haftpflicht-Versicherung zu sorgen[5].

H.2.1 (Versicherungsschutz für Saisonkennzeichen[1])

Für Fahrzeuge, die mit einem Saisonkennzeichen zugelassen sind, gewähren wir den vereinbarten Versicherungsschutz während des auf dem amtlichen Kennzeichen dokumentierten Zeitraums (Saison).

1 Die Versicherungsbestätigung ist für Saisonkennzeichen von Anfang an auf den gewünschten Zeitraum begrenzt. Für den Zeitraum der Zulassung wird auch für mit einem Saisonkennzeichen versehenes Fahrzeug Versicherungsschutz wie beantragt gewährt. Unterschiede zu einem ganzjährigen Vertrag bestehen in dieser Zeit nicht. Allerdings gilt ein Fahrzeug mit Saisonkennzeichen auch außerhalb der Saison als zugelassen[2], mit der Folge, dass alle amtlichen Vorschriften weitergelten. Es ist zu keinem Zeitpunkt stillgelegt, da eine Entstempelung der Kennzeichen und der Vermerk in den Fahrzeugpapieren gerade nicht erfolgt. Allerdings darf es außerhalb der Saison nicht im öffentlichen Verkehrsraum gebraucht werden.

H.2.2 (Ruheversicherung nach der Saison[1])

Außerhalb der Saison haben Sie Ruheversicherungsschutz nach H.1.4 und H.1.5.

1 Ist der vereinbarte Nutzungszeitraum (Saison) vorüber, so wandelt sich der Vertrag automatisch in eine beitragsfreie Ruheversicherung um, ohne dass weitere Aktivitäten erforderlich würden. Dies ergibt sich aus dem Verweis auf H.1.4 und H.1.5. Gleichzeitig wird eine Nutzung des Kfz im öffentlichen Verkehrsraum automatisch unzulässig. Will also der Halter eines Saisonfahrzeuges dieses außerhalb der Saison nutzen, muss er dies bei der Zulassungsstelle entsprechend förmlich durch Beantragung eines anderen Dauer-Kennzeichens dokumentieren. Da auch hier die Ruheversicherung beitragsfrei gewährt wird, ist der Versicherer bei Obliegenheitsverletzungen von der Verpflichtung zur Leistung vollständig frei, die Ruheversicherung ist nicht in den Obliegenheiten vor dem Versicherungsfall nach § 5 KfzPflVV aufgenommen, so dass eine Begrenzung der Leistungsfreiheit nicht erforderlich ist. Etwas anderes gilt nur, wenn der Versicherer diese Obliegenheitsverletzung in seinen AKB unter D.1 und D.2 (wie in den Musterbedingungen des GdV) mit aufnimmt und sein Leistungsverweigerungsrecht in der Kraftfahrzeug-Haftpflicht-Versicherung auf 5.000 € begrenzt.

---

3 Jacobsen in Feyock/Jacobsen/Lemor aaO. AKB 2007 § 5a Rn. 8.

4 Anlage VIII Abschnitt 2a zur StVZO (Hauptuntersuchung), § 47a.A.bs. 7 StVZO mit Verweis auf 2.6 der Anlage(Abgassonderuntersuchung).

5 Hamburgisches OVG v. 14.08.2001 – 3 Bf 385/00 in NZV 2002, 150 = DAR 2002, 139.

1 Überschrift des Verfassers!

2 Jacobsen in Feyock/Jacobsen/Lemor aaO. AKB 2007 § 5a Rn. 5.

1 Überschrift des Verfassers!

H.2.3 (Versicherungsschutz innerhalb Ruheversicherung[1])

Für Fahrten außerhalb der Saison haben Sie innerhalb des für den Halter zuständigen Zulassungsbezirks und eines angrenzenden Bezirks in der Kfz-Haftpflichtversicherung Versicherungsschutz, wenn diese Fahrten
- **im Zusammenhang mit dem Zulassungsverfahren oder**
- **wegen der Hauptuntersuchung, Sicherheitsprüfung oder Abgassonderuntersuchung**

durchgeführt werden.

1 Für Saisonkennzeichen wird der Versicherungsschutz während der Ruheversicherung neben der Zulassungsfahrt[2] auch auf die vorbereitenden Fahrten zur Werkstatt[3], Hauptuntersuchung, Sicherheitsprüfung und Abgassonderuntersuchung ausgedehnt. Diese Fahrten können ohne gesonderte Aktivitäten vom Versicherungsnehmer durchgeführt werden. Allerdings ist er – will er seinen Versicherungsschutz behalten – räumlich auf den für den Fahrzeughalter zuständigen Zulassungsbezirk und den daran angrenzenden Zulassungsbezirk beschränkt. Eine Nutzung des Kfz zu einem anderen Zweck stellt einen Verstoß gegen die Ruheversicherungsklausel dar und führt im Schadenfall zum Regress.

2 Da der Versicherungsschutz besteht, kann eine Strafbarkeit gem. § 6 PflVG wegen Fahrens ohne Versicherungsschutz auch für Fahrten außerhalb der Saison nicht bestehen[4].

H.3 Fahrten mit ungestempelten Kennzeichen

1 Grundsätzlich sind Fahrten mit ungestempelten Kennzeichen im öffentlichen Verkehrsraum nicht zulässig. Die Verwendung stellt eine Ordnungswidrigkeit dar. Auch im Rahmen der Ruheversicherung sind Fahrten mit dem ungestempelten Kennzeichen nicht gestattet, wenn nicht eine der nachfolgenden Ausnahmeregelungen greift.

2 Eine Strafbarkeit gem. § 6 PflVG ist jedoch nicht gegeben, da auch im Rahmen der Ruheversicherung Versicherungsschutz in der Kraftfahrzeug-Haftpflicht-Versicherung besteht.

Versicherungsschutz in der Kfz-Haftpflichtversicherung und beim Autoschutzbrief

H.3.1 (Zulassungsvorbereitung[1])

In der Kfz-Haftpflichtversicherung und beim Autoschutzbrief besteht Versicherungsschutz auch für Zulassungsfahrten mit ungestempelten Kennzeichen. Dies gilt nicht für Fahrten, für die ein rotes Kennzeichen oder ein Kurzzeitkennzeichen geführt werden muss.

1 Als Ausnahme ist für die vorübergehend stillgelegten Fahrzeuge nur die Zulassungsfahrt zugelassen, da dort noch Versicherungsschutz in der Kraftfahrzeug-Haftpflicht-Versicherung besteht.

2 Wird eine andere Fahrt als die zur Zulassungsstelle durchgeführt, liegt darin eine Obliegenheitsverletzung, eine Strafbarkeit im Sinne von § 6 Abs. 1 PflVG ist jedoch nicht gegeben, da durch diese Fahrten nicht der eigentliche Versicherungsschutz gefährdet ist[2]. Ist ein Kennzeichen nicht vorhanden, muss ein rotes Kennzeichen oder ein Kurzzeitkennzeichen verwendet werden.

---

1 Überschrift des Verfassers!
2 BGH v. 20.12.1965 – II ZR 202/63, Jurion.
3 BGH v. 21.01.1976 – IV ZR 83/74, Jurion.
4 Wegen der Details vgl. Staub zu § 6 PflVG.

1 Überschrift des Verfassers!
2 OLG Celle vom 08.08.2013, 31 Ss20/10; wegen der weiteren Befugnisse vgl. H.3.2 AKB.

Was sind Zulassungsfahrten?

H.3.2 (Definition Zulassungsfahrten[1])

Zulassungsfahrten sind Fahrten, die im Zusammenhang mit dem Zulassungsverfahren stehen. Dies sind:

- **Fahrten zur Zulassungsstelle zur Anbringung der Stempelplakette sowie Fahrten zur Durchführung einer Hauptuntersuchung oder einer Sicherheitsprüfung innerhalb des zuständigen Zulassungsbezirks und eines angrenzenden Bezirks mit ungestempelten Kennzeichen, wenn die Zulassungsbehörde vorab ein solches erteilt hat.**
- **Fahrten nach Entfernung der Stempelplakette mit dem bisher zugeteilten Kennzeichen bis zum Ablauf des Tages der Außerbetriebsetzung des Fahrzeugs.**

Übersicht

A. Allgemeine Bedeutung

1 Um Unklarheiten zu vermeiden, wird klargestellt, welche Fahrten als »Zulassungsfahrten[2]« anzusehen sind. Diese Aufzählung ist enumerativ, weitere Ausnahmen sind ggf. gesondert aufgenommen. Der Text wurde in den AKB 2015 der veränderten Fassung von § 12 Abs. 4 FZV angepasst.

2 Versichert ist damit noch im Rahmen der Kraftfahrzeug-Haftpflicht-Versicherung die unmittelbare Fahrt von der Zulassungsstelle nach dem Entfernen der Stempelplakette nach Hause.

B. Sonderfahrten

3 Die Fahrten zur Durchführung der vorgeschriebenen Hauptuntersuchung, der Abgassonderuntersuchung oder Sicherheitsprüfung sind nur zulässig, wenn die Zulassungsbehörde vorab ein ungestempeltes Kennzeichen zugeteilt hat. Diese Regelung stellt eine Einschränkung dar.

I. Zuteilung eines ungestempelten Kennzeichens

4 Als Zuteilung eines ungestempelten Kennzeichens ist die willentliche Vergabe eines Kennzeichens ohne entsprechende Zulassungsstempel gemeint. Bei vorübergehend stillgelegten Fahrzeugen hat die Zulassungsbehörde vorab gerade kein ungestempeltes Kennzeichen zugeteilt. Vielmehr wurde das dem Fahrzeugeigner gehörende Kennzeichen in dessen Besitz belassen, um dieses Kfz zu einem späteren Zeitpunkt wieder anmelden zu können.

II. erweiterter Versicherungsschutz

5 Soweit das Kennzeichen von der Zulassungsstelle vorab ungestempelt zugeteilt wurde, wird der Versicherungsschutz ausgeweitet auf die Fahrten, die die Zulassung vorbereiten sollen, nämlich die Hauptuntersuchung, Abgassonderuntersuchung, Sicherheitsprüfung und selbstverständlich auch die Fahrt zur Zulassungsstelle, um die entsprechenden Zulassungsstempel zu erhalten. Wird gegen diese Regel verstoßen, handelt es sich um einen Verstoß gegen eine Obliegenheit im Schadenfall, der nach den vorliegenden AKB Leistungsfreiheit im Rahmen von D.3 AKB zieht.

1 Überschrift des Verfassers!
2 BGH v. 21.01.1976 – IV ZR 83/74, MDR 1976, 476 f.

III. Fahrten nach Entfernung der Stempelplakette

6 Wurde das Fahrzeuge außer Betrieb gesetzt und das Kennzeichen entstempelt, sind Fahrten an diesem Tag noch zulässig bis 24.00 Uhr (»Ablauf dieses Tages«). In diesem Zeitraum liegt kein Verstoß gegen § 6 PflVG vor.

I Schadenfreiheitsrabatt-System

Allgemeines

1 Das Schadenfreiheitsrabatt-System (SFR-System) wird seit mehr als fünf Jahrzehnten erfolgreich verwendet. Es dient als ein Baustein der risikogerechten Prämienerhebung bei allen Versicherern. Dabei orientieren sich die Versicherer regelmäßig nur an dem bewährten System, ohne es eins zu eins umzusetzen. Dies führt dazu, dass erhebliche Abweichungen[1] bei der Einstufung je nach Anbieter möglich sind.

2 Das SFR-System betrifft lediglich[2] die Kfz-Haftpflicht- und die Vollkaskoversicherung.

3 Weder für die sonstigen in die AKB integrierten Verträge (Teilkasko-, Autoschutzbrief-, Kfz-Unfall- und Fahrerschutzversicherung) noch für Zusatzversicherungen und Sonderbedingungen (Kfz-USV, Güterfolgeschadenversicherung etc.) gibt es entsprechende Parallelen.

4 Schäden aus anderen Sparten beeinflussen das SFR-System weder in der Haftpflicht- noch in der Vollkaskoversicherung. Schließlich beeinflussen Schäden weder Schäden aus der Kfz-Haftpflichtversicherung solche der Vollkaskoversicherung[3] noch umgekehrt. Schließt jemand erstmals eine Vollkaskoversicherung ab, richtet sich allerdings zur Orientierung die Einstufung nach dem Status in der Kfz-Haftpflichtversicherung.

5 Die Vertragsklauseln sind weitgehend selbsterklärend. Kommentiert sind einzelne Punkte, die einer Verdeutlichung bedürfen.

I.1 Einstufung in Schadenfreiheitsklassen (SF-Klassen)

In der Kfz-Haftpflicht- und der Vollkaskoversicherung richtet sich die Einstufung Ihres Vertrags in eine SF-Klasse und der sich daraus ergebende Beitragssatz nach Ihrem Schadenverlauf. Siehe dazu die Tabellen in Anhang 1.

Dies gilt nicht für Fahrzeuge … < *xx alle gewünschten WKZ und Kennzeichenarten aufführen* >

I.2 Ersteinstufung

I.2.1 Ersteinstufung in SF-Klasse 0

Beginnt Ihr Vertrag ohne Übernahme eines Schadenverlaufs nach I.6, wird er in die SF-Klasse 0 eingestuft.

I.2.2 Sondererststeinstufung eines Pkw in SF-Klasse ½,1 oder 3

I.2.2.1 Sondererststeinstufung in SF-Klasse ½ aufgrund Führerscheins

Beginnt Ihr Vertrag für einen Pkw ohne Übernahme eines Schadenverlaufs nach I.6., wird er in die SF-Klasse 1/2 eingestuft, wenn

1 Stiefel/Maier/*Schurer* Vorb. I – K, Rn. 10 u.I. AKB, Rn. 6–8.
2 *Stadler* Die Kfz-Versicherung, Rn. 99.
3 Stiefel/Maier/*Schurer* I. AKB, Rn. 13.

- Sie seit mindestens drei Jahren eine Fahrerlaubnis für Pkw oder Krafträder besitzen, die von einem Mitgliedstaat des Europäischen Wirtschaftsraums erteilt wurde oder nach I.2.5 gleichgestellt ist.

I.2.2.2 Sondererststeinstufung in SF-Klasse 1 bei Zweitwagen

Beginnt Ihr Vertrag für einen Pkw ohne Übernahme eines Schadenverlaufs nach I.6, wird er in die SF-Klasse 1 eingestuft, wenn

- auf Sie, Ihren Ehepartner, Ihren eingetragenen Lebenspartner oder Ihren mit Ihnen in häuslicher Gemeinschaft lebenden Lebenspartner bereits ein Pkw zugelassen ist, der zu diesem Zeitpunkt in der Kfz-Haftpflichtversicherung mindestens in die SF-Klasse 1 eingestuft ist, und
- Sie seit mindestens einem Jahr eine Fahrerlaubnis für Pkw oder Krafträder besitzen, die von einem Mitgliedstaat des Europäischen Wirtschaftsraums erteilt wurde oder nach I.2.5 gleichgestellt ist.

I.2.2.3 Sondererststeinstufung in SF-Klasse 3 bei Zweitwagen und Fahreralter mindestens xx Jahre

Beginnt Ihr Vertrag für einen Pkw ohne Übernahme eines Schadenverlaufs nach I.6, wird er in die SF-Klasse 3 eingestuft, wenn

- auf Sie, Ihren Ehepartner, Ihren eingetragenen Lebenspartner oder Ihren mit Ihnen in häuslicher Gemeinschaft lebenden Lebenspartner bereits ein Pkw zugelassen ist, der zu diesem Zeitpunkt in der Kfz-Haftpflichtversicherung mindestens in die SF-Klasse 3 eingestuft ist, und
- Sie seit mindestens einem Jahr eine Fahrerlaubnis für Pkw oder Krafträder besitzen, die von einem Mitgliedstaat des Europäischen Wirtschaftsraums erteilt wurde oder nach I.2.5 gleichgestellt ist, und
- der hinzukommende PKW ausschließlich von Ihnen und Ihrem Ehepartner, Ihrem eingetragenen Lebenspartner oder Ihrem in häuslicher Gemeinschaft lebenden Lebenspartner gefahren wird und Sie und der jeweilige Fahrer mindestens das xx. Lebensjahr vollendet haben. Liegen diese Voraussetzungen nicht mehr vor, wird Ihr Vertrag ab diesem Zeitpunkt in die jeweilige SF-Klasse eingestuft, die sich ergeben hätte, wenn der Vertrag bei Beginn nach I.2.2.2 eingestuft worden wäre.

Die Sondereinstufungen unter I.2.2 wurden mit der Überarbeitung Oktober 2017 neu gefasst und 1
übersichtlicher dargestellt. Die Sondereinstufung in die SF-Klasse 2 ist weggefallen. Für die Einstufung in die SF-Klasse 3 ist es gegenüber der früheren Regelung zur SF-Klasse 2 nach den Musterbedingungen nicht mehr erforderlich, dass beide Fahrzeuge bei einem Versicherer versichert sein müssen. Die Regelung kommt dem Interesse des Kunden entgegen, sich ungebundener am Wettbewerb zu orientieren.

I.2.3 Anrechnung des Schadenverlaufs der Kfz-Haftpflichtversicherung in der Vollkaskoversicherung

Ist das versicherte Fahrzeug ein Pkw, ein Kraftrad oder ein Campingfahrzeug und schließen Sie neben der Kfz-Haftpflichtversicherung eine Vollkaskoversicherung mit einer Laufzeit von einem Jahr ab (siehe G.1.2), können Sie verlangen, dass die Einstufung nach dem Schadenverlauf der Kfz-Haftpflichtversicherung erfolgt. Dies gilt nicht, wenn für das versicherte Fahrzeug oder für ein Vorfahrzeug im Sinne von I.6.1.1 innerhalb der letzten 12 Monate vor Abschluss der Vollkaskoversicherung bereits eine Vollkaskoversicherung bestanden hat; in diesem Fall übernehmen wir den Schadenverlauf der Vollkaskoversicherung nach I.6.

I.2.4 Führerscheinsonderregelung

Hat Ihr Vertrag für einen Pkw oder ein Kraftrad in der Klasse SF 0 begonnen, stufen wir ihn auf Ihren Antrag besser ein, sobald Sie drei Jahre im Besitz einer Fahrerlaubnis für Pkw oder Krafträder sind und folgende Voraussetzungen gegeben sind:

- Der Vertrag ist schadenfrei verlaufen und
- Ihre Fahrerlaubnis ist von einem Mitgliedsstaat des Europäischen Wirtschaftsraums (EWR) ausgestellt worden oder diesen nach I.2.5. gleichgestellt.

I.2.5 Gleichgestellte Fahrerlaubnisse

Fahrerlaubnisse aus Staaten außerhalb des Europäischen Wirtschaftsraums (EWR) sind Fahrerlaubnissen aus einem Mitgliedsstaat des EWR gleichgestellt, wenn diese nach der Fahrerlaubnisverordnung

- **ohne weitere theoretische oder praktische Fahrprüfung umgeschrieben werden können oder**
- **nach Erfüllung der Auflagen umgeschrieben sind.**

I.3 Jährliche Neueinstufung

Wir stufen Ihren Vertrag zum 1. Januar eines jeden Jahres nach seinem Schadenverlauf im vergangenen Kalenderjahr neu ein.

Bei einem Schadenereignis ist der Tag der Schadenmeldung maßgeblich dafür, welchem Kalenderjahr der Schaden zugeordnet wird.

I.3.1 Wirksamwerden der Neueinstufung

Die Neueinstufung gilt ab der ersten Beitragsfälligkeit im neuen Kalenderjahr.

I.3.2 Besserstufung bei schadenfreiem Verlauf

Ist Ihr Vertrag während eines Kalenderjahres schadenfrei verlaufen und hat der Versicherungsschutz während dieser Zeit ununterbrochen bestanden, wird Ihr Vertrag in die nächst bessere SF-Klasse nach der jeweiligen Tabelle im Anhang 1 eingestuft.

I.3.3 Besserstufung bei Saisonkennzeichen

Ist das versicherte Fahrzeug mit einem Saisonkennzeichen zugelassen (siehe H.2), nehmen wir bei schadenfreiem Verlauf des Vertrags eine Besserstufung nach I.3.2 nur vor, wenn die Saison mindestens sechs Monate beträgt.

I.3.4 Besserstufung bei Verträgen mit SF-Klassen 3, 1/2, S, 0 oder M

1.3.4.1 Besserstufung nach SF 1 nach einem vollen Kalenderjahr aus der SF-Klasse ½, S, 0 oder M

Hat der Versicherungsschutz während des gesamten Kalenderjahres ununterbrochen bestanden, stufen wir Ihren Vertrag aus der SF-Klasse, 1/2, S, 0 oder M bei schadenfreiem Verlauf in die SF-Klasse 1 ein.

1.3.4.2 Besserstufung nach einem halben Kalenderjahr aus der SF-Ersteinstufung 3, 1, ½ oder 0

Hat Ihr Vertrag in der Zeit vom 2. Januar bis 1. Juli eines Kalenderjahres mit einer Einstufung in SF-Klasse 3, 1, 1/2 oder 0 begonnen und bestand bis zum 31. Dezember mindestens sechs Monate Versicherungsschutz, wird er bei schadenfreiem Verlauf zum 1. Januar des folgenden Kalenderjahres wie folgt eingestuft:

von SF-Klasse 3	nach	SF-Klasse 4,
von SF-Klasse 1	nach	SF-Klasse 2,
von SF-Klasse 1/2	nach	SF-Klasse 1,
von SF-Klasse 0	nach	SF-Klasse 1/2.

Die Aufzählung 1.3.4.1 müsste richtigerweise I.3.4.1 lauten; die von 1.3.4.2 entsprechend I.3.4.2. Inhaltlich haben sich zu den früheren Bedingungen leichte Verschiebungen ergeben. Die alte Ausgangs-SF-Klasse 2 ist weggefallen. Dafür kamen die SF-Klassen 1 und 3 hinzu. Die Ziel-Klassen werden gegenüber den älteren Musterbedingungen nunmehr vorgeschlagen. 1

Der Versicherungsbeginn kann – nach § 2 Abs. 1 VVG zulässig[1] – rückwirkend zum Jahresbeginn oder zur Jahresmitte vereinbart werden. Der Versicherte muss zwar die volle Prämie für den gesamten Zeitraum zu zahlen, nimmt dann aber sofort am Besserstufungsverfahren teil. 2

I.3.5 Rückstufung bei schadenbelastetem Verlauf

Ist Ihr Vertrag während eines Kalenderjahres schadenbelastet verlaufen, wird er nach der jeweiligen Tabelle in Anhang 1 zurückgestuft.

Der Schadensfreiheitsrabatt stellt einen echten Vermögenswert[1] dar; der Verlust wird als reiner Vermögensschaden[2] gewertet. Entsprechend wird er vom Versicherungsnehmer mit Aufmerksamkeit[3] wahrgenommen. Er steht dem Versicherungsnehmer als höchstpersönliches[4] Recht zu. 1

Der Versicherungsnehmer kann nach h.M.[5] im Rahmen der ehelichen Fürsorgepflicht nach § 1353 Abs. 1 Satz 2 BGB sogar dazu verpflichtet sein, das Recht auf seinen getrennt lebenden Ehegatten zu übertragen, wenn dieser das Fahrzeug fuhr und den Schadensfreiheitsrabatt tatsächlich erzielt hat. 2

Der Verlust des Schadensfreiheitsrabattes bedeutet für den Versicherungsnehmer regelmäßig einen wirtschaftlichen Nachteil. Ein solcher Nachteil tritt auch als anteilig ersatzfähiger Schaden[6] in der 3

---

1 Stiefel/Maier/*Schurer* I.3 AKB, Rn. 28.

1 *BGH* Urt. v. 25.04.2006 – VI ZR 36/05, JurionRS 2006, 18054 = DAR 2006, 574 = MDR 2006, 1344 = NJW 2006, 2397 = VersR 2006, 1139 = NZV 2006, 476 = SVR 2009, 377 Ls. = zfs 2006, 680 m. Anm. *Diehl* = VRR 2006, 301 bespr. v. *Zorn,* Stiefel/Maier/*Schurer* I.1 AKB, Rn. 14.

2 *BGH* Urt. v. 14.06.1976 – III ZR 35/74, BGHZ 66, 398 = JurionRS 1976, 11459 = JZ 1976, 606 = NJW 1976, 1846 = MDR 1976, 1002 = VersR 1976, 1066; *BGH* Urt. v. 19.04.1977 – VI ZR 90/76, JurionRS 1977, 11499 = DB 1977, 1458 = MDR 1977, 738.

3 Stiefel/Maier/*Schurer* I AKB, Rn. 2.

4 Feyock/*Jacobsen*/Lemor A.I. AKB 2008, Rn. 7.

5 *OLG Hamm* Beschl. v. 13.04.2011 – II-8 WF 105/11, JurionRS 2011, 20944 = ADAJUR Dok.Nr. 93983 = NJW-RR 2011, 1227 = FamRZ 2011, 1795; *LG Hildesheim* Beschl. v. 01.09.2008 – 7 S 41/08, JurionRS 2008, 34213 = FamRZ 2009, 608 = NJW-RR 2009, 1446; *LG Flensburg* Beschl. v. 07.06.2006 – 1 T 30/06, JurionRS 2006, 32885 = FamRZ 2007, 146 = NJW-RR 2006, 1300 = NZV 2006, 596; *LG Freiburg* Urt. v. 15.08.2006 – 5 O 64/06, JurionRS 2006, 33671 = FamRZ 2007, 146; PWW/*Weinreich* § 1353 BGB, Rn. 22; a.A. *Budde* Der Schadensfreiheitsrabatt bei Trennung und Scheidung, FuR 2004, 339 ff.

6 *BGH* Urt. v. 19.12.2017 – VI ZR 577/16, JurionRS 2017, 30268 = MDR 2018, 337 = r+s 2018, 159 = VersR 2018, 314 = VK 2018, 39.

Vollkaskoversicherung dann ein, wenn der Unfallgegner nur anteilig haftet. Dieser Nachteil setzt sich in den folgenden Jahren fort, da die Rückstufung sich auf die Zukunft auswirkt. Entsprechend ist bei der Bemessung des Gegenstandswertes[7] vom Prämienunterschied mehrerer Jahre auszugehen, bis die günstigste Klasse erreicht wird. Etwaige weitere Schäden bleiben dabei unberücksichtigt.

4 In manchen Fällen ist der Versicherungsnehmer nicht mit der Regulierung eines Haftpflichtschadens durch seinen Kfz-Haftpflichtversicherer einverstanden. Nach A.1.1.4 AKB hat er ihm zwar Regulierungsvollmacht erteilt. Mit dem »Preis«, dass der Schaden jetzt seinen Vertrag belastet, will er sich aber nicht abfinden[8].

5 Der Versicherungsnehmer kann im Schadensfall den Vertrag nach G.2.3 AKB binnen Monatsfrist kündigen. Den Verlust des SFR trägt er jedoch zum nächsten Versicherer mit, dem der bisherige Versicherer Auskunft erteilen muss, I.8.2 AKB. Der Nachteil der Höherstufung bleibt damit über das Vertragsende hinaus erhalten.

6 Kann der VN nachweisen, dass der Haftpflichtversicherer sein Regulierungsermessen[9] falsch ausgeübt hat, kann er die Rückgängigmachung der Höherstufung auch gerichtlich erzwingen.

I.4 Was bedeutet schadenfreier oder schadenbelasteter Verlauf?

I.4.1 Schadenfreier Verlauf

I.4.1.1 Ein schadenfreier Verlauf des Vertrags liegt unter folgenden Voraussetzungen vor:

- **Der Versicherungsschutz hat von Anfang bis Ende eines Kalenderjahres ununterbrochen bestanden und**
- **uns wurde in dieser Zeit kein Schadenereignis gemeldet, für das wir Entschädigungen leisten oder Rückstellungen bilden mussten. Dazu zählen nicht Kosten für Gutachter, Rechtsberatung und Prozesse.**

1 Der Versicherungsnehmer hat ein Schadenereignis binnen Wochenfrist zu melden, E.1.1.1 AKB. Kurz vor Ablauf des Jahres hat es der Versicherungsnehmer selbst in der Hand, trotz Schadensfall den Schadensfreiheitsrabatt ins nächste Jahr zu retten. Meldet er erst an Neujahr oder kurz danach, wirkt sich dies noch nicht auf das angelaufene Kalenderjahr aus, es sei denn, der Unfallgegner hat den Schaden noch im alten Kalenderjahr gemeldet. Maßgebend für den Versicherungsnehmer ist immer das Kalenderjahr, das mit dem betriebswirtschaftlichen Schadenjahr (Jahreszahl in der Schadennummer) des Versicherungsunternehmens nicht übereinstimmen muss.

2 Schadensersatzrechtlich zählen Gutachterkosten, Rechtsberatungskosten des Haftpflichtgegners und Prozesskosten des Gegners zum Schadensersatz. Hierbei handelt es sich um Nebenkosten der Regulierung. Diese lassen sich durch das Schadensregulierungsmanagement[1] der Haftpflichtversicherer oftmals vermeiden. Es hängt demnach vom Geschick des Versicherers ab, ob er diesen Aufwand sparen kann. Da der Versicherungsnehmer dies nicht in der Hand hat, dürfen ihm diese Schadenaufwendungen nicht als Entschädigungsleistungen angerechnet[2] werden.

---

7 *BGH* Beschl. v. 19.01.2011 – IV ZB 29/10, JurionRS 2011, 10243 = VersR 2011, 814.

8 So z.B. AG Nürnberg v. 27.04.2022 – 35 C 5704/21, DAR 2023, 576 f.

9 Siehe hierzu Kommentierung mit Einzelbeispielen aus der Rechtsprechung bei *Schwab*/Kreuter A.1.1.4 AKB Rdn. 86–99.

1 Himmelreich/Halm/Staab/*Richter* Handbuch der Kfz-Schadensregulierung, Kap. 2.

2 Stiefel/Maier/*Schurer* I.4.1 AKB, Rn. 4.

Der Versicherer hat Rückstellungen zu bilden, um etwaige Schadensersatzforderungen bedienen zu können. Derartige Rückstellungen stehen einem schadenfreien Verlauf entgegen. Rückstellungen, die lediglich der Abwehr unberechtigter Forderungen dienen (Abwehrkosten) oder zum Ausgleich von vertraglichen Forderungen aus Teilungsabkommen dienen, belasten den Vertrag nicht, I.4.1.2a AKB. 3

I.4.1.2 Trotz Meldung eines Schadenereignisses gilt der Vertrag jeweils als schadenfrei, wenn eine der folgenden Voraussetzungen vorliegt:

a Wir leisten Entschädigungen oder bilden Rückstellungen:

- nur aufgrund von Abkommen der Versicherungsunternehmen untereinander oder mit Sozialversicherungsträgern oder
- wegen der Ausgleichspflicht aufgrund einer Mehrfachversicherung. Dies gilt nicht bei Gespannen.

Aufgrund der Vielzahl der Schadensfälle, die Versicherer untereinander oder mit Sozialversicherungsträgern abzuwickeln haben, wird seit Jahrzehnten mit Abkommen gearbeitet. Dies dient der vereinfachten und beschleunigten Bearbeitung von Regressfällen. Der Schadensaufwand wird auf der Basis der **Teilungsabkommen**[1] geteilt. Dabei kommt es regelmäßig nur darauf an, dass ein Fahrzeuggebrauch vorliegt bzw. ein Fahrzeug an einem Unfall beteiligt ist. Die Haftungsfrage wird in den Teilungsabkommen bewusst zurückgestellt. Stattdessen wird mit einer einheitlichen Teilungsabkommensquote gearbeitet. Aufgrund der großen Zahl der Fälle ist dies im Ergebnis über die Breite gesehen »gerecht« und wirtschaftlich sinnvoll. 1

Der Einzelfall spielt bei den Teilungsabkommen keine Rolle. Die Leistungspflicht des Versicherers ergibt sich nicht nach der konkreten Haftungslage, sondern allein nach der vertraglichen Vereinbarung. Der Abkommenspartner macht daher keinen Anspruch als »Dritter«[2] im Sinne des § 115 Abs. 1 VVG geltend, sondern einen **vertraglichen Ausgleichsanspruch**. Dies geschieht unabhängig von der Haftungsquote des individuellen Schadensfalles. 2

Der Versicherungsnehmer zieht hieraus Vorteile, wenn er tatsächlich eine höhere Haftungsquote hat als nach dem Teilungsabkommen. Er soll aber keine Nachteile aus der Vereinbarung erleiden, wenn er gerade in seinem Schadensfall nicht haftet, sein Versicherer aber dennoch den vertraglichen Anspruch aus dem Teilungsabkommen zu befriedigen hat. 3

Die Regelung besagt, dass der Vertrag in diesem Fall nicht belastet wird, wenn »nur« Ansprüche nach den Abkommen zu bedienen sind. 4

Technisch wird dies in der Form umgesetzt, dass der Vertrag »freigestellt« wird (Schaden belastet den Vertrag nicht). Die Zahlungen werden als Abkommenszahlungen gebucht. 5

Hat der Versicherer neben Forderungen aus Abkommen tatsächlich auch Schadensersatzansprüche zu befriedigen, greift die Klausel nicht. Allerdings bewirken Teilungsabkommen, dass die tatsächliche Entschädigungsleistung geringer ausfallen kann als bei Abrechnung nach Sach- und Rechtslage. Das hat mitunter für den Versicherungsnehmer günstige Auswirkungen auf die Höhe des Schadenrückkaufsbetrages nach I.5 AKB. 6

Die Klausel bezüglich der **Mehrfachversicherung** bezieht sich zunächst auf die Vollkaskoversicherung. Wird das Fahrzeug während einer Dienstreise oder ggf. im Rahmen der Rufbereitschaft[3] 7

---

1 Himmelreich/Halm/*Engelbrecht* Handbuch des Fachanwalts Verkehrsrecht, Kap. 30, Rn. 74 ff. *Marburger* Anwendung von Teilungsabkommen bei Verkehrsunfällen, NZV 2012, 521 ff.; *Konradi* Teilungsabkommen – Anforderungen in »Zweifelsfällen«, SGb 2015, 20 ff.

2 Siehe *Andres* § 115 VVG Rdn. 60f, 105 f.

3 *BAG* Urt. v. 22. 06.2011 – 8 AZR 102/10, JurionRS 2011, 24535 = BB 2011, 1715 = DB 2011, 2382 = NJW-Spezial 2011, 658 = NZA 2012, 91.

beschädigt, hat der versicherte Arbeitnehmer häufig einen arbeitsrechtlichen Aufwendungsersatzsanspruch nach § 670 BGB[4] oder zumindest analog[5] gegen seinen Arbeitgeber. Dieser kann technisch über eine bestehende Dienstreisekaskoversicherung abgewickelt werden. Der Arbeitnehmer ist allerdings nicht so zu stellen, als sei eine Dienstreisekaskoversicherung[6] abgeschlossen worden. Die Leistungspflicht der eigenen Vollkaskoversicherung ist dann subsidiär gegenüber der Dienstreisekasko. Da der eigene Versicherer sich schadlos halten kann, wird der Vertrag mit dem Schaden nicht belastet. Dies gilt entsprechend für die Kfz-Handel und -Handwerksversicherung, wenn das in Obhut gegebene Fahrzeug beschädigt wird und der Vollkaskoversicherer[7] sich teilweise schadlos halten kann.

8 Soweit die Kfz-Handel und -Handwerksversicherung z.B. einen Haftpflichtfall eines Fremdfahrzeugs bei einer Probefahrt mit Fremdschaden betrifft, liegt auch hier eine Mehrfachversicherung[8] vor. Die Versicherer haben sich den Schaden grundsätzlich zu teilen. Der Vertrag des in Obhut gegebenen Fremdfahrzeugs wird nicht[9] belastet.

9 Wird mit dem Zugfahrzeug ein **Anhänger** mitgeführt, liegt ebenfalls ein Fall der Mehrfachversicherung vor, wenn es hierbei zu einem Drittschaden kommt. Die Versicherer haben sich den Schaden grundsätzlich hälftig[10] zu teilen. Die Entscheidung des vierten Senats des *BGH* hat die Versicherer überrascht. Sie steht im Gegensatz zur gelebten Praxis, wie sie im Sonderrundschreiben[11] vorgesehen ist.

10 Wie sich aus Anhang 1 ergibt, nehmen Anhängerfahrzeuge an dem Schadenfreiheitsrabatt-System nicht teil. Für diese ergeben sich daher keine Besonderheiten.

11 Für den Fall, dass der Anhängerversicherer in Anspruch genommen wird und anschließend beim Versicherer des Zugfahrzeugs regressiert, eröffnet sich nach dem Wortlaut der AKB-Bestimmung beim Schadensfreiheitsrabatt für das Zugfahrzeug ein Problem. Nach dem Wortlaut ist der Vertrag mit dem Schaden nicht zu belasten, da lediglich ein Regress aufgrund einer Mehrfachversicherung vorliegt. Ohne das Urteil des *BGH* hätte der Versicherer des Zugfahrzeugs voll reguliert ohne selbst Regress nehmen zu können. Der Schadensfall hätte den Vertrag belastet. Der Wortlaut[12] steht nun einer Belastung des Vertrages entgegen. Neuere individuelle Klauseln schließen daher den Fall der Mehrfachversicherung bei Schäden durch Fahrzeuggespanne aus.

12 Zudem ist zu beachten, dass die Regressmöglichkeit des Versicherers des Zugfahrzeugs den vertragsbelastenden Schadenaufwand mindert. Dies hat Auswirkungen auf die Höhe des Schadenrückkaufbetrages nach I.5 AKB.

---

4 *BAG* Urt. v. 08.05.1980 – 3 AZR 82/79, BAGE 33, 108 = JurionRS 2000, 34170 = NJW 1981, 702 = MDR 1981, 170 = VersR 1961, 363 = BB 1981, 183 = DB 1981, 115; *BAG* Urt. v. 23.11.2006 – 8 AZR 701/05, JurionRS 2006, 32332 = NJW 2007, 1486 = DB 2007, 1091 = NZA 2007, 870 = DAR 2007, 532 m. Anm. *Fohrmann*; Halm/Steinmeister Wechselwirkungen zwischen Arbeitsrecht und Straßenverkehr, DAR 1995, 481 (488); Himmelreich/*Halm/Steinmeister* Handbuch des Fachanwalts Verkehrsrecht, Kap. 36, Rn. 40 f.

5 PWW/*Fehrenbacher* § 670 BGB, Rn. 6 f.

6 *BAG* Urt. v. 28.10.2010 – 8 AZR 647/09, JurionRS 2010, 34363 = DAR 2011, 345 =NJW 2011, 1247 = BB 2011, 691 = DB 2011, 1585 = zfs 2011, 313.

7 *BGH* Urt. v. 20.03.1974, IV ZR 94/73, JurionRS 1974, 11245 = VersR 1974, 535 = DB 1974, 1061 = MDR 1974, 743 = NJW 1974, 1139.

8 *BGH* Urt. v. 31.03.1976 – IV ZR 29/75, JurionRS 1976, 11590 = VersR 1976, 847 = MDR 1976, 1006.

9 *Kreuter* A.4.1 SB Handel/Handwerk Rdn. 112 ff.

10 *BGH* Urt. v. 27.10.2010 – IV ZR 279/08, JurionRS 2010, 28509 = DAR 2011, 80 = MDR 2011, 37 = NJW 2011, 447 = NJW-Spezial 2011, 10 = NZV 2011, 128 = r+s 2011, 60 = SVR 2011, 235 bespr. v. *Hering* = TranspR 2011, 43 = VersR 2011, 105 = VRR 2011, 22, bespr. v. *Knappmann* = zfs 2011, 90.

11 Sonderrundschreiben des GDV vom 18.01.2006, K 01/2006.

12 *Wilms* Anhänger-Streitfragen entschieden, DAR 2011, 71 (73).

b Wir lösen Rückstellungen für das Schadenereignis in den drei auf die Schadenmeldung folgenden Kalenderjahren auf, ohne eine Entschädigung geleistet zu haben.
c Der Schädiger oder dessen Haftpflichtversicherung erstattet uns unsere Entschädigung in vollem Umfang.
d Wir leisten Entschädigungen oder bilden Rückstellungen in der Vollkaskoversicherung für ein Schadenereignis, das unter die Teilkaskoversicherung fällt.
e Sie nehmen Ihre Vollkaskoversicherung nur deswegen in Anspruch, weil:

- **eine Person mit einer gesetzlich vorgeschriebenen Haftpflichtversicherung für das Schadenereignis zwar in vollem Umfang haftet,**
- **Sie aber gegenüber dem Haftpflichtversicherer keinen Anspruch haben, weil dieser den Versicherungsschutz ganz oder teilweise versagt hat.**

Der Gesetzgeber hat in § 117 Abs. 3 Satz 2 VVG vorgesehen, dass der leistungsfreie Haftpflichtversicherer den Dritten u.a. an einen anderen Schadenversicherer verweisen kann, wenn dieser leistungspflichtig ist. Dies ist (hier) der Vollkaskoversicherer[13]. Der geschädigte Dritte als vollkaskoversicherter Versicherungsnehmer ist also gezwungen, seinen eigenen Versicherer in Anspruch zu nehmen, um seinen Fahrzeugschaden (teilweise[14]) ersetzt zu bekommen. 13

Die Klausel begünstigt den vollkaskoversicherten Versicherungsnehmer. Grundsätzlich wäre der Vertrag auch mit diesem Schaden zu belasten – mit der Folge, rückgestuft zu werden. Der Versicherungsnehmer soll jedoch nicht schlechter gestellt werden nur weil er eine Vollkaskoversicherung abgeschlossen hat. Schließlich könnte er ohne Vollkaskoschutz seinen (kompletten) Direktanspruch sonst auch gegen den leistungsfreien Kfz-Haftpflichtversicherer des Unfallgegners durchsetzen. 14

Die Klausel verhindert somit die Schlechterstellung des Versicherten gegenüber einem nicht Vollkaskoversicherten.[15] 15

Die Klausel findet keine Anwendung, wenn der Versicherungsnehmer teilweise für den Unfall mithaftet. 16

Schadensersatzrechtlich ist es dem Geschädigten seit den Muster-AKB 2008 ohne Weiteres zumutbar[16], seinen Vollkaskoversicherer in Anspruch zu nehmen, da nunmehr der Fahrzeugreparaturschaden ohne Nachteil für den Versicherten durch den Vollkaskoversicherer zinslos vorfinanziert werden kann. Der vollkaskoversicherte Geschädigte braucht somit nicht einmal sein Konto überziehen, um schnellstmöglich Ersatz zu erhalten. Lediglich dann, wenn ein Versicherer die alte – sich nur auf die Haftpflichtversicherung beziehende – Klausel des Nr. 14 Abs. 5 AKB/TB a.F. beibehalten hat, verbleibt es bei der ansonsten überholten[17] Rechtsprechung. 17

Nimmt der vollkaskoversicherte Versicherungsnehmer trotz voller Haftung des Unfallgegners seine Versicherung nur wegen der Neuwertentschädigung in Anspruch, wird der Haftpflichtversicherer die Entschädigung nicht vollumfänglich erstatten. Der Schaden belastet daher den Vertrag weiterhin. 18

---

13 *BGH* Urt. v. 08.10.1952 – II ZR 309/51, BGHZ 7, 244 = JurionRS 1952, 10088 = NJW 1952, 1333 = DB 1952, 908 = JZ 1952, 695 (Ls.) = MDR 1952, 743 VersR 1952, 366 = Das Recht des Kraftfahrers 1953, 13; *BGH* Urt. v. 04.04.1978 – VI ZR 238/76 (CMR-Versicherer), JurionRS 1978, 11390 = MDR 1978, 1014 = VersR 1978, 609; Stiefel/*Hofmann* § 3 Nr. 6 PflVG a.F., Rn. 8; Schwintowski/Brömmelmeyer/*Huber* PK-Vers, § 117 Rn. 26; Himmelreich/Halm/Staab/*Kreuter* Handbuch der Kfz-Schadensregulierung, Kap. 22, Rn. 490.

14 Positionen im Rahmen des Fahrzeugschadens, für die sein Vollkaskoversicherer nicht zu leisten hat, kann der Versicherungsnehmer nach wie vor auch beim leistungsfreien Haftpflichtversicherer des Gegners beanspruchen, z.B. Mietwagen, Nutzungsausfall, Selbstbeteiligung, etc.

15 *AG Köln* Urt. v. 20.08.2009 – 268 C 97/08, JurionRS 2009, 34208 = SP 2010, 22.

16 *Wilms* Kasko-Regulierung ist stets zumutbar, DAR 2013, 252 f.

17 *OLG Düsseldorf* Urt. v. 24.05.2011 – I-1 U 220/10, JurionRS 2011, 40580 = DAR 2011, 580 = MDR 2011, 1169 = NJW-RR 2012, 30; *OLG Dresden* Urt. v. 04.05.2012 – 1 U 1797/11.

19 Vereinzelt[18] genügt dagegen nach den individuellen Bedingungen mancher Versicherer eine Regressquote von 75 %, um den Vertrag freizustellen.

20 Erfolgt die Rückzahlung aufgrund einer Obliegenheitsverletzung, ist die Rückzahlung nicht freiwillig.[19]

21 **Massenunfälle**[20] werden in den AKB nicht erwähnt. Bei ehemals[21] noch im Regelfall 50, heute 40 – im Ausnahmefall sogar nur 20 – beteiligten Fahrzeugen ist eine detailliierte Aufklärung des Unfallgeschehens nahezu unmöglich. Über den Verband kann daher seit 1976 eine gemeinsame Regulierungsaktion der Kfz-Versicherer gestartet werden, um eine zeitnahe Abwicklung in einem vereinfachten Verfahren zu erreichen. Der beteiligte Versicherungsnehmer wird nach den noch geltenden Abwicklungsgrundsätzen in der Kfz-Haftpflichtversicherung sowie auch wohl künftig nicht höher gestuft.

22 Aufgrund der Neuregelungen in den §§ 1a, 1b und 12 Abs. 1 StVG bietet es sich an – auch wenn sie es bereits jetzt zulassen[22] –, die AKB insoweit zu präzisieren, dass auch ein erfolgreicher Regress gegen den Hersteller des versicherten hoch- und vollautomatisierten Fahrzeugs, den Vertrag entlastet. Schließlich ist der Hersteller kein unmittelbarer Schädiger, aber verantwortlich für die Verwirklichung der Halterhaftung des versicherten Halters nach § 7 StVG. Dem Versicherer stehen Möglichkeiten für einen Herstellerregress[23] offen.

23 Das BAV meinte, dass bei Nichtverantwortung des Halters für eine Schwarzfahrt nach § 7 Abs. 3 StVG, der Versicherer den Versicherungsnehmer von einem vom Schwarzfahrer versachten Schaden unbelastet zu halten habe. Im Ansatz ist dies für den Versicherten richtig, aber nur die halbe Lösung des Problems. Ist der Halter nicht selbst haftpflichtig, ist m.E. auch für der unberechtigten Benutzer kein Versicherungsschutz vorzuhalten, da dieser keine mitversicherte Person ist. Als Opfer einer Straftat muss der Versicherte nicht selbst für Schäden Dritter haften, die der unberechtigte Benutzer anrichtet. Gleichzeitig zahlt der Versicherungsnehmer keine Prämie dafür, damit Straftäter mitversichert sind. Der unberechtigte Benutzer, der sich zum Quasi-Halter aufschwingt, wird im Versicherungsvertrag nicht namentlich vermerkt. Dieser hat selbst für seinen eigenen Versicherungsschutz zu sorgen. Fehlt dieser, wäre es ein Eingriff in die Grundrechte aus Art. 12, 14 GG des Kfz-Haftpflichtversicherers, das Regressrisiko gegen den unberechtigten Benutzer tragen zu müssen, wenn dieser Dritten Schäden zufügt. Dem Versicherer darf kein Sonderopfer aus Umständen auferlegt, die jenseits der vertraglichen Verbindung zum Versicherungsnehmer entstanden sind. Dies ist m.E. Aufgabe des Entschädigungsfonds nach § 12 Abs. 1 Satz 1 Nr. 2 PflVG. Entsprechend entsteht erst gar keine Notwendigkeit einen Vertrag freizustellen, da er mangels Eintrittspflicht des Kfz-Haftpflichtversicherers schon nicht belastet wird.

I.4.2 Schadenbelasteter Verlauf

I.4.2.1 Ein schadenbelasteter Verlauf des Vertrags liegt vor, wenn Sie uns während eines Kalenderjahres ein oder mehrere Schadenereignisse melden, für die wir Entschädigungen leisten oder Rückstellungen bilden müssen. Hiervon ausgenommen sind die Fälle nach I.4.1.2.

---

18 *Wilms* Kasko-Regulierung ist stets zumutbar, DAR 2013, 252 f.

19 *LG Dortmund* Urt. v. 24.05.2007 – 2 S 43/06, JurionRS 2007, 53123 = NJW-RR 2007, 1402 = VersR 2008, 957; *AG Schwelm* Urt. v. 10.07.2009 – 21 C 57/08, JurionRS 2009, 37355 = SVR 2010, 25 bespr. v. *Richter* = SP 2010, 22 = r+s 2010, 58 = NZV 2010, 628 = zfs 2010, 437.

20 Details in Himmelreich/Halm/*Staab* Handbuch der Kfz-Schadensregulierung, Kap. 7.

21 Empfehlung Nr. 4 des Arbeitskreises VII des 53. DVGT 2015 lautet: »Bei Massenunfällen gerät der Anscheinsbeweis häufig an seine Grenzen. Der Arbeitskreis begrüßt deshalb die Absicht der Versicherungswirtschaft, die bestehende freiwillige Regulierungspraxis auch auf solche Fälle zu erstrecken, in denen weniger als 50 Fahrzeuge beteiligt sind.«.

22 *Armbrüster* Automatisiertes Fahren – Paradigmenwechsel im Straßenverkehrsrecht?, ZRP 2017, 83 ff.

23 Looschelders/Pohlmann/*Kammerer-Galahn*, VVG-Kommentar, Anhang A, Rn. 21; *Wehrl* unter Hinweis auf *Stadler*, 56. Deutscher Verkehrsgerichtstag 2018, DAR 2018, 121 ff.

Ein schadenbelastender Verlauf liegt selbst dann nicht vor, wenn der Fahrer in einem Strafverfahren freigesprochen oder es im Ermittlungsverfahren zu einer Einstellung nach §§ 153 ff. StPO oder gar nach § 170 Abs. 2 StPO kam. Der Ausgang des Strafverfahrens hat allenfalls Indizwirkung. Die zivilrechtliche Beurteilung des Schadensfalles – auf die es einzig und allein ankommt – bleibt davon unberührt. 1

Wesentlich ist, dass nach § 7 Abs. 1 StVG eine Gefährdungshaftung, also eine Haftung ohne Verschulden des Fahrers – allein aufgrund der Betriebsgefahr des Fahrzeugs – in den meisten Fällen besteht. Zudem können weitere Normen der Gefährdungshaftung aus § 2 HaftPflG und § 89 Abs. 2 WHG im Einzelfall eine Rolle spielen. Schließlich sind Fälle der Billigkeitshaftung nach § 829 BGB denkbar, in denen jemand ohne schuldfähig zu sein, einen Unfall verursacht. Der *BGH*[1] hat in einem Fall mit einem epileptischen Anfall des Unfallverursachers entschieden, dass wegen einer bestehenden Kfz-Haftpflichtversicherung als Pflicht-Haftpflichtversicherung auch aus § 829 BGB Schadensersatz zu leisten wäre. 2

I.4.2.2

Gilt der Vertrag trotz einer Schadenmeldung zunächst als schadenfrei, leisten wir jedoch in einem folgenden Kalenderjahr Entschädigungen oder bilden Rückstellungen für diesen Schaden, stufen wir Ihren Vertrag zum 1. Januar des dann folgenden Kalenderjahres zurück.

I.5 Wie Sie eine Rückstufung in der Kfz-Haftpflichtversicherung vermeiden können

Sie können eine Rückstufung in der Kfz-Haftpflichtversicherung vermeiden, wenn Sie uns unsere Entschädigung freiwillig, also ohne vertragliche oder gesetzliche Verpflichtung erstatten.

Um Ihnen hierzu Gelegenheit zu geben, unterrichten wir Sie nach Abschluss der Schadenregulierung über die Höhe unserer Entschädigung. Voraussetzung ist, dass unsere Entschädigung nicht mehr als 500 Euro beträgt.

Erstatten Sie uns die Entschädigung innerhalb von sechs Monaten nach unserer Mitteilung, wird Ihr Kfz-Haftpflichtversicherungsvertrag als schadenfrei behandelt.

Haben wir Sie über den Abschluss der Schadenregulierung und über die Höhe des Erstattungsbetrags unterrichtet und müssen wir eine weitere Entschädigung leisten, führt dies nicht zu einer Erhöhung des Erstattungsbetrags.

Eine Obliegenheitsverletzung[1] schließt eine freiwillige Rückzahlung aus. 1

Nach den Musterbedingungen ist eine Grenze für die Benachrichtigung des Versicherungsnehmers von 500 € vorgesehen. Üblich sind dagegen in individuellen Bedingungswerken höhere Beträge. Der Versicherungsnehmer soll sich selbst[2] zur Höhe informieren müssen, wenn die Entschädigungsleistung die Grenze überschreitet. Da der Versicherer jedoch in diesem Fall den Schadensschluss nicht mitteilt, kann der Versicherungsnehmer gar nicht wissen, wann er aktiv werden soll 2

1 *BGH* Urt. v. 11.10.1994 – VI ZR 303/93, BGHZ 127, 186 = JurionRS 1994, 15245 = ADAJUR Dok. Nr. 24318 = DAR 1995, 69 = DB 1995, 69 = MDR 1995, 992 m.Anm. *Lieb* = NJW 1995, 452 = NZV 1995, 65 = r+s 1995, 53 = VersR 1995, 96 = VRS 88, 245 = zfs 1995, 53.

1 *LG Dortmund* Urt. v. 24.05.2007 – 2 S 43/06, JurionRS 2007, 53123 =ADAJUR Dok.Nr. 76034 = NJW-RR 2007, 1402 = SP 2008, 192 = VersR 2008, 957; *AG Schwelm* Urt. v. 10.07.2009 – 21 C 57/08, JurionRS 2009, 37355 = ADAJUR Dok.Nr. 86599 = SVR 2010, 25 bespr. v. *Richter* = SP 2010, 22 = r+s 2010, 58 = NZV 2010, 628 = zfs 2010, 437; Bruck/Möller/*Koch* I.5 AKB, Rn. 43.

2 Stiefel/Maier/*Schurer* I.5 AKB, Rn. 4.

und tatsächlich nachfragen muss. Gerade bei hohen Prämien drohen erhebliche Belastungen bei der Rückstufung, so dass sich auch ein Rückkauf bei deutlich größeren Beträgen als 500 € lohnen kann. Die aktive Beratung durch den Versicherer sollte daher m.E. umfassender sein.

3 Nach den Musterbedingungen ist der Schadenrückkauf nur für die Kfz-Haftpflichtversicherung vorgesehen. Manche Versicherer sehen dies auch für die Vollkaskoversicherung[3] vor.

4 Die Änderung der Rechtslage nach der Entscheidung des *BGH* zu den **Anhängerregressen**[4] hat Bedeutung für die Höhe der freiwilligen Rückzahlung. Zu beachten ist, dass der Regress zum Gesamtschuldnerausgleich – nicht durch Subsidiaritätsklauseln ausgeschlossen werden kann[5] – und erst in drei Jahren verjährt. Bis dahin konnten viele Schadensfälle bereits abgewickelt sein. An den Anhängerregress hat dabei jedoch niemand gedacht. Diese Fälle waren für den Regress nochmals aufzugreifen.

5 Es ist möglich, dass viele Versicherungsnehmer vor der Entscheidung des *BGH* den vollen – ihnen vom Versicherer so mitgeteilten – Rückkaufsbetrag bezahlt haben, obwohl er unter Berücksichtigung der Rechtsauffassung des *BGH* nur die Hälfte hätte gezahlt werden müssen. Konnte der Versicherer den Anhängerregress realisieren, ist auch der Vertrag zu den günstigeren Bedingungen freizustellen. Den überzahlten Betrag der Rückkaufssumme hat der Versicherer zu erstatten. Der Rückzahlungsanspruch unterliegt der gesetzlichen Verjährung.

6 Des Weiteren könnte der Versicherungsnehmer bei entsprechender Information auch noch Schadensfälle zurückkaufen wollen, die für ihn in Ansehung der alten Rechtslage unwirtschaftlich waren. War die Mitteilung des Versicherers zur Rückkaufsumme objektiv falsch, wird sich der Versicherer heute nicht auf die Sechs-Monats-Klausel als Ausschlussfrist berufen können.

7 Tatsächlich muss dem Versicherer bekannt sein, dass das Fahrzeug im Anhängerbetrieb einen Unfall verursachte. Grundsätzlich wird der Versicherer in der Schadensanzeige danach fragen. Der Versicherungsnehmer, aber auch der Makler sollte bei der Schadenmeldung das wichtige Detail dem Versicherer melden.

8 Abweichend von den Musterbedingungen werden vielfach Policen mit Rabattschutzklauseln angeboten. Danach belasten – gegen Zahlung einer Mehrprämie – ein oder mehrere Schäden den Vertrag nicht. Die Besonderheiten werden einem Nachversicherer nicht mitgeteilt, siehe I.8.2 Abs. 2 Satz 1.

I.6 Übernahme eines Schadenverlaufs

I.6.1 In welchen Fällen wird ein Schadenverlauf übernommen?

Der Schadenverlauf eines anderen Vertrags – auch wenn dieser bei einem anderen Versicherer bestanden hat – wird auf den Vertrag des versicherten Fahrzeugs unter den Voraussetzungen nach I.6.2 und I.6.3 in folgenden Fällen übernommen:

I.6.1.1 Fahrzeugwechsel

Sie haben das versicherte Fahrzeug anstelle eines anderen Fahrzeugs angeschafft.

3 Himmelreich/Halm/*Bartholomy* Handbuch des Fachanwalts Verkehrsrecht, Kap. 20, Rn. 76.

4 *BGH* Urt. v. 27.10.2010 – IV ZR 279/08, JurionRS 2010, 28509 = DAR 2011, 80 = MDR 2011, 37 = NJW 2011, 447 = NJW-Spezial 2011, 10 = NZV 2011, 128 = r+s 2011, 60 = SVR 2011, 235 bespr. v. *Hering* = TranspR 2011, 43 = VersR 2011, 105 = VRR 2011, 22, bespr. v. *Knappmann* = zfs 2011, 90.

5 *BGH* Urt. v. 04.07.2018 – IV ZR 121/17, JurionRS 2018, 24571 = DAR 2018, 621 = MDR 2018, 995 = NJW 2018, 2958 = NJW-Spezial 2018, 522 = RdTW 2018, 373 = VersR 2018, 990 = VK 2018, 163 = zfs 2018, 564.

I.6.1.2 a **Rabatttausch**

Sie besitzen neben dem versicherten Fahrzeug noch ein anderes Fahrzeug. Sie veräußern dieses oder setzen es ohne Ruheversicherung außer Betrieb und beantragen die Übernahme des Schadenverlaufs.

I.6.1.2 b **Sie versichern ein weiteres Fahrzeug. Dieses soll überwiegend von demselben Personenkreis benutzt werden, wie das bereits versicherte Fahrzeug. Sie beantragen, dass der Schadenverlauf von dem bisherigen auf das weitere Fahrzeug übertragen wird.**

I.6.1.3 **Schadenverlauf einer anderen Person**

Das Fahrzeug einer anderen Person wurde überwiegend von Ihnen gefahren und Sie beantragen die Übernahme des Schadenverlaufs.

I.6.1.4 **Versichererwechsel**

Sie sind mit Ihrem Fahrzeug von einem anderen Versicherer zu uns gewechselt.

I.6.2 **Welche Voraussetzungen gelten für die Übernahme?**

Für die Übernahme eines Schadenverlaufs gelten folgende Voraussetzungen:

I.6.2.1 **Fahrzeuggruppe**

Die Fahrzeuge, zwischen denen der Schadenverlauf übertragen wird, gehören derselben Fahrzeuggruppe an, oder das Fahrzeug, von dem der Schadenverlauf übernommen wird, gehört einer höheren Fahrzeuggruppe an als das Fahrzeug, auf das übertragen wird.

a Untere Fahrzeuggruppe:

Pkw, Leichtkrafträder, Krafträder, Campingfahrzeuge, Lieferwagen, Gabelstapler, Kranken- und Leichenwagen.

b Mittlere Fahrzeuggruppe:

Taxen, Mietwagen, Lkw und Zugmaschinen im Werkverkehr.

c Obere Fahrzeuggruppe:

Lkw und Zugmaschinen im gewerblichen Güterverkehr, Kraftomnibusse sowie Abschleppwagen.

Eine Übertragung ist zudem möglich

- von einem Lieferwagen auf einen Lkw oder eine Zugmaschine im Werkverkehr bis xx kW,
- von einem Pkw mit 7 bis 9 Plätzen einschließlich Mietwagen und Taxen auf einen Kraftomnibus mit nicht mehr als xx Plätzen (ohne Fahrersitz).Gemeinsame Übernahme des Schadenverlaufs in der Kfz-Haftpflicht

I.6.2.2 **Gemeinsame Übernahme des Schadenverlaufs in der Kfz-Haftpflicht- und der Vollkaskoversicherung**

Wir übernehmen die Schadenverläufe in der Kfz-Haftpflicht- und in der Vollkaskoversicherung nur zusammen.

Dies gilt nicht, wenn der Versicherungsnehmer die Vollkaskoversicherung aus einem anderen für ihn bestehenden Vertrag aufgibt, um den Schadenverlauf für das versicherte Fahrzeug zu nutzen.

I.6.2.3 Zusätzliche Regelung für die Übernahme des Schadenverlaufs von einer anderen Person nach I.6.1.3

Wir übernehmen den Schadenverlauf von einer anderen Person nur für den Zeitraum, in dem das Fahrzeug der anderen Person überwiegend von Ihnen gefahren wurde. Zusätzlich müssen folgende Voraussetzungen erfüllt sein:

a Es handelt sich bei der anderen Person um Ihren Ehepartner, Ihren eingetragenen Lebenspartner, Ihren mit Ihnen in häuslicher Gemeinschaft lebenden Lebenspartner, ein Elternteil, Ihr Kind oder Ihren Arbeitgeber;

b Sie machen den Zeitraum, in dem das Fahrzeug der anderen Person überwiegend von Ihnen gefahren wurde glaubhaft; hierzu gehört insbesondere

- **eine Erklärung in Textform von Ihnen und der anderen Person; ist die andere Person verstorben, ist die Erklärung durch Sie ausreichend;**
- **die Vorlage einer Kopie Ihres Führerscheins zum Nachweis dafür, dass Sie für den entsprechenden Zeitraum im Besitz einer gültigen Fahrerlaubnis waren;**

c die andere Person ist mit der Übertragung ihres Schadenverlaufs an Sie einverstanden und gibt damit ihren Schadenfreiheitsrabatt in vollem Umfang auf;

d die Nutzung des Fahrzeugs der anderen Person durch Sie liegt bei der Übernahme nicht mehr als xx Monate zurück.

1 In I.6.2.3b AKB wurde eine wesentliche Änderung vorgenommen. Der Versicherungsnehmer muss nicht mehr in Schriftform, sondern nur noch in Textform nach § 126b BGB seine Angaben machen. Die Neuerung kam bereits der geplanten Änderung[1] von § 309 Nr. 13 BGB zuvor, wonach in allgemeinen Geschäftsbedingungen die Schriftform als Erschwernis abgebaut werden soll. Im Einzelfall ist zu prüfen, ob Versicherer in ihren aktuellen individuellen AKB die alte Formulierung weiterhin verwenden. Nach der Gesetzesänderung wäre eine Bestimmung nichtig, die die Schriftform weiterhin vorsieht.

I.6.3 Wie wirkt sich eine Unterbrechung des Versicherungsschutzes auf den Schadenverlauf aus?

I.6.3.1 Im Jahr der Übernahme

Nach einer Unterbrechung des Versicherungsschutzes (Außerbetriebsetzung, Saisonkennzeichen außerhalb der Saison, Vertragsbeendigung, Veräußerung, Wagniswegfall) gilt:

a Beträgt die Unterbrechung höchstens sechs Monate, übernehmen wir den Schadenverlauf, als wäre der Versicherungsschutz nicht unterbrochen worden.

b Beträgt die Unterbrechung mehr als sechs und höchstens zwölf Monate, übernehmen wir den Schadenverlauf, wie er vor der Unterbrechung bestand.

c Beträgt die Unterbrechung mehr als zwölf Monate, ziehen wir beim Schadenverlauf für jedes weitere angefangene Kalenderjahr seit der Unterbrechung ein schadenfreies Jahr ab.

d Beträgt die Unterbrechung mehr als sieben Jahre, übernehmen wir den schadenfreien Verlauf nicht.

Sofern neben einer Rückstufung aufgrund einer Unterbrechung von mehr als einem Jahr gleichzeitig eine Rückstufung aufgrund einer Schadenmeldung zu erfolgen hat, gilt Folgendes: Zunächst die Rückstufung aufgrund des Schadens, danach die Rückstufung aufgrund der Unterbrechung vorzunehmen.

1 Entwurf der Bundesregierung vom 15.04.2015, BT-Drucks. 18/4631 Seiten 7 u. 18 f.

I.6.3.2 Im Folgejahr nach der Übernahme

In dem auf die Übernahme folgenden Kalenderjahr richtet sich die Einstufung des Vertrags nach dessen Schadenverlauf und danach, wie lange der Versicherungsschutz in dem Kalenderjahr der Übernahme bestand:

a Bestand der Versicherungsschutz im Kalenderjahr der Übernahme mindestens sechs Monate, wird der Vertrag entsprechend seines Verlaufs so eingestuft, als hätte er ein volles Kalenderjahr bestanden.

b Bestand der Versicherungsschutz im Kalenderjahr der Übernahme weniger als sechs Monate, unterbleibt eine Besserstufung trotz schadenfreien Verlaufs.

I.6.4 Übernahme des Schadenverlaufs nach Betriebsübergang

Haben Sie einen Betrieb und dessen zugehörige Fahrzeuge übernommen, übernehmen wir den Schadenverlauf dieser Fahrzeuge unter folgenden Voraussetzungen:

- Der bisherige Betriebsinhaber ist mit der Übernahme des Schadenverlaufs durch Sie einverstanden und gibt damit den Schadenfreiheitsrabatt in vollem Umfang auf,
- Sie machen glaubhaft, dass sich durch die Übernahme des Betriebs die bisherige Risikosituation nicht verändert hat.

I.7 Einstufung nach Abgabe des Schadenverlaufs

I.7.1 Die Schadenverläufe in der Kfz-Haftpflicht- und der Vollkaskoversicherung können nur zusammen abgegeben werden.

I.7.2 Nach einer Abgabe des Schadenverlaufs Ihres Vertrags stufen wir diesen in die SF-Klasse ein, die Sie bei Ersteinstufung Ihres Vertrages nach I.2 bekommen hätten. Befand sich Ihr Vertrag in der SF-Klasse M oder S, bleibt diese Einstufung bestehen.

I.7.3 Wir sind berechtigt, den Mehrbeitrag aufgrund der Umstellung Ihres Vertrags nachzuerheben.

I.8 Auskünfte über den Schadenverlauf

I.8.1 Wir sind berechtigt, uns bei Übernahme eines Schadenverlaufs folgende Auskünfte vom Vorversicherer geben zu lassen:

- Art und Verwendung des Fahrzeugs,
- Beginn und Ende des Vertrags für das Fahrzeug,
- Schadenverlauf des Fahrzeugs in der Kfz-Haftpflicht- und der Vollkaskoversicherung,
- Unterbrechungen des Versicherungsschutzes des Fahrzeugs, die sich noch nicht auf dessen letzte Neueinstufung ausgewirkt haben,
- ob für ein Schadenereignis Rückstellungen innerhalb von drei Jahren nach deren Bildung aufgelöst worden sind, ohne dass Zahlungen geleistet worden sind und
- ob Ihnen oder einem anderen Versicherer bereits entsprechende Auskünfte erteilt worden sind.

I.8.2 Versichern Sie nach Beendigung Ihres Vertrags in der Kfz-Haftpflicht- und der Vollkaskoversicherung Ihr Fahrzeug bei einem anderen Versicherer, sind wir berechtigt und verpflichtet, diesem auf Anfrage Auskünfte zu Ihrem Vertrag und dem versicherten Fahrzeug nach I. 8.1 zu geben.

Unsere Auskunft bezieht sich nur auf den tatsächlichen Schadenverlauf. Sondereinstufungen – mit Ausnahme der Regelung nach I.2.2.1 und I.2.2.2 – werden nicht berücksichtigt. Sondereinstufungen aufgrund der Regelung nach I.2.2.3 werden so bestätigt, als wäre der Vertrag bei Beginn nach I.2.2.2 eingestuft worden.

1 Nach § 5 Abs. 7 PflVG[1] bestehen zum Schadensverlauf Informationspflichten des Versicherers gegenüber dem Versicherungsnehmer. Diese betreffen nur den tatsächlichen Verlauf[2] ohne Berücksichtigung von Sonderregeln. Ein Versicherungsnehmer, der seinen Versicherer wechseln möchte, muss diesem oft den Schadensverlauf nachweisen. Zur Vereinfachung wird der neue Versicherer durch die Vertragsklausel ermächtigt, beim alten Versicherer nachzufragen.

2 Wurde ein »Rabattschutz« oder »Rabattretter« vereinbart, ist dem Nachversicherer der tatsächliche[3] Schadenverlauf anzugeben.

3 Die Angabe falscher Daten kann zu nachvertraglichen Schadensersatzansprüchen führen.

I.8.3 Ist Ihr Vertrag bei Beendigung nach der maßgeblichen Tabelle zum Schadensfreiheitsrabatt-System in Anhang 1 in die SF-Klasse M, 0 oder S eingestuft oder wäre er bei Fortbestehen dort einzustufen, sind wir berechtigt, dies der zuständigen Gemeinschaftseinrichtung der Versicherer mitzuteilen. Dies ist derzeit die GDV Dienstleistungs-GmbH & Co.KG, Glockengießerwall 1, 20095 Hamburg. Ihre SF-Klasse wird dort für andere Versicherer nach I.8.4 abrufbar sein.

I.8.4 Geben Sie in Ihrem Antrag keine Vorversicherung an, sind wir berechtigt, bei der zuständigen Gemeinschaftseinrichtung der Versicherer nachzufragen, ob Ihr Vertrag bei einem Vorversicherer in die SF-Klassen M, 0 oder S einzustufen war.

1 Die neu eingeführte Klauseln I.8.3 AKB und I.8.4 AKB fanden Zustimmung der Datenschutzbehörden. Sie dienen dem praktischen Bedürfnis der Versicherer, eine dem bisherigen Schadenverlauf angemessene Prämie beim Neukunden zu erheben. Dies verhindert Beitragsmindereinnahmen, die ansonsten durch entsprechend höhere Prämienkalkulationen von allen Versicherten mitzutragen wären.

2 Ein Versicherungsnehmer, der in den Genuss einer für ihn vorteilhaften SFR-Klasse kommen möchte, ist regelmäßig damit einverstanden, dass Auskünfte entsprechend I.8.1 AKB und I.8.2 AKB erteilt werden und teilt diese Daten dem Nachversicherer regelmäßig mit. Ein Versicherungsnehmer, der aufgrund seines Schadenverlaufs in höheren Schadenklassen eingestuft ist, als der der Grundeinstufung nach SF, hat dagegen kein Interesse dem Nachversicherer bekannt zu geben, bei welchem Vorversicherer er in welcher Schadenklasse eingestuft war.

3 Die Weiterleitung persönlicher Daten an eine Schadenklassendatei ist unter datenschutzrechtlichen Gründen problematisch, zumal der Schadensfreiheitsrabatt einen echten Vermögenswert[1] – die Malusklasse dagegen einen Nachteil – darstellt. Die Einwilligung in eine solche Weitergabe ist daher geboten.

1 Entspricht der Anforderung von Art. 16 der 6. KH-Richtlinie (Richtlinie 2009/103/EG).

2 *LG Köln* Urt. v. 26.03.2008 – 20 S 67/07, Anm. *Rixecker* zfs 2008, 455 (456).

3 *Stadler*, Die Kfz-Versicherung, Rn. 119.

1 *BGH* Urt. v. 25.04.2006 – VI ZR 36/05, JurionRS 2006, 18054 = DAR 2006, 574 = MDR 2006, 1344 = NJ 2006, 560 = NJW 2006, 2397 = r+s 2006, 522 = VersR 2006, 1139 = VRR 2006, 301 bespr. v. *Zorn* = NZV 2006, 476 = SVR 2009, 377 (Ls.) = zfs 2006, 680 m. Anm. *Diehl.*

Dem Versicherungsnehmer ist die Weitergabe der Daten transparent zu machen. Von der Weitergabe von Daten betroffen sind lediglich Verträge der SF-Klassen 0 und der besonderen Malusklassen M und S. Der Versicherungsnehmer erhält nach Beendigung des Vertrages vom Vorversicherer eine Mitteilung, welche Daten an die zuständige Stelle für die Schadenklassedatei übermittelt wurden, § 33 Abs. 1 Satz 2 BDSG. Inhalte der Meldung sind regelmäßig: 4
- Name und Anschrift des Versicherungsnehmers
- Versicherungsscheinnummer beim Vorversicherer
- Letztes amtliches Kennzeichen des versicherten Fahrzeugs
- Beendigungsdatum des Vertrages
- Schadensfreiheitsklasse des Vertrages
- Anzahl der Schäden zum Vertrag im Meldejahr

Ob die Meldung tatsächlich auch bei der Klasse 0 erfolgen soll, mag man bezweifeln, da die Ersteinstufung sowieso nach I.2.1 AKB in die Klasse 0 erfolgt. Allerdings kann dies dazu führen, dass bei einem Versichererwechsel zum Jahreswechsel ohne weitere vertragsbelastende Schäden im Meldejahr, eine günstigere Einstufung wegen schadensfreiem Verlauf erfolgen kann. 5

Die Schadenklassedatei wird bislang von der GDV Dienstleistungs-GmbH & Co.KG geführt. Sie wird über alle Verbandsmitglieder, die Kraftfahrtversicherungen anbieten finanziert. 6

Die Klausel in I.8.4 AKB betrifft die Abfrage der Daten und ist das Spiegelbild zur Einmeldung nach I.8.3 AKB. Sie enthält die Einwilligung, personenbezogene Daten bei der Gemeinschaftseinrichtung abzufragen, um den Vertrag in die zutreffende SF-Klasse einordnen zu können. 7

Vorbemerkung vor J

Die Zulässigkeit von Änderungsklauseln ist immer wieder Gegenstand gerichtlicher Prüfung, insbesondere, weil die Verständlichkeit und Transparenz der Klauseln nicht in jedem Fall gegeben ist. Grundsätzlich ist die Prüfung der Klauseln im Lichte von §§ 305 ff. BGB zu sehen. Erforderlich ist, dass die Interessen des Versicherungsnehmers angemessen berücksichtigt werden und nicht alleine das Interesse des Versicherers geschützt wird. Für die Kraftfahrzeug-Haftpflicht-Versicherung wird eine Bedingungsanpassung im VVG nicht vorgesehen, da die Verträge mit Jahresfrist gekündigt werden können. Allerdings sind Beitragsänderungen, die den gleichen Anforderungen Stand halten müssen, durch die veränderten Aufwendungen im Schadenfall des Öfteren erforderlich. Die Klauseln werden hinsichtlich des Verbotes der einseitigen Benachteiligung und auch der mangelnden Bestimmtheit geprüft[1]. 1

J Beitragsänderung aufgrund tariflicher Maßnahmen

Die Beitragsfestsetzung in Versicherungsunternehmen ist schwierig, weil man – anders als in einem herstellenden Betrieb – nicht die Kosten für die Basisprodukte kennt und mit Gewinnzuschlag den Preis ermittelt. Die Ausgaben im Schadenfall sind nicht festgelegt. Sie können nur aufgrund Schätzungen überhaupt ermittelt werden. So wird der zu erwartende Schadenaufwand festgestellt und sodann auf die einzelnen Versicherungsnehmer verteilt[1]. Dieser Abschnitt befasst sich mit den Änderungen der Parameter, die für die Beitragsermittlung zu Grunde gelegt werden. Dabei werden in J.1 – J.6 die einzelnen Veränderungsmöglichkeiten gesondert behandelt. Es besteht aber auch die Möglichkeit, in J.6 AKB die Änderung der gesamten Tarifstruktur aufzunehmen. Dies ist anhand der jeweiligen dem Vertrag zu Grunde liegenden AKB zu prüfen. 1

1 Vgl. hierzu ausführlich Stadler »Die verständlichere Gestaltung der Allgemeinen Versicherungsbedingungen am Beispiel der AKB«, S. 76 ff.

1 Vgl. hierzu oben I. AKB, Stadler Rn. 85.

J.1 Typklasse

Richtet sich der Versicherungsbeitrag nach dem Typ Ihres Fahrzeugs, können Sie Ihrem Versicherungsschein entnehmen, welcher Typklasse Ihr Fahrzeug zu Beginn des Vertrags zugeordnet worden ist.

Ein unabhängiger Treuhänder ermittelt jährlich, ob und in welchem Umfang sich der Schadenbedarf Ihres Fahrzeugtyps im Verhältnis zu dem aller Fahrzeugtypen erhöht oder verringert hat. Ändert sich der Schadenbedarf Ihres Fahrzeugtyps im Verhältnis zu dem aller Fahrzeugtypen, kann dies zu einer Zuordnung in eine andere Typklasse führen. Die damit verbundene Beitragsänderung wird mit Beginn des nächsten Versicherungsjahres wirksam.

[xx Die Klassengrenzen können Sie der Tabelle im Anhang 3 entnehmen.]

Übersicht

A. Allgemeines

1 Die Berechnung der Prämien für die einzelnen Fahrzeuge richten sich nach der Größe des Kfz, dessen Verwendung, aber auch nach der Schadenhäufigkeit dieser Fahrzeuge (in Kraftfahrzeug-Haftpflicht) bzw. nach der Höhe der Reparaturkosten (in Vollkasko) oder der Diebstahlshäufigkeit (in Teilkasko)[1]. Da diese Eingruppierungen variieren, kann es dazu kommen, dass das Fahrzeug in zwei verschiedene Typenklassen eingestuft ist, je nachdem, welche Versicherung vereinbart werden soll. Wegen der Veränderungen auf dem Fahrzeugmarkt und den wechselnden Nutzergruppen müssen die Tarifgruppen für neue Fahrzeuge ermittelt werden und ggf. zu einem späteren Zeitpunkt angepasst werden, dabei kommen sowohl die Höhergruppierung als auch die Senkung in der Eingruppierung in Betracht. Nach J.1 ist der Versicherer berechtigt, die Eingruppierung von Fahrzeugen in Typenklassen jährlich zu verändern.

B. Voraussetzung für die Änderung der Typenklassen

2 Jedes Fahrzeug erhält vom Hersteller eine Fahrzeugidentifikations-Nr. einen Typschlüssel (TSN) und einen Herstellerschlüssel (HSN). Die Klassifizierung nach TSN gibt die Informationen über Motorstärke, Hubraum etc. Diese TSN werden auch im Rahmen der Versicherungsverträge aufgenommen. Anhand dieser Aufnahmen können die jährlichen Schadenaufwendungen je Typ aufgelistet werden, diese Ergebnisse dienen als Indexwerte der Eingruppierung in die Tabelle für Typenklassen. Als Voraussetzung für die Veränderung einer bereits festgelegten Typenklasse ist erforderlich, dass ein unabhängiger Treuhänder die einzelnen Fahrzeugklassen miteinander vergleicht und prüft, ob sich die Verhältnisse zwischen den einzelnen Fahrzeugtypen verändert haben. Da die Kosten für Reparaturen bei allen Fahrzeugarten steigen, kann es nur darauf ankommen, ob sich die Kosten und Aufwendungen im Verhältnis zu den anderen Fahrzeugtypen so verändert haben, dass die Eingruppierung in eine höhere oder niedrigere Typenklasse erforderlich wird[2]. Da bei neuen Modellen noch keine Erkenntnisse über die Schadenhäufigkeit und die Höhe der Aufwendungen vorliegen, kann eine Einstufung anhand des jeweiligen Vorgängermodells erfolgen[3].

1 Stadler, Rn. 87.
2 Jacobsen in Feyock/Jacobsen/Lemor AKB 2008 J Rn. 6, 7.
3 Stadler in Maier/Stadler AKB J.1. Rn. 4.

I. Kraftfahrzeug-Haftpflicht-Versicherung

Die Schadenhäufigkeit bei Kleinfahrzeugen, die häufig auch von Fahranfängern genutzt werden, kann dazu führen, dass Kleinwagen im unteren Preissegment in der Typenklasse ganz oben gelistet sind, während die teuren Oberklassewagen, obwohl sie in der Anschaffung und auch in der sonstigen Unterhaltung erheblich teurer sind, wegen der deutlich geringeren Schadenhäufigkeit in einer niedrigeren Typenklasse geführt werden. 3

II. Vollkasko-Versicherung

In der Fahrzeugversicherung hingegen kommt es neben der Schadenhäufigkeit auch erheblich auf die Reparaturkosten im Schadenfall an. Hier sind die Oberklassewagen in der Typenklasse hoch einzustufen, da die Reparaturkosten i.d.R. deutlich über dem Aufwand für einen Kleinwagen liegen. Darüber hinaus ist zu beachten, dass die Kleinwagen häufig überhaupt nicht in der Fahrzeugversicherung versichert werden. 4

III. Teilkasko-Versicherung

In der Teilkasko-Versicherung sind neben Glasbruch, Wildschäden, Sturm, Blitzschlag, Überschwemmung, Schäden in der Verkabelung auch Brand, Explosion und Entwendung versichert. Die Häufigkeit, mit der die jeweiligen Fahrzeuge gestohlen werden, macht sich in der Typenklasse bemerkbar. Es kommt somit für die Eingruppierung nicht nur auf die Reparaturkosten und Reparaturhäufigkeit an. 5

C. Folgen der Veränderung

Ergibt sich aus der Prüfung des Treuhänders eine Veränderung in den Parametern kann dies dreierlei bedeuten: Bewegt sich das Fahrzeug trotz der Veränderung nach wie vor in der Spannbreite der bisherigen Eingruppierung (was bei Fahrzeugen, die schon länger auf dem Markt sind, der Fall ist), ändert sich an der Eingruppierung nichts. Sofern der Bereich der Eingruppierung nach oben überschritten wird, ist eine Erhöhung der Prämie erforderlich, um auf die nach oben geänderte Eingruppierung zu reagieren. Haben sich die Kosten gesenkt und rutscht das Fahrzeug deshalb in eine niedrigere Tarifgruppe, wird die Prämieneinstufung nach unten korrigiert, der Beitrag also gesenkt. 6

D. Kündigungsrecht des Versicherungsnehmers

Für den Versicherungsnehmer bewirken die gleich bleibende Eingruppierung bzw. die Einstufung in eine niedrigere Typenklasse, dass sein Beitrag gleich bleibt bzw. sogar sinkt. Ein Sonderkündigungsrecht ergibt sich in diesem Fall nicht, da von den getroffenen Vereinbarungen nicht einseitig zu Lasten, sondern zu Gunsten des Versicherungsnehmers abgewichen wird. Anders ist es allerdings, wenn die veränderte Tarifgruppe eine Beitragserhöhung zur Folge hat. Dann steht dem Versicherungsnehmer ein sog. Sonderkündigungsrecht zu. Auf dieses Sonderkündigungsrecht nach G.2.9 bzw. G.2.10 muss der Versicherer besonders hinweisen und über die Fristen belehren. Die Erhöhung der Beiträge wegen der Tarifgruppenänderung darf erst mit Ende der Frist zur Sonderkündigung wirksam werden. 7

J.2 Regionalklasse

Richtet sich der Versicherungsbeitrag nach dem Wohnsitz des Halters, wird Ihr Fahrzeug einer Regionalklasse zugeordnet. Maßgeblich ist der Wohnsitz, den uns die Zulassungsbehörde zu Ihrem Fahrzeug mitteilt. Ihrem Versicherungsschein können Sie entnehmen, welcher Regionalklasse Ihr Fahrzeug zu Beginn des Vertrags zugeordnet worden ist.

Ein unabhängiger Treuhänder ermittelt jährlich, ob und in welchem Umfang sich der Schadenbedarf der Region, in welcher der Wohnsitz des Halters liegt, im Verhältnis zu allen Regionen erhöht oder verringert hat. Ändert sich der Schadenbedarf Ihrer Region im Verhältnis zu dem aller Regionen, kann dies zu einer Zuordnung in eine andere Regionalklasse führen. Die damit verbundene Beitragsänderung wird mit Beginn des nächsten Versicherungsjahres wirksam.

[xx Die Klassengrenzen können Sie der Tabelle im Anhang 4 entnehmen.]

Übersicht

A. Allgemeines

1 Die Typenklasse knüpft zunächst an den Aufwand je Kfz an. Da der Schadenaufwand aber auch von anderen Faktoren abhängen kann, wie der Fahrpraxis des Fahrers und der Region, in der das Fahrzeug gehalten wird, wird als zusätzliches Regulativ die Regionalklasseneinstufung genutzt.

B. Regionalklassen

2 Die Regionalklassen werden nach dem spezifischen Risiko des jeweiligen Gebietes für ganz Deutschland gebildet[1]. Auch die Regionalklassen basieren auf statistischen Erhebungen. Dafür werden die Aufwendungen aller Kfz-Versicherer in Deutschland eines Fahrzeugtyps (Kfz, Krad, LKW, etc.) nach Zulassungsbezirken zusammengefasst und über eine Spanne von fünf Jahren ermittelt. Aus diesen Werten können dann – wie bei der Eingruppierung in Typenklassen – entsprechende Rangfolgen ermittelt werden. Durch Teilung des so für den Zulassungsbezirk ermittelten Wertes durch die Anzahl der Versicherungsverträge der jeweiligen Fahrzeugart ergibt sich der Schadenaufwand je Vertrag im Zulassungsbezirk[2]. Durch Gebietsreformen können sich Zulassungsbezirke verschieben, verändern oder werden zusammengelegt, so dass eine neue Prüfung erforderlich wird. Die Grundlagen für eine statistische Erfassung eines solchen neuen Bezirks werden vom GdV ermittelt. Eventuelle Veränderungen in der Regionalklasse aufgrund der Gebietsreform wirken sich aber nur auf neu abzuschließende Verträge aus[3].

3 Auch dieses Verfahren wird von einem unabhängigen Treuhänder durchgeführt. Eine Veränderung der Einstufung des Bezirks ist nur dann erforderlich, wenn sich die ermittelten Aufwendungen im Verhältnis zu allen Regionen erhöht oder verändert haben und damit zu einer anderen Bewertung führen.

4 Die entsprechenden Grenzen sind den jeweiligen AKB zu entnehmen und in dem Vorschlag des GdV nicht enthalten.

5 Anknüpfungspunkt für die Einstufung des Fahrzeuges ist nach dem Wortlaut der Wohnsitz des Halters, es kommt nicht darauf an, ob das Fahrzeug auch tatsächlich an diesem Wohnsitz gebraucht wird, J.2 i.V.m. § 46 Abs. 2 FZV. Gem. § 46 FZV muss dies bei mehreren Wohnsitzen der Hauptwohnsitz des »Antragstellers« sein. Diesen Wohnsitz teilt die Zulassungsstelle auch dem Versicherer mit. Nur dieser von der Zulassungsstelle mitgeteilte Wohnsitz ist maßgebend für die Eingruppierung. Teilweise wird in den Bundesländern[4] die Möglichkeit eröffnet, bei einem Umzug innerhalb des Bundeslandes das Kennzeichen zu behalten, es muss lediglich entweder beim Einwohnermeldeamt die Umschreibung der Fahrzeugbescheinigung Teil I oder bei der Zulassungsstelle eine neue Fahrzeugbescheinigung Teil I beantragt werden[5], aus der sich die geänderte Anschrift ergibt, diese Information wird dann auch an den Versicherer weitergeleitet. Eine Beitragsanpassung sollte dann automatisch erfolgen. Grundsätzlich soll diese Möglichkeit bundesweit eröffnet werden.

6 Eine gerichtliche Überprüfung der Regionalklassen ist wegen des Genehmigungsverfahrens nur dahingehend möglich, dass der Genehmigungsbescheid auf seine Wirksamkeit geprüft wird[6].

C. Sonderkündigungsrecht des Versicherungsnehmers

7 Die Erhöhung der Prämie durch die Veränderung der Regionalklasse nach oben, gibt dem Versicherungsnehmer ein Sonderkündigungsrecht[7], J. 4.

1 Stadler, Rn. 86.
2 Ausführlich Jacobsen in Feyock/Jacobsen/Lemor AKB 2008 J Rn. 16 ff.
3 Jacobsen in Feyock/Jacobsen/Lemor AKB 2008 J Rn. 22.
4 So jetzt in Brandenburg, Hessen, Mecklenburg-Vorpommern, Nordrhein-Westfalen, Sachsen und Schleswig-Holstein.
5 Dies differiert innerhalb der Bundesländer.
6 BVerwG v. 25.11.1986 – 1 A 20/82, NJW 1987, 1837; LG Freiburg v. 16.11.1978 – 3 S 97/78.
7 Vgl. insoweit auch Ebnet »Die Kündigung von Versicherungsverträgen«, NJW 2006, 1697 ff.

J.3 Tarifänderung

< xx Redaktioneller Hinweis: Ein Mustertext wie zu § 9a AKB a.F. wird nicht bekannt gemacht. >

Unabhängig davon, ob ein Text zur Tarifänderung in den AKB aufgenommen ist oder nicht, muss er 1
sich an den von der Rechtsprechung zu § 9a AKB a.F. mindestens messen lassen. Die Tarifbestimmungen müssen sich an der Rechtsprechung zum AGB-G a.F. bzw. den §§ 305 ff. BGB orientieren und sind entsprechend auch eingeschränkt überprüfbar. Die Regelung darf den Versicherungsnehmer entgegen den Geboten von Treu und Glauben nicht unangemessen benachteiligen und die Interessen des Versicherers einseitig bevorzugen[1]. Die Interessen des Versicherungsnehmers müssen berücksichtigt werden. Grundsätzlich ist die Erhöhung der Beiträge zulässig, § 40 VVG. Ergibt sich aber aus der Bewertung der Entwicklung, dass eine Beitragssenkung in Betracht kommt, ist auch nur eine solche zulässig[2].

9a. AKB a.F. Tarifänderung in der Kraftfahrzeug-Haftpflicht- und Fahrzeugversicherung

(1) Bei Erhöhung des sich aus dem Tarif ergebenden Beitrags ist der Versicherer berechtigt, für die zu diesem Zeitpunkt bestehenden Versicherungsverträge den Beitrag mit Wirkung vom Beginn der nächsten Versicherungsperiode an bis zur Höhe des neuen Tarifbeitrages anzuheben.

(2) Eine Beitragserhöhung nach Absatz 1 wird nur wirksam, wenn der Versicherer dem Versicherungsnehmer die Änderung unter Kenntlichmachung des Unterschieds zwischen altem und neuem Beitrag spätestens einen Monat vor dem Zeitpunkt des Wirksamwerdens mitteilt und ihn schriftlich über sein Recht nach § 9b belehrt.

(3) In die Berechnung des Beitragsunterschiedes werden Änderungen nach § 9c sowie Änderungen gemäß Nr. 6 Abs. 3 der Tarifbestimmungen für die Kraftfahrtversicherung (TB) sowie Änderungen in der Zuordnung des Vertrages zu den Regionalklassen (TB Nr. 11) und den Typklassen (TB Nr. 12) einbezogen, wenn sie gleichzeitig wirksam werden. Das gilt nicht für Beitragsänderungen, die sich aufgrund von TB Nr. 6 Abs. 2, der Zuordnung des Vertrages zu den Tarifgruppen und Regionalklassen gemäß TB Nr. 10, aufgrund des Schadenverlaufs des konkreten Versicherungsvertrages, aufgrund des Abstellortes (TB Nr. 12a) oder der jährlichen Fahrleistung (TB Nr. 12b) ergeben.

(4) Vermindert sich der Tarifbeitrag, ist der Versicherer verpflichtet, den Beitrag vom Beginn der nächsten Versicherungsperiode an auf die Höhe des neuen Tarifbeitrages zu senken.

Auf dem Markt werden derzeit u.a. folgende Formulierungen verwendet

H-Versicherung	A-Versicherung	V-Versicherung
J. 3 Kündigungsrecht **Gesetzliche Änderung des Leistungsumfangs in der Kfz-Haftpflichtversicherung** In der Kfz-Haftpflichtversicherung sind wir während der Vertragslaufzeit berechtigt, den Beitrag zu erhöhen, sobald wir auf Grund eines Gesetzes, einer Verordnung oder einer EU-Richtlinie dazu verpflichtet werden, den Leistungsumfang oder die Versicherungssummen zu erhöhen.	J.3 Um die dauernde Erfüllbarkeit der Verpflichtung aus den Versicherungsverträgen sicherzustellen, sind wir in der Haftpflichtversicherung, Kaskoversicherung, im Schutzbrief, in der Auslandsschaden-Versicherung inklusive Schutzbrief (Schutzbrief Plus), in der Fahrerschutz-Versicherung, in der Insassenunfall-Versicherung und in der Kasko-Extra-Versicherung berechtigt und verpflichtet, einmal jährlich die Tarifbeiträge für bestehende Verträge unter Beachtung der anerkannten Grundsätze der Versicherungsmathematik und der Versicherungstechnik neu zu kalkulieren, um sie an die Schaden- und Kostenentwicklung anzupassen. Dabei können wir die statistischen Erkenntnisse des	J.3 Tarifänderung **J.3.1 Änderungen der Tarife** (Beiträge und Tarifbestimmungen) finden vom Beginn des nächsten Versicherungsjahrs an auf bestehende Verträge Anwendung. Wir sind verpflichtet, Ihnen die Tarifänderung unter Kenntlichmachung der Unterschiede des alten und des neuen Tarifs spätestens einen Monat vor Inkrafttreten schriftlich bekannt zu geben und Sie in Textform über Ihr Kündigungsrecht nach J.4 zu belehren.

1 BGH v. 31.01.2001 – IV ZR 185/99, NJW-RR 2001, 743, 746.

2 »Anmerkungen zum Urteil des OLG Köln vom 20.07.2012 – 20 U 149/11« Wendt/Boetius, VersR 2013, 1561 – 1570.

H-Versicherung	A-Versicherung	V-Versicherung
	Gesamtverbands der Deutschen Versicherungswirtschaft e.V. berücksichtigen. Von der Neukalkulation unberührt bleiben der Ansatz für Gewinn sowie individuelle Beitragszu- und -abschläge. Der neu kalkulierte Beitrag wird ab Beginn des nächsten Versicherungsjahres wirksam. **J.3.1 Tarifanhebung** Sind die nach J.3 ermittelten Tarifbeiträge für bestehende Verträge höher als die Tarifbeiträge für neu abzuschließende Verträge und enthalten die Tarife für die bestehenden und für die neu abzuschließenden Verträge dieselben Beitragsermittlungen, Deckungssummen und Versicherungsbedingungen, so können wir auch für die bestehenden Verträge, also auch für Ihren Vertrag, nur die Tarifbeiträge für die neu abzuschließenden Verträge verlangen. **J.3.2 Tarifabsenkung** Ergibt die Kalkulation einen niedrigeren Tarifbeitrag, sind wir verpflichtet, Ihren Versicherungsbeitrag mit Wirkung vom Beginn des nächsten Versicherungsjahres an auf die Höhe des neuen Tarifbeitrags zu senken.	J.3 Tarifänderung J.3.2 Wir können Versicherungsnehmer zum Zwecke der risikogerechten Tarifierung nach gleichartigen Merkmalen zu Gruppen von Risiken verbinden, um ein ausgewogenes Verhältnis von Beitrag und Leistung zu erlangen. Zu Beginn jedes neuen Versicherungsjahrs können für jede der nach gleichartigen Merkmalen gebildeten Gruppen Nachlässe gegenüber dem allgemeinen Veränderungssatz des J.3.1 eingeräumt werden, wenn eine nach den Grundsätzen der Versicherungsmathematik auf der Grundlage von bei uns vorhandenen Daten durchgeführte Bewertung dies rechtfertigt. Die Nachlässe gelten nur für das jeweils neue Versicherungsjahrs. Risikogerechte Merkmale im Sinne des Vorgenannten sind z.B. rechtzeitige Zahlung der Versicherungsbeiträge, Dauer und Umfang der bisherigen Vertragsbeziehung, Zugehörigkeit zu einer bestimmten Belegschaft sowie Merkmale des Fahrzeugs.

J.4 Kündigungsrecht

Führt eine Änderung nach J.1 bis J.3 in der Kfz-Haftpflichtversicherung zu einer Beitragserhöhung, so haben Sie nach G.2.7 ein Kündigungsrecht. Werden mehrere Änderungen gleichzeitig wirksam, so besteht Ihr Kündigungsrecht nur, wenn die Änderungen in Summe zu einer Beitragserhöhung führen.

Dies gilt für die Kaskoversicherung (und XXX) entsprechend.

<Redaktioneller Hinweis: Ist auch in weiteren Sparten ein Tarifänderungsrecht nach J.3 vorgesehen, ist dies hier aufzunehmen.>

1 Das Sonderkündigungsrecht[1] nach G.2.7 findet hier seine Grundlage. Der Versicherungsnehmer hat das Recht, bei einer für ihn nachteiligen Veränderung der Einstufung seines Kfz, den Vertrag zu kündigen. Diese Kündigung ist nur an den Zeitpunkt der Änderung der entsprechenden Eingruppierung und deren Wirksamwerden gebunden. So hat der Versicherer, wenn er eine Beitragsanpassung nach oben wegen veränderter Typenklasse oder Regionalklasse oder wegen einer Tariferhöhung, den Versicherungsnehmer über dieses Sonderkündigungsrecht zu belehren und auf die Frist hinzuweisen. Die Frist beträgt einen Monat ab Kenntnis von der Änderung und Beitragserhöhung. Nach Ablauf der Kündigungsfrist von einem Monat wird der erhöhte Beitrag fällig. Erfolgt die Zahlung des Beitrages vor Ablauf der Frist, erlischt das Recht zur Sonderkündigung[2].

2 Treffen mehrere Änderungen zusammen, wie z.B. die Eingruppierung in eine höhere SF-Klasse verbunden mit einer Beitragsreduzierung und die gleichzeitige Erhöhung des Tarifes wegen der Veränderung der Regionalklassen, berechtigen diese Veränderungen nur dann zu einer Sonderkündigung, wenn der Saldo beider Veränderungen zu einer Beitragserhöhung führt.

1 Vgl. insoweit auch Ebnet »Die Kündigung von Versicherungsverträgen«, NJW 2006, 1697 ff.

2 Wegen der Details vgl. unter. AKB A.2.5.8 Rdn. 42.

J.5 Gesetzliche Änderung des Leistungsumfangs in der Kfz-Haftpflichtversicherung

In der Kfz-Haftpflichtversicherung sind wir berechtigt, den Beitrag zu erhöhen, sobald wir aufgrund eines Gesetzes, einer Verordnung oder einer EU-Richtlinie dazu verpflichtet werden, den Leistungsumfang oder die Versicherungssummen zu erhöhen.

Neben den Änderungen, die durch die Schadenentwicklung maßgeblich beeinflusst werden, kommen als Änderungsgründe auch die aufgrund Rechtsnormen erforderlich werdenden Anpassungen des Versicherungsvertrages in Betracht. Das Schadensrecht ist dabei nicht nur dem nationalen Recht unterworfen, vielmehr muss es sich auch an dem europäischen Recht orientieren. Bisher waren aufgrund der ohnehin fortlaufend angepassten Versicherungssummen keine Beitragsanpassungen wegen Auswirkungen europäischen Rechtes erforderlich. Dies kann aber für die Zukunft nicht ausgeschlossen werden. 1

Wie die Historie der Mindestversicherungssummen[1] und auch der Leistungsgrenzen bei unbegrenzter Deckung zeigt, ist der abzudeckende Mindestaufwand in der Kraftfahrzeug-Haftpflicht-Versicherung immer angestiegen, um den auch durch Rechtsfortbildung veränderten Anforderungen des Schadensersatzrechtes gerecht zu werden. Diese Anhebung des Risikos macht natürlich auch eine Anpassung der Beiträge erforderlich. Dabei darf die Prämienerhöhung wegen Änderung aufgrund gesetzlicher Vorgaben nur den Anteil umfassen, der aufgrund der erhöhten Leistungspflicht erforderlich wird. 2

Ein Sonderkündigungsrecht wird dem Versicherungsnehmer insoweit nicht zugestanden, da diese Form der Prämienerhöhung nicht § 40 VVG unterfällt, der sich ausschließlich mit Prämienerhöhungen ohne Veränderung des Leistungsumfangs des Versicherers beschäftigt[2]. 3

Eine weitere Erhöhung, die nicht durch die gesetzlichen Anforderungen begründet ist, richtet sich nach J.3. Es muss auf diese Veränderung ausdrücklich hingewiesen werden und dem Versicherungsnehmer steht dann auch ein Sonderkündigungsrecht zu[3]. 4

<xx Achtung! Es folgen zwei Varianten. Variante 1 für Versicherer, die nur das SF-System nach Anlage 1 verwenden wollen. Variante 2 für Versicherer, die auch die Tarifmerkmale nach Anhang 2 verwenden wollen.>

K Beitragsänderung aufgrund eines bei Ihnen eingetretenen Umstands

In dem Abschnitt K. werden die Gründe aufgeführt, die durch ein Verhalten des Versicherungsnehmers zu einer Beitragsänderung führen können. Diese Umstände können durch Veränderungen im SFR-System (Schadenfall oder schadenfreier Verlauf), Veränderung der Nutzung oder Änderungen in den sog. Weichen Tarifmerkmalen. Diese Klauseln unterfallen nicht der Regelung des § 40 VVG, da sie keine Prämienanpassungsklauseln sind, die vom Versicherer ohne Zutun des Versicherungsnehmer gestaltet werden[1]. Einzig bei einer Veränderung der Verwendung des versicherten Fahrzeugs und der daraus resultierenden Prämienanpassung wird nach K.5 ein Sonderkündigungsrecht eingeräumt. 1

---

1 Vgl. ausführlich Himmelreich/Halm/Staab/Kreuter Kap. 22 Rn. 17 ff. m.w.H. und A.1.3 AKB in diesem Buch.

2 § 40 Abs. 1 VVG: Erhöht der Versicherer auf Grund einer Anpassungsklausel die Prämie, ohne dass sich der Umfang des Versicherungsschutzes entsprechend ändert, kann der Versicherungsnehmer den Vertrag innerhalb eines Monats nach Zugang der Mitteilung des Versicherers mit sofortiger Wirkung, frühestens jedoch zum Zeitpunkt des Wirksamwerdens der Erhöhung, kündigen. Der Versicherer hat den Versicherungsnehmer in der Mitteilung auf das Kündigungsrecht hinzuweisen. Die Mitteilung muss dem Versicherungsnehmer spätestens einen Monat vor dem Wirksamwerden der Erhöhung der Prämie zugehen.

3 So auch Jacobsen in Feyock/Jacobsen/Lemor AKB 2008 J Rn. 41; vgl. insoweit auch Ebnet »Die Kündigung von Versicherungsverträgen«, NJW 2006, 1697 ff.

1 Jacobsen in Feyock/Jacobsen/Lemor aaO. AKB 2008 K Rn. 1.

K.1 Änderung des Schadenfreiheitsrabatts

Ihr Beitrag kann sich aufgrund der Regelungen zum Schadenfreiheitsrabatt-System nach Abschnitt I ändern.

1 Der SFR kann sich nach Abschnitt I. im Schadenfall verändern. Dies führt natürlich zu einer Beitragsveränderung, so ist bei schadenfreiem Verlauf eine höhere SFR-Klasse zu erreichen, während ein Schadenfall, der zu einer Belastung des Vertrages führt, auch eine Rückstufung in eine niedrigere Schadenfreiheitsklasse zur Folge hat. Die Aufnahme in K.1 hat lediglich hinweisenden Charakter.

K.2 Änderung von Merkmalen zur Beitragsberechnung

1 Dieses Kapitel befasst sich mit den sog. Weichen Tarifmerkmalen[1], die von jedem Versicherer angeboten werden können. Ein Anspruch auf ein Angebot einer bestimmten Sondervergünstigung besteht nicht, allenfalls ein Anspruch auf Gleichbehandlung bestimmter Gruppen. In den Musterbedingungen sind nur die gebräuchlichsten aufgenommen. Es steht aber jedem Versicherer frei, weitere Sondertarife zu entwickeln, die dann gesondert aufgenommen werden können. Die gebräuchlichsten sind neben der Laufzeit und der Berufsgruppenzugehörigkeit auch die Frage nach der Unterstellung (Garagenwagen), nach dem Fahrer (entweder Mindestalter oder »Frauentarif«), Treuerabatte, Familientarife u.v.m. Dabei müssen natürlich Veränderungen in diesen Merkmalen seit Vertragsschluss, die auch ein anderes Risiko für den Versicherer beinhalten, angepasst werden. Zu beachten ist auch hier, dass eine Veränderung in der Nutzung des Kfz zu einer Neuberechnung des Vertrages führen kann und ggf. auch eine Vertragsstrafe bei Nichtmeldung dieser Veränderungen gefordert werden kann, der Versicherer kann dabei allerdings nicht auch den Weg der Obliegenheitsverletzung offenhalten[2].

Welche Änderungen werden berücksichtigt?

K.2.1 (Änderung der variablen Merkmale[1])

Ändert sich während der Laufzeit des Vertrags ein im Versicherungsschein unter der Überschrift xx aufgeführtes Merkmal zur Beitragsberechnung, berechnen wir den Beitrag neu. Dies kann zu einer Beitragssenkung oder zu einer Beitragserhöhung führen.

< xx Alternativformulierung für Versicherer, die die Anhänge 2 und 5 verwenden:

K.2.1 (Änderung der persönlichen Verhältnisse des Versicherungsnehmers[2])

Ändert sich während der Laufzeit des Vertrags ein Merkmal zur Beitragsberechnung gemäß Anhang 2 »Merkmale zur Beitragsberechnung« und Anhang 5 »Berufsgruppen (Tarifgruppen)« berechnen wir den Beitrag neu. Dies kann zu einer Beitragssenkung oder zu einer Beitragserhöhung führen.>

---

1 Überschrift des Verfassers!.
2 Überschrift des Verfassers!.

1 Vgl. ausführlich dazu Himmelreich/Halm/Staab/Kreuter, Kap. 22 Rn. 35 ff.
2 OLG Stuttgart v. 25.07.2013 – 7 U 33/13, Jurion.

A. Änderung des unter XX aufgeführten Merkmals

1 Die 1. Alternative geht davon aus, dass der Versicherer in seinen Bedingungen selbst die entsprechenden Regeln unter frei gewählten Überschriften aufstellt. Dann müsste der Versicherungsnehmer, der eines dieser Merkmale bei Antragsstellung zu seinen Gunsten in Anspruch nehmen konnte, bei einer Veränderung den entsprechenden Hinweis an den Versicherer abgeben.

2 Als vereinbar gelten dabei insbesondere folgende »Weiche« Tarifmerkmale[3]:
- eingeschränkter Fahrerkreis, d.h. nur Frauen fahren dieses Kfz, (statistisch haben Frauen weniger Unfälle als Männer);
- die Fahrer haben ein bestimmtes Mindestalter (25 Jahre, jüngere Fahrer verursachen überproportional viele Unfälle);
- Es wird ein Einzel-Fahrer vereinbart;
- Jahresfahrleistung[4] (das Risiko des Schadenfalles erhöht sich mit den gefahrenen km);
- Die zugelassenen Fahrer werden namentlich benannt (Versicherungsnehmer + Ehegatte);
- Auch Bausparer oder Immobilieneigentümer erhalten Rabatte;
- Alter des Fahrzeugs (Neufahrzeuge erhalten einen Rabatt, während Kfz älter als fünf Jahre einen Zuschlag erfahren);
- Garagenfahrzeug (besonders in der Kasko-Versicherung interessant), wobei sich hier die Frage stellt, ob auch eine besondere räumliche Nähe der Garage zum Wohnort des Versicherungsnehmers erforderlich ist[5].

3 Es gibt viele Möglichkeiten, einer bestimmten Gruppe einen Rabatt zu gewähren oder diese nur unter einem Zuschlag zu versichern. Solange sich die Rabattierung objektiv prüfen lässt und für eine nicht näher bezeichnete Anzahl von Personen in Frage kommt, dürfte die Prüfung der Vereinbarkeit mit §§ 305 ff. BGB positiv ausfallen. Allerdings ist die Formulierung der »automatischen Anpassung« im Licht der Beratungspflicht nach § 19 VVG kritisch zu sehen[6].

4 Die Vereinbarung von K.2.1 kann dabei sowohl eine Erhöhung des Beitrages – bei Wegfall z.B. der Eigenschaft nur der Versicherungsnehmer fährt, oder nur weibliche Fahrerinnen führen das Kfz – wie auch eine Senkung des Beitrages zur Folge haben, wenn sich der Kreis der Nutzer des Kfz reduziert oder eine entsprechende Altersgrenze erreicht hat.

5 Ein Sonderkündigungsrecht ist für diesen Fall nicht vorgesehen, da auch die Beitragserhöhung allein aufgrund der vom Versicherungsnehmer angezeigten und in seiner Entscheidungsbefugnis liegenden geänderten Umstände erfolgt.

6 Der Versicherer kann sich hierbei nur auf die Verletzung der vereinbarten Vertragspflichten, nicht aber zusätzlich auf eine Obliegenheitsverletzung wegen z.B. Gefahrerhöhung (wegen zu vieler gefahrener km) berufen[7].

---

3 Vgl. auch Stadler Rn. 95; Marlow/Schirmer, »Die versicherungsrechtliche Behandlung sogenannter weicher Tarifmerkmale, VersR 1997, 782 ff.

4 Zur Vertragsstrafe vgl. LG Dortmund v. 28.08.2008 – 2 S 16/08, zfs 2009, 210 ff. = SP 2009, 151 ff.

5 Vgl. insoweit zur Hausratversicherung LG Dortmund v. 17.06.2009 – 2 O 424/08, das eine Entfernung von 1 km als zu weit erachtete.

6 LG Dortmund v. 10.07.2014 – 2 O 261/13, r+s 2014, 545–546.

7 OLG Stuttgart, 25.07.2013 – 7 U 33/13, Jurion.

B. Änderung der Berufsgruppe

7 In den vergangenen Jahren haben statistische Erhebungen zur Schadenhäufigkeit ergeben, dass z.B. einzelne Berufsgruppen, aber auch einzelne Altersklassen in der Statistik häufiger erscheinen, als andere[8]. Dies hat dazu geführt, dass die Versicherer einzelne Einschränkungen, die der Versicherungsnehmer freiwillig auf sich nimmt, mit einem Nachlass in der Prämie honorieren. Dabei wird in den Musterbedingungen differenziert zwischen den Versicherern, die eigene Merkmale verwenden und denen, die sich an den Anhängen 2 und 5 orientieren, die Formulierungen vorgeben, aber ebenfalls zusätzliche Sondervereinbarungen offenlassen.

C. Vereinbarkeit mit dem AGG

8 Ob diese Regelungen einer inhaltlichen Kontrolle unter Berücksichtigung des AGG standhalten, erscheint fraglich. So ist in § 19 AGG die Benachteiligung aufgrund des Geschlechtes untersagt. Allerdings gibt § 20 Abs. 2 AGG die Möglichkeit zur unterschiedlichen Behandlung dann[9], wenn versicherungsmathematisch belegte Differenzierungen sachlich geboten sind. Ggf. müsste die Differenzierung überprüft werden, um einen Verstoß gegen das AGG nachzuweisen.

Auswirkung auf den Beitrag

K.2.2 (Zeitpunkt der Beitragsänderung[1])

Der neue Beitrag gilt ab dem Tag der Änderung.

1 Die Formulierung von K.2.2 stellt klar, dass nicht das Datum der Kenntnis des Versicherers maßgebend für die Beitragserhöhung oder Senkung ist. Die Beitragsänderung gilt ab dem Tag der Änderung der Situation, so dass eine Beitragserhöhung auch unterjährig ab dem Datum, an dem das entsprechende Merkmal verändert wurde, fällig wird. Auch die Senkung des Beitrages erfolgt rückwirkend zu dem Datum der Risikosenkung. Es kommt hiernach auch nicht auf die Art der Kenntniserlangung des Versicherers an. So kann nach dieser Formulierung eine Beitragsänderung für zurückliegende Versicherungsjahre gefordert werden, wenn der Versicherer erst nach Ablauf des Kalenderjahres von den geänderten Umständen erfährt[2].

2 Eine Rückberechnung zum Zeitpunkt des Vertragsbeginns ist unzulässig, da diese Regelung der Inhaltskontrolle nach § 307 BGB nicht standhält, da ein solches Verhalten gegen § 19 VVG verstößt[3].

3 Die Beitragsänderung gilt ab dem Tag der Änderung der Situation, so dass eine Beitragserhöhung auch unterjährig ab dem Datum, an dem das entsprechende Merkmal verändert wurde, fällig wird.

---

8 Stadler Rn. 88 ff.

9 »§ 20 Abs. (2) Eine unterschiedliche Behandlung wegen des Geschlechts ist im Falle des § 19 Abs. 1 Nr. 2 bei den Prämien oder Leistungen nur zulässig, wenn dessen Berücksichtigung bei einer auf relevanten und genauen versicherungsmathematischen und statistischen Daten beruhenden Risikobewertung ein bestimmender Faktor ist. Kosten im Zusammenhang mit Schwangerschaft und Mutterschaft dürfen auf keinen Fall zu unterschiedlichen Prämien oder Leistungen führen. Eine unterschiedliche Behandlung wegen der Religion, einer Behinderung, des Alters oder der sexuellen Identität ist im Falle des § 19 Abs. 1 Nr. 2 nur zulässig, wenn diese auf anerkannten Prinzipien risikoadäquater Kalkulation beruht, insbesondere auf einer versicherungsmathematisch ermittelten Risikobewertung unter Heranziehung statistischer Erhebungen.«.

1 Überschrift des Verfassers!.

2 Jacobsen in Feyock/Jacobsen/Lemor a.a.O. AKB 2008 K Rn. 15.

3 LG Dortmund v. 10.07.2014 – 2 O 261/13, zfs 2015, 13.

K.2.3 (Änderung der Jahreslaufleistung[1])

Ändert sich die im Versicherungsschein aufgeführte Jahresfahrleistung, gilt abweichend von K.2.2 der neue Beitrag rückwirkend ab Beginn des laufenden Versicherungsjahres.

1 Im Gegensatz zur den Veränderungen nach K.2.2 AKB wird die veränderte Laufleistung für das gesamte Versicherungsjahr zugrunde gelegt. Der Versicherer trägt über das gesamte Kalenderjahr ein – ggf. über der vorher geschätzten Laufleistung und Verwendung des Kfz – erhöhtes Risiko, das nicht erst ab dem Erreichen der vereinbarten Laufleistung und dann deren Überschreitung eintritt. Daher ist folgerichtig die Prämienanpassung zum Jahresbeginn notwendig. Zugunsten des Versicherungsnehmers wird aber auch eine niedrigere Laufleistung im Kalenderjahr für die Prämie rückwirkend zum Jahresbeginn berücksichtigt, wenn er diese anzeigt.

2 Zu beachten ist, dass der Versicherer im Falle der unterlassenen Mitteilung sich entscheiden muss in seinen Vertragsbedingungen, ob er dann eine zusätzliche Jahresprämie geltend machen möchte, oder seine Rechte wegen Gefahrerhöhung ausüben will[2]. Ist nach den AKB beides möglich, verstößt die Klausel gegen § 307 BGB. Ein Erschleichen eines Rabattes durch eine vorvertragliche Anzeigepflichtverletzung wurde vom OLG Brandenburg verneint, weil der Versicherer den korrekten Betrag der bei richtiger Angabe der Fahrleistung fällig gewesen wäre, nicht benennen konnte[3].

3 Die Berechtigung, eine Vertragsstrafe zu fordern, wird grundsätzlich bestätigt[4]. Die Vereinbarung eines doppelten Selbstbehaltes in der Fahrzeugversicherung für den Fall der Überschreitung der angegebenen Jahreslaufleistung als Vertragsstrafe ist keine überraschende Klausel im Sinne des § 305 BGB (zumindest nicht bei einer erheblichen Überschreitung der vereinbarten Laufleistung um 25 % innerhalb eines Zeitraumes von rd. 10 Monaten bei vereinbarter Laufleistung von 15.000 km und tatsächlich gefahrenen 19.231 km)[5]. Die Verhältnismäßigkeit zwischen Sanktion und Gewicht des Verstoßes muss gewahrt bleiben[6].

K.3 Änderung der Regionalklasse wegen Wohnsitzwechsels

Wechselt der Halter seinen Wohnsitz und wird dadurch Ihr Fahrzeug einer anderen Regionalklasse zugeordnet, richtet sich der Beitrag ab der Ummeldung bei der Zulassungsbehörde nach der neuen Regionalklasse.

1 Die Änderung der Regionalklasse wegen eines Umzuges des Versicherungsnehmers kommt nur insoweit in Betracht, als dieser den Zulassungsbezirk wechselt und der neue Zulassungsbezirk in einer anderen Regionalklasse einzustufen ist[1]. Ein Sonderkündigungsrecht kommt auch hier nicht in Betracht, da dieser Wechsel der Regionalklasse ausschließlich vom Versicherungsnehmer veranlasst wird und die Beitragsänderung sowohl in einer Erhöhung wie auch in einer Beitragssenkung münden kann. Die Veränderung wird zum Zeitpunkt der Ummeldung fällig. Auch wenn auf das Ummelden von Kfz durch das jeweilige Bundesland[2] verzichtet wurde, ist der Halter verpflichtet,

---

1 Überschrift des Verfassers!.
2 OLG Stuttgart v. 25.07.2013 – 7 U 33/13m zfs 2014, 33 ff.
3 OLG Brandenburg v. 02.06.2010, Az.: 3 U 142/09, Jurion.
4 LG Koblenz v. 01.09.2021, Az. 16 S 2/21 lehnt eine Vertragsstrafe in Höhe von 500 € bei einfacher Fahrlässigkeit ab; AG Berlin-Charlottenburg v. 02.07.2018 – 217 C 30/18 (erforderlich ist die bewusste Falschangabe); AG Gelsenkirchen v. 04.03.2011 – 36 C 208/10, ADAJUR.
5 AG Dortmund v. 24.06.2008 – 420 C 3521/08, bestätigte dabei auch die Wirksamkeit der vereinbarten Klausel, nach Auffassung des LG Dortmund v. 28.08.2008 – 2 S 16/08, NJW-RR 2009, 249, war diese Entscheidung jedoch aufzuheben, die Klausel sei überraschend, weil die Überschreitung der Laufleistung mit der Entschädigung aus der Fahrzeugversicherung gekoppelt war.
6 LG Koblenz v. 01.09.2021 – 16 S 2/21.
1 Zum Zustandekommen der Regionalklassen und deren Überprüfung vgl. J.2 AKB.
2 So jetzt in Brandenburg, Hessen, Mecklenburg-Vorpommern, Nordrhein-Westfalen, Sachsen und Schleswig-Holstein.

gleichwohl bei der neu für ihn zuständigen Zulassungsstelle eine neue Zulassungsbestätigung Teil 1 zu beantragen, um seiner Meldepflicht nachzukommen, alternativ kommt auch eine Umschreibung der Fahrzeugzulassung Teil I in Betracht[3].

K.4 Ihre Mitteilungspflichten zu den Merkmalen zur Beitragsberechnung

1 Natürlich kann der Versicherer nicht alle Versicherungsnehmer kontrollieren, daher ist der Versicherungsnehmer verpflichtet, alle beitragsrelevanten Umstände umgehend anzuzeigen.

Anzeige von Änderungen

K.4.1 (Anzeigepflicht[1])

Die Änderung eines im Versicherungsschein unter der Überschrift < xx konkrete Bezeichnung eintragen > aufgeführten Merkmals zur Beitragsberechnung müssen Sie uns unverzüglich anzeigen.

1 Diese Vorschrift hat insbesondere Bedeutung bei den sog. weichen Tarifmerkmalen, die individuell von Versicherer zu Versicherer verschieden sind. Soweit ein sog. **Frauen**tarif, **Garagen**tarif, nur **ein Fahrer**, nur **Fahrer über 25** etc. vereinbart wurde[2], ist jede Änderung dieser Basis der Beitragsberechnung anzuzeigen. Eine einmalige Änderung (im Notfall fährt der eigentlich nicht im Vertrag Erwähnte z.B. Ehegatte beim Frauentarif, das Fahrzeug wird – etwa im Urlaub – ausnahmsweise auf der Straße geparkt) schadet dabei nicht.

2 Auch die falsche Angabe der jährlichen **Laufleistung** hat lediglich Auswirkungen auf die Beitragsermittlung und wird zu einer Nachberechnung führen[3]. Etwas anderes kann nur dann gelten, wenn zusätzlich zur höheren Laufleistung auch ein Verstoß gegen eine vertraglich vereinbarte Obliegenheit wie z.B. die Verwendungsklausel gegeben ist (beispielsweise Einsatz als Taxi oder Selbstfahrervermietfahrzeug). In diesem Fall reicht die einmalige falsche Verwendung aus, um den Versicherungsschutz zu gefährden, wenn es zum Schadenfall kommt[4].

Überprüfung der Merkmale zur Beitragsberechnung

K.4.2 (Prüfungsrecht[1])

Wir sind berechtigt zu überprüfen, ob die bei Ihrem Vertrag berücksichtigten Merkmale zur Beitragsberechnung zutreffen. Auf Anforderung haben Sie uns entsprechende Bestätigungen oder Nachweise vorzulegen.

1 Der Versicherer ist berechtigt, die Angaben des Versicherungsnehmers hinsichtlich der vereinbarten Merkmale zur Beitragsrechnung zu prüfen. Dies wird er insbesondere dann tun, wenn die vereinbarte und die tatsächliche Laufleistung eines Kfz jährlich voneinander abweichen. Eine Prüfung kann auch im Kasko-Schadenfall erfolgen[2], wenn die Laufleistung des Kfz in Relation zu Alter und

3 Variiert in den Bundesländern.
1 Überschrift des Verfassers!.
2 Himmelreich/Halm/Staab, Handbuch Kfz-Schadensregulierung Kap. 22, Rn. 35 ff.
3 Vgl. hierzu AKB K.2.3.
4 Vgl. hierzu AKB D.1.1.1.; AG Berlin-Charlottenburg v. 02.07.2018 – 217 C 30/18 (erforderlich ist die bewusste Falschangabe); AG Brandenburg v. 10.09.2018 – 31 C 213/17, zfs 2019, 95 f.
1 Überschrift des Verfassers!.
2 OLG Stuttgart v. 25.07.2013 – 7 U 33/13, Jurion.

vertraglicher Vereinbarung im Widerspruch steht. Der Versicherungsnehmer ist einerseits verpflichtet, die Änderung der Merkmale anzuzeigen, die Einhaltung der vertraglichen vereinbarten Merkmale kann nur durch Mitarbeit des Versicherungsnehmers geprüft werden, weshalb er andererseits auch zur Mitarbeit verpflichtet ist.

Folgen von unzutreffenden Angaben

K.4.3 **(Falsche Angaben[1])**

Haben Sie unzutreffende Angaben zu Merkmalen zur Beitragsberechnung gemacht oder Änderungen nicht angezeigt und ist deshalb ein zu niedriger Beitrag berechnet worden, gilt rückwirkend ab Beginn des laufenden Versicherungsjahres der Beitrag, der den tatsächlichen Merkmalen zur Beitragsberechnung entspricht.

Übersicht

A. Allgemeines

1 Grundsätzlich ist der Versicherungsnehmer verpflichtet, jede Änderung, die auch Auswirkungen auf den Versicherungsvertrag haben könnte, unverzüglich zu melden, um dem Versicherer die korrekte Prämienberechnung zu ermöglichen. Eine Verletzung dieser Pflicht hat nach K.4.3 nur zur Folge, dass der korrekte Beitrag nach den richtigen Merkmalen ab Beginn des laufenden Versicherungsjahres rückwirkend gefordert wird. Die vom GdV vorgeschlagene Formulierung dürfte einer Inhaltskontrolle nach § 307 BGB standhalten, werden allerdings weitere Rechte des Versicherers z.B. aus Gefahrerhöhung vorbehalten, ist eine solche Klausel unwirksam[2].

2 Nach Auffassung des LG Dortmund[3] soll eine ähnlich formulierte Klausel unwirksam sein, weil sie entgegen §§ 32, 19 VVG zum Nachteil des Versicherungsnehmers abweiche und die zwingenden Beratungspflichten des Versicherers gem. § 19 VVG umgehe.

3 Hier ist zu trennen zwischen den (vorsätzlich) falschen Angaben, die eine Anzeigepflichtverletzung i.S.v. § 19 VVG darstellen und nachträglichen Änderungen von meldepflichtigen Umständen. Soweit der Versicherungsnehmer schon im Vertragsschluss falsche Angaben macht, handelt er arglistig, eine Beratung kann dann entbehrlich sein[4]. Bei nachträglichen Änderungen, die vom Versicherungsnehmer angezeigt werden, errechnet sich der Beitrag nach K.2 AKB ab dem Zeitpunkt der Änderung.

B. Auswirkungen der falschen Angaben auf den Versicherungsschutz

4 Diese Regelung hat nicht nur Auswirkungen auf die Prämiengestaltung, sondern kann im Schadenfall durchaus auch Auswirkungen auf die Deckung haben. Man denke nur an eine geänderte Verwendung des KFZ, welches als PKW-Eigenverwendung versichert ist, aber inzwischen als Selbstfahrer-Vermietfahrzeug genutzt wird[5]. Es besteht dann Leistungsfreiheit des Versicherer bis zu 5.000 €.

---

1 Überschrift des Verfassers!.
2 OLG Stuttgart v. 25.7.2013 – 7 U 33/13, r+s 2014, 61 f.
3 LG Dortmund v. 10.07.2014 – 2 O 261/13, r+s 2014, 545–546.
4 BGH v. 12.03.2014 – IV ZR 306/13; OLG Köln v. 07.02.2012 – 9 U 61/11, r+s 2012, 243 f.
5 Vgl. insoweit AKB D.1.1.1.

5 Ein Verstoß gegen die sog. weichen Tarifmerkmale hingegen hat lediglich vertragliche Auswirkungen in der Kraftfahrzeug-Haftpflicht-Versicherung[6], eine Obliegenheitsverletzung kann daraus nicht konstruiert werden. Allerdings steht bei Verstößen gegen die weichen Tarifmerkmale im Bereich der Fahrzeugversicherung durchaus die Frage im Raum, ob der Versicherungsnehmer nicht bei Vereinbarung eines »Garagentarifs« ohne Eigentümer oder Besitzer einer solchen zu sein, im Schadenfall die grob fahrlässige Begehung des Schadenfalls durch Ermöglichen vorgeworfen werden kann.

6 Nach K.4.3 kann der Beitrag nur für den zurückliegenden Zeitraum des laufenden Versicherungsjahr gefordert werden, liegt die Änderung länger zurück, kann nur noch über K.2.2 eine Beitragsanpassung ab dem Zeitpunkt der Änderung gefordert werden[7]. Hat der Versicherungsnehmer die Jahreskilometerleistung, die Bestandteil der Prämienkalkulation war, nicht korrigiert, droht ihm ebenfalls eine Sanktion. Allerdings darf eine Obliegenheitsverletzung damit nicht gekoppelt werden, dieser zusätzliche Rückgriff auf die vorvertragliche Anzeigepflicht oder sonstige Obliegenheiten sei nicht sachgerecht[8].

7 Nach dem Willen des LG Dortmund[9] soll diese Regelung gegen § 19 VVG und § 32 VVG zum Nachteil des Versicherungsnehmers verstoßen und damit unwirksam sein. Das LG verkennt aber in dieser besonderen Entscheidung, dass der Versicherungsnehmer offenbar absichtlich falsche Angaben hinsichtlich der geplanten Verwendungen gemacht hat. Ein schutzwürdiges Interesse ist insoweit nicht gegeben. Möglicherweise unterbliebene entsprechende Belehrungen hinsichtlich der einzelnen Verwendungsbezeichnungen im Rahmen von §§ 6, 19 VVG sind ggf. über die fehlende Beratung zu lösen und lösen ggf. einen Schadenersatzanspruch gegen den Vermittler aus.

C. Exkulpationsmöglichkeiten

8 Die vorstehende Regelung beschreibt nur den objektiven Tatbestand der falschen Angabe. Es bleibt kein Raum für die Prüfung, wie es zu der falschen Angabe gekommen ist. Allerdings würde auch die Frage einer fahrlässigen Falschbeantwortung oder fehlerhafter Belehrung durch den Außendienst oder Makler nicht dazu führen, dass ein zu niedrig berechneter Beitrag bestehen bleiben müsste. Insoweit ist die Anpassungsklausel des K.2.2 anzuwenden.

K.4.4 (Vertragsstrafe bei vorsätzlicher Falschangabe[1])

Haben Sie vorsätzlich unzutreffende Angaben gemacht oder Änderungen vorsätzlich nicht angezeigt und ist deshalb ein zu niedriger Beitrag berechnet worden, ist zusätzlich zur Beitragserhöhung eine Vertragsstrafe in Höhe von xx zu zahlen.

1 Für den Fall, dass die Meldung der Angaben vorsätzlich unterblieben ist und deswegen ein zu niedriger Beitrag berechnet wurde, wird eine Vertragsstrafe fällig. Die Höhe der Vertragsstrafe hängt von den jeweiligen AKB ab und kann nur hinsichtlich der Angemessenheit geprüft werden[2].

2 Eine Verdopplung der Selbstbeteiligung bei Überschreitung der Jahreslaufleistung ist unwirksam[3], da diese als Überraschungsklausel gewertet wurde. Zulässig dürfte aber eine Vertragsstrafe in Höhe

---

6 LG Dortmund v. 28.08.2008 – 2 S 16/08 in SP 2009, 151 ff. = zfs 2009, 210 m.Anm. Rixecker zu den weichen Tarifmerkmalen, vgl. auch Schirmer/Marlow VersR 1997, 782 und Knappmann, Rechtsfragen zur Kraftfahrtversicherung in VersR 1996, 401, 406 zu den weichen Tarifmerkmalen.

7 Jacobsen in Feyock/Jacobsen/Lemor AKB 2008 K Rn. 15.

8 OLG Stuttgart, 25.07.2013 – 7 U 33/13, Jurion.

9 LG Dortmund vom 10.07.2014 – 2 O 261/13 (Transport eigener Waren statt – wie tatsächlich durchgeführter Transport fremder Waren mit der Angabe Werkverkehr).

1 Überschrift des Verfassers!.

2 BGH, Urteil vom 30.5.2012 – IV ZR 87/11, r+s 2012, 435 m.Anm. eine Vertragsstrafe in Höhe des 5fachen Beitragsunterschieds ist unangemessen. (Vgl. auch Präve »Das neue VVG und das AGB-Recht« VersW 2009, 98 ff.

3 LG Dortmund v. 28.08.2008 – 2 S 16/08 SP 2009, 151 ff. = zfs 2009, 210 m.Anm. Rixecker.

von 100 % des tarifgemäßen Beitrags sein[4], möglich ist auch, die Vertragsstrafe an die Differenz zu koppeln und diese zu vervielfachen, was im Ergebnis unter der 100 %igen Tarifprämie liegen dürfte. Auch eine pauschale Vertragsstrafe, die 500 € bei Überschreitung der vereinbarten Laufleistung beträgt, ist nicht unverhältnismäßig[5]. Auch die Verpflichtung des Versicherungsnehmers im Vertrag zur Zahlung einer Vertragsstrafe in Höhe einer zusätzlichen Jahresprämie bei unterlassener Mitteilung der Jahresfahrleistung ist nicht zulässig und verstößt gegen § 307 BGB, wenn der Versicherer nicht gleichzeitig auf sein Recht zum Rücktritt vom Vertrag oder Kündigung des Vertrages wegen Gefahrerhöhung und Herleitung weiterer Rechte hierausverzichtet[6].

Folgen von Nichtangaben

K.4.5 (Auskunfts- und Mitwirkungspflichten[1])

Kommen Sie unserer Aufforderung schuldhaft nicht nach, Bestätigungen oder Nachweise vorzulegen, sind wir berechtigt, den Beitrag rückwirkend ab Beginn des laufenden Versicherungsjahres nach den für Sie ungünstigsten Annahmen zu berechnen, wenn

- **wir Sie in Textform auf den dann zu zahlenden Beitrag und die dabei zugrunde gelegten Annahmen hingewiesen haben**
- **und Sie auch innerhalb einer von uns gesetzten Antwortfrist von mindestens X [nicht weniger als 4] Wochen die zur Überprüfung der Beitragsberechnung angeforderten Bestätigungen oder Nachweise nicht nachreichen.**

Der Versicherer kann vom Versicherungsnehmer Nachweise über eventuell vereinbarte Sonder- 1 bedingungen oder die geplante Verwendung des Kfz verlangen. Dabei kann er nach der neuen Formulierung der AKB (ab 2/2013) unmittelbar den ungünstigsten Fall mitteilen und dem Versicherungsnehmer eine Frist zur Erklärung und Vorlage von Belegen zur Beitragsberechnung setzen, der Versicherungsnehmer ist dann gehalten, andere Anknüpfungstatsachen zu belegen.

Der Versicherer kann dem Versicherungsnehmer dafür eine noch zu konkretisierende Frist, min- 2 destens aber von vier Wochen, setzen um die erforderlichen Nachweise zu erbringen. Werden die Nachweise für die Berücksichtigung eines bestimmten Merkmals, das sich auf die Beitragsberechnung günstig auswirkt, nicht vorgelegt, kann dieses Merkmal auch nicht positiv und beitragsreduzierend berücksichtigt werden.

Reagiert der Versicherungsnehmer vorsätzlich auf diese Anforderung nicht, wird die geänderte Prä- 3 mie erhoben, ohne dass es weiterer Aufforderungen bedarf, wenn der Versicherer auf diese Folge hingewiesen hat. Fehlendes Verschulden wäre vom Versicherungsnehmer nachzuweisen. Gerade im Bereich der Kfz-Versicherung ist ein Berufen des Versicherers auf eine Verletzung einer vorvertraglichen Anzeigepflicht oder auf § 23 VVG (Gefahrerhöhung) nicht sachgerecht[2]. Die Vorschrift des K.4.5 gehe als lex specialis den Obliegenheitsverletzungen nach D.1.1.AKB insoweit vor[3].

Dabei kann es sich nur um die Weichen Tarifmerkmale handeln, da die SFR-Klasse vom Vorver- 4 sicherer erfragt wird und die Regionalklasse von dem Wohnort des Versicherungsnehmers abhängt. Eine Mitwirkung ist insoweit nicht erforderlich. Die Gewährung eines nicht nachgewiesenen Nachlasses ist nicht sachgerecht. Daher ist der Beitrag (ohne diesen Nachlass) zu berechnen[4].

---

4 So Rixecker in Anm. zu LG Dortmund v. 28.08.2008 – 2 S 16/08 zfs 2009, 210, 212; Looschelders/Pohlmann/Lohschelders/Schäfer, Anhang A Kraftfahrtversicherung Rn. 53.
5 AG Heidenheim v. 16.09.2008 – 8 C 711/08 VersR 2009, 628.
6 OLG Stuttgart vom 25.07.2013 – 7 U 33/13, r+s 2014, 61 f.
1 Überschrift des Verfassers!.
2 Stiefel/Maier/Stadler, AKB K. Rn. 7.
3 Stiefel/Maier/Stadler, AKB K. Rn. 8.
4 Stiefel/Maier/Stadler, AKB K. Rn. 12.

K.5 Änderung der Art und Verwendung des Fahrzeugs

Ändert sich die im Versicherungsschein ausgewiesene Art und Verwendung des Fahrzeugs < xx bei Verwendung des Anhangs: »gemäß der Tabelle in Anhang 6« >, müssen Sie uns dies anzeigen. Bei der Zuordnung nach der Verwendung des Fahrzeugs gelten ziehendes Fahrzeug und Anhänger als Einheit, wobei das höhere Wagnis maßgeblich ist.

Wir können in diesem Fall den Versicherungsvertrag nach G.3.6 kündigen oder den Beitrag ab der Änderung anpassen.

Erhöhen wir den Beitrag um mehr als 10 %, haben Sie ein Kündigungsrecht nach G.2.8.

1 Der Versicherungsnehmer ist gehalten, jede Änderung des Verwendungszwecks dem Versicherer anzuzeigen. Dabei kommt es nach K.5 nicht darauf an, ob es sich um eine Risikoerhöhung oder eine Risikoverringerung handelt. Soweit Gespanne versichert sind, richtet sich der Beitrag nach dem höheren Risiko, dies wird in aller Regel das Zugfahrzeug sein, nicht aber ein Auflieger o.ä.

2 Die Beiträge sind, soweit nichts anderes vereinbart ist, Jahresbeiträge, die jährlich im Voraus zu entrichten sind. Bei halb-, vierteljährlicher oder monatlicher Teilzahlung werden, soweit nichts anderes vereinbart ist, Zuschläge erhoben. Der Mindestbeitrag der halb-, vierteljährlichen oder monatlichen Teilzahlung beträgt xx Euro.

3 Gleichzeitig steht dem Versicherungsnehmer bei einer Prämiensteigerung von mehr als 10 % infolge der geänderten Verwendung ein Sonderkündigungsrecht nach G.8 zu. Eine Risikoverringerung, die auch zu einer Reduzierung der Prämienforderung führt, hat kein Sonderkündigungsrecht zur Folge!

L Meinungsverschiedenheiten und Gerichtsstände

L.1 Wenn Sie mit uns einmal nicht zufrieden sind

Wir möchten, dass Sie mit uns zufrieden sind. Sollte dies einmal nicht der Fall sein, nehmen Sie bitte direkt Kontakt mit uns auf, damit wir die Angelegenheit klären können.

Darüber hinaus haben Sie auch folgende Möglichkeiten:

Versicherungsombudsmann

L.1.1 Wenn Sie als Verbraucher mit unserer Entscheidung nicht zufrieden sind oder eine Verhandlung mit uns einmal nicht zu dem von Ihnen gewünschten Ergebnis geführt hat, können Sie sich an den Ombudsmann für Versicherungen wenden.
Versicherungsombudsmann e.V.
Postfach 080632 10006 Berlin
E-Mail: beschwerde@versicherungsombudsmann.de
Internet: www.versicherungsombudsmann.de
Telefon 0800 3696000, Fax 0800 3699000 (kostenfrei aus dem deutschen Telefonnetz)
Der Ombudsmann für Versicherungen ist eine unabhängige und für Verbraucher kostenfrei arbeitende Schlichtungsstelle. Wir haben uns verpflichtet, an dem Schlichtungsverfahren teilzunehmen
Verbraucher, die diesen Vertrag online (z. B. über eine Webseite oder per E-Mail) abgeschlossen haben, können sich mit ihrer Beschwerde auch

online an die Plattform http://ec.europa.eu/consumers/odr/ wenden. Ihre Beschwerde wird dann über diese Plattform an den Versicherungsombudsmann weitergeleitet. Für Fragen können Sie sich auch per E-Mail an uns wenden: xxxx@xxx.xx.

Versicherungsaufsicht

L.1.2 Sind Sie mit unserer Betreuung nicht zufrieden oder treten Meinungsverschiedenheiten bei der Vertragsabwicklung auf, können Sie sich auch an die für uns zuständige Aufsicht wenden. Als Versicherungsunternehmen unterliegen wir der Aufsicht der Bundesanstalt für Finanzdienstleistungsaufsicht.
Bundesanstalt für Finanzdienstleistungsaufsicht (BAFin)
Sektor Versicherungsaufsicht
Graurheindorfer Straße 108
53117 Bonn
E-Mail: poststelle@bafin.de
Tel.: 0228 4108-0; Fax 0228 4108 – 1550
Bitte beachten Sie, dass die BAFin keine Schiedsstelle ist und einzelne Streitfälle nicht verbindlich entscheiden kann.

Rechtsweg

L.1.3 Außerdem haben Sie die Möglichkeit, den Rechtsweg zu beschreiten. Hinweis: Bei Meinungsverschiedenheiten über die Höhe des Schadens in der Kaskoversicherung ist erst das Sachverständigenverfahren nach A.2.6 durchzuführen.

L.2 Gerichtsstände

Wenn Sie uns verklagen

L.2.1 Ansprüche aus Ihrem Versicherungsvertrag können Sie insbesondere bei folgenden Gerichten geltend machen:

- dem Gericht, das für Ihren Wohnsitz örtlich zuständig ist,
- dem Gericht, das für unseren Geschäftssitz oder für die Sie betreuende Niederlassung örtlich zuständig ist.

Wenn wir Sie verklagen

L.2.2 Wir können Ansprüche aus dem Versicherungsvertrag insbesondere bei folgenden Gerichten geltend machen:

- dem Gericht, das für Ihren Wohnsitz örtlich zuständig ist,
- dem Gericht des Ortes, an dem sich der Sitz oder die Niederlassung Ihres Betriebes befindet, wenn Sie den Versicherungsvertrag für Ihren Geschäfts- oder Gewerbebetrieb abgeschlossen haben.

Sie haben Ihren Wohnsitz oder Geschäftssitz ins Ausland verlegt

L.2.3 Für den Fall, dass Sie Ihren Wohnsitz, Geschäftssitz oder gewöhnlichen Aufenthalt außerhalb Deutschlands verlegt haben oder Ihr Wohnsitz, Geschäftssitz oder gewöhnlicher Aufenthalt im Zeitpunkt der

Klageerhebung nicht bekannt ist, gilt abweichend der Regelungen nach L.2.2 das Gericht als vereinbart, das für unseren Geschäftssitz zuständig ist.

Übersicht

A. Allgemeines

I. Meinungsverschiedenheiten (L.1)

1 Vor Abfassung der AKB 2008 enthielten die AKB[1] Regelungen zum Vorgehen bei Meinungsverschiedenheiten nur bei Streit über die Schadenshöhe in der Kaskoversicherung. Das VVG befasste sich in §§ 42k und 48e VVG a.F. mit der Schlichtungsstelle. In diesem Zusammenhang trat am 01.01.2008 im Zuge der Reform des VVG die Vorschrift des § 214 VVG in Kraft, die neben der Übernahme der bestehenden Regelungen zum Schlichtungsverfahren nun die Einrichtung einer Schlichtungsstelle bei allen Versicherungsverträgen mit Verbraucherbeteiligung vorsieht und zwar unabhängig davon, ob es sich um einen Fernabsatzvertrag handelt.[2] Der Versicherungsombudsmann, der vor allem in den Jahren 2018 bis 2022 einen signifikanten Anstieg an Antragseingängen zu verzeichnen hatte[3], ist vom Bundesjustizministerium als eine solche Gütestelle im Sinne von § 214 VVG anerkannt worden.[4] Aus § 214 VVG lässt sich allerdings nicht entnehmen, wie der VN bei einem Schlichtungsversuch im konkreten Fall vorzugehen hat.

2 Abschnitt L.1 der AKB 2008, der auf § 1 Nr. 19 und Nr. 20 VVG-InfoV zurückgeht, bezweckte deshalb hinsichtlich des Verfahrens vor dem Versicherungsombudsmann eine Konkretisierung der allgemeinen Regelung des § 214 Abs. 1 Nr. 1 VVG und zeigte darüber hinaus den Weg zur Versicherungsaufsicht auf. Zusätzlich wurde damit klargestellt, dass durch eine solche Vorgehensweise der Rechtsweg nicht versperrt wird. Abschließend wurde dort noch auf die seinerzeit in A.2.17 AKB 2008 vorgesehene Möglichkeit, bei Streit über die Höhe des Schadens in der Kaskoversicherung einen Sachverständigenausschuss entscheiden zu lassen, hingewiesen. Demnach hatte dieser

1 Vgl. etwa § 14 der AKB des GDV vom 14.10.2004.

2 Vgl. § 214 Abs. 1 Nr. 1 VVG.

3 In den Jahren 2018 bis 2021 waren jährlich durchschnittlich etwa 18.000 Antragseingänge zu verzeichnen, im Jahr 2022 sind die Eingänge etwas rückläufig mit 15.907 Anträgen, 2023 sind bisher 13.225 Anträge eingegangen (Stand: 3. Quartal) (Quelle: www.versicherungsombudsmann.de – Zahlen und Fakten).

4 VVG-Schlichtungsstellenverordnung v. 16.02.2005, BGBl. I S. 257; Umsetzung der Richtlinie 2013/11/EU des Europäischen Parlaments und des Rates vom 21. Mai 2013 über die alternative Beilegung verbraucherrechtlicher Streitigkeiten und zur Durchführung der Verordnung über Online-Streitbeilegung in Verbraucherangelegenheiten vom 19. Februar 2016, BGBl. 2016 Teil I Nr. 9, S. 254, Artikel 23 Abs. 2 Satz 2.

Abschnitt für den VN überwiegend informatorischen Charakter und folgte dem Primärzweck[5] der AKB 2008, die Verständlichkeit und Lesbarkeit des Bedienungswerks zu erhöhen, wodurch nicht zuletzt die Kundenfreundlichkeit verbessert werden sollte.

Abschnitt L.1 der AKB 2015 entspricht im Wesentlichen der Vorgängerregelung aus den AKB 2008. Abgesehen von einer Aktualisierung der Kontaktdaten des Versicherungsombudsmannes und Änderungen zur sprachlichen Optimierung unter L.1.1 und L.1.2 wurde zu L.1.3 deutlicher formuliert, dass das Sachverständigenverfahren[6] bei Meinungsverschiedenheiten über die Höhe des Schadens in der Kaskoversicherung Klagevoraussetzung ist. Die Formulierungen haben zuletzt im September 2022 geringfügige Änderungen erfahren; so wird unter L.1 nunmehr betont, dass der VR grundsätzlich die Zufriedenheit seines Vertragspartners wünsche und dass dieser zunächst Kontakt zum VR aufnehmen solle, um etwaige Unstimmigkeiten zu klären. Im Rahmen von L.3 wurde das Wort »Hinweis« nebst Unterstreichung eingefügt, um die nachfolgende Passage, dass bei Meinungsverschiedenheiten über die Höhe des Schadens in der Kaskoversicherung erst das Sachverständigenverfahren nach A.2.6 durchzuführen ist, hervorzuheben. 3

II. Gerichtsstände (L.2)

1. Gerichtsstandregelungen nach deutschem Recht

Die Regelungen zu den Gerichtsständen unter L.2 tragen § 215 VVG Rechnung, der darauf abzielt, die prozessuale Stellung des VN zu verbessern bzw. eine einseitige Bevorzugung der Versicherer zu beenden.[7] Sie betreffen die Frage, welcher inländische Gerichtsstand gegeben ist, wenn es zu Streitigkeiten zwischen einem VN bzw. einer mitversicherten Person und dem VR kommt. 4

Nach **altem Recht** standen dem VN für eine klageweise Geltendmachung etwaiger Ansprüche drei Gerichtsstände zur Verfügung: 5
- der Sitz des Versicherers als allgemeiner Gerichtsstand (§ 17 Abs. 1 ZPO bzw. § 8 Abs. 2 S. 1 Alt. 1 AKB 2004);
- der Sitz der Niederlassung des Versicherers, falls eine solche für das Versicherungsverhältnis zuständig war (§ 21 Abs. 1 ZPO bzw. § 8 Abs. 2 S. 1 Alt. 2 AKB 2004);
- der Gerichtsstand der Agentur, wonach der Versicherer bei dem Gericht verklagt werden konnte, in dessen Bezirk der Agent bei Vermittlung bzw. Schließung des Vertrages seine gewerbliche Niederlassung bzw. beim Fehlen einer solchen seinen Wohnsitz hatte (§ 48 VVG a.F. bzw. § 8 Abs. 2 S. 2 AKB 2004).

Seine Klage musste der VN innerhalb von 6 Monaten, nachdem der VR den Anspruch unter Angabe der mit dem Ablauf der Frist verbundenen Rechtsfolgen schriftlich abgelehnt hatte, gerichtlich geltend machen (§ 12 Abs. 3 VVG a.F. bzw. § 8 Abs. 1 AKB 2004). 6

Für Klagen des VR gegen den VN war das Gericht am Wohnsitz des VN zuständig. Weitere gesetzliche Gerichtsstände konnten sich aus dem für den Sitz oder die Niederlassung eines Geschäfts- oder Gewerbebetriebs des VN örtlich zuständigen Gerichts ergeben (§ 8 Abs. 3 AKB 2004). Da es sich dabei nicht um eine abschließende Aufzählung handelte, waren daneben auch noch der Gerichtsstand des Erfüllungsortes, § 29 ZPO, und der der unerlaubten Handlung, § 32 ZPO, denkbar.[8] 7

Der im Rahmen der VVG-Reform eingefügte § 215 VVG lehnt sich an § 29c ZPO an[9], der nach überwiegender Ansicht[10] auf VV nicht anzuwenden ist, und verbessert den prozessualen 8

5 Vgl. Maier/Stadler AKB 2008 und VVG-Reform Rn. 5; Looschelders/Pohlmann/Kammerer-Galahn VVG Kommentar, 2. Aufl. 2011, Anhang A Rn. 18.

6 Das Sachverständigenverfahren ist in den neuen AKB 2015 nun unter A.2.6 zu finden.

7 Vgl. Begr.BR-Drucks. 707/06, S. 293; Schirmer DAR 2008, 319.

8 Prölss/Martin/Knappmann VVG, 27. Aufl. 2004, § 8 AKB Rn. 7; **zur alten Rechtslage**: Prölss/Martin/Knappmann VVG, 27. Aufl. 2004, § 8 AKB Rn. 7.

9 Vgl. Begr. BT-Drucks. 16/3945, S. 117.

10 OLG München, Urt. v. 30.05.2006 – 25 U 1806/06, VersR 2006, 1517 m.w.N.

Rechtsschutz des VN erheblich. Der VN kann nun gem. §§ 35 ZPO, 215 Abs. 1 S. 1 VVG (»auch«) wählen, ob er seine Klage gegen den VR an seinem Wohnsitz oder an einem anderen Gerichtsstand erhebt.[11] Der Gerichtsstand der Agentur nach § 48 VVG a.F. ist entfallen. Die Klageausschlussfrist des § 12 Abs. 3 VVG a.F. wurde abgeschafft. Für Klagen gegen den VN ist nach § 215 Abs. 1 S. 2 VVG das Gericht am Wohnsitz des VN zuständig.

9 Diese Neuregelung des VVG führte letztlich nicht nur dazu, dass der VN nun unmittelbar an seinem Wohnsitz klagen und sich eine solche Klage auch ohne zeitlichen Druck wohl überlegen kann, sondern bedeutet gleichzeitig auch, dass für Klagen gegen den VN, zum Beispiel auf Zahlung ausstehender Prämien, ausschließlich das Gericht des Wohnsitzes oder des Aufenthaltsortes des VN zuständig ist.

10 In den Abschnitt L.2 AKB 2008 wurde dieser Grundgedanke des Verbraucherschutzes aufgenommen und durch Regelungen, die dem neu eingefügten § 215 VVG weitestgehend entsprechen, mit den unten näher bezeichneten Besonderheiten umgesetzt. Die Regelungen aus Abschnitt L.2 AKB 2008 wurden letztlich wortgleich in die Bestimmungen aus Abschnitt L.2 der AKB 2015 übernommen.

2. Europäische Rechtsentwicklungen

11 Im internationalen Privat- und Zivilverfahrensrecht lässt sich bezüglich der Behandlung der in der Praxis häufig auftretenden grenzüberschreitenden Straßenverkehrsunfälle eine Rechtsentwicklung feststellen, die hinsichtlich der gerichtlichen Geltendmachung von Ansprüchen gegen einen VN mit den Grundgedanken der nationalen Neuregelungen in VVG und AKB übereinstimmt.

12 Mit der Maßgabe, einen besseren Verkehrsunfallschutz zu gewährleisten, hat der EuGH in der sog. »Odenbreit-Entscheidung«[12] vom 13.12.2007 den Direktklagegerichtsstand am Wohnsitz des Unfallopfers bei Klagen gegen den EU- ausländischen Versicherer des Schädigers bejaht. Damit hat der in einen Auslandsunfall verwickelte Geschädigte – genauso wie der VN im Sinne der nationalen Regelungen des VVG bzw. der AKB – die Möglichkeit, einen Prozess an seinem eigenen Wohnsitz anzustrengen, mithin seine prozessuale Stellung zu verbessern.[13] Ein direktes Klagerecht gegen den inländischen Schadenregulierungsbeauftragten ist damit aber nach wie vor nicht gegeben.[14] Auch eine generelle Zustellungsbevollmächtigung des inländischen Schadenregulierungsbeauftragten für Klagen des VN gegen den ausländischen VR wurde von der Rechtsprechung verneint.[15] Die Frage wurde dem EuGH dann am 22.06.2012 vom LG Saarbrücken[16] zur Entscheidung vorgelegt. In seiner Entscheidung vom 10.10.2013 stellte der EuGH[17] fest, dass Art. 21 Abs. 5 der Richtlinie 2009/103 dahingehend auszulegen ist, dass er eine passive Zustellungsbevollmächtigung des Schadenregulierungsbeauftragten für gerichtliche Schriftstücke, wie eine Klageschrift des Geschädigten zur Geltendmachung zivilrechtlicher Ansprüche bei dem zuständigen Gericht, umfasst.[18]

13 Unabhängig davon ist die Rechtsentwicklung mit der Entscheidung des EuGH auf diesem Gebiet nicht abgeschlossen. Fraglich ist etwa, ob das Privileg, die Klage im Inland zu erheben, auch bei einem Anspruchsübergang zu berücksichtigen ist. Der EuGH[19] hat jedenfalls entschieden, dass

11 Vgl. zum Wahlrecht: Zöller/Vollkommer ZPO-Kommentar, 35. Aufl. 2024, § 12 Rn. 11 f.

12 EuGH, Urteil vom 13. Dezember 2007 – C-463/06, zfs 2008, 139.

13 Vgl. dazu auch: Terno zfs 2009, 362.

14 Vgl. dazu Himmelreich/Halm/Staab/**Nissen** HdB. der Kfz-Schadenregulierung, 5. Aufl. 2022, Kap. 25 Rn. 63; Haupfleisch/Hirtler DAR 2006, 560.

15 Vgl. OLG Saarbrücken, Urteil vom 9. Februar 2010 – 4 U 449/09, IPRax 2012, 157; vgl. zu einer etwaigen Heilung des Zustellungsmangels aber BGH, Urteil vom 7.12.2010, VI ZR 48/10 und zum (damaligen) Streitstand Himmelreich/Halm/Staab/**Nissen** HdB. der Kfz-Schadenregulierung, 2. Aufl. 2012, Kap. 25 Rn. 69.

16 Vgl LG Saarbrücken, EuGH-Vorlage vom 22. Juni 2012 – 13 S 12/12, DAR 2012, 465.

17 Vgl. EuGH, Urteil vom 10. Oktober 2013 – C-306/12, DAR 2013, 699.

18 Vgl. Himmelreich/Halm/Staab/**Nissen** HdB. der Kfz-Schadenregulierung, 5. Aufl. 2022, Kap. 25 Rn. 63.

19 EuGH, Urteil vom 17. 9. 2009 – C-347/08, DAR 2009, 683.

der **Sozialversicherungsträger als Legalzessionar** keine Klagebefugnis im Wohnsitzstaat des Geschädigten hat[20]. Bei einem Ersatzanspruch des Arbeitgebers hat das OLG Celle[21] die Möglichkeit einer privilegierten Klageerhebung hingegen bejaht. Während des Weiteren in Literatur und Rechtsprechung weitgehend Einigkeit darüber besteht, dass sich die Darlegungs- und Beweislast nach ausländischem Sachrecht richtet, ist zudem noch umstritten, welches Recht das Beweismaß bestimmt. Das Landgericht Saarbrücken hat in einer Entscheidung – der überwiegenden Meinung in Rechtsprechung und Literatur folgend – geurteilt, dass sich dies nach den Regeln des deutschen Zivilprozessrechts als dem Recht am Ort des angerufenen Gerichts richtet.[22]

B. Regelungsgehalt

I. Meinungsverschiedenheiten (L.1)

1. Versicherungsombudsmann (L.1.1)[23]

Nicht zuständig ist der Ombudsmann nach § 2 Abs. 1a) der Verfahrensordnung des Versicherungsombudsmannes (VomVO), wenn es um Ansprüche eines Geschädigten in der KH-Versicherung geht, da es sich in diesem Zusammenhang nicht um einen eigenen Anspruch aus einem Versicherungsvertrag handelt. **Gegenstand** der Beschwerde können aber etwa Ansprüche aus einem Versicherungs- oder Vermittlungsvertrag sein, solange sich diese gegen einen VR richten.[24] 14

Voraussetzung für die Durchführung des Verfahrens ist die vorangegangene (erfolglose) Geltendmachung des Anspruchs durch den Beschwerdeführer beim Beschwerdegegner.[25] 15

Ausgeschlossen ist ein Verfahren ferner, falls schon eine der beiden Parteien gegen die andere Partei gerichtliche Schritte eingeleitet hat.[26] 16

Ansonsten ist Voraussetzung für ein Schlichtungsverfahren, dass der VN Verbraucher im Sinne des § 13 BGB ist bzw. allenfalls ein Kleingewerbe betreibt.[27] 17

Das Verfahren endet bei einem Beschwerdewert bis zu 10.000 € mit einer verbindlichen **Entscheidung** des Ombudsmannes. Liegt der Beschwerdewert über 10.000 € bis 100.000 €, spricht der Ombudsmann eine Empfehlung aus.[28] 18

Die Durchführung des Verfahrens ist für den VN – bis auf die Kosten, die ihm selbst durch die Beschwerdeeinlegung entstehen, wie zum Beispiel Telefon- oder Portokosten, Kopierkosten oder eventuelle Kosten für seine Vertretung im Beschwerdeverfahren – grundsätzlich immer kostenfrei.[29] Die Regelung des § 214 Abs. 4 S. 2 VVG, der eine Kostentragung vorsieht, wenn die Beschwerde offensichtlich rechtsmissbräuchlich war, wurde in die AKB 2015 nicht übernommen. 19

2. Versicherungsaufsicht (L.1.2)

Bei Meinungsverschiedenheiten mit seinem VR hat der VN die Möglichkeit, Beschwerde bei der zuständigen Aufsicht, der Bundesanstalt für Finanzdienstleistungsaufsicht (BAFin), einzulegen. 20

20 Vgl. jüngst EuGH, Urt. v. 21.1.2016 – C-521/14, wonach der EuGH seine Rechtsaufassung bestätigt, allerdings, soweit das das Recht des Mitgliedsstaats dies vorsieht, einen sog. Interventionsgerichtsstand bejaht.

21 OLG Celle, Urteil vom 27. 2. 2008 – 14 U 211/06, NJW 2009, 86.

22 LG Saarbrücken, Urteil vom 09.03.2012 – 13 S 51/11, DAR 2012, 265.

23 Vgl. generell zu Entstehungsgeschichte, Organisationsstruktur, Verfahren und Zulässigkeitskriterien: Halm/Engelbrecht/Krahe/**Hövel/Faustmann** HdB. FA VersR, 6. Aufl. 2018, Kap. 3 Rn. 1 ff.

24 Vgl. § 2 Abs. 2d) i.V.m. § 1 VomVO.

25 Vgl. § 2 Abs. 3 VomVO.

26 Vgl. § 2 Abs. 4d) VomVO.

27 Vgl. § 2 Abs. 1 VomVO.

28 Vgl. 10 Abs. 3 i.V.m. § 11 Abs. 1 VomVO.

29 Vgl. § 14 VomVO.

Dies setzt voraus, dass der betroffene Versicherer der Aufsicht durch die BAFin unterliegt.[30] Die BAFin ist keine Schiedsstelle und kann einzelne Streitfälle nicht verbindlich entscheiden. Sie kann aber Maßnahmen nach den §§ 81 ff. VAG treffen und damit einer Beschwerde indirekt abhelfen.

3. Rechtsweg (L.1.3)

21 Durch die Anrufung der Schlichtungsstelle verliert der VN nicht die Möglichkeit, den Rechtsweg zu bestreiten.[31] Dies entspricht der Regelung des § 214 Abs. 1 S. 3 VVG. Auch nach der Einlegung einer Beschwerde bei der BAFin bleibt das Recht, die Gerichte anzurufen, unberührt.

22 Bei Meinungsverschiedenheiten über die Höhe des Schadens in der Kaskoversicherung besteht die Möglichkeit, einen Sachverständigenausschuss entscheiden zu lassen. Dieses sog. Sachverständigenverfahren ist unter A.2.6 abschließend geregelt.

II. Gerichtsstände (L.2)

1. Zeitlicher Anwendungsbereich

23 Zum zeitlichen Anwendungsbereich enthielten die damaligen AKB 2008 keine Regelungen.

24 Da sich der GDV letztlich durch die Neufassung der AKB 2008 nicht schlechter stellen wollte, als es die gesetzlichen Regelungen vorsehen, sind diesbezüglich die Übergangsregelungen des EGVVG heranzuziehen. Nach Art. 1 Abs. 1 EGVVG gilt für Versicherungsverträge, die nach dem 01.01.2008 entstanden sind (= Neuverträge), ab dem 01.01.2008 die Regelung des § 215 VVG. In der Konsequenz gelten die Gerichtsstandregelungen der AKB damit jedenfalls für Streitigkeiten aus **Neuabschlüssen.** Daran hat sich durch die AKB 2015, welche insbesondere die Bestimmungen der AKB 2008 zu Abschnitt L.2 wortgleich übernommen haben, nichts geändert.

25 Bezüglich **Altverträgen**[32] wurde überwiegend[33] vertreten, bei Klageerhebung bis Ende 2008 bzw. bei späterer Klageerhebung soweit der Versicherungsfall bis Ende 2008 eingetreten ist, bliebe es bei der Weitergeltung des alten VVG und den damit verbundenen ehemaligen[34] Gerichtsstandregelungen. Nach der Gegenansicht[35] sollte sich die Übergangsvorschrift des Art. 1 EGGVG lediglich auf materielles Versicherungsvertragsrecht beziehen, so dass die als rein prozessual verstandene Gerichtsstandregelung des § 215 VVG davon nicht erfasst werde und die Neuregelungen damit grundsätzlich bereits ab dem 01.01.2008 gelten würden. Nach dem OLG Köln[36] soll sich jedenfalls für ab dem 01.01.2009 erhobene Klagen des VN gegen den VR die örtliche Zuständigkeit nach § 215 VVG n.F. richten. Eine Klärung dieser Streitfrage durch den Bundesgerichtshof ist zwischenzeitlich erfolgt.[37] Der BGH bejaht die Anwendbarkeit des § 215 Abs. 1 S. 1 VVG auch in zeitlicher Hinsicht für Altverträge, d. h. für Verträge, die noch vor der Reform des VVG geschlossen worden sind und unabhängig vom Zeitpunkt des Versicherungsfalls. Der BGH stellt in seiner Entscheidung heraus, dass § 215 VVG nicht dem Regelungsbereich von Art. 1 Abs. 1 und 2 EGVVG unterfalle.

---

30 Näheres unter: www.bafin.de – bei der BAFin beschweren.

31 Vgl. § 11 Abs. 2 VomVO.

32 D.h. Versicherungsverhältnisse, die bis zum 01.01.2008 entstanden sind.

33 OLG Hamm, Urteil vom 20. 5. 2009 – 20 U 110/08, VersR 2009, 1345 = OLGR 2009, 689; OLG Düsseldorf, Urteil vom 18.06.2010 – 4 U 162/09, VersR 2010, 1354; OLG Stuttgart, Beschluss vom 16. 6. 2008 – 7 AR 5/08, VersR 2009, 246; OLG Naumburg, Beschl. v. 15.10.2009 – 4 W 35/09; LG Berlin, Beschluss vom 08.12.2008 – 7 O 251/08, VersR 2009, 386; vgl. zum Streitstand auch Halm/Engelbrecht/Krahe Hdb. des FA VersR, 6. Aufl. 2018, Kap. 2 Rn. 4.

34 Vgl. oben Rdn. 5.

35 OLG Frankfurt Beschl. v. 21.04.2009 – Az. 3 W 20/09; OLG Saarbrücken, Beschluss vom 23. 9. 2008 – 5 W 220/08, VersR 2008, 1337 = r+s 2009, 102; OLG Dresden, Beschluss vom 10.11.2009 – 3 AR 81/09, BeckRS 2010, 03683; Fricke VersR 2009, 15, 20.

36 OLG Köln, Beschluss vom 9. 6. 2009 – 9 W 36/09, VersR 2009, 1347.

37 BGH, Urt. v. 08.03.2017 – IV ZR 435/15, r+s 2017, 389 = VersR 2017, 779; BGH, Urt. v. 08.11.2017 – IV ZR 551/15, r+s 2018, 54 = VersR 2018, 182.

2. Klage des Versicherungsnehmers (L.2.1)

a) Sachlicher Anwendungsbereich

Nach dem Normzweck und unter Anlehnung an die anerkannte[38] extensive Auslegung des Begriffes »Klagen aus dem Versicherungsvertrag« i.S.d. § 215 Abs. 1 VVG, dürfte der Begriff »Ansprüche aus dem Versicherungsvertrag« ebenfalls weit auszulegen sein. Damit sind sämtliche Ansprüche erfasst, die unmittelbar aus einem bestehenden oder früheren VV herrühren.[39] In Frage kommen insoweit auch vorvertragliche und vertragsähnliche sowie bereicherungsrechtliche und deliktische Ansprüche.[40] Für Direktklagen eines Dritten nach § 115 Abs. 1 VVG ist der Anwendungsbereich jedoch nicht eröffnet, da der Direktanspruch überwiegend deliktischer Natur ist.[41] 26

b) Persönlicher Anwendungsbereich

Auf die Gerichtsstandregelungen kann sich neben dem VN auch die versicherte Person[42], der Zessionar oder der Pfandgläubiger berufen.[43] Darüber hinaus greifen die Regelungen auch im Falle einer rechtsgeschäftlichen Vertragsübernahme und, wenn ein Erbe an die Stelle des verstorbenen VN tritt, ein.[44] Umstritten ist dies für Klagen des Insolvenzverwalters. Die Anwendbarkeit dürfte wohl zu Recht abzulehnen sein, weil es an der erforderlichen persönlichen Schutzbedürftigkeit fehlt; der Insolvenzverwalter macht keine eigenen Rechte aus einer vertraglichen Sonderbeziehung zum Versicherer geltend, sondern wird für eine fremde Vermögensmasse tätig[45]. 27

Einer **natürlichen Person** steht grundsätzlich der Wohnsitzgerichtsstand zu. Maßgeblich ist der Wohnsitz zum Zeitpunkt der Klageerhebung, nicht der zum Zeitpunkt des Abschlusses des VV.[46] Als Wohnsitz ist der räumliche Mittelpunkt des gesamten Lebens einer Person zu verstehen.[47] Fehlt ein Wohnsitz, so ist der Aufenthaltsort (vgl. § 20 ZPO) maßgeblich. Im Übrigen kann der VN auch an dem Orte des Gerichts klagen, das für den Geschäftssitz (§ 17 ZPO) oder die Niederlassung (21 ZPO) des VR zuständig ist. Dem VN steht diesbezüglich ein Wahlrecht zu, vgl. insoweit den Wortlaut des § 215 Abs. 1 S. 1: »auch«.[48] 28

Umstritten war die Frage, ob für Klagen **juristischer Personen** der Wohnsitzgerichtsstand einschlägig ist.[49] Denn eine juristische Person hat keinen »Wohnsitz«, sondern einen »Sitz« nach § 17 ZPO. 29

---

38 Rüffer/Halbach/Schimikowski/Muschner Handkommentar VVG § 215 Rn. 6; Marlow/Spuhl Das neue VVG kompakt S. 126; Staudinger/Halm/Wendt VersR, 3. Aufl. 2023, § 215 Rn. 11.

39 Pröls/Martin/Klimke VVG § 215 Rn. 4.

40 Langheid/Wandt/Looschelders VVG § 215 Rn. 31.

41 Beckmann/Matusche-Beckmann/Heß/Höke Hdb. VersR § 30 Rn. 258; vgl. zur Deliktsnatur auch: Looschelders/Pohlmann/Schwartze VVG-Kommentar, 4. Aufl. 2023, § 115 Rn. 3 m.w.N.

42 OLG Oldenburg, Urt. v. 18.4. 2012 – 5 U 196/11, VersR 2012, 2894; aA LG Kleve, Beschluss vom 18.09.2018 – 6 O 30/18, nach dessen Auffassung es an einer planwidrigen Regelungslücke fehle, dem Gesetzgeber sei der Unterschied zwischen Versicherungsnehmern und Versicherten geläufig.

43 Schwintowski/Brömmelmeyer/Klär PK-VersR § 215 Rn. 8; OLG Naumburg, Beschluss vom 2.5.2014 – 1 AR 4/14, NJW-RR 2014, 1378; aA: LG Halle, Beschluss vom 15.10.2010 – 5 O 406/10 NJW-RR 2011, 114.

44 Prölss/Martin/Klimke VVG § 215 Rn. 23; Looschelders/Pohlmann/Wolf VVG-Kommentar, 4. Aufl. 2023, § 215 Rn. 6; Staudinger/Halm/Wendt VersR, 3. Aufl. 2023, § 215 Rn. 9;.

45 OLG Hamm, Beschluss vom 21.10.2013 – 20 W 32/13, VersR 2014, 725; aA Langheid/Rixecker/Rixecker, VVG, 5. Aufl. § 215 Rn. 3; Langheid/Wandt/Looschelders, Münchener Kommentar zum VVG, 2. Aufl., § 215 Rn. 26.

46 Schwintowski/Brömmelmeyer/Klär PK-VersR § 215 Rn. 4; Looschelders/Pohlmann/Wolf 4. Aufl. 2023, VVG-Kommentar § 215 Rn. 7.

47 Looschelders/Pohlmann/Wolf, 4. Aufl. 2023, VVG-Kommentar § 215 Rn. 7.

48 Vgl. Himmelreich/Halm/**Staab/Papatheodorou** HdB. der KFZ-Schadensregulierung, 5. Aufl. 2022, Kap. 23 Rn. 935.

49 Vgl. Franz VersR 2008, 298, 307; Grote/Schneider BB 2007, 2689 (2701); a.A. Wagner VersR 2009, 1589; OLG Schleswig, Urt. v. 4. 6. 2015 -16 U 3/15, r+s 2016, 214.

30 Der BGH[50] hat bestätigt, dass in dieser Konstellation auf den Sitz der VN, die juristische Person ist, i. S. d. § 17 ZPO abzustellen ist. Der BGH hebt hervor, dass gemäß Wortlaut der Anwendungsbereich nicht auf natürliche Personen beschränkt sei; § 215 VVG spreche nicht von »Verbraucher« oder von einer »natürlichen Person«, obwohl dem VVG diese Begriffe nicht fremd sind. Gegen ein begrenztes Verständnis spreche in systematischer Hinsicht, dass das VVG den VN grundsätzlich unabhängig von seiner Rechtsform oder seiner eventuellen Verbrauchereigenschaft schützt, wobei nicht entscheidend sei, ob der juristischen Person im Gegensatz zur natürlichen Person die strukturelle Unterlegenheit fehle. Eine entsprechende Differenzierung sehen auch andere Schutzvorschriften zu Gunsten des VN nicht vor, z B. §§ 6 bis 9 VVG. Auch § 48 VVG a.F., an dessen Stelle der § 215 VVG getreten ist, hätte unstreitig juristische Personen als VN umfasst.

c) Widerklagen

31 Klagt der VN gegen den VR am Gerichtsstand seines Wohnortes kann der VR unproblematisch eine Widerklage, etwa auf Zahlung ausstehender Prämien, erheben ohne dass dies mit einem Wechsel des örtlich zuständigen Streitgerichts verbunden ist.

32 Im Fall der Klage des VN gegen den VR an dessen allgemeinen oder besonderen Gerichtsstand ist eine Widerklage ebenfalls als zulässig zu erachten. Da die Regelung des L.2.2 keinen ausschließlichen Gerichtsstand vorsieht, ist es unerheblich, dass dort keine dem § 215 II VVG entsprechende Regelung aufgenommen wurde, die die Anwendbarkeit des § 33 Abs. 2 ZPO auf Widerklagen der anderen Partei ausschließt.[51]

3. Klage des Versicherers (L.2.2)

33 Der Begriff: »Ansprüche aus dem Versicherungsvertrag« ist – wie bei Klagen des VN – weit auszulegen. Das oben[52] Gesagte ist an dieser Stelle damit entsprechend heranzuziehen. Klagen des VR gegen den eigenen VN richten sich in der Regel auf Prämienzahlung, Rückzahlung zu Unrecht erhaltener Leistungen oder Aufwendungsrückerstattung, wenn der VR z.B. wegen Obliegenheitsverletzung des VN leistungsfrei geworden ist.

34 Der VN ist an seinem Wohnsitzgerichtsstand zu verklagen, wenn es sich bei ihm um eine natürliche Person handelt, es gilt der ausschließliche Gerichtsstand des § 215 Abs. 1 S. 2 VVG. Dem VR stehen die zivilprozessualen Gerichtsstände nicht mehr zur Verfügung.[53] Soweit dem VR durch die Klausel L.2.2 ein zusätzlicher Gerichtsstand eingeräumt wird, muss die Bestimmung daher auf Bedenken stoßen.

35 Ist der Versicherungsnehmer eine juristische Person oder rechtsfähige Personengesellschaft, so ist nach § 215 der Sitz iSd § 17 Abs. 1 ZPO maßgeblich Als Sitz ist regelmäßig der Ort anzusehen, an dem die Verwaltung geführt wird.[54]

36 Für Klagen des VR gegen den VN sind die Zivilgerichte zuständig. Dies gilt auch dann, wenn der VR abgetretene Ansprüche eines Kfz-Leasinggebers wegen eines Unfallschadens gegen einen Arbeitnehmer geltend macht.[55]

4. Versicherungsnehmer hat seinen Wohn-/Geschäftssitz ins Ausland verlegt (L.2.3)

37 Die Regelung enthält eine Ausnahme zu L.2.2 und bestimmt den Sitz des VR als ausschließlichen Gerichtsstand für Klagen gegen den VN. Sie lehnt sich an § 38 Abs. 3 Nr. 2 ZPO an. Deshalb wird

50 Urt. v. 08.11.2017 – IV ZR 551/15, r+s 2018, 54 = VersR 2018, 182.
51 Vgl. zur Bedeutung des § 215 Abs. 2 VVG: Schwintowski/Brömmelmeyer/Klär Pk-VersR § 215 Rn. 14.
52 Vgl. Rdn. 26.
53 Staudinger/Halm/Wendt/Krahe 3. Auf. 2023 § 215 Rn. 3.
54 Vgl. § 17 Abs. 1 Satz 2 ZPO.
55 BAG Beschluss vom 07.07.2009 – Az. 5 AZB 8/09 = MDR 2009, 1228.

man den Wohnsitz nach §§ 13, 15 ZPO und den Aufenthaltsort nach § 16 ZPO zu beurteilen haben. Der gewöhnliche Aufenthaltsort ist der Ort, an welchem für eine Person ihr Daseinsmittelpunkt oder der Schwerpunkt der Lebensverhältnisse ist. Der tatsächliche Aufenthaltsort reicht nicht aus, um den Anwendungsbereich zu eröffnen.[56] Bei juristischen Personen sind §§ 17, 18 ZPO entsprechend heranzuziehen. Von einer Verlegung kann ausgegangen werden, sofern diese ernsthaft und auf unbestimmte Zeit erfolgt ist.[57]

Liegen die Voraussetzungen vor, verliert der VN als natürliche Person sein Privileg, nur an seinem Wohnsitz verklagt zu werden. Obwohl § 40 Abs. 2 Nr. 2 ZPO Gerichtsstandvereinbarungen für unzulässig erachtet, wenn für die Klage ein ausschließlicher Gerichtsstand begründet ist, ist eine solche Regelung, insbesondere in AVB[58], wegen der Vorschrift des § 215 III VVG, der eine Ausnahme vom Prorogationsverbot enthält, zulässig.[59] 38

C. Weitere praktische Hinweise

Die Neuregelungen der AKB 2008 hatten in der Versicherungspraxis nicht zu erheblichen Problemen geführt. Sie hatten allerdings zur Folge, dass an verschiedenen örtlichen Gerichten Urteile über einen Versicherer betreffende Rechtsstreite gesprochen wurden. Da versicherungsrechtliche Streitigkeiten aber nicht für jedes Gericht zum Tagesgeschäft gehören[60], mussten sich viele Gerichte erst wieder intensiv mit der Materie vertraut machen. Für den Anwalt bedeuteten die (neuen) Gerichtsstandregelungen aus den AKB 2008 bzw. AKB 2015, dass er nunmehr wieder eher die Möglichkeit hat, Termine am zuständigen Gericht selbst wahrzunehmen bzw. auf den Prozessverlauf einzuwirken anstatt einen Korrespondenzanwalt beauftragen zu müssen.[61] Hierbei sollte er jedoch nach wie vor folgende Auswirkungen der Neuregelungen beachten. 39

I. Örtliche Zuständigkeit

Grundsätzlich reicht es zur Begründung der örtlichen Zuständigkeit aus, dass der Kläger schlüssig Tatsachen behauptet, aus denen sich das Vorliegen eines VV im Sinne der (neuen) Gerichtsstandregelungen ergibt. 40

Von der richtigen Wahl des örtlich zuständigen Gerichts kann im Hinblick auf unterschiedliche entwickelte Rechtsansichten in unterschiedlichen versicherungsrechtlichen Konstellationen vor allem auf der Ebene der Amts- und Landgerichte der Prozesserfolg abhängen. 41

Wenn **mehrere VN**, die ihren Wohnsitz in verschiedenen Gerichtsbezirken haben, gemeinsam gegen einen VR klagen, haben sie nach § 35 ZPO die Wahl, wo sie die Klage erheben möchten. Sollten mehrere **VN als Gesamtschuldner** verklagt werden, ist zur Festlegung der örtlichen Zuständigkeit eine Gerichtsstandbestimmung nach § 36 Abs. 1 Nr. 3 ZPO zu beantragen. Das angerufene Gericht entscheidet dann gem. § 37 ZPO durch – unanfechtbaren – Beschluss. 42

Dem in einen Auslandsunfall verwickelten Geschädigten, der nach dem oben Gesagten[62] die Möglichkeit hat, einen Prozess an seinem eigenen Wohnsitz anzustrengen, war bis zur Entscheidung des EuGH[63] zur Zustellungsbevollmächtigung des inländischen Schadenregulierungsbeauftragten zu raten, gegebenenfalls vorab mit dem zuständigen Schadenregulierungsbeauftragten abzuklären, ob eine Klagezustellung an diesen ausreicht, bevor eine Klagezustellung im Ausland (mit der hierfür 43

56 Looschelders/Pohlmann/Wolf, 4. Aufl. 2023, § 215 Rn. 7.
57 Baumbach/Lauterbach/Albers/Hartmann ZPO-Kommentar § 38 Rn. 35.
58 Fricke VersR 2009,16.
59 Marlow/Spuhl Das neue VVG Kompakt S. 127/128; Rüffer/Halbach/Schimikowski/Muschner VVG, § 215 Rn. 15.
60 Hinsch-Timm Das neue VVG B Rn. 378.
61 Vgl. dazu Kärger Kfz-Versicherung nach dem neuen VVG Rn. 586.
62 Vgl. Rdn. 8.
63 Vgl. EuGH, Urteil vom 10.10.2013 – C-306/12, DAR 2013, 699.

erforderlichen Übersetzung der Klageschrift) in Erwägung gezogen wird.[64] Nachdem der EuGH klargestellt hat, dass ein Regulierungsbeauftragter im Inland eine passive Zustellungsvollmacht besitzt, ist dies nun nicht mehr notwendig. Gerichtliche Schriftstücke, die für die Einleitung eines Verfahrens zur Regulierung eines Unfallschadens vor dem zuständigen Gericht erforderlich sind, kann dieser rechtswirksam entgegennehmen.

II. Verjährung

44 § 12 Abs. 1 S. 1 VVG a.F. sah eine zweijährige[65] Verjährungsfrist vor. Die AKB 2008 bzw. AKB 2015 und das VVG in aktueller Fassung enthalten keine eigene Verjährungsregelung. Demnach gelten für Ansprüche aus Versicherungsverträgen grundsätzlich die allgemeinen Vorschriften über die Regelverjährung nach §§ 195, 199 BGB.[66] Folglich verjähren Ansprüche aus dem Versicherungsvertrag künftig in 3 Jahren beginnend mit dem Schluss des Jahres, in dem der Anspruch entstanden ist und der Gläubiger von den anspruchsbegründenden Umständen Kenntnis hatte oder ohne grobe Fahrlässigkeit gehabt hätte. Nach der Übergangsregelung des Art. 3 Abs. 1 EGVVG findet diese dreijährige Verjährungsfrist grundsätzlich auf alle am 01.01.2008 bestehenden und noch nicht verjährten Ansprüche Anwendung. Für alle ab diesem Zeitpunkt noch nicht verjährten Ansprüche mit ursprünglich zweijähriger Verjährungsfrist gilt aber nach Art. 3 Abs. 2 S. 1 EGVVG immer noch die alte Zweijahresfrist.[67]

45 Die Verjährungsfrist **beginnt** erst mit Fälligkeit des Anspruchs zu laufen. Die Fälligkeit von Versicherungsleistungen bemisst sich abweichend von § 271 BGB nach der Spezialvorschrift des § 14 VVG. Danach sind Geldleistungen des VR fällig, sobald dieser alle zur Feststellung des Versicherungsfalls und des Umfangs seiner Leistung notwendigen Erhebungen getroffen hat.[68] Selbst wenn der VN seiner Mitwirkungspflicht über einen längeren Zeitraum nicht nachgekommen ist, hat dies keine Auswirkungen auf den Verjährungsbeginn.[69] Eine Vorverlegung des Verjährungsbeginns ist aber ausnahmsweise möglich, wenn der VN durch die unterlassene Mitwirkung gegen Treu und Glauben verstößt.[70]

46 Zugunsten des VN ist § 15 VVG zu beachten, der die **Hemmung** der Verjährung – von der Anmeldung des Anspruchs beim VR bis zu dessen Entscheidung – vorsieht. Es genügt in diesem Zusammenhang eine Entscheidung des VR in Textform.[71] Die Entscheidung des VR muss jedoch dessen Haltung klar erkennen lassen, insbesondere muss die Auskunft erschöpfend, umfassend und endgültig sein.[72]

III. Anwaltskosten

47 Lässt sich der VN im Verfahren vor einer Schlichtungsstelle durch einen Anwalt vertreten, kann dieser eine 1,5 Geschäftsgebühr nach 2303 Nr. 4 VV RVG verlangen, da es sich bei der Schlichtungsstelle um eine Gütestelle nach § 15a III EGZPO handelt.[73]

64 Ebenso Himmelreich/Halm/Staab/Nissen HdB. der Kfz-Schadenregulierung, 5. Aufl. 2022, Kap. 25 Rn. 69.
65 Bei Lebensversicherungen: 5 Jahre, vgl. § 12 Abs. 1 S. 2 VVG a. F.
66 Schirmer DAR 2008, 323.
67 Hinsch-Timm Das neue VVG B Rn. 402.
68 Vgl. im Einzelnen: Rüffer/Halbach/Schimikowski/Muschner VVG § 14 Rn. 1 ff.
69 BGH, Urteil vom 13.03.2002 – IV ZR 40/01, VersR 2002, 698.
70 Langheid/Rixecker/Rixecker VVG-Kommentar § 15 Rn. 9.
71 Langheid/Rixecker/Rixecker VVG-Kommentar § 15 Rn. 13.
72 Looschelders/Pohlmann/Wolf, 4. Aufl. 2023, VVG-Kommentar § 215 Rn. 21 ff.
73 Hinsch-Timm Das neue VVG B Rn. 375.

IV. Berufung

Bei der Einlegung der Berufung sollte der Anwalt dann besonders aufmerksam sein, wenn ein Fall des L.2.3 AKB vorliegt, also der VN seinen Wohn- oder Geschäftssitz ins Ausland verlegt hat und der Versicherer deshalb im Inland Klage erhoben hat. Denn durch das Gesetz zur Reform des Verfahrens in Familiensachen und in den Angelegenheiten der freiwilligen Gerichtsbarkeit (FGG-RG) vom 17.12.2008 sind § 119 Abs. 1 Nr. 1b und c GVG (2002), die die alleinige Zuständigkeit der Oberlandesgerichte für Berufungen und Beschwerden in Rechtsstreitigkeiten mit Auslandsberührung vorsahen, ersatzlos gestrichen worden. Demnach gilt für Rechtsstreitigkeiten mit Auslandsberührung, beispielsweise solche unter Beteiligung eines ausländischen Versicherungsunternehmens bzw. eines Kfz-Halters oder Fahrers mit Wohnsitz außerhalb des Geltungsbereiches des GVG, nunmehr wieder der allgemeine Instanzenzug in Zivilsachen bürgerlichen Rechts. Aus § 40 EGGVG folgt, dass die Zuständigkeit der Landgerichte für entsprechende Berufungen und Beschwerden gegen amtsgerichtliche Entscheidungen dann wieder begründet ist, wenn die anzufechtende Entscheidung nach dem 31.08.2009 erlassen wurde.[74] Legt ein Rechtsanwalt verspätet beim Oberlandesgericht bzw. Kammergericht Berufung ein, weil er die Übergangsvorschrift des § 40 EGGVG übersehen hat und daher zunächst von der Zuständigkeit des Landgerichts ausgegangen ist, ist die Versäumung der Berufungsfrist nicht als unverschuldet anzusehen.[75] 48

M Zahlungsweise – gestrichen

N Bedingungsänderungen – gestrichen

74 Vgl. KG Berlin vom 12.07.2010 – 8 U 61/10 und Grimme VersR 2009, 1603; a.A. Carl VersR 2009, 1472, die auf den Zeitpunkt des Eingangs der Berufungsschrift abstellt.

75 KG Berlin vom 12.07.2010 – 8 U 61/10.

Kfz-Umweltschadensversicherung (Kfz-USV)

Ergänzende Bedingungen für die Kfz-Versicherung von Umweltschäden

Unverbindliche Musterbedingungen des Gesamtverbandes der Deutschen Versicherungswirtschaft e. V. – GDV – Wilhelmstr. 43 G, 10117 in der Fassung vom 19.05.2015

Die Verwendung ist rein fakultativ. Sie haben die Möglichkeit, abweichende Klauseln zu verwenden.

Vorbemerkung

Übersicht

A. Einleitung

1 Die Kfz-Umweltschadensversicherung – kurz: Kfz-USV – ist eine **Quasi**-Haftpflichtversicherung eigener Art. Sie entstand aus dem Bedürfnis heraus, für neu geschaffene Verantwortlichkeiten nach dem Umweltschadensgesetz – kurz: USchadG – einen Versicherungsschutz auch für Schäden im Zusammenhang mit dem Gebrauch des Kraftfahrzeugs zur Verfügung zu stellen. Es handelt sich nicht um eine Haftpflichtversicherung im Sinne der §§ 100 ff. VVG, da es nicht um die Freistellung von Ansprüchen Dritter geht, sondern um die Freistellung von den finanziellen Folgen einer öffentlich-rechtlichen Inanspruchnahme wegen öffentlicher-rechtlicher Verantwortlichkeiten. Es besteht kein Direktanspruch nach § 115 VVG, die Kfz-USV ist keine Pflichtversicherung im Sinne des § 1 PflVG, es werden keine Personenschäden, Sachschäden und sonstigen Vermögensschäden abgedeckt.

2 Die Kfz-USV erfasst nur den Teil des Umweltschadens[1], der im USchadG konkret benannt wird. Die Kfz-USV beschränkt sich nicht auf Schadensfälle in Deutschland vor dem Hintergrund, dass Fahrzeuge grenzüberschreitend verkehren und die Richtlinie 2004/35/EG vom 21.04.2004 über Umwelthaftung zur Vermeidung und Sanierung von Umweltschäden[2] in allen anderen EU-Mitgliedsstaaten umgesetzt werden musste.

3 Die Kfz-Umweltschadensversicherung ist eine eigenständige Versicherung neben der Kfz-Haftpflichtversicherung. Entsprechend hat auch ein gesonderter Prämienausweiszu erfolgen, wobei in der Praxis bei bereits bestehender Kfz-Haftpflichtversicherung oftmals kein gesonderter Beitrag erhoben wird.

B. Ausgangslage

4 Die Richtlinie 2004/35/EG als sogenannte Umwelthaftungsrichtlinie vom 21.04.2004 verpflichtete die Mitgliedsstaaten, die Anforderungen bis zum 30.04.2007 in nationales Recht umzusetzen.

---

1 Für einen kurzen Gesamtüberblick siehe *Schwab* Umweltschäden durch Kraftfahrzeugunfälle, DAR 2009, 186 ff.; für einen umfassenden Überblick Himmelreich/Halm/Staab/*Schwab*/*Heinrichs*, Handbuch Schadensregulierung, Teil 5, Kap. 21 Sonderprobleme bei Öl- und Umweltschäden.

2 Amtsblatt der Europäischen Union v. 30.04.2004 – L 143/56.

Deutschland verkündete das hierauf fußende USchG (»*Gesetz zur Umsetzung der Richtlinie des Europäischen Parlaments und des Rates über die Umwelthaftung zur Vermeidung und Sanierung von Umweltschäden*[3]«) am 14.05.2007. Es trat am 14.11.2007 rückwirkend zum 30.04.2007, vgl. § 13 Abs. 1 USchadG, in Kraft. 5

Die beachtliche Zahl von neun[4] Staaten hatte die Richtlinie zunächst nicht rechtzeitig umgesetzt. So musste u. a. auch Österreich zur Umsetzung verurteilt werden[5], es setzte die Vorgaben sodann am Tag nach der Urteilsverkündung in Gestalt des B-UHG um[6]. 6

Alle Staaten[7] haben die Richtlinie zwischenzeitlich in nationales Recht überführt. Dies hat entsprechende Konsequenzen für berufliche Auslandsfahrten mit Fahrzeugen. 7

C. Deckungsvorsorge

Die Umwelthaftungsrichtlinie geht in Art. 14 Abs. 2 der Richtlinie davon aus, dass nach einer Übergangszeit eine Deckungsvorsorge einzurichten sei. Der erst sehr spät eingereichte Entwurf der Bundesregierung sah dagegen bereits zu Beginn die Einführung einer verbindlichen Deckungsvorsorge in Deutschland vor. Dem ist die Versicherungswirtschaft zu Recht entgegengetreten, da es keine Grundlagen gab, Schäden zu kalkulieren und folglich auch die Prämie zu berechnen. Zudem gab es Zeitprobleme für die Umsetzung der Vorgaben in ein neu zu schaffendes Versicherungsprodukt. 8

In der Endphase ist dann die verbindliche Deckungsvorsorge herausgenommen worden. 9

Die Versicherungswirtschaft hat sich anfangs auf die betriebliche Seite, die Verursachung von Umweltschäden durch Anlagen, konzentriert. Hier konnte sie auf bestehende Konzepte nach dem Umwelthaftpflichtmodell[8] zurückgreifen, das nach Einführung des auf stationäre Anlagen[9] bezogenen Umwelthaftungsgesetzes zum 01.01.1991 geschaffen wurde. 10

Der GDV hat dann die USV[10] und die USV-Basisversicherung entwickelt. 11

In der Kfz-Versicherung hat man von Seiten des Verbandes[11] anfangs gezögert, ein eigenes Produkt zu entwickeln. Möglicherweise hat man die Entscheidung des *BGH*[12] zur Gesetzeskonkurrenz von parallel bestehenden öffentlich-rechtlichen und privatrechtlichen Ansprüchen zunächst fehlgedeutet. Denkbar ist auch, dass sich der Text des USchadG nicht sofort so deutlich erschloss, dass das Gesetz Konsequenzen auch für die Kfz-Versicherung haben müsste. 12

Jedenfalls hat der GDV (in enger Anlehnung an die USV[13]) kurz vor Inkrafttreten des USchadG mit den Kfz-USV eigene Musterbedingungen[14] bekannt gegeben. 13

3 Gesetz vom 10.05.2007, BGBl. I Nr. 19, 666; zuletzt geändert durch Artikel 3 des Gesetzes vom 17.08.2012, BGBl. I S. 1726.

4 Klage der Europäischen Kommission vor dem EuGH IP/08/1025.

5 *EuGH*, Urt. v. 18.06.2009 – C-422/08, JurionRS 2009, 46427 = NuR 2009, 480.

6 Österreichisches BGBl. I Nr. 55/2009; damit gilt das Gesetz auch erst für Schäden ab diesem Stichtag und nicht schon für Schadensfälle ab dem 30.04.2007 rückwirkend.

7 *V. Falkenhaus/Dehghani* Bericht der Europäischen Kommission über die Umwelthaftungsrichtlinie – Haftungsgefahren durch die Umsetzung der Umwelthaftungsrichtlinie, VersR 2011, 853 ff.

8 Überblick zum Umwelthaftpflichtmodell in Halm/Engelbrecht/Krahe/*Schoebel* Handbuch des Fachanwalts Versicherungsrecht, Kap. 30, Rn. 62 ff.

9 Dabei können sogar Fremdfahrzeuge zum Zubehör einer solchen Anlage werden, § 3 Abs. 3a UmweltHG.

10 Eckpunkte zur USV bei Halm/Engelbrecht/Krahe/*Schoebel* Handbuch des Fachanwalts Versicherungsrecht, Kap. 30, Rn. 74 ff.; Staudinger/Halm/Wendt/Ortmann Versicherungsrecht, USV, USV-Basis.

11 Anders dagegen einzelne Versicherer wie die Kravag-Logistic Versicherungs-AG, VerkehrsRundschau vom 29.06.2007 mit eigenem Konzept.

12 *BGH* Urt. v. 20.12.2006 – IV ZR 325/05, JurionRS 2006, 29131 = VersR 2007, 200 = MDR 2007, 652 = NJW 2007, 1205 = NZV 2007, 233 = r+s 2007, 94 = zfs 2007, 273 = DAR 2007, 142 m.Anm. *Weinsdörfer* = VRR 2007, 108 bespr. v. *Knappmann.*

13 USV – Musterbedingungen des GDV in der Fassung vom April 2007, seitdem mehrfach geändert.

14 Kfz-USV – Musterbedingungen des GDV in der Fassung vom 29.10.2007.

D. Inhalte des USchadG im Kurzüberblick

I. Geschützte Rechtsgüter

14 Das USchadG greift besondere Ökoschutzgüter heraus. Dazu gehören besonders geschützte Arten und Lebensräume nach § 19 BNatSchG, Bereiche des Wassers nach § 90 WHG und Bereiche des Bodens nach § 2 Abs. 2 BBodSchG.

II. Schaden oder Schädigung

15 Nach der Definition in § 2 Nr. 2 USchadG ist ein Schaden oder Schädigung im Sinne des Gesetzes »eine direkt oder indirekt eintretende feststellbare nachteilige Veränderung einer natürlichen Ressource (Arten und natürliche Lebensräume, Gewässer und Boden) oder Beeinträchtigung der Funktion einer natürlichen Ressource«.

III. berufliche Tätigkeit

16 Jegliche nichtberufliche Tätigkeit ist in Deutschland[15] von der Verantwortlichkeit ausgenommen. Nur derjenige, sei es eine natürliche oder juristische Person[16], der im Rahmen einer beruflichen Tätigkeit einen Schaden verursacht, kommt als Verantwortlicher nach dem USchadG in Betracht. Die Bandbreite von der einfachen Hilfestellung bis zum Vollzeitarbeitsplatz ist allerdings sehr weit.

17 Der potentielle Anwendungsbereich greift somit vom jugendlichen Mopedfahrer, der für eine Apotheke Medikamente ausfährt; einem Arzt, der einen Hausbesuch macht; einem Anwalt, der zum Gericht fährt bis zum Gefahrgutfahrer, der mit dem Tankwagen Chemikalien transportiert. Selbst der Polizeibeamte ist verantwortlich, der z.B. im Rahmen dienstlicher Tätigkeiten mit dem Fahrzeug einen Ökoschaden verursacht.

18 Ob es sich bei der Fahrt eines Arbeitnehmers zur Arbeit bereits um eine berufliche Tätigkeit handelt, kann mit Recht bezweifelt[17] werden. Es handelt sich sozialversicherungsrechtlich bei einem Unfall zur Arbeitsstelle um einen Wegeunfall, der wie ein Arbeitsunfall behandelt wird, § 8 Abs. 2 Nr. 1 SGB VII. Damit ist es aber noch kein Arbeitswegeunfall, bei dem in Ausübung der beruflichen Tätigkeit, z.B. ein Monteur zu einem Kunden fährt und auf diesem Weg mit dem Fahrzeug verunglückt.

IV. Verantwortlichkeiten unter Kfz-Bezug

19 Wegen Schäden an geschützten Arten trifft eine öffentlich-rechtliche Verantwortlichkeit[18] bei einfachem Verschulden jedermann.

20 Wegen Schäden an geschützten Arten, Wasser und Boden besteht eine Gefährdungsverantwortlichkeit für bestimmte berufliche Tätigkeiten gemäß Anlage 1 zu § 3 Abs. 1 USchadG. Ein Verschulden ist wie nach § 7 StVG nicht erforderlich.

21 Für den Kfz-Bereich sind herauszustellen:
- das Einsammeln und Befördern von Abfällen und gefährlichen Abfällen nach Nr. 2 der Anlage 1 zu § 3 Abs. 1 USchadG (z.B. Müll- und Entsorgungsfahrzeuge)
- das Lagern und Abfüllen von gefährlichen Stoffen oder Zubereitungen, Pflanzenschutzmittel, Biozidprodukte; sowie deren innerbetriebliche Beförderung nach Nr. 7 der Anlage 1 zu § 3 Abs. 1 USchadG (z.B. Tankwagen als Zwischenlager, Tankvorgänge, Befüllen des Tanks der Anbauspritze an der landwirtschaftlichen Zugmaschine)

---

15 Im Ausland sind Erweiterungen des Anwendungsbereichs durch nationales Recht nicht ausgeschlossen.

16 Stiefel/Maier/*Meinecke*, Kfz-USV, Rn. 12.

17 Stiefel/Maier/*Meinecke*, Kfz-USV, Rn. 16.

18 Haftung ist ein Begriff aus dem Zivilrecht. Das USchadG spricht von Verantwortlichkeiten. Entgegen Stiefel/Maier/*Meinecke*, Kfz-USV, Rn. 13 sollte man hier klarer trennen.

- Beförderung gefährlicher oder umweltschädlicher Güter nach Nr. 8 der Anlage 1 zu § 3 Abs. 1 USchadG (Gefahrguttransporte)
- außerbetrieblicher Transport gentechnisch veränderter Mikroorganismen nach Nr. 10 der Anlage 1 zu § 3 Abs. 1 USchadG (Transporte mit jedem PKW möglich)
- grenzüberschreitende Verbringung von Abfällen nach Nr. 12 der Anlage 1 zu § 3 Abs. 1 USchadG

V. Pflichten

Den Verantwortlichen treffen Informations-, Gefahrenabwehr- und Sanierungspflichten in einem gestuften Verhältnis nach den §§ 4 ff. USchadG. 22

Die Kfz-USV ist dagegen nur danach ausgerichtet, eine Freistellung wegen öffentlich-rechtlicher Sanierungspflichten zu decken. 23

VI. Grenzen der Inanspruchnahme

Das deutsche Recht hat mit Ausnahme vom Land Berlin[19] keine materiellen Grenzen gezogen, wie sie nach der Richtlinie 2004/35/EG möglich sind und beispielsweise in Italien in zulässiger Weise[20] aufgenommen wurden. Grundsätze des Schadensersatzrechts finden keine Anwendung. Selbst bei Sabotageakten gegenüber Gefahrgutfahrzeugen bleibt eine unbegrenzte Verantwortlichkeit der beruflich tätigen Person bestehen Der Täter selbst wird nach dem USchadG nicht für den Ökoschaden verantwortlich gemacht, wenn er hier nicht beruflich tätig war. 24

VII. Ausgleichsansprüche

Das Gesetz gibt Mitverantwortlichen nach § 9 Abs. 2 Satz 2 USchadG einen öffentlich-rechtlichen Ausgleichsanspruch, der im Zivilrechtswege in entsprechender Anwendung des § 426 Abs. 1 Satz 2 BGB geltend gemacht werden kann. Der Beginn der Verjährung und die Verjährungsfristen sind gesondert geregelt, vgl. § 9 Abs. 2 S. 3 – 5. 25

Der im »zivilrechtlichen Kleid« erscheinende Ausgleichsanspruch ist bei der Kfz-USV zu berücksichtigen. 26

VIII. Naturschützer

Anerkannte Umweltschutzverbände (Naturschutzvereine) sind mit eigenen Mitwirkungs- und Klagerechten ausgestattet, §§ 11 USchadG i.V.m. 3 UmwRG[21]. Die Behörde hat entgegen *Dombert*[22] kein eigenes Entschließungsermessen, ob sie tätig werden will. Dies ist eine weitere Folge aus dem Urteil des *EuGH*[23] zur Aufstellung von Aktionsplänen gegen die Feinstaubbelastung. 27

---

19 Gesetz v. 20.05.2011, GVBl. 2011, 209.

20 *EuGH* Urt. v. 04.03.2015 – Rs. C-534/13, Pressemitteilung Nr. 28/2015 des EuGH vom 04.03.2015.

21 Dies gilt EU-weit, vgl. Richtlinie 2004/35/EG.

22 *Dombert* § 10 USchadG, – Abschied vom polizeilichen Entschließungsermessen? ZUR 2008, 406 ff.

23 *EuGH* Urt. v. 25.07.2008 – C-237/07 (Janecek), JurionRS 2008, 21881 = DAR 2008, 585 = NVwZ 2008, 984 = UPR 2008, 391 = ZUR 2008, 418.

A.1 Kfz-Umweltschadensversicherung – für öffentlich-rechtliche Ansprüche nach dem Umweltschadensgesetz

A.1.1 Was ist versichert?

A.1.1.1 Sie haben mit Ihrem Fahrzeug die Umwelt geschädigt

Wir stellen Sie von öffentlich-rechtlichen Ansprüchen zur Sanierung von Umweltschäden nach dem Umweltschadensgesetz (USchadG) frei. Voraussetzung ist, dass diese durch einen Unfall, eine Panne oder eine plötzliche und unfallartige Störung des bestimmungsgemäßen Gebrauchs des Fahrzeugs (Betriebsstörung) verursacht worden ist.

Ausgenommen vom Versicherungsschutz sind Ansprüche, die auch ohne Bestehen des Umweltschadensgesetzes bereits aufgrund gesetzlicher Haftpflichtbestimmungen des Privatrechts gegen Sie geltend gemacht werden können. Hinweis: Diese Ansprüche sind im Allgemeinen über die Kfz-Haftpflichtversicherung gedeckt.

Übersicht

A. Allgemeines

1 Die Kfz-Umweltschadensversicherung kürzt sich selbst als »Kfz-USV« ab. Es handelt sich dabei um ein wichtiges Unterscheidungsmerkmal zu zwei anderen Umweltschadensversicherungen[1] aus dem Bereich der allgemeinen Haftpflichtversicherung[2]: die USV[3] und die USV-Basis[4]. Dabei ist hervorzuheben, dass sich die Kfz-USV inhaltlich eng an die USV anlehnt. Die USV sowie USV-Basis wurden in die AVB BHV integriert – und zwar standardmäßig (bisher: fakultativ). Wie bei der Umwelthaftpflicht-Basisversicherung sind auch die Musterbedingungen für die Umweltschadens-Basisversicherung 1:1 inhaltlich umgesetzt worden bis auf wenige Ausnahmen[5].

2 Auch wenn es in der Überschrift »Kfz-USV« heißt, können ebenfalls Anhänger als Fahrzeuge in der Kfz-USV versichert werden. Häufig ist es gar nicht der Motor des Fahrzeugs, der wegen Betriebsmittelverlusten (Motoröl und Treibstoff) Schäden verursacht, sondern Ladungsverluste, die auch vom Anhänger stammen können.

---

1 Zu den Eckpunkten der Umweltschadensversicherung siehe Halm/Engelbrecht/Krahe/*Schoebel* Handbuch des Fachanwalts Versicherungsrecht, 6. Aufl., Kap. 30, Rn. 75 ff.

2 Die USV ist keine Haftpflichtversicherung im üblichen Sinne, da es nicht um Ansprüche von Personen geht.

3 Unverbindliche Musterbedingungen des GDV, Stand Oktober.

4 Unverbindliche Musterbedingungen des GDV, Stand Februar 2014.

5 Erläuterungen zur Strukturreform und zu den Allgemeinen Versicherungsbedingungen für die Betriebs- und Berufshaftpflichtversicherung (AVB BHV) des GDV, Stand: August 2014).

Die zweite Überschrift macht deutlich, dass es sich »nur« um ergänzende Bedingungen handelt. Sie ergänzen die Kfz-Versicherung im Rahmen der Kfz-Haftpflichtdeckung, die ihrerseits bereits gemäß A.1.1.1b) AKB 2015[6] auch Umweltschäden Dritter erfasst. 3

Die Vertragsklauseln sind dem mittlerweile gewohnten Bild der Muster-AKB angepasst. Sie enthalten ebenso Fragen und erläuternde Antworten. Um Wiederholungen zu vermeiden nehmen sie dabei inhaltlich unmittelbaren Bezug auf Textpassagen der AKB. 4

Die einzelnen Formulierungen sind geprägt vom Denken in zivilrechtlichen Schadensersatzrechtskategorien. Sie passen damit nicht zu den Erfordernissen des öffentlichen Rechts. 5

B. Regelungsgehalt

I. Überschrift

A.1 einhält nicht nur eine Überschrift. Es ist zugleich der Versuch, den Anwendungsbereich zu präzisieren. Abgestellt wird auf öffentlich-rechtliche Ansprüche nach dem USchadG. 6

Da es um öffentliches Recht geht, wäre es angebracht gewesen, statt von »Ansprüchen« von »Verantwortlichkeiten« zu sprechen. Damit hätte man den Unterschied zur Pflicht-Haftpflichtversicherung nach dem PflVG deutlicher machen können. 7

Die Überschrift schränkt zudem mit »Umweltschadensgesetz« den Anwendungsbereich ein, obwohl dies in dieser Form gar nicht beabsichtigt ist. A.1.4 Kfz-USV verdeutlicht, dass der räumliche Geltungsbereich tatsächlich weiter gehen soll als das nur in Deutschland geltende USchadG. 8

II. Versicherungsfall

Das Deckungskonzept ist dahingehend ausgelegt, dass der Versicherungsfall erst dann eintritt, wenn ein Umweltschaden im Sinne des USchadG tatsächlich eingetreten ist. 9

Dem dürfte die Vorstellung zugrunde liegen, dass es regelmäßig unmittelbar im Rahmen des fehlerhaften Fahrzeuggebrauchs zu einem Schadensfall nach dem USchadG kommen müsste. Bei einem gewöhnlichen Verkehrsunfall mit Blech- oder Personenschaden entstehen die Schäden unvermittelt infolge des Zusammenstoßes des versicherten Fahrzeugs. 10

Beim Umweltschaden – und gerade bei einem Ökoschaden nach dem USchadG – ist dies jedoch grundlegend anders. Der Verkehrsunfall oder sonstige Schaden stiftende Vorgang wird nur selten unmittelbar einen Ökoschaden bewirken. Treten gefährliche Stoffe aus, kann es Stunden, Tage, Wochen und länger dauern, bis sich solche im besonderen geschützten Ökosystem auswirken. 11

Damit tritt der Versicherungsfall tatsächlich oft erst mit einer deutlichen Verzögerung ein. 12

Zur Beantwortung der Frage, ob der Schaden in den Versicherungszeitraum fällt, halten die Allgemeine Versicherungsbedingungen für die Betriebs- und Berufshaftpflichtversicherung (AVB BHV)[7] in A2–3 AVB BHV folgende Regelung parat: 13

6 Unverbindliche Musterbedingungen des GDV, Stand 28.09.2022.

7 Unverbindliche Musterbedingungen des GDV, Stand September 2021.

»*Versicherungsfall ist die* nachprüfbare erste Feststellung […]

- des Umweltschadens (Umweltschaden-Risiko)

durch den Versicherungsnehmer, den Geschädigten, die zuständige Behörde oder einen sonstigen Dritten.

Der Versicherungsfall muss während der Wirksamkeit der Versicherung eingetreten sein. Hierbei kommt es nicht darauf an, ob zu diesem Zeitpunkt bereits Ursache oder Umfang des Schadens […] erkennbar war.«

14 Da in der Kfz-USV keine entsprechende Definition mit zeitlicher Fixierung wie in der vorstehenden USV-Bedingung erfolgt, fehlt es an einer eindeutigen Aussage. Dies führt zu erheblichen Problemen.

▶ **Beispiel:**

15 Ein Geschäftsmann[8] ist kurz vor Jahresende mit seinem Dienstwagen unterwegs zu einem Kunden. Er hat es eilig[9]. In einer Kurve kommt er bei Eisglätte von der Fahrbahn ab und beschädigt ein Transformatorenhäuschen am Straßenrand. Es läuft giftiges Transformatorenöl[10] aus. Der Kfz-Haftpflichtversicherer reguliert den Schaden an dem Transformatorenhäuschen und übernimmt die Kosten für den Bodenaustausch auf dem Gelände des geschädigten Grundstückseigentümers. Wegen der Feiertage geschieht der Bodenaustausch erst im neuen Jahr. Geringe Mengen des giftigen Öls konnten sich allerdings in der Zwischenzeit weiter ausbreiten und gelangten in ein Gebiet mit unter Artenschutz stehenden Feuersalamandern. Im folgenden Frühjahr stellte ein anerkannter Naturschutzverein[11] fest, dass ein wesentlicher Teil der dortigen Population verendet ist. Auf Druck[12] des Vereins erlässt die Behörde eine Sanierungsanordnung.

Zum Jahreswechsel ist der Dienstwagen nicht mehr beim Versicherer A, sondern beim Versicherer B versichert. Keiner will jedoch die Sanierungskosten übernehmen.

16 Der Verkehrsunfall war eindeutig im letzten Jahr und setzte eine Kausalkette in Gang, die erst im Folgejahr zu einem Schaden nach dem USchadG führte.

17 Im Zeitpunkt des Schadeneintritts (Ökoschaden) war der alte Vertrag bereits beendet, so dass der alte Versicherer sich darauf berufen könnte, dass während der Vertragslaufzeit »*die Umwelt nicht geschädigt wurde.*«

18 Der neue Versicherer könnte sich darauf berufen, dass zwar das Fahrzeug zu dem Zeitpunkt des Schadeneintritts bei ihm versichert war, es jedoch innerhalb der Vertragslaufzeit nicht zu einem Unfall kam.

19 Ähnliche Schwierigkeiten ergeben sich, wenn das Fahrzeug aufgrund Totalschadens verschrottet und zugleich der Versicherungsvertrag beendet wurde.

20 Es besteht wegen der besonderen Situation bei Umweltschäden auch das Erfordernis einer zeitlichen Klarstellung. Der Versicherer, der die Prämie für den Zeitraum erhalten hat, in dem die Ursachenkette in Gang gesetzt wurde, ist auch nach[13] Ablauf des Vertrages in die Leistungspflicht zu nehmen. Die Feststellung, wann die Ursachenkette in Gang gesetzt wurde, ist bei Verkehrsunfällen oft auf die Minute genau möglich.

---

8 Nur der beruflich Tätige kann verantwortlich gemacht werden.

9 Ein leichtes Verschulden reicht aus. (Gefährdungsverantwortlichkeit, z.B. Gefahrguttransport).

10 *Vgl. OLG Hamm* Urt. v. 17.03.1992 – 7 U 103/91, NJW-RR 1993, 914.

11 § 3 Abs. 1 Satz 2 UmwRG.

12 §§ 10, 11 Abs. 2 USchadG.

13 Vgl. Hierzu auch die Nachhaftungsklausel, A2–11 AVB-BHV.

III. Freistellungsanspruch

A.1.1.1 Abs. 1 enthält einen Freistellungsanspruch. 21

1. Öffentlich-rechtliche Ansprüche

Der Versicherungsnehmer soll nach der Formulierung von öffentlich-rechtlichen Ansprüchen freigestellt werden. 22

Dies dürfte in dieser Form objektiv nicht möglich sein. Tatsächlich können damit nur die wirtschaftlichen Folgen der Inanspruchnahme aufgrund von öffentlich-rechtlichen Verantwortlichkeiten gemeint sein. 23

2. Sanierung von Umweltschäden nach dem USchadG

Die Sanierungspflicht ist eine wichtige Rechtsfolge aus der Verantwortlichkeit für Schäden nach dem USchadG. Zur Sanierungspflicht nach § 6 USchadG gehört nicht nur die eigentliche Sanierung als solche, sondern auch die Erstellung eines Sanierungsplanes. Dieser ist der Behörde vorzulegen und genehmigen zu lassen, §§ 6 Nr. 2 i.V.m. 8 Abs. 1 USchadG. 24

Entsprechend kann der VN erwarten, dass diese kostenträchtigen Vorbereitungshandlungen zur Sanierung mit gedeckt sind. Im Schadensersatzrecht wäre dies vergleichbar mit den Kosten für die Erstellung eines Sachverständigengutachtens, mit dem nicht nur der Schadensumfang, sondern auch der sachgerechte Reparaturweg festgestellt wird. 25

3. Aufwendungen zur Verhinderung des Schadenseintritts

Die Sanierungspflicht ist aber nicht die einzige Folge. 26

Den beruflich Tätigen treffen als Verantwortlichen Pflichten in einem gestuften Verhältnis:
- die Informationspflicht nach § 4 USchadG
- die Gefahrenabwehrpflicht nach § 5 USchadG
- und dann erst die Sanierungspflicht nach § 6 USchadG

Die Vertragsklausel erwähnt im Zusammenhang mit dem Freistellungsanspruch weder die Informations- noch die Gefahrenabwehrpflicht. Dennoch hat der Versicherte auch hierüber den Versicherer zu informieren, E.1 bis 4 Kfz-USV. 27

Schon die Information an die Behörde und erst recht die Maßnahmen zur Gefahrenabwehr verursachen dem Versicherungsnehmer Kosten. 28

Bei diesen Kosten handelt es sich nicht um Aufwendungen zur Sanierung des Schadens. Es sind allein Aufwendungen zur Verhinderung eines Schadenseintritts. 29

Die Vertragsklauseln sehen jedoch nicht vor, dass dem Versicherungsnehmer auch die Kosten der Gefahrenabwehr zu erstatten sind. 30

Im Gegensatz zur Kfz-USV, die sich sonst eng an die damalige USV anlehnt, enthielten diese einen eigenen Abschnitt über »Aufwendungen vor Eintritt des Versicherungsfalls«. Die Kosten zur Abwehr und Schadensminderung waren dort ausdrücklich mitversichert, vgl. A2–2.5. USV und auch in den AVB BHV, in denen die USV zwischenzeitlich integriert worden ist, finden sich unter A2.7 entsprechende Regelungen. 31

Andererseits sind die Kosten der Gefahrenabwehr zur Verhinderung eines Ökoschadens nicht ausdrücklich ausgenommen. Der Versicherungsnehmer könnte erwarten, wenn er denn schon eine ganze Liste von Obliegenheiten nach E.1 zu beachten hat, auch von diesen Kosten freigestellt zu werden. 32

33 Die §§ 82, 83 VVG könnten hier auf den ersten Blick helfen. Sie sind halbzwingend, dürfen also nicht zum Nachteil[14] des Versicherungsnehmers abgeändert werden, § 87 VVG. Sie setzen allerdings den Eintritt des Versicherungsfalles voraus. Dieser liegt zeitlich aber oft erst lange nach der Ursachensetzung.

34 Entscheidend ist, als was man die Kfz-USV verstehen mag.

35 Ist sie eine Sachversicherung, kann der Versicherungsnehmer gleichwohl Aufwendungsersatz vom Versicherer verlangen. Dies war früher über die Vorerstreckungstheorie des *BGH*[15] eröffnet worden und ist heute ausdrücklich über den grundsätzlich abdingbaren[16] § 90 VVG geregelt.

36 Sieht man in der Kfz-USV dagegen eine Haftpflichtversicherung, ist streitig, ob § 90 VVG bzw. die Vorerstreckungstheorie ebenfalls auf die Haftpflichtversicherung[17] anzuwenden ist. Der *BGH* hat eine Anwendung der Vorerstreckungstheorie auf die Haftpflichtversicherung zunächst verneint[18], dann aber offen[19] gelassen. Da der Gesetzgeber bei der Änderung des VVG die Haftpflichtversicherung – obwohl dies diskutiert wurde – nicht einbezogen hat, wird es wohl hierbei bleiben. Der *BGH*[20] wendete allerdings zum Vorteil des Bundes – ohne es ausdrücklich zu erklären – gegen den Willen des Gesetzgebers die Vorerstreckungstheorie an.

37 Tatsächlich ist die Kfz-USV nur einer Haftpflichtversicherung angenähert. Dennoch ist sie nicht voll damit vergleichbar. Es geht nicht um zivilrechtliche Haftpflichtansprüche, von denen der VN freigestellt werden soll, sondern um Folgen aus einer öffentlich-rechtlichen Verantwortlichkeit.

38 Die Unterscheidung ist besonders wichtig, da auch die Gefahrbegriffe bzw. die Verpflichtung zum Einschreiten nach öffentlich-rechtlichen Maßstäben andere sein können als nach versicherungsvertraglichen Bedingungsmustern.

39 Schließlich gibt es auch keinen unmittelbaren Ausgleichsanspruch unter Haftpflichtigen, sondern nur eine entsprechende Anwendung des § 426 BGB auf verantwortliche Mitverursacher, § 9 Abs. 2 Satz 1 USchadG.

40 Die Kfz-USV sollte man als eine Quasi-Haftpflichtversicherung eigener Art verstehen. Für diese scheidet ebenfalls eine analoge Anwendung des § 90 VVG aus.

---

14 Schwintowski/Brömmelmeyer/*Kloth/Krause* PK-VersR, § 82 VVG, Rn. 25 u. § 83 VVG, Rn. 22.

15 *BGH* Urt. v. 20.02.1991 – IV ZR 202/90, BGHZ 113, 359 = JurionRS 1991, 14439 = DAR 1991, 261 = MDR 1991, 1042 = NZV 1991, 226 = NJW 1991, 1609 = VersR 1991, 459 = zfs 1991, 135 (Kasko-Versicherung); *BGH* Urt. v. 13.07.1994 – IV ZR 250/93, JurionRS 1994, 17410 = NJW-RR 1994, 1366 = VersR 1994, 1181 = DAR 1994, 398 = MDR 1995, 43 = SP 1994, 322 = r+s 1994, 326 = NZV 1994, 391 = zfs 1994, 370 = VRS 88, 120 (Kasko-Versicherung).

16 Schwintowski/Brömmelmeyer/*Hammel* PK-VersR, § 90 VVG, Rn. 25; Staudinger/Halm/Wendt/Exter Versicherungsrecht § 91 VVG Rn. 7; str. Looschelders/Pohlmann/*Schmidt-Kessel* VVG-Kommentar, § 90 VVG, Rn. 7.

17 Überblick bei *Schimikowski* Vorerstreckung des Rettungskostenersatzes in der Reformdiskussion, r+s 2003, 133 ff.; **verneinend:** *OLG Köln* Urt. v. 30.04.2002 – 9 U 110/01, JurionRS 2002, 32329 = ADAJUR Dok. Nr. 51794 = NVersZ 2002, 519 = r+s 2003, 12 = VersR 2002, 1231; Schwintowski/Brömmelmeyer/*Hammel* PK-VersR, § 90 VVG, Rn. 4; *Langheid* NJW 2006, 3317; **bejahend:** Looschelders/Pohlmann/*Schmidt-Kessel* VVG-Kommentar, § 82 VVG, Rn. 4 u. § 90 VVG, Rn. 2; **offen lassend:** Schwintowski/Brömmelmeyer/*Kloth/Krause* PK-VersR, § 82 VVG, Rn. 7.

18 *BGH* Urt. v. 18.01.1965 – II ZR 135/62, BGHZ 43, 88 = JurionRS 1965, 11340 = MDR 1965, 460 = VersR 1965, 325 = NJW 1965, 755.

19 *BGH* Urt. v. 29.09.2004 – IV ZR 162/02, zfs 2005, 250 = r+s 2004, 499 = NJW-RR 2004, 1675 = VersR 2005, 110.

20 *BGH* Urt. v. 28.09.2011 – IV ZR 294/10, DAR 2011, 704 = MDR 2011, 1347 = NJW-RR 2012, 163 = NZV 2012, 34 = r+s 2012, 17 = VersR 2011, 1509 = VRR 2012, 24 bespr. v. *Knappmann* = zfs 2011, 695; Zu Recht ablehnend *Martin Müller* r+s 2012, 584 ff.

Dieses Ergebnis – wenn auch nachteilig für den VN – schafft in gewisser Form Rechtsklarheit. Es ist nämlich in vielen Fallkonstellationen äußerst schwierig, einen unmittelbar bevorstehenden Schadenseintritt festzustellen. Nach § 2 Nr. 2 USchadG wird unter »Schaden oder Schädigung: *eine direkt oder indirekt eintretende feststellbare nachteilige Veränderung einer natürlichen Ressource (Arten und natürliche Lebensräume, Gewässer und Boden) oder Beeinträchtigung der Funktion einer natürlichen Ressource*« verstanden. Ab wann eine nachteilige Veränderung festzustellen ist, richtet sich nach Quantität und Qualität des Eingriffs. 41

4. Unfall, Panne

Unfall und Panne sind im Sprachgebrauch übliche Begriffe, wie sie in A.2.2.2.2 AKB 2015; A.3.5.4 AKB 2015; A.4.1.2. AKB 2015 und A.5.1 Satz 2 AKB 2015 definiert sind. Sie lassen sich auf die Kfz-USV[21] übertragen. 42

5. Betriebsstörung

Der Begriff »Betriebsstörung« ist aus dem Bereich der Deckung von stationären Anlagen entnommen. Die Übernahme in den Kfz-Bereich ist da sinnvoll, wo nicht das Kraftfahrzeug als Fortbewegungsmittel, sondern als Arbeitsmaschine Verwendung findet. Damit werden Schäden durch allmähliche Einwirkungen und den Normalbetrieb ausdrücklich ausgenommen. Geräusch- und Abgasemissionen sind dem Normalbetrieb des Fahrzeugs immanent und werden nicht gedeckt. Auch das Ruhen eines längerfristig abgestellten Fahrzeugs kann theoretisch zu Schäden nach dem USchadG führen, wenn sein Schattenwurf auf eine Bruchsteinmauer den Lebensraum geschützter Eidechsen gefährdet. 43

Beispiele für Betriebsstörungen sind neben Bedienungsfehlern[22] an einer Fahrzeugeinrichtung, Schlauchplatzer bei der Abgabe von flüssigem Gefahrgut oder ein undichtes Bodenventil an einem Tankwagen. 44

Umweltschäden durch Reparaturarbeiten am Fahrzeug sind dagegen keine[23] versicherten Betriebsschäden durch das Fahrzeug. Das Fahrzeug ist während der Reparatur weder in Betrieb noch wird es gebraucht. Es wird lediglich die Grundlage dafür geschaffen, dass das Fahrzeug wieder bestimmungsgemäß gebraucht werden kann. Reparaturarbeiten fallen ausschließlich in das Risiko des Reparaturbetriebes. Selbst die Eigenreparatur ist nur eine Arbeit am Objekt Fahrzeug. Hierdurch verursachte Schäden an Umweltgütern nach dem USchadG sind über die betriebliche USV versicherbar. 45

6. Sabotageakte

Folgen von Sabotageakten sind in den Bedingungen nicht ausdrücklich erwähnt. Entsprechend zivilrechtlicher Grundsätze haftet der Fahrzeughalter bei höherer Gewalt für Schäden Dritter nicht. 46

Im öffentlichen Recht sind die Verantwortlichkeiten anders geregelt. Wird im Rahmen eines Sabotageaktes ein Gefahrgutfahrzeug angezündet, bleibt der Unternehmer verantwortlich. Nach dem deutschen Recht[24] hält das USchadG keine Kostenbefreiung parat. 47

Im Verständnis des Versicherungsnehmers handelt es sich bei Sabotageakten nicht um Betriebsstörungen durch das Fahrzeug, sondern um solche, die den geordneten Betrieb des Fahrzeugs von außen her stören. 48

21 Stiefel/Maier/*Meinecke* Kfz-USV, Rn. 29 u. 30.

22 *OLG Dresden* Urt. v. 28.02.2001 – 11 U 1222/00, NJW-RR 2001, 1252 (Dieselkraftstoff in Motorölstutzen); Stiefel/Maier/*Meinecke* Kfz-USV, Rn. 31.

23 A.A. Stiefel/Maier/*Meinecke* Kfz-USV, Rn. 32.

24 Anders dagegen der österreichische § 8 Abs. 3 Nr. 1 B-UHG.

49 Im Ergebnis macht es allerdings für den Versicherungsnehmer keinen Unterschied, aus welchen Umständen heraus er letztlich von der Behörde als Verantwortlicher herangezogen wird. Entsprechend sind Sabotageakte – gedeckte – besondere Betriebsstörungen.

IV. Abgrenzung zur Kfz-Haftpflichtversicherung

50 Abs. 2 der Vertragsklausel hat klarstellenden Charakter und dient der Abgrenzung[25]. Nach den AKB 2015 werden typischerweise privatrechtliche Ansprüche, die auf gesetzlichen Haftpflichtbestimmungen beruhen, bereits über die Kfz-Haftpflichtversicherung gedeckt. Die Kfz-USV will gerade nur die rein öffentlich-rechtlichen Verantwortlichkeiten nach dem USchadG ansprechen.

51 Richtigerweise betont der Hinweis in Satz 2, dass diese Ansprüche im »Allgemeinen« über die Kfz-Haftpflichtversicherung gedeckt sind. Beschränkt sich der Kfz-Haftpflichtvertrag auf eine reine Basisdeckung nach den Vorgaben des PflVG, sind beispielsweise zivilrechtliche Ansprüche wegen Ausbringungsschäden von vornherein ausgeschlossen. Die individuellen AKB sind auch hier heranzuziehen.

C. Weitere Praktische Hinweise

52 Ein wesentliches Merkmal für die Betriebsstörung ist der bestimmungsgemäße Gebrauch des Fahrzeugs. Handelt es sich bei dem zu versichernden Fahrzeug um ein Fahrzeug, mit dem unterschiedliche Arbeitsleistungen verrichtet werden sollen, ist es ratsam, zumindest die Kerntätigkeiten in den Antrag mit aufzunehmen. Zwar muss der Versicherer beraten und auch nachfragen; fachliche Details der beabsichtigten Verwendung kennt jedoch nur der Versicherungsnehmer.

Begründete und unbegründete Ansprüche

A.1.1.2 (Geldersatz)

Sind die Ansprüche nach dem Umweltschadensgesetz begründet, leisten wir Ersatz in Geld.

A. Allgemeines

1 Die Vorschrift ähnelt der Regelung in A.1.1.2 AKB.

B. Regelungsgehalt

2 Der Versicherer ist nach der Klausel lediglich verpflichtet, seine Leistung in Geld zu erbringen. Dies entspricht A.1.1.2 AKB 2015 und § 115 Abs. 1 Satz 3 VVG hinsichtlich der Schadensersatzansprüche.

3 Der Versicherer kann jedoch auch mehr tun. Betreibt er ein professionelles Umweltschadenmanagement[1], kann dies zu erheblichen Einsparungen beim Schadenaufwand führen. Der VN wird dies zudem erwarten, da er schließlich dem Versicherer umfassend berichten muss. Er hat sich sogar nach E.1.4 mit ihm abzustimmen. Insofern kann nicht nur die Erforderlichkeit der Maßnahme, sondern auch der nötige Kostenaufwand zur Umsetzung der Maßnahme abgestimmt werden.

---

25 Stiefel/Maier/*Meinecke* Kfz-USV, Rn. 39.

1 Hierzu Himmelreich/Halm/*Schwab* **HdB.** des Fachanwalts Verkehrsrecht, **6. Auflage** Kap. 28.

Überlässt der Versicherer trotz Informationserteilung und Abstimmungsersuchen durch den VN diesem die weitere Abwicklung, wird er sich sowohl bezüglich der Maßnahmen als auch der Kosten später nicht darauf berufen können, sie seien unbegründet, § 242 BGB. 4

C. Weitere praktische Hinweise

Der VN ist in der schwierigen Situation, sich gegenüber seinem Versicherer rechtlich absichern zu müssen. Entsprechende Aufzeichnungen (Notizen, Faxschreiben und sonstige Dokumentationen) sind unabdingbar, falls der Versicherer die Regulierung nicht unmittelbar selbst in die Hand nimmt. Dies kann in der Form geschehen, dass er einen geeigneten Sachverständigen beauftragt, den er dem VN wegen der Abwicklung zur Seite stellt. 5

A.1.1.3 (Rechtsschutzanspruch)

Sind die Ansprüche nach dem Umweltschadensgesetz unbegründet, wehren wir diese auf unsere Kosten ab. Dies gilt auch, soweit die Ansprüche der Höhe nach unbegründet sind.

Übersicht Rdn.

A. Allgemeines

Die gewollten Parallelen zu A.1.1.3 AKB sind unverkennbar. Es handelt sich ebenfalls um einen Rechtsschutzanspruch. 1

B. Regelungsgehalt

Wie der Kfz-Haftpflichtversicherer ist auch der Versicherer nach den Kfz-USV kein Rechtsschutzversicherer. Er gibt dem Versicherungsnehmer jedoch einen Rechtsschutzanspruch. Auch hier ist die Anwaltswahl des Versicherungsnehmers nicht gegeben, A.1.1.4 Abs. 2 und E.1.6 Satz 2 u. 3 Kfz-USV. 2

Da es sich beim USchadG um ein Gesetz handelt, das dem öffentlichen Recht angehört, sind andere Rechtsverteidigungen erforderlich als dies bei privatrechtlichen Schadensersatzansprüchen der Fall wäre. 3

I. zu tragende Abwehrkosten

Die Abwehr wegen unberechtigter Inanspruchnahme als Verantwortlicher nach dem USchadG beinhaltet insbesondere: 4
- Ermittlungskosten zur Feststellung von Tatsachen (Sachverständigengutachten, Zeugenbefragungen, Ortsbesichtigungen)
- Kosten im Zusammenhang mit Verhandlungen mit berechtigten Drittinteressierten (anerkannter Naturschutzverein, unmittelbar antragberechtigter Betroffener)
- Kosten des etwaigen Anhörungsverfahrens
- Kosten eines Verwaltungsvorverfahrens, § 68 VwGO
- Kosten von Aktivprozessen (Anfechtungsklage), § 42 VwGO
- (vorübergehende)[1] Leistung der Hauptsache bei Leistungsbescheiden, deren Vollziehung nicht ausgesetzt wird

1 Stellt sich die materielle Berechtigung des Leistungsbescheides heraus, wandelt sich die geleistete Zahlung in eine Zahlung zur Befriedigung des Freistellungsanspruchs nach A.1.1.1 Kfz-USV um.

- Kosten des vorläufigen Rechtsschutzes nach § 80 Abs. 5 VwGO
- Kosten zur Abwehr von Ausgleichsforderungen anderer Verantwortlicher nach § 9 Abs. 2 Satz 1 USchadG i.V.m. § 426 Abs. 1 Satz 2 BGB, die Sanierungsaufwendungen betreffen. Hierfür ist der Rechtsweg zu den ordentlichen Gerichten eröffnet, § 9 Abs. 2 Satz 5 USchadG

II. nicht zu tragende Kosten

5 Der Versicherungsnehmer kann einer von mehreren Verantwortlichen nach dem USchadG sein. Daraus ergeben sich wechselseitige Ausgleichsansprüche. Zu den nicht gedeckten Kosten der Rechtsverfolgung zählen insbesondere:

- Kosten zur Abwehr von Ausgleichsforderungen anderer Verantwortlicher nach § 9 Abs. 2 Satz 1 USchadG i.V.m. § 426 Abs. 1 Satz 2 BGB, die Gefahrabwendungsaufwendungen betreffen. Auch hierfür ist der Rechtsweg zu den ordentlichen Gerichten eröffnet, § 9 Abs. 2 Satz 5 USchadG
- Soweit der Versicherungsnehmer eigene Aufwendungen hatte, die die Gefahrenabwehr nach § 5 USchadG betreffen, war sein Versicherer schon nicht[2] leistungspflichtig. Entsprechend ist auch der Rechtsschutzanspruch nicht darauf ausgelegt, aktiv den Regress beim Mitverantwortlichen durchzuführen.

C. Weitere praktische Hinweise

6 Hat der Versicherer an den Versicherungsnehmer geleistet bzw. ihn von der Verbindlichkeit (aufgrund der Verantwortlichkeit) befreit, geht der Ausgleichsanspruch[3] auf den Kfz-USV-Versicherer als Schadenversicherer über, 86 Abs. 1 VVG. Der Versicherer kann daher selbst im eigenen Namen aus übergegangenem Recht beim Mitverantwortlichen regressieren.

Regulierungsvollmacht

A.1.1.4 Regulierungsvollmacht

Wir sind bevollmächtigt, alle uns zur Abwicklung des Schadens zweckmäßig erscheinenden Erklärungen im Rahmen pflichtgemäßen Ermessens abzugeben. Dies schließt Erklärungen zur Abwehr unberechtigter Inanspruchnahme durch die Behörde oder einen sonstigen Dritten ein.

Kommt es in einem Versicherungsfall zu einem Verwaltungsverfahren oder Rechtsstreit gegen Sie, so sind wir zur Verfahrens- und Prozessführung bevollmächtigt. Wir führen das Verwaltungsverfahren oder den Rechtsstreit in Ihrem Namen auf unsere Kosten.

Übersicht

2 Siehe oben Kfz-USV A.1.1.1 Rdn. 26–41.

3 Ausgleichsansprüche werden zu den Ersatzansprüchen gezählt, siehe *BGH* Urt. v. 25.04.1989 – VI ZR 146/88, VersR 1989, 730 = MDR 1989, 901 = NZV 1991, 349 = VRS 77, 103 = NJW-RR 1989, 918 = r+s 1992, 192; Schwintowski/Brömmelmeyer/*Kloth*/*Krause* PK-VersR, § 86 VVG, Rn. 18; Looschelders/Pohlmann/*von Koppenfels-Spies* VVG-Kommentar, § 86 VVG, Rn. 6; Staudinger/Halm/Wendt/Halbach Versicherungsrecht § 86 VVG Rn. 11.

A. Allgemeines

Die gewöhnliche Regulierungsvollmacht nach A.1.1.4 AKB 2015 ist auf gesetzliche Haftpflichtansprüche privatrechtlichen Inhalts ausgerichtet. Besteht Gesetzeskonkurrenz hinsichtlich privatrechtlicher Schadensersatzansprüche und öffentlich-rechtlicher Verantwortlichkeiten kann der Versicherer nach heutigem Verständnis den Versicherungsnehmer auch in diesem Bereich über die ihm erteilte Vollmacht rechtswirksam vertreten. 1

Die Situation bei rein öffentlich-rechtlichen Verantwortlichkeiten nach dem USchadG ist grundlegend anders. Entsprechend bedarf es einer darauf ausgerichteten Vollmacht. Der Text von Satz 1 wurde bei der Überarbeitung in 2015 sprachlich in zwei Sätze umgeformt. Eine inhaltliche Änderung ist damit nicht verbunden. 2

Da die Verantwortlichkeiten nach dem USchadG in keiner Weise vom PflVG berührt werden, ist mangels Verkehrsopferschutz keine gesetzliche Vertretungsmacht herzuleiten. Gerade wegen der Unterschiede zu A.1.1.4 AKB 2015 ist eine Vollmacht an dieser Stelle unabdingbar. 3

B. Regelungsgehalt

I. allgemeine Vollmacht

1. Regulierungsvollmacht durch den Versicherungsnehmer

Absatz 1 enthält eine allgemein gehaltene Vollmacht. Es ist eine gewillkürte Vertretungsmacht, die dem Versicherer mit Abschluss des Versicherungsvertrages durch den Versicherungsnehmer erteilt wird. 4

Die Vollmacht wird einzig und allein durch den Versicherungsnehmer erteilt. 5

2. Regulierungsvollmacht durch Mitversicherte

Mitversicherte Personen nach A.1.2 Kfz-USV, der auf A.1.2 AKB 2015 verweist, sind keine Vertragspartner des Versicherers und erteilen damit auch keine Regulierungsvollmacht per Vertragsabschluss. Es fehlt bei diesen Personen an einer rechtsgeschäftlichen Erklärung. 6

Eine gesetzliche Vertretungsmacht, die der *BGH*[1] zu Recht für die nach § 1 PflVG zu versichernden Personen (Halter, Fahrer und Eigentümer des Fahrzeugs) vorsieht, besteht wegen des im USchadG fehlenden Schutzzwecks »Verkehrsopfer« nicht. 7

Anders als bei der konkludenten Vollmachterteilung nach den AKB wird man nicht immer unterstellen können, dass der Mitversicherte, der ein Fahrzeug verwendet, auch erwartet, dass das Fahrzeug (neben der Mindestdeckung nach dem PflVG) zusätzlich Kfz-USV-versichert ist. 8

Erst mit der Schadenmeldung, die sich auch auf den Ökoschaden beziehen muss, geht dem Versicherer eine konkludent erteilte Vollmacht zu. 9

1 *BGH* Urt. v. 03.06.1987 – IVa ZR 292/85, BGHZ 101, 276 = VersR 1987, 924 (925) = zfs 1987, 338 (Ls.) = DAR 1987, 326 = MDR 1987, 917 = BB 1987, 1628 = NJW 1987, 2586; *BGH* Urt. v. 22.07.2004 – IX ZR 482/00,= NJW-RR 2004, 1475 = DAR 2004, 697 = MDR 2005, 90 = NZV 2004, 623 = r+s 2005, 262 = VRS 107, 323 = zfs 2005, 10 = VRR 2005, 109 bespr. v. *Jaeger*.

10 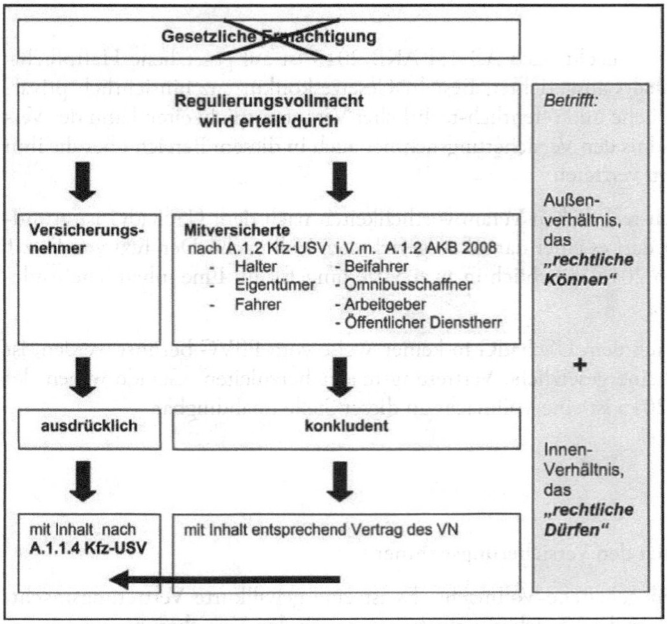

3. Wir sind bevollmächtigt

11 Entsprechend der A.1.1.4 AKB 2015 ist unter »wir« das Versicherungsunternehmen zu verstehen.

a) Widerruflichkeit

12 Anders als die Vollmacht nach A.1.1.4 AKB 2015 ist die Vollmacht widerruflich. Der Versicherungsnehmer ist in seiner Entscheidungsfindung frei, ob und wie lange er durch seinen Versicherer vertreten werden will.

13 Im Rahmen der Zusatzversicherung wird kein Bereich angesprochen, der dem Schutz des Verkehrsopfers dient. Folglich lässt sich hieraus auch nicht herleiten, dass der Versicherer seinem Regulierungsauftrag gegenüber dem Verkehrsopfer nicht gerecht werde.

14 Der Widerruf der Vollmacht stellt allerdings eine Obliegenheitsverletzung dar, wenn zugleich gegen E.1.6 Kfz-USV verstoßen wird.

b) umfassend

15 Die Vollmacht ist umfassend, da der Versicherer bevollmächtigt ist, »alle« Erklärungen zur Abwicklung des Schadens oder zur Abwehr unberechtigter Inanspruchnahmen abzugeben.

16 Als Erklärungsempfänger werden die Behörde und sonstige Dritte angesprochen. Behörde ist die zuständige Behörde zur Abwicklung des Schadensfalles nach dem USchadG. Je nach Schutzgut (Biodiversität, Wasser, Boden) können dies ein oder mehrere Behörden, mitunter auf verschiedenen[2] Verwaltungsebenen, sein.

17 Die Vollmacht erstreckt sich auf Erklärungen gegenüber sonstigen Dritten. Sonstige Dritte sind Personen, denen im Rahmen der Anwendung des USchadG Rechtspositionen eingeräumt werden. Folgende Personen kommen hierfür als Dritte abschließend in Betracht:

2 Übersicht in Himmelreich/Halm/Staab/*Schwab/Heinrichs* Handbuch der Kfz-Schadensregulierung, Kap. 21, Rn. 444.

- anerkannte Naturschutzvereine,
- Betroffene nach USchadG,
- Ausgleichsberechtigte nach § 9 Abs. 2 Satz 2 USchadG i.V.m. § 426 Abs. 1 Satz 2 BGB, sofern es sich um Ausgleichsforderungen aufgrund von Sanierungsmaßnahmen handelt[3].

c) Regulierungsverbot

Der Versicherungsnehmer hat die Möglichkeit, ein Regulierungsverbot zu erteilen. Der Versicherer hat dies zu beachten, da ihm (anders als nach A.1.1.4 AKB 2015) die Vollmacht widerrufen werden kann. 18

II. Verfahrensführungsvollmacht

In Absatz 2 ist eine Verfahrens- und Prozessführungsvollmacht enthalten. Sie geht über die allgemeine Vollmacht nicht hinaus, stellt aber klar, dass der Versicherer nicht nur außerbehördlich und außergerichtlich für den Versicherungsnehmer handeln wird. 19

Zudem wird klarstellend darauf hingewiesen, dass die damit verbundenen Kosten zu Lasten des Versicherers gehen. Der Versicherungsnehmer muss hierdurch nicht fürchten, dass die außerbehördlich und außergerichtlich anfallenden Kosten von ihm zu tragen wären. Dies ist bereits inhaltlich über den Rechtsschutzanspruch nach A.1.1.3 Kfz-USV geregelt. 20

Die inhaltliche Ausgestaltung der Vollmacht erinnert stark an die Abwicklung bei zivilrechtlichen Schadensersatzklagen. Dies ist unpassend. 21

Das USchadG gehört dem öffentlichen Recht an. Folglich sind Verwaltungsverfahrensrecht (VwVfG) und Verwaltungsprozessrecht (VwGO) anzuwenden. 22

Der Versicherungsnehmer ist Beteiligter im Verwaltungsverfahren, da sich der Verwaltungsakt (Sanierungsverfügung oder Kostenbescheid) gegen ihn richtet oder richten wird, § 13 Abs. 1 Nr. 2 VwVfG. Um sich gegen einen Verwaltungsakt zur Wehr zu setzen, hat er Widerspruch nach § 68 Abs. 1 Satz 1 VwGO einzulegen und ggf. einen Aussetzungsantrag nach § 80 Abs. 4 Satz 1 VwGO zu stellen. Anders als im Zivilverfahren ist er es, der folglich aktiv werden muss. Dies gilt insbesondere für das verwaltungsgerichtliche Verfahren, mit dem er die Aufhebung eines für ihn nachteiligen Bescheides begehren kann (Anfechtungsklage nach § 42 Abs. 1 VwGO). 23

C. Weitere praktische Hinweise

Der Versicherer kann im Verwaltungsverfahren den Versicherungsnehmer vertreten. Die einfache Vollmacht muss ggf. schriftlich – durch Vorlage der Kfz-USV i.V.m. dem Versicherungsvertrag – nachgewiesen werden, § 14 VwVfG. 24

Der Versicherer hat ein rechtliches Interesse am Ausgang des Verwaltungsverfahrens, da sich unmittelbar hieraus versicherungsvertragliche Freistellungsansprüche[4] des Versicherungsnehmers ableiten lassen. Folglich kann der Kfz-USV-Versicherer auf eigenen Antrag an dem Verwaltungsverfahren als Beteiligter geführt werden, § 13 Abs. 2 VwVfG. 25

Ist der Versicherer selbst Beteiligter des Verfahrens, ist er mit anzuhören, § 28 VwVfG. Er hat dann auch weitgehend das Recht, die Behördenakte selbst einsehen zu können, § 29 Abs. 1 VwVfG. 26

Gerade bei komplizierten Schadensfällen nach dem USchadG werden viele Unwägbarkeiten auftreten. Als Verfahrensbeteiligter kann der Versicherer zusammen mit seinem Versicherungsnehmer 27

---

3 Ausgleichsansprüche die im Zusammenhang mit der Gefahrenabwehr nach § 5 USchadG entstanden sind, fallen nicht hierunter, da diese vom Versicherungsschutz ausgenommen sind. Entsprechend kann sich die Vollmacht inhaltlich nicht hierauf beziehen. Siehe auch oben Kfz-USV A.1.1.3 Rdn. 5.

4 Zur Beiladung bei rechtlichem Interesse siehe *OVG Rheinland-Pfalz*, Beschl. v. 07.09.2009 – 6 B 10883/09 = DÖV 2009, 1012 = DVBl 2009, 1400 = LKRZ 2009, 459 = NVwZ-RR 2010, 38.

einerseits und der Behörde andererseits einen öffentlich-rechtlichen Vergleich schließen, §§ 55, 54 Satz 2 VwVfG. Evtl. ist die Zustimmung des Dritten (hier ggf. anerkannter Naturschutzverein) zum Vergleich nach § 58 VwVfG einzuholen.

28 Selbst im verwaltungsgerichtlichen Verfahren kann der Versicherer aufgrund seines rechtlichen Interesses am Ausgang des Verfahrens des VN beigeladen werden, § 65 Abs. 1 VwGO.

29 Eine unmittelbare Vertretung des Versicherungsnehmers vor dem Verwaltungsgericht durch den Versicherer ist dagegen fraglich. Zwar handelt das Versicherungsunternehmen durch seine Organe und Stellvertreter, so dass grundsätzlich die Möglichkeit eröffnet wird. § 67 VwGO enthält jedoch eine abschließende Aufzählung. Selbst § 67 Abs. 2 Nr. 2 VwGO greift nicht, da Volljuristen des Versicherers schließlich auch entgeltlich tätig werden. Umso wichtiger ist die Obliegenheit unter E.1.6 Satz 3 Kfz-USV, dem vom Versicherer beauftragten Rechtsanwalt Vollmacht zu erteilen.

A.1.2 Wer ist versichert?

Übersicht

A. Allgemeines

1 A.1.2 Kfz-USV verweist unmittelbar auf A.1.2 AKB 2015.

2 Es kann entsprechend auf die Kommentierung zu A.1.2 AKB 2015 verwiesen werden. Danach sind neben dem Versicherungsnehmer auch der Halter, der Eigentümer, der Fahrer, der (spezielle) Beifahrer, Arbeitgeber/Dienstherr und der Omnibusschaffner mitversichert.

3 Aufgrund der Verweisung gilt dies auch für die Personen, die über das mit Motorkraft bewegte Fahrzeug nach dem A.1.1.5 AKB 2015 mitversichert sind.

B. Regelungsgehalt

I. Bedeutung

4 Die Erweiterung des Kreises der mitversicherten Personen über § 1 PflVG hinaus ist im Rahmen der Kfz-USV besonders wichtig, da es schließlich um Mitversicherte geht, die in einem Bezug zu einem Arbeits- oder Dienstverhältnis stehen. Es handelt sich folglich um Personen, die beruflich tätig sind. Genau an diesen Personenkreis wendet sich das USchadG.

II. weitere Lücken

5 Dennoch ergeben sich über die allgemeinen Lücken hinaus bei der Kfz-USV weitere Lücken im Versicherungsschutz.

1. Mietfahrzeuge

6 Beruflich Tätige, die auf ihr Fahrzeug angewiesen sind, nehmen im Falle einer Panne, einer Unfallreparatur oder auch sonst bei entsprechendem Bedarf, ein Mietfahrzeug in Anspruch.

7 Selbst wenn ihr eigenes Fahrzeug mit einer Kfz-USV ausgestattet ist hilft es da wenig, wenn sie nun unterwegs mit dem Mietfahrzeug in einen Unfall verwickelt werden und für dieses Fahrzeug gerade keine Kfz-USV abgeschlossen wurde.

8 In diesem Falle bleiben sie auf dem Schaden sitzen.

Um dieser Problematik aus dem Wege zu gehen ist es notwendig, in Anlehnung an die sogenannte »Mallorca-Police«, den Versicherungsschutz für das angemietete Fahrzeug zu erweitern. 9

Eine Umsetzung der Mallorca-Police eins zu eins empfiehlt sich allerdings nicht. Dies würde bedeuten, dass ggf. eine Mehrfachversicherung vorläge, wenn das Mietfahrzeug nun doch Kfz-USV-versichert ist. Die Lösung besteht darin, die Mitversicherung des angemieteten Fahrzeugs in Form einer subsidiären Deckung[1] auszugestalten. 10

2. Dienstreisen mit Privatwagen

Eine ähnliche Situation liegt vor, wenn der Unternehmer kein eigenes Fahrzeug zur Verfügung stellt und der Mitarbeiter mit seinem Privatwagen auf Dienstreise geht. Bei dienstlichem Anlass der Fahrt ist der Mitarbeiter beruflich tätig. 11

Besteht für das Privatfahrzeug des Mitarbeiters eine Kfz-USV, ist der Arbeitgeber bzw. der Dienstherr durch den Einbezug über A.1.2 AKB 2015 mitversichert. 12

Verfügt seine Kfz-Haftpflichtversicherung nicht über eine Zusatzdeckung entsprechend der Kfz-USV, bleibt im Schadensfall zunächst der Mitarbeiter durch die Inanspruchnahme der Behörde infolge der Sanierungskosten auf dem Vermögensschaden sitzen. 13

Er kann jedoch seinen Freistellungsanspruch wegen der öffentlich-rechtlichen Inanspruchnahme durch die Behörde nach den allgemeinen arbeitsrechtlichen Prinzipien gegenüber seinem Arbeitgeber bzw. Dienstherrn geltend machen. 14

So wird letztlich – je nach Grad des Verschuldens seines Mitarbeiters (einfache, mittlere oder grobe Fahrlässigkeit) – der Arbeitgeber mit den Kosten des Sanierungsaufwandes belastet. 15

Die Lösung für den Arbeitgeber/Dienstherrn besteht darin, seine Fahrzeugflotte entsprechend so zu versichern, dass in den Fällen, in denen Dienstreisen mit Privatfahrzeugen der Mitarbeiter durchgeführt werden, notfalls über die eigene Kfz-USV der Fahrzeugflotte die Schäden durch den Gebrauch des Mitarbeiterfahrzeugs reguliert werden. 16

C. weitere praktische Hinweise

Vor Abschluss des Versicherungsvertrages sind die Informations- und Beratungspflichten einzuhalten. 17

Besteht die entfernte Möglichkeit, dass das zu versichernde Fahrzeug auch im Rahmen einer beruflichen Tätigkeit genutzt werden soll, ist auf die Zusatzversicherung nach der Kfz-USV hinzuweisen. Wird das Fahrzeug gelegentlich für Dienstreisen eingesetzt, ist dies zwingend. 18

Wird das Fahrzeug dagegen nur für die Fahrten von und zur Arbeit »beruflich« verwendet, sollte im Zweifel ebenfalls die Zusatzversicherung angeboten werden. Nach der bislang weiterhin offenen Rechtslage ist unbekannt, wie die Verwaltungsgerichte entscheiden werden. Im Hinblick auf die besseren Argumente[2] ist zwar anzunehmen, dass (in Anlehnung an die Rechtsprechung der Sozialgerichte) nur der Betriebswegeunfall als Arbeitsunfall und damit als berufliche Tätigkeit im Sinne des USchadG angesehen wird. Ausschließen kann man aber nicht, dass auch der »normale« Wegeunfall, der ja mit der beruflichen Tätigkeit – vorbereitend und nachbereitend – im Zusammenhang steht, als solcher angesehen werden wird. 19

Bei gewerblichen Kunden besteht erhöhter Beratungsbedarf. Insbesondere haben Makler darauf hinzuweisen, dass die Kfz-USV Lücken lässt. Diese können entweder dadurch geschlossen werden, dass man auf Mietwagen und die Nutzung von Privatwagen für Dienstreisen verzichtet oder den Deckungsschutz individualvertraglich erweitert. 20

---

1 Beispiel: Bedingungen im R+V-Konzern.

2 So auch Stiefel/Maier/*Meinecke* Kfz-USV, Rn. 12.

A.1.3 Versicherungssumme, Höchstzahlung und Selbstbeteiligung

Versicherungssumme, Höchstzahlung

A.1.3.1 Versicherungssumme, Höchstzahlung

Die Höhe der für Umweltschäden vereinbarten Versicherungssumme können Sie dem Versicherungsschein entnehmen. Diese Versicherungssumme ist unsere Höchstleistung für die in einem Versicherungsjahr angefallenen Schadenereignisse unabhängig von deren Anzahl.

< Selbstbeteiligung

A.1.3.2 Selbstbeteiligung

Ist eine Selbstbeteiligung vereinbart, wird diese bei jedem Schadenereignis von der Entschädigung abgezogen. Ihrem Versicherungsschein können Sie entnehmen, ob und in welcher Höhe Sie eine Selbstbeteiligung vereinbart haben. >

Übersicht

A. Allgemeines

1 Die Klausel A.1.3 Kfz-USV ist in der Kfz-Versicherung unüblich[1]. In diesem Zusammenhang wird besonders deutlich, dass die Bedingungen der USV übernommen und angepasst wurden.

B. Regelungsgehalt

I. Höchstleistung im Versicherungsjahr

2 Der Versicherungsvertrag kann eine Höchstleistung vorsehen, die maximal vom Versicherer – unabhängig von der Anzahl der Schäden in einem Versicherungsjahr – erbracht werden muss.

3 Anders als im Bereich der Kfz-Haftpflichtversicherung kann der Versicherer nicht auf einen Erfahrungsschatz aus früheren Jahrzehnten zurückgreifen. Wäre die Bewertung in Bezug auf die Angemessenheit der Höchstleistungssumme so einfach, hätte sich die Versicherungswirtschaft nicht so schwer damit getan, die Deckungsvorsorge bereits mit der Einführung des USchadG in das Gesetz aufzunehmen.

4 Entsprechend wurde die Deckungsvorsorge nach § 12 USchadG-E aus dem Gesetzentwurf[2] wieder herausgenommen.

1. Begriff der Versicherungssumme in der Kfz-USV

5 Zur Versicherungssumme gehört nach allgemeinem Verständnis die »Entschädigungssumme« ohne[3] Kosten und Zinsen.

6 Bei der Kfz-USV wirft dies wegen der Kosten für öffentlich-rechtliche Sanierungsmaßnahmen ein Problem auf. Es gibt niemanden, der zivilrechtlich zu »entschädigen« ist.

---

1 Stiefel/Maier/*Meinecke* Kfz-USV, Rn. 26.

2 BT-Drucks. 16/3806 S. 9.

3 *Halm*/Engelbrecht/Krahe/Halm/Fitz Handbuch des Fachanwalts Versicherungsrecht, Kap. 23, Rn. 71.

Es zeigt sich, dass weder die Begrifflichkeiten nach A.1.1.1 Kfz-USV passen noch auf allgemeine versicherungsrechtliche Grundsätze zurückgegriffen werden kann. Eine ausdrückliche Klarstellung in den Kfz-USV wäre von Vorteil. Bestehende Zweifel gehen zu Lasten des Verwenders, des Versicherers. 7

In der Kfz-USV fallen unter die »Versicherungssumme« nach ihrem Sinn und Zweck nicht die Entschädigungsleistungen, sondern alle Aufwendungen, die der Behebung[4] des Ökoschadens dienlich sind oder damit in Zusammenhang stehen. Zu nennen sind hierzu insbesondere: 8
- Untersuchungskosten
- Sachverständigenkosten für die Erstellung eines Sanierungsplanes
- Kosten der Umsetzung der Sanierung
- Beschaffung von Ausgleichsgrundstücken
- Leistungen für Ausgleichsmaßnahmen an anderer Stelle
- Kosten der Dokumentation der Sanierungsmaßnahme
- Kosten der Nachschau – nachhaltige Erfolgskontrolle
- per Kostenbescheid geltend gemachter Aufwand der Behörde
- Leistung auf Ausgleichsansprüche nach § 9 Abs. 2 Satz 2 USchadG i.V.m. § 426 Abs. 1 Satz 2 BGB an Mitverantwortliche

2. Erschöpfen der Versicherungssumme

Zu Beginn des Versicherungsjahres steht die volle Versicherungssumme zur Verfügung. Wird die Summe beim ersten Schaden nicht aufgebraucht, steht der Restbetrag[5] für den folgenden Schadensfall des Versicherungsjahres zur Verfügung. Dies setzt sich so fort, bis die Summe insgesamt aufgebraucht ist. 9

Zu Beginn des folgenden Versicherungsjahres steht die volle Summe dann erneut zur Verfügung. Eine unverbrauchte Summe aus dem Vorjahr wird nicht in das Folgejahr übertragen, erhöht also die Versicherungssumme im Folgejahr nicht. 10

Kommt es in einem Versicherungsjahr zu mehreren Schäden, von denen der erste Schadensfall noch nicht abgewickelt ist, und reicht die vertragliche Höchstleistung für alle Schäden wahrscheinlich nicht aus, stellt sich das Problem, wie der Versicherer zu verfahren hat 11

In keinem Falle ist § 118 VVG heranzuziehen, da es sich nicht um eine Pflicht-Haftpflichtversicherung handelt. Zudem nehmen alle Ökoschäden einen gleichen Rang ein. Der Schutz von Feldhamstern kann z. B. nicht gegen den von Fledermäusen abgewogen werden. 12

Aber auch die Anwendung von § 109 Abs. 1 VVG aus der Haftpflichtversicherung ist bedenklich. Hiernach würde eine Kürzung erfolgen. Für die Kfz-USV als Quasi-Haftpflichtversicherung ist diese Norm aber nicht zwingend anzuwenden. 13

Sinnvoll erscheint es dagegen, mit den vorhandenen Mitteln wenigstens ein »Projekt« zu Ende zu führen, als in zwei Projekten mit gleichem Aufwand gar kein Ziel erreichen zu können. 14

Dies entspricht dem Wertungsgedanken des USchadG, der in § 8 Abs. 3 USchadG vorsieht: »*Können bei mehreren Umweltschadensfällen die notwendigen Sanierungsmaßnahmen nicht gleichzeitig ergriffen werden, kann die zuständige Behörde unter Berücksichtigung von Art, Ausmaß und Schwere der einzelnen Umweltschadensfälle, der Möglichkeiten einer natürlichen Wiederherstellung sowie der Risiken für die menschliche Gesundheit die Reihenfolge der Sanierungsmaßnahmen festlegen.*« 15

Durch das vorstehende Ergebnis werden die Rechte von Mitversicherten abgeschnitten, deren »Ökoschäden« nun nicht zu Lasten des Versicherers saniert werden können, da die Versicherungssumme für einen anderen Schadensfall bereits verbraucht wurde. Diese Einschränkungen sind 16

4 Siehe oben Kfz-USV A.1.1.1 Rdn. 24–25.
5 *OLG Hamm* Urt. v. 13.05.1992 – 20 U 341/91 = VersR 1993, 221 = NJW-RR 1992, 1307 = NJW 1993, 141 = zfs 1994, 459.

jedoch von den Mitversicherten hinzunehmen. Die Kfz-USV ist eine freiwillige Versicherung, die grundsätzlich auch Mitversicherte begünstigt. Die Mitversicherten zahlen selbst keine Prämie. Bei Schäden im Rahmen von Arbeitsverhältnissen bleiben ihre arbeitsrechtlichen Freistellungsansprüche bestehen. Sie haben zudem sowieso keinen Einfluss darauf, dass »ihr Schaden« der erste Schaden im Versicherungsjahr ist, der bereits komplett abgewickelt sein muss, wenn es zu einem zweiten Schaden kommt.

17 Es empfiehlt sich, insbesondere im Interesse der mitversicherten Personen, eine klarstellende Regelung in die Kfz-USV aufzunehmen.

18 Bei der Ermittlung, ob die Versicherungssumme tatsächlich ausreicht, hat der Versicherer entsprechend allgemeiner Regeln[6] realisierbare Ausgleichsansprüche gegen Mitverantwortliche zu berücksichtigen, § 9 Abs. 2 Satz 2 USchadG i.V.m. §§ 426 Abs. 1 Satz 2 BGB, 86 VVG.

19 Als Versicherungsperiode[7] nach § 12 VVG belässt es die Vertragsklausel beim Zeitraum eines Jahres. Versicherungsjahr ist dabei nicht gleichbedeutend mit dem Kalenderjahr. Maßgebend ist der Zeitraum von einem Jahr, ab dem der vertraglich vereinbarte Haftungszeitraum gelten sollte. Abweichungen zu sonstigen Deckungszeiträumen, insbesondere zur Kfz-Haftpflichtdeckung, sind damit nicht ausgeschlossen.

20 Bei veränderter Prämienzahlungsweise (monatlich, vierteljährlich, habjährlich) ändert sich hieran nichts.

II. Selbstbeteiligung

21 Die Vereinbarung von Selbstbeteiligungen ist nach den Musterbedingungen vorgesehen. Dies mag im Einzelfall die Belastung und den Arbeitsaufwand mit »Kleinschäden« vermeiden, dennoch kann es ein böses Erwachen geben, wenn sich der Schaden unerkannt auswächst. Selbstbeteiligungen beinhalten immer das Risiko einer zögerlichen Schadenmeldung. Wichtig ist in diesem Zusammenhang, dass es ausnahmslos bei der besonderen Anzeigepflicht nach E.1.1 Kfz-USV verbleibt.

22 Die Selbstbeteiligung ist immer abziehbar. Da es sich um keine Pflicht-Haftpflichtversicherung handelt, kann sie gegenüber jedermann[8], insbesondere gegenüber der Behörde entgegengehalten werden, selbst wenn der versicherungsvertragliche Anspruch abgetreten oder eingezogen worden sein sollte.

C. Weitere praktische Hinweise

23 Der Versicherungsnehmer wählt wie sonst auch[9] die Höhe der Versicherungssumme selbst. Der Versicherer hat ihn bei der Festlegung der Höhe allerdings zu beraten[10]. Der Versicherer wird sich, da es sich hier nicht um eine Pflicht-Haftpflichtversicherung handelt, an der Summe orientieren, die in § 114 Abs. 1 VVG vom Gesetzgeber für die Pflichtversicherung vorgesehen wurde. Diese beträgt für alle Schadensfälle im Jahr EUR 1 Mio.

A.1.4 In welchen Ländern besteht Versicherungsschutz?

Geltungsbereich

Versicherungsschutz gemäß A.1.1 besteht im Anwendungsbereich des USchadG in Deutschland. Versicherungsschutz besteht zudem in den Ländern des Europäischen

6 Staudinger/Halm/Wendt/Heinrichs Versicherungsrecht § 109 VVG Rn. 7.

7 Staudinger/Halm/Wendt/Wendt Versicherungsrecht § 12 VVG Rn. 3.

8 Stiefel/Maier/*Meinecke* Kfz-USV, Rn. 44.

9 *BGH* Urt. v. 01.04.1987 – IVa ZR 139/85, MDR 1987, 914 = NJW-RR 1987, 917 = VersR 1987, 601; *OLG Hamm* Urt. v. 18.01.1995 – 20 U 176/94, r+s 1996, 30 = NJW-RR 1995, 1178 = VersR 1996, 93 = zfs 1995, 268.

10 *BGH* Urt. v. 07.12.1988 – IVa ZR 193/87, NJW-RR 1989, 410 = VersR 1989, 472 = MDR 1989, 432.

Wirtschaftsraumes (EWR), soweit die EU-Umwelthaftungsrichtlinie (2004/35/EG) gilt oder sinngemäße Anwendung findet. Versicherungsschutz nach den jeweiligen Gesetzen besteht jedoch nur, soweit diese Ansprüche den Umfang der EU-Richtlinie nicht überschreiten.

Übersicht

A. Allgemeines

Da Fahrzeuge über die Landesgrenzen hinaus unterwegs sind, muss auch der Versicherungsschutz angepasst werden. Der Hinweis auf die Richtlinie 2004/35/EG ist etwas misslich, da sich die Richtlinie an die Mitgliedsstaaten wendet, diese in nationales Recht umzusetzen. 1

B. Regelungsgehalt

Die Umwelthaftungsrichtlinie 2004/35/EG war bis zum 30.04.2007 in nationales Recht umzusetzen. In Deutschland ist dies über das Hilfsmittel der »Rückwirkung« mit dem am 14.11.2007 in Kraft getretenen USchadG geschehen. Für Schäden im Ausland gilt als Maßstab nach der Vertragsklausel der Anforderungskatalog der Richtlinie 2004/35/EG und zwar so, wie er ohne eingeräumte Erleichterungen umgesetzt werden könnte. Dies entspricht mithin dem Umfang des USchadG. Dieses selbst sieht unmittelbar keine Erleichterungen vor. 2

Versicherungsschutz gilt auch in Ländern des EWR, wenn dort keine Umsetzung der Umwelthaftungsrichtlinie erfolgt, aber sinngemäße Gesetze Anwendung finden. Es gilt dann ebenfalls der Maßstab der Richtlinie 2004/35/EG als Leistungsgrenze des Versicherers. 3

Dies hat folgende Auswirkungen:

Inland: Sollten einzelne Bundesländer wie Berlin[1] von ihrem Recht Gebrauch machen und den Pflichtenkatalog einschränken, ist der Versicherungsnehmer automatisch weniger belastet. Folglich ist er auch nur mit dem »Weniger« freizustellen. Für ihn ändert sich damit nichts. 4

Ausland: Im Ausland ist die Richtlinie 2004/35/EG unterschiedlich umgesetzt worden. 5

In Österreich bestehen z.B. erhebliche Lockerungen, die sich zu Gunsten des fürsorglich handelnden Versicherungsnehmers auswirken. Die Regulierung erfolgt dann nach den Maßstäben, die im Ausland gelten (Anforderungen erreichen nicht das in Deutschland geltende Maß). Auch hier ändert sich für den VN im Ergebnis nichts. 6

Hat der Versicherungsnehmer seinen gewöhnlichen Standort in einem deutschen Bundesland, das gegenüber dem USchadG für ihn günstigere Ausnahmen gelten lässt, verursacht er aber mit seinem Fahrzeug einen Ökoschaden im Ausland, der strenger behandelt wird als in seinem Bundesland, stellt sich die Frage nach dem Umfang des Deckungsschutzes. Der Deckungsschutz reicht nach der Klausel soweit, als wenn die Richtlinie 2004/35/EG (im Ergebnis das USchadG) direkt anzuwenden wäre. 7

Damit ist sichergestellt, dass der Versicherungsnehmer auch im Ausland den Schutz erfährt, den er bei Anwendung des USchadG in Deutschland haben würde. 8

1 Ausführungsgesetz v. 20.05.2011, GVBl. 2011, 209.

9 Was passiert, wenn der ausländische Mitgliedsstaat eine Regelung hat, die noch weiter geht als die Richtlinie 2004/35/EG? Diese könnten z.B. in Strafbestimmungen oder Verantwortlichkeiten bei reinen Privatfahrten[2] (keine berufliche Tätigkeit) bestehen.

10 Es bleibt nach der Klausel bei dem Versicherungsschutz, wie er nach dem Sanierungsmaßstab der Richtlinie 2004/35/EG maximal vorgesehen ist. Im Rahmen der Novellierung wurde das Wort »jedoch« in Satz 3 eingefügt, was die Einschränkung im Versicherungsschutz zusätzlich verdeutlicht.

C. Weitere praktische Hinweise

11 Bei einem Unfall im grenznahen Bereich kann sich der Ökoschaden im Nachbarland auswirken. Schon § 12 USchadG hält hierfür entsprechende Regelungen bereit. Kommt es beispielsweise in Österreich zu einem Tankwagenunfall und Giftstoffe fließen über die Grenze nach Italien und führen dort zu einem Schaden an geschützten Arten, sind die Maßstäbe anzuwenden, wie er am Ort des Schadenseintritts (Italien) gelten. Der Versicherungsnehmer darf erwarten, dass er nach dem Recht freigestellt wird, mit dem er im Ausland belastet wird.

12 Falls das Ausland keinerlei Trennung nach öffentlichen Recht und Privatrecht wie in Deutschland vorsieht, so ist dies für den Anwendungsbereich der Kfz-USV ohne Belang. Bereits nach der Vertragsklausel kommt es auf die sinngemäße Anwendung der Richtlinie 2004/35/EG an, die bei uns in der Umsetzung als USchadG ausschließlich öffentlich-rechtlichen Charakter hat.

13 Der Geltungsbereich der Vertragsklausel der Kfz-USV weicht von der Regelung in A.1.4 AKB 2015 ab. Zum europäischen Wirtschaftsraum gehören noch Länder wie Island und Norwegen. Bereits die Schweiz gehört nicht zum EWR, hat jedoch bilaterale Verträge geschlossen. Für Schadensfälle in Staaten, die nicht dem EWR angeschlossen sind, scheidet die Anwendbarkeit der Kfz-USV jedoch aus. Dabei ist es unerheblich, ob das Land mitten in Europa liegt.

14 Beabsichtigt der VN in den außereuropäischen Teil der Türkei[3] zu fahren, erwachsen daraus für den Versicherer und Makler generell Beratungspflichten gegenüber dem VN. Dies ist in der Kfz-USV auf die Fälle übertragbar, in denen der VN den EWR verlassen will.

15 Es steht allerdings zu vermuten, dass man Länder wie die Schweiz[4] nicht willentlich vom Geltungsbereich ausnehmen wollte und es sich hier um ein redaktionelles Versehen handelt.

A.1.5 Was ist nicht versichert?

Die Kfz-USV enthält eine eigene Liste von Ausschlüssen. Die Liste ist abschließend. Sie enthält allerdings (ungewollte) Lücken.

A.1.5.1 Vorsatz, Schaden durch Kernenergie

Die Regelungen A.1.5.1 (Vorsatz) und A.1.5.9 (Kernenergie) der AKB 2015 gelten entsprechend.

---

2 Beispiel: Bei der Urlaubsreise ins Ausland nimmt der Familienvater grob fahrlässig mit seinem PKW einem Tanklaster die Vorfahrt. Es kommt zu einem Ökoschaden. Das ausländische Recht enthält Regelungen, die auch den verantwortlich machen, der nur privat unterwegs ist, aber grob fahrlässig handelt. (Ggf. enthält das dortige Recht zugleich Erleichterungen für den LKW-Fahrer, dem grob fahrlässig die Vorfahrt genommen wurde.).

3 *BGH* Urt. v. 13.04.2005 – IV ZR 86/04, DAR 2005, 396 = MDR 2005, 1108 = NJW 2005, 2011 = VersR 2005, 824 = r+s 2005, 455 = NZV 2005, 361 = zfs 2005, 348 = VRR 2005, 266 bespr. v. *Knappmann* = SVR 2006, 106 bespr. v. *M. Müller*.

4 Auch wenn die Richtlinie 2004/35/EG dort nicht gilt.

Ausgeschlossen sind Vorsatz und Kernenergie. Die Kfz-USV verweist hier erneut auf die Vorschriften in den AKB 2015. 1

Es kann auf die entsprechenden Kommentierungen verwiesen werden. 2

Der Vorsatz in A.1.5.1 AKB 2015 ist abgeleitet aus dem Haftpflichtrecht in § 103 VVG, nicht § 81 Abs. 1 VVG. Anzumerken bleibt, dass sich der Vorsatz nicht auf eine Rechtsgutverletzung eines Dritten zu beziehen hat, sondern auf die Handlung, die den Ökoschaden auslöst. 3

Interessanterweise enthält die Kfz-USV keinen Ausschluss für Gleichmäßigkeitsfahrten und Geschicklichkeitsfahrten (verkappte Rennen) mit Kraftfahrzeugen. Die Region rund um den Nürburgring beispielsweise ist Naturschutzgebiet. Das Ökogefährdungspotential steigt überdurchschnittlich, wo »besondere Fahrstile« auf Lebensräume besonders geschützter Arten treffen. Über D Kfz-USV sind nur Rennen nach D.1.1.4 AKB 2015 ausgenommen. 4

Ebenfalls nicht ausgeschlossen ist der Transport von Tieren und Pflanzen, die unter Artenschutz stehen. Der fehlende Ausschluss ist bedenklich. Gerade bei Transporten seltener Tiere von einem Zoo zu einem anderen, um die letzten Exemplare einer Art zusammenzuführen, kann es zu Schäden an der »Ladung« kommen. Diese »Sach«-Schäden sind zwar durch A.1.5.5 AKB 2015 in der Kfz-Haftpflichtversicherung ausgeschlossen, nicht jedoch der eintretende Ökoschaden. 5

A.1.5.2 Unvermeidbare, notwendige oder in Kauf genommene Umweltschäden

Nicht versichert sind Schäden, die durch betriebsbedingt unvermeidbare, notwendige oder in Kauf genommene Einwirkungen auf die Umwelt entstehen.

Der Kraftfahrzeugbetrieb verursacht Lärm- und Abgasemissionen[1]. Diese sind hinzunehmen und werden im Normalfall auch unmittelbar keinen Ökoschaden verursachen. 1

In Kauf genommene Einwirkungen auf die Umwelt können auch im Überfahren von Kleinlebewesen bestehen. Wird trotz Warnhinweis z. B. auf eine Krötenwanderung der Bestand einer geschützten Art stark geschädigt, besteht kein Versicherungsschutz. 2

Selbst Fahrzeuge, die sich nicht Betrieb befinden, können Ökoschäden auslösen. So beispielsweise durch ein länger an derselben Stelle geparkten Fahrzeug, das einen Schattenwurf auf eine Bruchsteinmauer erzeugt, in der geschützte Arten leben. Dennoch kann der Versicherungsnehmer nicht erwarten, dafür Versicherungsschutz zu erlangen, da diese Einwirkungen in Kauf zu nehmen sind. 3

Der Versicherer hat zu beweisen[2], dass die Umstände für den Ausschlusstatbestand vorliegen. 4

A.1.5.3 Ausbringungsschäden

Nicht versichert sind Schäden, die durch Lieferung, Verwendung oder Freisetzung von Klärschlamm, Jauche, Gülle, festem Stalldung, Pflanzenschutz-, Dünge oder Schädlingsbekämpfungsmitteln resultieren. Versicherungsschutz besteht jedoch, wenn diese Stoffe durch plötzliche und unfallartige Ereignisse bestimmungswidrig und unbeabsichtigt in die Umwelt gelangen, diese Stoffe durch Niederschläge plötzlich abgeschwemmt werden oder in andere Grundstücke abdriften.

Nicht versichert sind Ausbringungsschäden in der Landwirtschaft. Es handelt sich um Schäden, die durch die ausgebrachten Stoffe hervorgerufen werden. Dies hat mit dem Fahrzeuggebrauch nichts zu tun. Das Fahrzeug ist hier nur das Transportmittel. 1

1 Stiefel/Maier/*Meinecke* A.1.5 Kfz-USV, Rn. 48.
2 Stiefel/Maier/*Meinecke* A.1.5 Kfz-USV, Rn. 53.

2 Der Ausschluss wird da eingeschränkt, wo das Fahrzeug an der Schadensentstehung mitwirkt. Dies ist beispielsweise dann gegeben, wenn ein Traktor mit Anbauspritze und Tank für die Spritzbrühe während der Fahrt auf dem Ackergelände umkippt oder in einen Verkehrsunfall verwickelt wird. Dabei kann das Spritzmittel unkontrolliert, schlagartig und punktuell auslaufen.

3 Die Vertragsklausel wurde Ziff. 10.9 der damaligen USV[1] nachgebildet. Nur so lässt sich verstehen, warum die Formulierung »*... diese Stoffe durch Niederschläge plötzlich abgeschwemmt werden oder in andere Grundstücke abdriften*« in die Kfz-USV »hineingerutscht« ist. Eine Bedeutung gewinnt der Ausschluss grundsätzlich nur für stationäre Anlagen. Das sind z.B. Silagen, Güllebecken und Misthaufen[2]. Sie können bei Unwetter überflutet oder Teile davon abgeschwemmt werden. Für den Fahrzeuggebrauch ergibt dies keinen Sinn. Andernfalls würde das bedeuten, dass der Kfz-USV-Versicherer nach dem Ausbringen dann für einen Sanierungsaufwand aufkommen müsste, wenn das ausgebrachte Produkt nach dem Entladen (irgendwann) abgeschwemmt wird. Einem Versicherungsnehmer ist der Versicherungsschutz allerdings nicht zu versagen, wenn er auf diesen Wortlaut vertraut.

4 Ausnahmsweise kann die Bestimmung Bedeutung gewinnen, wenn ein beladenes Fahrzeug abgestellt ist. Gelangen durch plötzlichen Starkregen erhebliche Wassermengen auf die offene Ladefläche, so kann die Ladung ausgewaschen werden.

A.1.5.4 Bewusste Verstöße gegen Regelungen, die dem Umweltschutz dienen

Nicht versichert sind Schäden, die Sie durch bewusste Verstöße gegen dem Umweltschutz dienende Gesetze, Verordnungen, behördliche Anordnungen oder Verfügungen entstehen.

1 Bei den Verstößen gegen Umweltschutzbestimmungen muss es sich um Vorschriften handeln, die einen solchen Zweck beinhalten. Sie können als Einzelvorschrift in Gesetzen vorkommen ohne als Schutzvorschrift benannt zu werden. Nicht erforderlich ist, dass diese Vorschriften Schutzgesetzcharakter im Sinne des § 823 Abs. 2 BGB haben, denn solche Normen schützen Individualrechtsgüter (auf die es hier nicht ankommt). Unter bewussten Verstößen ist »Kennen« und »Kennenmüssen« zu verstehen. Diese liegen vor, wenn der beruflich tätige Versicherte aufgrund seiner Ausbildung und der Art seiner ausgeübten Tätigkeit die Vorschriften zu kennen hat, um einen ordnungsgemäßen Geschäftsbetrieb führen zu können. In der Landwirtschaft ist von »guter landwirtschaftlicher Praxis« die Rede, die ein Spritzen zur Unzeit (keine Wachstumsphase, Frost) verbietet.

A.1.5.5 Vertragliche Ansprüche

Nicht versichert sind Ansprüche, die auf Grund vertraglicher Vereinbarung oder Zusage über Ihre gesetzliche Verpflichtung hinausgehen.

1 Die Vertragsklausel ist an A.1.5.8 AKB 2015 angelehnt. Der Sinn ist nicht leicht erkennbar, da der Versicherte kaum einen Vertrag mit den durch das USchadG geschützten Umweltgütern schließen kann. Dennoch gibt es zwei Anwendungsbereiche: Der erste Bereich betrifft den öffentlich-rechtlichen Vertrag mit der Behörde nach § 55 VwVfG, ggf. unter Beteiligung eines anerkannten Naturschutzvereins. Der zweite Anwendungsbereich betrifft den Ausgleichsanspruch von Mitverantwortlichen nach § 9 Abs. 2 Satz 2 USchadG i.V.m. § 426 Abs. 1 Satz 2 BGB.

2 Schließt der Versicherungsnehmer einen Vertrag, mit dem er sich zu mehr als gesetzlich vorgeschrieben verpflichtet, liegt darin keine Obliegenheitsverletzung. Die Folge ist nicht, dass er damit

---

1 Heute weiterhin an dieser Stelle der aktuellen unverbindlichen Musterbedingungen des GDV, Allgemeine Versicherungsbedingungen für die Umweltschadensversicherung (USV), Stand Oktober 2016.

2 *BGH* Urt. v. 17.10.1985 – III ZR 99/84, NJW 1986, 2312 = MDR 1986, 650 = VersR 1986, 92 = AgrarR 1986, 292 (wassergefährdende Anlage im Sinne des WHG).

seinen Freistellungsanspruch verliert. Die Klausel stellt lediglich klar, dass durch die Zusagen des Versicherungsnehmers an Dritte der Umfang seines Freistellungsanspruchs nicht erweitert wird.

B Beginn des Vertrags und vorläufiger Versicherungsschutz

Es gelten die Regelungen B.1, B.2.2 bis B.7 der AKB 2015 entsprechend.

Die Kfz-USV verweisen auf Regelungen der AKB 2015 zum Versicherungsbeginn und Wegfall des Versicherungsschutzes. Es kann auf die Kommentierungen zu B.1, B.2.2 bis B.7 AKB 2015 Bezug genommen werden. 1

Der Hinweis auf B.2.2 AKB 2015 statt auf B.2.1 AKB 2015 macht deutlich, dass für die Kfz-USV nicht alle Regeln übernommen werden, wie sie für die Pflicht-Haftpflichtversicherung gelten. Die vorläufige Deckung ist ausgeschlossen, es sei denn, sie wurde ausdrücklich[1] zugesagt. 2

C Beitragszahlung

Es gelten die Regelungen C.1 bis C.3 der AKB 2015 entsprechend.

Mit Ausnahme der Beitragspflicht für die Nachhaftung im Rahmen der Pflichthaftpflichtversicherung verweist die Klausel auf alle Bedingungen zur Beitragszahlung auf die AKB 2015. 1

Für Schäden, deren Kausalkette[2] vor Ablauf der Vertragslaufzeit gesetzt wurden, aber erst nach Beendigung des Vertrages zu einem Versicherungsfall führen, ist kein weiterer Beitrag zu erheben. 2

D Welche Pflichten haben Sie beim Gebrauch des Fahrzeugs?

Es gelten die Regelungen D.1.1, D.1.2, D.2.1 und D.2.2 der AKB 2015 entsprechend.

Die Vertragsvorschrift verweist auf die Vorschriften unter D AKB 2015. Auf die entsprechende Kommentierung wird Bezug genommen. 1

E Welche Pflichten haben Sie im Schadensfall?

E.1 Anzeige-, Aufklärungs- und Schadenminderungspflichten

E.1.1 Besondere Anzeigepflicht

Sie müssen uns jedes Schadenereignis, das zu einer Leistung nach dem USchadG führen könnte, – soweit zumutbar – sofort anzeigen. Dies gilt auch wenn noch keine Sanierungs- oder Kostentragungsansprüche erhoben worden sind.

Es handelt sich ausdrücklich um eine besondere Anzeigepflicht. Sie geht über das hinaus, was E.1.1.1 AKB 2015 vorschreibt. Die zeitliche Verschärfung ist zulässig, da es sich nicht um eine Haftpflichtversicherung im üblichen Sinne handelt, sondern um eine Quasi-Haftpflichtversicherung eigener[3] Art. Die §§ 104, 112 VVG sind nicht anwendbar. 1

---

1 Siehe hierzu oben Kfz-USV A.1.1.1 Rdn. 20.

2 Stiefel/Maier/*Meinecke* B. Kfz-USV, Rn. 59.

3 Siehe oben Kfz-USV A.1.1.1 Rdn. 40.

2 Die gegenüber E.1.1.1 AKB 2015 deutlich verkürzte Anzeigepflicht ist insbesondere für Kfz-USV-Versicherer von existentieller Bedeutung, die ein aktives Umweltschadenmanagement[2] betreiben. Nur so wird er in die Lage versetzt, rechtzeitig und angemessen reagieren zu können.

3 Die vertragliche Anzeigepflicht besteht ausschließlich gegenüber dem Versicherer. Verstößt der Versicherungsnehmer gegen seine gesetzlichen Informationspflichten gegenüber der Behörde, führt dies nicht zu einem Verstoß gegen die vertragliche Obliegenheit. Der Versicherungsnehmer genügt seiner vertraglichen Pflicht, wenn er dem Versicherer anzeigt, dass ein Schadenereignis vorliegt, das der zuständigen Umweltbehörde anzuzeigen ist. Die bloße Nichtanzeige an die Behörde ist noch keine[3] vertragliche Obliegenheitsverletzung.

E.1.2 (Informationspflichten)

Ferner sind Sie verpflichtet, uns jeweils unverzüglich und umfassend zu informieren über:

- **die Ihnen gemäß § 4 USchadG obliegende Information an die zuständige Behörde,**
- **behördliches Tätigwerden wegen der Vermeidung oder Sanierung eines Umweltschadens Ihnen gegenüber,**
- **die Erhebung von Ansprüchen auf Ersatz der einem Dritten entstandenen Aufwendungen zur Vermeidung, Begrenzung oder Sanierung eines Umweltschadens,**
- **den Erlass eines Mahnbescheides,**
- **eine gerichtliche Streitverkündung,**
- **die Einleitung eines staatsanwaltlichen, behördlichen oder gerichtlichen Verfahrens.**

1 In der Klausel werden Informationspflichten gegenüber dem Kfz-USV-Versicherer aufgestellt, die schon dann bestehen, wenn noch gar kein Versicherungsfall eingetreten ist. Die Leistungspflicht des Versicherers beginnt erst mit der Sanierungspflicht des VN für den eingetretenen Ökoschaden.

2 Soweit es um die Bekanntgabe von Pflichten geht, die nach den §§ 4 und 5 USchadG gegenüber der Behörde zu erfüllen sind, kann auch der Versicherer hier ein Interesse an der Mitinformation haben.

3 Rückstellungen für Sanierungskosten wird der Versicherer noch nicht bilden müssen, da bislang kein versicherter Schaden entstanden ist. Er ist nur absehbar. Möglich ist es jedoch, Rückstellungen für Ermittlungskosten zu bilden.

4 Entsprechend passt dann auch nicht, den Vertrag bereits mit dem Kfz-USV-Schaden zu belasten, da die Schwelle zum Schadenseintritt noch nicht überschritten ist. Die Information an den Versicherer hat lediglich eine Vorwarnfunktion, dass sich ein konkreter Schaden oder eine konkrete Inanspruchnahme realisieren könnte. Dem Versicherer wird so die Gelegenheit gegeben, sich zeitnah um nähere Aufklärung zu bemühen.

5 Gleiches gilt für Informationen über Ausgleichsforderungen zu Gefahrenabwehrkosten von Mitverantwortlichen nach § 9 Abs. 2 Satz 2 USchadG i.V.m. § 426 Abs. 1 Satz 2 BGB. Sie betreffen noch keinen Sanierungsaufwand.

6 Das Mahnverfahren ist offenbar nur der Vollständigkeit halber aufgeführt. Mahnbescheide gibt es im öffentlich-rechtlichen Verfahren allerdings nicht.

7 Denkbar sind sie nur im Zusammenhang mit Ausgleichsansprüchen nach § 9 Abs. 2 Satz 2 USchadG, für die der Rechtsweg zu den ordentlichen Gerichten nach § 9 Abs. 2 Satz 5 USchadG eröffnet ist.

E.1.3 (Schadenabwendung; Weisungen)

Sie müssen nach Möglichkeit für die Abwendung und Minderung des Schadens sorgen. Unsere Weisungen sind zu befolgen, soweit es für Sie zumutbar ist. Sie haben

2 Zum Umweltschadenmanagement Himmelreich/Halm/*Schwab* Handbuch des Fachanwalts Verkehrsrecht, Kap. 28.

3 Anders wohl Stiefel/Maier/*Meinecke* E.1 Kfz-USV, Rn. 65.

uns ausführliche und wahrheitsgemäße Schadenberichte zu erstatten und uns bei der Schadensermittlung und -regulierung zu unterstützen. Alle Umstände, die für die Bearbeitung des Schadens wichtig sind, müssen Sie uns mitteilen. Außerdem müssen Sie uns alle dafür angeforderten Schriftstücke übersenden.

Die Vertragsklausel legt dem Versicherungsnehmer Pflichten auf, die noch vor dem Schadenseintritt zu erfüllen sind. Da es sich um eine Quasi-Haftpflichtversicherung eigener Art handelt, stehen diesen Pflichten keine[1] vertraglichen Leistungspflichten des Versicherers gegenüber. Die Kosten zur Abwehr und Schadensminderung waren nur in den Bedingungen der Ziff. 9.1 USV und 9.1 USV-Basis mitversichert, nicht aber in der Kfz-USV. 1

E.1.4 (Abstimmung mit Versicherer)

Maßnahmen und Pflichten im Zusammenhang mit Umweltschäden sind unverzüglich mit uns abzustimmen.

E.1.5 (Wahrung von Rechten)

Gegen einen Mahnbescheid oder einen Verwaltungsakt im Zusammenhang mit Umweltschäden müssen Sie fristgemäß Widerspruch oder die sonst erforderlichen Rechtsbehelfe einlegen. Einer Weisung durch uns bedarf es nicht.

Zum dem Öffentlichen Recht unbekannten Mahnbescheid[1] siehe oben. Gegen Verwaltungsakte sind grundsätzlich verschiedene Rechtsbehelfe möglich. Die Klausel stellt zu Recht auf den erforderlichen Rechtsbehelf ab. Eine »Gegenvorstellung« gilt allgemein als form-, frist- und fruchtlos. Es ist per se kein geeigneter Rechtsbehelf. Er ist nur dann vorab notwendig, wenn der Verwaltungsakt offenkundige Fehler aufweist und der VN ansonsten damit rechnen muss, im Klageverfahren mit den Kosten[2] belastet zu werden. 1

Die erforderlichen Rechtsbehelfe sind landesspezifisch unterschiedlich, da Niedersachsen, Nordrhein-Westfalen und Bayern das Widerspruchsverfahren ganz oder teilweise abgeschafft[3] haben. Hier ist unmittelbar Klage zum Verwaltungsgericht zu erheben. Ansonsten bleibt es dabei, dass vor Erhebung der Anfechtungsklage nach § 42 VwGO das Vorverfahren (Widerspruchsverfahren) durchzuführen ist, § 68 VwGO. 2

E.1.6 (Prozessführungsbefugnis)

Im Widerspruchsverfahren oder einem gerichtlichen Verfahren wegen eines Umweltschadens haben Sie uns die Führung des Verfahrens zu überlassen. Im Falle des gerichtlichen Verfahrens beauftragen wir einen Rechtsanwalt in Ihrem Namen. Sie müssen dem Rechtsanwalt Vollmacht sowie alle erforderlichen Auskünfte erteilen und die angeforderten Unterlagen zur Verfügung stellen.

Die Klausel ist im Zusammenhang mit dem Rechtsschutzanspruch in A.1.3 Kfz-USV zu sehen. Der Versicherer, der letztlich das Risiko trägt, den VN im Unterliegensfalle von den Sanierungskosten freistellen zu müssen, hat ein vitales Interesse daran, dass das Verfahren in seinem Sinne betrieben wird. Es gelten daher die gleichen Grundsätze wie unter E.1.2.4 AKB 2015. 1

1 Siehe zur Vorerstreckungstheorie oben Kfz-USV A.1.1.1 Rdn. 26–41.

1 Siehe oben Kfz-USV E.1.2 Rdn. 6.

2 *VG Oldenburg* Beschl. v. 30.09.2005 – 11 A 3619/05 –, juris.

3 Näheres **Himmelreich/Halm/*Schwab* Schwab/Heinrichs HdB.** des Fachanwalts Verkehrsrecht, Kap. 7, Rn. 307.

E.2 Welche Folgen hat eine Verletzung dieser Pflichten?

Es gelten E.2.1, E.2.2, E.2.6 der AKB 2015 entsprechend.

1 Der harmlos aussehende Verweis auf die Klauseln der AKB 2015 löst einen Verweis-Marathon aus, da diese Klauseln selbst erneut verweisen. Die Gestaltung birgt eine Verkomplizierung in sich.

F Rechte und Pflichten der mitversicherten Personen

Es gelten F.1, F.2 und F.3 erster Satz der AKB 2015 entsprechend.

1 Die Vertragsvorschrift verweist auf die Klauseln unter F AKB 2015.

2 Ausgenommen ist der Sonderfall bezüglich mitversicherter Personen in der Kfz-Haftpflichtversicherung nach F.3 Abs. 2 AKB 2015.

3 Es wird aus dem Verweis nicht sofort ersichtlich, dass auch die mitversicherten Personen vertragliche Freistellungsansprüche bzw. den Rechtsschutzanspruch unmittelbar gegen den Kfz-USV-Versicherer geltend machen können. Dies erschließt sich daraus, dass über F Kfz-USV i.V.m. A.1.2 Kfz-USV die F.2 AKB 2015 i.V.m. A.1.2 Satz 2 AKB 2015 anwendbar werden.

G Laufzeit und Kündigung des Vertrags, Veräußerung des Fahrzeugs

Es gelten G.1, G.2 mit Ausnahme von G.2.9, G.3, G.5 bis G.8 der AKB 2015 entsprechend.

Die Kfz-Umweltschadensversicherung ist ein rechtlich selbständiger Vertrag. Die Kündigung dieses Vertrages berührt die anderen Kfz-Versicherungen des versicherten Fahrzeugs nicht. Bei Beendigung des Kfz-Haftpflichtvertrages endet auch diese Kfz-Umweltschadensversicherung.

1 Aufgrund der Verweisung ergeben sich keine Besonderheiten.

2 Wesentlich bleiben die klärungsbedürftigen Aspekte zur Kündigung nach Eintritt des Schadensereignisses (G.2.3 AKB 2015 durch den VN und G.3.3 AKB 2015 durch den Versicherer). Dies wirft Fragen auf, da regelmäßig im Unfallzeitpunkt oder Störfall noch kein versicherter Schaden nach dem USchadG eintritt. Der Versicherungsfall tritt erst ein, wenn trotz Gefahrenabwehrmaßnahmen ein Ökoschaden entsteht, der sanierungspflichtig ist.

3 Die Kündigungsfrist darf sich nicht an die Leistung bezüglich des Haftpflichtanspruchs orientieren. Sie ist daher sinngemäß an den Zeitpunkt der Regulierung wegen der Inanspruchnahme nach dem USchadG auszurichten. Das ist der Zeitpunkt der tatsächlichen Leistung bzw. der Leistungsverweigerung im Ökoschadensfall.

4 Im Zusammenhang mit G.4 AKB 2015 ist zu betonen, dass auch die Kfz-USV ein rechtlich selbstständiger Vertrag ist. Es handelt sich nicht um eine erweiterte Haftpflichtdeckung. Damit sind weder § 113 Abs. 3 VVG noch der Direktanspruch nach § 115 Abs. 1 Satz 1 Nr. 1 VVG anwendbar. Dies gilt unabhängig davon, ob die Kfz-USV (wie hier separat oder) mit Einzelbedingungen in die AKB integriert werden. Zu Letzterem haben sich die meisten[1] Versicherer entschlossen, um nur innerhalb eines Bedingungstextes verweisen zu müssen.

5 Die Kfz-USV ist selbstständig kündbar. Sie ist aber abhängig[2] vom Bestehen der Kfz-Haftpflichtversicherung. Somit bildet sie einen unselbstständigen Annex zur Haftpflichtversicherung.

6 Trotz Kündigung des Kfz-Haftpflichtvertrages mit gleichzeitiger Beendigung des Kfz-USV-Vertrages können allerdings noch Leistungsansprüche entstehen, wenn erst mit Verzögerung der Versicherungsfall[3] in der Kfz-USV eintritt.

---

1 Stiefel/Maier/*Meinecke* G. Kfz-USV, Rn. 80.
2 Stiefel/Maier/*Meinecke* G. Kfz-USV, Rn. 82.
3 Siehe oben Kfz-USV A.1.1.1 Rdn. 9–21.

H Außerbetriebsetzung, Saisonkennzeichen, Fahrten mit ungestempelten Kennzeichen

Die Regelungen des Abschnitts H der AKB 2015 gelten für die Kfz-Umweltschadensversicherung entsprechend. Der Ruheversicherungsschutz nach H.1.4 umfasst auch die Kfz-Umweltschadensversicherung.

Die Klausel ist selbsterklärend. Die Kfz-USV folgt erneut der Kfz-Haftpflichtversicherung. 1

Solange das Fahrzeug entsprechend H.1.5 AKB 2015 in einer Garage abgestellt wird, ist dies unproblematisch. Risiken können gerade durch das Ruhen auf einem umfriedeten Abstellplatz entstehen. Der dauerhafte Schattenwurf[1] des Fahrzeugs auf eine Bruchsteinmauer mit geschützten Eidechsen, kann sie aus deren Lebensraum verdrängen. Ruht das offene mit gefährlichen Stoffen beladene Fahrzeug, kann bei Witterungseinflüssen etwas ausgespült werden. 2

I Schadensfreiheitsrabatt-System

Ein nach diesen Sonderbestimmungen versicherter Schaden, der ausschließlich öffentlich-rechtliche Ansprüche auslöst, führt zu keiner Rückstufung Ihres Kfz-Haftpflichtversicherungsvertrages.

Ein Schaden, der nach der Kfz-USV zu regulieren ist, lässt den Schadensfreiheitsrabatt in der Kfz-Haftpflichtversicherung unberührt[1]. 1

Dies gilt auch dann, wenn neben diesem Schaden eine Schlechterstufung aufgrund eines Kfz-Haftpflichtschadens erfolgt. Der Versicherungsnehmer wird folglich nicht wegen des Kfz-USV-Schadens zweimal schlechter gestuft. K Kfz-USV verweist ausdrücklich nicht auf K.1 AKB 2015. 2

J Beitragsänderung aufgrund tariflicher Maßnahmen

J.3 bis J.5 der AKB 2015 gelten entsprechend. 1

Auf die entsprechende Kommentierung ist auch hier zu verweisen. 2

K Beitragsänderung aufgrund eines bei Ihnen eingetretenen Umstands

K.2 bis K.5 der AKB 2015 gelten entsprechend.

L Meinungsverschiedenheiten und Gerichtsstände

L der AKB 2015 gilt entsprechend.

M Zahlungsweise

M der AKB 2015 gilt entsprechend.

N Bedingungsänderung

N der AKB 2015 gilt entsprechend.

---

1 *BayObLG* Urt. v. 6.12.1991 – 1 Z 428/90, BayVBl. 1992, 412 = ADAJUR Dok.Nr. 8364 (Auswirkung auf Pflanzenwachstum, § 906 BGB verneint); *LG Aachen* Urt. v. 16.09.2014 – 12 O 12/14, juris (Verkehrssicherungspflicht für Radweg).

1 So auch Stiefel/Maier/*Meinecke* I Kfz-USV, Rn. 85.

1 Die unter K bis N aufgeführten Verweise enthalten keine Besonderheiten. Auf K.1 AKB 2015 wird nicht verwiesen, da die Kfz-USV am Schadensfreiheitsrabattsystem nicht teilnimmt.

2 Offenbar wurde bei der Überarbeitung der Kfz-USV 2015 übersehen, dass M. AKB 2015 nicht mehr vorhanden ist. Zwar wird durch die Verweisung in die aktuelle Verweisung in den Kfz-USV 2015 somit auch dort M. (mit-)gestrichen. Dies hätte man allerdings auch direkt im Rahmen der Kfz-USV tun können.

Allgemeine Versicherungsbedingungen für den Auto- und Reise-Schutzbrief (AVAR)

A. Einführung

Die nachstehenden unverbindlichen Musterbedingungen des GDV halten eine Alternative zur Autoschutzbriefversicherung nach A.3 AKB bereit. 1

Viele Versicherungsnehmer sind nicht nur Mitglied in einem Automobilclub[1], sondern haben zugleich eine Fahrzeugversicherung, die den Schutz auf Reisen mit dem versicherten Fahrzeug nach A.3 AKB einschießt. Alternativ oder gleichzeitig können Personen auch über einen Auto- und Reise-Schutzbrief versichert sein. Dies ergibt Sinn, wenn man häufig mit eigenen und fremden Fahrzeugen sowie verschiedenen Verkehrsmitteln unterwegs ist. 2

Teilweise kann somit zwar das einzelne Risiko mehrfach versichert sein, andererseits werden Deckungslücken weitgehend geschlossen. 3

Der Versicherungsschutz nach den AVAR schließt zwar den Unfall mit ein, enthält aber keine Elemente einer klassischen Unfallversicherung nach A.4. AKB bzw. der AUB, wie dies gelegentlich bei anderen Schutzbriefen[2] vorkommen kann. 4

Die Bedeutung der AVAR mag in Ansehung des Autoschutzbriefes nach A. 3 AKB gesunken sein; dennoch sah sich der GDV veranlasst, im November 2009 die Bedingungen anlässlich der VVG-Reform an die neue Rechtslage anzupassen. Die AVAR erfuhren zuletzt im Dezember 2015 eine Überarbeitung. 5

B. Parallelen der AVAR zu den Bedingungen des Auto-Schutzbrief nach A.3 AKB

Bei beiden Versicherungen handelt es sich um Schadensversicherungen nach den §§ 74 ff. VVG. Wie beim Autoschutzbrief nach A.3 AKB werden auch beim AVAR Organisationsleistungen erbracht und aufgewandte Kosten erstattet. Nach beiden Versicherungsbedingungen schulden die Versicherer bei Serviceleistungen nur die Organisation der Leistungen durch Dritte, aber nicht[3] die Leistungserbringung an sich. Die Versicherer führen lediglich ein Geschäft des Versicherten in dessen Angelegenheiten. Folglich haften die Versicherer nicht für Fehler der beauftragten Unternehmer. Dies gilt in der AVAR auch dann, wenn nicht ausdrücklich, wie z. B. in 3.10.2 AVAR darauf hingewiesen wurde. Abweichend davon existieren individuelle Schutzbriefversicherungen, die eine Haftung nach Maßgabe der §§ 425, 437 Abs. 1 HGB des Schutzbriefversicherers eröffnen, so dass diesen wie einen Frachtführer die Obhutshaftung[4] treffen kann. 6

1 Zur Schutzbriefversicherung auf Grundlage des ADAC-Schutzbriefes siehe Himmelreich/Halm/**Völter** Hdb. des Fachanwalts Verkehrsrecht, Kap. 21.

2 *BGH* Urt. v. 28.02.2007 – IV ZR 331/05, DAR 2007, 703 = MDR 2007, 885 = NJW 2007, 2041 = NZV 2007, 458 = r+s 2007, 234 = SVR 2007, 428, bespr. v. *Bauer* = VersR 2007, 785 = zfs 2007, 343.

3 *OLG Saarbrücken* Urt. v. 02.03.2005 – 5 U 530/04, NJW-RR 2005, 1194 = OLGR 2005, 658 = r+s 2005, 374 = VersR 2005, 1724 = zfs 2005, 399; *OLG Hamm* Beschl. v. 11.10.2013 – 20 U 152/13, ADAJUR Dok.Nr. 104249 = SP 2014, 63 = zfs 2014, 280.

4 *OLG Koblenz* Urt. v. 11.11.2014 – 3 U 706/14, MDR 2015, 93 = NJW-RR 2015, 230 =VersR 2015, 573 = zfs 2015, 137.

7 Für die jeweiligen Verträge gilt deutsches Recht, 17 AVAR bzw. »Vorbemerkung« A. AKB. Auf die entsprechende Kommentierung in diesem Werk ist zu verweisen.

8 Beim Fahrzeugausfall eines auf den Versicherungsnehmer zugelassenen Fahrzeugs genießen nicht nur der Versicherungsnehmer, sondern auch der berechtigte Fahrer und die berechtigten Insassen Versicherungsschutz, 1.1.1, 2. Spiegelstrich und 1.1.2, 3. Spiegelstrich AVAR bzw. A.3.2 AKB.

9 Ausschlüsse gelten in beiden Versicherungen bei fehlender Fahrerlaubnis, bei der Beteiligung an Rennen (Rennklausel).

10 Ausschlüsse gelten bei der Vorhersehbarkeit einer Erkrankung, 8.1.3 AVAR; A.3.7 AKB.

11 Beide Bedingungswerke sehen einen Vorteilsausgleich vor, 8.2 AVAR; A.3.10 AKB.

12 Beide Bedingungswerke stellen heraus, dass die Leistungen nur subsidiär erbracht werden, 18.1 AVAR bzw. A.3.11 AKB. Damit gehen die Leistungen der Primärversicherer vor.

13 Wird jedoch der Subsidiärversicherer zuerst angesprochen, so leistet er bedingungsgemäß Versicherungsschutz. Der Anspruch des Versicherungsnehmers geht auf den Subsidiärversicherer nach § 86 Abs. 1 VVG über.

14 Sind jedoch zwei Subsidiärversicherer verpflichtet, zum Beispiel wegen Pannenhilfe der AVAR-Versicherer neben dem Autoschutzbriefversicherer, so besteht eine Mehrfachversicherung nach den §§ 77 ff. VVG. Die Versicherer haben sich dann den Aufwand nach § 78 Abs. 2 VVG zu teilen. Dies gilt selbst im Falle zweier aufeinandertreffender qualifizierter[5] Subsidiaritätsklauseln.

C. Unterschiede in der Versicherung

15 Im Gegensatz zum Autoschutzbrief im Sinne von A.3 AKB ist der Auto- und Reise-Schutzbrief nicht fahrzeug-, sondern personengebunden. Er ist als Familien- oder Single-Schutzbrief abschließbar.

16 Im Gegensatz zu A.3. AKB i.V.m.B.2.1 AKB gibt es eine vorläufige Deckung bei den AVAR nicht, § 11 AVAR. Der Versicherungsschutz beginnt folglich erst mit der Zahlung des ersten Beitrags.

17 Der Versicherungsschutz nach den AVAR gilt für Leistungen im Ausland weltweit, im Gegensatz zu A.3.4 AKB beim Autoschutzbrief.

18 Im Anhang zu den AVAR sind zahlreiche Begriffe definiert, wie sie der Versicherer verstanden haben will. Im Autoschutzbrief findet man Definitionen nur vereinzelt, so in A.3.5.4 AKB (Panne und Unfall). Dafür decken sie sich mit den erläuterten Begriffen der AVAR.

D. Unterschiede im Leistungskatalog

19 Gemäß AVAR erbringt der Versicherer den Versicherungsschutz unabhängig davon, ob der Versicherte mit seinem eigenen oder fremden Fahrzeug auf Reisen ist. Der Versicherungsschutz ist zudem unabhängig von einem Verkehrsmittel und gilt sogar dann, wenn der Versicherte als Wanderer zu Fuß oder mit dem Fahrrad auf Reisen ist.

20 Die Versicherung nach den AVAR wartet mit zusätzlichen Leistungen auf, die im Autoschutzbrief nicht versichert sind. Hervorzuheben sind:

– Bei **Krankheit und Unfall** des Versicherten werden weitere Leistungen erbracht, wie medizinische Kontakthilfen, Benachrichtigungen, Kostenauslegung im Krankenhaus, Krankenrücktransport ohne medizinische Notwendigkeit bei mehr als 14-tägiger stationärer Behandlung, keine Altersbegrenzung für Kinderrückholung, Arzneimittelversand, Krankenbesuch, Krankentransport in das nächste erreichbare Krankenhaus, Such-, Rettungs- und Bergekosten des

---

5 *BGH* Urt. v. 19.02.2014 – IV ZR 389/12, JZ 2014, 279 = MDR 2014, 779 = VersR 2014, 450 = VuR 2014, 196 = WM 2014, 1052 = zfs 2014, 278.

Versicherten; Beratung von Schwerstverletzten im Ausland, Hilfe bei der Beschaffung medizinischer Hilfsmittel im Ausland sowie Beratung zu Reha-Maßnahmen im Ausland, 3 AVAR
- Hilfen beim **Auslandsreiseabbruch** wegen unzumutbarer Umstände, Insolvenz des Veranstalters, Naturkatastrophen und besonderen Notlagen, 4 AVAR
- Bei **Fahrzeugausfall**, 2 AVAR, Autoschlüsselservice nach 2.2.4 AVAR und Fahrzeugtransport-Service nach 2.2.5 AVAR sowie Hilfe bei der Weiterfahrt/Rückfahrt nach 2.2.2 AVAR
- Hilfen bei **Notlagen auf Auslandsreisen**, wie Zahlungsmittelverlust, Dokumenten-, Benachrichtigungs-, Verspätungs- und Schlüsselservice sowie Hilfen bei Brillenverlust nach 5 AVAR
- Diverse organisatorische Hilfen bei **Notfällen zu Hause**, wie Reiserückruf-, Handwerkerservice, 6 AVAR
- Hilfen bei **Strafverfolgung im Ausland** durch Anwaltsvermittlung und Rechtskostenvorschuss, 7 AVAR

Andererseits bleibt der Versicherungsumfang der AVAR hinter dem des Autoschutzbriefs zurück. 21
Hervorzuheben sind:
- Kein Schutz für mitgeführte Wohnwagen-, Gepäck- und Bootsanhänger wie in A.3.3 AKB
- Beim Abschleppen gilt die Einschränkung »nächstgelegene Fachwerkstatt«, 2.1.2.1 AVAR
- Kein Ersatzteilversand, wie in A.3.8.1 AKB
- Kostendeckelung bei Bestattung im Ausland

E. Fazit

Der Versicherungsschutz ist durchaus unterschiedlich ausgestaltet, auch wenn sich Überschneidungen im Versicherungsschutz ergeben. Für die Beratung des Versicherten, aber auch für die Regressbearbeitung im Schadensfall ist es wichtig, nach gleichfalls bestehendem Versicherungsschutz zu fragen und die Überschneidungen im Versicherungsschutz festzustellen. 22

Die A.3 AKB und die AVAR sind hierbei ähnlich ausgestaltet. Es ist dementsprechend auf die entsprechende Kommentierung in diesem Werk zu verweisen in Bezug auf die einzelnen Begriffe. 23

1 **Wer ist versichert? Was ist versichert?**

1.1 **Versicherte Personen**

1.1.1 **Beim Single-Schutzbrief**

- Sie, unser Versicherungsnehmer
- berechtigte Fahrer* und Insassen eines Fahrzeuges, das auf Sie zugelassen ist.

1.1.2 **Beim Familien-Schutzbrief**

- Sie, unser Versicherungsnehmer.
- Ihr ehelicher oder nichtehelicher Lebenspartner, und Ihre minderjährigen Kinder. Lebenspartner und Kinder müssen mit Ihnen in häuslicher Gemeinschaft leben.
- berechtigte Fahrer* und Insassen eines Fahrzeuges, das auf Sie oder Ihren Lebenspartner zugelassen ist.

1.2 Versicherte Fahrzeuge

Versichert sind Fahrzeuge,
- die auf Sie oder ihren mitversicherten Lebenspartner zugelassen sind
- die Sie als berechtigter Fahrer* oder Insasse nutzen:
  - PKW bis zu einem zulässigen Gesamtgewicht von 3,5 Tonnen
  - Wohnmobile bis zu einem zulässigen Gesamtgewicht von … Tonnen
  - Krafträder
  - Mopeds

- Fahrräder/Elektrofahrräder
- mitgeführte Wohnwagen, Gepäck- und Bootsanhänger mit höchstens einer Achse (Achsen mit weniger als 100 cm Abstand gelten als eine Achse.).

2 Hilfe bei Fahrzeugausfall

Was geschieht, wenn das versicherte Fahrzeug wegen einer Panne*, eines Unfalls* oder eines Total- bzw. Teile-Diebstahls ausfällt? In diesem Fall erbringen wir folgende Leistungen:

2.1 Soforthilfe am Schadenort

2.1.1 Pannen- und Unfallhilfe

2.1.1.1 Wir helfen bei der Wiederherstellung der Fahrbereitschaft an der Schadenstelle durch ein Pannenhilfsfahrzeug. Und wir übernehmen die hierdurch entstehenden Kosten bis zu … €. Haben Sie uns mit der Organisation der Pannenhilfe beauftragt, erstatten wir die Kosten bis … €/unbegrenzt.

2.1.1.2 Die Kosten umfassen auch die erforderlichen Kleinteile. Autobatterien gehören nicht zu den Kleinteilen.

2.1.2 Abschleppen des Fahrzeugs

2.1.2.1 Wenn das Fahrzeug an der Schadenstelle nicht repariert werden kann, lassen wir es zur nächstgelegenen Fachwerkstatt abschleppen. Und wir übernehmen die hierdurch entstehenden Kosten bis zu … €. Haben Sie uns mit der Organisation der Pannenhilfe beauftragt, erstatten wir die Kosten bis … €/unbegrenzt. Die durch den Einsatz eines Pannenhilfsfahrzeuges entstandenen Kosten werden angerechnet.

2.1.2.2 Die Kosten umfassen auch das Gepäck und die Ladung. Bei dieser darf es sich aber nicht um gewerblich beförderte Ladung handeln.

2.1.3 Bergen des Fahrzeugs

Wenn das Fahrzeug von der Straße abgekommen ist, sorgen wir für seine Bergung. Und wir übernehmen die hierdurch entstehenden Kosten. Darin eingeschlossen sind das Gepäck und die Ladung. Bei dieser darf es sich aber nicht um gewerblich beförderte Ladung handeln.

2.1.4 Mietwagen nach Unfall* oder Diebstahl*

Nach einem Unfall* oder Diebstahl* helfen wir Ihnen auf Wunsch bei der Beschaffung eines Mietwagens. Wir übernehmen auch die Kosten, solange Sie Ihr Fahrzeug nicht nutzen können. Dies jedoch höchstens für … Tage bis zu insgesamt … €.

2.2 Weitere Leistungen ab 50 km Entfernung

Wenn der Schadenort mindestens 50 km Wegstrecke von ihrem ständigen Wohnsitz* in Deutschland entfernt liegt, erbringen wir zusätzlich folgende Leistungen:

2.2.1 Mietwagen-Service

2.2.1.1 Wir helfen Ihnen auf Wunsch bei der Beschaffung eines Mietwagens. Wir übernehmen auch die Kosten, bis Ihr Fahrzeug wieder fahrbereit ist. Dies jedoch höchstens für …Tage bis zu insgesamt … €.

2.2.1.2 In drei Fällen tragen wir die Mietwagen-Kosten nicht:
- Sie nutzen unseren Weiter- und Rückfahrt-Service (2.2.2)
- Sie nutzen den Übernachtungs-Service (2.2.3) oder
- Sie nutzen den Pick-Up-Service (2.2.5.2).

2.2.2 Weiter- und Rückfahrt-Service

2.2.2.1 Wir organisieren folgende Fahrten:
- die Weiterfahrt zu Ihrem ständigen Wohnsitz* in Deutschland oder zu Ihrem Zielort
- die Rückfahrt vom Zielort zu Ihrem ständigen Wohnsitz* in Deutschland sowie
- die Abholung des reparierten Fahrzeugs vom Schadenort durch eine Person.

2.2.2.2 Die Kosten erstatten wir bei einfacher Entfernung unter ... Bahnkilometern bis zur Höhe der Bahnkosten 1. Klasse einschließlich Zuschlägen. Bei größerer Entfernung bis zur Höhe der Kosten eines Linienfluges (Economy Class). Für nachgewiesene Taxifahrten erstatten wir bis zu ... €. Liegt der Schaden-/Zielort außerhalb Europas, zahlen wir insgesamt bis zu ... € pro Person.

2.2.3 Übernachtungs-Service

2.2.3.1 Wir helfen Ihnen auf Wunsch bei der Beschaffung einer Übernachtungsmöglichkeit und übernehmen die Übernachtungskosten bis zu dem Tag, an dem das Fahrzeug repariert oder wiederaufgefunden wurde. Dies jedoch höchstens für ... Nächte bis zu ... € je Übernachtung und Person.

2.2.3.2 Wenn Sie unseren Weiter- und Rückfahrt-Service in Anspruch nehmen, tragen wir die Übernachtungskosten nur für ... Nacht/Nächte.

2.2.4 Autoschlüssel-Service

2.2.4.1 Wenn Sie die Schlüssel für Ihr Fahrzeug verloren haben, helfen wir bei der Beschaffung von Ersatzschlüsseln. Wir übernehmen auch die Kosten für den Versand der Ersatzschlüssel.

2.2.4.2 Die Kosten der Ersatzschlüssel selbst übernehmen wir nicht.

2.2.4.3 Wenn der Schlüssel im Fahrzeug eingeschlossen ist, organisieren wir die Öffnung des Fahrzeugs und übernehmen die Kosten bis zu ... €/unbegrenzt.

2.2.5 Fahrzeugtransport-Service und Pick-Up-Service

2.2.5.1 Was geschieht, wenn das Fahrzeug am Schadenort oder in dessen Nähe nicht innerhalb von drei Werktagen repariert werden kann? Dann sorgen wir für den Transport zu einer Werkstatt an einem anderen Ort. Dies geschieht jedoch nur, wenn die voraussichtlichen Reparaturkosten geringer sind als die Kosten für ein gleichwertiges gebrauchtes Fahrzeug.

Die Kosten für den Transport Ihres Fahrzeugs übernehmen wir. Dies aber nur bis zur Höhe der Kosten für einen Rücktransport an Ihren ständigen Wohnsitz* in Deutschland. Wenn der Schadenort außerhalb Europas liegt, zahlen wir höchstens ... €.

2.2.5.2 Bei einem Schadenort in Deutschland sorgen wir dafür, dass Sie zu Ihrem ständigen Wohnsitz* gebracht werden. Dies erfolgt möglichst zusammen mit dem Fahrzeug (Pick-Up-Service).

2.3 Weitere Leistungen im Ausland*

2.3.1 Fahrzeugverzollung und -verschrottung

2.3.1.1 Wenn das Fahrzeug im Ausland* verzollt werden muss, helfen wir bei der Verzollung. Wir tragen die Verfahrensgebühren mit Ausnahme des Zollbetrags und sonstiger Steuern.

2.3.1.2 Wenn das Fahrzeug verschrottet wird, übernehmen wir die Kosten der Verschrottung.

2.3.2 Fahrzeugunterstellung

Das Fahrzeug muss im Ausland bis zum Rücktransport oder der Verzollung bzw. Verschrottung untergestellt werden. Dann übernehmen wir die Kosten für bis zu ... Tagen/Wochen.

2.3.3 Hilfe bei der Fahrzeugreparatur

2.3.3.1 Wenn das Fahrzeug repariert werden muss, helfen wir bei der Suche nach einer Werkstatt. Für die Leistungen der Werkstatt übernehmen wir keine Haftung.

2.3.3.2 Was tun wir, wenn Ersatzteile vor Ort nicht beschafft werden können? Dann sorgen wir dafür, dass Sie sie schnellstens erhalten. Dabei übernehmen wir die Versandkosten, nicht aber die Kosten der Ersatzteile.

3 Hilfe bei Krankheit und Unfall* ab 50 km Entfernung

Hinweis: Wenn wir in diesem Abschnitt 3 »Sie« ansprechen, meinen wir Sie als Versicherungsnehmer und die mitversicherten Personen.

Sie erkranken oder erleiden einen Unfall* auf einer Reise. Reise ist jede Abwesenheit vom ständigen Wohnsitz* bis zu einer Höchstdauer von ununterbrochen sechs Wochen. Wenn dies mindestens 50 km Wegstrecke von ihrem ständigen Wohnsitz* in Deutschland entfernt geschieht, erbringen wir nachfolgende Leistungen:

3.1 Soforthilfe

3.1.1 Wir informieren Sie auf Anfrage über die Möglichkeiten ärztlicher Versorgung. Soweit möglich, benennen wir Ihnen einen deutsch oder englisch sprechenden Arzt. Diesen müssen Sie dann selbst beauftragen.

3.1.2 Wir stellen den Kontakt zwischen Ihrem Hausarzt und Ihrem behandelnden Arzt oder Krankenhaus her, wenn das erforderlich ist.

3.1.3 Wir benachrichtigen auf Wunsch Ihre Angehörigen und Ihren Arbeitgeber.

3.1.4 Wir geben dem Krankenhaus gegenüber, soweit erforderlich, eine Kostenübernahmegarantie bis zu … € ab und legen diese Kosten für Sie aus.

3.2 Arzneimittelversand

Wenn Sie auf verschreibungspflichtige Arzneimittel angewiesen sind, die vor Ort nicht besorgt werden können, übernehmen wir folgende Aufgaben:
- Wir stimmen uns mit Ihrem Hausarzt ab.
- Wir übersenden Ihnen die Arzneimittel.
- Wir übernehmen die Versandkosten sowie die Kosten der Abholung beim Zoll.

3.3 Krankenbesuch

Wenn Sie sich länger als zwei Wochen im Krankenhaus aufhalten müssen, organisieren wir den Besuch einer Ihnen nahestehenden Person. Wir tragen die Fahrt- und Übernachtungskosten für den Besucher. Dies bis … €.

3.4 Krankentransport

3.4.1 Wenn Sie stationär behandelt werden müssen, übernehmen wir die Kosten Ihres Transports in das nächstgelegene Krankenhaus.

3.4.2 Wenn Sie an Ihren ständigen Wohnsitz* zurückgebracht werden müssen, organisieren wir den Rücktransport und übernehmen die Kosten.

3.4.3 Art und Zeitpunkt des Rücktransportes müssen medizinisch notwendig [alternativ: medizinisch sinnvoll] sein. Hierüber entscheidet ein von uns beauftragter Arzt. Dauert der Krankenhausaufenthalt voraussichtlich mehr als zwei Wochen, können Sie in jedem Fall den Krankenrücktransport beanspruchen.

3.4.4 Wir übernehmen die Übernachtungskosten bis zum Rücktransport auch für die nicht erkrankten versicherten Personen. Wir zahlen für höchstens drei … Nächte bis zu je … € pro Person.

3.4.5 Welche Kosten ersetzen wir Ihnen, wenn Sie wegen eines medizinisch notwendigen Krankenhausaufenthalts die ursprünglich geplante Rückfahrt nicht antreten können? Wir übernehmen die gegenüber der ursprünglichen Rückfahrt entstehenden höheren Fahrtkosten:

- bei einer Entfernung unter ... km die Bahnkosten 1. Klasse einschließlich der Zuschläge
- bei einer Entfernung über ... km einen Linienflug der Economy Class
- Taxifahrten erstatten wir Ihnen bis zu ... €, wenn Sie uns diese nachweisen.

3.5 Rückholung von Kindern (nur Familien-Schutzbrief)

3.5.1 Was geschieht, wenn minderjährige Kin-der nicht mehr betreut werden können, weil ihre Begleitperson erkrankt, verletzt oder gestorben ist? In diesem Fall sorgen wir für die Rückholung der Kinder durch eine Begleitperson. Sie kann von Ihnen oder uns ausgewählt werden.

3.5.2 Die Kinder werden auch zurückgeholt, wenn diese selbst erkranken oder verletzt sind und nicht mehr betreut werden können. Das gilt für den Fall, dass Sie selbst weiterreisen.

3.5.3 In dem Fall übernehmen wir die Fahrtkosten:
- bei einer Entfernung unter ... Bahnkilometern bis zur Höhe der Bahnkosten 2. Klasse + Zuschlägen.
- bei einer Entfernung über ... Bahnkilometern bis zur Höhe der Bahnkosten 1. Klasse oder der Liegewagenkosten + Zuschlägen
- Taxifahrten erstatten wir Ihnen bis zu ... €, wenn Sie uns diese nachweisen.

Wir zahlen nur bis zu ... € pro Person.

3.6 Stellung eines Ersatzfahrers

3.6.1 In folgenden Fällen sorgen wir für die Abholung Ihres Fahrzeugs zu Ihrem ständigen Wohnsitz*:
- Sie können Ihr Fahrzeug nicht mehr zurückfahren, weil Sie verstorben oder mehr als drei Tage krank sind und
- ein Mitreisender ist nicht in der Lage, Ihr Fahrzeug zurückzuführen.

3.6.2 Was ist vorgesehen, wenn Sie die Rückführung selbst organisieren? Dann zahlen wir Ihnen ... € je Kilometer Wegstrecke zwischen Ihrem ständigen Wohnsitz* und dem Schadenort.

3.7 Hilfe im Todesfall (nur Ausland*)

3.7.1 Was geschieht, wenn Sie auf einer Reise versterben? In diesem Fall stimmen wir uns mit Ihren Angehörigen ab. Wir sorgen dann für die Bestattung im Ausland* oder die Überführung nach Deutschland.

3.7.2 Wir übernehmen die entstehenden Kosten bis zu ... €.

3.8 Such-, Rettungs- und Bergungskosten (nur Ausland*)

Müssen Sie wegen der Erkrankung oder des Unfalles gesucht, gerettet oder geborgen werden, übernehmen wir hierfür die Kosten bis zu ... €.

3.9 Bereitstellung medizinischer Hilfsmittel (nur Ausland*)

3.9.1 Sind Sie aufgrund des Unfalles auf die Benutzung medizinischer Hilfsmittel angewiesen, helfen wir Ihnen bei der Beschaffung der benötigten Hilfsmittel.

3.9.2 Zusätzlich beteiligen wir uns an den erforderlichen Kosten der Hilfsmittel bis zu einem Betrag von ... €.

3.10 Beratung über Reha-Maßnahmen (nur Ausland*)

3.10.1 Nach einem unfallbedingten Krankenhausaufenthalt beraten wir Sie über Rehabilitationsmaßnahmen und nennen Ihnen Reha-Einrichtungen.

3.10.2 Für die Leistungen dieser Einrichtungen übernehmen wir keine Haftung.

4 Hilfe bei Abbruch der Auslandsreise im Not- oder Katastrophenfall

4.1 Rückreise-Service

4.1.1 Wir sorgen für Ihre außerplanmäßige Rückreise aus dem Ausland*, sofern Sie von den folgenden Ereignissen überrascht worden sind:
- Ein Mitreisender oder ein naher Verwandter* ist schwer erkrankt oder verstorben.
- Sie sind finanziell erheblich geschädigt worden.
- Am Zielort sind ein Krieg oder innere Unruhen ausgebrochen.

4.1.2 Zusätzlich übernehmen wir die höheren Fahrtkosten, die gegenüber der ursprünglich vorgesehenen Rückreise entstehen. Dies erfolgt bis zu … € je Schadenfall und Person.

4.2 Hilfe bei Insolvenz des Reiseveranstalters

4.2.1 Was geschieht, wenn Sie Ihre Rückreise aus dem Ausland* nicht antreten können, weil Ihr Reiseveranstalter zahlungsunfähig geworden ist? Dann informieren wir Sie über andere Möglichkeiten Ihrer Rückreise.

4.2.2 Zusätzlich stellen wir Ihnen bei Bedarf ein zinsloses Darlehen für die Kosten der Rückreise zur Verfügung.

4.3 Hilfe bei Naturkatastrophen

4.3.1 Was geschieht in folgendem Fall? Eine unvorhergesehene Naturkatastrophe ist eingetreten (z. B. Lawinen oder Erdbeben). Eine Weiterreise ist deshalb oder wegen einer behördlichen Anordnung nicht möglich. Wir erstatten dann für außerplanmäßige Verpflegungs- und Übernachtungskosten je Tag und versicherte Person … €. Höchstens jedoch bis zu … € je versicherte Person.

4.3.2 Wenn es Ihnen nicht möglich ist, mit Ihrem ursprünglich gewählten Verkehrsmittel weiter oder zurückzureisen, übernehmen wir die Reisemehrkosten. Und zwar in folgendem Umfang:
- Für die Rückfahrt zu Ihrem ständigen Wohnsitz* in Deutschland oder die Fahrt zu Ihrem Zielort
- Für die Rückfahrt vom Zielort zu Ihrem ständigen Wohnsitz* in Deutschland
- Der Zielort muss sich im Geltungsbereich des Schutzbriefs befinden.

4.3.3 Welche Mehrkosten erstatten wir?

Bei einer Entfernung unter … Bahnkilometer bis zur Höhe der Bahnkosten 1. Klasse einschließlich Zuschlägen.
- Bei größerer Entfernung bis zur Höhe der Kosten eines Linienflugs (economy class).
- Taxikosten erstatten wir bis zu … € pro Person.

4.3.4 Was geschieht, wenn Sie wegen der Naturkatastrophe oder behördlicher Anordnung Ihr fahrbereites Fahrzeug am Schadenort zurücklassen müssen? In diesem Fall sorgen wir für die Rückholung des Fahrzeugs zu Ihrem ständigen Wohnsitz*. Die Kosten hierfür übernehmen wir.

4.3.5 Wenn Sie die Abholung selbst veranlassen, erhalten Sie von uns folgende Entschädigung: … € je Kilometer Entfernung zwischen Ihrem ständigen Wohnsitz* und dem Schadenort.

5 Hilfe bei sonstigen Notlagen auf Reisen im Ausland*

5.1 Verlust von Zahlungsmitteln (z. B. Bargeld oder Scheckkarte)

Was geschieht, wenn Sie auf einer Reise im Ausland* Zahlungsmittel verlieren und dadurch in eine Notlage geraten? Dann stellen wir den Kontakt zu Ihrer Hausbank her. Das geschieht innerhalb eines Werktags nach Ihrer Schadenmeldung. Falls dies nicht möglich ist, stellen wir Ihnen ein zinsloses Darlehen bis zu … € je Schadenfall zur Verfügung.

5.2 Dokumenten- und Daten-Service

5.2.1 Sie können Ihre Daten und Kopien Ihrer persönlichen Dokumente (Reisepass, Kreditkarten usw.) in einem unserer Daten- und Dokumenten-Depots hinterlegen lassen. Auf das Depot können nur Sie oder durch Sie benannte Vertrauenspersonen zugreifen.

5.2.2 Was tun wir, wenn Sie auf einer Reise im Ausland* ein für die Reise benötigtes Dokument verloren haben? Dann helfen wir Ihnen bei der Ersatzbeschaffung. Wir übernehmen die hierbei anfallenden Gebühren.

5.2.3 Wenn Sie Ihre Scheck- oder Kreditkarte verloren haben, informieren wir auf Wunsch unverzüglich* Ihre Bank bzw. Ihr Kreditkartenunternehmen.

5.3 Verspätungs-Service

Was geschieht, wenn sich Ihr Verkehrsmittel (Bahn, Flugzeug, Schiff) im Ausland* voraussichtlich mehr als 4 Stunden verspätet? Dann informieren wir Sie über andere Reisemöglichkeiten. Außerdem helfen wir bei der Umbuchung und informieren auf Wunsch Ihre Angehörigen und Geschäftspartner.

5.4 Schlüssel-Service

5.4.1 Was geschieht, wenn Sie die Schlüssel für Ihr Haus oder Ihre Wohnung verloren haben? Und zwar für Haus oder Wohnung an Ihrem ständigen Wohnsitz* in Deutschland? Dann helfen wir Ihnen bei der Beschaffung von Ersatzschlüsseln. Wir übernehmen die Kosten für den Versand der Ersatzschlüssel.

5.4.2 Die Kosten der Ersatzschlüssel selbst übernehmen wir nicht.

5.5 Hilfe bei Brillenverlust

Wenn Sie auf einer Reise im Ausland* Brille oder Kontaktlinsen verloren haben, beschaffen wir Ihnen Ersatz. Wir übernehmen dabei die Versandkosten, nicht aber die Kosten der Ersatzbrille oder der Ersatzkontaktlinsen.

5.6 Hilfe bei weiteren Notlagen

5.6.1 Bedroht eine sonstige Notlage im Ausland* Ihre Gesundheit oder Ihr Vermögen erheblich, veranlassen wir die erforderlichen Maßnahmen und übernehmen hierfür die Kosten. Dies bis zu ... € je Schadenfall.

5.6.2 Kosten für schlecht oder nicht erfüllte Verträge, die Sie abgeschlossen haben, erstatten wir nicht. Das gilt auch für Wiederbeschaffungs- und Reparaturkosten.

6 Hilfe bei Notfall zu Hause

6.1 Reiserückruf-Service

Wie helfen wir, wenn in einem Notfall ein Rückruf von der Reise durch den Rundfunk notwendig ist? Dann leiten wir die erforderlichen Maßnahmen in die Wege. Wir übernehmen auch die hierdurch entstehenden Kosten. Der Rundfunk entscheidet, ob ein Notruf gesendet wird.

6.2 Handwerker-Service

6.2.1 Was geschieht, wenn während Ihrer Reise Ihr Haus oder Ihre Wohnung an Ihrem ständigen Wohnsitz* in Deutschland erheblich beschädigt wird? Z.B. durch Brand, Wasser, Einbruch, Vandalismus. In diesem Fall vermitteln wir Ihnen Handwerker und sorgen für sofortige Hilfe.

6.2.2 Die Kosten dieser Firmen zahlen wir nicht; für deren Leistungen übernehmen wir keine Haftung.

7 Hilfe bei Strafverfolgung im Ausland*

Wenn Sie auf einer Reise im Ausland* verhaftet werden oder wenn Ihnen mit Haft gedroht wird, erbringen wir folgende Leistungen:

7.1 Vermittlung von Anwaltshilfe

Wir sind behilflich bei der Auswahl und Beauftragung eines Anwalts und, soweit erforderlich, eines Dolmetschers. Falls nötig, nennen wir Ihnen Botschaften oder Konsulate oder schalten diese ein.

7.2 Rechtskosten-Vorschuss

7.2.1 Wir legen Ihnen einen Betrag für die in diesem Zusammenhang entstehenden Gerichts-, Anwalts- und Dolmetscherkosten aus. Dies bis zu … €.

7.2.2 Außerdem legen wir Ihnen einen Betrag für eine von den Behörden verlangte Strafkaution aus. Dies bis zu … €.

8 Wann kann Ihnen der Schutzbrief nicht helfen? (Ausschlüsse und Leistungskürzungen)

8.1 Wir zahlen nicht, wenn der Versicherungsfall durch folgende Ereignisse verursacht wurde:

8.1.1 durch Krieg, innere Unruhen, terroristische Handlungen, Anordnungen staatlicher Stellen, Erdbeben oder Kernenergie.

Wir helfen jedoch, soweit möglich, wenn sie von einem dieser Ereignisse überrascht worden sind. Wir helfen Ihnen dann 14 Tage lang, seit das Ereignis zum ersten Mal aufgetreten ist.

8.1.2 Sie haben den Schaden vorsätzlich* herbeigeführt. Wenn Sie ihn grob fahrlässig* herbeigeführt haben, sind wir berechtigt, unsere Leistung zu kürzen. Und zwar in einem der Schwere Ihres Verschuldens entsprechenden Verhältnis.

8.1.3 durch eine Erkrankung oder Verletzung, die innerhalb sechs Wochen vor Reisebeginn erstmalig oder zum wiederholten Male aufgetreten ist oder noch vorhanden war.

8.1.4 wenn Sie bei Eintritt des Schadens ohne Fahrerlaubnis gefahren sind. Oder wenn Sie zum Führen des Fahrzeugs nicht berechtigt waren.

8.1.5 wenn Sie mit dem Fahrzeug bei Schadeneintritt teilgenommen haben an:
- einer Fahrveranstaltung, bei der es auf die Erzielung einer Höchstgeschwindigkeit ankam,
- einer dazu gehörigen Übungsfahrt oder
- einer Geschicklichkeitsprüfung.

8.1.6 wenn Sie bei Eintritt des Schadens das Fahrzeug zur gewerbsmäßigen Personenbeförderung oder gewerbsmäßigen Vermietung verwendet haben.

8.2 Leistungskürzung

Was geschieht, wenn Sie aufgrund unserer Leistungen Kosten erspart haben, die Ihnen auch ohne den Schadenfall entstanden wären? In diesem Fall können wir unsere Leistung in Höhe der ersparten Kosten kürzen oder die Ersparnis auf unsere Leistung anrechnen.

9 Welche Obliegenheiten* haben Sie im Schadenfall zu erfüllen?

9.1 Was müssen Sie tun, wenn ein Schadenfall eingetreten ist?

9.1.1 Sie müssen uns den Schadenfall unverzüglich* melden.

9.1.2 Sie müssen sich mit uns darüber abstimmen, ob und welche Leistungen wir erbringen. Sie erreichen uns telefonisch rund um die Uhr.

9.1.3 Sie müssen den Schaden so gering wie möglich halten und unsere Weisungen beachten.

9.1.4 Sie müssen Folgendes tun:
- Uns jede zumutbare Untersuchung über Ursache und Höhe des Schadens und über den Umfang seiner Entschädigungspflicht gestatten.
- Uns Originalbelege zum Nachweis der Schadenhöhe auf Verlangen zur Verfügung stellen.

Soweit erforderlich die behandelnden Ärzte von ihrer Schweigepflicht entbinden, damit wir unserer Leistungspflicht nachkommen können.

9.1.5 Wenn durch unsere Leistungen Ihre Ansprüche gegenüber Dritten auf uns übergehen, müssen Sie uns bei deren Geltendmachung unterstützen. Sie müssen uns die hierfür benötigten Unterlagen zur Verfügung stellen.

9.2 Was geschieht, wenn Sie diese Obliegenheiten* verletzen?

9.2.1 Wenn Sie eine dieser Obliegenheiten* vorsätzlich* verletzen, verlieren Sie Ihren Versicherungsschutz.

9.2.2 Bei grob fahrlässiger* Verletzung einer Obliegenheit* sind wir berechtigt, unsere Leistung zu kürzen, und zwar in einem der Schwere Ihres Verschuldens entsprechenden Verhältnis.

Was geschieht, wenn Sie nach einem Schadenfall keine Auskünfte erteilen? Oder wenn Sie sich nicht an der Aufklärung des Schadenfalls beteiligen? Dann kann auch dies dazu führen, dass der Versicherungsschutz ganz oder teilweise entfällt.

Der Schutz entfällt aber nur, wenn wir Sie vorher über diese Pflichten informiert haben. Und zwar durch eine gesonderte Mitteilung in Textform.

Der Versicherungsschutz bleibt bestehen, wenn Sie nachweisen, dass Sie die Obliegenheiten* nicht grob fahrlässig* verletzt haben.

9.2.3 Der Versicherungsschutz bleibt auch in folgendem Fall bestehen:

Sie weisen nach, dass die Verletzung der Obliegenheit* nicht die Ursache war
- für den Eintritt des Versicherungsfalls,
- für die Feststellung des Versicherungsfalls oder
- für die Feststellung oder den Umfang unserer Leistung.

Der Versicherungsschutz bleibt nicht bestehen, wenn Sie Ihre Obliegenheit* arglistig verletzt haben.

9.3 Wenn wir Geld für Sie ausgelegt haben, gilt: Sie müssen uns diese Beträge unverzüglich* nach deren Erstattung durch Dritte zurückzahlen. Spätestens jedoch innerhalb eines Monats, nachdem wir sie ausgezahlt haben.

10 Dauer und Ende des Vertrages

10.1 Vertragsdauer

Der Vertrag ist für die im Versicherungsschein angegebene Zeit abgeschlossen.

10.2 Stillschweigende Verlängerung

Bei einer Vertragsdauer von mindestens einem Jahr verlängert sich der Vertrag um jeweils ein weiteres Jahr. Es sei denn, wir oder Sie kündigen ihn. Die Kündigung muss Ihnen oder uns spätestens drei Monate vor Ablauf der Vertragszeit zugegangen sein.

10.3 Vertragsbeendigung

10.3.1 Bei einer Vertragsdauer von weniger als einem Jahr endet der Vertrag zum vorgesehenen Zeitpunkt. Einer Kündigung bedarf es nicht.

10.3.2 Bei einer Vertragsdauer von mehr als drei Jahren kann der Vertrag schon zum Ablauf des dritten Jahres oder jedes darauffolgenden Jahres gekündigt werden. Die Kündigung muss Ihnen oder uns spätestens drei Monate vor dem Ablauf des jeweiligen Versicherungsjahres zugegangen sein.

11 Beginn des Versicherungsschutzes

Der Versicherungsschutz beginnt zu dem im Versicherungsschein angegebenen Zeitpunkt. Voraussetzung ist: Sie zahlen den ersten oder den einmaligen Beitrag rechtzeitig im Sinne von Nr. 12.2.

12 Beitrag, Fälligkeit, Verzug

12.1 Beitrag und Versicherungssteuer

Der Versicherungsbeitrag enthält die Versicherungssteuer, die Sie in der jeweils vom Gesetz bestimmten Höhe zu entrichten haben.

12.2 Zahlung und Folgen verspäteter Zahlung/Erster oder einmaliger Beitrag

12.2.1 Fälligkeit und Rechtzeitigkeit der Zahlung

12.2.1.1 Wann müssen Sie den ersten oder den einmaligen Beitrag zahlen (Fälligkeit)? Unverzüglich* nach zwei Wochen, wenn Sie den Versicherungsschein von uns erhalten haben.

12.2.1.2 Wenn die Zahlung des Jahresbeitrags in Raten vereinbart ist, gilt als erster Beitrag die erste Rate des ersten Jahresbeitrags.

12.2.2 Späterer Beginn des Versicherungsschutzes

Wenn Sie den ersten oder einmaligen Beitrag zu einem späteren Zeitpunkt später bezahlen, beginnt der Versicherungsschutz erst ab diesem späteren Zeitpunkt. Auf diese Folge einer verspäteten Zahlung müssen wir Sie allerdings aufmerksam gemacht haben. Und zwar in Textform. Oder durch einen auffallenden Hinweis im Versicherungsschein.

Wenn Sie uns nachweisen, dass Sie die verspätete Zahlung nicht zu vertreten haben, beginnt der Versicherungsschutz zum vereinbarten Zeitpunkt.

12.2.3 Rücktritt

Wenn Sie den ersten oder den einmaligen Beitrag nicht rechtzeitig bezahlen, können wir vom Vertrag zurücktreten. Dies, solange der Beitrag nicht bezahlt ist. Wir können nicht zurücktreten, wenn Sie nachweisen, dass Sie die verspätete Zahlung nicht zu vertreten haben.

12.3 Zahlung und Folgen verspäteter Zahlung/Folgebeitrag

12.3.1 Fälligkeit und Rechtzeitigkeit der Zahlung

Die Folgebeiträge werden zu dem jeweils vereinbarten Zeitpunkt fällig.

12.3.2 Verzug

12.3.2.1 Wenn Sie einen Folgebeitrag nicht rechtzeitig bezahlen, geraten Sie in Verzug. Auch ohne dass Sie eine Mahnung von uns erhalten haben.

Sie geraten nicht in Verzug, wenn Sie die verspätete Zahlung nicht zu vertreten haben.

12.3.2.2 Wir werden Sie in Textform zur Zahlung auffordern und Ihnen eine Zahlungsfrist von mindestens zwei Wochen setzen.

12.3.2.3 Wir sind berechtigt, Ersatz für den Schaden zu verlangen, der uns durch den Verzug entstanden ist.

12.3.3 Kein Versicherungsschutz

Sind Sie nach Ablauf dieser Zahlungsfrist noch mit der Zahlung in Verzug, besteht ab diesem Zeitpunkt bis zur Zahlung kein Versicherungsschutz, wenn Sie mit der Zahlungsaufforderung nach Nr. 12.3.2.2 darauf hingewiesen wurden.

12.3.4 Kündigung des Versicherungsvertrags

12.3.4.1 Wenn Sie nach Ablauf der Zahlungsfrist in Verzug sind, können wir den Vertrag auch kündigen. Dies, ohne eine Frist einzuhalten. Allerdings müssen wir Sie bei unserer Zahlungsaufforderung nach Nr. 12.3.2.2 auf die Möglichkeit einer fristlosen Kündigung hingewiesen haben.

12.3.4.2 Wenn wir Ihren Vertrag gekündigt haben und Sie danach innerhalb eines Monats zahlen, besteht der Vertrag fort. Dann haben Sie aber für Versicherungsfälle, die zwischen dem Ablauf der Zahlungsfrist und Ihrer Zahlung eingetreten sind, keinen Versicherungsschutz.

12.4 Rechtzeitige Zahlung bei Lastschriftmandat

12.4.1 Ist die Einziehung des Beitrags von einem Konto vereinbart, gilt die Zahlung als rechtzeitig, wenn
- der Beitrag zum Fälligkeitstag eingezogen werden kann und
- Sie einer berechtigten Einziehung nicht widersprechen.

12.4.2 Was geschieht, wenn der fällige Beitrag ohne Ihr Verschulden nicht eingezogen werden kann?

Dann ist die Zahlung rechtzeitig, wenn Sie nach unserer in Textform abgegebenen Aufforderung unverzüglich* zahlen.

12.4.3 Was geschieht, wenn Sie dafür verantwortlich sind, dass der fällige Beitrag nicht eingezogen werden kann?

Wir sind dann berechtigt, künftig eine andere Zahlungsweise zu verlangen. Sie müssen allerdings erst dann zahlen, wenn wir Sie hierzu in Textform auffordern.

12.5 Beitrag bei vorzeitiger Vertragsbeendigung

Bei vorzeitiger Beendigung des Vertrags haben wir nur Anspruch auf einen Teil des Beitrags. Und zwar den Teil, der dem Zeitraum des Versicherungsschutzes entspricht. Das gilt nicht, wenn etwas anderes vereinbart ist.

13 Kündigung nach Schadenfall

13.1 Nach Eintritt eines Schadenfalles können sowohl Sie als auch wir den Vertrag in Textform kündigen. Die Kündigung muss uns bzw. Ihnen spätestens einen Monat nach Abschluss der Verhandlungen über die Entschädigung zugehen.

13.2 Wenn Sie kündigen, wird Ihre Kündigung wirksam, sobald wir sie erhalten. Sie können jedoch bestimmen, dass die Kündigung zu einem späteren Zeitpunkt wirksam wird. Spätestens jedoch am Ende des laufenden Versicherungsjahres.

13.3 Wann wird unsere Kündigung wirksam?

Einen Monat, nachdem Sie sie erhalten haben.

13.4 Wird der Vertrag gekündigt, haben wir nur Anspruch auf den Teil des Beitrags, der dem Zeitraum des Versicherungsschutzes entspricht.

14 Anzeigen, Erklärungen, Anschriften- und Namensänderung

14.1 Richten Sie Anzeigen oder Erklärungen in Textform an folgende Stellen:
- An unsere Hauptverwaltung oder
- an die Geschäftsstelle, die für Sie zuständig ist.

Welche Geschäftsstelle dies ist, ergibt sich aus Ihrem Versicherungsschein oder aus dessen Nachträgen.

14.2 Änderungen Ihrer Anschrift müssen Sie uns mitteilen. Wenn Sie dies nicht tun, hat das für Sie Nachteile: Wir schicken unsere Erklärung per Einschreiben an Ihre letzte uns bekannte Anschrift. Unsere Erklärung gilt dann drei Tage nach der Absendung als zugegangen.

Das gilt entsprechend für den Fall, dass Sie uns eine Änderung Ihres Namens mitteilen.

15 Verjährung

15.1 Die Ansprüche aus dem Versicherungsvertrag verjähren in drei Jahren. Diese Fristberechnung ergibt sich aus den Vorschriften des Bürgerlichen Gesetzbuchs.

15.2 Wenn Sie einen Anspruch aus Ihrem Versicherungsvertrag bei uns angemeldet haben, ist die Verjährung ausgesetzt. Die Aussetzung wirkt von der Anmeldung Ihres Anspruchs bis zu dem Zeitpunkt, zu dem Sie unsere Entscheidung erhalten.

16 Zuständiges Gericht

16.1 Klagen gegen uns

Klagen gegen uns können Sie bei folgenden Gerichten einreichen:
- bei dem Gericht, das für Ihren ständigen Wohnsitz* zuständig ist.
- bei dem Gericht, das für unseren Geschäftssitz oder unsere Niederlassung zuständig ist.

16.2 Klagen gegen Sie

Klagen gegen Sie können wir Sie an folgenden Gerichten einreichen:
- dem Gericht, das für Ihren ständigen Wohnsitz* örtlich zuständig ist,
- dem Gericht des Ortes, an dem sich der Sitz oder die Niederlassung Ihres Betriebs befindet. Dies gilt, wenn Sie diesen Vertrag für Ihren Geschäfts- oder Gewerbebetrieb abgeschlossen haben.

Wie ist zu verfahren, wenn Ihr ständiger Wohnsitz* oder Ihr gewöhnlicher Aufenthalt zum Zeitpunkt der Klageerhebung nicht bekannt ist?

Dann klagen wir bei dem Gericht am Sitz unseres Versicherungsunternehmens. Oder am Sitz der für Ihren Vertrag zuständigen Niederlassung.

17 Anzuwendendes Recht

Für diesen Versicherungsvertrag gilt deutsches Recht.

18 Verpflichtungen Dritter

18.1 Wie ist zu verfahren, wenn im Schadenfall ein Dritter leistungspflichtig ist?

Dann geht diese Leistungsverpflichtung des Dritten vor.

Gleiches gilt, wenn eine Entschädigung aus anderen Versicherungsverträgen beansprucht werden kann.

18.2 Wenn Sie Entschädigung aus anderen Versicherungsverträgen beanspruchen können, steht es Ihnen frei, welchem Versicherer Sie den Schadenfall melden.

Melden Sie uns den Schaden, werden wir im Rahmen dieses Schutzbriefs in Vorleistung treten.

18.3 Was geschieht, wenn Sie aufgrund desselben Schadenfalls auch Erstattungsansprüche gegen Dritte haben?

Dann darf die Entschädigung nicht höher sein als Ihr Gesamtschaden.

ANHANG

Komplizierte Begriffe (im Text mit Sternchen *) – verständlich erklärt:

»Ausland«

Das sind alle Länder dieser Welt außer Deutschland.

Wenn Sie aber einen Wohnsitz im Ausland haben, gilt das betreffende Land nicht als Ausland.

»Berechtigter Fahrer«

Das ist jeder, der das Fahrzeug mit Zustimmung des Fahrzeughalters benutzt.

»Diebstahl«

liegt auch bei Raub, Erpressung, Unterschlagung oder unbefugtem Gebrauch vor.

»Grob fahrlässig«

»Grobe Fahrlässigkeit« liegt vor, wenn Sie bei Ihrem Handeln einfachste, ganz nahe liegende Überlegungen nicht anstellen bzw. beachten.

»Nahe Verwandte«

Das sind Eltern, Kinder, Enkel, Geschwister, Großeltern, Schwiegereltern und Schwiegerkinder.

»Obliegenheit«

Das ist eine Pflicht, die Sie erfüllen müssen, wenn Sie nicht Nachteile aus dem Versicherungsvertrag in Kauf nehmen wollen. Z.B. müssen Sie einen Versicherungsfall unverzüglich* anzeigen.

»Panne«

Das ist jeder Brems-, Betriebs- oder Bruchschaden.

»Ständiger Wohnsitz«

Das ist der Ort in Deutschland, an dem Sie polizeilich gemeldet sind und sich überwiegend aufhalten.

»Unfall«

Das ist ein plötzlich von außen auf Ihren Körper wirkendes Ereignis, durch das Sie unfreiwillig eine Gesundheitsschädigung erleiden.

Als Unfall gilt auch, wenn durch eine erhöhte Kraftanstrengung an Gliedmaßen oder Wirbelsäule ein Gelenk verrenkt wird. Oder wenn Muskeln, Sehnen, Bänder oder Kapseln gezerrt oder zerrissen werden.

Bei Fahrzeugausfall (Nr. 2) verstehen wir unter »Unfall« Folgendes: Jedes Ereignis, das unmittelbar von außen plötzlich mit mechanischer Gewalt auf das Fahrzeug einwirkt.

»Unverzüglich«

Das heißt nicht unbedingt »sofort«, sondern ohne schuldhaftes Zögern, also so schnell wie möglich.

»Vorsätzlich«

Wer vorsätzlich handelt, weiß von seiner Handlung und will auch deren Folgen, obwohl er weiß, dass die Handlung rechtswidrig ist.

Allgemeine Bedingungen für die Camping-Versicherung 1985/2021

Vorbemerkung

1 Die Campingversicherung dient dem Schutz der versicherten Sachen, soweit sie sich nicht auf Reisen befinden. Das ist bei Reisemobilen und Wohnwagen[1] dann der Fall, wenn sie auf dem üblichen Dauerstellplatz eines Campingplatzes oder im Winterlager stehen. Die Campingversicherung bietet somit einen Anschluss an andere Versicherungen, die auf die Reise oder den Fahrzeuggebrauch abgestimmt sind. Beim Abschluss einer Kfz-Haftpflicht- und Kaskoversicherung für einen Wohnwagen oder ein Reisemobil nach den AKB können sich aufgrund der heute[2] nach § 6 VVG geltenden Beratungspflichten[3] auch Informationen zur Camping-Versicherung aufdrängen. Bei ausbleibender Beratung und Information kann daher auch ein Anspruch gegen den Makler/Versicherungsvertreter in Betracht kommen. Zudem kann ein Haftungsrisiko für einen eingeschalteten Rechtsanwalt bestehen, wenn dieser etwa bei der Prüfung von Ansprüchen auf Versicherungsleistungen nicht an eine möglicherweise bestehende Camping-Versicherung denkt und nach deren Bestehen fragt. Dies kann nach der tw. strengen Rechtsprechung zur Anwaltshaftung jedenfalls dann gelten, wenn das Mandat umfassend auf die Geltendmachung aller denkbaren Ansprüche aus einem mitgeteilten Lebenssachverhalt gerichtet ist.[4]

1 ersicherte Sachen

1.1 **Versichert sind die im Versicherungsschein jeweils mit einer Versicherungssumme aufgeführten Sachgruppen, soweit deren Versicherung unter Wertangabe beantragt worden war.**

1.2 **Versichert werden können folgende Sachgruppen, soweit sie nicht ständigen Wohnzwecken, der Berufsausübung oder dem Verkauf dienen, gewerblich genutzt oder vermietet werden:**

1.2.1 **Wohnwagen oder Mobilheime, die nicht auf eigener Achse am Verkehr auf öffentlichen Wegen oder Plätzen teilnehmen, einschließlich aller fabrikmäßig mitgelieferten Teile und der fest eingebauten Sonderausstattung;**

1.2.2 **Zelte, Vorzelte, Zelt- und Klappanhänger sowie Markisen und Sonnendächer;**

1.2.3 **Rundfunk-, Phono-, Fernsehgeräte und Videorecorder sowie die dazugehörigen Antennen;**

1.2.4 **sonstiges bewegliches Inventar und die Gegenstände des persönlichen Bedarfs.**

1.3 **Nicht versichert sind**

1.3.1 **Lebens- oder Genussmittel;**

1.3.2 **Bargeld, Wertpapiere, Sparbücher sowie Urkunden und Dokumente aller Art, Sammlungen, Schmucksachen und Gegenstände aus Edelmetall, Kunstgegenstände, Schusswaffen, Foto- und Filmapparate und Zubehör, Pelze und echte Teppiche;**

---

1 AVB Camping 1985/2021, Musterbedingungen des GDV, Strand August 2021.

2 Siehe auch allgemein zum Thema *Gerhäuser* ADAC-Rechtsprechungsübersicht rund um Wohnmobil- und Wohnwagen, DAR 2015, 112 ff.

3 Abgelehnt nach altem Recht *OLG Köln*, Urt. v. 20.12.1994 – 9 199/94, JurionRS 1994, 16377 = r+s 1995, 84 = VersR 1995, 1173.

4 *Kreuter-Lange*, § 6 VVG, Rdn. 1–19.

1.3.3 Land-, Luft- und Wasserfahrzeuge (z.B. auch Fahrräder und Surfbretter) sowie Außenbordmotore.

Der Versicherungsschutz kann sich auf insgesamt vier aufgezählte Sachgruppen beziehen. Im Versicherungsschein werden die versicherte Sachgruppe und deren Wertangabe vermerkt, die vom Versicherungsnehmer beantragt wurde. 2

1.2 beschränkt den Versicherungsschutz. Ausgenommen sind somit insbesondere Wohnwagen und Wohnmobile, die ständigen Wohnzwecken dienen. Für sie bleibt außer einer besonderen Individualabrede in der AVB Camping nur die Möglichkeit, im Rahmen einer Individualabrede Versicherungsschutz in der Hausratversicherung[5] zu suchen. 3

Wohnwagen zur Berufsausübung finden sich nicht nur im Rotlichtbereich. Schausteller, Zirkusse und Messeaussteller sind häufig berufsbedingt mit Wohnmobilen und Wohnanhängern unterwegs. Schließlich werden vielfach Wohnmobile zu Begleitfahrzeugen (BF3, BF4) aufgerüstet, um Schwer- und Großraumtransporte zu begleiten. 4

Nicht versicherbar sind zudem Sachen, die dem Verkauf dienen oder gewerblich genutzt werden. So sind auch vermietete Wohnwagen und Reisemobile ausgeschlossen. 5

Versicherbar sind **Wohnwagen** und **Reisemobile** (Mobilheime), soweit sie nicht auf eigener Achse auf öffentlichen Wegen oder Plätzen am Verkehr teilnehmen. Im Umkehrschluss bedeutet dies, dass auf Fahrzeuganhängern oder Plattformwagen im öffentlichen Verkehrsraum transportierte Wohnwagen versicherbar sind. Dem trägt 4.2 Rechnung, der für derart gestaltete **Überführungsfahrten**, den Geltungsbereich des Versicherungsschutzes erweitert. 6

Ähnlich der Fahrzeugversicherung in A.2.1.2.1 und A.2.1.2.2 AKB ist bestimmtes fahrzeugspezifisches Zubehör mitversichert. Um hier eine Abgrenzung zu schaffen, sind nur fabrikmäßig mitgelieferte Teile mitversichert. Es handelt sich dabei um Teile, die der Hersteller des Fahrzeugs mitliefert, ohne dass diese fest eingebaut sein müssen. Davon umfasst sind bspw. dann auch Markisen, die ab Werk vom Hersteller angebaut sind. 7

Sonstige Sonderausstattung muss nicht vom Hersteller des Fahrzeugs stammen, jedoch fest eingebaut sein. Zwar unterscheidet A.2.1.2.1 AKB zwischen fest eingebaut und angebaute Fahrzeugteilen; für die Campingversicherung sollte dies aber irrelevant sein. So sind fest angebaute Teile, wie Leitern, Dachboxen, Satellitenanlagen, etc. mitversichert. 8

Versicherbar sind insbesondere auch **Zelt- und Klappanhänger** in 1.2.2. Für sie gelten, anders als für Wohnwagen und Mobilheime, keine Einschränkungen bezüglich des Fahrens auf eigener Achse im öffentlichen Verkehrsraum. 9

Versicherbar sind sonstiges bewegliches Inventar und Gegenstände des persönlichen Bedarfs. Damit werden Gegenstände ausgenommen, die lediglich untergestellt wurden. Von der Auffangnorm umfasst werden somit insbesondere Campinggeschirr, Kocher, Gasflasche, Bettwäsche etc., Kleidung, etc. Darunter fallen auch Campingmöbel wie Tisch und Stühle als bewegliches Inventar eines Wohnwagens oder Wohnmobils sowie auch typisches Inventar wie bspw. Stromanschlusskabel für Landstromanschluss oder Wasserschlauch. 10

Dem Sinn- und Zweck der Campingversicherung entsprechend, sind Wertgegenstände, Lebens- und Genussmittel sowie mitgenommene oder aufbewahrte Fahrzeuge und Außenbordmotoren ausgenommen. 11

5 Vgl. OLG Celle Urt. v. 24.03.2010 – 3 U 222/09, NJW-RR 2011, 68; OLG Köln Urt. v. 04.08.1999 – 5 U 74/99.

2 Umfang der Versicherung

2.1 Der Versicherer leistet Ersatz für Beschädigung, Zerstörung oder Verlust der versicherten Sachen durch

2.1.1 Brand oder Explosion;

2.1.2 Entwendung, insbesondere Diebstahl, unbefugten Gebrauch, Raub und Unterschlagung. Die Unterschlagung ist durch denjenigen, an den der Versicherungsnehmer die versicherte Sache unter Vorbehalt seines Eigentums veräußert hat, oder durch denjenigen, dem es zum Gebrauch oder zur Veräußerung überlassen wurde, von der Versicherung ausgeschlossen;

2.1.3 unmittelbare Einwirkung von Sturm, Hagel, Blitzschlag oder Überschwemmung. Als Sturm gilt eine wetterbedingte Luftbewegung von mindestens Windstärke 8. Eingeschlossen sind Schäden, die dadurch verursacht werden, dass durch diese Naturgewalten Gegenstände auf oder gegen die versicherten Sachen geworfen werden;

2.1.4 Unfall des Wohnwagens oder Mobilheims, d.h. durch ein unmittelbar von außen her plötzlich mit mechanischer Gewalt einwirkendes Ereignis; Brems-, Betriebs- und reine Bruchschäden sind keine Unfallschäden;

2.1.5 mut- oder böswillige Handlungen fremder Personen (vorsätzliche Sachbeschädigung).

2.2 Der Versicherungsschutz erstreckt sich auch auf Bruchschäden an der Außenverglasung.

12 Bei einer Versicherung von Sturmschäden sind nur die unmittelbaren Sturmschäden, nicht aber spätere Feuchtigkeitsschäden durch eindringendes Wasser versichert.[6] Zu Einzelheiten sei auf die Ausführungen zur KaskoVersicherung verwiesen.

13 Hervorzuheben sind **Unfälle** nach 2.1.4. Zu unterscheiden ist, wie und wo sich der Unfall ereignet hat.

14 Die Bedingung enthält die aus der Vollkaskoversicherung bekannte Klausel, wonach Brems-, Betriebs- und reine Bruchschäden ausgeschlossen sind, A.2.2.2.2 Satz 1 AKB. Allerdings wurde der nachstehende erläuternde Absatz 2 nicht übernommen.

15 Ein Betriebsschaden des Transportfahrzeugs (Plattformwagen, Fahrzeugtransportanhänger) ist nicht zugleich ein Betriebsschaden des transportierten Wohnwagens oder Mobilheims, wenn er dadurch während des Transports beschädigt wird. Abzustellen ist somit für den Unfallbegriff allein auf die versicherte Sache als Transportgut.

16 Im öffentlichen Verkehrsraum besteht Versicherungsschutz nach 1.2.1 nur, wenn der Wohnwagen oder das Mobilheim nicht auf eigener Achse gefahren ist, sondern transportiert wurde. Im nichtöffentlichen Verkehrsraum besteht dagegen auch Versicherungsschutz, wenn das Fahrzeug auf der Achse bewegt wird.

17 Das Unfallrisiko eines **Falt- oder Klappanhängers** ist nach dem Wortlaut nicht versichert, da er in der Aufzählung nicht vorkommt. Vermutlich handelt es sich um eine **planwidrige Lücke**, da nicht erkennbar ist, wieso der oftmals kostspieligere Wohnanhänger versichert sein soll, der Klappanhänger aber nicht. Zudem gibt es Wohnanhänger mit Aufklappvorrichtungen, die funktionell

6 Looschelders/Pohlmann/*Looschelders/Weiß*, VVG-Kommentar, Anh. L, Rn. 108.

dazwischenliegen. Falt- oder Klappanhänger sind mit als versichert anzusehen. Sie sind im allgemeinen Sprachgebrauch auch Wohnanhänger einfacherer Bauart und werden vom durchschnittlichen Versicherungsnehmer als solche verstanden. Der für die Auslegung von Versicherungsbedingungen durchschnittliche VN wird daher die Klausel nicht anders verstehen können. Zudem kommt bei der Auslegung dem erkennbaren Zweck einer Klausel besondere Bedeutung zu[7]. Ein anderer Zweck als der Einschluss von Falt- und Klappanhängern ist gerade nicht erkennbar.

Dem Versicherer kommen im Rahmen des 2.1.5 bei einer Häufung von **Speerwurfschäden auf Wohnwagen** eines Landfahrers keine Beweiserleichterungen[8] zu Gute, die Behauptungen des Versicherten seien unzutreffend. 18

3 Ausschlüsse

Ausgeschlossen sind die Gefahren

3.1 des Krieges, Bürgerkrieges oder kriegsähnlicher Ereignisse und solche, die sich unabhängig vom Kriegszustand aus der feindlichen Verwendung von Kriegswerkzeugen sowie aus dem Vorhandensein von Kriegswerkzeugen als Folge einer dieser Gefahren ergeben;

3.2 von Streik, Aussperrung, Arbeitsunruhen, terroristischen oder politischen Gewalthandlungen, unabhängig von der Anzahl der daran beteiligten Personen, Aufruhr und sonstigen bürgerlichen Unruhen;

3.3 der Beschlagnahme, Entziehung oder sonstiger Eingriffe von hoher Hand;

3.4 aus der Verwendung von chemischen, biologischen, biochemischen Substanzen oder elektromagnetischen Wellen als Waffen mit gemeingefährlicher Wirkung, und zwar ohne Rücksicht auf sonstige mitwirkende Ursachen;

3.5 der Kernenergie oder sonstiger ionisierender Strahlung.

4 Geltung der Versicherung

4.1 Die Versicherung gilt für den vereinbarten Bereich, während sich die versicherten Sachen

4.1.1 auf einem offiziellen (von Behörden, Vereinen oder privaten Unternehmern eingerichteten) dauernd der Nutzung der versicherten Sachen dienenden Campingplatz

4.1.2 im Winterlager in einem verschlossenen Raum oder auf einem allseitig umzäunten oder durch sonstige Hindernisse begrenzten Gelände befinden.

4.2 Die versicherten Sachen sind auch während der Überführung vom Winterlager zum ständig genutzten Campingplatz und von diesem zurück ins Winterlager versichert, der Wohnwagen jedoch nur, sofern die Überführung nicht auf eigener Achse auf öffentlichen Wegen oder Plätzen erfolgt.

4.3 Die Versicherung gilt nicht, während sich die versicherten Sachen auf einer Reise befinden. Die Reise beginnt mit dem Zeitpunkt, in dem versicherte Sachen zum Zweck des unverzüglichen Antritts der Reise den ständigen Campingplatz oder das Winterlager verlassen und endet, sobald die versicherten Sachen dort wieder eintreffen.

7 *OLG Hamm* Urt. v. 20.11.2013 – I-20 U 26/13, JurionRS 2013, 54374 = ADAJUR Dok.Nr. 104083 = NJW-RR 2014, 721 = VersR 2014, 832 = VuR 2014, 280 = VK 2014, 70.

8 Armbrüster, Auslegung von Fachbegriffen in AVB, r+s 2023837, 839; Bruck/Möller/Beckmann, VVG, 10. Aufl. 2021, Einf. C Rn. 207.

4.4 **Für unbeaufsichtigt zurückgelassene versicherte Sachen besteht Versicherungsschutz bei Schäden durch Diebstahl, Einbruchdiebstahl sowie Mut- oder Böswilligkeit Dritter (vorsätzliche Sachbeschädigung) nur, wenn**

4.4.1 **Rundfunk-, Phono-, Fernsehgeräte und Videorecorder im verschlossenen Wohnwagen oder Mobilheim aufbewahrt werden;**

4.4.2 **sonstige bewegliche versicherte Sachen im verschlossenen Wohnwagen, Mobilheim oder zugeknöpften Zelt aufbewahrt werden.**

4.5 **Als Beaufsichtigung gilt nur die ständige Anwesenheit des Versicherungsnehmers, eines berechtigten Benutzers oder einer von ihm beauftragten Vertrauensperson beim Wohnwagen, Mobilheim oder Zelt, nicht jedoch z.B. die Bewachung eines Campingplatzes (Ziffer 4.1.1)**

19 **Offizieller Campingplatz** ist kein definierter Begriff. Es ist auf das Bauordnungsrecht zurückzugreifen. Dazu werden nur bestimmte Sondergebiete ausgewiesen, § 10 Abs. 5 BauNVO. Die Einrichtung der Campingplätze ist in den jeweiligen Landes-Campingplatzverordnungen geregelt. Danach sind Campingplätze regelmäßig[9] Plätze als dauerhafte Einrichtungen, die zum Aufstellen von mehr als drei Wohnwagen, Zelten oder ähnlichen Anlagen zum vorübergehenden Aufenthalt bestimmt sind. Dazu gehören neben den Brand- und sonstigen Schutzvorschriften Betriebsvorschriften, wie z.B. in § 15 CPlVO BW. Danach hat eine Aufsichtsperson ständig erreichbar zu sein. Keine Campingplätze sind daher die davon zu unterscheidenden Wohnmobilstellplätze oder Wohnmobilhäfen, die in neuerer Zeit zunehmend verbreitet anzutreffen sind. Sie dienen jedoch gerade nicht einer dauernden Nutzung zum längeren Verweilen, sondern bieten nur Übernachtungsmöglichkeiten für Kurzaufenthalte. Häufig ist die Aufenthaltsdauer gerade auf wenige Tage beschränkt. Zudem sind fast ausnahmslos nur Wohnmobile aber gerade keine Wohnwagen zugelassen. Eine Aufsichtsperson ist meist nicht vor Ort oder erreichbar, sondern die Bezahlung erfolgt über Automaten.

20 Versicherungsschutz besteht auch, wenn z.B. der Wohnwagen oder das Reisemobil im **Winterlager** abgestellt ist. Winterlager ist lediglich ein Aufbewahrungsort für die versicherten Sachen. Anderes als auf einem offiziellen Campingplatz findet dort keine Nutzung des Fahrzeugs bzw. der anderen versicherten Sachen statt. Die Klausel schreibt nicht vor, dass sich das Winterlager in Deutschland[10] befinden muss.

21 Was unter Winterlager zu verstehen ist, wird nicht abschließend definiert. So kann Winterlager eine Scheune[11] oder Halle für mehrere Fahrzeuge, aber auch eine Einzelgarage sein. Nicht entscheidend ist, dass ausschließlich Sachen des Versicherungsnehmers in dem Raum untergestellt werden oder der Unterstellung ein Pachtvertrag zu Grunde liegt. Es ist daher ausreichend, wenn die Sache des Versicherungsnehmers mit anderen Sachen zusammen in einem verschlossenen Raum aufbewahrt werden.

22 Ausreichend ist z.B. auch das Abstellen von Wohnwagen und Reisemobile im Freien, wenn das Gelände vollständig umzäunt ist. Nicht ausreichend ist es daher, wenn ein Wohnwagen neben der offenen Garageneinfahrt oder auf der Straße überwintert. Gerade der nicht ständige Zugriff bzw. die nicht ständige Überwachung der versicherten Sachen bergen ein erhöhtes Risiko.[12] Folglich ist ein Hindernis zu fordern. Das Hindernis kann auch in Form einer Mauer, Sumpfgelände, Bachlauf oder ähnlichem bestehen.

9 *OLG Oldenburg* Urt. v. 10.11.1999 – 2 U 200/99, JurionRS 1999, 29142 = ADAJUR Dok.Nr. 39861 = NVersZ 2000, 580 = r+s 2000, 56 = VersR 2000, 1535 (zu § 2 Ziff. 1e) AVB Camping 1985).

10 *OVG Niedersachsen*, Urt. v. 24.07.2013 – 1 LB 245/10, JurionRS 2013, 43897; *OVG Nordrhein-Westfalen*, Urt. v. 19.02.2001 – 10A D 3/01.NE, JurionRS 2001, 31731 = NWVBl. 2003, 152.

11 Winterlager im Ausland werden nicht selten genutzt, ADAJUR Dok.Nr. 71191 (Kroatien).

12 *LG Duisburg* Urt. v. 04.01.2013 – 6 O 142/11, NZV 2013, 590 (Regress gegen Vermieter wegen Sturmschäden am untergestellten Wohnwagen – Kaskofall).

Das Wort Winterlager enthält keine zeitliche Befristung des Versicherungsschutzes auf den kalendarischen oder witterungsbedingten Winter.[13] Gemeint ist tatsächlich nur die Zeit, in der kein regelmäßiger Gebrauch der versicherten Sachen vorliegt. 23

Überführungsfahrten sind mitversichert. Überführungsfahrten sind nur die Fahrten zwischen Winterlager und ständig genutztem Campingplatz und zurück, aber keine Reisen. Die Klausel unterscheidet Wohnwagen und Reisemobile. **Wohnwagen** sind nur versichert, wenn sie nicht auf eigener Achse auf öffentlichen Wegen oder Plätzen überführt werden. Versicherungsschutz besteht daher nur, wenn sie transportiert werden. 24

Für **Reisemobile** besteht Versicherungsschutz auch dann, wenn sie auf eigener Achse überführt werden. Unklar ist nach dem Wortlaut der Klausel was für **Klappanhänger** gilt. Diese sind im Rahmen der Regelung der versicherten Sachen unter 1.2.2 gemeinsam mit Zelten gesondert erfasst, also nach dem Bedingungswerk nicht dem Wohnwagen gleichgestellt. Sowohl hier als auch schon oben bei der Regelung in 2.1.4 zum Unfallereignis sind sie nicht gesondert aufgeführt. Wegen der sachlich gleichen Risikolage und ihrer Art nach ergibt es eigentlich keinen Sinn, sie hier anders zu behandeln als oben beim Unfall auch. Gleichwohl wird hier wie für Reisemobile im Rahmen der Überführungsfahrt Versicherungsschutz zu bejahen sein, weil die Regelung im Hinblick auf Falt- und Klappanhänger zumindest unklar ist und diese Unklarheit zu Lasten des Versicherers geht. Im Gegensatz zur Auslegung oben bei 2.1.4 ist hier insbesondere dem Umstand Rechnung zu tragen, dass an die Wirksamkeit eines Risikoausschlusses hohe Anforderungen zu stellen sind. Diese sind eng auszulegen und nicht weiter, als es ihr Sinn unter Beachtung ihres wirtschaftlichen Zwecks und der gewählten Ausdrucksweise erfordert.[14] Somit fallen Klappanhänger hier nicht über den engeren Wortlaut hinaus unter den Risikoausschluss. 25

Durch 4.3 wird durch eine negative Formulierung der Versicherungsschutz örtlich und zeitlich begrenzt. Mit dem Verlassen des ständigen Campingplatzes bzw. Winterlagers zum Zwecke der Reise endet der Versicherungsschutz. Der Versicherungsschutz lebt wieder auf, wenn der ständige Campingplatz bzw. das Winterlager wieder erreicht wird. 26

Was unter **Reise** zu verstehen ist, wird in den Bedingungen nicht definiert. Ein Rückgriff auf andere Bedingungswerke, wie etwa 2.2.5 AT-Reise scheidet aus, da dort nur das Verhältnis von Einzel- und Teilleistungen in der Bausteingruppe für bestimmte Fälle[15] geregelt wird. Schon gar nicht sind sie in der Lage, den Reisebegriff der AVB Camping 1985/2021 zu definieren. 27

Reise nach den AVB Camping 1985/2008 ist jedenfalls keine Überführungsfahrt in das Winterlager oder zum ständigen Campingplatz, da dies in 4.2 entsprechend geregelt ist. Nach allgemeinem Verständnis ist unter Reise die Fahrt zu und der Aufenthalt an einem anderen Ort als dem ständigen Campingplatz oder dem Winterlager zu verstehen, an dem die versicherten Sachen bestimmungsgemäß gebraucht werden sollen, wie z.B. auf einer Urlaubsreise. 28

Danach ist im Umkehrschluss keine Reise die Überführungsfahrt in eine Werkstatt, um Schäden am Wohnwagen oder Reisemobil beheben oder das Fahrzeug warten zu lassen. Gleichfalls sind Fahrten zur technischen Hauptuntersuchung keine Reisen in diesem Sinne, sondern lediglich **sonstige Überführungsfahrten.** Diese Fahrten und Aufenthalte dienen lediglich dazu, den künftigen Gebrauch der versicherten Sachen weiterhin zu ermöglichen. 29

Damit tut sich eine Lücke im Versicherungsschutz auf, da es sich bei der **Fahrt zur Reparaturwerkstatt** zwar nicht um eine Reise im Sinne der AVB Camping 1985/2021, aber um keine spezielle 30

13 *LG Hamburg* Urt. v. 06.03.1992 – 317 S 130/91, JurionRS 1992, 22110 (Spezial-Sportboot-Kasko-Versicherung).

14 *OLG Frankfurt* Urt. v. 17.09.1986 – 17 U 330/84, NJW-RR 1987, 155 = VersR 1987, 42 (Landkaskoversicherung für das Schaustellergewerbe).

15 *BGH, Urteil vom 20.5.2021 – IV ZR 324/19, NJW 2021, 2584.*

Überführungsfahrt nach 4.2 handelt. Der Versicherungsnehmer wird zwar mit Recht sagen können, dass der Geltungsausschluss »Reise« nicht zur Anwendung kommt; andererseits muss er erkennen, dass der Versicherungsschutz nur für bestimmte Überführungsfahrten erweitert wurde. Die Lücke ist allerdings nicht überraschend, sondern vorhersehbar.

31 Kommt es in der Reparaturwerkstatt zu einem Schaden an versicherten Sachen, besteht ebenfalls kein Versicherungsschutz. Der Versicherungsnehmer kann allerdings vom Reparaturbetrieb auf Schadensersatz hoffen. Dabei ist zu berücksichtigen, dass die Werkstatt aufgrund besonderer Vereinbarung nach 2.3 der **BB für den Kfz-Handel und –Handwerk**[16] Versicherungsschutz auch für den Fahrzeuginhalt – außer Geld, Wertpapieren, Kostbarkeiten und anderen Wertsachen – bietet.

32 Dagegen beschränkt sich nach den Sonderbedingungen für Haftpflicht- und Fahrzeugversicherung für **Kraftfahrzeug-Handel und -Handwerk** der Versicherungsschutz von vornherein immer nur auf Schäden am Fahrzeug selbst oder den damit fest verbundenen Fahrzeugteilen. Weitere Sachen, wie der sonstige mitgeführte Campingbedarf sind darüber hinaus nicht versichert.

33 Dagegen kann es zu einer Mehrfachversicherung mit der Kaskoversicherung, aber auch der Reisegepäckversicherung kommen, wenn die Reise bereits auf dem ständigen Campingplatzgelände oder im Winterlager beginnt. Insoweit beschränkt sich der Zeitraum der Überschneidungen nur auf kurze Wegstücke innerhalb des umfriedeten Geländes.

34 Einschränkungen erfährt der Versicherungsschutz beim Diebstahl, Einbruchdiebstahl sowie Mut- oder Böswilligkeit Dritter nach 4.4. Rundfunk-, Phono-, Fernsehgeräte und Videorecorder müssen in **verschlossenen Fahrzeugen** aufbewahrt werden. Die Aufzählung ist nicht als abschließend zu werten, sondern zeitlich überholt. Heute gibt es kaum noch Videorekorder, stattdessen sind darunter auch Nachfolgegeräte wie DVD- oder BlueRay-PLAYER zu verstehen. Vom Sinnzusammenhang her eindeutig darunter zu verstehen sind bei verständiger Auslegung nach dem Sinn und Zweck aus Sicht des verständigen VN auch transportable Beamer. Diese ersetzen heute bisweilen häufig in Wohnmobilen oder Wohnwagen einen viel mehr Platz einnehmenden Fernseher. Da ein Schließen von Fahrzeugtüren nicht ausreicht, ist hierin eine **Obliegenheit** zu sehen, den Wohnwagen oder das Mobilheim abzuschließen.

35 Dagegen reicht es bei anderen versicherten Gegenständen aus, wenn sie nur in einem zugeknöpften Zelt untergebracht sind. An den Formulierungen erkennt man, deren frühen Ursprung. Zelte und Vorzelte werden heute überwiegend mit Reißverschlüssen geschlossen, ohne dass man sie wie Wohnwagen und Mobilheime verschließen kann.

36 Da sich die höheren Anforderungen nach dem Wortlaut nur auf bestimmte Gegenstände beziehen, sind beispielsweise **Mobiltelefone** und **GPS-Geräte** auch dann versichert, wenn sie im zugeknöpften Zelt aufbewahrt werden.

37 Die versicherten Sachen müssen nach 4.5 dann nicht verschlossen aufbewahrt werden, wenn sie durch ständige Anwesenheit des Versicherungsnehmers bzw. des berechtigten Benutzers oder einer von ihm beauftragten Vertrauensperson beaufsichtigt werden. Aus der Klausel erschließt sich, dass es sich um eine **unmittelbare Beaufsichtigung** handeln muss, da allein die Anwesenheit eines Platzwartes nicht ausreicht. Es muss sich bei der Beaufsichtigung um mehr als eine körperliche Anwesenheit handeln, so dass ein Diebstahl von Sachen beim Schlaf oder alkoholbedingter Wahrnehmungseinschränkung des Versicherten nicht versichert ist. Obwohl sich die Klausel unter der Überschrift »4. Geltung der Versicherung« findet, handelt es sich um eine **Obliegenheit**.

38 Systematisch stehen die Anforderungen des 4.5 in einem gesonderten Punkt, so dass der Eindruck entstehen könnte, die Klausel sei auch auf andere Gefahren als nur der Diebstahlgefahr anwendbar. Begründet wäre dies insbesondere, wenn ein Campinggrill, ein Feuer oder ein Kocher längere Zeit

16 *Staudinger*/Halm/Wendt FAK-VersR, Nr. 2 AT-Reise 2008, Rn. 6.

unbeaufsichtigt bleibt und dadurch ein Brandschaden an anderen versicherten Sachen entsteht. Da der Begriff »Beaufsichtigung« weder in 4.1, 4.2 noch 4.3 vorkommt, handelt es sich nur um ein weiteres Kriterium zum Diebstahl in 4.4.

5 Anzeigepflicht

5.1 Der Versicherungsnehmer hat bis zur Abgabe seiner Vertragserklärung dem Versicherer alle ihm bekannten Gefahrumstände anzuzeigen, nach denen der Versicherer in Textform gefragt hat und die für den Entschluss des Versicherers erheblich sind, den Vertrag mit dem vereinbarten Inhalt zu schließen. Der Versicherungsnehmer ist auch insoweit zur Anzeige verpflichtet, als nach seiner Vertragserklärung, aber vor Vertragsannahme der Versicherer in Textform Fragen im Sinne des Satzes 1 stellt.

Gefahrerheblich sind die Umstände, die geeignet sind, auf den Entschluss des Versicherers Einfluss auszuüben, den Vertrag überhaupt oder mit dem vereinbarten Inhalt abzuschließen.

Wird der Vertrag von einem Vertreter des Versicherungsnehmers geschlossen und kennt dieser den gefahrerheblichen Umstand, muss sich der Versicherungsnehmer so behandeln lassen, als habe er selbst davon Kenntnis gehabt oder dies arglistig verschwiegen.

5.2 Unvollständige und unrichtige Angaben zu den gefahrerheblichen Umständen berechtigen den Versicherer, vom Versicherungsvertrag zurückzutreten.

5.2.1 Der Versicherer hat kein Rücktrittsrecht, wenn der Versicherungsnehmer nachweist, dass er die unrichtigen oder unvollständigen Angaben weder vorsätzlich noch grob fahrlässig gemacht hat.

5.2.2 Das Rücktrittsrecht des Versicherers wegen grob fahrlässiger Verletzung der Anzeigepflicht besteht nicht, wenn der Versicherungsnehmer nachweist, dass der Versicherer den Vertrag auch bei Kenntnis der nicht angezeigten Umstände, wenn auch zu anderen Bedingungen, geschlossen hätte.

5.2.3 Im Fall des Rücktritts besteht kein Versicherungsschutz.

Tritt der Versicherer nach Eintritt des Versicherungsfalls zurück, darf er den Versicherungsschutz nicht versagen, wenn der Versicherungsnehmer nachweist, dass der unvollständig oder unrichtig angezeigte Umstand weder für den Eintritt des Versicherungsfalls noch für die Feststellung oder den Umfang der Leistung ursächlich war. Auch in diesem Fall besteht aber kein Versicherungsschutz, wenn der Versicherungsnehmer die Anzeigepflicht arglistig verletzt hat.

Dem Versicherer steht der Teil der Prämie zu, der der bis zum Wirksamwerden der Rücktrittserklärung abgelaufenen Vertragszeit entspricht.

5.3 Ist das Rücktrittsrecht des Versicherers ausgeschlossen, weil die Verletzung einer Anzeigepflicht weder auf Vorsatz noch auf grober Fahrlässigkeit beruhte, kann der Versicherer den Vertrag unter Einhaltung einer Frist von einem Monat kündigen.

Das Kündigungsrecht ist ausgeschlossen, wenn der Versicherungsnehmer nachweist, dass der Versicherer den Vertrag auch bei Kenntnis der nicht angezeigten Umstände, wenn auch zu anderen Bedingungen, geschlossen hätte.

5.4 Kann der Versicherer nicht zurücktreten oder kündigen, weil er den Vertrag auch bei Kenntnis der nicht angezeigten Umstände, aber zu anderen Bedingungen, geschlossen hätte, werden die anderen Bedingungen auf Verlangen des Versicherers rückwirkend Vertragsbestandteil. Hat der Versicherungsnehmer die Pflichtverletzung nicht zu vertreten, werden die anderen Bedingungen ab der laufenden Versicherungsperiode Vertragsbestandteil.

Erhöht sich durch die Vertragsanpassung der Prämie um mehr als 10 % oder schließt der Versicherer die Gefahrabsicherung für den nicht angezeigten Umstand aus, kann der Versicherungsnehmer den Vertrag innerhalb eines Monats nach Zugang der Mitteilung des Versicherers fristlos kündigen.

5.5 Der Versicherer muss die ihm nach Ziffer 5.2 bis 5.4 zustehenden Rechte innerhalb eines Monats schriftlich geltend machen. Dabei hat er die Umstände anzugeben, auf die er seine Erklärung stützt. Die Frist beginnt mit dem Zeitpunkt, zu dem er von der Verletzung der Anzeigepflicht, die das von ihm geltend gemachte Recht begründet, Kenntnis erlangt. Er hat die Umstände anzugeben, auf die er seine Erklärung stützt; er darf nachträglich weitere Umstände zur Begründung seiner Erklärung abgeben, wenn für diese die Monatsfrist nicht verstrichen ist.

Dem Versicherer stehen die Rechte nach den Ziffern 5.2 bis 5.4 nur zu, wenn er den Versicherungsnehmer durch gesonderte Mitteilung in Textform auf die Folgen einer Anzeigepflichtverletzung hingewiesen hat.

Der Versicherer kann sich auf die in den Ziffern 5.2 bis 5.4 genannten Rechte nicht berufen, wenn er den nicht angezeigten Gefahrumstand oder die Unrichtigkeit der Anzeige kannte.

5.6 Das Recht des Versicherers, den Vertrag wegen arglistiger Täuschung anzufechten, bleibt unberührt. Im Fall der Anfechtung steht dem Versicherer der Teil der Prämie zu, der der bis zum Wirksamwerden der Anfechtungserklärung abgelaufenen Vertragszeit entspricht.

6 Gefahrerhöhung

6.1 Eine Gefahrerhöhung liegt vor, wenn nach Abgabe der Vertragserklärung des Versicherungsnehmers die tatsächlich vorhandenen Umstände so verändert werden, dass der Eintritt des Versicherungsfalls oder eine Vergrößerung des Schadens oder die ungerechtfertigte Inanspruchnahme des Versicherers wahrscheinlicher wären.

Eine Gefahrerhöhung kann insbesondere – aber nicht nur – vorliegen, wenn sich ein gefahrerheblicher Umstand ändert nach dem der Versicherer vor Vertragsschluss gefragt hat.

Eine Gefahrerhöhung nach Ziffer 6.1 liegt nicht vor, wenn sich die Gefahr nur unerheblich erhöht hat oder nach den Umständen als mitversichert gelten soll.

6.2 Nach Abgabe seiner Vertragserklärung darf der Versicherungsnehmer ohne vorherige Zustimmung des Versicherers keine Gefahrerhöhung vornehmen oder deren Vornahme durch einen Dritten gestatten.

Erkennt der Versicherungsnehmer nachträglich, dass er ohne vorherige Zustimmung des Versicherers eine Gefahrerhöhung vorgenommen oder gestattet hat, so muss er diese dem Versicherer unverzüglich anzeigen.

Eine Gefahrerhöhung, die nach Abgabe seiner Vertragserklärung unabhängig von seinem Willen eintritt, muss der Versicherungsnehmer dem Versicherer unverzüglich anzeigen, nachdem er von ihr Kenntnis erlangt hat.

6.3 Verletzt der Versicherungsnehmer seine Verpflichtung nach Ziffer 6.2, kann der Versicherer den Vertrag fristlos kündigen, wenn der Versicherungsnehmer seine Verpflichtung vorsätzlich oder grob fahrlässig verletzt hat. Beruht die Verletzung auf einfacher Fahrlässigkeit, kann der Versicherer den Vertrag unter Einhaltung einer Frist von einem Monat kündigen. Der Versicherer kann nicht kündigen, wenn der Versicherungsnehmer nachweist, dass er die Pflichtverletzung nicht zu vertreten hat.

Wird dem Versicherer eine Gefahrerhöhung in den Fällen nach Ziffer 6.3 bekannt, kann er den Vertrag unter Einhaltung einer Frist von einem Monat kündigen.

6.4 Statt der Kündigung kann der Versicherer ab dem Zeitpunkt der Gefahrerhöhung einen seinen Geschäftsgrundsätzen entsprechenden erhöhten Prämie verlangen oder die Absicherung der höheren Gefahr ausschließen.

Erhöht sich in diesem Fall der Prämie um mehr als 10 Prozent oder schließt der Versicherer die Absicherung der höheren Gefahr aus, so kann der Versicherungsnehmer den Vertrag innerhalb eines Monats nach Zugang der Mitteilung des Versicherers ohne Einhaltung einer Frist kündigen. In der Mitteilung hat der Versicherer den Versicherungsnehmer auf dieses Kündigungsrecht hinzuweisen.

6.5 Die Rechte des Versicherers zur Kündigung oder Vertragsanpassung erlöschen, wenn diese nicht innerhalb eines Monats ab Kenntnis des Versicherers von der Gefahrerhöhung ausgeübt werden oder wenn der Zustand wiederhergestellt ist, der vor der Gefahrerhöhung bestanden hat.

6.6 Tritt nach einer Gefahrerhöhung der Versicherungsfall ein, so ist der Versicherer nicht zur Leistung verpflichtet, wenn der Versicherungsnehmer seine Pflichten nach Ziffer 6.2 vorsätzlich verletzt hat. Verletzt der Versicherungsnehmer diese Pflichten grob fahrlässig, so ist der Versicherer berechtigt, seine Leistung in dem Verhältnis zu kürzen, das der Schwere des Verschuldens des Versicherungsnehmers entspricht. Das Nichtvorliegen einer groben Fahrlässigkeit hat der Versicherungsnehmer zu beweisen.

6.7 Bei einer Gefahrerhöhung nach Ziffer 6.2 Abs. 2 u. 3 ist der Versicherer bei vorsätzlicher Verletzung der Pflichten des Versicherungsnehmers nicht zur Leistung verpflichtet, wenn der Versicherungsfall später als einen Monat nach dem Zeitpunkt eintritt, zu dem die Anzeige dem Versicherer hätte zugegangen sein müssen. Verletzt der Versicherungsnehmer seine Pflichten grob fahrlässig, so gelten Ziffer 6.6 Satz 2 und 3 entsprechend. Die Leistungspflicht des Versicherers bleibt bestehen, wenn ihm die Gefahrerhöhung zu dem in Satz 1 genannten Zeitpunkt bekannt war.

6.8 Die Leistungspflicht des Versicherers bleibt ferner bestehen,

6.8.1 soweit der Versicherungsnehmer nachweist, dass die Gefahrerhöhung nicht ursächlich für den Eintritt des Versicherungsfalles oder den Umfang der Leistungspflicht war oder

6.8.2 wenn zur Zeit des Eintrittes des Versicherungsfalles die Frist für die Kündigung des Versicherers abgelaufen und eine Kündigung nicht erfolgt war

Die Regelungen entsprechen im Wesentlichen der gesetzlichen Regelung der Gefahrerhöhung und spiegeln die §§ 23 bis 27 VVG wieder, so dass für Einzelheiten auf die dortige Kommentierung zu verweisen ist. 39

7 Versicherungswert

Versicherungswert ist der Wiederbeschaffungswert (Neuwert). Ist der sich aus Alter, Abnutzung und Gebrauch ergebende Zeitwert einer Sache niedriger als … …. % des Neuwertes, ist der Versicherungswert nur der Zeitwert.

8 Prämie

8.1 Die erste oder einmalige Prämie wird unverzüglich nach Ablauf von zwei Wochen nach Zugang des Versicherungsscheins fällig.

Zahlt der Versicherungsnehmer die erste oder einmalige Prämie nicht rechtzeitig, sondern zu einem späteren Zeitpunkt, beginnt der Versicherungsschutz erst ab diesem

Zeitpunkt, sofern der Versicherungsnehmer durch gesonderte Mitteilung in Textform oder durch einen auffälligen Hinweis im Versicherungsschein auf diese Rechtsfolge aufmerksam gemacht wurde. Das gilt nicht, wenn der Versicherungsnehmer nachweist, dass er die Nichtzahlung nicht zu vertreten hat.

Zahlt der Versicherungsnehmer die erste oder einmalige Prämie nicht rechtzeitig, kann der Versicherer vom Vertrag zurücktreten, solange die Prämie nicht gezahlt ist. Der Versicherer kann nicht zurücktreten, wenn der Versicherungsnehmer nachweist, dass er die Nichtzahlung nicht zu vertreten hat.

8.2 Die Folgeprämien werden zu dem jeweils vereinbarten Zeitpunkt fällig.

Wird eine Folgeprämie nicht rechtzeitig gezahlt, gerät der Versicherungsnehmer ohne Mahnung in Verzug, es sei denn, dass er die verspätete Zahlung nicht zu vertreten hat.

Der Versicherer ist berechtigt, Ersatz des ihm durch den Verzug entstandenen Schadens zu verlangen.

Wird eine Folgeprämie nicht rechtzeitig gezahlt, kann der Versicherer dem Versicherungsnehmer auf dessen Kosten in Textform eine Zahlungsfrist bestimmen, die mindestens zwei Wochen betragen muss. Die Bestimmung ist nur wirksam, wenn sie die rückständigen Beträge der Prämie, Zinsen und Kosten im Einzelnen beziffert und die Rechtsfolgen angibt, die mit dem Fristablauf verbunden sind.

Ist der Versicherungsnehmer nach Ablauf dieser Zahlungsfrist noch mit der Zahlung in Verzug, besteht ab diesem Zeitpunkt bis zur Zahlung kein Versicherungsschutz, wenn er mit der Zahlungsaufforderung darauf hingewiesen wurde.

Ist der Versicherungsnehmer nach Ablauf dieser Zahlungsfrist noch mit der Zahlung in Verzug, kann der Versicherer den Vertrag ohne Einhaltung einer Frist kündigen, wenn er den Versicherungsnehmer mit der Zahlungsaufforderung darauf hingewiesen hat.

Hat der Versicherer gekündigt, und zahlt der Versicherungsnehmer danach innerhalb eines Monats die angemahnte Prämie, besteht der Vertrag fort. Für Versicherungsfälle, die zwischen dem Zugang der Kündigung und der Zahlung eingetreten sind, besteht jedoch kein Versicherungsschutz.

8.3 Ist die Zahlung der Jahresprämie in Raten vereinbart, gilt als erste Prämie nur die erste Rate der ersten Jahresprämie.

8.4 Die Haftung des Versicherers beginnt zum vereinbarten Zeitpunkt, und zwar auch dann, wenn zur Prämienzahlung erst später aufgefordert, die Prämie aber ohne Verzug gezahlt wird. Ist dem Versicherungsnehmer bei Antragstellung bekannt, dass ein Versicherungsfall bereits eingetreten ist, so entfällt dafür die Haftung.

8.5 Im Fall der Beendigung des Versicherungsverhältnisses vor Ablauf der vereinbarten Dauer steht dem Versicherer dafür nur derjenige Teil der Prämie zu, der dem Zeitraum entspricht, in dem Versicherungsschutz bestanden hat. Wird das Versicherungsverhältnis durch Rücktritt wegen einer Anzeigepflichtverletzung oder durch Anfechtung des Versicherers wegen arglistiger Täuschung beendet, steht dem Versicherer die Prämie bis zum Wirksamwerden der Rücktritts- oder Anfechtungserklärung zu. Tritt der Versicherer wegen Fälligkeit der Prämie zurück, kann er eine angemessene Geschäftsgebühr verlangen.

Kündigt der Versicherungsnehmer nach Eintritt eines Versicherungsfalls, so hat der Versicherer nur Anspruch auf den Teil der Prämie, der der abgelaufenen Vertragszeit entspricht. Kündigt der Versicherer, so hat er die Prämie für das laufende

Versicherungsjahr nach dem Verhältnis der noch nicht abgelaufenen zu der gesamten Zeit des Versicherungsjahres zurückzuzahlen.

Die Regelungen entsprechen der Gesetzeslage und spiegeln die Regelungen in den §§ 37, 38 und 39 VVG wieder, so dass für Einzelheiten auf die dortige Kommentierung zu verweisen ist. 40

9 **Ermittlung der Geldleistung des Versicherers**

9.1 **Der Versicherer ersetzt**

9.1.1 **bei Zerstörung oder Verlust den jeweiligen Versicherungswert bei Eintritt des Versicherungsfalls bis zur Höhe der Versicherungssumme. Restwerte werden angerechnet. Eine den Zeitwert übersteigende Entschädigung kann jedoch nur verlangt werden, wenn innerhalb eines Jahres nach Eintritt des Versicherungsfalls die Wiederbeschaffung sichergestellt ist.**

9.1.2 **bei Beschädigung die erforderlichen Kosten der Wiederherstellung und die hierfür notwendigen einfachen Fracht- und sonstigen Transportkosten bei Eintritt des Versicherungsfalls, höchstens jedoch den Versicherungswert.**

Wenn die Sache nicht innerhalb eines Jahres nach Eintritt des Versicherungsfalls wiederhergestellt ist, ersetzt der Versicherer nur den durch die Minderung der Gebrauchsfähigkeit verbleibenden Schaden, höchstens jedoch die Reparaturkosten gemäß Ziffer 9.1.1.

9.2 **Veränderungen, Verbesserungen, Verschleißreparaturen, Minderung an Wert oder äußerem Ansehen, Überführungs- und Zulassungskosten sowie Vermögensfolgeschäden werden nicht ersetzt.**

9.3 **Ist die Versicherungssumme einer Sachgruppe gemäß Ziffer 1.2.1 bis 1.2.4 niedriger als der Versicherungswert bei Eintritt des Versicherungsfalls (Unterversicherung), leistet der Versicherer insoweit Ersatz nur im Verhältnis der Versicherungssumme zum Versicherungswert.**

Lässt der Versicherte innerhalb eines Jahres – beispielsweise einen Hagelschaden an einem Wohnwagen – nicht reparieren und wird durch die unterlassene Reparatur die Gebrauchstauglichkeit nicht beeinträchtigt, besteht kein Anspruch auf fiktive Reparaturkosten.[17] 41

Die Klausel 9.1.2 Abs. 2 ist nicht nichtig, da sie dem Leitbild der gesetzlichen Regelung entspricht, dass ein Schaden nicht fiktiv, sondern konkret abzurechnen sei.[18] Zur Auslegung der AVB Camping, die von den AKB im Rahmen der Fahrzeugversicherung deutlich abweichen,[19] kann nur auf den Text der AVB Camping 1985/2008, nicht aber auf die AKB zurückgegriffen werden.[20] 42

Für die versicherten Fahrzeuge ist 9.3 wichtig, da unter die Sachgruppe 1.2.1 **Wohnwagen** und **Mobilheime** fallen. **Zelt- und Klappanhänger** werden in 1.2.2. angesprochen. Anders als in der Kasko-Versicherung wo es nach A.2.1.2.2 AKB nur ausnahmsweise für mitversicherte Teile zu einer Unterversicherung[21] kommen kann, unterliegen Fahrzeugschäden in der AVB Camping 1985/2021 generell der Gefahr der **Unterversicherung** nach § 75 VVG. 43

17 *Kreuter-Lange* A.4.2.2 SB Handel/Handwerk, Rdn. 1.

18 *AG Hamburg-Sankt-Georg* Urt. v. 07.05.2003 – 915 C 124/03, JurionRS 2003, 29934 (zum entsprechenden Wortlaut in § 6 Abs. 2 AVB Camping 1995).

19 *AG Köln* Urt. v. 31.07.2003 – 117 C 115/03, ADAJUR Dok.Nr. 59167 = VersR 2004, 780 (zu § 6 Ziff. 1b AVB Camping 1985); *AG Köln*, Urt. v. 28.04.2004 – 118 C 9/04, VersR 2005, 358.

20 Zur abweichenden Regelung in den AKB siehe *Stomper* A.2.5.2 AKB, Rdn. 37 ff.

21 *AG Köln*, Urt. v. 28.04.2004 – 118 C 9/04, VersR 2005, 358.

44 Im Falle der Unterversicherung richtet sich die Höhe der Entschädigung nach der Formel:[22]

$$\text{Versicherungsleistung} = \frac{\text{Schaden} \times \text{Versicherungssumme}}{\text{Versicherungswert}}$$

45 Wurde nach 12.2 ein Selbstbehalt für den Wohnwagen oder das Mobilheim vereinbart, ist dieser von der Entschädigungsleistung immer voll in Abzug zu bringen.

46 Die Klausel orientierte sich an § 56 VVG a.F., der bis Ende 2007 galt. Der aktuelle § 75 VVG sieht vor, dass die Versicherungssumme nicht nur niedriger, sondern **erheblich niedriger** sein müsse. Von einer Erheblichkeit der Unterversicherung ist dann die Rede, wenn eine Abweichung von etwa 10 % gegeben ist.[23]

10 Überversicherung

10.1 Übersteigt die Versicherungssumme den Wert der versicherten Sachen erheblich, so kann sowohl der Versicherer als auch der Versicherungsnehmer verlangen, dass zur Beseitigung der Überversicherung die Versicherungssumme mit sofortiger Wirkung herabgesetzt wird.

Von diesem Zeitpunkt an ist für die Höhe der Prämie der Betrag maßgebend, den der Versicherer berechnet haben würde, wenn der Vertrag von vornherein mit dem neuen Inhalt geschlossen worden wäre.

10.2 Hat der Versicherungsnehmer eine Überversicherung in der Absicht geschlossen, sich dadurch einen rechtswidrigen Vermögensvorteil zu verschaffen, ist jeder in dieser Absicht geschlossene Vertrag nichtig. Dem Versicherer steht die Prämie bis zu dem Zeitpunkt zu, zu dem er von den die Nichtigkeit begründenden Umständen Kenntnis erlangt. Etwaige Schadensersatzansprüche des Versicherers bleiben unberührt.

11 Mehrfachversicherung

11.1 Eine Mehrfachversicherung liegt vor, wenn ein Interesse gegen dieselbe Gefahr in mehreren Versicherungsverträgen Versicherern versichert ist und entweder die Versicherungssummen zusammen den Versicherungswert übersteigen oder aus anderen Gründen die Summe der Entschädigungen, die von jedem Versicherer ohne Bestehen der anderen Versicherungen zu zahlen wäre, den Gesamtschaden übersteigt.

Wenn die Mehrfachversicherung zustande gekommen ist, ohne dass der Versicherungsnehmer dies wusste, kann er die Aufhebung des später geschlossenen Vertrages verlangen.

Er kann auch verlangen, dass die Versicherungssumme auf den Betrag herabgesetzt wird, der durch die früher geschlossene Versicherung nicht gedeckt ist; in diesem Fall ist der Prämie entsprechend zu mindern.

Das Recht auf Aufhebung oder Herabsetzung erlischt, wenn der Versicherungsnehmer es nicht innerhalb eines Monats geltend macht, nachdem er von der Mehrfachversicherung Kenntnis erlangt hat. Die Aufhebung oder Herabsetzung wird zu dem Zeitpunkt wirksam, zu dem die Erklärung, mit der sie verlangt wird, dem Versicherer zugeht.

11.2 Hat der Versicherungsnehmer eine Mehrfachversicherung in der Absicht abgeschlossen, sich dadurch einen rechtswidrigen Vermögensvorteil zu verschaffen, ist jeder in dieser Absicht geschlossene Vertrag nichtig. Der Versicherer hat, Anspruch auf die

---

22 *Stomper*, A.2.1.2 AKB, Rdn. 44–54.
23 Staudinger/Halm/Wendt/*K.Schneider*, FAK-VersR, § 75 VVG, Rn. 6.

Prämie bis zu dem Zeitpunkt, in dem er von den die Nichtigkeit begründenden Umständen Kenntnis erlangt.

12 Selbstbeteiligung

Der Versicherungsnehmer trägt folgende Selbstbeteiligung

12.1 bei Schäden durch Diebstahl oder unbefugten Gebrauch von Sachen gemäß Ziffern 1.2.2 bis 1.2.4 … …. %;

12.2 bei Schäden am Wohnwagen oder Mobilheim durch Unfall sowie bei Schäden durch mut- oder böswillige Handlungen fremder Personen und bei Bruchschäden an der Außenverglasung Euro … … …..

Die Vereinbarung einer Selbstbeteiligung schützt den Versicherer vor der Meldung von unzähligen Kleinschäden, die den Verwaltungsaufwand erhöhen und dem wirtschaftlichen Nutzen der Vertragsbeteiligten entgegenstehen, da ansonsten eine höhere Prämie verlangt werden müsste. Gleichzeitig dient die vereinbarte Selbstbeteiligung dazu, sorgfältiger auf die versicherten Sachen aufzupassen.[24] 47

Sinnvollerweise wird bei der Selbstbeteiligung zwischen den Sachgruppen unterschieden. Statt einer prozentualen Selbstbeteiligung, wie sie für geringwertige Gegenstände sinnvoll ist, wird für Wohnwagen und Mobilheime – wie in der Teil- und Vollkaskoversicherung[25] – von vornherein ein Selbstbehalt betragsmäßig festlegt. Im Falle der Unterversicherung[26] wird immer der volle Selbstbehalt in Abzug gebracht. 48

13 Beginn und Ende der Versicherung

Die Versicherung besteht für die vereinbarte Dauer. Beträgt diese mindestens ein Jahr, so verlängert sie sich um ein Jahr und weiter von Jahr zu Jahr, wenn die Versicherung nicht drei Monate vor Ablauf durch eine Partei gekündigt wird. Ein Versicherungsvertrag, der für eine Dauer von mehr als drei Jahren eingegangen ist, kann zum Ende des dritten oder jedes darauffolgenden Jahres unter Einhaltung einer Frist von drei Monaten gekündigt werden.

14 Obliegenheiten

14.1 Der Versicherungsnehmer hat

14.1.1 jeden Schadenfall unverzüglich dem Versicherer anzuzeigen;

14.1.2 Schäden nach Möglichkeit abzuwenden und zu mindern, insbesondere Ersatzansprüche gegen Dritte form- und fristgerecht geltend zu machen oder auf andere Weise sicherzustellen und Weisungen des Versicherers zu beachten;

14.1.3 alles zu tun, was zur Aufklärung des Tatbestandes dienlich sein kann. Er hat alle Belege, die den Entschädigungsanspruch nach Grund und Höhe beweisen, einzureichen, soweit ihre Beschaffung ihm billigerweise zugemutet werden kann, und ein von ihm unterschriebenes Verzeichnis aller abhanden gekommenen, zerstörten oder beschädigten Sachen dem Versicherer vorzulegen.

Der Versicherungswert der Sachen oder der Anschaffungspreis und das Anschaffungsjahr sind dabei anzugeben.

---

24 *BGH* Urt. v. 04.04.2001 – IV ZR 138/00, BGHZ 147, 142 = JurionRS 2001, 19990 = NJW 2001, 3539 = NVersZ 2001, 304 = VersR 2001, 749 = zfs 2001, 410; Staudinger/Halm/Wendt/*K.Schneider* FAK-VersR, § 75 VVG, Rn. 3; Looschelders/Pohlmann/*von Kroppenfels-Spies* VVG-Kommentar, § 75 VVG, Rn. 7; Schwintowski/Brömmelmeyer/*Kloth/Neuhaus* PK-VersR, § 75 VVG, Rn. 26.

25 Staudinger/Halm/Wendt/*K.Schneider* FAK-VersR, § 75 VVG, Rn. 11.

26 *Stomper* A.2.5.8 AKB, Rdn. 1 ff.

14.2 **Schäden durch strafbare Handlungen (z.B. Diebstahl, Raub, vorsätzliche Sachbeschädigung) sowie durch Brand oder Explosion sind außerdem unverzüglich der zuständigen Polizeidienststelle unter Einreichung einer Liste aller in Verlust geratenen Sachen anzuzeigen. Der Versicherungsnehmer hat sich dies polizeilich bescheinigen zu lassen und dem Versicherer den Nachweis einzureichen.**

14.3 **Der Versicherungsnehmer hat auch dem Versicherer jede zumutbare Untersuchung über Ursache und Höhe des Schadens und über den Umfang der Entschädigungspflicht zu gestatten, jede hierzu dienliche Auskunft – auf Verlangen schriftlich – zu erteilen und Belege beizubringen.**

49 Weitere Obliegenheiten[27] finden sich in 4.4 und 4.5, ohne dass diese als solche bezeichnet sind.

15 **Verletzung der Obliegenheiten**

15.1 **Verletzt der Versicherungsnehmer eine Obliegenheit aus diesem Vertrag, die er vor Eintritt des Versicherungsfalles zu erfüllen hat, kann der Versicherer den Vertrag innerhalb eines Monats ab Kenntnis von der Obliegenheitsverletzung fristlos kündigen. Der Versicherer hat kein Kündigungsrecht, wenn der Versicherungsnehmer nachweist, dass die Obliegenheitsverletzung weder auf Vorsatz noch auf grober Fahrlässigkeit beruhte.**

15.2 **Wird eine Obliegenheit aus diesem Vertrag vorsätzlich verletzt, verliert der Versicherungsnehmer den Versicherungsschutz. Bei grob fahrlässiger Verletzung einer Obliegenheit ist der Versicherer berechtigt, seine Leistung in einem der Schwere des Verschuldens des Versicherungsnehmer entsprechenden Verhältnis zu kürzen. Der vollständige oder teilweise Wegfall des Versicherungsschutzes hat bei Verletzung einer nach Eintritt des Versicherungsfalls bestehenden Auskunfts- oder Aufklärungsobliegenheit zur Voraussetzung, dass der Versicherer den Versicherungsnehmer durch gesonderte Mitteilung in Textform auf diese Rechtsfolge hingewiesen hat.**

Weist der Versicherungsnehmer nach, dass er die Obliegenheit nicht grob fahrlässig verletzt hat, bleibt der Versicherungsschutz bestehen.

15.3 **Der Versicherungsschutz bleibt auch bestehen, wenn der Versicherungsnehmer nachweist, dass die Verletzung der Obliegenheit weder für den Eintritt oder die Feststellung des Versicherungsfalls noch für die Feststellung oder den Umfang der dem Versicherer obliegenden Leistung ursächlich war. Das gilt nicht, wenn der Versicherungsnehmer die Obliegenheit arglistig verletzt hat.**

Die Bestimmungen gelten unabhängig davon, ob der Versicherer ein ihm nach Ziffer 15.1 zustehendes Kündigungsrecht ausübt.

15.4 **Wurden bestimmte abhanden gekommene Sachen der zuständigen Polizeidienststelle nicht angezeigt, so kann die Entschädigung nur für diese Sachen verweigert werden.**

50 Die Regelungen entsprechen derjenigen des § 28 VVG, so dass auf die dortige Komentierung zu verweisen ist.

16 **Besondere Verwirkungsgründe**

16.1 **Der Versicherer ist von jeder Entschädigungspflicht frei, wenn**

16.1.1 **der Versicherungsnehmer versucht, den Versicherer arglistig über Tatsachen zu täuschen, die für den Grund oder für die Höhe der Entschädigung von Bedeutung sind.**

27 Siehe 9.3 Rdn. 41–44.

Dies gilt auch, wenn die arglistige Täuschung sich auf einen anderen zwischen den Parteien über dieselbe Gefahr abgeschlossenen Versicherungsvertrag bezieht;

16.1.2 der Versicherungsnehmer wegen vorsätzlicher Brandstiftung oder wegen eines bei Ermittlung der Entschädigung begangenen Betruges oder Betrugsversuches rechtskräftig verurteilt worden ist. Mit der Verurteilung gelten die Voraussetzungen für den Wegfall der Entschädigungspflicht als festgestellt.

17 Fälligkeit der Geldleistung

17.1 Die Entschädigung wird spätestens zwei Wochen nach endgültiger Feststellung des Versicherungsfalles und des Umfangs der Leistung durch den Versicherer fällig, jedoch kann einen Monat nach Anzeige des Schadens als Abschlagszahlung der Betrag verlangt werden, der nach Lage der Sache mindestens zu zahlen ist.

17.2 Sind im Zusammenhang mit dem Versicherungsfall behördliche Erhebungen oder ein strafgerichtliches Verfahren gegen den Versicherungsnehmer eingeleitet worden, so kann der Versicherer bis zum rechtskräftigen Abschluss dieser Verfahren die Zahlung aufschieben.

17.3 Werden entwendete Gegenstände innerhalb eines Monats nach Eingang der Schadenanzeige wieder aufgefunden, so ist der Versicherungsnehmer verpflichtet, sie zurückzunehmen. Nach Ablauf dieser Frist werden sie Eigentum des Versicherers.

18 Kündigung nach dem Versicherungsfall

18.1 Nach Eintritt eines Versicherungsfalls können beide Parteien den Versicherungsvertrag kündigen. Die Kündigung ist in Textform zu erklären. Sie muss spätestens einen Monat nach dem Abschluss der Verhandlungen über die Entschädigung zugehen. Der Versicherer hat eine Kündigungsfrist von einem Monat einzuhalten. Kündigt der Versicherungsnehmer, so kann er bestimmen, dass seine Kündigung sofort oder zu einem späteren Zeitpunkt wirksam wird, jedoch spätestens zum Schluss der laufenden Versicherungsperiode.

18.2 Hat der Versicherer gekündigt, so ist er verpflichtet, für die noch nicht abgelaufene Versicherungszeit den entsprechenden Anteil der Prämie zu vergüten.

19 Verjährung

Die Ansprüche aus dem Versicherungsvertrag verjähren in drei Jahren. Die Fristberechnung richtet sich nach den allgemeinen Vorschriften des Bürgerlichen Gesetzbuches.

20 Gerichtsstand

20.1 Für Klagen aus dem Versicherungsvertrag gegen den Versicherer bestimmt sich die gerichtliche Zuständigkeit nach dem Sitz des Versicherers oder seiner für den Versicherungsvertrag zuständigen Niederlassung. Ist der Versicherungsnehmer eine natürliche Person, ist auch das Gericht örtlich zuständig, in dessen Bezirk der Versicherungsnehmer zur Zeit der Klageerhebung seinen Wohnsitz oder, in Ermangelung eines solchen, seinen gewöhnlichen Aufenthalt hat.

20.2 Ist der Versicherungsnehmer eine natürliche Person, müssen Klagen aus dem Versicherungsvertrag gegen ihn bei dem Gericht erhoben werden, das für seinen Wohnsitz oder, in Ermangelung eines solchen, den Ort seines gewöhnlichen Aufenthalts zuständig ist.

20.3 Ist der Versicherungsnehmer eine juristische Person, bestimmt sich das zuständige Gericht auch nach dem Sitz oder der Niederlassung des Versicherungsnehmers. Das gleiche gilt, wenn der Versicherungsnehmer eine Offene Handelsgesellschaft, Kommanditgesellschaft, Gesellschaft bürgerlichen Rechts oder eine eingetragene Partnerschaftsgesellschaft ist.

20.4 Sind der Wohnsitz oder der gewöhnliche Aufenthalt des Versicherungsnehmers im Zeitpunkt der Klageerhebung nicht bekannt, bestimmt sich die gerichtliche Zuständigkeit für Klagen aus dem Versicherungsvertrag gegen den Versicherer oder den Versicherungsnehmer nach dem Sitz des Versicherers oder seiner für den Versicherungsvertrag zuständigen Niederlassung.

21 Schlussbestimmung

Soweit nicht in den Versicherungsbedingungen etwas anderes bestimmt ist, gelten die gesetzlichen Vorschriften.

Allgemeine Bedingungen für die Kfz-Versicherung von Fahrzeugen mit Versicherungskennzeichen oder Versicherungsplakette

(AKB-V) – Stand 28.09.2022

Verfasser:

Arbeitsgruppe Bedingungen und betriebliche Grundsatzfragen der Kommission Kraftfahrt Betrieb (KKB)

Unverbindliche Bekanntgabe des Gesamtverbandes der Deutschen Versicherungswirtschaft e.V. (GDV) zur fakultativen Verwendung. Abweichende Vereinbarungen sind möglich.

Allgemeine Bedingungen für die Kfz-Versicherung von Fahrzeugen mit Versicherungskennzeichen oder Versicherungsplakette (AKB-V)

Sie als Versicherungsnehmer sind unser Vertragspartner. Die Kfz-Versicherung umfasst je nach dem Inhalt des Versicherungsvertrags folgende Versicherungsarten:
- *Kfz-Haftpflichtversicherung (A.1)*
- *Kaskoversicherung (A.2)*

Diese Versicherungen werden als jeweils rechtlich selbstständige Verträge abgeschlossen. Ihrem Versicherungsschein können Sie entnehmen, welche Versicherungen Sie für Ihr Fahrzeug abgeschlossen haben.

Es gilt deutsches Recht. Die Vertragssprache ist deutsch. Sämtliche Personenbezeichnungen in den AKB gelten gleichermaßen für männliche, weibliche und anderweitige Geschlechter.

Übersicht Rdn.

Allgemeines

1 Die Neuorientierung der FZV und die Auswirkungen auf Elektrokleinstfahrzeuge[1] führten dazu, dass neue Bedingungen für die einstmals zulassungsfreien Elektrokleinstfahrzeuge mit einer bauartbedingten Höchstgeschwindigkeit bis 20 km/h jetzt versicherungspflichtig sind[2]. Die Bedingungen für Fahrzeuge mit Versicherungskennzeichen sind als Musterbedingungen des GdV nicht allgemein gültig, Im Einzelfall sind die dem jeweiligen Vertrag zugrunde liegenden Bedingungen zu prüfen. Grundlegend müssen sich auch diese Bedingungen an der KfzPflVV orientieren und dürfen in ihren Leistungsverweigerungen, Ausschlüssen und Obliegenheiten nicht über diese hinausgehen[3]. Wesentliche Abweichungen von der Kommentierung der AKB sind daher nicht gegeben. Um unnötige Dopplungen zu vermeiden, wird in der Kommentierung dieser Musterbedingungen nur auf die Unterschiede zu den AKB für Kfz eingegangen. Im Übrigen sei auf die korrespondierenden Abschnitte der AKB für Kfz verwiesen.

2 Auch hier gilt: die Vertragssprache ist deutsch. Auf weitere sprachliche Angleichungen wurde der besseren Lesbarkeit halber verzichtet.

3 Voraussetzung für die Anwendbarkeit ist, dass es sich um ein Kraftfahrzeug gem. § 1 StVG handelt, das gem. § 1 PflVG der Versicherungspflicht unterliegt. Nicht zulassungspflichtig sind gem. § 3 Abs. 3 Ziffer 1 FZV selbstfahrende Arbeitsmaschinen und Gabelstapler, eichachsige Zugmaschinen,

1 Huppertz: Rechtsfragen bei der Verwendung von E-Tretrollern, NZV 2021, 567, 568.
2 Vgl. hierzu Huppertz: Zu den Auswirkungen der neugefassten FZV auf die Inbetriebsetzung von Elektrokleinstfahrzeugen NZV 2023, 497 ff.
3 Wegen der Details sei auf die §§ 4–6 KfzPflVV verwiesen.

Leichtkrafträder, zwei- oder dreirädrige Kleinkrafträder, motorisierte Krankenfahrstühle, leichte vierrädrige Kraftfahrzeuge sowie Elektrokleinstfahrzeuge. Daneben sind Anhänger in land- und forstwirtschaftlichen Betrieben, die mit nicht mehr als 25 km/h hinter Zugmaschinen oder selbst fahrenden Arbeitsmaschinen geführt werden, Wohnwagen und Packwagen im Schaustellergewerbe, fahrbare Baubuden und Toilettenwagen unter der gleichen Voraussetzung von der Zulassungspflicht befreit.

Nach § 52 FZV müssen Kraftfahrzeuge im Sinne von § 3 Abs. 3 Ziffer 1 d-f (zwei- oder dreirädrige Kleinkrafträder, motorisierte Krankenfahrstühle, leichte vierrädrige Kraftfahrzeuge) ein Versicherungskennzeichen führen. Für die Elektrokleinstfahrzeuge regelt dies § 1 eKFV. Eine Versicherungspflicht besteht für Elektrokleinstfahrzeuge, die bauartbedingt eine Höchstgeschwindigkeit zwischen 6 und 20 km/h aufweisen. Dabei darf die Nennleistung nicht mehr als 500 W betragen. Eine Ausnahme gilt nur, wenn 60 % der Nennleistung zur Selbstbalancierung verwendet werden, dann darf die Nennleistung 1400 W betragen. 4

Erforderlich für die Inbetriebnahme ist zum einen das Vorliegen der Genehmigung dieses Typs oder aber eine Fahrzeugeinzelgenehmigung. Darüber hinaus darf das Fahrzeug auf öffentlichen Straßen nur vom Fahrzeugführer in Betrieb genommen werden, wenn das jeweilige Fahrzeug ein Kennzeichen nach § 9 Abs 1 Satz 1 FZV führt. Hiervon umfasst sind Kraftfahrzeuge mit einer bauartbedingten Höchstgeschwindigkeit von mehr als 20 km/h, Leichtkrafträder (§ 3 Abs. 3 S. 1 c FZV) sowie Anhänger, die nicht für eine Geschwindigkeit von mehr als 25 km/h gekennzeichnet sind. Im Einzelnen sind dies: 5

- Zwei- oder dreirädrige Kleinkrafträder (Mofa, Moped, Vespa, § 3 Abs. 2 Ziff. 1c FZV), die bauartbedingt nicht mehr als 45 km/h fahren und einen Hubraum von weniger als 50 ccm aufweisen;
- Fahrräder mit Hilfsmotor (§ 18 Abs. 2 Nr. 4 StVZO), S-Pedelecs, die ebenfalls bauartbedingt nicht mehr als 45 km/h fahren und einen Hubraum von weniger als 50 ccm aufweisen sowie zusätzlich hinsichtlich der Gebrauchsfähigkeit die Merkmale von Fahrrädern aufweisen;
- Motorisierte Krankenfahrstühle;
- Vierrädrige Leichtkraftfahrzeuge (§ 3 Abs. 2 Ziffer 1f FZV) mit einem zul. Gesamtgewicht von max. 350 kg, die bauartbedingt nicht mehr als 45 km/h fahren und einen Hubraum von weniger als 50 ccm aufweisen;
- Mofas und Mopeds aus der Produktion der ehemaligen DDR mit maximaler Höchstgeschwindigkeit von 60 km/h, die bereits vor dem 01.03.1992 versichert waren;
- Quads und Trikes die bauartbedingt nicht mehr als 45 km/h fahren und einen Hubraum von weniger als 50 ccm aufweisen. Zu beachten ist, dass zumindest nach der Auffassung des FG Bremen Trikes als PKW einzustufen sind[4];
- E-Roller, E-Scooter, die über eine Betriebserlaubnis verfügen.

Diese Bedingungen gelten ausschließlich für Fahrzeuge mit Versicherungskennzeichen und in den Musterbedingungen sind lediglich die Kraftfahrzeug-Haftpflicht-Versicherung und die Fahrzeugversicherung vorgesehen, die weiteren, in den AKB für Kraftfahrzeuge vorgesehenen Zusatzangebote, sind in den Musterbedingungen nicht enthalten. 6

A Welche Leistungen umfasst Ihre Kfz-Versicherung?

A.1 Kfz-Haftpflichtversicherung – für Schäden, die Sie mit Ihrem Fahrzeug Anderen zufügen

Es handelt sich um eine Haftpflichtversicherung im Sinne des PflVG in Verbindung mit den §§ 113 ff VVG, allerdings kommt bei den Fahrzeugen, die bauartbedingt eine Höchstgeschwindigkeit von 6–20 km/h erreichen können, § 8 StVG zur Anwendung mit der Folge, dass Ansprüche nur gegen den Schädiger, nicht aber aus der Betriebsgefahr des Fahrzeuges verschuldensunabhängig geltend gemacht werden können[5]. 7

---

4 FG Bremen v. 11.06.2003 – 2 K 191/01 1, BeckRS 2003 30443966.

5 OLG Bremen Urt. v. 15.11.2023, Az. 1 U 15/23.

8 Zu beachten ist hierbei, dass eine Versicherungspflicht gem. § 2 Nr. 6 nicht besteht für selbstfahrende Arbeitsmaschinen[6] und Staplern im Sinne des § 3 Abs. 2 Satz 1 Nr. 1 Buchstabe a FZV, deren Höchstgeschwindigkeit 20 Kilometer je Stunde nicht übersteigt, wenn sie den Vorschriften über das Zulassungsverfahren nicht unterliegen. Alle Kraftfahrzeuge, die bauartbedingt mehr als 6 km/h fahren, müssen zugelassen und versichert sein. Fahrzeuge, die zulassungspflichtig sind, benötigen gem. § 4 Abs. 3 eine den Regeln des PflVG entsprechende Kraftfahrzeug-Haftpflicht-Versicherung, erst dann kann eine Zulassung und Zuteilung eines sog. Versicherungskennzeichens erfolgen. Diese Kennzeichen werden jährlich ausgegeben und wechseln die Farben. War in der Vergangenheit die Veräußerung des Fahrzeugs mit Weitergabe des Kennzeichens möglich, ist dies nunmehr ausgeschlossen. Der Erwerber muss ein neues Kennzeichen auf seinen Namen erwerben.

9 Nach aktueller Rechtslage sind Pedelecs mit einer Geschwindigkeit bis zu 45 km/h (S-Pedelec) als Kraftfahrzeuge im Sinne der StVO zu werten und unterliegen damit der Versicherungspflicht, Führerscheinpflicht und der Helmpflicht. Allerdings steht dieser Wertung das jüngste Urteil des EUGH[7] entgegen, danach wären alle Pedelecs, die mit Tretunterstützung arbeiten, keine Kraftfahrzeuge[8]. E-Bikes, die ohne Tretunterstützung bis auf 25 bzw. 45 km/h beschleunigen, sind Kraftfahrzeuge. dies hätte zur Folge, dass eine Versicherungspflicht entfiele, entsprechend der Richtlinie ist ein Kraftfahrzeug nur ein Fahrzeug, welches (ausschließlich – Anm. des Verfassers) mit Maschinenkraft betrieben wird. Danach sind alle Pedelecs – unabhängig von ihrer Leistung – keine Kraftfahrzeuge und würden weder der Führerschein- und Helmpflicht noch der Versicherungspflicht nicht unterliegen. Ob das dem Opferschutz genügend Rechnung trägt, ist zu bezweifeln.

A.1.1 Was ist versichert?

Sie haben mit Ihrem Fahrzeug einen Anderen geschädigt

10 Mit dieser Formulierung wird Bezug genommen auf das vom Versicherungsnehmer versicherte Fahrzeug, auf die sachenrechtliche Zuordnung des Eigentums kommt es nicht an.[9]

11 Die Kfz-Haftpflichtversicherung deckt alle Schäden ab, die Dritten zugefügt werden. Der Hinweis »einen Anderen« soll klar machen, dass Eigenschäden des Versicherungsnehmers nicht ersetzt werden. Dies gilt auch, wenn diese Schäden am Eigentum des Versicherungsnehmers durch einen anderen Fahrer verursacht werden.[10] Anspruchsinhaber kann jeder sein, der durch den Gebrauch des Fahrzeugs einen Schaden erleidet.

A.1.1.1 Wir stellen Sie von Schadenersatzansprüchen frei, wenn durch den Gebrauch des Fahrzeugs

a Personen verletzt oder getötet werden,
b Sachen beschädigt oder zerstört werden oder abhandenkommen,
c Vermögensschäden verursacht werden, die weder mit einem Personen- noch mit einem Sachschaden mittelbar oder unmittelbar zusammenhängen (reine Vermögensschäden),

und deswegen gegen Sie oder uns Schadenersatzansprüche aufgrund von Haftpflichtbestimmungen des Bürgerlichen Gesetzbuchs oder des Straßenverkehrsgesetzes oder aufgrund anderer gesetzlicher Haftpflichtbestimmungen des Privatrechts geltend gemacht werden. Zum Gebrauch des Fahrzeugs gehört neben dem Fahren z. B. das Ein- und Aussteigen sowie das Be- und Entladen.

---

6 Vgl. zu den vorher bestehenden Unklarheiten bei Nutzung eines Radladers zu einem älteren Bedingungswerk der PHV: OLG Koblenz Beschl. v. 02.09.2020 – 10 U 391/20 m. Anm. Schimikowski, r+s 2022, 256 f.

7 EuGH vom 12.10.2023, Az.: C 286/22. Fahrräder mit Elektrounterstützung sind keine Kraftfahrzeuge.

8 Vgl. auch Koehl Anm. zu EUGH C 286/22, SVR 2024, 22 ff. auch zu den Anforderungen des EUGH an nationales Recht.

9 Vgl. hierzu auch die Ausführungen AKB Rn 1–4 in diesem Buch.

10 Vgl. auch AKB Rn. 7 ff.

A.1.1.1 beinhaltet das Regulierungsversprechen, die gegen den Versicherungsnehmer gerichteten Schadenersatzansprüche zu bearbeiten und nach A.1.1.2 zu verfahren. Versichert sind sämtliche bestimmungsgemäße Verwendungen[11] des versicherten Fahrzeuges. Der Versicherer tritt im Rahmen der vereinbarten Versicherungssumme an die Stelle des Versicherungsnehmers und stellt ihn von Ansprüchen des Geschädigten frei. 12

Dabei ist zu beachten, dass nicht jedes Fahrzeug mit einem Versicherungskennzeichen auch nach § 7 StVG haftet. All die Fahrzeuge, die bauartbedingt nicht mehr als 20 km/h fahren können, sind von der Haftung nach § 7 StVG ausgenommen, § 8 Nr. 1 StVG! Eine Halterhaftung entfällt und der Versicherungsnehmer kann nur in Anspruch genommen werden, wenn er gleichzeitig Fahrer des Kraftfahrzeugs ist[12]. Damit kann das Leistungsversprechen des Versicherers für den Versicherungsnehmer, der nicht gefahren ist, nur in der Abwehr der Ansprüche bestehen. Ob diese Regelung angesichts des Opferschutzgedankens in Zukunft Bestand haben wird, bleibt abzuwarten. 13

Begründete und unbegründete Schadenersatzansprüche

A.1.1.2 Sind Schadenersatzansprüche begründet, leisten wir Schadenersatz in Geld.

Grundsätzlich ist der Schadenersatz im Wege der Naturalrestitution geschuldet, allerdings ist dem Versicherer der Schadenersatz in Geld gewährt. 14

A.1.1.3 Sind Schadenersatzansprüche unbegründet, wehren wir diese auf unsere Kosten ab. Dies gilt auch, soweit Schadenersatzansprüche der Höhe nach unbegründet sind.

Im Rahmen der Abwehrfunktion fungiert der Versicherer auch als Quasi-Rechtsschutzversicherung. Ein Deckungsanspruch in der Rechtschutzversicherung besteht insoweit nicht. Der Versicherer ist berechtigt, die Ansprüche des Geschädigten sowohl hinsichtlich des Anspruchsgrunds wie auch hinsichtlich der Anspruchshöhe abzuwehren. 15

Regulierungsvollmacht

A.1.1.4 Wir sind bevollmächtigt, gegen Sie geltend gemachte Schadenersatzansprüche in Ihrem Namen zu erfüllen oder abzuwehren und alle dafür zweckmäßig erscheinenden Erklärungen im Rahmen pflichtgemäßen Ermessens abzugeben.

Die Regulierungsvollmacht ermächtigt den Versicherer, alle zweckdienlichen Erklärungen, sowohl zu Grund wie auch zur Höhe der geltend gemachten Schadenersatzansprüche abzugeben. Ein Weisungsrecht des Versicherungsnehmers besteht nicht! 16

Mitversicherung von Anhängern

A.1.1.5 Ist mit dem versicherten Kraftfahrzeug ein Anhänger verbunden, erstreckt sich der Versicherungsschutz auch hierauf. Dies gilt auch, wenn sich der Anhänger während des Gebrauchs von dem versicherten Kraftfahrzeug löst und sich noch in Bewegung befindet.

Diese Regelung entspricht der Regelung der AKB für Kfz, Besonderheiten ergeben sich nur insoweit, als zweirädrige Kfz (Mofas, Roller, E-Scooter etc.) versichert sind. Das Anhängen eines Anhängers ist nur dann zulässig, wenn entsprechende technische Vorrichtungen am Fahrzeug angebracht sind. Ein bspw. per Hand mitgeführter Anhänger ist nicht zulässig und dementsprechend nicht mitversichert. Eine Zulassung eines Hängers ist nicht erforderlich, solange nicht über 25 km/h beschleunigt wird. 17

---

11 Wegen der Details sei auf A.1.1.1 AKB und die dazugehörige Kommentierung verwiesen, die auf alle möglichen Verwendungen eines Kraftfahrzeugs eingeht.

12 OLG Bremen Urt. v. 15.11.2023, Az. 1 U 15/23.

A.1.2 Wer ist versichert?

Der Schutz der Kfz-Haftpflichtversicherung gilt für Sie und für folgende Personen (mitversicherte Personen):

a den Halter des Fahrzeugs,
b den Eigentümer des Fahrzeugs,
c den Fahrer des Fahrzeugs,
d den Beifahrer, der im Rahmen seines Arbeitsverhältnisses mit Ihnen oder mit dem Halter den berechtigten Fahrer zu seiner Ablösung oder zur Vornahme von Lade- und Hilfsarbeiten nicht nur gelegentlich begleitet,
e Ihren Arbeitgeber oder öffentlichen Dienstherrn, wenn das Fahrzeug mit Ihrer Zustimmung für dienstliche Zwecke gebraucht wird,
f den Halter, Eigentümer, Fahrer und Beifahrer eines nach A.1.1.5 mitversicherten Fahrzeugs.

Diese Personen können Ansprüche aus dem Versicherungsvertrag selbstständig gegen uns erheben.

18 Die mitversicherten Personen ergeben sich aus der KfzPflVV, über diese kann hinausgegangen werden, aber ein Ausschluss ist nicht möglich.

A.1.3 Bis zu welcher Höhe leisten wir (Versicherungssummen)?

19 Die Leistung des Versicherers wird beschränkt durch die vereinbarte Versicherungssumme. Diese muss sich mindestens an den Summen der in der Anlage zu § 4 PflVG genannten Beträge orientieren, kann aber darüber hinausgehen.

Höchstzahlung

A.1.3.1 Unsere Zahlungen für ein Schadenereignis sind jeweils beschränkt auf die Höhe der für Personen-, Sach- und Vermögensschäden vereinbarten Versicherungssummen. Mehrere zeitlich zusammenhängende Schäden, die dieselbe Ursache haben, gelten als ein einziges Schadenereignis. Die Höhe Ihrer Versicherungssummen können Sie dem Versicherungsschein entnehmen.

20 Die vorgenommen Differenzierung zwischen Personen-, Sach- und Vermögensschäden entspricht den Vorgaben des PflVG, wonach mindestens für die jeweiligen Schäden ein bestimmter Betrag zur Verfügung gestellt werden muss. Es können höhere Summen vereinbart werden, die dann im Versicherungsschein aufgenommen sind.

21 Die Formulierung »mehrere zeitlich zusammenhängende Schäden« entspricht der Regelung in den AKB und bezieht sich auf ein Schadenereignis, welches mehrere Schäden (Anspruchsteller) zur Folge hat.

A.1.3.2 Bei Schäden von Insassen in einem mitversicherten Anhänger gelten xx < die gesetzlichen Mindestversicherungssummen oder höhere individuell vereinbarte Versicherungssummen; ist keine Begrenzung gewünscht, entfällt Klausel A.1.3.2 >.

22 Für anhängende Anhänger kann eine gesonderte Versicherungssumme vereinbart werden, die aber mindestens den Mindestversicherungssummen entsprechen muss, ohne entsprechende Begrenzung ist diese Klausel entbehrlich.

Übersteigen der Versicherungssummen

A.1.3.3 Übersteigen die Ansprüche die Versicherungssummen, richten sich unsere Zahlungen nach den Bestimmungen des Versicherungsvertragsgesetzes und der

Kfz-Pflichtversicherungsverordnung. In diesem Fall müssen Sie für einen nicht oder nicht vollständig befriedigten Schadenersatzanspruch selbst einstehen.

Der Leistungsumfang des Versicherers ist begrenzt durch die vertraglich vereinbarten Versicherungssummen, d.h. im Falle eines Schadens, der über diese Summen hinausgeht, ist derjenige, der gem. § 823 aus Verschulden haftet, alleine verpflichtet. Zu beachten ist, dass sich die Haftung des Halters immer im Rahmen des § 12 StVG bewegt, dessen Grenze unter den Mindestversicherungssummen liegt. Eine höhere Haftung des Fahrers (unbegrenzt der Höhe nach und nur limitiert durch den verursachten Schaden) ist möglich. Er hat aber nur für die Verschuldenshaftung einzustehen[13]. Im Falle einer nicht ausreichenden Versicherungssumme ist eine Rangfolge in § 118 VVG vorgesehen, um dem unmittelbar Verletzten die Ansprüche zu sichern. Sind mehrere Geschädigte vorhanden, muss ggf. ein Verteilungsverfahren eingeleitet werden[14]. 23

A.1.4 In welchen Ländern besteht Versicherungsschutz?

Versicherungsschutz in Europa und in der EU

A.1.4.1 Sie haben in der Kfz-Haftpflichtversicherung Versicherungsschutz in den geographischen Grenzen Europas sowie den außereuropäischen Gebieten, die zum Geltungsbereich der Europäischen Union gehören. Ihr Versicherungsschutz richtet sich nach dem im Besuchsland gesetzlich vorgeschriebenen Versicherungsumfang, mindestens jedoch nach dem Umfang Ihres Versicherungsvertrags.

Der Versicherungsschutz erstreckt sich auch für Fahrzeuge mit Versicherungskennzeichen auf das geographische Europa sowie diejenigen Gebiete außerhalb des geographischen Europas, welche aber zur EU gehören. 24

Internationale Versicherungskarte

A.1.4.2 Haben wir Ihnen die Internationale Versicherungskarte ausgehändigt, gilt: Ihr Versicherungsschutz in der Kfz-Haftpflichtversicherung erstreckt sich auch auf die dort genannten nichteuropäischen Länder, soweit Länderbezeichnungen nicht durchgestrichen sind. Hinsichtlich des Versicherungsumfangs gilt A.1.4.1 Satz 2.

Das unter 1.4.1 benannte Geltungsgebiet kann mit Hilfe der internationalen Versicherungskarte erweitert werden. 25

A.1.5 Was ist nicht versichert?

Unter A.1.5 werden die von der KfzPflVV zugelassenen Risikoausschlüsse aufgeführt. Allen ist gemein, dass eine Vorleistungspflicht des Versicherers nicht gegeben ist. Um dem Opferschutz Rechnung zu tragen, sind hier nur gesetzliche Ausschlüsse (§ 103 VVG = Vorsatz, § 31 AtomG) sowie solche Geschehensabläufe ausgeschlossen, für die eigene Versicherungen abgeschlossen werden können. 26

Vorsatz

A.1.5.1 Kein Versicherungsschutz besteht für Schäden, die Sie vorsätzlich und widerrechtlich herbeiführen.

Genehmigte Rennen

---

13 Wegen der Grundlagen vgl. BGH v. 17.11.2009 – VI ZR 58/08. Falsch insoweit Selbstfahrende Arbeitsmaschine falsch insoweit OLG Frankfurt v. 31.08.2021 – 26 U 4/21, das eine Haftung eines Aufsitzrasenmähers auch aus der Betriebsgefahr wegen fehlender Sicherungsmaßnahmen annimmt.

14 Wegen der Details vgl. AKB A.1.3.3 bzw. Kreuter in Himmelreich/Halm/Staab/Kreuter Kfz-Schadensregulierung Kap. 22, 204.

A.1.5.2 Kein Versicherungsschutz besteht für Schäden aus dem Gebrauch des Fahrzeugs bei einer Motorsportveranstaltung oder Motorsportaktivität, einschließlich Rennen, Wettbewerben, Trainings, Tests und Demonstrationen, wenn

- *das Fahrzeug in einem hierfür abgegrenzten Gebiet mit Zugangsbeschränkungen gebraucht wird und*
- *für diesen Gebrauch des Fahrzeugs eine Motorsporthaftpflichtversicherung nach Maßgabe des § 5d des Pflichtversicherungsgesetzes besteht.*

Hinweis: Beachten Sie auch Ihre Pflichten nach D.1.1.4 und D.1.2.2.

Hinweis: Die Teilnahme an nicht genehmigten Rennen stellt eine Verletzung Ihrer Pflichten nach D.1.1.4 dar.

Beschädigung des versicherten Fahrzeugs

A.1.5.3 Kein Versicherungsschutz besteht für die Beschädigung, die Zerstörung oder das Abhandenkommen des versicherten Fahrzeugs.

Beschädigung von Anhängern oder abgeschleppten Fahrzeugen

A.1.5.4 Kein Versicherungsschutz besteht für die Beschädigung, die Zerstörung oder das Abhandenkommen

- *eines mit dem versicherten Fahrzeug verbundenen Anhängers*
- *eines mit dem versicherten Fahrzeug geschleppten oder abgeschleppten Fahrzeugs.*

Versicherungsschutz besteht jedoch, wenn mit dem versicherten Kraftfahrzeug ein betriebsunfähiges Fahrzeug im Rahmen üblicher Hilfeleistung ohne gewerbliche Absicht abgeschleppt wird und dabei am abgeschleppten Fahrzeug Schäden verursacht werden.

Beschädigung von beförderten Sachen

A.1.5.5 Kein Versicherungsschutz besteht bei Schadenersatzansprüchen wegen Beschädigung, Zerstörung oder Abhandenkommens von Sachen, die mit dem versicherten Fahrzeug befördert werden.

Versicherungsschutz besteht jedoch für Sachen, die beförderte Personen eines Kraftfahrzeugs üblicherweise mit sich führen (z. B. Kleidung, Brille, Brieftasche). Kein Versicherungsschutz besteht für Sachen unberechtigter beförderter Personen.

Ihr Schadenersatzanspruch gegen eine mitversicherte Person

A.1.5.6 Kein Versicherungsschutz besteht für Sach- oder Vermögensschäden, die eine mitversicherte Person Ihnen, dem Halter oder dem Eigentümer durch den Gebrauch des Fahrzeugs zufügt. Versicherungsschutz besteht jedoch für Personenschäden, wenn Sie z. B. als Beifahrer Ihres Fahrzeugs verletzt werden.

Nichteinhaltung von Liefer- und Beförderungsfristen

A.1.5.7 Kein Versicherungsschutz besteht für reine Vermögensschäden, die durch die Nichteinhaltung von Liefer- und Beförderungsfristen entstehen.

Vertragliche Ansprüche

A.1.5.8 Kein Versicherungsschutz besteht für Haftpflichtansprüche, soweit sie aufgrund Vertrags oder besonderer Zusage über den Umfang der gesetzlichen Haftpflicht hinausgehen.

Schäden durch Kernenergie

A.1.5.9 **Kein Versicherungsschutz besteht für Schäden durch Kernenergie.**

Die Risiko-Ausschlüsse entsprechen den in den AKB für Kfz enthaltenen Ausschlüssen, so dass insoweit auf die Kommentierung dort verwiesen sei. Besonderheiten ergeben sich für Fahrzeuge mit Versicherungskennzeichen insoweit nicht[15]. 27

A.2 Kaskoversicherung – für Schäden an Ihrem Fahrzeug

Zu beachten ist, dass insbesondere in der Kasko-Versicherung die Versicherer frei sind, welche Leistungen sie anbieten wollen. Es sind daher immer die dem Vertrag zugrunde liegenden Bedingungen zu prüfen. 28

A.2.1 Was ist versichert?

A.2.1.1 Ihr Fahrzeug

Versichert ist Ihr Fahrzeug gegen Beschädigung, Zerstörung, Totalschaden oder Verlust infolge eines Ereignisses nach A.2.2.1 (Teilkasko) oder A.2.2.2 (Vollkasko).

Diese Regelung ist identisch mit den AKB für Kfz[16]. Besonderheiten ergeben sich hier nicht. 29

A.2.1.2 Mitversicherte Teile und nicht versicherbare Gegenstände

Versichert sind auch die unter A.2.1.2.1 als mitversichert aufgeführten Fahrzeugteile und als mitversichert aufgeführtes Fahrzeugzubehör, sofern sie straßenverkehrsrechtlich zulässig sind (mitversicherte Teile). Bei Beschädigung, Zerstörung, Totalschaden oder Verlust von mitversicherten Teilen gelten die nachfolgenden Regelungen in A.2 entsprechend, soweit nichts anderes geregelt ist.

<Redaktioneller Hinweis: Falls eine Kaskoklausel nicht für mitversicherte Teile gelten soll, müsste dies in der jeweiligen Klausel ausdrücklich ausgeschlossen werden.>

Beitragsfrei mitversicherte Teile

A.2.1.2.1 Folgende Fahrzeugteile und folgendes Fahrzeugzubehör des versicherten Fahrzeugs sind ohne Mehrbeitrag mitversichert:

a Fest im Fahrzeug eingebaute oder fest am Fahrzeug angebaute Fahrzeugteile
b Fest im Fahrzeug eingebautes oder am Fahrzeug angebautes oder im Fahrzeug unter Verschluss verwahrtes Fahrzeugzubehör. Voraussetzung ist, dass es ausschließlich dem Gebrauch des Fahrzeugs dient (z. B. Pannenwerkzeug).
c Schutzhelme, solange sie bestimmungsgemäß gebraucht werden oder mit dem abgestellten Fahrzeug so fest verbunden sind, dass ein unbefugtes Entfernen ohne Beschädigung nicht möglich ist

Die Regelungen stellen hier auf die Besonderheiten von Fahrzeugen mit Versicherungskennzeichen ab, so sind nur fest verbaute bzw. im Fahrzeuginneren (z.B. unter der Sitzbank) verwahrtes und verschlossenes Zubehör versichert, wenn sie ausschließlich dem Gebrauch des Fahrzeugs dienen. 30

Schutzhelme sind bei bestimmungsgemäßem Gebrauch, d.h. auf dem Kopf des Fahrers[17] versichert. Ansonsten müssen sie so fest mit dem Fahrzeug verbunden sein, dass eine Wegnahme ohne Substanzbeeinträchtigung nicht möglich ist, (z.B. in einem entsprechenden Koffer, der fest mit dem Fahrzeug verbunden ist, gesichert). 31

Eine Versicherung von Gegenständen gegen Beitragszuschlag ist für Fahrzeuge mit Versicherungskennzeichen nicht vorgesehen. 32

---

15 Vgl. unter AKB A.1.5.1 – A.1.5.9.
16 Vgl. unter AKB A.2.1 und A.2.1.1.
17 Vgl. hierzu Stomper zu AKB 2.1.2.1.d.

Nicht versicherbare Gegenstände

A.2.1.2.2 Nicht versicherbar sind alle sonstigen Gegenstände, z. B. Mobiltelefone und mobile Navigationsgeräte, auch bei Verbindung mit dem Fahrzeug durch eine Halterung, Reisegepäck, persönliche Gegenstände des Fahrers oder beförderter Personen.

33 Dieser Ausschluss korrespondiert mit dem Ausschluss in den AKB[18].

A.2.2 Welche Ereignisse sind versichert?

A.2.2.1 Welche Ereignisse sind in der Teilkasko versichert?

Versicherungsschutz besteht bei Beschädigung, Zerstörung, Totalschaden oder Verlust des Fahrzeugs einschließlich seiner mitversicherten Teile durch die nachfolgenden Ereignisse:

Brand und Explosion

A.2.2.1.1 Versichert sind Brand und Explosion. Als Brand gilt ein Feuer mit Flammenbildung, das ohne einen bestimmungsgemäßen Herd entstanden ist oder ihn verlassen hat und sich aus eigener Kraft auszubreiten vermag. Nicht als Brand gelten Schmor- und Sengschäden. Explosion ist eine auf dem Ausdehnungsbestreben von Gasen oder Dämpfen beruhende, plötzlich verlaufende Kraftäußerung.

Entwendung

A.2.2.1.2 Versichert ist die Entwendung in nachfolgenden Fällen:

a ***Versichert sind Diebstahl und Raub sowie die Herausgabe des Fahrzeugs aufgrund räuberischer Erpressung.***

b ***Unterschlagung ist nur versichert, wenn dem Täter das Fahrzeug weder zum Gebrauch in seinem eigenen Interesse, noch zur Veräußerung noch unter Eigentumsvorbehalt überlassen wird.***

c ***Unbefugter Gebrauch ist nur versichert, wenn der Täter in keiner Weise berechtigt ist, das Fahrzeug zu gebrauchen. Nicht als unbefugter Gebrauch gilt insbesondere, wenn der Täter vom Verfügungsberechtigten mit der Betreuung des Fahrzeugs beauftragt wird (z. B. Werkstatt- oder Hotelmitarbeiter). Außerdem besteht kein Versicherungsschutz, wenn der Täter in einem Näheverhältnis zu dem Verfügungsberechtigten steht, z. B. dessen Arbeitnehmer, Familien- oder Haushaltsangehöriger ist.***

Sturm, Hagel, Blitzschlag, Überschwemmung

A.2.2.1.3 Versichert ist die unmittelbare Einwirkung von Sturm, Hagel, Blitzschlag oder Überschwemmung auf das Fahrzeug. Als Sturm gilt eine wetterbedingte Luftbewegung von mindestens Windstärke 8. Eingeschlossen sind Schäden, die dadurch verursacht werden, dass durch diese Naturgewalten Gegenstände auf oder gegen das Fahrzeug geworfen werden. Ausgeschlossen sind Schäden, die auf ein durch diese Naturgewalten veranlasstes Verhalten des Fahrers zurückzuführen sind.

Zusammenstoß mit Haarwild

A.2.2.1.4 Versichert ist der Zusammenstoß des in Fahrt befindlichen Fahrzeugs mit Haarwild im Sinne von § 2 Abs. 1 Nr. 1 des Bundesjagdgesetzes (z. B. Reh, Wildschwein).

Glasbruch

18 Vgl. daher Stomper AKB A.2.1.2.3.

A.2.2.1.5 Versichert sind Bruchschäden an der Verglasung des Fahrzeugs. Als Verglasung gelten Glas- und Kunststoffscheiben (z. B. Front-, Heck-, Dach-, Seiten- und Trennscheiben), Spiegelglas und Abdeckungen von Leuchten. Nicht zur Verglasung gehören Glas- und Kunststoffteile von Mess-, Assistenz-, Kamera- und Informationssystemen, Solarmodulen, Displays, Monitoren sowie Leuchtmittel. Nicht versichert sind Folgeschäden.

Kurzschlussschäden an der Verkabelung

A.2.2.1.6 Versichert sind Schäden an der Verkabelung des Fahrzeugs durch Kurzschluss. Folgeschäden sind nicht versichert.

Diese Regelungen entsprechen denen der AKB[19]. 34

A.2.2.2 Welche Ereignisse sind in der Vollkasko versichert?

Versicherungsschutz besteht bei Beschädigung, Zerstörung, Totalschaden oder Verlust des Fahrzeugs, einschließlich seiner mitversicherten Teile durch die nachfolgenden Ereignisse:

Ereignisse der Teilkasko

A.2.2.2.1 Versichert sind die Schadenereignisse der Teilkasko nach A.2.2.1.

Die Formulierung ist identisch mit den entsprechenden Regeln für die Kfz[20]. 35

Unfall

A.2.2.2.2 Versichert sind Schäden am Fahrzeug durch Unfall. Ein Unfall ist ein unmittelbar von außen plötzlich mit mechanischer Gewalt auf das Fahrzeug einwirkendes Ereignis.

Die Formulierung ist identisch mit den entsprechenden Regeln für die Kfz[21], allerdings fehlt in 36
den Musterbedingungen der Hinweis auf diejenigen Fälle, die nicht dem Unfallbegriff entsprechen. Die entsprechenden Hinweise dienen nur der Erläuterung und sind nicht zwingend aufzunehmen.

Auch bei Fahrzeugen mit Versicherungskennzeichen muss im Schadenfall der Unfallbegriff zutref- 37
fen.

Mut- oder böswillige Handlungen

A.2.2.2.3 Versichert sind mut- oder böswillige Handlungen von Personen, die in keiner Weise berechtigt sind, das Fahrzeug zu gebrauchen.

Die Formulierung ist identisch mit den entsprechenden Regeln für die Kfz Kfz[22]. 38

A.2.3 Wer ist versichert?

Der Schutz der Kaskoversicherung gilt für Sie und, wenn der Vertrag auch im Interesse einer weiteren Person abgeschlossen ist, z. B. des Leasinggebers als Eigentümer des Fahrzeugs, auch für diese Person.

Auch hier ist lediglich der Versicherungsnehmer versicherte Person, eine Ausweitung ist für Dritt- 39
interessierte (Leasinggeber, Eigentümer, finanzierende Bank) vorgesehen[23].

19 Vgl. Stomper zu A.2.2.1.1-A.2.2.1.6 AKB.
20 Vgl. Stomper zu A.2.2.2.1 AKB.
21 Vgl. Stomper zu A.2.2.2.2 AKB.
22 Vgl. Stomper zu A.2.2.2.3 AKB.
23 Vgl. Stomper zu A.2.3 AKB.

A.2.4 In welchen Ländern besteht Versicherungsschutz?

Sie haben in Kasko Versicherungsschutz in den geographischen Grenzen Europas sowie den außereuropäischen Gebieten, die zum Geltungsbereich der Europäischen Union gehören.

40 Versicherungsschutz wird gewährt für Europa und diejenigen außereuropäischen Gebiete, die der Europäischen Union angehören. Der räumliche Geltungsbereich entspricht den Regeln der AKB für Kfz[24].

A.2.5 Was zahlen wir im Schadenfall?

Nachfolgende Entschädigungsregeln gelten bei Beschädigung, Zerstörung, Totalschaden oder Verlust des Fahrzeugs. Sie gelten entsprechend auch für mitversicherte Teile, soweit nichts anderes geregelt ist.

41 Auch hier gelten die allgemein bekannten Regeln aus den AKB[25], aus diesem Grund wird nur zu den Abweichungen Stellung genommen. Es fehlt der Hinweis auf Werkstattsteuerungskonzepte.

A.2.5.1 Was zahlen wir bei Totalschaden, Zerstörung oder Verlust?

Wiederbeschaffungswert abzüglich Restwert

A.2.5.1.1 Bei Totalschaden, Zerstörung oder Verlust des Fahrzeugs zahlen wir den Wiederbeschaffungswert unter Abzug eines vorhandenen Restwerts des Fahrzeugs. Lassen Sie Ihr Fahrzeug trotz Totalschadens oder Zerstörung reparieren, gilt A.2.5.2.1.

Was versteht man unter Totalschaden, Wiederbeschaffungswert, Restwert und Neupreis?

A.2.5.1.2 Ein Totalschaden liegt vor, wenn die erforderlichen Kosten der Reparatur des Fahrzeugs dessen Wiederbeschaffungswert übersteigen.

A.2.5.1.3 Wiederbeschaffungswert ist der Preis, den Sie für den Kauf eines gleichwertigen gebrauchten Fahrzeugs am Tag des Schadenereignisses bezahlen müssen.

A.2.5.1.4 Restwert ist der Veräußerungswert des Fahrzeugs im beschädigten oder zerstörten Zustand.

A.2.5.1.5 Neupreis ist der Betrag, der für den Kauf eines neuen Fahrzeugs in der Ausstattung des versicherten Fahrzeugs aufgewendet werden muss. Wird der Typ des versicherten Fahrzeugs nicht mehr hergestellt, gilt der Preis für ein vergleichbares Nachfolgemodell. Maßgeblich ist jeweils die unverbindliche Preisempfehlung des Herstellers am Tag des Schadenereignisses abzüglich orts- und marktüblicher Nachlässe.

42 Abweichend von der Regelung in den AKB wird für Fahrzeuge mit Versicherungskennzeichen zwar die Klausel für die Neupreisentschädigung aufgenommen, allerdings fehlen Hinweise, wann eine solche zu fordern ist. Weder wurde eine zeitliche Grenze für eine Neupreisentschädigung (xx Monate) oder ein Hinweis auf die Höhe der Reparaturkosten (x% des Fahrzeugwertes) aufgenommen. Diese Regelung ist daher mindestens missverständlich und bedarf der Auslegung. Ggf. ist die Assekuranz gefordert, in eigenen Formulierungen entsprechende Hinweise zu geben.

---

24 Vgl. Stomper zu A.2.4 AKB.
25 Vgl. Stomper zu A.2.5 ff AKB.

Allein die Aufnahme der Definition Neupreis lässt den Schluss noch nicht zu, dass auch eine Entschädigung auf Neupreisbasis beabsichtigt ist. Ob diese Klausel einer Inhaltskontrolle nach der AGB-Rechtsprechung standhält, bleibt abzuwarten. 43

A.2.5.2 Was zahlen wir bei Beschädigung?

Reparatur

A.2.5.2.1 Wird das Fahrzeug beschädigt, zahlen wir die für die Reparatur erforderlichen Kosten bis zu folgenden Obergrenzen:

a Wenn das Fahrzeug vollständig und fachgerecht repariert wird, gilt:
Wir zahlen die hierfür erforderlichen Kosten bis zur Höhe des Wiederbeschaffungswerts nach A.2.5.1.3, wenn Sie uns dies durch eine Rechnung nachweisen. Fehlt dieser Nachweis, zahlen wir entsprechend A.2.5.2.1.b.

b Wenn das Fahrzeug nicht, nicht vollständig oder nicht fachgerecht repariert wird, gilt:

Wir zahlen die erforderlichen Kosten einer vollständigen Reparatur bis zur Höhe des um den Restwert verminderten Wiederbeschaffungswerts (siehe A.2.5.1.3 und A.2.5.1.4).

Die Ausführungen zu der Regulierung bei vollständiger bzw. teilweiser Reparatur entsprechen den Regeln der AKB, die Reparatur ist nur zulässig bis zum Zeitwert des Fahrzeuges und muss in diesem Fall vollständig erfolgen und durch Rechnungslegung nachgewiesen werden. Bei fiktiver Abrechnung oder unvollständiger Reparatur wird auf Basis Wiederbeschaffungswert abzgl. Restwert abgerechnet. 44

Abschleppen

A.2.5.2.2 Bei Beschädigung des Fahrzeugs ersetzen wir die Kosten für das Abschleppen vom Schadenort bis zur nächstgelegenen für die Reparatur geeigneten Werkstatt. Dabei darf einschließlich unserer Leistungen wegen der Beschädigung des Fahrzeugs nach A.2.5.2.1 die Obergrenze nach A.2.5.2.1.a oder A.2.5.2.1.b nicht überschritten werden.

Wir zahlen nicht, wenn ein Dritter Ihnen gegenüber verpflichtet ist, diese Kosten zu übernehmen.

Abschleppkosten werden nur im Reparaturschadenfall erstattet und dann auch nur bis zur nächsten geeigneten Werkstatt, eine Verbringung zum Wohnort ist nicht vorgesehen. Dieses Risiko kann ggf. über einen Schutzbrief abgedeckt werden. 45

Abzug neu für alt

A.2.5.2.3 Wir ziehen von den Kosten der Ersatzteile und der Lackierung einen dem Alter und der Abnutzung der alten Teile entsprechenden Betrag ab (neu für alt), wenn

- *bei der Reparatur alte Teile gegen Neuteile ausgetauscht werden oder*
- *das Fahrzeug ganz oder teilweise neu lackiert wird.*

Der Abzug neu für alt ist auf die Bereifung, Batterie und Lackierung beschränkt, wenn das Schadenereignis
- *in den ersten xx Jahren*

nach der Erstzulassung eintritt.

Die Regelung entspricht den AKB für Kfz[26]. 46

26 Vgl. Stomper zu A.2.5.2 AKB.

A.2.5.3 Sachverständigenkosten

Die Kosten eines Sachverständigen erstatten wir nur, wenn wir dessen Beauftragung veranlasst oder ihr zugestimmt haben.

47 Die Regelung entspricht den AKB für Kfz[27].

A.2.5.4 Mehrwertsteuer

Mehrwertsteuer erstatten wir nur, wenn und soweit diese für Sie bei der von Ihnen gewählten Schadenbeseitigung tatsächlich angefallen ist. Die Mehrwertsteuer erstatten wir nicht, soweit Vorsteuerabzugsberechtigung besteht.

48 Die Regelung entspricht den AKB für Kfz[28]. Die Mehrwertsteuer wird nur bei nicht vorsteuerabzugsberechtigten Geschädigten übernommen, wenn sie tatsächlich angefallen ist.

A.2.5.5 Zusätzliche Regelungen bei Entwendung

Wiederauffinden des Fahrzeugs

A.2.5.5.1 Wird das entwendete Fahrzeug innerhalb eines Monats nach Eingang der in Textform abgegebenen Schadenanzeige wieder aufgefunden, sind Sie zur Rücknahme des Fahrzeugs verpflichtet. Voraussetzung ist, dass Sie das Fahrzeug innerhalb dieses Zeitraums mit objektiv zumutbaren Anstrengungen wieder in Besitz nehmen können.

49 Wird das Fahrzeug innerhalb eines Monates nach der Anzeige der Entwendung wieder aufgefunden, bleibt es im Eigentum des Versicherungsnehmers. Er ist damit zur Rücknahme verpflichtet. Ein Anspruch auf Entschädigung besteht dann nur für die Schäden am versicherten Fahrzeug, nicht aber per se der Wiederbeschaffungswert[29]. Die Regeln bei Entwendung weichen insoweit von den AKB für Kfz ab, als keine Kostenübernahme für die Rückholung des Fahrzeugs vorgesehen. Wenn die Formulierung so übernommen wird, kann ein Erstattungsanspruch für die Fahrkosten nicht geltend gemacht werden.

Eigentumsübergang nach Entwendung

A.2.5.5.2 Müssen Sie das Fahrzeug nicht zurücknehmen, weil die Monatsfrist bereits abgelaufen ist, werden wir dessen Eigentümer. Wir werden jedoch nicht Eigentümer, wenn

- ***Sie der Eigentümer des Fahrzeugs bleiben wollen oder***
- ***ein Anderer der Eigentümer des Fahrzeugs ist (z. B. der Leasinggeber) und dieser das Eigentum nicht auf uns übertragen möchte.***

Sie müssen uns dies unverzüglich mitteilen, nachdem wir Sie über das Wiederauffinden informiert oder Sie in anderer Weise Kenntnis erlangt haben. Kosten für die Rückholung zahlen wir nicht.

Werden wir nicht Eigentümer, rechnen wir den erzielbaren Veräußerungserlös des wiederaufgefundenen Fahrzeugs auf unsere Entschädigung an. Wenn wir Sie bereits entschädigt haben, müssen sie uns den erzielbaren Veräußerungserlös zurückzahlen.

50 Auch hier weichen die Vorschläge von den Regeln der AKB für Kfz ab. Der Versicherungsnehmer kann auch nach Ablauf der Monatsfrist Eigentümer des wieder aufgefundenen Fahrzeugs bleiben, muss aber in diesem Fall die erhaltene Entschädigung – ggf. reduziert um Reparaturkosten – herausgeben.

27 Vgl. Stomper zu A.2.5.3 AKB.
28 Vgl. Stomper zu A.2.5.4 AKB.
29 Vgl. Stomper zu A.2.5.5 AKB.

Ebenso werden Kosten für die Rückholung nicht übernommen, dies muss der Versicherungsnehmer oder abweichende Eigentümer auf eigene Kosten veranlassen.

Es fehlt der Hinweis auf die Vorgehensweise im Falle einer Obliegenheitsverletzung analog A.2.5.5.4 AKB für Kfz. 51

A.2.5.6 Bis zu welcher Höhe leisten wir (Höchstentschädigung)?

Unsere Höchstentschädigung ist beschränkt auf den Neupreis des Fahrzeugs nach A.2.5.1.5.

Obergrenze der Entschädigung ist der Neupreis, in aller Regel wird sich die Entschädigung auf den Wiederbeschaffungswert beschränken. 52

A.2.5.7 Was wir nicht ersetzen und Rest- und Altteile

Was wir nicht ersetzen

A.2.5.7.1 Wir zahlen nicht für Veränderungen, Verbesserungen, Alterungs- und Verschleißschäden. Ebenfalls nicht ersetzt werden Folgeschäden wie Verlust von Treibstoff und Betriebsmittel (z. B. Öl, Kühlflüssigkeit), Wertminderung, Zulassungskosten, Überführungskosten, Verwaltungskosten, Nutzungsausfall oder Kosten eines Mietfahrzeugs.

Rest- und Altteile

A.2.5.7.2 Rest- und Altteile sowie das unreparierte Fahrzeug verbleiben bei Ihnen und werden zum Veräußerungswert auf die Entschädigung angerechnet.

Diese Regelung entspricht den AKB für Kfz[30]. 53

A.2.5.8 Selbstbeteiligung

Ist eine Selbstbeteiligung vereinbart, wird diese bei jedem Schadenereignis von der Entschädigung abgezogen. Ihrem Versicherungsschein können Sie entnehmen, ob und in welcher Höhe Sie eine Selbstbeteiligung vereinbart haben.

Eine Selbstbeteiligung ist in der Kasko-Versicherung üblich und wird von der Entschädigungsleistung in Abzug gebracht. 54

A.2.6 Fälligkeit unserer Zahlung

A.2.6.1 Sobald wir unsere Zahlungspflicht und die Höhe der Entschädigung festgestellt haben, zahlen wir diese spätestens innerhalb von zwei Wochen.

A.2.6.2 Sie können einen angemessenen Vorschuss auf die Entschädigung verlangen, wenn

- *wir unsere Zahlungspflicht festgestellt haben und*
- *sich die Höhe der Entschädigung nicht innerhalb eines Monats nach Schadenanzeige*

feststellen lässt.

30 Vgl. Stomper zu A.2.5.7 AKB

A.2.6.3 Ist das Fahrzeug entwendet worden, ist zunächst abzuwarten, ob es wieder aufgefunden wird. Deshalb zahlen wir die Entschädigung frühestens nach Ablauf eines Monats nach Eingang der in Textform abgegebenen Schadenanzeige.

55 Die Regelung entspricht den AKB für Kfz[31], allerdings fehlt das Sachverständigenverfahren bei Streit über die Höhe der Entschädigungsleistungen (in den AKB für Kfz A.2.6), außerdem ist hier die Pfändung oder Abtretung des Anspruchs nicht ausgeschlossen.

A.2.7 Können wir unsere Leistung vom Fahrer zurückfordern, wenn Sie nicht selbst gefahren sind?

Fährt eine andere Person berechtigterweise das Fahrzeug und kommt es zu einem Schadenereignis, fordern wir von dieser Person unsere Leistungen bei schuldloser oder einfach fahrlässiger Herbeiführung des Schadens nicht zurück.

Jedoch sind wir bei grob fahrlässiger Herbeiführung des Schadens berechtigt, unsere Leistung soweit zurückzufordern, wie dies der Schwere des Verschuldens entspricht. Lebt der Fahrer bei Eintritt des Schadens mit Ihnen in häuslicher Gemeinschaft, fordern wir unsere Ersatzleistung selbst bei grob fahrlässiger Herbeiführung des Schadens nicht zurück.

Bei vorsätzlicher Herbeiführung des Schadens sind wir berechtigt, unsere Leistungen in voller Höhe zurückzufordern.

Die Absätze 1 bis 3 gelten entsprechend, wenn eine in der Kfz-Haftpflichtversicherung gemäß A.1.2 mitversicherte Person sowie der Mieter oder der Entleiher einen Schaden herbeiführt.

56 Diese Regelung entspricht den AKB für Kfz[32].

A.2.8 Was ist nicht versichert?

Vorsatz und grobe Fahrlässigkeit

A.2.8.1 Kein Versicherungsschutz besteht für Schäden, die Sie vorsätzlich herbeiführen. Bei grob fahrlässiger Herbeiführung des Schadens, sind wir berechtigt, unsere Leistung in einem der Schwere Ihres Verschuldens entsprechenden Verhältnis zu kürzen.

Genehmigte Rennen

Motorsportveranstaltungen oder -aktivitäten

A.2.8.2 Kein Versicherungsschutz besteht für Schäden aus dem Gebrauch des Fahrzeugs bei einer behördlich genehmigten Motorsportveranstaltung oder Motorsportaktivität, bei der es auf die Erzielung einer Höchstgeschwindigkeit ankommt, einschließlich Rennen, Wettbewerben, Trainings, Tests und Demonstrationen.

Hinweis: Beachten Sie auch Ihre Pflichten nach D 1.1.4.

Hinweis: Die Teilnahme an nicht genehmigten Rennen stellt eine Verletzung Ihrer Pflichten nach D.1.1.4 dar.

Reifen

A.2.8.3 Kein Versicherungsschutz besteht für beschädigte oder zerstörte Reifen. Versicherungsschutz für Reifenschäden besteht jedoch, wenn durch dasselbe Ereignis gleichzeitig andere unter den Schutz der Kaskoversicherung fallende Schäden am Fahrzeug verursacht wurden.

Erdbeben, Kriegsereignisse, innere Unruhen, Maßnahmen der Staatsgewalt

31 Vgl. Stomper zu A.2.7 AKB.
32 Vgl. Stomper zu A.2.8 AKB.

A.2.8.4 Kein Versicherungsschutz besteht für Schäden, die durch Erdbeben, Kriegsereignisse, innere Unruhen oder Maßnahmen der Staatsgewalt unmittelbar oder mittelbar verursacht werden. Schäden durch Kernenergie

A.2.8.5 Kein Versicherungsschutz besteht für Schäden durch Kernenergie

Diese Regelungen entsprechen denen der AKB für Kfz[33]. 57

B Beginn des Vertrags und Versicherungsschutzes

Der Versicherungsvertrag kommt dadurch zustande, dass wir Ihren Antrag annehmen. Regelmäßig geschieht dies durch Zugang des Versicherungsscheins bei Ihnen. Der Versicherungsschutz beginnt erst, wenn Sie den in Ihrem Versicherungsschein genannten fälligen Beitrag gezahlt haben, jedoch nicht vor dem vereinbarten Zeitpunkt.

Hinweis: Sie müssen das Versicherungskennzeichen bzw. die Versicherungsplakette ordnungsgemäß am Fahrzeug angebracht haben.

Die Formulierung entspricht der Formulierung der AKB für Kfz[34], der Hinweis auf die Prämienzahlungspflicht und deren Folgen entfällt, da eine Aushändigung der Versicherungsbestätigung und der Kennzeichen erst nach Zahlung der Jahresprämie oder ggf., bei unterjährigem Vertragsschluss, der anteiligen Jahresprämie erfolgt. Zu beachten ist, dass eine vorläufige Deckung bei Verträgen mit Versicherungskennzeichen nicht vorgesehen ist. 58

C Beitragszahlung

Die Beträge sind Einmalbeiträge. Sie müssen diese vor Aushändigung der Bescheinigung über den Abschluss des Versicherungsvertrages sowie Aushändigung des Versicherungskennzeichens bzw. der Versicherungsplakette zahlen.

Diese Regelung entspricht der Vorgabe von § 52 Abs. 1 Satz 2 FZV und führt dazu, dass ein Prämienverzug nicht eintritt. Vor Zahlung der Versicherungsprämie besteht kein Anspruch auf Aushändigung der Versicherungsplakette und des Kennzeichens. 59

Da die Kennzeichen jährlich die Farbe wechseln, ist auch eine Kontrolle der Einhaltung der Versicherungspflicht relativ leicht möglich.

Die weiteren Regelungen nach C.1.-C.5 AKB für Kfz sind hier daher entbehrlich.

D Ihre Pflichten bei Gebrauch des Fahrzeugs und Folgen einer Pflichtverletzung

Abschnitt D befasst sich mit den Obliegenheiten vor dem Schadenfall, die von dem Versicherungsnehmer bzw. dem Fahrer zu beachten sind. In der Praxis tauchen etliche Probleme bei der Ausgabe und korrekten Verwendung von Versicherungskennzeichen auf[35]. 60

D.1 Welche Pflichten haben Sie bei Gebrauch des Fahrzeugs?

D.1.1 Bei allen Versicherungsarten

Nutzung nur zum vereinbarten Verwendungszweck

33 Vgl Stomper zu A.2.9 AKB.
34 Vgl. Kreuter zu B. und B.1 AKB
35 Schäfer, Ausgabe von Versicherungskennzeichen und Plaketten durch Versicherungsunternehmen, r+s 2020, 329 ff.

D.1.1.1 Das Fahrzeug darf nur zu dem im Versicherungsvertrag angegebenen Zweck verwendet werden.

61 Das Fahrzeug darf nur zu dem vereinbarten Zweck verwendet werden, d.h. es darf z.B. nicht gegen Entgelt vermietet werden, wenn dies nicht vereinbart wurde. Auch sind bauartbedingte Besonderheiten zu beachten. So kann bei Fahrzeugen, die bauartbedingt nur für die Beförderung einer Person vorgesehen sind, ein Verstoß gegen die Verwendungsklausel vorliegen, wenn ein Sozius mitgeführt wird.

Nutzung nur durch den berechtigten Fahrer

D.1.1.2 Das Fahrzeug darf nur von einem berechtigten Fahrer gebraucht werden. Berechtigter Fahrer ist, wer das Fahrzeug mit Wissen und Willen des Verfügungsberechtigten gebraucht. Außerdem dürfen Sie, der Halter oder der Eigentümer des Fahrzeugs es nicht wissentlich ermöglichen, dass das Fahrzeug von einem unberechtigten Fahrer gebraucht wird.

62 Das Fahrzeug darf nur durch den berechtigten Fahrer genutzt werden. Hier gelten die allgemeinen Regeln[36].

Fahren nur mit Fahrerlaubnis

D.1.1.3 Der Fahrer des Fahrzeugs darf das Fahrzeug auf öffentlichen Wegen oder Plätzen nur mit der erforderlichen Fahrerlaubnis benutzen. Außerdem dürfen Sie, der Halter oder der Eigentümer das Fahrzeug nicht von einem Fahrer benutzen lassen, der nicht die erforderliche Fahrerlaubnis hat.

63 Bei den Fahrzeugen mit Versicherungskennzeichen ist zu beachten, dass lediglich eine Prüfbescheinigung erforderlich ist. Zu beachten ist, dass vor allem bei dem gemeinhin unter Jugendlichen üblichen »frisieren« eines Mofas diese nicht mehr über die erforderliche Fahrerlaubnis verfügen. Die Prüfbescheinigung nach § 5 FeV berechtigt nur zum Fahren von Fahrzeugen, die bauartbedingt keine höhere Geschwindigkeit als 25 km/h erreichen können. Auch für Krankenfahrstühle ist diese Prüfbescheinigung erforderlich. Entbehrlich ist diese, wenn der Fahrer über eine gültige Fahrerlaubnis verfügt. Problematisch sind insoweit insbesondere die Mofas, die als einsitzige Fahrzeuge ohne Fahrerlaubnis lediglich mit einer Prüfbescheinigung geführt werden dürfen, wird ein Sozius mitgenommen, ist auch eine Fahrerlaubnis erforderlich[37].

64 Aus § 4 FeV ergibt sich, dass nur Sitze zur Mitnahme von Kindern unter 7 Jahren zulässig sind bei Mofas, daraus ergibt sich eindeutig zum einen ein Verstoß gegen die Führerscheinklausel, wenn eine zweite Person mitgenommen wird, außerdem ist an die Gefahrerhöhung zu denken, wie auch ggf. an den Verstoß gegen die Verwendungsklausel, weil das Fahrzeug nicht zum vereinbarten Zweck (Beförderung nur einer Person) verwendet wurde! Auch derjenige, der von hinten an den Lenker eigenes E-Scooters greift, wird ggf. zum Fahrer[38].

65 Auch die S-Pedelecs erfordern eine Prüfbescheinigung bzw. das Vorliegen einer Fahrerlaubnis.

Nicht genehmigte Rennen

D.1.1.4 Das Fahrzeug darf nicht zu Fahrveranstaltungen verwendet werden, bei denen es auf Erzielung einer Höchstgeschwindigkeit ankommt (Rennen). Dies gilt auch für die dazugehörigen Übungsfahrten.

---

36 Vgl. hierzu ausführlich Kreuter zu D.1.1.2 AKB.

37 Greiner, »Gesetzeslücke beim Fahren ohne Fahrerlaubnis eines Mofas«, NZV 2014, 72 ff. mit weiteren Hinweisen zur Bewertung der Einsitzigkeit; Schäler, »Gesetzeslücke bei Einsitzigkeit von Mofas aufgehoben«, NZV 2014, 438 ff.

38 LG Oldenburg, Beschl. v. 7.11.2022 – 4 Qs 368/22.

Hinweis: Behördlich genehmigte Rennen sind in der Kfz-Haftpflicht- und Kaskoversicherung gemäß A.1.5.2 und A.2.8.2 vom Versicherungsschutz ausgeschlossen.

Auch Fahrzeuge mit Versicherungskennzeichen dürfen nicht für behördlich nicht genehmigte Rennen verwendet werden.[39] 66

D.1.2 Zusätzlich in der Kfz-Haftpflichtversicherung

D.1.2.1. Alkohol und andere berauschende Mittel

Alkohol und andere berauschende Mittel

Das Fahrzeug darf nicht gefahren werden, wenn der Fahrer durch alkoholische Getränke oder andere berauschende Mittel nicht in der Lage ist, das Fahrzeug sicher zu führen. Außerdem dürfen Sie, der Halter oder der Eigentümer des Fahrzeugs dieses nicht von einem Fahrer fahren lassen, der durch alkoholische Getränke oder andere berauschende Mittel nicht in der Lage ist, das Fahrzeug sicher zu führen.

Die Obliegenheiten entsprechen den Obliegenheiten der AKB für Kfz[40]. Da sowohl E-Scooter, S-Pedelecs und Krankenfahrstühle als Kraftfahrzeuge gelten, sind auch die Regeln hinsichtlich des Alkoholkonsums im Straßenverkehr anwendbar[41]. Die für die Teilnahme von Radfahrern am Straßenverkehr geltende Promille-Grenze ist für S-Pedelecs[42], die wegen der höheren Geschwindigkeit als Kraftfahrzeuge gelten, nicht anwendbar. Ein Entzug der Fahrerlaubnis hat ebenfalls zur Folge, dass auch ein S-Pedelec oder ein E-Scooter nicht geführt werden darf! Lediglich die Fahrräder und die einfachen Pedelecs, die nur eine Tretunterstützung bis 25 km/h bieten, sind von diesen Regelungen ausgenommen[43]. 67

Motorsportveranstaltungen oder -aktivitäten

D.1.2.2 Das Fahrzeug darf nur dann bei einer Motorsportveranstaltung oder Motorsportaktivität, einschließlich Rennen, Wettbewerben, Trainings, Tests und Demonstrationen, gebraucht werden, wenn

- ***das Fahrzeug in einem hierfür abgegrenzten Gebiet mit Zugangsbeschränkungen gebraucht wird und***
- ***für diesen Gebrauch des Fahrzeugs eine Motorsporthaftpflichtversicherung nach Maßgabe § 5d des Pflichtversicherungsgesetzes besteht.***

Außerdem dürfen Sie, der Halter oder der Eigentümer das Fahrzeug nur unter den genannten Voraussetzungen für diese Fahrten gebrauchen lassen.

Hinweis: Beachten Sie auch Ihre Pflichten nach D.1.1.4 und die Ausschlüsse nach A.1.5.2 und A.2.8.2.

D.2 Welche Folgen hat eine Verletzung dieser Pflichten?

Leistungsfreiheit bzw. Leistungskürzung

---

39 Vgl. hierzu ausführlich Kreuter zu D.1.1.4 AKB.

40 Vgl. Kreuter zu D.1.2 AKB.

41 BGH, Beschl. v. 13.4.2023 – 4 StR 439/22 (1,29 Promille); LG Stuttgart v. 12.03.2021 – 18 Qs 15/21 – BAK 1,2 Promille; LG Osnabrück, 16.10.2020, 10 Qs 54/20 – 1,54 Promille; LG München v. 30.10.2019 – 1 J Qs 24/19, 1,49 Promille (E-Scooter); OLG Zweibrücken v. 29.06.2021 – 1 OWi 2 SsBs 40/21 – Kokain;

42 Krumm, Alkoholbedingte Fahruntüchtigkeit und Fahrerlaubnisentziehung bei E-Scootern, SVR 2023, 18 bietet einen Überblick über die aktuelle Situation; Kerkmann, Promillegrenzen für E-Bike, Pedelec und Co, SVR 2019, 369; OLG Karlsruhe, 15.10.2020, 2 Rv 35 Ss 175/20 – für Pedelecs gelten die Promille-Grenzen für Radfahrer.

43 Kerkmann, SVR 2019, 369 m.w.H.; OLG Karlsruhe Beschl. v. 14.07.2020 – 2 Rv 35 Ss 175/20.

D.2.1 Verletzen Sie vorsätzlich eine Ihrer in D.1 geregelten Pflichten, haben Sie keinen Versicherungsschutz. Verletzen Sie Ihre Pflichten grob fahrlässig, sind wir berechtigt, unsere Leistung in einem der Schwere Ihres Verschuldens entsprechenden Verhältnis zu kürzen. Weisen Sie nach, dass Sie die Pflicht nicht grob fahrlässig verletzt haben, bleibt der Versicherungsschutz bestehen.

Bei einer Verletzung der Pflicht in der Kfz-Haftpflichtversicherung aus D.1.2 Satz 2 sind wir Ihnen, dem Halter oder Eigentümer gegenüber nicht von der Leistungspflicht befreit, soweit Sie, der Halter oder Eigentümer als beförderte Person, die das Fahrzeug nicht geführt hat, einen Personenschaden erlitten haben.

D.2.2 Abweichend von D.2.1 sind wir zur Leistung verpflichtet, soweit die Pflichtverletzung weder für den Eintritt des Versicherungsfalls noch für den Umfang unserer Leistungspflicht ursächlich ist. Dies gilt nicht, wenn Sie die Pflicht arglistig verletzen.

Beschränkung der Leistungsfreiheit in der Kfz-Haftpflichtversicherung

D.2.3 In der Kfz-Haftpflichtversicherung ist die sich aus D.2.1 ergebende Leistungsfreiheit bzw. Leistungskürzung Ihnen und den mitversicherten Personen gegenüber auf den Betrag von höchstens je xx Euro beschränkt.[1].

Satz 1 und 2 gelten entsprechend, wenn wir wegen einer von Ihnen vorgenommenen Gefahrerhöhung (§§ 23, 26 Versicherungsvertragsgesetz) vollständig oder teilweise von der Leistungspflicht befreit sind.

[1] Gem. § 5 Abs. 3 KfzPflVV darf die Leistungsfreiheit höchstens auf 5.000 Euro beschränkt werden

D.2.4 Gegenüber einem Fahrer, der das Fahrzeug durch eine vorsätzlich begangene Straftat erlangt (z. B. durch Diebstahl), sind wir vollständig von der Verpflichtung zur Leistung frei.

68 Die Rechtsfolgen der Obliegenheitsverletzung entsprechen den Vorgaben der KfzPflVV und § 28 VVG. Die Leistungsfreiheit ist nur in der Kasko-Versicherung der Höhe nach nicht begrenzt. In der Kraftfahrzeug-Haftpflicht-Versicherung gelten die Obergrenzen der KfzPflVV, so dass maximal eine Regressforderung in Höhe von 5.000,00 € geltend gemacht werden kann[44]. Die Gefahrerhöhung ist in den Obliegenheiten zu D.1. nicht aufgenommen, da es sich um eine gesetzliche Obliegenheit handelt. Gleichwohl gilt auch insoweit die Regressbeschränkung auf 5.000,00 €. Die in § 26 VVG vorgesehene vollständige Leistungsfreiheit bezieht sich nur auf die Fahrzeugversicherung und sonstige Versicherungen, die nicht dem PflVG und der KfzPflVV unterliegen.

69 Grundsätzlich bleibt der Schadenersatzanspruch des Halters, Eigentümers oder Versicherungsnehmers, der mit dem Fahrzeug befördert wurde, hinsichtlich des Personenschadens erhalten. Er hat dann Anspruch gegen seine Kraftfahrzeug-Haftpflicht-Versicherung wie ein sonstiger geschädigter Dritter.

70 Zu beachten ist nach diesseitiger Auffassung allerdings, dass bei Mitfahrt auf/in einem Kraftfahrzeug, welches nur für eine Person zugelassen ist, zum einen als Verstoß gegen die Verwendungsklausel geahndet werden wird und zum anderen zu einer erheblichen Mithaftung des Verletzten führt.

E Ihre Pflichten im Schadenfall und Folgen einer Pflichtverletzung

71 Auch im Schadenfall sind die üblichen Obliegenheiten zu beachten.

E.1 Welche Pflichten haben Sie im Schadenfall?

E.1.1 Bei allen Versicherungsarten

Anzeigepflicht

---

44 Wegen der Details vgl. Kreuter zu D.2 AKB.

E.1.1.1 Sie sind verpflichtet, uns jedes Schadenereignis, das zu einer Leistung durch uns führen kann, innerhalb einer Woche anzuzeigen.

E.1.1.2 Ermittelt die Polizei, die Staatsanwaltschaft oder eine andere Behörde im Zusammenhang mit dem Schadenereignis, sind Sie verpflichtet, uns dies unverzüglich mitzuteilen. Dies gilt auch, wenn Sie uns das Schadenereignis bereits gemeldet haben.

Aufklärungspflicht

E.1.1.3 Sie müssen alles tun, was zur Aufklärung des Versicherungsfalls und des Umfangs unserer Leistungspflicht erforderlich ist. Sie müssen dabei insbesondere folgende Pflichten beachten:

- *Sie dürfen den Unfallort nicht verlassen, ohne die gesetzlich erforderlichen Feststellungen zu ermöglichen oder die dabei erforderliche Wartezeit zu beachten. Ist die erforderliche Wartezeit abgelaufen oder haben Sie sich berechtigt oder entschuldigt vom Unfallort entfernt, müssen Sie die Feststellungen unverzüglich nachträglich ermöglichen (Unfallflucht nach § 142 StGB).*
- *Sie müssen unsere Fragen zu den Umständen des Schadenereignisses, zum Umfang des Schadens und zu unserer Leistungspflicht wahrheitsgemäß und vollständig beantworten.*

Wir können verlangen, dass Sie uns in Textform antworten.

- *Sie müssen uns angeforderte Nachweise vorlegen, soweit es Ihnen billigerweise zugemutet werden kann, diese zu beschaffen.*
- *Sie müssen unsere für die Aufklärung des Schadens erforderlichen Weisungen befolgen, soweit dies für Sie zumutbar ist.*

Schadenminderungspflicht

E.1.1.4 Sie sind verpflichtet, bei Eintritt des Schadenereignisses nach Möglichkeit für die Abwendung und Minderung des Schadens zu sorgen.

Sie haben hierbei unsere Weisungen, soweit für Sie zumutbar, zu befolgen.

E.1.2 Zusätzlich in der Kfz-Haftpflichtversicherung

Bei außergerichtlich geltend gemachten Ansprüchen

E.1.2.1 Werden gegen Sie Ansprüche geltend gemacht, sind Sie verpflichtet, uns dies innerhalb einer Woche nach der Erhebung des Anspruchs mitzuteilen.

Bei gerichtlich geltend gemachten Ansprüchen

E.1.2.2 Wird ein Anspruch gegen Sie gerichtlich geltend gemacht (z. B. Klage, Mahnbescheid), haben Sie uns dies unverzüglich anzuzeigen.

E.1.2.3 Sie müssen uns die Führung des Rechtsstreits überlassen. Wir sind berechtigt, auch in Ihrem Namen einen Rechtsanwalt zu beauftragen. Diesem müssen Sie Vollmacht sowie alle erforderlichen Auskünfte erteilen und angeforderte Unterlagen zur Verfügung stellen.

Bei drohendem Fristablauf

E.1.2.4 Wenn Ihnen bis spätestens zwei Tage vor Fristablauf keine Weisung von uns vorliegt, müssen Sie gegen einen Mahnbescheid oder einen Bescheid einer Behörde fristgerecht den erforderlichen Rechtsbehelf (z. B. Widerspruch) einlegen.

E.1.3 Zusätzlich in der Kaskoversicherung

Anzeige des Versicherungsfalls bei Entwendung des Fahrzeugs

E.1.3.1 Bei Entwendung des Fahrzeugs oder mitversicherter Teile sind Sie abweichend von E.1.1.1 verpflichtet, uns dies unverzüglich in Textform anzuzeigen.

Einholen unserer Weisung

E.1.3.2 Vor Beginn der Verwertung oder der Reparatur des Fahrzeugs bzw. mitversicherter Teile müssen Sie unsere Weisungen einholen, soweit die Umstände dies gestatten. Sie müssen unsere Weisungen befolgen, soweit Ihnen dies zumutbar ist.

Anzeige bei der Polizei

E.1.3.3 Übersteigt ein Entwendungs-, Brand- oder Wildschaden den Betrag von xx Euro, sind Sie verpflichtet, das Schadenereignis der Polizei unverzüglich anzuzeigen.

72 Die geforderten Verhaltensweisen nach Eintritt des Versicherungsfalls entsprechen denen der AKB für Kfz[45].

E.2 Welche Folgen hat eine Verletzung dieser Pflichten?

Leistungsfreiheit bzw. Leistungskürzung

E.2.1 Verletzen Sie vorsätzlich eine Ihrer in E.1.1 bis E.1.3 geregelten Pflichten, haben Sie keinen Versicherungsschutz. Verletzen Sie Ihre Pflichten grob fahrlässig, sind wir berechtigt, unsere Leistung in einem der Schwere Ihres Verschuldens entsprechenden Verhältnis zu kürzen.

Weisen Sie nach, dass Sie die Pflicht nicht grob fahrlässig verletzt haben, bleibt der Versicherungsschutz bestehen.

Für die vollständige oder teilweise Leistungsfreiheit bei Verletzung einer Auskunfts- oder Aufklärungspflicht im Schadenfall gilt folgende weitere Voraussetzung: Wir haben Sie durch gesonderte Mitteilung in Textform auf diese Rechtsfolge hingewiesen.

E.2.2 Abweichend von E.2.1 sind wir zur Leistung verpflichtet, soweit Sie nachweisen, dass die Pflichtverletzung weder für die Feststellung des Versicherungsfalls noch für die Feststellung oder den Umfang unserer Leistungspflicht ursächlich war. Dies gilt nicht, wenn Sie die Pflicht arglistig verletzen.

Beschränkung der Leistungsfreiheit in der Kfz-Haftpflichtversicherung

E.2.3 In der Kfz-Haftpflichtversicherung ist die sich aus E.2.1 ergebende Leistungsfreiheit bzw. Leistungskürzung Ihnen und den mitversicherten Personen gegenüber auf den Betrag von höchstens je xx Euro[2] beschränkt.

[2] Gem. § 6 Abs. 1 KfzPflVV darf die Leistungsfreiheit höchstens auf 2.500 Euro beschränkt werden.

E.2.4 Die Leistungsfreiheit erweitert sich auf einen Betrag von höchstens je.xx. Euro[3], wenn Sie die Aufklärungs- oder Schadenminderungspflicht nach E.1.1.3 und E.1.1.4

- ***vorsätzlich und***
- ***in besonders schwerwiegender Weise***

verletzt haben. Dies ist z. B. bei unerlaubtem Entfernen vom Unfallort trotz eines Personen- oder schweren Sachschadens der Fall.

[3] Gem. § 6 Abs. 3 KfzPflVV darf die Leistungsfreiheit höchstens auf 5.000 Euro beschränkt werden

45 Vgl. hierzu ausführlich Kreuter zu E.1 ff. AKB.

Vollständige Leistungsfreiheit in der Kfz-Haftpflichtversicherung

E.2.5 Verletzen Sie Ihre Pflichten in der Absicht, sich oder einem Anderen einen rechtswidrigen Vermögensvorteil zu verschaffen, sind wir von unserer Leistungspflicht hinsichtlich des erlangten Vermögensvorteils vollständig frei.

Besonderheiten in der Kfz-Haftpflichtversicherung bei Rechtsstreitigkeiten

E.2.6 Verletzen Sie Ihre Pflichten nach

- ***E.1.2.1 (Anzeige außergerichtlich geltend gemachter Ansprüche),***
- ***E.1.2.2 (Anzeige gerichtlich geltend gemachter Ansprüche) oder***
- ***E.1.2.3 (Prozessführung durch uns)***

und führt dies zu einer rechtskräftigen Entscheidung, die über den Umfang der nach Sach- und Rechtslage geschuldeten Entschädigung erheblich hinausgeht, gilt:
- ***Bei vorsätzlicher Verletzung sind wir hinsichtlich des von uns zu zahlenden Mehrbetrags vollständig von unserer Leistungspflicht frei.***
- ***Bei grob fahrlässiger Verletzung sind wir berechtigt, unsere Leistung hinsichtlich dieses Mehrbetrags in einem der Schwere Ihres Verschuldens entsprechenden Verhältnis zu kürzen.***

Die Folgen der Pflichtverletzung im Schadenfall entsprechen denen der AKB für Kfz[46]. Im Falle der Verletzung einer der Obliegenheiten im Schadenfall ist in der Kraftfahrzeug-Haftpflicht-Versicherung die Leistungsfreiheit entsprechend der KfzPflVV und § 28 VVG auf 2.500,00 € bis max. 5.000,00 € (in einem besonders schweren Fall) begrenzt. Lediglich im Falle der arglistigen Obliegenheitsverletzung ist der Regress nur durch die Höhe des Erlangten begrenzt. 73

Ebenso ist im Falle der Prozessführung durch den Versicherungsnehmer die Leistungspflicht des Versicherers auf den Betrag begrenzt, der über die nach Sach- und Rechtslage geschuldete Entschädigung hinausgeht. Es besteht insoweit volle Leistungsfreiheit auch in der Kraftfahrzeug-Haftpflicht-Versicherung. 74

Im Falle der grob fahrlässigen oder vorsätzlichen Obliegenheitsverletzung hat der Versicherungsnehmer die Möglichkeit, sich zu entlasten, wenn die Obliegenheitsverletzung keine Auswirkungen auf Eintritt des Schadenfalls oder den Umfang der Ersatzleistung hat. 75

F Rechte und Pflichten der mitversicherten Personen

Pflichten mitversicherter Personen

F.1 Für mitversicherte Personen finden die Regelungen zu Ihren Pflichten sinngemäße Anwendung.

Ausübung der Rechte

F.2 Die Ausübung der Rechte der mitversicherten Personen aus dem Versicherungsvertrag steht nur Ihnen als Versicherungsnehmer zu, soweit nichts anderes geregelt ist. Eine andere Regelung ist insbesondere das Geltendmachen von Ansprüchen in der Kfz-Haftpflichtversicherung nach A.1.2.

Auswirkungen einer Pflichtverletzung auf mitversicherte Personen

F.3 Sind wir Ihnen gegenüber von der Verpflichtung zur Leistung frei, so gilt dies auch gegenüber allen mitversicherten Personen.

46 Vgl. hierzu ausführlich Kreuter zu E.2 ff AKB.

Eine Ausnahme hiervon gilt in der Kfz-Haftpflichtversicherung:

Gegenüber mitversicherten Personen können wir uns auf die Leistungsfreiheit nur berufen, wenn
- *die der Leistungsfreiheit zugrunde liegenden Umstände in der Person des Mitversicherten vorliegen oder*
- *diese Umstände der mitversicherten Person bekannt oder infolge grober Fahrlässigkeit nicht bekannt waren.*

76 F entspricht der Formulierung in den AKB für Kfz[47].

G Laufzeit und Kündigung des Vertrags, Veräußerung des Fahrzeugs, Wagniswegfall

G.1 Laufzeit und Ende des Versicherungsvertrags

Die Laufzeit Ihres Vertrags ergibt sich aus Ihrem Versicherungsschein. Das Verkehrsjahr beginnt am 01. März und endet mit Ablauf des Februars des Folgejahres. Der Vertrag endet mit Ende des Verkehrsjahres, ohne dass es einer Kündigung bedarf.

Im Einzelfall können besondere Kündigungsrechte bestehen.

77 Anders als bei den AKB für Kfz ist hier die Laufzeit des Vertrages von vorneherein auf ein Jahr, d.h. vom 01.03 bis zum 28/29.02. des Folgejahres beschränkt.

78 Der Vertrag für diese Fahrzeuge läuft immer nur für ein Jahr, beginnend ab dem 01.03 und endet automatisch am 28. bzw. 29. Februar des Folgejahres, § 26 Abs. 1 FZV. Eine Kündigung des Versicherers ist nicht erforderlich. Um diese Vertragsdauer auch optisch deutlich zu machen, werden jährlich die Farben der Versicherungskennzeichen gewechselt. Die Farben wechseln zwischen blau, grün und schwarz.

79 Da diese Kennzeichen von den Ausgabestellen der Versicherungen nur gegen Zahlung der Jahresprämie herausgegeben werden, kann z.B. ein Erst- oder Folgeprämienverzug nicht entstehen. Wegen der zeitlichen Befristung ist eine Anzeige des Vertragsendes bei der Zulassungsstelle nicht erforderlich, um die Frist der Nachhaftung laufen zu lassen, diese endet mit Ablauf des Monates März des Folgejahres[48]. Einer besonderen Anzeige hierbei bedarf es wegen der sich ändernden Farben und Kennzeichen nicht.

G.2 Wann und aus welchem Anlass können Sie den Versicherungsvertrag kündigen?

Kündigung nach einem Schadenereignis

G.2.1 Nach dem Eintritt eines Schadenereignisses können Sie den Vertrag kündigen. Die Kündigung muss uns innerhalb eines Monats nach Beendigung der Verhandlungen über die Entschädigung zugehen oder innerhalb eines Monats zugehen, nachdem wir in der Kfz-Haftpflichtversicherung unsere Leistungspflicht anerkannt oder zu Unrecht abgelehnt haben.

Das gleiche gilt, wenn wir Ihnen in der Kfz-Haftpflichtversicherung die Weisung erteilen, es über den Anspruch des Dritten zu einem Rechtsstreit kommen zu lassen. Außerdem können Sie in der Kfz-Haftpflichtversicherung den Vertrag bis zum Ablauf eines Monats seit der Rechtskraft des im Rechtsstreit mit dem Dritten ergangenen Urteils kündigen.

G.2.2 Sie können bestimmen, ob die Kündigung sofort oder zu einem späteren Zeitpunkt, spätestens jedoch zum Ablauf des Vertrags, wirksam werden soll.

---

47 Vgl. hierzu Kreuter zu F. AKB.

48 Köhl in MüKo zum StVR, § 26 Rn. 3,

Kündigung bei Veräußerung des Fahrzeugs

G.2.3 Veräußern Sie das Fahrzeug, geht der Vertrag nach G.6.1 auf den Erwerber über. Der Erwerber ist berechtigt, den Vertrag innerhalb eines Monats nach dem Erwerb zu kündigen.

Bei fehlender Kenntnis vom Bestehen der Versicherung beginnt die Kündigungsfrist des Erwerbers erst ab Kenntnis.

Der Erwerber kann bestimmen, ob der Vertrag mit sofortiger Wirkung oder spätestens zum Ablauf des Vertrags endet.

G.2 regelt die Kündigung durch den Versicherungsnehmer und entspricht G.2 der AKB für Kfz mit der Besonderheit, dass eine vorläufige Deckung nicht vorgesehen ist[49]. 80

G.3 Wann und aus welchem Anlass können wir den Versicherungsvertrag kündigen?

Uns als Versicherer stehen gesetzliche Kündigungsmöglichkeiten zu, z. B. nach dem Eintritt eines Schadenereignisses.

Die Kündigungsmöglichkeiten des Versicherers sind hier begrenzt auf den Schadenfall und die gesetzlichen Möglichkeiten. Diese Klausel lässt die in den jeweiligen gesetzlichen Obliegenheiten vorgesehenen Kündigungen zu im Falle der Gefahrerhöhung nach § 26 VVG oder im Falle von Obliegenheitsverletzungen gem. § 28 VVG. Außerdem kann der Vertrag im Schadenfall gekündigt werden. Eine Kündigung zum Ende des Versicherungsjahres ist nicht vorgesehen, da der Vertrag ohnehin auf ein Jahr befristet ist. 81

G.4 Kündigung einzelner Versicherungsarten

Die Kfz-Haftpflicht- und Kaskoversicherung sind jeweils rechtlich selbstständige Verträge. Die Kündigung eines dieser Verträge berührt das Fortbestehen anderer nicht.

Die Kündigung der Kraftfahrzeug-Haftpflicht-Versicherung und der Kasko-Versicherung sind getrennt möglich, allerdings ist nicht davon auszugehen, dass eine isolierte Kasko-Versicherung angeboten wird[50], eine Ausweitung des Kündigungsrechts, wie es in den AKB für Kfz unter G.4.3 AKB enthalten ist, ist hier nicht vorgesehen. 82

G.5 Zugang der Kündigung

Eine Kündigung ist nur wirksam, wenn sie innerhalb der jeweiligen Frist zugeht.

Die Formulierung ist den AKB für Kfz entnommen, die Fristen sind G.3 zu entnehmen. Diese muss dem Versicherer/dem Versicherungsnehmer zugehen. Der Zugang ist nachzuweisen[51]. 83

G.6 Beitragsabrechnung nach Kündigung

Bei einer Kündigung vor Ablauf des Verkehrsjahres steht uns der auf die Zeit des Versicherungsschutzes entfallende Beitrag anteilig zu.

Hier ist die gleichlautende Regelung für kurzfristige Verträge aufgenommen. Dem Versicherer gebührt nur die anteilige Prämie bei vorzeitiger Beendigung des Vertrages. 84

49 Vgl. Kreuter zu G.2 AKB, wobei Kündigung wegen Prämienerhöhung, geänderter Verwendung, Zwangsversteigerung und Veränderung der SFR-Klasse für Fahrzeuge mit Versicherungskennzeichen nicht vorgesehen sind.

50 Wegen weiterer Details vgl. Kreuter G.4.1 AKB.

51 Vgl. hierzu Kreuter zu G.5 AKB.

G.7 Was ist bei Veräußerung des Fahrzeugs zu beachten?

Übergang der Versicherung auf den Erwerber

G.7.1 Veräußern Sie Ihr Fahrzeug, geht die Versicherung auf den Erwerber über. Wir sind berechtigt und verpflichtet, den Beitrag entsprechend den Angaben des Erwerbers, wie wir sie bei einem Neuabschluss des Vertrags verlangen würden, anzupassen. Der neue Beitrag gilt ab dem Tag, der auf den Übergang der Versicherung folgt.

85 Auch bei Fahrzeugen mit Versicherungskennzeichen ist der Kraftfahrzeug-Haftpflicht-Vertrag untrennbar mit dem Fahrzeug verbunden und geht auf den Erwerber über.[52]

G.7.2 Den Beitrag für die laufende Zahlungsperiode können wir entweder von Ihnen oder vom Erwerber verlangen.

86 Üblicherweise hat der Verkäufer die Versicherungsprämie für das ganze Jahr entrichtet, da die Verträge mit Versicherungskennzeichen ohnehin befristet sind auf den Monat Februar des Folgejahres, ist nicht davon auszugehen, dass hier eine Gesamtschuld für das laufende Jahr mit dem Erwerber bestehen kann. Vielmehr darf davon ausgegangen werden, dass – wie bisher – das Fahrzeug mit dem laufenden Vertrag, ggf. unter anteiliger Erstattung der Prämie, veräußert wird.

Anzeige der Veräußerung

G.7.3 Sie und der Erwerber sind verpflichtet, uns die Veräußerung des Fahrzeugs unverzüglich anzuzeigen. Unterbleibt die Mitteilung, droht unter den Voraussetzungen des § 97 Versicherungsvertragsgesetz der Verlust des Versicherungsschutzes.

87 Der Verkäufer ist verpflichtet, die Veräußerung anzuzeigen[53].

Kündigung des Vertrags

G.7.4 Im Falle der Veräußerung können der Erwerber oder wir den Vertrag kündigen. Dann können wir den Beitrag nur von Ihnen verlangen.

88 Der Erwerber kann den Vertrag, genau wie der Versicherer, kündigen. Es besteht dann Anspruch nur auf die anteilige Prämie, d.h. zu viel entrichtete Beiträge sind zurückzuerstatten an den Versicherungsnehmer[54].

G.8 Wagniswegfall (z. B. durch Fahrzeugverschrottung)

Fällt das versicherte Wagnis endgültig weg, steht uns der Beitrag bis zu dem Zeitpunkt zu, zu dem wir vom Wagniswegfall Kenntnis erlangen.

89 Die Regelung entspricht G.8 der AKB für Kfz

G.9 Rückgabe des Versicherungskennzeichens oder Entwertung der Versicherungsplakette

Wird der Vertrag widerrufen oder vor Ablauf des Verkehrsjahres beendet, müssen Sie uns den Versicherungsschein und das Versicherungskennzeichen unverzüglich zurückgeben. Eine Versicherungsplakette müssen Sie entwerten und uns dies auf Verlangen nachweisen.

90 Anders als in den AKB für Kfz muss bei Widerruf des Vertrages oder sonstiger unterjähriger Beendigung des Vertrages das Versicherungskennzeichen zurückgegeben werden. Auch entsprechende Versicherungsplaketten müssen entwertet werden und dieser Vorgang ggf. dem Versicherer

52 Vgl. hierzu Kreuter zu G.7. AKB
53 Vgl. hierzu Kreuter zu G.7.4 AKB
54 Vgl. hierzu Kreuter zu G.7.4 AKB

nachgewiesen werden. Diese Regelung ist erforderlich, da die Fahrzeuge mit Versicherungskennzeichen keinem förmlichen Zulassungsverfahren unterliegen und dementsprechend die Kontrolle der Zulassungsstellen entfällt. Sie entspricht den Anforderungen des § 55 FZV.

H Meinungsverschiedenheiten und Gerichtsstände

H.1 Wenn Sie mit uns einmal nicht zufrieden sind

Wir möchten, dass Sie mit uns zufrieden sind! Sollte dies einmal nicht der Fall sein, nehmen Sie bitte direkt Kontakt mit uns auf, damit wir die Angelegenheit klären können.

Darüber hinaus haben Sie auch folgende Möglichkeiten:

Versicherungsombudsmann

H.1.1 Wenn Sie als Verbraucher mit unserer Entscheidung nicht zufrieden sind oder eine Verhandlung mit uns einmal nicht zu dem von Ihnen gewünschten Ergebnis geführt hat, können Sie sich an den Ombudsmann für Versicherungen wenden.

Versicherungsombudsmann e. V.

Postfach 080632

10006 Berlin

E-Mail: beschwerde@versicherungsombudsmann.de

Internet: www.versicherungsombudsmann.de

Telefon 0800 3696000, Fax 0800 3699000 (kostenfrei aus dem deutschen Telefonnetz)

Der Ombudsmann für Versicherungen ist eine unabhängige und für Verbraucher kostenfrei arbeitende Schlichtungsstelle. Wir haben uns verpflichtet, an dem Schlichtungsverfahren teilzunehmen

Verbraucher, die diesen Vertrag online (z. B. über eine Webseite oder per E-Mail) abgeschlossen haben, können sich mit ihrer Beschwerde auch online an die Plattform http://ec.europa.eu/consumers/odr/ wenden. Ihre Beschwerde wird dann über diese Plattform an den Versicherungsombudsmann weitergeleitet. Für Fragen können Sie sich auch per E-Mail an uns wenden: xxxx@.xx.

Versicherungsaufsicht

H.1.2 Versicherungsaufsicht

Sind Sie mit unserer Betreuung nicht zufrieden oder treten Meinungsverschiedenheiten bei der Vertragsabwicklung auf, können Sie sich auch an die für uns zuständige Aufsicht wenden. Als Versicherungsunternehmen unterliegen wir der Aufsicht der Bundesanstalt für Finanzdienstleistungsaufsicht.

Bundesanstalt für Finanzdienstleistungsaufsicht (BaFin)

Sektor Versicherungsaufsicht

Graurheindorfer Straße 108

53117 Bonn

E-Mail: poststelle@bafin.de

Telefon 0228 4108–0, Fax 0228 4108 – 1550

Bitte beachten Sie, dass die BaFin keine Schiedsstelle ist und einzelne Streitfälle nicht verbindlich entscheiden kann.

H.1.3 Rechtsweg

Außerdem haben Sie die Möglichkeit, den Rechtsweg zu beschreiten.

H.2 Gerichtsstände

Wenn Sie uns verklagen

H.2.1 Wenn Sie klagen

Ansprüche aus Ihrem Versicherungsvertrag können Sie insbesondere bei folgenden Gerichten geltend machen:

- *dem Gericht, das für Ihren Wohnsitz örtlich zuständig ist,*
- *dem Gericht, das für unseren Geschäftssitz oder für die Sie betreuende Niederlassung örtlich zuständig ist.*

Wenn wir Sie verklagen

H.2.2 wenn wir klagen

Wir können Ansprüche aus dem Versicherungsvertrag insbesondere bei folgenden Gerichten geltend machen:

- *dem Gericht, das für Ihren Wohnsitz örtlich zuständig ist,*
- *dem Gericht des Ortes, an dem sich der Sitz oder die Niederlassung Ihres Betriebs befindet, wenn Sie den Versicherungsvertrag für Ihren Geschäfts- oder Gewerbebetrieb abgeschlossen haben.*

Sie haben Ihren Wohnsitz oder Geschäftssitz ins Ausland verlegt

H.2.3 Wohnsitz im Ausland

Für den Fall, dass Sie Ihren Wohnsitz, Geschäftssitz oder gewöhnlichen Aufenthalt außerhalb Deutschlands verlegt haben oder Ihr Wohnsitz, Geschäftssitz oder gewöhnlicher Aufenthalt im Zeitpunkt der Klageerhebung nicht bekannt ist, gilt abweichend der Regelungen nach H.2.2 das Gericht als vereinbart, das für unseren Geschäftssitz zuständig ist.

91 Die Regelungen unter H entsprechen sämtlich den Regelungen unter K. AKB[55].

55 Vgl. dort Halm/Kemen zu K. AKB.

Versicherung von sonstigen Gegenständen, die keine Fahrzeug- oder Zubehörteile sind (ausgenommen reine Transportversicherung)

Übersicht

A. Allgemeines

I. Vorbemerkung

Bei Fahrzeugdiebstählen, Raubüberfällen auf Kraftfahrer und Verkehrsunfällen sind nicht nur der Schaden wegen des Fahrzeugverlustes, sondern häufig auch der Schaden an weiteren Gegenständen oder deren Verlust zu beklagen. Der Kaskoversicherungsschutz des Fahrzeugs deckt nur den reinen Fahrzeugschaden, nicht jedoch das Reisegepäck oder Gegenstände, die mit dem Fahrzeug befördert wurden, A.2.1.2.3 AKB 2015.[1] 1

Wird das Gepäck des Mitreisenden beschädigt, hat dieser nicht in allen Fällen einen Schadensersatzanspruch gegen den Fahrzeughalter des Fahrzeugs, in dem er mitgenommen wurde. § 8 Nr. 3 StVG schränkt den Haftungsumfang auch hinsichtlich des Gepäcks[2] ein. Nach **§ 8 Nr. 3 StVG** soll für die Beschädigung beförderter Sachen (z.B. Ladungsgut) grundsätzlich nicht im Rahmen der Gefährdungshaftung nach **StVG** gehaftet werden. Es besteht demnach nur eine Haftung für Gegenstände, die die beförderte Person »bei sich oder mit sich trägt«. Bei Gefälligkeitsfahrten kann ein (konkludenter) Haftungsausschluss greifen. Zu prüfen ist, ob der Fahrer aus Verschulden haftet. 2

Der **Direktanspruch** gegen den Kfz-Haftpflichtversicherer des Fahrzeugs bezieht sich nicht auf alle Gegenstände[3], die befördert[4] werden. Durch § 4 Nr. 3 KfzPflVV werden Ausschlüsse[5] zugelassen, die in A.1.5.5 AKB 2015[6] in die Musterbedingungen des GDV übernommen[7] wurden. Somit bleibt es nicht nur für den Fahrer, sondern auch für Insassen von Interesse, sich nach Ersatzmöglichkeiten bzw. anderweitigen Versicherungsschutz um zu sehen. 3

Da es regelmäßig um Schadensversicherungen geht, ist bei fehlendem Versicherungsschutz in der Kfz-Haftpflichtversicherung eine **Verweisung**[8] nach § 117 Abs. 3 Satz 2 VVG möglich. 4

Gerade für die Besonderheiten bei **Arbeitsverhältnissen** gewinnt die Versicherung von Gegenständen im Fahrzeug eine zusätzliche Bedeutung. Verschuldet oder erleidet ein Arbeitnehmer als Fahrer 5

---

1 *Stomper* A.2.1.2.3 AKB Rdn. 55–57.

2 *OLG Saarbrücken* Urt. v. 13.3.2013 – 5 U 342/12, JurionRS 2013, 51993 = DAR 2014, 328 = VersR 2014, 73 mit Anm. *Baumann* VersR 2014, 808 = zfs 2014, 146.

3 *LG Coburg* Beschl. v. 24.07.2008 – 32 S 39/08; Vorinstanz *AG Coburg* Urt. v. 28.03.2008 – 12 C 1005/07, JurionRS 2008, 38162 = zfs 2009, 91 m.Anm. *Rixecker* (Cello); *LG Erfurt* Urt. v. 29.11.2012 – 1 S 102/12, JurionRS 2012, 37576 = VRR 2013, 345 bespr. v. *Nugel* (Laptop).

4 Zur Abgrenzung *BGH* Urt. v. 29.06.1994 – IV ZR 229/93, JurionRS 1994, 15698 = MDR 1995, 44 = NJW-RR 1994, 1302 = NZV 1994, 355 = VersR 1994, 1058 = zfs 1994, 368; *Richter*, Risikoausschlüsse in der Kfz-Versicherung, DAR 2012, 243 ff.

5 *Kreuter-Lange* § 4 KfzPflVV Rdn. 14.

6 *Kreuter-Lange* A.1.5.5 AKB Rdn. 1 ff.

7 *Richter*, Risikoausschlüsse in der Kfz-Versicherung, DAR 2012, 243 ff.

8 *Kreuter-Lange* § 117 VVG Rdn. 36.

auf einer Dienstreise einen Unfall, hat er weder über § 7 Abs. 1 StVG gegen seinen Arbeitgeber als Halter des Fahrzeugs noch über § 831 BGB gegen den Dienstherrn einen Schadensersatzanspruch. Für den Arbeitgeber als Halter sind Schäden des Mitarbeiters Fremdschäden.

6 Ggf. sind – **nicht im Rahmen eines Versicherungsschutzes** – arbeitsrechtliche Ansprüche auf Schadenersatz/besser Aufwendungsersatz zu prüfen. Da eine Pflicht zum Schadensersatz nach allgemeinen Regeln ohne Verschulden nicht besteht, wird eine Ersatzpflicht des Arbeitgebers aus der Pflicht des Auftraggebers zum Aufwendungsersatz hergeleitet. Juristisch werden solche Vermögenseinbußen des Arbeitnehmers also nicht als Schäden behandelt, sondern ebenso wie »Aufwendungen« des Arbeitnehmers, d.h. wie freiwillige Vermögensopfer.

7 Ansprüche nach § 7 StVG sind jedoch ausgeschlossen, da er selbst beim Betrieb des Fahrzeugs tätig[9] war, § 8 Nr. 2 StVG. Die Dienstherrenhaftung scheidet aus, da der Fahrer schon gegen sich selbst keine Ansprüche haben kann, für die ihn sein Dienstherr freistellen müsste. Entsprechend sind schon mangels Haftpflichtsituation, Haftpflichtansprüche und die Eintrittspflicht des Kfz-Haftpflichtversicherers nicht gegeben.

8 Der Arbeitgeber kann jedoch vielfach vom Fahrer mit dem **arbeitsrechtlichen Aufwendungsersatzanspruch**[10] wegen erlittener Schäden auf der Dienstreise konfrontiert werden. Der Anspruch ist kein Haftpflichtanspruch und daher nicht über die Kfz-Haftpflichtversicherung gedeckt. Mitunter ist der Arbeitgeber dann gehalten, nach arbeitsrechtlichen Maßstäben unter Berücksichtigung der beschränkten Arbeitnehmerhaftung für den Sachschaden Ersatz zu leisten. Der Haftungsausschluss nach den §§ 104 ff. SGB VII betrifft nur den Personenschaden.

9 Die Versicherungswirtschaft bietet – zwar nicht ausschließlich für Kraftfahrzeuge – aber unter besonderer Berücksichtigung von Kraftfahrzeugen weitergehenden Versicherungsschutz aus dem Bereich der Sachversicherung[11] an. Das ist den Verkehrsrechtlern häufig unbekannt.[12] Zudem gibt es immer mehr Versicherer, die in ihre individuellen AKB den Versicherungsschutz für mitgeführte Gegenstände von Fahrern und sonstigen Insassen aufnehmen. Die Musterbedingungen des GDV enthalten hierzu (noch) keine Empfehlungen.

10 Insbesondere in Fällen der Allein- oder Mithaftung bei Verkehrsunfällen, aber auch in Diebstahls- und Brandschadensfällen ist es für die umfassende anwaltliche Beratung wichtig, Fragen nach ergänzendem Versicherungsschutz auch außerhalb der AKB zu stellen. Die individuellen[13] AKB sollten zudem darauf geprüft werden, ob bereits dort eine Versicherung von Gegenständen der Insassen mitvereinbart wurde.

II. Abgrenzung

11 Versicherungsschutz für **Fahrzeugteile und Fahrzeugzubehör**[14] besteht bereits nach den A.2.1.2 bis A.2.1.2.2 AKB 2015 in der Kaskoversicherung.

12 Für andere als diese Gegenstände gibt es spezielle Versicherungslösungen, die gerade beim Fahrzeugdiebstahl, beim Diebstahl aus Fahrzeugen, beim Fahrzeugbrand, aber auch beim Verkehrsunfall weiteren Schutz bieten. Insbesondere für den privaten Bereich spielt die Reisegepäckversicherung

9 *LG Paderborn* Urt. v. 04.02.1988 – 1 S 349/87, NZV 1988, 108 m.Anm. *Greger*; *Kunschert*, Halterhaftung bei Beschädigung eigner Sachen des Kraftfahrzeugführers, NZV 1989, 61; *LG München I* Urt. v. 19.08.1999 – 19 S 6799/99, DAR 1999, 552 = VersR 2000, 882 = ADAJUR Dok.Nr. 36763 = NZV 1999, 516 m.Anm. *Kunschert*.

10 Himmelreich/*Halm/Steinmeister*, Handbuch des Fachanwalts Verkehrsrecht, Kap. 36, Rn. 41.

11 Halm/Engelbrecht/Krahe/*Fajen*, Handbuch des Fachanwalts Versicherungsrecht, Kap. 17. Rn. 4.

12 *Knappmann*, Versicherungsschutz für Sachen im Kfz, VRR 2010, 49 ff.

13 *Heinrichs*, Synopse der für das Versicherungsrecht im Verkehrsrechtbedeutsamsten Auswirkungen der VVG Reform, zfs 2009,187.

14 *Stomper* A.2.1.2 AKB Rdn. 1–54.

eine bedeutende Rolle. Für den gewerblichen Bereich ist zudem die Autoinhaltsversicherung von Interesse.

Abzugrenzen sind die Reisegepäck- und die Autoinhaltsversicherung von der Transportversicherung nach den §§ 130 ff. VVG. Bei der Transportversicherung liegt das Schwergewicht auf der Güterbeförderung. 13

Des Weiteren ist die Reisegepäckversicherung von der Hausratversicherung abzugrenzen. Die wirtschaftliche Bedeutung der Reisegepäckversicherung hat wohl mit Blick auf die Hausratversicherung[15] abgenommen, da das Reisegepäck Bestandteil des Hausrats sein **kann** 14

Für den Versicherungsschutz von Reisegepäck gelten im Rahmen der Hausratversicherung dieselben Vorgaben wie für den Hausrat ansich in der heimischen Wohnung. Versicherungsschutz besteht, wenn der Hausrat oder das Reisegepäck durch Feuer, Leitungswasser, Sturm, Hagel bzw. Einbruchdiebstahl oder Raub abhandenkommt 15

Die Reisegepäckversicherung lässt sich jedoch nicht[16] durch die Hausratversicherung ersetzen. Zudem integrieren Kfz-Versicherer vermehrt Elemente der Gepäckversicherung in ihre erweiterten AKB. 16

B. Reisegepäckversicherung

Die Reisegepäckversicherung ist ein Baustein der Reiseversicherung. Den Reiseversicherungen wird nach Verbandsempfehlung ein allgemeiner Teil vorangestellt und gilt somit nicht nur für die Reisegepäck-, sondern z.B. auch für die Reisekranken-, Reiserücktritt- und Reiseabbruchversicherung. 17

Die Reisegepäckversicherung zahlt, wenn das Gepäck auf Reisen beschädigt wird, etwa bei einem Unfall oder bei Schäden durch Feuer, Überschwemmung oder Sturm. Außerdem leistet die Versicherung, wenn das Gepäck gestohlen oder geraubt wird. Die Reisegepäckversicherung ist im Regelfall eine »Zeitwert-Versicherung«, keine »Neuwertversicherung«. Versichert ist das übliche Reisegepäck. Die Bedingungen enthalten eine Liste von Ausschlüssen und Einschränkungen. 18

Die meisten Versicherer entschädigen zudem nur bis zu einer Höchstgrenze. 19

(AT-Reise 2008/2021)

Allgemeiner Teil der Versicherungsbedingungen für die Reiseversicherung 2008/2021[17] Musterbedingungen des GDV

Unverbindliche Bekanntgabe des Gesamtverbandes der Deutschen Versicherungswirtschaft e.V. (GDV) zur fakultativen Verwendung. Abweichende Vereinbarungen sind möglich.

Stand: August 2021

Anmerkung: Die Bedingungen unterliegen einem Baukastensystem: Formulierungen sind beispielhaft und nicht abschließend. Mit gekennzeichnete Punkte zur individuellen Regelung des verwendenden VU.

1. Versicherte Personen/Versicherungsnehmer

1.1 **Versicherte Personen sind die im Versicherungsschein namentlich genannten Personen oder der im Versicherungsschein beschriebene Personenkreis.**

1.2 **Versicherungsnehmer ist der Vertragspartner des Versicherers.**

15 *Staudinger*/Halm/Wendt/van Bühren, FAK-VersR, dazu noch in Vorbem. VB-Reisegepäck 2008, Rn. 1., jetzt 3. Aufl. 2023 »Versicherungsrecht«

16 Halm/Engelbrecht/Krahe/*Fajen*, Handbuch des Fachanwalts Versicherungsrecht, Kap. 17. Rn. 3.

17 **Wiedergabe in Auszügen, soweit sie für die Reisegepäckversicherung relevant sind.**

2. **Versicherte Reise/Geltungsbereich**

2.1 **bei der Versicherung für eine Reise**

Versicherungsschutz besteht für die jeweils versicherte Reise/das versicherte Arrangement im vereinbarten Geltungsbereich.

2.2 **bei der Jahresversicherung**

2.2.1 **Versicherungsschutz gilt für beliebig viele Reisen, die innerhalb eines Versicherungsjahres angetreten werden.**

2.2.2 …

2.2.3 **Versicherungsschutz besteht je versicherter Reise für … … Tage. Bei einer längeren Reisedauer besteht der Versicherungsschutz nur für die ersten … … Tage.**

2.2.4 **Versicherungsschutz besteht für alle Reisen weltweit, sofern die Entfernung zwischen dem Wohnsitz des Versicherungsnehmers/der versicherten Person und dem Zielort mehr als … … km beträgt. Wege von und zur Arbeitsstätte der versicherten Person gelten nicht als Reise.**

2.2.5 **Als eine Reise gelten alle Reisebausteine und Einzelreiseleistungen, die zeitlich und örtlich aufeinander abgestimmt genutzt werden. Die Reise wird mit Inanspruchnahme der ersten Teil-/Leistung insgesamt angetreten und endet mit der Nutzung der letzten Teil-/Leistung.**

20 Was eine Reise ist, wird in den Bedingungen nicht definiert.[18] Der **Begriff der Reise** ist daher weit auszulegen, zumal eine begriffliche Einschränkung nur über 2.2.4 Satz 2 erfolgt. Auf den Zweck der Reise, ob Urlaubs-, Geschäfts- oder sonstige Reise, kommt es nicht an. Als Reise gilt auch eine Fahrt vom Hauptwohnsitz zur Ferienwohnung als Zweitwohnsitz. Die beabsichtigte Dauer der Reise ist gleichgültig, sodass selbst Kurz- und Tagesreisen hierunter fallen.

21 Bei einer aus mehreren Bestandteilen[19] gebuchten Reise gilt diese als eine Reise. Bei separater Buchung jeder einzelnen Reiseleistung, ist diese jeweils als eine Reise[20] anzusehen. Bei Einzelreisen mit Kraftfahrzeugen kann es sich insbesondere um Urlaubsreisen handeln, bei denen der Versicherte selbst mit dem Fahrzeug zum Urlaubsort anreist oder am Urlaubsort einen Mietwagen nutzt.

22 Bei der Jahresversicherung sind beliebig viele Geschäfts- und Urlaubsreisen versichert. Problematisch ist, dass nach der Klausel der Weg von und zur Arbeitsstätte nicht als Reise gilt. Gemeint ist der beruflich bedingte Weg vom Wohnsitz zum Arbeitsplatz.[21] Nach der Zweckbestimmung soll damit aber wohl nur der tägliche[22] Weg zum Arbeitsplatz nicht als Reise aufgefasst werden. Zu Recht wird daher der Ausschluss als nicht hinreichend deutlich[23] erachtet, wenn die Fahrt in unmittelbaren Anschluss zu einer Urlaubs- oder Geschäftsreise steht. Nicht nur für Außendienstler[24] droht eine Abgrenzungsproblematik. Für **Wochenendpendlern**, die zum Wochenbeginn vom Hauptwohnsitz unmittelbar zur Arbeitsstelle fahren, ohne zuvor noch die Zweitwohnung aufzusuchen, muss dies umso mehr gelten. Sie wären trotz der längeren Anfahrt benachteiligt. Es kommt bei den Berufspendlern hinzu, dass gerade zu Anfang und Ende der Arbeitswoche mehr Gepäck mitgenommen wird.

18 Prölss/Martin/*Knappmann* Nr. 2 AT-Reise 2008, Rn. 5.

19 *OLG Saarbrücken* Urt. v. 14.04.1999 – 5 U 855/98–76, JurionRS 1999, 32179 = NVersZ 2000, 381 = VersR 1999,1367 = NJW-RR 1999, 1404; *AG Bonn* Urt. v. 30.06.1998 – 16 C 72/98, JurionRS 1998, 32593 = VersR 1999, 1491.

20 *LG Hagen* Urt. v. 25.01.2012 – 10 O 195/11, JurionRS 2012, 22999 = NJW–RR 2012, 936.

21 *Staudinger*/Halm/Wendt/Staudinger, FAK-VersR, Nr. 2 AT-Reise 2008/2021, Rn. 5.

22 Unklar: van Bühren/Ritter/van Bühren, Reiseversicherung, Nr. 2 AT-Reise, Rn. 49.

23 Prölss/Martin/*Knappmann* Nr. 2 AT-Reise 2008, Rn. 8.

24 *Staudinger*/Halm/Wendt, a.a.O. FAK-VersR, Nr. 2 AT-Reise 2008/2021, Rn. 5.

Eine Mindestentfernung wird nur für die Jahresversicherung verlangt. Üblicherweise werden 50 km[25] veranschlagt. Im Gegensatz zur Autoschutzbriefversicherung in A.3.6 AKB 2015 orientiert sich die Entfernung weder am ständigen Wohnsitz noch an der Luftlinie zum Wohnsitz. Die Reiseentfernung ist daher nach hiesigem Verständnis so zu bemessen, wie sie auf zumutbar **kürzestem Weg mit dem gewählten Verkehrsmittel** zu erreichen ist. Bei Kraftfahrzeugen sind die für den Fahrzeugverkehr vorgesehenen Straßen maßgebend. Sind einzelne Straßen z.B. für Wohnmobile/Wohngespanne wegen ihrer Fahrzeugabmessungen oder wegen ihres Fahrzeuggewichtes nicht befahrbar, ist der erforderliche »Umweg« in die Entfernungsberechnung einzubeziehen. Jahreszeitlichen Besonderheiten (Wintersperre) ist ebenfalls Rechnung zu tragen. **Abzulehnen** ist daher die Auffassung,[26] wonach zur Vermeidung von Unklarheiten die **Luftlinie** zwischen Wohnsitz und Ziel der Reise zu messen sei. Dem Verwender ist es unbenommen, die Luftlinie als Kriterium in den Bedingungstext aufzunehmen, sollte ihm an Klarheit gelegen sein. 23

Erstreckt sich die Reise bei einer Jahresversicherung über den Jahreswechsel, ist eine Anschlussversicherung[27] erforderlich. Ansonsten verlängert sich der Versicherungsschutz nach 4.2.3. 24

3. Prämie: Zahlung und Folgen verspäteter Zahlung

3.1 bei der Versicherung für eine Reise

3.1.1 Die Prämie ist sofort nach Abschluss des Versicherungsvertrages fällig und bei Aushändigung des Versicherungsscheines zu bezahlen.

3.1.2 Ist die Prämie zur Zeit des Eintritts des Versicherungsfalles noch nicht bezahlt, so ist der Versicherer von der Verpflichtung zur Leistung frei, es sei denn, der Versicherungsnehmer hat die Nichtzahlung nicht zu vertreten. Der Versicherer ist nur leistungsfrei, wenn er den Versicherungsnehmer durch gesonderte Mitteilung in Textform oder durch einen auffälligen Hinweis im Versicherungsschein auf diese Rechtsfolge der Nichtzahlung der Prämie aufmerksam gemacht hat.

3.2 bei der Jahresversicherung

3.2.1 Erste Prämie

3.2.1.1 Die erste Prämie ist gegen Aushändigung des Versicherungsscheines zu bezahlen. Ist die Zahlung der Jahresprämie in Raten vereinbart, gilt als erste Prämie nur die erste Rate der ersten Jahresprämie.

3.2.1.2 Ist die die erste Prämie bei Eintritt des Versicherungsfalles nicht gezahlt, ist der Versicherer nicht zur Leistung verpflichtet es sei denn, der Versicherungsnehmer hat die Nichtzahlung nicht zu vertreten. Der Versicherer ist nur leistungsfrei, wenn er den Versicherungsnehmer durch gesonderte Mitteilung in Textform oder durch einen auffälligen Hinweis im Versicherungsschein auf diese Rechtsfolge der Nichtzahlung der Prämie aufmerksam gemacht hat.

3.2.1.3 Zahlt der Versicherungsnehmer die erste Prämie nicht rechtzeitig, kann der Versicherer vom Vertrag zurücktreten, solange die Prämie nicht gezahlt ist. Der Versicherer kann nicht zurücktreten, wenn der Versicherungsnehmer nachweist, dass er die Nichtzahlung nicht zu vertreten hat.

3.2.2 Folgeprämie

3.2.2.1 Die Folgeprämien werden zu dem jeweils vereinbarten Zeitpunkt fällig. Die Zahlung gilt als rechtzeitig, wenn sie zu dem im Versicherungsschein oder in der Prämienrechnung angegebenen Zeitpunkt erfolgt.

---

25 Prölss/Martin/*Knappmann* Nr. 2 AT-Reise 2008, Rn. 5.

26 Van Bühren/Ritter/van Bühren, Reiseversicherung, Nr. 2 AT-Reise, Rn. 15; Looschelders/Pohlmann/Benzenberg, VVG-Kommentar, Anh. N, Rn. 8.

27 Van Bühren/Richter »Reiseversicherung«, 4. Aufl. ATROB Teil 2 Ziff.2.

3.2.2.2 Wird eine Folgeprämie nicht rechtzeitig gezahlt, kann der Versicherer dem Versicherungsnehmer auf dessen Kosten in Textform eine Zahlungsfrist bestimmen, die mindestens zwei Wochen betragen muss. Die Bestimmung ist nur wirksam, wenn sie die rückständigen Beträge der Prämie, Zinsen und Kosten im Einzelnen beziffert und die Rechtsfolgen angibt, die mit dem Fristablauf verbunden sind.

3.2.2.3 Ist der Versicherungsnehmer nach Ablauf dieser Zahlungsfrist noch mit der Zahlung in Verzug, besteht ab diesem Zeitpunkt bis zur Zahlung kein Versicherungsschutz, wenn er mit der Zahlungsaufforderung nach Ziffer 3.2.2 darauf hingewiesen worden ist.

3.2.2.4 Ist der Versicherungsnehmer nach Ablauf dieser Zahlungsfrist noch mit der Zahlung in Verzug, kann der Versicherer den Vertrag ohne Einhaltung einer Frist kündigen, wenn der Versicherungsnehmer mit der Zahlungsaufforderung nach Ziffer 3.2.2.2 darauf hingewiesen worden ist.

Hat der Versicherer gekündigt und zahlt der Versicherungsnehmer danach innerhalb eines Monats den angemahnten Betrag, besteht der Vertrag fort. Für Versicherungsfälle, die zwischen dem Zugang der Kündigung und der Zahlung eingetreten sind, besteht jedoch kein Versicherungsschutz.

4. Beginn und Ende des Versicherungsschutzes

4.1 …

4.2 In den übrigen Versicherungssparten

4.2.1 beginnt der Versicherungsschutz mit dem vereinbarten Zeitpunkt, frühestens mit dem Antritt der versicherten Reise und

4.2.2 endet mit dem vereinbarten Zeitpunkt, spätestens jedoch mit Beendigung der versicherten Reise;

4.2.3 verlängert sich über den vereinbarten Zeitpunkt hinaus, wenn sich die planmäßige Beendigung der Reise aus Gründen verzögert, die die versicherte Person nicht zu vertreten hat.

25 Grundsätzlich beginnt der Versicherungsschutz mit dem Verlassen der Wohnung[28] zum sofortigen[29] Aufbruch. Abgrenzungsschwierigkeiten ergeben sich bei der Reisegepäckversicherung, wenn dann nicht sofort mit dem Fahrzeug weggefahren[30] wird.

26 Hat der Versicherungsnehmer mehrere Gepäckstücke einzuladen, gelingt dies nicht immer mit einem Gang zum Fahrzeug. Muss er mehrere einzelne Beladevorgänge vornehmen, beginnt der Versicherungsschutz bereits bei der ersten Teilbeladung des Fahrzeugs. Gleiches gilt beim Entladen am Ankunftsort.[31]

27 Wird das Fahrzeug nur vorbeladen, um in der Nacht oder am nächsten Tag die Reise anzutreten, soll dies noch keinen Reiseantritt darstellen. Davon ist grundsätzlich auszugehen, wenn es im Belieben des Versicherungsnehmers steht, wann er das Fahrzeug belädt.

28 M.E. ist jedoch beim Vorliegen besonderer Umstände, auf die der Versicherungsnehmer keinen Einfluss mehr hat, anders zu entscheiden. So hat der Versicherungsnehmer teilweise rechtlich keine andere Wahl, das Fahrzeug zu bestimmten Uhrzeiten in einer Ladezone[32] zu be- oder entladen.

28 Terbille/Höra/*Gebert/Steinbeck* Münchner Anwaltshandbuch, Kap. 30, Rn. 142.
29 Van Bühren/Richter »Reiseversicherung« 4. Aufl. ATR08 Abs. 2 Ziff. 2 Rdn. 4.
30 *LG Potsdam* Urt. v. 30.10.2001 – 3 S 161/01, ADAJUR Dok.Nr. 51585 = r + s 2002, 430 = VersR 2002, 1554 (Ls.); Terbille/Höra/*Gebert/Steinbeck* Münchner Anwaltshandbuch, Kap. 30, Rn. 144.
31 Prölss/Martin/*Knappmann* Nr. 4 AT-Reise 2008, Rn. 9.
32 Zusatzzeichen zu Zeichen 286; Lfd. Nr. 63 zu Anl. 2 StVO.

Fehlt es an Parkplätzen in unmittelbarer Nähe zur Wohnung, stellen sich tatsächliche Probleme. Das Tragen von Handgepäck[33] über größere Strecken wird man bei gesunden Menschen noch als zumutbar ansehen müssen. Handelt es sich um schwere Koffer ohne Rollen oder ist das Beladen witterungsbedingt erschwert (angekündigter Regen, vereiste oder schneebedeckte Wege), schützt das vorzeitige Verladen das Gepäck vor Schäden.

In allen Fällen beruht der nicht sofortige Antritt der Fahrt auf einer Risikoabwägung. Der Versicherungsnehmer der bei Blitzeis oder Nebel[34] die Fahrt verschiebt, geht zwar die entfernt liegende Gefahr ein, dass das Fahrzeug von Dieben entladen wird, schützt aber zugleich sein Gepäck und sich selbst vor erhöhter Unfallgefahr. M.E. hat der Versicherungsnehmer keinesfalls das Risiko einzugehen, außerhalb der zulässigen Ladezeiten wegen einer Ordnungswidrigkeit belangt zu werden, um seinen Versicherungsschutz in der Reisegepäckversicherung zu erhalten. Zu Recht weist *Staudinger*[35] darauf hin, dass dem Versicherer erlaubt sein müsse, vor der unmittelbaren Abfahrt noch einmal die Toilette aufzusuchen. Es handele sich ansonsten um einen Wertungswiderspruch, indem er erst dann Versicherungsschutz erlangen könne, wenn er zunächst losfahren müsse um sofort umzukehren. Neben dem persönlichen Wohl der Reisenden, dürfte auch hier das geringere Unfallrisiko – sogar für das Reisegepäck – bei entspannt begonnener Fahrt für einen Einbezug des Versicherungsschutzes sprechen. Schließlich dürfte dies risikoärmer sein, als wenn der Versicherungsnehmer losfährt, um kurz danach an einem – eher unsicheren – Platz einen Pausenstopp einzulegen. 29

Liegt der unmittelbare Reiseantritt jedoch im Einflussbereich des Versicherungsnehmers bzw. tritt er wegen fehlerhafter Planung die Reise erst später an, besteht kein Versicherungsschutz.[36] Dies gilt auch dann, wenn er das beladene Fahrzeug länger als notwendig[37] zurücklässt, um noch ein Portemonnaie zu holen, sich dann aber aufhalten lässt. Wurde dagegen die eigentliche Reise angetreten, aber nur durch einen Zwischenstopp an der Arbeitsstelle[38] unterbrochen, um sofort weiterfahren zu können, hat der Stopp untergeordnete Bedeutung. Die Reise beginnt somit nicht erst nach Ende der Unterbrechung. 30

Es sind kaum Entscheidungen von Oberlandesgerichten zur Reisegepäckversicherung festzustellen. Dies ist darauf zurück zu führen, dass die übliche Schadenhöhe im Einzelfall den Betrag von 5.000 EUR kaum übersteigt bzw. die Versicherungssumme im Regelfall auf 1.500 bzw. 3.000 EUR begrenzt ist. 31

Vereinzelt werden Entscheidungen der Amts- und Landgerichte veröffentlicht. Mangels dort vorhandener Spezialkammern/-referate für Versicherungsrecht, ist eine gewisse Uneinheitlichkeit der Rechtsprechung zum Recht der Reisegepäckversicherung eingetreten. Dies wird auch durch den besonderen Gerichtsstand gem. § 215 verstärkt. 32

5. **Ausschlüsse**

Nicht versichert sind die Gefahren

5.1 **des Krieges, Bürgerkrieges oder kriegsähnlicher Ereignisse und solche, die sich unabhängig vom Kriegszustand aus der feindlichen Verwendung von Kriegswerkzeugen sowie aus dem Vorhandensein von Kriegswerkzeugen als Folge einer dieser Gefahren ergeben;**

33 *OLG Hamm* Urt. v. 24.02.1953 – (1) 2 Ss 883/52, DAR 1953, 138.

34 Ablehnend *AG Hannover* Urt. v. 09.11.1989 – Az.: 509 C 6571/89, VersR 1990, 1236.

35 *Staudinger*/Halm/Wendt, FAK-VersR, Nr. 4 AT-Reise 2008/2021, Rn. 6.

36 *LG Potsdam* Urt. v. 30.10.2001 – Az.: 3 S 161/01, ADAJUR Dok.Nr. 51585 = r+s 2002, 430 = VersR 2002, 1554 (Ls.); Vorinstanz *AG Potsdam* Urt. v. 11.04.2001 – 36 C 292/00, ADAJUR Dok.Nr. 52158 = NVersZ 2002, 515 (Füttern und Windelwechseln vor Antritt des Skiurlaubs).

37 *AG Cottbus* Urt. v. 10.01.2005 – 40 C 44/04, JurionRS 2005, 32411 = VersR 2005, 1388.

38 *Knappmann* Versicherungsschutz für Sachen im Kfz, VRR 2010, 49 ff.

5.2 von Streik, Aussperrung, Arbeitsunruhen, terroristischen oder politischen Gewalthandlungen, unabhängig von der Anzahl der daran beteiligten Personen, Aufruhr und sonstigen bürgerlichen Unruhen;

5.3 der Beschlagnahme, Entziehung oder sonstiger Eingriffe von hoher Hand;

5.4 aus der Verwendung von chemischen, biologischen, biochemischen Substanzen oder elektromagnetischen Wellen als Waffen mit gemeingefährlicher Wirkung, und zwar ohne Rücksicht auf sonstige mitwirkende Ursachen;

5.5 der Kernenergie oder sonstiger ionisierender Strahlung;

5.6 von Pandemien.

6. Obliegenheiten nach Eintritt des Versicherungsfalles

6.1 Der Versicherungsnehmer/die versicherte Person ist verpflichtet,

6.1.1 den Schaden möglichst gering zu halten und unnötige Kosten zu vermeiden;

6.1.2 den Schaden dem Versicherer unverzüglich anzuzeigen, insbesondere

- das Schadenereignis und den Schadenumfang darzulegen,
- dem Versicherer jede zumutbare Untersuchung über Ursache und Höhe ihrer Leistungspflicht zu gestatten,
- jede sachdienliche Auskunft wahrheitsgemäß zu erteilen,
- Originalbelege einzureichen und
- …

6.2 Rechtsfolgen bei Obliegenheitsverletzungen

6.2.1 Verletzt der Versicherungsnehmer/die versicherte Person vorsätzlich eine Obliegenheit, die er nach Eintritt des Versicherungsfalls gegenüber dem Versicherer zu erfüllen hat, so ist der Versicherer von der Verpflichtung zur Leistung frei.

6.2.2 Bei grob fahrlässiger Verletzung der Obliegenheit ist der Versicherer berechtigt, seine Leistung in dem Verhältnis zu kürzen, das der Schwere des Verschuldens des Versicherungsnehmers/der versicherten Person entspricht. Das Nichtvorliegen einer groben Fahrlässigkeit hat der Versicherungsnehmer/die versicherte Person zu beweisen.

6.2.3 Außer im Falle der Arglist ist der Versicherer jedoch zur Leistung verpflichtet, soweit der Versicherungsnehmer/die versicherte Person nachweist, dass die Verletzung der Obliegenheit weder für den Eintritt oder die Feststellung des Versicherungsfalles noch für die Feststellung oder den Umfang der Leistungspflicht des Versicherers ursächlich ist.

6.2.4 Verletzt der Versicherungsnehmer/die versicherte Person eine nach Eintritt des Versicherungsfalles bestehende Auskunfts- oder Aufklärungsobliegenheit, so ist der Versicherer nur dann vollständig oder teilweise leistungsfrei, wenn er den Versicherungsnehmer/die versicherte Person durch gesonderte Mitteilung in Textform auf diese Rechtsfolge hingewiesen hat.

7. Ansprüche gegen Dritte

7.1 Ersatzansprüche gegen Dritte gehen im gesetzlichen Umfang bis zur Höhe der geleisteten Zahlung auf den Versicherer über.

7.2 Sofern erforderlich, ist der Versicherungsnehmer/die versicherte Person verpflichtet, in diesem Umfang eine Abtretungserklärung gegenüber dem Versicherer abzugeben.

7.3 Der Versicherungsnehmer/die versicherte Person hat seinen/ihren Ersatzanspruch oder ein zur Sicherung dieses Anspruchs dienendes Recht unter Beachtung der geltenden Form- und Fristvorschriften zu wahren und bei dessen Durchsetzung durch den Versicherer soweit erforderlich mitzuwirken.

7.4 Richtet sich der Ersatzanspruch des Versicherungsnehmers/der versicherten Person gegen eine Person, mit der er bei Eintritt des Schadens in häuslicher Gemeinschaft lebt, kann der Übergang nach Absatz 1 nicht geltend gemacht werden, es sei denn, diese Person hat den Schaden vorsätzlich verursacht.

Die Klausel wiederholt in Nr. 7.1 den gesetzlichen Forderungsübergang nach § 86 Abs. 1 Satz 1 VVG. Die Nr. 7.2 hat in Ansehung eines gesetzlichen Forderungsübergangs grundsätzlich keine eigenständige Bedeutung, dient aber der besseren Durchsetzung[39] von Regressansprüchen. 33

Die allgemein normierte Pflicht, bei der Durchsetzung der Regressansprüche mitzuwirken (§ 86 Abs. 2 S. 1 Hs. 2 VVG) umfasst die Obliegenheit, eine Erklärung zur *Abtretung der Ansprüche* im Rahmen des *gesetzlichen Forderungsübergangs* »sofern erforderlich« abzugeben (Ziff. 7.2 AT-Reise). Eine solche Abtretungserklärung hat angesichts des gesetzlichen Forderungsübergangs zwar nur deklaratorische Bedeutung. ›Erforderlich‹ ist die Abgabe einer Abtretungserklärung gleichwohl zur Klarstellung gegenüber Regressschuldnern zur Vermeidung einer Diskussion über Grund und Höhe des gesetzlichen Forderungsüberganges[40] gem. § 86 VVG. 34

Das ***Familienprivileg*** ist in *Ziff. 7.4 AT-Reise* wortgleich mit § 86 Abs. 3 VVG geregelt. Danach kann ein Rechtsübergang nicht gegen eine Person geltend gemacht werden mit welcher der Versicherungsnehmer/die versicherte Person bei Eintritt des Schadens in häuslicher Gemeinschaft lebt. Eine häusliche Gemeinschaft setzt nicht eine Paarbeziehung voraus. Ausreichend ist das Zusammenleben in einer gemeinsamen Wohnung, also einer Wohngemeinschaft. Eine Ausnahme vom Familienprivileg ergibt sich bei vorsätzlicher Verursachung[41] eines Schadens. 35

Auf die erneute Aufnahme der differenzierten Rechtsfolgen bei vorsätzlicher und grob fahrlässiger Verletzung der Obliegenheit (§ 86 Abs. 2 S. 2 ff. VVG) verzichtet Ziff. 7 AT-Reise, da Ziff. 6.2 AT-Reise die betreffenden Regeln[42] enthält. 36

Die Forderung geht nur in der Höhe auf den Versicherer über, wie dieser seiner Leistungspflicht nachgekommen ist. Der Schaden des Versicherten kann jedoch größer sein. Dies kann sich aus der bedingungsgemäß nicht vorgenommenen Entschädigung für nicht versicherte Gegenstände oder aus einer vereinbarten Selbstbeteiligung ergeben. In den Fällen in denen der Schaden nicht vollständig ausgeglichen ist, ist das ***Quotenvorrecht***[43] zu beachten. Demnach hat der Geschädigte einen vorrangigen Anspruch auf den Ausgleich seiner nicht auf den Versicherer übergegangenen Ansprüche. 37

Dieses mögliche **Quotenvorrecht**[44] wird explizit nicht erwähnt (s. aber § 86 Abs. 1 Satz 2 VVG). Haftet der Versicherte bei Beschädigung seines Reisegepäcks insbesondere bei Straßenverkehrsunfällen mit, geht auf den Versicherer wie bei der Fahrzeugversicherung nur ein Teil über. Dies kann aber nicht zum Nachteil des Versicherungsnehmers geltend gemacht werden. Das Quotenvorrecht kommt in der Praxis häufig zum Tragen, da ähnlich A. 2.5.8 AKB 2015 bei der Fahrzeugversicherung[45] auch nach Nr. 7 VB-Reisegepäck 2008 häufig ein Selbstbehalt vorgesehen ist. 38

39 Van Bühren/Richter „Reiseversicherung“ 4. Aufl. ATR08 Abs. 7 Ziff. Rdn. 1.
40 Van Bühren/Richter „Reiseversicherung“ 4. Aufl. ATR08 Abs. 7 Ziff. 7.2 Rdn. 4
41 Van Bühren/Richter „Reiseversicherung“ 4. Aufl. ATR08 Abs. 7 Ziff. 7.2 Rdn. 4
42 Van Bühren/Richter „Reiseversicherung“ 4. Aufl. ATR08 Abs. 7 Ziff. Rdn. 6 Ziff. 7.3 Rdn. 5
43 Van Bühren/Richter „Reiseversicherung“ 4. Aufl. ATR08 Abs. 7 Rdn. 7 Ziff. 7.4 Rdn. 7.
44 *Staudinger*/Halm/Wendt, a.a.O. FAK-VersR, Nr. 7 AT-Reise 2008/2021, Rn. 1.
45 Zum Quotenvorrecht in der Fahrzeugversicherung siehe *Stomper* A.2.5.8 AKB Rdn. 13–44.

8. Zahlung der Entschädigung

Ist die Leistungspflicht des Versicherers dem Grunde und der Höhe nach festgestellt, wird die Entschädigung innerhalb von zwei Wochen ausgezahlt. Einen Monat nach Anzeige des Schadens kann als Abschlagszahlung der Betrag verlangt werden, der nach Lage der Sache mindestens zu zahlen ist.

9. Verjährung

9.1 Die Ansprüche aus dem Versicherungsvertrag verjähren in drei Jahren gerechnet ab dem Ende des Jahres, in welchem der Anspruch entstanden ist und der Versicherungsnehmer/die versicherte Person von den Umständen zur Geltendmachung des Anspruch Kenntnis erlangt hat oder ohne grobe Fahrlässigkeit hätte Kenntnis erlangen können.

9.2 Ist ein Anspruch aus dem Versicherungsvertrag bei dem Versicherer angemeldet worden, zählt der Zeitraum von der Anmeldung bis zum Zugang der in Textform mitgeteilten Entscheidung des Versicherers beim Anspruchsteller bei der Fristberechnung nicht mit.

10. Inländische Gerichtsstände/Anwendbares Recht

10.1 Gerichtsstand für Klagen gegen den Versicherer ist der Sitz des Versicherungsunternehmens oder der Wohnsitz des Versicherungsnehmers in Deutschland.

S. § 215 VVG.

10.2 Soweit gesetzlich zulässig, gilt deutsches Recht.

11. Anzeigen und Willenserklärungen

11.1 Anzeigen und Willenserklärungen des Versicherungsnehmers/der versicherten Person und des Versicherers bedürfen der Textform (z.B. Brief, Fax, E-Mail), soweit nicht ausdrücklich etwas Anderes bestimmt ist.

11.2 Versicherungsvermittler sind zur Entgegennahme von Anzeigen und Willenserklärungen nicht bevollmächtigt.

Besondere Versicherungsbedingungen für die Reisegepäckversicherung 2008/2021

(VB-Reisegepäck 2008/2021)

Diese Musterbedingung regelt die Reisegepäckversicherung. Der abgeschlossene Versicherungsschutz ergibt sich aus dem »Allgemeiner Teil der Versicherungsbedingungen für die Reiseversicherung 2008/2021«

(AT Reise 2008/2021) und dieser Musterbedingung des GDV

(Stand: Januar 2008/2021)

Den Bedingungen liegt ein Baukastensystem zugrunde: Formulierungen sind beispielhaft und nicht abschließend

1 Versicherte Sachen

Zum Reisegepäck zählen alle Sachen des persönlichen Reisebedarfs des Versicherungsnehmers/der versicherten Person, einschließlich Sportgeräte, Geschenke und Reiseandenken.

Die Klausel definiert den Begriff Reisegepäck, um eine Eingrenzung zu sonstigen Sachen des Versicherungsnehmers vorzunehmen. Dabei bleibt das Reisegepäck weit gefasst und beschränkt sich nicht nur auf Taschen und Koffer als Behältnisse[46] für Gegenstände. Genauso gut fallen z.B. Rucksäcke, Körbe und Kartons darunter. Weitere Klarstellungen erhält der Begriff durch die Ausschlüsse und Einschränkungen zum Versicherungsschutz in Nr. 3.1 und 3.2. 39

Der versicherungsrechtliche Begriff des Reisebedarfs ist in den Bedingungen nicht definiert. Ein Rückgriff auf § 2 Abs. 2 LadSchlG ist dagegen zu eng, da im Vordergrund der gesetzlichen Regelung nur Sachen stehen, die überwiegend unmittelbar während der Fahrt genutzt oder verbraucht[47] werden. Zum **Reisegepäck** gehören: Die Sachen des persönlichen Bedarfs, die Sie auf die Reise mitnehmen – also in der Regel Kleidung, elektronische Geräte, Fotoausrüstung oder Sportgeräte – jeweils mit Zubehör. Geschenke und Andenken, die Sie während der Reise erwerben. 40

Zum persönlichen Reisebedarf gehören alle Sachen, die während der Reise **verbraucht oder benutzt** werden könnten. Auf die tatsächliche Benutzung kommt es nicht[48] an. Nimmt der Reisende in den Sommerurlaub seine Skiausrüstung mit, um sich die Option offen zu halten, ein Sommerskigebiet zu besuchen, ist diese mitversichert. 41

Erwirbt der Versicherte dagegen **auf der Reise Kleidung**, um sie nach dem Urlaub zu Hause zu tragen, handelt es sich nicht[49] mehr um persönlichen Bedarf für die Reise. Anders ist es, wenn sie noch auf der Reise verwendet werden soll. 42

Die persönlichen Gegenstände müssen nicht[50] zwangsläufig im **Eigentum** des Versicherten stehen. 43

Nicht zum persönlichen Reisebedarf zählen **Umzugsgut**[51], sowie Gepäckstücke oder Sachen, die der Versicherte für eine andere Person[52] mitnimmt. Hierbei handelt es sich um einen Transport zum Nutzen eines Dritten. Beim eigeninitiierten Umzug sollte geprüft werden, ob eine »Außenversicherung« im Rahmen der Hausratsversicherung besteht. 44

Nach früheren Bedingungsmustern[53] gehörten nicht zum persönlichen Reisebedarf Gegenstände, die ausschließlich[54] beruflichen Zwecken dienten. Wurden sie privat mitbenutzt,[55] schadete die mehrfache Verwendungsmöglichkeit nicht. Diese Einschränkungen des Versicherungsschutzes sind in den neuen Musterbedingungen nicht mehr enthalten, werden teilweise jedoch weiterverwendet. **Heute**[56] hingegen ist die Mitnahme persönlicher Gegenstände zur **beruflichen Nutzung** vom Versicherungsschutz nach den VB-Reise 2008/2021 umfasst. 45

---

46 So schon *RG* Urt. v. 13.01.1923 – I 76/22, RGZ 104, 194 = JurionRS 1923, 10015.

47 *BVerwG* Urt. v. 23.02.2011 – 8 C 50.09, JurionRS 2011, 15889 = BayVBl 2012, 281 = NVwZ 2011, 1142 = NZV 2011, 565; *BGH* Urt. v. 23.03.1995 – I ZR 92/93, MDR 1995, 1230 = NJW 95, 2168.

48 *Van Bühren*/Ritter/van Bühren, Nr. 1 VB-Reisegepäck 2021, Rn. 25; Terbille/Höra/*Gebert/Steinbeck* Münchner Anwaltshandbuch, Kap. 30, Rn. 150.

49 *LG Düsseldorf* Urt. v. 26.02.1988 – 20a S 214/87, JurionRS 1988, 13737 = MDR 1989, 360 = VersR 1989, 42 = ADAJUR Dok.Nr. 41062.

50 Halm/Engelbrecht/Krahe/*Fajen*, Handbuch des Fachanwalts Versicherungsrecht, Kap. 17. Rn. 8; Terbille/Höra/*Gebert/Steinbeck* Münchner Anwaltshandbuch, Kap. 30, Rn. 150.

51 *RG* Urt. v. 13.01.1923 – I 76/22, RGZ 104, 194 = JurionRS 1923, 10015;

52 *AG München* Urt. v. 11.04.1997 – 173 C 23610/95, NVersZ 1999, 41 = ADAJUR Dok.Nr. 33406 (Klägerin legt Belege für Herrenbekleidung vor).

53 § 1 Nr. 2 Satz 3 AVBR 1992; darauf wohl noch abzielend Terbille/Höra/*Gebert/Steinbeck* Münchner Anwaltshandbuch, Kap. 30, Rn. 151.

54 *AG München* Urt. v. 23.11.1995 – 252 C 23469/95, VersR 1996, 708 = ADAJUR Dok.Nr. 8149 (Berufsfotograf).

55 *OLG Hamm* Urt. v. 15.05.1996 – Az.: 20 U 11/96, NJW-RR 1996, 1374 = zfs 1997, 29 = VersR, 965 = ZAP EN-Nr. 905/1996 = ADAJUR Dok.Nr. 11891 (Fotoausrüstung).

56 Prölss/Martin/*Knappmann* Nr. 1 VB-Reisegepäck 2008, Rn. 5; Looschelders/Pohlmann/*Benzenberg*, VVG-Kommentar, Anh. N, Rn. 11.

46 **Kleidung, Medikamente und Toilettenartikel** gehören regelmäßig zum persönlichen Reisebedarf. Dagegen seien Sachen aus der Zweitwohnung, die in die Hauptwohnung transportiert werden, um dort genutzt zu werden, kein[57] Reisebedarf. Zumindest bei der Kleidung des Wochenendpendlers, die lediglich von der Zweitwohnung in die Hauptwohnung transportiert wird, um dort gewaschen zu werden, muss das anders[58] gesehen werden. Die Kleidung wurde bereits beim Reiseaufenthalt genutzt und befindet sich nur auf der Rückreise.

47 Der Auffassung ist zuzustimmen,[59] dass allgemein verwendbares Werkzeug zum Reisegepäck zu zählen ist, wenn beabsichtigt ist, am Reiseziel im Ferienhaus[60] oder bei Verwandten Arbeiten durchzuführen.

48 Übliches **Pannenwerkzeug** und **Fahrzeugzubehör**, wie Verbandskasten, Abschleppseil, Ersatzlampen, Warndreieck, Warnleuchte und Schneeketten sind kein[61] persönlicher Reisebedarf. Dieses ist in der Fahrzeugversicherung[62] versicherbar, A.2.1.2.1b AKB 2015.

49 Führt der Versicherte **weiteres Werkzeug**[63] mit, um eine etwaige Panne des Fahrzeugs auf der Reise selbst beheben zu können, kann es sich ausnahmsweise um persönlichen Reisebedarf handeln.

50 Zum Fahrzeugzubehör gehören **fest eingebaute Navigationsgeräte** nach A.2.1.2.2a AKB 2015. Folglich sind sie kein Reisegepäck.

51 **Mobile Navigationsgeräte** sind dagegen vom Versicherungsschutz nach A.2.1.2.3 AKB 2015[64] in der Fahrzeugversicherung ausgeschlossen.[65] Dies bedeutet allerdings nicht, dass sie deswegen in der Reisegepäckversicherung versichert sein müssten. Sie sind jedoch prädestiniert für die Nutzung auf der Reise. Dem entsprechend gehören sie wie der Autoatlas[66] zum Reisebedarf.

52 Tragbare **Kühlboxen** – auch mit 12 Volt-Zigarettenanzünderanschluss – sind kein mitversichertes Fahrzeugzubehör[67] nach A.2.1.2.3 AKB 2015, da sie auch außerhalb des Fahrzeugs verwendet werden können. Sie kommen allerdings als Reisegepäck in Betracht.

53 **Kindersitze** sind bereits nach A.2.1.1 i.V.m.A.2.1.2.1f AKB 2015[68] mitversichert. Sie sollen zudem in den Versicherungsschutz der Reisegepäckversicherung mit einbezogen sein, wenn sie nicht[69] ausschließlich als Kfz-Zubehör Verwendung finden. Denkbar wäre eine Unterscheidung von Sitzerhöhungen, die nur für das Fahrzeug angepasst sind zu Babyschalen und Kindersitzsystemen, in denen das Kind ohne Fahrzeug sitzen oder liegen kann.

54 **Sportgeräte** gehören zum persönlichen Reisebedarf. Sie sind allerdings nur so lange versichert, als sie nicht gebraucht werden, 3.1.6 VB-Reisegepäck. Wird beispielsweise ein Fahrrad, Schlauchboot oder Surfbrett auf dem Dach des PKW mit in den Urlaub genommen, ist es als Reisegepäck

---

57 *LG München I* Urt. v. 26.06.1990 – 28 O 720/90, VersR 1991, 690 (Ls.) = zfs 1991, 283 (Ls.) = ADAJUR Dok.Nr. 1648.

58 So aber *van Bühren*/Richter, Nr. 1 VB-Reisegepäck 2021, Rn. 36.

59 *Staudinger*/Halm/Wendt, FAK-VersR, Nr. 1 VB-Reisegepäck 2008/2021, Rn. 5; Prölss/Martin/*Knappmann* Nr. 1 VB-Reisegepäck 2008/2021, Rn. 3, 5; Halm/Engelbrecht/Krahe/*Fajen*, Handbuch des Fachanwalts Versicherungsrecht, Kap. 17. Rn. 10.

60 *AG Dortmund* Beschl. v. 15.09.1987 – 128 C 425/87, r+s 1989, 129.

61 *OLG Karlsruhe* Urt. v. 02.04.1987 – 12 U 191/86, JurionRS 1987, 14050 = NJW-RR 1997, 1382 = r+s 1987, 291 = VersR 1987, 400; *AG Lemgo*, Urt. v. 18.11.1988 – 19 C 326/88, VersR 1989, 743.

62 Kreuter A.2.1.2 AKB Rdn. 19.

63 *AG Freiburg* Urt. v. 18.10.1979 – 2 C 356/79, VersR 1980, 964.

64 Kreuter A.2.1.2 AKB Rdn. 38.

65 *LG Hannover* Urt. v. 30.06.2006 – 8 S 17/06, JurionRS 2006, 43301 = VersR 2007, 100 = DAR 2008, 215; *Ullmann*, Navigationssysteme in der Teilkaskoversicherung, DAR 2008, 235 ff.

66 *Van Bühren*/Nies, Nr. 1 VB-Reisegepäck 2008, Rn. 18.

67 Kreuter A.2.1.2 AKB Rdn. 33 und 34.

68 Kreuter A.2.1.2 AKB Rdn. 38.

69 Halm/Engelbrecht/Krahe/*Fajen*, Handbuch des Fachanwalts Versicherungsrecht, Kap. 17. Rn. 10.

versichert. Auf der Radtour oder bei der Nutzung[70] auf dem Wasser sind die Sportgeräte vom Versicherungsschutz ausgeschlossen.

Der Versicherungsschutz erstreckt sich auf **Geschenke.** Damit sind einerseits solche gemeint, die am Reiseziel verschenkt[71] werden sollen; andererseits zudem solche, mit denen der Versicherte am Reiseziel beschenkt wurde. Eine Familie, die gemeinsam über Weihnachten in den Winterurlaub fährt und sich dort gegenseitig beschenkt, nimmt sogar dieselben Gegenstände auf den Hin- und Rückweg mit. 55

Nicht zu den Geschenken zählen Gegenstände, die der Versicherte als Andenken an eine frühere Schenkung mitnimmt, denn entscheidend ist der Zusammenhang mit der Reise. Der Schenkungsvertrag muss daher in unmittelbarem zeitlichem Zusammenhang mit der Reise stehen. 56

Auf den materiellen Wert des Geschenks kommt es nicht an. Allerdings soll[72] der Sache noch der Charakter eines Geschenks zukommen müssen. Ob eine derartige Einschränkung hineininterpretiert werden kann, muss bezweifelt werden, da das Wort **Geschenk** in den Bedingungen nicht definiert ist. Eine Ausgrenzung von Gegenständen, die wegen ihrer Eigenart für berufliche oder gewerbliche Zwecke[73] erworben wurden, erschließt sich nur über den »persönlichen« Reisebedarf. Mithin kann es sich auch nur um persönliche Geschenke handeln. Tatsächlich besteht die Gefahr, dass über »Geschenke« und »Reiseandenken« Einfallstore für eine Ausweitung des Versicherungsschutzes auf sonstige Sachen geschaffen wird. Andererseits lassen sich fast alle Sachen – mit Ausnahme von nicht versichertem Umzugsgut[74] und Handelsware[75] – privat und beruflich mitbenutzen.[76] 57

Mit Anlehnung an den Schenkungsvertrag nach den §§ 516 ff. BGB kann Gegenstand der Schenkung[77] vieles sein. Neben der Rechtsschenkung unterscheidet der *BGH*[78] die Sachschenkung von der Geldschenkung. Geldscheine und Geldmünzen zählen zu den vertretbaren Sachen, § 91 BGB. Zwar ist Geld nach 3.1.1 vom Versicherungsschutz ausgenommen, könnte jedoch als Briefumschlag mit Karte und innenliegendem Geldschein oder als Spardose mit Münzgeld zum Geldgeschenk werden. Will der Versicherer den weiten Anwendungsbereich »Geschenke« einschränken, sollte er durch die Aufzählung von Beispielen, wie etwa »Blumenstrauß, Fresskorb, Hochzeitsgeschenk, Theaterkarten, aber keine Geldgeschenke« die Erwartungshaltung des Versicherungsnehmers dämpfen. 58

Nicht dem Reisebedarf dienen Sachen, die lediglich ***Gegenstand einer Beförderung*** **sind.** Dies gilt etwa für Hausrat und Sachen des täglichen Bedarfs, zu deren Erwerb eigens eine Einkaufsfahrt unternommen wurde. Kein versicherter Reisebedarf sind auch Gegenstände (zB gebrauchte Kleidung und Wäsche), die vom Zweitwohnsitz zum Hauptwohnsitz transportiert werden und dort gereinigt werden sollen (LG München I VersR 1991, 690). ***Umzugsgut,*** das erst am neuen Wohnsitz Verwendung finden soll, ist kein versicherter Reisebedarf (*Führich* in Führich/Staudinger ReiseR-HdB § 33 Rn. 11). Dies betrifft zB die Beförderung von Gegenständen zur Ausstattung der Zweitwohnung, einer »Studentenbude« oder eines Ferienhauses. Ebenso gehören Sachen, die während einer Reise für Dritte befördert werden, nicht zum versicherten Reisegepäck. 59

70 Terbille/Höra/*Gebert/Steinbeck* Münchner Anwaltshandbuch, Kap. 30, Rn. 156.

71 Prölss/Martin/*Knappmann* Nr. 1 VB-Reisegepäck 2008, Rn. 3; *van Bühren*/Nies, Nr. 1 VB-Reisegepäck 2008, Rn. 43 »Gastgeschenke«.

72 Van Bühren/Richter »Reiseversicherung« 4. Aufl. AVB Reisegepäck Abs. 1 Ziff. 1 Rdn. 35; zu »Gastgeschenken« s. Rdn. 35; Terbille/Höra/*Gebert/Steinbeck* Münchner Anwaltshandbuch, Kap. 30, Rn. 155.

73 Van Bühren/Richter «Reiseversicherung« 4. Aufl. a.a.O.

74 Terbille/Höra/*Gebert/Steinbeck* Münchner Anwaltshandbuch, Kap. 30, Rn. 155.

75 Halm/Engelbrecht/Krahe/*Fajen*, Handbuch des Fachanwalts Versicherungsrecht, Kap. 17. Rn. 7.

76 *OLG Hamm* Urt. v. 15.05.1996 – Az.: 20 U 11/96, NJW-RR 1996, 1374 = zfs 1997, 29 = VersR, 965 = ZAP EN-Nr. 905/1996 = ADAJUR Dok.Nr. 11891 (Fotoausrüstung).

77 PWW/*Hoppenz*, § 516 BGB, Rn. 5.

78 *BGH* Urt. v. 03.12.1971 – V ZR 134/69, JurionRS 1971, 11839 = MDR 1972, 221 = NJW 1972, 247.

60 Kein Versicherungsschutz[79] besteht für Gegenstände, die *primär berufsbezogen* oder zu anderen Zwecken mitgeführt werden (*Führich* in Führich/Staudinger ReiseR-HdB § 33 Rn. 11). Das betrifft insbesondere *Handelswaren,* Musterkollektionen, Kataloge und Werbeschriften sowie die von Monteuren oder im Reparatur- und Wartungsdienst Beschäftigten mitgeführten Werkzeuge und Ersatzteile (vgl. *Ollick* VA 1980, 286). Kein Versicherungsschutz besteht für die Dias und Fachbücher, die ein Arzt zur Verwendung bei einem *Fachkongress* als Reisegepäck mit sich führt (OLG München VersR 1987, 1031). Kein Versicherungsschutz besteht auch für eine Kamera, die zu dem Zweck mitgeführt wird, vor Ort den Verlauf der auftragsgemäß erledigten Bauarbeiten zu dokumentieren. Instrumente von *Berufsmusikern* sind ebenso wenig versichert wie die Waffen von *Berufsjägern* (*Führich* in Führich/Staudinger ReiseR-HdB § 33 Rn. 11). Dagegen besteht Versicherungsschutz für Musikinstrumente von Laienmusikern, auch wenn damit gelegentlich während der Reise gegen Entgelt aufgespielt werden soll. Der *Notfallkoffer* eines Arztes, der aus berufsethischen Gründen von Ärzten zur Nothilfe bei Dritten stets mitgeführt wird, dient nicht dem persönlichen Reisebedarf des Arztes (*Führich* in Führich/Staudinger ReiseR-HdB § 33 Rn. 11). Vielmehr ist diese Ausrüstung dem beruflichen Reisebedarf des Arztes zuzuordnen. Führen *Reporter,* Forschungsreisende oder Filmemacher Fotoausrüstungen während der Reise mit, so spricht der erste Anschein dafür, dass diese Geräte beruflichen Zwecken dienen.

61 Ob ein *Laptop* oder ein Diktiergerät dem persönlichen Reisebedarf dient, etwa zur Dokumentation des Reiseverlaufs oder zu beruflichen Zwecken, ist im Einzelfall anhand der konkreten Umstände zu ermitteln (OLG Hamm NJW-RR 1996, 1374). Soweit Gegenstände sowohl zu privaten als auch zu beruflichen Zwecken mitgeführt werden, bestimmt sich der Versicherungsschutz danach, welchem Zweck der Gegenstand *vorrangig* dienen soll (LG Düsseldorf VersR 1983, 683 = NJW 1985, 2427).

62 Nicht zum persönlichen Reisebedarf[80] zählen auch Gegenstände, die mitgeführt werden, damit sie am Zielort als ***Entgelt für Kost und Unterkunft*** den Gastgebern überlassen werden; ebenso wenig sind Gegenstände versichertes Reisegepäck, die *irrtümlich* mitgenommen werden, weil sie versehentlich im Fahrzeug liegen geblieben waren (LG München I r+s 1998, 295).

63 Ausstattungen[81], die der versicherte Reisende mit Rücksicht auf seine ***Unterhaltspflicht*** gegenüber seiner Familie, welche am Zielort lebt, mitbringt, sind nicht versichert (LG München I VersR 1992, 1352).

64 **Reiseandenken** werden nicht tatsächlich auf der Reise gebraucht, dienen aber der persönlichen Erinnerung an die Reise.

65 Normale **Einkäufe**[83] zur Deckung des allgemeinen Lebensbedarfs sind weder persönlicher Reisebedarf noch Reiseandenken.

66 **Musikinstrumente** sind mitversichert, aber nicht nur soweit sie privat[84] auf der Reise benutzt werden. Die bestehenden Abgrenzungsschwierigkeiten, falls ein Berufsmusiker auf Reisen ist, treten nur in alten Ausschlussklauseln auf. Sollte man auf sie treffen gilt, dass auch wenn jemand beruflich

79 Van Bühren/Richter »Reiseversicherung« 4. Aufl. AVB Abs. 1 Ziff. 2 AVB Reisegepäck »Versicherte Sachen« Rdn. 37.

80 Van Bühren/Richter »Reiseversicherung« 4. Aufl. AVB Abs. 1 Ziff. 2 Reisegepäck »Versicherte Sache« Rdn. 38.

81 Van Bühren/Rritter a.a.O. Rdn. 39.

82 Van Bühren/Richter »Reiseversicherung« 4. Aufl. AVB Abs. 1 Ziff. 2 AVB Reisegepäck »Versicherte Sachen« Rdn. 40.

83 *LG München I* Urt. v. 20.01.1998 – 32 S 11240/97, r+s 1998, 295 = ADAJUR Dok.Nr. 31707; *LG Wiesbaden,* Urt. v. 18.12.1998 – 9 S 50/98, NVersZ 2000, 432 = ADAJUR Dok.Nr. 41696.

84 Van Bühren/Richter »Reiseversicherung« 4. Aufl. AVB Reisegepäck Abs. 1 Ziff. 1 Rdn. 37 – Unterschied Berufsmusiker und Laienmusiker.

unterwegs ist, immer noch Freizeit bleibt, die zum privaten musizieren genutzt werden kann. Es kommt dann auf die vorrangige[85] Nutzung an.

Tiere sind seit Einführung des § 90a Satz 1 BGB im Jahre 1990 keine Sachen mehr. Sachen iSd Reisegepäckversicherung sind nur unbelebte, bewegliche Gegenstände. Auf Reisen mitgenommene *lebende Tiere* wie Hunde, Katzen oder auch Reitpferde können ***nicht*** unter den Begriff des Reisegepäcks gefasst werden (*Richter* in van Bühren VersR-HdB § 7 Rn. 10; *Dörner* in Prölss/Martin VB-Reisegepäck Ziff. 1 Rn. 1). Dem stehen das natürliche Begriffsverständnis des Wortes »Gepäck« ebenso entgegen wie § 90a BGB, der ausdrücklich regelt, dass Tiere keine Sachen[86] sind. Das Interesse des Versicherten als Tierhalter kann nur über die Tierversicherung abgedeckt werden. 67

Als Reisegepäck[87] gelten im Sprachgebrauch zunächst die Sachen, die in *Koffern und Taschen* oder als separates Gepäckstück mitgeführt werden. Ähnlich eng war der Begriff des Reisegepäcks in der EVO geregelt (§§ 25 ff. EVO aF, insbes. § 25 Abs. 1 EVO aF). 68

Daraus folgt weiter, dass Gegenstände[88] von besonderem Umfang (zB Container voll Hausrat) nicht unter den Begriff des Reisegepäcks gefasst werden können. Auch das *Transportmittel* selbst und dessen Zubehör sind nicht Reisegepäck. Ein *Rollstuhl* ist jedoch während des Transports Reisegepäck 69

Motorradkoffer und **Topcase** sind einerseits als Zubehör des Fahrzeugs nach A.2.1.1 i.V.m. A.2.1.2f AKB mitversichert, solange sie mit dem Motorrad/Roller fest verbunden sind oder außerhalb des Fahrzeugs unter Verschluss gehalten werden. Andererseits sind es aber zugleich Gepäckstücke. Sie nehmen somit eine Zwischenstellung ein. 70

Soweit ihre Zubehörfunktion für das Kraftfahrzeug im Vordergrund steht, greift der Ausschluss nach 3.1.2. Werden Motorradkoffer oder Topcase vom Zweirad getrennt und sind noch nicht unter Verschluss gelangt im Sinne von A.2.1.2f AKB unterscheiden sie sich funktional nicht von anderen Gepäckstücken, wie Koffer oder Taschen. Sie sind daher für diesen Fall in den Versicherungsschutz einzubeziehen. 71

Versicherungsschutz besteht z.B. daher – im Gegensatz zu A.2.1.2f AKB – bei einfachem Diebstahl. Denkbar sind zudem Verkehrsunfälle nach einer Motorradpanne, wenn die z.B. Motorradkoffer abgenommen werden müssen, um das Hinterrad ausbauen zu können. 72

2 Gegenstand der Versicherung

2.1 Mitgeführtes Reisegepäck

Der Versicherer leistet Entschädigung, wenn mitgeführtes Reisegepäck während der Reise abhandenkommt oder beschädigt wird durch

2.1.1 Diebstahl, Einbruchdiebstahl, Raub, räuberische Erpressung, vorsätzliche Sachbeschädigung;

2.1.2 Unfall eines Transportmittels;

2.1.3 Feuer, Explosion, und Elementarereignisse.

2.2 Aufgegebenes Reisegepäck

Der Versicherer leistet Entschädigung,

85 *LG Düsseldorf* Urt. v. 16.09.1982 – 11 O 205/82, NJW 1985, 2427 = VersR 1983, 683.
86 Van Bühren/Richter »Reiseversicherung« 4. Aufl. AVB Reisegepäck Abs. 1 Ziff. 1 Versicherte Sachen Rdn. 13.
87 Van Bühren/Richter »Reiseversicherung« 4. Aufl. AVB Reisegepäck Abs. 1 Ziff. 1 Versicherte Sachen Rdn. 14.
88 Van Bühren/Richter »Reiseversicherung« 4. Aufl. AVB Reisegepäck Abs. 1 Ziff. 1 Versicherte Sachen Rdn. 15.

2.2.1 **wenn aufgegebenes Reisegepäck abhandenkommt oder beschädigt wird, während es sich im Gewahrsam eines Beförderungsunternehmens, eine Beherbergungsbetriebes oder einer Gepäckaufbewahrung befindet;**

2.2.2 **wenn aufgegebenes Reisegepäck den Bestimmungsort nicht am selben Tag wie der Versicherungsnehmer/die versicherte Person erreicht. Ersetzt werden die nachgewiesenen[89] Aufwendungen zur Wiedererlangung des Gepäcks oder für notwendige Ersatzbeschaffungen zur Fortsetzung der Reise bis höchstens ... Euro je Versicherungsnehmer/versicherte Person.**

73 Mitgeführtes Reisegepäck ist Gepäck, dass der Versicherte unmittelbar bei sich führt (Alleingewahrsam) oder zumindest noch im Zugriff hat (Mitgewahrsam). Mitgeführt sind daher Gepäckstücke im Kofferraum eines PKW, aber auch auf der Ladefläche eines Reisebusses. Sind mehrere Reisebusse unterwegs und befindet sich ein Koffer in einem anderen Bus als der Versicherte, ist das Gepäckstück aufgegeben im Sinne des 2.2.

74 Einfacher Diebstahl reicht aus. Beim einfachen Diebstahl – s.a. § 242 StGB – handelt es sich um die »**niedrigste**« **Stufe einer verbotenen Entwendung** von Gegenständen. Er liegt vor, wenn zwei Voraussetzungen erfüllt sind:

75 Die Täter haben **kein Hindernis** (verschlossene Fenster und Türen) zu überwinden, um an den Gegenstand zu gelangen. Die Gegenstände sind **ungeschützt**, liegen in den Wohnräumen herum und somit für Dritte zugänglich. Zusammengefasst setzen einfache Diebstähle **wenig Anstrengungen** aufseiten der Täter voraus. Sie gelangen mehr oder weniger unkompliziert an die gewünschte Beute.

76 **Transportmittel** ist jedes Kraftfahrzeug, Fahrzeug und Tier. Nach dem Unfallbegriff hat ein plötzlich von außen auf das Transportmittel einwirkendes Ereignis vorzuliegen. Dies wird teilweise[90] selbst dann schon bejaht, wenn ein Fahrzeugführer wegen eines Hindernisses auf der Fahrbahn zum Bremsen gezwungen wird. Dem ist nicht zuzustimmen. Die Teilnahme am Straßenverkehr erfordert ständige Wachsamkeit und Reaktionsbereitschaft. Die Reaktion auf ein Verkehrsgeschehen ist ein normales Betriebsereignis, das vom Fahrer des Transportmittels ausgeführt wird. Es handelt sich dabei aber noch nicht um eine **mechanische Einwirkung**[91] von außen.

77 Eine Beschädigung des Transportmittels wird nicht[92] vorausgesetzt. Anders als in der Kaskoversicherung geht es nicht um ein versichertes Fahrzeug, sondern um versichertes Gepäck. Ausreichend ist es daher, wenn durch einen Betriebsunfall[93] des Transportmittels das Gepäck beschädigt wird. Das ist z.B. der Fall, wenn mit Fahrrädern oder einer Dachbox auf dem PKW-Dach in eine Tiefgarage mit niedriger Höhe[94] eingefahren wird.

---

89 Korrektur von offensichtlichem Schreibfehler in Text.

90 Looschelders/Pohlmann/Benzenberg, VVG-Kommentar, Anh. N, Rdn. 7.

91 Prölss/Martin/*Knappmann*, Nr. 2 VB-Reisegepäck 2008, Rn. 11; *Staudinger*/Halm/Wendt, FAK-VersR, Nr. 2 VB-Reisegepäck 2008, Rn. 4.

92 *LG Bremen* Urt. v. 16.02.1995 – 6 S 559/94, JurionRS 1995, 15849 = NJW-RR 1995, 1058 = VersR 1996, 230 = zfs 1995, 348 = ADAJUR Dok.Nr. 27697; Halm/Engelbrecht/Krahe/*Fajen*, Handbuch des Fachanwalts Versicherungsrecht, Kap. 17. Rn. 16; Terbille/Höra/*Gebert/Steinbeck* Münchner Anwaltshandbuch, Kap. 30, Rn. 168.

93 *OLG Stuttgart* Urt. v. 20.12.1979 – 10 U 136/79, VersR 1979, 918 (mechanische Gewalt auf Bagger auf Tieflader).

94 *AG München* Urt. v. 20.01.1993 – 221 C 24406/92, ADAJUR Dok.Nr. 22305 = VersR 1994, 594 (Anstoß an Tankstellendach, Berufung durch LG München I, Urt. v. 21.07.1993 – 31 S 4531/93 zurückgewiesen; Terbille/Höra/*Gebert/Steinbeck* Münchner Anwaltshandbuch, Kap. 30, Rn. 168.

Die Beweislast obliegt dem Versicherten.[95] 78

3 Ausschlüsse und Einschränkungen

3.1 Nicht versichert sind

3.1.1 Geld, Wertpapiere, Fahrkarten, Urkunden und Dokumente aller Art mit Ausnahme von amtlichen Ausweisen und Visa;

3.1.2 motorgetriebene Land- Luft- und Wasserfahrzeuge samt Zubehör;

3.1.3 Brillen, Kontaktlinsen, Hörgeräte und Prothesen;

3.1.4 Vermögensfolgeschäden;

3.1.5 Video- und Fotoapparate als aufgegebenes Reisegepäckeinschließlich Zubehör sowie Schmucksachen und Kostbarkeiten;

3.1.6 Sportgeräte, soweit sie sich im bestimmungsgemäßen Gebrauch befinden.

3.1.7.1 für Schäden durch Vergessen, Liegen-, Hängen-, Stehenlassen oder Verlieren;

3.1.7.2 wenn die versicherte Person den Versicherungsfall vorsätzlich herbeigeführt hat. Führt der Versicherungsnehmer den Versicherungsfall grob fahrlässig herbei, ist der Versicherer berechtigt, seine Leistung in einem der Schwere der des Verschuldens des Versicherungsnehmers entsprechenden Verhältnis zu kürzen.

3.2. Einschränkungen des Versicherungsschutzes

3.2.1 Als mitgeführtes Reisegepäck sind Video- und Fotoapparate einschließlich Zubehör sowie Schmucksachen und Kostbarkeiten bis insgesamt ... % der Versicherungssumme versichert.

Schmucksachen und Kostbarkeiten sind nur dann versichert, wenn sie in einem ortsfesten, verschlossenen Behältnis (z.B. Safe) eingeschlossen oder in persönlichem Gewahrsam sicher verwahrt mitgeführt werden;

3.2.2 EDV-Geräte und Software einschließlich des jeweiligen Zubehörs sind bis zu ...%, höchstens bis zu ... EUR versichert;

3.2.3 Sportgeräte einschließlich Zubehör sind jeweils bis zu ...%, höchstens bis zu ... EUR versichert, soweit sie sich nicht in bestimmungsgemäßen Gebrauch befinden;

3.2.4 Geschenke und Reiseandenkensind bis zu ...% der Versicherungssumme versichert, höchstens bis zu ... EUR;

3.2.5 Versicherungsschutz für Schäden am Reisegepäck während des Zeltens und Campings besteht nur auf offiziell eingerichteten Campingplätzen.

3.3 Reisegepäck im abgestellten Kraftfahrzeug

Versicherungsschutz bei Diebstahl von Reisegepäck während der versicherten Reise aus einem abgestellten Kraftfahrzeug und aus daran angebrachten, mit Verschluss gesicherten Behältnissen oder Dach- oder Heckträgern besteht nur, wenn das Kraftfahrzeug bzw. die Behältnisse oder die Dach- oder Heckträger durch Verschluss gesichert sind und der Schaden zwischen 6.00 Uhr und 22.00 Uhr eintritt. Bei Fahrtunterbrechungen, die nicht länger als jeweils zwei Stunden dauern, besteht auch nachts Versicherungsschutz.

95 *Staudinger*/Halm/Wendt, a.a.O. FAK-VersR, Nr. 2 VB-Reisegepäck 2008/2021, Rn. 10.

79 Unter **Geld** sind gültige[96] Zahlungsmittel aller Währungen zu verstehen. Sie sind neben Wertpapieren und Urkunden die wichtigsten Ausnahmen. Ausweispapiere, wozu auch Führerschein und Fahrzeugpapiere[97] gehören, werden nach 4.4 nur mit den amtlichen Gebühren ersetzt. Die sonstigen Wiederbeschaffungskosten, um Ersatzausweise erstellen zu können, fallen unter den ebenfalls ausgeschlossenen Vermögensschaden.

80 **Motorgetriebene Fahrzeuge** als »Reisegepäck« sind vom Versicherungsschutz ausgeschlossen. Auf eine Zulassung zum Straßen-, Luft- oder Schiffsverkehr kommt es nicht an. Mithin sind z.B. nicht nur am Wohnmobil oder auf dem Anhänger mitgenommene Kleinwagen und Mofas ausgenommen, sondern auch Motorsportgeräte, wie Trial-Kräder und Jet-Ski.

81 Ausgenommen sind wegen der besonderen Schadensanfälligkeit und der Unkalkulierbarkeit des Risikos[98] in der Reisegepäckversicherung auch das **Fahrzeugzubehör.** Ein Cabrio-Verdeck[99] ist Bestandteil oder zumindest Zubehör eines Kraftfahrzeugs im Sinne der Reisegepäckversicherung.

82 **Motorunterstützte Fahrzeuge** werden von der Ausnahme offenbar nicht erfasst. Wird ein Schlauchboot, das mit Paddeln gefahren werden kann, auf dem PKW-Dach transportiert und der Motor im Kofferraum, wird eher die Absicht bestehen, das Boot hauptsächlich mit Motorantrieb zu nutzen. Dagegen spricht bei einem Paddelboot mit zusätzlich anzubauendem Elektromotor mehr dafür, hauptsächlich mit Muskelkraft betätigt zu werden.

83 Die gleiche Problematik zeigt sich beim **Elektrofahrrad.** Oftmals wird als Oberbegriff[100] »E-Bike« – obwohl rechtlich ein »Pedelec« – verwendet. Darunter können Fahrzeuge mit und ohne Tretunterstützung, sowie mit und ohne Anfahrhilfe, als auch schnellere Fahrzeuge (S-Pedelecs) verstanden werden. E-Bikes sind jedoch Kraftfahrzeuge, da sie ohne Muskelkraft fahren können. Die rechtliche Einordnung durch den Gesetzgeber ist straßenverkehrsrechtlich so, dass ein Pedelec (Tretunterstützung bis 25 km/h und max. 250 Watt) rechtlich als »Fahrrad« bewertet wird, ein E-Bike (E-Motor, max. 500 Watt, bis 20 km/h) und das S-Pedelec (Tretunterstützung, bis 45 km/h, Anfahrhilfe bis 18 km/h) als Mofa bzw. Kleinkraftrad einzuordnen sind. Insoweit hat sich die Einschätzung des *OLG Hamm*[101], dass ein E-Bike nicht **zwangsläufig** als Kraftfahrzeug zu gelten habe, überholt.

84 Die vormals bestehenden Unsicherheiten insoweit, ob ein Elektrofahrrad noch als Fahrrad oder Kraftfahrzeug zu gelten habe, durften nicht zu Lasten des Versicherten in der Reisegepäckversicherung gehen. Zu Recht betont Staudinger,[102] dass die Ausschlussklausel restriktiv auszulegen sei. Letztlich ist in allen Fällen, ob Boot oder Fahrrad, der Motor nur Zubehör eines ansonsten auch ohne Motor fahrfähigen Fahrzeugs.

85 Ähnliche Schwierigkeiten zeigen sich bei **Rollstühlen.** Elektrorollstühle sind als motorgetriebene Kraftfahrzeuge[103] nicht[104] versichert. Daneben gibt es handbetriebene Rollstühle, die elektrisch unterstützt werden können, wie bei einem Pedelec. Handbetriebene Rollstühle und Krücken sind

96 Van Bühren/Richter „Reiseversicherung" 4. Aufl. AVB Reisegepäck Abs. 1 Ziff. 1 Versicherte Sachen Rn. 66.

97 *Staudinger*/Halm/Wendt, a.a.O. FAK-VersR, Nr. 3 VB-Reisegepäck 2008/2021, Rn. 3.

98 *AG München* Urt. v. 14.10.1994 – 262 C 29673/93, JurionRS 1994, 23216 = VersR 1995, 1185 (Silent-Propeller für Gleitschirm).

99 *AG München* Urt. v. 02.08.2001 – 261 C 11464/01, ADAJUR Dok.Nr. 47977.

100 *Zunner*, Praxiswissen Fahrzeug-Zulassung, Kap. 5 Ratgeber A-Z.

101 *OLG Hamm* Urt. v. 28.02.2013 – 4 RBs 47/13, JurionRS 2013, 46453 = DAR 2013, 712 = NZV 2014, 482 = VRR 2014, 78 bespr. v. *Gregor*.

102 *Staudinger*/Halm/Wendt, FAK-VersR, Nr. 3 VB-Reisegepäck 2008/2021, Rn. 4.

103 *AG Löbau* Urt. v. 07.06.2007 – Az.: 5 Ds 430 Js 17736/06, JurionRS 2007, 62751 = DAR 2008, 405 m. Anm. *Hufnagel* = NJW 2008, 530 = NZV 2008, 370.

104 Van Bühren/Richter „Reiseversicherung" 4. Aufl. AVB Reisegepäck Abs. 1 Ziff. 1 Rn. 75; *Staudinger*/Halm/Wendt, a.a.O. FAK-VersR, Nr. 3 VB-Reisegepäck 2008/2021, Rn. 4.

dagegen nach allgemeiner Auffassung mitversichert. Sozialversicherungsrechtlich handelt es sich bei Rollstühlen jedweder Art[105] um Hilfsmittel, §§ 33 SGB V; 31 SGB VII. Die unter 3.1.3 aufgeführten ausgeschlossenen Gegenstände (Brillen, Kontaktlinsen, Hörgeräte und Prothesen) sind ebenfalls Hilfsmittel. Ein Elektrorollstuhl ist mitunter die letzte Möglichkeit, sich einigermaßen frei zu bewegen.[106] Beim Elektrorollstuhl steht der Wortlaut des 3.1.2 entgegen; das Nichterwähnen des Hilfsmittels Rollstuhl in 3.1.3 spricht allerdings für eine Mitversicherung, insbesondere nach der Modifizierung VB Reisegepäck 2008/2021 – Brillen, Kontaktlinsen, Hörgeräte und Prothesen. Zumindest beim **motorunterstützenden** Antrieb eines Rollstuhls wird der Versicherungsnehmer von seinem Verständnis her erwarten können, so dass dieser mitversichertes Reisegepäck ist. Dem Verwender steht es frei, den motorgetriebenen Hilfsantrieb zur Klarstellung auszunehmen. Unklarheiten insoweit gehen zu Lasten des Verwenders.

Ausgeschlossen sind sämtliche Brillen, somit auch Fern-, Ersatz- und Sonnenbrillen, die im Fahrzeug mitgeführt werden. Da sich der Ausschluss nur auf bestimmte, enumerativ aufgezählte Hilfsmittel im sozialversicherungsrechtlichen Sinne bezieht, sind **weitere Hilfsmitteln** nicht ausgeschlossen. Nicht ausgeschlossen sind daher zumindest handbetriebene Rollstühle, Bandagen, Orthesen, Gehstützen, CPM-Bewegungsschiene[107], selbst ein Blindenführhund.[108] 86

Vermögensfolgeschäden sind Schäden, die unmittelbar mit der Wiederbeschaffung von Gegenständen oder dem Verpassen von Anschlussreiseverbindungen etc. zu tun haben. Wird beispielsweise ein Gepäckstück am Autobahnrastplatz aus dem Fahrzeug gestohlen und entsteht wegen der polizeilichen Aufnahme ein Zeitverlust, so dass die Autofähre verpasst wird, sind diese Schäden grundsätzlich nicht zu ersetzen. 87

Sportgeräte sind nur versichert, solange sie sich nicht im Gebrauch befinden. Das allgemeine Gebrauchsrisiko – das Benutzungsrisiko – ist ausgeschlossen. Bei Gebrauchspausen besteht dagegen unstreitig[109] Versicherungsschutz. Sportkleidung wird nicht vom Ausschluss erfasst. Der Begriff »Gerät« ist nicht definiert. In Anlehnung an das Gerät in § 98 Nr. 2 BGB können darunter Maschinen und Mobiliar[110] verstanden werden. 88

Kein Versicherungsschutz besteht für Schäden durch selbst zu verantwortende Verluste, wie **Vergessen, Liegen-, Hängen, Stehenlassen oder Verlieren.** 89

3.1.7.2 wiederholt –sprachlich nicht ideal[111] – den für die Schadenversicherung maßgebenden § 81 VVG für Vorsatz und grobe Fahrlässigkeit. Vorsätzliche Beschädigungen von Reisegepäck sind uninteressant, da nur der Zeitwert ersetzt wird.[112] 90

Der Begriff der **groben Fahrlässigkeit** ist mit Blick auf die besondere Situation bei der Reise zu betrachten, indem das Gepäck vom sicheren häuslichen Bereich in eine unsichere oder gar gefährliche Umgebung verbracht wird. Das allgemeine Reiserisiko[113] ist dabei vertragstypisch von der Reisegepäckversicherung gedeckt. Die äußeren Bedingungen müssen hingegen zu einer gesteigerten Obhutspflicht führen, deren Vernachlässigung vorhersehbar für einen möglichen Schadenseintritt 91

105 *BSG*, Urt. v. 14.09.1994 – 3/1 RK 56/93, JurionRS 1994, 25671 = NJW 1995, 2435 (Elektrorollstuhl als Hilfsmittel).
106 *BVerfG* Beschl. v. 11.03.2009 – 1 BvR 120/09, NZS 2009, 674 = DVBl 2009, 533.
107 Eichenhofer/Wenner/*Ulmer*, Kommentar zum SGB V, § 139 SGB V, Rn. 18.
108 *BSG* Urt. v. 25.06.2009 – B 3 KR 4/08 R, JurionRS 2009, 23310.
109 *Staudinger*/Halm/Wendt, FAK-VersR, Nr. 3 VB-Reisegepäck 2008, Rn. 8; Looschelders/Pohlmann/*Benzenberg*, VVG-Kommentar, Anh. N, Rn. 11; Halm/Engelbrecht/Krahe/*Fajen*, Handbuch des Fachanwalts Versicherungsrecht, Kap. 17. Rn. 11; Prölss/Martin/*Knappmann*, Nr. 3 VB-Reisegepäck 2008, Rn. 9.
110 PWW/*Völzmann-Stickelbrock* § 98 BGB, Rn. 3.
111 *Staudinger*/Halm/Wendt, a.a.O. FAK-VersR, Nr. 3 VB-Reisegepäck 2008/2021, Rn. 10.
112 Prölss/Martin/*Knappmann*, Nr. 3 VB-Reisegepäck 2008, Rn. 12.
113 *OLG Karlsruhe* Urt. v. 01.12.1977 – 12 U 62/77, JurionRS 1977, 11710 = VersR 1978, 417; *OLG Düsseldorf* Urt. v. 28.05.1974 – 4 U 21/73, VersR 1974, 901 (normales Reisegepäck im verschlossenen Fahrzeuginnenraum).

ist. Maßgebend sind der Wert des Gepäckstücks, die Intensität der Gefahr[114] und die Dauer der Gefahrensituation. Zu fragen ist, was der Versicherungsnehmer in zumutbarer Weise hätte tun können, um den Schadenseintritt zu verhindern. Selbst beim Vorliegen eines objektiv schweren Pflichtverstoßes muss dies nicht in jedem Fall unentschuldbar sein. So kann ein schlichtes Versehen, das jedermann unterlaufen kann oder ein **Augenblicksversagen** während einer andauernden Konzentrationsphase die Annahme grober Fahrlässigkeit ausschließen.[115]

92 Führt das Fahrverhalten des versicherten Fahrers zu einem **Unfall**, bei dem auch das Reisegepäck beschädigt wird, sind die gleichen Anforderungen an die grobe Fahrlässigkeit zu stellen, wie auch bei der Beschädigung des Fahrzeugs in der Fahrzeugversicherung[116] nach A.2.9.1 AKB 2015, da die Gesamtsituation keine Unterschiede erkennen lässt.

93 Bezogen auf die **Ladungssicherung** sieht dies grundsätzlich nicht anders aus, da Fahrzeugschäden durch die Ladung in der Fahrzeugversicherung ausgeschlossen sind. Es handelt sich nicht um einen Unfall, sondern um Betriebsschäden durch rutschende Ladung[117], A.2.2.2.2 Abs. 2 AKB 2015. Folgt man jedoch der abzulehnenden[118] Auffassung[119], dass Betriebsschäden als Transportmittelunfall im Sinne der VB-Reisegepäck zu werten sind, ist die mangelhafte Ladungssicherung auch unter dem Blickwinkel grober Fahrlässigkeit zu betrachten.

94 Die Pflicht zur Ladungssicherung nach § 22 StVO gilt für sämtliche Fahrzeuge und alle zu transportierenden Gegenstände, wie auch für das Reisegepäck.[120] Zu beachten ist, dass beladene Fahrzeuge und Dachlasten das Fahrverhalten von PKW wesentlich verändern[121] können. Für ein strafrechtlich relevantes Verhalten ist ebenfalls Fahrlässigkeit, aber noch kein grob fahrlässiges Verhalten erforderlich. Insofern wird sich keine grobe Fahrlässigkeit nachweisen lassen, wenn ein Dachgepäckträger für Fahrräder nach Bedienungsanleitung montiert[122] wird. Als grob fahrlässig wird man ansehen müssen, wenn schweres Gepäck ungesichert auf der Hutablage liegt und beim Bremsen (Betriebsschaden im Sinne des A.2.2.2.2 AKB 2015) durch die Windschutzscheibe fliegt.

95 Liegt nicht nur ein Betriebsschaden, sondern ein Unfall mit dem Fahrzeug vor, kann sich der Schaden am Gepäck dadurch ergeben oder deutlich vergrößern, dass es ungesichert im Fahrzeug transportiert wurde. Die mangelnde Ladungssicherung[123] kann den Vorwurf grober Fahrlässigkeit begründen.

96 Besondere Bedeutung gewinnt die Frage der Fahrlässigkeit bei Reisegepäck, das im Fahrzeug belassen wurde. Es ist grundsätzlich nicht grob fahrlässig, **Gepäck im Wageninneren**[124] zu belassen, sofern das Fahrzeug[125] und der Kofferraum abgeschlossen[126] an einem sicheren Platz steht.

97 Es gibt neuerdings Schließvorrichtungen, die die Belüftung des Kofferraums über die Heckklappe ermöglichen. Diese Produkte, sog. »**Luftys**« (z.B. beim Transport von Tieren), ermöglichen das sichere Abschließen des Fahrzeugs bei teilgeöffneter Klappe. In der Reisegepäckversicherung reicht

---

114 Halm/Engelbrecht/Krahe/*Fajen*, Handbuch des Fachanwalts Versicherungsrecht, Kap. 17. Rn. 58.

115 *BGH* Urt. v. 05.04.1989 – IVa ZR 39/88, JurionRS 1989, 15115 = MDR 1989, 801 = NJW-RR 1989, 1187 = VersR 1989, 840.

116 Siehe daher Stomper A.2.9.1 AKB Rdn. 3 u. 4 zu § 81 VVG.

117 Stomper A.2.2.2. AKB Rdn. 54 u. 55.

118 Siehe oben Versicherung von sonstigen Gegenständen 2.1.2 Rdn. 56.

119 Looschelders/Pohlmann/*Benzenberg*, VVG-Kommentar, Anh. N, Rn. 28;

120 Hentschel/*König*/Dauer, StrVR, § 22 StVO, Rn. 12.

121 Hentschel/*König*/Dauer, StrVR, § 22 StVO, Rn. 18.

122 *OLG Braunschweig* Urt. v. 05.01.1995 – Ss (BZ) 176/94, NZV 1995, 406.

123 *OLG Saarbrücken* Urt. v. 01.12.2010 – 5 U 395/09, NJW-Spezial 2011, 362 = VRR 2011, 186, bespr. v. *Nugel* = ADAJUR Dok.Nr. 92390 = zfs 2011, 151 (hier PKW auf Anhänger).

124 *BGH*, Urt. v. 12.10.1988 – IVa ZR 46/87, JurionRS 1988, 13294 = MDR 1989, 337 = NJW-RR 1989, 213 = VersR 1989, 141.

125 *LG Köln* Urt. v. 05.11.1979 – 74 O 99/78, VersR 1980, 252 (teilgeöffnetes Seitenfenster).

126 *LG Berlin* Urt. v. 22.11.1988 – 7 O 156/88, VersR 1989, 741.

es nicht aus, dass ein Kofferraum nur abgeschlossen, aber nicht verschlossen ist, da z.B. mit einem Draht sehr kleine Gegenstände herausgeangelt werden können, auch wenn sich das Fahrzeug insgesamt dadurch nicht öffnen lässt.

Ob ein Platz sicher ist, richtet sich nach der Beleuchtung, der Bewachung,[127] der Tageszeit,[128] der Auffälligkeit von Fahrzeug[129] und sichtbarem Inhalt[130] sowie dem Umfeld[131] und Blickfeld.[132] Objektive Anzeichen für gefährdete Gegenden erkennt man an den Glassplittern von früheren Autoaufbrüchen auf dem Parkplatzgelände, insbesondere an Aussichtspunkten und Wanderparkplätzen. Sogar ein schlechter Mobilfunkempfang bietet Dieben größeren Schutz. Fahrzeuge mit auswärtigem Kennzeichen und sichtbarer Beladung lassen Diebe schließlich eher vermuten, dass sich Wertgegenstände im Fahrzeug befinden. Alarmanlagen in Fahrzeugen und videoüberwachte P+R-Parkplätze erschweren es heute den Dieben, unerkannt Beute zu machen. Eine Einzelfallbetrachtung ist notwendig. 98

Werden einzelne Gepäckstücke aus dem Fahrzeug gestohlen, ist die **Gesamtbeladung** des Fahrzeugs mit in die Betrachtung einzubeziehen. Ist der Kofferraum eines Fahrzeugs nicht ausreichend, können dort nicht alle Gepäckstücke Platz finden. Der Versicherungsnehmer ist dann oft gezwungen, einen Teil des Gepäcks auf die Rücksitze zu nehmen. Dies gilt auch für die Skiausrüstung, die wegen der Länge der Ski durchgeladen wird. Zu Recht hält daher *Knappmann*[133] die Anforderungen für überzogen, dass Gepäck gar nicht sichtbar sein dürfe; allerdings sollte dies dann nicht gelten, wenn es sich dabei um einem Laptop auf dem Beifahrersitz[134] handelt. Schließlich hat der Versicherte die Möglichkeit, weniger wertvolle Gegenstände sichtbar im Fahrzeuginnenraum zu belassen, um wertvolles Gepäck im Kofferraum verstauen zu können. Ein **Umladen im Fahrzeug** ist dann zumutbar. 99

Zumutbar ist auch ein **Umladen** von wertvollem[135] Gepäck **in das Hotelzimmer**. Ob allerdings verlangt werden kann, dass die komplette Skiausrüstung bei der Durchreise mitgenommen werden muss, ist zu bezweifeln. Dies wird weder körperlich zumutbar sein, noch wird es überall die Möglichkeit[136] zur Aufbewahrung geben. 100

Auch für **Mitfahrten** im Taxi oder beim Trampen bestehen Besonderheiten. Keine grobe Fahrlässigkeit besteht, wenn nach dem Aussteigen der PKW-Fahrer mit einem auf dem Rücksitz liegenden Rucksack plötzlich[137] davonfährt; anders beim Taxi in Nordafrika.[138] 101

Für die Reisegepäckversicherung gelten keine besonderen **Kürzungsquoten**, so dass mit Abstufungen nach 10 %-Schritten[139] durchaus angemessene Ergebnisse zu erzielen sind. 102

---

127 *OLG München* Urt. v. 13.06.1989 – 18 U 1702/89, VersR 1989, 1258 (Ls.).

128 *OLG Hamm* Urt. v. 26.03.1982 – 20 U 277/81, JurionRS 1982, 17764 =ADAJUR Dok.Nr. 62030 = VersR 1982, 1071; *OLG Karlsruhe*, Urt. v. 02.04.1987 – 12 U 191/86, JurionRS 1987, 14050 = NJW-RR 1997, 1382 = r+s 1987, 291 = VersR 1987, 400.

129 *AG Göttingen* Urt. v. 05.07.1989 – 22 C 150/89, VersR 1989, 1258.

130 *LG Hamburg* Urt. v. 08.06.1989 – 71 O 616/88, VersR 1989, 1192 (abgedeckter Fernseher).

131 *AG Wiesbaden* Urt. v. 25.08.1988 – 99 C 621/88, r+s 1990, 247.

132 Bedenklich *OLG Schleswig* Urt. v. 19.09.1985 – 5 U 259/84, VersR 1996, 806 m.Anm. Diels = zfs 1986, 315 (Ls.).

133 Prölss/Martin/*Knappmann*, Nr. 3 VB-Reisegepäck 2008, Rn. 16.

134 *LG Köln*, Urt. v. 24.05.2004 – 24 S 13/04, VersR 2004, 1413 = ADAJUR Dok.Nr. 60500.

135 *LG München I*, Urt. v. 26.05.1992 – 23 O 3266/92, VersR 1993, 1145 =ADAJUR Dok.Nr. 20064.

136 *LG Aachen*, Urt. v. 01.12.1989 – 3 S 203/89, JurionRS 1989, 20788 = r+s 1990, 248.

137 *AG Bremen*, Urt. v. 19.03.1986 – 4 C 228/85, JurionRS 1986, 12911 = VersR 1986, 760 = zfs 1986, 315.

138 *AG Siegen*, Urt. v. 10.08.1990 – 7 C 566/90, r+s 1990, 427.

139 *LG Hannover*, Urt. v. 17.09.2010 – 13 O 153/08, JurionRS 2010, 35393 = VersR 2011, 112 = r+s 2013, 143; Halm/Engelbrecht/Krahe/*Fajen*, Handbuch des Fachanwalts Versicherungsrecht, Kap. 17. Rn. 58.

103 Der Versicherer hat das Vorliegen eines Ausschlusstatbestandes zu **beweisen**. Der Versicherte hat im Falle des Gebrauchs von Sportgepäck, seinerseits die Möglichkeit zu beweisen, dass der Schaden nicht im Rahmen der »tatsächlichen Benutzung« erfolgte.[140]

104 Unter 3.2 werden verschiedene **Einschränkungen des Versicherungsschutzes** aufgezählt. Ob es sich dabei im Einzelnen um eine verhüllte Obliegenheit handelt, oder um einen Risikoausschluss, ist streitig.[141] Wertmäßige, zeitliche und örtliche Beschränkungen sprechen eher für eine Risikobegrenzung. Sie lassen sich an exakten Merkmalen feststellen. »Persönlicher Gewahrsam« und »unter Verschluss« sprechen dagegen mehr für Obliegenheiten.[142]

105 Unklar ist, was unter einem ortsfesten und verschlossenen **Behältnis** zu verstehen ist. Gemeint ist wohl, dass das Behältnis nicht gleichsam einem Gepäckstück fortgeschafft werden kann, wie etwa bei einem – entsprechend großen – Schrank.[143] Das abschließbare Handschuhfach im PKW ist kein sicheres Behältnis, das dem Beispiel der Klausel »Safe« auch nur annähernd gleichzusetzen ist. Allerdings verfügen heute viele Fahrzeuge über fest montierte oder im Wagenboden eingelassene Kassetten, die sich nicht so leicht öffnen lassen. Zudem werden in Wohnwagen und Wohnmobile Kleintresore eingebaut. Die Behältnisse selbst sind ortsfest im Fahrzeug, auch wenn das Fahrzeug selbst eine Ortsveränderung vornehmen kann.

106 Die **Campingklausel** in 3.2.5 enthält eine Risikobegrenzung. Versichert ist Reisegepäck während der Fahrt zu oder von Campingplätzen und sonstigen Stellplätzen aller Art; ansonsten nur auf offiziellen eingerichteten Campingplätzen. Durch die Formulierung soll jedenfalls »wildes Zelten«, das dauerhafte Abstellen von Wohnwagen und Reisemobilen, sowie der Stopp an Übernachtungsplätzen an Autobahnen und öffentlichen Parkplätzen,[144] aber auch das bloße Parken auf kommunalen Übernachtungsplätzen für Wohnmobile[145] ausgeschlossen werden.

107 Die Klausel enthält keine Definition, was unter offiziell eingerichteten **Campingplatz** zu verstehen ist. Ein Rückgriff auf das Bauordnungsrecht erscheint zielführend, da nur unter bestimmten Voraussetzungen ein Campingplatz überhaupt betrieben werden darf. Hierfür werden nur bestimmte Sondergebiete ausgewiesen, § 10 Abs. 5 BauNVO. Die Einrichtung der Campingplätze ist in den jeweiligen Landes-Campingplatzverordnungen geregelt. Danach sind Campingplätze regelmäßig[146] Plätze als dauerhafte Einrichtungen, die zum Aufstellen von mehr als drei Wohnwagen, Zelten oder ähnlichen Anlagen zum vorübergehenden Aufenthalt bestimmt sind. Dazu gehören neben den Brand- und sonstigen Schutzvorschriften Betriebsvorschriften, wie z.B. in § 15 CPlVO BW (Campingplatz-Verordnung). Danach hat eine Aufsichtsperson ständig erreichbar zu sein.

108 An Campingplätze im Ausland sind entsprechende Anforderungen zu stellen, um ein Mindestmaß an Schutzeinrichtungen sicherzustellen.

109 Jahreszeitlich geschlossene Campingplätze erfüllen die Mindestvoraussetzungen nicht, da die wesentlichen Einrichtungen, die Infrastruktur[147] ebenfalls geschlossen sind. Selbst wenn der Platz nicht

---

140 *Staudinger*/Halm/Wendt, FAK-VersR, Nr. 3 VB-Reisegepäck 2008/2021, Rn. 11.

141 *Staudinger*/Halm/Wendt, FAK-VersR, Nr. 3 VB-Reisegepäck 2008/2021, Rn. 12.

142 *Staudinger*/Halm/Wendt, FAK-VersR, Nr. 3 VB-Reisegepäck 2008/2021, Rn. 12.

143 Van Bühren/Richter/H. van Bühren »Reiseversicherung« 4. Aufl. AVB Reisegepäck Abs. 1 Ziff. 1 Rdn. 59 zum »Persönlichen Gewahrsam«.

144 Van Bühren/Richter »Reseversicherung 4. Aufl.« AVB Reisegepäck Abs. 3 Ziff. 3 Ausschlüsse Rn. 9.

145 § 2 Abs. 1 CW VO NRW (Verordnung über Camping- und Wochenendplätze).

146 *OVG Niedersachsen* Urt. v. 24.07.2013 – 1 LB 245/10, JurionRS 2013, 43897; *OVG Nordrhein-Westfalen* Urt. v. 19.02.2001 – 10A D 3/01.NE, JurionRS 2001, 31731 = NWVBl. 2003, 152.

147 *Staudinger*/Halm/Wendt, FAK-VersR, Nr. 3 VB-Reisegepäck 2008/2021, Rn. 15.

verschlossen ist und Übernachtungen geduldet werden, so geschieht dies auf eigene Gefahr. Die Anforderungen sind daher auch entsprechend der Campingklausel eher eng als weit auszulegen.[148]

Entgegen *LG Bielefeld*[149] kommt es nicht darauf an, ob es sich um einen Campingplatz für Dauercamper, Freizeit- und Urlaubscamper oder durchreisende Übernachtungsgäste handelt. Für letztere werden zudem häufig Flächen für Kurzzeitaufenthalte auch an anderen Campingplätzen angeboten. Die Klausel lässt keine Einschränkungen[150] zu. 110

In der Tagzeit von 6.00 Uhr bis 22.00 Uhr besteht Diebstahlschutz für das Reisegepäck in **abgestellten Kraftfahrzeugen**, die durch Verschluss gesichert sind. Die frühere **Kofferraumklausel**[151] war im Zuge der Veränderung der Fahrzeuge anzupassen. Abgestellt ist nicht im verkehrsrechtlichen Sinne[152] zu verstehen, sondern bedeutet Betriebsruhe ohne Anwesenheit[153] von Fahrer bzw. Insassen. Eine kurze Fahrtunterbrechung zum Tanken nebst Bezahlvorgang ist noch keine Betriebsruhe. 111

Der Wortlaut bezieht sich nur auf Kraftfahrzeuge. Darunter können sicherlich Kraftfahrzeuge im Sinne des § 1 Abs. 2 StVG[154] verstanden werden. Allein zwingend ist dies allerdings nicht, da Kraftfahrzeuge auch als Oberbegriff für die motorgetriebenen Land-, Luft- und Wasserfahrzeuge nach 3.1.2 verstanden werden kann. 112

Anhänger und Wohnanhänger sind rechtlich keine Kraftfahrzeuge, da sie nicht durch eigene Maschinenkraft bewegt werden, § 1 Abs. 2 StVG. Dennoch wird zumeist[155] befürwortet, die Klausel auch auf Anhänger anzuwenden. Abgestellte Anhänger können hingegen ohne Überwindung großer technischer Hindernisse insgesamt – nebst Gepäck – gestohlen werden. 113

Abgestellte **Gespanne**, bestehend aus Zugfahrzeug und Anhänger oder Zugfahrzeug und Wohnanhänger werfen dagegen weitere Fragen auf, falls man Anhänger nicht einbezieht. Es wäre kaum erklärlich, dass Versicherungsschutz für das Gepäck im Kofferraum des Zugfahrzeugs besteht, aber im damit verbundenen Gepäckanhänger nicht. 114

Mit Verschluss **gesicherte Behältnisse** können Behältnisse verschiedener Art sein. Dach- und Heckträger werden nur exemplarisch erwähnt. Hierzu gehören insbesondere abschließbare Dachboxen, Gepäckboxen auf Kupplungsträgern, aber auch Motorradkoffer und Topcases. Dabei reicht es nicht aus, dass die Motorradkoffer nur mit besonderen Schrauben[156] befestigt sind. Abschließbare Anhänger und Wohnwagen, die ihrerseits mit dem Zugfahrzeug verbunden und gesichert sind, können im Zweifel ebenso als Behältnisse gewertet werden. 115

»Mit **Verschluss** gesichert« erweckt den Eindruck eines Ausschlusstatbestandes, zumal die Nr. 3 die Überschrift »Ausschlüsse und Einschränkungen« trägt. Objektiv wird jedoch vom Versicherungsnehmer ein bestimmtes Verhalten verlangt. Die Formulierung enthält somit eine verhüllte 116

---

148 **A.A.** Prölss/Martin/*Knappmann*, Nr. 3 VB-Reisegepäck 2008, Rn. 41; Looschelders/Pohlmann/*Benzenberg*, VVG-Kommentar, Anh. N, Rn. 40.

149 *LG Bielefeld* Urt. v. 07.09.1999 – 23 S 117/99, NJW-RR 2000, 622 = NVersZ 2000,93 = VersR 2000, 724.

150 Prölss/Martin/*Knappmann*, Nr. 3 VB-Reisegepäck 2008, Rn. 40; *Staudinger*/Halm/Wendt, FAK-VersR, Nr. 3 VB-Reisegepäck 2008, Rn. 15.

151 *BGH* Urt. v. 13.12.1978 – IV ZR 177/77, JurionRS 1978, 11480 = DB 1979, 1937 = MDR 1979, 385 = NJW 1979, 981 = VersR 1979, 343.

152 *BVerwG* Urt. v. 16.11.1973 – VII C 58.72, BVerwGE 44, 193 = JurionRS 1973, 13959 = DAR 1974, 55 = DVBl 1974, 290 = NJW 1974, 761 (Parken können nur betriebsbereite Fahrzeuge).

153 Prölss/Martin/*Knappmann*, Nr. 3 VB-Reisegepäck 2008, Rn. 45.

154 *Staudinger*/Halm/Wendt, FAK-VersR, Nr. 3 VB-Reisegepäck 2008, Rn. 16; Halm/Engelbrecht/Krahe/*Fajen*, Handbuch des Fachanwalts Versicherungsrecht, Kap. 17. Rn. 25.

155 *Staudinger*/Halm/Wendt, FAK-VersR, Nr. 3 VB-Reisegepäck 2008/2021, Rn. 16; Prölss/Martin/*Knappmann*, Nr. 3 VB-Reisegepäck 2008, Rn. 50; **a.A.** *van Bühren*/Nies, Nr. 3 VB-Reisegepäck 2008, Rn. 299.

156 *LG Hamburg* Urt. v. 15.05.1985 – 18 S 207/84, VersR 1986, 695.

Obliegenheit,[157] die den Versicherungsschutz nicht entfallen lässt. Der Versicherer kann jedoch seine Leistung entsprechend dem Verschuldensgrad kürzen, § 81 Abs. 2 VVG.

117 Die sogenannte **Nachtzeitklausel** in 3.3 enthält nach zutreffender Ansicht[158] eine Risikobegrenzung, da der Versicherungsschutz zeitlich eingeschränkt ist. Bei abgestelltem Kraftfahrzeug besteht in der Zeit von 22.00 Uhr bis 6.00 Uhr grundsätzlich kein Versicherungsschutz.

118 Als Ausnahme von der Nachtzeitklausel werden zweistündige Fahrtunterbrechungen eingeräumt. Dabei kann es sich um mehrere[159] Fahrtunterbrechungen in einer Nacht handeln. Jede Unterbrechung für sich darf nicht länger als zwei Stunden andauern. In der Summe können sie die Grenze von zwei Stunden übersteigen. Die Beweislast liegt beim Versicherungsnehmer.

119 Durch die umstrittene[160] Einführung von **Telematiksystemen** im Kraftfahrzeug wird es zumindest dem Reisegepäckversicherten erleichtert, die genauen Zeiten der Fahrtunterbrechungen zu beweisen.

4 **Höhe der Entschädigung**

Im Versicherungsfall erstattet der Versicherer bis zur Höhe der vereinbarten Versicherungssumme für

4.1 **abhanden gekommene oder zerstörte Sachen den Zeitwert. Der Zeitwert ist jener Betrag, der allgemein erforderlich ist, um neue Sachen gleicher Art und Güte anzuschaffen, abzüglich eines dem Zustand der versicherten Sache (Alter, Abnutzung, Gebrauch etc.) entsprechenden Betrages;**

4.2 **beschädigte Sachen die notwendigen Reparaturkosten und ggf. eine verbleibende Wertminderung, höchstens jedoch den Zeitwert;**

4.3 **Filme, Bild-, Ton – und Datenträger den Materialwert;**

4.4 **amtliche Ausweise und Visa die amtlichen Gebühren der Wiederbeschaffung**

120 Absolute Grenze der Versicherungsleistung ist die vereinbarte Versicherungssumme.

121 Für zerstörte und abhanden gekommene Sachen wird der **Zeitwert** ersetzt. Bei auf der Reise neu angeschafften[161] Gegenständen ist das relativ leicht durch den Kaufpreis zu bestimmen, sollte dieser angemessen sein. Ansonsten wird der Zeitwert durch die Klausel definiert. Abzustellen ist auf Werte zum Zeitpunkt des Versicherungsfalls, § 88 VVG.[162] Dies betrifft sowohl den aktuellen Neupreis als auch die wertbildenden Faktoren. Die Aufzählung der Faktoren ist nicht abschließend.

122 Schmerzhaft sind die Abzüge in der Praxis bei technischen Geräten, wie Fotoapparaten, Mobiltelefonen, Smartphones und Laptops, da sie der Schnelllebigkeit durch den technischen Fortschritt und einem besonderen Preisverfall unterworfen sind. Geräte der Spitzenklasse können in wenigen Monaten bereits zum Durchschnitt gehören, wobei Neugeräte mit vergleichbarer Leistung deutlich billiger angeboten werden.

123 Schwierig erweist sich die Bemessung bei der Bekleidung, da neben objektiven Kriterien subjektive Einflüsse, wie die Mode, den Wert[163] mitbestimmen können.

---

157 Looschelders/Pohlmann/*Benzenberg*, VVG-Kommentar, Anh. N, Rn. 39; *Staudinger*/Halm/Wendt, FAK-VersR, Nr. 3 VB-Reisegepäck 2008, Rn. 16; Terbille/Höra/*Gebert*/*Steinbeck* Münchner Anwaltshandbuch, Kap. 30, Rn. 210.

158 *Staudinger*/Halm/Wendt, FAK-VersR, Nr. 3 VB-Reisegepäck 2008/2021, Rn. 16.

159 *Staudinger*/Halm/Wendt, FAK-VersR, Nr. 3 VB-Reisegepäck 2008/2021, Rn. 16.

160 ADAC Motorwelt 8/2013, 39.

161 Halm/Engelbrecht/Krahe/*Fajen*, Handbuch des Fachanwalts Versicherungsrecht, Kap. 17. Rn. 37.

162 *BGH* Urt. v. 04.06.1997 – IV ZR 163/96, JurionRS 1997, 19494 = MDR 1997, 836 = NJW-RR 1997, 1243 = r+s 1997, 378 m.Anm. *Wälder* = VersR 1997, 1231 = zfs 1997, 387;

163 Beliebigkeit befürchtend *Staudinger*/Halm/Wendt, FAK-VersR, Nr. 4 VB-Reisegepäck 2008/2021, Rn. 1.

Der Zustand der Sache ist nicht durch Anschauung der Sache allein zu beurteilen. Die Sache muss immer als Teil der Umwelt betrachtet werden. Gegenstände die zu ihrer Umwelt eher kompatibel sind, sei es durch leistungsfähige Technik oder dass sie der Mode entsprechen, sind mit einen höheren Zeitwert anzusetzen.[164] 124

Nach der Definition des Zeitwertes kommt es nur darauf an, welcher Betrag **allgemein erforderlich** ist. Nicht abzustellen ist somit darauf, zu welchem Betrag der Versicherungsnehmer hierzu selbst in der Lage wäre. Durch die Regelung werden zu teure, aber auch preisgünstige Beschaffungsalternativen ausgeschlossen. 125

Die Klausel enthält keine Regelung zur **Mehrwertsteuer**. Sie fällt bei der Neuanschaffung immer an, es sei denn, man erwirbt von einem Privatmann. Der vorsteuerabzugsberechtigte Unternehmer erhält die Mehrwertsteuer jedoch wieder, § 15 Abs. 1 UStG. Ist einem Unternehmer auf der Geschäftsreise der neue Koffer abhandengekommen, ist der Brutto-Neupreis der Zeitwert. Davon kann er sich einen neuen Koffer kaufen und erhält die MWSt. vom Finanzamt erstattet. 126

Im Gegensatz dazu enthält die Fahrzeugversicherung in A.2.5.4 AKB 2015 eine Klausel zur Mehrwertsteuer. Sie wird nur erstattet, soweit sie angefallen ist. Bei Vorsteuerabzugsberechtigung wird Mehrwertsteuer nie erstattet, A.2.5.4 Satz 2 AKB 2015. Die dortige Regelung gilt für alle Varianten von Schäden, nicht nur für den Reparaturfall.[165] 127

Auch wenn in der Reisegepäckversicherung eine ausdrückliche **Mehrwehrsteuerklausel** – wie z.B. Abschnitt A § 12 Nr. 3 VHB 2010 – offensichtlich fehlen mag, kann eine solche nicht hineininterpretiert[166] werden. Das gilt sowohl für den Privatmann, der z.B. nicht reparieren lässt[167] als auch den vorsteuerabzugsberechtigten Unternehmer. Im Versicherungsrecht, das mitunter sogar eine Neupreisentschädigung bereithält, gibt es anders als im Schadensersatzrecht[168] – mit Ausnahme des § 200 VVG in der Krankenversicherung – kein ausdrückliches Bereicherungsverbot.[169] 128

Leistet der Reisegepäckversicherer – z.B. mangels Mehrwertsteuerklausel -bedingungsgemäß mehr, als schadensersatzrechtlich geschuldet ist, geht der Schadensersatzanspruch nicht in Höhe der Versicherungsleistung, sondern nur nach den Maßstäben des Schadensersatzanspruchs nach § 86 Abs. 1 Satz 1 VVG über. 129

Die Wiederbeschaffung durch eine vergleichbare Sache mit entsprechendem Alter und Abnutzung durch den Versicherer ist ausgeschlossen. Es erfolgt eine **Entschädigungsleistung in Geld**. 130

Notwendige **Reparaturkosten** sind entsprechend mit Mehrwertsteuer zu erstatten. Über den Wortlaut hinaus werden **Reparaturnebenkosten** für Versand und Transport[170] für versichert gehalten. Solange sie nebst Wertminderung den Zeitwert nicht übersteigen, kann dem zugestimmt werden. 131

---

164 Looschelders/Pohlmann/*Benzenberg*, VVG-Kommentar, Anh. N, Rn. 48; *van Bühren*/Nies, Nr. 4 VB-Reisegepäck 2008, Rn. 350; a.A. *Staudinger*/Halm/Wendt, FAK-VersR, Nr. 4 VB-Reisegepäck 2008/2021, Rn. 1; Prölss/Martin/*Knappmann*, Nr. 4 VB-Reisegepäck 2008, Rn. 3.

165 Stomper A.2.5.7 AKB Rdn. 3 ff. u. A.2.5.2.3 AKB Rdn. 112.

166 *Staudinger*/Halm/Wendt, FAK-VersR, Nr. 4 VB-Reisegepäck 2008/2021, Rn. 2.

167 *BGH* Urt. v. 30.01.1985 – IVa ZR 109/83, JurionRS 1985, 13605 = DAR 1985, 153 = BB 1985, 1093 = MDR 1985, 558 = NJW 1985, 1222 = VersR 1985, 354 = zfs 1985, 116.

168 *Woitkewitsch* Verkehrsunfall – Das Verbot der Bereicherung im Rahmen der Schadensregulierung, MDR 2015, 61 ff.; nur wenn sich der Staat bereichert, scheint der *BGH* »ein Auge zuzudrücken«, *BGH* Urt. v. 18.03.2014 – VI ZR 10/13, JurionRS 2014, 14631 = BauR 2014, 1984 = DAR 2014, 308 = ADAJUR Dok.Nr. 104929 = MDR 2014, 773 = NJW 2014, 2874 = NJW-Spezial 2014, 525 = NZV 2014, 510 = VersR 204, 848 m. Anm. Schwab VersR 2014,.

169 *BGH* Urt. v. 04.04.2001 – IV ZR 138/00, BGHZ 147, 212 = JurionRS 2001, 19990 = MDR 2001, 989 = NJW 2001, 3539 = NVersZ 2001, 304 = VersR 2001, 749 = zfs 2001, 410.

170 Prölss/Martin/*Knappmann*, Nr. 4 VB-Reisegepäck 2008, Rn. 7; *Staudinger*/Halm/Wendt, FAK-VersR, Nr. 4 VB-Reisegepäck 2008/2021, Rn. 2; Looschelders/Pohlmann/*Benzenberg*, VVG-Kommentar, Anh. N, Rn. 50.

132 Mangels Ausschluss sind **Schadensermittlungskosten** nach allgemeinen Regeln zu ersetzen, §§ 85 Abs. 1; 87 VVG.

133 Um in den Genuss der Versicherungsleistung zu kommen ist es nach zutreffender Ansicht[171] nicht erforderlich, dass das beschädigte Reisegepäck tatsächlich repariert wird. In Nr. 4.2 ist **keine Wiederherstellungsklausel** nach § 93 Satz 1 VVG enthalten.

134 Aufwendungen für gescheiterte **Reparaturversuche** sind nach § 83 Abs. 1 Satz 1 VVG zu ersetzen. Zu beachten ist, dass der Reparaturbetrieb einen Erfolg schuldet, § 631 BGB.

135 Für Filme, Bild-, Ton- und Datenträger ist nur der **Materialwert** zu erstatten. Damit wird ausgeschlossen, dass der Verlust ideeller Werte, z.B. wegen Reiseerinnerungen auszugleichen oder die Reparaturkosten für beschädigte Datenträger zu erstatten sind. Nach allgemeinem Verständnis[172] gehören erworbene, reproduzierte Aufnahmen auf Datenträgern (z.B. Spielfilme, Dias, Musik-CDs) zu den Sachen nach Nr. 4.1 bzw. 4.2., die sich zudem leicht wiederbeschaffen lassen.

136 Die Klausel spricht unklar von »amtlichen Gebühren der Wiederbeschaffung« amtlicher **Ausweise und Visa.** Gemeint sind die Gebühren der Ersatzbeschaffung. Damit sind weitere im Zusammenhang mit der Ausweiserstellung stehenden Kosten, wie z.B. für das Fertigen neuer Lichtbilder, ausgeschlossen.

137 Keine Ersatzleistung erhält der Versicherungsnehmer für **sonstige Schäden,**[173] wie z.B. Nutzungsausfall, Unkostenpauschale, entgangene Urlaubsfreuden, etc.; siehe auch Nr. 3.1.4.

138 Den Versicherungsnehmer trifft für den Eintritt und den Umfang des Schadens die Beweislast. Seine Redlichkeit wird vermutet.[174] Beweiserleichterungen[175] werden zugestanden.

5 Obliegenheiten nach Eintritt des Versicherungsfalles

5.1 Der Versicherungsnehmer/die versicherte Person ist verpflichtet, Schäden durch strafbare Handlungen unverzüglich der nächstzuständigen oder nächsterreichbaren Polizeidienststelle unter Einreichung einer Liste aller in Verlust geratenen Sachen anzuzeigen und sich dies bestätigen zu lassen. Dem Versicherer ist hierüber eine Bescheinigung einzureichen.

5.2 Schäden an aufgegebenem Reisegepäck sind dem Beförderungsunternehmen, dem Beherbergungsbetrieb bzw. der Gepäckaufbewahrung unverzüglich zu melden. Äußerlich nicht erkennbare Schäden sind nach der Entdeckung unverzüglich und unter Einhaltung der jeweiligen Reklamationsfrist, spätestens innerhalb von … Tagen nach Aushändigung des Reisegepäcks schriftlich anzuzeigen. Dem Versicherer sind entsprechende Bescheinigungen vorzulegen.

139 Den Versicherungsnehmer treffen besondere Obliegenheit, die er im Versicherungsfall zu erfüllen hat. Dem Inhalt nach sind sie geprägt von dem Gedanken der Rettungspflicht nach einem Diebstahl als **strafbarer Handlung.** Im Vordergrund steht das Vermögensdelikt.

140 Kommt es zu einem **Verkehrsunfall** mit **Sachschaden** nebst Schaden am Reisegepäck, ist nach deutschem Strafrecht mangels Vorsatz keine strafbare Handlung gegeben, §§ 303, 15 StGB. Die Situation ändert sich schnell, wenn ein Personenschaden hinzutritt (§ 229 StGB), oder eine

---

171 *Staudinger*/Halm/Wendt, FAK-VersR, Nr. 4 VB-Reisegepäck 2008/2021, Rn. 2; **a.A.** *van Bühren*/Nies, Nr. 4 VB-Reisegepäck 2008, Rn. 356.

172 Siehe Musterbedingungen GDV 4.1.

173 Looschelders/Pohlmann/*Benzenberg*, VVG-Kommentar, Anh. N, Rn. 54.

174 Halm/Engelbrecht/Krahe/*Fajen*, Handbuch des Fachanwalts Versicherungsrecht, Kap. 17. Rn. 39.

175 *AG St. Wendel* Urt. v. 05.12.2006 – 14 C 506/06; JurionRS 2006, 45205 = r+s 2007, 331 = ADAJUR Dok.Nr. 75295; Prölss/Martin/*Knappmann*, Nr. 4 VB-Reisegepäck 2008, Rn. 10.

Fahrlässigkeitstat nach den §§ 315b, 315c, 316 Satz 2 oder eine Vorsatztat nach 142 StGB vorliegt. Bei einem Verkehrsunfall sind Schäden am Reisegepäck zunächst erst einmal Nebensache und können keine sofortige Meldepflicht auslösen.

Die Klausel ist daher so zu lesen, als stünde dort »Schäden durch strafbare Handlungen gegen das Vermögen«. 141

Der Versicherte hat seine Anzeigeobliegenheit gegenüber der Polizei unverzüglich nachzukommen. 142 Wird das Fahrzeug auf dem Rastplatz[176] aufgebrochen, reicht es nicht aus, erst am Heimatort Anzeige zu erstatten. Eine Diebstahlsanzeige, die erst 24 Stunden später getätigt wird, ist nicht[177] mehr unverzüglich.

Mit der Anzeige ist eine **Stehlgutliste** vorzulegen, die alle gestohlenen Gegenstände betrifft. Folglich 143 sind neben versichertem Reisegepäck z.B. auch entwendetes Fahrzeugzubehör, wie Schneeketten, Warndreieck, Abschleppseil, etc. anzugeben. Der Versicherte ist nicht verpflichtet, gegenüber der Polizei Angaben zu machen, welche Gegenstände zwar mitgeführt, aber nicht[178] gestohlen wurden.

6 Rechtsfolgen bei Verletzung von Obliegenheiten

Die Rechtsfolgen ergeben sich aus dem allgemeinen Teil der Versicherungsbedingungen für die Reiseversicherung (AT-Reise) Nr. 6.2.

7 Selbstbehalt

Der Selbstbehalt beträgt je Versicherungsfall ... % des erstattungsfähigen Schadens, mindestens jedoch EUR ... je Person.

8 Versicherungswert und Unterversicherung

8.1 Die Versicherungssumme muss dem vollen Zeitwert des versicherten Reisegepäcks entsprechen (Versicherungswert).

8.2 Ist die Versicherungssumme bei Eintritt des Versicherungsfalles niedriger als der Versicherungswert (Unterversicherung), erstattet der Versicherer den Schaden nur nach dem Verhältnis der Versicherungssumme zum Versicherungswert.

C. Hausratversicherung – Außenversicherung von Hausrat nach VHB 2022[179]

Hausrat ist unter bestimmten Voraussetzungen auch dann versichert, wenn er sich nicht in der 144 Wohnung oder Haus befindet. Man spricht dann von einer Außenversicherung. Die räumliche Reichweite der Außenversicherung kann nach alten Bedingungen allerdings enger[180] sein, als der nach A.2.4. AKB 2015. Die Außenversicherung ist in § 6 Nr. 3 VHB 1974; § 12 VHB 1984; § 12 VHB 1992; § 11 VHB 2000; § 11 VHB 2004; § 7 VHB 2008 und § 7 VHB 2022 (alt: 2010) geregelt.

Die Hausratversicherung ist keine[181] Allgefahrendeckung. Sie bietet insbesondere keinen Versiche- 145 rungsschutz bei Unfällen; jedoch z.B. bei Brand, Einbruchdiebstahl, Raub und Naturgefahren. Die

176 *LG München I* Urt. v. 23.12.1998 – 23 O 13989/98; NVersZ 1999, 577 = RRa 1999, 128 = r+s 1999, 252 = VersR 1999, 1148 = ADAJUR Dok.Nr. 34708; Halm/Engelbrecht/Krahe/*Fajen*, Handbuch des Fachanwalts Versicherungsrecht, Kap. 17. Rn. 48.

177 *AG Hamburg-Altona* Urt. v. 31.08.2001 – 315B C 44/01, NVersZ 2002, 514 = VersR 2003, 105 = ADAJUR Dok.Nr. 52109.

178 *OLG Köln* Urt. v. 12.05.1995 – 9 U 230/94, JurionRS 1995, 16370 = VersR 1996, 847.

179 VHB 2022 = Allgemeine Hausrat Versicherungsbedingungen 2022, Stand November 2023 A 12.

180 *LG Berlin* Urteil v. 14.07.1977 – 7 S 13/77, ADAJUR Dok.Nr. 37064 = VersR 1977, 853 (VHB 1974, Teneriffa trotz Europäischer Union ausgeschlossen).

181 Staudinger/Halm/Wendt/*Hormuth*, FAK-VersR, § 1 VHB 2010/2022, Rn. 1.

Hausratversicherung orientiert sich grds. am **Neuwert** nach Abschnitt A 14.1.1 VHB 2022; statt dem Zeitwert nach Nr. 4.1 VB-Reisegepäck. Folglich findet kein Abzug »neu für alt«[182] statt.

146 **Absch. A 12 VHB 2022 – Außenversicherung**

1. Begriff und Geltungsdauer der Außenversicherung A 12.1
Versicherte Sachen, die Eigentum des Versicherungsnehmers oder einer mit ihm in häuslicher Gemeinschaft lebenden Person sind oder die deren Gebrauch dienen, sind weltweit auch versichert, solange sie sich vorübergehend außerhalb des Versicherungsortes befinden. Zeiträume von mehr als drei Monaten gelten nicht als vorübergehend.

2. Unselbständiger Hausstand während Wehr- und Zivildienst oder Ausbildung A 12.2
Hält sich der Versicherungsnehmer oder eine mit ihm in häuslicher Gemeinschaft lebende Person zur Ausbildung, zur Ableistung eines freiwilligen Wehrdienstes, eines internationalen oder nationalen Jugendfreiwilligendienstes (Freiwilliges Soziales oder Ökologisches Jahr) oder des Bundesfreiwilligendienstes außerhalb der Wohnung auf, so gilt dies so lange als vorübergehend im Sinne der Nr. 1, bis ein eigener Hausstand begründet wird.

3. Einbruchdiebstahl A 12.3
Für Schäden durch Einbruchdiebstahl müssen die in Abschnitt A 4.1 genannten Voraussetzungen erfüllt sein.

4. Raub A 12.4 und A 4.4.2 VHB 20222
Bei Androhung einer Gewalttat mit Gefahr für Leib oder Leben besteht Außenversicherungsschutz nur in den Fällen, in denen der Versicherungsnehmer versicherte Sachen herausgibt oder sich wegnehmen lässt, weil eine Gewalttat an Ort und Stelle verübt werden soll. Dies gilt auch, wenn der Raub an Personen begangen wird, die mit dem Versicherungsnehmer in häuslicher Gemeinschaft leben. Der Außenversicherungsschutz erstreckt sich ohne Rücksicht auf mitwirkende Ursachen nicht auf Sachen, die erst auf Verlangen des Täters an den Ort der Wegnahme oder Herausgabe gebracht werden.

5. Naturgefahren
Für Naturgefahren besteht Außenversicherungsschutz nur innerhalb von Gebäuden.

6. Entschädigungsgrenzen

a) Die Entschädigung im Rahmen der Außenversicherung ist insgesamt auf __Prozent der Versicherungssumme, höchstens auf den vereinbarten Betrag, begrenzt.
b) Für Wertsachen (auch Bargeld) gelten zusätzlich Entschädigungsgrenzen (siehe A 18.3 aber auch Abschnitt A 14 und A 15).

147 **Versicherte Sachen** werden in Abschnitt A 7 VHB 2022 definiert. Mitversichert sind alle Sachen, die dem Haushalt zur **privaten**[183] Nutzung, sei es zum Gebrauch oder Verbrauch dienen. Hierzu gehören insbesondere auch Wertsachen, Bargeld und Haustiere, aber keine Stalltiere.[184] Bereits angeschaffte Gegenstände (**Einkäufe**) zählen bereits zum Haushalt, ohne dass sie zunächst die Wohnung erreicht haben oder sich darin befinden[185] müssen.

148 Zu den **nicht** versicherten Sachen zählen insbesondere nach Abschnitt A 9 VHB 2022 **Kraftfahrzeuge aller Art und Anhänger (A 9.1.3)**, unabhängig von deren Versicherungspflicht, sowie – seit den VHB 2000 – Teile und Zubehör von Kraftfahrzeugen und Anhängern. Mangels Definition im Bedingungswerk ist auf § 1 Abs. 2 StVG[186] zurückzugreifen. Damit ist in der Hausratversicherung das ausgenommen, was über A.2.1 AKB 2015 in der Fahrzeugversicherung samt Zubehör versicherbar ist.

---

182 Looschelders/Pohlmann/*Looschelders/Weiß*, VVG-Kommentar, Anh. L, Rn. 145.

183 Erweiterbar durch Klausel PK 7211 (10) Arbeitsgeräte.

184 Z.B. kein Reitpferd, Looschelders/Pohlmann/*Looschelders/Weiß*, VVG-Kommentar, Anh. L, Rn. 69.

185 Looschelders/Pohlmann/*Looschelders/Weiß*, VVG-Kommentar, Anh. L, Rn. 55; Problem beim Bargeld, *LG Köln*, Urt. v. 23.10.2008 – 24 S 19/08, JurionRS 2008, 36506 = r+s 2012, 343.

186 Looschelders/Pohlmann/*Looschelders/Weiß*, VVG-Kommentar, Anh. L, Rn. 77 (dort irrtümlich StVO statt StVG).

In § 2 Nr. 1 VHB 1974 ist **Kfz-Zubehör** noch ausdrücklich[187] mitversichert. In § 1 Nr. 4b) VHB 1984 wird Kfz-Zubehör bei den Ausschlüssen nicht erwähnt und ist daher ebenfalls noch mitversichert.[188] Letzteres gilt auch für die VHB 1992. Insoweit kann sich bei entsprechenden Verträgen eine Mehrfachversicherung nach § 77 VVG zur Fahrzeugversicherung[189] nach A.2.1.2.1 und A.2.1.2.2 AKB 2015 ergeben. 149

Besonderheiten können sich zudem für die neuen Bundesländer ergeben, wenn Versicherungsverträge nach der erweiterten Haushaltversicherung abgeschlossen wurden. Diese stark verbreiteten,[190] häufig noch 1988[191] geschlossenen Verträge, enthalten einen weitergehenden Versicherungsschutz für Ersatz- und Zubehörteile nach § 1 Nr. 1d) HaushaltV,[192] da nur die Kraftfahrzeuge als solche ausgeschlossen sind, § 4a) HaushaltV. 150

Zu keiner Zeit mitversichert sind ausgebaute **Fahrzeugteile**, bei denen es sich nicht um Zubehör handelt, wie z.B. Vergaser, Stoßdämpfer, Tank, etc.[193] Dies gilt auch dann, wenn ein Fahrzeug völlig in seine Einzelteile[194] zerlegt ist. 151

Versicherungsort ist grundsätzlich die Wohnung. Streitig[195] ist, ob z.B. **Wohnwagen** oder **Wohnmobile**[196] **als Wohnung** versichert sein können, da Menschen ihren Lebensmittelpunkt[197] dort wählen können. Andererseits bezieht sich A 10 (A 10.2 spricht von Versicherungsgrundstück/Flurstück) auf die Flächen eines Gebäudes, setzt damit folglich voraus, dass sich die Wohnung in einem Gebäude befindet. Für Wohnwagen oder Wohnmobile ist dies daher abzulehnen.[198] Nach dem Sinn und Zweck der Hausratversicherung muss es daher auch bei Wohnwagen dabei bleiben, dass **nur vorübergehend**[199] außerhalb der Wohnung verwahrte Hausratsgegenstände mitversichert sind. 152

Ein Wohnwagen/Wohnmobil kann nur individualvertraglich[200] als Wohnung bezeichnet oder einbezogen werden. Sinnvoll ist dies, soweit der Wohnwagen oder das Reisemobil dauerhaft Wohnzwecken dient. Für nicht ständige Wohnzwecke kann dagegen eine spezielle **Camping-Versicherung**[201] abgeschlossen werden kann, für die der GDV Musterbedingungen entwickelt hat. Das Versicherungspotential ist gewaltig, da nach Angaben des ADAC rund 1,8 Millionen[202] (Umfrage aus 2012) Mitglieder mit Wohnwagen oder Wohnmobil verreisen. Das sind etwa 10 % aller ADAC-Mitglieder. Diese Zahl dürfte sich angesichts des vermehrten Verkaufs von Wohnmobilen und Wohnwagen während und nach der Corona-Pandemie erheblich erhöht haben 153

---

187 *AG Köln*, Urt. v. 20.05.1980 – 135 C 158/80, r+s 1984, 106 (nur Kfz-Zubehör, VHB 1966/74).

188 Prölss/Martin/*Knappmann*, § 2 VHB 2000, Rn. 21.

189 Kreuter A.2.1.2 AKB Rdn. 1.

190 Prölss/Martin/*Knappmann*, Hausratversicherung, Vorbem., Rn. 10; Halm/Engelbrecht/Krahe/*Engler*, Handbuch des Fachanwalts VersR, Kap. 11, Rn. 70 ff.

191 *BGH* Urt. v. 16.06.2004 – IV ZR 201/03, JurionRS 2004, 18371 = MDR 2004, 1294 = NJW-RR 2004, 1259 = VersR 2004, 1132 (Allgemeinen Bedingungen für die Erweiterte Haushaltversicherung – ABEH).

192 Abgedruckt und kommentiert Prölss/Martin/*Knappmann*, 27. Auflage 2004, Haushaltversicherung.

193 *BGH* Urt. v. 17.04.1996 – IV ZR 229/95, JurionRS 1996, 14431 = DAR 1996, 317 = MDR 1996, 687 = NJW-RR 1996, 858 = NZV 1996, 276 = VersR 1996, 747 = zfs 1996, 269 (ausgebaute Motorradteile, VHB 1984).

194 *OLG Brandenburg*, Urt. v. 14.03.2007 – 13 U 75/06.

195 Looschelders/Pohlmann/*Looschelders/Weiß*, VVG-Kommentar, Anh. L, Rn. 108.

196 *LG Köln* Urt. v. 27.02.1991 – 24 O 231/90, r+s 1991, 426 = zfs 1991, 282 (wurde aufgehoben); *LG Hamburg* Urt. v. 07.06.1994 – 309 S 315/93, ADAJUR Dok.Nr. 5352 = NJW-RR 1995, 923 = zfs 1997, 110 (VHB 1984).

197 Looschelders/Pohlmann/*Looschelders/Weiß*, VVG-Kommentar, Anh. L, Rn. 108 m.w.N.

198 Staudinger/Halm/Wendt/*Hormuth*, FAK-VersR, § 3 VHB 2010, Rn. 2; 13.

199 Halm/Engelbrecht/Krahe/*Engler*, Handbuch des Fachanwalts Versicherungsrecht, Kap. 11. Rn. 53.

200 Looschelders/Pohlmann/*Looschelders/Weiß*, VVG-Kommentar, Anh. L, Rn. 108.

201 Siehe *Schwab* AVB-Camping 1985/2008.

202 ADAC-Motorwelt 7/2012 S. 72.

154 Nach Abschnitt A 10.1.4 VHB 2022 gehören auch privat genutzte **Garagen** zur Wohnung, soweit sich diese in der Nähe des Versicherungsortes befinden. Was unter »Nähe« zu verstehen ist, ist nicht definiert und bietet Anlass zum Streit. Selbst der Sprachgebrauch[203] »geringe Entfernung« hilft aber nicht wirklich weiter. Oftmals ist situativ zu entscheiden, abhängig vom Angebot[204] an Garagen. Sinnvoll ist eine konkrete Angabe in Metern Luftlinie bzw. die Aufnahme der Adresse bzw. der korrekten Entfernung[205] im Versicherungsschein.

155 Umso mehr kommt der Außenversicherung Bedeutung zu. In den Bedingungswerken VHB 1984 und älter war der Versicherungsschutz auf **Europa** begrenzt. Wie in der Kfz-Haftpflicht- und Kaskoversicherung[206] stellt sich dann die Frage, ob sich der Schadensfall noch in Europa oder in Afrika[207] oder Asien[208] ereignete. Zwar haben die älteren VHB heute kaum noch Bedeutung, dafür aber auch noch die VHB 1984.[209]

156 Seit den VHB 1992[210] gilt der Versicherungsschutz **weltweit**, so dann auch in den VHB 2000, VHB 2008, VHB 2010 und VHB 2022. Individuelle Bedingungswerke können von den Muster-VHB[211] abweichen.

157 Der **Einbruchdiebstahl** in einen PKW oder ein Wohnmobil kann über die Außenversicherung gedeckt sein. Steht das Fahrzeug im Freien auf einem Rastplatz[212] oder einem nicht umschlossenen **Carport**[213], ist dies allerdings abzulehnen sein, da die Außenversicherung gebäudegebunden[214] ist. Auch ein

---

203 *BGH* Urt. v. 26.03.2003 – IV ZR 270/02, JurionRS 2003, 23862 = DAR 2003, 316 = MDR 2003, 930 = NJW-RR 2003, 805 = NZV 2003, 470 = r+s 2003, 240 = VersR 2003, 641 = VRS 105, 199 = zfs 2003, 358 (keine Nähe = 1,45 km, VHB 1992); *LG Dortmund* Urt. v. 17.06.2009 – 2 O 424/08, r+s 2009, 416 = zfs 2010, 278 (keine Nähe = 1,2 km, VHB 1992); *AG Senftenberg* Urt. v. 11.10.2007 – 21 C 400/07, JurionRS 2007, 62871 = r+s 2008, 156 (keine Nähe = 1,1 km bzw. 0,7 km Luftlinie); Looschelders/Pohlmann/*Looschelders/Weiß*, VVG-Kommentar, Anh. L, Rn. 112.

204 *Knappmann*, Versicherungsschutz für Sachen im Kfz, VRR 2010, 49.

205 *LG Coburg* Urt. v. 30.06.2009 – 23 O 369/08, ADAJUR Dok.Nr. 88383 (Angabe 3,5 statt 4,78 km; VHB 1992).

206 *BGH* Urt. v. 20.06.1963 – II ZR 199/61, BGHZ 40, 22 = JurionRS 1963, 11884 = DB 1963, 1319 = JZ 1963, 678 = MDR 1963, 742 = NJW 1963, 1978 = VersR 1963, 768.

207 *OLG Hamburg* Urt. v. 21.01.1987 – 4 U 232/86, NJW-RR 1987, 860 = r+s 1990, 311 (Gran Canaria, VHB 74); *OLG Köln* Urt. v. 31.10.1991 – 5 U 74/91, JurionRS 1991, 15153 = ADAJUR Dok. Nr. 2422 = r+s 1991, 425 (Teneriffa, VHB 1984); *LG Wuppertal* Urt. v. 27.07.1990 – 10 S 179/90, r+s 1990, 426 (Kanarische Inseln, VHB 1974); *LG Berlin* Urt. V. 09.01.2007 – 7 S 31/06, JurionRS 2007, 60064 = VersR 2007, 941 = zfs 2007, 694 = r+s 2008, 476; zust. *Weydt*, VersR 2007, 943 (Gran Canaria, VHB 1974); *AG Köln* Urt. v. 31.05.1992 – 130 C 83/89, ADAJUR Dok.Nr. 12781 = r+s 1993, 424 (Gran Canaria, VHB 1974).

208 *LG Dortmund* Urt. v. 15.04.2009 – 2 O 192/08, JurionRS 2009, 24881 (Türkei, VHB 1984).

209 Looschelders/Pohlmann/*Looschelders/Weiß*, VVG-Kommentar, Anh. L, Rn. 4; Halm/Engelbrecht/Krahe/*Engler*, Handbuch des Fachanwalts Versicherungsrecht, Kap. 11. Rn. 3.

210 *Van Bühren*/Nies, § 7 VHB 2008, Rn. 5.

211 Looschelders/Pohlmann/*Looschelders/Weiß*, VVG-Kommentar, Anh. L, Rn. 7.

212 *OLG Stuttgart* Beschl. v. 16.05.2013 – 7 U 83/13, JurionRS 2013, 54663 = r+s 2013, 389 = VuR 2014, 197 (VHB 1984); *OLG Köln* Beschl. v. 17.05.2010 – 9 U 42/10, JurionRS 2010, 36028 = r+s 2011, 212 = VersR 2011, 390; *OLG Hamm* Urt. v. 01.03.2006 – 20 U 177/05, JurionRS 2006, 15347 = NJW-RR 2006, 680 = NZV 2006, 378 = OLGR 2006, 419 = VersR 2006, 833 = VRR 2006, 346 bespr. v. *Knappmann* = zfs 2006, 516.

213 *OLG Köln* Urt. v. 13.01.2005 – 9 U 200/04, JurionRS 2005, 39845 = r+s 2006, 245 (Rasentraktor, VHB 1984).

214 *OLG Köln* Urt. v. 28.11.1991 – 5 U 64/91, JurionRS 1991, 15139 = NJW-RR 1992, 1312 = r+s 1991, 426 = VersR 1992, 490 (Wohnmobil, VHB 1984); *LG Arnsberg* Urt. v. 14.11.1995 – 5 S 171/95, r+s 1996, 68 =ADAJUR Dok.Nr. 374 (Wohnmobil, VHB 1984); *LG Hamburg* Urt. v. 14.06.2001 – 332 – S 13/01, JurionRS 2001, 30099 = NJW-RR 2001, 1471 = NVersZ 2001, 470 = VersR 2002, 354 (Wohnmobil, VHB 1984); *LG Coburg* Urt. v. 06.11.2001 – 33 S 146/01 (Wohnmobil auf öffentlichem Parkplatz); *LG Berlin* Urt. v. 02.02.1999 – 7 O 526/98, VersR 1999, 1143 = zfs 1999, 438 = NVersZ

Container[215] kann ein Gebäude sein; nicht aber ein Fährschiff.[216] Steht das Fahrzeug dagegen in einem **Parkhaus**[217] oder einer **Garage**, so besteht Versicherungsschutz über die Hausratversicherung. Nach A 4.2 VHB 2022 liegt tatbestandlich ein Einbruchdiebstahl in das Fahrzeug als verschlossenes Behältnis in einem Gebäude vor. Ein Anhänger, z.B. mit abgeschlossenem Kofferbau statt offener Pritsche, ist ebenfalls ein Behältnis.

Für PKW und kleinere Wohnmobile, die noch in Parkhäuser passen ist daher ratsam, diese in Parkhäusern[218] statt auf Freiflächen zu parken. Ob ein dem entsprechender Aufbruch eines Motorradkoffers oder eines Motorradtopcases ebenfalls unter den Versicherungsschutz der Hausratversicherung fällt, ist umstritten.[219] 158

Anders als beim Einbruchdiebstahl kommt es bei einem **Raub** (A 4.4 VHB 2022) nicht[220] darauf an, dass sich der Versicherungsfall in einem Gebäude oder der Wohnung ereignet. Wird beispielsweise der Versicherungsnehmer mit seinem PKW oder Wohnmobil vom Täter auf der Straße angehalten und wird ihm das Fahrzeug nebst versichertem Hausrat mit Gewalt abgenommen, besteht Versicherungsschutz nach den VHB. Kein Versicherungsschutz besteht bei räuberischem Diebstahl,[221] oder wenn sich die Gewalt nur gegen eine Sache[222] richtet. 159

Ebenfalls Versicherungsschutz besteht, wenn z.B. aufgrund eines **Verkehrsunfalles** der Versicherte ohnmächtig ist und ihm aufgrund völlig[223] **ausgeschalteter Widerstandskraft** im Fahrzeug transportierter Hausrat weggenommen wird, Abschnitt A 4.4.3 VHB 2022. Kein Versicherungsschutz besteht, wenn die versicherte Person freiwillig, z.B. durch Alkohol oder Drogen[224] die Widerstandskraft eingebüßt hat. 160

Bis zu den VHB 2008 gibt es nur Versicherungsschutz für Schäden durch **Sturm** und **Hagel**, falls keine Klauselerweiterung vorgenommen wurde. Seit den VHB 2010 heißt der Oberbegriff[225] 161

2000, 39 = ADAJUR Dok.Nr. 36435; *LG Landau* Urt. v. 02.05.1989 – 1 S 42/89, VersR 1989, 1045 (VHB 1984); *LG Konstanz* Urt. v. 28.09.1990 – 1 S 132/90, zfs 1991, 283 = ADAJUR Dok.Nr. 1650; *AG München*, Urt. v. 02.07.1997 – 172 C 7867/97, JurionRS 1997, 24007 = NVersZ 2000, 40 = VersR 1999, 1144 (PKW Kofferraum, VHB 1984); Prölss/Martin/*Knappmann*, § 11 VHB 2000, Rn. 1; *Knappmann*, Versicherungsschutz für Sachen im Kfz, VRR 2010, 49.

215 Prölss/Martin/*Knappmann*, § 5 VHB 2000, Rn. 7.

216 *LG München I* Urt. v. 26.05.1977- 20 O 4773/77, VersR 1977, 853.

217 *OLG Saarbrücken* Urt. v. 25.05.1994 – 5 U 1053/93–70, JurionRS 1994, 16561 = ADAJUR Dok. Nr. 3123 = r+s 1995, 108 = VersR 1996, 580 (PKW, VHB 1984); *OLG Düsseldorf* Urt. v. 28.10.1997 – 4 U 141/96, ADAJUR Dok.Nr. 16021 = r+s 1998, 160 = zfs 1998, 187 (VHB 1984); *OLG Hamm* Urt. v. 12.07.1991 – 20 U 109/91, ADAJUR Dok.Nr. 689 = NJW-RR 1991, 1438 = r+s 1991, 314 = SP 1993, 162 = VersR 1992, 353 = zfs 1991, 354 (VHB 1984); *Knappmann*, Versicherungsschutz für Sachen im Kfz, VRR 2010, 49; offen gelassen *OLG Köln* Urt. v. 01.06.1999 –9 U 141/98, JurionRS 1999, 32540 = NVersZ 2000, 286 = ADAJUR Dok.Nr. 40830.

218 *Van Bühren*/Nies, § 7 VHB 2008, Rn. 14.

219 Verneinend: *AG Köln* Urt. v. 08.06.1979 – 111 C 1080/79, VersR 1981, 26 (Topcase; VHB 1974); *AG Frankfurt* Urt. v. 19.03.1982 – 30 C 12024/82, VersR 1983, 478 (Motorradkoffer, VHB 1974); Bejahend: *AG Bochum* Urt. v. 17.01.1984 – 63 C 534/83, VersR 1985, 53 (Motorradkoffer, VHB 1974).

220 Staudinger/Halm/Wendt/*Hormuth*, FAK-VersR, § 7 VHB 2022, Rn. 4.

221 *OLG Köln* Urt. V. 17.05.2010 – 9 U 42/10, JurionRS 2010, 36028 = r+s 2011, 212 = VersR 2011, 390 (Anfahren mit PKW nach der Wegnahme, VHB 2000); *OLG Hamm* Urt. v. 01.03.2006 – 20 U 177/05, JurionRS 2006, 15347 = NJW-RR 2006, 378 = NZV 2006, 378 = VersR 2006, 833 = VRR 2006, 346 = zfs 2006, 516 (VHB 1992).

222 *LG Düsseldorf* Urt. V. 12.10.2009 – 11 O 166/09, JurionRS 2009, 38163 = VersR 2011, 259 (PKW-Scheibe bei Ampelhalt eingeschlagen).

223 *OLG Hamm* Urt. v. 21.01.2000 – 20 U 175/99, JurionRS 2000, 20553 = r+s 200, 292 (VHB 1984); *LG Kleve* Urt. v. 03.12.1985 – 3 S 58/85, r+s 1986, 103 (VHB 1966/74).

224 Prölss/Martin/*Knappmann*, § 5 VHB 2000, Rn. 17; Staudinger/Halm/Wendt/*Hormuth*, FAK-VersR, § 3 VHB 2022, Rn. 14; Looschelders/Pohlmann/*Looschelders/Weiß*, VVG-Kommentar, Anh. L, Rn. 33.

225 Looschelders/Pohlmann/*Looschelders/Weiß*, VVG-Kommentar, Anh. L, Rn. 54.

Naturgefahren. Der Versicherungsschutz für **Naturgefahren (A 6 VHB 2022)** beschränkt sich wiederum auf Versicherungsfälle in Gebäuden.[226] Steht z.B. ein PKW-Kombi auf einem Parkdeck mit offenem Seitenteil und Hagel zerstört die Heckschreibe, sodass Wasser den mitgeführten Hausrat schädigt, besteht Versicherungsschutz.

162 Der Versicherungsschutz ist bei der Außenversicherung auf einen Prozentsatz der Versicherungssumme begrenzt. Für Wertsachen außerhalb von Wertschutzschränken gelten zudem Grenzen nach Abschnitt A § 13 Nr. 2b) VHB 2010.

163 Anders als in der Reisegepäckversicherung[227] enthalten seit den VHB 2000 die Bedingungen in § 12 Nr. 3 VHB 2010 eine Mehrwertsteuerklausel.[228]

164 Einschränkungen des Versicherungsschutzes bestehen bei grober Fahrlässigkeit. Grob fahrlässig ist es z.B. teuren Schmuck mit ins Krankenhaus[229] zu nehmen. Dies ist anders zu beurteilen, wenn infolge eines Verkehrsunfalles die Schmuck tragende Versicherte in stationäre Krankenhausbehandlung gebracht wurde und dort der Schmuck abhandenkommt. Grob fahrlässig kann es sein im Parkhaus wertvolle Gegenstände mit Mänteln und Jacken[230] abzudecken.

D. Gegenstände gewerblicher Nutzung/Handelsware

I. Allgemeines

165 Im gewerblichen Bereich finden sich ebenfalls mehrere Möglichkeiten der Versicherung von Sachen, die mit einem Kraftfahrzeug befördert oder zur Arbeitsleistung vor Ort beim Kunden ständig mitgeführt werden. Bei der Transportversicherung nach den §§ 130 ff. VVG steht der Beförderungsvorgang im Vordergrund. Daneben spielt jedoch auch die vorübergehende Lagerung eine Rolle.

II. Verkehrshaftungsversicherung

166 Bei der **Verkehrshaftungsversicherung** handelt es sich um eine Pflicht-Haftpflichtversicherung nach den §§ 113 ff. VVG für Frachtführer, die fremde Güter transportieren, aber nicht um eine Güter-Transportversicherung.[231] Der GDV hat hierzu die Musterbedingungen DTV-VHV 2003/2011[232] entwickelt. Der Auftraggeber und Eigentümer solcher Güter kann sich beim Frachtführer nach den §§ 425 ff. HGB bzw. dessen Verkehrshaftungsversicherer schadlos halten.

III. Güterversicherung

167 In der **Güterversicherung** wird unabhängig davon, ob fremde Sachen zu transportieren sind, ein im Versicherungsvertrag näher zu bezeichnendes Gut gegen Verlust und Beschädigung versichert. Der GDV hat für diesen Bereich die Musterbedingungen DTV-Güter 2000/2011[233] geschaffen. Es handelt sich grundsätzlich um eine Allgefahrendeckung; selbst bei vereinbarter eingeschränkter Deckung bleiben Transportmittelunfall und Brand als wichtige Gefahren versichert. Für den Straßenverkehr kommen die §§ 130 ff. VVG zur Anwendung. Die Höhe der Ersatzleistung bestimmt sich nach Nr. 17 DTV-Güter 2000/2011. Bei der Beschädigung von Gütern ist nicht der reine

---

226 Staudinger/Halm/Wendt/*Hormuth*, FAK-VersR, § 7 VHB 2022, Rn. 5.

227 Siehe Rdn. 119 ff. u. Rdn. 128.

228 Looschelders/Pohlmann/*Looschelders/Weiß*, VVG-Kommentar, Anh. L, Rn. 152.

229 *OLG Karlsruhe* Urt. v. 15.03.2001 – 12 U 297/00, JurionRS 2001, 30158 = NVersZ 2002, 78 = VersR 2001, 1376 (VHB 1974).

230 *OLG Köln* Urt. v. 01.06.1999 –9 U 141/98, JurionRS 1999, 32540 = NVersZ 2000, 286 = ADAJUR Dok.Nr. 40830.

231 *Thume*, Versicherungen des Transportrechts, TranspR 2006, 1 (4).

232 DTV-Verkehrshaftungsversicherungs-Bedingungen für die laufende Versicherung für Frachtführer, Spediteure und Lagerhalter 2003/2011, Musterbedingungen des GDV, Stand Januar 2015.

233 DTV-Güterversicherungsbedingungen 2000/2011, Musterbedingungen des GDV, Stand August 2011.

Sachschaden maßgebend, sondern der »Gesundwert« der Handelsware am Ablieferungsort, abzüglich des Wertes im beschädigten Zustand, 17.3.1 DTV-Güter 2000/2011.

IV. Werkverkehrsversicherung

Die **Werkverkehrsversicherung** als AVB Werkverkehr ist/war ebenfalls eine Form der Transportversicherung.[234] Sie beschränkt sich allerdings auf den reinen Transportvorgang nebst Pausen, umfasst daher nicht als Abstellen eines LKW samt Ladung über das Wochenende.[235] 168

V. Autoinhaltsversicherung

Als besondere Ausgestaltungen der Transportversicherung finden sich dann noch Autoinhaltsversicherungen. Die **Autoinhaltsversicherung** ist regelmäßig[236] eine spezielle Form der Transportversicherung. Sie deckt Schäden am Gut durch einen Unfall des Transportmittels (z.B. Kraftfahrzeug), durch einen Brandschaden am Fahrzeug, Raub und Diebstahl sowie durch höhere Gewalt. Die Versicherung wird insbesondere für Geschäfts- und Gewerbekunden von vielen Versicherern angeboten. Musterbedingungen des GDV bestehen nicht. 169

Gerade für **Handwerksbetriebe** ist sie von Bedeutung, da teures, aber schweres Werkzeug und Ersatzteile ständig mitgeführt werden müssen. Hier ist es dem Versicherten kaum zumutbar, das Fahrzeug beim Montagetermin beim Kunden oder beim Parken über Nacht vollständig zu entladen. Der Versicherungsschutz besteht nicht nur im Rahmen der Beförderung und Beförderungspausen, sondern auch im Ruhevorgang.[237] Eine Nachtzeitklausel[238] in den Bedingungen wird als verhüllte Obliegenheit angesehen. 170

VI. Sach-Gewerbeversicherung

Als Pendant zur Hausratversicherung bei Privatpersonen kann man für den betrieblichen Bereich die **Sach-Gewerbeversicherung** nennen. Auch dort besteht die Möglichkeit einer Außenversicherung, so dass Sachen in Fahrzeugen mitversichert sein können. Geregelt ist dies unter nach Teil B: Inhaltsversicherung § 14 VSG 2010[239] für Transportgefahren mit eigenen oder gemieteten Kraftfahrzeugen einschließlich Anhängern und Aufliegern als Transportmittel. 171

---

234 *LG Stuttgart* Urt. v. 21.04.1978 – 19 O 98/78, VersR 1978, 835; *LG Stuttgart*, Urt. v. 24.01.1989 – 25 O 622/88, VersR 1989, 1191; *LG Köln* Urt. v. 29.01.1979 – 74 O 16/78, VersR 1979, 618; *LG Hamburg*, Urt. v. 04.11.1981 – 21 O 152/81, VersR 1983, 236.

235 *OLG Düsseldorf* Urt. v. 06.05.1997 – 4 U 12/96, ADAJUR Dok.Nr. 30509 = SP 1998, 172 = VersR 1998, 579 = zfs 1998, 67.

236 *OLG Koblenz* Urt. v. 14.12.1987 – 12 U 656/87, VersR 1988, 1061 (Schaden beim Verladen in Pferdeanhänger).

237 *OLG Koblenz* Urt. v. 28.10.2005 – 10 U 1272/04, JurionRS 2005, 24227 = NJW-RR 2006, 247 = SVR 2006, 153 bespr. v. *Benz* = VersR 2006, 1358 = VRR 2006, 67, bespr. v. *Knappmann*.

238 *LG Berlin* Urt. v. 02.08.2001 – 7 O 46/01, ADAJUR Dok.Nr. 47571 = NVersZ 2002, 84 = VersR 2002, 975.

239 Allgemeine Bedingungen für die Verbundene Sach-Gewerbeversicherung (VSG 2010), Musterbedingungen des GDV, Stand 01.04.2014.

Kfz-Güterfolgeschadenversicherung

Übersicht

A. Allgemeines

1 Die Kfz-Güterfolgeschadenversicherung ist eine seit 2007 auf dem Markt erhältliche Zusatzversicherung zur Kfz-Haftpflichtversicherung. Für Frachtführer ist sie zum Teil von existentiellem Interesse, um Forderungsausfällen wegen Forderungen aus Folgeschäden, speziell aus Vermischungen in Tank- und Silofahrzeugen, zu begegnen.

2 Die Güterfolgeschadenversicherung dient auch dazu, das Spannungsverhältnis »Frachtführer zu Auftraggeber« und »Frachtführer und Versicherung« im Schadenfall zu befrieden.

3 Im Einzelnen ist in Schadenfällen festzustellen, dass trotz gesetzlicher Haftungsbeschränkung in diesen Fällen der Versicherungsnehmer selbst aus »Kundenraison« den Schadenfall gegenüber seinem Auftraggeber »entschädigt« (s. dazu Sachverhalt Beschluss des OLG Hamburg v. 26.06.2008 zu 15 W 4/08, DAR 2010,699, s.a.Rdn. 2, hier jedoch Vermischungsschaden außerhalb KFZ bei Ablehnung Haftung aus Gebrauch im Rahmen der Kostenentscheidung nach Entrichtung Schadensumme durch den Versicherungsnehmer, kein »Güterfolgeschaden«).

B. Rechtliche Ausgangssituation

4 Werden eigene Waren transportiert, geschieht dies im **Werkverkehr**, § 1 Abs. 2 GüKG. Der Transport fremder Güter ist dagegen **Güterverkehr**, § 1 Abs. 1 GüKG. Bei Letzterem kommt z.B. Frachtrecht nach den §§ 407 ff. HGB oder das CMR bei grenzüberschreitendem Verkehr zur Anwendung. Diese Regelungen enthalten auch besondere gesetzliche Haftpflichtansprüche im Verhältnis des Frachtführers zum Verlader und Empfänger.

5 Vermischungsschäden nehmen im Warenverkehr mit **Tank- und Silofahrzeugen** eine bedeutende Rolle ein. Dabei ist die Art und Weise, wie es zu einer Vermischung kommen kann, sehr vielfältig.

Denkbar ist eine Vermischung schon durch ein Handeln des Frachtführers oder einen sonstigen Umstand 6
- vor oder nach vertraglichem Beginn der Obhutshaftung[1] beim Befüllen des Fahrzeugs
- nach Übernahme des Gutes auf dem Fahrzeug
- und bei der Abgabe an den Empfänger im oder nach dem vertraglichen Obhutszeitraum.

Relevant für die Kfz-Güterfolgeschadenversicherung ist die **Vermischung auf dem Fahrzeug**, im Transporttank oder im Silobehälter des Fahrzeugaufbaus mit einem Vorprodukt. Nicht zum Fahrzeugaufbau zählt z.B. ein kubischer Tankcontainer oder eine Wechselbrücke mit Tankaufbau, da Container und Wechselbrückencontainer selbst als Verpackung des Gutes dienen und somit selbst nur Ladung sind. 7

Die Kfz-Güterfolgeschadenversicherung findet zudem keine Anwendung, wenn eine Vermischung mit Fremdstoffen, beispielsweise durch einen technischen Defekt wie bei einem geplatzten Schlauch im Kühlsystem für die Ladung, auftritt. 8

Dagegen liegt keine Vermischung auf dem Fahrzeug vor, wenn das Gut beim Empfänger durch den Befüller falsch eingefüllt wird.[2] Dann handelt es sich um einen vom Fahrzeuggebrauch[3] zu unterscheidenden Handlungsfehler, der zu einem Fehlbefüllungs-Folgeschaden führt. Bei dieser Art von »Vermischungsschäden« ist zwischen dem »Gebrauch des Fahrzeuges« und der »Haftung« zu unterscheiden. »Gebrauch des Fahrzeuges« ist gemäß A.1.1.1. AKB das Abgrenzungsmerkmal, welches entscheidet, ob in diesen Fällen – Vermischung außerhalb des Fahrzeuges – überhaupt zuständig ist. 9

Befindet sich eine Restladung in der Kammer, gibt es Produktanhaftungen am Domdeckel, wurde nicht oder nur unzureichend gereinigt, kann es zu einer Vermischung von Resten des Vorproduktes mit dem neu geladenen Produkt kommen. Die zu transportierende neue Ladung nimmt dabei einen Schaden. 10

Wird die (jetzt) verunreinigte Ladung beim Empfänger entladen und weiterverarbeitet, kommt es dort zu Folgeschäden[4] an Sachen/Gütern des Empfängers. Durch vorherige Probennahme kann der Eintritt einer Kontamination beim Empfänger oft verhindert werden. Folgeschäden durch Zeitverzug und entgangenen Gewinn lassen sich nicht aus den §§ 425, 429 HGB[5] herleiten. 11

Im **Werkverkehr** (eigene Waren) führt die Vermischung zu einem Eigenschaden[6]. Wird die verunreinigte eigene Ware einem Kunden geliefert, ereilt diesen ein Schaden als Folge des zuvor eingetretenen Eigenschadens. Für diesen Bereich findet die Kfz-Güterfolgeschadenversicherung keine Anwendung. 12

Transportiert der Frachtführer im **Güterverkehr** mit seinem Fahrzeug fremde Waren, entsteht unmittelbar ein Fremdschaden beim Eigentümer des transportierten Gutes. 13

---

1 *BGH* Urt. v. 28.11.2013 – I ZR 144/12, JurionRS 2013, 50864 = MDR 2014, 355 = NJW 2014, 997 = TranspR 2014, 23 (Abgrenzung der anzuwendenden Haftungsregime).

2 Sachverhalt *LG Waldshut-Tiengen*, Urt. v. 07.07.2016 – 1 O 45/16, TranspR 2017, 29 (n.r., *OLG Karlsruhe* 9 U 122/16).

3 Nicht mehr dem Fahrzeuggebrauch zuzurechnen, *OLG Hamburg, Beschl. v. 26.*06.2008 – 15 W 4/08, DAR 2010, 699 = JurionRS 2008, 42577 = OLGR 2008, 895; *OLG München,* Urt. v. 24.04.2015 – 25 U 4874/14, JurionRS 2015, 38185 = r+s 2016, 298 = VersR 2016, 1306, *LG Koblenz,* Urt. v. 14.05.2009 – 14 S 118/08, JurionRS 2009, 43027 = DAR 2009, 468 = ADAJUR Dok.Nr. 83582; *LG Düsseldorf,* Urt. v. 19.10.2017- 9 S 3/17 (rechtskräftig nach Rücknahme der zugelassenen Revision, BGH v. 28.02.2018 – IV ZR 277/17), DAR 2018, 271 m. Anm. *M. Müller* (mit zutreffendem Beispiel: stellt ein Postbote ein Paket falsch zu, ist nicht der Kfz-Haftpflichtversicherer des Postautos zuständig = r+s 2018, 16.

4 Zu Güterfolgeschäden im Umweltbereich siehe Himmelreich/Halm/Staab/*Schwab* Handbuch der Kfz-Schadensregulierung Kap. 21, Rn. 67 ff.

5 *OLG Köln* Urt. v. 30.03.2004 – 9 U 93/03, JurionRS 2004, 36688 = ADAJUR Dok.Nr. 64404 = VersR 2005, 857 (Hefebakterien im Tankbier).

6 *LG Köln* Urt. v. 19.03.1969 – 4 O 473/68, VersR 1970, 269 m. abl. Anm. *Eberhardt* VersR 1970, 415.

14 Der Frachtführer haftet für den Schaden an der Ladung grundsätzlich auch ohne Verschulden, § 425 HGB.

15 Der Schaden am transportierten Gut ist nach A.1.5.5 AKB 2015 bzw. § 4 Nr. 3 KfzPflVV von der Deckung der Kfz-Haftpflichtversicherung ausgeschlossen.

16 Gedeckt ist dafür der Güterschaden in der Verkehrshaftungsversicherung, einer Pflicht-Haftpflichtversicherung nach den §§ 7a GüKG; 113 ff. VVG.

17 Daraus erschließt sich, warum die transportierte Ladung nicht unter den Schutz der Kfz-Haftpflichtdeckung fällt. Eine Mehrfachversicherung soll verhindert werden, § 77 ff. VVG.

18 Wird das fremde verunreinigte Gut beim Empfänger abgeliefert, kommt es dort zu einem Folgeschaden, einem **Güterfolgeschaden.**[7]

19 Der Güterfolgeschaden besteht zunächst in der Kontamination der eigenen Lagerbestände mit dem verunreinigten Gut. Darüber hinaus in den Reinigungskosten, dem Produktionsausfall etc. Die Folgeschäden sind mitunter erheblich teurer als der Warenwert.

20 Der **Verkehrshaftungsversicherer** hat im üblichen Rahmen der Pflicht-Haftpflichtversicherung nach § 7a GüKG nur den Schaden am Gut, nicht aber den Güterfolgeschaden zu decken. Eine über die Gesetzesanforderungen hinausgehende[8] vertragliche Vereinbarung ist allerdings möglich.

21 Umgekehrt deckt der **Kfz-Haftpflichtversicherer** nicht den Güterschaden, A.1.5.5 AKB 2015.

22 Da die Ursache für den Güterfolgeschaden in der Entstehung eines Fremdschadens durch Vermischung auf dem Fahrzeug zu sehen ist, ist dieser Güterfolgeschaden in der Kfz-Haftpflichtversicherung zu decken. Der Vermischungsschaden tritt beim bestimmungsgemäßen Gebrauch[9] des Fahrzeugs ein.

23 Nach bis zum 30.06.1998 geltenden **alten Frachtrecht** hatte der Frachtführer für den Güterfolgeschaden zu haften. Diese Schäden waren daher vom Kfz-Haftpflichtversicherer zu entschädigen.

24 Zum **01.07.1998** wurde jedoch das HGB geändert und das **Frachtrecht modifiziert.**

25 Seitdem war über viele Jahre hinweg im Handelsrecht streitig[10], ob der Frachtführer für den Güterfolgeschaden haftet. Der für das Transportrecht zuständige erste Senat des *BGH*[11] hat in seiner »Apfelsaftkonzentrat-Entscheidung« den seit der Transportrechtsreform geltenden verstärkten Schutz des Frachtführers deutlich herausgestellt. Danach haftet der Frachtführer für den Güterfolgeschaden grundsätzlich nicht.

26 Der Frachtführer haftet ausnahmsweise nur dann, wenn ihm ein qualifiziertes Verschulden nach § 435 HGB nachzuweisen ist. D.h., der Geschädigte hat darzulegen und zu beweisen, dass der Schaden auf eine Handlung oder Unterlassung zurückzuführen ist, die der Frachtführer oder eine

7 Kreuter A.1.1.1 AKB Rdn. 54–59.

8 Siehe auch Rdn. 73.

9 *BGH* Urt. v. 28.05. 1969 – IV ZR 615/68, JurionRS 1969, 11810 = DB 1969, 1191 = VersR 1969, 726 = MDR 1969, 646 = DAR 1969, 243 (Silofahrzeug); *OLG Frankfurt* Urt. v. 07.01.1982 – 16 U 96/81, VersR 1982, 967 (Tankfahrzeug); a.A. *LG Köln* Urt. v. 19.03.1969 – 4 O 473/68, VersR 1970, 415, m. abl. Anm. *Eberhardt.*

10 Insbesondere *Thume* Die Rechte des Empfängers bei Vermischungsschäden in Tanks oder Silos als Folge verunreinigt angelieferter Güter, VersR 2002, 267 ff. gegen *Heuer*, Zur außervertraglichen Haftung des Frachtführers (und seines Kfz-Haftpflichtversicherers) für Güterfolgeschäden, TranspR 2002, 334 ff.

11 *BGH* Urt. v. 05.10. 2006 – I ZR 240/03, BGHZ 169, 187 = JurionRS 2006, 24617 = TranspR 2006, 454 m. Anm. *Heuer* = SVR 2006, 466, bespr. von *Schwab* = LMK 2006, 204 386 m. Anm. *Koller* = VersR 2007, 86 m. Anm. *Boettge* = NJW 2007, 58 = WI 2007, 40 = DB 2006, 2570 = NZV 2007, 135 = MDR 2007, 413 = JA 2007, 304 m. Anm. *Oechsler* = VRS 112, 31.

in § 428 HGB genannte Person vorsätzlich oder leichtfertig und in dem Bewusstsein, dass ein Schaden mit Wahrscheinlichkeit eintreten werde, begangen hat.

Diese Rechtslage bei Anwendung von deutschem Frachtrecht im innerstaatlichen Verkehr entspricht der rechtlichen Situation[12] im grenzüberschreitenden Verkehr nach Art. 17 CMR. 27

Die deckungsrechtliche Seite in der Kfz-Haftpflichtversicherung ist nach wie vor seit Jahrzehnten unverändert. Die Folgen aus dem Urteil des *BGH* stellen sich rechtlich wie folgt dar: 28
- Deckungsschutz besteht grundsätzlich weiterhin über die Kfz-Haftpflichtversicherung, jedoch beschränkt auf das sog. qualifizierte Verschulden.
- Die gesetzliche Haftung des Frachtführers ist bis auf wenige Ausnahmefälle (qualifiziertes Verschulden) weggefallen.

Der Kfz-Haftpflichtversicherer reguliert nach neuer Rechtslage den AKB entsprechend bedingungsgemäß, wenn er weiterhin bei qualifiziertem Verschulden – mit Ausnahme von Vorsatz nach § 103 VVG – nach A.1.1.2 AKB[13] entschädigt, aber in allen anderen Fällen Haftpflichtansprüche auf seine Kosten nach A.1.1.3 AKB[14] abwehrt. 29

Mit der rechtlichen Situation sind viele Geschädigte als Verlader und/oder Empfänger unzufrieden. Manche nutzen ihre wirtschaftliche und **marktbeherrschende Stärke**, indem sie die Frachtführer zwingen, auch ohne gesetzlichen Haftpflichtanspruch den Schaden dennoch auszugleichen. Trotz Aufrechnungsverbot werden Frachtentgelte nicht gezahlt oder die Übernahme einer vertraglichen Haftungserweiterung wird diktiert. 30

Der Frachtführer kann zwar die Übernahme einer vertraglichen Haftung erklären; Versicherungsschutz hat der Kfz-Haftpflichtversicherer dafür jedoch nicht zu geben. § 2 Abs. 1 KfzPflVV schreibt nur vor, dass gesetzliche Haftpflichtansprüche privatrechtlichen Inhalts zu decken sind. Entsprechend sind vertragliche Haftungserweiterungen nach A.1.5.8 AKB 2015 von der Deckung ausgeschlossen (Vertrag zu Lasten Dritter, s. aber Rdn. 73, zur Frage einzelverrtraglicher Haftungserweiterung bei vertragsbezogener Absicherung durch eine Versicherung: »Auch für die Wertangabe, die zur Erhöhung der Haftungshöchstgrenze des Art. 23 Abs. 3 CMR gemäß Art. 24 CMR führt, bedarf es einer Eintragung im Frachtbrief.«). 31

Damit ergibt sich ein **Dilemma** für den Frachtführer: Entweder er ersetzt auch ohne gesetzliche Haftung den nicht versicherten Schaden des Dritten aus eigener Tasche oder er verliert durch die wirtschaftliche Abhängigkeit zu seinen Auftraggebern die Basis für seine unternehmerische Existenz. 32

In diesem Zusammenhang ist darauf hinzuweisen, dass nicht nur Verlader, sondern auch Spediteure Druck auf die Frachtführer ausüben. Teilweise ersetzen sie Ihrem Auftraggeber (Verlader) den Güterfolgeschaden, obwohl sie selbst nicht für den Güterfolgeschaden einzustehen haben. Nach § 461 Abs. 1 Satz 2 HGB, der auf die Grundsätze der Haftung des Frachtführers verweist, könnten sie entsprechende Forderungen des Verladers zurückweisen. Möglicherweise haben sie sich aber durch Sondervereinbarungen diesen gegenüber gebunden oder wollen selbst ihren Großauftraggeber nicht verlieren[15]. 33

C. Lösungswege

Die Versicherer gehen beim Güterfolgeschaden unterschiedliche Wege: 34

---

12 *OLG Köln* Urt. v. 26.09.1985 – 7 U 8/85, JurionRS 1985, 31183 = VersR 1987, 178 Ls. = TranspR 1986, 285.

13 Kreuter A.1.1.2 AKB Rdn. 3-8.

14 Kreuter a.a.O.

15 Siehe auch BGH, Urteil vom 17.12.2020 zu I ZR 130/19 zur individuellen Haftungserweiterung.

I. Entscheidung gegen wirtschaftliche Interessen des Versicherungsnehmers

35 Der Versicherer kann sich – juristisch ordnungsgemäß, aber wirtschaftlich insbesondere für den eigenen Versicherungsnehmer sehr bedenklich – auf den Standpunkt stellen, dass er nur nach der Rechtslage reguliert. Das bedeutet, dass er im Falle von:

- Vorsatz (§ 435 HGB) keinen Versicherungsschutz gewährt, § 103 VVG; A.1.5.1 AKB 2015
- Leichtfertigkeit (§ 435 HGB) reguliert, indem er berechtigte Schadensersatzansprüche befriedigt, A.1.1.1 b AKB 2015
- bei fehlendem Verschulden[16] sowie einfacher bis grober Fahrlässigkeit reguliert, indem er aufgrund des Rechtsschutzanspruchs des Versicherungsnehmers Schadensersatzansprüche abwehrt, A.1.1.3 AKB 2015
- bei vertraglicher Haftungsübernahme durch den Frachtführer, aber fehlendem qualifizierten Verschulden nach § 435 HGB, dem Versicherungsnehmer bedingungsgemäß den Deckungsschutz für den Schaden versagt

II. Hilfe für den Frachtführer über Kulanzentscheidungen

36 Der Versicherer kann auch ohne Freistellungsanspruch des Versicherungsnehmers trotzdem in die Schadenregulierung eintreten. Hierzu muss er das aktuelle Haftungsrecht ignorieren und (zum Wohle des einzelnen Versicherungsnehmers) aus Kulanz den unberechtigten Schadensersatzanspruch des Dritten regulieren. Der Versicherungsnehmer wird damit im Einzelfall faktisch so gestellt, als habe es die Transportrechtsreform nicht gegeben.

37 Zudem wär in dieser Konstellation der Willkür im Rahmen jeweiliger Einzelfallentscheidungen Tür und Tor geöffnet. Eine Gleichbehandlung aller Versicherungsnehmer in der Versichertengemeinschaft ist nicht realistisch.

38 Das Ergebnis ist für den Versicherungsnehmer eine gute Lösung, sofern er tatsächlich – kulanter Weise – freigestellt wird.

39 Die Nachteile dieses Weges liegen auf der Hand. Der Versicherungsnehmer hat **keinen klagbaren Anspruch** auf Freistellung gegen seinen Kfz-Haftpflichtversicherer, da er nur auf Kulanz hoffen kann. Bei einer Entscheidung nach dem »Für und Wider« für eine Kulanz wird es auf die gesamtwirtschaftlichen Umstände, die Höhe des Schadens und die Rentabilität des Kunden für den Versicherer ankommen.

40 Wesentlich ist darüber hinaus, dass bei einer Regulierung aus Kulanz zugunsten eines Versicherungsnehmers dies zwangsläufig zu Lasten aller Beitragszahler des Kfz-Haftpflichtversicherers geht. Die Privatperson mit dem versicherten PKW zahlt faktisch über ihre Prämie den ungedeckten Schaden des Kunden eines Kfz-haftpflichtversicherten Gewerbetreibenden mit.

41 Kfz-Haftpflichtversicherer die an der Rechtslage vorbei eine Kulanzlösung wählen und aus der Kfz-Haftpflichtversicherung leisten, haben keinen Ausgleichsanspruch aus Mehrfachversicherung nach den §§ 77 ff. VVG wegen Gespannschäden.

III. Kfz-Güterfolgeschadenversicherung

42 Die Kfz-Güterfolgeschadenversicherung bietet für die wirtschaftlichen Erfordernisse des Versicherungsnehmers als Frachtführer in Form einer Zusatzdeckung oder Sonderbedingung in der Kfz-Haftpflichtversicherung eine rechtlich saubere Lösung.

D. Aufbau von Kfz-Güterfolgeschadenversicherungen

43 Die derzeit am Markt erhältlichen Versicherungen haben wesentliche Gemeinsamkeiten:

16 Z.B. Vermischung aufgrund von Rissen in der Trennwand zwischen Tankkammer 1 zu Tankkammer 2.

I. Bindung an den Kfz-Haftpflichtvertrag

Die Kfz-Güterfolgeschadenversicherung wird immer an den Kfz-Haftpflichtvertrag gekoppelt. Die Regulierung soll in (fast) gewohnter Weise durchgeführt werden, wie dies schon vor der Transportrechtsreform ständige Praxis war. 44

II. Eigenständige Zusatzdeckung

Die Versicherung ist (ohne den Haftpflichtvertrag auflösen zu müssen) eigenständig kündbar. Sie ist aber umgekehrt nicht ohne einen Haftpflichtvertrag abzuschließen. 45

III. Schaden während des Obhutszeitraumes des Frachtführers

Gedeckt sind Schäden während des Obhutszeitraumes des Frachtführers. Damit wird der vertraglich vereinbarte Tätigkeitsbereich zur Grundlage gemacht, in den ein versichertes Schadenereignis hineinfallen kann. 46

Nach dem Gesetz ist es grundsätzlich Pflicht des Verladers, das Fahrzeug zu beladen und zu entladen, § 412 Abs. 1 Satz 1 HGB. Damit liegt der Obhutszeitraum grundsätzlich zwischen diesen beiden Handlungsabschnitten. Eine Ausnahme gilt dann, wenn sich der Adressat des Mitarbeiters des Verladers als Erfüllungsgehilfe bedient (dazu LG Köln, Urteil vom 24.09.1993 zu 90 O 42/93; TranspR 3–94). 47

Ist nur die reine Beförderung nach dem Frachtvertrag geschuldet, beschränkt sich der Zeitraum, in dem ein gedeckter Schaden eintreten darf, auf den reinen Beförderungsvorgang. Damit sind die Folgeschäden gedeckt, die durch eine Vermischung mit Vorprodukten in den Tankkammern des Fahrzeugs die Schadenursache setzen. 48

Nicht versichert sind dann Schäden, die sich erst durch das Be- oder Entladen ergeben (s. A. Allgemeines, OLG Hamburg v. 26.06.2008 zu 15 W 4/08, DAR 2010,699). Es sei denn, die Obhutspflicht wurde vertraglich erweitert. 49

Häufig hat der Frachtführer (nach Vereinbarung) mit fahrzeugeigenem Zubehör (Schläuche und Pumpen) selbst zu be- oder entladen. Rückstände in Schläuchen und Pumpen können ebenfalls zum Verderb der Ware und später zu Folgeschäden führen. Wurde die Obhutspflicht erweitert, besteht auch für diese Folgeschäden Deckung. 50

IV. Ausschließlich Folgeschäden aufgrund von Vermischungen oder Kontaminationen der transportierten Ladung im Güterverkehr

Die Versicherung ist danach ausgelegt, dass hierunter Tank- und Silotransporte fallen. Selten bei Gasen, aber regelmäßig bei Flüssig-, Schütt- und Staubgütern, kommt es zu Vermischungen im Transportbehältnis des Fahrzeugs. 51

Gleichzeitig soll mit der Eingrenzung ausgeschlossen werden, dass Schadensersatz für bereits vermischt übernommene Ware geleistet wird. 52

V. Bestehen einer Verkehrshaftungsversicherung

Das Bestehen einer Verkehrshaftungsversicherung als Pflicht-Haftpflichtversicherung nach § 7a GüKG wird entweder als Voraussetzung unterstellt oder wird ausdrücklich in den Klauseln als Bedingung für den Abschluss einer Kfz-Güterfolgeschadenversicherung festgeschrieben. 53

Da die Verkehrshaftungsversicherung als Zweig der Transportversicherung nicht an eine Kfz-Haftpflichtversicherung gekoppelt ist (schließlich ist der LKW ja nur eines von mehreren Transportmitteln), ist es möglich, dass der Verkehrshaftungsversicherer und Kfz-Haftpflichtversicherer nicht bei einem Risikoträger beheimatet ist. 54

55 Dies hat zur Folge, dass der Güterschaden mitunter beim Unternehmen A und der Güterfolgeschaden beim Unternehmen B zu regulieren ist.

VI. Selbstbeteiligungen

56 Die Bedingungen enthalten regelmäßig Selbstbeteiligungen. Sie können einen prozentualen Wert vom Schaden oder einen festen Sockelbetrag ausmachen. Möglich sind auch Kombinationen.

57 Die Aufnahme einer Selbstbeteiligung ist notwendig, um das erforderliche Maß an eigener Sorgfalt und Kontrolle im Unternehmen zu erhalten.

VII. Limits

58 Die Klauseln enthalten Limits, bis zu denen Schadensersatzleistungen erbracht werden können. Darüber hinaus muss der Versicherungsnehmer aus eigenen Mitteln versuchen, das Vertragsverhältnis zu seinem Kunden zu erhalten.

VIII. Zusatzprämien auf die Haftpflichtprämie

59 Für die Zusatzdeckung wird eine Zusatzprämie auf die Haftpflichtprämie erhoben. Damit werden die Eigenständigkeit und der Unterschied zwischen Schaden- und Haftpflichtversicherung unterstrichen. Der Schadensfall in der Kfz-Güterfolgeschadenversicherung belastet den Kfz-Haftpflichtvertrag nicht.

IX. Subsidiäre Deckung

60 Der Deckungsschutz ist subsidiär ausgestaltet. Kann der Geschädigte von einem anderen Versicherer seinen Schaden ersetzt bekommen, besteht für die Inanspruchnahme der Kfz-Güterfolgeschadenversicherung kein Raum.

61 Denkbare Schadensversicherer im Güterfolgeschadensfall sind z.B. der Waren- und Betriebsunterbrechungsversicherer. Mögliche Haftpflichtversicherer sind die Betriebs- und Produkthaftungsversicherer wegen der Lieferung schadhaft produzierter Ware.

62 Mangels gesetzlicher Haftung geht kein Anspruch auf die Versicherer über, der nach § 86 VVG beim Frachtführer zu regressieren wäre.

X. Keine Abtretung oder Verpfändung

63 Die Ansprüche des Versicherungsnehmers sind nach den Klauseln weder abtretbar noch verpfändbar.

XI. Berücksichtigung von Mitverschulden des Vertragspartners

64 Der Kfz-Güterfolgeschadenversicherer unterstellt gedanklich einen Haftungsgrund gegen den Versicherungsnehmer, obwohl dieser nach der aktuellen Rechtslage ja gerade nicht besteht.

65 Nach den Klauseln reguliert er im Ergebnis wie unter Haftpflichtgesichtspunkten. Er bewertet bei der Regulierung ein (Mit-) verschulden des Geschädigten.

66 Dies kommt der früheren Sach- und Rechtslage wirtschaftlich sehr nahe. Dem Schädiger ist es nicht verwehrt, unterlassene Prüf- und Rügepflichten nach § 377 HGB einzuwenden, die mitursächlich für den Folgeschaden beim Empfänger geworden sind.

67 Das eigene Verschulden des Empfängers wird denn auch in der Praxis eher akzeptiert als der Haftungsausschluss für den Güterfolgeschaden nach »neuem« Recht.

XII. Kein Direktanspruch des Geschädigten

Der Geschädigte erlangt keinen Direktanspruch im Sinne des § 115 Abs. 1 Satz 1 Nr. 1 VVG. 68

XIII. Keine Regulierung an den Geschädigten

Die Regulierung erfolgt nicht an den Geschädigten. Die Kfz-Güterfolgeschadenversicherung ist keine Fremdversicherung zugunsten des geschädigten Dritten, sondern eine Versicherung, die den Forderungsausfall des Versicherungsnehmers verhindern soll. Da in der Praxis vertragswidrig mit vermeintlichen Schadensersatzansprüchen aufgerechnet wird, muss die Zahlung regelmäßig an den Versicherungsnehmer erfolgen. 69

XIV. Regulierung nur auf ausdrücklichen Wunsch des Versicherungsnehmers

In diesem Zusammenhang versteht es sich von selbst, dass der Versicherer nicht auf Anforderung des Geschädigten (wie beim Direktanspruch im Haftpflichtrecht) reguliert. Der Versicherungsnehmer ist und bleibt in seiner Entscheidung frei, ob er seine Versicherung in Anspruch nehmen will. Maßgebend für seine Entscheidung ist immer seine wirtschaftliche Beziehung zu seinem Kunden und zum Geschädigten. 70

E. Weitere Güterfolgeschadenversicherungen

Abzugrenzen ist die Kfz-Güterfolgeschadenversicherung noch von zwei anderen Versicherungen, die aus dem Transportbereich seit Langem bekannt sind und ein ähnliches Ziel verfolgen. 71

Es handelt sich zunächst um die Versicherung des Transportgutes mit der Deckungserweiterung für den Folgeschaden nach den Musterbedingungen des GDV, DTV-Güter 2000/2011. 72

Des Weiteren bieten Verkehrshaftungsversicherer eigene Deckungserweiterungen für Güterfolgeschäden im Rahmen der DTV-VHV 2003/2011[16] an. 73

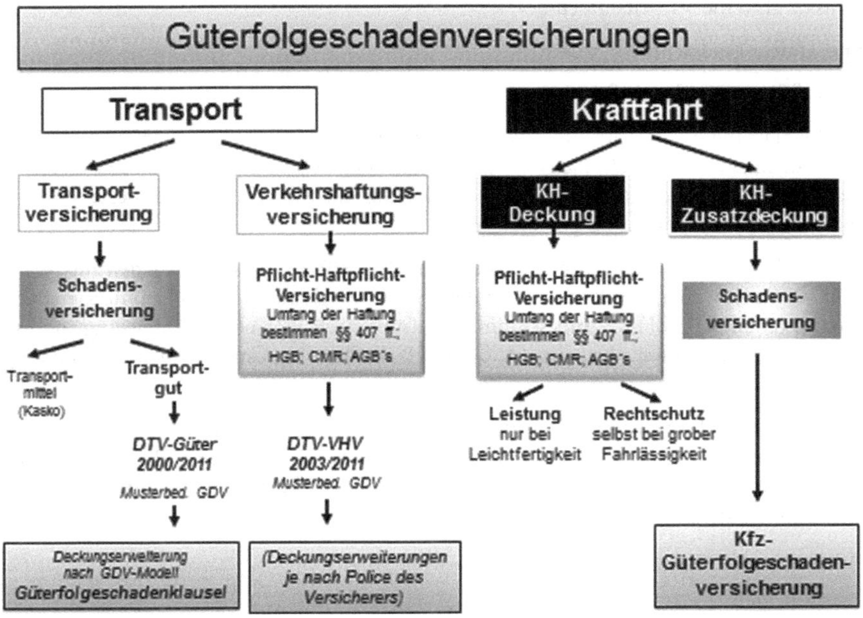

16 Unverbindliche Musterbedingungen des GDV, DTV-Verkehrshaftungsversicherungs-Bedingungen für die laufende Versicherung für Frachtführer, Spediteure und Lagerhalter 2003/2011, Stand November 2017.

Schaubild: Güterfolgeschadenversicherungen

74 In der Folge kann es zu Mehrfachversicherungen bezüglich des Folgeschadens kommen:
- Wareneigentümer versichert den Folgeschaden über DTV-Güter 2000/2011 mit Folgeschadenklausel (Stand August 2011)
- Frachtführer hat eine Verkehrshaftungsversicherung mit Deckungserweiterung über die DTV-VHV 2003/2011 hinaus
- Frachtführer hat eine Kfz-Güterfolgeschadenversicherung

F. Prüfungsschemata Vermischungsschaden und Anwendung der Güterfolgeschadenversicherung

75 **Sachverhalt:**

Verunreinigung des Frachtgutes im Obhutszeitraumes des Frachtführers/des Versicherungsnehmers <u>**auf dem Fahrzeug**</u>

Schaden:

Primärschaden am Frachtgut (z.B. neu geladenes Frachtgut und Restbestände auf Behältnis auf Fahrzeug)

und

Folgeschäden:

Z.B. Verunreinigung des Siloinhaltes beim Empfänger nach Entladen, Fehlproduktion bei Verwendung kontaminierten Siloinhaltes

Prüfung der Deckung durch KH-Versicherung

Hier liegt »Gebrauch« vor, so dass die Deckung gegeben ist, jedoch keine Eintrittspflicht nach § 7 StVG, da Einsatz als reine »Arbeitsmaschine«.

Haftung und Haftungsausschlüsse prüfen:

Verschulden auf Seiten des Frachtführers?

Die vertragliche Haftung des Frachtführers wegen Beschädigung des Frachtgutes umfasst außer bei Vorliegen eines qualifizierten Verschuldens i.S. des § <u>435 HGB</u> **keine Folgeschäden.** Diese sind als weitere Schäden i.S. des § <u>432</u> Satz 2 <u>HGB</u> nicht zu ersetzen. Insoweit sind auch außervertragliche Ansprüche gegen den Frachtführer ausgeschlossen.

Bei einem vorsätzlichen oder leichtfertigen und in dem Bewusstsein, dass ein Schaden mit Wahrscheinlichkeit eintreten werde, begangenen Handeln oder Unterlassen des Frachtführers erstreckt sich dessen dann gemäß § 435 HGB unbeschränkte Haftung nach allgemeiner Auffassung auch auf den Ersatz der Folgeschäden (vgl. Koller aaO. § 435 HGB Rdn. 19; Gass in Ebenroth/Boujong/Joost, HGB, § 435 Rdn. 10).

Wie die Rechtsprechung dazu ausführt, trifft dies aber dann nicht zu, wenn nach der in den §§ 425 ff. HGB getroffenen Haftungsregelung der Ersatz mittelbarer Schäden in den Fällen, in denen ein weniger gewichtiger Obhutspflichtverstoß in Betracht kommt, nicht nur ausgeschlossen, sondern schon nicht Gegenstand dieser Haftungsregelung ist.

Wenn **NEIN** dann Ablehnung.

JA, dann weiter prüfen:

Die Regelungen des HGB sind hier lex specialis, §§ 823 ff. BGB finden keine Anwendung.

Die Haftung und der Haftungsumfang richten sich nach §§ 425, 432 HGB. Aus diesen Normen ergibt sich jedoch **keine Haftung für Güterfolgeschäden** – Verunreinigung Siloinhalt beim

Adressaten, Fehlproduktionen aus der Verwendung von kontaminierter Ware (s. hierzu »Apfelsaftkonzentrat-Fall« BGH I ZR 240/03).

Eine Haftung aus KH – ohne GfS-Versicherung – ist dann nur bei »qualifizierten Verschulden« i.S.d. § 435 HGB gegeben oder es besteht – wenn **kein qualifiziertes Verschulden** gegeben ist – eine Zusatzdeckung aus der Güterfolgeschadenversicherung (GFS-Versicherung).

Die sog. bewusst grobe Fahrlässigkeit i.S.d. § 435 HGB erfordert zweierlei:
a. Das objektive Merkmal der Leichtfertigkeit
b. Da subjektive Merkmal des Bewusstseins, dass ein Schaden eintreten wird.

Zugegebenermaßen handelt sich bei beiden Voraussetzungen um

»wertausfülligungsbedürftige« Begriffe, die eingehend zu interpretieren und im

Einzelfall eingehend zu begründen sind.

Schadenersatz/Versicherungsleistung, wenn kein »qualifiziertes Verschulden« und Vorhandensein einer Zusatzdeckung GFS gegeben:
- Transportiertes Gut = VH-Versicherung
- Aufräumkosten und Bergungskosten = KH
- Bergung (verwertbare) Ladung = VH
- Entsorgungskosten (ggf. Verhältnismäßigkeitsberechnung mit KH) VH
- Ggf. Betriebsunterbrechung (Subsidiarität beachten) = KH/GfS
- Kontaminiertes Gut (Silo Empfänger) = KH und VH

Zu beachten ist die »hausinterne« Behandlung von Schadenfällen dieser Art bei den Versicherungen, wenn sowohl KH-Versicherung als auch die VH-Versicherung zusammen im einem »Haus« bestehen. Bei den Entsorgungskosten des durch die Entladung beim Adressaten entstandenen kontaminierten Gutes ist ggf. eine Verhältnismäßigkeitsrechnung durch VH und KH bezüglich des »aufgefüllten« und bereits vorhandenen Stoffes durchzuführen.

Zu beachten ist aber immer der Doppelversicherungsregress gem. § 78 VVG.

Die Abrechnung der Güterfolgeschadenversicherung erfolgt grundsätzlich nur an den Versicherungsnehmer.

Bei der »Entschädigung«/Versicherungsleistung ist die Entschädigung der VH-Versicherung in Abzug zu bringen. Auch ist eine etwaige Mithaftung des Adressaten – z.B. unterlassene Eingangskontrolle – zu berücksichtigen und zu bewerten. Im Regelfall besteht eine vertragliche SB, die in Abzug zu bringen ist.

Schadenersatz, wenn qualifiziertes Verschulden vorliegt

Alle Schadenpositionen sind aus KH bzw. VH zu regulieren (außer dem transportierten Gut, welches ausschließlich von der VH-Versicherung entschädigt wird).

Es hat eine Absprache zwischen den beiden Versicherungssparten zu erfolgen.

Auch hier ist die »hausinterner« Handhabung der Versicherer zu berücksichtigten.

Wie sind Drittgeschädigte – keine Vertragspartner, Geschädigte außerhalb des Vertragsgewerkes – zu behandeln?

Typischer Fall ist, dass kontaminierter Treibstoff von Kunden einer Tankstelle durch dessen Verunreinigung betroffen sind. Nach h.M. sind die Schäden z.B. der Tankkunden zu erstatten, da sie keinerlei Berührung mit dem Frachtvertrag haben und als Unbeteiligte schutzbedürftig sind (§ 823 BGB).

Kfz-Ausland-Schadenschutz

Besonderer Schutz bei unverschuldeten Unfällen im Ausland

Übersicht Rdn.

A. Überblick

I. Verbreitungsgrad

1 Immer weitere Verbreitung findet dieser zunehmend zum sinnvollen Standard zählende neue Baustein der Kfz-Versicherung zur Deckung von Lücken im Versicherungsschutz bei Unfällen im Ausland. Er wird inzwischen von **zahlreichen namhaften Versicherern** angeboten[1] und stellt eine wertvolle Zusatzabsicherung dar. In manchen Versicherungsangeboten ist er heute sogar schon automatisch eingeschlossen. Gleichwohl hat dieser Baustein mangels hinreichend umfassender Bekanntheit und Verbreitung noch keinen Eingang in das Musterbedingungswerk des GdV gefunden, so dass hier auf eine Wiedergabe einzelner Bedingungswerke verzichtet wird. Allerdings ist durchaus davon auszugehen, dass der GdV – wie inzwischen zur Fahrerschutzversicherung geschehen – bei künftigen Musterbedingungen auf die zunehmende Verbreitung reagieren und den Baustein aufnehmen wird. Die nachfolgenden Ausführungen stellen daher nur einen groben Überblick über den grundsätzlichen Aufbau und Umfang dieses Versicherungsbausteins dar.

II. Zielrichtung

2 Die Zielrichtung des Ausland-Schadenschutzes ist die **Absicherung vor Deckungslücken** bei einem unverschuldeten Unfall im Ausland, bei dem der VN als Geschädigter häufig nur unzureichenden oder zumindest unvollständigen Ersatz seiner Schäden von einem ausländischen Unfallverursacher oder dessen Haftpflichtversicherer erhält. Die Ursachen hierfür können in einer nach den Bestimmungen des jeweiligen Landes zu geringen Mindestversicherungssumme und damit bspw. bei mehreren Geschädigten nicht mehr für alle Ansprüche ausreichenden Deckungssumme liegen.[2] Eine weitere Lücke besteht häufig in den nach ausländischem Schadenersatzrecht **nicht oder nicht vollständig gedeckten Schadenpositionen**, wie z.B. Wertminderung, Kostenpauschale, Nutzungsausfall, erheblichen Abzügen für ersparte Eigenaufwendungen bei Mietwagen (tw. zwischen 15 % und 25 % pauschal), Sachverständigenkosten oder außergerichtlichen Anwaltskosten. Derartige Positionen sind in einigen Ländern gar nicht ersatzfähig oder nur in sehr geringem Umfang. So ersetzen z.B. niederländische Versicherer Mietwagenkosten nur mit pauschalem Abzug von 25 % und zahlen für Sachverständigenkosten teils pauschal nur 100,– bis 150,– € freiwillig. Auch Anwaltskosten

---

1 Vgl. hierzu schon Feyock/Jacobsen/Lemor, Kraftfahrtversicherung, 3. Aufl. 2009, Präambel zu AKB 2008 Rdn. 3.

2 So z.B. ein Warnhinweis in FINANZtest 2007, S. 18 zu Spanien. In Griechenland bspw. häufig nur 500.000,– € für Personen- u. 100.000,– € für Sachschäden.

werden häufig nur in Höhe von ca. einem Viertel bis zu einem Drittel der tatsächlich angefallen Honorarsumme ersetzt. So kann bspw. der Geschädigte eines Unfalls in den Niederlanden über den Auslandschadenschutz auch Nutzungsausfall oder die vollständigen Mietwagenkosten erhalten sowie vollständigen Ersatz seiner Sachverständigen- und Anwaltskosten.

Der Kfz-Auslandsschadenschutz ist abzugrenzen von der sogenannten Mallorca-Police als Deckungserweiterung in der Kfz-Haftpflichtversicherung. Letztere bietet weitergehenden Schutz für Mietwagen im europäischen Ausland, indem sie Kosten abdeckt, die mitunter über die im Ausland teilweise geringeren Deckungssummen in der Haftpflichtversicherung des Mietwagens nicht hinreichend gedeckt sind. Die Mallorca Police schützt den VN daher vor einer solchen Unterversicherung. 3

III. Praxisrelevanz und Haftungsrisiken

Der Baustein hat eine **hohe Praxisrelevanz**, und zwar gerade auch **für die anwaltliche Beratungspraxis.** Nach den gefestigten Grundsätzen der Rechtsprechung zu Umfang und Reichweite eines unbeschränkt erteilten anwaltlichen Mandates wird der beauftragte Rechtsanwalt bei der Bearbeitung eines Auslandsunfalls auch die Frage im Blick haben müssen, ob ein entsprechender Auslandsschadenschutz als Versicherungsbaustein besteht. Übersieht er dies und fragt nicht etwa nach dem Umfang des abgeschlossenen Versicherungsschutzes und werden infolge dessen ungedeckte Schadenpositionen nicht beim eigenen Versicherer abgerechnet, so kann ein Haftungsfall für den beauftragten Rechtsanwalt daraus resultieren. Nach der mitunter strengen Rechtsprechung zur Reichweite erteilter Mandate wird der Rechtsanwalt wie nach einer evtl. Unfall-, Lebens-, Berufsunfähigkeitsversicherung oder etwa auch dem Bestehen einer Fahrerschutzversicherung auch nach dem Bestehen eines entsprechenden Auslands-Schadenschutzes zu fragen haben und dies im Rahmen seines umfassenden Auftrages zur Geltendmachung aller möglichen Ansprüche des Mandanten abklären und beachten müssen.[3] Der Ausland-Schadenschutz stellt somit eine **versteckte Haftungsfalle** für den Rechtsanwalt dar, die daher jeder Bearbeiter verkehrsrechtlicher Mandate mit Auslandsbezug kennen sollte. 4

In gleicher Weise bestehen **Haftungsrisiken** und eine entsprechende Beratungspflicht **für Versicherungsvermittler und -makler** und denkbare Ansprüche des VN aus einer fehlerhaften Beratung beim Abschluss des Versicherungsschutzes, wenn für den Versicherungsvermittler erkennbar war, das der VN mit dem Fahrzeug häufig ins Ausland fahren wird. Wenn es sich also z.B. um ein Wohnmobil handelt, bei dem sich Fahrten ins Ausland gerade als typische Verwendung aufdrängen oder häufige berufliche Fahrten mit dem Pkw ins Ausland dem Vermittler bekannt sind, weil etwa der VN nach dem räumlichen Geltungsbereich fragt oder angibt seine Arbeitsstelle im benachbarten Ausland zu haben. Gleiches gilt, wenn der VN bei einem hohen Fahrzeugwert oder unter Hinweis auf eine Finanzierung des Kaufpreises eie umfassende Beratung über möglichen Versicherungsschutz wünscht. Eine Aufklärungspflicht im Rahmen der Beratung hat in diesem Fall das OLG Zweibrücken für die Fahrerschutzversicherung angenommen.[4] Diese Entscheidung ist uneingeschränkt auf den Baustein des Kfz-Auslandschadenschutz übertragbar. Hier muss der Versicherungsvermittler, soweit ein entsprechender Baustein von dem von ihm repräsentierten Versicherer angeboten wird, zum Abschluss des Ausland-Schadenschutzes raten bzw. aber zumindest darüber beraten. Den Makler trifft diese Pflicht in jedem Fall, da er den passenden Versicherungsschutz am Markt zu ermitteln hat und daher entsprechende Deckungskonzepte kennen und bei seiner Beratung mit berücksichtigen muss. Die Beratung über diese Ausweitung des Versicherungsschutzes ist daher entsprechend sorgfältig zu dokumentieren. 5

---

3 Vgl. *OLG Celle* Urt. v. 24.03.2010 – 3 U 222/09, JurionRS 2010, 15464 = SVR 2010, 339 = NJW-RR 2011, 68 = VRR 2010, 302 bespr. v. *Knappmann*; *OLG Köln* Urt. v. 04.08.1999 – 5 U 74/99.

4 Vgl. OLG Zweibrücken Beschl. v. 27.10.2016 – 1 W 4/16 (zur Fahrerschutzversicherung).

B. Deckungskonzept

I. Einordnung in das System der Kfz-Versicherung

6 Der Ausland-Schadenschutz ist nicht im Haftpflichtversicherungsschutz enthalten, sondern immer in Form eines **Zusatzbausteins** gesondert als Versicherungsart zu vereinbaren. In manchen Bedingungswerken ist er im Leistungsteil in Kapitel A der AKB unter A.X geregelt.[5] Andere Versicherer bieten ihn als einen außerhalb des eigentlichen Bedingungswerks in reinen Zusatzversicherungsbedingungen geregelten Baustein an.

II. Aufbau

7 Der typische Aufbau gliedert sich mit im Einzelfall bestehenden Abweichungen zumeist so oder ähnlich:

A.X.1 Was ist versichert? (Leistungsumfang)

A.X.2 Wer ist versichert?

A.X.3 Versicherte Fahrzeuge

A.X.4 In welchen Ländern besteht Versicherungsschutz?

A.X.5 Bis zu welcher Höhe leisten wir?

A.X.6 Was ist nicht versichert? (Risikoausschlüsse)

A.X.7 Verpflichtung Dritter/Anrechnung der Leistung Dritter

A.X.8 Fälligkeit/Abtretung/Leistung für mitversicherte Personen

Teilweise enthalten die Bedingungen zusätzlich noch zeitliche Beschränkungen der Dauer des Versicherungsschutzes für einen jeweiligen Auslandsaufenthalt.[6] Regelmäßig findet sich eine **Subsidiaritäts- bzw. Nachrangigkeitsklausel**, nach der Leistungen Dritter, insbesondere diejenigen eines ausländischen Kfz-Haftpflichtversicherers auf die eigene Versicherungsleistung angerechnet werden.

A.X.X. ggf. Regelungen zu Obliegenheiten

Neuere Bedingungswerke enthalten zum Teil eigenständige und bisweilen umfangreiche Regelungen zu besonderen Obliegenheiten. Diese entsprechen im Wesentlichen den sonst bekannten vertraglichen Obliegenheiten vor Eintritt des Versicherungsfalls (»beim Gebrauch«). Diese Obliegenheiten zur Verhütung des Eintritts des Versicherungsfalls erfassen die zulässige Nutzung zum vereinbarten Verwendungszweck, die Nutzung nur durch berechtigte Fahrer sowie das Fahren nur mit Fahrerlaubnis. Daneben finden sich die typischen Regelungen zu Obliegenheiten im Versicherungsfall, also die Anzeige, besondere Pflichten zur Anzeige bei behördlichen Ermittlungen, zur Aufklärungspflicht. Besondere Bedeutung kommt hier die Beachtung einer ggf. als Obliegenheit konkret ausgestalteten Schadenminderungspflicht zu sowie insbesondere der Obliegenheit den Unfall polizeilich aufnehmen zu lassen und zur Einreichung eines europäischen Unfallberichts.

▶ **PRAXISHINWEIS:**

8 Der genaue Blick in die konkret vertraglich vereinbarten Versicherungsbedingungen des VN ist zwingend!

---

5 So z.B. in A.5 AKB Huk-Coburg Stand 1.1.2024 oder A.1.7 in der ADAC-Autoversicherung Komfort.

6 So z.B. ADAC-Autoversicherung Komfort oder Premium AAV 0013702 oder Allianz Versicherung Baustein Ausland Schadenschutz-Versicherung Ziff. 1.5, jeweils bis zu zwölf Wochen fortlaufende Dauer.

III. Ausgestaltung der einzelnen Regelungen

1. Was ist versichert?

Versichert sind Unfälle im Ausland, bei denen der Unfallgegner haftet, die also vom VN unverschuldet sind. In diesem Fall ersetzt der eigene Versicherer den Personen- und Sachschaden des VN, für den der Unfallgegner einzutreten hat, so, als ob dieser beim eigenen Versicherer kfz-haftpflichtversichert wäre.[7] Dabei enthalten die Bedingungen regelmäßig die für den VN bedeutsame, da regulierungserweiternde Bestimmung, dass die Entschädigung nach Maßgabe des deutschen Rechts erfolgt. So heißt es in den Bedingungen typischer Weise: »*Sie werden nach deutschem Recht entschädigt.*« oder »*Wir leisten nach deutschem Recht.*« Zu beachten ist dabei jedoch, dass sich dies stets nur auf den Umfang des Schadenersatzes bezieht, nicht jedoch auf Fragen zum Haftungsgrund, die sich nach straßenverkehrsrechtlichen Bestimmungen oder Fragen richten. Dies ist in den Bedingungswerken – soweit ersichtlich ausnahmslos – unmittelbar nachfolgend durch den eindeutigen Zusatz klargestellt: »*Bei straßenverkehrsrechtlichen Fragen wenden wir das Recht des Unfalllandes an.*« 9

Als weitere Voraussetzung für die Leistung ist geregelt, dass es sich bei dem gegnerischen Fahrzeug um ein in Gebrauch befindliches und versicherungspflichtiges Fahrzeug handeln muss, das im Ausland zugelassen ist. Dabei kann für die Frage, ob Gebrauch vorliegt mangels anderweitiger Anhaltspunkte ohne Weiteres auf die Regelung zu A.1.1.1 in den AKB abgestellt werden.[8] Die Frage, ob es sich um ein versicherungspflichtiges Fahrzeug handelt, ist nach der Gesamtsystematik nach dem jeweiligen Auslandsrecht zu beurteilen. 10

2. Wer ist versichert?

Der versicherte Personenkreis birgt in den meisten Bedingungswerken keine Besonderheiten. Versichert ist der VN selbst, sowie alle berechtigten Fahrer und Insassen des Fahrzeugs sowie der Halter und Eigentümer des Fahrzeugs. 11

Unterschiedliche Regelungen finden sich hingegen zur Frage, wer die Ansprüche aus dem Versicherungsvertrag gegenüber dem VR geltend machen kann. Hier gilt teilweise die gesetzliche Regelung, wie sich aus dem insoweit lediglich klarstellenden Zusatz ergibt, dass nur der VN Ansprüche aus dem Vertrag geltend machen kann. Der Zusatz ist dabei rein deklaratorisch und entspricht der Regelung des § 44 Abs. 2 VVG. In anderen Bedingungswerken findet sich hingegen im Gleichlauf mit der Kfz-Haftpflichtversicherung[9] die Regelung, dass die mitversicherten Personen ihre Ansprüche selbstständig beim Versicherer geltend machen können. 12

Allerdings älteren Bedingunswerken auch Sonderregelungen zu finden, wie bspw. die nachstehende Formulierung im Hinblick auf im Ausland ansässige Fahrer des Fahrzeugs oder Mitfahrer:[10] 13

> »*Sofern allerdings einer im Land des Schadeneintritts wohnhaften Person das Führen des Fahrzeugs eingeräumt oder anderen dort wohnhaften Personen die Mitnahme im Fahrzeug ermöglicht worden ist, gilt gegenüber diesen Personen in Abweichung von A.1.7.1 das Recht des Schadenorts.*«

Damit soll sichergestellt werden, dass nur der aufgrund der Auslandssituation von der abzusichernden Deckungslücke betroffene Personenkreis geschützt wird und in den Genuss der Versicherungsleistung gelangt, nicht jedoch ein im Ausland ansässiger Geschädigter eine Besserstellung seiner Absicherung erfährt, die gerade über dasjenige hinausgeht, was für ihn als Versicherungsschutz üblich und ihm bekannt ist. Inhaltlich gleichlautende Regelungen finden sich in anderen Bedingungswerken etwas versteckt als Rückausnahme in der Regelung zum räumlichen Geltungsbereich, in dem es dann dort etwa heißt:

---

7 So eine typische Formulierung.

8 Siehe hierzu oben unter A.1.1.1 Rn. 90 ff.

9 Vgl. dort A.1.2 und dazu oben A.1.2 Rdn. 103.

10 So in ADAC-Autoversicherung KomfortVario (alte Fassung).

»Kein Versicherungsschutz besteht in Deutschland oder in einem der vorstehend genannten Länder, wenn Sie, der Halter oder ein Fahrer, dem das Fahrzeug zum ständigen Gebrauch überlassen wurde, in diesem Land einen Wohnsitz (Haupt- oder Zweitwohnsitz) haben.«

3. Versicherte Fahrzeuge

14 Versichert ist jeweils das im Versicherungsschein bezeichnete Fahrzeug sowie ein mitgeführter Wohnwagen, Gepäck- oder Bootsanhänger und mitgeführtes Gepäck und die Ladung.

15 Einschränkungen für die versicherbaren Fahrzeuge ergeben sich häufig daraus, dass der Versicherer den Baustein nur für Pkw und Reisemobile anbietet oder durch entsprechende beschränkende Zusätze im Bedingungswerk, wie bspw. die nachstehende Formulierung:

»Nicht versicherbar ist ein Fahrzeug, das zur gewerbsmäßigen Personenbeförderung oder gewerbsmäßigen Vermietung eingesetzt wird.«

In die gleiche Zielrichtung geht ein in einem anderen Bedingungswerk formulierter Risikoausschluss unter der Überschrift »Was ist nicht versichert?«, in dem es heißt, dass kein Versicherungsschutz besteht, wenn das versicherte Fahrzeug bei Schadeneintritt zur gewerbsmäßigen Personenbeförderung oder gewerbsmäßigen Vermietung verwendet wurde. Diese Formulierung eines Risikoausschlusses begegnet jedoch **Wirksamkeitsbedenken**, da es sich nicht um einen objektiven Risikoausschluss, sondern um eine verhüllte Obliegenheit handelt. Die Regelung entspricht von ihrem Inhalt her der Obliegenheit das Fahrzeug nicht zu einem anderen, als im Vertrag angegebenen Verwendungszweck zu benutzen und unterfällt somit den Regelungen einer vertraglichen Obliegenheit und ist nicht als objektiver Risikoausschluss zu werten.[11] Es kommt also im Weiteren darauf an, ob das Bedingungswerk für den Fall der Obliegenheitsverletzung eine der gesetzlichen Regelung des § 28 VVG entsprechende Rechtsfolgenregelung enthält.

4. In welchen Ländern besteht Versicherungsschutz?

16 In den meisten Bedingungswerken ist der räumliche Geltungsbereich für die Mitgliedsstaaten der EU oder *»im Geltungsbereich der Europäischen Union«* definiert sowie durch eine enumerative Aufzählung weiterer Länder ergänzt. Da es sich um einen reinen Ausland-Schadenschutz handelt ist der Bereich der Bundesrepublik Deutschland selbst aus dem räumlichen Geltungsbereich ausgenommen.

Die **Ausweitung auf andere Länder ist durchaus unterschiedlich** in den einzelnen Bedingungswerken. Nur der Blick in die konkreten Bedingungen hilft hier weiter. Soweit ersichtlich erfasst die Ausweitung typischer Weise die Schweiz, Liechtenstein und Norwegen. Dann hören die Übereinstimmungen in den Bedingungswerken bereits auf. Gängig ist weiter der Einschluss von Monaco, Island, Andorra, Montenegro, Serbien.

In manchen Bedingungswerken findet sich jedoch eine selektive Auswahl ausschließlich enumerativ aufgeführter Länder ohne die Generalklausel, die auf die Mitgliedsländer der EU abstellt. Wirksamkeitsbedenken gegen diese selektive Auswahl von Ländern zur Definition des räumlichen Geltungsbereichs bestehen nicht. Zum einen ist der VN aus den gängigen Versicherungsbausteinen zur Kfz-Haftpflicht-, Kasko- und eventuellen Kfz-Unfallversicherung gewohnt, dass der räumliche Geltungsbereich einer Versicherung Einschränkungen unterliegt. Zum anderen kann vom verständigen, durchschnittlichen Versicherungsnehmer, der extra eine Zusatzversicherung für Unfälle im Ausland abschließt erwartet werden, dass er sich über den Geltungsbereich entsprechend informiert, da er sich maßgeblich selbst um einen für ihn passenden Versicherungsschutz zu bemühen hat.[12] Insoweit stellen mögliche Einschränkungen des räumlichen Geltungsbereichs auch im Hinblick auf mögliche EU-Länder keine unangemessene Benachteiligung und keine überraschende

11 Vgl. hierzu auch Heinrichs in DAR 2011, 565 (569).

12 Vgl. LG Düsseldorf Urt. v. 7.5.2010 – 22 S 281/09 in VersR 2010, 1205.

Klausel dar, mit der der VN nicht hätte rechnen können. Die Reichweite ist also jeweils individuell anhand der Versicherungsbedingungen zu ermitteln.

Allerdings sind an die Beratung durch den Versicherungsvermittler gerade in diesem Punkt erhöhte Anforderungen zu stellen. So hat dieser, insbesondere ein Versicherungsmakler, ggf. bei der Beratung zu erfragen, welche Länder der VN bspw. beim Abschluss einer entsprechenden Versicherung für ein Reisemobil als Zielländer ins Auge gefasst hat und muss auf eventuell unerwartete Einschränkungen des räumlichen Geltungsbereichs, die vom Standard abweichen, hinweisen, wenn er als Makler bspw. Produkte verschiedener Anbieter gegenüberstellt. 17

5. Bis zu welcher Höhe leisten wir?

Die Höhe ist regelmäßig auf die vertragliche Versicherungssumme in der Kfz-Haftpflichtversicherung beschränkt oder gesondert auf einen Betrag von X Mio. Euro begrenzt. Typisch sind 12 oder 15 Millionen je versicherte Person bzw. für Sachschäden. 18

Teilweise finden sich auch im Rahmen der Regelung zur Höhe der Versicherungsleistung die sonst gesondert aufgenommenen Subsidiaritätsklauseln, aus denen sich die Nachrangigkeit der Versicherungsleistung gegenüber den Ersatzleistungen Dritter, insbesondere des eintrittspflichtigen ausländischen Kfz-Haftpflichtversicherers ergibt. 19

6. Was ist nicht versichert?

Hierunter finden sich die gebräuchlichen **objektiven Risikoausschlüsse**, wie bspw. für behördlich genehmigte Fahrveranstaltungen (auch hier mit der neuerlichen Abgrenzung zu der Teilnahme an behördlich nicht genehmigten Rennen als Obliegenheitsverletzung), Schäden durch Kriegsereignisse, inzwischen teilweise unter ausdrücklichem Einschluss rein digital geführter Kriege (Cyberkrieg)[13] und innere Unruhen, Schäden durch Kernenergie sowie zumeist für Vorsatz oder die grob fahrlässige Herbeiführung der Schäden. Es sei hierzu auf die einschlägigen Kommentierungen zum Bedingungswerk der AKB in den übrigen Kapiteln verwiesen. War der Risikoausschluss des Kriegsereignis bislang eher ein theoretischer Risikoausschluss, dem keine weitergehende Beachtung zu schenken war, könnte diesem jedoch im Hinblick auf digital geführte Angriffe auf autonom fahrende Kfz vor dem Hintergrund der Ausweitung auf Cyberkriege im Bedingungswerk künftig Bedeutung zukommen. 20

In einzelnen Bedingungswerken ist hier **jedoch besondere Obacht** geboten, da sich unwirksame Regelungen als Risikoausschluss finden, die sich als objektiver Risikoausschluss lesen, wie das Fahren ohne Fahrerlaubnis oder die gewerbsmäßige Nutzung[14] oder eine Regelung zu Rennen im Sinne der Rennklausel zu den vertraglichen Obliegenheiten. Hier ist abzugrenzen was tatsächlich ein wirksamer objektiver Risikoausschluss ist und was sich ggf. als Regelung einer vertraglichen Obliegenheit darstellt und mangels hierzu erfolgter Rechtsfolgenregelung im Bedingungswerk ggf. unwirksam sein kann. 21

Manche Bedingungswerke enthalten zudem einen umfassenden Verweis auf die Geltung der im Vertrag insgesamt vereinbarten Pflichten beim Gebrauch des Fahrzeugs und im Schadenfall sowie auf die hierzu einschlägigen Regelungen in den Abschnitten D und E. Dieser Verweis ist dann zusätzlich durch den Hinweis auf die Folgen einer jeweiligen Pflichtverletzung in den Regelungen zu D.3 und E.7 der AKB ergänzt.[15] 22

In neueren Bedingungswerken finden sich jedoch auch konkret aufgeführte und umfassende Regelungen zu den konkreten Obliegenheiten (»Pflichten«), die der VN schon beim Gebrauch und sodann im Schadenfall zu beachten hat. Diese reichen bis in die Ausgestaltung von

13 Vgl. dazu allgemein Fortmann, r+s 2023, 2 ff.
14 Vgl. hierzu oben Rdn. 13.
15 So bspw. bei den AKB der Huk-Coburg unter A.5.10.

Schadenminderungspflichten, zur Einholung von Weisungen, der polizeilichen Unfallaufnahme und mehr. Der Blick in die konkret vertragsgegenständlichen AKB des VN ist hierzu zwingend.

7. Verpflichtung Dritter/Anrechnung der Leistung Dritter

23 Die **Versicherungsleistung ist subsidiär** gegenüber eventuell anderen Verpflichtungen Dritter aus möglichen vertraglichen Ansprüchen, wie bspw. der Mitgliedschaft in einem Automobilclub oder Verband. Allerdings ist der Versicherer zur Vorleistung verpflichtet, wenn sich der VN zuerst an ihn wendet. Die Ansprüche des VN gegen den Dritten gehen dann nach § 86 VVG auf den Versicherer über.

Zudem erbringt der Versicherer seine Leistung nur nachrangig gegenüber dem eigentlich verpflichteten ausländischen Kfz-Haftpflichtversicherer, dessen Leistungen auf die Versicherungsleistung angerechnet werden.

8. Fälligkeit/Abtretung/Leistung für mitversicherte Personen

24 Hier finden sich die typischen Regelungsinhalte, wie in den anderen Versicherungsarten, z.B. in der Kaskoversicherung (Fälligkeit innerhalb von 2 Wochen nach Feststellung der Zahlungspflicht und Höhe der Entschädigung oder Vorschussanspruch wenn diese nach einem Monat noch nicht feststeht) sowie die üblichen Abtretungs- und Verpfändungsverbote.

Im Hinblick auf mitversicherte Personen gilt die gleiche Regelung wie in der Kfz-Unfallversicherung, danach zahlt der Versicherer eine Leistung, die einer mitversicherten Person zusteht nur mit deren Zustimmung an den VN selbst. Es kann daher für weitere Einzelheiten auf die entsprechenden Darstellungen zu diesen Versicherungsarten verwiesen werden.[16]

C. Zu erwartende Problemfelder

I. Erstattungsfähigkeit von Anwaltskosten?

25 Als möglicher Streitpunkt stellt sich hier die bereits im Zusammenhang mit der Fahrerschutzversicherung aufgekommene Problematik der Frage dar, ob der Versicherer auch **Anwaltskosten** für die Abwicklung entsprechender Leistungen zu tragen hat.[17] Der VN hat grundsätzlich keinen Anspruch auf Erstattung der Anwaltskosten gegen den VR, die anfallen, wenn er einen Rechtsanwalt mit der Geltendmachung der Ansprüche aus der eigenen Kfz-Versicherung im Rahmen der Schadenabwicklung beauftragt. Ein Erstattungsanspruch gegenüber dem eigenen Kasko- oder Unfallversicherer besteht nur, wenn dieser durch nicht rechtzeitige Abgabe seiner Erklärung zur Leistungspflicht oder durch eine zu Unrecht erfolgte Ablehnung der Leistungspflicht in Verzug geraten ist.[18] Soweit allerdings die Bedingungen herausstellen, dass der VN nach deutschem Recht entschädigt wird und es gerade um die Schließung von Deckungslücken geht, die der VN vom ausländischen Versicherer des Schadenverursachers nicht als Schadenersatz erhält, so wird der VN annehmen dürfen, dass insgesamt die angefallenen Anwaltskosten für die Schadenabwicklung einschließlich derer zur Abwicklung mit dem eigenen Versicherer, von der Reichweite des Kfz-Ausland-Schadenschutzes erfasst werden. Zumindest ist dies unklar, so dass sich eine solche **Unklarheit zu Lasten des Versicherers** als Verwender der AGB auswirkt. Es ist daher unverständlich, dass die Versicherer dieses Problem überwiegend nicht erkannt haben, obgleich es in der einschlägigen Literatur zur Fahrerschutzversicherung bereits erörtert worden ist.[19] Allerdings finden sich auch hier, wie inzwischen teilweise bei manchen VR zur Fahrerschutzversicherung, klarstellende Regelungen wie etwa die Formulierung *»Die Kosten eines Rechtsanwalts ersetzen wir nur, wenn wir mit der Zahlung der Entschädigung in Verzug sind.«*

16 So z.B. zur Fälligkeit unter A.2.7 Rdn. 1 ff. und zur Leistung für Mitversicherte unter A.4.11.2 Rdn. 2 ff.
17 Vgl. hierzu Heinrichs in DAR 2011, 565 (568) und DAR 2015, 195 (200).
18 Vgl. hierzu *Heinrichs* A.4.10.4 AKB Rdn. 3.
19 Wie Fn. 16.

II. Wirksamkeit von Risikoauschlüssen/Leistungsbeschränkungen

Wie oben bereits ausgeführt bergen einige Bedingungswerke zur Ausland-Schadenschutzversicherung Probleme im Rahmen der aufgeführten Risikobeschränkungen. Diese sind teilweise als klare objektive Risikoausschlüsse normiert, teilweise aber auch als Regelungen formuliert, die sich als verhüllte Obliegenheiten darstellen und als Risikoausschluss unwirksam sein werden. 26

Ganz unterschiedlich sind die Bedingungen gerade im Hinblick auf mögliche Verletzungen vertraglicher Obliegenheiten ausgestaltet. Teilweise finden sich umfassende Verweise auf die jeweiligen Regelungen in den einschlägigen Kapiteln des Gesamtbedingungswerkes der jeweiligen AKB, die keinen Wirksamkeitsbedenken begegnen. Teilweise finden sich jedoch solche Regelungen nicht. Bedingungen, die eigenständig zum Baustein des Ausland-Schadenschutzes bei manchen Versicherern existieren, sind hier ebenfalls unterschiedlich aufgebaut, so dass an dieser Stelle nur der generelle Hinweis auf die mögliche Problematik erfolgen kann. Der Anwender wird im Einzelfall sorgfältig prüfen müssen, ob sich eine Regelung letztlich als wirksam herausstellt oder eine Leistungsverpflichtung des Versicherers entgegen dem Anschein dem Wortlaut nach doch besteht.

Sonderbedingungen zur Kfz-Haftpflicht- und -Kaskoversicherung für Kfz-Handel und -Handwerk KfzSBHH – Stand 03.08.2017

Verfasser:

Projektgruppe Kfz-Handel und -Handwerk der Kommission Kraftfahrt Betrieb (KKB)

Unverbindliche Bekanntgabe des Gesamtverbandes der Deutschen Versicherungswirtschaft e.V. (GDV) zur fakultativen Verwendung. Abweichende Vereinbarungen sind möglich.

Soweit diese Sonderbedingungen nicht Abweichendes regeln, gelten die [Allgemeinen Bedingungen für die Kfz-Versicherung (AKB 2015)].

Vorbemerkung:

Die Handel-Handwerkversicherung ist ihrem Wesen nach eine Mischform zwischen Kraftfahrzeugversicherung und Betriebshaftpflichtversicherung (BHV) und wird dementsprechend bedingungsgemäß nicht nur in den AKB, sondern auch in den AHB angesiedelt. Dabei ist der Geltungsbereich der beiden Bedingungen unterschiedlich: so gilt sie als BHV dem Grunde nach nur für die Fahrzeuge, die nicht im Eigentum des Versicherungsnehmers stehen. Die vormals geltende Kfz-Handel- und Handwerk-Versicherung war klar in 4 Teile gegliedert: 1

- die Kraftfahrzeug-Haftpflicht-Versicherung für die händlereigenen Fahrzeuge und die roten Kennzeichen für Kfz-Handel- und Handwerk,
- die Kasko-Versicherung für die Fahrzeuge, die sich in Händler-Obhut befanden,
- die BHV für die Fahrzeuge, die sich in Reparatur befanden und durch die Reparatur **an sonstigen Teilen** beschädigt wurden sowie
- die neuen Fahrzeuge, die zum Verkauf standen.

Die überarbeiteten Sonderbedingungen a.F., die sich in ihrer Gliederung an den neuen AKB orientieren und unter A mit dem Versicherungsumfang, unter B mit den Pflichten, unter C mit Beginn und Ende des Versicherungsschutzes sowie unter D mit der Beitragsberechnung und den daraus resultierenden Mitteilungspflichten befassten, wurden erneut überarbeitet. Leider wurde aber versäumt, die Änderungen an PflVG und VVG in die Bedingungen einzuarbeiten. So fehlen die Hinweise auf die Exculpationsmöglichkeiten bei Obliegenheitsverletzungen und der Hinweis auf § 28 Abs. 2 und Abs. 3 VVG. Diese finden sich nur versteckt in dem Hinweis auf D.2. AKB! Problematisch ist dass die Anzeigepflichten im Schadenfall überhaupt keinen Eingang in die SBKfzHH gefunden haben, noch nicht einmal in einem Querverweis. Die hier angeführten Anzeigepflichten beziehen sich ausschließlich auf die Informationen, die zur Prämienberechnung erforderlich sind. 2

Die Assekuranz ist in der Gestaltung ihrer Bedingungen völlig frei. Die Bedingungswerke der einzelnen Versicherer sind unterschiedlich. So werden tw. in einem Bedingungswerk alle möglichen Sparten für Firmenkunden bekannt gegeben, der dann die einzelnen »Module« auswählen kann, aber auch tw. nur auf Anfrage speziell für den Einzelfall angeboten. Da die unterschiedlichsten Bedingungen auf dem Markt angeboten werden, werden hier die Musterbedingungen des GdV kommentiert und soweit in den Musterbedingungen kein Vorschlag für die anderen möglichen Einschlüsse gemacht wurde, auf die alten Bedingungen für Kfz-Handel- und Handwerk zurückgegriffen. 3

Da die Sonderbedingungen sowohl im Rahmen der Versicherung für Kraftfahrtrisiken wie auch als Betriebshaftpflicht nur einen Teil der AHB und AKB beinhalten, gelten die AHB und AKB[1] 4 neben diesen Sonderbedingungen, soweit keine gesonderte Regelung dort getroffen wurde. Diese müssen allerdings wirksam in den Vertrag mit einbezogen worden sein[2]. Wegen des fehlenden Hinweises auf die Pflichten nach E. AKB sind diese nach aktueller Version wohl nicht einbezogen!

5 Die Kfz-Handel- und Handwerk-Versicherung richtet sich neben den in den Sonderbedingungen aufgenommenen Regeln auch nach den für die allgemeine Kfz-Versicherung geltenden AKB[3]. Da die dortigen Regeln den Anforderungen des VVG n.F. angepasst wurden, bedurfte auch die Kfz-Handel- und Handwerk-Versicherung einer Reform der Bedingungen. Versicherbar sind Kraftfahrzeug-Haftpflicht- und Fahrzeug-Versicherung. Die versicherbaren Risiken sind unter Abschnitt A genannt, so dass der Versicherungsumfang nicht auf einen Blick erkennbar ist.

6 Eine Verpflichtung zum Abschluss einer allumfassenden Versicherung besteht nicht. Der Versicherungsnehmer kann sich auch entschließen im Rahmen der Kfz-Handel- und Handwerk-Versicherung lediglich Kraftfahrzeug-Haftpflicht-Versicherungsschutz für die ihm amtlich zugeteilten roten Kennzeichen zu vereinbaren. Dies macht insbesondere dann Sinn, wenn er keine Verwendung fremder Fahrzeuge im öffentlichen Verkehrsraum beabsichtigt, oder das Risiko eines Schadens, der unter die Fahrzeugversicherung fiele, als gering einschätzt[4].

Zu Beginn und Ende des Versicherungsschutzes wird in den vorliegenden SBKfzHH keine Aussage getroffen! Es ist daher auf die allgemeinen Regeln der Vertragsanbahnung zurückzugreifen.

Beginn des Versicherungsschutzes

7 Der Vertrag kann unterjährig mit dem Vertragsschluss beginnen. Der Vertrag kommt – wie jeder andere Vertrag – durch Angebot und Annahme zustande. Entgegen den sonstigen Gepflogenheiten in der Kraftfahrzeug-Haftpflicht-Versicherung ist der Kfz-Handel- und Handwerk-Vertrag nicht dem PflVG unterworfen. Einzig bei Verwendung von roten Kennzeichen gilt die Kfz-Handel- und Handwerk-Versicherung als Pflichtversicherung. Dies bedeutet, dass ein Handwerksbetrieb eine Kfz-Handel- und Handwerk-Haftpflicht-Versicherung nicht vorhalten muss. Als Vertragsdauer ist ein Jahr festgelegt. Eine Beschränkung auf das Kalenderjahr erfolgt hier nicht, lediglich der Hinweis, dass die Vertragsdauer auch bei Ratenzahlung in der Form der vierteljährlichen Zahlung nicht verkürzt wird. Der Vertrag endet durch Kündigung. Da besondere Kündigungsfristen nicht vorgesehen sind, ist von den allgemeinen Regeln des VVG und der AKB auszugehen. Es kommen die §§ 10 und 11 VVG sowie die Vorschriften nach G.x AKB zur Anwendung.

8 Der Versicherungsschutz für eigene, nicht zulassungspflichtige Fahrzeuge eines Betriebes für Kfz-Handel oder für Kfz-Handwerk beginnt erst mit der Anmeldung bei der Versicherung. Dabei kann der Termin der Anmeldung von dem Termin des Einschlusses auf Antrag abweichen. Diese Regelung ist zulässig, da es sich um grundsätzlich nicht zulassungspflichtige Fahrzeuge handelt und eine Verpflichtung zur Versicherung nicht besteht. Wird die Meldung eines solchen Fahrzeuges versäumt, werden Schäden, die durch dieses Fahrzeug verursacht wurden, nicht erstattet.

9 Dabei ist zu beachten, dass grundsätzlich nur solche Fahrzeuge zulassungspflichtig sind, die im öffentlichen Verkehrsraum genutzt werden sollen, da nur insoweit das PflVG, StVG und die FZV zur Anwendung kommen, §§ 1 PflVG, 1 StVG und 3 FZV.

---

1 BGH v. 08.05.1961 – II ZR 7/60 in NJW 1961, 1399 = VersR 1961, 555.

2 LG Saarbrücken v. 30.03.2012 – 13 S 49/11, zu Vertragsschluss in 2005 und Regress nach AKB 2008.

3 So schon BGH v. 08.05.1961 – II ZR 7/60, NJW 1961, 1399 = VersR 1961, 555, der ausdrücklich auf die AKB Bezug nimmt.

4 OLG Frankfurt v. 22.09.1994 – 1 U 103/93, VersR 1995, 449 zur Inhaltskontrolle nach AGBG.

Ende des Versicherungsschutzes

A. Allgemeines

Anders als in der normalen Kraftfahrzeug-Haftpflicht-Versicherung endet der Vertrag über händlereigene, zugelassene Fahrzeuge neben dem »normalen« Ende durch endgültige Abmeldung des Kfz bei der Zulassungsstelle auch bei Veräußerung des Kfz bei Übergang des Eigentums auf den Erwerber. 10

B. Endgültige Abmeldung des zugelassenen Kfz

Mit der endgültigen Abmeldung eines zugelassenen Fahrzeuges endet der Versicherungsvertrag automatisch, ohne dass es einer gesonderten Kündigung bedarf. Hiervon zu trennen ist die vorübergehende Stilllegung. Als vorübergehende Stilllegung wird die Abmeldung des Kfz angesehen, bei der aber jederzeitige Wiederanmeldung des Kfz unter Vorlage einer Versicherungsbestätigung möglich ist. Davon zu unterscheiden ist die endgültige Außerbetriebsetzung eines Kfz, bei der eine Weiternutzung und Wiederanmeldung gerade nicht beabsichtigt ist. Bei solcherart abgemeldeten Kfz erlischt die Betriebserlaubnis gem. § 19 Abs. 2 S. 1 StVZO. 11

C. Veräußerung des zugelassenen Kfz

Die Veräußerung des zugelassenen Fahrzeuges sollte in der Vorfassung der KfzSBHH ebenfalls den Vertrag mit dem Kfz-Händler mit der Übergabe des Kfz an den Käufer beenden. 12

Diese Regelung konnte keinen Bestand haben: Wird das Fahrzeug im zugelassenen Zustand verkauft und übergeben, geht nach § 95 Abs. 1 VVG der Versicherungsvertrag auf den Erwerber über. Diese Regelung ist auch auf die Kraftfahrzeug-Haftpflicht-Versicherung anzuwenden. Ein Ausschluss dieser gesetzlichen Regelung ist vertraglich nicht möglich. Der Versicherer haftet also bei dem übergebenen und veräußerten zugelassenen Kfz bis zum Ende der Nachhaftungsfrist in jedem Fall im Rahmen der Mindestversicherungssummen![5] Im Innenverhältnis mag eine Beendigung des Vertrages insoweit vereinbar sein, als es sich nicht um eine Pflichtversicherung handelt (also für die Fahrzeugversicherung etc.).

I. Veräußerung des nicht zugelassenen Kfz

Die Veräußerung eines nicht zugelassenen Kfz und Übergabe an den Verkäufer ist unproblematisch. Dieser muss für die Nutzung des Kfz im öffentlichen Verkehrsraum eine Versicherungsbestätigung und Rote Kennzeichen oder Kurzzeitkennzeichen zur Abholung des Kfz verwenden, wenn er es noch nicht auf sich angemeldet hat. Die Beendigung des Versicherungsvertrages mit der Übergabe ist insoweit frei vereinbar, da ohnehin nur eine Fahrzeugversicherung für das Kfz bestand. 13

II. Nachhaftung bei nicht zugelassenen Kfz

Eine Nachhaftung für nicht zugelassene Kfz entfällt, wenn das Kfz bei dem Händler nicht versichert war und auch keine Versicherungspflicht bestand, weil das Kfz nur auf dem Betriebsgelände bewegt 14

5 OLG Düsseldorf v. 09.08.1995 – 4 U 212/94 zur Dauer des Händlerversicherungsschutzes und der Nachhaftung des KH-Versicherers des Kfz.

wurde. Das nicht zugelassene Kfz scheidet mit Übergabe an den Erwerber aus dem Haftungsverband der Kfz-Handel- und Handwerk-Versicherung aus[6].

15 Außerdem fällt die Eintrittspflicht für händlereigene Fahrzeuge des Versicherungsnehmers durch deren Verkauf weg. Die Eintrittspflicht in der Kfz-Handel- und Handwerk-Versicherung endet auch, wenn die roten Kennzeichen von dem nicht zugelassenen Kfz wieder entfernt werden[7]. Weiterhin entfällt die Eintrittspflicht, wenn ein unberechtigter Dritter das dem Versicherungsnehmer amtlich zugeteilte rote Kennzeichen ohne Wissen und Wollen des Versicherungsnehmers verwendet[8]. Kein Wegfall des versicherten Risikos ist allerdings gegeben, wenn ein Kfz mit angebrachten roten Kennzeichen entwendet wird und weder Kfz noch Kennzeichen wieder auffindbar sind[9].

D. Ende des versicherten Risikos bei Fahrzeugen in Werkstattobhut

16 Die Eintrittspflicht der Kfz-Handel- und Handwerk-Versicherung endet mit dem Wegfall der Werkstattobhut und Rückgabe des Kfz an den Werkstattkunden.

A. Welche Leistungen umfasst Ihre Kfz-Haftpflicht- und -kaskoversicherung für Kfz-Handel und -Handwerk?

A.1 Was ist versichert?

Versichert ist Ihr Betrieb mit den im Versicherungsschein aufgeführten Betriebsarten.

(Die Beschreibung der Betriebsarten finden Sie im Anhang.)

17 Versichert ist der Betrieb, wie er im Versicherungsschein aufgeführt ist. War in den Vorbedingungen noch der Ort des Versicherungsschutzes aufgeführt, entfällt diese Erläuterung völlig. Offenbar soll der »Betrieb« auch die Stätte der Tätigkeit umfassen. Die vormalige Einschränkung auf die Betriebsstätte ist entfallen. Damit sind auch mit nur einem Vertrag auch mehrere Betriebsstätten, so sie zu demselben Betrieb gehören, vom Versicherungsschutz umfasst. Ob diese Entscheidung glücklich ist, bleibt abzuwarten.

18 Der Versicherungsschutz für den Handwerksbetrieb beschränkt sich zunächst auf das Firmengelände, wird allerdings von dem Betrieb ein Hol- und Bringservice angeboten, besteht auch insoweit Versicherungsschutz. Dabei ist zu beachten, dass es sich bei dem angesprochenen Schutz um Kasko-Versicherungsschutz handelt. Ist auch eine Kraftfahrzeug-Haftpflicht-Versicherung für die Kundenfahrzeuge, die ja schon über eine eigene Kraftfahrzeug-Haftpflicht-Versicherung verfügen, gewünscht, muss dies gesondert vereinbart werden. Dann sind auch die mit dem in Obhut befindlichen Fahrten im öffentlichen Verkehrsraum mit abgesichert, es liegt dann eine Doppelversicherung vor, die gem. § 78 VVG aufzulösen ist.

19 Der Betrieb ist versichert, auf den Kreis der handelnden Personen wird leider nicht eingegangen. Diese sind jedoch inzidenter mitversichert:

20 In der vormals geltenden Kfz-Handel- und Handwerk-Versicherung war zunächst nur der Versicherungsnehmer bzw. die Werkstätte und dessen Inhaber versichert. Die versicherten Personen waren nicht gesondert erwähnt, sie fanden sich lediglich als Hinweis in A.1.1.2 der Sonderbedingungen a.F., da dort auch auf beauftragte oder angestellte **Personen** erwähnt werden. Juristische

6 OLG Hamm v. 11.11.1998 – 32 U 175/98, NJW-RR 2002, 1367 (Rev. mit Beschluss IV ZR 279/98 nicht angenommen) abgedr. in NJW-RR 1999, 538.

7 BGH v. 29.05.1974 – IV ZR 56/73 in VersR 1974, 793 f.; mit Anm. Mittelmeier in VersR 1975, 33 f.; LG Koblenz v. 19.12.1973 – 5 O 81/73 in VersR 1974, 847.

8 BGH v. 28.06.2006 – IV ZR 316/04, r+s 2006, 410 = NJW-RR 2006, 1462 = DAR 2007, 26 f.

9 BGH v. 15.01.1997 – IV ZR 335/95, r+s 1997, 99f = NZV 1997, 226.

Personen und deren Mitarbeiter – auch wenn sie für den Versicherungsnehmer tätig werden, sind nicht mitversichert.

Soweit es sich um die Verwendung eines Fahrzeuges mit roten Kennzeichen handelt, ergaben sich die mitversicherten Personen aus den insoweit einschlägigen A.1.2 und A.2.4 AKB. Damit ist der berechtigte Fahrer in jedem Fall mitversicherte Person im Sinne des Vertrages. Über die Formulierung in Ziffer 4 wurden auch die von dem Versicherungsnehmer beauftragten oder bei ihm angestellten Personen mit einbezogen in den Versicherungsschutz. 21

Diese Regelungen sind auf die neuen Bedingungen analog zu übertragen. Der Versicherungsschutz besteht in jedem Fall, solange sich die Tätigkeit aus dem Wesen des Kfz-Handel- und Handwerk-Betriebes ergibt. Die mitversicherten Personen sind im Falle eines Schadens auch berechtigt, selbständig ihren Anspruch auf Versicherungsschutz geltend zu machen[10]. 22

In den Musterbedingungen werden Betriebsarten vorgegeben, jedoch können auch andere Betriebsarten in Betracht kommen. (Dies war in den Vorbedingungen auch ausdrücklich formuliert). Die Versicherer sind frei in der Entscheidung, weitere Betriebsarten in den Kreis der möglichen versicherbaren Tätigkeiten aufzunehmen. Beispiele sind hierfür nicht genannt, so dass alle Betriebsarten, die im Zusammenhang mit dem Wesen der Kraftfahrzeuge, wie z.B. Waschstraßen o.ä. im Rahmen dieser Versicherung eingeschlossen werden können. 23

Der Einfachheit halber werden die Betriebsarten hier mit besprochen: 24

1.1 Kfz-Handwerksbetrieb

Kfz-Handwerksbetriebe sind Unternehmen, in denen Reparatur-, Instandsetzungs- und Wartungsarbeiten an fremden Fahrzeugen und deren Teilen gegen Entgelt ausgeführt werden.

Waren in der alten Fassung der KfzSBHH die Betriebe in einem genannt und behandelt, wird jetzt eine Trennung nach den einzelnen Bereichen vorgenommen. Nach Anlage 1.1 können sich nur die Betriebe versichern, die ausschließlich Reparaturarbeiten und Wartungsarbeiten durchführen. Auch Instandsetzungsarbeiten sind Reparaturarbeiten, da schon begriffsnotwendig eine Instandsetzung eine Beschädigung voraussetzt. 25

Wesentlicher Bestandteil ist, dass sich diese fremden Fahrzeuge zu mit dem Handwerksbetrieb in einem Zusammenhang stehenden Zweck auf dem Gelände des VN befinden. Dies können nach der obigen Aufzählung nur Reparatur-, Wartungs- und Instandsetzungsarbeiten sein. Dadurch wird der Versicherungsschutz für das fremde Fahrzeug in sachlicher und in zeitlicher Hinsicht eingeschränkt. Es muss ein entsprechender Arbeits-Auftrag des Kunden vorliegen. Sonstige Zwecke wie z.B. die garagenmäßige Unterstellung während eines Urlaubes etc. sind nicht versichert.[11] Zu beachten ist insbesondere, dass für Fahrzeuge, die sich auf dem Betriebsgelände des Handwerksbetriebes befinden, nur ein Kasko-Versicherungsschutz in Frage kommt! 26

Da Kundenfahrzeuge, die zu einem Handwerksbetrieb verbracht werden, in aller Regel zugelassen sind, ist ein Kraftfahrzeug-Haftpflicht-Versicherungsschutz für den Handwerksbetrieb nicht zwingend erforderlich. Auch im Rahmen von Prüffahrten nach der Reparatur wird Kraftfahrzeug-Haftpflicht-Versicherungsschutz nicht benötigt, da das zugelassene Kfz ohnehin im Rahmen der Pflichtversicherung mit Kraftfahrzeug-Haftpflicht-Versicherungsschutz versehen ist. Ein möglicher Schadenfall wäre durch die fahrzeugeigene Kraftfahrzeug-Haftpflicht-Versicherung abgedeckt. Der 27

---

10 So für die BHV BGH v. 04.05.1964 – II ZR 153/61, NJW 1964, 1899 f.

11 OLG Celle v. 19.03.2009 – 8 U 228/08, r+s 2009. 270 ff. = VersR 2009, 1354f (»garagenmäßiges Unterstellen«).

Kunde könnte den Höherstufungsschaden auch im Rahmen der pVV vom Handwerksbetrieb ersetzt verlangen.

28 Der Versicherungsschutz bezieht sich sowohl auf die Kraftfahrzeug-Haftpflicht-Versicherung wie auch auf die möglicherweise auf die Kasko-Versicherung.

29 Bei den Fahrzeugen, die sich in dem Kfz-Handwerksbetrieb befinden, muss es sich um fremde Fahrzeuge, die nach A.3 der Sonderbedingungen in den Vertrag ausdrücklich eingeschlossen sind, handeln. Fremde Fahrzeuge sind alle diejenigen Fahrzeuge, die nicht im Eigentum des Versicherungsnehmers sondern eines Dritten stehen. Sie sind unabhängig von ihrer Zulassung Gegenstand der Versicherung, solange sie sich wegen eines mit dem Werkstattbetrieb einhergehenden Zweckes dort befinden. Zu den versicherten Fahrzeugen gehört u.U. auch der an diesem (fremden) Kfz befindliche Hänger, der beim Abschleppen geschädigt wird. Erforderlich ist nur, dass das Zugfahrzeug wegen eines mit dem Zweck des Kfz-Handel- und Handwerks-Betriebes zusammenhängenden Auftrags abgeschleppt wurde[12].

30 Fremde zugelassene Fahrzeuge müssen nicht zwingend über die KfzSBHH Kraftfahrzeug-Haftpflicht versichert werden. Diese Fahrzeuge sind über den Eigentümer ohnehin in der Kraftfahrzeug-Haftpflicht versichert. Eine Kraftfahrzeug-Haftpflicht-Versicherung über den Kfz-Handel- und Handwerksbetrieb ist nicht erforderlich. Die Kfz-Handel- und Handwerk-Versicherung bei fremden zugelassenen Fahrzeugen haftet zwar neben der für das Kfz bestehenden Kraftfahrzeug-Haftpflicht-Versicherung, da aber eine Versicherungspflicht im Sinne von § 1 PflVG für diese Fahrzeuge nicht gegeben ist, kommt der Kfz-Handel- und Handwerk-Kraftfahrzeug-Haftpflicht-Versicherung hier kein Pflichtversicherungscharakter zu[13]. Wenn keine Deckung besteht, kann der Geschädigten mit seinen Ansprüchen an den Kraftfahrzeug-Haftpflicht-Versicherer des Kfz verwiesen werden, § 117 Abs. 3 VVG. Die Verweisung ist auch nicht nach § 3 PflVG ausgeschlossen. Schäden an dem Kundenfahrzeug aufgrund eines Unfalles sind durch eine KfzSBHH-Fahrzeugversicherung abzudecken[14].

31 Eine Kraftfahrzeug-Haftpflicht-Versicherung für die fremden Fahrzeuge, an denen irgendwelche Arbeiten ausgeführt werden, muss nicht abgeschlossen werden. Schäden durch mangelhafte Arbeiten an den Kundenfahrzeugen sind über die Zusatzhaftpflicht für Kfz-Handel und -Handwerk abgesichert. Schäden, die durch den Gebrauch der Kundenfahrzeuge Dritten zugefügt werden, sind durch die Kraftfahrzeug-Haftpflicht-Versicherung des Kundenfahrzeugs abgesichert. Der Kunde hat dann einen Anspruch auf Erstattung des Höherstufungsschadens gegen die Werkstatt aus dem Reparaturvertrag. Wird bei einer Probefahrt lediglich das Kundenfahrzeug beschädigt, ist dieser Schaden über die ggf. vorhandene Fahrzeugversicherung der KfzSBHH abgesichert.

1.2 Kfz-Handelsbetrieb

Kfz-Handelsbetriebe sind Betriebe, die für eigene oder fremde Rechnung neue oder gebrauchte Fahrzeuge gewerbsmäßig an- und verkaufen.

32 Kfz-Handelsbetriebe sind solche, die sich ausschließlich mit An- und Verkauf von Kraftfahrzeugen befassen. Dabei kommt es für die Qualifizierung als Handelsbetrieb nicht darauf an, ob eigene Fahrzeuge auf eigen Rechnung oder fremde Fahrzeuge auf Provisionsbasis veräußert werden. Tätigkeiten des Kfz-Handwerks sind nicht vorgesehen. Diese Differenzierung wird dann problematisch, wenn an den erworbenen Fahrzeugen Instandsetzungs- oder Inspektionsarbeiten vor dem Weiterverkauf durchgeführt werden, die einen Garantie-Anspruch auslösen können.

---

12 BGH v. 22.01.1969 – IV ZR 524/68, VersR 1969, 271.

13 Stiefel/Hofmann a.a.O. Sonderbed. Kfz-Handel- und Handwerk Rn. 79, da der Werkstattinhaber durch die Annahme des Kfz nicht zum Halter wird!

14 OLG Koblenz v. 02.03.2012 – 10 U 699/11, VersR 2013, 1392.

Händlereigene Fahrzeuge sind solche, die im Eigentum des Versicherungsnehmers stehen. Auf die Wirksamkeit des dem Eigentumsübergang zugrunde liegenden Kausalgeschäfts soll es nicht ankommen[15]. Die Kfz-Handel- und Handwerk-Versicherung bezieht sich zunächst auf diejenigen Fahrzeuge, die im Eigentum des Händlers stehen und nicht zugelassen sind. Aber auch die schon im Eigentum des Händlers befindlichen Fahrzeuge, die noch auf den ursprünglichen Besitzer zugelassen sind, sind vom Versicherungsschutz mit umfasst. 33

Die Versicherung bezieht sich auf alle händlereigenen Fahrzeuge, die nicht zugelassen sind. Sie sind in der frei vereinbaren Fahrzeugversicherung versicherbar. 34

Auch Kfz, die noch auf einen anderen zugelassen sind, aber im Eigentum des Versicherungsnehmers stehen, sind vom Versicherungsschutz für die Dauer von 7 Kalendertagen seit Eigentumsübergang auf den Versicherungsnehmer in der Kfz-Handel- und Handwerk-Versicherung mitversichert. Ebenso gilt dies für vom Versicherungsnehmer verkaufte und noch in seiner Obhut befindliche Fahrzeuge für 7 Tage ab Verkauf. Es handelt sich dann um eine Versicherung für fremde Rechnung i.S.v. § 102 VVG. 35

Schäden, die an den **eigenen** Fahrzeugen verursacht werden, können über eine Fahrzeugversicherung im Rahmen der KfzSBHH abgesichert werden. Ist aber das Fahrzeug bereits verkauft, d.h. ein Kaufvertrag geschlossen und auf Wunsch des Erwerbers werden noch Arbeiten an dem bereits veräußerten Kfz durchgeführt, ist dieses Risiko im Rahmen der Versicherung nach A.1.2 KfzSBHH nicht gedeckt[16] 36

Versicherungsschutz nach Anlage 1.2 der SB haben nur Betriebe, die sich ausschließlich mit dem Handel mit Kfz befassen, d.h. Ankauf und Verkauf von Kraftfahrzeugen. Dabei wird zunächst nicht differenziert, ob der Verkauf in eigenem Namen oder auf Provisionsbasis erfolgt. 37

Anlage 1.2 befasst sich mit dem Versicherungsschutz dieses Vertrages für fremde Fahrzeuge. Damit sind alle Fahrzeuge auf dem Grundstück des Versicherungsnehmers erfasst, die nicht in seinem Eigentum stehen. Es wird nicht differenziert, ob diese Fahrzeuge zugelassen und versichert sind oder nicht. Der Begriff Fahrzeuge ist nach diesseitiger Auffassung zu unbestimmt. Besser wäre die Formulierung »Kraftfahrzeuge«. Der Begriff Fahrzeuge umfasst alle Arten von Fortbewegungsmitteln (mit oder ohne Motorkraft). 38

Der Handelsbetrieb kann wählen, ob er gem. Anlage 1.2 Versicherungsschutz nur für eigene Fahrzeuge, die erworben und veräußert werden, benötigt, oder ob er auch fremde Fahrzeuge für fremde Rechnung auf Provisionsbasis veräußern will, dann wird Versicherungsschutz auch nach A.1.2.2 der SB benötigt. 39

Vom Versicherungsschutz umfasst sind nur diejenigen Fahrzeuge, die sich zum Zwecke des Handels mit diesen auf dem Firmengelände befinden. Nicht dazu gehören Fahrzeuge, die aus sonstigen Gründen auf dem Gelände abgestellt werden (garagenmäßige Unterstellung o.ä.). 40

Die Obhut[17] umfasst die tatsächliche Sachherrschaft über das Fahrzeug. Als Fahrzeuge in Obhut des Handelsbetriebes werden alle diejenigen Fahrzeuge angesehen, die sich auf dem Gelände des Versicherungsnehmers befinden. Zweck der Verbringung auf das Firmengelände muss zwingend ein mit dem Handelsbetrieb zusammenhängender Grund sein. Dazu gehören sicher das Anbieten eines fremden Fahrzeuges für fremde Rechnung gegen Provision, möglicherweise wird man auch dem Zweck des Handelsbetriebs noch die Durchsicht des Kfz zur Bewertung des Zustandes zurechnen können. Bei einem reinen Handelsbetrieb wird aber die Durchführung einer Inspektion 41

15 Prölss/Martin Versicherungsvertragsgesetz VII Sonderbed. Kfz-Handel- und Handwerk Rn. 4.
16 Vgl. hierzu auch KfzSBHH A.1.2.3.
17 Wegen der Details zu Beginn und Ende der Obhut vgl. oben A.1.1 der KfzSBHH.

und die deswegen erfolgte Inobhutnahme nicht mehr dem Zweck zurechenbar sein. Für Schäden, die infolge nicht zurechenbarer Tätigkeiten entstehen, besteht kein Anspruch auf Gewährung von Versicherungsschutz.

42 Die Inobhutnahme verpflichtet auch zum sorgfältigen Umgang mit den überlassenen Sachen[18]. Es gelten hinsichtlich des Grundstücks die gleichen Anforderungen wie beim Werkstattbetrieb. Nicht ausreichend gesichert ist das Gelände eines Autohauses, wenn es zwar umzäunt ist, aber durch eine nicht versperrte Schranke das Gelände ständig betreten und befahren werden kann[19].

1.3 Gemischte Betrieb

Gemischte Betriebe sind Betriebe, die für eigene oder fremde Rechnung neue oder gebrauchte Fahrzeuge gewerbsmäßig an- und verkaufen (Kfz-Handelsbetriebe), sowie Reparatur-, Instandsetzungs- und Wartungsarbeiten an fremden Fahrzeugen und deren Teilen gegen Entgelt ausführen (Handwerksbetriebe).

43 Wird vom Versicherungsnehmer ein gemischter Betrieb gehalten, der sowohl Reparaturarbeiten wie auch An- und Verkauf von Fahrzeugen zum Betriebszweck hat, kann beides verbunden werden. Es gelten dann sowohl die Anforderungen für den Handwerksbetrieb wie für den Handelsbetrieb entsprechend, d.h. auch die Obhut erstreckt sich sowohl auf die Fahrzeuge, die zu Reparaturzwecken in den Betrieb verbracht wurden, als auch auf Fahrzeuge, die zum Verkauf angeboten werden.

2 Tageszulassung

Tageszulassungen sind erstmalige Zulassungen von fabrikneuen Fahrzeugen für eine Dauer bis zu maximal [xx] Tagen, die sich in Ihrem unmittelbaren Besitz befinden und nicht auf öffentlichen Wegen und Plätzen verwendet werden.

44 Ausschließlich für Handelsbetriebe und gemischte Betriebe gilt diese Regelung: Fahrzeuge, die als Tageszulassung (Rabattaktion) angeboten werden sollen, sind versicherbar, wenn sie als Neufahrzeuge auf den Handelsbetrieb zugelassen werden. Der Versicherungsschutz gilt aber nur, wenn diese Fahrzeuge nicht im öffentlichen Verkehrsraum verwendet werden. Sollen diese Fahrzeuge auch im öffentlichen Verkehrsraum verwendet werden, sind sie als Vorführfahrzeuge zuzulassen. Eine andere Verwendung des Fahrzeuges im Rahmen der Tageszulassung gefährdet den Versicherungsschutz.

3 Garagenmäßige Unterstellung

Garagenmäßige Unterstellung liegt vor, wenn die Obhut für fremde Fahrzeuge nach A.2.2 zur Erreichung des Zweckes ihres Kfz-Handel- und Handwerkbetriebs nicht mehr oder noch nicht erforderlich ist. Das ist insbesondere der Fall, wenn der Kunde sein Fahrzeug aus eigenem Interesse früher zu Ihnen bringt oder länger bei Ihnen belässt.

A. Allgemeines

45 Grundsätzlich sind in der Kfz-Handel- und Handwerk-Versicherung nur die Risiken zu versichern, die dem Wesen eines Handwerksbetriebes für Kfz-Handel- und Handwerk bzw. dem des Handelsbetriebs entsprechen. Die garagenmäßige Unterstellung eines Kfz gehört gerade

18 AG Homburg (Saar) v. 03.04.1998 – 4 C 283/97, Adajur Dok.-Nr. 32 135.
19 LG Hamburg v. 18.06.2003 – 331 O 243/02, SP 2006, 197 f.

nicht dazu[20]. Es ist zwischen der Werkstattobhut und dem garagenmäßigen Unterstellen zu differenzieren. Die Abgrenzung ist manchmal fließend und bereitet in der Rechtsprechung Schwierigkeiten. So soll nach Auffassung des OLG Hamm[21] dieser Ausschluss eng auszulegen sein. Es sollen nur diejenigen Schäden, die im Zusammenhang mit der Unterstellung entstehen, ausgeschlossen sein[22].

B. Definition

Eine garagenmäßige Unterstellung wird immer dann gegeben sein, wenn das Fahrzeug nicht zu einem mit dem Handwerks- oder Handelsbetrieb in Einklang zu bringenden Zweck[23] auf dem Firmengelände abgestellt wird. Ist der Zweck der Verbringung des Kfz auf das Werkstattgelände aber gerade nicht eine Reparatur, sondern das Unterstellen während des Urlaubes, liegt keine Werkstattobhut im Sinne der Bedingungen vor, sondern eine garagenmäßige Unterstellung des Kfz. Auch wenn eigentlich ein Reparaturauftrag bestand und dann das Kfz aber über einen längeren Zeitraum nur verwahrt wurde, liegt garagenmäßiges Unterstellen vor[24]. Für die Bewertung der Frage, ob es sich um Obhut oder um garagenmäßiges Unterstellen handelt, kann auf den Zweck der Unterstellung abgestellt werden[25], der Versicherer ist dabei beweisbelastet[26] für das Vorliegen eines Ausschlusstatbestandes, wenn er sich auf das garagenmäßige Unterstellen beruft[27]. Übt der Versicherungsnehmer hingegen sein vertragliches Unternehmerpfandrecht nach § 647 BGB aus, liegt ein garagenmäßiges Unterstellen gerade nicht vor, da schon der Wille des Versicherungsnehmers hier entgegensteht[28]. Die Werkstattobhut ist zeitmäßig beschränkt auf die Dauer der Reparatur bzw. das Ende des Unternehmerpfandrechts. Eine Ausweitung der Obhut auf einen Zeitraum von über 2 Jahren erscheint dem nicht angemessen[29]. 46

C. Beweislast

Der Versicherer ist beweisbelastet[30] für das Vorliegen eines Ausschlusstatbestandes[31], wenn er sich auf das garagenmäßige Unterstellen beruft[32]. Diese läuft dem Zweck eines Kfz-Handel- und 47

20 LG Berlin v. 10.02.1972 – 7 O 294/71, VersR 1973, 339, wobei der beabsichtigte Zweck durchaus geändert werden kann; A.A. LG Frankfurt v. 24.09.1971 – 2/17 O 79/69, VersR 1972, 1162, OLG Hamm v. 24.07.2002 – 20 U 71/02, VersR 2003, 190 = r+s 2002, 450.

21 OLG Hamm v. 24.07.2002 – 20 U 71/02, VersR 2003, 190 = r+s 2002, 450.

22 Gegenstand dieses Verfahrens war jedoch ein zu Reparaturzwecken in Obhut befindliches Krad.

23 OLG Düsseldorf v. 03.12.1957 – 4 U 72/57, VersR 1958, 313; BGH v. 10.07.1996 – IV ZR 287/95, VersR 1996, 1229; BGH v. 28.03.1990 – IV ZR 70/89, VersR 1990, 620.

24 OLG Celle v. 19.03.2009 – 8 U 228/08, r+s 2009, 270, A.A. OLG Hamm v. 24.07.2002 – 20 U 71/02, VersR 2003, 190 = r+s 2002, 450 dort war auch ein Reparaturauftrag gegeben worden und das Vorliegen des Ausschlusstatbestandes nicht ausreichend nachgewiesen.

25 OLG Düsseldorf VersR 1958, 314; BGH IV ZR 287/95 in VersR 1996, 1229; IV ZR 70/89 in VersR 1990, 620.

26 Zur Beweislast (bei Vermietung statt Probefahrt) vgl. auch BGH IVa ZR 120/81 in VersR 1983, 560; IV ZR 3335/95 in VersR 1997, 443.

27 So schon LG Berlin 7 O 294/71 in VersR 1973, 339 m.H.a. OLG Düsseldorf VersR 1958, 314.

28 Vgl. auch Stiefel/Maier/Schurer Sonderbed. Kfz-Handel- und Handwerk Rn. 72.

29 LG Dortmund 2 O 3/08 in zfs 2009, 334 ff.

30 Zur Beweislast (bei Vermietung statt Probefahrt) vgl. auch BGH v. 23.03.1983 – IVa ZR 120/81, VersR 1983, 560; BGH v. 15.01.1997 – IV ZR 335/95, VersR 1997, 443.

31 OLG Hamm v. 24.07.2002 – 20 U 71/02, VersR 2003, 190 = r+s 2002, 450.

32 So schon LG Berlin v. 10.02.1972 – 7 O 294/71, VersR 1973, 339 m.H.a. OLG Düsseldorf v. 03.12.1957 – 4 U 72/57 VersR 1958, 313.

Handwerks-Betriebes entgegen und ist folgerichtig ausgeschlossen[33]. Übt der Versicherungsnehmer hingegen sein vertragliches Unternehmerpfandrecht nach § 647 BGB aus, liegt ein garagenmäßiges Unterstellen gerade nicht vor, da schon der Wille des Versicherungsnehmers hier entgegensteht[34]. Die Werkstattobhut ist zeitmäßig beschränkt auf die Dauer der Reparatur bzw. das Ende des Unternehmerpfandrechts. Eine Ausweitung der Obhut auf einen Zeitraum von über 2 Jahren erscheint dem nicht angemessen[35].

A.2 Welche Fahrzeuge sind versichert?

48 Die Kfz-Handel- und Handwerk-Versicherung bezieht sich dem Grunde nach auf alle Kfz, die sich im Betrieb des Versicherungsnehmers befinden. Da sich aber Besonderheiten hinsichtlich Haftungsumfang und Leistungsumfang ergeben, sind sie nach den nachfolgenden Kriterien unterschiedlich zu behandeln. Zu beachten ist, dass es sich zwar bei der Kfz-Handel- und Handwerk-Versicherung um eine Haftpflicht- und eine Fahrzeugversicherung handelt. Allerdings gelten die Regeln des PflVG und der §§ 115 ff. VVG (n.F.) nur eingeschränkt.

49 Neben den in den KfzSBHH aufgeführten Anforderungen muss der Versicherungsnehmer auch die Obliegenheiten aus den AKB beachten[36]. Je nachdem, ob es sich um händlereigene oder fremde Fahrzeuge, ob zugelassen oder nicht, handelt, ist der Versicherungsschutz durchaus unterschiedlich. Auf die Besonderheiten wird an passender Stelle eingegangen.

50 Die in den vormaligen Sonderbedingungen vorgesehene Einschränkung auf zulassungspflichtige Fahrzeuge ist in der Kapitelüberschrift nicht mehr gegeben, sie findet sich an einzelnen Stellen wieder, so dass der Geltungsbereich nur dort eingeschränkt wird.

Versichert sind:

A.2.1 Eigene Fahrzeuge

1. **nicht zugelassene Fahrzeuge als Handelsware**
2. **Tageszulassungen**

Die Definition der Tageszulassung finden Sie im Anhang.

51 Versichert sind nur eigene Fahrzeuge des Versicherungsnehmers, wenn sie in den Versicherungsvertrag ausdrücklich eingeschlossen wurden. Versicherungsschutz kann für händlereigene, d.h. im Eigentum des Handelsbetriebes stehende Fahrzeuge, vereinbart werden, die nicht zugelassen sind. Auf die Wirksamkeit des dem Eigentumsübergang zugrunde liegenden Kausalgeschäfts soll es nicht ankommen[37]. Die Kfz-Handel- und Handwerk-Versicherung bezieht sich zunächst auf diejenigen Fahrzeuge, die im Eigentum des Händlers stehen und nicht zugelassen sind, auf die Zulassungspflicht soll es hier wohl nicht ankommen.

52 Ausschließlich für Handelsbetriebe und gemischte Betriebe gilt diese Regelung: Fahrzeuge, die als Tageszulassung (Rabattaktion) angeboten werden sollen, sind versicherbar, wenn sie als Neufahrzeuge auf den Handelsbetrieb zugelassen werden. Der Versicherungsschutz gilt aber nur, wenn diese Fahrzeuge nicht im öffentlichen Verkehrsraum verwendet werden. Sollen diese Fahrzeuge auch im öffentlichen Verkehrsraum verwendet werden, sind sie als Vorführfahrzeuge zuzulassen. Eine andere Verwendung des Fahrzeuges im Rahmen der Tageszulassung gefährdet den Versicherungsschutz.

33 LG Berlin v. 10.02.1972 – 7 O 294/71, VersR 1973, 339, wobei der beabsichtigte Zweck durchaus geändert werden kann; a.A. LG Frankfurt v. 24.09.1971 – 2/17 O 79/69, VersR 1972, 1162.

34 Vgl. auch Stiefel/Maier/Schurer Sonderbed. Kfz-Handel- und Handwerk Rn. 72

35 LG Dortmund v. 10.07.2008 – 2 O 3/08 in zfs 2009, 334 ff.

36 BGH v. 08.05.1961 – II ZR 7/60, NJW 1961, 1399 = VersR 1961, 555.

37 Prölls/Martin Versicherungsvertragsgesetz VII Sonderbed. Kfz-Handel- und Handwerk Rn. 4.

In der Vorversion von 1980 war nur auf »eigene zugelassene Fahrzeuge« abgestellt, die wegen der eigenen Zulassung ohnehin nicht der Kfz-Handel- und Handwerk-Versicherung unterfielen, sie unterfielen damit den AKB[38].

Da diese Fahrzeuge im Rahmen der Zulassung auch Versicherungsschutz nachweisen müssen, stellt auch diese Regelung nur eine Leistungsbegrenzung im Innenverhältnis dar. Wird ein solches Kfz vertragswidrig im öffentlichen Verkehrsraum verwendet und kommt dabei ein Dritter zu Schaden, handelt es sich in Ansehung des Dritten um eine Pflichtversicherung mit der Folge, dass die Ansprüche des Dritten unter Kraftfahrzeug-Haftpflicht-Gesichtspunkten zu regulieren sind. Eine Leistungsfreiheit besteht nur im Innenverhältnis. Die Regeln sind insoweit zumindest missverständlich, der Hinweis auf D.1 impliziert nicht, dass bei Schadenfällen im öffentlichen Verkehrsraum wenn der Versicherung der Charakter einer Pflichtversicherung zukommt, auch die Regeln der §§ 5, 6 KfzPflVV mit den Regressbeschränkungen in der Kfz-Haftpflichtversicherung anzuwenden sind. Außerdem ist § 28 VVG zu beachten und auf das Verschulden abzustellen. 53

A.2.2 Fremde Fahrzeuge

1. **in Werkstatt- und Handelsobhut**
2. **nicht zugelassene Fahrzeuge als Handelsware [ausgenommen Kommissionsfahrzeuge]**
3. **angekaufte und verkaufte Fahrzeuge**

Fremde Fahrzeuge sind nur dann von der Handel-Handwerk-Versicherung umfasst, wenn sie sich entweder in Werkstattobhut befinden, sich als Handelsware, d.h. zum Verkauf, auf dem Gelände des Versicherungsnehmers befinden, oder aber von diesem angekauft oder bereits verkauft wurden. 54

Angekaufte Kfz, die noch auf einen anderen zugelassen sind, aber schon im Eigentum und Besitz des Versicherungsnehmers stehen, können versichert sein. In den Bedingungen a.F. war eine zeitliche Befristung vorgesehen »…sind vom Versicherungsschutz für die Dauer von × (üblicherweise 7) Kalendertagen seit Eigentumsübergang auf den Versicherungsnehmer in der Kfz-Handel- und Handwerk-Versicherung mitversichert….«. Erforderlich ist neben der Eigentumsübertragung auch die tatsächliche Sachherrschaft über das Kfz auf den Kfz-Händler. 55

Ebenso gilt dies für vom Versicherungsnehmer **verkaufte** und noch in seiner Obhut befindliche Fahrzeuge. auch hier ist eine zeitliche Beschränkung nicht mehr vorgehsehen, in den Bedingungen a.F. waren üblicherweise 7) Tage ab Verkauf vorgesehen. Es handelt sich dann um eine Versicherung für fremde Rechnung i.S.v. § 102 VVG. A.2.2.3 der Sonderbedingungen bezieht sich daher nur auf den Handelsbetrieb. 56

A.2.3 Eigene und fremde Fahrzeuge

1. **mit rotem Kennzeichen**
2. **mit Kurzzeit-Kennzeichen**
3. **Überführung auf der Ladefläche**

Gem. A.2.3 sind alle Fahrzeuge versichert, die nicht zugelassen sind, wenn sie entweder mit einem amtlich abgestempelten roten Kennzeichen, einem roten Versicherungskennzeichen oder einem Kurzzeitkennzeichen versehen sind. Die Einschränkung auf versicherungspflichtige und zulassungspflichtige Fahrzeuge wurde zumindest in den Musterbedingungen aufgegeben. 57

38 Vgl. auch Stiefel/Hofmann a.a.O. Sonderbed. Kfz-Handel- und Handwerk Rn. 13, a.F.

58 Der Kfz-Handel- und Handwerks-Betrieb kann bei der Zulassungsstelle die Zuteilung eines roten »Dauer-Kennzeichens« gem. § 16 Abs. 3 FZV beantragen[39]. Diese roten Kennzeichen ermöglichen dem Versicherungsnehmer, einem Interessenten ein nicht zugelassenes Kfz zur Probefahrt zu überlassen, um ggf. Kaufinteresse zu wecken[40]. Der Umfang der Probefahrt ist immer wieder Gegenstand gerichtlicher Prüfung[41]. Grundsätzlich können auch geschäftliche oder private Zwecke damit verfolgt werden, auch kann die Probefahrt im Einzelfall mehrere Tage andauern[42]. Eine Urlaubsreise (auch ein Kurzurlaub ist aber sicher nicht zulässig.

59 Die amtlich zugeteilten roten Kennzeichen müssen körperlich am Kfz, für das sie vorübergehend gelten sollen, angebracht sein[43]. Ein Abstellen des Kfz, in dem eine Pappe mit dem roten Kennzeichen ausgelegt wird, reicht jedenfalls nicht aus, um das Merkmal »versehen« zu erfüllen[44]. Das Kennzeichen muss mindestens mit sich geführt werden, damit es für jedermann klar erkennbar ist[45]. Eine Ablage hinter der Windschutzscheibe und der Heckscheibe im Fahrzeuginneren reicht aus[46], wenn die Erkennbarkeit gewährleistet ist. Gibt der Versicherungsnehmer dem Werkstattkunden aber falsche Auskünfte über den Umfang des Versicherungsschutzes, haftet er diesem persönlich, wenn ein Kaskoschaden eintritt, der aufgrund unvollständiger Versicherung nicht gedeckt ist[47].

60 In Rechtsprechung und Literatur umstritten sind die Auswirkungen der missbräuchlichen Verwendung des amtlich zugeteilten **roten Kennzeichens** im öffentlichen Verkehrsraum. So soll einerseits die fehlerhafte Verwendung des roten Kennzeichens dazu führen, dass ein nicht versichertes Fahrzeug im öffentlichen Verkehrsraum geführt wird (weil das Kennzeichen nicht am Fahrzeug ist oder nicht für denjenigen (Händler) zugeteilt wurde, der es verwendet)[48]. Andererseits soll aber der Verstoß gegen die Verwendungsklausel nach D.1.1 AKB durch die Grenzen von V 1, 2 der Sonderbedingungen a.F. ausgeschlossen sein[49]. Diese Diskussion dürfte durch die Einführung der KfzPflVV für zulassungspflichtige Fahrzeuge zumindest für die Kraftfahrzeug-Haftpflicht-Versicherung obsolet geworden sein, auch wenn diese teilweise zur Unterstützung der einen oder anderen Auffassung herangezogen wird. Wenn ein Fahrzeug mit einem roten Kennzeichen im öffentlichen

---

39 Vgl. auch Grabolle »Gebrauch roter Kennzeichen bei Probefahrten« DAR 2008, 173 ff.; Huppertz »Rechtsfolgen bei Probefahrten im Lichte der neuen FZV« in DAR 2008, 606 ff.; zum Verwaltungsverfahren der Zuteilung von Kurzzeitkennzeichen nach Bedarf vgl. auch VG Greifswald v. 22.04.2008 – 4 B 321/08, DAR 2008, 665 f.

40 OLG Köln v. 24.06.2003 – 9 U 21/0, SP 2003, 307. OLG Koblenz v. 13.01.2003 – 12 U 1360/01 zur Haftungsbeschränkung bei Probefahrten.

41 BGH v. 30.03.1967 – II ZR 134/64 hat sich bereits zu dieser Frage geäußert.

42 BGH v. 30.03.1967 – II ZR 134/64.

43 OLG Koblenz v. 04.04.2011 – 10 U 1258/12, VersR 2012, 97 f.

44 BGH v. 29.05.1974 – IV ZR 56/73, VersR 1974, 793 f.; mit Anm. Mittelmeier in VersR 1975, 33 f.; LG Koblenz v. 19.12.1973 – 5 O 81/73, VersR 1974, 847.

45 LG Koblenz, 5 O 81/73 in VersR 1974, 847 (… das leicht manipulierbare Fahrzeugscheinheft reiche nicht aus, um Versicherungsschutz zu begründen …).

46 BayObLG v. 07.11.2002 – 1 ST RR 109/02, VersR 2003, 479 f. zur Frage der Strafbarkeit des Kennzeichenmissbrauchs allerdings insoweit falsch, als der Versicherungsschutz unabhängig vom Zusammenhang mit dem Gewerbebetrieb für »vermietetes rotes Kennzeichen« mit der Zuteilung des roten Kennzeichens für den Kfz-Handel- und Handwerks-Betrieb bejaht wird.

47 BGH v. 14.03.1973 – IV ZR 168/71, VersR 1973, 411.

48 BGH v. 29.05.1974 – IV ZR 56/73, VersR 1974, 793 f.; mit Anm. Mittelmeier in VersR 1975, 33 f.; LG Koblenz v. 19.12.1973 – 5 O 81/73 in VersR 1974, 847.

49 Stiefel/Hofmann Sonderbed. Kfz-Handel- und Handwerk Rn. 7 unter Hinweis auf die dezidierte Aufstellung in V 1 und 2, die bei anderer Auffassung überflüssig wäre (Vorauflage); OLG Köln 18.10.1989 – 11 U 327/88, VersR 1990, 847, wobei dort aber der eigentliche Zweck der Fahrt der Verwendung roter Kennzeichen entsprach; OLG Köln v. 19.03.1992 – 5 U 90/91, SP 1992, 381, weil Ziffer V. 1 und 2 abschließend seien.

Verkehrsraum verwendet wird, hat der Geschädigte jedenfalls dann keinen Anspruch auf den Schutz des PflVG, wenn ein Dritter eigenmächtig das dem Versicherungsnehmer zugeteilte rote Kennzeichen verwendet und das Fahrzeug des Dritten mit dem Handwerksbetrieb des Versicherungsnehmers nichts zu tun hat[50].

Soweit es aber – wie so häufig – um den Fahrzeugschaden an dem Kfz geht, an dem das rote Kennzeichen unzulässigerweise angebracht wurde, besteht kein Anlass, den Versicherungsschutz auf die Fahrzeuge auszuweiten, die in keinerlei Beziehung zum Versicherungsnehmer oder zum Versicherer stehen, bloß weil ein rotes Kennzeichen angehängt wurde. Die Beteiligten wissen in diesen Fällen sehr genau um die missbräuchliche Verwendung des Kennzeichens. Warum sollten sie gesondert geschützt werden? Mit der Auffassung, dass auch in der Fahrzeugversicherung dann Versicherungsschutz zu gewähren ist, wird Manipulationen und Betrügereien Tür und Tor geöffnet. 61

Einzelfälle zur Probefahrt: 62
- Der Versicherungsnehmer erlangt wieder Gewahrsam an seinem zu einer mehrtägigen Probefahrt ausgehändigten Kfz, wenn dieses nach Abschluss der Probefahrt auf dem Betriebsgelände abgestellt wird. Nicht erforderlich ist, dass der Versicherungsnehmer Kenntnis von der Rückgabe des Kfz hat[51].
- Die Weitergabe eines Kurzzeitkennzeichens an einen Dritten zur Verwendung an einem anderen Kfz ist unzulässig[52].

III. mit rotem Versicherungskennzeichen

Dem gegenüber stehen die »**roten Versicherungskennzeichen**«, die jeweils nur für einen Halter und ein Fahrzeug vorgesehen sind, gem. § 16 Abs. 4 FZV. Es müssen neben den Halter- und Fahrzeugdaten auch das Ende des Versicherungsschutzes angegeben werden. Diese Kennzeichen sind immer nur für ein bestimmtes Fahrzeug für Prüf-, Probe- oder Überführungsfahrten geteilt und können auch für einen Handels- und/oder Handwerksbetrieb ausgegeben werden. Die Nutzungsbedingungen unterscheiden sich nicht von den Anforderungen für ein »rotes Dauerkennzeichen«, welches dem Betrieb zur dauerhaften Verwendung auch an unterschiedlichen Kfz verbunden mit einem »Fahrtenbuch« ausgehändigt wird. Bei Vergabe eines roten Versicherungskennzeichens ist eine Versicherungsbestätigung vorzulegen, diese beinhaltet sowohl den Beginn wie auch das Ende des Versicherungsschutzes, eine weitere Anzeige des Endes des Vertrages an die Zulassungsstelle ist nicht mehr erforderlich, § 25 Abs. 1 S. 4 und 5 FZV. Die Nachhaftung beginnt unmittelbar nach Ende des vereinbarten Versicherungszeitraums, ohne dass es weiter Aktivitäten des Versicherers bedürfte und endet mit dem Ablauf der Monatsfrist des § 117 Abs. 2 VVG. 63

IV. Kurzzeitkennzeichen

Kurzzeitkennzeichen werden von vorneherein nur für einen bestimmten Zeitraum ausgegeben. Die für die Zulassung vorzulegende Versicherungsbestätigung gilt dabei immer auch als Anzeige der Beendigung des Versicherungsvertrages, § 25 Abs. 1 Satz 4 FZV. Eine gesonderte Schlussmitteilung an die Zulassungsstelle ist nicht erforderlich. D.h. die Nachhaftung beginnt auch hier unmittelbar mit dem Ende des Versicherungsschutzes, ohne dass es weiterer Aktivitäten des Versicherers 64

---

50 BGH v. 28.06.2006 – IV ZR 316/04, r+s 2006, 410 = NJW-RR 2006, 1462 = DAR 2007, 26 f.

51 OLG Naumburg v. 11.07.2013 – 4 U 5/13, die Frage der missbräuchlichen Verwendung war hier nicht Gegenstand der Entscheidung, da nach dem Vortrag der Beteiligten das Kfz wieder zurückgekommen war.

52 OLG Stuttgart v. 22.10.2014 – 3 U 36/14, NJW-Spezial 2014, 715, dazu Wenker, jurisPRVerkR 2/2015, Anm. 2.

bedürfte. Auch diese Kennzeichen werden nur für ein konkret bezeichnetes Fahrzeug ausgegeben und dürfen nur an diesem angebracht werden.

V. deutlich sichtbar angebracht

65 Das rote Kennzeichen muss am Fahrzeug deutlich sichtbar angebracht werden. Nicht ausreichend ist in diesem Zusammenhang, das Kennzeichen hinter der Windschutzscheibe auf das Armaturenbrett zu legen, aus Angst, es könne gestohlen werden[53].

E. Umfang des Versicherungsschutzes

66 Für den Umfang des Versicherungsschutzes ist zwischen der Kraftfahrzeug-Haftpflicht-Versicherung und der Fahrzeugversicherung zu unterscheiden. In der Kraftfahrzeug-Haftpflicht-Versicherung muss Versicherungsschutz mindestens zu den Mindestversicherungssummen gem. der Anlage zu § 4 PflVG gewährt werden.

67 Diese Kennzeichen müssen deutlich sichtbar angebracht sein. Eine Aufbewahrung des Kennzeichens im Fahrzeug reicht nicht aus.[54] Der Versicherungsnehmer ist verpflichtet, das mit der Ausgabe des roten Kennzeichens erhaltene Fahrzeugscheinheft sorgfältig zu führen und insbesondere die Fahrzeugdaten (FIN, Fahrzeugklasse, Hersteller, den Fahrzeugführer mit Anschrift, Beginn, Zweck und Ende der Fahrt) vor jeder Fahrt aufzunehmen. Dieses Heft ist auf den Fahrten mitzuführen und muss mindestens ein Jahr lang aufbewahrt werden, nach Ablauf des roten Kennzeichens ist dieses Fahrzeugscheinheft mit dem Kennzeichen an die Zulassungsstelle zurückzugeben, § 23 Abs. 3 FZV. Halter des Kurzzeitkennzeichens ist der Betrieb[55]. Eine missbräuchliche Verwendung von roten Kennzeichen ist strafbar[56].

68 Eine Prüfung dieses »Fahrtenbuches« dürfte nur in Ausnahmefällen möglich sein. Wird dieses Fahrzeugscheinheft nicht bei der Fahrt mitgeführt, hat diese Pflichtverletzung keine Auswirkungen auf die Regulierung eines Kraftfahrzeug-Haftpflicht-Schadens, der mit einem amtlich zugeteilten roten Kennzeichen verursacht wird, da sie nicht zu den in der KfzPflVV enumerativ aufgeführten Obliegenheiten gehört.

Es gibt verschiedene Arten von Kennzeichen, die unter A.2.3 versichert werden können:

69 **amtlich abgestempelte rote Kennzeichen**

gem. § 16 Abs. 3 FZV können »durch die zuständige Zulassungsbehörde zuverlässigen Kraftfahrzeugherstellern, Kraftfahrzeugteileherstellern, Kraftfahrzeugwerkstätten und Kraftfahrzeughändlern befristet oder widerruflich zur wiederkehrenden betrieblichen Verwendung, auch an unterschiedlichen Fahrzeugen zugeteilt werden.« Diese Kennzeichen beginnen nach dem Unterscheidungskennzeichen mit den Ziffern 06…. Diese Kennzeichen werden üblicherweise mit einem Fahrtenbuch zusammen ausgegeben und dürfen nur verwendet werden, wenn in diesem Fahrtenbuch neben dem Typ des Kfz auch die Fahrgestell-Nummer, Eintragsdatum und auch der Fahrer des Kfz eingetragen sind.

70 Erforderlich ist neben der Zuverlässigkeit des Inhabers des roten Kennzeichens, dass die Eintragung durch dauerhafte Schrift (also nicht mit einem Bleistift, sondern dokumentenecht) erfolgt und detailgenau Einträge über Dauer und Fahrtstrecke beinhaltet. Außerdem ist das Fahrtenbuch

53 OLG Koblenz v. 04.04.2011 – 10 U 1258/12, VersR 2012, 97 f.
54 Vgl. hierzu auch unter D.1.1.1 AKB (Verwendungsklausel) m.w.H.
55 OLG Hamm, 07.12.2012 – I-9 U 117/12, SVR 2013, 431 m.Anm. Hering = r+s 2013, 325 f.
56 BayObLG, 07.11.2002 – 1 St RR 109/02, Jurion.

mindestens ein Jahr aufzubewahren. Bei Nichteinhaltung dieser Vorschriften kann die Zuteilung des amtlich abgestempelten Kennzeichens widerrufen werden[57].

Rote Versicherungskennzeichen im Sinne von A.3.1 sind gem. § 28 FZV für die versicherungskennzeichenpflichtigen Fahrzeuge zu verwenden, kommen aber in der Praxis nur selten vor. 71

Rote Oldtimerkennzeichen nach § 17 FZV sind in den Musterbedingungen der KfzSBHH nicht aufgenommen worden, Sie werden nur an anerkannte Oldtimer nach Vorlage eines entsprechenden Gutachtens von der Kfz-Zulassungsstelle ausgegeben, die Regulierung von Schäden durch Oldtimer richtet sich nach den AKB 2008/2015. Durch die Einführung der Wechselkennzeichen ist davon auszugehen, dass vermehrt Wechselkennzeichen im Oldtimerbereich zur Anwendung kommen. 72

Kurzzeitkennzeichen gem. § 16 Abs. 1 können an jedermann ausgegeben werden, also auch an Kfz-Händler oder Handwerksbetriebe. Sie sind von vorneherein für einen bestimmten Zeitraum ausgegeben und beginnen mit den Ziffern 03 oder 04. Wenn sie an einen Betrieb des Kfz-Handels oder Handwerks ausgegeben werden, sind diese ggf. im Rahmen der KfzSBHH versichert. Sie können aber auch nach den AKB 2008/2015 versichert sein und dürfen nur an einem, der Zulassungsstelle konkret benannten Fahrzeug angebracht sein. 73

Überführung auf der Ladefläche bezeichnet das Verbringen eines Kfz auf der Ladefläche eines Hängers oder Zugfahrzeuges. Nach den AKB handelt es sich dann um »Ladung«, die nur über eine sog. Transportversicherung versichert werden kann. Hier wird ein Ausnahmetatbestand aufgenommen, um Werkstattbetrieben, die als Dienstleistung auch Pannenhilfe anbieten, Versicherungsschutz für die auf der Ladefläche befindlichen Fahrzeuge bietet. Eine Einschränkung auf Pannenhilfe ist nicht formuliert, so dass es darauf nicht ankommt, es reicht aus, wenn das Verbringen eines Kfz auf der Ladefläche mit dem Betriebszweck in Einklang zu bringen ist. In den SB Kfz HH a.F. war ein Hinweis auf die gewerbliche Beförderung von Fahrzeugen im Sinne des Güterkraftverkehrsgesetzesenthalten, der im Rahmen der Handel-Handwerkversicherung nicht versichert sein soll (B.1.1a.F.). Dieser Hinweis wurde unter A.5.2 der Bedingungen aufgenommen. 74

Diese Regelung bezieht sich auf versicherungspflichtige, nicht zugelassene, Fahrzeuge. Die frühere Einschränkung dieser Regelung auf »händlereigene Fahrzeuge« wurde aufgegeben. Es kommt jetzt nicht mehr darauf an, ob sich die Kfz im Eigentum des Versicherungsnehmers befinden oder nicht. Maßgebend ist allein, ob es sich um zulassungs- und versicherungspflichtige **und** nicht zugelassene Fahrzeuge handelt. Die Kfz sind dann versichert, wenn sie auf Veranlassung des Versicherungsnehmers oder eines seiner Beauftragten mit einem dem Handel-Handwerksbetrieb amtlich zugeteilten roten Kennzeichen, Versicherungskennzeichen oder Kurzzeitkennzeichen versehen wurden. Die früher vielfach streitige Frage des Eigentumsübergangs[58] spielt jetzt keine Rolle mehr. Die Kfz-Handel- und Handwerk-Versicherung bezieht sich zunächst auf diejenigen Fahrzeuge, die im Eigentum des Händlers stehen und nicht zugelassen sind. Aber auch andere (fremde) Fahrzeuge, die mit den erwähnten Kennzeichen versehen werden, sind vom Versicherungsschutz mit umfasst. 75

Die Versicherung bezieht sich auf alle Fahrzeuge, die nicht zugelassen sind. Sie sind in der frei vereinbaren Fahrzeugversicherung versicherbar[59]. Das Kennzeichen muss mit Willen des Versicherungsnehmers an dem Fahrzeug angebracht werden[60]. 76

---

57 OVG Nordrhein-Westfalen v. 10.04.2012 – 8 B 209/12; VG Düsseldorf v. 14.03.2013 – 6 K 30/12; VG Osnabrück: Beschluss v. 17.09.2012 – 6 A 72/12; VG Mainz v. 16.05.2012 – 3 K 56/12, bei Anhaltspunkten für Unzuverlässigkeit kann die Genehmigung widerrufen werden; Rebler, »Fahrten mit rotem Kennzeichen«, DAR 2012, 285, 287.

58 Prölss/Martin Versicherungsvertragsgesetz VII Sonderbed. Kfz-Handel- und Handwerk Rn. 4.

59 Vgl. SBKfzHH A.4.2.

60 BGH v. 28.06.2006 – IV ZR 316/04, r+s 2006, 410 f. lehnt den Versicherungsschutz für andere Fahrzeuge, an denen das Kennzeichen ohne/gegen den Willen des Versicherungsnehmers angebracht wurde, ab, OLG München v. 28.12.2012 – 10 U 103/12, SP 2014, 198 f.

[A.2.4 Weitere Fahrzeuge]

< Redaktioneller Hinweis: Eigene zulassungspflichtige Fahrzeuge sind über KfzSBHH nicht versichert und können über separate Verträge außerhalb der KfzSBHH versichert oder in A.2 ausdrücklich ergänzt werden.

Gleiches gilt für alle weiteren in A.2 nicht aufgeführten Fahrzeugarten wie z. B. Arbeits- und Anbaugeräte, nicht selbstfahrende Arbeitsmaschine, nicht zulassungspflichtige Fahrzeuge, nicht versicherungspflichtige Fahrzeuge oder Sonderfälle wie Ausstellungsstücke. >

Händlereigene Kfz konnten bisher als Werkstattwagen oder als Unfallersatzwagen versichert werden, wenn sie in den Vertrag gem. A.3.1 der KfzSBHH eingeschlossen waren. Soweit noch die alten Bedingungen Vertragsgrundlage sind, ist zu differenzieren:

77 Werkstattwagen sind per Definitionem Fahrzeuge, die im Rahmen des Werkstattbetriebes ihren Einsatz finden und ausschließlich von Mitarbeitern für Zwecke des Werkstattbetriebes verwendet werden. Diese Zwecke können die Materialbeschaffung, aber auch die Abholung und Auslieferung von Kundenfahrzeugen sein (Rücktransport des eigenen Mitarbeiters durch Werkstattwagen). Allerdings dürfte dies die Ausnahme sein, da solche Fahrzeuge in aller Regel individualisiert im Rahmen eines Einzelvertrages auf den Betrieb zugelassen sind.

78 Die in den Vorbedingungen neu aufgenommenen Unfallersatzwagen[61], sind nicht mehr ausdrücklich in den neuen Bedingungen enthalten. Unfallersatzwagen sind Fahrzeuge, die dem Kunden während der Reparatur zu günstigen Konditionen überlassen werden, um die Werkstattbindung zu erhöhen. Es handelt sich hierbei nicht um den klassischen »Mietwagenbetrieb«, sondern ausschließlich um Fahrzeuge, die »Reparaturkunden« zur Verfügung gestellt werden.[62] Zu klären wird in Zukunft sein, ob es sich dabei ausschließlich um Fahrzeuge handeln kann, die als Ersatz für die Dauer der Reparatur eines Unfallschadens zur Verfügung gestellt werden, oder auch für sonstige Reparaturen, die z.B. auf Verschleiß oder Einhaltung von Wartungsintervallen durchgeführt werden, ausgedehnt werden kann. Ob diese Fahrzeuge in der Zukunft tatsächlich über die KfzSBHH versichert werden, oder einen fahrzeugindividuellen Vertrag erhalten, der dann mit eigenen Bedingungen entsprechend der AKB 2008/2015 versehen ist, erscheint fraglich.

79 Auch andere Fahrzeuge, Arbeitsmaschinen etc. können über die SB Kfz-HH versichert werden. Soweit Versicherungsschutz über eine Betriebshaftpflichtversicherung besteht, geht diese vor. Sind die Versicherungssummen der Betriebshaftpflichtversicherung teilweise oder ganz verbraucht, so besteht im Anschluss Versicherungsschutz im Rahmen der Versicherungssummen dieser Kfz-Versicherung.

80 Zu den SB HH a.F.: Nach Auffassung des Autors ist diese Differenzierung nach »Unfallersatzwagen« oder Ersatzwagen für Inspektionszeiträume und Wartungsarbeiten eher theoretischer Natur und dürfte keine Auswirkungen auf den Versicherungsschutz haben, solange sich das Kundenfahrzeug zu einem mit dem Zweck des Betriebs des VN in Einklang zu bringenden Tätigkeit dort befindet. Vermieden werden soll nur, dass dort unter dem Deckmantel des Unfallersatzwagens die günstigen Tarife für das reine Vermietgeschäft genutzt werden. Für diese gilt der Ausschluss nach B.2.2 der KfzSBHH.

81 Auch die in den KfzSBHH a.F. enthaltenen **Vorführfahrzeuge** werden nicht mehr ausdrücklich erwähnt, könnten aber unter A.2.2 der Bedingungen separat aufgeführt werden. Eigene Fahrzeuge des Handelsbetriebes sind im Rahmen der Sonderbedingungen versicherbar, wenn sie als Vorführfahrzeuge dienen, die dem Kaufinteressenten für Probefahrten zur Förderung des Kaufentschlusses

61 Einzelne Automarken hatten eigene Autovermietungen gegründet, um dieses Problem im Kundeninteresse zu lösen.

62 Stiefel/Maier/Schurer KfzSBHH Rn. 88 thematisiert dieses Problem nicht und weist lediglich auf den Ausschluss von Selbstfahrervermietfahrzeugen in der Fahrzeugversicherung hin.

vorübergehend ohne Entgelt zur Verfügung gestellt werden. Außerdem könnten Vorführwagen im Rahmen des Unfallersatzgeschäftes oder im Rahmen des Werkstattbetriebes dem Kunden zur Verfügung gestellt werden, während das kundeneigene Fahrzeug repariert wird. Diese Regelung gilt sowohl für die Handels- wie auch die Handwerksbetriebe, wobei Vorführfahrzeuge im Zweifel nur bei reinen Handelsbetrieben oder Mischbetrieben des Kfz-Handels und Handwerks vorzufinden sein werden. Hier kommt es auf die Ausgestaltung der einzelnen Verträge an.

Selbstfahrervermietfahrzeuge als Unfallersatzwagen sind zur Aufnahme in die KfzSBHH nicht mehr vorgesehen, diese sind im Zweifel gesondert mit eigenen Kraftfahrzeug-Haftpflicht-Verträgen zu versichern. Aber auch hier ist eine andere – von den Musterbedingungen abweichende Gestaltung möglich. 82

A.3 Obhut und Betriebszweck

Versicherungsschutz für Fahrzeuge nach A.2 besteht, solange sich diese Risiken im direkten Zusammenhang mit dem Zweck Ihres Kfz-Betriebes
- **in Ihrer Obhut oder**
- **in der Obhut einer von Ihnen beauftragten oder bei Ihnen angestellten Person befinden.**

Für die versicherten Risiken besteht Versicherungsschutz in den im Versicherungsschein bezeichneten Betriebsstätten.

Darüber hinaus besteht außerhalb der Betriebsstätte Versicherungsschutz nur während der unmittelbaren Durchführung
- **eines Reparatur-, Instandsetzungs- oder Wartungsauftrags, sofern Sie nicht ausschließlich auf fremden Grundstücken arbeiten,**
- **des Hol- und Bringservices durch Ihre eigenen Mitarbeiter**
- **einer Probe-, Prüfungs- oder Überführungsfahrt.**

Die Obhut beginnt mit Übernahme des Fahrzeugs und endet mit der Übergabe an den Kunden oder mit Eigentumsübergang an den Erwerber.

Der Begriff Obhut ist eine alte Formulierung, die im BGB schon in die Begriffe Miete, Leihe und Pacht umgesetzt wurde. Es geht bei Obhut um die tatsächliche Herrschaft über Gegenstände, die dem Besitzer nur vorübergehend anvertraut wurden. Als Fahrzeuge in Werkstatt-Obhut werden alle diejenigen Fahrzeuge angesehen, die sich in der Werkstatt oder auf dem Werkstattgelände des Versicherungsnehmers befinden. Zweck der Verbringung auf das Werkstattgelände muss zwingend ein mit dem Werkstattbetrieb zusammenhängender Grund sein. Allein der Zusammenbau eines Kfz aus Schrottteilen auf dem Betriebsgelände des Versicherungsnehmers durch Dritte begründet keine Werkstattobhut[63]. 83

I. Beginn der Obhut

Die Obhut beginnt regelmäßig mit der Übergabe des Kfz an den Werkstattinhaber. Dieser wird durch die bloße Überlassung des Fahrzeuges nicht mitversicherte Person in dem Kfz-Vertrag des Kunden und schon gar nicht Repräsentant des Kunden[64]. Wird das Fahrzeug unmittelbar auf dem Betriebsgelände abgestellt und der Schlüssel für das Fahrzeug dem Werkstattinhaber oder einem seiner Angestellten übergeben, beginnt die Obhut unmittelbar mit der Übergabe. Problematisch sind die Fälle, in denen eine solche persönliche Übergabe gerade nicht erfolgte, sondern das Fahrzeug vor dem Betriebsgelände abgestellt wurde und der Schlüssel in den Firmenbriefkasten geworfen 84

63 OLG Köln v. 24.04.2007 – 9 U 181/05, r+s 2007, 237.
64 OLG Koblenz v. 17.09.1982 – 10 U 1250/80, VersR 1983, 870.

wurde[65]. In diesen Fällen stellt sich durchaus die Frage, ob die Obhut schon begründet wird, wenn der Versicherungsnehmer von dem Abstellen des Kfz überhaupt keine Kenntnis hatte. Wird das Kfz dann entwendet, indem der Schlüssel aus dem Briefkasten der Werkstatt gestohlen wird, kann u.U. der Einwand der grob fahrlässigen Herbeiführung des Versicherungsfalls erhoben werden[66]. Auch muss der Versicherungsnehmer die Schlüssel der in Obhut befindlichen Kfz sicher verwahren und vor dem Zugriff unberechtigter Dritter schützen[67]. Nicht erforderlich ist allerdings, dass das Kfz während der gesamten Obhutszeit in einem Gebäude des Versicherungsnehmers abgestellt ist[68].

85 Ein Fahrzeug befindet sich solange in Obhut, solange der Zweck der Übergabe noch nicht erfüllt ist (Reparatur oder Wartung). Eine Werkstattobhut scheidet aus, wenn schon der Zweck der Verbringung des Kfz in eine Werkstatt nicht geklärt werden kann, auf die Frage der garagenmäßigen Unterstellung muss dann nicht mehr eingegangen werden[69].

86 Bleibt das Kfz länger in der Werkstatt, so ist zur garagenmäßigen Unterstellung zu differenzieren[70]. Übt der Versicherungsnehmer allerdings sein vertragliches Unternehmerpfandrecht nach § 647 BGB aus, liegt ein garagenmäßiges Unterstellen gerade nicht vor, da schon der Wille des Versicherungsnehmers hier entgegensteht[71]. Die Werkstattobhut ist zeitmäßig beschränkt auf die Dauer der Reparatur bzw. das Ende des Unternehmerpfandrechts. Eine Ausweitung der Obhut auf einen Zeitraum von über 2 Jahren erscheint dem nicht angemessen[72]. In dem zitierten Fall ereignete sich der Schadenfall, als das Fahrzeug wegen des Einbaus einer Anhängerkupplung von einem Mitarbeiter des Versicherungsnehmers zu einem Subunternehmen verbracht wurde. Deshalb wurde die Obhut angenommen. Der Ausschluss der garagenmäßigen Unterstellung bezieht sich nur auf die Fahrzeugversicherung, in diesem Verfahren waren aber Kraftfahrzeug-Haftpflicht-Schäden zu erstatten.

87 Zur Begründung des Versicherungsschutzes reicht aus, dass das Fahrzeug zu einem versicherten Zweck in Obhut genommen wird, eine Fahrt mit dem in Obhut befindlichen Kfz muss nicht mit dem Zweck des Betriebes in Einklang zu bringen sein[73]. Auch wenn bei der Überführung von einer Werkstatt zu einer anderen auch private Zwecke mit verfolgt werden, unterbricht dies die Obhut nicht[74].

II. Ende der Obhut

Es ist zu differenzieren:

88 Fahrzeuge von Werkstattkunden anlässlich Wartung oder Reparatur
- Die Obhut am Fahrzeug eines Werkstattkunden endet mit der Übergabe des Kfz an den Kunden. Holt der Kunde das Kfz in der Werkstatt ab, endet die Obhut mit der Übergabe des Schlüssels an den Kunden. Kann das Fahrzeug nicht unmittelbar nach Abschluss der Arbeiten abgeholt

65 Vgl. Wussow WI vom 12.04.1993, S. 57 ff. (41, Nr. 15); LG Bonn v. 09.09.2008 – 13 O 196/07, SP 2009, 124.
66 Vgl. Wussow WI vom 12.04.1993, S. 57 ff. (41, Nr. 15).
67 OLG Saarbrücken v. 12.07.2006 – 5 U 610/05, VersR 2007, 238 = zfs 2006, 693 = SP 2007, 296 ff.
68 LG Waldshut-Tiengen v. 13.05.2005 – 2 O 32/04, SP 2007, 32 ff. m.w.H. zu den Pflichten.
69 OLG Celle v. 19.03.2009 – 8 U 228/08, r+s 2009, 270.
70 Vgl. hierzu Ausführungen unter III »garagenmäßige Unterstellung«.
71 Vgl. auch Stiefel/Maier/Schurer aaO. Sonderbed. Kfz-Handel- und Handwerk Rn. 72.
72 LG Dortmund v. 10.07.2008 – 2 O 3/08, zfs 2009, 334 ff.; die Eintrittspflicht vom Versicherer wurde in diesem Verfahren abgelehnt, weil das Kunden-Kfz in der dem Schadenereignis vorausgehenden Stichtagsmeldung nicht enthalten war, allerdings konnte der Versicherungsnehmer offenbar die Inobhutnahme zu einem späteren Zeitpunkt nachweisen (sei es auch nur durch den Auftrag des Kunden zur Reparatur).
73 LG Frankfurt v. 24.09.1971 – 2/17 O 79/69, VersR 1972, 1162 zu der alten Rechtslage ohne Alkoholklausel mit Ausführungen zur Gefahrerhöhung durch Trunkenheitsfahrt.
74 LG Dortmund v. 10.07.2008 – 2 O 3/08 zfs 2009, 334 ff.

werden, ist eine Obhut bei normaler Standzeit (z.B. bis zum nächsten Tag) auch über das Reparaturende hinaus anzunehmen[75].

- Ist die Reparatur noch nicht beendet und das Kfz wird zur Lackiererei verbracht, bedeutet dies noch kein Ende der Obhut, es besteht dann ggf. doppelte Obhut bei Werkstatt und Lackiererei.
- Wird dem Kunden das Fahrzeug nach Hause gebracht, endet die Obhut des Versicherungsnehmers erst mit der Übergabe des Kfz an den Kunden vor Ort. Alle Schäden, die auf dem Weg zum Kunden am in Obhut befindlichen Kfz entstehen, sind von der Kfz-Handel- und Handwerk-Versicherung mit abgedeckt.

Verkaufte Kfz 89

Keine neue Randnummer Die Werkstattobhut bei verkauften Kfz, die sich noch auf dem Grundstück des Versicherungsnehmers befinden, endet spätestens nach sieben Kalendertagen. Wird ein händlereigenes Kfz verkauft und dem Käufer mit den auf den Händler amtlich zugelassenen roten Kennzeichen versehen zur Überführung an den Wohnort des Käufers übergeben, so befindet es sich noch in Werkstattobhut, bis der Kunde seinen Wohnort erreicht hat[76].

Auswirkungen hat diese Differenzierung nur hinsichtlich der Schäden am Kundenfahrzeug. Für 90
die Schäden am zugelassenen Kundenfahrzeug wie am verkauften und schon auf den Kunden zugelassenen Fahrzeug besteht Versicherungsschutz nur, solange sich das Fahrzeug in Werkstattobhut befindet, die durch die Kasko-Versicherung abzudecken wären.

III. Pflichten während der Obhut

Während der Obhut ist mit den überlassenen Fahrzeugen sorgsam umzugehen, damit diesen keine 91
Schäden zugefügt werden[77]. Um das Risiko des Versicherers zu minimieren, werden auch Anforderungen an das Grundstück des Versicherungsnehmers gestellt. Es kann für die Fahrzeugversicherung eine Einfriedungsklausel vereinbart werden. Diese Klausel stellt eine primäre Risikobeschreibung dar, in der Fahrzeugversicherung der Kfz-Handel- und Handwerk auch zulässig[78]. Als Einfriedung reicht ein Bauzaun aus[79]. Nicht ausreichend gesichert ist das Gelände eines Autohauses, wenn es zwar umzäunt ist, aber durch eine nicht versperrte Schranke das Gelände ständig betreten und befahren werden kann[80].

Versicherte Personen 92

Versichert sind neben dem Versicherungsnehmer (sowohl der Werkstattinhaber wie als juristische Person), auch die Angestellten und ggf. sonstige beauftragte Personen, die nicht zwingend in einem Angestelltenverhältnis stehen müssen. Soweit es sich um die Verwendung eines Fahrzeuges mit roten Kennzeichen handelt, ergeben sich die mitversicherten Personen aus den insoweit einschlägigen A.1.2 und A.2.4 AKB. Damit ist der berechtigte Fahrer in jedem Fall mitversicherte Person im Sinne des Vertrages. Über die Formulierung in Ziffer 4 werden auch die von dem Versicherungsnehmer beauftragten oder bei ihm angestellten Personen mit einbezogen in den Versicherungsschutz. Der Versicherungsschutz besteht in jedem Fall, solange sich die Tätigkeit aus dem Wesen des Kfz-Handel- und Handwerk-Betriebes ergibt. Die mitversicherten Personen sind im Falle eines Schadens

75 Auch hier ist zur garagenmäßigen Unterstellung (A.1.5.1 der SB) zu differenzieren.

76 Schon BGH v. 08.05.1961 – II ZR 7/60, NJW 1961, 1399 = VersR 1961, 555; BGH v. 11.03.1987 – IVa ZR 240/85, NJW-RR 1987, 865 = r+s 1987, 155 f.; OLG Düsseldorf v. 06.08.2004 – 22 U 20/04, NJOZ 2004, 3532.

77 AG Homburg (Saar) v. 03.04.1998 – 4 C 283/97 Adajur Dok.-Nr. 32 135.

78 OLG Saarbrücken v. 12.07.2006 – 5 U 610/05, VersR 2007, 238 = zfs 2006, 693 = SP 2007, 296 ff.

79 OLG Karlsruhe v. 03.03.1988 – 12 U 105/87, VersR 1990, 889, vgl. auch OLG Schleswig v. 05.07.2009 – 16 U 143/08 zur Ruheversicherung.

80 LG Hamburg v. 18.06.2003 – 331 O 243/02, SP 2006, 197 f.

auch berechtigt, selbständig ihren Anspruch auf Versicherungsschutz geltend zu machen[81]. Sie müssen auch die Obliegenheiten vor und im Schadenfall beachten und können bei Nichtbeachtung in die Pflicht genommen werden.[82]

A.4 Welchen Leistungsumfang enthält Ihr Versicherungsschutz?

93 Der Umfang des Versicherungsschutzes ist frei vereinbar, es kann nur Kraftfahrzeug-Haftpflicht-Versicherungsschutz vereinbart werden, es kann aber auch nur ein rotes Kennzeichen vom Handwerksbetrieb angemeldet werden. Es handelt sich bei dem Versicherungsvertrag nach den KfzSBHH nicht um eine Pflichtversicherung im Sinne des PflVG. Daher ist der vereinbarte Versicherungsumfang dem Versicherungsschein zu entnehmen.

94 Die Regeln der AKB sind vollumfänglich anwendbar, sie gelten sowohl hinsichtlich der Prämienzahlungspflicht und den Zeiträumen wie auch hinsichtlich der sonstigen Obliegenheiten nach D.x, E.x und F.x AKB. Bezogen auf die Prämienzahlung ist zu beachten, dass es sich bei dem Versicherungsvertrag nach den KfzSBHH um eine sog. Stichtagsversicherung handelt, der Versicherungsnehmer also zu bestimmten festgelegten Daten Auskunft zu dem im abgelaufenen Zeitraum angefallenen Leistungen geben muss. Aufgrund dieser Regelung kann es zu einem Prämienverzug im Schadenfall mit der Folge der Leistungsfreiheit in aller Regel nicht kommen, da der Versicherungsnehmer nachträglich die versicherten Fahrzeuge melden muss. Einschränkungen sind an den jeweiligen Stellen der SB Kfz HH aufgeführt.

95 Die Kfz-Handel- und Handwerk-Versicherung bezieht sich dem Grunde nach auf alle Kfz, die sich im Betrieb des Versicherungsnehmers, einem Betrieb für Kfz-Handwerk oder Kfz-Handel (ggf. in Mischform) befinden. Da sich aber Besonderheiten hinsichtlich Haftungsumfang und Leistungsumfang ergeben, sind sie nach den nachfolgenden Kriterien unterschiedlich zu behandeln. Zu beachten ist, dass es sich zwar bei der Kfz-Handel- und Handwerk-Versicherung um eine Haftpflicht- und eine Fahrzeugversicherung handeln kann. Es kann nur eine Kfz-Haftpflichtversicherung vereinbart, aber auch nur eine Kasko-Versicherung eingeschlossen werden. Dies ist frei vereinbar.

96 Der Versicherungsnehmer kann im Rahmen der Kfz-Handel- und Handwerk-Versicherung lediglich Kraftfahrzeug-Haftpflicht-Versicherungsschutz vereinbaren. Dieser umfasst sowohl die Kundenfahrzeuge, wenn damit ein Dritter geschädigt wird, als auch die händlereigenen Fahrzeuge, wenn sie mit einem ihm amtlich zugeteilten roten Kennzeichen versehen sind. Dies macht insbesondere dann Sinn, wenn er keine Verwendung fremder Fahrzeuge im öffentlichen Verkehrsraum beabsichtigt, oder das Risiko eines Schadens, der unter die Fahrzeugversicherung fiele, als gering einschätzt[83].

A.4.1 In der Kfz-Haftpflichtversicherung

Schädigen Sie mit einem nach diesem Vertrag versicherten Fahrzeug einen Dritten, kann dieser seinen Schadenersatzanspruch direkt gegen uns geltend machen.

Abweichend von [A.1.5.6 AKB 2015] gilt:

81 So für die BHV BGH II ZR 153/61 in NJW 1964, 1899 f.

82 Zur Haftung des Arbeitnehmers bei gefahrgeneigter Arbeit vgl. BGH VI ZR 102/70.

83 OLG Frankfurt v. 22.09.1994 – 1 U 103/93, VersR 1995, 449 zur Inhaltskontrolle nach AGBG.

Die Haftpflichtversicherung für fremde Fahrzeuge bezieht sich auch auf Ansprüche des Eigentümers oder Halters gegen den jeweiligen Fahrer.

Auch wenn es sich bei der Versicherung nach den KfzSBHH nicht um eine Pflichtversicherung im Sinne des PflVG handelt, erhält der geschädigte Dritte einen Direktanspruch gegen den Kraftfahrzeug-Haftpflicht-Versicherer, um seine Ansprüche unmittelbar beim Versicherer geltend zu machen. 97

Außerdem wird der in den AKB unter A.1.5.6 AKB normierte Ausschluss der Geltendmachung von Ansprüchen des Eigentümers oder Halters gegen den Fahrer für die KfzSBHH aufgehoben. Eine andere Regelung würde dem Charakter der KfzSBHH entgegenstehen, da Versicherungsnehmer regelmäßig die Werkstatt und Fahrer einer der Mitarbeiter der Werkstatt ist, der nicht dem Lager des Werkstattkunden zugerechnet werden kann. 98

Erforderlich ist, dass der Fahrer zum Betrieb des Versicherungsnehmers gehört, und sich das Fahrzeug in Werkstattobhut befand, um den Ausschluss der AKB aufzuheben. Der Schaden, der von dem Versicherungsnehmer oder dessen Mitarbeiter am sonstigen Eigentum des Werkstattkunden verursacht wird, ist in der Kfz-Handel- und Handwerk-Kraftfahrzeug-Haftpflicht-Versicherung eingeschlossen. 99

▶ **Beispiel:**

Der Versicherungsnehmer bringt das Kundenfahrzeug nach Hause und beschädigt bei der Einfahrt auf das Grundstück die Einfriedung des Kundengrundstückes. Der Schaden am Kfz des Kunden ist über die Kfz-Handel- und Handwerk-Fahrzeugversicherung abgedeckt, der Schaden an der Einfriedung des Kundengrundstückes unterfällt der Kfz-Handel- und Handwerk-Kraftfahrzeug-Haftpflicht-Versicherung. Es handelt sich nicht um einen Eigenschaden.

Allerdings ist der Schaden, den der Versicherungsnehmer oder einer seiner Mitarbeiter dem Betrieb des Versicherungsnehmers zufügen, als Eigenschaden ausgeschlossen. Dieser Ausschluss gilt im Rahmen der Händlerversicherung auch, wenn ein Kfz des Händlers ein anderes, ebenfalls dem Händler gehörendes Fahrzeug schädigt. Auch diese Schäden können über eine ggf. vorhandene Fahrzeugversicherung abgewickelt werden. 100

▶ **Beispiel:**

Beschädigt der Versicherungsnehmer allerdings bei der Ausfahrt aus seinem Betriebshof seine Grundstückseinfriedung, handelt es sich sehr wohl um einen Eigenschaden, lediglich der Schaden am Kundenfahrzeug ist über die Fahrzeugversicherung abgesichert.

Auch gelten die Regeln des PflVG und der §§ 115 ff. VVG (n.F.) nur eingeschränkt, es besteht keine Verpflichtung zum Abschluss einer Kfz-Haftpflicht- oder Kasko-Versicherung für einen Kfz-Betrieb. Eine Verpflichtung zum Abschluss der Kfz-Haftpflichtversicherung besteht nur, wenn der Betrieb sog. »rote Kennzeichen« verwenden will. 101

Neben den in den Sonderbedingungen aufgeführten Anforderungen muss der Versicherungsnehmer auch die Obliegenheiten aus den AKB beachten[84]. Je nachdem, ob es sich um händlereigene oder fremde Fahrzeuge, ob zugelassen oder nicht, handelt, ist der Versicherungsschutz durchaus unterschiedlich. Auf die Besonderheiten wird an passender Stelle eingegangen. 102

A.4.1 differenziert nicht zwischen den verschiedenen möglichen Verursacherfahrzeugen, dort gibt es aber erhebliche Unterschiede, die auch zu unterschiedlichen Ansprüchen führen. So kommt es darauf an, ob das Verursacherfahrzeug ein Kundenfahrzeug war, welches ebenfalls über eine 103

84 BGH v. 08.05.1961 – II ZR 7/60, NJW 1961, 1399 = VersR 1961, 555.

Kraftfahrzeughaftpflichtversicherung verfügt, oder ob es sich um ein händlereigenes Fahrzeug handelte, das nur im Rahmen der Handel- und Handwerk-Versicherung haftpflichtversichert war, oder um ein nicht zugelassenes Fahrzeug, welches mit amtlich zugeteilten roten Kennzeichen versehen war.

das selbst versicherte Kundenfahrzeug

104 Das eigene Fahrzeug des Versicherungsnehmers verfügt über keine andere Kraftfahrzeug-Haftpflicht-Versicherung, so dass der Handel-Handwerk-Versicherer die entstandenen Schäden wie ein normaler KH-Versicherer zu regulieren hat. Es besteht ein Direktanspruch gegen den Versicherer, der sich nach den Regeln der §§ 113 ff. AKB richtet, ein Leistungsverweigerungsrecht des Handel-Handwerk-Versicherers besteht.[85]

Kraftfahrzeug-Haftpflicht-Versicherung für fremde Fahrzeuge

105 Fremde Fahrzeuge können in den Versicherungsschutz nach A.1.1.3 bzw. A.1.2.3 einbezogen werden. Es handelt sich um eine zweckgebundene Kraftfahrzeug-Haftpflicht-Versicherung. Der Zusammenhang mit dem Wesen eines Kfz-Handel- und Handwerksbetriebes. ist Basis der Vereinbarung. Die Fahrzeuge müssen sich in der Obhut des Versicherungsnehmers oder einer von ihm beauftragten oder angestellten Person befinden. Versicherungsschutz in der Kraftfahrzeug-Haftpflicht-Versicherung besteht damit sowohl auf dem Betriebsgelände des Versicherungsnehmers wie auch bei der Verwendung des fremden, zugelassenen Fahrzeuges im öffentlichen Verkehrsraum. Versichert ist auch hier der Gebrauch des Kraftfahrzeuges[86]. Der Gebrauch des in Obhut befindlichen Fahrzeuges ist auch dann versichert, wenn ein Mitarbeiter eine Fahrt nicht ausschließlich zu betrieblichen Zwecken durchführt[87].

Direktanspruch

106 Ein Direktanspruch besteht gem. A.4.1 SBKfzHH nur, wenn der Geschädigte innerhalb von zwei Wochen nach Schadeneintritt schriftlich die Ansprüche anzeigt. Nach den derzeit geltenden Sonderbedingungen ist die schriftliche Anzeige der Ansprüche erforderlich. Ob dieses Erfordernis, welches schon in § 3 Nr. 3 PflVG a.F. nicht mehr enthalten war, weiter bestehen bleibt, ist fraglich. Zur Anspruchsanmeldung als solcher ist die Schriftform sicherlich entbehrlich. Üblicherweise wird sich der Versicherer, der von seinem Versicherungsnehmer die Information über den Schadenseintritt erhält, unverzüglich mit dem Geschädigten in Verbindung setzen und dessen Ansprüche regulieren. Eine Möglichkeit, den Kfz-Handel- und Handwerk-Versicherer herauszufinden gibt es bei fremden zugelassenen Fahrzeugen in Werkstatt-Obhut nur über den Werkstattinhaber. Nur bei den amtlich zugeteilten roten Kennzeichen der Werkstatt ist der Versicherer hinterlegt und kann bei der Zulassungsstelle erfragt werden.

107 Der geschädigte Dritte muss zusätzlich die Ansprüche auf Schadenersatz, die er gegen den Schädiger hätte, an den Versicherer abtreten. Diese Formulierung ist etwas unglücklich, da der Dritt-Geschädigte, der seinen Anspruch auf § 115 Abs. 1 VVG (§ 3 PflVG a.F.) stützen kann, den Versicherungsnehmer und den Versicherer gem. § 115 Abs. 1 S. 4 VVG (§ 3 Ziffer 2 PflVG a.F.) als Gesamtschuldner in Anspruch nimmt. Ein Ausgleich im Innenverhältnis würde nach den Regeln der Gesamtschuld (§§ 426 ff. BGB) erfolgen. Eine Abtretung des Ersatzanspruches kann daher nur insoweit erforderlich werden, als der Versicherer Leistungen nach § 86 VVG (§ 67 VVG a.F.) an den Dritten erbringt, also aus der Fahrzeugversicherung. Diese Konstellation ist aber nur gegeben, wenn der Versicherer den Schaden an einem Kfz, welches sich in Werkstattobhut befindet, reguliert, da dieser nach den Grundsätzen der erweiterten Fahrzeugversicherung reguliert wird.

85 Vgl. insoweit Ausführungen zu § 115 VVG.
86 Wegen der Details zum Gebrauch vgl. A.1.1 AKB.
87 LG Dortmund v. 10.07.2008 – 2 O 3/08, zfs 2009, 334 ff.

Doppelversicherung

Grundsätzlich besteht bei den zugelassenen fremden Kfz auch eine eigene Kraftfahrzeug-Haftpflicht-Versicherung, die bei Unfällen im öffentlichen Verkehrsraum ebenfalls eintrittspflichtig ist. Es kommt also zur Doppelversicherung mit der Kfz-Handel- und Handwerk-Versicherung[88]. Als Doppelversicherung wird die gleichzeitige Versicherung des gleichen Risikos bei zwei verschiedenen Unternehmen bezeichnet[89]. Es kommt nicht auf die Identität der beiden Versicherungsnehmer an[90]. Der Geschädigte kann sich aussuchen, wen er in Anspruch nimmt. Wird die Kfz-Handel- und Handwerk-Versicherung in Anspruch genommen, so belastet die Schadenregulierung nicht den SFR des Werkstattkunden. Die Regulierung der Ansprüche des Geschädigten ist aber insoweit u.U. nicht ungetrübt, als bei krankem Versicherungsverhältnis die Verweisung droht. Nimmt der Geschädigte aber – ausgehend von dem Kennzeichen und der dazu erfolgten Anfrage bei der Zulassungsstelle – die Kraftfahrzeug-Haftpflicht-Versicherung des Werkstattkunden in Anspruch, ist diese gehalten, den Schaden des Dritten zu regulieren. Es bleibt nur der Ausgleich mit dem Kfz-Handel- und Handwerk-Versicherer im Innenverhältnis, wenn dort der Versicherungsschutz für fremde Fahrzeuge in Werkstatt-Obhut vereinbart war. Der Ausgleich richtet sich nach § 78 VVG und wird bei gleicher Versicherungssumme nach Kopfteilen, bei unterschiedlicher Versicherungssumme nach dem Verhältnis der Versicherungssummen zueinander erfolgen, § 78 Abs. 2 S. 1 VVG. Besteht in der Kfz-Handel- und Handwerk-Versicherung kein Versicherungsschutz, bleibt der Kraftfahrzeug-Haftpflicht-Versicherer allein verpflichtet. 108

Bei Inanspruchnahme der Kraftfahrzeug-Haftpflicht-Versicherung des Obhut-Fahrzeuges wird dessen Vertrag belastet, der Regress des Kfz-Handel- und Handwerk-Versicherer hingegen belastet den Vertrag nicht, I.4.1.2a AKB. Hinsichtlich der Höherstufung hat der Kunde einen vertraglichen Erstattungsanspruch gegen den Werkstattinhaber. 109

Auch in der Fahrzeugversicherung kann es zu einer Doppelversicherung kommen, wenn das fremde zugelassene Fahrzeug über eine eigene Fahrzeugversicherung verfügt[91]. 110

Verweisungsmöglichkeiten

Hat der Versicherungsnehmer beispielsweise keinen Versicherungsschutz wegen Prämienverzugs oder wegen einer Obliegenheitsverletzung, so kann auch im Rahmen der Kfz-Handel- und Handwerk-Versicherung an einen anderen Schadens-Versicherer, hier den Kraftfahrzeug-Haftpflicht-Versicherer des in Obhut befindlichen Fahrzeugs, verwiesen werden, § 117 Abs. 4 VVG gilt auch im Rahmen der Handel-Handwerk-Versicherung. 111

Sonderfälle

Ereignen sich Schadenfälle auf dem Betriebsgelände des Versicherungsnehmers, ist immer auch die Frage des Vorliegens eines Haftungsausschlusses nach §§ 104 ff. SGB VII zu prüfen, wenn ein Betriebsangehöriger mit dem Kundenfahrzeug eine andere Person schädigt. 112

das eigene Fahrzeug des Betriebes

In der Kfz-Handel- und Handwerk-Versicherung ist im Haftpflichtschadenfall der in A.1.5.6 AKB normierte Ausschluss der Ansprüche des Eigentümers oder Halter gegen den jeweiligen Fahrer wegen Sachschaden aufgehoben. Erforderlich ist aber, dass der Fahrer zum Betrieb des Versicherungsnehmers gehört, und sich das Fahrzeug in Werkstattobhut befand, um den Ausschluss der AKB aufzuheben. Der Schaden, der von dem Versicherungsnehmer oder dessen Mitarbeiter am sonstigen 113

88 BGH v. 31.03.1976 – IV ZR 29/75, VersR 1976, 847.

89 OLG Nürnberg v. 26.05.1995 – 6 U 409/95, VersR 1997, 180.

90 BGH v. 31.03.1976 – IV ZR 29/75, VersR 1976, 847. zu § 59 VVG a.F.

91 BGH v. 20.03.1974 – IV ZR 94/73, VersR 1974, 535; OLG Hamm v. 24.07.2002 – 20 U 71/02 in VersR 2003, 190 = r+s 2002, 450.

Eigentum des Werkstattkunden verursacht wird, ist in der Kfz-Handel- und Handwerk-Kraftfahrzeug-Haftpflicht-Versicherung eingeschlossen.

Beispiel:

Der Versicherungsnehmer bringt das Kundenfahrzeug nach Hause und beschädigt bei der Einfahrt auf das Grundstück die Einfriedung des Kundengrundstückes. Der Schaden am Kfz des Kunden ist über die Kfz-Handel- und Handwerk-Fahrzeugversicherung abgedeckt, der Schaden an der Einfriedung des Kundengrundstückes unterfällt der Kfz-Handel- und Handwerk-Kraftfahrzeug-Haftpflicht-Versicherung. Es handelt sich nicht um einen Eigenschaden.

114 Allerdings ist der Schaden, den der Versicherungsnehmer oder einer seiner Mitarbeiter dem Betrieb des Versicherungsnehmers zufügen, als Eigenschaden ausgeschlossen. Dieser Ausschluss gilt im Rahmen der Händlerversicherung auch, wenn ein KFZ des Händlers ein anderes, ebenfalls dem Händler gehörendes Fahrzeug schädigt. Auch diese Schäden können nur über eine ggf. vorhandene Fahrzeugversicherung abgewickelt werden.

Beispiel:

Beschädigt der Versicherungsnehmer allerdings bei der Ausfahrt aus seinem Betriebshof seine Grundstückseinfriedung, handelt es sich sehr wohl um einen Eigenschaden, lediglich der Schaden am Kundenfahrzeug ist über die Fahrzeugversicherung abgesichert.

Nicht zugelassene Fahrzeuge im öffentlichen Verkehrsraum

115 Nicht versichert ist der Gebrauch des nicht zugelassenen Fahrzeuges ohne Verwendung amtlich zugeteilten roten Kennzeichen im öffentlichen Verkehrsraum. In diesem Fall besteht auch keine Vorleistungspflicht des Kfz-Handel- und Handwerk-Versicherers. Dem Geschädigten bleibt nur der Weg zur Verkehrsopferhilfe. Der Gebrauch des nicht zugelassenen Kfz im öffentlichen Verkehrsraum ist gem. § 6 PflVG strafbar[92].

Umfang der KH-Versicherung bei Verwendung amtlich zugeteilter roter Kennzeichen

116 Das Kraftfahrzeug-Haftpflicht-Risiko kann beschränkt werden auf diejenigen Fahrzeuge des Versicherungsnehmers, die mit einem amtlich dem Versicherungsnehmer zugeteilten roten Kennzeichen im öffentlichen Verkehrsraum verwendet werden. Es kommt für den Versicherungsschutz nicht darauf an, in wessen Eigentum diese nicht zugelassenen Fahrzeuge stehen. Versichert ist der Gebrauch des Kraftfahrzeuges[93] durch den Versicherungsnehmer. Auch die Verwendung des ihm amtlich zugeteilten roten Kennzeichens durch einen Dritten ist versichert, wenn die Verwendung im Zusammenhang mit dem Betrieb des Versicherungsnehmers steht[94]. Wird aber das dem Versicherungsnehmer amtlich zugeteilte rote Kennzeichen an einem Fahrzeug angebracht, welches weder im Eigentum des Versicherungsnehmers noch in seiner Obhut stand, sondern einem anderen Kfz-Betrieb gehörte und die Verwendung auch in dessen Interesse erfolgte, so soll nach der Rechtsprechung kein Versicherungsschutz bestehen[95]. Eine Regulierung eines Kraftfahrzeug-Haftpflicht-Schadens war vom OLG Stuttgart nicht zu bewerten. Es ist aber davon auszugehen, dass das verwendete Fahrzeug auch nicht in dem vom Händler zu führenden Fahrzeugscheinheft aufgenommen war. Es bestünde daher auch in der Kraftfahrzeug-Haftpflicht-Versicherung kein Versicherungsschutz. Zuständig für die Schadenregulierung eines möglichen Kraftfahrzeug-Haftpflicht-Schadens wäre damit die VOH[96].

---

92 Vgl. auch Ferner in Ferner/Bachmeier/Müller, § 6 PflVG Rn. 9.

93 Wegen der Details zum Gebrauch vgl. A.1.1 AKB.

94 BGH v. 28.06.2006 – IV ZR 316/04, r+s 2006, 410 = NJW-RR 2006, 1452 = DAR 2007, 26 f.

95 OLG Stuttgart v. 31.08.2000 – 7 U 123/00, VersR 2001, 1375 für die Fahrzeugversicherung.

96 So auch LG Koblenz v. 19.12.1973 – 5 O 81/73, VersR 1974, 847 (…. das leicht manipulierbare Fahrzeugscheinheft reiche nicht aus, um Versicherungsschutz zu begründen….) bestätigt wird diese Auffassung durch BGH v. 28.06.2006 – IV ZR 316/04, r+s 2006, 410 = NJW-RR 2006, 1452 = DAR 2007, 26 f. Zum Leistungsumfang vgl. § 12 PflVG.

Der Versicherer für Kfz-Handel- und Handwerk reguliert entstehende Schäden wie ein »normaler« Kraftfahrzeug-Haftpflicht-Versicherer. Es gelten die üblichen Regeln (Direktanspruch, Obliegenheiten vor und im Schadenfall etc.). 117

Bei der Verwendung von roten Kennzeichen treffen den Versicherungsnehmer daher die gleichen Obliegenheiten wie in den AKB[97]. 118

Leistungsgrenzen in der Kraftfahrzeug-Haftpflicht-Versicherung

Die Versicherungssumme ist für Kraftfahrzeug-Haftpflicht- und Fahrzeugversicherung gesondert zu betrachten. Eine pauschalierte Begrenzung der Versicherungssummen, wie sie nach A.3. auf einzelne Schadenereignisse vorgesehen ist, begegnet diesseits erheblichen Bedenken. Grundsätzlich muss zwischen den eigenen nicht versicherten Fahrzeugen, die lediglich der Fahrzeugversicherung unterfallen, den Fahrzeugen, die mit einem roten Kennzeichen im öffentlichen Straßenverkehr verwendet werden und den Fahrzeugen, die als Unfallersatzwagen zugelassen sind und den fremden zugelassenen Kundenfahrzeugen differenziert werden. 119

In der Kraftfahrzeug-Haftpflicht-Versicherung orientiert sich die Versicherungssumme mindestens an den Vorgaben der Anlage 1 zu § 4 Abs. 2 PflVG, wenn es sich um Fahrzeuge mit roten Kennzeichen oder Kurzzeitkennzeichen handelt. Eine Begrenzung auf einen niedrigeren Betrag je Schadenereignis als in der Anlage zu § 4 PflVG normiert, ist daher nicht zulässig. 120

1. Eigene nicht zugelassene Fahrzeuge

Sie dürfen im öffentlichen Verkehrsraum nicht verwendet werden und sind daher in der KH-Versicherung nicht versichert, es muss eine Pflichtversicherung für diese Fahrzeuge nicht abgeschlossen werden. Damit können hier für den Fall, dass die Haftpflichtversicherung eingeschlossen sein soll, um ggf. auf dem Betriebsgelände geschehene Unfälle abzusichern, andere Summen vereinbart werden. 121

2. Versicherte Fahrzeuge (Unfallersatzfahrzeug, Rotes Kennzeichen, etc.)

Bei diesen Fahrzeugen, die im öffentlichen Verkehrsraum genutzt werden, muss sich die Versicherungssumme je Schadenfall an den gesetzlichen Mindestversicherungssummen orientieren, § 4 PflVG sowie die Anlage zu § 4 PflVG. Vereinbarungen können nur insoweit abweichen, als die vereinbarten Summen über den Grenzen der Anlage zu § 4 PflVG liegen. 122

3. Zugelassene Kundenfahrzeuge in Werkstattobhut

Hier können die Versicherungssummen grundsätzlich frei vereinbart werden, da für diese ohnehin eine Haftpflichtversicherung entsprechend der Anlage zu § 4 PflVG besteht. 123

A.4.2 In der Kaskoversicherung

Ist eine Selbstbeteiligung vereinbart, gilt diese pro Fahrzeug je Schadenereignis.

[Sind mehrere Fahrzeuge von einem Schadenereignis betroffen, ist die Selbstbeteiligung auf [xx] EUR begrenzt.]

Bei fremden Fahrzeugen besteht Versicherungsschutz auch für Haftpflichtansprüche, die der Geschädigte wegen des Kaskoschadens gegen Sie geltend macht. Wenn Sie den Kaskoschaden verschuldet haben, zahlen wir auch die Kosten für ein Ersatz- bzw. Mietfahrzeug, Nutzungs- oder Verdienstausfall sowie weitere Sach- und Sachfolgeschäden (z. B. Hotelübernachtung). Dies gilt selbst dann, wenn der Schaden am Fahrzeug grob fahrlässig herbeigeführt wurde.

Unsere Entschädigung bemisst sich nach dem Händlereinkaufspreis (ohne Mehrwertsteuer).

97 Vgl. hierzu unter B.1.2.3 der KfzSBHH.

Reparieren Sie ein durch Sie beschädigtes Fahrzeug selbst, so ersetzen wir die Wiederherstellungskosten auf Selbstkostenbasis. Als Selbstkosten gelten bei den Löhnen der ortsübliche durchschnittliche Verrechnungssatz vermindert um einen Abschlag in Höhe von [xx] Prozent. Bei den Ersatzteilen gilt der vom Hersteller/Importeur empfohlene Listenpreis vermindert um einen Abschlag in Höhe von [xx] Prozent als Selbstkostenpreis. Gleiches gilt, wenn eigene Fahrzeuge nicht repariert werden. Auch in diesem Fall zahlen wir die erforderlichen Kosten einer vollständigen Reparatur auf Selbstkostenbasis bis zur Höhe des um den Restwert verminderten Wiederbeschaffungswertes.

Ist eine Höchstentschädigung vereinbart, gilt diese pro Fahrzeug je Schadenereignis.

[Sind mehrere Fahrzeuge von einem Schadenereignis betroffen, ist die Höchstentschädigung auf [xx] EUR begrenzt.]

124 Die neuen Musterbedingungen gehen auf die Regeln der Kasko-Versicherung nicht mehr ein, es gelten die gleichen Regeln, wie sie auch in der »normalen« Kasko-Versicherung vereinbart werden. Es kann eine Selbstbeteiligung je versichertem Fahrzeug vereinbart werden. Diese wird dann je Fahrzeug in jedem Schadenfall vom Entschädigungsbetrag in Abzug gebracht. Um den Versicherungsnehmer beispielsweise bei einem Hagelschaden oder einer Überschwemmung nicht über die Maßen zu belasten, kann bei sog. Kumulschäden eine Obergrenze durch den Versicherer vereinbart werden, die maximal als Selbstbehalt in Abzug gebracht wird.

125 Die Fahrzeugversicherung im Rahmen der Kfz-Handel- und Handwerk-Versicherung hat verschiedene Facetten. So ist sie zum einen normale Fahrzeugversicherung in der Form der Vollkasko oder Teilkasko. Sie kann aber auch, wenn es sich um fremde Fahrzeuge handelt, Kraftfahrzeug-Haftpflicht-Versicherungsschutz hinsichtlich weiterer Schadenpositionen bieten. Die Fahrzeugversicherung bei Versicherung fremder Fahrzeuge ist eine Versicherung für fremde Rechnung i.S.d. § 102 VVG[98]. Sie kann immer nur für den Betrieb des Versicherungsnehmers vereinbart werden. Gibt der Versicherungsnehmer beispielsweise ein ihm amtlich zugeteiltes rotes Kennzeichen an einen anderen Kfz-Handel- und Handwerks-Betrieb weiter, so besteht für dieses Fahrzeug jedenfalls kein Kasko-Versicherungsschutz[99].

I. eigene Fahrzeuge des Versicherungsnehmers auf dem Betriebsgelände

126 Werden Fahrzeuge, die im Eigentum des Versicherungsnehmers stehen, geschädigt, sind diese Schäden entsprechend den Regeln der Fahrzeugversicherung zu ersetzen. Hat der Versicherungsnehmer Fahrzeuge angekauft, sind diese nach den Voraussetzungen des Abschnittes A.1 SBKfzHH a.F. für die Dauer von 7 Tagen auch in der Fahrzeugversicherung des Versicherungsnehmers mitversichert, wenn sie noch auf den Verkäufer zugelassen sind. Besteht in der ursprünglichen Versicherung des Kfz ebenfalls eine Fahrzeugversicherung, liegt auch hier eine Doppelversicherung vor. Der Versicherungsnehmer ist gehalten, die Abmeldung innerhalb dieser Frist zu erreichen, um diese Fahrzeuge zeitlich unbegrenzt in seiner Fahrzeugversicherung aufzunehmen.

127 Ebenso sind für 7 Kalendertage die Fahrzeuge noch in der Kfz-Handel- und Handwerk-Fahrzeugversicherung mitversichert, die bereits verkauft und auf den Käufer zugelassen wurden. Werden diese Zeiträume überschritten, ohne dass die Abmeldung des erworbenen Kfz bzw. die Übergabe an den Käufer erfolgte, ist von einem garagenmäßigen Unterstellen fremder Fahrzeuge auszugehen, welches nicht in von der Kfz-Handel- und Handwerk-Versicherung umfasst ist. Es besteht dann für diese Fahrzeuge kein Versicherungsschutz in der Kfz-Handel- und Handwerk-Fahrzeugversicherung mehr. In der Kfz-Handel- und Handwerk-Kraftfahrzeug-Haftpflicht-Versicherung besteht ohnehin kein Versicherungsschutz, wenn nicht ein rotes Kennzeichen an dem Fahrzeug angebracht wird.

---

98 *OLG Köln v. 18.10.1989 – 11 U 327/88, VersR 1990, 847 f.*

99 OLG Stuttgart v. 31.08.2000 – 7 U 123/00, VersR 2001, 1375.

II. eigene Fahrzeuge des Versicherungsnehmers im öffentlichen Verkehrsraum

Schäden an Fahrzeugen des Versicherungsnehmers, die im öffentlichen Verkehrsraum gebraucht wurden, sind dann versichert, wenn das Kfz mit einem dem Versicherungsnehmer amtlich zugeteilten roten Kennzeichen gebraucht wurde. Es gelten die einschlägigen Regeln. Werden die Kfz des Versicherungsnehmers ohne rotes Kennzeichen im öffentlichen Verkehrsraum verwendet, besteht kein Versicherungsschutz. 128

III. fremde Fahrzeuge im öffentlichen Verkehrsraum

Soweit das in Werkstattobhut befindliche Kundenfahrzeug im öffentlichen Verkehrsraum gebraucht wird, ist der Fahrzeugversicherungsschutz weiter gefasst und der Haftpflichtversicherungsschutz für Sach-Folgeschäden eingeschlossen. Es werden daher neben dem Fahrzeugschaden auch die üblichen Nebenkosten (vgl. z.B. Kommentierungen zu §§ 823 und 249 BGB[100]) erstattet. Diese sind der Mietwagenersatz bzw. Nutzungsausfall oder Verdienstausfall wegen der Entziehung der Fahrzeugnutzung sowie weitere ggf. erforderlich werdende Sachfolgeschäden. Diese Schäden sind auch dann zu erstatten, wenn wegen des eigentlichen Fahrzeugschadens aufgrund grober Fahrlässigkeit nach § 81 VVG kein Versicherungsschutz besteht. 129

Werden fremde Fahrzeuge unter Verwendung eines händlereigenen roten Kennzeichens im öffentlichen Verkehrsraum verwendet und kommt dabei das Kfz zu Schaden, besteht ebenfalls Kasko-Versicherungsschutz, selbst wenn der Eigentümer dieses Kfz den Schaden selbst verursacht[101]. 130

Während in der Kraftfahrzeug-Haftpflicht-Versicherung das PflVG mit den dortigen Versicherungssummen zur Anwendung kommt, werden in der Fahrzeugversicherung Summen vereinbart, die als Obergrenze gelten. Dabei gibt der Versicherungsnehmer den Wert der in seiner Obhut befindlichen Fahrzeuge in seiner Stichtagsmeldung an, danach wird die Versicherungssumme für die Fahrzeugversicherung ermittelt. Kommt es zu einem Schadenfall, in dem mehrere Fahrzeuge untergehen, wird maximal der vereinbarte Wert zur Verfügung gestellt. Ggf. ist hier eine Quotenbildung und Kürzung vorzunehmen. 131

Ist eine vertragsmäßige Begrenzung der Versicherung auf eigene Fahrzeuge nicht erfolgt, besteht auch Versicherungsschutz für fremde Fahrzeuge. Fremde Fahrzeuge sind alle diejenigen Fahrzeuge, die nicht im Eigentum des Versicherungsnehmers sondern eines Dritten stehen. Sie sind unabhängig von ihrer Zulassung Gegenstand der Versicherung, solange sie sich wegen eines mit dem Betrieb einhergehenden Zweckes dort befinden. Zu den versicherten Fahrzeugen gehört u.U. auch der an diesem (fremden) Kfz befindliche Hänger, der beim Abschleppen geschädigt wird. Erforderlich ist nur, dass das Zugfahrzeug wegen eines mit dem Zweck des Kfz-Handel- und Handwerks-Betriebes zusammenhängenden Auftrags abgeschleppt wurde[102]. Der Zusammenhang mit dem Wesen eines Kfz-Handel- und Handwerksbetriebes ist Basis der Vereinbarung. Die Fahrzeuge müssen sich in der Obhut des Versicherungsnehmers oder einer von ihm beauftragten oder angestellten Person befinden. Versicherungsschutz in der Fahrzeug-Versicherung der SBKfzHH besteht damit sowohl auf dem Betriebsgelände des Versicherungsnehmers wie auch bei der Verwendung des fremden, zugelassenen Fahrzeuges im öffentlichen Verkehrsraum. Versichert ist auch hier der Gebrauch des Kraftfahrzeuges[103]. Der Gebrauch des in Obhut befindlichen Fahrzeuges ist auch dann versichert, wenn ein Mitarbeiter eine Fahrt nicht ausschließlich zu betrieblichen Zwecken durchführt[104]. 132

100 Himmelreich/Halm/Kreuter Handbuch FA Versicherungsrecht Kap. 25 C.

101 OLG Köln v. 18.10.1989 – 11 U 327/88 = es besteht Versicherung für Rechnung »wen es angeht«, BGH v. 11.03.1987 – IVa ZR 240/85, NJW-RR 1987, 856.

102 BGH v. 22.01.1969 – IV ZR 524/68 in VersR 1969, 271.

103 Wegen der Details zum Gebrauch vgl. A.1.1 AKB.

104 LG Dortmund 2 O 3/08 Adajur Dok.-Nr. 80480.

133 Als Sonderfall ist zu beachten, dass der Eigentümer des fremden Fahrzeuges bei dessen Beschädigung oder Untergang aus der Handel- und Handwerk-Fahrzeugversicherung auch Nutzungsausfall und Wertminderung oder Mietwagenkosten ersetzt verlangen kann.

Versicherungssummen in der Kasko-Versicherung

134 Obergrenze der Entschädigungsleistung für den Fahrzeugschaden ist in jedem Fall der Wert des Kfz, gemessen an dem Händlereinkaufspreis[105].

135 Gleichzeitig kann auch eine Obergrenze je Schadenereignis vereinbart werden. In der Fahrzeugversicherung sind die Versicherungssummen gesondert und pauschaliert vereinbart. Dabei werden alle Kfz, die sich in Werkstatt-Obhut des Versicherungsnehmers befinden in einer Pauschale je Schadenereignis zusammengefasst. Über die Stichtagsmeldungen kann diese Summe entsprechend den Bedürfnissen des Versicherungsnehmers angepasst werden. Dieser – entweder in den Bedingungen (wie hier) oder in einer separaten Vereinbarung – aufgenommene Betrag wird in der Fahrzeugversicherung nicht überschritten. Es liegt also auch im Interesse des Versicherungsnehmers, diese Meldung regelmäßig zu prüfen.

136 Einzig über die zusätzlich vereinbarte Vorsorgepauschale können weitere Fahrzeuge, die der Versicherungsnehmer seit der letzten Risiko-Meldung zusätzlich erworben hat, eingeschlossen sein. Dabei muss aber hinsichtlich der Erhöhung des Leistungsrahmens zwischen Versicherungsnehmer und Versicherer innerhalb eines Monats ab Aufforderung durch den Versicherer eine Einigung erzielt werden. Gelingt dies nicht, entfällt die Vorsorgeversicherung nach Ablauf dieser Frist! Wird die Versicherungssumme überschritten, ist ein Kürzungs- und Verteilungsverfahren durchzuführen.

A.5 Was ist nicht versichert?

Beachten Sie die Ausschlüsse nach [A.1.5 und A.2.9 der AKB 2015].

Auch wenn der Versicherungsnehmer sich zu einem allumfassenden Versicherungsschutz im Rahmen der KfzSBHH entschlossen hat, sind gleichwohl einzelne Tatbestände von der Versicherung ausgeschlossen. Der Hinweis auf die Ausschlüsse nach A.1.5 und A.2.9 soll verdeutlichen, dass auch diese Ausschlüsse (Vorsatz in der Kraftfahrzeug-Haftpflicht-Versicherung und in der Fahrzeugversicherung) in der KfzSBHH Anwendung finden[106].

137 In den KfzSBHH a.F. war unter A.1.5.2 der Ausschluss von Fahrten mit nicht zugelassenen Kfz im öffentlichen Verkehrsraum ohne entsprechende Kennzeichen ausgeschlossen. Diese Regelung ist in den KfzSBHH n.F. nicht mehr enthalten.

A.5.1 Bei allen Versicherungsarten

A.5.1.1 Alle fremden Fahrzeuge, die bei Ihnen garagenmäßig untergestellt werden

Nicht versichert sind Schäden an fremden Fahrzeugen, welche bei Ihnen garagenmäßig untergestellt werden.

Die Unterstellung eines Fahrzeugs unmittelbar vor oder nach einer unverzüglich durchzuführenden Reparatur- oder Wartungsarbeit bis zu einer Dauer von [xx] Tagen beeinträchtigt den Versicherungsschutz nicht.

Die Beschreibung der garagenmäßigen Unterstellung finden Sie im Anhang.

105 Stiefel/Maier/Schurer, KfzSBHH Rn. 58.

106 Wegen der Details vgl. die Kommentierung zu A.1.5 und A.2.9 AKB.

A. Allgemeines

Grundsätzlich sind in der Kfz-Handel- und Handwerk-Versicherung nur die Risiken zu versichern, die dem Wesen eines Handwerksbetriebes bzw. dem des Handelsbetriebs entsprechen. Die garagenmäßige Unterstellung eines Kfz gehört gerade nicht dazu[107]. Es ist zwischen der Werkstattobhut und dem garagenmäßigen Unterstellen zu differenzieren. Die Abgrenzung ist manchmal fließend und bereitet in der Rechtsprechung Schwierigkeiten. So soll nach Auffassung des OLG Hamm[108] dieser Ausschluss eng auszulegen sein. Es sollen nur diejenigen Schäden, die im Zusammenhang mit der Unterstellung entstehen, ausgeschlossen sein[109]. 138

B. Definition

Eine garagenmäßige Unterstellung wird immer dann gegeben sein, wenn das Fahrzeug nicht zu einem mit dem Handwerks- oder Handelsbetrieb in Einklang zu bringenden Zweck[110] auf dem Firmengelände abgestellt wird. Ist der Zweck der Verbringung des Kfz auf das Werkstattgelände gerade nicht eine Reparatur, sondern das Unterstellen während des Urlaubes, liegt keine Werkstattobhut im Sinne der Bedingungen vor, sondern eine garagenmäßige Unterstellung des Kfz. Auch wenn eigentlich ein Reparaturauftrag bestand und dann das Kfz aber über einen längeren Zeitraum nur verwahrt wurde, liegt garagenmäßiges Unterstellen vor[111]. Für die Bewertung der Frage, ob es sich um Obhut oder um garagenmäßiges Unterstellen handelt, kann auf den Zweck der Unterstellung abgestellt werden[112]. Der Versicherer ist dabei beweisbelastet[113] für das Vorliegen eines Ausschlusstatbestandes, wenn er sich auf das garagenmäßige Unterstellen beruft[114]. Übt der Versicherungsnehmer hingegen sein vertragliches Unternehmerpfandrecht nach § 647 BGB aus, liegt ein garagenmäßiges Unterstellen gerade nicht vor, da schon der Wille des Versicherungsnehmers hier entgegensteht[115]. Die Werkstattobhut ist zeitmäßig beschränkt auf die Dauer der Reparatur bzw. das Ende des Unternehmerpfandrechts. Eine Ausweitung der Obhut auf einen Zeitraum von über 2 Jahren erscheint dem nicht angemessen[116]. 139

C. Beweislast

Der Versicherer ist beweisbelastet[117] für das Vorliegen eines Ausschlusstatbestandes[118], wenn er sich auf das garagenmäßige Unterstellen beruft[119]. 140

107 LG Berlin v. 10.02.1972 – 7 O 294/71, VersR 1973, 339, wobei der beabsichtigte Zweck durchaus geändert werden kann; a.A. LG Frankfurt v. 24.09.1971 – 2/17 O 79/69, VersR 1972, 1162, OLG Hamm v. 24.07.2002 – 20 U 71/02, VersR 2003, 190 = r+s 2002, 450.

108 OLG Hamm v. 24.07.2002 – 20 U 71/02, VersR 2003, 190 = r+s 2002, 450.

109 Gegenstand dieses Verfahrens war jedoch ein zu Reparaturzwecken in Obhut befindliches Krad.

110 OLG Düsseldorf v. 03.12.1957 – 4 U 72/57, VersR 1958, 313; BGH v. 10.07.1996 – IV ZR 287/95, VersR 1996, 1229; BGH v. 28.03.1990 – IV ZR 70/89, VersR 1990, 620.

111 OLG Celle v. 19.03.2009 – 8 U 228/08, r+s 2009, 270, a.A. OLG Hamm v. 24.07.2002 – 20 U 71/02, VersR 2003, 190 = r+s 2002, 450 dort war auch ein Reparaturauftrag gegeben worden und das Vorliegen des Ausschlusstatbestandes nicht ausreichend nachgewiesen.

112 OLG Düsseldorf VersR 1958, 314; BGH IV ZR 287/95 in VersR 1996, 1229; IV ZR 70/89 in VersR 1990, 620.

113 Zur Beweislast (bei Vermietung statt Probefahrt) vgl. auch BGH IVa ZR 120/81 in VersR 1983, 560; IV ZR 3335/95 in VersR 1997, 443.

114 So schon LG Berlin 7 O 294/71 in VersR 1973, 339 m.H.a. OLG Düsseldorf VersR 1958, 314.

115 Vgl. auch Stiefel/Maier/Schurer Sonderbed. Kfz-Handel- und Handwerk Rn. 72.

116 LG Dortmund 2 O 3/08 in zfs 2009, 334 ff.

117 Zur Beweislast (bei Vermietung statt Probefahrt) vgl. auch BGH v. 23.03.1983 – IVa ZR 120/81, VersR 1983, 560; BGH v. 15.01.1997 – IV ZR 335/95, VersR 1997, 443.

118 OLG Hamm v. 24.07.2002 – 20 U 71/02, VersR 2003, 190 = r+s 2002, 450.

119 So schon LG Berlin v. 10.02.1972 – 7 O 294/71, VersR 1973, 339 m.H.a. OLG Düsseldorf v. 03.12.1957 – 4 U 72/57 VersR 1958, 313; a.A. LG Frankfurt v. 24.09.1971 – 2/17 O 79/69, VersR 1972, 1162.

A.5.1.2 Einkaufsfinanzierte Fahrzeuge

Kein Versicherungsschutz besteht für einkaufsfinanzierte Fahrzeuge, solange sie im Eigentum
- **des Herstellers,**
- **einer mit diesem verbundenen Leasinggesellschaft oder**
- **eines mit diesem verbundenen Kreditinstituts**

stehen.

< Redaktioneller Hinweis: Sollte der Versicherungsnehmer für diese Fahrzeuge Versicherungsschutz wünschen, muss er diesen gesondert beantragen. >

141 Der Ausschluss nach A.5.1.2 der Sonderbedingungen bezieht sich nur auf die Fahrzeuge, die im Eigentum eines Dritten stehen, sei es der Hersteller der Fahrzeuge oder aber Leasingfahrzeuge, die im Eigentum des Leasinggebers stehen und über den Hersteller nachweislich versichert sind sowie auf sonstige zugelassene fremde Fahrzeuge in Werkstattobhut. Zusätzlich aufgenommen wurden auch die Fahrzeuge, die im Eigentum eines Kreditinstituts stehen. Für diese Fahrzeuge kann die Haftpflichtversicherung wirksam ausgeschlossen werden. Außerdem darf für diese Fahrzeuge eine Nutzung nicht nach A.3.1 SB KfzHH (Verwendung mit roten Kennzeichen) beabsichtigt sein. Da zum Abschluss einer Fahrzeugversicherung ohnehin keine Verpflichtung besteht, kann diese sowohl für die Fahrzeuge, die in fremdem Eigentum stehen und zugelassen sind oder von dem Hersteller versichert sind, wie auch die Eintrittspflicht der Versicherung für die eigenen Fahrzeuge des Versicherungsnehmers (unter Punkt 2) ausgeschlossen werden. Die Eintrittspflicht für Fahrzeuge, die auf der Ladefläche von Güterfahrzeugen oder Eisenbahnwagen transportiert werden, ist ohnehin über eine Transportversicherung des Transporteurs[120] abgesichert, so dass es auch insoweit einer kostenintensiven Doppelversicherung nicht bedarf.

142 Hat der Versicherungsnehmer diese Fahrzeuge von dem Versicherungsvertrag wirksam ausgeschlossen, kann er auch nicht über den Umweg des roten Kennzeichens Versicherungsschutz aus der Kfz-Handel- und Handwerk-Versicherung erlangen.

A.5.2 Zusätzlich in der Kaskoversicherung

Nicht versichert sind die entgeltliche Personen- oder Güterbeförderung und die gewerbsmäßige Fahrzeugvermietung.

143 Hat der Versicherungsnehmer sich zum Abschluss einer Fahrzeugversicherung entschlossen, kann er gleichwohl dann keinen Versicherungsschutz in der Fahrzeugversicherung verlangen, wenn er das Fahrzeug zur entgeltlichen Personenbeförderung verwendet bzw. gewerbsmäßig vermietet und es sich bei dieser Vermietung nicht um das eingeschlossene Unfall- oder Werkstattersatzgeschäft handelt. Diese Ausschlüsse sind ein Sonderfall der Verwendungsklausel nach D.1.1.1 AKB. Zusätzlich zu diesen Ausschlüssen kommen auch die Ausschlüsse aus der Fahrzeugversicherung[121].

144 Der Versicherungsnehmer ist berechtigt, Personen und Güter zu befördern, soweit dies mit seinem Gewerbebetrieb in Einklang zu bringen ist. Beim Abschleppen kann im Einzelfall auch die Mitnahme des Fahrers (der Insassen) erforderlich werden. Werden im Zuge des Abschleppens Personen oder Güter, die mit befördert wurden, geschädigt, ist dies für in Obhut befindliche Kfz ohnehin durch die Kfz-Handel- und Handwerk-Kraftfahrzeug-Haftpflicht-Versicherung versichert. Wird die Personenbeförderung oder die Beförderung von Gütern allerdings entgeltlich, d.h. mit Gewinnerzielungsabsicht[122] durchgeführt, sind Schäden an dem Kfz, mit dem die Fahrt durchgeführt wird,

---

120 OLG Karlsruhe v. 28.08.2014 – VIII ZR 94/13, NZV 2015, 76f (Kfz als Ladung auf dem Abschleppwagen); LG Bremen v. 18.06.2013 – 6 S 48/13, NZV 2014, 130 f.

121 Vgl. insoweit A.2.16 AKB.

122 Prölss/Martin Sonderbed. Kfz-Handel- und Handwerk Rn. 15.

die anlässlich dieser Fahrt entstehen, nicht von der Fahrzeugversicherung abgedeckt, wenn die Fahrt als solche nicht mit den Zwecken des Gewerbebetriebes in Einklang zu bringen ist. Dabei muss sich die Gewinnerzielungsabsicht auf die Beförderung der Personen/Waren beziehen.

Eine Anwendung von § 28 VVG entfällt bei Ausschlüssen in der Fahrzeugversicherung! Ob dieser 145
Ausschluss zulässig ist, scheint fraglich. Es ist kein objektives Risiko ausgeschlossen, vielmehr wird vom Versicherungsnehmer erwartet, eine bestimmte Verwendung zu unterlassen. Nach den Regeln über die verhüllten Obliegenheiten wäre auch hier eine Quotierung der Leistungsfreiheit entsprechend dem Verschulden des Versicherungsnehmers vorzunehmen[123].

B Veräußerung von Fahrzeugen

B.1 Nicht zugelassene Fahrzeuge

Bei nicht zugelassenen Fahrzeugen endet der Versicherungsschutz aus diesem Vertrag bei Veräußerung mit dem Eigentumsübergang auf den Erwerber.

Eigene, d.h. im Eigentum des Betriebs bzw. des Betriebsinhabers stehende, Fahrzeuge sind grund- 146
sätzlich versichert, solange sie sich auf dem Betriebsgelände befinden. Werden diese Fahrzeuge außerhalb des Firmengeländes im öffentlichen Verkehrsraum genutzt, müssen sie mit den dem Kfz-Betrieb amtlich zugeteilten roten Kennzeichen versehen sein.

Auch fremde, nicht zugelassene Fahrzeuge sind versichert, wenn sie sich auf dem Betriebsgelände 147
befinden. Werden sie ohne ein entsprechendes amtlich zugeteiltes rotes Kennzeichen im öffentlichen Verkehrsraum genutzt, entfällt der Versicherungsschutz in der Fahrzeugversicherung. Eine Vorleistungspflicht gegenüber dem Werkstattkunden besteht nicht.

Bei Verkauf der nicht zugelassenen Fahrzeuge endet der Versicherungsschutz mit dem Eigentums- 148
übergang auf den Erwerber, hier ist nach Auffassung der Verfasserin auf den Übergang der tatsächlichen Sachherrschaft abzustellen, da für die Eigentumsübertragung auch die Übergabe der Sache erforderlich ist, § 929 BGB. Es empfiehlt sich, eine bestimmte Anzahl von Tagen zu formulieren, um eine Abgrenzung zu einer garagenmäßigen Unterstellung zu erreichen.

Eine Nutzung nicht zugelassener Fahrzeuge im öffentlichen Verkehrsraum ohne entsprechende 149
Kennzeichen (Kurzzeit- oder Rote Kennzeichen) ist nicht versichert. Grundsätzlich ist der Versicherungsnehmer verpflichtet, rote Kennzeichen zu verwenden, wenn er ein nicht für den öffentlichen Verkehr zugelassenes Fahrzeug im öffentlichen Verkehrsraum nutzen will.

B.2 Zugelassene Fahrzeuge

Gleiches gilt für Fahrzeuge, die auf einen Erwerber bereits zugelassen sind, im Zeitpunkt der Übergabe, spätestens jedoch nach Ablauf von [xx] Tagen nach Zulassung auf den Erwerber.

< Redaktioneller Hinweis: Es bietet sich an, hier die gleiche Anzahl von Tagen wie unter A.5.1.1 zu nennen. >

C Pflichten und deren Folgen

C.1 Ihre Pflichten

Beachten Sie die Pflichten nach [D.1 AKB 2015] und die folgenden Pflichten:

Übersicht

123 OLG Naumburg v. 28.03.2014 – 10 U 5/13, VersR 2015, 102 ff., Vgl. insoweit u.a. Wandt, »Zur dogmatisch gebotenen Enthüllung von »verhüllten Obliegenheiten – zugleich Anmerkung zum Urteil des OLG Naumburg vom 28.03.2014 – 10 U 5/13, VersR 2015, 102«, VersR 2015, 265 ff.; Felsch: Verhüllte

A. Allgemeines

150 Auch in den KfzSBHH, die einen eigenen Versicherungsschutz anbieten, werden besondere Verhaltensweisen von den Versicherungsnehmern erwartet. Diese sind – wie in den AKB 2008 umformuliert worden. In der vorherigen Ausgabe der KfzSBHH vom 13.11.1980 wurde unter Ziffer V die vollständige Leistungsfreiheit bei Verletzungen von Obliegenheiten vor Eintritt des Versicherungsfalls formuliert. Eine solche Klarstellung fehlt in den nunmehr vorliegenden Bedingungen, Stand 2010. Hier wird z.T. Bezug auf D. AKB genommen, tw. aber auch von Leistungsfreiheit in vollem Umfang gesprochen. die neuerliche Änderung hat insoweit nicht zur Verbesserung geführt!

B. Obliegenheitsverletzungen vor dem Schadenfall

151 Entgegen den KfzSBHH a.F. wird jetzt nur kursorisch auf die Obliegenheiten nach D.1. AKB Bezug genommen. Die Aufklärungspflichten (Obliegenheiten im Schadenfall nach E.1 werden nicht mehr erwähnt! Teilweise gehen sie auch über die dortigen Regeln hinaus, wegen der Details vgl. dort. B.1. befasst sich nur mit den Obliegenheitsverletzungen vor dem Schadensfall.

1. Berechtigter Fahrer D.1.1.2 AKB

152 Der Versicherungsnehmer muss sicherstellen, dass die roten Kennzeichen nicht missbräuchlich genutzt werden. Wenn er die roten Kennzeichen an einem Fahrzeug befestigt hat, muss sichergestellt sein, dass das Fahrzeug nicht von einem unberechtigten Fahrer benutzt wird. Es gelten dabei die gleichen Regeln wie bei der Schwarzfahrt[124].

153 Es wird auch ein Fahrer, der das Kfz zu einer Probefahrt ausgehändigt erhält, dann zum Schwarzfahrer, wenn er das Fahrzeug (unter Verstoß auch gegen die Verwendungsklausel) zu einer ausgedehnten Urlaubsfahrt nutzt.

2 Führerscheinklausel D.1.1.3

154 Der Versicherungsnehmer muss über die erforderliche Fahrerlaubnis verfügen. Gleiches gilt auch für seine Mitarbeiter, wenn diese ein Kfz des Betriebes außerhalb des Betriebsgeländes führen. Außerdem muss er natürlich die Eignung desjenigen prüfen, dem er das nicht zugelassene Fahrzeug mit den roten Kennzeichen überlässt. Er hat also auch den Zweck der Fahrt zu hinterfragen (Verwendungsklausel[125]) und die Fahrerlaubnis[126] des Fahrers zu kontrollieren

3. Gesetzliche Obliegenheit, Gefahrerhöhung

155 Neben den vertraglichen Obliegenheiten, die unter B.1 ausdrücklich formuliert sind, muss der Versicherungsnehmer sich auch an die gesetzlichen Obliegenheiten, insbesondere die der § 23 ff. VVG (Gefahrerhöhung) halten.

156 Da der Versicherungsnehmer selbstständig entscheidet, an welches Fahrzeug er das ihm zugeteilte Kennzeichen hängt, ist er Zulassungsstelle und Fahrzeugführer in einem und muss seiner Pflicht zur Überprüfung insbesondere der Verkehrssicherheit des so »zugelassenen Fahrzeugs« besonders

Obliegenheiten – ein Nachruf, r+s 2015, 53, Koch, Abschied von der Rechtsfigur der verhüllten Obliegenheit, VersR 2014, 283 ff., für den die Unterscheidungen in der Rechtsprechung tw. willkürlich anmuten.

124 Vgl. hierzu D.1.1.2 AKB.

125 Vgl. hierzu D.1.1.1 AKB.

126 Vgl. hierzu D.1.1.3 AKB.

sorgfältig nachkommen[127]. Das Kfz muss frei von groben, ohne weiteres erkennbaren Mängeln sein, die die Verkehrssicherheit wesentlich beeinträchtigen[128]. Verletzt er diese Pflicht, verstößt er gegen die §§ 23 ff. VVG und begeht eine Obliegenheitsverletzung (Gefahrerhöhung), wenn er ein nicht verkehrssicheres Fahrzeug, welches nicht den Bau- und Betriebsvorschriften der StVZO entspricht im öffentlichen Straßenverkehr gebraucht. Auch das Anhängen eines verkehrsunsicheren Anhängers an eine verkehrssichere Zugmaschine stellt eine Gefahrerhöhung dar[129]. Das Führen eines Kfz mit unbrauchbaren Reifen stellt eine Gefahrerhöhung dar[130].

Überlässt der Versicherungsnehmer die Überführung eines Kfz mit roten Kennzeichen einem Mitarbeiter, so ist dieser anstelle des Versicherungsnehmers verpflichtet, die Verkehrssicherheit zu prüfen. Der Mitarbeiter wird damit zum Repräsentanten des Versicherungsnehmers, da er für diesen Entscheidungen trifft[131]. 157

C. Obliegenheitsverletzungen im Schadenfall

Da der Versicherer für Kfz-Handel- und Handwerk wie ein Kraftfahrzeug-Haftpflicht-Versicherer in Anspruch genommen wird, gelten auch die Aufklärungsobliegenheiten nach E.x AKB. Diese Regelung wurde leider in den KfzSBHH n.F. vergessen. So ist der Versicherungsnehmer verpflichtet, den Schaden unverzüglich zu melden, über die Details des Hergangs Auskunft zu geben und ggf. die Prozessführung dem Versicherer zu überlassen[132]. 158

D. Folgen der Obliegenheitsverletzung

Im Zuge der Anpassung der KfzSBHH auf das VVG n.F. sind einige Details, die in den Vorbedingungen klar formuliert wurden, leider nicht mehr so deutlich ausgedrückt. Es bleibt festzuhalten, dass die Handel-Handwerk-Versicherung keine Pflichtversicherung im Sinne der §§ 115 ff. VVG ist, sondern eine freiwillige Versicherung, die der Gewerbebetrieb abschließen kann, aber nicht muss. Der Gewerbebetrieb muss sich nur dann um eine eigene Versicherung kümmern, wenn er ein rotes Dauerkennzeichen zugeteilt erhalten will. Für dieses muss er eine Versicherung nachweisen. 159

Die Folgen der Obliegenheitsverletzungen sind nur eingeschränkt denen in D.1.1 bzw. D.1.2 AKB angepjasst. Es kommt entscheidend darauf an, ob es sich bei der vereinbarten Versicherung um eine Pflichtversicherung handelt (weil ein Kfz im öffentlichen Verkehrsraum verwendet wird, das nicht anderweitig versichert ist, oder ob es sich um ein zugelassenes und versichertes Fahrzeug in Werkstatt-Obhut handelt. Die Rechtsfolgen einer Obliegenheitsverletzung ergeben sich in den AKB 2015 aus D.2.1 für alle Sparten, und für die KH-Versicherung nach D.2.2 AKB. Da die AKB 2008/2015 ergänzend zu den KfzSBHH gelten, treffen die gleichen Pflichten wie den Versicherungsnehmer auch den mitversicherten Fahrer (Werkstattmitarbeiter), bei Verstößen können diese ebenfalls in Regress genommen werden. 160

Für die Leistungsfreiheit in der Kraftfahrzeug-Haftpflicht-Versicherung ist zu differenzieren: Handelt es sich um ein nicht zugelassenes Fahrzeug, welches im öffentlichen Verkehrsraum mit den roten Kennzeichen des Handwerksbetriebs geführt wurde, kommt die Regeln über die Pflichtversicherung zur Anwendung. Folglich orientiert sich die Leistungsfreiheit in der 161

127 So schon BGH IV ZR 123/73 in VersR 1975, 229; KG v. 20.05.2014 – 162 SS 74/14-3 WS B 271/14, ZFS 2015, 50 f. m.Anm. Krenberger; OLG Köln v. 02.09.2008 9 U 3/08 zur Prüfung der Verkehrssicherheit.

128 BGH IV ZR 123/73 in VersR 1975, 229.

129 BGH IV ZR 99/75 in VersR 1977, 341.

130 BGH v. 21.09.1967 – II ZR 1/65.

131 BGH IV ZR 123/73 in VersR 1975, 229.

132 Wegen der Details vgl. unter E. AKB.

Kraftfahrzeug-Haftpflicht-Versicherung an der KfzPflVV. Es führen die Obliegenheitsverletzungen nicht zur vollständigen Leistungsfreiheit des Versicherers, sondern nur zu einer Regressmöglichkeit des Versicherers gegen den Versicherungsnehmer. Der durch den Unfall geschädigte Dritte (nicht der Werkstattkunde, dessen Ansprüche werden aus der Kfz-Handel- und Handwerk-Fahrzeugversicherung reguliert!) hat Anspruch auf vollständigen Ersatz seines Schadens entsprechend der Haftungsquote. Der Versicherer ist nicht berechtigt, die Leistung unter Hinweis auf die Obliegenheitsverletzung zu verweigern. Die §§ 115 ff. VVG gelten entsprechend.

162 Wurde der Schaden aber durch ein fremdes, zugelassenes und in Werkstattobhut befindliches Fahrzeug verursacht, handelt es sich bei der Kfz-Handel- und Handwerk-Kraftfahrzeug-Haftpflicht-Versicherung nicht um eine Pflichtversicherung im Sinne von § 113 VVG, eine solche ist nicht erforderlich, da das Kfz durch seine Zulassung schon über eine solche Versicherung verfügt. Damit kann der Versicherer auch in vollem Umfang leistungsfrei sein.

III. Unfallersatzwagen (zugelassenes Fahrzeug)

163 Die Fahrzeuge, die der Handwerksbetrieb als Unfallersatzwagen versichert hat, um sie dem Kunden für die Zeitdauer der Instandsetzung zur Verfügung zu stellen, sind entsprechend den Regeln des PflVG versichert, so dass für den Gebrauch im öffentlichen Verkehrsraum analog den Regeln im KH-Schaden zu regulieren ist. Eine Obliegenheitsverletzung unterliegt in ihren Rechtsfolgen den Vorschriften D.2 AKB, § 5 KfzPflVV. Für den Gebrauch des Kfz im nicht öffentlichen Verkehrsraum besteht völlige Leistungsfreiheit, da hier eine Vorleistungspflicht gerade nicht vorgesehen ist.

IV. Fremdes zugelassenes Fahrzeug in Werkstatt-Obhut

164 Diese Fahrzeuge sind über den Eigentümer ohnehin in der Kraftfahrzeug-Haftpflicht versichert. Eine Kraftfahrzeug-Haftpflicht-Versicherung über den Kfz-Handel- und Handwerksbetrieb ist nicht erforderlich. Die Kfz-Handel- und Handwerk-Versicherung bei fremden zugelassenen Fahrzeugen haftet zwar neben der für das Kfz bestehenden Kraftfahrzeug-Haftpflicht-Versicherung, da aber eine Versicherungspflicht im Sinne von § 1 PflVG für diese Fahrzeuge nicht gegeben ist, kommt der Kfz-Handel- und Handwerk-Kraftfahrzeug-Haftpflicht-Versicherung hier kein Pflichtversicherungscharakter zu[133]. Wenn keine Deckung besteht, kann der Geschädigten mit seinen Ansprüchen an den Kraftfahrzeug-Haftpflicht-Versicherer des Kfz verwiesen werden, § 117 Abs. 3 VVG. Die Verweisung ist auch nicht nach § 3 PflVG ausgeschlossen.

165 Bei nicht zugelassenen Fahrzeugen und einer Obliegenheitsverletzung des Fahrers bzw. Werkstatt-Inhabers besteht kein Versicherungsschutz, es bleibt bei der vollständigen Leistungsfreiheit des Versicherers[134].

VII. Eigene zugelassene Kfz

166 Wenn der Versicherungsnehmer eigene zugelassene Fahrzeuge besitzt, unterfallen diese Fahrzeuge ohnehin nicht der Kfz-Handel- und Handwerk-Versicherung, da für diese eigene Kraftfahrzeug-Haftpflicht-Versicherungen abgeschlossen werden müssen, um die Zulassung zu erhalten, sie unterfallen damit den AKB[135].

133 Stiefel/Maier/Schurer aaO. Sonderbed. Kfz-Handel- und Handwerk Rn. 46, da der Werkstattinhaber durch die Annahme des Kfz nicht zum Halter wird!.

134 Vgl. oben Rn. 4.

135 Vgl. auch Stiefel/Maier/Schurer aaO. Sonderbed. Kfz-Handel- und Handwerk Rn. 92.

C.1.1 Meldepflichten

C.1.1 behandelt ausschließlich die Meldepflichten des Versicherungsnehmers zu dem Risikoumfang seines Unternehmens. Die Meldepflichten im Schadenfall wurden hier nicht mit aufgeführt. Dieser Abschnitt der Sonderbedingungen befasst sich mit den vertraglichen Besonderheiten der Kfz-Handel- und Handwerk-Versicherung. Das sog. Meldeverfahren betrifft den regelmäßigen Kontakt des Versicherungsnehmers mit dem Versicherer. Die Kfz-Handel- und Handwerk-Versicherung ist eine sog. Stichtagsversicherung, d.h. die fälligen Versicherungsbeiträge werden nach den Stichtagsmeldungen des Versicherungsnehmers über Art und Umfang der Verwendung des roten Kennzeichens, Anzahl der in seiner Obhut befindlichen Fahrzeuge die Beiträge berechnet. Der Versicherer ist dabei auf die termingerechte Meldung des Versicherungsnehmers angewiesen 167

Im Schadenfall kann vom Versicherer die Vorlage auch der Geschäftsbücher zum Nachweis, dass die Stichtagsmeldungen korrekt erfolgt sind, verlangen. Im Hinblick darauf, dass sämtliche Meldungen des Kfz-Betriebes nachträglich erfolgen, ist nicht davon auszugehen, dass hier erhebliche Diskrepanzen vorliegen werden. Ereignet sich der der Schaden zwischen zwei Meldeterminen, kann der Versicherungsnehmer immer noch eine neue Meldung mit ggf. korrigierten Zahlen liefern, ohne dass sein Versicherungsschutz gefährdet wäre. 168

C.1.1.1 Änderung der Betriebsart

Ändert sich während der Laufzeit des Vertrages die im Versicherungsschein aufgeführte Betriebsart, müssen Sie uns das unverzüglich anzeigen.

C.1.1.2 Änderung der Risikoverhältnisse

Ändern sich während der Laufzeit des Vertrages die vertraglich erfassten Risikoverhältnisse, müssen Sie uns dies unverzüglich anzeigen.

< Redaktioneller Hinweis: Soll auf bestimmte Risikoverhältnisse abgestellt werden, wären diese hier aufzuzählen. >

C.1.1.3 Meldebogen zur Beitragsabrechnung

Wir sind berechtigt zu überprüfen, ob die in Ihrem Vertrag berücksichtigten Angaben zur Beitragsermittlung zutreffen. Wir stellen Ihnen dazu einen Meldebogen zur Verfügung. Diesen müssen Sie innerhalb von [xx] Tagen nach Erhalt ausgefüllt zurückgeben.

Auf Anforderung haben Sie uns entsprechende Bestätigungen oder Nachweise, z. B. Geschäftsunterlagen, vorzulegen.

C.1.2 Verwendung

C.1.2.1 Verwendung nur zum versicherten Betriebszweck

Die versicherten Fahrzeuge dürfen nur für Zwecke verwendet werden, die der im Versicherungsschein genannten Betriebsart entsprechen.

Mit zugelassenen Kundenfahrzeugen dürfen nur Probe-, Rangier- und Überführungsfahrten durchgeführt werden.

C.1.2.2 Verwendung bei Tageszulassungen

Fahrzeuge mit einer Tageszulassung dürfen nicht auf öffentlichen Wegen und Plätzen verwendet werden.

C.1.2.3 Verwendung von Fahrzeugen ohne amtliches Kennzeichen

Fahrzeuge, die nicht zugelassen, aber nach § 3 FZV zulassungs- oder versicherungspflichtig sind, dürfen
- **auf beschränkt öffentlichen oder öffentlichen Wegen und Plätzen oder**
- **der eigenen Betriebsstätte**

nicht ohne ein Ihnen zugeteiltes rotes Kennzeichen, ein rotes Versicherungskennzeichen oder ein Kurzzeitkennzeichen bewegt werden.

Diese Regelung gilt nicht gegenüber Ihnen, dem Halter oder dem Eigentümer, wenn ein unberechtigter Fahrer das Fahrzeug gebraucht.

A. Allgemeines

169 Ein eigenes nicht zugelassenes Fahrzeug ohne rotes Kennzeichen des Betriebes darf nicht im öffentlichen Verkehrsraum geführt werden. Werden durch dieses Fahrzeug Schäden im nicht öffentlichen Verkehrsraum (Betriebsgelände) verursacht, ist zu prüfen, wer Geschädigter ist. Werden Schäden an Betriebseigentum verursacht, handelt es sich um einen nicht versicherten Eigenschaden mit der Folge, dass Schadenersatz aus dem Vertrag nach den KfzSBHH nicht gefordert werden kann. Werden Dritte geschädigt, die sich auf dem Firmengelände befinden, besteht bei Vorliegen einer Obliegenheitsverletzung vollständige Leistungsfreiheit gegenüber dem Versicherungsnehmer bzw. der mitversicherten Person mit der Folge der alleinigen Schadenersatzpflicht des Firmeninhabers bzw. des Verursachers nach § 823 BGB. In der Praxis kommt dieser Fall allerdings nur in Ausnahmefällen vor.

170 Anders als in der Kraftfahrzeughaftpflichtversicherung besteht kein Direktanspruch gegen den Versicherer, da eine Versicherungspflicht für diese Fahrzeuge nicht besteht.

171 Die Pflichten des Versicherungsnehmers bei Verwendung der ihm zugeteilten amtlichen roten Kennzeichen, Versicherungskennzeichen oder Kurzzeitkennzeichen orientieren sich an den Pflichten nach B.1.2 KfzSBHH/D.1.1 AKB (Verwendungszweck), der klar umrissen ist. Bei den sog. Dauer-Kurzzeitkennzeichen, die an Kfz-Handwerks- oder Kfz-Handelsbetriebe ausgegeben werden können, werden besondere Pflichten geknüpft. Während der Private bei der Zulassungsstelle verschiedene Informationen hinterlassen muss, um ein Rotes Kennzeichen zu erhalten, hat der Kfz-Handels- oder -Handwerksbetrieb dieses Kennzeichen dauerhaft in Besitz und kann es – ohne vorherige Information der Zulassungsstelle nach Gutdünken und Bedarf einsetzen.

B. besondere Pflichten bei der Verwendung eines roten Kennzeichens

172 Soweit der Versicherungsnehmer ein Fahrzeug mit roten Kennzeichen versieht und es im öffentlichen Verkehrsraum abredewidrig verwendet, ist von einem Verstoß gegen die Verwendungsklausel auszugehen, da er das Fahrzeug nicht zu dem Zweck der Prüf-, Probe- oder Überführungsfahrt verwendet. Diese Bedingungen beinhalten noch keine Exkulpationsmöglichkeit des Versicherungsnehmers, wie sie in § 28 VVG gefordert wird. Der Versicherungsnehmer weiß sicher, welche Vereinbarungen er getroffen hat, es ist daher vorsätzlicher Begehung der Obliegenheitsverletzung auszugehen.

C. Versicherte Personen bei Verwendung mit Roten Kennzeichen

173 Die Obliegenheiten gelten nicht nur gegenüber dem Versicherungsnehmer, sondern auch gegenüber dem Fahrer des Fahrzeuges, das mit roten Kennzeichen versehen wurde. Der Versicherungsnehmer darf das rote Kennzeichen nur für Prüf-, Probe- oder Überführungsfahrten verwenden und er muss dafür Sorge tragen, dass es auch von anderen nur zu diesem Zweck verwendet wird.

D. Folgen der Pflichtverletzung

Soweit der Versicherungsnehmer ein Fahrzeug mit roten Kennzeichen versieht und es im öffentlichen Verkehrsraum abredewidrig verwendet, ist von einem Verstoß gegen die Verwendungsklausel auszugehen, da er das Fahrzeug nicht zu dem Zweck der Prüf-, Probe- oder Überführungsfahrt verwendet. Diese Bedingungen beinhalten (noch) keine Exkulpationsmöglichkeit des Versicherungsnehmers, wie sie in § 28 VVG gefordert wird. Der Versicherungsnehmer weiß sicher, welche Vereinbarungen er getroffen hat, es ist daher vorsätzlicher Begehung der Obliegenheitsverletzung auszugehen. Eine Exkulpation Die Pflichten des Versicherungsnehmers bei Verwendung der ihm zugeteilten amtlichen roten Kennzeichen, Versicherungskennzeichen oder Kurzzeitkennzeichen orientieren sich an den Pflichten nach B.1.2 KfzSBHH/D.1.1 AKB (Verwendungszweck), der klar umrissen ist. Bei den sog. Dauer-Kurzzeitkennzeichen, die an Kfz-Handwerks- oder Kfz-Handelsbetriebe ausgegeben werden können, werden besondere Pflichten geknüpft. Während der Private bei der Zulassungsstelle verschiedene Informationen hinterlassen muss[136], um ein Rotes Kennzeichen zu erhalten, hat der Kfz-Handels- oder -Handwerksbetrieb dieses Kennzeichen dauerhaft in Besitz und kann es – ohne vorherige Information der Zulassungsstelle nach Gutdünken und Bedarf einsetzen. 174

C.1.2.4 Verwendung von roten und Kurzzeitkennzeichen

Fahrzeuge, die mit einem Ihnen zugeteilten roten Kennzeichen, roten Versicherungskennzeichen oder Kurzzeitkennzeichen versehen sind, dürfen nur zu dem straßenverkehrsrechtlich zulässigen Zweck verwendet werden

Wird die Obliegenheitsverletzung mit einem Fahrzeug, das mit roten Kennzeichen, Kurzzeit- oder Versicherungskennzeichen versehen ist, kommt es darauf an, ob sich der Schaden auf dem Firmengelände, d.h. im Nichtöffentlichen Verkehrsraum oder im öffentlichen Verkehrsraum ereignet hat. 175

A. Öffentlicher/nicht öffentlicher Verkehrsraum (Betriebsgelände)

Wird das Fahrzeug während der Obliegenheitsverletzung im öffentlichen Verkehrsraum geführt, kommt der Kraftfahrzeug-Haftpflichtversicherung der Charakter einer Pflichtversicherung zu. Es besteht ein Direktanspruch des Geschädigten gegen den Versicherer und der Versicherer ist – unabhängig von der Frage der Obliegenheitsverletzung zur Vorleistung verpflichtet. Der Regress gegen den Versicherungsnehmer bzw. Fahrer ist nach D.2 bzw. E.2 AKB, §§ 5, 6 KfzPflVV auf maximal 5.000€ begrenzt[137]. 176

Ereignet sich der Schadenfall auf dem Betriebsgelände, ist eine Versicherungspflicht nicht gegeben, d.h. es kommt im Falle der Obliegenheitsverletzung zu einer Leistungsfreiheit des Versicherers gegenüber dem Versicherungsnehmer[138]. 177

B. besondere Pflichten bei der Verwendung eines roten Kennzeichens

Soweit der Versicherungsnehmer ein Fahrzeug mit roten Kennzeichen versieht und es im öffentlichen Verkehrsraum abredewidrig verwendet, ist von einem Verstoß gegen die Verwendungsklausel auszugehen, da er das Fahrzeug nicht zu dem Zweck der Prüf-, Probe- oder Überführungsfahrt verwendet. Diese Bedingungen beinhalten noch keine Exkulpationsmöglichkeit des Versicherungsnehmers, wie sie in § 28 VVG gefordert wird. Der Versicherungsnehmer weiß sicher, welche 178

136 Vgl. hierzu auch Kreuter-Lange AKB. D1.1.1 Rdn. 5 ff.; 10 ff.

137 Wegen der Details zum Regress vgl. Kreuter-Lange D.2.3 AKB; Prölls/Martin aaO. VII Sonderbed. Kfz-Handel- und Handwerk, Rn 17.

138 Vgl. insoweit oben Rn. 6; ebenso Schwab in diesem Buch, § 114 VVG Rdn. 5; § 1 PflVG Rdn. 4.

Vereinbarungen er getroffen hat, es ist daher vorsätzlicher Begehung der Obliegenheitsverletzung auszugehen.

C. Versicherte Personen

179 Die Obliegenheiten gelten nicht nur gegenüber dem Versicherungsnehmer, sondern auch gegenüber dem Fahrer des Fahrzeuges, das mit roten Kennzeichen versehen wurde. Der Versicherungsnehmer darf das rote Kennzeichen nur für Prüf-, Probe- oder Überführungsfahrten verwenden und er muss dafür Sorge tragen, dass es auch von anderen nur zu diesem Zweck verwendet wird.

D. Folgen der Pflichtverletzung

180 Soweit der Versicherungsnehmer ein Fahrzeug mit roten Kennzeichen versieht und es im **öffentlichen Verkehrsraum** abredewidrig verwendet, ist von einem Verstoß gegen die Verwendungsklausel auszugehen, da er das Fahrzeug nicht zu dem Zweck der Prüf-, Probe- oder Überführungsfahrt verwendet. Diese Bedingungen beinhalten (noch) keine Exkulpationsmöglichkeit des Versicherungsnehmers, wie sie in § 28 VVG gefordert wird. Der Versicherungsnehmer weiß sicher, welche Vereinbarungen er getroffen hat, es ist daher vorsätzlicher Begehung der Obliegenheitsverletzung auszugehen. Eine Exkulpation des Versicherungsnehmers, wie sie jetzt in § 28 Abs. 3 VVG vorgesehen ist, dürfte nur im Ausnahmefall möglich sein, da schon das Unterlassen der abredewidrigen Verwendung den Schadenfall entfallen ließe. Eine Leistungsfreiheit des Versicherers in der Kraftfahrzeug-Haftpflicht-Versicherung besteht in Höhe der Grenzen des § 5 KfzPflVV[139]. Lediglich die missbräuchliche Verwendung der amtlich zugeteilten roten Kennzeichen durch einen unbefugten Dritten führt zur vollständigen Leistungsfreiheit gegenüber dem Dritten[140]. Der Versicherungsnehmer hat Anspruch auf Gewährung von Versicherungsschutz, soweit er diese Fahrt nicht ermöglicht hat. Die Fahrt unter abredewidriger Verwendung des Roten Kennzeichens als Einkaufsfahrt führt nicht zur Strafbarkeit i.S.d. §§ 1, 6 PflVG[141].

C.1.2.5 Verwendung zur Personen- oder Güterbeförderung

In der Kfz-Haftpflichtversicherung: Fahrzeuge dürfen nicht zur entgeltlichen Personen- oder Güterbeförderung verwendet oder gewerbsmäßig vermietet werden.

< Redaktioneller Hinweis: In der Kaskoversicherung ist die entgeltliche Personen- oder Güterbeförderung nach A.5.2 nicht versichert. >

C.2 Folgen der Pflichten

181 Unter C.2 finden sich nur die Pflichten, die der Versicherungsnehmer zusätzlich zu den Obliegenheiten aus den AKB erfüllen muss. Es handelt sich im Wesentlichen um Meldepflichten, da diese zur Ermittlung der Prämienforderung unerlässlich sind.

---

139 Prölss/Martin aaO. VII Sonderbed. Kfz-Handel- und Handwerk, Rn. 17.

140 BGH v. 28.06.2006 – IV ZR 316/04, r+s 2006, 410f = NJW-RR 2006, 1452 = DAR 2007, 26 f; der Kunde hatte die ihm zur Überführung eines gekauften Kfz übergebenen roten Kennzeichen an ein anderes Fahrzeug angebracht und mit diesem einen Schaden verursacht. Nach Auffassung des BGH ist ein Zusammenhang mit dem Gewerbebetrieb des VN auch dann erforderlich, wenn das Kennzeichen außerhalb des Betriebes verwendet wird und verneint damit einen Anspruch gegen den Handel-Handwerk-Versicherer des roten Kennzeichens.

141 OLG Hamm v. 18.12.2006 – 2 Ss 533/06, zfs 2007, 352f = NZV 2007, 375.

C.2.1 Auswirkungen nach der Änderung der Risikoverhältnissen oder der Betriebsart

Ändern sich während der Laufzeit des Vertrages die Risikoverhältnisse oder die im Versicherungsschein aufgeführte Betriebsart, können wir den Versicherungsvertrag nach [G.3.6 AKB 2015] kündigen oder die Vertragsdetails neu verhandeln. Erhöhen wir den Beitrag um mehr als 10 Prozent, haben Sie ein Kündigungsrecht nach [G 2.8 AKB 2015].

C.2.2 Auswirkungen auf den Beitrag

Ändert sich während der Laufzeit des Vertrages ein Merkmal zur Beitragsberechnung nach C 1.1.3, berechnen wir den Beitrag neu. Dies kann zu einer Beitragssenkung oder einer Beitragserhöhung führen. Der neue Beitrag gilt ab dem Tag der Änderung des Merkmals.

Das Beitragsverfahren in der Handel- und Handwerkversicherung unterliegt anderen Regeln als in der Kraftfahrzeugversicherung nach den AKB. Es werden zu bestimmten Stichtagen Meldungen des Versicherungsnehmer erwartet, die die Grundlage für die Beitragsberechnung darstellen. Da alle Meldungen einen zurückliegenden Zeitraum erfassen, werden Versicherungsschutzversagungen und Leistungsverweigerungen wegen Verzugs mit den fälligen Prämien kaum erforderlich werden. Die Regeln hinsichtlich Zahlung der Beiträge ergeben sich – mangels anderer Hinweise – nach C. AKB. 182

Das sog. Meldeverfahren betrifft den regelmäßigen Kontakt des Versicherungsnehmers mit dem Versicherer. Die Kfz-Handel- und Handwerk-Versicherung ist eine sog. Stichtagsversicherung, d.h. die fälligen Versicherungsbeiträge werden nach den **Stichtagsmeldungen** des Versicherungsnehmers über Art und Umfang der Verwendung des roten Kennzeichens, Anzahl der in seiner Obhut befindlichen Fahrzeuge die Beiträge berechnet. Der Versicherer ist dabei auf die termingerechte Meldung des Versicherungsnehmers angewiesen. 183

Der Meldebogen enthält Fragen zu folgenden Kategorien: 184
- Art des Betriebes:
- Handel mit Gebrauchtwagen oder,
- Wohnmobilen, Campingfahrzeugen etc. oder,
- Lackiererei oder
- Hersteller von Fahrzeugaufbauten oder
- Handel und Reparatur von Sonderfahrzeugen oder Fahrzeugen mit einem Wert von über …… €
- Überführungsfahrten ins Ausland
- Lage des Betriebsgrundstückes, insbesondere Fragen nach den Abstellmöglichkeiten der in Obhut befindlichen Fahrzeuge
- Frage nach dem Versicherungsumfang, für den Fall, dass dieser erhöht werden soll
- Frage nach den roten Kennzeichen
- zur wiederkehrenden Verwendung, Anzahl
- zur einmaligen Verwendung, Anzahl
- Frage nach der Anzahl der handwerklich tätigen Personen (Büroangestellte entfallen damit)
- Frage nach versicherungspflichtigen, nicht versicherten Fahrzeugen
- Eigene Kfz des Versicherungsnehmers
- Fremde Kfz
- Frage nach der Veränderung der Höchstentschädigung je Kfz (Summenbegrenzung)
- Frage nach der Leistungsgrenze in Kasko

Mit der Beantwortung dieser Fragen kann der Versicherungsnehmer auch seine ggf. schwankenden Bedürfnisse nach Erhöhung oder Senkung der Versicherungssumme befriedigen. Allerdings bieten diese Fragen auch eine Vielzahl von Gestaltungsmöglichkeiten im Positiven wie im negativen Sinn. Dabei ist aber zu beachten, dass aufgrund dieser Stichtagsmeldung in aller Regel eine Leistungsverweigerung im Schadenfall wegen Prämienverzugs nicht gegeben ist. Im Falle eines Schadens 185 befindet sich der Versicherungsnehmer immer zwischen zwei Stichtagen, so dass die Prämienzahlung noch fristgerecht möglich ist.

186 Der Versicherungsnehmer ist gehalten, die im Meldebogen (der inhaltlich von den hier aufgezeigten Fragen abweichen kann) geforderten Angaben wahrheitsgemäß und vollständig zu beantworten. Falsche oder unvollständige Angaben können zu Lücken im Versicherungsschutz führen, wenn z.B. Verkaufsfahrzeuge nicht angegeben werden.

187 Von erheblicher Bedeutung ist die Frage nach dem Betriebsgelände, da wegen der Frage der Umzäunung falsche Angaben nicht nur Folgen für den Beitrag gem. VI Ziffer 2 und 3a, sondern in der Fahrzeugversicherung auch die Folge der Leistungsfreiheit haben. Die Einfriedung eines Grundstückes durch einen Bauzaun ist ausreichend.

C.2.2.1 Nicht gemeldet

Übermitteln Sie uns die Angaben nicht fristgerecht, berechnen wir Ihnen zusätzlich das [xx]--fache des zuletzt berechneten Beitrags.

Reichen Sie die Angaben aber innerhalb zweier Monate nach Empfang der Zahlungsaufforderung nach, so rechnen wir den Beitrag nach dem Meldebogen ab.

188 Hat der Versicherungsnehmer es versäumt, den Meldebogen trotz Erinnerung des Versicherers innerhalb der vorgegebenen Frist abzugeben, wird die Prämie pauschal zum Nachteil des Versicherungsnehmers berechnet und der eineinhalbfache Beitrag in Rechnung gestellt. Der Versicherungsnehmer hat die Möglichkeit, diesen Beitrag nachträglich zu korrigieren, wenn er innerhalb von 2 Monaten nach Rechnungsstellung die erforderlichen Angaben macht, die zu einer Korrektur der Beitragsrechnung führen (nach oben oder nach unten).

C.2.2.2 Vorsätzlich nicht oder falsch gemeldet

Haben Sie vorsätzlich unzutreffende Angaben gemacht oder Änderungen vorsätzlich nicht angezeigt und ist deshalb ein zu niedriger Beitrag berechnet worden, ist zusätzlich zur Beitragserhöhung eine Vertragsstrafe in Höhe des [xx]-fachen des bisherigen Beitrages zu zahlen.

189 Vorsätzlich falsche Angaben des Versicherungsnehmers zum Nachteil des Versicherers haben erhebliche Konsequenzen, abhängig von dem Bereich, für den der Vertrag geschlossen wurde. Versäumt der Versicherungsnehmer die Meldung bzw. macht falsche Angaben, die zu seinen Lasten gehen, bleibt dies in versicherungsrechtlicher Hinsicht folgenlos.

In der Kraftfahrzeug-Haftpflicht-Versicherung führt eine falsche Angabe zur Nachberechnung und zur Erhebung einer Vertragsstrafe maximal in Höhe des dreifachen Beitragsunterschieds.

Eine Exculpation ist hier nicht vorgesehen. Den Beweis für den Vorsatz muss im Streitfall der Versicherer erbringen.

C.2.3 Auswirkungen auf die Entschädigung in der Kaskoversicherung

Haben Sie schuldhaft unzutreffende Angaben gemacht oder Anzeigen unterlassen, gilt:

Wir sind berechtigt, nur den Teil der Leistung zu erbringen, der dem Verhältnis zwischen dem gezahlten und dem richtigen Beitrag entspricht. Der richtige Beitrag entspricht dem, den Sie bei ordnungsgemäßer Anzeige hätten zahlen müssen.

190 In der Fahrzeugversicherung hat die falsche Angabe allerdings erhebliche Auswirkungen, da die Leistungen für einen evtl. über die Fahrzeugversicherung zu erstattender Schaden nur gekürzt ausgezahlt wird, auch können zum Stichtag nicht angemeldete Fahrzeuge auch aus der Regulierung ganz herausfallen. Als Bezugsgröße wird das Verhältnis zwischen gezahltem und korrektem Beitrag

genommen. Damit haben falsche Angaben im Meldebogen zunächst nur Auswirkungen auf die Prämie, nicht aber auf die Frage des Versicherungsschutzes[142].

Außerdem besteht Leistungsfreiheit (nur in der Kasko-Versicherung) für Schäden, die an einem nicht angezeigten Fahrzeug entstehen. Ebenfalls besteht Leistungsfreiheit für Schäden an einem Fahrzeug, dem ein amtlich abgestempeltes rotes Kennzeichen von der Zulassungsstelle zugeteilt wurde, das aber nicht angemeldet wurde. 191

Von erheblicher Bedeutung ist die Frage nach dem Betriebsgelände, da wegen der Frage der Umzäunung falsche Angaben nicht nur Folgen für den Beitrag, sondern in der Fahrzeugversicherung auch die Folge der Leistungsfreiheit haben[143]. Die Einfriedung eines Grundstückes durch einen Bauzaun ist ausreichend[144]. 192

Zu beachten ist zudem, dass in der KfzSBHH üblicherweise über die Stichtagsmeldung eine Leistungsobergrenze (max. Versicherungssumme) ermittelt wird. Bei Kumulereignissen sind daher falsche Angaben fatal, es werden dann die Schäden ggf. nur anteilig erstattet. 193

C.2.4 Folgen eines Verstoßes gegen eine vereinbarte Verwendung

Die Folgen einer Pflichtverletzung nach C.1.2 entnehmen Sie [D.2 AKB].

A. Folgen der Pflichtverletzung

Die Folgen eines Verstoßes gegen die Verwendung der versicherten Fahrzeuge richtet sich nach D.2. AKB mit der Folge, dass entsprechend den Regelungen des § 28 VVG nach dem Verschulden des Versicherungsnehmers zu quotieren ist. Dabei ist zu differenzieren: 194

vorsätzliche Obliegenheitsverletzung

Im Falle einer vorsätzlichen Obliegenheitsverletzung ist der Versicherer von der Verpflichtung zur Leistung frei. 195

Handelt es sich um Fahrzeuge, die nicht zugelassen sind, fungiert der Handel-Handwerk-Versicherer wie ein Kraftfahrzeug-Haftpflicht-Versicherer, der den Schaden des Dritten nach den Regeln der §§ 115 ff VVG ersetzen muss. 196

Handelt es sich hingegen um zugelassene Fahrzeuge (Kundenfahrzeuge), ist der Versicherer bei Obliegenheitsverletzungen berechtigt, die Leistung zu verweigern, da im Außenverhältnis auf die Kraftfahrzeug-Haftpflicht-Versicherung des Kundenfahrzeuges verwiesen werden kann. 197

grob fahrlässige Obliegenheitsverletzung

Der Versicherer muss im Falle der Verwendung eines nicht zugelassenen Fahrzeuges ebenso wie bei einem zugelassenen Fahrzeug entsprechend der Schwere des Verschuldens quotieren. 198

B. Exculpationsmöglichkeiten

Grundsätzlich sind in den KfzSBHH die Exculpationsmöglichkeiten nicht in den Bedingungstext aufgenommen. Soweit aber von der »schuldhaften« Verletzung einer Aufklärungspflicht, wie oben, 199

142 OLG Karlsruhe 12 U 105/87 in VersR 1990, 889, allerdings insoweit unzutreffend, als pauschal die Meldepflichtverstöße nur auf die Beitragsrechnung bezogen werden. Auswirkungen auf den Versicherungsschutz ergeben sich durchaus.

143 AG Homburg (Saar) 4 C 283/97, Adajur Dok.-Nr. 32135.

144 OLG Saarbrücken 5 U 610/05-93 in VersR 2007, 238 = zfs 2006, 693.

ausgegangen wird, muss dem Versicherungsnehmer auch die Möglichkeit offen bleiben, das fehlende Verschulden nachzuweisen.

200 Der Versicherungsnehmer kann sich entlasten, wenn er nachweist, dass ihn an den falschen Angaben kein Verschulden trifft oder er das Unterbleiben der fristgerechten Meldung nicht zu vertreten hat. Der Versicherer hat die Möglichkeit, einen Beauftragten an der Erstellung des Meldebogens mitwirken zu lassen. Erfolgt die Erstellung der Meldung korrekt, wird aber vom Beauftragten des Versicherers nicht weiter gegeben, trifft den Versicherungsnehmer hieran kein Verschulden[145].

Übersicht über die möglichen Versicherungen in der KfzSBHH

Versicherungsumfang Kfz-Handel- und Handwerk	**Eigene, nicht zugelassene Kfz**	**Eigene zugelassene Kfz**	**Fremde Kfz**	**Rote Kennzeichen für**	
				Fremdes Kfz	**Eigenes Kfz**
Reparaturschaden	nein	nein	Nein	Nein	Nein
Obhut	Fahrzeugversicherung	Fahrzeugversicherung	Fahrzeugversicherung	Fahrzeugversicherung	Fahrzeugversicherung
Garagenmäßige Unterstellung	Entfällt	entfällt	nein	Nein	Nein
Probefahrten	Ja	nein	Ja	Ja	Ja
Umfang Versicherungsschutz	Gem. Vereinbarung Fahrzeugversicherung Versicherungssumme (nur Kasko-V.)	Eigene KH-Vers.! ggf. auch eigene Fahrzeug-Versicherung	Gem. Vereinbarung (soweit vereinbart) + ggf. Kraftfahrzeug-Haftpflicht-Versicherungsschutz.	Mindestens Mindestversicherungssumme Ggf. Kasko-Versicherungsschutz	
Unfallersatzfahrzeug **Nur in den SBKfzHH a.F.**		Eigene Kraftfahrzeug-Haftpflicht-Versicherung Ggf. Fahrzeug-Versicherung über KfzSBHH			

Anhang

1 Betriebsarten

1.1 Kfz-Handwerksbetrieb

Kfz-Handwerksbetriebe sind Unternehmen, in denen Reparatur-, Instandsetzungs- und Wartungsarbeiten an fremden Fahrzeugen und deren Teilen gegen Entgelt ausgeführt werden.

145 OLG Karlsruhe v. 03.03.1988 – 12 U 105/87 in VersR 1990, 889.

1.2 Kfz-Handelsbetrieb

Kfz-Handelsbetriebe sind Betriebe, die für eigene oder fremde Rechnung neue oder gebrauchte Fahrzeuge gewerbsmäßig an- und verkaufen.

1.3 Gemischte Betrieb

Gemischte Betriebe sind Betriebe, die für eigene oder fremde Rechnung neue oder gebrauchte Fahrzeuge gewerbsmäßig an- und verkaufen (Kfz-Handelsbetriebe), sowie Reparatur-, Instandsetzungs- und Wartungsarbeiten an fremden Fahrzeugen und deren Teilen gegen Entgelt ausführen (Handwerksbetriebe).

2 Tageszulassung

Tageszulassungen sind erstmalige Zulassungen von fabrikneuen Fahrzeugen für eine Dauer bis zu maximal [xx] Tagen, die sich in Ihrem unmittelbaren Besitz befinden und nicht auf öffentlichen Wegen und Plätzen verwendet werden.

3 Garagenmäßige Unterstellung

Garagenmäßige Unterstellung liegt vor, wenn die Obhut für fremde Fahrzeuge nach A.2.2 zur Erreichung des Zweckes ihres Kfz-Handel- und Handwerkbetriebs nicht mehr oder noch nicht erforderlich ist. Das ist insbesondere der Fall, wenn der Kunde sein Fahrzeug aus eigenem Interesse früher zu Ihnen bringt oder länger bei Ihnen belässt.

Stichwortverzeichnis